Tu palabra es una lámpara que guía mis pies y una luz para mi camino. Salmo 119:105

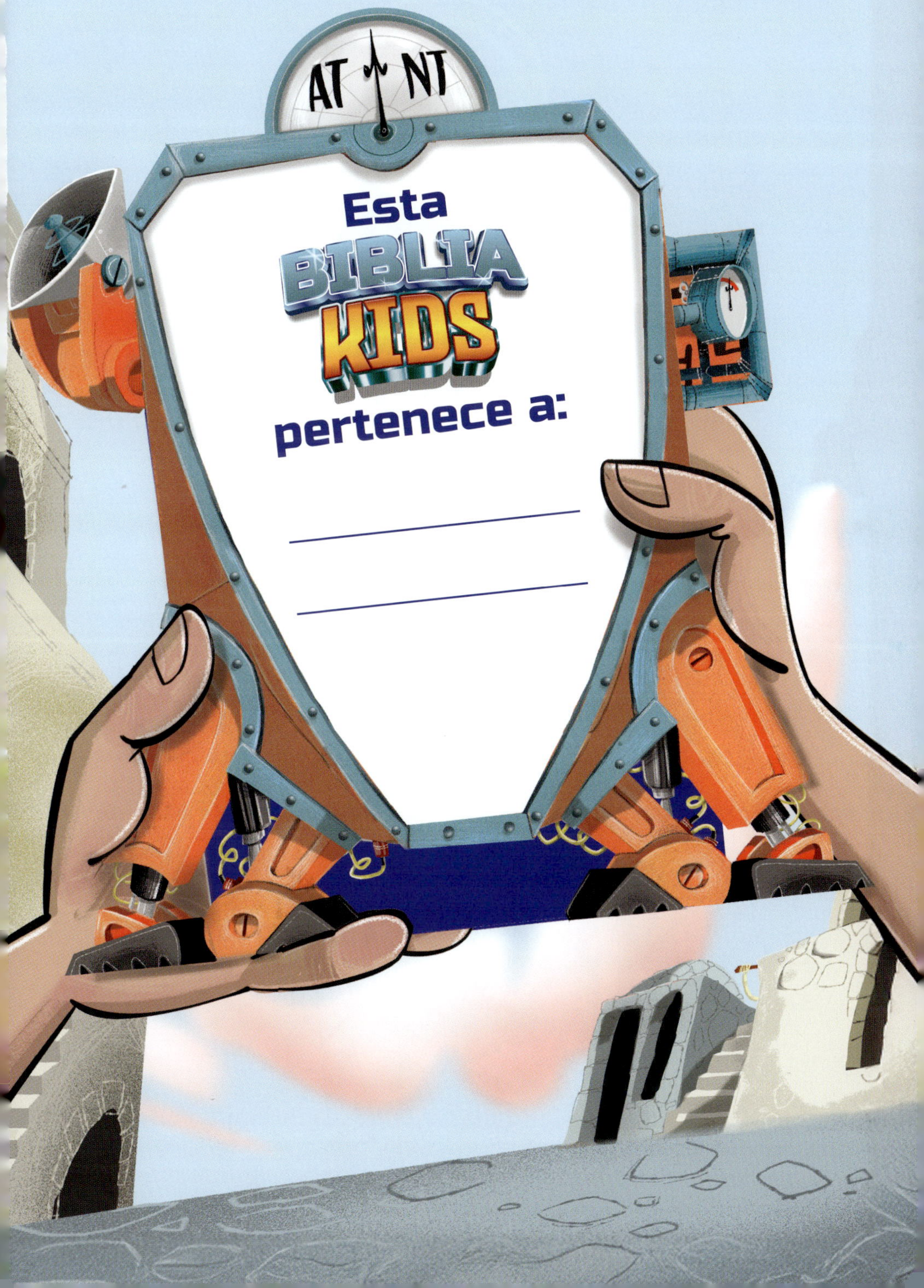

BIBLIA KIDS

BIBLIA KIDS

VOLVER A LA HISTORIA

NTV

e625.com

e625.com
BIBLIA KIDS
Publicada por especialidades625® © 2025
Dallas, Texas Estados Unidos de América.

ISBN: 978-1-954149-72-4

Tyndale | NUEVA TRADUCCIÓN viviente

Editor General: Lucas Leys
Insertos: Danilo, Gloriana y Victoria Montero
Ilustraciones: Joe Traghetti
Edición de notas: María José Hooft
Diseño de portada e interior: Creatorstudio.net

IMPRESO EN COREA DEL SUR

CONTENIDO

Antiguo Testamento

Nuevo Testamento

¿Te atreves a conocer la Historia de Dios?

Estamos muy felices de que tengas esta Biblia Kids en tus manos. En ella encontrarás historias maravillosas para compartir en familia que tienen el potencial de ayudarte a conocer mejor al Creador del universo, quien te ama profundamente y tiene buenos planes para tu vida.

La caja de esta Biblia puede convertirse en tu propia máquina del tiempo para Volver a la Historia y conocer las grandes aventuras que ella tiene para contarnos.

Volver a la Historia de Dios, es solo para valientes. Hablamos en serio. Todas las personas que tuvieron el valor de hacerlo vieron su vida cambiar por completo. Volver a la historia convierte a personas cobardes y egoístas, en valientes héroes capaces de cambiar la historia de los demás.

Volver a la Historia de Dios, provocó que personas decidan hacer grandes cambios, tengan ideas maravillosas y logren cosas extraordinarias.

La Biblia transforma la vida de quienes la conocen en serio, porque lo que encontramos en ella no es solamente algo que fue escrito en otro tiempo, sino que el Autor y Protagonista de la Historia está esperando encontrarse contigo.

La Biblia Kids es para valientes que quieren conocer y amar más a Dios, mientras se atreven a vivir todos los planes maravillosos que él tiene para ellos.

¡Volvamos juntos a la Historia!

Danilo, Gloriana y Victoria Montero
Editores Generales

Presentación para papás y maestros

La Biblia es el mayor tesoro bibliográfico al que podemos acceder los seres humanos porque ella cuenta el maravilloso plan de Dios de salvación, y cuanto antes en la vida podamos conocerla y entenderla, nuestra vida será mucho mejor.

Moisés indicó a Josué lo siguiente:

Estudia constantemente este libro de instrucción. Medita en él de día y de noche para asegurarte de obedecer todo lo que allí está escrito. Solamente entonces prosperarás y te irá bien en todo lo que hagas. (Josué 1:8)

Y con esta promesa en el corazón es que con el equipo editorial de e625.com trabajamos para poder acercarte esta presentación para niños de la palabra eterna del Señor.

Además del texto bíblico en el claro y preciso lenguaje de la Nueva Traducción Viviente (NTV), que es ideal para que las nuevas generaciones puedan comprender lo que los escritores bíblicos quisieron decir en nuestro lenguaje de hoy; la Biblia Kids tiene introducciones explicativas a cada libro de la Biblia para que los niños sepan por qué ese libro fue escrito y cuál es su mensaje central, más de 200 respuestas bíblicas a preguntas que los niños se hacen respecto de la Biblia, e insertos a color con ilustraciones atrapantes y curiosas para los niños en los que la querida familia Montero cuentan una de las escenas más destacadas de la palabra de Dios como si la estuvieran presenciando.

Estoy seguro de que como mamá o papá o alguien que enseña Biblia en la iglesia quieres lograr que los niños amen los principios de la palabra del Señor y confíen sus vidas enteras al Dios detrás de ellos. Lo que todos deseamos es que "pongan en práctica la palabra y no se limiten solo a escucharla" (Santiago 1:22) y para ayudarte es que nació esta Biblia Kids.

Tu trabajo es indispensable para forjar un futuro con adultos maduros, familias sanas e iglesias fuertes y eso comienza ahora, en la niñez, así que no dudes de involucrarte con los niños que exploren esta Biblia Kids y anímalos a perseverar en ella.

Gracias por haber adquirido la Biblia Kids.
El Señor está contigo.

¡Aprendamos juntos!
LUCAS LEYS

¿Qué tiene de especial esta Biblia?

Estamos convencidos de que la Biblia fue inspirada por Dios y es útil para hacernos mejores personas (2 Timoteo 3:16-17). Las siguientes secciones te ayudarán a conocer el cuadro completo del mensaje de cada uno de los 66 libros. Recorre esta información y continúa conociendo al Dios de la Biblia.

¿Por qué es importante?

Esta sección te explicará cuál es el gran tema y el valor de este libro.

¿Por qué se escribió?

El propósito con el que fue escrito es fundamental para entender correctamente las historias y los versículos sueltos.

¿Quién lo escribió?

Conocerás al autor de cada libro, qué estaba pensando al escribir y cuál era su motivación.

¿A quién lo escribió?

Te presentaremos a los destinatarios de los libros y las condiciones que los rodeaban en el momento de recibirlos.

¿Cuándo y dónde lo escribió?

Siempre es bueno saber la historia detrás de cada libro.

Paso a paso

Serán los puntos e historias principales cada libro.

Contenido: devocionales

Biografías

Danilo, Gloriana y Victoria Montero

Viven en Houston, a dónde Danilo y Gloriana son los pastores hispanos de la reconocida iglesia Lakewood que impacta a miles de personas cada semana y Victoria hace sus estudios. Danilo nació en Costa Rica, Gloriana en Colombia y Victoria en Estados Unidos y son una familia muy viajera a la que le gusta servir a Dios y a su Iglesia.

Dr. Lucas Leys

Es doctor en teología graduado con honores del Fuller Theological Seminary en Pasadena, California. Es autor de más de treinta libros. Ha editado Biblias de estudio y enseñado Teología Bíblica en diversas instituciones académicas y es el visionario detrás de e625.com.

Joe Traghetti

Ilustra libros desde su adolescencia (su primero fue el primero de Lucas Leys) y sus dibujos se han publicado en editoriales y medios de Argentina, Bélgica, Colombia y Estados Unidos en publicaciones de distintos idiomas.

NOTA DE LOS EDITORES

La Santa Biblia, Nueva Traducción Viviente (NTV), es fruto de diez años de trabajo por parte de más de cincuenta eruditos en las áreas de teología, traducción, estudios lingüísticos, corrección de estilo, corrección de gramática, tipografía y edición.

La meta de cualquier tipo de traducción de la Biblia es compartir con los lectores contemporáneos, tan precisamente como sea posible, el significado y el contenido de los siguientes textos antiguos en hebreo, arameo y griego. El desafío para nuestros traductores, lingüistas y teólogos fue crear un texto contemporáneo que comunicara el mensaje a los lectores de hoy con la misma claridad, y causara el mismo impacto de los tiempos bíblicos. En fin, esta traducción es de fácil lectura y comprensión, y al mismo tiempo comunica con precisión el significado y el contenido de los textos bíblicos originales. La NTV es una traducción ideal para el estudio, para la lectura devocional y para la alabanza.

Creemos que la Nueva Traducción Viviente -que utiliza la erudición más actualizada en un estilo claro y dinámico- comunicará poderosamente la Palabra de Dios a todos los que la lean. Publicamos la NTV pidiendo a Dios en oración que la use para transmitir de una manera impactante su verdad eterna a la iglesia y al mundo.

Los editores.

Se puede leer la introducción a la Nueva Traducción Viviente en Internet: **BibliaNTV.com.**

ANTIGUO TESTAMENTO

BIBLIA KIDS

GÉNESIS

¿Por qué es importante?

En las historias del Génesis podrás reconocer que Dios les da a los humanos muchas oportunidades de elegir bien que los humanos no siempre aprovechan y por eso luego sufren las consecuencias. En este libro se encuentran historias muy importantes de los comienzos de la humanidad y del pueblo de Dios. Conocerás a grandes héroes de la fe y podrás identificarte con ellos descubriendo que el amor y la paciencia de Dios fueron necesarios desde el principio. En el Génesis, todos podemos ver a Dios cumpliendo sus promesas y hasta anticipando que Jesús fue siempre parte del plan.

¿Por qué fue escrito?

Génesis fue escrito para contar los inicios de la historia de salvación del ser humano por parte de un Dios poderoso y lleno de gracia. En ese sentido, los temas centrales de la Biblia están expuestos de manera inicial en este libro: la creación, la relación de Dios con el ser humano, su caída, el propósito redentor de Dios y la elección de un pueblo para llevar a cabo ese plan.

¿Quién lo escribió?

Aunque no hay una referencia directa en el libro que identifique al autor, la tradición apunta a Moisés como autor del Génesis. Existen diversas referencias en la Biblia a los escritos de Moisés (por ejemplo en el Antiguo Testamento, Éxodo 17:14; Números 33:2; Josué 8:31, 1 Reyes 2:3; Esdras 6:18; Nehemías 13:1; Malaquías 4:4 y en Nuevo Testamento, Marcos 12:26; Lucas 24:27; Juan 5:46; 2 Corintios 3:15). Bajo la conducción del Espíritu Santo, escribe tomando en cuenta la transmisión oral y documentos antiguos, ya que muchos de los sucesos relatados ocurren antes de su nacimiento.

¿A quién lo escribió?

Génesis fue escrito para ser presentado al pueblo de Israel mientras estaba en el desierto. Esto les recordaría su herencia familiar y espiritual. El libro daría esperanza a un pueblo que debía confiar en las promesas de Dios y su fidelidad.

¿Cuándo y dónde lo escribió?

Fue escrito alrededor del 1440 AC, después del Éxodo (alrededor del 1445 AC) y antes de la muerte de Moisés (1405 AC). Cubre muchos de años de historia, desde el Jardín de Edén hasta la muerte de José. Los capítulos 1-11 cubren 2000 años (aquí caben miles de años desde la creación hasta el Jardín de Edén), y los capítulos 12-50 cubren un período de unos 400 años.

Paso a paso

1. Así comenzó la historia de todas las cosas. Cap. 1
2. Ascenso y caída de la familia original (Adán). Cap. 2-5
3. Una familia halló gracia en medio del caos (Noé). Cap. 6-11
4. Triunfos y errores de la familia del padre de la fe (Abraham). Cap.12-23
5. Una familia llena de bendición, pero dividida (Isaac). Cap. 24-27
6. La tormentosa historia de un engañador que llegó a ser príncipe (Jacob). Cap. 28-36
7. Dios cumple de manera misteriosa los sueños de un hombre fiel (José). Cap.37-50

GÉNESIS

Génesis

El relato de la creación

1 En el principio, Dios creó los cielos y la tierra.* [2]La
tierra no tenía forma y estaba vacía, y la oscuridad
cubría las aguas profundas; y el Espíritu de Dios se movía
en el aire sobre la superficie de las aguas.

[3]Entonces Dios dijo: «Que haya luz»; y hubo luz. [4]Y
Dios vio que la luz era buena. Luego separó la luz
de la oscuridad. [5]Dios llamó a la luz «día» y a la
oscuridad «noche».
Y pasó la tarde y llegó la mañana, así se cumplió
el primer día.

[6]Entonces Dios dijo: «Que haya un espacio entre las
aguas, para separar las aguas de los cielos de las aguas
de la tierra»; [7]y eso fue lo que sucedió. Dios formó
ese espacio para separar las aguas de la tierra de las
aguas de los cielos [8]y Dios llamó al espacio «cielo».
Y pasó la tarde y llegó la mañana, así se cumplió el
segundo día.

[9]Entonces Dios dijo: «Que las aguas debajo del cielo
se junten en un solo lugar, para que aparezca la
tierra seca»; y eso fue lo que sucedió. [10]Dios llamó
a lo seco «tierra» y a las aguas «mares». Y Dios vio
que esto era bueno. [11]Después Dios dijo: «Que de
la tierra brote vegetación: toda clase de plantas con
semillas y árboles que den frutos con semillas. Estas
semillas producirán, a su vez, las mismas clases de
plantas y árboles de los que provinieron»; y eso
fue lo que sucedió. [12]La tierra produjo vegetación:
toda clase de plantas con semillas y árboles que dan
frutos con semillas. Las semillas produjeron plantas
y árboles de la misma clase. Y Dios vio que esto era
bueno.
[13]Y pasó la tarde y llegó la mañana, así se cumplió
el tercer día.

[14]Entonces Dios dijo: «Que aparezcan luces en el cielo
para separar el día de la noche; que sean señales
para que marquen las estaciones, los días y los años.
[15]Que esas luces en el cielo brillen sobre la tierra»;
y eso fue lo que sucedió. [16]Dios hizo dos grandes
luces: la más grande para que gobernara el día, y la
más pequeña para que gobernara la noche. También
hizo las estrellas. [17]Dios puso esas luces en el cielo
para iluminar la tierra, [18]para que gobernaran el día y
la noche, y para separar la luz de la oscuridad. Y Dios
vio que esto era bueno.
[19]Y pasó la tarde y llegó la mañana, así se cumplió
el cuarto día.

[20]Entonces Dios dijo: «Que las aguas se colmen de
peces y de otras formas de vida. Que los cielos se
llenen de aves de toda clase». [21]Así que Dios creó
grandes criaturas marinas y todos los seres vivientes
que se mueven y se agitan en el agua y aves de
todo tipo, cada uno produciendo crías de la misma
especie. Y Dios vio que esto era bueno. [22]Entonces
Dios los bendijo con las siguientes palabras: «Sean
fructíferos y multiplíquense. Que los peces llenen los
mares y las aves se multipliquen sobre la tierra».
[23]Y pasó la tarde y llegó la mañana, así se cumplió
el quinto día.

[24]Entonces Dios dijo: «Que la tierra produzca toda
clase de animales, que cada uno produzca crías de
la misma especie: animales domésticos, animales
pequeños que corran por el suelo y animales
salvajes»; y eso fue lo que sucedió. [25]Dios hizo toda
clase de animales salvajes, animales domésticos y
animales pequeños; cada uno con la capacidad de
producir crías de la misma especie. Y Dios vio que
esto era bueno.
[26]Entonces Dios dijo: «Hagamos a los seres
humanos* a nuestra imagen, para que sean como
nosotros. Ellos reinarán sobre los peces del mar,
las aves del cielo, los animales domésticos, todos
los animales salvajes de la tierra* y los animales
pequeños que corren por el suelo».

[27] Así que Dios creó a los seres humanos* a su propia
imagen.
A imagen de Dios los creó;
hombre y mujer los creó.

[28]Luego Dios los bendijo con las siguientes
palabras: «Sean fructíferos y multiplíquense. Llenen
la tierra y gobiernen sobre ella. Reinen sobre los
peces del mar, las aves del cielo y todos los animales
que corren por el suelo».
[29]Entonces Dios dijo: «¡Miren! Les he dado todas
las plantas con semilla que hay sobre la tierra y todos
los árboles frutales para que les sirvan de alimento.
[30]Y he dado toda planta verde como alimento para
todos los animales salvajes, para las aves del cielo y
para los animales pequeños que corren por el suelo,

***Notas textuales** **1:1** O *En el principio, cuando Dios creó los cielos y la tierra...* o *Cuando Dios comenzó a crear los cielos y la tierra...* **1:26a** O *al hombre*; en hebreo dice *adán*. **1:26b** Así aparece en la versión siríaca; en hebreo dice *toda la tierra*. **1:27** O *al hombre*; en hebreo dice *ha-adán*.

Referencias cruzadas **1:1** Jn 1:1-2 **1:7** Sal 148:4 **1:13** Sal 65:9-13 **1:19** Sal 74:16 **1:23** Gn 8:19 **1:27** Mt 19:4 **1:29** Sal 104:14, 27 es decir, para todo lo que tiene vida»; y eso fue lo que sucedió.

31Entonces Dios miró todo lo que había hecho, ¡y vio que era muy bueno!

Y pasó la tarde y llegó la mañana, así se cumplió el sexto día.

¡Respuestas Bíblicas! **1** **¿Qué quiere decir que Dios hizo a los seres humanos a su imagen?**

1:27-28 Dios le dio al ser humano voluntad y razonamiento para decidir y por eso le otorgó autoridad para administrar la tierra y esas son cualidades que Dios tiene, una voluntad siempre inteligente y autoridad.

2 Así quedó terminada la creación de los cielos y de la tierra, y de todo lo que hay en ellos. 2Cuando llegó el séptimo día, Dios ya había terminado su obra de creación, y descansó* de toda su labor. 3Dios bendijo el séptimo día y lo declaró santo, porque ese fue el día en que descansó de toda su obra de creación.

4Este es el relato de la creación de los cielos y la tierra.

El hombre y la mujer en el Edén

Cuando el Señor Dios hizo la tierra y los cielos, 5no crecían en ella plantas salvajes ni grano porque el Señor Dios aún no había enviado lluvia para regar la tierra, ni había personas que la cultivaran. 6En cambio, del suelo brotaban manantiales que regaban* toda la tierra. 7Luego el Señor Dios formó al hombre del polvo de la tierra. Sopló aliento de vida en la nariz del hombre, y el hombre se convirtió en un ser viviente.

8Después, el Señor Dios plantó un huerto en Edén, en el oriente, y allí puso al hombre que había formado. 9El Señor Dios hizo que crecieran del suelo toda clase de árboles: árboles hermosos y que daban frutos deliciosos. En medio del huerto puso el árbol de la vida y el árbol del conocimiento del bien y del mal.

10Un río salía de la tierra del Edén que regaba el huerto y después se dividía en cuatro ramales. 11El primero, llamado Pisón, rodeaba toda la tierra de Havila, donde hay oro. 12El oro de esa tierra es excepcionalmente puro; también se encuentran allí resinas aromáticas y piedras de ónice. 13El segundo, llamado Gihón, rodeaba toda la tierra de Cus. 14El tercero, llamado Tigris, corría al oriente de la tierra de Asiria. El cuarto se llama Éufrates.

15El Señor Dios puso al hombre en el jardín de Edén para que se ocupara de él y lo custodiara; 16pero el Señor Dios le advirtió: «Puedes comer libremente del fruto de cualquier árbol del huerto, 17excepto del árbol del conocimiento del bien y del mal. Si comes de su fruto, sin duda morirás».

18Después, el Señor Dios dijo: «No es bueno que el hombre esté solo. Haré una ayuda ideal para él». 19Entonces el Señor Dios formó de la tierra todos los animales salvajes y todas las aves del cielo. Los puso frente al hombre* para ver cómo los llamaría, y el hombre escogió un nombre para cada uno de ellos. 20Puso nombre a todos los animales domésticos, a todas las aves del cielo y a todos los animales salvajes; pero aún no había una ayuda ideal para él.

21Entonces el Señor Dios hizo que el hombre cayera en un profundo sueño. Mientras el hombre dormía, el Señor Dios le sacó una de sus costillas* y cerró la abertura. 22Entonces el Señor Dios hizo de la costilla a una mujer, y la presentó al hombre.

23«¡Al fin! —exclamó el hombre—.

¡Esta es hueso de mis huesos
y carne de mi carne!
Ella será llamada “mujer”*
porque fue tomada del
hombre».

24Esto explica por qué el hombre deja a su padre y a su madre, y se une a su esposa, y los dos se convierten en uno solo.

25Ahora bien, el hombre y su esposa estaban desnudos, pero no sentían vergüenza.

El hombre y la mujer pecan

3 La serpiente era el más astuto de todos los animales salvajes que el Señor Dios había hecho. Cierto día le preguntó a la mujer:

—¿De veras Dios les dijo que no deben comer del fruto de ninguno de los árboles del huerto?

2—Claro que podemos comer del fruto de los árboles del huerto —contestó la mujer—. 3Es solo del fruto del árbol que está en medio del huerto del que no se nos permite comer. Dios dijo: “No deben comerlo, ni siquiera tocarlo; si lo hacen, morirán”.

4—¡No morirán! —respondió la serpiente a la mujer—. 5Dios sabe que, en cuanto coman del fruto, se les abrirán los ojos y serán como Dios, con el conocimiento del bien y del mal.

6La mujer quedó convencida. Vio que el árbol era hermoso y su fruto parecía delicioso, y quiso la sabiduría que le daría. Así que tomó del fruto y lo comió. Después le dio un poco a su esposo que estaba con ella, y él también comió. 7En ese momento, se les abrieron los ojos, y de pronto sintieron vergüenza por su desnudez. Entonces cosieron hojas de higuera para cubrirse.

¡Respuestas Bíblicas! **2** **¿Qué tipo de fruto comieron Adán y Eva?**

3:6 La Biblia no dice el nombre de ninguna fruta. El punto importante es que Adán y Eva desobedecieron a Dios y Génesis 3 cuenta qué pasó cuando ellos desobedecieron.

8Cuando soplaba la brisa fresca de la tarde, el hombre* y su esposa oyeron al Señor Dios caminando por el huerto. Así que se escondieron del Señor Dios entre los árboles. 9Entonces el Señor Dios llamó al hombre:

***Notas textuales** **2:2** O *cesó*; también en 2:3. **2:6** O *del suelo subía neblina que regaba.* **2:19** O *Adán*; igual en todo el capítulo. **2:21** O *sacó una parte de su costado.* **2:23** En hebreo el término para «mujer» (*isha*) suena como el término para «hombre» (*ish*). **3:8** O *Adán*; igual en todo el capítulo.

Referencias cruzadas **2:2** Hb 4:4 **2:7** 1 Co 15:45 **2:14** Dn 10:4 **2:22** 1 Co 11:8-9 **2:24** 1 Co 6:16 **3:1** Ap 12:9 **3:4** Jn 8:44

—¿Dónde estás?
10El hombre contestó:
—Te oí caminando por el huerto, así que me escondí.
Tuve miedo porque estaba desnudo.
11—¿Quién te dijo que estabas desnudo? —le preguntó
el SEÑOR Dios—. ¿Acaso has comido del fruto del árbol
que te ordené que no comieras?
12El hombre contestó:
—La mujer que tú me diste fue quien me dio del fruto,
y yo lo comí.
13Entonces el SEÑOR Dios le preguntó a la mujer:
—¿Qué has hecho?
—La serpiente me engañó —contestó ella—. Por eso
comí.
14Entonces el SEÑOR Dios le dijo a la serpiente:

«Por lo que has hecho, eres maldita
más que todos los animales, tanto domésticos
como salvajes.
Andarás sobre tu vientre,
arrastrándote por el polvo durante toda tu vida.
15 Y pondré hostilidad entre tú y la mujer,
y entre tu descendencia y la descendencia de ella.
Su descendiente te golpeará la cabeza,
y tú le golpearás* el talón».

16Luego le dijo a la mujer:

«Haré más agudo el dolor de tu embarazo,
y con dolor darás a luz.
Y desearás controlar a tu marido,
pero él gobernará sobre ti*».

17Y al hombre le dijo:

«Dado que hiciste caso a tu esposa y comiste del
fruto del árbol
del que te ordené que no comieras,
la tierra es maldita por tu culpa.
Toda tu vida lucharás para poder vivir de ella.
18 Te producirá espinos y cardos,
aunque comerás de sus granos.
19 Con el sudor de tu frente
obtendrás alimento para comer
hasta que vuelvas a la tierra
de la que fuiste formado.
Pues fuiste hecho del polvo,
y al polvo volverás».

El paraíso perdido: el juicio de Dios

20Después, el hombre —Adán— le puso a su esposa el
nombre Eva, porque ella sería la madre de todos los que
viven.* 21Y el SEÑOR Dios hizo ropa de pieles de animales
para Adán y su esposa.
22Luego el SEÑOR Dios dijo: «Miren, los seres humanos*
se han vuelto como nosotros, con conocimiento del bien
y del mal. ¿Y qué ocurrirá si toman el fruto del árbol de la
vida y lo comen? ¡Entonces vivirán para siempre!». 23Así
que el SEÑOR Dios los expulsó del jardín de Edén y envió
a Adán a cultivar la tierra de la cual él había sido formado.
24Después de expulsarlos, el SEÑOR Dios puso querubines
poderosos al oriente del jardín de Edén; y colocó una espada
de fuego ardiente —que destellaba al moverse de un lado a
otro— a fin de custodiar el camino hacia el árbol de la vida.

Caín y Abel

4 Ahora bien, Adán* tuvo relaciones sexuales con su
esposa, Eva, y ella quedó embarazada. Cuando dio a
luz a Caín, dijo: «¡Con la ayuda del SEÑOR, he tenido* un
varón!». 2Tiempo después, dio a luz al hermano de Caín
y le puso por nombre Abel.
Cuando crecieron, Abel se hizo pastor de ovejas, mien-
tras que Caín se dedicó a cultivar la tierra. 3Al llegar el
tiempo de la cosecha, Caín presentó algunos de sus culti-
vos como ofrenda para el SEÑOR. 4Abel también presentó
una ofrenda: las mejores partes de algunos de los corderos
que eran primeras crías de su rebaño. El SEÑOR aceptó a
Abel y a su ofrenda, 5pero no aceptó a Caín ni a su ofrenda.
Esto hizo que Caín se enojara mucho, y se veía decaído.
6«¿Por qué estás tan enojado? —preguntó el SEÑOR
a Caín—. ¿Por qué te ves tan decaído? 7Serás aceptado
si haces lo correcto, pero si te niegas a hacer lo correcto,
entonces, ¡ten cuidado! El pecado está a la puerta, al ace-
cho y ansioso por controlarte; pero tú debes dominarlo
y ser su amo».
8Cierto día Caín dijo a su hermano: «Salgamos al
campo»*. Mientras estaban en el campo, Caín atacó a su
hermano Abel y lo mató.
9Luego el SEÑOR le preguntó a Caín:
—¿Dónde está tu hermano? ¿Dónde está Abel?
—No lo sé —contestó Caín—. ¿Acaso soy yo el guardián
de mi hermano?
10Pero el SEÑOR le dijo:
—¿Qué has hecho? ¡Escucha! ¡La sangre de tu hermano
clama a mí desde la tierra! 11Ahora eres maldito y serás
expulsado de la tierra que se ha tragado la sangre de tu
hermano. 12La tierra ya no te dará buenas cosechas, ¡por
mucho que la trabajes! De ahora en adelante, serás un
vagabundo sin hogar sobre la tierra.
13Caín respondió al SEÑOR:
—¡Mi castigo* es demasiado grande para soportarlo!
14Me has expulsado de la tierra y de tu presencia; me has
hecho un vagabundo sin hogar. ¡Cualquiera que me en-
cuentre me matará!
15El SEÑOR respondió:
—No, porque yo castigaré siete veces a cualquiera que
te mate.
Entonces el SEÑOR le puso una marca a Caín como ad-
vertencia para cualquiera que intentara matarlo. 16Luego,
Caín salió de la presencia del SEÑOR y se estableció en la
tierra de Nod,* al oriente de Edén.

Descendientes de Caín

17Caín tuvo relaciones sexuales con su esposa, y ella
quedó embarazada y dio a luz a Enoc. Luego Caín fundó
una ciudad, que llevaba el nombre de su hijo Enoc. 18Enoc
tuvo un hijo llamado Irad, Irad fue el padre de* Mehujael.
Mehujael fue el padre de Metusael, Metusael fue el padre
de Lamec.

***Notas textuales** **3:15** O *te herirá [...] tú le herirás.* **3:16** O *Y aunque tendrás deseo por tu marido, / él gobernará sobre ti.* **3:20** *Eva* suena como un término hebreo que significa «dar vida». **3:22** O *el hombre*; en hebreo dice *ha-adán.* **4:1a** O *el hombre*; también en 4:25. **4:1b** O *he producido* o *he adquirido. Caín* suena como un término hebreo que puede significar tanto «producir» como «adquirir». **4:8** Así aparece en el Pentateuco Samaritano, en la versión griega, en la siríaca y en la Vulgata Latina; en el texto masorético falta *Salgamos al campo.* **4:13** O *Mi pecado.* **4:16** *Nod* significa «vagabundo» o «errante». **4:18** O *el antepasado de*; igual en todo el versículo.

Referencias cruzadas **3:13** 1 Tm 2:14 **3:15** Rm 16:20 **3:20** 1 Tm 2:13 **3:24** Ap 2:7; 22:2, 14 **4:5** Hb 11:4 **4:8** Mt 23:35 **4:14** Sal 51:11

19Lamec se casó con dos mujeres. La primera se lla-
maba Ada y la segunda, Zila. 20Ada dio a luz a Jabal, quien
fue el primero de los que crían animales y viven en car-
pas. 21El nombre de su hermano fue Jubal, el primero de
todos los que tocan el arpa y la flauta. 22La otra esposa
de Lamec, Zila, dio a luz un hijo llamado Tubal-caín, el
cual se hizo experto en forjar herramientas de bronce y
de hierro. Tubal-caín tuvo una hermana llamada Naama.
23Cierto día Lamec dijo a sus esposas:

«Ada y Zila, oigan mi voz;
escúchenme, esposas de Lamec.
Maté a un hombre que me atacó,
a un joven que me hirió.
24 Si se castiga siete veces a quien mate a Caín,
¡el que me mate a mí será castigado setenta y siete
veces!».

Nacimiento de Set

25Adán volvió a tener relaciones sexuales con su esposa,
y ella dio a luz otro hijo, al cual llamó Set,* porque dijo:
«Dios me ha concedido otro hijo en lugar de Abel, a quien
Caín mató». 26Cuando Set creció, tuvo un hijo y lo llamó
Enós. Fue en aquel tiempo que la gente por primera vez
comenzó a adorar al SEÑOR usando su nombre.

Descendientes de Adán

5 Este es el relato escrito de los descendientes de Adán.
Cuando Dios creó a los seres humanos,* los hizo para
que fueran semejantes a él mismo. 2Los creó hombre y
mujer, y los bendijo y los llamó «humanos».

3Cuando Adán tenía ciento treinta años, fue padre de
un hijo que era igual a él, su viva imagen, y lo llamó
Set. 4Después del nacimiento de Set, Adán vivió
ochocientos años más y tuvo otros hijos e hijas.
5Adán vivió novecientos treinta años y después
murió.
6Cuando Set tenía ciento cinco años, fue padre de*
Enós. 7Después del nacimiento de* Enós, Set vivió
ochocientos siete años más y tuvo otros hijos e hijas.
8Set vivió novecientos doce años y después murió.
9Cuando Enós tenía noventa años, fue padre de Cainán.
10Después del nacimiento de Cainán, Enós vivió
ochocientos quince años más y tuvo otros hijos e
hijas. 11Enós vivió novecientos cinco años y después
murió.
12Cuando Cainán tenía setenta años, fue padre de
Mahalaleel. 13Después del nacimiento de Mahalaleel,
Cainán vivió ochocientos cuarenta años más y tuvo
otros hijos e hijas. 14Cainán vivió novecientos diez
años y después murió.
15Cuando Mahalaleel tenía sesenta y cinco años, fue
padre de Jared. 16Después del nacimiento de Jared,
Mahalaleel vivió ochocientos treinta años más y tuvo
otros hijos e hijas. 17Mahalaleel vivió ochocientos
noventa y cinco años y después murió.
18Cuando Jared tenía ciento sesenta y dos años, fue
padre de Enoc. 19Después del nacimiento de Enoc,
Jared vivió ochocientos años más y tuvo otros hijos e
hijas. 20Jared vivió novecientos sesenta y dos años y
después murió.
21Cuando Enoc tenía sesenta y cinco años, fue padre de
Matusalén. 22Después del nacimiento de Matusalén,
Enoc vivió en íntima comunión con Dios trescientos
años más y tuvo otros hijos e hijas. 23Enoc vivió
trescientos sesenta y cinco años 24andando en
íntima comunión con Dios. Y un día desapareció,
porque Dios se lo llevó.
25Cuando Matusalén tenía ciento ochenta y siete años,
fue padre de Lamec. 26Después del nacimiento de
Lamec, Matusalén vivió setecientos ochenta y dos
años más y tuvo otros hijos e hijas. 27Matusalén
vivió novecientos sesenta y nueve años y después
murió.
28Cuando Lamec tenía ciento ochenta y dos años, fue
padre de un hijo varón. 29Lamec le puso por nombre
a su hijo Noé, porque dijo: «Que él nos traiga alivio*
de nuestro trabajo y de la penosa labor de cultivar
esta tierra que el SEÑOR ha maldecido». 30Después
del nacimiento de Noé, Lamec vivió quinientos
noventa y cinco años más y tuvo otros hijos e hijas.
31Lamec vivió setecientos setenta y siete años y
después murió.
32Cuando Noé tenía quinientos años, fue padre de
Sem, Cam y Jafet.

¡Respuestas Bíblicas! **3** **¿Por qué Dios le pidió a Noé construir el arca?**

6:5-8 Porque vendría un diluvio como consecuencia de un mundo lleno de maldad y Dios quiso salvar a Noé y a su familia.

Un mundo descarriado

6 Luego los seres humanos comenzaron a multiplicarse
sobre la tierra, y les nacieron hijas. 2Los hijos de Dios
vieron a las hermosas mujeres* y tomaron como espo-
sas a todas las que quisieron. 3Entonces el SEÑOR dijo:
«Mi Espíritu no tolerará a* los humanos durante mucho
tiempo, porque solo son carne mortal. En el futuro, la
duración de la vida no pasará de ciento veinte años».
4En esos días y durante algún tiempo después, vivían
en la tierra gigantes nefilitas, pues siempre que los hijos
de Dios tenían relaciones sexuales con las mujeres, ellas
daban a luz hijos que luego se convirtieron en los héroes
y en los famosos guerreros de la antigüedad.
5El SEÑOR vio la magnitud de la maldad humana en la
tierra y que todo lo que la gente pensaba o imaginaba era
siempre y totalmente malo. 6Entonces el SEÑOR lamentó
haber creado al ser humano y haberlo puesto sobre la
tierra. Se le partió el corazón. 7Entonces el SEÑOR dijo:
«Borraré de la faz de la tierra a esta raza humana que he
creado. Así es, y destruiré a todo ser viviente: a todos los
seres humanos, a los animales grandes, a los animales
pequeños que corren por el suelo y aun a las aves del

***Notas textuales** **4:25** *Set* probablemente significa «concedido»; el nombre también puede significar «designado». **5:1** O *al hombre*; en hebreo dice *adán*; similar en 5:2. **5:6** O *fue el antepasado de*; también en 5:9, 12, 15, 18, 21, 25. **5:7** O *del nacimiento de este antepasado de*; también en 5:10, 13, 16, 19, 22, 26. **5:29** *Noé* suena como un término hebreo que puede significar tanto «alivio» como «consuelo». **6:2** En hebreo *hijas de los hombres*; también en 6:4. **6:3** La versión griega dice *no permanecerá en.*

***Referencias cruzadas** **4:23** Ex 20:13 **4:25** Lc 3:38 **5:2** Mc 10:6 **5:21** Lc 3:37-38 **5:32** Gn 10:1

cielo. Lamento haberlos creado». [8]Pero Noé encontró favor delante del SEÑOR.

La historia de Noé

[9]Este es el relato de Noé y su familia. Noé era un hombre justo, la única persona intachable que vivía en la tierra en ese tiempo, y anduvo en íntima comunión con Dios. [10]Noé fue padre de tres hijos: Sem, Cam y Jafet.

[11]Ahora bien, Dios vio que la tierra se había corrompido y estaba llena de violencia. [12]Dios observó toda la corrupción que había en el mundo, porque todos en la tierra eran corruptos. [13]Entonces Dios le dijo a Noé: «He decidido destruir a todas las criaturas vivientes, porque han llenado la tierra de violencia. Así es, ¡los borraré a todos y también destruiré la tierra!

[14]»Construye un gran barco* de madera de ciprés* y recúbrelo con brea por dentro y por fuera para que no le entre agua. Luego construye pisos y establos por todo su interior. [15]Haz el barco de ciento treinta y ocho metros de longitud, veintitrés metros de anchura y catorce metros de altura.* [16]Deja una abertura de cuarenta y seis centímetros* por debajo del techo, alrededor de todo el barco. Pon la puerta en uno de los costados y construye tres pisos dentro del barco: inferior, medio y superior.

[17]»¡Mira! Estoy a punto de cubrir la tierra con un diluvio que destruirá a todo ser vivo que respira. Todo lo que hay en la tierra morirá, [18]pero confirmaré mi pacto contigo. Así que entren en el barco tú y tu mujer, y tus hijos y sus esposas. [19]Mete en el barco junto contigo a una pareja —macho y hembra— de cada especie animal a fin de mantenerlos vivos durante el diluvio. [20]Una pareja de cada especie de ave, de animal, y de animal pequeño que corre por el suelo vendrá a ti para mantenerse con vida. [21]Y asegúrate de llevar a bordo suficiente alimento para tu familia y para todos los animales».

[22]Entonces Noé hizo todo exactamente como Dios se lo había ordenado.

El diluvio cubre la tierra

7 Cuando todo estuvo preparado, el SEÑOR le dijo a Noé: «Entra en el barco con toda tu familia, porque puedo ver que, entre todas las personas de la tierra, solo tú eres justo. [2]Toma contigo siete parejas —macho y hembra— de cada animal que yo he aprobado para comer y para el sacrificio,* y toma una pareja de cada uno de los demás. [3]Toma también siete parejas de cada especie de ave. Tiene que haber un macho y una hembra en cada pareja para asegurar que sobrevivan todas las especies en la tierra después del diluvio. [4]Dentro de siete días, haré que descienda la lluvia sobre la tierra; y lloverá durante cuarenta días y cuarenta noches, hasta que yo haya borrado de la tierra a todos los seres vivos que he creado».

[5]Así que Noé hizo todo tal como el SEÑOR le había ordenado.

[6]Noé tenía seiscientos años cuando el diluvio cubrió la tierra. [7]Subió a bordo del barco para escapar del diluvio junto con su esposa, sus hijos y las esposas de ellos. [8]Con ellos estaban todas las diferentes especies de animales —los aprobados para comer y para el sacrificio, y los no aprobados— junto con todas las aves y los animales pequeños que corren por el suelo. [9]Entraron en el barco por parejas —macho y hembra— tal como Dios había ordenado a Noé. [10]Después de siete días, las aguas del diluvio descendieron y cubrieron la tierra.

[11]Cuando Noé tenía seiscientos años, el día diecisiete del segundo mes, todas las aguas subterráneas entraron en erupción, y la lluvia cayó en grandes torrentes desde el cielo. [12]La lluvia continuó cayendo durante cuarenta días y cuarenta noches.

[13]Ese mismo día Noé había entrado en el barco con su esposa y sus hijos —Sem, Cam y Jafet— y las esposas de ellos. [14]Con ellos en el barco había parejas de cada especie animal —domésticos y salvajes, grandes y pequeños— junto con aves de cada especie. [15]De dos en dos entraron en el barco, en representación de todo ser vivo que respira. [16]Entraron un macho y una hembra de cada especie, tal como Dios había ordenado a Noé. Luego el SEÑOR cerró la puerta detrás de ellos.

[17]Durante cuarenta días, las aguas del diluvio crecieron hasta que cubrieron la tierra y elevaron el barco por encima de la tierra. [18]Mientras el nivel del agua subía más y más por encima del suelo, el barco flotaba a salvo sobre la superficie. [19]Finalmente, el agua cubrió hasta las montañas más altas de la tierra [20]elevándose casi siete metros* por encima de las cumbres más altas. [21]Murieron todos los seres vivos que había sobre la tierra: las aves, los animales domésticos, los animales salvajes, los animales pequeños que corren por el suelo y todas las personas. [22]Todo lo que respiraba y vivía sobre tierra firme murió. [23]Dios borró de la tierra a todo ser vivo: las personas, los animales, los animales pequeños que corren por el suelo y las aves del cielo. Todos fueron destruidos. Las únicas personas que sobrevivieron fueron Noé y los que estaban con él en el barco. [24]Y las aguas del diluvio cubrieron la tierra durante ciento cincuenta días.

La inundación se retira

8 Entonces Dios se acordó de Noé y de todos los animales salvajes y domésticos que estaban con él en el barco. Envió un viento que soplara sobre la tierra, y las aguas del diluvio comenzaron a retirarse. [2]Las aguas subterráneas dejaron de fluir y se detuvieron las lluvias torrenciales que caían del cielo. [3]Entonces las aguas del diluvio se retiraron de la tierra en forma gradual. Después de ciento cincuenta días, [4]exactamente cinco meses después de que comenzó el diluvio,* el barco se detuvo sobre las montañas de Ararat. [5]Dos meses y medio más tarde,* mientras las aguas seguían bajando, otras cumbres se hicieron visibles.

[6]Pasados otros cuarenta días, Noé abrió la ventana que había hecho en el barco [7]y soltó un cuervo. El pájaro voló ida y vuelta hasta que las aguas del diluvio terminaron de secarse sobre la tierra. [8]También soltó una paloma para ver si el agua se había retirado y si la paloma podía encontrar suelo seco; [9]pero la paloma no pudo encontrar ningún lugar donde posarse, porque el agua aún cubría la tierra. Así que volvió al barco, y Noé extendió su mano y metió la paloma adentro. [10]Después de esperar otros siete días, Noé volvió a soltar la paloma; [11]esta vez la paloma regresó a él por la tarde con una hoja de olivo fresca en

***Notas textuales** **6:14a** Tradicionalmente se traduce *un arca.* **6:14b** O *madera de fustete.* **6:15** En hebreo *300 codos* [450 pies] *de longitud, 50 codos* [75 pies] *de anchura y 30 codos* [45 pies] *de altura.* **6:16** En hebreo *una abertura de un codo* [18 pulgadas]. **7:2** En hebreo *de cada animal limpio*; similar en 7:8. **7:20** En hebreo *15 codos* [22,5 pies]. **8:4** En hebreo *el día diecisiete del séptimo mes*; ver 7:11. **8:5** En hebreo *El primer día del décimo mes*; ver 7:11 y la nota en 8:4.

Referencias cruzadas **6:12** Sal 14:1-3 **6:14** 1 P 3:20 **6:21** Gn 9:9-16 **7:1** Hb 11:7 **7:13** 2 P 2:5 **7:23** Mt 24:38-39

su pico. Entonces Noé supo que las aguas del diluvio se
habían retirado casi por completo. [12]Esperó otros siete
días y volvió a soltar la paloma. Esta vez el ave no regresó.
[13]Ahora Noé tenía seiscientos un años de edad. El
primer día del nuevo año, diez meses y medio después
del comienzo del diluvio,* las aguas del diluvio se ha-
bían secado de la tierra casi por completo. Noé levantó
la cubierta del barco y vio que la superficie de la tierra se
estaba secando. [14]Pasaron otros dos meses,* ¡y por fin la
tierra quedó seca!
[15]Entonces Dios le dijo a Noé: [16]«Todos ustedes —tú
y tu esposa, y tus hijos y sus esposas— salgan del barco.
[17]Suelta a todos los animales —las aves, los animales y
los animales pequeños que corren por el suelo— para
que puedan ser fructíferos y se multipliquen por toda
la tierra».
[18]Entonces Noé, su esposa, sus hijos y las esposas
de sus hijos salieron del barco; [19]y todos los animales,
grandes y pequeños, y las aves salieron del barco, pareja
por pareja.
[20]Luego Noé construyó un altar al SEÑOR y allí sacri-
ficó como ofrendas quemadas los animales y las aves que
habían sido aprobados para ese propósito.* [21]Al SEÑOR
le agradó el aroma del sacrificio y se dijo a sí mismo:
«Nunca más volveré a maldecir la tierra por causa de los
seres humanos, aun cuando todo lo que ellos piensen o
imaginen se incline al mal desde su niñez. Nunca más
volveré a destruir a todos los seres vivos. [22]Mientras la
tierra permanezca, habrá cultivos y cosechas, frío y calor,
verano e invierno, día y noche».

Dios confirma su pacto

9 Después Dios bendijo a Noé y a sus hijos, y les dijo:
«Sean fructíferos y multiplíquense; llenen la tierra.
[2]Todos los animales de la tierra, todas las aves del cielo,
todos los animales pequeños que corren por el suelo y
todos los peces del mar tendrán temor y terror de ustedes.
Yo los he puesto bajo su autoridad. [3]Se los he dado a uste-
des como alimento, como les he dado también los granos
y las verduras; [4]pero nunca deben comer de ninguna carne
con su vida, es decir, que aún tenga sangre.
[5]»Yo exigiré la sangre de cualquiera que le quite la vida
a otra persona. Si un animal salvaje mata a una persona,
ese animal debe morir; y cualquiera que asesine a otro ser
humano debe morir. [6]Si alguien quita una vida humana,
la vida de esa persona también será quitada por manos
humanas. Pues Dios hizo a los seres humanos* a su pro-
pia imagen. [7]Ahora sean fructíferos y multiplíquense, y
vuelvan a poblar la tierra».
[8]Entonces Dios les dijo a Noé y a sus hijos: [9]«Ahora
mismo, yo confirmo mi pacto con ustedes y con sus des-
cendientes, [10]y con todos los animales que estuvieron en
el barco con ustedes —las aves, los animales domésticos y
todos los animales salvajes—, con toda criatura viviente
sobre la tierra. [11]Sí, yo confirmo mi pacto con ustedes.
Nunca más las aguas de un diluvio matarán a todas las
criaturas vivientes; nunca más un diluvio destruirá la
tierra».
[12]Entonces Dios dijo: «Les doy una señal de mi pacto
con ustedes y con todas las criaturas vivientes, para todas
las generaciones futuras. [13]He puesto mi arco iris en las
nubes. Esa es la señal de mi pacto con ustedes y con toda
la tierra. [14]Cuando envíe nubes sobre la tierra, el arco iris
aparecerá en las nubes [15]y yo me acordaré de mi pacto
con ustedes y con todas las criaturas vivientes. Nunca
más las aguas de un diluvio volverán a destruir a todos
los seres vivos. [16]Cuando yo vea el arco iris en las nubes,
me acordaré del pacto eterno entre Dios y toda criatura
viviente sobre la tierra». [17]Entonces Dios le dijo a Noé:
«Este arco iris es la señal del pacto que yo confirmo con
todas las criaturas de la tierra».

Los hijos de Noé

[18]Los hijos de Noé que salieron del barco con su padre
fueron Sem, Cam y Jafet. (Cam es el padre de Canaán).
[19]De estos tres hijos de Noé provienen todas las personas
que ahora pueblan la tierra.
[20]Después del diluvio, Noé comenzó a cultivar la tierra
y plantó un viñedo. [21]Cierto día, bebió del vino que había
hecho y se emborrachó, y estaba recostado y desnudo
dentro de su carpa. [22]Cam, el padre de Canaán, vio que su
padre estaba desnudo y salió a contárselo a sus hermanos.
[23]Entonces Sem y Jafet tomaron un manto, se lo pusieron
sobre los hombros y entraron de espaldas a la carpa para
cubrir a su padre. Mientras lo hacían, miraban para otro
lado a fin de no ver a su padre desnudo.
[24]Cuando Noé despertó de su estupor, se enteró de lo
que había hecho Cam, su hijo menor. [25]Entonces maldijo
a Canaán, el hijo de Cam:

«¡Maldito sea Canaán!
¡Que sea el más inferior de los siervos para con
sus familiares!».

[26]Entonces dijo Noé:

«¡Bendito sea el SEÑOR, Dios de Sem,
y sea Canaán su siervo!
[27] ¡Que Dios extienda el territorio de
Jafet!
Que Jafet comparta la prosperidad de Sem,*
y sea Canaán su siervo».

[28]Noé vivió trescientos cincuenta años más después
del gran diluvio. [29]Vivió novecientos cincuenta años y
luego murió.

10 Este es el relato de las familias de Sem, Cam y
Jafet, los tres hijos de Noé, a quienes les nacieron
muchos hijos después del gran diluvio.

Descendientes de Jafet

[2]Los descendientes de Jafet fueron Gomer, Magog,
Madai, Javán, Tubal, Mesec y Tiras.
[3]Los descendientes de Gomer fueron Askenaz, Rifat y
Togarmá.
[4]Los descendientes de Javán fueron Elisa, Tarsis,
Quitim y Rodanim.* [5]Los descendientes de
ellos llegaron a ser los pueblos marineros que
se dispersaron por diversas tierras, cada uno

***Notas textuales** **8:13** En hebreo *El primer día del primer mes*; ver 7:11. **8:14** En hebreo *Llegó el día veintisiete del segundo mes*; ver nota en 8:13. **8:20** En hebreo *todo animal limpio y toda ave limpia.* **9:6** O *al hombre*; en hebreo dice *ha-adán*. **9:27** En hebreo *Que viva en las carpas de Sem.* **10:4** Así aparece en algunos manuscritos hebreos y en la versión griega (ver también 1 Cr 1:7); la mayoría de los manuscritos hebreos dicen *Dodanim.*

Referencias cruzadas **8:21** Gn 3:17 **9:6** Gn 1:26 **9:16** Gn 17:11 **9:23** Ha 2:15

identificado por su propio idioma, clan e identidad nacional.

Descendientes de Cam

6Los descendientes de Cam fueron Cus, Mizraim, Fut y Canaán.
7Los descendientes de Cus fueron Seba, Havila, Sabta, Raama y Sabteca. Los descendientes de Raama fueron Seba y Dedán.
8Cus también fue antepasado de Nimrod, el
primer guerrero heroico de la tierra. 9Ya que Nimrod
fue el mejor cazador del mundo,* su nombre llegó a ser proverbial; la gente decía: «Este hombre es
como Nimrod, el mejor cazador del mundo». 10Él
construyó su reino en la tierra de Babilonia,* con
las ciudades de Babel, Erec, Acad y Calne. 11Desde
allí extendió su territorio a Asiria* y construyó las ciudades de Nínive, Rehobot-ir, Cala, 12y Resén (la
gran ciudad situada entre Nínive y Cala).
13Mizraim fue antepasado de los ludeos, los anameos,
los lehabitas, los naftujitas, 14los patruseos, los caslujitas y los caftoritas, de los cuales descendieron los filisteos.*
15El hijo mayor de Canaán fue Sidón, antepasado de los sidonios. Canaán también fue antepasado de los
hititas,* 16los jebuseos, los amorreos, los gergeseos,
17los heveos, los araceos, los sineos, 18los arvadeos, los zemareos y los hamateos. Con el tiempo, los clanes cananeos se dispersaron 19y el territorio de
Canaán se extendió desde Sidón, en el norte, hasta Gerar y Gaza, en el sur, y por el oriente tan lejos como Sodoma, Gomorra, Adma y Zeboim, cerca de Lasa.
20Ellos fueron los descendientes de Cam, identificados por clan, idioma, territorio e identidad nacional.

Descendientes de Sem

21También le nacieron hijos a Sem, el hermano mayor de Jafet.* Sem fue antepasado de todos los descendientes de Heber.
22Los descendientes de Sem fueron Elam, Asur, Arfaxad, Lud y Aram.
23Los descendientes de Aram fueron Uz, Hul, Geter y Mas.
24Arfaxad fue el padre de Sala,* y Sala fue el padre de Heber.
25Heber tuvo dos hijos. El primero se llamó Peleg (que significa «división»), porque durante su vida los habitantes del mundo fueron divididos en diferentes grupos según su idioma. Su hermano se llamó Joctán.
26Joctán fue el antepasado de Almodad, Selef,
Hazar-mavet, Jera, 27Adoram, Uzal, Dicla, 28Obal,
Abimael, Seba, 29Ofir, Havila y Jobab. Todos ellos
fueron descendientes de Joctán. 30El territorio que ocupaban se extendía desde Mesa hasta Sefar, en las montañas orientales.
31Ellos fueron los descendientes de Sem, identificados por clan, idioma, territorio e identidad nacional.

Conclusión

32Esos son los clanes que descendieron de los hijos de Noé, ordenados por nación, de acuerdo con la línea de descendencia correspondiente. Todas las naciones de la tierra descendieron de esos clanes después del gran diluvio.

La torre de Babel

11 Hubo un tiempo en que todos los habitantes del mundo hablaban el mismo idioma y usaban las
mismas palabras. 2Al emigrar hacia el oriente, encontraron una llanura en la tierra de Babilonia* y se establecieron allí.
3Comenzaron a decirse unos a otros: «Vamos a hacer ladrillos y endurecerlos con fuego». (En esa región, se usaban ladrillos en lugar de piedra y la brea se usaba como
mezcla). 4Entonces dijeron: «Vamos, construyamos una gran ciudad para nosotros con una torre que llegue hasta el cielo. Eso nos hará famosos y evitará que nos dispersemos por todo el mundo».
5Pero el SEÑOR descendió para ver la ciudad y la torre
que estaban construyendo, 6y dijo: «¡Miren! La gente está unida, y todos hablan el mismo idioma. Después de esto, ¡nada de lo que se propongan hacer les será imposible!
7Vamos a bajar a confundirlos con diferentes idiomas; así no podrán entenderse unos a otros».
8De esa manera, el SEÑOR los dispersó por todo el
mundo, y ellos dejaron de construir la ciudad. 9Por eso
la ciudad se llamó Babel,* porque fue allí donde el SEÑOR confundió a la gente con distintos idiomas. Así los dispersó por todo el mundo.

Línea de descendencia desde Sem hasta Abram

10Este es el relato de la familia de Sem.

Dos años después del gran diluvio, cuando Sem tenía cien años de edad, tuvo a su hijo* Arfaxad.
11Después del nacimiento de* Arfaxad, Sem vivió quinientos años más y tuvo otros hijos e hijas.
12Cuando Arfaxad tenía treinta y cinco años de edad,
tuvo a su hijo Sala. 13Después del nacimiento de
Sala, Arfaxad vivió cuatrocientos tres años más y tuvo otros hijos e hijas.*
14Cuando Sala tenía treinta años de edad, tuvo a su hijo
Heber. 15Después del nacimiento de Heber, Sala vivió cuatrocientos tres años más y tuvo otros hijos e hijas.
16Cuando Heber tenía treinta y cuatro años de edad,
tuvo a su hijo Peleg. 17Después del nacimiento de Peleg, Heber vivió cuatrocientos treinta años más y tuvo otros hijos e hijas.
18Cuando Peleg tenía treinta años de edad, tuvo a su
hijo Reu. 19Después del nacimiento de Reu, Peleg

***Notas textuales** **10:9** En hebreo *un gran cazador delante del SEÑOR*; también en 10:9b. **10:10** En hebreo *Sinar.* **10:11** O *De esta tierra salió Asiria.* **10:14** En hebreo *caslujitas, de los cuales descendieron los filisteos, y los caftoritas.* Comparar Jr 47:4; Am 9:7. **10:15** En hebreo *antepasado de Het.* **10:21** O *Sem, cuyo hermano mayor era Jafet.* **10:24** La versión griega dice *Arfaxad fue el padre de Cainán, Cainán fue el padre de Sala.* Comparar Lc 3:36. **11:2** En hebreo *Sinar.* **11:9** O *Babilonia. Babel* suena como un término hebreo que significa «confusión». **11:10** O *fue el antepasado de*; también en 11:12, 14, 16, 18, 20, 22, 24. **11:11** O *del nacimiento de este antepasado de*; también en 11:13, 15, 17, 19, 21, 23, 25. **11:12-13** La versión griega dice *12Cuando Arfaxad tenía 135 años de edad, fue padre de Cainán. 13Después del nacimiento de Cainán, Arfaxad vivió 430 años más y tuvo otros hijos e hijas, y entonces murió. Cuando Cainán tenía 130 años de edad, fue padre de Sala. Después del nacimiento de Sala, Cainán vivió 330 años más y tuvo otros hijos e hijas, y entonces murió.* Comparar con Lc 3:35-36.

Referencias cruzadas **10:10** Gn 11:9 **10:19** Gn 14:2 **10:32** Gn 9:19 **11:2** Gn 10:10 **11:13** Lc 3:35

vivió doscientos nueve años más y tuvo otros hijos e hijas.

20Cuando Reu tenía treinta y dos años de edad, tuvo a su hijo Serug. 21Después del nacimiento de Serug, Reu vivió doscientos siete años más y tuvo otros hijos e hijas.

22Cuando Serug tenía treinta años de edad, tuvo a su hijo Nacor. 23Después del nacimiento de Nacor, Serug vivió doscientos años más y tuvo otros hijos e hijas.

24Cuando Nacor tenía veintinueve años de edad, tuvo a su hijo Taré. 25Después del nacimiento de Taré, Nacor vivió ciento diecinueve años más y tuvo otros hijos e hijas.

26Después de que Taré cumpliera setenta años de edad, tuvo a Abram, a Nacor y a Harán.

La familia de Taré

27Este es el relato de la familia de Taré. Taré fue el padre de Abram, Nacor y Harán; y Harán fue el padre de Lot. 28Pero Harán murió en Ur de los caldeos —su tierra natal— mientras su padre Taré aún vivía. 29Durante ese tiempo, tanto Abram como Nacor se casaron. El nombre de la esposa de Abram era Sarai, y el nombre de la esposa de Nacor era Milca. (Milca y su hermana Isca eran hijas de Harán, el hermano de Nacor). 30Pero Sarai no podía quedar embarazada y no tenía hijos.

31Cierto día, Taré tomó a su hijo Abram, a su nuera Sarai (la esposa de su hijo Abram) y a su nieto Lot (el hijo de su hijo Harán) y salieron de Ur de los caldeos. Taré se dirigía a la tierra de Canaán, pero se detuvieron en Harán y se establecieron allí. 32Taré vivió doscientos cinco años* y murió mientras aún estaba en Harán.

Llamado de Abram

12 El Señor le había dicho a Abram: «Deja tu patria y a tus parientes y a la familia de tu padre, y vete a la tierra que yo te mostraré. 2Haré de ti una gran nación; te bendeciré y te haré famoso, y serás una bendición para otros. 3Bendeciré a quienes te bendigan y maldeciré a quienes te traten con desprecio. Todas las familias de la tierra serán bendecidas por medio de ti».

¡Respuestas Bíblicas! 4 ¿Por qué Abraham es tan importante?

12:2 Primero se llamaba Abram y Dios cambió su nombre a Abraham para decir que era el padre humano de su pueblo. A partir de él todo el Antiguo Testamento trata mayormente sobre la familia de Abraham, el pueblo Hebreo.

4Entonces Abram partió como el Señor le había ordenado, y Lot fue con él. Abram tenía setenta y cinco años cuando salió de Harán. 5Tomó a su esposa Sarai, a su sobrino Lot, y todas sus posesiones —sus animales y todas las personas que había incorporado a los de su casa en Harán— y se dirigió a la tierra de Canaán. Cuando llegaron a Canaán, 6Abram atravesó la tierra hasta llegar a Siquem. Allí estableció el campamento, junto al roble de More. En aquel tiempo, los cananeos habitaban esa región.

7Entonces el Señor se le apareció a Abram y le dijo: «Daré esta tierra a tu descendencia*». Y Abram edificó allí un altar y lo dedicó al Señor, quien se le había aparecido. 8Después Abram viajó hacia el sur y estableció el campamento en la zona montañosa, situada entre Betel al occidente, y Hai al oriente. Allí edificó otro altar y lo dedicó al Señor, y adoró al Señor. 9Entonces Abram continuó viajando por tramos en dirección sur, hacia el Neguev.

Abram y Sarai en Egipto

10En aquel tiempo, un hambre terrible azotó la tierra de Canaán y obligó a Abram a descender a Egipto, donde vivió como extranjero. 11Al acercarse a la frontera de Egipto, Abram le dijo a su esposa Sarai: «Mira, tú eres una mujer hermosa. 12Cuando los egipcios te vean, dirán: "Ella es su esposa. ¡Matémoslo y entonces podremos tomarla!". 13Así que, por favor, diles que eres mi hermana. Entonces me perdonarán la vida y me tratarán bien debido al interés que tienen en ti».

14Efectivamente, cuando Abram llegó a Egipto, todos notaron la belleza de Sarai. 15Cuando los funcionarios del palacio la vieron, hablaron maravillas de ella al faraón, su rey, y llevaron a Sarai al palacio. 16Entonces el faraón le dio a Abram muchos regalos a causa de ella: ovejas, cabras, ganado, asnos y asnas, siervos y siervas, y camellos.

17Pero el Señor envió plagas terribles sobre el faraón y sobre todos los de su casa debido a Sarai, la esposa de Abram. 18Así que el faraón mandó llamar a Abram y lo reprendió severamente: «¿Qué me has hecho? —preguntó—. ¿Por qué no me dijiste que era tu esposa? 19¿Por qué dijiste: "Es mi hermana" y con esto me permitiste tomarla como esposa? Ahora bien, aquí tienes a tu esposa. ¡Tómala y vete de aquí!». 20Entonces el faraón ordenó a algunos de sus hombres que los escoltaran, y expulsó a Abram de su territorio junto con su esposa y todas sus pertenencias.

Abram y Lot se separan

13 Entonces Abram salió de Egipto junto con su esposa, con Lot y con todo lo que poseían, y viajó hacia el norte, al Neguev. 2(Abram era muy rico en ganado, plata y oro). 3Desde el Neguev, continuaron viajando por tramos hacia Betel y armaron sus carpas entre Betel y Hai, donde habían acampado antes. 4Era el mismo lugar donde Abram había construido el altar, y allí volvió a adorar al Señor.

5Lot, quien viajaba con Abram, también se había enriquecido mucho con rebaños de ovejas y de cabras, manadas de ganado y muchas carpas. 6Pero la tierra no era suficiente para sustentar a Abram y a Lot si ambos vivían tan cerca el uno del otro con todos sus rebaños y manadas. 7Entonces surgieron disputas entre los que cuidaban los animales de Abram y los que cuidaban los de Lot. (En aquel tiempo, también vivían en la tierra los cananeos y los ferezeos).

8Finalmente, Abram le dijo a Lot: «No permitamos que este conflicto se interponga entre nosotros o entre los que cuidan nuestros animales. Después de todo, ¡somos parientes cercanos! 9Toda la región está a tu disposición. Escoge la parte de la tierra que prefieras, y nos

***Notas textuales** **11:32** Algunas versiones antiguas dicen *145 años*; comparar 11:26 y 12:4. **12:7** En hebreo *simiente*.

Referencias cruzadas **11:31** Hch 7:4 **12:1** Hb 11:8 **12:7** Ga 3:16 **12:20** Gn 20:1-18

separaremos. Si tú quieres la tierra a la izquierda, entonces yo tomaré la tierra de la derecha. Si tú prefieres la tierra de la derecha, yo me iré a la izquierda».

10Lot miró con detenimiento las fértiles llanuras del valle del Jordán en dirección a Zoar. Toda esa región tenía abundancia de agua, como el jardín del SEÑOR o la hermosa tierra de Egipto. (Esto ocurrió antes de que el SEÑOR destruyera Sodoma y Gomorra). 11Lot escogió para sí todo el valle del Jordán, que estaba situado al oriente. Se separó de su tío Abram y se mudó allí con sus rebaños y sus siervos. 12Entonces Abram se estableció en la tierra de Canaán, y Lot movió sus carpas a un lugar cerca de Sodoma y se estableció entre las ciudades de la llanura. 13Pero los habitantes de esa región eran sumamente perversos y no dejaban de pecar contra el SEÑOR.

14Después de que Lot se fue, el SEÑOR le dijo a Abram: «Mira lo más lejos que puedas en todas las direcciones: al norte y al sur, al oriente y al occidente. 15Yo te doy toda esta tierra, tan lejos como alcances a ver, a ti y a tu descendencia* como posesión permanente. 16¡Y te daré tantos descendientes que, como el polvo de la tierra, será imposible contarlos! 17Recorre toda la tierra en cada dirección, pues yo te la entrego».

18Entonces Abram mudó su campamento a Hebrón y se estableció cerca del robledo que pertenecía a Mamre, y allí construyó otro altar al SEÑOR.

Abram rescata a Lot

14 En esos días, estalló la guerra en la región. Amrafel, rey de Babilonia;* Arioc, rey de Elasar; Quedorlaomer, rey de Elam; y Tidal, rey de Goim, 2lucharon contra Bera, rey de Sodoma; Birsa, rey de Gomorra; Sinab, rey de Adma; Semeber, rey de Zeboim, y el rey de Bela (también llamada Zoar).

3Este segundo grupo de reyes unieron sus ejércitos en el valle de Sidim (que es el valle del mar Muerto*). 4Durante doce años, habían estado sometidos al rey Quedorlaomer pero, en el año trece, se rebelaron contra él.

5Un año después, Quedorlaomer y sus aliados llegaron y derrotaron a los refaítas en Astarot-karnaim, a los zuzitas en Ham, a los emitas en Save-quiriataim 6y a los horeos en el monte Seir, hasta El-parán, al borde del desierto. 7Luego dieron la vuelta y llegaron a En-mispat (que ahora se llama Cades) y conquistaron todo el territorio de los amalecitas y también a los amorreos que vivían en Hazezon-tamar.

8Entonces los reyes rebeldes de Sodoma, Gomorra, Adma, Zeboim y Bela (también llamada Zoar) se prepararon para la batalla en el valle del mar Muerto.* 9Lucharon contra Quedorlaomer, rey de Elam; Tidal, rey de Goim; Amrafel, rey de Babilonia; y Arioc, rey de Elasar. Eran cuatro reyes contra cinco. 10Resulta que el valle del mar Muerto estaba lleno de pozos de brea. Así que cuando el ejército de los reyes de Sodoma y Gomorra huía, algunos de ellos cayeron en los pozos de brea, mientras que el resto escapó a las montañas. 11Entonces los invasores victoriosos saquearon Sodoma y Gomorra y emprendieron el regreso a su tierra con el botín de guerra y los alimentos. 12También capturaron a Lot —el sobrino de Abram que vivía en Sodoma— y se llevaron todas sus pertenencias.

13Uno de los hombres de Lot escapó y le contó todo a Abram, el hebreo, que vivía cerca del robledo que pertenecía a Mamre, el amorreo. Mamre y sus parientes, Escol y Aner, eran aliados de Abram.

14Cuando Abram se enteró de que su sobrino Lot había sido capturado, movilizó a los trescientos dieciocho hombres adiestrados que habían nacido en su casa. Entonces persiguió al ejército de Quedorlaomer hasta que lo alcanzó en Dan. 15Allí dividió a sus hombres en grupos y atacó durante la noche. El ejército de Quedorlaomer huyó, pero Abram lo persiguió hasta Hoba, al norte de Damasco. 16Abram recuperó todos los bienes que habían sido tomados, y trajo de regreso a su sobrino Lot junto con sus pertenencias, las mujeres y los demás cautivos.

Melquisedec bendice a Abram

17Después de que Abram regresó de su victoria sobre el rey Quedorlaomer y todos sus aliados, el rey de Sodoma salió a encontrarse con él en el valle de Save (que es el valle del Rey).

18Y Melquisedec, rey de Salem y sacerdote del Dios Altísimo,* le llevó pan y vino a Abram. 19Melquisedec bendijo a Abram con la siguiente bendición:

«Bendito sea Abram por Dios Altísimo,
Creador de los cielos y la tierra.
20 Y bendito sea Dios Altísimo,
que derrotó a tus enemigos por ti».

Luego Abram dio a Melquisedec una décima parte de todos los bienes que había recuperado.

21El rey de Sodoma le dijo a Abram:

—Devuélveme a mi pueblo, el cual fue capturado; pero puedes quedarte con todos los bienes que recuperaste.

22Abram le respondió al rey de Sodoma:

—Juro solemnemente ante el SEÑOR, Dios Altísimo, Creador de los cielos y la tierra, 23que no tomaré nada de lo que a ti te pertenece, ni un simple hilo ni la correa de una sandalia. De otro modo, podrías decir: "Yo soy quien enriqueció a Abram". 24Aceptaré solamente lo que mis jóvenes guerreros ya han comido, y pido que tú entregues una porción justa de los bienes a mis aliados: Aner, Escol y Mamre.

Pacto del SEÑOR con Abram

15 Tiempo después, el SEÑOR le habló a Abram en una visión y le dijo:

—No temas, Abram, porque yo te protegeré, y tu recompensa será grande.

2Abram le respondió:

—Oh SEÑOR Soberano, ¿de qué sirven todas tus bendiciones si ni siquiera tengo un hijo? Ya que tú no me has dado hijos, Eliezer de Damasco, un siervo de los de mi casa, heredará toda mi riqueza. 3Tú no me has dado descendientes propios, así que uno de mis siervos será mi heredero.

4Después el SEÑOR le dijo:

—No, tu siervo no será tu heredero, porque tendrás un hijo propio, quien será tu heredero.

5Entonces el SEÑOR llevó a Abram afuera y le dijo:

***Notas textuales** **13:15** En hebreo *simiente*, también en 13:16. Este término se traduce como «descendencia» o «descendientes». **14:3** En hebreo *mar Salado.* **14:8** En hebreo *valle de Sidim* (ver 14:3); también en 14:10. **14:18** En hebreo *El-Elión*; también en 14:19, 20, 22.

Referencias cruzadas **13:15** Ga 3:16 **14:1** En hebreo *Sinar*; también en 14:9. **14:6** Gn 21:21 **14:18** Hb 5:6, 10; 7:1 **14:20** Hb 7:1-2

—Mira al cielo y, si puedes, cuenta las estrellas. ¡Esa es la cantidad de descendientes que tendrás!

[6]Y Abram creyó al SEÑOR, y el SEÑOR lo consideró justo debido a su fe.

[7]Entonces el SEÑOR le dijo:

—Yo soy el SEÑOR que te sacó de Ur de los caldeos para darte esta tierra como posesión.

[8]Pero Abram respondió:

—Oh SEÑOR Soberano, ¿cómo puedo estar seguro de que realmente voy a poseerla?

[9]Y el SEÑOR le dijo:

—Tráeme una novilla de tres años, una cabra de tres años, un carnero de tres años, una tórtola y un pichón de paloma.

[10]Entonces Abram le presentó todos esos animales y los mató. Luego partió a cada animal por la mitad y puso las mitades una al lado de la otra; sin embargo, no partió a las aves por la mitad. [11]Algunos buitres se lanzaron en picada para comerse a los animales muertos, pero Abram los espantó.

[12]Al ponerse el sol, Abram se durmió profundamente, y descendió sobre él una oscuridad aterradora. [13]Después el SEÑOR dijo a Abram: «Ten por seguro que tus descendientes serán extranjeros en una tierra ajena, donde los oprimirán como esclavos durante cuatrocientos años; [14]pero yo castigaré a la nación que los esclavice, y al final saldrán con muchas riquezas. [15](En cuanto a ti, morirás en paz y serás enterrado en buena vejez). [16]Cuando hayan pasado cuatro generaciones, tus descendientes regresarán aquí, a esta tierra, porque los pecados de los amorreos no ameritan aún su destrucción».

[17]Después de que el sol se puso y cayó la oscuridad, Abram vio un horno humeante y una antorcha ardiente que pasaban entre las mitades de los animales muertos. [18]Entonces el SEÑOR hizo un pacto con Abram aquel día y dijo: «Yo he entregado esta tierra a tus descendientes, desde la frontera de Egipto* hasta el gran río Éufrates, [19]la tierra que ahora ocupan los ceneos, los cenezeos, los cadmoneos, [20]los hititas, los ferezeos, los refaítas, [21]los amorreos, los cananeos, los gergeseos y los jebuseos».

¡Respuestas Bíblicas! 5 ¿Qué es un pacto?

15:18 Un pacto es la promesa más fuerte posible que una persona puede hacer. Dios le hizo promesas a Abraham y esas promesas son tan fuertes que se les llama pactos.

Nacimiento de Ismael

16 Ahora bien, Sarai, la esposa de Abram, no había podido darle hijos; pero tenía una sierva egipcia llamada Agar. [2]Entonces Sarai le dijo a Abram: «El SEÑOR no me ha permitido tener hijos. Ve y acuéstate con mi sierva; quizá yo pueda tener hijos por medio de ella». Y Abram aceptó la propuesta de Sarai. [3]Entonces Sarai, la esposa de Abram, tomó a Agar, la sierva egipcia, y la entregó a Abram como mujer. (Esto ocurrió diez años después de que Abram se estableció en la tierra de Canaán).

[4]Así que Abram tuvo relaciones sexuales con Agar, y ella quedó embarazada; pero cuando Agar supo que estaba embarazada, comenzó a tratar con desprecio a su señora, Sarai. [5]Entonces Sarai le dijo a Abram:

—¡Todo esto es culpa tuya! Puse a mi sierva en tus brazos pero, ahora que está embarazada, me trata con desprecio. El SEÑOR mostrará quién está equivocado, ¡tú o yo!

[6]Abram respondió:

—Mira, ella es tu sierva, así que haz con ella como mejor te parezca.

Entonces Sarai comenzó a tratar a Agar con tanta dureza que al final ella huyó.

[7]El ángel del SEÑOR encontró a Agar en el desierto junto a un manantial de agua, en el camino que lleva a Shur. [8]El ángel le dijo:

—Agar, sierva de Sarai, ¿de dónde vienes y hacia dónde vas?

—Estoy huyendo de mi señora, Sarai —contestó ella.

[9]El ángel del SEÑOR le dijo:

—Regresa a tu señora y sométete a su autoridad.

[10]Después añadió:

—Yo te daré más descendientes de los que puedas contar.

[11]El ángel también dijo:

—Ahora estás embarazada y darás a luz un hijo. Lo llamarás Ismael (que significa "Dios oye"), porque el SEÑOR ha oído tu clamor de angustia. [12]Este hijo tuyo será un hombre indomable, ¡tan indomable como un burro salvaje! Levantará su puño contra todos, y todos estarán en su contra. Así es, vivirá en franca oposición con todos sus familiares.

[13]A partir de entonces, Agar utilizó otro nombre para referirse al SEÑOR, quien le había hablado. Ella dijo: «Tú eres el Dios que me ve»*. También dijo: «¿De verdad he visto a Aquel que me ve?». [14]Así que ese pozo fue llamado Beer-lajai-roi (que significa «pozo del Viviente que me ve»). Aún se encuentra entre Cades y Bered.

[15]Entonces Agar le dio un hijo a Abram, y Abram lo llamó Ismael. [16]Abram tenía ochenta y seis años cuando nació Ismael.

De Abram a «Abraham»

17 Cuando Abram tenía noventa y nueve años, el SEÑOR se le apareció y le dijo: «Yo soy El-Shaddai, "Dios Todopoderoso". Sírveme con fidelidad y lleva una vida intachable. [2]Yo haré un pacto contigo, por medio del cual garantizo darte una descendencia incontable».

[3]Al oír eso, Abram cayó rostro en tierra. Después Dios le dijo: [4]«Este es mi pacto contigo: ¡te haré el padre de una multitud de naciones! [5]Además, cambiaré tu nombre. Ya no será Abram, sino que te llamarás Abraham,* porque serás el padre de muchas naciones. [6]Te haré sumamente fructífero. Tus descendientes llegarán a ser muchas naciones, ¡y de ellos surgirán reyes!

[7]»Yo confirmaré mi pacto contigo y con tus descendientes* después de ti, de generación en generación. Este es el pacto eterno: yo siempre seré tu Dios y el Dios de todos tus descendientes, [8]y les daré a ti y a tus descendientes toda la tierra de Canaán, donde ahora vives como

***Notas textuales** **15:18** En hebreo *desde el río de Egipto,* en referencia a un ramal oriental del río Nilo o bien al arroyo de Egipto en el Sinaí (ver Nm 34:5). **16:13** En hebreo *El-roi.* **17:5** *Abram* significa «exaltado padre»; *Abraham* suena como un término hebreo que significa «padre de muchos». **17:7** En hebreo *simiente*; también 17:7b, 8, 9, 10, 19.

Referencias cruzadas **15:6** Rm 4:3, 9, 22 **15:13** Hch 7:6 **16:5** Gn 31:53 **16:11** Ex 3:7-8 **16:15** Ga 4:22 **17:5** Rm 4:17 **17:7** Ga 3:16

extranjero. Será posesión de ellos para siempre, y yo seré su Dios».

La marca del pacto

9Entonces Dios le dijo a Abraham: «Es tu responsabilidad obedecer las condiciones del pacto. Tanto tú como todos tus descendientes tendrán esta responsabilidad de por vida. 10Este es el pacto que tú y tus descendientes deben cumplir: todo varón entre ustedes debe ser circuncidado. 11Debes cortar la carne del prepucio como señal del pacto entre tú y yo. 12De generación en generación, todo varón debe ser circuncidado al octavo día de su nacimiento. Esto incluye no solamente a los miembros de tu familia, sino también a los siervos nacidos en tu casa y a los siervos extranjeros que hayas comprado. 13Todos deben ser circuncidados. Llevarán en su cuerpo la marca de mi pacto eterno. 14Todo varón que no sea circuncidado será excluido de la familia del pacto por romper el pacto».

De Sarai a «Sara»

15Entonces Dios le dijo a Abraham: «Con respecto a Sarai, tu esposa, su nombre no será más Sarai. A partir de ahora, se llamará Sara.* 16Y yo la bendeciré, ¡y te daré un hijo varón por medio de ella! Sí, la bendeciré en abundancia, y llegará a ser la madre de muchas naciones. Entre sus descendientes, habrá reyes de naciones».

17Entonces Abraham se postró hasta el suelo, pero se rio por dentro, incrédulo. «¿Cómo podría yo ser padre a la edad de cien años? —pensó—. ¿Y cómo podrá Sara tener un bebé a los noventa años?». 18Así que Abraham le dijo a Dios:

—¡Que Ismael viva bajo tu bendición especial!

19Pero Dios le respondió:

—No. Sara, tu esposa, te dará a luz un hijo. Le pondrás por nombre Isaac,* y yo confirmaré mi pacto con él y con sus descendientes como pacto eterno. 20Con respecto a Ismael, también a él lo bendeciré, tal como me has pedido. Haré que sea muy fructífero y multiplicaré su descendencia. Llegará a ser padre de doce príncipes, y haré de él una gran nación; 21pero mi pacto se confirmará con Isaac, quien nacerá de ti y de Sara dentro de un año.

22Cuando Dios terminó de hablar, dejó a Abraham.

23Ese mismo día, Abraham tomó a su hijo Ismael, y a todos los varones de su casa, tanto los que habían nacido allí como los que había comprado; y los circuncidó cortándoles el prepucio, tal como Dios le había dicho. 24Abraham tenía noventa y nueve años cuando fue circuncidado, 25y su hijo Ismael tenía trece. 26Tanto Abraham como su hijo Ismael fueron circuncidados ese mismo día, 27y también los demás varones de la casa, los nacidos allí y los comprados como siervos. Todos fueron circuncidados junto con él.

Sara recibe la promesa de un hijo

18 El Señor se le apareció otra vez a Abraham cerca del robledo que pertenecía a Mamre. Un día, Abraham estaba sentado en la entrada de su carpa a la hora más calurosa del día. 2Entonces levantó la vista y vio a tres hombres de pie cerca de allí. Cuando los vio, corrió a recibirlos, y se inclinó hasta el suelo en señal de bienvenida.

3—Mi señor —dijo él—, si le agrada, deténgase aquí un rato. 4Descansen bajo la sombra de este árbol mientras les traen agua para lavarse los pies. 5Ya que han honrado a su siervo con esta visita, permítanme prepararles comida para que recobren fuerzas antes de continuar su viaje.

—Está bien —dijeron ellos—. Haz lo que dijiste.

6Entonces Abraham volvió corriendo a la carpa y le dijo a Sara: «¡Apresúrate! Toma tres medidas abundantes* de la mejor harina que tengas, amásala y hornea pan». 7Luego Abraham corrió hacia el rebaño, escogió un becerro tierno y se lo dio a su siervo, quien lo preparó con rapidez. 8Cuando la comida estuvo lista, Abraham tomó yogur* y leche junto con la carne asada, y sirvió la comida a los hombres. Mientras ellos comían, Abraham los atendía bajo la sombra de los árboles.

9—¿Dónde está Sara, tu esposa? —preguntaron los visitantes.

—Está dentro de la carpa —contestó Abraham.

10Entonces uno de ellos dijo:

—Yo volveré a verte dentro de un año, ¡y tu esposa, Sara, tendrá un hijo!

Sara escuchaba la conversación desde la carpa. 11Abraham y Sara eran muy ancianos en ese tiempo, y hacía mucho que Sara había pasado la edad de tener hijos. 12Así que se rio en silencio dentro de sí misma, y dijo: «¿Cómo podría una mujer acabada como yo disfrutar semejante placer, sobre todo cuando mi señor —mi esposo— también es muy viejo?».

13Entonces el Señor le dijo a Abraham:

—¿Por qué se rio Sara y dijo: "¿Acaso puede una mujer vieja como yo tener un bebé?"? 14¿Existe algo demasiado difícil para el Señor? Regresaré dentro de un año, y Sara tendrá un hijo.

15Sara tuvo miedo, por eso lo negó:

—Yo no me reí.

Pero el Señor dijo:

—No es cierto, sí te reíste.

Abraham intercede por Sodoma

16Después de haber comido, los hombres se levantaron y miraron hacia Sodoma. Cuando salieron, Abraham caminó un tramo con ellos para despedirlos.

17«¿Ocultaré mis planes a Abraham? —preguntó el Señor—. 18Pues Abraham sin duda llegará a formar una nación grande y poderosa, y todas las naciones de la tierra serán bendecidas por medio de él. 19Yo lo escogí a fin de que él ordene a sus hijos y a sus familias que se mantengan en el camino del Señor haciendo lo que es correcto y justo. Entonces yo haré para Abraham todo lo que he prometido».

20Así que el Señor le dijo a Abraham:

—He oído un gran clamor desde Sodoma y Gomorra, porque su pecado es muy grave. 21Bajaré para ver si sus acciones son tan perversas como he oído. Si no es así, quiero saberlo.

22Los otros hombres se dieron la vuelta y se dirigieron a Sodoma, pero el Señor se quedó con Abraham. 23Abraham se le acercó y dijo:

—¿Destruirás tanto al justo como al malvado? 24Supongamos que encuentras cincuenta personas justas en la ciudad, ¿aun así la destruirás y no la perdonarás por

***Notas textuales** **17:15** Tanto *Sarai* como *Sara* significan «princesa»; el cambio en la escritura tal vez refleje la diferencia entre los dialectos de Ur y Canaán. **17:19** *Isaac* significa «él ríe». **18:6** En hebreo *3 seahs,* unos 22 litros o 20 cuartos. **18:8** O *cuajada.*

Referencias cruzadas **17:12** Lc 1:59; 2:21 **17:24** Rm 4:11 **18:10** Rm 9:9 **18:14** Rm 9:9 **18:18** Ga 3:18

causa de los justos? 25Seguro que tú no harías semejante
cosa: destruir al justo junto con el malvado. ¡Pues estarías
tratando al justo y al malvado exactamente de la misma
manera! ¡Sin duda, tú no harías eso! ¿Acaso el Juez de toda
la tierra no haría lo que es correcto?
26Y el SEÑOR contestó:
—Si encuentro cincuenta personas justas en Sodoma,
perdonaré a toda la ciudad por causa de ellos.
27Entonces Abraham volvió a hablar:
—Ya que he comenzado, permíteme decir algo más a mi
Señor, aunque no soy más que polvo y cenizas. 28Supon-
gamos que hubiera solo cuarenta y cinco justos en vez de
cincuenta. ¿Destruirás toda la ciudad aunque falten cinco?
El SEÑOR le dijo:
—No la destruiré si encuentro cuarenta y cinco justos
allí.
29Entonces Abraham insistió en su petición:
—¿Supongamos que hubiera solamente cuarenta?
El SEÑOR le contestó:
—No la destruiré por causa de esos cuarenta.
30—Por favor, no te enojes, mi Señor —rogó Abraham—.
Permíteme seguir hablando. ¿Supongamos que se encon-
traran solamente treinta justos?
El SEÑOR le contestó:
—No la destruiré si encuentro treinta.
31Entonces Abraham dijo:
—Dado que me he atrevido a hablar al Señor, permí-
teme continuar. ¿Supongamos que hay solamente veinte?
El SEÑOR le contestó:
—Entonces no la destruiré por causa de esos veinte.
32Finalmente, Abraham dijo:
—Señor, por favor, no te enojes conmigo si hablo una
vez más. ¿Y si hubiera tan solo diez?
Y el SEÑOR contestó:
—Entonces no la destruiré por causa de esos diez.
33Cuando el SEÑOR terminó la conversación con
Abraham, siguió su camino, y Abraham regresó a su carpa.

Destrucción de Sodoma y Gomorra

19 Al anochecer, los dos ángeles llegaron a la entrada
de la ciudad de Sodoma. Lot estaba allí sentado y,
cuando los vio, se puso de pie para recibirlos. Entonces les
dio la bienvenida y se inclinó rostro en tierra.
2—Señores míos —dijo él—, vengan a mi casa para la-
varse los pies, y sean mis huéspedes esta noche. Entonces
mañana podrán levantarse temprano y seguir su camino.
—Oh, no —respondieron ellos—. Pasaremos la noche
aquí, en la plaza de la ciudad.
3Pero Lot insistió, y finalmente ellos fueron con él a
su casa. Lot preparó un banquete para ellos, con pan sin
levadura recién horneado, y ellos comieron; 4pero antes
de que se fueran a dormir, todos los hombres de Sodoma,
tanto jóvenes como mayores, llegaron de todas partes de
la ciudad y rodearon la casa. 5Y le gritaron a Lot:
—¿Dónde están los hombres que llegaron para pasar la
noche contigo? ¡Haz que salgan para que podamos tener
sexo con ellos!
6Entonces Lot salió de la casa para hablar con ellos y
cerró la puerta detrás de sí.
7—Por favor, hermanos míos —suplicó—, no hagan
una cosa tan perversa. 8Miren, tengo dos hijas vírgenes.
Déjenme traerlas, y podrán hacer con ellas lo que quieran.
Pero les ruego que dejen en paz a estos hombres, porque
son mis huéspedes y están bajo mi protección.
9—¡Hazte a un lado! —gritaron ellos—. Este tipo llegó
a la ciudad como forastero, ¡y ahora actúa como si fuera
nuestro juez! ¡Te trataremos mucho peor que a esos
hombres!
Y se lanzaron contra Lot para tirar la puerta abajo.
10Pero los dos ángeles* extendieron la mano, metieron
a Lot dentro de la casa y pusieron el cerrojo a la puerta.
11Luego dejaron ciegos a todos los hombres que estaban
en la puerta de la casa, tanto jóvenes como mayores, los
cuales abandonaron su intento de entrar.
12Mientras tanto, los ángeles le preguntaron a Lot:
—¿Tienes otros familiares en esta ciudad? Sácalos de
aquí, a tus yernos, hijos, hijas o cualquier otro, 13porque
estamos a punto de destruir este lugar por completo. El
clamor contra esta ciudad es tan grande que ha llegado
hasta el SEÑOR, y él nos ha enviado para destruirla.
14Entonces Lot salió con prisa a contarles a los prome-
tidos de sus hijas: «¡Rápido, salgan de la ciudad! El SEÑOR
está a punto de destruirla»; pero los jóvenes pensaron que
lo decía en broma.
15Al amanecer de la mañana siguiente, los ángeles
insistieron:
—Apresúrate —le dijeron a Lot—. Toma a tu esposa y
a tus dos hijas que están aquí. ¡Vete ahora mismo, o serás
arrastrado en la destrucción de la ciudad!
16Como Lot todavía titubeaba, los ángeles lo agarraron
de la mano, y también a su esposa y a sus dos hijas, y los
llevaron enseguida a un lugar seguro fuera de la ciudad,
porque el SEÑOR tuvo misericordia de ellos. 17Cuando
quedaron a salvo fuera de la ciudad, uno de los ángeles
ordenó:
—¡Corran y salven sus vidas! ¡No miren hacia atrás
ni se detengan en ningún lugar del valle! ¡Escapen a las
montañas, o serán destruidos!
18—¡Oh, no, mi señor! —suplicó Lot—. 19Ustedes
fueron tan amables conmigo y me salvaron la vida, y
han mostrado una gran bondad; pero no puedo ir a las
montañas. La destrucción me alcanzaría allí también, y
pronto moriría. 20Miren, hay una pequeña aldea cerca.
Por favor, déjenme ir allá; ¿no ven lo pequeña que es? Así
no perderé la vida.
21—Está bien —dijo el ángel—, concederé tu petición.
No destruiré la pequeña aldea. 22¡Pero apresúrate! Es-
capa a la aldea, porque no puedo hacer nada hasta que
llegues allí.
(Esto explica por qué aquella aldea se conocía como
Zoar, que significa «lugar pequeño»).
23Lot llegó a la aldea justo cuando el sol salía en el ho-
rizonte. 24Enseguida el SEÑOR hizo llover de los cielos
fuego y azufre ardiente sobre Sodoma y Gomorra. 25Las
destruyó por completo, junto con las demás ciudades y
aldeas de la llanura. Así arrasó a todas las personas y a
toda la vegetación; 26pero la esposa de Lot miró hacia
atrás mientras lo seguía y quedó convertida en una es-
tatua de sal.
27Abraham se levantó temprano esa mañana y salió
de prisa al lugar donde había estado en la presencia del
SEÑOR. 28Miró al otro lado de la llanura, hacia Sodoma y
Gomorra, y vio que subían columnas de humo desde las
ciudades como si fuera el humo de un horno.

***Notas textuales 19:10** En hebreo *hombres*; también en 19:12, 16.

Referencias cruzadas 18:25 Nm 16:22 **18:27** Gn 2:7 **19:2** Gn 18:4, 22 **19:5** Jc 19:22 **19:11** Dt 28:28-29 **19:17** Gn 19:26 **19:22** Gn 13:10

29Pero Dios había escuchado la petición de Abraham y
salvó la vida de Lot, a quien sacó del desastre que se tragó
a las ciudades de la llanura.

> **¡Respuestas Bíblicas! 6 ¿Dónde están Sodoma y Gomorra?**
>
> 19:28 Lo más probable es que las ruinas de estas ciudades se encuentren bajo las aguas del Mar Muerto. Estas ciudades sufrieron la consecuencia de sus pecados y hoy Israel explota pozos de petróleo cerca de donde pudieron estar estas ciudades.

Lot y sus hijas

30Tiempo después, Lot abandonó Zoar porque tenía
miedo de la gente de allí y fue a vivir a una cueva en las
montañas junto con sus dos hijas. 31Cierto día, la hija
mayor le dijo a su hermana: «No quedan hombres en
ningún lugar de esta región, así que no podemos casar-
nos como todas las demás; y nuestro padre pronto será
demasiado viejo para tener hijos. 32Ven, vamos a em-
borracharlo con vino, y después tendremos sexo con él.
De esa forma preservaremos nuestra descendencia por
medio de nuestro padre».

33Así que aquella noche lo emborracharon con vino,
y la hija mayor entró y tuvo relaciones sexuales con su
padre. Él no se dio cuenta cuando ella se acostó ni cuando
se levantó.

34A la mañana siguiente, la hermana mayor le dijo a
la menor: «Anoche tuve sexo con nuestro padre. Volva-
mos a emborracharlo con vino esta noche, y tú entrarás y
tendrás sexo con él. De esa forma preservaremos nuestra
descendencia por medio de nuestro padre». 35Así que
aquella noche ellas volvieron a emborracharlo con vino,
y la hija menor entró y tuvo relaciones sexuales con él.
Igual que antes, él no se dio cuenta cuando ella se acostó
ni cuando se levantó.

36Como resultado, las dos hijas de Lot quedaron emba-
razadas de su propio padre. 37Cuando la hija mayor dio a
luz un hijo, le puso por nombre Moab.* Él llegó a ser padre
de la nación conocida ahora como los moabitas. 38Cuando
la hija menor dio a luz un hijo, le puso por nombre Ben-
ammi.* Él llegó a ser padre de la nación conocida ahora
como los amonitas.

Abraham engaña a Abimelec

20 Abraham se trasladó hacia el sur, al Neguev, y
vivió un tiempo entre Cades y Shur; luego si-
guió hasta Gerar. Mientras vivía allí como extranjero,
2Abraham presentó a su esposa, Sara, diciendo: «Ella es
mi hermana». Entonces el rey Abimelec de Gerar mandó
llamar a Sara e hizo que la trajeran ante él a su palacio.

3Esa noche Dios se le apareció a Abimelec en un sueño
y le dijo:

—Eres hombre muerto, porque esa mujer que has to-
mado ¡ya está casada!

4Sin embargo, Abimelec todavía no había dormido
con ella, así que dijo:

—Señor, ¿destruirás a una nación inocente? 5¿Acaso
no me dijo Abraham: "Ella es mi hermana"? Y ella misma
dijo: "Sí, él es mi hermano". ¡Yo he actuado con total ino-
cencia! Mis manos están limpias.

6En el sueño, Dios respondió:

—Sí, yo sé que tú eres inocente. Por eso no permití que
pecaras contra mí ni dejé que la tocaras. 7Ahora devuelve
la mujer a su esposo; y él orará por ti, porque es profeta.
Entonces vivirás; pero si no la devuelves, puedes estar
seguro de que tú y todo tu pueblo morirán.

8A la mañana siguiente, Abimelec se levantó temprano
y enseguida reunió a todos sus siervos. Cuando les dijo
a sus hombres lo que había ocurrido, ellos quedaron
aterrados. 9Entonces Abimelec mandó llamar a Abraham.

—¿Qué nos has hecho? —preguntó—. ¿Qué delito he
cometido que merezca un trato como este, que nos haces
culpables a mí y a mi reino de este gran pecado? ¡Nadie
debería hacer jamás lo que tú has hecho! 10¿Qué te llevó
a cometer semejante acto?

11Abraham contestó:

—Yo pensé: "Este es un lugar donde no hay temor de
Dios. Ellos querrán tener a mi esposa y me matarán para
conseguirla". 12Ella de verdad es mi hermana, pues ambos
tenemos el mismo padre, aunque diferentes madres; y yo
me casé con ella. 13Cuando Dios me llamó a abandonar la
casa de mi padre y a viajar de lugar en lugar, le dije a ella:
"Hazme un favor, por donde vayamos, dile a la gente que
yo soy tu hermano".

14Entonces Abimelec tomó algunas de sus ovejas y
cabras, ganado y también siervos y siervas, y entregó
todo a Abraham. Además le devolvió a su esposa, Sara.
15Después Abimelec le dijo:

—Revisa mis tierras y escoge cualquier lugar donde
te gustaría vivir.

16Y le dijo a Sara:

—Mira, le entrego a tu "hermano" mil piezas de plata*
en presencia de todos estos testigos, para compensarte
por cualquier daño que pudiera haberte causado. Esto
resolverá todo reclamo contra mí, y tu reputación que-
dará limpia.

17Entonces Abraham oró a Dios, y Dios sanó a Abi-
melec, a su esposa y a sus siervas para que pudieran tener
hijos. 18Pues el SEÑOR había hecho que todas las mujeres
quedaran estériles debido a lo que pasó con Sara, la esposa
de Abraham.

Nacimiento de Isaac

21 El SEÑOR cumplió su palabra e hizo con Sara exac-
tamente lo que había prometido. 2Ella quedó em-
barazada y dio a luz un hijo a Abraham en su vejez. Esto
ocurrió justo en el tiempo que Dios dijo que pasaría. 3Y
Abraham le puso por nombre a su hijo, Isaac. 4Ocho días
después del nacimiento, Abraham circuncidó a Isaac, tal
como Dios había ordenado. 5Abraham tenía cien años de
edad cuando nació Isaac.

6Sara declaró: «Dios me hizo reír.* Todos los que se
enteren de lo que sucedió se reirán conmigo. 7¿Quién
le hubiera dicho a Abraham que Sara amamantaría a un
bebé? Sin embargo, ¡le he dado a Abraham un hijo en
su vejez!».

Abraham despide a Agar e Ismael

8Cuando Isaac creció y estaba a punto de ser destetado,
Abraham preparó una gran fiesta para celebrar la ocasión.

***Notas textuales** **19:37** *Moab* suena como un término hebreo que significa «del padre». **19:38** *Ben-ammi* significa «hijo de mi pariente». **20:16** En hebreo *1000 [siclos] de plata*, aproximadamente 11,4 kilos o 25 libras de peso. **21:6** El nombre *Isaac* significa «él ríe».

Referencias cruzadas **19:29** 2 P 2:7-8 **20:7** 1 Sm 7:5 **20:18** Gn 12:1-18

9Pero Sara vio que Ismael —el hijo de Abraham y de su
sierva egipcia Agar— se burlaba de su hijo Isaac.* 10En-
tonces ella se dirigió a Abraham y le exigió: «Echa fuera
a esa esclava y a su hijo. Él no compartirá la herencia con
mi hijo Isaac. ¡No lo permitiré!».
11Esto disgustó mucho a Abraham, porque Ismael era
su hijo; 12pero Dios le dijo a Abraham: «No te alteres por
el muchacho y tu sierva. Haz todo lo que Sara te diga,
porque Isaac es el hijo mediante el cual procederán tus
descendientes. 13Yo también haré una nación de los des-
cendientes del hijo de Agar, porque él también es hijo
tuyo».
14Así que a la mañana siguiente Abraham se levantó
temprano, preparó comida y un recipiente de agua, y
amarró todo a los hombros de Agar. Luego la despidió
junto con su hijo, y ella anduvo errante por el desierto
de Beerseba.
15Cuando se acabó el agua, Agar puso al muchacho a
la sombra de un arbusto. 16Entonces se alejó y se sentó
sola a unos cien metros de distancia.* Se echó a llorar y
dijo: «No quiero ver morir al muchacho».
17Pero Dios escuchó llorar al muchacho, y el ángel de
Dios llamó a Agar desde el cielo: «Agar, ¿qué pasa? ¡No
tengas miedo! Dios ha oído llorar al muchacho, allí ten-
dido en el suelo. 18Ve a consolarlo, porque yo haré de su
descendencia una gran nación».
19Entonces Dios abrió los ojos de Agar, y ella vio un
pozo lleno de agua. Enseguida llenó su recipiente con agua
y dio de beber al niño.
20El muchacho creció en el desierto, y Dios estaba con
él. Llegó a ser un hábil arquero, 21se estableció en el de-
sierto de Parán, y su madre arregló que se casara con una
mujer de la tierra de Egipto.

Pacto de Abraham con Abimelec

22En esos días, Abimelec fue con Ficol, el comandante de
su ejército, a visitar a Abraham.
—Es obvio que Dios está contigo, ayudándote en todo
lo que haces —dijo Abimelec—. 23Júrame en nombre de
Dios que nunca me engañarás ni a mí, ni a mis hijos, ni a
ninguno de mis descendientes. Yo te he sido leal, así que
ahora jura que tú me serás leal a mí y a esta nación donde
vives como extranjero.
24Abraham respondió:
—¡Sí, lo juro!
25Entonces Abraham se quejó con Abimelec por un
pozo que los siervos de Abimelec habían quitado por la
fuerza a los siervos de Abraham.
26—No sabía nada —respondió Abimelec—. No tengo
idea de quién es el responsable. Nunca antes te has que-
jado de este asunto.
27Entonces Abraham le dio a Abimelec algunas de sus
ovejas y cabras, y cabezas de ganado, y los dos hicieron un
tratado. 28Pero Abraham además tomó otras siete corde-
ras y las puso aparte. 29Y Abimelec preguntó:
—¿Por qué has puesto estas siete separadas de los
demás?
30Abraham respondió:
—Por favor, recibe estas siete corderas en señal de que
aceptas que yo cavé este pozo.
31Luego Abraham puso por nombre a ese lugar Beer-
seba (que significa «pozo del juramento»), porque fue allí
donde ambos hicieron el juramento.
32Después de haber hecho el pacto en Beerseba,
Abimelec partió junto con Ficol, el comandante de su
ejército, y los dos regresaron a su hogar, en tierra de los
filisteos. 33Luego Abraham plantó un tamarisco en Beer-
seba, y allí adoró al SEÑOR, Dios Eterno.* 34Y Abraham
vivió como extranjero en la tierra de los filisteos durante
mucho tiempo.

La prueba de fe de Abraham

22 Tiempo después, Dios probó la fe de Abraham.
—¡Abraham! —lo llamó Dios.
—Sí —respondió él—, aquí estoy.
2—Toma a tu hijo, tu único hijo —sí, a Isaac, a quien
tanto amas— y vete a la tierra de Moriah. Allí lo sacrificarás
como ofrenda quemada sobre uno de los montes, uno
que yo te mostraré.
3A la mañana siguiente, Abraham se levantó temprano.
Ensilló su burro y llevó con él a dos de sus siervos, junto
con su hijo Isaac. Después cortó leña para el fuego de la
ofrenda y salió hacia el lugar que Dios le había indicado.
4Al tercer día de viaje, Abraham levantó la vista y vio el
lugar a la distancia. 5«Quédense aquí con el burro —dijo
Abraham a los siervos—. El muchacho y yo seguiremos
un poco más adelante. Allí adoraremos y volveremos
enseguida».
6Entonces Abraham puso la leña para la ofrenda sobre
los hombros de Isaac, mientras que él llevó el fuego y el
cuchillo. Mientras caminaban juntos, 7Isaac se dio vuelta
y le dijo a Abraham:
—¿Padre?
—Sí, hijo mío —contestó Abraham.
—Tenemos el fuego y la leña —dijo el muchacho—,
¿pero dónde está el cordero para la ofrenda quemada?
8—Dios proveerá un cordero para la ofrenda quemada,
hijo mío —contestó Abraham.
Así que ambos siguieron caminando juntos.
9Cuando llegaron al lugar indicado por Dios, Abraham
construyó un altar y colocó la leña encima. Luego ató a
su hijo Isaac, y lo puso sobre el altar, encima de la leña.
10Y Abraham tomó el cuchillo para matar a su hijo en
sacrificio. 11En ese momento, el ángel del SEÑOR lo llamó
desde el cielo:
—¡Abraham! ¡Abraham!
—Sí —respondió Abraham—, ¡aquí estoy!
12—¡No pongas tu mano sobre el muchacho! —dijo el
ángel—. No le hagas ningún daño, porque ahora sé que
de verdad temes a Dios. No me has negado ni siquiera a
tu hijo, tu único hijo.
13Entonces Abraham levantó los ojos y vio un carnero
que estaba enredado por los cuernos en un matorral. Así
que tomó el carnero y lo sacrificó como ofrenda que-
mada en lugar de su hijo. 14Abraham llamó a aquel lugar
Yahveh-jireh (que significa «el SEÑOR proveerá»). Hasta
el día de hoy, la gente todavía usa ese nombre como pro-
verbio: «En el monte del SEÑOR será provisto».
15Luego el ángel del SEÑOR volvió a llamar a Abraham
desde el cielo.
16—El SEÑOR dice: Ya que me has obedecido y no me
has negado ni siquiera a tu hijo, tu único hijo, juro por mi
nombre que 17ciertamente te bendeciré. Multiplicaré tu

***Notas textuales** **21:9** Así aparece en la versión griega y en la Vulgata Latina; en hebreo falta *de su hijo Isaac.* **21:16** En hebreo *a distancia de un tiro con arco.* **21:33** En hebreo *El-Olam.*

Referencias cruzadas **21:10** Ga 4:30 **21:12** Rm 9:7 **22:2** Jn 3:16 **22:6** Jn 19:17 **22:11** Hb 11:17-19 descendencia* hasta que sea incontable, como las estrellas del cielo y la arena a la orilla del mar. Tus descendientes conquistarán las ciudades de sus enemigos; 18y mediante tu descendencia, todas las naciones de la tierra serán bendecidas. Todo eso, porque me has obedecido.

19Luego volvieron al lugar donde estaban los siervos y viajaron de regreso a Beerseba, donde Abraham siguió habitando.

20Poco tiempo después, Abraham oyó que Milca, la esposa de su hermano Nacor, le había dado a Nacor ocho hijos. 21El mayor se llamaba Uz, el siguiente era Buz, seguido por Kemuel (antepasado de los arameos), 22Quésed, Hazó, Pildás, Jidlaf y Betuel. 23(Betuel fue el padre de Rebeca). Además de esos ocho hijos de Milca, 24Nacor tuvo otros cuatro hijos con su concubina Reúma. Sus nombres eran Teba, Gahán, Tahás y Maaca.

Entierro de Sara

23 A la edad de ciento veintisiete años, 2Sara murió en Quiriat-arba (actualmente se llama Hebrón), en la tierra de Canaán. Allí Abraham hizo duelo y lloró por ella.

3Luego, se apartó del cuerpo de su esposa y dijo a los ancianos hititas:

4—Aquí estoy, vivo entre ustedes como forastero y extranjero. Por favor, véndanme una parcela de terreno para darle un entierro apropiado a mi esposa.

5—Escúchenos, señor —respondieron los hititas a Abraham—, 6usted es un príncipe de honor entre nosotros. Escoja la mejor de nuestras tumbas y entiérrela allí. Ninguno de nosotros se negará a ayudarlo en ese sentido.

7Entonces Abraham se inclinó hasta el suelo ante los hititas 8y dijo:

—Ya que ustedes están dispuestos a brindarme esa ayuda, sean tan amables de pedir a Efrón, hijo de Zohar, 9que me permita comprar su cueva en Macpela, que está al final de su campo. Yo pagaré el precio total en presencia de testigos, a fin de tener un lugar permanente donde enterrar a mi familia.

10Efrón estaba sentado allí entre los demás y respondió a Abraham mientras los demás escuchaban. Habló públicamente delante de todos los ancianos hititas de la ciudad.

11—No, mi señor —le dijo a Abraham—, por favor, escúcheme. Yo le regalaré el campo y la cueva. Aquí mismo, en presencia de mi pueblo, se lo regalo. Vaya y entierre a su esposa.

12Abraham volvió a inclinarse hasta el suelo ante los ciudadanos del lugar 13y respondió a Efrón a oídos de todos.

—No, escúcheme. Yo se lo compraré. Permítame pagar el precio total del campo, para poder enterrar allí a mi esposa.

14Efrón respondió a Abraham:

15—Mi señor, por favor, escúcheme. El campo vale cuatrocientas monedas* de plata, ¿pero qué es eso entre amigos? Vaya y entierre a su esposa.

16Abraham estuvo de acuerdo con el precio sugerido por Efrón y pagó la cantidad total: cuatrocientas monedas de plata, pesadas según la norma de los comerciantes; y los ancianos hititas presenciaron la transacción.

17Así fue que Abraham compró la parcela que pertenecía a Efrón en Macpela, cerca de Mamre. La parcela constaba del campo, la cueva y todos los árboles que la rodeaban. 18Se transfirió a Abraham como posesión permanente en presencia de los ancianos hititas, en la puerta de la ciudad. 19Después Abraham enterró a su esposa, Sara, allí en Canaán, en la cueva de Macpela, cerca de Mamre (también llamado Hebrón). 20Así que el campo y la cueva de los hititas pasaron a manos de Abraham, para ser usados como lugar de sepultura permanente.

Una esposa para Isaac

24 Abraham ya era un hombre muy anciano, y el Señor lo había bendecido en todo. 2Cierto día Abraham le dijo a su siervo más antiguo, el hombre que estaba a cargo de su casa:

—Haz un juramento poniendo tu mano debajo de mi muslo. 3Jura por el Señor, Dios del cielo y de la tierra, que no dejarás que mi hijo se case con una de esas mujeres cananeas. 4En cambio, vuelve a mi tierra natal, donde están mis parientes, y encuentra allí una esposa para mi hijo Isaac.

5El siervo preguntó:

—¿Pero qué pasaría si no puedo encontrar una joven que esté dispuesta a viajar tan lejos de su casa? ¿Debería, entonces, llevar allí a Isaac para que viva entre sus parientes, en la tierra de donde usted proviene?

6—¡No! —contestó Abraham—. Procura no llevar nunca a mi hijo allí. 7Pues el Señor, Dios del cielo, quien me sacó de la casa de mi padre y de mi tierra natal, prometió solemnemente dar esta tierra a mis descendientes.* Él enviará a su ángel delante de ti y se encargará de que encuentres allí una esposa para mi hijo. 8Si ella no está dispuesta a regresar contigo, entonces quedarás libre de este juramento que haces conmigo; pero bajo ninguna circunstancia, llevarás a mi hijo allí.

9Entonces el siervo hizo un juramento poniendo su mano debajo del muslo de su señor, Abraham, y juró seguir sus instrucciones. 10Después tomó diez de los camellos de Abraham y los cargó con toda clase de regalos valiosos de parte de su señor, y viajó hasta la lejana tierra de Aram-naharaim. Una vez allí, se dirigió a la ciudad donde se había establecido Nacor, hermano de Abraham. 11Hizo que los camellos se arrodillaran junto a un pozo justo a las afueras de la ciudad. Era la caída de la tarde, y las mujeres salían a sacar agua.

12«Oh Señor, Dios de mi amo, Abraham —oró—. Te ruego que hoy me des éxito y muestres amor inagotable a mi amo, Abraham. 13Aquí me encuentro junto a este manantial, y las jóvenes de la ciudad vienen a sacar agua. 14Mi petición es la siguiente: yo le diré a una de ellas: "Por favor, deme de beber de su cántaro"; si ella dice: "Sí, beba usted, ¡y también daré de beber a sus camellos!", que sea ella la que has elegido como esposa para Isaac. De esa forma sabré que has mostrado amor inagotable a mi amo».

15Entonces, antes de terminar su oración, vio a una joven llamada Rebeca, que salía con su cántaro al hombro. Ella era hija de Betuel, quien era hijo de Nacor —hermano de Abraham— y de Milca, su esposa. 16Rebeca era muy hermosa y tenía edad suficiente para estar casada, pero aún era virgen. Ella descendió hasta el manantial, llenó

***Notas textuales** **22:17** En hebreo *simiente*; también en 22:17b, 18. Este término se traduce como «descendencia» o «descendientes». **23:15** En hebreo *400 siclos*, aproximadamente 4,6 kilos o 10 libras de peso; también en 23:16. **24:7** En hebreo *simiente*; también en 24:60.

Referencias cruzadas **22:16** Hb 6:13-14 **23:4** Hb 11:9 **23:16** Jr 32:9
Referencias cruzadas **24:7** Ga 3:16

su cántaro y volvió a subir. 17Entonces el siervo corrió hasta alcanzarla y le dijo:

—Por favor, deme de beber un poco de agua de su cántaro.

18—Sí, mi señor, beba —respondió ella.

Enseguida bajó su cántaro del hombro y le dio de beber. 19Después de darle de beber, dijo:

—También sacaré agua para sus camellos y les daré de beber hasta que se sacien.

20Así que, de inmediato, vació su cántaro en el bebedero y volvió corriendo al pozo a sacar agua para todos los camellos.

21El siervo la observaba en silencio mientras se preguntaba si el Señor le había dado éxito en la misión. 22Cuando los camellos terminaron de beber, sacó un anillo de oro para la nariz de la muchacha y dos pulseras grandes de oro* para sus muñecas.

23—¿De quién es hija usted? —le preguntó—, y dígame, por favor, ¿tendría su padre algún lugar para hospedarnos esta noche?

24—Soy hija de Betuel —contestó ella—, y mis abuelos son Nacor y Milca. 25Sí, tenemos más que suficiente paja y alimento para los camellos, y también tenemos lugar para huéspedes.

26El hombre se inclinó hasta el suelo y adoró al Señor. 27—Alabado sea el Señor, Dios de mi amo, Abraham —dijo—. El Señor ha mostrado amor inagotable y fidelidad a mi amo, porque me ha guiado directamente a los parientes de mi señor.

28La joven corrió a su casa para contarle a su familia todo lo que había ocurrido. 29Rebeca tenía un hermano llamado Labán, el cual salió corriendo al manantial para encontrarse con el hombre. 30Había visto el anillo en la nariz de su hermana y las pulseras en sus muñecas, y había oído a Rebeca contar lo que el hombre le había dicho. Así que corrió hasta llegar al manantial, donde el hombre aún estaba parado al lado de sus camellos. 31Entonces Labán le dijo: «¡Ven y quédate con nosotros, hombre bendecido por el Señor! ¿Por qué estás aquí, fuera de la ciudad, cuando yo tengo un cuarto preparado para ti y un lugar para los camellos?».

32Entonces el hombre fue con Labán a su casa, y Labán descargó los camellos, y para que se tendieran les proveyó paja, los alimentó, y también trajo agua para que el hombre y los camelleros se lavaran los pies. 33Luego sirvieron la comida, pero el siervo de Abraham dijo:

—No quiero comer hasta que les haya dicho la razón por la que vine.

—Muy bien —respondió Labán—, dinos.

34—Yo soy siervo de Abraham —explicó—. 35Y el Señor ha bendecido mucho a mi amo; y él se ha enriquecido. El Señor le ha dado rebaños de ovejas y cabras, manadas de ganado, una fortuna en plata y en oro, y muchos siervos y siervas, camellos y burros.

36»Cuando Sara, la esposa de mi amo, era ya muy anciana, le dio un hijo a mi amo, y mi amo le ha dado a él todo lo que posee. 37Mi amo me hizo jurar, y me dijo: "No dejes que mi hijo se case con una de esas mujeres cananeas. 38En cambio, vuelve a la casa de mi padre, a mis parientes, y encuentra allí una esposa para mi hijo".

39»Pero yo le dije a mi amo: "¿Y si no encuentro una joven que esté dispuesta a regresar conmigo?". 40Y él contestó: "El Señor, en cuya presencia he vivido, enviará a su ángel contigo y hará que tu misión tenga éxito. Es verdad, debes encontrar una esposa para mi hijo entre mis parientes, en la familia de mi padre. 41Entonces habrás cumplido tu obligación; pero si vas a mis parientes y ellos se niegan a dejarla ir contigo, quedarás libre de mi juramento".

42»Así que cuando llegué al manantial, hice esta oración: "Oh Señor, Dios de mi amo, Abraham, te ruego que me des éxito en esta misión. 43Mira, aquí estoy, parado junto a este manantial, y esta es mi petición: cuando venga una joven a sacar agua, yo le diré: 'Por favor, deme de beber un poco de agua de su cántaro'; 44si ella dice: 'Sí, beba usted, y también sacaré agua para sus camellos', que sea ella la que has elegido para ser la esposa del hijo de mi amo".

45»Antes de terminar de orar en mi corazón, vi a Rebeca saliendo con un cántaro de agua al hombro. Ella descendió hasta el manantial y sacó agua. Entonces yo le dije: "Por favor, deme de beber". 46Enseguida ella bajó el cántaro del hombro y dijo: "Sí, beba usted, ¡y también daré de beber a sus camellos!". Así que bebí, y después ella dio de beber a los camellos.

47»Entonces le pregunté: "¿De quién es hija usted?", y ella contestó: "Soy hija de Betuel, y mis abuelos son Nacor y Milca". Así que puse el anillo en su nariz y las pulseras en sus muñecas.

48»Después me incliné hasta el suelo y adoré al Señor. Alabé al Señor, Dios de mi amo, Abraham, porque me había guiado directamente a la sobrina de mi amo, para que ella sea la esposa de su hijo. 49Así que díganme: ¿quieren o no mostrar amor inagotable y fidelidad a mi amo? Por favor, respóndanme "sí" o "no", y de esa manera sabré qué hacer después.

50Entonces Betuel y Labán respondieron:

—Es evidente que el Señor te trajo hasta aquí, así que no hay nada que podamos decir. 51Aquí está Rebeca; tómala y vete. Efectivamente, que ella sea la esposa del hijo de tu amo, tal como el Señor lo ha dispuesto.

52Cuando el siervo de Abraham oyó la respuesta, se postró hasta el suelo y adoró al Señor. 53Después sacó joyas de plata y de oro, y vestidos, y se los dio a Rebeca. También entregó valiosos regalos a su hermano y a su madre. 54Luego comieron, y el siervo y los hombres que lo acompañaban pasaron allí la noche.

Pero temprano a la mañana siguiente, el siervo de Abraham dijo:

—Envíenme de regreso a mi amo.

55—Queremos que Rebeca se quede con nosotros al menos diez días —dijeron su madre y su hermano—, y luego podrá irse.

56Pero él dijo:

—No me retrasen. El Señor hizo que mi misión tuviera éxito; ahora envíenme, para que pueda regresar a la casa de mi amo.

57—Bien —dijeron ellos—, llamaremos a Rebeca y le preguntaremos qué le parece a ella.

58Entonces llamaron a Rebeca.

—¿Estás dispuesta a irte con este hombre? —le preguntaron.

—Sí —contestó—, iré.

59Entonces se despidieron de Rebeca y la enviaron con

***Notas textuales 24:22** En hebreo *un anillo de oro para la nariz, el cual pesaba un becá* [6 gramos o 0,2 onzas] *y dos pulseras de oro que pesaban diez [siclos]* [114 gramos o 4 onzas].

Referencias cruzadas 24:39 Gn 24:5 **24:60** Gn 17:16

el siervo de Abraham y sus hombres. La mujer que había
sido niñera de Rebeca la acompañó. 60Cuando Rebeca
partía le dieron la siguiente bendición:

«Hermana nuestra, ¡que llegues a ser
la madre de muchos millones!
Que tus descendientes sean fuertes
y conquisten las ciudades de sus enemigos».

61Después Rebeca y sus siervas montaron en los camellos
y siguieron al hombre. Así que el siervo de Abraham se
llevó a Rebeca y emprendió el viaje.
62Mientras tanto, Isaac, que vivía en el Neguev, había
regresado de Beer-lajai-roi. 63Una tarde, mientras cami-
naba por los campos y meditaba, levantó la vista y vio que
se acercaban los camellos. 64Cuando Rebeca levantó la
vista y vio a Isaac, se bajó enseguida del camello.
65—¿Quién es ese hombre que viene a nuestro encuen-
tro caminando por los campos? —preguntó al siervo.
Y él contestó:
—Es mi amo.
Entonces Rebeca se cubrió el rostro con el velo, 66y el
siervo le contó a Isaac todo lo que había hecho.
67Luego Isaac la llevó a la carpa de Sara, su madre, y
Rebeca fue su esposa. Él la amó profundamente, y ella
fue para él un consuelo especial después de la muerte
de su madre.

Muerte de Abraham

25 Abraham volvió a casarse, con una mujer llamada
Cetura. 2Ella dio a luz a Zimram, Jocsán, Medán,
Madián, Isbac y Súa. 3Jocsán fue el padre de Seba y Dedán.
Los descendientes de Dedán fueron los asureos, los letu-
seos y los leumeos. 4Los hijos de Madián fueron Efa, Efer,
Hanoc, Abida y Elda. Todos ellos fueron descendientes
de Abraham por medio de Cetura.
5Abraham le dio todo lo que poseía a su hijo Isaac; 6pero
antes de morir, les dio regalos a los hijos de sus concubinas
y los separó de su hijo Isaac, enviándolos a una tierra en
el oriente.
7Abraham vivió ciento setenta y cinco años, 8y murió
en buena vejez, luego de una vida larga y satisfactoria.
Dio su último suspiro y se reunió con sus antepasados al
morir. 9Sus hijos Isaac e Ismael lo enterraron en la cueva
de Macpela, cerca de Mamre, en el campo de Efrón, hijo
de Zohar el hitita. 10Ese era el campo que Abraham había
comprado a los hititas y donde había enterrado a su esposa
Sara. 11Después de la muerte de Abraham, Dios bendijo
a su hijo Isaac, quien se estableció cerca de Beer-lajai-roi,
en el Neguev.

Descendientes de Ismael

12Este es el relato de la familia de Ismael, el hijo de
Abraham por medio de Agar, la sierva egipcia de Sara.
13La siguiente lista corresponde a los descendientes de
Ismael por nombres y clanes: el hijo mayor fue Nebaiot,
seguido por Cedar, Adbeel, Mibsam, 14Misma, Duma,
Massa, 15Hadad, Tema, Jetur, Nafis y Cedema. 16Estos
doce hijos de Ismael fueron los fundadores de doce tribus
—cada una llevaba el nombre de su fundador—, registra-
das según los lugares donde se establecieron y acamparon.
17Ismael vivió ciento treinta y siete años. Después dio su
último suspiro y se reunió con sus antepasados al morir.
18Los descendientes de Ismael ocuparon la región que va
desde Havila hasta Shur, que está al oriente de Egipto, en
dirección a Asiria. Allí vivieron en franca oposición con
todos sus parientes.*

Nacimiento de Esaú y Jacob

19Este es el relato de la familia de Isaac, hijo de Abraham.
20Cuando Isaac tenía cuarenta años, se casó con Rebeca,
hija de Betuel el arameo, de Padán-aram, y hermana de
Labán el arameo.
21Isaac rogó al SEÑOR a favor de su esposa, porque
ella no podía tener hijos. El SEÑOR contestó la oración de
Isaac, y Rebeca quedó embarazada de mellizos. 22Pero los
dos niños luchaban entre sí dentro de su vientre. Así que
ella consultó al SEÑOR:
—¿Por qué me pasa esto? —preguntó.
23Y el SEÑOR le dijo:
—Los hijos que llevas en tu vientre llegarán a ser dos
naciones, y desde el principio las dos naciones serán ri-
vales. Una nación será más fuerte que la otra; y tu hijo
mayor servirá a tu hijo menor.
24Cuando le llegó el momento de dar a luz, ¡Rebeca
comprobó que de verdad tenía mellizos! 25El primero en
nacer era muy rojizo y estaba cubierto de mucho vello,
como con un abrigo de piel; por eso lo llamaron Esaú.*
26Después nació el otro mellizo, agarrando con la mano
el talón de Esaú; por eso lo llamaron Jacob.* Isaac tenía
sesenta años cuando nacieron los mellizos.

Esaú vende sus derechos de hijo mayor

27Los muchachos fueron creciendo, y Esaú se convirtió en
un hábil cazador. Él era un hombre de campo, pero Jacob
tenía un temperamento tranquilo y prefería quedarse en
casa. 28Isaac amaba a Esaú porque le gustaba comer los
animales que cazaba, pero Rebeca amaba a Jacob.
29Cierto día, mientras Jacob preparaba un guiso, Esaú
regresó del desierto, agotado y hambriento. 30Esaú le dijo
a Jacob:
—¡Me muero de hambre! ¡Dame un poco de ese guiso
rojo!
(Así es como Esaú obtuvo su otro nombre, Edom, que
significa «rojo»).
31—Muy bien —respondió Jacob—, pero dame a cam-
bio tus derechos de hijo mayor.
32—Mira, ¡me estoy muriendo de hambre! —dijo
Esaú—. ¿De qué me sirven ahora los derechos de hijo
mayor?
33Pero Jacob dijo:
—Primero tienes que jurar que los derechos de hijo
mayor me pertenecen a mí.
Así que Esaú hizo un juramento, mediante el cual ven-
día todos sus derechos de hijo mayor a su hermano Jacob.
34Entonces Jacob le dio a Esaú guiso de lentejas y algo
de pan. Esaú comió, y luego se levantó y se fue. Así mostró
desprecio por sus derechos de hijo mayor.

Isaac engaña a Abimelec

26 Un hambre terrible azotó la tierra, como había
ocurrido antes en tiempos de Abraham. Así que

***Notas textuales** **25:18** El significado del hebreo es incierto. **25:25** *Esaú* suena como un término hebreo que significa «vello». **25:26** *Jacob* suena como los términos hebreos para «talón» y «engañador».

Referencias cruzadas **25:4** 1 Cr 1:32-33 **25:16** 1 Cr 1:29-31 **25:23** Rm 9:11-12 **25:33** Hb 12:16

Isaac se trasladó a Gerar, donde vivía Abimelec, rey de los filisteos.

2El SEÑOR se le apareció a Isaac y le dijo: «No desciendas a Egipto, sino haz lo que yo te digo. 3Vive aquí como extranjero en esta tierra, y yo estaré contigo y te bendeciré. Yo, con estas palabras, confirmo que te daré todas estas tierras a ti y a tu descendencia,* tal como le prometí solemnemente a Abraham, tu padre. 4Haré que tus descendientes sean tan numerosos como las estrellas de los cielos, y les daré todas estas tierras. Y mediante tu descendencia, todas las naciones de la tierra serán bendecidas. 5Yo haré esto porque Abraham me escuchó y obedeció todos mis requisitos, mandatos, decretos e instrucciones». 6Entonces Isaac se quedó en Gerar.

7Cuando los hombres que vivían allí le preguntaron a Isaac acerca de Rebeca, su esposa, él dijo: «Es mi hermana». Tenía temor de decir: «Ella es mi esposa» porque pensó: «Me matarán para conseguirla, pues es muy hermosa»; 8pero tiempo después, Abimelec, rey de los filisteos, miró por la ventana y vio a Isaac acariciando a Rebeca.

9Al instante, Abimelec mandó llamar a Isaac y exclamó:
—¡Es evidente que ella es tu esposa! ¿Por qué dijiste: “Es mi hermana”?

—Porque tuve temor de que alguien me matara para quitármela —contestó Isaac.

10—¿Cómo pudiste hacernos semejante cosa? —exclamó Abimelec—. Uno de mis hombres bien podría haber tomado a tu esposa para dormir con ella, y tú nos habrías hecho culpables de un gran pecado.

11Entonces Abimelec dio esta orden a todo el pueblo: «Cualquiera que toque a este hombre o a su esposa ¡será ejecutado!».

Conflicto por los derechos del agua

12Cuando Isaac sembró sus cultivos ese año, cosechó cien veces más grano del que había plantado, porque el SEÑOR lo bendijo. 13Se hizo muy rico, y su riqueza siguió aumentando. 14Adquirió tantos rebaños de ovejas y de cabras, manadas de ganado, y siervos, que los filisteos comenzaron a tenerle envidia. 15Así que los filisteos taparon con tierra todos los pozos de Isaac. Eran los pozos que habían cavado los siervos de su padre Abraham.

16Por último, Abimelec ordenó a Isaac que se fuera de la región. «Vete a algún otro lugar —le dijo—, porque te has hecho demasiado poderoso para nosotros».

17Así que Isaac se mudó al valle de Gerar y allí armó sus carpas y se estableció. 18También reabrió los pozos que su padre Abraham había cavado, porque los filisteos los habían tapado después de su muerte, y les puso nuevamente los nombres que Abraham les había dado.

19Los siervos de Isaac también cavaron en el valle de Gerar y descubrieron un pozo de agua fresca; 20pero después, los pastores de Gerar llegaron y reclamaron el manantial. «Esta agua es nuestra», dijeron ellos, y discutieron sobre el pozo con los pastores de Isaac. Por eso Isaac llamó a aquel pozo Esek (que significa «disputa»). 21Luego los hombres de Isaac cavaron otro pozo, pero de nuevo hubo conflicto. Por eso Isaac lo llamó Sitna (que significa «hostilidad»). 22Isaac abandonó ese pozo, siguió adelante y cavó otro. Esta vez no hubo ningún conflicto, entonces Isaac llamó a aquel lugar Rehobot (que significa «espacio abierto»), porque dijo: «Al fin el SEÑOR ha creado espacio suficiente para que prosperemos en esta tierra».

23De allí Isaac se mudó a Beerseba, 24donde el SEÑOR se le apareció la noche de su llegada. «Yo soy el Dios de tu padre Abraham —dijo—. No tengas miedo, porque yo estoy contigo y te bendeciré. Multiplicaré a tus descendientes, y se convertirán en una gran nación. Lo haré a causa de la promesa que hice a Abraham, mi siervo». 25Luego Isaac construyó allí un altar y adoró al SEÑOR. Estableció su campamento en ese lugar, y sus siervos cavaron otro pozo.

Pacto de Isaac con Abimelec

26Cierto día, el rey Abimelec llegó desde Gerar con su consejero, Ahuzat, y también con Ficol, el comandante de su ejército.

27—¿Por qué han venido aquí? —preguntó Isaac—. Es evidente que ustedes me odian, ya que me echaron de su tierra.

28—Podemos ver claramente que el SEÑOR está contigo —respondieron ellos—. Por eso queremos hacer un tratado contigo bajo juramento. 29Jura que no nos harás daño, ya que nosotros nunca te hemos causado problemas a ti. Siempre te hemos tratado bien, y te despedimos en paz. ¡Y mira ahora cómo el SEÑOR te ha bendecido!

30Entonces Isaac preparó un banquete para celebrar el tratado, y comieron y bebieron juntos. 31Temprano a la mañana siguiente, cada uno hizo el solemne juramento de no interferir con el otro. Luego Isaac los envió de regreso a su tierra, y ellos se fueron en paz.

32Ese mismo día, los siervos de Isaac llegaron y le contaron acerca de un nuevo pozo que habían cavado. «¡Hemos encontrado agua!», exclamaron ellos. 33Por eso Isaac llamó al pozo Seba (que significa «juramento»). Hasta el día de hoy, la ciudad que surgió allí se llama Beerseba (que significa «pozo del juramento»).

34Cuando Esaú tenía cuarenta años, se casó con dos mujeres hititas: Judit, hija de Beeri, y Basemat, hija de Elón; 35pero las esposas de Esaú amargaron la vida de Isaac y Rebeca.

¡Respuestas Bíblicas! 7 **¿Por qué era tan importante la bendición de Isaac para Jacob y Esaú?**

27:4 La bendición de un padre era como una poderosa oración o promesa. Quien tuviera la bendición sería considerado el jefe de la familia. Por esto, Jacob y Esaú querían la bendición de su padre.

Jacob roba la bendición de Esaú

27 Cierto día, cuando Isaac ya era viejo y se estaba quedando ciego, llamó a Esaú, su hijo mayor, y le dijo:

—Hijo mío.

—¿Sí, padre? —respondió Esaú.

2—Yo ya soy un hombre viejo —dijo Isaac—, y no sé cuándo moriré. 3Toma tu arco y una aljaba llena de flechas, y sal a campo abierto a cazar un animal para mí. 4Prepara mi comida preferida y tráemela aquí para que la coma. Entonces pronunciaré la bendición que te pertenece a ti, mi primer hijo varón, antes de que yo muera.

5Rebeca oyó lo que Isaac le había dicho a su hijo Esaú.

***Notas textuales** **26:3** En hebreo *simiente*; también en 26:4, 24. Este término se traduce como «descendencia» o «descendientes».

Referencias cruzadas **26:4** Hch 3:25 **26:16** Ex 1:9 **26:35** Gn 25:25

Entonces, cuando Esaú salió a cazar un animal, 6ella le dijo a su hijo Jacob:

—Escucha. Oí a tu padre decirle a Esaú: 7"Caza un animal y prepárame una comida deliciosa. Entonces te bendeciré en presencia del SEÑOR antes de morir". 8Ahora, hijo mío, escúchame. Haz exactamente lo que yo te diga. 9Vete a los rebaños y tráeme dos de los mejores cabritos. Con ellos prepararé el plato favorito de tu padre. 10Después lleva la comida a tu padre para que se la coma y te bendiga antes de morir.

11—Pero mira —respondió Jacob a Rebeca—, mi hermano Esaú es muy velludo; en cambio, mi piel es suave. 12¿Y si mi padre me toca? Entonces se dará cuenta de que intento engañarlo, y en lugar de bendecirme, me maldecirá.

13Pero su madre respondió:

—¡Entonces que la maldición caiga sobre mí, hijo mío! Tú simplemente haz lo que te digo. ¡Sal y tráeme los cabritos!

14Así que Jacob salió y consiguió los cabritos para su madre. Rebeca preparó con ellos un plato delicioso, tal como le gustaba a Isaac. 15Después tomó las ropas favoritas de Esaú, que estaban allí en casa, y se las dio a su hijo menor, Jacob. 16Con la piel de los cabritos, ella le cubrió los brazos y la parte del cuello donde él no tenía vello. 17Luego le entregó a Jacob el plato delicioso y el pan recién horneado.

18Entonces Jacob llevó la comida a su padre.

—¿Padre? —dijo.

—Sí, hijo mío —respondió Isaac—. ¿Quién eres, Esaú o Jacob?

19—Soy Esaú, tu hijo mayor —contestó Jacob—. Hice tal como me pediste; aquí está lo que cacé. Ahora levántate y come, para que puedas darme tu bendición.

20—¿Cómo es que encontraste la presa tan pronto, hijo mío?

—¡El SEÑOR tu Dios la puso en mi camino! —contestó Jacob.

21Entonces Isaac le dijo a Jacob:

—Acércate para que pueda tocarte y asegurarme de que de verdad eres Esaú.

22Entonces Jacob se acercó a su padre, e Isaac lo tocó.

—La voz es la de Jacob, pero las manos son las de Esaú —dijo Isaac.

23Sin embargo, no reconoció a Jacob porque, cuando tocó las manos de Jacob, estaban velludas como las de Esaú. Así que Isaac se preparó para bendecir a Jacob.

24—¿De verdad eres mi hijo Esaú? —preguntó.

—Sí, lo soy —contestó Jacob.

25Entonces Isaac dijo:

—Ahora, hijo mío, tráeme lo que cazaste. Primero comeré y después te daré mi bendición.

Entonces Jacob llevó la comida a su padre, e Isaac la comió. También bebió el vino que Jacob le sirvió. 26Luego Isaac le dijo a Jacob:

—Acércate un poco más y dame un beso, hijo mío.

27Así que Jacob se le acercó y le dio un beso. Entonces Isaac, al sentir el olor de la ropa, finalmente se convenció y bendijo a su hijo diciendo: «¡Ah! ¡El olor de mi hijo es como el olor del campo, que el SEÑOR ha bendecido!

28 »Del rocío de los cielos
y la riqueza de la tierra,
que Dios te conceda siempre abundantes cosechas de grano
y vino nuevo en cantidad.
29 Que muchas naciones sean tus servidoras
y se inclinen ante ti.
Que seas el amo de tus hermanos,
y que los hijos de tu madre se inclinen ante ti.
Todos los que te maldigan serán malditos,
y todos los que te bendigan serán bendecidos».

30En cuanto Isaac terminó de bendecir a Jacob y casi antes de que Jacob saliera de la presencia de su padre, Esaú regresó de cazar. 31Preparó una comida deliciosa y se la llevó a su padre. Entonces dijo:

—Levántate, padre mío, y come de lo que he cazado, para que puedas darme tu bendición.

32Pero Isaac le preguntó:

—¿Quién eres tú?

—Soy tu hijo, tu hijo mayor, Esaú —contestó.

33Isaac comenzó a temblar de manera incontrolable y dijo:

—¿Entonces quién me acaba de servir lo que cazó? Ya he comido, y lo bendije a él poco antes de que llegaras, ¡y esa bendición quedará en pie!

34Cuando Esaú oyó las palabras de su padre, lanzó un grito fuerte y lleno de amargura.

—Oh padre mío, ¿y yo? ¡Bendíceme también a mí! —le suplicó.

35Pero Isaac le dijo:

—Tu hermano estuvo aquí y me engañó. Él se ha llevado tu bendición.

36—Con razón su nombre es Jacob —exclamó Esaú—, porque ahora ya me ha engañado dos veces.* Primero tomó mis derechos de hijo mayor, y ahora me robó la bendición. ¿No has guardado ni una bendición para mí?

37—He puesto a Jacob como tu amo —dijo Isaac a Esaú—, y he declarado que todos sus hermanos serán sus siervos. Le he garantizado abundancia de grano y de vino; ¿qué me queda para darte a ti, hijo mío?

38—¿Pero acaso tienes una sola bendición? Oh padre mío, ¡bendíceme también a mí! —le rogó Esaú.

Entonces Esaú perdió el control y se echó a llorar.

39Finalmente su padre Isaac le dijo:

«Tú vivirás lejos de las riquezas de la tierra
y lejos del rocío que desciende de los cielos.
40 Vivirás de la espada
y servirás a tu hermano.
Sin embargo, cuando decidas liberarte,
te sacudirás su yugo del cuello».

Jacob huye a Padán-aram

41Desde ese momento, Esaú odió a Jacob, porque su padre le había dado la bendición a él. Entonces Esaú comenzó a tramar: «Pronto haré duelo por la muerte de mi padre y después mataré a mi hermano Jacob».

42Entonces Rebeca se enteró de los planes de Esaú y llamó a Jacob y le dijo:

—Escucha, Esaú se consuela haciendo planes para matarte. 43Así que, hijo mío, presta mucha atención.

***Notas textuales 27:36** *Jacob* suena como los términos hebreos para «talón» y «engañador».

Referencias cruzadas 27:27 Hb 11:20 **27:34** Hb 12:17 **27:39** Hb 11:20

Prepárate y huye a casa de mi hermano Labán, en Harán.
44Quédate allí con él hasta que tu hermano se calme.
45Cuando él se haya calmado y olvide lo que le hiciste,
mandaré a buscarte para que regreses. ¿Por qué tendría
que perder a los dos hijos en un solo día?
46Luego Rebeca le dijo a Isaac:
—¡Estoy harta de estas mujeres hititas de aquí! Prefe-
riría morir antes que ver a Jacob casado con una de ellas.

28 Entonces Isaac llamó a Jacob, lo bendijo y le
ordenó:
—No te cases con ninguna de estas mujeres cananeas.
2En cambio, vete de inmediato a Padán-aram, a la casa
de tu abuelo Betuel, y cásate con una de las hijas de tu
tío Labán. 3Que el Dios Todopoderoso* te bendiga y te
conceda muchos hijos. ¡Y que tus descendientes se mul-
tipliquen y formen numerosas naciones! 4Que Dios te dé
a ti y a tu descendencia* las bendiciones que prometió a
Abraham. Que llegues a ser dueño de esta tierra donde
ahora vives como extranjero, porque Dios le entregó esta
tierra a Abraham.
5Así que Isaac despidió a Jacob, y él se fue a Padán-aram
a quedarse con su tío Labán, hermano de su madre, hijo
de Betuel el arameo.
6Esaú se enteró de que su padre Isaac había bendecido a
Jacob y lo había enviado a Padán-aram para que encontrara
una esposa, y que le había advertido a Jacob: «No te cases
con una mujer cananea». 7También supo que Jacob había
obedecido a sus padres y se había ido a Padán-aram. 8A
Esaú ya no le quedaban dudas de que a su padre no le
agradaban las mujeres cananeas del lugar. 9Por lo tanto,
fue a visitar a la familia de su tío Ismael y se casó con una
de las hijas de Ismael, además de las esposas que ya tenía.
Su nueva esposa se llamaba Mahalat. Era hermana de
Nebaiot e hija de Ismael, el hijo de Abraham.

El sueño de Jacob en Betel

10Mientras tanto, Jacob salió de Beerseba y viajó hacia
Harán. 11A la caída del sol, llegó a un buen lugar para
acampar, y se quedó allí a pasar la noche. Jacob encontró
una piedra donde reposar su cabeza y se acostó a dormir.
12Mientras dormía, soñó con una escalera que se extendía
desde la tierra hasta el cielo, y vio a los ángeles de Dios
que subían y bajaban por ella.
13En la parte superior de la escalera estaba el SEÑOR,
quien le dijo: «Yo soy el SEÑOR, Dios de tu abuelo
Abraham, y Dios de tu padre Isaac. La tierra en la que
estás acostado te pertenece. Te la entrego a ti y a tu descen-
dencia. 14¡Tus descendientes serán tan numerosos como
el polvo de la tierra! Se esparcirán en todas las direcciones:
hacia el oriente y el occidente, hacia el norte y el sur; y
todas las familias de la tierra serán bendecidas por medio
de ti y de tu descendencia. 15Además, yo estoy contigo y
te protegeré dondequiera que vayas. Llegará el día en que
te traeré de regreso a esta tierra. No te dejaré hasta que
haya terminado de darte todo lo que te he prometido».
16Entonces Jacob se despertó del sueño y dijo: «¡Cierta-
mente el SEÑOR está en este lugar, y yo ni me di cuenta!»;
17pero también tuvo temor y dijo: «¡Qué temible es este
lugar! No es ni más ni menos que la casa de Dios, ¡la puerta
misma del cielo!».
18A la mañana siguiente, Jacob despertó muy temprano
y erigió como columna conmemorativa la piedra en la que
había reposado la cabeza y después derramó aceite de
oliva sobre ella. 19Llamó a aquel lugar Betel (que significa
«casa de Dios»), aunque antes se llamaba Luz.
20Luego Jacob hizo el siguiente voto: «Si Dios en
verdad está conmigo y me protege en este viaje, y si él
me provee de comida y de ropa, 21y si yo regreso sano y
salvo a la casa de mi padre, entonces el SEÑOR ciertamente
será mi Dios. 22Y esta piedra que levanté como columna
conmemorativa será un lugar de adoración a Dios, y yo
le daré a Dios una décima parte de todo lo que él me dé».

Jacob llega a Padán-aram

29 Entonces Jacob se apresuró y por fin llegó a la
tierra del oriente. 2A la distancia vio un pozo.
Junto al pozo, en campo abierto, había tres rebaños de
ovejas y de cabras esperando a que les dieran de beber;
pero una pesada piedra tapaba la boca del pozo.
3Era costumbre del lugar esperar a que llegaran todos
los rebaños antes de quitar la piedra y dar de beber a los
animales. Después se volvía a tapar la boca del pozo con la
piedra. 4Jacob se acercó a los pastores y preguntó:
—¿De dónde son ustedes, amigos?
—Somos de Harán —contestaron ellos.
5—¿Conocen allí a un hombre llamado Labán, el nieto
de Nacor? —les preguntó.
—Sí, lo conocemos —contestaron.
6—¿Y él está bien? —preguntó Jacob.
—Sí, está bien —contestaron—. Mire, ahí viene su hija
Raquel con los rebaños.
7—Todavía estamos a plena luz del día —dijo Jacob—,
por lo que es demasiado temprano para reunir a los ani-
males. ¿Por qué no dan ustedes de beber a las ovejas y a
las cabras para que así puedan volver a pastar?
8—No podemos dar de beber a los animales hasta que
hayan llegado todos los rebaños —contestaron—. En-
tonces los pastores quitan la piedra de la boca del pozo y
damos de beber a todas las ovejas y las cabras.
9Todavía estaba Jacob hablando con ellos cuando llegó
Raquel con los rebaños de su padre, porque ella era pas-
tora. 10Ya que Raquel era su prima —la hija de Labán, el
hermano de su madre—, y como las ovejas y las cabras
eran de su tío Labán, Jacob fue al pozo, quitó la piedra que
tapaba la boca y dio de beber al rebaño de su tío. 11Luego
Jacob besó a Raquel y lloró en voz alta. 12Le explicó a
Raquel que él era su primo por parte de su padre, el hijo
de su tía Rebeca. Enseguida Raquel salió corriendo y se
lo contó a su padre Labán.
13En cuanto Labán oyó que su sobrino Jacob había lle-
gado, corrió a encontrarse con él. Lo abrazó y lo besó, y lo
llevó a su casa. Cuando Jacob le contó su historia, 14Labán
exclamó: «¡Verdaderamente eres de mi misma sangre!».

Jacob se casa con Lea y con Raquel

Jacob se quedó con Labán alrededor de un mes, y después
15Labán le dijo:
—No deberías trabajar para mí sin recibir pago, solo
porque somos parientes. Dime cuánto debería ser tu
salario.
16Labán tenía dos hijas. La mayor se llamaba Lea, y la
menor se llamaba Raquel. 17No había brillo en los ojos

***Notas textuales** **28:3** En hebreo *El-Shaddai.* **28:4** En hebreo *simiente*; también en 28:13, 14. Este término se traduce como «descendencia» o «descendientes».

Referencias cruzadas **28:8** Gn 26:34-35 **28:12** Jn 1:51 **28:22** Dt 26:17

de Lea,* pero Raquel tenía una hermosa figura y una cara bonita. 18Ya que Jacob estaba enamorado de Raquel, le dijo a su padre:

—Trabajaré para ti siete años si me entregas como esposa a Raquel, tu hija menor.

19—¡De acuerdo! —respondió Labán—. Prefiero entregártela a ti que a cualquier otro. Quédate y trabaja para mí.

20Así que Jacob trabajó siete años para obtener a Raquel; pero su amor por ella era tan fuerte que le parecieron unos pocos días.

21Finalmente llegó el momento de casarse con ella. «He cumplido mi parte del acuerdo —le dijo Jacob a Labán—. Ahora entrégame a mi esposa para acostarme con ella».

22Entonces Labán invitó a toda la gente de los alrededores y preparó una fiesta de bodas; 23pero aquella noche, cuando estaba oscuro, Labán tomó a Lea y se la entregó a Jacob, y él durmió con ella. 24(Labán le había dado a Lea una sierva, Zilpa, para que la atendiera).

25A la mañana siguiente, cuando Jacob se despertó, ¡vio que era Lea!

—¿Qué me has hecho? —le dijo a Labán con furia—. ¡He trabajado siete años por Raquel! ¿Por qué me has engañado?

26—Aquí no es nuestra costumbre casar a la hija menor antes que a la mayor —contestó Labán—, 27pero espera hasta que termine la semana nupcial y entonces te daré también a Raquel, siempre y cuando prometas trabajar para mí otros siete años.

28Así que Jacob aceptó trabajar siete años más. Una semana después de casarse con Lea, Labán también le entregó a Raquel. 29(Labán le dio a Raquel una sierva, Bilha, para que la atendiera). 30Entonces Jacob durmió también con Raquel, y la amó mucho más que a Lea. Y se quedó allí y trabajó para Labán los siete años adicionales.

Los muchos hijos de Jacob

31Cuando el SEÑOR vio que Lea no era amada, le concedió que tuviera hijos, pero Raquel no podía concebir. 32Así que Lea quedó embarazada y dio a luz un hijo, a quien llamó Rubén,* porque dijo: «El SEÑOR se ha dado cuenta de mi sufrimiento, y ahora mi esposo me amará».

33Al poco tiempo, volvió a quedar embarazada y dio a luz otro hijo, a quien llamó Simeón,* porque dijo: «El SEÑOR oyó que yo no era amada y me ha dado otro hijo».

34Después quedó embarazada por tercera vez y dio a luz otro hijo. Lo llamaron Leví,* porque ella dijo: «Ciertamente esta vez mi esposo sentirá cariño por mí, ya que le he dado tres hijos».

35Una vez más Lea quedó embarazada y dio a luz otro hijo, a quien llamó Judá,* porque dijo: «¡Ahora alabaré al SEÑOR!». Y entonces dejó de tener hijos.

30 Cuando Raquel vio que no podía darle hijos a Jacob, tuvo celos de su hermana. Le rogaba a Jacob:

—¡Dame hijos o moriré!

2Entonces Jacob se puso furioso con Raquel.

—¿Acaso yo soy Dios? —le dijo—. ¡Él es el que no te ha permitido tener hijos!

3Entonces Raquel le dijo:

—Toma a mi sierva, Bilha, y duerme con ella. Ella dará a luz hijos por mí,* y a través de ella yo también podré tener una familia.

4Entonces Raquel entregó a su sierva Bilha como esposa para Jacob, y él durmió con ella. 5Bilha quedó embarazada y le dio a Jacob un hijo. 6Raquel le puso por nombre Dan,* porque dijo: «¡Dios me ha hecho justicia! Oyó mi petición y me dio un hijo». 7Luego Bilha volvió a embarazarse y dio a Jacob un segundo hijo. 8Raquel le puso por nombre Neftalí,* porque dijo: «He luchado mucho con mi hermana, ¡y estoy ganando!».

9Mientras tanto, Lea se dio cuenta de que ya no quedaba embarazada, entonces tomó a su sierva, Zilpa, y la entregó a Jacob como esposa. 10Pronto Zilpa le dio un hijo a Jacob. 11Lea le puso por nombre Gad,* porque dijo: «¡Qué afortunada soy!». 12Entonces Zilpa dio a Jacob un segundo hijo, 13y Lea le puso por nombre Aser,* porque dijo: «¡Qué alegría que tengo! Ahora las demás mujeres celebrarán conmigo».

14Cierto día, durante la cosecha de trigo, Rubén encontró algunas mandrágoras que crecían en el campo y se las llevó a su madre, Lea. Raquel le suplicó a Lea:

—Por favor, dame algunas de las mandrágoras que te trajo tu hijo.

15—¿No fue suficiente que me robaras a mi marido? ¿Ahora también te robarás las mandrágoras de mi hijo? —le respondió Lea con enojo.

Raquel contestó:

—Dejaré que Jacob duerma contigo esta noche si me das algunas mandrágoras.

16Así que, al atardecer, cuando Jacob regresaba de los campos, Lea salió a su encuentro. «¡Debes venir a dormir conmigo esta noche! —le dijo ella—. Pagué por ti con algunas mandrágoras que encontró mi hijo». Por lo tanto, esa noche él durmió con Lea; 17y Dios contestó las oraciones de Lea, y ella volvió a quedar embarazada y dio a luz un quinto hijo a Jacob. 18Ella le puso por nombre Isacar,* porque dijo: «Dios me ha recompensado por haber dado a mi sierva como esposa a mi marido». 19Luego Lea quedó embarazada de nuevo y dio a luz un sexto hijo a Jacob. 20Le puso por nombre Zabulón,* porque dijo: «Dios me ha dado una buena recompensa. Ahora mi marido me tratará con respeto, porque le he dado seis hijos». 21Más adelante, ella dio a luz una hija y le puso por nombre Dina.

22Después Dios se acordó de la dificultad de Raquel y contestó sus oraciones permitiéndole tener hijos. 23Ella quedó embarazada y dio a luz un hijo. «Dios ha quitado mi deshonra», dijo ella. 24Y le puso por nombre José,* porque dijo: «Que el SEÑOR añada aún otro hijo a mi familia».

Las riquezas de Jacob aumentan

25Poco tiempo después de que Raquel dio a luz a José, Jacob le dijo a Labán:

—Por favor, libérame para que regrese a mi hogar en mi propia tierra. 26Permíteme llevar a mis esposas y a mis hijos, porque me los he ganado sirviéndote a ti, y déjame ir. Tú sabes con cuánto esfuerzo he trabajado para ti.

***Notas textuales** **29:17** O *Lea tenía ojos apagados,* o *Lea tenía ojos blandos.* El significado del hebreo es incierto. **29:32** *Rubén* significa «¡Mira, un hijo!». También suena como la frase hebrea «él ha visto mi sufrimiento». **29:33** *Simeón* probablemente significa «el que oye». **29:34** *Leví* suena como el término hebreo que significa «estar unido» o «sentir cariño». **29:35** *Judá* suena como un término hebreo que significa «alabanza». **30:3** En hebreo *dará a luz sobre mis rodillas.* **30:6** *Dan* significa «él juzgó» o «él vindicó». **30:8** *Neftalí* significa «mi lucha». **30:11** *Gad* significa «buena fortuna». **30:13** *Aser* significa «feliz». **30:18** *Isacar* suena como un término hebreo que significa «recompensa». **30:20** *Zabulón* probablemente significa «honor». **30:24** *José* significa «que él añada».

Referencias cruzadas **29:34** Gn 49:5-7 **30:22** 1 Sm 1:19-20

27—Por favor, escúchame —respondió Labán—. Me he enriquecido, porque* el SEÑOR me ha bendecido por causa de ti. 28Dime cuánto te debo. Sea lo que fuere, yo te lo pagaré.

29—Tú sabes con cuánto esfuerzo he trabajado para ti —respondió Jacob—, y cómo tus rebaños y tus manadas han aumentado a mi cuidado. 30En verdad tenías muy poco antes de que yo llegara, pero tu riqueza aumentó enormemente. El SEÑOR te ha bendecido mediante todo lo que he hecho. ¿Pero y yo, qué? ¿Cuándo podré comenzar a mantener a mi propia familia?

31—¿Qué salario quieres que te pague? —volvió a preguntar Labán.

—No me des nada. Haz una sola cosa, y yo seguiré ocupándome de tus rebaños y cuidando de ellos. 32Déjame inspeccionar hoy tus rebaños y separar todas las ovejas y las cabras que estén manchadas o moteadas, junto con todas las ovejas negras. Dame esas a modo de salario. 33En el futuro, cuando revises los animales que me hayas dado como salario, verás que he sido honesto contigo: si encuentras en mi rebaño alguna cabra que no esté manchada o moteada, o alguna oveja que no sea negra, sabrás que te la he robado.

34—De acuerdo —respondió Labán—, será tal como has dicho.

35Ese mismo día, Labán salió y sacó los chivos rayados y moteados, todas las cabras manchadas y moteadas o que tuvieran manchas blancas, y todas las ovejas negras. Puso los animales al cuidado de sus propios hijos, 36quienes se los llevaron a una distancia de tres días de camino del lugar donde estaba Jacob. Mientras tanto, Jacob se quedó y cuidó del resto del rebaño de Labán.

37Luego Jacob tomó algunas ramas verdes de álamo, de almendro y de plátano oriental, y las peló quitándoles tiras de la corteza, de modo que quedaran con rayas blancas. 38Después puso esas ramas peladas en los bebederos donde los rebaños iban a tomar agua, porque era allí donde se apareaban; 39y cuando se apareaban frente a las ramas peladas con rayas blancas, tenían crías rayadas, manchadas y moteadas. 40Jacob separaba esos corderos del rebaño de Labán. En la época de celo, los ponía frente a los animales de Labán que fueran rayados o negros. Así es como él aumentaba su propio rebaño en lugar de incrementar el de Labán.

41Cada vez que las hembras más fuertes estaban listas para aparearse, Jacob ponía las ramas peladas en los bebederos frente a ellas. Entonces se apareaban frente a las ramas; 42pero no lo hacía con las hembras más débiles, de modo que los animales más débiles pertenecían a Labán y los más fuertes, a Jacob. 43Como resultado, Jacob se hizo muy rico, con grandes rebaños de ovejas y cabras, siervas y siervos, y muchos camellos y burros.

Jacob huye de Labán

31 Entonces Jacob se enteró de que los hijos de Labán se quejaban de él, y decían: «¡Jacob le robó todo a nuestro padre! Logró toda su riqueza a costa de nuestro padre». 2Y Jacob comenzó a notar un cambio en la actitud de Labán hacia él.

3Entonces el SEÑOR le dijo a Jacob: «Regresa a la tierra de tu padre y de tu abuelo, y a tus parientes de allí y yo estaré contigo».

4Entonces Jacob mandó llamar a Raquel y a Lea al campo donde él cuidaba el rebaño 5y les dijo:

—Noto un cambio en la actitud de su padre hacia mí, pero el Dios de mi padre ha estado conmigo. 6Ustedes saben con cuánto esfuerzo trabajé para su padre; 7sin embargo, me ha estafado, cambiando mi salario diez veces. Pero Dios no le ha permitido que me haga ningún daño. 8Pues, si él decía: "Los animales manchados serán tu salario", todo el rebaño comenzaba a dar crías manchadas. Y cuando él cambiaba de opinión y decía: "Los animales rayados serán tu salario", entonces todo el rebaño producía crías rayadas. 9De esa manera, Dios ha tomado los animales de su padre y me los ha entregado a mí.

10»En una ocasión, durante la época de apareamiento, tuve un sueño y vi que los chivos que se apareaban con las hembras eran rayados, manchados y moteados. 11Y en mi sueño, el ángel de Dios me dijo: "¡Jacob!". Y yo respondí: "Sí, aquí estoy".

12»El ángel dijo: "Levanta la vista, y verás que solamente los machos rayados, manchados y moteados se aparean con las hembras de tu rebaño. Pues he visto el modo en que Labán te ha tratado. 13Yo soy el Dios que se te apareció en Betel,* el lugar donde ungiste la columna de piedra y me hiciste el voto. Ahora prepárate, sal de este país y regresa a la tierra donde naciste".

14Raquel y Lea respondieron:

—¡Por nuestra parte está bien! De todos modos, nosotras no heredaremos nada de las riquezas de nuestro padre. 15Él ha reducido nuestros derechos a los mismos que tienen las mujeres extranjeras, y después de habernos vendido, derrochó el dinero que tú le pagaste por nosotras. 16Toda la riqueza que Dios le ha quitado a nuestro padre y te ha dado a ti nos pertenece legalmente a nosotras y a nuestros hijos. Así que, adelante, haz todo lo que Dios te ha dicho.

17Entonces Jacob hizo que sus esposas y sus hijos subieran a los camellos 18y puso en marcha a todos sus animales. Reunió todas las pertenencias que había adquirido en Padán-aram y salió hacia la tierra de Canaán, donde vivía su padre Isaac. 19En el momento de partir, Labán estaba lejos, esquilando sus ovejas. Así que Raquel robó los ídolos de familia de su padre y los llevó consigo. 20Jacob fue más listo que Labán el arameo, porque salieron en secreto y nunca le dijeron que se iban. 21De ese modo Jacob se llevó todas sus pertenencias y cruzó el río Éufrates* en dirección a la zona montañosa de Galaad.

Labán persigue a Jacob

22Tres días después, le avisaron a Labán que Jacob había huido. 23Entonces él reunió a un grupo de sus parientes y emprendió la búsqueda. Alcanzó a Jacob siete días después en la zona montañosa de Galaad; 24pero la noche anterior, Dios se le había aparecido a Labán el arameo en un sueño y le había dicho: «Te advierto que dejes en paz a Jacob».

25Labán alcanzó a Jacob, quien acampaba en la zona montañosa de Galaad, y armó su campamento no muy lejos del campamento de Jacob.

26—¿Qué pretendes engañándome de esa manera? —preguntó Labán—. ¿Cómo te atreves a llevarte a mis hijas como si fueran prisioneras de guerra? 27¿Por qué

***Notas textuales** **30:27** O *He sabido por adivinación que.* **31:13** Así aparece en la versión griega y en un tárgum arameo; en hebreo dice *el Dios de Betel.* **31:21** En hebreo *el río.*

Referencias cruzadas **30:43** Gn 13:2; 24:35 **31:13** Gn 28:10-22 **31:24** Gn 25:20

huiste en secreto? ¿Por qué me engañaste? ¿Y por qué no me dijiste que querías marcharte? Yo te habría hecho una fiesta de despedida con cánticos y música, al son de panderetas y arpas. 28¿Por qué no me dejaste besar a mis hijas y a mis nietos, y despedirme de ellos? ¡Has actuado como un necio! 29Yo podría destruirte, pero el Dios de tu padre se me apareció anoche y me advirtió: "¡Deja en paz a Jacob!". 30Puedo entender que sientas que debes irte y anhelas intensamente la casa de tu padre, pero ¿por qué robaste mis dioses?

31—Me apresuré a irme porque tuve miedo —contestó Jacob—. Pensé que me quitarías a tus hijas por la fuerza. 32Ahora, en cuanto a tus dioses, si puedes encontrarlos, ¡que muera la persona que los haya tomado! Si encuentras alguna otra cosa que te pertenezca, identifícala delante de estos parientes nuestros, y yo te la devolveré.

Pero Jacob no sabía que Raquel había robado los ídolos de familia.

33Labán fue a buscar primero en la carpa de Jacob, luego entró en la de Lea y después buscó en las carpas de las dos esposas esclavas, pero no encontró nada. Por último fue a la carpa de Raquel, 34pero Raquel había tomado los ídolos y los había escondido en la montura de su camello, y estaba sentada encima de ellos. Cuando Labán terminó de buscar en cada rincón de la carpa sin encontrarlos, 35ella le dijo a su padre: «Por favor, perdone, mi señor, si no me levanto ante usted. Es que estoy con mi período menstrual». Labán, pues, continuó su búsqueda, pero no pudo encontrar los ídolos de familia.

36Entonces Jacob se enojó mucho y desafió a Labán.

—¿Cuál es mi delito? —preguntó él—. ¿Qué mal he hecho para que me persigas como si fuera un criminal? 37Has registrado todas mis pertenencias. ¡Muéstrame ahora lo que hayas encontrado que sea tuyo! Ponlo aquí delante de nosotros, a la vista de nuestros parientes, para que todos lo vean. ¡Que ellos juzguen entre nosotros!

38»Durante veinte años he estado contigo, cuidando de tus rebaños. En todo ese tiempo, tus ovejas y tus cabras nunca abortaron. En todos esos años, nunca tomé ni un solo carnero tuyo para comérmelo. 39Si alguno de ellos era atacado por animales salvajes y moría, yo nunca te mostraba el cadáver ni te pedía que lo descontaras de tu rebaño. No, ¡yo mismo me hacía cargo de la pérdida! Tú me hacías pagar por cada animal robado, ya fuera a plena luz del día o en la oscuridad de la noche.

40»Trabajé para ti bajo el sofocante calor del día y en el frío de la noche, sin dormir. 41Sí, ¡durante veinte años trabajé como un esclavo en tu casa! Trabajé catorce años para ganarme a tus dos hijas y, después, seis años más por tu rebaño. ¡Y cambiaste mi salario diez veces! 42En realidad, si el Dios de mi padre no hubiera estado de mi parte —el Dios de Abraham y el temible Dios de Isaac*—, tú me habrías despedido con las manos vacías. Pero Dios ha visto tu abuso y mi arduo trabajo. ¡Por eso se te apareció anoche y te reprendió!

Tratado de Jacob con Labán

43Entonces Labán respondió a Jacob:

—Esas mujeres son mis hijas, esos niños son mis nietos, y esos rebaños son mis rebaños; de hecho, todo lo que ves es mío; pero ¿qué puedo hacer ahora respecto a mis hijas y a mis nietos? 44Así que hagamos un pacto tú y yo, y ese pacto será un testimonio de nuestro compromiso.

45Entonces Jacob tomó una piedra y la erigió como columna conmemorativa. 46Y dijo a los miembros de su familia: «Recojan algunas piedras». Entonces ellos juntaron piedras y las apilaron. Luego Jacob y Labán se sentaron junto al montículo de piedras y compartieron una comida para celebrar el pacto. 47Con el fin de conmemorar el suceso, Labán llamó a aquel lugar Jegar-sahaduta (que significa «montículo del testimonio» en arameo), y Jacob lo llamó Galaad (que significa «montículo del testimonio» en hebreo).

48Entonces Labán declaró: «Este montículo de piedras quedará como testimonio para recordarnos el pacto que hemos hecho hoy». Esto explica por qué ese lugar fue llamado Galaad: «montículo del testimonio», 49pero también se le llamó Mizpa (que significa «torre de vigilancia»), pues Labán dijo: «Que el SEÑOR nos vigile a los dos para cerciorarse de que guardemos este pacto cuando estemos lejos el uno del otro. 50Si tú maltratas a mis hijas o te casas con otras mujeres, Dios lo verá aunque nadie más lo vea. Él es testigo de este pacto entre nosotros.

51»Mira este montículo de piedras —continuó Labán— y mira esta columna conmemorativa que he levantado entre nosotros. 52Están entre tú y yo como testigos de nuestros votos. Yo nunca cruzaré este montículo de piedras para hacerte daño, y tú nunca debes cruzar estas piedras o esta columna conmemorativa para hacerme daño. 53Invoco al Dios de nuestros antepasados —el Dios de tu abuelo Abraham y el Dios de mi abuelo Nacor— para que sea juez entre nosotros».

Entonces Jacob juró, delante del temible Dios de su padre Isaac,* respetar la línea fronteriza. 54Luego Jacob ofreció un sacrificio a Dios allí en el monte e invitó a todos a un banquete para celebrar el pacto. Después de comer, pasaron la noche en el monte.

55*Labán se levantó temprano a la mañana siguiente, besó a sus nietos y a sus hijas, y los bendijo. Después se marchó y regresó a su casa.

32

1*Cuando Jacob emprendió nuevamente su viaje, llegaron ángeles de Dios a encontrarse con él. 2Al verlos, Jacob exclamó: «¡Este es el campamento de Dios!». Por eso llamaron a aquel lugar Mahanaim.*

Jacob envía regalos a Esaú

3Entonces Jacob envió mensajeros por delante a su hermano Esaú, quien vivía en la región de Seir, en la tierra de Edom. 4Y les dijo: «Den este mensaje a mi señor Esaú: "Humildes saludos de tu siervo Jacob. Hasta el momento, estuve viviendo con el tío Labán, 5y ahora soy dueño de ganado, burros, rebaños de ovejas y de cabras, y muchos siervos, tanto varones como mujeres. He enviado a estos mensajeros por delante para informar a mi señor de mi llegada, con la esperanza de que me recibas con bondad"».

6Después de transmitir el mensaje, los mensajeros regresaron y le informaron a Jacob: «Nos encontramos con su hermano Esaú y ya viene en camino a su encuentro, ¡con un ejército de cuatrocientos hombres!». 7Jacob quedó aterrado con la noticia. Entonces separó a los miembros de su casa en dos grupos, y también a los rebaños, a las manadas y a los camellos, 8pues pensó: «Si Esaú encuentra

***Notas textuales** **31:42** O *el Temor de Isaac.* **31:53** O *del Temor de su padre Isaac.* **31:55** El versículo 31:55 corresponde al 32:1 en el texto hebreo. **32:1** Los versículos del 32:1-32 corresponden al 32:2-33 en el texto hebreo. **32:2** *Mahanaim* significa «dos campamentos».

Referencias cruzadas **32:2** Jos 13:26; 21:38

a uno de los grupos y lo ataca, quizá el otro grupo pueda escapar».

9Entonces Jacob oró: «Oh Dios de mi abuelo Abraham y Dios de mi padre Isaac; oh SEÑOR, tú me dijiste: "Regresa a tu tierra y a tus parientes". Y me prometiste: "Te trataré con bondad". 10No soy digno de todo el amor inagotable y de la fidelidad que has mostrado a mí, tu siervo. Cuando salí de mi hogar y crucé el río Jordán, no poseía más que mi bastón, ¡pero ahora todos los de mi casa ocupan dos grandes campamentos! 11Oh SEÑOR, te ruego que me rescates de la mano de mi hermano Esaú. Tengo miedo de que venga para atacarme a mí y también a mis esposas y a mis hijos. 12Pero tú me prometiste: "Ciertamente te trataré con bondad y multiplicaré tus descendientes hasta que lleguen a ser tan numerosos como la arena a la orilla del mar, imposibles de contar"».

13Así que Jacob pasó la noche en aquel lugar. Luego escogió de sus pertenencias los siguientes regalos para entregar a su hermano Esaú: 14doscientas cabras, veinte chivos, doscientas ovejas, veinte carneros, 15treinta camellas con sus crías, cuarenta vacas, diez toros, veinte burras y diez burros. 16Separó esos animales en manadas y asignó cada manada a un siervo distinto. Luego dijo a estos siervos: «Vayan delante de mí con los animales, pero guarden una buena distancia entre las manadas».

17A los hombres que dirigían el primer grupo les dio las siguientes instrucciones: «Cuando mi hermano Esaú se encuentre con ustedes, él les preguntará: "¿De quién son siervos? ¿Adónde van? ¿Quién es el dueño de estos animales?". 18Entonces deben contestar: "Pertenecen a su servidor Jacob, pero son un regalo para su señor Esaú. Mire, él viene detrás de nosotros"».

19Jacob dio las mismas instrucciones a los siervos a cargo del segundo y tercer grupo, y a todos los que iban detrás de las manadas: «Cuando se encuentren con Esaú, deben responder lo mismo, 20y asegúrense de decirle: "Mire, su servidor Jacob viene detrás de nosotros"».

Jacob pensó: «Intentaré apaciguarlo enviando regalos antes de mi llegada, y cuando me encuentre con él en persona, quizá me reciba con bondad». 21Así que los regalos fueron enviados por delante, y Jacob pasó la noche en el campamento.

Jacob lucha con Dios

22Durante la noche, Jacob se levantó y tomó a sus dos esposas, a sus dos mujeres esclavas y a sus once hijos, y cruzó el río Jaboc con ellos. 23Después de llevarlos a la otra orilla, hizo pasar todas sus pertenencias.

24Entonces Jacob se quedó solo en el campamento, y llegó un hombre y luchó con él hasta el amanecer. 25Cuando el hombre vio que no ganaría el combate, tocó la cadera de Jacob y la dislocó. 26Luego el hombre le dijo:

—¡Déjame ir, pues ya amanece!

—No te dejaré ir a menos que me bendigas —le dijo Jacob.

27—¿Cómo te llamas? —preguntó el hombre.

—Jacob —contestó él.

28—Tu nombre ya no será Jacob —le dijo el hombre—. De ahora en adelante, serás llamado Israel,* porque has luchado con Dios y con los hombres, y has vencido.

29—Por favor, dime cuál es tu nombre —le dijo Jacob.

—¿Por qué quieres saber mi nombre? —respondió el hombre. Entonces bendijo a Jacob allí.

30Jacob llamó a aquel lugar Peniel (que significa «rostro de Dios»), porque dijo: «He visto a Dios cara a cara y, sin embargo, conservo la vida». 31El sol salía cuando Jacob dejó Peniel* y se fue cojeando debido a su cadera dislocada. 32(Hasta el día de hoy, el pueblo de Israel no come del tendón que está cerca de la articulación de la cadera, debido a lo que ocurrió aquella noche cuando el hombre torció el tendón de la cadera de Jacob).

Jacob y Esaú se reconcilian

33 Entonces Jacob levantó la vista y vio a Esaú, quien se acercaba con sus cuatrocientos hombres. Por eso, repartió a los niños entre Lea, Raquel y sus dos esposas esclavas. 2Colocó en el frente a sus dos esposas esclavas con sus respectivos hijos, después a Lea con sus hijos, y por último a Raquel y a José. 3Entonces Jacob se adelantó a todos ellos. Cuando se aproximó a su hermano, se inclinó hasta el suelo siete veces delante de él. 4Entonces Esaú corrió a su encuentro y lo abrazó, puso los brazos alrededor de su cuello y lo besó. Y ambos lloraron.

5Después Esaú miró a las mujeres y a los niños, y preguntó:

—¿Quiénes son esas personas que vienen contigo?

—Son los hijos que Dios, en su misericordia, me ha dado a mí, tu siervo —contestó Jacob.

6Después las esposas esclavas se presentaron con sus hijos y se inclinaron ante él. 7Luego se presentó Lea con sus hijos, quienes también se inclinaron ante él. Finalmente se presentaron José y Raquel, y ambos se inclinaron ante él.

8—¿Y qué eran todos esos rebaños y esas manadas que encontré en el camino? —preguntó Esaú.

—Son un regalo, mi señor, para asegurar tu amistad —contestó Jacob.

9—Hermano mío, yo tengo más que suficiente —dijo Esaú—. Guarda para ti lo que tienes.

10—No —insistió Jacob—, si he logrado tu favor, te ruego que aceptes este regalo de mi parte. ¡Y qué alivio es ver tu amigable sonrisa! ¡Es como ver el rostro de Dios! 11Por favor, acepta este regalo que te traje, porque Dios ha sido muy generoso conmigo. Yo tengo más que suficiente.

Debido a la insistencia de Jacob, Esaú finalmente aceptó el regalo.

12—Bien —dijo Esaú—, vamos. Yo iré delante de ti.

13Pero Jacob respondió:

—Tú mismo puedes ver, mi señor, que algunos de los niños son muy pequeños, y los rebaños y las manadas también tienen sus crías. Si se les hace caminar mucho, aunque fuera un solo día, todos los animales podrían morir. 14Por favor, mi señor, ve tú primero. Nosotros iremos detrás más lento, a un ritmo que sea cómodo para los animales y para los niños. Nos encontraremos en Seir.

15—De acuerdo —dijo Esaú—, pero déjame al menos asignarte a algunos de mis hombres para que los guíen y los protejan.

—No es necesario —respondió Jacob—. ¡Basta que me hayas recibido amigablemente, mi señor!

16Entonces Esaú se dio la vuelta y emprendió el camino de regreso a Seir ese mismo día. 17Jacob, en cambio, viajó hasta Sucot. Allí se construyó una casa e hizo cobertizos

***Notas textuales 32:28** *Jacob* suena como los términos hebreos para «talón» y «engañador». *Israel* significa «Dios lucha». **32:31** En hebreo *Penuel,* una variante de Peniel.

Referencias cruzadas 32:28 Gn 35:10 **32:30** Ex 24:10; 33:20

para su ganado. Por eso aquel lugar se llamó Sucot (que significa «cobertizos»).

18Después de viajar todo el trayecto desde Padán-aram, Jacob llegó sano y salvo a la ciudad de Siquem, en la tierra de Canaán. Una vez allí, estableció su campamento fuera de la ciudad. 19La parcela donde acampó la compró a la familia de Hamor, el padre de Siquem, por cien monedas de plata.* 20Y allí edificó un altar y le puso por nombre El-Elohe-Israel.*

Venganza contra Siquem

34 Cierto día, Dina, la hija de Jacob y Lea, fue a visitar a unas jóvenes que vivían en la región. 2Cuando el príncipe del lugar, Siquem, hijo de Hamor el heveo, vio a Dina, la tomó a la fuerza y la violó. 3Sin embargo, luego se enamoró de ella e intentó ganarse su cariño con palabras tiernas. 4Le dijo a su padre Hamor: «Consígueme a esta joven pues quiero casarme con ella».

5Entonces Jacob se enteró de que Siquem había deshonrado a su hija Dina, pero como sus hijos estaban en el campo cuidando sus animales, él no dijo nada hasta que regresaron. 6Hamor, el padre de Siquem, fue a hablar del asunto con Jacob. 7Mientras tanto, los hijos de Jacob, al enterarse de lo ocurrido, regresaron del campo de inmediato. Quedaron horrorizados y llenos de furia cuando supieron que su hermana había sido violada. Siquem había cometido un acto vergonzoso contra la familia de Jacob,* algo que nunca debió haber hecho.

8Hamor habló con Jacob y con sus hijos:

—Mi hijo Siquem está verdaderamente enamorado de su hija —dijo—. Por favor, permítanle casarse con ella. 9De hecho, formemos también otros matrimonios: ustedes nos entregan a sus hijas para nuestros hijos, y nosotros les entregaremos a nuestras hijas para los hijos de ustedes. 10Todos ustedes pueden vivir entre nosotros; ¡la tierra está a su disposición! Establézcanse aquí y comercien con nosotros, y siéntanse en libertad de comprar propiedades en la región.

11El propio Siquem también habló con el padre de Dina y con sus hermanos:

—Por favor, sean bondadosos conmigo y permitan que me case con ella —les suplicó—. Yo les daré cualquier cosa que me pidan. 12Sea cual fuere el precio o el regalo que exijan, lo pagaré de buena gana; solo les pido que me entreguen a la muchacha como esposa.

13Pero como Siquem había deshonrado a la hermana de ellos, Dina, los hijos de Jacob respondieron con engaño a Siquem y a Hamor, su padre. 14Les dijeron:

—De ninguna manera podemos permitirlo, porque tú no has sido circuncidado. ¡Sería una vergüenza para nuestra hermana casarse con un hombre como tú! 15Pero hay una solución. Si todos los varones entre ustedes se circuncidan, como lo hicimos nosotros, 16entonces les entregaremos a nuestras hijas y tomaremos a las hijas de ustedes para nosotros. Viviremos entre ustedes y seremos un solo pueblo; 17pero si no aceptan circuncidarse, tomaremos a nuestra hermana y nos marcharemos.

18Hamor y su hijo Siquem aceptaron la propuesta. 19Siquem no demoró en cumplir con el requisito, porque deseaba con desesperación a la hija de Jacob. Siquem era un miembro muy respetado de su familia, 20y acompañó a su padre, Hamor, a presentar la propuesta a los líderes que estaban a las puertas de la ciudad.

21Les dijeron: «Esos hombres son nuestros amigos. Invitémoslos a vivir entre nosotros y comerciemos libremente. Miren, hay suficiente tierra para mantenerlos. Podemos tomar a sus hijas como esposas y permitir que ellos se casen con las nuestras. 22Pero ellos aceptarán quedarse aquí y formar un solo pueblo con nosotros únicamente si nuestros hombres se circuncidan, como lo hicieron ellos. 23Además, si nosotros lo hacemos, todos sus animales y sus posesiones con el tiempo serán nuestros. Vamos, aceptemos sus condiciones y dejemos que se establezcan entre nosotros».

24Todos los hombres del consejo estuvieron de acuerdo con Hamor y Siquem, y todos los varones de la ciudad fueron circuncidados. 25Sin embargo, tres días después, cuando aún estaban adoloridos, dos de los hijos de Jacob —Simeón y Leví—, que eran hermanos de Dina por parte de padre y de madre, tomaron sus espadas y entraron en la ciudad sin encontrar resistencia. Entonces masacraron a todos los varones, 26entre ellos Hamor y su hijo Siquem. Los mataron a espada, y después sacaron a Dina de la casa de Siquem y regresaron a su campamento.

27Mientras tanto, los demás hijos de Jacob llegaron a la ciudad. Al encontrar masacrados a los hombres, saquearon la ciudad, porque allí habían deshonrado a su hermana. 28Se apoderaron de todos los rebaños, las manadas y los burros; se llevaron todo lo que pudieron, tanto de adentro de la ciudad como de los campos. 29Robaron todas las riquezas y saquearon las casas. También tomaron a todos los niños y a las mujeres, y se los llevaron cautivos.

30Después, Jacob les dijo a Simeón y a Leví:

—¡Ustedes me han arruinado! Me han hecho despreciable ante todos los pueblos de esta tierra: los cananeos y los ferezeos. Nosotros somos tan pocos que ellos se unirán y nos aplastarán. ¡Me destruirán, y toda mi familia será aniquilada!

31—¿Pero cómo íbamos a permitir que él tratara a nuestra hermana como a una prostituta? —replicaron ellos, enojados.

¡Respuestas Bíblicas! 8 ¿Qué significa Betel?

35:1 Betel significa "casa de Dios". Jacob nombró a este lugar de esa manera cuando Dios le habló allí. Luego Bethel se convirtió en una ciudad importante. Era el lugar donde el pueblo de Israel adoraba a Dios.

Regreso de Jacob a Betel

35 Entonces Dios le dijo a Jacob: «¡Prepárate! Múdate a Betel, establécete allí y edifica un altar a Dios, quien se te apareció cuando huías de tu hermano Esaú».

2Entonces Jacob les dijo a todos los de su casa: «Deshágganse de todos sus ídolos paganos, purifíquense y pónganse ropas limpias. 3Ahora vamos a Betel, donde edificaré un altar al Dios que respondió a mis oraciones cuando yo estaba angustiado. Él ha estado conmigo en todos los lugares por donde anduve».

4Entonces le entregaron a Jacob todos los ídolos

***Notas textuales 33:19** En hebreo *100 kesitas*; el valor y el peso de la kesita son desconocidos. **33:20** *El-Elohe-Israel* significa «Dios, el Dios de Israel». **34:7** En hebreo *vergonzoso en Israel*

Referencias cruzadas 33:19 Jn 4:5 **34:1** Gn 30:21 **34:10** Gn 33:19 **34:14** Gn 17:14 **34:30** Gn 49:5-7 **35:1** Gn 12:8; 28:19

paganos que conservaban y también los aretes, y él los enterró bajo el gran árbol que está cerca de Siquem. 5Cuando salían, Dios mandó terror sobre los habitantes de todas las ciudades de aquella región, así que nadie atacó a la familia de Jacob.

6Finalmente Jacob y todos los de su casa llegaron a Luz (también llamada Betel), en Canaán. 7Allí Jacob edificó un altar y llamó al lugar El-betel (que significa «Dios de Betel»), porque Dios se le había aparecido allí cuando huía de su hermano Esaú.

8Poco tiempo después murió Débora, la mujer que había cuidado a Rebeca desde niña, y fue enterrada bajo el roble que está en el valle de Betel. Desde entonces ese lugar fue llamado Alón-bacut (que significa «roble del llanto»).

9Ahora que Jacob había regresado de Padán-aram, Dios se le apareció de nuevo en Betel. Y Dios lo bendijo 10diciéndole: «Tu nombre es Jacob, pero ya no te llamarás Jacob. A partir de ahora tu nombre será Israel»*. Así que Dios le cambió el nombre y lo llamó Israel.

11Entonces Dios dijo: «Yo soy El-Shaddai, "Dios Todopoderoso". Sé fructífero y multiplícate. Llegarás a formar una gran nación; incluso, de ti saldrán muchas naciones. ¡Habrá reyes entre tus descendientes! 12Y te entregaré la tierra que les di a Abraham y a Isaac. Así es, te la daré a ti y a tus descendientes». 13Luego Dios ascendió desde el lugar donde le había hablado a Jacob.

14Jacob levantó una columna conmemorativa para marcar el lugar donde Dios le había hablado. Luego derramó vino sobre la columna como sacrificio a Dios y la ungió con aceite de oliva. 15Jacob llamó a aquel lugar Betel (que significa «casa de Dios»), porque allí Dios le había hablado.

Muertes de Raquel e Isaac

16Una vez que salieron de Betel, Jacob y su clan avanzaron hacia Efrata; pero Raquel entró en trabajo de parto mientras aún estaban lejos de allí, y sus dolores eran intensos. 17Luego de un parto muy difícil, la partera finalmente exclamó: «¡No temas; tienes otro varón!». 18Raquel estaba a punto de morir, pero con su último suspiro puso por nombre al niño Benoni (que significa «hijo de mi tristeza»). Sin embargo, el padre del niño lo llamó Benjamín (que significa «hijo de mi mano derecha»). 19Así que Raquel murió y fue enterrada en el camino a Efrata (es decir, Belén). 20Jacob levantó una columna conmemorativa sobre la tumba de Raquel, la cual puede verse hasta el día de hoy.

21Entonces Jacob* siguió su viaje y acampó más allá de Migdal-edar. 22Mientras vivía allí, Rubén tuvo relaciones sexuales con Bilha, la concubina de su padre, y Jacob se enteró enseguida.

Estos son los nombres de los doce hijos de Jacob:

23Los hijos de Lea fueron Rubén (el hijo mayor de Jacob), Simeón, Leví, Judá, Isacar y Zabulón.
24Los hijos de Raquel fueron José y Benjamín.
25Los hijos de Bilha, la sierva de Raquel, fueron Dan y Neftalí.
26Los hijos de Zilpa, la sierva de Lea, fueron Gad y Aser.

Estos son los nombres de los hijos que le nacieron a Jacob en Padán-aram.

27Entonces Jacob regresó a la casa de su padre Isaac en Mamre, que está cerca de Quiriat-arba (actualmente llamada Hebrón), donde Abraham e Isaac vivieron como extranjeros. 28Isaac vivió ciento ochenta años. 29Después dio su último suspiro y murió en buena vejez, y se reunió con sus antepasados al morir. Y lo enterraron sus hijos Esaú y Jacob.

Descendientes de Esaú

36 Este es el relato de los descendientes de Esaú (también conocido como Edom). 2Esaú se casó con dos mujeres jóvenes de Canaán: Ada, hija de Elón el hitita, y Aholibama, hija de Aná y nieta de Zibeón el heveo. 3También se casó con su prima Basemat, que era hija de Ismael y hermana de Nebaiot. 4Ada dio a luz un hijo, a quien llamaron Elifaz. Basemat dio a luz un hijo llamado Reuel. 5Aholibama dio a luz varones: Jeús, Jaalam y Coré. Todos esos hijos le nacieron a Esaú en la tierra de Canaán.

6Esaú tomó a sus esposas, a sus hijos y a los de su casa, junto con sus animales y su ganado —toda la riqueza que había adquirido en la tierra de Canaán— y se mudó para alejarse de su hermano Jacob. 7No había tierra suficiente para sustentar a ambos, debido a la cantidad de animales y posesiones que habían adquirido. 8Por eso, Esaú (también conocido como Edom) se estableció en la zona montañosa de Seir.

9Este es el relato de los descendientes de Esaú, los edomitas, que habitaron en la zona montañosa de Seir.

10Estos son los nombres de los hijos de Esaú: Elifaz, hijo de Ada, esposa de Esaú; y Reuel, hijo de Basemat, esposa de Esaú.
11Los descendientes de Elifaz fueron Temán, Omar, Zefo, Gatam y Cenaz. 12Timna, la concubina de Elifaz, hijo de Esaú, dio a luz un hijo llamado Amalec. Estos fueron los descendientes de Ada, esposa de Esaú.
13Los descendientes de Reuel fueron Nahat, Zera, Sama y Miza. Estos fueron los descendientes de Basemat, esposa de Esaú.
14Esaú también tuvo hijos con Aholibama, hija de Aná y nieta de Zibeón. Sus nombres fueron Jeús, Jaalam y Coré.

15Estos son los descendientes de Esaú que llegaron a ser jefes de varios clanes:

Los descendientes del hijo mayor de Esaú, Elifaz, llegaron a ser jefes de los clanes de Temán, Omar, Zefo, Cenaz, 16Coré, Gatam y Amalec. Ellos son los jefes de los clanes en la tierra de Edom que descendieron de Elifaz. Todos fueron descendientes de Ada, esposa de Esaú.
17Los descendientes de Reuel, hijo de Esaú, se convirtieron en los jefes de los clanes de Nahat, Zera, Sama y Miza. Esos son los jefes de los clanes en la

***Notas textuales** **35:10** *Jacob* suena como los términos hebreos para «talón» y «engañador». *Israel* significa «Dios lucha». **35:21** En hebreo *Israel*; también en 35:22a. Los nombres «Jacob» e «Israel» a menudo son intercambiables en el Antiguo Testamento. Algunas veces hacen referencia al patriarca como individuo y otras veces a la nación.

Referencias cruzadas **35:7** Gn 28:13, 19 **35:9** Gn 28:13 **35:13** Jc 6:21; 13:20 **35:18** Gn 49:27 **35:26** 1 Cr 2:1-2 **36:14** 1 Cr 1:35-37

tierra de Edom que descendieron de Reuel. Todos
fueron descendientes de Basemat, esposa de Esaú.
18 Los descendientes de Esaú con su esposa Aholibama
llegaron a ser jefes de los clanes de Jeús, Jaalam
y Coré. Ellos son los jefes de los clanes que
descendieron de Aholibama, esposa de Esaú e hija
de Aná.
19 Esos son los clanes que descendieron de Esaú (tam-
bién conocido como Edom), cada uno identificado por
el nombre del jefe de su clan.

Habitantes originarios de Edom

20 Estos son los nombres de las tribus que descendieron
de Seir el horeo, las cuales habitaron en la tierra de Edom:
Lotán, Sobal, Zibeón, Aná, 21 Disón, Ezer y Disán. Estos
fueron los jefes de los clanes horeos, descendientes de
Seir, que habitaron en la tierra de Edom.

22 Los descendientes de Lotán fueron Hori y Hemam.
La hermana de Lotán se llamaba Timna.
23 Los descendientes de Sobal fueron Alván, Manahat,
Ebal, Sefo y Onam.
24 Los descendientes de Zibeón fueron Aja y Aná. (Este
Aná fue el que descubrió las aguas termales en el
desierto mientras cuidaba los burros de su padre).
25 Los descendientes de Aná fueron su hijo Disón, y su
hija Aholibama.
26 Los descendientes de Disón* fueron Hemdán, Esbán,
Itrán y Querán.
27 Los descendientes de Ezer fueron Bilhán, Zaaván y
Acán.
28 Los descendientes de Disán fueron Uz y Arán.
29 Así que los jefes de los clanes horeos fueron Lotán,
Sobal, Zibeón, Aná, 30 Disón, Ezer y Disán. Los clanes
horeos llevan el nombre de sus jefes de clan, los cuales
habitaron en la tierra de Seir.

Gobernantes de Edom

31 Estos son los reyes que gobernaron en la tierra de Edom
antes de que los israelitas tuvieran rey:*
32 Bela, hijo de Beor, quien reinó en Edom desde su
ciudad de Dinaba.
33 Cuando Bela murió, reinó en su lugar Jobab, hijo de
Zera, quien era de Bosra.
34 Cuando Jobab murió, reinó en su lugar Husam, quien
era de la región de Temán.
35 Cuando Husam murió, reinó en su lugar Hadad, hijo
de Bedad; y gobernó desde la ciudad de Avit. Él fue
quien derrotó a los madianitas en la tierra de Moab.
36 Cuando Hadad murió, reinó en su lugar Samla, quien
era de la ciudad de Masreca.
37 Cuando Samla murió, reinó en su lugar Saúl, quien
era de la ciudad de Rehobot del Río.
38 Cuando Saúl murió, reinó en su lugar Baal-hanán,
hijo de Acbor.
39 Cuando Baal-hanán, hijo de Acbor, murió, reinó en
su lugar Hadad* y gobernó desde la ciudad de Pau.
Su esposa fue Mehetabel, hija de Matred y nieta de
Mezaab.

40 Estos son los nombres de los jefes de los clanes
descendientes de Esaú, los cuales habitaron en los lu-
gares que llevan sus mismos nombres: Timna, Alva,
Jetet, 41 Aholibama, Ela, Pinón, 42 Cenaz, Temán, Mib-
zar, 43 Magdiel e Iram. Esos son los jefes de los clanes de
Edom, registrados según los asentamientos en la tierra
que ocuparon. Todos ellos descendieron de Esaú, el an-
tepasado de los edomitas.

Los sueños de José

37 Entonces Jacob volvió a establecerse en la tierra
de Canaán, donde su padre había vivido como
extranjero.
2 Este es el relato de Jacob y su familia. Cuando José
tenía diecisiete años de edad, a menudo cuidaba los
rebaños de su padre. Trabajaba para sus medios herma-
nos, los hijos de Bilha y Zilpa, dos de las esposas de su
padre, así que le contaba a su padre acerca de las fechorías
que hacían sus hermanos.
3 Jacob* amaba a José más que a sus otros hijos porque
le había nacido en su vejez. Por eso, un día, Jacob mandó a
hacer un regalo especial para José: una hermosa túnica.*
4 Pero sus hermanos lo odiaban porque su padre lo amaba
más que a ellos. No dirigían ni una sola palabra amable
hacia José.
5 Una noche José tuvo un sueño, y cuando se lo contó
a sus hermanos, lo odiaron más que nunca.
6 —Escuchen este sueño —les dijo—. 7 Resulta que está-
bamos en el campo atando gavillas de grano. De repente,
mi gavilla se levantó, y las gavillas de ustedes se juntaron
alrededor de la mía, ¡y se inclinaron ante ella!
8 Sus hermanos respondieron:
—Así que crees que serás nuestro rey, ¿no es verdad?
¿De veras piensas que reinarás sobre nosotros?
Así que lo odiaron aún más debido a sus sueños y a la
forma en que los contaba.
9 Al poco tiempo José tuvo otro sueño y de nuevo se lo
contó a sus hermanos.
—Escuchen, tuve otro sueño —les dijo—. ¡El sol, la luna
y once estrellas se inclinaban ante mí!
10 Esta vez le contó el sueño a su padre además de a sus
hermanos, pero su padre lo reprendió.
—¿Qué clase de sueño es ese? —le preguntó—. ¿Acaso
tu madre, tus hermanos y yo llegaremos a postrarnos
delante de ti?
11 Sin embargo, mientras los hermanos de José tenían
celos de él, su padre estaba intrigado por el significado
de los sueños.
12 Poco tiempo después, los hermanos de José fueron
hasta Siquem para apacentar los rebaños de su padre.
13 Cuando ya llevaban un buen tiempo allí, Jacob le dijo
a José:
—Tus hermanos están en Siquem apacentando las
ovejas. Prepárate, porque te enviaré a verlos.
—Estoy listo para ir —respondió José.
14 —Ve a ver cómo están tus hermanos y los rebaños
—dijo Jacob—. Luego vuelve aquí y tráeme noticias de
ellos.

***Notas textuales** **36:26** En hebreo *Disán*, una variante de Disón; comparar 36:21, 28. **36:31** O *antes de que un rey israelita los gobernara.* **36:39** Así aparece en algunos manuscritos hebreos, en el Pentateuco Samaritano y en la versión siríaca (ver también 1 Cr 1:50); la mayoría de los manuscritos hebreos dicen *Hadar.* **37:3a** En hebreo *Israel*; también en 37:13. Ver nota en 35:21. **37:3b** Tradicionalmente se traduce *un manto de muchos colores.* El significado del hebreo es incierto.

Referencias cruzadas **36:28** 1 Cr 1:38-42 **36:43** 1 Cr 1:43-54 **37:7** Gn 42:6, 9 **37:11** Hch 7:9

Así que Jacob despidió a José, y él viajó hasta Siquem
desde su casa, en el valle de Hebrón.
15Cuando José llegó a Siquem, un hombre de esa zona
lo encontró dando vueltas por el campo.
—¿Qué buscas? —le preguntó.
16—Busco a mis hermanos —contestó José—. ¿Sabe
usted dónde están apacentando sus rebaños?
17—Sí —le dijo el hombre—. Se han ido de aquí, pero
les oí decir: "Vayamos a Dotán".
Entonces José siguió a sus hermanos hasta Dotán y
allí los encontró.

José es vendido como esclavo

18Cuando los hermanos de José lo vieron acercarse, lo
reconocieron desde lejos. Mientras llegaba, tramaron un
plan para matarlo.
19—¡Aquí viene el soñador! —dijeron—. 20Vamos, ma-
témoslo y tirémoslo en una de esas cisternas. Podemos
decirle a nuestro padre: "Un animal salvaje se lo comió".
¡Entonces veremos en qué quedan sus sueños!
21Pero cuando Rubén oyó el plan, trató de salvar a José.
—No lo matemos —dijo—. 22¿Para qué derramar san-
gre? Solo tirémoslo en esta cisterna vacía, aquí en el de-
sierto. Entonces morirá sin que le pongamos una mano
encima.
Rubén tenía pensado rescatar a José y devolverlo a su
padre.
23Entonces, cuando llegó José, sus hermanos le quita-
ron la hermosa túnica que llevaba puesta. 24Después lo
agarraron y lo tiraron en la cisterna. Resulta que la cisterna
estaba vacía; no tenía nada de agua adentro. 25Luego, justo
cuando se sentaron a comer, levantaron la vista y vieron a
la distancia una caravana de camellos que venía acercán-
dose. Era un grupo de mercaderes ismaelitas que trans-
portaban goma de resina, bálsamo y resinas aromáticas
desde Galaad hasta Egipto.
26Judá dijo a sus hermanos: «¿Qué ganaremos con
matar a nuestro hermano? Tendríamos que encubrir el
crimen.* 27En lugar de hacerle daño, vendámoslo a esos
mercaderes ismaelitas. Después de todo, es nuestro her-
mano, ¡de nuestra misma sangre!». Así que sus hermanos
estuvieron de acuerdo. 28Entonces, cuando se acercaron
los ismaelitas, que eran mercaderes madianitas, los her-
manos de José lo sacaron de la cisterna y se lo vendieron
por veinte monedas* de plata. Y los mercaderes lo llevaron
a Egipto.
29Tiempo después, Rubén regresó para sacar a José
de la cisterna. Cuando descubrió que José no estaba allí,
se rasgó la ropa en señal de lamento. 30Luego regresó a
donde estaban sus hermanos y dijo lamentándose: «¡El
muchacho desapareció! ¿Qué voy a hacer ahora?».
31Entonces los hermanos mataron un cabrito y moja-
ron la túnica de José con la sangre. 32Luego enviaron la
hermosa túnica a su padre con el siguiente mensaje: «Mira
lo que encontramos. Esta túnica, ¿no es la de tu hijo?».
33Su padre la reconoció de inmediato. «Sí —dijo él—,
es la túnica de mi hijo. Seguro que algún animal salvaje
se lo comió. ¡Sin duda despedazó a José!». 34Entonces
Jacob rasgó su ropa y se vistió de tela áspera, e hizo duelo
por su hijo durante mucho tiempo. 35Toda su familia
intentó consolarlo, pero él no quiso ser consolado. A
menudo decía: «Me iré a la tumba* llorando a mi hijo»,
y entonces sollozaba.
36Mientras tanto, los mercaderes madianitas* llegaron
a Egipto, y allí le vendieron a José a Potifar, quien era un
oficial del faraón, rey de Egipto. Potifar era capitán de la
guardia del palacio.

¡Respuestas Bíblicas! **9** **¿Por qué José es importante?**

37:36 José salvó a su familia de la hambruna. Él los llevó a vivir al gran país de Egipto. Cuando José era joven, sus hermanos no lo trataron justamente. Pero Dios lo ayudó a convertirse en alguien poderoso en Egipto.

Judá y Tamar

38 En esos días, Judá dejó su casa y se fue a Adulam,
donde se quedó con un hombre llamado Hira.
2Allí vio a una mujer cananea, la hija de Súa, y se casó con
ella. Cuando se acostaron, 3ella quedó embarazada y dio
a luz un hijo, y le puso por nombre Er. 4Después volvió
a quedar embarazada y dio a luz otro hijo, y le puso por
nombre Onán. 5Además, dio a luz un tercer hijo y lo llamó
Sela. Cuando nació Sela, ellos vivían en Quezib.
6Con el transcurso del tiempo, Judá arregló que Er, su
hijo mayor, se casara con una joven llamada Tamar. 7Pero
Er era un hombre perverso ante los ojos del SEÑOR, y el
SEÑOR le quitó la vida. 8Entonces Judá dijo a Onán, her-
mano de Er: «Cásate con Tamar, como nuestra ley exige al
hermano de un hombre que haya muerto. Tú debes darle
un heredero a tu hermano».
9Pero Onán no estaba dispuesto a tener un hijo que
no fuera su propio heredero. Por eso, cada vez que tenía
relaciones sexuales con la mujer de su hermano, derra-
maba el semen en el suelo. Esto evitaba que ella tuviera
un hijo de su hermano. 10Así que el SEÑOR consideró una
maldad que Onán negara un hijo a su hermano muerto, y
el SEÑOR también le quitó la vida a Onán.
11Entonces Judá le dijo a Tamar, su nuera: «Vuelve a la
casa de tus padres y permanece viuda hasta que mi hijo
Sela tenga edad suficiente para casarse contigo». (Pero en
realidad, Judá no pensaba hacerlo porque temía que Sela
también muriera, igual que sus dos hermanos). Entonces
Tamar regresó a vivir a la casa de sus padres.
12Unos años después, murió la esposa de Judá. Cum-
plido el período de luto, Judá y su amigo Hira el adulamita
subieron a Timna para supervisar la esquila de sus ovejas.
13Alguien le dijo a Tamar: «Mira, tu suegro sube a Timna
para esquilar sus ovejas».
14Tamar ya sabía que Sela había crecido, pero aún no
se había arreglado nada para que ella se casara con él. Así
que se quitó la ropa de viuda y se cubrió con un velo para
disfrazarse. Luego se sentó junto al camino, a la entrada
de la aldea de Enaim, la cual está rumbo a Timna. 15Judá
la vio y creyó que era una prostituta, porque ella tenía
el rostro cubierto. 16Entonces se detuvo y le hizo una
propuesta indecente:
—Déjame tener sexo contigo —le dijo, sin darse cuenta
de que era su propia nuera.

***Notas textuales** **37:26** En hebreo *que cubrir su sangre.* **37:28** En hebreo *20 [siclos],* aproximadamente 228 gramos u 8 onzas. **37:35** En hebreo *Descenderé al Seol.* **37:36** En hebreo *los medanitas.* La relación entre los madianitas y los medanitas no es clara; comparar 37:28. Ver también 25:2.

Referencias cruzadas **37:18** Mc 14:1 **37:36** Gn 39:1 **38:8** Mt 22:24

—¿Cuánto me pagarás por tener sexo contigo? —preguntó Tamar.

17—Te enviaré un cabrito de mi rebaño —prometió Judá.

—¿Pero qué me darás como garantía de que enviarás el cabrito? —preguntó ella.

18—¿Qué clase de garantía quieres? —respondió él.

Ella contestó:

—Déjame tu sello de identidad junto con su cordón, y el bastón que llevas.

Entonces Judá se los entregó. Después tuvo relaciones sexuales con ella, y Tamar quedó embarazada. 19Luego ella regresó a su casa, se quitó el velo y se puso la ropa de viuda como de costumbre.

20Más tarde Judá le pidió a su amigo Hira el adulamita que llevara el cabrito a la mujer y recogiera las cosas que le había dejado como garantía, pero Hira no pudo encontrarla. 21Entonces preguntó a los hombres de ese lugar:

—¿Dónde puedo encontrar a la prostituta del templo local que se sentaba junto al camino, a la entrada de Enaim?

—Nunca hemos tenido una prostituta del templo aquí —contestaron ellos.

22Entonces Hira regresó a donde estaba Judá y le dijo:

—No pude encontrarla por ninguna parte, y los hombres de la aldea afirman que nunca ha habido una prostituta del templo pagano en ese lugar.

23—Entonces deja que se quede con las cosas que le di —dijo Judá—. Envié el cabrito, tal como acordamos, pero tú no pudiste encontrarla. Si regresamos a buscarla, seremos el hazmerreír del pueblo.

24Unos tres meses después, le dijeron a Judá:

—Tu nuera Tamar se ha comportado como una prostituta y ahora, como consecuencia, está embarazada.

—¡Sáquenla y quémenla! —ordenó Judá.

25Pero cuando la sacaban para matarla, ella envió el siguiente mensaje a su suegro: «El dueño de estas cosas fue quien me dejó embarazada. Fíjese bien. ¿De quién son este sello, este cordón y este bastón?».

26Judá los reconoció enseguida y dijo:

—Ella es más justa que yo, porque no arreglé que ella se casara con mi hijo Sela.

Y Judá nunca más volvió a acostarse con Tamar.

27Cuando llegó el tiempo de que Tamar diera a luz, se descubrió que esperaba gemelos. 28Durante el parto, uno de los niños sacó la mano, entonces la partera le ató un hilo rojo en la muñeca y anunció: «Este salió primero». 29Pero luego el niño metió la mano de vuelta, ¡y salió primero su hermano! Entonces la partera exclamó: «¡Vaya! ¿Cómo hiciste para abrirte brecha y salir primero?». Y lo llamaron Fares.* 30Luego nació el niño que llevaba el hilo rojo en la muñeca, y lo llamaron Zera.*

José en la casa de Potifar

39 Cuando los mercaderes ismaelitas llevaron a José a Egipto, lo vendieron a Potifar, un oficial egipcio. Potifar era capitán de la guardia del faraón, rey de Egipto.

2El Señor estaba con José, por eso tenía éxito en todo mientras servía en la casa de su amo egipcio. 3Potifar lo notó y se dio cuenta de que el Señor estaba con José, y le daba éxito en todo lo que hacía. 4Eso agradó a Potifar, quien pronto nombró a José su asistente personal. Lo puso a cargo de toda su casa y de todas sus posesiones. 5Desde el día en que José quedó encargado de la casa y de las propiedades de su amo, el Señor comenzó a bendecir la casa de Potifar por causa de José. Todos los asuntos de la casa marchaban bien, y las cosechas y los animales prosperaron. 6Pues Potifar le dio a José total y completa responsabilidad administrativa sobre todas sus posesiones. Con José a cargo, Potifar no se preocupaba por nada, ¡excepto qué iba a comer!

José era un joven muy apuesto y bien fornido, 7y la esposa de Potifar pronto comenzó a mirarlo con deseos sexuales.

—Ven y acuéstate conmigo —le ordenó ella.

8Pero José se negó:

—Mire —le contestó—, mi amo confía en mí y me puso a cargo de todo lo que hay en su casa. 9Nadie aquí tiene más autoridad que yo. Él no me ha negado nada, con excepción de usted, porque es su esposa. ¿Cómo podría yo cometer semejante maldad? Sería un gran pecado contra Dios.

10Día tras día, ella seguía presionando a José, pero él se negaba a acostarse con ella y la evitaba tanto como podía. 11Cierto día, sin embargo, José entró a hacer su trabajo y no había nadie más allí. 12Ella llegó, lo agarró del manto y le ordenó: «¡Vamos, acuéstate conmigo!». José se zafó de un tirón, pero dejó su manto en manos de ella al salir corriendo de la casa.

13Cuando ella vio que tenía el manto en las manos y que él había huido, 14llamó a sus siervos. Enseguida todos los hombres llegaron corriendo. «¡Miren! —dijo ella—. ¡Mi esposo ha traído aquí a este esclavo hebreo para que nos deje en ridículo! Él entró en mi cuarto para violarme, pero yo grité. 15Cuando me oyó gritar, salió corriendo y se escapó, pero dejó su manto en mis manos».

16Ella se quedó con el manto hasta que su esposo regresó a la casa. 17Luego le contó su versión de lo sucedido: «Ese esclavo hebreo que trajiste a nuestra casa intentó entrar y aprovecharse de mí; 18pero, cuando grité, ¡salió corriendo y dejó su manto en mis manos!».

José es encarcelado

19Potifar se enfureció cuando oyó el relato de su esposa acerca de cómo José la había tratado. 20Entonces agarró a José y lo metió en la cárcel donde estaban los presos del rey. José quedó allí, 21pero el Señor estaba con José en la cárcel y le mostró su fiel amor. El Señor hizo que José fuera el preferido del encargado de la cárcel. 22Poco después el director puso a José a cargo de los demás presos y de todo lo que ocurría en la cárcel. 23El encargado no tenía de qué preocuparse, porque José se ocupaba de todo. El Señor estaba con él y lo prosperaba en todo lo que hacía.

José interpreta dos sueños

40 Pasado un tiempo, el jefe de los coperos y el jefe de los panaderos del faraón ofendieron a su señor, el rey. 2El faraón se enojó con esos dos funcionarios 3y los puso en la cárcel donde estaba José, en el palacio del capitán de la guardia. 4Ellos permanecieron en la cárcel durante mucho tiempo, y el capitán de la guardia los asignó a José, quien se ocupaba de ellos.

5Una noche, mientras estaban en la cárcel, el copero y el panadero del faraón tuvieron cada uno un sueño, y

***Notas textuales** **38:29** *Fares* significa «abriendo brecha». **38:30** *Zera* significa «rojo» o «brillo».

Referencias cruzadas **38:29** Mt 1:3 **39:1** Gn 37:25 **39:21** Hch 7:9

cada sueño tenía su propio significado. 6Cuando José
los vio a la mañana siguiente, notó que los dos parecían
preocupados.
7—¿Por qué se ven tan preocupados hoy? —les
preguntó.
8—Anoche los dos tuvimos sueños —contestaron
ellos—, pero nadie puede decirnos lo que significan.
—La interpretación de los sueños es asunto de Dios
—respondió José—. Vamos, cuéntenme lo que soñaron.

¡Respuestas Bíblicas! **10** **¿Los sueños son mensajes de Dios?**

40:8 La mayoría de los sueños no son mensajes de Dios. Pero Dios le ha hablado a la gente en sueños. José podía explicar el significado de los sueños y los egipcios supieron que Dios le había dado una gran sabiduría.

9Entonces el jefe de los coperos fue el primero en con-
tarle su sueño a José.
—En mi sueño —dijo él—, vi una vid delante de mí.
10La vid tenía tres ramas, las cuales comenzaron a brotar
y a florecer y, en poco tiempo, produjo racimos de uvas
maduras. 11Yo tenía la copa del faraón en mi mano, enton-
ces tomé un racimo de uvas y exprimí el jugo en la copa.
Después puse la copa en la mano del faraón.
12—El sueño significa lo siguiente —dijo José—: las tres
ramas representan tres días; 13dentro de tres días, el faraón
te levantará y te pondrá nuevamente en tu puesto como
jefe de sus coperos. 14Te pido que te acuerdes de mí y me
hagas un favor cuando las cosas te vayan bien. Háblale
de mí al faraón, para que me saque de este lugar. 15Pues
me trajeron secuestrado desde mi tierra, la tierra de los
hebreos, y ahora estoy aquí en la cárcel, aunque no hice
nada para merecerlo.
16Cuando el jefe de los panaderos vio que José había
dado una interpretación tan positiva del primer sueño,
le dijo a José:
—Yo también tuve un sueño. En mi sueño, había tres
canastas de pasteles blancos sobre mi cabeza. 17En la ca-
nasta de arriba había todo tipo de pasteles para el faraón,
pero llegaron las aves y se los comieron de la canasta que
estaba sobre mi cabeza.
18—El sueño significa lo siguiente —le dijo José—: las
tres canastas también representan tres días. 19En tres días,
el faraón te levantará y atravesará tu cuerpo con un poste;
luego las aves llegarán y picotearán tu carne.
20Tres días después era el cumpleaños del faraón,
quien preparó un banquete para todos sus funcionarios
y su personal. Así que llamó al jefe de sus coperos y al
jefe* de sus panaderos para que se unieran a los demás
funcionarios. 21Entonces restituyó al jefe de los coperos
a su cargo anterior, para que volviera a entregar al faraón
su copa. 22Pero el faraón atravesó al jefe de los panaderos
con un poste, tal como José había predicho cuando le
interpretó el sueño. 23Sin embargo, el jefe de los coperos
del faraón se olvidó de José por completo y nunca más
volvió a pensar en él.

Los sueños del faraón

41 Dos años después, el faraón soñó que estaba de
pie a la orilla del río Nilo. 2En su sueño, vio siete
vacas gordas y sanas que salían del río y comenzaban a
pastar entre los juncos. 3Luego vio otras siete vacas que
salían del Nilo detrás de ellas, pero eran flacas y raquíti-
cas. Esas vacas se pusieron junto a las vacas gordas, en la
ribera del río. 4¡Entonces las vacas flacas y raquíticas se
comieron a las siete vacas gordas y sanas! En ese momento
del sueño, el faraón se despertó.
5Después volvió a dormirse y tuvo un segundo sueño.
Esta vez vio siete espigas llenas de grano, robustas y her-
mosas, que crecían de un solo tallo. 6Luego aparecieron
otras siete espigas de grano, pero estaban resecas y mar-
chitadas por el viento oriental. 7¡Entonces las espigas secas
se tragaron a las siete robustas y bien formadas! El faraón
volvió a despertarse y se dio cuenta de que era un sueño.
8A la mañana siguiente, el faraón estaba muy pertur-
bado por los sueños. Entonces llamó a todos los magos
y a los sabios de Egipto. Cuando el faraón les contó sus
sueños, ninguno de ellos pudo decirle lo que significaban.
9Finalmente habló el jefe de los coperos del rey: «Hoy
he recordado mi falla —le dijo al faraón—. 10Hace un
tiempo, usted se enojó con el jefe de los panaderos y
conmigo, y nos encarceló en el palacio del capitán de la
guardia. 11Una noche, el jefe de los panaderos y yo tu-
vimos cada uno un sueño, y cada sueño tenía su propio
significado. 12Con nosotros, en la cárcel, había un joven
hebreo, que era esclavo del capitán de la guardia. Noso-
tros le contamos nuestros sueños, y él nos explicó el sig-
nificado de cada sueño. 13Y todo sucedió tal como él lo
había predicho. Yo fui restituido a mi puesto de copero,
y el jefe de los panaderos fue ejecutado y atravesado con
un poste».
14El faraón mandó llamar a José de inmediato, y ense-
guida lo trajeron de la cárcel. Después de afeitarse y cam-
biarse de ropa, José se presentó ante el faraón. 15Entonces
el faraón le dijo:
—Anoche tuve un sueño, y nadie aquí puede decirme
lo que significa; pero me enteré de que cuando tú oyes un
sueño puedes interpretarlo.
16—No está en mis manos el poder para hacerlo —res-
pondió José—, pero Dios puede decirle lo que su sueño
significa y darle tranquilidad.
17Entonces el faraón le contó su sueño a José.
—En mi sueño —le dijo—, yo estaba de pie a la orilla del
río Nilo 18y vi siete vacas gordas y sanas que salían del río
y comenzaban a pastar entre los juncos. 19Luego vi siete
vacas flacas y raquíticas con aspecto enfermizo que salían
después de las primeras. Jamás había visto unos animales
tan lamentables en toda la tierra de Egipto. 20Entonces
esas vacas flacas y raquíticas se comieron a las siete vacas
gordas, 21pero nadie lo hubiera creído, ¡porque después
seguían siendo tan flacas y raquíticas como antes! Luego
me desperté.
22»En mi sueño también vi siete espigas llenas de
grano, robustas y hermosas, que crecían de un solo tallo.
23Después aparecieron otras siete espigas de grano, pero
estaban infestadas, resecas y marchitadas por el viento
oriental. 24Entonces las espigas secas se tragaron a las
siete robustas. Les conté esos sueños a los magos, pero
ninguno pudo decirme lo que significan.

Notas textuales **40:20** En hebreo *Levantó la cabeza del jefe de sus coperos y del jefe.*

Referencias cruzadas **40:18** Gn 40:12-13 **41:8** Ex 7:11-12 **41:14** Sal 105:20

25José respondió:

—Ambos sueños del faraón significan lo mismo. Dios le da a conocer de antemano al faraón lo que está por hacer. 26Las siete vacas sanas y las siete espigas robustas representan siete años de prosperidad. 27Las siete vacas flacas y raquíticas que salieron después, y las siete espigas resecas y marchitadas por el viento oriental representan siete años de hambre.

28»Esto sucederá tal como lo he descrito, pues Dios ha revelado de antemano al faraón lo que está por hacer. 29Los próximos siete años serán un período de gran prosperidad en toda la tierra de Egipto, 30pero después llegarán siete años de un hambre tan intensa que hará olvidar toda esa prosperidad de Egipto. El hambre destruirá la tierra. 31La hambruna será tan grave que borrará hasta el recuerdo de los años buenos. 32El haber tenido dos sueños similares significa que esos acontecimientos fueron decretados por Dios, y él hará que ocurran pronto.

33»Por lo tanto, el faraón debería encontrar a un hombre inteligente y sabio, y ponerlo a cargo de toda la tierra de Egipto. 34Después el faraón debería nombrar supervisores de la tierra, a fin de que almacenen una quinta parte de las cosechas durante los siete años buenos. 35Haga que ellos reúnan toda la producción de alimentos en los años buenos que vienen y la lleven a los graneros del faraón. Almacene bien el grano y vigílelo para que haya alimento en las ciudades. 36De esa manera, habrá suficiente para comer cuando lleguen los siete años de hambre sobre la tierra de Egipto. De lo contrario, el hambre destruirá la tierra.

José es nombrado gobernador de Egipto

37Las sugerencias de José fueron bien recibidas por el faraón y sus funcionarios. 38Entonces el faraón preguntó a sus funcionarios: «¿Acaso encontraremos a alguien como este hombre, tan claramente lleno del espíritu de Dios?». 39Así que el faraón dijo a José: «Como Dios te ha revelado el significado de los sueños a ti, es obvio que no hay nadie más sabio e inteligente que tú. 40Quedarás a cargo de mi palacio, y toda mi gente recibirá órdenes de ti. Solo yo, sentado en mi trono, tendré un rango superior al tuyo».

41El faraón dijo a José: «Yo, aquí en persona, te pongo a cargo de toda la tierra de Egipto». 42Luego el faraón se quitó de la mano el anillo con su sello oficial y lo puso en el dedo de José; lo vistió con ropas de lino de la mejor calidad y le puso un collar de oro. 43Después hizo que José subiera al carro de guerra reservado para su segundo en autoridad, y dondequiera que iba José, se gritaba la orden: «¡Arrodíllense!». Así que el faraón puso a José a cargo de todo Egipto, 44y le dijo: «Yo soy el faraón, pero nadie levantará una mano ni un pie en toda la tierra de Egipto sin tu aprobación».

45Luego el faraón le puso un nuevo nombre a José, un nombre egipcio: Zafnat-panea.* También le dio una esposa, quien se llamaba Asenat y era hija de Potifera, el sacerdote de On.* Entonces José se hizo cargo de toda la tierra de Egipto. 46Tenía treinta años cuando comenzó a servir en el palacio del faraón, rey de Egipto. Después, cuando José salió de la presencia del faraón, inspeccionó toda la tierra de Egipto.

47Tal como se había predicho, la tierra produjo cosechas abundantes durante siete años. 48Todos esos años, José recogió todas las cosechas que crecieron en Egipto y guardó en las ciudades el grano de los campos aledaños. 49Acumuló grandes cantidades de grano, tanto como si fuera arena a la orilla del mar. Al final, dejó de registrar las cantidades porque había tanto que resultaba imposible medirlo.

50Durante ese tiempo, antes del primer año de hambre, les nacieron dos hijos a José y su esposa Asenat, hija de Potifera, el sacerdote de On. 51José llamó a su hijo mayor Manasés,* porque dijo: «Dios me hizo olvidar todas mis angustias y a todos los de la familia de mi padre». 52José llamó a su segundo hijo Efraín,* porque dijo: «Dios me hizo fructífero en esta tierra de mi aflicción».

53Finalmente acabaron los siete años de cosechas abundantes en toda la tierra de Egipto. 54Después comenzaron los siete años de hambre, tal como José había predicho. El hambre también azotó a todas las regiones vecinas, pero en todo Egipto había alimento de sobra. 55Con el tiempo, sin embargo, el hambre se extendió por toda la tierra de Egipto también. Cuando la gente reclamó alimento al faraón, él les dijo: «Vayan a ver a José y hagan todo lo que les diga». 56Entonces, dada la gravedad del hambre en todas partes, José abrió los graneros y distribuyó grano a los egipcios, porque el hambre era intensa en toda la tierra de Egipto. 57Y llegaba a Egipto gente de todas partes para comprarle grano a José, porque el hambre era intensa en todo el mundo.

Los hermanos de José van a Egipto

42 Cuando Jacob oyó que había grano en Egipto, les dijo a sus hijos: «¿Por qué están ahí sin hacer nada, mirándose uno a otro? 2He oído que hay grano en Egipto. Desciendan a Egipto y compren suficiente grano para que sigamos con vida. De no ser así, moriremos».

3Entonces los diez hermanos mayores de José descendieron a Egipto a comprar grano; 4pero Jacob no dejó que el hermano menor de José, Benjamín, fuera con ellos, por temor a que pudiera sufrir algún daño. 5Así que los hijos de Jacob* llegaron a Egipto junto con otras personas para comprar alimento, porque el hambre también había llegado a Canaán.

6Como José era gobernador de Egipto y estaba encargado de vender el grano a todas las personas, sus hermanos tuvieron que acudir a él. Cuando llegaron, se inclinaron delante de él, con el rostro en tierra. 7José reconoció a sus hermanos enseguida, pero fingió no conocerlos y les habló con dureza.

—Ustedes, ¿de dónde vienen? —les preguntó.

—De la tierra de Canaán —contestaron—. Venimos a comprar alimento.

8Aunque José reconoció a sus hermanos, ellos no lo reconocieron a él. 9Entonces recordó los sueños que había tenido acerca de ellos hacía muchos años atrás, y les dijo:

—¡Ustedes son espías! Han venido para ver lo vulnerable que se ha hecho nuestra tierra.

10—¡No, mi señor! —exclamaron—. Sus siervos han venido simplemente a comprar alimento. 11Todos nosotros somos hermanos, miembros de la misma familia. ¡Somos hombres honrados, señor! ¡No somos espías!

***Notas textuales** **41:45a** *Zafnat-panea* probablemente significa «Dios habla y vive». **41:45b** La versión griega dice *de Heliópolis*; también en 41:50. **41:51** *Manasés* suena como un término hebreo que significa «hacer olvidar». **41:52** *Efraín* suena como un término hebreo que significa «fructífero». **42:5** En hebreo *de Israel*. Ver nota en 35:21.

Referencias cruzadas **41:36** Gn 47:14 **41:40** Hch 7:10 **41:54** Hch 7:11 **42:5** Hch 7:11-12 **42:6** Sal 105:16-21

12—¡Sí, lo son! —insistió José—. Han venido para ver lo
vulnerable que se ha hecho nuestra tierra.
13—Señor —dijeron ellos—, en realidad somos doce
en total. Nosotros, sus siervos, somos todos hermanos,
hijos de un hombre que vive en la tierra de Canaán. Nues-
tro hermano menor quedó con nuestro padre, y uno de
nuestros hermanos ya no está con nosotros.
14Pero José insistió:
—Como dije, ¡ustedes son espías! 15Voy a comprobar
su historia de la siguiente manera: ¡Juro por la vida del
faraón que ustedes nunca se irán de Egipto a menos que
su hermano menor venga hasta aquí! 16Uno de ustedes irá
a traer a su hermano. Los demás se quedarán aquí, en la
cárcel. Así sabremos si su historia es cierta o no. Por la vida
del faraón, si resulta que ustedes no tienen un hermano
menor, entonces confirmaré que son espías.
17Entonces José los metió en la cárcel por tres días. 18Al
tercer día, José les dijo:
—Yo soy un hombre temeroso de Dios. Si hacen lo que
les digo, vivirán. 19Si de verdad son hombres honrados,
escojan a uno de sus hermanos para que se quede en la
cárcel. Los demás podrán regresar a casa con el grano
para sus familias que mueren de hambre. 20Pero deben
traerme a su hermano menor. Eso demostrará que dicen
la verdad, y no morirán.
Ellos estuvieron de acuerdo. 21Y hablando entre ellos,
dijeron: «Es obvio que estamos pagando por lo que le
hicimos hace tiempo a José. Vimos su angustia cuando
rogaba por su vida, pero no quisimos escucharlo. Por eso
ahora tenemos este problema».
22«¿No les dije yo que no pecaran contra el muchacho?
—preguntó Rubén—. Pero ustedes no me hicieron caso, ¡y
ahora tenemos que responder por su sangre!».
23Obviamente ellos no sabían que José entendía lo
que decían, pues él les hablaba mediante un intérprete.
24Entonces José se apartó de ellos y comenzó a llorar.
Cuando recuperó la compostura, volvió a hablarles. En-
tonces escogió a Simeón e hizo que lo ataran a la vista de
los demás hermanos.
25Después José ordenó a sus siervos que llenaran de
grano los costales de los hombres, pero también les dio
instrucciones secretas de que devolvieran el dinero del
pago y lo pusieran en la parte superior del costal de cada
uno de ellos. Además les dio provisiones para el viaje.
26Así que los hermanos cargaron sus burros con el grano
y emprendieron el regreso a casa.
27Cuando se detuvieron a pasar la noche y uno de ellos
abrió su costal a fin de sacar grano para su burro, encontró
su dinero en la abertura del costal. 28«¡Miren! —exclamó
a sus hermanos—. Me devolvieron el dinero. ¡Aquí está
en mi costal!». Entonces se les desplomó el corazón y,
temblando, se decían unos a otros: «¿Qué nos ha hecho
Dios?».
29Cuando los hermanos llegaron a donde estaba su
padre Jacob, en la tierra de Canaán, le contaron todo lo que
les había sucedido. 30«El hombre que gobierna la nación
nos habló con mucha dureza —le dijeron—. Nos acusó de
ser espías en su tierra, 31pero nosotros le dijimos: "Somos
hombres honrados, no espías. 32Somos doce hermanos,
hijos del mismo padre. Uno de nuestros hermanos ya no
está con nosotros, y el menor está en casa con nuestro
padre, en la tierra de Canaán".
33»Entonces el hombre que gobierna la nación nos
dijo: "Comprobaré si ustedes son hombres honrados de
la siguiente manera: dejen a uno de sus hermanos aquí
conmigo, tomen grano para sus familias hambrientas y re-
gresen a casa; 34pero deben traerme a su hermano menor.
Entonces sabré que ustedes son hombres honrados y no
espías. Después les entregaré a su hermano, y podrán
comerciar libremente en la tierra"».
35Luego, al vaciar cada uno su costal, ¡encontraron las
bolsas con el dinero que habían pagado por el grano! Los
hermanos y su padre quedaron aterrados cuando vieron
las bolsas con el dinero, 36y Jacob exclamó:
—¡Ustedes me están robando a mis hijos! ¡José ya no
está! ¡Simeón tampoco! Y ahora quieren llevarse también
a Benjamín. ¡Todo está en mi contra!
37Entonces Rubén dijo a su padre:
—Puedes matar a mis dos hijos si no te traigo de re-
greso a Benjamín. Yo me hago responsable de él y prometo
traerlo a casa.
38Pero Jacob le respondió:
—Mi hijo no irá con ustedes. Su hermano José está
muerto, y él es todo lo que me queda. Si algo le ocurriera
en el camino, ustedes mandarían a la tumba* a este
hombre entristecido y canoso.

Los hermanos regresan a Egipto

43 El hambre seguía azotando la tierra de Canaán.
2Cuando el grano que habían traído de Egipto
estaba por acabarse, Jacob dijo a sus hijos:
—Vuelvan y compren un poco más de alimento para
nosotros.
3Pero Judá dijo:
—El hombre hablaba en serio cuando nos advirtió:
"No volverán a ver mi rostro a menos que su hermano
venga con ustedes". 4Si envías a Benjamín con nosotros,
descenderemos y compraremos más alimento, 5pero si
no dejas que Benjamín vaya, nosotros tampoco iremos.
Recuerda que el hombre dijo: "No volverán a ver mi rostro
a menos que su hermano venga con ustedes".
6—¿Por qué fueron ustedes tan crueles conmigo? —se
lamentó Jacob*—. ¿Por qué le dijeron que tenían otro
hermano?
7—El hombre no dejaba de hacernos preguntas sobre
nuestra familia —respondieron ellos—. Nos preguntó:
"¿Su padre todavía vive? ¿Tienen ustedes otro hermano?".
Y nosotros contestamos sus preguntas. ¿Cómo íbamos a
saber que nos diría: "Traigan aquí a su hermano"?
8Judá le dijo a su padre:
—Envía al muchacho conmigo, y nos iremos ahora
mismo. De no ser así, todos moriremos de hambre, y
no solamente nosotros, sino tú y nuestros hijos. 9Yo ga-
rantizo personalmente su seguridad. Puedes hacerme
responsable a mí si no te lo traigo de regreso. Entonces
cargaré con la culpa para siempre. 10Si no hubiéramos
perdido todo este tiempo, ya habríamos ido y vuelto dos
veces.
11Entonces su padre Jacob finalmente les dijo:
—Si no queda otro remedio, entonces al menos hagan
esto: carguen sus costales con los mejores productos de
esta tierra —bálsamo, miel, resinas aromáticas, pista-
chos y almendras—; llévenselos al hombre como regalo.

***Notas textuales** **42:38** En hebreo *al Seol.* **43:6** En hebreo *Israel*;
también en 43:11. Ver nota en 35:21.

Referencias cruzadas **42:13** Gn 37:30-33 **42:34** Gn 34:10 **42:38** Gn
37:35 **43:5** Gn 42:15

12Tomen también el doble del dinero que les devolvieron, ya que probablemente alguien se equivocó. 13Después tomen a su hermano y regresen a ver al hombre. 14Que el Dios Todopoderoso* les muestre misericordia cuando estén delante del hombre, para que ponga a Simeón en libertad y permita que Benjamín regrese. Pero si tengo que perder a mis hijos, que así sea.

15Así que los hombres cargaron los regalos de Jacob, tomaron el doble de dinero y emprendieron el viaje con Benjamín. Finalmente llegaron a Egipto y se presentaron ante José. 16Cuando José vio a Benjamín con ellos, le dijo al administrador de su casa: «Esos hombres comerán conmigo hoy al mediodía. Llévalos dentro del palacio. Luego mata un animal y prepara un gran banquete». 17El hombre hizo conforme a lo que José le dijo y los llevó al palacio de José.

18Los hermanos estaban aterrados al ver que los llevaban a la casa de José, y decían: «Es por el dinero que alguien puso en nuestros costales la última vez que estuvimos aquí. Él piensa hacer como que nosotros lo robamos. Luego nos apresará, nos hará esclavos y se llevará nuestros burros».

Banquete en el palacio de José

19Los hermanos se acercaron al administrador de la casa de José y hablaron con él en la entrada del palacio.

20—Señor —le dijeron—, ya vinimos a Egipto una vez a comprar alimento; 21pero cuando íbamos de regreso a nuestra casa, nos detuvimos a pasar la noche y abrimos nuestros costales. Entonces descubrimos que el dinero de cada uno de nosotros —la cantidad exacta que habíamos pagado— ¡estaba en la parte superior de cada costal! Aquí está, lo hemos traído con nosotros. 22También trajimos más dinero para comprar más alimento. No tenemos idea de quién puso el dinero en nuestros costales.

23—Tranquilos, no tengan miedo —les dijo el administrador—. El Dios de ustedes, el Dios de su padre, debe de haber puesto ese tesoro en sus costales. Me consta que recibí el pago que hicieron.

Después soltó a Simeón y lo llevó a donde estaban ellos.

24Luego el administrador acompañó a los hombres hasta el palacio de José. Les dio agua para que se lavaran los pies y alimento para sus burros. 25Ellos prepararon sus regalos para la llegada de José a mediodía, porque les dijeron que comerían allí.

26Cuando José volvió a casa, le entregaron los regalos que le habían traído y luego se postraron hasta el suelo delante de él. 27Después de saludarlos, él les preguntó:

—¿Cómo está su padre, el anciano del que me hablaron? ¿Todavía vive?

28—Sí —contestaron—. Nuestro padre, siervo de usted, sigue con vida y está bien.

Y volvieron a postrarse.

29Entonces José miró a su hermano Benjamín, hijo de su misma madre.

—¿Es este su hermano menor del que me hablaron? —preguntó José—. Que Dios te bendiga, hijo mío.

30Entonces José se apresuró a salir de la habitación porque la emoción de ver a su hermano lo había vencido. Entró en su cuarto privado, donde perdió el control y se echó a llorar. 31Después de lavarse la cara, volvió a salir, ya más controlado. Entonces ordenó: «Traigan la comida».

32Los camareros sirvieron a José en su propia mesa, y sus hermanos fueron servidos en una mesa aparte. Los egipcios que comían con José se sentaron en su propia mesa, porque los egipcios desprecian a los hebreos y se niegan a comer con ellos. 33José indicó a cada uno de sus hermanos dónde sentarse y, para sorpresa de ellos, los sentó según sus edades, desde el mayor hasta el menor. 34También llenó sus platos con comida de su propia mesa, y le dio a Benjamín cinco veces más que a los demás. Entonces festejaron y bebieron libremente con José.

La copa de plata de José

44 Cuando los hermanos estuvieron listos para marcharse, José dio las siguientes instrucciones al administrador del palacio: «Llena sus costales con todo el grano que puedan llevar y pon el dinero de cada uno nuevamente en su costal. 2Luego pon mi copa personal de plata en la abertura del costal del menor de los hermanos, junto con el dinero de su grano». Y el administrador hizo tal como José le indicó.

3Los hermanos se levantaron al amanecer y emprendieron el viaje con sus burros cargados. 4Cuando habían recorrido solo una corta distancia y apenas habían llegado a las afueras de la ciudad, José le dijo al administrador del palacio: «Sal tras ellos y detenlos; y cuando los alcances, pregúntales: "¿Por qué han pagado mi bondad con semejante malicia? 5¿Por qué han robado la copa de plata* de mi amo, la que usa para predecir el futuro? ¡Qué maldad tan grande han cometido!"».

6Cuando el administrador del palacio alcanzó a los hombres, les habló tal como José le había indicado.

7—¿De qué habla usted? —respondieron los hermanos—. Nosotros somos sus siervos y nunca haríamos semejante cosa. 8¿Acaso no devolvimos el dinero que encontramos en nuestros costales? Lo trajimos de vuelta desde la tierra de Canaán. ¿Por qué robaríamos oro o plata de la casa de su amo? 9Si usted encuentra la copa en poder de uno de nosotros, que muera el hombre que la tenga. Y el resto de nosotros, mi señor, seremos sus esclavos.

10—Eso es justo —respondió el hombre—, pero solo el hombre que haya robado la copa será mi esclavo. Los demás quedarán libres.

11Ellos bajaron rápidamente sus costales de los lomos de sus burros y los abrieron. 12El administrador del palacio revisó los costales de cada uno de los hermanos, desde el mayor hasta el menor, ¡y encontró la copa en el costal de Benjamín! 13Al ver eso, los hermanos se rasgaron la ropa en señal de desesperación. Luego volvieron a cargar sus burros y regresaron a la ciudad.

14José todavía estaba en su palacio cuando Judá y sus hermanos llegaron. Entonces se postraron en el suelo delante de él.

15—¿Qué han hecho ustedes? —reclamó José—. ¿No saben que un hombre como yo puede predecir el futuro?

16—Oh, mi señor —contestó Judá—, ¿qué podemos responderle? ¿Cómo podemos explicar esto? ¿Cómo podemos probar nuestra inocencia? Dios nos está castigando por nuestros pecados. Mi señor, todos hemos regresado para ser sus esclavos, todos nosotros, y no solo nuestro hermano que tenía la copa en su costal.

***Notas textuales** **43:14** En hebreo *El-Shaddai.* **44:5** Así aparece en la versión griega; en hebreo falta esta frase.

Referencias cruzadas **43:22** Gn 42:28 **43:32** Ex 8:26 **44:1** Gn 42:25; 43:16 **44:9** Gn 31:32

17—No —dijo José—. ¡Yo jamás haría algo así! Solo el
hombre que robó la copa será mi esclavo. Los demás pue-
den volver en paz a la casa de su padre.

Judá habla por sus hermanos

18Entonces Judá dio un paso adelante y dijo:
—Por favor, mi señor, permita que su siervo le hable tan
solo unas palabras. Le ruego que no se enoje conmigo, a
pesar de ser usted tan poderoso como el faraón mismo.
19»Mi señor, anteriormente nos preguntó a nosotros,
sus siervos: "¿Tienen un padre o un hermano?". 20Y noso-
tros respondimos: "Sí, mi señor, tenemos un padre que
ya es anciano, y su hijo menor le nació en la vejez. Su
hermano de padre y madre murió y él es el único hijo que
queda de su madre, y su padre lo ama mucho".
21»Usted nos dijo: "Tráiganlo aquí para que lo vea con
mis propios ojos". 22Pero nosotros le dijimos a usted: "Mi
señor, el muchacho no puede dejar a su padre, porque su
padre moriría". 23Pero usted nos dijo: "A menos que su
hermano menor venga con ustedes, nunca más volverán
a ver mi rostro".
24»Entonces regresamos a la casa de su siervo, nuestro
padre, y le dijimos lo que usted nos había dicho. 25Tiempo
después, cuando él nos dijo que regresáramos a comprar
más alimento, 26le respondimos: "No podemos ir a menos
que permitas que nuestro hermano menor nos acompañe.
Nunca llegaremos a ver el rostro del hombre a menos que
nuestro hermano menor esté con nosotros".
27»Entonces mi padre nos dijo: "Como ya saben, mi
esposa tuvo dos hijos, 28y uno de ellos se fue y nunca
más regresó. Sin duda, fue despedazado por algún animal
salvaje, y no he vuelto a verlo. 29Si ahora alejan de mí a
su hermano y él sufre algún daño, ustedes mandarán a la
tumba* a este hombre entristecido y canoso".
30»Y ahora, mi señor, no puedo regresar a la casa de
mi padre sin el muchacho. La vida de nuestro padre está
ligada a la vida del muchacho. 31Si nuestro padre ve que
el muchacho no está con nosotros, morirá. Nosotros,
sus siervos, ciertamente seremos responsables de haber
enviado a la tumba a ese hombre entristecido y canoso.
32Mi señor, yo le garanticé a mi padre que me haría cargo
del muchacho. Le dije que, si no lo llevaba de regreso, yo
cargaría con la culpa para siempre.
33»Por favor, mi señor, permita que yo me quede aquí
como esclavo en lugar del muchacho, y deje que el mu-
chacho regrese con sus hermanos. 34Pues, ¿cómo podré
regresar y ver a mi padre si el muchacho no está conmigo?
¡No podría soportar ver la angustia que le provocaría a
mi padre!

José revela su identidad

45 José ya no pudo contenerse. Había mucha gente
en la sala, y él les dijo a sus asistentes: «¡Salgan
todos de aquí!». Así que estuvo a solas con sus hermanos
en el momento de decirles quién era. 2Entonces perdió
el control y se echó a llorar. Lloraba con tanta fuerza que
los egipcios podían oírlo, y la noticia pronto llegó hasta
el palacio del faraón.
3«¡Soy José! —dijo a sus hermanos—. ¿Vive mi padre
todavía?». ¡Pero sus hermanos se quedaron mudos! Es-
taban atónitos al darse cuenta de que tenían a José frente
a ellos. 4«Por favor, acérquense», les dijo. Entonces ellos
se acercaron, y él volvió a decirles: «Soy José, su her-
mano, a quien ustedes vendieron como esclavo en Egipto.
5Pero no se inquieten ni se enojen con ustedes mismos
por haberme vendido. Fue Dios quien me envió a este
lugar antes que ustedes, a fin de preservarles la vida. 6El
hambre que ha azotado la tierra estos dos últimos años
durará otros cinco años más, y no habrá ni siembra ni
siega. 7Dios me hizo llegar antes que ustedes para sal-
varles la vida a ustedes y a sus familias, y preservar la
vida de muchos más.* 8Por lo tanto, fue Dios quien me
envió a este lugar, ¡y no ustedes! Y fue él quien me hizo
consejero* del faraón, administrador de todo su palacio
y gobernador de todo Egipto.
9»Ahora, ¡apresúrense! Regresen a donde está mi
padre y díganle: "Tu hijo José dice: 'Dios me ha hecho
señor de toda la tierra de Egipto. ¡Así que ven a verme de
inmediato! 10Podrás vivir en la región de Gosén, donde
estarás cerca de mí, junto con tus hijos y tus nietos, tus
rebaños y tus manadas, y todas tus posesiones. 11Allí te
cuidaré, porque aún quedan cinco años de hambre. De lo
contrario, tú, los de tu casa y todos tus animales morirán
de hambre'".
12»¡Miren! —agregó José—. Pueden comprobarlo con
sus propios ojos, y también puede hacerlo mi hermano
Benjamín, ¡que de veras soy José! 13Díganle a mi padre
acerca de la posición de honor que tengo aquí en Egipto.
Descríbanle todo lo que han visto y, después, traigan a
mi padre aquí lo más pronto posible». 14Llorando de ale-
gría, José abrazó a Benjamín, y Benjamín hizo lo mismo.
15Luego José besó a cada uno de sus hermanos y lloró
sobre ellos, y después comenzaron a hablar libremente
con él.

El faraón invita a Jacob a Egipto

16La noticia pronto llegó al palacio del faraón: «¡Han lle-
gado los hermanos de José!». El faraón y sus funcionarios
se alegraron mucho al saberlo.
17El faraón le dijo a José: «Diles a tus hermanos: "Esto
es lo que deben hacer: ¡Apúrense! Carguen sus animales
y regresen a la tierra de Canaán. 18Luego vayan a buscar
a su padre y a sus familias y vuelvan aquí. Yo les daré la
mejor tierra en Egipto, y comerán de lo mejor que esa
tierra produce"».
19Después el faraón le dijo a José: «Diles a tus her-
manos: "Lleven carros de Egipto para transportar a sus
niños y a sus esposas, y traigan a su padre aquí. 20No se
preocupen por sus bienes personales, pues lo mejor de la
tierra de Egipto será de ustedes"».
21Así que los hijos de Jacob* hicieron lo que se les dijo.
José les proporcionó carros, tal como el faraón había or-
denado, y les dio provisiones para el viaje. 22A cada uno
le dio ropa nueva, pero a Benjamín le dio cinco mudas de
ropa y trescientas monedas* de plata. 23También le envió
a su padre diez burros cargados con los mejores productos
de Egipto, y diez burras cargadas con grano, pan y otras
provisiones que necesitaría para el viaje.
24Entonces José despidió a sus hermanos y, cuando se
iban, les dijo: «¡No se peleen por todo esto en el camino!».

***Notas textuales** **44:29** En hebreo *al Seol*; también en 44:31. **45:7** O *y salvarlos con un extraordinario rescate.* El significado del hebreo es incierto. **45:8** En hebreo *un padre.* **45:21** En hebreo *Israel*; también en 45:28. Ver nota en 35:21. **45:22** En hebreo *300 [siclos]*, aproximadamente 3,4 kilos o 7,5 libras.

Referencias cruzadas **44:28** Gn 37:33 **Referencias cruzadas** **45:16** Hch 7:13-14 **45:24** Gn 42:21-22

El gran comienzo

Génesis 1:1-2:4

Dios es el origen de todo lo que vemos y de todo lo que existe en el universo. Así es como nos lo explica el primer libro de la Biblia, el Génesis, que significa "inicio".

Todo estaba vacío, había oscuridad y desde allí Dios comienza un proyecto maravilloso al que llamamos "El gran comienzo".

Fueron seis etapas y la Biblia las menciona como seis días:

1. Dios creó los cielos y la tierra.
2. Creó la luz, quitó la oscuridad.
3. Separó las aguas de la tierra.
4. Creó las plantas.
5. Nos dio un sistema solar, con el sol y la luna, y también las estrellas. Esto nos habla de las estaciones.
6. Dios creó a los animales, y al ver todo tan hermoso, creó al ser humano para que gobernara sobre esa creación. Adán y Eva fueron los primeros hombres.
7. Dios descansó.

Dios descansó al terminar su obra maestra, convencido de que ¡era muy buena!. Toda la creación estaba en armonía. ¡Qué poder tan maravilloso el de nuestro Dios! *¿Sabías que podemos conocerlo a través de su creación?*

Dios fue súper creativo y generoso al crear tanta diversidad de especies y de colores. También fue cuidadoso con su creación, porque todo se sostiene perfectamente. Y además, es amoroso regalándonos el sol cada día, y haciéndonos a su imagen para poder tener una relación con nosotros.

Tristemente, el capítulo 3 de Génesis nos cuenta como Adán y Eva perdieron esa relación tan especial que tenían con Dios, luego de que fueron engañados por un enemigo.

Por esa trampa, Dios anunció que un día un descendiente de una mujer lo iba a vencer. Ese fue Jesús, Dios nacido del vientre de una mujer para recuperar la relación perdida entre Él y nosotros.

¿Qué es lo que más te gusta de la creación? Te animamos a darle gracias a Dios porque todo lo que creó es maravilloso, incluyéndote ti. Por eso, Jesús dio su vida para que puedas conocerle.

Noé y el gran barco

Génesis 6:9-9:17

La Biblia nos cuenta que Noé era un hombre que amaba y respetaba a Dios, pero todas las demás personas en el mundo eran muy malas y violentas. El Señor entonces le anticipó que vendría sobre la Tierra un gran diluvio. Caería mucha lluvia, provocando una gran inundación y morirían todos los seres vivos. El Señor también le dio instrucciones muy precisas a Noé para que comenzara a construir un gran barco: uno de tres pisos donde pudieran entrar él y su familia, con un montón de animales, ¡y además suficiente alimento para todos! Noé le creyó a Dios y obedientemente comenzó a construir ese gran barco siguiendo todas las instrucciones que el Señor le había dado.

Cuando estuvo terminado, Dios le dijo a Noé que entrara junto con su esposa, sus tres hijos y las esposas de ellos, así como también muchas parejas de animales de diferentes especies. Una vez que todos estuvieron dentro del arca, comenzó a llover ¡y no paró por 40 días y 40 noches! Las aguas cubrieron la Tierra y todos los seres vivos murieron, pero el amor de Dios guardó a aquellos que lo amaban, quienes en obediencia hicieron lo que Dios les había dicho.

Una vez que terminó de llover, pasó mucho tiempo antes de que el agua cediera. Cuando la tierra estuvo seca, Dios le dijo a Noé que bajara del barco junto con su familia y todos los animales, y los bendijo. También les prometió que nunca más iba a enviar un diluvio como ese y puso el arco iris en el cielo como señal de ese pacto.

Hoy en día, la Iglesia es como un Arca que Jesús está construyendo para que todo aquel que quiera amar y obedecer a Dios pueda entrar y recibir su amor. Qué hermoso, *¿verdad?* Dios sabe guardar y rescatar a todos los que viven bajo su cuidado, ¡y en el corazón de Dios hay espacio para todos!

La fe de Abraham

Génesis 12:1-7

Abram y su esposa Saray habían vivido toda su vida en una ciudad importante llamada Ur, en la tierra de Mesopotamia, en donde hoy se encuentra Irak.

Dios llamó a Abram a dejar su tierra y su familia, que adoraba a dioses falsos, para adorar al único Dios verdadero y seguirle.

Abram creyó y obedeció, dejando Ur para ir a la tierra de Canaán, la cual Dios prometió que sería su hogar. En el camino, paró en una ciudad llamada Jarán y luego continuó su búsqueda. Allí el Señor le prometió que lo bendeciría, y que sería el padre de un pueblo numeroso y de bendición para todas las naciones. Abram tenía 75 años entonces.

Durante los siguientes veinticinco años, vivió en constante movimiento, porque aquellas tierras estaban ocupadas por otros reyes y pueblos, pero su fe en la promesa de Dios lo mantuvo siguiendo la guía del Señor y confiando en él. En cada lugar a donde llegaba, levantaba un altar y adoraba a Dios. Abram amaba muchísimo al Señor.

A sus noventa y nueve años, el Señor le cambió su nombre por el de Abraham y luego lo visitó en su tienda junto a dos ángeles. Después de comer con él, le prometió que en un año su esposa tendría un hijo y se llamaría Isaac. Finalmente, a sus cien años, Abraham experimentó el milagro de tener un hijo. ¡Qué alegría tan grande! Durante los siguientes años, lo cuidó y lo vio crecer, hasta que una noche Dios visitó a Abraham nuevamente y le pidió algo muy extraño. Tenía que entregar a su hijo en un altar, eso significaba que debía sacrificarlo. Abraham sabía que Isaac era la manera en que Dios cumpliría su promesa... *¿Cómo podía pedirle algo así?* Pero, a pesar de lo difícil que le resultaba, movido por ese amor y fe que siempre había tenido en Dios, obedeció y fue al monte junto a su hijo. Justo cuando estaba por herirlo con una daga, Dios le habló desde el cielo, lo detuvo y le mostró un carnero que usaría en lugar de su hijo. Ese día, mientras Abraham adoraba alegremente a Dios, el Señor lo llamó su amigo y le dijo que sería el padre de su pueblo (Israel) y de la fe, el ejemplo de todos aquellos que creyeran en Él.

¡Qué bueno es poder confiar en Dios en todo momento! Te animamos a pedirle a Dios una fe como la de Abraham, para confiar en que sus planes son siempre los mejores.

José, el soñador

Génesis 37:1-11

Cuando José cumplió 17 años su padre, Jacob, le regaló una hermosa túnica. Ellos tenían una relación especial, donde Jacob mostraba cierta preferencia entre José y sus hermanos, lo que generó una mala relación con ellos.

Luego, hubo unos días en donde José tuvo dos sueños, en los que veía a toda su familia inclinarse ante él. No tuvo mejor idea que contárselo a todos, lo cual generó un gran enojo en sus hermanos quienes lo llamaron "el soñador".

Más adelante, vimos cómo sus hermanos comenzaron a molestarlo, a punto tal de tirarlo a una fosa profunda; luego lo vendieron como esclavo a unos comerciantes que viajaban a Egipto. Mientras tanto, a su padre le dieron la túnica de José llena de sangre, y le dijeron que un animal del campo lo había matado.

Preocupados decidimos avanzar en la historia para conocer qué fue lo que sucedió con José. *¿Y qué crees?* Cuando lo vimos, no lo podíamos reconocer. Al parecer había vivido muchas cosas, pero finalmente, ahora José se vestía como un rey y era ahora el segundo hombre más importante de Egipto.

Ese día mucha gente hacía una larga fila para comprar granos, ya que había una gran sequía y solo Egipto tenía reservas para vender. *¿Y a quiénes crees que vimos pidiendo pan e inclinándose delante de José?* Si, a sus hermanos.

El sueño de José se estaba cumpliendo, su familia se inclinaba ante él.
Al ver la escena José comenzó a llorar, reveló su verdadera identidad y les pidió que trajeran a su padre a Egipto para poder cuidarlo.

El sueño se había cumplido, porque no era un sueño de esos que tenemos cuando comemos muchas golosinas, sino que fue un sueño dado por Dios para mostrarle lo que iba a hacer con él en el futuro. José, quien pasó muchas cosas difíciles, fue el hombre que ayudó a que toda su familia pudiera salvarse en un tiempo de mucha hambre en todo el mundo.

¿Qué podemos aprender? ¡Dios te dio vida porque tiene planes para ti! Tienes una misión importante en el mundo, y sin importar donde hayas nacido o cual sea tu historia, si dejas que Dios te guíe, él te enseñará a encontrar tu lugar y misión en la vida.

25Y ellos salieron de Egipto y regresaron donde vivía su
padre Jacob, en la tierra de Canaán.
26«¡José todavía vive! —le dijeron a su padre—. ¡Y es el
gobernador de toda la tierra de Egipto!». Jacob se quedó
atónito al oír la noticia, y no podía creerlo. 27Sin embargo,
cuando le repitieron todo lo que José les había dicho y
cuando vio los carros que había enviado para llevarlo, su
alma se reanimó.
28Entonces Jacob exclamó: «¡Debe ser verdad! ¡Mi hijo
José está vivo! Tengo que ir y verlo antes de morir».

Viaje de Jacob a Egipto

46 Entonces Jacob* emprendió el viaje a Egipto con
todas sus posesiones. Y cuando llegó a Beerseba,
ofreció sacrificios al Dios de su padre Isaac. 2Durante la
noche, Dios le habló en una visión.
—¡Jacob! ¡Jacob! —lo llamó.
—Aquí estoy —respondió Jacob.
3—Yo soy Dios, el Dios de tu padre —dijo la voz—. No
tengas temor de descender a Egipto, porque allí haré de tu
familia una gran nación. 4Yo descenderé contigo a Egipto
y te volveré a traer. Morirás en Egipto, pero José estará
contigo para cerrar tus ojos.
5Entonces Jacob salió de Beerseba, y sus hijos lo lle-
varon a Egipto. Lo transportaron a él, junto con los pe-
queños y las esposas, en los carros que el faraón les había
provisto. 6También se llevaron todos los animales y los
bienes personales que habían adquirido en la tierra de
Canaán. Así que Jacob partió hacia Egipto con toda su
familia 7—hijos y nietos, hijas y nietas—; se fue con todos
sus descendientes.
8Estos son los nombres de los descendientes de Israel
—los hijos de Jacob— que fueron a Egipto:

Rubén fue el hijo mayor de Jacob. 9Los hijos de Rubén
fueron Hanoc, Falú, Hezrón y Carmi.
10Los hijos de Simeón fueron Jemuel, Jamín, Ohad,
Jaquín, Zohar y Saúl. (La madre de Saúl fue una
mujer cananea).
11Los hijos de Leví fueron Gersón, Coat y Merari.
12Los hijos de Judá fueron Er, Onán, Sela, Fares y Zera
(aunque Er y Onán habían muerto en la tierra de
Canaán). Los hijos de Fares fueron Hezrón y Hamul.
13Los hijos de Isacar fueron Tola, Púa,* Jasub* y
Simrón.
14Los hijos de Zabulón fueron Sered, Elón y Jahleel.
15Esos fueron los hijos de Lea y Jacob que nacieron en
Padán-aram, además de su hija Dina. Los descendientes
de Jacob por medio de Lea (tanto hombres como mujeres)
fueron treinta y tres.

16Los hijos de Gad fueron Zefón,* Hagui, Suni, Ezbón,
Eri, Arodi y Areli.
17Los hijos de Aser fueron Imna, Isúa, Isúi y Bería. La
hermana de ellos se llamaba Sera. Los hijos de Bería
fueron Heber y Malquiel.
18Esos fueron los hijos de Zilpa, la sierva que Lea recibió
de su padre Labán. Los descendientes de Jacob por medio
de Zilpa fueron dieciséis.

19Los hijos de Raquel, esposa de Jacob, fueron José y
Benjamín.
20Los hijos de José que nacieron en la tierra de Egipto
fueron Manasés y Efraín. La madre de ellos fue
Asenat, hija de Potifera, sacerdote de On.*
21Los hijos de Benjamín fueron Bela, Bequer, Asbel,
Gera, Naamán, Ehi, Ros, Mupim, Hupim y Ard.
22Esos fueron los hijos de Raquel y Jacob. Los descen-
dientes de Jacob por medio de Raquel fueron catorce.

23El hijo de Dan fue Husim.
24Los hijos de Neftalí fueron Jahzeel, Guni, Jezer y
Silem.
25Esos fueron los hijos de Bilha, la sierva que Raquel re-
cibió de su padre Labán. Los descendientes de Jacob por
medio de Bilha fueron siete.

26Todos los descendientes directos de Jacob que partieron
con él a Egipto, sin contar a las esposas de sus hijos, fueron
sesenta y seis. 27Además, José tuvo dos hijos* que nacie-
ron en Egipto. Así que, en total, había setenta* miembros
de la familia de Jacob en la tierra de Egipto.

¡Respuestas Bíblicas! 11 ¿Por qué Dios envió a la familia de Jacob a Egipto?

46:27 Dios envió a Jacob a Egipto para que su familia pudiera vivir a salvo de la hambruna en Canaán. Allí los miembros de la familia de Jacob se multiplicaron durante los siguientes 400 años y se convirtieron en una nación adentro de otra nación.

La familia de Jacob llega a Gosén

28Cuando ya estaban cerca de llegar, Jacob mandó que
Judá se adelantara a fin de encontrarse con José y averiguar
el camino a la región de Gosén. Cuando por fin llegaron,
29José preparó su carro de guerra y viajó hasta Gosén para
recibir a su padre Jacob. Cuando José llegó, corrió a los
brazos de su padre y lloró sobre su hombro un largo rato.
30Finalmente, Jacob le dijo a José: «Ahora estoy listo para
morir porque he vuelto a ver tu rostro y sé que aún vives».
31Entonces José dijo a sus hermanos y a toda la familia
de su padre: «Iré al faraón y le diré: “Mis hermanos y toda
la familia de mi padre han venido a verme desde la tierra
de Canaán. 32Son pastores y crían animales. Han traído
sus rebaños y sus manadas y todo lo que poseen”».
33Después dijo: «Cuando el faraón los llame y les pre-
gunte a qué se dedican, 34ustedes deben decirle: “Noso-
tros, sus siervos, hemos criado ganado toda nuestra vida,
igual que nuestros antepasados”. Cuando le digan eso, él
los dejará vivir aquí en la región de Gosén, porque los
egipcios desprecian a los pastores».

***Notas textuales** **46:1** En hebreo *Israel*; también en 46:29, 30. Ver nota en 35:21. **46:13a** Así aparece en la versión siríaca y en el Pentateuco Samaritano (ver también 1 Cr 7:1); en hebreo dice *Puvá*. **46:13b** Así aparece en algunos manuscritos griegos y en el Pentateuco Samaritano (ver también Nm 26:24; 1 Cr 7:1). En hebreo dice *Job*. **46:16** Así aparece en la versión griega y en el Pentateuco Samaritano (ver también Nm 26:15); en hebreo dice *Zifión*. **46:20** La versión griega dice *de Heliópolis*. **46:27a** La versión griega dice *nueve hijos*, probablemente incluye a los nietos de José por medio de Efraín y Manasés (ver 1 Cr 7:14-20). **46:27b** La versión griega dice *setenta y cinco*; ver nota en Ex 1:5.

Referencias cruzadas **46:4** Gn 12:2; 28:13 **46:6** Hch 7:15 **46:27** Hch 7:14 **46:33-34** Gn 43:32

Jacob bendice al faraón

47 Entonces José fue a ver al faraón y le dijo: «Mi padre y mis hermanos han llegado desde la tierra de Canaán. Vinieron con todos sus rebaños, sus manadas y sus posesiones, y ahora están en la región de Gosén».

2José llevó con él a cinco de sus hermanos y se los presentó al faraón. 3El faraón preguntó a los hermanos:

—¿A qué se dedican?

—Nosotros, sus siervos —contestaron ellos—, somos pastores, al igual que nuestros antepasados. 4Hemos venido a vivir a Egipto por un tiempo, debido a que en Canaán no hay pastos para nuestros rebaños, porque el hambre es muy intensa allí. Por lo tanto, le rogamos que nos permita vivir en la región de Gosén.

5Entonces el faraón le dijo a José: «Ahora que tu padre y tus hermanos han venido a estar aquí contigo, 6escoge el lugar que quieras en toda la tierra de Egipto para que ellos vivan. Dales la mejor tierra de Egipto. Que vivan en la región de Gosén, y si alguno de ellos tiene alguna destreza especial, ponlo a cargo de mis rebaños también».

7Entonces José hizo entrar a su padre Jacob y se lo presentó al faraón. Entonces Jacob bendijo al faraón.

8—¿Cuántos años tienes? —le preguntó el faraón.

9Jacob respondió:

—He andado por este mundo ya ciento treinta arduos años; pero mi vida ha sido corta en comparación con la de mis antepasados.

10Entonces Jacob volvió a bendecir al faraón antes de salir del palacio.

11Por lo tanto, José asignó la mejor tierra de Egipto —la región de Ramsés— a su padre y a sus hermanos, y los estableció allí, tal como el faraón había ordenado. 12Y José proveyó alimentos a su padre y a sus hermanos en cantidades proporcionadas al número de familiares, incluidos los niños más pequeños.

Administración de José durante el tiempo de hambre

13Mientras tanto, el hambre se hizo tan intensa que se acabó todo el alimento, y la gente por toda la tierra de Egipto y la de Canaán se moría de hambre. 14José, al vender el grano a la población, con el tiempo, obtuvo todo el dinero que había en Egipto y en Canaán, y lo depositó en la tesorería del faraón. 15Cuando los habitantes de Egipto y de Canaán se quedaron sin dinero, todos los egipcios acudieron a José.

—¡Ya no tenemos dinero! —clamaron—. Por favor, denos alimentos, ¡o moriremos ante sus propios ojos!

16José respondió:

—Ya que no tienen dinero, tráiganme sus animales. Yo les daré alimentos a cambio de sus animales.

17Entonces llevaron sus animales a José a cambio de alimentos. A cambio de sus caballos, rebaños de ovejas y cabras, manadas de ganado y burros, José les proveyó alimentos para un año más.

18Entonces ese año llegó a su fin. Al año siguiente, ellos acudieron nuevamente a José y le dijeron: «No podemos ocultarle la verdad, señor. Se nos acabó el dinero, y todas nuestras manadas de animales son suyas. Ya no nos queda nada para entregarle, excepto nuestro cuerpo y nuestras tierras. 19¿Por qué morir delante de sus propios ojos? Cómprenos a nosotros y también a nuestras tierras a cambio de alimentos; ofrecemos nuestras tierras y nos ofrecemos nosotros mismos como esclavos para el faraón. Solamente provéanos de grano para que podamos vivir y no muramos, y para que la tierra no quede vacía y desolada».

20José, pues, compró toda la tierra de Egipto para el faraón. Todos los egipcios le vendieron sus campos debido a que el hambre era severa. Así que pronto toda la tierra pasó a ser posesión del faraón. 21Y en cuanto a los habitantes, los hizo esclavos a todos,* desde un extremo de Egipto hasta el otro. 22Las únicas tierras que no compró fueron las que pertenecían a los sacerdotes. Ellos recibían una ración de alimentos directamente del faraón, por lo cual no tuvieron que vender sus tierras.

23Entonces José le dijo al pueblo:

—Miren, hoy los he comprado a ustedes y a sus tierras para el faraón. Les proporcionaré semillas para que puedan sembrar los campos. 24Después, cuando llegue el tiempo de la cosecha, una quinta parte de los cultivos será del faraón. Ustedes podrán quedarse con las otras cuatro quintas partes como semilla para sus campos y alimento para ustedes, los de su casa y sus niños.

25—¡Usted nos ha salvado la vida! —exclamaron ellos—. Permítanos, señor nuestro, ser los esclavos del faraón.

26Entonces José emitió un decreto, aún vigente en la tierra de Egipto, según el cual el faraón recibiría una quinta parte de todas las cosechas cultivadas en su tierra. Solo la región perteneciente a los sacerdotes no fue entregada al faraón.

27Mientras tanto, el pueblo de Israel se estableció en la región de Gosén, en Egipto. Allí adquirieron propiedades, y fueron prósperos y la población creció con rapidez. 28Jacob vivió diecisiete años después de haber llegado a Egipto, así que en total vivió ciento cuarenta y siete años.

29Cuando se acercaba el momento de su muerte, Jacob* llamó a su hijo José, y le dijo:

—Te ruego que me hagas un favor. Pon tu mano debajo de mi muslo y jura que me tratarás con amor inagotable al hacer honor a esta última petición: no me entierres en Egipto; 30cuando muera, llévate mi cuerpo de Egipto y entiérrame con mis antepasados.

Entonces José prometió:

—Haré lo que me pides.

31—Jura que lo harás —insistió Jacob.

Así que José hizo juramento, y Jacob se inclinó con humildad en la cabecera de su cama.*

Jacob bendice a Manasés y a Efraín

48 Cierto día, no mucho tiempo después, le avisaron a José: «A tu padre ya le queda muy poco tiempo de vida». Entonces José fue a visitarlo, y llevó con él a sus dos hijos, Manasés y Efraín.

2Cuando José llegó, le dijeron a Jacob que su hijo José había venido a verlo. Entonces Jacob* cobró fuerzas y se incorporó en su cama.

3Jacob le dijo a José:

—El Dios Todopoderoso* se me apareció en la aldea de Luz, en la tierra de Canaán, y me bendijo 4con estas palabras: "Te haré fructífero y multiplicaré tu descendencia.

***Notas textuales** **47:21** Así aparece en la versión griega y en el Pentateuco Samaritano; en hebreo dice *los trasladó a todos a las ciudades.* **47:29** En hebreo *Israel*; también en 47:31b. Ver nota en 35:21. **47:31** La versión griega dice *e Israel se inclinó para adorar, apoyado en su vara.* Comparar Hb 11:21. **48:2** En hebreo *Israel*; también en 48:8, 10, 11, 13, 14, 21. Ver nota en 35:21. **48:3** En hebreo *El-Shaddai.*

Referencias cruzadas **47:2** Gn 46:31 **47:6** Gn 45:18 **47:13** Hch 7:11 **47:30** Hch 7:15-16 **48:3-4** Hb 11:21

Haré de ti una multitud de naciones, y daré esta tierra de Canaán a tus descendientes* como posesión perpetua”.

5»Ahora reclamo como hijos míos a estos dos muchachos tuyos, Efraín y Manasés, quienes nacieron aquí en la tierra de Egipto antes de que yo llegara. Ellos serán mis hijos, como lo son Rubén y Simeón. 6Pero cualquier otro hijo que te nazca en el futuro será tuyo, y heredará tierra dentro de los límites de los territorios de sus hermanos Efraín y Manasés.

7»Hace mucho tiempo, cuando yo regresaba de Padán-aram,* Raquel murió en la tierra de Canaán. Todavía íbamos en viaje y bastante lejos de Efrata (es decir, Belén). Con mucha tristeza, la enterré allí, junto al camino que va a Efrata.

8Entonces Jacob miró a los dos muchachos.

—¿Son estos tus hijos? —preguntó.

9—Sí —le dijo José—, estos son los hijos que Dios me ha dado aquí en Egipto.

Y Jacob dijo:

—Acércalos más a mí, para que pueda bendecirlos.

10Jacob casi había perdido la vista debido a su avanzada edad y apenas podía ver. Entonces José le acercó a los muchachos, y Jacob los besó y los abrazó. 11Entonces Jacob le dijo a José:

—Nunca pensé que volvería a ver tu rostro, ¡pero ahora Dios me ha permitido ver también a tus hijos!

12José retiró a los muchachos de las rodillas de su abuelo, y se inclinó con el rostro hacia el suelo. 13Después puso a los muchachos delante de Jacob. Con su mano derecha dirigió a Efraín hacia la mano izquierda de Jacob, y con su mano izquierda puso a Manasés a la mano derecha de Jacob. 14Pero Jacob cruzó sus brazos cuando los extendió para poner sus manos sobre la cabeza de los muchachos: es decir, puso su mano derecha sobre la cabeza de Efraín —aunque él era el menor— y su mano izquierda sobre la cabeza de Manasés, que era el hijo mayor. 15Luego bendijo a José con las siguientes palabras:

«Que el Dios delante del cual caminaron
mi abuelo Abraham y mi padre Isaac
—el Dios que ha sido mi pastor
toda mi vida, hasta el día de hoy,
16 el Ángel que me ha salvado de todo mal—
bendiga a estos muchachos.
Que ellos preserven mi nombre
y el nombre de Abraham y de Isaac.
Y que su descendencia se multiplique en gran
manera
por toda la tierra».

17Pero José se molestó cuando vio que su padre puso la mano derecha sobre la cabeza de Efraín. Entonces José se la levantó para pasarla de la cabeza de Efraín a la cabeza de Manasés.

18—No, padre mío —le dijo—. Este es el hijo mayor; pon tu mano derecha sobre su cabeza.

19Pero su padre se negó a hacerlo.

—Ya lo sé, hijo mío, lo sé —respondió él—. Manasés también llegará a ser un gran pueblo, pero su hermano menor será aún más grande y de su descendencia se formarán una multitud de naciones.

20Así que, aquel día, Jacob bendijo a los muchachos con esta bendición: «El pueblo de Israel usará el nombre de ustedes cuando impartan una bendición. Dirán: “Que Dios los haga tan prósperos como a Efraín y a Manasés”». De esta manera, Jacob puso a Efraín antes de Manasés.

21Entonces Jacob le dijo a José:

—Mira, yo estoy a punto de morir, pero Dios estará contigo y te llevará de regreso a Canaán, la tierra de tus antepasados. 22Y además de lo que les he dado a tus hermanos, te doy a ti una porción adicional de la tierra* que tomé de los amorreos con mi espada y con mi arco.

Últimas palabras de Jacob para sus hijos

49 Entonces Jacob hizo llamar a todos sus hijos y les dijo: «Júntense alrededor de mí, y les diré lo que le ocurrirá a cada uno de ustedes en los días venideros.

2 »Acérquense y escuchen, hijos de Jacob;
escuchen a Israel, su padre.

3 »Rubén, tú eres mi hijo mayor, mi fuerza,
el hijo de mi juventud vigorosa.
Tú eres el primero en rango y el primero en
potencia.
4 Pero eres tan impetuoso como una inundación,
y ya no serás más el primero.
Pues te acostaste con mi esposa;
deshonraste mi cama matrimonial.

5 »Simeón y Leví son tal para cual;
sus armas son instrumentos de violencia.
6 Que jamás tome parte yo en sus reuniones;
que nunca tenga nada que ver con sus planes.
Pues en su enojo asesinaron hombres,
y por diversión mutilaron bueyes.
7 Maldito sea su enojo, porque es feroz;
maldita sea su ira, porque es cruel.*
Los esparciré entre los descendientes de Jacob;
los dispersaré por todo Israel.

8 »Judá, tus hermanos te alabarán.
Agarrarás a tus enemigos por el cuello.
Todos tus parientes se inclinarán ante ti.
9 Judá, mi hijo, es un león joven
que ha terminado de comerse a su presa.
Se agazapa como un león y se tiende;
como a una leona, ¿quién se atreverá a
despertarlo?
10 El cetro no se apartará de Judá,
ni la vara de mando de sus descendientes,*
hasta que venga aquel a quien le pertenece,*
aquel a quien todas las naciones honrarán.
11 Él ata su potro a una vid,
la cría de su burra a una vid escogida.
Lava sus ropas en vino,
sus vestidos, con el jugo de las uvas.
12 Sus ojos son más oscuros que el vino,
y sus dientes, más blancos que la
leche.

***Notas textuales** **48:4** En hebreo *simiente*; también en 48:19. Este término se traduce como «descendencia» o «descendientes». **48:7** En hebreo *Padán*, refiriéndose a Padán-aram; comparar Gn 35:9. **48:22** O *a ti la ladera.* El significado del hebreo es incierto. **49:10a** En hebreo *de entre sus pies.* **49:10b** O *hasta que se le rinda tributo y los pueblos obedezcan*; tradicionalmente se traduce *hasta que venga Silo.*

Referencias cruzadas **48:9** Gn 33:5 **48:14** Gn 41:51-52 **48:16** Hb 11:21 **48:22** Jn 4:5 **49:3** Dt 21:17 **49:5** Gn 29:33-34; 34:25-30 **49:8** Hb 7:14 **49:10** Sal 2:6-9

13 »Zabulón se asentará junto a la costa
y será un puerto para los barcos;
sus fronteras se extenderán hasta Sidón.

14 »Isacar es un burro robusto
que descansa entre dos alforjas.*
15 Cuando vea lo bueno que es el campo
y lo agradable del terreno,
doblará su hombro para llevar la carga
y se someterá al arduo trabajo.

16 »Dan gobernará a su pueblo
como cualquier otra tribu de Israel.
17 Dan será una serpiente junto al camino,
una víbora venenosa en el sendero,
que muerde los talones del caballo
para que caiga el jinete.
18 ¡Oh Señor, confío en ti para la
salvación!

19 »Gad será atacado por bandas saqueadoras,
pero él las atacará cuando ellas se batan en
retirada.

20 »Aser cenará manjares deliciosos
y producirá comida digna de reyes.

21 »Neftalí es una cierva en libertad
que tiene hermosos cervatillos.

22 »José es la cría de un burro salvaje,
la cría de un burro salvaje junto a un manantial,
uno de los burros salvajes sobre la cresta de la
tierra.*
23 Los arqueros lo atacaron ferozmente;
le dispararon y lo hostigaron.
24 Pero su arco permaneció tenso,
y sus brazos fueron fortalecidos
por las manos del Poderoso de Jacob,
por el Pastor, la Roca de Israel.
25 Que el Dios de tu padre te ayude;
que el Todopoderoso te bendiga
con bendiciones de los cielos de arriba,
y con bendiciones de las aguas profundas de
abajo,
y con bendiciones de los pechos y del vientre.
26 Que mis bendiciones paternas sobre ti
superen las bendiciones de mis antepasados,*
y alcancen las alturas de los montes eternos.
Que estas bendiciones descansen sobre la cabeza
de José,
quien es príncipe entre sus
hermanos.

27 »Benjamín es un lobo rapaz,
que devora a sus enemigos por la mañana
y reparte su botín por la tarde».

28 Estas son las doce tribus de Israel, y esto es lo que su
padre dijo a sus hijos al despedirse de ellos. Los bendijo
con un mensaje apropiado para cada uno.

Muerte y entierro de Jacob

29 Entonces Jacob les dio las siguientes instrucciones:
«Yo moriré pronto y me uniré con mis antepasados. En-
tiérrenme junto con mi padre y mi abuelo en la cueva que
está en el campo de Efrón el hitita. 30 Es la cueva del campo
de Macpela, cerca de Mamre, en Canaán, la cual Abraham
compró a Efrón el hitita como lugar de sepultura perma-
nente. 31 Allí están enterrados Abraham y su esposa Sara;
allí también están enterrados Isaac y su esposa Rebeca; y
allí enterré a Lea. 32 Es la parcela de tierra y la cueva que
mi abuelo Abraham les compró a los hititas».
33 Cuando Jacob terminó de dar este encargo a sus hijos,
metió los pies en la cama, dio su último suspiro y se reunió
con sus antepasados al morir.

50 José se abrazó al cuerpo de su padre, y lloró y lo
besó. 2 Después ordenó a los médicos que estaban
a su servicio que embalsamaran el cuerpo de su padre, y
Jacob* fue embalsamado. 3 El proceso para embalsamarlo
llevó cuarenta días, que es el tiempo habitual. Y los egip-
cios guardaron luto por Jacob durante setenta días.
4 Cumplido el período del luto, José se acercó a los con-
sejeros del faraón y les dijo: «Les ruego que me hagan el
favor de hablar al faraón por mí. 5 Díganle que mi padre
me hizo pronunciar un juramento. Me dijo: "Escucha, yo
estoy a punto de morir. Lleva mi cuerpo de regreso a la
tierra de Canaán y entiérrame en la tumba que preparé
para mí mismo". Por lo tanto, le ruego que me permita ir
a enterrar a mi padre. Y después del entierro, regresaré
sin demora».
6 El faraón concedió la petición de José y le dijo: «Ve y
entierra a tu padre, tal como él te hizo prometer». 7 Enton-
ces José partió para enterrar a su padre. Lo acompañaron
todos los funcionarios del faraón, todos los ancianos de
la casa del faraón, y todos los oficiales de alto rango de
Egipto. 8 José llevó a los de su propia casa y a sus herma-
nos y a los de sus casas, pero dejó en la tierra de Gosén a
los niños pequeños y a los rebaños y a las manadas. 9 Una
gran cantidad de carros de guerra con sus conductores
acompañaron a José.
10 Cuando llegaron al campo de trillar de Atad, cerca del
río Jordán, llevaron a cabo un gran servicio conmemora-
tivo muy solemne, con un período de siete días de luto por
el padre de José. 11 Los cananeos que vivían en ese lugar
los observaron lamentarse en el campo de trillar de Atad,
y luego cambiaron el nombre del lugar (situado cerca del
Jordán); lo llamaron Abel-mizraim,* porque dijeron: «Este
es un lugar de gran lamento para estos egipcios».
12 Así que los hijos de Jacob hicieron tal como él les
había ordenado. 13 Llevaron su cuerpo a la tierra de Ca-
naán y lo enterraron en la cueva que está en el campo de
Macpela, cerca de Mamre. Esa es la cueva que Abraham le
había comprado a Efrón el hitita como lugar de sepultura
permanente.

***Notas textuales** **49:14** O *rediles*, o *apriscos.* **49:22** O *José es un árbol fructífero, / un árbol fructífero junto a un manantial. / Sus ramas trepan por encima del muro.* El significado del hebreo es incierto. **49:26** O *de las antiguas montañas.* **50:2** En hebreo *Israel.* Ver nota en 35:21. **50:11** *Abel-mizraim* significa «lamento de los egipcios».

Referencias cruzadas **49:16** Dt 33:22 **49:24** Sal 18:34; 132:2,5 **49:28** Dt 33:1-29 **49:33** Hch 7:15 **50:1** Gn 46:4 **50:12** Hch 7:16

José perdona a sus hermanos

14Después de haber enterrado a Jacob, José regresó a
Egipto junto con sus hermanos y todos los que lo habían
acompañado al entierro de su padre. 15Pero ahora que su
padre había muerto, los hermanos de José tuvieron temor,
y se decían: «Ahora José mostrará su enojo y se vengará
por todo el mal que le hicimos».

16Entonces enviaron a José un mensaje que decía:
«Antes de morir, tu padre nos mandó que 17te dijéramos:
"Por favor, perdona a tus hermanos por el gran mal que te
hicieron, por el pecado de haberte tratado con tanta cruel-
dad". Por eso nosotros, los siervos del Dios de tu padre,
te suplicamos que perdones nuestro pecado». Cuando
José recibió el mensaje, perdió el control y se echó a llorar.
18Entonces sus hermanos llegaron, y se arrojaron al suelo
delante de José y dijeron:

—Mira, ¡somos tus esclavos!

19Pero José les respondió:

—No me tengan miedo. ¿Acaso soy Dios para castigar-
los? 20Ustedes se propusieron hacerme mal, pero Dios
dispuso todo para bien. Él me puso en este cargo para
que yo pudiera salvar la vida de muchas personas. 21No,
no tengan miedo. Yo seguiré cuidando de ustedes y de
sus hijos.

Así que hablándoles con ternura y bondad, los reconfortó.

Muerte de José

22José y sus hermanos con sus familias siguieron viviendo
en Egipto. José vivió hasta los ciento diez años de edad.
23Alcanzó a ver a tres generaciones de los descendientes
de su hijo Efraín, y vivió lo suficiente para ver el naci-
miento de los hijos de Maquir, el hijo de Manasés, a quie-
nes recibió como suyos.*

24José les dijo a sus hermanos: «Yo pronto moriré pero
ciertamente Dios los ayudará y los sacará de esta tierra de
Egipto. Él los hará volver a la tierra que solemnemente
prometió dar a Abraham, a Isaac y a Jacob».

25Entonces José hizo jurar a los hijos de Israel y les dijo:
«Cuando Dios venga a ayudarlos y los lleve de regreso,
deben llevarse mis huesos con ustedes». 26José murió a los
ciento diez años de edad y los egipcios lo embalsamaron,
y pusieron su cuerpo en un ataúd en Egipto.

***Notas textuales 50:23** En hebreo *quienes nacieron sobre las rodillas de José.*

Referencias cruzadas 50:17 Lc 6:27

EXÓDO

¿Por qué es importante?

Este es un libro acerca de cómo las experiencias de Israel son ejemplos que sirven para elegir mejor nuestros pasos. Al investigar esta historia podrás darte cuenta de que hay mucha gente que prefiere ser esclava de tentaciones en vez de luchar por su libertad, y lo que quiere este libro es demostrar que Dios quiere rescatar a su pueblo. Ese es un gran mensaje de libertad para dejar atrás las distintas formas de esclavitud con las que hoy podemos dejarnos engañar; así que Éxodo se trata de ser liberados del pasado para avanzar a un mejor futuro confiando en la guía y provisión de Dios.

¿Por qué fue escrito?

Este libro fue escrito con el propósito de mostrar la fidelidad de Dios en el cumplimiento de las promesas a su pueblo. Por medio de los mandamientos y las leyes que se presentan aquí, aprendemos acerca del carácter de Dios (su amor, justicia, santidad), de la adoración que Él pide y del pacto con su pueblo.

¿Quién lo escribió?

Las principales investigaciones respaldan a Moisés como autor de la mayoría del contenido de este libro. Existen diversas referencias en la Biblia a los escritos de Moisés (por ejemplo en el Antiguo Testamento, Éxodo 17:14; Números 33:2; Josué 8:31, 1 Reyes 2:3; Esdras 6:18; Nehemías 13:1; Malaquías 4:4 y en Nuevo Testamento, Marcos 12:26; Lucas 24:27; Juan 5:46; 2 Corintios 3:15). Él fue testigo de los hechos presentados aquí.

¿A quién lo escribió?

Este libro fue leído por el pueblo que tomó parte de la salida de Egipto. Este era un recordatorio de la intervención poderosa de Dios a favor de los israelitas. Estas hazañas eran parte importante de la identidad nacional del pueblo y apuntaban a su relación con Dios y al pacto entre ambos.

¿Cuándo y dónde lo escribió?

Fue escrito entre el 1440 y 1430 a.C., mientras los hebreos permanecían en la Península del Sinaí, recibiendo la Ley por mano de Moisés. El libro inicia con el nacimiento de Moisés y concluye con la construcción del Tabernáculo (Éxodo 40:1,2). Abarca un período de unos 215 años.

Paso a paso

1. La accidentada preparación de un líder. Cap. 1-6
2. Dios pelea y triunfa por su pueblo. Cap. 7-15
3. Dios muestra su gracia aun cuando su pueblo es rebelde. Cap. 16-18
4. La fidelidad de Dios se muestra a través de su justicia. Cap. 19-24
5. La santidad de Dios merece nuestra reverencia. Cap. 25-40

EXÓDO

Éxodo

Los israelitas en Egipto

1 Estos son los nombres de los hijos de Israel (es decir, Jacob) que se trasladaron a Egipto con su padre, cada uno con su familia: 2Rubén, Simeón, Leví, Judá, 3Isacar, Zabulón, Benjamín, 4Dan, Neftalí, Gad y Aser. 5En total, Jacob tuvo setenta* descendientes en Egipto, incluido José, quien ya se encontraba allí.

6Con el tiempo, José y sus hermanos murieron y toda esa generación llegó a su fin. 7Pero sus descendientes —los israelitas— tuvieron muchos hijos y nietos. De hecho, se multiplicaron tanto que llegaron a ser sumamente poderosos y llenaron todo el territorio.

8Tiempo después, subió al poder de Egipto un nuevo rey que no conocía nada de José ni de sus hechos. 9El rey le dijo a su pueblo: «Miren, el pueblo de Israel ahora es más numeroso y más fuerte que nosotros. 10Tenemos que idear un plan para evitar que los israelitas sigan multiplicándose. Si no hacemos nada, y estalla una guerra, se aliarán con nuestros enemigos, pelearán contra nosotros, y luego se escaparán del reino*».

11Por lo tanto, los egipcios esclavizaron a los israelitas y les pusieron capataces despiadados a fin de subyugarlos por medio de trabajos forzados. Los obligaron a construir las ciudades de Pitón y Ramsés como centros de almacenamiento para el rey. 12Sin embargo, cuanto más los oprimían, más los israelitas se multiplicaban y se esparcían, y tanto más se alarmaban los egipcios. 13Por eso los egipcios los hacían trabajar sin compasión. 14Les amargaban la vida forzándolos a hacer mezcla, a fabricar ladrillos y a hacer todo el trabajo del campo. Además, eran crueles en todas sus exigencias.

15Después, el faraón, rey de Egipto, dio la siguiente orden a las parteras hebreas Sifra y Pua: 16«Cuando ayuden a las mujeres hebreas en el parto, presten mucha atención durante el alumbramiento.* Si el bebé es niño, mátenlo; pero si es niña, déjenla vivir». 17Sin embargo, como las parteras temían a Dios, se negaron a obedecer las órdenes del rey, y también dejaron vivir a los varoncitos.

18Entonces el rey de Egipto mandó llamar a las parteras:
—¿Por qué hicieron esto? —les preguntó—. ¿Por qué dejaron con vida a los varones?

19—Las mujeres hebreas no son como las egipcias —contestaron ellas—, son más vigorosas y dan a luz con tanta rapidez que siempre llegamos tarde.

20Por eso Dios fue bueno con las parteras, y los israelitas siguieron multiplicándose, y se hicieron cada vez más poderosos. 21Además, como las parteras temían a Dios, él les concedió su propia familia.

22Entonces el faraón dio la siguiente orden a todo su pueblo: «Tiren al río Nilo a todo niño hebreo recién nacido; pero a las niñas pueden dejarlas con vida».

Nacimiento de Moisés

2 En esos días, un hombre y una mujer de la tribu de Leví se casaron. 2La mujer quedó embarazada y dio a luz un hijo. Al ver que era un niño excepcional, lo escondió durante tres meses. 3Cuando ya no pudo ocultarlo más, tomó una canasta de juncos de papiro y la recubrió con brea y resina para hacerla resistente al agua. Después puso al niño en la canasta y la acomodó entre los juncos, a la orilla del río Nilo. 4La hermana del bebé se mantuvo a cierta distancia para ver qué le pasaría al niño.

5Al poco tiempo, la hija del faraón bajó a bañarse en el río, y sus sirvientas se paseaban por la orilla. Cuando la princesa vio la canasta entre los juncos, mandó a su criada que se la trajera. 6Al abrir la canasta la princesa vio al bebé. El niño lloraba, y ella sintió lástima por él. «Seguramente es un niño hebreo», dijo.

7Entonces la hermana del bebé se acercó a la princesa.
—¿Quiere que vaya a buscar a una mujer hebrea para que le amamante al bebé? —le preguntó.

8—¡Sí, consigue a una! —contestó la princesa.
Entonces la muchacha fue y llamó a la madre del bebé.

9«Toma a este niño y dale el pecho por mí —le dijo la princesa a la madre del niño—. Te pagaré por tu ayuda». Así que la mujer se fue con el bebé a su casa y lo amamantó.

10Años más tarde, cuando el niño creció, ella se lo devolvió a la hija del faraón, quien lo adoptó como su propio hijo y lo llamó Moisés,* pues explicó: «Lo saqué del agua».

Moisés huye a Madián

11Muchos años después, cuando ya era adulto, Moisés salió a visitar a los de su propio pueblo, a los hebreos, y vio con cuánta dureza los obligaban a trabajar. Durante su visita, vio que un egipcio golpeaba a uno de sus compatriotas hebreos. 12Entonces Moisés miró a todos lados para asegurarse de que nadie lo observaba, y mató al egipcio y escondió el cuerpo en la arena.

13Al día siguiente, cuando Moisés salió de nuevo a visitar a los de su pueblo, vio a dos hebreos peleando.
—¿Por qué le pegas a tu amigo? —le preguntó Moisés al que había empezado la pelea.

14El hombre le contestó:
—¿Quién te nombró para ser nuestro príncipe y juez? ¿Vas a matarme como mataste ayer al egipcio?

Entonces Moisés se asustó y pensó: «Todos saben lo que hice». 15Efectivamente, el faraón se enteró de lo que

***Notas textuales 1:5** Los Rollos del mar Muerto y la versión griega dicen *setenta y cinco*; ver notas en Gn 46:27. **1:10** O *se apoderarán del reino.* **1:16** En hebreo *miren entre las dos piedras*; posiblemente se refiera a un asiento especial que usaba la mujer durante el parto. **2:10** *Moisés* suena como un término hebreo que significa «sacar».

Referencias cruzadas 1:7 Hch 7:17 **1:16** Hch 7:18-19 **1:22** Hch 7:19 **2:2** Hb 11:23 **2:5** Hch 7:21 **2:11-12** Hch 7:23-24 **2:14** Hch 7:27, 35

había ocurrido y trató de matar a Moisés; pero él huyó del
faraón y se fue a vivir a la tierra de Madián.
Cuando Moisés llegó a Madián, se sentó junto a un
pozo. 16El sacerdote de Madián tenía siete hijas, quienes
fueron al pozo como de costumbre para sacar agua y llenar
los bebederos para los rebaños de su padre. 17Pero llegaron
unos pastores y las echaron de allí. Entonces Moisés se
levantó de un salto y las rescató de los pastores. Luego
sacó agua para los rebaños de las muchachas.
18Cuando las jóvenes regresaron a la casa de Reuel, su
padre, él les preguntó:
—¿Por qué hoy han regresado tan pronto?
19—Un egipcio nos rescató de los pastores —contes-
taron ellas—; después nos sacó agua y dio de beber a
nuestros rebaños.
20—¿Y dónde está ese hombre? —les preguntó el
padre—. ¿Por qué lo dejaron allí? Invítenlo a comer con
nosotros.
21Moisés aceptó la invitación y se estableció allí con
Reuel. Con el tiempo, Reuel le entregó a su hija Séfora
por esposa. 22Más tarde, ella dio a luz un hijo, y Moisés
lo llamó Gersón,* pues explicó: «He sido un extranjero
en tierra extraña».
23Con el paso de los años, el rey de Egipto murió;
pero los israelitas seguían gimiendo bajo el peso de la
esclavitud. Clamaron por ayuda, y su clamor subió hasta
Dios, 24quien oyó sus gemidos y se acordó del pacto que
había hecho con Abraham, Isaac y Jacob. 25Miró desde
lo alto a los hijos de Israel y supo que ya había llegado el
momento de actuar.*

Moisés y la zarza ardiente

3 Cierto día Moisés se encontraba apacentando el
rebaño de su suegro, Jetro,* quien era sacerdote de
Madián. Llevó el rebaño al corazón del desierto y llegó al
Sinaí,* el monte de Dios. 2Allí el ángel del SEÑOR se le apa-
reció en un fuego ardiente, en medio de una zarza. Moisés
se quedó mirando lleno de asombro porque, aunque la
zarza estaba envuelta en llamas, no se consumía. 3«Esto
es increíble —se dijo a sí mismo—. ¿Por qué esa zarza no
se consume? Tengo que ir a verla de cerca».
4Cuando el SEÑOR vio que Moisés se acercaba para
observar mejor, Dios lo llamó desde el medio de la zarza:
—¡Moisés! ¡Moisés!
—Aquí estoy —respondió él.
5—No te acerques más —le advirtió el SEÑOR—. Quítate
las sandalias, porque estás pisando tierra santa. 6Yo soy el
Dios de tu padre,* el Dios de Abraham, el Dios de Isaac
y el Dios de Jacob.
Cuando Moisés oyó esto, se cubrió el rostro porque
tenía miedo de mirar a Dios.
7Luego el SEÑOR le dijo:
—Ciertamente he visto la opresión que sufre mi pueblo
en Egipto. He oído sus gritos de angustia a causa de la
crueldad de sus capataces. Estoy al tanto de sus sufrimien-
tos. 8Por eso he descendido para rescatarlos del poder de
los egipcios, sacarlos de Egipto y llevarlos a una tierra
fértil y espaciosa. Es una tierra donde fluyen la leche y la
miel, la tierra donde actualmente habitan los cananeos,
los hititas, los amorreos, los ferezeos, los heveos y los
jebuseos. 9¡Mira! El clamor de los israelitas me ha llegado
y he visto con cuánta crueldad abusan de ellos los egipcios.
10Ahora ve, porque te envío al faraón. Tú vas a sacar de
Egipto a mi pueblo Israel.
11Pero Moisés protestó:
—¿Quién soy yo para presentarme ante el faraón?
¿Quién soy yo para sacar de Egipto al pueblo de Israel?
12Dios contestó:
—Yo estaré contigo. Y esta es la señal para ti de que
yo soy quien te envía: cuando hayas sacado de Egipto al
pueblo, adorarán a Dios en este mismo monte.
13Pero Moisés volvió a protestar:
—Si voy a los israelitas y les digo: "El Dios de sus ante-
pasados me ha enviado a ustedes", ellos me preguntarán:
"¿Y cuál es el nombre de ese Dios?". Entonces, ¿qué les
responderé?
Dios le contestó a Moisés:
14—YO SOY EL QUE SOY.* Dile esto al pueblo de Israel:
"YO SOY me ha enviado a ustedes".
15Dios también le dijo a Moisés:
—Así dirás al pueblo de Israel: "Yahveh,* el Dios de
sus antepasados, el Dios de Abraham, el Dios de Isaac y
el Dios de Jacob, me ha enviado a ustedes.

Este es mi nombre eterno,
el nombre que deben recordar por todas las
generaciones".

16»Ahora ve y reúne a los ancianos de Israel y diles:
"Yahveh, el Dios de sus antepasados —el Dios de
Abraham, de Isaac y de Jacob— se me apareció y me dijo:
'He estado observando de cerca y veo el trato que reciben
de los egipcios. 17Prometí rescatarlos de la opresión que
sufren en Egipto. Los llevaré a una tierra donde fluyen
la leche y la miel, la tierra donde actualmente habitan
los cananeos, los hititas, los amorreos, los ferezeos, los
heveos y los jebuseos'".
18»Los ancianos de Israel aceptarán tu mensaje. Enton-
ces tú y los ancianos se presentarán ante el rey de Egipto
y le dirán: "El SEÑOR, Dios de los hebreos, vino a nuestro
encuentro. Así que permítenos, por favor, hacer un viaje
de tres días al desierto para ofrecer sacrificios al SEÑOR,
nuestro Dios".
19»Pero yo sé que el rey de Egipto no los dejará ir a
menos que sea forzado por una mano poderosa.* 20Así
que levantaré mi mano y heriré a los egipcios con todo
tipo de milagros que realizaré entre ellos. Entonces, al fin,
el faraón los dejará ir. 21Además haré que los egipcios los
miren con agrado. Les darán obsequios cuando salgan, de
modo que no se irán con las manos vacías. 22Toda mujer
israelita pedirá a sus vecinas egipcias y a las mujeres ex-
tranjeras que vivan con ellas toda clase de objetos de plata
y de oro, y prendas costosas. Con estos vestirán a sus hijos
e hijas. Así despojarán a los egipcios de sus riquezas.

Señales del poder del SEÑOR

4 Sin embargo, Moisés protestó de nuevo:
—¿Qué hago si no me creen o no me hacen caso?
¿Qué hago si me dicen: "El SEÑOR nunca se te apareció"?

***Notas textuales** **2:22** *Gersón* suena como un término hebreo que significa «un extranjero allí». **2:25** O *y reconoció su obligación de ayudarlos.* **3:1a** El suegro de Moisés aparece con dos nombres: Jetro y Reuel. **3:1b** En hebreo *a Horeb,* otro nombre para Sinaí. **3:6** La versión griega dice *tus padres.* **3:14** O *YO SERÉ LO QUE SERÉ.* **3:15** *Yahveh* (también en 3:16) es una transliteración del nombre propio *YHWH,* que a veces se traduce «Jehová»; en esta traducción, generalmente, se traduce «el SEÑOR» (notar el uso de versalitas). **3:19** Así aparece en la versión griega y en la latina; en hebreo dice *no los dejará ir, no por una mano poderosa.*

Referencias cruzadas **2:21** Hch 7:29 **3:3** Hch 7:30-31 **3:6** Mt 22:32 **3:10** Hch 7:34 **3:12** Hch 7:7 **3:15** Hch 3:13

2Entonces el SEÑOR le preguntó:
—¿Qué es lo que tienes en la mano?
—Una vara de pastor —contestó Moisés.
3—Arrójala al suelo —le dijo el SEÑOR.
Así que Moisés la tiró al suelo, ¡y la vara se convirtió en
una serpiente! Entonces Moisés saltó hacia atrás.
4Pero el SEÑOR le dijo:
—Extiende la mano y agárrala de la cola.
Entonces Moisés extendió la mano y la agarró, y la
serpiente volvió a ser una vara de pastor.
5—Realiza esta señal —le dijo el SEÑOR—, y ellos cree-
rán que el SEÑOR, el Dios de sus antepasados, el Dios de
Abraham, el Dios de Isaac y el Dios de Jacob, de veras se
te apareció.
6Luego el SEÑOR le dijo a Moisés:
—Ahora mete la mano dentro de tu manto.
Entonces Moisés metió la mano dentro de su manto,
y cuando la sacó, la mano estaba blanca como la nieve,
afectada por una grave enfermedad de la piel.*
7—Ahora vuelve a meter la mano dentro de tu manto
—le dijo el SEÑOR.
Así que Moisés metió la mano de nuevo, y cuando la
sacó, estaba tan sana como el resto de su cuerpo.
8El SEÑOR le dijo a Moisés:
—Si no te creen ni se convencen con la primera señal
milagrosa, se convencerán con la segunda. 9Y si no te
creen ni te escuchan aun después de estas dos señales,
entonces recoge un poco de agua del río Nilo y derrámala
sobre el suelo seco. En cuanto lo hagas, el agua del Nilo se
convertirá en sangre sobre el suelo.
10Pero Moisés rogó al SEÑOR:
—Oh Señor, no tengo facilidad de palabra; nunca la
tuve, ni siquiera ahora que tú me has hablado. Se me traba
la lengua y se me enredan las palabras.
11Entonces el SEÑOR le preguntó:
—¿Quién forma la boca de una persona? ¿Quién decide
que una persona hable o no hable, que oiga o no oiga,
que vea o no vea? ¿Acaso no soy yo, el SEÑOR? 12¡Ahora
ve! Yo estaré contigo cuando hables y te enseñaré lo que
debes decir.
13Pero Moisés suplicó de nuevo:
—¡Te lo ruego, Señor! Envía a cualquier otro.
14Entonces el SEÑOR se enojó con Moisés y le dijo:
—De acuerdo, ¿qué te parece tu hermano Aarón, el
levita? Sé que él habla muy bien. ¡Mira! Ya viene en camino
para encontrarte y estará encantado de verte. 15Habla
con él y pon las palabras en su boca. Yo estaré con los dos
cuando hablen y les enseñaré lo que tienen que hacer.
16Aarón será tu vocero ante el pueblo. Él será tu portavoz,
y tú tomarás el lugar de Dios ante él al decirle lo que tiene
que hablar. 17Lleva contigo tu vara de pastor y úsala para
realizar las señales milagrosas que te mostré.

Moisés regresa a Egipto

18Luego Moisés volvió a la casa de Jetro, su suegro, y le
dijo:
—Por favor, permíteme volver a Egipto para visitar a
mis parientes. Ni siquiera sé si todavía viven.
—Ve en paz —le respondió Jetro.
19Antes de que Moisés saliera de Madián, el SEÑOR le
dijo: «Regresa a Egipto, porque ya han muerto todos los
que querían matarte».
20Así que Moisés tomó a su esposa y a sus hijos, los
montó en un burro, y regresó a la tierra de Egipto. En la
mano llevaba la vara de Dios.
21El SEÑOR le dijo a Moisés: «Cuando llegues a Egipto,
preséntate ante el faraón y haz todos los milagros que
te he dado el poder de realizar. Pero yo le endureceré el
corazón, y él se negará a dejar salir al pueblo. 22Entonces
le dirás: "Esto dice el SEÑOR: 'Israel es mi primer hijo
varón. 23Te ordené: deja salir a mi hijo para que pueda
adorarme, pero como te has negado, ¡ahora mataré a tu
primer hijo varón!'"».
24Rumbo a Egipto, en un lugar donde Moisés se de-
tuvo con su familia para pasar la noche, el SEÑOR enfrentó
a Moisés y estuvo a punto de matarlo. 25Pero Séfora, la es-
posa de Moisés, tomó un cuchillo de piedra y circuncidó a
su hijo. Con el prepucio, tocó los pies* de Moisés y le dijo:
«Ahora tú eres un esposo de sangre para mí». 26(Cuando
dijo «un esposo de sangre», se refirió a la circuncisión).
Después de ese incidente, el SEÑOR lo dejó en paz.
27Ahora bien, el SEÑOR le había dicho a Aarón: «Ve al
desierto para encontrarte con Moisés». Así que Aarón fue
a encontrarse con Moisés en el monte de Dios y lo abrazó.
28Moisés le contó todo lo que el SEÑOR le había ordenado
que dijera y también le contó acerca de las señales mila-
grosas que el SEÑOR lo mandó a realizar.
29Luego Moisés y Aarón regresaron a Egipto y con-
vocaron a todos los ancianos de Israel. 30Aarón les dijo
todo lo que el SEÑOR le había dicho a Moisés, y Moisés
realizó las señales milagrosas a la vista de ellos. 31Entonces
el pueblo de Israel quedó convencido de que el SEÑOR
había enviado a Moisés y a Aarón. Cuando supieron que
el SEÑOR se preocupaba por ellos y que había visto su
sufrimiento, se inclinaron y adoraron.

Moisés y Aarón hablan con el faraón

5 Después del encuentro con los líderes de Israel,
Moisés y Aarón fueron a hablar con el faraón y le
dijeron:
—Esto dice el SEÑOR, Dios de Israel: "Deja salir a mi
pueblo para que celebre un festival en mi honor en el
desierto".
2—¿Ah sí? —replicó el faraón—. ¿Y quién es ese SEÑOR?
¿Por qué tendría que escucharlo y dejar ir a Israel? Yo no
conozco a ese tal SEÑOR y no dejaré que Israel se vaya.
3Pero Aarón y Moisés insistieron:
—El Dios de los hebreos nos ha visitado —declararon—.
Por lo tanto, déjanos hacer un viaje de tres días al desierto
a fin de ofrecer sacrificios al SEÑOR nuestro Dios. Si no
lo hacemos, nos matará con una plaga o a filo de espada.
4El faraón respondió:
—Moisés y Aarón, ¿por qué distraen al pueblo de sus
tareas? ¡Vuelvan a trabajar! 5Miren, hay muchos de su pue-
blo en esta tierra y ustedes les impiden continuar su labor.

Ladrillos sin paja

6Ese mismo día, el faraón dio la siguiente orden a los ca-
pataces egipcios y a los jefes de cuadrilla israelitas: 7«Ya
no les provean paja para hacer los ladrillos. ¡Hagan que
ellos mismos vayan a buscarla! 8Pero exíjanles que sigan
fabricando la misma cantidad de ladrillos que antes. No

***Notas textuales** **4:6** O *con lepra.* El término hebreo puede describir diversas enfermedades de la piel. **4:25** El término hebreo para «pies» podría referirse aquí al órgano sexual masculino.

Referencias cruzadas **4:5** Ex 19:9 **4:9** Ex 7:17-21 **4:16** Ex 7:1-2 **4:19** Hch 7:29 **4:23** Ex 12:12, 29 **5:5** Ex 1:11

reduzcan la cuota. Son unos perezosos; por eso claman: “Déjanos ir a ofrecer sacrificios a nuestro Dios”. 9Cárguenlos con más trabajo. ¡Háganlos sudar! Así aprenderán a no dejarse llevar por mentiras».

10Entonces los capataces y los jefes de cuadrilla salieron a informarle al pueblo: «El faraón dice lo siguiente: “Ya no les proporcionaré paja. 11Tendrán que ir ustedes mismos a conseguirla por donde puedan. ¡Pero deberán producir la misma cantidad de ladrillos que antes!”». 12Así que el pueblo se dispersó por todo Egipto en busca de hierba seca para usar como paja.

13Mientras tanto, los capataces egipcios no dejaban de apremiarlos. «¡Cumplan con la cuota diaria de producción —les exigían—, tal como cuando se les proporcionaba la paja!». 14Después azotaban a los jefes de cuadrilla israelitas que los capataces egipcios habían puesto a cargo de los trabajadores. «¿Por qué no cumplieron con sus cuotas ni ayer ni hoy?», les preguntaban.

15Entonces los jefes de cuadrilla israelitas fueron a rogarle al faraón:

—Por favor, no trate así a sus siervos —le suplicaron—. 16Ya no nos dan paja, ¡pero aun así los capataces nos exigen que sigamos haciendo ladrillos! Nos golpean, ¡pero no es nuestra culpa! ¡Es culpa de su propia gente!

17Pero el faraón gritó:

—¡Ustedes son unos holgazanes! ¡Haraganes! Por eso andan diciendo: “Déjenos ir a ofrecer sacrificios al SEÑOR”. 18¡Vuelvan ya mismo a trabajar! No se les dará paja, pero aun así tendrán que producir la cuota completa de ladrillos.

19Los jefes de cuadrilla israelitas se dieron cuenta de que estaban en serios problemas cuando les dijeron: «No debe disminuir la cantidad de ladrillos que se fabrica por día». 20Al salir del palacio del faraón, se cruzaron con Moisés y con Aarón, quienes estaban esperándolos afuera. 21Los jefes de cuadrilla les dijeron: «¡Que el SEÑOR los juzgue y los castigue por habernos hecho repugnantes a los ojos del faraón y sus funcionarios! ¡Ustedes mismos les pusieron una espada en la mano, les dieron una excusa para que nos maten!».

22Entonces Moisés fue ante el SEÑOR y protestó:

—Señor, ¿por qué trajiste toda esta desgracia a tu propio pueblo? ¿Por qué me enviaste? 23Desde que me presenté ante el faraón como tu vocero, él se ha vuelto aún más brutal contra tu pueblo, ¡y tú no has hecho nada para rescatarlos!

Promesas de liberación

6 Entonces el SEÑOR le dijo a Moisés:

—Ahora verás lo que le haré al faraón. Cuando él sienta el peso de mi mano fuerte, dejará salir al pueblo. De hecho, ¡él mismo los echará de su tierra!

2Dios también le dijo:

—Yo soy Yahveh, “el SEÑOR”*. 3Me aparecí a Abraham, a Isaac y a Jacob como El-Shaddai, “Dios Todopoderoso”*, pero a ellos no les revelé mi nombre: Yahveh. 4Y reafirmé mi pacto con ellos, mediante el cual prometí darles la tierra de Canaán donde vivían como extranjeros. 5Puedes estar seguro de que he oído los gemidos de los israelitas que ahora son esclavos de los egipcios, y tengo muy presente mi pacto con ellos.

6»Por lo tanto, dile al pueblo de Israel: “Yo soy el SEÑOR. Te libertaré de la opresión que sufres y te rescataré de tu esclavitud en Egipto. Te redimiré con mi brazo poderoso y con grandes actos de juicio. 7Te tomaré como pueblo mío y seré tu Dios. Entonces sabrás que yo soy el SEÑOR tu Dios, quien te ha librado de la opresión de Egipto. 8Te llevaré a la tierra que juré dar a Abraham, a Isaac y a Jacob; te la daré a ti como tu posesión exclusiva. ¡Yo soy el SEÑOR!”.

9Así que Moisés le dijo al pueblo de Israel lo que el SEÑOR había dicho, pero ellos no quisieron escucharlo más porque estaban demasiado desalentados por la brutalidad de su esclavitud.

10Luego el SEÑOR le dijo a Moisés:

11—Vuelve a hablar con el faraón, rey de Egipto, y dile que deje salir de su territorio al pueblo de Israel.

12—¡Pero SEÑOR! —contestó Moisés—, si mi propio pueblo ya no quiere escucharme, ¿cómo puedo esperar que me escuche el faraón? ¡Soy tan torpe para hablar!*

13Pero el SEÑOR habló con Moisés y con Aarón y les dio órdenes para los israelitas y para el faraón, rey de Egipto. El SEÑOR mandó a Moisés y a Aarón que sacaran de Egipto al pueblo de Israel.

Antepasados de Moisés y de Aarón

14Los siguientes son los antepasados de algunos de los clanes de Israel:

Los hijos de Rubén, el hijo mayor de Israel, fueron Hanoc, Falú, Hezrón y Carmi. Sus descendientes formaron los clanes de Rubén.

15Los hijos de Simeón fueron Jemuel, Jamín, Ohad, Jaquín, Zohar y Saúl. (La madre de Saúl fue una mujer cananea). Sus descendientes formaron los clanes de Simeón.

16Estos son los descendientes de Leví, tal como aparecen en los registros de familia. Los hijos de Leví fueron Gersón, Coat y Merari. (Leví vivió hasta los ciento treinta y siete años).

17Entre los descendientes de Gersón se encontraban Libni y Simei; cada uno de ellos llegó a ser el antepasado de un clan.

18Entre los descendientes de Coat se encontraban Amram, Izhar, Hebrón y Uziel. (Coat vivió hasta los ciento treinta y tres años).

19Entre los descendientes de Merari estaban Mahli y Musi.

Los siguientes son los clanes de los levitas, tal como aparecen en los registros de familia:

20Amram se casó con Jocabed, hermana de su padre, y ella dio a luz dos hijos, Aarón y Moisés. (Amram vivió hasta los ciento treinta y siete años).

21Los hijos de Izhar fueron Coré, Nefeg y Zicri.

22Los hijos de Uziel fueron Misael, Elzafán y Sitri.

23Aarón se casó con Eliseba, hija de Aminadab y hermana de Naasón. Ella dio a luz a sus hijos Nadab, Abiú, Eleazar e Itamar.

***Notas textuales** **6:2** *Yahveh* es una transliteración del nombre propio *YHWH,* que a veces se traduce «Jehová»; en esta traducción, generalmente, se traduce «el SEÑOR» (notar el uso de versalitas). **6:3** *El-Shaddai,* que significa «Dios Todopoderoso», es el nombre de Dios que se usa en Gn 17:1; 28:3; 35:11; 43:14; 48:3. **6:12** En hebreo *Soy de labios incircuncisos*; también en 6:30.

Referencias cruzadas **5:14** Is 10:24 **6:5** Ex 2:23-24 **6:16** Gn 46:9-11

24 Los hijos de Coré fueron Asir, Elcana y Abiasaf. Sus descendientes formaron los clanes de Coré.
25 Eleazar, hijo de Aarón, se casó con una de las hijas de Futiel, y ella dio a luz a su hijo, Finees.
Esos son los antepasados de las familias levitas, registrados según sus clanes.

26 El Aarón y el Moisés mencionados en la lista anterior son a quienes el SEÑOR dijo: «Saquen al pueblo de Israel de la tierra de Egipto como a un ejército». 27 Moisés y Aarón fueron los que hablaron con el faraón, rey de Egipto, acerca de sacar de Egipto al pueblo de Israel.

28 Cuando el SEÑOR habló con Moisés en la tierra de Egipto, 29 le dijo:

—¡Yo soy el SEÑOR! Dile al faraón, rey de Egipto, todo lo que te digo.

30 Pero Moisés discutió con el SEÑOR argumentando:

—¡No puedo hacerlo! ¡Soy tan torpe para hablar! ¿Por qué debe escucharme el faraón?

La vara de Aarón se convierte en serpiente

7 Entonces el SEÑOR le dijo a Moisés: «Presta mucha atención a lo que voy a decir. Yo haré que para el faraón parezcas como Dios, y tu hermano, Aarón, será tu profeta. 2 Dile a Aarón todo lo que yo te mande, y Aarón deberá ordenarle al faraón que deje salir de su territorio al pueblo de Israel. 3 Sin embargo, haré que el corazón del faraón se ponga terco, para poder multiplicar mis señales milagrosas y mis maravillas en la tierra de Egipto. 4 Aun así, el faraón se negará a escucharte; por eso alzaré mi puño contra Egipto. Luego rescataré a mis ejércitos —a mi pueblo, los israelitas— de la tierra de Egipto con grandes actos de juicio. 5 Cuando levante mi mano poderosa y saque a los israelitas, los egipcios sabrán que yo soy el SEÑOR».

6 Así que Moisés y Aarón hicieron tal como el SEÑOR les mandó. 7 Moisés tenía ochenta años, y Aarón, ochenta y tres cuando presentaron sus demandas ante el faraón.

8 Después el SEÑOR les dijo a Moisés y a Aarón: 9 «El faraón les dirá: "Muéstrenme un milagro". Cuando lo haga, dile a Aarón: "Toma tu vara y arrójala al suelo delante del faraón, y la vara se convertirá en una serpiente*"».

10 Entonces Moisés y Aarón fueron a ver al faraón e hicieron lo que el SEÑOR les había ordenado. Aarón tiró su vara al suelo delante del faraón y de sus funcionarios, ¡y la vara se convirtió en una serpiente! 11 Entonces el faraón llamó a sus sabios y a sus hechiceros, y los magos egipcios hicieron lo mismo con sus artes mágicas: 12 tiraron sus varas al suelo, ¡y las varas también se convirtieron en serpientes! Pero la vara de Aarón se tragó las varas de ellos. 13 Sin embargo, el corazón del faraón siguió endurecido. Continuó negándose a escucharlos, tal como el SEÑOR había dicho.

Plaga de sangre

14 Luego el SEÑOR le dijo a Moisés: «El corazón del faraón es obstinado,* y todavía se niega a dejar salir al pueblo. 15 Así que irás a ver al faraón por la mañana, cuando descienda al río. Párate junto a la ribera del río Nilo para encontrarte allí con él. No te olvides de llevar contigo la vara que se convirtió en serpiente. 16 Luego anúnciale lo siguiente: "El SEÑOR, Dios de los hebreos, me envió a decirte: 'Deja ir a mi pueblo para que me adore en el desierto'. Hasta ahora te has negado a escucharlo; 17 por lo tanto, esto dice el SEÑOR: 'Te mostraré que yo soy el SEÑOR'. ¡Mira! Con esta vara que tengo en la mano golpearé el agua del Nilo, y el río se convertirá en sangre. 18 Los peces del río morirán, y el río apestará y los egipcios no podrán beber agua del Nilo"».

19 Luego el SEÑOR le dijo a Moisés: «Dile a Aarón: "Toma tu vara y extiende tu mano sobre las aguas de Egipto —todos sus ríos, canales, estanques y depósitos de agua—; convierte toda el agua en sangre. En todo Egipto el agua se transformará en sangre, incluso el agua almacenada en vasijas de madera y en tinajas de piedra"».

20 Moisés y Aarón hicieron tal como el SEÑOR les ordenó. A la vista del faraón y de todos sus funcionarios, Aarón extendió su vara y golpeó el agua del Nilo. De repente, ¡todo el río se convirtió en sangre! 21 Murieron los peces del río y el agua quedó tan asquerosa que los egipcios no podían beberla. Había sangre por todas partes en la tierra de Egipto. 22 Pero los magos de Egipto volvieron a usar sus artes mágicas y también convirtieron el agua en sangre. De modo que el corazón del faraón siguió endurecido y se negó a escuchar a Moisés y a Aarón, tal como el SEÑOR había dicho. 23 El faraón regresó a su palacio y no le prestó más atención al asunto. 24 Entonces los egipcios cavaron en las riberas del río en busca de agua potable, porque no podían beber el agua del Nilo.

25 Siete días pasaron desde el momento en que el SEÑOR hirió el Nilo.

¡Respuestas Bíblicas! 12 ¿Qué hicieron los egipcios cuando el río se convirtió en sangre?

7:24 Una de las plagas que Egipto sufrió debido a que el faraón no quería liberar el pueblo de Dios fue que el río Nilo se convirtió en sangre, por lo que sus habitantes tuvieron que hacer pozos para sacar al agua de otro lado.

Plaga de ranas

8 1* Entonces el SEÑOR le dijo a Moisés: «Regresa a ver al faraón y anúnciale lo siguiente: "Esto dice el SEÑOR: 'Deja ir a mi pueblo para que me adore. 2 Si te niegas a dejarlo ir, enviaré una plaga de ranas por todo tu territorio. 3 El río Nilo se colmará de ranas. Saldrán del río y se meterán en tu palacio, ¡hasta en tu dormitorio y sobre tu cama! Entrarán en las casas de tus funcionarios y de tu gente. Incluso saltarán en tus hornos y en los recipientes donde amasan tu pan. 4 Las ranas saltarán sobre ti, sobre tu gente y sobre todos tus funcionarios'"».

5* Luego el SEÑOR le dijo a Moisés: «Dile a Aarón: "Extiende la vara que llevas en la mano sobre los ríos, los canales y las lagunas de Egipto, y haz que aparezcan ranas sobre toda la tierra"». 6 Entonces Aarón extendió su mano sobre las aguas de Egipto, ¡y salieron ranas que cubrieron todo el territorio! 7 Pero los magos pudieron

***Notas textuales** **7:9** En hebreo *tannin,* que en otras partes se refiere a un monstruo marino. La versión griega lo traduce «dragón». **7:14** En hebreo *pesado.* **8:1** Los versículos del 8:1-4 corresponden al 7:26-29 en el texto hebreo. **8:5** Los versículos del 8:5-32 corresponden al 8:1-28 en el texto hebreo.

Referencias cruzadas **6:24** 1 Cr 6:2-23 **7:7** Hch 7:23, 30 **7:11** 2 Tm 3:8-9 **7:17** Ap 11:6; 16:4 **8:2** Sal 105:30

hacer lo mismo con sus artes mágicas, también lograron
que aparecieran ranas en la tierra de Egipto.
8Entonces el faraón mandó llamar a Moisés y a Aarón,
y les suplicó:
—Rueguen al SEÑOR que quite las ranas de mí y de mi
gente. Yo dejaré salir a su pueblo para que ofrezca sacri-
ficios al SEÑOR.
9—¡Tú fija la hora! —respondió Moisés—. Dime cuándo
quieres que ore por ti, por tus funcionarios y por tu gente.
Entonces tú y tus casas se librarán de las ranas, y estas
quedarán solo en el río Nilo.
10—Háganlo mañana mismo —dijo el faraón.
—De acuerdo —respondió Moisés—, se hará como has
dicho. Entonces sabrás que no hay nadie como el SEÑOR
nuestro Dios. 11Las ranas se alejarán de ti y de tus casas,
de tus funcionarios y de tu gente. Quedarán solamente
en el río Nilo.
12Entonces Moisés y Aarón salieron del palacio del
faraón, y Moisés clamó al SEÑOR acerca de las ranas que
le había enviado al faraón. 13Y el SEÑOR hizo exactamente
lo que Moisés había predicho. Murieron todas las ranas en
las casas, en los patios y en los campos. 14Los egipcios las
apilaron en grandes montones, y un hedor insoportable
llenó todo el territorio. 15Pero cuando el faraón vio que
había alivio, se puso terco* y se negó a escuchar a Moisés
y a Aarón, tal como el SEÑOR había dicho.

Plaga de mosquitos

16Así que el SEÑOR le dijo a Moisés: «Dile a Aarón: "Ex-
tiende tu vara y golpea el suelo. El polvo se convertirá en
enjambres de mosquitos por toda la tierra de Egipto"».
17Entonces Moisés y Aarón hicieron tal como el SEÑOR les
ordenó. Cuando Aarón extendió la mano y golpeó el suelo
con su vara, los mosquitos infestaron todo el territorio y
tanto los egipcios como sus animales quedaron cubiertos
de ellos. Todo el polvo de la tierra de Egipto se convirtió
en mosquitos. 18Los magos del faraón intentaron hacer
lo mismo mediante sus artes ocultas, pero esta vez no
pudieron. Y los mosquitos estaban sobre todos: gente y
animales por igual.
19«¡Es el dedo de Dios!», exclamaron los magos ante
el faraón. Pero el corazón del faraón siguió endurecido
y no quiso escucharlos, tal como el SEÑOR había dicho.

Plaga de moscas

20Luego el SEÑOR le dijo a Moisés: «Mañana, levántate
temprano y párate delante del faraón cuando baje al río
y dile: "Esto dice el SEÑOR: 'Deja ir a mi pueblo para que
me adore. 21Si te niegas, enviaré enjambres de moscas
sobre ti, tus funcionarios, tu gente y todas las casas. Los
hogares egipcios se llenarán de moscas, y el suelo quedará
cubierto de ellas. 22Pero esta vez haré una excepción con
la región de Gosén, donde vive mi pueblo. Allí no habrá
moscas. Entonces sabrás que yo soy el SEÑOR, y que estoy
presente incluso en el corazón de tu tierra. 23Haré una
clara distinción entre* mi pueblo y tu pueblo. Esta señal
milagrosa ocurrirá mañana'"».
24Y el SEÑOR hizo tal como había dicho. Una densa
nube de moscas llenó el palacio del faraón y las casas de
sus funcionarios. Todo el territorio de Egipto entró en un
estado de caos por causa de las moscas.
25Entonces el faraón mandó llamar a Moisés y a Aarón
y les dijo:
—¡De acuerdo! Vayan y ofrezcan sacrificios a su Dios,
pero háganlo aquí, dentro del reino.
26Pero Moisés respondió:
—Eso no estaría bien. Los egipcios detestan los sacrifi-
cios que ofrecemos al SEÑOR nuestro Dios. Si ofrecemos
nuestros sacrificios a la vista de ellos, nos apedrearán.
27Para ofrecer sacrificios al SEÑOR nuestro Dios, tenemos
que salir al desierto, a una distancia de tres días, tal como
él nos ordenó.
28—Está bien, pueden ir —contestó el faraón—. Los de-
jaré ir al desierto para ofrecer sacrificios al SEÑOR su Dios,
pero no se alejen demasiado. Apúrense y oren por mí.
29—En cuanto salga de tu presencia —le respondió
Moisés—, oraré al SEÑOR, y mañana mismo la nube de
moscas desaparecerá de ti, de tus funcionarios y de toda
tu gente. Pero te advierto, faraón, no vuelvas a mentirnos
o a engañarnos y luego negarte a dejar salir al pueblo para
que ofrezca sacrificios al SEÑOR.
30Entonces Moisés salió del palacio del faraón y rogó
al SEÑOR que quitara todas las moscas. 31El SEÑOR hizo
lo que Moisés pidió, y los enjambres de moscas desapa-
recieron del faraón, de los funcionarios y de su gente. No
quedó ni una sola mosca. 32Pero el faraón volvió a ponerse
terco y se negó a dejar salir al pueblo.

Plaga en los animales

9 «Preséntate de nuevo al faraón —le ordenó el SEÑOR
a Moisés— y dile: "Esto dice el SEÑOR, Dios de los
hebreos: 'Deja ir a mi pueblo para que me adore'. 2Si con-
tinúas reteniéndolo y te niegas a dejarlo salir, 3la mano
del SEÑOR herirá a todos tus animales —caballos, burros,
camellos, ganado, ovejas y cabras— con una plaga mortal.
4Sin embargo, el SEÑOR nuevamente hará una distinción
entre los animales de los israelitas y los de los egipcios.
¡No morirá ni un solo animal de Israel! 5El SEÑOR ya de-
terminó cuándo comenzará la plaga; ha declarado que
mañana mismo herirá la tierra"».
6Así que el SEÑOR hizo tal como había dicho. A la ma-
ñana siguiente, todos los animales de los egipcios mu-
rieron, pero los israelitas no perdieron ni un solo animal.
7Entonces el faraón envió a sus funcionarios a investigar,
¡y comprobaron que los israelitas no habían perdido ni
uno de sus animales! Pero aun así, el corazón del faraón
siguió obstinado,* y una vez más se negó a dejar salir al
pueblo.

Plaga de llagas purulentas

8Entonces el SEÑOR les dijo a Moisés y a Aarón: «Tomen
puñados de hollín de un horno de ladrillos y que Moisés
lance el hollín al aire a la vista del faraón. 9La ceniza se
esparcirá como polvo fino sobre toda la tierra de Egipto
y provocará llagas purulentas en las personas y en los ani-
males por todo el territorio».
10Entonces Moisés y Aarón tomaron hollín de un
horno de ladrillos y se pararon ante el faraón. Mientras él
observaba, Moisés lanzó la ceniza al aire, y brotaron llagas
purulentas tanto en las personas como en los animales.
11Ni los magos podían estar delante de Moisés, porque
también ellos estaban afectados con las llagas, igual que

***Notas textuales 8:15** En hebreo *hizo pesado su corazón*; similar en 8:32. **8:23** Así aparece en la versión griega y en la latina; en hebreo dice *Haré redención entre*. **9:7** En hebreo *pesado*.

Referencias cruzadas 8:24 Sal 78:45; 105:31 **9:7** Ex 7:14; 8:32 **9:9** Ap 16:2 **9:16** Rm 9:17 **9:23** Ap 16:21

todos los egipcios. 12Pero el SEÑOR endureció el corazón del faraón, y tal como el SEÑOR había dicho a Moisés, el faraón se negó a escuchar.

Plaga de granizo

13Luego el SEÑOR le dijo a Moisés: «Mañana, levántate temprano, regresa a ver al faraón y dile: "Esto dice el SEÑOR, Dios de los hebreos: 'Deja ir a mi pueblo para que me adore. 14De lo contrario, enviaré más plagas sobre ti,* tus funcionarios y tu pueblo. Entonces sabrás que no hay nadie como yo en toda la tierra. 15A estas alturas, bien podría haber ya extendido mi mano y haberte herido a ti y a tu pueblo con una plaga capaz de exterminarlos de la faz de la tierra. 16Sin embargo, te he perdonado la vida con un propósito: mostrarte mi poder* y dar a conocer mi fama por toda la tierra. 17Pero todavía actúas como señor y dueño de mi pueblo, te niegas a dejarlo salir. 18Por eso, mañana, a esta misma hora, enviaré la granizada más devastadora que haya habido en toda la historia de Egipto. 19¡Rápido! Manda que tus animales y tus siervos regresen del campo para ponerse a salvo. Cualquier persona o animal que quede afuera morirá cuando caiga el granizo'"».

20Algunos de los funcionarios del faraón tuvieron miedo, debido a lo que el SEÑOR había dicho, y enseguida hicieron regresar a los siervos y al ganado de los campos; 21pero los que no hicieron caso a la palabra del SEÑOR dejaron a los suyos a la intemperie.

22Entonces el SEÑOR le dijo a Moisés: «Levanta tu mano al cielo para que caiga el granizo sobre la gente, los animales y todas las plantas a lo largo y a lo ancho de Egipto».

23Así que Moisés levantó su vara al cielo, y el SEÑOR envió truenos y granizo, y cayeron rayos hacia la tierra. El SEÑOR descargó una terrible granizada sobre toda la tierra de Egipto. 24Nunca en toda la historia de Egipto hubo una tormenta igual, con rayos sin parar y con un granizo tan devastador. 25Dejó a Egipto totalmente en ruinas. El granizo destruyó todo lo que había en campo abierto: personas, animales y plantas por igual; hasta los árboles quedaron destrozados. 26El único lugar donde no cayó granizo fue en la región de Gosén, donde vivía el pueblo de Israel.

27Entonces el faraón enseguida mandó llamar a Moisés y a Aarón.

—Esta vez he pecado —confesó—. El SEÑOR es el justo, y mi pueblo y yo estamos equivocados. 28Por favor, supliquen al SEÑOR que ponga fin a este granizo y a estos truenos tan aterradores. ¡Basta ya! Los dejaré salir; no tienen que quedarse más tiempo.

29—Muy bien —respondió Moisés—. En cuanto salga de la ciudad, levantaré mis manos y oraré al SEÑOR. Entonces los truenos y el granizo cesarán, y sabrás que la tierra pertenece al SEÑOR. 30Sin embargo, yo sé que todavía ni tú ni tus funcionarios temen al SEÑOR Dios.

31(Todo el lino y toda la cebada quedaron destrozados por el granizo, porque la cebada estaba en espiga y el lino en flor. 32Pero ni el trigo ni el trigo espelta sufrieron daño, porque todavía no habían brotado del suelo).

33Entonces Moisés se fue del palacio del faraón y salió de la ciudad. Cuando elevó sus manos al SEÑOR, los truenos y el granizo cesaron, y se detuvo la lluvia. 34Al ver el faraón que la lluvia, el granizo y los truenos habían cesado, él y sus funcionarios pecaron de nuevo, y el faraón se puso terco* una vez más. 35Como tenía el corazón endurecido, el faraón se negó a dejar salir al pueblo, tal como el SEÑOR había dicho por medio de Moisés.

Plaga de langostas

10 Entonces el SEÑOR le dijo a Moisés: «Regresa a ver al faraón y vuelve a presentar tus demandas. Yo hice que él y sus funcionarios se pusieran tercos* con el fin de mostrar mis señales milagrosas en medio de ellos. 2También lo hice para que ustedes pudieran contarles a sus hijos y a sus nietos acerca de cómo puse en ridículo a los egipcios, acerca de las señales que realicé en medio de ellos, y para que ustedes sepan que yo soy el SEÑOR».

3Así que Moisés y Aarón fueron ante el faraón y le dijeron: «Esto dice el SEÑOR, Dios de los hebreos: "¿Hasta cuándo te negarás a someterte a mí? Deja ir a mi pueblo para que me adore. 4Si te niegas, ¡ten cuidado! Pues mañana mismo traeré sobre tu tierra una plaga de langostas. 5Cubrirán la tierra de tal manera que no podrás ver el suelo. Devorarán lo poquito que quedó después de la granizada, junto con todos los árboles que crecen en el campo. 6Invadirán tus palacios y los hogares de tus funcionarios y todas las casas de Egipto. ¡Jamás en la historia de Egipto vieron tus antepasados una plaga como esta!"». Después de decir esas palabras, Moisés dio media vuelta y salió de la presencia del faraón.

7Esta vez los funcionarios del faraón se le acercaron y le suplicaron: «¿Hasta cuándo permitirás que este hombre nos tenga como rehenes? ¡Deja que los hombres se vayan a adorar al SEÑOR su Dios! ¿Acaso no te das cuenta de que Egipto está en ruinas?».

8Entonces hicieron volver a Moisés y a Aarón ante el faraón.

—Está bien —les dijo—, vayan a adorar al SEÑOR su Dios. Pero ¿exactamente quiénes irán con ustedes?

9—Iremos todos —contestó Moisés—: jóvenes y mayores, nuestros hijos y nuestras hijas, y nuestros rebaños y nuestras manadas. Debemos unirnos todos para celebrar un festival al SEÑOR.

10El faraón replicó:

—¡Verdaderamente necesitarán que el SEÑOR esté con ustedes si dejo que se lleven a sus hijos pequeños! Me doy cuenta de que tienen malas intenciones. 11¡Jamás! Solo los hombres pueden ir a adorar al SEÑOR, ya que eso es lo que pidieron.

Entonces el faraón los echó del palacio.

12Así que el SEÑOR le dijo a Moisés: «Extiende tu mano sobre la tierra de Egipto para que vengan las langostas. Que cubran la tierra y devoren todas las plantas que sobrevivieron la granizada».

13Moisés extendió su vara sobre Egipto, y el SEÑOR hizo que un viento del oriente soplara sobre el territorio todo ese día y también durante toda la noche. A la mañana siguiente, el viento del oriente había traído las langostas. 14Estas invadieron toda la tierra de Egipto en densos enjambres, y se asentaron desde un extremo del territorio hasta el otro. Fue la peor plaga de langostas en la historia de Egipto, y jamás hubo otra igual; 15pues las langostas cubrieron todo el reino y oscurecieron la tierra. Devoraron todas las plantas del campo y todos los frutos de

***Notas textuales 9:14** En hebreo *sobre tu corazón.* **9:16** La versión griega dice *exhibir mi poder en ti*; comparar Rm 9:17. **9:34** En hebreo *hizo pesado su corazón.* **10:1** En hebreo *hice pesado su corazón y el de sus funcionarios.*

Referencias cruzadas 10:4 Ap 9:3 **10:14** Jl 2:1-11

los árboles que sobrevivieron al granizo. No quedó ni
una sola hoja en los árboles ni en las plantas en toda la
tierra de Egipto.
16 Entonces el faraón mandó llamar a Moisés y a Aarón
de inmediato. «He pecado contra el SEÑOR su Dios y con-
tra ustedes —les confesó—. 17 Perdonen mi pecado una
vez más, y rueguen al SEÑOR su Dios para que aleje de
mí esta muerte».
18 Moisés salió del palacio del faraón y rogó al SEÑOR.
19 El SEÑOR le respondió y cambió la dirección del viento,
y el viento fuerte del occidente se llevó las langostas y las
echó en el mar Rojo.* No quedó ni una sola langosta en
toda la tierra de Egipto. 20 Pero el SEÑOR nuevamente en-
dureció el corazón del faraón, por lo cual no dejó salir al
pueblo.

Plaga de tinieblas

21 Luego el SEÑOR le dijo a Moisés: «Extiende tu mano
hacia el cielo, y la tierra de Egipto quedará en una oscu-
ridad tan densa que podrá palparse». 22 Entonces Moisés
extendió su mano hacia los cielos, y una densa oscuridad
cubrió toda la tierra de Egipto por tres días. 23 Durante
todo ese tiempo las personas no pudieron verse unas a
otras ni se movieron. Sin embargo, la luz no faltó en nin-
gún momento donde vivían los israelitas.
24 Finalmente el faraón llamó a Moisés y le dijo:
—Vayan a adorar al SEÑOR, pero dejen aquí sus rebaños
y sus manadas. Sin embargo, pueden llevarse a sus hijos
pequeños.
25 —¡De ninguna manera! —respondió Moisés—. Tú
debes proveernos de animales para los sacrificios y las
ofrendas quemadas que presentaremos al SEÑOR nuestro
Dios. 26 Todos nuestros animales deberán ir con nosotros;
ni una sola pezuña puede quedar atrás. Tendremos que
seleccionar nuestros sacrificios para el SEÑOR nuestro
Dios de entre esos animales, y solo sabremos cómo vamos
a adorar al SEÑOR una vez que estemos allí.
27 Pero el SEÑOR endureció el corazón del faraón una
vez más, y no quiso dejarlos salir.
28 —¡Lárgate de aquí! —le gritó el faraón a Moisés—.
Te advierto: ¡jamás regreses a verme! El día que me veas
la cara, ¡morirás!
29 —Muy bien —respondió Moisés—. ¡Nunca más vol-
veré a verte!

Muerte para los primeros hijos varones de Egipto

11 Entonces el SEÑOR le dijo a Moisés: «Heriré al fa-
raón y a la tierra de Egipto con un golpe más. Des-
pués, el faraón los dejará salir de su territorio. De hecho,
estará tan desesperado por librarse de ustedes que los
obligará a irse de su tierra. 2 Diles a todos los hombres y a
todas las mujeres israelitas que pidan a sus vecinos egip-
cios objetos de plata y de oro». 3 (El SEÑOR había hecho
que los egipcios miraran con agrado al pueblo de Israel.
Además, Moisés era considerado un gran hombre en la
tierra de Egipto, y tanto los funcionarios del faraón como
el pueblo egipcio lo respetaban).
4 Así que Moisés le dijo al faraón: «Esto dice el SEÑOR:
"Hoy, a la medianoche, pasaré por el corazón de Egipto.
5 Todo primer hijo varón de cada familia de Egipto morirá,
desde el hijo mayor del faraón, el que se sienta en su trono,
hasta el hijo mayor de la sirvienta más humilde que trabaja
en el molino. Incluso la primera cría de todos los animales
morirá". 6 Entonces se oirá un lamento desgarrador por
toda la tierra de Egipto, un lamento como nunca antes
hubo ni habrá después. 7 Sin embargo, entre los israelitas
habrá tal tranquilidad que ni siquiera un perro ladrará.
Entonces sabrán que el SEÑOR hace una distinción entre
los egipcios y los israelitas. 8 Todos los funcionarios de
Egipto correrán a buscarme y caerán al suelo ante mí y
me suplicarán: "¡Por favor, vete! ¡Apresúrate! Y llévate a
todos tus seguidores". ¡Solo entonces me iré!». Luego
Moisés, ardiendo de enojo, salió de la presencia del faraón.
9 Ahora bien, ya antes, el SEÑOR le había dicho a Moisés:
«El faraón no los escuchará, así que haré más milagros
poderosos en la tierra de Egipto». 10 Moisés y Aarón
realizaron esos milagros en presencia del faraón, pero el
SEÑOR endureció el corazón del faraón, y no dejó salir de
su territorio a los israelitas.

La primera Pascua

12 Mientras los israelitas todavía estaban en la tierra
de Egipto, el SEÑOR dio las siguientes instruccio-
nes a Moisés y a Aarón: 2 «A partir de ahora, este mes será
el primer mes del año para ustedes. 3 Anuncien a toda la
comunidad de Israel que el décimo día de este mes cada
familia deberá seleccionar un cordero o un cabrito para
hacer un sacrificio, un animal por cada casa. 4 Si una familia
es demasiado pequeña para comer el animal entero, lo
compartirá con una familia vecina. Dividan el animal según
el tamaño de cada familia y la cantidad que cada uno pueda
comer. 5 El animal seleccionado deberá ser un macho de
oveja o de cabra, de un año y que no tenga ningún defecto.
6 »Cuiden bien al animal seleccionado hasta la tarde del
día catorce de este primer mes. Entonces toda la asamblea
de la comunidad de Israel matará su cordero o cabrito al
anochecer. 7 Después tomarán parte de la sangre y la un-
tarán en ambos lados y en la parte superior del marco de
la puerta de la casa donde comen el animal. 8 Esa misma
noche, asarán la carne al fuego y la comerán acompañada
de hojas verdes y amargas, y pan sin levadura. 9 No come-
rán nada de la carne ni cruda ni hervida en agua. Asarán
al fuego el animal entero con la cabeza, las patas y las en-
trañas. 10 No dejen ninguna sobra para el día siguiente.
Quemen todo lo que no hayan comido antes de la mañana.
11 »Estas son las instrucciones para cuando coman
esa comida: estén totalmente vestidos,* lleven puestas
las sandalias y tengan su bastón en la mano. Coman de
prisa, porque es la Pascua del SEÑOR. 12 Esa noche pasaré
por la tierra de Egipto y heriré de muerte a todo primer
hijo varón y a la primera cría macho de los animales en la
tierra de Egipto. Ejecutaré juicio contra todos los dioses de
Egipto, ¡porque yo soy el SEÑOR! 13 Pero la sangre sobre los
marcos de las puertas servirá de señal para indicar las casas
donde ustedes estén. Cuando yo vea la sangre, pasaré de
largo. Esa plaga de muerte no los tocará a ustedes cuando
yo hiera la tierra de Egipto.

***Notas textuales** **10:19** En hebreo *mar de juncos.* **12:11** En hebreo *ciñan sus lomos.*

Referencias cruzadas **10:29** Hb 11:27 **11:3** Dt 34:10-12 **11:7-8** Hb 11:27 **11:10** Rm 9:17 **12:3** 1 Co 5:7

¡Respuestas Bíblicas! 13 ¿Qué es la Pascua judía?

12:11 Es la celebración que recuerda que Dios salvó a los hijos de Israel de la muerte de los hijos mayores en la décima plaga que recibió Egipto por no soltar a Moisés y al pueblo de Dios. Él le dijo al pueblo de Israel que preparen una comida especial aquella noche. Esta cena los ayuda a recordar que Dios salvó a su pueblo cuando eran esclavos en Egipto.

14»Este será un día para recordar. Cada año, de genera-
ción en generación, deberán celebrarlo como un festival
especial al SEÑOR. Esta es una ley para siempre. 15Durante
siete días, tendrán que preparar sin levadura todo el pan
que coman. El primer día del festival, quiten de sus casas
todo rastro de levadura. Cualquiera que coma pan con
levadura en esos siete días del festival quedará excluido
de la comunidad de Israel. 16El primer día del festival y
también el séptimo, todo el pueblo celebrará un día oficial
de asamblea santa. Está prohibido hacer cualquier tipo
de trabajo en esos días excepto para la preparación de
alimentos.
17»Celebren el Festival de los Panes sin Levadura,
porque les recordará que este mismo día yo saqué a sus
grandes multitudes de la tierra de Egipto. Ese festival
será para ustedes una ley perpetua; celebren este día de
generación en generación. 18Tendrán que preparar sin
levadura todo el pan que coman desde la tarde del día
catorce del primer mes hasta la tarde del día veintiuno del
mismo mes. 19Durante esos siete días, no debe haber ni
un rastro de levadura en sus casas. Cualquiera que coma
algo preparado con levadura durante esta semana será
excluido de la comunidad de Israel. Estas ordenanzas se
aplican tanto a los extranjeros que viven entre ustedes
como a los israelitas de nacimiento. 20Durante esos días,
no coman nada que tenga levadura. Dondequiera que
vivan, coman pan únicamente sin levadura».
21Luego Moisés mandó llamar a todos los ancianos
de Israel y les dijo: «Vayan y seleccionen un cordero o un
cabrito por cada una de sus familias y maten el animal
para la Pascua. 22Dejen escurrir la sangre en una vasija,
después tomen un manojo de ramas de hisopo y mójenlo
en la sangre. Con el hisopo unten la sangre en la parte
superior y en ambos lados del marco de la puerta de sus
casas. Que nadie salga de la casa hasta la mañana, 23pues
el SEÑOR pasará por la región para herir de muerte a los
egipcios. Pero cuando él vea la sangre en la parte superior
y en ambos lados del marco de la puerta, el SEÑOR pasará
esa casa de largo. No permitirá que su ángel de la muerte
entre en las casas de ustedes y los hiera de muerte.
24»Recuerden que estas instrucciones son una ley per-
petua que ustedes y sus descendientes deberán obedecer
para siempre. 25Cuando entren en la tierra que el SEÑOR
ha prometido darles, seguirán celebrando esta ceremonia.
26Entonces sus hijos preguntarán: "¿Qué significa esta
ceremonia?". 27Y ustedes contestarán: "Es el sacrificio
de la Pascua del SEÑOR, porque él pasó de largo las casas
de los israelitas en Egipto. Y aunque hirió de muerte a
los egipcios, salvó a nuestras familias"». Cuando Moisés
terminó de hablar, todos los presentes se postraron hasta
el suelo y adoraron.
28Así que el pueblo de Israel hizo tal como el SEÑOR
había ordenado por medio de Moisés y Aarón. 29Esa
medianoche, el SEÑOR hirió de muerte a todos los pri-
meros hijos varones de la tierra de Egipto, desde el hijo
mayor del faraón, el que se sentaba en su trono, hasta
el hijo mayor del preso en el calabozo. Incluso mató a
las primeras crías de todos sus animales. 30Entonces el
faraón, sus funcionarios y todo el pueblo de Egipto se
despertaron durante la noche, y se oyó un lamento des-
garrador por toda la tierra de Egipto. No había ni una sola
casa donde alguien no hubiera muerto.

El éxodo de Israel de Egipto

31Esa noche el faraón mandó llamar a Moisés y a Aarón
y les dijo a gritos: «¡Lárguense! ¡Váyanse! ¡Dejen en paz
a mi pueblo —les ordenó— y llévense a todos los demás
israelitas con ustedes! Vayan y adoren al SEÑOR como
han pedido. 32Llévense sus rebaños y sus manadas, como
dijeron, y márchense ya. Váyanse, pero bendíganme al
salir». 33Todos los egipcios apresuraban al pueblo de Israel
a que abandonara la tierra cuanto antes, porque pensaban:
«¡Todos moriremos!».
34Entonces los israelitas se llevaron su masa de pan
sin agregarle levadura. Envolvieron las tablas de amasar
en sus mantos y las cargaron sobre los hombros. 35Los
israelitas hicieron lo que Moisés les había indicado: pi-
dieron a los egipcios ropa y objetos de plata y de oro. 36Y
el SEÑOR hizo que los egipcios miraran con agrado a los
israelitas, y dieron al pueblo de Israel todo lo que pidió.
¡Así despojaron a los egipcios de sus riquezas!
37Esa noche el pueblo de Israel salió de Ramsés y
emprendió viaje hacia Sucot. Eran unos seiscientos mil
hombres,* además de las mujeres y los niños. 38Con ellos
salió una gentuza que no era israelita, junto con grandes
rebaños y manadas. 39Hornearon pan plano de la masa sin
levadura que habían sacado de Egipto. La masa no tenía
levadura porque los israelitas fueron expulsados de Egipto
con tanto apuro que no tuvieron tiempo de preparar pan
ni cualquier otro alimento.
40El pueblo de Israel había vivido cuatrocientos treinta
años en Egipto.* 41De hecho, fue precisamente el día en
que se cumplían los cuatrocientos treinta años que toda
esa gran multitud del SEÑOR salió de Egipto. 42Esa misma
noche, el SEÑOR cumplió su promesa de sacar a su pueblo
de la tierra de Egipto. Así que esa noche le pertenece a él
y por eso todos los israelitas deberán conmemorarla cada
año, de generación en generación.

Instrucciones para la Pascua

43Luego el SEÑOR les dijo a Moisés y a Aarón: «Estas son
las instrucciones para el festival de la Pascua: ninguna
persona extranjera podrá comer la cena de Pascua, 44pero
cualquier esclavo que haya sido comprado podrá comerla
si está circuncidado. 45Los residentes temporales y los
jornaleros tampoco podrán comerla. 46En cada casa se
comerá un solo cordero de Pascua. No saquen nada de la
carne fuera de la casa ni quiebren ninguno de los huesos.
47Toda la comunidad de Israel debe celebrar el festival
de la Pascua.
48»Si los extranjeros que viven entre ustedes desean
celebrar la Pascua del SEÑOR, que primero se circunciden

***Notas textuales** **12:37** U *hombres de guerra*; en hebreo dice *hombres a pie.* **12:40** El Pentateuco Samaritano dice *en Canaán y Egipto*; la versión griega dice *en Egipto y Canaán.*

Referencias cruzadas **12:20** Dt 16:1-8 **12:21** Mc 14:12-16 **12:36** Ex 3:22 **12:41** Hch 7:6

todos sus varones. Solo entonces podrán celebrar la Pascua
con ustedes como cualquier israelita de nacimiento. Pero
un varón incircunciso jamás comerá la cena de la Pascua.
49Esta instrucción se aplica a todos, tanto a israelitas de
nacimiento como a extranjeros que vivan entre ustedes».

50Entonces todo el pueblo de Israel cumplió todos los
mandatos del Señor que les dio a Moisés y a Aarón. 51Ese
mismo día el Señor sacó de Egipto al pueblo de Israel
como un ejército.

Dedicación de los primeros hijos varones

13 Luego el Señor le dijo a Moisés: 2«Dedícame a
todos los primeros hijos varones del pueblo de
Israel. Todo primer nacido, tanto de los seres humanos
como de los animales, me pertenece».

3Entonces Moisés dijo a los israelitas: «Este es un día
para recordar por siempre: es el día que salieron de Egipto,
donde eran esclavos. Hoy el Señor los sacó con la fuerza
de su mano poderosa. (Recuerden no comer nada que
contenga levadura). 4Este preciso día, a comienzos de la
primavera, en el mes de *abib*,* ustedes fueron liberados.
5Una vez que el Señor los haga entrar en la tierra de los
cananeos, los hititas, los amorreos, los heveos y los je-
buseos, deberán celebrar este suceso cada año, en este
mes. (Él les juró a sus antepasados que les daría esa tierra,
una tierra donde fluyen la leche y la miel). 6Durante siete
días tendrán que preparar sin levadura el pan que coman.
Entonces el séptimo día celebrarán una fiesta al Señor.
7En esos siete días, coman pan sin levadura. De hecho,
durante ese período, no debe haber pan con levadura ni
ningún rastro de levadura dentro de su territorio.

8»El séptimo día, darán a sus hijos la siguiente expli-
cación: "Hoy celebro lo que el Señor hizo por mí cuando
salí de Egipto". 9Este festival anual será para ustedes una
señal visible, como una marca grabada en la mano o en
la frente, que les recuerde recitar siempre esta enseñanza
del Señor: "Con mano fuerte, el Señor los rescató de
Egipto"*. 10Por lo tanto, cumplan el decreto de este fes-
tival cada año, en la fecha señalada.

11»Cuando el Señor cumpla la promesa que les juró a
ustedes y a sus antepasados, esto es lo que deben hacer:
el día que él les dé la tierra donde actualmente viven los
cananeos, 12deberán presentar al Señor todo primer hijo
varón y toda primera cría macho de los animales, porque
a él le pertenecen. 13Para recuperar la primera cría de un
burro, podrán pagar rescate al Señor entregando como
sustituto un cordero o un cabrito; pero si no pagan res-
cate para recuperarlo, tendrán que quebrarle el cuello al
animal. Sin embargo, tienen la obligación de pagar rescate
por todo primer hijo varón.

14»En el futuro, sus hijos les preguntarán: "¿Qué sig-
nifica todo esto?", y ustedes les dirán: "Con la fuerza de
su mano poderosa, el Señor nos sacó de Egipto, donde
éramos esclavos. 15El faraón se puso terco y por nada
quiso dejarnos salir, entonces el Señor mató a todos los
primeros hijos varones en toda la tierra de Egipto y tam-
bién a los machos de las primeras crías de los animales.
Por eso ahora sacrifico a todos los machos primer nacidos
al Señor, pero siempre pagamos rescate para recuperar
a los primeros hijos varones". 16Esta ceremonia servirá
como una marca grabada en la mano o en la frente. Es un
recordatorio de que el Señor nos sacó de Egipto con la
fuerza de su mano poderosa».

Desviación de Israel en el desierto

17Cuando por fin el faraón dejó salir a los israelitas,
Dios no los guio por el camino principal que atraviesa
el territorio filisteo, aunque esa era la ruta más corta a la
Tierra Prometida. Dios dijo: «Si los israelitas llegaran a
enfrentar una batalla, podrían cambiar de parecer y re-
gresar a Egipto». 18Por eso Dios los hizo dar un rodeo
por el camino del desierto, hacia el mar Rojo.* Así los
israelitas salieron de Egipto como un ejército preparado
para la batalla.*

19Moisés llevó consigo los restos de José, porque José
había hecho jurar a los hijos de Israel que así lo harían
cuando dijo: «Pueden estar seguros de que Dios vendrá a
ayudarlos. Cuando eso suceda, llévense de aquí mis restos
con ustedes».

20Entonces los israelitas salieron de Sucot y acamparon
en Etam, al límite del desierto. 21El Señor iba delante de
ellos, y los guiaba durante el día mediante una columna
de nube y les daba luz durante la noche con una columna
de fuego. Esto les permitía viajar de día y de noche. 22El
Señor nunca quitó de su lugar, delante de ellos, la co-
lumna de nube ni la columna de fuego.

14 Entonces el Señor le dio a Moisés las siguientes
instrucciones: 2«Ordénales a los israelitas que den
la vuelta y acampen cerca de Pi-hahirot, entre Migdol y el
mar. Que acampen allí, a lo largo de la orilla, frente a Baal-
zefón. 3Entonces el faraón pensará: "Los israelitas están
confundidos. ¡Quedaron atrapados en el desierto!". 4Y
una vez más endureceré el corazón del faraón, y él saldrá
a perseguirlos. Lo haré así para manifestar mi gloria por
medio del faraón y de todo su ejército. ¡Después los egip-
cios sabrán que yo soy el Señor!». Así que los israelitas
acamparon donde se les dijo.

Los egipcios persiguen a Israel

5Cuando al rey de Egipto le llegó la noticia de que los
israelitas habían huido, el faraón y sus funcionarios cam-
biaron de parecer. «¿Qué hemos hecho al permitir que
todos estos esclavos israelitas se fueran?», se pregun-
taban. 6Entonces el faraón preparó su carro de guerra
y llamó a sus tropas. 7Llevó consigo seiscientos de los
mejores carros de guerra, junto con los demás carros
de Egipto, cada uno con su respectivo oficial al mando.
8Así que el Señor endureció el corazón del faraón, rey de
Egipto, quien por lo tanto salió a perseguir a los israelitas,
los cuales se habían marchado con puños en alto en señal
de desafío. 9Los egipcios los persiguieron con todas las
fuerzas del ejército del faraón —todos sus caballos y sus
carros de guerra, sus conductores y sus tropas— y alcan-
zaron al pueblo de Israel mientras acampaba junto al mar,
cerca de Pi-hahirot, frente a Baal-zefón.

10Mientras el faraón se acercaba, los israelitas levanta-
ron la vista y se llenaron de pánico al ver que los egipcios
los alcanzaban. Entonces clamaron al Señor 11y le dijeron
a Moisés:

—¿Por qué nos trajiste aquí a morir en el desierto?

***Notas textuales** **13:4** En hebreo *En este día del mes de abib.* En el antiguo calendario lunar hebreo, ese primer mes, por lo general, cae entre marzo y abril. **13:9** O *que les recuerde siempre mantener las instrucciones del Señor en la punta de la lengua, porque con mano fuerte el Señor los rescató de Egipto.* **13:18a** En hebreo *mar de juncos.* **13:18b** La versión griega dice *salieron de Egipto en la quinta generación.*

Referencias cruzadas **13:2** Lc 2:23 **13:12** Lc 2:23 **13:19** Hch 7:16 **13:21** 1 Co 10:1 **14:4** Rm 9:17, 22-23 **14:10** Ne 9:9

¿Acaso no había suficientes tumbas para nosotros en
Egipto? ¿Qué nos has hecho? ¿Por qué nos obligaste a
salir de Egipto? 12¿No te dijimos que esto pasaría cuando
aún estábamos en Egipto? Te dijimos: "¡Déjanos en paz!
Déjanos seguir siendo esclavos de los egipcios. ¡Es mejor
ser un esclavo en Egipto que un cadáver en el desierto!".
13Pero Moisés les dijo:
—No tengan miedo. Solo quédense quietos y observen
cómo el SEÑOR los rescatará hoy. Esos egipcios que ahora
ven, jamás volverán a verlos. 14El SEÑOR mismo peleará
por ustedes. Solo quédense tranquilos.

Israel escapa por el mar Rojo

15Luego el SEÑOR le dijo a Moisés: «¿Por qué clamas a mí?
¡Dile al pueblo que se ponga en marcha! 16Toma tu vara y
extiende la mano sobre el mar. Divide las aguas para que
los israelitas puedan pasar por en medio del mar, pisando
tierra seca. 17Yo endureceré el corazón de los egipcios y
se lanzarán contra los israelitas. La grandeza de mi gloria
se manifestará por medio del faraón y de su ejército, sus
carros de guerra y sus conductores. 18Cuando mi gloria
se exhiba por medio de ellos, ¡todo Egipto verá mi gloria
y sabrán que yo soy el SEÑOR!».
19Entonces el ángel de Dios, que iba al frente del pue-
blo de Israel, se trasladó hacia atrás del campamento. La
columna de nube también se cambió de lugar y pasó a
estar detrás de ellos. 20La nube se puso entre los egipcios
y el campamento de los israelitas. Al atardecer, la nube se
convirtió en fuego e iluminó la noche, pero los egipcios y
los israelitas no se acercaron unos a otros en toda la noche.
21Luego Moisés extendió la mano sobre el mar y el
SEÑOR abrió un camino a través de las aguas mediante
un fuerte viento oriental. El viento sopló durante toda la
noche y transformó el lecho del mar en tierra seca. 22En-
tonces el pueblo de Israel cruzó por en medio del mar, ca-
minando sobre tierra seca, con muros de agua a cada lado.
23Entonces los egipcios —con todos los carros de
guerra y sus conductores, y con los caballos del faraón—
persiguieron a los israelitas hasta el medio del mar. 24Pero
poco antes del amanecer, el SEÑOR miró al ejército egip-
cio desde la columna de fuego y de nube, y causó gran
confusión en sus fuerzas de combate. 25Torció* las ruedas
de los carros para que les resultara difícil manejarlos.
«¡Salgamos de aquí, alejémonos de los israelitas! —gri-
taban los egipcios—. ¡El SEÑOR está luchando por ellos
en contra de Egipto!».
26Cuando todos los israelitas habían llegado al otro
lado, el SEÑOR le dijo a Moisés: «Extiende otra vez tu
mano sobre el mar, y las aguas volverán con fuerza y cubri-
rán a los egipcios, a sus carros y a sus conductores». 27En-
tonces, cuando el sol comenzaba a salir, Moisés extendió
su mano sobre el mar y las aguas volvieron con fuerza a su
estado normal. Los egipcios trataron de escapar, pero el
SEÑOR los arrastró al mar. 28Enseguida las aguas volvieron
a su lugar y cubrieron todos los carros y a sus conductores:
el ejército completo del faraón. No sobrevivió ni uno de
los egipcios que entró al mar para perseguir a los israelitas.
29En cambio, el pueblo de Israel caminó por en medio
del mar sobre tierra seca, mientras las aguas permanecían
levantadas como muros a ambos lados. 30Así es como el
SEÑOR aquel día rescató a Israel de las manos de los egip-
cios. Y los israelitas vieron los cadáveres de los egipcios a
la orilla del mar. 31Cuando el pueblo de Israel vio el gran
poder que el SEÑOR había desatado contra los egipcios,
se llenaron de temor reverente delante de él. Entonces
pusieron su fe en el SEÑOR y en su siervo Moisés.

Cántico de liberación

15 Entonces Moisés y el pueblo de Israel entonaron
el siguiente cántico al SEÑOR:

«Cantaré al SEÑOR,
porque ha triunfado gloriosamente;
arrojó al mar al caballo y al jinete.
2 El SEÑOR es mi fuerza y mi canción;
él me ha dado la victoria.
Él es mi Dios, y lo alabaré;
es el Dios de mi padre, ¡y lo exaltaré!
3 El SEÑOR es un guerrero;
¡Yahveh* es su nombre!
4 Arrojó al mar
a los carros y al ejército del faraón.
Los mejores oficiales del faraón
se ahogaron en el mar Rojo.*
5 Las aguas profundas brotaron con fuerza y los
cubrieron;
como piedras se hundieron hasta el fondo.

6 »Tu mano derecha, oh SEÑOR,
es gloriosa en poder.
Tu mano derecha, oh SEÑOR,
aplasta al enemigo.
7 Con la grandeza de tu majestad,
derribas a los que se levantan contra ti.
Desatas tu ardiente furia
y los consume como a paja.
8 Al soplido de tu aliento,
¡las aguas se apilaron!
El impetuoso oleaje se quedó firme como un muro;
en el corazón del mar las aguas se endurecieron.

9 »El enemigo se jactaba diciendo:
"Los perseguiré
y los alcanzaré.
Los despojaré
y los consumiré.
Sacaré mi espada;
mi mano poderosa los destruirá".
10 Pero tú soplaste con tu aliento,
y el mar los cubrió.
Se hundieron como plomo
en las poderosas aguas.

11 »Oh SEÑOR, entre los dioses, ¿quién es como tú:
glorioso en santidad,
imponente en esplendor,
autor de grandes maravillas?
12 Levantaste tu mano derecha,
y la tierra se tragó a nuestros enemigos.

13 »Con tu amor inagotable
guías al pueblo que redimiste.

***Notas textuales** **14:25** Así aparece en la versión griega, en el Pentateuco Samaritano y en la versión siríaca; en hebreo dice *Quitó.* **15:3** *Yahveh* es una transliteración del nombre propio *YHWH,* que a veces se traduce «Jehová»; en esta traducción, generalmente, se traduce «el SEÑOR» (notar el uso de versalitas). **15:4** En hebreo *mar de juncos*; también en 15:22.

Referencias cruzadas **14:28** Sal 106:7-11 **15:5** Ne 9:11 **15:8** Sal 78:13

Con tu poder los guías
a tu hogar sagrado.
14 Lo oyen los pueblos y tiemblan;
la angustia se apodera de los que viven en Filistea.
15 Los líderes de Edom están aterrados;
los nobles de Moab tiemblan.
Todos los que viven en Canaán se desvanecen;
16 terror y espanto caen sobre ellos.
El poder de tu brazo
los deja sin vida, como una piedra,
hasta que tu pueblo haya pasado,
oh SEÑOR,
hasta que haya pasado el pueblo que compraste.
17 Tú lo traerás y lo plantarás en tu propio monte,
el lugar, oh SEÑOR, reservado para tu morada,
el santuario, oh Señor, que tus manos
establecieron.
18 ¡El SEÑOR reinará por siempre y para siempre!».

19 Cuando los carros de guerra, sus conductores y los
caballos del faraón entraron al mar, el SEÑOR hizo que
las aguas cayeran con fuerza sobre ellos. ¡Pero el pueblo
de Israel había cruzado por en medio del mar, pisando
tierra seca!
20 Entonces la profetisa Miriam, hermana de Aarón,
tomó una pandereta, se puso al frente, y todas las muje-
res la siguieron, danzando y tocando sus panderetas. 21 Y
Miriam entonaba este cántico:

«Canten al SEÑOR,
porque ha triunfado gloriosamente;
arrojó al mar al caballo y al jinete».

Agua amarga en Mara

22 Entonces Moisés guio al pueblo de Israel lejos del mar
Rojo, y se internaron en el desierto de Shur. Viajaron por
este desierto durante tres días sin encontrar agua. 23 Cuando
llegaron al oasis de Mara, no pudieron beber el agua porque
era demasiado amarga. Por eso llamaron al lugar Mara (que
significa «amarga»).
24 Entonces la gente se quejó y se puso en contra de
Moisés. «¿Qué vamos a beber?», reclamaron. 25 Así que
Moisés clamó al SEÑOR por ayuda, y él le mostró un trozo
de madera. Moisés echó la madera al agua, y el agua se
volvió potable.
Fue allí, en Mara, donde el SEÑOR estableció el si-
guiente decreto como una norma para probar la fidelidad
del pueblo. 26 Les dijo: «Si ustedes escuchan atentamente
la voz del SEÑOR su Dios y hacen lo que es correcto ante
sus ojos, obedeciendo sus mandatos y cumpliendo todos
sus decretos, entonces no les enviaré ninguna de las en-
fermedades que envié a los egipcios; porque yo soy el
SEÑOR, quien los sana».
27 Después de salir de Mara, los israelitas viajaron hasta
el oasis de Elim, donde encontraron doce manantiales
y setenta palmeras. Y acamparon allí, junto a las aguas.

Maná y codornices del cielo

16 Después, toda la comunidad de Israel partió de
Elim y viajó al desierto de Sin, ubicado entre Elim
y el monte Sinaí. Llegaron el día quince del segundo mes,
un mes después de salir de la tierra de Egipto.* 2 Allí tam-
bién toda la comunidad de Israel se quejó de Moisés y
Aarón.
3 «¡Si tan solo el SEÑOR nos hubiera matado en Egipto!
—protestaban—. Allá nos sentábamos junto a las ollas
llenas de carne y comíamos todo el pan que se nos an-
tojaba; pero ahora tú nos has traído a este desierto para
matarnos de hambre».
4 Entonces el SEÑOR le dijo a Moisés: «Mira, haré llover
alimento del cielo para ustedes. Cada día la gente podrá
salir a recoger todo el alimento necesario para ese día.
Con esto los pondré a prueba para ver si siguen o no mis
instrucciones. 5 El sexto día juntarán el alimento y cuando
preparen la comida habrá el doble de lo normal».
6 Entonces Moisés y Aarón dijeron a todos los israelitas:
«Antes de anochecer, sabrán que fue el SEÑOR quien los
sacó de la tierra de Egipto. 7 Por la mañana, verán la gloria
del SEÑOR, porque él oyó las quejas de ustedes, que son
contra él y no contra nosotros. ¿Qué hemos hecho para que
ustedes se quejen de nosotros?». 8 Luego Moisés añadió:
«El SEÑOR les dará de comer carne por la tarde y los saciará
con pan por la mañana, porque él oyó todas sus quejas
contra él. ¿Qué hemos hecho nosotros? Así es, las quejas
de ustedes son contra el SEÑOR, no contra nosotros».
9 Después Moisés le dijo a Aarón: «Anuncia lo siguiente
a toda la comunidad de Israel: "Preséntense ante el SEÑOR,
porque él ha oído sus quejas"». 10 Mientras Aarón hablaba
a toda la comunidad de Israel, miraron hacia el desierto, y
allí pudieron ver la imponente gloria del SEÑOR en la nube.
11 Luego el SEÑOR le dijo a Moisés: 12 «He oído las
quejas de los israelitas. Ahora diles: "Por la tarde tendrán
carne para comer, y por la mañana tendrán todo el pan que
deseen. Así ustedes sabrán que yo soy el SEÑOR su Dios"».
13 Esa tarde, llegó una cantidad enorme de codornices
que cubrieron el campamento, y a la mañana siguiente los
alrededores del campamento estaban húmedos de rocío.
14 Cuando el rocío se evaporó, la superficie del desierto
quedó cubierta por copos de una sustancia hojaldrada y
fina como escarcha. 15 Los israelitas quedaron perplejos
al ver eso y se preguntaban unos a otros: «¿Qué es esto?»,
porque no tenían idea de lo que era.
Entonces Moisés les dijo: «Este es el pan que el SEÑOR
les da para comer. 16 Estas son las instrucciones del SEÑOR:
cada grupo familiar juntará todo lo que necesite. Recojan
dos litros* por cada persona en su carpa».
17 Así que los israelitas hicieron lo que se les dijo. Algu-
nos recogieron mucho; otros, solo un poco. 18 Pero cuando
lo midieron,* cada uno tenía lo justo y necesario. A los
que recogieron mucho, nada les sobraba, y a los que reco-
gieron solo un poco, nada les faltaba. Cada familia tuvo
justo lo que necesitaba.
19 Entonces Moisés les dijo: «No guarden nada para el
día siguiente». 20 Sin embargo, algunos no hicieron caso
y guardaron un poco hasta la mañana siguiente; pero para
entonces se había llenado de gusanos y apestaba, y Moisés
se enojó mucho con ellos.
21 Después de este incidente, cada familia recogía el
alimento cada mañana, conforme a su necesidad. Cuando
el sol calentaba, los copos que no se habían recogido se
derretían y desaparecían. 22 El sexto día recogían el doble
de lo habitual, es decir, cuatro litros* por persona en lugar

***Notas textuales** **16:1** El éxodo ocurrió el día quince del primer mes (ver Nm 33:3). **16:16** En hebreo *un gómer* [2 cuartos]; también en 16:32, 33. **16:18** En hebreo *midieron con un gómer.* **16:22** En hebreo *2 gómeres* [4 cuartos]. **16:31** *Maná* significa «¿qué es esto?». Ver 16:15.

Referencias cruzadas **15:18** Sal 10:16; 29:10 **15:23** Nm 33:8 **15:26** Ex 23:25-26 **16:2** 1 Co 10:10 **16:18** 2 Co 8:15

de dos. Entonces todos los líderes de la comunidad se
dirigieron a Moisés en busca de una explicación. 23Él les
dijo: «Esto es lo que el SEÑOR ha ordenado: "Mañana será
un día de descanso absoluto, un día sagrado de descanso,
reservado para el SEÑOR. Así que horneen o hiervan hoy
todo lo que necesiten y guarden para mañana lo que les
sobre"».
24Entonces ellos dejaron un poco aparte para el día
siguiente, tal como Moisés había ordenado. Al otro día la
comida sobrante estaba buena y saludable, sin gusanos
ni mal olor. 25Así que Moisés dijo: «Coman este alimento
hoy, porque es el día de descanso, dedicado al SEÑOR. Hoy
no habrá alimento en el campo para recoger. 26Durante
seis días se les permite recoger alimento, pero el séptimo
día es el día de descanso; ese día no habrá alimento en
el campo».
27Aun así, algunas personas salieron a recoger el día
séptimo, pero no encontraron alimento. 28Entonces el
SEÑOR le preguntó a Moisés: «¿Hasta cuándo este pueblo
se negará a obedecer mis mandatos y mis instrucciones?
29Tienen que entender que el día de descanso es un regalo
del SEÑOR para ustedes. Por eso él les provee doble canti-
dad de alimento el sexto día, a fin de que tengan suficiente
para dos días. El día de descanso, todos deben quedarse
en el lugar donde estén; no salgan a buscar pan el séptimo
día». 30Así que la gente no recogió alimento el día séptimo.
31Los israelitas llamaron maná* al alimento. Era
blanco como la semilla de cilantro, y tenía un gusto pa-
recido a obleas con miel.
32Luego Moisés dijo: «Esto es lo que el SEÑOR ha or-
denado: "Llenen un recipiente con dos litros de maná y
consérvenlo para sus descendientes. Así las generaciones
futuras podrán ver el pan que les di a ustedes en el desierto
cuando los liberé de Egipto"».
33Entonces Moisés le dijo a Aarón: «Toma una vasija
y llénala con dos litros de maná. Después colócala en un
lugar sagrado, delante del SEÑOR, a fin de conservarlo
para todas las generaciones futuras». 34Así que Aarón
hizo tal como el SEÑOR le ordenó a Moisés. Posterior-
mente lo colocó dentro del arca del pacto, frente a las
tablas de piedra grabadas con las condiciones del pacto.*
35Y los israelitas comieron maná durante cuarenta años,
hasta que llegaron a la tierra donde se establecerían. Co-
mieron maná hasta que llegaron a la frontera de la tierra
de Canaán.
36El recipiente utilizado para medir el maná era un
gómer, que era la décima parte de un efa; equivalía a dos
litros.*

Agua de la roca

17 Por orden del SEÑOR, toda la comunidad de Israel
partió del desierto de Sin y anduvo de un lugar a
otro. Finalmente acamparon en Refidim, pero allí no había
agua para que el pueblo bebiera. 2Así que el pueblo volvió
a quejarse contra Moisés:
—¡Danos agua para beber! —reclamaron.
—¡Cállense! —respondió Moisés—. ¿Por qué se quejan
contra mí? ¿Por qué ponen a prueba al SEÑOR?
3Pero ellos, atormentados por la sed, siguieron discu-
tiendo con Moisés:
—¿Por qué nos sacaste de Egipto? ¿Quieres matarnos
de sed a nosotros, a nuestros hijos y a nuestros animales?
4Entonces Moisés clamó al SEÑOR:
—¿Qué hago con este pueblo? ¡Están a punto de
apedrearme!
5El SEÑOR le dijo a Moisés:
—Pasa por delante del pueblo; toma tu vara, la que
usaste para golpear las aguas del Nilo, y llama a algunos
ancianos de Israel para que te acompañen. 6Yo me pararé
frente a ti sobre la roca, en el monte Sinaí.* Golpea la roca,
y saldrá agua a chorros. Entonces el pueblo podrá beber.
Así que Moisés golpeó la roca como se le indicó, y el
agua brotó a chorros a la vista de los ancianos.
7Entonces Moisés llamó a aquel lugar Masá (que sig-
nifica «prueba») y Meriba (que significa «discusión»),
porque el pueblo de Israel discutió con Moisés y puso
a prueba al SEÑOR diciendo: «¿Está o no el SEÑOR aquí
con nosotros?».

Israel derrota a los amalecitas

8Mientras el pueblo de Israel aún se encontraba en Refi-
dim, los guerreros de Amalec lo atacaron. 9Así que Moisés
le ordenó a Josué: «Escoge a algunos hombres para salir a
pelear contra el ejército de Amalec. Mañana yo estaré en la
cima de la colina sosteniendo la vara de Dios en mi mano».
10Josué hizo lo que Moisés le ordenó y peleó contra el
ejército de Amalec. Entre tanto Moisés, Aarón y Hur su-
bieron a la cima de una colina cercana. 11Mientras Moisés
sostenía en alto la vara en su mano, los israelitas vencían;
pero, cuando él bajaba la mano, dominaban los amalecitas.
12Pronto se le cansaron tanto los brazos que ya no podía
sostenerlos en alto. Así que Aarón y Hur le pusieron una
piedra a Moisés para que se sentara. Luego se pararon a
cada lado de Moisés y le sostuvieron las manos en alto.
Así sus manos se mantuvieron firmes hasta la puesta del
sol. 13Como resultado, Josué aplastó al ejército de Amalec
en la batalla.
14Después de la victoria, el SEÑOR dio a Moisés las si-
guientes instrucciones: «Escribe esto en un rollo para que
sea un recuerdo perpetuo, y léelo en voz alta a Josué: "Yo
borraré por completo la memoria de Amalec de debajo del
cielo"». 15Entonces Moisés edificó un altar en ese lugar y
lo llamó Yahveh-nisi (que significa «el SEÑOR es mi estan-
darte»). 16Dijo: «Por cuanto han levantado su puño contra
el trono del SEÑOR, ahora* el SEÑOR estará en guerra con
Amalec de generación en generación».

¡Respuestas Bíblicas! **14** **¿Por qué Moisés levantó sus brazos cuando el pueblo de Israel estaba en guerra?**

17:9-11 Cuando Moisés levantaba sus brazos, el pueblo de Israel ganaba. Cuando Moisés no levantaba sus brazos, el pueblo de Israel perdía. Esto le mostraba al pueblo que no bastaba con sus propias fuerzas para ganar las batallas sino que debían recordar que él también peleaba por ellos.

Jetro visita a Moisés

18 Jetro, el suegro de Moisés y sacerdote de Ma-
dián, se enteró de todo lo que Dios había
hecho por Moisés y por su pueblo, los israelitas; y oyó

***Notas textuales** **16:34** En hebreo *Lo colocó frente al testimonio*; ver nota en 25:16. **16:36** En hebreo *Un gómer es la décima parte de un efa.* **17:6** En hebreo *Horeb,* otro nombre para Sinaí. **17:16** O *Se han levantado manos hacia el trono del SEÑOR, y ahora.*

Referencias cruzadas **16:33** Ap 2:17 **17:2** 1 Co 10:9 **17:6** 1 Co 10:4 **17:14** Ex 34:27

particularmente cómo el SEÑOR los había sacado de
Egipto.
2Anteriormente, Moisés había enviado a su esposa
Séfora y a sus dos hijos de regreso a casa de Jetro, y él los
había hospedado. 3(El primer hijo de Moisés se llamaba
Gersón,* porque cuando el niño nació, Moisés dijo: «He
sido un extranjero en tierra extraña». 4A su segundo hijo lo
llamó Eliezer,* porque dijo: «El Dios de mis antepasados
me ayudó y me rescató de la espada del faraón»). 5Así que
Jetro, el suegro de Moisés, fue a visitarlo al desierto y llevó
consigo a la esposa y a los dos hijos de Moisés. Llegaron
cuando Moisés y el pueblo acampaban cerca del monte
de Dios. 6Jetro le había enviado un mensaje a Moisés para
avisarle: «Yo, tu suegro, Jetro, vengo a verte, junto con tu
esposa y tus dos hijos».
7Entonces Moisés salió a recibir a su suegro. Se inclinó
ante él y le dio un beso. Luego de preguntarse el uno al
otro cómo les iba, entraron en la carpa de Moisés. 8Moisés
le contó a su suegro todo lo que el SEÑOR les había hecho
al faraón y a los egipcios a favor de Israel. También le habló
de todas las privaciones que habían sufrido a lo largo del
camino y de cómo el SEÑOR había librado a su pueblo de
las dificultades. 9Jetro se alegró mucho al oír de todo el
bien que el SEÑOR había hecho por Israel al rescatarlo de
las manos de los egipcios.
10«¡Alabado sea el SEÑOR! —exclamó Jetro—. Pues
los rescató de los egipcios y del faraón. ¡Así es, rescató
a Israel del poder de Egipto! 11Ahora sé que el SEÑOR es
más grande que todos los demás dioses, porque rescató
a su pueblo de la opresión de los egipcios arrogantes».
12Luego Jetro, el suegro de Moisés, presentó una
ofrenda quemada y sacrificios ante Dios. Aarón y todos
los ancianos de Israel lo acompañaron a comer lo que fue
ofrecido en sacrificio en presencia de Dios.

Consejo sabio de Jetro

13Al día siguiente, Moisés se sentó para oír los pleitos que
los israelitas tenían unos con otros. Y el pueblo esperó a
ser atendido delante de Moisés desde la mañana hasta
la tarde.
14Cuando el suegro de Moisés vio todo lo que él hacía
por el pueblo, le preguntó:
—¿Qué logras en realidad sentado aquí? ¿Por qué te
esfuerzas en hacer todo el trabajo tú solo, mientras que
el pueblo está de pie a tu alrededor desde la mañana hasta
la tarde?
15Moisés contestó:
—Porque el pueblo acude a mí en busca de resoluciones
de parte de Dios. 16Cuando les surge un desacuerdo, ellos
acuden a mí, y yo soy quien resuelve los casos entre los
que están en conflicto. Mantengo al pueblo informado
de los decretos de Dios y les transmito sus instrucciones.
17—¡No está bien lo que haces! —exclamó el suegro de
Moisés—. 18Así acabarás agotado y también se agotará el
pueblo. Esta tarea es una carga demasiado pesada para
una sola persona. 19Ahora escúchame y déjame darte un
consejo, y que Dios esté contigo. Tú debes seguir siendo
el representante del pueblo ante Dios, presentándole los
conflictos. 20Enséñales los decretos de Dios; transmíte-
les sus instrucciones; muéstrales cómo comportarse en
la vida. 21Sin embargo, elige, de entre todo el pueblo, a
algunos hombres con capacidad y honestidad, temero-
sos de Dios y que odien el soborno. Nómbralos jefes de
grupos de mil, de cien, de cincuenta y de diez personas.
22Ellos tendrán que estar siempre disponibles para re-
solver los conflictos sencillos que surgen entre el pueblo,
pero los casos más graves te los traerán a ti. Deja que los
jefes juzguen los asuntos de menor importancia. Ellos te
ayudarán a llevar la carga, para que la tarea te resulte más
fácil. 23Si sigues este consejo, y si Dios así te lo ordena,
serás capaz de soportar las presiones, y la gente regresará
a su casa en paz.
24Moisés escuchó el consejo de su suegro y siguió sus
recomendaciones. 25Eligió hombres capaces de entre todo
Israel y los nombró jefes del pueblo. Los puso a cargo de
grupos de mil, de cien, de cincuenta y de diez personas.
26Estos hombres estaban siempre disponibles para re-
solver los conflictos sencillos de la gente. Los casos más
graves los remitían a Moisés, pero ellos mismos se encar-
gaban de los asuntos de menor importancia.
27Poco tiempo después, Moisés se despidió de su sue-
gro, quien regresó a su propia tierra.

El SEÑOR se manifiesta en el Sinaí

19 Exactamente dos meses después de haber salido
de Egipto,* los israelitas llegaron al desierto de
Sinaí. 2Después de levantar campamento en Refidim,
llegaron al desierto de Sinaí y acamparon al pie del monte
Sinaí.
3Entonces Moisés subió al monte para presentarse
delante de Dios. El SEÑOR lo llamó desde el monte y le
dijo: «Comunica estas instrucciones a la familia de Jacob;
anúncialas a los descendientes de Israel: 4"Ustedes vie-
ron lo que hice con los egipcios. Saben cómo los llevé a
ustedes sobre alas de águila y los traje hacia mí. 5Ahora
bien, si me obedecen y cumplen mi pacto, ustedes serán
mi tesoro especial entre todas las naciones de la tierra;
porque toda la tierra me pertenece. 6Ustedes serán mi
reino de sacerdotes, mi nación santa". Este es el mensaje
que debes transmitir a los hijos de Israel».
7Entonces Moisés regresó del monte y llamó a los an-
cianos del pueblo y les comunicó todo lo que el SEÑOR le
había ordenado. 8Y todo el pueblo respondió a una voz:
«Haremos todo lo que el SEÑOR ha ordenado». Entonces
Moisés llevó al SEÑOR la respuesta del pueblo.
9Luego el SEÑOR le dijo a Moisés: «Yo me presentaré
ante ti en una densa nube, para que el pueblo pueda oírme
cuando hable contigo; así ellos siempre confiarán en ti».
Moisés le dijo al SEÑOR lo que el pueblo había dicho.
10Después el SEÑOR le dijo a Moisés: «Desciende y pre-
para al pueblo para mi llegada. Conságralos hoy y mañana,
y haz que laven sus ropas. 11Asegúrate de que estén pre-
parados para el tercer día, porque ese día el SEÑOR des-
cenderá sobre el monte Sinaí a la vista de todo el pueblo.
12Marca un límite alrededor del monte y dile al pueblo
esta advertencia: "¡Tengan cuidado! No suban al monte,
ni siquiera toquen los límites. Cualquiera que toque el
monte será ejecutado. 13Ninguna mano puede tocar a
la persona o al animal que traspase el límite, sino que
esa persona morirá apedreada o atravesada con flechas.
Ellos tendrán que morir". Sin embargo, cuando se oiga

***Notas textuales** **18:3** *Gersón* suena como un término hebreo que significa «un extranjero allí». **18:4** *Eliezer* significa «Dios es mi ayuda». **19:1** En hebreo *Durante el tercer mes después de que los israelitas salieron de Egipto, exactamente el mismo día*, es decir, exactamente dos meses lunares después de salir de Egipto. Comparar Nm 33:3. **19:13** O *podrá ir hasta el monte.*

Referencias cruzadas **18:3** Ex 2:22; Hch 7:29 **18:15** Nm 9:8 **18:21** Sal 15:1-5 **19:6** 1 P 2:5, 9 **19:13** Hb 12:20

un toque prolongado del cuerno de carnero entonces el pueblo podrá subir al monte*».

14Así que Moisés descendió a donde estaba el pueblo. Consagró a la gente para la adoración, y ellos lavaron sus ropas. Les dijo: 15«Prepárense para el tercer día y, hasta entonces, absténganse de tener relaciones sexuales».

16En la mañana del tercer día, retumbaron truenos y destellaron relámpagos, y una nube densa descendió sobre el monte. Se oyó un fuerte y prolongado toque de cuerno de carnero, y todo el pueblo tembló. 17Moisés llevó a la multitud fuera del campamento para encontrarse con Dios, y todos se pararon al pie de la montaña. 18El monte Sinaí estaba totalmente cubierto de humo, porque el SEÑOR había descendido sobre él en forma de fuego. Nubes de humo subían al cielo como el humo que sale de un horno de ladrillos, y todo el monte se sacudía violentamente. 19A medida que el sonido del cuerno de carnero se hacía cada vez más fuerte, Moisés hablaba y Dios le respondía con voz de trueno. 20El SEÑOR descendió sobre la cumbre del monte Sinaí y llamó a Moisés a la cima. Así que Moisés subió al monte.

21Entonces el SEÑOR le dijo a Moisés:

—Baja de nuevo y advierte al pueblo que no traspase los límites para ver al SEÑOR, porque quien lo haga morirá. 22Incluso los sacerdotes que se acercan al SEÑOR con regularidad deben purificarse para que el SEÑOR no arremeta contra ellos y los destruya.

23—Pero SEÑOR —protestó Moisés—, la gente no puede subir al monte Sinaí. Tú ya nos lo advertiste; me dijiste: “Marca un límite alrededor del monte para que quede apartado como santo”.

24Pero el SEÑOR dijo:

—Baja ahora y trae a Aarón cuando vuelvas. Mientras tanto, no permitas que los sacerdotes ni el pueblo traspasen el límite para acercarse al SEÑOR; de lo contrario, él arremeterá contra ellos y los destruirá.

25Entonces Moisés descendió a donde estaba el pueblo y les dijo lo que el SEÑOR había dicho.

Los diez mandamientos para el pueblo del pacto

20 Luego Dios le dio al pueblo las siguientes instrucciones:*

2«Yo soy el SEÑOR tu Dios, quien te rescató de la tierra
de Egipto, donde eras esclavo.
3»No tengas ningún otro dios aparte de mí.
4»No te hagas ninguna clase de ídolo ni imagen de
ninguna cosa que está en los cielos, en la tierra o en
el mar. 5No te inclines ante ellos ni les rindas culto,
porque yo, el SEÑOR tu Dios, soy Dios celoso, quien
no tolerará que entregues tu corazón a otros dioses.
Extiendo los pecados de los padres sobre sus hijos;
toda la familia de los que me rechazan queda afectada,
hasta los hijos de la tercera y la cuarta generación.
6Pero derramo amor inagotable por mil generaciones
sobre los* que me aman y obedecen mis mandatos.
7»No hagas mal uso del nombre del SEÑOR tu Dios. El
SEÑOR no te dejará sin castigo si usas mal su nombre.
8»Acuérdate de guardar el día de descanso al
mantenerlo santo. 9Tienes seis días en la semana
para hacer tu trabajo habitual, 10pero el séptimo
día es un día de descanso y está dedicado al SEÑOR
tu Dios. Ese día, ningún miembro de tu casa hará
trabajo alguno. Esto se refiere a ti, a tus hijos e hijas,
a tus siervos y siervas, a tus animales y también
incluye a los extranjeros que vivan entre ustedes.
11Pues en seis días el SEÑOR hizo los cielos, la tierra,
el mar, y todo lo que hay en ellos; pero el séptimo
día descansó. Por eso el SEÑOR bendijo el día de
descanso y lo apartó como un día santo.
12»Honra a tu padre y a tu madre. Entonces tendrás una
vida larga y plena en la tierra que el SEÑOR tu Dios
te da.
13»No cometas asesinato.
14»No cometas adulterio.
15»No robes.
16»No des falso testimonio contra tu prójimo.
17»No codicies la casa de tu prójimo. Tampoco codicies
la esposa de tu prójimo, ni su siervo, ni su sierva,
ni su buey, ni su burro, ni ninguna otra cosa que le
pertenezca».

18Cuando los israelitas oyeron los truenos y el toque fuerte del cuerno de carnero y vieron los destellos de relámpagos y el humo que salía del monte, se mantuvieron a distancia, temblando de miedo.

19Entonces le dijeron a Moisés:

—¡Háblanos tú y te escucharemos, pero que no nos hable Dios directamente, porque moriremos!

20—¡No tengan miedo! —les respondió Moisés—, porque Dios ha venido de esta manera para ponerlos a prueba y para que su temor hacia él les impida pecar.

21Así que el pueblo se mantuvo a distancia, pero Moisés se acercó a la nube oscura donde estaba Dios.

Uso apropiado de los altares

22Entonces el SEÑOR le dijo a Moisés: «Dile al pueblo de Israel lo siguiente: “Ustedes han visto con sus propios ojos que les hablé desde el cielo. 23Recuerden que no deben hacer ningún ídolo ni de plata ni de oro que compita conmigo.

24»”Háganme un altar de tierra y ofrézcanme sus sacrificios: sus ofrendas quemadas y ofrendas de paz, sus ovejas y cabras y su ganado. Constrúyanme un altar donde yo determine que recuerden mi nombre, y allí me presentaré ante ustedes y los bendeciré. 25Si usan piedras para construir un altar, que sean piedras enteras y en su forma original. No den forma a las piedras con ninguna herramienta, pues eso haría que el altar fuera indigno de un uso santo. 26No suban escalones para acercarse a mi altar; si lo hacen, alguien podría mirarles bajo la ropa y ver su desnudez”.

Trato justo de los esclavos

21 »Estas son las ordenanzas que darás a Israel:
2»Si compras un esclavo hebreo, este podrá estar a tu servicio por no más de seis años. El séptimo año ponlo en libertad, y no te deberá nada por su libertad. 3Si estaba soltero cuando pasó a ser tu esclavo, saldrá soltero; pero si ya estaba casado antes de ser tu esclavo, entonces su esposa tendrá que ser liberada junto con él.

4»Si el amo le dio una esposa mientras era esclavo, y tuvieron hijos o hijas, entonces solo el hombre saldrá libre

***Notas textuales** **20:1** En hebreo *las siguientes palabras.* **20:6** En hebreo *por miles de los.*

Referencias cruzadas **19:24** Ex 24:1, 9 **20:11** Hch 4:24 **20:12** Lc 18:20 **20:13** St 2:11 **20:14** Mt 5:27 **20:15** Rm 13:9 **20:17** Dt 5:6-21

el séptimo año, pero su esposa e hijos seguirán siendo propiedad del amo. 5Sin embargo, el esclavo puede declarar: "Yo amo a mi señor, a mi esposa y a mis hijos; no quiero ser libre". 6Si decide quedarse, el amo lo presentará delante de Dios.* Luego el amo lo llevará a la puerta o al marco de la puerta y públicamente le perforará la oreja con un punzón. Después de esto, el esclavo servirá a su amo de por vida.

7»Cuando un hombre venda a su hija como esclava, ella no saldrá libre al cabo de los seis años como en el caso de los hombres. 8Si ella no satisface a su amo, él deberá permitir que la vuelvan a comprar; pero tendrá prohibido venderla a cualquier extranjero, ya que fue el amo quien no cumplió el contrato con ella. 9Sin embargo, si el amo la entrega como esposa a su hijo, ya no podrá tratarla como esclava, sino como a una hija.

10»Ahora bien, si un hombre ya está casado con una esclava, pero además se casa con otra mujer, este no deberá descuidar los derechos de la primera esposa en cuanto al alimento, el vestido y la intimidad sexual. 11Si no cumple alguna de estas tres obligaciones, ella quedará libre sin tener que pagar nada.

Casos de daños personales

12»Cualquiera que agreda y mate a otra persona será ejecutado, 13pero si solo fue un accidente permitido por Dios, yo designaré un lugar de refugio adonde el responsable de la muerte podrá huir para ponerse a salvo. 14Sin embargo, si alguien mata a otra persona a propósito, tendrán que agarrar al responsable, aunque esté frente a mi altar, y matarlo.

15»Cualquiera que golpee a su padre o a su madre será ejecutado.

16»Todo secuestrador será ejecutado, ya sea que encuentren a la víctima en su poder o que ya la haya vendido como esclavo.

17»Cualquiera que deshonre a su padre o a su madre* será ejecutado.

18»Supongamos que dos hombres pelean, y uno golpea al otro con una piedra o con el puño, y la persona herida no muere pero tiene que guardar cama. 19Si después puede levantarse y salir caminando de la casa, aunque fuera con muletas, entonces no se castigará al agresor, pero estará obligado a compensar a su víctima por el trabajo perdido y a pagar por su recuperación.

20»Si un hombre golpea a su esclavo o a su esclava con un palo y debido a ello el esclavo muere, el amo tendrá que ser castigado. 21Pero si en uno o dos días el esclavo se recupera, el amo no recibirá ningún castigo porque el esclavo es su propiedad.

22»Supongamos que dos hombres pelean y, durante la lucha, golpean accidentalmente a una mujer embarazada y ella da a luz antes de término.* Si ella no sufrió más heridas, el hombre que golpeó a la mujer estará obligado a pagar la compensación que el esposo de la mujer exija y que los jueces aprueben. 23Pero si hay más lesiones, el castigo debe ser acorde a la gravedad del daño: vida por vida, 24ojo por ojo, diente por diente, mano por mano, pie por pie, 25quemadura por quemadura, herida por herida, moretón por moretón.

26»Si un hombre golpea a su esclavo o a su esclava en el ojo, y debido a ello lo deja ciego de ese ojo, tendrá que darle su libertad a modo de compensación por el ojo. 27Y si le rompe un diente a su esclavo o esclava, tendrá que darle la libertad para compensarle el diente.

28»Si un buey* mata a cornadas a un hombre o a una mujer, habrá que apedrear al buey y se prohíbe comer su carne. En ese caso, sin embargo, el dueño del buey no será responsable. 29Pero supongamos que el buey tenía fama de cornear, y el dueño ya había sido advertido pero no lo mantenía bajo control; si el buey posteriormente mata a alguien, habrá que apedrearlo, y el dueño también tendrá que morir. 30Sin embargo, los familiares del muerto podrán aceptar un pago a modo de compensar por la pérdida de vida. El dueño del buey podrá salvar su vida pagando lo que se le exija.

31»La misma ordenanza se aplica si el buey cornea a un muchacho o a una muchacha. 32Pero si el buey cornea a un esclavo, sea hombre o mujer, el dueño del animal pagará al dueño del esclavo treinta monedas de plata,* y el buey morirá apedreado.

33»Supongamos que alguien cava o destapa un pozo y, por no taparlo, un buey o un burro cae adentro. 34El dueño del pozo compensará en forma total al dueño del animal, pero podrá quedarse con el animal muerto.

35»Si el buey de una persona cornea al buey de otra y el animal herido muere, entonces los dos dueños tendrán que vender el buey vivo y repartirse el dinero por partes iguales; también dividirán entre ellos el animal muerto. 36Sin embargo, si el buey tenía fama de cornear y su dueño no lo mantenía bajo control, el dueño tendrá que pagar una compensación total —un buey vivo por el buey muerto— pero podrá quedarse con el animal muerto.

Protección de la propiedad

22 1*»Si alguien roba un buey* o una oveja y luego mata o vende el animal, el ladrón tendrá que pagar cinco bueyes por cada buey robado y cuatro ovejas por cada oveja robada.

2*»Si se sorprende a un ladrón en el acto de forzar la entrada a una casa y, durante el enfrentamiento, se le mata a golpes, la persona que mató al ladrón no es culpable de asesinato. 3Pero si sucede a la luz del día, el que mató al ladrón sí es culpable de asesinato.

»El ladrón que sea capturado pagará la cantidad total de lo que haya robado. Si no puede pagar, se venderá como esclavo para pagar por lo robado. 4Si alguien roba un buey o un burro o una oveja, y se encuentra el animal en su poder, entonces el ladrón tendrá que pagar el doble del valor del animal robado.

5»Si un animal pasta en un campo o en un viñedo, y el dueño deja que se meta a pastar en el campo de otro, el dueño del animal tendrá que compensar al dueño del campo con lo mejor de su cosecha de grano o de uvas.

6»Si alguien prende fuego a espinos y el fuego se sale de control y se extiende al campo de un vecino, y por lo tanto, destruye las gavillas de grano o lo que está por cosecharse o todos los cultivos, el que encendió el fuego tendrá que pagar por la cosecha perdida.

***Notas textuales** **21:6** O *delante de los jueces.* **21:17** La versión griega dice *Cualquiera que hable irrespetuosamente de su padre o de su madre.* Comparar Mt 15:4; Mc 7:10. **21:22** O *y ella pierde su bebé*; en hebreo dice *y sus hijos salen.* **21:28** O *un toro* o *una vaca*; también en 21:29-36. **21:32** En hebreo *30 siclos de plata,* aproximadamente 342 gramos o 12 onzas. **22:1a** El versículo 22:1 corresponde al 21:37 en el texto hebreo. **22:1b** O *un toro* o *una vaca*; también en 22:4, 9, 10. **22:2** Los versículos del 22:2-31 corresponden al 22:1-30 en el texto hebreo.

Referencias cruzadas **21:6** Dt 15:12-18 **21:17** Mc 7:10 **21:24** Mt 5:38

7»Supongamos que alguien entrega dinero o bienes a un vecino para que se los guarde en un lugar seguro, y al vecino se los roban de su casa. Si se atrapa al ladrón, la compensación consistirá en el doble del valor de lo robado. 8Pero si no se encuentra al ladrón, el vecino tendrá que presentarse ante Dios, y él determinará* si el vecino es quien robó los bienes.

9»Supongamos que hay un pleito entre dos personas, y ambas afirman ser dueñas de cierto buey o burro, cierta oveja o prenda de vestir, o algún objeto perdido. Ambas partes tendrán que presentarse ante Dios, y la persona a quien Dios declare* culpable tendrá que pagarle el doble al otro.

10»Ahora supongamos que alguien deja un burro, un buey, una oveja o cualquier otro animal al cuidado de un vecino, pero el animal muere, se lastima o alguien se lo lleva, y nadie vio lo sucedido, 11el vecino tendrá que hacer un juramento en presencia del Señor. Si el Señor confirma que el vecino no robó el animal, el dueño deberá aceptar el veredicto, y no se exigirá ningún pago; 12pero si efectivamente el animal fue robado, el culpable deberá compensar al dueño. 13Si un animal salvaje lo despedazó, los restos del animal muerto se presentarán como prueba, y no se exigirá ninguna compensación.

14»Si alguien pide prestado un animal a un vecino, y el animal se lastima o muere en ausencia del dueño, el que lo pidió prestado tendrá que compensar al dueño en forma total y absoluta; 15pero si el dueño estaba presente, no se exigirá ninguna compensación. Si el animal fue alquilado, tampoco se exigirá ninguna compensación, porque los posibles daños están incluidos en el alquiler.

¡Respuestas Bíblicas! 15 ¿Cómo castigaba la ley de Dios a los ladrones?

22:1 Las personas que robaban o engañaban a otros no iban a la cárcel sino que debían pagarle a la persona a la que le habían robado por encima del valor de lo que habían robado. Si robaban una oveja, ¡debían devolver cuatro ovejas!

Responsabilidad social

16»Si un hombre seduce a una mujer virgen que no está comprometida y tiene sexo con ella, tendrá que pagar a la familia de la mujer la cantidad acostumbrada por una virgen y casarse con ella. 17Aun si el padre se niega a que él se case con ella, el hombre tendrá que pagar una cantidad igual al precio que se acostumbra pagar por una virgen.

18»No dejes con vida a las hechiceras.

19»Cualquiera que tenga relaciones sexuales con un animal será ejecutado.

20»Cualquiera que ofrezca sacrificios a un dios que no sea el Señor tendrá que ser destruido.*

21»No maltrates ni oprimas a los extranjeros en ninguna forma. Recuerda que tú también fuiste extranjero en la tierra de Egipto.

22»No explotes a la viuda ni al huérfano. 23Si los explotas de alguna manera y ellos claman a mí, ten por seguro que oiré su clamor. 24Mi enojo se encenderá contra ti y te mataré a filo de espada. Entonces tus esposas serán las viudas y tus hijos los huérfanos.

25»Si prestas dinero a cualquiera de mi pueblo que pase necesidad, no le cobres interés como acostumbran hacer los prestamistas. 26Si tomas el abrigo de tu prójimo como garantía por un préstamo, se lo devolverás antes de la puesta del sol. 27Puede ser que este abrigo sea la única manta que tiene para abrigarse. ¿Cómo podrá dormir sin abrigo? Si no se lo devuelves y tu prójimo clama a mí por ayuda, yo lo oiré, porque soy misericordioso.

28»No deshonres a Dios ni insultes a ninguno de tus gobernantes.

29»No retengas nada cuando me entregues las ofrendas de tus cosechas y de tu vino.

»Deberás darme a tu primer hijo varón.

30»También tienes que entregarme las primeras crías de tu ganado, de tus ovejas y de tus cabras. Dejarás la nueva cría con su madre durante siete días y al octavo día me la entregarás.

31»Ustedes tienen que ser mi pueblo santo. Por eso, no coman ningún animal que haya sido muerto y despedazado por animales salvajes. Échenselo a los perros.

Un llamado a la justicia

23 »No esparzas rumores falsos. No te hagas cómplice de gente malvada cuando tengas que jurar en el estrado de los testigos.

2»No te dejes llevar por la mayoría en su maldad. Cuando te llamen a testificar en un pleito, no te dejes influir por la multitud para torcer la justicia. 3Tampoco inclines tu testimonio en favor de una persona solo porque sea pobre.

4»Si encuentras extraviado el buey o el burro de tu enemigo, devuélveselo a su dueño. 5Si ves que el burro de alguien que te odia cayó debajo de su carga, no pases de largo. Detente y ayúdalo.

6»Ante una demanda judicial, no le negarás la justicia al pobre.

7»Asegúrate que nunca acuses a nadie falsamente de algún mal. Jamás condenes a muerte a una persona inocente o intachable, porque yo nunca declaro inocente al culpable.

8»No aceptes sobornos, porque el soborno te lleva a hacer la vista gorda en aquello que ves con claridad. El soborno mueve incluso a una persona justa a tergiversar la verdad.

9»No oprimas a los extranjeros. Tú sabes lo que es ser extranjero, porque tú también fuiste extranjero en la tierra de Egipto.

10»Siembra y recoge tus cosechas durante seis años, 11pero el séptimo año deja que la tierra se renueve y descanse sin cultivar. Permite que la gente pobre de tu pueblo coseche lo que crezca por sí mismo durante ese año. Deja el resto para que coman los animales salvajes. Haz lo mismo con tus viñedos y olivares.

12»Tienes seis días en la semana para hacer tu trabajo habitual, pero el séptimo día dejarás de trabajar. Así tu buey y tu burro podrán descansar, y también recobrarán sus fuerzas tus esclavos y los extranjeros que vivan en medio de ti.

13»Presta mucha atención a todas mis instrucciones. No invoques el nombre de ningún otro dios; ni siquiera menciones sus nombres.

***Notas textuales** **22:8** O *ante los jueces y ellos determinarán.* **22:9** O *ante los jueces, y la persona a quien los jueces declaren.* **22:20** El término hebreo empleado aquí se refiere a la consagración total de cosas o personas al Señor, ya sea destruyéndolas o entregándolas como ofrenda.

Referencias cruzadas **22:13** Gn 31:39 **22:19** Lv 18:23 **22:28** Hch 23:5 **22:31** Lv 19:2 **23:2** Dt 16:19 **23:12** Ex 20:8-11

Tres festivales anuales

14»Cada año, deberás celebrar tres festivales en mi honor.
15En primer lugar, celebra el Festival de los Panes sin Leva-
dura. Durante siete días, prepararás sin levadura el pan que
comas, tal como yo te ordené. Celebra este festival cada
año, en el tiempo señalado, a comienzos de la primavera,
en el mes de *abib*,* porque en esa fecha se cumple el ani-
versario de tu salida de Egipto. Nadie podrá presentarse
ante mí sin una ofrenda.
16»En segundo lugar, celebra el Festival de la Cosecha*
cuando me traigas los primeros frutos de tus cosechas.
»Por último, celebra el Festival de la Cosecha Final*
cuando termine la temporada de la cosecha, una vez que
hayas cosechado todos los cultivos de tus campos. 17Cada
año, en estas tres ocasiones anuales, todo hombre de Israel
deberá presentarse delante del Soberano, el Señor.
18»No ofrezcas la sangre de mis sacrificios con ningún
tipo de pan que contenga levadura. Tampoco dejes hasta
la mañana siguiente la grasa de las ofrendas del festival.
19»Cuando recojas tus cosechas, lleva a la casa del
Señor tu Dios lo mejor de la primera cosecha.
»No cocines a un cabrito en la leche de su madre.

Promesa de la presencia del Señor

20»Mira, yo envío un ángel delante de ti para que te proteja
en el viaje y te lleve a salvo al lugar que te he preparado.
21Préstale mucha atención y obedece sus instrucciones.
No te rebeles contra él, porque es mi representante y no
perdonará tu rebelión. 22Pero si te aseguras de obedecerlo
y sigues todas mis instrucciones, entonces yo seré ene-
migo de tus enemigos y me opondré a todos los que se te
opongan. 23Pues mi ángel irá delante de ti y te llevará a la
tierra de los amorreos, de los hititas, de los ferezeos, de los
cananeos, de los heveos y de los jebuseos, para que vivas en
ella. Yo los destruiré por completo. 24No rindas culto a los
dioses de estas naciones, ni los sirvas de ninguna manera,
ni imites sus prácticas malvadas. En cambio, destruye sus
ídolos por completo y destroza sus columnas sagradas.
25»Sirve solamente al Señor tu Dios. Si lo haces, yo te
bendeciré* con alimento y agua, y te protegeré de enferme-
dades. 26No habrá en tu tierra ninguna mujer que pierda
su embarazo o sea estéril; te daré una vida larga y plena.
27»Enviaré mi terror delante de ti y sembraré pánico
entre todos los pueblos de las tierras que invadas. Haré
que todos tus enemigos den la vuelta y salgan corriendo.
28Mandaré terror* delante de ti para expulsar a los heveos,
a los cananeos y a los hititas; 29pero no los expulsaré a
todos en un solo año, porque la tierra quedaría desierta y
los animales salvajes se multiplicarían y serían una ame-
naza para ti. 30Los expulsaré poco a poco, hasta que tu
población aumente lo suficiente para tomar posesión de
la tierra. 31Y estableceré los límites de tu territorio desde el
mar Rojo hasta el mar Mediterráneo,* y desde el desierto
oriental hasta el río Éufrates.* Entregaré en tus manos a
los pueblos que ahora viven en esa tierra, y tú los expul-
sarás de tu paso.
32»No hagas tratados con ellos ni con sus dioses.
33Ninguno de ellos deberá vivir en tu tierra, porque te
harán pecar contra mí. Si sirves a sus dioses, quedarás
apresado en la trampa de la idolatría».

Israel acepta el pacto del Señor

24 Luego el Señor instruyó a Moisés: «Sube para
encontrarte conmigo, y ven junto con Aarón,
Nadab y Abiú, y setenta de los ancianos de Israel. Todos
tendrán que adorar de lejos; 2solo a Moisés se le permite
acercarse al Señor. Los demás no se acercarán, y a nadie
del pueblo se le permite subir al monte con él».
3Después Moisés descendió y le repitió al pueblo todas
las instrucciones y ordenanzas que el Señor le había dado,
y todo el pueblo respondió a una voz: «Haremos todo lo
que el Señor ha ordenado».
4Entonces Moisés escribió cuidadosamente todas
las instrucciones del Señor, y temprano a la mañana si-
guiente se levantó y construyó un altar al pie del monte.
También levantó doce columnas, una por cada tribu de
Israel. 5Luego envió a unos jóvenes israelitas a presentar
ofrendas quemadas y a sacrificar toros como ofrendas de
paz al Señor. 6Moisés dejó escurrir la mitad de la sangre
de estos animales en unos tazones; la otra mitad la salpicó
sobre el altar.
7Luego tomó el libro del pacto y lo leyó al pueblo en
voz alta. Una vez más todos respondieron: «Haremos
todo lo que el Señor ha ordenado. Vamos a obedecer».
8Entonces Moisés tomó la sangre de los tazones y la
salpicó sobre el pueblo, mientras declaraba: «Esta sangre
confirma el pacto que el Señor ha hecho con ustedes al
darles estas instrucciones».
9Después Moisés, Aarón, Nadab y Abiú, y los setenta
ancianos de Israel subieron al monte. 10Allí vieron al Dios
de Israel. Debajo de sus pies parecía haber una superficie
de lapislázuli de color azul brillante, tan clara como el
mismo cielo. 11Aunque estos nobles de Israel pudieron
contemplar a Dios, él no los destruyó. De hecho, com-
partieron una comida para celebrar el pacto, en la cual
comieron y bebieron en su presencia.
12Luego el Señor le dijo a Moisés: «Sube al monte para
encontrarte conmigo. Espera allí, y te daré las tablas de
piedra en las que he escrito las instrucciones y los man-
datos para que puedas enseñar al pueblo». 13Entonces
Moisés y su ayudante Josué salieron, y Moisés subió al
monte de Dios.
14Moisés les dijo a los ancianos: «Quédense aquí y es-
pérennos hasta que regresemos. Aarón y Hur se quedan
aquí con ustedes; si alguien tiene algún altercado durante
mi ausencia, que consulte con ellos».
15Luego Moisés subió al monte, el cual quedó cubierto
por la nube. 16Entonces la gloria del Señor se posó sobre
el monte Sinaí, y durante seis días la nube cubrió el monte.
Al séptimo día, el Señor llamó a Moisés desde el inte-
rior de la nube. 17Para los israelitas que estaban al pie del
monte, la gloria del Señor, que estaba sobre la cima del
monte, parecía como un fuego consumidor. 18Entonces
Moisés fue desapareciendo en la nube a medida que subía
al monte, y permaneció en el monte cuarenta días y cua-
renta noches.

***Notas textuales** **23:15** En hebreo *en el tiempo señalado, en el mes de abib.* En el antiguo calendario lunar hebreo, ese primer mes, por lo general, cae entre marzo y abril. **23:16a** O *Festival de las Semanas.* Este festival después se denominó el Festival de Pentecostés (ver Hch 2:1). Hoy en día se celebra como Shavuot. **23:16b** O *Festival de la Recolección.* Este festival después se denominó el Festival de las Enramadas o el Festival de los Tabernáculos (ver Lv 23:33-36). Hoy en día se celebra como Sucot. **23:25** Así aparece en la versión griega y en la latina; en hebreo dice *él te bendecirá.* **23:28** A menudo traducido *el avispón.* El significado del hebreo es incierto. **23:31a** En hebreo *desde el mar de juncos hasta el mar de los filisteos.* **23:31b** En hebreo *desde el desierto hasta el río.*

Referencias cruzadas **23:17** Dt 16:16 **23:33** Dt 7:1-5, 16 **24:3** Ex 19:8 **24:7** Hb 9:18-19 **24:8** Hb 9:20 **24:17** Hb 12:18, 29

Ofrendas para el tabernáculo

25 El Señor le dijo a Moisés: 2«Dile al pueblo de Israel que me traiga sus ofrendas sagradas. Acepta las contribuciones de todos los que tengan el corazón dispuesto a ofrendar. 3La siguiente es una lista de las ofrendas sagradas que podrás aceptar de ellos:

oro, plata y bronce;
4 hilo azul, púrpura y escarlata;
lino fino y pelo de cabra para tela;
5 pieles de carnero curtidas y cuero de cabra de la mejor calidad;
madera de acacia;
6 aceite de oliva para las lámparas;
especias para el aceite de la unción y para el incienso aromático;
7 piedras de ónice y otras piedras preciosas para incrustar en el efod y en el pectoral del sacerdote.

8»Haz que los israelitas me construyan un santuario para que yo habite en medio de ellos. 9Deberán construir el tabernáculo y su mobiliario exactamente según el modelo que te mostraré.

Instrucciones para el arca del pacto

10»Haz que el pueblo construya un arca con madera de acacia, un cofre sagrado que mida un metro con quince centímetros de largo, sesenta y nueve centímetros de ancho, y sesenta y nueve centímetros de alto.* 11Recúbrela de oro puro por dentro y por fuera, y ponle una moldura de oro alrededor. 12Funde cuatro anillos de oro y sujétalos a sus cuatro patas, dos anillos en cada lado. 13Haz también varas con madera de acacia y recúbrelas de oro. 14Mete las varas por los anillos que están a los costados del arca para transportarla. 15Estas varas para transportar el arca deberán quedar dentro de los anillos; nunca las quites. 16Cuando el arca esté terminada, pon dentro de ella las tablas de piedra, las tablas grabadas con las condiciones del pacto* que te entregaré.

17»Después haz la tapa del arca —el lugar de la expiación— de oro puro. Tendrá que medir un metro con quince centímetros de largo, por sesenta y nueve centímetros de ancho.* 18Luego forma dos querubines de oro labrado a martillo y colócalos en los dos extremos de la tapa de la expiación. 19Moldea los querubines a cada extremo de la tapa de la expiación, de modo que formen una sola pieza de oro con la tapa. 20Los querubines estarán frente a frente, mirando hacia la tapa de la expiación; con las alas extendidas por encima de la tapa para protegerla. 21Coloca dentro del arca las dos tablas de piedra grabadas con las condiciones del pacto que te entregaré. Luego pon la tapa de la expiación encima del arca. 22Allí me encontraré contigo y te hablaré desde encima de la tapa de la expiación, entre los querubines de oro que están suspendidos sobre el arca del pacto.* Desde allí te daré mis mandatos para el pueblo de Israel.

Instrucciones para la mesa

23»Luego haz una mesa con madera de acacia que mida noventa y dos centímetros de largo, cuarenta y seis centímetros de ancho, y sesenta y nueve centímetros de alto.* 24Recúbrela de oro puro y ponle una moldura de oro alrededor del borde. 25Adórnala con un reborde de ocho centímetros de ancho* y ponle una moldura de oro alrededor del reborde. 26Haz cuatro anillos de oro para la mesa y sujétalos en las cuatro esquinas, junto a las cuatro patas. 27Sujeta los anillos cerca del reborde para sostener las varas que se usan para transportar la mesa. 28Haz estas varas con madera de acacia y recúbrelas de oro. 29Haz recipientes especiales de oro puro para la mesa —tazones, cucharones, jarras y frascos— los cuales se usarán al derramar las ofrendas líquidas. 30Coloca sobre la mesa el pan de la Presencia para que esté siempre delante de mí.

Instrucciones para el candelabro

31»Haz un candelabro de oro puro labrado a martillo. Todo el candelabro y sus decoraciones serán de una sola pieza: la base, el tronco, las copas para las lámparas, los capullos y los pétalos. 32Hazlo con seis ramas que salgan del tronco, tres a cada lado. 33Cada una de las seis ramas tendrá tres copas para las lámparas en forma de flor de almendro, con capullos y pétalos. 34Trabaja artesanalmente el tronco del candelabro con cuatro copas para las lámparas en forma de flor de almendro, con capullos y pétalos. 35También habrá un brote de almendro debajo de cada par de ramas, donde las seis ramas salen del tronco. 36Los brotes de almendro y las ramas deben ser de una sola pieza con el tronco, y de oro puro labrado a martillo. 37Luego haz las siete lámparas para el candelabro y acomódalas de tal manera que reflejen la luz hacia adelante. 38Las despabiladeras de las lámparas y las bandejas también serán de oro puro. 39Necesitarás treinta y cuatro kilos* de oro puro para formar el candelabro y sus accesorios.

40»Asegúrate de hacer todo según el modelo que te mostré aquí en la montaña.

Instrucciones para el tabernáculo

26 »Haz el tabernáculo con diez cortinas de lino de tejido fino. Adorna las cortinas con hilo azul, púrpura y escarlata, y con querubines hábilmente bordados. 2Cada una de estas diez cortinas tendrá exactamente la misma medida: doce metros con noventa centímetros de largo, por un metro con ochenta centímetros de ancho.* 3Junta cinco de estas cortinas para hacer una larga, y luego junta las otras cinco para hacer una segunda cortina larga. 4En la última cortina de cada conjunto, pondrás presillas de tejido azul a lo largo del borde. 5Las cincuenta presillas a lo largo del borde de la cortina del primer conjunto deben coincidir con las cincuenta presillas en el borde de la cortina del otro conjunto. 6Luego haz cincuenta broches de oro y úsalos para sujetar las dos cortinas largas. De este modo, el tabernáculo se formará de una pieza completa.

7»Confecciona once cortinas con tejido de pelo de cabra, para que sirvan de cubierta para el tabernáculo. 8Cada una de estas once cortinas deberá tener exactamente la misma medida: trece metros con ochenta centímetros de largo, por un metro con ochenta centímetros

***Notas textuales** **25:10** En hebreo *2,5 codos* [45 pulgadas] *de largo, 1,5 codos* [27 pulgadas] *de ancho y 1,5 codos de alto.* **25:16** En hebreo *Pon dentro del arca el testimonio*; similar en 25:21. El término hebreo para «testimonio» se refiere a las condiciones del pacto del Señor con Israel escritas en las tablas de piedra, y también se refiere al pacto mismo. **25:17** En hebreo *2,5 codos* [45 pulgadas] *de largo y 1,5 codos* [27 pulgadas] *de ancho.* **25:22** O *arca del testimonio.* **25:23** En hebreo *2 codos* [36 pulgadas] *de largo, 1 codo* [18 pulgadas] *de ancho, y 1,5 codos* [27 pulgadas] *de alto.* **25:25** En hebreo *un reborde de un palmo menor* [3 pulgadas]. **25:39** En hebreo *un talento* [75 libras]. **26:2** En hebreo *28 codos* [42 pies] *de largo y 4 codos* [6 pies] *de ancho.*

Referencias cruzadas **25:20** Ex 37:1-9 **25:29** Ex 37:10-16 **25:39** Ex 37:17-24 **25:40** Hb 8:5

de ancho.* 9Junta cinco de estas cortinas para formar una larga, y junta las otras seis para formar una segunda cortina larga. De ese segundo conjunto de cortinas, deja que noventa centímetros de material cuelguen sobre la parte delantera* de la carpa sagrada. 10Haz cincuenta presillas para el borde de cada cortina larga. 11Luego haz cincuenta broches de bronce y úsalos para sujetar las presillas de las cortinas largas. De ese modo, la cubierta se formará de una pieza completa. 12Los noventa centímetros restantes de la cubierta, dejarás que cuelguen* sobre la parte posterior del tabernáculo. 13Deja que cuelguen de cada lado los cuarenta y seis centímetros* del material restante, de modo que el tabernáculo quede completamente cubierto. 14Completa la cubierta con una capa protectora de pieles de carnero curtidas y otra capa de cuero de cabra de la mejor calidad.

15»Para el armazón del tabernáculo, construye soportes de madera de acacia. 16Cada soporte deberá medir cuatro metros con sesenta centímetros de largo, por sesenta y nueve centímetros de ancho,* 17y tendrá dos estacas debajo de cada soporte. Todos los soportes tienen que ser idénticos. 18Construye veinte de esos soportes para sostener las cortinas del lado sur del tabernáculo. 19Haz también cuarenta bases de plata. Pondrás dos bases debajo de cada soporte y harás que las estacas encajen firmemente en las bases. 20Para el lado norte del tabernáculo construye otros veinte soportes, 21con sus cuarenta bases de plata (dos bases por cada soporte). 22Construye seis soportes para la parte posterior —es decir, el lado occidental del tabernáculo— 23junto con dos soportes más para reforzar las esquinas de la parte posterior del tabernáculo. 24Los soportes de las esquinas estarán emparejados por abajo y firmemente sujetados por arriba con un solo anillo; esto formará un solo esquinero. Arma los dos esquineros de la misma manera. 25Entonces habrá ocho soportes en la parte posterior del tabernáculo sobre dieciséis bases de plata (dos bases por cada soporte).

26»Haz travesaños de madera de acacia para unir los soportes: cinco travesaños para el lado norte del tabernáculo 27y cinco para el lado sur. Prepara también cinco travesaños para la parte posterior del tabernáculo, que dará al occidente. 28El travesaño central, sujetado a la mitad de la altura de los soportes, pasará de un extremo del tabernáculo al otro. 29Recubre de oro los soportes y haz anillos de oro para sostener los travesaños. También recubre de oro los travesaños.

30»Arma el tabernáculo según el modelo que se te mostró en el monte.

31»Para el interior del tabernáculo, confecciona una cortina especial de lino de tejido fino. Adórnala con hilo azul, púrpura y escarlata, y con querubines hábilmente bordados. 32Cuélgala de ganchos de oro, que estarán sujetos a cuatro postes de madera de acacia. Recubre de oro los postes y colócalos en cuatro bases de plata. 33Cuelga con broches la cortina interior y coloca el arca del pacto* en la sala detrás de la cortina. Esta cortina separará el Lugar Santo del Lugar Santísimo.

34»Después pondrás la tapa del arca —el lugar de la expiación— encima del arca del pacto, dentro del Lugar Santísimo. 35Coloca la mesa fuera de la cortina interior, en el lado norte del tabernáculo, y ubica el candelabro al otro lado de la sala, es decir, en el lado sur.

36»Confecciona otra cortina para la entrada de la carpa sagrada. Elabórala con lino de tejido fino y bórdala con diseños refinados, usando hilo azul, púrpura y escarlata. 37Fabrica cinco postes con madera de acacia; recúbrelos de oro y cuelga de ellos la cortina con ganchos de oro. También funde cinco bases de bronce para los postes.

Instrucciones para el altar de las ofrendas quemadas

27 »Con madera de acacia, construye un altar cuadrado que mida dos metros con treinta centímetros de ancho y de largo, y un metro con cuarenta centímetros de alto.* 2Haz cuernos en cada una de las cuatro esquinas, de modo que el altar y los cuernos formen una sola pieza. Recubre con bronce el altar. 3Haz recipientes para las cenizas, palas, tazones, tenedores para la carne y braseros, todos de bronce. 4Hazle una rejilla de bronce y ponle cuatro anillos de bronce en las cuatro esquinas. 5Instala la rejilla a la mitad de la altura del altar, debajo del borde. 6Para trasladar el altar, haz varas con madera de acacia y recúbrelas de bronce. 7Mete las varas por los anillos a ambos lados del altar. 8El altar deberá ser hueco y estar hecho con tablas. Constrúyelo tal como se te mostró en el monte.

Instrucciones para el atrio

9»Luego harás el atrio del tabernáculo y lo encerrarás con cortinas de lino de tejido fino. Las cortinas del lado sur medirán cuarenta y seis metros de largo.* 10Estarán sostenidas por veinte postes encajados firmemente en veinte bases de bronce. Cuelga las cortinas con ganchos y anillos de plata. 11Confecciona las cortinas del lado norte iguales a las del lado sur: de cuarenta y seis metros de largo, sostenidas por veinte postes encajados firmemente en bases de bronce. Cuelga las cortinas con ganchos y anillos de plata. 12Las cortinas del lado occidental del atrio medirán veintitrés metros de largo,* y estarán sostenidas por diez postes encajados en diez bases. 13El lado oriental del atrio, o sea el frente, también medirá veintitrés metros de largo. 14La entrada al atrio estará ubicada en el lado oriental, flanqueada por dos cortinas. La cortina del lado derecho medirá seis metros con noventa centímetros de largo y estará sostenida por tres postes encajados en tres bases. 15La cortina del lado izquierdo también medirá seis metros con noventa centímetros de largo y estará sostenida por tres postes encajados en tres bases.

16»Para la entrada del atrio, confecciona una cortina de nueve metros con veinte centímetros de largo.* Elabórala de lino de tejido fino y adórnala con bordado hermoso de hilo azul, púrpura y escarlata. Sostenla con cuatro postes, cada uno encajado firmemente en su propia base. 17Todos los postes alrededor del atrio deberán tener anillos y ganchos de plata, y bases de bronce. 18Así que el atrio entero medirá cuarenta y seis metros de largo, por veintitrés metros de ancho, y tendrá paredes de cortinas de dos metros con treinta centímetros de alto,* hechas de lino de tejido fino. Las bases de los postes serán de bronce.

***Notas textuales** **26:8** En hebreo *30 codos* [45 pies] *de largo por 4 codos* [6 pies] *de ancho.* **26:9** En hebreo *Dobla la sexta sábana delante.* **26:12** En hebreo *La mitad de la sábana restante, dejarás que cuelgue.* **26:13** En hebreo *un codo* [18 pulgadas]. **26:16** En hebreo *10 codos* [15 pies] *de alto y 1,5 codos* [27 pulgadas] *de ancho.* **26:33** O *arca del testimonio*; también en 26:34. **27:1** En hebreo *5 codos* [7,5 pies] *de ancho, 5 codos de largo —un cuadrado— y 3 codos* [4,5 pies] *de alto.* **27:9** En hebreo *100 codos* [150 pies]; también en 27:11. **27:12** En hebreo *50 codos* [75 pies]; también en 27:13. **27:16** En hebreo *20 codos* [30 pies]. **27:18** En hebreo *100 codos* [150 pies] *de largo y 50 por 50* [75 pies] *de ancho y 5 codos* [7,5 pies] *de alto.*

Referencias cruzadas **26:30** Hb 8:5 **26:37** Ex 36:8-38 **27:8** Ex 38:1-7

19»Todos los objetos que se usen para las ceremonias del tabernáculo, incluidas las estacas para sostener el tabernáculo y las cortinas del atrio, serán de bronce.

Iluminación para el tabernáculo

20»Ordénale al pueblo de Israel que te traiga aceite puro de olivas prensadas para la iluminación, a fin de mantener las lámparas siempre encendidas. 21El candelabro estará en el tabernáculo, delante de la cortina interior que protege el arca del pacto.* Aarón y sus hijos deberán mantener las lámparas encendidas toda la noche en la presencia del SEÑOR. Esta es una ley perpetua para el pueblo de Israel, y deberá cumplirse de generación en generación.

Vestiduras para los sacerdotes

28 »Manda llamar a tu hermano Aarón y a sus hijos Nadab, Abiú, Eleazar e Itamar. Apártalos de los demás israelitas para que me sirvan y sean mis sacerdotes. 2Hazle a Aarón vestiduras sagradas que irradien belleza y esplendor. 3Instruye a todos los hábiles artesanos, a quienes he llenado con el espíritu de sabiduría, que confeccionen las vestiduras de Aarón, las cuales lo distinguirán como un sacerdote apartado para mi servicio. 4Las vestiduras que deben elaborar son las siguientes: un pectoral, un efod, un manto, una túnica con diseños, un turbante y una faja. Los artesanos harán estas vestiduras sagradas para tu hermano Aarón y para sus hijos, a fin de que las usen cuando me sirvan como sacerdotes. 5Por lo tanto, dales tela de lino fino, hilo de oro e hilo azul, púrpura y escarlata.

Diseño del efod

6»Los artesanos deberán hacer el efod de lino de tejido fino y bordado hábilmente con hilo de oro e hilo azul, púrpura y escarlata. 7Constará de dos piezas —el frente y la espalda— unidas en los hombros por dos hombreras. 8La faja decorativa estará confeccionada con los mismos materiales: lino de tejido fino, bordado con oro y con hilo azul, púrpura y escarlata.

9»Toma dos piedras de ónice y graba sobre ellas los nombres de las tribus de Israel: 10seis nombres en cada piedra, dispuestos según el orden de nacimiento de los hijos de Israel. 11Graba estos nombres en las dos piedras con la misma técnica que emplea un joyero para grabar un sello. Luego incrusta las piedras en monturas de filigrana de oro. 12Sujeta las dos piedras sobre las hombreras del efod, pues son un recordatorio de que Aarón representa al pueblo de Israel. Aarón llevará estos nombres sobre sus hombros como un recordatorio continuo cada vez que se presente ante el SEÑOR. 13Elabora las monturas con filigrana de oro, 14luego trenza dos cordones de oro puro y sujétalos a las monturas de filigrana, sobre las hombreras del efod.

Diseño del pectoral

15»Después, con mucho cuidado y gran habilidad, harás un pectoral que se usará cuando se busque una decisión de parte de Dios.* Confecciónalo de modo que haga juego con el efod: de lino de tejido fino, bordado con oro y con hilo azul, púrpura y escarlata. 16Haz el pectoral de una sola pieza de tela, doblada en forma de bolsa cuadrada, de veintitrés centímetros* cada lado. 17Incrusta sobre el pectoral cuatro hileras de piedras preciosas.* La primera hilera tendrá una cornalina roja, un peridoto de color verde pálido y una esmeralda. 18La segunda hilera estará compuesta por una turquesa, un lapislázuli de color azul y una adularia blanca. 19La tercera hilera consistirá de un jacinto anaranjado, un ágata y una amatista púrpura. 20La cuarta hilera estará formada por un berilo azul y verde, un ónice y un jaspe verde. Todas estas piedras estarán incrustadas en filigranas de oro. 21Cada piedra representará a uno de los doce hijos de Israel, y el nombre de la tribu que representa estará grabado en ella como un sello.

22»Para sujetar el pectoral al efod, prepara cordones trenzados de hilo de oro puro. 23Luego haz dos anillos de oro y sujétalos a las esquinas superiores del pectoral. 24Ata los dos cordones de oro a los dos anillos colocados en el pectoral. 25También ata los otros extremos de los cordones a las monturas de oro que van sobre las hombreras del efod. 26Luego haz otros dos anillos de oro y fíjalos a los bordes interiores del pectoral, junto al efod. 27Y haz otros dos anillos de oro y fíjalos a la parte delantera del efod, debajo de las hombreras, justo por encima del nudo donde la faja decorativa se ciñe al efod. 28Luego sujeta con cordones azules los anillos inferiores del pectoral a los anillos del efod. Así el pectoral quedará firmemente unido al efod por encima de la faja decorativa.

29»De esta manera, cuando entre en el Lugar Santo, Aarón llevará los nombres de las tribus de Israel cerca de su corazón, en el pectoral sagrado.* Esto servirá para recordarle continuamente que él representa al pueblo cuando entra a la presencia del SEÑOR. 30Dentro del pectoral sagrado meterás el Urim y el Tumim, para que Aarón los lleve sobre su corazón cuando se presente ante el SEÑOR. De este modo, cada vez que Aarón entre a la presencia del SEÑOR, llevará siempre sobre su corazón los objetos que se usan para determinar la voluntad del SEÑOR para su pueblo.

Otras vestiduras para los sacerdotes

31»Confecciona el manto que se usa con el efod de una sola pieza de tela azul, 32con una abertura en el centro por donde Aarón pueda meter la cabeza. Refuerza la abertura con un cuello* tejido para evitar que se rasgue. 33Haz granadas de hilo azul, púrpura y escarlata, y sujétalas al borde del manto, alternándolas con campanillas de oro. 34Las campanillas de oro y las granadas irán en forma alternada por todo el borde. 35Aarón llevará puesto el manto cada vez que oficie delante del SEÑOR, y las campanillas sonarán cuando entre a la presencia del SEÑOR, en el Lugar Santo, y también cuando salga de allí. Si lleva puesto el manto, no morirá.

36»Luego haz un medallón de oro puro y grábalo como un sello con las palabras SANTO PARA EL SEÑOR. 37Con un cordón azul, sujeta el medallón a la parte delantera del turbante de Aarón, donde deberá quedar permanentemente. 38Aarón lo llevará sobre su frente para cargar sobre sí mismo toda culpabilidad de los israelitas cuando consagran sus ofrendas sagradas. Aarón tendrá que llevarlo siempre sobre su frente para que el SEÑOR acepte al pueblo.

***Notas textuales** **27:21** En hebreo *en la carpa de reunión, fuera de la cortina interior que está delante del testimonio*; ver nota en 25:16. **28:15** En hebreo *un pectoral para decisión.* **28:16** En hebreo *un palmo* [9 pulgadas]. **28:17** La identificación de algunas de estas piedras preciosas es incierta. **28:29** En hebreo *el pectoral para decisión*; también en 28:30. Ver 28:15. **28:32** El significado del hebreo es incierto.

Referencias cruzadas **27:19** Ex 38:9-20 **27:21** Lv 24:1-3 **28:14** Ex 39:2-7 **28:28** Ex 39:8-21

[39]»La túnica con diseños para Aarón, téjela con tela de lino fino. Con el mismo lino, haz también el turbante. Confecciona, además, una faja y adórnala con un bordado colorido.

[40]»Para los hijos de Aarón, confecciona túnicas, fajas y gorros especiales que irradien belleza y esplendor. [41]Viste a tu hermano Aarón y a sus hijos con estas vestiduras, y luego úngelos y ordénalos. Conságralos para que puedan servir como mis sacerdotes. [42]Hazles también ropa interior de lino que usen directamente sobre la piel, y les cubra desde la cadera hasta los muslos. [43]Aarón y sus hijos tendrán que llevarla puesta cada vez que entren al tabernáculo* o se acerquen al altar en el Lugar Santo para realizar sus tareas sacerdotales. Así no incurrirán en culpa y no morirán. Esta es una ley perpetua para Aarón y para todos sus descendientes.

Dedicación de los sacerdotes

29 »Cuando consagres a Aarón y a sus hijos para que me sirvan como sacerdotes, realiza esta ceremonia: toma un becerro y dos carneros sin defecto. [2]Luego, con harina de trigo selecta y sin levadura, prepara panes, panes planos mezclados con aceite de oliva y obleas untadas con aceite. [3]Pon todo en una sola cesta y preséntalo en la entrada del tabernáculo junto con el becerro y los dos carneros.

[4]»Lleva a Aarón y a sus hijos a la entrada del tabernáculo,* y lávalos con agua. [5]Ponle a Aarón sus vestiduras sacerdotales: la túnica, el manto que se usa con el efod, el efod y el pectoral. Después cíñele la faja decorativa del efod. [6]Colócale el turbante sobre la cabeza y fija el medallón sagrado en el turbante. [7]Luego úngelo derramando el aceite de la unción sobre su cabeza. [8]A continuación, trae a sus hijos y vístelos con sus túnicas. [9]Cíñeles las fajas a Aarón y a sus hijos, y colócales los gorros especiales. Entonces el derecho del sacerdocio les pertenecerá por ley para siempre. De esta manera realizarás la ordenación de Aarón y de sus hijos.

[10]»Lleva el becerro a la entrada del tabernáculo, donde Aarón y sus hijos pondrán sus manos sobre la cabeza del animal. [11]Luego mata el becerro en presencia del SEÑOR, a la entrada del tabernáculo. [12]Con tu dedo, unta parte de la sangre sobre los cuernos del altar, y derrama el resto de la sangre al pie del altar. [13]Toma toda la grasa que rodea las vísceras, el lóbulo largo del hígado, los dos riñones junto con toda la grasa que los rodea, y quema todo sobre el altar. [14]Luego tomarás lo que queda del becerro —con la piel, la carne y el estiércol incluidos— y lo quemarás fuera del campamento como una ofrenda por el pecado.

[15]»Acto seguido, Aarón y sus hijos deberán poner las manos sobre la cabeza de uno de los carneros. [16]Luego matarás al carnero y salpicarás la sangre por todos los lados del altar. [17]Corta el carnero en pedazos y lava las vísceras y las patas. Colócalas junto a la cabeza y a los demás pedazos del cuerpo; [18]después quema todo el animal sobre el altar. Esta es una ofrenda quemada al SEÑOR; es un aroma agradable, una ofrenda especial presentada al SEÑOR.

[19]»Luego toma el otro carnero, y haz que Aarón y sus hijos pongan las manos sobre la cabeza del animal. [20]Después mátalo y pon un poco de la sangre en el lóbulo de la oreja derecha tanto de Aarón como de sus hijos. Ponles sangre también en el pulgar de la mano derecha y en el dedo gordo del pie derecho. Salpica el resto de la sangre por todos los lados del altar. [21]Luego toma parte de la sangre del altar y parte del aceite de la unción, y rocíalo sobre Aarón y sus hijos, y sobre sus vestiduras. De esta manera, ellos y sus vestiduras quedarán consagrados.

[22]»Como este es el carnero de la ordenación de Aarón y de sus hijos, toma la grasa del carnero —que incluye la grasa de su cola gorda, la grasa que rodea las vísceras, el lóbulo largo del hígado y los dos riñones con toda la grasa que los rodea— junto con el muslo derecho. [23]Luego, de la cesta con pan sin levadura que se colocó en la presencia del SEÑOR, toma un pan redondo, un pan plano mezclado con aceite de oliva y una oblea. [24]Pon todo esto en las manos de Aarón y de sus hijos para que lo levanten como una ofrenda especial para el SEÑOR. [25]Después toma de sus manos los diferentes panes y quémalos sobre el altar junto con la ofrenda quemada. Es un aroma agradable al SEÑOR, una ofrenda especial para él. [26]Luego toma el pecho del carnero de la ordenación de Aarón y levántalo en presencia del SEÑOR como una ofrenda especial para él. Luego quédate con él, pues esa será tu porción.

[27]»Aparta las porciones del carnero de la ordenación que les corresponden a Aarón y a sus hijos, entre ellas el pecho y el muslo que fueron levantados como una ofrenda especial ante el SEÑOR. [28]En el futuro, cada vez que el pueblo de Israel levante una ofrenda de paz, se apartará una porción para Aarón y sus descendientes. Será un derecho perpetuo para ellos, y también es una ofrenda sagrada de los israelitas al SEÑOR.

[29]»Las vestiduras sagradas de Aarón deberán ser preservadas para los descendientes que lo sucedan, quienes las usarán cuando sean ungidos y ordenados. [30]El descendiente que lo suceda en el cargo de sumo sacerdote llevará puestas estas vestiduras durante siete días mientras ministra en el tabernáculo y en el Lugar Santo.

[31]»Toma el carnero usado en la ceremonia de ordenación y hierve su carne en un lugar sagrado. [32]Luego Aarón y sus hijos comerán esta carne junto con el pan que está en la cesta, a la entrada del tabernáculo. [33]Solo ellos pueden comer la carne y el pan usados para su purificación* en la ceremonia de ordenación. Nadie más tiene permiso porque estos alimentos son apartados y santos. [34]Si sobra carne o pan de la ceremonia de ordenación hasta la mañana siguiente, habrá que quemarlo. No debe comerse, porque es sagrado.

[35]»Así realizarás la ordenación de Aarón y de sus hijos para sus funciones, tal como te lo mandé. La ceremonia de ordenación durará siete días. [36]Cada día deberás sacrificar un becerro como ofrenda por el pecado, para purificarlos y hacerlos justos ante el SEÑOR.* Finalizada la ceremonia, limpia el altar purificándolo;* unge el altar con aceite para consagrarlo. [37]Purifica el altar y conságralo cada día, durante siete días. Después el altar será completamente santo, y todo lo que lo toque se volverá santo.

[38]»Ahora te diré los sacrificios que debes ofrecer con regularidad sobre el altar. Cada día ofrecerás dos corderos de un año: [39]uno en la mañana y el otro por la tarde. [40]Con uno de ellos, ofrecerás dos litros de harina selecta, mezclada con un litro de aceite puro de olivas prensadas; ofrece también un litro de vino* como ofrenda líquida. [41]Ofrece el otro cordero por la tarde, junto con ofrendas de

***Notas textuales** **28:43** En hebreo *a la carpa de reunión*. **29:4** En hebreo *de la carpa de reunión*; similar en 29:10, 11, 30, 32, 42, 44. **29:33** O *para su expiación*. **29:36a** O *para hacer expiación*. **29:36b** O *haciendo expiación por él*; similar en 29:37.

Referencias cruzadas **28:40-42** Ex 39:22-31 **29:37** Lv 8:1-36

harina y de vino, igual que las de la mañana. Será un aroma agradable, una ofrenda especial presentada al SEÑOR.

42»Estas ofrendas quemadas deberás presentarlas cada día, de generación en generación. Ofrécelas en presencia del SEÑOR, a la entrada del tabernáculo; allí me encontraré contigo y te hablaré. 43Me reuniré allí con el pueblo de Israel, en el lugar que se hace sagrado por mi gloriosa presencia. 44Así es, consagraré el tabernáculo y el altar, y consagraré a Aarón y a sus hijos para que me sirvan como sacerdotes. 45Entonces viviré en medio de los israelitas y seré su Dios, 46y ellos sabrán que yo soy el SEÑOR su Dios. Yo soy quien los sacó de la tierra de Egipto para vivir entre ellos. Yo soy el SEÑOR su Dios.

Instrucciones para el altar del incienso

30 »Después construye otro altar con madera de acacia para quemar incienso. 2Hazlo cuadrado, de cuarenta y seis centímetros de largo y de ancho, y noventa y dos centímetros de alto,* con cuernos tallados en las esquinas de la misma pieza de madera del altar. 3Recubre de oro puro la parte superior, los lados y los cuernos del altar, y ponle una moldura de oro alrededor de todo el altar. 4Haz dos anillos de oro y sujétalos en dos lados opuestos del altar por debajo de la moldura de oro para que sostengan las varas que sirven para transportarlo. 5Haz las varas con madera de acacia y recúbrelas de oro. 6Coloca el altar del incienso justo afuera de la cortina interior que protege el arca del pacto,* frente a la tapa del arca —el lugar de la expiación— que cubre las tablas grabadas con las condiciones del pacto,* donde me encontraré contigo.

7»Cada mañana, cuando Aarón prepare las lámparas, deberá quemar incienso aromático sobre el altar. 8Y cada tarde, cuando encienda las lámparas, también quemará incienso en presencia del SEÑOR. Este acto deberá realizarse de generación en generación. 9No ofrecerás sobre ese altar incienso no sagrado, ni ninguna ofrenda quemada, ni ofrendas de granos ni ofrendas líquidas.

10»Una vez al año, Aarón deberá purificar* el altar untando los cuernos con sangre de la ofrenda que se hace para purificar al pueblo de su pecado. Esta ceremonia se llevará a cabo todos los años, de generación en generación, porque ese altar es el más santo del SEÑOR».

¡Respuestas Bíblicas! 16 ¿Qué es el incienso?

30:7 El incienso es un perfume para los edificios. Tanto el incienso como el perfume tienen un olor dulce solo que el incienso no se usa en el cuerpo ya que se quema para que de su fragancia y en la Biblia a veces es un símbolo de oración.

Dinero para el tabernáculo

11Entonces el SEÑOR le dijo a Moisés: 12«Cada vez que hagas un censo del pueblo de Israel, cada hombre contado tendrá que pagar al SEÑOR un rescate por sí mismo. Así ninguna plaga herirá a los israelitas cuando los cuentes. 13Cada persona contada tendrá que dar una pequeña pieza de plata como ofrenda sagrada al SEÑOR. (Este pago es de medio siclo,* según el siclo del santuario, que equivale a veinte geras). 14Todos los que hayan cumplido veinte años deben dar esa ofrenda sagrada al SEÑOR. 15Cuando presenten esta ofrenda al SEÑOR para purificar sus vidas y hacerse justos ante él,* el rico no dará más del monto establecido y el pobre no dará menos. 16Recibe el dinero del rescate de los israelitas y úsalo para cuidar el tabernáculo.* Esto hará que el SEÑOR se acuerde de los israelitas y servirá para purificarles su vida».

Instrucciones para el lavamanos

17Luego el SEÑOR le dijo a Moisés: 18«Haz un lavamanos de bronce con una base también de bronce. Ubícalo entre el tabernáculo y el altar, y llénalo de agua. 19Allí Aarón y sus hijos se lavarán las manos y los pies. 20Tendrán que lavarse con agua cada vez que entren al tabernáculo para presentarse delante del SEÑOR y también cuando se acerquen al altar para quemar sus ofrendas especiales para el SEÑOR; de lo contrario, ¡morirán! 21Tendrán que lavarse las manos y los pies siempre, o morirán. Esta es una ley perpetua para Aarón y sus descendientes; tendrán que obedecerla de generación en generación».

El aceite de la unción

22Luego el SEÑOR le dijo a Moisés: 23«Recoge especias selectas —seis kilos de mirra pura; tres kilos de canela aromática; tres kilos de cálamo aromático;* 24y seis kilos de casia*— calculado según el peso del siclo del santuario. Consigue también cuatro litros de aceite de oliva.* 25Con la misma técnica que emplea un experto fabricante de incienso, combina estos ingredientes para elaborar el aceite sagrado de la unción. 26Utiliza este aceite sagrado para ungir el tabernáculo, el arca del pacto, 27la mesa y todos sus utensilios, el candelabro y todos sus accesorios, el altar del incienso, 28el altar de las ofrendas quemadas y todos sus utensilios, y el lavamanos con su base. 29Conságralos para que sean completamente santos. Después todo lo que tenga contacto con estos objetos se volverá santo.

30»Unge a Aarón y a sus hijos, a fin de consagrarlos para que me sirvan como sacerdotes. 31Y dile al pueblo de Israel: "Este aceite santo de la unción está reservado para mí de generación en generación. 32Nunca será usado para ungir a ninguna otra persona ni deberán preparar una mezcla igual para ustedes. Es aceite consagrado y tienen que tratarlo como tal. 33Cualquiera que prepare una mezcla igual a esta o unja a alguien que no sea un sacerdote será excluido de la comunidad"».

El incienso

34Entonces el SEÑOR le dijo a Moisés: «Junta especias aromáticas —gotas de resina, caparazón de moluscos y gálbano— y mezcla estas especias aromáticas con incienso puro, todo en cantidades iguales. 35Con la misma técnica que emplea el fabricante de incienso, combina todas las especias y rocíalas con sal para producir un incienso puro y santo. 36Muele una parte de la mezcla hasta convertirla en un polvo fino y colócalo frente al arca del pacto,* donde

***Notas textuales** **29:40** En hebreo *1/10 [de un efa]* [2 cuartos] *de harina selecta [...] 1/4 de un hin* [1/4 de galón] *de aceite puro [...] 1/4 de un hin de vino.* **30:2** En hebreo *un codo* [18 pulgadas] *de largo, un codo de ancho —un cuadrado— y dos codos* [36 pulgadas] *de alto.* **30:6a** O *arca del testimonio*; también en 30:26. **30:6b** En hebreo *que cubre el testimonio*; ver nota en 25:16. **30:10** O *hacer expiación por*; también en 30:10b. **30:13** O *6 gramos* [0,2 onzas]. **30:15** O *para hacer expiación por sus vidas*; similar en 30:16. **30:16** En hebreo *la carpa de reunión*; también en 30:18, 20, 26, 36. **30:23** En hebreo *500 [siclos]* [12,5 libras] *de mirra pura, 250 [siclos]* [6,25 libras] *de canela aromática, 250 [siclos] de cálamo aromático.* **30:24a** En hebreo *500 [siclos]* [12,5 libras] *de casia.* **30:24b** En hebreo *un hin* [un galón] *de aceite de oliva.*

Referencias cruzadas **30:1-5** Ex 37:25-28 **30:10** Lv 16:8 **30:30** Lv 8:2, 12, 30

me encontraré contigo en el tabernáculo. Todos deben tratar este incienso como algo sumamente santo. [37]Nunca usen la fórmula para elaborar incienso para ustedes; está reservada para el SEÑOR, y deben tratarlo como algo santo. [38]Cualquiera que prepare incienso igual a este para uso propio será excluido de la comunidad».

Los artesanos: Bezalel y Aholiab

31 Luego el SEÑOR le dijo a Moisés: [2]«Mira, he escogido específicamente a Bezalel, el hijo de Uri y nieto de Hur, de la tribu de Judá. [3]Lo he llenado del Espíritu de Dios y le he dado gran sabiduría, capacidad y destreza en toda clase de artes manuales y oficios. [4]Es un maestro artesano, experto en trabajar el oro, la plata y el bronce. [5]Es hábil en grabar, en incrustar piedras preciosas y en tallar madera. ¡Es un maestro en todo trabajo artístico!

[6]»También he designado personalmente a Aholiab, hijo de Ahisamac, de la tribu de Dan, para que sea su ayudante. Además, he dotado de habilidades especiales a todos los expertos artesanos para que puedan hacer todo lo que te he mandado construir:

7 el tabernáculo;*
el arca del pacto;*
la tapa del arca: el lugar de la expiación;
todo el mobiliario del tabernáculo;
8 la mesa y sus utensilios;
el candelabro de oro puro con todos sus accesorios;
el altar del incienso;
9 el altar de las ofrendas quemadas con todos sus utensilios;
el lavamanos con su base;
10 las vestiduras finamente confeccionadas: las vestiduras sagradas para el sacerdote Aarón y las vestiduras que sus hijos llevarán puestas cuando ministren como sacerdotes;
11 el aceite de la unción;
y el incienso aromático para el Lugar Santo.

Los artesanos deberán hacer todo tal como yo te he ordenado».

Instrucciones para el día de descanso

[12]Después el SEÑOR le dio a Moisés las siguientes instrucciones: [13]«Diles a los israelitas: “Asegúrense de guardar mi día de descanso, porque el día de descanso es una señal del pacto entre ustedes y yo de generación en generación. Se ha establecido para que sepan que yo soy el SEÑOR, quien los hace santos. [14]Deberán guardar el día de descanso, porque es un día santo para ustedes. Cualquiera que lo profane será ejecutado; y el que trabaje ese día será excluido de la comunidad. [15]Tienen seis días en la semana para hacer su trabajo habitual, pero el séptimo día será un día de descanso absoluto, un día santo, dedicado al SEÑOR. Cualquiera que trabaje el día de descanso será ejecutado. [16]El pueblo de Israel deberá guardar el día de descanso y conmemorarlo de generación en generación. Es una obligación del pacto para siempre. [17]Es una señal perpetua de mi pacto con el pueblo de Israel. Pues en seis días el SEÑOR hizo los cielos y la tierra, pero en el séptimo dejó de trabajar y descansó”».

[18]Cuando el SEÑOR terminó de hablar con Moisés en el monte Sinaí, le dio las dos tablas de piedra grabadas con las condiciones del pacto,* escritas por el dedo de Dios.

El becerro de oro

32 Cuando los israelitas vieron que Moisés tardaba tanto en bajar del monte, se juntaron alrededor de Aarón y le dijeron:

—Vamos, haznos dioses que puedan guiarnos. No sabemos qué le sucedió a ese tipo, Moisés, el que nos trajo aquí desde la tierra de Egipto.

[2]Aarón les respondió:

—Quítenles a sus esposas, hijos e hijas los aretes de oro que llevan en las orejas y tráiganmelos.

[3]Todos se quitaron los aretes que llevaban en las orejas y se los llevaron a Aarón. [4]Entonces Aarón tomó el oro, lo fundió y lo moldeó hasta darle la forma de un becerro. Cuando los israelitas vieron el becerro de oro, exclamaron: «¡Oh Israel, estos son los dioses que te sacaron de la tierra de Egipto!».

[5]Al ver Aarón el entusiasmo del pueblo, edificó un altar frente al becerro. Luego anunció: «¡Mañana celebraremos un festival al SEÑOR!».

[6]Temprano a la mañana siguiente, el pueblo se levantó para sacrificar ofrendas quemadas y ofrendas de paz. Después, todos celebraron con abundante comida y bebida, y se entregaron a diversiones paganas.

[7]El SEÑOR le dijo a Moisés:

—¡Baja ya de la montaña! Tu pueblo, el que sacaste de la tierra de Egipto, se ha corrompido. [8]¡Qué pronto se apartaron de la forma en que les ordené que vivieran! Fundieron oro y se hicieron un becerro, y se inclinaron ante él y le ofrecieron sacrificios. Andan diciendo: “Oh Israel, estos son tus dioses que te sacaron de la tierra de Egipto”.

[9]Después el SEÑOR dijo:

—He visto lo terco y rebelde que es este pueblo. [10]Ahora quítate de en medio, para que mi ira feroz pueda encenderse contra ellos y destruirlos. Después, Moisés, haré de ti una gran nación.

[11]Pero Moisés trató de apaciguar al SEÑOR su Dios.

—¡Oh SEÑOR! —le dijo—, ¿por qué estás tan enojado con tu propio pueblo, el que sacaste de la tierra de Egipto con tan gran poder y mano fuerte? [12]¿Por qué dejar que los egipcios digan: “Su Dios los rescató con la mala intención de matarlos en los montes y borrarlos de la faz de la tierra”? Abandona tu ira feroz; ¡cambia de parecer en cuanto a ese terrible desastre con el que amenazas a tu pueblo! [13]Acuérdate de tus siervos Abraham, Isaac y Jacob.* Tú mismo te comprometiste con ellos bajo juramento diciendo: “Haré que sus descendientes sean tan numerosos como las estrellas del cielo, y entregaré a sus descendientes toda esta tierra que prometí darles, y ellos la poseerán para siempre”.

[14]Entonces el SEÑOR cambió de parecer en cuanto al terrible desastre con que había amenazado destruir a su pueblo.

[15]Enseguida Moisés se dio la vuelta y descendió del monte. Llevaba en sus manos las dos tablas de piedra

***Notas textuales** **30:36** En hebreo *frente al testimonio*; ver nota en 25:16. **31:7a** En hebreo *la carpa de reunión.* **31:7b** En hebreo *el arca del testimonio.* **31:18** En hebreo *las dos tablas del testimonio*; ver nota en 25:16. **32:13** En hebreo *Israel.* Los nombres «Jacob» e «Israel» a menudo son intercambiables en el Antiguo Testamento. Algunas veces hacen referencia al patriarca como individuo y otras veces a la nación.

Referencias cruzadas **31:1-6** Ex 35:30–36:1 **31:14** Jn 7:23 **32:1** Hch 7:40 **32:6** 1 Co 10:7

grabadas con las condiciones del pacto.* Estaban escritas a
ambos lados, por delante y por detrás. [16]Estas tablas eran
obra de Dios; cada palabra estaba escrita por Dios mismo.
[17]Cuando Josué oyó el alboroto del pueblo, que gritaba
desde abajo, exclamó a Moisés:
—¡Parece que hay guerra en el campamento!
[18]Pero Moisés respondió:
—No, no son gritos de victoria ni lamentos de derrota.
Oigo sonidos de celebración.
[19]Cuando se acercaron al campamento, Moisés vio el
becerro y las danzas, y ardió de enojo. Entonces tiró las
tablas de piedra al suelo, las cuales se hicieron pedazos al
pie del monte. [20]Tomó el becerro que habían hecho y lo
quemó. Luego lo molió hasta hacerlo polvo, lo arrojó al
agua y obligó a los israelitas a que la bebieran.
[21]Por último, se dirigió a Aarón y le preguntó:
—¿Qué te hizo este pueblo para que lo llevaras a caer
en un pecado tan grande?
[22]—No te disgustes tanto, mi señor —contestó
Aarón—. Tú sabes bien qué mala es esta gente. [23]Ellos
me dijeron: "Haznos dioses que puedan guiarnos. No
sabemos qué le sucedió a ese tipo, Moisés, el que nos
trajo aquí desde la tierra de Egipto". [24]Así que yo les dije:
"Los que tengan joyas de oro, que se las quiten". Cuando
me las trajeron, no hice más que echarlas al fuego, ¡y
salió este becerro!
[25]Moisés vio que Aarón había permitido que el pue-
blo se descontrolara por completo y fuera el hazmerreír
de sus enemigos.* [26]Así que se paró a la entrada del
campamento y gritó: «Todos los que estén de parte del
SEÑOR, vengan aquí y únanse a mí». Y todos los levitas
se juntaron alrededor de él.
[27]Moisés les dijo: «Esto dice el SEÑOR, Dios de Israel:
"Cada uno de ustedes tome su espada, recorra el campa-
mento de un extremo al otro; maten a todos, incluso a
sus hermanos, amigos y vecinos"». [28]Entonces los levitas
obedecieron la orden de Moisés, y ese día murieron unas
tres mil personas.
[29]Entonces Moisés les dijo a los levitas: «Hoy se consa-
graron a sí mismos* para el servicio del SEÑOR, porque lo
obedecieron aun cuando tuvieron que matar a sus propios
hijos y hermanos. Hoy se ganaron una bendición».

Moisés intercede por Israel

[30]Al día siguiente, Moisés les dijo a los israelitas: «Ustedes
cometieron un terrible pecado, pero yo subiré de nuevo al
monte a encontrarme con el SEÑOR. Quizá pueda lograr
que él les perdone* este pecado».
[31]Entonces Moisés volvió a donde estaba el SEÑOR
y dijo:
—Qué terrible pecado cometió este pueblo; se hicieron
dioses de oro. [32]Ahora, si solo perdonaras su pecado; pero
si no, ¡borra mi nombre del registro que has escrito!
[33]Pero el SEÑOR respondió a Moisés:
—No, yo borraré el nombre de todo aquel que haya
pecado contra mí. [34]Ahora ve y lleva al pueblo al lugar
del que te hablé. Mi ángel irá delante de ti. Cuando llegue
el día de pedirles cuentas a los israelitas, ciertamente los
haré responsables de sus pecados.
[35]Después, el SEÑOR envió una terrible plaga sobre
ellos porque habían rendido culto al becerro que hizo
Aarón.

33 El SEÑOR le dijo a Moisés: «Váyanse, tú y el pueblo
que sacaste de la tierra de Egipto. Suban a la tierra
que juré dar a Abraham, Isaac y Jacob. A ellos les dije:
"Daré esta tierra a sus descendientes". [2]Enviaré un ángel
delante de ti para expulsar a los cananeos, los amorreos,
los hititas, los ferezeos, los heveos y los jebuseos. [3]Suban
a la tierra donde fluyen la leche y la miel. Sin embargo, yo
no los acompañaré, porque son un pueblo terco y rebelde.
Si lo hiciera, seguramente los destruiría en el camino».
[4]Cuando los israelitas oyeron estas palabras tan duras,
hicieron duelo y dejaron de usar joyas y ropa fina. [5]Pues el
SEÑOR había dicho a Moisés que les dijera: «Ustedes son
un pueblo terco y rebelde. Si yo los acompañara, aunque
fuera un solo instante, los destruiría en el camino. Quí-
tense las joyas y la ropa fina mientras decido qué hacer
con ustedes». [6]Así que, desde el momento que partieron
del monte Sinaí,* los israelitas dejaron de usar joyas y de
ponerse ropa fina.
[7]Moisés tenía la costumbre de armar la carpa de reu-
nión* a cierta distancia del campamento y toda persona
que quería hacer alguna petición al SEÑOR iba a la carpa
de reunión que estaba fuera del campamento.
[8]Cada vez que Moisés se dirigía a la carpa de reunión,
toda la gente se levantaba y permanecía de pie a la entrada
de su propia carpa. Todos seguían a Moisés con la vista
hasta que entraba en la carpa. [9]Cuando Moisés entraba en
la carpa, la columna de nube descendía y se quedaba en el
aire a la entrada mientras el SEÑOR hablaba con Moisés.
[10]Cuando el pueblo notaba que la nube se detenía a la
entrada de la carpa, cada persona se paraba a la entrada
de su propia carpa y se inclinaba. [11]Dentro de la carpa de
reunión, el SEÑOR hablaba con Moisés cara a cara, como
cuando alguien habla con un amigo. Después, Moisés
regresaba al campamento, mientras que su asistente,
el joven Josué, hijo de Nun, permanecía en la carpa de
reunión.

Moisés ve la gloria del SEÑOR

[12]Un día Moisés dijo al SEÑOR:
—Tú me has estado diciendo: "Lleva a este pueblo a la
Tierra Prometida". Pero no me has dicho a quién enviarás
conmigo. Me has dicho: "Yo te conozco por tu nombre y te
miro con agrado". [13]Si es cierto que me miras con buenos
ojos, permíteme conocer tus caminos, para que pueda
comprenderte más a fondo y siga gozando de tu favor. Y
recuerda que esta nación es tu propio pueblo.
[14]El SEÑOR le respondió:
—Yo mismo iré contigo, Moisés, y te daré descanso;
todo te saldrá bien.
[15]Entonces Moisés dijo:
—Si tú mismo no vienes con nosotros, no nos hagas
salir de este lugar. [16]¿Cómo se sabrá que me miras con
agrado —a mí y a tu pueblo— si no vienes con nosotros?
Pues tu presencia con nosotros es la que nos separa —a tu
pueblo y a mí— de todos los demás pueblos de la tierra.
[17]El SEÑOR contestó a Moisés:

***Notas textuales** **32:15** En hebreo *las dos tablas del testimonio*; ver nota en 25:16. **32:25** O *y se burlaban de todo el que se les opusiera.* El significado del hebreo es incierto. **32:29** Así aparece en la versión griega y en la latina; en hebreo dice *Hoy ordénense a sí mismos.* **32:30** O *pueda hacer expiación por.* **33:6** En hebreo *Horeb,* otro nombre para Sinaí. **33:7** Esta «carpa de reunión» es diferente del tabernáculo que se describe en los capítulos 26 y 36.

Referencias cruzadas **32:16** Ex 31:18 **32:27** Nm 25:5 **33:3** Ex 3:8, 17 **33:15** Sal 80:3, 7, 19

—Ciertamente haré lo que me pides, porque te miro
con agrado y te conozco por tu nombre.
18 Moisés respondió:
—Te suplico que me muestres tu gloriosa presencia.
19 El SEÑOR respondió:
—Haré pasar delante de ti toda mi bondad y delante de
ti proclamaré mi nombre, Yahveh.* Pues tendré misericor-
dia de quien yo quiera y mostraré compasión con quien
yo quiera. 20 Sin embargo, no podrás ver directamente
mi rostro, porque nadie puede verme y seguir con vida.
21 El SEÑOR siguió diciendo:
—Párate cerca de mí, sobre esta roca. 22 Cuando pase mi
gloriosa presencia, te esconderé en la grieta de la roca y te
cubriré con mi mano hasta que yo haya pasado. 23 Después
retiraré la mano y dejaré que me veas por detrás; pero no
se verá mi rostro.

Nueva copia del pacto

34 Luego el SEÑOR le dijo a Moisés: «Talla dos tablas
de piedra como las primeras. Escribiré en ellas las
mismas palabras que estaban en las que hiciste pedazos.
2 Prepárate para subir al monte Sinaí mañana temprano
y presentarte delante de mí en la cima del monte. 3 Nadie
puede acompañarte. De hecho, no debe haber nadie en
la montaña. Tampoco permitas que los rebaños ni las
manadas pasten cerca del monte».
4 Entonces Moisés talló dos tablas de piedra como las
primeras. Temprano en la mañana, subió al monte Sinaí,
tal como el SEÑOR le había ordenado, con las dos tablas
de piedra en las manos.
5 Después, el SEÑOR descendió en una nube y se quedó
allí con Moisés; y proclamó su propio nombre, Yahveh.*
6 El SEÑOR pasó por delante de Moisés proclamando:

«¡Yahveh!* ¡El SEÑOR!
¡El Dios de compasión y misericordia!
Soy lento para enojarme
y estoy lleno de amor inagotable y fidelidad.
7 Yo derramo amor inagotable a mil generaciones,*
y perdono la iniquidad, la rebelión y el pecado.
Pero no absuelvo al culpable,
sino que extiendo los pecados de los padres sobre
sus hijos y sus nietos;
toda la familia se ve afectada,
hasta los hijos de la tercera y cuarta generación».

8 Al instante Moisés se postró hasta el suelo y adoró.
9 Entonces dijo:
—Oh Señor, si de verdad cuento con tu favor, te ruego
que nos acompañes en el viaje. Es cierto que el pueblo es
terco y rebelde, pero te pido que perdones nuestra ini-
quidad y nuestros pecados. Tómanos como tu posesión
más preciada.
10 El SEÑOR respondió:
—Escucha, yo hago un pacto contigo en presencia
de todo tu pueblo. Realizaré milagros que jamás se han
hecho en ningún lugar de la tierra ni en ninguna otra na-
ción. Todos los que te rodean serán testigos del poder del
SEÑOR, el imponente despliegue de poder que yo haré por
medio de ti. 11 Pero presta atención a todo lo que hoy te or-
deno, porque entonces iré delante de ustedes y expulsaré
a los amorreos, a los cananeos, a los hititas, a los ferezeos,
a los heveos y a los jebuseos.
12 »Ten mucho cuidado de no hacer tratados con los
pueblos que viven en la tierra adonde te diriges. Si los
haces, seguirás sus malos caminos y quedarás atrapado.
13 En cambio, deberás destruir sus altares paganos, destro-
zar sus columnas sagradas y derribar los postes dedicados
a la diosa Asera. 14 No adores a ningún otro dios, porque
el SEÑOR, cuyo nombre es Celoso, es Dios celoso de su
relación contigo.
15 »No hagas ningún tipo de tratado con los pueblos
que viven en la tierra porque ellos se entregan a pasiones
sexuales en pos de sus dioses y les ofrecen sacrificios. Te
invitarán a participar con ellos en comer lo que ofrecen en
sacrificio, y tú irás con ellos. 16 Acto seguido, aceptarás a
sus hijas —quienes hacen sacrificios a otros dioses— como
esposas para tus hijos; y ellas seducirán a tus hijos para
que cometan adulterio contra mí al rendir culto a otros
dioses. 17 No te hagas dioses de metal fundido.
18 »Deberás celebrar el Festival de los Panes sin Leva-
dura. Durante siete días, prepararás sin levadura el pan que
comas, tal como yo te ordené. Celebra este festival cada
año, en el tiempo señalado, a comienzos de la primavera,
en el mes de *abib*,* porque en esa fecha se cumple el ani-
versario de tu salida de Egipto.
19 »El primer nacido de cada animal me pertenece, in-
cluidos los machos* de las primeras crías de tus manadas
de ganado y de tus rebaños de ovejas y de cabras. 20 Para
recuperar la primera cría de un burro, podrás pagar rescate
al SEÑOR entregando como sustituto un cordero o un
cabrito; pero si no pagas rescate para recuperarlo, tendrás
que quebrarle el cuello al animal. Sin embargo, tienes la
obligación de pagar el rescate por todo primer hijo varón.
»Nadie podrá presentarse ante mí sin una ofrenda.
21 »Tienes seis días en la semana para hacer tu trabajo
habitual, pero el séptimo día dejarás de trabajar, incluso
durante la temporada del arado y de la cosecha.
22 »Deberás celebrar el Festival de la Cosecha,* con los
primeros frutos de la cosecha del trigo, y celebrar también
el Festival de la Cosecha Final* cuando termine la tempo-
rada de la cosecha. 23 Tres veces al año, todo hombre de
Israel deberá presentarse delante del Soberano, el SEÑOR,
Dios de Israel. 24 Yo expulsaré a las naciones en tu paso y
expandiré tu territorio, para que nadie codicie ni conquiste
tu tierra mientras te presentas ante el SEÑOR tu Dios esas
tres veces al año.
25 »No ofrezcas la sangre de mis sacrificios con ningún
tipo de pan que contenga levadura. Tampoco guardes
nada de la carne del sacrificio de la Pascua hasta la mañana
siguiente.
26 »Cuando recojas tus cosechas, lleva a la casa del
SEÑOR tu Dios lo mejor de la primera cosecha.
»No cocines a un cabrito en la leche de su madre.
27 Después el SEÑOR le dijo a Moisés: «Escribe todas

***Notas textuales** **33:19** *Yahveh* es una transliteración del nombre propio *YHWH,* que a veces se traduce «Jehová»; en esta traducción, generalmente, se traduce «el SEÑOR» (notar el uso de versalitas). **34:5** *Yahveh* es una transliteración del nombre propio *YHWH*, que a veces se traduce «Jehová»; en esta traducción, generalmente, se traduce «el SEÑOR» (notar el uso de versalitas). **34:6** Ver nota en 34:5. **34:7** En hebreo *a miles.* **34:18** En hebreo *en el tiempo señalado, en el mes de abib.* En el antiguo calendario lunar hebreo, ese primer mes, por lo general, cae entre marzo y abril. **34:19** Así aparece en la versión griega; el significado de este término hebreo es incierto. **34:22a** En hebreo *Festival de las Semanas*; comparar 23:16. Este festival después se denominó el Festival de Pentecostés (ver Hch 2:1). Hoy en día se celebra como Shavuot. **34:22b** O *Festival de la Recolección.* Este festival después se denominó el Festival de las Enramadas o el Festival de los Tabernáculos (ver Lv 23:33-36). Hoy en día se celebra como Sucot. ***Notas**

Referencias cruzadas **33:19** Rm 9:15 **34:3** Ex 19:11-13 **34:7** Ex 20:6-7 **34:19** Ex 13:2; 22:29

estas instrucciones, porque ellas indican las condiciones
del pacto que hago contigo y con Israel».
28 Moisés se quedó en el monte con el SEÑOR durante
cuarenta días y cuarenta noches. En todo ese tiempo,
no comió pan ni bebió agua. Y el SEÑOR escribió* en
las tablas de piedra las condiciones del pacto: los diez
mandamientos.*
29 Cuando Moisés descendió del monte Sinaí con las
dos tablas de piedra grabadas con las condiciones del
pacto,* no se daba cuenta de que su rostro resplandecía
porque había hablado con el SEÑOR. 30 Así que, cuando
Aarón y el pueblo de Israel vieron el resplandor del rostro
de Moisés, tuvieron miedo de acercarse a él.
31 Sin embargo, Moisés llamó a Aarón y a los jefes de la
comunidad, les pidió que se acercaran y habló con ellos.
32 Luego, todo el pueblo de Israel se acercó y Moisés les
transmitió todas las instrucciones que el SEÑOR le había
dado en el monte Sinaí. 33 Cuando Moisés terminó de ha-
blar con ellos, se cubrió el rostro con un velo. 34 Pero cada
vez que entraba en la carpa de reunión para hablar con el
SEÑOR, se quitaba el velo hasta que salía de ella. Después
le transmitía al pueblo las instrucciones que el SEÑOR le
daba, 35 y el pueblo de Israel veía el brillante resplandor
de su rostro. Así que él volvía a cubrirse el rostro con el
velo hasta que entraba nuevamente a hablar con el SEÑOR.

¡Respuestas Bíblicas! 17 ¿Qué día es Sabbat?

35:2 En tiempos bíblicos, Sabbat se refería al séptimo día dedicado al descanso y al Señor. Durante este día santo, el pueblo de Israel no debía trabajar. Debían descansar y pensar en Dios. Muchos cristianos hoy toman al Domingo como el día especial dedicado para el Señor ya que ese fue el día en el que Jesús fue levantado de la muerte.

Instrucciones para el día de descanso

35 Luego Moisés mandó llamar a toda la comunidad
de Israel y dijo: «Estas son las instrucciones que el
SEÑOR ha ordenado que obedezcan: 2 tienen seis días en
la semana para hacer su trabajo habitual, pero el séptimo
será un día de descanso absoluto, un día santo, dedicado
al SEÑOR. Cualquiera que trabaje ese día será ejecutado.
3 Ni siquiera encenderán fuego en sus casas en el día de
descanso».

Ofrendas para el tabernáculo

4 Luego Moisés le dijo a toda la comunidad de Israel: «Esto
es lo que el SEÑOR ha ordenado: 5 junten una ofrenda sa-
grada para el SEÑOR. Que todas las personas de corazón
generoso presenten al SEÑOR las siguientes ofrendas:
oro, plata y bronce;
6 hilo azul, púrpura y escarlata;
lino fino y pelo de cabra para tela;
7 pieles de carnero curtidas y cuero de cabra de la mejor calidad;
madera de acacia;
8 aceite de oliva para las lámparas;
especias para el aceite de la unción y para el incienso aromático;
9 piedras de ónice y otras piedras preciosas para incrustar en el efod y en el pectoral del sacerdote.

10 »Vengan, todos los que sean hábiles artesanos y
construyan todo lo que el SEÑOR ha ordenado:
11 el tabernáculo y la carpa sagrada, la cubierta, los broches, los soportes, los travesaños, los postes y las bases;
12 el arca y las varas para transportarla;
la tapa del arca: el lugar de la expiación;
la cortina interior que protege el arca;
13 la mesa, con las varas para transportarla, y todos sus utensilios;
el pan de la Presencia;
14 para el alumbrado: el candelabro, sus accesorios, las copas para las lámparas y el aceite de oliva para la iluminación;
15 el altar del incienso y las varas para transportarlo;
el aceite de la unción y el incienso aromático;
la cortina para la entrada del tabernáculo;
16 el altar de las ofrendas quemadas, la rejilla de bronce del altar, las varas para transportarlo y sus utensilios;
el lavamanos con su base;
17 las cortinas para las paredes del atrio;
los postes y sus bases;
la cortina para la entrada del atrio;
18 las estacas para el tabernáculo y el atrio, y sus cuerdas;
19 las vestiduras finamente confeccionadas para los sacerdotes, las cuales usarán mientras sirvan en el Lugar Santo: las vestiduras sagradas para el sacerdote Aarón y las vestiduras que sus hijos llevarán puestas cuando ministren como sacerdotes».

20 Entonces, toda la comunidad de Israel se despidió de
Moisés, y cada cual regresó a su carpa. 21 Todos aquellos
con el corazón motivado y el espíritu conmovido regre-
saron con ofrendas sagradas al SEÑOR. Trajeron todos
los materiales que se necesitaban para levantar el taber-
náculo,* para realizar las ceremonias y para confeccionar
las vestiduras sagradas. 22 Vinieron todos los que tenían
el corazón dispuesto, tanto hombres como mujeres, y
trajeron al SEÑOR sus ofrendas de oro: broches, aretes,
anillos y collares. Presentaron toda clase de objetos de oro
como una ofrenda especial para el SEÑOR. 23 Todos los que
poseían hilo azul, púrpura y escarlata; lino fino y pelo de
cabra para tela; pieles de carnero curtidas y cuero de cabra
de la mejor calidad, los traían voluntariamente. 24 Además,
todos los que tenían objetos de plata o de bronce los en-
tregaron como una ofrenda sagrada al SEÑOR, y quienes
tenían madera de acacia la dispusieron para que se usara
en el proyecto.
25 Todas las mujeres que tenían habilidades para la cos-
tura y el tejido prepararon hilo azul, púrpura y escarlata,
y tela de lino fino, y los entregaron. 26 Todas las mujeres
de buena voluntad pusieron en práctica su habilidad para
hilar el pelo de cabra. 27 Los líderes entregaron piedras de
ónice y otras piedras preciosas para incrustarlas en el efod
y en el pectoral del sacerdote. 28 También contribuyeron
con especias y aceite de oliva para el alumbrado, el aceite

textuales **34:28a** En hebreo *Y él escribió.* **34:28b** En hebreo *las diez palabras.* **34:29** En hebreo *las dos tablas del testimonio*; ver nota en 25:16. **35:21** En hebreo *la carpa de reunión.*

Referencias cruzadas **34:35** 2 Co 3:7, 13-16

de la unción y el incienso aromático. 29Así, todos los del
pueblo de Israel —cada hombre y cada mujer con deseos
de colaborar en la obra que el SEÑOR les había dado por
medio de Moisés— presentaron sus ofrendas con gene-
rosidad al SEÑOR.

30Luego Moisés dijo al pueblo de Israel: «El SEÑOR ha
escogido específicamente a Bezalel, el hijo de Uri y nieto
de Hur, de la tribu de Judá. 31El SEÑOR llenó a Bezalel
del Espíritu de Dios, y le dio gran sabiduría, capacidad y
destreza en toda clase de artes manuales y oficios. 32Él es
un maestro artesano, experto en trabajar el oro, la plata y el
bronce. 33Es hábil en grabar, en incrustar piedras preciosas
y en tallar madera. ¡Es un maestro en todo trabajo artís-
tico! 34El SEÑOR les ha dado tanto a él como a Aholiab, hijo
de Ahisamac, de la tribu de Dan, la capacidad de enseñar
a otros sus habilidades técnicas. 35El SEÑOR los ha dotado
de un talento especial en el arte de grabar, de diseñar, de
tejer y bordar en hilo azul, púrpura y escarlata de lino fino.
Ellos se destacan como artesanos y diseñadores.

36 »El SEÑOR ha dado sabiduría a Bezalel, a Aholiab
y a los demás talentosos artesanos, y los ha dotado
de habilidad para realizar todas las tareas relacionadas con
la construcción del santuario. Que construyan y amueblen
el tabernáculo tal como el SEÑOR ordenó».

2Así que Moisés mandó llamar a Bezalel y Aholiab y a
todos los otros a quienes el SEÑOR había dotado de modo
especial y que estaban ansiosos por ponerse a trabajar.
3Moisés les entregó los materiales que el pueblo de Israel
había donado como ofrendas sagradas para completar
la construcción del santuario. Sin embargo, el pueblo
seguía entregando ofrendas adicionales cada mañana.
4Finalmente, los artesanos que trabajaban en el santuario
dejaron su labor, 5fueron a ver a Moisés y le informaron:
«¡La gente ha dado más de lo necesario para terminar la
obra que el SEÑOR nos ha ordenado hacer!».

6Entonces Moisés dio una orden, y se envió el siguiente
mensaje por todo el campamento: «Hombres y mujeres:
no preparen más ofrendas para el santuario. ¡Ya tenemos
lo suficiente!». Por lo tanto, la gente dejó de llevar sus
ofrendas sagradas. 7Sus contribuciones fueron más que
suficientes para completar todo el proyecto.

Construcción del santuario

8Los hábiles artesanos hicieron diez cortinas de lino de
tejido fino para el tabernáculo. Luego, Bezalel* adornó
las cortinas con hilo azul, púrpura y escarlata, y con que-
rubines hábilmente bordados. 9Las diez cortinas tenían
exactamente la misma medida: doce metros con noventa
centímetros de largo, por un metro con ochenta centí-
metros de ancho.* 10Se juntaron cinco de estas cortinas
para hacer una larga, y lo mismo se hizo con las otras
cinco para formar una segunda cortina larga. 11Bezalel
hizo cincuenta presillas de tejido azul y las puso a lo largo
del borde de la última cortina de cada conjunto. 12Las
cincuenta presillas a lo largo del borde de una cortina coin-
cidían con las cincuenta presillas a lo largo del borde de la
otra cortina. 13Luego hizo cincuenta broches de oro y los
usó para sujetar las dos cortinas largas. De ese modo, el
tabernáculo se formaba de una pieza completa.

14Además confeccionó once cortinas con tejido de pelo
de cabra para que sirvieran de cubierta para el tabernáculo.
15Las once cortinas tenían exactamente la misma me-
dida: trece metros con ochenta centímetros de largo, por
un metro con ochenta centímetros de ancho.* 16Bezalel
juntó cinco de estas cortinas para formar una larga, y luego
juntó las otras seis para formar una segunda cortina larga.
17Hizo cincuenta presillas para colocar en el borde de
cada cortina larga 18y también hizo cincuenta broches
de bronce para enganchar las dos cortinas largas. De ese
modo, la cubierta se formaba de una pieza completa.
19También completó la cubierta con una capa de pieles
de carnero curtidas y otra capa de cuero de cabra de la
mejor calidad.

20Para el armazón del tabernáculo, Bezalel construyó
soportes de madera de acacia. 21Cada soporte medía cua-
tro metros con sesenta centímetros de alto, por sesenta y
nueve centímetros de ancho,* 22y tenía dos estacas de-
bajo de cada soporte. Todos los soportes eran idénticos.
23Bezalel construyó veinte de estos soportes para sostener
las cortinas del lado sur del tabernáculo. 24Hizo también
cuarenta bases de plata —dos bases por cada soporte—, y
las estacas encajaban firmemente en las bases. 25Para el
lado norte del tabernáculo, construyó otros veinte sopor-
tes 26con sus cuarenta bases de plata (dos bases por cada
soporte). 27Hizo seis soportes para la parte posterior —es
decir, el lado occidental del tabernáculo— 28junto con
dos soportes más para reforzar las esquinas de la parte
posterior del tabernáculo. 29Los soportes de las esquinas
estaban emparejados por abajo y firmemente sujetados
por arriba con un solo anillo; esto formaba un solo esqui-
nero. Ambos esquineros se hicieron de la misma manera.
30Así que había ocho soportes en la parte posterior del
tabernáculo sobre dieciséis bases de plata (dos bases por
cada soporte).

31Después hizo travesaños de madera de acacia para
unir las estructuras: cinco travesaños para el lado norte del
tabernáculo 32y cinco para el lado sur. Preparó también
cinco travesaños para la parte posterior del tabernáculo,
que da al occidente. 33Fijó el travesaño central a la mitad
de la altura de los soportes, el cual pasaba de un extremo
del tabernáculo al otro. 34Recubrió de oro los soportes e
hizo anillos de oro para sostener los travesaños, y también
recubrió de oro los travesaños.

35Para el interior del tabernáculo, Bezalel hizo una cor-
tina especial, de lino de tejido fino. La adornó con hilo
azul, púrpura y escarlata, y con querubines hábilmente
bordados. 36Para colgar la cortina, hizo cuatro postes de
madera de acacia y cuatro ganchos de oro. También recu-
brió de oro los postes y los colocó en cuatro bases de plata.

37Luego confeccionó otra cortina, para la entrada de
la carpa sagrada. La elaboró con lino de tejido fino y la
bordó con diseños refinados, usando hilo azul, púrpura
y escarlata. 38La cortina fue colgada de ganchos de oro
que estaban sujetos a cinco postes. Los postes, con sus
capiteles decorativos y ganchos, estaban recubiertos de
oro, y las cinco bases eran de bronce fundido.

Construcción del arca del pacto

37 Después, Bezalel construyó el arca de madera de
acacia, un cofre sagrado de un metro con quince

***Notas textuales** **36:8** En hebreo *él*; también en 36:11, 16, 20, 23, 35. Ver 37:1. **36:9** En hebreo *28 codos* [42 pies] *de largo y 4 codos* [6 pies] *de ancho.* **36:15** En hebreo *30 codos* [45 pies] *de largo y 4 codos* [6 pies] *de ancho.* **36:21** En hebreo *10 codos* [15 pies] *de alto, por 1,5 codos* [27 pulgadas] *de ancho.*

Referencias cruzadas **35:31-34** Ex 31:2-6 **36:20-34** Ex 26:15-29; 40:18-19 **36:37-38** Ex 26:1-37

centímetros de largo, por sesenta y nueve centímetros
de ancho, y sesenta y nueve centímetros de alto.* 2La
recubrió de oro puro por dentro y por fuera, y le puso
una moldura de oro alrededor. 3Fundió cuatro anillos de
oro y los fijó en las cuatro patas, dos anillos a cada lado.
4Luego hizo varas con madera de acacia y las recubrió de
oro. 5Entonces metió las varas por los anillos que estaban
a los costados del arca para transportarla.

6Después hizo la tapa del arca —el lugar de la expia-
ción— de oro puro. Medía un metro con quince centíme-
tros de largo, por sesenta y nueve centímetros de ancho.*
7Formó dos querubines de oro labrado a martillo y los
colocó en los dos extremos de la tapa de la expiación.
8Moldeó los querubines a cada extremo de la tapa de la
expiación, de modo que formaban una sola pieza de oro
con la tapa. 9Los querubines estaban frente a frente, mi-
rando hacia la tapa de la expiación, con las alas extendidas
por encima de la tapa para protegerla.

Construcción de la mesa

10Luego, Bezalel* hizo la mesa con madera de acacia, que
medía noventa y dos centímetros de largo, por cuarenta y
seis centímetros de ancho, y sesenta y nueve centímetros
de alto.* 11La recubrió de oro puro y le puso una moldura
de oro alrededor del borde. 12La adornó con un reborde de
ocho centímetros* de ancho y le puso una moldura de oro
alrededor del reborde. 13Hizo cuatro anillos de oro para
la mesa y los fijó en las cuatro esquinas, junto a las cuatro
patas. 14Los anillos fueron fijados cerca del reborde para
sostener las varas que se usaban para transportar la mesa.
15Bezalel hizo las varas con madera de acacia y las recubrió
de oro. 16Después hizo recipientes especiales de oro puro
para la mesa —tazones, cucharones, frascos y jarras—, los
cuales se usaban al derramar las ofrendas líquidas.

Construcción del candelabro

17Luego, Bezalel hizo el candelabro de oro puro labrado
a martillo. Hizo todo el candelabro y sus decoraciones
de una sola pieza: la base, el tronco, las copas para las
lámparas, los capullos y los pétalos. 18El candelabro tenía
seis ramas que salían del tronco, tres a cada lado. 19Cada
una de las seis ramas tenía tres copas para las lámparas en
forma de flor de almendro, con capullos y pétalos. 20El
tronco del candelabro estaba artesanalmente trabajado
con cuatro copas para las lámparas en forma de flor de
almendro, con capullos y pétalos. 21Había un brote de
almendro debajo de cada par de ramas, donde las seis
ramas salían del tronco, todo hecho de una sola pieza.
22Los brotes de almendro y las ramas eran de una sola
pieza con el tronco de oro puro labrado a martillo.

23También hizo siete lámparas para el candelabro, las
despabiladeras de las lámparas y las bandejas, todo de oro
puro. 24Para hacer el candelabro completo, junto con sus
accesorios, se usaron treinta y cuatro kilos* de oro puro.

Construcción del altar del incienso

25Después, Bezalel construyó, con madera de acacia, el
altar para quemar el incienso. Lo hizo cuadrado, de cua-
renta y seis centímetros de largo y de ancho, y noventa
y dos centímetros de alto,* con cuernos tallados en las
esquinas de la misma pieza de madera del altar. 26Recu-
brió de oro puro la parte superior, los lados y los cuernos
del altar, y le puso una moldura de oro alrededor de todo
el altar. 27Hizo dos anillos de oro y los fijó en dos lados
opuestos del altar, por debajo de la moldura de oro, para
que sostuvieran las varas que servían para transportarlo.
28También hizo las varas con madera de acacia y las re-
cubrió de oro.

29Luego elaboró el aceite sagrado de la unción y el
incienso aromático con la misma técnica que emplea un
experto fabricante de incienso.

Construcción del altar de las ofrendas quemadas

38 Luego, Bezalel* construyó, con madera de acacia,
el altar de las ofrendas quemadas. Era cuadrado,
de dos metros con treinta centímetros de ancho y de largo,
y un metro con cuarenta centímetros de alto.* 2Hizo cuer-
nos en cada una de las cuatro esquinas, de modo que el
altar y los cuernos formaban una sola pieza. Recubrió
con bronce el altar. 3También hizo de bronce todos los
utensilios para el altar: recipientes para las cenizas, palas,
tazones, tenedores para la carne y braseros. 4Luego hizo
una rejilla de bronce y la instaló, a la mitad de la altura del
altar, debajo del borde. 5Después fundió cuatro anillos y
los fijó a las cuatro esquinas de la rejilla de bronce para
que sostuvieran las varas que se usaban para transportar
el altar. 6Hizo las varas con madera de acacia y las recubrió
de bronce. 7Metió las varas por los anillos que estaban a los
lados del altar. El altar era hueco y estaba hecho con tablas.

Construcción del lavamanos

8Además, Bezalel hizo el lavamanos y su base, ambos
de bronce usando los espejos de bronce donados por las
mujeres que servían a la entrada del tabernáculo.*

Construcción del atrio

9Después, Bezalel hizo el atrio, el cual estaba encerrado
con cortinas de lino de tejido fino. Las cortinas del lado
sur medían cuarenta y seis metros de largo* 10y estaban
sostenidas por veinte postes encajados firmemente en
veinte bases de bronce. Bezalel colgó las cortinas con gan-
chos y anillos de plata. 11Luego confeccionó un conjunto
de cortinas semejante para el lado norte: de cuarenta y
seis metros de largo, sostenidas por veinte postes enca-
jados firmemente en bases de bronce; y también colgó
las cortinas con ganchos y anillos de plata. 12Las cortinas
del lado occidental del atrio medían veintitrés metros
de largo,* y estaban colgadas con ganchos y anillos de
plata, y sostenidas por diez postes encajados en diez bases.
13El lado oriental del atrio, o sea el frente, también medía
veintitrés metros de largo.

14La entrada al atrio estaba ubicada en el lado oriental,
flanqueada por dos cortinas. La cortina del lado derecho
tenía seis metros con noventa centímetros de largo* y
estaba sostenida por tres postes encajados en tres bases.

***Notas textuales** **37:1** En hebreo *2,5 codos* [45 pulgadas] *de largo, 1,5 codos* [27 pulgadas] *de ancho y 1,5 codos* [27 pulgadas] *de alto.* **37:6** En hebreo *2,5 codos* [45 pulgadas] *de largo y 1,5 codos* [27 pulgadas] *de ancho.* **37:10a** En hebreo *él*; también en 37:15, 17, 25. **37:10b** En hebreo *2 codos* [36 pulgadas] *de largo, por un codo* [18 pulgadas] *de ancho, y 1,5 codos* [27 pulgadas] *de alto.* **37:12** En hebreo *un reborde de un palmo menor* [3 pulgadas]. **37:24** En hebreo *un talento* [75 libras]. **37:25** En hebreo *1 codo* [18 pulgadas] *de largo, 1 codo de ancho —un cuadrado— y 2 codos* [36 pulgadas] *de alto.* **38:1a** En hebreo *él*; también en 38:8, 9, 10. **38:1b** En hebreo *5 codos* [7,5 pies] *de ancho, 5 codos de largo —un cuadrado— y 3 codos* [4,5 pies] *de alto.* **38:8** En hebreo *de la carpa de reunión*; también en 38:30. **38:9** En hebreo *100 codos* [150 pies]; también en 38:11. **38:12** En hebreo *50 codos* [75 pies]; también en 38:13.

Referencias cruzadas **37:6-9** Ex 25:10-20 **37:10-16** Ex 25:23-29; 40:22 **37:23-24** Ex 25:31-39; 40:24 **37:25-28** Ex 30:1-5 **38:1-7** Ex 27:1-8; 40:10, 29

15La cortina del lado izquierdo también medía seis metros con noventa centímetros de largo y estaba sostenida por tres postes encajados en tres bases. 16Todas las cortinas que se usaron para el atrio eran de lino de tejido fino. 17Cada poste tenía una base de bronce, y todos los ganchos y los anillos eran de plata. Los capiteles de los postes del atrio estaban recubiertos de plata, y los anillos para sostener las cortinas eran de plata.

18Para la entrada del atrio, confeccionó una cortina de lino de tejido fino y la adornó con un hermoso bordado de hilo azul, púrpura y escarlata. Medía nueve metros con veinte centímetros de largo y dos metros con treinta centímetros de alto,* igual que las cortinas de las paredes del atrio. 19Estaba sostenida por cuatro postes, cada uno encajado firmemente en su propia base de bronce. Los capiteles de los postes estaban recubiertos de plata, y los ganchos y los anillos también eran de plata.

20Todas las estacas que se usaban en el tabernáculo y en el atrio eran de bronce.

Inventario de materiales

21A continuación se detalla un inventario de los materiales empleados en la construcción del tabernáculo del pacto.* Los levitas compilaron las cifras bajo la dirección de Moisés. Itamar, hijo del sacerdote Aarón, fue el encargado de registrarlas. 22Bezalel, hijo de Uri y nieto de Hur, de la tribu de Judá, llevó a cabo la obra tal como el SEÑOR le había ordenado a Moisés. 23Lo ayudó Aholiab, hijo de Ahisamac, de la tribu de Dan, un artesano experto en grabar, en diseñar y en bordar con hilo azul, púrpura y escarlata sobre tela de lino fino.

24El pueblo contribuyó con ofrendas especiales de oro, que sumaron un total de 994 kilos,* calculado según el peso del siclo del santuario. Este oro se usó en todo el tabernáculo.

25Toda la comunidad de Israel dio 3420 kilos* de plata, calculado según el peso del siclo del santuario. 26Esta plata procedía del impuesto que cada hombre había pagado al registrarse en el censo. (El impuesto era de un becá, que equivale a medio siclo,* según el peso del siclo del santuario). Recaudaron el impuesto de los 603.550 hombres que ya habían cumplido veinte años de edad. 27Para construir las cien bases para los soportes de las paredes del santuario y los postes que sostenían la cortina interior se necesitaron 3400 kilos de plata, es decir, unos 34 kilos por cada base.* 28Los 20 kilos* de plata restantes se usaron para hacer los ganchos y los anillos, y para recubrir los capiteles de los postes.

29El pueblo también presentó como ofrenda especial 2407 kilos* de bronce, 30el cual se usó para fundir las bases de los postes que estaban en la entrada del tabernáculo, y para el altar de bronce con su rejilla de bronce y todos los utensilios del altar. 31También se usó el bronce para hacer las bases de los postes que sostenían las cortinas alrededor del atrio, las bases para las cortinas que estaban en la entrada del atrio y todas las estacas para el tabernáculo y el atrio.

Vestiduras para los sacerdotes

39 Los artesanos confeccionaron hermosas vestiduras sagradas de tela azul, púrpura y escarlata para que Aarón las usara al ministrar en el Lugar Santo, tal como el SEÑOR le había ordenado a Moisés.

Confección del efod

2Bezalel* hizo el efod de lino de tejido fino, y lo bordó con oro e hilo azul, púrpura y escarlata. 3Para hacer hilo de oro, trabajó a martillo finas láminas de oro y luego las cortó en hilos finos. Con mucho cuidado y gran habilidad, lo bordó en el lino fino junto con el hilo azul, púrpura y escarlata.

4El efod constaba de dos piezas —el frente y la espalda— unidas en los hombros por dos hombreras. 5La faja decorativa estaba confeccionada con los mismos materiales: lino de tejido fino, bordado con oro y con hilo azul, púrpura y escarlata, tal como el SEÑOR le había ordenado a Moisés. 6Luego se incrustaron las dos piedras de ónice en monturas de filigrana de oro. Las piedras tenían grabados los nombres de las tribus de Israel como se graba un sello. 7Bezalel fijó las dos piedras sobre las hombreras del efod, pues eran un recordatorio de que el sacerdote representaba al pueblo de Israel. Todo se realizó tal como el SEÑOR le había ordenado a Moisés.

Confección del pectoral

8Bezalel hizo el pectoral con mucho cuidado y con gran habilidad. Lo confeccionó de tal modo que hiciera juego con el efod: de lino de tejido fino, bordado con oro y con hilo azul, púrpura y escarlata. 9Hizo el pectoral de una sola pieza de tela, doblada en forma de bolsa cuadrada, de veintitrés centímetros* cada lado. 10Sobre el pectoral, incrustaron cuatro hileras de piedras preciosas.* La primera hilera tenía una cornalina roja, un peridoto de color verde pálido y una esmeralda. 11La segunda hilera estaba compuesta por una turquesa, un lapislázuli de color azul y una adularia blanca. 12La tercera hilera consistía de un jacinto anaranjado, un ágata y una amatista púrpura. 13La cuarta hilera estaba formada por un berilo azul y verde, un ónice y un jaspe verde. Todas estas piedras estaban incrustadas en filigranas de oro. 14Cada piedra representaba a uno de los doce hijos de Israel, y el nombre de la tribu que representaba estaba grabado en ella como un sello.

15Para fijar el pectoral al efod, prepararon cordones trenzados de hilo de oro puro. 16También hicieron dos monturas de filigrana de oro y dos anillos de oro, y los fijaron a las esquinas superiores del pectoral. 17Luego ataron los dos cordones de oro a los anillos colocados en el pectoral. 18También ataron los otros extremos de los cordones a las monturas de oro que iban sobre las hombreras del efod. 19Después hicieron otros dos anillos de oro, y los fijaron a los bordes interiores del pectoral, junto al efod. 20Luego hicieron otros dos anillos de oro y los fijaron a la parte delantera del efod, debajo de las hombreras, justo encima del nudo donde la faja decorativa se ciñe al efod. 21Después sujetaron con cordones azules los anillos inferiores del pectoral a los anillos del efod. De este modo, el pectoral quedaba firmemente unido al efod

***Notas textuales 38:14** En hebreo *15 codos* [22,5 pies]; también en 38:15. **38:18** En hebreo *20 codos* [30 pies] *de largo y 5 codos* [7,5 pies] *de alto.* **38:21** En hebreo *del tabernáculo, el tabernáculo del testimonio.* **38:24** En hebreo *29 talentos y 730 siclos* [2193 libras]. Cada siclo pesaba unos 11,4 gramos o 0,4 onzas. **38:25** En hebreo *100 talentos y 1775 siclos* [7545 libras]. **38:26** O *6 gramos* [0,2 onzas]. **38:27** En hebreo *100 talentos* [7500 libras] *de plata, un talento* [75 libras] *por cada base.* **38:28** En hebreo *1775 [siclos]* [45 libras]. **38:29** En hebreo *70 talentos y 2400 siclos* [5310 libras]. **39:2** En hebreo *Él*; también en 39:7, 8, 22. **39:9** En hebreo *un palmo* [9 pulgadas]. **39:10** La identificación de algunas de estas piedras preciosas es incierta.

Referencias cruzadas 38:18-20 Ex 27:9-19; 40:8 **39:4-7** Ex 28:6-14 **39:8-21** Ex 28:15-28

por encima de la faja decorativa. Todo se realizó tal como
el SEÑOR le había ordenado a Moisés.

Otras vestiduras para los sacerdotes

22Bezalel confeccionó de una sola pieza de tela azul el
manto que se usa con el efod, 23con una abertura en el
centro por donde Aarón pudiera meter la cabeza. Reforzó
la abertura con un cuello* tejido para evitar que se rasgara.
24Hicieron granadas de hilo azul, púrpura y escarlata, y
las sujetaron al borde del manto. 25También hicieron
campanillas de oro puro y las colocaron entre las granadas, a lo largo del borde; 26de modo que las campanillas
y las granadas quedaron en forma alternada por todo el
borde. El sacerdote llevaba puesto el manto cada vez que
oficiaba delante del SEÑOR, tal como el SEÑOR le había
ordenado a Moisés.

27Confeccionaron túnicas de tela de lino fino para
Aarón y sus hijos. 28Hicieron el turbante y los gorros
especiales de lino fino; también hicieron la ropa interior
de lino de tejido fino. 29Las fajas las hicieron de lino de
tejido fino y bordadas con hilo azul, púrpura y escarlata,
tal como el SEÑOR le había ordenado a Moisés.

30Por último, hicieron el medallón sagrado —la insignia
de santidad— de oro puro. Lo grabaron como un sello con
las palabras SANTO PARA EL SEÑOR. 31Con un cordón azul,
sujetaron el medallón al turbante de Aarón, tal como el
SEÑOR le había ordenado a Moisés.

Moisés revisa el trabajo

32Por fin el tabernáculo* quedó terminado. Los israelitas hicieron todo tal como el SEÑOR le había ordenado a
Moisés 33y presentaron a Moisés el tabernáculo completo:

la carpa sagrada con todo su mobiliario, los broches,
los soportes, los travesaños, los postes y las bases;
34 las cubiertas para el tabernáculo de pieles de carnero
curtidas y cuero de cabra de la mejor calidad;
la cortina interior que protege el arca;
35 el arca del pacto* y las varas para transportarla;
la tapa del arca: el lugar de la
expiación;
36 la mesa y todos sus utensilios;
el pan de la Presencia;
37 el candelabro de oro puro, con sus copas simétricas
para las lámparas, todos los accesorios y el aceite
de oliva para la iluminación;
38 el altar de oro;
el aceite de la unción y el incienso aromático;
la cortina para la entrada de la carpa sagrada;
39 el altar de bronce, la rejilla de bronce, las varas para
transportarlo y sus utensilios;
el lavamanos con su base;
40 las cortinas para las paredes del atrio;
los postes y sus bases;
la cortina para la entrada del atrio;
las cuerdas y las estacas;
todo el mobiliario para usar durante la adoración en
el tabernáculo;
41 las vestiduras finamente confeccionadas para los
sacerdotes, las cuales usaban mientras servían
en el Lugar Santo: las vestiduras sagradas para
el sacerdote Aarón y las vestiduras que sus hijos
llevaban puestas cuando ministraban como
sacerdotes.

42Así que los israelitas siguieron todas las instrucciones
que el SEÑOR le había dado a Moisés. 43Luego Moisés
revisó todo el trabajo. Cuando verificó que todo se había
llevado a cabo tal como el SEÑOR le había ordenado, los
bendijo.

El tabernáculo queda terminado

40 Luego el SEÑOR le dijo a Moisés: 2«Levanta el
tabernáculo* el primer día del nuevo año.* 3Coloca adentro el arca del pacto* y cuelga la cortina interior
para encerrar el arca dentro del Lugar Santísimo. 4Luego
manda traer la mesa y acomoda los utensilios sobre ella.
Además manda traer el candelabro e instala las lámparas.
5»Ubica el altar de oro para el incienso frente al arca
del pacto. Después cuelga la cortina en la entrada del
tabernáculo. 6Coloca el altar de las ofrendas quemadas
delante de la entrada del tabernáculo. 7Pon el lavamanos
entre el tabernáculo* y el altar, y llénalo de agua. 8Luego
arma el atrio alrededor de la carpa y cuelga la cortina de
la entrada al atrio.

9»Toma el aceite de la unción y unge el tabernáculo
junto con todo el mobiliario, a fin de consagrarlos y para
que queden santos. 10Unge el altar de las ofrendas quemadas y sus utensilios, a fin de consagrarlos. Entonces el altar
será completamente santo. 11Luego unge el lavamanos y
su base, a fin de consagrarlos.

12»Lleva a Aarón y a sus hijos a la entrada del tabernáculo y lávalos con agua. 13Ponle a Aarón las vestiduras
sagradas y úngelo, así quedará consagrado para servirme
como sacerdote. 14Luego haz que se acerquen sus hijos
y vístelos con sus túnicas. 15Úngelos como ungiste a su
padre, para que ellos también me sirvan como sacerdotes.
Al ungirlos, los descendientes de Aarón quedan apartados para el sacerdocio por siempre, de generación en
generación».

16Moisés hizo todo lo que el SEÑOR le había ordenado. 17Así que el tabernáculo fue armado el primer día
del primer mes del segundo año. 18Moisés levantó el tabernáculo: primero situó las bases, encajó los soportes,
fijó los travesaños y colocó los postes. 19Luego extendió
las cubiertas sobre el armazón del tabernáculo y puso
las capas protectoras encima, tal como el SEÑOR le había
ordenado.

20Entonces tomó las tablas de piedra grabadas con las
condiciones del pacto y las puso* dentro del arca. Después
sujetó al arca las varas para transportarla y a la tapa del
arca —el lugar de la expiación— la colocó encima. 21Luego
llevó el arca del pacto dentro del tabernáculo y colgó la
cortina interior para protegerla de la vista, tal como el
SEÑOR le había ordenado.

22Después Moisés ubicó la mesa en el tabernáculo,
en el lado norte del Lugar Santo, justo fuera de la cortina
interior; 23y acomodó sobre la mesa el pan de la Presencia
delante del SEÑOR, tal como el SEÑOR le había ordenado.

24Luego puso el candelabro en el tabernáculo, en

***Notas textuales** **39:23** El significado del hebreo es incierto. **39:32** En hebreo *el tabernáculo, la carpa de reunión*; también en 39:40. **39:35** O *arca del testimonio.* **40:2a** En hebreo *el tabernáculo, la carpa de reunión*; similar en 40:6, 29. **40:2b** En hebreo *el primer día del primer mes.* En el antiguo calendario lunar hebreo, este día caía en marzo o en abril. **40:3** O *arca del testimonio*; también en 40:5, 21. **40:7** En hebreo *la carpa de reunión*; también en 40:12, 22, 24, 26, 30, 32, 34, 35. **40:20** En hebreo *Puso el testimonio*; ver nota en 25:16.

Referencias cruzadas **39:32-41** Ex 35:10-19 **40:3** Ex 26:33 **40:13-16** Ex 29:9

dirección opuesta a la mesa, en el lado sur del Lugar Santo.
25 Entonces encendió las lámparas en la presencia del
SEÑOR, tal como el SEÑOR le había ordenado. 26 También
puso en el tabernáculo el altar de oro para el incienso, en
el Lugar Santo, delante de la cortina interior; 27 y quemó
el incienso aromático sobre el altar, tal como el SEÑOR le
había ordenado.

28 Después colgó la cortina a la entrada del tabernáculo,
29 y ubicó el altar de las ofrendas quemadas cerca de la
entrada del tabernáculo. Entonces presentó una ofrenda
quemada y una ofrenda de grano sobre el altar, tal como
el SEÑOR le había ordenado.

30 Luego Moisés instaló el lavamanos entre el taber-
náculo y el altar, y lo llenó de agua para que los sacerdotes
pudieran lavarse. 31 Moisés, Aarón y los hijos de Aarón
sacaban agua del lavamanos para lavarse las manos y los
pies. 32 Se lavaban cada vez que se acercaban al altar o
entraban al tabernáculo, tal como el SEÑOR le había or-
denado a Moisés.

33 Después Moisés colgó las cortinas que daban forma
al atrio que rodea el tabernáculo y el altar. Por último le-
vantó la cortina en la entrada del atrio. Así por fin terminó
Moisés el trabajo.

La gloria del SEÑOR llena el tabernáculo

34 Entonces la nube cubrió el tabernáculo, y la gloria del
SEÑOR llenó el tabernáculo. 35 Moisés no podía entrar en
el tabernáculo, porque la nube se había posado allí, y la
gloria del SEÑOR llenaba el tabernáculo.

36 Cada vez que la nube se levantaba del tabernáculo, el
pueblo de Israel se ponía en marcha y la seguía. 37 Pero si
la nube no se levantaba, ellos permanecían donde estaban
hasta que la nube se elevaba. 38 Durante el día, la nube del
SEÑOR quedaba en el aire sobre el tabernáculo y, durante
la noche, resplandecía fuego dentro de ella, de modo que
toda la familia de Israel podía ver la nube. Eso mismo
ocurrió durante todos sus viajes.

LEVÍTICO

¿Por qué es importante?

Este libro deja en claro que Dios es Santo y espera que nosotros intentemos serlo. Esta es una buena noticia y no una amenaza porque si Dios lo desea es porque quiere ayudarnos. Por eso este libro comienza a sentar las bases de por qué necesitamos a un salvador. La santidad que nosotros podemos buscar no es igual a perfección porque eso solo es posible para Dios, aunque sí es posible en un sentido de intención y dirección. Hacer todo lo posible por hacer su voluntad debe ser el objetivo en nuestra vida. ¡Pero atención! Así como el pueblo de Israel, muchos pueden pensar que la santidad es una cuestión exterior, de actos a cumplir y religión. Pero Levítico destaca que la santidad comienza en el corazón y las buenas conductas son la consecuencia de entender que la voluntad de Dios es mejor que la nuestra.

¿Por qué fue escrito?

Este libro busca explicar cómo el hombre puede acercarse a Dios por medio de su divina provisión del sacrificio perfecto (Lev. 11:45; 19:2; 20:26; Jn. 1:29). Como tal, es un libro de leyes y no tanto narrativo. El recordatorio principal es el llamado a la santidad.

¿Quién lo escribió?

Dios entregó a Moisés el contenido de este libro (Números 27:34). Se hace énfasis sobre esta realidad en varios pasajes (1:1; 4:1; 6:1), así como en el Nuevo Testamento (Romanos 10:5).

¿A quién lo escribió?

Este fue un libro estudiado por el pueblo para conocer los requerimientos de Dios acerca de la adoración y el cumplimiento de los sacrificios. Principalmente, los levitas (sacerdotes, pertenecientes a la tribu de Leví) administraban las leyes contenidas en el libro.

¿Cuándo y dónde lo escribió?

El libro fue escrito antes de la salida hacia al desierto, un mes después de haber levantado el campamento en el Sinaí (Ex. 40:17) y de la salida del Sinaí (Num. 1:1; 10:11). El libro se sitúa entre el 1440 y el 1400 a.C.

Paso a paso

1. Acerquémonos a Dios por medio de sacrificios santos. Caps. 1-7
2. Acerquémonos a Dios por medio de líderes santos. Caps. 8-10
3. Acerquémonos a Dios por medio de una purificación evidente. Caps. 11-17
4. Mantengamos la comunión con Dios alejándonos del pecado. Caps. 18-22
5. Celebremos la comunión con Dios por medio de las fiestas. Caps. 23-25
6. La vida bendecida de un pueblo santo y en comunión con Dios. Caps. 26-27

LEVÍTICO

Levítico

Procedimiento para las ofrendas quemadas

1 El SEÑOR llamó a Moisés desde el tabernáculo* y le dijo: 2«Da las siguientes instrucciones al pueblo de Israel: cuando presentes un animal como ofrenda al SEÑOR, lo puedes tomar de la manada del ganado o del rebaño de ovejas y cabras.

3»Si el animal que ofreces como ofrenda quemada es de la manada, debe ser un macho que no tenga ningún defecto. Llévalo a la entrada del tabernáculo para que seas* aceptado por el SEÑOR. 4Coloca la mano sobre la cabeza del animal, y el SEÑOR aceptará la muerte del animal en tu lugar a fin de purificarte y hacerte justo ante él.* 5Luego matarás al becerro en la presencia del SEÑOR, y los hijos de Aarón, los sacerdotes, ofrecerán la sangre del animal al salpicarla por todos los lados del altar que está a la entrada del tabernáculo. 6Después se le quitará la piel al animal y se cortará en pedazos. 7Los hijos del sacerdote Aarón encenderán un fuego de leña sobre el altar, 8y acomodarán los pedazos de la ofrenda, junto con la cabeza y la grasa, sobre la leña que arde en el altar. 9Sin embargo, las vísceras y las patas deben lavarse primero con agua. Después el sacerdote quemará el sacrificio completo sobre el altar como ofrenda quemada. Es una ofrenda especial, un aroma agradable al SEÑOR.

10»Si el animal que ofreces como ofrenda quemada es del rebaño, podrá ser una oveja o una cabra, pero deberá ser un macho sin defecto. 11Matarás al animal en el lado norte del altar en la presencia del SEÑOR, y los hijos de Aarón, los sacerdotes, salpicarán su sangre por todos los lados del altar. 12Luego cortarás al animal en pedazos, y los sacerdotes acomodarán los pedazos de la ofrenda, junto con la cabeza y la grasa, sobre la leña que arde en el altar. 13Sin embargo, las vísceras y las patas deben lavarse primero con agua. Después el sacerdote quemará el sacrificio completo sobre el altar como ofrenda quemada. Es una ofrenda especial, un aroma agradable al SEÑOR.

14»Si ofreces un ave como ofrenda quemada al SEÑOR, elegirás una tórtola o un pichón de paloma. 15El sacerdote llevará el ave al altar, le arrancará la cabeza y la quemará sobre el altar; pero primero deberá escurrir la sangre y dejarla correr sobre un costado del altar. 16El sacerdote también debe quitarle el buche y las plumas,* y echarlos en las cenizas al lado oriental del altar. 17Luego, sujetando el ave por las alas, el sacerdote la abrirá, pero sin despedazarla. Después la quemará como ofrenda quemada sobre la leña que arde en el altar. Es una ofrenda especial, un aroma agradable al SEÑOR.

Procedimiento para la ofrenda de grano

2 »Cuando presentes grano como una ofrenda al SEÑOR, deberá ser de harina selecta. Derramarás sobre la harina aceite de oliva, la rociarás con incienso 2y la llevarás a los hijos de Aarón, los sacerdotes. El sacerdote tomará un puñado de la harina humedecida con aceite, junto con todo el incienso, y quemará esta porción representativa sobre el altar. Es una ofrenda especial, un aroma agradable al SEÑOR. 3Luego, el resto de la ofrenda de grano será entregado a Aarón y a sus hijos. Esta ofrenda será considerada una porción sumamente santa entre las ofrendas especiales presentadas al SEÑOR.

¡Respuestas Bíblicas! **18** **¿En qué consiste un holocausto?**

1:9 Eran ofrendas que el pueblo de Israel le presentaba a Dios y lo cual era común en la antigüedad. En el caso de Israel, tenían leyes con instrucciones para los sacerdotes acerca de cómo presentar estos holocaustos.

4»Si la ofrenda es de grano cocido al horno, debe ser de harina selecta, pero sin levadura. Se puede presentar en la forma de panes planos mezclados con aceite de oliva, o de obleas untadas con aceite de oliva. 5Si la ofrenda de grano se cocina en un sartén, debe ser de harina selecta humedecida con aceite de oliva, pero sin levadura. 6Pártela en pedazos y derrama sobre ella aceite de oliva; es una ofrenda de grano. 7Si la ofrenda de grano se cocina en una cacerola, debe ser de harina selecta y aceite de oliva.

8»Cualquiera que sea la forma en que se prepare la ofrenda de grano para el SEÑOR, la llevarás al sacerdote, quien la presentará en el altar. 9El sacerdote tomará una porción representativa de la ofrenda de grano y la quemará sobre el altar. Es una ofrenda especial, un aroma agradable al SEÑOR. 10El resto de la ofrenda de grano se entregará a Aarón y a sus hijos como alimento. Esta ofrenda será considerada una porción sumamente santa entre las ofrendas especiales presentadas al SEÑOR.

11»No uses levadura cuando prepares alguna de las ofrendas de grano que presentes al SEÑOR, porque ni la levadura ni la miel deben ser quemadas como una ofrenda especial presentada al SEÑOR. 12Puedes ponerle levadura y miel a una ofrenda de las primeras cosechas, pero estas nunca deberán ser ofrecidas sobre el altar como un aroma agradable al SEÑOR. 13Sazona con sal todas tus ofrendas de grano, para acordarte del pacto eterno de Dios. Nunca te olvides de poner sal a las ofrendas de grano.

14»Si presentas al SEÑOR una ofrenda de grano de la

***Notas textuales** **1:1** En hebreo *la carpa de reunión*; también en 1:3, 5. **1:3** O *sea.* **1:4** O *a fin de hacer expiación por ti.* **1:16** O *el buche y su contenido.* El significado del hebreo es incierto.

Referencias cruzadas **1:3** Lv 22:19-25 **1:9** Gn 8:21 **1:14** Lv 5:7 **2:4** Ex 29:2

primera porción de tu cosecha, lleva grano fresco, molido y tostado sobre el fuego. [15]Pon aceite de oliva sobre esta ofrenda de grano y échale incienso. [16]Luego el sacerdote tomará una porción representativa del grano humedecido con aceite, junto con todo el incienso, y la quemará como una ofrenda especial presentada al SEÑOR.

Procedimiento para la ofrenda de paz

3 »Si presentas un animal de la manada como una ofrenda de paz al SEÑOR, podrá ser macho o hembra, pero no debe tener ningún defecto. [2]Pon tu mano sobre la cabeza del animal y mátalo a la entrada del tabernáculo.* Luego los hijos de Aarón, los sacerdotes, salpicarán la sangre por todos los lados del altar. [3]El sacerdote presentará parte de esta ofrenda de paz como una ofrenda especial al SEÑOR. Esto incluye toda la grasa que rodea las vísceras, [4]los dos riñones junto con la grasa que los rodea cerca de los lomos, así como el lóbulo largo del hígado. Todo esto debe ser removido junto con los riñones. [5]Entonces los hijos de Aarón lo quemarán encima de la ofrenda quemada, sobre la leña que arde en el altar. Es una ofrenda especial, un aroma agradable al SEÑOR.

[6]»Si presentas un animal del rebaño como una ofrenda de paz al SEÑOR, podrá ser macho o hembra, pero no debe tener ningún defecto. [7]Si presentas una oveja como ofrenda, llévala al SEÑOR, [8]coloca la mano sobre su cabeza y mátala frente al tabernáculo. Luego los hijos de Aarón salpicarán la sangre de la oveja por todos los lados del altar. [9]El sacerdote debe presentar la grasa de esta ofrenda de paz como una ofrenda especial al SEÑOR. Esto incluye la grasa de la cola gorda cortada cerca del espinazo, toda la grasa que rodea las vísceras, [10]los dos riñones junto con la grasa que los rodea cerca de los lomos, así como el lóbulo largo del hígado. Todo esto debe ser removido junto con los riñones, [11]y entonces el sacerdote lo quemará sobre el altar. Es una ofrenda especial de alimento que se presenta al SEÑOR.

[12]»Si presentas una cabra como ofrenda, llévala al SEÑOR, [13]coloca la mano sobre su cabeza y mátala frente al tabernáculo. Luego los hijos de Aarón salpicarán la sangre de la cabra por todos los lados del altar. [14]El sacerdote presentará parte de esta ofrenda como una ofrenda especial al SEÑOR. Esto incluye toda la grasa que rodea las vísceras, [15]los dos riñones junto con la grasa que los rodea cerca de los lomos, así como el lóbulo largo del hígado. Todo esto debe ser removido junto con los riñones, [16]y entonces el sacerdote lo quemará sobre el altar. Es una ofrenda especial de alimento, un aroma agradable al SEÑOR. Toda la grasa le pertenece al SEÑOR.

[17]»Nunca deberás comer grasa ni sangre. Esta es una ley perpetua para ti que debe cumplirse de generación en generación, dondequiera que vivas».

Procedimiento para la ofrenda por el pecado

4 El SEÑOR le dijo a Moisés: [2]«Da las siguientes instrucciones al pueblo de Israel: de esta manera deben proceder con aquellos que pecan involuntariamente, al hacer algo que viola uno de los mandatos del SEÑOR.

[3]»Si el sumo sacerdote* peca y así mancha de culpa a toda la comunidad, debe presentar una ofrenda por el pecado que cometió. Debe ofrecer al SEÑOR un becerro sin defecto. [4]Debe llevar el becerro al SEÑOR a la entrada del tabernáculo,* colocar su mano sobre la cabeza del becerro y matarlo delante del SEÑOR. [5]Luego, el sumo sacerdote llevará parte de la sangre dentro del tabernáculo, [6]mojará su dedo en la sangre y la rociará siete veces ante el SEÑOR delante de la cortina interior del santuario. [7]Después el sacerdote pondrá un poco de la sangre en los cuernos del altar del incienso aromático que está en la presencia del SEÑOR dentro del tabernáculo, y derramará el resto de la sangre del becerro al pie del altar de las ofrendas quemadas que está a la entrada del tabernáculo. [8]Luego el sacerdote quitará toda la grasa del becerro para presentarla como ofrenda por el pecado. Esto incluye toda la grasa que rodea las vísceras, [9]los dos riñones junto con la grasa que los rodea cerca de los lomos, así como el lóbulo largo del hígado. Debe quitar todo esto junto con los riñones, [10]así como lo hace con el ganado que se presenta como ofrenda de paz, y quemarlo sobre el altar de las ofrendas quemadas. [11]Pero debe tomar todo lo que quede del becerro —la piel, la carne, la cabeza, las patas, las vísceras y el estiércol— [12]y llevarlo fuera del campamento a un lugar ceremonialmente puro, al lugar donde se echan las cenizas. Allí, sobre el montón de las cenizas, lo quemará sobre un fuego de leña.

[13]»Si toda la comunidad israelita peca al violar uno de los mandatos del SEÑOR, pero no se da cuenta de ello, aun así es culpable. [14]En cuanto ellos se den cuenta de su pecado, deben llevar un becerro como una ofrenda por su pecado y presentarlo ante el tabernáculo. [15]Después los ancianos de la comunidad pondrán las manos sobre la cabeza del becerro y lo matarán ante el SEÑOR. [16]Luego el sumo sacerdote llevará parte de la sangre del becerro dentro del tabernáculo, [17]mojará su dedo en la sangre y la rociará siete veces ante el SEÑOR delante de la cortina interior. [18]Después pondrá un poco de la sangre en los cuernos del altar del incienso aromático que está en la presencia del SEÑOR dentro del tabernáculo, y derramará el resto de la sangre al pie del altar de las ofrendas quemadas que está a la entrada del tabernáculo. [19]A continuación el sacerdote quitará toda la grasa del animal y la quemará sobre el altar, [20]así como lo hace con el becerro ofrecido como una ofrenda por el pecado del sumo sacerdote. Mediante este proceso, el sacerdote purificará a los israelitas y los hará justos ante el SEÑOR,* y serán perdonados. [21]Después el sacerdote debe tomar todo lo que quede del becerro, llevarlo fuera del campamento y quemarlo allí, así como lo hace con la ofrenda por el pecado del sumo sacerdote. Esta ofrenda es por el pecado de toda la congregación de Israel.

[22]»Si uno de los líderes de Israel peca al violar uno de los mandatos del SEÑOR su Dios, pero no se da cuenta de ello, aun así es culpable. [23]En cuanto se dé cuenta de su pecado, debe llevar como ofrenda un chivo sin defecto. [24]Pondrá la mano sobre la cabeza del chivo y lo matará en el lugar donde se matan las ofrendas quemadas ante el SEÑOR. Esta es una ofrenda por su pecado. [25]Luego el sacerdote mojará su dedo en la sangre de la ofrenda por el pecado y la pondrá en los cuernos del altar de las ofrendas quemadas, y derramará el resto de la sangre al pie del altar. [26]Después debe quemar toda la grasa del chivo sobre el

***Notas textuales** **3:2** En hebreo *de la carpa de reunión*; similar en 3:8, 13. **4:3** En hebreo *el sacerdote ungido*; también en 4:5, 16. **4:4** En hebreo *de la carpa de reunión*; también en 4:5, 7, 14, 16, 18. **4:20** O *el sacerdote hará expiación por el pueblo*; similar en 4:26, 31, 35.

Referencias cruzadas **2:14** Lv 23:9-14 **3:12-13** Nm 15:6-11 **3:17** Hch 15:20 **4:11-12** Hb 13:11 **4:20** Nm 15:25

altar, así como lo hace con la ofrenda de paz. Mediante este proceso, el sacerdote purificará al líder de su pecado, lo hará justo ante el SEÑOR, y será perdonado.

27»Si alguien de la gente común peca al violar uno de los mandatos del SEÑOR, pero no se da cuenta de ello, aun así es culpable. 28Cuando se dé cuenta de su pecado, deberá llevar como ofrenda por su pecado una cabra sin defecto. 29Pondrá la mano sobre la cabeza de la ofrenda por el pecado y la matará en el lugar donde se matan las ofrendas quemadas. 30Después el sacerdote mojará su dedo en la sangre y la pondrá en los cuernos del altar de las ofrendas quemadas, y derramará el resto de la sangre al pie del altar. 31Luego quitará toda la grasa de la cabra, tal como lo hace con la grasa de la ofrenda de paz. Quemará la grasa sobre el altar, y será un aroma agradable al SEÑOR. Mediante este proceso, el sacerdote purificará a la persona, la hará justa ante el SEÑOR y será perdonada.

32»Si lleva una oveja como ofrenda por el pecado, debe ser una hembra sin defecto. 33Pondrá la mano sobre la cabeza de la ofrenda por el pecado y la matará en el lugar donde se matan las ofrendas quemadas. 34Luego el sacerdote mojará su dedo en la sangre de la ofrenda por el pecado y la pondrá en los cuernos del altar de las ofrendas quemadas, y derramará el resto de la sangre al pie del altar. 35Después deberá quitar toda la grasa de la oveja, tal como lo hace con la grasa de una oveja que se presenta como ofrenda de paz. Quemará la grasa sobre el altar encima de las ofrendas especiales presentadas al SEÑOR. Mediante este proceso, el sacerdote purificará a la persona de su pecado, la hará justa ante el SEÑOR, y será perdonada.

Pecados que requieren una ofrenda por el pecado

5 »Si te llaman a testificar sobre algo que hayas visto o que sepas, es pecado negarse a testificar, y serás castigado por tu pecado.

2»O supongamos que, sin saberlo, tocas algo que queda ceremonialmente impuro, como el cadáver de un animal impuro. Cuando te des cuenta de lo que has hecho, debes admitir tu contaminación y tu culpabilidad. Esto rige por igual, ya sea un animal salvaje, un animal doméstico o un animal que corre por el suelo.

3»O supongamos que, sin saberlo, tocas algo que te hace impuro. Cuando te des cuenta de lo que has hecho, debes admitir tu culpabilidad.

4»O supongamos que haces un voto imprudente de cualquier clase, ya sea su propósito bueno o malo. Cuando te des cuenta de la necedad del voto, debes admitir tu culpabilidad.

5»Cuando te des cuenta de tu culpabilidad en cualquiera de estos casos, deberás confesar tu pecado. 6Entonces deberás llevarle al SEÑOR como castigo por tu pecado una hembra del rebaño, ya sea una oveja o una cabra. Esta es una ofrenda por el pecado, con la cual el sacerdote te purificará de tu pecado y te hará justo ante el SEÑOR.*

7»Sin embargo, si no te alcanza para comprar una oveja, puedes llevarle al SEÑOR dos tórtolas o dos pichones de paloma como castigo por tu pecado. Una de las aves será la ofrenda por el pecado, y la otra será la ofrenda quemada. 8Las llevarás al sacerdote, quien presentará la primera ave como ofrenda por el pecado. Le arrancará el pescuezo, pero sin separar la cabeza del cuerpo. 9Después rociará un poco de la sangre de la ofrenda por el pecado en cada lado del altar, y escurrirá el resto de la sangre al pie del altar. Es una ofrenda por el pecado. 10Luego el sacerdote preparará la segunda ave como ofrenda quemada, siguiendo los procedimientos establecidos. Mediante este proceso, el sacerdote te purificará de tu pecado, te hará justo ante el SEÑOR y serás perdonado.

11»Si no te alcanza para comprar las dos tórtolas o los dos pichones, podrás llevar dos litros* de harina selecta como ofrenda por tu pecado. Puesto que es una ofrenda por el pecado, no la humedecerás con aceite de oliva ni le pondrás incienso. 12Lleva la harina al sacerdote, quien tomará un puñado como porción representativa. Él la quemará sobre el altar, encima de las ofrendas especiales presentadas al SEÑOR. Es una ofrenda por el pecado. 13Mediante este proceso, el sacerdote purificará a los que sean culpables de cualquiera de estos pecados, los hará justos ante el SEÑOR, y serán perdonados. El resto de la harina selecta le pertenecerá al sacerdote, tal como la ofrenda de grano».

Procedimiento para la ofrenda por la culpa

14El SEÑOR le dijo a Moisés: 15«Si uno de ustedes peca involuntariamente, al contaminar la propiedad sagrada del SEÑOR, debe llevar al SEÑOR una ofrenda por la culpa. La ofrenda puede ser un carnero sin defecto, de su propio rebaño, o puede comprar uno del mismo valor con plata calculada según el peso del siclo del santuario.* 16La persona tiene que hacer restitución por la propiedad sagrada que dañó, pagando por la pérdida, más un veinte por ciento adicional. Cuando le entregue el pago al sacerdote, él lo purificará con el carnero sacrificado como ofrenda por la culpa, lo hará justo ante el SEÑOR, y será perdonado.

17»Supongamos que alguien peca al desobedecer uno de los mandatos del SEÑOR. Aunque no esté consciente de lo que hizo, es culpable y será castigado por su pecado. 18Como ofrenda por la culpa, debe llevar al sacerdote un carnero sin defecto de su propio rebaño, o puede comprar uno del mismo valor. Mediante este proceso, el sacerdote le purificará ese pecado cometido involuntariamente, lo hará justo ante el SEÑOR, y será perdonado. 19Esta es una ofrenda por la culpa, pues es culpable de una ofensa contra el SEÑOR».

Pecados que requieren una ofrenda por la culpa

6 1*Entonces el SEÑOR le dijo a Moisés: 2«Supongamos que uno de ustedes peca contra su socio y es infiel al SEÑOR. Supongamos que comete una estafa en un trato que involucra un depósito en garantía, o roba, o comete fraude, 3o encuentra un objeto perdido y luego niega haberlo encontrado, o miente después de haber jurado decir la verdad, o comete cualquier otro pecado como estos. 4Si has pecado en cualquiera de estas formas, eres culpable. Debes devolver lo que robaste, o el dinero que tomaste mediante la extorsión, o el depósito recibido en garantía, o el objeto perdido que encontraste, 5o cualquier cosa que hayas obtenido por jurar en falso. Deberás hacer una restitución total a la persona perjudicada más un

***Notas textuales** **5:6** O *el sacerdote hará expiación por tu pecado*; similar en 5:10, 13, 16, 18. **5:11** En hebreo *1/10 de un efa* [2 cuartos]. **5:15** Cada siclo equivalía a 11 gramos o 0,4 onzas. **6:1** Los versículos del 6:1-7 corresponden al 5:20-26 en el texto hebreo.

Referencias cruzadas **5:2** Nm 19:11-16 **5:11** Lc 2:24 **5:16** Lv 6:4-5

veinte por ciento adicional. En el mismo día, presentarás
una ofrenda por la culpa. [6]Como ofrenda por la culpa al
SEÑOR, debes llevar al sacerdote un carnero sin defecto de
tu propio rebaño, o puedes comprar uno del mismo valor.
[7]Mediante este proceso, el sacerdote te purificará delante
del SEÑOR, te hará justo ante él,* y serás perdonado de
cualquiera de estos pecados que hayas cometido».

Instrucciones adicionales sobre la ofrenda quemada

[8]*Entonces el SEÑOR le dijo a Moisés: [9]«Da a Aarón y a sus
hijos las siguientes instrucciones con respecto a la ofrenda
quemada: la ofrenda quemada se dejará encima del altar
hasta la mañana siguiente, y el fuego del altar debe man-
tenerse encendido durante toda la noche. [10]En la mañana,
después de que el sacerdote de turno se haya puesto las
ropas oficiales de lino y también la ropa interior de lino,
deberá limpiar las cenizas de la ofrenda quemada y poner-
las junto al altar. [11]Luego deberá quitarse estas vestiduras,
cambiarse a su ropa normal y llevar las cenizas fuera del
campamento a un lugar ceremonialmente puro. [12]Entre
tanto, el fuego del altar debe mantenerse ardiendo; nunca
deberá apagarse. Cada mañana el sacerdote le echará leña
nueva al fuego. Luego acomodará la ofrenda quemada
sobre él, y también quemará la grasa de las ofrendas de
paz. [13]Recuerden, el fuego del altar siempre debe estar
encendido; nunca debe apagarse.

Instrucciones adicionales sobre la ofrenda de grano

[14]»Estas son las instrucciones con respecto a la ofrenda
de grano: los hijos de Aarón deben presentar esta ofrenda
al SEÑOR delante del altar. [15]El sacerdote de turno tomará
de la ofrenda de grano un puñado de harina selecta hu-
medecida con aceite de oliva, junto con todo el incienso.
Quemará esta porción representativa sobre el altar como
un aroma agradable al SEÑOR. [16]Aarón y sus hijos pueden
comer el resto de la harina, pero debe ser horneada sin le-
vadura y comida en un lugar sagrado dentro del atrio del
tabernáculo.* [17]Recuerden, nunca se debe preparar con
levadura; se la he dado a los sacerdotes como su porción
de las ofrendas especiales que me presenten. Al igual que
la ofrenda por el pecado y la ofrenda por la culpa, la ofrenda
de grano es sumamente santa. [18]Cualquiera de los descen-
dientes varones de Aarón podrá comer de estas ofrendas
especiales presentadas al SEÑOR; es su derecho perpetuo
de generación en generación. Cualquier persona o cosa que
toque estas ofrendas quedará consagrada».

Procedimiento para la ofrenda de ordenación

[19]Entonces el SEÑOR le dijo a Moisés: [20]«El día en que se
unja a Aarón y a sus hijos, ellos deben presentar al SEÑOR
la ofrenda usual de grano de dos litros* de harina selecta;
se ofrecerá la mitad por la mañana y la otra mitad por la
tarde. [21]Debe ser mezclada cuidadosamente con aceite
de oliva y cocinada en un sartén. Luego, esta ofrenda de
grano la cortarán en rebanadas* y la presentarán como un
aroma agradable al SEÑOR. [22]En cada generación, el sumo
sacerdote* que tome el lugar de Aarón deberá preparar
esta misma ofrenda; le pertenece al SEÑOR y debe ser
quemada totalmente. Esta es una ley perpetua. [23]Tales
ofrendas de grano hechas por un sacerdote deberán ser
quemadas por completo; de esa ofrenda, nadie deberá
comer».

Instrucciones adicionales sobre la ofrenda por el pecado

[24]Entonces el SEÑOR le dijo a Moisés: [25]«Da a Aarón y
a sus hijos las siguientes instrucciones con respecto a la
ofrenda por el pecado: el animal que se presente como
ofrenda por el pecado es una ofrenda sumamente santa,
y se debe matar en la presencia del SEÑOR, en el lugar
donde se matan las ofrendas quemadas. [26]El sacerdote
que ofrezca el sacrificio como una ofrenda por el pecado
deberá comer su porción en un lugar sagrado dentro del
atrio del tabernáculo. [27]Toda persona o cosa que toque
la carne del sacrificio será santa. Si la sangre del sacrificio
llegara a salpicar la ropa de la persona, la ropa manchada
deberá lavarse en un lugar sagrado. [28]Si se usa una olla de
barro para hervir la carne del sacrificio, luego habrá que
romperla. Si se usa una olla de bronce, esta deberá ser res-
tregada y bien enjuagada. [29]Cualquier varón de la familia
del sacerdote podrá comer de esta ofrenda; es sumamente
santa. [30]Sin embargo, la ofrenda por el pecado no se de-
berá comer si su sangre fue llevada al tabernáculo como
ofrenda para purificación* en el Lugar Santo. Deberá ser
quemada por completo en el fuego.

Instrucciones adicionales sobre la ofrenda por la culpa

7 »Estas son las instrucciones para la ofrenda por la
culpa; la cual es sumamente santa. [2]El animal sacrifi-
cado como ofrenda por la culpa se debe matar en el lugar
donde se matan las ofrendas quemadas, y su sangre debe
ser salpicada por todos los lados del altar. [3]Después, el
sacerdote ofrecerá toda la grasa sobre el altar, que incluye
la grasa de la cola gorda, la grasa que rodea las vísceras, [4]los
dos riñones junto con la grasa que los rodea cerca de los
lomos, así como el lóbulo largo del hígado. Todo esto hay
que quitarlo junto con los riñones, [5]y los sacerdotes lo que-
marán sobre el altar como una ofrenda especial presentada
al SEÑOR. Esta es la ofrenda por la culpa. [6]Cualquier varón
de la familia del sacerdote podrá comer la carne. Debe co-
merla en un lugar sagrado, porque es sumamente santa.

¡Respuestas Bíblicas! 19 ¿Qué pasaba con la carne ofrendada por la culpa y el pecado?

7:7 La mayor parte de la carne era quemada. La parte que no se quemaba les pertenecía a los sacerdotes. Se les requería a los habitantes de Israel que hicieran estos sacrificios cuando rompían alguna de las leyes de Dios.

[7]»Las mismas instrucciones se aplican tanto para la
ofrenda por la culpa como para la ofrenda por el pecado.
Ambas le pertenecen al sacerdote que las usa para purificar
a alguien, haciendo así que la persona sea justa ante el
SEÑOR.* [8]En el caso de la ofrenda quemada, el sacerdote
podrá quedarse con la piel del animal sacrificado. [9]Toda
ofrenda de grano que haya sido cocida al horno, preparada

***Notas textuales** **6:7** O *el sacerdote hará expiación por ti ante el SEÑOR.* **6:8** Los versículos del 6:8-30 corresponden al 6:1-23 en el texto hebreo. **6:16** En hebreo *de la carpa de reunión*; similar en 6:26, 30. **6:20** En hebreo *1/10 de un efa* [2 cuartos]. **6:21** El significado de este término hebreo es incierto. **6:22** En hebreo *el sacerdote ungido.* **6:30** O *para hacer expiación.* **7:7** O *para hacer expiación.*

Referencias cruzadas **6:6** Lv 5:15-16 **6:18** 1 Co 9:13 **7:1** Lv 5:14–6:7

en una cacerola o en un sartén le pertenece al sacerdote que la presenta. 10Todas las demás ofrendas de grano, ya sean de harina seca o harina humedecida con aceite de oliva, se repartirán equitativamente entre todos los sacerdotes, los descendientes de Aarón.

Instrucciones adicionales sobre la ofrenda de paz

11»Estas son las instrucciones con respecto a las distintas clases de ofrendas de paz que se pueden presentar al SEÑOR. 12Si presentas una ofrenda de paz como una expresión de acción de gracias, el animal de sacrificio acostumbrado debe ser acompañado de varias clases de pan preparados sin levadura: panes planos mezclados con aceite de oliva, obleas untadas con aceite y panes de harina selecta mezclada con aceite de oliva. 13Esta ofrenda de paz por acción de gracias también debe ser acompañada de panes hechos con levadura. 14Un pan de cada clase deberá presentarse como ofrenda al SEÑOR. Estos panes pertenecerán al sacerdote que salpica la sangre de la ofrenda de paz contra el altar. 15La carne de la ofrenda de paz por acción de gracias deberá comerse en el mismo día que se ofrece. No se permite guardar ninguna parte para la mañana siguiente.

16»Si llevas una ofrenda para cumplir un voto o como una ofrenda voluntaria, la carne deberá comerse en el mismo día que se ofrece el sacrificio, pero lo que quede podrá comerse al día siguiente. 17Toda la carne que quede hasta el tercer día deberá quemarse por completo. 18Si al tercer día se come algo de la carne de la ofrenda de paz, la persona que la presentó no será aceptada por el SEÑOR. No recibirás ningún mérito por haberla presentado, pues para entonces, la carne estará contaminada; si la comes, serás castigado por tu pecado.

19»No se permite comer carne que toque cualquier cosa ceremonialmente impura; deberá quemarse por completo. Se permite comer el resto de la carne, pero solo por los que queden ceremonialmente puros. 20Si quedas ceremonialmente impuro y comes carne de una ofrenda de paz que se presentó al SEÑOR, serás excluido de la comunidad. 21Si tocas cualquier cosa que sea impura (ya sea contaminación humana o un animal impuro o cualquier otra cosa impura y detestable) y luego comes carne de una ofrenda de paz presentada al SEÑOR, serás excluido de la comunidad».

Prohibición acerca de la sangre y de la grasa

22Después, el SEÑOR le dijo a Moisés: 23«Da las siguientes instrucciones al pueblo de Israel: nunca deberás comer grasa, ya sea de ganado, de oveja o de cabra. 24Nunca deberás comer la grasa de un animal encontrado muerto o despedazado por animales salvajes, aunque puede usarse para cualquier otro propósito. 25Cualquiera que coma la grasa de un animal presentado como ofrenda especial al SEÑOR será excluido de la comunidad. 26Donde sea que vivas, nunca deberás consumir la sangre de ningún ave o animal. 27Todo el que consuma sangre será excluido de la comunidad».

Porción para los sacerdotes

28Entonces el SEÑOR le dijo a Moisés: 29«Da las siguientes instrucciones al pueblo de Israel: cuando presentes una ofrenda de paz al SEÑOR, lleva una parte como ofrenda al SEÑOR. 30Preséntala al SEÑOR con tus propias manos, como una ofrenda especial para él. Lleva la grasa del animal junto con el pecho, y levanta el pecho como una ofrenda especial al SEÑOR. 31Luego, el sacerdote quemará la grasa en el altar, pero el pecho le pertenecerá a Aarón y a sus descendientes. 32El muslo derecho de la ofrenda de paz se le dará al sacerdote como ofrenda. 33El muslo derecho siempre se le dará al sacerdote que ofrece la sangre y la grasa de la ofrenda de paz. 34Pues he apartado el pecho de la ofrenda especial y el muslo derecho de la ofrenda sagrada para los sacerdotes. Aarón y sus descendientes tendrán el derecho perpetuo de participar en las ofrendas de paz presentadas por el pueblo de Israel. 35Esta es la porción que les corresponde. Las ofrendas especiales presentadas al SEÑOR fueron apartadas para Aarón y para sus descendientes desde el momento en que fueron separados para servir al SEÑOR como sacerdotes. 36En el día que fueron ungidos, el SEÑOR les mandó a los israelitas que dieran estas porciones a los sacerdotes como su parte perpetua de generación en generación».

37Esas son las instrucciones para la ofrenda quemada, la ofrenda de grano, la ofrenda por el pecado y la ofrenda por la culpa, así como la ofrenda de ordenación y la ofrenda de paz. 38El SEÑOR le dio esas instrucciones a Moisés en el monte Sinaí cuando les ordenó a los israelitas que presentaran sus ofrendas al SEÑOR en el desierto de Sinaí.

¡Respuestas Bíblicas! 20 ¿Cuál era el trabajo de los sacerdotes en Israel?

8:2 Los sacerdotes hacían los sacrificios para el pueblo y cuidaban el tabernáculo. También le enseñaban al pueblo las leyes de Dios para vivir correctamente.

Ordenación de los sacerdotes

8 Entonces el SEÑOR le dijo a Moisés: 2«Trae a Aarón y a sus hijos, junto con sus vestiduras sagradas, el aceite de la unción, el becerro para la ofrenda por el pecado, los dos carneros y la cesta con el pan preparado sin levadura, 3y convoca a toda la comunidad de Israel para que se reúna a la entrada del tabernáculo*».

4Así que Moisés siguió las instrucciones del SEÑOR, y toda la comunidad se reunió a la entrada del tabernáculo. 5Moisés les anunció: «¡Esto es lo que el SEÑOR nos ha ordenado que hagamos!». 6Después presentó a Aarón y a sus hijos y los lavó con agua. 7A Aarón le puso la túnica oficial y lo ciñó con una faja alrededor de la cintura. Lo vistió con el manto, le puso encima el efod bien asegurado con la faja decorativa. 8Después Moisés puso el pectoral sobre Aarón y colocó adentro el Urim y el Tumim. 9Además puso el turbante sobre la cabeza de Aarón y, en la parte delantera del turbante, sujetó la medalla de oro —el símbolo de santidad— tal como el SEÑOR le había ordenado.

10Después Moisés tomó el aceite de la unción y ungió el tabernáculo y todo lo que había en él, y así los santificó. 11Roció el altar siete veces con el aceite, de esta manera lo ungió junto con todos los utensilios, al igual que el lavamanos y su base, para santificarlos. 12Luego derramó un poco de aceite de la unción sobre la cabeza de Aarón,

***Notas textuales 8:3** En hebreo *de la carpa de reunión*; también en 8:4, 31, 33, 35.

Referencias cruzadas 7:26 Hch 15:20, 29 **7:34** Ex 29:27

y de esta manera lo ungió y lo santificó para su labor. 13Después, Moisés presentó a los hijos de Aarón. Los vistió con sus túnicas, las ató con las fajas y les colocó los gorros especiales, tal como el SEÑOR le había ordenado.

14Luego Moisés presentó el becerro para la ofrenda por el pecado. Aarón y sus hijos pusieron sus manos sobre la cabeza del becerro. 15Moisés lo mató y tomó parte de la sangre y, con su dedo, la untó sobre los cuatro cuernos del altar para purificarlo. Derramó el resto de la sangre al pie del altar. Mediante este proceso, al purificarlo,* el altar quedó consagrado. 16Después Moisés tomó toda la grasa que rodea las vísceras, el lóbulo largo del hígado, los dos riñones junto con la grasa que los rodea, y lo quemó todo sobre el altar. 17Luego tomó el resto del becerro —incluidos la piel, la carne y el estiércol— y lo quemó en el fuego fuera del campamento, tal como el SEÑOR le había ordenado.

18Luego Moisés presentó el carnero para la ofrenda quemada. Aarón y sus hijos pusieron sus manos sobre la cabeza del carnero, 19y Moisés lo mató. Después tomó la sangre del carnero y la salpicó por todos los lados del altar. 20Luego cortó el carnero en pedazos, quemó la cabeza, algunos de los pedazos y la grasa en el altar. 21Después de lavar las vísceras y las patas con agua, Moisés quemó todo el carnero sobre el altar como una ofrenda quemada. Fue un aroma agradable, una ofrenda especial presentada al SEÑOR, tal como el SEÑOR le había ordenado.

22Después, Moisés presentó el otro carnero, el de la ordenación. Aarón y sus hijos pusieron sus manos sobre la cabeza del carnero, 23y Moisés lo mató. Después tomó un poco de la sangre y se la untó a Aarón en el lóbulo de la oreja derecha, en el pulgar de la mano derecha y en el dedo gordo de su pie derecho. 24A continuación, Moisés presentó a los hijos de Aarón y les untó un poco de la sangre en el lóbulo de la oreja derecha, en el pulgar de la mano derecha y en el dedo gordo del pie derecho. Luego salpicó el resto de la sangre por todos los lados del altar.

25Acto seguido, Moisés tomó la grasa del carnero, que incluye la grasa de la cola gorda, la que rodea las vísceras, el lóbulo largo del hígado, los dos riñones con la grasa que los rodea, junto con el muslo derecho. 26Encima de estos puso un pan plano preparado sin levadura, un pan mezclado con aceite de oliva y una oblea untada con aceite de oliva. Estos panes los tomó de la cesta de los panes preparados sin levadura que se había colocado en la presencia del SEÑOR. 27Entonces, Moisés puso todas estas cosas en las manos de Aarón y sus hijos, y las levantó al SEÑOR como una ofrenda especial. 28Luego Moisés les quitó de las manos todas estas ofrendas y las quemó sobre el altar, encima de la ofrenda quemada. Esta era la ofrenda de ordenación; era un aroma agradable, una ofrenda especial presentada al SEÑOR. 29Después Moisés tomó el pecho y lo levantó como una ofrenda especial al SEÑOR. Esta era la porción que le pertenecía a Moisés del carnero de la ordenación, tal como el SEÑOR le había ordenado.

30A continuación Moisés tomó un poco del aceite de la unción y algo de la sangre que estaba en el altar y los roció sobre Aarón y sus vestiduras y sobre los hijos de Aarón y sus vestiduras. De esta manera, hizo santos a Aarón y a sus hijos junto con sus vestiduras.

31Después Moisés les dijo a Aarón y a sus hijos: «Hiervan el resto de la carne de las ofrendas a la entrada del tabernáculo, y cómanla ahí mismo, junto con el pan que está en la cesta de las ofrendas para la ordenación, tal como lo ordené cuando dije: "Aarón y sus hijos se lo comerán". 32Quemen todo lo sobrante de la carne y del pan. 33No salgan de la entrada del tabernáculo durante siete días, porque hasta entonces habrá terminado la ceremonia de la ordenación. 34Todo lo que hemos hecho hoy fue ordenado por el SEÑOR con el fin de purificarlos y hacerlos justos ante él.* 35Ahora permanezcan a la entrada del tabernáculo día y noche durante siete días y hagan todo lo que el SEÑOR exige. Si no lo hacen, morirán, porque esto es lo que el SEÑOR ha ordenado». 36Entonces Aarón y sus hijos hicieron todo lo que el SEÑOR había ordenado por medio de Moisés.

Los sacerdotes comienzan su labor

9 Al octavo día, después de la ceremonia de ordenación, Moisés reunió a Aarón, a sus hijos y a los ancianos de Israel. 2Le dijo a Aarón: «Toma un ternero para una ofrenda por el pecado y un carnero para una ofrenda quemada, ambos sin defecto, y preséntalos al SEÑOR. 3Luego diles a los israelitas: "Tomen un chivo como ofrenda por el pecado, y también tomen un ternero y un cordero, ambos de un año y sin defecto, para una ofrenda quemada. 4También tomen un toro* y un carnero para una ofrenda de paz, y harina humedecida con aceite de oliva para una ofrenda de grano. Presenten todas estas ofrendas al SEÑOR, porque hoy el SEÑOR se aparecerá a ustedes"».

5Así que los israelitas presentaron todas estas cosas a la entrada del tabernáculo,* tal como Moisés lo había mandado. Entonces toda la comunidad se acercó y permaneció de pie ante el SEÑOR. 6Y Moisés dijo: «Esto es lo que el SEÑOR les ha ordenado que hagan para que la gloria del SEÑOR se aparezca ante ustedes».

7Luego Moisés le dijo a Aarón: «Acércate al altar y sacrifica tu ofrenda por el pecado y tu ofrenda quemada para purificarte a ti y al pueblo. Luego presenta las ofrendas del pueblo para purificarlos a ellos y hacerlos justos ante el SEÑOR,* tal como él lo ha ordenado».

8De manera que Aarón fue al altar y mató al ternero como ofrenda por el pecado por sí mismo. 9Entonces sus hijos le llevaron la sangre, él mojó su dedo en ella y la puso en los cuernos del altar, y después derramó el resto de la sangre al pie del altar. 10Luego quemó sobre el altar la grasa, los riñones y el lóbulo largo del hígado de la ofrenda por el pecado, tal como el SEÑOR se lo había ordenado a Moisés. 11Sin embargo, quemó la carne y la piel fuera del campamento.

12A continuación, Aarón mató al animal para la ofrenda quemada, y sus hijos le llevaron la sangre, y él la salpicó por todos los lados del altar. 13Luego ellos le entregaron cada uno de los pedazos de la ofrenda quemada, incluida la cabeza, y los quemó en el altar. 14Después lavó las vísceras y las patas y las quemó en el altar junto con el resto de la ofrenda quemada.

15Después Aarón presentó las ofrendas del pueblo. Mató al chivo del pueblo y lo presentó como una ofrenda por el pecado, tal como lo había hecho con la ofrenda por su propio pecado. 16Luego presentó la ofrenda quemada y la sacrificó en la forma establecida. 17También presentó la ofrenda de grano y quemó un puñado de la mezcla de

***Notas textuales** **8:15** O *al hacer expiación por él*; o *para que las ofrendas de purificación se hicieran sobre él.* **8:34** O *de hacer expiación por ustedes.* **9:4** O *una vaca*; similar en 9:18, 19. **9:5** En hebreo *de la carpa de reunión*; similar en 9:23. **9:7** O *para hacer expiación por ellos.*

Referencias cruzadas **8:29** Lv 7:31-34 **9:4** Ex 29:43 **9:7** Hb 5:1-3; 7:27

harina en el altar, además de la ofrenda quemada habitual de la mañana.

18Después Aarón mató al toro y al carnero como ofrenda de paz del pueblo, y sus hijos le llevaron la sangre, y él la salpicó por todos los lados del altar. 19Luego tomó la grasa del toro y del carnero —la grasa de la cola gorda y la que rodea las vísceras— junto con los riñones y el lóbulo largo del hígado. 20Puso estas porciones de grasa encima del pecho de estos animales y las quemó en el altar. 21Luego Aarón levantó los pechos y los muslos derechos de los animales como una ofrenda especial al SEÑOR, tal como Moisés lo había ordenado.

22Entonces Aarón levantó las manos hacia el pueblo y lo bendijo. Después de presentar la ofrenda por el pecado, la ofrenda quemada y la ofrenda de paz, se bajó del altar. 23Luego Moisés y Aarón entraron en el tabernáculo y, cuando salieron, volvieron a bendecir al pueblo, y la gloria del SEÑOR se apareció a toda la comunidad. 24Un fuego ardiente salió de la presencia del SEÑOR y consumió la ofrenda quemada y la grasa que estaba sobre el altar. Cuando los israelitas lo vieron, gritaron de alegría y se postraron rostro en tierra.

Pecado de Nadab y Abiú

10 Nadab y Abiú, hijos de Aarón, pusieron carbones encendidos en sus incensarios y encima esparcieron incienso. De esta manera, desobedecieron al SEÑOR al quemar ante él un fuego equivocado, diferente al que él había ordenado. 2Como consecuencia, un fuego ardiente salió de la presencia del SEÑOR y los consumió por completo, y murieron ahí ante el SEÑOR.

3Así que Moisés le dijo a Aarón: «Esto quiso decir el SEÑOR cuando dijo:

"Demostraré mi santidad
por medio de los que se acercan a mí.
Demostraré mi gloria
ante todo el pueblo"».

Y Aarón guardó silencio.

4Después Moisés llamó a Misael y a Elzafán, primos de Aarón e hijos de Uziel —que era tío de Aarón— y les dijo: «Vengan y llévense los cuerpos de sus parientes de delante del santuario a un lugar fuera del campamento». 5Entonces se acercaron, los agarraron por la ropa y los llevaron fuera del campamento, tal como Moisés lo había mandado.

6Luego Moisés les dijo a Aarón y a sus hijos Eleazar e Itamar: «No rasguen su ropa ni dejen de peinarse* en señal de dolor. Si lo hacen, morirán, y el enojo del SEÑOR herirá a toda la comunidad de Israel. Sin embargo, el resto de los israelitas, sus parientes, podrán hacer duelo a causa de la destrucción por fuego de Nadab y Abiú que hizo el SEÑOR. 7Pero no salgan de la entrada del tabernáculo* o morirán, porque ustedes fueron ungidos con el aceite de unción del SEÑOR». Entonces hicieron lo que Moisés les ordenó.

Instrucciones sobre la conducta de los sacerdotes

8Después el SEÑOR le dijo a Aarón: 9«Tú y tus descendientes nunca deben beber vino ni ninguna otra bebida alcohólica antes de entrar en el tabernáculo. Si lo hacen, morirán. Esta es una ley perpetua para ustedes, que se cumplirá de generación en generación. 10Deben distinguir entre lo sagrado y lo común, entre lo que es ceremonialmente impuro y lo que es puro. 11Y deben enseñarles a los israelitas todos los decretos que el SEÑOR les ha dado por medio de Moisés».

12Luego Moisés les dijo a Aarón y a los hijos que le quedaban, Eleazar e Itamar: «Tomen lo que queda de la ofrenda de grano, después de que se haya presentado una porción como ofrenda especial al SEÑOR, y cómanla junto al altar. Es sumamente santa, por lo tanto, asegúrense de que no contenga levadura. 13Deberán comerla en un lugar sagrado, porque se les dio a ustedes y a sus descendientes como su porción de las ofrendas especiales que se presentan al SEÑOR. Estos son los mandatos que me fueron dados. 14Sin embargo, el pecho y el muslo que fueron levantados como ofrenda especial podrán comérselos en cualquier lugar que sea ceremonialmente puro. Estas partes se te han dado a ti y a tus descendientes como su porción de las ofrendas de paz presentadas por el pueblo de Israel. 15Deberán levantar el muslo y el pecho como ofrenda especial al SEÑOR, junto con la grasa de las ofrendas especiales. Estas partes te pertenecerán a ti y a tus descendientes, tal como el SEÑOR ha ordenado».

16Luego Moisés les preguntó qué había sucedido con el chivo de la ofrenda por el pecado. Cuando descubrió que había sido quemado, se enojó mucho con Eleazar e Itamar, los hijos que le quedaban a Aarón.

17—¿Por qué no comieron la ofrenda por el pecado en el lugar sagrado? —les preguntó—. ¡Es una ofrenda santa! El SEÑOR se la dio a ustedes para quitar la culpa de la comunidad y purificar al pueblo, y hacerlo justo ante el SEÑOR.* 18Puesto que la sangre del animal no fue llevada al Lugar Santo, ustedes debieron haberse comido la carne en el lugar sagrado, como lo ordené.

19Aarón le contestó a Moisés:

—Hoy, mis hijos presentaron al SEÑOR tanto su ofrenda por el pecado como su ofrenda quemada. No obstante, me ocurrió esta tragedia. ¿Le habría agradado al SEÑOR si yo hubiera comido la ofrenda por el pecado del pueblo en un día tan trágico como este?

20Cuando Moisés escuchó esto, quedó satisfecho.

Animales ceremonialmente puros e impuros

11 Luego el SEÑOR les dijo a Moisés y a Aarón: 2«Den las siguientes instrucciones al pueblo de Israel.

»De todos los animales de la tierra, estos son los que puedes usar para alimento: 3puedes comer cualquier animal rumiante y que tenga las pezuñas totalmente partidas. 4Sin embargo, no puedes comer los siguientes animales* que tienen las pezuñas partidas o que rumian, pero no ambas cosas. El camello rumia, pero no tiene pezuñas partidas, así que es ceremonialmente impuro para ti. 5El damán* rumia, pero no tiene pezuñas partidas, por lo tanto, es impuro. 6La liebre rumia, pero no tiene pezuñas partidas, así que es impura. 7El cerdo tiene pezuñas partidas de manera pareja, pero no rumia, también es impuro. 8No puedes comer la carne de estos animales, ni siquiera tocar el cadáver. Son ceremonialmente impuros para ti.

***Notas textuales** **10:6** O *ni se descubran la cabeza.* **10:7** En hebreo *de la carpa de reunión*; similar en 10:9. **10:17** O *y hacer expiación por el pueblo delante del SEÑOR.* **11:4** La identificación de algunos animales e insectos, y algunas aves que se mencionan en este capítulo es incierta. **11:5** O *conejo salvaje*, o *tejón de las rocas.*

Referencias cruzadas **9:18** Lv 3:1-11 **9:24** 1 Re 18:38-39 **10:1-5** Ex 6:18-23 **10:10** Lv 20:25

El llamado de Moisés

Éxodo 3:1-22

Cuando José invitó a toda su familia a ir a Egipto, tenía un lugar importante en el gobierno, y como los había salvado de morir de hambre, todos respetaban a los hebreos.

Pero con el pasar de los años, llegó otro faraón que no conocía a José ni lo que él había hecho, y comenzó a ver con malos ojos a los hebreos, que eran cada vez más numerosos, al punto de que los hizo sus esclavos y los trató muy mal.

Una pareja hebrea tuvo un niño muy hermoso y decidieron esconderlo porque la orden del rey era que mataran a cualquier bebé varón que naciera. Al cabo de tres meses, no pudiendo esconderlo más, su madre preparó una canasta a prueba de agua y la dejó, con el niño adentro, entre los juncos en la orilla del río Nilo.

Mientras la hija del faraón se bañaba en el Nilo, escuchó el llanto del niño, mandó a traer la canasta y descubrió que era un bebé hebreo. En ese momento, la hermana mayor del bebé, que había estado vigilando la canasta desde lejos, corrió y se ofreció a ayudar a la princesa, quien lo adoptó como propio y le puso de nombre "Moisés", que quiere decir "sacar", porque lo había sacado de las aguas.
Moisés creció entre egipcios, pero sabiendo que su pueblo era el hebreo. Al cumplir 40 años, se fue a visitar a los suyos, y al ver cómo un capataz maltrataba a un esclavo hebreo, se levantó y lo mató. El faraón quiso matarlo, por lo que Moisés tuvo que huir al desierto. Allí se quedó por cuarenta años.

Un día, mientras pastoreaba las ovejas de su suegro, le llamó la atención un arbusto que ardía pero que no terminaba de consumirse y se acercó. Entonces, Dios lo llamó de entre las llamas de la zarza.

—He oído el llanto de mis hijos y quiero enviarte a liberarlos —dijo Dios.
—Yo no puedo, soy tartamudo. Además, ¿quién me creerá?
—Yo, El Señor tu Dios, te envío y estaré contigo. Tira al piso tu vara de pastor —le ordenó el Señor.
Moisés lo hizo y se asustó, al verla convertirse en una serpiente que lo perseguía.
—Tómala de su cola —instruyó el Señor.
Cuando lo hizo, la serpiente volvió a ser una vara—. Así iré contigo y mostraré mi poder. Un día vendrás a este monte a adorarme junto con todo mi pueblo.

Moisés aceptó el llamado. Él vería las demostraciones más espectaculares del poder del Dios de Abraham, y ahora, su Dios.

Tú naciste porque Dios tiene un plan para ti. Tiene un propósito y aunque te veas pequeño, siempre recuerda que Dios es grande y está contigo.

Así como Dios usó la vara de pastor que Moisés tenía, un día Dios quiere usar tu vida, tus talentos y tu servicio para bendecir a otros.

Un corazón duro

Éxodo 7:6 - 11:10

Cuando Moisés recibió el llamado divino de ir a Egipto para liberar al pueblo de Israel, tenía que comenzar por convencer al faraón de librar a miles de hebreos que trabajaban para él y que habían vivido allí como esclavos durante cuatrocientos años.

La respuesta del faraón fue: "*¿Quién es ese Dios para que yo deje ir a Israel?*" Y cada vez que el faraón le dijo que no a Dios, su reino sufrió un desastre.

Por varios días, los falsos dioses egipcios fueron humillados, uno tras otro: dioses representados en las ranas, los piojos, las moscas y las vacas. El faraón seguía resistiéndose a obedecer a Dios.

Al final de todo esto, el lugar parecía una zona de guerra. Tres días de completa oscuridad serían la próxima plaga.

Decidimos correr hacia la tierra de Gosén, al norte, en donde los hebreos vivían. Ninguna de las plagas los había afectado.

La última plaga sería la muerte del primer hijo de todas las familias. Esa noche, nos juntamos con una familia hebrea que había pintado la entrada de la casa con sangre de un corderito para salvarse de ese desastre. Y mientras comíamos la carne del cordero juntos, el ángel de la muerte pasó por los hogares de los egipcios y se cumplió lo que Dios había dicho. Incluso el hijo del faraón murió. Entonces, finalmente, el faraón ordenó a los hebreos que se fueran.

Tendrías que verlo: miles de personas tirando de carretas y carretones, caminando o cabalgando, con una gran cantidad de ovejas y cabras. Aquello era un bullicio tremendo, pero lo mejor era la alegría que les llenaba el rostro y el corazón: finalmente eran libres para ir a adorar a Dios.

Victoria preguntó: "*¿no fue Dios un poco duro con Egipto?*".
Le respondí: "Recuerda que el faraón tuvo diez oportunidades para dejar ir al pueblo del Señor. Cada una de las plagas fue el resultado de la dureza de su corazón."

Victoria: "*¿Y qué tiene que ver conmigo esta historia?*"
Gloriana le explicó: "Dios tiene tanto amor por su pueblo que está dispuesto a hacer todo lo que sea necesario para llevarlo a su destino. Esa fue la lección que aprendimos."

Los diez mandamientos

Éxodo 20:1-21

Al llegar a esta historia, vimos una montaña alta y llena de rocas. No les puedo negar que sentimos un poco de temor, porque parecía más bien un volcán. Había mucho humo y destellos de fuego sobre la pared de piedra. Pero para nuestra sorpresa, allí, escondido en medio de una fisura en la montaña, estaba Moisés. Luego, escuchamos una voz profunda que decía:

Yo soy tu Dios y no adorarás a otros fuera de mi.
No harás mal uso de mi Nombre.
Guardarás un día de descanso.
Honrarás a tu papá y a tu mamá.

Vaya, ¡estábamos presenciando el momento en que Dios escribió la base de la vida espiritual de Israel sobre tablas de piedra, los diez mandamientos! ¡Esto era increíble! Si Israel quería saber cómo seguir el camino del Señor, ya tenía su guía; al obedecerla, viviría una vida diferente.

¿Qué otro pueblo ha recibido por escrito los deseos de Dios como lo vivió Israel?
A partir de ese momento, los israelitas se convirtieron en el pueblo que ha guardado con mucho cuidado cada palabra de lo que Dios les ha enseñado en sus mandamientos.

Muchos años después, los discípulos que siguieron a Jesús durante todo su ministerio, comenzaron a escribir todo lo que habían aprendido de él para que podamos saber cuáles son los deseos de Jesús para sus discípulos. Esto lo encontramos en el Nuevo Testamento.

Jesús dijo:
"Los que aceptan mis mandamientos y los obedecen son los que me aman. Y, porque me aman a mí, mi Padre los amará a ellos. Y yo los amaré y daré a conocer a cada uno de ellos."
Juan 14:21

Así como tu hogar se hace más fuerte cuando sigues las normas que tus padres te enseñan, de igual forma tu amistad con Jesús se hace fuerte cuando aprendes sus palabras y las obedeces.

Tómate un tiempo cada día para aprender a amar las palabras de Jesús.

Josué y el cruce del río Jordán

Josué 3:1-17

Luego de cuarenta años en el desierto, Israel finalmente estaba en la frontera de la tierra que Dios les había prometido. Moisés había muerto y Josué era el líder. Josué enfrentaba un reto muy grande: que el pueblo siguiera su guía, luego de la muerte de Moisés. Josué tenía que ganarse su confianza. Y Como si eso fuera poco, debía encarar la conquista de una zona ocupada por diez naciones más poderosas que Israel.

¿Cómo lo lograría?

Dios lo había llamado a hacer esto y él había creído en la promesa que Dios les había dado cuarenta años antes. Él mismo había visitado esas tierras en secreto, como un espía, y había visto lo increíbles que eran. También había observado cuán poderosos y malos eran esos pueblos. Siendo joven, él y su amigo Caleb pusieron su fe en las palabras de Dios, solo que ahora le tocabaponerlas en acción.

Gloriana, Victoria y yo viajamos en el tiempo para contemplar lo que sucedería ese día. Y vimos a los sacerdotes llevando sobre sus hombros el "arca del pacto", esa pequeña caja de madera revestida de oro que representaba la presencia de Dios. Iban delante de todo el pueblo y todos se mantenían a cierta distancia de ellos.

¿Qué crees? Cuando sus pies tocaron las aguas del río Jordán, este comenzó a secarse.¡Sí, cómo lo oíste! Río arriba, las aguas se acumularon como si una pared invisible las hubiera detenido. Así, los sacerdotes se quedaron de pie en el medio del lecho del río, y allí permanecieron por un buen rato. Cuando el pueblo de Israel vio eso, cobró confianza y entendió que aquello era una señal de que Dios estaba con Josué y con ellos; cruzar en seco un río grande era un mensaje divino que les daba fuerzas para enfrentar el reto que tenían por delante.

Siempre que obedezcamos a Dios, veremos su mano apoyándonos y dándonos fuerzas para hacer su voluntad. ¡Así es Dios!
Al terminar, Victoria notó que varios hombres fuertes —doce, para ser exactos— comenzaron a cargar unas rocas del río, donde los sacerdotes habían estado parados, y las pusieron del otro lado del río. Hicieron un monumento de doce piedras.

¡Descubre tú mismo por qué hicieron eso! La respuesta está en el libro de Josué, capítulo 4:21-22.

Un dato curioso: el monumento de piedras sería una señal de fe para Israel. Pero produjo algo muy distinto entre sus enemigos, algo que ayudó a Israel en su conquista de esas tierras. *¿Qué crees que fue? ¿Quieres averiguarlo?* Lee Josué 5:1.

9»De todos los animales que viven en el agua, estos son los que puedes usar como alimento: puedes comer cualquier animal del agua que tenga tanto aletas como escamas, sea que procedan de agua salada o de los arroyos. 10Sin embargo, nunca comas ningún animal del mar o de los ríos que no tenga aletas y escamas. Son detestables para ti. Esto incluye tanto a las criaturas pequeñas que viven en aguas poco profundas como a todas las criaturas que viven en aguas profundas. 11Siempre serán detestables para ti. Nunca deberás comer su carne, ni siquiera tocar su cadáver. 12Todo animal del agua que no tenga tanto aletas como escamas es detestable para ti.

13»Estas son las aves que son detestables para ti y no deberás comerlas: el buitre grifón, el quebrantahuesos, el buitre de cabeza negra, 14el milano, los halcones de toda clase, 15los cuervos de toda clase, 16el búho real, la lechuza campestre, la gaviota, los gavilanes de toda clase, 17el búho pequeño, el cuervo marino, el búho grande, 18la lechuza común, la lechuza del desierto, el buitre egipcio, 19la cigüeña, las garzas de toda clase, la abubilla y el murciélago.

20»No debes comer insectos alados que caminan por el suelo; son detestables para ti. 21Sin embargo, puedes comer insectos alados que caminan por el suelo y que tengan articulaciones para poder saltar. 22Los insectos que se te permite comer incluyen toda clase de langostas, langostones, grillos y saltamontes. 23Todos los demás insectos alados que caminan sobre el suelo son detestables para ti.

24»Las siguientes criaturas te harán ceremonialmente impuro: cualquiera que toque el cadáver de uno de esos animales quedará contaminado hasta el anochecer; 25y si levanta el cadáver, deberá lavar su ropa y quedará contaminado hasta el anochecer.

26»Todo animal que tenga pezuñas pero que no estén partidas de manera pareja y que no rumie es impuro para ti. Cualquiera que toque el cadáver de dicho animal quedará contaminado. 27De los animales que caminan en cuatro patas, los que se apoyan sobre sus plantas son impuros. Cualquiera que toque el cadáver de dicho animal quedará contaminado hasta el anochecer. 28Si alguien levanta el cadáver, deberá lavar su ropa, y permanecerá contaminado hasta el anochecer. Estos animales son impuros para ti.

29»De los animales pequeños que corren por el suelo, estos serán impuros para ti: la rata-topo, la rata, los lagartos grandes de toda clase, 30el geco, el varano, el lagarto común, la lagartija de arena y el camaleón. 31Todos estos animales pequeños son impuros para ti. Cualquiera que toque el cadáver de dichos animales quedará contaminado hasta el anochecer. 32Si alguno de estos animales muere y cae sobre algo, ese objeto será impuro, ya sea un objeto hecho de madera, de tela, de cuero o de tela áspera. Cualquiera que sea su uso, deberá sumergirse en agua, y quedará contaminado hasta el anochecer. Después de esto, quedará ceremonialmente puro y podrá usarse de nuevo.

33»Si uno de estos animales cae en una olla de barro, todo lo que haya en la olla quedará contaminado, y habrá que romper la olla. 34Si el agua de dicho recipiente cae sobre cualquier alimento, este quedará contaminado; y cualquier bebida que haya en el recipiente quedará contaminada. 35Cualquier objeto sobre el que caiga el cadáver de dichos animales quedará contaminado. Si es un horno o un fogón, deberá ser destruido porque está contaminado, y debes tratarlo como tal.

36»Sin embargo, si el cadáver de uno de estos animales cae en un manantial o en una cisterna, el agua permanecerá pura pero cualquiera que toque el cadáver quedará contaminado. 37Si el cadáver cae sobre la semilla que será sembrada en el campo, aun así, la semilla será considerada pura; 38pero si la semilla está húmeda cuando el cadáver cae sobre ella, la semilla quedará contaminada.

39»Si un animal que te está permitido comer muere, y alguien toca el cadáver, esa persona quedará contaminada hasta el anochecer. 40Si come de su carne o se lleva el cadáver, deberá lavar su ropa y permanecerá contaminada hasta el anochecer.

41»Todos los animales pequeños que corren por el suelo son detestables, y nunca deberás comerlos. 42Esto incluye todos los animales que se deslizan sobre el vientre, como también los de cuatro patas y los de muchas patas. Todos esos animales que corren por el suelo son detestables, y nunca deberás comerlos. 43No te contamines a ti mismo al tocarlos. No te hagas ceremonialmente impuro a causa de ellos. 44Pues yo soy el Señor tu Dios. Debes consagrarte y ser santo, porque yo soy santo. Así que no te contamines al tocar cualquiera de estos animales pequeños que corren por el suelo. 45Pues yo, el Señor, soy quien te sacó de la tierra de Egipto para ser tu Dios; por lo tanto, sé santo porque yo soy santo.

46»Estas son las instrucciones con respecto a los animales terrestres, las aves, los seres marinos y los animales que corren por el suelo. 47Mediante estas instrucciones sabrás lo que es impuro y lo que es puro, y también los animales que puedes comer y los que no puedes comer».

Purificación de la mujer después del parto

12 El Señor le dijo a Moisés: 2«Da las siguientes instrucciones al pueblo de Israel: si una mujer queda embarazada y da a luz un varón, será ceremonialmente impura por siete días, así como es impura durante su período menstrual. 3Al octavo día, circunciden el prepucio del niño. 4Después de esperar treinta y tres días, ella quedará purificada del flujo de sangre del parto. Durante este tiempo de purificación, no debe tocar nada que haya sido consagrado ni tampoco entrar en el santuario hasta que haya terminado su tiempo de purificación. 5Si una mujer da a luz una hija, quedará ceremonialmente impura durante dos semanas, así como es impura durante su período menstrual. Después de esperar sesenta y seis días, ella quedará purificada del flujo de sangre del parto.

6»Cuando se cumpla el tiempo de la purificación, ya sea por haber tenido un hijo o una hija, la mujer deberá llevar un cordero de un año como ofrenda quemada y un pichón de paloma o una tórtola como ofrenda de purificación. Deberá llevar sus ofrendas al sacerdote a la entrada del tabernáculo.* 7Luego el sacerdote las presentará al Señor para purificarla.* Entonces ella volverá a estar ceremonialmente pura después del flujo de sangre del parto. Estas son las instrucciones para una mujer después del nacimiento de un hijo o una hija.

8»Si a la mujer no le alcanza para comprar un cordero, deberá llevar un par de tórtolas o dos pichones de paloma. Uno será para la ofrenda quemada y el otro para la ofrenda de purificación. El sacerdote los sacrificará para purificarla a ella, y quedará ceremonialmente pura».

***Notas textuales** **12:6** En hebreo *de la carpa de reunión.* **12:7** O *para hacer expiación por ella*; ver también 12:8.

Referencias cruzadas **11:2-23** Dt 14:3-20 **11:45** 1 P 1:16 **12:6-8** Lc 2:22-24

Enfermedades graves de la piel

13 El SEÑOR les dijo a Moisés y a Aarón: 2«Si alguien tiene una hinchazón, una erupción o una decoloración de la piel que pueda convertirse en una enfermedad grave de la piel,* esa persona debe ser llevada al sacerdote Aarón, o a uno de sus hijos.* 3El sacerdote examinará la zona afectada de la piel, y si el vello de la zona afectada se ha vuelto blanco y el problema parece estar más profundo que la piel, esta es una enfermedad cutánea grave, y el sacerdote que la examina debe declarar a la persona ceremonialmente impura.

4»Sin embargo, si la zona afectada de la piel es solo una decoloración blanca y no parece estar más profunda que la piel, y si el vello en la mancha no se ha vuelto blanco, el sacerdote pondrá a la persona en cuarentena durante siete días. 5Al séptimo día el sacerdote la volverá a examinar, y si encuentra que la zona afectada no ha cambiado y que el problema no se ha extendido en la piel, el sacerdote la pondrá en cuarentena por siete días más. 6Una vez cumplidos los siete días, el sacerdote la examinará de nuevo, y si encuentra que la zona afectada ha disminuido y no se ha extendido, el sacerdote declarará a la persona ceremonialmente pura; era solamente una erupción. Entonces, la persona lavará su ropa y quedará ceremonialmente pura; 7pero si la erupción continúa extendiéndose después de que la persona fue examinada por el sacerdote y declarada pura, la persona infectada deberá regresar para ser examinada nuevamente. 8Si el sacerdote encuentra que la erupción se ha extendido, debe declarar a la persona ceremonialmente impura, porque ciertamente es una enfermedad de la piel.

9»Cualquiera que contrae una enfermedad grave de la piel deberá acudir al sacerdote para ser examinado. 10Si el sacerdote encuentra una hinchazón blanca en la piel, y el vello en la mancha se ha vuelto blanco y hay una llaga abierta en la zona afectada, 11es una enfermedad crónica de la piel y el sacerdote deberá declarar a la persona ceremonialmente impura. En tales casos, no es necesario poner a la persona en cuarentena porque es evidente que la piel está contaminada por la enfermedad.

12»Ahora bien, supongamos que la enfermedad se ha extendido por toda la piel de la persona y cubre todo su cuerpo de pies a cabeza. 13Cuando el sacerdote examine a la persona infectada y encuentre que la enfermedad cubre todo su cuerpo, la declarará ceremonialmente pura. Dado que la piel se ha vuelto completamente blanca, la persona es pura. 14Pero si aparecen llagas abiertas, la persona infectada será declarada ceremonialmente impura. 15El sacerdote deberá hacer esta declaración tan pronto como vea una llaga abierta, ya que las llagas abiertas indican la presencia de una enfermedad de la piel. 16Sin embargo, si las llagas abiertas sanan y se vuelven blancas como el resto de la piel, la persona deberá regresar al sacerdote 17para ser examinada de nuevo. Si las zonas afectadas efectivamente se han vuelto blancas, el sacerdote declarará ceremonialmente pura a la persona al decir: "¡Eres pura!".

18»Si alguien tiene una llaga purulenta en la piel que ha empezado a sanar, 19pero en el mismo sitio aparece una hinchazón blanca o una mancha blanca rojiza, la persona deberá acudir al sacerdote para que la examine. 20Si el sacerdote, al examinarla, ve que el problema está más profundo que la piel y si el vello en el área afectada se ha vuelto blanco, el sacerdote deberá declarar a la persona ceremonialmente impura; la llaga purulenta se ha convertido en una enfermedad grave de la piel. 21Sin embargo, si el sacerdote no encuentra vello blanco en la zona afectada y ve que el problema no parece estar más profundo que la piel y ha ido disminuyendo, el sacerdote deberá poner a la persona en cuarentena por siete días. 22Si durante ese tiempo el mal del área afectada se extiende por la piel, el sacerdote deberá declarar a la persona ceremonialmente impura, porque es una enfermedad grave; 23pero si la zona afectada no crece ni se extiende, es simplemente la cicatriz de la llaga, y el sacerdote declarará a la persona ceremonialmente pura.

24»Si alguien sufre una quemadura en la piel y la zona quemada cambia de color, poniéndose blanca rojiza o blanca brillante, 25el sacerdote deberá examinarla. Si encuentra que el vello en la zona afectada se ha vuelto blanco y que el problema parece estar más profundo que la piel, entonces ha surgido en la quemadura una enfermedad de la piel. El sacerdote deberá declarar a la persona ceremonialmente impura, porque sin duda se trata de una enfermedad grave de la piel. 26Sin embargo, si el sacerdote no encuentra vello blanco en la zona afectada y ve que el problema no parece estar más profundo que la piel y ha disminuido, el sacerdote deberá poner a la persona en cuarentena por siete días. 27Al séptimo día, el sacerdote deberá examinarla de nuevo. Si la zona afectada se ha extendido en la piel, el sacerdote deberá declarar a la persona ceremonialmente impura, porque es sin duda una enfermedad grave de la piel; 28pero si la zona afectada no ha cambiado ni se ha extendido por la piel, sino que ha disminuido, es simplemente una hinchazón causada por la quemadura. Luego el sacerdote declarará a la persona ceremonialmente pura, porque es simplemente la cicatriz de la quemadura.

29»Si alguien, sea hombre o mujer, tiene una llaga en la cabeza o en la barbilla, 30el sacerdote deberá examinar la llaga. Si encuentra que está más profunda que la piel y contiene vello delgado y amarillo, el sacerdote deberá declarar a la persona ceremonialmente impura. Se trata de una llaga costrosa en la cabeza o en la barbilla. 31Si el sacerdote, al examinar la llaga costrosa, encuentra que no está más profunda que la piel, pero no tiene vello negro, deberá poner a la persona en cuarentena por siete días. 32Cumplidos los siete días, el sacerdote deberá examinar la llaga de nuevo. Si encuentra que la llaga costrosa no se ha extendido y que no contiene vello amarillo y que no parece estar más profunda que la piel, 33la persona deberá afeitarse totalmente, con excepción de la zona afectada. Luego el sacerdote deberá poner a la persona en cuarentena durante otros siete días. 34Al séptimo día examinará la llaga de nuevo. Si no se ha extendido y no parece estar más profunda que la piel, el sacerdote declarará a la persona ceremonialmente pura. Entonces la persona lavará su ropa y quedará ceremonialmente pura. 35Sin embargo, si la llaga costrosa empieza a extenderse después de haber sido declarada pura, 36el sacerdote deberá examinarla de nuevo. Si encuentra que la llaga se ha extendido, no hace falta que el sacerdote busque el vello amarillo; la persona infectada quedará ceremonialmente impura. 37Pero si el color de la llaga costrosa no ha cambiado y ha crecido el

***Notas textuales** **13:2a** Tradicionalmente se traduce *lepra*. El término hebreo empleado en todo este pasaje se usa para describir diversas enfermedades de la piel. **13:2b** O *uno de sus descendientes*.

Referencias cruzadas **13:14-17** Lc 5:12-14

vello negro, la llaga se ha curado. Entonces el sacerdote declarará a la persona ceremonialmente pura.

38»Si alguien, sea hombre o mujer, tiene manchas blancas brillantes en la piel, 39el sacerdote deberá examinar la zona afectada. Si descubre que las manchas brillantes son de un tono blanco opaco, no es nada más que una erupción de la piel, y la persona quedará ceremonialmente pura.

40»Si a un hombre se le cae el cabello y queda calvo, sigue ceremonialmente puro. 41Si pierde el cabello de la frente, y simplemente quedó calvo de la frente; sigue siendo puro. 42Sin embargo, si aparece una llaga de color blanco rojizo en la zona calva de la cabeza o en la frente, es una enfermedad de la piel. 43El sacerdote deberá examinarlo, y si descubre hinchazón alrededor de la llaga blanca rojiza, en cualquier parte de la cabeza del hombre, y tiene la apariencia de una enfermedad de la piel, 44el hombre ciertamente está infectado con una enfermedad de la piel y es impuro. Entonces el sacerdote deberá declararlo ceremonialmente impuro debido a la llaga de la cabeza.

45»Los que sufran de una enfermedad grave de la piel deberán rasgar su ropa y dejar su cabello sin peinar.* Tienen que cubrirse la boca y gritar: "¡Impuro! ¡Impuro!". 46Permanecerán ceremonialmente impuros todo el tiempo que les dure esa enfermedad grave, y deberán vivir aislados en un lugar fuera del campamento.

Tratamiento de ropa contaminada

47»Ahora, supongamos que el moho* contamina alguna prenda de vestir de lana o de lino, 48alguna tela de lana o de lino, la piel de un animal o cualquier objeto hecho de cuero. 49Si la zona afectada de la ropa, de la piel del animal, de la tela o del artículo de cuero se ha vuelto verdosa o rojiza, está contaminada de moho y tendrá que ser mostrada al sacerdote. 50Después de haber examinado la parte afectada, el sacerdote pondrá el artículo en cuarentena por siete días. 51Al séptimo día el sacerdote lo examinará de nuevo. Si la zona afectada se ha extendido, la ropa o la tela o el cuero sin ninguna duda está contaminado de un moho grave y queda ceremonialmente impuro. 52El sacerdote deberá quemar el objeto —la prenda de vestir, la tela de lana o de lino o el artículo de cuero— pues ha sido contaminado con un moho grave. Tendrá que ser totalmente destruido por fuego.

53»Si, al examinarlo de nuevo, el sacerdote descubre que la zona contaminada no se ha extendido en la prenda de vestir, en la tela o en el cuero, 54ordenará que se lave el objeto y luego lo pondrá en cuarentena durante otros siete días. 55Entonces el sacerdote lo examinará otra vez. Si ve que la zona afectada no ha cambiado de color después de haber sido lavado, aunque no se haya extendido, el objeto está contaminado. Tendrá que quemarlo por completo, sin importar si la mancha* está por dentro o por fuera. 56Sin embargo, si el sacerdote lo examina después de haber sido lavado y ve que la zona afectada se ha desteñido, entonces cortará esa parte de la prenda de vestir, de la tela o del cuero. 57Si la mancha reaparece en la prenda de vestir, en la tela o en el artículo de cuero, es evidente que el moho está extendiéndose, y el objeto contaminado tendrá que ser quemado; 58pero si la mancha desaparece de la ropa, de la tela o del artículo de cuero después de haber sido lavado, este se debe lavar nuevamente; y entonces quedará ceremonialmente puro.

59»Estas son las instrucciones acerca de cómo tratar con el moho que contamina una prenda de vestir de lana o de lino, o tela o cualquier objeto hecho de cuero. Esta es la manera en que el sacerdote determinará si estos artículos son ceremonialmente puros o impuros».

¡Respuestas Bíblicas! 21 ¿Qué significaba que alguien enfermo era "purificado"?

14:2 Cuando alguien que se había enfermado ya se había sanado, había algunas cosas que hacer ante los sacerdotes para que todos se aseguraran que esa persona ya estaba limpia de la enfermedad.

Purificación de las enfermedades de la piel

14 El SEÑOR le dijo a Moisés: 2«Las siguientes instrucciones son para los que buscan la purificación ceremonial de una enfermedad cutánea:* los que han sido sanados deben ser llevados al sacerdote, 3quien los examinará en un lugar fuera del campamento. Si el sacerdote comprueba que alguien se ha sanado de una enfermedad grave de la piel, 4llevará a cabo una ceremonia de purificación, usando para ello dos aves vivas que estén ceremonialmente puras, un palo de cedro,* un hilo escarlata y una rama de hisopo. 5El sacerdote mandará matar una de las aves sobre una vasija de barro llena de agua fresca. 6Tomará el ave viva, el palo de cedro, el hilo escarlata y la rama de hisopo, y los mojará en la sangre del ave muerta sobre el agua fresca. 7Luego el sacerdote rociará la sangre del ave muerta siete veces sobre la persona que está siendo purificada de la enfermedad cutánea. Después de purificar a la persona, el sacerdote soltará el ave viva en el campo abierto.

8»Entonces, aquellos que están siendo purificados deberán lavar su ropa, rasurarse todo el cuerpo y bañarse con agua; así quedarán ceremonialmente puros y podrán regresar al campamento. Sin embargo, tendrán que permanecer fuera de su carpa durante siete días. 9Al séptimo día, nuevamente deberán rasurarse todo el pelo de su cabeza, incluidas la barba y las cejas. También deberán lavar su ropa y bañarse con agua; entonces quedarán ceremonialmente puros.

10»Al octavo día, cada persona que está siendo purificada debe llevar dos corderos sin defecto y una cordera de un año sin defecto, junto con una ofrenda de grano de seis litros* de harina selecta humedecida con aceite de oliva, y un tercio de litro* de aceite de oliva. 11Después el sacerdote oficiante presentará a la persona que será purificada, junto con las ofrendas, ante el SEÑOR a la entrada del tabernáculo.* 12El sacerdote tomará uno de los corderos y el aceite de oliva y los ofrecerá como una ofrenda por la culpa y los levantará como una ofrenda especial ante el SEÑOR. 13Luego matará al cordero en el área sagrada donde se matan las ofrendas por el pecado y las ofrendas quemadas. Al igual que la ofrenda por el

***Notas textuales** **13:45** O *y descubrirse la cabeza.* **3:47** Tradicionalmente se traduce *lepra.* El término hebreo empleado en todo este pasaje es el mismo que se usa para describir diversas enfermedades de la piel en 13:1-46. **13:55** El significado del hebreo es incierto. **14:2** Tradicionalmente se traduce *lepra,* ver nota en 13:2a. **14:4** O *enebro*; también en 14:6, 49, 51. **14:10a** En hebreo *3/10 de un efa* [6 cuartos]. **14:10b** En hebreo *un log* [una taza]; también en 14:21. **14:11** En hebreo *de la carpa de reunión*; también en 14:23.

Referencias cruzadas **13:40** 2 Re 2:23 **14:2-7** Lc 5:12-14 **14:10** Mc 1:44

pecado, la ofrenda por la culpa le pertenece al sacerdote; es una ofrenda sumamente santa. 14Luego el sacerdote tomará un poco de la sangre de la ofrenda por la culpa y la untará en el lóbulo de la oreja derecha, en el pulgar de la mano derecha y en el dedo gordo del pie derecho de la persona que está siendo purificada.

15»Después el sacerdote derramará un poco del aceite de oliva en la palma de su propia mano izquierda. 16Mojará el dedo derecho en el aceite que tiene en la palma y rociará un poco del aceite siete veces ante el Señor. 17A continuación untará un poco del aceite que está en la palma sobre la sangre de la ofrenda por la culpa que está en el lóbulo de la oreja derecha, en el pulgar de la mano derecha y en el dedo gordo del pie derecho de la persona que está siendo purificada. 18El sacerdote untará el resto del aceite que le quede en la mano sobre la cabeza del que está siendo purificado. Mediante este proceso el sacerdote purificará a* la persona ante el Señor.

19»Luego el sacerdote deberá presentar la ofrenda por el pecado para purificar a la persona que fue sanada de la enfermedad de la piel. Después, el sacerdote matará al animal que se usará para la ofrenda quemada 20y la presentará sobre el altar junto con la ofrenda de grano. Mediante este proceso, el sacerdote purificará al que fue sanado y quedará ceremonialmente puro.

21»Aquel que sea demasiado pobre y no tenga para comprar estas ofrendas podrá llevar un cordero para la ofrenda por la culpa, para que se levante como una ofrenda especial para purificación. También deberá llevar dos litros* de harina selecta humedecida con aceite de oliva para la ofrenda de grano y una taza de aceite de oliva. 22La ofrenda también debe incluir dos tórtolas o dos pichones de paloma, según sus posibilidades. Una de ellas deberá ser usada para la ofrenda por el pecado y la otra para la ofrenda quemada. 23Al octavo día de la ceremonia de la purificación, la persona que está siendo purificada debe llevar las ofrendas al sacerdote en la presencia del Señor a la entrada del tabernáculo. 24Entonces el sacerdote tomará el cordero para la ofrenda por la culpa, junto con el aceite de oliva, y los levantará como una ofrenda especial para el Señor. 25Después matará al cordero para la ofrenda por la culpa. Tomará un poco de la sangre y la untará en el lóbulo de la oreja derecha, en el pulgar de la mano derecha y en el dedo gordo del pie derecho de la persona que se purifica.

26»El sacerdote también derramará un poco del aceite de oliva en la palma de su propia mano izquierda. 27Mojará el dedo derecho en el aceite de la palma y lo rociará siete veces ante el Señor. 28A continuación untará un poco del aceite que está en la palma de la mano sobre la sangre de la ofrenda por la culpa que está en el lóbulo de la oreja derecha, en el pulgar de la mano derecha y en el dedo gordo del pie derecho de la persona que está siendo purificada. 29El sacerdote untará el resto del aceite que le quede en la mano sobre la cabeza del que está siendo purificado. Mediante este proceso, el sacerdote purificará a la persona ante el Señor.

30»Después el sacerdote ofrecerá las dos tórtolas o los dos pichones de paloma, según lo que la persona pueda pagar. 31Una de las aves es una ofrenda por el pecado y la otra, una ofrenda quemada; serán presentadas junto con la ofrenda de grano. Mediante este proceso, el sacerdote purificará a la persona ante el Señor. 32Estas son las instrucciones para la purificación de los que se han recuperado de una enfermedad grave de la piel, pero no les alcanza para llevar las ofrendas que se requieren normalmente para la ceremonia de purificación».

Tratamiento de casas contaminadas

33Luego el Señor les dijo a Moisés y a Aarón: 34«Cuando lleguen a Canaán, la tierra que les doy como posesión, puede que yo contamine con moho* algunas de las casas de su tierra. 35El propietario de una casa así deberá acudir al sacerdote y decirle: "Parece que mi casa tiene algún tipo de moho". 36Antes que el sacerdote entre a inspeccionar la casa, deberá vaciarla con el fin de que nada de lo que hay dentro sea declarado ceremonialmente impuro. 37Entonces el sacerdote entrará en la casa y examinará el moho de las paredes. Si encuentra manchas verdosas o rojizas y la contaminación parece estar más profunda que la superficie de la pared, 38el sacerdote saldrá por la puerta y pondrá la casa en cuarentena durante siete días. 39Al séptimo día, el sacerdote regresará para inspeccionarla nuevamente. Si encuentra que el moho de las paredes se ha extendido, 40mandará quitar las piedras de las áreas contaminadas. Luego, el material contaminado será llevado fuera de la ciudad a un lugar designado como ceremonialmente impuro. 41Entonces se deberá raspar a fondo las paredes de todo el interior de la casa y tirar el material raspado en el lugar impuro fuera de la ciudad. 42Se traerán piedras nuevas en lugar de las que se han quitado y volverán a cubrirse las paredes con yeso.

43»Sin embargo, si el moho vuelve a aparecer después de que todas las piedras hayan sido reemplazadas y las paredes hayan sido raspadas y recubiertas con yeso, 44el sacerdote deberá regresar a la casa y examinarla de nuevo. Si encuentra que el moho se ha extendido, es evidente que las paredes han sido afectadas con un moho grave, y la casa está totalmente contaminada. 45Deberá ser demolida y todas sus piedras, maderas y yeso deberán ser llevados fuera de la ciudad al lugar designado como ceremonialmente impuro. 46Los que entren en la casa durante el tiempo de cuarentena quedarán ceremonialmente impuros hasta el anochecer, 47y todos los que duerman o coman en la casa deberán lavar su ropa.

48»Si el sacerdote regresa para su inspección y encuentra que el moho no ha vuelto a aparecer en la casa después de haber sido cubiertas las paredes con yeso, declarará pura la casa porque es evidente que el moho ha desaparecido. 49Para purificar la casa, el sacerdote deberá tomar dos aves, un palo de cedro, un poco de hilo escarlata y una rama de hisopo. 50Matará una de las aves sobre una vasija de barro llena de agua fresca. 51Tomará el palo de cedro, la rama de hisopo, el hilo escarlata y el ave viva, y los mojará en la sangre del ave muerta y en el agua fresca. Luego rociará la casa siete veces. 52Cuando el sacerdote haya purificado la casa exactamente de esta forma, 53soltará el ave viva en el campo abierto fuera de la ciudad. Mediante este proceso, el sacerdote purificará la casa y quedará ceremonialmente pura.

54»Estas son las instrucciones para tratar enfermedades graves de la piel,* que incluyen llagas costrosas, 55moho* —tanto sobre la ropa como en una casa—, 56hinchazón de la piel, erupciones, o decoloración de la piel.

***Notas textuales** **14:18** O *el sacerdote hará expiación por*; similar en 14:19, 20, 21, 29, 31, 53. **14:21** En hebreo *1/10 de un efa* [2 cuartos]. **14:34** Tradicionalmente se traduce *lepra*; ver nota en 13:47.

Referencias cruzadas **14:35** Sal 91:10

[57]Este procedimiento determinará si una persona u objeto es ceremonialmente puro o impuro.

»Estas son las instrucciones con respecto a las enfermedades de la piel y al moho».

Secreciones corporales

15 El SEÑOR les dijo a Moisés y a Aarón: [2]«Den las siguientes instrucciones al pueblo de Israel.

»Cualquier hombre que tenga una secreción corporal es ceremonialmente impuro. [3]Su secreción causa contaminación, ya sea que esta continúe o pare. En cualquiera de los dos casos, el hombre es impuro. [4]Cualquier cama en la que duerma el hombre con la secreción y cualquier cosa sobre la que se siente será ceremonialmente impura. [5]De modo que si alguien toca la cama de ese hombre, tendrá que lavar su ropa y bañarse con agua, y permanecerá impuro hasta el anochecer. [6]Si alguien se sienta donde el hombre con la secreción se sentó, entonces tendrá que lavar su ropa y bañarse con agua, y permanecerá impuro hasta el anochecer. [7]Si toca al hombre con la secreción, tendrá que lavar su ropa y bañarse con agua, y permanecerá impuro hasta el anochecer. [8]Si el hombre escupe a alguien, esa persona tendrá que lavar su ropa y bañarse con agua, y permanecerá impura hasta el anochecer. [9]Cualquier manta de montar sobre la que cabalgue el hombre con la secreción quedará ceremonialmente impura. [10]Si alguien toca cualquier cosa que haya estado debajo de él, quedará impuro hasta el anochecer. Tendrá que lavar su ropa y bañarse con agua, y permanecerá impuro hasta el anochecer. [11]Si el hombre toca a alguien sin primero haberse enjuagado las manos, esa persona tendrá que lavar su ropa y bañarse con agua, y permanecerá impuro hasta el anochecer. [12]Cualquier vasija de barro que el hombre toque tendrá que romperse, cualquier utensilio de madera que toque, deberá enjuagarse con agua.

[13]»Cuando el hombre con la secreción sane, deberá contar siete días para el período de purificación. Luego tendrá que lavar su ropa y bañarse con agua fresca, y quedará ceremonialmente puro. [14]Al octavo día tomará dos tórtolas o dos pichones de paloma e irá ante el SEÑOR a la entrada del tabernáculo* y dará sus ofrendas al sacerdote. [15]Entonces el sacerdote presentará una de las aves como ofrenda por el pecado y la otra como ofrenda quemada. Mediante este proceso el sacerdote purificará al hombre* ante el SEÑOR por su secreción.

[16]»Siempre que un hombre tenga una emisión de semen, deberá lavar todo su cuerpo con agua, y permanecerá ceremonialmente impuro hasta el próximo anochecer.* [17]Cualquier ropa o cuero que tenga semen tendrá que lavarse con agua, y permanecerá impuro hasta el anochecer. [18]Después de que un hombre y una mujer hayan tenido relaciones sexuales, los dos deberán lavarse con agua, y permanecerán impuros hasta el próximo anochecer.

[19]»Cada vez que una mujer tenga su período menstrual, quedará ceremonialmente impura durante siete días. Cualquiera que la toque durante ese tiempo quedará impuro hasta el anochecer. [20]Cualquier cosa sobre la que se acueste o se siente la mujer durante su período menstrual quedará impura. [21]Si alguien llega a tocar la cama de la mujer, tendrá que lavar su ropa y bañarse con agua, y permanecerá impuro hasta el anochecer. [22]Si alguien toca algún objeto sobre el cual ella se sentó, tendrá que lavar su ropa y bañarse con agua, y permanecerá impuro hasta el anochecer. [23]Esto incluye la cama o cualquier objeto sobre el que ella se haya sentado; si alguien lo toca, quedará impuro hasta el anochecer. [24]Si un hombre tiene relaciones sexuales con ella y su sangre lo toca, la impureza menstrual se le transmitirá a él. Permanecerá impuro durante siete días, y cualquier cama sobre la que él se acueste será impura.

[25]»Si una mujer tiene durante muchos días un flujo de sangre que no está relacionado con su período menstrual, o si el sangrado continúa más tiempo de su período normal, es ceremonialmente impura. Al igual que durante su período menstrual, la mujer permanecerá impura todo el tiempo que le dure la secreción. [26]Cualquier cama sobre la que ella se acueste o cualquier objeto sobre el cual ella se siente durante ese tiempo quedará impuro, al igual que durante su período menstrual normal. [27]Cualquiera de ustedes que toque estas cosas quedará ceremonialmente impuro. Tendrá que lavar su ropa y bañarse con agua, y permanecerá impuro hasta el anochecer.

[28]»Cuando termine el sangrado, ella deberá contar siete días y después quedará ceremonialmente pura. [29]Al octavo día llevará dos tórtolas o dos pichones de paloma y los entregará al sacerdote a la entrada del tabernáculo. [30]El sacerdote ofrecerá una tórtola como ofrenda por el pecado y la otra como ofrenda quemada. Mediante este proceso, el sacerdote la purificará ante el SEÑOR por la impureza ceremonial causada por su sangrado.

[31]»Así es como ustedes protegerán al pueblo de Israel de la impureza ceremonial. De lo contrario, ellos morirían, porque su impureza contaminaría mi tabernáculo que está en medio de ellos. [32]Estas son las instrucciones que tienen que ver con todo el que tiene secreciones corporales: un hombre que queda impuro a causa de una emisión de semen [33]o una mujer durante su período menstrual. Son aplicables a cualquier hombre o mujer que tenga una secreción corporal, y a un hombre que tenga relaciones sexuales con una mujer que esté ceremonialmente impura».

El Día del Perdón

16 El SEÑOR le habló a Moisés después de la muerte de los dos hijos de Aarón, quienes murieron luego de haber entrado y quemado un fuego equivocado en la presencia del SEÑOR. [2]El SEÑOR le dijo a Moisés: «Advierte a tu hermano Aarón que no entre cuando quiera en el Lugar Santísimo que está detrás de la cortina interior; si lo hace, morirá. Pues allí está la tapa del arca —el lugar de la expiación—, y yo mismo estoy presente en la nube que está sobre la tapa de la expiación.

[3]»Cuando Aarón entre en la zona del santuario, deberá seguir fielmente estas instrucciones: deberá llevar un becerro para una ofrenda por el pecado y un carnero para una ofrenda quemada. [4]Tiene que vestirse con la túnica de lino y la ropa interior de lino que se usa directamente sobre la piel. Amarrará la faja de lino a su cintura y se pondrá sobre la cabeza el turbante de lino. Estas son vestiduras sagradas, por lo que deberá bañarse con agua antes de ponérselas. [5]Aarón deberá tomar de la comunidad de Israel

***Notas textuales** **14:54** Tradicionalmente se traduce *lepra*; ver nota en 13:2a. **14:55** Tradicionalmente se traduce *lepra*; ver nota en 13:47. **15:14** En hebreo *de la carpa de reunión*; también en 15:29. **15:15** O *el sacerdote hará expiación por el hombre*; similar en 15:30. **15:16** En hebreo *hasta el anochecer*; también en 15:18.

Referencias cruzadas **15:25** Mt 9:20 **16:1** Lv 10:1-2 **16:2** Hb 9:25

dos chivos para la ofrenda por el pecado y un carnero para la ofrenda quemada.

6»Aarón presentará su propio becerro como ofrenda por el pecado para purificarse a sí mismo y a su familia, y así serán justos ante el Señor.* 7Luego deberá tomar los dos chivos y los presentará ante el Señor a la entrada del tabernáculo.* 8Después hará un sorteo sagrado para determinar qué chivo será apartado como ofrenda para el Señor y cuál llevará los pecados del pueblo al desierto de Azazel. 9Después Aarón presentará como ofrenda por el pecado el chivo escogido por sorteo para el Señor. 10Al otro chivo, el chivo expiatorio, escogido por sorteo para ser enviado al desierto, lo mantendrán con vida delante del Señor. Cuando sea enviado a Azazel en el desierto, el pueblo será purificado y así serán justos ante el Señor.*

11»Aarón presentará su propio becerro como ofrenda por el pecado para purificarse a sí mismo y a su familia, y así serán justos ante el Señor. Después de haber matado el becerro como ofrenda por el pecado, 12tomará un incensario y lo llenará con brasas ardientes del altar que está delante del Señor. Luego tomará dos puñados de incienso aromático en polvo y llevará el incensario y el incienso detrás de la cortina interior. 13Allí, en la presencia del Señor, pondrá el incienso sobre las brasas encendidas a fin de que una nube de incienso se eleve sobre la tapa del arca —el lugar de la expiación— que está sobre el arca del pacto.* Si sigue estas instrucciones, no morirá. 14Después tomará un poco de la sangre del becerro, mojará su dedo en ella, y la rociará en el lado oriental de la tapa de la expiación. También rociará la sangre siete veces con su dedo delante de la tapa de la expiación.

15»Luego, Aarón matará el primer chivo como ofrenda por el pecado del pueblo y llevará su sangre detrás de la cortina interior. Allí rociará la sangre del chivo sobre y delante de la tapa de la expiación, tal como lo hizo con la sangre del becerro. 16Mediante este proceso, purificará* el Lugar Santísimo, y hará lo mismo con todo el tabernáculo, a causa de la contaminación por el pecado y la rebelión de los israelitas. 17A nadie más se le permitirá estar dentro del tabernáculo cuando Aarón entre para la ceremonia de purificación en el Lugar Santísimo. Nadie podrá entrar hasta que él salga, después de haberse purificado a sí mismo, a su familia y a toda la congregación de Israel, haciéndolos justos ante el Señor.

18»Luego Aarón saldrá para purificar el altar que está delante del Señor. Tomará un poco de la sangre del becerro y del chivo y la pondrá en cada uno de los cuernos del altar. 19Después rociará la sangre con su dedo siete veces sobre el altar. De esta manera lo purificará de la contaminación de Israel y lo hará santo.

20»Cuando Aarón haya terminado de purificar el Lugar Santísimo, el tabernáculo y el altar, presentará el chivo vivo. 21Pondrá ambas manos encima de la cabeza del chivo y confesará sobre él toda la perversidad, la rebelión y los pecados del pueblo de Israel. De esta forma, traspasará los pecados del pueblo a la cabeza del chivo. Después un hombre, especialmente seleccionado para la tarea, llevará el chivo al desierto. 22Al irse el chivo al desierto, llevará todos los pecados del pueblo sobre sí mismo a una tierra desolada.

23»Cuando Aarón vuelva a entrar en el tabernáculo se quitará las vestiduras de lino que llevaba cuando entró en el Lugar Santísimo, y dejará las prendas allí. 24Luego tendrá que bañarse con agua en un lugar sagrado, se pondrá sus vestiduras normales y saldrá para sacrificar una ofrenda quemada por sí mismo y una ofrenda quemada por el pueblo. Mediante este proceso se purificará a sí mismo y también purificará al pueblo, haciéndolos justos ante el Señor. 25Después deberá quemar sobre el altar toda la grasa de la ofrenda por el pecado.

26»El hombre seleccionado para llevar el chivo expiatorio al desierto de Azazel deberá lavar su ropa y bañarse con agua antes de regresar al campamento.

27»El becerro y el chivo presentados como ofrendas por el pecado, cuya sangre Aarón lleva dentro del Lugar Santísimo para la ceremonia de purificación, se sacarán fuera del campamento. La piel, las vísceras y el estiércol de los animales serán quemados. 28El hombre que los queme deberá lavar su ropa y bañarse con agua antes de regresar al campamento.

29»En el décimo día del mes señalado a comienzos del otoño,* deben negarse a sí mismos.* Ni los israelitas de nacimiento ni los extranjeros que vivan entre ustedes harán ninguna clase de trabajo. Esta es una ley perpetua para ustedes. 30En ese día, se presentarán ofrendas de purificación por ustedes,* y serán purificados de todos sus pecados en la presencia del Señor. 31Será un día de descanso absoluto en el que se negarán a sí mismos. Esta es una ley perpetua para ustedes. 32En generaciones futuras, la ceremonia de purificación* la llevará a cabo el sacerdote que fue ungido y ordenado para servir como sumo sacerdote en lugar de su antepasado Aarón. Se pondrá las vestiduras sagradas de lino 33y purificará el Lugar Santísimo, el tabernáculo, el altar, a los sacerdotes y a toda la comunidad. 34Esta es una ley perpetua para ustedes a fin de purificar al pueblo de Israel de sus pecados, haciéndolos justos ante el Señor una vez cada año».

Moisés siguió todas estas instrucciones exactamente como el Señor se lo había ordenado.

Prohibición de comer sangre

17 Entonces el Señor le dijo a Moisés: 2«Da las siguientes instrucciones a Aarón, a sus hijos y a todo el pueblo de Israel. Esto es lo que el Señor ha ordenado.

3»Si algún israelita de nacimiento sacrifica un toro,* un cordero o una cabra, dentro o fuera del campamento 4en vez de llevarlo a la entrada del tabernáculo* para presentarlo como una ofrenda al Señor, esa persona será tan culpable como un asesino.* Esa persona ha derramado sangre y será excluida de la comunidad. 5El propósito de esta regla es evitar que los israelitas sacrifiquen animales en campo abierto; asegurará que lleven sus sacrificios al sacerdote a la entrada del tabernáculo, para que él pueda presentar los animales al Señor como ofrendas de paz. 6Entonces el sacerdote podrá salpicar la sangre sobre el altar del Señor a la entrada del tabernáculo, y podrá quemar la grasa como un aroma agradable al Señor. 7El

***Notas textuales** **16:6** O *para hacer expiación por sí mismo y por su familia*; similar en 16:11, 17b, 24, 34. **16:7** En hebreo *de la carpa de reunión*; similar en 16:16, 17, 20, 23, 33. **16:10** O *desierto, hará expiación por el pueblo.* **16:13** En hebreo *que está sobre el testimonio.* El término hebreo para «testimonio» se refiere a las condiciones del pacto del Señor con Israel escritas en las tablas de piedra, que se guardaban dentro del arca, y también se refiere al pacto mismo. **16:16** O *hará expiación por*; similar en 16:17a, 18, 20, 27, 33. **16:29a** En hebreo *En el décimo día del séptimo mes.* En el antiguo calendario lunar hebreo, ese día caía en septiembre o en octubre. **16:29b** O *deben ayunar*; similar en 16:31. **16:30** O *se hará expiación por ustedes, para purificarlos.* **16:32** O *expiación.*

Referencias cruzadas **16:6** Lv 9:7 **16:15** Hb 6:19; 9:3, 7, 12 **16:34** Hb 9:7

pueblo ya no debe serle infiel al SEÑOR al ofrecer sacri-
ficios a ídolos* que tienen forma de cabra. Esta es una
ley perpetua para el pueblo; tendrá que obedecerla de
generación en generación.
8»Dales también este mandamiento: si algún israelita
de nacimiento o extranjero que viva entre ustedes ofrece
una ofrenda quemada o un sacrificio, 9pero no lo lleva a
la entrada del tabernáculo para ofrecerlo al SEÑOR, esa
persona será excluida de la comunidad.
10»Si algún israelita de nacimiento o extranjero que
viva entre ustedes come o bebe sangre en cualquier forma,
yo me pondré en contra de esa persona y la excluiré de la
comunidad, 11porque la vida del cuerpo está en la sangre.
Les he dado la sangre sobre el altar con el fin de purificar-
los, para hacerlos justos ante el SEÑOR.* Es la sangre, dada
a cambio de una vida, la que hace posible la purificación.
12Por esta razón le he dicho al pueblo de Israel: "Nunca
coman ni beban sangre, ni ustedes ni los extranjeros que
vivan entre ustedes".
13»Si algún israelita de nacimiento o extranjero que
viva entre ustedes va de caza y mata un animal o ave que
se permite comer, deberá escurrirle la sangre y cubrirla
con tierra. 14La vida de toda criatura está en su sangre. Por
eso he dicho al pueblo de Israel: "Nunca coman ni beban
sangre, porque la vida de toda criatura está en su sangre".
Así que cualquiera que consuma sangre será excluido de
la comunidad.
15»Y si algún israelita de nacimiento o extranjero come
la carne de un animal que murió de forma natural o fue
despedazado por animales salvajes, deberá lavar su ropa
y bañarse con agua. Permanecerá ceremonialmente im-
puro hasta el anochecer, después de eso quedará puro;
16pero si no lava su ropa y no se baña, será castigado por
su pecado».

¡Respuestas Bíblicas! 22 ¿Por qué Dios le pidió a Israel que no siga las costumbres de Egipto o Canaán?

18:3 Tanto Egipto de donde Israel había salido con Moisés como Canaán que era la tierra a donde iban tenían muchos dioses paganos y muchas leyes o falta de leyes que iban a perjudicar a Israel de vivir mejor que ellos.

Prácticas sexuales prohibidas

18 Entonces el SEÑOR le dijo a Moisés: 2«Da las
siguientes instrucciones al pueblo de Israel. Yo
soy el SEÑOR su Dios: 3no se comporten como la gente
de Egipto, donde ustedes vivían, o como la gente de Ca-
naán, adonde los llevo. No deberán imitar su estilo de
vida. 4Ustedes deben obedecer todas mis ordenanzas y
asegurarse de obedecer mis decretos, porque yo soy el
SEÑOR su Dios. 5Si obedecen mis decretos y mis ordenan-
zas, encontrarán vida por medio de ellos. Yo soy el SEÑOR.
6»Nunca deberán tener relaciones sexuales con un
pariente cercano, porque yo soy el SEÑOR.
7»No deshonres a tu padre teniendo relaciones se-
xuales con tu madre. Ella es tu madre; no deberás tener
relaciones sexuales con ella.
8»No tengas relaciones sexuales con ninguna de las
esposas de tu padre, porque eso deshonraría a tu padre.
9»No tengas relaciones sexuales con tu hermana o
media hermana, ya sea la hija de tu padre o de tu madre,
sea que haya nacido en tu familia o en otra.
10»No tengas relaciones sexuales con tu nieta, sea ella
la hija de tu hijo o de tu hija, porque eso sería deshonrarte
a ti mismo.
11»No tengas relaciones sexuales con la hija de una
mujer que se case con tu padre, porque ella es tu hermana.
12»No tengas relaciones sexuales con tu tía, la hermana
de tu padre, pues es una pariente cercana de tu padre.
13»No tengas relaciones sexuales con tu tía, la hermana
de tu madre, pues es una pariente cercana de tu madre.
14»No deshonres a tu tío, el hermano de tu padre, al
tener relaciones sexuales con su esposa, pues ella es tu tía.
15»No tengas relaciones sexuales con tu nuera; es la
esposa de tu hijo, de modo que no debes tener relaciones
sexuales con ella.
16»No tengas relaciones sexuales con tu cuñada, la
esposa de tu hermano, porque esto deshonraría a tu
hermano.
17»No tengas relaciones sexuales con una mujer y su
hija, y no tomes a* su nieta, sea la hija de su hijo o de su
hija, para tener relaciones sexuales con ella, porque son
parientes cercanos, y esto sería un acto perverso.
18»Mientras viva tu esposa, no te cases con su her-
mana ni tengas relaciones sexuales con ella, porque serían
rivales.
19»No tengas relaciones sexuales con una mujer du-
rante su período de impureza menstrual.
20»No te contamines a ti mismo al tener relaciones
sexuales con la esposa de tu vecino.
21»No permitas que ninguno de tus hijos sea ofrecido
como sacrificio a Moloc, pues no debes traer vergüenza
al nombre de tu Dios. Yo soy el SEÑOR.
22»No practiques la homosexualidad, al tener relacio-
nes sexuales con un hombre como si fuera una mujer. Es
un pecado detestable.
23»Un hombre no debe contaminarse a sí mismo al
tener sexo con un animal. Tampoco una mujer se ofrecerá
a un animal macho a fin de tener relaciones sexuales. Eso
es un acto perverso.
24»No se contaminen con ninguna de estas prácti-
cas, porque los pueblos que estoy expulsando delante
de ustedes se contaminaron haciendo todas esas prác-
ticas. 25Debido a que toda la tierra se ha contaminado,
voy a castigar a los pueblos que viven en ella. Haré que la
tierra los vomite. 26Ustedes deberán obedecer todos mis
decretos y ordenanzas. No deben cometer ninguno de
estos pecados detestables. Esto es aplicable tanto para
los israelitas de nacimiento como para los extranjeros
que viven entre ustedes.
27»Todas estas actividades detestables las practican los
pueblos de la tierra adonde los llevo, y de esta manera la
tierra se contaminó. 28Así que no contaminen la tierra ni
le den motivos para que los vomite de ella, así como vo-
mitará a los pueblos que viven allí ahora. 29Cualquiera que
cometa alguno de estos pecados detestables será excluido
de la comunidad de Israel. 30Por lo tanto, obedezcan mis
instrucciones, y no se contaminen a sí mismos al cometer

***Notas textuales** **17:3** O *una vaca.* **17:4a** En hebreo *de la carpa de reunión*; también en 17:5, 6, 9. **17:4b** En hebreo *será culpable de sangre.* **17:7** O *demonios.* **17:11** O *de hacer expiación por ustedes.* **18:17** O *no te cases con.*

Referencias cruzadas **17:7** 1 Co 10:20 **17:10-11** Gn 9:4 **18:5** Rm 10:5 **18:20** Mt 5:27-28

cualquiera de estas prácticas detestables que cometieron
los pueblos que vivieron en la tierra antes que ustedes. Yo
soy el SEÑOR su Dios».

Santidad en la conducta personal

19 El SEÑOR también le dijo a Moisés: 2«Da las si-
guientes instrucciones a toda la comunidad de
Israel: sé santo porque yo, el SEÑOR tu Dios, soy santo.
3»Cada uno de ustedes tenga gran respeto por su
madre y su padre, y siempre guarde mis días de descanso.
Yo soy el SEÑOR su Dios.
4»No pongas tu confianza en ídolos ni te hagas imáge-
nes de dioses hechos de metal. Yo soy el SEÑOR tu Dios.
5»Cuando sacrifiques una ofrenda de paz al SEÑOR,
ofrécela de la forma apropiada para que Dios te acepte.*
6Deberás comer el sacrificio en el mismo día que lo ofrez-
cas o al día siguiente. Todo lo que quede hasta el tercer día
deberá quemarse por completo. 7Si al tercer día se come
algo del sacrificio, estará contaminado, y no lo aceptaré.
8Cualquiera que lo coma al tercer día será castigado por
contaminar lo que es santo para el SEÑOR y será excluido
de la comunidad.
9»Cuando recojas las cosechas de tu tierra, no siegues
el grano en las orillas de tus campos ni levantes lo que
caiga de los segadores. 10Harás lo mismo con la cosecha
de la uva, no cortes hasta el último racimo de las vides
ni recojas las uvas que caigan al suelo. Déjalas para los
pobres y para los extranjeros que viven entre ustedes. Yo
soy el SEÑOR tu Dios.
11»No robes.
»No se engañen ni se estafen unos a otros.
12»No traigas vergüenza al nombre de tu Dios al usarlo
para jurar en falso. Yo soy el SEÑOR.
13»No defraudes ni le robes a tu prójimo.
»No retengas hasta el día siguiente el salario de tus
obreros contratados.
14»No insultes al sordo ni hagas tropezar al ciego.
Debes temer a tu Dios; yo soy el SEÑOR.
15»No tuerzas la justicia en asuntos legales al favorecer
al pobre ni al ser parcial con el rico y poderoso. Siempre
juzga con imparcialidad a las personas.
16»No disemines chismes difamatorios entre tu
pueblo.*
»No te quedes con los brazos cruzados cuando la vida
de tu prójimo corre peligro. Yo soy el SEÑOR.
17»No fomentes odio en tu corazón contra ninguno de
tus parientes.* Aclara los asuntos con la gente en forma
directa, a fin de que no seas culpable de su pecado.
18»No busques vengarte, ni guardes rencor contra
tus hermanos israelitas, sino ama a tu prójimo como a ti
mismo. Yo soy el SEÑOR.
19»Deberás obedecer todos mis decretos.
»No cruces dos animales de diferente especie. No
siembres tu campo con dos clases distintas de semillas.
No uses ropa tejida con dos clases diferentes de hilo.
20»Si un hombre tiene sexo con una esclava cuya liber-
tad nunca ha sido comprada, pero está prometida a otro en
matrimonio, este deberá pagar a su amo la compensación
total. Pero ya que la mujer no es libre, ni el hombre ni la
esclava serán condenados a muerte. 21Sin embargo, el
hombre tendrá que llevar un carnero como ofrenda por la
culpa y presentarlo al SEÑOR a la entrada del tabernáculo.*
22El sacerdote entonces lo purificará* ante el SEÑOR con
el carnero de la ofrenda por la culpa, y al hombre se le
perdonará el pecado.
23»Cuando entres en la tierra y plantes árboles fruta-
les, no recogerás el fruto durante los primeros tres años
sino que lo considerarás prohibido;* no lo comas. 24En
el cuarto año, toda la cosecha deberá ser consagrada al
SEÑOR como una celebración de alabanza. 25Por último,
en el quinto año podrás comer el fruto. Si lo haces de esta
manera, tu cosecha aumentará. Yo soy el SEÑOR tu Dios.
26»No comas carne sin primero escurrirle la sangre.
»No practiques la adivinación ni la brujería.
27»No te recortes el pelo de las sienes ni de la barba.
28»No te hagas cortes en el cuerpo por los muertos ni
te hagas tatuajes en la piel. Yo soy el SEÑOR.
29»No deshonres a tu hija convirtiéndola en una pros-
tituta, para que la tierra no se llene de prostitución y de
perversidad.
30»Guarda mis días de descanso y muestra reverencia
por mi santuario. Yo soy el SEÑOR.
31»No te contamines al recurrir a los médiums o a los
que consultan con los espíritus de los muertos. Yo soy el
SEÑOR tu Dios.
32»Ponte de pie en la presencia de los ancianos y mues-
tra respeto por las personas de edad. Teme a tu Dios. Yo
soy el SEÑOR.
33»No te aproveches de los extranjeros que viven entre
ustedes en la tierra. 34Trátalos como a israelitas de naci-
miento, y ámalos como a ti mismo. Recuerda que una
vez fuiste extranjero cuando vivías en Egipto. Yo soy el
SEÑOR tu Dios.
35»No emplees medidas falsas cuando midas la longi-
tud, el peso o la capacidad. 36Tus balanzas y pesas deben
ser exactas. Tus recipientes para medir materiales secos
o líquidos deben ser exactos.* Yo soy el SEÑOR tu Dios
quien te sacó de la tierra de Egipto.
37»Asegúrate de obedecer todos mis decretos y mis
ordenanzas poniéndolos en práctica. Yo soy el SEÑOR».

Castigos por la desobediencia

20 El SEÑOR le dijo a Moisés: 2«Da las siguientes
instrucciones al pueblo de Israel. Estas son apli-
cables tanto para los israelitas de nacimiento como para
los extranjeros que viven en Israel.
»Si alguno de ellos ofrece a sus hijos en sacrificio a
Moloc, será ejecutado. Los miembros de la comunidad lo
matarán a pedradas. 3Me pondré en contra de esa persona
y la eliminaré de la comunidad, porque al ofrecer a sus
hijos a Moloc contaminó mi santuario y deshonró mi
santo nombre. 4Si los miembros de la comunidad hacen la
vista gorda ante aquellos que ofrecen a sus hijos a Moloc,
y se niegan a ejecutarlos, 5yo mismo me pondré en contra
de ellos y de sus familias y los eliminaré de la comunidad.
Esto le sucederá a todos los que cometen prostitución
espiritual al rendir culto a Moloc.
6»También me pondré en contra de todos los que se
entregan a la prostitución espiritual al confiar en médiums
o en los que consultan a los espíritus de los muertos. Los

***Notas textuales** **19:5** O *la acepte.* **19:16** En hebreo *No te comportes como mercader con tu propio pueblo.* **19:17** En hebreo *contra tu hermano.* **19:21** En hebreo *de la carpa de reunión.* **19:22** En hebreo *entonces hará expiación por él.* **19:23** En hebreo *lo considerarás incircunciso.* **19:36** En hebreo *Emplea un efa* [medida para áridos] *justo y un hin* [medida para líquidos] *justo*.

Referencias cruzadas **19:2** 1 P 1:16 **19:5-7** Lv 7:16-18 **19:9-10** Dt 24:19-22 **19:12-14** St 4:5 **19:18** St 2:8

eliminaré de la comunidad. 7Así que consagren su vida para ser santos, porque yo soy el SEÑOR su Dios. 8Guarden todos mis decretos poniéndolos en práctica, porque yo soy el SEÑOR quien los hace santos.

9»Cualquiera que deshonre a su padre o a su madre* será ejecutado. Esa persona es culpable de un delito de muerte.

10»Si un hombre comete adulterio con la esposa de su vecino, tanto el hombre como la mujer que cometieron adulterio serán ejecutados.

11»Si un hombre deshonra a su padre al tener sexo con una de las esposas de su padre, tanto el hombre como la mujer serán ejecutados, pues son culpables de un delito de muerte.

12»Si un hombre tiene sexo con su nuera, los dos serán ejecutados. Han cometido una gran perversidad y son culpables de un delito de muerte.

13»Si un hombre practica la homosexualidad, al tener relaciones sexuales con otro hombre como si fuera una mujer, ambos han cometido un acto detestable. Ambos serán ejecutados, pues son culpables de un delito de muerte.

14»Si un hombre se casa con una mujer y también con la madre de ella, ha cometido un acto perverso. Tanto el hombre como ambas mujeres deberán morir quemados para eliminar semejante perversidad de entre ustedes.

15»Si un hombre tiene sexo con un animal, será ejecutado, y deberán matar al animal.

16»Si una mujer se entrega a un animal macho para tener relaciones sexuales con él, tanto ella como el animal serán ejecutados. Deberán matar a ambos, pues son culpables de un delito de muerte.

17»Si un hombre se casa con su hermana, la hija de su padre o de su madre, y tiene relaciones sexuales con ella, es un acto vergonzoso. Serán excluidos públicamente de la comunidad. Puesto que el hombre ha deshonrado a su hermana, se le castigará por su pecado.

18»Si un hombre tiene relaciones sexuales con una mujer durante su período menstrual, ambos serán excluidos de la comunidad, pues juntos expusieron la fuente de su flujo de sangre.

19»No tengas relaciones sexuales con tu tía, ya sea hermana de tu madre o de tu padre. Eso deshonraría a un pariente cercano. Ambos son culpables y serán castigados por su pecado.

20»Si un hombre tiene relaciones sexuales con la esposa de su tío, ha deshonrado a su tío. Tanto el hombre como la mujer serán castigados por su pecado, y morirán sin tener hijos.

21»Si un hombre le quita la esposa a su hermano, es un acto de impureza. Ha deshonrado a su hermano, y la pareja culpable quedará sin descendencia.

22»Debes guardar todos mis decretos y mis ordenanzas poniéndolos en práctica; de lo contrario, la tierra a la cual te llevo para que sea tu nuevo hogar te vomitará. 23No vivas conforme a las costumbres de los pueblos que voy expulsando de delante de ti. Yo los detesto debido a que hacen estas cosas vergonzosas. 24Sin embargo, a ustedes les he prometido: "Poseerás la tierra de ellos porque yo te la daré a ti como posesión, es una tierra donde fluyen la leche y la miel". Yo soy el SEÑOR tu Dios, quien te ha separado de las demás naciones.

25»Por lo tanto, debes distinguir entre los animales ceremonialmente puros y los impuros, y entre las aves puras e impuras. No te contamines al comer alguno de estos animales impuros, aves o criaturas que corran por el suelo. Los he identificado como impuros para ti. 26Sé santo porque yo, el SEÑOR, soy santo. Te he separado de las demás naciones para que seas mío.

27»Los hombres o las mujeres entre ustedes que actúen como médiums o que consulten a los espíritus de los muertos, deberán morir apedreados. Son culpables de un delito de muerte».

Instrucciones para los sacerdotes

21 El SEÑOR le dijo a Moisés: «Da las siguientes instrucciones a los sacerdotes, los descendientes de Aarón.

»Un sacerdote no debe tocar el cadáver de un pariente, pues al hacerlo queda ceremonialmente impuro. 2La única excepción son sus parientes más cercanos: madre o padre, hijo o hija, hermano, 3o hermana virgen que dependa de él por no tener esposo. 4Pero un sacerdote no debe contaminarse y hacerse impuro por tocar el cadáver de alguien que esté relacionado con él solo por matrimonio.

5»Los sacerdotes no deben raparse la cabeza ni recortarse la barba, ni hacerse cortes en su cuerpo. 6Deben ser apartados como santos para su Dios y nunca deshonrar el nombre de Dios. Deben ser santos, porque ellos son los que presentan las ofrendas especiales al SEÑOR, ofrendas de alimento para su Dios.

7»No se permite a los sacerdotes casarse con una mujer contaminada por la prostitución, ni casarse con una mujer divorciada, porque los sacerdotes están separados como santos para su Dios. 8Deberás tratarlos como santos porque ellos son los que ofrecen alimento a tu Dios. Debes considerarlos santos porque yo, el SEÑOR, soy santo y yo te hago santo.

9»Si la hija de un sacerdote se contamina a sí misma al hacerse prostituta, ella también contamina la santidad de su padre, y deberá morir quemada.

10»El sumo sacerdote tiene el rango más alto de todos los sacerdotes. El aceite de la unción fue derramado sobre su cabeza y él fue ordenado para que lleve las vestiduras sacerdotales. Nunca debe tener el cabello despeinado* ni rasgar sus vestiduras. 11No debe contaminarse a sí mismo al acercarse a un cadáver. No se le permite hacerse ceremonialmente impuro ni aun por su padre o su madre. 12No deberá contaminar el santuario de su Dios al dejarlo para atender a un muerto, porque fue hecho santo mediante el aceite de la unción de su Dios. Yo soy el SEÑOR.

13»Al sumo sacerdote se le permite casarse únicamente con una virgen. 14No se le permite casarse con una viuda, ni con una divorciada, ni con una mujer contaminada por la prostitución. Tiene que ser una virgen de su propio clan, 15para que no deshonre a los descendientes de su clan, porque yo soy el SEÑOR quien lo hace santo».

16Luego el SEÑOR le dijo a Moisés: 17«Da las siguientes instrucciones a Aarón: en las generaciones futuras, ninguno de tus descendientes que tenga algún defecto físico será apto para ofrecer alimento a su Dios. 18Nadie que tenga un defecto será apto, ya sea ciego, cojo, desfigurado, deforme, 19que tenga un pie o un brazo roto, 20jorobado,

***Notas textuales 20:9** La versión griega dice *Cualquiera que hable irrespetuosamente de su padre o de su madre.* Comparar Mt 15:4; Mc 7:10. **21:10** O *Nunca debe descubrirse la cabeza.*

Referencias cruzadas 20:6 Lv 19:26, 31 **20:9** Mt 15:4 **20:13** Lv 18:22

enano, que tenga defecto en un ojo, que tenga llagas o costras en la piel, o que tenga los testículos dañados. 21No se le permite a ningún descendiente de Aarón que tenga algún defecto acercarse al altar para presentar ofrendas especiales al SEÑOR. Ya que tiene un defecto, no se le permite acercarse al altar para ofrecer alimento a su Dios. 22Sin embargo, puede comer del alimento ofrecido a Dios, incluidas las ofrendas santas y las ofrendas sumamente santas. 23Pero a causa de su defecto físico, no se le permite entrar en la sala detrás de la cortina interior ni acercarse al altar, porque esto contaminaría mi santuario. Yo soy el SEÑOR quien los hace santos».

24Entonces Moisés les dio estas instrucciones a Aarón, a sus hijos y a todos los israelitas.

22 El SEÑOR le dijo a Moisés: 2«Diles a Aarón y a sus hijos que sean muy cuidadosos con las ofrendas sagradas que los israelitas apartan para mí, a fin de que no deshonren mi santo nombre. Yo soy el SEÑOR. 3Dales las siguientes instrucciones.

»En todas las generaciones futuras, si alguno de los descendientes de ustedes está ceremonialmente impuro cuando se acerque a las ofrendas sagradas que el pueblo de Israel le consagra al SEÑOR, esta persona tendrá que ser excluida de mi presencia. Yo soy el SEÑOR.

4»Si algún descendiente de Aarón tiene una enfermedad de la piel* o cualquier clase de secreción que lo haga ceremonialmente impuro, no se le permite comer de las ofrendas sagradas hasta que haya sido declarado puro. También quedará impuro al tocar un cadáver o al tener una emisión de semen 5o al tocar un animal pequeño que sea impuro o al tocar a alguien que por algún motivo esté ceremonialmente impuro. 6El que se haya contaminado en cualquiera de estas formas permanecerá impuro hasta el anochecer. No se le permite comer de las ofrendas sagradas hasta que se haya bañado con agua. 7Cuando el sol se ponga, volverá a quedar ceremonialmente puro y podrá comer de las ofrendas sagradas, porque este es su alimento. 8No se le permite comer un animal que haya muerto de muerte natural o haya sido despedazado por los animales salvajes, porque esto lo contaminará. Yo soy el SEÑOR.

9»Los sacerdotes deberán seguir mis instrucciones cuidadosamente. De lo contrario, serán castigados por su pecado y morirán por desobedecer mis instrucciones. Yo soy el SEÑOR quien los hace santos.

10»A nadie fuera de la familia del sacerdote se le permite comer de las ofrendas sagradas. Ni siquiera los huéspedes ni los obreros contratados en el hogar del sacerdote podrán comerlas. 11Sin embargo, si el sacerdote compra un esclavo, ese esclavo podrá comer de las ofrendas sagradas; y si sus esclavos tienen hijos, ellos también podrán comer de esas ofrendas. 12Pero si la hija de un sacerdote se casa con alguien fuera de la familia de los sacerdotes, ella no podrá comer más de las ofrendas sagradas; 13pero si queda viuda o se divorcia y no tiene hijos que la sostengan, y ella regresa a vivir a la casa de su padre como en su juventud, podrá volver a comer del alimento de su padre. Aparte de eso, nadie ajeno a la familia del sacerdote podrá comer de las ofrendas sagradas.

14»Si una de esas personas come de las ofrendas sagradas sin darse cuenta, deberá pagarle al sacerdote por lo que comió, más un veinte por ciento adicional. 15Los sacerdotes no deben permitir que los israelitas contaminen las ofrendas sagradas que llevan al SEÑOR 16dejando que personas no autorizadas las coman. Eso los haría culpables y deberán pagar compensación. Yo soy el SEÑOR quien los hace santos».

Ofrendas dignas e indignas

17El SEÑOR le dijo a Moisés: 18«Da a Aarón, a sus hijos y a todos los israelitas estas instrucciones; son aplicables tanto para los israelitas de nacimiento como para los extranjeros que viven entre ustedes.

»Si presentas una ofrenda quemada al SEÑOR, ya sea para cumplir un voto o como una ofrenda voluntaria, 19serás aceptado* únicamente si la ofrenda es un animal macho sin defecto. Podrá ser un toro, un carnero o un chivo. 20No presentes un animal con defectos, porque el SEÑOR no lo aceptará a tu favor.

21»Si presentas al SEÑOR una ofrenda de paz de la manada o del rebaño, ya sea para cumplir un voto o como ofrenda voluntaria, deberás ofrecer un animal perfecto. No se permite que tenga ninguna clase de defecto. 22No debes ofrecer un animal ciego, cojo o herido, o que tenga una verruga, llagas en la piel o costras. Nunca ofrecerás tales animales al SEÑOR sobre el altar como ofrendas especiales. 23Si un toro* o un cordero tuviera una pata más larga o más corta que las demás, se podrá presentar como una ofrenda voluntaria, pero no como una ofrenda para cumplir un voto. 24Tampoco presentarás al SEÑOR un animal que tenga los testículos dañados o que esté castrado. No harás esto en tu propia tierra, 25y no deberás aceptar animales así de los extranjeros y luego ofrecerlos como sacrificio a tu Dios. Dichos animales no serán aceptados a tu favor, porque están mutilados o tienen defectos».

26El SEÑOR le dijo a Moisés: 27«Cuando nazca un ternero, un cordero o un cabrito, deberá permanecer al lado de su madre durante siete días. A partir del octavo día será aceptable como una ofrenda especial para el SEÑOR. 28No matarás a una cría y a su madre en el mismo día, ya sea de la manada o del rebaño. 29Cuando lleves una ofrenda de agradecimiento al SEÑOR, sacrifícala de la forma apropiada para que seas aceptado. 30Cómete todo el animal sacrificado en el día que lo presentes. No dejes nada del animal para la mañana siguiente. Yo soy el SEÑOR.

31»Debes guardar fielmente todos mis mandatos poniéndolos en práctica, porque yo soy el SEÑOR. 32No deshonres mi santo nombre, porque demostraré mi santidad entre el pueblo de Israel. Yo soy el SEÑOR quien te hace santo. 33Yo fui el que te rescató de la tierra de Egipto para ser tu Dios. Yo soy el SEÑOR».

Festivales establecidos

23 El SEÑOR le dijo a Moisés: 2«Da las siguientes instrucciones al pueblo de Israel. Estos son los festivales establecidos por el SEÑOR, los cuales ustedes proclamarán como días oficiales de asamblea santa.

3»Tienes seis días en la semana para hacer tu trabajo habitual, pero el séptimo es un día de descanso absoluto, un día oficial de asamblea santa. Es el día de descanso del SEÑOR, y tendrás que guardarlo dondequiera que vivas.

4»Además del día de descanso, estos son los festivales

***Notas textuales** **22:4** Tradicionalmente se traduce *lepra*; ver nota en 13:2a. **22:19** O *será aceptada.* **22:23** O *una vaca.*

Referencias cruzadas **20:18** Lv 15:24 **20:21** Lv 18:16 **20:24** Ex 33:16 **20:27** Lv 19:31 **21:6** Lv 18:21 **21:10** Lv 10:6-7 **21:13** Ez 44:22 **21:23** Lv 22:19-25 **22:2** Lv 19:8 **22:14** Lv 5:15-16 **22:20** 1 P 1:19 **22:29-30** Lv 7:12-15

establecidos por el Señor, los días oficiales para asam-
blea santa que deberán celebrarse en las fechas señaladas
cada año.

¡Respuestas Bíblicas! 23 ¿Qué eran las fiestas para Israel?

23:6-12 Las fiestas eran los días especiales y sagrados que Dios le decía a su pueblo que celebrara por algún motivo especial como recordar algo que Dios había hecho ese día. Estas fiestas eran tiempos de gran gozo ya que los israelitas recordaban alguna proeza o maravilla que había hecho Dios con ellos.

La Pascua y el Festival de los Panes sin Levadura

5»La Pascua del Señor comienza a la caída del sol en el día
catorce del primer mes.* 6Al día siguiente, el día quince
del mes, comenzarás a celebrar el Festival de los Panes sin
Levadura. Este festival en honor al Señor continúa por
siete días, y durante ese tiempo, tendrás que preparar el
pan que comas sin levadura. 7El primer día del festival,
todo el pueblo dejará el trabajo habitual y celebrará un
día oficial de asamblea santa. 8Durante siete días deberás
presentar ofrendas especiales al Señor. Al séptimo día,
nuevamente el pueblo dejará todo su trabajo habitual para
celebrar un día oficial de asamblea santa».

Celebración de la Primera Cosecha

9Entonces el Señor le dijo a Moisés: 10«Da las siguientes
instrucciones al pueblo de Israel. Cuando entres en la tierra
que te doy y recojas la primera cosecha, lleva al sacerdote
el primer manojo de tu primera cosecha de grano. 11Al día
siguiente del día de descanso, el sacerdote la levantará ante
el Señor a fin de que sea aceptada a tu favor. 12Ese mismo
día deberás sacrificar un cordero de un año sin defecto como
una ofrenda quemada al Señor. 13También presentarás
una ofrenda de grano de cuatro litros* de harina selecta
humedecida con aceite de oliva. Será una ofrenda especial,
un aroma agradable al Señor. Además, debes ofrecer un
litro* de vino como ofrenda líquida. 14En ese día no comas
pan ni grano tostado o fresco antes de llevar la ofrenda a tu
Dios. Esta es una ley perpetua para ti, que se cumplirá de
generación en generación dondequiera que vivas.

El Festival de la Cosecha

15»A partir del día que sigue al día de descanso —el día en
que lleves el manojo de grano para que sea levantado como
una ofrenda especial— contarás siete semanas completas.
16Cuenta hasta el día después del séptimo día de descanso,
estos son cincuenta días después. Entonces presentarás al
Señor una ofrenda de grano nuevo. 17Desde dondequiera
que vivas, llevarás dos panes para ser levantados delante
del Señor como ofrenda especial. Prepara cada uno de los
panes con cuatro litros de harina selecta, y hornéalos con
levadura. Serán una ofrenda al Señor de la primera de tus
cosechas. 18Junto con el pan, presenta siete corderos de un
año sin defecto, un becerro y dos carneros como ofrendas
quemadas al Señor. Estas ofrendas quemadas, junto con
las ofrendas de grano y las ofrendas líquidas, serán una
ofrenda especial, un aroma agradable al Señor. 19Luego
deberás ofrecer un chivo como ofrenda por el pecado y dos
corderos de un año como ofrenda de paz.

20»El sacerdote levantará los dos corderos como
una ofrenda especial al Señor, junto con los panes que
representan la primera de las cosechas. Estas ofrendas,
que son santas para el Señor, les pertenecen a los sacer-
dotes. 21Ese mismo día será proclamado un día oficial de
asamblea santa, un día en que no harás ningún trabajo
habitual. Esta es una ley perpetua para ti, que se cumplirá
de generación en generación dondequiera que vivas.*
22»Cuando recojas las cosechas de tu tierra, no siegues
el grano en las orillas de tus campos ni levantes lo que
caiga de los segadores. Déjalo para los pobres y los extran-
jeros que viven entre ustedes. Yo soy el Señor tu Dios».

El Festival de las Trompetas

23El Señor le dijo a Moisés: 24«Da las siguientes instruc-
ciones al pueblo de Israel: el primer día del mes señalado,
a principios del otoño,* guardarás un día de descanso
absoluto. Será un día oficial de asamblea santa, un día con-
memorado con toques fuertes de trompeta. 25No harás
ningún trabajo habitual en ese día. En cambio, deberás
presentar ofrendas especiales al Señor».

El Día del Perdón

26El Señor le dijo a Moisés: 27«Asegúrate de celebrar
el Día del Perdón el décimo día del mismo mes, nueve
días después del Festival de las Trompetas.* Lo celebrarás
como día oficial de asamblea santa, un día para negarte a
ti mismo* y presentar ofrendas especiales al Señor. 28No
hagas ningún trabajo durante todo el día porque es el Día
del Perdón, cuando se presentan ofrendas de purificación
por ti, para hacerte justo* ante el Señor tu Dios. 29Los
que no se nieguen a sí mismos en ese día serán excluidos
del pueblo de Dios; 30y yo destruiré a aquellos de entre
ustedes que hagan algún trabajo en ese día. 31¡No deberás
hacer ningún trabajo en absoluto! Esta es una ley perpe-
tua para ti, que se cumplirá de generación en generación
dondequiera que vivas. 32Este será un día de descanso
absoluto, y en ese día debes negarte a ti mismo. Este día
de descanso comenzará a la caída del sol del noveno día del
mes y se extenderá hasta la caída del sol del décimo día».

El Festival de las Enramadas

33El Señor le dijo a Moisés: 34«Da las siguientes instruc-
ciones al pueblo de Israel: empieza a celebrar el Festival
de las Enramadas* el día quince del mes señalado, cinco
días después del Día del Perdón.* Este festival en honor
al Señor durará siete días. 35El primer día del festival
deberás proclamar un día oficial de asamblea santa, en
el cual no harás ningún trabajo habitual. 36Durante siete
días presentarás ofrendas especiales al Señor. El octavo
día es otro día santo en el que presentarás tus ofrendas

***Notas textuales** **23:5** En el antiguo calendario lunar hebreo, ese día caía a fines de marzo, en abril o a principios de mayo. **23:13a** En hebreo *2⁄10 de un efa* [4 cuartos]; también en 23:17. **23:13b** En hebreo *¼ de un hin* [¼ de galón]. **23:21** Esta celebración, llamada el Festival de la Cosecha o el Festival de las Semanas, después se denominó el Festival de Pentecostés (ver Hch 2:1). Hoy en día se celebra como Shavuot. **23:24** En hebreo *El primer día del séptimo mes.* En el antiguo calendario lunar hebreo, ese día caía en septiembre o en octubre. Este festival hoy en día se celebra como Rosh Hashaná, el año nuevo judío. **23:27a** En hebreo *el décimo día del séptimo mes*; ver 23:24 y la nota al pie de página. En el antiguo calendario lunar hebreo, ese día caía en septiembre o en octubre. Hoy en día se celebra como Yom Kippur. **23:27b** O *para ayunar*; similar en 23:29, 32. **23:28** O *cuando se hace expiación por ti.* **23:34a** O *Festival de los Refugios* o *Festival de los Tabernáculos*; en la antigüedad se denominaba el Festival de la Cosecha Final o el Festival de la Recolección (ver Ex 23:16b). Hoy en día se celebra como Sucot. **23:34b** En hebreo *el día quince del séptimo mes*; ver 23:27a y la nota al pie de página.

Referencias cruzadas **23:3** Ex 20:8-11 **23:10** Ex 23:16, 19 **23:24-25** Nm 29:1-6 **23:32** Lv 16:31 **23:34** Jn 7:2

especiales al SEÑOR. Esta será una ocasión solemne, y en ese día no se permite ningún trabajo habitual.

37»(Estos son los festivales establecidos por el SEÑOR. Los celebrarás cada año como días oficiales de asamblea santa presentando ofrendas especiales al SEÑOR —ofrendas quemadas, ofrendas de grano, sacrificios y ofrendas líquidas— cada una en su debido día. 38Tendrán que celebrar estos festivales además de los días de descanso habituales del SEÑOR. Las ofrendas también son adicionales a las ofrendas personales, a las ofrendas que das para cumplir tus votos y a las ofrendas voluntarias que le presentas al SEÑOR).

39»Recuerda que este festival de siete días en honor al SEÑOR —el Festival de las Enramadas— comienza el día quince del mes establecido,* después que hayas cosechado todo lo que produce la tierra. El primer y el octavo día del festival serán días para descansar completamente. 40El primer día, recogerás ramas de árboles hermosos:* pueden ser hojas de palmeras, ramas de árboles frondosos y de sauces que crecen junto a los arroyos. Luego celebra con alegría ante el SEÑOR tu Dios durante siete días. 41Deberás celebrar este festival al SEÑOR cada año durante siete días. Esta es una ley perpetua para ti, que se cumplirá en el mes establecido* de generación en generación. 42Durante siete días deberás vivir en pequeñas enramadas. Todos los israelitas de nacimiento deberán vivir en enramadas. 43Esto le recordará a cada nueva generación de israelitas que yo hice que sus antepasados vivieran en enramadas cuando los rescaté de la tierra de Egipto. Yo soy el SEÑOR tu Dios».

44Así que Moisés les dio a los israelitas estas instrucciones acerca de los festivales anuales del SEÑOR.

Aceite puro y pan santo

24 El SEÑOR le dijo a Moisés: 2«Ordena al pueblo de Israel que traiga aceite puro de olivas prensadas para el alumbrado, y así mantener las lámparas continuamente encendidas, 3las lámparas del candelabro que está en el tabernáculo frente a la cortina interior que protege el arca del pacto.* Aarón deberá mantener las lámparas encendidas en la presencia del SEÑOR toda la noche. Esta es una ley perpetua para el pueblo que se cumplirá de generación en generación. 4Aarón y los sacerdotes se ocuparán de las lámparas que están en el candelabro de oro puro, a fin de que ardan continuamente en la presencia del SEÑOR.

5»También deberás hornear doce panes planos de harina selecta, usarás cuatro litros* para cada pan. 6Pon los panes delante del SEÑOR sobre la mesa de oro puro y colócalos en dos columnas, con seis panes en cada columna. 7Pon un poco de incienso puro cerca de cada columna para que sirva como una ofrenda representativa, una ofrenda especial presentada al SEÑOR. 8Cada día de descanso colocarás este pan ante el SEÑOR como una ofrenda de parte de los israelitas; es un recordatorio perpetuo del pacto eterno. 9Los panes les pertenecerán a Aarón y a sus descendientes, quienes los comerán en un lugar sagrado, porque son sumamente santos. Los sacerdotes tendrán el derecho perpetuo de exigir esta porción de las ofrendas especiales presentadas al SEÑOR».

Ejemplo de castigo justo

10Cierto día, un hombre de madre israelita y de padre egipcio salió de su carpa y tuvo una pelea con un israelita. 11Durante la pelea, el hijo de la madre israelita blasfemó el Nombre del SEÑOR* con una maldición. Así que llevaron a este hombre ante Moisés para ser juzgado. Su madre se llamaba Selomit, hija de Dibri de la tribu de Dan. 12Lo tuvieron bajo vigilancia hasta que les fuera clara la voluntad del SEÑOR sobre este asunto.

13Luego el SEÑOR le dijo a Moisés: 14«Saca al blasfemo fuera del campamento, y diles a los que escucharon la maldición que pongan las manos sobre la cabeza del blasfemo. Después permite que toda la comunidad lo mate a pedradas. 15Dile al pueblo de Israel: los que maldigan a su Dios serán castigados por su pecado. 16Todo el que blasfeme el Nombre del SEÑOR morirá apedreado por toda la comunidad de Israel. Cualquier israelita de nacimiento o extranjero entre ustedes que blasfeme el Nombre del SEÑOR será ejecutado.

17»El que le quite la vida a otra persona será ejecutado.

18»El que mate a un animal que pertenece a otra persona tendrá que reponerlo: un animal vivo por el muerto.

19»El que hiera a una persona recibirá la misma herida que haya hecho: 20fractura por fractura, ojo por ojo, diente por diente. Lo que uno haga para lastimar a otro, eso mismo deberá recibir.

21»El que mate a un animal tendrá que reponerlo, pero el que mate a una persona será ejecutado.

22»La misma ley es aplicable tanto para los israelitas de nacimiento como para los extranjeros que viven entre ustedes. Yo soy el SEÑOR su Dios».

23Después que Moisés dio todas estas instrucciones a los israelitas, sacaron al blasfemo fuera del campamento y lo apedrearon a muerte. Los israelitas hicieron tal como el SEÑOR le había ordenado a Moisés.

El año de descanso

25 Cuando Moisés estaba en el monte Sinaí, el SEÑOR le dijo: 2«Da las siguientes instrucciones al pueblo de Israel: cuando hayas entrado en la tierra que te doy, la tierra misma deberá guardar un año de descanso ante el SEÑOR cada siete años. 3Durante seis años podrás sembrar tus campos, podar tus viñedos y recoger tus cosechas, 4pero durante el séptimo año la tierra deberá tener un año completo para descansar. Es el descanso del SEÑOR. No siembres tus campos ni podes tus viñedos durante ese año. 5No almacenes las cosechas que crezcan por sí solas ni recojas las uvas de tus vides no podadas. La tierra deberá tener un año completo para descansar. 6Se te permite comer de todo lo que produzca la tierra por sí sola durante su descanso. Esto es aplicable a ti, a tus sirvientes, a tus obreros contratados y a los residentes temporales que viven contigo. 7A tu ganado y a los animales salvajes en tu tierra también se les permitirá comer de lo que produzca la tierra.

El año de jubileo

8»Además, contarás siete años de descanso, siete conjuntos de siete años, que suman cuarenta y nueve años en total. 9Entonces, en el Día del Perdón del año cincuenta,* haz un fuerte y prolongado toque del cuerno de carnero

***Notas textuales** **23:39** En hebreo *el día quince del séptimo mes.* **23:40** O *recogerás fruto de árboles majestuosos.* **23:41** En hebreo *el séptimo mes.* **24:3** En hebreo *en la carpa de reunión, fuera de la cortina interior del testimonio*; ver nota en 16:13. **24:5** En hebreo *2/10 de un efa* [4 cuartos]. **24:11** En hebreo *el Nombre*; también en 24:16b. **25:9** En hebreo *en el décimo día del séptimo mes, en el Día del Perdón*; ver 23:27a y la nota al pie de página.

Referencias cruzadas **23:43** Sal 78:1-8 **24:9** Mt 12:4 **24:20** Mt 5:38

por todo el país. 10Aparta este año como un año santo, un tiempo para proclamar libertad por toda la tierra para todos los que viven allí. Será un año de jubileo para ti, cuando puedes volver a la tierra que pertenecía a tus antepasados y regresar a tu propio clan. 11Este año cincuenta será de jubileo para ti. Durante ese año no deberás sembrar tus campos ni almacenar ninguno de los cultivos que crezcan por sí solos, ni recoger las uvas de tus vides no podadas. 12Será un año de jubileo para ti y deberás mantenerlo santo. Sin embargo, se te permite comer de todo lo que la tierra produzca por sí sola. 13En el año de jubileo a cada uno se le permite regresar a la tierra que les pertenecía a sus antepasados.

14»Cuando hagas un acuerdo con tu vecino para comprar o para vender alguna propiedad, no se aproveche el uno del otro. 15Cuando compres un terreno de tu vecino, el precio que pagues deberá estar basado en el número de años desde el último jubileo. El vendedor debe fijar el precio considerando el número de años que faltan para el siguiente año de jubileo. 16Mientras más años faltan para el siguiente jubileo, más alto será el precio; mientras menos años, menor será el precio. Después de todo, la persona que vende la tierra en realidad está vendiendo una cierta cantidad de cosechas. 17Muestra tu temor a Dios al no aprovecharse el uno del otro. Yo soy el Señor tu Dios.

18»Si quieres vivir con seguridad en la tierra, sigue mis decretos y obedece mis ordenanzas. 19Entonces la tierra te dará abundantes cosechas, comerás hasta saciarte y vivirás con seguridad. 20Pero puede que preguntes: "¿Qué comeremos durante el año séptimo, ya que no se nos permite sembrar ni cosechar en ese año?". 21Ten por seguro que yo te enviaré mi bendición en el sexto año, de modo que la tierra producirá una cosecha abundante, suficiente para tres años. 22Cuando siembres tus campos en el octavo año, todavía estarás comiendo de la abundante cosecha del sexto año. De hecho, aún estarás comiendo de la abundante cosecha cuando recojas la nueva cosecha en el noveno año.

Rescate de propiedades

23»La tierra no debe venderse a perpetuidad, porque la tierra es mía. Tú solamente eres un extranjero y un arrendatario que trabaja para mí.

24»Con cada compra de tierra tienes que concederle al vendedor el derecho de volver a comprarla. 25Si uno de tus hermanos israelitas se empobrece y se ve obligado a vender alguna propiedad familiar, un pariente cercano debería comprarla para él. 26Si no hay un pariente cercano para comprar la propiedad, pero la persona que la vendió consigue suficiente dinero para volver a comprarla, 27entonces la persona tendrá el derecho de recuperarla del que la compró. Se descontará el precio de la tierra según el número de años que faltan para el siguiente año de jubileo. De esta forma el primer propietario podrá regresar a su tierra. 28Sin embargo, si al primer propietario no le alcanza para volver a comprar la propiedad, esta quedará en poder del nuevo propietario hasta el siguiente año de jubileo. En el año de jubileo, la propiedad volverá a los primeros dueños, a fin de que ellos puedan regresar a la tierra de su familia.

29»Si alguien vende una casa dentro de una ciudad amurallada, esta persona tiene el derecho de volver a comprarla durante el período de un año completo después de la venta. Durante ese año, el vendedor tiene el derecho de volver a comprarla. 30Sin embargo, si no vuelve a comprarla en el plazo de un año, la venta de la casa dentro de la ciudad amurallada no podrá revertirse. Será la propiedad permanente del comprador. No se le regresará al primer propietario en el año de jubileo. 31Pero una casa en una aldea —un asentamiento sin murallas— será considerada como una propiedad en el campo. Está permitido volver a comprar esa casa en cualquier momento, y deberá regresarse a su primer propietario en el año de jubileo.

32»Los levitas siempre tienen el derecho de volver a comprar una casa que vendan dentro de las ciudades que se les asignaron. 33Y cualquier propiedad que los levitas vendan —todas las casas dentro de las ciudades de los levitas— tendrá que ser devuelta en el año de jubileo. Después de todo, las casas dentro de las ciudades reservadas para los levitas son las únicas propiedades que ellos poseen en todo Israel. 34Los pastizales que rodean las ciudades de los levitas nunca podrán venderse. Es su posesión perpetua.

Rescate de los pobres y de los esclavos

35»Si alguno de tus hermanos israelitas se empobrece y no puede sostenerse a sí mismo, ayúdalo como lo harías con un extranjero o un residente temporal y permítele vivir contigo. 36No le cobres intereses ni obtengas una ganancia a costa de él. En cambio, muestra tu temor a Dios al permitirle que viva contigo como si fuera un pariente. 37Recuerda, no le cobres intereses sobre el dinero que le prestes ni obtengas una ganancia con los alimentos que le vendas. 38Yo soy el Señor tu Dios, quien te sacó de la tierra de Egipto para darte la tierra de Canaán y para ser tu Dios.

39»Si uno de tus hermanos israelitas se empobrece y se ve obligado a venderse a ti, no lo trates como a un esclavo. 40En cambio, trátalo como a obrero contratado o como a un residente temporal que vive contigo, y trabajará para ti únicamente hasta el año de jubileo. 41Entonces, él y sus hijos ya no tendrán ninguna obligación contigo, y regresarán a su clan y a la tierra que se asignó a sus antepasados. 42Los israelitas son mis siervos, a quienes yo saqué de la tierra de Egipto, de modo que nunca deben ser vendidos como esclavos. 43Muestra tu temor a Dios al no tratarlos con dureza.

44»Sin embargo, podrás comprar esclavos y esclavas de entre las naciones vecinas. 45También podrás comprar a los hijos de los residentes temporales que vivan entre ustedes, incluidos los que hayan nacido en tu tierra. Podrás considerarlos como tu propiedad, 46y los dejarás como herencia permanente a tus hijos. Podrás tratarlos como esclavos, pero nunca deberás tratar a tus hermanos israelitas de esa manera.

47»Supongamos que un extranjero o un residente temporal se enriquece mientras vive entre ustedes. Si uno de tus hermanos israelitas se empobrece y se ve obligado a venderse a dicho extranjero o a un miembro de su familia, 48aun así mantendrá el derecho de que alguien pague rescate por él, incluso después de haber sido comprado. Un hermano lo puede volver a comprar, 49también un tío o un primo. De hecho, cualquier pariente cercano podrá rescatarlo. También podrá redimirse a sí mismo si ha prosperado. 50Tendrá que negociar el precio de su libertad con la persona que lo compró. El precio se basará en el número de años desde el tiempo en que se vendió

Referencias cruzadas **25:10** Lc 4:19 **25:23** Ex 19:5 **25:25** Rt 2:20; 4:4, 6 **25:34** Nm 35:2-5 **25:43** Col 4:11

hasta el siguiente año de jubileo, es decir, lo que costaría
contratar a un obrero durante ese período de tiempo. 51 Si
aún faltan muchos años para el jubileo, entonces devol-
verá una parte en proporción a lo que recibió cuando se
vendió a sí mismo. 52 Si solo faltan unos cuantos años
para el año de jubileo, entonces solo pagará una pequeña
cantidad por su redención. 53 El extranjero deberá tratarlo
como a un obrero con contrato anual. No permitirás que
un extranjero trate a ninguno de tus hermanos israelitas
con dureza. 54 Si algún israelita aún no ha sido rescatado
cuando llegue el año de jubileo, él y sus hijos deberán ser
puestos en libertad en ese tiempo. 55 Pues los hijos de
Israel me pertenecen. Son mis siervos, a quienes saqué
de la tierra de Egipto. Yo soy el SEÑOR su Dios.

Bendiciones por la obediencia

26 »No se hagan ídolos, ni levanten en su tierra imá-
genes talladas ni columnas sagradas ni piedras
esculpidas para rendirles culto. Yo soy el SEÑOR su Dios.
2 Deben guardar mis días de descanso y mostrar reverencia
por mi santuario. Yo soy el SEÑOR.
3 »Si siguen mis decretos y se aseguran de obedecer mis
mandatos, 4 les enviaré las lluvias de temporada. Entonces
la tierra les dará sus cosechas y los árboles del campo pro-
ducirán su fruto. 5 La temporada de la trilla continuará aun
después del comienzo de la cosecha de la uva, y la cosecha
de la uva continuará aun después de la temporada de la
siembra del grano. Comerán hasta saciarse y vivirán en
seguridad dentro de su tierra.
6 »Les daré paz en la tierra y podrán dormir sin temor
alguno. Libraré la tierra de animales salvajes y mantendré
a sus enemigos fuera del país. 7 De hecho, perseguirán a
sus enemigos y los masacrarán a filo de espada. 8 ¡Cinco de
ustedes perseguirán a cien, y cien de ustedes perseguirán
a diez mil! Todos sus enemigos caerán bajo su espada.
9 »Los miraré con agrado, los haré fértiles y multiplicaré
su pueblo. Cumpliré mi pacto con ustedes. 10 ¡Tendrán tal
abundancia de cosechas que será necesario deshacerse del
grano viejo para que haya lugar para la nueva cosecha!
11 Viviré entre ustedes y no los despreciaré. 12 Caminaré
entre ustedes; seré su Dios, y ustedes serán mi pueblo.
13 Yo soy el SEÑOR su Dios, quien los sacó de la tierra de
Egipto para que ya no fueran esclavos. Yo quebré de su
cuello el yugo de la esclavitud, a fin de que puedan cami-
nar con la cabeza en alto.

Castigos por la desobediencia

14 »Sin embargo, si no me escuchan ni obedecen todos
estos mandatos, 15 y si rompen mi pacto al rechazar mis
decretos, al tratar mis ordenanzas con desprecio y al
rehusar obedecer mis mandatos, 16 yo los castigaré. Traeré
sobre ustedes terrores repentinos: enfermedades debili-
tantes y altas fiebres que harán que sus ojos fallen y que su
vida se consuma poco a poco. Sembrarán sus cosechas en
vano porque sus enemigos se las comerán. 17 Me volveré
contra ustedes, y sus enemigos los derrotarán. Aquellos
quienes los odian los gobernarán, y ustedes huirán, ¡aun
cuando nadie los esté persiguiendo!
18 »Y si a pesar de todo esto, todavía me desobedecen,
los castigaré siete veces por sus pecados. 19 Quebrantaré
su espíritu orgulloso al hacer que el cielo sea tan rígido
como el hierro y la tierra tan dura como el bronce. 20 Todo
su trabajo será en vano, porque la tierra no dará cosechas
y los árboles no producirán fruto.
21 »Si aun así permanecen hostiles conmigo y rehúsan
obedecerme, aumentaré siete veces el desastre a causa de
sus pecados. 22 Enviaré animales salvajes que los privarán
de sus hijos y destruirán su ganado. Ustedes disminuirán
en número y sus caminos quedarán desiertos.
23 »Y si todavía no aprenden la lección y continúan su
hostilidad hacia mí, 24 entonces yo mismo seré hostil con
ustedes, y los castigaré siete veces con calamidades por sus
pecados. 25 Enviaré ejércitos en su contra que llevarán a
cabo la maldición del pacto que violaron. Cuando corran
a sus ciudades buscando seguridad, les enviaré una plaga
para destruirlos ahí mismo, y serán entregados en manos
de sus enemigos. 26 Destruiré su provisión de alimentos,
al punto de que diez mujeres necesitarán un solo horno
para preparar el pan de sus familias. Ellas racionarán el
alimento por peso, y aunque coman, no se saciarán.
27 »Si, a pesar de esto, todavía rehúsan escuchar y aún
permanecen hostiles hacia mí, 28 entonces yo descargaré
toda mi hostilidad. Yo mismo los castigaré siete veces
por sus pecados. 29 Entonces comerán la carne de sus
propios hijos e hijas. 30 Destruiré sus santuarios paganos
y derribaré sus lugares de culto. Dejaré sus cuerpos sin
vida apilados sobre sus ídolos* sin vida, y los despreciaré.
31 Haré que sus ciudades queden desoladas y destruiré sus
lugares de culto pagano. No me agradaré de sus ofrendas,
las cuales deberían ser un aroma agradable para mí. 32 Yo
mismo devastaré su tierra, y los enemigos que vengan a
apoderarse de ella quedarán horrorizados de lo que verán.
33 Los dispersaré entre las naciones y sacaré mi espada
contra ustedes. Sus ciudades quedarán en ruinas, y su
tierra, desolada. 34 Entonces, cuando quede desolada,
mientras estén desterrados en la tierra de sus enemi-
gos, al fin la tierra gozará de los años de descanso que le
fueron negados. ¡Por fin descansará y gozará de los años
de descanso que perdió! 35 Todo el tiempo que la tierra
permanezca en ruinas, gozará del descanso que nunca le
permitieron tener cada séptimo año que vivieron en ella.
36 »En cuanto a aquellos de ustedes que sobrevivan,
los desmoralizaré en la tierra de sus enemigos. Vivirán
en tanto temor que el sonido de una hoja llevada por el
viento los hará huir. Correrán como si huyeran de una
espada, y caerán aun cuando nadie los persiga. 37 Aunque
nadie vaya tras de ustedes, tropezarán unos con otros,
como si huyeran de una espada. No tendrán fuerza para
hacerles frente a sus enemigos. 38 Morirán en las naciones
extranjeras y serán devorados en la tierra de sus enemigos.
39 Aquellos de ustedes que sobrevivan se consumirán en
las tierras de sus enemigos a causa de sus pecados y de
los pecados de sus antepasados.
40 »Sin embargo, al fin mi pueblo confesará sus pecados
y los pecados de sus antepasados por traicionarme y por
ser hostiles hacia mí. 41 Cuando yo haga que su hostilidad
se vuelva contra ellos y los lleve a la tierra de sus enemigos,
entonces, por fin, su obstinado corazón será humillado
y pagarán por sus pecados. 42 Entonces me acordaré de
mi pacto con Jacob, de mi pacto con Isaac y de mi pacto
con Abraham, y me acordaré de la tierra. 43 Pues la tierra
tendrá que ser abandonada para que goce de sus años de
descanso mientras quede desolada. Al fin el pueblo pagará

***Notas textuales** **26:30** El término hebreo (literalmente *cosas redondas*) probablemente se refiere al estiércol.

Referencias cruzadas **26:6** Sal 29:11 **26:12** 2 Co 6:16 **26:38** Dt 4:25-27 **26:42** Gn 28:13-15 por sus pecados, pues continuamente ha rechazado mis ordenanzas y despreciado mis decretos.

44»A pesar de todo esto, cuando estén desterrados en la tierra de sus enemigos no los despreciaré ni los rechazaré por completo. No cancelaré mi pacto con ellos destruyéndolos, porque yo soy el SEÑOR su Dios. 45Por amor a ellos me acordaré de mi antiguo pacto con sus antepasados, a quienes saqué de la tierra de Egipto a los ojos de todas las naciones, para ser su Dios. Yo soy el SEÑOR».

46Estos son los decretos, las ordenanzas y las instrucciones que el SEÑOR dio por medio de Moisés en el monte Sinaí como evidencia de la relación entre él y los israelitas.

Rescate de las ofrendas ofrecidas al SEÑOR

27 El SEÑOR le dijo a Moisés: 2«Da las siguientes instrucciones al pueblo de Israel: si uno de ustedes hace un voto especial para dedicar a alguien al SEÑOR mediante el pago del valor de esa persona, 3esta es la escala de valores que emplearán. Un hombre de entre veinte y sesenta años tendrá el valor de cincuenta siclos* de plata, según el siclo del santuario. 4Una mujer de esa edad tendrá el valor de treinta siclos* de plata. 5Un joven de entre cinco y veinte años tendrá el valor de veinte siclos de plata; una joven de esa edad, diez siclos* de plata. 6Un niño de entre un mes de edad y cinco años tendrá el valor de cinco siclos de plata; una niña de esa edad, tres siclos* de plata. 7Un hombre de más de sesenta años tendrá el valor de quince siclos de plata; una mujer de esa edad, diez siclos* de plata. 8Si deseas hacer esa clase de voto, pero no te alcanza para pagar la cantidad requerida, lleva a la persona al sacerdote. Él determinará la cantidad que debes pagar de acuerdo a tus posibilidades.

9»Si el voto implica dar un animal aceptable como una ofrenda al SEÑOR, toda ofrenda al SEÑOR será considerada santa. 10No se te permite cambiarlo o sustituirlo por otro animal, ya sea un animal bueno por uno malo o uno malo por uno bueno. Pero si cambias un animal por otro, entonces tanto el primer animal como el sustituto se considerarán santos. 11Si tu voto tiene que ver con un animal impuro —uno que no es aceptable como ofrenda al SEÑOR— tendrás que llevar el animal al sacerdote. 12Él fijará el valor, y su valuación será definitiva, ya sea alta o baja. 13Si deseas recuperar el animal, tendrás que pagar el valor fijado por el sacerdote, más un veinte por ciento.

14»Si alguien dedica una casa al SEÑOR, el sacerdote irá para valorarla. El cálculo del sacerdote será definitivo, ya sea alto o bajo. 15Si la persona que dedicó la casa quiere volver a comprarla, tendrá que pagar el valor fijado por el sacerdote, más un veinte por ciento. Entonces la casa volverá a ser suya.

16»Si alguno le dedica al SEÑOR una porción de su propiedad familiar, el valor será determinado de acuerdo con la cantidad de semilla que se necesita para sembrarla: cincuenta siclos de plata para un campo sembrado con cinco canastas de semilla de cebada.* 17Si se dedica el campo al SEÑOR en el año de jubileo, entonces será aplicable la valoración total. 18Pero si dedican el campo después del año de jubileo, el sacerdote hará el cálculo del valor del terreno en proporción con el número de años que falte para el siguiente año de jubileo. Su valor calculado se reduce cada año. 19Si la persona que dedicó el campo desea volver a comprarlo, tendrá que pagar el valor fijado por el sacerdote, más un veinte por ciento. Entonces el campo volverá a ser suyo legalmente. 20Pero si no desea volver a comprarlo, y el campo se vende a otro, ya no se podrá recuperar. 21Cuando el campo quede libre en el año de jubileo, este será santo, un campo especialmente apartado* para el SEÑOR y llegará a ser propiedad de los sacerdotes.

22»Si alguien le dedica al SEÑOR algún campo que haya comprado, pero que no es parte de su propiedad familiar, 23el sacerdote establecerá su valor basado en el número de años que falten hasta el siguiente año de jubileo. Ese mismo día, tendrá que dar el valor del campo como un donativo sagrado al SEÑOR. 24En el año de jubileo el campo tendrá que ser devuelto al que lo vendió, la persona que lo heredó como una propiedad familiar. 25(Todos los pagos se harán calculados según el peso del siclo del santuario,* que equivale a veinte geras).

26»No se te permite dedicarle al SEÑOR el primogénito de los animales, porque la primera cría del ganado, de las ovejas y de las cabras ya le pertenece al SEÑOR. 27Sin embargo, podrás volver a comprar el primogénito de un animal ceremonialmente impuro al pagar el valor establecido por el sacerdote, más un veinte por ciento. Si no lo vuelves a comprar, el sacerdote lo venderá por el precio establecido.

28»No obstante, todo lo que se haya apartado especialmente para el SEÑOR —ya sea una persona, un animal o una propiedad familiar— nunca deberá ser vendido ni rescatado. Todo lo que se consagre de esta manera ha sido apartado como santo y le pertenece al SEÑOR. 29Ninguna persona apartada especialmente para destrucción podrá ser rescatada. Esa persona será ejecutada.

30»La décima parte de los productos de la tierra, ya sea grano de los campos o fruto de los árboles, le pertenece al SEÑOR y debe ser apartada, es santa para el SEÑOR. 31Si deseas volver a comprar esa décima parte del grano o de la fruta que pertenece al SEÑOR, tendrás que pagar su valor, más un veinte por ciento. 32Cuenta uno de cada diez animales de tus manadas y rebaños, sepáralo, es santo para el SEÑOR. 33No podrás ser exigente entre animales buenos y malos, y no podrás sustituir uno por otro. Pero si intercambias un animal por otro, tanto el primer animal como el sustituto serán considerados santos y no podrás comprarlos de nuevo».

34Estos son los mandatos que el SEÑOR dio por medio de Moisés a los israelitas en el monte Sinaí.

***Notas textuales** **27:3** O *570 gramos* [20 onzas]. **27:4** O *342 gramos* [12 onzas]. **27:5** O *Un joven [...] 228 gramos* [8 onzas] *de plata; una joven [...] 114 gramos* [4 onzas]. **27:6** O *Un niño [...] 57 gramos* [2 onzas] *de plata; una niña [...] 34 gramos* [1,2 onzas]. **27:7** O *Un hombre [...] 171 gramos* [6 onzas] *de plata; una mujer [...] 114 gramos* [4 onzas]. **27:16** En hebreo *50 siclos* [570 gramos o 20 onzas] *de plata por 1 homer* [220 litros o 200 cuartos] *de semilla de cebada.* **27:21** El término hebreo empleado aquí se refiere a la consagración total de cosas o personas al SEÑOR, ya sea destruyéndolas o entregándolas como ofrenda; también en 27:28, 29. **27:25** Cada siclo pesaba unos 11 gramos o 0,4 onzas.

Referencias cruzadas **27:21** Nm 18:14 **27:26** Ex 13:2, 12 **27:34** Lv 26:46

NÚMEROS

¿Por qué es importante?

Este libro de nombre tan "matemático" te ayuda a reflexionar acerca de la esperanza que tenemos en Dios a pesar de cualquier pasado y de cómo a Dios le importan los pequeños detalles. Este libro te ayudará a ver cómo Dios puede darnos una nueva oportunidad para ser fieles llegando a ser las mujeres y los hombres que Él espera que seamos cuando le buscamos con un corazón sincero. Y por otro lado, este libro también puede ayudarte a conocer más acerca del liderazgo de Moisés ya que debió ser muy cansador enfrentar las quejas y líos del pueblo durante su escape de la esclavitud de Egipto. Números deja claro que una actitud de queja aleja a las personas que amamos e impide que lleguemos a donde queremos.

¿Por qué fue escrito?

En Números se incluyen tanto relatos como leyes. Se registra el viaje de Israel desde el Monte Sinaí hasta Moab, en la frontera con la tierra prometida, para luego desconfiar en y la guía de Dios y permanecer en el desierto 40 años, un año por cada día que los espías fueron a ver la tierra (14:34), hasta que toda la generación, con excepción de Josué y Caleb, murió. El libro busca mostrar las consecuencias de la desconfianza en la bondad y el poder divino.

¿Quién lo escribió?

El libro recalca que Dios le dio instrucciones y leyes a Moisés (1:1; 3:44; 15:1), por ello se le considera como autor principal del libro. Sin embargo, algunos detalles (como 12:3) hacen pensar que el libro fue revisado posteriormente por editores.

¿A quién lo escribió?

Números fue leído por los sobrevivientes al peregrinaje en el desierto, y por las generaciones siguientes. Así recordaron los pecados y fracasos de Israel, al igual que la fidelidad de Dios para su desobediente pueblo.

¿Cuándo y dónde lo escribió?

El libro cubre un período de más o menos 39 años. Israel estuvo casi 40 años vagando cuando pudieron haber hecho ese recorrido en un par de meses. Si el libro fue escrito después del éxodo, entonces su fecha de redacción se encuentra alrededor de 1440 a 1400 a.C.

Paso a paso

1. El pueblo de Dios se santifica para recibir la promesa. Caps. 1-6
2. El pueblo de Dios se organiza para recibir la promesa. Caps. 7-10
3. El pueblo de Dios fracasa al no confiar solo en el Señor. Caps. 11-14
4. Dios muestra su favor hacia los fieles y su juicio contra los infieles. Caps. 15-21
5. Dios lucha por su pueblo para bendecirlo, a pesar de la oposición. Caps. 22-25
6. Dios prepara al pueblo para recibir la promesa. Caps. 26-36

Números

Registro de las tropas de Israel

1 Un año después de la salida de Israel de Egipto, el
SEÑOR le habló a Moisés en el tabernáculo* en el de-
sierto de Sinaí. El primer día del segundo mes* de ese año
le dijo: 2«Registren los nombres de todos los guerreros de
toda la comunidad de Israel, por sus clanes y sus familias.
Anoten en la lista a todos los hombres 3que tengan veinte
años o más y que sean aptos para la guerra. Tú y Aarón
anoten a las tropas 4con la ayuda de un jefe de familia
por cada tribu.
5»Estas son las tribus y los nombres de los jefes que
te ayudarán:

	Tribu	*Jefe*
	Rubén	Elisur, hijo de Sedeur
6	Simeón	Selumiel, hijo de Zurisadai
7	Judá	Naasón, hijo de Aminadab
8	Isacar	Natanael, hijo de Zuar
9	Zabulón	Eliab, hijo de Helón
10	Efraín, hijo de José	Elisama, hijo de Amiud
	Manasés, hijo de José	Gamaliel, hijo de Pedasur
11	Benjamín	Abidán, hijo de Gedeoni
12	Dan	Ahiezer, hijo de Amisadai
13	Aser	Pagiel, hijo de Ocrán
14	Gad	Eliasaf, hijo de Deuel
15	Neftalí	Ahira, hijo de Enán

16Estos son los jefes escogidos de la comunidad, jefes de
sus tribus patriarcales, cabezas de los clanes de Israel».
17Entonces Moisés y Aarón convocaron a los jefes
elegidos 18y reunieron a toda la comunidad de Israel
ese mismo día.* Se anotó a toda la gente según su des-
cendencia por sus clanes y sus familias. Los varones de
Israel de veinte años o más fueron anotados uno por uno,
19tal como el SEÑOR le había ordenado a Moisés. Así que
Moisés registró sus nombres mientras estaban en el de-
sierto de Sinaí.
20-21Este es el número de los hombres de veinte años o
más que eran aptos para la guerra, como quedaron escritos
en el registro según su propio clan y su familia:*

	Tribu	*Número*
	Rubén (el hijo mayor de Jacob)*	46.500
22-23	Simeón	59.300
24-25	Gad	45.650
26-27	Judá	74.600
28-29	Isacar	54.400
30-31	Zabulón	57.400
32-33	Efraín, hijo de José	40.500
34-35	Manasés, hijo de José	32.200
36-37	Benjamín	35.400
38-39	Dan	62.700
40-41	Aser	41.500
42-43	Neftalí	53.400

¡Respuestas Bíblicas! 24 ¿Cuántas personas del pueblo de Israel salieron de Egipto?

1:46 La Biblia cuenta que había 603.550 hombres de más de 20 años y según sabemos la mayor parte de estos hombres estaban casados por lo que si cada hombre tenía una esposa y dos hijos, entonces ya podemos contar al menos 2 millones.

44Moisés, Aarón y los doce jefes de Israel anotaron a estos
hombres, agrupados de acuerdo a su familia patriarcal.
45Todos los hombres de Israel que tenían veinte años o
más y que eran aptos para la guerra fueron registrados por
familias. 46En total sumaban 603.550.
47Pero este total no incluía a los levitas, 48porque el
SEÑOR le había dicho a Moisés: 49«No incluyas a la tribu de
Leví en la lista. No los cuentes con el resto de los israelitas.
50Pon a los levitas a cargo del tabernáculo del pacto,* así
como del mobiliario y sus accesorios. Cuando ustedes
viajen, los levitas transportarán el tabernáculo junto con
todo su mobiliario, lo cuidarán y acamparán a su alrede-
dor. 51Cuando sea tiempo de trasladar el tabernáculo, los
levitas lo desarmarán, y cuando sea tiempo de detenerse,
ellos lo armarán nuevamente. Sin embargo, cualquier per-
sona no autorizada que se acerque al tabernáculo será
ejecutada. 52Cada tribu de Israel acampará en un área

***Notas textuales** **1:1a** En hebreo *en la carpa de reunión.* **1:1b** En el antiguo calendario lunar hebreo, ese día caía en abril o en mayo. **1:18** En hebreo *en el primer día del segundo mes*; ver 1:1. **1:20-21a** En el texto hebreo, la oración *Este es el número de los hombres de veinte años o más que eran aptos para la guerra, como quedaron escritos en el registro según su propio clan y su familia* se repite en 1:22, 24, 26, 28, 30, 32, 34, 36, 38, 40, 42. **1:20-21b** En hebreo *de Israel.* Los nombres «Jacob» e «Israel» a menudo son intercambiables en el Antiguo Testamento. Algunas veces hacen referencia al patriarca como individuo y otras veces a la nación. **1:50** O *tabernáculo del testimonio*; también en 1:53.

Referencias cruzadas **1:1-16** Ex 30:11-16 **1:18** Esd 2:59 **1:46** Nm 2:32 **1:50** Nm 3:25-37

designada y bajo su propio estandarte; 53pero los levi-
tas acamparán alrededor del tabernáculo del pacto para
proteger a la comunidad de Israel del enojo del SEÑOR.
Los levitas son responsables de permanecer en guardia
alrededor del tabernáculo».
54Así que los israelitas hicieron todo tal como el SEÑOR
le había ordenado a Moisés.

Organización del campamento de Israel

2 Entonces el SEÑOR les dio las siguientes instrucciones
a Moisés y a Aarón: 2«Cuando los israelitas armen el
campamento, a cada tribu se le asignará su propio lugar.
Las tribus acamparán bajo su propio estandarte a los cua-
tro costados y a cierta distancia del tabernáculo.*
3-4»Las divisiones de Judá, Isacar y Zabulón acamparán
hacia la salida del sol, al costado oriental del tabernáculo,
cada una bajo su estandarte. Estos son los nombres de las
tribus, sus jefes y el número de tropas registradas:

Tribu	*Jefe*	*Número*
Judá	Naasón, hijo de Aminadab	74.600
5-6 Isacar	Natanael, hijo de Zuar	54.400
7-8 Zabulón	Eliab, hijo de Helón	57.400

9Así que el total de las tropas en el campamento del lado
de Judá es de 186.400. Estas tres tribus irán al frente,
cada vez que los israelitas viajen hacia un nuevo lugar
para acampar.
10-11»Las divisiones de Rubén, Simeón y Gad acam-
parán en el costado sur del tabernáculo, cada una bajo su
estandarte. Estos son los nombres de las tribus, sus jefes
y el número de tropas registradas:

Tribu	*Jefe*	*Número*
Rubén	Elisur, hijo de Sedeur	46.500
12-13 Simeón	Selumiel, hijo de Zurisadai	59.300
14-15 Gad	Eliasaf, hijo de Deuel*	45.650

16Así que el total de las tropas en el campamento del lado
de Rubén es de 151.450. Estas tres tribus ocuparán el
segundo lugar cada vez que los israelitas viajen.

¡Respuestas Bíblicas! 25 ¿Qué había en el centro del campamento?

2:17 En el centro del campamento estaba el tabernáculo. Aquí el tabernáculo es llamado "lugar de encuentro". Este era el lugar en el que Dios se encontraba con su pueblo. Cada tribu israelita tenía un área propia para acampar al norte, sur, este u oeste del tabernáculo.

17»Luego el tabernáculo, llevado por los levitas, saldrá
de en medio del campamento. Todas las tribus marcharán
en el mismo orden en que acampan, cada una en su posi-
ción, bajo el estandarte que les corresponde.
18-19»Las divisiones de Efraín, Manasés y Benjamín
acamparán en el costado occidental del tabernáculo, cada
una bajo su estandarte. Estos son los nombres de las tri-
bus, sus jefes y el número de tropas registradas:

Tribu	*Jefe*	*Número*
Efraín	Elisama, hijo de Amiud	40.500
20-21 Manasés	Gamaliel, hijo de Pedasur	32.200
22-23 Benjamín	Abidán, hijo de Gedeoni	35.400

24Así que el total de las tropas en el campamento del lado
de Efraín es de 108.100. Estas tres tribus ocuparán el
tercer lugar cada vez que los israelitas viajen.
25-26»Las divisiones de Dan, Aser y Neftalí acamparán
en el costado norte del tabernáculo, cada una bajo su es-
tandarte. Estos son los nombres de las tribus, sus jefes y
el número de tropas registradas:

Tribu	*Jefe*	*Número*
Dan	Ahiezer, hijo de Amisadai	62.700
27-28 Aser	Pagiel, hijo de Ocrán	41.500
29-30 Neftalí	Ahira, hijo de Enán	53.400

31Así que el total de las tropas en el campamento del lado
de Dan es de 157.600. Estas tres tribus ocuparán el úl-
timo lugar y marcharán bajo sus estandartes cada vez que
los israelitas viajen».
32En resumen, las tropas de Israel anotadas por sus
familias sumaron 603.550, 33pero no se incluyó a los
levitas en esta lista, tal como el SEÑOR les había ordenado.
34Entonces el pueblo de Israel hizo todo como el SEÑOR
le ordenó a Moisés. Cada clan y cada familia establecía su
campamento y marchaba bajo sus estandartes tal como
el SEÑOR les había indicado.

¡Respuestas Bíblicas! 26 ¿Por qué los Levitas eran especiales?

3:5-9. La tribu de Leví fue apartada para servir al pueblo en el aspecto espiritual. Algunos de sus miembros eran sacerdotes y otros se encargaban de cuidar el tabernáculo y de moverlo.

Nombramiento de los levitas

3 Esta es la descendencia de Aarón y de Moisés como
quedó registrada cuando el SEÑOR le habló a Moisés
en el monte Sinaí. 2Los nombres de los hijos de Aarón
eran Nadab (el mayor), Abiú, Eleazar e Itamar. 3Estos
hijos de Aarón fueron ungidos y ordenados para minis-
trar como sacerdotes. 4Pero Nadab y Abiú murieron en
la presencia del SEÑOR, en el desierto de Sinaí, cuando
quemaron ante el SEÑOR una clase de fuego diferente a la
que él había ordenado. Ya que ellos no tuvieron hijos, solo
Eleazar e Itamar quedaron para ministrar como sacerdotes
junto con su padre Aarón.
5Entonces el SEÑOR le dijo a Moisés: 6«Llama a los
de la tribu de Leví, que pasen adelante y preséntalos al
sacerdote Aarón para que sean sus ayudantes. 7Servirán

***Notas textuales** 2:2 En hebreo *de la carpa de reunión*; similar en 2:17. **2:14-15** Así aparece en muchos manuscritos hebreos, en el Pentateuco Samaritano y en la Vulgata Latina (ver también 1:14); la mayoría de los manuscritos hebreos dicen *hijo de Reuel*.

Referencias cruzadas 2:32 Ex 38:26

a Aarón y a toda la comunidad en el desempeño de sus deberes sagrados dentro y alrededor del tabernáculo.* 8También cuidarán de todo el mobiliario de la carpa sagrada* y servirán en el tabernáculo en representación de todos los israelitas. 9Designa a los levitas como ayudantes de Aarón y de sus hijos porque de entre todo el pueblo de Israel ellos fueron dedicados para este propósito. 10Nombra a Aarón y a sus hijos para que lleven a cabo los deberes del sacerdocio. Pero toda persona no autorizada que se acerque al santuario será ejecutada».

11El Señor le dijo a Moisés: 12«Mira, yo he escogido de entre los israelitas a los levitas para que sirvan como sustitutos de todo primer hijo varón del pueblo de Israel. Los levitas me pertenecen a mí 13porque todos los primeros hijos varones son míos. El día que herí de muerte al primer hijo varón de cada familia egipcia, aparté para mí a todo primer nacido de Israel, tanto de personas como de animales. Ellos son míos. Yo soy el Señor».

Registro de los levitas

14El Señor le habló de nuevo a Moisés en el desierto de Sinaí y le dijo: 15«Registra los nombres de los miembros de la tribu de Leví, por sus familias y clanes. Anota en una lista a cada varón de un mes o más». 16Entonces Moisés los anotó, tal como el Señor le había ordenado.

17Leví tenía tres hijos llamados Gersón, Coat y Merari.
18Los clanes descendientes de Gersón llevaban el nombre de dos de sus descendientes, Libni y Simei.
19Los clanes descendientes de Coat llevaban el nombre de cuatro de sus descendientes, Amram, Izhar, Hebrón y Uziel.
20Los clanes descendientes de Merari llevaban el nombre de dos de sus descendientes, Mahli y Musi.

Estos eran los clanes de los levitas, anotados según sus grupos de familia.

21Los descendientes de Gersón estaban constituidos por los clanes descendientes de Libni y Simei. 22Entre los gersonitas había siete mil quinientos varones de un mes o más. 23Se les asignó el área occidental del tabernáculo para su campamento. 24El jefe de los clanes gersonitas era Eliasaf, hijo de Lael. 25Estos dos clanes eran responsables de cuidar el tabernáculo: la carpa sagrada con sus cubiertas y la cortina de la entrada, 26las cortinas del atrio que rodeaban el tabernáculo y el altar, la cortina a la entrada del atrio, las cuerdas y todos los accesorios relacionados con su uso.

27Los descendientes de Coat estaban constituidos por los clanes descendientes de Amram, Izhar, Hebrón y Uziel. 28Entre los coatitas había ocho mil seiscientos* varones de un mes o más. Ellos eran responsables de cuidar el santuario, 29y se les asignó el área sur del tabernáculo para su campamento. 30El jefe de los clanes coatitas era Elizafán, hijo de Uziel. 31Estos cuatro clanes eran responsables de cuidar el arca, la mesa, el candelabro, los altares, los diferentes objetos utilizados en el santuario, la cortina interior y todos los accesorios relacionados con su uso. 32Eleazar, hijo del sacerdote Aarón, era el administrador principal a cargo de todos los levitas, con la responsabilidad particular de la supervisión del santuario.

33Los descendientes de Merari estaban constituidos por los clanes descendientes de Mahli y Musi. 34Entre los meraritas había seis mil doscientos varones de un mes o más. 35Se les asignó el área norte del tabernáculo para su campamento. El jefe de los clanes meraritas era Zuriel, hijo de Abihail. 36Estos dos clanes eran responsables de cuidar la estructura que sostenía el tabernáculo, los travesaños, los postes, las bases y todos los accesorios relacionados con su uso. 37También eran responsables de los postes del atrio y de todas sus bases, estacas y cuerdas.

38Delante del tabernáculo, hacia el oriente por donde sale el sol,* estaba el área reservada para las carpas de Moisés y las carpas de Aarón y sus hijos. Ellos tenían la máxima responsabilidad sobre el santuario en nombre del pueblo de Israel. Todo el que no fuera sacerdote o levita y se acercara al santuario, sería ejecutado.

39Cuando Moisés y Aarón, por orden del Señor, contaron los clanes de los levitas, el número total de varones de un mes o más de edad llegó a veintidós mil.

Rescate del primer hijo varón

40Entonces el Señor le dijo a Moisés: «Ahora cuenta a todos los primeros hijos varones que hay en Israel de un mes o más y anota sus nombres en una lista. 41Los levitas tienen que ser apartados para mí, como sustitutos de todo primer hijo varón de Israel. Yo soy el Señor. Los animales de los levitas también serán apartados para mí, como sustitutos de la primera cría de los animales de la nación entera de Israel».

42Entonces Moisés contó a los primeros hijos varones del pueblo de Israel, tal como el Señor le había ordenado. 43El número de los primeros hijos varones de un mes o más llegó a 22.273.

44Entonces el Señor le dijo a Moisés: 45«Toma a los levitas como sustitutos de los primeros hijos varones del pueblo de Israel. Toma también los animales de los levitas como sustitutos de las primeras crías de los animales del pueblo de Israel. Los levitas me pertenecen a mí. Yo soy el Señor. 46Los primeros hijos varones de Israel superan al número de levitas por doscientos setenta y tres. Para rescatar a esos primeros hijos varones que exceden, 47recoge cinco piezas de plata* por cada uno de ellos. (Cada pieza pesa lo mismo que el siclo del santuario, que equivale a veinte geras). 48Entrega la plata a Aarón y a sus hijos como precio de rescate de los primeros hijos varones que exceden al número de levitas».

49Entonces Moisés recogió la plata por el rescate de los primeros hijos varones de Israel que superaron al número de levitas. 50Reunió 1365 piezas de plata* como pago por los primeros hijos varones de Israel. (Cada pieza pesa lo mismo que el siclo del santuario). 51Así que Moisés les dio la plata del rescate a Aarón y a sus hijos, tal como el Señor le había ordenado.

Deberes del clan de los coatitas

4 Entonces el Señor les dijo a Moisés y a Aarón: 2«Registren los nombres de los miembros de la división coatita de la tribu de Leví por clanes y familias. 3Anoten en una lista a todos los hombres de entre treinta y cincuenta

***Notas textuales** **3:7** En hebreo *alrededor de la carpa de reunión, dando servicio en el tabernáculo.* **3:8** En hebreo *la carpa de reunión*; también en 3:25. **3:28** Algunos manuscritos griegos dicen *8300*; ver el total en 3:39. **3:38** En hebreo *por donde sale el sol, frente a la carpa de reunión.* **3:47** En hebreo *5 siclos* [57 gramos o 2 onzas]. **3:50** En hebreo *1365 [siclos] de plata* [15,5 kilos o 34 libras].

Referencias cruzadas **3:10** Nm 1:51 **3:38** Nm 1:51; 3:10 **3:47** Lv 27:1-8

años que cumplan los requisitos necesarios para servir en el tabernáculo.*

4»Las responsabilidades de los coatitas en el tabernáculo tendrán que ver con los objetos más sagrados. 5Cuando el campamento sea trasladado, Aarón y sus hijos deben ser los primeros en entrar al tabernáculo para bajar la cortina interior y con ella cubrir el arca del pacto.* 6Luego cubrirán la cortina interior con cuero de cabra de la mejor calidad y por encima del cuero pondrán una sola pieza de tela azul. Por último, colocarán las varas en su lugar para trasladar el arca.

7»Luego extenderán una tela azul por encima de la mesa en la que se exhibe el pan de la Presencia y sobre la tela pondrán los tazones, los cucharones, los frascos, las jarras y el pan especial. 8Después extenderán por encima de todo esto una tela escarlata y, finalmente, sobre la tela escarlata una cubierta de cuero de cabra de la mejor calidad. Luego colocarán las varas para transportar la mesa.

9»Después cubrirán el candelabro con una tela azul, junto con sus lámparas, las despabiladeras de las lámparas, las bandejas y los frascos especiales para el aceite de oliva. 10Luego pondrán por encima de los candelabros y sus accesorios un cuero de cabra de la mejor calidad y montarán todo el bulto sobre una estructura para transportarlo.

11»Luego extenderán una tela azul por encima del altar de oro para el incienso y recubrirán la tela con cuero de cabra de la mejor calidad. Después colocarán las varas para transportar el altar. 12Tomarán todo el mobiliario restante del santuario y lo envolverán en una tela azul, lo cubrirán con un cuero de cabra de la mejor calidad y lo montarán sobre la estructura para transportarlo.

13»Quitarán las cenizas del altar para los sacrificios y lo cubrirán con una tela púrpura. 14Colocarán todos los utensilios del altar —los braseros, los tenedores para la carne, las palas, los tazones y todos los recipientes— sobre la tela y los cubrirán con un cuero de cabra de la mejor calidad. Finalmente, colocarán en su sitio las varas para transportarlo. 15El campamento estará listo para trasladarse cuando Aarón y sus hijos hayan terminado de cubrir el santuario y todos los objetos sagrados. Entonces los coatitas vendrán y transportarán todo esto al siguiente destino, pero no deberán tocar los objetos sagrados, pues morirán. Así que, estos son los artículos del tabernáculo que los coatitas deben transportar.

16»Eleazar, hijo del sacerdote Aarón, será responsable del aceite del candelabro, el incienso aromático, la ofrenda diaria de grano y el aceite de la unción. Es más, Eleazar será responsable de todo el tabernáculo y de todo lo que hay en él, incluso del santuario y su mobiliario».

17Entonces el SEÑOR les dijo a Moisés y a Aarón: 18«¡No permitan que los clanes de Coat lleguen a ser exterminados de entre los levitas! 19Hagan lo siguiente para que ellos no mueran cuando se acerquen a los objetos más sagrados: Aarón y sus hijos siempre deben entrar con los coatitas y se le asignará a cada uno lo que deba hacer o cargar. 20Los coatitas jamás deben entrar en el santuario a mirar los objetos sagrados ni por un instante; si lo hacen, morirán».

Deberes del clan de los gersonitas

21El SEÑOR le dijo a Moisés: 22«Registra los nombres de los miembros de la división gersonita de la tribu de Leví por clanes y familias. 23Anota en una lista a todos los hombres de entre treinta y cincuenta años que cumplan los requisitos necesarios para servir en el tabernáculo.

24»Los clanes de los gersonitas serán responsables del servicio en general y de transportar cargas. 25Llevarán las cortinas del tabernáculo, el tabernáculo en sí junto con sus cubiertas, el revestimiento exterior de cuero de cabra de la mejor calidad y la cortina de la entrada del tabernáculo. 26También transportarán las cortinas de las paredes del atrio que rodean el tabernáculo y el altar, la cortina de la entrada del atrio, las cuerdas y todos los accesorios relacionados con su uso. Los gersonitas son responsables de todos estos objetos. 27Aarón y sus hijos dirigirán a los gersonitas en todos sus deberes, ya sea en el traslado de los accesorios o en otros trabajos. También asignarán a los gersonitas la responsabilidad de lo que deberán transportar. 28Estos son los deberes asignados a los clanes gersonitas en el tabernáculo. Ellos serán responsables ante Itamar, hijo del sacerdote Aarón.

Deberes del clan de los meraritas

29»Ahora registra los nombres de los miembros de los clanes y familias de la división de los meraritas de la tribu de Leví. 30Anota en una lista a todos los hombres de entre treinta y cincuenta años que cumplan los requisitos necesarios para servir en el tabernáculo.

31»Su única responsabilidad en el tabernáculo será transportar cargas. Ellos llevarán los soportes del tabernáculo, los travesaños, los postes y las bases; 32asimismo los postes para las paredes del atrio con sus bases, estacas y cuerdas; y los accesorios y todo lo necesario relacionado con su uso. Asígnale a cada hombre por nombre lo que debe transportar. 33Estos son los deberes de los clanes meraritas en el tabernáculo. Ellos son responsables ante Itamar, hijo del sacerdote Aarón».

Resumen del registro

34Así que Moisés, Aarón y los demás jefes de la comunidad anotaron en una lista a los miembros de la división coatita por sus clanes y familias. 35La lista incluyó a todos los hombres de entre treinta y cincuenta años que cumplían los requisitos necesarios para servir en el tabernáculo. 36El número total sumó 2750. 37Este fue el total de hombres de los clanes coatitas que cumplían los requisitos para servir en el tabernáculo. Moisés y Aarón los anotaron, tal como el SEÑOR había ordenado por medio de Moisés.

38También anotaron a la división de los gersonitas por sus clanes y familias. 39La lista incluyó a todos los hombres de entre treinta y cincuenta años que cumplían los requisitos necesarios para servir en el tabernáculo. 40El número total sumó 2630. 41Este fue el total de hombres de los clanes gersonitas que cumplían los requisitos para servir en el tabernáculo. Moisés y Aarón los anotaron, tal como el SEÑOR lo había ordenado.

42También anotaron a la división de los meraritas por sus clanes y familias. 43La lista incluyó a todos los hombres de entre treinta y cincuenta años que cumplían los requisitos necesarios para el servicio en el tabernáculo. 44El número total sumó 3200. 45Este fue el total de

***Notas textuales** **4:3** En hebreo *en la carpa de reunión*; similar en 4:4, 15, 23, 25, 28, 30, 31, 33, 35, 37, 39, 41, 43, 47. **4:5** O *arca del testimonio.* **5:2** Tradicionalmente se traduce *lepra*. El término hebreo puede describir diversas enfermedades de la piel.

Referencias cruzadas **4:9** Ex 25:37-38 **4:16** Ex 25:1-7; 30:22-34

hombres de los clanes meraritas que cumplían los requisitos necesarios para servir. Moisés y Aarón los anotaron, tal como el SEÑOR había ordenado por medio de Moisés.

46Entonces Moisés, Aarón y los jefes de Israel anotaron en una lista a todos los levitas por sus clanes y familias. 47Todos los hombres de entre treinta y cincuenta años que cumplían los requisitos necesarios para servir en el tabernáculo y para transportarlo 48sumaban 8580. 49Cuando registraron sus nombres, a cada hombre se le asignó su tarea y se le dijo lo que debía transportar, tal como el SEÑOR había ordenado por medio de Moisés.

Así se completó el registro, tal como el SEÑOR le había ordenado a Moisés.

Pureza en el campamento de Israel

5 El SEÑOR dio las siguientes instrucciones a Moisés: 2«Ordena al pueblo de Israel que saque del campamento a toda persona que tenga una enfermedad de la piel* o un flujo, o a quien haya quedado ceremonialmente impuro por tocar un cadáver. 3Esta orden debe aplicarse de la misma manera a hombres y a mujeres. Sácalos para que no contaminen el campamento donde yo habito en medio de ellos». 4Entonces los israelitas hicieron lo que el SEÑOR le había ordenado a Moisés y sacaron a tales personas del campamento.

5Así que el SEÑOR le dijo a Moisés: 6«Da al pueblo de Israel las siguientes instrucciones: si alguien del pueblo —sea hombre o mujer— traiciona al SEÑOR al hacerle mal a otra persona, esta persona es culpable. 7Deberá confesar su pecado, restituir completamente el daño hecho más un veinte por ciento adicional y darlo a la persona que perjudicó. 8Pero si la persona perjudicada está muerta y no hay ningún pariente cercano a quien pagarle el daño, el pago le pertenece al SEÑOR y deberá dárselo al sacerdote. Además, el culpable llevará un carnero como sacrificio por el pecado y será purificado y hecho justo ante el SEÑOR.* 9Todas las ofrendas sagradas que los israelitas lleven a un sacerdote le pertenecen a él. 10Cada sacerdote puede quedarse con todos los donativos sagrados que reciba».

Protección contra la infidelidad matrimonial

11El SEÑOR le dijo a Moisés: 12«Da al pueblo de Israel las siguientes instrucciones.

»Supongamos que la esposa de un hombre se descarría y le es infiel a su marido, 13y tiene relaciones sexuales con otro hombre sin que lo sepa su esposo ni nadie más. Ella se contaminó, aunque no hubo testigos y no fue sorprendida en el acto. 14Si su esposo siente celos, y sospecha de ella y necesita saber si ella se ha contaminado o no, 15el esposo debe llevarla al sacerdote. También presentará por ella una ofrenda de dos litros* de harina de cebada. No debe mezclarse con aceite de oliva ni incienso, porque se trata de una ofrenda de celos para demostrar si ella es o no culpable.

16»Entonces el sacerdote la presentará delante del SEÑOR para que sea juzgada. 17Pondrá un poco de agua santa en un recipiente de barro y mezclará polvo que tomó del piso del tabernáculo. 18Una vez que el sacerdote haya presentado a la mujer delante del SEÑOR, le desatará el cabello y colocará en las manos de ella la ofrenda de prueba, es decir, la ofrenda de celos, para discernir si las sospechas de su esposo son justificadas. El sacerdote se pondrá frente a ella y sostendrá el recipiente de agua amarga que trae una maldición para quienes son culpables. 19Enseguida el sacerdote pondrá a la mujer bajo juramento y le dirá: "Si ningún otro hombre ha tenido relaciones sexuales contigo y no te has descarriado ni te has contaminado mientras has estado bajo la autoridad de tu esposo, que seas inmune a los efectos de esta agua amarga que trae la maldición. 20Pero si te has descarriado siendo infiel a tu marido y te has contaminado teniendo relaciones sexuales con otro hombre...".

21»En este momento el sacerdote pondrá a la mujer bajo juramento al decir: "Que el pueblo sepa que la maldición del SEÑOR cayó sobre ti cuando él te haga estéril al causar que tu útero se encoja* y tu abdomen se hinche. 22Ahora, que esta agua que trae la maldición entre en tu cuerpo y cause que tu abdomen se hinche y tu útero se encoja*". A la mujer se le exigirá decir: "Sí, que así sea". 23Entonces el sacerdote escribirá estas maldiciones en un trozo de cuero y luego las lavará para que caigan dentro del agua amarga. 24Hará que la mujer beba el agua amarga que trae la maldición. Cuando el agua entre en su cuerpo, si ella es culpable, le causará un sufrimiento amargo.

25»Después el sacerdote tomará la ofrenda de celos de la mano de la mujer y la alzará ante el SEÑOR y la llevará al altar. 26Tomará un puñado de harina como porción simbólica, la quemará en el altar y le exigirá a la mujer que beba el agua. 27Si ella se ha contaminado siendo infiel a su marido, el agua que trae la maldición le producirá un sufrimiento amargo. Su abdomen se hinchará y su útero se encogerá,* y su nombre se volverá una maldición entre su pueblo. 28Pero si ella no se ha contaminado y es pura, entonces saldrá ilesa y todavía podrá tener hijos.

29»Esta es la ley ritual para lidiar con los celos. Si una mujer se descarría y se contamina mientras está bajo la autoridad de su marido, 30o si un hombre siente celos y sospecha que su esposa le fue infiel, el marido debe presentar a su esposa delante del SEÑOR y el sacerdote aplicará esta ley ritual en su totalidad. 31El marido será inocente de toda culpa en este caso, pero su esposa será responsable por su propio pecado».

Leyes para los nazareos

6 Entonces el SEÑOR le dijo a Moisés: 2«Da al pueblo de Israel las siguientes instrucciones.

»Si alguien del pueblo, sea hombre o mujer, hace el voto especial de nazareo, consagrándose al SEÑOR de manera especial, 3dejará el vino y otras bebidas alcohólicas. No usará vinagre hecho de vino ni de otras bebidas alcohólicas, no beberá jugo de uva fresca ni comerá uvas o pasas. 4Mientras esté obligado por su voto de nazareo, no se le permite comer o beber productos derivados de la vid, incluidas las semillas y la cáscara de uva.

5»Durante todo el tiempo que dure su voto, esta persona no se cortará el cabello, porque es santa y apartada para el SEÑOR. Se dejará crecer el cabello hasta que se cumpla el tiempo de su voto. 6Y no se acercará a ningún cadáver durante todo el tiempo de su voto al SEÑOR. 7Aun cuando la persona muerta sea su propio padre, madre, hermano o hermana, no debe contaminarse, porque el cabello que lleva sobre su cabeza es símbolo de su

***Notas textuales 5:8** O *llevará un carnero para expiación, el cual hará expiación por él.* **5:15** En hebreo *1/10 de un efa* [2 cuartos]. **5:21** En hebreo *cuando él cause que tu muslo caiga.* **5:22** En hebreo *y tu muslo caiga.* **5:27** En hebreo *y el muslo de ella caerá.*

Referencias cruzadas 4:46-49 Nm 1:47-49 **5:2-3** Lv 26:12

consagración a Dios. 8Este requisito se aplica mientras esté consagrado al SEÑOR.

9»Si alguien cae muerto a su lado, el cabello dedicado quedará contaminado. Tiene que esperar siete días y después se afeitará la cabeza. Entonces quedará limpio de su contaminación. 10En el octavo día llevará al sacerdote, a la entrada del tabernáculo,* dos tórtolas o dos pichones de paloma. 11El sacerdote ofrecerá una de las aves como ofrenda por el pecado y la otra como ofrenda quemada. De esta manera él lo purificará* de la culpa recibida mediante el contacto con el cadáver. Luego el nazareo reafirmará su compromiso y dejará que su cabello empiece a crecer de nuevo. 12Los días cumplidos de su voto, anteriores a la contaminación, no se tomarán en cuenta. Deberá dedicarse nuevamente al SEÑOR como nazareo por todo el tiempo de su promesa y deberá presentar un cordero de un año como ofrenda por la culpa.

13»Esta es la ley ritual para el nazareo. Al terminar el tiempo de consagración deberá ir a la entrada del tabernáculo 14y ofrecer sus sacrificios al SEÑOR: un cordero de un año sin defecto como ofrenda quemada, una cordera de un año sin defecto como ofrenda por el pecado, un carnero sin defecto como ofrenda de paz, 15una cesta de pan preparado sin levadura —panes de harina selecta mezclados con aceite de oliva y obleas untadas con aceite de oliva— junto con las ofrendas obligatorias de grano y de líquido. 16El sacerdote presentará estas ofrendas ante el SEÑOR: primero la ofrenda por el pecado y la ofrenda quemada; 17enseguida el carnero como ofrenda de paz, junto con la cesta de pan preparado sin levadura. El sacerdote también presentará al SEÑOR las ofrendas obligatorias de grano y de líquido.

18»Después el nazareo se afeitará la cabeza en la entrada del tabernáculo. Tomará el cabello que dedicó y lo pondrá en el fuego, debajo del sacrificio de la ofrenda de paz. 19Después de que el nazareo se afeite la cabeza, el sacerdote tomará una espaldilla hervida del carnero; también tomará de la cesta un pan y una oblea preparados sin levadura, y los pondrá en las manos del nazareo. 20Entonces el sacerdote los levantará ante el SEÑOR como ofrenda especial. Estas son las porciones santas para el sacerdote, junto con el pecho de la ofrenda especial y el muslo de la ofrenda sagrada que se levanta ante el SEÑOR. Después de esta ceremonia el nazareo podrá volver a beber vino.

21»Esta es la ley ritual de los nazareos que juran llevar estas ofrendas al SEÑOR. Si está a su alcance también pueden llevar ofrendas adicionales. Deben asegurarse de cumplir con todo lo que juraron cuando se apartaron como nazareos».

Bendición sacerdotal

22Entonces el SEÑOR le dijo a Moisés: 23«Diles a Aarón y a sus hijos que bendigan al pueblo de Israel con la siguiente bendición especial:

24 "Que el SEÑOR te bendiga
y te proteja.
25 Que el SEÑOR sonría sobre ti
y sea compasivo contigo.
26 Que el SEÑOR te muestre su favor
y te dé su paz".

27Cada vez que Aarón y sus hijos bendigan al pueblo de Israel en mi nombre, yo los bendeciré».

Ofrendas para la dedicación

7 El día en que Moisés levantó el tabernáculo, lo ungió y lo apartó como santo. También ungió y apartó todo el mobiliario y el altar con sus utensilios. 2Después los líderes de Israel —los jefes de las tribus que habían registrado las tropas— llegaron con sus ofrendas. 3Juntos llevaron seis carretas grandes y doce bueyes —una carreta por cada dos jefes y un buey por cada jefe— y los presentaron al SEÑOR delante del tabernáculo.

4Luego el SEÑOR le dijo a Moisés: 5«Recibe sus ofrendas y usa estos bueyes y carretas para transportar el tabernáculo.* Repártelos entre los levitas según el trabajo de cada uno». 6Así que Moisés tomó las carretas y los bueyes y los entregó a los levitas. 7Le dio dos carretas y cuatro bueyes a la división gersonita para su trabajo 8y le dio a la división merarita cuatro carretas y ocho bueyes para su trabajo. Todo el trabajo se realizó bajo el liderazgo de Itamar, hijo del sacerdote Aarón. 9Pero a la división coatita no le entregó carretas ni bueyes, porque se les requería que hicieran el traslado de los objetos sagrados del tabernáculo sobre sus hombros.

10Los jefes también presentaron las ofrendas de dedicación para el altar cuando lo ungieron. Cada uno puso sus ofrendas ante el altar. 11El SEÑOR le dijo a Moisés: «Que cada día un jefe lleve su ofrenda para la dedicación del altar».

12En el primer día presentó su ofrenda Naasón, hijo de Aminadab, jefe de la tribu de Judá.

13Su ofrenda consistía de una bandeja de plata que pesaba un kilo y medio y un tazón de plata que pesaba ochocientos gramos* (calculado según el peso del siclo del santuario). Los dos contenían ofrendas de grano de harina selecta humedecida con aceite de oliva. 14También llevó un recipiente de oro que pesaba ciento catorce gramos,* lleno de incienso. 15Llevó un becerro, un carnero y un cordero de un año, para una ofrenda quemada, 16y un chivo como ofrenda por el pecado. 17Como ofrenda de paz llevó dos toros, cinco carneros, cinco chivos y cinco corderos de un año. Esta fue la ofrenda que llevó Naasón, hijo de Aminadab.

18En el segundo día presentó su ofrenda Natanael, hijo de Zuar, jefe de la tribu de Isacar.

19Su ofrenda consistía de una bandeja de plata que pesaba un kilo y medio y un tazón de plata que pesaba ochocientos gramos (calculado según el peso del siclo del santuario). Los dos contenían ofrendas de grano de harina selecta humedecida con aceite de oliva. 20También llevó un recipiente de oro que pesaba ciento catorce gramos, lleno de incienso. 21Llevó un becerro, un carnero y un cordero de un año, para una ofrenda quemada, 22y un chivo como ofrenda por el pecado. 23Como ofrenda de paz llevó dos toros, cinco carneros, cinco chivos y cinco

***Notas textuales** **6:10** En hebreo *de la carpa de reunión*; también en 6:13, 18. **6:11** O *él hará expiación por él.* **7:5** En hebreo *la carpa de reunión*; también en 7:89. **7:13** En hebreo *una bandeja de plata que pesaba 130 [siclos]* [3,25 libras] *y un tazón de plata que pesaba 70 siclos* [1,75 libras]; también en 7:19, 25, 31, 37, 43, 49, 55, 61, 67, 73, 79, 85. **7:14** En hebreo *10 [siclos]* [4 onzas]; también en 7:20, 26, 32, 38, 44, 50, 56, 62, 68, 74, 80, 86.

Referencias cruzadas **6:14** Lv 14:10 **6:24** Dt 28:3-6 **7:1** Ex 40:9-11 **7:14** Ex 30:34 **7:16** Lv 4:3

corderos de un año. Esta fue la ofrenda que llevó
Natanael, hijo de Zuar.

24En el tercer día presentó su ofrenda Eliab, hijo de Helón, jefe de la tribu de Zabulón.

25Su ofrenda consistía de una bandeja de plata que
pesaba un kilo y medio y un tazón de plata que
pesaba ochocientos gramos (calculado según el peso
del siclo del santuario). Los dos contenían ofrendas
de grano de harina selecta humedecida con aceite
de oliva. 26También llevó un recipiente de oro que
pesaba ciento catorce gramos, lleno de incienso.
27Llevó un becerro, un carnero y un cordero de un
año, para una ofrenda quemada, 28y un chivo como
ofrenda por el pecado. 29Como ofrenda de paz
llevó dos toros, cinco carneros, cinco chivos y cinco
corderos de un año. Esta fue la ofrenda que llevó
Eliab, el hijo de Helón.

30En el cuarto día presentó su ofrenda Elisur, hijo de Sedeur, jefe de la tribu de Rubén.

31Su ofrenda consistía de una bandeja de plata que
pesaba un kilo y medio y un tazón de plata que
pesaba ochocientos gramos (calculado según el peso
del siclo del santuario). Los dos contenían ofrendas
de grano de harina selecta humedecida con aceite
de oliva. 32También llevó un recipiente de oro que
pesaba ciento catorce gramos, lleno de incienso.
33Llevó un becerro, un carnero y un cordero de un
año, para una ofrenda quemada, 34y un chivo como
ofrenda por el pecado. 35Como ofrenda de paz
llevó dos toros, cinco carneros, cinco chivos y cinco
corderos de un año. Esta fue la ofrenda que llevó
Elisur, el hijo de Sedeur.

36En el quinto día presentó su ofrenda Selumiel, hijo de Zurisadai, jefe de la tribu de Simeón.

37Su ofrenda consistía de una bandeja de plata que
pesaba un kilo y medio y un tazón de plata que
pesaba ochocientos gramos (calculado según el peso
del siclo del santuario). Los dos contenían ofrendas
de grano de harina selecta humedecida con aceite
de oliva. 38También llevó un recipiente de oro que
pesaba ciento catorce gramos, lleno de incienso.
39Llevó un becerro, un carnero y un cordero de un
año para una ofrenda quemada, 40y un chivo como
ofrenda por el pecado. 41Como ofrenda de paz
llevó dos toros, cinco carneros, cinco chivos y cinco
corderos de un año. Esta fue la ofrenda que llevó
Selumiel, hijo de Zurisadai.

42En el sexto día presentó su ofrenda Eliasaf, hijo de Deuel, jefe de la tribu de Gad.

43Su ofrenda consistía de una bandeja de plata que
pesaba un kilo y medio y un tazón de plata que
pesaba ochocientos gramos (calculado según el peso
del siclo del santuario). Los dos contenían ofrendas
de grano de harina selecta humedecida con aceite
de oliva. 44También llevó un recipiente de oro que
pesaba ciento catorce gramos, lleno de incienso.
45Llevó un becerro, un carnero y un cordero de un
año, para una ofrenda quemada, 46y un chivo como
ofrenda por el pecado. 47Como ofrenda de paz
llevó dos toros, cinco carneros, cinco chivos y cinco
corderos de un año. Esta fue la ofrenda que llevó
Eliasaf, hijo de Deuel.

48En el séptimo día presentó su ofrenda Elisama, hijo de Amiud, jefe de la tribu de Efraín.

49Su ofrenda consistía de una bandeja de plata que
pesaba un kilo y medio y un tazón de plata que
pesaba ochocientos gramos (calculado según el peso
del siclo del santuario). Los dos contenían ofrendas
de grano de harina selecta humedecida con aceite
de oliva. 50También llevó un recipiente de oro que
pesaba ciento catorce gramos, lleno de incienso.
51Llevó un becerro, un carnero y un cordero de un
año, para una ofrenda quemada, 52y un chivo como
ofrenda por el pecado. 53Como ofrenda de paz
llevó dos toros, cinco carneros, cinco chivos y cinco
corderos de un año. Esta fue la ofrenda que llevó
Elisama, hijo de Amiud.

54En el octavo día presentó su ofrenda Gamaliel, hijo de Pedasur, jefe de la tribu de Manasés.

55Su ofrenda consistía de una bandeja de plata que
pesaba un kilo y medio y un tazón de plata que
pesaba ochocientos gramos (calculado según el peso
del siclo del santuario). Los dos contenían ofrendas
de grano de harina selecta humedecida con aceite
de oliva. 56También llevó un recipiente de oro que
pesaba ciento catorce gramos, lleno de incienso.
57Llevó un becerro, un carnero y un cordero de un
año, para una ofrenda quemada, 58y un chivo como
ofrenda por el pecado. 59Como ofrenda de paz
llevó dos toros, cinco carneros, cinco chivos y cinco
corderos de un año. Esta fue la ofrenda que llevó
Gamaliel, hijo de Pedasur.

60En el noveno día presentó su ofrenda Abidán, hijo de Gedeoni, jefe de la tribu de Benjamín.

61Su ofrenda consistía de una bandeja de plata que
pesaba un kilo y medio y un tazón de plata que
pesaba ochocientos gramos (calculado según el peso
del siclo del santuario). Los dos contenían ofrendas
de grano de harina selecta humedecida con aceite
de oliva. 62También llevó un recipiente de oro que
pesaba ciento catorce gramos, lleno de incienso.
63Llevó un becerro, un carnero y un cordero de un
año, para una ofrenda quemada, 64y un chivo como
ofrenda por el pecado. 65Como ofrenda de paz
llevó dos toros, cinco carneros, cinco chivos y cinco
corderos de un año. Esta fue la ofrenda que llevó
Abidán, hijo de Gedeoni.

66En el décimo día presentó su ofrenda Ahiezer, hijo de Amisadai, jefe de la tribu de Dan.

67Su ofrenda consistía de una bandeja de plata que
pesaba un kilo y medio y un tazón de plata que
pesaba ochocientos gramos (calculado según el peso
del siclo del santuario). Los dos contenían ofrendas
de grano de harina selecta humedecida con aceite
de oliva. 68También llevó un recipiente de oro que
pesaba ciento catorce gramos, lleno de incienso.
69Llevó un becerro, un carnero y un cordero de un
año, para una ofrenda quemada, 70y un chivo como

Referencias cruzadas **7:29** Lv 7:32 **7:34** Hb 10:4

ofrenda por el pecado. 71Como ofrenda de paz
llevó dos toros, cinco carneros, cinco chivos y cinco
corderos de un año. Esta fue la ofrenda que llevó
Ahiezer, hijo de Amisadai.

72En el undécimo día presentó su ofrenda Pagiel, hijo de
Ocrán, jefe de la tribu de Aser.
73Su ofrenda consistía de una bandeja de plata que
pesaba un kilo y medio y un tazón de plata que
pesaba ochocientos gramos (calculado según el peso
del siclo del santuario). Los dos contenían ofrendas
de grano de harina selecta humedecida con aceite
de oliva. 74También llevó un recipiente de oro que
pesaba ciento catorce gramos, lleno de incienso.
75Llevó un becerro, un carnero y un cordero de un
año, para una ofrenda quemada, 76y un chivo como
ofrenda por el pecado. 77Como ofrenda de paz
llevó dos toros, cinco carneros, cinco chivos y cinco
corderos de un año. Esta fue la ofrenda que llevó
Pagiel, hijo de Ocrán.

78En el duodécimo día presentó su ofrenda Ahira, hijo de
Enán, jefe de la tribu de Neftalí.
79Su ofrenda consistía de una bandeja de plata que
pesaba un kilo y medio y un tazón de plata que
pesaba ochocientos gramos (calculado según el peso
del siclo del santuario). Los dos contenían ofrendas
de grano de harina selecta humedecida con aceite
de oliva. 80También llevó un recipiente de oro que
pesaba ciento catorce gramos, lleno de incienso.
81Llevó un becerro, un carnero y un cordero de un
año, para una ofrenda quemada, 82y un chivo como
ofrenda por el pecado. 83Como ofrenda de paz
llevó dos toros, cinco carneros, cinco chivos y cinco
corderos de un año. Esta fue la ofrenda que llevó
Ahira, hijo de Enán.

84Estas fueron las ofrendas de dedicación que los jefes
de Israel llevaron cuando se ungió el altar: doce bandejas
de plata, doce tazones de plata y doce recipientes de oro
con incienso. 85Cada bandeja de plata pesaba un kilo y
medio, y cada tazón de plata, ochocientos gramos. El
peso total de la plata fue veintisiete kilos y medio* (cal-
culado según el peso del siclo del santuario). 86Cada uno
de los doce recipientes de oro, que contenían el incienso,
pesaba ciento catorce gramos (calculado según el peso
del siclo del santuario). El peso total del oro fue un kilo
con cuatrocientos gramos.* 87Se donaron doce becerros,
doce carneros y doce corderos de un año para las ofrendas
quemadas, junto con las ofrendas obligatorias de grano.
Llevaron doce chivos para las ofrendas por el pecado. 88Se
donaron veinticuatro toros, sesenta carneros, sesenta chi-
vos y sesenta corderos de un año como ofrendas de paz.
Esa fue la ofrenda para la dedicación del altar después de
haber sido ungido.
89Cada vez que Moisés entraba en el tabernáculo para
hablar con el SEÑOR, Moisés oía la voz que le hablaba de
entre los dos querubines que estaban sobre la tapa del
arca —el lugar de la expiación— que está sobre el arca del
pacto.* Desde ahí el SEÑOR le hablaba a Moisés.

Preparación de las lámparas

8 El SEÑOR le dijo a Moisés: 2«Da las siguientes instruc-
ciones a Aarón: cuando pongas las siete lámparas en
el candelabro, hazlo de manera que la luz alumbre hacia
adelante, enfrente del candelabro». 3Y así lo hizo Aarón;
instaló las siete lámparas para que reflejaran su luz hacia
adelante, tal como el SEÑOR le había ordenado a Moisés.
4Todo el candelabro —desde su base hasta el decorado
floral— estaba hecho de oro labrado. Se fabricó conforme
al diseño exacto que el SEÑOR le había mostrado a Moisés.

Dedicación de los levitas

5Luego el SEÑOR le dijo a Moisés: 6«Ahora bien, separa
a los levitas de los demás israelitas y hazlos ceremonial-
mente puros. 7Para hacerlo, rocíalos con el agua de la
purificación y haz que se afeiten todo el cuerpo y que
laven su ropa. Entonces quedarán ceremonialmente
puros. 8Haz que lleven un becerro y una ofrenda de grano
de harina selecta humedecida con aceite de oliva, junto
con un segundo becerro para la ofrenda por el pecado.
9Después reúne a toda la comunidad de Israel y presenta
a los levitas a la entrada del tabernáculo.* 10Cuando pre-
sentes a los levitas delante del SEÑOR, el pueblo de Israel
pondrá sus manos sobre ellos. 11Con las manos en alto,
Aarón presentará a los levitas ante el SEÑOR como una
ofrenda especial del pueblo de Israel; así los dedicará al
servicio del SEÑOR.
12»Enseguida los levitas pondrán sus manos sobre la
cabeza de los becerros. Presenta un becerro como ofrenda
por el pecado y el otro como ofrenda quemada al SEÑOR,
para purificar a los levitas y hacerlos justos ante el SEÑOR.*
13Luego haz que los levitas se pongan de pie delante de
Aarón y sus hijos y levanta tus manos y preséntalos como
una ofrenda especial al SEÑOR. 14De ese modo apartarás
a los levitas del resto del pueblo de Israel, y los levitas me
pertenecerán a mí. 15Así ellos podrán entrar en el taber-
náculo para realizar su trabajo, porque los purificaste y los
presentaste como una ofrenda especial.
16»De todo el pueblo de Israel, los levitas están apar-
tados para mí. Yo los he tomado para mí en lugar de los
primeros hijos varones de los israelitas; he tomado a los le-
vitas como sustitutos. 17Pues todo primer nacido de entre
el pueblo de Israel es mío, tanto de personas como de
animales. Yo los aparté para mí el día que herí de muerte
a todos los primeros hijos varones de los egipcios. 18Es
cierto, yo tomé a los levitas en lugar de todos los prime-
ros hijos varones de Israel; 19y de todos los israelitas, yo
he designado a los levitas para Aarón y sus hijos. Ellos
servirán en el tabernáculo en nombre de los israelitas y
harán sacrificios para purificar al pueblo,* de modo que
ninguna plaga los azote cuando se acerquen al santuario».
20Así que Moisés, Aarón y toda la comunidad de Israel
dedicaron a los levitas, siguiendo cuidadosamente todas
las instrucciones del SEÑOR a Moisés. 21Los levitas se
purificaron del pecado y lavaron sus ropas, y Aarón los
presentó al SEÑOR como una ofrenda especial. Entonces
ofreció un sacrificio para purificarlos y para hacerlos justos
delante del SEÑOR.* 22Después los levitas entraron en el
tabernáculo para cumplir con sus responsabilidades de
ayudar a Aarón y a sus hijos. Así se llevó a cabo todo lo
que el SEÑOR le ordenó a Moisés con respecto a los levitas.

***Notas textuales** **7:85** En hebreo *2400 [siclos]* [60 libras]. **7:86** En hebreo *120 [siclos]* [3 libras]. **7:89** O *el arca del testimonio.* **8:9** En hebreo *de la carpa de reunión*; similar en 8:15, 19, 22, 24, 26. **8:12** O *para hacer expiación por los levitas.* **8:19** O *para hacer expiación por el pueblo.* **8:21** O *Entonces hizo expiación por ellos para purificarlos.*

Referencias cruzadas **7:89** Ex 25:21-22 **8:4** Ex 25:36-37

23El Señor le dio otras instrucciones a Moisés: 24«Los levitas seguirán esta regla: empezarán su servicio en el tabernáculo a la edad de veinticinco años 25y se jubilarán a los cincuenta años. 26Después de su jubilación podrán ayudar a sus compañeros levitas como guardias en el tabernáculo, pero no podrán oficiar en las ceremonias. Así es como asignarás los deberes a los levitas».

La segunda Pascua

9 Un año después que Israel saliera de Egipto, el Señor le habló a Moisés en el desierto de Sinaí. El primer mes* de ese año le dijo: 2«Di a los israelitas que celebren la Pascua en el tiempo establecido: 3al atardecer del día catorce del primer mes.* Asegúrate de seguir todos mis decretos y todas mis ordenanzas acerca de esta celebración».

4Entonces Moisés le dijo al pueblo que celebrara la Pascua 5en el desierto de Sinaí, al atardecer del día catorce del primer mes. Allí celebraron el festival, así como el Señor le había ordenado a Moisés. 6Sin embargo, algunos hombres estaban ceremonialmente impuros por haber tocado un cadáver, y por eso no podían celebrar la Pascua aquel día. Así que ese mismo día se acercaron a Moisés y a Aarón 7y les dijeron:

—Hemos quedado ceremonialmente impuros por tocar un cadáver. Pero ¿por qué se nos debe impedir presentar la ofrenda del Señor en la debida fecha con el resto de los israelitas?

8Moisés les contestó:

—Esperen aquí hasta que yo reciba del Señor las instrucciones para ustedes.

9Esta fue la respuesta del Señor a Moisés: 10«Da las siguientes instrucciones al pueblo de Israel: si alguien del pueblo, ya sea ahora o en las generaciones futuras, está ceremonialmente impuro en la fecha establecida para la Pascua por tocar un cadáver, o si está de viaje y no puede estar presente en la ceremonia, aun así podrá celebrar la Pascua del Señor. 11Esta persona ofrecerá el sacrificio de la Pascua un mes después, al atardecer del día catorce del segundo mes.* Comerá el cordero de la Pascua con pan sin levadura y hierbas amargas. 12No dejará nada del cordero para el día siguiente, ni quebrará ninguno de sus huesos, y debe seguir todas las ordenanzas de rigor acerca de la Pascua.

13»Aquellos que no estén ceremonialmente impuros ni anden de viaje pero aun así dejen de celebrar la Pascua en la fecha establecida, serán excluidos de la comunidad de Israel. Si no presentan la ofrenda del Señor en la fecha debida, sufrirán las consecuencias de su culpa. 14Y si el extranjero que vive entre ustedes quiere celebrar la Pascua del Señor, debe seguir estos mismos decretos y ordenanzas. Las mismas leyes se aplican tanto a los israelitas de nacimiento como a los extranjeros que viven entre ustedes».

La nube de fuego

15El día que se armó el tabernáculo, la nube lo cubrió.* Pero desde la tarde hasta el amanecer la nube que cubría el tabernáculo tomaba la apariencia de una columna de fuego. 16De esta manera ocurría siempre: por la noche la nube que cubría el tabernáculo tomaba la apariencia de fuego. 17Cada vez que la nube se elevaba de la carpa sagrada, el pueblo de Israel levantaba el campamento y la seguía; donde la nube se detenía, el pueblo de Israel armaba el campamento. 18De esta manera los israelitas viajaban y acampaban por orden del Señor, donde él les indicaba que fueran. Permanecían en el campamento todo el tiempo que la nube se quedaba encima del tabernáculo. 19Si la nube se quedaba por largo tiempo sobre el tabernáculo, los israelitas permanecían allí y llevaban a cabo sus deberes ante el Señor. 20Algunas veces la nube se detenía por pocos días sobre el tabernáculo; entonces el pueblo se quedaba por pocos días, como el Señor ordenaba. Luego, por orden del Señor, levantaban el campamento y se ponían en marcha. 21Algunas veces la nube se detenía solo por la noche y se elevaba a la mañana siguiente; pero fuera de día o de noche, cuando la nube se elevaba, el pueblo levantaba el campamento y se ponía en marcha. 22Si la nube permanecía sobre el tabernáculo por dos días, un mes o un año, el pueblo de Israel acampaba y no se ponía en marcha; pero en cuanto se elevaba, ellos levantaban el campamento y se ponían en marcha. 23Así que acampaban o viajaban bajo las órdenes del Señor y obedecían todo lo que el Señor les decía por medio de Moisés.

¡Respuestas Bíblicas! 27 ¿Por qué Dios posó una nube sobre el tabernáculo?

9:17-22 La nube le mostraba al pueblo de Israel que Dios estaba con ellos. La nube se movía para mostrarles el camino en el desierto. Ellos seguían a la nube cuando se movía, y se detenían cuando la nube lo hacía también.

Las trompetas de plata

10 El Señor le dijo a Moisés: 2«Haz dos trompetas de plata labrada a martillo para convocar a la comunidad a reunirse y dar la señal de levantar el campamento. 3Al toque de ambas trompetas, todos deben reunirse ante ti a la entrada del tabernáculo;* 4pero si se toca solo una trompeta, entonces solo los líderes —los jefes de los clanes de Israel— tendrán que presentarse ante ti.

5»Cuando hagas sonar la señal para continuar el viaje, las tribus acampadas en el lado oriental del tabernáculo levantarán el campamento y avanzarán. 6Cuando hagas sonar la señal por segunda vez, las tribus acampadas en el lado sur las seguirán. Haz sonar toques cortos como señal de ponerse en marcha, 7pero cuando convoques al pueblo a asamblea, toca las trompetas de manera diferente. 8Únicamente los sacerdotes, los descendientes de Aarón, podrán tocar las trompetas. Esta es una ley perpetua para ustedes y tendrá que cumplirse de generación en generación.

9»Cuando lleguen a su propia tierra y vayan a la guerra contra sus enemigos que los atacan, darán la alarma con las trompetas. Entonces el Señor su Dios los recordará y los rescatará de sus enemigos. 10También hagan sonar las trompetas en tiempos de alegría, en sus festivales anuales y al principio de cada mes. Además, toquen las trompetas cuando entreguen las ofrendas quemadas y las ofrendas

***Notas textuales** **9:1** En el antiguo calendario lunar hebreo, el primer mes, por lo general, cae entre marzo y abril. **9:3** En el antiguo calendario lunar hebreo, ese día caía a fines de marzo, en abril o a principios de mayo. **9:11** En el antiguo calendario lunar hebreo, ese día caía a fines de abril, en mayo o a principios de junio. **9:15** En hebreo *la nube cubrió el tabernáculo, la carpa del testimonio.* **10:3** En hebreo *de la carpa de reunión.*

Referencias cruzadas **8:24** Nm 4:3 **9:2** Ex 12:1-6 **9:12** Jn 19:36 **9:15** Ex 13:21-22

de paz. Las trompetas le recordarán a su Dios el pacto que hizo con ustedes. Yo soy el SEÑOR su Dios».

Los israelitas dejan el Sinaí

[11]Durante el segundo año después que Israel saliera de Egipto, el día veinte del segundo mes,* la nube se elevó del tabernáculo del pacto.* [12]Entonces los israelitas salieron del desierto de Sinaí y viajaron de un lugar a otro hasta que la nube se detuvo en el desierto de Parán.

[13]Cuando el pueblo salió por primera vez, siguiendo las instrucciones que el SEÑOR había dado por medio de Moisés, [14]las tropas de Judá iban delante. Estas marchaban detrás de su estandarte, y su jefe era Naasón, hijo de Aminadab. [15]Las siguieron las tropas de la tribu de Isacar, dirigidas por Natanael, hijo de Zuar, [16]y también las tropas de la tribu de Zabulón, dirigidas por Eliab, hijo de Helón.

[17]Después se desarmó el tabernáculo, y las siguientes en ponerse en marcha fueron las divisiones gersonitas y meraritas, de los levitas, llevando consigo el tabernáculo. [18]Las tropas de Rubén fueron las próximas en salir y marchaban tras su estandarte. Su jefe era Elisur, hijo de Sedeur. [19]Las siguieron las tropas de la tribu de Simeón, dirigidas por Selumiel, hijo de Zurisadai, [20]y también las tropas de la tribu de Gad, dirigidas por Eliasaf, hijo de Deuel.

[21]Luego salió la división coatita de los levitas, que llevaba consigo los objetos sagrados del tabernáculo. El tabernáculo debía estar ya instalado en su nueva ubicación antes de que ellos llegaran al próximo lugar de campamento. [22]Las tropas de Efraín marcharon a continuación, detrás de su estandarte. Su jefe era Elisama, hijo de Amiud. [23]Las siguieron las tropas de la tribu de Manasés, dirigidas por Gamaliel, hijo de Pedasur, [24]y también las tropas de la tribu de Benjamín, dirigidas por Abidán, hijo de Gedeoni.

[25]Las últimas en salir fueron las tropas de Dan que marchaban tras su estandarte, a la retaguardia de todos los campamentos tribales. Su jefe era Ahiezer, hijo de Amisadai. [26]Se le unieron las tropas de la tribu de Aser, dirigidas por Pagiel, hijo de Ocrán, [27]y también las tropas de la tribu de Neftalí, dirigidas por Ahira, hijo de Enán.

[28]En ese orden marchaban los israelitas, división por división.

[29]Un día Moisés le dijo a su cuñado Hobab, hijo de Reuel, el madianita:

—Vamos en camino al lugar que el SEÑOR nos prometió, porque él nos dijo: "Yo se lo daré a ustedes". Ven con nosotros y te trataremos bien, porque el SEÑOR ha prometido maravillosas bendiciones para Israel.

[30]—No, no iré —respondió Hobab—. Debo regresar a mi propia tierra y a mi familia.

[31]—Por favor, no nos dejes —rogó Moisés—. Tú conoces los lugares del desierto donde debemos acampar. Ven, sé nuestro guía. [32]Si vienes con nosotros, compartiremos contigo todas las bendiciones que el SEÑOR nos dará.

[33]Así que después de salir del monte del SEÑOR, marcharon por tres días; y el arca del pacto del SEÑOR iba delante de ellos para indicarles dónde detenerse y descansar. [34]Cada día, mientras continuaban su viaje, la nube del SEÑOR se mantenía en el aire sobre ellos. [35]Siempre que el arca salía, Moisés gritaba: «¡Levántate, oh SEÑOR y que se dispersen tus enemigos! ¡Que huyan ante ti!»; [36]y cuando el arca se ponía en tierra, Moisés decía: «¡Vuelve, oh SEÑOR, a los incontables millares de Israel!».

El pueblo se queja ante Moisés

11 Poco después el pueblo comenzó a quejarse de las privaciones que enfrentaba, y el SEÑOR oyó todo lo que decían. Entonces el enojo del SEÑOR se encendió contra ellos y envió un fuego que ardió entre ellos y destruyó a algunos en las afueras del campamento. [2]Así que el pueblo pidió ayuda a gritos a Moisés, y cuando él oró al SEÑOR, el fuego se apagó. [3]Después, ese lugar fue conocido como Taberá (que significa «lugar del fuego que arde»), porque el fuego del SEÑOR ardió allí entre ellos.

[4]Entonces la gentuza extranjera que viajaba con los israelitas comenzó a tener fuertes antojos por las cosas buenas de Egipto. Y el pueblo de Israel también comenzó a quejarse: «¡Oh, si tuviéramos un poco de carne! —exclamaban—. [5]Cómo nos acordamos del pescado que comíamos gratis en Egipto y teníamos todos los pepinos, los melones, los puerros, las cebollas y los ajos que queríamos. [6]¡Pero ahora lo único que vemos es este maná! Hasta hemos perdido el apetito».

[7]El maná era parecido a pequeñas semillas de cilantro, y era de un color amarillo claro como goma de resina. [8]La gente salía a recogerlo del suelo. Con el maná se hacía harina en los molinos de mano o se machacaba en un mortero. Luego se hervía en una olla para hacer panes planos que sabían a pastelitos horneados con aceite de oliva. [9]Durante la noche, el maná caía sobre el campamento juntamente con el rocío.

[10]Entonces Moisés escuchó los lloriqueos de las familias a la entrada de sus carpas y el SEÑOR se enfureció. Moisés también estaba muy molesto, [11]y le dijo al SEÑOR:

—¿Por qué me tratas a mí, tu servidor, con tanta dureza? ¡Ten misericordia de mí! ¿Qué hice para merecer la carga de todo este pueblo? [12]¿Acaso yo los engendré? ¿Los traje yo al mundo? ¿Por qué me dijiste que los llevara en mis brazos como una madre a un bebé de pecho? ¿Cómo puedo llevarlos a la tierra que juraste dar a sus antepasados? [13]¿De dónde se supone que voy a conseguir carne para toda esta gente? No dejan de quejarse conmigo diciendo: "¡Danos carne para comer!". [14]¡Solo no puedo soportar a todo este pueblo! ¡La carga es demasiado pesada! [15]Si esta es la manera como piensas tratarme, sería mejor que me mataras. ¡Hazme ese favor y ahórrame esta miseria!

Moisés selecciona setenta líderes

[16]Entonces el SEÑOR le dijo a Moisés:

—Reúne delante de mí a setenta hombres que sean reconocidos como ancianos y jefes de Israel. Llévalos al tabernáculo* para que permanezcan junto a ti. [17]Yo descenderé y allí hablaré contigo. Tomaré del Espíritu que está sobre ti y lo pondré sobre ellos también. Llevarán la carga del pueblo junto contigo, y de esa manera no tendrás que soportarla tú solo.

[18]»También dile al pueblo: "Purifíquense, porque mañana tendrán carne para comer. Ustedes gemían y el

***Notas textuales** **10:11a** En el antiguo calendario lunar hebreo, ese día caía a fines de abril, en mayo o a principios de junio. **10:11b** O *tabernáculo del testimonio.* **11:16** En hebreo *a la carpa de reunión*. **11:24** En hebreo *de la carpa*; similar en 11:26.

Referencias cruzadas **10:13-14** Nm 2:3-31 **10:36** Dt 1:10-11 **11:1** Lv 10:1-2 **11:4** Sal 78:18; 1 Co 10:6 **11:11** Ex 5:22

Señor oyó sus quejidos: '¡Oh, un poco de carne! ¡Estába-
mos en mejores condiciones en Egipto!'. Ahora, el Señor
les dará carne y tendrán que comérsela. 19Y no será solo un
día, ni dos, ni cinco, ni diez, ni aun veinte. 20La comerán
durante un mes entero, hasta que les produzca náuseas y
estén hartos de tanta carne. Pues han rechazado al Señor
que está aquí entre ustedes y han lloriqueado diciendo:
'¿Por qué dejamos Egipto?'".

21Entonces Moisés respondió al Señor:

—¡Hay seiscientos mil soldados de infantería aquí con-
migo y aun así dices: "Yo les daré carne durante un mes
entero"! 22Aunque matáramos a todos nuestros rebaños
y manadas, ¿podría eso satisfacerlos? O si pescáramos
todos los peces del mar, ¿alcanzaría?

23Entonces el Señor le dijo a Moisés:

—¿Acaso mi brazo ha perdido su poder? ¡Ahora verás
si mi palabra se cumple o no!

24Así que Moisés salió y comunicó al pueblo las pala-
bras del Señor. Juntó a los setenta ancianos y los colocó
alrededor del tabernáculo.* 25Después el Señor descen-
dió en la nube y le habló a Moisés. Entonces les dio a los
setenta ancianos del mismo Espíritu que estaba sobre
Moisés; y cuando el Espíritu se posó sobre ellos, los an-
cianos profetizaron; pero esto nunca volvió a suceder.

26Sin embargo, dos hombres, Eldad y Medad, se ha-
bían quedado en el campamento. Ellos estaban incluidos
en la lista de los ancianos, pero no se presentaron en el
tabernáculo. Aun así, el Espíritu también se posó sobre
ellos y profetizaron allí en el campamento. 27Un joven
corrió y le informó a Moisés: «¡Eldad y Medad están pro-
fetizando en el campamento!».

28Entonces Josué, hijo de Nun, que era ayudante de
Moisés desde su juventud, protestó:

—Moisés, mi señor, ¡detenlos!

29Pero Moisés respondió:

—¿Estás celoso por mí? Ya quisiera que todos los del
pueblo del Señor fueran profetas y que el Señor pusiera
su Espíritu sobre todos.

30Entonces Moisés regresó al campamento con los
ancianos de Israel.

El Señor envía codornices

31Ahora bien, el Señor envió un viento que trajo codorni-
ces desde el mar y las dejó caer por todo el campamento.
Había codornices por kilómetros en todas las direcciones,
volando como a un metro del suelo.* 32Así que el pue-
blo salió y atrapó codornices todo ese día, a lo largo de
la noche y también todo el día siguiente. ¡Nadie recogió
menos de cincuenta canastas*! Entonces esparcieron las
codornices por todo el campamento y las pusieron a secar.
33Pero mientras se saciaban de carne —cuando aún estaba
en sus bocas—, el enojo del Señor se encendió contra
el pueblo y los castigó con una plaga muy grave. 34Así
que ese lugar fue llamado Kibrot-hataava (que significa
«tumbas de glotonería») porque allí enterraron a la gente
que codiciaba la carne de Egipto. 35Después, los israelitas
viajaron de Kibrot-hataava a Hazerot, donde se quedaron
por algún tiempo.

Quejas de Miriam y Aarón

12 Mientras estaban en Hazerot, Miriam y Aarón
criticaron a Moisés porque se había casado con
una cusita. 2Dijeron: «¿Ha hablado el Señor solamente
por medio de Moisés? ¿Acaso no ha hablado también a
través de nosotros?». Y el Señor los oyó. 3(Ahora bien,
Moisés era muy humilde, más que cualquier otra persona
en la tierra).

4Así que, el Señor llamó de inmediato a Moisés, a
Aarón y a Miriam y les dijo: «¡Vayan los tres al taber-
náculo*!»; y los tres fueron allí. 5Entonces el Señor des-
cendió en la columna de nube y se detuvo en la entrada del
tabernáculo.* «¡Aarón y Miriam!», llamó él. Ellos dieron
un paso al frente 6y el Señor les habló: «Escuchen lo que
voy a decir:

»Si hubiera profetas entre ustedes,
yo, el Señor, me revelaría en visiones;
les hablaría en sueños.
7 Pero no con mi siervo Moisés.
De toda mi casa, él es en quien confío.
8 Yo le hablo a él cara a cara,
¡con claridad y no en acertijos!
Él ve al Señor como él es.
¿Entonces, por qué no tuvieron temor
de criticar a mi siervo Moisés?».

9El Señor estaba muy enojado con ellos y se fue.
10Cuando la nube dejó de estar encima del tabernáculo,
allí estaba Miriam, con su piel tan blanca como la nieve,
leprosa.* Cuando Aarón vio lo que había pasado con ella,
11clamó a Moisés: «¡Oh, mi señor! ¡Por favor, no nos cas-
tigues por este pecado que tan neciamente cometimos!
12No dejes que ella sea como un bebé que nace muerto y
que ya está en descomposición».

13Entonces Moisés clamó al Señor:

—¡Oh Dios, te suplico que la sanes!

14Pero el Señor le dijo a Moisés:

—Si el padre de Miriam tan solo la escupiera en la cara,
¿no duraría su contaminación siete días? Por lo tanto,
mantenla fuera del campamento durante siete días y
después podrá ser aceptada de nuevo.

15Así que Miriam permaneció fuera del campamento
durante siete días, y el pueblo esperó hasta que la trajeron
para continuar su viaje. 16Fue entonces cuando salieron de
Hazerot y acamparon en el desierto de Parán.

Doce espías exploran Canaán

13 El Señor le dijo a Moisés: 2«Envía hombres a
explorar la tierra de Canaán, la tierra que les daré a
los israelitas. Envía a un jefe de cada una de las doce tribus
de sus antepasados». 3Entonces Moisés hizo lo que el
Señor le ordenó y envió a doce hombres desde el cam-
pamento en el desierto de Parán, todos jefes de las tribus
de Israel. 4Estas eran las tribus y los nombres de sus jefes:

	Tribu	*Jefe*
	de Rubén	Samúa, hijo de Zacur
5	de Simeón	Safat, hijo de Hori
6	de Judá	Caleb, hijo de Jefone
7	de Isacar	Igal, hijo de José
8	de Efraín	Oseas, hijo de Nun

***Notas textuales** **11:31** O *direcciones, como un metro* [2 codos o 3 pies] *de espesor sobre la tierra*. **11:32** En hebreo *10 homeres* [2200 litros o 2000 cuartos]. **12:4** En hebreo *a la carpa de reunión.* **12:5** En hebreo *de la carpa*; también en 12:10. **12:10** O *con una piel enferma.* El término hebreo puede describir diversas enfermedades de la piel.

Referencias cruzadas **11:23** Is 50:2 **11:28-29** Mc 9:38-40 **11:35** Nm 33:17 **12:10** Dt 24:9

9 .... de Benjamín ... Palti, hijo de Rafú
10 de Zabulón .... Gadiel, hijo de Sodi
11 de Manasés, hijo de José .... Gadi, hijo de Susi
12 de Dan .... Amiel, hijo de Gemali
13 de Aser .... Setur, hijo de Micael
14 de Neftalí .... Nahbi, hijo de Vapsi
15 de Gad .... Geuel, hijo de Maqui

16 Estos son los nombres de los hombres que Moisés envió a explorar la tierra. (A Oseas, hijo de Nun, Moisés le dio el nombre de Josué).

17 Moisés envió a los hombres a explorar la tierra y les dio las siguientes instrucciones: «Vayan al norte a través del Neguev hasta la zona montañosa. 18 Fíjense cómo es la tierra y averigüen si sus habitantes son fuertes o débiles, pocos o muchos. 19 Observen cómo es la tierra en que habitan. ¿Es buena o mala? ¿Viven en ciudades amuralladas o sin protección, a campo abierto? 20 El terreno, ¿es fértil o estéril? ¿Abundan los árboles? Hagan todo lo posible por traer muestras de las cosechas que encuentren». (Era la temporada de la cosecha de las primeras uvas maduras).

21 Así que subieron y exploraron la tierra desde el desierto de Zin hasta Rehob, cerca de Lebo-hamat. 22 Yendo al norte, atravesaron el Neguev y llegaron a Hebrón donde vivían Ahimán, Sesai y Talmai, todos descendientes de Anac. (La antigua ciudad de Hebrón fue fundada siete años antes de la ciudad egipcia de Zoán). 23 Cuando llegaron al valle de Escol, cortaron una rama con un solo racimo de uvas, tan grande ¡que tuvieron que transportarlo en un palo, entre dos! También llevaron muestras de granadas e higos. 24 A ese lugar se le llamó el valle de Escol (que significa «racimo») por el racimo de uvas que los israelitas cortaron allí.

Informe de los espías

25 Después de explorar la tierra durante cuarenta días, los hombres regresaron 26 a Moisés, a Aarón y a toda la comunidad de Israel en Cades, en el desierto de Parán. Informaron a toda la comunidad lo que vieron y les mostraron los frutos que tomaron de la tierra. 27 Este fue el informe que dieron a Moisés: «Entramos en la tierra a la cual nos enviaste a explorar y en verdad es un país sobreabundante, una tierra donde fluyen la leche y la miel. Aquí está la clase de frutos que allí se producen. 28 Sin embargo, el pueblo que la habita es poderoso y sus ciudades son grandes y fortificadas. ¡Hasta vimos gigantes allí, los descendientes de Anac! 29 Los amalecitas viven en el Neguev y los hititas, los jebuseos y los amorreos viven en la zona montañosa. Los cananeos viven a lo largo de la costa del mar Mediterráneo* y a lo largo del valle del Jordán».

30 Pero Caleb trató de calmar al pueblo que se encontraba ante Moisés.

—¡Vamos enseguida a tomar la tierra! —dijo—. ¡De seguro podemos conquistarla!

31 Pero los demás hombres que exploraron la tierra con él, no estuvieron de acuerdo:

—¡No podemos ir contra ellos! ¡Son más fuertes que nosotros!

32 Entonces comenzaron a divulgar entre los israelitas el siguiente mal informe sobre la tierra: «La tierra que atravesamos y exploramos devorará a todo aquel que vaya a vivir allí. ¡Todos los habitantes que vimos son enormes! 33 Hasta había gigantes,* los descendientes de Anac. ¡Al lado de ellos nos sentíamos como saltamontes y así nos miraban ellos!».

El pueblo se rebela

14 Entonces toda la comunidad empezó a llorar a gritos y así continuó toda la noche. 2 Sus voces se elevaron en una gran protesta contra Moisés y Aarón: «¡Si tan solo hubiéramos muerto en Egipto o incluso aquí en el desierto! —se quejaban—. 3 ¿Por qué el SEÑOR nos está llevando a esta tierra solo para que muramos en batalla? ¡A nuestras esposas y a nuestros hijos se llevarán como botín! ¿No sería mejor volvernos a Egipto?». 4 Entonces conspiraron entre ellos: «¡Escojamos a un nuevo líder y regresemos a Egipto!».

5 Entonces Moisés y Aarón cayeron rostro en tierra ante toda la comunidad de Israel. 6 Dos de los hombres que exploraron la tierra, Josué, hijo de Nun, y Caleb, hijo de Jefone, se rasgaron la ropa 7 y dijeron a todo el pueblo de Israel: «¡La tierra que atravesamos y exploramos es maravillosa! 8 Si el SEÑOR se agrada de nosotros, él nos llevará a salvo a esa tierra y nos la entregará. Es una tierra fértil, donde fluyen la leche y la miel. 9 No se rebelen contra el SEÑOR y no teman al pueblo de esa tierra. ¡Para nosotros son como presa indefensa! ¡Ellos no tienen protección, pero el SEÑOR está con nosotros! ¡No les tengan miedo!».

10 Sin embargo, toda la comunidad comenzó a decir que apedrearan a Josué y a Caleb. Entonces la gloriosa presencia del SEÑOR se apareció a todos los israelitas en el tabernáculo.* 11 Y el SEÑOR le dijo a Moisés: «¿Hasta cuándo me despreciará este pueblo? ¿Nunca me creerán, aun después de todas las señales milagrosas que hice entre ellos? 12 Negaré que son míos y los destruiré con una plaga. ¡Luego te convertiré en una nación grande y más poderosa que ellos!».

Moisés intercede por el pueblo

13 Pero Moisés respondió:

—¿Qué pensarán los egipcios cuando oigan acerca de esto? —le preguntó al SEÑOR—. Ellos saben muy bien cómo demostraste tu poder cuando rescataste a tu pueblo de Egipto. 14 Si ahora los destruyes, entonces los egipcios lo informarán a los habitantes de esta tierra, los cuales ya escucharon que vives en medio de tu pueblo. Ellos saben, SEÑOR, que te apareciste a tu pueblo cara a cara y que tu columna de nube se mantiene en el aire sobre ellos. Saben que de día vas delante de ellos en la columna de nube y por la noche en la columna de fuego. 15 Así que si ahora matas a todo el pueblo de un solo golpe, las naciones que han oído acerca de tu fama dirán: 16 "Como el SEÑOR no pudo llevarlos a la tierra que juró darles, los mató en el desierto".

17 »Por favor, Señor, demuestra que tu poder es tan grande como lo has declarado. Como lo has dicho: 18 "El SEÑOR es lento para enojarse y está lleno de amor inagotable y perdona toda clase de pecado y rebelión; pero no absuelve al culpable. Él extiende los pecados de los padres sobre sus hijos; toda la familia se ve afectada, hasta los hijos de la tercera y la cuarta generación". 19 En conformidad con tu magnífico e inagotable amor, por

***Notas textuales** **13:29** En hebreo *del mar.* **13:33** En hebreo *nefilim.* **14:10** En hebreo *en la carpa de reunión.*

Referencias cruzadas **13:16** Dt 32:44 **13:22** Jos 15:14 **13:33** Dt 1:28 **14:2** Nm 11:1; 16:13; 20:4; 21:5 **14:14** Ex 13:21; 33:11

favor, perdona los pecados de este pueblo, así como lo has perdonado desde que salió de Egipto.

[20]Entonces el SEÑOR le dijo:

—Los perdonaré como me lo pides. [21]Pero tan cierto como que yo vivo y tan cierto como que la tierra está llena de la gloria del SEÑOR, [22]ni uno solo de este pueblo entrará jamás en esa tierra. Todos vieron mi gloriosa presencia y las señales milagrosas que realicé, tanto en Egipto como en el desierto, pero vez tras vez me han probado, rehusando escuchar mi voz. [23]Ni siquiera verán la tierra que juré dar a sus antepasados. Ninguno de los que me trataron con desdén la verá. [24]Sin embargo, mi servidor Caleb tiene una actitud diferente a los demás. Él se ha mantenido fiel a mí, por lo tanto, yo lo llevaré a la tierra que él exploró. Sus descendientes tomarán posesión de la porción de la tierra que les corresponde. [25]Ahora bien, den la vuelta y no sigan hacia la tierra donde habitan los amalecitas y los cananeos. Mañana deberán partir al desierto en dirección del mar Rojo.*

El SEÑOR castiga a los israelitas

[26]Entonces el SEÑOR les dijo a Moisés y a Aarón: [27]«¿Hasta cuándo debo tolerar a esta perversa comunidad y sus quejas en mi contra? Sí, he oído las quejas que los israelitas tienen contra mí. [28]Ahora bien, díganles lo siguiente: tan cierto como que yo vivo, declara el SEÑOR, haré con ustedes precisamente lo que les oí decir. [29]¡Todos caerán muertos en este desierto! Ya que se quejaron en contra de mí, cada uno de los registrados que tiene veinte años o más morirá. [30]No entrarán a ocupar la tierra que yo juré darles, excepto Caleb, hijo de Jefone, y Josué, hijo de Nun.

[31]»Ustedes dijeron que sus niños serían llevados como botín. Pues bien, yo me ocuparé de que entren a salvo a esa tierra y que disfruten lo que ustedes despreciaron. [32]Pero en cuanto a ustedes, caerán muertos en este desierto. [33]Sus hijos serán como pastores que vagarán por el desierto durante cuarenta años y de esa manera, ellos pagarán por la infidelidad de ustedes, hasta que el último de ustedes caiga muerto en el desierto.

[34]»Puesto que sus hombres exploraron la tierra durante cuarenta días, ustedes andarán vagando en el desierto por cuarenta años —un año por cada día— y así sufrirán las consecuencias de sus pecados. Entonces sabrán lo que es tenerme como enemigo. [35]¡Yo, el SEÑOR, he hablado! Sin falta, haré todas estas cosas a cada miembro de la comunidad que conspiró contra mí. ¡Serán destruidos en este desierto, y aquí morirán!».

[36]Entonces los diez hombres que Moisés envió a explorar la tierra —que por sus malos informes incitaron la rebelión contra el SEÑOR— [37]fueron heridos de muerte por una plaga delante del SEÑOR. [38]De los doce que exploraron la tierra, solo Josué y Caleb siguieron vivos.

[39]Después, cuando Moisés comunicó las palabras del SEÑOR a todos los israelitas, se llenaron de profundo dolor. [40]Así que a la mañana siguiente se levantaron temprano y subieron a la parte alta de las colinas. «¡Vamos! —dijeron—. Reconocemos que hemos pecado, pero ahora estamos listos para entrar a la tierra que el SEÑOR nos prometió».

[41]Pero Moisés les dijo: «¿Por qué desobedecen ahora las órdenes del SEÑOR de volver al desierto? No les dará resultado. [42]No suban ahora a la tierra. Lo único que sucederá es que sus enemigos los aplastarán porque el SEÑOR no está con ustedes. [43]Cuando enfrenten a los amalecitas y a los cananeos en batalla, serán masacrados. El SEÑOR los abandonará porque ustedes abandonaron al SEÑOR».

[44]Sin embargo, el pueblo avanzó con insolencia hacia la zona montañosa, aunque ni Moisés ni el arca del pacto del SEÑOR salieron del campamento. [45]Entonces los amalecitas y los cananeos que vivían en las montañas descendieron, los atacaron y los vencieron, haciéndolos huir hasta Horma.

Leyes acerca de las ofrendas

15 Entonces el SEÑOR le dijo a Moisés: [2]«Da las siguientes instrucciones al pueblo de Israel.

»Cuando finalmente se establezcan en la tierra que les doy, [3]presentarán ofrendas especiales como un aroma agradable al SEÑOR. Estas ofrendas se pueden presentar en varias formas: como ofrenda quemada, como sacrificio para cumplir un voto, como ofrenda voluntaria o como ofrenda en cualquiera de sus festivales anuales, y las pueden tomar del ganado o de sus rebaños de ovejas y cabras. [4]Cuando presenten estas ofrendas, también deben dar al SEÑOR una ofrenda de grano de dos litros* de harina selecta mezclada con un litro* de aceite de oliva. [5]Por cada cordero presentado como ofrenda quemada o como sacrificio especial, deben también presentar un litro de vino como ofrenda líquida.

[6]»Si el sacrificio es un carnero, entreguen una ofrenda de grano de cuatro litros* de harina selecta mezclada con un litro y tercio* de aceite de oliva, [7]y un litro y tercio de vino como ofrenda líquida. Será un aroma agradable al SEÑOR.

[8]»Cuando presenten un becerro como ofrenda quemada, como sacrificio para cumplir un voto o como ofrenda de paz al SEÑOR, [9]deben también dar una ofrenda de grano de seis litros* de harina selecta mezclada con dos litros* de aceite de oliva, [10]y dos litros de vino como ofrenda líquida. Esta será una ofrenda especial, un aroma agradable al SEÑOR.

[11]»Cada sacrificio, ya sea un toro, un carnero, un cordero o un cabrito, se preparará de la manera indicada. [12]Sigan estas instrucciones con cada ofrenda que presenten. [13]Todo israelita de nacimiento tiene que seguir estas instrucciones cuando presente una ofrenda especial como un aroma agradable al SEÑOR. [14]Si algún extranjero los visita o vive entre ustedes y quiere presentar una ofrenda especial como un aroma agradable al SEÑOR, tiene que seguir estos mismos procedimientos. [15]Los israelitas de nacimiento y los extranjeros son iguales ante el SEÑOR y están sujetos a los mismos decretos. Esta es una ley perpetua para ustedes; tendrá que cumplirse de generación en generación. [16]Las mismas instrucciones y ordenanzas se aplicarán tanto a ustedes como a los extranjeros que vivan entre ustedes».

[17]Además, el SEÑOR le dijo a Moisés: [18]«Da las siguientes instrucciones al pueblo de Israel.

»Cuando lleguen a la tierra donde los llevo [19]y coman de los cultivos que crecen allí, separarán una parte de ellos como ofrenda sagrada al SEÑOR. [20]De la primera harina

***Notas textuales** **14:25** En hebreo *mar de juncos.* **15:4a** En hebreo *1/10 de un efa* [2 cuartos]. **15:4b** En hebreo *1/4 de un hin* [1/4 de galón]; también en 15:5. **15:6a** En hebreo *2/10 de un efa* [4 cuartos]. **15:6b** En hebreo *1/3 de un hin* [1/3 de galón]; también en 15:7. **15:9a** En hebreo *3/10 de un efa* [6 cuartos]. **15:9b** En hebreo *1/2 hin* [1/2 galón]; también en 15:10.

Referencias cruzadas **14:30** Nm 32:12 **14:32** 1 Co 10:5 **14:45** Nm 21:3 **15:8** Lv 3:1; 7:11-18

molida, presenten un pan y sepárenlo como ofrenda sagrada, como lo hacen con el primer grano del campo de trillar. 21En todas las generaciones venideras, cada año, presentarán una ofrenda sagrada al SEÑOR de la primera harina molida.

22»Pero supongamos que ustedes, sin intención, no llevan a cabo todos estos mandatos que el SEÑOR les dio por medio de Moisés. 23Y supongamos que en el futuro sus descendientes no hacen todo lo que el SEÑOR les ordenó por medio de Moisés. 24Si el error se cometiera involuntariamente y la comunidad no se diera cuenta de ello, toda la comunidad presentará un becerro como ofrenda quemada, como un aroma agradable al SEÑOR. Esta ofrenda se ofrecerá juntamente con la ofrenda obligatoria de grano y la ofrenda líquida, y con un chivo como ofrenda por el pecado. 25Con esta ofrenda, el sacerdote purificará a toda la comunidad de Israel; de esa manera los hará justos ante el SEÑOR* y quedarán perdonados. Pues fue un pecado sin intención y lo corrigieron con sus ofrendas al SEÑOR: la ofrenda especial y la ofrenda por el pecado. 26Toda la comunidad de Israel será perdonada, incluidos los extranjeros que vivan entre ustedes, porque todo el pueblo estaba involucrado en el pecado.

27»Si un individuo comete un pecado involuntariamente, la persona culpable llevará una cabra de un año como ofrenda por el pecado. 28El sacerdote la sacrificará para purificar a* la persona culpable ante el SEÑOR, y la persona será perdonada. 29Estas mismas instrucciones se aplican tanto a los israelitas de nacimiento como a los extranjeros que viven entre ustedes.

30»Sin embargo, aquellos que descaradamente violen la voluntad del SEÑOR, sean israelitas de nacimiento o extranjeros, blasfeman contra el SEÑOR y deben ser excluidos de la comunidad. 31Puesto que trataron la palabra del SEÑOR con desdén y desobedecieron su mandato de manera deliberada, deben ser completamente excluidos y sufrirán el castigo por su pecado».

Castigo por quebrantar el día de descanso

32Cierto día, mientras el pueblo de Israel estaba en el desierto, descubrieron a un hombre que recogía madera durante el día de descanso. 33Los que lo encontraron lo llevaron ante Moisés, Aarón y el resto de la comunidad. 34Lo mantuvieron bajo vigilancia, pues no sabían qué hacer con él. 35Entonces el SEÑOR le dijo a Moisés: «¡El hombre debe ser ejecutado! Toda la comunidad lo apedreará fuera del campamento». 36Así que la comunidad entera sacó al hombre del campamento y lo apedrearon a muerte, tal como el SEÑOR le había ordenado a Moisés.

Borlas en la ropa

37Entonces el SEÑOR le dijo a Moisés: 38«Da las siguientes instrucciones al pueblo de Israel: en todas las generaciones venideras harán borlas al borde de su ropa y las atarán con un cordón azul. 39Cuando vean las borlas, recordarán y obedecerán todos los mandatos del SEÑOR, en lugar de seguir sus propios deseos y contaminarse, tal como es su tendencia. 40Las borlas los ayudarán a recordar que deben obedecer todos mis mandatos y ser santos a su Dios. 41Yo soy el SEÑOR su Dios que los sacó de la tierra de Egipto para ser su Dios. ¡Yo soy el SEÑOR su Dios!».

Rebelión de Coré

16 Cierto día, Coré, hijo de Izhar, quien era descendiente de Coat, hijo de Leví, conspiró con Datán y Abiram, hijos de Eliab, junto con On, hijo de Pelet de la tribu de Rubén. 2Ellos provocaron una rebelión contra Moisés junto con otros doscientos cincuenta jefes de la comunidad, quienes eran miembros prominentes de la asamblea. 3Todos se unieron contra Moisés y Aarón y les dijeron:

—¡Ustedes han ido demasiado lejos! El SEÑOR santificó a la comunidad entera de Israel y él está con todos nosotros. ¿Qué derecho tienen ustedes para actuar como si fueran superiores al resto del pueblo del SEÑOR?

4Cuando Moisés oyó lo que decían, cayó rostro en tierra. 5Entonces les dijo a Coré y a sus seguidores:

—Mañana por la mañana el SEÑOR nos mostrará quién le pertenece a él* y quién es santo. El SEÑOR permitirá la entrada a su presencia solo a quienes él elija. 6Coré, tú y tus seguidores preparen sus recipientes para quemar incienso. 7Mañana enciendan fuego en ellos y quemen incienso ante el SEÑOR. Entonces veremos a quién elige el SEÑOR como su santo. ¡Ustedes, levitas, son los que han ido demasiado lejos!

8Moisés le habló de nuevo a Coré: «¡Ahora escuchen, levitas! 9¿Les parece de poca importancia que el Dios de Israel los escogiera de entre toda la comunidad israelita para estar cerca de él de manera que sirvan en el tabernáculo del SEÑOR y que estén delante de los israelitas para ministrarles? 10Coré, él ya les dio este ministerio especial a ti y a tus hermanos levitas. ¿Ahora también reclaman el sacerdocio? 11¡En realidad es contra el SEÑOR que tú y tus seguidores se rebelan! Pues, ¿quién es Aarón para que se quejen de él?».

12Luego Moisés mandó llamar a Datán y a Abiram, los hijos de Eliab, pero ellos respondieron: «¡Rehusamos presentarnos ante ti! 13¿No te basta que nos sacaste de Egipto, una tierra donde fluyen la leche y la miel, para matarnos aquí en este desierto, y que además ahora nos trates como a tus súbditos? 14Es más, no nos has llevado a una tierra donde fluyen la leche y la miel. Ni nos has dado una nueva patria con campos y viñedos. ¿Intentas engañar a estos hombres?* ¡Nosotros no iremos!».

15Entonces Moisés se enojó mucho y le dijo al SEÑOR: «¡No aceptes sus ofrendas de grano! Yo no les he quitado ni siquiera un burro, ni jamás he lastimado a ninguno de ellos». 16Y Moisés le dijo a Coré: «Tú y tus seguidores deberán venir aquí mañana y presentarse ante el SEÑOR. Aarón también estará presente. 17Tú y cada uno de tus doscientos cincuenta seguidores deberán preparar un incensario y ponerle incienso para que todos puedan presentarlos ante el SEÑOR. Aarón también llevará el suyo».

18Así que cada hombre preparó un recipiente para quemar incienso, lo encendió y le puso incienso. Después se presentaron a la entrada del tabernáculo* con Moisés y Aarón. 19Mientras tanto, Coré había incitado a toda la comunidad contra Moisés y Aarón, y todos se reunieron a la entrada del tabernáculo. Entonces la gloriosa presencia del

***Notas textuales** **15:25** O *el sacerdote hará expiación por toda la comunidad de Israel.* **15:28** O *para hacer expiación por.* **16:5** La versión griega dice *Dios ha visitado y conoce a los que son suyos.* Comparar 2 Tm 2:19. **16:14** En hebreo *¿Intentas sacarles los ojos a estos hombres?* **16:18** En hebreo *de la carpa de reunión*; similar en 16:19, 42, 43, 50. **16:30** En hebreo *al Seol*; también en 16:33.

Referencias cruzadas **15:19** Jos 5:11-12 **15:24-26** Lv 4:2, 14, 20 **15:32-35** Ex 31:14-15 **15:40** Lv 11:44 **16:3** Ex 19:6 **16:11** 1 Co 10:10

SEÑOR se apareció ante toda la comunidad. 20Y el SEÑOR les dijo a Moisés y a Aarón:

21—¡Aléjense de todas estas personas para que pueda destruirlas en el acto!

22Pero Moisés y Aarón cayeron rostro en tierra y rogaron:

—¡Oh Dios, tú eres el Dios que da aliento a todas las criaturas! ¿Tienes que enojarte con todo el pueblo cuando solo un hombre peca?

23Y el SEÑOR le dijo a Moisés:

24—Entonces dile a todo el pueblo que se aleje de las carpas de Coré, Datán y Abiram.

25Así que Moisés se levantó y fue a toda prisa hasta las carpas de Datán y Abiram, seguido por los ancianos de Israel. 26«¡Rápido! —le dijo a la gente—, aléjense de las carpas de estos hombres perversos y no toquen ninguna de sus pertenencias. De lo contrario, serán destruidos por el pecado de ellos». 27Entonces todo el pueblo se alejó de las carpas de Coré, Datán y Abiram. Pero Datán y Abiram salieron y esperaron de pie a la entrada de sus carpas, junto con sus esposas, sus hijos y sus pequeños.

28Y Moisés les dijo: «Esta es la manera en que sabrán que el SEÑOR me ha enviado a realizar todas estas cosas, pues no las he hecho por mi propia cuenta. 29Si estos hombres mueren de muerte natural o si nada fuera de lo común les sucede, entonces el SEÑOR no me ha enviado; 30pero si el SEÑOR hace algo totalmente nuevo y la tierra abre su boca y se los traga con todas sus pertenencias y descienden vivos a la tumba,* entonces ustedes sabrán que estos hombres mostraron desprecio por el SEÑOR».

31Apenas Moisés terminó de decir estas palabras, la tierra repentinamente se abrió debajo de ellos. 32La tierra abrió la boca y se tragó a los hombres, junto con todos los de su casa y todos sus seguidores que estaban junto a ellos y todo lo que poseían. 33Así que descendieron vivos a la tumba, junto con todas sus pertenencias. La tierra se cerró encima de ellos y desaparecieron de entre el pueblo de Israel; 34y toda la gente que los rodeaba huyó cuando oyeron sus gritos. «¡La tierra nos tragará a nosotros también!», exclamaron. 35Entonces un fuego ardiente salió del SEÑOR y consumió a los doscientos cincuenta hombres que ofrecían incienso.

36*El SEÑOR le dijo a Moisés: 37«Dile a Eleazar, hijo del sacerdote Aarón, que saque todos los incensarios del fuego, porque son santos. También dile que esparza los carbones encendidos. 38Toma los incensarios de estos hombres que pecaron a costa de sus vidas, y de ese metal elabora láminas a martillo para recubrir el altar. Como estos incensarios se usaron en la presencia del SEÑOR, ya son santos. Que sirvan como advertencia al pueblo de Israel».

39Así que Eleazar, el sacerdote, recuperó los doscientos cincuenta incensarios de bronce usados por los hombres que murieron en el fuego y del bronce se elaboró una lámina a martillo para recubrir el altar. 40Esta lámina serviría de advertencia a los israelitas para que nadie que no fuera autorizado —nadie que no fuera descendiente de Aarón— entrara jamás a la presencia del SEÑOR para quemar incienso. Si alguien lo hiciera, le sucedería lo mismo que a Coré y a sus seguidores. Entonces cumplieron las instrucciones que el SEÑOR le dio a Moisés.

41Sin embargo, tan pronto como la mañana siguiente, toda la comunidad de Israel comenzó de nuevo a murmurar contra Moisés y Aarón diciendo: «¡Ustedes mataron al pueblo del SEÑOR!». 42Cuando la comunidad se congregaba para protestar contra Moisés y Aarón, la gente se dio vuelta hacia el tabernáculo y vio que la nube lo había cubierto y que había aparecido la gloriosa presencia del SEÑOR.

43Entonces Moisés y Aarón fueron al frente del tabernáculo, 44y el SEÑOR le dijo a Moisés: 45«¡Aléjate de toda esta gente para que la destruya inmediatamente!». Pero Moisés y Aarón cayeron rostro en tierra.

46Y Moisés le dijo a Aarón: «Rápido, toma un recipiente para quemar incienso y ponle carbones encendidos del altar. Agrégale incienso y llévalo entre el pueblo para purificarlos y hacerlos justos ante el SEÑOR.* El enojo del SEÑOR ya arde contra ellos y la plaga ha comenzado».

47Entonces Aarón hizo como Moisés le dijo y corrió entre el pueblo. La plaga ya había comenzado a matar a la gente, pero Aarón quemó el incienso y purificó al pueblo.* 48Se puso entre los vivos y los muertos y se detuvo la plaga. 49Aun así, 14.700 personas murieron por esa plaga, además de los que habían muerto por la rebelión de Coré. 50Entonces, debido a que la plaga se detuvo, Aarón regresó donde estaba Moisés a la entrada del tabernáculo.

La vara de Aarón brota

17 1*Entonces el SEÑOR le dijo a Moisés: 2«Diles a los israelitas que te traigan doce varas de madera, una por cada jefe de las tribus de los antepasados de Israel, y escribe el nombre de cada jefe en su propia vara. 3Escribe el nombre de Aarón sobre la vara de la tribu de Leví, pues debe haber una vara por cada jefe de tribu patriarcal. 4Coloca las varas en el tabernáculo delante del arca que contiene las tablas del pacto,* donde me encuentro contigo. 5Entonces, de la vara del hombre que yo elija saldrán brotes y finalmente pondré fin a las murmuraciones y a las quejas de este pueblo en contra de ustedes».

6Así que Moisés dio las instrucciones al pueblo de Israel, y cada uno de los doce jefes de las tribus, incluido Aarón, llevó una vara a Moisés; 7Entonces Moisés colocó las varas en la presencia del SEÑOR en el tabernáculo del pacto.* 8Al día siguiente, cuando Moisés entró en el tabernáculo del pacto, encontró que la vara de Aarón, que representaba a la tribu de Leví, ¡había retoñado, echado brotes, florecido y producido almendras maduras!

9Después que Moisés sacó todas las varas de la presencia del SEÑOR, las mostró al pueblo y cada hombre tomó su propia vara. 10Entonces el SEÑOR le dijo a Moisés: «Pon la vara de Aarón permanentemente delante del arca del pacto* para que sirva de advertencia a los rebeldes. Esto deberá poner fin a las quejas contra mí y evitará más muertes». 11Y Moisés hizo lo que el SEÑOR le ordenó.

12Entonces el pueblo de Israel le dijo a Moisés: «¡Estamos perdidos! ¡Moriremos! ¡Estamos arruinados! 13Cualquiera que tan siquiera se acerque al tabernáculo del SEÑOR morirá. ¿Acaso estamos todos condenados a morir?».

***Notas textuales** **16:36** Los versículos del 16:36-50 corresponden al 17:1-15 en el texto hebreo. **16:46** O *para hacer expiación por ellos*. **16:47** O *e hizo expiación por el pueblo*. **17:1** Los versículos del 17:1-13 corresponden al 17:16-28 en el texto hebreo. **17:4** En hebreo *en la carpa de reunión delante del testimonio*. El término hebreo para «testimonio» se refiere a las condiciones del pacto del SEÑOR con Israel escritas en las tablas de piedra, que se guardaban dentro del arca, y también se refiere al pacto mismo. **17:7** O *tabernáculo del testimonio*; también en 17:8. **17:10** En hebreo *delante del testimonio*; ver nota en 17:4. **18:2** O *del tabernáculo del testimonio*.

Referencias cruzadas **16:21** Ex 32:10 **16:26** Gn 19:12-17 **16:35** Nm 26:10-11 **17:5** Nm 16:5

Deberes de los sacerdotes y de los levitas

18 Luego el Señor le dijo a Aarón: «Tú, tus hijos y tus parientes de la tribu de Leví serán los responsables de cualquier ofensa relacionada con el santuario; pero solo tú y tus hijos serán los responsables de las faltas relacionadas con el sacerdocio.

2»Trae a tus parientes de la tribu de Leví —tu tribu patriarcal— para que te ayuden, a ti y a tus hijos, a realizar los deberes sagrados delante del tabernáculo del pacto.* 3Sin embargo, cuando los levitas realicen los deberes asignados en el tabernáculo, deberán tener cuidado de no acercarse a los objetos sagrados ni al altar. Si lo hacen, tanto tú como ellos morirán. 4Los levitas te ayudarán con el cumplimiento de sus responsabilidades del cuidado y el mantenimiento del tabernáculo,* pero no podrá ayudarte ninguna persona que no esté autorizada.

5»Ustedes realizarán los deberes sagrados dentro del santuario y en el altar. Si siguen estas instrucciones, el enojo del Señor nunca jamás se encenderá contra el pueblo de Israel. 6Yo mismo escogí a tus hermanos levitas de entre los israelitas para que sean tus ayudantes especiales. Ellos son un regalo para ti, dedicados al Señor para servir en el tabernáculo; 7pero tú y tus hijos, los sacerdotes, deben llevar a cabo, personalmente, todos los rituales sacerdotales relacionados con el altar y con todo lo que está detrás de la cortina interior. Yo te doy el sacerdocio como un privilegio de servicio. Cualquier persona que se acerque al santuario sin estar autorizada será ejecutada».

Sustento para los sacerdotes y los levitas

8El Señor le dio más instrucciones a Aarón: «Yo mismo te he puesto a cargo de todas las ofrendas sagradas que me trae el pueblo de Israel. A ti y a tus hijos les he dado todas estas ofrendas consagradas como su porción perpetua. 9A ti te corresponde la porción de las ofrendas sumamente santas que no se quema en el fuego. Esta porción de todas las ofrendas sumamente santas —las ofrendas de grano, las ofrendas por el pecado y las ofrendas por la culpa— será sumamente santa y te pertenece a ti y a tus hijos. 10La comerás como una ofrenda sumamente santa. Todo varón puede comer de ella y deben tratarla como sumamente santa.

11»También te pertenecen todas las ofrendas sagradas y las ofrendas especiales que los israelitas me presenten al levantarlas ante el altar. Yo te las he dado a ti y a tus hijos e hijas como tu porción perpetua. Todo miembro de tu familia que esté ceremonialmente puro podrá comer de estas ofrendas.

12»También te doy las ofrendas de la cosecha que el pueblo presenta al Señor: lo mejor del aceite de oliva y del vino nuevo y del grano. 13Todas las primeras cosechas de la tierra que el pueblo presente al Señor te pertenecen. Todo miembro de tu familia que esté ceremonialmente puro podrá comer de estos alimentos.

14»Todo lo que en Israel haya sido consagrado especialmente para el Señor* también te pertenece.

15»Todo primer nacido, sea humano o animal, que se ofrece al Señor, será tuyo; pero siempre tendrán que redimir a los primeros hijos varones y a las primeras crías de los animales ceremonialmente impuros. 16Los rescatarán al mes de haber nacido. El precio de rescate es cinco piezas de plata* (calculado según el peso del siclo del santuario, que equivale a veinte geras).

17»Sin embargo, no podrán redimir a las primeras crías del ganado, de las ovejas o de las cabras. Estas están consagradas y han sido apartadas para el Señor: rocía su sangre en el altar y quema su grasa como ofrenda especial de aroma agradable al Señor. 18La carne de estos animales será tuya, así como el pecho y el muslo derecho que se presentan al levantarlos como una ofrenda especial ante el altar. 19Así es, te doy todas estas ofrendas sagradas que el pueblo de Israel lleva al Señor. Son para ti y tus hijos e hijas, para que las coman como su porción perpetua. Este es un pacto eterno e inquebrantable* entre tú y el Señor y también se aplica a tus descendientes».

20El Señor le dijo a Aarón: «Ustedes, los sacerdotes, no recibirán ninguna asignación de tierra ni porción de terreno entre el pueblo de Israel. Yo soy tu porción y tu asignación. 21En cuanto a la tribu de Leví, tus parientes, los recompensaré por su servicio en el tabernáculo. En lugar de una asignación de tierra, les daré los diezmos de toda la tierra de Israel.

22»De ahora en adelante, ningún israelita, con excepción de los sacerdotes o los levitas, podrá acercarse al tabernáculo. Si alguien se acerca, será declarado culpable y morirá. 23Únicamente los levitas podrán servir en el tabernáculo y serán los responsables de toda ofensa cometida contra el tabernáculo. Esta es una ley perpetua para ustedes, y tendrá que cumplirse de generación en generación. Los levitas no recibirán ninguna asignación de tierra entre los israelitas, 24porque yo les he dado los diezmos del pueblo de Israel, que han sido entregados como ofrendas sagradas al Señor. Esta será la porción de los levitas. Por eso les he dicho que no recibirán ninguna asignación de tierra entre los israelitas».

25El Señor también le dijo a Moisés: 26«Da las siguientes instrucciones a los levitas: cuando reciban de los israelitas los diezmos que les he asignado como su porción, entreguen una décima parte de ellos —un diezmo de los diezmos— al Señor como ofrenda sagrada. 27El Señor contará esta ofrenda de ustedes como una ofrenda de cosecha, como si fuera el primer grano de su propio campo de trillar o el vino de su propio lagar. 28La décima parte de los diezmos que reciben de los israelitas, tendrán que presentarla como ofrenda sagrada para el Señor. Esta es la porción sagrada del Señor y tienen que presentarla al sacerdote Aarón. 29De todas las ofrendas recibidas, asegúrense de dar lo mejor al Señor.

30»Da también las siguientes instrucciones a los levitas: cuando presenten la mejor parte como su ofrenda, esta será considerada como si viniera de su propio campo de trillar o de su lagar. 31Levitas, ustedes y sus familias podrán comer este alimento donde quieran, porque constituye su recompensa por servir en el tabernáculo. 32No serán considerados culpables por aceptar los diezmos ofrecidos al Señor, si dan la mejor porción a los sacerdotes. Sin embargo, tengan cuidado de no considerar las ofrendas sagradas del pueblo de Israel como si fueran algo ordinario. Si lo hacen, morirán».

***Notas textuales** **18:4** En hebreo *de la carpa de reunión*; similar en 18:6, 21, 22, 23, 31. **18:14** El término hebreo empleado aquí se refiere a la consagración total de cosas o personas al Señor, ya sea destruyéndolas o entregándolas como ofrenda. **18:16** En hebreo *5 siclos* [57 gramos o 2 onzas] *de plata.* **18:19** En hebreo *un pacto de sal.*

Referencias cruzadas **18:2** Nm 3:5-10 **18:7** Ex 29:9 **18:12** Ex 23:19 **18:19** 2 Cr 13:5 **18:26** Ne 10:38 **18:30-31** Lc 10:7; 1 Tm 5:18

Agua para la purificación

19 El SEÑOR les dijo a Moisés y a Aarón: 2«Este es otro requisito legal ordenado por el SEÑOR: díganle al pueblo de Israel que traiga una novilla de color rojizo, un animal perfecto sin defectos y al que nunca se le haya colocado un yugo para el arado. 3Entréguenla al sacerdote Eleazar para que sea llevada fuera del campamento y la maten en su presencia. 4Entonces Eleazar tomará con el dedo un poco de la sangre y la rociará siete veces hacia el frente del tabernáculo.* 5La novilla será quemada por completo —la piel, la carne, la sangre y el estiércol— en presencia de Eleazar. 6Después, el sacerdote Eleazar tomará un palo de cedro,* una rama de hisopo y un poco de hilo escarlata y los arrojará en el fuego donde se quema la novilla.

7»Luego el sacerdote lavará su ropa y se bañará en agua. Después podrá volver al campamento, aunque permanecerá ceremonialmente impuro hasta el anochecer. 8El hombre que queme el animal también lavará su ropa y se bañará en agua, y también permanecerá impuro hasta el anochecer. 9Luego, alguien que esté ceremonialmente puro recogerá las cenizas de la novilla y las depositará fuera del campamento en un lugar ceremonialmente puro. Las conservarán allí para que la comunidad de Israel las use en el agua para la ceremonia de purificación. Esta ceremonia se realiza para quitar los pecados. 10El hombre que recoja las cenizas de la novilla también lavará su ropa y quedará ceremonialmente impuro hasta el anochecer. Esta será una ley perpetua para los israelitas y para todo extranjero que viva entre ellos.

11»El que toque el cadáver de un ser humano quedará ceremonialmente impuro durante siete días. 12Esta persona debe purificarse el tercer y el séptimo día con el agua de la purificación; entonces quedará purificada; pero si no lo hace el tercer y el séptimo día, quedará impura aun después del séptimo día. 13El que toque un cadáver y no se purifique de la debida manera contamina el tabernáculo del SEÑOR y será excluido de la comunidad de Israel. Ya que no se roció con el agua de la purificación, su contaminación continúa.

14»La siguiente ley ritual se aplicará cuando alguien muera dentro de una carpa: todos los que entren en esa carpa y los que se encontraban en ella cuando la muerte ocurrió quedarán ceremonialmente impuros durante siete días. 15Todo recipiente abierto en la carpa que no estaba cerrado con tapa también estará contaminado. 16Y si alguien en el campo abierto toca el cadáver de alguien que mataron a espada o que murió de muerte natural, o si alguien toca un hueso de ser humano o una tumba, esa persona quedará contaminada durante siete días.

17»Para quitar la contaminación, pongan en un frasco parte de las cenizas de la ofrenda quemada de la purificación y echen agua fresca sobre ellas. 18Después, alguien ceremonialmente puro tomará una rama de hisopo y la mojará en el agua. Esa persona debe rociar el agua sobre la carpa, sobre todos los muebles de la carpa y sobre las personas que estaban en ella; también sobre la persona que tocó un hueso humano, o tocó a una persona que mataron o que murió de muerte natural, o tocó una tumba. 19La persona ceremonialmente pura rociará el agua sobre los que quedaron contaminados el tercer y el séptimo día. Después, el séptimo día, las personas en proceso de purificación deben lavar sus ropas y bañarse. Entonces esa noche quedarán limpios de su contaminación.

20»Pero los que se contaminen y no se purifiquen serán excluidos de la comunidad, porque han contaminado el santuario del SEÑOR. Ya que el agua de la purificación no se ha rociado sobre ellos, quedarán contaminados. 21Esta será una ley perpetua para el pueblo. Aquellos que rocíen el agua de la purificación deben lavar sus ropas después de hacerlo, y todo el que toque el agua usada para la purificación quedará contaminado hasta el anochecer. 22Toda cosa o toda persona que toque a alguien contaminado, quedará ceremonialmente impura hasta el anochecer».

Moisés golpea la roca

20 El primer mes del año,* toda la comunidad de Israel llegó al desierto de Zin y acampó en Cades. Mientras estaban allí, Miriam murió y la enterraron.

2Ya que en ese lugar no había agua para que el pueblo bebiera, la gente se rebeló contra Moisés y Aarón. 3El pueblo culpó a Moisés y dijo: «¡Si tan solo hubiéramos muerto con nuestros hermanos delante del SEÑOR! 4¿Por qué trajiste a la congregación del pueblo del SEÑOR a este desierto para morir, junto con todos nuestros animales? 5¿Por qué nos obligaste a salir de Egipto y nos trajiste a este terrible lugar? ¡Esta tierra no tiene grano ni higos ni uvas ni granadas ni agua para beber!».

6Entonces Moisés y Aarón se apartaron del pueblo y fueron a la entrada del tabernáculo,* donde cayeron rostro en tierra. Allí la presencia gloriosa del SEÑOR se les apareció, 7y el SEÑOR le dijo a Moisés: 8«Tú y Aarón tomen la vara y reúnan a toda la comunidad. En presencia de todo el pueblo, háblale a la roca y de ella brotará agua. De la roca proveerás suficiente agua para satisfacer a toda la comunidad y a sus animales».

9Así que Moisés hizo lo que se le dijo. Tomó la vara del lugar donde se guardaba en la presencia del SEÑOR. 10Luego él y Aarón mandaron a llamar al pueblo a reunirse frente a la roca. «¡Escuchen, ustedes rebeldes! —gritó—. ¿Acaso debemos sacarles agua de esta roca?». 11Enseguida Moisés levantó su mano y golpeó la roca dos veces con la vara y el agua brotó a chorros. Así que toda la comunidad y sus animales bebieron hasta saciarse.

12Sin embargo, el SEÑOR les dijo a Moisés y a Aarón: «¡Puesto que no confiaron lo suficiente en mí para demostrar mi santidad a los israelitas, ustedes no los llevarán a la tierra que les doy!». 13Por eso este lugar se conoce como las aguas de Meriba (que significa «discusión») porque allí el pueblo de Israel discutió con el SEÑOR y él demostró su santidad entre ellos.

Edom le niega el paso a Israel

14Mientras Moisés estaba en Cades, envió embajadores al rey de Edom con el siguiente mensaje:

> «Esto es lo que dicen tus parientes, los israelitas: tú sabes todas las dificultades por las que hemos pasado. 15Nuestros antepasados bajaron a Egipto y allí vivimos un largo tiempo. Los egipcios nos maltrataron brutalmente, tanto a nosotros como a nuestros antepasados; 16pero cuando clamamos

***Notas textuales** **19:4** En hebreo *de la carpa de reunión.* **19:6** O *enebro.* **20:1** En el antiguo calendario lunar hebreo, el primer mes, por lo general, cae entre marzo y abril. No se especifica el número de años desde que salieron de Egipto. **20:6** En hebreo *de la carpa de reunión.*

Referencias cruzadas **19:13** Lv 7:20-21 **19:22** Lv 5:2-3 **20:5** Ex 14:11 **20:11** 1 Co 10:4

al SEÑOR, él nos oyó y envió a un ángel que nos
sacó de Egipto. Ahora estamos acampando en
Cades, la ciudad en la frontera de tu territorio.
17Por favor, permítenos atravesar tu territorio.
Tendremos cuidado de no pasar por tus campos
y viñedos, ni siquiera beberemos el agua de tus
pozos. Seguiremos derecho por el camino real,
sin desviarnos hasta que hayamos atravesado tu
territorio».

18Sin embargo, el rey de Edom dijo: «¡Quédense fuera
de mi territorio o saldré a su encuentro con mi ejército!».
19Entonces los israelitas le contestaron: «Nos man-
tendremos en el camino principal. Si nuestros animales
beben de tu agua, te la pagaremos. Solo permítenos atra-
vesar tu territorio; es todo lo que pedimos».
20Aun así, el rey de Edom respondió: «¡Quédense
fuera! Ustedes no pueden pasar por nuestra tierra». Dicho
esto, movilizó su ejército y salió contra ellos con una
fuerza imponente. 21Y como Edom no les permitió a los
israelitas atravesar su país, se vieron obligados a regresar.

Muerte de Aarón

22Toda la comunidad israelita partió de Cades y llegó al
monte Hor. 23Allí, en la frontera de la tierra de Edom,
el SEÑOR les dijo a Moisés y a Aarón: 24«Ha llegado el
momento en que Aarón se reúna con sus antepasados
al morir. Él no entrará a la tierra que le daré al pueblo
de Israel, porque ustedes dos se rebelaron contra mis
instrucciones con respecto al agua en Meriba. 25Lleva a
Aarón y a su hijo Eleazar y suban al monte Hor. 26Ahí le
quitarás las vestiduras sacerdotales a Aarón y se las pon-
drás a su hijo Eleazar. Aarón morirá allí y se reunirá con
sus antepasados».
27Así que Moisés hizo lo que el SEÑOR le ordenó. Los
tres subieron juntos al monte Hor, mientras toda la co-
munidad observaba. 28En la cumbre, Moisés le quitó las
vestiduras sacerdotales a Aarón y se las puso a Eleazar,
hijo de Aarón. Entonces Aarón murió en la cima de la
montaña y Moisés y Eleazar descendieron. 29Cuando el
pueblo se dio cuenta de que Aarón había muerto, todo
Israel lo lloró por treinta días.

Victoria sobre los cananeos

21 El rey cananeo de Arad que vivía en el Neguev
oyó que los israelitas se acercaban por el camino
que atraviesa Atarim. Así que atacó a los israelitas y tomó
a algunos como prisioneros. 2Entonces Israel hizo un voto
al SEÑOR: «Si entregas a este pueblo en nuestras manos,
destruiremos por completo* todas sus ciudades». 3El
SEÑOR oyó la petición de los israelitas y les dio la victoria
sobre los cananeos. Así que los israelitas los destruyeron
por completo junto con sus ciudades y desde entonces
ese lugar se conoce como Horma.*

La serpiente de bronce

4Luego el pueblo de Israel salió del monte Hor y tomó el
camino hacia el mar Rojo* para bordear la tierra de Edom;
pero el pueblo se impacientó con tan larga jornada 5y
comenzó a hablar contra Dios y Moisés: «¿Por qué nos
sacaron de Egipto para morir aquí en el desierto? —se
quejaron—. Aquí no hay nada para comer ni agua para
beber. ¡Además, detestamos este horrible maná!».
6Entonces el SEÑOR envió serpientes venenosas entre
el pueblo y muchos fueron mordidos y murieron. 7Así
que el pueblo acudió a Moisés y clamó: «Hemos pecado
al hablar contra el SEÑOR y contra ti. Pide al SEÑOR que
quite las serpientes». Así pues, Moisés oró por el pueblo.
8Entonces el SEÑOR le dijo a Moisés: «Haz la figura de
una serpiente venenosa y átala a un poste. Todos los que
sean mordidos vivirán tan solo con mirar la serpiente».
9Así que Moisés hizo una serpiente de bronce y la ató a un
poste. ¡Entonces los que eran mordidos por una serpiente
miraban la serpiente de bronce y sanaban!

¡Respuestas Bíblicas! 28 ¿Por qué Moisés puso una serpiente de bronce en un palo?

21:9 Porque el pueblo estaba siendo mordido por serpientes y Dios quiso darles una manera de probar su fe para salvarse al igual que muchos siglos después, Jesús fue puesto en alto de la misma manera para que pusiéramos nuestra fe en él para salvarnos.

Viaje de Israel a Moab

10Después, los israelitas viajaron a Obot y acamparon allí.
11Luego siguieron a Ije-abarim, en el desierto situado en
la frontera oriental de Moab. 12De allí viajaron al valle
del arroyo Zered y armaron el campamento. 13Después
partieron y acamparon en el otro lado del río Arnón, en el
desierto junto al territorio amorreo. El río Arnón forma la
frontera que divide a los moabitas de los amorreos. 14Por
esta razón *El libro de las guerras del SEÑOR* habla de la ciudad
de Vaheb en la región de Sufa, de los barrancos del río
Arnón, 15y de los barrancos que se extienden hasta los
asentamientos de Ar en la frontera de Moab.
16De allí los israelitas viajaron a Beer,* el pozo donde
el SEÑOR le dijo a Moisés: «Reúne al pueblo y yo les daré
agua». 17Allí los israelitas entonaron el siguiente canto:

«¡Brota, oh pozo!
¡Sí, canten sus alabanzas!
18 Canten de este pozo,
que príncipes excavaron,
que grandes líderes abrieron
con sus cetros y varas».

Luego los israelitas salieron del desierto y pasaron por
Mataná, 19Nahaliel y Bamot. 20Después fueron al valle
en Moab donde está la cima del monte Pisga, con vista
a la tierra baldía.*

Victoria sobre Sehón y Og

21Después los israelitas enviaron embajadores a Sehón,
rey de los amorreos, con el siguiente mensaje:
22«Permítenos atravesar tu territorio. Tendremos
cuidado de no pasar por tus campos y viñedos, ni
siquiera beberemos agua de tus pozos. Seguiremos

***Notas textuales** **21:2** El término hebreo empleado aquí se refiere a la consagración total de cosas o personas al SEÑOR, ya sea destruyéndolas o entregándolas como ofrenda; también en 21:3. **21:3** *Horma* significa «destrucción». **21:4** En hebreo *mar de juncos.* **21:16** *Beer* significa «pozo». **21:20** O *con vista a Jesimón.* **21:24** O *porque el terreno de la frontera de los amonitas era escabroso*; en hebreo dice *porque los límites de los amonitas eran fuertes.*

Referencias cruzadas **20:19** Dt 2:6 **21:5** Sal 78:19 **21:9** Jn 3:14-15 **21:22** Nm 20:17

derecho por el camino real hasta que hayamos
atravesado tu territorio».

23Sin embargo, el rey Sehón rehusó permitirles atra-
vesar su territorio. En cambio, movilizó a todo su ejército
y atacó a Israel en el desierto y peleó con ellos en Jahaza.
24Así que los israelitas los masacraron a filo de espada y
ocuparon su tierra, desde el río Arnón hasta el río Jaboc.
Avanzaron solo hasta los límites de los amonitas porque
su frontera estaba fortificada.*

25De manera que Israel tomó todas las ciudades amo-
rreas y se estableció en ellas, incluida la ciudad de Hesbón
y sus aldeas vecinas. 26Hesbón había sido la capital de
Sehón, rey de los amorreos. Él había derrotado al rey moa-
bita anterior y se había apoderado de toda su tierra hasta
el río Arnón. 27Por eso los poetas antiguos escribieron lo
siguiente sobre él:

«¡Vengan a Hesbón y que sea reconstruida!
Que la ciudad de Sehón sea restaurada.
28 Un fuego ardiente salió de Hesbón,
un incendio de la ciudad de Sehón.
Quemó la ciudad de Ar en Moab;
destruyó a los gobernantes de las alturas de
Arnón.
29 ¡Qué aflicción te espera, oh pueblo de Moab!
¡Están acabados, oh adoradores de Quemos!
Quemos dejó a sus hijos como refugiados,
a sus hijas como cautivas de Sehón, el rey
amorreo.
30 Los hemos destruido por completo,
desde Hesbón hasta Dibón.
Los hemos exterminado por completo,
hasta lugares tan lejanos como Nofa y Medeba*».

31Así pues, el pueblo de Israel ocupó el territorio de
los amorreos. 32Después que Moisés envió hombres a
explorar la región de Jazer, tomaron todas las ciudades
de la región y expulsaron a los amorreos que vivían allí.
33Luego volvieron y se marcharon por el camino que se
dirige a Basán, pero Og, rey de Basán, los atacó con todo
su pueblo en Edrei. 34El SEÑOR le dijo a Moisés: «No le
tengas miedo, porque yo te lo he entregado junto con toda
su gente y su tierra. Haz con él lo mismo que hiciste con
Sehón, rey de los amorreos, que gobernó en Hesbón».
35Así que Israel mató al rey Og, a sus hijos y a todos sus
súbditos; no quedó nadie con vida. Entonces Israel ocupó
su territorio.

Balac envía por Balaam

22 Luego el pueblo de Israel viajó a las llanuras de
Moab y acampó al oriente del río Jordán, frente
a Jericó. 2Balac, hijo de Zipor, el rey moabita, había visto
todo lo que los israelitas hicieron a los amorreos. 3Enton-
ces cuando el pueblo de Moab vio que los israelitas eran
muchos, se aterró. 4El rey de Moab dijo a los ancianos de
Madián: «¡Esta muchedumbre devorará todo lo que esté
a la vista, como un buey devora el pasto en el campo!».

Entonces Balac, rey de Moab, 5envió mensajeros para
llamar a Balaam, hijo de Beor, que vivía en Petor, su tierra
natal,* cerca del río Éufrates.* Su mensaje decía:

«Mira, una inmensa multitud que cubre la faz de la
tierra ha llegado de Egipto y me amenaza. 6Ven, por
favor, maldíceme a este pueblo, porque es demasiado
poderoso para mí. De esa manera quizás yo pueda
conquistarlos y expulsarlos de la tierra. Yo sé que
sobre el pueblo que tú bendices, caen bendiciones y
al pueblo que tú maldices, le caen maldiciones».

7Entonces los mensajeros de Balac y los ancianos de
Moab y de Madián, partieron con el dinero para pagarle
a Balaam a fin de que maldijera a Israel.* Llegaron donde
estaba Balaam y le transmitieron el mensaje de Balac.
8«Quédense aquí esta noche —dijo Balaam—, y en la ma-
ñana les diré lo que me indique el SEÑOR». Así que los
funcionarios de Moab se quedaron con Balaam.

9Esa noche Dios vino a Balaam y le preguntó:
—¿Quiénes son estos hombres que te visitan?
10Balaam le dijo a Dios:
—Balac, hijo de Zipor, rey de Moab, me envió este
mensaje: 11"Mira, una inmensa multitud que cubre la
faz de la tierra ha llegado de Egipto. Ven y maldíceme a
este pueblo. De esa manera quizás podré hacerles frente
y expulsarlos de esta tierra".
12Pero Dios le dijo a Balaam:
—No vayas con ellos ni maldigas a este pueblo, ¡porque
es bendito!
13A la mañana siguiente, Balaam se levantó y les dijo a
los funcionarios de Balac: «¡Regresen a casa! El SEÑOR no
me dejará ir con ustedes».
14Entonces los oficiales moabitas regresaron al rey
Balac y le informaron: «Balaam se negó a venir con noso-
tros». 15Así que Balac intentó de nuevo. Esta vez envió a
un mayor número de funcionarios, aún más distinguidos
que los que envió la primera vez. 16Llegaron donde estaba
Balaam y le transmitieron el siguiente mensaje:

«Esto dice Balac, hijo de Zipor: "Por favor, no
permitas que nada te impida venir a ayudarme.
17Te pagaré muy bien y haré todo lo que me pidas.
¡Solamente ven y maldíceme a este pueblo!"».

18Entonces Balaam les respondió a los mensajeros de
Balac: «Aunque Balac me diera su palacio repleto de plata
y oro, yo no podría hacer absolutamente nada en contra de
la voluntad del SEÑOR mi Dios. 19Pero quédense aquí una
noche más y veré si el SEÑOR tiene algo más que decirme».
20Esa noche Dios vino a Balaam y le dijo: «Ya que estos
hombres vinieron por ti, levántate y ve con ellos, pero solo
haz lo que yo te indique».

Balaam y su burra

21A la mañana siguiente Balaam se levantó, ensilló su
burra y salió con los funcionarios moabitas; 22pero Dios
se enojó porque Balaam iba con ellos. Así que envió al
ángel del SEÑOR a pararse en medio del camino para impe-
dirle el paso. Mientras Balaam y dos de sus sirvientes iban
montando, 23la burra de Balaam vio al ángel del SEÑOR
de pie en el camino, con una espada desenvainada en su
mano. La burra se apartó del camino y se desbocó hacia
un campo, pero Balaam la golpeó y la obligó a regresar
al camino. 24Entonces el ángel del SEÑOR se detuvo en

***Notas textuales** **21:30** O *hasta que fuego se extendió a Medeba.* El significado del hebreo es incierto. **22:5a** O *que estaba en Petor en la tierra de los amavitas.* **22:5b** En hebreo *del río.* **22:7** En hebreo *partieron con el dinero de la adivinación en sus manos.*

Referencias cruzadas **21:32** Nm 32:1, 35 **22:20** Nm 23:12, 26 un lugar donde el camino se hacía estrecho entre las paredes de dos viñedos. 25Cuando la burra vio al ángel del SEÑOR, trató de pasar pero aplastó el pie de Balaam contra la pared. Así que Balaam la golpeó de nuevo. 26Entonces el ángel del SEÑOR se adelantó y se plantó en un lugar tan estrecho que la burra no podía pasar del todo. 27Esta vez cuando la burra vio al ángel, se echó al suelo con Balaam encima. Entonces Balaam, furioso, volvió a golpear al animal con su vara.

28Así que el SEÑOR le dio a la burra la capacidad de hablar.

—¿Qué te he hecho para merecer que me pegues tres veces? —le preguntó a Balaam.

29—¡Me has dejado en ridículo! —gritó Balaam—. ¡Si tuviera una espada, te mataría!

30—Pero yo soy la misma burra que has montado toda tu vida —le contestó la burra—. ¿Alguna vez te he hecho algo así?

—No —admitió Balaam.

31Entonces el SEÑOR abrió los ojos de Balaam y vio al ángel del SEÑOR de pie en el camino con una espada desenvainada en su mano. Balaam se inclinó y cayó rostro en tierra ante él.

32—¿Por qué le pegaste a tu burra tres veces? —le preguntó el ángel del SEÑOR—. Mira, he venido a impedirte el paso porque con terquedad te me opones. 33Tres veces la burra me vio y se apartó del camino; si no, te aseguro que te habría matado a ti y habría dejado a la burra con vida.

34Entonces Balaam le confesó al ángel del SEÑOR:

—He pecado. No comprendí que tú estabas parado en el camino para impedirme el paso. Volveré a casa si te opones a mi viaje.

35Pero el ángel del SEÑOR le dijo a Balaam:

—Ve con estos hombres, pero habla solamente lo que yo te diga.

Así que Balaam siguió con los funcionarios de Balac. 36Cuando el rey Balac supo que Balaam estaba en camino, salió a su encuentro a una ciudad moabita, situada en el río Arnón, en la frontera más distante de su tierra.

37—¿No era urgente la invitación que te envié? ¿Por qué no viniste enseguida? —le preguntó Balac a Balaam—. ¿No me creíste cuando te dije que te honraré con una generosa recompensa?

38—Mira —contestó Balaam—, ya he venido pero no está en mis manos decir lo que yo quiera. Hablaré únicamente el mensaje que Dios ponga en mi boca.

39Luego Balaam acompañó a Balac a Quiriat-huzot. 40Allí el rey sacrificó ganado y ovejas, y envió porciones de la carne a Balaam y a los oficiales que estaban con él. 41A la mañana siguiente Balac subió con Balaam a un lugar llamado Bamot-baal y desde allí se podía ver parte del pueblo de Israel.

Balaam bendice a Israel

23 Entonces Balaam le dijo al rey Balac: «Constrúyeme aquí siete altares y prepara siete becerros y siete carneros para que los sacrifique». 2Balac siguió sus instrucciones y los dos sacrificaron un becerro y un carnero en cada altar.

3Entonces Balaam le dijo a Balac: «Quédate aquí con tus ofrendas quemadas y yo iré a ver si el SEÑOR me responde. Entonces te diré lo que él me revele». Así que Balaam fue solo a la cima de una colina sin vegetación 4y allí se reunió Dios con él. Balaam le dijo:

—Preparé siete altares y sacrifiqué un becerro y un carnero en cada altar.

5El SEÑOR le dio a Balaam un mensaje para el rey Balac y después le dijo:

—Regresa donde está Balac y dale mi mensaje.

¡Respuestas Bíblicas! 29 ¿Cómo hablaba Dios con su pueblo?

23:7 Dios hablaba con su pueblo a través de profetas. Dios le hablaba a un profeta. Luego, el profeta le contaba al pueblo qué le había dicho Dios. A veces, Dios le decía al pueblo qué Él los castigaría. Balaam realmente quería que Dios dañara a Israel. Pero Dios le dio a Balaam un mensaje para que bendijera al pueblo de Dios.

6Así que Balaam volvió y encontró al rey de pie, al lado de sus ofrendas quemadas, con todos los funcionarios de Moab. 7Este es el mensaje que Balaam transmitió:

«Balac me mandó a llamar desde Aram;
el rey de Moab me trajo de las colinas del oriente.
"¡Ven —me dijo—, maldíceme a Jacob!
Ven y anuncia la ruina de Israel".
8 Pero ¿cómo puedo maldecir
a quienes Dios no ha maldecido?
¿Cómo puedo condenar
a quienes el SEÑOR no ha condenado?
9 Desde las cimas del precipicio los veo;
los miro desde las colinas.
Veo a un pueblo que vive aislado,
apartado de las otras naciones.
10 ¿Quién puede contar a los descendientes de Jacob,
tan numerosos como el polvo?
¿Quién puede contar siquiera a una cuarta parte
del pueblo de Israel?
Permíteme morir como los justos;
deja que mi vida acabe como la de ellos».

11Entonces el rey Balac le reclamó a Balaam:

—¿Qué me has hecho? Te traje para maldecir a mis enemigos. ¡En cambio, los has bendecido!

12Pero Balaam respondió:

—Yo hablaré solamente el mensaje que el SEÑOR ponga en mi boca.

Segundo mensaje de Balaam

13Entonces el rey Balac le dijo:

—Ven conmigo a otro lugar. Allí verás otra parte de la nación de Israel, aunque no a todos. ¡Maldice por lo menos a esa parte!

14Así que Balac llevó a Balaam a la meseta de Zofim en la cima del monte Pisga. Allí construyó siete altares y ofreció un becerro y un carnero en cada altar.

15Entonces Balaam le dijo al rey:

—Quédate aquí con tus ofrendas quemadas mientras yo voy allá a encontrarme con el SEÑOR.

16Entonces el SEÑOR se reunió con Balaam y le dio un mensaje. Le dijo: «Regresa con Balac y dale mi mensaje».

17Balaam volvió y encontró al rey de pie junto a sus ofrendas quemadas, con todos los funcionarios de Moab.

—¿Qué dijo el SEÑOR? —preguntó Balac ansiosamente.

Referencias cruzadas **22:30** 2 P 2:15-16 **23:10** Sal 37:37 **23:16** Nm 22:38

18 Este es el mensaje que Balaam transmitió:

«¡Levántate, Balac, y escucha!
Óyeme, hijo de Zipor.
19 Dios no es un hombre; por lo tanto, no miente.
Él no es humano; por lo tanto, no cambia de
parecer.
¿Acaso alguna vez habló sin actuar?
¿Alguna vez prometió sin cumplir?
20 Escucha, yo recibí la orden de bendecir;
¡Dios ha bendecido, y yo no puedo revertirlo!
21 Ninguna desgracia está en su plan para Jacob;
ningún problema espera a Israel.
Pues el Señor su Dios está con ellos;
él ha sido proclamado su rey.
22 Dios los sacó de Egipto;
para ellos, él es tan fuerte como un buey salvaje.
23 Ninguna maldición puede tocar a Jacob;
ninguna magia ejerce poder alguno contra Israel.
Pues ahora se dirá de Jacob:
"¡Qué maravillas ha hecho Dios por Israel!".
24 Este pueblo se levanta como una leona,
como un majestuoso león que se despierta.
Ellos se niegan a descansar
hasta que hayan devorado su presa,
¡y beben la sangre de los que han matado!».

25 Entonces Balac le dijo a Balaam:
—Está bien si no los maldices, ¡pero al menos no los bendigas!

26 Así que Balaam le respondió a Balac:
—¿No te dije que solamente podía hacer lo que el Señor me indicara?

Tercer mensaje de Balaam

27 Entonces el rey Balac le dijo a Balaam:
—Ven, te llevaré a un lugar más. Quizá esto agrade a Dios y te permita maldecirlos desde allí.

28 Así que Balac llevó a Balaam a la cima del monte
Peor, con vista a la tierra baldía.* 29 Allí Balaam le dijo de
nuevo a Balac:
—Constrúyeme siete altares y prepara siete becerros y siete carneros para que yo los sacrifique.

30 Entonces Balac hizo lo que Balaam le pidió y ofreció un becerro y un carnero en cada altar.

24 Finalmente Balaam comprendió que el Señor
estaba decidido a bendecir a Israel, así que no
recurrió a la adivinación como antes. En cambio, se dio
vuelta y miró hacia el desierto 2 donde vio al pueblo de
Israel acampado por tribus. Entonces el Espíritu de Dios
vino sobre él 3 y le dio el siguiente mensaje:

«Este es el mensaje de Balaam, hijo de Beor,
el mensaje del hombre cuyos ojos ven con
claridad,
4 el mensaje del que oye las palabras de Dios,
del que ve una visión que proviene del
Todopoderoso,
y se inclina con los ojos abiertos:
5 ¡Qué hermosas son tus carpas, oh Jacob;
qué bellos son tus hogares, oh Israel!
6 Se extienden ante mí como arboledas de palmeras,*
como jardines por la ribera.
Son como altos árboles plantados por el Señor,
como cedros junto a las aguas.
7 Agua fluirá de sus cántaros;
su descendencia tendrá toda la que necesite.
Su rey será más grande que Agag;
su reino será exaltado.
8 Dios los sacó de Egipto;
para ellos, él es tan fuerte como un buey salvaje.
Él devora a las naciones que se le oponen,
quiebra sus huesos en pedazos
y las atraviesa con flechas.
9 Como un león, Israel se agazapa y se tiende;
como a una leona, ¿quién se atreve a despertarla?
Bendito todo el que te bendice, oh Israel,
y maldito todo el que te maldice».

10 Entonces el rey Balac se enfureció contra Balaam y
en señal de enojo palmeó las manos y gritó:
—¡Yo te llamé para maldecir a mis enemigos! En cam-
bio, los has bendecido tres veces. 11 ¡Fuera de aquí ahora
mismo! ¡Vuelve a tu casa! Te prometí una generosa recom-
pensa, pero el Señor te ha impedido que la recibieras.

12 Balaam le dijo a Balac:
—¿No recuerdas lo que expliqué a tus mensajeros?
Dije: 13 "Aunque Balac me diera su palacio repleto de plata
y oro, no podría hacer absolutamente nada en contra de la
voluntad del Señor". ¡Te advertí que únicamente podría
decir lo que el Señor me dijera! 14 Ahora me regreso a
mi propia gente, pero primero, déjame decirte lo que los
israelitas harán a tu pueblo en el futuro.

Últimos mensajes de Balaam

15 Balaam dio el siguiente mensaje:

«Este es el mensaje de Balaam, el hijo de Beor,
el mensaje del hombre cuyos ojos ven con
claridad,
16 el mensaje del que oye las palabras de Dios,
del que tiene conocimiento dado por el Altísimo,
del que ve una visión que proviene del
Todopoderoso,
y se inclina con los ojos abiertos:
17 Lo veo a él, pero no aquí ni ahora.
Lo percibo, pero lejos, en un futuro distante.
Una estrella se levantará de Jacob;
un cetro surgirá de Israel.
Aplastará la cabeza del pueblo de Moab,
y partirá el cráneo* de la gente de Set.
18 Tomará posesión de Edom,
y a Seir, su enemigo, lo conquistará,
mientras Israel marcha adelante en triunfo.
19 Un gobernante se levantará en Jacob
que destruirá a los sobrevivientes de Ar».

20 Luego Balaam miró hacia el pueblo de Amalec y dio este mensaje:

«Amalec fue la más importante de las naciones,
¡pero su destino es la destrucción!».

***Notas textuales** **23:28** O *con vista a Jesimón*. **24:6** O *como un valle majestuoso*. **24:17** Así aparece en el Pentateuco Samaritano; el significado de este término hebreo es incierto.

Referencias cruzadas **23:28** Sal 106:28 **24:9** Gn 12:3; 27:29; 49:9 **24:19** Is 15:1–16:4

21 Después miró hacia los ceneos y transmitió el siguiente mensaje:

«Su casa está segura;
su nido está entre las rocas.
22 Pero los ceneos serán destruidos
cuando Asiria* los lleve cautivos».

23 Balaam concluyó sus mensajes con estas palabras:

«¡Ay!, ¿quién puede sobrevivir
a menos que Dios lo disponga?
24 Naves vendrán de las costas de Chipre;*
y oprimirán a Asiria y afligirán a Heber,
pero ellos también serán destruidos por
completo».

25 Entonces Balaam se fue y regresó a su casa; Balac también se fue y tomó su camino.

Moab seduce a Israel

25 Mientras los israelitas acampaban en la arboleda de Acacias,* algunos hombres se contaminaron al tener* relaciones sexuales con las mujeres moabitas del lugar. 2 Estas mujeres los invitaron a los sacrificios a sus dioses, así que los israelitas festejaron con ellas y rindieron culto a los dioses de Moab. 3 De ese modo Israel se unió al culto a Baal de Peor, lo cual encendió el enojo del SEÑOR contra su pueblo.

4 Entonces el SEÑOR le dictó a Moisés la siguiente orden: «Detén a todos los cabecillas y ejecútalos delante del SEÑOR, a plena luz del día, para que su ira feroz se aleje del pueblo de Israel».

5 Así que Moisés les ordenó a los jueces de Israel: «Cada uno de ustedes debe quitarles la vida a los hombres bajo su autoridad que se han unido a rendir culto a Baal de Peor».

6 En ese momento, mientras todos lloraban a la entrada del tabernáculo,* un israelita llevó a una madianita a su carpa ante los ojos de Moisés y de todo el pueblo. 7 Cuando Finees, hijo de Eleazar y nieto del sacerdote Aarón, los vio, se levantó de un salto y salió de la asamblea. Fue y tomó una lanza 8 y corrió detrás del hombre hasta su carpa. Con la lanza, Finees atravesó el cuerpo del hombre y perforó hasta el estómago de la mujer. Entonces se detuvo la plaga contra los israelitas, 9 pero ya habían muerto veinticuatro mil personas.

10 Así que el SEÑOR le dijo a Moisés: 11 «Finees, hijo de Eleazar y nieto del sacerdote Aarón, alejó mi enojo de los israelitas porque demostró entre ellos el mismo celo que yo. Así que dejé de destruir a todo Israel, como pensaba hacerlo a causa del enojo de mi celo. 12 Ahora dile que establezco con él mi especial pacto de paz, 13 por medio del cual doy a él y a sus descendientes el derecho perpetuo al sacerdocio. Pues en su celo por mí, su Dios, él purificó al pueblo de Israel, y los hizo justos ante mí*».

14 El israelita que murió con la madianita se llamaba Zimri, hijo de Salu, jefe de una familia de la tribu de Simeón. 15 La mujer se llamaba Cozbi, hija de Zur, jefe de un clan madianita.

16 Entonces el SEÑOR le dijo a Moisés: 17 «Ataca a los madianitas y destrúyelos, 18 porque los agredieron con artimañas y los engañaron para que rindieran culto a Baal de Peor, y también por causa de Cozbi, hija de un jefe madianita, que murió durante la plaga debido a lo que ocurrió en Peor».

Segundo registro de las tropas de Israel

26 Una vez que pasó la plaga,* el SEÑOR les dijo a Moisés y a Eleazar, hijo del sacerdote Aarón: 2 «Registren por familias los nombres de los guerreros de toda la comunidad israelita. Anoten en una lista a todos los hombres de veinte años o más y que sean aptos para la guerra».

3 Así que, allí en las llanuras de Moab, junto al río Jordán, frente a Jericó, Moisés y el sacerdote Eleazar dieron las siguientes instrucciones a los jefes de Israel: 4 «Anoten en una lista a todos los hombres de Israel de veinte años o más, así como el SEÑOR le ordenó a Moisés».

Este es el registro de todos los descendientes de Israel que salieron de Egipto.

Tribu de Rubén

5 Estos eran los clanes descendientes de los hijos de Rubén, el hijo mayor de Jacob:*

el clan hanoquita, nombrado así por su antepasado
Hanoc;
el clan faluita, nombrado así por su antepasado Falú;
6 el clan hezronita, nombrado así por su antepasado
Hezrón;
el clan carmita, nombrado así por su antepasado
Carmi.

7 Esos eran los clanes de Rubén. Sus tropas registradas sumaron 43.730 hombres.

8 Falú fue el antepasado de Eliab, 9 y Eliab fue el padre de Nemuel, Datán y Abiram. Datán y Abiram, son los mismos jefes de la comunidad que conspiraron contra Moisés y Aarón, junto con Coré, cuando se rebelaron contra el SEÑOR. 10 Pero la tierra abrió su boca y se los tragó juntamente con Coré, y el fuego devoró a doscientos cincuenta de sus seguidores. Esto sirvió de advertencia a la nación entera de Israel. 11 Sin embargo, los hijos de Coré no murieron ese día.

Tribu de Simeón

12 Estos eran los clanes descendientes de los hijos de Simeón:

el clan jemuelita, nombrado así por su antepasado
Jemuel;*
el clan jaminita, nombrado así por su antepasado
Jamín;
el clan jaquinita, nombrado así por su antepasado
Jaquín;
13 el clan zoharita, nombrado así por su antepasado
Zohar;*
el clan saulita, nombrado así por su antepasado Saúl.

***Notas textuales** **24:22** En hebreo *Ashshur*; también en 24:24. **24:24** En hebreo *Quitim*. **25:1a** En hebreo *Sitim*. **25:1b** Así aparece en la versión griega; en hebreo dice *algunos hombres empezaron a tener.* **25:6** En hebreo *de la carpa de reunión.* **25:13** O *él hizo expiación por el pueblo de Israel.* **26:1** La frase al principio del versículo 26:1 se numera como 25:19 en el texto hebreo. **26:5** En hebreo *de Israel*; ver nota en 1:20-21b. **26:12** Así aparece en la versión siríaca (ver también Gn 46:10; Ex 6:15); en hebreo dice *nemuelita [...] Nemuel.* **26:13** Igual que en los textos paralelos de Gn 46:10 y Ex 6:15; en hebreo dice *zeraíta [...] Zera.*

Referencias cruzadas **24:22** Gn 10:22 **25:3** Dt 4:3-4 **25:7-8** Sal 106:30 **25:9** 1 Co 10:8 **25:12-13** Is 54:10 **25:15** Nm 31:8 **26:4** Ex 30:11-16 **26:12-13** 1 Cr 4:24-43

[14]Esos eran los clanes de Simeón. Sus tropas registradas
sumaron 22.200 hombres.

Tribu de Gad

[15]Estos eran los clanes descendientes de los hijos de Gad:
el clan zefonita, nombrado así por su antepasado
Zefón;
el clan haguita, nombrado así por su antepasado
Hagui;
el clan sunita, nombrado así por su antepasado Suni;
[16] el clan oznita, nombrado así por su antepasado Ozni;
el clan erita, nombrado así por su antepasado Eri;
[17] el clan arodita, nombrado así por su antepasado
Arodi;*
el clan arelita, nombrado así por su antepasado Areli.

[18]Esos eran los clanes de Gad. Sus tropas registradas su-
maron 40.500 hombres.

Tribu de Judá

[19]Judá tenía dos hijos, Er y Onán, que murieron en la
tierra de Canaán. [20]Estos eran los clanes descendientes
de los hijos sobrevivientes de Judá:
el clan selaíta, nombrado así por su antepasado Sela;
el clan faresita, nombrado así por su antepasado
Fares;
el clan zeraíta, nombrado así por su antepasado Zera.

[21]Estos eran los subclanes descendientes de los faresitas:
los hezronitas, nombrados así por su antepasado
Hezrón;
los hamulitas, nombrados así por su antepasado
Hamul.

[22]Esos eran los clanes de Judá. Sus tropas registradas su-
maron 76.500 hombres.

Tribu de Isacar

[23]Estos eran los clanes descendientes de los hijos de
Isacar:
el clan tolaíta, nombrado así por su antepasado Tola;
el clan puanita, nombrado así por su antepasado
Púa;*
[24] el clan jasubita, nombrado así por su antepasado
Jasub;
el clan simronita, nombrado así por su antepasado
Simrón.

[25]Esos eran los clanes de Isacar. Sus tropas registradas
sumaron 64.300 hombres.

Tribu de Zabulón

[26]Estos eran los clanes descendientes de los hijos de
Zabulón:
el clan seredita, nombrado así por su antepasado
Sered;
el clan elonita, nombrado así por su antepasado
Elón;
el clan jahleelita, nombrado así por su antepasado
Jahleel.

[27]Esos eran los clanes de Zabulón. Sus tropas registradas
sumaron 60.500 hombres.

Tribu de Manasés

[28]Dos clanes descendían de José mediante Manasés y
Efraín.

[29]Estos eran los clanes descendientes de Manasés:
el clan maquirita, nombrado así por su antepasado
Maquir;
el clan galaadita, nombrado así por su antepasado
Galaad, hijo de Maquir.

[30]Estos eran los subclanes descendientes de los galaaditas:
los jezeritas, nombrados así por su antepasado Jezer;
los helequitas, nombrados así por su antepasado
Helec;
[31] los asrielitas, nombrados así por su antepasado
Asriel;
los siquemitas, nombrados así por su antepasado
Siquem;
[32] los semidaítas, nombrados así por su antepasado
Semida;
los heferitas, nombrados así por su antepasado
Hefer.
[33] (Zelofehad, uno de los descendientes de Hefer, no
tuvo hijos, pero los nombres de sus hijas eran
Maala, Noa, Hogla, Milca y Tirsa).

[34]Esos eran los clanes de Manasés. Sus tropas registradas
sumaron 52.700 hombres.

Tribu de Efraín

[35]Estos eran los clanes descendientes de los hijos de
Efraín:
el clan sutelaíta, nombrado así por su antepasado
Sutela;
el clan bequerita, nombrado así por su antepasado
Bequer;
el clan tahanita, nombrado así por su antepasado
Tahán.

[36]Este era el subclan descendiente de los sutelaítas:
los eranitas, nombrados así por su antepasado Erán.

[37]Esos eran los clanes de Efraín. Sus tropas registradas
sumaron 32.500 hombres.

Todos los clanes de Manasés y Efraín eran los descen-
dientes de José.

Tribu de Benjamín

[38]Estos eran los clanes descendientes de los hijos de
Benjamín:
el clan belaíta, nombrado así por su antepasado Bela;
el clan asbelita, nombrado así por su antepasado
Asbel;
el clan ahiramita, nombrado así por su antepasado
Ahiram;

***Notas textuales** **26:17** Así aparece en el Pentateuco Samaritano, en la versión griega y en la siríaca (ver también Gn 46:16); en hebreo dice *Arod.* **26:23** Así aparece en el Pentateuco Samaritano, en la versión griega, en la siríaca y en la Vulgata Latina (ver también 1 Cr 7:1); en hebreo dice *el clan puanita, nombrado así por su antepasado Puvá.*

Referencias cruzadas **26:28** Gn 46:19-22

39 el clan sufamita, nombrado así por su antepasado Sufam;*
el clan hufamita, nombrado así por su antepasado Hufam.

40 Estos eran los subclanes descendientes de los belaítas:
los arditas, nombrados así por su antepasado Ard;*
los naamitas, nombrados así por su antepasado Naamán.

41 Esos eran los clanes de Benjamín. Sus tropas registradas
sumaron 45.600 hombres.

Tribu de Dan

42 Este era el clan descendiente de los hijos de Dan:
el clan suhamita, nombrado así por su antepasado Súham.

43 Esos eran los clanes suhamitas de Dan. Sus tropas registradas sumaron 64.400 hombres.

Tribu de Aser

44 Estos eran los clanes descendientes de los hijos de Aser:
el clan imnita, nombrado así por su antepasado Imna;
el clan isuita, nombrado así por su antepasado Isúi;
el clan de beriaíta, nombrado así por su antepasado Bería.

45 Estos eran los subclanes descendientes de los beriaítas:
los heberitas, nombrados así por su antepasado Heber;
los malquielitas, nombrados así por su antepasado Malquiel.

46 Aser también tenía una hija llamada Sera.

47 Esos eran los clanes de Aser. Sus tropas registradas sumaron 53.400 hombres.

Tribu de Neftalí

48 Estos eran los clanes descendientes de los hijos de Neftalí:
el clan jahzeelita, nombrado así por su antepasado Jahzeel;
el clan gunita, nombrado así por su antepasado Guni;
49 el clan jezerita, nombrado así por su antepasado Jezer;
el clan silemita, nombrado así por su antepasado Silem.

50 Esos eran los clanes de Neftalí. Sus tropas registradas
sumaron 45.400 hombres.

Resultados del registro

51 En resumen, las tropas registradas de todo Israel sumaron 601.730.
52 Entonces el SEÑOR le dijo a Moisés: 53 «Reparte la
tierra entre las tribus y distribuye las porciones de tierra de
acuerdo a la población de las tribus, conforme al número
de los nombres en la lista. 54 Da una mayor porción de
tierra a las tribus más numerosas y una menor a las más
pequeñas, de modo que cada una reciba una porción de
tierra en proporción al tamaño de su población. 55 Sin
embargo, asigna la tierra por sorteo y dale a cada tribu
patriarcal su porción según el número de nombres en la
lista. 56 Cada porción de tierra se asignará por sorteo entre
las tribus más grandes y las más pequeñas».

Tribu de Leví

57 Este es el registro de los levitas enumerados según sus clanes:
el clan gersonita, nombrado así por su antepasado Gersón;
el clan coatita, nombrado así por su antepasado Coat;
el clan merarita, nombrado así por su antepasado Merari.

58 Los libnitas, los hebronitas, los mahlitas, los musitas y
los coreítas eran subclanes de los levitas.
Coat fue el antepasado de Amram; 59 la esposa de
Amram se llamaba Jocabed. Ella también era descendiente
de Leví, nacida entre los levitas en la tierra de Egipto.
Amram y Jocabed eran los padres de Aarón, Moisés y su
hermana Miriam. 60 Los hijos de Aarón eran Nadab, Abiú,
Eleazar e Itamar. 61 Pero Nadab y Abiú murieron cuando
en la presencia del SEÑOR quemaron una clase de fuego
diferente al que él había ordenado.
62 Los hombres de los clanes levitas de un mes o más
sumaron 23.000. Pero no se incluyó a los levitas en el
registro del resto del pueblo porque a ellos no se les repartió una asignación de tierra cuando fue dividida entre
los israelitas.
63 Esos son los resultados del registro del pueblo de
Israel que Moisés y el sacerdote Eleazar hicieron en las
llanuras de Moab, al lado del río Jordán, frente a Jericó.
64 Nadie en esta lista aparecía en el registro anterior
hecho por Moisés y Aarón en el desierto de Sinaí. 65 Pues
el SEÑOR había dicho acerca de ellos: «Todos morirán en
el desierto». Ninguno de ellos sobrevivió excepto Caleb,
hijo de Jefone y Josué, hijo de Nun.

Las hijas de Zelofehad

27 Cierto día las hijas de Zelofehad —Maala, Noa,
Hogla, Milca y Tirsa— presentaron una petición.
Zelofehad, su padre, era descendiente de Hefer, hijo de
Galaad, hijo de Maquir, hijo de Manasés, hijo de José.
2 Estas mujeres acudieron a Moisés, al sacerdote Eleazar,
a los jefes de las tribus y a toda la comunidad, a la entrada
del tabernáculo.* 3 Ellas dijeron: «Nuestro padre murió en
el desierto, pero no por estar entre los seguidores de Coré
que se rebelaron contra el SEÑOR, sino que murió debido
a su propio pecado y no tuvo hijos varones. 4 ¿Por qué
debería desaparecer el nombre de nuestro padre de entre
su clan solo porque no tuvo hijos varones? Dennos una
porción de terreno entre el resto de nuestros parientes».
5 Entonces Moisés presentó el caso ante el SEÑOR. 6 Y
el SEÑOR le contestó a Moisés: 7 «La petición de las hijas
de Zelofehad es legítima. Así que dales una porción de

***Notas textuales** **26:39** Así aparece en algunos manuscritos hebreos, en el Pentateuco Samaritano, en la versión griega, en la siríaca y en la Vulgata Latina; la mayoría de los manuscritos hebreos dicen *Sefufán.* **26:40** Así aparece en el Pentateuco Samaritano, en algunos manuscritos griegos y en la Vulgata Latina; en hebreo falta *nombrados así por su antepasado Ard.* **27:2** En hebreo *de la carpa de reunión.*

Referencias cruzadas **26:44** Gn 46:16-25

terreno junto con los parientes de su padre. Asígnales la porción de terreno que se hubiera dado a su padre.

8»Y da al pueblo de Israel las siguientes instrucciones: si un hombre muere sin dejar hijo varón, entonces se le dará su herencia a sus hijas. 9Y si tampoco tiene hijas, su herencia se transferirá a sus hermanos. 10Si no tiene hermanos, entrega su herencia a los hermanos de su padre. 11Y si su padre no tiene ningún hermano, entonces entrega su herencia al pariente más cercano dentro de su clan. Este es un requisito legal para el pueblo de Israel, tal como el SEÑOR le ordenó a Moisés».

Josué elegido para dirigir a Israel

12Cierto día el SEÑOR le dijo a Moisés:

—Sube a una de las montañas al oriente del río,* y contempla la tierra que le he dado al pueblo de Israel. 13Después de verla, al igual que tu hermano Aarón, morirás; 14pues los dos se rebelaron contra mis instrucciones en el desierto de Zin. Cuando los israelitas se rebelaron, ustedes no les demostraron mi santidad junto a las aguas. (Estas son las aguas de Meriba en Cades* en el desierto de Zin).

15Entonces Moisés le dijo al SEÑOR:

16—Oh SEÑOR, tú eres el Dios que da aliento a todas las criaturas. Por favor, nombra a un nuevo hombre como líder de la comunidad. 17Dales a alguien que los guíe dondequiera que vayan y que los conduzca en batalla, para que la comunidad del SEÑOR no ande como ovejas sin pastor.

18El SEÑOR le respondió:

—Toma a Josué, hijo de Nun, en quien está el Espíritu, y pon tus manos sobre él. 19Preséntalo al sacerdote Eleazar ante toda la comunidad y públicamente encárgale que dirija al pueblo. 20Entrégale de tu autoridad para que toda la comunidad de Israel lo obedezca. 21Cuando se necesite dirección del SEÑOR, Josué se presentará ante el sacerdote Eleazar, quien usará el Urim —uno de los sorteos sagrados que se hacen ante el SEÑOR— para determinar su voluntad. De esta manera Josué y el resto de la comunidad de Israel decidirán todo lo que deben hacer.

22Así que Moisés hizo lo que el SEÑOR le ordenó y presentó a Josué ante el sacerdote Eleazar y ante toda la comunidad. 23Luego Moisés impuso sus manos sobre él y le entregó el cargo de dirigir al pueblo, tal como el SEÑOR había ordenado por medio de Moisés.

Ofrendas diarias

28 El SEÑOR le dijo a Moisés: 2«Da al pueblo de Israel estas instrucciones: las ofrendas especiales que ustedes presentan son un aroma agradable para mí; son mi pan. Asegúrense de que sean llevadas en el tiempo indicado y ofrecidas de acuerdo a mis instrucciones.

3»Diles a los israelitas: esta es la ofrenda especial que deberán presentar al SEÑOR como ofrenda quemada diaria. Ofrezcan dos corderos de un año, que no tengan ningún defecto. 4Sacrifiquen un cordero por la mañana y otro al atardecer. 5Con cada cordero entreguen una ofrenda de grano de dos litros* de harina selecta mezclada con un litro* de aceite puro de olivas prensadas. 6Esta es la ofrenda quemada habitual, instituida en el monte Sinaí, como ofrenda especial, un aroma agradable al SEÑOR. 7Junto con la ofrenda quemada presenten la ofrenda líquida apropiada de un litro de bebida fermentada por cada cordero y derrámenla en el Lugar Santo como ofrenda al SEÑOR. 8Ofrezcan el segundo cordero al atardecer, con la misma ofrenda de grano y ofrenda líquida. También es una ofrenda especial, un aroma agradable al SEÑOR.

Ofrendas del día de descanso

9»En el día de descanso* sacrifiquen dos corderos de un año, sin defecto, junto con una ofrenda de grano de cuatro litros* de harina selecta humedecida con aceite de oliva y una ofrenda líquida. 10Esta es la ofrenda quemada que se presentará cada día de descanso, además de la ofrenda quemada habitual y su correspondiente ofrenda líquida.

Ofrendas mensuales

11»El primer día de cada mes presenten al SEÑOR una ofrenda quemada adicional de dos becerros, un carnero y siete corderos de un año, todos sin defecto. 12Estas ofrendas deben ser acompañadas de ofrendas de grano de harina selecta humedecida con aceite de oliva, seis litros* por cada becerro, cuatro litros por cada carnero, 13y dos litros por cada cordero. Esta ofrenda quemada será especial, un aroma agradable al SEÑOR. 14Ofrezcan también una ofrenda líquida con cada sacrificio: dos litros* de vino por cada becerro, un litro y tercio* por cada carnero y un litro* por cada cordero. Presenten esta ofrenda quemada el primer día de cada mes, durante todo el año.

15»El primer día de cada mes ofrezcan también al SEÑOR un chivo como sacrificio por el pecado además de la ofrenda quemada habitual y su correspondiente ofrenda líquida.

Ofrendas para la Pascua

16»Deben celebrar la Pascua del SEÑOR el día catorce del primer mes.* 17El siguiente día —el día quince del mes— se iniciará un festival jubiloso de siete días, pero no comerán pan preparado con levadura. 18El primer día del festival será un día oficial para celebrar una asamblea santa y no harán ningún trabajo habitual. 19Como ofrenda especial presenten al SEÑOR una ofrenda quemada: dos becerros, un carnero y siete corderos de un año, todos sin defecto. 20Estas serán acompañadas de las ofrendas de grano de harina selecta humedecidas con aceite de oliva: seis litros con cada becerro, cuatro litros con el carnero, 21y dos litros con cada uno de los siete corderos. 22Ofrezcan también un chivo como ofrenda por el pecado, para purificarse y hacerse justos ante el SEÑOR.* 23Estas ofrendas las presentarán además de la ofrenda quemada habitual de cada mañana. 24Este es el procedimiento que deberán seguir —en cada uno de los siete días del festival— cuando preparen la comida que presenten como ofrenda especial, un aroma agradable al SEÑOR. Estas las ofrecerán además de las ofrendas quemadas habituales y de las ofrendas líquidas. 25El séptimo día del festival será otro día oficial para celebrar una asamblea santa, y ese día no harán ningún trabajo habitual.

***Notas textuales** **27:12** O *las montañas de Abarim.* **27:14** En hebreo *las aguas de Meriba-cades.* **28:5a** En hebreo *1/10 de un efa* [2 cuartos]; también en 28:13, 21, 29. **28:5b** En hebreo *1/4 de un hin* [1/4 de galón]; también en 28:7. **28:9a** O *el sábado.* **28:9b** En hebreo *2/10 de un efa* [4 cuartos]; también en 28:12, 20, 28. **28:12** En hebreo *3/10 de un efa* [6 cuartos]; también en 28:20, 28. **28:14a** En hebreo *1/2 hin* [1/2 galón]. **28:14b** En hebreo *1/3 de un hin* [1/3 de galón]. **28:14c** En hebreo *1/4 de un hin* [1/4 de galón]. **28:16** En el antiguo calendario lunar hebreo, ese día caía a fines de marzo, en abril o a principios de mayo. **28:22** O *para hacer expiación por ustedes mismos*; también en 28:30.

Referencias cruzadas **27:11** Nm 36:1-12 **27:17** Mc 6:34 **28:15** Nm 28:3

Ofrendas para el Festival de la Cosecha

26»Durante el Festival de la Cosecha,* cuando presenten
al SEÑOR lo primero de su nuevo grano, convoquen un
día oficial para una asamblea santa y ese día no harán
ningún trabajo habitual. 27Ese día, presenten una ofrenda
quemada especial como un aroma agradable al SEÑOR,
compuesta de dos becerros, un carnero y siete corderos
de un año. 28Estas serán acompañadas de las ofrendas
de grano de harina selecta humedecidas con aceite de
oliva: seis litros con cada becerro, cuatro litros con el
carnero 29y dos litros con cada uno de los siete corderos.
30Ofrezcan también un chivo para purificarse y hacerse
justos ante el SEÑOR. 31Preparen estas ofrendas quema-
das especiales, junto con sus ofrendas líquidas, además
de la ofrenda quemada habitual y su correspondiente
ofrenda de grano. Asegúrense de que los animales que
sacrifiquen no tengan ningún defecto.

Ofrendas para el Festival de las Trompetas

29 »Cada año, el primer día del mes señalado, al
principio del otoño,* celebren el Festival de las
Trompetas. Convoquen un día oficial para una asamblea
santa y no hagan ningún trabajo habitual. 2Ese día deben
presentar una ofrenda quemada como aroma agradable
al SEÑOR: un becerro, un carnero y siete corderos de un
año, todos sin defecto. 3Estas deben ser acompañadas de
las ofrendas de grano de harina selecta humedecidas con
aceite de oliva: seis litros* con el becerro, cuatro litros*
con el carnero 4y dos litros* con cada uno de los siete
corderos. 5Además sacrifiquen un chivo como ofrenda por
el pecado, para purificarse y hacerse justos ante el SEÑOR.*
6Estos sacrificios especiales, junto con sus ofrendas obli-
gatorias de grano y las ofrendas líquidas, son además de
las ofrendas quemadas habituales, mensuales y diarias. Se
las presenta como ofrenda especial al SEÑOR, un aroma
agradable a él.

Ofrendas para el Día del Perdón

7»Diez días después, el décimo día del mismo mes,* con-
voquen otra asamblea santa. Ese día, el Día del Perdón, el
pueblo no debe comer ni hacer ningún trabajo habitual.
8Deberán presentar una ofrenda quemada como aroma
agradable al SEÑOR: un becerro, un carnero y siete corde-
ros de un año, todos sin defecto. 9Estas ofrendas deben
ser acompañadas por las ofrendas obligatorias de grano de
harina selecta humedecidas con aceite de oliva: seis litros
de harina selecta con el becerro, cuatro litros de harina
selecta con el carnero 10y dos litros de harina selecta con
cada uno de los siete corderos. 11Sacrifiquen también
un chivo como ofrenda por el pecado. Esta es además de
la ofrenda por el pecado para el perdón y además de la
ofrenda quemada diaria habitual, junto con su ofrenda de
grano y sus correspondientes ofrendas líquidas.

Ofrendas para el Festival de las Enramadas

12»Cinco días después, el día quince del mismo mes,*
convoquen otra asamblea santa de todo el pueblo y ese día
no hagan ningún trabajo habitual. Ese día es el comienzo
del Festival de las Enramadas,* un festival de siete días
al SEÑOR. 13El primer día del festival presenten, como
ofrenda especial, una ofrenda quemada como aroma
agradable al SEÑOR: trece becerros, dos carneros y ca-
torce corderos de un año, todos sin defecto. 14Cada una
de estas ofrendas debe ser acompañada por una ofrenda
de grano de harina selecta humedecida con aceite de oliva:
seis litros para cada uno de los trece becerros, cuatro litros
para cada uno de los dos carneros 15y dos litros para cada
uno de los catorce corderos. 16También sacrifiquen un
chivo como ofrenda por el pecado además de la ofrenda
quemada habitual con su correspondiente ofrenda de
grano y ofrenda líquida.

17»El segundo día de este festival de siete días, sacri-
fiquen doce becerros, dos carneros y catorce corderos de
un año, todos sin defecto. 18Cada una de estas ofrendas
de becerros, carneros y corderos debe ser acompañada
por su ofrenda obligatoria de grano y su ofrenda líquida.
19También sacrifiquen un chivo como ofrenda por el
pecado además de la ofrenda quemada habitual con su
correspondiente ofrenda de grano y ofrenda líquida.

20»El tercer día del festival, sacrifiquen once becerros,
dos carneros y catorce corderos de un año, todos sin de-
fecto. 21Cada una de estas ofrendas de becerros, carneros y
corderos debe ser acompañada por su ofrenda obligatoria
de grano y su ofrenda líquida. 22También sacrifiquen un
chivo como ofrenda por el pecado además de la ofrenda
quemada habitual con su correspondiente ofrenda de
grano y ofrenda líquida.

23»El cuarto día del festival, sacrifiquen diez becerros,
dos carneros y catorce corderos de un año, todos sin de-
fecto. 24Cada una de estas ofrendas de becerros, carneros y
corderos debe ser acompañada por su ofrenda obligatoria
de grano y su ofrenda líquida. 25También sacrifiquen un
chivo como ofrenda por el pecado además de la ofrenda
quemada habitual con su correspondiente ofrenda de
grano y ofrenda líquida.

26»El quinto día del festival, sacrifiquen nueve be-
cerros, dos carneros y catorce corderos de un año, todos
sin defecto. 27Cada una de estas ofrendas de becerros,
carneros y corderos debe ser acompañada por su ofrenda
obligatoria de grano y su ofrenda líquida. 28También sa-
crifiquen un chivo como ofrenda por el pecado además
de la ofrenda quemada habitual con su correspondiente
ofrenda de grano y ofrenda líquida.

29»El sexto día del festival, sacrifiquen ocho becerros,
dos carneros y catorce corderos de un año, todos sin de-
fecto. 30Cada una de estas ofrendas de becerros, carneros y
corderos debe ser acompañada por su ofrenda obligatoria
de grano y su ofrenda líquida. 31También sacrifiquen un
chivo como ofrenda por el pecado además de la ofrenda
quemada habitual con su correspondiente ofrenda de
grano y ofrenda líquida.

32»El séptimo día del festival, sacrifiquen siete be-
cerros, dos carneros y catorce corderos de un año, todos

***Notas textuales** **28:26** En hebreo *el Festival de las Semanas.* Este festival después se denominó el Festival de Pentecostés (ver Hch 2:1). Hoy en día se celebra como Shavuot. **29:1** En hebreo *el primer día del séptimo mes.* En el antiguo calendario lunar hebreo, ese día caía en septiembre o en octubre. Este festival hoy en día se celebra como Rosh Hashaná, el año nuevo judío. **29:3a** En hebreo *3⁄10 de un efa* [6 cuartos]; también en 29:9, 14. **29:3b** En hebreo *2⁄10 de un efa* [4 cuartos]; también en 29:9, 14. **29:4** En hebreo *1⁄10 de un efa* [2 cuartos]; también en 29:10, 15. **29:5** O *para hacer expiación por ustedes mismos.* **29:7** En hebreo *En el décimo día del séptimo mes*; ver 29:1 y la nota al pie de página. En el antiguo calendario lunar hebreo, ese día caía en septiembre o en octubre. Hoy en día se celebra como Yom Kippur. **29:12a** En hebreo *En el día quince del séptimo mes*; ver 29:1, 7 y la nota al pie de página. En el antiguo calendario lunar hebreo, ese día caía a fines de septiembre, en octubre o a principios de noviembre. **29:12b** O *Festival de los Refugios* o *Festival de los Tabernáculos.* En la antigüedad se denominaba el Festival de la Cosecha Final o el Festival de la Recolección (ver Ex 23:16b). Hoy en día se celebra como Sucot.

Referencias cruzadas **29:6** Lv 23:23-25 **29:11** Lv 16:1-35 sin defecto. 33Cada una de estas ofrendas de becerros, carneros y corderos debe ser acompañada por su ofrenda obligatoria de grano y su ofrenda líquida. 34También sacrifiquen un chivo como ofrenda por el pecado además de la ofrenda quemada habitual con su correspondiente ofrenda de grano y ofrenda líquida.

35»El octavo día del festival, proclamen otro día santo. No hagan ningún trabajo habitual en ese día. 36Presenten una ofrenda quemada como ofrenda especial, un aroma agradable al SEÑOR, de un becerro, un carnero y siete corderos de un año, todos sin defecto. 37Cada una de estas ofrendas debe ser acompañada por su ofrenda obligatoria de grano y su ofrenda líquida. 38También sacrifiquen un chivo como ofrenda por el pecado además de la ofrenda quemada habitual con su correspondiente ofrenda de grano y ofrenda líquida.

39»Presenten estas ofrendas al SEÑOR durante sus festivales anuales. Estas ofrendas son además de los sacrificios y las ofrendas que presentan en relación con votos o como ofrendas voluntarias, ofrendas quemadas, ofrendas de grano, ofrendas líquidas u ofrendas de paz».

40*Así que Moisés dio al pueblo de Israel todas estas instrucciones, tal como el SEÑOR le había ordenado.

Leyes acerca de votos

30 1*Moisés mandó llamar a los jefes de las tribus de Israel y les dijo: «Esto es lo que el SEÑOR ha ordenado: 2un hombre que hace un voto al SEÑOR o una promesa bajo juramento jamás deberá faltar a su palabra. Tiene que cumplir exactamente con lo que dijo que haría.

3»Si una mujer joven hace un voto al SEÑOR o una promesa bajo juramento, mientras todavía vive en la casa de su padre, 4y su padre se entera del voto o de la promesa y no se opone, entonces todos sus votos y todas sus promesas siguen en pie. 5Sin embargo, si su padre, el día que se entera, se niega a darle permiso para que cumpla el voto o la promesa, quedarán anulados todos sus votos y todas sus promesas. El SEÑOR la perdonará porque su padre no le permitió cumplirlos.

6»Ahora bien, supongamos que una joven hace un voto o se compromete a sí misma al hacer una promesa impulsiva y luego se casa. 7Si su marido llega a saber de su voto o de su promesa y no se opone el día que se entera, sus votos y sus promesas siguen en pie. 8Sin embargo, si su marido se niega a aceptar su voto o promesa impulsiva el día que se entera, sus compromisos quedarán anulados y el SEÑOR la perdonará. 9Pero si se trata de una viuda o de una divorciada, esta persona deberá cumplir con todos sus votos y todas sus promesas.

10»Ahora bien, supongamos que una mujer está casada y vive en casa de su esposo cuando ella hace un voto o se compromete a sí misma con una promesa. 11Si su marido se entera y no se opone, entonces su voto o su promesa sigue en pie. 12Pero si su marido se niega a aceptarlo el día que se entera, entonces su voto o su promesa quedará anulado y el SEÑOR la perdonará. 13Su marido puede confirmar o anular todo voto o toda promesa que haya hecho para negarse a sí misma. 14Pero si no se opone el día que se entera, esto significa que está de acuerdo con todos sus votos y todas sus promesas. 15Si él espera más de un día y entonces intenta anular un voto o una promesa, él recibirá el castigo por la culpa de ella».

16Estas son las ordenanzas que el SEÑOR le dio a Moisés acerca de las relaciones entre el hombre y su esposa y entre el padre y su hija joven que todavía vive en su casa.

Conquista de los madianitas

31 Entonces el SEÑOR le dijo a Moisés: 2«En nombre del pueblo de Israel, toma venganza en contra de los madianitas por haber conducido a mi pueblo a la idolatría. Después morirás y te reunirás con tus antepasados».

3Así que Moisés le dijo al pueblo: «Escojan a algunos hombres y ármenlos para pelear la guerra de venganza del SEÑOR contra Madián. 4De cada tribu de Israel envíen mil hombres a la batalla». 5Entonces escogieron a mil hombres de cada tribu de Israel, en total reunieron a doce mil hombres armados para la batalla. 6Así que Moisés envió a mil hombres de cada tribu, y Finees, hijo del sacerdote Eleazar, los dirigió en la batalla. Llevaban los objetos sagrados del santuario y las trompetas para dar la orden de ataque. 7Así que atacaron a Madián, tal como el SEÑOR le había ordenado a Moisés, y mataron a todos los hombres. 8Los cinco reyes madianitas —Evi, Requem, Zur, Hur y Reba— murieron en la batalla. También mataron a espada a Balaam, hijo de Beor.

9El ejército israelita capturó a las mujeres y a los niños madianitas y tomó como botín el ganado y los rebaños y toda su riqueza. 10Quemaron todas las ciudades y las aldeas donde los madianitas habían vivido. 11Después que reunieron el botín y a los cautivos, tanto personas como animales, 12llevaron todo a Moisés, al sacerdote Eleazar y a toda la comunidad de Israel que acampaba en las llanuras de Moab, al lado del río Jordán frente a Jericó. 13Entonces Moisés, el sacerdote Eleazar y todos los jefes de la comunidad salieron a su encuentro afuera del campamento. 14Pero Moisés se enfureció con los generales y los capitanes* que volvieron de la batalla.

15«¿Por qué dejaron con vida a las mujeres? —les reclamó—. 16Precisamente son ellas las que, siguiendo el consejo de Balaam, incitaron al pueblo de Israel a rebelarse contra el SEÑOR en el monte Peor. Son ellas las que causaron la plaga que hirió al pueblo del SEÑOR. 17Así que maten a todos los niños varones y a todas las mujeres que hayan tenido relaciones sexuales. 18Dejen con vida únicamente a las niñas vírgenes; pueden quedarse con ellas. 19Y todos ustedes, los que hayan matado a alguien o hayan tocado un cadáver deben permanecer fuera del campamento durante siete días. Purifíquense ustedes y sus prisioneros en el tercer día y en el séptimo. 20Purifiquen también toda su ropa y todo lo que está hecho de cuero, pelo de cabra o madera».

21Entonces el sacerdote Eleazar les dijo a los hombres que participaron en la batalla: «El SEÑOR le ha dado a Moisés este requisito legal: 22todo lo que está hecho de oro, plata, bronce, hierro, estaño o plomo, 23es decir, todos los metales resistentes al fuego, deberán ser pasados por el fuego para que queden ceremonialmente puros. Además deben purificar estos objetos de metal con el agua de la purificación. Pero todo lo que no es resistente al fuego lo purificarán únicamente con el agua. 24El séptimo

***Notas textuales** **29:40** El versículo 29:40 corresponde al 30:1 en el texto hebreo. **30:1** Los versículos del 30:1-16 corresponden al 30:2-17 en el texto hebreo. **31:14** En hebreo *los comandantes de miles y los comandantes de cientos*; también en 31:48, 52, 54.

Referencias cruzadas **29:39** Lv 23:2; 2 Cr 31:3 **30:2** Dt 23:21-23 **30:8** Gn 3:16 **30:12** Ef 5:22; Col 3:18 **31:16** 2 P 2:15-16

día laven su ropa y quedarán purificados, entonces podrán
regresar al campamento».

Distribución del botín

[25]Después el Señor le dijo a Moisés: [26]«Tú, el sacerdote
Eleazar y los jefes de las familias de cada tribu, hagan una
lista de todo el botín tomado en la batalla, incluidos la
gente y los animales. [27]Luego dividan el botín en dos par-
tes y den la mitad a los hombres que lucharon en la batalla
y la otra mitad al resto del pueblo. [28]De lo que le pertenece
al ejército, entreguen primero la porción del botín que le
corresponde al Señor: uno de cada quinientos prisione-
ros, así como del ganado, de los burros, de las ovejas y
de las cabras. [29]Esta porción de lo que le corresponde al
ejército, entrégasela al sacerdote Eleazar como ofrenda al
Señor. [30]De la mitad que pertenece al pueblo de Israel,
toma uno de cada cincuenta de los prisioneros y del ga-
nado, de los burros, de las ovejas, de las cabras y otros
animales. Entrega esta porción a los levitas, que están
encargados del cuidado del tabernáculo del Señor». [31]Así
que Moisés y el sacerdote Eleazar hicieron lo que el Señor
ordenó a Moisés.

[32]El botín que quedó de todo lo que los hombres de
guerra habían tomado sumó 675.000 ovejas y cabras,
[33]72.000 cabezas de ganado, [34]61.000 burros [35]y
32.000 muchachas vírgenes.

[36]La mitad del botín se entregó a los hombres de
guerra. El total sumó 337.500 ovejas y cabras, [37]de las
cuales 675 eran la porción para el Señor; [38]36.000 ca-
bezas de ganado, de las cuales 72 eran la porción para el
Señor; [39]30.500 burros de los cuales 61 eran la porción
para el Señor; [40]y 16.000 muchachas vírgenes de las
cuales 32 eran la porción para el Señor. [41]Moisés le dio
al sacerdote Eleazar la porción del Señor, tal como el
Señor lo había ordenado.

[42]La mitad del botín pertenecía al pueblo de Israel, y
Moisés la separó de la mitad que pertenecía a los hom-
bres de guerra. [43]El total entregado a los israelitas sumó
337.500 ovejas y cabras, [44]36.000 cabezas de ganado,
[45]30.500 burros, [46]16.000 muchachas vírgenes. [47]De
la mitad entregada al pueblo, Moisés tomó uno de cada
cincuenta prisioneros y animales y los dio a los levitas que
cuidaban el tabernáculo del Señor. Todo se realizó como
el Señor le había ordenado a Moisés.

[48]Después los generales y los capitanes vinieron a
Moisés [49]y le dijeron: «Nosotros, tus servidores, con-
tamos a todos los hombres que salieron a la batalla bajo
nuestras órdenes; ¡no falta ninguno de nosotros! [50]Así
que, de nuestra porción del botín, presentamos como
ofrenda al Señor los artículos de oro que tomamos: bra-
zaletes, pulseras, anillos, aretes y collares. Esto purificará
nuestras vidas ante el Señor y nos hará justos ante él*».

[51]Entonces Moisés y el sacerdote Eleazar recibieron el
oro de todos los comandantes del ejército, que consistía
en todo tipo de joyas y artículos artesanales. [52]El oro que
los generales y los capitanes presentaron como ofrenda al
Señor pesaba aproximadamente ciento noventa kilos.*
[53]Todos los hombres de guerra habían tomado para sí
parte del botín. [54]Así que Moisés y el sacerdote Eleazar
aceptaron los regalos de los generales y capitanes y lleva-
ron el oro al tabernáculo* como recordatorio al Señor de
que el pueblo de Israel le pertenece.

Tribus al oriente del Jordán

32 Las tribus de Rubén y Gad poseían una enorme
cantidad de animales. Así que cuando vieron que
las tierras de Jazer y Galaad eran ideales para sus rebaños
y manadas, [2]se acercaron a Moisés, al sacerdote Eleazar y
a los otros jefes de la comunidad y les dijeron:

[3]—Observen las ciudades de Atarot, Dibón, Jazer,
Nimra, Hesbón, Eleale, Sibma,* Nebo y Beón. [4]El Señor
conquistó todo este territorio para la comunidad de Israel
y es ideal para todos nuestros animales. [5]Si contamos con
su favor, permítannos ocupar esta tierra como nuestra
propiedad en lugar de darnos tierra al otro lado del río
Jordán.

[6]—¿Significa esto que ustedes pretenden quedarse aquí
mientras sus hermanos cruzan el río y combaten sin su
apoyo? —preguntó Moisés a los hombres de Gad y de
Rubén—. [7]¿Por qué quieren desalentar al resto del pueblo
de Israel de cruzar a la tierra que el Señor le ha dado?
[8]Sus antepasados hicieron lo mismo cuando los envié de
Cades-barnea a explorar la tierra. [9]Después que subieron
al valle de Escol y exploraron la tierra, desanimaron al pue-
blo de Israel para que no entrara a la tierra que el Señor
le daba. [10]Por eso el Señor se enojó mucho contra ellos
y juró: [11]"De todos los que rescaté de Egipto, ninguno
de veinte años o más verá jamás la tierra que juré dar a
Abraham, a Isaac y a Jacob, porque no me han obedecido
de corazón. [12]Las únicas excepciones son Caleb, hijo de
Jefone el cenezeo, y Josué, hijo de Nun, porque ellos han
seguido al Señor de todo corazón".

[13]»El Señor se enojó con los israelitas y los hizo vagar
en el desierto durante cuarenta años hasta que murió la
generación entera que había pecado a los ojos del Señor.
[14]¡Pero ahora aquí están ustedes, raza de pecadores, ha-
ciendo exactamente lo mismo! Ustedes están provocando
que el Señor se enoje aún más con Israel. [15]¡Si ustedes
se alejan de él y él abandona nuevamente al pueblo en el
desierto, ustedes serán responsables de la destrucción
de la nación entera!

[16]Pero ellos se acercaron a Moisés y le dijeron:

—Nosotros simplemente queremos construir corrales
para nuestros animales y ciudades fortificadas para nues-
tras esposas e hijos. [17]Después tomaremos las armas
e iremos al frente de nuestros hermanos israelitas a la
batalla, hasta que los llevemos seguros a su tierra. Mien-
tras tanto, nuestras familias se quedarán en las ciudades
fortificadas que construiremos aquí, para que no corran
peligro de los ataques de la gente del lugar. [18]No volve-
remos a nuestras casas hasta que todo el pueblo de Israel
haya recibido su porción de tierra. [19]Sin embargo, no
reclamamos ninguna parte de la tierra del otro lado del
Jordán. Preferimos vivir aquí, al oriente del Jordán y la
aceptamos como nuestra porción de tierra.

[20]Entonces Moisés les dijo:

—Si ustedes cumplen su palabra y se preparan para ir
a la batalla del Señor, [21]y si sus tropas cruzan el Jordán y
siguen en la lucha hasta que el Señor expulse a sus ene-
migos, [22]entonces podrán volver cuando el Señor haya
conquistado la tierra. Habrán cumplido con su deber ante

***Notas textuales** **31:50** O *Esto hará expiación por nuestras vidas ante el Señor.* **31:52** En hebreo *16.750 siclos* [420 libras]. **31:54** En hebreo *a la carpa de reunión.* **32:3** Así aparece en el Pentateuco Samaritano y en la versión griega (ver también 32:38); en hebreo dice *Sebam.*

Referencias cruzadas **31:54** Ex 28:12 **32:8-9** Dt 1:19-21 **32:17** Jos 4:12-13 el Señor y ante el resto del pueblo de Israel. Y la tierra al oriente del Jordán será su propiedad de parte del Señor. 23 Pero si no cumplen su palabra, entonces habrán pecado contra el Señor y estén seguros de que su pecado los alcanzará. 24 Adelante, entonces, construyan ciudades para sus familias y corrales para sus rebaños, pero cumplan con todo lo que prometieron.

25 Entonces los hombres de Gad y de Rubén respondieron:

—Nosotros, tus servidores, seguiremos tus instrucciones al pie de la letra. 26 Nuestros hijos y nuestras esposas, los rebaños y el ganado permanecerán aquí en las ciudades de Galaad. 27 Pero todos los que puedan portar armas cruzarán al otro lado a fin de combatir para el Señor, así como tú has dicho.

28 Así que Moisés dio las órdenes al sacerdote Eleazar, a Josué, hijo de Nun, y a los jefes de los clanes de Israel, 29 y dijo: «Los hombres de Gad y de Rubén que están armados para la batalla deben cruzar el Jordán con ustedes y luchar para el Señor. Si lo hacen, cuando terminen de conquistar la tierra denles la región de Galaad como su propiedad. 30 Pero si se niegan a armarse y a cruzar con ustedes, entonces estarán obligados a aceptar una porción de tierra en Canaán, con el resto de ustedes».

31 Entonces las tribus de Gad y de Rubén volvieron a decir: «Nosotros somos tus servidores, ¡y haremos lo que el Señor ha ordenado! 32 Cruzaremos el Jordán hacia Canaán bien armados a luchar para el Señor, pero nuestra propiedad estará aquí en este lado del Jordán».

33 Moisés asignó tierra a las tribus de Gad y de Rubén y a la media tribu de Manasés, hijo de José. Les entregó el territorio de Sehón, rey de los amorreos, y la tierra de Og, rey de Basán, toda la tierra con sus ciudades y tierras vecinas.

34 Los descendientes de Gad construyeron las ciudades de Dibón, Atarot, Aroer, 35 Atarot-sofán, Jazer, Jogbeha, 36 Bet-nimra y Bet-arán. Todas eran ciudades fortificadas con corrales para sus rebaños.

37 Los descendientes de Rubén construyeron las ciudades de Hesbón, Eleale, Quiriataim, 38 Nebo, Baal-meón y Sibma. Cambiaron los nombres de algunas de las ciudades que conquistaron y reconstruyeron.

39 Entonces los descendientes de Maquir, de la tribu de Manasés, fueron a Galaad, la conquistaron y expulsaron a los amorreos que vivían allí. 40 Moisés dio Galaad a los maquiritas, descendientes de Manasés, y ahí se establecieron. 41 El pueblo de Jair, otro clan de la tribu de Manasés, conquistó muchas de las ciudades de Galaad y cambió el nombre de esa región a Ciudades de Jair.* 42 Mientras tanto, un hombre llamado Noba conquistó el pueblo de Kenat y sus aldeas vecinas y a esa región le dio su propio nombre.

Recorrido de Israel

33 Esta es la ruta que los israelitas siguieron cuando salieron de Egipto bajo el liderazgo de Moisés y Aarón. 2 Por orden del Señor, Moisés guardó un registro escrito del avance. Estas son las etapas de la marcha, identificadas por los diferentes lugares donde se detuvieron en la ruta.

3 Salieron de la ciudad de Ramsés, a comienzos de la primavera, el día quince del primer mes,* por la mañana después de la primera celebración de la Pascua. El pueblo de Israel marchó desafiante, a la vista de todos los egipcios. 4 Mientras tanto, los egipcios enterraban a todos sus primeros hijos varones, a los que el Señor había matado la noche anterior. ¡Esa noche el Señor derrotó a los dioses de Egipto, con grandes actos de juicio!

5 Después de dejar Ramsés, los israelitas armaron el campamento en Sucot.
6 Luego partieron de Sucot y acamparon en Etam en los límites del desierto.
7 Partieron de Etam y retrocedieron hacia Pi-hahirot, frente a Baal-zefón y acamparon cerca de Migdol.
8 Partieron de Pi-hahirot* y cruzaron el mar Rojo* para internarse en el desierto. Luego viajaron tres días por el desierto de Etam y acamparon en Mara.
9 Partieron de Mara y acamparon en Elim donde había doce fuentes de agua y setenta palmeras.
10 Partieron de Elim y acamparon al lado del mar Rojo.*
11 Partieron del mar Rojo y acamparon en el desierto de Sin.
12 Partieron del desierto de Sin y acamparon en Dofca.
13 Partieron de Dofca y acamparon en Alús.
14 Partieron de Alús y acamparon en Refidim, donde no había agua para que el pueblo bebiera.
15 Partieron de Refidim y acamparon en el desierto de Sinaí.
16 Partieron del desierto de Sinaí y acamparon en Kibrot-hataava.
17 Partieron de Kibrot-hataava y acamparon en Hazerot.
18 Partieron de Hazerot y acamparon en Ritma.
19 Partieron de Ritma y acamparon en Rimón-fares.
20 Partieron de Rimón-fares y acamparon en Libna.
21 Partieron de Libna y acamparon en Rissa.
22 Partieron de Rissa y acamparon en Ceelata.
23 Partieron de Ceelata y acamparon en el monte Sefer.
24 Partieron del monte Sefer y acamparon en Harada.
25 Partieron de Harada y acamparon en Macelot.
26 Partieron de Macelot y acamparon en Tahat.
27 Partieron de Tahat y acamparon en Tara.
28 Partieron de Tara y acamparon en Mitca.
29 Partieron de Mitca y acamparon en Hasmona.
30 Partieron de Hasmona y acamparon en Moserot.
31 Partieron de Moserot y acamparon en Bene-jaacán.
32 Partieron de Bene-jaacán y acamparon en Hor-haggidgad.
33 Partieron de Hor-haggidgad y acamparon en Jotbata.
34 Partieron de Jotbata y acamparon en Abrona.
35 Partieron de Abrona y acamparon en Ezión-geber.
36 Partieron de Ezión-geber y acamparon en Cades en el desierto de Zin.
37 Partieron de Cades y acamparon en el monte Hor, en la frontera de Edom. 38 Mientras estaban al pie del monte Hor, el Señor ordenó al sacerdote Aarón que subiera al monte y allí murió. Eso sucedió a mediados del verano, el primer día del quinto mes,* a los cuarenta años de la salida de Israel de Egipto.

***Notas textuales** **32:41** En hebreo *Havot-jair.* **33:3** En el antiguo calendario lunar hebreo, ese día caía a fines de marzo, en abril o a principios de mayo. **33:8a** Así aparece en muchos manuscritos hebreos, en el Pentateuco Samaritano y en la Vulgata Latina (ver también 33:7); la mayoría de los manuscritos hebreos dicen *Partieron de delante de Hahirot*. **33:8b** En hebreo *el mar.* **33:10** En hebreo *mar de juncos*; también en 33:11. **33:38** En el antiguo calendario lunar hebreo, ese día caía en julio o en agosto.

Referencias cruzadas **32:33** Nm 21:23-26 **33:4** Ex 12:11-51 **33:17** Nm 11:34-35 **33:33** Dt 10:6-7 **33:36** Nm 20:1

39Aarón tenía ciento veintitrés años cuando murió en el monte Hor.
40En esa ocasión el rey cananeo de Arad, que vivía en el Neguev, en la tierra de Canaán, oyó que el pueblo de Israel se acercaba a su tierra.
41Mientras tanto, los israelitas dejaron el monte Hor y acamparon en Zalmona.
42Partieron de Zalmona y acamparon en Punón.
43Partieron de Punón y acamparon en Obot.
44Partieron de Obot y acamparon en Ije-abarim en la frontera de Moab.
45Partieron de Ije-abarim* y acamparon en Dibón-gad.
46Partieron de Dibón-gad y acamparon en Almón-diblataim.
47Partieron de Almón-diblataim y acamparon en las montañas al oriente del río,* cerca del monte Nebo.
48Partieron de las montañas al oriente del río y acamparon en las llanuras de Moab junto al río Jordán, frente a Jericó.
49Acamparon a lo largo del río Jordán desde Bet-jesimot hasta los prados de las Acacias,* en las llanuras de Moab.

50Mientras acampaban cerca del río Jordán, en las llanuras de Moab, frente a Jericó, el SEÑOR dijo a Moisés:
51«Da las siguientes instrucciones al pueblo de Israel: cuando crucen el río Jordán a la tierra de Canaán,
52expulsen a todos los que viven allí. Destruyan todas las imágenes talladas y fundidas y derriben todos sus santuarios paganos.
53Tomen posesión de la tierra y establézcanse allí, porque a ustedes se la he dado para que la ocupen.
54Repartan la tierra entre los clanes por sorteo sagrado, en proporción a su tamaño. A los clanes más grandes se les entregará una porción más grande de tierra, y a los clanes más pequeños, una porción menor. La decisión del sorteo sagrado es definitiva. De esta manera se hará la repartición de las porciones de tierra entre sus tribus patriarcales.
55Sin embargo, si no expulsan a los habitantes de la tierra, los que se queden serán como astillas en sus ojos y espinas en sus costados. Los acosarán en la tierra que habitan;
56y yo haré con ustedes lo mismo que había pensado hacer con ellos».

Límites del país

34 Entonces el SEÑOR le dijo a Moisés:
2«Da las siguientes instrucciones a los israelitas: cuando entren en la tierra de Canaán, la cual les doy como su preciada posesión, estos serán los límites.
3La porción sureña de su país se extenderá desde el desierto de Zin, a lo largo del límite con Edom. La frontera sur empezará al oriente del mar Muerto,*
4y se extenderá hacia el sur, pasando por el paso de los Escorpiones* rumbo a Zin. El extremo sur será Cades-barnea y de allí seguirá a Hazar-adar hasta llegar a Asmón.
5De Asmón, el límite girará hacia el arroyo de Egipto y terminará en el mar Mediterráneo.*

6»La frontera occidental será la costa del mar Mediterráneo.

7»La frontera norte empezará en el mar Mediterráneo y se extenderá hacia el oriente hasta el monte Hor
8y luego a Lebo-hamat pasando por Zedad
9y Zifrón hasta Hazar-enán. Esta será la frontera norte.

10»El límite oriental empezará en Hazar-enán y se extenderá al sur hasta Sefam
11y bajará a Ribla al oriente de Aín. De allí la frontera descenderá a lo largo de la orilla oriental del mar de Galilea,*
12y luego a lo largo del río Jordán hasta llegar al mar Muerto. Estos son los límites de su tierra».

13Entonces Moisés les dijo a los israelitas: «Este territorio es la patria que se repartirá por sorteo sagrado entre ustedes. El SEÑOR ordenó que la tierra sea repartida entre las nueve tribus y media restantes.
14Las familias de las tribus de Rubén, de Gad y de la media tribu de Manasés ya recibieron sus porciones de tierra
15al oriente del río Jordán, frente a Jericó hacia la salida del sol».

Líderes para repartir la tierra

16Entonces el SEÑOR le dijo a Moisés:
17«El sacerdote Eleazar y Josué, hijo de Nun, son los hombres designados para repartir las porciones de tierra entre el pueblo.
18Además, recluta a un líder de cada tribu para que los ayude con la tarea.
19Estas son las tribus y los nombres de los líderes:

	Tribu	*Líder*
	Judá	Caleb, hijo de Jefone
20	Simeón	Semuel, hijo de Amiud
21	Benjamín	Elidad, hijo de Quislón
22	Dan	Buqui, hijo de Jogli
23	Manasés, hijo de José	Haniel, hijo de Efod
24	Efraín, hijo de José	Kemuel, hijo de Siftán
25	Zabulón	Elizafán, hijo de Parnac
26	Isacar	Paltiel, hijo de Azán
27	Aser	Ahiud, hijo de Selomi
28	Neftalí	Pedael, hijo de Amiud

29Estos son los hombres que el SEÑOR nombró para repartir las porciones de tierra en Canaán entre los israelitas».

Ciudades para los levitas

35 Mientras Israel acampaba junto al Jordán, en las llanuras de Moab, frente a Jericó, el SEÑOR le dijo a Moisés:
2«Ordena a los israelitas que, de las propiedades que recibieron, entreguen a los levitas algunas ciudades donde vivir, junto con los pastizales que las rodean.
3Los levitas vivirán en esas ciudades y las tierras que las rodean proveerán pastura para su ganado, rebaños y otros animales.
4Los pastizales alrededor de esas ciudades, asignados a los levitas, se extenderán por cuatrocientos sesenta metros* a partir de las murallas de las ciudades en todas direcciones.
5Midan novecientos veinte metros* afuera de las murallas de las ciudades en cada dirección —oriente, sur, occidente y norte— y la ciudad quedará en el centro. Esta área será otro pastizal, aún más grande para las ciudades.

6»Seis de las ciudades que entreguen a los levitas serán ciudades de refugio, adonde una persona que haya matado a alguien por accidente pueda huir y ponerse a salvo. Además entréguenles otras cuarenta y dos ciudades.
7En total, darás a los levitas cuarenta y ocho ciudades con los pastizales que las rodean.
8Estas ciudades las tomarán de las propiedades del pueblo de Israel. Las tribus más grandes darán más ciudades a los levitas, mientras que

***Notas textuales** **33:45** Así aparece en 33:44; en hebreo dice *Iyim,* otro nombre para Ije-abarim. **33:47** O *las montañas de Abarim*; también en 33:48. **33:49** En hebreo *hasta Abel-sitim.* **34:3** En hebreo *mar Salado*; también en 34:12. **34:4** O *por la subida de Acrabim.* **34:5** En hebreo *el mar*; también en 34:6, 7. **34:11** En hebreo *mar de Cineret.* **35:4** En hebreo *1000 codos* [1500 pies]. **35:5** En hebreo *2000 codos* [3000 pies].

Referencias cruzadas **33:52** Ex 23:24 **34:7** Ez 47:15-17 **34:14** Nm 32:33 **34:18** Nm 1:4, 16 **35:8** Nm 26:54

las tribus más pequeñas darán menos. Cada tribu dará terreno en proporción al tamaño de la tierra que recibió».

Ciudades de refugio

[9]El SEÑOR le dijo a Moisés: [10]«Da las siguientes instrucciones al pueblo de Israel.

»Cuando crucen el Jordán para entrar a la tierra de Canaán, [11]designen ciudades de refugio adonde una persona pueda huir si ha matado a alguien por accidente. [12]Estas ciudades servirán como lugares de protección contra los parientes de la víctima que quieran vengar la muerte. No se le quitará la vida al responsable de la muerte antes de que la comunidad lo juzgue. [13]Designen seis ciudades de refugio para ustedes mismos: [14]tres al oriente del río Jordán y tres al occidente, en la tierra de Canaán. [15]Estas ciudades servirán para proteger a los israelitas, a los extranjeros que vivan entre ustedes y a los comerciantes ambulantes. Cualquiera que mate a alguien por accidente podrá huir allí para ponerse a salvo.

[16]»Sin embargo, si alguien golpea y mata a otro con un objeto de hierro, comete homicidio y el asesino debe ser ejecutado. [17]Si alguien con una piedra en la mano golpea y mata a otro, comete homicidio y el asesino debe ser ejecutado. [18]Si alguien golpea y mata a otro con un objeto de madera, comete homicidio y el asesino debe ser ejecutado. [19]El pariente más cercano de la víctima es responsable de quitarle la vida al asesino. Cuando ellos se encuentren, el vengador debe quitarle la vida al asesino. [20]Así que, si alguien por odio le tiende una emboscada a otro y luego lo empuja o le lanza algo y esa persona muere, comete homicidio. [21]O si alguien por odio golpea a otro con su puño y esa persona muere, comete homicidio. En tales casos, el vengador tiene que quitarle la vida al asesino cuando se encuentren.

[22]»Ahora bien, supongamos que alguien empuja a otro sin enemistad previa, o lanza algo que, sin intención, golpea a otro, [23]o por accidente deja caer una piedra grande sobre alguien y, aunque no eran enemigos, la persona muere. [24]Si esto llegara a suceder, la comunidad debe seguir las siguientes normas al juzgar entre el responsable de la muerte y el vengador, el pariente más cercano de la víctima. [25]La comunidad debe proteger al responsable de la muerte del vengador y debe escoltarlo para que regrese a vivir en la ciudad de refugio a la que huyó. Allí permanecerá hasta la muerte del sumo sacerdote, que fue ungido con el aceite sagrado.

[26]»Sin embargo, si el responsable de la muerte alguna vez sale de los límites de la ciudad de refugio, [27]y el vengador lo encuentra fuera de la ciudad y lo mata, su muerte no será considerada homicidio. [28]El responsable de la muerte debió haber permanecido dentro de la ciudad de refugio hasta la muerte del sumo sacerdote; pero después de la muerte del sumo sacerdote, el responsable de la muerte podrá volver a su propia tierra. [29]Estos son requisitos legales y tendrán que cumplirse de generación en generación, dondequiera que vivan.

[30]»Todos los asesinos deben ser ejecutados, pero solo si las pruebas son presentadas por más de un testigo. No se puede condenar a muerte a nadie por el testimonio de un solo testigo. [31]Tampoco se aceptará el pago de rescate por la vida de alguien que haya sido juzgado y encontrado culpable de asesinato y condenado a muerte; siempre se debe ejecutar a los asesinos. [32]Nunca acepten el pago de rescate de alguien que haya huido a una ciudad de refugio, pues haría que el responsable de la muerte de alguien volviera a su tierra antes de la muerte del sumo sacerdote. [33]Esto garantizará que la tierra donde ustedes vivan no se contamine, pues el asesinato contamina la tierra. Y ningún sacrificio, salvo la ejecución del asesino, puede purificar la tierra del asesinato.* [34]No deben manchar la tierra donde viven, porque yo mismo habito allí. Yo soy el SEÑOR que habito entre el pueblo de Israel».

Mujeres que heredan propiedad

36 Luego los jefes de los clanes de Galaad —descendientes de Maquir, hijo de Manasés, hijo de José— se presentaron ante Moisés y los líderes de las familias de Israel con una petición. [2]Dijeron a Moisés:

—El SEÑOR te dijo que repartieras la tierra entre el pueblo de Israel por sorteo sagrado. El SEÑOR te dijo que la porción de tierra que pertenece a nuestro hermano Zelofehad se la dieras a sus hijas. [3]Sin embargo, si ellas se casan con hombres de otra tribu, llevarán consigo sus porciones de tierra a la tribu de los hombres con quienes se casen. De esa manera, el área total de la tierra de nuestra tribu se reducirá. [4]Entonces cuando llegue el año de jubileo, esa porción de tierra se agregará a esa nueva tribu, y provocará que nuestra tribu patriarcal la pierda para siempre.

[5]Así que Moisés les dio a los israelitas, de parte del SEÑOR, el siguiente mandato:

—El reclamo de los hombres de la tribu de José es legítimo. [6]Esto es lo que el SEÑOR ordena acerca de las hijas de Zelofehad: permítanles casarse con quienes deseen, siempre y cuando sea alguien de su propia tribu patriarcal. [7]No se permite que ninguna tierra se transfiera de una tribu a otra, ya que toda la tierra asignada a cada tribu debe permanecer dentro de la tribu a la que inicialmente fue concedida. [8]Las hijas de todas las tribus de Israel que estén en línea para heredar la propiedad, deben casarse dentro de su propia tribu, de esta manera todos los israelitas conservarán sus propiedades patriarcales. [9]Ninguna porción de tierra puede pasar de una tribu a otra; cada tribu de Israel debe conservar la porción de tierra que le fue asignada.

[10]Entonces las hijas de Zelofehad hicieron lo que el SEÑOR le ordenó a Moisés. [11]Maala, Tirsa, Hogla, Milca y Noa, todas se casaron con sus primos por parte de su padre [12]dentro de los clanes de Manasés, hijo de José. De este modo, su herencia de tierra permaneció dentro de su tribu patriarcal.

[13]Estos son los mandatos y las ordenanzas que el SEÑOR le dio al pueblo de Israel por medio de Moisés mientras acampaban en las llanuras de Moab junto al río Jordán, frente a Jericó.

***Notas textuales 35:33** O *puede hacer expiación por asesinato.*

Referencias cruzadas 35:15-16 Ex 21:12-14 **35:30** Dt 17:6-7; 19:15 **36:2** Nm 27:1-11

DEUTERONOMIO

¿Por qué es importante?

Dios toma muy en serio sus instrucciones y es muy interesante notar que ellas no solo ponen paz entre nosotros y Dios, sino que obedecerlas crea paz, armonía y felicidad entre nosotros. Este libro demuestra que nuestras decisiones no solo nos afectan a nosotros sino que afectan a nuestra familia, y la vida de las personas que nos rodean ¡y aún la vida de nuestra descendencia el día que eso llegue! Dios siempre cumple sus compromisos y si nosotros le obedecemos y tratamos con todo nuestro corazón de cumplir con los nuestros, habrá muchas bendiciones para nosotros, nuestras familias y aún nuestros pueblos.

¿Por qué fue escrito?

El libro de Deuteronomio fue escrito para que los israelitas recordaran y guardaran el pacto con Dios, y para que se prepararan para entrar en la tierra prometida. Deuteronomio tiene las últimas palabras de Moisés a los israelitas antes que entraran a la tierra de su promesa.

¿Quién lo escribió?

Se atribuye la mayor parte de este libro a Moisés (1:1; 31:24,25). En el Nuevo Testamento, varios pasajes de Deuteronomio son citados como escritos por él (Mateo 19:7,8; Marcos 10:3-5; Hechos 3:22,23; 7:37,38; Romanos 10:19). Alguien más debió escribir pasajes como el capítulo 34.

¿A quién lo escribió?

Los receptores de este libro son la nueva generación de israelitas, próximos a entrar a Canaán. Ellos necesitaban un resumen de la ley. Ésta se repite y explica para que puedan comprenderla, obedecerla y transmitirla.

¿Cuándo y dónde lo escribió?

Israel está acampando en las llanuras de Moab, al este del río Jordán. Han pasado 40 años desde la liberación de Egipto y casi 38 desde que el pueblo había salido del Sinaí.
Los discursos y los hechos registrados en este libro ocurrieron justo antes de la conquista, alrededor de 1440 y 1400 a.C.

Paso a paso

1. Dios ha sido fiel hasta ahora. Caps. 1-4
2. La Ley de Dios es grandiosa. Caps. 5-11
3. La Ley de Dios tiene propósitos magníficos para la vida cotidiana. Caps. 12-26
4. El éxito o fracaso dependen de la obediencia a la Ley de Dios. Caps. 27-28
5. Dios renueva su compromiso con las nuevas generaciones. Caps. 29-30
6. La renovación del liderazgo asegura la continuidad del compromiso. Caps. 31-34

DEUTERONOMIO

Deuteronomio

Introducción al primer discurso de Moisés

1 Estas son las palabras que Moisés dirigió a todo el pueblo de Israel cuando se encontraba en el desierto, al oriente del río Jordán. Ellos acampaban en el valle del Jordán,* cerca de Suf, entre Parán de un lado y Tofel, Labán, Hazerot y Dizahab del otro.

2Por lo general, solo lleva once días viajar desde el monte Sinaí* hasta Cades-barnea, siguiendo la ruta del monte Seir. 3Sin embargo, cuarenta años después de que los israelitas salieron de Egipto, el primer día del mes once,* Moisés le habló al pueblo de Israel acerca de todo lo que el SEÑOR le había ordenado que dijera. 4Ese hecho ocurrió luego de derrotar a Sehón, rey de los amorreos, quien gobernaba en Hesbón, y después de derrotar en Edrei a Og, rey de Basán, quien gobernaba en Astarot.

5Mientras los israelitas estaban en la tierra de Moab, al oriente del río Jordán, Moisés les explicó con mucho cuidado las siguientes instrucciones que el SEÑOR había dado:

La orden de dejar el Sinaí

6«Cuando estábamos en el monte Sinaí, el SEÑOR nuestro Dios nos dijo: "Ya pasaron bastante tiempo en este monte. 7Es hora de levantar el campamento y seguir adelante. Vayan al territorio montañoso de los amorreos y a todas las regiones vecinas: el valle del Jordán, la zona montañosa, las colinas occidentales,* el Neguev y la llanura costera. Vayan a la tierra de los cananeos y al Líbano, y avancen hasta el gran río Éufrates. 8¡Miren, les doy toda esta tierra! Entren y tomen posesión de ella, porque es la tierra que el SEÑOR juró dar a sus antepasados —Abraham, Isaac y Jacob— y a todos los descendientes de ellos"».

Moisés nombra líderes de cada tribu

9Moisés siguió diciendo: «En aquel tiempo, les dije: "Ustedes son una carga demasiado pesada para sobrellevarla yo solo. 10El SEÑOR su Dios los ha aumentado en cantidad, ¡son tan numerosos como las estrellas! 11¡Que el SEÑOR, Dios de sus antepasados, los multiplique mil veces más y los bendiga tal como lo prometió! 12¡Pero ustedes son demasiado peso para llevar! ¿Cómo puedo lidiar con tantos problemas y discusiones entre ustedes? 13Elijan a hombres bien respetados de cada tribu, conocidos por su sabiduría y entendimiento, y yo los nombraré líderes de ustedes".

14»Y ustedes respondieron: "Es una buena idea". 15Así que tomé a esos hombres sabios y respetados que ustedes habían elegido de sus respectivas tribus y los designé para que fueran jueces y funcionarios sobre ustedes. Algunos estuvieron a cargo de mil personas; otros, de cien; otros, de cincuenta; y otros, de diez.

16»En aquel tiempo, les di a los jueces las siguientes instrucciones: "Ocúpense de oír todos los casos de sus hermanos israelitas y también los de los extranjeros que viven entre ustedes. Sean totalmente justos en las decisiones que tomen 17e imparciales en sus juicios. Atiendan los casos tanto de los pobres como de los ricos. No se acobarden ante el enojo de nadie, porque la decisión que ustedes tomen será la decisión de Dios. Tráiganme a mí los casos que les resulten demasiado difíciles, y yo me ocuparé de ellos".

18»En aquel tiempo, les di instrucciones a ustedes acerca de todo lo que tenían que hacer.

Exploración de la Tierra Prometida

19»Entonces, tal como el SEÑOR nuestro Dios nos ordenó, partimos del monte Sinaí y cruzamos el inmenso y terrible desierto, como seguramente ustedes recuerdan, y nos dirigimos hacia el territorio montañoso de los amorreos. Al llegar a Cades-barnea, 20les dije: "Han llegado al territorio montañoso de los amorreos, el cual el SEÑOR nuestro Dios nos da. 21¡Miren! El SEÑOR su Dios ha puesto esta tierra delante de ustedes. Vayan y tomen posesión de ella como les dijo en su promesa el SEÑOR, Dios de sus antepasados. ¡No tengan miedo ni se desanimen!".

22»Sin embargo, todos ustedes se acercaron y me dijeron: "Primero enviemos espías a que exploren la tierra por nosotros. Ellos nos aconsejarán cuál es la mejor ruta para tomar y en qué aldeas entrar".

23»Me pareció una buena idea, así que elegí a doce espías, uno de cada tribu. 24Se dirigieron hacia la zona montañosa, llegaron hasta el valle de Escol y lo exploraron. 25Cortaron algunos frutos y los trajeron; luego nos informaron lo siguiente: "La tierra que el SEÑOR nuestro Dios nos ha dado es en verdad una muy buena tierra".

Rebelión de Israel contra el SEÑOR

26»Sin embargo, ustedes se rebelaron contra la orden del SEÑOR su Dios y se negaron a entrar. 27Se quejaron dentro de sus carpas y dijeron: "Seguro que el SEÑOR nos odia. Por eso nos trajo desde Egipto, para entregarnos en manos de los amorreos para que nos maten. 28¿Adónde podemos ir? Nuestros hermanos nos desmoralizaron cuando nos dijeron: 'Los habitantes de esa tierra son más altos que nosotros y son más fuertes, y las ciudades son grandes, ¡con murallas que llegan hasta el cielo! ¡Hasta vimos gigantes, los descendientes de Anac!'".

29»Pero yo les dije: "¡No se asusten ni les tengan miedo!

***Notas textuales** **1:1** En hebreo *el Arabá*; también en 1:7. **1:2** En hebreo *Horeb*, otro nombre para Sinaí; también en 1:6, 19. **1:3** En hebreo *En el año cuarenta, el primer día del mes once*. En el antiguo calendario lunar hebreo, ese día caía en enero o en febrero. **1:7** En hebreo *la Sefela*.

Referencias cruzadas **1:8** Hb 6:13-14 **1:9** Ex 18:18, 24 **1:16-17** St 2:1, 9 **1:24** Nm 13:21-25

30El Señor su Dios va delante de ustedes. Él peleará por ustedes tal como vieron que hizo en Egipto. 31También vieron cómo el Señor su Dios los cuidó todo el tiempo que anduvieron por el desierto, igual que un padre cuida de sus hijos; y ahora los trajo hasta este lugar".

32»Pero aun después de todo lo que él hizo, ustedes se negaron a confiar en el Señor su Dios, 33quien va delante de ustedes buscando los mejores lugares para que acampen, y guiándolos, de noche con una columna de fuego y de día con una columna de nube.

34»Cuando el Señor oyó que se quejaban, se enojó mucho y entonces juró solemnemente: 35"Ninguno de esta generación perversa vivirá para ver la buena tierra que juré dar a sus antepasados, 36excepto Caleb, el hijo de Jefone. Él verá la tierra porque siguió al Señor en todo. Les daré a él y a sus descendientes parte de esa misma tierra que exploró durante su misión".

37»Además, el Señor se enojó conmigo por culpa de ustedes. Me dijo: "Moisés, ¡tú tampoco entrarás en la Tierra Prometida! 38En cambio, será tu ayudante Josué, hijo de Nun, quien guiará al pueblo hasta llegar a la tierra. Anímalo, porque él irá al frente cuando los israelitas tomen posesión de ella. 39Daré la tierra a los pequeños del pueblo, a los niños inocentes. Ustedes tenían miedo de que los pequeños fueran capturados, pero serán ellos los que entrarán a poseerla. 40En cuanto a ustedes, den la vuelta y regresen por el desierto hacia el mar Rojo*".

41»Luego ustedes confesaron: "¡Hemos pecado contra el Señor! Ahora iremos y pelearemos por la tierra como el Señor nuestro Dios nos lo ordenó". Entonces los hombres tomaron sus armas porque pensaron que sería fácil atacar la zona montañosa.

42»Pero el Señor me encargó que les dijera: "No ataquen, porque yo no estoy con ustedes. Si insisten en ir solos, serán aplastados por sus enemigos".

43»Eso fue lo que les dije, pero ustedes no quisieron escuchar. En cambio, se rebelaron otra vez contra la orden del Señor y marcharon con arrogancia a la zona montañosa para pelear. 44Entonces los amorreos que vivían allí salieron a atacarlos como un enjambre de abejas. Los persiguieron y los vencieron por todo el camino desde Seir hasta Horma. 45Luego ustedes regresaron y lloraron ante el Señor, pero él se negó a escucharlos. 46Por eso se quedaron en Cades por mucho tiempo.

Israel en el desierto

2 »Luego dimos la vuelta y regresamos por el desierto hacia el mar Rojo,* tal como el Señor me había indicado y, durante mucho tiempo, anduvimos de un lugar a otro en la región del monte Seir.

2»Finalmente el Señor me dijo: 3"Ya han estado vagando lo suficiente por esta zona montañosa; ahora diríjanse al norte. 4También da las siguientes órdenes al pueblo: 'Atravesarán el territorio de sus parientes, los edomitas, los descendientes de Esaú, que viven en Seir. Los edomitas se sentirán amenazados, así que vayan con cuidado. 5No los molesten, porque yo les he dado como propiedad toda la zona montañosa que rodea el monte Seir, y a ustedes no les daré ni un metro cuadrado de esa tierra. 6Páguenles por todo el alimento que necesiten para comer y también por el agua para beber. 7Pues el Señor Dios de ustedes los ha bendecido en todo lo que han hecho. Él les ha cuidado cada paso que han dado por este inmenso desierto. En estos cuarenta años, el Señor su Dios los ha acompañado, y no les ha faltado nada'".

8»Entonces pasamos de largo el territorio de nuestros parientes, los descendientes de Esaú, que viven en Seir. Evitamos el camino que pasa por el valle del Arabá, que sube desde Elat y Ezión-geber.

»Luego, cuando nos dirigimos hacia el norte por la ruta del desierto que atraviesa a Moab, 9el Señor nos advirtió: "No molesten a los moabitas, descendientes de Lot, ni comiencen una guerra contra ellos. A los moabitas les he dado la ciudad de Ar como propiedad y a ustedes no les daré nada de su tierra"».

10(Una raza de gigantes conocida como los emitas vivió en una época en la región de Ar. Eran tan fuertes, altos y numerosos como los anaceos, otra raza de gigantes. 11A los emitas y a los anaceos también se les conoce como refaítas, aunque los moabitas los llaman emitas. 12Antiguamente los horeos vivían en Seir, pero fueron expulsados y desplazados de esa tierra por los descendientes de Esaú, de la misma manera que Israel expulsó a los habitantes de Canaán cuando el Señor le dio la tierra de ellos).

13Moisés siguió diciendo: «Entonces el Señor nos dijo: "Pónganse en marcha. Crucen el arroyo Zered". Así que cruzamos el arroyo.

14»¡Treinta y ocho años pasaron desde que partimos por primera vez de Cades-barnea hasta que cruzamos finalmente el arroyo Zered! Para entonces, todos los hombres con edad suficiente para ir a la guerra habían muerto en el desierto, tal como el Señor juró que sucedería. 15El Señor los hirió hasta que todos quedaron eliminados de la comunidad.

16»Cuando todos los hombres con edad para ir a la guerra murieron, 17el Señor me dijo: 18"Hoy cruzarán la frontera con Moab por la ciudad de Ar 19y entrarán en la tierra de los amonitas, que son descendientes de Lot; pero no los molesten ni comiencen una guerra contra ellos. A los amonitas les he dado el territorio de Amón como propiedad y a ustedes no les daré ninguna parte de la tierra de ellos"».

20(Antiguamente, a esa región se le consideraba la tierra de los refaítas, porque ellos habían vivido allí, aunque los amonitas los llamaban zomzomeos. 21También eran fuertes, altos y numerosos como los anaceos. Pero el Señor destruyó a los refaítas para que los amonitas se apoderaran de la tierra de ellos. 22Lo mismo hizo por los descendientes de Esaú, que vivían en Seir, pues destruyó a los horeos para que los de Esaú pudieran establecerse allí. Los descendientes de Esaú viven en esa tierra hasta el día de hoy. 23Algo parecido sucedió cuando los caftoritas de Creta* invadieron y destruyeron a los aveos, que habían vivido en aldeas en la región de Gaza).

24Moisés siguió diciendo: «Entonces el Señor dijo: "¡Pónganse en marcha! Crucen el valle del Arnón. Miren, les voy a entregar al amorreo Sehón, rey de Hesbón, y también a su tierra. Atáquenlo y comiencen a apoderarse de su territorio. 25A partir de hoy, haré que los pueblos de toda la tierra sientan terror a causa de ustedes. Cuando oigan hablar de ustedes, temblarán de espanto y de miedo"».

***Notas textuales** **1:40** En hebreo *mar de juncos.* **2:1** En hebreo *mar de juncos.* **2:23** En hebreo *de Caftor.*

Referencias cruzadas **1:31** Hch 13:18 **1:41** Nm 14:40-45 **2:12** Gn 14:6 **2:15** 1 Co 10:5 **2:23** Gn 10:13-14

Victoria sobre Sehón, rey de Hesbón

26Moisés siguió diciendo: «Desde el desierto de Cademot
mandé embajadores a Sehón, rey de Hesbón, con la si-
guiente propuesta de paz:

27"Permítanos atravesar su territorio. Nos
quedaremos en el camino principal y no nos
desviaremos por los campos ni a un lado ni al otro.
28Véndanos alimentos para comer y agua para beber,
y le pagaremos. Solo queremos permiso para pasar
por su territorio. 29Los descendientes de Esaú, que
viven en Seir, nos permitieron pasar por su tierra,
y lo mismo hicieron los moabitas, que viven en
Ar. Déjenos pasar hasta que crucemos el Jordán y
lleguemos a la tierra que el SEÑOR nuestro Dios nos
da".

30»Pero Sehón, rey de Hesbón, no nos permitió cru-
zar, porque el SEÑOR Dios de ustedes hizo que Sehón se
pusiera terco y desafiante, a fin de ayudarlos a derrotarlo,
tal como lo hizo.
31»Así que el SEÑOR me dijo: "Mira, he comenzado a
entregarte al rey Sehón y a su tierra. Empieza ya a con-
quistar y a poseer su territorio".
32»Entonces el rey Sehón nos declaró la guerra y movi-
lizó sus fuerzas en Jahaza. 33Sin embargo, el SEÑOR nues-
tro Dios lo entregó en nuestras manos, y lo aplastamos a
él, a sus hijos y a todo su pueblo. 34Conquistamos todas
sus ciudades y los destruimos a todos por completo:*
hombres, mujeres y niños. No dejamos a nadie con vida.
35Nos llevamos todo su ganado como botín, junto con
todas las cosas de valor que había en las ciudades que
saqueamos.
36»El SEÑOR nuestro Dios también nos ayudó a con-
quistar Aroer, que está al límite del valle del Arnón, al igual
que la aldea situada en el valle junto con todo el territorio
que se extiende hasta Galaad. Ninguna ciudad tenía mu-
rallas lo suficientemente fuertes para detenernos. 37Sin
embargo, evitamos pasar por la tierra de los amonitas, a lo
largo del río Jaboc, y también por las ciudades de la zona
montañosa, o sea todos los lugares que el SEÑOR nuestro
Dios nos ordenó no tocar.

Victoria sobre Og, rey de Basán

3 »Luego dimos la vuelta y nos dirigimos a la tierra de
Basán, donde el rey Og nos atacó en Edrei con todo
su ejército. 2Pero el SEÑOR me dijo: "No le tengas miedo,
porque yo te he dado la victoria sobre Og y sobre todo su
ejército, y te daré todo su territorio. Trátalo de la misma
manera que trataste a Sehón, rey de los amorreos, quien
gobernaba en Hesbón".
3»Así que el SEÑOR nuestro Dios nos entregó al rey
Og y a toda su gente, y los matamos a todos. No quedó
nadie con vida. 4Conquistamos cada una de las sesenta
ciudades del reino; es decir, a toda la región de Argob,
dentro de Basán. No dejamos ni una sola ciudad sin con-
quistar. 5Esas ciudades estaban fortificadas con murallas
altas y portones con rejas. Al mismo tiempo, también
conquistamos muchas ciudades que no estaban amura-
lladas. 6Destruimos por completo* el reino de Basán, de
la misma manera que habíamos destruido a Sehón, rey de
Hesbón. En cada ciudad conquistada, aniquilamos a toda
la gente, tanto hombres como mujeres y niños. 7Pero nos
quedamos con todos los animales y nos llevamos el botín
de todas las ciudades.
8»Por lo tanto, nos apoderamos de la tierra que perte-
necía a los dos reyes amorreos del oriente del río Jordán,
desde el valle del Arnón hasta el monte Hermón. 9(Los
sidonios llaman Sirión al monte Hermón, mientras que
los amorreos lo llaman Senir). 10Para entonces ya había-
mos conquistado todas las ciudades de la meseta y todo
el territorio de Galaad y de Basán, aun hasta llegar a las
ciudades de Salca y de Edrei, que formaban parte del reino
de Og, en Basán. 11(Og, rey de Basán, fue el último sobre-
viviente de los gigantes refaítas. Su cama era de hierro y
tenía más de cuatro metros de largo y casi dos de ancho.*
Aún hoy se puede ver en la ciudad amonita de Rabá).

La división de la tierra al oriente del Jordán

12»Cuando tomamos posesión de esa tierra, les di a la
tribu de Rubén y a la de Gad el territorio que está pasando
Aroer, a lo largo del valle del Arnón, y también la mitad
de la zona montañosa de Galaad junto con sus ciudades.
13Después le entregué a la media tribu de Manasés el resto
de Galaad y todo Basán, que era el antiguo reino de Og. (A
toda esa región de Argob, en Basán, se le conocía como la
tierra de los refaítas. 14Jair, uno de los líderes de la tribu de
Manasés, conquistó toda esa región de Argob, en Basán,
hasta llegar a la frontera con los gesureos y maacateos. Jair
le puso su propio nombre a la región, es decir, la llamó
Ciudades de Jair,* y así se le conoce hasta el día de hoy).
15Le di Galaad al clan de Maquir; 16pero también di parte
de Galaad a la tribu de Rubén y a la de Gad. La región
que les entregué se extiende desde el medio del valle del
Arnón, al sur, hasta el río Jaboc, en la frontera amonita.
17También recibieron el valle del Jordán, es decir, todo el
trayecto desde el mar de Galilea hasta el mar Muerto,*
donde el río Jordán servía de límite occidental. Hacia el
oriente estaban las laderas del monte Pisga.
18»En aquel tiempo, les di la siguiente orden a las tri-
bus que iban a vivir al oriente del Jordán: "Por más que el
SEÑOR su Dios les haya dado esta tierra como propiedad,
todos sus hombres de guerra deberán cruzar el Jordán
delante de sus hermanos israelitas, armados y listos para
ayudarlos; 19pero a sus esposas e hijos, y la gran cantidad
de animales que tienen podrán dejarlos en las ciudades
que les di. 20Una vez que el SEÑOR les haya dado seguridad
a los demás israelitas —como ya lo ha hecho con ustedes—
y cuando ellos tomen posesión de la tierra que el SEÑOR
su Dios les da del otro lado del río Jordán, entonces todos
ustedes podrán volver aquí, a la tierra que les he dado".

A Moisés se le prohíbe entrar en la Tierra Prometida

21»En aquel tiempo, le di a Josué la siguiente orden: "Tú
viste con tus propios ojos todo lo que el SEÑOR tu Dios
les hizo a esos dos reyes. Él hará lo mismo con todos los
reinos situados al occidente del Jordán. 22No tengas miedo

***Notas textuales** **2:34** El término hebreo empleado aquí se refiere a la consagración total de cosas o personas al SEÑOR, ya sea destruyéndolas o entregándolas como ofrenda. **3:6** El término hebreo empleado aquí se refiere a la consagración total de cosas o personas al SEÑOR, ya sea destruyéndolas o entregándolas como ofrenda; también en 3:6b. **3:11** En hebreo *9 codos* [13,5 pies] *de largo y 4 codos* [6 pies] *de ancho.* **3:14** En hebreo *Havot-jair.* **3:17** En hebreo *desde Cineret hasta el mar del Arabá, el mar Salado.*

Referencias cruzadas **2:36** Sal 44:3 **3:8-10** 2 Sm 11:1; 12:26-27 **3:18-19** Nm 32:16

de esas naciones, porque el Señor tu Dios peleará por ustedes".

23»En aquel tiempo, le rogué al Señor: 24"Oh Señor Soberano, a mí, tu siervo, recién has comenzado a mostrar tu grandeza y la fuerza de tu mano. ¿Acaso hay otro dios en el cielo o en la tierra que pueda hacer cosas tan grandes y poderosas como las que haces tú? 25Te pido, por favor, que me permitas cruzar el Jordán para ver esa tierra maravillosa que hay del otro lado, la bella zona montañosa y los montes del Líbano".

26»Pero el Señor estaba enojado conmigo por culpa de ustedes y no quiso escucharme. "¡Ya basta! —exclamó—. Ni una sola palabra más sobre ese asunto. 27Pero sube a la cima del monte Pisga y mira la tierra en todas las direcciones. Mírala bien, pero no cruzarás el río Jordán. 28Por lo tanto, encarga a Josué y dale ánimo y fuerzas, porque él guiará al pueblo en el cruce del Jordán. Les dará como posesión toda la tierra que ahora ves frente a ti". 29Así que nos quedamos en el valle que está cerca de Bet-peor.

Moisés llama a Israel a la obediencia

4 »Ahora, Israel, escucha con atención los decretos y las ordenanzas que estoy a punto de enseñarte. Obedécelos para que vivas y para que puedas entrar y poseer la tierra que el Señor, Dios de tus antepasados, te da. 2No agregues ni quites nada a estos mandatos que te doy. Simplemente obedece los mandatos del Señor tu Dios que te doy.

3»Tú viste con tus propios ojos lo que el Señor te hizo en Baal-peor. Allí, el Señor tu Dios destruyó a todos los que habían rendido culto a Baal, el dios de Peor. 4Sin embargo, ustedes, todos los que fueron fieles al Señor su Dios, todavía siguen vivos; todos y cada uno de ustedes.

5»Mira, ahora te enseño decretos y ordenanzas tal como me lo encargó el Señor mi Dios, para que los obedezcas en la tierra donde estás a punto de entrar y que vas a poseer. 6Síguelos al pie de la letra y darás a conocer tu sabiduría y tu inteligencia a las naciones vecinas. Cuando esas naciones se enteren de todos estos decretos, exclamarán: "¡Qué sabio y prudente es el pueblo de esa gran nación!". 7Pues, ¿qué gran nación tiene un dios que esté tan cerca de ellos de la manera que el Señor nuestro Dios está cerca de nosotros cada vez que lo invocamos? 8¿Y qué gran nación tiene decretos y ordenanzas tan justas e imparciales como este conjunto de leyes que te entrego hoy?

9»¡Pero cuidado! Asegúrate de nunca olvidar lo que viste con tus propios ojos. ¡No dejes que esas experiencias se te borren de la mente mientras vivas! Y asegúrate de transmitirlas a tus hijos y a tus nietos. 10Jamás te olvides del día que estuviste ante el Señor tu Dios en el monte Sinaí,* donde él me dijo: "Convoca al pueblo para que se presente ante mí, y yo mismo lo instruiré. Entonces ellos aprenderán a temerme toda su vida y les enseñarán a sus hijos que también me teman".

11»Ustedes se acercaron y se pararon al pie del monte mientras las llamas de fuego se elevaban hacia el cielo. El monte estaba envuelto en nubes negras y en una densa oscuridad. 12Entonces el Señor les habló desde en medio del fuego. Ustedes oyeron el sonido de sus palabras, pero no vieron ninguna figura; solo había una voz. 13Él proclamó su pacto, los diez mandamientos,* los cuales escribió en dos tablas de piedra y les ordenó que los cumplieran. 14Fue en esa ocasión que el Señor me ordenó que les enseñara sus decretos y ordenanzas, para que ustedes los obedecieran en la tierra donde están a punto de entrar y que van a poseer.

Advertencia contra la idolatría

15»¡Pero tengan mucho cuidado! Ustedes no vieron una figura del Señor el día que les habló desde en medio del fuego, en el monte Sinaí. 16Así que no se corrompan haciendo ídolos de ninguna clase, sea con figura de hombre o de mujer, 17de animales de la tierra o de aves del cielo, 18de animales pequeños que corren por el suelo o de peces de las profundidades del mar. 19Además, cuando miren hacia los cielos y vean el sol, la luna y las estrellas —todas las fuerzas del cielo—, no caigan en la tentación de rendirles culto. El Señor su Dios se los dio a todos los pueblos de la tierra. 20Recuerden que el Señor su Dios los rescató de ese horno de fundir hierro que es Egipto, para convertirlos en su propio pueblo y en su posesión más preciada, y eso es lo que ahora son.

21»Sin embargo, el Señor se enojó conmigo por culpa de ustedes. Juró que yo no cruzaría el río Jordán para entrar en la buena tierra que el Señor su Dios les da como su preciada posesión. 22Ustedes cruzarán el Jordán para apoderarse de la tierra, pero yo no. En cambio, moriré aquí, al oriente del río. 23Así que asegúrense de no romper el pacto que el Señor su Dios hizo con ustedes. No se hagan ídolos de ninguna imagen ni de ninguna forma, porque el Señor su Dios lo ha prohibido. 24El Señor su Dios es un fuego devorador; él es Dios celoso.

25»En el futuro, cuando tengan hijos y nietos, y hayan vivido en esa tierra por mucho tiempo, no se corrompan haciendo ídolos de ninguna clase. Esa práctica es mala a los ojos del Señor su Dios y provocará su enojo.

26»Hoy pongo al cielo y a la tierra como testigos contra ustedes. Si rompen mi pacto, pronto desaparecerán de la tierra que poseerán al cruzar el Jordán. Vivirán allí poco tiempo y después serán destruidos por completo. 27Pues el Señor los dispersará entre las naciones, donde solo unos pocos sobrevivirán. 28Allí, en tierra extraña, rendirán culto a ídolos hechos de madera y de hierro, a dioses que no ven, ni oyen, ni comen, ni huelen. 29Sin embargo, desde allí, buscarán nuevamente al Señor su Dios. Y si lo buscan con todo el corazón y con toda el alma, lo encontrarán.

30»En un futuro lejano, cuando estén sufriendo todas esas cosas, finalmente regresarán al Señor su Dios y escucharán lo que él les dice. 31Pues el Señor su Dios es Dios compasivo; no los abandonará, ni los destruirá, ni se olvidará del pacto solemne que hizo con sus antepasados.

Hay solo un Dios

32»Investiga toda la historia, desde el momento en que Dios creó a los seres humanos sobre la tierra hasta ahora, y busca desde un extremo del cielo hasta el otro. ¿Alguna vez se ha visto u oído algo tan grande como esto? 33¿Hay alguna otra nación que haya escuchado la voz de Dios* hablar desde el fuego —tal como la escuchaste tú— y haya sobrevivido? 34¿Existe algún otro dios que se haya atrevido a sacar a una nación de otra nación y hacerla suya con mano fuerte y brazo poderoso por medio de pruebas, señales asombrosas, milagros, guerras, y hechos

***Notas textuales** **4:10** En hebreo *Horeb*, otro nombre para Sinaí; también en 4:15. **4:13** En hebreo *las diez palabras.* **4:33** O *la voz de un dios.*

Referencias cruzadas **3:28** Nm 27:18 **4:2** Ap 22:18-19 **4:31** Hb 13:5

aterradores? Eso fue precisamente lo que el SEÑOR tu Dios hizo por ti en Egipto, frente a tus propios ojos.

[35]»Él te mostró esas cosas, para que supieras que el SEÑOR es Dios y que no hay ningún otro. [36]Él te permitió oír su voz desde el cielo para instruirte. Te permitió ver su fuego poderoso aquí, en la tierra, para hablarte desde allí. [37]Debido a que él amó a tus antepasados, quiso bendecir a sus descendientes, así que él mismo te sacó de Egipto con un gran despliegue de poder. [38]Expulsó a naciones mucho más poderosas que tú para establecerte en la tierra de esas naciones y dártela a ti como preciada posesión, así como sucede hoy.

[39]»Entonces recuerda lo siguiente y tenlo siempre presente: el SEÑOR es Dios en los cielos y en la tierra, y no hay otro. [40]Si obedeces todos los decretos y los mandatos que te entrego hoy, les irá bien en todo a ti y a tus hijos. Te doy estas instrucciones para que disfrutes de una larga vida en la tierra que el SEÑOR tu Dios te da para siempre».

Ciudades de refugio al oriente del Jordán

[41]Luego Moisés apartó tres ciudades de refugio al oriente del río Jordán. [42]Cualquier persona que hubiera matado a otra accidentalmente y sin enemistad previa podía huir a una de esas ciudades para vivir a salvo. [43]Las ciudades eran: Beser, situada en la meseta del desierto, para la tribu de Rubén; Ramot, en Galaad, para la tribu de Gad; y Golán, en Basán, para la tribu de Manasés.

Introducción al segundo discurso de Moisés

[44]Este es el conjunto de instrucciones que Moisés presentó a los israelitas: [45]las leyes, los decretos y las ordenanzas que Moisés le dio al pueblo de Israel cuando salieron de Egipto, [46]mientras acampaban en el valle que está cerca de Bet-peor, al oriente del río Jordán. (Anteriormente, en esa tierra habitaban los amorreos bajo el gobierno del rey Sehón, que reinaba desde Hesbón. Pero Moisés y los israelitas lo aniquilaron junto con su pueblo cuando salieron de Egipto. [47]Israel se apropió del territorio de Sehón y del territorio de Og, rey de Basán. Estos eran los dos reyes amorreos al oriente del Jordán. [48]De modo que Israel conquistó toda la región, desde Aroer, en el límite del valle del Arnón, hasta el monte Sirión,* que también es llamado monte Hermón. [49]Además, conquistaron la ribera oriental del río Jordán hacia el sur, hasta el mar Muerto,* al pie de las laderas del monte Pisga).

Los diez mandamientos para el pueblo del pacto

5 Moisés reunió a todo el pueblo de Israel y dijo: «¡Escucha con atención, Israel! Oye los decretos y las ordenanzas que te entrego hoy, ¡para que los aprendas y los obedezcas!

[2]»El SEÑOR nuestro Dios hizo un pacto con nosotros en el monte Sinaí.* [3]El SEÑOR no hizo ese pacto con nuestros antepasados, sino con nosotros, los que vivimos hoy. [4]En el monte, el SEÑOR te habló cara a cara desde en medio del fuego. [5]Yo serví de intermediario entre tú y el SEÑOR, porque tenías miedo del fuego y no quisiste acercarte al monte. Él me habló a mí, y yo te transmití sus palabras. Me dijo lo siguiente:

[6]»Yo soy el SEÑOR tu Dios, quien te rescató de la tierra de Egipto, donde eras esclavo.

[7]»No tengas ningún otro dios aparte de mí.

[8]»No te hagas ninguna clase de ídolo ni imagen de ninguna cosa que está en los cielos, en la tierra o en el mar. [9]No te inclines ante ellos ni les rindas culto, porque yo, el SEÑOR tu Dios, soy Dios celoso, quien no tolerará que entregues tu corazón a otros dioses. Extiendo los pecados de los padres sobre sus hijos; toda la familia de los que me rechazan queda afectada, hasta los hijos de la tercera y la cuarta generación. [10]Pero derramo amor inagotable por mil generaciones sobre los* que me aman y obedecen mis mandatos.

[11]»No hagas mal uso del nombre del SEÑOR tu Dios. El SEÑOR no te dejará sin castigo si usas mal su nombre.

[12]»Guarda el día de descanso al mantenerlo santo, tal como te lo ordenó el SEÑOR tu Dios. [13]Tienes seis días en la semana para hacer tu trabajo habitual, [14]pero el séptimo día es un día de descanso y está dedicado al SEÑOR tu Dios. Ese día, ningún miembro de tu casa hará trabajo alguno. Esto se refiere a ti, a tus hijos e hijas, a tus siervos y siervas, a tus bueyes, burros y demás animales, y también incluye a los extranjeros que vivan entre ustedes. Todos tus criados y criadas deberán descansar igual que tú. [15]Recuerda que tú también fuiste esclavo en Egipto y que el SEÑOR tu Dios te sacó de allí con mano fuerte y brazo poderoso. Por esa razón, el SEÑOR tu Dios te ordenó descansar el séptimo día.*

[16]»Honra a tu padre y a tu madre tal como el SEÑOR tu Dios te lo ordenó. Entonces tendrás una vida larga y plena en la tierra que el SEÑOR tu Dios te da.

[17]»No cometas asesinato.

[18]»No cometas adulterio.

[19]»No robes.

[20]»No des falso testimonio contra tu prójimo.

[21]»No codicies la esposa de tu prójimo. Tampoco codicies la casa de tu prójimo ni su tierra, ni su siervo, ni su sierva, ni su buey, ni su burro, ni ninguna otra cosa que le pertenezca.

¡Respuestas Bíblicas! 30 ¿Qué son los diez mandamientos?

5:22 Los diez mandamientos son las reglas principales que Dios le dio al pueblo de Israel y que han sido las bases de orden para casi todos los pueblos desde entonces. Estas reglas nos cuidan y al obedecerlas también le mostramos nuestra confianza a Dios.

[22]»El SEÑOR les dirigió esas palabras a todos ustedes cuando estaban reunidos al pie del monte. Habló con voz fuerte desde en medio del fuego, envuelto en nubes y una densa oscuridad. Eso fue todo lo que dijo en ese momento y escribió sus palabras en dos tablas de piedra y me las dio.

[23]»Sin embargo, cuando ustedes escucharon la voz que salía de en medio de la oscuridad mientras el monte ardía en llamas, todos los ancianos y los jefes de las tribus se acercaron [24]y me dijeron: "Mira, el SEÑOR nuestro Dios nos ha mostrado su gloria y su grandeza, y hemos oído

***Notas textuales** **4:48** Así aparece en la versión siríaca (ver también 3:9); en hebreo dice *monte Sion.* **4:49** En hebreo *tomaron el Arabá del lado oriental del Jordán hasta el mar del Arabá.* **5:2** En hebreo *Horeb,* otro nombre para Sinaí. **5:10** En hebreo *por miles de los.* **5:15** O *el día de descanso.*

Referencias cruzadas **4:35** Mc 12:32 **4:41-43** Nm 35:6-34 **5:6-21** Ex 20:2-17 **5:16** Ef 6:2-3 **5:17** Mt 5:21 **5:19** Mc 10:19 **5:20** Lc 18:20

su voz salir de en medio del fuego. Hoy comprobamos que Dios puede hablar con los seres humanos, ¡pero aun así seguimos con vida! 25Sin embargo, ¿para qué arriesgarnos otra vez a morir? Si el SEÑOR nuestro Dios vuelve a hablarnos, seguramente moriremos y seremos consumidos por ese imponente fuego. 26¿Puede algún ser vivo oír la voz del Dios viviente que sale de en medio del fuego —como la oímos nosotros— y seguir con vida? 27Ve tú y escucha lo que dice el SEÑOR nuestro Dios. Luego ven a contarnos todo lo que él te diga, y nosotros escucharemos y obedeceremos".

28»El SEÑOR oyó la petición que me hicieron y dijo: "He oído todo lo que los israelitas te dijeron, y tienen razón. 29¡Oh, si siempre tuvieran un corazón así, si estuvieran dispuestos a temerme y a obedecer todos mis mandatos! Entonces siempre les iría bien a ellos y a sus descendientes. 30Ve y diles: 'Regresen a sus carpas'. 31Pero tú quédate aquí conmigo, para que te dé todos mis mandatos, decretos y ordenanzas. Enséñaselos al pueblo, para que los obedezcan en la tierra que les doy como posesión"».

32Así que Moisés le dijo al pueblo: «Asegúrense de obedecer todos los mandatos del SEÑOR su Dios y de seguir sus instrucciones al pie de la letra. 33Manténganse en el camino que el SEÑOR su Dios les ordenó que siguieran. Entonces tendrán una vida larga y les irá bien en la tierra donde están a punto de entrar y que van a poseer.

Un llamado a la entrega total

6 »Esos son los mandatos, los decretos y las ordenanzas que el SEÑOR tu Dios me encargó que te enseñara. Obedécelos cuando llegues a la tierra donde estás a punto de entrar y que vas a poseer. 2Tú, tus hijos y tus nietos teman al SEÑOR su Dios durante toda la vida. Si obedeces todos los decretos y los mandatos del SEÑOR, disfrutarás de una larga vida. 3Escucha con atención, pueblo de Israel, y asegúrate de obedecer. Entonces todo te saldrá bien, y tendrás muchos hijos en la tierra donde fluyen la leche y la miel, tal como el SEÑOR, Dios de tus antepasados, te lo prometió.

4»¡Escucha, Israel! El SEÑOR es nuestro Dios, solamente el SEÑOR.* 5Ama al SEÑOR tu Dios con todo tu corazón, con toda tu alma y con todas tus fuerzas. 6Debes comprometerte con todo tu ser a cumplir cada uno de estos mandatos que hoy te entrego. 7Repíteselos a tus hijos una y otra vez. Habla de ellos en tus conversaciones cuando estés en tu casa y cuando vayas por el camino, cuando te acuestes y cuando te levantes. 8Átalos a tus manos y llévalos sobre la frente como un recordatorio. 9Escríbelos en los marcos de la entrada de tu casa y sobre las puertas de la ciudad.

10»El SEÑOR tu Dios pronto te establecerá en la tierra que juró darte cuando hizo un pacto con tus antepasados Abraham, Isaac y Jacob. Es una tierra con ciudades grandes y prósperas que tú no edificaste. 11Encontrarás las casas muy bien abastecidas con bienes que tú no produjiste. Sacarás agua de cisternas que no cavaste y comerás de viñedos y olivares que no plantaste. Cuando hayas comido en esa tierra hasta saciarte, 12ten cuidado de no olvidarte del SEÑOR, quien te rescató de la esclavitud de Egipto. 13Teme al SEÑOR tu Dios y sírvele a él. Cuando hagas un juramento, hazlo únicamente en su nombre.

14»No rindas culto a ninguno de los dioses de las naciones vecinas, 15porque el SEÑOR tu Dios, quien vive en medio de ti, es Dios celoso. Se encenderá su enojo contra ti y te borrará de la faz de la tierra. 16No pondrás a prueba al SEÑOR tu Dios como cuando te quejaste contra él en Masá. 17Obedece con diligencia los mandatos del SEÑOR tu Dios: todas las leyes y los decretos que te dio. 18Haz lo que es bueno y correcto a los ojos del SEÑOR, para que te vaya bien en todo. Entonces entrarás en la buena tierra que el SEÑOR juró dar a tus antepasados y la poseerás; 19y expulsarás a todos los enemigos que viven en la tierra, tal como el SEÑOR dijo que harías.

20»En el futuro tus hijos te preguntarán: "¿Qué significan estas leyes, estos decretos y estas ordenanzas que el SEÑOR nuestro Dios nos mandó obedecer?".

21»Entonces tú les dirás: "Nosotros éramos esclavos del faraón en la tierra de Egipto, pero el SEÑOR nos sacó de Egipto con su mano poderosa. 22El SEÑOR hizo señales milagrosas y maravillas ante nuestros ojos, envió castigos terribles contra Egipto, contra el faraón y contra todo su pueblo. 23Nos sacó de Egipto para entregarnos esta tierra que había jurado darles a nuestros antepasados. 24Entonces el SEÑOR nuestro Dios nos ordenó obedecer todos estos decretos y temerlo a él, para que siguiera bendiciéndonos y preservara nuestra vida como lo ha hecho hasta el día de hoy. 25Pues cuando obedezcamos todos los mandatos que el SEÑOR nuestro Dios nos ha dado, entonces se nos considerará justos".

¡Respuestas Bíblicas! 31 ¿Por qué los cananeos eran tan peligrosos para los Israelitas?

7:2 Los cananeos hacían cosas terribles. Incluso quemaban a sus propios hijos como sacrificio a sus dioses y tenían hijos entre familiares por lo que Dios no quiso que Israel se mezcle con ellos. Dios no quería que los cananeos apartaran al pueblo de Israel de Él.

El privilegio de la santidad

7 »Cuando el SEÑOR tu Dios te lleve dentro de la tierra donde estás a punto de entrar y que vas a poseer, él te abrirá camino quitando de tu paso a muchas naciones: los hititas, los gergeseos, los amorreos, los cananeos, los ferezeos, los heveos y los jebuseos. Esas siete naciones son más fuertes y numerosas que tú. 2Cuando el SEÑOR tu Dios las entregue en tus manos y las conquistes, debes destruirlas por completo.* No hagas tratados con ellas ni les tengas compasión. 3No te unas en matrimonio con su gente. No permitas que tus hijas ni tus hijos se casen con los hijos o las hijas de esas naciones, 4porque ellos harán que tus hijos y tus hijas se aparten de mí para rendir culto a otros dioses. Entonces el enojo del SEÑOR arderá contra ti, y pronto te destruirá. 5Lo que tienes que hacer es destruir sus altares paganos, hacer pedazos sus columnas sagradas, derribar sus postes dedicados a la diosa Asera y quemar sus ídolos. 6Pues tú eres un pueblo santo porque perteneces al SEÑOR tu Dios. De todos los pueblos de

***Notas textuales** **6:4** O *El SEÑOR nuestro Dios es un solo SEÑOR*; o *El SEÑOR nuestro Dios, el SEÑOR es uno*; o *El SEÑOR es nuestro Dios, el SEÑOR es uno.*
7:2 El término hebreo empleado aquí se refiere a la consagración total de cosas o personas al SEÑOR, ya sea destruyéndolas o entregándolas como ofrenda; también en 7:26.

Referencias cruzadas **6:5** Mt 22:37 **6:13** Mt 4:10 **6:16** Lc 4:12 **7:6** 1 P 2:9

la tierra, el SEÑOR tu Dios te eligió a ti para que seas su tesoro especial.

7»El SEÑOR no te dio su amor ni te eligió porque eras una nación más numerosa que las otras naciones, ¡pues tú eras la más pequeña de todas! 8Más bien, fue sencillamente porque el SEÑOR te ama y estaba cumpliendo el juramento que les había hecho a tus antepasados. Por eso te rescató con mano poderosa de la esclavitud y de la mano opresiva del faraón, rey de Egipto. 9Reconoce, por lo tanto, que el SEÑOR tu Dios es verdaderamente Dios. Él es Dios fiel, quien cumple su pacto por mil generaciones y derrama su amor inagotable sobre quienes lo aman y obedecen sus mandatos. 10Pero no duda en castigar ni en destruir a quienes lo rechazan. 11Por lo tanto, obedece todos los mandatos, los decretos y las ordenanzas que te entrego hoy.

12»Si prestas atención a estas ordenanzas y las obedeces con fidelidad, el SEÑOR tu Dios cumplirá su pacto de amor inagotable contigo, tal como lo prometió mediante el juramento que les hizo a tus antepasados. 13Te amará y te bendecirá y te dará muchos hijos. Hará fértil a tu tierra y a tus animales. Cuando llegues a la tierra que juró dar a tus antepasados, tendrás numerosas cosechas de granos, vino nuevo y aceite de oliva, y también grandes manadas de ganado, ovejas y cabras. 14Serás la nación más bendecida de toda la tierra. Ningún israelita, sea hombre o mujer, quedará sin tener hijos, y todo tu ganado dará crías. 15El SEÑOR te protegerá de cualquier enfermedad. No dejará que sufras las enfermedades terribles que conociste en Egipto; en cambio, ¡se las enviará a todos tus enemigos!

16»Destruye a todas las naciones que el SEÑOR tu Dios entrega en tus manos. No les tengas compasión ni rindas culto a sus dioses, porque caerás en su trampa. 17Tal vez te preguntes: "¿Cómo podremos conquistar a esas naciones que son mucho más poderosas que nosotros?". 18¡Pero no les tengas miedo! Solo recuerda lo que el SEÑOR tu Dios le hizo al faraón y a toda la tierra de Egipto. 19Acuérdate de los tremendos horrores que el SEÑOR tu Dios envió contra ellos. ¡Tú lo viste todo con tus propios ojos! Y recuerda las señales milagrosas y las maravillas, y la mano fuerte y el brazo poderoso con que él te sacó de Egipto. El SEÑOR tu Dios usará ese mismo poder contra toda la gente a la que tú temes. 20¡Y luego el SEÑOR tu Dios mandará terror* para expulsar a los pocos sobrevivientes que aún hayan quedado escondidos de ti!

21»No, no les tengas miedo a esas naciones, porque el SEÑOR tu Dios está contigo y él es Dios grande e imponente. 22Poco a poco, el SEÑOR tu Dios irá expulsando a esas naciones de tu paso. No las echarás a todas de una sola vez porque, de ser así, los animales salvajes se multiplicarían con demasiada rapidez para ti. 23Pero el SEÑOR tu Dios entregará a todas esas naciones en tus manos. Las llenará de confusión hasta que queden destruidas. 24Pondrá a sus reyes bajo tu poder, y tú borrarás sus nombres de la faz de la tierra. Nadie podrá hacerte frente, y tú los destruirás a todos.

25»Quema sus ídolos y no codicies ni la plata ni el oro que los recubre. No te los lleves contigo, o se convertirán en una trampa para ti, porque son detestables al SEÑOR tu Dios. 26No traigas a tu casa ninguna clase de objetos detestables porque, si lo haces, serás destruido, igual que ellos. Aborrece por completo esas cosas, porque están apartadas para ser destruidas.

¡Respuestas Bíblicas! 32 ¿Por qué Dios creó leyes y reglas para seguir?

8:1 Dios es bueno y estableció reglas porque quiere que hagamos el bien. Es como en cualquier juego o deporte. Quien mejor maneja las leyes, gana. Cuando hacemos lo correcto, actuamos como él quiere que lo hagamos y nos va mejor. Cuando no hacemos lo correcto, perdemos.

Un llamado a recordar y a obedecer

8 »Asegúrate de obedecer todos los mandatos que te entrego hoy. Entonces vivirás y te multiplicarás, y entrarás en la tierra que el SEÑOR juró dar a tus antepasados y la poseerás. 2Recuerda cómo el SEÑOR tu Dios te guio por el desierto durante cuarenta años, donde te humilló y te puso a prueba para revelar tu carácter y averiguar si en verdad obedecerías sus mandatos. 3Sí, te humilló permitiendo que pasaras hambre y luego alimentándote con maná, un alimento que ni tú ni tus antepasados conocían hasta ese momento. Lo hizo para enseñarte que la gente no vive solo de pan, sino que vivimos de cada palabra que sale de la boca del SEÑOR. 4En todos esos cuarenta años, la ropa que llevabas puesta no se gastó, y tus pies no se ampollaron ni se hincharon. 5Ten por cierto que, así como un padre disciplina a su hijo, el SEÑOR tu Dios te disciplina para tu propio bien.

6»Por lo tanto, obedece los mandatos del SEÑOR tu Dios andando en sus caminos y temiéndolo. 7Pues el SEÑOR tu Dios te lleva a una buena tierra, con arroyos y lagunas, con fuentes de agua y manantiales que brotan a chorros de los valles y las colinas. 8Es una tierra de trigo y cebada, de vides, higueras y granadas, de aceite de oliva y miel. 9Es una tierra donde abunda el alimento y no falta nada. Es una tierra donde el hierro es tan común como las piedras y donde el cobre abunda en las colinas. 10Cuando hayas comido hasta quedar satisfecho, asegúrate de alabar al SEÑOR tu Dios por la buena tierra que te ha dado.

11»Sin embargo, ¡ese es el momento cuando debes tener mucho cuidado! En tu abundancia, ten cuidado de no olvidar al SEÑOR tu Dios al desobedecer los mandatos, las ordenanzas y los decretos que te entrego hoy. 12Pues cuando te sientas satisfecho y hayas prosperado y edificado casas hermosas donde vivir, 13cuando haya aumentado mucho el número de tus rebaños y tu ganado, y se haya multiplicado tu plata y tu oro junto con todo lo demás, ¡ten mucho cuidado! 14No te vuelvas orgulloso en esos días y entonces te olvides del SEÑOR tu Dios, quien te rescató de la esclavitud en la tierra de Egipto. 15No olvides que él te guio por el inmenso y terrible desierto, que estaba lleno de escorpiones y serpientes venenosas, y que era tan árido y caliente. ¡Él te dio agua de la roca! 16En el desierto, te alimentó con maná, un alimento desconocido para tus antepasados. Lo hizo para humillarte y para ponerte a prueba por tu propio bien. 17Todo esto lo hizo para que nunca se te ocurriera pensar: "He conseguido toda esta riqueza con mis propias fuerzas y energías". 18Acuérdate del SEÑOR tu Dios. Él es quien te da las fuerzas para obtener

***Notas textuales 7:20** A menudo traducido *el avispón.* El significado del hebreo es incierto.

Referencias cruzadas 7:26 Lv 27:28-29 **8:3** Lc 4:4

riquezas, a fin de cumplir el pacto que les confirmó a tus antepasados mediante un juramento.

19»Pero una cosa te aseguro: si alguna vez te olvidas del Señor tu Dios y sigues a otros dioses, y les rindes culto y te inclinas ante ellos, sin duda serás destruido. 20Tal como el Señor destruyó a otras naciones en tu paso, así también tú serás destruido si te niegas a obedecer al Señor tu Dios.

Victoria por la gracia de Dios

9 »¡Escucha, Israel! Hoy estás a punto de cruzar el río Jordán para tomar posesión de la tierra que pertenece a naciones más grandes y más poderosas que tú. ¡Viven en ciudades con murallas que llegan hasta el cielo! 2Los habitantes son altos y fuertes, son descendientes de los famosos gigantes anaceos. Has escuchado que se dice: "¿Quién puede hacer frente a los anaceos?". 3Pero reconoce hoy que el Señor tu Dios es el que cruzará delante de ti como un fuego devorador para destruirlos. Él los subyugará para que los conquistes rápidamente y los expulses enseguida, tal como el Señor te prometió.

4»Después de que el Señor tu Dios haya hecho eso por ti, no digas en tu corazón: "¡El Señor nos ha dado esta tierra porque somos muy buena gente!". No, no es así. Es por la perversión de las otras naciones que él las quita de tu camino. 5No es porque seas tan bueno o porque tengas tanta integridad que estás a punto de poseer la tierra de ellas. El Señor tu Dios expulsará a esas naciones de tu paso a causa de la perversidad de ellas y para cumplir el juramento que les hizo a tus antepasados Abraham, Isaac y Jacob. 6Debes reconocer que el Señor tu Dios no te da esa buena tierra porque tú seas bueno. No, porque no lo eres; eres un pueblo terco.

El becerro de oro

7»Recuerda y no olvides jamás cómo hiciste enojar al Señor tu Dios en el desierto. Desde el día que saliste de Egipto hasta ahora, vienes rebelándote constantemente contra él. 8Hasta en el monte Sinaí* le provocaste tanto enojo que estaba dispuesto a destruirte. 9Eso sucedió cuando yo estaba en el monte recibiendo las tablas de piedra grabadas con las palabras del pacto que el Señor había hecho contigo. Estuve allí cuarenta días y cuarenta noches, y durante todo ese tiempo no probé alimento ni bebí agua. 10El Señor me dio las dos tablas en las que Dios había escrito con su propio dedo todas las palabras que te había hablado desde en medio del fuego cuando estabas reunido al pie del monte.

11»Pasados los cuarenta días y las cuarenta noches, el Señor me entregó las dos tablas de piedra grabadas con las palabras del pacto. 12Luego el Señor me dijo: "¡Levántate! Baja enseguida, porque el pueblo que sacaste de Egipto se ha corrompido. ¡Qué pronto se apartaron de la forma en que les ordené que vivieran! ¡Fundieron oro y se hicieron un ídolo!".

13»El Señor también me dijo: "He visto lo terco y lo rebelde que es este pueblo. 14Quítate del medio, para que lo destruya y borre su nombre de la faz de la tierra. Luego haré una nación poderosa con tus descendientes, una nación más fuerte y numerosa que esta gente".

15»Así que, mientras el monte seguía ardiendo en llamas, di la vuelta y comencé a bajar; en las manos llevaba las dos tablas de piedra grabadas con las condiciones del pacto. 16Abajo, ante mis ojos, pude ver que ustedes habían pecado contra el Señor su Dios. Habían fundido oro y se habían hecho un becerro. ¡Qué pronto se apartaron del camino que el Señor les había ordenado seguir! 17Entonces tomé las tablas de piedra y las tiré al suelo, y se partieron en pedazos a la vista de todos.

18»Luego me postré hasta el suelo delante del Señor y estuve allí otros cuarenta días y cuarenta noches. No comí pan ni bebí agua, debido al pecado tan grande que ustedes habían cometido al hacer lo que el Señor odiaba, con lo cual provocaron su enojo. 19Tuve miedo de que ese enojo tan intenso del Señor, que lo volvió en contra de ustedes, lo llevara a destruirlos; pero una vez más, él me escuchó. 20El Señor estaba tan enojado con Aarón que también quería destruirlo a él; pero oré por Aarón, y el Señor le perdonó la vida. 21Así que tomé el pecado de ustedes —o sea, el becerro que habían hecho—, lo derretí en el fuego y luego lo molí hasta que quedó hecho polvo, y después lo arrojé en el arroyo que baja del monte.

22»Ustedes también hicieron enojar al Señor en Taberá,* en Masá* y en Kibrot-hataava.* 23Además, en Cades-barnea, el Señor les ordenó que salieran, diciendo: "Suban y tomen la tierra que les he dado". Pero ustedes se rebelaron contra la orden del Señor su Dios y se negaron a confiar en él y a obedecerlo. 24Así es, vienen rebelándose contra el Señor desde que los conozco.

25»Por esa razón, me postré hasta el suelo delante del Señor y estuve allí durante cuarenta días y cuarenta noches, porque el Señor dijo que iba a destruirlos. 26Oré al Señor y dije: "Oh Señor Soberano, no los destruyas; son tu propio pueblo. Son tu posesión más preciada, los que redimiste de Egipto con tu gran poder y tu mano fuerte. 27Te ruego que no les tomes en cuenta su terquedad ni su terrible pecado, y que recuerdes, en cambio, a tus siervos Abraham, Isaac y Jacob. 28Si tú destruyes a este pueblo, los egipcios van a decir: 'Los israelitas murieron porque el Señor no pudo llevarlos a la tierra que había prometido darles'. O también podrían decir: 'Los destruyó porque los odiaba; los llevó al desierto a propósito para aniquilarlos'. 29Pero los israelitas son tu pueblo y tu posesión más preciada, los que sacaste de Egipto con tu gran fuerza y tu brazo poderoso".

Nueva copia del pacto

10 »En aquel tiempo, el Señor me dijo: "Talla dos tablas de piedra como las primeras. Y haz también un arca de madera, un cofre sagrado para guardarlas. Sube al monte para encontrarte conmigo, 2y yo escribiré en las tablas las mismas palabras que había en las que hiciste pedazos. Luego coloca las tablas dentro del arca".

3»Así que hice un arca con madera de acacia y tallé dos tablas de piedra como las primeras. Luego subí al monte con las tablas en mano. 4Entonces, una vez más, el Señor escribió los diez mandamientos* en las tablas y me las dio. Eran las mismas palabras que el Señor les había dicho desde en medio del fuego el día que se reunieron al pie del monte. 5Luego bajé del monte y coloqué las tablas dentro del arca del pacto que había hecho como

***Notas textuales** **9:8** En hebreo *Horeb,* otro nombre para Sinaí. **9:22a** *Taberá* significa «lugar del fuego que arde». Ver Nm 11:1-3. **9:22b** *Masá* significa «lugar de la prueba». Ver Ex 17:1-7. **9:22c** *Kibrot-hataava* significa «tumbas de glotonería». Ver Nm 11:31-34. **10:4** En hebreo *las diez palabras.*

Referencias cruzadas **8:20** Ez 5:15-17 **9:3** Hb 12:29 **9:18-19** Hb 12:21

el Señor me había ordenado. Y las tablas aún están allí, dentro del arca».

6(El pueblo de Israel viajó desde los pozos de Jaacán* hasta Mosera, donde Aarón murió y fue enterrado. Su hijo Eleazar tomó su lugar en el servicio como sumo sacerdote. 7Luego siguieron viaje a Gudgoda, y de allí a Jotbata, una tierra con muchos arroyos y corrientes de agua. 8En aquel tiempo, el Señor designó a los de la tribu de Leví para que se encargaran de llevar el arca del pacto del Señor y estuvieran delante del Señor para servirlo y pronunciar bendiciones en su nombre. Esas son las responsabilidades de ellos hasta el día de hoy. 9Es por eso que la tribu de Leví no posee ninguna parte ni porción de la tierra como las demás tribus israelitas. El propio Señor es su preciada posesión, tal como el Señor Dios de Israel les dijo a los levitas).

10«En cuanto a mí, yo me quedé en el monte y en la presencia del Señor durante cuarenta días y cuarenta noches como lo había hecho la primera vez. Y nuevamente el Señor escuchó mis ruegos y accedió a no destruirlos a ustedes. 11Luego el Señor me dijo: "Levántate, ponte en marcha de nuevo y guía al pueblo para que tome posesión de la tierra que juré dar a sus antepasados".

Un llamado al amor y a la obediencia

12»Y ahora, Israel, ¿qué requiere el Señor tu Dios de ti? Solo requiere que temas al Señor tu Dios, que vivas de la manera que le agrada y que lo ames y lo sirvas con todo tu corazón y con toda tu alma. 13Debes obedecer siempre los mandatos y los decretos del Señor que te entrego hoy para tu propio bien.

14»Mira, los cielos más altos, y la tierra y todo lo que hay en ella pertenecen al Señor tu Dios. 15Sin embargo, el Señor eligió a tus antepasados para darles su amor. Y a ti, que eres su descendencia, te eligió de entre todas las naciones, como se ve hoy. 16Así que cambia la actitud de tu corazón* y deja de ser terco.

17»Pues el Señor tu Dios es Dios de dioses y Señor de señores. Él es el gran Dios, poderoso e imponente, que no muestra parcialidad y no acepta sobornos. 18Se asegura que los huérfanos y las viudas reciban justicia. Les demuestra amor a los extranjeros que viven en medio de ti y les da ropa y alimentos. 19Así que tú también tienes que demostrar amor a los extranjeros porque tú mismo una vez fuiste extranjero en la tierra de Egipto. 20Tienes que temer al Señor tu Dios, adorarlo y aferrarte a él. Cuando hagas juramentos, que sean solo en su nombre. 21Solamente él es tu Dios, el único digno de tu alabanza, el que ha hecho los milagros poderosos que viste con tus propios ojos. 22Cuando tus antepasados llegaron a Egipto, eran solamente setenta personas. ¡Pero ahora el Señor tu Dios te ha vuelto tan numeroso como las estrellas del cielo!

11 »Ama al Señor tu Dios y obedece siempre sus requisitos, decretos, ordenanzas y mandatos. 2Ten en cuenta que no dirijo estas palabras a tus hijos, los cuales nunca conocieron la disciplina del Señor tu Dios, ni vieron su grandeza, ni su mano fuerte, ni su brazo poderoso. 3Ellos no vieron las señales milagrosas, ni las maravillas que hizo en Egipto contra el faraón y toda su tierra. 4No vieron lo que el Señor les hizo a los ejércitos de Egipto, a sus caballos y a sus carros de guerra; ni cómo los ahogó en el mar Rojo* mientras te perseguían. ¡Los destruyó y, hasta el día de hoy, no se han recuperado!

5»Tus hijos no vieron cómo el Señor te cuidó en el desierto hasta que llegaste aquí. 6No vieron lo que les hizo a Datán y a Abiram (los hijos de Eliab, un descendiente de Rubén) cuando la tierra se abrió en el campamento israelita y se los tragó vivos junto con los miembros de sus familias, sus carpas y todo ser viviente que les pertenecía. 7¡Pero tú sí viste con tus propios ojos que el Señor llevó a cabo todas esas obras poderosas!

Bendiciones por la obediencia

8»Por lo tanto, asegúrate de obedecer cada uno de los mandatos que te entrego hoy, a fin de que tengas fuerzas para tomar la tierra donde estás a punto de entrar. 9Si obedeces, disfrutarás de una larga vida en la tierra que el Señor juró dar a tus antepasados y a ti, que eres su descendencia, ¡una tierra donde fluyen la leche y la miel! 10Pues la tierra donde estás a punto de entrar y que vas a poseer no es como la de Egipto, de la cual saliste, donde tenías que plantar tus semillas y hacer zanjas de riego con los pies como si fuera un huerto. 11En cambio, la tierra que pronto tomarás para ti es una región de colinas y valles, con lluvias abundantes; 12una tierra que el Señor tu Dios cuida. ¡Él se ocupa de cuidarla en cada época del año!

13»Si obedeces cuidadosamente los mandatos que te entrego hoy y si amas al Señor tu Dios y lo sirves con todo tu corazón y con toda tu alma, 14él mandará las lluvias propias de cada estación —las tempranas y las tardías—, para que puedas juntar las cosechas de granos, el vino nuevo y el aceite de oliva. 15Te dará buenos pastizales para que se alimenten tus animales, y tendrás todo lo que quieras comer.

16»Pero ten cuidado. No dejes que tu corazón sea engañado y entonces te alejes del Señor y sirvas y rindas culto a otros dioses. 17Si haces eso, el enojo del Señor arderá contra ti. Entonces cerrará el cielo y detendrá la lluvia, y la tierra dejará de producir sus cosechas, así que pronto morirás en esa buena tierra que el Señor te da.

18»Por lo tanto, comprométete de todo corazón a cumplir estas palabras que te doy. Átalas a tus manos y llévalas sobre la frente para recordarlas. 19Enséñalas a tus hijos. Habla de ellas en tus conversaciones cuando estés en tu casa y cuando vayas por el camino, cuando te acuestes y cuando te levantes. 20Escríbelas en los marcos de la entrada de tu casa y sobre las puertas de la ciudad 21para que, mientras el cielo esté sobre la tierra, tú y tus hijos prosperen en la tierra que el Señor juró dar a tus antepasados.

22»Asegúrate de obedecer todos los mandatos que te entrego. Demuéstrale amor al Señor tu Dios andando en sus caminos y aferrándote a él. 23Entonces el Señor expulsará a todas esas naciones de tu paso y, aunque ellas son más grandes y más fuertes que tú, tomarás posesión de esa tierra. 24Todo lugar que pises con la planta de tus pies será tuyo. Tus fronteras se extenderán desde el desierto, en el sur, hasta el Líbano, en el norte, y desde el río Éufrates, al oriente, hasta el mar Mediterráneo, en el occidente.* 25Dondequiera que vayas en la tierra, nadie podrá hacerte frente, porque el Señor tu Dios hará que los habitantes te teman y se espanten, tal como lo prometió.

26»Escucha bien: ¡hoy te doy a elegir entre una

***Notas textuales** **10:6** O *viajó desde Beerot, en Bene-jaacán.* **10:16** En hebreo *circuncida el prepucio de tu corazón.* **11:4** En hebreo *mar de juncos.* **11:24** En hebreo *hasta el mar occidental.*

Referencias cruzadas **10:9** Nm 18:20, 24 **10:22** Gn 46:27 **11:8** Jos 1:6-7 **11:24-25** Gn 15:8

bendición y una maldición! 27Recibirás bendición si obedeces los mandatos del Señor tu Dios que te entrego hoy; 28pero recibirás maldición si rechazas los mandatos del Señor tu Dios y te apartas de él y rindes culto a dioses que no conocías.

29»Cuando el Señor tu Dios te lleve a la tierra y te ayude a tomar posesión de ella, pronunciarás la bendición en el monte Gerizim y la maldición en el monte Ebal. 30(Esos dos montes se encuentran al occidente del río Jordán, en la tierra de los cananeos que viven en el valle del Jordán,* cerca de la ciudad de Gilgal, a poca distancia de los robles de More). 31Estás a punto de cruzar el río Jordán para tomar posesión de la tierra que el Señor tu Dios te da. Una vez que la tomes y estés viviendo en ella, 32asegúrate de obedecer todos los decretos y las ordenanzas que te entrego hoy.

El lugar de adoración elegido por Dios

12 »Estos son los decretos y las ordenanzas que debes asegurarte de obedecer cuando vivas en la tierra que te da el Señor, Dios de tus antepasados. Obedécelos todos los días de tu vida.

2»Cuando expulses a las naciones que viven allí, deberás destruir todos los lugares donde rinden culto a sus dioses —sobre las cimas de las montañas y de los cerros, y debajo de todo árbol frondoso—; 3destruye sus altares y destroza sus columnas sagradas. ¡Quema los postes dedicados a la diosa Asera y derriba los ídolos tallados! ¡Borra por completo el nombre de sus dioses!

4»No adores al Señor tu Dios de la manera en que esos pueblos paganos rinden culto a sus dioses. 5Más bien, busca al Señor tu Dios en el lugar de adoración que él mismo elegirá entre todas las tribus, el lugar donde su nombre será honrado. 6Allí llevarás tus ofrendas quemadas, tus sacrificios, tus diezmos, tus ofrendas sagradas, las ofrendas para cumplir tus juramentos, tus ofrendas voluntarias y las ofrendas de las primeras crías de tus manadas y rebaños. 7Allí, en la presencia del Señor tu Dios, comerás hasta quedar satisfecho junto con tus familias, y te alegrarás por todo lo que hayas logrado gracias a la bendición del Señor tu Dios.

8»Tu modelo de adoración tendrá que cambiar. Ahora cada uno hace lo que quiere 9porque aún no has llegado al lugar de descanso, a la tierra que el Señor tu Dios te da como preciada posesión. 10Sin embargo, pronto cruzarás el río Jordán y vivirás en la tierra que el Señor tu Dios te da. Cuando él te dé descanso de todos tus enemigos y estés viviendo a salvo en esa tierra, 11deberás llevar todo lo que yo te ordeno —tus ofrendas quemadas, sacrificios, diezmos, ofrendas sagradas y ofrendas para cumplir tus juramentos— al lugar de adoración designado, el lugar que el Señor tu Dios elija para que su nombre sea honrado.

12»Celebra allí, en presencia del Señor tu Dios, con tus hijos e hijas y todos tus sirvientes. Y acuérdate de incluir a los levitas que vivan en tus ciudades, porque ellos no van a recibir ninguna asignación de tierra como las demás tribus. 13Asegúrate de no sacrificar tus ofrendas quemadas donde se te ocurra. 14Solamente podrás hacerlo en el lugar que el Señor elija en el territorio de una de las tribus. Allí presentarás tus ofrendas quemadas y harás todo lo que yo te ordeno.

15»Puedes matar tus animales y comer su carne en cualquier ciudad y cuando quieras. Puedes comer sin impedimento los animales con los que el Señor tu Dios te haya bendecido. Todo el pueblo, esté o no ceremonialmente puro, podrá comer la carne de esos animales, así como ahora come la carne de gacela y de ciervo. 16Pero por ninguna razón consumas la sangre, sino derrámala sobre la tierra como si fuera agua.

17»Sin embargo, en la ciudad donde vivas, no podrás comer de tus ofrendas: sea la décima parte de tu grano y vino nuevo y aceite de oliva, o las primeras crías de tus rebaños y manadas, o cualquier ofrenda para cumplir un juramento, o tus ofrendas voluntarias, o tus ofrendas sagradas. 18Todas estas las comerás en la presencia del Señor tu Dios, en el lugar que él elija. Lo harás allí con tus hijos, tus sirvientes y los levitas que vivan en tus ciudades, y celebrarás en la presencia del Señor tu Dios cada cosa que haces. 19Y ten mucho cuidado de no desamparar a los levitas mientras vivas en tu tierra.

20»Cuando el Señor tu Dios expanda tu territorio, tal como lo prometió, y tengas ganas de comer carne, podrás comer carne con libertad cada vez que lo desees. 21Podría ser que el lugar de adoración designado —el lugar que el Señor tu Dios elija para que su nombre sea honrado— quede muy lejos de tu hogar. De ser así, podrás matar cualquier animal que el Señor te haya dado, tanto del ganado como ovejas o cabras, y comer su carne sin impedimento en la ciudad donde vives, tal como te ordené. 22Cualquier persona del pueblo, esté o no ceremonialmente pura, podrá comer de esa carne como ahora comes de las gacelas y de los ciervos. 23Pero nunca consumas la sangre, porque la sangre es vida, y no deberás consumir la vida con la carne. 24En cambio, derrama la sangre sobre la tierra como si fuera agua. 25No consumas la sangre, para que todo te salga bien a ti y a todos tus descendientes, porque estarás haciendo lo que al Señor le agrada.

26»Lleva todo lo que hayas consagrado y también las ofrendas para cumplir tus juramentos al lugar que el Señor elija. 27Debes presentar la carne y la sangre de tus ofrendas quemadas sobre el altar del Señor tu Dios. Debes derramar la sangre de los otros sacrificios sobre el altar del Señor tu Dios, pero puedes comer la carne. 28Asegúrate de obedecer todos mis mandatos, para que te vaya bien a ti y a todos tus descendientes, porque así estarás haciendo lo que es bueno y agradable ante el Señor tu Dios.

29»Cuando el Señor tu Dios vaya delante de ti y destruya a las naciones, y tú las expulses y te apoderes de su tierra, 30no caigas en la trampa de seguir sus costumbres ni de rendir culto a sus dioses. No preguntes acerca de sus dioses diciendo: "¿De qué manera rinden culto estas naciones a sus dioses? Yo quiero hacer lo mismo". 31Tú no adorarás al Señor tu Dios de la manera que las otras naciones rinden culto a sus dioses, llevando a cabo en honor de ellos toda clase de actos detestables que el Señor odia. Hasta sacrifican a sus hijos y a sus hijas en el fuego como ofrenda a sus dioses.

32*»Por lo tanto, asegúrate de obedecer todos los mandatos que te doy. No les agregues ni les quites nada.

***Notas textuales** **11:30** En hebreo *en el Arabá*. **12:32** El versículo 12:32 corresponde al 13:1 en el texto hebreo.

Referencias cruzadas **11:30** Gn 12:6 **12:12** Dt 26:11-13 **12:31** Sal 106:37-38

Advertencia contra la idolatría

13 1*»Supongamos que, en medio de ti, hay profetas o aquellos que tienen sueños sobre el futuro, y te prometen señales o milagros, 2y resulta que esas señales o milagros se cumplen. Si de pronto ellos dicen: "Ven, rindamos culto a otros dioses" —dioses que hasta entonces no conocías— 3no los escuches. El Señor tu Dios te está probando para ver si realmente lo amas con todo el corazón y con toda el alma. 4Sirve únicamente al Señor tu Dios y teme solamente a él. Obedece sus mandatos, escucha su voz y aférrate a él. 5Los falsos profetas o los soñadores que traten de descarriarte serán ejecutados, porque fomentan la rebelión contra el Señor tu Dios, quien te libertó de la esclavitud y te sacó de la tierra de Egipto. Ya que tratan de desviarte del camino que el Señor tu Dios te ordenó que siguieras, tendrás que quitarles la vida. De esa manera, eliminarás la maldad que hay en medio de ti.

6»Supongamos que alguien trata de persuadirte en secreto —incluso podría ser tu hermano, tu hijo o tu hija, tu amada esposa o tu mejor amigo— y te dice: "Vamos, rindamos culto a otros dioses", dioses que ni tú ni tus antepasados jamás conocieron. 7Incluso podrían sugerir que rindas culto a los dioses de los pueblos que viven cerca o de los que viven en los extremos de la tierra. 8No les hagas caso ni los escuches. No les tengas compasión ni les perdones la vida ni trates de protegerlos. 9¡Deberás quitarles la vida! Da tú el primer golpe, y luego que todo el pueblo se sume. 10Tienes que apedrear a muerte a los culpables, porque han tratado de alejarte del Señor tu Dios, quien te rescató de la tierra de Egipto, donde eras esclavo. 11Entonces todo Israel oirá y tendrá temor, y ya nadie volverá a actuar con tanta perversidad.

12»Cuando comiences a vivir en las ciudades que el Señor tu Dios te da, tal vez oigas 13que hay sinvergüenzas en medio de ti que llevan por mal camino a los habitantes de su ciudad, diciéndoles: "Vamos, rindamos culto a otros dioses", dioses que hasta entonces tú no conocías. 14En tales casos, analiza los hechos cuidadosamente. Si encuentras que lo que se dice es cierto y en verdad se cometió ese acto tan detestable en medio de ti, 15deberás atacar a esa ciudad y destruir por completo* a todos los habitantes junto con todos los animales. 16Luego deberás amontonar todo el botín en el centro de la plaza pública y quemarlo. Prende fuego a toda la ciudad como una ofrenda quemada al Señor tu Dios. La ciudad deberá quedar en ruinas para siempre; no se volverá a construir jamás. 17Que nadie guarde nada del botín que fue separado para ser destruido. Entonces el Señor alejará de ti su enojo feroz y te tratará con misericordia. Tendrá compasión de ti y te convertirá en una nación numerosa, tal como lo juró a tus antepasados.

18»El Señor tu Dios será compasivo contigo solamente si escuchas su voz y obedeces todos sus mandatos que te entrego hoy, y haces lo que a él le agrada.

Animales ceremonialmente puros e impuros

14 »Israel, dado que eres el pueblo del Señor tu Dios, nunca te hagas cortaduras en el cuerpo ni te afeites el cabello que está encima de la frente en señal de duelo por un muerto. 2Tú fuiste separado como pueblo santo para el Señor tu Dios, y él te eligió entre todas las naciones del mundo, para que seas su tesoro especial.

3»No comerás de ningún animal detestable, porque son ceremonialmente impuros. 4Los animales* que sí puedes comer son: el buey, la oveja, la cabra, 5el ciervo, la gacela, el corzo, la cabra salvaje, el antílope adax, el antílope y la oveja montés.

6»Puedes comer cualquier animal rumiante y que tenga las pezuñas totalmente partidas, 7pero no lo comerás si no reúne ambas condiciones. Por lo tanto, no comerás camellos ni liebres ni damanes.* Estos son rumiantes pero no tienen las pezuñas partidas, así que son ceremonialmente impuros para ti. 8Tampoco comerás cerdo, pues tiene las pezuñas partidas pero no es un animal rumiante, así que es ceremonialmente impuro para ti. No comerás la carne de ninguno de los animales que acabo de mencionar, ni siquiera tocarás sus cuerpos muertos.

9»De todos los animales marinos, puedes comer los que tengan tanto aletas como escamas, 10pero no comerás de los que no tengan ni aletas ni escamas. Estos son ceremonialmente impuros para ti.

11»Puedes comer de cualquier ave que sea ceremonialmente pura, 12pero no comerás de las siguientes aves: el buitre grifón, el quebrantahuesos, el buitre de cabeza negra, 13el milano, el halcón, ningún tipo de ave carroñera, 14ni cuervos de ninguna clase, 15ni el búho real, ni la lechuza campestre, ni la gaviota, ni gavilanes de ninguna especie; 16tampoco mochuelos ni pequeños ni grandes, ni lechuzas comunes, 17ni lechuzas del desierto, ni el buitre egipcio, ni el cuervo marino, 18ni la cigüeña, ni garzas de ninguna especie, ni la abubilla, ni el murciélago.

19»Todos los insectos con alas que caminan por el suelo son ceremonialmente impuros para ti y no los comerás; 20pero sí puedes comer de las aves y de los insectos con alas que son ceremonialmente puros.

21»No comas nada que haya muerto de muerte natural. En todo caso, puedes dárselo a algún extranjero que viva en tu ciudad o vendérselo a un desconocido. Pero tú no lo comas, porque eres un pueblo santo, separado para el Señor tu Dios.

»No cocines a un cabrito en la leche de su madre.

La entrega de los diezmos

22»Deberás separar el diezmo de tus cosechas, es decir, la décima parte de todo lo que coseches cada año. 23Lleva ese diezmo al lugar de adoración designado —el lugar que el Señor tu Dios elija para que su nombre sea honrado— y cómelo allí, en su presencia. Lo harás así con el diezmo de tus granos, tu vino nuevo, tu aceite de oliva y los machos de las primeras crías de tus rebaños y manadas. Esta práctica te enseñará a temer siempre al Señor tu Dios.

24»Ahora bien, cuando el Señor tu Dios te bendiga con una buena cosecha, podría suceder que el lugar de adoración que él elija para que su nombre sea honrado te quede demasiado lejos para llevar tu diezmo. 25En ese caso, puedes vender esa décima parte de tus cosechas y manadas, poner el dinero en una bolsa y dirigirte al lugar que el Señor tu Dios haya elegido. 26Cuando llegues, podrás usar el dinero para comprar cualquier clase de alimento que desees: ganado, ovejas, cabras, vino u otra bebida alcohólica. Luego comerás hasta quedar satisfecho en la presencia del

***Notas textuales** **13:1** Los versículos del 13:1-18 corresponden al 13:2-19 en el texto hebreo. **13:15** El término hebreo empleado aquí se refiere a la consagración total de cosas o personas al Señor, ya sea destruyéndolas o entregándolas como ofrenda; similar en 13:17. **14:4** La identificación de algunos animales y algunas aves que se mencionan en este capítulo es incierta. **14:7** O *conejos salvajes,* o *tejones de las rocas.*

Referencias cruzadas **13:1** 2 Ts 2:9 **13:18** Dt 12:28 **14:4-20** Lv 11:1-43

SEÑOR tu Dios y celebrarás con todos los de tu casa. 27No descuides a los levitas de tu ciudad, porque ellos no van a recibir ninguna asignación de tierra como las demás tribus.

28»Al final de cada tercer año, lleva todo el diezmo de la cosecha de ese año a la ciudad más cercana y almacénalo allí. 29Dáselo a los levitas —quienes no recibirán ninguna asignación de tierra como las demás tribus— y también a los extranjeros que vivan en medio de ti, a los huérfanos y a las viudas de tus ciudades, para que coman y se sacien. Entonces el SEÑOR tu Dios te bendecirá en todo tu trabajo.

Liberación de las deudas

15 »Al final de cada séptimo año, tienes que anular las deudas de todos los que te deban dinero. 2Lo harás de la siguiente manera: cada uno anulará los préstamos que le haya hecho a otro hermano israelita; nadie exigirá ningún pago de sus vecinos ni de sus parientes, porque habrá llegado el tiempo del SEÑOR para la liberación de las deudas. 3Sin embargo, esa liberación solo sirve para tus hermanos israelitas, pero no para los extranjeros que vivan en medio de ti.

4»No deberá haber pobres en medio de ti, porque el SEÑOR tu Dios te bendecirá en abundancia en la tierra que te da como preciada posesión. 5Recibirás esa bendición si te aseguras de obedecer los mandatos del SEÑOR tu Dios que te entrego hoy. 6El SEÑOR tu Dios te bendecirá tal como lo prometió. Prestarás dinero a muchas naciones, pero nunca tendrás necesidad de pedirles prestado. Tú gobernarás a muchas naciones, pero ellas no te gobernarán a ti.

7»Pero si hubiera israelitas pobres en tus ciudades cuando llegues a la tierra que el SEÑOR tu Dios te da, no seas insensible ni tacaño con ellos. 8En cambio, sé generoso y préstales lo que necesiten. 9No seas mezquino ni le niegues un préstamo a alguien por el hecho de que se acerca el año para anular las deudas. Si te niegas a dar el préstamo, y la persona con necesidad clama al SEÑOR, serás culpable de pecado. 10Da al pobre con generosidad, no de mala gana, porque el SEÑOR tu Dios te bendecirá en todo lo que hagas. 11Siempre habrá algunos que serán pobres en tu tierra, por eso te ordeno que compartas tus bienes generosamente con ellos y también con otros israelitas que pasen necesidad.

¡Respuestas Bíblicas! 33 ¿Había gente pobre en la antigüedad?

15:7-8 Siempre ha habido gente pobre y en la antigüedad había muchos esclavos. Desde el principio de los tiempos Dios quiso que se pueblo se destaque por su bondad, generosidad y ayuda de los más pobres.

Liberación para los esclavos hebreos

12»Si tu hermano hebreo, hombre o mujer, se vende a ti como siervo* y te sirve por seis años, al séptimo año deberás dejarlo en libertad.

13»Cuando liberes a un siervo varón, no lo despidas con las manos vacías. 14Sé generoso con él y regálale como despedida algo de tus rebaños, de tus granos y de tus vinos. Dale parte de la abundante riqueza con la que el SEÑOR tu Dios te haya bendecido. 15¡Recuerda que una vez tú fuiste esclavo en la tierra de Egipto y que el SEÑOR tu Dios te liberó! Por esa razón, te doy este mandato.

16»Pero supongamos que tu siervo dice: "No te dejaré", porque se ha encariñado contigo y con tu familia, y le ha ido bien en tu casa. 17En ese caso, toma un punzón y perfórale el lóbulo de la oreja contra la puerta. Entonces será tu siervo por el resto de su vida. Haz lo mismo con tus siervas.

18»No pienses que liberar a tus siervos es una gran pérdida. Recuerda que, durante seis años, te brindaron un servicio que vale el doble del salario de un obrero contratado, y el SEÑOR tu Dios te bendecirá en todo lo que hagas.

Sacrificio de los machos de las primeras crías

19»Tienes que separar para el SEÑOR tu Dios los primeros machos que nazcan de las crías de tus rebaños y manadas. No uses la primera cría de tu manada para trabajar el campo ni trasquiles la primera cría de tu rebaño. 20En cambio, te comerás esos animales con tu familia cada año en la presencia del SEÑOR tu Dios, en el lugar que él elija. 21Sin embargo, si la primera cría tiene algún defecto —si es ciego, cojo o con otra anormalidad— no deberás ofrecerla en sacrificio al SEÑOR tu Dios. 22Más bien, úsala como alimento para tu familia en la ciudad donde vives. Cualquier persona, esté o no ceremonialmente pura, puede comer de ese animal, tal como cualquiera puede comer de una gacela o de un ciervo. 23Pero por ninguna razón consumas la sangre. Deberás derramarla sobre la tierra como si fuera agua.

La Pascua y el Festival de los Panes sin Levadura

16 »Celebra la Pascua en honor al SEÑOR tu Dios cada año, a comienzos de la primavera, en el mes de *abib*,* porque ese fue el mes en que el SEÑOR tu Dios te sacó de la tierra de Egipto durante la noche. 2Tu sacrificio de la Pascua puede ser tanto de tu rebaño como de tu manada, y deberás sacrificarlo al SEÑOR tu Dios en el lugar de adoración designado, el lugar que él elija para que su nombre sea honrado. 3Cómelo junto con pan preparado sin levadura. Durante siete días prepararás sin levadura el pan que comas, tal como cuando saliste de Egipto con tanto apuro. Come ese pan —el pan del sufrimiento— para que recuerdes toda tu vida el día que saliste de Egipto. 4Durante esos siete días, que no se encuentre ni un poco de levadura en las casas de tu tierra. También, cuando sacrifiques el cordero de la Pascua al atardecer del primer día, no dejes que sobre nada para el día siguiente.

5»No sacrificarás el animal para la Pascua en cualquier ciudad que el SEÑOR tu Dios te da. 6Tendrás que ofrecerlo solamente en el lugar de adoración designado, el lugar que el SEÑOR tu Dios elija para que su nombre sea honrado. Sacrifícalo al atardecer, cuando cae el sol, el día del aniversario de tu éxodo de Egipto. 7Asa el cordero y cómelo en el lugar que el SEÑOR tu Dios elija. Luego puedes volver a tu carpa a la mañana siguiente. 8Durante los seis días siguientes, no comerás pan preparado con levadura. El séptimo día también proclámalo santo en honor al SEÑOR tu Dios, y ese día nadie hará ninguna clase de trabajo.

***Notas textuales** **15:12** O *Si te venden a un hombre o a una mujer de origen hebreo.* **16:1** En hebreo *Reserva el mes de abib y cumple con la Pascua al SEÑOR tu Dios.* Abib, el primer mes del antiguo calendario lunar hebreo, por lo general, cae entre marzo y abril.

Referencias cruzadas **14:29** Dt 16:11; 24:19 **15:11** Lv 25:8-38 **15:18** Ex 21:2-6 **16:8** Ex 12:14-20

El Festival de la Cosecha

9»Cuenta siete semanas a partir del momento en que co-
miences a cortar el grano al inicio de la cosecha. 10Luego
celebra el Festival de la Cosecha* en honor al Señor tu
Dios. Llévale una ofrenda voluntaria en proporción a las
bendiciones que hayas recibido de él. 11Será un tiempo
de celebración delante del Señor tu Dios en el lugar de
adoración que él designe para que su nombre sea hon-
rado. Celebra con tus hijos e hijas, con tus siervos y sier-
vas, con los levitas que vivan en tus ciudades, con los
extranjeros, y con los huérfanos y las viudas que vivan
en medio de ti. 12Recuerda que tú también una vez fuiste
esclavo en Egipto, así que asegúrate de obedecer todos
estos decretos.

El Festival de las Enramadas

13»Celebra el Festival de las Enramadas* durante siete
días, al finalizar la temporada de la cosecha, después de
trillar el grano y prensar las uvas. 14Este festival será un
tiempo de alegría y celebración con tus hijos e hijas, con
tus siervos y siervas, con los levitas, con los extranjeros,
y con los huérfanos y las viudas que vivan en tus ciu-
dades. 15Durante siete días, celebrarás este festival para
honrar al Señor tu Dios en el lugar que él elija, porque él
es quien te bendice con cosechas abundantes y prospera
todo tu trabajo. Este festival será un tiempo de mucha
alegría para todos.

16»Cada año, todo hombre de Israel deberá celebrar
estos tres festivales: el Festival de los Panes sin Levadura,
el Festival de la Cosecha y el Festival de las Enramadas. En
cada una de esas ocasiones, todos los varones tendrán que
presentarse ante el Señor tu Dios en el lugar que él elija,
pero no se presentarán ante el Señor sin una ofrenda.
17Todos darán según sus posibilidades, de acuerdo con
las bendiciones que hayan recibido del Señor tu Dios.

¡Respuestas Bíblicas! 34 ¿Qué fiestas debían celebrar todos los hombres de Israel?

16:16 Todos los hombres de Israel debían celebrar la fiesta del Pan sin Levadura, la fiesta de la cosecha y la fiesta del Tabernáculo, que eran ocasiones especiales del cuidado de Dios a su pueblo.

Justicia para el pueblo

18»Nombra jueces y funcionarios de cada una de las tribus
en todas las ciudades que el Señor tu Dios te da. Ellos
tendrán que juzgar al pueblo con justicia. 19Por ninguna
razón tuerzas la justicia ni muestres parcialidad. Jamás
aceptes un soborno, porque el soborno nubla los ojos del
sabio y corrompe las decisiones de los íntegros. 20Que
siempre triunfe la justicia verdadera, para que puedas vivir
y poseer la tierra que el Señor tu Dios te da.

21»Jamás pondrás un poste de madera dedicado a la
diosa Asera al lado del altar que edifiques para el Señor tu
Dios. 22Y nunca edifiques columnas sagradas para rendir
culto, porque el Señor tu Dios las odia.

17 »Nunca sacrifiques al Señor tu Dios ganado,
ovejas o cabras que tengan algún defecto o en-
fermedad, porque él detesta esa clase de ofrendas.

2»Cuando empieces a vivir en las ciudades que el
Señor tu Dios te da, podría suceder que un hombre o
una mujer del pueblo haga algo malo a los ojos del Señor
tu Dios y desobedezca el pacto. 3Por ejemplo, podría ser
que sirviera a otros dioses o rindiera culto al sol, a la luna
o a alguna estrella —es decir, a las fuerzas del cielo—, lo
cual he prohibido terminantemente. 4Cuando te enteres
de algo así, investiga el asunto a fondo. Si resulta cierto que
se ha cometido ese acto detestable en Israel, 5entonces
llevarás al hombre o la mujer responsable de esa maldad
hasta las puertas de la ciudad y lo matarás a pedradas. 6Sin
embargo, nunca le quites la vida a nadie por el testimonio
de un solo testigo. Siempre tendrá que haber dos o tres
testigos. 7Los testigos deberán arrojar las primeras pie-
dras, y luego se sumará el resto del pueblo. De esa manera,
limpiarás la maldad que hay en medio de ti.

8»Supongamos que a un juez local le llega un caso
demasiado difícil de resolver; por ejemplo, si alguien es
culpable de asesinato o de homicidio no premeditado, o
bien podría ser una demanda complicada o un caso que
involucra distintos tipos de agresión. Esos casos legales
llévalos al lugar que el Señor tu Dios elija 9y preséntalos
ante los sacerdotes levitas o el juez que esté de turno en
esos días. Ellos oirán el caso y declararán el veredicto.
10Tú deberás cumplir el veredicto que ellos anuncien
y la sentencia que dicten en el lugar que el Señor elija.
Harás todo lo que ellos digan, al pie de la letra. 11Después
que hayan interpretado la ley y declarado el veredicto,
tendrás que ejecutar la sentencia que impongan en su
totalidad; no le hagas ninguna modificación. 12Cualquiera
que tenga la arrogancia de rechazar el veredicto de un
juez o de un sacerdote que representa al Señor tu Dios
tendrá que morir. De esa manera limpiarás la maldad que
hay en Israel. 13Entonces todo el pueblo se enterará de lo
ocurrido y tendrá miedo de actuar con tanta arrogancia.

Pautas para los reyes

14»Estás por entrar en la tierra que el Señor tu Dios te
da. Cuando tomes posesión de ella y te establezcas allí,
tal vez se te ocurra pensar: "Deberíamos tener un rey para
que nos gobierne, tal como tienen las naciones que nos
rodean". 15Si tal cosa sucediera, asegúrate de designar
como rey al hombre que el Señor tu Dios elija. Tendrás
que nombrar a un hermano israelita, no podrá ser un
extranjero.

16»El rey no deberá construir grandes establos para
sí ni enviar a su gente a Egipto para comprar caballos,
porque el Señor te ha dicho: "Nunca vuelvas a Egipto".
17El rey no deberá tomar muchas esposas para sí, porque
ellas apartarán su corazón del Señor. Tampoco deberá
acumular para sí grandes cantidades de oro y plata.

18»Cuando se siente en el trono a reinar, deberá pro-
ducir una copia de este conjunto de instrucciones en un
rollo, en presencia de los sacerdotes levitas. 19Tendrá esa
copia siempre consigo y la leerá todos los días de su vida.
De esa manera, aprenderá a temer al Señor su Dios al
obedecer todas las condiciones de esta serie de instruccio-
nes y decretos. 20La lectura diaria impedirá que se vuelva

***Notas textuales** **16:10** En hebreo *Festival de las Semanas*; también en 16:16. Esta celebración después se denominó el Festival de Pentecostés (ver Hch 2:1). Hoy en día se celebra como Shavuot. **16:13** O *Festival de los Refugios* o *Festival de los Tabernáculos*; también en 16:16. En la antigüedad se denominaba el Festival de la Cosecha Final o el Festival de la Recolección (ver Ex 23:16b). Hoy en día se celebra como Sucot.

Referencias cruzadas **16:12** Lv 23:15-22 **16:17** Lv 23:33-43 **17:20** Dt 5:32

orgulloso y actúe como si fuera superior al resto de sus compatriotas, y también impedirá que se aparte de los mandatos en lo más mínimo. Además, será una garantía de que él y sus descendientes reinarán por muchas generaciones en Israel.

Ofrendas para los sacerdotes y los levitas

18 »Recuerda que los sacerdotes levitas —es decir, toda la tribu de Leví— no recibirán ninguna asignación de tierra entre las demás tribus de Israel. Pero tanto los sacerdotes como los levitas comerán de las ofrendas especiales dadas al SEÑOR, porque esa es la parte que les corresponde. 2No tendrán tierra propia entre los israelitas. El propio SEÑOR es su preciada posesión, tal como les prometió.

3»Del ganado, las ovejas y las cabras que el pueblo traiga como ofrenda, los sacerdotes podrán tomar para sí la espaldilla, la quijada y el estómago. 4También les darás a los sacerdotes la primera porción de los granos, del vino nuevo, del aceite de oliva y de la lana que obtengas en la temporada de esquila. 5Pues el SEÑOR tu Dios eligió a la tribu de Leví, de entre todas tus tribus, para que sirva en nombre del SEÑOR por siempre.

6»Supongamos que un levita decide dejar su ciudad en Israel, sea cual fuere la ciudad, para mudarse al lugar de adoración que el SEÑOR elija. 7Podrá servir allí en nombre del SEÑOR su Dios, igual que sus hermanos levitas que ya estén sirviendo al SEÑOR en ese lugar, 8y podrá comer su porción de los sacrificios y las ofrendas, aun cuando también reciba sustento de su familia.

Un llamado a una vida santa

9»Cuando entres en la tierra que el SEÑOR tu Dios te da, ten mucho cuidado de no imitar las costumbres detestables de las naciones que viven allí. 10Por ejemplo, jamás sacrifiques a tu hijo o a tu hija como una ofrenda quemada.* Tampoco permitas que el pueblo practique la adivinación, ni la hechicería, ni que haga interpretación de agüeros, ni se mezcle en brujerías, 11ni haga conjuros; tampoco permitas que alguien se preste a actuar como médium o vidente, ni que invoque el espíritu de los muertos. 12Cualquiera que practique esas cosas es detestable a los ojos del SEÑOR. Precisamente porque las otras naciones hicieron esas cosas detestables, el SEÑOR tu Dios las expulsará de tu paso. 13Sin embargo, tú debes ser intachable delante del SEÑOR tu Dios. 14Las naciones que estás por desplazar consultan a los adivinos y a los hechiceros, pero el SEÑOR tu Dios te prohíbe hacer esas cosas».

Profetas verdaderos y profetas falsos

15Moisés siguió diciendo: «El SEÑOR su Dios les levantará un profeta como yo de entre sus hermanos israelitas. A él tendrán que escucharlo, 16pues eso fue lo que ustedes le pidieron al SEÑOR su Dios cuando estaban reunidos al pie del monte Sinaí.* Dijeron: "No queremos oír nunca más la voz del SEÑOR nuestro Dios ni ver este fuego ardiente, porque moriremos".

17»Entonces el SEÑOR me dijo: "Lo que el pueblo dice es cierto. 18Levantaré un profeta como tú de entre sus hermanos israelitas. Pondré mis palabras en su boca, y él dirá al pueblo todo lo que yo le ordene. 19Yo mismo trataré con cualquiera que no preste atención a los mensajes que el profeta proclame en mi nombre. 20Pero todo profeta que falsamente afirme hablar en mi nombre o hable en nombre de otro dios, tendrá que morir".

21»Tal vez se pregunten: "¿Cómo sabremos si una profecía viene o no del SEÑOR?". 22Si el profeta habla en el nombre del SEÑOR, pero su profecía no se cumple ni ocurre lo que predice, ustedes sabrán que ese mensaje no proviene del SEÑOR. Ese profeta habló sin el respaldo de mi autoridad, y no tienen que temerle.

Ciudades de refugio

19 »Cuando el SEÑOR tu Dios destruya a las naciones que ahora ocupan el territorio que él está por entregarte, tomarás para ti las tierras y te establecerás en las ciudades y en las casas de esas naciones. 2Luego deberás apartar tres ciudades de refugio en la tierra que el SEÑOR tu Dios te da. 3Estudia el territorio* y divide en tres regiones esa tierra que el SEÑOR tu Dios te da, de modo que haya una de las ciudades en cada región. Entonces cualquier persona que haya matado a otra podrá huir a una de las ciudades de refugio para ponerse a salvo.

4»Si un individuo mata a otro accidentalmente y sin enemistad previa, el responsable de la muerte podrá huir a cualquiera de esas ciudades para vivir a salvo. 5Por ejemplo, supongamos que una persona va con un vecino a cortar leña al bosque, y cuando uno de los dos levanta el hacha para cortar un árbol, la cabeza del hacha se desprende del mango y mata a la otra persona. En tales casos, el responsable de la muerte puede huir a una de las ciudades de refugio para vivir a salvo.

6»Si la ciudad de refugio más cercana quedara demasiado lejos, un vengador enfurecido podría rastrear al que causó la muerte y quitarle la vida. En ese caso, la persona moriría injustamente, porque nunca antes había mostrado enemistad hacia el muerto. 7Por esa razón, te ordeno que apartes tres ciudades de refugio.

8»Si el SEÑOR tu Dios extiende tu territorio como les juró a tus antepasados y te entrega toda la tierra que les prometió, 9deberás designar otras tres ciudades de refugio adicionales. (Él te dará esa tierra si te aseguras de obedecer todos los mandatos que te di, es decir, si siempre amas al SEÑOR tu Dios y andas en sus caminos). 10De esa manera, evitarás que mueran personas inocentes en la tierra que el SEÑOR tu Dios te da como tu preciada posesión. Entonces no serás responsable de la muerte de inocentes.

11»Pero supongamos que alguien está enemistado con un vecino y le tiende una emboscada a propósito y lo mata, y luego huye a una de las ciudades de refugio. 12En ese caso, los ancianos de la ciudad del asesino enviarán representantes a la ciudad de refugio para traerlo de regreso y entregarlo al vengador del muerto para que le quite la vida. 13¡No sientas lástima por ese asesino! Limpia a Israel de la culpa de asesinar a personas inocentes; entonces todo te saldrá bien.

Interés por la justicia

14»Cuando llegues a la tierra que el SEÑOR tu Dios te da como preciada posesión, nunca le robes terreno a otro cambiando de lugar los límites de propiedad que tus antepasados establecieron.

***Notas textuales** **18:10** O *jamás hagas que tu hijo o tu hija pase por fuego.* **18:16** En hebreo *Horeb,* otro nombre para Sinaí. **19:3** O *Mantén los caminos en buen estado.*

Referencias cruzadas **18:1** 1 Co 9:13 **18:15** Hch 3:22; 7:37 **18:18** Hch 3:22 **19:10-13** Nm 35:9-34

15»No condenes a nadie por algún crimen o delito basado en el testimonio de un solo testigo. Los hechos del caso deben ser establecidos por el testimonio de dos o tres testigos.

16»Si un testigo malicioso se presenta y acusa a alguien de haber cometido algún crimen o delito, 17tanto el que acusa como el acusado deberán presentarse ante el SEÑOR al acudir a los sacerdotes y a los jueces que estén en ejercicio en esos días. 18Los jueces tendrán que investigar el caso a fondo. Si el acusador presentara cargos falsos contra otro israelita, 19le impondrás a él la sentencia que pretendía para la otra persona. De ese modo, limpiarás esa maldad que hay en medio de ti. 20Entonces el resto del pueblo se enterará del caso y tendrá temor de cometer semejante maldad. 21¡No muestres compasión por el culpable! La regla que seguirás es vida por vida, ojo por ojo, diente por diente, mano por mano, pie por pie.

Ordenanzas sobre la guerra

20 »Cuando salgas a luchar contra tus enemigos y te enfrentes con caballos y carros de guerra y con un ejército más numeroso que el tuyo, no tengas miedo. ¡El SEÑOR tu Dios, quien te sacó de la tierra de Egipto, está contigo! 2Cuando te prepares para una batalla, el sacerdote saldrá a hablarle a las tropas 3y les dirá: "¡Préstenme atención, hombres de Israel! ¡No tengan miedo cuando salgan hoy a pelear contra sus enemigos! No se desanimen ni se asusten, ni tiemblen frente a ellos. 4¡Pues el SEÑOR su Dios va con ustedes! ¡Él peleará por ustedes contra sus enemigos y les dará la victoria!".

5»Luego, los jefes del ejército se dirigirán a las tropas y dirán: "¿Alguno de ustedes acaba de construir una casa pero aún no la ha estrenado? De ser así, puede irse a su casa. Podría morir en batalla, y otro estrenaría su casa. 6¿Alguno de ustedes acaba de plantar un viñedo pero aún no ha comido ninguno de sus frutos? De ser así, puede irse a su casa. Podría morir en batalla, y otro comería los primeros frutos. 7¿Alguno de ustedes acaba de comprometerse con una mujer pero aún no se ha casado con ella? ¡Bien, puede irse a su casa y casarse! Podría morir en batalla, y otro se casaría con ella".

8»Luego los jefes también dirán: "¿Alguno de ustedes tiene miedo o está angustiado? De ser así, puede irse a su casa antes de que atemorice a alguien más". 9Una vez que los jefes terminen de hablar a las tropas, nombrarán comandantes para cada unidad.

¡Respuestas Bíblicas! 35 ¿Quiénes no tendrían que pelear si Israel iba a la guerra?

20:5-8 Hombres recién casados, o que recién habían construido un nuevo hogar. A los hombres que estaban asustados los dejaban volver a sus casas. Los hombres con nuevos viñedos tampoco debían ir a la guerra.

10»Cuando te acerques a una ciudad para atacarla, primero debes ofrecer condiciones de paz a sus habitantes. 11Si aceptan las condiciones y te abren las puertas, entonces todos ellos quedarán obligados a servirte haciendo trabajos forzados, 12pero si no quieren hacer la paz y se preparan para luchar, deberás atacar la ciudad. 13Cuando el SEÑOR tu Dios te entregue la ciudad, mata a filo de espada a todos los hombres de ese pueblo. 14Sin embargo, podrás quedarte con todas las mujeres, los niños, los animales y el resto del botín de la ciudad. Podrás disfrutar de todo el botín de tus enemigos que el SEÑOR tu Dios te entregue.

15»Estas instrucciones solo se refieren a las ciudades lejanas, no a las de las naciones que ocupan la tierra donde estás a punto de entrar. 16En las ciudades que el SEÑOR tu Dios te da como preciada posesión, destruye a todo ser viviente. 17Tienes que destruir por completo* a los hititas, a los amorreos, a los cananeos, a los ferezeos, a los heveos y a los jebuseos, tal como el SEÑOR tu Dios te ordenó. 18Así evitarás que los pueblos de esa tierra te enseñen a imitar las costumbres detestables que practican cuando rinden culto a sus dioses, lo cual te haría pecar profundamente contra el SEÑOR tu Dios.

19»Si al atacar una ciudad la guerra se prolonga, no debes cortar los árboles a hachazos. Puedes comer de los frutos, pero no derribes los árboles. ¿Acaso los árboles son enemigos a los que tienes que atacar? 20Solamente corta los árboles que sabes que no son aptos para comer. Úsalos para la fabricación de todo lo que necesites para atacar la ciudad enemiga hasta que se rinda.

Purificación por causa de un homicidio no resuelto

21 »Cuando estés en la tierra que el SEÑOR tu Dios te da, podría ocurrir que alguien encontrara en el campo a una persona asesinada, y no se supiera quién la mató. 2En un caso así, los ancianos y los jueces tendrán que medir la distancia que hay desde el lugar del crimen hasta las ciudades cercanas. 3Una vez que hayan determinado cuál es la ciudad más cercana, los ancianos de esa ciudad tendrán que elegir una novilla de la manada que nunca haya sido entrenada para el arado ni usado el yugo. 4La llevarán hasta un valle que no haya sido arado ni cultivado y que tenga un arroyo donde siempre fluye el agua. Allí, en el valle, le quebrarán el cuello a la novilla. 5Después se acercarán los sacerdotes levitas, pues el SEÑOR tu Dios los ha elegido para que sirvan delante de él y pronuncien bendiciones en el nombre del SEÑOR. Ellos son los responsables de resolver todos los casos legales y criminales.

6»Los ancianos del pueblo tendrán que lavarse las manos sobre la novilla a la cual le quebraron el cuello. 7Luego dirán: "Nuestras manos no derramaron la sangre de esta persona ni vimos cómo sucedió. 8Oh SEÑOR, perdona a tu pueblo Israel, al cual has redimido. No culpes a tu pueblo de asesinar a un inocente". Así quedarán absueltos de la culpa por la sangre de esa persona. 9Si sigues estas instrucciones, harás lo correcto a los ojos del SEÑOR y purificarás a tu comunidad de la culpa por homicidio.

Matrimonio con una prisionera de guerra

10»Supongamos que sales a la guerra contra tus enemigos, y el SEÑOR tu Dios los entrega en tus manos, y tú tomas cautivos a algunos de ellos. 11Y supongamos que, entre los cautivos, ves a una mujer hermosa a la cual te sientes atraído y deseas casarte con ella. 12Si tal cosa sucediera, podrás llevarla a tu casa, donde ella tendrá que raparse la

***Notas textuales 20:17** El término hebreo empleado aquí se refiere a la consagración total de cosas o personas al SEÑOR, ya sea destruyéndolas o entregándolas como ofrenda.

Referencias cruzadas 19:15 2 Co 13:1 **20:10** Lc 14:31-32

cabeza, cortarse las uñas [13]y cambiarse la ropa que llevaba puesta cuando la tomaron prisionera. Ella se quedará en tu casa, pero deberás permitirle hacer duelo por su padre y su madre durante todo un mes. Después de ese tiempo, podrán unirse, y tú serás su marido y ella será tu esposa. [14]Sin embargo, si una vez ya unidos resulta que ella no te agrada, tendrás que dejarla en libertad. No podrás venderla ni tratarla como a una esclava, porque la has humillado.

Derechos del primer hijo varón

[15]»Supongamos que un hombre tiene dos esposas y solamente ama a una de ellas, pero ambas le han dado hijos varones. Y supongamos que el primer varón lo haya tenido con la mujer que no ama. [16]Cuando el hombre divida su herencia, no dará la mayor parte al hijo menor —el que tuvo con la esposa que ama— como si fuera el primer hijo varón. [17]Deberá reconocer los derechos del hijo mayor —el que tuvo con la esposa que no ama— al darle la parte doble que le corresponde. Ese hijo es el primer fruto del vigor de su padre, y a él le corresponden los derechos del primer hijo varón.

Cómo tratar con un hijo rebelde

[18]»Supongamos que un hombre tiene un hijo terco y rebelde, que no quiere obedecer ni a su padre ni a su madre, a pesar de que ellos lo disciplinan. [19]En un caso así, el padre y la madre tendrán que llevarlo ante los ancianos mientras estén juzgando en las puertas de la ciudad. [20]Ambos padres les dirán a los ancianos: "Este hijo nuestro es terco y rebelde y se niega a obedecer. Es glotón y borracho". [21]Entonces todos los hombres de esa ciudad lo matarán a pedradas. De ese modo limpiarás esa maldad que hay en medio de ti, y todo Israel se enterará y tendrá miedo.

Ordenanzas varias

[22]»Si alguien cometió un delito digno de muerte, y por eso lo ejecutan y luego lo cuelgan en un madero,* [23]el cuerpo no debe quedar allí colgado toda la noche. Habrá que enterrarlo ese mismo día, porque todo el que es colgado* es maldito a los ojos de Dios. De esa manera, evitarás que se contamine la tierra que el SEÑOR tu Dios te da como preciada posesión.

22 »Si encuentras deambulando por ahí el buey, la oveja o la cabra de tu vecino, no abandones tu responsabilidad.* Devuelve el animal a su dueño. [2]Si el dueño no vive cerca o no sabes quién es, llévalo a tu casa y quédate con él hasta que el dueño vaya a buscarlo. Cuando eso suceda, debes devolvérselo. [3]Haz lo mismo si encuentras el burro, la ropa o cualquier otra cosa que tu vecino haya perdido. No abandones tu responsabilidad.

[4]»Si en el camino ves caído al burro o al buey de tu vecino, no lo ignores. ¡Ve y ayuda a tu vecino a ponerlo otra vez de pie!

[5]»Una mujer no debe vestirse con ropa de hombre, y un hombre no debe vestirse con ropa de mujer. Cualquiera que hace algo así es detestable a los ojos del SEÑOR tu Dios.

[6]»Si, al pasar, encuentras un nido de pájaros en un árbol o caído en el suelo, y ves que adentro hay polluelos o huevos que la madre está empollando, no te lleves a la madre junto con los polluelos. [7]Puedes llevarte las crías, pero deja ir a la madre; así prosperarás y disfrutarás de una larga vida.

[8]»Cuando edifiques una casa nueva, debes construir una reja alrededor de la azotea. De ese modo, si alguien se cae del techo, nadie podrá culparte de su muerte.

[9]»No plantes ningún cultivo entre las hileras de vides que tienes en tu viñedo. Si lo haces, tendrás prohibido usar tanto las uvas del viñedo como el otro cultivo que plantaste.

[10]»No ares con un buey y un burro unidos al mismo yugo.

[11]»No uses ropa que esté hecha de lana entretejida con lino.

[12]»Pon cuatro borlas en el borde del manto con el que te cubres: una al frente, otra atrás y dos a los costados.

Ordenanzas sobre la pureza sexual

[13]»Supongamos que un hombre se casa con una mujer pero, después de dormir con ella, la desprecia [14]y la acusa públicamente de conducta vergonzosa diciendo: "Me casé con esta mujer y descubrí que no era virgen". [15]Entonces el padre y la madre de la mujer tendrán que llevar la prueba de la virginidad de su hija a los ancianos mientras estén juzgando en las puertas de la ciudad. [16]El padre deberá decirles: "Yo le di mi hija a este hombre para que fuera su esposa, y ahora él la desprecia. [17]La ha acusado de conducta vergonzosa diciendo: 'Descubrí que su hija no era virgen'. Sin embargo, aquí tengo la prueba de su virginidad". Entonces los padres extenderán la sábana matrimonial delante de los ancianos. [18]Los ancianos tomarán al hombre y lo castigarán. [19]También le impondrán una multa de cien monedas de plata,* que deberá pagar al padre de la mujer por haber acusado públicamente de conducta vergonzosa a una virgen de Israel. La mujer seguirá siendo esposa del hombre, y él jamás podrá divorciarse de ella.

[20]»Pero supongamos que las acusaciones del hombre son ciertas, y puede demostrar que la mujer no era virgen. [21]Entonces la llevarán a la puerta de la casa de su padre, y allí los hombres de la ciudad la matarán a pedradas, porque ha cometido un delito vergonzoso en Israel: ha sido promiscua mientras vivía en la casa de sus padres. De ese modo limpiarás esa maldad que hay en medio de ti.

[22]»Si se descubre que un hombre comete adulterio, tanto él como la mujer deben morir. De ese modo limpiarás a Israel de semejante maldad.

[23]»Supongamos que un hombre conoce a una joven virgen que está comprometida para casarse y tiene relaciones sexuales con ella. Si tal cosa sucediera dentro de una ciudad, [24]deberás llevarlos a ambos hasta las puertas de esa ciudad y matarlos a pedradas. La mujer es culpable por no gritar para pedir ayuda. El hombre debe morir por violar a la mujer de otro hombre. De ese modo limpiarás esa maldad que hay en medio de ti.

[25]»Pero si el hombre encuentra en el campo a la mujer comprometida y la viola, entonces solo el hombre debe morir. [26]No le hagan nada a la joven; ella no cometió ningún delito digno de muerte. Es tan inocente como la

***Notas textuales 21:22** O *luego lo atraviesan en un poste*; similar en 21:23. **21:23** La versión griega dice *porque todo el que es colgado en un madero.* Comparar Ga 3:13. **22:1** En hebreo *no te escondas*; similar en 22:3. **22:19** En hebreo *100 [siclos] de plata*, aproximadamente 1140 gramos o 2,5 libras.

Referencias cruzadas 21:23 Ga 3:13 **22:10** 2 Co 6:14 **22:22** Jn 8:5

víctima de un homicidio. [27]Dado que el hombre la violó en el campo, se dará por sentado que ella gritó, pero no había nadie para socorrerla.

[28]»Supongamos que un hombre tiene relaciones sexuales con una joven que es virgen pero que aún no está comprometida para casarse. Si los descubren, [29]él deberá pagarle al padre de ella cincuenta monedas de plata.* Luego deberá casarse con la joven por haberla violado y jamás en su vida podrá divorciarse de ella.

[30]*»Un hombre no debe casarse con la exesposa de su padre, porque ese acto sería una deshonra al padre.

Ordenanzas sobre la adoración

23 [1]*»No se admitirá en la asamblea del Señor a ningún hombre que tenga los testículos aplastados o el pene mutilado.

[2]»No se admitirá en la asamblea del Señor a ningún hijo ilegítimo ni a sus descendientes hasta la décima generación.

[3]»No se admitirá en la asamblea del Señor a ningún amonita ni moabita ni tampoco a sus descendientes hasta la décima generación. [4]Esas naciones no te recibieron con alimento ni agua cuando saliste de Egipto. En cambio, contrataron a Balaam, hijo de Beor, proveniente del lejano Petor, en Aram-naharaim, para que te maldijera. [5]Pero el Señor tu Dios se negó a escuchar a Balaam y convirtió esa maldición en bendición, porque el Señor tu Dios te ama. [6]Jamás en tu vida buscarás el bienestar ni la prosperidad de los amonitas ni de los moabitas.

[7]»No detestes a los edomitas ni a los egipcios, porque los edomitas son tus parientes y porque viviste como extranjero entre los egipcios. [8]Podrá entrar en la asamblea del Señor la tercera generación de los edomitas y de los egipcios.

Ordenanzas varias

[9]»Cuando salgas a la guerra contra tus enemigos, asegúrate de mantenerte lejos de toda impureza.

[10]»Cualquier hombre que quede ceremonialmente impuro debido a una emisión nocturna deberá alejarse del campamento y quedarse allí el resto del día. [11]Hacia el atardecer, tendrá que bañarse y podrá volver al campamento al ponerse el sol.

[12]»Deberás designar una zona fuera del campamento donde puedas ir a hacer tus necesidades. [13]Cada persona tendrá una pala* entre sus herramientas. Cuando vayas a hacer tus necesidades, cava un hoyo con la pala y luego cubre el excremento. [14]El campamento debe ser santo, porque el Señor tu Dios se mueve dentro de él para protegerte y derrotar a tus enemigos. Ten cuidado de que él no vea nada vergonzoso en medio de ti, o se alejará de tu lado.

[15]»Si un esclavo huye de su amo y se refugia contigo, no lo devuelvas a su amo. [16]Déjalo vivir en medio de ti en cualquier ciudad que elija y no lo oprimas.

[17]»Ningún israelita, sea hombre o mujer, se dedicará a la prostitución ritual del templo. [18]Para cumplir con un juramento, no lleves a la casa del Señor tu Dios ninguna ofrenda que provenga de la ganancia de un hombre* o de una mujer que se haya prostituido, pues ambos son detestables al Señor tu Dios.

[19]»No cobres intereses por los préstamos que le hagas a otro israelita, sea que le prestes dinero, alimento o cualquier otra cosa. [20]Puedes cobrar intereses a los extranjeros, pero no les cobrarás a los israelitas, para que el Señor tu Dios te bendiga en todo lo que hagas en la tierra donde estás a punto de entrar y que vas a poseer.

[21]»Cuando hagas un voto al Señor tu Dios, no tardes en cumplir lo que le prometiste. Pues el Señor tu Dios te exige que cumplas todos tus votos sin demora, o serás culpable de pecado. [22]Sin embargo, no es pecado abstenerse de hacer un voto. [23]Pero una vez que voluntariamente hagas un voto, asegúrate de cumplir lo que prometiste al Señor tu Dios.

[24]»Cuando entres en el viñedo de un vecino, podrás comer todas las uvas que quieras, pero no te llevarás nada en una canasta. [25]También, cuando entres en el campo de un vecino, podrás arrancar los granos de trigo con la mano, pero no cortarás las espigas con la hoz.

24 »Supongamos que un hombre se casa con una mujer, pero ella no le agrada. Resulta que él encuentra algo reprochable en ella, entonces escribe un documento de divorcio, se lo entrega y la echa de su casa. [2]Una vez que ella abandona la casa, queda libre para volver a casarse. [3]Sin embargo, si el segundo marido también la desprecia, escribe un documento de divorcio, se lo entrega y la echa de la casa, o si él muere, [4]el primer marido no podrá casarse de nuevo con ella, porque ha quedado impura. Sería un acto detestable a los ojos del Señor. No debes manchar de culpa la tierra que el Señor tu Dios te da como preciada posesión.

[5]»A un hombre recién casado no se le debe reclutar para el ejército ni se le debe asignar alguna otra responsabilidad oficial. Debe estar libre para pasar un año en su casa, haciendo feliz a la mujer con la que se casó.

[6]»Está mal tomar un conjunto de piedras de molino —ni siquiera la piedra de arriba— como garantía por un préstamo que hayas hecho, porque el dueño las necesita para ganarse la vida.

[7]»Si alguno secuestra a otro israelita y lo trata como esclavo o lo vende, el criminal deberá morir. De ese modo, limpiarás la maldad que haya en medio de ti.

[8]»En todos los casos relacionados con enfermedades graves de la piel,* asegúrate de seguir las instrucciones de los sacerdotes levitas; obedece todos los mandatos que les di. [9]Acuérdate de lo que el Señor tu Dios le hizo a Miriam cuando saliste de Egipto.

[10]»Si le prestas algo a tu vecino, no entres en su casa para tomar el objeto que tiene que darte como garantía. [11]Debes esperar afuera hasta que él entre y te lo traiga. [12]Si tu vecino es pobre y te da su abrigo como garantía por un préstamo, no retengas la prenda durante la noche. [13]Devuélvela a su dueño antes de que caiga el sol, para que pueda abrigarse durante la noche y te bendiga; y el Señor tu Dios te considerará justo.

[14]»Jamás te aproveches de los obreros pobres y desamparados, ya sean hermanos israelitas o extranjeros que vivan en tu ciudad. [15]Debes pagarles lo que les corresponde al final del día, antes de que caiga el sol, porque son pobres y cuentan con esa paga para vivir. De

***Notas textuales** **22:29** En hebreo *50 [siclos] de plata*, aproximadamente 570 gramos o 1,25 libras. **22:30** El versículo 22:30 corresponde al 23:1 en el texto hebreo. **23:1** Los versículos del 23:1-25 corresponden al 23:2-26 en el texto hebreo. **23:13** O *estaca*. **23:18** En hebreo *un perro*. **24:8** Tradicionalmente se traduce *lepra*. El término hebreo puede describir diversas enfermedades de la piel.

Referencias cruzadas **23:4** Jds 11 **23:25** Lc 6:1 **24:1** Mc 10:4-5

lo contrario, ellos podrían clamar al SEÑOR en tu contra, y tú serías culpable de pecado.

16»Los padres no deben morir por los pecados de los hijos, ni los hijos deben morir por los pecados de los padres. Los que merezcan la muerte serán ejecutados por sus propios delitos.

17»Debes actuar con justicia con los huérfanos y con los extranjeros que vivan en tu tierra, y nunca aceptes la ropa de una viuda como garantía por su deuda. 18Recuerda siempre que fuiste esclavo en Egipto y que el SEÑOR tu Dios te rescató de la esclavitud. Es por eso que te doy este mandato.

19»Cuando estés juntando la cosecha y olvides un atado de grano en el campo, no regreses a buscarlo. Déjalo allí para los extranjeros, los huérfanos y las viudas. Entonces el SEÑOR tu Dios te bendecirá en todo lo que hagas. 20Cuando sacudas los olivos para que caigan las aceitunas, no pases por las mismas ramas dos veces. Deja las aceitunas que quedan en el árbol para los extranjeros, los huérfanos y las viudas. 21Cuando coseches las uvas de tu viñedo, no repases las vides. Deja los racimos que quedan para los extranjeros, los huérfanos y las viudas. 22Recuerda que fuiste esclavo en la tierra de Egipto. Es por eso que te doy este mandato.

25 »Supongamos que dos personas llevan un altercado ante el tribunal, y los jueces declaran que una tiene razón y que la otra está equivocada. 2Si a la persona que está equivocada la condenan a ser azotada, el juez deberá ordenarle que se ponga en el piso y reciba, en su presencia, la cantidad de azotes correspondientes al delito que cometió. 3Pero nunca le den más de cuarenta azotes; más de cuarenta azotes sería una humillación pública para tu hermano israelita.

4»No le pongas bozal al buey para impedirle que coma mientras trilla el grano.

5»Si dos hermanos viven en una misma propiedad, y uno de ellos muere sin tener un hijo varón, la viuda no podrá casarse con alguien que no sea de la familia. En cambio, el hermano de su esposo tendrá que casarse y tener relaciones sexuales con ella para cumplir con los deberes de un cuñado. 6Al primer hijo varón que ella tenga de esa relación se le considerará hijo del hermano fallecido, para que su nombre no sea olvidado en Israel.

7»Sin embargo, si el hombre se niega a casarse con la viuda de su hermano, ella deberá ir a la puerta de la ciudad y decirles a los ancianos allí reunidos: "El hermano de mi esposo se niega a preservar el nombre de su hermano en Israel: se niega a cumplir con los deberes de un cuñado al no casarse conmigo". 8Entonces los ancianos de la ciudad lo llamarán y hablarán con él. Si aun así se niega y dice: "No quiero casarme con ella", 9la viuda se acercará a él en presencia de los ancianos, le quitará la sandalia del pie y le escupirá la cara. Luego declarará: "Esto es lo que le pasa a un hombre que se niega a darle hijos a su hermano". 10A partir de entonces, todo Israel se referirá a su familia como "¡la familia del hombre al que le quitaron la sandalia!".

11»Si dos israelitas se enredan en una pelea, y la mujer de uno de ellos trata de rescatar a su marido agarrando al otro hombre de los testículos, 12tendrás que cortarle la mano. No le muestres compasión.

13»Usa balanzas exactas cuando tengas que pesar mercadería, 14y que tus medidas sean completas y legítimas. 15Así es, usa siempre pesas y medidas legítimas para que disfrutes de una larga vida en la tierra que el SEÑOR tu Dios te da. 16Todo el que engaña con pesas y medidas falsas es detestable a los ojos del SEÑOR tu Dios.

17»Nunca te olvides de lo que los amalecitas te hicieron cuando salías de Egipto. 18Te atacaron cuando estabas cansado y agotado, e hirieron de muerte a los más débiles que se habían quedado atrás. No tuvieron temor de Dios. 19Por lo tanto, cuando el SEÑOR tu Dios te haya dado descanso de todos tus enemigos en la tierra que te da como preciada posesión, destruirás a los amalecitas y borrarás su memoria de la faz de la tierra. ¡No lo olvides nunca!

Diezmos y ofrendas de las cosechas

26 »Cuando entres en la tierra que el SEÑOR tu Dios te da como preciada posesión y la conquistes y te establezcas en ella, 2coloca una parte de las primicias de cada cosecha en una canasta y llévala al lugar de adoración designado, el lugar que el SEÑOR tu Dios elija para que su nombre sea honrado. 3Preséntate al sacerdote que esté a cargo en ese momento y dile: "Con esta ofrenda reconozco ante el SEÑOR su Dios que he entrado en la tierra que él juró a nuestros antepasados que nos daría". 4Entonces el sacerdote tomará la canasta de tus manos y la colocará frente al altar del SEÑOR tu Dios.

5»En la presencia del SEÑOR tu Dios tendrás que decir: "Mi antepasado Jacob era un arameo errante que fue a vivir como extranjero a Egipto. Su familia era poco numerosa cuando llegó, pero en Egipto creció hasta volverse una nación grande y poderosa. 6Cuando los egipcios nos oprimieron y nos humillaron al hacernos sus esclavos, 7nosotros clamamos al SEÑOR, Dios de nuestros antepasados. Él oyó nuestro clamor y vio las privaciones, el trabajo pesado y la opresión que pasábamos. 8Y así el SEÑOR nos sacó de Egipto con mano fuerte y brazo poderoso, con terror aplastante y con señales milagrosas y con maravillas. 9¡Nos trajo hasta este lugar y nos dio esta tierra donde fluyen la leche y la miel! 10Y ahora, oh SEÑOR, te traigo las primicias de las cosechas que me has dado de la tierra". Luego coloca las primicias ante el SEÑOR tu Dios y póstrate ante él en adoración. 11Después podrás irte y celebrar por todas las cosas buenas que el SEÑOR tu Dios te haya dado a ti y a los de tu casa. No te olvides de incluir en la celebración a los levitas y a los extranjeros que vivan en medio de ti.

12»Cada tres años, tienes que ofrecer un diezmo especial de tus cosechas. Ese año del diezmo especial, todos los diezmos serán para los levitas, los extranjeros, los huérfanos y las viudas, para que tengan suficiente comida en tus ciudades. 13Entonces, en la presencia del SEÑOR tu Dios, tendrás que declarar: "Tomé la ofrenda sagrada de mi hogar y se la entregué a los levitas, a los extranjeros, a los huérfanos y a las viudas, tal como me lo ordenaste. No desobedecí ni olvidé ninguno de tus mandatos. 14No comí nada de esta ofrenda mientras estuve de luto; no la toqué cuando estuve ceremonialmente impuro; no ofrecí ninguna porción a los muertos. Obedecí al SEÑOR mi Dios e hice todo lo que me ordenaste. 15Ahora, mira desde tu morada en el cielo y bendice a tu pueblo Israel y a esta tierra que juraste a nuestros antepasados que nos darías, una tierra donde fluyen la leche y la miel".

Referencias cruzadas **25:4** 1 Tm 5:18 **25:5** Lc 20:28 **26:15** Za 2:13

¡Respuestas Bíblicas! 36 ¿Qué era "el diezmo" y para qué era usado?

26:12 El diezmo de diez es uno y el de cien es diez y era la parte que todos los israelitas guardaban para que los levitas se encargaran de la vida espiritual del pueblo. En el tercer año, el diezmo era guardado en cada ciudad y usado para alimentar a los pobres.

Un llamado a obedecer los mandatos del SEÑOR

16»Hoy el SEÑOR tu Dios te ordena obedecer todos sus
decretos y ordenanzas. Así que asegúrate de obedecerlos
de todo corazón. 17Tú has declarado hoy que el SEÑOR es
tu Dios y has prometido andar en sus caminos y obedecer
sus decretos, mandatos y ordenanzas, y hacer todo lo que
él te diga. 18El SEÑOR ha declarado hoy que tú eres su pue-
blo, su tesoro especial, tal como lo prometió, y que debes
obedecer todos sus mandatos. 19Si lo haces, él te pondrá
muy por encima de todas las otras naciones que creó. Entonces recibirás alabanza, honra y fama. Serás una nación santa para el SEÑOR tu Dios, tal como lo prometió».

El altar sobre el monte Ebal

27 Entonces Moisés y los líderes de Israel le dieron al pueblo la siguiente orden: «Obedece todos los
mandatos que te entrego hoy. 2Cuando cruces el río Jor-
dán y entres en la tierra que el SEÑOR tu Dios te da, erige
algunas piedras grandes y recúbrelas con yeso. 3Escribe
en ellas todo este conjunto de instrucciones una vez que hayas cruzado el río para entrar en la tierra que el SEÑOR tu Dios te da, una tierra donde fluyen la leche y la miel, tal como te prometió el SEÑOR, Dios de tus antepasados.
4Después de cruzar el Jordán, erige esas piedras en el monte Ebal y recúbrelas con yeso, tal como te ordeno hoy.
5»Luego edifica allí un altar al SEÑOR tu Dios con pie-
dras enteras y en su forma original. No des forma a las pie-
dras con ninguna herramienta de hierro. 6Edifica el altar
con esas piedras sin labrar y úsalo para presentar ofrendas
quemadas al SEÑOR tu Dios. 7También sacrifica allí ofren-
das de paz y celebra, ante el SEÑOR tu Dios, comiendo
hasta quedar satisfecho. 8Escribe con claridad todas estas
instrucciones sobre las piedras cubiertas de yeso».
9Luego Moisés y los sacerdotes levitas se dirigieron
al pueblo con las siguientes palabras: «¡Escucha en si-
lencio, oh Israel! Hoy te has convertido en el pueblo del
SEÑOR tu Dios. 10Por lo tanto, obedece al SEÑOR tu Dios
cumpliendo todos los mandatos y los decretos que te entrego hoy».

Maldiciones desde el monte Ebal

11Ese mismo día, Moisés también le dio al pueblo la si-
guiente orden: 12«Cuando cruces el río Jordán, las tri-
bus de Simeón, de Leví, de Judá, de Isacar, de José y de
Benjamín subirán al monte Gerizim para proclamar una
bendición sobre el pueblo. 13Y las tribus de Rubén, de
Gad, de Aser, de Zabulón, de Dan y de Neftalí subirán al monte Ebal y proclamarán una maldición.
14»Entonces los levitas dirán con voz potente a todo el pueblo de Israel:

15"Maldito todo el que talle o funda un ídolo y lo erija en secreto. Esos ídolos, productos de artesanos, son detestables al SEÑOR".

Y todo el pueblo responderá: "¡Amén!".

16"Maldito todo el que deshonre a su padre o a su madre".

Y todo el pueblo responderá: "¡Amén!".

17"Maldito todo el que robe terreno a su vecino cambiando de lugar los límites de su propiedad".

Y todo el pueblo responderá: "¡Amén!".

18"Maldito todo el que desvíe a un ciego de su camino".

Y todo el pueblo responderá: "¡Amén!".

19"Maldito todo el que se niegue a hacer justicia al extranjero, al huérfano o a la viuda".

Y todo el pueblo responderá: "¡Amén!".

20"Maldito todo el que tenga relaciones sexuales con alguna esposa de su padre, porque ese acto es una deshonra al padre".

Y todo el pueblo responderá: "¡Amén!".

21"Maldito todo el que tenga relaciones sexuales con un animal".

Y todo el pueblo responderá: "¡Amén!".

22"Maldito todo el que tenga relaciones sexuales con su hermana, tanto por parte de padre como de madre".

Y todo el pueblo responderá: "¡Amén!".

23"Maldito todo el que tenga relaciones sexuales con su suegra".

Y todo el pueblo responderá: "¡Amén!".

24"Maldito todo el que ataque a su vecino en secreto".

Y todo el pueblo responderá: "¡Amén!".

25"Maldito todo el que acepte un pago para matar a un inocente".

Y todo el pueblo responderá: "¡Amén!".

26"Maldito todo el que no acepte ni obedezca las condiciones de estas instrucciones".

Y todo el pueblo responderá: "¡Amén!".

¡Respuestas Bíblicas! 37 ¿Cuál es el resultado de ser un pueblo que obedece a Dios?

28:1-10 Dios premia la obediencia con bendición. El resultado de obedecerle es bienestar para nosotros y nuestros seres queridos.

Bendiciones por la obediencia

28 »Si obedeces al SEÑOR tu Dios en todo y cumples cuidadosamente sus mandatos que te entrego hoy, el SEÑOR tu Dios te pondrá por encima de todas las

Referencias cruzadas **27:2-4** Jos 8:30-32 **27:26** Ga 3:10

demás naciones del mundo. 2Si obedeces al Señor tu
Dios, recibirás las siguientes bendiciones:

3 Tus ciudades y tus campos
serán benditos.
4 Tus hijos y tus cosechas
serán benditos.
Las crías de tus rebaños y manadas
serán benditas.
5 Tus canastas de fruta y tus paneras
serán benditas.
6 Vayas donde vayas y en todo lo que hagas,
serás bendito.

7»El Señor vencerá a tus enemigos cuando te ataquen.
¡Saldrán a atacarte de una sola dirección, pero se dispersarán por siete!
8»El Señor te asegurará bendición en todo lo que
hagas y llenará tus depósitos con granos. El Señor tu
Dios te bendecirá en la tierra que te da.
9»Si obedeces los mandatos del Señor tu Dios y andas
en sus caminos, el Señor te confirmará como su pueblo
santo, tal como juró que haría. 10Entonces todas las naciones del mundo verán que eres el pueblo elegido por el
Señor y quedarán asombradas ante ti.
11»El Señor te dará prosperidad en la tierra que les juró
a tus antepasados que te daría, te bendecirá con muchos
hijos, gran cantidad de animales y cosechas abundantes.
12El Señor enviará lluvias en el tiempo oportuno desde
su inagotable tesoro en los cielos y bendecirá todo tu trabajo. Tú prestarás a muchas naciones, pero jamás tendrás
necesidad de pedirles prestado. 13Si escuchas los mandatos del Señor tu Dios que te entrego hoy y los obedeces
cuidadosamente, el Señor te pondrá a la cabeza y no en la
cola, y siempre estarás en la cima, nunca por debajo. 14No
te apartes de ninguno de los mandatos que te entrego hoy,
ni sigas a otros dioses ni les rindas culto.

Maldiciones por la desobediencia

15»Pero si te niegas a escuchar al Señor tu Dios y no obedeces los mandatos y los decretos que te entrego hoy,
caerán sobre ti las siguientes maldiciones y te abrumarán:

16 Tus ciudades y tus campos
serán malditos.
17 Tus canastas y tus paneras
serán malditas.
18 Tus hijos y tus cosechas
serán malditos.
Las crías de tus rebaños y manadas
serán malditas.
19 Vayas donde vayas y en todo lo que hagas,
serás maldito.

20»El propio Señor te enviará maldiciones, desorden y frustración en todo lo que hagas, hasta que por
fin quedes totalmente destruido por hacer lo malo y por
abandonarme. 21El Señor te afligirá con enfermedades
hasta acabar contigo en la tierra donde estás a punto de
entrar y que vas a poseer. 22El Señor te castigará con enfermedades degenerativas, con fiebre e inflamaciones, con
calor abrasador, con sequías y pestes en los cultivos. Esas
calamidades te perseguirán hasta la muerte. 23Arriba, los
cielos se pondrán rígidos como el bronce, y abajo, la tierra
se volverá dura como el hierro. 24El Señor convertirá en
polvo la lluvia que riega tu tierra, y el polvo caerá del cielo
hasta que quedes destruido.
25»El Señor hará que tus enemigos te derroten. ¡Tú
saldrás a atacarlos de una sola dirección, pero te dispersarás por siete! Serás un objeto de horror para todos los
reinos de la tierra. 26Tus cadáveres serán alimento para las
aves carroñeras y los animales salvajes, y no habrá nadie
allí para espantarlos.
27»El Señor te afligirá con llagas purulentas como
las de Egipto, y con tumores, con escorbuto y picazón
incurables. 28El Señor te castigará con locura, ceguera
y pánico. 29Andarás a tientas a plena luz del día como
un ciego que palpa en la oscuridad, pero no encontrarás
la senda. Te oprimirán y te asaltarán constantemente, y
nadie vendrá en tu ayuda.
30»Estarás comprometido para casarte, pero otro se
acostará con tu prometida. Construirás una casa, pero otro
vivirá en ella. Plantarás un viñedo, pero nunca aprovecharás sus frutos. 31Verás descuartizar a tu buey delante de
tus ojos, pero no comerás ni un solo bocado de la carne. Te
quitarán el burro y nunca más te lo devolverán. Entregarán
tus ovejas y cabras al enemigo, y nadie saldrá a ayudarte.
32Presenciarás el momento en el que se lleven a tus hijos
e hijas como esclavos. Se te partirá el corazón por ellos,
pero no podrás hacer nada para ayudarlos. 33Una nación
extranjera y totalmente desconocida se comerá las cosechas por las que tanto trabajaste. Sufrirás una opresión
constante y un trato cruel. 34Te volverás loco al ver todas
las calamidades que te rodean. 35El Señor te cubrirá las
rodillas y las piernas con llagas incurables. De hecho, te
llenarás de llagas desde la cabeza hasta los pies.
36»El Señor te desterrará junto con tu rey, te hará vivir
en una nación que ni tú ni tus antepasados conocían. Allí,
en el destierro, ¡rendirás culto a dioses de madera y de
piedra! 37Serás un objeto de horror, de ridículo y de burla
frente a todas las naciones donde el Señor te envíe.
38»Plantarás mucho pero cosecharás poco, porque las
langostas se comerán tus cultivos. 39Plantarás viñedos y
los cuidarás, pero no beberás el vino ni comerás las uvas,
porque los gusanos destruirán las vides. 40Cultivarás olivos en todo tu territorio pero nunca podrás usar el aceite
de la oliva, porque el fruto caerá antes de que madure.
41Tendrás hijos e hijas pero los perderás, porque los tomarán prisioneros y los llevarán al cautiverio. 42Enjambres de
insectos destruirán tus árboles y tus cultivos.
43»Los extranjeros que vivan en medio de ti se harán
cada vez más poderosos, mientras que tú con el tiempo
te irás debilitando. 44Ellos te prestarán dinero, pero tú
no tendrás para prestarles a ellos. ¡Ellos serán la cabeza
y tú serás la cola!
45»Si te niegas a escuchar al Señor tu Dios y a obedecer los mandatos y los decretos que él te ha dado, todas
esas maldiciones te perseguirán y te alcanzarán hasta que
quedes destruido. 46Esos horrores serán una señal de advertencia permanente para ti y tus descendientes. 47Si no
sirves al Señor tu Dios con alegría y entusiasmo por la
gran cantidad de beneficios que has recibido, 48servirás a
los enemigos que el Señor enviará contra ti. Pasarás hambre y sed, andarás desnudo y carente de todo. El Señor te
pondrá sobre el cuello un yugo de hierro que te oprimirá
severamente hasta destruirte.

Referencias cruzadas **28:6** Sal 121:8 **28:14** Dt 5:32-33 **28:35** Jb 2:7

49»Desde un extremo de la tierra, el SEÑOR traerá contra ti a una nación lejana que te caerá encima como un buitre en picada. Es una nación que habla un idioma que tú no comprendes, 50un pueblo cruel y feroz que no muestra respeto por los ancianos ni piedad por los niños. 51Sus ejércitos devorarán tus animales y tus cultivos, y tú quedarás destruido. No dejarán ninguna clase de grano, ni vino nuevo, ni aceite de oliva, ni terneros, ni corderos, y te morirás de hambre. 52Atacarán tus ciudades hasta derribar todas las murallas fortificadas de tu territorio, esos muros en los que confiabas para protegerte. Atacarán todas las ciudades de la tierra que el SEÑOR tu Dios te ha dado.

53»El estado de sitio y la terrible aflicción del ataque enemigo serán tan insoportables que terminarás comiéndote la carne de tus propios hijos e hijas, aquellos que el SEÑOR tu Dios te dio. 54El más tierno y compasivo de tus hombres no tendrá piedad de su propio hermano ni de su amada esposa ni de sus hijos sobrevivientes. 55Se negará a compartir con ellos la carne que esté devorando —la carne de uno de sus propios hijos— porque no tendrá otra cosa para comer durante el estado de sitio y la terrible aflicción que tu enemigo impondrá en todas tus ciudades. 56La más tierna y delicada de tus mujeres —tan delicada que sería incapaz de pisar el suelo con la planta de su pie— se volverá egoísta con su esposo, a quien ama, y con sus propios hijos e hijas. 57Después de dar a luz, esconderá de ellos la placenta y al bebé recién nacido para comérselos ella sola. No tendrá otra cosa que comer durante el estado de sitio y la terrible aflicción que tu enemigo impondrá en todas tus ciudades.

58»Si te niegas a obedecer todas las palabras de instrucción que están escritas en este libro y no temes el nombre glorioso e imponente del SEÑOR tu Dios, 59el SEÑOR te abrumará con plagas indescriptibles a ti y a tus hijos. Esas plagas serán intensas y sin alivio, te harán desgraciado y te dejarán terriblemente enfermo. 60Él te afligirá con todas las enfermedades de Egipto que tanto temías, y no tendrás alivio. 61El SEÑOR te afligirá hasta destruirte con todas las enfermedades y las plagas que existen, aun con las que no se mencionan en este libro de instrucción. 62Aunque te multipliques tanto como las estrellas del cielo, quedarás reducido a unos cuantos, porque no quisiste escuchar al SEÑOR tu Dios.

63»Así como el SEÑOR se deleitaba en prosperarte y en multiplicarte, ahora el SEÑOR se deleitará en destruirte. Serás arrancado de la tierra donde estás a punto de entrar y que vas a poseer. 64Pues el SEÑOR te dispersará por todas las naciones, desde un extremo de la tierra hasta el otro. Allí rendirás culto a dioses ajenos que ni tú ni tus antepasados conocían, ¡dioses de madera y de piedra! 65En medio de esas naciones, no encontrarás paz ni lugar de descanso. Allí el SEÑOR hará que te tiemble el corazón, que te falle la vista y que tu alma desfallezca. 66Tu vida siempre penderá de un hilo; día y noche vivirás con miedo, sin ninguna seguridad de sobrevivir. 67Por la mañana dirás: "¡Si tan solo fuera de noche!", y al oscurecer dirás: "¡Si tan solo fuera de día!". Pues te aterrarás al ver los horrores espantosos que habrá a tu alrededor. 68Luego el SEÑOR te enviará en barcos de regreso a Egipto, el lugar que prometí que nunca volverías a ver. Allí tratarás de venderte como esclavo a tus enemigos, pero nadie querrá comprarte».

29

1*Estas son las condiciones del pacto que el SEÑOR le encomendó a Moisés que hiciera con los israelitas cuando estaban en la tierra de Moab, además del pacto que había hecho con ellos en el monte Sinaí.*

Moisés repasa el pacto

2*Entonces Moisés convocó a todo el pueblo de Israel y le dijo: «Tú has visto con tus propios ojos todo lo que el SEÑOR hizo en la tierra de Egipto, tanto al faraón como a todos sus sirvientes y al resto del país; 3presenciaste las grandes demostraciones de su fuerza, las señales asombrosas y los milagros sorprendentes. 4¡Pero hasta el día de hoy, el SEÑOR no te ha dado mente para comprender ni ojos para ver ni oídos para oír! 5Durante cuarenta años te guie por el desierto, sin embargo, ni tu ropa ni tus sandalias se gastaron. 6No comiste pan ni bebiste vino ni otra bebida alcohólica, pero él suplió tus necesidades para que supieras que él es el SEÑOR tu Dios.

7»Cuando llegamos aquí, Sehón, rey de Hesbón, y Og, rey de Basán, salieron a pelear contra nosotros, pero los derrotamos. 8Nos apoderamos de su tierra y se la dimos a la tribu de Rubén y a la de Gad y a la media tribu de Manasés como su porción de la tierra.

9»Por lo tanto, obedece las condiciones de este pacto para que prosperes en todo lo que hagas. 10Hoy, cada uno de ustedes —los jefes de las tribus, los ancianos, los jefes y todos los hombres de Israel— está en la presencia del SEÑOR su Dios. 11Tus esposas y tus pequeños están contigo, al igual que los extranjeros que viven en medio de ti, quienes cortan tu leña y llevan tu agua. 12Hoy estás aquí para hacer un pacto con el SEÑOR tu Dios. El SEÑOR es quien hace ese pacto, que incluye las maldiciones. 13Hoy, al hacer el pacto, él te confirmará como su pueblo y te reafirmará que él es tu Dios, tal como te lo prometió a ti y se lo juró a tus antepasados Abraham, Isaac y Jacob.

14»Pero no es solo contigo que hago este pacto con sus maldiciones. 15Lo hago tanto contigo, que hoy estás en la presencia del SEÑOR tu Dios, como también con las generaciones futuras, que no están aquí hoy.

16»Tú recuerdas cómo vivíamos en la tierra de Egipto y cómo anduvimos por el territorio de naciones enemigas cuando salimos de allí. 17Tú viste las prácticas detestables de esas naciones y sus ídolos* de madera, de piedra, de plata y de oro. 18Hago este pacto contigo, para que nadie —hombre o mujer, clan o tribu— se aparte del SEÑOR nuestro Dios para rendir culto a esos dioses de otras naciones, y para que ninguna raíz produzca frutos amargos y venenosos en medio de ti.

19»Los que oyen las advertencias de esta maldición no deberían confiarse demasiado y pensar: "Estoy a salvo, a pesar de que sigo los deseos de mi corazón terco". ¡Eso los llevaría a la ruina total! 20Y el SEÑOR jamás perdonará a los que piensan así. Por el contrario, su enojo y su celo arderán contra ellos. Les caerán encima todas las maldiciones escritas en este libro, y el SEÑOR borrará sus nombres de la faz de la tierra. 21El SEÑOR los apartará de las demás tribus de Israel para echar sobre ellos todas las maldiciones del pacto registradas en este libro de instrucción.

22»Entonces las generaciones futuras, tanto tus

***Notas textuales** **29:1a** El versículo 29:1 corresponde al 28:69 en el texto hebreo. **29:1b** En hebreo *Horeb*, otro nombre para Sinaí. **29:2** Los versículos del 29:2-29 corresponden al 29:1-28 en el texto hebreo. **29:17** El término hebreo (literalmente *cosas redondas*) probablemente se refiere al estiércol.

Referencias cruzadas **28:49-52** So 1:14-15 **28:66** Hb 10:27 **29:4** Rm 11:8

descendientes como los extranjeros que vengan de tierras lejanas, verán la devastación de tu tierra y las enfermedades con las que el SEÑOR la aflige. 23Exclamarán: "Toda esta tierra quedó devastada con azufre y sal. Es una tierra baldía, sin cultivos, donde no crece nada, ni siquiera un tallo de pasto. Es como las ciudades de Sodoma y Gomorra, Adma y Zeboim, las cuales el SEÑOR destruyó en su intenso enojo".

24»Todas las naciones vecinas preguntarán: "¿Por qué el SEÑOR afligió así a esa tierra? ¿Por qué se enojó tanto?".

25»Y la respuesta será: "Sucedió porque el pueblo de esa tierra abandonó el pacto que el SEÑOR, Dios de sus antepasados, hizo con ellos cuando los sacó de la tierra de Egipto. 26En cambio, se apartaron de él para servir y rendir culto a dioses que no conocían, dioses que no provenían del SEÑOR. 27Por esa razón, el enojo del SEÑOR ardió contra esa tierra y cayeron sobre ella cada una de las maldiciones registradas en este libro. 28¡Con gran enojo y furia, el SEÑOR desarraigó a su propio pueblo de la tierra y lo desterró a otra nación, donde ellos viven hasta el día de hoy!".

29»El SEÑOR nuestro Dios tiene secretos que nadie conoce. No se nos pedirá cuenta de ellos. Sin embargo, nosotros y nuestros hijos somos responsables por siempre de todo lo que se nos ha revelado, a fin de que obedezcamos todas las condiciones de estas instrucciones.

Un llamado a volver al SEÑOR

30 »En el futuro, cuando experimentes todas las bendiciones y las maldiciones que te detallé y estés viviendo entre las naciones a las que el SEÑOR tu Dios te haya desterrado, toma muy en serio todas estas instrucciones. 2Si en aquel tiempo, tú y tus hijos regresan al SEÑOR tu Dios, y si obedecen con todo el corazón y con toda el alma los mandatos que te entrego hoy, 3entonces el SEÑOR tu Dios te devolverá tu bienestar. Tendrá misericordia de ti y te volverá a reunir de entre todas las naciones por donde te dispersó. 4Aunque estés desterrado en los extremos de la tierra,* el SEÑOR tu Dios te traerá de allí y te reunirá nuevamente. 5El SEÑOR tu Dios te hará volver a la tierra que perteneció a tus antepasados, y será tuya de nuevo. ¡Entonces te hará aún más próspero y numeroso que tus antepasados!

6»El SEÑOR tu Dios cambiará tu corazón* y el de tus descendientes, para que lo ames con todo el corazón y con toda el alma, y para que tengas vida. 7El SEÑOR tu Dios impondrá todas esas maldiciones a tus enemigos y a los que te odian y te persiguen. 8Así volverás a obedecer al SEÑOR y cumplirás todos sus mandatos, los que yo te entrego hoy.

9»Entonces el SEÑOR tu Dios te prosperará en todo lo que hagas. Te dará muchos hijos, una gran cantidad de animales y hará que tus campos produzcan cosechas abundantes, porque el SEÑOR volverá a deleitarse en ser bondadoso contigo como lo fue con tus antepasados. 10El SEÑOR tu Dios se deleitará en ti si obedeces su voz y cumples los mandatos y los decretos escritos en este libro de instrucción, y si te vuelves al SEÑOR tu Dios con todo tu corazón y con toda tu alma.

Elección de vida o muerte

11»Este mandato que te entrego hoy no es demasiado difícil para ti ni está fuera de tu alcance. 12No está guardado en los cielos, tan distante para que tengas que preguntar: "¿Quién subirá al cielo y lo bajará para que podamos oírlo y obedecer?". 13Tampoco está guardado más allá del mar, tan lejos para que tengas que preguntar: "¿Quién cruzará el mar y lo traerá para que podamos oírlo y obedecer?". 14Por el contrario, el mensaje está muy al alcance de la mano; está en tus labios y en tu corazón para que puedas obedecerlo.

15»¡Ahora escucha! En este día, te doy a elegir entre la vida y la muerte, entre la prosperidad y la calamidad. 16Pues hoy te ordeno que ames al SEÑOR tu Dios y cumplas sus mandatos, decretos y ordenanzas andando en sus caminos. Si lo haces, vivirás y te multiplicarás, y el SEÑOR tu Dios te bendecirá a ti y también a la tierra donde estás a punto de entrar y que vas a poseer.

17»Sin embargo, si tu corazón se aparta y te niegas a escuchar, y si te dejas llevar a servir y rendir culto a otros dioses, 18entonces te advierto desde ya que sin duda serás destruido. No tendrás una buena y larga vida en la tierra que ocuparás al cruzar el Jordán.

19»Hoy te he dado a elegir entre la vida y la muerte, entre bendiciones y maldiciones. Ahora pongo al cielo y a la tierra como testigos de la decisión que tomes. ¡Ay, si eligieras la vida, para que tú y tus descendientes puedan vivir! 20Puedes elegir esa opción al amar, al obedecer y al comprometerte firmemente con el SEÑOR tu Dios. Esa* es la clave para tu vida. Y si amas y obedeces al SEÑOR, vivirás por muchos años en la tierra que el SEÑOR juró dar a tus antepasados Abraham, Isaac y Jacob».

Josué se convierte en el líder de Israel

31 Cuando Moisés terminó de dar esas instrucciones* a todo el pueblo de Israel, 2dijo: «Ya tengo ciento veinte años y no puedo seguir guiándote. El SEÑOR me dijo: "No cruzarás el río Jordán". 3Sin embargo, el SEÑOR tu Dios sí cruzará delante de ti. Él destruirá a las naciones que viven allí, y tú tomarás posesión de esa tierra. Josué te guiará para cruzar el río, tal como el SEÑOR prometió.

4»El SEÑOR destruirá a las naciones que viven en esa tierra, tal como destruyó a Sehón y a Og, los reyes de los amorreos. 5El SEÑOR te entregará a los que viven allí, y tú tendrás que hacer con ellos lo que te ordené. 6¡Así que sé fuerte y valiente! No tengas miedo ni sientas pánico frente a ellos, porque el SEÑOR tu Dios, él mismo irá delante de ti. No te fallará ni te abandonará».

7Luego Moisés mandó llamar a Josué y, en presencia de todo Israel, le dijo: «¡Sé fuerte y valiente! Pues tú guiarás a este pueblo a la tierra que el SEÑOR juró a sus antepasados que les daría. Tú serás quien la repartirá entre ellos y se la darás como sus porciones de tierra. 8No temas ni te desalientes, porque el propio SEÑOR irá delante de ti. Él estará contigo; no te fallará ni te abandonará».

Lectura pública del libro de instrucción

9Entonces Moisés escribió en un libro todo el conjunto de instrucciones y se lo dio a los sacerdotes que llevaban el arca del pacto del SEÑOR y a los ancianos de Israel. 10Luego Moisés les dio la siguiente orden: «Al final de cada séptimo año —el año de liberación— y durante el

***Notas textuales** **30:4** En hebreo *de los cielos*. **30:6** En hebreo *circuncidará tu corazón*. **30:20** O *Él*. **31:1** Así aparece en los Rollos del mar Muerto y en la versión griega; el texto masorético dice *Moisés fue y habló*.

Referencias cruzadas **29:29** Hch 1:7; 17:11 **30:3** Jn 11:51-52 **30:5** Jn 11:51-52 **30:14** Rm 10:6-8 **31:6, 8** Hb 13:5

Festival de las Enramadas, [11]leerán este libro de instrucción a todo el pueblo de Israel cuando se reúna ante el Señor su Dios en el lugar que él elija. [12]Convoquen a todos —a hombres, mujeres, niños y a los extranjeros que vivan en sus ciudades— para que oigan lo que dice el libro de instrucción y aprendan a temer al Señor su Dios y a obedecer cuidadosamente todas las condiciones de estas instrucciones. [13]Háganlo para que sus hijos que no saben nada de estas instrucciones, las oigan y aprendan a temer al Señor su Dios. Háganlo mientras vivan en la tierra que van a poseer al cruzar el Jordán».

¡Respuestas Bíblicas! 38 ¿Por qué Moisés eligió a Josué como el nuevo líder de Israel?

31:14 Fue Dios quien eligió a Josué y sabemos que era un guerrero valiente y obediente que no se asustó cuando Moisés le envió a ser espía en la tierra prometida.

Predicción de la desobediencia de Israel

[14]Luego el Señor le dijo a Moisés: «Ha llegado la hora de tu muerte. Llama a Josué y preséntate con él en el tabernáculo* para entregarle mi encargo a Josué allí». Entonces Moisés y Josué fueron y se presentaron en el tabernáculo. [15]Así que el Señor se les apareció en una columna de nube que se detuvo en la entrada de la carpa sagrada.

[16]El Señor le dijo a Moisés: «Estás por morir y vas a reunirte con tus antepasados. Cuando ya no estés aquí, los israelitas comenzarán a rendir culto a dioses ajenos, los dioses de la tierra a la cual se dirigen. Me abandonarán y romperán el pacto que hice con ellos. [17]Entonces mi enojo arderá contra ellos. Los abandonaré, esconderé mi rostro de ellos, y serán devorados. Pasarán terribles dificultades y, en aquel día, dirán: "¡Estas calamidades nos han ocurrido porque Dios ya no está entre nosotros!". [18]En esos días esconderé mi rostro de ellos debido a toda la maldad que cometen al rendir culto a otros dioses.

[19]»Por lo tanto, escribe este canto y enséñalo a los israelitas. Ayúdalos a que lo aprendan, para que me sirva de testigo contra ellos. [20]Pues los haré entrar en la tierra que juré dar a sus antepasados, una tierra donde fluyen la leche y la miel. Allí llegarán a ser prósperos, comerán todo lo que quieran y engordarán. Pero comenzarán a rendir culto a otros dioses; me despreciarán y romperán mi pacto. [21]Entonces cuando les ocurran grandes calamidades, este canto servirá de prueba en su contra, porque sus descendientes jamás lo olvidarán. Yo conozco las intenciones de este pueblo, incluso ahora que todavía no han entrado en la tierra que prometí darles».

[22]Así que, ese mismo día, Moisés escribió el canto y lo enseñó a los israelitas.

[23]Luego el Señor encargó a Josué, hijo de Nun, con las siguientes palabras: «Sé fuerte y valiente porque tendrás que llevar al pueblo de Israel a la tierra que juré darles. Yo estaré contigo».

[24]Cuando Moisés terminó de escribir todo el conjunto de instrucciones en un libro, [25]les dio la siguiente orden a los levitas que llevaban el arca del pacto del Señor: [26]«Tomen este libro de instrucción y pónganlo al lado del arca del pacto del Señor su Dios, para que quede allí como testigo contra ustedes, los israelitas. [27]Pues yo sé lo rebeldes y tercos que son. Incluso ahora que todavía sigo vivo y estoy con ustedes, se han rebelado contra el Señor. ¡Cuánto más rebeldes se pondrán después de mi muerte!

[28]»Llamen ahora a todos los ancianos y a los funcionarios de las tribus, para que les hable directamente y ponga al cielo y a la tierra como testigos en su contra. [29]Yo sé que después de mi muerte ustedes se corromperán por completo y se apartarán del camino que les ordené seguir. En los días futuros, les vendrán calamidades porque harán lo malo a los ojos del Señor y lo enojarán mucho con sus acciones».

El canto de Moisés

[30]Entonces Moisés recitó el canto entero en presencia de toda la congregación de Israel:

32 «¡Escuchen, oh cielos, y hablaré!
¡Oye, oh tierra, las palabras que digo!
2 Que mi enseñanza caiga sobre ustedes como lluvia;
que mi discurso se asiente como el rocío.
Que mis palabras caigan como lluvia sobre pastos suaves,
como llovizna delicada sobre plantas tiernas.
3 Proclamaré el nombre del Señor;
¡qué glorioso es nuestro Dios!
4 Él es la Roca; sus obras son perfectas.
Todo lo que hace es justo e imparcial.
Él es Dios fiel; nunca actúa mal.
¡Qué justo y recto es él!

5 »Pero ellos se comportaron de manera corrupta con él;
cuando actúan con tanta perversión,
¿son realmente sus hijos?*
Son una generación engañosa y torcida.
6 ¿Es así como le pagas al Señor,
pueblo necio y sin entendimiento?
¿No es él tu Padre, quien te creó?
¿Acaso no te formó y te estableció?
7 Recuerda los días pasados;
piensa en las generaciones anteriores.
Pregúntale a tu padre, y él te informará.
Averigua con los ancianos, y ellos te contarán.
8 Cuando el Altísimo asignó territorios a las naciones,
cuando dividió a la raza humana,
fijó los límites de los pueblos
según el número de su corte celestial.*

9 »Pues el pueblo de Israel pertenece al Señor;
Jacob es su posesión más preciada.
10 Él lo encontró en un desierto,
en un páramo vacío y ventoso.
Lo rodeó y lo cuidó;
lo protegió como a sus propios ojos.*
11 Como un águila que aviva a sus polluelos
y revolotea sobre sus crías,
así desplegó sus alas para tomarlo y alzarlo

***Notas textuales** **31:14** En hebreo *en la carpa de reunión*; también en 31:14b. **32:5** El significado del hebreo es incierto. **32:8** Así aparece en los Rollos del mar Muerto, que dicen *el número de los hijos de Dios,* y en la versión griega, que dice *el número de los ángeles de Dios*; el texto masorético dice *el número de los hijos de Israel.* **32:10** En hebreo *como a la niña de sus ojos.*

y llevarlo a salvo sobre sus plumas.
12 El SEÑOR, él solo, lo guio;
el pueblo no siguió a dioses ajenos.
13 Él lo dejó cabalgar sobre tierras altas
y saciarse con las cosechas de los campos.
Lo nutrió con miel de la roca
y con aceite de oliva de los pedregales.
14 Lo alimentó con yogur* de la manada
y leche del rebaño,
y también con la grasa de los corderos.
Le dio de los mejores carneros de Basán y cabras,
junto con el trigo más selecto.
Bebiste el vino más fino,
elaborado con el jugo de las uvas.

15 »Pero Israel* pronto engordó y se volvió rebelde;
¡el pueblo aumentó de peso, se puso gordo y relleno!
Entonces abandonó a Dios, quien lo había creado;
se burló de la Roca de su salvación.
16 Lo provocó a celos al rendir culto a dioses ajenos;
lo enfureció con sus actos detestables.
17 Ofreció sacrificios a demonios, los cuales no son Dios,
a dioses que no conocían,
a dioses nuevos y recientes,
a dioses que sus antepasados jamás temieron.
18 Descuidaste la Roca que te engendró;
te olvidaste del Dios que te dio la vida.

19 »El SEÑOR vio todo eso y se alejó de ti,
provocado al enojo por sus propios hijos e hijas.
20 Dijo: "Los abandonaré
y ya veremos cómo terminan.
Pues son una generación torcida,
hijos sin integridad.
21 Ellos despertaron mis celos al rendir culto a cosas que no son Dios;
provocaron mi enojo con sus ídolos inútiles.
Ahora yo despertaré sus celos con gente que ni siquiera es pueblo;
provocaré su enojo por medio de gentiles* insensatos.
22 Pues mi enojo arde como el fuego
y quema hasta las profundidades de la tumba.*
Devora la tierra y todos sus cultivos
y enciende hasta los cimientos de las montañas.
23 Amontonaré calamidades sobre ellos
y los derribaré con mis flechas.
24 Los debilitaré con hambre,
alta fiebre y enfermedades mortales.
Les enviaré los colmillos de bestias salvajes
y serpientes venenosas que se arrastran por el polvo.
25 Por fuera, la espada los matará,
y por adentro, el terror los carcomerá,
tanto a los muchachos como a las jovencitas,
tanto a los niños como a los ancianos.
26 Los habría aniquilado por completo,
habría borrado hasta el recuerdo de ellos,
27 pero temí la burla de los enemigos de Israel,
quienes podrían entender mal y decir:
'¡Nuestro poder ha triunfado!
¡El SEÑOR no tuvo nada que ver en eso!'"

28 »Pero Israel es una nación insensata;
su gente es necia, sin entendimiento.
29 ¡Ay, si fueran sabios y entendieran estas cosas!
¡Ay, si supieran lo que les espera!
30 ¿Cómo podría una persona perseguir a mil de ellos
y dos personas hacer huir a diez mil,
a menos que la Roca de ellos los hubiera vendido,
a menos que el SEÑOR se los hubiera entregado?
31 Pero la roca de nuestros enemigos no es como nuestra Roca,
hasta ellos mismos se dan cuenta de eso.*
32 Su vid crece de la vid de Sodoma,
de los viñedos de Gomorra.
Sus uvas son veneno,
y sus racimos son amargos.
33 Su vino es veneno de serpientes,
veneno mortal de cobras.

34 »El SEÑOR dice: "¿Acaso no estoy sellando todas esas cosas
y almacenándolas en mi cofre?
35 Yo tomaré venganza; yo les pagaré lo que se merecen.
A su debido tiempo, sus pies resbalarán.
Les llegará el día de la calamidad,
y su destino los alcanzará".

36 »Sin duda, el SEÑOR hará justicia a su pueblo
y cambiará de parecer acerca de* sus siervos,
cuando vea que ya no tienen fuerzas
y no queda nadie allí, ni siervo ni libre.
37 Y luego preguntará: "¿Dónde están sus dioses,
esas rocas a las que acudieron para refugiarse?
38 ¿Dónde están ahora los dioses
que comían la gordura de sus sacrificios
y bebían el vino de sus ofrendas?
¡Que se levanten esos dioses y los ayuden!
¡Que ellos les den refugio!
39 ¡Miren ahora, yo mismo soy Dios!
¡No hay otro dios aparte de mí!
Yo soy el que mata y el que da vida;
soy el que hiere y el que sana.
¡Nadie puede ser librado de mi mano poderosa!
40 Ahora levanto mi mano al cielo
y declaro: 'Tan cierto como que yo vivo,
41 cuando afile mi espada reluciente
y comience a hacer justicia,
me vengaré de mis enemigos
y daré su merecido a los que me rechazan.
42 Haré que mis flechas se emborrachen de sangre,
y mi espada devorará carne:
la sangre de los masacrados y cautivos,

***Notas textuales** **32:14** O *cuajada.* **32:15** En hebreo *Jesurún,* una expresión de cariño para referirse a Israel. **32:21** *Gentil[es],* que no es judío. **32:22** En hebreo *del Seol.* **32:31** El significado del hebreo es incierto. La versión griega dice *nuestros enemigos son unos tontos.* **32:36** O *y tomará venganza a favor de.*

Referencias cruzadas **32:14** Sal 147:14 **32:21** Rm 10:19 **32:36** Hb 10:30

y las cabezas de los jefes enemigos”.
43 »Alégrense con él, oh cielos,
y que lo adoren todos los ángeles de Dios.*
Alégrense con su pueblo, oh gentiles,
y que todos los ángeles se fortalezcan en él.*
Pues él vengará la sangre de sus hijos;*
cobrará venganza de sus enemigos.
Dará su merecido a los que lo odian*
y limpiará la tierra de su pueblo».

44 Entonces Moisés fue con Josué,* hijo de Nun, y recitó
todas las palabras de ese canto al pueblo.
45 Cuando Moisés terminó de recitar todas esas pala-
bras al pueblo de Israel, 46 agregó: «Toma en serio cada una
de las advertencias que te hice hoy. Transmítelas como una
orden a tus hijos, para que obedezcan cada palabra de esas
instrucciones. 47 No son palabras vacías; ¡son tu vida! Si
las obedeces, disfrutarás de muchos años en la tierra que
poseerás al cruzar el río Jordán».

Anuncio de la muerte de Moisés

48 Ese mismo día, el Señor le dijo a Moisés: 49 «Ve a Moab,
a las montañas que están al oriente del río,* y sube el
monte Nebo, que está frente a Jericó. Contempla la tierra
de Canaán, la tierra que le doy al pueblo de Israel como su
preciada posesión. 50 Entonces morirás allí, en la montaña.
Te reunirás con tus antepasados tal como tu hermano
Aarón, quien murió en el monte Hor y se reunió con sus
antepasados. 51 Pues los dos me traicionaron ante los is-
raelitas en las aguas de Meriba en Cades,* en el desierto de
Zin. Allí ustedes no le demostraron mi santidad al pueblo
de Israel. 52 Así que verás la tierra desde lejos, pero no
podrás entrar en la tierra que le doy al pueblo de Israel».

Moisés bendice al pueblo

33 La siguiente es la bendición que Moisés, hombre
de Dios, le dio al pueblo de Israel antes de morir:

2 «El Señor vino desde el monte Sinaí
y se nos* apareció en el monte Seir;
resplandeció desde el monte Parán
y llegó desde Meriba-cades
con llamas de fuego en la mano derecha.*
3 Él ama verdaderamente a su pueblo;*
todos sus santos están en sus manos.
Ellos siguen sus pasos
y aceptan sus enseñanzas.
4 Moisés nos dio la instrucción del Señor,
que es una posesión exclusiva del pueblo de
Israel.*
5 El Señor era el rey en Israel*
cuando los líderes del pueblo se reunieron,
cuando las tribus de Israel se juntaron como una
sola».

6 Moisés dijo lo siguiente sobre la tribu de Rubén:*

«Que la tribu de Rubén viva y no desaparezca,
aunque sean pocos en cantidad».

7 Moisés dijo lo siguiente sobre la tribu de Judá:

«Oh Señor, oye el clamor de Judá
y reúnelo como un solo pueblo.
Dale fuerzas para defender su causa;
ayúdalo contra sus enemigos».

8 Moisés dijo lo siguiente sobre la tribu de Leví:

«Oh Señor, has dado tu Urim y Tumim —el sorteo
sagrado—
a tus siervos fieles, los levitas.*
Los pusiste a prueba en Masá
y luchaste con ellos en las aguas de Meriba.
9 Los levitas obedecieron tu palabra
y cumplieron tu pacto.
Fueron más leales a ti
que a sus propios padres.
Ignoraron a sus parientes
y no reconocieron a sus propios
hijos.
10 Ellos enseñan tus ordenanzas a Jacob
y dan tus instrucciones a Israel.
Ofrecen incienso delante de ti
y presentan ofrendas quemadas enteras sobre el
altar.
11 Oh Señor, bendice el servicio de los levitas
y acepta todo el trabajo de sus manos.
Hiere a sus enemigos donde más les duela
y derriba a sus adversarios para que no vuelvan a
levantarse».

12 Moisés dijo lo siguiente sobre la tribu de Benjamín:

«Los de Benjamín son amados por el Señor
y viven seguros a su lado.
Él los rodea continuamente
y los protege de todo daño».

13 Moisés dijo lo siguiente sobre las tribus de José:

«Que el Señor bendiga su tierra
con el precioso regalo del rocío de los cielos
y el agua que está debajo de la tierra,
14 con los ricos frutos que maduran al sol
y las cosechas abundantes de cada mes,
15 con los mejores cultivos de las antiguas montañas
y la abundancia de las colinas eternas,
16 con lo mejor que da la tierra y su plenitud,
y el favor de aquel que apareció en la zarza
ardiente.

***Notas textuales** **32:43a** Así aparece en los Rollos del mar Muerto y en la versión griega; en el texto masorético faltan las dos primeras líneas. Comparar Hb 1:6. **32:43b** Así aparece en la versión griega; en hebreo falta esa oración. Comparar Rm 15:10. **32:43c** Así aparece en los Rollos del mar Muerto y en la versión griega; el texto masorético dice *sus siervos*. **32:43d** Así aparece en los Rollos del mar Muerto y en la versión griega; en el texto masorético falta esa línea. **32:44** En hebreo *Oseas,* otro nombre de Josué. **32:49** En hebreo *las montañas de Abarim.* **32:51** En hebreo *las aguas de Meriba-cades.* **33:2a** Así aparece en la versión griega y en la siríaca; en hebreo dice *les.* **33:2b** O *y vino de entre miles de seres santos, del sur, de sus laderas montañosas.* El significado del hebreo es incierto. **33:3** Así aparece en la versión griega; en hebreo dice *Sin duda, amante de los pueblos.* **33:4** En hebreo *de Jacob.* Los nombres «Jacob» e «Israel» a menudo son intercambiables en el Antiguo Testamento. Algunas veces hacen referencia al patriarca como individuo y otras veces a la nación. **33:5** En hebreo *en Jesurún,* una expresión de cariño para referirse a Israel. **33:6** En hebreo falta *Moisés dijo lo siguiente sobre la tribu de Rubén.* **33:8** Así aparece en la versión griega; en hebreo falta *los levitas.*

Referencias cruzadas **33:2-4** Ga 3:19

Que estas bendiciones reposen sobre la cabeza de José
y coronen la frente del príncipe entre sus hermanos.
17 José tiene la majestad de un toro joven;
tiene los cuernos de un buey salvaje.
Corneará a naciones lejanas
hasta los extremos de la tierra.
Esa es mi bendición para las multitudes de Efraín
y los millares de Manasés».

18 Moisés dijo lo siguiente sobre la tribu de Zabulón y la de Isacar:*

«Que los de Zabulón prosperen en sus viajes.
Que los de Isacar prosperen en su casa.*
19 Ellos convocan al pueblo a la montaña
para ofrecer allí los sacrificios apropiados.
Sacan provecho de las riquezas del mar
y de los tesoros escondidos en la arena».

20 Moisés dijo lo siguiente sobre la tribu de Gad:

«¡Bendito el que extiende el territorio de Gad!
Gad está agazapado allí como un león
para arrancar un brazo o una cabeza.
21 La gente de Gad se llevó la mejor tierra;
se le asignó la porción de un líder.
Cuando los líderes del pueblo se reunieron,
llevaron a cabo la justicia del Señor
y obedecieron sus ordenanzas para Israel».

22 Moisés dijo lo siguiente sobre la tribu de Dan:

«Dan es un cachorro de león
que salta desde Basán».

23 Moisés dijo lo siguiente sobre la tribu de Neftalí:

«Oh Neftalí, tú eres rico en favor
y estás lleno de las bendiciones del Señor;
que sean tuyos el occidente y el sur».

24 Moisés dijo lo siguiente sobre la tribu de Aser:

«Que Aser sea más bendito que los otros hijos,
que sea estimado por sus hermanos,
que bañe sus pies en aceite de oliva.
25 Que los cerrojos de tus puertas sean de hierro y de bronce,
que vivas protegido todos los días de tu vida».

26 «No hay nadie como el Dios de Israel.*
Él cabalga por el firmamento para ir en tu ayuda,
a través de los cielos, con majestuoso esplendor.
27 El Dios eterno es tu refugio,
y sus brazos eternos te sostienen.
Él quita al enemigo de tu paso
y grita: "¡Destrúyelo!".
28 Así que Israel vivirá a salvo;
el próspero Jacob habitará protegido
en una tierra de grano y vino nuevo,
donde los cielos dejan caer su rocío.
29 ¡Qué bendito eres, oh Israel!
¿Quién es como tú, un pueblo rescatado por el Señor?
¡Él es tu escudo protector
y tu espada triunfante!
Tus enemigos se arrastrarán ante ti,
y tú los pisotearás con fuerza sobre la espalda».

Muerte de Moisés

34 Entonces Moisés se dirigió al monte Nebo desde
las llanuras de Moab, y subió a la cumbre del
monte Pisga, que está frente a Jericó. Y el Señor le mostró
todo el territorio: desde Galaad hasta tan lejos como Dan,
2 toda la tierra de Neftalí, la tierra de Efraín y de Manasés,
toda la tierra de Judá —que se extiende hasta el mar Me-
diterráneo*—, 3 el Neguev, y el valle del Jordán junto con
Jericó —la ciudad de las palmeras— hasta Zoar. 4 Entonces
el Señor le dijo a Moisés: «Esta es la tierra que le prometí
bajo juramento a Abraham, a Isaac y a Jacob cuando dije:
"La daré a tus descendientes". Ahora te he permitido verla
con tus propios ojos, pero no entrarás en ella».
5 Así que Moisés, siervo del Señor, murió allí, en la
tierra de Moab, tal como el Señor había dicho. 6 El Señor
lo enterró* en un valle cercano a Bet-peor, en Moab, pero
nadie conoce el lugar exacto hasta el día de hoy. 7 Moisés
tenía ciento veinte años cuando murió, pero hasta enton-
ces conservó una buena vista y mantuvo todo su vigor. 8 El
pueblo de Israel hizo duelo por Moisés en las llanuras de
Moab durante treinta días, hasta que se cumplió el tiempo
acostumbrado para el duelo.
9 Ahora, Josué, hijo de Nun, estaba lleno del espíritu de
sabiduría, porque Moisés había puesto sus manos sobre
él. Así que el pueblo de Israel lo obedeció haciendo todo
lo que el Señor le había ordenado a Moisés.
10 Nunca más hubo en Israel otro profeta como Moisés,
a quien el Señor conocía cara a cara. 11 El Señor lo envió a
la tierra de Egipto para realizar todas las señales milagrosas
y las maravillas contra el faraón, contra toda su tierra y
contra todos sus sirvientes. 12 Moisés realizó con gran
poder hechos aterradores a la vista de todo Israel.

***Notas textuales** **33:18a** En hebreo falta *y la de Isacar.* **33:18b** En hebreo *en sus carpas.* **33:26** En hebreo *de Jesurún,* una expresión de cariño para referirse a Israel. **34:2** En hebreo *el mar occidental.* **34:6** En hebreo *Él lo enterró*; el Pentateuco Samaritano y algunos manuscritos griegos dicen *Ellos lo enterraron.*

Referencias cruzadas **33:28-29** Gn 15:1 **34:6** Jds 9

JOSUÉ

¿Por qué es importante?

Josué fue un héroe que enfrentó grandes desafíos en los que requirió de valentía y obediencia a pesar de todo. El gran mensaje de este libro es que la clave de su éxito no fue su astucia, sino su obediencia a Dios. Josué te ayudará a tener bien claro que se requiere valentía y obediencia para alcanzar el éxito ya sea en lo espiritual como en las demás facetas de la vida. En la vida y en el llamado de Dios debemos tomar decisiones difíciles y evitar distracciones, sobre todo cuando obedecer es más arriesgado y quizás doloroso. En el camino hacia la voluntad de Dios, habrá tentaciones y escucharemos muchas voces que nos quieran detener. Tendremos muchas oportunidades de hacer las cosas en nuestra propia sabiduría, y en cada paso necesitaremos que las palabras de Dios estén presentes en nuestra mente y corazón.

¿Por qué fue escrito?

Después de casi cuarenta años de dar vueltas por el desierto, una nueva generación está casi preparada para tomar la tierra prometida. Este libro es un repaso resumido y con algunas aplicaciones de la Ley de Dios dirigido a la nueva generación que entrará a poseer la tierra. Como tal, el propósito del libro es recordar a esta nueva nación el contenido del pacto de Dios con ellos y resaltar la importancia vital de obedecer las leyes y ordenanzas del Señor.

¿Quién lo escribió?

Josué es testigo clave de los acontecimientos registrados, y por lo tanto es aceptado como escritor del libro. Josué fue ayudante personal de Moisés, le acompañó al Monte Sinaí (Éxodo 24:13). Fue además uno de los dos espías que trajo un reporte que alentaba al pueblo a conquistar Canaán (Números 13:8,16). Su liderazgo consistió en asentar y gobernar a las 12 tribus, durante unos 25 años. Seguramente alguien más terminó de escribir el libro (24:29-33).

¿A quién lo escribió?

Los receptores de este libro son la generación de israelitas nacidos después de la conquista.

¿Cuándo y dónde lo escribió?

Se calcula que la fecha de redacción del libro se encuentra entre el 1400 y 1370 a.C.

Paso a paso

1. Prepárate espiritualmente para recibir las promesas del Señor. 1-5
2. Lucha, conquista y dale la gloria al Señor. 6-12
3. Administra las bendiciones con justicia y sabiduría. 13-22
4. Consejos de un veterano guerrero. 23-24

Josué

Encargo del SEÑOR a Josué

1 Después de la muerte de Moisés, siervo del SEÑOR, el SEÑOR habló a Josué, hijo de Nun y ayudante de Moisés. Le dijo: 2«Mi siervo Moisés ha muerto. Por lo tanto, ha llegado el momento de que guíes a este pueblo, a los israelitas, a cruzar el río Jordán y a entrar en la tierra que les doy. 3Te prometo a ti lo mismo que le prometí a Moisés: "Dondequiera que pongan los pies los israelitas, estarán pisando la tierra que les he dado: 4desde el desierto del Neguev, al sur, hasta las montañas del Líbano, al norte; desde el río Éufrates, al oriente, hasta el mar Mediterráneo,* al occidente, incluida toda la tierra de los hititas". 5Nadie podrá hacerte frente mientras vivas. Pues yo estaré contigo como estuve con Moisés. No te fallaré ni te abandonaré.

6»Sé fuerte y valiente, porque tú serás quien guíe a este pueblo para que tome posesión de toda la tierra que juré a sus antepasados que les daría. 7Sé fuerte y muy valiente. Ten cuidado de obedecer todas las instrucciones que Moisés te dio. No te desvíes de ellas ni a la derecha ni a la izquierda. Entonces te irá bien en todo lo que hagas. 8Estudia constantemente este libro de instrucción. Medita en él de día y de noche para asegurarte de obedecer todo lo que allí está escrito. Solamente entonces prosperarás y te irá bien en todo lo que hagas. 9Mi mandato es: "¡Sé fuerte y valiente! No tengas miedo ni te desanimes, porque el SEÑOR tu Dios está contigo dondequiera que vayas"».

¡Respuestas Bíblicas! 39

¿Qué le pidió Dios a Josué además de que sea fuerte y valiente?

1:8 Dios le pidió a Josué que piense mucho en sus instrucciones y leyes para que le vaya bien.

Encargo de Josué a los israelitas

10Luego Josué les dio la siguiente orden a los jefes de Israel: 11«Vayan por el campamento y díganle al pueblo que preparen sus provisiones. En tres días, cruzarán el río Jordán y tomarán posesión de la tierra que el SEÑOR su Dios les da».

12Entonces Josué reunió a la tribu de Rubén, a la tribu de Gad y a la media tribu de Manasés. Les dijo:

13—Recuerden lo que les mandó Moisés, siervo del SEÑOR: "El SEÑOR su Dios les da un lugar de descanso. Él les ha dado esta tierra". 14Sus esposas, hijos y animales pueden permanecer aquí, en la tierra que Moisés les asignó, al oriente del río Jordán; pero los guerreros fuertes, completamente armados, deben guiar a las otras tribus hasta el otro lado del Jordán para ayudarlas a conquistar su territorio. Quédense con sus hermanos 15hasta que el SEÑOR les dé descanso a ellos, tal como se lo ha dado a ustedes, y hasta que ellos también tomen posesión de la tierra que el SEÑOR su Dios les da. Solo entonces ustedes podrán regresar y establecerse aquí, al oriente del río Jordán, en la tierra que les asignó Moisés, siervo del SEÑOR.

16Ellos le respondieron a Josué:

—Haremos todo lo que nos ordenes e iremos a donde nos envíes. 17Te obedeceremos tal como obedecimos a Moisés. Que el SEÑOR tu Dios esté contigo tal como estuvo con Moisés. 18Cualquiera que se rebele contra tus órdenes y no obedezca tus palabras y todo lo que tú ordenes, será ejecutado. Así que, ¡sé fuerte y valiente!

Rahab protege a los espías

2 Luego Josué envió en secreto a dos espías desde el campamento israelita que estaba en la arboleda de Acacias* y les dio la siguiente instrucción: «Exploren bien la tierra que está al otro lado del río Jordán, especialmente alrededor de la ciudad de Jericó». Entonces los dos hombres salieron y llegaron a la casa de una prostituta llamada Rahab y pasaron allí la noche.

2Pero alguien le avisó al rey de Jericó: «Unos israelitas vinieron aquí esta noche para espiar la tierra». 3Entonces el rey de Jericó le envió una orden a Rahab: «Saca fuera a los hombres que llegaron a tu casa, porque han venido a espiar todo el territorio».

4Rahab, quien había escondido a los dos hombres, respondió: «Es cierto, los hombres pasaron por aquí, pero yo no sabía de dónde venían. 5Salieron de la ciudad al anochecer, cuando las puertas estaban por cerrar. No sé hacia dónde fueron. Si se apresuran, probablemente los alcancen». 6(En realidad, la mujer había llevado a los hombres a la azotea de su casa y los había escondido debajo de unos manojos de lino que había puesto allí). 7Entonces los hombres del rey buscaron a los espías por todo el camino que lleva a los vados del río Jordán. Y justo después que los hombres del rey se fueron, cerraron la puerta de Jericó.

8Esa noche, antes de que los espías se durmieran, Rahab subió a la azotea para hablar con ellos. Les dijo:

9—Sé que el SEÑOR les ha dado esta tierra. Todos tenemos miedo de ustedes. Cada habitante de esta tierra vive aterrorizado. 10Pues hemos oído cómo el SEÑOR les abrió un camino en seco para que atravesaran el mar Rojo* cuando salieron de Egipto. Y sabemos lo que les hicieron a Sehón y a Og, los dos reyes amorreos al oriente

***Notas textuales 1:4** En hebreo *el mar Grande*. **2:1** En hebreo *Sitim*. **2:10a** En hebreo *mar de juncos*.

Referencias cruzadas 1:5 Hb 13:5 **1:9** Dt 31:6-8 **1:15** Jos 22:1-4 **2:1** Hb 11:31 **2:6** St 2:25

del río Jordán, cuyos pueblos ustedes destruyeron por completo.* 11¡No es extraño que nuestro corazón esté lleno de temor! A nadie le queda valor para pelear después de oír semejantes cosas. Pues el SEÑOR su Dios es el Dios supremo arriba, en los cielos, y abajo, en la tierra.

12»Ahora júrenme por el SEÑOR que serán bondadosos conmigo y con mi familia, ya que les di mi ayuda. Denme una garantía de que, 13cuando Jericó sea conquistada, salvarán mi vida y también la de mi padre y mi madre, mis hermanos y hermanas y sus familias.

14—Te ofrecemos nuestra propia vida como garantía por la tuya —le prometieron ellos—. Si no nos delatas, cumpliremos nuestra promesa y seremos bondadosos contigo cuando el SEÑOR nos dé la tierra.

15Entonces, dado que la casa de Rahab estaba construida en la muralla de la ciudad, ella los hizo bajar por una cuerda desde la ventana.

16—Huyan a la zona montañosa —les dijo—. Escóndanse allí de los hombres que los están buscando por tres días. Luego, cuando ellos hayan vuelto, ustedes podrán seguir su camino.

17Antes de partir, los hombres le dijeron:

—Estaremos obligados por el juramento que te hemos hecho solo si sigues las siguientes instrucciones: 18cuando entremos en esta tierra, tú deberás dejar esta cuerda de color escarlata colgada de la ventana por donde nos hiciste bajar; y todos los miembros de tu familia —tu padre, tu madre, tus hermanos y todos tus parientes— deberán estar aquí, dentro de la casa. 19Si salen a la calle y los matan, no será nuestra culpa; pero si alguien les pone la mano encima a los que estén dentro de esta casa, nos haremos responsables de su muerte. 20Sin embargo, si nos delatas, quedaremos totalmente libres de lo que nos ata a este juramento.

21—Acepto las condiciones —respondió ella.

Entonces Rahab los despidió y dejó la cuerda escarlata colgando de la ventana.

22Los espías subieron a la zona montañosa y se quedaron allí tres días. Los hombres que los perseguían los buscaron por todas partes a lo largo del camino pero, al final, regresaron sin éxito.

23Luego, los dos espías descendieron de la zona montañosa, cruzaron el río Jordán y le informaron a Josué todo lo que les había sucedido: 24«El SEÑOR nos ha dado el territorio —dijeron—, pues toda la gente de esa tierra nos tiene pavor».

Los israelitas cruzan el Jordán

3 Temprano a la mañana siguiente, Josué y todos los israelitas salieron de la arboleda de Acacias* y llegaron a la orilla del río Jordán, donde acamparon antes de cruzar. 2Tres días después, los jefes israelitas fueron por el campamento 3y dieron al pueblo las siguientes instrucciones: «Cuando vean a los sacerdotes levitas llevar el arca del pacto del SEÑOR su Dios, dejen sus puestos y síganlos. 4Dado que ustedes nunca antes viajaron por este camino, ellos los guiarán. Quédense como a un kilómetro* detrás de ellos, mantengan una buena distancia entre ustedes y el arca. Asegúrense de no acercarse demasiado».

5Entonces Josué le dijo al pueblo: «Purifíquense, porque mañana el SEÑOR hará grandes maravillas entre ustedes».

6Por la mañana, Josué les dijo a los sacerdotes: «Levanten el arca del pacto y guíen al pueblo hasta el otro lado del río». Así que ellos se pusieron en marcha y fueron delante del pueblo.

7El SEÑOR le dijo a Josué: «A partir de hoy, empezaré a convertirte en un gran líder a los ojos de todos los israelitas. Sabrán que yo estoy contigo, tal como estuve con Moisés. 8Dales la siguiente orden a los sacerdotes que llevan el arca del pacto: "Cuando lleguen a la orilla del río Jordán, den unos cuantos pasos dentro del río y deténganse allí"».

9Entonces Josué les dijo a los israelitas: «Vengan y escuchen lo que dice el SEÑOR su Dios. 10Hoy sabrán que el Dios viviente está entre ustedes. Sin lugar a dudas, él expulsará a los cananeos, a los hititas, a los heveos, a los ferezeos, a los gergeseos, a los amorreos y a los jebuseos de delante de ustedes. 11¡Miren, el arca del pacto que pertenece al Señor de toda la tierra los guiará al cruzar el río Jordán! 12Elijan ahora a doce hombres de las tribus de Israel, uno de cada tribu. 13Los sacerdotes llevarán el arca del SEÑOR, el Señor de toda la tierra. En cuanto sus pies toquen el agua, la corriente de agua se detendrá río arriba, y el río se levantará como un muro».

14Entonces los israelitas salieron del campamento para cruzar el Jordán, y los sacerdotes que llevaban el arca del pacto iban delante de ellos. 15Era la temporada de la cosecha, y el Jordán desbordaba su cauce. Pero en cuanto los pies de los sacerdotes que llevaban el arca tocaron el agua a la orilla del río, 16el agua que venía de río arriba dejó de fluir y comenzó a amontonarse a una gran distancia de allí, a la altura de una ciudad llamada Adán, que está cerca de Saretán. Y el agua que estaba río abajo desembocó en el mar Muerto* hasta que el lecho del río quedó seco. Después, todo el pueblo cruzó cerca de la ciudad de Jericó.

17Mientras tanto, los sacerdotes que llevaban el arca del pacto del SEÑOR se quedaron parados en tierra seca, en medio del lecho, mientras el pueblo pasaba frente a ellos. Los sacerdotes esperaron allí hasta que toda la nación de Israel terminó de cruzar el Jordán por tierra seca.

Monumentos del cruce del Jordán

4 Una vez que todo el pueblo terminó de cruzar el Jordán, el SEÑOR le dijo a Josué: 2«Ahora elige a doce hombres, uno de cada tribu. 3Diles: "Tomen doce piedras del medio del Jordán, del mismo lugar donde están parados los sacerdotes. Llévenlas al lugar donde van a acampar esta noche y amontónenlas allí"».

4Entonces Josué convocó a los doce hombres que había elegido, uno por cada tribu de Israel. 5Les dijo: «Vayan a la mitad del Jordán, frente al arca del SEÑOR su Dios. Cada uno de ustedes debe tomar una piedra y cargarla al hombro; serán doce piedras en total, una por cada tribu de Israel. 6Las usaremos para levantar un monumento conmemorativo. En el futuro, sus hijos les preguntarán: "¿Qué significan estas piedras?". 7Y ustedes podrán decirles: "Nos recuerdan que el río Jordán dejó de fluir cuando el arca del pacto del SEÑOR cruzó por allí". Esas piedras quedarán como un recordatorio en el pueblo de Israel para siempre».

8Así que los hombres hicieron lo que Josué les había

***Notas textuales** **2:10b** El término hebreo empleado aquí se refiere a la consagración total de cosas o personas al SEÑOR, ya sea destruyéndolas o entregándolas como ofrenda. **3:1** En hebreo *Sitim.* **3:4** En hebreo *alrededor de 2000 codos* [0,5 millas]. **3:16** En hebreo *el mar del Arabá, el mar Salado.*

Referencias cruzadas **2:16** Hb 11:31 **3:5** Ex 19:10 **3:16** Sal 66:6; 74:15; 114:3-5 **4:6-7** Ex 12:26; 13:14

ordenado. Tomaron doce piedras del medio del río Jordán, una por cada tribu, tal como el SEÑOR le había dicho a Josué. Las llevaron al lugar donde acamparon esa noche y construyeron allí el monumento.

9Josué también apiló otras doce piedras a la mitad del Jordán, en el lugar donde estaban parados los sacerdotes que llevaban el arca del pacto. Y las piedras siguen allí hasta el día de hoy.

10Los sacerdotes que llevaban el arca estuvieron en medio del río hasta que se llevaron a cabo todos los mandatos del SEÑOR que Moisés le había dado a Josué. Mientras tanto, el pueblo se apresuró a cruzar el lecho del río. 11Y cuando todos estaban a salvo en la otra orilla, los sacerdotes terminaron de cruzar con el arca del SEÑOR mientras el pueblo observaba.

12Los guerreros armados de la tribu de Rubén, de la tribu de Gad y de la media tribu de Manasés iban delante de los israelitas al cruzar el Jordán, tal como Moisés había indicado. 13Esos hombres armados —unos cuarenta mil en total— estaban listos para la guerra, y el SEÑOR iba con ellos mientras cruzaban hacia la llanura de Jericó.

14Ese día, el SEÑOR convirtió a Josué en un gran líder a los ojos de todos los israelitas, quienes, por el resto de su vida, lo respetaron tanto como habían respetado a Moisés.

15El SEÑOR le había dicho a Josué: 16«Ordénales a los sacerdotes que llevan el arca del pacto* que salgan del lecho del río». 17Así que Josué dio la orden. 18En cuanto los sacerdotes que llevaban el arca del pacto del SEÑOR salieron del lecho del río y sus pies pisaron tierra firme, las aguas del Jordán volvieron a fluir y desbordaron el cauce como antes.

19El pueblo cruzó el Jordán el décimo día del primer mes.* Después acamparon en Gilgal, al oriente de Jericó. 20Fue allí, en Gilgal, donde Josué apiló las doce piedras que había tomado del río Jordán.

21Entonces Josué les dijo a los israelitas: «En el futuro, sus hijos preguntarán: "¿Qué significan estas piedras?". 22Y ustedes podrán decirles: "Aquí es donde los israelitas cruzaron el Jordán sobre tierra seca". 23Pues el SEÑOR su Dios secó el río a la vista de ustedes y lo mantuvo seco hasta que todos cruzaran, tal como hizo con el mar Rojo* cuando lo secó hasta que todos terminamos de cruzar. 24Lo hizo para que todas las naciones de la tierra supieran que la mano del SEÑOR es poderosa, y para que ustedes temieran al SEÑOR su Dios para siempre».

5 Cuando todos los reyes amorreos al occidente del Jordán y todos los reyes cananeos que vivían a lo largo de la costa del mar Mediterráneo* oyeron cómo el SEÑOR había secado el río Jordán para que el pueblo de Israel pudiera cruzar, se desanimaron y quedaron paralizados de miedo a causa de los israelitas.

Israel restablece las ceremonias del pacto

2En esos días, el SEÑOR le dijo a Josué: «Prepara cuchillos de piedra y circuncida a esta segunda generación de israelitas*». 3Así que Josué preparó cuchillos de piedra y circuncidó a toda la población masculina de Israel en Guibeá-haaralot.*

4Josué tuvo que circuncidarlos, porque todos los hombres que tenían edad suficiente para ir a la guerra cuando salieron de Egipto habían muerto en el desierto. 5Todos los que salieron de Egipto habían sido circuncidados, pero no los que nacieron después del éxodo, durante los años en el desierto. 6Los israelitas anduvieron cuarenta años por el desierto hasta que murieron todos los hombres que salieron de Egipto y que tenían edad para ir a la guerra. Ellos habían desobedecido al SEÑOR, por eso el SEÑOR juró que no los dejaría entrar en la tierra que había prometido darnos, una tierra donde fluyen la leche y la miel. 7Entonces Josué circuncidó a los hijos de esos israelitas —los que habían crecido para tomar el lugar de sus padres— porque no habían sido circuncidados en el camino a la Tierra Prometida. 8Después de ser circuncidados, todos los varones descansaron en el campamento hasta que sanaron.

9Luego el SEÑOR le dijo a Josué: «Hoy he hecho que la vergüenza de su esclavitud en Egipto salga rodando como una piedra». Por eso, ese lugar se llama Gilgal* hasta el día de hoy.

10Mientras los israelitas acampaban en Gilgal, sobre la llanura de Jericó, celebraron la Pascua al atardecer del día catorce del primer mes.* 11Justo al día siguiente, empezaron a comer pan sin levadura y grano tostado, cosechado de la tierra. 12El maná dejó de caer el día que empezaron a comer de las cosechas de la tierra y nunca más se vio. Así que, desde ese momento, los israelitas comieron de las cosechas de Canaán.

El comandante del SEÑOR frente a Josué

13Cuando Josué estaba cerca de la ciudad de Jericó, miró hacia arriba y vio a un hombre parado frente a él con una espada en la mano. Josué se le acercó y le preguntó:

—¿Eres amigo o enemigo?

14—Ninguno de los dos —contestó—. Soy el comandante del ejército del SEÑOR.

Entonces Josué cayó rostro en tierra ante él con reverencia.

—Estoy a tus órdenes —dijo Josué—. ¿Qué quieres que haga tu siervo?

15El comandante del ejército del SEÑOR contestó:

—Quítate las sandalias, porque el lugar donde estás parado es santo.

Y Josué hizo lo que se le indicó.

Caída de Jericó

6 Ahora bien, las puertas de Jericó estaban bien cerradas, porque la gente tenía miedo de los israelitas. A nadie se le permitía entrar ni salir. 2Pero el SEÑOR le dijo a Josué: «Te he entregado Jericó, a su rey y a todos sus guerreros fuertes. 3Tú y tus hombres de guerra marcharán alrededor de la ciudad una vez al día durante seis días. 4Siete sacerdotes caminarán delante del arca; cada uno llevará un cuerno de carnero. El séptimo día, marcharán alrededor de la ciudad siete veces mientras los sacerdotes tocan los cuernos. 5Cuando oigas a los sacerdotes dar un toque prolongado con los cuernos de carnero, haz que todo el pueblo grite lo más fuerte que pueda. Entonces los muros de la ciudad se derrumbarán, y el pueblo irá directo a atacar la ciudad».

***Notas textuales** **4:16** En hebreo *arca del testimonio.* **4:19** En el antiguo calendario lunar hebreo, ese día caía a fines de marzo, en abril o a principios de mayo. **4:23** En hebreo *mar de juncos.* **5:1** En hebreo *a lo largo del mar.* **5:2** O *circuncida a los israelitas por segunda vez.* **5:3** *Guibeá-haaralot* significa «colina de prepucios». **5:9** *Gilgal* suena como el término hebreo *galal* que significa «rodar». **5:10** En el antiguo calendario lunar hebreo, ese día caía a fines de marzo, en abril o a principios de mayo.

Referencias cruzadas **4:15-16** Jos 3:7-8 **4:24** 1 Re 8:42-43 **5:6** Nm 14:29-35; 26:63-65 **5:14** Gn 17:3

6Entonces Josué reunió a los sacerdotes y les dijo: «Tomen el arca del pacto del SEÑOR y asignen a siete sacerdotes para que caminen delante de ella, cada uno con un cuerno de carnero». 7Después, dio estas órdenes al pueblo: «Marchen alrededor de la ciudad, los hombres armados irán al frente, delante del arca del SEÑOR».

8Después de que Josué le habló al pueblo, los siete sacerdotes con los cuernos de carnero comenzaron a marchar en la presencia del SEÑOR sonando los cuernos mientras marchaban, y el arca del pacto del SEÑOR los seguía. 9Algunos de los hombres armados marchaban delante de los sacerdotes que llevaban los cuernos, y otros iban detrás del arca mientras los sacerdotes seguían sonando los cuernos. 10«No griten, ni siquiera hablen —ordenó Josué—. Que no salga ni una sola palabra de ninguno de ustedes hasta que yo les diga que griten. ¡Entonces griten!». 11Así que, ese día, llevaron el arca del SEÑOR alrededor de la ciudad solo una vez, y luego todos regresaron para pasar la noche en el campamento.

12Josué se levantó temprano a la mañana siguiente y, una vez más, los sacerdotes cargaron el arca del SEÑOR. 13Los siete sacerdotes marcharon delante del arca del SEÑOR sonando los cuernos de carnero. Los hombres armados marcharon delante de los sacerdotes que llevaban los cuernos y detrás del arca del SEÑOR. Durante todo ese tiempo, los sacerdotes no dejaron de sonar los cuernos. 14Ese segundo día, volvieron a marchar alrededor de la ciudad solo una vez y regresaron al campamento. Hicieron lo mismo durante seis días seguidos.

15El séptimo día, los israelitas se levantaron al amanecer y marcharon alrededor de la ciudad como lo habían hecho los días anteriores; pero esta vez, dieron siete vueltas alrededor de la ciudad. 16En la séptima vuelta, mientras los sacerdotes daban el toque prolongado con los cuernos, Josué les ordenó a los israelitas: «¡Griten, porque el SEÑOR les ha entregado la ciudad! 17Jericó y todo lo que hay en la ciudad deben ser destruidos por completo* como una ofrenda al SEÑOR. Solo se les perdonará la vida a Rahab, la prostituta, y a los que se encuentren en su casa, porque ella protegió a nuestros espías.

18»No se queden con ninguna cosa que esté destinada para ser destruida, pues, de lo contrario, ustedes mismos serán destruidos por completo y traerán desgracia al campamento de Israel. 19Todo lo que esté hecho de plata, de oro, de bronce o de hierro pertenece al SEÑOR y por eso es sagrado, así que colóquenlo en el tesoro del SEÑOR».

20Cuando el pueblo oyó el sonido de los cuernos de carnero, gritó con todas sus fuerzas. De repente, los muros de Jericó se derrumbaron, y los israelitas fueron directo al ataque de la ciudad y la tomaron. 21Con sus espadas, destruyeron por completo todo lo que había en la ciudad, incluidos hombres y mujeres, jóvenes y ancianos, ovejas, cabras, burros y todo el ganado.

22Mientras tanto, Josué les dijo a los dos espías: «Cumplan su promesa con la prostituta. Vayan a su casa y sáquenla de allí junto con toda su familia».

23Entonces los hombres que habían sido espías entraron en la casa y sacaron a Rahab, a su padre, a su madre, a sus hermanos y a todos los demás parientes que estaban con ella. Trasladaron a toda la familia a un lugar seguro, cerca del campamento de Israel.

24Luego los israelitas quemaron la ciudad y todo lo que había en ella. Solo conservaron las cosas hechas de plata, de oro, de bronce y de hierro para el tesoro de la casa del SEÑOR. 25Así que Josué le perdonó la vida a la prostituta Rahab y a los parientes que estaban en su casa, porque ella escondió a los espías que él había enviado a Jericó. Y Rahab vive con los israelitas hasta el día de hoy.

26En esa ocasión, Josué pronunció la siguiente maldición:

«Que la maldición del SEÑOR caiga sobre cualquiera
 que intente reconstruir la ciudad de Jericó.
A costa de su hijo mayor
 pondrá sus cimientos.
A costa de su hijo menor
 pondrá sus puertas».

27Así que el SEÑOR estaba con Josué, y la fama de Josué se extendió por todo el territorio.

Hai derrota a los israelitas

7 Sin embargo, Israel desobedeció las instrucciones sobre lo que debía ser apartado para el SEÑOR.* Un hombre llamado Acán había robado algunas de esas cosas consagradas, así que el SEÑOR estaba muy enojado con los israelitas. Acán era hijo de Carmi, un descendiente de Zimri,* hijo de Zera, de la tribu de Judá.

2Josué envió a algunos de sus hombres desde Jericó para que espiaran la ciudad de Hai, que está al oriente de Betel, cerca de Bet-avén. 3Cuando regresaron, le dijeron a Josué: «No es necesario que todos vayamos a Hai; bastará con dos mil o tres mil hombres para atacar la ciudad. Dado que ellos son tan pocos, no hagas que todo nuestro pueblo se canse teniendo que subir hasta allí».

4Así que enviaron a unos tres mil guerreros, pero fueron completamente derrotados. Los hombres de Hai 5persiguieron a los israelitas desde la puerta de la ciudad hasta las canteras* y mataron como a treinta y seis que iban en retirada por la ladera. Los israelitas quedaron paralizados de miedo ante esto, y su valentía se desvaneció.

6Entonces Josué y los ancianos de Israel rasgaron sus ropas en señal de aflicción, se echaron polvo sobre la cabeza y se inclinaron rostro en tierra ante el arca del SEÑOR hasta que cayó la tarde. 7Entonces Josué clamó:

—Oh SEÑOR Soberano, ¿por qué nos hiciste cruzar el río Jordán si vas a dejar que los amorreos nos maten? ¡Si tan solo nos hubiéramos conformado con quedarnos del otro lado! 8Señor, ¿qué puedo decir ahora que Israel tuvo que huir de sus enemigos? 9Pues cuando los cananeos y todos los demás pueblos de la región oigan lo que pasó, nos rodearán y borrarán nuestro nombre de la faz de la tierra. Y entonces, ¿qué pasará con la honra de tu gran nombre?

10Pero el SEÑOR le dijo a Josué:

—¡Levántate! ¿Por qué estás ahí con tu rostro en tierra? 11¡Israel ha pecado y ha roto mi pacto! Robaron de lo que les ordené que apartaran para mí. Y no solo robaron, sino que además mintieron y escondieron los objetos robados entre sus pertenencias. 12Por esa razón, los israelitas

***Notas textuales** **6:17** El término hebreo empleado aquí se refiere a la consagración total de cosas o personas al SEÑOR, ya sea destruyéndolas o entregándolas como ofrenda; similar en 6:18, 21. **7:1a** El término hebreo empleado aquí se refiere a la consagración total de cosas o personas al SEÑOR, ya sea destruyéndolas o entregándolas como ofrenda; similar en 7:11, 12, 13, 15. **7:1b** Igual que el texto paralelo en 1 Cr 2:6; en hebreo dice *Zabdi*. También en 7:17, 18. **7:5** O *hasta Sebarim*.

Referencias cruzadas **6:9** Is 52:12 **6:19** Nm 31:21-23 **6:25** Hb 11:30-31 **7:1** Jos 6:17-19

huyen derrotados de sus enemigos. Ahora Israel mismo será apartado para destrucción. No seguiré más con ustedes a menos que destruyan esas cosas que guardaron y que estaban destinadas para ser destruidas.

13»¡Levántate! Ordénale al pueblo que se purifique, a fin de prepararse para mañana. Pues esto dice el SEÑOR, Dios de Israel: "En medio de ti, oh Israel, están escondidas las cosas apartadas para el SEÑOR. Nunca derrotarás a tus enemigos hasta que quites esas cosas que tienes en medio de ti".

14»Mañana por la mañana, deberán presentarse por tribus, y el SEÑOR señalará a la tribu del culpable. Esa tribu, con sus clanes, deberá dar un paso al frente, y el SEÑOR señalará al clan culpable. Entonces ese clan dará un paso al frente, y el SEÑOR señalará a la familia culpable. Por último, cada miembro de la familia culpable deberá dar un paso al frente, uno por uno. 15El que haya robado de lo que estaba destinado para ser destruido será quemado con fuego, junto con todo lo que tiene, porque ha roto el pacto del SEÑOR y ha hecho algo horrible en Israel.

El pecado de Acán

16Temprano a la mañana siguiente, Josué presentó a las tribus de Israel delante del SEÑOR, y la tribu de Judá fue la señalada. 17Entonces los clanes de Judá dieron un paso al frente, y el clan de Zera fue el señalado. Luego las familias de Zera dieron un paso al frente, y la familia de Zimri fue la señalada. 18Por último, a cada miembro de la familia de Zimri se le hizo pasar al frente uno por uno, y Acán fue el señalado.

19Entonces Josué le dijo a Acán:

—Hijo mío, da gloria al SEÑOR, Dios de Israel, y di la verdad. Confiesa y dime lo que has hecho. No me lo escondas.

20Acán respondió:

—¡Es cierto! He pecado contra el SEÑOR, Dios de Israel. 21Entre el botín, vi un hermoso manto de Babilonia,* doscientas monedas de plata* y una barra de oro que pesaba más de medio kilo.* Los deseaba tanto que los tomé. Está todo enterrado debajo de mi carpa; la plata la enterré aún más profundo que el resto de las cosas.

22Así que Josué envió a algunos hombres para que investigaran. Ellos fueron corriendo a la carpa y encontraron allí escondidos los objetos robados, tal como Acán había dicho, con la plata enterrada debajo del resto. 23Entonces tomaron las cosas de la carpa y se las llevaron a Josué y a los demás israelitas. Luego las pusieron sobre el suelo, en la presencia del SEÑOR.

24Después, Josué y todos los israelitas tomaron a Acán junto con la plata, el manto y la barra de oro; también tomaron a sus hijos e hijas, su ganado, sus asnos, sus ovejas, sus cabras, su carpa y todo lo que él tenía y los llevaron al valle de Acor. 25Luego Josué le dijo a Acán: «¿Por qué nos has traído esta desgracia? Ahora el SEÑOR te traerá desgracia a ti». Entonces todos los israelitas apedrearon a Acán y a su familia, y quemaron los cuerpos. 26Apilaron un montón de piedras sobre Acán, las cuales siguen allí hasta el día de hoy. Por eso, desde entonces, al lugar se le llama valle de la Aflicción.* Así el SEÑOR dejó de estar enojado.

Los israelitas derrotan a Hai

8 Entonces el SEÑOR le dijo a Josué: «No tengas miedo ni te desanimes. Toma a todos tus hombres de guerra y ataca la ciudad de Hai, porque te he entregado al rey de Hai, a su pueblo, su ciudad y su tierra. 2Los destruirás tal como destruiste a Jericó y a su rey. Pero esta vez podrán quedarse con el botín y los animales. Preparen una emboscada detrás de la ciudad».

3Entonces Josué y todos los hombres de guerra salieron a atacar a Hai. Josué eligió a treinta mil de sus mejores guerreros y los envió de noche 4con la siguiente orden: «Escóndanse en emboscada no muy lejos detrás de la ciudad y prepárense para entrar en acción. 5Cuando nuestro ejército principal ataque, los hombres de Hai saldrán a pelear como lo hicieron antes, y nosotros huiremos de ellos. 6Dejaremos que nos persigan hasta alejarlos de la ciudad. Pues dirán: "Los israelitas huyen de nosotros como lo hicieron antes". Entonces, mientras nosotros huimos de ellos, 7ustedes saldrán de golpe de su escondite y tomarán posesión de la ciudad. Pues el SEÑOR su Dios la entregará en sus manos. 8Prendan fuego a la ciudad, tal como el SEÑOR lo ordenó. Esas son las instrucciones».

9Entonces salieron y fueron al lugar de la emboscada, entre Betel y el lado occidental de Hai; pero esa noche, Josué se quedó con el pueblo en el campamento. 10Temprano a la mañana siguiente, Josué despertó a sus hombres y emprendió la marcha hacia Hai, acompañado por los ancianos de Israel. 11Todos los hombres de guerra que estaban con Josué marcharon por delante de la ciudad y acamparon al norte de Hai, donde un valle los separaba de la ciudad. 12Esa noche, Josué envió a unos cinco mil hombres para que esperaran escondidos entre Betel y Hai, al occidente de la ciudad. 13De esa manera, el ejército principal se estableció en el norte, y la emboscada al occidente de la ciudad. Josué, por su parte, pasó la noche en el valle.

14Cuando el rey de Hai vio a los israelitas del otro lado del valle, se apresuró a salir temprano por la mañana con todo su ejército y los atacó desde un lugar con vista al valle del Jordán;* pero no se dio cuenta de que había una emboscada detrás de la ciudad. 15Entonces Josué y el ejército israelita huyeron en retirada hacia el desierto como si los hubieran vencido por completo. 16Así que llamaron a todos los hombres de la ciudad, para que salieran a perseguirlos. De esa manera, los alejaron de la ciudad. 17No quedó ni un solo hombre en Hai o en Betel* que no persiguiera a los israelitas, y la ciudad quedó completamente desprotegida.

18Entonces el SEÑOR le dijo a Josué: «Apunta hacia Hai con la lanza que tienes en la mano, porque te entregaré la ciudad». Así que Josué hizo lo que se le ordenó. 19En cuanto Josué dio la señal, todos los hombres que esperaban en la emboscada salieron de golpe de sus puestos e invadieron la ciudad en masa. Enseguida la sitiaron y le prendieron fuego.

20Cuando los hombres de Hai miraron hacia atrás, vieron que salía tanto humo de la ciudad que cubría el cielo, y ya no tenían adónde ir. Pues los israelitas que habían huido hacia el desierto se dieron vuelta y atacaron a los que los perseguían. 21Cuando Josué y todos los demás israelitas vieron que la emboscada había dado resultado y que de la ciudad salía humo, se dieron vuelta y atacaron a los hombres de Hai. 22Mientras tanto, los israelitas que habían entrado en la ciudad salieron y atacaron al enemigo por la retaguardia. De esa manera los hombres de

***Notas textuales** **7:21a** En hebreo *de Sinar.* **7:21b** En hebreo *200 siclos de plata*, aproximadamente 2,3 kilos o 5 libras. **7:21c** En hebreo *50 siclos*, aproximadamente 570 gramos o 20 onzas. **7:26** En hebreo *valle de Acor.* **8:14** En hebreo *al Arabá.* **8:17** En algunos manuscritos falta *o en Betel.*

Referencias cruzadas **7:25** Jos 6:18 **8:8** Jc 20:29-38 **8:18** Ex 17:9-13

Hai quedaron atrapados en medio, ya que los guerreros israelitas los encerraron por ambos lados. Israel los atacó, y no sobrevivió ni escapó una sola persona. 23Solo al rey de Hai lo capturaron vivo y lo llevaron ante Josué.

24Cuando el ejército israelita terminó de perseguir y de matar a todos los hombres de Hai en campo abierto, regresó y acabó con la gente que había quedado en la ciudad. 25Ese día fue exterminada toda la población de Hai, incluidos hombres y mujeres, doce mil personas en total. 26Pues Josué mantuvo la lanza extendida hasta que todos los habitantes de Hai fueron totalmente destruidos.* 27Solo los animales y los tesoros de la ciudad no fueron destruidos, porque los israelitas los tomaron como botín, tal como el SEÑOR le había ordenado a Josué. 28Luego Josué incendió la ciudad de Hai,* la cual se convirtió en un montón de ruinas y aún sigue desolada hasta el día de hoy.

29Entonces Josué atravesó al rey de Hai con un poste afilado y lo dejó allí colgado hasta la tarde. A la puesta del sol, los israelitas bajaron el cuerpo como Josué ordenó y lo arrojaron frente a la puerta de la ciudad. Apilaron un montón de piedras sobre él, las cuales todavía pueden verse hasta el día de hoy.

El pacto del SEÑOR es renovado

30Luego Josué construyó un altar al SEÑOR, Dios de Israel, en el monte Ebal. 31Siguió los mandatos que Moisés, siervo del SEÑOR, había escrito en el libro de instrucción: «Háganme un altar con piedras sin labrar y que no hayan sido trabajadas con herramientas de hierro»*. Entonces presentaron sobre el altar ofrendas quemadas y ofrendas de paz al SEÑOR. 32Y mientras los israelitas observaban, Josué copió en las piedras del altar* las instrucciones que Moisés les había dado.

33Después, todo Israel —tanto los extranjeros como los israelitas de nacimiento— junto con sus ancianos, jefes y jueces fue dividido en dos grupos. Un grupo se paró frente al monte Gerizim, y el otro, delante del monte Ebal. Ambos grupos quedaron frente a frente y, entre ellos, estaban los sacerdotes levitas que llevaban el arca del pacto del SEÑOR. Todo se hizo de acuerdo a las órdenes que Moisés, siervo del SEÑOR, había dado previamente para bendecir al pueblo de Israel.

34Entonces Josué le leyó al pueblo todas las bendiciones y maldiciones que Moisés había escrito en el libro de instrucción. 35Cada palabra de cada mandato que Moisés había dado se leyó a todos los israelitas reunidos en asamblea, incluso a las mujeres, a los niños y a los extranjeros que vivían entre ellos.

Los gabaonitas engañan a Israel

9 Ahora bien, todos los reyes que estaban al occidente del río Jordán se enteraron de lo que había sucedido. Eran los reyes de los hititas, amorreos, cananeos, ferezeos, heveos y jebuseos, quienes vivían en la zona montañosa, en las colinas occidentales* y a lo largo de la costa del mar Mediterráneo* hasta las montañas del Líbano, al norte. 2Esos reyes unieron sus tropas para pelear como un solo ejército contra Josué y los israelitas.

3Sin embargo, cuando los habitantes de Gabaón oyeron lo que Josué había hecho a Jericó y a la ciudad de Hai, 4recurrieron al engaño para salvarse la vida. Enviaron a unos representantes ante Josué y, sobre sus asnos, cargaron alforjas desgastadas y odres viejos y remendados. 5Se pusieron ropa harapienta y se calzaron sandalias gastadas y remendadas. Además, llevaban pan seco y mohoso. 6Cuando llegaron al campamento de Israel, en Gilgal, les dijeron a Josué y a los hombres de Israel:

—Venimos de una tierra lejana para pedirles que hagan un tratado de paz con nosotros.

7Entonces los israelitas les respondieron a esos heveos:

—¿Cómo podemos saber que ustedes no viven cerca? Pues si viven cerca, no podemos hacer ningún tratado de paz con ustedes.

8Ellos respondieron:

—Nosotros somos sus siervos.

—Pero ¿quiénes son ustedes? —preguntó Josué—. ¿De dónde vienen?

9Ellos contestaron:

—Nosotros sus siervos venimos de un país muy lejano. Hemos oído del poder del SEÑOR su Dios y de todo lo que hizo en Egipto. 10También hemos oído de lo que les hizo a los dos reyes amorreos que vivían al oriente del río Jordán: a Sehón, rey de Hesbón, y a Og, rey de Basán (quien vivía en Astarot). 11Entonces nuestros ancianos y todo nuestro pueblo nos dieron las siguientes instrucciones: "Lleven provisiones para un largo viaje. Vayan al encuentro del pueblo de Israel y díganle: 'Somos sus siervos; les suplicamos que hagan un tratado con nosotros'".

12»Este pan estaba caliente, recién salido del horno, cuando partimos de nuestros hogares. Pero ahora, como pueden ver, está seco y mohoso. 13Estos odres estaban nuevos cuando los llenamos, pero ahora están viejos y rotos. Y nuestra ropa y las sandalias que traemos puestas están desgastadas de tan largo viaje.

14Entonces los israelitas revisaron el alimento de los gabaonitas pero no consultaron al SEÑOR. 15Así que Josué hizo un tratado de paz con ellos y les garantizó seguridad, y los líderes de la comunidad ratificaron el acuerdo mediante un juramento que los obligaba a cumplirlo.

16Tres días después de hacer el tratado, ¡los israelitas se enteraron de que esa gente en realidad vivía cerca! 17Enseguida salieron a investigar y, en tres días, llegaron a sus ciudades, las cuales se llamaban Gabaón, Cafira, Beerot y Quiriat-jearim. 18Sin embargo, como los líderes israelitas habían hecho un voto en el nombre del SEÑOR, Dios de Israel, no atacaron a ninguna de las ciudades gabaonitas.

Entonces el pueblo de Israel se quejó contra sus líderes por causa del tratado. 19Pero los líderes respondieron: «Dado que hicimos un juramento en presencia del SEÑOR, Dios de Israel, no podemos tocarlos. 20Lo que tenemos que hacer es dejarlos con vida, porque el enojo divino caería sobre nosotros si no cumpliéramos nuestro juramento. 21Déjenlos vivir». Así que los hicieron cortar leña y llevar agua para toda la comunidad, tal como lo indicaron los líderes israelitas.

22Entonces Josué reunió a los gabaonitas y les dijo:

—¿Por qué nos mintieron? ¿Por qué dijeron que vivían en una tierra lejana, si en realidad viven aquí mismo, entre nosotros? 23¡Malditos sean! De ahora en adelante, siempre serán siervos encargados de cortar madera y de llevar agua para la casa de mi Dios.

***Notas textuales** **8:26** El término hebreo empleado aquí se refiere a la consagración total de cosas o personas al SEÑOR, ya sea destruyéndolas o entregándolas como ofrenda. **8:28** *Hai* significa «ruina». **8:31** Ex 20:25; Dt 27:5-6. **8:32** En hebreo *en las piedras.* **9:1a** En hebreo *en la Sefela.* **9:1b** En hebreo *mar Grande.*

Referencias cruzadas **8:31** Ex 20:24-25 **9:3-4** Jos 10:2; 11:19 **9:21** Dt 29:11

24 Ellos le respondieron:

—Lo hicimos porque a nosotros, sus siervos, se nos dijo con claridad que el SEÑOR su Dios le ordenó a Moisés, siervo del SEÑOR, que les entregara toda esta tierra y que destruyera a todos sus habitantes. Así que temimos profundamente por nuestra vida a causa de ustedes. Por eso hicimos lo que hicimos. 25 Ahora estamos a merced de ustedes; hagan con nosotros lo que mejor les parezca.

26 Así que Josué no permitió que el pueblo de Israel matara a los gabaonitas; 27 pero desde ese día, los hizo cortar la leña y llevar el agua para la comunidad de Israel y el altar del SEÑOR, donde fuere que el SEÑOR eligiera construirlo. Y a eso se dedican hasta el día de hoy.

Israel derrota a los ejércitos del sur

10 Adonisedec, rey de Jerusalén, oyó que Josué había tomado y destruido por completo* la ciudad de Hai y había matado a su rey, lo mismo que había hecho con la ciudad de Jericó y su rey. También se enteró de que los gabaonitas habían hecho la paz con Israel y ahora eran sus aliados. 2 Cuando él y su pueblo oyeron todo eso, tuvieron mucho miedo, porque Gabaón era una ciudad grande, tan grande como las ciudades de la realeza y más grande que la ciudad de Hai. Además, los gabaonitas eran guerreros fuertes.

3 Entonces Adonisedec, rey de Jerusalén, envió mensajeros a varios otros reyes: a Hoham, rey de Hebrón, a Piream, rey de Jarmut, a Jafía, rey de Laquis y a Debir, rey de Eglón. 4 «Vengan y ayúdenme a destruir Gabaón —les rogó—, porque hizo la paz con Josué y con el pueblo de Israel». 5 Entonces esos cinco reyes amorreos unieron sus ejércitos para atacar en conjunto. Pusieron todas sus tropas en posición y atacaron Gabaón.

6 Enseguida, los hombres de Gabaón enviaron mensajeros a Josué, quien se encontraba en su campamento, en Gilgal. «¡No abandone a sus siervos ahora! —rogaron—. ¡Venga de inmediato! ¡Sálvenos! ¡Ayúdenos! Pues todos los reyes amorreos que viven en la zona montañosa unieron sus fuerzas para atacarnos».

7 Entonces Josué y todo su ejército, incluidos sus mejores guerreros, salieron de Gilgal hacia Gabaón. 8 «No les tengas miedo —le dijo el SEÑOR a Josué—, porque te he dado la victoria. Ni uno de ellos podrá hacerte frente».

9 Josué marchó toda la noche desde Gilgal y tomó por sorpresa a los ejércitos amorreos. 10 El SEÑOR llenó de pánico a los amorreos, y los israelitas masacraron a un gran número de ellos en Gabaón. Después persiguieron a sus enemigos por el camino que lleva a Bet-horón y los fueron matando a lo largo de toda la ruta a Azeca y Maceda. 11 Mientras los amorreos estaban en retirada por el camino de Bet-horón, el SEÑOR los destruyó mediante una terrible tormenta de granizo que envió desde el cielo, y que no paró hasta que llegaron a Azeca. El granizo mató a más enemigos de los que mataron los israelitas a filo de espada.

12 El día que el SEÑOR les dio a los israelitas la victoria sobre los amorreos, Josué oró al SEÑOR delante de todo el pueblo de Israel y dijo:

«Que el sol se detenga sobre Gabaón,
y la luna, sobre el valle de Ajalón».

13 Entonces el sol se detuvo y la luna se quedó en su sitio hasta que la nación de Israel terminó de derrotar a sus enemigos.

¿Acaso no está registrado ese suceso en *El libro de Jaser**? El sol se detuvo en medio del cielo y no se ocultó como en un día normal.* 14 Jamás, ni antes ni después, hubo un día como ese, cuando el SEÑOR contestó semejante oración. ¡Sin duda, ese día el SEÑOR peleó por Israel!

15 Después Josué y el ejército israelita regresaron a su campamento, en Gilgal.

Josué mata a los cinco reyes del sur

16 Durante la batalla, los cinco reyes escaparon y se escondieron en una cueva, en Maceda. 17 Cuando Josué oyó que los habían encontrado, 18 dio la siguiente orden: «Cubran la abertura de la cueva con rocas grandes y pongan guardias en la entrada, para mantener adentro a los reyes. 19 Los demás continúen persiguiendo a los enemigos y mátenlos por la retaguardia. No los dejen volver a sus ciudades, porque el SEÑOR, Dios de ustedes, les ha dado la victoria sobre ellos».

20 Entonces Josué y el ejército israelita continuaron con la masacre y derrotaron al enemigo por completo. Exterminaron totalmente a los cinco ejércitos con excepción de un pequeño grupo que logró llegar a sus ciudades fortificadas. 21 Luego los israelitas volvieron a salvo al campamento de Maceda, donde estaba Josué. Después de eso, nadie se atrevió a decir ni una sola palabra en contra de Israel.

22 Luego Josué dijo: «Quiten las rocas que cubren la abertura de la cueva y tráiganme a los cinco reyes». 23 Así que hicieron salir de la cueva a los cinco reyes de las ciudades de Jerusalén, de Hebrón, de Jarmut, de Laquis y de Eglón. 24 Cuando los sacaron, Josué les dijo a los comandantes de su ejército: «Acérquense y pónganles el pie sobre el cuello a estos reyes». Y ellos hicieron lo que se les dijo.

25 «Jamás tengan miedo ni se desanimen —les dijo Josué a sus hombres—. Sean fuertes y valientes, porque el SEÑOR hará lo mismo con todos sus enemigos». 26 Entonces Josué mató a cada uno de los cinco reyes y los atravesó con cinco postes afilados, donde quedaron colgados hasta la tarde.

27 Mientras se ponía el sol, Josué mandó que descolgaran los cuerpos de los postes y que los arrojaran dentro de la cueva donde se habían escondido los reyes. Luego taparon la abertura de la cueva con un montón de rocas grandes, lo cual permanece allí hasta el día de hoy.

Israel destruye las ciudades del sur

28 Ese mismo día, Josué tomó y destruyó la ciudad de Maceda. Mató a todos sus habitantes, incluso al rey, y no dejó a nadie con vida. Los destruyó a todos y mató al rey de Maceda, lo mismo que había hecho con el rey de Jericó.

29 Después, Josué y los israelitas se dirigieron hacia Libna y la atacaron. 30 Allí también el SEÑOR les entregó la ciudad con su rey. Mató a todos sus habitantes sin dejar a nadie con vida. Luego Josué mató al rey de Libna, lo mismo que había hecho con el rey de Jericó.

31 De Libna, Josué y los israelitas fueron a Laquis y la atacaron. 32 Igual que en las veces anteriores, el SEÑOR les entregó Laquis. Josué la tomó el segundo día y mató a todos sus habitantes, tal como había hecho en Libna.

***Notas textuales** **10:1** El término hebreo empleado aquí se refiere a la consagración total de cosas o personas al SEÑOR, ya sea destruyéndolas o entregándolas como ofrenda; también en 10:28, 35, 37, 39, 40. **10:13a** O *El libro del justo.* **10:13b** O *no se puso por casi un día entero.*

Referencias cruzadas **10:1** Jos 8:22-28; 9:15 **10:12** Is 38:8 **10:27** Dt 21:22-23 **10:29** Nm 33:15-37

[33]Durante el ataque a Laquis, el rey Horam, de Gezer, llegó con su ejército para ayudar a defender la ciudad. Pero los hombres de Josué lo mataron junto con su ejército y no dejaron a nadie con vida.

[34]Luego Josué y el ejército israelita siguieron hacia la ciudad de Eglón y la atacaron. [35]La tomaron ese mismo día y mataron a todos sus habitantes. Josué destruyó a todos por completo, tal como había hecho en Laquis. [36]De Eglón, Josué y el ejército israelita subieron a Hebrón y la atacaron. [37]Tomaron la ciudad y mataron a todos sus habitantes, incluso al rey, y no dejaron a nadie con vida. Hicieron lo mismo con todas las aldeas vecinas. Y tal como había hecho en Eglón, Josué destruyó por completo a toda la población.

[38]Después, Josué y los israelitas se volvieron y atacaron Debir. [39]Josué tomó la ciudad con su rey y todas las aldeas vecinas. Destruyó por completo a todos sus habitantes y no dejó a nadie con vida. Hizo a Debir y a su rey lo mismo que les había hecho a Hebrón, a Libna y a su rey.

[40]Así que Josué conquistó toda la región: a los reyes y a los pueblos de la zona montañosa, el Neguev, las colinas occidentales* y las laderas de las montañas. Destruyó por completo a todos los habitantes del territorio sin dejar a nadie con vida, tal como el SEÑOR, Dios de Israel, lo había ordenado. [41]Josué los masacró desde Cades-barnea hasta Gaza y desde la región que rodea la ciudad de Gosén hasta Gabaón. [42]Josué venció a todos esos reyes y conquistó sus territorios en una sola campaña, porque el SEÑOR, Dios de Israel, peleaba por su pueblo.

[43]Después Josué y el ejército israelita regresaron a su campamento, en Gilgal.

¡Respuestas Bíblicas! 40 ¿Cómo conquistó Josué Canaán?

10:40 Los hombres de Josué marcharon hacia el centro de Canaán. Ellos combatieron a los reyes del sur. Luego fueron hacia el norte, y también combatieron a esos reyes. Josué tenía un buen plan de batalla porque decidió confiar en el Señor.

Israel derrota a los ejércitos del norte

11 Cuando el rey Jabín, de Hazor, oyó lo que había sucedido, envió un mensaje a los siguientes reyes: al rey Jobab, de Madón; al rey de Simrón; al rey de Acsaf; [2]a todos los reyes de la zona montañosa del norte; a los reyes del valle del Jordán, al sur de Galilea;* a los reyes de las colinas de Galilea;* a los reyes de Nafot-dor, al occidente; [3]a los reyes de Canaán, tanto del oriente como del occidente; y a los reyes de los amorreos, de los hititas, de los ferezeos, de los jebuseos en la zona montañosa y de los heveos en las ciudades que están en las laderas del monte Hermón, en la tierra de Mizpa.

[4]Todos esos reyes salieron a pelear. Sus ejércitos unidos formaban una inmensa multitud. Y con todos sus caballos y carros de guerra cubrieron el terreno como la arena a la orilla del mar. [5]Los reyes unieron sus fuerzas y establecieron su campamento alrededor de las aguas que están cerca de Merom para pelear contra Israel.

[6]Entonces el SEÑOR le dijo a Josué: «No les tengas miedo. Mañana, a esta hora, los entregaré a todos muertos en manos de Israel. Después lisia sus caballos y quema sus carros de guerra».

[7]Así que Josué y todos sus hombres de guerra avanzaron hasta las aguas que están cerca de Merom y atacaron por sorpresa. [8]Y el SEÑOR les dio la victoria sobre sus enemigos. Los israelitas los persiguieron tan lejos como Gran Sidón y Misrefot-maim y, hacia el oriente, por el valle de Mizpa, hasta que no quedó ningún guerrero del enemigo con vida. [9]Después Josué lisió los caballos y quemó todos los carros de guerra, tal como el SEÑOR había indicado.

[10]Luego Josué regresó y tomó Hazor y mató a su rey. (Hazor había sido por un tiempo la capital de todos esos reinos). [11]Los israelitas destruyeron por completo* a todo ser viviente de la ciudad, sin dejar sobrevivientes. No se le perdonó la vida a nadie. Y después Josué quemó la ciudad.

[12]Josué masacró a todos los demás reyes y a sus pueblos, los destruyó por completo, tal como lo había ordenado Moisés, siervo del SEÑOR. [13]Pero los israelitas no quemaron ninguna de las ciudades construidas sobre collados salvo Hazor, la cual Josué quemó. [14]Y los israelitas se quedaron con todo el botín y con los animales de las ciudades devastadas; pero mataron a toda la gente, sin dejar a nadie con vida. [15]Tal como el SEÑOR le había ordenado a su siervo Moisés, también Moisés le ordenó a Josué. Y Josué hizo lo que se le indicó, obedeció cuidadosamente todos los mandatos que el SEÑOR le había dado a Moisés.

[16]Así que Josué conquistó toda la región: la zona montañosa, todo el Neguev, toda el área que rodea la ciudad de Gosén, las colinas occidentales, el valle del Jordán,* los montes de Israel y las colinas de Galilea. [17]El territorio israelita ahora se extendía desde el monte Halac, que se eleva hacia Seir, al sur, hasta Baal-gad, al pie del monte Hermón, en el valle del Líbano, al norte. Josué mató a todos los reyes de esos territorios, [18]después de hacer guerra por mucho tiempo para lograrlo. [19]Ninguno de esa región hizo la paz con los israelitas salvo los heveos de Gabaón. Todos los demás fueron derrotados, [20]porque el SEÑOR les endureció el corazón y los hizo pelear contra los israelitas. Así que fueron totalmente destruidos sin compasión, tal como el SEÑOR le había ordenado a Moisés.

[21]Durante ese período, Josué destruyó a todos los descendientes de Anac, quienes vivían en la zona montañosa de Hebrón, Debir, Anab y en toda la región montañosa de Judá e Israel. Los mató a todos y destruyó sus ciudades por completo. [22]No quedó ningún descendiente de Anac en la tierra de Israel, aunque algunos todavía permanecían en Gaza, Gat y Asdod.

[23]Así que Josué tomó control de todo el territorio, tal como el SEÑOR le había indicado a Moisés. Le dio la tierra al pueblo de Israel como su preciada posesión y repartió el territorio entre las tribus. Entonces por fin la tierra descansó de la guerra.

Reyes derrotados al oriente del Jordán

12 Estos son los reyes del oriente del río Jordán a quienes los israelitas mataron y les quitaron sus tierras. El territorio de esos reyes se extendía desde el valle

***Notas textuales** **10:40** En hebreo *la Sefela.* **11:2a** En hebreo *reyes del Arabá, al sur de Cineret.* **11:2b** En hebreo *de la Sefela*; también en 11:16. **11:11** El término hebreo empleado aquí se refiere a la consagración total de cosas o personas al SEÑOR, ya sea destruyéndolas o entregándolas como ofrenda; similar en 11:12, 20, 21. **11:16** En hebreo *Gosén, la Sefela, el Arabá.*

Referencias cruzadas **11:4** Jc 7:12 **11:15** Ex 34:11-12 **11:23** Hb 4:8

del Arnón hasta el monte Hermón y abarcaba toda la tierra
situada al oriente del valle del Jordán.*
2 Derrotaron a Sehón, rey de los amorreos, quien vivía
en Hesbón. Su reino incluía Aroer, en el límite del valle del
Arnón, y se extendía desde la mitad del valle del Arnón
hasta el río Jaboc, el cual sirve de frontera con los amonitas.
Ese territorio incluía la mitad sur del territorio de Galaad.
3 Sehón también controlaba el valle del Jordán y algunas
regiones al oriente, desde el mar de Galilea al norte, hasta
el mar Muerto en el sur,* incluso la ruta a Bet-jesimot y,
más al sur, hasta las laderas del Pisga.
4 El rey Og, de Basán —el último de los refaítas— vivía
en Astarot y Edrei. 5 Gobernaba un territorio que se ex-
tendía por el norte desde el monte Hermón hasta Salca,
por el oriente a todo Basán y hacia el occidente hasta la
frontera con los reinos de Gesur y Maaca. Ese territorio
incluía la mitad norte de Galaad tan lejos como la frontera
con el rey Sehón, de Hesbón.
6 Moisés, siervo del Señor, y los israelitas habían des-
truido al pueblo del rey Sehón y al del rey Og. Moisés
entregó esas tierras como posesión a la tribu de Rubén, a
la tribu de Gad y a la media tribu de Manasés.

Reyes derrotados al occidente del Jordán

7 La siguiente es una lista de los reyes que Josué y los ejér-
citos israelitas derrotaron al occidente del Jordán, desde
Baal-gad, en el valle del Líbano, hasta el monte Halac, que
sube hacia Seir. (Josué les dio esa tierra como posesión a
las tribus de Israel, 8 la cual abarcaba la zona montañosa,
las colinas occidentales,* el valle del Jordán, las laderas de
las montañas, el desierto de Judá y el Neguev. Los pueblos
que vivían en esa región eran los hititas, los amorreos, los
cananeos, los ferezeos, los heveos y los jebuseos). Estos
son los reyes que Israel derrotó:

9 el rey de Jericó,
el rey de Hai, cerca de Betel,
10 el rey de Jerusalén,
el rey de Hebrón,
11 el rey de Jarmut,
el rey de Laquis,
12 el rey de Eglón,
el rey de Gezer,
13 el rey de Debir,
el rey de Geder,
14 el rey de Horma,
el rey de Arad,
15 el rey de Libna,
el rey de Adulam,
16 el rey de Maceda,
el rey de Betel,
17 el rey de Tapúa,
el rey de Hefer,
18 el rey de Afec,
el rey de Sarón,
19 el rey de Madón,
el rey de Hazor,
20 el rey de Simron-merón,
el rey de Acsaf,
21 el rey de Taanac,
el rey de Meguido,
22 el rey de Cedes,
el rey de Jocneam (en el Carmelo),
23 el rey de Dor (en la ciudad de Nafot-dor*),
el rey de Goyim (en Gilgal*)
24 y el rey de Tirsa.

En total, los israelitas derrotaron a treinta y un reyes.

La tierra aún por conquistar

13 Cuando Josué ya era anciano, el Señor le dijo:
«Estás envejeciendo y todavía queda mucha tierra
por conquistar. 2 Aún faltan todas las regiones de los filis-
teos y de los gesureos, 3 y el territorio más extenso de los
cananeos, el cual se extiende desde el arroyo de Sihor, en
la frontera con Egipto, hasta los límites de Ecrón, al norte.
Abarca el territorio de los cinco gobernantes filisteos de
Gaza, Asdod, Ascalón, Gat y Ecrón. También falta por
conquistar la tierra de los aveos, 4 al sur. En el norte, la
siguiente área tampoco está conquistada aún: toda la tierra
de los cananeos, incluso Mehara (lugar que pertenece a
los sidonios), que se extiende al norte hasta Afec, en la
frontera con los amorreos; 5 la tierra de los giblitas y toda la
región de montañas del Líbano, que está hacia el oriente,
desde Baal-gad, al pie del monte Hermón, hasta Lebo-
hamat; 6 y toda la zona montañosa desde el Líbano hasta
Misrefot-maim, incluida toda la tierra de los sidonios.
»Yo mismo iré expulsando a esos pueblos de la tierra
del paso de los israelitas. Así que asegúrate de darle esta
tierra a Israel como una preciada posesión, tal como te lo
ordené. 7 Incluye todo este territorio como posesión de
Israel cuando repartas la tierra entre las nueve tribus y la
media tribu de Manasés».

División de la tierra al oriente del Jordán

8 La media tribu de Manasés, la tribu de Rubén y la tribu
de Gad ya habían recibido sus respectivas porciones de
tierra al oriente del Jordán, pues Moisés, siervo del Señor,
se las había asignado anteriormente.

9 Ese territorio se extendía desde Aroer, en el límite
del valle de Arnón (incluida la ciudad que está en
medio del valle), hasta la llanura que está pasando
Medeba, tan lejos como Dibón. 10 También incluía
todas las ciudades de Sehón, rey de los amorreos
—quien había reinado en Hesbón—, y se extendía
tan lejos como las fronteras con Amón. 11 Abarcaba
Galaad, el territorio de los reinos de Gesur y Maaca,
todo el monte Hermón, todo Basán hasta Salca 12 y
todo el territorio de Og, rey de Basán, quien había
reinado en Astarot y Edrei. El rey Og fue el último
de los refaítas, porque Moisés los había atacado y
expulsado. 13 Pero los israelitas no expulsaron a la
gente de Gesur y de Maaca, así que esos pueblos
siguen viviendo entre los israelitas hasta el día de
hoy.

Una porción para la tribu de Leví

14 Moisés no asignó ninguna porción de tierra a los de la
tribu de Leví. En cambio, como el Señor les había pro-
metido, su porción provenía de las ofrendas quemadas
en el altar del Señor, Dios de Israel.

***Notas textuales** **12:1** En hebreo *del Arabá*; similar en 12:3, 8. **12:3** En hebreo *desde el mar de Cineret hasta el mar del Arabá, que es el mar Salado.* **12:8** En hebreo *la Sefela.* **12:23a** En hebreo *Nafat-dor*, una variante de Nafot-dor. **12:23b** La versión griega dice *Goyim, de Galilea.*

Referencias cruzadas **12:5** Dt 3:10 **12:24** Dt 7:24 **13:1** Jos 14:10 **13:8** Jos 12:1-6

La tierra entregada a la tribu de Rubén

15 Moisés había asignado la siguiente porción a los clanes de la tribu de Rubén:

16 Ese territorio se extendía desde Aroer, en el límite del valle del Arnón (incluida la ciudad que está en medio del valle), hasta la llanura que está pasando Medeba. 17 Incluía Hesbón y las otras ciudades de la llanura: Dibón, Bamot-baal, Bet-baal-meón, 18 Jahaza, Cademot, Mefaat, 19 Quiriataim, Sibma, Zaret-sahar en la colina situada sobre el valle, 20 Bet-peor, las laderas del Pisga y Bet-jesimot.

21 La tierra de Rubén también abarcaba todas las ciudades de la llanura y todo el reino de Sehón. Sehón era el rey amorreo que había reinado en Hesbón y había muerto a manos de Moisés junto con los líderes de Madián —Evi, Requem, Zur, Hur y Reba—, príncipes que vivían en la región y aliados de Sehón. 22 Los israelitas también habían matado a Balaam, hijo de Beor, quien usaba magia para predecir el futuro. 23 El río Jordán marcaba el límite occidental de la tribu de Rubén. A los clanes de la tribu de Rubén se les dieron las ciudades y las aldeas vecinas de ese territorio para que fueran su hogar.

La tierra entregada a la tribu de Gad

24 Moisés había asignado la siguiente porción a los clanes de la tribu de Gad:

25 Ese territorio incluía Jazer, todas las ciudades de Galaad y la mitad de la tierra de Amón tan lejos como la ciudad de Aroer, justo al occidente de* Rabá. 26 Se extendía desde Hesbón hasta Ramat-mizpa y Betonim, y desde Mahanaim hasta Lo-debar.* 27 En el valle, se encontraban las ciudades de Bet-aram, Bet-nimra, Sucot, Zafón y el resto del reino de Sehón, rey de Hesbón. La frontera occidental se extendía a lo largo del río Jordán, su extremo norte llegaba hasta la punta del mar de Galilea* y luego giraba hacia el oriente. 28 A los clanes de la tribu de Gad se les dieron las ciudades y las aldeas vecinas de ese territorio para que fueran su hogar.

La tierra entregada a la media tribu de Manasés

29 Moisés había asignado la siguiente porción a los clanes de la media tribu de Manasés:

30 Ese territorio se extendía desde Mahanaim y abarcaba todo Basán, todo el antiguo reino del rey Og y las sesenta ciudades de Jair, en Basán. 31 También incluía la mitad de Galaad y Astarot y Edrei, ciudades de la realeza que pertenecían al rey Og. Todo eso se les entregó a los clanes de los descendientes de Maquir, hijo de Manasés.

32 Esa fue la asignación de tierras que Moisés había hecho mientras estaba en las llanuras de Moab, al otro lado del río Jordán, al oriente de Jericó. 33 Sin embargo, Moisés no dio ninguna porción de tierra a la tribu de Leví, porque el SEÑOR, Dios de Israel, había prometido que él mismo sería su porción.

División de la tierra al occidente del Jordán

14 Las demás tribus de Israel recibieron porciones de tierra en Canaán asignadas por el sacerdote Eleazar, por Josué, hijo de Nun, y por los jefes de las tribus. 2 Esas nueve tribus y media recibieron sus porciones de tierra mediante un sorteo sagrado, según el mandato que el SEÑOR había dado por medio de Moisés. 3 Moisés ya les había asignado una porción de tierra a las dos tribus y media que estaban al oriente del río Jordán, pero no había entregado ninguna porción a los levitas. 4 Los descendientes de José se habían separado en dos tribus distintas: Manasés y Efraín. Y a los levitas no se les dio ninguna porción de tierra, únicamente ciudades donde vivir, rodeadas de pastizales para sus animales y posesiones. 5 De modo que se distribuyó la tierra exactamente según las órdenes que el SEÑOR había dado a Moisés.

Caleb solicita su tierra

6 Una delegación de la tribu de Judá, dirigida por Caleb, hijo de Jefone, el cenezeo, se presentó ante Josué, quien estaba en Gilgal. Caleb le dijo a Josué: «Recuerda lo que el SEÑOR le dijo a Moisés, hombre de Dios, acerca de ti y de mí cuando estábamos en Cades-barnea. 7 Yo tenía cuarenta años cuando Moisés, siervo del SEÑOR, me envió desde Cades-barnea a que explorara la tierra de Canaán. Regresé y di un informe objetivo de lo que vi, 8 pero los hermanos que me acompañaron asustaron tanto al pueblo que nadie quería entrar en la Tierra Prometida. Por mi parte, seguí al SEÑOR mi Dios con todo mi corazón. 9 Así que, ese día, Moisés me prometió solemnemente: "La tierra de Canaán, por donde recién caminaste, será tu porción de tierra y la de tus descendientes para siempre, porque seguiste al SEÑOR mi Dios con todo tu corazón".

10 »Ahora, como puedes ver, en todos estos cuarenta y cinco años desde que Moisés hizo esa promesa, el SEÑOR me ha mantenido con vida y buena salud tal como lo prometió, incluso mientras Israel andaba vagando por el desierto. Ahora tengo ochenta y cinco años. 11 Estoy tan fuerte hoy como cuando Moisés me envió a esa travesía y aún puedo andar y pelear tan bien como lo hacía entonces. 12 Así que dame la zona montañosa que el SEÑOR me prometió. Tú recordarás que, mientras explorábamos, encontramos allí a los descendientes de Anac, que vivían en grandes ciudades amuralladas. Pero si el SEÑOR está conmigo, yo los expulsaré de la tierra, tal como el SEÑOR dijo».

13 Entonces Josué bendijo a Caleb, hijo de Jefone, y le dio Hebrón como su asignación de tierra. 14 Hebrón todavía pertenece a los descendientes de Caleb, hijo de Jefone, el cenezeo, porque él siguió al SEÑOR, Dios de Israel, con todo su corazón. 15 (Antiguamente Hebrón se llamaba Quiriat-arba. Llevaba el nombre de Arba, un gran héroe de los descendientes de Anac).

Y la tierra descansó de la guerra.

***Notas textuales** **13:25** En hebreo *enfrente de.* **13:26** En hebreo *Li-debir*; parece ser una variante de Lo-debar (comparar 2 Sm 9:4; 17:27; Am 6:13). **13:27** En hebreo *mar de Cineret.*

Referencias cruzadas **13:14** Dt 18:1-2 **13:22** Nm 31:8 **13:27** Nm 34:11 **13:30** Nm 32:41 **13:33** Nm 18:20 **14:1** Nm 34:16-29 **14:6** Nm 13:30; 14:6, 24, 30

La tierra entregada a la tribu de Judá

15 La asignación de tierra para los clanes de la tribu de Judá se extendía hacia el sur hasta la frontera con Edom y llegaba al desierto de Zin.

2La frontera sur comenzaba en la bahía sur del mar Muerto,* 3se extendía al sur del paso de los Escorpiones* por el desierto de Zin y seguía por el sur de Cades-barnea hasta Hezrón. Luego subía hasta Adar, donde giraba hacia Carca. 4De allí, pasaba a Asmón hasta que finalmente alcanzaba el arroyo de Egipto y lo seguía hasta el mar Mediterráneo.* Esa era la frontera sur de ellos.*

5El límite oriental se extendía por todo el mar Muerto hasta la desembocadura del río Jordán.

La frontera norte comenzaba en la bahía donde el río Jordán desemboca en el mar Muerto, 6de allí subía a Bet-hogla, luego seguía por el norte de Bet-arabá hasta la peña de Bohán. (Bohán era hijo de Rubén). 7Desde allí, atravesaba el valle de Acor hasta Debir y giraba al norte, hacia Gilgal, que está al otro lado de las laderas de Adumín, en el sur del valle. De allí, el límite se extendía a los manantiales de En-semes y seguía hasta En-rogel. 8Luego atravesaba el valle de Ben-hinom por las laderas sureñas de los jebuseos, donde está situada la ciudad de Jerusalén. La frontera luego se extendía hacia el occidente, a la cima de la montaña que está sobre el valle de Hinom, y subía hasta el extremo norte del valle de Refaim. 9De allí, se extendía desde la cima de la montaña hasta el manantial que hay en las aguas de Neftoa,* y de allí, a las ciudades del monte Efrón. Después giraba hacia Baala (también llamada Quiriat-jearim). 10El límite rodeaba el occidente de Baala hacia el monte Seir, pasaba por la ciudad de Quesalón, en la ladera norte del monte Jearim, y bajaba a Bet-semes y luego a Timna. 11Después seguía hasta la ladera de la colina que está al norte de Ecrón, donde giraba hacia Sicrón y el monte Baala. Pasaba Jabneel y terminaba en el mar Mediterráneo.

12La frontera occidental era la costa del mar Mediterráneo.*

Esos son los límites para los clanes de la tribu de Judá.

La tierra entregada a Caleb

13El Señor le ordenó a Josué que le asignara una parte del territorio de Judá a Caleb, hijo de Jefone. Así que Caleb recibió la ciudad de Quiriat-arba (también llamada Hebrón), que llevaba el nombre del antepasado de Anac. 14Caleb expulsó a los tres grupos de anaceos, que son descendientes de Sesai, de Ahimán y de Talmai, hijos de Anac.

15De allí, salió a luchar contra los habitantes de la ciudad de Debir (antiguamente llamada Quiriat-sefer). 16Caleb dijo: «Daré a mi hija Acsa en matrimonio al que ataque y tome Quiriat-sefer». 17Otoniel, hijo de Cenaz, un hermano de Caleb, fue quien conquistó la ciudad; así que Acsa pasó a ser esposa de Otoniel.

18Cuando Acsa se casó con Otoniel, ella insistió en que él le pidiera* un campo a su padre. Mientras ella se bajaba de su burro, Caleb le preguntó:

—¿Qué te pasa?

19Ella contestó:

—Concédeme otro regalo. Ya me regalaste tierras en el Neguev; ahora te ruego que también me des manantiales.

Entonces Caleb le entregó tanto los manantiales de la parte alta como los de la parte baja.

Las ciudades asignadas a Judá

20Esta fue la tierra asignada a los clanes de la tribu de Judá para que fuera su hogar.

21Las ciudades de Judá situadas a lo largo de la frontera con Edom, en el extremo sur eran: Cabseel, Edar, Jagur, 22Cina, Dimona, Adada, 23Cedes, Hazor, Itnán, 24Zif, Telem, Bealot, 25Hazor-hadata, Queriot-hezrón (también llamada Hazor), 26Amam, Sema, Molada, 27Hazar-gada, Hesmón, Bet-pelet, 28Hazar-sual, Beerseba, Bizotia, 29Baala, Iim, Ezem, 30Eltolad, Quesil, Horma, 31Siclag, Madmana, Sansana, 32Lebaot, Silhim, Aín y Rimón; veintinueve ciudades con sus aldeas vecinas.

33Las siguientes ciudades situadas en las colinas occidentales* también se le entregaron a Judá: Estaol, Zora, Asena, 34Zanoa, En-ganim, Tapúa, Enam, 35Jarmut, Adulam, Soco, Azeca, 36Saaraim, Aditaim, Gedera y Gederotaim; catorce ciudades con sus aldeas vecinas.

37También estaban incluidas: Zenán, Hadasa, Migdal-gad, 38Dileán, Mizpa, Jocteel, 39Laquis, Boscat, Eglón, 40Cabón, Lahmam, Quitlis, 41Gederot, Bet-dagón, Naama y Maceda; dieciséis ciudades con sus aldeas vecinas.

42Además de esas, estaban Libna, Eter, Asán, 43Jifta, Asena, Nezib, 44Keila, Aczib y Maresa; nueve ciudades con sus aldeas vecinas.

45El territorio de la tribu de Judá también incluía la ciudad de Ecrón con los asentamientos y las aldeas que la rodeaban. 46De Ecrón, el límite se extendía al occidente e incluía las ciudades cercanas a Asdod con sus aldeas vecinas. 47También incluía Asdod con los asentamientos y las aldeas que la rodeaban, y Gaza con sus respectivos asentamientos y aldeas, tan lejos como el arroyo de Egipto y a lo largo de la costa del mar Mediterráneo.

48Judá también recibió las siguientes ciudades en la zona montañosa: Samir, Jatir, Soco, 49Dana, Quiriat-sana (también llamada Debir), 50Anab, Estemoa, Anim, 51Gosén, Holón y Gilo; once ciudades con sus aldeas vecinas.

52También estaban incluidas las siguientes ciudades: Arab, Duma, Esán, 53Janum, Bet-tapúa, Afeca, 54Humta, Quiriat-arba (también llamada Hebrón) y Sior; nueve ciudades con sus aldeas vecinas.

55Además de esas, estaban Maón, Carmelo, Zif, Juta, 56Jezreel, Jocdeam, Zanoa, 57Caín, Guibeá y Timna; diez ciudades con sus aldeas vecinas.

58Además estaban Halaul, Bet-sur, Gedor,

***Notas textuales** **15:2** En hebreo *mar Salado*; también en 15:5. **15:3** En hebreo *Acrabim*. **15:4a** En hebreo *el mar*; también en 15:11. **15:4b** En hebreo *de ustedes*. **15:9** O *el manantial de Me-neftoa*. **15:12** En hebreo *mar Grande*; también en 15:47. **15:18** Algunos manuscritos griegos dicen *él insistió en que ella le pidiera*. **15:33** En hebreo *en la Sefela*.

Referencias cruzadas **15:1** Nm 34:3-4 **15:2-4** Nm 34:4-5 **15:19** Jc 1:11-15 **15:21** Gn 35:21 **15:47** Nm 34:6

59Maarat, Bet-anot y Eltecón; seis ciudades con sus
aldeas vecinas.
60También estaban Quiriat-baal (también llamada
Quiriat-jearim) y Rabá; dos ciudades con sus aldeas
vecinas.
61En el desierto se encontraban las ciudades de
Bet-arabá, Midín, Secaca, 62Nibsán, la Ciudad de la
Sal y En-gadi; seis ciudades con sus aldeas vecinas.

63Sin embargo, la tribu de Judá no pudo expulsar a los
jebuseos, que vivían en la ciudad de Jerusalén; así que los
jebuseos viven entre el pueblo de Judá hasta el día de hoy.

La tierra entregada a la tribu de Efraín y a la de Manasés

16 La porción de tierra asignada a los descendientes
de José se extendía desde el río Jordán, cerca
de Jericó, en el oriente de los manantiales de Jericó,
atravesaba el desierto y seguía por la zona montañosa
de Betel. 2De Betel (también llamada Luz)*, iba hacia
Atarot, en el territorio de los arquitas. 3Descendía
hacia el occidente, al territorio de los jafletitas, hasta
Bet-horón de abajo, luego a Gezer y llegaba al mar
Mediterráneo.*

4Esa fue la tierra asignada a las familias de Manasés y de
Efraín, los hijos de José, para que fuera su hogar.

La tierra entregada a la tribu de Efraín

5El siguiente territorio se le entregó a los clanes de la tribu
de Efraín para que fuera su hogar:

El límite comenzaba en Atarot-adar, al oriente. De
allí, iba a Bet-horón de arriba 6y seguía hacia el mar
Mediterráneo. Desde Micmetat, en el norte, el límite
formaba una curva hacia el oriente y pasaba Taanat-
silo, al oriente de Janoa. 7De Janoa, giraba hacia el sur
hasta Atarot y Naarat, tocaba Jericó y terminaba en el
río Jordán. 8Desde Tapúa, el límite se extendía hacia
el occidente a lo largo del barranco de Caná y luego
al mar Mediterráneo. Esa es la tierra asignada a los
clanes de la tribu de Efraín para que fuera su hogar.
9Además, algunas ciudades con sus aldeas vecinas
en el territorio asignado a la media tribu de Manasés
fueron separadas para la tribu de Efraín. 10Los de
Efraín, sin embargo, no expulsaron a los cananeos
de la ciudad de Gezer, así que sus habitantes viven
como esclavos entre el pueblo de Efraín hasta el día
de hoy.

La tierra entregada a la tribu occidental de Manasés

17 La siguiente porción de tierra se le entregó a la
media tribu de Manasés, los descendientes del
hijo mayor de José. Maquir, el hijo mayor de Manasés,
fue el padre de Galaad. Dado que sus descendientes eran
soldados con experiencia, ya se les había asignado la re-
gión de Galaad y la región de Basán, al oriente del Jordán.
2Así que la porción de tierra al occidente del Jordán quedó
asignada a las familias restantes dentro de los clanes de la
tribu de Manasés: Abiezer, Helec, Asriel, Siquem, Hefer
y Semida. Estos clanes representan a los descendientes
varones de Manasés, hijo de José.
3Sin embargo, Zelofehad, un descendiente de Hefer,
hijo de Galaad, hijo de Maquir, hijo de Manasés, no tuvo
hijos varones. Solo tuvo hijas, las cuales se llamaban
Maala, Noa, Hogla, Milca y Tirsa. 4Ellas se presentaron
ante el sacerdote Eleazar, ante Josué, hijo de Nun, y ante
los líderes israelitas y les dijeron: «El SEÑOR le ordenó a
Moisés que nos diera una porción de tierra al igual que a
los hombres de nuestra tribu».
Así que Josué les dio una porción de tierra junto con la
de sus tíos, como el SEÑOR había ordenado. 5Por lo tanto,
todo el territorio asignado a la tribu de Manasés llegó a ser
de diez porciones de tierra, además de la tierra de Galaad
y de Basán, que estaba al otro lado del río Jordán, 6porque
las descendientes de Manasés también recibieron una por-
ción de tierra al igual que los descendientes varones. (La
tierra de Galaad se les entregó a los otros descendientes
varones de Manasés).

7El límite de la tribu de Manasés se extendía desde
la frontera con Aser hasta Micmetat, cerca de
Siquem. Luego se dirigía al sur, desde Micmetat
hasta el asentamiento que está cerca del manantial
de Tapúa. 8Los alrededores de la tierra de Tapúa
pertenecían a Manasés, pero la ciudad de Tapúa en
sí, situada en la frontera de Manasés, era de la tribu
de Efraín. 9Desde el manantial de Tapúa, la frontera
de Manasés seguía por el barranco de Caná hasta
el mar Mediterráneo.* Varias ciudades al sur del
barranco estaban dentro del territorio de Manasés,
pero en realidad pertenecían a la tribu de Efraín.
10En términos generales, la tierra situada al sur
del barranco pertenecía a Efraín y la tierra al norte
del barranco era de Manasés. El límite de Manasés
se extendía por el norte del barranco y terminaba
en el mar Mediterráneo. Al norte de Manasés, se
encontraba el territorio de Aser, y hacia el oriente,
estaba el territorio de Isacar.
11Sin embargo, las siguientes ciudades dentro del
territorio de Isacar y del de Aser se le entregaron a
Manasés: Bet-sán,* Ibleam, Dor (también llamada
Nafot-dor)*, Endor, Taanac y Meguido, cada una con
sus asentamientos vecinos.

12Pero los descendientes de Manasés no pudieron con-
quistar esas ciudades porque los cananeos estaban deci-
didos a quedarse en esa región. 13Sin embargo, tiempo
después, cuando los israelitas se hicieron más poderosos,
forzaron a los cananeos a que trabajaran como esclavos;
pero no los expulsaron de la tierra.
14Los descendientes de José se presentaron ante Josué
y le preguntaron:
—¿Por qué nos diste solamente una porción de tierra
para habitar si el SEÑOR nos bendijo con tanta gente?
15Josué contestó:
—Si ustedes son tantos y la zona montañosa de Efraín
no les alcanza, despejen sectores de tierra en el bosque,
donde viven los ferezeos y los refaítas.
16Los descendientes de José respondieron:

***Notas textuales** **16:2** Así aparece en la versión griega (ver también 18:13); en hebreo dice *De Betel a Luz.* **16:3** En hebreo *al mar*; también en 16:6, 8. **17:9** En hebreo *el mar*; también en 17:10. **17:11a** En hebreo *Bet-seán*, una variante de Bet-sán; también en 17:16. **17:11b** El significado del hebreo es incierto.

Referencias cruzadas **15:63** Jc 1:21 **16:10** Jc 1:28-29 **17:3** Nm 26:33 **17:14** Nm 26:28-37

—Es cierto que la zona montañosa no es lo suficientemente grande para nosotros. Pero todos los cananeos de las tierras bajas tienen carros de guerra hechos de hierro, tanto los que viven en Bet-sán y en sus asentamientos vecinos como los que habitan el valle de Jezreel. Son demasiado poderosos para nosotros.

17Entonces Josué dijo a la tribu de Efraín y a la de Ma-
nasés, los descendientes de José:

—Ya que ustedes son tan fuertes y numerosos, se les
dará más de una porción de tierra. 18Los bosques de la
zona montañosa también serán suyos. Despejen toda la tierra que quieran de allí y tomen posesión de sus extremos más lejanos. Y también expulsarán a los cananeos de los valles, aunque ellos sean fuertes y tengan carros de guerra hechos de hierro.

Distribución de la tierra restante

18 Ahora que la tierra estaba bajo el control de los israelitas, toda la comunidad de Israel se reunió
en Silo y levantó el tabernáculo.* 2Sin embargo, aún había
siete tribus a las que no se les había asignado sus porciones de tierra.

3Entonces Josué les preguntó: «¿Cuánto tiempo más van a esperar para tomar posesión del resto de la tierra que
el SEÑOR, Dios de sus antepasados, les ha dado? 4Elijan a
tres hombres de cada tribu, y yo los enviaré a que exploren la tierra y tracen un mapa de ella. Cuando regresen, me traerán un informe escrito con la división que proponen
para repartir la nueva tierra que será su hogar. 5Que divi-
dan la tierra en siete partes sin incluir el territorio de Judá,
en el sur, ni el de José, en el norte. 6Y cuando tengan por
escrito las siete divisiones de la tierra y me las traigan, haré un sorteo sagrado en presencia del SEÑOR nuestro Dios para asignarle tierra a cada tribu.

7»Sin embargo, los levitas no recibirán ninguna porción de tierra. Su porción consiste en ser sacerdotes del SEÑOR. Y la tribu de Gad, la tribu de Rubén y la media tribu de Manasés no recibirán más tierra, porque ya recibieron sus respectivas porciones, las cuales Moisés, siervo del SEÑOR, les dio al oriente del río Jordán».

8Al comenzar los hombres su recorrido para trazar el mapa de la tierra, Josué les ordenó: «Vayan y exploren la tierra y hagan una descripción de ella por escrito. Después, vuelvan a verme, y yo repartiré la tierra entre las tribus por medio de un sorteo sagrado en presencia del
SEÑOR aquí, en Silo». 9Así que los hombres hicieron lo
que se les ordenó y trazaron un mapa de todo el territorio dividido en siete partes, con una lista de las ciudades que había en cada una de las partes. Pusieron todo por escrito y luego regresaron a ver a Josué, al campamento
de Silo. 10Y allí, en Silo, Josué hizo un sorteo sagrado
en presencia del SEÑOR para determinar a qué tribu le correspondía cada parte.

La tierra entregada a la tribu de Benjamín

11La primera porción de tierra se entregó a los clanes de la tribu de Benjamín. Se encontraba entre el territorio asignado a la tribu de Judá y el territorio de José.

12El límite norte de la tierra de Benjamín comenzaba
en el río Jordán, pasaba por el norte de la ladera
de Jericó y, hacia el occidente, atravesaba la zona
montañosa y el desierto de Bet-avén. 13De allí, el
límite iba al sur, hasta la ciudad de Luz (también
llamada Betel), y descendía a Atarot-adar, en la colina
que está al sur de Bet-horón de abajo.
14Luego el límite daba un giro hacia el sur por
la cima occidental de la colina que está frente a
Bet-horón y terminaba en la aldea de Quiriat-baal
(también llamada Quiriat-jearim), la cual pertenecía
a la tribu de Judá. Ese era el límite occidental.
15El límite sur comenzaba en las afueras de
Quiriat-jearim. Desde ese punto occidental, se
dirigía* al manantial de las aguas de Neftoa* 16y
bajaba al pie de la montaña que está junto al valle de
Ben-hinom, en el extremo norte del valle de Refaim.
De allí, descendía por el valle de Hinom, cruzaba
por el sur de la ladera donde vivían los jebuseos y
continuaba en descenso hasta En-rogel. 17De En-
rogel, el límite seguía en dirección norte, llegaba a
En-semes y continuaba hacia Gelilot (que está al
otro lado de las laderas de Adumín). Después bajaba
a la peña de Bohán. (Bohán fue hijo de Rubén).
18De allí, pasaba por el norte de la ladera que mira al
valle del Jordán.* El límite luego descendía al valle,
19recorría y pasaba la ladera norte de Bet-hogla y
terminaba en la bahía norte del mar Muerto,* que
corresponde al extremo sur del río Jordán. Ese era
el límite sur.
20El límite oriental era el río Jordán.

Esa fue la frontera de la tierra asignada a los clanes de la tribu de Benjamín para que fuera su hogar.

Las ciudades entregadas a la tribu de Benjamín

21Las siguientes son las ciudades que se le entregaron a los clanes de la tribu de Benjamín:

Jericó, Bet-hogla, Emec-casis, 22Bet-arabá,
Zemaraim, Betel, 23Avim, Pará, Ofra, 24Quefar-
haamoni, Ofni y Geba; doce ciudades con sus
aldeas vecinas. 25También: Gabaón, Ramá, Beerot,
26Mizpa, Cafira, Mozah, 27Requem, Irpeel, Tarala,
28Zela, Elef, la ciudad jebusea (es decir, Jerusalén),
Guibeá y Quiriat-jearim;* catorce ciudades con sus
aldeas vecinas.

Esa fue la tierra asignada a los clanes de la tribu de Benjamín para que fuera su hogar.

La tierra entregada a la tribu de Simeón

19 La segunda asignación de tierra se entregó a los clanes de la tribu de Simeón para que fuera su hogar. Su territorio estaba rodeado por el de Judá.

2El territorio de Simeón incluía las ciudades de
Beerseba, Seba, Molada, 3Hazar-sual, Bala, Ezem,
4Eltolad, Betul, Horma, 5Siclag, Bet-marcabot,
Hazar-susa, 6Bet-lebaot y Saruhén; trece ciudades
con sus aldeas vecinas. 7También incluía: Aín,
Rimón, Eter y Asán; cuatro ciudades con sus aldeas,
8entre ellas, todas las aldeas vecinas hacia el sur hasta

***Notas textuales** **18:1** En hebreo *la carpa de reunión*. **18:15a** O *Desde allí, iba a Mozah.* El significado del hebreo es incierto. **18:15b** O *al manantial de Me-neftoa*. **18:18** En hebreo *que mira al Arabá*, o *que mira a Bet-arabá.* **18:19** En hebreo *mar Salado*. **18:28** Así aparece en la versión griega; en hebreo dice *Quiriat*.

Referencias cruzadas **18:10** Nm 34:16-29 **18:15** Jos 15:5-9

Baalat-beer (también conocida como Ramat del
Neguev).

Esa fue la tierra asignada a los clanes de la tribu de Simeón
para que fuera su hogar. 9La porción provino de una parte
de la tierra que se le había entregado a Judá, porque el
territorio de la tribu de Judá era demasiado grande para
ellos. Así que la tribu de Simeón recibió su porción de
tierra, dentro del territorio de Judá.

La tierra entregada a la tribu de Zabulón

10La tercera asignación de tierra se entregó a los clanes de
la tribu de Zabulón para que fuera su hogar.

El límite del territorio de Zabulón comenzaba en
Sarid. 11De allí, se dirigía al occidente, pasaba Marala,
tocaba Dabeset y seguía hasta el arroyo situado
al oriente de Jocneam. 12En dirección opuesta, el
límite iba al oriente, desde Sarid hasta la frontera
de Quislot-tabor, y desde allí a Daberat, de donde
subía hasta Jafía. 13Continuaba por el oriente hasta
Gat-hefer, Itacazín y Rimón, y luego giraba hacia
Nea. 14El límite norte de Zabulón pasaba Hanatón
y terminaba en el valle de Jefte-el. 15Algunas de las
ciudades que se incluían eran: Catat, Naalal, Simrón,
Idala y Belén; en total eran doce ciudades con sus
aldeas vecinas.

16La tierra asignada a los clanes de la tribu de Zabulón
para que fuera su hogar incluía esas ciudades con sus
aldeas vecinas.

La tierra entregada a la tribu de Isacar

17La cuarta asignación de tierra se entregó a los clanes
de la tribu de Isacar.

18Su territorio incluía las siguientes ciudades:
Jezreel, Quesulot, Sunem, 19Hafaraim, Sihón,
Anaharat, 20Rabit, Quisión, Abez, 21Remet, En-
ganim, En-hada y Bet-pases. 22El límite también
tocaba Tabor, Sahazima y Bet-semes, y terminaba en
el río Jordán; en total eran dieciséis ciudades con sus
aldeas vecinas.

23La tierra asignada a los clanes de la tribu de Isacar para
que fuera su hogar incluía esas ciudades con sus aldeas
vecinas.

La tierra entregada a la tribu de Aser

24La quinta asignación de tierra se entregó a los clanes
de la tribu de Aser.

25Su territorio incluía las siguientes ciudades: Helcat,
Halí, Betén, Acsaf, 26Alamelec, Amad y Miseal. El
límite occidental tocaba Carmelo y Sihor-libnat,
27luego giraba al oriente, hacia Bet-dagón, se
extendía tan lejos como Zabulón, en el valle de Jefte-
el, e iba al norte, hasta Bet-emec y Neiel. Después
continuaba al norte, hacia Cabul, 28Abdón,* Rehob,
Hamón y Caná tan lejos como Gran Sidón. 29Luego
el límite giraba en dirección a Ramá y a la fortaleza de
Tiro, donde daba un giro hacia Hosa y llegaba al mar
Mediterráneo.* El territorio también incluía Majaleb,
Aczib, 30Uma, Afec y Rehob; en total eran veintidós
ciudades con sus aldeas vecinas.

31La tierra asignada a los clanes de la tribu de Aser para
que fuera su hogar incluía esas ciudades con sus aldeas
vecinas.

La tierra entregada a la tribu de Neftalí

32La sexta asignación de tierra se entregó a los clanes de
la tribu de Neftalí.

33Su límite iba desde Helef, desde el roble de
Saananim, y se extendía por Adami-neceb y Jabneel
tan lejos como Lacum, y terminaba en el río Jordán.
34El límite occidental pasaba Aznot-tabor, luego
Hucoc y tocaba la frontera con Zabulón al sur; la
frontera con Aser al occidente; y el río Jordán* al
oriente. 35Las ciudades fortificadas que se incluían
en ese territorio eran: Sidim, Zer, Hamat, Racat,
Cineret, 36Adama, Ramá, Hazor, 37Cedes, Edrei,
En-hazor, 38Irón, Migdal-el, Horem, Bet-anat y Bet-
semes; en total eran diecinueve ciudades con sus
aldeas vecinas.

39La tierra asignada a los clanes de la tribu de Neftalí para
que fuera su hogar incluía esas ciudades con sus aldeas
vecinas.

La tierra entregada a la tribu de Dan

40La séptima asignación se entregó a los clanes de la tribu
de Dan.

41La tierra asignada para que fuera su hogar incluía
las siguientes ciudades: Zora, Estaol, Ir-semes,
42Saalabín, Ajalón, Jetla, 43Elón, Timna, Ecrón,
44Elteque, Gibetón, Baalat, 45Jehúd, Bene-berac,
Gat-rimón, 46Mejarcón, Racón y el territorio situado
al otro lado de Jope.
47Pero los de la tribu de Dan tuvieron dificultades
para tomar posesión de su tierra,* así que atacaron
la ciudad de Lais.* La tomaron, masacraron a todos
sus habitantes y se establecieron allí. Entonces
cambiaron el nombre de la ciudad y le pusieron Dan
en honor a su antepasado.

48La tierra asignada a los clanes de la tribu de Dan para que
fuera su hogar incluía esas ciudades con sus aldeas vecinas.

La tierra entregada a Josué

49Una vez que toda la tierra quedó dividida entre las tri-
bus, los israelitas le dieron una porción a Josué. 50Pues
el SEÑOR había dicho que Josué podía tener la ciudad
que quisiera. Entonces él eligió Timnat-sera en la zona
montañosa de Efraín. Reconstruyó la ciudad y vivió allí.
51Esos son los territorios que el sacerdote Eleazar,
Josué, hijo de Nun, y los jefes de las tribus les asignaron
a las tribus de Israel como porciones de tierra mediante

***Notas textuales** **19:28** Así aparece en algunos manuscritos hebreos (ver también 21:30); la mayoría de los manuscritos hebreos dicen *Hebrón*. **19:29** En hebreo *al mar*. **19:34** En hebreo *y Judá, en el río Jordán*. **19:47a** O *tuvieron dificultades para retener su tierra*. **19:47b** En hebreo *Lesem*, una variante de Lais. **19:51** En hebreo *de la carpa de reunión*.

Referencias cruzadas **19:5** 1 Sm 30:1 **19:15** Mi 5:2 **19:18** 1 Sm 28:4 **19:30** Jos 21:31 **19:34** Dt 33:23 **19:47** Jc 18:27-31 un sorteo sagrado en presencia del SEÑOR a la entrada del tabernáculo,* en Silo. Así se dio por terminada la división de la tierra.

Ciudades de refugio

20 El SEÑOR le dijo a Josué: 2«Ahora diles a los israelitas que designen ciudades de refugio, tal como le indiqué a Moisés. 3Cualquier persona que mate a otra por accidente y sin intención podrá huir a una de esas ciudades; serán lugares para refugiarse de parientes que busquen venganza por la muerte de un familiar.

4»Al llegar a una de esas ciudades, el que causó la muerte se presentará ante los ancianos en la puerta de la ciudad y les expondrá su caso. Ellos deberán permitirle la entrada a la ciudad y darle un lugar para vivir entre sus habitantes. 5Si los parientes de la víctima llegan para vengar la muerte, los líderes no les entregarán al acusado. Pues el acusado mató al otro sin intención y sin enemistad previa. 6Pero tendrá que quedarse en esa ciudad y ser juzgado por la asamblea local, la cual dará el veredicto. Y seguirá viviendo allí hasta que muera el sumo sacerdote que estaba ejerciendo su cargo cuando ocurrió el accidente. Solo entonces será libre para regresar a su hogar en la ciudad de donde huyó».

7Entonces se designaron las siguientes ciudades de refugio: Cedes de Galilea, en la zona montañosa de Neftalí; Siquem, en la zona montañosa de Efraín; y Quiriat-arba (también llamada Hebrón), en la zona montañosa de Judá. 8Al oriente del río Jordán, frente a Jericó, se designaron las siguientes ciudades: Beser, en la llanura desértica de la tribu de Rubén; Ramot, en Galaad, en el territorio de la tribu de Gad; y Golán, en Basán, en la tierra de la tribu de Manasés. 9Esas ciudades quedaron apartadas para todos los israelitas y también para los extranjeros que vivían entre ellos. Cualquier persona que matara a otra por accidente podía refugiarse en una de esas ciudades; de esa manera, evitaba que le quitaran la vida por venganza antes de ser juzgada frente a la asamblea local.

Las ciudades entregadas a los levitas

21 Entonces los líderes de la tribu de Leví fueron a consultar un asunto con el sacerdote Eleazar, con Josué, hijo de Nun, y con los líderes de las otras tribus de Israel. 2Se presentaron ante ellos en Silo, en la tierra de Canaán y dijeron: «El SEÑOR le ordenó a Moisés que nos diera ciudades donde vivir y pastizales para nuestros animales». 3Así que, por orden del SEÑOR, el pueblo de Israel —de sus propias porciones de tierra— les dio a los levitas las siguientes ciudades con pastizales:

4A los descendientes de Aarón —que eran miembros del clan coatita dentro de la tribu de Leví— se les entregaron trece ciudades que, en un principio, habían sido asignadas a las tribus de Judá, de Simeón y de Benjamín. 5A las otras familias del clan coatita se les entregaron diez ciudades de las tribus de Efraín y de Dan, y de la media tribu de Manasés.

6Al clan de Gersón se le entregaron trece ciudades de las tribus de Isacar, de Aser y de Neftalí, y de la media tribu de Manasés que estaba en Basán.

7Al clan de Merari se le entregaron doce ciudades de las tribus de Rubén, de Gad y de Zabulón.

8Así que los israelitas obedecieron la orden que el SEÑOR le había dado a Moisés y les asignaron a los levitas esas ciudades con pastizales por medio de un sorteo sagrado.

9Los israelitas les dieron las siguientes ciudades de las tribus de Judá y de Simeón 10a los descendientes de Aarón —que eran miembros del clan coatita dentro de la tribu de Leví—, porque ellos fueron los primeros en salir sorteados. 11Recibieron Quiriat-arba (también llamada Hebrón), en la zona montañosa de Judá, junto con los pastizales que la rodeaban. (Arba era un antepasado de Anac). 12Pero los campos abiertos en las afueras de la ciudad y de las aldeas vecinas se le dieron como posesión a Caleb, hijo de Jefone.

13Las siguientes ciudades con sus pastizales se les entregaron a los descendientes del sacerdote Aarón: Hebrón (una ciudad de refugio para los que mataban a otra persona por accidente), Libna, 14Jatir, Estemoa, 15Holón, Debir, 16Aín, Juta y Bet-semes; nueve ciudades de parte de esas dos tribus.

17De la tribu de Benjamín, se les dieron a los sacerdotes las siguientes ciudades junto con sus pastizales: Gabaón, Geba, 18Anatot y Almón, cuatro ciudades. 19Así que, a los sacerdotes, los descendientes de Aarón, se les dieron un total de trece ciudades con sus pastizales.

20Al resto del clan coatita de la tribu de Leví se le asignaron las siguientes ciudades con sus pastizales de la tribu de Efraín: 21Siquem, en la zona montañosa de Efraín (una ciudad de refugio para los que mataban a otra persona por accidente), Gezer, 22Kibsaim y Bet-horón, cuatro ciudades.

23De la tribu de Dan, se les asignaron a los sacerdotes las siguientes ciudades con sus pastizales: Elteque, Gibetón, 24Ajalón y Gat-rimón, cuatro ciudades.

25La media tribu de Manasés les entregó a los sacerdotes las siguientes ciudades con sus pastizales: Taanac y Gat-rimón, dos ciudades. 26Así que, al resto del clan coatita se le asignaron un total de diez ciudades con sus pastizales.

27Los descendientes de Gersón, otro clan dentro la tribu de Leví, recibieron de parte de la media tribu de Manasés las siguientes ciudades con sus pastizales: Golán, en Basán (una ciudad de refugio para los que mataban a otra persona por accidente) y Beestera, dos ciudades.

28De la tribu de Isacar, recibieron las siguientes ciudades con sus pastizales: Quisión, Daberat, 29Jarmut y En-ganim, cuatro ciudades.

30De la tribu de Aser, recibieron las siguientes ciudades con sus pastizales: Miseal, Abdón, 31Helcat y Rehob, cuatro ciudades.

32De la tribu de Neftalí, recibieron las siguientes ciudades con sus pastizales: Cedes, en Galilea (una ciudad de refugio para los que mataban a otra persona por accidente), Hamot-dor y Cartán, tres ciudades. 33Así que, al clan de Gersón se le asignaron un total de trece ciudades con sus pastizales.

34Al resto de los levitas —al clan de Merari— se le dieron, de parte de la tribu de Zabulón, las siguientes ciudades con sus pastizales: Jocneam, Carta, 35Dimna y Naalal, cuatro ciudades.

36De la tribu de Rubén, recibieron las siguientes ciudades con sus pastizales: Beser, Jahaza,* 37Cademot y Mefaat, cuatro ciudades.

Referencias cruzadas **19:51** Jos 14:1; 18:10 **20:9** Nm 35:6-34 **21:13-39** 1 Cr 6:54-80

38De la tribu de Gad, recibieron las siguientes ciudades
con sus pastizales: Ramot, en Galaad (una ciudad de re-
fugio para los que mataban a otra persona por accidente),
Mahanaim, 39Hesbón y Jazer, cuatro ciudades. 40Así que,
al clan de Merari se le asignaron un total de doce ciudades.
41En su totalidad, a los levitas se les entregaron cua-
renta y ocho ciudades con pastizales dentro del territorio
israelita. 42Cada una de esas ciudades tenía pastizales a
su alrededor.
43Así que el SEÑOR le entregó a Israel toda la tierra que
había jurado darles a sus antepasados, y los israelitas la
tomaron para sí y se establecieron en ella. 44Y el SEÑOR
les dio descanso en todo el territorio, tal como se lo había
prometido solemnemente a los antepasados de ellos. Nin-
gún enemigo pudo hacerles frente, porque el SEÑOR los
ayudó a conquistar a todos sus enemigos. 45Ni una sola
de todas las buenas promesas que el SEÑOR le había hecho
a la familia de Israel quedó sin cumplirse; todo lo que él
había dicho se hizo realidad.

Las tribus del oriente regresan a su hogar

22 Entonces Josué convocó a la tribu de Rubén, a
la tribu de Gad y a la media tribu de Manasés.
2Les dijo: «Ustedes hicieron lo que Moisés, siervo del
SEÑOR, les mandó, y obedecieron cada orden que yo les
di. 3Durante todo este tiempo, no abandonaron a las otras
tribus. Se aseguraron de obedecer los mandatos del SEÑOR
su Dios hasta el día de hoy. 4Y ahora el SEÑOR su Dios ha
dado descanso a las otras tribus, tal como se lo prometió.
Así que vuelvan a su hogar, a la tierra que Moisés, el siervo
del SEÑOR, les dio como posesión al oriente del río Jordán.
5Pero asegúrense de obedecer todos los mandatos y las
instrucciones que Moisés les dio. Amen al SEÑOR su Dios,
anden en todos sus caminos, obedezcan sus mandatos,
aférrense a él y sírvanlo con todo el corazón y con toda el
alma». 6Entonces Josué los bendijo y los despidió, y ellos
volvieron a sus hogares.
7A la media tribu de Manasés, Moisés le había dado la
tierra de Basán, al oriente del río Jordán. (A la otra mitad
de la tribu se le entregó tierra al occidente del Jordán).
Cuando Josué los bendijo y los despidió, 8les dijo: «Vuel-
van a sus hogares con toda la riqueza que tomaron de sus
enemigos: las numerosas manadas de animales, la plata,
el oro, el bronce y el hierro, y la enorme cantidad de ropa.
Compartan el botín con sus parientes».
9Entonces los hombres de Rubén, de Gad y de la media
tribu de Manasés dejaron al resto del pueblo de Israel
en Silo, en la tierra de Canaán. Emprendieron el viaje de
regreso a su propia tierra de Galaad, el territorio que les
pertenecía de acuerdo con el mandato que el SEÑOR había
dado por medio de Moisés.

Las tribus del oriente edifican un altar

10Sin embargo, mientras todavía estaban en Canaán, los
hombres de Rubén, de Gad y de la media tribu de Manasés
se detuvieron al llegar a un lugar llamado Gelilot,* cerca
del río Jordán, para construir un altar grande e imponente.
11Entonces el resto de Israel oyó que los hombres de
Rubén, de Gad y de la media tribu de Manasés habían
construido un altar en Gelilot, a orillas de la tierra de Ca-
naán, en el lado occidental del río Jordán. 12Entonces toda
la comunidad de Israel se reunió en Silo y se preparó para
salir a la guerra contra ellos. 13Pero antes enviaron una
delegación a cargo de Finees, hijo del sacerdote Eleazar,
para hablar con la tribu de Rubén, la tribu de Gad y la
media tribu de Manasés. 14La delegación estaba formada
por diez líderes de Israel, cada uno pertenecía a una de
las diez tribus y era cabeza de su familia dentro de los
clanes de Israel.
15Cuando llegaron a la tierra de Galaad, les dijeron
a la tribu de Rubén, a la tribu de Gad y a la media tribu
de Manasés:
16—Toda la comunidad del SEÑOR exige saber por qué
están traicionando al Dios de Israel. ¿Cómo pudieron
apartarse del SEÑOR y construirse un altar en rebeldía
contra él? 17¿Acaso no fue suficiente el pecado que come-
timos en Peor? Hasta el día de hoy, no estamos completa-
mente limpios de ese pecado, incluso después de la plaga
que azotó a toda la comunidad del SEÑOR. 18Y ahora uste-
des le dan la espalda al SEÑOR. Si hoy ustedes se rebelan
contra el SEÑOR, mañana él se enojará con todos nosotros.
19»Si necesitan el altar porque la tierra de ustedes es
impura, entonces únanse a nosotros en la tierra del SEÑOR,
donde se encuentra el tabernáculo del SEÑOR, y compar-
tan nuestra tierra. Pero no se rebelen contra el SEÑOR ni
contra nosotros al construir un altar diferente del altar
único y verdadero del SEÑOR nuestro Dios. 20¿Acaso no
cayó el enojo divino sobre toda la comunidad de Israel
cuando Acán, un miembro del clan de Zera, pecó al robar
las cosas que habían sido apartadas para el SEÑOR*? Él no
fue el único que murió a causa de su pecado.
21Entonces la gente de Rubén, de Gad y de la media
tribu de Manasés les respondieron a esos líderes, cabezas
de los clanes de Israel:
22—¡El SEÑOR, el Poderoso, es Dios! ¡El SEÑOR, el
Poderoso, es Dios! Él conoce la verdad, ¡y que Israel
también la sepa! Nosotros no construimos el altar por
traición o en rebeldía contra el SEÑOR. Si fuera así, no nos
perdonen la vida ni un día más. 23Si en verdad construi-
mos un altar para nosotros, para apartarnos del SEÑOR
o para presentar ofrendas quemadas, ofrendas de grano
u ofrendas de paz, que el SEÑOR mismo nos castigue.
24»La verdad es que construimos este altar porque
tenemos miedo de que, en el futuro, sus descendientes
les digan a los nuestros: "¿Qué derecho tienen ustedes de
adorar al SEÑOR, Dios de Israel? 25El SEÑOR ha puesto el
río Jordán como una barrera entre nuestra gente y ustedes,
gente de Rubén y de Gad. Ustedes no tienen derecho de
afirmar que pertenecen al SEÑOR". Así, los descendientes
de ustedes podrían impedirles a los nuestros que adoraran
al SEÑOR.
26»Por eso decidimos construir el altar, no para pre-
sentar ofrendas quemadas o sacrificios, 27sino como un
monumento conmemorativo. Les recordará a nuestros
descendientes y a los de ustedes que nosotros también
tenemos el derecho de adorar al SEÑOR en su santuario
con nuestros sacrificios, nuestras ofrendas quemadas y
ofrendas de paz. Entonces sus descendientes no podrán
decirles a los nuestros: "Ustedes no tienen derecho de
afirmar que pertenecen al SEÑOR".
28»Si ellos dicen eso, nuestros descendientes podrán

***Notas textuales** **21:36** En hebreo *Jaza*, una variante de Jahaza. **22:10** O *al círculo de piedras*; similar en 22:11. **22:20** El término hebreo empleado aquí se refiere a la consagración total de cosas o personas al SEÑOR, ya sea destruyéndolas o entregándolas como ofrenda.

Referencias cruzadas **22:5** Mc 12:32 **22:20** Jos 7:1-6 responder: "Miren esta réplica del altar del Señor que construyeron nuestros antepasados. No es para sacrificios ni ofrendas quemadas, es para recordarnos la relación que ambos tenemos con el Señor". 29Lejos esté de nosotros rebelarnos contra el Señor o apartarnos de él al construir nuestro propio altar para presentar sacrificios, ofrendas quemadas y ofrendas de grano. Únicamente el altar del Señor nuestro Dios —que está delante del tabernáculo— puede usarse para ese propósito.

30Cuando el sacerdote Finees y los líderes de la comunidad —cabezas de los clanes de Israel— oyeron eso de boca de la tribu de Rubén, de la tribu de Gad y de la media tribu de Manasés, quedaron conformes. 31Finees, hijo del sacerdote Eleazar, les respondió:

—Hoy sabemos que el Señor está entre nosotros, porque ustedes no han cometido esa traición contra el Señor como nosotros habíamos pensado. En cambio, han rescatado a Israel de ser destruido por mano del Señor.

32Después Finees, hijo del sacerdote Eleazar, y los otros líderes dejaron a la tribu de Rubén y a la tribu de Gad en Galaad y regresaron a la tierra de Canaán para contarles a los israelitas lo que había sucedido. 33Entonces todos los israelitas quedaron conformes y alabaron a Dios y no hablaron más de hacer guerra contra Rubén y Gad.

34La gente de Rubén y de Gad le puso al altar el nombre de «Testigo»*, porque dijeron: «Es un testigo entre nosotros y ellos de que el Señor es también nuestro Dios».

Palabras finales de Josué a Israel

23 Pasaron los años, y el Señor le había dado al pueblo de Israel descanso de todos sus enemigos. Josué, quien ya era muy viejo, 2reunió a todos los ancianos, a los líderes, a los jueces y a los oficiales de Israel. Les dijo: «Ya estoy muy viejo. 3Ustedes han visto todo lo que el Señor su Dios hizo por ustedes a lo largo de mi vida. El Señor su Dios peleó por ustedes en contra de sus enemigos. 4Yo les he repartido, para que sea su hogar, toda la tierra de las naciones que aún no están conquistadas y también la de aquellas que ya hemos conquistado, desde el río Jordán hasta el mar Mediterráneo,* donde se pone el sol. 5Esta tierra será de ustedes, porque el Señor su Dios, él mismo expulsará a toda la gente que ahora vive allí. Ustedes tomarán posesión de esta tierra, tal como el Señor su Dios lo prometió.

6»Por lo tanto, asegúrense de seguir todo lo que Moisés escribió en el libro de instrucción. No se desvíen de esas palabras ni a la derecha ni a la izquierda. 7Asegúrense de no tener nada que ver con los otros pueblos que aún quedan en esta tierra. Ni siquiera mencionen los nombres de sus dioses y mucho menos juren por ellos, ni los sirvan, ni los adoren. 8Por el contrario, aférrense bien al Señor su Dios como lo han hecho hasta ahora.

9»Pues el Señor ha expulsado a naciones grandes y poderosas a favor de ustedes, y hasta ahora nadie ha podido derrotarlos. 10Cada uno de ustedes hará huir a mil hombres del enemigo, porque el Señor su Dios pelea por ustedes tal como lo prometió. 11Así que asegúrense de amar al Señor su Dios.

12»Pero si se apartan de él y se aferran a las costumbres de los sobrevivientes de esas naciones que aún quedan entre ustedes y se unen en matrimonio con ellos, 13entonces tengan por seguro que el Señor su Dios ya no expulsará a esos pueblos de su tierra. En cambio, ellos serán como una red y una trampa para ustedes, como un látigo en la espalda y como zarzas con espinas en los ojos, y ustedes desaparecerán de la buena tierra que el Señor su Dios les ha dado.

14»Dentro de poco moriré, seguiré el camino de todo ser viviente en este mundo. En lo profundo del corazón, ustedes saben que cada promesa del Señor su Dios se ha cumplido. ¡Ni una sola ha fallado! 15Pero así como el Señor su Dios les ha dado las buenas cosas que prometió, también traerá calamidad sobre ustedes si lo desobedecen. Los destruirá hasta eliminarlos por completo de esta buena tierra que les ha dado. 16Si rompen el pacto del Señor su Dios al adorar y al servir a otros dioses, su enojo arderá contra ustedes y pronto desaparecerán de la buena tierra que él les ha dado».

El pacto del Señor es renovado

24 Entonces Josué convocó a todas las tribus de Israel en Siquem, junto con los ancianos, los líderes, los jueces y los oficiales. Así que todos se reunieron y se presentaron ante Dios.

2Josué le dijo al pueblo:

—Esto dice el Señor, Dios de Israel: Hace mucho, tus antepasados, entre ellos Taré, el padre de Abraham y Nacor, vivían del otro lado del río Éufrates* y rindieron culto a otros dioses. 3Pero yo tomé a tu antepasado Abraham de la tierra que está al otro lado del Éufrates y lo guie a la tierra de Canaán. Le di muchos descendientes por medio de su hijo Isaac. 4A Isaac, le di a Jacob y a Esaú. A Esaú le di las montañas de Seir, mientras que Jacob y sus hijos descendieron a Egipto.

5»Luego envié a Moisés y a Aarón, y mandé plagas espantosas sobre Egipto; y después te saqué de allí como un pueblo libre. 6Pero cuando tus antepasados llegaron al mar Rojo,* los egipcios te persiguieron con sus carros de guerra y sus jinetes. 7Cuando tus antepasados clamaron al Señor, puse oscuridad entre tú y los egipcios. Hice que el mar cayera sobre los egipcios y los ahogara. Con tus propios ojos viste lo que hice. Luego viviste muchos años en el desierto.

8»Finalmente, te llevé a la tierra de los amorreos, al oriente del Jordán. Ellos pelearon contra ti, pero yo los destruí delante de tus ojos. Te di la victoria sobre ellos, y tomaste posesión de su tierra. 9Después Balac, hijo de Zipor, rey de Moab, empezó una guerra contra Israel. Llamó a Balaam, hijo de Beor, para que te maldijera, 10pero yo no lo quise escuchar. En cambio, hice que Balaam te bendijera y entonces te rescaté de Balac.

11»Cuando cruzaste el río Jordán y llegaste a Jericó, los hombres de Jericó pelearon contra ti, como lo hicieron los amorreos, los ferezeos, los cananeos, los hititas, los gergeseos, los heveos y los jebuseos. Pero yo te di la victoria sobre ellos. 12Y envié terror* antes de que llegaras, para expulsar a los dos reyes amorreos. No fueron tus espadas ni tus arcos los que te dieron la victoria. 13Yo te di tierra que no habías trabajado y ciudades que no construiste, en las cuales vives ahora. Te di viñedos y huertos de olivos como alimento, aunque tú no los plantaste.

***Notas textuales** **22:34** Algunos manuscritos dicen *le puso nombre al altar*. **23:4** En hebreo *el mar Grande*. **24:2** En hebreo *del río*; similar en 24:3, 14, 15. **24:6** En hebreo *mar de juncos*. **24:12** A menudo traducido *el avispón*. El significado del hebreo es incierto.

Referencias cruzadas **22:31** 2 Cr 15:2 **23:10** Lv 26:8 **23:16** Dt 4:25-26 **24:13** Dt 6:10-11

14»Por lo tanto, teme al SEÑOR y sírvelo con todo el corazón. Echa fuera para siempre los ídolos que tus antepasados adoraron cuando vivían del otro lado del río Éufrates y en Egipto. Sirve únicamente al SEÑOR. 15Pero si te niegas a servir al SEÑOR, elige hoy mismo a quién servirás. ¿Acaso optarás por los dioses que tus antepasados sirvieron del otro lado del Éufrates? ¿O preferirás a los dioses de los amorreos, en cuya tierra ahora vives? Pero en cuanto a mí y a mi familia, nosotros serviremos al SEÑOR.

16El pueblo respondió:

—Nosotros jamás abandonaríamos al SEÑOR ni serviríamos a otros dioses. 17Pues el SEÑOR nuestro Dios es el que nos rescató a nosotros y a nuestros antepasados de la esclavitud en la tierra de Egipto. Él hizo milagros poderosos ante nuestros propios ojos. Cuando andábamos por el desierto, rodeados de enemigos, él nos protegió. 18Fue el SEÑOR quien expulsó a los amorreos y a las otras naciones que vivían aquí, en esta tierra. Por lo tanto, nosotros también serviremos al SEÑOR, porque solo él es nuestro Dios.

19Entonces Josué advirtió a los israelitas:

—Ustedes no son capaces de servir al SEÑOR, porque él es Dios santo y celoso. No les perdonará su rebelión ni sus pecados. 20Si abandonan al SEÑOR y sirven a otros dioses, él se pondrá en contra de ustedes y los destruirá, aunque les haya hecho tanto bien en el pasado.

21Pero los israelitas respondieron a Josué:

—¡Eso no! Nosotros serviremos al SEÑOR.

22—Ustedes son testigos de su propia decisión —les dijo Josué—. Hoy han elegido servir al SEÑOR.

—Claro que sí —respondieron—, somos testigos de lo que dijimos.

23—Muy bien —dijo Josué—, entonces destruyan los ídolos que tienen entre ustedes y entréguenle el corazón al SEÑOR, Dios de Israel.

24Entonces los israelitas le dijeron a Josué:

—Serviremos al SEÑOR nuestro Dios. Lo obedeceremos solo a él.

25Entonces, ese día en Siquem, Josué hizo un pacto con ellos, el cual los comprometía a seguir los decretos y las ordenanzas del SEÑOR. 26Josué escribió todas esas cosas en el libro de instrucción de Dios. Como recordatorio del acuerdo, tomó una piedra enorme y la llevó rodando hasta debajo del árbol de terebinto que estaba junto al tabernáculo del SEÑOR.

27Josué le dijo a todo el pueblo:

—Esta piedra escuchó todo lo que el SEÑOR nos dijo. Será un testigo en contra de ustedes si no cumplen lo que le prometieron a Dios.

28Después Josué mandó que todo israelita regresara a su tierra, cada uno a su hogar.

Líderes enterrados en la Tierra Prometida

29Después de eso, Josué, hijo de Nun y siervo del SEÑOR, murió a los ciento diez años de edad. 30Lo enterraron en Timnat-sera, tierra que se le había asignado en la zona montañosa de Efraín, al norte del monte Gaas.

31El pueblo de Israel sirvió al SEÑOR durante toda la vida de Josué y de los ancianos que murieron después de él, los cuales habían vivido en persona todo lo que el SEÑOR había hecho por Israel.

32Los huesos de José —los cuales los israelitas llevaron consigo cuando salieron de Egipto— fueron enterrados en Siquem, en la parcela que Jacob le había comprado a los hijos de Hamor por cien piezas de plata.* Esa tierra estaba situada en el territorio asignado a los descendientes de José.

33Murió también Eleazar, hijo de Aarón. Fue enterrado en la zona montañosa de Efraín, en la ciudad de Guibeá, la cual se le había entregado a su hijo Finees.

***Notas textuales** **24:32** En hebreo *100 kesitas*; el valor y el peso de la kesita son desconocidos.

Referencias cruzadas **24:27** Jos 22:27 **24:31** Jc 2:6-8

La caída de Jericó

Josué 5:13–6:27

Luego del milagroso cruce del Jordán, Josué enfrentaba su primer desafío militar, la ciudad de Jericó. Esta ciudad estaba resguardada por un doble muro. Por otro lado, Israel tenía un ejército formado por hombres que no tenían demasiada experiencia en batalla.
Era un reto titánico.

Mientras se acercaban a la ciudad, Josué tuvo un encuentro sorpresivo con un extraño, un hombre con pinta de guerrero y con una tremenda espada en su mano. Cauteloso, Josué se le acercó y planteó:
"—¿Eres amigo o enemigo?"
"—Ninguno de los dos —contestó—. Soy el comandante del ejército del Señor".
Josué se tiró al piso en una postura de respeto y adoración.

Sus instrucciones fueron muy claras, aunque extrañas: por seis días tuvieron que caminar alrededor de los muros de la ciudad, en completo silencio. Llevaron el arca del pacto, la caja cubierta de oro que representaba la presencia de Dios, así como unos cuernos que tocaron unos sacerdotes y los hombres de guerra. Al séptimo día, caminaron siete veces, y a la orden de Josué, todos gritaron y tocaron los cuernos.

¿Sabes qué pasó en ese momento? Esos muros, tan gruesos que varias personas podían caminar en lo alto, se estremecieron y comenzaron a desplomarse. Ese día, Israel venció a su primer enemigo en la tierra prometida y cobró fe en las promesas que Dios le había hecho mucho tiempo atrás.

Todos enfrentamos retos en la vida, como exámenes que nos intimidan, chicos en la escuela que nos molestan, o cosas que no salen cómo quisiéramos.
Pero la historia de Josué nos recuerda que Dios está a nuestro lado, y que podemos vencer retos que son mayores que nosotros mismos si el Capitán de los ejércitos del cielo está con nosotros.

¿Estás peleando con algún temor, quizás con algún problema que tu familia atraviesa? ¿Por qué no oramos ya mismo y se lo entregamos a Dios?

Señor, yo sé que estás conmigo siempre. Quiero entregarte mis temores, mis luchas y mis retos. Gracias porque tú peleas por mí. Amén.

Débora, una mujer muy valiente

Jueces 4:1-24

Nuestra historia de hoy es muy peculiar. Se trata de la primera mujer a quien Dios escoge para ser la líder de su pueblo. Su nombre es Débora.

Débora tenía una oficina muy particular: se sentaba debajo de una palmera y desde allí gobernaba.

Durante ese tiempo, un rey vecino se levantó en guerra contra Israel, el pueblo de Débora. Tenía armas mucho más sofisticadas y contaba con novecientos carruajes de guerra, mientras que Israel no tenía ni uno. ¡Tremenda desventaja!

Sin embargo, Débora no le tenía miedo. Ella mandó a llamar a Barac para que juntara a diez mil hombres y enfrentara al ejército enemigo. Barac tuvo miedo y le dijo a Débora: "yo voy si tú vienes conmigo".

Débora fue con él. Barac sabía que el Espíritu del Señor estaba con ella. El día de la batalla, los enemigos llegaron en carruajes, pero tuvieron que salir corriendo a pie. Incluso Sísara, el mismísimo capitán del ejército rival, debió bajarse y salir corriendo. Cansado, Sísara se escondió en la casa de una mujer llamada Jael. Ella le ofreció leche y una manta para que reposara. Cuando vio que se había quedado dormido, le dio un golpe fuerte en la cabeza y derrotó así al gran enemigo de Israel.

Definitivamente, cuando nos unimos en obediencia a Dios para una misión, somos más fuertes. *¿Te das cuenta de que esta victoria no fue por tener las mejores armas o los mejores guerreros?* Se ganó la guerra porque hombres y mujeres se unieron para obedecer a Dios.

Nunca te fijes en qué cosas te faltan para cumplir misiones importantes. Tampoco en cuán difícil es la tarea. Observa a quienes tienes a tu lado. Necesitas rodearte de personas de fe que tengan habilidades e influyan positivamente en tu vida, para poder juntos lograr el éxito.

Te vamos a contar un súper secreto: el reino de Dios no funciona con unos cuantos superhéroes, sino con hombres y mujeres comunes que unen su fe para trabajar y avanzar en los propósitos de Dios.

Los héroes también tienen miedo

Jueces 6:1-24

Cuando pensamos en superhéroes, generalmente los imaginamos muy valientes y con poderes especiales. Pareciera que nunca tienen miedo y siempre salen a enfrentar a sus enemigos con mucho valor.

En la vida real, también tenemos héroes, solo que son de carne y hueso, no poseen poderes especiales y la mayoría confiesa que se ha asustado.

El sentir miedo no es de cobardes; todos en algún momento vamos a experimentarlo. Sin embargo, lo que caracteriza a los héroes reales es que logran vencerlo.

En el capítulo 6 del libro de Jueces, encontramos la historia de un jovencito que tenía temor de los enemigos de su pueblo. Su nombre era Gedeón, y la primera vez que aparece en la Biblia, lo encontramos escondido, guardando un poco de trigo para que su enemigos no se lo robaran. En ese momento, un ángel del Señor se le apareció y lo saludó de una forma muy extraña. Le dijo: "Gedeón, hombre esforzado y valiente". Quizá lo de esforzado era cierto, pero *¿valiente?*... no mucho. Sin embargo, después del saludo, el ángel le dio un mensaje de parte del Señor: él iba a liberar a todo su pueblo de esos terribles enemigos.

Gedeón dudó mucho de que el ángel hubiera llegado a la dirección correcta, ya que él no se consideraba valiente y se sentía el más pequeño de todo el pueblo. La historia de Gedeón nos muestra que lo primero que tuvo que vencer Gedeón fue a un enemigo dentro de su mente: el miedo. La que lo derrota es la fe. Gedeón decidió plantearle dos pruebas para confirmar si era cierto que era Dios quien lo enviaba. Una vez que comprobó que sí, decidió confiar y obedecer las indicaciones del Señor. Gedeón obtuvo la victoria ante sus enemigos, aunque estos eran mucho más numerosos y poderosos. Los venció porque el Señor estaba con él.

Lo mismo puedes hacer tú para vencer los miedos que tengas. Reconoce que el Señor está contigo. En su palabra, Jesús prometió que él estaría con nosotros todos los días. Su palabra es verdad, como lo vimos en esta historia. Lo que el Señor le prometió a Gedeón, eso mismo hizo.

Hoy el Señor te invita a confiar que él está contigo. Otro héroe de la Biblia lo dijo así: *"Si Dios está con nosotros, ¿quién podrá estar en contra?"* La respuesta es: nadie. El Señor está contigo porque te ama, eres su hijo y sus ojos están siempre sobre ti para cuidarte y ayudarte. Recuerda siempre esta poderosa verdad.

Rut, una mujer de honra

Rut 1:6-2:23

Hoy viajamos a un pueblo llamado Belén, sí, el mismo en el que nació Jesús pero muchísimos años antes de eso. Allí vamos a conocer a una antecesora de Jesús. Su nombre es Rut.

Rut no nació en Israel, sino en Moab, y allí se casó con el hijo de una familia israelita. Al poco tiempo, su esposo murió. Su suegra, llamada Noemí, también había quedado viuda, así que decidió regresar a Israel. Noemí le pidió a Rut que volviera con sus papás y que consiguiera otro esposo, ya que todavía era joven. Rut amaba mucho a Noemí y le rogó que no le permitiera separarse de ella. Le prometió que a donde fuera Noemí, ella también iría, que su pueblo sería su pueblo y que el Dios de Noemí sería el suyo. Así que juntas regresaron a Israel.

Rut cuidaba de manera extraordinaria de su suegra, trabajaba muchas horas al día recogiendo trigo en el campo le hacía caso en todo.

Rut no sabía que sus buenas acciones hacia Noemí se estaban dando a conocer a los demás. Uno de los beneficios de la honra es que te da una buena reputación entre las personas. La buena fama de Rut llegó hasta los oídos del dueño del campo en donde trabajaba, Booz, quien se enamoró de ella y terminaron casándose. Rut le proporcionó un hogar estable a su suegra y una descendencia de honor. Entre sus nietos, estaría el gran rey David, y mucho más adelante, nuestro amado Jesús.

Como ves, la honra implica respetar a los demás y reconocer el valor que cada uno de ellos tiene.

Cuando actuamos con honra hacia los demás, atraemos también la bendición de Dios porque estamos cumpliendo con su voluntad. Rut no sabía que sus buenas acciones de honra hacia su suegra le estaban abriendo el camino para encontrar a su esposo y le darían una hermosa familia.

Si deseas ser una persona de honra, empieza por reconocer a las personas que están cerca tuyo y merecen que las respetes: tus padres, abuelos, maestros y autoridades.
Intenta estas tres acciones de honra con ellos:
trátalos con respeto y agradecimiento por lo que son en tu vida.
Háblales de una manera correcta, nunca les levantes la voz o uses palabras groseras.
Escucha con atención lo que te dicen y sigue sus consejos, entonces ¡te irá muy bien en todo lo que hagas!

JUECES

¿Por qué es importante?

Los jueces fueron los líderes que vinieron después de Josué en un tiempo difícil. A pesar de conocer la voluntad de Dios y ver su fidelidad, el pueblo de Israel comenzó a desobedecer a Dios y por eso Jueces nos recuerda que la desobediencia a Dios termina trayendo desgracia y no porque eso es lo que Dios desea sino porque esa es la consecuencia de elegir nuestro camino en vez de obedecerle.

Hay gente que es muy rápida para cantar en la iglesia y decir que seguirá a Dios, pero luego no lo hace y esto es lo que describe este libro porque así hizo el pueblo de Israel al cierre del libro de Josué. Jueces es una gran invitación a poner la voluntad de Dios en acción y no solo palabras o canciones.

¿Por qué fue escrito?

El libro tiene como propósito mostrar el estado espiritual caótico en el que se encontraba Israel y sus constantes derrotas, debido a su infidelidad. Además, habla de la manera en la que, en su gracia, el Señor los libraba utilizando hombres imperfectos. Como tal, sirve de enlace a la época de los reyes. Es un libro muy útil para comprender la manera en la que el Señor trata con la desobediencia continua de su pueblo y las maneras inesperadas y pacientes en las que Él muestra su gracia y firmeza.

¿Quién lo escribió?

Se desconoce con exactitud quién es el autor del libro. Sin embargo una opinión muy aceptada indica que Samuel es quien recopiló algunos de los relatos del período de los jueces de Dios después de la conquista.

¿A quién lo escribió?

Este libro fue escrito para recordarle a las generaciones posteriores a la época de los jueces de la desobediencia de sus ancestros y su necesidad de liberación por parte de Dios.

¿Cuándo y dónde lo escribió?

El libro comienza veinticinco años después del cruce del río Jordán y cubre un período de casi quinientos años de historia. El libro fue escrito antes de la captura de Jerusalén por David (aproximadamente en el año 1000 a.C.), dado que los jebuseos aún controlaban el lugar (1:21).

Paso a paso

1. Un triunfo incompleto puede llegar a ser una derrota. Caps. 1-2
2. Aod: Un astuto zurdo es usado por Dios. Cáp. 3:12-30.
3. Débora: La sabia mujer líder del pueblo del Señor. Caps. 4-5
4. Gedeón: El granjero desconocido que confió solo en Dios. Caps. 6-8
5. Jefté: Triunfos y errores de un libertador problemático. Caps. 10:6-12:7
6. Sansón: El fortachón más débil de la historia. Caps. 13-16.

JUECES

Jueces

Judá y Simeón conquistan la tierra

1 Después de la muerte de Josué, los israelitas le preguntaron al SEÑOR:

—¿Cuál de las tribus debe ser la primera en atacar a los cananeos?

2 El SEÑOR contestó:

—Judá, porque yo le he dado la victoria sobre la tierra.

3 Entonces los hombres de Judá les dijeron a sus parientes de la tribu de Simeón: «Vengan con nosotros a luchar contra los cananeos que viven en el territorio que se nos asignó. Después nosotros los ayudaremos a ustedes a conquistar su territorio». Así que los hombres de Simeón fueron con los de Judá.

4 Cuando los hombres de Judá atacaron, el SEÑOR les dio la victoria sobre los cananeos y los ferezeos, y mataron a diez mil guerreros enemigos en la ciudad de Bezec. 5 Mientras estaban en Bezec, se toparon con el rey Adoni-bezec y lucharon contra él, y derrotaron a los cananeos y a los ferezeos. 6 Adoni-bezec escapó, pero los israelitas pronto lo capturaron y le cortaron los pulgares de las manos y los dedos gordos de los pies.

7 Adoni-bezec dijo: «Una vez yo tuve setenta reyes sin los pulgares de las manos y los dedos gordos de los pies, comiendo migajas debajo de mi mesa. Ahora Dios me devolvió lo que les hice». Y se lo llevaron a Jerusalén, donde murió.

8 Los hombres de Judá atacaron a Jerusalén y la tomaron; mataron a todos sus habitantes y prendieron fuego a la ciudad. 9 Luego descendieron para combatir contra los cananeos que vivían en la zona montañosa, en el Neguev y en las colinas occidentales.* 10 Judá marchó contra los cananeos en Hebrón (antiguamente llamada Quiriat-arba) y derrotó a las fuerzas de Sesai, Ahimán y Talmai.

11 De allí salieron a luchar contra los habitantes de la ciudad de Debir (antiguamente llamada Quiriat-sefer). 12 Caleb dijo: «Daré a mi hija Acsa en matrimonio al que ataque y tome Quiriat-sefer». 13 Otoniel, hijo de Cenaz, un hermano menor de Caleb, fue quien conquistó la ciudad; así que Acsa pasó a ser esposa de Otoniel.

14 Cuando Acsa se casó con Otoniel, ella insistió en que él le pidiera* un campo a Caleb, su padre. Mientras ella se bajaba de su burro, Caleb le preguntó:

—¿Qué te pasa?

15 Ella contestó:

—Concédeme otro obsequio. Ya me regalaste tierras en el Neguev; ahora te ruego que también me des manantiales.

Entonces Caleb le entregó tanto los manantiales de la parte alta como los de la parte baja.

16 Cuando los miembros de la tribu de Judá salieron de Jericó —la ciudad de las palmeras—, los ceneos (que eran descendientes del suegro de Moisés) los acompañaron al desierto de Judá y se establecieron entre la gente del lugar, cerca de la ciudad de Arad, en el Neguev.

17 Luego Judá se unió con Simeón para luchar contra los cananeos que vivían en Sefat, y destruyeron la ciudad por completo.* Por eso la ciudad fue llamada Horma.* 18 Además Judá tomó las ciudades de Gaza, Ascalón y Ecrón, junto con los territorios vecinos.

Israel no conquista toda la tierra

19 El SEÑOR estaba con los de Judá, y ellos tomaron posesión de la zona montañosa; pero no lograron expulsar a los habitantes de las llanuras, quienes tenían carros de guerra hechos de hierro. 20 Caleb recibió la ciudad de Hebrón, tal como Moisés le había prometido, y expulsó a todos sus habitantes, que eran descendientes de los tres hijos de Anac.

21 Sin embargo, la tribu de Benjamín no logró expulsar a los jebuseos, quienes vivían en Jerusalén. Por eso, hasta el día de hoy, los jebuseos viven en Jerusalén junto con el pueblo de Benjamín.

22 Los descendientes de José atacaron la ciudad de Betel, y el SEÑOR estuvo con ellos. 23 Enviaron espías a Betel (antes conocida como Luz), 24 quienes abordaron a un hombre que salía del poblado y le dijeron: «Muéstranos cómo entrar en la ciudad, y tendremos compasión de ti». 25 Entonces él les mostró una vía de acceso, y ellos mataron a todos en la ciudad, menos a ese hombre y a su familia. 26 Más tarde, el hombre se trasladó a la tierra de los hititas, donde estableció una ciudad a la que llamó Luz. Este nombre lo conserva hasta el día de hoy.

27 La tribu de Manasés no logró expulsar a la gente que vivía en Bet-sán,* Taanac, Dor, Ibleam, Meguido y en todos los asentamientos vecinos, porque los cananeos estaban decididos a quedarse en esa región. 28 Con el tiempo, cuando los israelitas se fortalecieron, obligaron a los cananeos a trabajar como esclavos, pero nunca los expulsaron de la tierra por completo.

29 La tribu de Efraín no logró expulsar a los cananeos que vivían en Gezer, así que los cananeos siguieron viviendo allí, en medio de los de Efraín.

30 La tribu de Zabulón no logró expulsar a los habitantes de Quitrón y de Naalal, así que los cananeos siguieron viviendo en medio de los de Zabulón, pero los cananeos fueron obligados a trabajar como esclavos para ellos.

***Notas textuales** **1:9** En hebreo *en la Sefela*. **1:14** La versión griega y la Vulgata Latina dicen *él insistió en que ella le pidiera*. **1:17a** El término hebreo empleado aquí se refiere a la consagración total de cosas o personas al SEÑOR, ya sea destruyéndolas o entregándolas como ofrenda. **1:17b** *Horma* significa «destrucción». **1:27** En hebreo *Bet-seán*, una variante de Bet-sán.

Referencias cruzadas **1:15** Jos 15:13-19 **1:19** Jos 17:16 **1:22** Gn 28:29 **1:27-28** Jos 17:11-13

31La tribu de Aser no logró expulsar a los habitantes de Aco, Sidón, Ahlab, Aczib, Helba, Afec ni Rehob. 32Así que los de Aser se establecieron entre los cananeos, quienes controlaban la tierra, debido a que no lograron expulsarlos.

33Asimismo, la tribu de Neftalí no logró expulsar a los habitantes de Bet-semes ni a los de Bet-anat. Así que Neftalí se estableció entre los cananeos, quienes controlaban la tierra. Sin embargo, los habitantes de Bet-semes y los de Bet-anat fueron obligados a trabajar como esclavos para la gente de Neftalí.

34En cuanto a la tribu de Dan, los amorreos los obligaron a retirarse a la zona montañosa y no los dejaban descender a las llanuras. 35Los amorreos estaban decididos a quedarse en el monte Heres, en Ajalón y en Saalbim; pero cuando los descendientes de José aumentaron en fuerza, obligaron a los amorreos a trabajar como esclavos. 36La frontera de los amorreos iba desde el paso de los Escorpiones* hasta Sela y desde allí se extendía hacia arriba.

El mensajero del Señor llega a Boquim

2 El ángel del Señor subió de Gilgal a Boquim y dijo a los israelitas: «Yo los saqué de Egipto y los traje a esta tierra que juré dar a sus antepasados, y dije que nunca rompería mi pacto con ustedes. 2Por su parte, ustedes no debían hacer ningún pacto con los habitantes de esta tierra, sino destruir sus altares. Pero desobedecieron mi mandato. ¿Por qué lo hicieron? 3Ahora declaro que ya no expulsaré a los pueblos que viven en la tierra de ustedes. Ellos les serán espinas clavadas en el costado,* y sus dioses serán una tentación constante para ustedes».

4Cuando el ángel del Señor terminó de hablar a los israelitas, el pueblo lloró a gritos. 5Por eso llamaron al lugar Boquim (que significa «llanto»), y allí le ofrecieron sacrificios al Señor.

Muerte de Josué

6Después que Josué despidió al pueblo, cada una de las tribus salió para tomar posesión del territorio que se le había asignado. 7Los israelitas sirvieron al Señor todo el tiempo que vivieron Josué y los líderes que lo sobrevivieron, aquellos que habían visto todas las grandes cosas que el Señor había hecho por Israel.

8Entonces Josué, hijo de Nun y siervo del Señor, murió a los ciento diez años de edad. 9Lo enterraron en Timnat-sera,* tierra que se le había asignado en la zona montañosa de Efraín, al norte del monte Gaas.

Israel desobedece al Señor

10Después de que murieron todos los de esa generación, creció otra que no conocía al Señor ni recordaba las cosas poderosas que él había hecho por Israel.

11Los israelitas hicieron lo malo a los ojos del Señor y sirvieron a las imágenes de Baal. 12Abandonaron al Señor, Dios de sus antepasados, quien los había sacado de Egipto. Siguieron y rindieron culto a otros dioses —los dioses de los pueblos vecinos— y así provocaron el enojo del Señor. 13Abandonaron al Señor para servir a Baal y a las imágenes de Astoret, 14lo cual hizo que el Señor ardiera de enojo contra Israel y que los entregara en manos de saqueadores, quienes les robaron sus posesiones. Los vendió a los enemigos que tenían a su alrededor, y ya no podían vencerlos. 15Cada vez que los israelitas salían a la batalla, el Señor peleaba en contra de ellos e hizo que sus enemigos los derrotaran, tal como él les había advertido. Y el pueblo estaba muy angustiado.

> **¡Respuestas Bíblicas!** **41** **¿Por qué Dios estaba enojado con el pueblo de Israel?**
>
> 2:12-14 El pueblo de Israel solo debía adorar a Dios. No debían adorar a los dioses falsos de otras personas. Pero el pueblo desobedeció a Dios y adoraron a otros dioses.

El Señor rescata a su pueblo

16Entonces el Señor levantó jueces para rescatar a los israelitas de la mano de sus agresores. 17Sin embargo, Israel no hizo caso a los jueces, sino que se prostituyó rindiendo culto a otros dioses. ¡Qué pronto se apartaron del camino de sus antepasados, los cuales habían obedecido los mandatos del Señor!

18Cada vez que el Señor levantaba un juez sobre Israel, él estaba con ese juez y rescataba al pueblo de sus enemigos durante toda la vida del juez. Pues el Señor tenía compasión de su pueblo, que estaba sobrecargado de opresión y sufrimiento. 19Pero al morir el juez, la gente no solo volvía a sus prácticas corruptas, sino que se comportaba peor que sus antepasados. Seguía a otros dioses: los servía y les rendía culto. Además se negaba a abandonar sus prácticas malvadas y sus tercos caminos.

20Por eso el Señor ardió de enojo contra Israel y dijo: «Ya que este pueblo ha violado mi pacto que hice con sus antepasados y no ha hecho caso a mis mandatos, 21ya no expulsaré a las naciones que Josué dejó sin conquistar cuando murió. 22Lo hice para poner a prueba a Israel: para ver si seguiría o no los caminos del Señor, como lo hicieron sus antepasados». 23Por esa razón el Señor dejó esas naciones donde estaban. No las expulsó de inmediato, ni permitió que Josué las conquistara a todas.

Las naciones que quedaron en Canaán

3 El Señor dejó a ciertas naciones en la tierra para poner a prueba a los israelitas que no habían conocido las guerras de Canaán. 2Lo hizo para enseñar a pelear en la guerra a las generaciones de israelitas que no tenían experiencia en el campo de batalla. 3Estas son las naciones: los filisteos (que vivían bajo el dominio de los cinco gobernantes filisteos), todos los cananeos, los sidonios, y los heveos que vivían en las montañas del Líbano, desde el monte Baal-hermón hasta Lebo-hamat. 4El Señor dejó a estos pueblos con el fin de poner a prueba a los israelitas para ver si obedecían los mandatos que él les había dado a sus antepasados por medio de Moisés.

5Así que los israelitas vivieron entre los cananeos, los hititas, los amorreos, los ferezeos, los heveos y los jebuseos, 6y se unieron en matrimonio con ellos: los hijos de los israelitas se casaron con las hijas de esos pueblos, y las hijas de los israelitas fueron dadas en matrimonio a sus hijos. Y los israelitas sirvieron a los dioses de esas naciones.

***Notas textuales** **1:36** En hebreo *Acrabim*. **2:3** En hebreo *Ellos estarán en su costado*; comparar Nm 33:55. **2:9** Igual que el texto paralelo en Jos 24:30; en hebreo dice *Timnat-heres*, una variante de Timnat-sera.

Referencias cruzadas **2:1** Ex 20:2 **2:8-9** Jos 24:29-31 **2:12** Sal 106:40 **2:16** Sal 106:43-45 **3:6** Dt 7:3-4

Otoniel, juez de Israel

7Los israelitas hicieron lo malo a los ojos del Señor. Se olvidaron del Señor su Dios y sirvieron a las imágenes de Baal y a los postes dedicados a la diosa Asera. 8Entonces el Señor ardió de enojo contra Israel y lo entregó en manos de Cusán-risataim, rey de Aram-naharaim.* Y los israelitas sirvieron a Cusán-risataim durante ocho años.

9Pero cuando el pueblo de Israel clamó al Señor por ayuda, el Señor levantó a un libertador para salvarlos. Se llamaba Otoniel, hijo de Cenaz, un hermano menor de Caleb. 10El Espíritu del Señor vino sobre él, y comenzó a ser juez de Israel. Entró en guerra contra Cusán-risataim, rey de Aram, y el Señor le dio la victoria sobre él. 11Y hubo paz en la tierra durante cuarenta años. Luego murió Otoniel, hijo de Cenaz.

Aod, juez de Israel

12De nuevo los israelitas hicieron lo malo a los ojos del Señor y, por la maldad de ellos, el Señor le dio dominio sobre Israel al rey Eglón, de Moab. 13Eglón se alió con los amonitas y los amalecitas y salió a pelear, derrotó a Israel y tomó posesión de Jericó, la ciudad de las palmeras. 14Entonces los israelitas sirvieron a Eglón, rey de Moab, durante dieciocho años.

15Sin embargo, cuando el pueblo de Israel clamó al Señor por ayuda, el Señor nuevamente levantó a un libertador para salvarlos. Se llamaba Aod, hijo de Gera, quien era un hombre zurdo, de la tribu de Benjamín. Los israelitas enviaron a Aod a entregar el dinero del tributo al rey Eglón, de Moab. 16Así que Aod hizo una daga de dos filos, de unos treinta centímetros* de largo, la ató a su muslo derecho y la escondió debajo de la ropa. 17Luego le llevó el dinero del tributo a Eglón, quien era muy gordo.

18Después de entregar el pago, Aod emprendió el regreso junto con los que le habían ayudado a llevar el tributo. 19Pero cuando Aod llegó a donde estaban los ídolos de piedra, cerca de Gilgal, se regresó. Se presentó ante Eglón y le dijo: «Tengo un mensaje secreto para usted». Entonces el rey les ordenó a sus sirvientes que se callaran y que todos salieran de la habitación.

20Así que Aod se acercó a Eglón, quien estaba sentado solo en una habitación fresca de la planta alta, y le dijo: «¡Tengo un mensaje de Dios para usted!». Cuando el rey Eglón se levantó de su asiento, 21Aod sacó con la mano izquierda la daga que tenía atada al muslo derecho y se la clavó al rey en el vientre. 22La daga entró tan profundo que la empuñadura se hundió bajo la gordura del rey. Así que Aod no sacó la daga, y al rey se le vaciaron los intestinos.* 23Entonces Aod cerró las puertas de la habitación, les puso llave y escapó por la letrina.*

24Aod ya se había ido cuando los sirvientes del rey regresaron y encontraron cerradas las puertas de la habitación de la planta alta. Pensaron que tal vez el rey estaba usando la letrina dentro del cuarto, 25así que esperaron. Pero al ver que el rey tardaba mucho en salir, se preocuparon y buscaron una llave. Cuando abrieron las puertas, encontraron a su amo muerto en el suelo.

26Mientras los sirvientes esperaban, Aod escapó y pasó por los ídolos de piedra rumbo a Seirat. 27Cuando llegó a la zona montañosa de Efraín, llamó a tomar las armas. Después encabezó un grupo de israelitas colina abajo.

28«Síganme —les dijo—, porque el Señor les ha dado la victoria sobre Moab, su enemigo». Así que los israelitas lo siguieron y tomaron control de los vados del río Jordán que cruzan hacia Moab, y no dejaron que nadie pasara. 29Atacaron a los moabitas y mataron a unos diez mil de sus guerreros más fuertes y robustos; no escapó ni uno de ellos. 30Así que Israel conquistó a Moab en aquel día, y hubo paz en la tierra durante ochenta años.

Samgar, juez de Israel

31Después de Aod fue Samgar, hijo de Anat, quien rescató a Israel. En una ocasión mató a seiscientos filisteos con una aguijada para bueyes.

Débora, jueza de Israel

4 Muerto Aod, los israelitas volvieron a hacer lo malo a los ojos del Señor. 2Entonces el Señor los entregó a Jabín, un rey cananeo de Hazor. El comandante de su ejército era Sísara, que vivía en Haroset-goim. 3Sísara, quien tenía novecientos carros de guerra hechos de hierro, oprimió a los israelitas sin piedad durante veinte años, hasta que el pueblo de Israel clamó al Señor por ayuda.

4Débora, la esposa de Lapidot, era una profetisa que en ese tiempo juzgaba a Israel. 5Solía sentarse bajo la Palmera de Débora, entre Ramá y Betel, en la zona montañosa de Efraín, y los israelitas acudían a ella para que los juzgara. 6Un día Débora mandó a buscar a Barac, hijo de Abinoam, quien vivía en Cedes, en el territorio de Neftalí y le dijo:

—El Señor, Dios de Israel, te ordena: reúne en el monte Tabor a diez mil guerreros de las tribus de Neftalí y de Zabulón. 7Y yo haré que Sísara, el comandante del ejército de Jabín, vaya al río Cisón junto con sus carros de guerra y sus guerreros. Allí te daré la victoria sobre él.

8Barac le dijo:

—Yo iré, pero solo si tú vienes conmigo.

9—Muy bien —dijo ella—, iré contigo. Pero tú no recibirás honra en esta misión, porque la victoria del Señor sobre Sísara quedará en manos de una mujer.

Así que Débora fue con Barac a Cedes. 10En Cedes, Barac reunió a las tribus de Zabulón y de Neftalí, y diez mil guerreros subieron con él. Débora también lo acompañó.

11Ahora bien, Heber el ceneo, un descendiente de Hobab, cuñado* de Moisés, se había separado de los demás miembros de su tribu y armó su carpa junto al roble de Saananim, cerca de Cedes.

12Cuando le dijeron a Sísara que Barac, hijo de Abinoam, había subido al monte Tabor, 13mandó llamar a sus novecientos carros de guerra hechos de hierro y a todos sus guerreros, y marcharon desde Haroset-goim hasta el río Cisón.

14Entonces Débora le dijo a Barac: «¡Prepárate! Hoy es el día en que el Señor te dará la victoria sobre Sísara, porque el Señor marcha delante de ti». Así que Barac descendió las laderas del monte Tabor al frente de sus diez mil guerreros para entrar en batalla. 15Cuando Barac atacó, el Señor llenó de pánico a Sísara y a todos sus carros de guerra y a sus guerreros. Sísara saltó de su carro de guerra y escapó a pie. 16Entonces Barac persiguió a los carros y al

***Notas textuales** **3:8** *Aram-naharaim* significa «Aram de los dos ríos»; al parecer se situaba entre los ríos Éufrates y Balí, en el noroccidente de la Mesopotamia. **3:16** En hebreo *gomed*, medida de longitud incierta. **3:22** O *y la daga salió por detrás*. **3:23** O *y salió por el portal*; el significado del hebreo es incierto. **4:11** O *suegro*. **5:7** El significado del hebreo es incierto.

Referencias cruzadas **3:10** Nm 11:25-29; 24:2 **3:15** 1 Cr 12:2 **3:31** Jc 5:6 **4:6** Hb 11:32

ejército enemigo hasta Haroset-goim, y mató a todos los
guerreros de Sísara. Ni uno solo quedó con vida.
17 Mientras tanto, Sísara corrió hasta la carpa de Jael,
la esposa de Heber, el ceneo, porque la familia de Heber
tenía amistad con el rey Jabín, de Hazor. 18 Jael salió al
encuentro de Sísara y le dijo:

—Entre en mi carpa, señor. Venga. No tenga miedo.

Así que él entró en la carpa, y ella lo cubrió con una manta.

19 —Dame un poco de agua, por favor —le dijo él—.
Tengo sed.

Así que ella le dio leche de una bolsa de cuero y volvió a cubrirlo.

20 —Párate en la puerta de la carpa —le dijo a ella—. Si al-
guien viene y pregunta si hay alguien adentro, dile que no.
21 Pero cuando Sísara se durmió por tanto agotamiento,
Jael se le acercó en silencio con un martillo y una estaca en
la mano. Entonces le clavó la estaca en la sien hasta que
quedó clavada en el suelo, y así murió.
22 Cuando Barac llegó en busca de Sísara, Jael salió a
su encuentro y le dijo: «Ven, te mostraré al hombre que
buscas». Entonces él entró en la carpa tras ella, y allí en-
contró a Sísara muerto, tendido en el suelo con la estaca
atravesada en la sien.
23 Por lo tanto, ese día Israel vio a Dios derrotar a Jabín,
el rey cananeo. 24 Y a partir de entonces, Israel se hizo
cada vez más fuerte contra el rey Jabín hasta que final-
mente lo destruyó.

Cántico de Débora

5 Ese día, Débora y Barac, hijo de Abinoam, entonaron el siguiente cántico:

2 «Los líderes de Israel tomaron el mando,
y el pueblo los siguió con gusto.
¡Alabado sea el SEÑOR!

3 »¡Escuchen, ustedes reyes!
¡Presten atención, ustedes gobernantes poderosos!
Pues cantaré al SEÑOR;
tocaré música para el SEÑOR, Dios de Israel.

4 »SEÑOR, cuando saliste de Seir
y marchaste por los campos de Edom,
la tierra tembló,
y los cielos nublados derramaron lluvias torrenciales.
5 Las montañas temblaron ante la presencia del SEÑOR,
Dios del monte Sinaí,
ante la presencia del SEÑOR,
Dios de Israel.

6 »En los días de Samgar, hijo de Anat,
y en los días de Jael,
la gente evitaba las rutas principales
y los viajeros no salían de los caminos sinuosos.
7 Ya quedaba poca gente en las aldeas de Israel,*
hasta que Débora surgió como una madre para Israel.
8 Cuando Israel escogió nuevos dioses,
la guerra estalló a las puertas de la ciudad.
¡Sin embargo, no se veía ni un escudo ni una lanza
entre cuarenta mil guerreros de Israel!
9 Mi corazón está con los comandantes de Israel,
con los que se ofrecieron para la guerra.
¡Alabado sea el SEÑOR!

10 »Piensen en esto, ustedes que cabalgan en burras selectas,
ustedes que se sientan sobre elaboradas mantas de caballo
y ustedes que andan por el camino.
11 Escuchen a los músicos de las aldeas,*
que están reunidos junto a los abrevaderos.
Relatan las justas victorias del SEÑOR
y los triunfos de sus aldeanos en Israel.
Entonces el pueblo del SEÑOR
descendió a las puertas de la ciudad.

12 »¡Despierta, Débora, despierta!
¡Despierta, despierta y entona un cántico!
¡Levántate, Barac!
¡Llévate a tus cautivos, hijo de Abinoam!

13 »De Tabor descendieron los pocos para juntarse con los nobles;
el pueblo del SEÑOR marchó colina abajo contra poderosos guerreros.
14 Descendieron de Efraín,
tierra que antes pertenecía a los amalecitas;
te siguieron a ti, Benjamín, con tus tropas.
De Maquir los comandantes descendieron a paso de marcha;
desde Zabulón llegaron los que llevan el bastón de mando.
15 Los príncipes de Isacar estuvieron con Débora y Barac;
siguieron a Barac a toda prisa hasta el valle.
Pero en la tribu de Rubén
hubo gran indecisión.*
16 ¿Por qué se quedaron sentados en su casa entre los rediles,
para oír a los pastores silbar a sus rebaños?
Así es, en la tribu de Rubén
hubo gran indecisión.
17 Galaad permaneció al oriente del Jordán.
Y ¿por qué Dan se quedó en su casa?
Aser se sentó sin moverse a la orilla del mar,
y permaneció en sus puertos.
18 Pero Zabulón arriesgó la vida,
igual que Neftalí, en las alturas del campo de batalla.

19 »Los reyes de Canaán llegaron y pelearon
en Taanac, cerca de los manantiales de Meguido,
pero no se llevaron tesoros de plata.
20 Desde el cielo lucharon las estrellas;
las estrellas en sus órbitas pelearon contra Sísara.
21 El río Cisón arrasó con ellos,
ese antiguo torrente llamado Cisón.

***Notas textuales** **5:11** El significado del hebreo es incierto. **5:15** Así aparece en algunos manuscritos hebreos y en la versión siríaca, que dicen *grandes deliberaciones de corazón*; el texto masorético dice *gran resolución de corazón*.

Referencias cruzadas **4:16** Sal 83:9 **5:2** Sal 110:3 **5:19** Jos 11:1-5

¡Marcha hacia adelante con valor, alma mía!
22 Luego los cascos de los caballos martillaron el suelo:
el galope resonante de los poderosos corceles de
Sísara.
23 “Que sean malditos los habitantes de Meroz —dijo el
ángel del SEÑOR—.
Que sean completamente malditos,
porque no vinieron para ayudar al SEÑOR,
para ayudar al SEÑOR contra los poderosos
guerreros”.
24 »La más bendita entre las mujeres es Jael,
la esposa de Heber, el ceneo.
Bendita sea más que todas las mujeres que viven
en carpas.
25 Sísara le pidió agua,
y ella le dio leche.
En un tazón digno de nobles,
le trajo yogur.*
26 Después tomó una estaca con la mano izquierda,
y con la derecha, el martillo del trabajador.
Golpeó a Sísara con el martillo y le aplastó la cabeza;
con un terrible golpe le atravesó las sienes.
27 Él se desplomó, cayó,
quedó inmóvil, tendido a sus pies;
y allí donde cayó,
quedó muerto.
28 »Por la ventana se asomó la madre de Sísara.
Desde la ventana esperaba su regreso mientras
decía:
“¿Por qué tarda tanto en llegar su carro?
¿Por qué no oímos el sonido de las ruedas del
carro?”.
29 »Sus sabias mujeres le responden,
y ella se repite estas palabras a sí misma:
30 “Seguramente están repartiendo el botín que
capturaron,
que tendrá una o dos mujeres para cada hombre.
Habrá túnicas llenas de todos los colores para Sísara,
y para mí, coloridas túnicas con bordados.
Seguro que en el botín hay
túnicas de colores y bordadas de ambos lados”.
31 »¡SEÑOR, que todos tus enemigos mueran como
Sísara;
pero los que te aman, que se levanten como el sol
cuando brilla con toda su fuerza!».

Después hubo paz en la tierra durante cuarenta años.

Gedeón, juez de Israel

6 Los israelitas hicieron lo malo a los ojos del SEÑOR.
Entonces el SEÑOR los entregó a los madianitas du-
rante siete años. 2 Los madianitas eran tan crueles que
los israelitas hicieron escondites en los montes, en las
cuevas y en lugares fortificados. 3 Cada vez que los is-
raelitas sembraban sus cultivos, venían saqueadores de
Madián, de Amalec y del pueblo del oriente, y atacaban
a Israel. 4 Acampaban en territorio israelita y destruían las
cosechas hasta la región de Gaza. Se llevaban todas las
ovejas, las cabras, el ganado y los burros, y dejaban a los
israelitas sin qué comer. 5 Estas multitudes enemigas, que
venían con sus animales y sus carpas, eran como una plaga
de langostas; llegaban en numerosas manadas de came-
llos, imposibles de contar, y no se iban hasta que la tierra
quedaba desolada. 6 Así que Israel se moría de hambre en
manos de los madianitas. Entonces los israelitas clamaron
al SEÑOR por ayuda.
7 Cuando clamaron al SEÑOR a causa de Madián, 8 el
SEÑOR les envió un profeta, quien dijo al pueblo de Israel:
«Esto dice el SEÑOR, Dios de Israel: “Yo te saqué de la
esclavitud en Egipto. 9 Te rescaté de los egipcios y de todos
los que te oprimían. Expulsé a tus enemigos y te di sus
tierras. 10 Te dije: ‘Yo soy el SEÑOR, tu Dios. No debes
rendir culto a los dioses de los amorreos, en cuya tierra
ahora vives’. Pero no me hiciste caso”».
11 Después el ángel del SEÑOR vino y se sentó debajo
del gran árbol de Ofra que pertenecía a Joás, del clan de
Abiezer. Gedeón, hijo de Joás, estaba trillando trigo en el
fondo de un lagar para esconder el grano de los madiani-
tas. 12 Entonces el ángel del SEÑOR se le apareció y le dijo:
—¡Guerrero valiente, el SEÑOR está contigo!
13 —Señor —respondió Gedeón—, si el SEÑOR está con
nosotros, ¿por qué nos sucede todo esto? ¿Y dónde están
todos los milagros que nos contaron nuestros antepasa-
dos? ¿Acaso no dijeron: “El SEÑOR nos sacó de Egipto”?
Pero ahora el SEÑOR nos ha abandonado y nos entregó en
manos de los madianitas.
14 Entonces el SEÑOR lo miró y le dijo:
—Ve tú con la fuerza que tienes y rescata a Israel de los
madianitas. ¡Yo soy quien te envía!
15 —Pero, Señor —respondió Gedeón—, ¿cómo podré
yo rescatar a Israel? ¡Mi clan es el más débil de toda la
tribu de Manasés, y yo soy el de menor importancia en
mi familia!
16 El SEÑOR le dijo:
—Yo estaré contigo, y destruirás a los madianitas como
si estuvieras luchando contra un solo hombre.
17 —Si de verdad cuento con tu favor —respondió Ge-
deón—, muéstrame una señal para asegurarme de que es
realmente el SEÑOR quien habla conmigo. 18 No te vayas
hasta que te traiga mi ofrenda.
Él respondió:
—Aquí me quedaré hasta que regreses.
19 Entonces Gedeón fue de prisa a su casa. Asó un
cabrito y horneó pan sin levadura con una medida* de
harina. Luego llevó la carne en una canasta y el caldo en
una olla. Puso todo delante del ángel, quien estaba bajo
el gran árbol.
20 Así que el ángel de Dios le dijo: «Pon la carne y el pan
sin levadura sobre esta piedra y derrama el caldo sobre
ellos». Y Gedeón hizo lo que se le indicó. 21 Entonces el
ángel del SEÑOR tocó la carne y el pan con la punta de la
vara que tenía en la mano, y de la piedra salió fuego que
consumió todo lo que Gedeón había llevado. Y el ángel
del SEÑOR desapareció.
22 Cuando Gedeón se dio cuenta de que era el ángel
del SEÑOR, clamó:
—¡Oh SEÑOR Soberano, estoy condenado! ¡He visto
cara a cara al ángel del SEÑOR!
23 —No te preocupes —le contestó el SEÑOR—. No ten-
gas miedo; no morirás.

***Notas textuales** **5:25** O *cuajada.* **6:19** En hebreo *un efa* [22 litros o 20 cuartos].

Referencias cruzadas **5:30-31** Ex 15:9 **6:8** Ex 18:9 **6:22** Gn 32:30

[24]Entonces Gedeón construyó un altar al SEÑOR en ese lugar y lo llamó Yahveh-shalom (que significa «el SEÑOR es paz»). Ese altar sigue en Ofra, en la tierra del clan de Abiezer, hasta el día de hoy.

[25]Esa noche el SEÑOR le dijo a Gedeón: «Toma el segundo toro del rebaño de tu padre, el que tiene siete años. Derriba el altar que tu padre levantó a Baal y corta el poste dedicado a la diosa Asera que está junto al altar. [26]Después construye un altar al SEÑOR tu Dios en el santuario de esta misma cima, colocando cada piedra con cuidado. Sacrifica el toro como ofrenda quemada sobre el altar, y usa como leña el poste dedicado a la diosa Asera que cortaste».

[27]Entonces Gedeón llevó a diez de sus criados e hizo lo que el SEÑOR le había ordenado; pero lo hizo de noche, porque les tenía miedo a los demás miembros de la casa de su padre y a la gente de la ciudad.

[28]Temprano a la mañana siguiente, mientras los habitantes de la ciudad se despertaban, alguien descubrió que el altar de Baal estaba derribado y que habían cortado el poste dedicado a la diosa Asera que estaba al lado. En su lugar se había construido un nuevo altar, y sobre ese altar estaban los restos del toro que se había sacrificado. [29]Los habitantes se preguntaban unos a otros: «¿Quién hizo esto?». Y después de preguntar por todas partes y hacer una búsqueda cuidadosa, se enteraron de que había sido Gedeón, el hijo de Joás.

[30]—Saca a tu hijo —le exigieron a Joás los hombres de la ciudad—. Tendrá que morir por haber destruido el altar de Baal y haber cortado el poste dedicado a la diosa Asera.

[31]Sin embargo, Joás gritó a la turba que lo enfrentaba:

—¿Por qué defienden a Baal? ¿Acaso abogarán por él? ¡Todo el que defienda su causa será ejecutado antes del amanecer! Si de verdad Baal es un dios, ¡que se defienda a sí mismo y destruya al que derribó su altar!

[32]A partir de entonces a Gedeón lo llamaron Jerobaal, que significa «que Baal se defienda a sí mismo», porque él destruyó el altar de Baal.

Gedeón pide una señal

[33]Poco tiempo después, los ejércitos de Madián, de Amalec y del pueblo del oriente formaron una alianza en contra de Israel; cruzaron el Jordán y acamparon en el valle de Jezreel. [34]Entonces el Espíritu del SEÑOR vistió a Gedeón de poder. Gedeón tocó el cuerno de carnero como un llamado a tomar las armas, y los hombres del clan de Abiezer se le unieron. [35]También envió mensajeros por todo Manasés, Aser, Zabulón y Neftalí para convocar a sus guerreros, y todos ellos respondieron.

[36]Después Gedeón le dijo a Dios: «Si de veras vas a usarme para rescatar a Israel como lo prometiste, [37]demuéstramelo de la siguiente manera: esta noche pondré una lana de oveja en el suelo del campo de trillar; si por la mañana la lana está mojada con el rocío, pero el suelo está seco, entonces sabré que me ayudarás a rescatar a Israel como lo prometiste». [38]Y eso fue exactamente lo que sucedió. Cuando Gedeón se levantó temprano a la mañana siguiente, exprimió la lana y sacó un tazón lleno de agua.

[39]Luego Gedeón le dijo a Dios: «Por favor, no te enojes conmigo, pero deja que te haga otra petición. Permíteme usar la lana para una prueba más. Esta vez, que la lana se quede seca, mientras que el suelo alrededor esté mojado con el rocío». [40]Así que esa noche, Dios hizo lo que Gedeón le pidió. A la mañana siguiente, la lana estaba seca, pero el suelo estaba cubierto de rocío.

Gedeón derrota a los madianitas

7 Entonces Jerobaal (es decir, Gedeón) y su ejército se levantaron temprano y fueron hasta el manantial de Harod. El campamento de los ejércitos de Madián estaba al norte de ellos, en el valle cercano a la colina de More.

[2]Entonces el SEÑOR le dijo a Gedeón: «Tienes demasiados guerreros contigo. Si dejo que todos ustedes peleen contra los madianitas, los israelitas se jactarán ante mí de que se salvaron con su propia fuerza. [3]Por lo tanto, dile al pueblo: "A todo aquel que le falte valentía o que tenga miedo, que abandone este monte* y se vaya a su casa"». Así que veintidós mil de ellos se fueron a su casa, y quedaron solo diez mil dispuestos a pelear.

[4]Pero el SEÑOR le dijo a Gedeón: «Todavía son demasiados. Hazlos descender al manantial, y yo los pondré a prueba para determinar quién irá contigo y quién no». [5]Cuando Gedeón bajó con sus guerreros hasta el agua, el SEÑOR le dijo: «Divide a los hombres en dos grupos. En un grupo, pon a todos los que beban el agua en sus manos lamiéndola como hacen los perros. En el otro grupo, pon a todos los que se arrodillan para beber directamente del arroyo». [6]Solo trescientos de los hombres bebieron con las manos. Los demás se arrodillaron para beber con la boca en el arroyo.

[7]Entonces el SEÑOR le dijo a Gedeón: «Con estos trescientos hombres, rescataré a Israel y te daré la victoria sobre los madianitas. Envía a todos los demás a su casa». [8]Así que Gedeón recogió las provisiones y los cuernos de carnero de los otros guerreros y mandó a cada uno de ellos a su casa, pero se quedó con los trescientos hombres.

El campamento madianita estaba en el valle, directamente abajo de donde se encontraba Gedeón. [9]Esa noche el SEÑOR le dijo: «¡Levántate! ¡Desciende al campamento madianita, porque te he dado la victoria sobre ellos! [10]Pero si tienes miedo de atacar, desciende al campamento con tu siervo Fura. [11]Escucha lo que dicen los madianitas, y cobrarás mucho ánimo. Entonces estarás ansioso por atacar».

Así que Gedeón, acompañado por Fura, descendió hasta el límite del campamento enemigo. [12]Los ejércitos de Madián, de Amalec y del pueblo del oriente se habían establecido en el valle como un enjambre de langostas. Sus camellos eran como los granos de arena a la orilla del mar, ¡imposibles de contar! [13]Entonces Gedeón se acercó sigilosamente, justo cuando un hombre le contaba un sueño a su compañero.

—Tuve un sueño —decía el hombre— en el cual un pan de cebada venía rodando cuesta abajo hacia el campamento madianita; ¡entonces cuando golpeaba una carpa, la volteaba y la aplastaba!

[14]Su compañero le respondió:

—Tu sueño solo puede significar una cosa: ¡Dios le ha dado a Gedeón, hijo de Joás, el israelita, la victoria sobre Madián y todos sus aliados!

[15]Cuando Gedeón oyó el sueño y la interpretación, se inclinó en adoración ante el SEÑOR.* Luego regresó al campamento israelita y gritó: «¡Levántense, porque el SEÑOR les ha dado la victoria sobre las multitudes madianitas!». [16]Así que dividió a los trescientos hombres en tres

***Notas textuales** **7:3** En hebreo *que abandone el monte Galaad*. La identificación del monte Galaad es incierta en este contexto. Tal vez se use aquí como otro nombre para el monte Gilboa. **7:15** Así aparece en la versión griega. En hebreo dice *se inclinó*.

Referencias cruzadas **6:39** Gn 18:32 **7:9** Jos 2:24; 10:8; 11:6

grupos y le dio a cada hombre un cuerno de carnero y una
vasija de barro con una antorcha adentro.
17Después les dijo: «Fíjense en mí. Cuando yo llegue
al límite del campamento, hagan lo mismo que yo. 18En
cuanto yo y los que están conmigo toquemos los cuernos
de carnero, ustedes también toquen sus cuernos alrededor
de todo el campamento y griten: "¡Por el SEÑOR y por
Gedeón!"».
19Fue apenas pasada la medianoche,* después del cam-
bio de guardia, cuando Gedeón y los cien hombres que
iban con él llegaron al límite del campamento madianita.
Entonces de un momento al otro, tocaron los cuernos
de carnero y rompieron las vasijas de barro. 20Enseguida
los tres grupos tocaron juntos los cuernos y rompieron
las vasijas. Con la mano izquierda sostenían la antorcha
ardiente, y en la mano derecha llevaban el cuerno, y
todos gritaban: «¡Una espada por el SEÑOR y también
por Gedeón!».
21Cada hombre permaneció en su puesto alrededor del
campamento, y observaron cómo los madianitas corrían
de un lado a otro, llenos de pánico y gritando mientras
se daban a la fuga. 22Cuando los trescientos israelitas
tocaron los cuernos de carnero, el SEÑOR hizo que los
guerreros del campamento pelearan entre sí con sus es-
padas. Los que quedaron con vida huyeron a lugares tan
lejanos como Bet-sita, cerca de Zerera, y hasta la frontera
de Abel-mehola, cerca de Tabat.
23Entonces Gedeón mandó a buscar a los guerreros de
Neftalí, de Aser y de Manasés, quienes se unieron para dar
caza al ejército de Madián. 24Gedeón también envió men-
sajeros por toda la zona montañosa de Efraín que decían:
«Desciendan para atacar a los madianitas. Frénenlos antes
de que lleguen a los vados del río Jordán en Bet-bara».
Así que los hombres de Efraín hicieron lo que se les
dijo. 25Capturaron a Oreb y a Zeeb, los dos comandantes
de los madianitas, y mataron a Oreb en la roca de Oreb, y
a Zeeb en el lagar de Zeeb; y no dejaron de perseguir a los
madianitas. Después los israelitas le llevaron las cabezas
de Oreb y Zeeb a Gedeón, quien estaba junto al río Jordán.

Gedeón mata a Zeba y a Zalmuna

8 Entonces la gente de Efraín le preguntó a Gedeón:
—¿Por qué nos has tratado así? ¿Por qué no nos
llamaste desde el principio cuando saliste a pelear con
los madianitas?
Y tuvieron una fuerte discusión con Gedeón.
2Pero Gedeón les contestó:
—¿Qué he logrado yo comparado con lo que han hecho
ustedes? ¿Acaso los racimos olvidados de la cosecha de
Efraín no son mucho mejores que todos los cultivos de
mi pequeño clan de Abiezer? 3Dios les dio a ustedes la
victoria sobre Oreb y Zeeb, los comandantes del ejército
madianita. ¿Qué he logrado yo en comparación con eso?
Cuando los hombres de Efraín oyeron la respuesta de
Gedeón, se calmó su enojo.
4Luego Gedeón cruzó el río Jordán con sus trescientos
hombres y, aunque estaban agotados, continuaron persi-
guiendo al enemigo. 5Cuando llegaron a Sucot, Gedeón
les pidió a los líderes de la ciudad:
—Por favor, denles algo de comer a mis guerreros. Están
muy cansados. Estoy persiguiendo a Zeba y a Zalmuna,
los reyes de Madián.
6Pero los líderes de Sucot le respondieron:
—Primero captura a Zeba y a Zalmuna, y después ali-
mentaremos a tu ejército.
7Entonces Gedeón les dijo:
—Cuando el SEÑOR me dé la victoria sobre Zeba y
Zalmuna, volveré y les desgarraré la carne con espinos
y zarzas del desierto.
8Desde allí Gedeón subió a Peniel* y una vez más pidió
alimentos, pero obtuvo la misma respuesta. 9Así que le
dijo a la gente de Peniel: «Cuando vuelva victorioso, derri-
baré esta torre».
10Para entonces, Zeba y Zalmuna se encontraban en
Carcor con unos quince mil guerreros, que era todo lo
que quedaba de los ejércitos aliados del oriente, porque
ya habían matado a ciento veinte mil. 11Entonces Gedeón
rodeó por la ruta de las caravanas que está al oriente de
Noba y Jogbeha, y tomó al ejército madianita por sorpresa.
12Así que Zeba y Zalmuna, los dos reyes madianitas, hu-
yeron, pero Gedeón los persiguió y capturó a todos sus
guerreros.
13Después, Gedeón regresó de la batalla por el paso
de Heres. 14Allí capturó a un joven de Sucot y le exigió
que pusiera por escrito los nombres de los setenta y siete
líderes y ancianos de la ciudad. 15Luego regresó a Sucot
y les dijo a los líderes: «Aquí están Zeba y Zalmuna.
Cuando pasamos por aquí antes, ustedes se burlaron de
mí diciendo: "Primero captura a Zeba y a Zalmuna, y des-
pués alimentaremos a tu agotado ejército"». 16Entonces
Gedeón tomó a los ancianos de la ciudad y los castigó
con espinas y zarzas del desierto para darles una lección.
17También derribó la torre de Peniel y mató a todos los
hombres de la ciudad.
18Después les preguntó a Zeba y a Zalmuna:
—Los hombres que ustedes mataron en Tabor, ¿cómo
eran?
—Se parecían a ti —le contestaron—, todos tenían el
aspecto de un hijo de rey.
19—¡Eran mis hermanos, los hijos de mi propia madre!
—exclamó Gedeón—. Tan cierto como que el SEÑOR vive,
les aseguro que no los mataría si ustedes no los hubieran
matado a ellos.
20Volviéndose a Jeter, su hijo mayor, le dijo:
—¡Mátalos!
Pero Jeter no sacó la espada, porque era apenas un
muchacho y tenía miedo.
21Entonces Zeba y Zalmuna le dijeron a Gedeón:
—¡Sé hombre! ¡Mátanos tú mismo!
Entonces Gedeón los mató a los dos y tomó los ador-
nos reales que sus camellos llevaban en el cuello.

El efod sagrado de Gedeón

22Entonces los israelitas dijeron a Gedeón:
—¡Gobiérnanos! Tú y tu hijo y tu nieto serán nuestros
gobernantes, porque nos has rescatado de Madián.
23Pero Gedeón respondió:
—Yo no los gobernaré ni tampoco mi hijo. ¡El SEÑOR
los gobernará! 24Sin embargo, tengo una petición que
hacerles: que cada uno de ustedes me dé un arete del botín
que recogieron de sus enemigos caídos.
(Como los enemigos eran ismaelitas, todos usaban
aretes de oro).

***Notas textuales** **7:19** En hebreo *Fue al comienzo de la segunda vigilia*. **8:8** En hebreo *Penuel*, una variante de Peniel; también en el 8:9, 17.

Referencias cruzadas **7:25** Is 10:26 **8:8** 1 Re 12:25 **8:23** 1 Sm 12:12

25 —¡Con todo gusto! —le contestaron.
Así que extendieron un manto, y cada uno de ellos echó
un arete de oro que había recogido del botín. 26 Todos los
aretes de oro pesaron unos diecinueve kilos,* sin contar
los ornamentos reales ni los pendientes ni la ropa de púr-
pura usada por los reyes de Madián, ni las cadenas que sus
camellos llevaban en el cuello.

27 Entonces Gedeón hizo un efod sagrado con el oro
y lo puso en Ofra, su pueblo natal. Pero pronto todos los
israelitas se prostituyeron al rendir culto a ese efod, el
cual se convirtió en una trampa para Gedeón y su familia.

28 Esa es la historia de cómo el pueblo de Israel derrotó
a Madián, y este nunca se recuperó. Y hubo paz en la tierra
durante el resto de la vida de Gedeón, unos cuarenta años
más.

29 Luego Gedeón,* hijo de Joás, volvió a su casa. 30 Le
nacieron setenta hijos varones, porque tuvo muchas es-
posas. 31 Además tuvo una concubina en Siquem que le
dio un hijo, a quien él llamó Abimelec. 32 Gedeón murió
muy anciano, y fue enterrado en la tumba de su padre
Joás, en Ofra, en la tierra del clan de Abiezer.

33 En cuanto murió Gedeón, los israelitas se prosti-
tuyeron al rendir culto a las imágenes de Baal y al hacer
a Baal-berit su dios. 34 Se olvidaron del SEÑOR su Dios,
quien los había rescatado de todos los enemigos que los
rodeaban. 35 Tampoco mostraron lealtad alguna con la
familia de Jerobaal (es decir, Gedeón), a pesar de todo el
bien que él había hecho por Israel.

Abimelec gobierna sobre Siquem

9 Un día Abimelec, hijo de Gedeón,* fue a Siquem para
visitar a sus tíos, los hermanos de su madre. Les dijo
a ellos y al resto de su familia materna: 2 «Pregúntenles a
los ciudadanos prominentes de Siquem si prefieren ser
gobernados por los setenta hijos de Gedeón o por un
solo hombre. ¡Y recuerden que soy de la misma sangre
que ustedes!».

3 Entonces los tíos de Abimelec transmitieron ese men-
saje a los ciudadanos de Siquem. Y después de escuchar
la propuesta, el pueblo de Siquem decidió por Abimelec,
porque era pariente de ellos. 4 Le dieron setenta monedas
de plata del templo de Baal-berit, las cuales él usó para
contratar a unos hombres alborotadores e imprudentes
que aceptaron seguirlo. 5 Fue a la casa de su padre en Ofra
y allí, sobre una misma piedra, mató a sus setenta medios
hermanos, los hijos de Gedeón. Pero Jotam, el hermano
menor, escapó y se escondió.

6 Entonces todos los ciudadanos prominentes de Si-
quem y de Bet-milo convocaron una reunión bajo el roble
que está junto a la columna* de Siquem y proclamaron
rey a Abimelec.

Parábola de Jotam

7 Cuando Jotam se enteró, subió a la cima del monte Ge-
rizim y gritó:

«¡Escúchenme, ciudadanos de Siquem!
¡Escúchenme a mí si quieren que Dios los escuche
a ustedes!
8 Cierta vez los árboles decidieron elegir un rey.
Primero le dijeron al olivo:
"¡Reina sobre nosotros!".
9 Pero el olivo se negó diciendo:
"¿Dejaría yo de producir el aceite de oliva
que bendice a Dios y a la gente,
solo para mecerme por encima de los árboles?".
10 »Entonces le dijeron a la higuera:
"¡Reina sobre nosotros!".
11 Pero la higuera también se negó diciendo:
"¿Dejaría yo de producir mi dulce fruto,
solo para mecerme por encima de los árboles?".
12 »Entonces le dijeron a la vid:
"¡Reina sobre nosotros!".
13 Pero la vid también se negó diciendo:
"¿Dejaría yo de producir el vino
que alegra a Dios y a la gente,
solo para mecerme por encima de los árboles?".
14 »Finalmente todos los árboles le dijeron al espino:
"¡Reina sobre nosotros!".
15 Y el espino les respondió a los árboles:
"Si realmente quieren que yo sea su rey,
vengan a refugiarse bajo mi sombra.
Si no, que salga fuego de mí
y consuma los cedros del Líbano"».

16 Jotam continuó: «Ahora asegúrense de haber ac-
tuado honorablemente y de buena fe al elegir como rey a
Abimelec, y de haberse portado bien con Gedeón y todos
sus descendientes. ¿Lo trataron con la honra que se me-
rece por todo lo que realizó? 17 Pues él luchó por ustedes
y arriesgó su vida cuando los rescató de los madianitas.
18 Pero hoy ustedes se rebelaron contra mi padre y sus des-
cendientes al matar a sus setenta hijos sobre una misma
piedra. Y escogieron a Abimelec, hijo de su esclava, para
que sea rey de ustedes, solo porque es su pariente.

19 »Si hoy han actuado honorablemente y de buena fe
hacia Gedeón y sus descendientes, entonces que tengan
alegría con Abimelec y que él tenga alegría con ustedes.
20 Pero si no han actuado de buena fe, ¡que salga fuego de
Abimelec y consuma a los ciudadanos prominentes de
Siquem y de Bet-milo, y que salga fuego de los ciudadanos
de Siquem y de Bet-milo y consuma a Abimelec!».

21 Entonces Jotam huyó y se fue a vivir a Beer, porque
le tenía miedo a su hermano Abimelec.

Siquem se rebela contra Abimelec

22 Tres años después de que Abimelec comenzó a gober-
nar a Israel, 23 Dios envió un espíritu que generó conflictos
entre Abimelec y los ciudadanos prominentes de Siquem,
quienes finalmente se rebelaron. 24 Dios estaba castigando
a Abimelec por haber asesinado a los setenta hijos de Ge-
deón, y a los ciudadanos de Siquem por apoyarlo en esa
traición de asesinar a sus hermanos. 25 Los ciudadanos
de Siquem le tendieron una emboscada a Abimelec en
las cumbres de las colinas y robaban a todo el que pa-
saba por allí. Pero alguien alertó a Abimelec acerca de la
conspiración.

26 Un día Gaal, hijo de Ebed, se mudó a Siquem con
sus hermanos y se ganó la confianza de los ciudadanos
prominentes de Siquem. 27 Durante el festival anual de

***Notas textuales** **8:26** En hebreo *1700 [siclos]* [43 libras]. **8:29** En hebreo *Jerobaal*; ver 6:32. **9:1** En hebreo *Jerobaal* (ver 6:32); también en 9:2, 5, 16, 19, 24, 28, 57. **9:6** El significado del hebreo es incierto.

Referencias cruzadas **8:27** Jc 17:5 **8:29-31** Jc 9:2, 5 **9:18** Jc 8:30-31 **9:24** Nm 35:33

la cosecha en Siquem, celebrado en el templo del dios local, hubo vino en abundancia, y todos comenzaron a maldecir a Abimelec. 28«¿Quién es ese Abimelec? —gritó Gaal—. No es un hijo legítimo de Siquem.* Entonces, ¿por qué debemos ser sus siervos? Él no es más que un hijo de Gedeón, y ese Zebul solo es su ayudante. Sirvan a los verdaderos hijos de Hamor, el fundador de Siquem. ¿Por qué tenemos que servir a Abimelec? 29Si yo fuera el encargado aquí, me desharía de Abimelec. Le diría:* "¡Búscate unos soldados y sal a pelear!"».

30Pero cuando Zebul, el jefe de la ciudad, oyó lo que Gaal decía, se puso furioso. 31Le envió mensajeros a Abimelec, quien estaba en Aruma,* para decirle: «Gaal, hijo de Ebed, y sus hermanos se han mudado a Siquem, y ahora están incitando a la ciudad a rebelarse contra ti. 32Ven con un ejército esta noche y escóndete en los campos. 33Por la mañana, a la salida del sol, ataca la ciudad. Cuando Gaal y los que lo acompañan salgan contra ti, podrás hacer con ellos lo que quieras».

34Entonces Abimelec y todos sus hombres fueron de noche, se dividieron en cuatro grupos y se posicionaron alrededor de Siquem. 35Gaal estaba parado junto a las puertas de la ciudad cuando Abimelec y su ejército salieron de su escondite. 36Al verlos, Gaal le dijo a Zebul:

—¡Mira, hay gente bajando de las cumbres!

—Parecen hombres, pero son nada más que sombras reflejadas en las colinas —contestó Zebul.

37Pero Gaal insistió:

—¡No! Hay gente bajando de las colinas.* Y otro grupo viene por el camino que pasa por el Roble de los Adivinos.*

38Entonces Zebul se volvió contra él y preguntó:

—¿Y qué pasó con esa boca grande tuya que presume tanto? Acaso no fuiste tú el que dijo: "¿Quién es ese Abimelec y por qué debemos ser sus siervos?". ¡Te burlaste de esos hombres, y ahora están en las afueras de la ciudad! ¡Sal a pelear contra ellos!

39Entonces Gaal marchó al frente de los ciudadanos prominentes de Siquem a la batalla contra Abimelec. 40Pero Abimelec lo persiguió, y muchos de los hombres de Siquem cayeron heridos por el camino cuando se retiraban hacia la entrada de la ciudad. 41Entonces Abimelec regresó a Aruma, y Zebul expulsó de Siquem a Gaal y a sus hermanos.

42Al día siguiente, la gente de Siquem salió a los campos para pelear. Cuando Abimelec se enteró, 43dividió a sus hombres en tres grupos y tendió una emboscada en los campos. Cuando vio que algunos hombres salían de la ciudad, él y su grupo saltaron de su escondite y los atacaron. 44Abimelec y sus hombres tomaron por asalto la puerta de la ciudad para impedir que los de Siquem volvieran a entrar, mientras los otros dos grupos de Abimelec mataban a la gente en los campos. 45La batalla duró todo el día, hasta que finalmente Abimelec tomó la ciudad. Entonces mató a los habitantes, redujo la ciudad a escombros y esparció sal por todo el suelo.

46Cuando los ciudadanos prominentes que vivían en la torre de Siquem se enteraron de lo sucedido, corrieron a esconderse en el templo de Baal-berit.* 47Alguien le informó a Abimelec que los ciudadanos se habían juntado en el templo, 48entonces él llevó a sus tropas al monte Salmón. Tomó un hacha, cortó ramas de un árbol y se las puso al hombro. «¡Rápido, hagan lo mismo que hice yo!», dijo a sus hombres. 49Entonces, siguiendo el ejemplo de Abimelec, cada uno de ellos cortó ramas. Amontonaron las ramas contra las paredes del templo y les prendieron fuego. Así murieron todos los que vivían en la torre de Siquem, unas mil personas, tanto hombres como mujeres.

50Luego Abimelec atacó la ciudad de Tebes y la tomó. 51Pero había una torre fuerte dentro de la ciudad, y todos los habitantes, hombres y mujeres, corrieron a refugiarse allí. Se atrincheraron en su interior y subieron al techo de la torre. 52Entonces Abimelec los siguió para atacar la torre; pero cuando se preparaba para prenderle fuego a la entrada, 53desde el techo, una mujer tiró una piedra de molino, que cayó sobre la cabeza de Abimelec, y le partió el cráneo.

54Enseguida él le dijo a su joven escudero: «¡Saca tu espada y mátame! ¡Que no se diga que una mujer mató a Abimelec!». Así que el joven lo atravesó con su espada, y él murió. 55Cuando los hombres de Abimelec lo vieron muerto, se desbandaron y regresaron a sus casas.

56De esa forma, Dios castigó a Abimelec por el mal que había hecho contra su padre al matar a sus setenta hermanos. 57Dios también castigó a los hombres de Siquem por toda su maldad. Así se cumplió la maldición de Jotam, hijo de Gedeón.

Tola, juez de Israel

10 Después de la muerte de Abimelec, la siguiente persona que rescató a Israel fue Tola, hijo de Púa, hijo de Dodo. Era de la tribu de Isacar pero vivía en la ciudad de Samir, en la zona montañosa de Efraín. 2Fue juez de Israel durante veintitrés años. Cuando murió, lo enterraron en Samir.

Jair, juez de Israel

3Después de la muerte de Tola, Jair, de Galaad, fue juez de Israel durante veintidós años. 4Sus treinta hijos cabalgaban sobre treinta burros y eran dueños de treinta ciudades en la tierra de Galaad, que aún se llaman las Ciudades de Jair.* 5Cuando murió Jair, lo enterraron en Camón.

Los amonitas oprimen a Israel

6Una vez más, los israelitas hicieron lo malo a los ojos del SEÑOR. Sirvieron a las imágenes de Baal y de Astoret, y a los dioses de Aram, de Sidón, de Moab, de Amón y de Filistea. Abandonaron al SEÑOR y dejaron de servirle por completo. 7Entonces el SEÑOR ardió de enojo contra los israelitas y los entregó en manos de los filisteos y los amonitas, 8quienes comenzaron a oprimirlos ese mismo año. Durante dieciocho años oprimieron a los israelitas que vivían al oriente del río Jordán, en la tierra de los amorreos (es decir, Galaad). 9Los amonitas también cruzaron al lado occidental del Jordán y atacaron a Judá, a Benjamín y a Efraín.

Los israelitas estaban muy angustiados. 10Finalmente clamaron al SEÑOR por ayuda y dijeron:

—Hemos pecado contra ti, porque te hemos abandonado como nuestro Dios para servir a las imágenes de Baal.

11El SEÑOR respondió:

***Notas textuales** **9:28** En hebreo *¿Quién es Siquem?* **9:29** Así aparece en la versión griega; en hebreo dice *Y le dijo*. **9:31** O *en secreto*; en hebreo dice *en Torma*; comparar 9:41. **9:37a** O *del centro de la tierra*. **9:37b** En hebreo *Elónmeonenim*. **9:46** En hebreo *El-berit*, otro nombre para Baal-berit; comparar 9:4. **10:4** En hebreo *Havot-jair*.

Referencias cruzadas **9:53** 2 Sm 11:21 **10:1** Jc 8:31 **10:4** Nm 32:41

—¿Acaso no los rescaté yo de los egipcios, los amorreos, los amonitas, los filisteos, 12los sidonios, los amalecitas y los maonitas? Cuando ellos los oprimían, ustedes clamaban a mí por ayuda, y yo los rescataba. 13Sin embargo, ustedes me abandonaron y sirvieron a otros dioses. Así que ya no los rescataré más. 14¡Vayan a clamar a los dioses que han escogido! ¡Que los rescaten ellos de este momento de angustia!

15Pero los israelitas rogaron al SEÑOR diciendo:

—Hemos pecado. Castíganos como bien te parezca, pero rescátanos hoy de nuestros enemigos.

16Entonces los israelitas dejaron los dioses ajenos para servir al SEÑOR, y él se entristeció a causa del sufrimiento que experimentaban.

17En esa ocasión, los ejércitos de Amón se habían juntado para la guerra y acampaban en Galaad, y el pueblo de Israel se congregó y acampó en Mizpa. 18Los líderes de Galaad se dijeron unos a otros: «El primero que ataque a los amonitas será proclamado gobernante de todo el pueblo de Galaad».

Jefté, juez de Israel

11 Jefté era un gran guerrero de la región de Galaad. Era hijo de Galaad, pero su madre era una prostituta. 2La esposa de Galaad tuvo varios hijos, y cuando esos medios hermanos de Jefté crecieron, lo echaron del territorio. «Tú no recibirás ninguna parte de la herencia de nuestro padre —le dijeron—, porque eres hijo de una prostituta». 3Así que Jefté huyó de sus hermanos y vivió en la tierra de Tob. En poco tiempo, tuvo una banda de rebeldes despreciables que lo seguían.

4Por ese entonces, los amonitas comenzaron a hacer guerra contra Israel. 5Así que cuando los amonitas atacaron, los ancianos de Galaad mandaron a buscar a Jefté a la tierra de Tob 6y le dijeron:

—¡Ven y sé nuestro comandante! ¡Ayúdanos a pelear contra los amonitas!

7Pero Jefté les respondió:

—¿Acaso no son ustedes los mismos que me odiaban y me echaron de la casa de mi padre? ¿Por qué vienen a buscarme ahora que están en apuros?

8—Porque te necesitamos —contestaron los ancianos—. Si marchas al frente de nosotros a la batalla contra los amonitas, te proclamaremos gobernante de todo el pueblo de Galaad.

9Jefté les dijo a los ancianos:

—A ver si entiendo bien: si voy con ustedes y el SEÑOR me da la victoria sobre los amonitas, ¿de veras me harán gobernante de todo el pueblo?

10—El SEÑOR es nuestro testigo —contestaron los ancianos—. Prometemos hacer todo lo que tú digas.

11Entonces Jefté fue con los ancianos de Galaad, y el pueblo lo proclamó gobernante y comandante del ejército. En Mizpa, en presencia del SEÑOR, Jefté repitió lo que les había dicho a los ancianos.

12Luego Jefté envió mensajeros al rey de Amón, para preguntarle:

—¿Por qué has salido a pelear contra mi tierra?

13El rey de Amón contestó a los mensajeros de Jefté:

—Cuando los israelitas salieron de Egipto, me robaron la tierra desde el río Arnón hasta el río Jaboc, y desde allí hasta el Jordán. Así que ahora, devuélvanme mi tierra pacíficamente.

14En respuesta, Jefté le envió al rey amonita el siguiente mensaje:

15«Esto es lo que dice Jefté: Israel no robó ninguna tierra ni a Moab ni a Amón. 16Cuando los israelitas llegaron a Cades, en su viaje desde Egipto, después de cruzar el mar Rojo,* 17enviaron mensajeros al rey de Edom para pedirle que les permitiera pasar por su tierra. Pero su petición fue denegada. Entonces le pidieron lo mismo al rey de Moab, pero él tampoco los dejó pasar por su tierra. Por eso el pueblo de Israel se quedó en Cades.

18»Finalmente, se fueron rodeando por el desierto los territorios de Edom y Moab. Viajaron a lo largo de la frontera oriental de Moab y acamparon al otro lado del río Arnón. Pero ni una sola vez cruzaron el río Arnón para entrar en Moab, porque el Arnón era la frontera de Moab.

19»Después Israel envió mensajeros al rey Sehón, de los amorreos, quien reinaba desde Hesbón, a fin de pedirle permiso para atravesar su territorio y llegar a su destino. 20Pero el rey Sehón no confiaba lo suficiente en Israel para dejarlo pasar por su tierra. En cambio, movilizó a su ejército en Jahaza y atacó a los israelitas. 21Pero el SEÑOR, Dios de Israel, le dio a su pueblo la victoria sobre el rey Sehón. Entonces Israel se apoderó de la tierra de los amorreos, quienes vivían en aquella región, 22desde el río Arnón hasta el río Jaboc, y desde el desierto oriental hasta el Jordán.

23»Así que, como ves, fue el SEÑOR, Dios de Israel, quien les quitó la tierra a los amorreos y se la dio a Israel. Entonces, ¿por qué tendríamos que devolvértela a ti? 24Tú quédate con todo lo que te dé tu dios Quemos, y nosotros nos quedaremos con todo lo que nos dé el SEÑOR nuestro Dios. 25¿Acaso eres tú mejor que Balac, hijo de Zipor, rey de Moab? ¿Intentó él presentar argumentos contra Israel por territorios en conflicto? ¿Entró en guerra con los israelitas?

26»Hace trescientos años que Israel vive aquí, tanto en Hesbón como en los asentamientos de alrededor, hasta Aroer y sus asentamientos, y en todas las ciudades a lo largo del río Arnón. ¿Por qué no has hecho ningún esfuerzo hasta ahora para recuperar la tierra? 27Por lo tanto, yo no pequé contra ti. Más bien, tú me hiciste daño al atacarme. Que el SEÑOR, quien es juez, decida hoy quién de nosotros tiene la razón: si Amón o Israel».

28Pero el rey de Amón no hizo caso al mensaje de Jefté.

El voto de Jefté

29En esa ocasión, el Espíritu del SEÑOR vino sobre Jefté, y él recorrió toda la tierra de Galaad y de Manasés, incluida Mizpa en Galaad y, desde allí, lideró al ejército contra los amonitas. 30Y Jefté hizo un voto al SEÑOR: «Si me das la victoria sobre los amonitas, 31yo entregaré al SEÑOR al primero que salga de mi casa para recibirme cuando regrese triunfante. Lo sacrificaré como ofrenda quemada».

32Así que Jefté dirigió al ejército contra los amonitas,

***Notas textuales** **11:16** En hebreo *mar de juncos*.

Referencias cruzadas **10:10** Jc 3:9 **10:16** Jos 24:23 **11:1** Hb 11:32 **11:15-26** Nm 20:14–22:2

y el SEÑOR le dio la victoria. 33Aplastó a los amonitas, devastó unas veinte ciudades desde Aroer hasta una zona cerca de Minit, y desde allí hasta Abel-keramim. De esa forma, Israel derrotó a los amonitas.

34Cuando Jefté volvió a su casa en Mizpa, su hija salió a recibirlo tocando una pandereta y danzando de alegría. Ella era su hija única, ya que él no tenía más hijos ni hijas. 35Cuando la vio, se rasgó la ropa en señal de angustia.

—¡Hija mía! —clamó—. ¡Me has destruido por completo! ¡Me has traído una gran calamidad! Pues hice un voto al SEÑOR y no puedo dejar de cumplirlo.

36Y ella le dijo:

—Padre, si hiciste un voto al SEÑOR, debes hacer conmigo lo que prometiste, porque el SEÑOR te ha dado una gran victoria sobre tus enemigos, los amonitas. 37Pero antes, permíteme hacer una sola cosa: déjame subir a deambular por las colinas y a llorar con mis amigas durante dos meses, porque moriré virgen.

38—Puedes ir —le dijo Jefté.

Y la dejó salir por el término de dos meses. Ella y sus amigas subieron a las colinas y lloraron porque ella nunca tendría hijos. 39Cuando volvió a su casa, su padre cumplió el voto que había hecho, y ella murió virgen.

Así que se hizo costumbre en Israel 40que las jóvenes israelitas se ausentaran cuatro días cada año para lamentar la desgracia de la hija de Jefté.

Efraín lucha con Jefté

12 Luego los hombres de Efraín movilizaron a un ejército y cruzaron el río Jordán hasta Zafón. Entonces enviaron el siguiente mensaje a Jefté:

—¿Por qué no nos llamaste para que te ayudáramos a luchar contra los amonitas? ¡Quemaremos tu casa contigo adentro!

2Jefté respondió:

—¡Yo los convoqué cuando comenzó el conflicto, pero ustedes se negaron a venir! No quisieron ayudarnos a luchar contra Amón. 3De modo que, al ver que no vendrían, arriesgué mi vida y salí a combatir sin ustedes, y el SEÑOR me dio la victoria sobre los amonitas. Así que, ¿por qué vienen ahora a pelear conmigo?

4La gente de Efraín contestó:

—Ustedes, los de Galaad, no son más que fugitivos de Efraín y de Manasés.

Entonces Jefté reunió a todos los hombres de Galaad, atacó a los hombres de Efraín y los derrotó.

5Jefté tomó control de los vados del río Jordán y cada vez que un fugitivo de Efraín trataba de cruzar para volver a su tierra, los hombres de Galaad lo desafiaban preguntándole: «¿Eres miembro de la tribu de Efraín?». Si decía el hombre: «No, no lo soy», 6ellos le pedían que pronunciara la palabra «shibolet». Si era de Efraín, diría «sibolet», porque a la gente de Efraín le cuesta pronunciar bien esa palabra. Entonces se lo llevaban y lo mataban en los vados del Jordán. En total mataron a cuarenta y dos mil de la tribu de Efraín en esos días.

7Jefté fue juez de Israel durante seis años. Cuando murió, lo enterraron en una de las ciudades de Galaad.

Ibzán, juez de Israel

8Después de la muerte de Jefté, Ibzán, de Belén, fue juez de Israel. 9Tuvo treinta hijos y treinta hijas. Envió a sus hijas a casarse con hombres que no pertenecían a su clan, y trajo treinta mujeres jóvenes que tampoco eran de su clan para que se casaran con sus hijos. Ibzán fue juez de Israel durante siete años. 10Cuando murió, lo enterraron en Belén.

Elón, juez de Israel

11Después de la muerte de Ibzán, Elón, de la tribu de Zabulón, fue juez de Israel durante diez años. 12Cuando murió, lo enterraron en Ajalón, en la tierra de Zabulón.

Abdón, juez de Israel

13Después de la muerte de Elón, fue juez de Israel Abdón, hijo de Hilel, de Piratón. 14Tuvo cuarenta hijos varones y treinta nietos varones, quienes cabalgaban sobre setenta burros. Fue juez en Israel por ocho años. 15Cuando murió, lo enterraron en Piratón, en Efraín, en la zona montañosa de los amalecitas.

Nacimiento de Sansón

13 Una vez más, los israelitas hicieron lo malo a los ojos del SEÑOR, así que el SEÑOR los entregó en manos de los filisteos, quienes los oprimieron durante cuarenta años.

2En esos días, vivía en la ciudad de Zora un hombre llamado Manoa, de la tribu de Dan. Su esposa no podía quedar embarazada, y no tenían hijos. 3Entonces el ángel del SEÑOR se le apareció a la esposa de Manoa y le dijo: «Aunque no has podido tener hijos, pronto quedarás embarazada y darás a luz un hijo varón. 4Así que ten cuidado; no debes beber vino ni ninguna otra bebida alcohólica ni comer ninguno de los alimentos prohibidos.* 5Quedarás embarazada y darás a luz un hijo, a quien jamás se le debe cortar el cabello. Pues él será consagrado a Dios como nazareo desde su nacimiento. Él comenzará a rescatar a Israel de manos de los filisteos».

6La mujer corrió a decirle a su esposo: «¡Se me apareció un hombre de Dios! Tenía el aspecto de uno de los ángeles de Dios, daba miedo verlo. No le pregunté de dónde era, y no me dijo su nombre. 7Pero me dijo: "Quedarás embarazada y darás a luz un hijo. No debes beber vino ni ninguna otra bebida alcohólica, ni comer ninguno de los alimentos prohibidos. Pues tu hijo será consagrado a Dios como nazareo desde el día de su nacimiento hasta el día de su muerte"».

8Entonces Manoa oró al SEÑOR diciendo: «Señor, te pido que el hombre de Dios vuelva a nosotros y nos dé más instrucciones acerca del hijo que nacerá».

9Dios respondió a la oración de Manoa, y el ángel de Dios se le apareció otra vez a la esposa mientras estaba sentada en el campo; pero Manoa, su esposo, no estaba con ella. 10Así que, enseguida ella fue corriendo a contarle a su esposo: «¡El hombre que se me apareció el otro día está aquí de nuevo!».

11Manoa regresó corriendo con su esposa y preguntó:

—¿Eres el hombre que le habló a mi esposa el otro día?

—Sí —contestó él—, soy yo.

12Entonces Manoa le preguntó:

—Cuando tus palabras se hagan realidad, ¿qué reglas deben gobernar la vida y el trabajo del muchacho?

13El ángel del SEÑOR le contestó:

—Asegúrate de que tu esposa siga las instrucciones que

***Notas textuales 13:4** En hebreo *ninguna cosa inmunda*; también en 13:7, 14.

Referencias cruzadas 11:29 Jc 3:10 **12:7** Hb 11:32

le di. 14No debe comer uvas ni pasas ni beber vino u otra bebida alcohólica, ni comer ningún alimento prohibido.

15Entonces Manoa le dijo al ángel del SEÑOR:

—Por favor, quédate aquí hasta que preparemos un cabrito para que comas.

16—Me quedaré —le contestó el ángel del SEÑOR—, pero no comeré nada. En cambio, puedes preparar una ofrenda quemada como sacrificio al SEÑOR.

(Manoa no se daba cuenta de que era el ángel del SEÑOR).

17Entonces Manoa le preguntó al ángel del SEÑOR:

—¿Cómo te llamas? Pues queremos honrarte cuando todo esto se haga realidad.

18—¿Para qué preguntas mi nombre? —contestó el ángel del SEÑOR—. Es demasiado maravilloso para que tú lo comprendas.

19Después Manoa tomó un cabrito y una ofrenda de grano, y ofreció todo sobre una piedra como sacrificio al SEÑOR. Y mientras Manoa y su esposa observaban, el SEÑOR hizo algo asombroso: 20cuando las llamas del altar se elevaron hacia el cielo, el ángel del SEÑOR ascendió en medio del fuego. Al verlo, Manoa y su esposa se postraron rostro en tierra.

21El ángel no volvió a aparecerse a Manoa y a su esposa. Entonces Manoa finalmente se dio cuenta de que era el ángel del SEÑOR, 22y le dijo a su esposa:

—¡Seguramente moriremos, porque hemos visto a Dios!

23Pero su esposa dijo:

—Si el SEÑOR hubiera querido matarnos, no habría aceptado nuestra ofrenda quemada ni nuestra ofrenda de grano. No se nos hubiera aparecido, ni habría dicho algo tan maravilloso, ni hecho estos milagros.

24Así que cuando nació su hijo, ella lo llamó Sansón. Y el SEÑOR lo bendijo, y el niño creció. 25Y el Espíritu del SEÑOR comenzó a manifestarse en él mientras se encontraba viviendo en Mahne-dan, entre las ciudades de Zora y Estaol.

El acertijo de Sansón

14 Cierto día, estando Sansón en Timna, se vio atraído por una mujer filistea. 2Cuando volvió a su casa, dijo a su padre y a su madre:

—Me gusta una joven filistea de Timna y quiero casarme con ella. Consíganmela.

3Pero su padre y su madre se opusieron.

—¿Acaso no hay una sola mujer de nuestra tribu o entre todas las israelitas con la que puedas casarte? —preguntaron—. ¿Por qué tienes que ir a los filisteos paganos a buscar una esposa?

Sin embargo, Sansón le dijo a su padre:

—¡Consíguemela! A mí me gusta ella.

4Su padre y su madre no se daban cuenta de que el SEÑOR estaba obrando en todo esto, con el fin de crear una oportunidad para actuar contra los filisteos, que en ese tiempo gobernaban a Israel.

5Cuando Sansón y sus padres descendían hacia Timna, de repente un león joven atacó a Sansón cerca de los viñedos de Timna. 6En ese instante, el Espíritu del SEÑOR vino con poder sobre él y despedazó las quijadas del león a mano limpia; tan fácilmente como si hubiera sido un cabrito. Pero no contó nada de lo sucedido ni a su padre ni a su madre. 7Cuando Sansón llegó a Timna, conversó con la mujer y quedó encantado con ella.

8Más tarde, cuando volvió a Timna para la boda, se apartó del camino para ver el cadáver del león. Y encontró un enjambre de abejas que había hecho miel en los restos del animal. 9Entonces tomó un poco de miel con las manos y la fue comiendo por el camino. También dio un poco a su padre y a su madre, y ellos comieron; pero no les dijo que había tomado la miel del cadáver del león.

10Mientras su padre finalizaba los detalles para el casamiento, Sansón dio una fiesta en Timna, como era costumbre de los jóvenes de la alta sociedad. 11Cuando los padres de la novia* vieron a Sansón, seleccionaron a treinta jóvenes de la ciudad para que fueran sus acompañantes.

12Sansón les dijo a estos jóvenes:

—Les propongo un acertijo. Si lo resuelven durante estos siete días de celebración, les daré treinta mantos de lino fino y treinta trajes de ropa para fiesta. 13Pero si no pueden encontrar la solución, entonces ustedes me darán a mí treinta mantos de lino fino y treinta trajes de ropa para fiesta.

—Muy bien —dijeron ellos—, dinos tu acertijo.

14Entonces él recitó:

—Del que come, salió algo para comer;
y del fuerte, salió algo dulce.

Tres días más tarde, seguían intentando resolver el acertijo. 15Al cuarto* día le dijeron a la mujer de Sansón: «Seduce a tu esposo para que nos explique el acertijo; de lo contrario, quemaremos la casa de tu padre contigo adentro. ¿O acaso no invitaste a esta fiesta solo para empobrecernos?».

16Entonces la mujer de Sansón fue a verlo y con lágrimas le dijo:

—Tú no me amas; ¡me odias! Le propusiste un acertijo a mi gente, pero no me contaste a mí la solución.

—Ni a mi padre ni a mi madre les di la respuesta —contestó él—. ¿Por qué te la revelaría a ti?

17Entonces ella no dejaba de llorar cada vez que estaba con él, y siguió llorando hasta el último día de la celebración. Finalmente, cuando llegó el séptimo día, él le dio la respuesta, porque lo estaba fastidiando con tanta insistencia. Y ella les explicó el acertijo a los jóvenes.

18Entonces, ese séptimo día, antes de que se pusiera el sol, los hombres de la ciudad se acercaron a Sansón con su respuesta:

—¿Qué es más dulce que la miel?
¿Qué es más fuerte que un león?

Y Sansón respondió:

—¡Si no hubieran arado con mi novilla, jamás habrían descifrado mi acertijo!

19Entonces el Espíritu del SEÑOR vino con poder sobre Sansón, quien descendió a la ciudad de Ascalón, mató a treinta hombres, les quitó las pertenencias, y dio la ropa a los hombres que habían resuelto el acertijo. Pero Sansón estaba furioso por lo que había sucedido y se volvió a la casa de sus padres, a vivir con ellos. 20Entonces su mujer

***Notas textuales** **14:11** En hebreo *Cuando ellos.* **14:15** Así aparece en la versión griega; en hebreo dice *séptimo*.

Referencias cruzadas **13:5** Lc 1:15 **13:24** Hb 11:32 **14:6** 1 Sm 17:34-36 **15:2** Jc 14:20 **15:6** Jc 14:15

fue dada en matrimonio a quien había sido el padrino de Sansón en la boda.

Sansón se venga de los filisteos

15 Más tarde, durante la cosecha del trigo, Sansón fue y llevó un cabrito de regalo a su mujer y dijo:

—Voy al cuarto de mi esposa para acostarme con ella.

Pero el padre de la mujer no lo dejó entrar. 2Y le explicó:

—En verdad creí que la odiabas, así que la entregué en matrimonio a tu padrino de boda. Pero mira, su hermana menor es más hermosa todavía. Cásate con ella en su lugar.

3Sansón dijo:

—Esta vez no podrán culparme de todo lo que les haré a ustedes, filisteos.

4Entonces salió y atrapó trescientas zorras. Les ató las colas por parejas y amarró una antorcha a cada par de colas. 5Después, encendió las antorchas y soltó las zorras para que corrieran por los campos de grano de los filisteos. Así les quemó todo el grano hasta reducirlo a cenizas, aun las gavillas y el grano sin cortar. También les destruyó los viñedos y los olivares.

6—¿Quién hizo esto? —preguntaron los filisteos.

—Sansón —respondieron—, porque su suegro de Timna entregó a su esposa en matrimonio al que fue el padrino de su boda.

Entonces los filisteos fueron a buscar a la mujer y a su padre, y los quemaron vivos.

7—¡Por esto que hicieron —juró Sansón—, no descansaré hasta vengarme de ustedes!

8Luego atacó a los filisteos, lleno de furia, y mató a muchos de ellos. Después se fue a vivir a una cueva en la roca de Etam.

9En represalia, los filisteos armaron su campamento en Judá y se extendieron hasta cerca de la ciudad de Lehi. 10Entonces los hombres de Judá les preguntaron a los filisteos:

—¿Por qué nos atacan?

—Vinimos para capturar a Sansón —contestaron los filisteos—, y a vengarnos por lo que nos hizo.

11Entonces tres mil hombres de Judá bajaron a buscar a Sansón, dentro de la cueva en la roca de Etam, y le dijeron:

—¿No te das cuenta de que los filisteos nos gobiernan? ¿Qué nos estás haciendo?

Pero Sansón les contestó:

—Yo solamente les hice a ellos lo que ellos me hicieron a mí.

12Pero los hombres de Judá le dijeron:

—Vinimos para amarrarte y entregarte a los filisteos.

—Está bien —les dijo Sansón—. Pero prométanme que no me matarán ustedes.

13—Nosotros solo te amarraremos y te entregaremos a los filisteos —respondieron ellos—. No te mataremos.

Así que lo amarraron con dos sogas nuevas y lo sacaron de la roca.

14Cuando Sansón llegó a Lehi, los filisteos salieron gritando de triunfo. Sin embargo, el Espíritu del Señor vino con poder sobre Sansón, y él rompió las sogas que tenía atadas en los brazos como si fueran hilos de lino quemados, y cayeron de las muñecas. 15Luego Sansón encontró la quijada de un burro recién matado. La levantó, y la usó para matar a mil filisteos. 16Después dijo:

«¡Con la quijada de un burro,
los he apilado en montones!
¡Con la quijada de un burro,
he matado a mil hombres!».

17Cuando acabó de jactarse, tiró la quijada; y a ese lugar se le llamó «Colina de la Quijada»*.

18Después Sansón tuvo mucha sed y clamó al Señor: «Has logrado esta gran victoria por medio de la fuerza de tu siervo, ¿y ahora tengo que morir de sed y caer en manos de estos paganos?». 19Entonces Dios hizo que brotara agua a chorros de un hoyo en el suelo de Lehi, y Sansón se reanimó al beber. Luego llamó a ese lugar «Manantial del que Clamó»*, el cual todavía se encuentra en Lehi hasta el día de hoy.

20Sansón fue juez de Israel por veinte años, durante el tiempo en que los filisteos dominaban la tierra.

Sansón se lleva las puertas de Gaza

16 Cierto día Sansón fue a la ciudad filistea de Gaza y pasó la noche con una prostituta. 2Pronto corrió la voz* de que Sansón estaba allí, así que los hombres de Gaza se reunieron y esperaron toda la noche en las puertas de la ciudad. Se mantuvieron en silencio durante la noche mientras se decían: «Con la luz de la mañana, lo mataremos».

3Pero Sansón estuvo acostado solamente hasta la medianoche. Luego se levantó, agarró las puertas de la ciudad con los dos postes y las levantó con tranca y todo. Se las puso sobre los hombros y las llevó a cuestas hasta la cima de la colina situada frente a Hebrón.

Sansón y Dalila

4Tiempo después, Sansón se enamoró de una mujer llamada Dalila, que vivía en el valle de Sorec. 5Los gobernantes de los filisteos fueron a verla y le dijeron: «Seduce a Sansón para que te diga qué lo hace tan fuerte, y cómo es posible dominarlo y atarlo sin que se suelte. Luego, cada uno de nosotros te dará mil cien piezas* de plata».

6Así que Dalila le dijo a Sansón:

—Dime, por favor, qué te hace tan fuerte, y con qué podrían amarrarte sin que te liberes.

7Sansón respondió:

—Si me ataran con siete cuerdas de arco que sean nuevas y que aún no se hayan secado, me volvería tan débil como cualquier otro hombre.

8Entonces los gobernantes filisteos le llevaron a Dalila siete cuerdas nuevas, y con ellas ató a Sansón. 9Dalila había escondido a algunos hombres en una de las habitaciones internas de su casa, y gritó: «¡Sansón! ¡Los filisteos han venido a capturarte!»; pero Sansón rompió las cuerdas de arco como se rompe una cuerda cuando la quema el fuego. Así que no descubrieron el secreto de su fuerza.

10Después Dalila le dijo:

—¡Hasta ahora te has burlado de mí y me has dicho mentiras! Así que, por favor, dime cómo es posible amarrarte sin que te liberes.

11Sansón respondió:

—Si me ataran con sogas totalmente nuevas, que nunca

***Notas textuales 15:17** En hebreo *Ramat-lehi.* **15:19** En hebreo *En-hacore.* **16:2** Así aparece en la versión griega, en la siríaca y en la Vulgata Latina; en hebreo falta *Pronto corrió la voz.* **16:5** En hebreo *1100 [siclos]*, aproximadamente 12,5 kilos o 28 libras.

Referencias cruzadas 15:20 Hb 11:32

se hayan usado, me volvería tan débil como cualquier otro hombre.

12Así que Dalila tomó sogas nuevas y ató a Sansón con ellas. Los hombres estaban escondidos en otra habitación como antes, y de nuevo Dalila gritó: «¡Sansón! ¡Los filisteos han venido a capturarte!»; pero otra vez Sansón rompió las sogas que le ataban los brazos como si fueran hilos.

13Entonces Dalila dijo:

—¡Hasta ahora te has burlado de mí y me has dicho mentiras! Dime ya cómo es posible amarrarte sin que te liberes.

Sansón respondió:

—Si entretejieras las siete trenzas de mi cabello con la tela del telar y lo aseguraras con la lanzadera del telar, me volvería tan débil como cualquier otro hombre.

Así que, mientras él dormía, Dalila le entretejió las siete trenzas del cabello con la tela. 14Después lo aseguró con la lanzadera del telar.* Una vez más gritó: «¡Sansón! ¡Los filisteos han venido a capturarte!»; pero Sansón se despertó, arrancó la lanzadera del telar y sacó de un tirón su cabello del telar y de la tela.

15Entonces Dalila, haciendo pucheros, le dijo: «¿Cómo puedes decirme "te amo" si no me confías tus secretos? ¡Ya te has burlado de mí tres veces y aún no me has dicho lo que te hace tan fuerte!». 16Día tras día lo estuvo fastidiando hasta que Sansón se hartó de tanta insistencia.

17Entonces finalmente Sansón le reveló su secreto: «Nunca se me ha cortado el cabello —le confesó—, porque fui consagrado a Dios como nazareo desde mi nacimiento. Si me raparan la cabeza, perdería la fuerza, y me volvería tan débil como cualquier otro hombre».

18Así que Dalila se dio cuenta de que por fin Sansón le había dicho la verdad, y mandó llamar a los gobernantes filisteos. «Vuelvan una vez más —les dijo—, porque al fin me reveló su secreto». Entonces los gobernantes filisteos volvieron con el dinero en las manos. 19Dalila arrulló a Sansón hasta dormirlo con la cabeza sobre su regazo, y luego hizo entrar a un hombre para que le afeitara las siete trenzas del cabello. De esa forma, ella comenzó a debilitarlo,* y la fuerza lo abandonó.

20Entonces ella gritó: «¡Sansón! ¡Los filisteos han venido a capturarte!».

Cuando se despertó, pensó: «Haré como antes y enseguida me liberaré»; pero no se daba cuenta de que el Señor lo había abandonado.

21Así que los filisteos lo capturaron y le sacaron los ojos. Se lo llevaron a Gaza, donde lo ataron con cadenas de bronce y lo obligaron a moler grano en la prisión.

22Pero en poco tiempo, el cabello comenzó a crecerle otra vez.

Victoria final de Sansón

23Entonces los gobernantes filisteos se juntaron para celebrar un gran festival, en el que ofrecían sacrificios y alababan a su dios Dagón diciendo: «¡Nuestro dios nos ha dado la victoria sobre Sansón, nuestro enemigo!».

24Cuando el pueblo vio a Sansón, también alabó a su dios diciendo: «¡Nuestro dios nos ha entregado a nuestro enemigo! ¡El que mató a tantos de nosotros ahora está en nuestro poder!».

25Los presentes, ya medio borrachos, exigieron: «¡Traigan a Sansón para que nos divierta!». Así que lo sacaron de la prisión para que los entretuviera, y lo pusieron de pie entre las columnas que sostenían la azotea.

26Sansón le dijo al joven sirviente que lo llevaba de la mano: «Pon mis manos sobre las columnas que sostienen el templo. Quiero recostarme en ellas». 27Ahora bien, el templo estaba totalmente lleno de gente. Todos los gobernantes filisteos estaban presentes, y en la azotea había cerca de tres mil hombres y mujeres, mirando el entretenimiento de Sansón.

28Entonces Sansón oró al Señor: «Señor Soberano, acuérdate de mí otra vez. Oh Dios, te ruego que me fortalezcas solo una vez más. Con un solo golpe, déjame vengarme de los filisteos por la pérdida de mis dos ojos». 29Entonces Sansón apoyó las manos sobre las dos columnas centrales que sostenían el templo; las empujó con ambas manos 30y pidió en oración: «Déjame morir con los filisteos». Y el templo se derrumbó sobre los gobernantes filisteos y todos los demás presentes. De esa manera, Sansón mató más personas al morir, que las que había matado durante toda su vida.

31Más tarde, sus hermanos y otros parientes descendieron a la ciudad para recoger su cuerpo. Lo llevaron de regreso a su tierra y lo enterraron entre Zora y Estaol, donde estaba enterrado Manoa, su padre. Sansón fue juez de Israel durante veinte años.

Los ídolos de Micaía

17 Había un hombre llamado Micaía que vivía en la zona montañosa de Efraín. 2Un día le dijo a su madre:

—Te oí maldecir a la persona que te robó mil cien piezas* de plata. Bueno, yo tengo el dinero; fui yo quien lo tomó.

—El Señor te bendiga por haberlo admitido —respondió la madre.

3Entonces él le devolvió el dinero, y ella dijo:

—Ahora consagro estas monedas de plata al Señor. En honor a mi hijo, haré tallar una imagen y fundir un ídolo.

4Así que, cuando Micaía le devolvió el dinero a su madre, ella tomó doscientas monedas de plata y se las dio a un platero, quien las convirtió en una imagen y un ídolo. Y los pusieron en la casa de Micaía. 5Micaía construyó un santuario para el ídolo e hizo un efod sagrado y algunos ídolos de familia y nombró como su sacerdote personal a uno de sus hijos.

6En esos días, Israel no tenía rey; cada uno hacía lo que le parecía correcto según su propio criterio.

7Cierto día llegó a la región un joven levita que vivía en Belén de Judá. 8Había salido de Belén en busca de otro lugar donde vivir y, viajando, llegó a la zona montañosa de Efraín. Mientras estaba de paso, se detuvo por casualidad en la casa de Micaía.

9—¿De dónde vienes? —le preguntó Micaía.

Él contestó:

—Soy un levita de Belén de Judá, y busco un lugar para vivir.

10—Quédate aquí, conmigo —le dijo Micaía—, y podrás ser un padre y sacerdote para mí. Te daré diez piezas de plata* al año, además de una muda de ropa y comida.

***Notas textuales** **16:13-14** Así aparece en la versión griega y en la Vulgata Latina; en hebreo falta *me volvería tan débil como cualquier otro hombre. / Así que, mientras él dormía, Dalila le entretejió las siete trenzas del cabello con la tela. 14Después lo aseguró con la lanzadera del telar.* **16:19** O *ella comenzó a atormentarlo*. La versión griega dice *Él comenzó a debilitarse*. **17:2** En hebreo *1100 [siclos]*, aproximadamente 12,5 kilos o 28 libras.

Referencias cruzadas **16:17** Nm 6:2, 5 **16:31** Jc 15:20

11El joven levita aceptó y pasó a ser como uno de los
hijos de Micaía.
12Luego Micaía lo nombró su sacerdote personal, y
el levita vivió en la casa de Micaía. 13«Sé que el SEÑOR
ahora me bendecirá —dijo Micaía—, porque tengo un
levita como sacerdote personal».

Idolatría en la tribu de Dan

18 En esos días, Israel no tenía rey. Y la tribu de Dan
buscaba un lugar donde establecerse, porque aún
no había entrado en el territorio que se le había asignado
cuando se hizo la división de la tierra entre las tribus de
Israel. 2Así que los hombres de Dan escogieron de entre
sus clanes a cinco guerreros competentes de las ciuda-
des de Zora y Estaol para que exploraran algún territorio
donde la tribu pudiera establecerse.
Cuando los guerreros llegaron a la zona montañosa
de Efraín, entraron en la casa de Micaía y allí pasaron
la noche. 3Estando en la casa de Micaía, reconocieron
el acento del joven levita, así que se le acercaron y le
preguntaron:
—¿Quién te trajo aquí? ¿Qué haces en este lugar? ¿Por
qué estás aquí?
4Él les contó de su acuerdo con Micaía, quien lo había
contratado como su sacerdote personal.
5Entonces ellos dijeron:
—Pregúntale a Dios si nuestro viaje tendrá éxito.
6—Vayan en paz —respondió el sacerdote— porque el
SEÑOR estará vigilando el camino por donde van.
7Así que los cinco hombres siguieron hasta la ciudad de
Lais, donde vieron que los habitantes llevaban una vida
despreocupada, igual que los sidonios; eran pacíficos y
vivían seguros.* También eran ricos, porque su tierra era
muy fértil. Además vivían a gran distancia de Sidón y no
tenían ningún aliado cerca.
8Cuando los hombres regresaron a Zora y a Estaol, sus
parientes les preguntaron:
—¿Qué encontraron?
9Los hombres les contestaron:
—¡Vamos, ataquémoslos! Hemos visto la tierra, y
es muy buena. ¿Qué esperan? No duden en ir y tomar
posesión de ella. 10Cuando lleguen, verán que los habi-
tantes llevan una vida despreocupada. Dios nos ha dado
un territorio espacioso y fértil, ¡que no carece de nada!
11Entonces seiscientos hombres de la tribu de Dan sa-
lieron de Zora y de Estaol armados para la guerra. 12Acam-
paron en un lugar situado al occidente de Quiriat-jearim,
en Judá, por eso hasta el día de hoy se llama Mahne-dan.*
13Desde allí siguieron hasta la zona montañosa de Efraín
y llegaron a la casa de Micaía.
14Los cinco hombres que habían explorado la tierra
alrededor de Lais les explicaron a los demás: «En una de
estas casas hay un efod sagrado, algunos ídolos de familia,
una imagen tallada y un ídolo fundido. ¿Qué les parece
que deberían hacer?». 15Entonces los cinco hombres se
desviaron del camino y fueron hasta la casa de Micaía,
donde vivía el joven levita, y lo saludaron amablemente.
16Mientras los seiscientos guerreros armados de la tribu
de Dan vigilaban la entrada de la puerta, 17los cinco espías
entraron al santuario y tomaron la imagen tallada, el efod
sagrado, los ídolos de familia y el ídolo fundido. Ahora
bien, el sacerdote también estaba en la puerta con los
seiscientos guerreros armados.
18Cuando el sacerdote vio que los hombres se llevaban
todos los objetos sagrados del santuario de Micaía, les
dijo:
—¿Qué hacen?
19—Cállate y ven con nosotros —le dijeron—. Sé un
padre y sacerdote para todos nosotros. ¿Acaso no es mejor
ser el sacerdote de toda una tribu y un clan de Israel, que
de la casa de un solo hombre?
20Entonces el joven sacerdote estuvo más que dis-
puesto a ir con ellos, y se llevó consigo el efod sagrado,
los ídolos de familia y la imagen tallada. 21El grupo dio
la vuelta y siguió su viaje con sus hijos, el ganado y las
posesiones al frente.
22Cuando los de la tribu de Dan estaban ya bastante
lejos de la casa de Micaía, los vecinos de Micaía salieron
a perseguirlos. 23Estaban gritando cuando los alcanza-
ron. Entonces los hombres de Dan se dieron vuelta y le
dijeron a Micaía:
—¿Qué te pasa? ¿Por qué has reunido a estos hombres
y nos persiguen de esta forma?
24—¿Cómo me preguntan: "¿Qué te pasa?"? —contestó
Micaía—. ¡Ustedes se han llevado todos los dioses que yo
hice y a mi sacerdote, y no me queda nada!
25Los hombres de Dan le dijeron:
—¡Ten cuidado con lo que dices! Por aquí hay unos
hombres de mal genio que podrían enojarse y matarte
a ti y a tu familia.
26Así que los hombres de Dan siguieron su camino.
Cuando Micaía vio que eran demasiados para atacarlos,
dio la vuelta y regresó a su casa.
27Luego los hombres de Dan, con los ídolos de Micaía
y su sacerdote, llegaron a la ciudad de Lais, donde los
habitantes eran pacíficos y vivían seguros. Entonces los
atacaron con espadas y quemaron la ciudad hasta redu-
cirla a cenizas. 28No hubo quien rescatara a los habitantes
porque vivían a gran distancia de Sidón y no tenían aliados
cerca. Esto sucedió en el valle cerca de Bet-rehob.
Después la gente de la tribu de Dan reconstruyó la
ciudad para vivir allí 29y le cambiaron el nombre. La lla-
maron Dan en honor a su antepasado, el hijo de Israel,
aunque originalmente la ciudad se llamaba Lais.
30Luego colocaron la imagen tallada y nombraron como
sacerdote a Jonatán, hijo de Gersón, hijo de Moisés.* Los
miembros de esta familia continuaron siendo sacerdotes
para la tribu de Dan hasta el tiempo del destierro. 31Así que
la tribu de Dan rindió culto a la imagen tallada de Micaía
todo el tiempo que el tabernáculo de Dios permaneció
en Silo.

El levita y su concubina

19 En esos días, Israel no tenía rey. Hubo un hombre
de la tribu de Leví que vivía en un lugar remoto
de la zona montañosa de Efraín. Cierto día se llevó a su
casa a una mujer de Belén de Judá, para que fuera su con-
cubina. 2Pero ella se enojó con él* y volvió a la casa de su
padre, en Belén.
Unos cuatro meses después, 3su marido viajó a Belén
para hablar personalmente con ella y convencerla de que
regresara. Llevó consigo a un siervo y a un par de burros.

***Notas textuales** **17:10** En hebreo *10 [siclos] de plata*, aproximadamente 114 gramos o 4 onzas. **18:7** El significado del texto hebreo es incierto. **18:12** *Mahne-dan* significa «el campamento de Dan». **18:30** Así aparece en una antigua tradición hebrea, en algunos manuscritos griegos y en la Vulgata Latina; el texto masorético dice *hijo de Manasés*.

Referencias cruzadas **17:12** Nm 16:10 **18:1** Jos 19:40-48 **18:31** Jos 18:1

Cuando llegó a* la casa del padre, este lo vio y le dio la
bienvenida. 4Su suegro, el padre de la joven, insistió en
que se quedara por un tiempo, así que pasó allí tres días,
comiendo, bebiendo y durmiendo.

¡Respuestas Bíblicas! 42 ¿Qué era una concubina?

19:1 En la antigüedad algunos hombres tenían más de una esposa a la vez. La primera esposa tenía derechos especiales y a veces, a las otras esposas se las llamaba concubinas.

5Al cuarto día, el hombre se levantó temprano y estaba
listo para partir, pero el padre de la joven le dijo a su yerno:
«Come algo antes de irte». 6Así que los dos hombres se
sentaron a comer y beber juntos. Luego el padre de la
joven le dijo: «Quédate, por favor, otra noche y diviér-
tete». 7El hombre se levantó para irse, pero su suegro
siguió insistiendo en que se quedara, así que al final cedió
y pasó allí otra noche.
8A la mañana del quinto día, el hombre se levantó tem-
prano nuevamente, listo para partir, pero una vez más el
padre de la joven le dijo: «Come algo; después podrás irte
esta tarde». Así que se pasaron otro día de festejo. 9Más
tarde, mientras el hombre, su concubina y el siervo se
preparaban para marcharse, el suegro le dijo: «Mira, está
atardeciendo. Quédate esta noche y diviértete. Mañana
podrás levantarte temprano y marcharte».
10Pero esta vez, el hombre estaba decidido a irse. Así
que tomó a sus dos burros ensillados y a su concubina, y se
dirigió a Jebús (es decir, Jerusalén). 11Ya era tarde cuando
se acercaron a Jebús, y el siervo le dijo:

—Paremos en esta ciudad jebusea y pasemos aquí la
noche.
12—No —le dijo su amo—, no podemos quedarnos
en esta ciudad extranjera donde no hay israelitas. Segui-
remos, en cambio, hasta Guibeá. 13Vamos, tratemos de
llegar hasta Guibeá o Ramá, y pasaremos la noche en una
de esas ciudades.
14Así que siguieron adelante. El sol se ponía cuando
llegaron a Guibeá, una ciudad situada en Benjamín, 15y
se detuvieron allí para pasar la noche. Descansaron en
la plaza de la ciudad, pero nadie los invitó a su casa para
pasar la noche.
16Esa noche un anciano regresaba a su hogar después
del trabajo en los campos. Era de la zona montañosa de
Efraín, pero vivía en Guibeá, donde la gente era de la tribu
de Benjamín. 17Cuando vio a los viajeros sentados en la
plaza de la ciudad, les preguntó de dónde venían y hacia
dónde iban.
18—Regresamos de Belén, en Judá —le contestó el
hombre—, y vamos hacia una zona remota de la región
montañosa de Efraín, donde yo vivo. Viajé a Belén y ahora
voy de regreso a mi hogar.* Pero nadie nos ha invitado a
su casa para pasar la noche, 19aunque traemos todo lo
que necesitamos. Tenemos paja y forraje para nuestros
burros, y bastante pan y vino para nosotros.
20—Serán bienvenidos en mi casa —les dijo el an-
ciano—. Yo les daré todo lo que pudiera faltarles; pero no
se les ocurra pasar la noche en la plaza.
21Entonces los llevó a su casa y dio alimento a los
burros. Después de lavarse los pies, comieron y bebie-
ron juntos.
22Mientras disfrutaban el momento, un grupo de al-
borotadores de la ciudad rodeó la casa. Comenzaron a
golpear la puerta y a gritarle al anciano:

—Saca al hombre que se hospeda contigo para que
podamos tener sexo con él.
23Entonces el anciano salió para hablar con ellos.

—No, hermanos míos, no hagan algo tan perverso.
Pues este hombre es huésped en mi casa, y semejante
acto sería vergonzoso. 24Miren, llévense a mi hija virgen
y a la concubina de este hombre. Yo se las sacaré, y ustedes
podrán abusar de ellas y hacerles lo que quieran. Pero no
cometan semejante vergüenza contra este hombre.
25Sin embargo, ellos no le hicieron caso. Entonces el
levita tomó a su concubina y la empujó por la puerta.
Los hombres de la ciudad abusaron de ella toda la noche,
violándola uno por uno hasta la mañana. Finalmente, al
amanecer, la soltaron. 26Cuando ya amanecía, la mujer
regresó a la casa donde estaba hospedado su esposo y se
desplomó en la puerta de la casa, y permaneció allí hasta
que hubo luz.
27Cuando su esposo abrió la puerta para salir, allí en-
contró a su concubina, tirada, con las manos en el umbral.
28«¡Levántate, vamos!», le dijo. Pero no hubo respuesta.*
Entonces subió el cuerpo de la mujer a su burro y se la
llevó a su casa.
29Cuando llegó a su casa, tomó un cuchillo y cortó el
cuerpo de su concubina en doce pedazos. Después envió
un pedazo a cada tribu por todo el territorio de Israel.
30Todos los que lo veían exclamaban: «En todo este
tiempo, desde que Israel salió de Egipto, nunca se había
cometido un crimen tan horrible. ¡Pensémoslo bien! ¿Qué
vamos a hacer? ¿Quién lo denunciará?».

Guerra de Israel contra Benjamín

20 Entonces todos los israelitas se unieron como
un solo hombre, desde Dan en el norte hasta
Beerseba en el sur, incluidos los del otro lado del Jordán,
en la tierra de Galaad. Toda la comunidad se reunió en
asamblea ante la presencia del SEÑOR en Mizpa. 2Los
líderes de todo el pueblo, de todas las tribus de Israel
—cuatrocientos mil guerreros armados con espadas—,
ocuparon sus puestos en la asamblea del pueblo de Dios.
3(Pronto llegó la noticia a la tierra de Benjamín de que las
otras tribus habían subido a Mizpa). Entonces los israelitas
preguntaron cómo había sucedido ese crimen tan terrible.
4El levita, el esposo de la mujer asesinada, explicó:

—Mi concubina y yo nos detuvimos para pasar la
noche en Guibeá, una ciudad que pertenece a la tribu de
Benjamín. 5Esa noche, algunos de los ciudadanos pro-
minentes de Guibeá rodearon la casa con la intención
de matarme, y violaron a mi concubina hasta que quedó
muerta. 6Entonces corté su cuerpo en doce pedazos y
envié los pedazos por todo el territorio asignado a Israel,
porque esos hombres han cometido un crimen terrible y
vergonzoso. 7Ahora bien, todos ustedes —la comunidad
entera de Israel— tienen que decidir aquí y ahora qué debe
hacerse al respecto.

***Notas textuales** **19:2** O *ella le fue infiel*. **19:3** Así aparece en la versión griega; en hebreo dice *Cuando ella lo llevó a*. **19:18** Así aparece en la versión griega (ver también 19:29); en hebreo dice *ahora me dirijo al tabernáculo del SEÑOR*. **19:28** La versión griega agrega *porque estaba muerta*.

Referencias cruzadas **19:5** Gn 18:5 **19:30** Jc 20:7

8Y todo el pueblo se puso de pie al mismo tiempo y proclamó a una voz:

—¡Ninguno de nosotros volverá a su hogar! ¡No, ni una sola persona! 9En cambio, haremos lo siguiente con Guibeá: echaremos suertes para decidir quién la atacará. 10Una décima parte de los hombres* de cada tribu se encargará de abastecer a los guerreros con provisiones; los demás nos vengaremos de Guibeá,* en Benjamín, por la infamia que sus hombres han cometido en Israel.

11Así que los israelitas estaban en total unanimidad, y se juntaron para atacar la ciudad.

12Los israelitas enviaron mensajeros a la tribu de Benjamín, diciendo: «¡Qué acto tan terrible se ha cometido en medio de ustedes! 13Entréguennos a esos hombres malvados, a esos perturbadores de Guibeá, para que los ejecutemos y así purifiquemos a Israel de semejante maldad».

Pero los de Benjamín no quisieron escuchar. 14En cambio, salieron de sus ciudades y se juntaron en Guibeá para pelear contra los israelitas. 15En total, de toda la tribu de Benjamín, llegaron a Guibeá veintiséis mil guerreros armados con espadas, los cuales se sumaron a los setecientos guerreros selectos que vivían allí. 16Entre las tropas selectas de Benjamín había setecientos hombres zurdos, capaces de tirar una piedra con la honda y acertar en un cabello sin errar el blanco. 17Israel, a su vez, tenía cuatrocientos mil soldados con experiencia en la guerra, armados con espadas, sin contar a los guerreros de Benjamín.

18Antes de la batalla, los israelitas fueron a Betel y le preguntaron a Dios:

—¿Cuál de las tribus debe ser la primera en atacar a la gente de Benjamín?

El Señor contestó:

—Judá debe ir primero.

19Entonces los israelitas salieron temprano a la mañana siguiente y acamparon cerca de Guibeá. 20Después avanzaron hacia Guibeá para atacar a los hombres de Benjamín. 21Pero los guerreros de Benjamín, que estaban defendiendo la ciudad, salieron y mataron ese día a veintidós mil israelitas en el campo de batalla.

22Sin embargo, los israelitas se animaron unos a otros y otra vez tomaron sus posiciones en el mismo lugar donde habían luchado el día anterior. 23Pues habían subido a Betel y habían llorado en presencia del Señor hasta la noche. Le habían preguntado al Señor:

—¿Debemos salir nuevamente a pelear contra nuestros parientes de Benjamín?

Y el Señor había dicho:

—Salgan a pelear contra ellos.

24Así que, al día siguiente, volvieron a pelear contra los hombres de Benjamín, 25pero los hombres de Benjamín mataron a otros dieciocho mil israelitas, todos ellos expertos en el uso de la espada.

26Entonces todos los israelitas subieron a Betel y lloraron en presencia del Señor, y ayunaron hasta la noche. También le llevaron al Señor ofrendas quemadas y ofrendas de paz. 27Los israelitas fueron a buscar dirección del Señor. (En esos días el arca del pacto de Dios estaba en Betel, 28y el sacerdote era Finees, hijo de Eleazar y nieto de Aarón). Los israelitas le preguntaron al Señor:

—¿Debemos volver a pelear contra nuestros parientes de Benjamín o debemos detenernos?

El Señor dijo:

—¡Vayan! Mañana se los entregaré.

29Entonces los israelitas armaron una emboscada alrededor de Guibeá. 30Salieron al tercer día, y tomaron sus posiciones en los mismos lugares que antes. 31Cuando los hombres de Benjamín salieron a atacar, fueron alejados de la ciudad. Y tal como habían hecho antes, comenzaron a matar a los israelitas. Unos treinta israelitas murieron en campo abierto y por los dos caminos, uno que lleva a Betel, y el otro que lleva de vuelta a Guibeá.

32Entonces los guerreros de Benjamín gritaron: «¡Los estamos derrotando igual que antes!»; pero los israelitas habían planeado huir de antemano, para que los hombres de Benjamín salieran a perseguirlos por los caminos y quedaran alejados de la ciudad.

33Cuando los guerreros israelitas llegaron a Baal-tamar, se dieron vuelta y tomaron sus posiciones de batalla. Mientras tanto, los israelitas que estaban escondidos en emboscada al occidente* de Guibeá salieron de repente a pelear. 34Sumaban diez mil los guerreros israelitas selectos que avanzaron contra Guibeá. El enfrentamiento fue tan intenso que Benjamín no se dio cuenta del desastre que se avecinaba. 35Y el Señor ayudó a Israel a derrotar a Benjamín, y ese día los israelitas mataron a veinticinco mil cien guerreros de Benjamín, todos expertos en el manejo de la espada. 36Entonces los hombres de Benjamín se dieron cuenta de que estaban vencidos.

Los israelitas habían retrocedido frente a los guerreros de Benjamín para que los que estaban escondidos en emboscada tuvieran más terreno para maniobrar contra Guibeá. 37Entonces los que estaban escondidos en los alrededores se lanzaron contra la ciudad y mataron a todos los habitantes. 38Habían acordado hacer una gran columna de humo desde la ciudad como señal. 39Cuando los israelitas vieron el humo, se dieron vuelta y atacaron a los guerreros de Benjamín.

Para entonces, los guerreros de Benjamín habían matado a unos treinta israelitas y gritaban: «¡Los estamos derrotando como en la primera batalla!». 40Pero cuando los guerreros de Benjamín miraron hacia atrás y vieron el humo que se elevaba al cielo desde todos los rincones de la ciudad, 41los hombres de Israel giraron y los atacaron. En ese instante, los hombres de Benjamín se aterrorizaron, porque se dieron cuenta de que se les venía el desastre encima. 42Así que dieron media vuelta y huyeron frente a los israelitas hacia el desierto. Pero no pudieron escapar de la batalla, y la gente que salió de las ciudades cercanas también pereció.* 43Los israelitas cercaron a los hombres de Benjamín y los persiguieron sin tregua, hasta que por fin los alcanzaron al oriente de Guibeá.* 44Ese día murieron en batalla dieciocho mil de los guerreros más fuertes de Benjamín. 45Los sobrevivientes huyeron al desierto, hacia la roca de Rimón, pero Israel mató a cinco mil de ellos a lo largo del camino. Los israelitas continuaron persiguiéndolos hasta que mataron a otros dos mil cerca de Gidom.

46Ese día la tribu de Benjamín perdió veinticinco mil guerreros fuertes armados con espada, 47y quedaron solo seiscientos hombres, quienes escaparon a la roca de Rimón, donde vivieron durante cuatro meses.

***Notas textuales** **20:10a** En hebreo *diez hombres de cada cien, cien hombres de cada mil, y mil hombres de cada diez mil.* **20:10b** En hebreo *Geba*, una variante de Guibeá en este caso; también en 20:33. **20:33** Así aparece en la versión griega, en la siríaca y en la Vulgata Latina; en hebreo dice *escondidos en espacio abierto.* **20:42** O *batalla, porque la gente de las ciudades cercanas también salió y los mató.* **20:43** El significado del texto hebreo es incierto.

Referencias cruzadas **20:13** 1 Co 5:13 **20:18** Jc 1:1 **20:43** Jos 8:14-24

48 Entonces los israelitas regresaron al territorio de
Benjamín y en todas las ciudades masacraron a todo
ser viviente: a la gente, a los animales y a todo lo que
encontraron. También quemaron por completo todas
las ciudades por las que pasaron.

Esposas para Benjamín

21 Los israelitas habían jurado en Mizpa: «Nunca
daremos nuestras hijas en matrimonio a ningún
hombre de la tribu de Benjamín». 2 Entonces el pueblo de
Israel fue a Betel y permaneció en presencia de Dios hasta
la noche, llorando amargamente en voz alta. 3 «Oh Señor,
Dios de Israel —clamaban—, ¿por qué ha sucedido esto
en Israel? ¡Ahora Israel ha perdido una de sus tribus!».
4 Temprano a la mañana siguiente, el pueblo construyó
un altar y allí presentó sus ofrendas quemadas y ofrendas
de paz. 5 Entonces se preguntaron: «¿Quién de entre las
tribus de Israel no estuvo con nosotros en Mizpa cuando
nos reunimos en asamblea en presencia del Señor?».
En esa ocasión, habían hecho un juramento solemne
ante el Señor de que matarían a todo el que se negara
a presentarse.
6 Los israelitas sintieron lástima por su hermano Ben-
jamín y dijeron: «Hoy ha sido cortada una de las tribus de
Israel. 7 ¿Cómo podemos encontrar esposas para los pocos
hombres que quedan, ya que hemos jurado por el Señor
que no les daríamos nuestras hijas en matrimonio?».
8 Así que preguntaron: «¿Quién de entre las tribus de
Israel no estuvo con nosotros en Mizpa cuando nos reu-
nimos en asamblea en presencia del Señor?». Y descu-
brieron que ninguno de Jabes de Galaad había asistido a
la asamblea. 9 Pues luego de contar a todos los presentes,
no había nadie de Jabes de Galaad.
10 Entonces la asamblea envió a doce mil de sus mejo-
res guerreros a Jabes de Galaad con órdenes de matar a
todos los habitantes, entre ellos mujeres y niños. 11 «Lo
que harán —les dijeron— es destruir por completo* a
todos los varones y a las mujeres que no sean vírgenes».
12 Entre los habitantes de Jabes de Galaad, encontraron a
cuatrocientas muchachas vírgenes, que nunca se habían
acostado con un hombre, y las llevaron al campamento
en Silo, que está en la tierra de Canaán.
13 Así que la asamblea de Israel envió una delegación
de paz a los hombres que habían quedado de Benjamín,
y que estaban viviendo en la roca de Rimón. 14 Enton-
ces los hombres de Benjamín volvieron a sus hogares y
recibieron como esposas a las cuatrocientas mujeres de
Jabes de Galaad, a quienes se les había perdonado la vida.
Pero no hubo suficientes mujeres para todos los hombres.
15 El pueblo sintió lástima por Benjamín, porque el
Señor había dejado un vacío en las tribus de Israel. 16 A
raíz de eso, los ancianos de la asamblea preguntaron:
«¿Cómo podemos conseguir esposas para los pocos que
quedan, ya que las mujeres de la tribu de Benjamín están
muertas? 17 Los sobrevivientes deben tener herederos,
para que no quede exterminada toda una tribu de Israel.
18 Pero no podemos darles a nuestras hijas en matrimonio
porque hemos jurado solemnemente que quien lo haga
caerá bajo la maldición de Dios».
19 Entonces se acordaron del festival anual del Señor
que se celebra en Silo, al sur de Lebona y al norte de Betel,
por el lado oriente del camino que va de Betel a Siquem.
20 Así que les dijeron a los hombres de Benjamín que aún
necesitaban esposa: «Vayan y escóndanse en los viñedos.
21 Cuando vean que las jóvenes de Silo salen a danzar,
salgan corriendo de los viñedos, y entonces cada uno de
ustedes llévese a una de ellas a la tierra de Benjamín, para
que sea su esposa. 22 Cuando los padres y los hermanos
de las muchachas vengan a reclamarnos, nosotros les
diremos: "Sean comprensivos, por favor. Dejen que se
queden con sus hijas, porque no encontramos esposas
para todos ellos cuando destruimos Jabes de Galaad. Y
ustedes no son culpables de romper el voto, ya que, en
realidad, no les entregaron a sus hijas en matrimonio"».
23 Así que los hombres de Benjamín hicieron lo que se
les dijo. Cada hombre tomó a una de las mujeres mientras
danzaban en la celebración, y se la llevó para que fuera
su esposa. Regresaron a su propia tierra, reedificaron sus
ciudades y vivieron en ellas.
24 Luego el pueblo de Israel se retiró por tribus y fami-
lias, y cada uno volvió a su propia casa.
25 En esos días, Israel no tenía rey; cada uno hacía lo que
le parecía correcto según su propio criterio.

***Notas textuales 21:11** El término hebreo empleado aquí se refiere a la consagración total de cosas o personas al Señor, ya sea destruyéndolas o entregándolas como ofrenda.

Referencias cruzadas 21:13 Dt 20:10 **21:25** Dt 12:8

RUT

¿Por qué es importante?

Este libro muestra a Dios atento a los pequeños detalles ya que se trata de rescatar a una familia de cuya descendencia vendrá el Salvador. Toda decisión que tomemos afectará tarde o temprano a los que nos rodean y traerán consecuencias importantes y por eso debemos confiar que Dios sigue teniendo el control total de cada cuestión grande y pequeña de nuestras vidas aunque las circunstancias no lo hagan notar en un momento. Y es que incluso en medio de cualquier situación difícil, Dios sigue siendo dueño de la historia y por eso lo mejor que podemos hacer en cada circunstancia es obedecer y mantener la fe firme y creciendo.

¿Por qué fue escrito?

Este libro describe la geneaología del rey David. Sin embargo, es mucho más que una exposición legal. Se trata de la historia de una familia (la de Elimelec); de una amistad (Noemí y Rut) y de un romance (el de Rut y Booz); todo ello dentro del contexto de leyes y costumbres sumamente nobles y generosas. La obra muestra la gracia de Dios al incorporar a una mujer extranjera al pueblo de Dios y su Providencia al dirigir los eventos hacia sus sabios propósitos. La palabra hebrea para redención aparece 23 veces en este corto libro. Ese es el enfoque principal de Rut. Aunque sea difícil de creer, este precioso libro se desarrolla en la época de caos, desorden, corrupción, idolatría y anarquía que caracterizó el tiempo de los jueces. Es por eso conocido como un faro en la noche oscura,

una historia que trae un dulce sabor en una época amarga. Constituye un puente entre la época de los jueces y la monarquía.

¿Quién lo escribió?

El autor de esta obra es desconocido. Algunos han sugerido a Samuel, pero no existen evidencias conclusivas al respecto.

¿A quién lo escribió?

El libro le ofreció al pueblo una vista a la fe y la piedad, en medio de crisis nacional y degeneración moral.

¿Cuándo y dónde lo escribió?

Es probable que este libro fuera escrito poco antes o durante el reinado de David (1011-971 a.C.), quien es incluso mencionado en 4:17,22.

Paso a paso

1. Dios controla aun la tragedia. Cap. 1
2. La actitud correcta es usada para avanzar los planes de Dios. Cap. 2
3. Un noble romance bajo la dirección de Dios. Cap. 3
4. La recompensa de hacer lo correcto ante Dios. Cap. 4

Rut

Elimelec traslada a su familia a Moab

1 En los días en que los jueces gobernaban Israel, un hambre severa azotó la tierra. Por eso, un hombre de Belén de Judá dejó su casa y se fue a vivir a la tierra de Moab, junto con su esposa y sus dos hijos. 2 El hombre se llamaba Elimelec, y el nombre de su esposa era Noemí. Sus dos hijos se llamaban Mahlón y Quelión. Eran efrateos de Belén, en la tierra de Judá. Así que cuando llegaron a Moab se establecieron allí.

3 Tiempo después murió Elimelec, y Noemí quedó sola con sus dos hijos. 4 Ellos se casaron con mujeres moabitas. Uno se casó con una mujer llamada Orfa y el otro con una mujer llamada Rut. Pero unos diez años después 5 murieron tanto Mahlón como Quelión. Entonces, Noemí quedó sola, sin sus dos hijos y sin su esposo.

Noemí y Rut regresan a Judá

6 Estando en Moab, Noemí se enteró de que el Señor había bendecido a su pueblo en Judá al volver a darle buenas cosechas. Entonces Noemí y sus nueras se prepararon para salir de Moab y regresar a su tierra natal. 7 Acompañada por sus dos nueras, partió del lugar donde vivía y tomó el camino que las llevaría de regreso a Judá.

8 Sin embargo, ya puestas en camino, Noemí les dijo a sus dos nueras:

—Vuelva cada una a la casa de su madre, y que el Señor las recompense por la bondad que mostraron a sus esposos y a mí. 9 Que el Señor las bendiga con la seguridad de un nuevo matrimonio.

Entonces les dio un beso de despedida y todas se echaron a llorar desconsoladas.

10 —No —le dijeron—, queremos ir contigo a tu pueblo.

11 Pero Noemí respondió:

—¿Por qué habrían de continuar conmigo? ¿Acaso puedo tener más hijos que crezcan y sean sus esposos? 12 No, hijas mías, regresen a la casa de sus padres, porque ya soy demasiado vieja para volverme a casar. Aunque fuera posible, y me casara esta misma noche y tuviera hijos varones, entonces, ¿qué? 13 ¿Esperarían ustedes hasta que ellos crecieran y se negarían a casarse con algún otro? ¡Por supuesto que no, hijas mías! La situación es mucho más amarga para mí que para ustedes, porque el Señor mismo ha levantado su puño contra mí.

14 Entonces volvieron a llorar juntas y Orfa se despidió de su suegra con un beso, pero Rut se aferró con firmeza a Noemí.

15 —Mira —le dijo Noemí—, tu cuñada regresó a su pueblo y a sus dioses. Tú deberías hacer lo mismo.

16 Pero Rut respondió:

—No me pidas que te deje y regrese a mi pueblo. A donde tú vayas, yo iré; dondequiera que tú vivas, yo viviré. Tu pueblo será mi pueblo, y tu Dios será mi Dios. 17 Donde tú mueras, allí moriré y allí me enterrarán. ¡Que el Señor me castigue severamente si permito que algo nos separe, aparte de la muerte!

18 Cuando Noemí vio que Rut estaba decidida a irse con ella, no insistió más.

19 De modo que las dos siguieron el viaje. Cuando entraron a Belén, todo el pueblo se conmocionó por causa de su llegada.

—¿De verdad es Noemí? —preguntaban las mujeres.

20 —No me llamen Noemí —contestó ella—. Más bien llámenme Mara,* porque el Todopoderoso me ha hecho la vida muy amarga. 21 Me fui llena, pero el Señor me ha traído vacía a casa. ¿Por qué llamarme Noemí cuando el Señor me ha hecho sufrir* y el Todopoderoso ha enviado semejante tragedia sobre mí?

22 Así que Noemí regresó de Moab acompañada de su nuera Rut, la joven moabita. Llegaron a Belén a fines de la primavera, al comienzo de la cosecha de la cebada.

Rut trabaja en el campo de Booz

2 Había en Belén un hombre rico y muy influyente llamado Booz que era pariente de Elimelec, el esposo de Noemí.

2 Un día Rut la moabita le dijo a Noemí:

—Déjame ir a los campos de cosecha a ver si alguien en su bondad me permite recoger las espigas de grano dejadas atrás.

Noemí respondió:

—Está bien, hija mía, puedes ir.

3 Así que Rut salió a recoger espigas detrás de los cosechadores, y resultó que lo hizo en un campo que pertenecía a Booz, el pariente de su suegro, Elimelec.

4 Mientras estaba allí, llegó Booz de Belén y saludó a los cosechadores:

—¡El Señor sea con ustedes! —les dijo.

—¡El Señor lo bendiga! —respondieron los cosechadores.

5 Entonces Booz le preguntó a su capataz:

—¿Quién es esa joven que veo allá? ¿De quién es?

6 Y el capataz le contestó:

—Es la joven moabita que volvió con Noemí. 7 Esta mañana me pidió permiso para recoger grano detrás de los segadores. Desde que llegó no ha dejado de trabajar con esmero, excepto por unos momentos de descanso en el refugio.

8 Booz se acercó a Rut y le dijo:

—Escucha, hija mía. Quédate aquí mismo con nosotros

***Notas textuales** **1:20** *Noemí* significa «placentera»; *Mara* quiere decir «amarga». **1:21** O *ha dado testimonio contra mí.*

Referencias cruzadas **1:1** Jc 2:16-18 **1:11** Dt 25:5 **1:21** Jb 1:21 **2:2** Lv 19:9-10; 23:22 **2:4** Sal 129:8

cuando recojas grano; no vayas a ningún otro campo. Sigue muy de cerca a las jóvenes que trabajan en mi campo. 9Fíjate en qué parcela están cosechando y síguelas. Advertí a los hombres que no te traten mal. Y cuando tengas sed, sírvete del agua que hayan sacado del pozo.

10Entonces Rut cayó a sus pies muy agradecida.

—¿Qué he hecho para merecer tanta bondad? —le preguntó—. No soy más que una extranjera.

11—Sí, lo sé —respondió Booz—; pero también sé todo lo que has hecho por tu suegra desde la muerte de tu esposo. He oído que dejaste a tu padre y a tu madre, y a tu tierra natal, para vivir aquí entre gente totalmente desconocida. 12Que el SEÑOR, Dios de Israel, bajo cuyas alas viniste a refugiarte, te recompense abundantemente por lo que hiciste.

13—Espero continuar siendo de su agrado, señor —respondió ella—. Usted me consoló al hablarme con tanta bondad, aunque ni siquiera soy una de sus trabajadoras.

14Después, a la hora de comer, Booz la llamó:

—Ven aquí y sírvete de la comida. Puedes mojar tu pan en el vinagre.

De modo que Rut se sentó junto a los cosechadores, y Booz le dio a comer grano tostado. Ella comió todo lo que quiso y hasta le sobró.

15Cuando Rut regresó a trabajar, Booz ordenó a sus trabajadores:

—Déjenla recoger espigas aun entre las gavillas, y no se lo impidan. 16Además, arranquen de los manojos algunas espigas de cebada y déjenlas caer a propósito. ¡Permítanle recogerlas y no la molesten!

17Así que Rut recogió cebada allí todo el día y cuando la desgranó por la tarde, llenó toda una canasta.* 18Luego la cargó de vuelta al pueblo y la mostró a su suegra. También le dio el grano tostado que le había sobrado de su comida.

19—¿Dónde recogiste todo este grano hoy? —preguntó Noemí—. ¿Dónde trabajaste? ¡Que el SEÑOR bendiga al que te ayudó!

Entonces Rut le contó a su suegra acerca del hombre en cuyo campo había trabajado. Le dijo:

—El hombre con quien trabajé hoy se llama Booz.

20—¡Que el SEÑOR lo bendiga! —le dijo Noemí a su nuera—. Nos muestra su bondad no solo a nosotras, sino también a tu marido que murió.* Ese hombre es uno de nuestros parientes más cercanos, uno de los redentores de nuestra familia.

21Entonces Rut* dijo:

—Es más, Booz me dijo que volviera y me quedara con sus trabajadores hasta que termine la cosecha.

22—¡Excelente! —exclamó Noemí—. Haz lo que te dijo, hija mía. Quédate con las jóvenes hasta que termine la cosecha. En otros campos podrían molestarte, pero con él estarás segura.

23De modo que Rut trabajó junto a las mujeres en los campos de Booz y recogió grano con ellas hasta el final de la cosecha de cebada. Luego siguió trabajando con ellas durante la cosecha de trigo, a comienzos del verano. Y todo ese tiempo vivió con su suegra.

Rut en el campo de trillar

3 Un día Noemí le dijo a Rut:

—Hija mía, es tiempo de que yo te encuentre un hogar permanente para que tengas un porvenir asegurado. 2Booz es nuestro pariente cercano, y él ha sido muy amable al dejarte recoger grano con las jóvenes. Esta noche estará aventando cebada en el campo de trillar. 3Mira, haz lo que te digo. Báñate, perfúmate y vístete con tu ropa más linda. Después baja al campo de trillar, pero no dejes que Booz te vea hasta que termine de comer y de beber. 4Fíjate bien dónde se acuesta; después acércate a él, destapa sus pies y acuéstate allí. Entonces él te dirá lo que debes hacer.

5—Haré todo lo que me dices —respondió Rut.

6Así que esa noche bajó al campo donde se trilla el grano y siguió las instrucciones de su suegra.

7Después de que Booz terminó de comer y de beber y estuvo de buen ánimo, se acostó al otro extremo del montón de grano y se durmió. Entonces Rut se acercó sin hacer ruido, le destapó los pies y se acostó. 8Alrededor de la medianoche, Booz se despertó de pronto y se dio vuelta. Entonces se sorprendió, ¡al encontrar a una mujer acostada a sus pies!

9—¿Quién eres? —preguntó.

—Soy Rut, su sierva —contestó ella—. Extienda sobre mí el borde de su manto ya que usted es el redentor de mi familia.

10—¡El SEÑOR te bendiga, hija mía! —exclamó Booz—. Muestras aún más lealtad familiar ahora que antes, pues no has ido tras algún hombre más joven, sea rico o pobre. 11Ahora, hija mía, no te preocupes por nada. Yo haré lo que sea necesario, porque todo el pueblo sabe que eres una mujer virtuosa. 12Pero aunque es cierto que yo soy uno de los redentores de tu familia, hay un pariente más cercano que yo. 13Quédate aquí esta noche, y por la mañana hablaré con él. Si está dispuesto a redimirte, muy bien; que se case contigo. Pero si no está dispuesto a hacerlo, entonces, ¡tan cierto como que el SEÑOR vive, yo mismo te redimiré! Ahora acuéstate aquí hasta la mañana.

14Entonces Rut se acostó a los pies de Booz hasta la mañana, pero ella se levantó muy temprano, antes de que hubiera suficiente luz para que una persona pudiera reconocer a otra; pues Booz había dicho:

—Nadie debe saber que estuvo una mujer aquí en el campo de trillar.

15Luego Booz le dijo:

—Trae tu manto y extiéndelo.

Entonces él midió seis medidas* de cebada sobre el manto y lo colocó sobre las espaldas de ella. Después él* regresó al pueblo.

16Cuando Rut volvió a donde estaba su suegra, Noemí le preguntó:

—¿Qué sucedió, hija mía?

Rut le contó a Noemí todo lo que Booz había hecho por ella 17y agregó:

—Me dio estas seis medidas de cebada y dijo: "No vuelvas a tu suegra con las manos vacías".

18Entonces Noemí le dijo:

—Ten paciencia, hija mía, hasta que sepamos lo que pasa. El hombre no descansará hasta dejar resuelto el asunto hoy mismo.

***Notas textuales** **2:17** En hebreo *tarde, fue como un efa* [22 litros o 20 cuartos]. **2:20** En hebreo *a los vivos y a los muertos.* **2:21** En hebreo *Rut la moabita.* **3:15a** Una cantidad desconocida. **3:15b** La mayoría de los manuscritos hebreos dicen *él*; muchos manuscritos hebreos, la versión siríaca y la Vulgata Latina dicen *ella*.

Referencias cruzadas **2:12** Rt 1:16 **3:13** Mt 22:24

Booz se casa con Rut

4 Booz fue a la puerta de la ciudad y allí se sentó. En ese
momento, pasó por ese lugar el redentor de la familia
que Booz había mencionado, así que lo llamó:
—Amigo, ven, siéntate aquí. Quiero hablar contigo.
Así que se sentaron juntos. 2Enseguida Booz llamó a
diez líderes del pueblo y les pidió que se sentaran allí como
testigos. 3Entonces Booz le dijo al redentor de la familia:
—Tú conoces a Noemí, la que volvió de Moab. Está
por vender el terreno que pertenecía a Elimelec, nuestro
pariente. 4Pensé que yo debía hablar contigo para que
pudieras redimir la tierra si deseas hacerlo. Si quieres la
tierra, entonces cómprala ahora en presencia de estos
testigos. Pero si no quieres la tierra, házmelo saber ahora
mismo, porque, después de ti, soy el pariente más cercano
para redimirla.
El hombre respondió:
—Muy bien, yo la redimo.
5Entonces le dijo Booz:
—Por supuesto, al comprar tú la tierra de Noemí, estás
obligado a casarte con Rut, la viuda moabita. De esta ma-
nera ella podrá tener hijos que lleven el nombre de su
esposo y así conservar la tierra para su familia.
6—Entonces no puedo redimir la tierra —respondió
el pariente redentor— porque esto pondría en peligro mi
propia herencia. Redime tú la tierra; yo no lo puedo hacer.
7En esos días era costumbre en Israel que cualquiera
que transfiriera un derecho de compra se quitara la sanda-
lia y se la entregara a la otra parte. Esto hacía válida la tran-
sacción de una manera pública. 8Entonces el otro redentor
de la familia se quitó la sandalia mientras le decía a Booz:
—Compra tú la tierra.
9Entonces Booz les dijo a los ancianos y a la gente que
estaba alrededor:
—Ustedes son testigos de que hoy le compré a Noemí
toda la propiedad de Elimelec, Quelión y Mahlón. 10Ade-
más, junto con la tierra adquirí a Rut, la viuda moabita
de Mahlón, para que sea mi esposa. De este modo ella
podrá tener un hijo para que el nombre de la familia de su
difunto esposo continúe y herede aquí, en su pueblo natal,
la propiedad de su familia. Hoy todos ustedes son testigos.
11Entonces los ancianos y toda la gente que estaba en
la puerta respondieron:
—¡Somos testigos! ¡Que el Señor haga que esta mujer
que va a ser parte de tu hogar sea como Raquel y Lea, de
quienes descendió toda la nación de Israel! Que prosperes
en Efrata y que seas famoso en Belén. 12Y que el Señor te
dé descendientes por medio de esta joven que sean como
los de nuestro antepasado Fares, el hijo de Tamar y Judá.

Los descendientes de Booz

13Así que Booz llevó a Rut a su casa y la hizo su esposa.
Cuando se acostó con ella, el Señor permitió que quedara
embarazada y diera a luz un hijo. 14Entonces las mujeres
del pueblo le dijeron a Noemí: «¡Alabado sea el Señor,
que te ha dado ahora un redentor para tu familia! Que este
niño sea famoso en Israel. 15Que él restaure tu juventud
y te cuide en tu vejez. ¡Pues es el hijo de tu nuera que te
ama y que te ha tratado mejor que siete hijos!».
16Entonces Noemí tomó al niño, lo abrazó contra su
pecho y cuidó de él como si fuera su propio hijo. 17Las
vecinas decían: «¡Por fin ahora Noemí tiene nuevamente
un hijo!». Y le pusieron por nombre Obed. Él llegó a ser
el padre de Isaí y abuelo de David.
18Este es el registro genealógico de su antepasado
Fares:

Fares fue el padre de Hezrón.
19 Hezrón fue el padre de Ram.
Ram fue el padre de Aminadab.
20 Aminadab fue el padre de Naasón.
Naasón fue el padre de Salmón.*
21 Salmón fue el padre de Booz.
Booz fue el padre de Obed.
22 Obed fue el padre de Isaí.
Isaí fue el padre de David.

***Notas textuales 4:20** Así aparece en algunos manuscritos griegos (ver también 4:21); en hebreo dice *Salma*.

Referencias cruzadas 4:11-12 Gn 29:25-30

1 SAMUEL

¿Por qué es importante?

Aunque el libro contiene historias muy conocidas, no siempre han sido suficientemente analizadas y ellas invitan a explorar lo que hay en el corazón de los protagonistas principales.
La lección fundamental del libro es el valor de la integridad y cuáles son las consecuencias del pecado. Esto es a nivel tanto personal como nacional. 1 Samuel deja ver que la santidad o el pecado no comienzan en los actos externos, sino en lo invisible de nuestros corazones y vidas secretas.
Todos nos equivocamos pero hay una gran diferencia cuando le damos a Dios nuestro corazón y dejamos que Él sea nuestro único y verdadero rey.

¿Por qué fue escrito?

Para contar la historia de cómo Israel dejó de ser un pueblo de tribus para convertirse en un país con un rey. Este primer libro trata de los orígenes de la monarquía, desde la figura transicional del profeta Samuel, pasando por el intento fallido con Saúl, hasta la preparación del rey definitivo de esta esta forma de gobierno, David. La evaluación que hace el autor de cualquier gobierno o rey es la soberanía de Dios, quien, en último caso, es quien elige y tiene bajo control el destino de su pueblo, aun y cuando, éste desea regir su propio destino.

¿Quién lo escribió?

El autor del libro es desconocido. Samuel es una figura que destaca en este libro, y se mencionan sus escritos en el 10:25. 1 y 2 Samuel fueron llamados así por ser éste el último juez de Israel, uno de sus grandes profetas, a quien Dios utilizó para el establecimiento de la monarquía. Pero no es probable que él lo escribiera, porque también su muerte es narrada en el 25:1. La tradición judía menciona a los profetas Natán y Gad como dos redactores de estos libros, basados en 2 Cr. 29:29. De cualquier forma, el autor del libro presenta la perspectiva de Dios de la historia que acontece en el pueblo de Israel.

¿A quién lo escribió?

Los receptores de este libro son los israelitas que vivieron durante los reinados de David y Salomón. La monarquía marcó una importante transición en la vida del pueblo, que vino desde la teocracia de Moisés y Josué, pasando luego por la anarquía en el período de los jueces. El pueblo no estuvo dispuesto a depender de Dios y prefirió un rey "como todas las demás naciones" (cap. 8).

¿Cuándo y dónde lo escribió?

La fecha del libro es incierta, pero no puede ser antes de la muerte de David, ya que ese evento es narrado al final de 2 Samuel. El libro cubre un período de más o menos un siglo, desde el nacimiento de Samuel hasta la muerte de Saúl y el inicio del reinado de David.

Paso a paso

1. Samuel, el restaurador: cómo ser líder en tiempos de transición. Caps. 1-7
2. Saúl, el primer rey: cuando tener un gran potencial no es suficiente. Caps. 8-15
3. David, el futuro rey: el difícil camino de la preparación. Caps. 16-31

1 SAMUEL

1 Samuel

Elcana y su familia

1 Había un hombre llamado Elcana que vivía en Ramá,
en la región de Zuf* ubicada en la zona montañosa de
Efraín. Era hijo de Jeroham, hijo de Eliú, hijo de Tohu, hijo
de Zuf, de la tribu de Efraín. 2Elcana tenía dos esposas:
Ana y Penina. Penina tenía hijos, pero Ana no.
3Cada año Elcana viajaba a la ciudad de Silo para adorar
al Señor de los Ejércitos Celestiales y ofrecerle sacrificios
en el tabernáculo. Los sacerdotes del Señor en ese tiempo
eran los dos hijos de Elí: Ofni y Finees. 4Cuando Elcana
presentaba su sacrificio, les daba porciones de esa carne
a Penina y a cada uno de sus hijos. 5Sin embargo, a Ana,
aunque la amaba, solamente le daba una porción selecta*
porque el Señor no le había dado hijos. 6De manera que
Penina se mofaba y se reía de Ana porque el Señor no
le había permitido tener hijos. 7Año tras año sucedía lo
mismo: Penina se burlaba de Ana mientras iban al taber-
náculo.* En cada ocasión, Ana terminaba llorando y ni
siquiera quería comer.
8«¿Por qué lloras, Ana? —le preguntaba Elcana—. ¿Por
qué no comes? ¿Por qué estás desanimada? ¿Solo por no
tener hijos? Me tienes a mí, ¿acaso no es mejor que tener
diez hijos?».

Oración de Ana por un hijo

9Una vez, después de comer lo que fue ofrecido como
sacrificio en Silo, Ana se levantó y fue a orar. El sacer-
dote Elí estaba sentado en su lugar de costumbre junto
a la entrada del tabernáculo.* 10Ana, con una profunda
angustia, lloraba amargamente mientras oraba al Señor
11e hizo el siguiente voto: «Oh Señor de los Ejércitos
Celestiales, si miras mi dolor y contestas mi oración y me
das un hijo, entonces te lo devolveré. Él será tuyo durante
toda su vida, y como señal de que fue dedicado al Señor,
nunca se le cortará el cabello*».
12Mientras Ana oraba al Señor, Elí la observaba 13y la
veía mover los labios. Pero como no oía ningún sonido,
pensó que estaba ebria.
14—¿Tienes que venir borracha? —le reclamó—. ¡Aban-
dona el vino!
15—¡Oh no, señor! —respondió ella—. No he bebido
vino ni nada más fuerte. Pero como estoy muy desani-
mada, derramaba ante el Señor lo que hay en mi corazón.
16¡No piense que soy una mujer perversa! Pues he estado
orando debido a mi gran angustia y a mi profundo dolor.
17—En ese caso —le dijo Elí—, ¡ve en paz! Que el Dios
de Israel te conceda lo que le has pedido.
18—¡Oh, muchas gracias! —exclamó ella.
Así que se fue, comenzó a comer de nuevo y ya no
estuvo triste.

Nacimiento y dedicación de Samuel

19Temprano a la mañana siguiente, la familia se levantó
y una vez más fue a adorar al Señor. Después regresaron
a su casa en Ramá. Ahora bien, cuando Elcana se acostó
con Ana, el Señor se acordó de la súplica de ella, 20y a
su debido tiempo dio a luz un hijo a quien le puso por
nombre Samuel,* porque dijo: «Se lo pedí al Señor».
21Al año siguiente, Elcana y su familia hicieron su viaje
anual para ofrecer sacrificio al Señor y para cumplir su
voto. 22Pero Ana no los acompañó y le dijo a su esposo:
—Esperemos hasta que el niño sea destetado. Entonces
lo llevaré al tabernáculo y lo dejaré allí con el Señor para
siempre.*
23—Haz lo que mejor te parezca —acordó Elcana—.
Quédate aquí por ahora, y que el Señor te ayude a cumplir
tu promesa.*
Así que ella se quedó en casa y amamantó al niño hasta
que lo destetó.
24Cuando el niño fue destetado, Ana lo llevó al ta-
bernáculo en Silo. Ellos llevaron un toro de tres años*
para el sacrificio, una canasta* de harina y un poco de
vino. 25Después de sacrificar el toro, llevaron al niño a
Elí. 26«Señor, ¿se acuerda de mí? —preguntó Ana—. Soy
aquella misma mujer que estuvo aquí hace varios años
orando al Señor. 27Le pedí al Señor que me diera este
niño, y él concedió mi petición. 28Ahora se lo entrego
al Señor, y le pertenecerá a él toda su vida». Y allí ellos
adoraron* al Señor.

Oración de alabanza de Ana

2 Luego Ana oró:

«¡Mi corazón se alegra en el Señor!
El Señor me ha fortalecido.*
Ahora tengo una respuesta para mis enemigos;
me alegro porque tú me rescataste.
2 ¡Nadie es santo como el Señor!
Aparte de ti, no hay nadie;
no hay Roca como nuestro Dios.

3 »¡Dejen de ser tan orgullosos y altaneros!

***Notas textuales** **1:1** Así aparece en la versión griega; en hebreo dice *Ramataim-zofim*; comparar 1:19. **1:5** O *Debido a que amaba a Ana, él le daba una porción selecta.* El significado del hebreo es incierto. **1:7** En hebreo *a la casa del Señor*; también en 1:24. **1:9** En hebreo *del templo del Señor.* **1:11** Algunos manuscritos agregan *Él no beberá vino ni bebidas alcohólicas.* **1:20** *Samuel* suena como el término hebreo que significa «pedido a Dios» u «oído por Dios». **1:22** Algunos manuscritos agregan *Lo ofreceré como nazareo para siempre.* **1:23** Así aparece en los Rollos del mar Muerto y en la versión griega; el texto masorético dice *que el Señor cumpla su promesa.* **1:24a** Así aparece en los Rollos del mar Muerto, en la versión griega y en la siríaca; el texto masorético dice *llevaron tres toros.* **1:24b** En hebreo *un efa* [22 litros o 20 cuartos]. **1:28** En hebreo *él adoró.* **2:1** En hebreo *ha exaltado mi cuerno.*

Referencias cruzadas **1:11** Nm 6:1-6 **1:20** Hb 11:32 **1:24** Nm 15:8-10

¡No hablen con tanta arrogancia!
Pues el Señor es un Dios que sabe lo que han hecho;
él juzgará sus acciones.
4 El arco de los poderosos está quebrado,
y los que tropezaban ahora son fuertes.
5 Los que estaban bien alimentados ahora tienen hambre,
y los que se morían de hambre ahora están saciados.
La mujer que no podía tener hijos ahora tiene siete,
y la mujer con muchos hijos se consume.
6 El Señor da tanto la muerte como la vida;
a unos baja a la tumba* y a otros levanta.
7 El Señor hace a algunos pobres y a otros ricos;
a unos derriba y a otros levanta.
8 Él levanta al pobre del polvo
y al necesitado del basurero.
Los pone entre los príncipes
y los coloca en los asientos de honor.
Pues toda la tierra pertenece al Señor,
y él puso en orden el mundo.

9 »Él protegerá a sus fieles,
pero los perversos desaparecerán en la oscuridad.
Nadie tendrá éxito solamente por la fuerza.
10 Los que pelean contra el Señor serán destrozados.
Él retumba contra ellos desde el cielo;
el Señor juzga en toda la tierra.
Él da poder a su rey;
aumenta la fuerza* de su ungido».

11 Después Elcana regresó a su casa en Ramá sin
Samuel, y el niño servía al Señor como ayudante del
sacerdote Elí.

¡Respuestas Bíblicas! 43 ¿Cuál fue el pecado de Elí?

2:12 Elí era un sumo sacerdote.
Sus hijos también eran sacerdotes. Elí les permitía a sus hijos desobedecer a Dios y hacer cosas malvadas. Este capítulo nos cuenta qué le pasó a Elí por dejar pecar a sus hijos. También cuenta que les pasaría a sus hijos.

Los hijos perversos de Elí

12 Ahora bien, los hijos de Elí eran unos sinvergüenzas
que no le tenían respeto al Señor 13 ni a sus obligaciones
sacerdotales. Cada vez que alguien ofrecía un sacrificio,
los hijos de Elí enviaban a un sirviente con un tenedor
grande de tres dientes. Mientras la carne del animal sa-
crificado aún se cocía, 14 el sirviente metía el tenedor en
la olla y exigía que todo lo que sacara con el tenedor fuera
entregado a los hijos de Elí. Así trataban a todos los is-
raelitas que llegaban a Silo para adorar. 15 Algunas veces
el sirviente llegaba aun antes de que la grasa del animal
fuera quemada sobre el altar. Exigía carne cruda antes de
que hubiera sido cocida, para poder asarla.
16 Si el hombre que ofrecía el sacrificio respondía:
«Toma toda la que quieras, pero solo después de que-
marse la grasa», el sirviente insistía: «No, dámela ahora
o la tomaré por la fuerza». 17 Así que el pecado de estos
jóvenes era muy serio ante los ojos del Señor, porque
trataban las ofrendas del Señor con desprecio.
18 Pero Samuel, aunque era solo un niño, servía al
Señor; vestía una túnica de lino como la del sacerdote.*
19 Cada año su madre le hacía un pequeño abrigo y se lo
llevaba cuando iba con su esposo para el sacrificio. 20 Antes
de que ellos regresaran a su casa, Elí bendecía a Elcana y a
su esposa diciendo: «Que el Señor les dé otros hijos para
que tomen el lugar de este que ella entregó al Señor*».
21 Entonces el Señor bendijo a Ana, y ella concibió y dio
a luz tres hijos y dos hijas. Entre tanto, Samuel crecía en
la presencia del Señor.
22 Ahora bien, Elí era muy viejo, pero estaba cons-
ciente de lo que sus hijos le hacían al pueblo de Israel.
Por ejemplo, sabía que sus hijos seducían a las jóvenes que
ayudaban a la entrada del tabernáculo.* 23 Elí les dijo: «He
oído lo que la gente dice acerca de las cosas perversas que
ustedes hacen. ¿Por qué siguen pecando? 24 ¡Basta, hijos
míos! Los comentarios que escucho del pueblo del Señor
no son buenos. 25 Si alguien peca contra otra persona, Dios
puede* mediar por el culpable. Pero si alguien peca contra
el Señor, ¿quién podrá interceder?». Sin embargo, los
hijos de Elí no hicieron caso a su padre, porque el Señor
ya había decidido quitarles la vida.
26 Mientras tanto, el niño Samuel crecía en estatura
física y en el favor del Señor y en el de toda la gente.

Advertencia para la familia de Elí

27 Cierto día un hombre de Dios vino a Elí y le dio el si-
guiente mensaje del Señor: «Yo me revelé* a tus antepa-
sados cuando eran esclavos del faraón en Egipto. 28 Elegí
a tu antepasado Aarón* de entre todas las tribus de Israel
para que fuera mi sacerdote, ofreciera sacrificios sobre
mi altar, quemara incienso y vistiera el chaleco sacer-
dotal,* cuando me servía. Y les asigné las ofrendas de los
sacrificios a ustedes, los sacerdotes. 29 Entonces, ¿por qué
menosprecian mis sacrificios y ofrendas? ¿Por qué les das
más honor a tus hijos que a mí? ¡Pues tú y ellos han en-
gordado con lo mejor de las ofrendas de mi pueblo Israel!
30 »Por lo tanto, el Señor, Dios de Israel, dice: prometí
que los de tu rama de la tribu de Leví* me servirían siem-
pre como sacerdotes. Sin embargo, honraré a los que me
honran y despreciaré a los que me menosprecian. 31 Lle-
gará el tiempo cuando pondré fin a tu familia para que ya
no me sirva en el sacerdocio. Todos los miembros de tu
familia morirán antes de tiempo; ninguno llegará a viejo.
32 Con envidia mirarás cuando derrame prosperidad sobre
el pueblo de Israel, pero ningún miembro de tu familia
jamás cumplirá sus días. 33 Los pocos que no sean exclui-
dos de servir en mi altar sobrevivirán, pero solamente para
que sus ojos queden ciegos y se les rompa el corazón, y sus
hijos morirán de muerte violenta.* 34 Y para comprobar
que lo que dije se hará realidad, ¡haré que tus dos hijos,
Ofni y Finees, mueran el mismo día!
35 »Entonces levantaré a un sacerdote fiel, quien me

***Notas textuales** **2:6** En hebreo *al Seol.* **2:10** En hebreo *exalta el cuerno.* **2:18** En hebreo *vestía un efod de lino.* **2:20** Así aparece en los Rollos del mar Muerto y en la versión griega; el texto masorético dice *este que él le pidió al Señor*. **2:22** En hebreo *de la carpa de reunión.* En algunos manuscritos falta esta frase por completo. **2:25** O *los jueces pueden.* **2:27** Así aparece en la versión griega y en la siríaca; en hebreo dice *¿No me revelé...* **2:28a** En hebreo *tu padre.* **2:28b** En hebreo *un efod.* **2:30** En hebreo *que tu casa y la casa de tu padre.* **2:33** Así aparece en los Rollos del mar Muerto y en la versión griega, que dicen *morirán a espada*; el texto masorético dice *morirán como mortales.*

Referencias cruzadas **2:8-10** Lc 1:46-55 **2:26** Lc 2:40, 52 **2:29** Dt 12:5

servirá y hará lo que yo deseo. Estableceré para él una descendencia duradera, y ellos serán por siempre sacerdotes para mis reyes ungidos. 36 Así pues, todos los que sobrevivan de tu familia se inclinarán ante él, mendigando dinero y comida. Dirán: "Le rogamos que nos dé trabajo entre los sacerdotes para que tengamos suficiente para comer"».

¡Respuestas Bíblicas! 44 ¿Qué edad tenía Samuel cuando Dios lo llamó en la noche?

3:4 Samuel tenía alrededor de 12 años cuando Dios le habló. No es necesario que seas un adulto para escuchar a Dios. También puedes ser un niño y obedecerlo.

El Señor habla a Samuel

3 Mientras tanto, el niño Samuel servía al Señor ayudando a Elí. Ahora bien, en esos días los mensajes del Señor eran muy escasos y las visiones eran poco comunes.

2 Una noche, Elí, que para entonces estaba casi ciego, ya se había acostado. 3 La lámpara de Dios aún no se había apagado, y Samuel estaba dormido en el tabernáculo* cerca del arca de Dios. 4 De pronto el Señor llamó:

—¡Samuel!

—Sí —respondió Samuel—. ¿Qué quiere?

5 Se levantó y corrió hasta donde estaba Elí.

—Aquí estoy. ¿Me llamó usted?

—Yo no te llamé —dijo Elí—. Vuelve a la cama.

Entonces, Samuel se volvió a acostar. 6 Luego, el Señor volvió a llamar:

—¡Samuel!

Nuevamente Samuel se levantó y fue a donde estaba Elí.

—Aquí estoy. ¿Me llamó usted?

—Yo no te llamé, hijo mío —respondió Elí—. Vuelve a la cama.

7 Samuel todavía no conocía al Señor, porque nunca antes había recibido un mensaje de él. 8 Así que el Señor llamó por tercera vez, y una vez más Samuel se levantó y fue a donde estaba Elí.

—Aquí estoy. ¿Me llamó usted?

En ese momento Elí se dio cuenta de que era el Señor quien llamaba al niño. 9 Entonces le dijo a Samuel:

—Ve y acuéstate de nuevo y, si alguien vuelve a llamarte, di: "Habla, Señor, que tu siervo escucha".

Así que Samuel volvió a su cama. 10 Y el Señor vino y llamó igual que antes:

—¡Samuel! ¡Samuel!

Y Samuel respondió:

—Habla, que tu siervo escucha.

11 Entonces el Señor le dijo a Samuel:

—Estoy por hacer algo espantoso en Israel. 12 Llevaré a cabo todas mis amenazas contra Elí y su familia, de principio a fin. 13 Le advertí que viene juicio sobre su familia para siempre, porque sus hijos blasfeman a Dios* y él no los ha disciplinado. 14 Por eso juré que los pecados de Elí y los de sus hijos jamás serán perdonados ni por medio de sacrificios ni ofrendas.

Samuel, vocero del Señor

15 Entonces Samuel se quedó en la cama hasta la mañana; luego se levantó y abrió las puertas del tabernáculo,* como de costumbre. Tenía miedo de contarle a Elí lo que el Señor le había dicho. 16 Pero Elí lo llamó:

—Samuel, hijo mío.

—Aquí estoy —respondió Samuel.

17 —¿Qué te dijo el Señor? Dímelo todo. ¡Y que el Señor te castigue, y aun te mate, si me ocultas algo!

18 Entonces Samuel le contó todo a Elí; no le ocultó nada.

—Es la voluntad del Señor —respondió Elí—. Que él haga lo que mejor le parezca.

19 El Señor estaba con Samuel mientras crecía, y todo lo que Samuel decía se cumplía. 20 Entonces todo Israel, desde Dan en el norte hasta Beerseba en el sur, supo que Samuel había sido confirmado como profeta del Señor. 21 El Señor siguió apareciéndose en Silo y le daba mensajes a Samuel allí en el tabernáculo. 4:1 Y las palabras de Samuel llegaban a todo el pueblo de Israel.

Los filisteos capturan el arca

4 En aquel tiempo, Israel estaba en guerra con los filisteos. El ejército israelita acampaba cerca de Ebenezer y los filisteos estaban en Afec. 2 Los filisteos atacaron al ejército de Israel y lo derrotaron matando a cuatro mil hombres. 3 Terminada la batalla, las tropas se retiraron a su campamento, y los ancianos de Israel se preguntaban: «¿Por qué permitió el Señor que los filisteos nos derrotaran?». Después dijeron: «Traigamos de Silo el arca del pacto del Señor. Si la llevamos con nosotros a la batalla, nos salvará* de nuestros enemigos».

4 Así que enviaron hombres a Silo para que trajeran el arca del pacto del Señor de los Ejércitos Celestiales, quien está entronizado entre los querubines. Los hijos de Elí, Ofni y Finees, también estaban allí con el arca del pacto de Dios. 5 Cuando los israelitas vieron que el arca del pacto del Señor llegaba al campamento, ¡su grito de alegría fue tan fuerte que hizo temblar la tierra!

6 «¿Qué estará pasando? —se preguntaron los filisteos—. ¿Qué es todo ese griterío en el campamento de los hebreos?». Cuando les dijeron que era porque el arca del Señor había llegado al campamento, 7 entraron en pánico. «¡Los dioses han* llegado a su campamento! —exclamaron—. ¡Esto es un desastre! ¡Nunca antes nos hemos enfrentado a algo así! 8 ¡Socorro! ¿Quién podrá librarnos de los dioses poderosos de Israel? Son los mismos dioses que destruyeron a los egipcios con plagas cuando Israel estaba en el desierto. 9 ¡Filisteos, peleen como nunca antes! ¡Si no lo hacen, seremos esclavos de los hebreos así como ellos han sido esclavos nuestros! ¡Peleen como hombres!».

10 Así que los filisteos pelearon con desesperación, y de nuevo derrotaron a Israel. La matanza fue grande; ese día murieron treinta mil soldados israelitas. Los sobrevivientes dieron la vuelta y huyeron, cada uno a su carpa. 11 Entonces los filisteos capturaron el arca de Dios y mataron a Ofni y a Finees, los dos hijos de Elí.

***Notas textuales** **3:3** En hebreo *el templo del Señor.* **3:13** Así aparece en la versión griega; en hebreo dice *sus hijos se hicieron despreciables.* **3:15** En hebreo *de la casa del Señor.* **4:3** O *él nos salvará.* **4:7** O *Un dios ha.*

Referencias cruzadas **3:7** Am 3:7 **3:11** Jr 19:3

Muerte de Elí

12 Un hombre de la tribu de Benjamín corrió desde el campo de batalla y, más tarde ese mismo día, llegó a Silo. Había rasgado su ropa y echado polvo sobre su cabeza en señal de dolor. 13 Elí esperaba junto al camino para oír noticias de la batalla, pues estaba tan preocupado por la seguridad del arca de Dios que le temblaba el corazón. Cuando llegó el mensajero y contó lo que había sucedido, un clamor resonó por todo el pueblo.

14 «¿A qué se debe todo ese ruido?», preguntó Elí.

Entonces el mensajero corrió a donde estaba Elí, 15 quien tenía noventa y ocho años de edad y ya estaba ciego, 16 y le dijo:

—Acabo de llegar del campo de batalla; estuve allí hoy mismo.

—¿Qué pasó, hijo mío? —preguntó Elí.

17 —Israel fue derrotado por los filisteos —le contestó el mensajero—. Masacraron a la gente, también mataron a sus dos hijos, Ofni y Finees, y capturaron el arca de Dios.

18 Cuando el mensajero mencionó lo que había sucedido al arca de Dios, Elí cayó de espaldas de su asiento junto a la puerta. Se quebró la nuca y murió, porque era viejo y demasiado gordo. Durante cuarenta años había sido el juez de Israel.

19 La nuera de Elí, esposa de Finees, estaba embarazada y próxima a dar a luz. Cuando se enteró de que habían capturado el arca de Dios y que su suegro y su esposo habían muerto, entró en trabajo de parto y dio a luz. 20 Ella murió después del parto, pero antes de que muriera las parteras trataron de animarla. «No tengas miedo —le dijeron—. ¡Tienes un varón!». Pero ella no contestó ni les prestó atención.

21 Al niño le puso por nombre Icabod (que significa «¿dónde está la gloria?») porque dijo: «La gloria de Israel se ha ido». Le puso ese nombre porque el arca de Dios había sido capturada y porque murieron su suegro y su esposo. 22 Y luego dijo: «La gloria se ha ido de Israel, porque el arca de Dios ha sido capturada».

El arca en territorio filisteo

5 Después de que los filisteos capturaran el arca de Dios, la llevaron del campo de batalla en Ebenezer hasta la ciudad de Asdod. 2 Llevaron el arca de Dios al templo del dios Dagón y la pusieron junto a una estatua de Dagón. 3 Pero cuando los ciudadanos de Asdod fueron a verla a la mañana siguiente, ¡la estatua de Dagón había caído boca abajo delante del arca del Señor! Así que levantaron a Dagón y nuevamente lo colocaron en su lugar. 4 Pero temprano al día siguiente sucedió lo mismo: de nuevo Dagón había caído boca abajo frente al arca del Señor. Esta vez su cabeza y sus manos se habían quebrado y estaban a la entrada; solo el tronco de su cuerpo quedó intacto. 5 Por eso, hasta el día de hoy, ni los sacerdotes de Dagón ni nadie más que entra al templo de Dagón, en Asdod, pisan el umbral.

6 Entonces la mano dura del Señor hirió a la gente de Asdod y de las aldeas cercanas con una plaga de tumores.* 7 Cuando el pueblo se dio cuenta de lo que sucedía, exclamó: «¡No podemos quedarnos con el arca del Dios de Israel ni un minuto más! ¡Él está en contra de nosotros! Todos seremos destruidos junto con Dagón, nuestro dios». 8 De modo que convocaron a los gobernantes de las ciudades filisteas y les preguntaron:

—¿Qué debemos hacer con el arca del Dios de Israel?

Los gobernantes deliberaron y contestaron:

—Trasládenla a la ciudad de Gat.

Así que trasladaron el arca del Dios de Israel a Gat. 9 Pero cuando el arca llegó a Gat, la mano dura del Señor cayó sobre sus hombres, jóvenes y mayores; los hirió con una plaga de tumores, y hubo gran pánico.

10 Entonces enviaron el arca de Dios a la ciudad de Ecrón, pero cuando los habitantes de Ecrón vieron que se acercaba, clamaron: «¡Traen el arca del Dios de Israel a nuestra ciudad para matarnos a nosotros también!». 11 Entonces el pueblo volvió a llamar a los gobernantes filisteos y les suplicó: «¡Por favor, regresen el arca del Dios de Israel a su propio país, o nos matará* a todos!». Pues ya había comenzado la plaga mortal enviada por Dios, y un gran temor se apoderaba del pueblo. 12 Los que no morían, sufrían de tumores; y el clamor del pueblo ascendió al cielo.

Los filisteos devuelven el arca

6 Así que el arca del Señor permaneció en territorio filisteo por un total de siete meses. 2 Entonces los filisteos mandaron llamar a sus sacerdotes y adivinos, y les preguntaron:

—¿Qué debemos hacer con el arca del Señor? Díganos cómo devolverla a su propio país.

3 —Devuelvan el arca del Dios de Israel junto con un regalo —les dijeron—. Envíen una ofrenda por la culpa, para que la plaga se detenga. Entonces, si se sanan, sabrán que fue la mano de Dios la que causó esta plaga.

4 —¿Qué clase de ofrenda por la culpa debemos enviar? —preguntaron.

Entonces les respondieron:

—Ya que la plaga los hirió a ustedes y a sus cinco gobernantes, elaboren cinco tumores de oro y cinco ratas de oro como los que asolaron la tierra. 5 Hagan estas cosas para demostrar su respeto al Dios de Israel. Tal vez entonces él deje de afligirlos a ustedes, a sus dioses y a su tierra. 6 No sean tercos y rebeldes como lo fueron faraón y los egipcios. Cuando Dios terminó con ellos, estaban deseosos de dejar ir a Israel.

7 »Así que construyan una carreta nueva y busquen dos vacas que acaben de tener cría. Asegúrense de que las vacas nunca hayan llevado yugo. Engánchenlas a la carreta, pero encierren sus becerros en un corral. 8 Pongan el arca del Señor en la carreta, y junto a ella coloquen un cofre con las ratas de oro y los tumores de oro que estarán enviando como ofrenda por la culpa. Después dejen que las vacas vayan por donde quieran. 9 Si cruzan la frontera de nuestra tierra y van hacia Bet-semes, sabremos que fue el Señor quien trajo este terrible desastre sobre nosotros. Si no la cruzan, sabremos que no fue la mano de Dios que causó esta plaga; más bien sucedió por pura casualidad.

10 Así que llevaron a cabo las instrucciones. Engancharon dos vacas a la carreta y encerraron sus crías en un corral. 11 Luego pusieron el arca del Señor en la carreta junto con el cofre que contenía los tumores y las ratas de oro. 12 Y efectivamente, las vacas, sin desviarse a ningún lado, siguieron directo por el camino hacia Bet-semes,

***Notas textuales** **5:6** La versión griega y la Vulgata Latina dicen *tumores; y ratas aparecieron en su tierra, y la muerte y la destrucción estaban por toda la ciudad.* **5:11** O *él nos matará.*

Referencias cruzadas **4:10-11** Sal 78:60-64 **4:21-22** Sal 106:20 **5:6** Ex 9:3 **6:6** Ex 12:31

mugiendo por todo el camino. Los gobernantes filisteos
las siguieron hasta los límites de Bet-semes.
[13]Ahora bien, los habitantes de Bet-semes estaban
cosechando trigo en el valle y, cuando vieron el arca, ¡se
llenaron de alegría! [14]La carreta entró en el campo de
un hombre llamado Josué y se detuvo junto a una roca
grande. Entonces la gente hizo pedazos la madera de la
carreta para leña, mató a las dos vacas y las sacrificó al
Señor como ofrenda quemada. [15]Varios hombres de la
tribu de Leví levantaron de la carreta el arca del Señor y el
cofre —que contenía las ratas y los tumores de oro— y los
pusieron sobre la roca grande. En ese día el pueblo de Bet-
semes ofreció muchos sacrificios y ofrendas quemadas al
Señor. [16]Los cinco gobernantes filisteos observaron todo
esto y luego regresaron a Ecrón ese mismo día.
[17]Los cinco tumores de oro enviados por los filisteos
al Señor, como ofrenda por la culpa, eran regalos de los
gobernantes de Asdod, Gaza, Ascalón, Gat y Ecrón. [18]Las
cinco ratas de oro representaban las cinco ciudades filisteas
junto con sus aldeas vecinas, que eran controladas por los
cinco gobernantes. La gran roca* de Bet-semes, donde
colocaron el arca del Señor, todavía está en el campo de
Josué como un testimonio de lo que sucedió allí.

Trasladan el arca a Quiriat-jearim

[19]Pero el Señor mató a setenta hombres* de Bet-semes
porque miraron dentro del arca del Señor. Y el pue-
blo hizo gran duelo por lo que el Señor había hecho.
[20]«¿Quién puede estar en la presencia del Señor, este
Dios santo? —clamaron—. ¿Adónde podremos enviar el
arca desde aquí?».
[21]Así que enviaron mensajeros a la gente de Quiriat-
jearim y le dijeron: «Los filisteos han devuelto el arca del
Señor. ¡Vengan y llévensela!».

7 Entonces los hombres de Quiriat-jearim fueron por el
arca del Señor. La llevaron a la casa de Abinadab que
estaba en las laderas y comisionaron a su hijo Eleazar para
que se encargara de ella. [2]El arca permaneció en Quiriat-
jearim mucho tiempo: veinte años en total. Durante ese
tiempo todos los israelitas se lamentaron porque parecía
que el Señor los había abandonado.

Samuel lleva a Israel a la victoria

[3]Entonces Samuel le dijo a todo el pueblo de Israel: «Si de
todo corazón desean volver al Señor, deshaganse de sus
dioses ajenos y de las imágenes de Astoret. Dediquen su
corazón al Señor y obedézcanlo solamente a él; entonces
él los rescatará de los filisteos». [4]Así que los israelitas se
deshicieron de todas sus imágenes de Baal y de Astoret y
adoraron únicamente al Señor.
[5]Después Samuel les dijo: «Reúnan a todo Israel en
Mizpa, y yo oraré al Señor por ustedes». [6]De manera
que se reunieron en Mizpa y, en una gran ceremonia, sa-
caron agua de un pozo y la derramaron delante del Señor.
Asimismo no comieron durante todo el día y confesaron
que habían pecado contra el Señor. (Fue en Mizpa donde
Samuel se convirtió en juez de Israel).
[7]Cuando los gobernantes filisteos se enteraron de
que Israel se había reunido en Mizpa, movilizaron a su
ejército y avanzaron. El miedo invadió a los israelitas
cuando supieron que los filisteos se acercaban. [8]«¡No
dejes de rogarle al Señor nuestro Dios que nos salve de
los filisteos!», le suplicaron a Samuel. [9]Entonces Samuel
tomó un cordero y lo ofreció al Señor como ofrenda
quemada entera. Rogó al Señor que ayudara a Israel, y
el Señor le contestó.
[10]Entonces, justo en el momento en que Samuel sa-
crificaba la ofrenda quemada, llegaron los filisteos para
atacar a Israel. Pero ese día el Señor habló con una po-
derosa voz de trueno desde el cielo y causó tal confusión
entre los filisteos, que los israelitas los derrotaron. [11]Los
hombres de Israel los persiguieron desde Mizpa hasta un
lugar abajo de Bet-car, matándolos a lo largo del camino.
[12]Luego Samuel tomó una piedra grande y la colocó
entre las ciudades de Mizpa y Jesana.* La llamó Ebenezer
(que significa «la piedra de ayuda») porque dijo: «¡Hasta
aquí el Señor nos ha ayudado!».
[13]De modo que los filisteos fueron sometidos y no
volvieron a invadir a Israel por algún tiempo. Y durante
toda la vida de Samuel la mano poderosa del Señor se
levantó contra los filisteos. [14]Entonces fueron restituidas
a Israel las aldeas cercanas a Ecrón y Gat que los filisteos
habían tomado, junto con el resto del territorio que ha-
bían tomado de Israel. Y en esos días hubo paz entre los
israelitas y los amorreos.
[15]Samuel continuó como juez de Israel por el resto
de su vida. [16]Cada año hacía un recorrido y establecía su
tribunal, primero en Betel, luego en Gilgal y después en
Mizpa. Juzgaba al pueblo de Israel en cada uno de estos
lugares. [17]Luego regresaba a su hogar en Ramá, donde
también atendía otros casos. En Ramá, Samuel construyó
un altar al Señor.

¡Respuestas Bíblicas! 45 ¿Cómo enfrentaron los habitantes de Israel a los Filisteos?

7:14 Muchos habitantes de Israel adoraban a dioses falsos. Samuel les dijo que sirvieran al Dios verdadero. El pueblo obedeció. Cuando adoraron solamente a Dios, él les dio la victoria y los mantuvo a salvo de los filisteos.

Israel pide un rey

8 Cuando Samuel envejeció, nombró a sus hijos como
jueces de Israel. [2]Joel y Abías, sus hijos mayores, esta-
blecieron su corte en Beerseba. [3]Pero ellos no eran como
su padre, porque codiciaban el dinero; aceptaban sobor-
nos y pervertían la justicia.
[4]Finalmente, todos los ancianos de Israel se reunieron
en Ramá para hablar del asunto con Samuel. [5]«Mira,
Samuel —le dijeron—, ya eres anciano y tus hijos no son
como tú. Danos un rey para que nos juzgue así como lo
tienen las demás naciones».
[6]Samuel se disgustó con esta petición y fue al Señor
en busca de orientación. [7]«Haz todo lo que te digan —le
respondió el Señor—, porque me están rechazando a mí y
no a ti; ya no quieren que yo siga siendo su rey. [8]Desde que
los saqué de Egipto me han abandonado continuamente

***Notas textuales** **6:18** Así aparece en algunos manuscritos hebreos y en la versión griega; la mayoría de los manuscritos hebreos dicen *gran prado* o *Abel-hagedola*. **6:19** Así aparece en unos cuantos manuscritos hebreos; la mayoría de los manuscritos hebreos dicen *70 hombres, 50.000 hombres*. Tal vez el texto se deba entender como *el Señor mató a 70 hombres y a 50 bueyes*. **7:12** Así aparece en la versión griega y en la siríaca; en hebreo dice *Sen*.

Referencias cruzadas **6:20** Lv 11:44-45 **7:9** Sal 99:6 **7:15** 1 Sm 12:11 **8:7** Ex 16:8

y han seguido a otros dioses. Y ahora te tratan a ti de la misma manera. 9Haz lo que te pidan, pero adviérteles seriamente acerca de la manera en que reinará sobre ellos un rey».

¡Respuestas Bíblicas! 46 ¿Por qué el pueblo de Israel quería un rey?

8:5 El pueblo de Israel quería ser como las otras naciones. Pero Israel no era como las otras naciones. Dios era el rey y el líder de Israel. No estaba mal tener un jefe humano. Pero Israel quería un rey por las razones incorrectas.

Samuel advierte contra tener un rey

10Entonces Samuel transmitió la advertencia del Señor al pueblo que pedía un rey.

11—Esta es la manera en que un rey gobernará sobre ustedes —les dijo—. El rey reclutará en el ejército a los hijos de ustedes y los asignará a los carros de guerra y a sus conductores, y los hará correr delante de sus carros. 12Algunos serán generales y capitanes del ejército,* otros serán obligados a arar y a cosechar los cultivos del rey, y otros harán las armas y el equipo para los carros de guerra. 13El rey tomará a las hijas de ustedes y las obligará a cocinar, a hornear y a hacer perfumes para él. 14Les quitará a ustedes lo mejor de sus campos, viñedos y huertos de olivos, y se los dará a sus oficiales. 15Tomará una décima parte de su grano y de sus cosechas de uvas y la repartirá entre sus oficiales y miembros de la corte. 16Les quitará sus esclavos y esclavas, y les exigirá lo mejor de sus ganados* y burros para su propio uso. 17Les exigirá la décima parte de sus rebaños, y ustedes serán sus esclavos. 18Cuando llegue ese día, suplicarán ser aliviados de este rey que ahora piden, pero entonces el Señor no los ayudará.

19Sin embargo, el pueblo se negó a escuchar la advertencia de Samuel.

—Aun así, todavía queremos un rey —dijeron ellos—. 20Nuestro deseo es ser como las naciones que nos rodean. El rey nos juzgará y será nuestro líder en las batallas.

21Así que Samuel le repitió al Señor lo que el pueblo dijo, 22y el Señor respondió: «Haz lo que te piden y dales un rey». Entonces Samuel estuvo de acuerdo y los envió a sus casas.

Saúl conoce a Samuel

9 Había un hombre rico e influyente llamado Cis, de la tribu de Benjamín. Era hijo de Abiel, hijo de Zeror, hijo de Becorat, hijo de Afía, de la tribu de Benjamín. 2Su hijo Saúl era el hombre más apuesto en Israel; era tan alto que los demás apenas le llegaban a los hombros.

3Cierto día, las burras de Cis se extraviaron, y él le dijo a Saúl: «Lleva a un siervo contigo y ve a buscar las burras». 4Así que Saúl tomó a un siervo y anduvo por la zona montañosa de Efraín, por la tierra de Salisa, por el área de Saalim y por toda la tierra de Benjamín, pero no pudieron encontrar las burras por ninguna parte.

5Finalmente, entraron a la región de Zuf y Saúl le dijo a su siervo:

—Volvamos a casa. ¡Es probable que ahora mi padre esté más preocupado por nosotros que por las burras!

6Pero el siervo dijo:

—¡Se me ocurre algo! En esta ciudad vive un hombre de Dios. La gente lo tiene en gran estima porque todo lo que dice se cumple. Vayamos a buscarlo; tal vez pueda decirnos por dónde ir.

7—Pero no tenemos nada que ofrecerle —respondió Saúl—. Hasta nuestra comida se acabó y no tenemos nada para darle.

8—Bueno —dijo el siervo—, tengo una pequeña pieza de plata.* ¡Al menos, se la podemos ofrecer al hombre de Dios y ver qué pasa!

9(En esos días, si la gente quería recibir un mensaje de Dios, decía: «Vamos a preguntarle al vidente», porque los profetas solían ser llamados «videntes»).

10—Está bien —aceptó Saúl—, ¡hagamos el intento!

Así que se encaminaron hacia la ciudad donde vivía el hombre de Dios. 11Al ir subiendo la colina hacia la ciudad, se encontraron con unas jóvenes que salían a sacar agua. Entonces Saúl y su siervo les preguntaron:

—¿Se encuentra por aquí el vidente?

12—Sí —les contestaron—, sigan por este camino; él está junto a las puertas de la ciudad. Acaba de llegar para participar de un sacrificio público que se realizará arriba, en el lugar de adoración. 13Apúrense para que lo puedan encontrar antes de que suba a comer. Los invitados no comenzarán a comer hasta que él llegue para bendecir los alimentos.

14De modo que llegaron a la ciudad y, mientras entraban por las puertas, Samuel iba saliendo hacia ellos para subir al lugar de adoración.

15Ahora bien, el Señor le había dicho a Samuel el día anterior: 16«Mañana a esta hora te enviaré a un hombre de la tierra de Benjamín. Úngelo para que sea el líder de mi pueblo, Israel. Él lo librará de los filisteos, porque desde lo alto he mirado a mi pueblo con misericordia y he oído su clamor».

17Cuando Samuel vio a Saúl, el Señor le dijo: «¡Ese es el hombre del que te hablé! Él gobernará a mi pueblo».

¡Respuestas Bíblicas! 47 ¿Quién fue el primer rey de Israel?

9:17 El primer rey de Israel fue Saúl. La gente admiraba a Saúl porque era apuesto y alto. Al comienzo Saúl fue un buen rey. Él confiaba en Dios, y mostraba buen juicio. Pero luego, Saúl olvidó y desobedeció a Dios.

18Justo en ese momento, Saúl se acercó a Samuel a las puertas de la ciudad y le preguntó:

—¿Podría decirme, por favor, dónde está la casa del vidente?

19—¡Yo soy el vidente! —contestó Samuel—. Sube al lugar de adoración delante de mí. Allí comeremos juntos; en la mañana te diré lo que quieres saber y te enviaré de regreso. 20Y no te preocupes por esas burras que se perdieron hace tres días, porque ya las encontraron. Además, estoy aquí para decirte que tú y tu familia son el centro de todas las esperanzas de Israel.

21Saúl respondió:

***Notas textuales** **8:12** En hebreo *comandantes de miles y comandantes de cincuentas.* **8:16** Así aparece en la versión griega; en hebreo dice *hombres jóvenes.* **9:8** En hebreo *¼ siclo de plata*, aproximadamente 3 gramos o 0,1 onzas.

Referencias cruzadas **8:18** Mi 3:4 **9:6** 1 Sm 3:19-20 **9:16** Ex 3:7-9

—¡Pero solo soy de la tribu de Benjamín, la más pe-
queña de Israel, y mi familia es la menos importante de
todas las familias de la tribu! ¿Por qué me habla usted de
esa manera?
22Luego Samuel llevó a Saúl y a su siervo al comedor
y los sentó en la cabecera de la mesa, y así los honró más
que a los treinta invitados especiales. 23Después Samuel
dio instrucciones al cocinero para que le sirviera a Saúl el
mejor corte de carne, la porción que había sido reservada
para el invitado de honor. 24El cocinero trajo la carne y la
puso frente a Saúl. «Adelante, come —le dijo Samuel—,
¡lo había apartado para ti aun antes de que invitara a los
demás!». Así que ese día Saúl comió con Samuel.
25Cuando bajaron del lugar de adoración y regresaron
a la ciudad, Samuel llevó a Saúl a la azotea de la casa y allí
le preparó una cama.* 26Al amanecer del día siguiente,
Samuel llamó a Saúl: «¡Levántate! ¡Es hora de que sigas
tu viaje!». Así que Saúl se preparó y salió de la casa junto
a Samuel. 27Cuando llegaron a las afueras de la ciudad,
Samuel le dijo a Saúl que mandara a su siervo que se
adelantara. Después de que el siervo se fue, Samuel dijo:
«Quédate aquí, porque he recibido un mensaje especial
para ti de parte de Dios».

Samuel unge a Saúl como rey

10 Entonces Samuel tomó un frasco de aceite de
oliva y lo derramó sobre la cabeza de Saúl. Besó
a Saúl y dijo: «Hago esto porque el Señor te ha designado
para que gobiernes a Israel, su posesión más preciada.*
2Cuando me dejes hoy, verás a dos hombres junto a la
tumba de Raquel en Selsa, en los límites del territorio de
Benjamín. Ellos te dirán que las burras fueron encontradas
y que tu padre dejó de preocuparse por ellas, pero que
ahora está preocupado por ti. Está preguntando: "¿Han
visto a mi hijo?".
3»Cuando llegues al roble de Tabor, te encontrarás con
tres hombres que van camino a Betel para adorar a Dios.
Uno llevará tres cabritos, otro tendrá tres panes y el tercero
un odre lleno de vino. 4Los tres hombres te saludarán y te
ofrecerán dos panes, los cuales debes aceptar.
5»Cuando llegues a Guibeá de Dios,* donde está la
guarnición de los filisteos, encontrarás a un grupo de
profetas que desciende del lugar de adoración. Estarán
tocando un arpa, una pandereta, una flauta y una lira, y
estarán profetizando. 6En ese momento el Espíritu del
Señor vendrá poderosamente sobre ti y profetizarás
con ellos. Serás transformado en una persona diferente.
7Después de que sucedan estas señales, haz lo que deba
hacerse, porque Dios está contigo. 8Luego desciende a
Gilgal delante de mí. Allí me encontraré contigo para
sacrificar ofrendas quemadas y ofrendas de paz. De-
berás esperar siete días hasta que yo llegue y te dé más
instrucciones».

Las señales de Samuel se cumplen

9Mientras Saúl se daba vuelta para irse, Dios le dio un
nuevo corazón, y todas las señales de Samuel se cum-
plieron en ese día. 10Cuando Saúl y su siervo llegaron a
Guibeá, vieron a un grupo de profetas que se les acercaba.
Entonces el Espíritu de Dios vino poderosamente sobre
Saúl, y él también comenzó a profetizar. 11Cuando los que
conocían a Saúl se enteraron de lo sucedido, exclamaron:
«¿Qué? ¿Hasta Saúl es profeta? ¿Cómo se convirtió el hijo
de Cis en profeta?».
12Además, uno de los que estaban allí dijo: «¿Cual-
quiera puede convertirse en profeta, sin importar quien
sea su padre?»*. Este es el origen del dicho: «¿Hasta Saúl
es profeta?».
13Cuando Saúl terminó de profetizar, subió al lugar
de adoración.
14—¿Dónde han estado? —les preguntó el tío de Saúl
a él y a su siervo.
—Estábamos buscando a las burras —le respondió
Saúl—, pero no pudimos encontrarlas. Así que acudimos
a Samuel para preguntarle dónde estaban.
15—¡Ah! ¿Y qué dijo? —le preguntó su tío.
16—Nos dijo que ya habían encontrado las burras
—contestó Saúl.
Pero Saúl no le contó a su tío lo que Samuel había dicho
acerca del reino.

Saúl es proclamado rey

17Después Samuel convocó a todo el pueblo de Israel
para que se reuniera delante del Señor en Mizpa, 18y
dijo: «Esto es lo que el Señor, Dios de Israel, ha decla-
rado: "Los saqué de Egipto; los rescaté de los egipcios y
de todas las naciones que los oprimían. 19Pero aunque
los rescaté de su miseria y aflicción, hoy han rechazado a
su Dios y han dicho: '¡No, en lugar de Dios queremos un
rey!'. Por lo tanto, preséntense ahora delante del Señor
por tribus y clanes"».
20Entonces Samuel reunió a todas las tribus de Israel
delante del Señor, y por sorteo se eligió a la tribu de
Benjamín. 21Después llevó a cada familia de la tribu de
Benjamín delante del Señor, y se eligió a la familia de los
Matri. Finalmente de entre ellos fue escogido Saúl, hijo
de Cis. Pero cuando lo buscaron, ¡había desaparecido!
22Entonces le preguntaron al Señor:
—¿Dónde está?
Y el Señor contestó:
—Está escondido entre el equipaje.
23Así que lo encontraron y lo sacaron. Era tan alto que
los demás apenas le llegaban al hombro.
24Luego Samuel dijo a todo el pueblo: «Este es el
hombre que el Señor ha escogido como su rey. ¡No hay
nadie como él en todo Israel!».
Y todo el pueblo gritó: «¡Viva el rey!».
25Después, Samuel le explicó al pueblo cuales eran los
derechos y las obligaciones de un rey. Los escribió en un
rollo y lo puso delante del Señor. Luego Samuel envió
al pueblo a sus casas.
26Cuando Saúl regresó a su casa en Guibeá lo acom-
pañó un grupo de hombres a quienes Dios les había to-
cado el corazón. 27Sin embargo, había unos sinvergüenzas
que se quejaban: «¿Cómo puede este hombre salvarnos?».
Y lo despreciaban y se negaban a llevarle regalos; pero
Saúl no les hizo caso.
[Nahas, rey de los amonitas, había estado oprimiendo
gravemente a los habitantes de Gad y de Rubén que vivían
al oriente del río Jordán. Les sacó el ojo derecho a todos los
israelitas que vivían allí, y no permitía que nadie viniera

***Notas textuales** **9:25** Así aparece en la versión griega; en hebreo dice *y allí habló con él.* **10:1** La versión griega dice *a Israel. Y gobernarás al pueblo del Señor y lo salvarás de sus enemigos que lo rodean. Esta será la señal para ti de que el Señor te ha designado para ser el líder de su posesión más preciada.* **10:5** En hebreo *Guibeát-haelojím.* **10:12** En hebreo *dijo: «¿Quién es su padre?».*

Referencias cruzadas **10:6** Nm 11:25, 29 **10:11** Mt 13:54–57 a rescatarlos. De hecho, de todos los israelitas que vivían al oriente del río Jordán, no había uno solo a quien Nahas no le hubiera sacado el ojo derecho. Pero había siete mil hombres que habían escapado de los amonitas y se habían establecido en Jabes de Galaad]*.

Saúl derrota a los amonitas

11 Como un mes después,* el rey Nahas de Amón dirigió a su ejército contra la ciudad israelita llamada Jabes de Galaad. Pero los habitantes de Jabes pidieron paz.

—Haz un tratado con nosotros y seremos tus siervos —rogaron.

2—Está bien —dijo Nahas—, pero con una sola condición. ¡Le sacaré el ojo derecho a cada uno de ustedes para deshonrar a todo Israel!

3—¡Danos siete días para enviar mensajeros por todo Israel! —respondieron los ancianos de Jabes—. Si nadie viene a salvarnos, aceptaremos tus condiciones.

4Cuando los mensajeros llegaron a Guibeá de Saúl y le contaron al pueblo acerca de su aprieto, todos se echaron a llorar. 5Saúl había estado arando un campo con sus bueyes y, cuando regresó a la ciudad, preguntó: «¿Qué les pasa? ¿Por qué están llorando?». Así que le contaron del mensaje de Jabes.

6Entonces el Espíritu de Dios vino con poder sobre Saúl y se enojó mucho. 7Así que, tomó dos bueyes, los cortó en pedazos y envió mensajeros para que los llevaran por todo Israel con el siguiente mensaje: «¡Esto es lo que le pasará a los bueyes del que se niegue a seguir a Saúl y a Samuel a la batalla!». Entonces el Señor hizo que la gente tuviera miedo del enojo de Saúl, por lo tanto, todos salieron a la guerra como un solo hombre. 8Cuando Saúl los movilizó en Bezec, se dio cuenta de que había trescientos mil hombres de Israel y treinta mil* de Judá.

9Entonces Saúl envió a los mensajeros de regreso a Jabes de Galaad para decir: «¡Los rescataremos mañana antes del mediodía!». Cuando llegó el mensaje, ¡hubo gran alegría en toda la ciudad!

10Así que los hombres de Jabes dijeron a sus enemigos: «Mañana iremos a ustedes y podrán hacer con nosotros lo que quieran». 11Pero a la mañana siguiente, antes del amanecer, Saúl llegó con su ejército dividido en tres destacamentos. Entonces atacó por sorpresa a los amonitas y los masacró durante toda la mañana. El resto del ejército amonita quedó tan disperso que no había dos de ellos juntos.

12Entonces la gente clamó a Samuel:

—¿Ahora, dónde están esos hombres que decían: "¿Por qué debe Saúl gobernarnos?"? ¡Tráiganlos aquí y los mataremos!

13Pero Saúl respondió:

—Nadie será ejecutado hoy, ¡porque este día el Señor rescató a Israel!

14Luego Samuel dijo a la gente:

—¡Vengan, vamos todos a Gilgal para renovar el reino!

15Así que todos fueron a Gilgal y en una ceremonia solemne delante del Señor proclamaron rey a Saúl. Después ofrecieron ofrendas de paz al Señor, y Saúl y todos los israelitas se llenaron de alegría.

Discurso de despedida de Samuel

12 Entonces Samuel se dirigió a todo Israel:

—He hecho lo que me han pedido y les he dado un rey. 2Ahora el rey es su líder. Estoy aquí delante de ustedes —un hombre ya viejo y canoso— y mis hijos les sirven. He sido su líder desde mi niñez hasta el día de hoy. 3Ahora testifiquen contra mí en presencia del Señor y ante su ungido. ¿A quién le he robado un buey o un burro? ¿Alguna vez he estafado a alguno de ustedes? ¿Alguna vez los he oprimido? ¿Alguna vez he aceptado soborno o he pervertido la justicia? Díganmelo y corregiré cualquier cosa incorrecta que haya hecho.

4—No —le contestaron ellos—, nunca nos has engañado ni oprimido y nunca has aceptado soborno alguno.

5—El Señor y su ungido son mis testigos hoy —declaró Samuel— de que mis manos están limpias.

—Sí, él es nuestro testigo —respondieron.

6—Fue el Señor quien designó a Moisés y a Aarón —continuó Samuel—. Él sacó a sus antepasados de la tierra de Egipto. 7Ahora, permanezcan aquí en silencio delante del Señor mientras les recuerdo todas las grandes cosas que el Señor ha hecho por ustedes y por sus antepasados.

8»Cuando los israelitas estaban* en Egipto y clamaron al Señor, él envió a Moisés y a Aarón para rescatarlos de Egipto y traerlos a esta tierra. 9Sin embargo, los israelitas pronto se olvidaron del Señor su Dios, entonces él los entregó a Sísara, el comandante del ejército de Hazor, y también a los filisteos y al rey de Moab, quienes lucharon contra ellos.

10»Entonces clamaron al Señor nuevamente y confesaron: "Hemos pecado al apartarnos del Señor y al rendir culto a las imágenes de Baal y Astoret. Pero te adoraremos a ti y solo a ti si nos rescatas de nuestros enemigos". 11Luego el Señor envió a Gedeón,* a Bedán,* a Jefté y a Samuel* para salvarlos, y ustedes vivieron a salvo.

12»Pero cuando tuvieron miedo de Nahas, rey de Amón, vinieron a mí y dijeron que querían un rey para que gobernara sobre ustedes, aun cuando el Señor su Dios ya era su rey. 13Está bien, aquí está el rey que han escogido. Ustedes lo pidieron y el Señor se lo concedió.

¡Respuestas Bíblicas! 48 ¿Por qué un rey no podía ser de ayuda para el pueblo de Israel?

12:17 Lo mejor que el pueblo podía hacer era adorar y obedecer a Dios. Dios cuidaba de ellos cuando ellos le obedecían. Un rey no podía ser mejor líder que Dios.

14»Ahora, si ustedes temen al Señor y lo adoran, si escuchan su voz y no se rebelan contra sus mandatos, entonces tanto ustedes como su rey demostrarán que reconocen al Señor como su Dios. 15Pero si se rebelan contra los mandatos del Señor y rehúsan escucharlo, entonces su mano será tan dura con ustedes como ha sido con sus antepasados.

16»Ahora quédense aquí y vean la maravilla que el

***Notas textuales** **10:27** Este párrafo, que no está incluido en el texto masorético, se encuentra en los Rollos del mar Muerto: 4QSam[a]. **11:1** Así aparece en los Rollos del mar Muerto: 4QSam[a], y en la versión griega; en el texto masorético falta *Como un mes después.* **11:8** Los Rollos del mar Muerto y la versión griega dicen *70.000.* **12:8** En hebreo *Cuando Jacob estaba.* Los nombres «Jacob» e «Israel» a menudo son intercambiables en el Antiguo Testamento. Algunas veces hacen referencia al patriarca como individuo y otras veces a la nación. **12:11a** En hebreo *Jerobaal,* otro nombre para Gedeón; ver Jc 6:32. **12:11b** La versión griega y la siríaca dicen *Barac.* **12:11c** La versión griega y la siríaca dicen *Sansón.*

Referencias cruzadas **11:1, 11** 1 Sm 31:11-13 **11:12** Lc 19:27 **12:7** Jc 5:11

SEÑOR está a punto de hacer. 17Ustedes saben que nunca
llueve en esta época del año durante la cosecha de trigo. Le
pediré al SEÑOR que hoy envíe truenos y lluvia. ¡Entonces
se darán cuenta de qué tan perversos han sido al pedirle
al SEÑOR un rey!
18Entonces Samuel clamó al SEÑOR, y ese mismo día
el SEÑOR envió truenos y lluvia. Y todo el pueblo quedó
aterrado del SEÑOR y de Samuel.
19—¡Ora al SEÑOR tu Dios por nosotros o moriremos!
—le dijeron a Samuel—. A nuestras faltas hemos agregado
el pecado de pedir un rey.
20—No teman —los tranquilizó Samuel—, de verdad
han hecho mal, pero ahora asegúrense de adorar al SEÑOR
con todo el corazón y no le den la espalda. 21No vuelvan
a rendir culto a ídolos despreciables que no pueden ayu-
darlos o rescatarlos, ¡son completamente inútiles! 22El
SEÑOR no abandonará a su pueblo, porque eso traería
deshonra a su gran nombre. Pues le agradó al SEÑOR ha-
cerlos su pueblo.
23»En cuanto a mí, ciertamente no pecaré contra el
SEÑOR al dejar de orar por ustedes. Y seguiré enseñándo-
les lo que es bueno y correcto. 24Por su parte, asegúrense
de temer al SEÑOR y de servirlo fielmente. Piensen en
todas las cosas maravillosas que él ha hecho por uste-
des. 25Pero si siguen pecando, ustedes y su rey serán
destruidos.

Guerra constante contra los filisteos

13 Saúl tenía treinta* años cuando subió al trono, y
reinó durante cuarenta y dos años.*
2Saúl eligió a tres mil soldados selectos del ejército de
Israel y mandó a los demás hombres a casa. Llevó consigo
a dos mil de los hombres escogidos a Micmas y a la zona
montañosa de Betel. Los otros mil fueron con Jonatán, el
hijo de Saúl, a Guibeá en la tierra de Benjamín.
3Poco tiempo después, Jonatán atacó y derrotó la guar-
nición de los filisteos en Geba. La noticia corrió rápida-
mente entre los filisteos. Entonces Saúl tocó el cuerno
de carnero por toda la tierra, y dijo: «¡Hebreos, escuchen
esto! ¡Levántense! ¡Sublévense!». 4Así que todo Israel oyó
la noticia que Saúl había destruido la guarnición filistea en
Geba y que ahora los filisteos odiaban a los israelitas más
que nunca. Entonces todo el ejército israelita fue llamado
para unirse a Saúl en Gilgal.
5Los filisteos reunieron un ejército poderoso de tres
mil* carros de guerra, seis mil hombres para conducirlos,
y ¡tantos guerreros como los granos de arena a la orilla del
mar! Acamparon en Micmas, al oriente de Bet-avén. 6Los
hombres de Israel vieron el gran aprieto en el que se en-
contraban y, como estaban fuertemente presionados por
el enemigo, trataron de esconderse en cuevas, matorrales,
rocas, hoyos y cisternas. 7Algunos cruzaron el río Jordán
y escaparon a la tierra de Gad y de Galaad.

Desobediencia de Saúl y reproche de Samuel

Mientras tanto, Saúl se quedó en Gilgal, y sus hombres
temblaban de miedo. 8Durante siete días Saúl esperó allí,
según las instrucciones de Samuel, pero aun así Samuel
no llegaba. Saúl se dio cuenta de que sus tropas habían co-
menzado a desertar, 9de modo que ordenó: «¡Tráiganme
la ofrenda quemada y las ofrendas de paz!». Y Saúl mismo
sacrificó la ofrenda quemada.
10Precisamente cuando Saúl terminaba de sacrificar
la ofrenda quemada, llegó Samuel. Saúl salió a recibirlo,
11pero Samuel preguntó:
—¿Qué has hecho?
Saúl le contestó:
—Vi que mis hombres me abandonaban, y que tú no
llegabas cuando prometiste, y que los filisteos ya están en
Micmas, listos para la batalla. 12Así que dije: "¡Los filisteos
están listos para marchar contra nosotros en Gilgal, y yo
ni siquiera he pedido ayuda al SEÑOR!". De manera que
me vi obligado a ofrecer yo mismo la ofrenda quemada
antes de que tú llegaras.
13—¡Qué tontería! —exclamó Samuel—. No obedeciste
al mandato que te dio el SEÑOR tu Dios. Si lo hubieras
obedecido, el SEÑOR habría establecido tu reinado sobre
Israel para siempre. 14Pero ahora tu reino tiene que termi-
nar, porque el SEÑOR ha buscado a un hombre conforme a
su propio corazón. El SEÑOR ya lo ha nombrado para ser
líder de su pueblo, porque tú no obedeciste el mandato
del SEÑOR.

Desventaja militar de Israel

15Después Samuel salió de Gilgal y siguió su camino,
pero el resto de las tropas fue con Saúl a encontrarse con
el ejército. De Gilgal subieron a Guibeá en la tierra de
Benjamín.* Cuando Saúl contó los hombres que todavía
estaban con él, ¡descubrió que solo quedaban seiscientos!
16Saúl, Jonatán y las tropas acampaban en Geba, en la
tierra de Benjamín; mientras que los filisteos levantaron
su campamento en Micmas. 17Tres destacamentos de
asalto pronto salieron del campamento de los filisteos.
Uno fue al norte hacia Ofra, en la tierra de Sual; 18otro
fue al occidente, a Bet-horón, y el tercero avanzó hacia
la frontera sobre el valle de Seboim, cerca del desierto.
19No había herreros en la tierra de Israel en esos días.
Los filisteos no los permitían, por miedo a que forjaran es-
padas y lanzas para los hebreos. 20Entonces cada vez que
los israelitas necesitaban afilar sus rejas de arado, picos,
hachas y hoces,* tenían que llevarlos a un herrero filisteo.
21Lo que cobraban era lo siguiente: ocho gramos* de plata
por afilar una reja de arado o un pico, y cuatro gramos*
por afilar un hacha o hacer la punta de una aguijada para
bueyes. 22Por eso el día de la batalla, nadie del pueblo de
Israel tenía espada o lanza, excepto Saúl y Jonatán.
23El paso de Micmas, mientras tanto, había sido ase-
gurado por un contingente del ejército filisteo.

Plan intrépido de Jonatán

14 Cierto día, Jonatán le dijo a su escudero: «Ven,
vamos a donde está la avanzada de los filisteos».
Pero Jonatán no le dijo a su padre lo que pensaba hacer.
2Mientras tanto, Saúl y sus seiscientos hombres
acamparon en las afueras de Guibeá alrededor del árbol
de granadas* de Migrón. 3Entre los hombres de Saúl
estaba Ahías, el sacerdote, que vestía el efod, el chaleco
sacerdotal. Ahías era hijo de Ahitob, hermano de Icabod,

***Notas textuales** **13:1a** Así aparece en unos cuantos manuscritos griegos; el número no se encuentra en el hebreo. **13:1b** En hebreo *reinó [...] y dos*; el número está incompleto en hebreo. Comparar con Hch 13:21. **13:5** Así aparece en la versión griega y en la siríaca; en hebreo dice *30.000.* **13:15** Así aparece en la versión griega; en hebreo dice *Después Samuel salió de Gilgal y fue a Guibeá en la tierra de Benjamín.* **13:20** Así aparece en la versión griega; en hebreo dice *y rejas de arado.* **13:21a** En hebreo *un pim* [0,25 onzas]. **13:21b** En hebreo *⅓ [de siclo]* [0,13 onzas]. **14:2** O *alrededor de la roca de Rimón*; comparar Jc 20:45, 47; 21:13.

Referencias cruzadas **12:22** 1 P 2:9 **13:2** 1 Sm 10:26 **13:3** Jc 3:27 **13:5** Jos 11:4 **13:14** Hch 13:22 **13:16** Jos 18:24

hijo de Finees, hijo de Elí, sacerdote del Señor que había
servido en Silo.
Nadie se dio cuenta de que Jonatán había dejado el
campamento israelita. 4Para llegar al puesto de avanzada
de los filisteos, Jonatán tuvo que descender de entre dos
peñascos llamados Boses y Sene. 5Un peñasco estaba al
norte, frente a Micmas; el otro estaba al sur, delante de
Geba.
6—Crucemos hasta la avanzada de esos paganos —le
dijo Jonatán a su escudero—. Tal vez el Señor nos ayude,
porque nada puede detener al Señor. ¡Él puede ganar la
batalla ya sea que tenga muchos guerreros o solo unos
cuantos!
7—Haz lo que mejor te parezca —respondió el escu-
dero—. Estoy contigo, decidas lo que decidas.
8—Muy bien —le dijo Jonatán—. Cruzaremos y dejare-
mos que nos vean. 9Si nos dicen: "Quédense donde están
o los mataremos", entonces nos detendremos y no subi-
remos hacia ellos. 10Pero si nos dicen: "Suban y peleen",
entonces subiremos. Esa será la señal del Señor de que
nos ayudará a derrotarlos.
11Cuando los filisteos vieron que se acercaban, grita-
ron: «¡Miren, los hebreos salen de sus escondites!». 12En-
tonces los hombres de la avanzada le gritaron a Jonatán:
«¡Suban aquí y les daremos una lección!».
«Vamos, sube detrás de mí —le dijo Jonatán a su es-
cudero—, ¡porque el Señor nos ayudará a derrotarlos!».
13Así que escalaron usando pies y manos. Entonces los
filisteos caían ante Jonatán, y su escudero mataba a los que
venían por detrás. 14Mataron a unos veinte hombres en
total, y sus cuerpos quedaron dispersos en un espacio de
cuarta hectárea.*
15De repente, el ejército de los filisteos se llenó de pá-
nico, tanto los que estaban en el campamento como los
que estaban en el campo, hasta las avanzadas y los desta-
camentos de asalto. Y en ese preciso momento hubo un
terremoto, y todos quedaron aterrorizados.

Israel derrota a los filisteos

16Entonces los centinelas de Saúl en Guibeá de Benjamín
vieron algo muy extraño: el inmenso ejército filisteo co-
menzó a dispersarse en todas direcciones.* 17«Pasen lista
y averigüen quién falta», ordenó Saúl. Y cuando hicieron
el recuento, descubrieron que Jonatán y su escudero no
estaban.
18Entonces Saúl le gritó a Ahías: «¡Trae el efod aquí!».
Pues en ese tiempo Ahías llevaba puesto el efod delante de
los israelitas.* 19Pero mientras Saúl hablaba con el sacer-
dote, la confusión en el campamento de los filisteos era
cada vez más fuerte. Entonces Saúl le dijo al sacerdote:
«No importa, ¡vamos ya!»*.
20Enseguida Saúl y sus hombres corrieron a la batalla
y encontraron que los filisteos estaban matándose unos a
otros. Había una terrible confusión en todas partes. 21Aun
los hebreos, que anteriormente se habían unido al ejército
filisteo, se rebelaron y se unieron a Saúl, a Jonatán y al
resto de los israelitas. 22De igual manera, los hombres de
Israel que estaban escondidos en la zona montañosa de
Efraín, cuando vieron que los filisteos huían, se unieron a
la persecución. 23Así que en ese día el Señor salvó a Israel,
y la recia batalla se extendió aún más allá de Bet-avén.

Juramento necio de Saúl

24Ahora bien, ese día los hombres de Israel quedaron
agotados porque Saúl los había puesto bajo juramento
diciendo: «Que caiga una maldición sobre cualquiera que
coma antes del anochecer, antes de que me vengue por
completo de mis enemigos». De manera que nadie comió
nada en todo el día, 25aun cuando en el suelo del bosque
todos habían encontrado panales de miel. 26Así que no
se atrevieron a tocar la miel por miedo al juramento que
habían hecho.
27Pero Jonatán no había escuchado la orden de su
padre, y metió la punta de su vara en un panal y comió la
miel. Después de haberla comido, cobró nuevas fuerzas.*
28Pero uno de los hombres lo vio y le dijo:
—Tu padre obligó al ejército que hiciera un juramento
estricto que cualquiera que comiera algún alimento hoy
sería maldito. Por eso todos están cansados y desfallecidos.
29—¡Mi padre nos ha creado dificultades a todos!
—exclamó Jonatán—. Una orden como esa solo puede
causarnos daño. ¡Miren cómo he cobrado nuevas fuer-
zas después de haber comido un poco de miel! 30Si a los
hombres se les hubiera permitido comer libremente del
alimento que encontraran entre nuestros enemigos, ¡ima-
gínese a cuántos filisteos más habríamos podido matar!
31Así que los israelitas persiguieron y mataron a los
filisteos todo el día desde Micmas hasta Ajalón, pero los
soldados iban debilitándose. 32Esa noche se apresuraron
a echar mano del botín y mataron ovejas, cabras, ganado
y becerros, pero los comieron sin escurrirles la sangre.
33Entonces alguien le informó a Saúl:
—Mira, los hombres están pecando contra el Señor al
comer carne que todavía tiene sangre.
—¡Eso está muy mal! —dijo Saúl—. Busquen una piedra
grande y háganla rodar hasta aquí. 34Luego vayan entre
las tropas y díganles: "Tráiganme el ganado, las ovejas y
las cabras. Mátenlos aquí y escúrranles la sangre antes de
comérselos. No pequen contra el Señor al comer carne
que aún tiene sangre".
Así que esa noche las tropas llevaron sus animales y los
mataron allí. 35Luego Saúl construyó un altar al Señor;
fue el primer altar que él le construyó al Señor.
36Después Saúl dijo:
—Persigamos a los filisteos toda la noche y saquee-
mos sus bienes hasta el amanecer. Destruyamos hasta
el último hombre.
Sus hombres respondieron:
—Haremos lo que mejor te parezca.
Pero el sacerdote dijo:
—Primero consultemos a Dios.
37Entonces Saúl le preguntó a Dios:
—¿Debemos perseguir a los filisteos? ¿Nos ayudarás
a derrotarlos?
Pero Dios no respondió ese día.
38Entonces Saúl les dijo a los líderes:
—¡Algo anda mal! Que vengan aquí todos los coman-
dantes de mi ejército. Debemos descubrir qué pecado se

***Notas textuales** **14:14** En hebreo *de media yugada*; una «yugada» era la cantidad de terreno que una yunta de bueyes podía arar en un día. **14:16** Así aparece en la versión griega; en hebreo dice *dispersarse, y fueron y aquí*. **14:18** Así aparece en algunos manuscritos griegos; en hebreo dice *«Trae el arca de Dios». Pues en ese tiempo el arca de Dios estaba con los israelitas.* **14:19** En hebreo *Retira tu mano.* **14:27** O *sus ojos se iluminaron*; similar en 14:29.

Referencias cruzadas **14:10** Gn 24:14 **14:23** Ex 14:30 **14:38** Jos 7:10-12 ha cometido hoy. [39]Juro por el nombre del SEÑOR, quien rescató a Israel, que el pecador morirá, ¡aun si fuera mi propio hijo Jonatán!

Pero nadie se atrevía a decirle cuál era el problema.

[40]Entonces Saúl dijo:

—Jonatán y yo nos pondremos aquí, y todos ustedes se pondrán allá.

Y el pueblo respondió a Saúl:

—Lo que mejor te parezca.

[41]Entonces Saúl oró:

—Oh SEÑOR, Dios de Israel, por favor, muéstranos quién es culpable y quién es inocente.*

Entonces hicieron un sorteo sagrado, y Jonatán y Saúl fueron señalados como los culpables, y los demás declarados inocentes.

[42]Después dijo Saúl:

—Ahora hagan otro sorteo para señalar si es Jonatán o soy yo.

Entonces, Jonatán fue indicado como el culpable.

[43]—Dime lo que has hecho —le preguntó Saúl a Jonatán.

—Probé un poco de miel —admitió Jonatán—. Fue solo un poco en la punta de mi vara. ¿Merece eso la muerte?

[44]—Sí, Jonatán —dijo Saúl—, ¡debes morir! Que Dios me castigue e incluso me mate si no mueres por esto.

[45]Pero la gente intervino y le dijo a Saúl:

—Jonatán ganó esta gran victoria para Israel. ¿Debe morir? ¡De ningún modo! Tan cierto como que el SEÑOR vive, que ni un solo cabello de su cabeza será tocado, porque hoy Dios lo ayudó a hacer esta gran proeza.

De modo que la gente salvó a Jonatán de la muerte.

[46]Entonces Saúl llamó a su ejército y no persiguieron más a los filisteos, y los filisteos volvieron a sus casas.

¡Respuestas Bíblicas! 49 ¿Por qué Jonatán iba a morir por comer miel?

14:31-45 Jonatán era el hijo de Saúl. Saúl hizo prometer a su ejército que no comieran nada en todo el día. Jonatán no sabía esto, y comió algo de miel. Saúl estaba listo para condenar a Jonatán a muerte, pero sus hombres no dejaron que esto sucediera.

Victorias militares de Saúl

[47]Cuando Saúl aseguró su posición de rey sobre Israel, peleó contra sus enemigos en todas las direcciones: contra Moab, Amón, Edom, los reyes de Soba y los filisteos. Y dondequiera que iba, obtenía la victoria.* [48]Realizó grandes proezas y conquistó a los amalecitas y así salvó a Israel de todos aquellos que lo habían saqueado.

[49]Los hijos de Saúl eran Jonatán, Is-boset* y Malquisúa. También tuvo dos hijas, Merab, la mayor, y Mical. [50]La esposa de Saúl era Ahinoam, la hija de Ahimaas. El comandante del ejército de Saúl era Abner, hijo de Ner, tío de Saúl. [51]Cis, el padre de Saúl, y Ner, el padre de Abner, eran hijos de Abiel.

[52]Los israelitas pelearon constantemente con los filisteos durante toda la vida de Saúl. Así que cada vez que Saúl veía a un joven fuerte y valiente, lo reclutaba en su ejército.

Saúl derrota a los amalecitas

15 Cierto día, Samuel le dijo a Saúl: «Fue el SEÑOR quien me dijo que te ungiera como rey de su pueblo, Israel. ¡Ahora escucha este mensaje del SEÑOR! [2]Esto es lo que el SEÑOR de los Ejércitos Celestiales ha declarado: "He decidido ajustar cuentas con la nación de Amalec por oponerse a Israel cuando salió de Egipto. [3]Ve ahora y destruye por completo* a toda la nación amalecita: hombres, mujeres, niños, recién nacidos, ganado, ovejas, cabras, camellos y burros"».

[4]Entonces Saúl movilizó a su ejército en Telaim. Eran doscientos mil soldados de Israel y diez mil hombres de Judá. [5]Después Saúl y su ejército fueron a una ciudad de los amalecitas y se pusieron al acecho en el valle. [6]Saúl envió esta advertencia a los ceneos: «Apártense de donde viven los amalecitas o morirán junto con ellos. Pues ustedes fueron bondadosos con el pueblo de Israel cuando salió de Egipto». Así que los ceneos empacaron sus cosas y se fueron.

[7]Luego Saúl mató a los amalecitas desde Havila hasta llegar a Shur, al oriente de Egipto. [8]Capturó a Agag, el rey amalecita, pero destruyó por completo a todos los demás. [9]Saúl y sus hombres le perdonaron la vida a Agag y se quedaron con lo mejor de las ovejas y las cabras, del ganado, de los becerros gordos y de los corderos; de hecho, con todo lo que les atrajo. Solo destruyeron lo que no tenía valor o que era de mala calidad.

¡Respuestas Bíblicas! 50 ¿Por qué Dios se lamentó de que Israel tuviera a Saúl como rey?

15:11 Saúl quería hacer las cosas a su manera y no la de Dios y por eso luego de distintas oportunidades Dios dijo que Saúl no sería más rey. Los líderes del pueblo de Dios deben asegurarse de obedecer a Dios en todo momento.

El SEÑOR rechaza a Saúl

[10]Luego el SEÑOR le dijo a Samuel: [11]«Lamento haber hecho a Saúl rey, porque no me ha sido leal y se ha negado a obedecer mi mandato». Al oírlo, Samuel se conmovió tanto que clamó al SEÑOR durante toda la noche.

[12]Temprano a la mañana siguiente Samuel fue a buscar a Saúl. Alguien le dijo: «Saúl fue a la ciudad de Carmelo a levantar un monumento en su propio honor y después continuó a Gilgal».

[13]Cuando por fin Samuel lo encontró, Saúl lo saludó con alegría.

—Que el SEÑOR te bendiga —le dijo—. Llevé a cabo el mandato del SEÑOR.

[14]—Entonces, ¿qué es todo ese balido de ovejas y cabras, y ese mugido de ganado que oigo? —le preguntó Samuel.

[15]—Es cierto que los soldados dejaron con vida lo mejor de las ovejas, las cabras y el ganado —admitió Saúl—, pero van a sacrificarlos al SEÑOR tu Dios. Hemos destruido todo lo demás.

***Notas textuales** **14:41** La versión griega agrega *Si la falta es mía o de mi hijo Jonatán, responde con Urim; pero si la falta es de los hombres de Israel, responde con Tumin.* **14:47** Así aparece en la versión griega; en hebreo dice *actuaba de manera perversa.* **14:49** En hebreo *Isúi,* una variante de Is-boset; también conocido como Es-baal. **15:3** El término hebreo empleado aquí se refiere a la consagración total de cosas o personas al SEÑOR, ya sea destruyéndolas o entregándolas como ofrenda; similar en 15:8, 9, 15, 18, 20, 21.

Referencias cruzadas **14:48** 1 Sm 15:3, 7 **14:52** 1 Sm 8:11 **15:6** Nm 24:21-22

16 Entonces Samuel le dijo a Saúl:
—¡Basta! ¡Escucha lo que el SEÑOR me dijo anoche!
—¿Qué te dijo? —preguntó Saúl.
17 Y Samuel le dijo:
—Aunque te tengas en poca estima, ¿acaso no eres el
líder de las tribus de Israel? El SEÑOR te ungió como rey
de Israel, 18 te envió en una misión y te dijo: "Ve y destruye
por completo a los pecadores —a los amalecitas— hasta
que todos estén muertos". 19 ¿Por qué no obedeciste al
SEÑOR? ¿Por qué te apuraste a tomar del botín y a hacer
lo que es malo a los ojos del SEÑOR?
20 —¡Pero yo sí obedecí al SEÑOR! —insistió Saúl—.
¡Cumplí la misión que él me encargó! Traje al rey Agag,
pero destruí a todos los demás. 21 Entonces mis tropas
llevaron lo mejor de las ovejas, de las cabras, del ganado
y del botín para sacrificarlos al SEÑOR tu Dios en Gilgal.
22 Pero Samuel respondió:

—¿Qué es lo que más le agrada al SEÑOR:
tus ofrendas quemadas y sacrificios,
o que obedezcas a su voz?
¡Escucha! La obediencia es mejor que el sacrificio,
y la sumisión es mejor que ofrecer la grasa de carneros.
23 La rebelión es tan pecaminosa como la hechicería,
y la terquedad, tan mala como rendir culto a ídolos.
Así que, por cuanto has rechazado el mandato del SEÑOR,
él te ha rechazado como rey.

Saúl implora perdón

24 Entonces Saúl le confesó a Samuel:
—Es cierto, he pecado. He desobedecido tus instruc-
ciones y el mandato del SEÑOR, porque tuve miedo del
pueblo y por eso hice lo que ellos me pidieron. 25 Pero
ahora, por favor, perdona mi pecado y regresa conmigo
para que pueda adorar al SEÑOR.
26 Pero Samuel respondió:
—¡No volveré contigo! Ya que tú rechazaste el mandato
del SEÑOR, él te ha rechazado como rey de Israel.
27 Cuando Samuel se dio vuelta para irse, Saúl trató
de detenerlo y rasgó el borde de su túnica. 28 Entonces
Samuel le dijo:
—Hoy el SEÑOR te ha arrancado el reino de Israel y se lo
ha dado a otro: a uno que es mejor que tú. 29 Y aquel que
es la Gloria de Israel, no mentirá ni cambiará de parecer
porque no es humano para que cambie de parecer.
30 Entonces Saúl volvió a implorar:
—Sé que he pecado. Pero al menos te ruego que me
honres ante los ancianos de mi pueblo y ante Israel al
volver conmigo para que adore al SEÑOR tu Dios.
31 Entonces Samuel por fin accedió y regresó con él, y
Saúl adoró al SEÑOR.

Samuel ejecuta al rey Agag

32 Luego Samuel dijo:
—Tráiganme al rey Agag.
Agag llegó lleno de esperanza, porque pensó: «¡Segu-
ramente ya pasó lo peor, y he sido librado de la muerte!»*.
33 Pero Samuel le dijo:
—Como tu espada ha matado a los hijos de muchas
madres, ahora tu madre se quedará sin hijos.
Y Samuel cortó a Agag en pedazos delante del SEÑOR
en Gilgal.
34 Después Samuel fue a su casa en Ramá, y Saúl re-
gresó a su casa en Guibeá de Saúl. 35 Samuel nunca más
volvió a ver a Saúl, pero lloraba por él constantemente. Y
el SEÑOR se lamentó de haber hecho a Saúl rey de Israel.

Samuel unge a David como rey

16 Ahora bien, el SEÑOR le dijo a Samuel:
—Ya has hecho suficiente duelo por Saúl. Lo he
rechazado como rey de Israel, así que llena tu frasco con
aceite de oliva y ve a Belén. Busca a un hombre llamado
Isaí que vive allí, porque he elegido a uno de sus hijos
para que sea mi rey.
2 Pero Samuel le preguntó:
—¿Cómo puedo hacerlo? Si Saúl llega a enterarse, me
matará.
—Lleva contigo una novilla —le contestó el SEÑOR—
y di que has venido para ofrecer un sacrificio al SEÑOR.
3 Invita a Isaí al sacrificio, y te mostraré a cuál de sus hijos
ungirás para mí.
4 Así que Samuel hizo como el SEÑOR le indicó. Cuando
llegó a Belén, los ancianos del pueblo salieron a su en-
cuentro temblando.
—¿Qué pasa? —le preguntaron—. ¿Vienes en son de
paz?
5 —Sí —contestó Samuel—, vine para ofrecer un sacrifi-
cio al SEÑOR. Purifíquense y vengan conmigo al sacrificio.
Luego Samuel realizó el rito de purificación para Isaí
y sus hijos y también los invitó al sacrificio.
6 Cuando llegaron, Samuel se fijó en Eliab y pensó:
«¡Seguramente este es el ungido del SEÑOR!».
7 Pero el SEÑOR le dijo a Samuel:
—No juzgues por su apariencia o por su estatura, por-
que yo lo he rechazado. El SEÑOR no ve las cosas de la
manera en que tú las ves. La gente juzga por las aparien-
cias, pero el SEÑOR mira el corazón.
8 Entonces Isaí le dijo a su hijo Abinadab que caminara
delante de Samuel. Pero Samuel dijo:
—Este no es el que el SEÑOR ha elegido.
9 Después Isaí llamó a Simea,* pero Samuel dijo:
—Tampoco es este a quien el SEÑOR ha elegido.
10 De la misma manera, Isaí le presentó sus siete hijos
a Samuel. Pero Samuel le dijo:
—El SEÑOR no ha elegido a ninguno de ellos.
11 Después Samuel preguntó:
—¿Son estos todos los hijos que tienes?
—Queda todavía el más joven —contestó Isaí—. Pero
está en el campo cuidando las ovejas y las cabras.
—Manda llamarlo de inmediato —dijo Samuel—. No
nos sentaremos a comer hasta que él llegue.
12 Entonces Isaí mandó a buscarlo. El joven era tri-
gueño y apuesto, y de hermosos ojos.
Y el SEÑOR dijo:
—Este es, úngelo.
13 Al estar David de pie entre sus hermanos, Samuel
tomó el frasco de aceite de oliva que había traído y ungió
a David con el aceite. Y el Espíritu del SEÑOR vino con

***Notas textuales** **15:32** Los Rollos del mar Muerto y la versión griega dicen *Agag llegó dudando, porque pensó: «Seguramente esta es la amargura de la muerte».* **16:9** En hebreo *Sama,* una variante del nombre Simea; comparar con 1 Cr 2:13; 20:7.

Referencias cruzadas **15:22** Mc 12:33 **15:35** 1 Sm 19:24

gran poder sobre David a partir de ese día. Luego Samuel regresó a Ramá.

David sirve en la corte de Saúl

14Ahora bien, el Espíritu del Señor se había apartado de Saúl, y el Señor envió un espíritu atormentador.*

15Algunos de los siervos de Saúl le dijeron:

—Un espíritu atormentador de parte de Dios te está afligiendo. 16Busquemos a un buen músico para que toque el arpa cada vez que el espíritu atormentador te aflija. Tocará música relajante, y dentro de poco estarás bien.

17—Me parece bien —dijo Saúl—. Búsquenme a alguien que toque bien y tráiganlo aquí.

18Entonces un siervo le dijo a Saúl:

—Uno de los hijos de Isaí de Belén tiene mucho talento para tocar el arpa. No solo eso, es un guerrero valiente, un hombre de guerra y de buen juicio. También es un joven bien parecido y el Señor está con él.

19Entonces Saúl mandó mensajeros a Isaí para decirle: «Envíame a tu hijo David, el pastor». 20Isaí hizo caso y envió a su hijo David a Saúl, junto con un cabrito, un burro cargado de pan y un cuero lleno de vino.

21Así que David llegó a donde estaba Saúl y quedó a su servicio. Saúl llegó a apreciar mucho a David, y el joven se convirtió en su escudero.

22Luego Saúl mandó un recado a Isaí con una petición: «Por favor, permite que David quede a mi servicio, porque me simpatiza mucho».

23Y cada vez que el espíritu atormentador de parte de Dios afligía a Saúl, David tocaba el arpa. Entonces Saúl se sentía mejor, y el espíritu atormentador se iba.

Goliat desafía a los israelitas

17 Los filisteos reunieron su ejército para la batalla y acamparon en Efes-damim, que queda entre Soco en Judá y Azeca. 2Saúl respondió reuniendo a las tropas israelitas cerca del valle de Ela. 3De modo que los filisteos y los israelitas quedaron frente a frente en montes opuestos, separados por el valle.

4Luego Goliat, un campeón filisteo de Gat, salió de entre las filas de los filisteos para enfrentarse a las fuerzas de Israel. ¡Medía casi tres metros* de altura! 5Llevaba un casco de bronce y su cota de malla, hecha de bronce, pesaba cincuenta y siete kilos.* 6También tenía puestos protectores de bronce en las piernas y llevaba una jabalina de bronce sobre el hombro. 7El asta de su lanza era tan pesada y gruesa como un rodillo de telar, con una punta de hierro que pesaba casi siete kilos.* Su escudero iba delante de él.

8Entonces Goliat se detuvo y gritó mofándose de los israelitas: «¿Por qué salen todos ustedes a pelear? Yo soy el campeón filisteo, pero ustedes no son más que siervos de Saúl. ¡Elijan a un hombre para que venga aquí a pelear conmigo! 9Si me mata, entonces seremos sus esclavos; pero si yo lo mato a él, ¡ustedes serán nuestros esclavos! 10¡Hoy desafío a los ejércitos de Israel! ¡Envíenme a un hombre que me enfrente!». 11Cuando Saúl y los israelitas lo escucharon, quedaron aterrados y profundamente perturbados.

Isaí envía a David al campamento de Saúl

12Ahora bien, David era hijo de un hombre llamado Isaí, un efrateo de Belén, en la tierra de Judá. En ese tiempo Isaí era anciano y tenía ocho hijos. 13Sus tres hijos mayores —Eliab, Abinadab y Simea*— ya se habían unido al ejército de Saúl para pelear contra los filisteos. 14David era el menor de los hijos. Sus tres hermanos mayores se quedaron con el ejército de Saúl, 15pero David iba y venía para ayudar a su padre con las ovejas en Belén.

16Durante cuarenta días, cada mañana y cada tarde, el campeón filisteo se paseaba dándose aires delante del ejército israelita.

17Un día, Isaí le dijo a David: «Toma esta canasta* de grano tostado y estos diez panes, y llévaselos de prisa a tus hermanos. 18Y dale estos diez pedazos de queso a su capitán. Averigua cómo están tus hermanos y tráeme un informe de cómo les va*». 19Los hermanos de David estaban con Saúl y el ejército israelita en el valle de Ela, peleando contra los filisteos.

20Así que temprano a la mañana siguiente, David dejó las ovejas al cuidado de otro pastor y salió con los regalos, como Isaí le había indicado. Llegó al campamento justo cuando el ejército de Israel salía al campo de batalla dando gritos de guerra. 21Poco tiempo después las fuerzas israelitas y filisteas quedaron frente a frente, ejército contra ejército. 22David dejó sus cosas con el hombre que guardaba las provisiones y se apresuró a ir hacia las filas para saludar a sus hermanos. 23Mientras hablaba con ellos, Goliat, el campeón filisteo de Gat, salió de entre las tropas filisteas. En ese momento, David lo escuchó gritar sus ya acostumbradas burlas al ejército de Israel.

24Tan pronto como las tropas israelitas lo vieron, comenzaron a huir espantadas.

25—¿Ya vieron al gigante? —preguntaban los hombres—. Sale cada día a desafiar a Israel. El rey ha ofrecido una enorme recompensa a cualquiera que lo mate. ¡A ese hombre le dará una de sus hijas como esposa y toda su familia quedará exonerada de pagar impuestos!

26David les preguntó a los soldados que estaban cerca de él:

—¿Qué recibirá el hombre que mate al filisteo y ponga fin a su desafío contra Israel? Y a fin de cuentas, ¿quién es este filisteo pagano, al que se le permite desafiar a los ejércitos del Dios viviente?

27Estos hombres le dieron a David la misma respuesta. Le dijeron:

—Efectivamente, esa es la recompensa por matarlo.

28Pero cuando Eliab, el hermano mayor de David, lo oyó hablar con los hombres, se enojó.

—¿Qué estás haciendo aquí? —le reclamó—. ¿Qué pasó con esas pocas ovejas que se supone que deberías estar cuidando? Conozco tu orgullo y tu engaño. ¡Solo quieres ver la batalla!

29—¿Qué hice ahora? —contestó David—. ¡Solo hacía una pregunta!

30Entonces caminó hacia otros y les preguntó lo mismo, y recibió la misma respuesta. 31Entonces le contaron a Saúl la pregunta de David, y el rey mandó llamarlo.

***Notas textuales** **16:14** O *un espíritu maligno*; también en 16:15, 16, 23. **17:4** En hebreo *6 codos y 1 palmo* [un total de 3 metros o 9,75 pies]; la versión griega y los Rollos del mar Muerto dicen *4 codos y 1 palmo* [un total de 2 metros o 6,75 pies]. **17:5** En hebreo *5000 siclos* [125 libras]. **17:7** En hebreo *600 siclos* [15 libras]. **17:13** En hebreo *Sama*, una variante del nombre Simea; comparar 1 Cr 2:13; 20:7. **17:17** En hebreo *un efa* [22 litros o 20 cuartos]. **17:18** En hebreo *y trae una prenda.*

Referencias cruzadas **16:13** 1 Sm 11:6 **16:14** 1 Sm 18:10-12 **17:12** Rt 4:18-22 **17:25** 1 Sm 18:17

David mata a Goliat

32—No se preocupe por este filisteo —le dijo David a Saúl—. ¡Yo iré a pelear contra él!

33—¡No seas ridículo! —respondió Saúl—. ¡No hay forma de que tú puedas pelear contra ese filisteo y ganarle! Eres tan solo un muchacho, y él ha sido un hombre de guerra desde su juventud.

34Pero David insistió:

—He estado cuidando las ovejas y las cabras de mi padre. Cuando un león o un oso viene para robar un cordero del rebaño, 35yo lo persigo con un palo y rescato el cordero de su boca. Si el animal me ataca, lo tomo de la quijada y lo golpeo hasta matarlo. 36Lo he hecho con leones y con osos, y lo haré también con este filisteo pagano, ¡porque ha desafiado a los ejércitos del Dios viviente! 37¡El mismo SEÑOR que me rescató de las garras del león y del oso me rescatará de este filisteo!

Así que Saúl por fin accedió:

—Está bien, adelante. ¡Y que el SEÑOR esté contigo!

38Después Saúl le dio a David su propia armadura: un casco de bronce y una cota de malla. 39David se los puso, se ciñó la espada y probó dar unos pasos porque nunca antes se había vestido con algo semejante.

—No puedo andar con todo esto —le dijo a Saúl—. No estoy acostumbrado a usarlo.

Así que David se lo quitó. 40Tomó cinco piedras lisas de un arroyo y las metió en su bolsa de pastor. Luego, armado únicamente con su vara de pastor y su honda, comenzó a cruzar el valle para luchar contra el filisteo.

41Goliat caminaba hacia David con su escudero delante de él, 42mirando con desdén al muchacho de mejillas sonrosadas.

43—¿Soy acaso un perro —le rugió a David— para que vengas contra mí con un palo?

Y maldijo a David en nombre de sus dioses.

44—¡Ven aquí, y les daré tu carne a las aves y a los animales salvajes! —gritó Goliat.

45David le respondió al filisteo:

—Tú vienes contra mí con espada, lanza y jabalina, pero yo vengo contra ti en nombre del SEÑOR de los Ejércitos Celestiales, el Dios de los ejércitos de Israel, a quien tú has desafiado. 46Hoy el SEÑOR te conquistará, y yo te mataré y te cortaré la cabeza. Y luego daré los cadáveres de tus hombres a las aves y a los animales salvajes, ¡y todo el mundo sabrá que hay un Dios en Israel! 47Todos los que están aquí reunidos sabrán que el SEÑOR rescata a su pueblo, pero no con espada ni con lanza. ¡Esta es la batalla del SEÑOR, y los entregará a ustedes en nuestras manos!

48Cuando Goliat se acercó para atacarlo, David fue corriendo para enfrentarse con él. 49Metió la mano en su bolsa de pastor, sacó una piedra, la lanzó con su honda y golpeó al filisteo en la frente. La piedra se le incrustó allí y Goliat se tambaleó y cayó de cara al suelo.

50Así David triunfó sobre el filisteo con solo una honda y una piedra, porque no tenía espada. 51Después David corrió y sacó de su vaina la espada de Goliat y la usó para matarlo y cortarle la cabeza.

Israel derrota a los filisteos

Cuando los filisteos vieron que su campeón estaba muerto, se dieron la vuelta y huyeron. 52Así que los hombres de Israel y Judá dieron un gran grito de triunfo y corrieron tras los filisteos, persiguiéndolos tan lejos como Gat* y hasta las puertas de Ecrón. Los cuerpos de los filisteos muertos y heridos estuvieron esparcidos a lo largo del camino de Saaraim, hasta Gat y Ecrón. 53Luego el ejército de Israel regresó y saqueó el campamento abandonado de los filisteos. 54(David llevó la cabeza del filisteo a Jerusalén, pero guardó la armadura en su propia carpa).

55Al observar a David pelear contra el filisteo, Saúl le preguntó a Abner, el comandante de su ejército:

—Abner, ¿quién es el padre de este muchacho?

—En realidad no lo sé —declaró Abner.

56—Bueno, ¡averigua quién es! —le dijo el rey.

57Tan pronto como David regresó de matar a Goliat, Abner lo llevó ante Saúl con la cabeza del filisteo todavía en la mano.

58—Dime quién es tu padre, muchacho —le dijo Saúl.

—Su nombre es Isaí, y vivimos en Belén —contestó David.

Saúl tiene celos de David

18 Después de que David terminó de hablar con Saúl, conoció a Jonatán, el hijo del rey. De inmediato se creó un vínculo entre ellos, pues Jonatán amó a David como a sí mismo. 2A partir de ese día Saúl mantuvo a David con él y no lo dejaba volver a su casa. 3Jonatán hizo un pacto solemne con David, porque lo amaba tanto como a sí mismo. 4Para sellar el pacto quitó su manto y se lo dio a David junto con su túnica, su espada, su arco y su cinturón.

5Todo lo que Saúl le pedía a David que hiciera, él lo hacía con éxito. Como resultado, Saúl lo hizo comandante sobre los hombres de guerra, un nombramiento que fue bien recibido tanto por el pueblo como por los oficiales de Saúl.

6Cuando el ejército de Israel regresaba triunfante después que David mató al filisteo, mujeres de todas las ciudades de Israel salieron para recibir al rey Saúl. Cantaron y danzaron de alegría con panderetas y címbalos.* 7Este era su canto:

«Saúl mató a sus miles,
¡y David, a sus diez miles!».

8Esto hizo que Saúl se enojara mucho. «¿Qué es esto? —dijo—. Le dan crédito a David por diez miles y a mí solamente por miles. ¡Solo falta que lo hagan su rey!». 9Desde ese momento Saúl miró con recelo a David.

10Al día siguiente, un espíritu atormentador* de parte de Dios abrumó a Saúl, y comenzó a desvariar como un loco en su casa. David tocaba el arpa, tal como lo hacía cada día. Pero Saúl tenía una lanza en la mano, 11y de repente se la arrojó a David, tratando de clavarlo en la pared, pero David lo esquivó dos veces.

12Después Saúl tenía miedo de David porque el SEÑOR estaba con David pero se había apartado de él. 13Finalmente lo echó de su presencia y lo nombró comandante sobre mil hombres, y David dirigía fielmente a las tropas en batalla.

14David siguió teniendo éxito en todo lo que hacía porque el SEÑOR estaba con él. 15Cuando Saúl reconoció esto, le tuvo aún más miedo. 16Pero todos en Israel y en

***Notas textuales** **17:52** Así aparece en algunos manuscritos griegos; en hebreo dice *un valle.* **18:6** El tipo de instrumentos representado por la palabra *címbalos* es incierto. **18:10** O *un espíritu maligno.*

Referencias cruzadas **17:46** 2 Re 19:19 **17:50** 1 Sm 25:29 **18:7** 1 Sm 21:11

Judá amaban a David porque tenía tanto éxito al dirigir a sus tropas en batalla.

¡Respuestas Bíblicas! 51 ¿Por qué Saúl estaba celoso de David?

18:8 Todo comenzó con la historia del gigantón Goliat pero luego siguió porque David comenzó a ser un guerrero muy querido por el pueblo. Los ciudadanos de Israel celebraban a David y eso enojó a Saúl y luego comenzó a temerle porque sabía que David obedecía a Dios.

David se casa con la hija de Saúl

17Cierto día, Saúl le dijo a David:

—Estoy listo para darte a mi hija mayor, Merab, por esposa. Pero antes deberás demostrar que eres un guerrero de verdad al pelear las batallas del SEÑOR.

Pues Saúl pensó: «Voy a enviar a David contra los filisteos y dejar que ellos lo maten, en vez de hacerlo yo mismo».

18—¿Quién soy yo, y quién es mi familia en Israel para que yo sea el yerno del rey? —exclamó David—. ¡La familia de mi padre no es nadie!

19Así que,* cuando llegó el momento para que Saúl le diera su hija Merab en matrimonio a David, Saúl se la dio a Adriel, un hombre de Mehola.

20Mientras tanto, Mical, otra hija de Saúl, se había enamorado de David, y cuando Saúl se enteró se puso contento. 21«¡Me da otra oportunidad para que los filisteos lo maten!», se dijo Saúl a sí mismo; pero a David le dijo:

—Hoy tienes una segunda oportunidad para llegar a ser mi yerno.

22Después Saúl instruyó a sus siervos para que le dijeran a David: «El rey te aprecia mucho, al igual que nosotros. ¿Por qué no aceptas lo que el rey te ofrece y te conviertes en su yerno?».

23Cuando los hombres de Saúl le dijeron estas cosas a David, él respondió: «¿Cómo puede un hombre pobre y de familia humilde pagar la cantidad requerida para casarse con la hija de un rey?».

24Cuando los hombres de Saúl le informaron al rey, 25él les dijo: «Díganle a David que lo único que quiero que él pague por ella son los prepucios de cien filisteos. Vengarme de mis enemigos es todo lo que realmente quiero». Pero lo que Saúl tenía en mente era que mataran a David en la pelea.

26David estuvo encantado de aceptar la oferta. Antes de que se cumpliera la fecha límite, 27él y sus hombres salieron y mataron a doscientos filisteos. Así que David cumplió con el requisito del rey entregándole los prepucios de ellos. Entonces Saúl le entregó a su hija Mical por esposa.

28Cuando Saúl se dio cuenta de que el SEÑOR estaba con David, y cuánto su hija Mical lo amaba, 29le tuvo aún más miedo y quedó como enemigo de David por el resto de su vida.

30Cada vez que los comandantes filisteos atacaban, David tenía más éxito en contra de ellos que todos los demás oficiales de Saúl; por eso el nombre de David llegó a ser muy famoso.

Saúl intenta matar a David

19 Saúl les dijo a sus siervos y a su hijo Jonatán que asesinaran a David; pero Jonatán, debido a su profundo cariño por David, 2le contó acerca de los planes de su padre. «Mañana por la mañana —lo previno—, deberás encontrar un lugar donde esconderte en el campo. 3Yo le pediré a mi padre que vaya allí conmigo y le hablaré de ti. Luego te informaré todo lo que pueda averiguar».

4A la mañana siguiente, Jonatán habló con su padre acerca de David, diciéndole muchas cosas buenas de él.

—El rey no debe pecar contra su siervo David —le dijo Jonatán—. Él nunca ha hecho nada para dañarte. Siempre te ha ayudado en todo lo que ha podido. 5¿Te has olvidado de aquella vez cuando arriesgó su vida para matar al gigante filisteo y de cómo el SEÑOR le dio, como resultado, una gran victoria a Israel? Ciertamente estabas muy contento en aquel entonces. ¿Por qué habrías de matar a un hombre inocente como David? ¡No hay ningún motivo en absoluto!

6Así que Saúl escuchó a Jonatán y juró:

—Tan cierto como que el SEÑOR vive, David no será muerto.

7Después Jonatán llamó a David y le contó lo que había sucedido. Luego lo llevó ante Saúl, y David sirvió en la corte igual que antes.

8Entonces la guerra se desató nuevamente, y David dirigió a sus tropas contra los filisteos. Los atacó con tanta furia que todos huyeron.

9Pero cierto día, cuando Saúl estaba sentado en su casa con una lanza en la mano, de repente el espíritu atormentador* de parte del SEÑOR vino sobre él como antes. Mientras David tocaba el arpa, 10Saúl le arrojó su lanza, pero David la esquivó y, dejando la lanza clavada en la pared, huyó y escapó en medio de la noche.

Mical salva la vida de David

11Entonces Saúl mandó tropas para que vigilaran la casa de David. Se les dio la orden de que mataran a David cuando saliera a la mañana siguiente, pero Mical, la esposa de David, le advirtió: «Si no te escapas esta noche, te matarán por la mañana». 12Así que ella lo ayudó a salir por una ventana, y él huyó y escapó. 13Luego ella tomó un ídolo* y lo puso en la cama de su esposo, lo cubrió con mantas y puso un cojín de pelo de cabra sobre la cabeza.

14Cuando las tropas llegaron para arrestar a David, ella les dijo que estaba enfermo y que no podía levantarse de la cama.

15Pero Saúl envió a las tropas de nuevo para prender a David y les ordenó: «¡Tráiganmelo con cama y todo para que lo mate!». 16Pero cuando llegaron para llevarse a David, descubrieron que lo que estaba en la cama era solo un ídolo con un cojín de pelo de cabra en la cabeza.

17—¿Por qué me traicionaste así y dejaste escapar a mi enemigo? —le reprochó Saúl a Mical.

—Tuve que hacerlo —contestó ella—. Me amenazó con matarme si no lo ayudaba.

18Así que David escapó y fue a Ramá para ver a Samuel, y le contó todo lo que Saúl le había hecho. Entonces Samuel llevó a David a vivir con él en Naiot. 19Cuando Saúl se enteró de que David estaba en Naiot de Ramá,

***Notas textuales** **18:19** O *Pero.* **19:9** O *espíritu maligno.* **19:13** En hebreo *terafim*; también en 19:16.

Referencias cruzadas **18:19** Jc 7:22; 2 Sm 21:8 **18:27** 2 Sm 3:14 **19:11** Sal 59:3-4, 6

20envió tropas para capturarlo. Pero cuando llegaron y vieron que Samuel dirigía a un grupo de profetas que estaban profetizando, el Espíritu de Dios vino sobre los hombres de Saúl y ellos también comenzaron a profetizar. 21Cuando Saúl se enteró de lo que había pasado, envió a otras tropas, ¡pero ellos también profetizaron! Lo mismo sucedió por tercera vez. 22Finalmente, Saúl mismo fue a Ramá y llegó al gran pozo en Secú.

—¿Dónde están Samuel y David? —preguntó.

—Están en Naiot de Ramá —le informó alguien.

23Pero camino a Naiot de Ramá, el Espíritu de Dios vino incluso sobre Saúl, ¡y él también comenzó a profetizar por todo el camino hasta Naiot! 24Se quitó la ropa a tirones y quedó desnudo acostado sobre el suelo todo el día y toda la noche, profetizando en presencia de Samuel. La gente que lo vio exclamó: «¿Qué? ¿Hasta Saúl es profeta?».

Jonatán ayuda a David

20 En ese momento David huyó de Naiot de Ramá y encontró a Jonatán.

—¿Qué he hecho? —exclamó—. ¿Cuál es mi delito? ¿Cómo ofendí a tu padre para que esté tan decidido a matarme?

2—¡No es cierto! —contestó Jonatán—. No vas a morir. Mi padre siempre me cuenta todo lo que piensa hacer, aun las cosas más pequeñas. Sé que mi padre no me ocultaría algo como esto. ¡Sencillamente no es cierto!

3Entonces David hizo un juramento delante de Jonatán y le dijo:

—Tu padre sabe perfectamente bien acerca de nuestra amistad, por lo tanto, se dijo a sí mismo: "No le diré nada a Jonatán, ¿para qué lastimarlo?". ¡Pero te juro que estoy a solo un paso de la muerte! ¡Te lo juro por el Señor y por tu propia alma!

4—Dime cómo puedo ayudarte —exclamó Jonatán.

5—Mañana celebraremos el festival de luna nueva —respondió David—. Siempre he comido con el rey en esa ocasión, pero mañana me esconderé en el campo y me quedaré allí hasta la tarde del tercer día. 6Si tu padre pregunta dónde estoy, dile que pedí permiso para ir a mi casa en Belén para un sacrificio anual que celebra mi familia. 7Si él dice: "¡Está bien!", sabrás que todo realmente está bien; pero si se enoja y pierde los estribos, sabrás que está decidido a matarme. 8Muéstrame la lealtad de quien juró ser mi amigo —porque hicimos un pacto solemne delante del Señor— o mátame tú mismo si he pecado contra tu padre. ¡Pero te ruego que no me traiciones entregándome a él!

9—¡Jamás! —exclamó Jonatán—. Tú sabes que si tuviera la menor idea de que mi padre pensara matarte, te lo diría de inmediato.

10Entonces David le preguntó:

—¿Cómo podré saber si tu padre está enojado o no?

11—Ven al campo conmigo —le respondió Jonatán.

Entonces salieron juntos al campo 12y Jonatán le dijo a David:

—Te prometo por el Señor, Dios de Israel, que para mañana a esta hora, o a más tardar, pasado mañana, hablaré con mi padre e inmediatamente te haré saber qué piensa acerca de ti. Si él habla bien de ti, te lo haré saber. 13Pero si está enojado y quiere matarte, que el Señor me castigue y aun me mate si no te advierto para que puedas escapar y vivir. Que el Señor esté contigo como antes estaba con mi padre. 14Y que tú me trates con el fiel amor del Señor mientras yo viva. Pero si muero, 15trata a mi familia con este fiel amor, aun cuando el Señor elimine a todos tus enemigos de la faz de la tierra.

16Entonces Jonatán hizo un pacto solemne con David* diciendo:

—¡Que el Señor destruya a todos tus enemigos!

17Y Jonatán hizo que David reafirmara su voto de amistad, porque amaba a David tanto como a sí mismo.

18Después Jonatán dijo:

—Mañana celebramos el festival de luna nueva. Te extrañarán cuando vean que tu lugar a la mesa está desocupado. 19Pasado mañana, al atardecer, ve al lugar donde antes te escondiste y espera allí junto al montón de piedras.* 20Yo saldré y dispararé tres flechas hacia un lado del montón de piedras, como si estuviera disparándole a un blanco. 21Enseguida enviaré a un niño para que me traiga las flechas. Si oyes que le digo: "Están de este lado", entonces sabrás, tan cierto como que el Señor vive, que todo está bien y que no hay ningún problema. 22Pero si le digo: "Ve más lejos, las flechas están más adelante", significará que tendrás que irte de inmediato, porque es el Señor quien desea que te vayas. 23Y que el Señor nos haga cumplir las promesas que nos hicimos el uno al otro, porque él fue testigo de ellas.

24Entonces David se escondió en el campo. Cuando comenzó el festival de luna nueva, el rey se sentó a comer 25en su lugar de siempre, contra la pared, con Jonatán sentado enfrente* y Abner a su lado. Pero el lugar de David estaba desocupado. 26Ese día Saúl no dijo nada acerca de ello, pero pensó: «Algo debe haber hecho que David quedara ceremonialmente impuro». 27Pero cuando el lugar de David siguió desocupado al día siguiente, Saúl le preguntó a Jonatán:

—¿Por qué el hijo de Isaí no vino a comer ni ayer ni hoy?

28Jonatán le contestó:

—David me rogó que lo dejara ir a Belén. 29Me dijo: "Por favor, déjame ir, porque mi familia celebrará un sacrificio. Mi hermano me exigió que estuviera presente. Así que te ruego que me dejes ir a ver a mis hermanos". Por eso no está a la mesa del rey.

30Entonces Saúl se puso muy furioso con Jonatán.

—¡Tú, estúpido hijo de prostituta!* —lo maldijo—. ¿Acaso piensas que no sé que tú quieres que él sea rey en lugar de ti, para vergüenza tuya y de tu madre? 31Mientras ese hijo de Isaí esté vivo, jamás serás rey. ¡Ahora ve y búscalo para que lo mate!

32—¿Pero por qué tiene que morir? —le preguntó Jonatán a su padre—. ¿Qué ha hecho?

33Entonces Saúl le arrojó su lanza a Jonatán con la intención de matarlo. Por fin Jonatán se dio cuenta de que su padre realmente había decidido matar a David.

34Así que Jonatán dejó la mesa enfurecido y se negó a comer durante ese segundo día del festival, porque estaba destrozado por la vergonzosa conducta de su padre hacia David.

35A la mañana siguiente, como habían acordado, Jonatán salió al campo acompañado por un muchachito para que le recogiera las flechas. 36«Comienza a correr —le dijo al niño— para que puedas encontrar las flechas mientras las voy disparando». Entonces el niño corrió y Jonatán

***Notas textuales** **20:16** En hebreo *con la casa de David.* **20:19** En hebreo *junto a la piedra Ezel.* El significado del hebreo es incierto. **20:25** Así aparece en la versión griega; en hebreo dice *con Jonatán de pie.* **20:30** En hebreo *Tú, hijo de mujer perversa y rebelde.*

Referencias cruzadas **19:24** 2 Sm 6:20 **20:3** Dt 6:13 **20:26** Lv 7:20-21

disparó una flecha más allá de donde estaba el muchacho.
37Cuando el niño casi llegaba a donde estaba la flecha, Jo-
natán gritó: «La flecha está más adelante. 38Rápido, apre-
súrate, no te detengas». Así que con prisa el niño recogió
las flechas y regresó corriendo a su amo. 39El muchacho,
por supuesto, no sospechaba nada; solo Jonatán y David
entendieron la señal. 40Después Jonatán le dio su arco y
sus flechas al niño y le dijo que los regresara a la ciudad.
41En cuanto se fue el niño, David salió de su escondite
cerca del montón de piedras* y se inclinó ante Jonatán
tres veces, rostro en tierra. Mientras se abrazaban y se
despedían, los dos lloraban, especialmente David.
42Finalmente, Jonatán le dijo a David: «Ve en paz, por-
que nos hemos jurado lealtad el uno al otro en el nombre
del SEÑOR. Él es testigo del vínculo que hay entre nosotros
y nuestros hijos para siempre». Después David se fue, y
Jonatán regresó a la ciudad.*

David huye de Saúl

21 1*David fue a la ciudad de Nob para ver al sacer-
dote Ahimelec. Cuando Ahimelec lo vio, se puso
a temblar.
—¿Por qué estás solo? —le preguntó—. ¿Por qué nadie
te acompaña?
2—El rey me envió en un asunto privado —dijo
David—. Me pidió que no le contara a nadie por qué estoy
aquí. Les dije a mis hombres dónde buscarme después.
3Ahora bien, ¿qué hay de comer? Dame cinco panes o
cualquier otra cosa que tengas.
4—No tenemos nada de pan común —respondió el
sacerdote—. Pero aquí está el pan sagrado, el cual pueden
comer si tus jóvenes no se han acostado con alguna mujer
recientemente.
5—No te preocupes —le aseguró David—. Nunca per-
mito que mis hombres estén con mujeres cuando estamos
en plena campaña. Y ya que se mantienen limpios, aun
durante misiones normales, ¡cuánto más en esta!
6Como no había otro alimento disponible, el sacerdote
le dio el pan sagrado: el pan de la Presencia que se ponía
delante del SEÑOR en el tabernáculo. Justo en ese día había
sido reemplazado por pan recién horneado.
7Aquel día estaba allí Doeg el edomita, jefe de los pas-
tores de Saúl, que había sido detenido delante del SEÑOR.*
8David le preguntó a Ahimelec:
—¿Tienes una lanza o una espada? El asunto del rey
era tan urgente que ¡ni siquiera me dio tiempo de tomar
un arma!
9—Solo tengo la espada de Goliat el filisteo, a quien tú
mataste en el valle de Ela —le contestó el sacerdote—. Está
envuelta en una tela detrás del efod. Tómala si quieres,
porque es la única que tengo.
—¡Esta espada es sin igual —respondió David—,
dámela!
10Entonces David escapó de Saúl y fue donde el rey
Aquis de Gat. 11Pero a los oficiales de Aquis no les agra-
daba que David estuviera allí. «¿No es este David, el rey
de la tierra? —preguntaron—. ¿No es este a quien el pueblo
honra con danzas, y canta:

"Saúl mató a sus miles,
y David, a sus diez miles"?».

12David oyó esos comentarios y tuvo mucho miedo
de lo que el rey Aquis de Gat pudiera hacer con él. 13Así
que se hizo pasar por loco, arañando las puertas y dejando
que la saliva escurriera por su barba.
14Finalmente, el rey Aquis le dijo a sus hombres:
—¿Tienen que traerme a un loco? 15¡Ya tenemos su-
ficientes de ellos aquí! ¿Por qué habría de permitir que
alguien como él sea huésped en mi casa?

David en la cueva de Adulam

22 Entonces David salió de Gat y escapó a la cueva de
Adulam. Al poco tiempo sus hermanos y demás
parientes se unieron a él allí. 2Luego, comenzaron a llegar
otros —hombres que tenían problemas o que estaban en-
deudados o que simplemente estaban descontentos—, y
David llegó a ser capitán de unos cuatrocientos hombres.
3Después David se dirigió a Mizpa de Moab, donde le
pidió al rey: «Por favor, permite que mi padre y mi madre
vivan aquí contigo hasta que sepa lo que Dios tiene pen-
sado para mí». 4Así que los padres de David se quedaron
en Moab con el rey durante todo el tiempo que David
vivió en la fortaleza.
5Un día el profeta Gad dijo a David: «Deja la fortaleza y
vuelve a la tierra de Judá». Entonces David fue al bosque
de Haret.
6Las noticias de su llegada a Judá pronto alcanzaron a
Saúl. En ese momento, el rey estaba sentado debajo de un
árbol de tamarisco en la colina de Guibeá, con su lanza en
la mano y rodeado de sus oficiales.
7—¡Escuchen bien, hombres de Benjamín! —les gritó
Saúl a sus oficiales al oír las noticias—. ¿Acaso ese hijo
de Isaí les ha prometido a cada uno de ustedes campos y
viñedos? ¿Les ha prometido a todos hacerlos generales y
capitanes de su ejército*? 8¿Es por eso que han conspirado
contra mí? Pues ninguno de ustedes me avisó cuando mi
propio hijo hizo un pacto solemne con ese hijo de Isaí. Ni
siquiera sienten lástima por mí. ¡Imagínense! ¡Mi propio
hijo incita al hijo de Isaí para que me mate, tal como está
tratando de hacer hoy mismo!
9Entonces Doeg el edomita, que se encontraba entre
los hombres de Saúl, habló:
—Cuando estaba en Nob, vi al hijo de Isaí hablando
con el sacerdote Ahimelec, hijo de Ahitob. 10Ahimelec
consultó al SEÑOR por él. Luego le dio alimento y la espada
de Goliat el filisteo.

Masacre de los sacerdotes

11Entonces el rey Saúl inmediatamente mandó traer a
Ahimelec y a toda su familia, quienes servían como sacer-
dotes en Nob. 12Cuando llegaron, Saúl le gritó:
—¡Escúchame, hijo de Ahitob!
—¿Qué quiere, mi rey? —le preguntó Ahimelec.
13—¿Por qué han conspirado contra mí, tú y ese hijo
de Isaí? —le preguntó Saúl—. ¿Por qué le diste alimento
y una espada? ¿Por qué consultaste a Dios por él? ¿Por
qué lo instigaste a matarme, como está tratando de hacer
hoy mismo?
14—Pero señor —respondió Ahimelec—, ¿hay alguien
entre todos sus siervos que sea tan fiel como su yerno

***Notas textuales** **20:41** Así aparece en la versión griega; en hebreo dice *cerca del borde sur.* **20:42** Esta oración corresponde al 21:1 en el texto hebreo. **21:1** Los versículos del 21:1-15 corresponden al 21:2-16 en el texto hebreo. **21:7** El significado del hebreo es incierto. **22:7** En hebreo *comandantes de miles y comandantes de cientos?*

Referencias cruzadas **21:6** Mt 12:3-4 **22:5** 1 Cr 21:9 **22:10** 1 Sm 21:6 **22:14** 1 Sm 19:4-5; 20:32

David? ¡Él es el capitán de su escolta y un miembro altamente honrado de su casa! 15Por cierto, ¡esta no fue la primera vez que consulté a Dios por él! Que el rey no me acuse a mí y a mi familia de este asunto, porque yo no sabía nada de un complot en contra de usted.

16—¡Ahimelec, ten por seguro que morirás junto con toda tu familia! —gritó el rey.

17Y le ordenó a su escolta:

—¡Maten a estos sacerdotes del Señor, porque son aliados de David y conspiradores con él! ¡Ellos sabían que él huía de mí, pero no me lo dijeron!

Pero los hombres de Saúl se negaron a matar a los sacerdotes del Señor.

18Entonces Saúl le dijo a Doeg:

—Hazlo tú.

Así que ese día Doeg el edomita los atacó y los mató: ochenta y cinco sacerdotes en total que aún llevaban puestas sus vestiduras sacerdotales. 19Después se dirigió a Nob, la ciudad de los sacerdotes, y mató a las familias de los sacerdotes —hombres y mujeres, niños y recién nacidos— y a todo el ganado, burros, ovejas y cabras.

20Solamente Abiatar, uno de los hijos de Ahimelec, escapó y huyó a donde estaba David. 21Cuando le dijo que Saúl había matado a los sacerdotes del Señor, 22David exclamó:

—¡Lo sabía! Cuando vi a Doeg el edomita allí ese día, estaba seguro de que se lo contaría a Saúl. Ahora soy responsable de la muerte de toda la familia de tu padre. 23Quédate aquí conmigo, no tengas miedo; te protegeré con mi propia vida, porque la misma persona quiere matarnos a los dos.

David protege la ciudad de Keila

23 Un día le llegaron noticias a David de que los filisteos estaban en la ciudad de Keila robando el grano de los campos de trillar. 2Entonces David le preguntó al Señor:

—¿Debo ir y atacarlos?

—Sí, ve y salva a Keila —le dijo el Señor.

3Pero los hombres de David le dijeron:

—Tenemos miedo incluso aquí en Judá. ¡De ninguna manera queremos ir a Keila para luchar contra todo el ejército filisteo!

4Así que David consultó de nuevo al Señor, y de nuevo el Señor respondió: «Desciende a Keila, porque yo te ayudaré a conquistar a los filisteos».

5Entonces David y sus hombres fueron a Keila. Mataron a los filisteos, tomaron todos sus animales y rescataron a la gente de la ciudad. 6Cuando Abiatar, hijo de Ahimelec, huyó a donde estaba David en Keila, se llevó consigo el efod.

7Pronto Saúl se enteró de que David estaba en Keila. «¡Excelente! —exclamó—. ¡Ya lo tenemos! Dios me lo entregó en mis manos, porque se ha quedado atrapado en una ciudad amurallada». 8Entonces Saúl movilizó a todo su ejército para marchar hacia Keila y sitiar a David y a sus hombres.

9Pero David se enteró de los planes de Saúl y le dijo a Abiatar el sacerdote que trajera el efod para consultar con el Señor. 10Entonces David oró:

—Oh Señor, Dios de Israel, he oído que Saúl piensa venir a Keila y destruirla porque yo estoy aquí. 11¿Me traicionarán los líderes de Keila y me entregarán a él?* ¿Y de verdad vendrá Saúl, como me han informado? Oh Señor, Dios de Israel, te ruego que me digas.

Y el Señor le dijo:

—Él vendrá.

12De nuevo David preguntó:

—¿Me traicionarán los líderes de Keila a mí y a mis hombres para entregarnos a Saúl?

Y el Señor le contestó:

—Sí, ellos los traicionarán.

David se esconde en el desierto

13Entonces David y sus hombres —ahora cerca de seiscientos— salieron de Keila y comenzaron a deambular por toda la región. Pronto llegó la noticia a Saúl de que David había escapado, por lo que decidió no ir a Keila. 14David se refugió en unas fortalezas que había en el desierto y en la zona montañosa de Zif. Saúl lo perseguía día tras día, pero Dios no permitió que Saúl lo encontrara.

15Un día, cerca de Hores, David recibió la noticia de que Saúl estaba camino a Zif para buscarlo y matarlo. 16Jonatán fue a buscar a David y lo animó a que permaneciera firme en su fe en Dios. 17«No tengas miedo —le aseguró Jonatán—, ¡mi padre nunca te encontrará! Tú vas a ser el rey de Israel, y yo voy a estar a tu lado, como mi padre bien lo sabe». 18Luego los dos renovaron su pacto solemne delante del Señor. Después Jonatán regresó a su casa, mientras que David se quedó en Hores.

19Pero los hombres de Zif fueron a Saúl en Guibeá y traicionaron a David.

—Sabemos dónde se esconde David —le dijeron—. Está en las fortalezas de Hores en la colina de Haquila, que está en la parte sur de Jesimón. 20Descienda cuando esté listo, oh rey, ¡y lo atraparemos y se lo entregaremos!

21—¡Que el Señor los bendiga! —les dijo Saúl—. ¡Por fin alguien se preocupa por mí! 22Vayan y verifiquen dónde se está quedando y quién lo ha visto allí, porque sé que es muy astuto. 23Descubran sus escondites y vuelvan cuando estén seguros. Después yo iré con ustedes. Y si está en la región, lo rastrearé, ¡aunque tenga que buscar en cada escondite de Judá!

24Entonces los hombres de Zif regresaron a su casa antes de que se fuera Saúl.

Mientras tanto, David y sus hombres se trasladaron al desierto de Maón, en el valle de Arabá, al sur de Jesimón. 25Cuando David se enteró de que Saúl y sus hombres lo estaban buscando, se internó aún más en el desierto hasta llegar a la roca grande, y permaneció allí en el desierto de Maón. Pero Saúl andaba tras él en el desierto.

26Saúl y David se encontraban en lados opuestos de una montaña. Justo cuando Saúl y sus hombres comenzaban a cercar a David y a sus hombres, 27le llegó un mensaje urgente al rey que le informaba que los filisteos nuevamente asaltaban a Israel. 28Entonces Saúl dejó de perseguir a David y regresó para luchar contra los filisteos. Desde entonces, el lugar donde David acampó se llama Roca de Escape.* 29*Después David fue a vivir a las fortalezas de En-gadi.

***Notas textuales 23:11** En algunos manuscritos falta la primera oración de 23:11. **23:28** En hebreo *Sela-hamalecot.* **23:29** El versículo 23:29 corresponde al 24:1 en el texto hebreo.

Referencias cruzadas 23:4 Jos 8:7

David perdona la vida de Saúl

24 1*Después de que Saúl regresó de pelear contra
los filisteos, se le informó que David se había ido
al desierto de En-gadi. 2Entonces Saúl escogió a tres mil
soldados selectos de todo Israel y fue en busca de David
y de sus hombres cerca de los peñascos de las cabras
salvajes.
3En el lugar donde el camino pasaba por algunos redi-
les, Saúl entró en una cueva para hacer sus necesidades.
¡Pero resultó que David y sus hombres estaban escondidos
más adentro de esa misma cueva!
4«¡Ahora es tu oportunidad! —los hombres le su-
surraron a David—. Hoy el SEÑOR te dice: "Te aseguro que
pondré a tu enemigo en tu poder, para que hagas con él lo
que desees"». Entonces David se le acercó sigilosamente
y cortó un pedazo del borde del manto de Saúl.
5Pero comenzó a remorderle la conciencia por haber
cortado el manto de Saúl, 6y les dijo a sus hombres: «Que
el SEÑOR me libre de hacerle tal cosa a mi señor el rey. No
debo atacar al ungido del SEÑOR, porque el SEÑOR mismo
lo ha elegido». 7Entonces David contuvo a sus hombres
y no les permitió que mataran a Saúl.

¡Respuestas Bíblicas! 52 ¿Por qué David lamentó cortarle la punta de la túnica a Saúl?

24:5 En aquellos días el borde de las prendas de las personas podía tener significados. El borde de la túnica de Saúl mostraba que era rey y David sabía que sólo Dios podía quitarle a Saúl ese poder. Cuando David cortó una esquina de la túnica de Saúl, sintió que le estaba faltando el respeto a Dios.

Después de que Saúl saliera de la cueva para seguir
su camino, 8David salió y le gritó:
—¡Mi señor el rey!
Cuando Saúl miró hacia atrás, David se inclinó hasta
el suelo delante de él. 9Entonces le gritó a Saúl:
—¿Por qué le hace caso a la gente que dice que quiero
hacerle daño? 10Este mismo día puede ver con sus propios
ojos que no es verdad. Pues el SEÑOR lo puso a mi merced
allí en la cueva, y algunos de mis hombres me dijeron que
lo matara, pero yo le perdoné la vida. Pues dije: "Nunca le
haré daño al rey; él es el ungido del SEÑOR". 11Mire, padre
mío, lo que tengo en mi mano. ¡Es un pedazo del borde de
su manto! Yo lo corté, pero no lo maté. Esto prueba que no
intento hacerle daño y que no he pecado contra usted, aun
cuando usted me ha estado persiguiendo para matarme.
12»Que el SEÑOR juzgue entre nosotros. Tal vez el
SEÑOR lo castigue por lo que intenta hacer, pero yo nunca
le haré daño. 13Como dice el antiguo proverbio: "De la
gente malvada, provienen las malas acciones". Así que
puede estar seguro de que nunca le haré daño. 14De todas
formas, ¿a quién trata de atrapar el rey de Israel? ¿Debería
pasar tiempo persiguiendo a alguien que no vale más que
un perro muerto o una sola pulga? 15Por lo tanto, que
el SEÑOR juzgue quién de nosotros tiene la razón y que
castigue al culpable. ¡Él es mi defensor y me rescatará
de su poder!
16Cuando David terminó de hablar, Saúl le respondió:
—¿Realmente eres tú, David, hijo mío?
Enseguida comenzó a llorar 17y le dijo a David:
—Eres mejor persona que yo, porque has devuelto bien
por mal. 18Es cierto, has sido increíblemente bondadoso
conmigo hoy, porque cuando el SEÑOR me puso en un
lugar donde pudiste haberme matado, no lo hiciste.
19¿Quién otro dejaría ir a su enemigo cuando lo tiene en
su poder? Que el SEÑOR te recompense bien por la bondad
que hoy me has demostrado. 20Ahora me doy cuenta de
que ciertamente tú serás el rey, y de que el reino de Israel
prosperará bajo tu gobierno. 21Júrame, entonces, por el
SEÑOR, que cuando esto suceda, ¡no matarás a mi familia
ni destruirás a mis descendientes!
22Entonces David le prometió esto a Saúl con un jura-
mento. Después Saúl volvió a su casa, pero David y sus
hombres regresaron a su fortaleza.

Muerte de Samuel

25 Murió Samuel, y todo Israel se reunió para su
funeral. Lo enterraron en su casa en Ramá.

Nabal hace enojar a David

Luego David bajó al desierto de Maón.* 2Había un
hombre rico de Maón que tenía propiedades cerca de la
ciudad de Carmelo. Tenía tres mil ovejas y mil cabras, y era
el tiempo de la esquila. 3Este hombre se llamaba Nabal, y
su esposa, Abigail, era una mujer sensata y hermosa. Pero
Nabal, descendiente de Caleb, era grosero y mezquino en
todos sus asuntos.
4Cuando David se enteró de que Nabal esquilaba sus
ovejas, 5envió a diez de sus hombres jóvenes a Carmelo
con el siguiente mensaje para Nabal: 6«¡Paz y prosperidad
para ti, para tu familia y para todo lo que posees! 7Me
dicen que es el tiempo de la esquila. Mientras tus pastores
estuvieron entre nosotros cerca de Carmelo, nunca les
hicimos daño y nunca se les robó nada. 8Pregunta a tus
propios hombres, y te dirán que es cierto. Así que, ¿po-
drías ser bondadoso con nosotros, ya que hemos venido
en tiempo de celebración? Por favor, comparte con noso-
tros y con tu amigo David las provisiones que tengas a la
mano». 9Los hombres le dieron este mensaje a Nabal en
nombre de David y esperaron la respuesta.
10«¿Quién es ese tipo David? —les dijo Nabal con des-
dén—. ¿Quién se cree que es este hijo de Isaí? En estos
días hay muchos siervos que se escapan de sus amos.
11¿Debo tomar mi pan, mi agua y la carne que destacé
para mis esquiladores y dárselos a un grupo de bandidos
que viene de quién sabe dónde?».
12De modo que los hombres de David regresaron y le
dijeron lo que Nabal había dicho. 13«¡Tomen sus espa-
das!», respondió David mientras se ceñía la suya. Ense-
guida David salió con cuatrocientos hombres, mientras
doscientos se quedaron cuidando las pertenencias.
14Entre tanto, uno de los siervos de Nabal fue a decirle
a Abigail: «David envió mensajeros desde el desierto para
saludar a nuestro amo, pero él les respondió con insultos.
15Estos hombres nos trataron muy bien y nunca sufrimos
ningún daño de parte de ellos. Nada nos fue robado du-
rante todo el tiempo que estuvieron con nosotros. 16De
hecho, día y noche fueron como un muro de protección
para nosotros y nuestras ovejas. 17Es necesario que usted
lo sepa y decida qué hacer, porque habrá problemas para

***Notas textuales 24:1** Los versículos del 24:1-22 corresponden al 24:2-23 en el texto hebreo. **25:1** Así aparece en la versión griega (ver también 25:2); en hebreo dice *Parán.*

Referencias cruzadas 24:13 Mt 7:16-20 **25:1** 1 Sm 7:17 **25:10** Jc 9:28

nuestro amo y toda la familia. ¡Nabal tiene tan mal genio
que no hay nadie que pueda hablarle!».
[18]Sin perder tiempo, Abigail juntó doscientos panes,
dos cueros llenos de vino, cinco ovejas destazadas y pre-
paradas, treinta y seis litros* de trigo tostado, cien racimos
de pasas y doscientos pasteles de higo. Lo cargó todo en
burros [19]y les dijo a sus siervos: «Vayan adelante y dentro
de poco los seguiré». Pero no le dijo a su esposo, Nabal,
lo que estaba haciendo.
[20]Así que, montada en un burro, Abigail entraba a
un barranco de la montaña cuando vio a David y a sus
hombres acercándose a ella. [21]En ese momento, David
decía: «¡De nada sirvió ayudar a este tipo! Protegimos sus
rebaños en el desierto y ninguna de sus posesiones se per-
dió o fue robada. Pero él me devolvió mal por bien. [22]¡Que
Dios me castigue y me mate* si tan solo un hombre de su
casa queda con vida mañana por la mañana!».

Abigail intercede por Nabal

[23]Cuando Abigail vio a David, enseguida bajó de su
burro y se inclinó ante él hasta el suelo. [24]Cayó a sus
pies y le dijo:
—Toda la culpa es mía en este asunto, mi señor. Por
favor, escuche lo que tengo que decir. [25]Sé que Nabal es
un hombre perverso y de mal genio; por favor, no le haga
caso. Es un necio, como significa su nombre.* Pero yo ni
siquiera vi a los hombres que usted envió.
[26]»Ahora, mi señor, tan cierto como que el SEÑOR vive
y que usted vive, ya que el SEÑOR impidió que usted ma-
tara y tomara venganza por su propia mano, que todos
sus enemigos y los que intenten hacerle daño sean tan
malditos como lo es Nabal. [27]Aquí tengo un regalo que
yo, su sierva, le he traído a usted y a sus hombres. [28]Le
ruego que me perdone si lo he ofendido en alguna manera.
El SEÑOR seguramente lo recompensará con una dinastía
duradera, porque usted pelea las batallas del SEÑOR y no
ha hecho mal en toda su vida.
[29]»Aun cuando lo persigan aquellos que buscan su
muerte, su vida estará a salvo al cuidado del SEÑOR su Dios,
¡segura en su bolsa de tesoros! ¡Pero la vida de sus enemi-
gos desaparecerá como piedras lanzadas por una honda!
[30]Cuando el SEÑOR haya hecho todo lo que prometió y lo
haya hecho líder de Israel, [31]que esta no sea una sombra
en su historial. Entonces su conciencia no tendrá que llevar
la pesada carga de derramamiento de sangre y venganza
innecesarios. Y cuando el SEÑOR haya hecho estas grandes
cosas para usted, por favor, ¡acuérdese de mí, su sierva!
[32]David le respondió a Abigail:
—¡Alabado sea el SEÑOR, Dios de Israel, quien hoy te
ha enviado a mi encuentro! [33]¡Gracias a Dios por tu buen
juicio! Bendita seas, pues me has impedido matar y llevar
a cabo mi venganza con mis propias manos. [34]Juro por
el SEÑOR, Dios de Israel, quien me ha librado de hacerte
daño, que si no te hubieras apresurado a venir a mi en-
cuentro, mañana por la mañana ninguno de los hombres
de Nabal habría quedado con vida.
[35]Entonces David aceptó su regalo y le dijo:
—Vuelve a tu casa en paz. Escuché lo que dijiste y no
mataremos a tu esposo.
[36]Cuando Abigail llegó a su casa, encontró a Nabal
dando una gran fiesta digna de un rey. Estaba muy
borracho, así que ella no le dijo nada sobre su encuentro con
David hasta el amanecer del día siguiente. [37]Por la mañana,
cuando Nabal estaba sobrio, su esposa le contó lo que había
sucedido. Como consecuencia él tuvo un derrame cerebral*
y quedó paralizado en su cama como una piedra. [38]Unos
diez días más tarde, el SEÑOR lo hirió y murió.

David se casa con Abigail

[39]Cuando David oyó que Nabal había muerto, dijo: «Ala-
bado sea el SEÑOR, que vengó el insulto que recibí de Nabal
y me impidió que tomara venganza por mí mismo. Nabal
recibió el castigo por su pecado». Después David envió
mensajeros a Abigail pidiéndole que fuera su esposa.
[40]Cuando los mensajeros llegaron a Carmelo, le di-
jeron a Abigail:
—David nos ha enviado para que la llevemos a fin de
que se case con él.
[41]Entonces ella se inclinó al suelo y respondió:
—Yo, su sierva, estaría encantada de casarme con
David. ¡Aun estaría dispuesta a ser una esclava y lavar
los pies de sus siervos!
[42]Así que enseguida se preparó, llevó a cinco de sus
siervas como asistentes, se montó en su burro, y fue con
los mensajeros de David. Y se convirtió en su esposa.
[43]David también se casó con Ahinoam de Jezreel, así
que las dos fueron sus esposas. [44]Mientras tanto, Saúl
había dado a su hija Mical, esposa de David, a un hombre
de Galim llamado Palti, hijo de Lais.

David vuelve a perdonar la vida de Saúl

26 Ahora bien, algunos hombres de Zif fueron a
Guibeá para decirle a Saúl: «David está escon-
dido en la colina de Haquila, que tiene vista a Jesimón».
[2]Entonces Saúl escogió a tres mil de los soldados se-
lectos de Israel y salió con ellos a perseguir a David en el
desierto de Zif. [3]Saúl acampó junto al camino que está
al lado de la colina de Haquila, cerca de Jesimón, donde
David se escondía. Cuando David se enteró de que Saúl
había venido al desierto a perseguirlo, [4]envió espías para
verificar la noticia de su llegada.
[5]Cierta noche, David pasó desapercibido al campa-
mento de Saúl para echar un vistazo. Saúl y Abner, hijo
de Ner, el comandante del ejército, dormían dentro del
círculo formado por sus guerreros, todos bien dormidos.
[6]—¿Quién se ofrece a ir conmigo al campamento?
—preguntó David a Ahimelec el hitita y a Abisai, hijo
de Sarvia, hermano de Joab.
—Yo voy contigo —contestó Abisai.
[7]Entonces David y Abisai fueron directo al campa-
mento de Saúl y lo encontraron dormido, con su lanza
clavada en tierra junto a su cabeza. Abner y los soldados
estaban dormidos alrededor de él.
[8]—¡Esta vez, sin duda alguna, Dios te ha entregado a
tu enemigo! —le susurró Abisai a David—. Déjame que lo
clave en la tierra con un solo golpe de mi lanza; ¡no hará
falta darle dos!
[9]—¡No! —dijo David—. No lo mates. Pues ¿quién que-
dará inocente después de atacar al ungido del SEÑOR?
[10]Seguro que el SEÑOR herirá a Saúl algún día, o morirá
de viejo o en batalla. [11]¡El SEÑOR me libre de que mate

***Notas textuales** **25:18** En hebreo *5 seahs* [30 cuartos]. **25:22** Así aparece en la versión griega; en hebreo dice *Que Dios castigue y mate a los enemigos de David.* **25:25** El nombre *Nabal* significa «necio». **25:37** En hebreo *le falló el corazón.*

Referencias cruzadas **25:35** Gn 19:21 **25:44** 2 Sm 3:14-15 **26:9-11** Dt 31:14

al que él ha ungido! Pero toma su lanza y la jarra de agua
que están junto a su cabeza y ¡luego vámonos de aquí!
12 Entonces David mismo tomó la lanza y la jarra de
agua que estaban cerca de la cabeza de Saúl. Luego él y
Abisai escaparon sin que nadie los viera ni despertara,
porque el SEÑOR hizo que los hombres de Saúl cayeran
en un sueño profundo.

¡Respuestas Bíblicas! 53 ¿Cuántas oportunidades tuvo David de ser rey antes de que Saúl muriera?

26:21 David tuvo dos oportunidades de matar al rey Saúl y hacerse rey pero David sabía que él no tenía que hacer las cosas solo según su conveniencia. Incluso cuando Saúl intentó asesinar a David, David no lastimó a Saúl.

13 David subió la colina del lado opuesto del campa-
mento hasta que estuvo a una distancia segura. 14 Luego
les gritó a los soldados y a Abner hijo de Ner:
—¡Despiértate, Abner!
—¿Quién es? —preguntó Abner.
15 —Bueno, Abner, eres un gran hombre, ¿verdad? —se
burló David—. En todo Israel, ¿dónde hay uno que sea tan
poderoso como tú? Entonces, ¿por qué no protegiste a
tu amo, el rey, cuando alguien entró a matarlo? 16 ¡Eso no
está nada bien! Juro por el SEÑOR que tú y tus hombres
merecen morir, ¡porque no protegiste a tu amo, el ungido
del SEÑOR! ¡Mira a tu alrededor! ¿Dónde están la lanza
del rey y la jarra de agua que estaban junto a su cabeza?
17 Saúl reconoció la voz de David y gritó:
—¿Eres tú, David, hijo mío?
Y David contestó:
—Sí, mi señor el rey. 18 ¿Por qué me persigue? ¿Qué
hice? ¿Qué delito cometí? 19 Pero ahora que mi señor el rey
escuche a su siervo. Si el SEÑOR lo ha incitado en mi con-
tra, entonces que él acepte mi ofrenda. Pero si esto es solo
un plan humano, entonces que los que estén involucrados
sean malditos por el SEÑOR. Pues me han expulsado de
mi hogar, y ya no puedo vivir entre el pueblo del SEÑOR
y han dicho: "Ve, rinde culto a dioses paganos". 20 ¿Debo
morir en tierra extranjera, lejos de la presencia del SEÑOR?
¿Por qué el rey de Israel ha salido a buscar a una sola pulga?
¿Por qué me persigue como a una perdiz en las montañas?
21 Entonces Saúl confesó:
—He pecado. Hijo mío, vuelve a casa, y ya no trataré
de hacerte daño, porque hoy has valorado mi vida. He
sido un tonto, y he estado muy, pero muy equivocado.
22 —Aquí está su lanza, oh rey —dijo David—. Permita
que uno de sus jóvenes venga por ella. 23 El SEÑOR da
su propia recompensa por hacer el bien y por ser leal, y
yo rehusé matarlo, aun cuando el SEÑOR lo puso en mi
poder, porque usted es el ungido del SEÑOR. 24 Ahora que
el SEÑOR valore mi vida, así como hoy yo he valorado la
suya. Que él me rescate de todas mis dificultades.
25 Y Saúl le dijo a David:
—Bendiciones sobre tu vida, David, hijo mío. Harás
muchas acciones heroicas y seguramente te irá bien en
todo lo que hagas.
Luego David se fue, y Saúl regresó a su casa.

David entre los filisteos

27 Pero David seguía pensando: «Algún día Saúl me
va a atrapar. Lo mejor que puedo hacer es escapar
y vivir entre los filisteos. Entonces Saúl dejará de bus-
carme en el territorio israelita, y por fin estaré a salvo».
2 Así que David tomó a sus seiscientos hombres y fue
y se unió a Aquis, hijo de Maoc, rey de Gat. 3 David y sus
hombres, junto con sus familias, se establecieron allí con
Aquis en Gat. David llevó consigo a sus dos esposas: Ahi-
noam de Jezreel y Abigail, la viuda de Nabal de Carmelo.
4 Pronto le llegó a Saúl la noticia de que David había huido
a Gat, así que dejó de perseguirlo.
5 Cierto día, David le dijo a Aquis: «Si te parece bien,
preferimos vivir en una de las ciudades que están en el
campo en lugar de vivir aquí en la ciudad real».
6 Entonces Aquis le dio la ciudad de Siclag (que hasta
el día de hoy pertenece a los reyes de Judá), 7 y vivieron
allí entre los filisteos un año y cuatro meses.
8 David y sus hombres pasaban su tiempo asaltando a
los gesureos, a los gerzitas y a los amalecitas, pueblos que
desde los tiempos antiguos vivían cerca de Shur, hacia la
tierra de Egipto. 9 David no dejaba ni a una sola persona
con vida en los pueblos que atacaba. Tomaba las ovejas,
las cabras, el ganado, los burros, los camellos y la ropa,
antes de volver a casa para ver al rey Aquis.
10 —¿Dónde atacaste hoy? —le preguntaba Aquis.
Y David respondía:
—Atacamos al sur de Judá, a los jerameelitas y a los
ceneos.
11 Nadie quedaba con vida que pudiera ir a Gat y contar
dónde él había estado de verdad. Esto sucedía una y otra
vez mientras vivía entre los filisteos. 12 Aquis le creía a
David y pensaba: «A estas alturas el pueblo de Israel lo
debe odiar amargamente. ¡Ahora tendrá que quedarse
aquí y servirme para siempre!».

¡Respuestas Bíblicas! 54 ¿Por qué estaba mal que Saúl le pidiera ayuda a alguien que hablaba con los muertos?

28:7 Dios le dijo a su pueblo que no hablara con brujos y adivinas. Él les dijo que no hablaran con personas que tomaran mensajes de espíritus de personas difuntas y Saúl conocía esta ley así que al hacerlo desobedeció a Dios.

Saúl consulta a una médium

28 Por ese tiempo, los filisteos reunieron sus ejérci-
tos para ir a la guerra contra Israel. El rey Aquis
le dijo a David:
—Se espera que tú y tus hombres salgan conmigo a
la batalla.
2 —¡Muy bien! —acordó David—. Ahora comprobarás
tú mismo lo que podemos hacer.
Después Aquis le dijo a David:
—Te haré mi guardaespaldas personal de por vida.
3 Durante ese tiempo, Samuel había muerto y todo
Israel había hecho duelo por él. Fue enterrado en Ramá,
su ciudad natal. Saúl había expulsado del territorio de
Israel a todos los médiums y a todos los que consultaban
los espíritus de los muertos.
4 Los filisteos montaron su campamento en Sunem, y

Referencias cruzadas **26:24** Sal 54:7 **27:10** Jc 4:11

Saúl reunió a todo el ejército de Israel y acampó en Gilboa. 5Cuando Saúl vio al inmenso ejército filisteo, tuvo miedo y se aterrorizó. 6Entonces le preguntó al SEÑOR qué debía hacer, pero el SEÑOR rehusó contestarle ya fuera por sueños o por sorteo sagrado* o por medio de los profetas. 7Así que Saúl les dijo a sus consejeros:

—Busquen a una mujer que sea médium, para ir y preguntarle qué hacer.

Sus consejeros le respondieron:

—Hay una médium en Endor.

8Entonces Saúl se disfrazó con ropa común en lugar de ponerse las vestiduras reales y fue a la casa de la mujer por la noche, acompañado de dos de sus hombres.

—Tengo que hablar con un hombre que ha muerto —le dijo—. ¿Puedes invocar a su espíritu para mí?

9—¿Está tratando de que me maten? —preguntó la mujer—. Usted sabe que Saúl ha expulsado a todos los médiums y a todos los que consultan los espíritus de los muertos. ¿Por qué me tiende una trampa?

10Pero Saúl le hizo un juramento en el nombre del SEÑOR y le prometió:

—Tan cierto como que el SEÑOR vive, nada malo te pasará por hacerlo.

11Finalmente, la mujer dijo:

—Bien, ¿el espíritu de quién quiere que invoque?

—Llama a Samuel —respondió Saúl.

12Cuando la mujer vio a Samuel, gritó:

—¡Me engañó! ¡Usted es Saúl!

13—No tengas miedo —le dijo el rey—. ¿Qué es lo que ves?

—Veo a un dios* subiendo de la tierra —dijo ella.

14—¿Qué aspecto tiene? —preguntó Saúl.

—Es un hombre anciano envuelto en un manto —le contestó ella.

Saúl se dio cuenta de que era Samuel, y se postró en el suelo delante de él.

15—¿Por qué me molestas, llamándome a regresar? —le preguntó Samuel a Saúl.

—Porque estoy en graves dificultades —contestó Saúl—. Los filisteos están en guerra conmigo y Dios me ha dejado y no me responde ni por medio de profetas ni por sueños, entonces te llamé para que me digas qué hacer.

16Pero Samuel respondió:

—¿Por qué me preguntas a mí, si el SEÑOR te abandonó y se ha vuelto tu enemigo? 17El SEÑOR ha hecho exactamente lo que dijo que haría. Te ha arrancado el reino y se lo dio a tu rival, David. 18Hoy el SEÑOR te ha hecho esto porque rehusaste llevar a cabo su ira feroz contra los amalecitas. 19Además, el SEÑOR te entregará a ti y al ejército de Israel en manos de los filisteos, y mañana tú y tus hijos estarán aquí conmigo. El SEÑOR derribará al ejército de Israel y caerá derrotado.

20Entonces Saúl cayó al suelo cuan largo era, paralizado por el miedo a causa de las palabras de Samuel. También estaba desfallecido de hambre, porque no había comido nada en todo el día ni en toda la noche.

21Cuando la mujer lo vio tan deshecho, le dijo:

—Señor, obedecí sus órdenes a riesgo de mi vida. 22Ahora haga lo que digo, y déjeme que le dé algo de comer para que pueda recuperar sus fuerzas para el viaje de regreso.

23Pero Saúl se negó a comer. Entonces sus consejeros también le insistieron que comiera. Así que finalmente cedió, se levantó del suelo y tomó asiento.

24La mujer había estado engordando un becerro, así que fue con rapidez y lo mató. Tomó un poco de harina, la amasó y horneó pan sin levadura. 25Entonces les llevó la comida a Saúl y a sus consejeros, y comieron. Después salieron en la oscuridad de la noche.

Los filisteos rechazan a David

29 Todo el ejército filisteo se movilizó en Afec, y los israelitas acamparon junto al manantial de Jezreel. 2Mientras los gobernantes filisteos dirigían a sus tropas en grupos de cien y de mil, David y sus hombres marcharon por la retaguardia con el rey Aquis. 3Pero los comandantes filisteos reclamaron:

—¿Qué hacen aquí estos hebreos?

Y Aquis les dijo:

—Este es David, el siervo de Saúl, rey de Israel. Él ha estado conmigo por años, y no he encontrado en él ninguna falta, desde que llegó hasta el día de hoy.

4Pero los comandantes filisteos se enojaron.

—¡Envíalo de vuelta a la ciudad que le diste! —le exigieron—. No puede ir con nosotros a la batalla. ¿Y si se vuelve contra nosotros durante la batalla y se convierte en nuestro adversario? ¿Qué mejor manera de reconciliarse con su amo que entregándole nuestras cabezas? 5¿No es este el mismo David por quien las mujeres de Israel cantan en sus danzas:

"Saúl mató a sus miles,
y David, a sus diez miles"?

6Así que Aquis finalmente mandó traer a David y le dijo:

—Juro por el SEÑOR que has sido un aliado confiable. Pienso que debes ir conmigo a la batalla, porque no he encontrado una sola falla en ti desde que llegaste hasta el día de hoy. Pero los demás gobernantes filisteos no quieren ni oír hablar del tema. 7Por favor, no los inquietes y regresa sin llamar la atención.

8—¿Qué he hecho para merecer esto? —preguntó David—. ¿Qué ha encontrado en su siervo para que no pueda ir y pelear contra los enemigos de mi señor el rey?

9Pero Aquis insistió:

—En lo que a mí respecta, eres tan perfecto como un ángel de Dios. Pero los comandantes filisteos tienen miedo e insisten en que no los acompañen en la batalla. 10Ahora, levántate temprano en la mañana y vete con tus hombres en cuanto amanezca.

11Entonces David y sus hombres regresaron a la tierra de los filisteos, mientras que el ejército filisteo avanzó hasta Jezreel.

David destruye a los amalecitas

30 Tres días después, cuando David y sus hombres llegaron a su casa en la ciudad de Siclag, encontraron que los amalecitas habían asaltado el Neguev y Siclag; habían destruido Siclag y la habían quemado hasta reducirla a cenizas. 2Se habían llevado a las mujeres y a los niños y a todos los demás, pero sin matar a nadie.

3Cuando David y sus hombres vieron las ruinas y se dieron cuenta de lo que les había sucedido a sus familias, 4lloraron a más no poder. 5Las dos esposas de David,

***Notas textuales** **28:6** En hebreo *por el Urim.* **28:13** O *a dioses.*

Referencias cruzadas **28:6** Ex 28:30 **28:17** 1 Sm 15:28 **29:5** 1 Sm 21:11

Ahinoam de Jezreel y Abigail, la viuda de Nabal de Carmelo, estaban entre los que fueron capturados. [6]David ahora se encontraba en gran peligro, porque todos sus hombres estaban muy resentidos por haber perdido a sus hijos e hijas, y comenzaron a hablar acerca de apedrearlo. Pero David encontró fuerzas en el SEÑOR su Dios.

[7]Entonces le dijo a Abiatar, el sacerdote:

—¡Tráeme el efod!

Así que Abiatar lo trajo [8]y David le preguntó al SEÑOR:

—¿Debo perseguir a esta banda de saqueadores? ¿Los atraparé?

Y el SEÑOR le dijo:

—Sí, persíguelos. Recuperarás todo lo que te han quitado.

[9]De modo que David y sus seiscientos hombres salieron y llegaron al arroyo de Besor. [10]Pero doscientos de ellos estaban demasiado cansados para cruzar el arroyo, por lo que David continuó la persecución con cuatrocientos hombres.

[11]En el camino encontraron a un egipcio en un campo y lo llevaron a David. Le dieron pan para comer y agua para beber. [12]También le dieron parte de un pastel de higos y dos racimos de pasas, porque no había comido ni bebido nada durante tres días y tres noches. Al poco tiempo recobró sus fuerzas.

[13]—¿A quién le perteneces y de dónde vienes? —le preguntó David.

—Soy egipcio, esclavo de un amalecita —respondió—. Mi amo me abandonó hace tres días porque yo estaba enfermo. [14]Regresábamos de asaltar a los cereteos en el Neguev, el territorio de Judá y la tierra de Caleb, y acabábamos de incendiar Siclag.

[15]—¿Me guiarás a esa banda de saqueadores? —preguntó David.

El joven contestó:

—Si haces un juramento en el nombre de Dios que no me matarás ni me devolverás a mi amo, entonces te guiaré a ellos.

[16]Así que guio a David hasta los amalecitas, y los encontraron dispersos por los campos comiendo, bebiendo y bailando con alegría por el enorme botín que habían tomado de los filisteos y de la tierra de Judá. [17]Entonces David y sus hombres se lanzaron contra ellos y los mataron durante toda la noche y durante todo el día siguiente hasta la tarde. Ninguno de los amalecitas escapó, excepto cuatrocientos jóvenes que huyeron en camellos. [18]Así que David recuperó todo lo que los amalecitas habían tomado y rescató a sus dos esposas. [19]No faltaba nada: fuera grande o pequeño, hijo o hija, ni ninguna otra cosa que se habían llevado. David regresó con todo. [20]También recuperó los rebaños y las manadas, y sus hombres los arrearon delante de los demás animales. «¡Este botín le pertenece a David!», dijeron.

[21]Luego David regresó al arroyo de Besor y se encontró con los doscientos hombres que se habían quedado rezagados porque estaban demasiado cansados para seguir con él. Entonces salieron para encontrarse con David y con sus hombres, y David los saludó con alegría. [22]Pero unos alborotadores entre los hombres de David dijeron:

—Ellos no fueron con nosotros, así que no pueden tener nada del botín que recuperamos. Denles sus esposas e hijos y díganles que se vayan.

[23]Pero David dijo:

—¡No, mis hermanos! No sean egoístas con lo que el SEÑOR nos dio. Él nos protegió y nos ayudó a derrotar a la banda de saqueadores que nos atacó. [24]¿Quién les hará caso cuando hablan así? Compartiremos por partes iguales tanto con los que vayan a la batalla como con los que cuiden las pertenencias.

[25]A partir de entonces, David estableció este dicho como decreto y ordenanza en Israel y hasta el día de hoy todavía se cumple.

[26]Cuando llegó a Siclag, David envió parte del botín a los ancianos de Judá, quienes eran sus amigos. «Esto es un regalo para ustedes —les dijo David—, tomado de los enemigos del SEÑOR».

[27]Los regalos fueron enviados a la gente de las siguientes ciudades que David había visitado: Betel, Ramot-neguev, Jatir, [28]Aroer, Sifmot, Estemoa, [29]Racal,* las ciudades de Jerameel, las ciudades de los ceneos, [30]Horma, Corasán, Atac, [31]Hebrón, y a todos los demás lugares que David había visitado con sus hombres.

Muerte de Saúl

31 Ahora bien, los filisteos atacaron a Israel, y los hombres de Israel huyeron ante ellos. Mataron a muchos en las laderas del monte Gilboa. [2]Los filisteos cercaron a Saúl y a sus hijos, y mataron a tres de ellos: Jonatán, Abinadab y Malquisúa. [3]La batalla se intensificó cerca de Saúl, y los arqueros filisteos lo alcanzaron y lo hirieron gravemente.

[4]Con gemidos, Saúl le dijo a su escudero: «Toma tu espada y mátame antes de que estos filisteos paganos lleguen para atravesarme, burlarse de mí y torturarme».

Pero su escudero tenía miedo y no quiso hacerlo. Entonces Saúl tomó su propia espada y se echó sobre ella. [5]Cuando su escudero vio que Saúl estaba muerto, se echó sobre su propia espada y murió junto al rey. [6]Así que Saúl, sus tres hijos, su escudero y sus tropas murieron juntos en ese mismo día.

[7]Cuando los israelitas que se encontraban al otro lado del valle de Jezreel y más allá del Jordán vieron que el ejército israelita había huido y que Saúl y sus hijos estaban muertos, abandonaron sus ciudades y huyeron. Entonces los filisteos entraron y ocuparon sus ciudades.

[8]Al día siguiente, cuando los filisteos salieron a despojar a los muertos, encontraron los cuerpos de Saúl y de sus tres hijos en el monte Gilboa. [9]Entonces le cortaron la cabeza a Saúl y le quitaron su armadura. Luego proclamaron las buenas noticias de la muerte de Saúl en su templo pagano y a la gente en toda la tierra de Filistea. [10]Pusieron su armadura en el templo de Astoret, y colgaron su cuerpo en la muralla de la ciudad de Bet-sán.

[11]Pero cuando el pueblo de Jabes de Galaad se enteró de lo que los filisteos le habían hecho a Saúl, [12]todos los valientes guerreros viajaron toda la noche hasta Bet-sán y bajaron los cuerpos de Saúl y de sus hijos de la muralla. Llevaron los cuerpos a Jabes, donde los incineraron. [13]Luego tomaron los huesos y los enterraron debajo del árbol de tamarisco en Jabes y ayunaron por siete días.

***Notas textuales** **30:29** La versión griega dice *Carmelo.*

Referencias cruzadas **30:15** Dt 23:15 **30:29** 1 Sm 27:10 **31:8-13** 1 Cr 10:1-12

2 SAMUEL

¿Por qué es importante?

Este libro comienza cuando David se entera de la muerte de Saúl y cuenta su dolor especial por la muerte de Jonatán (2 Samuel 1: 19-27), el hijo de Saúl y gran amigo de David. El Señor puso a David sobre la tribu de Judá (2: 4) y luego sobre todo Israel como el rey ungido (5: 3), uniendo a las doce tribus en una nación. Como en el primer libro de Samuel, estas escenas invitan a reflexionar en el valor de cuidar el corazón y hacer lo que es correcto aunque no se vean resultados inmediatos.

¿Por qué fue escrito?

En el canon judío los dos libros de Samuel forman uno solo. Juntos tienen como propósito presentar la transición del pueblo de Israel desde una federación de tribus hasta una monarquía mejor establecida. 2 Samuel se concentra en el reino de David y su consolidación por etapas hasta que llega a dominar y unificar la nación. A pesar de ello, el libro no olvida la evaluación profética del rey cuenta sus luchas y fracasos.

¿Quién lo escribió?

El autor del libro es desconocido. Samuel es una figura que destaca en este libro, y se mencionan sus escritos en el 1 Samuel 10:25. 1 y 2 Samuel fueron llamados así por ser éste el último juez de Israel, uno de sus grandes profetas, a quien Dios utilizó para el establecimiento de la monarquía. Pero no es probable que él lo escribiera, porque también su muerte aparece en el 1 Samuel 25:1. La tradición judía menciona a los profetas Natán y Gad como dos redactores de estos libros, basados en 2 Cr. 29:29. De cualquier forma, el autor del libro presenta la perspectiva de Dios de la historia que acontece en el pueblo de Israel.

¿A quién lo escribió?

Los receptores de este libro son los israelitas que vivieron durante los reinados de David y Salomón. Que haya un rey marcó una importante transición en la vida del pueblo, que vino desde la teocracia de Moisés y Josué, pasando luego por la anarquía en el período de los jueces. El pueblo no estuvo dispuesto a depender de Dios y prefirió un rey "como todas las demás naciones" (1 Samuel 8).

¿Cuándo y dónde lo escribió?

La fecha de redacción del libro es incierta, pero no puede ser antes de la muerte de David, ya que ese evento es narrado al final de 2 Samuel. Como continuación de 1 Samuel, aquí se cubre el resto de la vida de David.

Paso a paso

1. David consolida su reino: El que se humilla ante Dios es exaltado. Caps. 1-10
2. David lucha por su reino: Las consecuencias personales, familiares y nacionales del pecado. Caps. 11-24

2 SAMUEL

2 Samuel

David se entera de la muerte de Saúl

1 Después de la muerte de Saúl, David regresó de su
victoria sobre los amalecitas y pasó dos días en Si-
clag. [2]Al tercer día llegó un hombre del campamento del
ejército de Saúl con sus ropas rasgadas y polvo sobre la
cabeza en señal de duelo. El hombre cayó al suelo y se
postró delante de David con profundo respeto.
[3]—¿De dónde vienes? —le preguntó David.
—Me escapé del campamento israelita —le respondió
el hombre.
[4]—¿Qué sucedió? —preguntó David—. Cuéntame lo
que pasó en la batalla.
—Todo nuestro ejército huyó de la batalla —le contó—.
Murieron muchos hombres. Saúl y su hijo Jonatán tam-
bién están muertos.
[5]—¿Cómo sabes que Saúl y Jonatán están muertos? —le
insistió David al joven.
[6]El hombre respondió:
—Sucedió que yo estaba en el monte Gilboa, y allí es-
taba Saúl apoyado en su lanza mientras se acercaban los
enemigos en sus carros de guerra. [7]Cuando se dio vuelta
y me vio, me gritó que me acercara a él. "¿Qué quiere que
haga?", le pregunté [8]y él me contestó: "¿Quién eres?". Le
respondí: "Soy un amalecita". [9]Entonces me suplicó:
"Ven aquí y sácame de mi sufrimiento, porque el dolor
es terrible y quiero morir".
[10]»De modo que lo maté —dijo el amalecita a David—,
porque me di cuenta de que no iba a vivir. Luego tomé su
corona y su brazalete y se los he traído a usted, mi señor.
[11]Al escuchar las noticias, David y sus hombres rasga-
ron sus ropas en señal de dolor. [12]Hicieron duelo, lloraron
y ayunaron todo el día por Saúl y su hijo Jonatán, también
por el ejército del SEÑOR y por la nación de Israel, porque
ese día habían muerto a espada.
[13]Luego David le dijo al joven que trajo la noticia:
—¿De dónde eres?
—Soy un extranjero —contestó—, un amalecita que
vive en su tierra.
[14]—¿Y cómo no tuviste temor de matar al ungido del
SEÑOR? —le preguntó David.
[15]Entonces le ordenó a uno de sus hombres:
—¡Mátalo!
Enseguida el hombre le clavó su espada al amalecita y
lo mató, [16]y David dijo:
—Te condenaste a ti mismo al confesar que mataste al
ungido del SEÑOR.

Canto de David por Saúl y Jonatán

[17]David compuso un canto fúnebre por Saúl y Jonatán,
[18]y ordenó que se lo enseñaran al pueblo de Judá. Es co-
nocido como el *Cántico del arco* y está registrado en *El
libro de Jaser*:*

> **¡Respuestas Bíblicas! 55 ¿Por qué David escribió una canción para Saúl y Jonatán?**
>
> 1:17 David escribió esta canción porque se sentía muy triste. Él amaba a Jonatán y había había respetado a Saúl. David quería que Israel recuerde el lado bueno de Saúl y a su amigo Jonatán.

[19] ¡Oh Israel, tu orgullo y tu alegría yacen muertos en
las colinas!
¡Oh, cómo han caído los héroes poderosos!
[20] No lo anuncien en Gat,
ni lo proclamen en las calles de Ascalón,
o las hijas de los filisteos se alegrarán
y los paganos se reirán con aires de triunfo.
[21] Oh montes de Gilboa,
que no caiga sobre ustedes lluvia ni rocío,
ni haya campos fructíferos que produzcan
ofrendas de grano.*
Pues fue allí donde se contaminó el escudo de los
héroes poderosos;
el escudo de Saúl ya no será ungido con aceite.
[22] El arco de Jonatán era potente,
y la espada de Saúl realizó su trabajo mortífero.
Derramaron la sangre de sus enemigos
y atravesaron a muchos héroes poderosos.
[23] ¡Cuán amados y agradables fueron Saúl y Jonatán!
Estuvieron juntos en la vida y en la muerte.
Eran más rápidos que águilas,
más fuertes que leones.
[24] Oh mujeres de Israel, lloren por Saúl,
porque él las vistió con lujosas ropas escarlatas,
con prendas adornadas de oro.
[25] ¡Oh, cómo han caído los héroes poderosos en batalla!
Jonatán yace muerto en las colinas.
[26] ¡Cómo lloro por ti, Jonatán, hermano mío!
¡Oh, cuánto te amaba!
Tu amor por mí fue profundo,
¡más profundo que el amor de las mujeres!
[27] ¡Oh, cómo han caído los héroes poderosos!
Despojados de sus armas, yacen muertos.

***Notas textuales** **1:18** O *El libro del justo.* **1:21** El significado del hebreo es incierto.

Referencias cruzadas **1:11-12** 1 Cr 10:1-12 **1:11** Gn 37:39, 34 **1:23** Jc 14:18 **1:26** 1 Sm 18:1

David es ungido rey de Judá

2 Después de esto, David le preguntó al Señor:

—¿Debo regresar a alguna de las ciudades de Judá?

—Sí —respondió el Señor.

—¿A qué ciudad debo ir? —preguntó David.

—A Hebrón —contestó el Señor.

[2]Las dos esposas de David eran Ahinoam de Jezreel y Abigail, la viuda de Nabal de Carmelo. David, sus esposas [3]y los hombres de David junto con sus familias se mudaron a Judá, y se establecieron en las aldeas cercanas a Hebrón. [4]Después llegaron los hombres de Judá y ungieron a David rey del pueblo de Judá.

Cuando David se enteró de que los hombres de Jabes de Galaad habían enterrado a Saúl, [5]les envió el siguiente mensaje: «Que el Señor los bendiga por haber sido tan leales a su señor Saúl y por haberle dado un entierro digno. [6]¡Que el Señor, a cambio, sea leal a ustedes y los recompense con su amor inagotable! Yo también los recompensaré por lo que han hecho. [7]Ahora que Saúl ha muerto, les pido que sean mis súbditos valientes y leales, igual que el pueblo de Judá, que me ha ungido como su nuevo rey».

Is-boset es proclamado rey de Israel

[8]Sin embargo, Abner, hijo de Ner, comandante del ejército de Saúl, ya había ido a Mahanaim con Is-boset,* hijo de Saúl. [9]Allí proclamó a Is-boset rey de Galaad, de Jezreel, de Efraín, de Benjamín, de la tierra de los gesuritas y del resto de Israel.

[10]Is-boset, hijo de Saúl, tenía cuarenta años cuando llegó a ser rey, y gobernó desde Mahanaim dos años. Mientras tanto, el pueblo de Judá permaneció leal a David. [11]David hizo de Hebrón su ciudad capital y gobernó como rey de Judá siete años y medio.

Guerra entre Israel y Judá

[12]Cierto día, Abner dirigió a las tropas de Is-boset desde Mahanaim a Gabaón. [13]Por el mismo tiempo, Joab, hijo de Sarvia, salió al frente de las tropas de David. Los dos ejércitos se encontraron en el estanque de Gabaón y se sentaron frente a frente en lados opuestos del estanque.

[14]Entonces Abner le sugirió a Joab:

—Propongo que algunos de nuestros guerreros se enfrenten aquí cuerpo a cuerpo delante de nosotros.

—Muy bien —asintió Joab.

[15]Así que se eligieron doce hombres de cada grupo para pelear, doce hombres de Benjamín que representaban a Is-boset, hijo de Saúl, y doce que representaban a David. [16]Cada uno agarró a su oponente del cabello y clavó su espada en el costado del otro, de modo que todos murieron. A partir de entonces, ese lugar en Gabaón se conoce como el Campo de las Espadas.*

[17]Ese día se desencadenó una feroz batalla, y las fuerzas de David derrotaron a Abner y a los hombres de Israel.

Muerte de Asael

[18]Joab, Abisai y Asael —los tres hijos de Sarvia— estaban entre las fuerzas de David ese día. Asael podía correr como una gacela [19]y comenzó a correr tras Abner; lo persiguió sin tregua y no se detuvo para nada. [20]Cuando Abner se dio vuelta y lo vio venir, le gritó:

—¿Eres tú, Asael?

—Sí, soy yo —le contestó.

[21]—¡Ve a pelear con otro! —le advirtió Abner—. Enfréntate a uno de los jóvenes y despójalo de sus armas.

Pero Asael siguió persiguiéndolo.

[22]Abner le volvió a gritar:

—¡Vete de aquí! No quiero matarte. ¿Cómo podría dar la cara a tu hermano Joab?

[23]Pero Asael se negó a regresar, entonces Abner le clavó la parte trasera de su lanza en el estómago. La lanza le salió por la espalda y Asael cayó muerto al suelo. Todos los que pasaban por allí se detenían, al ver a Asael tendido muerto.

[24]Cuando Joab y Abisai se enteraron de lo sucedido, salieron a perseguir a Abner. El sol ya se ponía cuando llegaron a la colina de Amma, cerca de Gía en el camino que lleva al desierto de Gabaón. [25]Las tropas de Abner, de la tribu de Benjamín, se reagruparon allí en la cima de la colina para tomar posiciones.

[26]Abner le gritó a Joab:

—¿Es inevitable que nos matemos unos a otros? ¿No te das cuenta de que lo único que produce es amargura? ¿Cuándo vas a ordenar que tus hombres dejen de perseguir a sus hermanos israelitas?

[27]Entonces dijo Joab:

—Si no hubieras hablado, solo Dios sabe lo que habría pasado, porque los habríamos perseguido toda la noche de ser necesario.

[28]De manera que Joab tocó el cuerno de carnero, y sus hombres dejaron de perseguir a las tropas de Israel.

[29]Durante toda esa noche Abner y sus hombres retrocedieron por el valle del Jordán.* Cruzaron el río Jordán y viajaron toda la mañana* sin detenerse hasta llegar a Mahanaim.

[30]Mientras tanto, Joab y sus hombres también regresaron a casa. Cuando Joab contó sus bajas, descubrió que solo faltaban diecinueve hombres, además de Asael. [31]Pero murieron trescientos sesenta hombres de Abner, todos de la tribu de Benjamín. [32]Joab y sus hombres llevaron el cuerpo de Asael a Belén y lo enterraron en la tumba de su padre. Luego viajaron toda la noche y llegaron a Hebrón al amanecer.

3 Este fue el comienzo de una larga guerra entre los que eran leales a Saúl y los que eran leales a David. Con el paso del tiempo, David se volvió cada vez más fuerte, mientras que la dinastía de Saúl se iba debilitando.

Los hijos de David nacidos en Hebrón

[2]Estos son los hijos que le nacieron a David en Hebrón:

El mayor fue Amnón, y su madre fue Ahinoam de Jezreel.

[3] El segundo fue Daniel,* y su madre fue Abigail, la viuda de Nabal de Carmelo.

El tercero fue Absalón, y su madre fue Maaca, hija de Talmai, rey de Gesur.

[4] El cuarto fue Adonías, y su madre fue Haguit.

El quinto fue Sefatías, y su madre fue Abital.

[5] El sexto fue Itream, y su madre fue Egla, esposa de David.

Todos estos hijos le nacieron a David en Hebrón.

***Notas textuales** **2:8** *Is-boset*, otro nombre para Es-baal. **2:16** En hebreo *Helcat-hazurim*. **2:29a** En hebreo *el Arabá*. **2:29b** O *continuaron a través del Bitrón*. El significado del hebreo es incierto. **3:3** Igual que el texto paralelo en 1 Cr 3:1 (ver también la versión griega, que dice *Daluia*, y el posible respaldo de los Rollos del mar Muerto); en hebreo dice *Quileab*.

Referencias cruzadas **2:6** Ex 34:5-6 **2:17** 2 Sm 3:1 **2:32** Gn 49:29

Abner une fuerzas con David

6 Como la guerra entre la casa de Saúl y la casa de David continuaba, Abner llegó a ser un poderoso líder entre los que eran leales a Saúl. 7 Cierto día Is-boset,* hijo de Saúl, acusó a Abner de haberse acostado con una de las concubinas de su padre, una mujer llamada Rizpa, hija de Aja.

8 Abner se puso furioso. «¿Soy acaso un perro de Judá para que me trates a patadas? —le gritó—. Después de todo lo que hice por tu padre Saúl, por su familia y por sus amigos al no entregarlos a David, ¿es mi recompensa que me culpes por lo de esta mujer? 9 ¡Que Dios me castigue y aun me mate si no hago todo lo posible para ayudar a David a que consiga lo que el SEÑOR le prometió! 10 Voy a tomar el reino de Saúl y entregárselo a David. Voy a establecer el reino de David sobre Israel al igual que sobre Judá, todo el territorio desde Dan en el norte hasta Beerseba en el sur». 11 Is-boset no se atrevió a decir ni una sola palabra más, porque tenía miedo de lo que Abner pudiera hacer.

12 Entonces Abner envió mensajeros a decirle a David: «¿Acaso no le pertenece a usted toda la tierra? Haga un pacto solemne conmigo y lo ayudaré a que todo Israel se ponga de su parte».

13 «Muy bien —respondió David—, pero no negociaré contigo a menos que cuando vengas me traigas a mi esposa Mical, hija de Saúl».

14 Además David envió este mensaje a Is-boset, hijo de Saúl: «Devuélveme a mi esposa Mical, pues la compré con la vida* de cien filisteos».

15 Entonces Is-boset quitó a Mical de su marido Palti,* hijo de Lais. 16 Palti la siguió hasta Bahurim, llorando todo el camino, por eso Abner le dijo: «¡Regresa a tu casa!». Así que Palti volvió a casa.

17 Mientras tanto, Abner había consultado con los ancianos de Israel y les dijo: «Desde hace tiempo ustedes han querido hacer a David su rey. 18 ¡Ahora es el momento! Pues el SEÑOR ha dicho: "Yo he elegido a David para que salve a mi pueblo Israel de manos de los filisteos y de sus demás enemigos"». 19 Abner también habló con los hombres de Benjamín. Después se fue a Hebrón para decirle a David que todo el pueblo de Israel y de Benjamín aceptaban apoyarlo.

20 Cuando Abner y veinte de sus hombres llegaron a Hebrón, David los recibió con un gran banquete. 21 Luego Abner propuso a David: «Déjeme que vaya y convoque a todo Israel a una asamblea para que apoye a mi señor, el rey. Los israelitas harán un pacto con usted para hacerlo su rey, y usted gobernará todo lo que desea su corazón». Así que David despidió a Abner en paz.

Joab asesina a Abner

22 Pero justo después que David despidió a Abner en paz, Joab y algunas de las tropas de David regresaron de una incursión y traían un gran botín. 23 Cuando Joab llegó, le dijeron que Abner acababa de visitar al rey y que David lo había enviado en paz.

24 Entonces Joab fue de prisa a ver al rey y le preguntó: «¿Qué ha hecho usted? ¿Qué pretende al dejar ir a Abner? 25 ¡Sabe perfectamente bien que vino para espiarlo y averiguar todo lo que está haciendo!».

26 Con eso Joab dejó a David y envió mensajeros para que alcanzaran a Abner y le pidieran que regresara. Ellos lo encontraron junto al pozo de Sira y lo trajeron de regreso, sin que David supiera nada. 27 Cuando Abner llegó de nuevo a Hebrón, Joab lo llevó aparte, a las puertas de la ciudad, como si fuera a hablar en privado con él. Pero lo apuñaló en el estómago y lo mató en venganza por la muerte de su hermano Asael.

28 Cuando David se enteró, declaró: «Juro por el SEÑOR que yo y mi reino somos inocentes para siempre de este crimen cometido contra Abner, hijo de Ner. 29 Joab y su familia son los culpables. ¡Que la familia de Joab sea maldita! Que nunca falte un hombre de cada generación que padezca de llagas o de lepra,* o que camine con muletas,* o que muera a espada o que mendigue comida».

30 Joab y su hermano Abisai mataron a Abner, porque este había matado a su hermano Asael en la batalla de Gabaón.

David lamenta la muerte de Abner

31 Entonces David les dijo a Joab y a todos los que estaban con él: «Rásguense la ropa, pónganse tela áspera y hagan duelo por Abner». El rey David en persona caminó detrás del cortejo fúnebre hasta la tumba. 32 Así que enterraron a Abner en Hebrón, y el rey y todo el pueblo lloraron junto a la tumba. 33 Luego el rey cantó este canto fúnebre por Abner:

«¿Acaso tenía que morir Abner como mueren los
  necios?
34 Tus manos no estaban atadas;
  tus pies no estaban encadenados.
No, fuiste asesinado,
  víctima de un complot perverso».

Entonces todo el pueblo lloró nuevamente por Abner. 35 David rehusó comer el día del funeral y todos le suplicaban que comiera. Pero David había hecho el siguiente juramento: «Que Dios me castigue y aun me mate si como algo antes de que se ponga el sol».

36 Esto agradó mucho a los israelitas. De hecho, todo lo que el rey hacía les agradaba. 37 Así que todos en Judá y en Israel comprendieron que David no era responsable de la muerte de Abner.

38 Después, el rey David les dijo a sus oficiales: «¿No se dan cuenta de que hoy un gran comandante ha caído en Israel? 39 Y aunque soy el rey ungido, estos dos hijos de Sarvia —Joab y Abisai— son demasiado fuertes para que yo los controle. Por eso, que el SEÑOR les dé a estos hombres malignos su paga por sus malas acciones».

Asesinato de Is-boset

4 Cuando Is-boset,* el hijo de Saúl, se enteró de la muerte de Abner en Hebrón, se acobardó y todo Israel quedó paralizado de miedo. 2 Ahora bien, había dos hermanos, Baana y Recab, que eran capitanes de los destacamentos de asalto de Is-boset. Eran hijos de Rimón, un miembro de la tribu de Benjamín que vivía en Beerot. La ciudad de Beerot ahora forma parte del territorio de Benjamín 3 porque los habitantes originarios de Beerot huyeron a Gitaim, donde todavía viven como extranjeros.

4 (Jonatán, hijo de Saúl, tuvo un hijo llamado

***Notas textuales** **3:7** *Is-boset*, otro nombre para Es-baal. **3:14** En hebreo *los prepucios.* **3:15** Así aparece en 1 Sm 25:44; en hebreo dice *Paltiel*, una variante de Palti. **3:29a** O *de una enfermedad contagiosa de la piel.* El término hebreo puede describir diversas enfermedades de la piel. **3:29b** O *que sea afeminado*; en hebreo dice *que maneje el huso.* **4:1** *Is-boset*, otro nombre para Es-baal.

Referencias cruzadas **3:2-5** 1 Cr 3:1-4 **3:21** 1 Re 11:37 **3:35** 2 Sm 12:17

Mefiboset,* quien quedó lisiado de niño. Cuando Mefiboset tenía cinco años, llegó la noticia desde Jezreel de que Saúl y Jonatán habían muerto en batalla. Al enterarse la niñera, tomó al niño y huyó; pero, con el apuro, se le cayó y quedó lisiado).

5Cierto día, Recab y Baana, los hijos de Rimón de Beerot, fueron a la casa de Is-boset cerca del mediodía mientras él dormía la siesta. 6A la portera, quien había estado zarandeando trigo, le dio sueño y se durmió. Así que Recab y Baana pasaron desapercibidos.* 7Entraron en la casa y encontraron a Is-boset dormido en su cama. Lo golpearon, lo mataron y le cortaron la cabeza. Luego tomaron la cabeza y huyeron durante la noche a través del valle del Jordán.* 8Cuando llegaron a Hebrón le presentaron la cabeza de Is-boset a David y exclamaron:

—¡Mire! Aquí está la cabeza de Is-boset, el hijo de su enemigo Saúl, quien intentó matarlo. ¡El Señor le ha dado hoy a mi señor el rey venganza sobre Saúl y toda su familia!

9Pero David les dijo a Recab y a Baana:

—El Señor, quien me salva de todos mis enemigos, es mi testigo. 10Una vez alguien me dijo: "Saúl ha muerto", pensando que me traía buenas noticias. Pero yo lo agarré y lo maté en Siclag. ¡Esa fue la recompensa que le di por sus noticias! 11¿Cuánto más debo recompensar a los hombres malignos que mataron a un hombre inocente en su propia casa y mientras estaba en la cama? ¿No debería hacerlos responsables de su sangre y así liberar al mundo de su presencia?

12Entonces David ordenó a sus hombres que los mataran, y así lo hicieron. Les cortaron las manos y los pies, y colgaron sus cuerpos junto al estanque de Hebrón. Luego tomaron la cabeza de Is-boset y la enterraron en la tumba de Abner en Hebrón.

¡Respuestas Bíblicas! 56 ¿Qué hizo David con los hombres que mataron a Isboset?

4:11 Esos hombres pensaron que David los iba a recompensar ya que Isboset era hijo de Saúl y algunos pensaban que él debía ser rey, pero David se enojó y los hizo matar por hacer eso.

David, rey de todo Israel

5 Luego todas las tribus de Israel fueron a David en Hebrón y le dijeron: «Somos de la misma sangre. 2En el pasado,* cuando Saúl era nuestro rey, en realidad era usted quien dirigía a las fuerzas de Israel. Y el Señor le dijo: "Tú serás el pastor de mi pueblo Israel; tú serás el líder de Israel"».

3De modo que allí en Hebrón el rey David hizo un pacto ante el Señor con todos los ancianos de Israel, y lo ungieron rey de Israel.

4David tenía treinta años cuando comenzó a reinar, y reinó cuarenta años. 5Había reinado sobre Judá desde Hebrón siete años y seis meses, y desde Jerusalén reinó sobre todo Israel y Judá por treinta y tres años.

David toma Jerusalén

6Luego David guio a sus hombres a Jerusalén para pelear contra los jebuseos, los habitantes originarios de esa tierra, que vivían allí. Los jebuseos se mofaban de David: «¡Jamás entrarás aquí! ¡Hasta los ciegos y los cojos pueden impedir que ingreses!». Pues los jebuseos pensaban que estaban a salvo. 7Pero David tomó la fortaleza de Sion, la que ahora se llama Ciudad de David.

8El día del ataque, David les dijo a sus tropas: «Odio a esos jebuseos "cojos" y "ciegos"*. Todo el que ataque la ciudad, que haga su entrada por el túnel de agua*». Este es el origen del dicho: «Ni el ciego ni el cojo pueden entrar en la casa»*.

9Así que David hizo de la fortaleza su casa y la llamó la Ciudad de David. Extendió la ciudad, comenzando desde los terraplenes,* y continuó hacia adentro. 10David se hacía cada vez más poderoso, porque el Señor Dios de los Ejércitos Celestiales estaba con él.

11Luego Hiram, rey de Tiro, envió mensajeros a David, junto con madera de cedro, así como carpinteros y canteros, quienes construyeron un palacio para David. 12Entonces David se dio cuenta de que el Señor lo había confirmado como rey de Israel y que había bendecido su reino por amor a su pueblo Israel.

13Después de mudarse de Hebrón a Jerusalén, David tomó más concubinas y esposas, y ellas tuvieron más hijos e hijas. 14Estos son los nombres de los hijos de David que nacieron en Jerusalén: Samúa, Sobab, Natán, Salomón, 15Ibhar, Elisúa, Nefeg, Jafía, 16Elisama, Eliada y Elifelet.

David conquista a los filisteos

17Cuando los filisteos se enteraron de que David había sido ungido rey de Israel, movilizaron todas sus fuerzas para capturarlo; pero le avisaron a David que venían, así que entró en la fortaleza. 18Los filisteos llegaron y se desplegaron por todo el valle de Refaim. 19Entonces David le preguntó al Señor:

—¿Debo salir a pelear contra los filisteos? ¿Los entregarás en mis manos?

El Señor le contestó a David:

—Sí, adelante. Te aseguro que te los entregaré.

20Entonces David fue a Baal-perazim y allí derrotó a los filisteos. «¡El Señor lo hizo! —exclamó David—. ¡Él irrumpió en medio de mis enemigos como una violenta inundación!». Así que llamó a ese lugar Baal-perazim (que significa «el Señor que irrumpe»). 21Los filisteos abandonaron allí sus ídolos, y David y sus hombres los confiscaron.

22Pero poco tiempo después, los filisteos volvieron y de nuevo se desplegaron en el valle de Refaim. 23De nuevo David le preguntó al Señor qué debía hacer. «No los ataques de frente —le contestó el Señor—. En cambio, rodéalos y, cerca de los álamos,* atácalos por la retaguardia. 24Cuando oigas un sonido como de pies que marchan en las copas de los álamos, ¡mantente alerta! Esa será la señal de que el Señor va delante de ti para herir de muerte al ejército filisteo». 25Entonces David hizo lo que el Señor le ordenó e hirió de muerte a los filisteos desde Gabaón* hasta Gezer.

***Notas textuales** **4:4** *Mefiboset*, otro nombre para Merib-baal. **4:6** Así aparece en la versión griega; en hebreo dice *Así que entraron en la casa simulando ir a buscar trigo, pero lo apuñalaron en el estómago. Luego Recab y Baana escaparon.* **4:7** En hebreo *a través del Arabá.* **5:2** O *Por algún tiempo.* **5:8a** O *Esos "cojos" y "ciegos" jebuseos me odian.* **5:8b** O *con ganchos de escalar*; el significado del hebreo es incierto. **5:8c** El significado de este dicho es incierto. **5:9** En hebreo *el milo.* El significado del hebreo es incierto. **5:23** O *los álamos temblones* o *los bálsamos*; también en 5:24. La identificación exacta de este árbol es incierta. **5:25** Así aparece en la versión griega (ver también 1 Cr 14:16); en hebreo dice *Geba.*

Referencias cruzadas **4:11** Gn 9:5 **5:1-3** 1 Cr 11:1-3 **5:6-10** 1 Cr 11:4-9 **5:11-16** 1 Cr 14:1-7 **5:17-25** 1 Cr 14:8-17

Traslado del arca a Jerusalén

6 Entonces David volvió a reunir a las tropas más se-
lectas de Israel, un total de treinta mil. [2]Y las llevó a
Baala de Judá* para traer de regreso el arca de Dios, que
lleva el nombre del Señor de los Ejércitos Celestiales,*
quien está entronizado entre los querubines. [3]Así que
pusieron el arca de Dios en una carreta nueva y la retiraron
de la casa de Abinadab, que estaba en una colina. Uza y
Ahío, hijos de Abinadab, guiaban la carreta [4]que cargaba
el arca de Dios.* Ahío caminaba delante del arca. [5]David
y todo el pueblo de Israel celebraban ante el Señor, en-
tonando canciones* y tocando todo tipo de instrumentos
musicales: liras, arpas, panderetas, castañuelas y címbalos.
[6]Cuando llegaron al campo de trillar de Nacón, los bue-
yes tropezaron, y Uza extendió la mano para sujetar el arca
de Dios. [7]Entonces se encendió el enojo del Señor contra
Uza, y Dios lo hirió de muerte debido a lo que hizo.* Así
fue como Uza murió allí mismo junto al arca de Dios.
[8]Entonces David se enojó porque la ira del Señor se
había desatado contra Uza y llamó a ese lugar Fares-uza
(que significa «desatarse contra Uza»), nombre que con-
serva hasta el día de hoy.
[9]Ahora David tenía miedo del Señor y preguntó:
«¿Cómo podré regresar el arca del Señor para que esté
bajo mi cuidado?». [10]Por lo tanto, David decidió no tras-
ladar el arca del Señor a la Ciudad de David, sino que la
llevó a la casa de Obed-edom, en Gat. [11]El arca del Señor
permaneció en la casa de Obed-edom por tres meses, y el
Señor bendijo a Obed-edom y a los de su casa.
[12]Entonces le dijeron al rey David: «El Señor ha ben-
decido a los de la casa de Obed-edom y a todo lo que tiene
a causa del arca de Dios». Luego David fue y llevó el arca
de Dios de la casa de Obed-edom a la Ciudad de David con
gran celebración. [13]Cuando los hombres que llevaban el
arca del Señor dieron apenas seis pasos, David sacrificó
un toro y un ternero engordado. [14]Y David danzó ante el
Señor con todas sus fuerzas, vestido con una vestidura
sacerdotal.* [15]David y todo el pueblo trasladaron el arca
del Señor entre gritos de alegría y toques de cuernos
de carnero.

Mical desprecia a David

[16]Entonces, cuando el arca del Señor entraba a la Ciudad
de David, Mical, hija de Saúl, se asomó por la ventana.
Cuando vio que el rey David saltaba y danzaba ante el
Señor, se llenó de desprecio hacia él.
[17]Así que trasladaron el arca y la colocaron en su lugar
dentro de la carpa especial que David le había preparado.
David sacrificó al Señor ofrendas quemadas y ofrendas
de paz. [18]Cuando terminó de ofrecer los sacrificios, David
bendijo al pueblo en el nombre del Señor de los Ejércitos
Celestiales. [19]Después repartió a todos los israelitas que
estaban allí reunidos, tanto hombres como mujeres, una
hogaza de pan, un pastel de dátiles* y un pastel de pasas
de uva. Luego todos regresaron a su casa.
[20]Cuando David regresó a su hogar para bendecir a su
propia familia, Mical, la hija de Saúl, salió a su encuentro
y le dijo indignada:
—¡Qué distinguido se veía hoy el rey de Israel, exhi-
biéndose descaradamente delante de las sirvientas tal
como lo haría cualquier persona vulgar!
[21]David le replicó a Mical:
—¡Estaba danzando delante del Señor, quien me eligió
por encima de tu padre y de su familia! Él me designó
como el líder de Israel, el pueblo del Señor, y de este
modo celebro delante de él. [22]¡Así es, y estoy dispuesto
a quedar en ridículo e incluso a ser humillado ante mis
propios ojos! Pero esas sirvientas que mencionaste, ¡de
seguro seguirán pensando que soy distinguido!
[23]Y Mical, la hija de Saúl, nunca tuvo hijos en toda
su vida.

Pacto del Señor con David

7 Una vez que David se instaló en el palacio, y el Señor
le dio descanso de los enemigos que lo rodeaban, [2]el
rey mandó llamar al profeta Natán.
—Mira —le dijo David—, yo vivo en un hermoso palacio
de cedro,* ¡mientras que el arca de Dios está allá afuera
en una carpa!
[3]Natán le respondió al rey:
—Adelante, haz todo lo que tienes pensado porque el
Señor está contigo.
[4]Pero esa misma noche el Señor le dijo a Natán:
[5]«Ve y dile a mi siervo David: "Esto ha declarado
el Señor: ¿acaso eres tú el que me debe construir
una casa en la que yo viva? [6]Desde el día en que
saqué a los israelitas de Egipto hasta hoy, nunca he
vivido en una casa. Siempre fui de un lugar a otro
con una carpa y un tabernáculo como mi morada.
[7]Sin embargo, dondequiera que fui con los israelitas,
ni una sola vez me quejé ante los jefes de las tribus
de Israel, los pastores de mi pueblo Israel. Nunca
les pregunté: '¿Por qué no me han construido una
hermosa casa de cedro?'".
[8]»Ahora ve y dile a mi siervo David: "Esto ha
declarado el Señor de los Ejércitos Celestiales: te
saqué de cuidar ovejas en los pastos y te elegí para
que fueras el líder de mi pueblo Israel. [9]He estado
contigo dondequiera que has ido y destruí a todos
tus enemigos frente a tus propios ojos. ¡Ahora haré
que tu nombre sea tan famoso como el de los grandes
que han vivido en la tierra! [10]Le daré una patria a
mi pueblo Israel y lo estableceré en un lugar seguro
donde nunca será molestado. Las naciones malvadas
no lo oprimirán como lo hicieron en el pasado,
[11]cuando designé jueces para que gobernaran a
mi pueblo Israel; y te daré descanso de todos tus
enemigos.
»"Además, el Señor declara que construirá una
casa para ti, ¡una dinastía de reyes! [12]Pues cuando
mueras y seas enterrado con tus antepasados,
levantaré a uno de tus hijos de tu propia
descendencia y fortaleceré su reino. [13]Él es quien
edificará una casa —un templo— para mi nombre,
y afirmaré su trono real para siempre. [14]Yo seré su
padre, y él será mi hijo. Si peca, lo corregiré y lo

***Notas textuales** **6:2a** En hebreo *Baale de Judá*, otro nombre para Quiriat-jearim; comparar 1 Cr 13:6. **6:2b** O *el arca de Dios, en la cual el Nombre es proclamado, el nombre del Señor de los Ejércitos Celestiales.* **6:4** Así aparece en los Rollos del mar Muerto y en algunos manuscritos griegos; el texto masorético dice *[4]y la retiraron de la casa de Abinadab, que estaba en una colina, con el arca de Dios.* **6:5** Así aparece en los Rollos del mar Muerto y en la versión griega (ver también 1 Cr 13:8); el texto masorético dice *ante el Señor con toda clase de madera de ciprés.* **6:7** Así aparece en los Rollos del mar Muerto; el texto masorético dice *debido a su irreverencia.* **6:14** En hebreo *un efod de lino.* **6:19** O *una porción de carne.* El significado del hebreo es incierto. **7:2** En hebreo *una casa de cedro.*

Referencias cruzadas **6:1-11** 1 Cr 13:1-14 **6:12-19** 1 Cr 15:25–16:3 **7:8** 2 Co 6:18 **7:12** Hch 2:30 **7:1-17** 1 Cr 17:1-15

disciplinaré con vara, como lo haría cualquier padre.
15Pero no le retiraré mi favor como lo retiré de
Saúl, a quien quité de tu vista. 16Tu casa y tu reino
continuarán para siempre delante de mí,* y tu trono
estará seguro para siempre"».

17Entonces Natán regresó adonde estaba David y repitió
todo lo que el SEÑOR le había dicho en la visión.

Oración de gratitud de David

18Entonces el rey David entró y se sentó delante del
SEÑOR y oró:

«¿Quién soy yo, oh SEÑOR Soberano, y qué es
mi familia para que me hayas traído hasta aquí?
19Y ahora, SEÑOR Soberano, sumado a todo lo
demás, ¡hablas de darle a tu siervo una dinastía
duradera! ¿Tratas a todos de esta manera, oh SEÑOR
Soberano?*
20»¿Qué más puedo decirte? Tú sabes cómo es
realmente tu siervo, SEÑOR Soberano. 21Debido a
tu promesa y según tu voluntad hiciste todas estas
grandes cosas y las diste a conocer a tu siervo.
22»¡Qué grande eres, oh SEÑOR Soberano! No
hay nadie como tú. ¡Nunca hemos oído de otro Dios
como tú! 23¿Qué otra nación sobre la tierra es como
tu pueblo Israel? ¿Qué otra nación, oh Dios, has
redimido de la esclavitud para que sea tu pueblo?
Te hiciste un gran nombre cuando redimiste a tu
pueblo de Egipto. Realizaste imponentes milagros
y expulsaste a las naciones y a los dioses que le
impidieron el paso.* 24Hiciste de Israel tu pueblo
para siempre y tú, oh SEÑOR, llegaste a ser su Dios.
25»Y ahora, oh SEÑOR Dios, yo soy tu siervo;
haz lo que prometiste respecto a mí y a mi familia.
Confírmalo como una promesa que durará para
siempre. 26Que tu nombre sea honrado para
siempre, de modo que todos digan: "¡El SEÑOR de
los Ejércitos Celestiales es Dios sobre Israel!". Que
la casa de tu siervo David permanezca delante de ti
para siempre.
27»Oh SEÑOR de los Ejércitos Celestiales, Dios
de Israel, yo me he atrevido a elevarte esta oración
porque le revelaste todo esto a tu siervo con las
siguientes palabras: "Construiré una casa para ti,
¡una dinastía de reyes!". 28Pues tú eres Dios, oh
SEÑOR Soberano; tus palabras son verdad, y le has
prometido estas cosas buenas a tu siervo. 29Ahora
que te complazca bendecir la casa de tu siervo
para que permanezca para siempre delante de ti.
Has hablado, y cuando concedes una bendición a
tu siervo, oh SEÑOR Soberano, ¡es una bendición
eterna!».

Victorias militares de David

8 Después David derrotó y sometió a los filisteos al
conquistar Gat, su ciudad más grande.* 2David tam-
bién conquistó la tierra de Moab. Hizo que la gente se
acostara en el suelo en una fila y con una soga los midió y
los separó por grupos. Ejecutó dos grupos por cada grupo
que dejó con vida. Los moabitas a quienes se les perdonó
la vida, se convirtieron en súbditos de David y tuvieron
que pagarle tributo.
3David también destruyó las fuerzas de Hadad-ezer,
hijo de Rehob, rey de Soba, cuando Hadad-ezer marchó
para fortalecer su control a lo largo del río Éufrates. 4David
capturó mil carros de guerra, siete mil conductores de
carros de guerra* y veinte mil soldados de infantería. Les
lisió los caballos de tiro, excepto los necesarios para cien
carros de guerra.
5Cuando los arameos de Damasco llegaron para ayudar
al rey Hadad-ezer, David mató a veintidós mil de ellos.
6Luego puso varias guarniciones militares en Damasco, la
capital aramea, y los arameos se convirtieron en súbditos
de David y le pagaban tributo. Así que el SEÑOR le daba la
victoria a David dondequiera que iba.
7David llevó a Jerusalén los escudos de oro de los ofi-
ciales de Hadad-ezer, 8junto con una gran cantidad de
bronce de las ciudades de Teba* y Berotai que pertenecían
a Hadad-ezer.
9Cuando Toi, rey de Hamat, se enteró de que David
había destruido a todo el ejército de Hadad-ezer, 10envió
a su hijo Joram para felicitar al rey David por su exitosa
campaña. Hadad-ezer y Toi habían sido enemigos y con
frecuencia estaban en guerra. Joram le obsequió a David
muchos regalos de plata, de oro y de bronce.
11El rey David dedicó todos estos regalos al SEÑOR, así
como lo hizo con la plata y el oro de las demás naciones
que había derrotado 12—de Edom,* de Moab, de Amón,
de Filistea y de Amalec— y de Hadad-ezer hijo de Rehob,
rey de Soba.
13A raíz de esto, David se volvió muy famoso. Des-
pués de su regreso, aniquiló a dieciocho mil edomitas*
en el valle de la Sal. 14Puso guarniciones militares por
todo Edom, y los edomitas se convirtieron en súbditos
de David. Es más, el SEÑOR le daba la victoria a David
dondequiera que iba.
15De modo que David reinó sobre todo Israel e hizo lo
que era justo y correcto para su pueblo. 16Joab, hijo de Sar-
via, era el comandante del ejército; Josafat, hijo de Ahilud,
era el historiador del reino. 17Sadoc, hijo de Ahitob, y
Ahimelec, hijo de Abiatar, eran los sacerdotes; Seraías
era el secretario de la corte. 18Benaía, hijo de Joiada, era
el capitán de la guardia personal del rey,* y los hijos de
David servían como líderes sacerdotales.*

Bondad de David hacia Mefiboset

9 Cierto día, David preguntó: «¿Hay alguien de la fa-
milia de Saúl que aún siga con vida, alguien a quien
pueda mostrarle bondad por amor a Jonatán?». 2Entonces
mandó llamar a Siba, un hombre que había sido uno de
los siervos de Saúl.

***Notas textuales** **7:16** Así aparece en la versión griega y en algunos manuscritos hebreos; el texto masorético dice *delante de ti.* **7:19** O *Esta es tu instrucción para toda la humanidad, oh SEÑOR Soberano.* **7:23** Así aparece en la versión griega (ver también 1 Cr 17:21); en hebreo dice *Te hiciste un nombre e hiciste asombrosos milagros para tu tierra ante tu pueblo, a quienes redimiste de Egipto, las naciones y sus dioses.* **8:1** En hebreo *al conquistar Meteg-ama*, nombre que significa «la brida»; posiblemente se refiere al tamaño de la ciudad o al dinero del tributo tomado de ella. Comparar 1 Cr 18:1. **8:4** Así aparece en los Rollos del mar Muerto y en la versión griega (ver también 1 Cr 18:4); el texto masorético dice *capturó 1700 conductores de carros de guerra.* **8:8** Así aparece en algunos manuscritos griegos (ver también 1 Cr 18:8); en hebreo dice *Beta.* **8:12** Así aparece en algunos manuscritos hebreos y en la versión griega y en la siríaca (ver también 8:14; 1 Cr 18:11); la mayoría de los manuscritos hebreos dicen *Aram.* **8:13** Así aparece en algunos manuscritos hebreos, en la versión griega y en la siríaca (ver también 8:14; 1 Cr 18:12); la mayoría de los manuscritos hebreos dicen *arameos.* **8:18a** En hebreo *de los cereteos y los peleteos.* **8:18b** En hebreo *los hijos de David eran sacerdotes*; comparar con el texto paralelo en 1 Cr 18:17.

Referencias cruzadas **7:18-29** 1 Cr 17:16-27 **8:1-14** 1 Cr 18:1-13 **8:15-18** 1 Cr 18:14-17 **9:1** 1 Sm 20:14-17, 42

—¿Eres tú Siba? —le preguntó el rey.

—Sí, señor, lo soy —contestó Siba.

3Enseguida el rey le preguntó:

—¿Hay alguien de la familia de Saúl que todavía viva? De ser así, quisiera mostrarle la bondad de Dios.

Siba le contestó:

—Sí, uno de los hijos de Jonatán sigue con vida. Está lisiado de ambos pies.

4—¿Dónde está? —preguntó el rey.

—En Lo-debar —le contestó Siba—, en la casa de Maquir, hijo de Amiel.

5Entonces David mandó a buscarlo y lo sacó de la casa de Maquir. 6Su nombre era Mefiboset;* era hijo de Jonatán y nieto de Saúl. Cuando se presentó ante David, se postró hasta el suelo con profundo respeto.

David dijo:

—¡Saludos, Mefiboset!

Mefiboset respondió:

—Yo soy su siervo.

7—¡No tengas miedo! —le dijo David—, mi intención es mostrarte mi bondad por lo que le prometí a tu padre, Jonatán. Te daré todas las propiedades que pertenecían a tu abuelo Saúl, y comerás aquí conmigo, a la mesa del rey.

8Mefiboset se inclinó respetuosamente y exclamó:

—¿Quién es su siervo para que le muestre tal bondad a un perro muerto como yo?

9Entonces el rey llamó a Siba, el siervo de Saúl, y dijo:

—Le he dado al nieto de tu amo todo lo que pertenecía a Saúl y a su familia. 10Tú, tus hijos y tus siervos cultivarán la tierra para él, para que produzca alimento para la casa de tu amo.* Pero Mefiboset, el nieto de tu amo, comerá aquí, a mi mesa. (Siba tenía quince hijos y veinte siervos).

11Siba respondió:

—Sí, mi señor el rey, yo soy su siervo y haré todo lo que me ha ordenado.

A partir de ese momento, Mefiboset comió a la mesa de David,* como si fuera uno de los hijos del rey.

12Mefiboset tenía un hijo pequeño llamado Mica. A partir de entonces, todos los miembros de la casa de Siba fueron siervos de Mefiboset. 13Y Mefiboset, quien estaba lisiado de ambos pies, vivía en Jerusalén y comía a la mesa del rey.

David derrota a los amonitas

10 Después de un tiempo, murió Nahas, rey* de los amonitas, y su hijo Hanún subió al trono. 2David dijo: «Le mostraré lealtad a Hanún, así como su padre, Nahas, siempre me fue leal». Entonces David envió embajadores a Hanún para expresarle sus condolencias por la muerte de su padre.

Pero cuando los embajadores de David llegaron a la tierra de Amón, 3los comandantes amonitas le dijeron a Hanún, su amo: «¿Realmente cree que estos hombres vienen para honrar a su padre? ¡No, David los ha enviado a espiar la ciudad para luego venir y conquistarla!». 4Entonces Hanún tomó presos a los embajadores de David, les afeitó la mitad de la barba, les cortó los mantos a la altura de las nalgas y los envió avergonzados de regreso a David.

5Cuando llegó a oídos de David lo que había sucedido, envió mensajeros para decirles a los hombres: «Quédense en Jericó hasta que les crezca la barba y luego regresen». Pues se sentían muy avergonzados de su aspecto.

6Cuando el pueblo de Amón se dio cuenta de qué tan seriamente había provocado el enojo de David, los amonitas contrataron a veinte mil soldados arameos de infantería de las tierras de Bet-rehob y Soba, mil del rey de Maaca y doce mil de la tierra de Tob. 7Cuando David se enteró, envió a Joab con todos sus guerreros a pelear contra ellos. 8Las tropas amonitas se pusieron en pie de guerra a la entrada de la puerta de la ciudad, mientras que los arameos de Soba y Rehob, junto con los hombres de Tob y Maaca, tomaron posiciones para pelear a campo abierto.

9Cuando Joab vio que tendría que luchar tanto por el frente como por la retaguardia, eligió a algunas de las tropas selectas israelitas y las puso bajo su propio mando para luchar contra los arameos a campo abierto. 10Dejó al resto del ejército bajo el mando de su hermano Abisai, quien atacaría a los amonitas. 11«Si los arameos son demasiado fuertes para mí, entonces ven en mi ayuda —le dijo Joab a su hermano—. Si los amonitas son demasiado fuertes para ti, yo iré en tu ayuda. 12¡Sé valiente! Luchemos con valor por nuestro pueblo y por las ciudades de nuestro Dios, y que se haga la voluntad del Señor».

13Cuando Joab y sus tropas atacaron, los arameos comenzaron a huir. 14Al ver que los arameos corrían, los amonitas huyeron de Abisai y retrocedieron a la ciudad. Terminada la batalla, Joab regresó a Jerusalén.

15Al darse cuenta los arameos de que no podían contra Israel se reagruparon, 16y se les unieron tropas adicionales arameas que Hadad-ezer mandó llamar del otro lado del río Éufrates.* Estas tropas llegaron a Helam bajo el mando de Sobac, el comandante de las fuerzas de Hadad-ezer.

17Cuando David oyó lo que sucedía, movilizó a todo Israel, cruzó el río Jordán y guio al ejército a Helam. Los arameos se pusieron en formación de batalla y lucharon contra David; 18pero nuevamente los arameos huyeron de los israelitas. Esta vez las fuerzas de David mataron a setecientos conductores de carros de guerra y a cuarenta mil soldados de infantería,* entre estos a Sobac, el comandante del ejército. 19Cuando todos los reyes que estaban aliados con Hadad-ezer vieron que Israel los había derrotado, se rindieron a Israel y se convirtieron en sus súbditos. Después de esto, los arameos tuvieron miedo de ayudar a los amonitas.

David y Betsabé

11 En la primavera,* cuando los reyes suelen salir a la guerra, David envió a Joab y al ejército israelita para pelear contra los amonitas. Destruyeron al ejército amonita y sitiaron la ciudad de Rabá. Sin embargo, David se quedó en Jerusalén.

2Una tarde, después del descanso de mediodía, David se levantó de la cama y subió a caminar por la azotea del palacio. Mientras miraba hacia la ciudad, vio a una mujer de belleza singular que estaba bañándose. 3Luego envió a alguien para que averiguara quién era la mujer y le dijeron: «Es Betsabé, hija de Eliam y esposa de Urías el hitita».

4Así que David envió mensajeros para que la trajeran y cuando llegó al palacio, se acostó con ella. Luego ella

***Notas textuales** **9:6** *Mefiboset,* otro nombre para Merib-baal. **9:10** Así aparece en la versión griega; en hebreo dice *para el nieto de tu amo*. **9:11** Así aparece en la versión griega; en hebreo dice *a mi mesa.* **10:1** Igual que el texto paralelo en 1 Cr 19:1; en hebreo dice *murió el rey.* **10:16** En hebreo *del río.* **10:18** Así aparece en algunos manuscritos griegos (ver también 1 Cr 19:18); en hebreo dice *40.000 conductores de carros de guerra.* **11:1** En hebreo *A comienzos del año.* En el antiguo calendario lunar hebreo, el primer día del año caía en marzo o en abril.

Referencias cruzadas **10:1-19** 1 Cr 19:1-19

regresó a su casa. (Betsabé recién había terminado los
ritos de purificación posteriores a su período menstrual).
5Tiempo después, cuando Betsabé descubrió que es-
taba embarazada, le envió el siguiente mensaje a David:
«Estoy embarazada».
6Entonces David envió un mensaje a Joab: «Mándame
a Urías el hitita». Así que Joab se lo envió. 7Cuando Urías
llegó, David le preguntó cómo estaban Joab y el ejército,
y cómo marchaba la guerra. 8Después le dijo a Urías: «Ve
a tu casa a descansar*». David incluso le envió un regalo
a Urías apenas este dejó el palacio. 9Pero Urías no fue a su
casa, sino que durmió esa noche a la entrada del palacio
con la guardia real.
10Al enterarse David de que Urías no había ido a su
casa, lo mandó llamar y le preguntó:
—¿Qué pasa? ¿Por qué no fuiste anoche a tu casa des-
pués de haber estado fuera por tanto tiempo?
11Urías le contestó:
—El arca y el ejército de Israel y el de Judá están vi-
viendo en carpas,* y Joab y los hombres de mi señor están
acampando a cielo abierto. ¿Cómo podría yo ir a casa para
beber, comer y dormir con mi esposa? Juro que jamás
haría semejante cosa.
12—Está bien, quédate hoy aquí —le dijo David— y
mañana puedes regresar al ejército.
Así que Urías se quedó en Jerusalén ese día y el si-
guiente. 13David lo invitó a cenar y lo emborrachó. Pero
aun así no logró que Urías se fuera a la casa con su esposa,
sino que nuevamente se quedó a dormir a la entrada del
palacio con la guardia real.

David trama la muerte de Urías

14Entonces, a la mañana siguiente, David escribió una
carta a Joab y se la dio a Urías para que se la entregara.
15La carta le daba las siguientes instrucciones a Joab: «Pon
a Urías en las líneas del frente, donde la batalla sea más
violenta. Luego retrocedan, para que lo maten». 16Así
que Joab asignó a Urías a un lugar cerca de la muralla de la
ciudad donde sabía que peleaban los hombres más fuertes
del enemigo. 17Y cuando los soldados enemigos salieron
de la ciudad para pelear, Urías el hitita murió junto con
varios soldados israelitas.
18Luego Joab envió a David un informe de la batalla.
19Le dijo a su mensajero: «Informa al rey todas las nove-
dades de la batalla. 20Pero tal vez se enoje y pregunte: "¿Por
qué las tropas se acercaron tanto a la ciudad? ¿Acaso no
sabían que dispararían desde la muralla? 21¿No fue Abi-
melec, hijo de Gedeón,* muerto en Tebes por una mujer
que le tiró una piedra de molino desde la muralla? ¿Por qué
se acercaron tanto a la muralla?". Entonces dile: "Murió
también Urías el hitita"».
22Por lo tanto, el mensajero fue a Jerusalén y le dio un
informe completo a David.
23—El enemigo salió contra nosotros a campo abierto
—le dijo—, y cuando los perseguíamos hasta las puertas
de la ciudad, 24los arqueros que estaban en la muralla nos
dispararon flechas. Mataron a algunos hombres del rey,
entre ellos a Urías el hitita.
25—Bien, dile a Joab que no se desanime —dijo David—.
¡La espada devora a este hoy y a aquel mañana! La próxima
vez esfuércense más, ¡y conquistarán la ciudad!
26Cuando la esposa de Urías se enteró de que su marido
había muerto, hizo duelo por él. 27Una vez cumplido el
período de luto, David mandó que la trajeran al palacio,
y ella pasó a ser una de sus esposas. Luego dio a luz un
hijo. Pero el SEÑOR estaba disgustado con lo que David
había hecho.

¡Respuestas Bíblicas! 57 ¿David cometió alguna vez un pecado?

11:27 Sí. David hizo cosas terribles. Tomó al marido de otra mujer
e hizo que lo mataran y Dios le mostró lo terrible que había sido
ese pecado, pero David pidió perdón y Dios lo perdonó.
Puedes leer esta historia en 2 Samuel 11 y en Salmo 51

Natán reprende a David

12 Por lo tanto, el SEÑOR envió al profeta Natán para
que le contara a David la siguiente historia:
—Había dos hombres en cierta ciudad; uno era rico
y el otro, pobre. 2El hombre rico poseía muchas ovejas,
y ganado en cantidad. 3El pobre no tenía nada, solo una
pequeña oveja que había comprado. Él crio esa ovejita, la
cual creció junto con sus hijos. La ovejita comía del mismo
plato del dueño y bebía de su vaso, y él la acunaba como a
una hija. 4Cierto día llegó una visita a la casa del hombre
rico. Pero en lugar de matar un animal de su propio rebaño
o de su propia manada, tomó la ovejita del hombre pobre,
la mató y la preparó para su invitado.
5Entonces David se puso furioso.
—¡Tan cierto como que el SEÑOR vive —juró—, cual-
quier hombre que haga semejante cosa merece la muerte!
6Debe reparar el daño dándole al hombre pobre cuatro
ovejas por la que le robó y por no haber tenido compasión.
7Entonces Natán le dijo a David:
—¡Tú eres ese hombre! El SEÑOR, Dios de Israel, dice:
"Yo te ungí rey de Israel y te libré del poder de Saúl. 8Te di
la casa de tu amo, sus esposas y los reinos de Israel y Judá.
Y si eso no hubiera sido suficiente, te habría dado más,
mucho más. 9¿Por qué, entonces, despreciaste la palabra
del SEÑOR e hiciste este acto tan horrible? Pues mataste
a Urías el hitita con la espada de los amonitas y le robaste
a su esposa. 10De ahora en adelante, tu familia vivirá por
la espada porque me has despreciado al tomar a la esposa
de Urías para que sea tu mujer".
11»Esto dice el SEÑOR: "Por lo que has hecho, haré que
tu propia familia se rebele en tu contra. Ante tus propios
ojos, daré tus mujeres a otro hombre, y él se acostará con
ellas a la vista de todos. 12Tú lo hiciste en secreto, pero yo
haré que esto suceda abiertamente a la vista de todo Israel".

David confiesa su culpa

13Entonces David confesó a Natán:
—He pecado contra el SEÑOR.
Natán respondió:
—Sí, pero el SEÑOR te ha perdonado, y no morirás por
este pecado. 14Sin embargo, como has mostrado un total
desprecio por la palabra del SEÑOR* con lo que hiciste,
tu hijo morirá.

***Notas textuales** **11:8** En hebreo *a tu casa y lava tus pies*, una expresión que puede tener una connotación de lavado ritual. **11:11** O *en Sucot*. **11:21** En hebreo *hijo de Jerubeset*. Jerubeset es una variación del nombre Jerobaal, otro nombre para Gedeón; ver Jc 6:32. **12:14** Así aparece en los Rollos del mar Muerto; el texto masorético dice *por los enemigos del SEÑOR*.

Referencias cruzadas **11:27** Sal 51:4-5 **12:6** Ex 22:1

15Después que Natán regresó a su casa, el Señor le envió una enfermedad mortal al hijo que David tuvo con la esposa de Urías. 16Así que David le suplicó a Dios que perdonara la vida de su hijo, y no comió, y estuvo toda la noche tirado en el suelo. 17Entonces los ancianos de su casa le rogaban que se levantara y comiera con ellos, pero él se negó.

18Finalmente, al séptimo día, el niño murió. Los consejeros de David tenían temor de decírselo. «No escuchaba razones cuando el niño estaba enfermo —se decían—, ¿qué locura hará cuando le digamos que el niño murió?».

19Cuando David vio que susurraban entre sí, se dio cuenta de lo que había pasado.

—¿Murió el niño? —preguntó.

—Sí —le contestaron—, ya murió.

20De inmediato David se levantó del suelo, se lavó, se puso lociones* y se cambió de ropa. Luego fue al tabernáculo a adorar al Señor y después volvió al palacio donde le sirvieron comida y comió.

21Sus consejeros estaban asombrados.

—No lo entendemos —le dijeron—. Mientras el niño aún vivía, usted lloraba y rehusaba comer. Pero ahora que el niño ha muerto, usted terminó el duelo y de nuevo está comiendo.

22—Ayuné y lloré —respondió David— mientras el niño vivía porque me dije: "Tal vez el Señor sea compasivo conmigo y permita que el niño viva". 23Pero ¿qué motivo tengo para ayunar ahora que ha muerto? ¿Puedo traerlo de nuevo a la vida? Un día yo iré a él, pero él no puede regresar a mí.

24Luego David consoló a Betsabé, su esposa, y se acostó con ella. Entonces ella quedó embarazada y dio a luz un hijo, y David* lo llamó Salomón. El Señor amó al niño 25y mandó decir por medio del profeta Natán que deberían llamarlo Jedidías (que significa «amado del Señor») como el Señor había ordenado.*

David conquista Rabá

26Mientras tanto, Joab luchaba contra la ciudad de Rabá, la capital de Amón, y tomó las fortificaciones reales.* 27Entonces Joab envió mensajeros a David para decirle: «He peleado contra Rabá y he capturado el suministro de agua.* 28Ahora traiga al resto del ejército y tome la ciudad; de lo contrario, yo seré quien la conquiste y reciba el reconocimiento por la victoria».

29Entonces David reunió al resto del ejército y fue a Rabá, peleó contra la ciudad y la tomó. 30David quitó la corona de la cabeza del rey* y la colocaron sobre la de él. La corona estaba hecha de oro con gemas incrustadas y pesaba treinta y cuatro kilos.* Además, David se llevó un enorme botín de la ciudad. 31También hizo esclavos a los habitantes de Rabá y los forzó a trabajar con* sierras, picos y hachas de hierro, y a trabajar en los hornos de ladrillos.* Así trató a la gente de todas las ciudades amonitas. Luego David regresó a Jerusalén con todo el ejército.

La violación de Tamar

13 Ahora bien, Absalón, hijo de David, tenía una hermana muy hermosa llamada Tamar; y Amnón, su medio hermano, se enamoró perdidamente de ella. 2Amnón se obsesionó tanto con Tamar que se enfermó. Ella era virgen, y Amnón pensó que nunca podría poseerla.

3Pero Amnón tenía un amigo muy astuto, su primo Jonadab, quien era hijo de Simea, hermano de David. 4Cierto día Jonadab le dijo a Amnón:

—¿Cuál es el problema? ¿Por qué debe el hijo de un rey verse tan abatido día tras día?

Entonces Amnón le dijo:

—Estoy enamorado de Tamar, hermana de mi hermano Absalón.

5—Bien —dijo Jonadab—, te diré lo que tienes que hacer. Vuelve a la cama y finge que estás enfermo. Cuando tu padre venga a verte, pídele que le permita a Tamar venir y prepararte algo de comer. Dile que te hará sentir mejor si ella prepara los alimentos en tu presencia y te da de comer con sus propias manos.

6Entonces Amnón se acostó y fingió estar enfermo. Cuando el rey fue a verlo, Amnón le pidió: «Por favor, deja que mi hermana Tamar venga y me prepare mi comida preferida* mientras yo observo, así podré comer de sus manos». 7Entonces David aceptó la propuesta y envió a Tamar a la casa de Amnón para que le preparara algo de comer.

8Cuando Tamar llegó a la casa de Amnón, fue a donde él estaba acostado para que pudiera verla mientras preparaba la masa. Luego le horneó su comida preferida, 9pero cuando ella le llevó la bandeja, Amnón se negó a comer y les dijo a sus sirvientes: «Salgan todos de aquí». Así que todos salieron.

10Entonces él le dijo a Tamar:

—Ahora trae la comida a mi dormitorio y dame de comer aquí.

Tamar le llevó su comida preferida, 11pero cuando ella comenzó a darle de comer, la agarró y le insistió:

—Ven, mi amada hermana, acuéstate conmigo.

12—¡No, hermano mío! —imploró ella—. ¡No seas insensato! ¡No me hagas esto! En Israel no se hace semejante perversidad. 13¿Adónde podría ir con mi vergüenza? Y a ti te dirán que eres uno de los necios más grandes de Israel. Por favor, simplemente habla con el rey, y él te permitirá casarte conmigo.

14Pero Amnón no quiso escucharla y, como era más fuerte que ella, la violó. 15De pronto, el amor de Amnón se transformó en odio, y la llegó a odiar aún más de lo que la había amado.

—¡Vete de aquí! —le gruñó.

16—¡No, no! —gritó Tamar—. ¡Echarme de aquí ahora es aún peor de lo que ya me has hecho!

Pero Amnón no quiso escucharla. 17Entonces llamó a su sirviente y le ordenó:

—¡Echa fuera a esta mujer y cierra la puerta detrás de ella!

18Así que el sirviente la sacó y cerró la puerta detrás de ella. Tamar llevaba puesta una hermosa túnica larga,* como era costumbre en esos días para las hijas vírgenes del rey. 19Pero entonces, ella rasgó su túnica y echó ceniza

***Notas textuales** **12:20** En hebreo *se ungió a sí mismo.* **12:24** En hebreo *él*; una versión alternativa hebrea y algunos manuscritos hebreos dicen *ella.* **12:25** Así aparece en la versión griega; en hebreo dice *a causa del Señor.* **12:26** O *la ciudad real.* **12:27** O *capturado la ciudad de agua.* **12:30a** O *de la cabeza de Milcom* (así aparece en la versión griega). Milcom, también llamado Moloc, era el dios de los amonitas. **12:30b** En hebreo *un talento* [75 libras]. **12:31a** En hebreo *También sacó a los habitantes [de Rabá] y los puso bajo.* **12:31b** En hebreo *e hizo que pasaran por medio de los hornos de ladrillos.* **13:6** O *un par de panes*; también en 13:8, 10. **13:18** O *una túnica con mangas*, o *una túnica con adornos.* El significado del hebreo es incierto.

Referencias cruzadas **12:14** Rm 2:23-24 **12:24** 1 Cr 22:9 **12:31** 1 Cr 20:1-3 **13:12-13** Lv 20:17

sobre su cabeza y, cubriéndose la cara con las manos, se fue llorando.

20Su hermano Absalón la vio y le preguntó: «¿Es verdad que Amnón ha estado contigo? Bien, hermanita, quédate callada por ahora, ya que él es tu hermano. No te angusties por esto». Así pues, Tamar vivió como una mujer desconsolada en la casa de su hermano Absalón.

21Cuando el rey David se enteró de lo que había sucedido, se enojó mucho.* 22Absalón nunca habló de esto con Amnón, sin embargo, lo odió profundamente por lo que le había hecho a su hermana.

Absalón se venga de Amnón

23Dos años después, cuando se esquilaban las ovejas de Absalón en Baal-hazor, cerca de Efraín, Absalón invitó a todos los hijos del rey a una fiesta. 24Él fue adonde estaba el rey y le dijo:

—Mis esquiladores ya se encuentran trabajando. ¿Podrían el rey y sus siervos venir a celebrar esta ocasión conmigo?

25El rey contestó:

—No, hijo mío. Si fuéramos todos, seríamos mucha carga para ti.

Entonces Absalón insistió, pero aun así el rey dijo que no iría, aunque le dio su bendición.

26—Bien —le dijo al rey—, si no puedes ir, ¿por qué no envías a mi hermano Amnón con nosotros?

—¿Por qué a Amnón? —preguntó el rey.

27Pero Absalón siguió insistiendo hasta que por fin el rey accedió y dejó que todos sus hijos asistieran, entre ellos Amnón. Así que Absalón preparó un banquete digno de un rey.*

28Absalón les dijo a sus hombres:

—Esperen hasta que Amnón se emborrache; entonces, a mi señal, ¡mátenlo! No tengan miedo. Yo soy quien da la orden. ¡Anímense y háganlo!

29Por lo tanto, cuando Absalón dio la señal, mataron a Amnón. Enseguida los otros hijos del rey montaron sus mulas y huyeron.

30Mientras iban de regreso a Jerusalén, a David le llegó este informe: «Absalón mató a todos los hijos del rey, ¡ninguno quedó con vida!». 31Entonces el rey se levantó, rasgó su túnica y se tiró al suelo. Sus consejeros también rasgaron sus ropas en señal de horror y tristeza.

32Pero justo en ese momento, Jonadab el hijo de Simea, hermano de David, llegó y dijo:

—No, no crea que todos los hijos del rey están muertos, ¡solamente Amnón! Absalón había estado tramando esto desde que Amnón violó a su hermana Tamar. 33No, mi señor el rey, ¡no todos sus hijos están muertos! ¡Solo murió Amnón!

34Mientras tanto, Absalón escapó.

En ese momento, el centinela que estaba sobre la muralla de Jerusalén vio a una multitud descendiendo de una colina por el camino desde el occidente. Entonces corrió y le dijo al rey:

—Veo a una multitud que viene por el camino de Horonaim por la ladera de la colina.*

35—¡Mire! —le dijo Jonadab al rey—. ¡Allí están! Ya vienen los hijos del rey, tal como dije.

36Pronto llegaron, llorando y sollozando. Entonces el rey y todos sus siervos lloraron amargamente con ellos. 37Y David hizo duelo por su hijo Amnón por muchos días.

Absalón huyó adonde estaba su abuelo Talmai, hijo de Amiud, rey de Gesur. 38Se quedó en Gesur por tres años. 39Y el rey David,* ya resignado de la muerte de Amnón, anhelaba reencontrarse con su hijo Absalón.*

Joab arregla que Absalón regrese

14 Joab se dio cuenta de cuánto el rey deseaba ver a Absalón. 2Así que mandó llamar a una mujer de Tecoa que tenía fama de ser muy sabia. Le dijo: «Finge que estás de duelo; ponte ropa de luto y no uses lociones.* Actúa como una mujer que ha estado de duelo por mucho tiempo. 3Entonces ve al rey y dile la historia que te voy a contar». Luego Joab le dijo lo que tenía que decir.

4Cuando la mujer de Tecoa se acercó* al rey, se inclinó rostro en tierra con profundo respeto y exclamó:

—¡Oh rey, ayúdeme!

5—¿Qué problema tienes? —preguntó el rey.

—¡Ay de mí que soy viuda! —contestó ella—. Mi esposo está muerto y 6mis dos hijos se pelearon en el campo y, como no había nadie que los separara, uno de ellos resultó muerto. 7Ahora el resto de la familia me exige: "Entréganos a tu hijo y lo ejecutaremos por haber matado a su hermano. No merece heredar la propiedad familiar". Quieren extinguir la única brasa que me queda, y el nombre y la familia de mi esposo desaparecerán de la faz de la tierra.

8—Yo me encargo de este asunto —le dijo el rey—. Ve a tu casa, yo me aseguraré de que nadie lo toque.

9—¡Oh gracias, mi señor el rey! —le respondió la mujer de Tecoa—. Si lo critican por ayudarme, que la culpa caiga sobre mí y sobre la casa de mi padre, y que el rey y su trono sean inocentes.

10—Si alguien se opone —le dijo el rey—, tráemelo. ¡Te aseguro que nunca más volverá a hacerte daño!

11Luego ella dijo:

—Por favor, júreme por el Señor su Dios que no dejará que nadie tome venganza contra mi hijo. No quiero más derramamiento de sangre.

—Tan cierto como que el Señor vive —le respondió—, ¡no se tocará ni un solo cabello de la cabeza de tu hijo!

12—Por favor, permítame preguntar una cosa más a mi señor el rey —dijo ella.

—Adelante, habla —respondió él.

13Ella contestó:

—¿Por qué no hace por el pueblo de Dios lo mismo que prometió hacer por mí? Se ha declarado culpable a sí mismo al tomar esta decisión, porque ha rehusado traer a casa a su propio hijo desterrado. 14Todos moriremos algún día. Nuestra vida es como agua derramada en el suelo, la cual no se puede volver a juntar. Pero Dios no arrasa con nuestra vida, sino que idea la manera de traernos de regreso cuando hemos estado separados de él.

15»He venido a rogarle a mi señor el rey porque la gente me ha amenazado. Me dije: "Tal vez el rey me escuche 16y nos rescate de los que quieren quitarnos la herencia* que Dios nos dio. 17Sí, mi señor el rey nos devolverá la

***Notas textuales** **13:21** Los Rollos del mar Muerto y la versión griega incluyen *Pero no castigó a su hijo Amnón, porque lo amaba, por ser su hijo mayor.* **13:27** Así aparece en la versión griega y en la latina (comparar también con los Rollos del mar Muerto); en el texto hebreo falta esta oración. **13:34** Así aparece en la versión griega; en hebreo falta esta oración. **13:39a** Los Rollos del mar Muerto y la versión griega dicen *Y el espíritu del rey.* **13:39b** O *ya no sintió la necesidad de perseguir a Absalón.* **14:2** En hebreo *no te unjas con aceite.* **14:4** Así aparece en muchos manuscritos hebreos, en la versión griega y en la siríaca; en el texto masorético dice *le habló.* **14:16** O *la propiedad*; o *la gente.*

Referencias cruzadas **14:11** Nm 35:12, 19, 21 **14:14** Hb 9:27

tranquilidad de espíritu". Sé que usted es como un ángel
de Dios que puede distinguir entre lo bueno y lo malo.
Que el SEÑOR su Dios esté con usted.
18—Tengo que saber algo —le dijo el rey—, y dime la
verdad.
—¿Sí, mi señor el rey? —respondió ella.
19—¿Joab te incitó a hacer esto?
Y la mujer contestó:
—Mi señor el rey, ¿cómo podría negarlo? Nadie puede
esconder nada de usted. Sí, Joab me envió y me dijo qué
decir. 20Lo hizo para que pueda ver el asunto con otros
ojos. ¡Pero usted es tan sabio como un ángel de Dios, y
comprende todo lo que sucede entre nosotros!
21Entonces el rey mandó llamar a Joab y le dijo:
—Está bien, ve y trae de regreso al joven Absalón.
22Joab se inclinó rostro en tierra con profundo respeto
y dijo:
—Por fin sé que cuento con su favor, mi señor el rey,
porque me ha concedido esta petición.
23Enseguida Joab fue a Gesur y trajo a Absalón de re-
greso a Jerusalén. 24Pero el rey dio esta orden: «Absalón
puede ir a su propia casa, pero jamás vendrá a mi presen-
cia». De manera que Absalón no vio al rey.

Absalón se reconcilia con David

25Absalón era elogiado como el hombre más apuesto de
todo Israel. De pies a cabeza era perfecto. 26Se cortaba
el cabello una vez al año, y lo hacía solo porque era muy
pesado. ¡El peso de su cabello era de más de dos kilos*!
27Tenía tres hijos y una hija. Su hija se llamaba Tamar, y
era muy hermosa.
28Absalón vivió dos años en Jerusalén, pero nunca
pudo ver al rey. 29Así que mandó llamar a Joab para pedirle
que intercediera por él, pero Joab se negó a ir. Entonces
Absalón volvió a enviar por él una segunda vez, pero de
nuevo Joab se negó. 30Finalmente Absalón les dijo a sus
siervos: «Vayan y préndanle fuego al campo de cebada
de Joab, el que está junto al mío». Entonces fueron y le
prendieron fuego al campo tal como Absalón les había
mandado.
31Entonces Joab fue a la casa de Absalón y le reclamó:
—¿Por qué tus siervos le prendieron fuego a mi campo?
32Absalón contestó:
—Porque quería que le preguntaras al rey por qué me
trajo de Gesur si no tenía intención de verme. Mejor me
hubiera quedado allá. Déjame ver al rey; si me encuentra
culpable de algo, entonces que me mate.
33De manera que Joab le dijo al rey lo que Absalón
había dicho. Por fin el rey mandó llamar a Absalón, quien
fue y se inclinó ante el rey, y el rey lo besó.

Rebelión de Absalón

15 Después Absalón compró un carruaje y ca-
ballos, y contrató a cincuenta guardaespaldas
para que corrieran delante de él. 2Cada mañana se levan-
taba temprano e iba a la puerta de la ciudad. Cuando la
gente llevaba un caso al rey para que lo juzgara, Absalón
le preguntaba de qué parte de Israel era, y la persona le
mencionaba a qué tribu pertenecía. 3Entonces Absalón le
decía: «Usted tiene muy buenos argumentos a su favor. ¡Es
una pena que el rey no tenga disponible a nadie para que
los escuche! 4Qué lástima que no soy el juez; si lo fuera,
todos podrían traerme sus casos para que los juzgara, y
yo les haría justicia».
5Cuando alguien trataba de inclinarse ante él, no lo
permitía. En cambio, lo tomaba de la mano y lo besaba.
6Absalón hacía esto con todos los que venían al rey por
justicia, y de este modo se robaba el corazón de todo el
pueblo de Israel.
7Después de cuatro años,* Absalón le dijo al rey:
—Permítame ir a Hebrón a ofrecer un sacrificio al
SEÑOR y cumplir un voto que le hice. 8Pues mientras su
siervo estaba en Gesur en Aram, prometí que le ofrecería
sacrificio al SEÑOR en Hebrón* si me traía de regreso a
Jerusalén.
9—Está bien —le dijo el rey—. Ve y cumple tu voto.
Así que Absalón se fue a Hebrón. 10Pero mientras es-
taba allí, envió mensajeros secretos a todas las tribus de
Israel para iniciar una rebelión contra el rey. «Tan pronto
como oigan el cuerno de carnero —decía el mensaje—,
deben decir: "Absalón ha sido coronado rey en Hebrón"».
11Absalón llevó consigo a doscientos hombres de Jeru-
salén como invitados, pero ellos no sabían nada de sus
intenciones. 12Mientras Absalón ofrecía los sacrificios,
mandó a buscar a Ahitofel, uno de los consejeros de David
que vivía en Gilo. En poco tiempo muchos más se unieron
a Absalón, y la conspiración cobró fuerza.

David escapa de Jerusalén

13Pronto llegó un mensajero a Jerusalén para decirle a
David: «¡Todo Israel se ha unido a Absalón en una cons-
piración en su contra!».
14—Entonces debemos huir de inmediato, ¡si no será
muy tarde! —David dijo a sus hombres—. ¡Apresúrense!
Si salimos de Jerusalén antes de que llegue Absalón, tanto
nosotros como la ciudad nos salvaremos del desastre.
15—Estamos con usted —respondieron sus conseje-
ros—. Haga lo que mejor le parezca.
16Entonces el rey salió de inmediato junto con todos
los de su casa. No dejó a nadie excepto a diez de sus con-
cubinas para que cuidaran el palacio. 17Así que el rey y
toda su gente salieron a pie, y se detuvieron en la última
casa 18a fin de que los hombres del rey pasaran al frente.
Había seiscientos hombres de Gat que habían venido
con David, junto con la guardia personal del rey.* 19Des-
pués el rey se dio vuelta y le dijo a Itai, un líder de los
hombres de Gat:
—¿Por qué vienes con nosotros? Vuelve al rey Absalón
porque tú eres un huésped en Israel, un extranjero en el
exilio. 20Llegaste hace poco, ¿debería forzarte a vagar con
nosotros? Ni siquiera sé a dónde iremos. Regresa y llévate
contigo a tus parientes, y que el SEÑOR te muestre su amor
inagotable y su fidelidad.*
21Pero Itai le respondió al rey:
—Juro por el SEÑOR y por el rey que iré dondequiera
que mi señor el rey vaya, sin importar lo que pase, ya sea
que signifique la vida o la muerte.
22David respondió:
—Está bien, ven con nosotros.
De modo que Itai y todos sus hombres junto con sus
familias lo acompañaron.

***Notas textuales** **14:26** En hebreo *200 siclos* [5 libras] *según la medida oficial.* **15:7** Así aparece en la versión griega y en la siríaca; en hebreo dice *40 años.* **15:8** Así aparece en algunos manuscritos griegos; en hebreo falta *en Hebrón.* **15:18** En hebreo *los cereteos y los peleteos.* **15:20** Así aparece en la versión griega; en hebreo dice *y que el amor inagotable y la fidelidad vayan contigo.*

Referencias cruzadas **14:33** Lc 15:20 **15:12** Sal 3:1

23Entonces todo el pueblo lloraba a gritos cuando el rey y sus seguidores pasaban. Así que cruzaron el valle de Cedrón y fueron hacia el desierto.

24Sadoc y todos los levitas también fueron con él cargando el arca del pacto de Dios. Pusieron el arca de Dios en el suelo, y Abiatar ofreció sacrificios* hasta que todos dejaron la ciudad.

25Luego el rey le dio instrucciones a Sadoc para que regresara el arca de Dios a la ciudad: «Si al Señor le parece bien —dijo David—, me traerá de regreso para volver a ver el arca y el tabernáculo;* 26pero si él ha terminado conmigo, entonces dejemos que haga lo que mejor le parezca».

27El rey también le dijo al sacerdote Sadoc: «Mira,* este es mi plan. Tú y Abiatar deben* regresar a la ciudad sin llamar la atención junto con tu hijo Ahimaas y con Jonatán, el hijo de Abiatar. 28Yo me detendré en los vados del río Jordán* y allí esperaré tu informe». 29De este modo Sadoc y Abiatar devolvieron el arca de Dios a la ciudad y allí se quedaron.

30Entonces David subió el camino que lleva al monte de los Olivos, llorando mientras caminaba. Llevaba la cabeza cubierta y los pies descalzos en señal de duelo. Las personas que iban con él también se cubrieron la cabeza y lloraban mientras subían el monte. 31Cuando alguien le dijo a David que su consejero Ahitofel ahora respaldaba a Absalón, David oró: «¡Oh Señor, haz que Ahitofel le dé consejos necios a Absalón!».

32Al llegar David a la cima del monte de los Olivos, donde la gente adoraba a Dios, Husai el arquita lo estaba esperando. Husai había rasgado sus ropas y había echado polvo sobre su cabeza en señal de duelo. 33Pero David le dijo: «Si vienes conmigo solamente serás una carga. 34Regresa a Jerusalén y dile a Absalón: "Ahora seré tu consejero, oh rey, así como lo fui de tu padre en el pasado". Entonces podrás frustrar y contrarrestar los consejos de Ahitofel. 35Sadoc y Abiatar, los sacerdotes, estarán allí. Diles todo lo que se está planeando en el palacio del rey, 36y ellos enviarán a sus hijos Ahimaas y Jonatán para que me cuenten lo que está sucediendo».

37Entonces Husai, el amigo de David, regresó a Jerusalén y arribó justo cuando llegaba Absalón.

David y Siba

16 Cuando David pasó un poco más allá de la cima del monte de los Olivos, Siba, el siervo de Mefiboset,* lo estaba esperando. Tenía dos burros cargados con doscientos panes, cien racimos de pasas, cien ramas con frutas de verano y un cuero lleno de vino.

2—¿Para qué es todo esto? —le preguntó el rey a Siba.

—Los burros son para que monten los que acompañen al rey —contestó Siba—, y el pan y la fruta son para que coman los jóvenes. El vino es para los que se agoten en el desierto.

3—¿Y dónde está Mefiboset, el nieto de Saúl? —le preguntó el rey.

—Se quedó en Jerusalén —contestó Siba—. Dijo: "Hoy recobraré el reino de mi abuelo Saúl".

4—En ese caso —le dijo el rey a Siba—, te doy todo lo que le pertenece a Mefiboset.

—Me inclino ante usted —respondió Siba—, que yo siempre pueda complacerlo, mi señor el rey.

Simei maldice a David

5Mientras el rey David llegaba a Bahurim, salió un hombre de la aldea maldiciéndolos. Era Simei, hijo de Gera, del mismo clan de la familia de Saúl. 6Les arrojó piedras al rey, a los oficiales del rey y a los guerreros valientes que lo rodeaban.

7—¡Vete de aquí, asesino y sinvergüenza! —le gritó a David—. 8El Señor te está pagando por todo el derramamiento de sangre en el clan de Saúl. Le robaste el trono, y ahora el Señor se lo ha dado a tu hijo Absalón. Al fin te van a pagar con la misma moneda, ¡porque eres un asesino!

9—¿Cómo es posible que este perro muerto maldiga a mi señor el rey? —exclamó Abisai, el hijo de Sarvia—. ¡Déjeme ir y cortarle la cabeza!

10—¡No! —dijo el rey—. ¿Quién les pidió su opinión a ustedes, los hijos de Sarvia? Si el Señor le dijo que me maldijera, ¿quiénes son ustedes para detenerlo?

11Entonces David les dijo a Abisai y a sus sirvientes:

—Mi propio hijo quiere matarme, ¿acaso no tiene este pariente de Saúl* todavía más motivos para hacerlo? Déjenlo en paz y permítanle que maldiga, porque el Señor le dijo que lo hiciera. 12Y tal vez el Señor vea con cuánta injusticia me han tratado* y me bendiga a causa de estas maldiciones que sufrí hoy.

13Así que David y sus hombres continuaron por el camino, y Simei les seguía el paso desde un cerro cercano, maldiciendo y tirándole piedras y tierra a David.

14El rey y todos los que estaban con él se fatigaron en el camino, así que descansaron cuando llegaron al río Jordán.*

Ahitofel aconseja a Absalón

15Mientras tanto, Absalón y todo el ejército de Israel llegaron a Jerusalén acompañados por Ahitofel. 16Cuando llegó Husai el arquita, el amigo de David, enseguida fue a ver a Absalón.

—¡Viva el rey! —exclamó—. ¡Viva el rey!

17—¿Es esta la forma en que tratas a tu amigo David? —le preguntó Absalón—. ¿Por qué no estás con él?

18—Estoy aquí porque le pertenezco al hombre que fue escogido por el Señor y por todos los hombres de Israel —le respondió Husai—. 19De todos modos, ¿por qué no te serviré? Así como fui el consejero de tu padre, ¡ahora seré tu consejero!

20Después Absalón se volvió a Ahitofel y le preguntó:

—¿Qué debo hacer ahora?

21—Ve y acuéstate con las concubinas de tu padre —contestó Ahitofel—, porque él las dejó aquí para que cuidaran el palacio. Entonces todo Israel sabrá que has insultado a tu padre más allá de toda esperanza de reconciliación, y el pueblo te dará su apoyo.

22Entonces levantaron una carpa en la azotea del palacio para que todos pudieran verla, y Absalón entró y tuvo sexo con las concubinas de su padre.

23Absalón siguió el consejo de Ahitofel, tal como lo

***Notas textuales** **15:24** O *Abiatar subió.* **15:25** En hebreo *y el lugar de su morada.* **15:27a** Así aparece en la versión griega; en hebreo dice *¿Eres un vidente?* o *¿Ves?* **15:27b** En hebreo *Tú debes*; comparar 15:29. **15:28** En hebreo *en los puntos de cruce del desierto.* **16:1** *Mefiboset*, otro nombre de Merib-baal. **16:11** En hebreo *este benjamita.* **16:12** Así aparece en la versión griega y en la siríaca; en hebreo dice *vea mi iniquidad*. **16:14** Así aparece en la versión griega (ver también 17:16); en hebreo dice *cuando llegaron a su destino.*

Referencias cruzadas **15:25-26** Sal 43:3 **15:37** 1 Cr 27:33 **16:3** 2 Sm 9:9-10 **16:12** Rm 8:28 **16:23** 2 Sm 17:14, 23 había hecho David, porque cada palabra que decía Ahitofel parecía tan sabia como si hubiera salido directamente de la boca de Dios.

17 Entonces Ahitofel dijo a Absalón: «Déjame escoger a doce mil hombres que salgan en busca de David esta noche. 2Lo alcanzaré cuando esté agotado y desanimado. Él y sus tropas se dejarán llevar por el pánico y todos huirán. Luego mataré solamente al rey 3y te traeré de regreso a toda la gente, así como una recién casada vuelve a su marido. Después de todo, es la vida de un solo hombre la que buscas.* Entonces estarás en paz con todo el pueblo». 4Este plan les pareció bien a Absalón y a todos los ancianos de Israel.

Husai contrarresta el consejo de Ahitofel

5Pero después Absalón dijo:

—Traigan a Husai el arquita. Veamos lo que él piensa acerca de este plan.

6Cuando Husai llegó, Absalón le contó lo que Ahitofel había dicho y le preguntó:

—¿Qué opinas? ¿Debemos seguir el consejo de Ahitofel? Si no, ¿qué sugieres?

7—Bueno —le contestó Husai—, esta vez Ahitofel se equivocó. 8Tú conoces a tu padre y a sus hombres; son guerreros poderosos. En este momento están tan enfurecidos como una osa a la que le han robado sus cachorros. Y recuerda que tu padre es un hombre de guerra con experiencia. Él no pasará la noche con las tropas. 9Seguramente ya está escondido en algún pozo o en alguna cueva. Y cuando salga y ataque, y mueran unos cuantos de tus hombres, entonces habrá pánico entre tus tropas, y se correrá la voz de que están masacrando a los hombres de Absalón. 10Así pues hasta los soldados más valientes, aunque tengan el corazón de un león, quedarán paralizados de miedo, porque todo Israel sabe qué poderoso guerrero es tu padre y qué valientes son sus hombres.

11»Recomiendo que movilices a todo el ejército de Israel y que llames a los soldados desde tan lejos como Dan al norte y Beerseba al sur. De esa manera tendrás un ejército tan numeroso como la arena a la orilla del mar. Y te aconsejo que tú personalmente dirijas las tropas. 12Cuando encontremos a David, caeremos sobre él como el rocío que cae sobre la tierra. De este modo ni él ni ninguno de sus hombres quedarán con vida. 13Y si David llegara a escapar a una ciudad, tú tendrás a todo Israel allí a tu mando. Luego podremos tomar sogas y arrastrar las murallas de la ciudad al valle más cercano, hasta que cada piedra haya sido derribada.

14Absalón y todos los hombres de Israel dijeron: «El consejo de Husai es mejor que el de Ahitofel». Pues el SEÑOR había decidido frustrar el consejo de Ahitofel, que en realidad era un plan mejor, ¡para poder traer la calamidad sobre Absalón!

Husai advierte a David

15Husai les contó a Sadoc y a Abiatar, los sacerdotes, lo que Ahitofel les había dicho a Absalón y a los ancianos de Israel, así como lo que él mismo había aconsejado. 16«¡Rápido! —les dijo—. Encuentren a David e insístanle que no se quede en los vados del río Jordán* esta noche. De inmediato debe cruzar e internarse en el desierto. De lo contrario, morirán, él y todo su ejército».

17Jonatán y Ahimaas se habían quedado en En-rogel para no ser vistos al entrar ni al salir de la ciudad. Habían acordado que una sirvienta les llevaría el mensaje que ellos debían darle al rey David. 18Sin embargo, un muchacho los vio en En-rogel, y se lo contó a Absalón, así que escaparon a toda prisa a Bahurim donde un hombre los escondió dentro de un pozo en su patio. 19La esposa del hombre puso una tela sobre la boca del pozo y esparció grano encima para que se secara al sol; por eso nadie sospechó que estaban allí.

20Cuando llegaron los hombres de Absalón, le preguntaron a la mujer:

—¿Has visto a Ahimaas y a Jonatán?

La mujer contestó:

—Estuvieron aquí, pero cruzaron el arroyo.

Entonces los hombres de Absalón los buscaron sin éxito y regresaron a Jerusalén.

21Luego los dos hombres salieron del pozo y se apresuraron a ir donde estaba el rey David. «¡Rápido —le dijeron—, cruce el Jordán esta misma noche!». Y le contaron cómo Ahitofel había aconsejado que lo capturaran y lo mataran. 22Entonces David y los que estaban con él cruzaron el río Jordán durante la noche, y todos llegaron a la otra orilla antes del amanecer.

23Cuando Ahitofel se dio cuenta de que no se había seguido su consejo, ensilló su burro y se fue a su pueblo natal, donde puso sus asuntos en orden y se ahorcó. Murió allí y lo enterraron en la tumba de la familia.

24Pronto David llegó a Mahanaim. A estas alturas, Absalón había movilizado a todo el ejército de Israel y estaba guiando a sus tropas a través del río Jordán. 25Absalón había nombrado a Amasa comandante de su ejército para reemplazar a Joab, quien había sido el comandante bajo David. (Amasa era primo de Joab. Su padre era Jeter,* un ismaelita.* Su madre, Abigail, hija de Nahas, era hermana de Sarvia, la madre de Joab). 26Absalón y el ejército israelita armaron el campamento en la tierra de Galaad.

27Cuando David llegó a Mahanaim, fue recibido calurosamente por Sobi, hijo de Nahas, que venía de Rabá de los amonitas; por Maquir, hijo de Amiel, de Lo-debar; y por Barzilai de Galaad, que era de Rogelim. 28Ellos trajeron camillas, ollas de cocina, recipientes para servir, trigo y cebada, harina y grano tostado, frijoles, lentejas, 29miel, mantequilla, ovejas, cabras y queso para David y los que estaban con él porque dijeron: «Todos ustedes deben estar muy hambrientos, cansados y con sed después de su largo caminar por el desierto».

Derrota y muerte de Absalón

18 David entonces reunió a los hombres que estaban con él y nombró generales y capitanes* para que los dirigieran. 2Envió las tropas en tres grupos: un grupo bajo el mando de Joab; otro bajo el mando del hermano de Joab, Abisai hijo de Sarvia; y el tercero bajo Itai de Gat. Entonces el rey les dijo a sus tropas:

—Yo iré con ustedes.

3Pero sus hombres se opusieron terminantemente e insistieron:

***Notas textuales** **17:3** Así aparece en la versión griega; en hebreo dice *como el regreso de todos es el hombre que tú buscas.* **17:16** En hebreo *en los puntos de cruce del desierto.* **17:25a** En hebreo *Itra,* una variante de Jeter. **17:25b** Así aparece en algunos manuscritos griegos (ver también 1 Cr 2:17); en hebreo dice *un israelita.* **18:1** En hebreo *nombró comandantes de miles y comandantes de cientos.*

Referencias cruzadas **17:13** Mi 1:6 **17:25** 2 Sm 20:12

—No debe ir. Si tenemos que salir en retirada y huir,
aunque maten a la mitad de nosotros no cambiaría nada
para las tropas de Absalón; es a usted al que buscan. Usted
vale por diez mil de nosotros.* Es mejor que se quede aquí
en la ciudad y nos envíe ayuda si la necesitamos.
4—Si ustedes piensan que ese es el mejor plan, lo se-
guiré —respondió el rey.
De modo que se quedó al lado de la puerta de la ciudad
mientras las tropas marchaban en grupos de cientos y
de miles.
5Entonces el rey les dio esta orden a Joab, a Abisai y a Itai:
—Por consideración a mí, traten con bondad al joven
Absalón.
Y todas las tropas escucharon que el rey daba esta orden
a sus comandantes.
6Así que comenzó la batalla en el bosque de Efraín, 7y
los hombres de David rechazaron los ataques de las tropas
israelitas. Aquel día hubo una gran matanza, y veinte mil
hombres perdieron la vida. 8La batalla se extendió con
furor por todo el campo, y perecieron en el bosque más
hombres que los que murieron a espada.
9Durante la batalla, Absalón se cruzó con algunos
hombres de David. Trató de escapar en su mula, pero
al pasar cabalgando debajo de un gran árbol, su cabello*
se enredó en las gruesas ramas. La mula siguió y dejó a
Absalón suspendido en el aire. 10Entonces uno de los
hombres de David vio lo que había pasado y le dijo a Joab:
—Vi a Absalón colgando de un gran árbol.
11—¿Qué? —preguntó Joab—. ¿Lo viste ahí y no lo ma-
taste? ¡Te hubiera recompensado con diez piezas de plata*
y un cinturón de héroe!
12—No mataría al hijo del rey ni por mil piezas de plata*
—le respondió el hombre a Joab—. Todos escuchamos lo
que el rey les dijo a usted, a Abisai y a Itai: "Por considera-
ción a mí, por favor, perdonen la vida del joven Absalón".
13Si yo hubiera traicionado al rey y matado a su hijo —y
de seguro el rey descubriría quién lo hizo—, usted sería
el primero en abandonarme a mi suerte.
14—Basta ya de esta tontería —dijo Joab.
Enseguida Joab tomó tres dagas y las clavó en el co-
razón de Absalón mientras estaba colgado, todavía vivo,
del gran árbol. 15Luego diez jóvenes escuderos de Joab
rodearon a Absalón y lo remataron.
16Entonces Joab hizo sonar el cuerno de carnero, y
sus hombres regresaron de perseguir al ejército de Israel.
17Arrojaron el cuerpo de Absalón dentro de un hoyo
grande en el bosque y encima apilaron un montón de
piedras. Y todo Israel huyó a sus hogares.
18Mientras aún vivía, Absalón se había erigido a sí
mismo un monumento en el valle del Rey, porque dijo:
«No tengo hijo que perpetúe mi nombre». Le puso al
monumento su propio nombre, y es conocido como el
monumento de Absalón hasta el día de hoy.

David hace duelo por la muerte de Absalón

19Después Ahimaas, hijo de Sadoc, dijo:
—Déjeme ir corriendo para darle al rey las buenas noti-
cias: que el Señor lo ha librado de sus enemigos.
20—No —le dijo Joab—, no serían buenas noticias para
el rey saber que su hijo está muerto. Puedes ser mi men-
sajero otro día, pero hoy no.
21Entonces Joab le dijo a un etíope:*
—Ve a decirle al rey lo que has visto.
El hombre se inclinó y se fue corriendo.
22Pero Ahimaas continuó rogándole a Joab:
—Pase lo que pase, por favor, deje también que yo vaya.
—¿Para qué quieres ir, hijo mío? —le respondió Joab—.
No habrá recompensa por las noticias.
23—Estoy de acuerdo, pero igual permítame ir —le
suplicó.
Joab finalmente le dijo:
—Está bien, puedes ir.
Entonces Ahimaas tomó el camino más fácil por la
llanura y corrió a Mahanaim y llegó antes que el etíope.
24Mientras David estaba sentado entre las puertas in-
ternas y externas de la ciudad, el centinela subió al techo
de la entrada de la muralla. Cuando se asomó, vio a un solo
hombre que corría hacia ellos. 25Desde arriba le gritó la
novedad a David, y el rey respondió:
—Si está solo, trae noticias.
Al acercarse el mensajero, 26el centinela vio que otro
hombre corría hacia ellos. Gritó hacia abajo:
—¡Allí viene otro!
El rey respondió:
—También trae noticias.
27—El primer hombre corre como Ahimaas, hijo de
Sadoc —dijo el centinela.
—Él es un buen hombre y trae buenas noticias —res-
pondió el rey.
28Ahimaas le gritó al rey:
—¡Todo está bien!
Se inclinó delante del rey rostro en tierra y dijo:
—Alabado sea el Señor su Dios, quien ha entregado a
los rebeldes que se atrevieron a hacerle frente a mi señor
el rey.
29—¿Qué me dices del joven Absalón? —preguntó el
rey—. ¿Está bien?
—Cuando Joab me dijo que viniera, había una gran
conmoción —contestó Ahimaas—, pero no supe lo que
pasaba.
30—Espera aquí —le dijo el rey.
Y Ahimaas se hizo a un lado.
31Enseguida el etíope llegó y le dijo:
—Tengo buenas noticias para mi señor el rey. Hoy el
Señor lo ha librado de todos los que se rebelaron en su
contra.
32—¿Qué me dices del joven Absalón? —preguntó el
rey—. ¿Se encuentra bien?
Y el etíope contestó:
—¡Que todos sus enemigos, mi señor el rey, ahora y
en el futuro, corran con la misma suerte de ese joven!
33*Entonces el rey se sintió abrumado por la emoción.
Subió a la habitación que estaba sobre la entrada y se echó
a llorar. Y mientras subía, clamaba: «¡Oh, mi hijo Absa-
lón! ¡Hijo mío, hijo mío Absalón! ¡Si tan solo yo hubiera
muerto en tu lugar! ¡Oh Absalón, mi hijo, mi hijo!».

Joab reprende al rey

19 1*Pronto le llegó a Joab la noticia de que el rey
estaba llorando y haciendo duelo por Absalón.

***Notas textuales** **18:3** Así aparece en dos manuscritos hebreos y en algunos manuscritos griegos y latinos; la mayoría de los manuscritos hebreos dicen *Ahora hay 10.000 como nosotros.* **18:9** En hebreo *su cabeza.* **18:11** En hebreo *10 [siclos] de plata*, aproximadamente 114 gramos o 4 onzas. **18:12** En hebreo *1000 [siclos] de plata*, aproximadamente 11,4 kilos o 25 libras. **18:21** En hebreo *un hombre de Cus*; similar en 18:23, 31, 32. **18:33** El versículo 18:33 corresponde al 19:1 en el texto hebreo. **19:1** Los versículos del 19:1-43 corresponden al 19:2-44 en el texto hebreo.

Referencias cruzadas **18:18** Gn 14:17 **18:33** Ex 32:32

2 A medida que el pueblo se enteraba del profundo dolor
del rey por su hijo, la alegría por la victoria se tornaba en
profunda tristeza. 3 Ese día todos regresaron sigilosamente
a la ciudad, como si estuvieran avergonzados y hubieran
desertado de la batalla. 4 El rey se cubrió el rostro con las
manos y seguía llorando: «¡Oh, Absalón, hijo mío! ¡Oh,
Absalón, hijo mío, hijo mío!».

5 Entonces Joab fue a la habitación del rey y le dijo:
«Hoy salvamos su vida y la de sus hijos e hijas, sus esposas
y concubinas. Sin embargo, al actuar de esa forma hace
que nos sintamos avergonzados de nosotros mismos.
6 Parece que usted ama a los que lo odian y odia a los que
lo aman. Hoy nos ha dejado muy en claro que sus co-
mandantes y sus tropas no significan nada para usted.
Pareciera que si Absalón hubiera vivido y todos nosotros
estuviéramos muertos, estaría contento. 7 Ahora salga y
felicite a sus tropas, porque si no lo hace, le juro por el
SEÑOR que ni uno solo de ellos permanecerá aquí esta
noche. Entonces quedará peor que antes».

8 Así que el rey salió y tomó su lugar a las puertas de la
ciudad y, a medida que se corría la voz por la ciudad de
que él estaba allí, todos iban a él.

Mientras tanto, los israelitas que habían apoyado a
Absalón huyeron a sus casas. 9 Y por todas las tribus de
Israel había mucha discusión y disputa. La gente decía: «El
rey nos rescató de nuestros enemigos y nos salvó de los
filisteos, pero Absalón lo echó del país. 10 Ahora Absalón,
a quien ungimos para que nos gobernara, está muerto.
¿Por qué no pedirle a David que regrese y sea nuestro
rey otra vez?».

11 Entonces el rey David envió a los sacerdotes Sadoc y
Abiatar para que les dijeran a los ancianos de Judá: «¿Por
qué son ustedes los últimos en dar la bienvenida al rey en
su regreso al palacio? Pues he oído que todo Israel está
listo. 12 ¡Ustedes son mis parientes, mi propia tribu, mi
misma sangre! ¿Por qué son los últimos en dar la bien-
venida al rey?». 13 Además, David les pidió que le dijeran
a Amasa: «Como eres de mi misma sangre, al igual que
Joab, que Dios me castigue y aun me mate si no te nombro
comandante de mi ejército en su lugar».

14 Así que Amasa* convenció a todos los hombres de
Judá, y ellos respondieron unánimemente. Y le mandaron
a decir al rey: «Regrese a nosotros, y traiga de vuelta a
todos los que lo acompañan».

David regresa a Jerusalén

15 Así que el rey emprendió su regreso a Jerusalén. Cuando
llegó al río Jordán, la gente de Judá fue hasta Gilgal para
encontrarse con él y escoltarlo hasta el otro lado del río.
16 Simei, hijo de Gera, el hombre de Bahurim de Benja-
mín, se apresuró a cruzar junto con los hombres de Judá
para darle la bienvenida al rey David. 17 Otros mil hombres
de la tribu de Benjamín estaban con él, entre ellos Siba,
el sirviente principal de la casa de Saúl, los quince hijos
de Siba y sus veinte sirvientes. Bajaron corriendo hasta
llegar al Jordán para recibir al rey. 18 Cruzaron los vados
del Jordán para llevar a todos los de la casa del rey al otro
lado del río, ayudándolo en todo lo que pudieron.

Misericordia de David con Simei

Cuando el rey estaba a punto de cruzar el río, Simei cayó
de rodillas ante él.
19 —Mi señor el rey, por favor, perdóneme —le rogó—.
Olvide la terrible cosa que su siervo hizo cuando usted
dejó Jerusalén. Que el rey lo borre de su mente. 20 Estoy
consciente de cuánto he pecado. Es por eso que he venido
aquí este día, siendo el primero en todo Israel* en recibir
a mi señor el rey.

21 Entonces Abisai hijo de Sarvia dijo:
—¡Simei debe morir, porque maldijo al rey ungido por
el SEÑOR!
22 —¿Quién les pidió su opinión a ustedes, hijos de Sar-
via? —exclamó David—. ¿Por qué hoy se han convertido
en mis adversarios*? ¡Este no es un día de ejecución, pues
hoy he vuelto a ser el rey de Israel!
23 Entonces, volviéndose a Simei, David juró:
—Se te perdonará la vida.

Bondad de David hacia Mefiboset

24 Ahora bien, Mefiboset,* el nieto de Saúl, descendió de
Jerusalén para encontrarse con el rey. No había cuidado
sus pies, cortado su barba ni lavado su ropa desde el día
en que el rey dejó Jerusalén.
25 —¿Por qué no viniste conmigo, Mefiboset? —le pre-
guntó el rey.
26 Mefiboset contestó:
—Mi señor el rey, mi siervo Siba me engañó. Le dije:
"Ensilla mi burro* para que pueda ir con el rey". Pues
como usted sabe, soy lisiado. 27 Siba me calumnió cuando
dijo que me negué a venir. Pero sé que mi señor el rey
es como un ángel de Dios, así que haga como mejor le
parezca. 28 Todos mis parientes y yo solo podíamos es-
perar la muerte de su parte, mi señor, ¡pero en cambio
me honró al permitirme comer a su propia mesa! ¿Qué
más puedo pedir?
29 —Ya dijiste suficiente —respondió David—. He de-
cidido que tú y Siba se dividan tu tierra en partes iguales.
30 —Désela toda a él —dijo Mefiboset—. ¡Estoy satis-
fecho con que usted haya vuelto a salvo, mi señor el rey!

Bondad de David con Barzilai

31 Barzilai de Galaad había descendido de Rogelim para
escoltar al rey a cruzar el Jordán. 32 Era muy anciano
—tenía ochenta años de edad— y muy rico. Él fue quien
proveyó el alimento para el rey durante el tiempo que
pasó en Mahanaim.
33 —Cruza el río conmigo y quédate a vivir en Jerusa-
lén —le dijo el rey a Barzilai—. Y allí me haré cargo de ti.
34 —No —le respondió—, soy demasiado viejo para ir
con el rey a Jerusalén. 35 Ahora tengo ochenta años de edad,
y ya no puedo disfrutar de nada. La comida y el vino ya no
tienen sabor, tampoco puedo oír las voces de los cantantes.
Sería nada más una carga para mi señor el rey. 36 ¡Tan solo
cruzar el río Jordán con el rey es todo el honor que necesito!
37 Después déjeme regresar para que muera en mi ciudad,
donde están enterrados mi padre y mi madre. Pero aquí
está su siervo, mi hijo Quimam; permítale que él vaya con
mi señor el rey y que reciba lo que usted quiera darle.
38 —Muy bien —acordó el rey—. Quimam irá conmigo,
y lo ayudaré en cualquier forma que tú quieras; haré por
ti cualquier cosa que desees.
39 Luego toda la gente cruzó el Jordán junto con el rey.
Después que David lo hubo bendecido y besado, Barzilai

***Notas textuales 19:14** O *David*; en hebreo dice *él*. **19:20** En hebreo *en la casa de José*. **19:22** O *mis acusadores*. **19:24** *Mefiboset*, otro nombre para Merib-baal. **19:26** Así aparece en la versión griega, en la siríaca y en la latina; en hebreo dice *Ensillaré un burro para mí*.

Referencias cruzadas 19:8 2 Sm 15:2 **19:23** 1 Re 2:8 **19:35** Sal 90:10, 13

regresó a su propia casa. 40El rey cruzó el Jordán hacia
Gilgal, y llevó a Quimam con él. Todas las tropas de Judá
y la mitad de las de Israel escoltaron al rey en su camino.

Discusión sobre el rey

41Pero todos los hombres de Israel se quejaron con el rey:
—Los hombres de Judá se adueñaron del rey y no nos
dieron el honor de ayudarlo a usted ni a los de su casa ni
a sus hombres a cruzar el Jordán.
42Los hombres de Judá respondieron:
—El rey es un pariente cercano. ¿Por qué tienen que
enojarse por eso? ¡No hemos tocado la comida del rey ni
hemos recibido algún favor especial!
43—Pero hay diez tribus en Israel —respondieron los
otros—. De modo que tenemos diez veces más derecho
sobre el rey que ustedes. ¿Qué derecho tienen de tratar-
nos con tanto desprecio? ¿Acaso no fuimos nosotros los
primeros en hablar de traerlo de regreso para que fuera
de nuevo nuestro rey?
La discusión continuó entre unos y otros, y los hom-
bres de Judá hablaron con más dureza que los de Israel.

Revuelta de Seba

20 Sucedió que había un alborotador allí de nombre
Seba, hijo de Bicri, un hombre de la tribu de
Benjamín. Seba tocó un cuerno de carnero y comenzó
a repetir:

«¡Abajo la dinastía de David!
No nos interesa para nada el hijo de Isaí.
Vamos, hombres de Israel,
todos a sus casas».

2Así que todos los hombres de Israel abandonaron a
David y siguieron a Seba, hijo de Bicri. Pero los hombres
de Judá se quedaron con su rey y lo escoltaron desde el
río Jordán hasta Jerusalén.
3Cuando David llegó a su palacio en Jerusalén, tomó
a las diez concubinas que había dejado para que cuidaran
el palacio y las puso en reclusión. Les proveyó para sus
necesidades, pero no volvió a acostarse con ninguna. De
modo que cada una de ellas vivió como una viuda hasta
que murió.
4Luego David le dijo a Amasa: «Moviliza al ejército
de Judá dentro de tres días y enseguida preséntate aquí».
5Así que Amasa salió a notificar a la tribu de Judá, pero le
llevó más tiempo del que le fue dado.
6Por eso David le dijo a Abisai: «Seba, hijo de Bicri, nos
va a causar más daño que Absalón. Rápido, toma a mis
tropas y persíguelo antes de que llegue a alguna ciudad
fortificada donde no podamos alcanzarlo».
7Entonces Abisai y Joab,* junto con la guardia perso-
nal del rey* y todos sus poderosos guerreros salieron de
Jerusalén para perseguir a Seba. 8Al llegar a la gran roca
de Gabaón, Amasa les salió al encuentro. Joab llevaba
puesta su túnica militar con una daga sujeta a su cinturón.
Cuando dio un paso al frente para saludar a Amasa, sacó
la daga de su vaina.*
9«¿Cómo estás, primo mío?», dijo Joab, y con la mano
derecha lo tomó por la barba como si fuera a besarlo.
10Amasa no se dio cuenta de la daga que tenía en la mano
izquierda, y Joab se la clavó en el estómago, de manera
que sus entrañas se derramaron por el suelo. Joab no ne-
cesitó volver a apuñalarlo, y Amasa pronto murió. Joab
y su hermano Abisai lo dejaron tirado allí y siguieron en
busca de Seba.
11Uno de los jóvenes de Joab les gritó a las tropas de
Amasa: «Si están a favor de Joab y David, vengan y sigan
a Joab». 12Pero como Amasa yacía bañado en su propia
sangre en medio del camino, y el hombre de Joab vio que
todos se detenían para verlo, lo arrastró fuera del camino
hasta el campo y le echó un manto encima. 13Con el
cuerpo de Amasa quitado de en medio, todos continua-
ron con Joab a capturar a Seba, hijo de Bicri.
14Mientras tanto, Seba recorría todas las tribus de Israel
y finalmente llegó a la ciudad de Abel-bet-maaca. Todos
los miembros de su propio clan, los bicritas,* se reunieron
para la batalla y lo siguieron a la ciudad. 15Cuando llegaron
las fuerzas de Joab, atacaron Abel-bet-maaca. Constru-
yeron una rampa de asalto contra las fortificaciones de
la ciudad y comenzaron a derribar la muralla. 16Pero una
mujer sabia de la ciudad llamó a Joab y le dijo:
—Escúcheme, Joab. Venga aquí para que pueda hablar
con usted.
17Cuando Joab se acercó, la mujer le preguntó:
—¿Es usted Joab?
—Sí, soy yo —le respondió.
Entonces ella dijo:
—Escuche atentamente a su sierva.
—Estoy atento —le dijo.
18Así que ella continuó:
—Había un dicho que decía: "Si quieres resolver una
disputa, pide consejo en la ciudad de Abel". 19Soy alguien
que ama la paz y que es fiel en Israel, pero usted está por
destruir una ciudad importante de Israel.* ¿Por qué quiere
devorar lo que le pertenece al SEÑOR?
20Joab contestó:
—¡Créame, no quiero devorar ni destruir su ciudad!
21Ese no es mi propósito. Lo único que quiero es captu-
rar a un hombre llamado Seba, hijo de Bicri, de la zona
montañosa de Efraín, quien se rebeló contra el rey David.
Si ustedes me entregan a ese hombre, dejaré a la ciudad
en paz.
—Muy bien —respondió la mujer—, arrojaremos su
cabeza sobre la muralla.
22Enseguida la mujer se dirigió a todo el pueblo con su
sabio consejo, y le cortaron la cabeza a Seba y se la arro-
jaron a Joab. Así que Joab tocó el cuerno de carnero, llamó
a sus tropas y se retiraron del ataque. Todos volvieron a sus
casas y Joab regresó a Jerusalén para encontrarse con el rey.
23Ahora bien, Joab era el comandante del ejército de
Israel; Benaía, hijo de Joiada, era el capitán de la guardia
personal del rey. 24Adoniram* estaba a cargo del trabajo
forzado; Josafat, hijo de Ahilud, era el historiador real.
25Seva era el secretario de la corte; Sadoc y Abiatar eran
los sacerdotes, 26e Ira, un descendiente de Jair, era el sacer-
dote personal de David.

***Notas textuales 20:7a** En hebreo *Entonces los hombres de Joab.* **20:7b** En hebreo *los cereteos y los peleteos*; también en 20:23. **20:8** En hebreo *Cuando dio un paso al frente, se le cayó.* **20:14** Así aparece en la versión griega y en la latina; en hebreo dice *Todos los barimitas.* **20:19** En hebreo *una ciudad que es una madre en Israel.* **20:24** Así aparece en la versión griega (ver también 1 Re 4:6; 5:14); en hebreo dice *Adoram.*

Referencias cruzadas 20:1 1 Re 12:16 **20:25** 1 Sm 2:35

David cobra venganza por los gabaonitas

21 Durante el reinado de David hubo un hambre
que duró tres años. Entonces David consultó al
SEÑOR, y el SEÑOR dijo: «El hambre se debe a que Saúl y
su familia son culpables de la muerte de los gabaonitas».
2 Entonces el rey mandó llamar a los gabaonitas. No
formaban parte de Israel, pero eran todo lo que quedaba
de la nación de los amorreos. El pueblo de Israel había
jurado no matarlos, pero Saúl, en su celo por Israel y Judá,
trató de exterminarlos. 3 David les preguntó:
—¿Qué puedo hacer por ustedes? ¿Cómo puedo com-
pensarlos para que ustedes vuelvan a bendecir al pueblo
del SEÑOR?
4 —Bueno, el dinero no puede resolver este asunto entre
nosotros y la familia de Saúl —le contestaron los gabao-
nitas—. Tampoco podemos exigir la vida de cualquier
persona de Israel.
—¿Qué puedo hacer entonces? —preguntó David—.
Solo díganme, y lo haré por ustedes.
5 Ellos respondieron:
—Fue Saúl quien planeó destruirnos, para impedir que
tengamos un lugar en el territorio de Israel. 6 Así que en-
tréguennos siete hijos de Saúl, y los ejecutaremos delante
del SEÑOR en Gabaón en el monte del SEÑOR.*
—Muy bien —dijo el rey— lo haré.
7 Debido al juramento que David y Jonatán habían
hecho delante del SEÑOR, el rey le perdonó la vida a Mefi-
boset,* el hijo de Jonatán, nieto de Saúl. 8 Sin embargo, les
entregó a los dos hijos de Saúl, Armoni y Mefiboset, cuya
madre fue Rizpa la hija de Aja. También les entregó a los
cinco hijos de la hija de Saúl, Merab,* la esposa de Adriel,
hijo de Barzilai de Mehola. 9 Los hombres de Gabaón los
ejecutaron en el monte delante del SEÑOR. Los siete mu-
rieron juntos al comienzo de la cosecha de la cebada.
10 Después Rizpa, la hija de Aja y madre de dos de los
hombres, extendió una tela áspera sobre una roca y per-
maneció allí toda la temporada de la cosecha. Ella evitó
que las aves carroñeras despedazaran los cuerpos durante
el día e impidió que los animales salvajes se los comie-
ran durante la noche. 11 Cuando David supo lo que había
hecho Rizpa, la concubina de Saúl, 12 fue a ver a la gente
de Jabes de Galaad para recuperar los huesos de Saúl y de
su hijo Jonatán. (Cuando los filisteos mataron a Saúl y a
Jonatán en el monte Gilboa, la gente de Jabes de Galaad
robó sus cuerpos de la plaza pública de Bet-sán donde
los filisteos los habían colgado). 13 De esa manera David
obtuvo los huesos de Saúl y Jonatán, al igual que los hue-
sos de los hombres que los gabaonitas habían ejecutado.
14 Luego el rey ordenó que enterraran los huesos en la
tumba de Cis, padre de Saúl, en la ciudad de Zela, en la
tierra de Benjamín. Después Dios hizo que terminara el
hambre en la tierra.

Batallas contra los gigantes filisteos

15 Una vez más los filisteos estaban en guerra con Israel.
Y cuando David y sus hombres estaban en lo más reñido
de la pelea, a David se le acabaron las fuerzas y quedó ex-
hausto. 16 Isbi-benob era un descendiente de los gigantes;*
la punta de bronce de su lanza pesaba más de tres kilos,*
y estaba armado con una espada nueva. Había acorralado
a David y estaba a punto de matarlo. 17 Pero Abisai, hijo
de Sarvia, llegó al rescate de David y mató al filisteo. En-
tonces los hombres de David declararon: «¡No volverás a
salir con nosotros a la batalla! ¿Por qué arriesgarnos a que
se apague la luz de Israel?».
18 Después hubo otra batalla contra los filisteos en Gob.
Mientras peleaban, Sibecai de Husa mató a Saf, otro des-
cendiente de los gigantes.
19 Durante otra batalla en Gob, Elhanán, hijo de Jair,*
de Belén, mató al hermano de Goliat de Gat.* ¡El asta de
su lanza era tan gruesa como un rodillo de telar!
20 En otra batalla contra los filisteos en Gat, se enfrenta-
ron con un hombre enorme* que tenía seis dedos en cada
mano y seis en cada pie, veinticuatro dedos en total, que
era también descendiente de los gigantes. 21 Pero cuando
desafió a los israelitas y se mofó de ellos, lo mató Jonatán,
hijo de Simea,* hermano de David.
22 Estos cuatro filisteos eran descendientes de los gi-
gantes de Gat, pero David y sus guerreros los mataron.

¡Respuestas Bíblicas! 58 ¿Qué otro nombre recibe un canto de alabanza?

22:1 Un canto de alabanza también puede ser llamado salmo. David escribió muchos salmos en nuestra Biblia. Su salmo más famoso es el Salmo 23. Ahí él dice "El Señor es mi pastor".

Cántico de alabanza de David

22 David entonó este cántico al SEÑOR el día que
el SEÑOR lo rescató de todos sus enemigos y de
Saúl. 2 Cantó así:

«El SEÑOR es mi roca, mi fortaleza y mi salvador;
3 mi Dios es mi roca, en quien encuentro protección.
Él es mi escudo, el poder que me salva
y mi lugar seguro.
Él es mi refugio, mi salvador,
el que me libra de la violencia.
4 Clamé al SEÑOR, quien es digno de alabanza,
y me salvó de mis enemigos.

5 »Las olas de la muerte me envolvieron;
me arrasó una inundación devastadora.
6 La tumba* me envolvió con sus cuerdas;
la muerte me tendió una trampa en el camino.
7 Pero en mi angustia, clamé al SEÑOR;
sí, clamé a Dios por ayuda.
Él me oyó desde su santuario;
mi clamor llegó a sus oídos.

8 »Entonces la tierra se estremeció y tembló.
Se sacudieron los cimientos de los cielos;
temblaron a causa de su enojo.

***Notas textuales** **21:6** Así aparece en la versión griega (ver también 21:9); en hebreo dice *en Guibeá de Saúl, el escogido del SEÑOR.* **21:7** *Mefiboset*, otro nombre para Merib-baal. **21:8** Así aparece en algunos manuscritos hebreos y griegos y en la versión siríaca (ver también 1 Sm 18:19); la mayoría de los manuscritos hebreos dicen *Mical.* **21:16a** O *un descendiente de los refaim*; ver también 21:18, 20, 22. **21:16b** En hebreo *300 [siclos]* [7 libras]. **21:19a** Igual que el texto paralelo en 1 Cr 20:5; en hebreo dice *hijo de Jaare-oregim.* **21:19b** Igual que el texto paralelo en 1 Cr 20:5; en hebreo dice *mató a Goliat de Gat.* **21:20** Igual que el texto paralelo en 1 Cr 20:6; en hebreo dice *un madianita*. **21:21** Igual que el texto paralelo en 1 Cr 20:7; en hebreo dice *Simei*, una variante de Simea. **22:6** En hebreo *Seol.*

Referencias cruzadas **21:2** Jos 9:15-20 **21:15-22** 1 Cr 20:4-8 **22:2-51** Sal 18:1-50

9 De su nariz salía humo a raudales;
de su boca saltaban violentas llamas de fuego.
Carbones encendidos se disparaban de él.
10 Abrió los cielos y descendió;
había oscuras nubes de tormenta debajo de sus pies.
11 Voló montado sobre un poderoso ser angelical,*
remontándose* sobre las alas del viento.
12 Se envolvió con un manto de oscuridad
y ocultó su llegada con densas nubes de lluvia.
13 Un gran resplandor brilló alrededor de él,
y carbones encendidos* se dispararon.
14 El SEÑOR retumbó desde el cielo;
la voz del Altísimo resonó.
15 Disparó flechas y dispersó a sus enemigos;
destelló su relámpago, y ellos quedaron confundidos.
16 Luego, a la orden del SEÑOR,
a la ráfaga de su aliento,
pudo verse el fondo del mar,
y los cimientos de la tierra quedaron al descubierto.

17 »Él extendió la mano desde el cielo y me rescató;
me sacó de aguas profundas.
18 Me rescató de mis enemigos poderosos,
de los que me odiaban y eran demasiado fuertes para mí.
19 Me atacaron en un momento de angustia,
pero el SEÑOR me sostuvo.
20 Me condujo a un lugar seguro;
me rescató porque en mí se deleita.
21 El SEÑOR me recompensó por hacer lo correcto;
me restauró debido a mi inocencia.
22 Pues he permanecido en los caminos del SEÑOR;
no me he apartado de mi Dios para seguir el mal.
23 He seguido todas sus ordenanzas;
nunca he abandonado sus decretos.
24 Soy intachable delante de Dios;
me he abstenido del pecado.
25 El SEÑOR me recompensó por hacer lo correcto;
ha visto mi inocencia.

26 »Con los fieles te muestras fiel;
a los íntegros les muestras integridad.
27 Con los puros te muestras puro,
pero te muestras astuto con los tramposos.
28 Rescatas al humilde,
pero tus ojos observan al orgulloso y lo humillas.
29 Oh SEÑOR, tú eres mi lámpara;
el SEÑOR ilumina mi oscuridad.
30 Con tu fuerza puedo aplastar a un ejército;
con mi Dios puedo escalar cualquier muro.

31 »El camino de Dios es perfecto.
Todas las promesas del SEÑOR demuestran ser verdaderas.
Él es escudo para todos los que buscan su protección.
32 Pues, ¿quién es Dios aparte del SEÑOR?
¿Quién más que nuestro Dios es una roca sólida?
33 Dios es mi fortaleza firme,
y hace perfecto mi camino.
34 Me hace andar tan seguro como un ciervo
para que pueda pararme en las alturas de las montañas.
35 Entrena mis manos para la batalla;
fortalece mi brazo para tensar un arco de bronce.
36 Me has dado tu escudo de victoria;
tu ayuda* me ha engrandecido.
37 Has trazado un camino ancho para mis pies
a fin de evitar que resbalen.

38 »Perseguí a mis enemigos y los destruí;
no paré hasta verlos derrotados.
39 Los consumí;
los herí de muerte para que no pudieran levantarse;
cayeron debajo de mis pies.
40 Me has armado de fuerza para la batalla;
has sometido a mis enemigos debajo de mis pies.
41 Pusiste mi pie sobre su cuello;
destruí a todos los que me odiaban.
42 Buscaron ayuda, pero nadie fue a rescatarlos.
Hasta clamaron al SEÑOR, pero él se negó a responder.
43 Los molí tan fino como el polvo de la tierra;
los pisoteé* en la cuneta como lodo.

44 »Me diste la victoria sobre los que me acusaban.
Me preservaste como gobernante de naciones;
ahora me sirve gente que ni siquiera conozco.
45 Naciones extranjeras se arrastran ante mí;
en cuanto oyen hablar de mí, se rinden.
46 Todas pierden el valor
y salen temblando* de sus fortalezas.

47 »¡El SEÑOR vive! ¡Alabanzas a mi Roca!
¡Exaltado sea Dios, la Roca de mi salvación!
48 Él es el Dios que da su merecido a los que me dañan;
él derriba a las naciones y las pone bajo mi control,
49 y me libra de mis enemigos.
Tú me mantienes seguro, lejos del alcance de mis enemigos;
me salvas de violentos oponentes.
50 Por eso, oh SEÑOR, te alabaré entre las naciones;
cantaré alabanzas a tu nombre.
51 Le das grandes victorias a tu rey;
le muestras inagotable amor a tu ungido,
a David y a todos sus descendientes para siempre».

***Notas textuales 22:11a** En hebreo *un querubín.* **22:11b** Así aparece en algunos manuscritos hebreos (ver también Sal 18:10); otros manuscritos hebreos dicen *apareciendo.* **22:13** O *y relámpagos.* **22:36** Así aparece en los Rollos del mar Muerto; el texto masorético dice *tu respuesta.* **22:43** Así aparece en los Rollos del mar Muerto (comparar Sal 18:42); el texto masorético dice *los aplasté y pisoteé.* **22:46** Igual que el texto paralelo en Sal 18:45; en hebreo dice *salen ciñéndose a sí mismos.*

Referencias cruzadas 22:50 Rm 15:9

¡Respuestas Bíblicas! 59 ¿Quiénes eran los hombres valientes de David?

23:8 Ellos fueron famosos guerreros que ganaron muchas batallas contra los enemigos de Israel. Puedes leer sobre algunos de estos hombres y lo valientes que eran en 2 Samuel 23:8-23.

Últimas palabras de David

23 Estas son las últimas palabras de David:

«David, hijo de Isaí;
David, el hombre que fue elevado tan alto;
David, el hombre ungido por el Dios de Jacob;
David, el dulce salmista de Israel,* declara:

2 »El Espíritu del Señor habla por medio de mí;
sus palabras están en mi lengua.
3 El Dios de Israel habló,
la Roca de Israel me dijo:
“El que gobierna con justicia
y gobierna en el temor de Dios
4 es como la luz de la mañana al amanecer,
como una mañana sin nubes,
como el brillar del sol
sobre la hierba nueva después de la lluvia”.

5 »¿Acaso no es a mi familia que Dios ha elegido?
Sí, ha hecho un pacto eterno conmigo.
Su pacto está arreglado y asegurado hasta el último
detalle;
él garantizará mi seguridad y mi éxito.
6 Pero los que no conocen a Dios son como espinos que
se desechan,
porque desgarran la mano que los toca.
7 Se deben usar herramientas de hierro para cortarlos;
serán completamente consumidos por fuego».

Los guerreros más valientes de David

8 Estos son los nombres de los guerreros más valientes de
David. El primero era Jasobeam el hacmonita,* quien era
el líder de los Tres,* los tres guerreros más valientes entre
los hombres de David. Una vez utilizó su lanza para matar
a ochocientos guerreros enemigos en una sola batalla.*
9 El siguiente en rango entre los Tres era Eleazar, hijo de
Dodai, un descendiente de Ahoa. Una vez Eleazar y David
juntos les hicieron frente a los filisteos cuando todo el
ejército israelita había huido. 10 Siguió matando a filisteos
hasta que se le cansó la mano para levantar su espada, y ese
día el Señor le dio una gran victoria. ¡El resto del ejército
regresó recién a la hora de recoger el botín!
11 El siguiente en rango era Sama, hijo de Age, de Arar.
Cierta vez los filisteos se reunieron en Lehi y atacaron a los
israelitas en un campo lleno de lentejas. El ejército israelita
huyó, 12 pero Sama* no cedió terreno en medio del campo
e hizo retroceder a los filisteos. Así que el Señor le dio
una gran victoria.
13 Cierta vez durante la cosecha, cuando David estaba
en la cueva de Adulam, el ejército filisteo estaba acampado
en el valle de Refaim. Los Tres (que formaban parte de los
Treinta, un grupo selecto entre los hombres de guerra de
David) descendieron a la cueva para encontrarse con él.
14 En aquel tiempo, David se alojaba en la fortaleza, y un
destacamento filisteo había ocupado la ciudad de Belén.
15 David les comentó a sus hombres un vivo deseo:
«¡Ah, cómo me gustaría tomar un poco de esa buena agua
del pozo que está junto a la puerta de Belén!». 16 Entonces
los Tres atravesaron las líneas filisteas, sacaron agua del
pozo junto a la puerta de Belén y se la llevaron a David.
Pero David rehusó tomarla, en cambio la derramó como
ofrenda al Señor. 17 «¡No permita el Señor que la beba!
—exclamó—. Esta agua es tan preciosa como la sangre de
estos hombres* que arriesgaron la vida para traérmela».
De manera que David no la tomó. Estos son ejemplos de
las hazañas de los Tres.

Los Treinta valientes de David

18 Abisai, hijo de Sarvia, hermano de Joab, era el líder de
los Treinta.* En una ocasión usó su lanza para matar a
trescientos guerreros enemigos en una sola batalla. Fue
por hazañas como esta que se hizo tan famoso como los
Tres. 19 Abisai era el comandante y el más famoso de los
Treinta* aunque no era uno de los Tres.
20 Estaba también Benaía, hijo de Joiada, un valiente
guerrero* de Cabseel, quien hizo muchas proezas heroicas,
entre ellas mató a dos campeones* de Moab. En otra oca-
sión, en un día de mucha nieve, Benaía persiguió a un león
hasta un hoyo y lo mató. 21 Otra vez, armado solamente
con un palo, mató a un imponente guerrero egipcio que
estaba armado con una lanza. Benaía arrebató la lanza de
la mano del egipcio y lo mató con ella. 22 Hazañas como
estas hicieron a Benaía tan famoso como los Tres, los
guerreros más valientes. 23 Recibió más honores que los
demás miembros de los Treinta, aunque no era uno de
los Tres. Además David lo nombró capitán de su escolta.
24 Los demás miembros de los Treinta incluían a:

Asael, hermano de Joab;
Elhanán, hijo de Dodo, de Belén;
25 Sama de Harod;
Elica, hijo de Harod;
26 Heles de Pelón;*
Ira, hijo de Iques, de Tecoa;
27 Abiezer de Anatot;
Sibecai* de Husa;
28 Salmón de Ahoh;
Maharai de Netofa;
29 Heled,* hijo de Baana, de Netofa;
Itai, hijo de Ribai, de Guibeá (de la tierra de
Benjamín);
30 Benaía de Piratón;

***Notas textuales** **23:1** O *el tema favorito de las canciones de Israel*; o *el favorito del Poderoso de Israel.* **23:8a** Igual que el texto paralelo en 1 Cr 11:11; en hebreo dice *Joseb-basebet el tacmonita.* **23:8b** Así aparece en la versión griega y en la latina (ver también 1 Cr 11:11); el significado del hebreo es incierto. **23:8c** Así aparece en algunos manuscritos griegos (ver también 1 Cr 11:11); el significado del hebreo es incierto, aunque podría traducirse como *los Tres. Fue Adino el eznita quien mató a 800 hombres de una sola vez.* **23:12** En hebreo *él.* **23:17** En hebreo *¿Deberé beber la sangre de estos hombres?* **23:18** Así aparece en algunos manuscritos hebreos y en la versión siríaca; la mayoría de los manuscritos hebreos dicen *los Tres.* **23:19** Así aparece en la versión siríaca; en hebreo dice *los Tres.* **23:20a** O *hijo de Joiada, hijo de Is-hai.* **23:20b** En hebreo *dos de Ariel.* **23:26** Igual que el texto paralelo en 1 Cr 11:27 (ver también 1 Cr 27:10); en hebreo dice *de Palti.* **23:27** Así aparece en algunos manuscritos griegos (ver también 1 Cr 11:29); en hebreo dice *Mebunai.* **23:29** Así aparece en algunos manuscritos hebreos (ver también 1 Cr 11:30); la mayoría de los manuscritos hebreos dicen *Heleb.*

Referencias cruzadas **23:6-7** Mt 13:41-42 **23:8-39** 1 Cr 11:11-47

Hurai* de Nahale-gaas;*
31 Abi-albón de Arabá;
Azmavet de Bahurim;
32 Eliaba de Saalbón;
los hijos de Jasén;
Jonatán, 33hijo de Sage,* de Arar;
Ahíam, hijo de Sarar, de Arar;
34 Elifelet, hijo de Ahasbai, de Maaca;
Eliam, hijo de Ahitofel, de Gilo;
35 Hezro de Carmelo;
Paarai de Arba;
36 Igal, hijo de Natán, de Soba;
Bani de Gad;
37 Selec de Amón;
Naharai de Beerot, escudero de Joab, hijo de Sarvia;
38 Ira de Jatir;
Gareb de Jatir;
39 Urías el hitita.

En total eran treinta y siete.

¡Respuestas Bíblicas! 60 ¿Cuántos guerreros llegó a tener David?

24:9 Joab le reporta a David luego de un censo que tiene 800 mil guerreros que pueden majear una espada en Israel y luego otros 500 mil en Judá.

David levanta un censo

24 Una vez más el enojo del SEÑOR ardió contra
Israel, y provocó que David les hiciera daño al
levantar un censo. «Ve y cuenta a las personas de Israel y
Judá», le dijo el SEÑOR.
2Entonces el rey les dijo a Joab y a los comandantes*
del ejército:
—Hagan un censo de todas las tribus de Israel, desde
Dan en el norte hasta Beerseba en el sur, para que yo sepa
cuánta gente hay.
3Pero Joab le respondió al rey:
—¡Que el SEÑOR su Dios le dé vida para ver cien veces
más personas de las que hay ahora! ¿Pero por qué, mi
señor el rey, quiere usted hacer tal cosa?
4Sin embargo, el rey insistió en que levantaran el censo,
así que Joab y los comandantes del ejército salieron y con-
taron al pueblo de Israel. 5Primero cruzaron el Jordán y
acamparon en Aroer, al sur de la ciudad en el valle, en
dirección a Gad. Luego fueron a Jazer, 6después a Galaad
en la tierra de Tahtim-hodsi* y a Danjaán y hasta Sidón.
7Luego llegaron a la fortaleza de Tiro y a todas las ciudades
de los heveos y los cananeos. Finalmente, fueron al sur de
Judá,* aun hasta Beerseba.
8Habiendo recorrido toda la tierra durante nueve
meses y veinte días, regresaron a Jerusalén. 9Joab informó
el número de personas al rey. Había en Israel ochocientos
mil guerreros competentes que podían manejar una es-
pada, y además quinientos mil en Judá.

Juicio por el pecado de David

10Pero después de haber levantado el censo, a David le
comenzó a remorder la conciencia, y le dijo al SEÑOR: «He
pecado grandemente por haber hecho este censo. SEÑOR,
te ruego que perdones mi culpa por haber cometido esta
tontería».
11A la mañana siguiente, la palabra del SEÑOR vino al
profeta Gad, quien era el vidente de David, y le dio este men-
saje: 12«Ve y dile a David: "Esto dice el SEÑOR: te doy tres op-
ciones; escoge uno de estos castigos, y yo te lo impondré"».
13De modo que Gad fue a ver a David y le preguntó:
—¿Vas a elegir tres* años de hambre en toda la tierra,
o tres meses de huir de tus enemigos, o tres días de una
terrible plaga por todo el país? Piénsalo bien y decide qué
respuesta debo darle al SEÑOR, quien me envió.
14—¡Estoy en una situación desesperada! —le respon-
dió David a Gad—. Mejor que caigamos nosotros en las
manos del SEÑOR, porque su misericordia es grande, y
que no caiga yo en manos humanas.
15Por lo tanto, el SEÑOR mandó una plaga sobre Israel
esa mañana que duró tres días.* Un total de setenta mil
personas murieron en toda la nación, desde Dan en el
norte hasta Beerseba en el sur. 16Sin embargo, cuando el
ángel se disponía a destruir Jerusalén, el SEÑOR desistió y
le dijo al ángel de la muerte: «¡Detente! ¡Ya es suficiente!».
En ese momento el ángel del SEÑOR estaba junto al campo
de trillar de Arauna el jebuseo.
17Cuando David vio al ángel, le dijo al SEÑOR: «¡Soy
yo el que pecó e hizo el mal! Pero estas personas son tan
inocentes como ovejas, ¿qué han hecho? Que tu enojo
caiga sobre mí y mi familia».

David edifica un altar

18Ese día, Gad fue a ver a David y le dijo: «Sube y edi-
fica un altar al SEÑOR en el campo de trillar de Arauna
el jebuseo».
19Así que David subió para hacer lo que el SEÑOR le había
ordenado. 20Cuando Arauna vio al rey y a sus hombres acer-
cándose, salió y se inclinó ante el rey rostro en tierra.
21—¿Por qué ha venido, mi señor el rey? —preguntó
Arauna.
David le contestó:
—Vine a comprar tu campo de trillar y a edificar allí un
altar al SEÑOR, para que él detenga la plaga.
22—Tómelo, mi señor el rey, y úselo como usted quiera
—le respondió Arauna a David—. Aquí hay bueyes para
la ofrenda quemada, y puede usar los tablones de trillar
y los yugos de los bueyes como leña para hacer un fuego
sobre el altar. 23Le daré todo a usted, su majestad, y que
el SEÑOR su Dios acepte su sacrificio.
24Pero el rey le respondió a Arauna:
—No, insisto en comprarlo; no le presentaré ofrendas
quemadas al SEÑOR mi Dios que no me hayan costado nada.
De modo que David le pagó cincuenta piezas de plata*
por el campo de trillar y por los bueyes.
25Allí David edificó un altar al SEÑOR y sacrificó ofren-
das quemadas y ofrendas de paz. Y el SEÑOR contestó la
oración que hizo por la tierra, y se detuvo la plaga que
azotaba a Israel.

***Notas textuales** **23:30a** Así aparece en algunos manuscritos griegos (ver también 1 Cr 11:32); en hebreo dice *Hidai.* **23:30b** O *de los barrancos de Gaas.* **23:33** Igual que el texto paralelo en 1 Cr 11:34; en hebreo dice *Jonatán, Sama*; en algunos manuscritos griegos dice *Jonatán hijo de Sama.* **24:2** Así aparece en la versión griega (ver también 24:4 y 1 Cr 21:2); en hebreo dice *Joab el comandante.* **24:6** En la versión griega dice *a Galaad y a Cades en la tierra de los hititas.* **24:7** O *fueron al Neguev de Judá.* **24:13** Así aparece en la versión griega (ver también 1 Cr 21:12); en hebreo dice *siete.* **24:15** En hebreo *el tiempo designado.* **24:24** En hebreo *50 siclos de plata*, aproximadamente 570 gramos o 20 onzas.

Referencias cruzadas **24:1-17** 1 Cr 21:1-17 **24:18-25** 1 Cr 21:18-26

1 REYES

¿Por qué es importante?

No es agradable repasar fracasos o vergüenzas ya que la mayoría de nosotros más bien quisiéramos ocultar estos eventos. Sin embargo, muchas de las lecciones más valiosas de la vida provienen de algunas derrotas, sobre todo si sabemos comprenderlas y superarlas.

1 Reyes comienza con la frase "el rey David", mientras que la última frase de 2 Reyes es "el rey de Babilonia". Este hecho marca el terrible desastre que narran estos dos libros. 1 Reyes es el libro para recordar que los triunfos y privilegios espirituales no aseguran una victoria permanente, y que, si te apartas de la voluntad del Señor, el fracaso estará a la puerta.

¿Por qué fue escrito?

Los libros de los Reyes presentan la decadencia del sistema de reyes, desde su cúspide con Salomón, pasando por la división del reino, hasta la devastación total de ambos reinos y el exilio como punto más bajo. Siempre la perspectiva desde la que se escribe es la de los profetas, quienes siguen proclamando la soberanía de Dios y la responsabilidad del pueblo de cumplir con sus obligaciones. Ambos libros cuentan el tumultuoso período de los reyes de Israel y Judá y cubren muchos años, desde la muerte de David (año 970 a.C.) hasta el cautiverio de Israel (722 a.C.) y luego el de Judá (586 a.C.). El primer libro se ocupa del ascenso de Salomón y su gloria y luego la división del reino y termina con un largo reporte del ministerio de Elías.

¿Quién lo escribió?

El autor de 1 Reyes no se menciona en el libro, pero la tradición judía y cristiana lo atribuye al profeta Jeremías. Sin embargo, es probable que varias personas hayan escrito el libro, ya que Jeremías no viajó a Babilonia y la última sección del libro se desarrolla en ese lugar.

¿A quién lo escribió?

Básicamente, fue escrito para los judíos que habían sufrido la invasión final de los caldeos, tanto los pocos que se habían quedado en Jerusalén, como los cautivos en Babilonia. Debe haber sido trágico saber que ellos, que eran el pueblo de Dios, habían sido conquistados por un pueblo cruel, el cual destruyó la amada Jerusalén, arrasó con el sagrado templo y los arrancó de su querida tierra prometida. "¿Qué pasó?", se preguntarían. "¿Por qué Dios permitió esta horrible catástrofe?". Para estos judíos cautivos, y desconcertados fue escrito este libro.

¿Cuándo y dónde lo escribió?

1 Reyes comienza más o menos donde termina 2 Samuel. La composición final de Reyes ocurrió, no en un tiempo muy placentero para el escritor y sus lectores. Los libros deben haber sido escritos durante las primeras décadas del cautiverio y unos años después de la destrucción de Jerusalén, la cual ocurrió en el año 586 a.C. Sin duda, el libro fue escrito en Jerusalén, ya que el autor tiene un conocimiento muy amplio de los eventos desastrosos que ocurrieron en esa ciudad y además lo que ocurrió con sus habitantes en los años posteriores.

Paso a paso

1. Un solo reino bajo Salomón: Cuando hay buenas decisiones hay éxito integral. Caps. 1-11
2. El reino dividido: La aprobación de Dios depende de la obediencia a Él. Caps. 12-16
3. El choque de dos reinos: Elías y el reino de Dios contra Acab y el reino del hombre. Caps. 17-22.

1 REYES

1 Reyes

David en su vejez

1 El rey David era ya muy anciano y, por más frazadas
que le ponían, no podía entrar en calor. 2Así que sus
consejeros le dijeron: «Busquemos una joven virgen que
lo atienda y lo cuide, mi señor; dormirá en sus brazos y
le quitará el frío».
3Entonces buscaron una muchacha hermosa por toda
la tierra de Israel y encontraron a Abisag, de Sunem, y se
la llevaron al rey. 4La joven era muy hermosa; cuidaba al
rey y lo atendía, pero el rey no tuvo relaciones sexuales
con ella.

Adonías reclama el trono

5Por ese tiempo, Adonías, hijo de David, cuya madre era
Haguit, comenzó a jactarse diciendo: «Voy a proclamarme
rey». Así que consiguió carros de guerra con sus conduc-
tores y reclutó cincuenta hombres para que corrieran de-
lante de él. 6Ahora bien, su padre, el rey David, jamás lo
había disciplinado, ni siquiera le preguntaba: «¿Por qué
haces esto o aquello?». Adonías había nacido después de
Absalón y era muy apuesto.
7Adonías se apoyó en Joab, hijo de Sarvia, y en el sacer-
dote Abiatar, y ellos aceptaron ayudarlo a llegar a ser rey.
8Sin embargo, el sacerdote Sadoc y Benaía, hijo de Joiada,
junto con el profeta Natán, Simei, Rei y la guardia personal
de David se negaron a ayudar a Adonías.
9Adonías se dirigió a la peña de Zohélet,* cerca del
manantial de En-rogel, y allí sacrificó ovejas, ganado y
terneros engordados. Invitó a todos sus hermanos —los
demás hijos del rey David— y a todos los funcionarios rea-
les de Judá; 10pero no invitó al profeta Natán, ni a Benaía,
ni a la guardia personal del rey, ni a su hermano Salomón.
11Entonces Natán fue a ver a Betsabé, la madre de
Salomón, y le preguntó: «¿No te has enterado de que el
hijo de Haguit, Adonías, se proclamó rey, y nuestro señor
David ni siquiera lo sabe? 12Si deseas salvar tu vida y la de
tu hijo Salomón, sigue mi consejo. 13Ve ya mismo a ver
al rey David y dile: "Mi señor el rey, ¿acaso no me hiciste
un juramento cuando me dijiste: 'Definitivamente tu hijo
Salomón será el próximo rey y se sentará en mi trono'?
Entonces, ¿por qué Adonías se ha proclamado rey?". 14Y
mientras tú aún estés hablando con el rey, yo llegaré y
confirmaré todo lo que le has dicho».
15Entonces Betsabé entró en la habitación del rey.
(David era ya muy viejo y Abisag lo cuidaba). 16Betsabé
se inclinó ante él.
—¿En qué te puedo ayudar? —le preguntó el rey.
17Ella le contestó:
—Mi señor, usted hizo un juramento delante del SEÑOR
su Dios cuando me dijo: "Te aseguro que tu hijo Salo-
món será el próximo rey y se sentará en mi trono". 18Sin
embargo, Adonías se proclamó rey, y mi señor el rey ni
siquiera se ha enterado. 19Ha sacrificado gran cantidad
de ganado, terneros engordados y ovejas, y ha invitado a
todos los hijos del rey a la celebración. También invitó al
sacerdote Abiatar y a Joab, comandante del ejército, pero
no invitó a su siervo Salomón. 20Y ahora, mi señor el rey,
todo Israel está esperando que usted anuncie quién será
el próximo rey. 21Si no toma alguna medida, mi hijo Sa-
lomón y yo seremos tratados como criminales en cuanto
mi señor el rey haya muerto.
22Mientras ella aún hablaba con el rey, llegó el profeta
Natán. 23Los funcionarios del rey le informaron: «El
profeta Natán está aquí y quiere verlo».
Entonces Natán entró y se inclinó ante el rey con el
rostro en tierra 24y le preguntó al rey: «Mi señor el rey,
¿ya has decidido que sea Adonías el próximo rey que se
siente en tu trono? 25Hoy él sacrificó gran cantidad de
ganado, terneros engordados y ovejas, e invitó a todos
los hijos del rey a la celebración. También invitó a los
comandantes del ejército y al sacerdote Abiatar. Ahora
están festejando y bebiendo con él, y gritan: "¡Que viva
el rey Adonías!"; 26pero a mí no me invitó, ni al sacerdote
Sadoc, ni a Benaía, ni a tu siervo Salomón. 27¿Acaso mi
señor el rey ha hecho esto sin informar a ninguno de
sus funcionarios acerca de quién sería el próximo rey?».

David proclama rey a Salomón

28Entonces el rey David respondió: «¡Llamen a Betsabé!».
Así que Betsabé volvió a entrar y se quedó de pie delante
del rey, 29y el rey repitió su juramento:
—Tan cierto como que el SEÑOR vive y me ha rescatado
de todo peligro, 30tu hijo Salomón será el próximo rey y
se sentará en mi trono este mismo día, tal como te lo juré
delante del SEÑOR, Dios de Israel.
31Entonces Betsabé se inclinó ante el rey con el rostro
en tierra y exclamó:
—¡Que viva por siempre mi señor, el rey David!
32Entonces el rey David ordenó: «Llamen al sacer-
dote Sadoc, al profeta Natán y a Benaía, hijo de Joiada».
Cuando ellos llegaron a la presencia del rey, 33él les dijo:
—Lleven a Salomón y a mis funcionarios hasta el
manantial de Gihón. Salomón irá montado en mi mula.
34Una vez allí, el sacerdote Sadoc y el profeta Natán lo
ungirán rey de Israel. Hagan sonar el cuerno de carnero y
griten: "¡Que viva el rey Salomón!". 35Luego escóltenlo de
regreso, y él se sentará en mi trono. Él me sucederá en el
trono, porque yo lo he nombrado para que sea gobernante
de Israel y de Judá.
36—¡Amén! —respondió Benaía, hijo de Joiada—. Que

***Notas textuales 1:9** O *a la peña de la Serpiente*; la versión griega apoya el uso de *Zohélet* como nombre propio.

Referencias cruzadas 1:13 1 Cr 22:9-13

el SEÑOR, Dios de mi señor el rey, ordene que así sea.
37 Que el SEÑOR esté con Salomón así como ha estado
contigo, mi señor el rey, ¡y que engrandezca el reino de
Salomón aún más que el suyo!
38 Entonces el sacerdote Sadoc y el profeta Natán junto
con Benaía, hijo de Joiada, y la guardia personal del rey*
llevaron a Salomón hasta el manantial de Gihón; y Salo-
món iba montado en la mula que pertenecía al rey David.
39 Allí el sacerdote Sadoc tomó de la carpa sagrada el frasco
de aceite de oliva, y ungió a Salomón con el aceite. Luego
hicieron sonar el cuerno de carnero, y toda la gente gritó:
«¡Que viva el rey Salomón!». 40 Toda la multitud siguió a
Salomón hasta Jerusalén, tocando flautas y gritando de
alegría. La celebración estaba tan alegre y estruendosa
que el sonido hacía temblar la tierra.
41 Adonías y sus invitados escucharon la celebración y
los gritos casi al terminar el banquete. Cuando Joab oyó
el sonido del cuerno de carnero, preguntó: «¿Qué está
pasando? ¿Por qué hay tanto alboroto en la ciudad?».
42 No había terminado de hablar, cuando llegó Jonatán,
hijo del sacerdote Abiatar.
—Entra —le dijo Adonías—, porque eres un hombre
bueno. Seguramente traes buenas noticias.
43 —¡Para nada! —respondió Jonatán—. ¡Nuestro señor,
el rey David, acaba de proclamar rey a Salomón! 44 El rey
lo envió al manantial de Gihón con el sacerdote Sadoc, el
profeta Natán, y Benaía, hijo de Joiada, e iban protegidos
por la guardia personal del rey. Montaron a Salomón en
la mula del rey 45 y Sadoc y Natán lo ungieron rey en el
manantial de Gihón. Acaban de regresar, y toda la ciudad
está celebrando y festejando. Por eso hay tanto ruido. 46 Es
más, ahora mismo Salomón está sentado en el trono real
como rey, 47 y todos los funcionarios reales han ido a fe-
licitar al rey David y a decirle: "¡Que su Dios aumente la
fama de Salomón aún más que la suya, y que engrandezca
el reinado de Salomón aún más que el suyo!". Entonces el
rey inclinó la cabeza en adoración mientras estaba en su
cama 48 y dijo: "Alabado sea el SEÑOR, Dios de Israel, quien
el día de hoy ha escogido a un sucesor que se siente en mi
trono mientras yo aún vivo para presenciarlo".
49 Entonces todos los invitados de Adonías, presos del
pánico, saltaron de la mesa del banquete y se dispersaron
velozmente. 50 Adonías tuvo miedo de Salomón, por lo
que corrió a la carpa sagrada y se agarró de los cuernos del
altar. 51 Pronto llegó a Salomón la noticia de que Adonías,
por temor, se había agarrado de los cuernos del altar y ro-
gaba: «¡Que el rey Salomón jure hoy que no me matará!».
52 Salomón respondió: «Si él demuestra ser leal, no
se le tocará un pelo de la cabeza; pero si causa proble-
mas, morirá». 53 Entonces el rey Salomón mandó llamar
a Adonías, y lo bajaron del altar. Adonías llegó y se inclinó
respetuosamente ante el rey Salomón, quien lo despidió
diciéndole: «Vete a tu casa».

Últimas instrucciones de David a Salomón

2 Cuando ya se acercaba el momento de morir, el rey
David le dio el siguiente encargo a su hijo Salomón:
2 «Yo voy camino al lugar donde todos partirán algún
día. Ten valor y sé hombre. 3 Cumple los requisitos del
SEÑOR tu Dios y sigue todos sus caminos. Obedece los
decretos, los mandatos, las ordenanzas y las leyes que
están escritos en la ley de Moisés, para que tengas éxito en
todo lo que hagas y dondequiera que vayas. 4 Si lo haces, el
SEÑOR cumplirá la promesa que me hizo cuando me dijo:
"Si tus descendientes viven como debe ser y me siguen
fielmente, con todo el corazón y con toda el alma, siempre
habrá uno de ellos en el trono de Israel".
5 »Además, tú ya sabes lo que me hizo Joab, hijo de
Sarvia, cuando mató a mis dos comandantes del ejército:
a Abner, hijo de Ner, y a Amasa, hijo de Jeter. Él fingió
que fue un acto de guerra, pero estábamos en tiempo de
paz,* con lo cual manchó con sangre inocente* su cinto
y sus sandalias. 6 Haz con él lo que mejor te parezca, pero
no permitas que envejezca y vaya a la tumba en paz.*
7 »Sé bondadoso con los hijos de Barzilai, de Galaad.
Haz que sean invitados permanentes en tu mesa, porque
ellos me cuidaron cuando yo huía de tu hermano Absalón.
8 »Acuérdate de Simei, hijo de Gera, el hombre de
Bahurim de la tribu de Benjamín. Él me maldijo con una
maldición terrible cuando yo escapaba hacia Mahanaim.
Cuando vino a verme al río Jordán, yo le juré por el SEÑOR
que no lo mataría; 9 pero ese juramento no lo hace inocente.
Tú eres un hombre sabio y sabrás cómo darle una muerte
sangrienta*».
10 Luego David murió y fue enterrado con sus ante-
pasados en la Ciudad de David. 11 David reinó en Israel
durante cuarenta años, siete de ellos en Hebrón y treinta
y tres en Jerusalén. 12 Salomón lo sucedió y se sentó
en el trono de David, su padre, y su reino se estableció
firmemente.

Salomón establece su gobierno

13 Cierto día Adonías, cuya madre era Haguit, fue a ver a
Betsabé, la madre de Salomón.
—¿Vienes en son de paz? —le preguntó Betsabé.
—Sí —contestó él—, vengo en paz. 14 Quiero pedirte
un favor.
—¿De qué se trata? —le preguntó ella.
15 Él contestó:
—Como sabes, el reino me correspondía a mí; todo
Israel quería que yo fuera el siguiente rey. Pero todo cam-
bió, y el reino pasó a mi hermano porque el SEÑOR así lo
quiso. 16 Ahora solo tengo un favor que pedirte, no me
lo niegues.
—¿De qué se trata? —preguntó ella.
17 Él contestó:
—Habla con el rey Salomón de mi parte, porque yo sé
que él hará cualquier cosa que tú le pidas. Dile que me
permita casarme con Abisag, la muchacha de Sunem.
18 —Está bien —respondió Betsabé—. Le hablaré al rey
por ti.
19 Entonces Betsabé fue a ver al rey para hablarle en
nombre de Adonías. El rey se levantó de su trono para
recibirla y se inclinó ante ella. Cuando volvió a sentarse
en su trono, ordenó que trajeran un trono para su madre,
y ella se sentó a la derecha del rey.
20 —Tengo un pequeño favor que pedirte —le dijo ella—.
Espero que no me lo niegues.
—¿De qué se trata, madre mía? —preguntó el rey—. Tú
sabes que no te lo negaré.

***Notas textuales** **1:38** En hebreo *los cereteos y los peleteos*; también en 1:44. **2:5a** O *Él los mató en tiempo de paz en venganza por las muertes que ellos habían provocado en tiempo de guerra*. **2:5b** Así aparece en algunos manuscritos griegos y antiguos manuscritos latinos; en hebreo dice *con sangre de guerra.* **2:6** En hebreo *no permitas que su cabeza blanca baje al Seol en paz.* **2:9** En hebreo *cómo bajar su cabeza blanca al Seol con sangre*.

Referencias cruzadas **1:53** 1 Cr 29:21-25 **2:3** Dt 18:18-19 **2:12** 1 Cr 29:26-28

[21]—Entonces permite que tu hermano Adonías se case con Abisag, la muchacha de Sunem —contestó ella.

[22]—¿Cómo es posible que tú me pidas que entregue a Abisag en matrimonio a Adonías? —preguntó el rey Salomón—. ¡Sería lo mismo que pedirme que le dé el reino! Tú sabes que él es mi hermano mayor y que tiene de su lado al sacerdote Abiatar y a Joab, hijo de Sarvia.

[23]Entonces el rey Salomón hizo un juramento delante del SEÑOR diciendo:

—Que Dios me hiera e incluso me mate si Adonías no ha sellado su destino con esta petición. [24]El SEÑOR me ha confirmado y me ha puesto en el trono de David, mi padre; él ha establecido mi dinastía, tal como lo prometió. Por lo tanto, ¡tan cierto como que el SEÑOR vive, Adonías morirá hoy mismo!

[25]Entonces el rey Salomón le ordenó a Benaía, hijo de Joiada, que lo ejecutara; y Adonías murió.

[26]Luego el rey dijo al sacerdote Abiatar: «Regresa a tu casa, en Anatot. Mereces morir, pero no voy a matarte ahora porque tú cargaste el arca del SEÑOR Soberano para David, mi padre, y estuviste con él en todas sus dificultades». [27]De ese modo Salomón expulsó a Abiatar del cargo de sacerdote del SEÑOR, y así se cumplió la profecía que el SEÑOR había dado en Silo acerca de los descendientes de Elí.

[28]Joab no se había unido anteriormente a la rebelión de Absalón, pero sí se había sumado a la rebelión de Adonías. Así que, al enterarse de la muerte de Adonías, corrió a la carpa sagrada del SEÑOR y se agarró de los cuernos del altar. [29]Cuando se lo informaron al rey, Salomón mandó a Benaía, hijo de Joiada, a ejecutarlo.

[30]Benaía fue a la carpa sagrada del SEÑOR y le dijo a Joab:

—¡El rey te ordena que salgas!

Pero Joab respondió:

—No, aquí moriré.

Entonces Benaía regresó a ver al rey y le informó lo que Joab había dicho.

[31]«Haz lo que él pide —respondió el rey—. Mátalo allí, junto al altar, y entiérralo. Así se borrará de la familia de mi padre la culpa de los asesinatos sin sentido que cometió Joab. [32]El SEÑOR le cobrará* las muertes de dos hombres que eran más justos y mejores que él, ya que mi padre no sabía nada de las muertes de Abner, hijo de Ner, comandante del ejército de Israel, y de Amasa, hijo de Jeter, comandante del ejército de Judá. [33]Que Joab y sus descendientes sean por siempre culpables de la sangre de ellos, y que el SEÑOR conceda paz a David, a sus descendientes, a su dinastía y a su trono para siempre».

[34]Entonces Benaía, hijo de Joiada, volvió a la carpa sagrada y mató a Joab, y fue enterrado junto a su casa en el desierto. [35]Después, el rey nombró comandante del ejército a Benaía en lugar de Joab, y puso al sacerdote Sadoc en lugar de Abiatar.

[36]Luego el rey mandó llamar a Simei y le dijo:

—Construye una casa aquí en Jerusalén y vive en ella, pero no salgas de la ciudad por ningún motivo. [37]Pues el día que salgas y pases el valle de Cedrón, ciertamente morirás, y tu sangre volverá sobre tu propia cabeza.

[38]Simei respondió:

—Tu sentencia es justa; haré todo lo que mi señor el rey mande.

Por lo tanto, Simei vivió en Jerusalén un largo tiempo.

[39]Sin embargo, tres años después, dos esclavos de Simei se fugaron a Gat, donde reinaba Aquis, hijo de Maaca. Cuando Simei supo dónde estaban, [40]ensilló su burro y fue a Gat a buscarlos. Una vez que los encontró, los llevó de regreso a Jerusalén.

[41]Salomón se enteró de que Simei había salido de Jerusalén, que había ido a Gat y regresado. [42]Así que el rey lo mandó llamar y le preguntó: «¿No te hice jurar por el SEÑOR y te advertí que no salieras a ninguna parte, o de lo contrario, morirías? Y tú respondiste: "La sentencia es justa; haré lo que mandes". [43]Entonces, ¿por qué no cumpliste tu juramento al SEÑOR ni obedeciste mi orden?».

[44]El rey también le dijo: «Seguramente recordarás todas las maldades que le hiciste a mi padre David. Que ahora el SEÑOR traiga todo ese mal sobre tu cabeza; [45]pero que yo, el rey Salomón, reciba las bendiciones del SEÑOR, y que siempre haya un descendiente de David sentado en este trono, en presencia del SEÑOR». [46]Entonces, por orden del rey, Benaía, hijo de Joiada, llevó a Simei afuera y lo mató.

De ese modo, el reino quedó afianzado en manos de Salomón.

Salomón pide sabiduría

3 Salomón hizo una alianza con el faraón, rey de Egipto, y se casó con una de sus hijas. Se la llevó a vivir a la Ciudad de David mientras terminaba de construir su palacio, el templo del SEÑOR y la muralla que rodeaba la ciudad. [2]En ese tiempo, el pueblo de Israel sacrificaba sus ofrendas en los lugares de culto de la región, porque todavía no se había construido un templo en honor al nombre del SEÑOR.

[3]Salomón amaba al SEÑOR y seguía todos los decretos de su padre David; sin embargo, él también ofrecía sacrificios y quemaba incienso en los lugares de culto de la región. [4]El más importante de esos lugares de culto se encontraba en Gabaón; así que el rey fue allí y sacrificó mil ofrendas quemadas. [5]Esa noche, el SEÑOR se le apareció a Salomón en un sueño y Dios le dijo:

—¿Qué es lo que quieres? ¡Pídeme, y yo te lo daré!

[6]Salomón contestó:

—Tú mostraste gran y fiel amor hacia tu siervo David, mi padre, un hombre transparente y leal, quien te fue fiel. Hoy sigues mostrándole este gran y fiel amor al darle un hijo que se siente en su trono.

[7]»Ahora, oh SEÑOR mi Dios, tú me has hecho rey en lugar de mi padre, David, pero soy como un niño pequeño que no sabe por dónde ir. [8]Sin embargo, aquí estoy en medio de tu pueblo escogido, ¡una nación tan grande y numerosa que no se puede contar! [9]Dame un corazón comprensivo para que pueda gobernar bien a tu pueblo, y sepa la diferencia entre el bien y el mal. Pues, ¿quién puede gobernar por su propia cuenta a este gran pueblo tuyo?

[10]Al Señor le agradó que Salomón pidiera sabiduría. [11]Así que le respondió:

—Como pediste sabiduría para gobernar a mi pueblo con justicia y no has pedido una larga vida, ni riqueza, ni la muerte de tus enemigos, [12]¡te concederé lo que me has pedido! Te daré un corazón sabio y comprensivo, como nadie nunca ha tenido ni jamás tendrá. [13]Además, te daré lo que no me pediste: riquezas y fama. Ningún otro rey del mundo se comparará a ti por el resto de tu vida. [14]Y si tú

***Notas textuales** **2:32** En hebreo *le hará volver su sangre sobre su cabeza por.*

Referencias cruzadas **2:25** 2 Sm 8:18 **2:46** 2 Cr 1:1 **3:3-15** 2 Cr 1:2-13

me sigues y obedeces mis decretos y mis mandatos como
lo hizo tu padre David, también te daré una larga vida.
[15]Entonces Salomón se despertó y se dio cuenta de
que había sido un sueño. Volvió a Jerusalén, se presentó
delante del arca del pacto del Señor y allí sacrificó ofrendas
quemadas y ofrendas de paz. Luego invitó a todos sus
funcionarios a un gran banquete.

Salomón juzga con sabiduría

[16]Tiempo después, dos prostitutas fueron a ver al rey
para resolver un asunto. [17]Una de ellas comenzó a rogarle:
«Ay, mi señor, esta mujer y yo vivimos en la misma casa.
Ella estaba conmigo en la casa cuando yo di a luz a mi
bebé. [18]Tres días después, ella también tuvo un bebé.
Estábamos las dos solas y no había nadie más en la casa.
[19]»Ahora bien, su bebé murió durante la noche por-
que ella se acostó encima de él. [20]Luego ella se levantó a
la medianoche y sacó a mi hijo de mi lado mientras yo
dormía; puso a su hijo muerto en mis brazos y se llevó al
mío a dormir con ella. [21]A la mañana siguiente, cuando
quise amamantar a mi hijo, ¡el bebé estaba muerto! Pero
cuando lo observé más de cerca, a la luz del día, me di
cuenta de que no era mi hijo».
[22]Entonces la otra mujer interrumpió:
—Claro que era tu hijo, y el niño que está vivo es el mío.
—¡No! —dijo la mujer que habló primero—, el niño
que está vivo es el mío y el que está muerto es el tuyo.
Así discutían sin parar delante del rey.
[23]Entonces el rey dijo: «Aclaremos los hechos. Las dos
afirman que el niño que está vivo es suyo, y cada una dice
que el que está muerto pertenece a la otra. [24]Muy bien,
tráiganme una espada». Así que le trajeron una espada.
[25]Luego dijo: «¡Partan al niño que está vivo en dos, y
denle la mitad del niño a una y la otra mitad a la otra!».
[26]Entonces la verdadera madre del niño, la que lo
amaba mucho, gritó: «¡Oh no, mi señor! ¡Denle el niño a
ella, pero, por favor, no lo maten!».
En cambio, la otra mujer dijo: «Me parece bien, así no
será ni tuyo ni mío; ¡divídanlo entre las dos!».
[27]Entonces el rey dijo: «No maten al niño; dénselo a
la mujer que desea que viva, ¡porque ella es la madre!».
[28]Cuando el pueblo se enteró de la decisión que había
tomado el rey, todos en Israel quedaron admirados porque
reconocieron la sabiduría que Dios le había dado para
impartir justicia.

Funcionarios y gobernadores de Salomón

4 Salomón ya gobernaba todo Israel, [2]y sus altos fun-
cionarios eran los siguientes:

Azarías, hijo de Sadoc, era el sacerdote.
3 Elihoref y Ahías, hijos de Sisa, eran secretarios de la corte.
Josafat, hijo de Ahilud, era el historiador de la realeza.
4 Benaía, hijo de Joiada, era el comandante del ejército.
Sadoc y Abiatar eran sacerdotes.
5 Azarías, hijo de Natán, estaba a cargo de los gobernadores regionales.
Zabud, hijo de Natán, era sacerdote y consejero de confianza del rey.
6 Ahisar era el administrador de los bienes del palacio.
Adoniram, hijo de Abda, estaba a cargo del trabajo forzado.

[7]Salomón también tenía doce gobernadores regionales
sobre todo Israel, quienes eran responsables de proveer
el alimento para los miembros de la casa del rey. A cada
uno de ellos le tocaba suministrar los víveres para un mes
del año. [8]Los nombres de los doce gobernadores eran
los siguientes:

Ben-hur, en la zona montañosa de Efraín.
9 Ben-decar, en Macaz, Saalbim, Bet-semes y Elón-bet-hanán.
10 Ben-hesed, en Arubot, que incluía Soco y toda la tierra de Hefer.
11 Ben-abinadab, en todo Nafot-dor.* (Él estaba casado con Tafat, una de las hijas de Salomón).
12 Baana, hijo de Ahilud, en Taanac y Meguido, en todo Bet-sán,* cerca de Saretán, abajo de Jezreel, y en todo el territorio que va desde Bet-sán hasta Abel-mehola, y hasta Jocmeam.
13 Ben-geber, en Ramot de Galaad, incluidas las ciudades de Jair (que llevan ese nombre por Jair, de la tribu de Manasés*), situadas en Galaad, y en Argob, región de Basán, la cual incluía sesenta ciudades grandes y fortificadas, con barrotes de bronce en sus puertas.
14 Ahinadab, hijo de Iddo, en Mahanaim.
15 Ahimaas, en Neftalí. (Él estaba casado con Basemat, otra hija de Salomón).
16 Baana, hijo de Husai, en Aser y en Alot.
17 Josafat, hijo de Parúa, en Isacar.
18 Simei, hijo de Ela, en Benjamín.
19 Geber, hijo de Uri, en la tierra de Galaad,* incluidos los territorios del rey Sehón, de los amorreos, y del rey Og, de Basán.
También había un gobernador para la tierra de Judá.*

Prosperidad y sabiduría de Salomón

[20]La gente de Judá y de Israel era tan numerosa como la
arena a la orilla del mar. Todos estaban muy satisfechos
y tenían suficiente para comer y beber. [21]*El rey Salo-
món gobernaba todos los reinos desde el río Éufrates,*
en el norte, hasta la tierra de los filisteos y la frontera con
Egipto, en el sur. Los pueblos conquistados le enviaban
impuestos y le sirvieron durante toda su vida.
[22]La cantidad de alimento que se requería a diario en
el palacio de Salomón era: ciento cincuenta canastas de
harina selecta y trescientas canastas de harina gruesa,*
[23]también diez bueyes de los corrales de engordar, veinte
reses alimentadas con pasto, cien ovejas o cabras, además
de ciervos, gacelas, corzos, y aves de corral de primera
calidad.*
[24]El dominio de Salomón se extendía por todos los rei-
nos al occidente del río Éufrates, desde Tifsa hasta Gaza,
y había paz en todas sus fronteras. [25]Durante la vida de
Salomón, los habitantes de Judá e Israel vivieron en paz

***Notas textuales** **4:11** En hebreo *Nafat-dor*, una variante de Nafot-dor. **4:12** En hebreo *Bet-seán*, una variante de Bet-sán; también en 4:12b. **4:13** En hebreo *Jair, hijo de Manasés*; comparar 1 Cr 2:22. **4:19a** La versión griega dice *de Gad*; comparar 4:13. **4:19b** Así aparece en algunos manuscritos griegos; en hebreo falta *de Judá*. El significado del hebreo es incierto. **4:21a** Los versículos del 4:21-34 corresponden al 5:1-14 en el texto hebreo. **4:21b** En hebreo *el río*; también en 4:24. **4:22** En hebreo *30 coros* [6600 litros o 6000 cuartos] *de harina selecta y 60 coros* [13.200 litros o 12.000 cuartos] *de harina gruesa.* **4:23** O *y gansos engordados*.

Referencias cruzadas **3:26** Jr 31:20 **4:19** Dt 3:8-10 **4:21** Sal 72:10-11 y con seguridad. Desde Dan en el norte hasta Beerseba en el sur, cada familia tenía su propia casa con jardín.* [26]Salomón tenía cuatro mil* establos para los caballos que tiraban sus carros de guerra y doce mil caballos.*

[27]Los gobernadores regionales proveían sin falta el alimento para el rey Salomón y su corte; cada uno se aseguraba de que no faltara nada durante el mes que se le había asignado. [28]También llevaban suficiente cebada y paja para los caballos reales en los establos.

[29]Dios le dio a Salomón muchísima sabiduría y gran entendimiento, y un conocimiento tan vasto como la arena a la orilla del mar. [30]De hecho, su sabiduría superaba la de todos los sabios del Oriente y la de los sabios de Egipto. [31]Era más sabio que cualquier otro, entre ellos Etán, el ezraíta, y los hijos de Mahol: Hemán, Calcol y Darda. Su fama se extendía por todas las naciones vecinas. [32]Compuso unos tres mil proverbios y escribió mil cinco canciones. [33]Podía hablar con autoridad acerca de todo tipo de plantas, desde el gran cedro del Líbano hasta el diminuto hisopo que crece en las grietas de las paredes. También era versado en materia de animales, aves, reptiles y peces. [34]Y los reyes de todas las naciones enviaban a sus embajadores a escuchar la sabiduría de Salomón.

¡Respuestas Bíblicas! 61 ¿Qué tan sabio era Salomón?

4:34 Salomón escribió muchos refranes en el libro de los Proverbios. Él estudió plantas y animales y construyó grandes edificios. Él mantuvo la paz en Israel durante sus 40 años de reinado. Salomón escribió el libro de Eclesiastés y nos cuenta que conocer a Dios y obedecerlo es más importante que la inteligencia.

Preparativos para la construcción del templo

5 [1]*Hiram, rey de Tiro, siempre había sido un amigo fiel del rey David. Cuando Hiram se enteró de que Salomón, hijo del rey David, era el nuevo rey de Israel, envió embajadores a felicitarlo.

[2]Entonces Salomón le respondió a Hiram con el siguiente mensaje:

[3]«Tú sabes que mi padre, David, no pudo construir un templo para honrar el nombre del Señor su Dios, debido a la cantidad de guerras que le hicieron las naciones vecinas. No podía construir hasta que el Señor le diera la victoria sobre todos sus enemigos. [4]Sin embargo, ahora el Señor mi Dios me ha dado paz en todo el territorio; no tengo enemigos, y todo marcha bien. [5]Así que tengo planeado construir un templo para honrar el nombre del Señor mi Dios, tal como él le había indicado a mi padre David. Pues el Señor le dijo: "Tu hijo, a quien yo pondré en tu trono, construirá el templo para honra de mi nombre".

[6]»En consecuencia, ordena, por favor, que se corten cedros del Líbano para mí. Permite que mis hombres trabajen junto a los tuyos, y yo pagaré a tus hombres el salario que tú pidas. Como bien sabes, ¡no hay nadie por aquí que sepa cortar la madera como ustedes, los sidonios!».

[7]Cuando Hiram recibió el mensaje de Salomón, se puso muy contento y dijo: «Alabado sea hoy el Señor por haberle dado a David un hijo sabio para que sea rey de la gran nación de Israel». [8]Así que le envió la siguiente respuesta a Salomón:

«He recibido tu mensaje y te proporcionaré toda la madera de cedro y de ciprés que necesites. [9]Mis siervos llevarán los troncos desde las montañas del Líbano hasta el mar Mediterráneo* y los pondrán en forma de balsas para que floten a lo largo de la costa hacia el lugar que tú decidas. Luego desarmaremos las balsas para que ustedes puedan llevarse los troncos. Puedes pagarme proveyendo alimentos para mi casa».

[10]Entonces Hiram proporcionó toda la madera de cedro y ciprés que Salomón quiso. [11]Salomón le enviaba, a cambio, un pago anual de 100.000 canastas* de trigo para su casa y 420.000 litros* de aceite de oliva puro. [12]El Señor le dio sabiduría a Salomón tal como se lo había prometido. Así que Hiram y Salomón formaron una alianza de paz.

[13]Luego el rey Salomón impuso trabajo forzado a treinta mil trabajadores de todo Israel. [14]Los envió al Líbano en turnos de diez mil por mes, de modo que cada hombre estuviera un mes en el Líbano y dos meses en casa. Adoniram estaba a cargo de estos trabajadores. [15]Salomón también tenía setenta mil obreros, ochenta mil cortadores de piedra en la zona montañosa [16]y tres mil seiscientos* capataces para supervisar el trabajo. [17]Por orden del rey, ellos extrajeron grandes bloques de piedra de la mejor calidad y les dieron forma para hacer los cimientos del templo. [18]Hombres de la ciudad de Gebal ayudaron a los constructores de Salomón y de Hiram a preparar la madera y la piedra para el templo.

Salomón construye el templo

6 Fue a mediados de la primavera, en el mes de *zif*,* durante el cuarto año de su reinado, que Salomón comenzó a construir el templo del Señor. Habían pasado cuatrocientos ochenta años desde el día en que el pueblo de Israel fue rescatado de su esclavitud en la tierra de Egipto.

[2]El templo que el rey Salomón construyó para el Señor medía veintisiete metros y medio de largo, nueve metros de ancho y catorce metros de alto.* [3]La antesala que estaba al frente del templo medía nueve metros* de ancho, coincidía con la anchura total del templo, y se proyectaba cuatro metros y medio* hacia el frente. [4]Salomón también hizo ventanas angostas y empotradas por todo el templo.

[5]A los costados del edificio y en la parte trasera, construyó un complejo de habitaciones contra las paredes exteriores del templo. [6]El complejo era de tres pisos: el

***Notas textuales** **4:25** En hebreo *cada familia vivía bajo su propia vid y bajo su propia higuera.* **4:26a** Así aparece en algunos manuscritos griegos (ver también 2 Cr 9:25); en hebreo dice *40.000*. **4:26b** O *12.000 conductores de carros de guerra.* **5:1** Los versículos del 5:1-18 corresponden al 5:15-32 en el texto hebreo. **5:9** En hebreo *el mar*. **5:11a** En hebreo *20.000 coros* [4.400.000 litros o 4.000.000 de cuartos]. **5:11b** Así aparece en la versión griega, que dice *20.000 batos* [110.000 galones] (ver también 2 Cr 2:10); en hebreo dice *20 coros*, unos 4400 litros o 1000 galones en volumen. **5:16** Así aparece en algunos manuscritos griegos (ver también 2 Cr 2:2, 18); en hebreo dice *3300*. **6:1** En hebreo *Fue en el mes de zif, que es el segundo mes.* En el antiguo calendario lunar hebreo, ese mes, por lo general, cae entre abril y mayo. **6:2** En hebreo *60 codos* [90 pies] *de largo; 20 codos* [30 pies] *de ancho y 30 codos* [45 pies] *de alto.* **6:3a** En hebreo *20 codos* [30 pies]; también en 6:16, 20.

Referencias cruzadas **4:29** 1 Re 3:12 **5:1-16** 2 Cr 2:1-18

piso de abajo tenía un ancho de dos metros con treinta
centímetros; el piso de en medio, dos metros con ochenta
centímetros; y el piso de arriba, tres metros con veinte
centímetros.* Las habitaciones estaban unidas a las pa-
redes del templo mediante vigas apoyadas en cornisas
que sobresalían de las paredes; de modo que las vigas no
estaban insertadas dentro de las paredes mismas.
7Las piedras que se usaron en la construcción del tem-
plo se labraban en las canteras, de modo que no hubo
ruido de martillo, ni de hacha, ni de ninguna otra herra-
mienta de hierro en el lugar de la obra.
8La entrada al piso de abajo* estaba en el lado sur del
templo. Había una escalera de caracol para subir al piso
de en medio, y otro tramo de escaleras entre el piso de en
medio y el piso de arriba. 9Una vez terminada la estructura
del templo, Salomón puso un techo de vigas y tablas de
cedro. 10Como ya se dijo, construyó un complejo de ha-
bitaciones a los lados del edificio, unidas a las paredes del
templo mediante vigas de cedro. Cada piso del complejo
tenía una altura de dos metros con treinta centímetros.*
11Entonces el SEÑOR le dio el siguiente mensaje a Salo-
món: 12«En cuanto a este templo que estás construyendo,
si tú sigues todos mis decretos y ordenanzas y obede-
ces todos mis mandatos, yo cumpliré por medio de ti la
promesa que le hice a tu padre, David. 13Viviré entre los
israelitas y nunca abandonaré a mi pueblo Israel».

El interior del templo

14Así que Salomón terminó de construir el templo.
15Todo el interior, desde el piso hasta el techo, estaba
recubierto con paneles de madera. Recubrió las paredes
y el techo con paneles de cedro y para el piso utilizó tablas
de ciprés. 16Salomón separó un espacio para el santua-
rio interior —el Lugar Santísimo— al fondo del templo.
Tenía nueve metros de profundidad y estaba recubierto
con cedro desde el piso hasta el techo. 17El salón princi-
pal del templo, fuera del Lugar Santísimo, medía dieci-
ocho metros* de largo. 18En todo el templo las paredes
de piedra estaban recubiertas con madera de cedro, y el
recubrimiento estaba decorado con tallas de calabazas y
flores abiertas.
19Salomón preparó el santuario interior al fondo del
templo, donde luego se colocaría el arca del pacto del
SEÑOR. 20Este santuario interior medía nueve metros de
largo, nueve metros de ancho y nueve metros de alto. Sa-
lomón revistió el interior con oro macizo; también revistió
el altar, que estaba hecho de cedro.* 21Luego revistió el
resto del interior del templo con oro macizo y fabricó ca-
denas de oro para proteger la entrada* al Lugar Santísimo.
22Así terminó de revestir con oro todo el templo, incluido
el altar que pertenecía al Lugar Santísimo.
23Hizo, además, dos querubines con madera de olivo
silvestre* y los puso en el santuario interior; cada uno
medía cuatro metros con sesenta centímetros* de alto.
24La distancia entre las puntas de las alas de cada que-
rubín era de cuatro metros con sesenta centímetros, y
cada ala medía dos metros con treinta centímetros* de
largo. 25Ambos querubines eran exactamente iguales en
forma y tamaño, 26y cada uno medía cuatro metros con
sesenta centímetros de alto. 27Salomón los puso en el
santuario interior del templo, uno al lado del otro, con las
alas extendidas, de modo que las alas interiores se tocaban
en el centro de la sala y las exteriores se extendían hasta
las paredes; 28y a ambos querubines los revistió de oro.
29Salomón decoró todas las paredes del santuario
interior y del salón principal con tallas de querubines,
palmeras y flores abiertas; 30y revistió de oro el piso de
ambos salones.
31Para la entrada del santuario interior, hizo puertas de
dos hojas de madera de olivo silvestre, y los marcos tenían
forma pentagonal.* 32Estas puertas estaban decoradas
con tallas de querubines, palmeras y flores abiertas. Las
puertas, con las decoraciones de querubines y palmeras,
estaban revestidas de oro.
33Luego, en las puertas, hizo marcos cuadrangulares
de madera de olivo silvestre para la entrada del templo.
34Había dos puertas plegables de madera de ciprés, y cada
puerta tenía bisagras para replegarse hacia atrás. 35Estas
puertas estaban decoradas con tallas de querubines, pal-
meras y flores abiertas. Todas las tallas estaban revestidas
de oro de manera uniforme.
36Las paredes del atrio interior estaban construidas de
modo que había una hilera de vigas de cedro entre cada
tres hileras de piedra labrada.
37Los cimientos del templo del SEÑOR se echaron a
mediados de la primavera, en el mes de *zif*,* durante el
cuarto año del reinado de Salomón. 38Terminaron de
construir todo el edificio hasta los últimos detalles a
mediados del otoño, en el mes de *bul*,* a los once años
de su reinado. Así que la construcción del templo duró
siete años.

Salomón construye su palacio

7 Salomón también edificó su propio palacio, y le llevó
trece años terminar la construcción.
2Uno de los edificios de Salomón se llamaba Palacio
del Bosque del Líbano. Medía cuarenta y seis metros de
largo, veintitrés metros de ancho y catorce metros de
alto.* Había cuatro filas de columnas de cedro, sobre las
cuales se apoyaban grandes vigas también de cedro. 3El
techo del salón era de cedro. Encima de las vigas que es-
taban sobre las columnas había cuarenta y cinco cuartos
laterales,* dispuestos en tres niveles de quince cuartos
cada uno. 4En cada extremo del largo salón había tres filas
de ventanas unas frente a otras. 5Todas las puertas y sus
postes* tenían marcos rectangulares y estaban dispuestas
en grupos de tres, unas frente a otras.
6Salomón también construyó el Salón de las Colum-
nas, el cual tenía veintitrés metros de largo y catorce me-
tros de ancho.* En el frente había un pórtico, con una
especie de cubierta sostenida por columnas.
7Además, Salomón construyó la sala del trono,

***Notas textuales** **6:3b** En hebreo *10 codos* [15 pies]. **6:6** En hebreo *el piso de abajo tenía un ancho de 5 codos* [7,5 pies]; *el piso de en medio, 6 codos* [9 pies]; *y el piso de arriba, 7 codos* [10,5 pies]. **6:8** Así aparece en la versión griega; en hebreo dice *piso de en medio*. **6:10** En hebreo *5 codos* [7,5 pies]. **6:17** En hebreo *40 codos* [60 pies]. **6:20** O *revistió el altar con cedro*. El significado del hebreo es incierto. **6:21** O *para correr cortinas de frente*. El significado del hebreo es incierto. **6:23a** O *de pino*; en hebreo *de árbol de aceite*; también en 6:31, 33. **6:23b** En hebreo *10 codos* [15 pies]; también en 6:24, 26. **6:24** En hebreo *5 codos* [7,5 pies]. **6:31** El significado del hebreo es incierto. **6:37** En hebreo *se echaron en el mes de zif*. En el antiguo calendario lunar hebreo, ese mes, por lo general, cae entre abril y mayo. **6:38** En hebreo *detalles en el mes de bul, que es el octavo mes*. En el antiguo calendario lunar hebreo, ese mes, por lo general, cae entre octubre y noviembre. **7:2** En hebreo *100 codos* [150 pies] *de largo, 50 codos* [75 pies] *de ancho y 30 codos* [45 pies] *de alto*. **7:3** O *45 vigas*, o *45 soportes*, o *45 columnas*. Los detalles arquitectónicos de 7:2-6 pueden interpretarse de varias maneras. **7:5** En la versión griega dice *y las ventanas*. **7:6** En hebreo *50 codos* [75 pies] *de largo y 30 codos* [45 pies] *de ancho*. **7:7** Así aparece en la versión siríaca y en la Vulgata Latina; en hebreo dice *cedro de piso a piso*.

Referencias cruzadas **6:15-29** 2 Cr 3:1-14 **6:38** Ex 25:9

conocida como el Salón de Justicia, donde se sentaba a oír los asuntos legales. El salón estaba recubierto con paneles de cedro desde el piso hasta el techo.* 8Las habitaciones privadas de Salomón rodeaban un patio que estaba detrás de este salón, y estaban construidas de la misma forma. También construyó habitaciones privadas del mismo estilo para la hija del faraón, con quien se había casado.

9Desde los cimientos hasta los aleros, todos los edificios estaban hechos con enormes bloques de piedra de primera calidad, cortados con sierra y terminados a las medidas exactas en cada uno de sus lados. 10Algunos de estos enormes bloques que se usaron para los cimientos tenían una longitud de cuatro metros y medio; y otros, de tres metros y medio.* 11Los bloques de piedra de primera calidad que se usaron para las paredes también fueron cortados a medida, y allí también se utilizaron vigas de cedro. 12Las paredes del gran atrio se construyeron de tal forma que había una hilera de vigas de cedro por cada tres hileras de piedra acabada, igual que las paredes del atrio interior del templo del Señor, con su antesala.

Mobiliario del templo

13El rey Salomón pidió que un hombre llamado Huram* viniera desde Tiro. 14Este hombre era israelita solo por parte de su madre, una viuda de la tribu de Neftalí, y su padre había sido un artesano del bronce en Tiro. Huram tenía mucha habilidad y talento para hacer todo tipo de trabajo en bronce, y aceptó ir para hacer toda la obra de metal para el rey Salomón.

15Huram fundió dos columnas de bronce, cada una tenía ocho metros con treinta centímetros de alto y cinco metros y medio de circunferencia.* 16Para la parte superior de las columnas, fundió capiteles de bronce, cada uno tenía dos metros con treinta centímetros* de alto. 17Cada capitel estaba decorado con siete conjuntos de enrejado y cadenas entrelazadas. 18También rodeó el enrejado con dos filas de granadas, para decorar los capiteles en la parte superior de las columnas. 19Los capiteles de las columnas que estaban dentro de la antesala tenían forma de lirios, y medían un metro con ochenta centímetros* de alto. 20Los capiteles sobre las dos columnas estaban rodeados con doscientas granadas ubicadas en dos filas al lado de la superficie redondeada, junto al enrejado. 21Huram puso las columnas a la entrada del templo, una hacia el sur y la otra hacia el norte. A la del sur la llamó Jaquín, y a la del norte, Boaz.* 22Los capiteles de las columnas tenían forma de lirios. Así quedó terminado el trabajo de las columnas.

23Luego Huram fundió un enorme tazón redondo, que medía cuatro metros con sesenta centímetros de borde a borde, llamado el Mar. Tenía dos metros con treinta centímetros de profundidad y trece metros con ochenta centímetros de circunferencia.* 24Por debajo del borde, estaba rodeado por dos hileras de calabazas decorativas. Había unas veinte calabazas por cada metro* de la circunferencia, que se habían fundido como parte del tazón.

25El Mar estaba colocado sobre una base formada por doce bueyes de bronce* que miraban hacia fuera. Tres miraban hacia el norte, tres hacia el occidente, tres hacia el sur y tres hacia el oriente; y el Mar estaba asentado sobre ellos. 26El grosor del Mar era de unos ocho centímetros,* su borde era acampanado como una copa y se parecía a una flor de nenúfar. Tenía capacidad para unos cuarenta y dos mil litros* de agua.

27Huram también hizo diez carretas de bronce para llevar agua; cada una medía un metro con ochenta centímetros de largo, lo mismo de ancho, y tenía una altura de un metro con cuarenta centímetros.* 28Las carretas estaban construidas con paneles laterales asegurados con travesaños. 29Tanto los paneles como los travesaños estaban decorados con tallas de leones, bueyes y querubines. Por encima y por debajo de los bueyes y leones había como adorno una guirnalda. 30Cada carreta tenía cuatro ruedas de bronce con sus ejes también de bronce. En las esquinas contaban con unos soportes para los tazones de bronce; estos soportes estaban decorados a cada lado con tallas de guirnaldas. 31En la parte superior de cada carreta había un marco redondo para el tazón. Ese marco sobresalía cuarenta y seis centímetros* por encima de la carreta, como un pedestal redondo; la abertura del marco medía sesenta y nueve centímetros* de lado a lado y estaba decorada por fuera con tallas de guirnaldas. Los paneles de las carretas eran cuadrados, no redondos. 32Debajo de los paneles había cuatro ruedas conectadas a ejes que se habían fundido en una sola pieza con la carreta. Las ruedas tenían sesenta y nueve centímetros de diámetro 33y eran semejantes a ruedas de carruajes. Los ejes, los rayos, los bordes y los cubos se fundieron con bronce derretido.

34Cada una de las cuatro esquinas de las carretas tenía un agarradero, que también se había fundido en una sola pieza con la carreta. 35A lo largo de la parte superior de cada carreta había un borde que medía veintitrés centímetros* de ancho. Los soportes de las esquinas y los paneles laterales se fundieron en unidad en una sola pieza con la carreta. 36Los paneles y los soportes de las esquinas estaban decorados con tallas de querubines, leones y palmeras, colocados según el espacio disponible, y había guirnaldas por todos lados. 37Las diez carretas para llevar agua eran del mismo tamaño y fueron hechas iguales, pues cada una fue fundida en el mismo molde.

38Huram también hizo diez tazones de bronce más pequeños, uno para cada carreta. Cada tazón medía un metro con ochenta centímetros de diámetro y tenía capacidad para ochocientos cuarenta litros* de agua. 39Puso cinco carretas en el lado sur del templo y cinco en el lado norte. El gran tazón de bronce llamado el Mar fue ubicado cerca de la esquina suroriental del templo. 40También hizo los lavamanos, las palas y los tazones que se necesitaban.

Finalmente Huram terminó todo el trabajo que el rey Salomón le había asignado que hiciera para el templo del Señor:

41 las dos columnas;
los dos capiteles con forma de tazón en la parte superior de las columnas;

***Notas textuales** **7:10** En hebreo *10 codos* [15 pies] *[...] 8 codos* [12 pies]. **7:13** En hebreo *Hiram* (también en 7:40, 45); comparar 2 Cr 2:13. No es la misma persona que se menciona en 5:1. **7:15** En hebreo *18 codos* [27 pies] *de alto y 12 codos* [18 pies] *de circunferencia*. **7:16** En hebreo *5 codos* [7,5 pies]. **7:19** En hebreo *4 codos* [6 pies]; también en 7:38. **7:21** *Jaquín* probablemente significa «él establece»; *Boaz* probablemente significa «en él hay fuerza». **7:23** En hebreo *10 codos* [15 pies] *de borde a borde [...] 5 codos* [7,5 pies] *de profundidad y 30 codos* [45 pies] *de circunferencia*. **7:24** O *seis calabazas por cada pie*; en hebreo dice *10 por codo*. **7:25** En hebreo *12 bueyes*; comparar con 2 Re 16:17, donde se especifica *bueyes de bronce*. **7:26a** En hebreo *un palmo menor* [3 pulgadas]. **7:26b** En hebreo *2000 batos* [11.000 galones]. **7:27** En hebreo *4 codos* [6 pies] *de largo, 4 codos de ancho, y 3 codos* [4,5 pies] *de alto*. **7:31a** En hebreo *un codo* [1,5 pies]. **7:31b** En hebreo *1,5 codos* [2,25 pies]; también en 7:32. **7:35** En hebreo *media medio codo* [9 pulgadas]. **7:38** En hebreo *40 batos* [220 galones].

Referencias cruzadas **7:12** 1 Re 6:36 **7:21** 2 Cr 3:17 **7:40-51** 2 Cr 4:10–5:1

las dos redes de cadenas entrelazadas que decoraban
los capiteles;
42 las cuatrocientas granadas que colgaban de las
cadenas sobre los capiteles (dos filas de granadas
por cada red de cadenas que decoraban los
capiteles sobre las columnas);
43 las diez carretas para llevar agua que sostenían los
diez tazones;
44 el Mar y los doce bueyes que lo sostenían;
45 y los recipientes para la ceniza, las palas y los
tazones.

Huram hizo todos estos objetos de bronce bruñido para
el templo del SEÑOR, tal como le había indicado el rey
Salomón. 46El rey mandó que se fundieran en moldes de
barro en el valle del Jordán, entre Sucot y Saretán. 47Salo-
món no pesó los utensilios porque eran muchos; el peso
del bronce no se pudo medir.
48Salomón también hizo todo el mobiliario para el
templo del SEÑOR:

el altar de oro;
la mesa de oro para el pan de la Presencia;
49 los candelabros de oro macizo, cinco en el sur y cinco
en el norte, frente al Lugar Santísimo;
las decoraciones de flores, las lámparas y las tenazas,
todo de oro;
50 los cuencos pequeños, las despabiladeras para
las lámparas, los tazones, los cucharones y los
recipientes para quemar incienso, todo de oro
macizo;
y las puertas para las entradas al Lugar Santísimo y al
salón principal del templo, con el frente revestido
de oro.

51Así terminó el rey Salomón todo su trabajo para el
templo del SEÑOR. Luego trajo todos los obsequios que
su padre David había consagrado —la plata, el oro y los
diversos objetos— y los guardó en los tesoros del templo
del SEÑOR.

Traslado del arca al templo

8 Entonces Salomón mandó llamar a los ancianos de
Israel y a todos los jefes de las tribus —los líderes de
las familias patriarcales de los israelitas— para que fueran a
Jerusalén. Ellos debían trasladar el arca del pacto del SEÑOR
desde su sitio en la Ciudad de David, también conocida
como Sion, hasta el templo. 2Así que todos los hombres de
Israel se reunieron ante el rey Salomón durante el Festival
de las Enramadas, que se celebra anualmente a comienzos
del otoño, en el mes de *etanim*.*
3Una vez que estaban presentes todos los ancianos de
Israel, los sacerdotes levantaron el arca. 4Los sacerdotes y
los levitas trasladaron el arca del SEÑOR, junto con la carpa
especial* y todos los objetos sagrados que había en ella.
5Delante del arca, el rey Salomón y toda la comunidad de
Israel sacrificaron ovejas, cabras y ganado, ¡en tal cantidad
que fue imposible llevar la cuenta!
6Luego los sacerdotes llevaron el arca del pacto
del SEÑOR al santuario interior del templo —el Lugar
Santísimo— y la colocaron bajo las alas de los querubi-
nes. 7Los querubines extendían sus alas por encima del
arca y formaban una especie de cubierta sobre el arca y
las varas para transportarla. 8Estas varas eran tan largas
que los extremos podían verse desde el Lugar Santo, que
está delante del Lugar Santísimo, pero no desde afuera; y
allí permanecen hasta el día de hoy. 9Lo único que había
dentro del arca eran las dos tablas de piedra que Moisés
había colocado en ella en el monte Sinaí,* donde el SEÑOR
hizo un pacto con los israelitas cuando partieron de la
tierra de Egipto.
10Al salir los sacerdotes del Lugar Santo, una densa
nube llenó el templo del SEÑOR. 11Los sacerdotes no
pudieron seguir con la celebración a causa de la nube,
porque la gloriosa presencia del SEÑOR llenaba el templo
del SEÑOR.

Salomón alaba al SEÑOR

12Entonces Salomón oró: «Oh SEÑOR, tú dijiste que ha-
bitarías en una densa nube de oscuridad. 13Ahora te he
construido un templo glorioso, ¡un lugar donde podrás
habitar para siempre!*».
14Luego el rey se dio vuelta hacia toda la comunidad de
Israel, que estaba de pie ante él, y después de bendecir al
pueblo, dijo: 15«Alabado sea el SEÑOR, Dios de Israel, quien
cumplió la promesa que le hizo a mi padre David; pues le
dijo a mi padre: 16"Desde el día en que saqué de Egipto a
mi pueblo Israel, nunca escogí una ciudad de ninguna de
las tribus de Israel como el sitio donde se construyera un
templo para honrar mi nombre; pero he elegido a David
para que sea rey de mi pueblo Israel"».
17Después Salomón dijo: «Mi padre David quería cons-
truir este templo para honrar el nombre del SEÑOR, Dios
de Israel; 18pero el SEÑOR le dijo: "Tú querías construir
el templo para honrar mi nombre; tu intención es buena,
19pero no serás tú quien lo haga. Será uno de tus hijos
quien construirá el templo para honrarme".
20»Ahora el SEÑOR ha cumplido la promesa que hizo,
porque he llegado a ser rey en lugar de mi padre y ocupo
el trono de Israel, tal como el SEÑOR lo prometió. He cons-
truido este templo para honrar el nombre del SEÑOR, Dios
de Israel. 21Además he preparado un lugar allí para el arca,
la cual contiene el pacto que el SEÑOR hizo con nuestros
antepasados cuando los sacó de Egipto».

Oración de dedicación de Salomón

22Luego Salomón, de pie ante el altar del SEÑOR y frente
a toda la comunidad de Israel, levantó las manos al cielo
23y oró:

«Oh SEÑOR, Dios de Israel, no hay Dios como tú
arriba en el cielo ni abajo en la tierra. Tú cumples tu
pacto y muestras amor inagotable a quienes andan
delante de ti de todo corazón. 24Has cumplido tu
promesa a tu siervo David, mi padre. Pronunciaste
esa promesa con tu boca y hoy la has cumplido con
tus propias manos.
25»Ahora, oh SEÑOR, Dios de Israel, lleva a cabo
la otra promesa que le hiciste a tu siervo David, mi
padre, cuando le dijiste: "Si tus descendientes cuidan
su comportamiento y me siguen con fidelidad, así

***Notas textuales** **8:2** En hebreo *durante el festival del mes de etanim, que es el séptimo mes*. El Festival de las Enramadas comenzaba el día quince del séptimo mes del antiguo calendario lunar hebreo. Ese día caía a fines de septiembre, en octubre o a principios de noviembre. **8:4** En hebreo *la carpa de reunión*; es decir, la carpa mencionada en 2 Sm 6:17 y en 1 Cr 16:1. **8:9** En hebreo *en Horeb*, otro nombre para Sinaí. **8:13** Algunos textos griegos agregan la frase *¿No está esto escrito en El libro de Jaser?*

Referencias cruzadas **8:1-21** 2 Cr 5:2–6:11 **8:22-53** 2 Cr 6:12-40 como tú lo has hecho, siempre habrá uno de ellos sentado en el trono de Israel”. 26Ahora, oh Dios de Israel, cumple esta promesa que le hiciste a tu siervo David, mi padre.

27»¿Pero es realmente posible que Dios habite en la tierra? Ni siquiera los cielos más altos pueden contenerte, ¡mucho menos este templo que he construido! 28Sin embargo, escucha mi oración y mi súplica, oh Señor mi Dios. Oye el clamor y la oración que tu siervo te eleva hoy. 29Que noche y día tus ojos estén sobre este templo, este lugar del cual tú has dicho: “Mi nombre estará allí”. Que siempre oigas las oraciones que elevo hacia este lugar. 30Que atiendas las peticiones humildes y fervientes de mi parte y de tu pueblo Israel cuando oremos hacia este lugar. Sí, óyenos desde el cielo donde tú vives y, cuando nos escuches, perdona.

31»Si alguien agravia a otra persona y se le exige que haga juramento de inocencia ante tu altar en este templo, 32oye entonces desde el cielo y juzga entre tus siervos, entre el acusador y el acusado. Castiga al culpable según su merecido y absuelve al inocente debido a su inocencia.

33»Si tu pueblo Israel cae derrotado ante sus enemigos por haber pecado contra ti, pero luego vuelve a ti y reconoce tu nombre y eleva oraciones a ti en este templo, 34oye entonces desde el cielo y perdona el pecado de tu pueblo Israel, y hazlo volver a esta tierra que diste a sus antepasados.

35»Si los cielos se cierran y no hay lluvia porque tu pueblo ha pecado contra ti, y si luego ellos oran hacia este templo y reconocen tu nombre y se apartan de sus pecados, porque tú los has castigado, 36oye entonces desde el cielo y perdona los pecados de tus siervos, tu pueblo Israel. Enséñales a seguir el camino correcto y envía lluvia sobre tu tierra, la tierra que diste a tu pueblo como su preciada posesión.

37»Si hay hambre en la tierra, o pestes, o plagas en los cultivos, o ataques de langostas u orugas, o si los enemigos de tu pueblo invaden el territorio y sitian las ciudades —cualquiera sea el desastre o la enfermedad que ocurra—; 38si luego tu pueblo Israel ora por sus dificultades con las manos levantadas hacia este templo, 39oye entonces desde el cielo donde vives y perdona. Haz con tu pueblo según merecen sus acciones, porque solo tú conoces el corazón de cada ser humano. 40Entonces ellos te temerán mientras vivan en la tierra que diste a nuestros antepasados.

41»En el futuro, los extranjeros que no pertenezcan a tu pueblo Israel oirán de ti. Vendrán de tierras lejanas a causa de tu nombre, 42porque oirán de tu gran nombre, de tu mano fuerte y de tu brazo poderoso. Cuando ellos oren en dirección a este templo, 43oye entonces desde el cielo donde vives y concédeles lo que te pidan. De esa forma, todos los habitantes de la tierra llegarán a conocerte y a temerte, igual que tu pueblo Israel. También sabrán que este templo que he construido honra tu nombre.

44»Si tu pueblo sale a donde tú lo envías a luchar contra sus enemigos, y si ora al Señor en dirección a esta ciudad que has escogido y hacia este templo que yo he construido para honrar tu nombre, 45oye entonces desde el cielo sus oraciones y defiende su causa.

46»Si ellos pecan contra ti (¿y quién nunca ha pecado?), tal vez te enojes con ellos y permitas que sus enemigos los conquisten y los lleven cautivos a su tierra, ya sea cerca o lejos. 47Sin embargo, tal vez en esa tierra, donde estén desterrados, se vuelvan a ti arrepentidos y oren así: “Hemos pecado, hemos hecho lo malo y hemos actuado de manera perversa”. 48Si ellos se vuelven a ti con todo el corazón y con toda el alma en tierra de sus enemigos, y oran en dirección a la tierra que diste a sus antepasados —hacia esta ciudad que escogiste y hacia este templo que he construido para honrar tu nombre—, 49oye entonces sus oraciones y su petición desde el cielo donde vives, y defiende su causa. 50Perdona a tu pueblo que ha pecado contra ti. Perdona todas las ofensas que haya cometido en tu contra. Haz que sus captores le tengan compasión, 51porque es tu pueblo —tu posesión más preciada— que sacaste de Egipto, ese horno para fundir hierro.

52»Que tus ojos estén abiertos a mis peticiones y a las peticiones de tu pueblo Israel. Que los oigas y les respondas cada vez que clamen a ti. 53Pues cuando sacaste a nuestros antepasados de Egipto, oh Señor Soberano, le dijiste a tu siervo Moisés que habías apartado a Israel de todas las demás naciones de la tierra, para que fuera tu posesión más preciada».

Dedicación del templo

54Cuando Salomón terminó de elevar estas oraciones y peticiones al Señor, se puso de pie frente al altar del Señor, donde estaba arrodillado con las manos levantadas al cielo. 55De pie bendijo en voz alta a toda la congregación de Israel diciendo:

56«Alabado sea el Señor, quien ha dado descanso a su pueblo Israel, tal como lo prometió. No ha faltado ni una sola palabra de todas las promesas maravillosas que hizo mediante su siervo Moisés. 57Que el Señor nuestro Dios esté con nosotros como estuvo con nuestros antepasados; que nunca nos deje ni nos abandone. 58Que ponga en nosotros el deseo de hacer su voluntad en todo y de obedecer todos los mandatos, los decretos y las ordenanzas que dio a nuestros antepasados. 59Y que esta oración que hice en la presencia del Señor esté delante de él continuamente, de día y de noche, para que el Señor nuestro Dios haga justicia conmigo y con su pueblo Israel, según las necesidades de cada día. 60Entonces gente de todo el mundo sabrá que el Señor es el único Dios y que no hay otro. 61Que ustedes sean totalmente fieles al Señor nuestro Dios; que siempre obedezcan sus decretos y mandatos, tal como lo están haciendo hoy».

62Luego el rey y todo Israel junto con él ofrecieron sacrificios al Señor. 63Salomón presentó al Señor una ofrenda de paz de veintidós mil cabezas de ganado y ciento veinte mil ovejas y cabras. Así el rey y todo el pueblo de Israel dedicaron el templo del Señor.

64Ese mismo día, el rey consagró la parte central del atrio que está delante del templo del Señor. Allí presentó las ofrendas quemadas, las ofrendas de grano y la grasa de las ofrendas de paz, porque el altar de bronce que está

Referencias cruzadas 8:62-66 2 Cr 7:1-10

en la presencia del SEÑOR era demasiado pequeño para tantas ofrendas quemadas, ofrendas de grano y la grasa de las ofrendas de paz.

65Entonces Salomón y todo Israel celebraron el Festival de las Enramadas* en presencia del SEÑOR nuestro Dios. Se había reunido una gran multitud desde lugares tan lejanos como Lebo-hamat, en el norte, y el arroyo de Egipto, en el sur. La celebración continuó catorce días en total: siete días para la dedicación del altar y siete días para el Festival de las Enramadas.* 66Una vez terminado el festival,* Salomón despidió al pueblo. Ellos bendijeron al rey y regresaron a sus casas llenos de alegría y muy contentos, porque el SEÑOR había sido bueno con su siervo David y con su pueblo Israel.

Respuesta del SEÑOR a Salomón

9 Así que Salomón terminó de construir el templo del SEÑOR y también el palacio real. Llevó a cabo todo lo que había pensado hacer. 2Entonces el SEÑOR se le apareció a Salomón por segunda vez, como lo había hecho en Gabaón. 3El SEÑOR le dijo:

«He oído tu oración y lo que me pediste. He apartado este templo para que sea santo, este lugar que has construido, donde mi nombre será honrado para siempre. Lo vigilaré sin cesar, porque es muy preciado a mi corazón.

4»En cuanto a ti, si me sigues con integridad y rectitud como lo hizo tu padre David y obedeces todos mis mandatos, decretos y ordenanzas, 5entonces estableceré tu dinastía en el trono de Israel para siempre. Pues a tu padre David le prometí: "Siempre habrá uno de tus descendientes en el trono de Israel".

6»Sin embargo, si tú o tus descendientes me abandonan y desobedecen los mandatos y los decretos que les he dado, y sirven y rinden culto a otros dioses, 7entonces desarraigaré a Israel de la tierra que le he dado. Rechazaré este templo que hice santo para honrar mi nombre. Haré que Israel sea objeto de burla y de ridículo entre las naciones; 8y aunque ahora este templo sea imponente, todos los que pasen por allí quedarán horrorizados y darán un grito ahogado a causa del horror. Preguntarán: "¿Por qué habrá hecho el SEÑOR cosas tan terribles a esta tierra y a este templo?".

9»Y la respuesta será: "Porque los israelitas abandonaron al SEÑOR su Dios, quien sacó a sus antepasados de Egipto, y rindieron culto a otros dioses y se inclinaron ante ellos. Por esa razón el SEÑOR les envió tantas calamidades"».

Salomón hace un acuerdo con Hiram

10Salomón tardó veinte años en construir el templo del SEÑOR y su propio palacio real. Al cabo de ese tiempo, 11Salomón le dio a Hiram, rey de Tiro, veinte ciudades en la tierra de Galilea. (Hiram había provisto toda la madera de cedro y de ciprés y todo el oro que Salomón había pedido). 12Sin embargo, cuando Hiram llegó desde Tiro para ver las ciudades que Salomón le había dado, no le gustaron nada. 13«¿Qué clase de ciudades son estas, hermano?», le preguntó. Por eso Hiram llamó a esa región Cabul (que significa «sin ningún valor»), y así se conoce hasta el día de hoy. 14Sin embargo, Hiram le pagó* a Salomón cuatro mil kilos* de oro.

Numerosos logros de Salomón

15Este es el relato del trabajo forzado que el rey Salomón impuso para la construcción del templo del SEÑOR, el palacio real, los terraplenes,* la muralla de Jerusalén y las ciudades de Hazor, Meguido y Gezer. 16(El faraón, rey de Egipto, había atacado y conquistado Gezer, mató a la población cananea e incendió la ciudad. Luego se la dio a su hija como regalo de bodas cuando ella se casó con Salomón. 17Así que Salomón reconstruyó la ciudad de Gezer). También fortificó las ciudades de Bet-horón de abajo, 18Baalat y Tamar,* en el desierto que está dentro de su tierra. 19Construyó ciudades como centros de almacenamiento, así como ciudades para sus carros de guerra y sus caballos.* Construyó todo lo que quiso en Jerusalén, en el Líbano y por todo su reino.

20En esa tierra todavía había habitantes que no eran israelitas, entre los cuales se encontraban amorreos, hititas, ferezeos, heveos y jebuseos. 21Todos ellos eran descendientes de las naciones que el pueblo de Israel no había destruido por completo.* Entonces Salomón los obligó a servir como esclavos, y hasta el día de hoy son trabajadores forzados; 22pero Salomón no obligó a ningún israelita para el trabajo forzado, sino que los puso a su servicio como soldados, funcionarios de gobierno, oficiales y capitanes en su ejército, y comandantes y conductores de sus carros de guerra. 23Salomón designó a quinientos cincuenta de ellos para que supervisaran a los trabajadores de sus diversos proyectos.

24Salomón trasladó a su esposa, la hija del faraón, de la Ciudad de David al palacio nuevo que le había edificado; luego construyó los terraplenes.

25Tres veces al año Salomón presentaba ofrendas quemadas y ofrendas de paz sobre el altar que había construido para el SEÑOR. También quemaba incienso al SEÑOR. Finalmente terminó el trabajo de construir el templo.

26El rey Salomón también construyó una flota de barcos en Ezión-geber, un puerto cerca de Elat* en la tierra de Edom, a la orilla del mar Rojo.* 27Hiram envió tripulaciones de marineros expertos para navegar los barcos junto con los hombres de Salomón. 28Navegaron hasta Ofir y regresaron con unas catorce toneladas* de oro, que entregaron a Salomón.

Visita de la reina de Saba

10 Cuando la reina de Saba se enteró de la fama de Salomón, fama que honraba el nombre del SEÑOR,* fue a visitarlo para ponerlo a prueba con preguntas

***Notas textuales** **8:65a** En hebreo *el festival*; ver nota en 8:2. **8:65b** En hebreo *siete días y siete días, catorce días*; comparar el texto paralelo en 2 Cr 7:8-10. **8:66** En hebreo *Al octavo día*, probablemente se refiere al día después del Festival de las Enramadas, que duraba siete días; comparar el texto paralelo en 2 Cr 7:9-10. **9:14a** O *Pues Hiram le había pagado.* **9:14b** En hebreo *120 talentos* [9000 libras]. **9:15** En hebreo *el milo*; también en 9:24. El significado del hebreo es incierto. **9:18** Una lectura alternativa en el texto masorético dice *Tadmor.* **9:19** O *y sus conductores*. **9:21** El término hebreo empleado aquí se refiere a la consagración total de cosas o personas al SEÑOR, ya sea destruyéndolas o entregándolas como ofrenda. **9:26a** Así aparece en la versión griega (ver también 2 Re 14:22; 16:6); en hebreo dice *Elot*, una variante de Elat. **9:26b** En hebreo *mar de juncos*. **9:28** En hebreo *420 talentos* [16 toneladas cortas]. **10:1** O *que se debía al nombre del SEÑOR*. El significado del hebreo es incierto.

Referencias cruzadas **9:1-9** 2 Cr 7:11-22 **9:10-28** 2 Cr 8:1-18 **10:1-13** 2 Cr 9:1-12

difíciles. [2]Llegó a Jerusalén con un gran séquito de asistentes y una enorme caravana de camellos cargados con especias, grandes cantidades de oro y piedras preciosas. Cuando se presentó ante Salomón, habló con él acerca de todo lo que ella tenía en mente. [3]Salomón tenía respuestas para todas sus preguntas; nada le resultaba demasiado difícil de explicar. [4]Cuando la reina de Saba se dio cuenta de lo sabio que era Salomón y vio el palacio que él había construido, [5]quedó atónita. También estaba asombrada por la comida que se servía en las mesas del rey, por la forma en que estaban organizados sus funcionarios y la ropa espléndida que usaban, por los coperos y por las ofrendas quemadas que ofrecía Salomón en el templo del SEÑOR.

[6]Entonces la reina exclamó: «¡Todo lo que oí en mi país acerca de tus logros* y de tu sabiduría es cierto! [7]Yo no creía lo que se dijo hasta que llegué aquí y lo vi con mis propios ojos. De hecho, ¡lo que había oído no refleja ni la mitad! Tu sabiduría y prosperidad superan ampliamente lo que me habían dicho. [8]¡Qué feliz debe estar tu pueblo!* ¡Qué privilegio para tus funcionarios estar aquí en tu presencia día tras día, escuchando tu sabiduría! [9]Alabado sea el SEÑOR tu Dios, quien se deleita en ti y te ha puesto en el trono de Israel. Debido al amor eterno del SEÑOR por Israel, él te ha hecho rey para que puedas gobernar con justicia y rectitud».

[10]Luego le regaló al rey cuatro mil kilos* de oro, grandes cantidades de especias y de piedras preciosas. Nunca más entraron en el reino tantas especias como las que la reina de Saba le regaló al rey Salomón.

[11](Además, los barcos de Hiram trajeron oro desde Ofir, y también abundantes cargamentos de madera de sándalo* rojo y piedras preciosas. [12]Con el sándalo, el rey construyó barandas para el templo del SEÑOR y para el palacio real, e hizo liras y arpas para los músicos. Nunca antes ni después hubo tanta cantidad de madera de sándalo).

[13]El rey Salomón le dio a la reina de Saba todo lo que ella pidió, además de todos los regalos de costumbre que ya le había entregado con tanta generosidad. Luego ella y todos sus acompañantes regresaron a su tierra.

Riqueza y esplendor de Salomón

[14]Cada año Salomón recibía unas veintitrés toneladas* de oro, [15]sin contar los ingresos adicionales que recibía de mercaderes y comerciantes, de todos los reyes de Arabia y de los gobernadores de la tierra.

[16]El rey Salomón fabricó doscientos escudos grandes de oro labrado a martillo; cada uno pesaba casi siete kilos.* [17]También hizo trescientos escudos más pequeños de oro labrado a martillo; cada uno pesaba casi dos kilos.* El rey colocó los escudos en el Palacio del Bosque del Líbano.

[18]Luego el rey hizo un gran trono, decorado con marfil y revestido de oro fino. [19]El trono tenía seis escalones y un respaldo redondeado. A cada lado del asiento había apoyabrazos, y a cada lado del trono había una figura de león de pie. [20]Había también otros doce leones, uno en cada extremo de los seis escalones. ¡No había trono en todo el mundo que pudiera compararse con el de Salomón!

[21]Todas las copas del rey Salomón eran de oro macizo, igual que todos los utensilios en el Palacio del Bosque del Líbano. No estaban hechos de plata porque en los tiempos de Salomón la plata no se consideraba de valor.

[22]El rey tenía una flota de barcos mercantes de Tarsis que navegaba con la flota de Hiram. Una vez cada tres años, los barcos regresaban cargados de oro, plata, marfil, simios y pavos reales.*

[23]De modo que Salomón llegó a ser más rico y más sabio que cualquier otro rey de la tierra. [24]Gente de todas las naciones lo visitaba para consultarlo y escuchar la sabiduría que Dios le había dado. [25]Año tras año, cada visitante le llevaba regalos de plata y oro, ropa, armas, especias, caballos y mulas.

[26]Salomón acumuló gran cantidad de carros de guerra y caballos;* tenía mil cuatrocientos carros y doce mil caballos. Los colocó en las ciudades designadas para guardar los carros y también cerca de él en Jerusalén. [27]El rey hizo que en Jerusalén la plata fuera tan abundante como las piedras. Además, la valiosa madera de cedro era tan común como la higuera sicómoro que crece en las colinas de Judá.* [28]Los caballos de Salomón se importaban de Egipto* y de Cilicia;* los mercaderes del rey los adquirían en Cilicia a precio de mercado. [29]En ese tiempo, un carro egipcio costaba seiscientas piezas de plata,* y los caballos se vendían a ciento cincuenta piezas de plata.* Después los exportaban a los reyes de los hititas y a los reyes de Aram.

¡Respuestas Bíblicas! 62 ¿Por qué Salomón se casó con muchas mujeres?

11:1-3 A veces los reyes desconfiaban unos de otros. Así que un rey hacía que su hijo se casara con el hijo de otro rey. Entonces los dos reyes se hacían amigos y cumplían sus promesas. Muchos reyes obligaron a sus hijas a casarse con Salomón por su fama aunque Dios le había dicho a su pueblo que no hiciera esto.

Las esposas de Salomón

11 Ahora bien, el rey Salomón amó a muchas mujeres extranjeras. Además de la hija del faraón, se casó con mujeres de Moab, de Amón, de Edom, de Sidón y de los hititas. [2]El SEÑOR había instruido claramente a los israelitas cuando les dijo: «No se casen con ellas, porque les desviarán el corazón hacia sus dioses». Sin embargo, Salomón se empecinó en amarlas. [3]En total, tuvo setecientas esposas de cuna real y trescientas concubinas. En efecto, ellas apartaron su corazón del SEÑOR.

[4]Cuando Salomón ya era anciano, ellas le desviaron el corazón para que rindiera culto a otros dioses en lugar de ser totalmente fiel al SEÑOR su Dios, como lo había sido David su padre. [5]Salomón rindió culto a Astoret, la diosa de los sidonios, y a Moloc,* el detestable dios de los amonitas. [6]De ese modo, Salomón hizo lo malo a los ojos del SEÑOR; se negó a seguir al SEÑOR en forma total y absoluta, como lo había hecho David, su padre.

[7]Incluso construyó un santuario pagano para Quemos,

***Notas textuales** **10:6** En hebreo *tus palabras*. **10:8** La versión griega, la siríaca y la Vulgata Latina dicen *¡Qué felices deben estar tus esposas!* **10:10** En hebreo *120 talentos* [9000 libras]. **10:11** En hebreo *madera de almug*; también en 10:12. **10:14** En hebreo *666 talentos* [25 toneladas cortas]. **10:16** En hebreo *600 [siclos] de oro* [15 libras]. **10:17** En hebreo *3 minas* [4 libras]. **10:22** O *y babuinos*. **10:26** O *y conductores de carros*; también en 10:26b. **10:27** En hebreo *en la Sefela*. **10:28a** Posiblemente *Musri*, un distrito cerca de Cilicia; similar en 10:29. **10:28b** En hebreo *Coa*, probablemente otro nombre de Cilicia. **10:29a** En hebreo *600 [siclos] de plata*, aproximadamente 6,8 kilos o 15 libras. **10:29b** En hebreo *150 [siclos]*, aproximadamente 1,7 kilos o 3,8 libras. **11:5** En hebreo *Milcom*, una variante de Moloc; también en 11:33. **11:7** En hebreo *en la montaña al oriente de Jerusalén*.

Referencias cruzadas **10:14-29** 2 Cr 9:13-28

el detestable dios de Moab, y otro para Moloc, el detestable dios de los amonitas, en el monte de los Olivos al oriente de Jerusalén.* 8Salomón construyó esos santuarios para que todas sus esposas extranjeras quemaran incienso e hicieran sacrificios a sus dioses.

9El SEÑOR estaba muy enojado con Salomón, porque su corazón se había apartado del SEÑOR, Dios de Israel, quien se le había aparecido dos veces. 10Le había advertido a Salomón específicamente que no rindiera culto a otros dioses, pero Salomón no hizo caso al mandato del SEÑOR. 11En consecuencia, el SEÑOR le dijo: «Ya que no has cumplido mi pacto y has desobedecido mis decretos, ciertamente te arrancaré el trono y se lo daré a uno de tus siervos; 12pero por amor a tu padre David, no lo haré mientras vivas, sino que le quitaré el trono a tu hijo. 13Y aun así, no le quitaré el reino entero; lo dejaré ser rey de una tribu por amor a mi siervo David y por amor a Jerusalén, mi ciudad escogida».

Adversarios de Salomón

14Entonces el SEÑOR levantó a Hadad, el edomita, quien era miembro de la familia real de Edom, para que fuera adversario de Salomón. 15Sucedió que años atrás, David había derrotado a Edom, y Joab, el comandante del ejército, se había quedado para enterrar a unos soldados de Israel que habían muerto en batalla. Mientras estaban allí, mataron a todos los varones de Edom. 16Joab y el ejército de Israel se quedaron durante seis meses hasta que acabaron con todos.

17Sin embargo, Hadad y unos cuantos funcionarios de la corte de su padre lograron escapar y se dirigieron a Egipto. (Hadad era apenas un niño en ese tiempo). 18Salieron de Madián y se fueron a Parán, donde otros se les unieron. Luego viajaron a Egipto y se presentaron ante el faraón, quien les dio casa, comida y tierras. 19El faraón se encariñó con Hadad y le dio en matrimonio a su cuñada, la hermana de la reina Tahpenes. 20Ella le dio un hijo, a quien llamaron Genubat. Tahpenes lo crio* en el palacio del faraón entre los propios hijos del faraón.

21Cuando le llegó la noticia a Hadad en Egipto de que tanto David como su comandante Joab habían muerto, le dijo al faraón:

—Permíteme regresar a mi país.

22—¿Por qué? —le preguntó el faraón—. ¿Qué te falta aquí que deseas regresar a tu tierra?

—Nada —contestó él—, pero aun así, te pido que me dejes regresar.

23Dios también levantó a Rezón, hijo de Eliada, como adversario de Salomón. Rezón había huido de su amo, el rey Hadad-ezer de Soba, 24y había llegado a ser el líder de una banda de rebeldes. Después de que David venció a Hadad-ezer, Rezón y sus hombres huyeron a Damasco, donde él llegó a ser rey. 25Rezón fue enemigo a muerte de Israel por el resto del reinado de Salomón y generó conflictos como lo había hecho Hadad. Rezón odió a Israel profundamente y siguió reinando en Aram.

Jeroboam se rebela contra Salomón

26Otro líder rebelde fue Jeroboam, hijo de Nabat, uno de los propios funcionarios de Salomón. Provenía de la ciudad de Sereda, en Efraín, y su madre era una viuda llamada Zerúa.

27Esta es la historia que explica su rebelión: Salomón estaba reconstruyendo los terraplenes* y reparando las murallas de la ciudad de su padre David. 28Jeroboam era un joven muy capaz. Cuando Salomón vio lo diligente que era, lo puso a cargo de los trabajadores de las tribus de Efraín y Manasés, los descendientes de José.

29Cierto día, mientras Jeroboam salía de Jerusalén, el profeta Ahías de Silo se encontró con él en el camino. Ahías tenía puesto un manto nuevo. Los dos estaban solos en un campo 30cuando Ahías tomó el manto nuevo que llevaba puesto y lo rompió en doce pedazos. 31Luego le dijo a Jeroboam: «Toma diez de estos pedazos, porque el SEÑOR, Dios de Israel, dice: "¡Estoy a punto de arrancar el reino de manos de Salomón y te daré a ti diez de las tribus! 32Pero le dejaré una tribu a Salomón por amor a mi siervo David y por amor a Jerusalén, la ciudad que he escogido entre todas las tribus de Israel. 33Pues Salomón se ha apartado de mí y rindió* culto a Astoret, diosa de los sidonios; a Quemos, dios de Moab; y a Moloc, dios de los amonitas. Salomón no ha seguido mis caminos ni ha hecho lo que me agrada. Tampoco ha obedecido mis decretos y ordenanzas como lo hizo su padre David.

34»"Sin embargo, no le quitaré todo el reino a Salomón por ahora. Por amor a mi siervo David, a quien yo escogí y quien obedeció mis mandatos y decretos, mantendré a Salomón como líder el resto de sus días, 35pero le quitaré el reino a su hijo y te daré a ti diez de las tribus. 36Su hijo tendrá una tribu para que los descendientes de David, mi siervo, sigan reinando y, como una lámpara, brillen en Jerusalén, la ciudad que he escogido para que sea el lugar para mi nombre. 37Te pondré a ti en el trono de Israel, y gobernarás todo lo que tu corazón desee. 38Si prestas atención a lo que te digo y sigues mis caminos y haces todo lo que yo considero correcto, y si obedeces mis decretos y mandatos, como lo hizo mi siervo David, entonces siempre estaré contigo. Estableceré una dinastía duradera para ti, como lo hice con David, y te entregaré Israel. 39Por causa del pecado de Salomón, castigaré a los descendientes de David, aunque no para siempre"».

40Salomón intentó matar a Jeroboam, pero él huyó a Egipto, donde reinaba Sisac, y se quedó allí hasta la muerte de Salomón.

Resumen del reinado de Salomón

41Los demás acontecimientos del reinado de Salomón, con todos sus logros y su sabiduría, están registrados en *El libro de los hechos de Salomón*. 42Salomón gobernó en Jerusalén a todo Israel durante cuarenta años. 43Cuando murió, lo enterraron en la Ciudad de David, la cual llevaba ese nombre por su padre. Luego su hijo Roboam lo sucedió en el trono.

Las tribus del norte se rebelan

12 Roboam fue a Siquem, donde todo Israel se había reunido para proclamarlo rey. 2Cuando Jeroboam, hijo de Nabat, se enteró de esto, regresó de Egipto,* donde había huido para escapar del rey Salomón. 3Entonces los

***Notas textuales** **11:20** Así aparece en la versión griega; en hebreo dice *lo destetó*. **11:27** En hebreo *el milo*. El significado del hebreo es incierto. **11:33** Así aparece en la versión griega, en la siríaca y en la Vulgata Latina; en hebreo dice *Pues ellos se han apartado de mí y rindieron*. **12:2** Así aparece en la versión griega y en la Vulgata Latina (ver también 2 Cr 10:2); en hebreo dice *vivía en Egipto*.

Referencias cruzadas **11:11-12** 2 Sm 7:15 **11:15** 1 Cr 18:12-13 **11:21** 1 Re 2:10, 34 **11:23** 2 Sm 10:15-16 **11:40** 2 Cr 12:2 **11:41-43** 2 Cr 9:29-31 **12:1-24** 2 Cr 10:1–11:4

líderes de Israel mandaron a llamar a Jeroboam, y él junto
con toda la asamblea de Israel fueron a hablar con Roboam.
4—Su padre fue un amo muy duro —le dijeron—. Alivie
los trabajos tan pesados y los impuestos tan altos que
su padre impuso sobre nosotros. Entonces seremos sus
leales súbditos.
5Roboam les respondió:
—Denme tres días para pensarlo; luego regresen y les
daré una respuesta.
Entonces el pueblo se retiró.
6Después el rey Roboam consultó el asunto con los
ancianos que habían sido consejeros de su padre Salomón.
—¿Qué me aconsejan ustedes? —les preguntó—.
¿Cómo debo responder a este pueblo?
7Los consejeros ancianos contestaron:
—Si hoy se pone al servicio de este pueblo y les da
una respuesta favorable, ellos siempre serán sus leales
súbditos.
8Sin embargo, Roboam rechazó el consejo de los an-
cianos y pidió, en cambio, la opinión de los jóvenes que
se habían criado con él y que ahora eran sus consejeros.
9—¿Qué me aconsejan ustedes? —les preguntó—.
¿Cómo debo responder a esta gente que me pide que
alivie las cargas que impuso mi padre?
10Los jóvenes contestaron:
—Así debería responder a esos que se quejan de todo
y que quieren una carga más liviana: "¡Mi dedo meñique
es más grueso que la cintura de mi padre! 11Es cierto que
mi padre les impuso cargas pesadas, ¡pero yo las haré aún
más pesadas! ¡Mi padre los golpeaba con látigos, pero yo
los azotaré con escorpiones!".
12Tres días después, Jeroboam y toda la gente regresa-
ron para conocer la decisión de Roboam, tal como el rey
había ordenado. 13Entonces Roboam habló con dureza
al pueblo porque rechazó el consejo de los ancianos 14y
siguió el consejo de los más jóvenes. Así que le dijo al
pueblo: «Mi padre les impuso cargas pesadas, ¡pero yo las
haré aún más pesadas! Mi padre los golpeaba con látigos,
¡pero yo los azotaré con escorpiones!».
15Por lo tanto, el rey no prestó atención al pueblo. Este
giro en la historia ocurrió por voluntad del SEÑOR, porque
cumplía el mensaje que el SEÑOR le había dado a Jero-
boam, hijo de Nabat, por medio del profeta Ahías de Silo.
16Cuando todos los israelitas se dieron cuenta de que
el rey no iba a hacerles caso, respondieron:

«¡Abajo la dinastía de David!
No nos interesa para nada el hijo de Isaí.
¡Regresa a tu casa, Israel!
Y tú, David, ¡cuida de tu propia casa!».

Entonces el pueblo de Israel regresó a casa; 17pero
Roboam siguió gobernando a los israelitas que vivían en
las ciudades de Judá.
18Luego el rey Roboam envió a Adoniram,* quien es-
taba a cargo del trabajo forzado, a restaurar el orden, pero
el pueblo de Israel lo apedreó a muerte. Cuando el rey
Roboam se enteró, enseguida subió a su carro de guerra
y huyó a Jerusalén. 19Hasta el día de hoy, las tribus del
norte de Israel se han negado a ser gobernadas por un
descendiente de David.
20Cuando los israelitas supieron que Jeroboam había
regresado de Egipto, convocaron una asamblea y lo
nombraron rey de todo Israel. Así que solo la tribu de
Judá permaneció fiel a la familia de David.

Profecía de Semaías

21Cuando Roboam llegó a Jerusalén, movilizó a los hom-
bres de Judá y a la tribu de Benjamín —ciento ochenta mil
guerreros selectos— para pelear contra los hombres de
Israel y recuperar el reino.
22Ahora bien, Dios le dijo a Semaías, hombre de Dios:
23«Diles a Roboam, hijo de Salomón, rey de Judá, y tam-
bién a toda la gente de Judá y de Benjamín y a todo el
resto del pueblo: 24"Esto dice el SEÑOR: 'No peleen contra
sus parientes, los israelitas. ¡Regrese cada uno a su casa,
porque lo que ha sucedido es obra mía!'"». Entonces ellos
obedecieron el mensaje del SEÑOR y cada uno volvió a su
casa, tal como el SEÑOR había ordenado.

¡Respuestas Bíblicas! 63 ¿Qué maldad cometió el rey Jeroboam?

12:33 Él construyó su propio altar y levantó estatuas de becerros de oro para que el pueblo de Israel adorara e hizo nuevos días de fiestas que no eran los que Dios había mandado.

Jeroboam hace becerros de oro

25Jeroboam fortificó la ciudad de Siquem, en la región
montañosa de Efraín, la que llegó a ser su capital. Tiempo
después, también fortificó la ciudad de Peniel.*
26Jeroboam pensó: «Si no tengo cuidado, el reino vol-
verá a la dinastía de David. 27Cuando este pueblo vaya a
Jerusalén para ofrecer sacrificios en el templo del SEÑOR,
ellos volverán a ser leales al rey Roboam de Judá; a mí me
matarán y a él lo nombrarán rey en mi lugar».
28Entonces, siguiendo la recomendación de sus con-
sejeros, el rey hizo dos becerros de oro. Después dijo a la
gente:* «Para ustedes es muy complicado ir hasta Jeru-
salén a adorar. Miren, israelitas, ¡estos son los dioses que
los sacaron de Egipto!».
29Jeroboam colocó uno de los ídolos con forma de be-
cerro en Betel y al otro lo puso en Dan, es decir, en ambos
extremos de su reino. 30Esto llegó a ser un gran pecado,
porque la gente rendía culto a ídolos y viajaba hasta Dan,
al norte, para rendir culto al becerro que estaba allí.
31Además, Jeroboam construyó edificios en el mismo
sitio de los santuarios paganos y consagró sacerdotes de
entre la gente común, es decir, personas que no pertene-
cían a la tribu sacerdotal de Leví. 32También instituyó un
festival religioso en Betel, que se celebraba el día quince
del octavo mes,* y que era una imitación del Festival de
las Enramadas en Judá. Allí, en Betel, Jeroboam ofrecía
sacrificios a los becerros que había hecho, y nombró sacer-
dotes para los santuarios paganos que había construido.
33Así que el día quince del octavo mes, una fecha que
él mismo había designado, Jeroboam ofreció sacrificios

***Notas textuales 12:18** Así aparece en algunos manuscritos griegos y en la versión siríaca (ver también 4:6; 5:14); en hebreo dice *Adoram*. **12:25** En hebreo *Penuel*, una variante de Peniel. **12:28** En hebreo *a ellos*. **12:32** En el antiguo calendario lunar hebreo, ese día caía a fines de octubre o a principios de noviembre, exactamente un mes después del Festival de las Enramadas en Judá (ver Lv 23:34).

Referencias cruzadas 12:28 Ex 32:4

sobre el altar de Betel. Él instituyó un festival religioso
para Israel y subió al altar a quemar incienso.

Un profeta denuncia a Jeroboam

13 Por mandato del Señor, un hombre de Dios de la
región de Judá fue a Betel y llegó en el momento
que Jeroboam se acercaba al altar para quemar incienso.
2Luego, por mandato del Señor, el hombre de Dios gritó:
«¡Oh altar, altar! Esto dice el Señor: "En la dinastía de
David nacerá un niño llamado Josías, quien sacrificará
sobre ti a los sacerdotes de los santuarios paganos que vie-
nen aquí a quemar incienso, y sobre ti se quemarán huesos
humanos"». 3Ese mismo día, el hombre de Dios dio una
señal para demostrar que su mensaje era verdadero y dijo:
«El Señor ha prometido dar una señal: este altar se partirá
en dos, y sus cenizas se derramarán en el suelo».
4Cuando Jeroboam oyó al hombre de Dios hablar con-
tra el altar de Betel, el rey lo señaló con el dedo y gritó:
«¡Detengan a ese hombre!»; pero al instante, la mano
del rey se paralizó en esa posición, y no podía moverla.
5En ese mismo momento, se produjo una enorme grieta
en el altar y las cenizas se desparramaron, tal como el
hombre de Dios había predicho en el mensaje que recibió
del Señor.
6Entonces el rey clamó al hombre de Dios: «¡Te ruego
que le pidas al Señor tu Dios que me restaure la mano!».
Así que el hombre de Dios oró al Señor, y la mano quedó
restaurada y el rey pudo moverla otra vez.
7Después el rey dijo al hombre de Dios:
—Ven al palacio conmigo, come algo y te daré un regalo.
8Pero el hombre de Dios le dijo al rey:
—Aunque me dieras la mitad de todo lo que posees,
no iría contigo. No comería ni bebería nada en este lugar,
9porque el Señor me ordenó: "No comas ni bebas nada
mientras estés allí y no regreses a Judá por el mismo
camino".
10Así que salió de Betel y volvió a su casa por otro
camino.
11Sucedió que había un profeta anciano que vivía en
Betel y sus hijos fueron* a contarle lo que el hombre de
Dios había hecho en Betel ese día. También le contaron a
su padre lo que el hombre le había dicho al rey. 12El profeta
anciano les preguntó: «¿Por dónde se fue?». Así que ellos
le mostraron a su padre* el camino que el hombre de Dios
había tomado. 13«¡Rápido, ensillen el burro!», les dijo
el anciano. Enseguida le ensillaron el burro y se montó.
14Entonces salió cabalgando en busca del hombre de
Dios y lo encontró sentado debajo de un árbol grande. El
profeta anciano le preguntó:
—¿Eres tú el hombre de Dios que vino de Judá?
—Sí, soy yo —le contestó.
15Entonces le dijo al hombre de Dios:
—Acompáñame a mi casa y come algo.
16—No, no puedo —respondió—. No se me permite
comer ni beber nada en este lugar, 17porque el Señor me
dio este mandato: "No comas ni bebas nada mientras estés
allí y no regreses a Judá por el mismo camino".
18Sin embargo, el profeta anciano le dijo:
—Yo también soy profeta, como tú. Y un ángel me dio
este mandato de parte del Señor: "Llévalo a tu casa para
que coma y beba algo".
Pero el anciano le estaba mintiendo. 19Así que regre-
saron juntos, y el hombre de Dios comió y bebió en la
casa del profeta.
20Mientras estaban sentados a la mesa, vino un man-
dato del Señor al profeta anciano, 21quien le gritó al
hombre de Dios de Judá: «Esto dice el Señor: "Has de-
safiado la palabra del Señor y desobedecido el mandato
que el Señor tu Dios te dio. 22Regresaste a este lugar
para comer y beber donde él te dijo que no comieras ni
bebieras. Por eso, tu cuerpo no será enterrado en la tumba
de tus antepasados"».

¡Respuestas Bíblicas! 64 ¿Fue Jeroboam castigado por lo que hizo?

13:34 Sí. Dios reprendió a Jeroboam y el pueblo sufrió las consecuencias por haberle permitido a Jeroboam alejarlos del Señor.

23Cuando el hombre de Dios terminó de comer y
beber, el profeta anciano ensilló su propio burro y se lo
dio, 24y el hombre de Dios siguió su camino. Mientras
viajaba, le salió al paso un león y lo mató. Su cuerpo quedó
tirado en el camino, y tanto el burro como el león estaban
junto al cadáver. 25Unas personas que pasaban por allí, al
ver el cuerpo tirado en el camino y al león parado junto
a él, fueron a dar la noticia a Betel, donde vivía el profeta
anciano.
26Cuando el profeta oyó la noticia, dijo: «Es el hombre
de Dios que desobedeció el mandato del Señor. El Señor
cumplió su palabra al hacer que el león lo atacara y lo
matara».
27Luego el profeta dijo a sus hijos: «Ensíllenme un
burro». Así que ellos ensillaron un burro 28y él salió y
encontró el cuerpo tirado en el camino. El burro y el león
todavía estaban parados junto al cadáver, pues el león no
se había comido el cuerpo ni había atacado al burro. 29En-
tonces el profeta cargó el cuerpo del hombre de Dios sobre
el burro y lo llevó de regreso a la ciudad para hacer duelo
por su muerte y enterrarlo. 30Puso el cuerpo en su propia
tumba y clamó con profundo dolor: «¡Ay, hermano mío!».
31Después el profeta dijo a sus hijos: «Cuando yo
muera, entiérrenme en la tumba donde está enterrado el
hombre de Dios. Pongan mis huesos al lado de los suyos.
32Pues el mensaje que el Señor le dijo que proclamara
contra el altar de Betel y contra los santuarios paganos
en las ciudades de Samaria, ciertamente se cumplirá».
33A pesar de esto, Jeroboam no abandonó sus caminos
perversos. Continuó seleccionando sacerdotes de entre
la gente común y nombraba a cualquiera que quisiera ser
sacerdote de los santuarios paganos. 34Esto fue un gran
pecado y, como consecuencia, la dinastía de Jeroboam fue
totalmente eliminada de la faz de la tierra.

Profecía de Ahías contra Jeroboam

14 En ese tiempo, Abías, hijo de Jeroboam, se en-
fermó gravemente. 2Por eso Jeroboam le dijo a
su esposa: «Disfrázate para que nadie se dé cuenta de
que eres mi esposa y ve a ver al profeta Ahías en Silo, el

***Notas textuales** **13:11** Así aparece en la versión griega; en hebreo dice *su hijo fue*. **13:12** Así aparece en la versión griega; en hebreo dice *Ellos habían visto*.

Referencias cruzadas **13:6** Hch 8:24 **13:21** 1 Sm 13:14 **14:2** 1 Sm 28:7-8 hombre que me dijo que yo sería rey. [3]Llévale de regalo diez hogazas de pan, algunos pasteles y un frasco de miel, y pregúntale qué le sucederá al niño».

[4]Entonces la esposa de Jeroboam fue a la casa de Ahías en Silo. El hombre ya era anciano y no podía ver; [5]pero el SEÑOR le había dicho: «La esposa de Jeroboam vendrá aquí haciéndose pasar por otra persona. Ella te preguntará acerca de su hijo, porque está muy enfermo. Dale la respuesta que yo te doy».

[6]Así que, cuando Ahías oyó los pasos de la mujer en la puerta, le dijo: «¡Entra, esposa de Jeroboam! ¿Por qué te haces pasar por otra persona?». Luego dijo: «Tengo malas noticias para darte. [7]Llévale a Jeroboam, tu esposo, este mensaje del SEÑOR, Dios de Israel: "Yo te saqué de entre la gente común y te hice gobernador de mi pueblo Israel. [8]Le arranqué el reino a la familia de David y te lo entregué a ti; pero tú no has sido como mi siervo David, quien obedeció mis mandatos y me siguió con todo el corazón y siempre hizo lo que yo quería. [9]Tú has hecho cosas más malignas que todos los que vivieron antes de ti. Te has hecho otros dioses y me has enfurecido con tus becerros de oro. Como me has dado la espalda, [10]traeré desastre sobre tu dinastía y destruiré a cada uno de tus descendientes varones, tanto esclavos como libres, en todo Israel. Consumiré tu dinastía real como se quema la basura, hasta que toda haya desaparecido. [11]A los miembros de la familia de Jeroboam que mueran en la ciudad, se los comerán los perros y a los que mueran en el campo se los comerán los buitres. Yo, el SEÑOR, he hablado"».

[12]Después Ahías le dijo a la esposa de Jeroboam: «Regresa a tu casa y cuando entres en la ciudad, el niño morirá. [13]Todo Israel llorará su muerte y lo enterrará. Él será el único miembro de tu familia que tendrá un entierro apropiado, porque este niño es lo único bueno que ve el SEÑOR, Dios de Israel, en toda la familia de Jeroboam.

[14]»Además, el SEÑOR levantará un rey sobre Israel que destruirá a la familia de Jeroboam. Esto sucederá hoy, ¡ahora mismo! [15]Luego el SEÑOR sacudirá a Israel como la corriente agita los juncos. Él desarraigará a los israelitas de esta buena tierra que les dio a sus antepasados y los esparcirá más allá del río Éufrates,* porque ellos han enfurecido al SEÑOR con los postes que levantaron para rendir culto a la diosa Asera. [16]Él abandonará a Israel, debido a que Jeroboam pecó e hizo que Israel pecara con él».

[17]Entonces la esposa de Jeroboam regresó a Tirsa, y el niño murió en el momento que ella atravesaba la puerta de su casa. [18]Todo Israel lo enterró y lloró su muerte, tal como el SEÑOR había prometido por medio del profeta Ahías.

[19]Los demás acontecimientos del reinado de Jeroboam, con todas sus guerras y la forma en que él gobernó, están registrados en *El libro de la historia de los reyes de Israel*. [20]Jeroboam reinó veintidós años en Israel. Cuando Jeroboam murió, su hijo Nadab lo sucedió en el trono.

Roboam gobierna sobre Judá

[21]Mientras tanto, Roboam, hijo de Salomón, reinaba en Judá. Tenía cuarenta y un años cuando subió al trono y reinó diecisiete años en Jerusalén, la ciudad que el SEÑOR había elegido entre todas las tribus de Israel como el lugar para honrar su nombre. La madre de Roboam era una mujer amonita que se llamaba Naama.

[22]Durante el reinado de Roboam, los habitantes de Judá hicieron lo malo a los ojos del SEÑOR, y provocaron su enojo con los pecados que cometieron, pues eran aún peores que los pecados de sus antepasados. [23]También se construyeron santuarios paganos y levantaron columnas sagradas y postes dedicados a la diosa Asera en cada colina alta y debajo de todo árbol frondoso. [24]Hasta había prostitutos y prostitutas de los santuarios paganos por todo el territorio. La gente imitó las prácticas detestables de las naciones paganas que el SEÑOR había expulsado de la tierra del paso de los israelitas.

[25]En el quinto año del reinado de Roboam, el rey Sisac de Egipto subió y atacó Jerusalén. [26]Saqueó los tesoros del templo del SEÑOR y del palacio real; robó todo, incluso todos los escudos de oro que Salomón había hecho. [27]Tiempo después, el rey Roboam los reemplazó con escudos de bronce y los confió al cuidado de los comandantes de la guardia, quienes protegían la entrada del palacio real. [28]Cada vez que el rey iba al templo del SEÑOR, los guardias llevaban los escudos y luego los devolvían al cuarto de guardia.

[29]Los demás acontecimientos del reinado de Roboam y todo lo que él hizo están registrados en *El libro de la historia de los reyes de Judá*. [30]Hubo guerra constante entre Roboam y Jeroboam. [31]Cuando Roboam murió, lo enterraron junto a sus antepasados en la Ciudad de David. Su madre fue una mujer amonita llamada Naama. Luego su hijo Abiam* lo sucedió en el trono.

¡Respuestas Bíblicas! 65 ¿Qué diferencias hay entre Israel y Judá?

15:1, 25 Cuando Salomón murió, su reino se dividió en dos partes. La tierra al sur pasó a ser una nación llamada Judá. La tierra al norte siguió llamándose Israel. El primer rey de Judá fue Roboam. El primer rey de Israel fue Jeroboam.

Abiam gobierna sobre Judá

15 Abiam* comenzó a gobernar Judá en el año dieciocho del reinado de Jeroboam en Israel. [2]Reinó en Jerusalén tres años. Su madre se llamaba Maaca, y era nieta de Absalón.*

[3]Abiam cometió los mismos pecados que había cometido su padre antes de él, y no fue fiel al SEÑOR su Dios como lo había sido su antepasado David; [4]pero por amor a David, el SEÑOR su Dios permitió que sus descendientes siguieran gobernando —brillando como una lámpara—, y le dio un hijo a Abiam para que reinara en Jerusalén después de él. [5]Pues David había hecho lo que era agradable a los ojos del SEÑOR y obedeció los mandatos del SEÑOR durante toda su vida, menos en el asunto de Urías el hitita.

[6]Hubo guerra entre Abiam y Jeroboam* durante todo el reinado de Abiam. [7]Los demás acontecimientos del reinado de Abiam y todo lo que él hizo están registrados en *El libro de la historia de los reyes de Judá*. Hubo guerra constante entre Abiam y Jeroboam. [8]Cuando Abiam murió, lo enterraron en la Ciudad de David. Luego su hijo Asa lo sucedió en el trono.

***Notas textuales** **14:15** En hebreo *del río*. **14:31** Conocido también como *Abías*. **15:1** Conocido también como *Abías*. **15:2** En hebreo *Abisalom* (también en 15:10), una variante de Absalón; comparar 2 Cr 11:20. **15:6** Así aparece en algunos manuscritos hebreos y griegos; la mayoría de los manuscritos hebreos dicen *entre Roboam y Jeroboam*.

Referencias cruzadas **14:4** 1 Sm 3:2-3 **14:9-10** Sal 50:17 **14:25-31** 2 Cr 12:9-16 **15:1-2** 2 Cr 13:1-2 **15:7-8** 2 Cr 13:22–14:1

Asa gobierna sobre Judá

9Asa comenzó a gobernar Judá en el año veinte del reinado
de Jeroboam en Israel. 10Reinó en Judá cuarenta y un años.
Su abuela* era Maaca, nieta de Absalón.
11Asa hizo lo que era agradable a los ojos del SEÑOR,
igual que su antepasado David. 12Expulsó de la tierra a
los prostitutos y prostitutas de los santuarios paganos,
y se deshizo de todos los ídolos* que habían hecho sus
antepasados. 13Hasta quitó a su abuela Maaca de su puesto
de reina madre, porque ella había hecho un poste obsceno
dedicado a la diosa Asera. Derribó el poste obsceno y lo
quemó en el valle de Cedrón. 14Aunque no se quitaron
los santuarios paganos, el corazón de Asa se mantuvo
totalmente fiel al SEÑOR durante toda su vida. 15Llevó al
templo del SEÑOR la plata, el oro y los diversos objetos
que él y su padre habían dedicado.
16Hubo guerra constante entre Asa, rey de Judá, y
Baasa, rey de Israel. 17El rey Baasa, de Israel, invadió Judá
y fortificó Ramá, para que nadie pudiera entrar ni salir del
territorio del rey Asa en Judá.
18En respuesta, Asa tomó toda la plata y todo el oro
que quedaban en los tesoros del templo del SEÑOR y del
palacio real, y encargó a unos de sus funcionarios que
le enviaran todo a Ben-adad, hijo de Tabrimón, hijo de
Hezión, rey de Aram, que gobernaba en Damasco, junto
con el siguiente mensaje:

> 19«Hagamos un tratado,* tú y yo, como hicieron tu
> padre y mi padre. Mira, te envío de regalo plata y oro.
> Rompe el tratado con el rey Baasa de Israel, para que
> me deje en paz».

20Ben-adad aceptó la propuesta del rey Asa y envió a los
comandantes de su ejército a atacar las ciudades de Israel.
Ellos conquistaron las ciudades de Ijón, Dan, Abel-bet-
maaca, toda Cineret y toda la tierra de Neftalí. 21Apenas
Baasa de Israel se enteró de lo que ocurría, abandonó el
proyecto de fortificar Ramá y se retiró a Tirsa. 22Entonces
el rey Asa mandó una orden por todo Judá mediante la
cual exigía que toda persona, sin excepción, ayudara a
transportar las piedras de construcción y la madera que
Baasa estaba usando para fortificar Ramá. Asa empleó
esos mismos materiales para fortificar la ciudad de Geba
en Benjamín y la ciudad de Mizpa.
23Los demás acontecimientos del reinado de Asa —el
alcance de su poder, todo lo que hizo y los nombres de
las ciudades que construyó— están registrados en *El libro
de la historia de los reyes de Judá*. En su vejez se enfermó
de los pies. 24Cuando Asa murió, lo enterraron con sus
antepasados en la Ciudad de David.
Luego Josafat, hijo de Asa, lo sucedió en el trono.

Nadab gobierna sobre Israel

25Nadab, hijo de Jeroboam, comenzó a gobernar Israel en
el segundo año del reinado de Asa, rey de Judá; y reinó en
Israel dos años. 26Él hizo lo malo a los ojos del SEÑOR y
siguió el ejemplo de su padre; continuó con los pecados
que Jeroboam hizo cometer a Israel.
27Tiempo después, Baasa, hijo de Ahías, de la tribu de
Isacar, conspiró contra Nadab y lo asesinó mientras Nadab
y el ejército de Israel sitiaban la ciudad filistea de Gibetón.
28Baasa mató a Nadab en el tercer año del reinado de Asa,
rey de Judá, y lo sucedió en el trono de Israel.
29En cuanto subió al poder, Baasa masacró a todos
los descendientes del rey Jeroboam, para que nadie de la
familia real quedara con vida, tal como el SEÑOR había pro-
metido acerca de Jeroboam por medio del profeta Ahías
de Silo. 30Así ocurrió porque Jeroboam había provocado
el enojo del SEÑOR, Dios de Israel, con los pecados que
había cometido y los que hizo cometer a Israel.
31Los demás acontecimientos del reinado de Nadab
y todo lo que él hizo están registrados en *El libro de la
historia de los reyes de Israel*.

Baasa gobierna sobre Israel

32Hubo guerra constante entre el rey Asa de Judá y el
rey Baasa de Israel. 33Baasa, hijo de Ahías, comenzó a
gobernar todo Israel en el tercer año del reinado de Asa,
rey de Judá; y Baasa reinó en Tirsa veinticuatro años. 34Él
hizo lo malo a los ojos del SEÑOR y siguió el ejemplo de
Jeroboam; continuó con los pecados que Jeroboam hizo
cometer a Israel.

16

El SEÑOR le dio el siguiente mensaje al rey Baasa
mediante el profeta Jehú, hijo de Hananí: 2«Yo
te levanté del polvo para hacerte gobernar a mi pueblo
Israel, pero tú seguiste el mal ejemplo de Jeroboam. Has
provocado mi enojo al hacer pecar a mi pueblo Israel.
3Así que ahora yo te destruiré a ti y a tu familia, tal como
destruí a los descendientes de Jeroboam, hijo de Nabat.
4A los miembros de la familia de Baasa que mueran en la
ciudad se los comerán los perros, y a los que mueran en
el campo se los comerán los buitres».
5Los demás acontecimientos del reinado de Baasa y
el alcance de su poder están registrados en *El libro de la
historia de los reyes de Israel*. 6Cuando Baasa murió, lo en-
terraron en Tirsa. Luego su hijo Ela lo sucedió en el trono.
7El mensaje del SEÑOR contra Baasa y su familia, por
el profeta Jehú, hijo de Hananí, se dio porque Baasa había
hecho lo malo a los ojos del SEÑOR (igual que la familia
de Jeroboam), y también porque Baasa había destruido a
la familia de Jeroboam. Los pecados de Baasa provocaron
el enojo del SEÑOR.

Ela gobierna sobre Israel

8Ela, hijo de Baasa, comenzó a gobernar Israel en el año
veintiséis del reinado de Asa, rey de Judá; y reinó en la
ciudad de Tirsa dos años.
9Zimri, que era el comandante de la mitad de los carros
de guerra del rey, tramó un plan para matarlo. Cierto día
en Tirsa, Ela se emborrachaba en la casa de Arsa, el su-
pervisor del palacio; 10y entró Zimri, lo hirió y lo mató.
Este hecho sucedió durante el año veintisiete del reinado
de Asa, rey de Judá. Luego, Zimri lo sucedió en el trono.
11En cuanto subió al poder, Zimri mató a toda la familia
real de Baasa; no dejó con vida ni siquiera a un solo hijo
varón. Incluso mató a los parientes lejanos y a los amigos.
12De esa forma, Zimri eliminó la dinastía de Baasa, tal
como había prometido el SEÑOR por medio del profeta
Jehú. 13Esto sucedió debido a los pecados que Baasa y
su hijo Ela habían cometido y también por los pecados

***Notas textuales** **15:10** O *La reina madre*; en hebreo dice *Su madre* (también en 15:13); comparar con 15:2. **15:12** El término hebreo (literalmente *cosas redondas*) probablemente se refiere al estiércol. **15:19** Así aparece en la versión griega; en hebreo dice *Hay un tratado entre*.

Referencias cruzadas **15:9-22** 2 Cr 15:6–16:6 **15:23-24** 2 Cr 16:11–17:1 **15:32** 2 Cr 15:16 **16:1** 2 Cr 19:2; 20:34 **16:10** 2 Re 9:30-33 que hicieron cometer a Israel. Con sus ídolos inútiles, provocaron el enojo del SEÑOR, Dios de Israel.

14Los demás acontecimientos del reinado de Ela y todo lo que él hizo están registrados en *El libro de la historia de los reyes de Israel*.

Zimri gobierna sobre Israel

15Zimri comenzó a gobernar Israel en el año veintisiete del reinado de Asa, rey de Judá, pero su reinado en Tirsa duró solamente siete días. En ese entonces, el ejército de Israel atacaba la ciudad filistea de Gibetón. 16Cuando los soldados se enteraron de que Zimri había traicionado y asesinado al rey, ese mismo día escogieron a Omri, el comandante del ejército, para que fuera el nuevo rey de Israel. 17Entonces Omri llevó a todo el ejército de Israel desde Gibetón a Tirsa, la capital de Israel, para atacarla. 18Cuando Zimri vio que la ciudad había sido tomada, entró en la ciudadela del palacio, estando él adentro le prendió fuego y murió entre las llamas. 19Pues él también había hecho lo malo a los ojos del SEÑOR. Zimri siguió el ejemplo de Jeroboam en cuanto a todos los pecados que Jeroboam había cometido y que hizo cometer a Israel.

20Los demás acontecimientos del reinado de Zimri y su acto de conspiración están registrados en *El libro de la historia de los reyes de Israel*.

¡Respuestas Bíblicas! **66** **¿Cuántos reyes buenos tuvo Israel?**

16:30 No hubo ni uno solo y muchos reyes malvados de Israel aparecen en 1 Reyes 15 y 16 aunque el peor fue Acab quien fue el enemigo del profeta Elías.

Omri gobierna sobre Israel

21Resulta que los habitantes de Israel se dividieron en dos facciones. La mitad de la gente intentaba proclamar rey a Tibni, hijo de Ginat, mientras que la otra mitad apoyaba a Omri; 22pero los partidarios de Omri vencieron a los partidarios de Tibni. Entonces Tibni fue asesinado y Omri lo sucedió en el trono.

23Omri comenzó a gobernar Israel en el año treinta y uno del reinado de Asa, rey de Judá. Reinó doce años en total, seis de ellos en Tirsa. 24Después Omri compró, por sesenta y ocho kilos de plata,* la colina que ahora es conocida como Samaria a su dueño Semer. Construyó una ciudad sobre la colina y la llamó Samaria, en honor a Semer.

25Sin embargo, Omri hizo lo malo a los ojos del SEÑOR, peor aún que todos los reyes anteriores. 26Siguió el ejemplo de Jeroboam, hijo de Nabat, en cuanto a todos los pecados que Jeroboam había cometido y que hizo cometer a Israel. Con sus ídolos inútiles, el pueblo provocó el enojo del SEÑOR, Dios de Israel.

27Los demás acontecimientos del reinado de Omri, el alcance de su poder y todo lo que él hizo están registrados en *El libro de la historia de los reyes de Israel*. 28Cuando Omri murió, lo enterraron en Samaria. Luego su hijo Acab lo sucedió en el trono de Israel.

Acab gobierna sobre Israel

29Acab, hijo de Omri, comenzó a gobernar Israel en el año treinta y ocho del reinado de Asa, rey de Judá; y reinó en Samaria veintidós años. 30Sin embargo, Acab, hijo de Omri, hizo lo malo a los ojos del SEÑOR, peor aún que todos los reyes anteriores. 31Y como si fuera poco haber seguido el ejemplo pecaminoso de Jeroboam, se casó con Jezabel, hija del rey Et-baal, de los sidonios, y comenzó a inclinarse y a rendir culto a Baal. 32Primero construyó un templo y un altar para Baal en Samaria. 33Luego levantó un poste dedicado a la diosa Asera. Acab hizo más para provocar el enojo del SEÑOR, Dios de Israel, que cualquier otro de los reyes anteriores de Israel.

34Fue durante su reinado que Hiel, un hombre de Betel, reconstruyó Jericó. Poner los cimientos le costó la vida a su hijo mayor, Abiram; terminar la obra y colocar las puertas le costó la vida a su hijo menor, Segub.* Todo esto sucedió de acuerdo con el mensaje de parte del SEÑOR acerca de Jericó transmitido por Josué, hijo de Nun.

Elías es alimentado por cuervos

17 Ahora bien, Elías, quien era de Tisbé en Galaad, le dijo al rey Acab: «Tan cierto como que el SEÑOR vive, el Dios de Israel —a quien sirvo—, no habrá rocío ni lluvia durante los próximos años, ¡hasta que yo dé la orden!».

2Después el SEÑOR le dijo a Elías: 3«Vete al oriente y escóndete junto al arroyo de Querit, cerca de su desembocadura en el río Jordán. 4Bebe del arroyo y come lo que te den los cuervos, porque yo les he ordenado que te lleven comida».

5Entonces Elías hizo lo que el SEÑOR le dijo y acampó junto al arroyo de Querit, al oriente del Jordán. 6Los cuervos le llevaban pan y carne por la mañana y por la noche, y él bebía del arroyo. 7Sin embargo, poco después, el arroyo se secó porque no había llovido en ninguna parte del reino.

La viuda de Sarepta

8Luego el SEÑOR dijo a Elías: 9«Vete a vivir a la aldea de Sarepta, que está cerca de la ciudad de Sidón. Yo le he ordenado a una viuda de allí que te alimente».

10Elías se dirigió a Sarepta y, cuando llegó a las puertas del pueblo, vio a una viuda juntando leña y le dijo:

—Por favor, ¿podrías traerme un poco de agua en una taza?

11Mientras ella iba a buscarle el agua, la llamó y dijo:

—También tráeme un bocado de pan.

12Pero ella respondió:

—Le juro por el SEÑOR su Dios que no tengo ni un pedazo de pan en la casa. Solo me queda un puñado de harina en el frasco y un poquito de aceite en el fondo del jarro. Estaba juntando algo de leña para preparar una última comida, después mi hijo y yo moriremos.

13Entonces Elías le dijo:

—¡No tengas miedo! Sigue adelante y haz exactamente lo que acabas de decir, pero primero cocina un poco de pan para mí. Luego, con lo que te sobre, prepara la comida para ti y tu hijo. 14Pues el SEÑOR, Dios de Israel dice: "Siempre

***Notas textuales** **16:24** En hebreo *por 2 talentos* [150 libras] *de plata*. **16:34** Una antigua tradición de los escribas hebreos dice *Mató a su hijo mayor cuando puso los cimientos y mató a su hijo menor cuando colocó sus puertas*.

Referencias cruzadas **16:19** 1 Re 12:28 **16:25** Mi 6:16 **16:34** Jos 6:26 **17:1** Lc 4:25 **17:9** Lc 4:26

habrá harina y aceite de oliva en tus recipientes, ¡hasta que el SEÑOR mande lluvia y vuelvan a crecer los cultivos!”.

15Así que ella hizo lo que Elías le dijo, y ella, su familia y Elías comieron durante muchos días. 16Siempre había suficiente harina y aceite de oliva en los recipientes, tal como el SEÑOR lo había prometido por medio de Elías.

17Tiempo después, el hijo de la mujer se enfermó. Cada día empeoraba y finalmente murió. 18Entonces ella le dijo a Elías:

—¡Ay, hombre de Dios! ¿Qué me ha hecho usted? ¿Ha venido aquí para señalarme mis pecados y matar a mi hijo?

19Pero Elías contestó:

—Dame a tu hijo.

Entonces tomó el cuerpo del niño de los brazos de la madre, lo cargó por las escaleras hasta la habitación donde él estaba alojado y lo puso sobre la cama. 20Después Elías clamó al SEÑOR: «Oh SEÑOR mi Dios, ¿por qué le has traído desgracia a esta viuda que me abrió su casa, al provocar la muerte de su hijo?».

21Entonces Elías se tendió sobre el niño tres veces y clamó al SEÑOR: «¡Oh SEÑOR mi Dios, te ruego que le devuelvas la vida a este niño!». 22El SEÑOR oyó la oración de Elías, ¡y la vida volvió al niño, y revivió! 23Entonces Elías bajó al niño de la habitación en el piso de arriba y se lo entregó a su madre.

—¡Mira —le dijo—, tu hijo vive!

24Entonces la mujer le dijo a Elías:

—Ahora estoy convencida de que usted es un hombre de Dios y que de verdad el SEÑOR habla por medio de usted.

Enfrentamiento en el monte Carmelo

18 Más tarde, durante el tercer año de la sequía, el SEÑOR dijo a Elías: «Preséntate ante el rey Acab y dile que ¡pronto enviaré lluvia!». 2Entonces Elías fue a ver al rey Acab.

Mientras tanto, el hambre se hizo muy intensa en Samaria. 3Por eso Acab mandó llamar a Abdías, quien estaba a cargo del palacio. (Abdías era un fiel seguidor del SEÑOR. 4Cierta vez, cuando Jezabel intentaba matar a todos los profetas del SEÑOR, Abdías escondió a cien de ellos en dos cuevas; metió a cincuenta profetas en cada cueva y les dio comida y agua). 5Acab le dijo a Abdías: «Tenemos que revisar todos los manantiales y los valles del reino, y ver si podemos encontrar pasto suficiente para salvar por lo menos algunos de mis caballos y de mis mulas». 6Entonces se repartieron el territorio; Acab se fue solo por un lado, y Abdías se fue solo por otro camino.

7Mientras Abdías iba caminando, de pronto vio que Elías se le acercaba. Abdías lo reconoció enseguida y se postró hasta el suelo ante él.

—¿De verdad eres tú, mi señor Elías? —preguntó.

8—Sí, soy yo —contestó Elías—. Ahora ve y dile a tu amo: “Elías está aquí”.

9—¡Ay, señor! —protestó Abdías—, ¿qué daño te he hecho para que me mandes a morir a manos de Acab? 10Te juro por el SEÑOR tu Dios que el rey te ha buscado en cada nación y reino de la tierra, desde un extremo hasta el otro ha procurado encontrarte. Cada vez que alguien le afirmaba: “Elías no está aquí”, el rey Acab obligaba al rey de esa nación a jurar que había dicho la verdad. 11Y ahora tú me dices: “Ve y dile a tu amo: ‘Elías está aquí’”. 12Apenas yo te deje, el Espíritu del SEÑOR te llevará a quién sabe dónde y cuando Acab llegue aquí y no te encuentre, me matará. Te recuerdo que toda mi vida he sido un fiel siervo del SEÑOR. 13¿No te han contado, señor mío, de cuando Jezabel intentaba matar a los profetas del SEÑOR? Yo escondí a cien de ellos en dos cuevas y les di comida y agua. 14Y ahora tú me dices: “Ve y dile a tu amo: ‘Elías está aquí’”. Si yo hago esto, señor, sin duda Acab me matará.

15Pero Elías dijo:

—Te juro por el SEÑOR Todopoderoso, en cuya presencia estoy, que hoy mismo me presentaré ante Acab.

16Entonces Abdías fue a decirle a Acab que había aparecido Elías, así que Acab fue a encontrarse con él. 17Cuando Acab vio a Elías, exclamó:

—¿Así que realmente eres tú, el alborotador de Israel?

18—Yo no le he causado ningún problema a Israel —respondió Elías—. Tú y tu familia son los alborotadores, porque se negaron a obedecer los mandatos del SEÑOR y, en cambio, han rendido culto a las imágenes de Baal. 19Ahora, convoca a todo Israel para que se reúna conmigo en el monte Carmelo, junto con los cuatrocientos cincuenta profetas de Baal y los cuatrocientos profetas de Asera, a quienes Jezabel mantiene.*

20Entonces Acab convocó a todos los israelitas y a los profetas al monte Carmelo. 21Elías se paró frente a ellos y dijo: «¿Hasta cuándo seguirán indecisos, titubeando entre dos opiniones? Si el SEÑOR es Dios, ¡síganlo! Pero si Baal es el verdadero Dios, ¡entonces síganlo a él!». Sin embargo, la gente se mantenía en absoluto silencio.

22Entonces Elías les dijo: «Yo soy el único profeta del SEÑOR que queda, pero Baal tiene cuatrocientos cincuenta profetas. 23Ahora traigan dos toros. Los profetas de Baal pueden escoger el toro que quieran; que luego lo corten en pedazos y lo pongan sobre la leña de su altar, pero sin prenderle fuego. Yo prepararé el otro toro y lo pondré sobre la leña del altar, y tampoco le prenderé fuego. 24Después, invoquen ustedes el nombre de su dios, y yo invocaré el nombre del SEÑOR. El dios que responda enviando fuego sobre la madera, ¡ese es el Dios verdadero!»; y toda la gente estuvo de acuerdo.

25Así que Elías dijo a los profetas de Baal: «Empiecen ustedes, porque son muchos. Escojan uno de los toros, prepárenlo e invoquen el nombre de su dios; pero no le prendan fuego a la leña».

26Entonces ellos prepararon uno de los toros y lo pusieron sobre el altar. Después invocaron el nombre de Baal desde la mañana hasta el mediodía, gritando: «¡Oh Baal, respóndenos!»; pero no hubo respuesta alguna. Entonces se pusieron a bailar, cojeando alrededor del altar que habían hecho.

27Cerca del mediodía, Elías comenzó a burlarse de ellos. «Tendrán que gritar más fuerte —se mofaba—, ¡sin duda que es un dios! ¡Tal vez esté soñando despierto o quizá esté haciendo sus necesidades*! ¡Seguramente salió de viaje o se quedó dormido y necesita que alguien lo despierte!».

***Notas textuales** **18:19** En hebreo *los cuales comen en la mesa de Jezabel.* **18:27** O *esté ocupado en algún otro lugar,* o *esté haciendo negocios.* **18:31** En hebreo *cada una de las tribus de los hijos de Jacob, a quien el SEÑOR había dicho: «Tu nombre será Israel».*

Referencias cruzadas **17:21** Hch 20:10-12 **18:1** St 5:17-18 **18:12** Ez 3:14; Hch 8:39 **18:26** Sal 115:4-5

¡Respuestas Bíblicas! 67 ¿Por qué los profetas de Baal se cortaban?

18:28 Algunas personas en tiempos bíblicos se cortaban a sí mismos con cuchillos para demostrar su tristeza o su desesperación.

28Así que ellos gritaron más fuerte y, como acostumbraban hacer, se cortaron con cuchillos y espadas hasta quedar bañados en sangre. 29Gritaron disparates toda la tarde hasta la hora del sacrificio vespertino, pero aún no había respuesta, ni siquiera se oía un solo sonido.

30Entonces Elías llamó a la gente: «¡Vengan acá!». Así que todos se juntaron a su alrededor, mientras él reparaba el altar del SEÑOR que estaba derrumbado. 31Tomó doce piedras, una para representar a cada tribu de Israel* 32y usó las piedras para reconstruir el altar en el nombre del SEÑOR. Luego cavó una zanja alrededor del altar con capacidad suficiente para quince litros de agua.* 33Apiló la leña sobre el altar, cortó el toro en pedazos y puso los pedazos sobre la madera.

*Luego dijo: «Llenen cuatro jarras grandes con agua y echen el agua sobre la ofrenda y la leña».

34Una vez que lo hicieron, les dijo: «¡Háganlo de nuevo!». Cuando terminaron, les dijo: «¡Háganlo por tercera vez!». Así que hicieron lo que les dijo, 35y el agua corría alrededor del altar, tanto que hasta colmó la zanja.

36A la hora que solía hacerse el sacrificio vespertino, el profeta Elías caminó hacia el altar y oró: «Oh SEÑOR, Dios de Abraham, de Isaac y de Jacob,* demuestra hoy que tú eres Dios en Israel y que yo soy tu siervo; demuestra que yo he hecho todo esto por orden tuya. 37¡Oh SEÑOR, respóndeme! Respóndeme para que este pueblo sepa que tú, oh SEÑOR, eres Dios y que tú los has hecho volver a ti».

38Al instante, el fuego del SEÑOR cayó desde el cielo y consumió el toro, la leña, las piedras y el polvo. ¡Hasta lamió toda el agua de la zanja! 39Cuando la gente vio esto, todos cayeron rostro en tierra y exclamaron: «¡El SEÑOR, él es Dios! ¡Sí, el SEÑOR es Dios!».

40Entonces Elías ordenó: «Atrapen a todos los profetas de Baal. ¡No dejen que escape ninguno!». Entonces los agarraron a todos, y Elías los llevó al valle de Cisón y allí los mató.

Elías ora por lluvia

41Luego Elías dijo a Acab: «Vete a comer y a beber algo, porque oigo el rugido de una tormenta de lluvia que se acerca».

42Entonces Acab fue a comer y a beber. Elías, en cambio, subió a la cumbre del monte Carmelo, se inclinó hasta el suelo y oró con la cara entre las rodillas.

43Luego le dijo a su sirviente:

—Ve y mira hacia el mar.

Su sirviente fue a mirar, y regresó donde estaba Elías y le dijo:

—No vi nada.

Siete veces le dijo Elías que fuera a ver. 44Finalmente, la séptima vez, su sirviente le dijo:

—Vi una pequeña nube, como del tamaño de la mano de un hombre, que sale del mar.

Entonces Elías le gritó:

—Corre y dile a Acab: "Sube a tu carro y regresa a tu casa. ¡Si no te apuras, la lluvia te detendrá!".

45Poco después el cielo se oscureció de nubes. Se levantó un fuerte viento que desató un gran aguacero, y Acab partió enseguida hacia Jezreel. 46Entonces el SEÑOR le dio una fuerza extraordinaria a Elías, quien se sujetó el manto con el cinturón* y corrió delante del carro de Acab todo el camino, hasta la entrada de Jezreel.

Elías huye a Sinaí

19 Cuando Acab llegó a su casa, le contó a Jezabel todo lo que Elías había hecho, incluso la manera en que había matado a todos los profetas de Baal. 2Entonces Jezabel le mandó este mensaje a Elías: «Que los dioses me hieran e incluso me maten si mañana a esta hora yo no te he matado, así como tú los mataste a ellos».

3Elías tuvo miedo y huyó para salvar su vida. Se fue a Beerseba, una ciudad de Judá, y dejó allí a su sirviente. 4Luego siguió solo todo el día hasta llegar al desierto. Se sentó bajo un solitario árbol de retama y pidió morirse: «Basta ya, SEÑOR; quítame la vida, porque no soy mejor que mis antepasados que ya murieron».

5Entonces se acostó y durmió debajo del árbol. Mientras dormía, un ángel lo tocó y le dijo: «¡Levántate y come!». 6Elías miró a su alrededor, y cerca de su cabeza había un poco de pan horneado sobre piedras calientes y un jarro de agua. Así que comió y bebió, y volvió a acostarse.

7Entonces el ángel del SEÑOR regresó, lo tocó y le dijo: «Levántate y come un poco más, de lo contrario, el viaje que tienes por delante será demasiado para ti».

8Entonces se levantó, comió y bebió, y la comida le dio fuerza suficiente para viajar durante cuarenta días y cuarenta noches hasta llegar al monte Sinaí,* la montaña de Dios. 9Allí llegó a una cueva, donde pasó la noche.

El SEÑOR le habla a Elías

Entonces el SEÑOR le dijo a Elías:

—¿Qué haces aquí, Elías?

10—He servido con gran celo al SEÑOR Dios Todopoderoso —respondió Elías—; pero el pueblo de Israel ha roto su pacto contigo, derribó tus altares y mató a cada uno de tus profetas. Yo soy el único que queda con vida, y ahora me buscan para matarme a mí también.

11El SEÑOR le dijo:

—Sal y ponte de pie delante de mí, en la montaña.

Mientras Elías estaba de pie allí, el SEÑOR pasó, y un viento fuerte e impetuoso azotó la montaña. La ráfaga fue tan tremenda que las rocas se aflojaron, pero el SEÑOR no estaba en el viento. Después del viento hubo un terremoto, pero el SEÑOR no estaba en el terremoto. 12Pasado el terremoto hubo un incendio, pero el SEÑOR no estaba en el incendio. Y después del incendio hubo un suave susurro. 13Cuando Elías lo oyó, se cubrió la cara con su manto, salió y se paró a la entrada de la cueva.

Entonces una voz le dijo:

***Notas textuales** **18:32** En hebreo *2 seahs* [unos 3 galones] *de semilla*. **18:33** En el texto hebreo, el versículo 34 comienza aquí. **18:36** En hebreo *y de Israel*. Los nombres «Jacob» e «Israel» a menudo son intercambiables en el Antiguo Testamento. Algunas veces hacen referencia al patriarca como individuo y otras veces a la nación. **18:46** En hebreo *se ciñó sus lomos*. **19:8** En hebreo *a Horeb*, otro nombre para Sinaí.

Referencias cruzadas **18:42** St 5:18 **19:8** Mt 4:2 **19:10** Rm 11:2-3

—¿Qué haces aquí, Elías?
14Él volvió a responder:
—He servido con gran celo al SEÑOR Dios
Todopoderoso; pero el pueblo de Israel ha roto su pacto
contigo, derribó tus altares y mató a cada uno de tus profe-
tas. Yo soy el único que queda con vida, y ahora me buscan
para matarme a mí también.
15Entonces el SEÑOR le dijo:
—Regresa por el mismo camino que viniste y sigue
hasta el desierto de Damasco. Cuando llegues allí, unge
a Hazael para que sea rey de Aram. 16Después unge a
Jehú, nieto de Nimsi,* para que sea rey de Israel; y unge
a Eliseo, hijo de Safat, de la tierra de Abel-mehola, para
que tome tu lugar como mi profeta. 17¡A cualquiera que
escape de Hazael, Jehú lo matará; y a los que escapen
de Jehú, Eliseo los matará! 18Sin embargo, preservaré a
otros siete mil en Israel, ¡quienes nunca se han inclinado
ante Baal ni lo han besado!

Llamado de Eliseo

19Entonces Elías fue y encontró a Eliseo, hijo de Safat,
arando un campo. Había doce pares de bueyes en el
campo, y Eliseo araba con el último par. Elías se acercó a él,
le echó su manto sobre los hombros y siguió caminando.
20Eliseo dejó los bueyes donde estaban, salió corriendo
detrás de Elías y le dijo:
—Deje que primero me despida de mis padres con un
beso y luego iré con usted.
Elías respondió:
—Regresa, pero piensa en lo que te hice.
21Entonces Eliseo regresó a donde estaban sus bueyes
y los mató. Con la madera del arado hizo una fogata para
asar la carne. Repartió la carne asada entre la gente del
pueblo, y todos comieron. Después se fue con Elías como
su ayudante.

Ben-adad ataca Samaria

20 Por ese tiempo, Ben-adad, rey de Aram, movilizó
a su ejército con el apoyo de treinta y dos reyes
aliados, sus carros de guerra y sus caballos. Sitiaron Sa-
maria, la capital de Israel, y lanzaron ataques contra la
ciudad. 2Ben-adad envió mensajeros a la ciudad para que
transmitieran el siguiente mensaje al rey Acab de Israel:
«Ben-adad dice: 3“¡Tu plata y tu oro son míos, igual que
tus esposas y tus mejores hijos!”».
4«Está bien, mi señor el rey —respondió el rey de
Israel—. ¡Todo lo que tengo es tuyo!».
5Pronto los mensajeros de Ben-adad regresaron y di-
jeron: «Ben-adad dice: “Ya te he exigido que me des tu
plata, tu oro, tus esposas y tus hijos; 6pero mañana a esta
hora, enviaré a mis funcionarios a registrar tu palacio y
las casas de tus funcionarios. ¡Se llevarán todo lo que más
valoras!”».
7Entonces Acab mandó llamar a todos los ancianos
del reino y les dijo:
—¡Miren cómo este hombre está causando problemas!
Ya accedí a su exigencia de darle mis esposas, mis hijos,
mi plata y mi oro.
8—No cedas ante ninguna otra de sus exigencias —le
aconsejaron todos los ancianos y todo el pueblo.
9Así que Acab dijo a los mensajeros de Ben-adad:
«Díganle esto a mi señor el rey: “Te daré todo lo que
pediste la primera vez, pero no puedo aceptar tu última
exigencia”». Entonces los mensajeros le llevaron la res-
puesta a Ben-adad.
10Con eso Ben-adad le envió otro mensaje a Acab, que
decía: «Que los dioses me hieran e incluso me maten si
de Samaria queda polvo suficiente para darle un puñado
a cada uno de mis soldados».
11El rey de Israel le envió esta respuesta: «Un guerrero
que está preparándose con su espada para salir a pelear
no debería presumir como un guerrero que ya ganó».
12Ben-adad y los otros reyes recibieron la respuesta de
Acab mientras bebían en sus carpas.* «¡Prepárense para
atacar!», ordenó Ben-adad a sus oficiales. Entonces se
prepararon para atacar la ciudad.

Acab derrota a Ben-adad

13Entonces un profeta fue a ver a Acab, rey de Israel, y
le dijo:
—Esto dice el SEÑOR: “¿Ves todas esas fuerzas enemi-
gas? Hoy las entregaré en tus manos. Así sabrás que yo
soy el SEÑOR”.
14—¿Cómo lo hará? —preguntó Acab.
El profeta contestó:
—Esto dice el SEÑOR: “Lo harán las tropas de los co-
mandantes provinciales”.
—¿Debemos atacar nosotros primero? —preguntó
Acab.
—Sí —contestó el profeta.
15Entonces Acab reunió a las tropas de los doscientos
treinta y dos comandantes de las provincias. Luego llamó
al resto del ejército de Israel, unos siete mil hombres.
16Cerca del mediodía, mientras Ben-adad y los treinta
y dos reyes aliados aún estaban en sus carpas bebiendo
hasta emborracharse, 17el primer contingente, formado
por las tropas de los comandantes provinciales, avanzó
desde la ciudad.
Mientras se acercaban, la patrulla de avanzada que
había mandado Ben-adad le informó:
—Unas tropas avanzan desde Samaria.
18—Tráiganlos vivos —ordenó Ben-adad—, ya sea que
vengan en son de paz o de guerra.
19Ahora bien, los comandantes de las provincias de
Acab junto con todo el ejército habían salido a pelear.
20Cada soldado israelita mató a su oponente arameo, y
de pronto todo el ejército arameo sintió pánico y huyó.
Los israelitas persiguieron a los arameos, pero el rey Ben-
adad y algunos de sus conductores de carros escaparon a
caballo. 21Sin embargo, el rey de Israel destruyó el resto
de los caballos y carros de guerra y masacró a los arameos.
22Después el profeta le dijo al rey Acab: «Prepárate para
otro ataque; empieza a planificar desde ahora, porque el
rey de Aram regresará la próxima primavera*».

Segundo ataque de Ben-adad

23Después de la derrota, los oficiales de Ben-adad le dije-
ron: «Los dioses de los israelitas son dioses de las monta-
ñas, por eso ganaron; pero podemos vencerlos fácilmente
en las llanuras. 24¡Solo que esta vez reemplaza a los reyes
con generales! 25Recluta otro ejército como el que per-
diste. Consíguenos la misma cantidad de caballos, carros

***Notas textuales** **19:16** En hebreo *descendiente de Nimsi*; comparar 2 Re 9:2, 14. **20:12** O *en Sucot*; también en 20:16. **20:22** En hebreo *al inicio del año entrante*; similar en 20:26. En el antiguo calendario lunar hebreo, el primer día del año caía en marzo o en abril.

Referencias cruzadas **19:18** Os 13:2; Rm 11:4 **20:11** Pr 27:1

de guerra y hombres, y nosotros pelearemos contra los israelitas en las llanuras. Sin duda los venceremos». Así que el rey Ben-adad hizo lo que ellos le sugirieron.

[26]La primavera siguiente, llamó al ejército arameo y avanzó contra Israel, pero esta vez en Afec. [27]Entonces Israel reunió a su ejército, montó líneas de abastecimiento y salió a pelear. Pero el ejército de Israel parecía dos pequeños rebaños de cabras en comparación con el inmenso ejército arameo, ¡que llenaba la campiña!

[28]Entonces el hombre de Dios fue a ver al rey de Israel y le dijo: «Esto dice el SEÑOR: "Los arameos han dicho: 'El SEÑOR es un dios de las montañas y no de las llanuras'. Así que derrotaré a este gran ejército por ti. Entonces sabrás que yo soy el SEÑOR"».

[29]Los dos ejércitos acamparon, uno frente al otro, durante siete días. El séptimo día comenzó la batalla. En un solo día los israelitas mataron a cien mil soldados arameos de infantería. [30]El resto huyó a la ciudad de Afec, pero la muralla les cayó encima y mató a otros veintisiete mil de ellos. Ben-adad huyó a la ciudad y se escondió en un cuarto secreto.

[31]Los oficiales de Ben-adad le dijeron: «Hemos oído, señor, que los reyes de Israel son compasivos. Entonces pongámonos tela áspera alrededor de la cintura y sogas en la cabeza en señal de humillación, y rindámonos ante el rey de Israel. Tal vez así le perdone la vida».

[32]Entonces se pusieron tela áspera y sogas, y fueron a ver al rey de Israel, a quien le suplicaron:

—Su siervo Ben-adad dice: "Le ruego que me perdone la vida".

El rey de Israel respondió:

—¿Todavía vive? ¡Él es mi hermano!

[33]Los hombres tomaron la respuesta como una buena señal y, aprovechando esas palabras, enseguida le respondieron:

—¡Sí, su hermano Ben-adad!

—¡Vayan a traerlo! —les dijo el rey de Israel.

Cuando Ben-adad llegó, Acab lo invitó a subir a su carro de guerra.

[34]Ben-adad le dijo:

—Te devolveré las ciudades que mi padre le quitó a tu padre, y puedes establecer lugares de comercio en Damasco, como hizo mi padre en Samaria.

Entonces Acab le dijo:

—Te dejaré en libertad con estas condiciones.

Así que hicieron un nuevo tratado y Ben-adad quedó en libertad.

Un profeta condena a Acab

[35]Mientras tanto, el SEÑOR le ordenó a un miembro del grupo de profetas que le dijera a otro: «¡Golpéame!»; pero el hombre se negó a golpearlo. [36]Entonces el profeta le dijo: «Como no obedeciste la voz del SEÑOR, un león te matará apenas te separes de mí». Cuando el hombre se fue, sucedió que un león lo atacó y lo mató.

[37]Luego el profeta se dirigió a otro hombre y le dijo: «¡Golpéame!». Así que el hombre lo golpeó y lo hirió.

[38]El profeta se puso una venda en los ojos para que no lo reconocieran y se quedó junto al camino, esperando al rey. [39]Cuando el rey pasó, el profeta lo llamó:

—Señor, yo estaba en lo más reñido de la batalla, cuando de pronto un hombre me trajo un prisionero y me dijo: "Vigila a este hombre; si por alguna razón se te escapa, ¡pagarás con tu vida o con una multa de treinta y cuatro kilos* de plata!"; [40]pero mientras yo estaba ocupado en otras cosas, ¡el prisionero desapareció!

—Bueno, fue tu culpa —respondió el rey—. Tú mismo has firmado tu propia sentencia.

[41]Enseguida el profeta se quitó la venda de los ojos, y el rey lo reconoció como uno de los profetas. [42]El profeta le dijo:

—Esto dice el SEÑOR: "Por haberle perdonado la vida al hombre que yo dije que había que destruir* ahora tú morirás en su lugar, y tu pueblo morirá en lugar de su pueblo".

[43]Entonces el rey de Israel volvió a su casa en Samaria, enojado y de mal humor.

El viñedo de Nabot

21 Había un hombre llamado Nabot, de Jezreel, que era dueño de un viñedo ubicado en Jezreel al lado del palacio de Acab, rey de Samaria. [2]Cierto día Acab le dijo a Nabot:

—Ya que tu viñedo está tan cerca de mi palacio, me gustaría comprarlo para usarlo como huerta. A cambio te daré un viñedo mejor, o bien, si prefieres, te pagaré con dinero.

[3]Pero Nabot respondió:

—El SEÑOR me libre de entregar la herencia que me dejaron mis antepasados.

[4]Entonces Acab regresó a su casa enojado y de mal humor por la respuesta de Nabot, y se acostó de cara a la pared y no quiso comer.

[5]—¿Qué te pasa? —le preguntó su esposa Jezabel—. ¿Por qué estás tan disgustado que no quieres comer nada?

[6]—Le pedí a Nabot que me vendiera su viñedo, incluso le ofrecí canjeárselo por otro mejor, ¡pero no quiso! —le contestó Acab.

[7]—¿Acaso no eres tú el rey de Israel? —preguntó Jezabel—. Levántate y come algo, no te preocupes por eso. ¡Yo te conseguiré el viñedo de Nabot!

[8]Entonces ella escribió cartas en nombre de Acab, las selló con el sello del rey y las envió a los ancianos y a los demás líderes de la ciudad donde vivía Nabot. [9]En esas cartas daba la siguiente orden: «Convoquen a todos los ciudadanos a que se reúnan para tener un tiempo de ayuno y denle a Nabot un lugar de honor. [10]Luego, sienten a dos sinvergüenzas frente a él que lo acusen de maldecir a Dios y al rey. Después sáquenlo y mátenlo a pedradas».

[11]Así que los ancianos y los demás líderes de la ciudad siguieron las instrucciones que Jezabel había escrito en las cartas. [12]Proclamaron ayuno y pusieron a Nabot en un lugar prominente ante la gente. [13]Luego llegaron los dos sinvergüenzas y se sentaron frente a él. Entonces acusaron a Nabot ante todos los presentes diciendo: «Este hombre maldijo a Dios y al rey». Entonces arrastraron a Nabot hasta sacarlo de la ciudad y lo mataron a pedradas. [14]Después los líderes de la ciudad mandaron a decirle a Jezabel: «Nabot fue apedreado hasta morir».

[15]En cuanto Jezabel oyó la noticia, le dijo a Acab: «¿Recuerdas el viñedo que Nabot no quería venderte? Bueno, pues, ¡ahora es tuyo! ¡Nabot está muerto!». [16]Entonces Acab bajó de inmediato al viñedo de Nabot para tomarlo en posesión.

***Notas textuales** **20:39** En hebreo *un talento* [75 libras]. **20:42** El término hebreo empleado aquí se refiere a la consagración total de cosas o personas al SEÑOR, ya sea destruyéndolas o entregándolas como ofrenda.

Referencias cruzadas **20:34** 1 Re 15:20 **20:43** 1 Re 21:4 **21:10** Lv 24:15-16; Hch 6:11

17Pero el SEÑOR dijo a Elías:* 18«Ve a encontrarte con el rey Acab de Israel, que gobierna en Samaria. Estará en Jezreel, en el viñedo de Nabot, adueñándose de él. 19Dale el siguiente mensaje: "Esto dice el SEÑOR: '¿No te bastó con matar a Nabot? ¿También tienes que robarle? Por lo que has hecho, ¡los perros lamerán tu sangre en el mismo lugar donde lamieron la sangre de Nabot!'"».

20—Así que, enemigo mío, ¡me has encontrado! —le dijo Acab a Elías.

—Sí —contestó Elías—, te encontré porque te has vendido para hacer lo malo a los ojos del SEÑOR. 21Por eso ahora el SEÑOR dice:* "Traeré calamidad sobre ti y te consumiré. ¡Destruiré a cada uno de tus descendientes varones, tanto esclavos como libres, en todo Israel! 22Voy a destruir a tu familia como lo hice con la familia de Jeroboam, hijo de Nabat, y con la familia de Baasa, hijo de Ahías, ¡porque me hiciste enojar mucho e hiciste pecar a Israel!".

23»En cuanto a Jezabel, el SEÑOR dice: "Los perros se comerán el cuerpo de Jezabel en la parcela de Jezreel*".

24»A los miembros de la familia de Acab que mueran en la ciudad, se los comerán los perros, y a los que mueran en el campo se los comerán los buitres».

25(Nunca nadie se entregó tanto a hacer lo que es malo a los ojos del SEÑOR como Acab, bajo la influencia de su esposa Jezabel. 26La peor infamia que cometió fue rendir culto a ídolos* tal como habían hecho los amorreos, pueblo que el SEÑOR había expulsado de la tierra del paso de los israelitas).

27Sin embargo, cuando Acab escuchó este mensaje, rasgó su ropa, se vistió de tela áspera e hizo ayuno. Hasta dormía vestido de tela áspera y andaba de luto.

28Entonces Elías recibió otro mensaje del SEÑOR: 29«¿Viste cómo Acab se ha humillado ante mí? Por haberse humillado, no haré lo que prometí mientras él viva, sino que traeré la desgracia sobre sus hijos. Destruiré su dinastía».

Josafat y Acab

22 Durante tres años no hubo guerra entre Aram e Israel; 2pero al tercer año, el rey Josafat de Judá fue a visitar a Acab, rey de Israel. 3Durante la visita, el rey de Israel dijo a sus funcionarios: «¿Se dan cuenta de que la ciudad de Ramot de Galaad nos pertenece? ¡Sin embargo, no hemos hecho nada por recuperarla de manos del rey de Aram!».

4Entonces se dirigió a Josafat y le preguntó:

—¿Saldrás conmigo a la batalla para recuperar Ramot de Galaad?

—¡Por supuesto! —contestó Josafat al rey de Israel—. Tú y yo somos como uno solo. Mis tropas son tus tropas y mis caballos son tus caballos.

5Entonces agregó:

—Pero primero averigüemos qué dice el SEÑOR.

6Así que el rey de Israel convocó a los profetas, unos cuatrocientos en total, y les preguntó:

—¿Debo ir a pelear contra Ramot de Galaad o desistir?

Todos ellos contestaron:

—¡Sí, adelante! El Señor dará la victoria al rey.

7Pero Josafat preguntó:

—¿Acaso no hay también un profeta del SEÑOR aquí? Debemos hacerle la misma pregunta.

8El rey de Israel contestó a Josafat:

—Hay un hombre más que podría consultar al SEÑOR por nosotros, pero lo detesto. ¡Nunca me profetiza nada bueno, solo desgracias! Se llama Micaías, hijo de Imla.

—¡Un rey no debería hablar de esa manera! —respondió Josafat—. Escuchemos lo que tenga que decir.

9De modo que el rey de Israel llamó a uno de sus funcionarios y le dijo:

—¡Rápido! Trae a Micaías, hijo de Imla.

Micaías profetiza contra Acab

10El rey Acab de Israel y Josafat, rey de Judá, vestidos con sus vestiduras reales, estaban sentados en sus respectivos tronos en el campo de trillar que está cerca de la puerta de Samaria. Todos los profetas de Acab profetizaban allí, delante de ellos. 11Uno de los profetas llamado Sedequías, hijo de Quenaana, hizo unos cuernos de hierro y proclamó:

—Esto dice el SEÑOR: ¡Con estos cuernos cornearás a los arameos hasta matarlos!

12Todos los demás profetas estaban de acuerdo.

—Sí —decían—, sube a Ramot de Galaad y saldrás vencedor, porque ¡el SEÑOR dará la victoria al rey!

13Mientras tanto, el mensajero que había ido a buscar a Micaías le dijo:

—Mira, todos los profetas le prometen victoria al rey. Ponte tú también de acuerdo con ellos y asegúrale que saldrá vencedor.

14Pero Micaías respondió:

—Tan cierto como que el SEÑOR vive, solo diré lo que el SEÑOR me indique.

15Cuando Micaías se presentó ante el rey, Acab le preguntó:

—Micaías, ¿debemos ir a pelear contra Ramot de Galaad o desistir?

Micaías le respondió con sarcasmo:

—¡Sí, sube y saldrás vencedor, porque el SEÑOR dará la victoria al rey!

16Pero el rey le respondió con dureza:

—¿Cuántas veces tengo que exigirte que solo me digas la verdad cuando hables de parte del SEÑOR?

17Entonces Micaías le dijo:

—En una visión, vi a todo Israel disperso por los montes, como ovejas sin pastor, y el SEÑOR dijo: "Han matado a su amo.* Envíalos a sus casas en paz".

18—¿No te dije? —exclamó el rey de Israel a Josafat—. Nunca me profetiza otra cosa que desgracias.

19Micaías continuó diciendo:

—¡Escucha lo que dice el SEÑOR! Vi al SEÑOR sentado en su trono, rodeado por todos los ejércitos del cielo, a su derecha y a su izquierda. 20Entonces el SEÑOR dijo: "¿Quién puede seducir a Acab para que vaya a pelear contra Ramot de Galaad y lo maten?".

»Hubo muchas sugerencias, 21hasta que finalmente un espíritu se acercó al SEÑOR y dijo: "¡Yo puedo hacerlo!".

22»"¿Cómo lo harás?", preguntó el SEÑOR.

»El espíritu contestó: "Saldré e inspiraré a todos los profetas de Acab para que hablen mentiras".

»"Tendrás éxito —dijo el SEÑOR—, adelante, hazlo".

23»Así que, como ves, el SEÑOR ha puesto un espíritu

***Notas textuales** **21:17** En hebreo *Elías el tisbita*; también en 21:28. **21:21** Así aparece en la versión griega; en hebreo falta *Por eso ahora el Señor dice.*

Referencias cruzadas **21:29** 2 Re 9:25-37 **22:1-28** 2 Cr 18:1-27 **22:17** Mc 6:34

Dios elige a David

1 Samuel 16.1-13

Dios le dijo al profeta Samuel que fuera a ungir a un nuevo rey, uno que tuviera un corazón dispuesto a hacer su voluntad. Samuel se fue a Belén, como el Señor le había indicado, y llevó consigo un animal para hacer un sacrificio.

Cuando llegó a Belén, fue a la casa de Isaí y cuando se sentaron todos a la mesa, vio al hijo mayor de Isaí, Eliab, y pensó: "Seguramente este es el próximo rey". Pero el Señor le dijo: *"No juzgues por su apariencia o por su estatura, porque yo veo las cosasde otra manera a como las ves tú. La gente juzga por las apariencias, pero el Señor mira el corazón"*.

Entonces desfilaron delante de Samuel los otros hijos de Isaí y ninguno de los que estaba ahí era el que el Señor había escogido. Así que Samuel preguntó si esos eran todos sus hijos, e Isaí respondió que quedaba el menor, que estaba en el campo cuidando a las ovejas.

Samuel pidió llamarlo y cuando entró David, el Señor le dijo a Samuel: *"Este es"*. David no tenía la apariencia fortachona que se esperaría de un rey.

Sin embargo, la lección de su elección es que lo más importante para Dios es la esencia de la persona, su corazón, sus pensamientos. El Señor vio en David algo mucho más valioso que la apariencia física, así que el profeta Samuel vertió sobre la cabeza de David aceite de oliva de un odre y a partir de ese momento, vino el Espíritu de Dios sobre él.

Años más tarde, David fue coronado rey de Israel y su reinado duró muchos años. Aunque no fue perfecto, Dios lo llamó *"un hombre conforme a Su corazón"*.

David fue humilde para obedecer la instrucción de Dios, aun cuando tenía que arrepentirse de sus pecados. Quizá alguna vez te descalifiques a ti mismo porque no tienes la fuerza o la estatura o la belleza o aun la inteligencia de otros. Pero no te equivoques. Busca tener un corazón que le importe agradar a Dios, sigue aprendiendo de Dios y cuida tu relación con él a través de la oración. Al fin y al cabo, es Dios quien te va a equipar para el futuro, es su favor el que va a abrir puertas para ti.

El pequeño que venció al gigante

1 Samuel 17

¿Alguna vez has tenido miedo de enfrentar un reto muy grande? Quizá eres bueno tocando un instrumento, pero te aterra tener que hacerlo delante de muchas personas. O quizás eres muy habilidoso en algún deporte, pero en el partido te paralizas y no juegas como sabes hacerlo. A veces, ante los grandes desafíos, salimos corriendo y renunciamos a nuestros sueños porque el temor se convierte en un gigante al que no podemos vencer.

Vayamos en la máquina del tiempo a un momento de una gran batalla. El ejército israelita estaba frente a sus archienemigos, los filisteos. En esta ocasión, los israelitas tenían mucho temor porque el rival tenía un gigante en sus filas. Se llamaba Goliat y medía casi tres metros. Cuando el joven David oyó que Goliat se burlaba del ejército de Israel, algo grande se despertó dentro de él y dijo: "*¿Quién es este filisteo pagano, al que se le permite desafiar a los ejércitos del Dios viviente?*".

Dios puso en ese momento una fuerza dentro de él y un sueño claro: vencer a Goliat.

David comenzó a preguntar cuál sería el premio por derrotar al gigante, así que lo llevaron delante de Saúl, el rey de Israel. David le dijo a Saúl que no se preocupara, que él iría a pelear. Pero Saúl respondió: "*—¡No seas ridículo! ¡No hay forma de que tú puedas pelear contra ese filisteo y ganarle! Eres tan solo un muchacho, y él ha sido un hombre de guerra desde su juventud*" (v. 33).

El rey Saúl no se emocionó por encontrar a un joven valiente, más bien se opuso con sus preocupaciones y limitaciones. Sin embargo, aunque Saúl intentaba protegerlo, David no las aceptó y hasta rechazó la armadura que el rey le había ofrecido.

¿Qué hizo que David fuera tan valiente como para enfrentar al gigante Goliat?

David era el que cuidaba las ovejas de su papá. En varias ocasiones, había tenido que enfrentarse a animales feroces, como leones y osos, para defender a las ovejas. En todas esas ocasiones, había visto cómo Dios lo había librado de esos enemigos. Por eso, para David, Goliat era un contrincante más, pero el Dios que lo había librado en el pasado era el mismo.

El gigante se burló de las pocas armas de David, a lo que este le respondió: "*Pero yo vengo contra ti en el nombre del Señor de los Ejércitos Celestiales, el Dios de los ejércitos de Israel, a quien tú has desafiado.*" Y con la primera piedra lanzada, David venció al gigante.

Abigail, una mujer de paz

1 Samuel 25:2-41

¿Sabías que mantener la paz con las personas es algo que le agrada a Dios? No es nada fácil, especialmente cuando nos tratan mal o nos quitan las cosas que son nuestras o se burlan de nosotros. Pero también, muchas veces somos nosotros los tentados a molestar a los demás, a burlarnos de otros y hasta a golpear a los menos fuertes.

Hoy viajaremos en el tiempo a la época del rey David, aunque en ese momento de la historia no era rey todavía.

En una ocasión, David pidió comida a Nabal, un hombre rico cuyos rebaños David y sus hombres habían protegido por mucho tiempo. Pero Nabal, siendo un hombre necio y de muy mal carácter, se negó y además trató a David y a sus hombres como si fueran bandidos.

Esto enojó tanto a David que decidió ir a pelear contra Nabal, para darle su merecido por ser tan malo. Sin embargo, al enterarse de su mal comportamiento, lla esposa de Nabal, Abigail, se adelantó y le salió al encuentro a David, cargada de provisiones para todos sus hombres. Abigail se inclinó delante de David, pidiendo perdón por el proceder de su esposo y alabando lo bueno que David había sido con su casa. Usó palabras tan sabias que sacaron el enojo del corazón de David; consiguió que David le agradeciera por haberle impedido vengarse de su esposo y que la bendijera. Con sus palabras suaves e inteligentes, Abigail impidió una gran tragedia en su familia.

¿Sabías que la Palabra de Dios dice que en nuestra lengua está el poder de la vida y de la muerte? (Proverbios 18:21).

En la boca de un hombre necio y buscapleitos como Nabal, estaba la muerte; no solo la de él, sino la de su familia. Pero en la boca de Abigail estuvo la vida; sus palabras trajeron paz y bendición sobre su casa.

Abraza hoy el ser un pacificador, uno que se parece a Jesús y que busca la paz. Esfuérzate por ser alguien que trae unidad y no división; alguien que construye relaciones basadas en la honra y en el respeto a los demás.

Una petición que agradó a Dios

1 Reyes 3:16–28

La oración es un vehículo que nos acerca a Dios: a través de ella, nos relacionamos con él, pero también podemos presentarle nuestras necesidades.

Dios es un buen padre, y como tal, a él le gusta cuidar de sus hijos. Si lo que le pedimos nos va a hacer bien, Dios va a contestar que sí. Si él sabe que lo que deseamos nos va a perjudicar, seguramente no nos lo va a conceder, aunque lloremos por eso.
Cuando murió David, su hijo Salomón fue designado rey de Israel. Él también amaba a Dios. Una noche, mientras dormía, tuvo un sueño en el que el Señor le preguntaba qué quería. Salomón dio una respuesta que agradó muchísimo al Señor: le dijo que se sentía honrado por ser el rey, pero al mismo tiempo se encontraba como un niño pequeño que no sabe a dónde ir. Por lo tanto, lo que Salomón pedía era tener un corazón comprensivo y sabio para gobernar bien a su pueblo y también saber discernir entre el bien y el mal.

Al Señor le agradó mucho esa respuesta porque era diferente de lo que los demás reyes anhelaban: larga vida, riquezas o la muerte a sus enemigos. Por eso, además de concederle sabiduría, le añadió riquezas y fama. Ningún otro rey se ha comparado a él en esas cualidades.

A Salomón lo visitaban reyes de todo el mundo para conocer su sabiduría y admirar sus riquezas. Fue bajo su reinado que se construyó el primer templo en Israel. Dios también trajo paz con sus vecinos y le dio una larga vida. Todo porque su corazón pidió lo correcto.

Dios no es como el genio de la lámpara de Aladino que, busca complacer los deseos de sus hijos. Dios no está atrapado en ninguna lámpara ni necesita de nuestros favores.

Dios te ama porque eres su hijo y quiere equiparte con lo que necesitas para cumplir con tu tarea. Seguramente en algún momento te vas a sentir como Salomón, bastante pequeño y torpe para los retos de la vida, pero recuerda que hay un Dios esperando que le pidas lo que necesitas.

Te desafiamos a comenzar y pedirle a Él que guíe tus deseos, que anhelas tener un corazón noble que le agrade y sabiduría para decidir correctamente. Te aseguro que esa oración va también a complacer a Dios.

de mentira en la boca de todos tus profetas, porque el
Señor ha dictado tu condena.
24Entonces Sedequías, hijo de Quenaana, se acercó a
Micaías y le dio una bofetada.
—¿Desde cuándo el Espíritu del Señor salió de mí para
hablarte a ti? —le reclamó.
25Y Micaías le contestó:
—¡Ya lo sabrás, cuando estés tratando de esconderte
en algún cuarto secreto!
26«¡Arréstenlo! —ordenó el rey de Israel—. Llévenlo de
regreso a Amón, el gobernador de la ciudad, y a mi hijo
Joás. 27Denles la siguiente orden de parte del rey: "¡Metan
a este hombre en la cárcel y no le den más que pan y agua
hasta que yo regrese sano y salvo de la batalla!"».
28Pero Micaías respondió: «¡Si tú regresas a salvo, eso
significará que el Señor no habló por medio de mí!».
Entonces dirigiéndose a los que estaban alrededor, agregó:
«¡Todos ustedes, tomen nota de mis palabras!».

Muerte de Acab

29Entonces Acab, rey de Israel, y Josafat, rey de Judá, di-
rigieron a sus ejércitos contra Ramot de Galaad. 30El rey
de Israel dijo a Josafat: «Cuando entremos en la batalla,
yo me disfrazaré para que nadie me reconozca, pero tú
ponte tus vestiduras reales». Así que el rey de Israel se
disfrazó, y ambos entraron en la batalla.
31Mientras tanto, el rey de Aram había dado las si-
guientes órdenes a sus treinta y dos comandantes de
carros de guerra: «Ataquen solo al rey de Israel. ¡No pier-
dan tiempo con nadie más!». 32Entonces, cuando los co-
mandantes arameos de los carros vieron a Josafat en sus
vestiduras reales, comenzaron a perseguirlo. «¡Allí está el
rey de Israel!», gritaban; pero cuando Josafat gritó, 33los
comandantes de los carros se dieron cuenta de que no era
el rey de Israel y dejaron de perseguirlo.
34Sin embargo, un soldado arameo disparó una flecha
al azar hacia las tropas israelitas e hirió al rey de Israel
entre las uniones de su armadura. «¡Da la vuelta* y sácame
de aquí! —dijo Acab entre quejas y gemidos al conductor
de su carro—. ¡Estoy gravemente herido!».
35La encarnizada batalla se prolongó todo ese día, y el
rey permaneció erguido en su carro frente a los arameos.
La sangre de su herida corría hasta llegar al piso del carro,
y al atardecer, murió. 36Justo cuando se ponía el sol, este
clamor recorrió las filas israelitas: «¡Estamos perdidos!
¡Sálvese quien pueda!».
37Así que el rey murió, y llevaron su cuerpo a Samaria,
donde lo enterraron. 38Después lavaron su carro junto al
estanque de Samaria y llegaron los perros y lamieron su
sangre en el lugar donde se bañaban las prostitutas,* tal
como el Señor lo había anunciado.
39Los demás acontecimientos del reinado de Acab
y todo lo que él hizo —incluso la historia del palacio de
marfil y las ciudades que construyó— están registrados
en *El libro de la historia de los reyes de Israel*. 40Así que Acab
murió y su hijo Ocozías lo sucedió en el trono.

Josafat gobierna sobre Judá

41Josafat, hijo de Asa, comenzó a gobernar Judá durante
el cuarto año del reinado de Acab, rey de Israel. 42Josafat
tenía treinta y cinco años cuando subió al trono y reinó
en Jerusalén veinticinco años. Su madre era Azuba, hija
de Silhi.
43Josafat fue un buen rey, quien siguió el ejemplo de su
padre Asa. Hizo lo que era agradable a los ojos del Señor.
*Sin embargo, durante su reinado no quitó todos los san-
tuarios paganos, y la gente siguió ofreciendo sacrificios
y quemando incienso allí. 44Josafat también hizo la paz
con el rey de Israel.
45Los demás acontecimientos del reinado de Josafat, el
alcance de su poder y las guerras que hizo están registra-
dos en *El libro de la historia de los reyes de Judá*. 46Expulsó
de la tierra a los demás prostitutos y prostitutas de los
santuarios paganos, quienes seguían con sus prácticas
desde los días de su padre Asa.
47(En ese tiempo no había rey en Edom, sino solo un
regente).
48Josafat también construyó una flota de barcos mer-
cantes* para que navegaran hasta Ofir en busca de oro;
pero los barcos nunca llegaron a zarpar porque naufraga-
ron en su propio puerto de Ezión-geber. 49En una oportu-
nidad, Ocozías, hijo de Acab, le propuso a Josafat: «Deja
que mis hombres naveguen con los tuyos en los barcos»;
pero Josafat rechazó la propuesta.
50Cuando Josafat murió, lo enterraron con sus ante-
pasados en la Ciudad de David. Después su hijo Yoram
lo sucedió en el trono.

Ocozías gobierna sobre Israel

51Ocozías, hijo de Acab, comenzó a gobernar Israel en
el año diecisiete del reinado de Josafat en Judá; reinó en
Samaria dos años. 52Él hizo lo malo a los ojos del Señor
al seguir el ejemplo de su padre y de su madre y también
el ejemplo de Jeroboam, hijo de Nabat, quien había hecho
pecar a Israel. 53Ocozías sirvió a Baal y le rindió culto, con
lo que provocó el enojo del Señor, Dios de Israel, tal como
lo había hecho su padre.

***Notas textuales** **21:23** Así aparece en varios manuscritos hebreos, en la versión siríaca y en la Vulgata Latina (ver también 2 Re 9:26, 36). La mayoría de los manuscritos hebreos dicen *en el muro de la ciudad*. **21:26** El término hebreo (literalmente *cosas redondas*) probablemente se refiere al estiércol. **22:17** En hebreo *Esta gente no tiene amo*. **22:34** En hebreo *Gira tu mano*. **22:38** O *su sangre, y las prostitutas se bañaron [en ella]*; o *su sangre, y lavaron su armadura*. **22:43** Los versículos del 22:43b-53 corresponden al 22:44-54 en el texto hebreo. **22:48** En hebreo *flota de barcos de Tarsis*.

Referencias cruzadas **22:29-36** 2 Cr 18:28-34 **22:41-50** 2 Cr 20:31–21:1

2 REYES

¿Por qué es importante?

Cuando alguien hace lo que no es correcto suele poner excusas como decir que hay otros que están peor, pero las excusas son el paso previo del fracaso ya que enfrentamos los problemas en nuestras propias fuerzas y según nuestra limitada sabiduría. Eso fue lo que le sucedió al pueblo de Dios en 2 Reyes. A pesar de la presencia de grandes siervos de Dios como el profeta Eliseo y de algunos reyes que actuaron rectamente, esta es una historia de excusas y de tristezas debido a la desobediencia. Este libro describe la historia detrás de otros de los libros del Antiguo Testamento, por lo que estudiar los eventos contados aquí será de gran ayuda para comprender buena parte de la historia sobre la cual están escritos otros libros de reyes y profetas.

¿Por qué fue escrito?

El libro de 2 Reyes describe la historia del Reino del Norte (Israel) y del Reino del Sur (Judá), contando los fracasos espirituales de cada reino como advertencia. 2 Reyes explica por qué Israel y Judá perdieron la protección del Señor y fueron conquistados.

¿Quién lo escribió?

Los dos libros de Reyes forman un solo tomo para los judíos. Algunos estudiosos dicen que fue escrito por toda una escuela de escritores, pero no hay razón para dudar que estos libros son obra de un solo autor, el cual echó mano de diversas fuentes históricas, como "las crónicas de Salomón". Así, entonces, el autor fue un judío que conocía bien la historia del pueblo de Israel, que fue testigo del destino final del reino del sur, y su capital, Jerusalén, y además tenía una mentalidad teológica proveniente de las ideas del pacto hecho con Moisés. La tradición judía propone que el autor fue Jeremías y, aunque se puede decir que el estilo tiene similitudes con las ideas de ese profeta, la verdad es que no hay manera de saberlo con seguridad.

¿A quién lo escribió?

Básicamente, el libro fue escrito para los judíos que habían sufrido la invasión de los caldeos, tanto los pocos que se habían quedado en Jerusalén, como los cautivos en Babilonia. Debe haber sido trágico saber que ellos, que eran el pueblo de Dios, habían sido conquistados por un pueblo cruel, el cual destruyó la amada Jerusalén, arrasó con el templo y los arrancó de su querida tierra prometida. "¿Qué pasó?", se preguntarían. "¿Por qué Dios permitió esta horrible catástrofe?". Para estos judíos cautivos, aturdidos, consternados y desconcertados fue escrito este libro.

¿Cuándo y dónde lo escribió?

La composición final de Reyes ocurrió, no en un tiempo muy placentero para el escritor y sus lectores. Los libros deben haber sido escritos durante las primeras décadas del cautiverio y unos años después de la destrucción de Jerusalén, la cual ocurrió en el año 586 a.C. Sin duda, el libro fue escrito en Jerusalén, ya que el autor tiene un conocimiento muy amplio de los eventos desastrosos que ocurrieron en esa ciudad y además lo que ocurrió con sus habitantes en los años posteriores.

Paso a paso

1. Eliseo: El poder de la gracia de Dios se manifiesta aun en medio de apostasía. Caps. 1-13
2. Los reyes de Israel: De mal en peor hasta la destrucción total. Caps. 14-17
3. Los reyes buenos de Judá: Los líderes que trajeron esperanza a un pueblo perdido. La historia de Joás (Caps. 11-12), Amasías (Cap. 14), Azarías (15:1-7) y Ezequías (caps. 18-20).
4. Los reyes de Judá: El fracaso es inevitable cuando desobedecemos a Dios. Caps. 18-25.

2 REYES

2 Reyes

Elías enfrenta al rey Ocozías

1 Después de la muerte del rey Acab, la nación de Moab
se rebeló contra Israel.
2Cierto día Ocozías, el nuevo rey de Israel, se cayó por
la reja de la ventana de una habitación en el piso superior
de su palacio en Samaria y quedó gravemente herido. En-
tonces envió mensajeros al templo de Baal-zebub, dios de
Ecrón, para que consultaran si iba a recuperarse.
3Entonces el ángel del SEÑOR le dijo a Elías, quien era de
Tisbé: «Ve y enfrenta a los mensajeros del rey de Samaria,
y pregúntales: "¿Acaso no hay Dios en Israel? ¿Por qué re-
curren a Baal-zebub, dios de Ecrón, a consultarle si el rey
va a recuperarse? 4Por lo tanto, esto dice el SEÑOR: nunca
te levantarás de la cama donde estás; ten por seguro que
morirás"». Entonces Elías fue a transmitirles el mensaje.
5Cuando los mensajeros regresaron, el rey les preguntó:
—¿Por qué volvieron tan pronto?
6Ellos contestaron:
—Se nos cruzó un hombre y nos dijo que regresáramos
y le diéramos este mensaje al rey: "Esto dice el SEÑOR:
¿Acaso no hay Dios en Israel? ¿Por qué mandas hombres
a preguntarle a Baal-zebub, dios de Ecrón, si vas a recupe-
rarte? Por eso que hiciste, nunca te levantarás de la cama
donde estás; ten por seguro que morirás".
7—¿Qué hombre les dijo eso? —preguntó el rey—.
¿Cómo era?
8Y ellos contestaron:
—Era un hombre velludo* y tenía un cinto de cuero
en la cintura.
—¡Elías de Tisbé! —exclamó el rey.
9Entonces envió a un capitán del ejército con cincuenta
soldados para que lo arrestaran. Lo encontraron sentado
en la cima de una colina, y el capitán le dijo:
—Hombre de Dios, el rey te ordena que vengas con
nosotros.
10Elías respondió al capitán:
—Si yo soy un hombre de Dios, ¡que caiga fuego del
cielo y te destruya a ti y a tus cincuenta hombres!
Enseguida cayó fuego del cielo y los mató a todos.
11Entonces el rey envió a otro capitán con otros cin-
cuenta hombres, y el capitán dijo a Elías:
—Hombre de Dios, el rey te exige que bajes de
inmediato.
12Elías respondió:
—Si yo soy un hombre de Dios, ¡que caiga fuego del
cielo y te destruya a ti y a tus cincuenta hombres!
Y de nuevo el fuego de Dios cayó del cielo y los mató
a todos.
13Por tercera vez, el rey envió a un capitán con cin-
cuenta hombres; pero esta vez el capitán subió a la colina,
se arrodilló ante Elías y le suplicó:
—Hombre de Dios, por favor, perdone mi vida y
también la vida de estos cincuenta siervos suyos. 14Sa-
bemos que cayó fuego del cielo y destruyó a los primeros
dos grupos; pero ahora, ¡le ruego que me perdone la vida!
15Entonces el ángel del SEÑOR dijo a Elías: «Desciende
con él y no le tengas miedo». Así que Elías se levantó y
fue con el capitán a ver al rey.
16Así que Elías dijo al rey: «Esto dice el SEÑOR: "¿Por
qué enviaste mensajeros a Baal-zebub, dios de Ecrón,
a preguntarle si te recuperarías? ¿Acaso no hay Dios en
Israel para contestar tu pregunta? Ahora, porque hiciste
esto, nunca te levantarás de la cama donde estás; ten por
seguro que morirás"».
17Así que Ocozías murió como el SEÑOR lo había
anunciado por medio de Elías. Dado que Ocozías no
tenía ningún hijo que reinara en su lugar, su hermano
Joram* lo sucedió en el trono. Esto ocurrió en el segundo
año del reinado de Yoram, hijo de Josafat, rey de Judá.
18Los demás acontecimientos del reinado de Ocozías
y todo lo que él hizo están registrados en *El libro de la
historia de los reyes de Israel*.

Elías es llevado al cielo

2 Cuando el SEÑOR estaba por llevarse a Elías al cielo
en un torbellino, Elías y Eliseo estaban en camino
desde Gilgal. 2Y Elías le dijo a Eliseo:
—Quédate aquí, porque el SEÑOR me dijo que fuera
a Betel.
Eliseo respondió:
—Tan cierto como que el SEÑOR vive y que tú vives,
¡nunca te dejaré!
Así que descendieron juntos a Betel.
3El grupo de profetas de Betel se acercó a Eliseo para
preguntarle:
—¿Sabías que hoy el SEÑOR se llevará a tu amo?
—Claro que lo sé —contestó Eliseo—, ¡pero no digan
nada!
4Entonces Elías le dijo a Eliseo:
—Quédate aquí, porque el SEÑOR me dijo que fuera
a Jericó.
Pero Eliseo le respondió de nuevo:
—Tan cierto como que el SEÑOR vive y que tú vives,
¡nunca te dejaré!
Así que continuaron juntos a Jericó.
5Después el grupo de profetas de Jericó se acercó a
Eliseo para preguntarle:
—¿Sabías que hoy el SEÑOR se llevará a tu amo?
—Claro que lo sé —contestó Eliseo—, ¡pero no digan
nada!

***Notas textuales** **1:8** O *Vestía ropa hecha de pelo.* **1:17** En hebreo *Yoram*, una variante de Joram.

Referencias cruzadas **1:2** Mc 3:22 **1:8** Mt 3:4 **1:17** 2 Re 8:16 **2:1** Hb 11:5

6Entonces Elías le dijo a Eliseo:
—Quédate aquí, porque el SEÑOR me dijo que fuera
al río Jordán.
Pero una vez más, Eliseo respondió:
—Tan cierto como que el SEÑOR vive y que tú vives,
¡nunca te dejaré!
Así que siguieron juntos.
7Cincuenta hombres del grupo de profetas también
fueron y observaron de lejos cuando Elías y Eliseo se de-
tuvieron junto al río Jordán. 8Luego Elías dobló su manto
y con él golpeó el agua. ¡El río se dividió en dos y ambos
cruzaron sobre tierra seca!
9Cuando llegaron al otro lado, Elías le dijo a Eliseo:
—Dime qué puedo hacer por ti antes de ser llevado.
Y Eliseo respondió:
—Te pido que me permitas heredar una doble porción
de tu espíritu y que llegue a ser tu sucesor.
10—Has pedido algo difícil —respondió Elías—. Si me
ves en el momento en que sea llevado de tu lado, recibirás
lo que pediste; pero si no me ves, no lo recibirás.
11Mientras iban caminando y conversando, de pronto
apareció un carro de fuego, tirado por caballos de fuego.
Pasó entre los dos hombres y los separó, y Elías fue lle-
vado al cielo por un torbellino. 12Eliseo lo vio y exclamó:
«¡Padre mío! ¡Padre mío! ¡Veo los carros de Israel con sus
conductores!». Mientras desaparecían de su vista, rasgó
su ropa en señal de angustia.
13Entonces Eliseo tomó el manto de Elías, el cual se
había caído cuando fue llevado, y regresó a la orilla del río
Jordán. 14Golpeó el agua con el manto de Elías y exclamó:
«¿Dónde está el SEÑOR, Dios de Elías?». Entonces el río
se dividió en dos y Eliseo lo cruzó.
15Cuando el grupo de profetas de Jericó vio desde lejos
lo que había sucedido, exclamaron: «¡El espíritu de Elías
reposa sobre Eliseo!». Enseguida salieron a su encuentro
y se inclinaron hasta el suelo delante de él.
16—Señor —le dijeron—, usted tan solo dé la orden y
cincuenta de nuestros hombres más fuertes buscarán a su
amo por todo el desierto. Tal vez el Espíritu del SEÑOR lo
haya dejado en alguna montaña o en algún valle.
—No —respondió Eliseo—, no los manden.
17Pero ellos insistieron tanto que él, avergonzado, fi-
nalmente aceptó:
—Está bien —les dijo—, mándenlos.
Así que cincuenta hombres buscaron a Elías durante
tres días, pero no lo encontraron. 18Eliseo aún estaba en
Jericó cuando los hombres regresaron. «¿Acaso no les dije
que no fueran?», preguntó.

Primeros milagros de Eliseo

19Cierto día, los líderes de la ciudad de Jericó fueron a
visitar a Eliseo.
—Tenemos un problema, señor —le dijeron—. Como
puedes ver, esta ciudad está situada en un entorno agra-
dable, pero el agua es mala y la tierra no produce.
20Eliseo dijo:
—Tráiganme un recipiente nuevo y pónganle sal.
Así que se lo llevaron 21y Eliseo fue hasta el manantial
que suministraba el agua a la ciudad, le echó la sal y dijo:
«Esto dice el SEÑOR: "Yo he purificado el agua, ya no cau-
sará muerte ni esterilidad*"». 22Desde entonces el agua
quedó pura, tal como dijo Eliseo.
23Después Eliseo salió de Jericó y subió a Betel. Mien-
tras iba por el camino, unos muchachos de la ciudad
comenzaron a burlarse y a reírse de él. «¡Vete de aquí, viejo
calvo! —gritaban—. ¡Vete de aquí, viejo calvo!». 24Eliseo
se dio la vuelta, los miró y los maldijo en el nombre del
SEÑOR. Entonces dos osos salieron del bosque y atacaron
a cuarenta y dos de ellos. 25De allí, Eliseo fue al monte
Carmelo y finalmente regresó a Samaria.

¡Respuestas Bíblicas! 68 ¿Cómo se murió Elías?

2:11 La Biblia dice que un carro de fuego se lo llevó al cielo así que no sabemos que haya muerto y no es el primero sino el segundo con esta historia porque Génesis 5:24 cuenta lo mismo sobre Enoc.

Guerra entre Israel y Moab

3 Joram,* hijo de Acab, comenzó a gobernar Israel du-
rante el año dieciocho del reinado de Josafat en Judá y
reinó en Samaria doce años. 2Joram hizo lo malo a los ojos
del SEÑOR, aunque no tanto como su padre y su madre.
Por lo menos derribó la columna sagrada de Baal que su
padre había levantado. 3Sin embargo, continuó con los
pecados que Jeroboam, hijo de Nabat, había cometido e
hizo cometer al pueblo de Israel.
4Mesa, rey de Moab, se dedicaba a la cría de ovejas.
Acostumbraba pagar al rey de Israel un tributo anual de
cien mil corderos y la lana de cien mil carneros; 5pero
después de la muerte de Acab, el rey de Moab se rebeló
contra el rey de Israel. 6Entonces el rey Joram sin demora
reunió al ejército de Israel y marchó desde Samaria. 7Ya
en camino, envió este mensaje a Josafat, rey de Judá: «El
rey de Moab se ha rebelado contra mí. ¿Saldrás conmigo
a la batalla contra él?».
Josafat le respondió: «¡Por supuesto! Tú y yo somos
como uno; mis tropas son tus tropas y mis caballos
son tus caballos». 8Entonces preguntó: «¿Qué camino
tomaremos?».
Joram contestó: «Atacaremos desde el desierto de
Edom».
9El rey de Edom y sus tropas también se unieron a
ellos, y los tres ejércitos dieron un rodeo a través del
desierto durante siete días; pero no había agua para los
hombres ni para los animales.
10—¿Qué haremos ahora? —clamó el rey de Israel—.
El SEÑOR nos ha traído a los tres aquí para que el rey de
Moab nos derrote.
11Pero el rey Josafat de Judá preguntó:
—¿Acaso no hay ningún profeta del SEÑOR con noso-
tros? Si es así, podemos preguntarle al SEÑOR por medio
de él qué debemos hacer.
Uno de los oficiales del rey Joram respondió:
—Eliseo, hijo de Safat, está entre nosotros. Él era el
ayudante personal de Elías.*
12—Sí, el SEÑOR habla por medio de él —dijo Josafat.
Así que el rey de Israel, el rey Josafat de Judá y el rey de
Edom fueron a consultar a Eliseo.

***Notas textuales** **2:21** O *ni volverá improductiva la tierra*; en hebreo dice *ni infecundidad*. **3:1** En hebreo *Yoram*, una variante de Joram; también en 3:6. **3:11** En hebreo *Él solía echar agua en las manos de Elías*.

Referencias cruzadas **2:16** Hch 8:39 **2:21** 2 Re 6:6 **3:1** 2 Re 1:17 **3:5** 2 Re 1:1

13—¿Por qué has venido a verme a mí?* —preguntó Eliseo al rey de Israel—. ¡Busca a los profetas paganos de tu padre y de tu madre!

Pero Joram, rey de Israel, dijo:

—¡No! ¿Acaso no ha sido el SEÑOR quien nos trajo a los tres reyes aquí para que el rey de Moab nos derrote?

14Eliseo respondió:

—Tan cierto como que el SEÑOR Todopoderoso vive, a quien sirvo, si no fuera por el respeto que le tengo al rey Josafat de Judá, no perdería el tiempo hablando contigo. 15Ahora, tráiganme a alguien que sepa tocar el arpa.

Mientras tocaban el arpa, el poder* del SEÑOR vino sobre Eliseo, 16quien dijo:

—Esto dice el SEÑOR: "¡Este valle seco se llenará de lagunas! 17Ustedes no verán viento ni lluvia, dice el SEÑOR, pero este valle se llenará de agua. Habrá suficiente para ustedes, para su ganado y para los demás animales; 18pero eso es algo muy sencillo para el SEÑOR, ¡porque él les dará la victoria sobre el ejército de Moab! 19Ustedes conquistarán las mejores ciudades de Moab, incluso las que están fortificadas. Cortarán todos los árboles buenos, taparán todos los manantiales y con piedras arruinarán toda la tierra productiva".

20Al día siguiente, como a la hora que se ofrecía el sacrificio matutino, ¡de repente apareció agua! Fluía desde Edom, y pronto hubo agua por todos lados.

21Mientras tanto, cuando los moabitas se enteraron de que los tres ejércitos marchaban contra ellos, movilizaron a todos los hombres que tenían edad suficiente para ceñirse una espada, y tomaron posiciones a lo largo de la frontera. 22Ahora bien, cuando se levantaron a la mañana siguiente, el sol se reflejaba en el agua de tal forma que a los moabitas les pareció ver rojo, como si fuera sangre. 23«¡Es sangre! —exclamaban—. ¡Seguro los tres ejércitos se atacaron mutuamente y se mataron unos a otros! ¡Hombres de Moab, vamos a recoger el botín!».

24Sin embargo, cuando los moabitas llegaron al campamento de los israelitas, el ejército de Israel se levantó y los atacó hasta que se dieron la vuelta y huyeron. Las tropas de Israel los persiguieron hasta dentro de la tierra de Moab, destruyendo todo lo que encontraban a su paso.* 25Destruyeron las ciudades, cubrieron con piedras toda la tierra productiva, taparon todos los manantiales y cortaron todos los árboles buenos. Lo último que quedaba en pie era Kir-hareset con sus murallas de piedra, pero algunos hombres con hondas la rodearon y la atacaron.

26Cuando el rey de Moab vio que estaba perdiendo la batalla, salió con setecientos de sus espadachines en un intento desesperado por penetrar en las filas enemigas que estaban cerca del rey de Edom, pero fracasaron. 27Después el rey de Moab tomó a su hijo mayor, el heredero al trono, y lo sacrificó como una ofrenda quemada sobre la muralla. En consecuencia, hubo un gran enojo contra Israel* y los israelitas se retiraron y regresaron a su tierra.

Eliseo ayuda a una viuda pobre

4 Cierto día, la viuda de un miembro del grupo de profetas fue a ver a Eliseo y clamó:

—Mi esposo, quien te servía, ha muerto, y tú sabes cuánto él temía al SEÑOR; pero ahora ha venido un acreedor y me amenaza con llevarse a mis dos hijos como esclavos.

2—¿Cómo puedo ayudarte? —preguntó Eliseo—. Dime, ¿qué tienes en tu casa?

—No tengo nada, solo un frasco de aceite de oliva —contestó ella.

3Entonces Eliseo le dijo:

—Pídeles a tus amigos y vecinos que te presten todas las jarras vacías que puedan. 4Luego ve a tu casa con tus hijos y cierra la puerta. Vierte en las jarras el aceite de oliva que tienes en tu frasco y cuando se llenen ponlas a un lado.

5Entonces ella hizo lo que se le indicó. Sus hijos le traían las jarras y ella las llenaba una tras otra. 6¡Pronto todas las jarras estaban llenas hasta el borde!

—Tráeme otra jarra —le dijo a uno de sus hijos.

—¡Ya no hay más! —le respondió.

Al instante, el aceite de oliva dejó de fluir.

7Cuando ella le contó al hombre de Dios lo que había sucedido, él le dijo: «Ahora vende el aceite de oliva y paga tus deudas; tú y tus hijos pueden vivir de lo que sobre».

Eliseo y la mujer de Sunem

8Cierto día, Eliseo fue a la ciudad de Sunem y una mujer rica que vivía allí le insistió que fuera a comer a su casa. Después, cada vez que él pasaba por allí, se detenía en esa casa para comer algo.

9Entonces la mujer le dijo a su esposo: «Estoy segura de que este hombre que pasa por aquí de vez en cuando es un santo hombre de Dios. 10Construyamos un pequeño cuarto en el techo para él y pongámosle una cama, una mesa, una silla y una lámpara. Así tendrá un lugar dónde quedarse cada vez que pase por aquí».

11Cierto día, Eliseo regresó a Sunem y subió a ese cuarto para descansar. 12Entonces le dijo a su sirviente, Giezi: «Dile a la mujer sunamita que quiero hablar con ella». Cuando ella llegó, 13Eliseo le dijo a Giezi: «Dile: "Agradecemos tu amable interés por nosotros. ¿Qué podemos hacer por ti? ¿Quieres que te recomendemos con el rey o con el comandante del ejército?"».

«No —contestó ella—, mi familia me cuida bien».

14Más tarde, Eliseo le preguntó a Giezi:

—¿Qué podemos hacer por ella?

—Ella no tiene hijos —contestó Giezi—, y su esposo ya es anciano.

15—Llámala de nuevo —le dijo Eliseo.

La mujer regresó y se quedó de pie en la puerta mientras Eliseo le dijo:

16—El año que viene, por esta fecha, ¡tendrás un hijo en tus brazos!

—¡No, señor mío! —exclamó ella—. Hombre de Dios, no me engañes así ni me des falsas esperanzas.

17Efectivamente, la mujer pronto quedó embarazada y al año siguiente, por esa fecha, tuvo un hijo, tal como Eliseo le había dicho.

18Cierto día, el niño, ya más grande, salió a ayudar a su padre en el trabajo con los cosechadores, 19y de repente gritó: «¡Me duele la cabeza! ¡Me duele la cabeza!».

Su padre le dijo a uno de sus sirvientes: «Llévalo a casa, junto a su madre».

20Entonces el sirviente lo llevó a su casa, y la madre lo sostuvo en su regazo; pero cerca del mediodía, el niño murió. 21Ella lo subió y lo recostó sobre la cama del hombre de Dios; luego cerró la puerta y lo dejó allí.

***Notas textuales** **3:13** En hebreo *¿Qué tenemos en común tú y yo?* **3:15** En hebreo *la mano*. **3:24** El significado del hebreo es incierto. **3:27** O *En consecuencia, el enojo en Israel fue grande*. El significado del hebreo es incierto.

Referencias cruzadas **3:27** Mi 6:7

22 Después le envió un mensaje a su esposo: «Mándame a uno de los sirvientes y una burra para que pueda ir rápido a ver al hombre de Dios y luego volver enseguida».

23 —¿Por qué ir hoy? —preguntó él—. No es ni festival de luna nueva ni día de descanso.

Pero ella dijo:

—No importa.

24 Entonces ensilló la burra y le dijo al sirviente: «¡Apúrate! Y no disminuyas el paso a menos que yo te lo diga».

25 Cuando ella se acercaba al hombre de Dios, en el monte Carmelo, Eliseo la vio desde lejos y le dijo a Giezi: «Mira, allí viene la señora de Sunem. 26 Corre a su encuentro y pregúntale: "¿Están todos bien, tú, tu esposo y tu hijo?"».

«Sí —contestó ella—, todo está bien».

27 Sin embargo, cuando ella se encontró con el hombre de Dios en la montaña, se postró en el suelo delante de él y se agarró de sus pies. Giezi comenzó a apartarla, pero el hombre de Dios dijo: «Déjala. Está muy angustiada, pero el Señor no me ha dicho qué le pasa».

28 Entonces ella dijo: «¿Acaso yo te pedí un hijo, señor mío? ¿Acaso no te dije: "No me engañes ni me des falsas esperanzas"?».

29 Enseguida Eliseo le dijo a Giezi: «¡Prepárate para salir de viaje,* toma mi vara y vete! No hables con nadie en el camino. Ve rápido y pon la vara sobre el rostro del niño».

30 Pero la madre del niño dijo: «Tan cierto como que el Señor vive y que usted vive, yo no regresaré a mi casa a menos que usted venga conmigo». Así que Eliseo volvió con ella.

31 Giezi se adelantó apresuradamente y puso la vara sobre el rostro del niño, pero no pasó nada. No daba señales de vida. Entonces regresó a encontrarse con Eliseo y le dijo: «El niño sigue muerto».

32 En efecto, cuando Eliseo llegó, el niño estaba muerto, acostado en la cama del profeta. 33 Eliseo entró solo, cerró la puerta tras sí y oró al Señor. 34 Después se tendió sobre el cuerpo del niño, puso su boca sobre la boca del niño, sus ojos sobre sus ojos y sus manos sobre sus manos. Mientras se tendía sobre él, ¡el cuerpo del niño comenzó a entrar en calor! 35 Entonces Eliseo se levantó, caminó de un lado a otro en la habitación, y se tendió nuevamente sobre el niño. ¡Esta vez el niño estornudó siete veces y abrió los ojos!

36 Entonces Eliseo llamó a Giezi y le dijo: «¡Llama a la madre del niño!». Cuando ella entró, Eliseo le dijo: «¡Aquí tienes, toma a tu hijo!». 37 Ella cayó a los pies de Eliseo y se inclinó ante él llena de gratitud. Después tomó a su hijo en brazos y lo llevó abajo.

Milagros durante un tiempo de hambre

38 Eliseo regresó a Gilgal, y había hambre en la tierra. Cierto día, mientras un grupo de profetas estaba sentado frente a él, le dijo a su sirviente: «Pon una olla grande al fuego y prepara un guisado para el resto del grupo».

39 Entonces uno de los jóvenes fue al campo a recoger hierbas y regresó con el bolsillo lleno de calabazas silvestres. Las cortó en tiras y las puso en la olla, sin darse cuenta de que eran venenosas. 40 Sirvieron un poco del guisado a los hombres, quienes después de comer uno o dos bocados, gritaron: «¡Hombre de Dios, este guisado está envenenado!». Así que no quisieron comerlo.

41 Eliseo les dijo: «Tráiganme un poco de harina». Entonces la arrojó en la olla y dijo: «Ahora está bien, sigan comiendo». Y ya no les hizo daño.

42 Otro día, un hombre de Baal-salisa le trajo al hombre de Dios un saco de grano fresco y veinte panes de cebada que había preparado con el primer grano de su cosecha. Entonces Eliseo dijo:

—Dénselo a la gente para que coma.

43 —¿Qué? —exclamó el sirviente—. ¿Alimentar a cien personas solo con esto?

Pero Eliseo reiteró:

—Dénselo a la gente para que coma, porque esto dice el Señor: "¡Todos comerán, y hasta habrá de sobra!".

44 Cuando se lo dieron a la gente, hubo suficiente para todos y sobró, tal como el Señor había prometido.

Naamán es sanado

5 El rey de Aram sentía una gran admiración por Naamán, el comandante del ejército, porque el Señor le había dado importantes victorias a Aram por medio de él; pero a pesar de ser un poderoso guerrero, Naamán padecía de lepra.*

2 En ese tiempo, los saqueadores arameos habían invadido la tierra de Israel, y entre sus cautivos se encontraba una muchacha a quien habían entregado a la esposa de Naamán como criada. 3 Cierto día, la muchacha le dijo a su señora: «Si mi amo tan solo fuera a ver al profeta de Samaria; él lo sanaría de su lepra».

4 Entonces Naamán le contó al rey lo que había dicho la joven israelita. 5 «Ve a visitar al profeta —le dijo el rey de Aram—. Te daré una carta de presentación para que se la lleves al rey de Israel».

Entonces Naamán emprendió viaje y llevaba de regalo trescientos cuarenta kilos de plata, sesenta y ocho kilos de oro,* y diez mudas de ropa. 6 La carta para el rey de Israel decía: «Mediante esta carta presento a mi siervo Naamán. Quiero que lo sanes de su lepra».

7 Cuando el rey de Israel leyó la carta, horrorizado, rasgó sus vestiduras y dijo: «¿Acaso soy Dios para dar vida y quitarla? ¿Por qué este hombre me pide que sane a alguien con lepra? Creo que solo busca pelear conmigo».

8 Sin embargo, cuando Eliseo, hombre de Dios, supo que el rey de Israel había rasgado sus vestiduras en señal de aflicción, le envió este mensaje: «¿Por qué estás tan disgustado? Envíame a Naamán, así él sabrá que hay un verdadero profeta en Israel».

9 Entonces Naamán fue con sus caballos y carros de guerra y esperó frente a la puerta de la casa de Eliseo; 10 pero Eliseo le mandó a decir mediante un mensajero: «Ve y lávate siete veces en el río Jordán. Entonces tu piel quedará restaurada, y te sanarás de la lepra».

11 Naamán se enojó mucho y se fue muy ofendido. «¡Yo creí que el profeta iba a salir a recibirme! —dijo—. Esperaba que él moviera su mano sobre la lepra e invocara el nombre del Señor su Dios ¡y me sanara! 12 ¿Acaso los ríos de Damasco —el Abaná y el Farfar— no son mejores que cualquier río de Israel? ¿Por qué no puedo lavarme en uno de ellos y sanarme?». Así que Naamán dio media vuelta y salió enfurecido.

***Notas textuales** **4:29** En hebreo *Ciñe tus lomos*. **5:1** O *de una enfermedad contagiosa de la piel*. El término hebreo empleado aquí y en todo este pasaje puede describir diversas enfermedades de la piel. **5:5** En hebreo *10 talentos* [750 libras] *de plata, 6000 [siclos]* [150 libras] *de oro*.

Referencias cruzadas **4:34** 1 Re 17:21-23 **4:37** Hb 11:35 **4:43-44** Jn 6:9, 12 **5:1** Lc 4:27 **5:10** Jn 9:7

13 Sus oficiales trataron de hacerle entrar en razón y le dijeron: «Señor,* si el profeta le hubiera pedido que hiciera algo muy difícil, ¿usted no lo habría hecho? Así que en verdad debería obedecerlo cuando sencillamente le dice: "¡Ve, lávate y te curarás!"». 14 Entonces Naamán bajó al río Jordán y se sumergió siete veces, tal como el hombre de Dios le había indicado. ¡Y su piel quedó tan sana como la de un niño, y se curó!

15 Después Naamán y todo su grupo regresaron a buscar al hombre de Dios. Se pararon ante él, y Naamán le dijo:

—Ahora sé que no hay Dios en todo el mundo, excepto en Israel. Así que le ruego que acepte un regalo de su siervo.

16 Pero Eliseo respondió:

—Tan cierto como que el SEÑOR vive, a quien yo sirvo, no aceptaré ningún regalo.

Aunque Naamán insistió en que aceptara el regalo, Eliseo se negó. 17 Entonces Naamán le dijo:

—Está bien, pero permítame, por favor, cargar dos de mis mulas con tierra de este lugar, y la llevaré a mi casa. A partir de ahora, nunca más presentaré ofrendas quemadas o sacrificios a ningún otro dios que no sea el SEÑOR. 18 Sin embargo, que el SEÑOR me perdone en una sola cosa: cuando mi amo, el rey, vaya al templo del dios Rimón para rendirle culto y se apoye en mi brazo, que el SEÑOR me perdone cuando yo también me incline.

19 —Ve en paz —le dijo Eliseo.

Así que Naamán emprendió el regreso a su casa.

La codicia de Giezi

20 Ahora bien, Giezi, el sirviente de Eliseo, hombre de Dios, se dijo a sí mismo: «Mi amo no debería haber dejado ir al arameo sin aceptar ninguno de sus regalos. Tan cierto como que el SEÑOR vive, yo iré tras él y le sacaré algo». 21 Entonces Giezi salió en busca de Naamán.

Cuando Naamán vio que Giezi corría detrás de él, bajó de su carro de guerra y fue a su encuentro.

—¿Está todo bien? —le preguntó Naamán.

22 —Sí —contestó Giezi—, pero mi amo me mandó a decirle que acaban de llegar dos jóvenes profetas de la zona montañosa de Efraín; y él quisiera treinta y cuatro kilos* de plata y dos mudas de ropa para ellos.

23 —Por supuesto, llévate el doble* de la plata —insistió Naamán.

Así que le dio dos mudas de ropa, amarró el dinero en dos bolsas y mandó a dos de sus sirvientes para que le llevaran los regalos. 24 Cuando llegaron a la ciudadela,* Giezi tomó los regalos de mano de los sirvientes y despidió a los hombres. Luego entró en su casa y escondió los regalos. 25 Cuando entró para ver a su amo, Eliseo le preguntó:

—¿Adónde fuiste, Giezi?

—A ninguna parte —le contestó él.

26 Pero Eliseo le preguntó:

—¿No te das cuenta de que yo estaba allí en espíritu cuando Naamán bajó de su carro de guerra para ir a tu encuentro? ¿Acaso es momento de recibir dinero y ropa, olivares y viñedos, ovejas y ganado, sirvientes y sirvientas? 27 Por haber hecho esto, tú y todos tus descendientes sufrirán la lepra de Naamán para siempre.

Cuando Giezi salió de la habitación, estaba cubierto de lepra; su piel se puso blanca como la nieve.

La cabeza del hacha que flotó

6 Cierto día, el grupo de profetas fue a ver a Eliseo para decirle:

—Como puedes ver, este lugar, donde nos reunimos contigo es demasiado pequeño. 2 Bajemos al río Jordán, donde hay bastantes troncos. Allí podemos construir un lugar para reunirnos.

—Me parece bien —les dijo Eliseo—, vayan.

3 —Por favor, ven con nosotros —le dijo uno de ellos.

—Está bien, iré —contestó él.

4 Entonces Eliseo fue con ellos. Una vez que llegaron al Jordán, comenzaron a talar árboles; 5 pero mientras uno de ellos cortaba un árbol, la cabeza de su hacha cayó al río.

—¡Ay, señor! —gritó—. ¡Era un hacha prestada!

6 —¿Dónde cayó? —preguntó el hombre de Dios.

Cuando le mostró el lugar, Eliseo cortó un palo y lo tiró al agua en ese mismo sitio. Entonces la cabeza del hacha salió a flote.

7 —Agárrala —le dijo Eliseo.

Y el hombre extendió la mano y la tomó.

Eliseo atrapa a los arameos

8 Cada vez que el rey de Aram entraba en guerra con Israel, consultaba con sus funcionarios y les decía: «Movilizaremos nuestras fuerzas en tal y tal lugar».

9 Sin embargo, de inmediato Eliseo, hombre de Dios, le advertía al rey de Israel: «No te acerques a ese lugar, porque allí los arameos piensan movilizar sus tropas». 10 Entonces el rey de Israel mandaba un aviso al lugar indicado por el hombre de Dios. Varias veces Eliseo le advirtió al rey para que estuviera alerta en esos lugares.

11 Esa situación disgustó mucho al rey de Aram y llamó a sus oficiales y les preguntó:

—¿Quién de ustedes es el traidor? ¿Quién ha estado informándole al rey de Israel acerca de mis planes?

12 —No somos nosotros, mi señor el rey —respondió uno de los oficiales—. ¡Eliseo, el profeta de Israel, le comunica al rey de Israel hasta las palabras que usted dice en la intimidad de su alcoba!

13 —Vayan a averiguar dónde está —les ordenó el rey—, para mandar soldados a capturarlo.

Luego le avisaron: «Eliseo está en Dotán». 14 Así que una noche, el rey de Aram envió un gran ejército con muchos caballos y carros de guerra para rodear la ciudad.

15 Al día siguiente, cuando el sirviente del hombre de Dios se levantó temprano y salió, había tropas, caballos y carros de guerra por todos lados.

—¡Oh señor! ¿Qué vamos a hacer ahora? —gritó el joven a Eliseo.

16 —¡No tengas miedo! —le dijo Eliseo—. ¡Hay más de nuestro lado que del lado de ellos!

17 Entonces Eliseo oró: «Oh SEÑOR, ¡abre los ojos de este joven para que vea!». Así que el SEÑOR abrió los ojos del joven, y cuando levantó la vista vio que la montaña alrededor de Eliseo estaba llena de caballos y carros de fuego.

18 Cuando el ejército arameo avanzó hacia él, Eliseo rogó: «Oh SEÑOR, haz que ellos queden ciegos». Entonces

***Notas textuales** **5:13** En hebreo *Padre mío.* **5:22** En hebreo *un talento* [75 libras]. **5:23** En hebreo *llévate 2 talentos* [68 kilos o 150 libras]. **5:24** En hebreo *al Ofel.*

Referencias cruzadas **5:27** Nm 12:10 **6:6** 2 Re 2:21 **6:16** Rm 8:31

el SEÑOR los hirió con ceguera, tal como Eliseo había pedido.

19Luego Eliseo salió y les dijo: «¡Ustedes vinieron por el camino equivocado! ¡Esta no es la ciudad correcta! Síganme y los llevaré a donde está el hombre que buscan», y los guio a la ciudad de Samaria.

20Apenas entraron en Samaria, Eliseo pidió en oración: «Oh SEÑOR, ahora ábreles los ojos para que vean». Entonces el SEÑOR les abrió los ojos, y se dieron cuenta de que estaban en el centro de la ciudad de Samaria.

21Cuando el rey de Israel los vio, gritó a Eliseo:

—¿Los mato, padre mío, los mato?

22—¡Claro que no! —contestó Eliseo—. ¿Acaso matamos a los prisioneros de guerra? Dales de comer y de beber, y mándalos de regreso a su casa, con su amo.

23Entonces el rey hizo un gran banquete para ellos y luego los mandó de regreso a su amo. Después de este incidente, los saqueadores arameos se mantuvieron lejos de la tierra de Israel.

Ben-adad sitia Samaria

24Sin embargo, tiempo después, el rey de Aram reunió a todo su ejército y sitió Samaria. 25Como consecuencia, hubo mucha hambre en la ciudad. Estuvo sitiada por tanto tiempo que la cabeza de un burro se vendía por ochenta piezas de plata, y trescientos mililitros de estiércol de paloma se vendía por cinco piezas* de plata.

26Cierto día, mientras el rey de Israel caminaba por la muralla de la ciudad, una mujer lo llamó:

—¡Mi señor el rey, por favor, ayúdeme! —le dijo.

27Él le respondió:

—Si el SEÑOR no te ayuda, ¿qué puedo hacer yo? No tengo comida en el granero ni vino en la prensa para darte.

28Pero después el rey le preguntó:

—¿Qué te pasa?

Ella contestó:

—Esta mujer me dijo: "Mira, comámonos a tu hijo hoy y mañana nos comeremos al mío". 29Entonces cocinamos a mi hijo y nos lo comimos. Al día siguiente, yo le dije: "Mata a tu hijo para que nos lo comamos", pero ella lo había escondido.

30Cuando el rey oyó esto, rasgó sus vestiduras en señal de desesperación; y como seguía caminando por la muralla, la gente pudo ver que debajo del manto real tenía tela áspera puesta directamente sobre la piel. 31Entonces el rey juró: «Que Dios me castigue y aun me mate si hoy mismo no separo la cabeza de Eliseo de sus hombros».

32Eliseo estaba sentado en su casa con los ancianos de Israel cuando el rey mandó a un mensajero a llamarlo; pero antes de que llegara el mensajero, Eliseo dijo a los ancianos: «Un asesino ya mandó a un hombre a cortarme la cabeza. Cuando llegue, cierren la puerta y déjenlo afuera. Pronto oiremos los pasos de su amo detrás de él».

33Mientras Eliseo decía esto, el mensajero llegó, y el rey* dijo:

—¡Todo este sufrimiento viene del SEÑOR! ¿Por qué seguiré esperando al SEÑOR?

7 Eliseo le respondió:

—¡Escucha el mensaje del SEÑOR! Esto dice el SEÑOR: "Mañana, a esta hora, en los mercados de Samaria, siete litros de harina selecta costarán apenas una pieza de plata* y catorce litros de grano de cebada costarán apenas una pieza de plata*".

2El funcionario que atendía al rey le dijo al hombre de Dios:

—¡Eso sería imposible aunque el SEÑOR abriera las ventanas del cielo!

Pero Eliseo le respondió:

—¡Lo verás con tus propios ojos, pero no podrás comer nada de eso!

Unos marginados visitan el campamento enemigo

3Sucedió que había cuatro hombres con lepra* sentados en la entrada de las puertas de la ciudad. «¿De qué nos sirve sentarnos aquí a esperar la muerte? —se preguntaban unos a otros—. 4Si nos quedamos aquí, moriremos, pero con el hambre que hay en la ciudad, moriremos de hambre también allá si regresamos. Así que mejor sería ir y entregarnos al ejército arameo. Si ellos nos perdonan la vida, mucho mejor; pero si nos matan, igual habríamos muerto».

5Así que, al ponerse el sol, salieron hacia el campamento de los arameos; pero cuando se aproximaron al límite del campamento, ¡no había nadie! 6Pues el Señor había hecho que el ejército arameo escuchara el traqueteo de carros de guerra a toda velocidad, el galope de caballos y los sonidos de un gran ejército que se acercaba. Por eso se gritaron unos a otros: «¡El rey de Israel ha contratado a los hititas y a los egipcios* para que nos ataquen!». 7Así que se llenaron de pánico y huyeron en la oscuridad de la noche; abandonaron sus carpas, sus caballos, sus burros y todo lo demás, y corrieron para salvar la vida.

8Cuando los hombres con lepra llegaron al límite del campamento, fueron de carpa en carpa, comieron y bebieron vino, sacaron plata, oro y ropa, y escondieron todo. 9Finalmente se dijeron entre ellos: «Esto no está bien. Hoy es un día de buenas noticias, ¡y nosotros no lo hemos dicho a nadie! Si esperamos hasta la mañana, seguro que nos ocurre alguna calamidad. ¡Vamos, regresemos al palacio y contémosle a la gente!».

10Así que regresaron a la ciudad e informaron a los porteros lo que había sucedido. «Salimos al campamento arameo —dijeron—, ¡y allí no había nadie! Los caballos y los burros estaban atados, y todas las carpas estaban en orden, ¡pero no había ni una sola persona!». 11Entonces los porteros gritaron la noticia a la gente del palacio.

Israel saquea el campamento

12El rey se levantó de su cama a la mitad de la noche y dijo a sus oficiales:

—Yo sé lo que pasó. Los arameos saben que estamos muriendo de hambre, por eso abandonaron su campamento y están escondidos en el campo; esperan que salgamos de la ciudad para capturarnos vivos y tomar la ciudad.

13Entonces uno de sus oficiales le dijo:

—Deberíamos mandar espías a investigar. Que se lleven

***Notas textuales** **6:25** En hebreo *se vendía por 80 [siclos]* [0,9 kilos o 2 libras] *de plata, y ¼ de un cab* [una taza] *de estiércol de paloma se vendía por 5 [siclos]* [57 gramos o 2 onzas]. *Estiércol de paloma* podría ser una clase de vegetal silvestre. **6:33** En hebreo *él*. **7:1a** En hebreo *un seah* [6 cuartos] *de harina selecta costará un siclo* [11 gramos o 0,4 onzas]; también en 7:16, 18. **7:1b** En hebreo *2 seahs* [12 cuartos] *de grano de cebada costarán un siclo* [11 gramos o 0,4 onzas]; también en 7:16, 18. **7:3** O *con una enfermedad contagiosa de la piel.* El término hebreo empleado aquí y en todo este pasaje puede describir diversas enfermedades de la piel. **7:6** Posiblemente *y a la gente de Musri*, un distrito cerca de Cilicia.

Referencias cruzadas **6:22-23** 2 Cr 28:8-15 **6:33** Is 40:31 **7:2** Ml 3:10

cinco de los caballos que quedan. Si les pasa algo, no será peor que si se quedan aquí y mueren con todos nosotros.

14 Así que prepararon dos carros de guerra con caballos, y el rey envió espías para que averiguaran qué le había sucedido al ejército arameo. 15 Los espías recorrieron todo el camino hasta el río Jordán siguiendo un rastro de prendas y objetos tirados por los arameos cuando huyeron desesperadamente. Luego regresaron y le informaron al rey. 16 Entonces la gente de Samaria salió corriendo y saqueó el campamento de los arameos. Así se cumplió ese día, tal como el SEÑOR había prometido, que se venderían siete litros de harina selecta por una pieza de plata y catorce litros de grano de cebada por una pieza de plata. 17 El rey asignó al funcionario que lo atendía para que controlara a las multitudes en la puerta, pero cuando salieron corriendo, lo atropellaron y lo pisotearon y así el hombre murió.

Así que todo sucedió exactamente como el hombre de Dios lo había predicho cuando el rey fue a verlo a su casa. 18 El hombre de Dios le había dicho al rey: «Mañana, a esta hora, en los mercados de Samaria, siete litros de harina selecta costarán una pieza de plata y catorce litros de grano de cebada costarán una pieza de plata».

19 El funcionario del rey había respondido: «¡Eso sería imposible aunque el SEÑOR abriera las ventanas del cielo!». Y el hombre de Dios había dicho: «¡Lo verás con tus propios ojos, pero no podrás comer nada de eso!». 20 Y así fue, las multitudes lo aplastaron y murió a la entrada de la ciudad.

La mujer sunamita regresa a su casa

8 Eliseo le había dicho a la madre del niño que él había resucitado: «Toma a tu familia y múdate a algún otro lugar, porque el SEÑOR ha decretado que habrá hambre en Israel durante siete años». 2 Entonces la mujer hizo lo que el hombre de Dios le indicó. Tomó a su familia y se estableció en la tierra de los filisteos por siete años.

3 Una vez que pasó el hambre, la mujer regresó de la tierra de los filisteos y fue a ver al rey para recuperar su casa y sus tierras. 4 Cuando ella entró, el rey estaba conversando con Giezi, el sirviente del hombre de Dios, y acababa de decirle: «Cuéntame algunas de las grandes cosas que ha hecho Eliseo». 5 Cuando Giezi estaba relatándole al rey la ocasión en que Eliseo le había devuelto la vida a un niño, en ese preciso instante, la madre del niño entró para presentarle al rey la petición de su casa y de sus tierras.

—¡Mire, mi señor el rey! —exclamó Giezi—. ¡Ella es la mujer y este es su hijo, el que Eliseo volvió a la vida!

6 —¿Es cierto? —le preguntó el rey.

Y ella le contó la historia. Entonces el rey dio instrucciones a uno de sus funcionarios para que la mujer recuperara todo lo que había perdido, incluso el valor de todos los cultivos que se habían cosechado durante su ausencia.

Hazael mata a Ben-adad

7 Luego Eliseo fue a Damasco, la capital de Aram, donde el rey Ben-adad estaba enfermo. Cuando alguien le informó al rey que el hombre de Dios había llegado, 8 el rey le dijo a Hazael: «Llévale un regalo al hombre de Dios. Luego dile que le pregunte al SEÑOR: "¿Voy a recuperarme de esta enfermedad?"».

9 Entonces Hazael cargó cuarenta camellos con los mejores productos de Damasco para regalarle a Eliseo. Fue a verlo y le dijo:

—Tu siervo Ben-adad, rey de Aram, me ha enviado a preguntarte: "¿Voy a recuperarme de esta enfermedad?".

10 Eliseo contestó:

—Ve y dile: "Ciertamente te recuperarás". ¡Pero la verdad es que el SEÑOR me ha mostrado que morirá!

11 Eliseo se quedó mirando a Hazael* tan fijamente que Hazael se sintió incómodo.* Entonces el hombre de Dios se puso a llorar.

12 —¿Qué pasa, mi señor? —le preguntó Hazael.

—Yo sé las cosas terribles que tú le harás al pueblo de Israel —contestó Eliseo—. ¡Quemarás sus ciudades fortificadas, matarás a sus muchachos a filo de espada, estrellarás a sus niños contra el suelo y abrirás el vientre a sus mujeres embarazadas!

13 Entonces Hazael le dijo:

—¿Cómo podría un don nadie como yo* hacer cosas tan grandes como esas?

Eliseo le contestó:

—El SEÑOR me ha mostrado que tú serás rey de Aram.

14 Cuando Hazael se despidió de Eliseo y regresó, el rey le preguntó:

—¿Qué te dijo Eliseo?

—Me dijo que es seguro que te recuperarás —contestó Hazael.

15 Ahora bien, al día siguiente, Hazael agarró una manta, la empapó en agua y se la puso al rey sobre la cara hasta que murió. Entonces Hazael pasó a ser el siguiente rey de Aram.

Yoram gobierna sobre Judá

16 Yoram, hijo del rey Josafat de Judá, comenzó a gobernar Judá durante el quinto año del reinado de Joram, hijo de Acab, rey de Israel. 17 Yoram tenía treinta y dos años cuando subió al trono, y reinó en Jerusalén ocho años. 18 Sin embargo, siguió el ejemplo de los reyes de Israel y fue tan perverso como el rey Acab, porque se había casado con una de las hijas de Acab. Así que Yoram hizo lo malo a los ojos del SEÑOR. 19 El SEÑOR no quiso destruir a Judá porque le había prometido a su siervo David que sus descendientes seguirían gobernando, brillando como una lámpara por siempre.

20 Durante el reinado de Yoram, los edomitas se rebelaron contra Judá y coronaron a su propio rey. 21 Entonces Yoram* marchó con todos sus carros de guerra a atacar la ciudad de Zair.* Los edomitas rodearon a Yoram y a los comandantes de sus carros de guerra, pero él los atacó de noche* al abrigo de la oscuridad. Sin embargo, el ejército de Yoram lo abandonó y los soldados huyeron a sus casas. 22 Así que Edom ha sido independiente de Judá hasta el día de hoy. La ciudad de Libna también se rebeló por ese mismo tiempo.

23 Los demás acontecimientos del reinado de Yoram y todo lo que hizo están registrados en *El libro de la historia de los reyes de Judá*. 24 Cuando Yoram murió, lo enterraron con sus antepasados en la Ciudad de David. Luego su hijo Ocozías lo sucedió en el trono.

***Notas textuales 8:11a** En hebreo *Él se quedó mirándolo*. **8:11b** El significado del hebreo es incierto. **8:13** En hebreo *un perro*. **8:21a** En hebreo *Joram*, una variante de Yoram; también en 8:23, 24. **8:21b** En la versión griega dice *Seir*. **8:21c** O *él salió y escapó*. El significado del hebreo es incierto.

Referencias cruzadas 7:19 2 Re 7:1-2 **8:5** 2 Re 4:34-35 **8:16-24** 2 Cr 21:5-10, 20

Ocozías gobierna sobre Judá

25Ocozías, hijo de Yoram, comenzó a gobernar Judá durante el año doce del reinado de Joram, hijo de Acab, rey de Israel.

26Ocozías tenía veintidós años cuando subió al trono y reinó en Jerusalén un año. Su madre se llamaba Atalía y era nieta del rey Omri de Israel. 27Ocozías siguió el mal ejemplo de la familia del rey Acab. Hizo lo malo a los ojos del SEÑOR, igual que la familia de Acab, pues eran parientes políticos.

28Ocozías se unió a Joram, hijo de Acab, en su guerra contra el rey Hazael de Aram en Ramot de Galaad. Cuando los arameos hirieron al rey Joram en la batalla, 29él regresó a Jezreel para recuperarse de las heridas que había recibido en Ramot.* Como Joram estaba herido, el rey Ocozías de Judá fue a visitarlo a Jezreel.

Jehú es ungido rey de Israel

9 Mientras tanto, el profeta Eliseo mandó llamar a un miembro del grupo de profetas. «Prepárate para viajar* —le dijo—, y llévate este frasco de aceite de oliva. Ve a Ramot de Galaad, 2y busca a Jehú, hijo de Josafat, hijo de Nimsi. Llévalo a un cuarto privado, lejos de sus amigos, 3y derrama el aceite sobre su cabeza. Dile: "Esto dice el SEÑOR: 'Yo te unjo para que seas rey de Israel'". Luego abre la puerta ¡y corre por tu vida!».

4Entonces el joven profeta hizo lo que se le indicó y fue a Ramot de Galaad. 5Cuando llegó, encontró a Jehú sentado junto con otros oficiales del ejército.

—Tengo un mensaje para usted, comandante —le dijo.

—¿Para quién de nosotros? —preguntó Jehú.

—Para usted, comandante —le contestó.

6Entonces Jehú dejó a los otros y entró en la casa. Acto seguido, el joven profeta derramó el aceite sobre la cabeza de Jehú y dijo: «Esto es lo que el SEÑOR, Dios de Israel, dice: "Yo te unjo rey del pueblo del SEÑOR, Israel. 7Tú destruirás a la familia de Acab, tu amo. Así vengaré el asesinato de mis profetas y de todos los siervos del SEÑOR a quienes Jezabel mató. 8Es preciso que toda la familia de Acab sea aniquilada. Destruiré a cada uno de sus descendientes varones, tanto esclavos como libres, en todo Israel. 9Destruiré a la familia de Acab, así como destruí a las familias de Jeroboam, hijo de Nabat, y de Baasa, hijo de Ahías. 10Los perros se comerán a Jezabel, la esposa de Acab, en la parcela en Jezreel, y nadie la enterrará"». Enseguida el joven profeta abrió la puerta y salió corriendo.

11Jehú regresó a donde estaban los otros oficiales y uno de ellos le preguntó:

—¿Qué quería ese loco? ¿Está todo bien?

—Ya sabes cómo parlotea un hombre de esos —contestó Jehú.

12—Estás ocultando algo —le dijeron ellos—, cuéntanos.

Entonces Jehú les contó:

—Él me dijo: "Esto dice el SEÑOR: 'Yo te he ungido para que seas rey de Israel'".

13Enseguida ellos tendieron sus mantos sobre las gradas y tocaron el cuerno de carnero mientras gritaban: «¡Jehú es rey!».

Jehú mata a Joram y a Ocozías

14Entonces Jehú, hijo de Josafat, hijo de Nimsi, encabezó una conspiración contra el rey Joram. (Joram había estado con el ejército en Ramot de Galaad, defendiendo a Israel contra las fuerzas del rey Hazael de Aram; 15pero el rey Joram* fue herido durante la batalla y regresó a Jezreel para recuperarse). Así que Jehú dijo a sus hombres: «Si ustedes quieren que yo sea rey, no dejen que nadie salga de la ciudad y vaya a Jezreel para informar lo que hemos hecho».

16Entonces Jehú subió a un carro de guerra y fue a Jezreel a buscar al rey Joram, quien estaba allí, acostado y herido. El rey Ocozías de Judá también se encontraba allí porque había ido a visitarlo. 17Cuando el centinela de la torre de Jezreel divisó a Jehú y a sus acompañantes acercándose, gritó a Joram:

—¡Una compañía de soldados se aproxima!

—Manda a un jinete a preguntarles si vienen en son de paz —ordenó el rey Joram.

18Así que salió un jinete al encuentro de Jehú y le dijo:

—El rey quiere saber si vienes en son de paz.

—¿Y tú qué sabes de paz? —preguntó Jehú—. ¡Únete a nosotros!

Entonces el centinela gritó al rey: «¡El mensajero llegó hasta ellos, pero no regresa!».

19De modo que el rey envió a un segundo jinete, el cual cabalgó hasta donde ellos estaban y les dijo:

—El rey quiere saber si vienen en son de paz.

Y otra vez Jehú respondió:

—¿Y tú qué sabes de paz? ¡Únete a nosotros!

20El centinela exclamó: «¡El mensajero llegó hasta ellos, pero tampoco regresa! Debe ser Jehú, el hijo de Nimsi, porque conduce como un loco».

21«¡Rápido! ¡Preparen mi carro!», ordenó el rey Joram.

Entonces el rey Joram de Israel y el rey Ocozías de Judá salieron en sus carros de guerra a encontrarse con Jehú. Dieron con él en la parcela que había pertenecido a Nabot de Jezreel. 22El rey Joram preguntó:

—¿Vienes en son de paz, Jehú?

—¿Cómo puede haber paz cuando la idolatría y la brujería de tu madre, Jezabel, están por todas partes? —contestó Jehú.

23Entonces el rey Joram, dando vuelta a sus caballos* para huir, le gritó a Ocozías: «¡Traición, Ocozías!». 24Jehú tensó su arco y le disparó a Joram entre los hombros. La flecha le atravesó el corazón, y Joram cayó muerto dentro de su carro.

25Luego Jehú le dijo a su oficial, Bidcar: «Arrójenlo en la parcela que perteneció a Nabot de Jezreel. ¿Recuerdas cuando tú y yo íbamos a caballo detrás de su padre, Acab? El SEÑOR declaró este mensaje en su contra cuando dijo: 26"Juro solemnemente, dice el SEÑOR, que en esta misma parcela le daré su merecido por el asesinato que vi ayer de Nabot y de sus hijos". Así que tírenlo en la propiedad de Nabot, tal como dijo el SEÑOR».

27Al ver lo que pasaba, el rey Ocozías de Judá huyó por el camino que lleva a Bet-hagan. Entonces Jehú lo siguió gritando: «¡Dispárenle a él también!». Así que hirieron a Ocozías* en su carro de guerra en la cuesta de Gur, cerca de Ibleam. Pudo llegar hasta Meguido, pero allí murió. 28Sus sirvientes lo llevaron en el carro de guerra hasta Jerusalén, donde lo enterraron junto a sus antepasados, en la Ciudad de David. 29Ocozías había comenzado a

***Notas textuales 8:29** En hebreo *Ramá*, una variante de Ramot. **9:1** En hebreo *Ciñe tus lomos*. **9:15** En hebreo *Yoram*, una variante de Joram; también en 9:17, 21, 22, 23, 24. **9:23** En hebreo *dando vuelta a sus manos*. **9:27** Así aparece en la versión griega y en la siríaca; en hebreo falta *Así que hirieron a Ocozías*.

Referencias cruzadas 8:25-29 2 Cr 22:1-6 **9:13** 2 Sm 15:10 **9:27-29** 2 Cr 22:7-9

reinar en Judá durante el año once del reinado de Joram,
hijo de Acab.

Muerte de Jezabel

30Cuando Jezabel, la reina madre, supo que Jehú había
llegado a Jezreel, se pintó los párpados, se arregló el cabe-
llo y se sentó frente a una ventana. 31Cuando Jehú entró
por la puerta del palacio, ella le gritó: «¿Has venido en
son de paz, asesino? ¡Tú eres igual a Zimri, quien mató
a su amo!*».

32Jehú levantó la vista, la vio en la ventana y gritó:
«¿Quién está de mi lado?». Entonces dos o tres eunucos
se asomaron a verlo. 33«¡Tírenla abajo!», gritó Jehú. Así
que la arrojaron por la ventana, y su sangre salpicó la pared
y los caballos; y Jehú pisoteó el cuerpo de Jezabel con las
patas de sus caballos.

34Luego Jehú entró al palacio, comió y bebió. Después
de un rato dijo: «Que alguien se encargue de enterrar a esa
maldita mujer, porque era hija de un rey»; 35pero cuando
fueron a enterrarla, solo encontraron el cráneo, los pies
y las manos.

36Cuando regresaron y le contaron a Jehú, él declaró:
«Eso cumple el mensaje que el Señor dio por medio de su
siervo Elías de Tisbé, quien dijo: "Los perros se comerán
el cuerpo de Jezabel en la parcela de Jezreel. 37Sus restos
quedarán desparramados como estiércol en la parcela de
Jezreel, para que nadie pueda reconocerla"».

Jehú mata a la familia de Acab

10 Acab tenía setenta hijos que vivían en la ciudad de
Samaria. Así que Jehú escribió cartas y las envió
a Samaria, a los ancianos y funcionarios de la ciudad* y a
los tutores de los hijos de Acab. Les escribió: 2«Los hijos
del rey están con ustedes y ustedes tienen a su disposición
carros de guerra, caballos, armas y una ciudad fortificada.
En cuanto reciban esta carta, 3escojan al más competente
de los hijos de su amo para que sea su rey y prepárense
para pelear por la dinastía de Acab».

4Entonces se paralizaron de miedo y dijeron: «¡Hemos
visto que dos reyes no pudieron contra este hombre! ¿Qué
podemos hacer nosotros?».

5Así que los administradores del palacio y de la ciudad,
junto con los ancianos y con los tutores de los hijos del rey,
enviaron el siguiente mensaje a Jehú: «Somos sus sirvien-
tes y haremos todo lo que nos diga. No proclamaremos
rey a nadie; haga lo que mejor le parezca».

6Jehú respondió con una segunda carta: «Si ustedes
están de mi lado y van a obedecerme, tráiganme a Jezreel
la cabeza de cada uno de los hijos de su amo mañana, a
esta hora». Los setenta hijos del rey estaban al cuidado de
los líderes de Samaria, en donde se les había criado desde
la niñez. 7Cuando llegó la carta, los líderes mataron a los
setenta hijos del rey; pusieron las cabezas en canastos y se
las entregaron a Jehú, quien estaba en Jezreel.

8Un mensajero fue a ver a Jehú y le dijo:

—Han traído las cabezas de los hijos del rey.

Entonces Jehú ordenó:

—Apílenlas en dos montones a la entrada de la puerta
de la ciudad y déjenlas allí hasta la mañana.

9Al día siguiente, Jehú salió y habló a la multitud que se
había juntado: «Ustedes no tienen la culpa —les dijo—. Yo
soy el que conspiró contra mi amo y lo maté; pero ¿quién
mató a todos estos? 10No tengan duda de que se cumplirá
el mensaje que el Señor dio acerca de la familia de Acab.
El Señor declaró por medio de su siervo Elías que esto
sucedería». 11Después Jehú mató a los demás parientes
de Acab que vivían en Jezreel, a todos sus funcionarios
importantes, a sus amigos personales y a sus sacerdotes.
Así que a Acab no le quedó ningún descendiente.

12Entonces Jehú partió hacia Samaria. En el camino,
mientras estaba en Bet-eked de los Pastores, 13se cruzó
con unos parientes del rey Ocozías, de Judá.

—¿Quiénes son ustedes? —les preguntó.

Y ellos contestaron:

—Somos parientes del rey Ocozías. Vamos a visitar a
los hijos del rey Acab y a los hijos de la reina madre.

14«¡Tráiganlos vivos!», gritó Jehú a sus hombres. Así
que los capturaron, cuarenta y dos en total, y los mataron
junto al pozo de Bet-eked. No escapó ninguno.

15Cuando Jehú salió de allí, encontró a Jonadab, hijo de
Recab, quien venía a su encuentro. Después de saludarse,
Jehú le dijo:

—¿Me eres tan leal como yo lo soy contigo?

—Sí, lo soy —contestó Jonadab.

—Si lo eres —dijo Jehú—, entonces estréchame la mano.
Jonadab le dio la mano y Jehú lo ayudó a subirse al
carro. 16Luego Jehú le dijo:

—Ven conmigo y verás lo dedicado que soy al Señor.
Y Jonadab lo acompañó en su carro.

17Cuando Jehú llegó a Samaria, mató a todos los que
quedaban de la familia de Acab, tal como el Señor había
prometido por medio de Elías.

Jehú mata a los sacerdotes de Baal

18Luego Jehú convocó a una reunión a toda la gente de la
ciudad y les dijo: «¡La forma en que Acab le rindió culto
a Baal no fue nada en comparación con la forma en que
yo voy a rendirle culto! 19Por lo tanto, manden llamar a
todos los profetas y a los que veneran a Baal y reúnan a
todos sus sacerdotes. Asegúrense de que vengan todos,
porque voy a ofrecer un gran sacrificio a Baal. Cualquiera
que no venga será ejecutado»; pero el astuto plan de Jehú
consistía en destruir a todos los que rendían culto a Baal.

20Después Jehú ordenó: «¡Preparen una asamblea
solemne para rendir culto a Baal!». Así que lo hicieron.
21Mandó mensajeros por todo Israel para convocar a los
que veneraban a Baal. Asistieron todos —no faltó nin-
guno— y llenaron el templo de Baal de un extremo al otro.
22Entonces Jehú le indicó al encargado del guardarropa:
«Asegúrate de que todos los que rinden culto a Baal ten-
gan puesto uno de estos mantos». Así que a cada uno de
ellos se le dio un manto.

23Después Jehú entró al templo de Baal con Jonadab,
hijo de Recab, y les dijo a los que veneraban a Baal: «Ase-
gúrense de que aquí no haya nadie que adora al Señor,
solo los que rinden culto a Baal». 24Así que estaban todos
adentro del templo para ofrecer sacrificios y ofrendas que-
madas. Ahora bien, Jehú había puesto a ochenta de sus
hombres fuera del edificio y les había advertido: «Si dejan
que alguno se escape, pagarán con su propia vida».

25Apenas Jehú terminó de sacrificar la ofrenda que-
mada, les ordenó a sus guardias y oficiales: «¡Entren y
mátenlos a todos! ¡Que no escape nadie!». Así que los

***Notas textuales** **9:31** Ver 1 Re 16:9-10, cuando Zimri mató a su señor, el rey Ela. **10:1** Así aparece en algunos manuscritos griegos y en la Vulgata Latina (ver también 10:6); en hebreo dice *de Jezreel*.

Referencias cruzadas **9:37** Jr 8:2 **10:17** 2 Re 9:8

guardias y oficiales los mataron a filo de espada y arras-
traron los cuerpos fuera.* Luego los hombres de Jehú
entraron en la fortaleza más recóndita* del templo de Baal
26y sacaron a rastras la columna sagrada que se usaba*
para rendir culto a Baal y la quemaron. 27Destrozaron
la columna sagrada, demolieron el templo de Baal y lo
convirtieron en un baño público; y así quedó hasta el día
de hoy.

28De esa forma, Jehú destruyó todo rastro del culto a
Baal en Israel. 29Sin embargo, no destruyó los becerros
de oro que estaban en Betel y en Dan, con los cuales Jero-
boam, hijo de Nabat, había hecho pecar a Israel.

30No obstante, el SEÑOR le dijo a Jehú: «Hiciste bien al
seguir mis instrucciones de destruir a la familia de Acab.
Por lo tanto, tus descendientes serán reyes de Israel hasta
la cuarta generación»; 31pero Jehú no obedeció con todo el
corazón la ley del SEÑOR, Dios de Israel. Se negó a aban-
donar los pecados que Jeroboam hizo cometer a Israel.

Muerte de Jehú

32Por ese tiempo, el SEÑOR comenzó a reducir el tamaño
del territorio de Israel. El rey Hazael conquistó varias re-
giones del país 33al oriente del río Jordán, entre ellas, toda
la tierra de Galaad, de Gad, de Rubén y de Manasés. El
área que conquistó se extendía desde la ciudad de Aroer,
cerca del valle del Arnón, hasta tan al norte como Galaad
y Basán.

34Los demás acontecimientos del reinado de Jehú
—todo lo que hizo y todos sus logros— están registrados
en *El libro de la historia de los reyes de Israel*.

35Cuando Jehú murió, lo enterraron en Samaria; y su
hijo Joacaz lo sucedió en el trono. 36Jehú reinó en Israel
desde Samaria durante veintiocho años en total.

La reina Atalía gobierna sobre Judá

11 Cuando Atalía, la madre del rey Ocozías de Judá,
supo que su hijo había muerto, comenzó a ani-
quilar al resto de la familia real; 2pero Josaba, hermana
de Ocozías e hija del rey Yoram,* tomó a Joás, el hijo más
pequeño de Ocozías, y lo rescató de entre los demás hijos
del rey que estaban a punto de ser ejecutados. Puso a Joás
y a su nodriza en un dormitorio y lo escondieron de Atalía;
por eso el niño no fue asesinado. 3Joás permaneció escon-
dido en el templo del SEÑOR durante seis años, mientras
Atalía gobernaba el país.

Rebelión contra Atalía

4En el séptimo año del reinado de Atalía, el sacerdote
Joiada mandó llamar al templo del SEÑOR a los comandan-
tes, a los mercenarios cariteos y a los guardias del palacio.
Hizo un pacto solemne con ellos y los obligó a hacer un
juramento de lealtad allí, en el templo del SEÑOR; luego
les mostró al hijo del rey.

5Joiada les dijo: «Tienen que hacer lo siguiente: una
tercera parte de ustedes, los que están de turno el día de
descanso, vigilarán el palacio real; 6otra tercera parte de
ustedes hará guardia en la puerta Sur; y la otra tercera parte
lo hará detrás de la guardia del palacio. Los tres grupos
vigilarán el palacio. 7Los dos grupos que no están de turno
el día de descanso guardarán al rey en el templo del SEÑOR.
8Formen una escolta alrededor del rey y tengan sus armas
en la mano. Maten a cualquiera que intente penetrar las
filas. Quédense junto al rey vaya donde vaya».

9Así que los comandantes hicieron todo tal como el
sacerdote Joiada les había ordenado. Los comandantes
se encargaron de los hombres que se presentaban para
su turno ese día de descanso, así como de los que ter-
minaban el suyo. Los llevaron a todos ante el sacerdote
Joiada, 10quien les dio las lanzas y los escudos pequeños
que habían pertenecido al rey David y estaban guardados
en el templo del SEÑOR. 11Los guardias del palacio se ubi-
caron alrededor del rey, con sus armas listas. Formaron
una hilera desde el lado sur del templo hasta el lado norte
y alrededor del altar.

12Entonces Joiada sacó a Joás, el hijo del rey, puso la
corona sobre su cabeza y le entregó una copia de las leyes
de Dios.* Lo ungieron y lo proclamaron rey, y todos aplau-
dieron y gritaron: «¡Viva el rey!».

Muerte de Atalía

13Cuando Atalía oyó el ruido que hacían los guardias del
palacio y la gente, fue de prisa al templo del SEÑOR para
ver qué pasaba. 14Cuando llegó, vio al recién coronado rey
de pie en el lugar de autoridad, junto a la columna, como
era la costumbre durante las coronaciones. Los coman-
dantes y los trompetistas lo rodeaban, y gente de todo el
reino celebraba y tocaba las trompetas. Cuando Atalía vio
todo esto, rasgó su ropa en señal de desesperación y gritó:
«¡Traición! ¡Traición!».

15Después el sacerdote Joiada ordenó a los comandan-
tes que estaban a cargo de las tropas: «Llévensela a los
soldados que están de guardia frente al templo,* y maten
a cualquiera que intente rescatarla». Pues el sacerdote
había dicho: «No deben matarla dentro del templo del
SEÑOR». 16Por eso la agarraron y la llevaron a la puerta
por donde los caballos entraban al predio del palacio, y
allí la mataron.

Reformas religiosas de Joiada

17Luego Joiada hizo un pacto entre el SEÑOR y el rey y el
pueblo, de que serían el pueblo del SEÑOR. También hizo
un pacto entre el rey y el pueblo. 18Así que toda la gente
fue al templo de Baal y entre todos lo destruyeron; demo-
lieron los altares, hicieron pedazos los ídolos y mataron a
Matán, el sacerdote de Baal, frente a los altares.

El sacerdote Joiada puso guardias en el templo del
SEÑOR. 19Después los comandantes, los mercenarios
cariteos, los guardias del palacio y toda la gente del reino
escoltaron al rey desde el templo del SEÑOR; pasaron por la
puerta de la guardia y entraron al palacio, y el rey se sentó
en el trono real. 20Toda la gente del reino se alegró, y la
ciudad estaba tranquila porque Atalía había sido ejecutada
en el palacio del rey.

21*Joás* tenía siete años cuando subió al trono.

Joás repara el templo

12 1*Joás* comenzó a gobernar Judá durante el sép-
timo año del reinado de Jehú en Israel y reinó en
Jerusalén cuarenta años. Su madre se llamaba Sibia y era
de Beerseba. 2Durante toda su vida Joás hizo lo que era

***Notas textuales** **10:25a** O *y dejaron los cuerpos tirados allí* o *y los arrojaron al atrio más externo*. **10:25b** En hebreo *la ciudad*. **10:26** Así aparece en la versión griega, en la siríaca y en la Vulgata Latina; en hebreo dice *las columnas sagradas que se usaban*. **11:2** En hebreo *Joram*, una variante de Yoram. **11:12** O *una copia del pacto*. **11:15** O *Sáquenla de las filas* o *Sáquenla del predio del templo*. El significado del hebreo es incierto. **11:21a** El versículo 11:21 corresponde al 12:1 en el texto hebreo. **11:21b** En hebreo *Yoás*, una variante de Joás.

Referencias cruzadas **10:32** 2 Re 13:22 **11:1-21** 2 Cr 22:10–23:21

agradable a los ojos del SEÑOR porque el sacerdote Joiada lo aconsejaba; 3pero aun así, no destruyó los santuarios paganos, y la gente seguía ofreciendo sacrificios y quemando incienso allí.

4Cierto día, el rey Joás dijo a los sacerdotes: «Recojan todo el dinero que se traiga como ofrenda sagrada al templo del SEÑOR, ya sea el pago de una cuota, el de los votos o una ofrenda voluntaria. 5Los sacerdotes tomarán de este dinero para pagar cualquier reparación que haya que hacer en el templo».

6Sin embargo, en el año veintitrés del reinado de Joás, los sacerdotes aún no habían reparado el templo. 7Entonces el rey Joás mandó llamar a Joiada y a los demás sacerdotes y les preguntó: «¿Por qué no han reparado el templo? Ya no tomen más dinero para sus propias necesidades. De ahora en adelante, todo debe usarse en la reparación del templo». 8Así que los sacerdotes acordaron no aceptar más dinero de la gente y también estuvieron de acuerdo en que otros tomaran la responsabilidad de reparar el templo.

9Luego el sacerdote Joiada tomó un cofre grande, le hizo un agujero en la tapa y lo puso al lado derecho del altar, en la entrada del templo del SEÑOR. Los sacerdotes que cuidaban la entrada ponían dentro del cofre todas las contribuciones de la gente. 10Cada vez que el cofre se llenaba, el secretario de la corte y el sumo sacerdote contaban el dinero que la gente había traído al templo del SEÑOR y después lo metían en bolsas. 11Luego entregaban el dinero a los supervisores de la construcción, quienes a su vez lo usaban para pagarle a la gente que trabajaba en el templo del SEÑOR: los carpinteros, los constructores, 12los albañiles y los picapedreros. También utilizaron el dinero para comprar la madera y la piedra labrada necesarias para reparar el templo del SEÑOR, y pagaron todo tipo de gasto relacionado con la restauración del templo.

13El dinero que se traía al templo no se usó para hacer copas de plata ni despabiladeras, tazones, trompetas ni otros objetos de oro o de plata para el templo del SEÑOR. 14Se asignó a los trabajadores, quienes lo utilizaron para hacer las reparaciones del templo. 15No fue necesario pedir cuentas de este dinero a los supervisores de la construcción, porque eran hombres honestos y dignos de confianza. 16Sin embargo, el dinero que se recibió de ofrendas por la culpa y de ofrendas por el pecado no se llevó al templo del SEÑOR. Se le entregó a los sacerdotes para su uso personal.

Fin del reinado de Joás

17En esos días, el rey Hazael de Aram entró en guerra contra Gat y la tomó. Luego se dirigió a atacar Jerusalén. 18Entonces el rey Joás recogió todos los objetos sagrados que Josafat, Yoram y Ocozías —los reyes anteriores de Judá— habían dedicado junto con los que él mismo había dedicado. Después le envió todo a Hazael, junto con el oro que había en los tesoros del templo del SEÑOR y en el palacio real. Como resultado, Hazael suspendió su ataque a Jerusalén.

19Los demás acontecimientos del reinado de Joás y todo lo que hizo están registrados en *El libro de la historia de los reyes de Judá*.

20Ahora bien, los funcionarios de Joás conspiraron contra él y lo asesinaron en Bet-milo, rumbo a Sila. 21Los asesinos eran consejeros de confianza: Josacar,* hijo de Simeat, y Jozabad, hijo de Somer. Joás fue enterrado con sus antepasados en la Ciudad de David. Luego su hijo Amasías lo sucedió en el trono.

Joacaz gobierna sobre Israel

13 Joacaz, hijo de Jehú, comenzó a gobernar Israel durante el año veintitrés del reinado de Joás en Judá; y reinó en Samaria diecisiete años. 2Él hizo lo malo a los ojos del SEÑOR. Siguió el ejemplo de Jeroboam, hijo de Nabat, y continuó con los pecados que Jeroboam hizo cometer a Israel. 3Por eso el SEÑOR estaba muy enojado con los israelitas y permitió que el rey Hazael de Aram y su hijo Ben-adad los derrotaran en repetidas ocasiones.

4Entonces Joacaz pidió en oración la ayuda del SEÑOR, y el SEÑOR oyó su oración, pues veía la cruel opresión que el rey de Aram ejercía sobre Israel. 5Así que el SEÑOR envió a un hombre para rescatar a los israelitas de la tiranía de los arameos. Después Israel vivió a salvo otra vez como en tiempos anteriores.

6Sin embargo, los israelitas siguieron pecando, siguiendo el mal ejemplo de Jeroboam. También dejaron en pie el poste dedicado a la diosa Asera en Samaria. 7Finalmente, el ejército de Joacaz quedó reducido a cincuenta conductores de carros de guerra, diez carros de guerra y diez mil soldados de infantería. El rey de Aram había matado a los demás, pisoteándolos como al polvo debajo de sus pies.

8Los demás acontecimientos del reinado de Joacaz —todo lo que hizo y el alcance de su poder— están registrados en *El libro de la historia de los reyes de Israel*. 9Cuando Joacaz murió, lo enterraron en Samaria. Luego su hijo Yoás* lo sucedió en el trono.

Yoás gobierna sobre Israel

10Yoás, hijo de Joacaz, comenzó a gobernar Israel durante el año treinta y siete del reinado de Joás en Judá, y reinó en Samaria dieciséis años. 11Él hizo lo malo a los ojos del SEÑOR. Se negó a apartarse de los pecados que Jeroboam, hijo de Nabat, hizo cometer a Israel.

12Los demás acontecimientos del reinado de Yoás y todo lo que hizo, incluso el alcance de su poder y su guerra contra el rey Amasías de Judá, están registrados en *El libro de la historia de los reyes de Israel*. 13Cuando Yoás murió, lo enterraron en Samaria con los reyes de Israel. Luego su hijo Jeroboam II lo sucedió en el trono.

Última profecía de Eliseo

14Cuando Eliseo cayó enfermo de muerte, el rey Yoás de Israel fue a visitarlo y lloró sobre él diciendo:

—¡Padre mío! ¡Padre mío! ¡Veo los carros de Israel con sus conductores!

15Eliseo le dijo:

—Consigue un arco y algunas flechas.

Y el rey hizo lo que se le indicó. 16Luego Eliseo le dijo:

—Pon tu mano sobre el arco.

Eliseo puso sus dos manos sobre las manos del rey. 17Luego le ordenó:

—Abre la ventana que da al oriente.

Él la abrió, y Eliseo le dijo:

***Notas textuales** **12:1a** Los versículos del 12:1-21 corresponden al 12:2-22 en el texto hebreo. **12:1b** En hebreo *Yoás*, una variante de Joás; también en 12:2, 4, 6, 7, 18. **12:21** Así aparece en la versión griega y en la siríaca; en hebreo dice *Jozabad*. **13:9** En hebreo *Joás*, una variante de Yoás; también en 13:10, 12, 13, 14, 25.

Referencias cruzadas **12:1-21** 2 Cr 24:1-14, 23-27 **13:5** Jc 2:18

—¡Dispara!

Así que el rey disparó una flecha y Eliseo proclamó:

—Esta es la flecha del SEÑOR, una flecha de victoria sobre Aram, porque tú conquistarás por completo a los arameos en Afec.

18Luego Eliseo dijo:

—Ahora levanta las demás flechas y golpéalas contra el piso.

Entonces el rey las tomó y golpeó el piso tres veces; 19pero el hombre de Dios se enojó con él y exclamó:

—¡Tendrías que haber golpeado el piso cinco o seis veces! Así habrías vencido a Aram hasta destruirlo por completo. Ahora saldrás vencedor solamente tres veces.

20Después Eliseo murió y fue enterrado.

Unos grupos de saqueadores moabitas solían invadir el país cada primavera. 21Cierta vez, mientras unos israelitas enterraban a un hombre, divisaron a una banda de esos saqueadores. Entonces en el apuro arrojaron el cuerpo en la tumba de Eliseo y huyeron; pero en cuanto el cuerpo tocó los huesos de Eliseo, ¡el muerto resucitó y de un salto se puso de pie!

22El rey Hazael de Aram había oprimido a Israel durante todo el reinado de Joacaz, 23pero el SEÑOR tuvo bondad y misericordia de los israelitas y no los destruyó por completo. Tuvo compasión de ellos por el pacto que había hecho con Abraham, Isaac y Jacob; y hasta el día de hoy no los ha destruido por completo ni los ha expulsado de su presencia.

24El rey Hazael de Aram murió y su hijo Ben-adad lo sucedió en el trono. 25Entonces Yoás, hijo de Joacaz, recuperó de manos de Ben-adad, hijo de Hazael, las ciudades que le habían quitado a Joacaz, su padre. Yoás venció a Ben-adad en tres oportunidades y así recuperó las ciudades israelitas.

Amasías gobierna sobre Judá

14 Amasías, hijo de Joás, comenzó a gobernar Judá durante el segundo año del reinado de Yoás* en Israel. 2Amasías tenía veinticinco años cuando subió al trono y reinó en Jerusalén veintinueve años. Su madre se llamaba Joadín y era de Jerusalén. 3Amasías hizo lo que era agradable a los ojos del SEÑOR, pero no tanto como su antepasado David. Amasías siguió, en cambio, el ejemplo de su padre, Joás. 4No destruyó los santuarios paganos, y la gente siguió ofreciendo sacrificios y quemando incienso allí.

5Cuando Amasías se afianzó en el trono, ejecutó a los funcionarios que habían asesinado a su padre. 6Sin embargo, no mató a los hijos de los asesinos porque obedeció el mandato del SEÑOR que Moisés había escrito en el libro de la ley: «Los padres no tienen que morir por los pecados de sus hijos, ni los hijos deben morir por los pecados de sus padres. Los que merezcan la muerte serán ejecutados por sus propios delitos»*.

7Amasías también mató a diez mil edomitas en el valle de la Sal. Además, conquistó la ciudad de Sela y le cambió el nombre a Jocteel, como se le conoce hasta el día de hoy.

8Cierto día, Amasías envió mensajeros al rey Yoás de Israel, hijo de Joacaz y nieto de Jehú, para transmitirle un desafío: «¡Ven y enfréntate conmigo en batalla!»*.

9Entonces el rey Yoás de Israel respondió a Amasías, rey de Judá, con el siguiente relato: «En las montañas del Líbano, un cardo le envió un mensaje a un poderoso cedro: "Entrega a tu hija en matrimonio a mi hijo"; pero justo en ese momento, un animal salvaje del Líbano pasó por allí, ¡pisó el cardo y lo aplastó! 10»Es cierto que has derrotado a Edom y estás orgulloso de eso, pero ¡confórmate con tu victoria y quédate en casa! ¿Para qué causar problemas que solo te traerán calamidad a ti y al pueblo de Judá?».

11Sin embargo, Amasías no le hizo caso; entonces Yoás, rey de Israel, movilizó a su ejército contra Amasías, rey de Judá. Los dos ejércitos se pusieron en pie de guerra en Bet-semes, en Judá. 12El ejército de Israel venció de manera aplastante a Judá, y sus soldados se dispersaron y huyeron a sus casas. 13En Bet-semes, el rey Yoás de Israel capturó a Amasías, rey de Judá, hijo de Joás y nieto de Ocozías. Después se dirigió a Jerusalén, donde demolió ciento ochenta metros* de la muralla de la ciudad, desde la puerta de Efraín hasta la puerta de la Esquina. 14Se llevó todo el oro y la plata, y todos los objetos del templo del SEÑOR. También se apoderó de los tesoros del palacio real y tomó rehenes; luego regresó a Samaria.

15Los demás acontecimientos del reinado de Yoás y todo lo que hizo, incluso el alcance de su poder y su guerra contra Amasías, rey de Judá, están registrados en *El libro de la historia de los reyes de Israel.* 16Cuando Yoás murió, lo enterraron en Samaria con los reyes de Israel y su hijo Jeroboam II lo sucedió en el trono.

17Amasías, rey de Judá, vivió quince años más después de la muerte del rey Yoás de Israel. 18Los demás acontecimientos del reinado de Amasías están registrados en *El libro de la historia de los reyes de Judá.*

19Hubo una conspiración en Jerusalén contra la vida de Amasías, y el rey huyó a Laquis; pero sus enemigos mandaron a unos asesinos tras él, y lo mataron allí. 20Llevaron su cuerpo a Jerusalén sobre un caballo y lo enterraron con sus antepasados en la Ciudad de David.

21Todo el pueblo de Judá había coronado a Uzías,* hijo de Amasías, quien tenía dieciséis años de edad, para que reinara en lugar de su padre. 22Después de la muerte de su padre, Uzías reconstruyó la ciudad de Elat y la restituyó a Judá.

Jeroboam II gobierna sobre Israel

23Jeroboam II, hijo de Yoás, comenzó a gobernar Israel durante el año quince del reinado de Amasías en Judá, y reinó en Samaria cuarenta y un años. 24Jeroboam II hizo lo malo a los ojos del SEÑOR. Se negó a apartarse de los pecados que Jeroboam, hijo de Nabat, hizo cometer a Israel. 25Jeroboam II recuperó los territorios de Israel que estaban entre Lebo-hamat y el mar Muerto,* tal como había prometido el SEÑOR, Dios de Israel, por medio del profeta Jonás, hijo de Amitai, profeta de Gat-hefer.

26El SEÑOR vio el amargo sufrimiento de todos en Israel, y no había ningún israelita, ni esclavo ni libre, que los ayudara. 27Como el SEÑOR no había dicho que borraría el nombre de Israel por completo, usó a Jeroboam II, hijo de Yoás, para salvarlos.

28Los demás acontecimientos del reinado de Jeroboam II y todo lo que hizo —incluso el alcance de su poder, sus guerras y cómo recuperó para Israel las ciudades de

***Notas textuales 14:1** En hebreo *Joás*, una variante de Yoás; también en 14:13, 23, 27. **14:6** Dt 24:16. **14:8** En hebreo *Ven, mirémonos cara a cara*. **14:13** En hebreo *400 codos* [600 pies]. **14:21** En hebreo *Azarías*, una variante de Uzías. **14:25** En hebreo *el mar del Arabá*.

Referencias cruzadas 13:25 2 Re 10:32-33 **14:2-7** 2 Cr 25:1-4, 11-12 **14:8-22** 2 Cr 25:17–26:2 **14:23** Am 1:1

Damasco y Hamat, que habían pertenecido a Judá*— están registrados en *El libro de la historia de los reyes de Israel.* 29Cuando Jeroboam II murió, lo enterraron en Samaria* con los reyes de Israel. Luego su hijo Zacarías lo sucedió en el trono.

Uzías gobierna sobre Judá

15 Uzías,* hijo de Amasías, comenzó a gobernar Judá durante el año veintisiete del reinado de Jeroboam II, en Israel. 2Tenía dieciséis años cuando subió al trono y reinó en Jerusalén cincuenta y dos años. Su madre se llamaba Jecolías y era de Jerusalén.

3El rey hizo lo que era agradable a los ojos del SEÑOR, así como su padre Amasías. 4Sin embargo, no destruyó los santuarios paganos, y la gente siguió ofreciendo sacrificios y quemando incienso allí. 5El SEÑOR hirió al rey con lepra,* enfermedad que le duró hasta el día de su muerte; y vivió aislado en una casa aparte. Su hijo Jotam quedó encargado del palacio real y él gobernaba a los habitantes del reino.

6Los demás acontecimientos del reinado de Uzías y todo lo que hizo están registrados en *El libro de la historia de los reyes de Judá.* 7Cuando Uzías murió, lo enterraron con sus antepasados en la Ciudad de David; y su hijo Jotam lo sucedió en el trono.

Zacarías gobierna sobre Israel

8Zacarías, hijo de Jeroboam II, comenzó a gobernar Israel durante el año treinta y ocho del reinado de Uzías en Judá, y reinó en Samaria seis meses. 9Zacarías hizo lo malo a los ojos del SEÑOR, igual que sus antepasados. Se negó a apartarse de los pecados que Jeroboam, hijo de Nabat, hizo cometer a Israel. 10Entonces Salum, hijo de Jabes, conspiró contra Zacarías, lo asesinó en público* y ocupó el trono en su lugar.

11Los demás acontecimientos del reinado de Zacarías están registrados en *El libro de la historia de los reyes de Israel.* 12Así se cumplió el mensaje que el SEÑOR le había dado a Jehú cuando dijo: «Tus descendientes serán reyes de Israel hasta la cuarta generación».

Salum gobierna sobre Israel

13Salum, hijo de Jabes, comenzó a gobernar Israel durante el año treinta y nueve del reinado de Uzías en Judá, y reinó en Samaria solamente un mes. 14Manahem, hijo de Gadi, llegó a Samaria desde Tirsa, lo asesinó, y ocupó el trono en su lugar.

15Los demás acontecimientos del reinado de Salum, incluso su conspiración, están registrados en *El libro de la historia de los reyes de Israel.*

Manahem gobierna sobre Israel

16En esos días, Manahem destruyó la ciudad de Tapúa* y todos sus alrededores hasta Tirsa, porque sus habitantes se negaron a entregar la ciudad. Mató a toda la población y les abrió el vientre a las mujeres embarazadas.

17Manahem, hijo de Gadi, comenzó a gobernar Israel durante el año treinta y nueve del reinado de Uzías en Judá, y reinó en Samaria diez años. 18Manahem hizo lo malo a los ojos del SEÑOR. Durante todo su reinado, se negó a apartarse de los pecados que Jeroboam, hijo de Nabat, hizo cometer a Israel.

19Entonces Tiglat-pileser,* rey de Asiria, invadió la nación; pero Manahem le pagó treinta y cuatro toneladas* de plata con el fin de obtener su apoyo para afianzar su soberanía real. 20Para conseguir el dinero, Manahem extorsionó a los ricos de Israel obligando a que cada uno le pagara cincuenta piezas* de plata al rey de Asiria. Por eso el rey de Asiria dejó de invadir Israel y se retiró del país.

21Los demás acontecimientos del reinado de Manahem y todo lo que hizo están registrados en *El libro de la historia de los reyes de Israel.* 22Cuando Manahem murió, su hijo Pekaía lo sucedió en el trono.

Pekaía gobierna sobre Israel

23Pekaía, hijo de Manahem, comenzó a gobernar Israel durante el año cincuenta del reinado de Uzías en Judá y reinó en Samaria dos años. 24Pekaía hizo lo malo a los ojos del SEÑOR. Se negó a apartarse de los pecados que Jeroboam, hijo de Nabat, hizo cometer a Israel.

25Entonces Peka, hijo de Remalías, comandante del ejército de Pekaía, conspiró contra el rey. Con el apoyo de cincuenta hombres de Galaad, Peka asesinó al rey, y también a Argob y a Arie, en la ciudadela del palacio de Samaria; y Peka ocupó el trono en su lugar.

26Los demás acontecimientos del reinado de Pekaía y todo lo que hizo están registrados en *El libro de la historia de los reyes de Israel.*

Peka gobierna sobre Israel

27Peka, hijo de Remalías, comenzó a gobernar Israel durante el año cincuenta y dos del reinado de Uzías en Judá, y reinó en Samaria veinte años. 28Peka hizo lo malo a los ojos del SEÑOR. Se negó a apartarse de los pecados que Jeroboam, hijo de Nabat, hizo cometer a Israel.

29Durante el reinado de Peka, el rey Tiglat-pileser de Asiria volvió a atacar a Israel y tomó las ciudades de Ijón, Abel-bet-maaca, Janoa, Cedes y Hazor. También conquistó las regiones de Galaad, Galilea, y todo el territorio de Neftalí; y a los habitantes los llevó cautivos a Asiria. 30Entonces Oseas, hijo de Ela, conspiró contra Peka y lo asesinó. Oseas comenzó a gobernar Israel durante el año veinte de Jotam, hijo de Uzías.

31Los demás acontecimientos del reinado de Peka y todo lo que hizo están registrados en *El libro de la historia de los reyes de Israel.*

Jotam gobierna sobre Judá

32Jotam, hijo de Uzías, comenzó a gobernar Judá durante el segundo año del reinado de Peka, en Israel. 33Tenía veinticinco años cuando subió al trono y reinó en Jerusalén dieciséis años. Su madre se llamaba Jerusa y era hija de Sadoc.

34Jotam hizo lo que era agradable a los ojos del SEÑOR. Hizo todo lo que había hecho su padre Uzías; 35pero no destruyó los santuarios paganos, y la gente seguía ofreciendo sacrificios y quemando incienso allí. Él reconstruyó la puerta superior del templo del SEÑOR.

***Notas textuales** **14:28** O *a Yaudi*. El significado del hebreo es incierto. **14:29** Así aparece en algunos manuscritos griegos; en hebreo falta *lo enterraron en Samaria*. **15:1** En hebreo *Azarías*, una variante de Uzías; también en 15:6, 7, 8, 17, 23, 27. **15:5** O *con una enfermedad contagiosa de la piel*. El término hebreo empleado aquí y en todo este pasaje puede describir diversas enfermedades de la piel. **15:10** O *en Ibleam*. **15:16** Así aparece en algunos manuscritos griegos; en hebreo dice *Tifsa*. **15:19a** En hebreo *Pul*, otro nombre de Tiglat-pileser. **15:19b** En hebreo *1000 talentos* [37 toneladas cortas]. **15:20** En hebreo *50 siclos* [570 gramos o 20 onzas].

Referencias cruzadas **15:2-7** 2 Cr 26:3-4, 21-23 **15:12** 2 Re 10:30 **15:16** Os 13:16 **15:19-20** 1 Cr 5:26 **15:30** 2 Re 12:20 **15:33-38** 2 Cr 27:1-4, 7-9

36Los demás acontecimientos del reinado de Jotam y todo lo que hizo están registrados en *El libro de la historia de los reyes de Judá*. 37En esos días, el SEÑOR comenzó a enviar contra Judá al rey Rezín de Aram y al rey Peka de Israel. 38Cuando Jotam murió, lo enterraron con sus antepasados en la Ciudad de David, y su hijo Acaz lo sucedió en el trono.

Acaz gobierna sobre Judá

16 Acaz, hijo de Jotam, comenzó a gobernar Judá durante el año diecisiete del reinado de Peka en Israel. 2Acaz tenía veinte años cuando subió al trono y reinó en Jerusalén dieciséis años. Él no hizo lo que era agradable a los ojos del SEÑOR su Dios, como sí lo había hecho su antepasado David. 3En cambio, siguió el ejemplo de los reyes de Israel, hasta sacrificó a su propio hijo en el fuego.* De esta manera, siguió las prácticas detestables de las naciones paganas que el SEÑOR había expulsado de la tierra del paso de los israelitas. 4Ofreció sacrificios y quemó incienso en los santuarios paganos, en las colinas y debajo de todo árbol frondoso.

5Entonces el rey Rezín de Aram y el rey Peka de Israel subieron hacia Jerusalén para atacarla. Sitiaron a Acaz pero no pudieron vencerlo. 6En esos días, el rey de Edom* recuperó la ciudad de Elat para Edom.* Expulsó a la gente de Judá y mandó a edomitas* a habitar el lugar, y allí viven hasta el día de hoy.

7El rey Acaz envió mensajeros a Tiglat-pileser, rey de Asiria, con este mensaje: «Yo soy tu siervo y tu vasallo.* Sube a rescatarme de los ejércitos de Aram e Israel, que me atacan». 8Después Acaz tomó la plata y el oro del templo del SEÑOR y del tesoro del palacio y envió todo como pago al rey de Asiria. 9Entonces el rey de Asiria atacó Damasco, la capital aramea, se llevó cautivos a sus habitantes y los estableció en Kir. También mató al rey Rezín.

10Luego el rey Acaz se dirigió a Damasco a encontrarse con Tiglat-pileser, rey de Asiria. Mientras estaba allí, observó detenidamente el altar y le envió un modelo del altar al sacerdote Urías, junto con el diseño bien detallado. 11Urías siguió las instrucciones del rey y construyó uno igual, y lo tuvo listo antes de que el rey volviera de Damasco. 12Cuando el rey regresó, inspeccionó el altar e hizo sacrificios sobre él. 13Presentó una ofrenda quemada y una ofrenda de grano, derramó una ofrenda líquida y roció sobre el altar la sangre de ofrendas de paz.

14Luego el rey Acaz quitó el antiguo altar de bronce de su lugar al frente del templo del SEÑOR, entre la entrada y el altar nuevo, y lo colocó en el lado norte del altar nuevo. 15Le dijo al sacerdote Urías: «Usa el altar nuevo* para los sacrificios de las ofrendas quemadas matutinas, la ofrenda de grano vespertina, la ofrenda quemada y la ofrenda de grano del rey, y las ofrendas quemadas de todo el pueblo, así como sus ofrendas de grano y sus ofrendas líquidas. Rocía sobre el altar nuevo la sangre de todas las ofrendas quemadas y todos los sacrificios. El altar de bronce será únicamente para mi uso personal». 16Así que el sacerdote Urías hizo todo tal como el rey Acaz le ordenó.

17Luego el rey quitó los paneles laterales y los tazones de las carretas para llevar agua. También quitó de encima de los bueyes de bronce el gran tazón de bronce llamado el Mar y lo puso sobre el empedrado. 18Por deferencia al rey de Asiria, también quitó una especie de cubierta que se había construido dentro del palacio para usar los días de descanso,* así como la entrada exterior del rey al templo del SEÑOR.

19Los demás acontecimientos del reinado de Acaz y todo lo que hizo están registrados en *El libro de la historia de los reyes de Judá*. 20Cuando Acaz murió, lo enterraron con sus antepasados en la Ciudad de David. Luego su hijo Ezequías lo sucedió en el trono.

Oseas gobierna sobre Israel

17 Oseas, hijo de Ela, comenzó a gobernar Israel durante el año doce del reinado de Acaz en Judá y reinó en Samaria nueve años. 2Él hizo lo malo a los ojos del SEÑOR, aunque no tanto como los reyes de Israel que gobernaron antes que él.

3Salmanasar, rey de Asiria, atacó al rey Oseas, por eso Oseas se vio obligado a pagar un elevado tributo a Asiria. 4Sin embargo, Oseas dejó de pagar el tributo anual y conspiró contra el rey de Asiria al pedirle a So, rey de Egipto,* que lo ayudara a liberarse del poder del rey de Asiria. Cuando el rey de Asiria descubrió la traición, tomó a Oseas por la fuerza y lo metió en la cárcel.

Samaria cae ante Asiria

5Entonces el rey de Asiria invadió todo el territorio y sitió la ciudad de Samaria durante tres años. 6Finalmente, en el año nueve del reinado de Oseas, Samaria cayó y los israelitas fueron desterrados a Asiria, donde los establecieron en colonias en la región de Halah, en Gozán junto a la ribera del río Habor, y en las ciudades de los medos.

7Semejante desgracia ocurrió a los israelitas porque rindieron culto a otros dioses. Pecaron contra el SEÑOR su Dios, quien los había sacado a salvo de Egipto y los había rescatado del poder del faraón, rey de Egipto. 8Habían seguido las prácticas de las naciones paganas que el SEÑOR había expulsado de la tierra por delante de ellos, así como las prácticas que los reyes de Israel habían introducido. 9Los israelitas también habían hecho muchas cosas en secreto, que no eran agradables al SEÑOR su Dios. Se construyeron santuarios paganos en todas las ciudades, desde el puesto de avanzada más pequeño hasta la ciudad amurallada más grande. 10Levantaron columnas sagradas y postes dedicados a la diosa Asera en la cima de cada colina alta y debajo de todo árbol frondoso. 11Ofrecieron sacrificios en todas las cumbres de las colinas, tal como lo hacían las naciones que el SEÑOR había expulsado de la tierra por delante de ellos. Así que el pueblo de Israel había hecho muchas cosas perversas, con lo que provocó el enojo del SEÑOR. 12Efectivamente, rindieron culto a ídolos* a pesar de las advertencias específicas que el SEÑOR les hizo repetidamente.

13Una y otra vez el SEÑOR envió a sus profetas y videntes para dar a Israel y a Judá la siguiente advertencia: «Apártense de sus malos caminos. Obedezcan mis mandatos y decretos, es decir, toda la ley que les ordené a sus antepasados que obedecieran y que les di a ustedes a través de mis siervos, los profetas».

***Notas textuales** **16:3** O *hasta hizo que su propio hijo pasara por el fuego*. **16:6a** Así aparece en la Vulgata Latina; en hebreo dice *Rezín, rey de Aram*. **16:6b** Así aparece en la Vulgata Latina; en hebreo dice *Aram*. **16:6c** Así aparece en la versión griega, en la Vulgata Latina y en una lectura alternativa del texto masorético; la otra alternativa dice *arameos*. **16:7** En hebreo *tu hijo*. **16:15** En hebreo *el gran altar*. **16:18** El significado del hebreo es incierto. **17:4** O *al pedirle al rey de Egipto en Sais*. **17:12** El término hebreo (literalmente *cosas redondas*) probablemente se refiere al estiércol.

Referencias cruzadas **16:2-20** 2 Cr 28:1-27 **17:7** 2 Re 18:9-12

14Sin embargo, los israelitas no quisieron escuchar. Fueron tan tercos como sus antepasados, quienes se negaron a creer en el SEÑOR su Dios. 15Rechazaron sus decretos y el pacto que él había hecho con sus antepasados, y despreciaron todas sus advertencias. Rindieron culto a ídolos inútiles, por lo cual ellos mismos se volvieron inútiles. Siguieron el ejemplo de las naciones vecinas, desobedeciendo el mandato del SEÑOR de no imitarlas.

16Los israelitas rechazaron todos los mandatos del SEÑOR su Dios e hicieron dos becerros de metal. Levantaron un poste dedicado a la diosa Asera y rindieron culto a Baal y veneraron a todas las fuerzas del cielo. 17Hasta sacrificaron a sus hijos y a sus hijas en el fuego.* Consultaron con adivinos, practicaron la hechicería y se entregaron por completo al mal, con lo cual provocaron el enojo del SEÑOR.

18Como el SEÑOR estaba muy enojado con los israelitas, los barrió de su presencia. Solo la tribu de Judá quedó en la tierra; 19pero aun los de Judá se negaron a obedecer los mandatos del SEÑOR su Dios, ya que siguieron las prácticas perversas que Israel había introducido. 20El SEÑOR rechazó a todos los descendientes de Israel. Los castigó entregándolos a sus agresores hasta expulsar a Israel de su presencia.

21Pues cuando el SEÑOR* arrancó a Israel del reino de David, los israelitas escogieron a Jeroboam, hijo de Nabat, como su rey; pero Jeroboam alejó a Israel del SEÑOR y lo hizo cometer un gran pecado. 22Los israelitas persistieron en seguir todos los caminos perversos de Jeroboam. No se apartaron de esos pecados 23hasta que finalmente el SEÑOR los barrió de su presencia, tal como les habían advertido todos los profetas. En consecuencia, los israelitas fueron desterrados y deportados a Asiria, donde se encuentran hasta el día de hoy.

Extranjeros en Israel

24El rey de Asiria transportó grupos de gente desde Babilonia, Cuta, Ava, Hamat y Sefarvaim, y los reubicó en las ciudades de Samaria en reemplazo del pueblo de Israel. Ellos tomaron posesión de Samaria y habitaron sus ciudades; 25pero ya que estos colonos extranjeros no adoraban al SEÑOR cuando recién llegaron, el SEÑOR envió leones, que mataron a algunos de ellos.

26Por esa razón mandaron un mensaje al rey de Asiria en el cual le decían: «La gente que has mandado a habitar las ciudades de Samaria no conoce las costumbres religiosas del Dios de ese lugar. Él ha enviado leones a destruirlos, porque no lo adoraron como se debe».

27Entonces el rey de Asiria ordenó: «Manden de regreso a Samaria a uno de los sacerdotes desterrados; que viva allí y les enseñe a los nuevos residentes las costumbres religiosas del Dios de ese lugar». 28Entonces uno de los sacerdotes que había sido desterrado de Samaria regresó a Betel y les enseñó a los nuevos residentes cómo adorar al SEÑOR.

29Sin embargo, los diversos grupos de extranjeros a la vez siguieron rindiendo culto a sus propios dioses. En todas las ciudades donde habitaban, colocaron sus ídolos en los santuarios paganos que la gente de Samaria había construido. 30Los que eran de Babilonia rendían culto a ídolos de su dios Sucot-benot; los de Cuta rendían culto a su dios Nergal; los que eran de Hamat rendían culto a Asima; 31los avitas rendían culto a sus dioses Nibhaz y Tartac; y la gente de Sefarvaim hasta quemaba a sus propios hijos en sacrificio a sus dioses Adramelec y Anamelec.

32Los nuevos residentes adoraban al SEÑOR, pero también elegían de entre ellos a cualquiera y lo nombraban sacerdote para que ofreciera sacrificios en los lugares de culto. 33Aunque adoraban al SEÑOR, seguían tras sus propios dioses según las costumbres religiosas de las naciones de donde provenían. 34Todo esto sigue igual hasta el día de hoy. Ellos continúan con sus prácticas antiguas en vez de adorar verdaderamente al SEÑOR y obedecer los decretos, las ordenanzas, las instrucciones y los mandatos que él les dio a los descendientes de Jacob, a quien le cambió el nombre por el de Israel.

35Pues el SEÑOR hizo un pacto con los descendientes de Jacob y les ordenó: «No rindan culto a otros dioses, ni se inclinen ante ellos, ni los sirvan, ni les ofrezcan sacrificios. 36En cambio, adoren solo al SEÑOR, quien los sacó de Egipto con gran fuerza y brazo poderoso. Inclínense solo ante él y ofrezcan sacrificios únicamente a él. 37En todo momento, asegúrense de obedecer los decretos, las ordenanzas, las instrucciones y los mandatos que él escribió para ustedes. No deben rendir culto a otros dioses. 38No olviden el pacto que hice con ustedes y no rindan culto a otros dioses. 39Adoren solo al SEÑOR su Dios. Él es quien los librará de todos sus enemigos».

40Sin embargo, la gente no quiso escuchar y siguió con sus prácticas antiguas. 41Así que, si bien los nuevos residentes adoraban al SEÑOR, también rendían culto a sus ídolos; y hasta el día de hoy, sus descendientes hacen lo mismo.

Ezequías gobierna sobre Judá

18 Ezequías, hijo de Acaz, comenzó a gobernar Judá durante el tercer año del reinado de Oseas en Israel. 2Tenía veinticinco años cuando subió al trono y reinó en Jerusalén veintinueve años. Su madre se llamaba Abías,* hija de Zacarías. 3Ezequías hizo lo que era agradable a los ojos del SEÑOR, igual que su antepasado David. 4Él quitó los santuarios paganos, destrozó las columnas sagradas y derribó los postes dedicados a la diosa Asera. Hizo pedazos la serpiente de bronce que Moisés había hecho, porque la gente de Israel seguía ofreciéndole sacrificios. La serpiente de bronce se llamaba Nehustán.*

5Ezequías confiaba en el SEÑOR, Dios de Israel. No hubo nadie como él entre todos los reyes de Judá, ni antes ni después de él. 6Permaneció fiel al SEÑOR en todo y obedeció cuidadosamente todos los mandatos que el SEÑOR le había dado a Moisés. 7Por eso el SEÑOR estaba con él, y Ezequías tuvo éxito en todo lo que hizo. Se rebeló contra el rey de Asiria y se negó a pagarle tributo. 8También conquistó a los filisteos hasta la lejana región de Gaza y su territorio, desde el puesto de avanzada más pequeño hasta la ciudad amurallada más grande.

9Durante el cuarto año del reinado de Ezequías, que era el séptimo año del reinado de Oseas en Israel, Salmanasar, rey de Asiria, atacó la ciudad de Samaria y comenzó a sitiarla. 10Tres años después, durante el sexto año del

***Notas textuales** **17:17** O *Hasta hicieron que sus hijos e hijas pasaran por el fuego*. **17:21** En hebreo *él*; comparar 1 Re 11:31-32. **18:2** Así aparece en el texto paralelo de 2 Cr 29:1; en hebreo dice *Abi*, una variante de Abías. **18:4** *Nehustán* suena como un término hebreo que significa «serpiente», «bronce» y «cosa impura».

Referencias cruzadas **17:15** Ex 24:6-8 **17:23** 2 Re 18:11-12 **17:38** Dt 6:10-12 **17:41** Mt 6:24 **18:4** 2 Cr 29:1-2; 31:1 **18:5-7** 2 Cr 31:20-21

reinado de Ezequías y el noveno año del reinado de Oseas en Israel, Samaria cayó. [11]En ese tiempo, el rey de Asiria desterró a los israelitas a Asiria y los ubicó en colonias en la región de Halah, en Gozán junto a la ribera del río Habor, y en las ciudades de los medos. [12]Pues ellos se negaron a escuchar al SEÑOR su Dios y a obedecerlo. En cambio, violaron su pacto, es decir, todas las leyes que Moisés, siervo del SEÑOR, les había ordenado que obedecieran.

Asiria invade Judá

[13]En el año catorce del reinado de Ezequías,* Senaquerib, rey de Asiria, atacó las ciudades fortificadas de Judá y las conquistó. [14]Entonces el rey Ezequías envió el siguiente mensaje al rey de Asiria que estaba en Laquis: «Yo he actuado mal. Si tú te retiras, te pagaré cualquier tributo que exijas». Así que el rey de Asiria exigió un pago de más de diez toneladas de plata y una tonelada de oro.* [15]Para reunir esta cantidad, el rey Ezequías usó toda la plata que estaba guardada en el templo del SEÑOR y en el tesoro del palacio. [16]Hasta quitó el oro de las puertas del templo del SEÑOR y de los marcos de las puertas que había revestido con oro, y se lo dio todo al rey de Asiria.

[17]Sin embargo, el rey de Asiria mandó desde Laquis a su comandante en jefe, a su comandante de campo y a su jefe del Estado Mayor* con un enorme ejército para enfrentar al rey Ezequías en Jerusalén. Los asirios tomaron posición de batalla junto al acueducto que vierte el agua en el estanque superior, cerca del camino que lleva al campo donde se lavan* telas. [18]Mandaron llamar al rey Ezequías, pero el rey envió a tres funcionarios a recibirlos: Eliaquim, hijo de Hilcías, administrador del palacio; Sebna, secretario de la corte; y Joa, hijo de Asaf, historiador del reino.

Senaquerib amenaza a Jerusalén

[19]Entonces el jefe del Estado Mayor del rey asirio les dijo que le transmitieran a Ezequías el siguiente mensaje:

> «El gran rey de Asiria dice: ¿En qué confías que te da tanta seguridad? [20]¿Acaso crees que simples palabras pueden sustituir la fuerza y la capacidad militar? ¿Con quién cuentas para haberte rebelado contra mí? [21]¿Con Egipto? Si te apoyas en Egipto, será como una caña que se quiebra bajo tu peso y te atraviesa la mano. ¡El faraón, rey de Egipto, no es nada confiable!
>
> [22]»Tal vez me digas: "¡Confiamos en el SEÑOR nuestro Dios!"; pero ¿no es él a quien Ezequías insultó? ¿Acaso no fue Ezequías quien derribó sus santuarios y altares, e hizo que todos en Judá y en Jerusalén adoraran solo en el altar que hay aquí, en Jerusalén?
>
> [23]»¡Se me ocurre una idea! Llega a un acuerdo con mi amo, el rey de Asiria. Yo te daré dos mil caballos, ¡si es que puedes encontrar esa cantidad de hombres para que los monten! [24]Con tu pequeño ejército, ¿cómo se te ocurre desafiar siquiera al contingente más débil de las tropas de mi amo, aunque contaras con la ayuda de los carros de guerra y sus conductores de Egipto? [25]Es más, ¿crees que hemos invadido tu tierra sin la dirección del SEÑOR? El SEÑOR mismo nos dijo: "¡Ataquen esta tierra y destrúyanla!"».

[26]Entonces tanto Eliaquim, hijo de Hilcías, como Sebna y Joa le dijeron al jefe del Estado Mayor asirio:

—Por favor, háblanos en arameo porque lo entendemos bien. No hables en hebreo,* porque oirá la gente que está sobre la muralla.

[27]Pero el jefe del Estado Mayor de Senaquerib respondió:

—¿Ustedes creen que mi amo les envió este mensaje solo a ustedes y a su amo? Él quiere que todos los habitantes lo oigan porque, cuando sitiemos a esta ciudad, ellos sufrirán junto con ustedes. Tendrán tanta hambre y tanta sed que comerán su propio excremento y beberán su propia orina.

[28]Después el jefe del Estado Mayor se puso de pie y le gritó en hebreo a la gente que estaba sobre la muralla: «¡Escuchen este mensaje del gran rey de Asiria! [29]El rey dice lo siguiente: "No dejen que Ezequías los engañe. Él jamás podrá librarlos de mi poder. [30]No permitan que los haga confiar en el SEÑOR diciéndoles: 'Con toda seguridad el SEÑOR nos librará. ¡Esta ciudad nunca caerá en manos del rey asirio!'.

[31]»"¡No escuchen a Ezequías! El rey de Asiria les ofrece estas condiciones: hagan las paces conmigo; abran las puertas y salgan. Entonces cada uno de ustedes podrá seguir comiendo de su propia vid y de su propia higuera, y bebiendo de su propio pozo. [32]Me encargaré de llevarlos a otra tierra como esta: una tierra de grano y vino nuevo, de pan y viñedos, de olivares y miel. ¡Escojan la vida y no la muerte!

»"No escuchen a Ezequías cuando trate de engañarlos al decir: '¡El SEÑOR nos librará!'. [33]¿Acaso los dioses de cualquier otra nación alguna vez han salvado a su pueblo del rey de Asiria? [34]¿Qué les sucedió a los dioses de Hamat y de Arfad? ¿Y qué me dicen de los dioses de Sefarvaim, Hena e Iva? ¿Algún dios libró a Samaria de mi poder? [35]¿Cuál de los dioses de alguna nación ha podido salvar alguna vez a su pueblo de mi poder? ¿Qué les hace pensar entonces que el SEÑOR puede librar a Jerusalén de mis manos?"».

[36]El pueblo se quedó en silencio y no dijo ni una palabra, porque Ezequías le había ordenado: «No le respondan».

[37]Entonces Eliaquim, hijo de Hilcías, administrador del palacio; Sebna, secretario de la corte; y Joa, hijo de Asaf, historiador del reino, regresaron a donde estaba Ezequías. Desesperados rasgaron su ropa, entraron para ver al rey y le contaron lo que había dicho el jefe del Estado Mayor asirio.

Ezequías busca la ayuda del SEÑOR

19 Cuando el rey Ezequías oyó el informe, rasgó su ropa, se vistió de tela áspera y entró al templo del SEÑOR. [2]Enseguida envió a Eliaquim, administrador del palacio; a Sebna, secretario de la corte; y a los principales sacerdotes, todos vestidos de tela áspera, a hablar con el profeta Isaías, hijo de Amoz. [3]Ellos le dijeron: «El rey Ezequías dice: "Hoy es un día de dificultad, insulto y

***Notas textuales 18:13** El año catorce del reinado del rey Ezequías fue el 701 a. C. **18:14** En hebreo *300 talentos* [11 toneladas cortas] *de plata y 30 talentos* [1,2 toneladas cortas] *de oro.* **18:17a** O *al Rabsaces*; también en 18:19, 26, 27, 28, 37. **18:17b** O *se blanquean.* **18:26** En hebreo *en el dialecto de Judá*; también en 18:28.

Referencias cruzadas 18:9-12 2 Re 17:3-7 **18:13-37** Is 36:1-22 **19:1-13** Is 37:1-13

deshonra. Es como cuando un niño está a punto de nacer,
pero la madre no tiene fuerzas para dar a luz. 4Tal vez el
Señor tu Dios haya oído al jefe del Estado Mayor* asirio,
que fue enviado por el rey para desafiar al Dios viviente,
y lo castigue por sus palabras. ¡Te rogamos que ores por
los que hemos quedado!"».

5Una vez que los funcionarios del rey Ezequías le
dieron a Isaías el mensaje del rey, 6el profeta respondió:
«Díganle a su amo: "Esto dice el Señor: 'No te alteres
por ese discurso blasfemo que han pronunciado contra
mí los mensajeros del rey de Asiria. 7¡Escucha! Yo mismo
actuaré en su contra,* y el rey recibirá un mensaje de que
lo necesitan en su país. Así que volverá a su tierra, donde
haré que lo maten a filo de espada'"».

8Mientras tanto, el jefe del Estado Mayor asirio partió
de Jerusalén para consultar al rey de Asiria, quien había
salido de Laquis y estaba atacando a Libna.

9Poco después, el rey Senaquerib recibió la noticia de
que el rey Tirhaca de Etiopía* iba al frente de un ejército
para luchar contra él. Antes de salir al encuentro de sus
agresores, envió mensajeros de regreso a Ezequías, en
Jerusalén, con el siguiente mensaje:

10«Este mensaje está dirigido al rey Ezequías de
Judá. No dejes que tu Dios, en quien confías, te
engañe con promesas de que Jerusalén no caerá en
manos del rey de Asiria. 11Tú sabes perfectamente
bien lo que han hecho los reyes de Asiria en todos
los lugares donde han ido. ¡Han destruido por
completo a todo aquel que se ha interpuesto en su
camino! ¿Por qué serías tú la excepción? 12¿Acaso los
dioses de otras naciones las han rescatado, naciones
como Gozán, Harán, Resef y el pueblo de Edén que
vivía en Telasar? ¡Mis antecesores los destruyeron a
todos! 13¿Qué sucedió con el rey de Hamat y el rey
de Arfad? ¿Qué les pasó a los reyes de Sefarvaim, de
Hena y de Iva?».

14Después de recibir la carta de mano de los mensaje-
ros y de leerla, Ezequías subió al templo del Señor y des-
plegó la carta ante el Señor. 15En presencia del Señor, el
rey hizo la siguiente oración: «¡Oh Señor, Dios de Israel,
tú estás entronizado entre los poderosos querubines! Solo
tú eres el Dios de todos los reinos de la tierra. Solo tú
creaste los cielos y la tierra. 16¡Inclínate, oh Señor, y escu-
cha! ¡Abre tus ojos, oh Señor, y mira! Escucha las palabras
desafiantes de Senaquerib contra el Dios viviente.

17»Es cierto, Señor, que los reyes de Asiria han des-
truido a todas esas naciones. 18Han arrojado al fuego a los
dioses de esas naciones y los han quemado. ¡Por supuesto
que los asirios pudieron destruirlos, pues no eran dioses en
absoluto! Eran solo ídolos de madera y de piedra, formados
por manos humanas. 19Ahora, oh Señor nuestro Dios,
rescátanos de su poder; así todos los reinos de la tierra
sabrán que solo tú, oh Señor, eres Dios».

Isaías predice la liberación de Judá

20Después, Isaías, hijo de Amoz, le envió a Ezequías el si-
guiente mensaje: «Esto dice el Señor, Dios de Israel: "He
oído tu oración con respecto al rey Senaquerib de Asiria,
21y el Señor ha pronunciado estas palabras en su contra:

»"La hija virgen de Sion
te desprecia y se ríe de ti.
La hija de Jerusalén
menea la cabeza con desdén mientras tú huyes.

22 »"¿A quién has estado desafiando y ridiculizando?
¿Contra quién levantaste la voz?
¿A quién miraste con ojos tan arrogantes?
¡Fue al Santo de Israel!
23 Por medio de tus mensajeros, has desafiado al Señor.
Dijiste: 'Con mis numerosos carros de guerra
conquisté las montañas más altas,
sí, las cimas más remotas del Líbano.
Corté sus cedros más altos
y sus mejores cipreses.
Alcancé sus rincones más lejanos
y exploré sus bosques más espesos.
24 Cavé pozos en muchas tierras extranjeras
y me refresqué con sus aguas.
¡Con la planta de mi pie
detuve todos los ríos de Egipto!'.

25 »"Pero ¿acaso no has oído?
Yo lo decidí hace mucho tiempo.
Hace mucho que lo planifiqué,
y ahora lo llevo a cabo.
Yo determiné que tú aplastaras ciudades fortificadas
y las redujeras a un montón de escombros.
26 Por eso sus habitantes tienen tan poco poder
y están tan asustados y confundidos.
Son tan débiles como la hierba,
tan fáciles de pisotear como tiernos brotes verdes.
Son como hierba que sale en el techo de una casa,
que se quema antes de poder crecer alta y lozana.

27 »"Pero a ti te conozco bien:
sé dónde te encuentras,
y cuándo entras y sales.
Conozco la forma en que desataste tu furia contra
mí.
28 Por esa furia en mi contra
y por tu arrogancia, que yo mismo oí,
te pondré mi gancho en la nariz
y mi freno en la boca.
Te haré regresar
por el mismo camino por donde viniste"».

29Luego Isaías le dijo a Ezequías: «Esta es la prueba de
que es cierto lo que digo:

»Este año ustedes solo comerán lo que crezca por sí
mismo,
y el año próximo comerán lo que de eso brote.
Sin embargo, el tercer año, plantarán cultivos y los
cosecharán;
cuidarán de sus viñedos y comerán de su fruto.
30 Y ustedes, los que quedan en Judá,
los que han escapado de los estragos del ataque,
echarán raíces en su propio suelo,
crecerán y prosperarán.
31 Pues desde Jerusalén se extenderá un remanente de
mi pueblo,

***Notas textuales 19:4** O *al Rabsaces*; también en 19:8. **19:7** En hebreo *Yo pondré un espíritu en él*. **19:9** En hebreo *de Cus*.

Referencias cruzadas 19:14-19 Is 37:14-20

un grupo de sobrevivientes, desde el monte Sion.
¡El ferviente compromiso del SEÑOR de los Ejércitos
Celestiales*
hará que esto suceda!

32»Y esto dice el SEÑOR acerca del rey de Asiria:

»“Sus ejércitos no entrarán en Jerusalén;
ni siquiera lanzarán una sola flecha contra ella.
No marcharán fuera de sus puertas con sus escudos
ni levantarán terraplenes contra sus murallas.
33 El rey regresará a su propia tierra
por el mismo camino por donde vino.
No entrará en esta ciudad,
dice el SEÑOR.
34 Por mi propia honra y por amor a mi siervo David,
defenderé esta ciudad y la protegeré”».

35Esa noche el ángel del SEÑOR fue al campamento asirio y mató a 185.000 soldados. Cuando los asirios que sobrevivieron* se despertaron a la mañana siguiente, encontraron cadáveres por todas partes. 36Entonces Senaquerib, rey de Asiria, levantó campamento y regresó a su propia tierra. Volvió a Nínive, la capital del reino, y allí se quedó.

37Cierto día, mientras rendía culto en el templo de su dios Nisroc, sus hijos* Adramelec y Sarezer lo mataron a espada. Luego escaparon a la tierra de Ararat, y otro de sus hijos, Esar-hadón, lo sucedió en el trono de Asiria.

Enfermedad y recuperación de Ezequías

20 Por ese tiempo, Ezequías se enfermó gravemente, y el profeta Isaías, hijo de Amoz, fue a visitarlo. Le dio al rey el siguiente mensaje: «Esto dice el SEÑOR: “Pon tus asuntos en orden porque vas a morir. No te recuperarás de esta enfermedad”».

2Cuando Ezequías oyó el mensaje, volvió su rostro hacia la pared y oró al SEÑOR: 3«Acuérdate, oh SEÑOR, que siempre te he sido fiel y te he servido con singular determinación, haciendo siempre lo que te agrada»; y el rey se echó a llorar amargamente.

4Sin embargo, antes de que Isaías saliera del patio central,* recibió este mensaje de parte del SEÑOR: 5«Regresa y dile a Ezequías, el líder de mi pueblo: “Esto dice el SEÑOR, Dios de tu antepasado David: ‘He oído tu oración y he visto tus lágrimas. Voy a sanarte y en tres días te levantarás de la cama e irás al templo del SEÑOR. 6Te añadiré quince años más de vida y te rescataré del rey de Asiria junto con esta ciudad. Defenderé esta ciudad por mi propia honra y por amor a mi siervo David’”».

7Entonces Isaías dijo: «Preparen un ungüento de higos». Así que los sirvientes de Ezequías untaron el ungüento sobre la llaga, ¡y Ezequías se recuperó!

8Mientras tanto, Ezequías le había preguntado a Isaías:
—¿Qué señal dará el SEÑOR como prueba de que me sanará y en tres días iré al templo del SEÑOR?

9Isaías contestó:
—Esta es la señal del SEÑOR para demostrar que cumplirá lo que ha prometido: ¿te gustaría que la sombra del reloj solar se adelantara diez gradas o que se atrasara diez gradas?*

10—La sombra siempre se mueve hacia adelante —respondió Ezequías—, así que eso sería fácil. Mejor haz que retroceda diez gradas.

11Entonces el profeta Isaías le pidió al SEÑOR que lo hiciera, ¡y el SEÑOR hizo retroceder diez gradas la sombra del reloj solar* de Acaz!

Representantes de Babilonia

12Poco tiempo después, Merodac-baladán,* hijo de Baladán, rey de Babilonia, le envió saludos a Ezequías junto con un regalo, porque se enteró de que Ezequías había estado muy enfermo. 13Ezequías recibió a los enviados de Babilonia y les mostró todo lo que había en sus casas del tesoro: la plata, el oro, las especias y los aceites aromáticos. También los llevó a conocer su arsenal, ¡y les mostró todo lo que había en sus tesoros reales! No hubo nada, ni en el palacio ni en el reino, que Ezequías no les mostrara.

14Entonces el profeta Isaías fue a ver al rey Ezequías y le preguntó:
—¿Qué querían esos hombres? ¿De dónde vinieron?
Ezequías contestó:
—Vinieron de la lejana tierra de Babilonia.

15—¿Qué vieron en tu palacio? —preguntó Isaías.
—Lo vieron todo —contestó Ezequías—. Les mostré todo lo que poseo, todos mis tesoros reales.

16Entonces Isaías dijo a Ezequías:
—Escucha este mensaje del SEÑOR: 17“Se acerca el tiempo cuando todo lo que hay en tu palacio —todos los tesoros que tus antepasados han acumulado hasta ahora— será llevado a Babilonia. No quedará nada, dice el SEÑOR. 18Algunos de tus hijos serán llevados al destierro. Los harán eunucos que servirán en el palacio del rey de Babilonia”.

19Entonces Ezequías dijo a Isaías:
—Este mensaje que me has dado de parte del SEÑOR es bueno.
Pues el rey pensaba: «Por lo menos habrá paz y seguridad mientras yo viva».

20Los demás acontecimientos del reinado de Ezequías —entre ellos el alcance de su poder y cómo construyó un estanque y cavó un túnel* para llevar agua a la ciudad— están registrados en *El libro de la historia de los reyes de Judá*. 21Ezequías murió, y su hijo Manasés lo sucedió en el trono.

Manasés gobierna sobre Judá

21 Manasés tenía doce años cuando subió al trono y reinó en Jerusalén cincuenta y cinco años. Su madre era Hepsiba. 2Él hizo lo malo a los ojos del SEÑOR y siguió las prácticas detestables de las naciones paganas que el SEÑOR había expulsado de la tierra del paso de los israelitas. 3Reconstruyó los santuarios paganos que su padre Ezequías había destruido. Construyó altares para Baal y levantó un poste dedicado a la diosa Asera, tal como lo había hecho el rey Acab de Israel. También se inclinó ante todos los poderes de los cielos y les rindió culto.

***Notas textuales** **19:31** Así aparece en la versión griega y en la siríaca, en la Vulgata Latina y en una lectura alternativa del texto masorético (ver también Is 37:32); la otra alternativa dice *del SEÑOR*. **19:35** En hebreo *Cuando ellos*. **19:37** Así aparece en la versión griega y en una lectura alternativa del texto masorético (ver también Is 37:38); la otra alternativa falta *sus hijos*. **20:4** Así aparece en la versión griega y en una lectura alternativa del texto masorético; la otra alternativa dice *del centro de la ciudad*. **20:9** O *la sombra en el reloj solar se ha adelantado diez gradas; ¿quieres que se atrase diez gradas?* **20:11** En hebreo *sombra en las gradas*. **20:12** Así aparece en algunos manuscritos hebreos, en la versión griega y en la siríaca (ver también Is 39:1); el texto masorético dice *Berodac-baladán*. **20:20** En hebreo *un curso de agua*.

Referencias cruzadas **20:1-11** Is 38:1-8 **20:12-19** Is 39:1-8 **20:20-21** 2 Cr 32:32-33 **21:1-10** 2 Cr 33:1-10

4Construyó altares paganos dentro del templo del SEÑOR, el lugar sobre el cual el SEÑOR había dicho: «Mi nombre permanecerá en Jerusalén para siempre». 5Construyó estos altares para todos los poderes de los cielos en ambos atrios del templo del SEÑOR. 6Manasés también sacrificó a su propio hijo en el fuego.* Practicó la hechicería, la adivinación y consultó a los médiums y a los videntes. Hizo muchas cosas perversas a los ojos del SEÑOR y con eso provocó su enojo.

7Incluso Manasés hizo una imagen tallada de la diosa Asera y la colocó en el templo, en el mismo lugar donde el SEÑOR les había dicho a David y a su hijo Salomón: «Mi nombre será honrado para siempre en este templo y en Jerusalén, la ciudad que he escogido entre todas las tribus de Israel. 8Si los israelitas se aseguran de obedecer mis mandatos —todas las leyes que mi siervo Moisés les dio—, yo no los expulsaré de esta tierra que les di a sus antepasados». 9Sin embargo, la gente se negó a escuchar, y Manasés los llevó a cometer cosas aún peores que las que habían hecho las naciones paganas que el SEÑOR había destruido cuando el pueblo de Israel entró en la tierra.

10Luego el SEÑOR dijo por medio de sus siervos, los profetas: 11«El rey Manasés de Judá ha hecho muchas cosas detestables. Es aún más perverso que los amorreos, quienes vivían en esta tierra antes que Israel. Él hizo que la gente de Judá pecara con sus ídolos.* 12Entonces esto es lo que el SEÑOR, Dios de Israel, dice: traeré tanto desastre sobre Jerusalén y Judá que los oídos de quienes lo oigan se estremecerán de horror. 13Juzgaré a Israel con el mismo criterio que usé para juzgar a Samaria y con la misma medida* que usé con la familia de Acab. Barreré por completo a la gente de Jerusalén como cuando uno limpia un plato y lo pone boca abajo. 14Incluso rechazaré al remanente de mi pueblo que haya quedado y los entregaré como botín a sus enemigos. 15Pues han cometido gran maldad a mis ojos y me han hecho enojar desde que sus antepasados salieron de Egipto».

16Manasés también asesinó a mucha gente inocente, a tal punto que Jerusalén se llenó de sangre inocente de un extremo a otro. Eso fue además del pecado que hizo cometer a los habitantes de Judá, al inducirlos a hacer lo malo a los ojos del SEÑOR.

17Los demás acontecimientos del reinado de Manasés y todo lo que él hizo, entre ellos los pecados que cometió, están registrados en *El libro de la historia de los reyes de Judá.* 18Cuando Manasés murió, lo enterraron en el jardín del palacio, el jardín de Uza. Luego su hijo Amón lo sucedió en el trono.

Amón gobierna sobre Judá

19Amón tenía veintidós años cuando subió al trono y reinó en Jerusalén dos años. Su madre se llamaba Mesulemet y era hija de Haruz, de Jotba. 20Él hizo lo malo a los ojos del SEÑOR, tal como su padre Manasés. 21Siguió el ejemplo de su padre al rendirles culto a los mismos ídolos que su padre había venerado. 22Abandonó al SEÑOR, Dios de sus antepasados, y se negó a andar en los caminos del SEÑOR.

23Tiempo después, los propios funcionarios de Amón conspiraron contra él y lo asesinaron en su palacio; 24pero los habitantes del reino mataron a todos los que habían conspirado contra el rey Amón y luego proclamaron rey a su hijo Josías.

25Los demás acontecimientos del reinado de Amón y lo que hizo están registrados en *El libro de la historia de los reyes de Judá.* 26Fue enterrado en su tumba en el jardín de Uza. Luego su hijo Josías lo sucedió en el trono.

Josías gobierna sobre Judá

22 Josías tenía ocho años cuando subió al trono y reinó en Jerusalén treinta y un años. Su madre se llamaba Jedida y era hija de Adaía, de Boscat. 2Él hizo lo que era agradable a los ojos del SEÑOR y siguió el ejemplo de su antepasado David; no se apartó de lo que era correcto.

3Durante el año dieciocho de su reinado, el rey Josías envió al templo del SEÑOR a Safán, hijo de Azalía y nieto de Mesulam, secretario de la corte. Le dijo: 4«Ve a ver al sumo sacerdote Hilcías y pídele que cuente el dinero que los porteros han recaudado de la gente en el templo del SEÑOR. 5Confía este dinero a los hombres que fueron designados para supervisar la restauración del templo del SEÑOR. Así ellos podrán usarlo para pagar a los trabajadores que repararán el templo. 6Tendrán que contratar carpinteros, constructores y albañiles. También haz que compren toda la madera y la piedra labrada que se necesite para reparar el templo; 7pero no les exijas a los supervisores de la construcción que lleven cuenta del dinero que reciben, porque son hombres honestos y dignos de confianza».

Hilcías descubre la ley de Dios

8El sumo sacerdote Hilcías le dijo a Safán, secretario de la corte: «¡He encontrado el libro de la ley en el templo del SEÑOR!». Entonces Hilcías le dio el rollo a Safán, y él lo leyó.

9Safán fue a ver al rey y le informó: «Tus funcionarios han entregado el dinero recaudado en el templo del SEÑOR a los trabajadores y a los supervisores del templo». 10Safán también dijo al rey: «El sacerdote Hilcías me entregó un rollo». Así que Safán se lo leyó al rey.

11Cuando el rey oyó lo que estaba escrito en el libro de la ley, rasgó su ropa en señal de desesperación. 12Luego dio las siguientes órdenes a Hilcías, el sacerdote; a Ahicam, hijo de Safán; a Acbor, hijo de Micaías; a Safán, secretario de la corte y a Asaías, consejero personal del rey: 13«Vayan al templo y consulten al SEÑOR por mí, por el pueblo y por toda la gente de Judá. Pregunten acerca de las palabras escritas en este rollo que se encontró. Pues el gran enojo del SEÑOR arde contra nosotros, porque nuestros antepasados no obedecieron las palabras de este rollo. No hemos estado haciendo todo lo que dice que debemos hacer».

14Entonces el sacerdote Hilcías, Ahicam, Acbor, Safán y Asaías se dirigieron al Barrio Nuevo* de Jerusalén para consultar a la profetisa Hulda. Ella era la esposa de Salum, hijo de Ticva, hijo de Harhas, el encargado del guardarropa del templo.

15Ella les dijo: «¡El SEÑOR, Dios de Israel, ha hablado! Regresen y díganle al hombre que los envió: 16"Esto dice el SEÑOR: 'Traeré desastre sobre esta ciudad* y sobre sus habitantes. Todas las palabras escritas en el rollo que el rey de Judá leyó se cumplirán, 17pues los de mi pueblo me han abandonado y han ofrecido sacrificios a dioses

***Notas textuales 21:6** O *también hizo que su propio hijo pasara por el fuego.* **21:11** El término hebreo (literalmente *cosas redondas*) probablemente se refiere al estiércol; también en 21:21. **21:13** En hebreo *el mismo cordel que usé con Samaria y la misma plomada.* **22:14** O *al Segundo Barrio,* un sector nuevo de Jerusalén. En hebreo dice *al Misné.*

Referencias cruzadas 21:17-18 2 Cr 33:18-20 **22:1-20** 2 Cr 34:1-2, 8-28

paganos. Estoy muy enojado con ellos por todo lo que han hecho. Mi enojo arderá contra este lugar y no se apagará".

[18]»Vayan a ver al rey de Judá, quien los envió a buscar al SEÑOR, y díganle: "Esto dice el SEÑOR, Dios de Israel, acerca del mensaje que acabas de escuchar: [19]'Estabas apenado y te humillaste ante el SEÑOR al oír lo que yo pronuncié contra esta ciudad y sus habitantes, que esta tierra sería maldita y quedaría desolada. Rasgaste tu ropa en señal de desesperación y lloraste delante de mí, arrepentido. Ciertamente te escuché, dice el SEÑOR. [20]Por eso, no enviaré el desastre que he prometido hasta después de que hayas muerto y seas enterrado en paz. Tú no llegarás a ver la calamidad que traeré sobre esta ciudad'"».

De modo que llevaron su mensaje al rey.

¡Respuestas Bíblicas! 69 ¿Qué era el Libro de la Alianza?

23:2 Probablemente se llamaba así al libro de Deuteronomio porque alianza es una promesa y ese el tema de ese libro.

Reformas religiosas de Josías

23 Entonces el rey convocó a todos los ancianos de Judá y de Jerusalén. [2]Luego subió al templo del SEÑOR junto con todos los habitantes de Judá y de Jerusalén, acompañado por los sacerdotes y los profetas: toda la gente, desde el menos importante hasta el más importante. Allí el rey les leyó todo el libro del pacto, que se había encontrado en el templo del SEÑOR. [3]El rey tomó su lugar de autoridad junto a la columna y renovó el pacto en presencia del SEÑOR. Se comprometió a obedecer al SEÑOR cumpliendo sus mandatos, leyes y decretos con todo el corazón y con toda el alma. De esa manera, confirmó todas las condiciones del pacto que estaban escritas en el rollo, y toda la gente se comprometió con el pacto.

[4]Seguidamente el rey dio instrucciones al sumo sacerdote Hilcías, a los sacerdotes de segundo rango y a los porteros del templo para que quitaran del templo del SEÑOR todos los objetos que se usaban para rendir culto a Baal, a Asera y a todos los poderes de los cielos. El rey hizo quemar todas estas cosas fuera de Jerusalén, en las terrazas del valle de Cedrón, y llevó las cenizas a Betel. [5]Eliminó a los sacerdotes idólatras, que habían sido nombrados por los reyes anteriores de Judá, porque ofrecían sacrificios en los santuarios paganos por todo el territorio de Judá y hasta en los alrededores de Jerusalén. También ofrecían sacrificios a Baal, al sol, a la luna, a las constelaciones y a todos los poderes de los cielos. [6]El rey quitó del templo del SEÑOR el poste dedicado a la diosa Asera y lo llevó fuera de Jerusalén, al valle de Cedrón, donde lo quemó. Luego molió las cenizas del poste hasta hacerlas polvo y tiró el polvo sobre las tumbas de la gente. [7]También derribó las habitaciones de los prostitutos y las prostitutas de los santuarios paganos ubicados dentro del templo del SEÑOR, donde las mujeres tejían mantos para el poste dedicado a la diosa Asera.

[8]Josías trasladó a Jerusalén a todos los sacerdotes que vivían en otras ciudades de Judá. También profanó los santuarios paganos donde habían ofrecido sacrificios, desde Geba hasta Beerseba. Destruyó los santuarios que estaban a la entrada de la puerta de Josué, gobernador de Jerusalén. Esta puerta estaba situada a la izquierda de la puerta principal de la entrada a la ciudad. [9]A los sacerdotes que habían servido en los santuarios paganos no se les permitió servir en el* altar del SEÑOR en Jerusalén, pero se les dio permiso para comer pan sin levadura con los otros sacerdotes.

[10]Después el rey profanó el altar de Tofet en el valle de Ben-hinom, a fin de que nunca más nadie lo usara para sacrificar a un hijo o una hija en el fuego* como ofrenda a Moloc. [11]También quitó de la entrada del templo del SEÑOR las estatuas de caballos que los reyes anteriores de Judá habían dedicado al sol, las cuales estaban cerca de las habitaciones del eunuco Natán-melec, un funcionario de la corte.* El rey también quemó los carros de guerra dedicados al sol.

[12]Josías derribó los altares que los reyes de Judá habían construido en la azotea del palacio, sobre la habitación de Acaz en el piso de arriba. El rey destruyó los altares que Manasés había construido en los dos atrios del templo del SEÑOR. Los hizo añicos* y esparció los pedazos en el valle de Cedrón. [13]El rey también profanó los santuarios paganos que estaban al oriente de Jerusalén y al sur del monte de la Corrupción, donde el rey Salomón de Israel había construido santuarios para Astoret, la diosa detestable de los sidonios; para Quemos, el dios detestable de los moabitas; y para Moloc,* el repugnante dios de los amonitas. [14]Destrozó las columnas sagradas y derribó los postes dedicados a la diosa Asera. Luego profanó estos lugares al esparcir huesos humanos sobre ellos.

[15]El rey también derribó el altar que estaba en Betel, el santuario pagano que Jeroboam, hijo de Nabat, había levantado cuando hizo pecar a Israel. Quemó el santuario y lo molió hasta convertirlo en cenizas, y quemó el poste dedicado a la diosa Asera. [16]Luego Josías se dio vuelta y notó que había varias tumbas en la ladera de la colina. Ordenó que sacaran los huesos y los quemó sobre el altar de Betel para profanarlo. (Todo sucedió tal como lo había anunciado el SEÑOR por medio del hombre de Dios cuando Jeroboam se paró junto al altar durante el festival).

Después Josías se dio vuelta y miró hacia arriba, a la tumba del hombre de Dios* que había predicho estas cosas.

[17]—¿Qué es ese monumento que está allí? —preguntó Josías.

Y la gente de la ciudad contestó:

—¡Es la tumba del hombre de Dios que vino desde Judá y predijo precisamente lo que tú acabas de hacer al altar de Betel!

[18]—¡Déjenlo en paz! —respondió Josías—. ¡No molesten sus huesos!

Por lo tanto, no quemaron sus huesos ni los del viejo profeta de Samaria.

[19]Después Josías demolió todas las edificaciones que había en los santuarios paganos de los pueblos de Samaria, tal como lo hizo en Betel. Estas construcciones fueron

***Notas textuales** **22:16** En hebreo *este lugar*; también en 22:19, 20. **23:9** En hebreo *Los sacerdotes [...] no subían al*. **23:10** O *para hacer que su hijo o su hija pasara por el fuego*. **23:11** El significado del hebreo es incierto. **23:12** O *Los quitó enseguida*. **23:13** En hebreo *Milcom*, una variante de Moloc. **23:16** Así aparece en la versión griega; en hebreo falta *cuando Jeroboam se paró junto al altar durante el festival. Después Josías se dio vuelta y miró hacia arriba, a la tumba del hombre de Dios*.

Referencias cruzadas **23:1-3** 2 Cr 34:29-32 **23:6** 2 Cr 34:4 **23:16-18** 1 Re 13:11, 31

obra de diversos reyes de Israel y con ellas hicieron enojar
mucho al SEÑOR.* 20Por último, el rey ejecutó a los sacer-
dotes de los santuarios paganos sobre sus propios altares
y quemó huesos humanos en los altares para profanarlos.
Cuando terminó, volvió a Jerusalén.

Josías celebra la Pascua

21Luego el rey Josías emitió la siguiente orden para todo el
pueblo: «Ustedes deben celebrar la Pascua para el SEÑOR
su Dios, como se exige en este libro del pacto». 22No se
había celebrado una Pascua igual desde la época en que
los jueces gobernaban en Israel, ni durante todos los años
de los reyes de Israel y de Judá. 23Sin embargo, en el año
dieciocho del reinado de Josías, esta Pascua se celebró en
Jerusalén en honor al SEÑOR.

24Josías también se deshizo de los médiums y los vi-
dentes, de los dioses familiares, de los ídolos,* y de todas
las demás prácticas detestables, tanto en Jerusalén como
por toda la tierra de Judá. Lo hizo en obediencia a las
leyes escritas en el rollo que el sacerdote Hilcías había
encontrado en el templo del SEÑOR. 25Nunca antes hubo
un rey como Josías, que se volviera al SEÑOR con todo
su corazón, con toda su alma y con todas sus fuerzas,
obedeciendo todas las leyes de Moisés. Desde entonces
nunca más hubo un rey como él.

26Aun así, el SEÑOR estaba muy enojado con Judá, de-
bido a todas las perversidades que Manasés había hecho
para provocarlo. 27Pues el SEÑOR dijo: «También expul-
saré a Judá de mi presencia, así como expulsé a Israel; y
rechazaré a Jerusalén, mi ciudad escogida, y al templo
donde debía honrarse mi nombre».

28Los demás acontecimientos del reinado de Josías y
todos sus logros están registrados en *El libro de la historia
de los reyes de Judá*.

29Durante el reinado de Josías, el faraón Necao, rey de
Egipto, fue al río Éufrates para ayudar al rey de Asiria. El
rey Josías y su ejército salieron a enfrentarlo,* pero el rey
Necao* mató a Josías cuando se encontraron en Meguido.
30Los funcionarios de Josías llevaron su cuerpo en un
carro de guerra desde Meguido hasta Jerusalén y lo en-
terraron en su tumba. Entonces la gente de la nación ungió
a Joacaz, hijo de Josías, y lo proclamó el siguiente rey.

Joacaz gobierna sobre Judá

31Joacaz tenía veintitrés años cuando subió al trono y
reinó en Jerusalén tres meses. Su madre se llamaba Ha-
mutal y era hija de Jeremías, de Libna. 32Joacaz hizo lo
malo a los ojos del SEÑOR, igual que sus antepasados.

33El faraón Necao metió a Joacaz en la cárcel de Ribla,
en la tierra de Hamat, para impedir que gobernara* en
Jerusalén. También exigió que Judá pagara un tributo de
tres mil cuatrocientos kilos de plata, y treinta y cuatro
kilos de oro.*

Joacim gobierna sobre Judá

34Luego el faraón Necao puso en el trono a Eliaquim,
otro de los hijos de Josías, para que reinara en lugar de su
padre y le cambió el nombre a Joacim. Joacaz fue llevado
a Egipto como prisionero, y allí murió.

35Para obtener la plata y el oro que el faraón Necao
exigía como tributo, Joacim recaudaba un impuesto de
los habitantes de Judá, para el cual les pedía que pagaran
en proporción a sus riquezas.

36Joacim tenía veinticinco años cuando subió al trono y
reinó en Jerusalén once años. Su madre se llamaba Zebuda
y era hija de Pedaías, de Ruma. 37Él hizo lo malo a los ojos
del SEÑOR, igual que sus antepasados.

24 Durante el reinado de Joacim, Nabucodonosor,
rey de Babilonia, invadió la tierra de Judá. Joacim
se rindió y le pagó tributo durante tres años, pero des-
pués se rebeló. 2Entonces el SEÑOR mandó contra Judá
bandas de saqueadores babilonios,* arameos, moabitas
y amonitas a fin de destruirla, tal como el SEÑOR lo había
prometido por medio de sus profetas. 3Estas calamidades
le sucedieron a Judá por orden del SEÑOR. Él había deci-
dido expulsar a Judá de su presencia debido a los muchos
pecados de Manasés, 4quien había llenado Jerusalén con
sangre inocente. El SEÑOR no perdonaba eso.

5Los demás acontecimientos del reinado de Joacim y
todos sus logros están registrados en *El libro de la historia
de los reyes de Judá*. 6Cuando Joacim murió, su hijo Joaquín
lo sucedió en el trono.

7A partir de entonces, el rey de Egipto no se atrevió a
salir más de su país, porque el rey de Babilonia conquistó
toda la región que anteriormente pertenecía a Egipto,
desde el arroyo de Egipto hasta el río Éufrates.

Joaquín gobierna sobre Judá

8Joaquín tenía dieciocho años cuando subió al trono y
reinó en Jerusalén tres meses. Su madre se llamaba Ne-
husta y era hija de Elnatán, de Jerusalén. 9Joaquín hizo lo
malo a los ojos del SEÑOR, igual que su padre.

10Durante el reinado de Joaquín, los oficiales del rey
Nabucodonosor de Babilonia subieron contra Jerusalén
y la sitiaron. 11El propio Nabucodonosor llegó a la ciudad
durante el sitio. 12Entonces el rey Joaquín, junto con la
reina madre, sus consejeros, sus comandantes y sus ofi-
ciales, se rindieron ante los babilonios.

Durante el octavo año de su reinado, Nabucodonosor
tomó a Joaquín prisionero. 13Como el SEÑOR ya había
dicho, Nabucodonosor se llevó todos los tesoros del tem-
plo del SEÑOR y del palacio real. Sacó* todos los objetos
de oro que el rey Salomón había puesto en el templo. 14El
rey Nabucodonosor se llevó cautiva a toda la población de
Jerusalén —unas diez mil personas en total— incluso a los
comandantes y a los mejores soldados, y a los artesanos
y a otras personas habilidosas. Solo dejaron en el país a
la gente más pobre.

15Nabucodonosor llevó cautivo a Babilonia al rey Joa-
quín, junto con la reina madre, las esposas del rey, sus
funcionarios y las personas más influyentes de la sociedad
de Jerusalén. 16También desterró a siete mil de los mejores
soldados, y a mil artesanos y a otras personas habilidosas,
todos fuertes y aptos para la guerra. 17Después el rey de
Babilonia puso en el trono a Matanías, tío de Joaquín,*
para que fuera el siguiente rey y le cambió el nombre a
Sedequías.

***Notas textuales** **23:19** Así aparece en la versión griega, en la siríaca y en la Vulgata Latina; en hebreo falta *al Señor*. **23:24** El término hebreo (literalmente *cosas redondas*) probablemente se refiere al estiércol. **23:29a** O *Josías salió a encontrarlo*. **23:29b** En hebreo *él*. **23:33a** El significado del hebreo es incierto. **23:33b** En hebreo *100 talentos* [7500 libras] *de plata y un talento* [75 libras] *de oro*. **24:2** O *caldeos*. **24:13** O *Cortó en pedazos*.

Referencias cruzadas **23:21-23** 2 Cr 35:1, 18-19 **23:27** 2 Re 21:13-14 **23:29-30** 2 Cr 35:20–36:1 **23:31-34** 2 Cr 36:2-4 **24:8-17** 2 Cr 36:9-10

> **¡Respuestas Bíblicas! 70 ¿Qué le pasó a la nación de Judá?**
>
> 24:20 Los últimos reyes de Judá fueron también malvados alejando al pueblo de Dios y entonces Dios dejó que los babilonios los atacaran. Jerusalén fue destruida y muchos fueron llevados de esclavos a Babilonia mientras otros escaparon a Egipto.

Sedequías gobierna sobre Judá

18Sedequías tenía veintiún años cuando subió al trono y reinó en Jerusalén once años. Su madre se llamaba Hamutal y era hija de Jeremías, de Libna. 19Sin embargo, Sedequías hizo lo malo a los ojos del SEÑOR, igual que Joacim. 20Estas cosas sucedieron debido al enojo que el SEÑOR tenía contra la gente de Jerusalén y de Judá, hasta que finalmente los expulsó de su presencia y los envió al destierro.

Caída de Jerusalén

Sedequías se rebeló contra el rey de Babilonia.

25 Así que el 15 de enero,* durante el noveno año del reinado de Sedequías, Nabucodonosor, rey de Babilonia, dirigió a todo su ejército contra Jerusalén. Rodearon la ciudad y construyeron rampas de asalto contra las murallas. 2Jerusalén estuvo sitiada hasta el año once del reinado de Sedequías.

3Hacia el 18 de julio del año once del reinado de Sedequías,* el hambre en la ciudad ya era muy intensa y se había agotado por completo lo último que quedaba de alimento. 4Entonces abrieron una brecha en la muralla de la ciudad. Como la ciudad estaba rodeada por los babilonios,* los soldados esperaron hasta la caída del sol y escaparon* por la puerta que está entre las dos murallas detrás del jardín real. Entonces se dirigieron al valle del Jordán.*

5Sin embargo, las tropas babilónicas* persiguieron al rey y lo alcanzaron en las llanuras de Jericó, porque todos sus hombres lo habían abandonado y se habían dispersado. 6Capturaron al rey y lo llevaron ante el rey de Babilonia, que se encontraba en Ribla, donde dictó sentencia contra Sedequías. 7Hicieron que Sedequías observara mientras masacraban a sus hijos. Luego le sacaron los ojos, lo ataron con cadenas de bronce y lo llevaron a Babilonia.

Destrucción del templo

8El 14 de agosto de ese año,* que era el año diecinueve del reinado de Nabucodonosor, llegó a Jerusalén Nabuzaradán, capitán de la guardia y funcionario del rey babilónico. 9Quemó por completo el templo del SEÑOR, el palacio real y todas las casas de Jerusalén. Destruyó todos los edificios importantes* de la ciudad. 10Después supervisó a todo el ejército babilónico mientras derribaba por completo las murallas de Jerusalén. 11Entonces Nabuzaradán, capitán de la guardia, se llevó cautivas a las personas que quedaban en la ciudad, a los desertores que habían jurado lealtad al rey de Babilonia y al resto de la población; 12pero el capitán de la guardia permitió que algunos de los más pobres se quedaran para cuidar los viñedos y los campos.

13Los babilonios hicieron pedazos las columnas de bronce que estaban al frente del templo del SEÑOR, las carretas de bronce para llevar agua y el enorme tazón de bronce llamado el Mar, y se llevaron todo el bronce a Babilonia. 14También se llevaron los recipientes para la ceniza, las palas, las despabiladeras de las lámparas, los cucharones y todos los demás objetos de bronce que se usaban para realizar los sacrificios en el templo. 15El capitán de la guardia también se llevó los recipientes para quemar incienso y los tazones, y todos los demás objetos de oro puro o de plata.

16El peso del bronce de las dos columnas, el Mar y las carretas para llevar agua era tanto que no podía calcularse. Estos objetos se habían hecho para el templo del SEÑOR en tiempos de Salomón. 17Cada columna tenía ocho metros con treinta centímetros* de alto. El capitel de bronce en la parte superior de cada columna era de dos metros con treinta centímetros* de alto y estaba decorado alrededor con una red de granadas hecha de bronce.

18Nabuzaradán, capitán de la guardia, se llevó consigo como prisioneros al sumo sacerdote Seraías, al sacerdote de segundo rango Sofonías, y a los tres porteros principales. 19De la gente que seguía escondida en la ciudad, se llevó a un oficial que había estado al mando del ejército judío, a cinco de los consejeros personales del rey, al secretario principal del comandante del ejército, quien estaba a cargo del reclutamiento, y a otros sesenta ciudadanos. 20Nabuzaradán, capitán de la guardia, los llevó a todos ante el rey de Babilonia, que se encontraba en Ribla. 21Allí, en Ribla, en la tierra de Hamat, el rey de Babilonia mandó que los ejecutaran a todos. Así que el pueblo de Judá fue expulsado de su tierra y llevado al destierro.

Gedalías gobierna sobre Judá

22Luego el rey Nabucodonosor nombró gobernador sobre la gente que había dejado en Judá a Gedalías, hijo de Ahicam y nieto de Safán. 23Cuando todos los comandantes del ejército y sus hombres se enteraron de que el rey de Babilonia había nombrado gobernador a Gedalías, fueron a verlo a Mizpa. En ese grupo estaban Ismael, hijo de Netanías; Johanán, hijo de Carea; Seraías, hijo de Tanhumet el netofatita; Jezanías,* hijo del maacateo; y todos sus hombres.

24Gedalías les juró que los funcionarios babilónicos no querían hacerles ningún daño. «No les tengan miedo. Vivan en la tierra y sirvan al rey de Babilonia, y todo les irá bien», les prometió.

***Notas textuales** **24:17** En hebreo *su tío*. **25:1** En hebreo *el décimo día del décimo mes*, del antiguo calendario lunar hebreo. Varios sucesos del libro de 2 Reyes pueden corroborarse con las fechas que aparecen en los registros babilónicos que se han conservado y pueden relacionarse de manera precisa con nuestro calendario moderno. Ese día fue el 15 de enero del 588 a. C. **25:3** En hebreo *Hacia el noveno día del [cuarto] mes* [durante el año once del reinado de Sedequías] (comparar Jr 39:2; 52:6 y las notas al pie de página). Este día fue el 18 de julio del 586 a. C.; ver también la nota en 25:1. **25:4a** O *los caldeos*; también en 25:13, 25, 26. **25:4b** Así aparece en la versión griega (ver también Jr 39:4; 52:7); en hebreo falta *escaparon*. **25:4c** En hebreo *al Arabá*. **25:5** O *caldeas*; también en 25:10, 24. **25:8** En hebreo *El séptimo día del quinto mes*, del antiguo calendario lunar hebreo. Ese día fue el 14 de agosto del 586 a. C.; ver también la nota en 25:1. **25:9** O *Destruyó las casas de toda la gente importante*. **25:17a** En hebreo *18 codos* [27 pies]. **25:17b** Igual que los textos paralelos en 1 Re 7:16, 2 Cr 3:15 y Jr 52:22, los cuales dicen *5 codos* [7,5 pies]; en hebreo dice *3 codos*, que equivale a 1,4 metros o 4,5 pies. **25:23** Igual que el texto paralelo en Jr 40:8; en hebreo dice *Jaazanías*, una variante de Jezanías.

Referencias cruzadas **24:18-20** Jr 52:1-3 **25:1-12** Jr 39:1-7 **25:18** Jr 29:25-26, 29 **25:22-26** Jr 41:1-3, 16-18

25 Después, a mediados del otoño de ese año,* Ismael, hijo de Netanías y nieto de Elisama, quien era miembro de la familia real, fue con diez hombres a Mizpa y mató a Gedalías. También mató a todos los judíos y babilonios que estaban con él en Mizpa.

26 Entonces toda la gente de Judá, desde el menos importante hasta el más importante, junto con los comandantes del ejército, huyeron despavoridos a Egipto, porque tenían miedo de lo que pudieran hacerles los babilonios.

Esperanza para la descendencia real de Israel

27 En el año treinta y siete del exilio de Joaquín, rey de Judá, Evil-merodac ascendió al trono de Babilonia. El nuevo rey fue bondadoso con* Joaquín y lo sacó* de la cárcel el 2 de abril de ese año.* 28 Le habló con amabilidad y le dio una posición superior a la de los demás reyes exiliados en Babilonia. 29 Le proporcionó a Joaquín ropa nueva para reemplazar la ropa de prisionero y le permitió comer en presencia del rey por el resto de su vida. 30 Así que el rey le dio una ración diaria de comida mientras vivió.

***Notas textuales** **25:25** En hebreo *en el séptimo mes*, del antiguo calendario lunar hebreo. Ese mes cayó entre octubre y noviembre del 586 a. C.; ver también la nota en 25:1. **25:27a** En hebreo *Levantó la cabeza de*. **25:27b** Así aparece en algunos manuscritos hebreos, en la versión griega y en la siríaca (ver también Jr 52:31); en el texto masorético falta *lo sacó*. **25:27c** En hebreo *el día veintisiete del mes doce*, del antiguo calendario lunar hebreo. Ese día fue el 2 de abril del 561 a. C.; ver también la nota en 25:1.

1 CRÓNICAS

¿Por qué es importante?

Los libros de Crónicas asustan a muchos debido a que tienen muchos nombres y datos. Sin embargo, estas listas eran muy importantes para el pueblo de Dios porque hacían más clara su historia desde el pasado al presente. Estas crónicas dejan claro la manera en la que el Señor había tratado con fidelidad a su pueblo antes, afirmando que eso seguiría haciendo y muestran que el Dios de la justicia es el mismo Dios de las promesas y la gracia describiendo la esperanza que el Señor puso en la persona y el linaje de David. A diferencia de Reyes, donde se trata de explicar dónde estuvo el fracaso, estos libros declaran cuál es el camino del plan de salvación en el mundo y los pasos necesarios para una vida fiel y llena de la aprobación de Dios.

¿Por qué fue escrito?

Muchas de las historias de los libros de Reyes son repetidas aquí, pero esta vez el punto de vista es diferente. Los libros de Crónicas fueron escritos después del exilio y presentan una evaluación de la historia. El regreso del cautiverio hacía necesario recordar la historia más amplia del pueblo, especialmente en lo relacionado con las promesas de Dios a través del rey David. Debido a ello, el autor hace énfasis en las bendiciones davídicas de Israel: el pacto, la ley, la dinastía de los reyes y el templo. Además, la atención se centra en Judá como el recipiente de las promesas de Dios. En este libro se repasa la genealogía desde Adán y luego se narra la historia desde el ascenso de David al trono.

¿Quién lo escribió?

Los libros de Crónicas forman, igual que los de Reyes, un solo tomo en el canon hebreo. Sin embargo, a diferencia de éstos últimos, que tienen una relación temática e histórica con los libros de Samuel, los de Crónicas están relacionados más bien con Esdras. Ambos le dan importancia a las genealogías y además hacen énfasis en las ceremonias y en la fidelidad a la ley de Moisés.

¿A quién lo escribió?

Mientras los libros de Reyes fueron leídos por judíos derrotados, en el exilio en Babilonia, los libros de Crónicas fueron escritos para el pueblo judío que estaba ya de regreso en su tierra, después de los setenta años de cautiverio. Ahora, en esta situación de esperanza que reflejaba un nuevo comienzo, ellos necesitaban revisar la historia de su pueblo, pero esta vez no para ver qué fue lo que falló, sino para ver cuál es la fuente de esperanza y éxito en el pasado con el propósito de aprender de él en el presente. Estos judíos, que se sienten como inmigrantes en su propia tierra, la cual muchos nunca habían visto, necesitan recordar cómo funcionaba el templo, cómo trató el Señor con los reyes, por qué David fue tan querido por Dios.

¿Cuándo y dónde lo escribió?

Después del exilio en Babilonia, los persas conquistaron a los caldeos y, a partir del año 537 a.C., les dan permiso a los judíos de retornar a su tierra. El regreso se realiza bajo el liderazgo de varios líderes, principalmente Zorobabel (año 536 a.C.), Esdras (año 458 a.C.) y Nehemías (445 a.C.). Si Esdras es el escritor de este libro, entonces la fecha en la que se escribió fue cerca del año 450 a.C., en la ciudad de Jerusalén, mientras se efectuaba la gran reforma espiritual bajo el liderazgo de Esdras.

Paso a paso

1. Las genealogías: certificando el pasado para enfrentar el futuro. Caps. 1-9.
2. El ascenso de David, el rey que estableció el modelo para el reino. Caps. 10-20
3. La organización del reino. El líder prepara eficientemente su salida. Caps. 21-29

1 Crónicas

De Adán hasta los hijos de Noé

1 Los descendientes de Adán fueron Set, Enós,
2Cainán, Mahalaleel, Jared, 3Enoc, Matusalén,
Lamec 4y Noé.
Los hijos de Noé fueron* Sem, Cam y Jafet.

Descendientes de Jafet

5Los descendientes de Jafet fueron Gomer, Magog,
Madai, Javán, Tubal, Mesec y Tiras.
6Los descendientes de Gomer fueron Askenaz, Rifat* y
Togarmá.
7Los descendientes de Javán fueron Elisa, Tarsis,
Quitim y Rodanim.

Descendientes de Cam

8Los descendientes de Cam fueron Cus, Mizraim,* Fut
y Canaán.
9Los descendientes de Cus fueron Seba, Havila, Sabta,
Raama y Sabteca. Los descendientes de Raama
fueron Seba y Dedán. 10Cus también fue antepasado
de Nimrod, el primer guerrero heroico de la tierra.
11Mizraim fue antepasado de los ludeos, los anameos,
los lehabitas, los naftujitas, 12los patruseos, los
caslujitas y los caftoritas, de los cuales descendieron
los filisteos.*
13El hijo mayor de Canaán fue Sidón, antepasado de
los sidonios. Canaán también fue antepasado de los
hititas,* 14los jebuseos, los amorreos, los gergeseos,
15los heveos, los araceos, los sineos, 16los arvadeos,
los zemareos y los hamateos.

Descendientes de Sem

17Los descendientes de Sem fueron Elam, Asur,
Arfaxad, Lud y Aram.
Los descendientes de Aram fueron* Uz, Hul, Geter y
Mas.*
18Arfaxad fue el padre de Sala.
Sala fue el padre de Heber.
19Heber tuvo dos hijos. El primero se llamó Peleg (que
significa «división»), porque durante su vida los
habitantes del mundo fueron divididos en diferentes
grupos según su idioma. Su hermano se llamó
Joctán.
20Joctán fue antepasado de Almodad, Selef, Hazar-
mavet, Jera, 21Adoram, Uzal, Dicla, 22Obal,*
Abimael, Seba, 23Ofir, Havila y Jobab. Todos ellos
fueron descendientes de Joctán.
24De manera que esta es la descendencia por medio de
Sem: Arfaxad, Sala,* 25Heber, Peleg, Reu, 26Serug,
Nacor, Taré 27y Abram, posteriormente conocido
como Abraham.

Descendientes de Abraham

28Los hijos de Abraham fueron Isaac e Ismael. 29Estos
son sus registros genealógicos:
los hijos de Ismael fueron Nebaiot (el mayor), Cedar,
Adbeel, Mibsam, 30Misma, Duma, Massa, Hadad,
Tema, 31Jetur, Nafis y Cedema. Estos fueron los
hijos de Ismael.

32Los hijos de Cetura, la concubina de Abraham,
fueron Zimram, Jocsán, Medán, Madián, Isbac y Súa.
Los hijos de Jocsán fueron Seba y Dedán.
33Los hijos de Madián fueron Efa, Efer, Hanoc, Abida
y Elda.
Todos ellos fueron descendientes de Abraham por medio
de su concubina Cetura.

Descendientes de Isaac

34Abraham fue el padre de Isaac. Los hijos de Isaac
fueron Esaú e Israel.*

Descendientes de Esaú

35Los hijos de Esaú fueron Elifaz, Reuel, Jeús, Jaalam
y Coré.
36Los descendientes de Elifaz fueron Temán, Omar,
Zefo,* Gatam, Cenaz y Amalec, quien le nació a
Timna.*
37Los descendientes de Reuel fueron Nahat, Zera,
Sama y Miza.

Habitantes originarios de Edom

38Los descendientes de Seir fueron Lotán, Sobal,
Zibeón, Aná, Disón, Ezer y Disán.
39Los descendientes de Lotán fueron Hori y Hemam.*
La hermana de Lotán se llamaba Timna.

***Notas textuales** **1:4** Así aparece en la versión griega (ver también Gn 5:3-32); en hebreo falta *Los hijos de Noé fueron.* **1:6** Así aparece en algunos manuscritos hebreos y en la versión griega (ver también Gn 10:3); la mayoría de los manuscritos hebreos dicen *Difat.* **1:8** O *Egipto*; también en 1:11. **1:12** En hebreo *caslujitas, de los cuales descendieron los filisteos, los caftoritas.* Ver Jr 47:4; Am 9:7. **1:13** En hebreo *antepasado de Het.* **1:17a** Así aparece en un manuscrito hebreo y en algunos manuscritos griegos (ver también Gn 10:23); en la mayoría de los manuscritos hebreos falta *Los descendientes de Aram fueron.* **1:17b** Igual que el texto paralelo en Gn 10:23; en hebreo dice *y Mesec.* **1:22** Así aparece en algunos manuscritos hebreos y en la versión siríaca (ver también Gn 10:28); la mayoría de los manuscritos hebreos dicen *Ebal.* **1:24** Algunos manuscritos griegos dicen *Arfaxad, Cainán, Sala.* Ver las notas en Gn 10:24; 11:12-13. **1:34** *Israel* es el nombre que Dios le dio a Jacob. **1:36a** Así aparece en muchos manuscritos hebreos y en algunos manuscritos griegos (ver también Gn 36:11); la mayoría de los manuscritos hebreos dicen *Zefi.* **1:36b** Así aparece en algunos manuscritos griegos (ver también Gn 36:12); en hebreo dice *Cenaz, Timna y Amalec.* **1:39** Igual que el texto paralelo en Gn 36:22; en hebreo dice *y Homam.*

Referencias cruzadas **1:1-4** Lc 3:36-38 **1:5-7** Gn 10:2-5 **1:8-16** Gn 10:6-20 **1:17-23** Gn 10:21-31 **1:29-31** Gn 25:12-16 **1:32-33** Gn 25:1-4 **1:35-37** Gn 36:10-14 **1:38-42** Gn 36:20-28

40 Los descendientes de Sobal fueron Alván,* Manahat, Ebal, Sefo* y Onam.
Los descendientes de Zibeón fueron Aja y Aná.
41 El hijo de Aná fue Disón.
Los descendientes de Disón fueron Hemdán,* Esbán, Itrán y Querán.
42 Los descendientes de Ezer fueron Bilhán, Zaaván y Acán.*
Los descendientes de Disán* fueron Uz y Arán.

Gobernantes de Edom

43 Estos son los reyes que gobernaron en la tierra de Edom antes de que los israelitas tuvieran rey:*

Bela, hijo de Beor, quien reinó desde su ciudad de Dinaba.
44 Cuando Bela murió, reinó en su lugar Jobab, hijo de Zera, quien era de Bosra.
45 Cuando Jobab murió, reinó en su lugar Husam, quien era de la región de Temán.
46 Cuando Husam murió, reinó en su lugar Hadad, hijo de Bedad; y gobernó desde la ciudad de Avit. Él fue quien destrozó al ejército madianita en la tierra de Moab.
47 Cuando Hadad murió, reinó en su lugar Samla, quien era de la ciudad de Masreca.
48 Cuando Samla murió, reinó en su lugar Saúl, quien era de la ciudad de Rehobot del Río.
49 Cuando Saúl murió, reinó en su lugar Baal-hanán, hijo de Acbor.
50 Cuando Baal-hanán murió, reinó en su lugar Hadad; y gobernó desde la ciudad de Pau.* Su esposa fue Mehetabel, hija de Matred y nieta de Mezaab.
51 Luego Hadad murió.

Los jefes de los clanes de Edom fueron Timna, Alva,*
Jetet, 52 Aholibama, Ela, Pinón, 53 Cenaz, Temán,
Mibzar, 54 Magdiel e Iram. Esos son los jefes de los
clanes de Edom.

Descendientes de Israel

2 Los hijos de Israel* fueron Rubén, Simeón, Leví,
Judá, Isacar, Zabulón, 2 Dan, José, Benjamín,
Neftalí, Gad y Aser.

Descendientes de Judá

3 Judá tuvo tres hijos con Bet-súa, una mujer cananea.
Sus nombres fueron Er, Onán y Sela; pero el Señor
vio que Er, el hijo mayor, era un hombre perverso,
de manera que le quitó la vida. 4 Tiempo después
Judá tuvo mellizos con Tamar, su nuera viuda. Sus
nombres fueron Fares y Zera. En total, Judá tuvo
cinco hijos.
5 Los hijos de Fares fueron Hezrón y Hamul.
6 Los hijos de Zera fueron Zimri, Etán, Hemán, Calcol y Darda,* cinco en total.
7 El hijo de Carmi (un descendiente de Zimri) fue Acán,* quien trajo calamidad sobre Israel cuando tomó el botín que había sido apartado para el Señor.*
8 El hijo de Etán fue Azarías.

De Hezrón, nieto de Judá, hasta David

9 Los hijos de Hezrón fueron Jerameel, Ram y Caleb.*
10 Ram fue el padre de Aminadab.
Aminadab fue el padre de Naasón, uno de los líderes de Judá.
11 Naasón fue el padre de Salmón.*
Salmón fue el padre de Booz.
12 Booz fue el padre de Obed.
Obed fue el padre de Isaí.
13 El primer hijo de Isaí fue Eliab; el segundo, Abinadab;
el tercero, Simea; 14 el cuarto, Natanael; el quinto,
Radai; 15 el sexto, Ozem y el séptimo fue David.
16 Sus hermanas se llamaban Sarvia y Abigail.
Sarvia tuvo tres hijos: Abisai, Joab y Asael. 17 Abigail
contrajo matrimonio con un ismaelita llamado Jeter,
y tuvieron un hijo llamado Amasa.

Otros descendientes de Hezrón

18 Caleb, hijo de Hezrón, tuvo hijos con Azuba, su
esposa, y con Jeriot.* Los hijos de ella se llamaban
Jeser, Sobab y Ardón. 19 Después de la muerte de
Azuba, Caleb se casó con Efrata,* y tuvieron un hijo
llamado Hur. 20 Hur fue el padre de Uri, y Uri fue el
padre de Bezalel.
21 Cuando Hezrón tenía sesenta años de edad se casó con
la hermana de Galaad, hija de Maquir, y tuvieron un
hijo llamado Segub. 22 Segub fue el padre de Jair, quien
gobernó veintitrés ciudades en la tierra de Galaad
23 (pero Gesur y Aram conquistaron las Ciudades de
Jair,* y también tomaron Kenat y sus sesenta aldeas
vecinas). Todos ellos fueron descendientes de Maquir,
padre de Galaad.
24 Poco después de la muerte de Hezrón en la ciudad de Caleb-efrata, su esposa Abías dio a luz un hijo llamado Asur (padre de* Tecoa).

Descendientes de Jerameel, hijo de Hezrón

25 Los hijos de Jerameel, hijo mayor de Hezrón, fueron Ram (el mayor), Buna, Orén, Ozem y Ahías.
26 Jerameel tuvo una segunda esposa llamada Atara, quien fue la madre de Onam.
27 Los hijos de Ram, el hijo mayor de Jerameel, fueron Maaz, Jamín y Equer.
28 Los hijos de Onam fueron Samai y Jada.
Los hijos de Samai fueron Nadab y Abisur.

***Notas textuales** **1:40a** Así aparece en muchos manuscritos hebreos y en algunos manuscritos griegos (ver también Gn 36:23); la mayoría de los manuscritos hebreos dicen *Alián.* **1:40b** Así aparece en algunos manuscritos hebreos (ver también Gn 36:23); la mayoría de los manuscritos hebreos dicen *Sefi.* **1:41** Así aparece en muchos manuscritos hebreos y en algunos manuscritos griegos (ver también Gn 36:26); la mayoría de los manuscritos hebreos dicen *Amram.* **1:42a** Así aparece en muchos manuscritos hebreos y griegos (ver también Gn 36:27); la mayoría de los manuscritos hebreos dicen *Jaacán.* **1:42b** En hebreo *Disón*; comparar 1:38 y el texto paralelo en Gn 36:28. **1:43** O *antes de que un rey israelita los gobernara.* **1:50** Así aparece en muchos manuscritos hebreos, en algunos manuscritos griegos, en la versión siríaca y en la Vulgata Latina (ver también Gn 36:39); la mayoría de los manuscritos hebreos dicen *Pai.* **1:51** Así aparece en una lectura alternativa del texto masorético (ver también Gn 36:40); la otra alternativa dice *Alya.* **2:1** *Israel* es el nombre que Dios le dio a Jacob. **2:6** Así aparece en muchos manuscritos hebreos, en algunos manuscritos griegos y en la versión siríaca (ver también 1 Re 4:31); en hebreo dice *Dara.* **2:7a** En hebreo *Acar*; comparar Jos 7:1. *Acar* significa «desastre». **2:7b** El término hebreo empleado aquí se refiere a la consagración total de cosas o personas al Señor, ya sea destruyéndolas o entregándolas como ofrenda. **2:9** En hebreo *Quelubai,* una variante de Caleb; comparar 2:18. **2:11** Así aparece en la versión griega (ver también Rt 4:20); en hebreo dice *Salma.* **2:18** O *tuvo una hija llamada Jeriot con su esposa Azuba.* El significado del hebreo es incierto. **2:19** En hebreo *Efrat,* una variante de Efrata; comparar 2:50 y 4:4. **2:23** O *conquistaron Havot-jair.* **2:24** O *fundador de*; también en 2:42, 45, 49.

Referencias cruzadas **1:43-54** Gn 36:31-43 **2:1-2** Gn 46:8-25 **2:3-4** Gn 38:2-10, 13-30 **2:5-15** Rt 4:18-22 **2:16** 1 Sm 26:6

29 Los hijos de Abisur y su esposa Abihail fueron Ahbán
y Molid.
30 Los hijos de Nadab fueron Seled y Apaim. Seled
murió sin hijos, 31 pero Apaim tuvo un hijo
llamado Isi. El hijo de Isi fue Sesán, quien tuvo un
descendiente llamado Ahlai.
32 Los hijos de Jada, el hermano de Samai, fueron Jeter
y Jonatán. Jeter murió sin hijos, 33 pero Jonatán tuvo
dos hijos llamados Pelet y Zaza.
Todos ellos fueron descendientes de Jerameel.
34 Sesán no tuvo hijos, aunque sí tuvo hijas. También
tuvo un sirviente egipcio llamado Jarha. 35 Sesán le
dio a Jarha una de sus hijas como esposa y tuvieron
un hijo llamado Atai.
36 Atai fue el padre de Natán.
Natán fue el padre de Zabad.
37 Zabad fue el padre de Eflal.
Eflal fue el padre de Obed.
38 Obed fue el padre de Jehú.
Jehú fue el padre de Azarías.
39 Azarías fue el padre de Heles.
Heles fue el padre de Elasa.
40 Elasa fue el padre de Sismai.
Sismai fue el padre de Salum.
41 Salum fue el padre de Jecamías.
Jecamías fue el padre de Elisama.

Descendientes de Caleb, hijo de Hezrón

42 Entre los descendientes de Caleb, hermano de
Jerameel, se encontraba Mesa (el hijo mayor), quien
fue el padre de Zif. También entre los descendientes
de Caleb estaban los hijos de Maresa, el padre de
Hebrón.*
43 Los hijos de Hebrón fueron Coré, Tapúa, Requem y
Sema. 44 Sema fue el padre de Raham, y Raham fue
el padre de Jorcoam. Requem fue el padre de Samai.
45 El hijo de Samai fue Maón, y Maón fue el padre de
Bet-sur.
46 La concubina de Caleb, Efa, dio a luz a Harán, a Mosa
y a Gazez. Harán fue el padre de Gazez.
47 Los hijos de Jahdai fueron Regem, Jotam, Gesam,
Pelet, Efa y Saaf.
48 Otra de las concubinas de Caleb, Maaca, dio a luz
a Seber y a Tirhana. 49 También dio a luz a Saaf (el
padre de Madmana) y a Seva (el padre de Macbena
y de Gibea). Caleb también tuvo una hija llamada
Acsa.
50 Todos ellos fueron descendientes de Caleb.

Descendientes de Hur, hijo de Caleb

Los hijos de Hur, el hijo mayor de Efrata, la esposa de
Caleb, fueron Sobal (el fundador de Quiriat-jearim),
51 Salma (el fundador de Belén) y Haref (el fundador
de Bet-gader).
52 Los descendientes de Sobal (el fundador de Quiriat-
jearim) fueron Haroe, la mitad de los manahetitas,
53 y las familias de Quiriat-jearim: los itritas, los
futitas, los sumatitas y los misraítas, de quienes
procedía la gente de Zora y Estaol.
54 Los descendientes de Salma fueron la gente de Belén,
los netofatitas, Atrot-bet-joab, la otra mitad de los
manahetitas, los zoraítas, 55 y las familias de escribas
que vivieron en Jabes: los tirateos, los simeateos y los
sucateos. Todos ellos fueron ceneos, que descendían
de Hamat, el padre de la familia de Recab.*

Descendientes de David

3 Estos son los hijos de David que nacieron en Hebrón:
El mayor fue Amnón, y su madre fue Ahinoam de
Jezreel.
El segundo fue Daniel, y su madre fue Abigail de
Carmelo.
2 El tercero fue Absalón, y su madre fue Maaca, hija de
Talmai, rey de Gesur.
El cuarto fue Adonías, y su madre fue Haguit.
3 El quinto fue Sefatías, y su madre fue Abital.
El sexto fue Itream, y su madre fue Egla, esposa de
David.
4 Estos seis hijos le nacieron a David en Hebrón, donde
reinó siete años y medio.

Luego David reinó otros treinta y tres años en Jerusa-
lén. 5 Entre los hijos de David que le nacieron en Jerusalén
estaban Samúa,* Sobab, Natán y Salomón. La madre de
ellos fue Betsabé,* hija de Amiel. 6 Además David tuvo
otros nueve hijos: Ibhar, Elisúa,* Elpelet,* 7 Noga, Nefeg,
Jafía, 8 Elisama, Eliada y Elifelet.
9 Estos fueron los hijos de David, sin contar los hijos
que nacieron de sus concubinas. La hermana de ellos fue
Tamar.

Descendientes de Salomón

10 Los descendientes de Salomón fueron Roboam, Abías,
Asa, Josafat, 11 Yoram,* Ocozías, Joás, 12 Amasías,
Uzías,* Jotam, 13 Acaz, Ezequías, Manasés, 14 Amón
y Josías.
15 Los hijos de Josías fueron Johanán (el mayor), Joacim
(el segundo), Sedequías (el tercero) y Joacaz* (el
cuarto).
16 Los sucesores de Joacim fueron su hijo Joaquín y su
hermano Sedequías.*

Descendientes de Joaquín

17 Los hijos de Joaquín* —quien fue tomado prisionero
por los babilonios— fueron Salatiel, 18 Malquiram,
Pedaías, Senazar, Jecamías, Hosama y Nedabías.
19 Los hijos de Pedaías fueron Zorobabel y Simei.
Los hijos de Zorobabel fueron Mesulam y Hananías.
(La hermana de ellos fue Selomit). 20 Sus otros cinco
hijos fueron Hasuba, Ohel, Berequías, Hasadías y
Jusab-hesed.
21 Los hijos de Hananías fueron Pelatías y Jesaías. El hijo
de Jesaías fue Refaías y el hijo de Refaías fue Arnán.
El hijo de Arnán fue Abdías y el hijo de Abdías fue
Secanías.

***Notas textuales** **2:42** O *quien fundó Hebrón*. El significado del hebreo es incierto. **2:55** O *el fundador de Bet-recab.* **3:5a** Así aparece en la versión siríaca (ver también 14:4; 2 Sm 5:14); en hebreo dice *Simea*. **3:5b** En hebreo *Bet-súa,* una variante de Betsabé. **3:6a** Así aparece en algunos manuscritos hebreos y griegos (ver también 14:5-7 y 2 Sm 5:15); la mayoría de los manuscritos hebreos dicen *Elisama.* **3:6b** En hebreo *Elifelet*; comparar el texto paralelo en 14:5-7. **3:11** En hebreo *Joram*, una variante de Yoram. **3:12** En hebreo *Azarías,* una variante de Uzías. **3:15** En hebreo *Salum*, otro nombre de Joacaz. **3:16** En hebreo *Los hijos de Joacim fueron su hijo Jeconías* [una variante de Joaquín] *y su hijo Sedequías.* **3:17** En hebreo *Jeconías,* una variante de Joaquín.

Referencias cruzadas **2:55** 2 Re 10:15 **3:1-4** 2 Sm 3:2-5 **3:5-8** 2 Sm 5:14-16

22 Los descendientes de Secanías fueron Semaías y sus
hijos, Hatús, Igal, Barías, Nearías y Safat; seis en
total.
23 Los hijos de Nearías fueron Elioenai, Ezequías y
Azricam; tres en total.
24 Los hijos de Elioenai fueron Hodavías, Eliasib,
Pelaías, Acub, Johanán, Dalaías y Anani; siete en
total.

Otros descendientes de Judá

4 Los descendientes de Judá fueron Fares, Hezrón,
Carmi, Hur y Sobal.
2 Reaía, hijo de Sobal, fue el padre de Jahat. Jahat fue el
padre de Ahumai y Lahad. Estas fueron las familias
de los zoratitas.
3 Los descendientes de* Etam fueron Jezreel, Isma,
Ibdas, una hermana llamada Haze-lelponi, 4 Penuel
(el padre de* Gedor) y Ezer (el padre de Husa). Estos
fueron los descendientes de Hur (el hijo mayor de
Efrata), el antepasado de Belén.
5 Asur (el padre de Tecoa) tuvo dos esposas, llamadas
Hela y Naara. 6 Naara dio a luz a Ahuzam, Hefer,
Temeni y Ahastari. 7 Hela dio a luz a Zeret, Izhar,*
Etnán 8 y Cos, quien fue antepasado de Anub, de
Zobeba, y de todas las familias de Aharhel, hijo de
Harum.
9 Había un hombre llamado Jabes, quien fue más
honorable que cualquiera de sus hermanos. Su
madre le puso por nombre Jabes* porque su
nacimiento le causó mucho dolor. 10 Él fue quien oró
al Dios de Israel diciendo: «¡Ay, si tú me bendijeras
y extendieras mi territorio! ¡Te ruego que estés
conmigo en todo lo que haga, y líbrame de toda
dificultad que me cause dolor!»; y Dios le concedió
lo que pidió.
11 Quelub (hermano de Súa) fue el padre de Mehir, y
Mehir fue el padre de Estón. 12 Estón fue el padre de
Bet-rafa, Paseah y Tehina. Tehina fue el padre de Ir-
nahas. Estos fueron los descendientes de Reca.
13 Los hijos de Cenaz fueron Otoniel y Seraías. Los hijos
de Otoniel fueron Hatat y Meonotai.* 14 Meonotai
fue el padre de Ofra. Seraías fue el padre de Joab, el
fundador del valle de los Artesanos,* así llamado
porque eran artesanos.
15 Los hijos de Caleb, hijo de Jefone, fueron Iru, Ela y
Naam. El hijo de Ela fue Cenaz.
16 Los hijos de Jehalelel fueron Zif, Zifa, Tirías y Asareel.
17 Los hijos de Esdras fueron Jeter, Mered, Efer y Jalón.
Una de las esposas de Mered fue* madre de Miriam,
Samai e Isba (el padre de Estemoa). 18 Se casó con
una mujer de Judá, quien fue madre de Jered (el
padre de Gedor), Heber (el padre de Soco) y Jecutiel
(el padre de Zanoa). Mered también se casó con
Bitia, una hija del faraón, quien le dio hijos.
19 La esposa de Hodías era hermana de Naham. Uno de
sus hijos fue el padre de Keila, el garmita, y otro fue
el padre de Estemoa, el maacateo.
20 Los hijos de Simón fueron Amnón, Rina, Ben-hanán
y Tilón.
Los descendientes de Isi fueron Zohet y Benzohet.

Descendientes de Sela, hijo de Judá

21 Sela fue uno de los hijos de Judá. Los descendientes
de Sela fueron Er (el padre de Leca), Laada (el padre
de Maresa), las familias de trabajadores del lino
en Bet-asbea, 22 Joacim, los hombres de Cozeba, y
Joás y Saraf, quienes gobernaban Moab y Jasubi-
lehem. Todos estos nombres provienen de registros
antiguos. 23 Eran los alfareros que vivieron en
Netaim y Gedera y trabajaban para el rey.

Descendientes de Simeón

24 Los hijos de Simeón fueron Jemuel,* Jamín, Jarib,
Zohar* y Saúl.
25 Los descendientes de Saúl fueron Salum, Mibsam y
Misma.
26 Los descendientes de Misma fueron Hamuel, Zacur
y Simei.
27 Simei tuvo dieciséis hijos y seis hijas, pero ninguno
de sus hermanos tuvo familias numerosas. De modo
que la tribu de Simeón nunca creció tanto como la
tribu de Judá.
28 Vivieron en Beerseba, Molada, Hazar-sual, 29 Bilha,
Ezem, Tolad, 30 Betuel, Horma, Siclag, 31 Bet-
marcabot, Hazar-susim, Bet-birai y Saaraim.
Estas ciudades estuvieron bajo su control hasta la
época del rey David. 32 Sus descendientes también
vivieron en Etam, Aín, Rimón, Toquén y Asán, cinco
ciudades 33 y las aldeas vecinas hasta llegar a Baalat.*
Este era el territorio que les correspondía, y estos
nombres aparecen en sus registros genealógicos.
34 Entre los descendientes de Simeón estaban Mesobab,
Jamlec, Josías hijo de Amasías, 35 Joel, Jehú hijo de
Josibías, hijo de Seraías, hijo de Asiel, 36 Elioenai,
Jaacoba, Jesohaía, Asaías, Adiel, Jesimiel, Benaía 37 y
Ziza hijo de Sifi, hijo de Alón, hijo de Jedaías, hijo de
Simri, hijo de Semaías.

38 Estos fueron los nombres de algunos de los jefes
de los clanes ricos de Simeón. Sus familias crecieron en
número 39 y viajaron a la región de Gerar,* en la parte
oriental del valle, en busca de pastura para sus rebaños.
40 Allí encontraron buenos pastizales y la tierra era espa-
ciosa, tranquila y pacífica.
Algunos de los descendientes de Cam antes vivían en
esa región; 41 pero durante el reinado de Ezequías de Judá,
estos líderes de Simeón invadieron la región y destruye-
ron por completo* las casas de los descendientes de Cam
y de los meunitas. Hoy en día no queda ni un rastro de
ellos. Mataron a todos los que vivían allí y se apoderaron
de la tierra, porque querían los buenos pastizales para
sus rebaños. 42 Quinientos de estos invasores de la tribu
de Simeón fueron al monte Seir, dirigidos por Pelatías,
Nearías, Refaías y Uziel, todos hijos de Isi. 43 Aniquilaron

***Notas textuales** **4:3** Así aparece en la versión griega; en hebreo dice *El padre de.* El significado del hebreo es incierto. **4:4** O *el fundador de*; también en 4:5, 12, 14, 17, 18, y tal vez en otros lugares donde el texto dice *el padre de.* **4:7** Así aparece en una lectura alternativa del texto masorético (ver también la Vulgata Latina); la otra alternativa y la versión griega dicen *Zohar.* **4:9** *Jabes* suena como un término hebreo que significa «angustia» o «dolor». **4:13** Así aparece en algunos manuscritos griegos y en la Vulgata Latina; en hebreo falta *y Meonotai.* **4:14** O *Joab, el padre de Gue-jarasim.* **4:17** O *La esposa de Jeter fue*; en hebreo dice *Ella fue.* **4:24a** Así aparece en la versión siríaca (ver también Gn 46:10; Ex 6:15); en hebreo dice *Nemuel.* **4:24b** Igual que en los textos paralelos de Gn 46:10 y Ex 6:15; en hebreo dice *Zera.* **4:33** Así aparece en algunos manuscritos griegos (ver también Jos 19:8); en hebreo dice *Baal.* **4:39** Así aparece en la versión griega; en hebreo dice *Gedor.* **4:41** El término hebreo empleado aquí se refiere a la consagración total de cosas o personas al SEÑOR, ya sea destruyéndolas o entregándolas como ofrenda.

Referencias cruzadas **3:22** Esd 8:2-3 **4:1** Nm 26:21 **4:13** Jos 15:17 **4:28-33** Jos 19:2-10

a los pocos amalecitas que habían sobrevivido y viven
allí desde entonces.

Descendientes de Rubén

5 El hijo mayor de Israel* fue Rubén; pero como des-
honró a su padre cuando se acostó con una de sus
concubinas, los derechos de hijo mayor fueron dados a
los hijos de su hermano José. Por esta razón, Rubén no
aparece en la lista de los registros genealógicos como el
primer hijo varón. 2 Aunque los descendientes de Judá
llegaron a ser la tribu más poderosa y dieron un gober-
nante para la nación,* los derechos de hijo mayor le per-
tenecieron a José.

3 Los hijos de Rubén, el hijo mayor de Israel, fueron
Hanoc, Falú, Hezrón y Carmi.
4 Los descendientes de Joel fueron Semaías, Gog, Simei,
5 Micaía, Reaía, Baal 6 y Beera. Beera fue el líder de los
rubenitas cuando fueron llevados cautivos por el rey
Tiglat-pileser* de Asiria.
7 Los parientes de Beera* aparecen en los registros
genealógicos por sus clanes: Jeiel (el jefe), Zacarías 8 y
Bela hijo de Azaz, hijo de Sema, hijo de Joel.
Los rubenitas vivían en la zona que se extiende de
Aroer a Nebo y Baal-meón. 9 Dado que tenían tantos
animales en la tierra de Galaad, se extendieron al
oriente hacia los límites del desierto que llega hasta
el río Éufrates.
10 Durante el reinado de Saúl, los rubenitas derrotaron a
los agarenos en batalla. Después se trasladaron a los
asentamientos agarenos a lo largo del borde oriental
de Galaad.

Descendientes de Gad

11 Al lado de los rubenitas, en la tierra de Basán, vivían
los descendientes de Gad, hasta Salca al oriente.
12 Joel fue el líder en la tierra de Basán, y Safán era
segundo en autoridad, seguido por Jaanai y Safat.
13 Sus parientes, los jefes de otros siete clanes, fueron
Micael, Mesulam, Seba, Jorai, Jacán, Zía y Heber.
14 Todos ellos fueron los descendientes de Abihail,
hijo de Huri, hijo de Jaroa, hijo de Galaad, hijo de
Micael, hijo de Jesisai, hijo de Jahdo, hijo de Buz.
15 Ahí, hijo de Abdiel, hijo de Guni, fue el jefe de sus
clanes.

16 Los gaditas vivieron en la tierra de Galaad, en Basán
y sus aldeas, y por todos los pastizales de Sarón. 17 Todos
estos aparecen en los registros genealógicos durante los
tiempos del rey Jotam de Judá y del rey Jeroboam de Israel.

Las tribus al oriente del Jordán

18 Había 44.760 guerreros competentes en los ejércitos
de Rubén, Gad y la media tribu de Manasés, hábiles en
combate y armados de escudos, espadas y arcos. 19 Hicie-
ron guerra contra los agarenos, los jetureos, los nafiseos y
los nodabitas. 20 Clamaron a Dios durante la batalla, y él
contestó su oración porque confiaron en él. De modo que
derrotaron a los agarenos y a todos sus aliados. 21 Entre el
botín que tomaron de los agarenos había 50.000 came-
llos, 250.000 ovejas, 2000 burros y 100.000 cautivos.
22 Muchos de los agarenos murieron en la batalla porque
Dios luchaba contra ellos. Los habitantes de Rubén, Gad
y Manasés vivieron en su tierra hasta que fueron llevados
al destierro.

23 La media tribu de Manasés era muy grande y se ex-
tendió por la tierra desde Basán hasta Baal-hermón, Senir
y el monte Hermón. 24 Estos fueron los jefes de sus clanes:
Efer,* Isi, Eliel, Azriel, Jeremías, Hodavías y Jahdiel. Estos
hombres tuvieron gran fama como guerreros poderosos
y jefes de sus clanes.

25 Sin embargo, estas tribus fueron infieles al Dios de
sus antepasados. Adoraron a los dioses de las naciones
que Dios había destruido. 26 Por eso el Dios de Israel hizo
que el rey Pul de Asiria (también conocido como Tiglat-
pileser) invadiera la tierra y se llevara cautivos a la tribu
de Rubén, a la tribu de Gad y a la media tribu de Mana-
sés. Los asirios los desterraron y los llevaron a Halah, a
Habor, a Hara y al río Gozán, donde se encuentran hasta
el día de hoy.

La línea sacerdotal

6 1* Los hijos de Leví fueron Gersón, Coat y Merari.
2 Entre los descendientes de Coat se encontraban
Amram, Izhar, Hebrón y Uziel.
3 Los hijos de Amram fueron Aarón, Moisés y Miriam.
Los hijos de Aarón fueron Nadab, Abiú, Eleazar
e Itamar.
4 Eleazar fue el padre de Finees.
Finees fue el padre de Abisúa.
5 Abisúa fue el padre de Buqui.
Buqui fue el padre de Uzi.
6 Uzi fue el padre de Zeraías.
Zeraías fue el padre de Meraiot.
7 Meraiot fue el padre de Amarías.
Amarías fue el padre de Ahitob.
8 Ahitob fue el padre de Sadoc.
Sadoc fue el padre de Ahimaas.
9 Ahimaas fue el padre de Azarías.
Azarías fue el padre de Johanán.
10 Johanán fue el padre de Azarías, el sumo sacerdote
del templo* que Salomón construyó en Jerusalén.
11 Azarías fue el padre de Amarías.
Amarías fue el padre de Ahitob.
12 Ahitob fue el padre de Sadoc.
Sadoc fue el padre de Salum.
13 Salum fue el padre de Hilcías.
Hilcías fue el padre de Azarías.
14 Azarías fue el padre de Seraías.
Seraías fue el padre de Jehosadac, 15 quien fue
desterrado cuando el SEÑOR mandó a los
habitantes de Judá y de Jerusalén al cautiverio
bajo Nabucodonosor.

Los clanes de los levitas

16* Los hijos de Leví fueron Gersón,* Coat y Merari.
17 Entre los descendientes de Gersón estaban Libni y
Simei.

***Notas textuales** **5:1** *Israel* es el nombre que Dios le dio a Jacob. **5:2** O *y de Judá provino un príncipe.* **5:6** En hebreo *Tilgat-pilneser,* una variante de Tiglat-pileser; también en 5:26. **5:7** En hebreo *Sus parientes.* **5:24** Así aparece en la versión griega y en la Vulgata Latina; en hebreo dice *y Efer.* **6:1** Los versículos del 6:1-15 corresponden al 5:27-41 en el texto hebreo. **6:10** En hebreo *de la casa.* **6:16a** Los versículos del 6:16-81 corresponden al 6:1-66 en el texto hebreo. **6:16b** En hebreo *Gersom,* una variante de Gersón (ver 6:1); también en 6:17, 20, 43, 62, 71.

Referencias cruzadas **4:43** 1 Sm 30:16-17 **5:17** 2 Re 15:5, 32-33 **5:26** 2 Re 15:19, 29

18Entre los descendientes de Coat estaban Amram,
Izhar, Hebrón y Uziel.
19Entre los descendientes de Merari estaban Mahli y
Musi.

Los siguientes fueron los clanes de los levitas, agrupados de acuerdo a su familia patriarcal:

20Entre los descendientes de Gersón estaban Libni, Jahat,
Zima, 21Joa, Iddo, Zera y Jeatrai.
22Entre los descendientes de Coat estaban Aminadab,
Coré, Asir, 23Elcana, Abiasaf,* Asir, 24Tahat, Uriel,
Uzías y Saúl.
25Entre los descendientes de Elcana estaban Amasai,
Ahimot, 26Elcana, Zofai, Nahat, 27Eliab, Jeroham,
Elcana y Samuel.*
28Los hijos de Samuel fueron Joel* (el mayor) y Abías
(el segundo).
29Entre los descendientes de Merari estaban Mahli,
Libni, Simei, Uza, 30Simea, Haguía y Asaías.

Los músicos del templo

31David nombró a los siguientes hombres para dirigir
la música en la casa del Señor después de que el arca
fue colocada allí. 32Ellos se encargaron de la música en el
tabernáculo* hasta que Salomón construyó el templo del
Señor en Jerusalén. Llevaron a cabo su labor siguiendo
todas las ordenanzas que les transmitieron. 33Estos son
los hombres que sirvieron junto con sus hijos:

El músico Hemán pertenecía al clan de Coat. Su
genealogía fue seguida a través de Joel, Samuel,
34Elcana, Jeroham, Eliel, Toa, 35Zuf, Elcana, Mahat,
Amasai, 36Elcana, Joel, Azarías, Sofonías, 37Tahat,
Asir, Abiasaf, Coré, 38Izhar, Coat, Leví y hasta
Israel.*
39El primer ayudante de Hemán fue Asaf, del clan de
Gersón.* La genealogía de Asaf fue seguida a través
de Berequías, Simea, 40Micael, Baasías, Malquías,
41Etni, Zera, Adaía, 42Etán, Zima, Simei, 43Jahat,
Gersón y Leví.
44El segundo ayudante de Hemán fue Etán, quien
pertenecía al clan de Merari. La genealogía de
Etán fue seguida a través de Quisi, Abdi, Maluc,
45Hasabías, Amasías, Hilcías, 46Amsi, Bani, Semer,
47Mahli, Musi, Merari y Leví.

48Sus hermanos levitas fueron asignados a otras tareas en
el tabernáculo, la casa de Dios.

Los descendientes de Aarón

49Solamente Aarón y sus descendientes servían como
sacerdotes. Presentaban las ofrendas en el altar de las
ofrendas quemadas y en el altar del incienso, y llevaban
a cabo todas las demás tareas relacionadas con el Lugar
Santísimo. Hacían expiación por Israel al hacer todo lo que
Moisés, el siervo de Dios, les había ordenado.

50Los descendientes de Aarón fueron Eleazar, Finees,
Abisúa, 51Buqui, Uzi, Zeraías, 52Meraiot, Amarías,
Ahitob, 53Sadoc y Ahimaas.

Territorio para los levitas

54Este es un registro de las ciudades y del territorio asig-
nados, por sorteo sagrado, a los descendientes de Aarón
que pertenecían al clan de Coat. 55Este territorio en Judá
incluía Hebrón y los pastizales que lo rodeaban, 56pero
Caleb, hijo de Jefone, recibió los campos y las zonas cir-
cundantes que pertenecían a la ciudad. 57Así que a los
descendientes de Aarón les entregaron las siguientes ciu-
dades, cada una con sus pastizales: Hebrón (una ciudad de
refugio)*, Libna, Jatir, Estemoa, 58Holón,* Debir, 59Aín,*
Juta* y Bet-semes. 60Además, del territorio de Benjamín,
recibieron Gabaón,* Geba, Alemet y Anatot, cada una
con sus pastizales. De modo que se les entregaron trece
ciudades a los descendientes de Aarón. 61Los demás des-
cendientes de Coat recibieron por sorteo sagrado diez
ciudades del territorio de la media tribu de Manasés.
62Los descendientes de Gersón recibieron por sorteo
sagrado trece ciudades de los territorios de Isacar, Aser,
Neftalí y de la región de Basán al oriente del Jordán, que
pertenece a Manasés.
63Los descendientes de Merari recibieron por sorteo
sagrado doce ciudades de los territorios de Rubén, Gad
y Zabulón.
64Así que el pueblo de Israel asignó todas estas ciu-
dades y pastizales a los levitas. 65Las ciudades en los
territorios de Judá, Simeón y Benjamín, mencionadas
anteriormente, se les asignaron por sorteo sagrado.
66A los descendientes de Coat les entregaron las si-
guientes ciudades del territorio de Efraín, cada una con
sus pastizales: 67Siquem (una ciudad de refugio en la
zona montañosa de Efraín)*, Gezer, 68Jocmeam, Bet-
horón, 69Ajalón y Gat-rimón. 70Los demás descendien-
tes de Coat recibieron las ciudades de Aner y Bileam del
territorio de la media tribu de Manasés, cada una con
sus pastizales.
71Los descendientes de Gersón recibieron las siguien-
tes ciudades del territorio de la media tribu de Manasés:
Golán (en Basán) y Astarot, cada una con sus pastiza-
les. 72Del territorio de Isacar recibieron Cedes, Daberat,
73Ramot y Anem, cada una con sus pastizales. 74Del terri-
torio de Aser recibieron Masal, Abdón, 75Hucoc y Rehob,
cada una con sus pastizales. 76Del territorio de Neftalí
recibieron Cedes en Galilea, Hamón y Quiriataim, cada
una con sus pastizales.
77Los demás descendientes de Merari recibieron las
siguientes ciudades del territorio de Zabulón: Jocneam,
Carta,* Rimón* y Tabor, cada una con sus pastizales.

***Notas textuales** **6:23** En hebreo *Ebiasaf*, una variante de Abiasaf (también en 6:37); comparar el texto paralelo en Ex 6:24. **6:27** Así aparece en algunos manuscritos griegos (ver también 6:33-34); en hebreo falta *y Samuel.* **6:28** Así aparece en algunos manuscritos griegos y en la versión siríaca (ver también 6:33 y 1 Sm 8:2); en hebreo falta *Joel.* **6:32** En hebreo *el tabernáculo, la carpa de reunión.* **6:38** *Israel* es el nombre que Dios le dio a Jacob. **6:39** En hebreo falta *del clan de Gersón*; ver 6:43. **6:57** Igual que el texto paralelo en Jos 21:13; en hebreo dice *les entregaron las ciudades de refugio: Hebrón y las ciudades siguientes, cada una con sus pastizales.* **6:58** Igual que el texto paralelo en Jos 21:15; el texto masorético dice *Hilez*; otros manuscritos dicen *Hilén.* **6:59a** Igual que el texto paralelo en Jos 21:16; en hebreo dice *Asán.* **6:59b** Así aparece en la versión siríaca (ver también Jos 21:16); en hebreo falta *Juta.* **6:60** Igual que el texto paralelo en Jos 21:17; en hebreo falta *Gabaón.* **6:66-67** Igual que el texto paralelo en Jos 21:21; el texto hebreo dice *les entregaron las ciudades de refugio: Siquem en la zona montañosa de Efraín, y las siguientes ciudades, cada una con sus pastizales.* **6:77a** Así aparece en la versión griega (ver también Jos 21:34); en hebreo falta *Jocneam, Carta.* **6:77b** Así aparece en la versión griega (ver también Jos 19:13); en hebreo dice *Rimono.*

Referencias cruzadas **6:28** 1 Sm 8:2 **6:31-47** 1 Cr 16:4-6 **6:54-80** Jos 21:4-39

78 Del territorio de Rubén, al oriente del río Jordán frente a
Jericó, recibieron Beser (una ciudad del desierto), Jahaza,*
79 Cademot y Mefaat, cada una con sus pastizales. 80 Ade-
más, del territorio de Gad recibieron Ramot de Galaad,
Mahanaim, 81 Hesbón y Jazer, cada una con sus pastizales.

Descendientes de Isacar

7 Los cuatro hijos de Isacar fueron Tola, Púa, Jasub
y Simrón.
2 Los hijos de Tola fueron Uzi, Refaías, Jeriel, Jahmai,
Jibsam y Semuel. Cada uno de ellos era el jefe de un
clan patriarcal. En el tiempo del rey David el número
total de guerreros poderosos anotados en el registro
de estos clanes era veintidós mil seiscientos.
3 Israhías fue hijo de Uzi. Los hijos de Israhías fueron
Micael, Obadías, Joel e Isías. Estos cinco llegaron a
ser jefes de clanes. 4 Todos ellos tuvieron muchas
esposas y muchos hijos, de manera que el total de
hombres disponibles para el servicio militar entre
sus descendientes era treinta y seis mil.
5 El número total de guerreros poderosos entre todos los
clanes de la tribu de Isacar era ochenta y siete mil. Todos
ellos aparecen en sus registros genealógicos.

Descendientes de Benjamín

6 Tres de los hijos de Benjamín fueron Bela, Bequer y
Jediael.
7 Los cinco hijos de Bela fueron Ezbón, Uzi, Uziel,
Jerimot e Iri. Cada uno de ellos fue jefe de un clan
patriarcal. El número total de guerreros poderosos
de estos clanes era veintidós mil treinta y cuatro, tal
como aparecen en sus registros genealógicos.
8 Los hijos de Bequer fueron Zemira, Joás, Eliezer,
Elioenai, Omri, Jerimot, Abías, Anatot y Alamet.
9 Cada uno de ellos era jefe de un clan patriarcal.
El número total de guerreros poderosos y jefes de
estos clanes era veinte mil doscientos, tal como
aparecen en sus registros genealógicos.
10 Bilhán fue hijo de Jediael. Los hijos de Bilhán
fueron Jeús, Benjamín, Aod, Quenaana, Zetán,
Tarsis y Ahisahar. 11 Cada uno de ellos fue jefe de
un clan patriarcal. De estos clanes el número total
de guerreros poderosos listos para la guerra era
diecisiete mil doscientos.
12 Los hijos de Hir fueron Supim y Hupim. Husim fue
hijo de Aher.

Descendientes de Neftalí

13 Los hijos de Neftalí fueron Jahzeel,* Guni, Jezer
y Silem.* Todos eran descendientes de Bilha, la
concubina de Jacob.

Descendientes de Manasés

14 Entre los descendientes de Manasés, nacidos de
su concubina aramea, se encontraba Asriel. Ella
también dio a luz a Maquir, el padre de Galaad.
15 Maquir encontró esposas para* Hupim y Supim.
Maquir tenía una hermana llamada Maaca. Uno de
los descendientes de Maquir fue Zelofehad, quien
solamente tuvo hijas.
16 La esposa de Maquir, Maaca, dio a luz un hijo al que
llamó Peres. El nombre de su hermano era Seres. Los
hijos de Peres fueron Ulam y Requem. 17 El hijo de
Ulam fue Bedán. Todos estos fueron considerados
galaaditas, descendientes de Maquir, hijo de
Manasés.
18 Hamolequet, hermana de Maquir, dio a luz a Isod,
Abiezer y Mahala.
19 Los hijos de Semida fueron Ahián, Siquem, Likhi y
Aniam.

Descendientes de Efraín

20 Los descendientes de Efraín fueron Sutela, Bered,
Tahat, Elada, Tahat, 21 Zabad, Sutela, Ezer y Elad.
A Ezer y a Elad los mataron cuando intentaban
robar ganado que pertenecía a los granjeros locales,
cerca de Gat. 22 Su padre, Efraín, hizo duelo por
ellos durante mucho tiempo, y sus parientes fueron
a consolarlo. 23 Después Efraín se acostó con su
esposa, y ella quedó embarazada y dio a luz un hijo.
Efraín lo llamó Bería,* debido a la desgracia que
había sufrido su familia. 24 Tuvo una hija llamada
Seera. Ella construyó las ciudades de Bet-horón de
abajo, Bet-horón de arriba y Uzen-seera.
25 Entre los descendientes de Efraín estaban Refa, Resef,
Telah, Tahán, 26 Laadán, Amiud, Elisama, 27 Nun y
Josué.

28 Los descendientes de Efraín vivieron en el territorio
que incluía a Betel y a las ciudades vecinas hacia el sur,
Naarán al oriente, Gezer y sus aldeas al occidente, y Si-
quem y las aldeas vecinas hacia el norte hasta llegar a Aya
y sus ciudades. 29 A lo largo de la frontera de Manasés se
encontraban las ciudades de Bet-sán,* Taanac, Meguido
y Dor, junto con sus aldeas vecinas. Los descendientes de
José, hijo de Israel,* vivieron en estas ciudades.

Descendientes de Aser

30 Los hijos de Aser fueron Imna, Isúa, Isúi y Bería.
Tuvieron una hermana llamada Sera.
31 Los hijos de Bería fueron Heber y Malquiel (el padre
de Birzavit).
32 Los hijos de Heber fueron Jaflet, Somer y Hotam.
Tuvieron una hermana llamada Súa.
33 Los hijos de Jaflet fueron Pasac, Bimhal y Asvat.
34 Los hijos de Somer fueron* Ahí, Rohga, Jehúba y
Aram.
35 Los hijos de su hermano Helem* fueron Zofa, Imna,
Seles y Amal.
36 Los hijos de Zofa fueron Súa, Harnefer, Súal, Beri,
Imra, 37 Beser, Hod, Sama, Silsa, Itrán* y Beera.
38 Los hijos de Jeter fueron Jefone, Pispa y Ara.
39 Los hijos de Ula fueron Ara, Haniel y Rezia.
40 Cada uno de estos descendientes de Aser fue cabeza
de un clan patriarcal. Eran todos hombres selectos,
guerreros poderosos y líderes destacados. El número total

***Notas textuales** **6:78** En hebreo *Jaza*, una variante de Jahaza. **7:13a** Igual que el texto paralelo en Gn 46:24; en hebreo dice *Jahziel*, una variante de Jahzeel. **7:13b** Así aparece en algunos manuscritos hebreos y griegos (ver también Gn 46:24; Nm 26:49); la mayoría de los manuscritos hebreos dicen *Salum*. **7:15** O *Maquir tomó esposa de*. El significado del hebreo es incierto. **7:23** *Bería* suena como un término hebreo que significa «tragedia» o «desgracia». **7:29a** En hebreo *Bet-seán*, una variante de Bet-sán. **7:29b** *Israel* es el nombre que Dios le dio a Jacob. **7:34** O *Los hijos de Somer, su hermano, fueron*. **7:35** Posiblemente otro nombre de *Hotam*; comparar 7:32. **7:37** Posiblemente otro nombre de *Jeter*; comparar 7:38.

Referencias cruzadas **7:2** 2 Sm 24:1-9 **7:6-12** 1 Cr 8:1-40 **7:13** Gn 30:8 **7:14** Nm 26:29-30 **7:20** Nm 1:33 **7:30-31** Nm 26:44-46

de hombres disponibles para el servicio militar era veinti-
séis mil, tal como aparecen en sus registros genealógicos.

> **¡Respuestas Bíblicas! 71**
> **¿Por qué hay tantas listas de nombres en este libro?**
>
> 7:40 El pueblo de Dios quería aprender sobre su pasado. Las familias de su pasado eran importantes para ellos. Por eso resguardaron los registros familiares.

Descendientes de Benjamín

8 El primer hijo de Benjamín fue Bela; el segundo,
Asbel; el tercero, Ahara; 2 el cuarto, Noha y el
quinto, Rafa.
3 Los hijos de Bela fueron Adar, Gera, Abiud,* 4 Abisúa,
Naamán, Ahoa, 5 Gera, Sefufán y Huram.
6 Los hijos de Aod, jefes de los clanes que vivían en
Geba, fueron desterrados a Manahat. 7 Los hijos de
Aod fueron Naamán, Ahías y Gera. Gera, quien los
llevó al destierro, fue el padre de Uza y Ahiud.*
8 Después que Saharaim se divorció de sus esposas
Husim y Baara, tuvo hijos en la tierra de Moab. 9 Su
esposa Hodes dio a luz a Jobab, Sibia, Mesa, Malcam,
10 Jeúz, Saquías y Mirma. Todos estos hijos llegaron a
ser jefes de clanes.
11 Husim, la esposa de Saharaim, ya había dado a luz
a Abitob y a Elpaal. 12 Los hijos de Elpaal fueron
Heber, Misam, Semed (quien construyó las ciudades
de Ono y Lod y sus aldeas cercanas), 13 Bería y Sema.
Ellos fueron los jefes de los clanes que vivían en
Ajalón, y expulsaron a los habitantes de Gat.
14 Ahío, Sasac, Jeremot, 15 Zebadías, Arad, Ader,
16 Micael, Ispa y Joha fueron los hijos de Bería.
17 Zebadías, Mesulam, Hizqui, Heber, 18 Ismerai, Jezlías
y Jobab fueron los hijos de Elpaal.
19 Jaquim, Zicri, Zabdi, 20 Elienai, Ziletai, Eliel,
21 Adaías, Beraías y Simrat fueron los hijos de Simei.
22 Ispán, Heber, Eliel, 23 Abdón, Zicri, Hanán,
24 Hananías, Elam, Anatotías, 25 Ifdaías y Peniel
fueron los hijos de Sasac.
26 Samserai, Seharías, Atalías, 27 Jaresías, Elías y Zicri
fueron los hijos de Jeroham.
28 Estos fueron los jefes de los clanes patriarcales, según
aparecían en sus registros genealógicos; y todos ellos vi-
vieron en Jerusalén.

La familia de Saúl

29 Jeiel* (el padre de* Gabaón) vivió en la ciudad de
Gabaón. El nombre de su esposa fue Maaca, 30 y
su hijo mayor fue Abdón. Los otros hijos de Jeiel
fueron Zur, Cis, Baal, Ner,* Nadab, 31 Gedor,
Ahío, Zacarías* 32 y Miclot, quien fue el padre de
Simeam.* Todas estas familias vivieron unas cerca
de otras en Jerusalén.
33 Ner fue el padre de Cis.
Cis fue el padre de Saúl.
Saúl fue el padre de Jonatán, Malquisúa, Abinadab
y Es-baal.
34 Jonatán fue el padre de Merib-baal.
Merib-baal fue el padre de Micaía.
35 Micaía fue el padre de Pitón, Melec, Tarea y Acaz.
36 Acaz fue el padre de Jada.*
Jada fue el padre de Alemet, Azmavet y Zimri.
Zimri fue el padre de Mosa.
37 Mosa fue el padre de Bina.
Bina fue el padre de Refaías.*
Refaías fue el padre de Elasa.
Elasa fue el padre de Azel.
38 Azel tuvo seis hijos: Azricam, Bocru, Ismael, Searías,
Obadías y Hanán. Estos fueron los hijos de Azel.
39 El hermano de Azel, Esec, tuvo tres hijos: el primero
fue Ulam; el segundo, Jehús y el tercero, Elifelet.
40 Todos los hijos de Ulam fueron guerreros
poderosos y expertos arqueros. Tuvieron muchos
hijos y nietos: ciento cincuenta en total.

Todos ellos fueron descendientes de Benjamín.

9 Entonces todo Israel quedó anotado en los registros
genealógicos en *El libro de los reyes de Israel.*

El retorno de los desterrados

El pueblo de Judá fue desterrado a Babilonia porque fue
infiel al SEÑOR. 2 Los primeros desterrados en regresar
a las propiedades en sus antiguas ciudades fueron los
sacerdotes, los levitas, los sirvientes del templo y otros
israelitas. 3 Algunas personas de las tribus de Judá, Ben-
jamín, Efraín y Manasés volvieron y se establecieron en
Jerusalén.

4 Una familia que regresó fue la de Utai, hijo de
Amiud, hijo de Omri, hijo de Imri, hijo de Bani, un
descendiente de Fares, hijo de Judá.
5 Otros que volvieron pertenecían al clan de los
silonitas, entre ellos Asaías (el mayor) y sus hijos.
6 Del clan de los zeraítas, regresó Jeuel junto con sus
parientes.
En total regresaron seiscientas noventa familias de la tribu
de Judá.

7 De la tribu de Benjamín volvieron Salú, hijo de
Mesulam, hijo de Hodavías, hijo de Asenúa;
8 Ibneías, hijo de Jeroham; Ela, hijo de Uzi, hijo de
Micri y Mesulam, hijo de Sefatías, hijo de Reuel, hijo
de Ibnías.
9 Todos estos hombres fueron jefes de clanes y aparecían
en los registros genealógicos. En total regresaron nove-
cientas cincuenta y seis familias de la tribu de Benjamín.

Los sacerdotes que regresaron

10 Entre los sacerdotes que regresaron se encontraban
Jedaías, Joiarib, Jaquín, 11 Azarías, hijo de Hilcías, hijo
de Mesulam, hijo de Sadoc, hijo de Meraiot, hijo de
Ahitob. Azarías fue el funcionario principal de la casa
de Dios.

***Notas textuales** **8:3** Posiblemente *Gera, padre de Aod*; comparar 8:6. **8:7** O *Gera, es decir Heglam, fue el padre de Uza y Ahiud.* **8:29a** Así aparece en algunos manuscritos griegos (ver también 9:35); en hebreo falta *Jeiel.* **8:29b** O *el fundador de.* **8:30** Así aparece en algunos manuscritos griegos (ver también 9:36); en hebreo falta *Ner.* **8:31** Igual que el texto paralelo en 9:37; en hebreo dice *Zequer,* una variante de Zacarías. **8:32** Igual que el texto paralelo en 9:38; en hebreo dice *Simea,* una variante de Simeam. **8:36** Igual que el texto paralelo en 9:42; en hebreo dice *Joada,* una variante de Jada. **8:37** Igual que el texto paralelo en 9:43; en hebreo dice *Rafa,* una variante de Refaías.

Referencias cruzadas **8:1-2** Gn 46:21 **8:13** Jos 11:22 **8:29-38** 1 Cr 9:34-44 **9:1-17** Ne 11:3-19

12Otros sacerdotes que regresaron fueron Adaía, hijo
de Jeroham, hijo de Pasur, hijo de Malquías, y Masai,
hijo de Adiel, hijo de Jazera, hijo de Mesulam, hijo
de Mesilemit, hijo de Imer.
13En total regresaron mil setecientos sesenta sacerdotes.
Eran jefes de clanes y hombres muy capaces. Eran los
sacerdotes responsables de oficiar en la casa de Dios.

Los levitas que regresaron

14Los levitas que regresaron fueron Semaías, hijo
de Hasub, hijo de Azricam, hijo de Hasabías, un
descendiente de Merari; 15Bacbacar; Heres; Galal;
Matanías, hijo de Micaía, hijo de Zicri, hijo de Asaf;
16Obadías, hijo de Semaías, hijo de Galal, hijo de
Jedutún y Berequías, hijo de Asa, hijo de Elcana,
quien vivió en la región de Netofa.
17Los porteros que regresaron fueron Salum,
Acub, Talmón, Ahimán y sus parientes. Salum
fue el portero principal. 18Anteriormente eran
responsables de la puerta del Rey, al oriente.
Estos hombres servían como porteros para los
campamentos de los levitas. 19Salum era hijo de
Koré, un descendiente de Abiasaf,* del clan de Coré.
Él y sus parientes, los coreítas, eran responsables
de cuidar la entrada al santuario, así como sus
antepasados habían cuidado el tabernáculo en el
campamento del SEÑOR.
20Antiguamente Finees, hijo de Eleazar, había
estado a cargo de los porteros, y el SEÑOR había
estado con él. 21Posteriormente Zacarías, hijo de
Meselemías, fue el responsable de cuidar la entrada
del tabernáculo.*

22En total hubo doscientos doce porteros en esos días,
y fueron registrados según las genealogías en sus aldeas.
Como sus antepasados eran hombres de confianza, David
y Samuel el vidente los asignaron a sus puestos. 23Estos
porteros y sus descendientes, por sus divisiones, eran
responsables de cuidar la entrada de la casa del SEÑOR
cuando esa casa era una carpa. 24Los porteros estaban
colocados en los cuatro puntos cardinales: al oriente, al
occidente, al norte y al sur. 25Sus parientes en las aldeas
venían con regularidad para ayudarlos con las responsa-
bilidades durante ciclos de siete días.
26Los cuatro porteros principales, todos levitas, eran
funcionarios de confianza, porque eran responsables de
las habitaciones y de los tesoros de la casa de Dios. 27Pa-
saban la noche alrededor de la casa de Dios, ya que era su
deber cuidarla y abrir las puertas cada mañana.
28Algunos de los porteros tenían a su cargo el cuidado
de los diversos objetos empleados en el culto. Con el fin de
impedir pérdidas, llevaban la cuenta cuando los sacaban y
cuando los guardaban. 29Otros eran responsables del mo-
biliario, de los objetos en el santuario y de los suministros,
como la harina selecta, el vino, el aceite de oliva, el incienso
y las especias; 30pero eran los sacerdotes los que combina-
ban las especias. 31A Matatías, levita e hijo mayor de Salum
el coreíta, se le confió la preparación del pan utilizado para
las ofrendas, 32y algunos de los miembros del clan de Coat
tenían a su cargo la preparación del pan que se debía poner
en la mesa cada día de descanso.
33Los músicos, todos levitas prominentes, vivían en
el templo. Estaban exentos de otras responsabilidades
ya que estaban de servicio a todas horas. 34Todos estos
hombres vivían en Jerusalén; eran cabezas de familias
levitas y aparecían como líderes prominentes en los re-
gistros genealógicos.

El árbol genealógico de la familia de Saúl

35Jeiel (el padre de* Gabaón) vivía en la ciudad de
Gabaón. El nombre de su esposa era Maaca, 36y su
hijo mayor se llamaba Abdón. Los demás hijos de
Jeiel fueron Zur, Cis, Baal, Ner, Nadab, 37Gedor,
Ahío, Zacarías y Miclot. 38Miclot fue el padre de
Simeam. Todas estas familias vivían unas cerca de
otras en Jerusalén.
39 Ner fue el padre de Cis.
Cis fue el padre de Saúl.
Saúl fue padre de Jonatán, Malquisúa, Abinadab y
Es-baal.
40 Jonatán fue el padre de Merib-baal.
Merib-baal fue el padre de Micaía.
41 Los hijos de Micaía fueron Pitón, Melec, Tarea y
Acaz.*
42 Acaz fue el padre de Jada.*
Jada fue el padre de Alemet, Azmavet y Zimri.
Zimri fue el padre de Mosa.
43 Mosa fue el padre de Bina.
Refaías fue el hijo de Bina.
Elasa fue el hijo de Refaías.
Azel fue el hijo de Elasa.
44Azel tuvo seis hijos, cuyos nombres fueron Azricam,
Bocru, Ismael, Searías, Obadías y Hanán. Estos
fueron los hijos de Azel.

Muerte del rey Saúl

10 Ahora bien, los filisteos atacaron a Israel, y los
hombres de Israel huyeron ante ellos. Mataron
a muchos en las laderas del monte Gilboa. 2Los filisteos
cercaron a Saúl y a sus hijos, y mataron a tres de ellos:
Jonatán, Abinadab y Malquisúa. 3La batalla se intensificó
cerca de Saúl, y los arqueros filisteos lo alcanzaron y lo
hirieron.
4Con gemidos, Saúl le dijo a su escudero: «Toma tu
espada y mátame antes de que estos filisteos paganos
lleguen para burlarse de mí y torturarme».
Pero su escudero tenía miedo y no quiso hacerlo. En-
tonces Saúl tomó su propia espada y se echó sobre ella.
5Cuando su escudero vio que Saúl estaba muerto, se echó
sobre su propia espada y murió. 6Así que Saúl y sus tres
hijos murieron allí juntos, y su dinastía llegó a su fin.
7Cuando los israelitas que estaban en el valle de Jezreel
vieron que su ejército había huido y que Saúl y sus hijos
estaban muertos, abandonaron sus ciudades y huyeron.
Entonces los filisteos entraron y ocuparon sus ciudades.
8Al día siguiente, cuando los filisteos salieron a despojar
a los muertos, encontraron los cuerpos de Saúl y de sus
hijos en el monte Gilboa. 9Entonces le quitaron la arma-
dura a Saúl y le cortaron la cabeza. Luego proclamaron las
buenas noticias de la muerte de Saúl ante sus ídolos y a la
gente en toda la tierra de Filistea. 10Pusieron su armadura

***Notas textuales** **9:19** En hebreo *Ebiasaf,* una variante de Abiasaf; comparar Ex 6:24. **9:21** O *de la carpa de reunión.* **9:35** O *el fundador de.* **9:41** Así aparece en la versión siríaca y en la Vulgata Latina (ver también 8:35); en hebreo falta *y Acaz.* **9:42** Así aparece en algunos manuscritos hebreos y en la versión griega (ver también 8:36); en hebreo dice *Jara.*

Referencias cruzadas **9:35-44** 1 Cr 8:28-38 **10:1-12** 1 Sm 31:1-13 en el templo de sus dioses y colgaron su cabeza en el templo de Dagón.

11 Cuando el pueblo de Jabes de Galaad se enteró de todo lo que los filisteos le habían hecho a Saúl, 12 todos los valientes guerreros llevaron los cuerpos de Saúl y sus hijos de regreso a Jabes. Luego enterraron sus huesos debajo del gran árbol en Jabes y ayunaron por siete días.

13 De manera que Saúl murió porque fue infiel al SEÑOR. No obedeció el mandato del SEÑOR e incluso consultó a una médium 14 en lugar de buscar la dirección del SEÑOR. Así que el SEÑOR le quitó la vida y le entregó el reino a David, hijo de Isaí.

David, rey de todo Israel

11 Luego todos los israelitas se presentaron ante David en Hebrón y le dijeron: «Somos de la misma sangre. 2 En el pasado,* aun cuando Saúl era rey, en realidad era usted quien dirigía a las fuerzas de Israel. Y el SEÑOR su Dios le dijo: "Tú serás el pastor de mi pueblo Israel; tú serás el líder de mi pueblo Israel"».

3 De modo que allí en Hebrón David hizo un pacto ante el SEÑOR con todos los ancianos de Israel. Y lo ungieron rey de Israel, tal como el SEÑOR lo había prometido por medio de Samuel.

> ¡Respuestas Bíblicas! **72** ¿Qué era la Ciudad de David?
>
> 11:7 Jerusalén era llamada la Ciudad de David ya que él la hizo capital de su reino.

David toma Jerusalén

4 Después David fue con todo Israel a Jerusalén (o Jebús, como solían llamarla anteriormente), donde vivían los jebuseos, los habitantes originarios de esa tierra. 5 El pueblo de Jebús se mofaba de David: «¡Jamás entrarás aquí!»; pero David tomó la fortaleza de Sion, la que ahora se llama Ciudad de David.

6 David había dicho a sus tropas: «¡El primero que ataque a los jebuseos será el comandante de mis ejércitos!». Así que Joab, cuya madre era Sarvia, una hermana de David, fue el primero en atacar, y entonces llegó a ser el comandante de los ejércitos de David.

7 David hizo de la fortaleza su casa, y es por eso que se llama Ciudad de David. 8 Extendió la ciudad desde los terraplenes* hasta la zona circundante, mientras que Joab reedificaba el resto de Jerusalén. 9 David se hacía cada vez más poderoso porque el SEÑOR de los Ejércitos Celestiales estaba con él.

Los guerreros más valientes de David

10 Estos son los líderes de los guerreros valientes de David. Junto con todo Israel, ellos decidieron hacer rey a David, tal como el SEÑOR había prometido con relación a Israel.

11 Este es el registro de los guerreros valientes de David: el primero fue Jasobeam el hacmonita, quien era líder de los Tres, el grupo de guerreros más valientes entre los hombres de David.* Una vez utilizó su lanza para matar a trescientos guerreros enemigos en una sola batalla.

12 El siguiente en rango entre los Tres era Eleazar, hijo de Dodai,* un descendiente de Ahoa. 13 Estuvo con David cuando los filisteos se reunieron para la batalla en Pasdamim y atacaron a los israelitas en un campo lleno de cebada. El ejército israelita huyó, 14 pero Eleazar y David* no cedieron terreno en medio del campo e hicieron retroceder a los filisteos. Así que el SEÑOR los salvó dándoles una gran victoria.

15 Cierta vez, cuando David estaba en la roca cerca de la cueva de Adulam, el ejército filisteo estaba acampado en el valle de Refaim. Los Tres (que formaban parte de los Treinta, un grupo selecto entre los hombres de guerra de David) descendieron a la cueva para encontrarse con él. 16 En aquel tiempo, David se alojaba en la fortaleza, y un destacamento filisteo había ocupado la ciudad de Belén.

17 David les comentó a sus hombres un vivo deseo: «¡Ah, cómo me gustaría tomar un poco de esa buena agua del pozo que está junto a la puerta de Belén!». 18 Entonces los Tres atravesaron las líneas filisteas, sacaron agua del pozo junto a la puerta de Belén y se la llevaron a David; pero David rehusó tomarla, en cambio, la derramó como ofrenda al SEÑOR. 19 «¡No permita Dios que la beba! —exclamó—. Esta agua es tan preciosa como la sangre de estos hombres* que arriesgaron la vida para traérmela». De manera que David no la tomó. Estos son ejemplos de las hazañas de los Tres.

Los Treinta valientes de David

20 Abisai, hermano de Joab, era el líder de los Treinta.* En una ocasión usó su lanza para matar a trescientos guerreros enemigos en una sola batalla. Fue por hazañas como esta que se hizo tan famoso como los Tres. 21 Abisai era el comandante y el más famoso de los Treinta, aunque no era uno de los Tres.

22 Estaba también Benaía, hijo de Joiada, un valiente guerrero de Cabseel, quien hizo muchas proezas heroicas, entre ellas mató a dos campeones* de Moab. En otra ocasión, en un día de mucha nieve, Benaía persiguió a un león hasta un hoyo y lo mató. 23 Otra vez, armado solamente con un palo, mató a un guerrero egipcio que medía dos metros y medio* de altura y estaba armado con una lanza tan gruesa como un rodillo de telar. Benaía arrebató la lanza de la mano del egipcio y lo mató con ella. 24 Hazañas como estas hicieron a Benaía tan famoso como los Tres, los guerreros más valientes. 25 Recibió más honores que los demás miembros de los Treinta, aunque no era uno de los Tres. Además, David lo nombró capitán de su escolta.

26 Entre los guerreros más destacados también se encontraban:

Asael, hermano de Joab;
Elhanán, hijo de Dodo, de Belén;
27 Sama de Harod;*
Heles de Pelón;
28 Ira, hijo de Iques, de Tecoa;
Abiezer de Anatot;

***Notas textuales** **11:2** O *Por un tiempo.* **11:8** En hebreo *el milo.* El significado del hebreo es incierto. **11:11** Así aparece en algunos manuscritos griegos (ver también 2 Sm 23:8); en hebreo dice *líder de los Treinta,* o *líder de los capitanes.* **11:12** Igual que el texto paralelo en 2 Sm 23:9 (ver también 1 Cr 27:4); en hebreo dice *Dodo,* una variante de Dodai. **11:14** En hebreo *ellos.* **11:19** En hebreo *¿Beberé la sangre vital de estos hombres?* **11:20** Así aparece en la versión siríaca; en hebreo dice *los Tres*; también en 11:21. **11:22** O *dos hijos de Ariel.* **11:23** En hebreo *5 codos* [7,5 pies]. **11:27** Igual que el texto paralelo en 2 Sm 23:25; en hebreo dice *Samot de Haror.*

Referencias cruzadas **10:13-14** 1 Cr 12:23 **11:1-3** 2 Sm 5:1-3

29 Sibecai de Husa;
Salmón* de Ahoh;
30 Maharai de Netofa;
Heled, hijo de Baana, de Netofa;
31 Itai, hijo de Ribai, de Guibeá (en la tierra de Benjamín);
Benaía de Piratón;
32 Hurai de las proximidades de Nahale-gaas;*
Abi-albón* de Arabá;
33 Azmavet de Bahurim;*
Eliaba de Saalbón;
34 los hijos de Jasén,* de Gizón;
Jonatán, hijo de Sage, de Arar;
35 Ahíam, hijo de Sarar,* de Arar;
Elifal, hijo de Ur;
36 Hefer de Mequer;
Ahías de Pelón;
37 Hezro de Carmelo;
Paarai,* hijo de Ezbai;
38 Joel, hermano de Natán;
Mibhar, hijo de Hagrai;
39 Selec de Amón;
Naharai de Beerot, escudero de Joab, hijo de Sarvia;
40 Ira de Jatir;
Gareb de Jatir;
41 Urías el hitita;
Zabad, hijo de Ahlai;
42 Adina, hijo de Siza, el líder rubenita que tenía treinta hombres consigo;
43 Hanán, hijo de Maaca;
Josafat el mitnita;
44 Uzías de Astarot;
Sama y Jehiel, hijos de Hotam, de Aroer;
45 Jediael, hijo de Simri;
Joha, su hermano, de Tiz;
46 Eliel de Mahava;*
Jerebai y Josavía, hijos de Elnaam;
Itma de Moab;
47 Eliel y Obed;
Jaasiel de Soba.*

Guerreros se unen al ejército de David

12 Los siguientes hombres se unieron a David en
Siclag cuando este se escondía de Saúl, hijo de
Cis. Estos hombres estaban entre los guerreros que lu-
charon al lado de David en el campo de batalla. 2 Todos
ellos eran expertos arqueros y podían disparar flechas
o lanzar piedras con la mano izquierda al igual que con
la derecha. Todos eran parientes de Saúl, de la tribu de
Benjamín. 3 El jefe era Ahiezer, hijo de Semaa, de Guibeá;
su hermano Joás era el segundo en autoridad. Los otros
guerreros fueron los siguientes:

Jeziel y Pelet, hijos de Azmavet;
Beraca;
Jehú de Anatot;
4 Ismaías de Gabaón, un guerrero famoso y jefe entre los Treinta;
*Jeremías, Jahaziel, Johanán y Jozabad, de Gedera;
5 Eluzai, Jerimot, Bealías, Semarías y Sefatías de Haruf;
6 Elcana, Isías, Azareel, Joezer y Jasobeam, quienes eran coreítas;
7 Joela y Zebadías, hijos de Jeroham, de Gedor.

8 Algunos guerreros valientes y experimentados de la
tribu de Gad también desertaron y se unieron a David
cuando este estaba en la fortaleza en el desierto. Eran
expertos tanto con el escudo como con la lanza, tan fieros
como leones y veloces como ciervos en las montañas.

9 Ezer era su jefe.
Obadías era el segundo;
Eliab, el tercero;
10 Mismana, el cuarto;
Jeremías, el quinto;
11 Atai, el sexto;
Eliel, el séptimo;
12 Johanán, el octavo;
Elzabad, el noveno;
13 Jeremías, el décimo;
Macbanai, el undécimo.

14 Estos guerreros de Gad eran comandantes del ejér-
cito. ¡El más débil entre ellos podía enfrentar a cien solda-
dos, y el más fuerte podía enfrentar a mil! 15 Estos eran los
hombres que cruzaron el río Jordán durante la época de
inundación a principios del año y expulsaron a todos los
que vivían en las tierras bajas situadas en la ribera oriental
y en la occidental.

16 Otros integrantes de la tribu de Benjamín y de Judá se
unieron a David en la fortaleza. 17 David salió a su encuen-
tro y dijo: «Si vienen en son de paz para ayudarme, somos
amigos; pero si vienen a traicionarme y a entregarme a
mis enemigos a pesar de que soy inocente, entonces que
el Dios de nuestros antepasados lo vea y los castigue».

18 Así que el Espíritu descendió sobre Amasai, jefe de
los Treinta, y dijo:

«¡Somos tuyos, David!
Estamos de tu lado, hijo de Isaí.
Que la paz y la prosperidad sean contigo,
y el éxito con todos los que te brindan ayuda,
pues tu Dios es el que te ayuda».

Entonces David permitió que se unieran a él y los nombró
oficiales de su ejército.

19 Algunos hombres de Manasés desertaron del ejér-
cito israelita y se unieron a David cuando él salió con los
filisteos a luchar contra Saúl; pero resultó que los gober-
nantes filisteos no permitieron que David y sus hom-
bres los acompañaran. Después de mucha discusión los
hicieron volver porque dijeron: «Nos costará la cabeza si
David cambia su lealtad, se une a Saúl y se vuelve contra
nosotros».

20 La siguiente es una lista que corresponde a los hom-
bres de Manasés que se unieron a David cuando volvía a
Siclag: Adnas, Jozabad, Jediaiel, Micael, Jozabad, Eliú y
Ziletai. Cada uno de ellos comandaba mil hombres de
la tribu de Manasés. 21 Ayudaron a David a perseguir las

***Notas textuales** **11:29** Igual que el texto paralelo en 2 Sm 23:28; en hebreo dice *Ilai.* **11:32a** O *de los barrancos de Gaas.* **11:32b** Igual que el texto paralelo en 2 Sm 23:31; en hebreo dice *Abiel.* **11:33** Igual que el texto paralelo en 2 Sm 23:31; en hebreo dice *Baharum.* **11:34** Igual que el texto paralelo en 2 Sm 23:32; en hebreo dice *hijos de Hasem.* **11:35** Igual que el texto paralelo en 2 Sm 23:33; en hebreo dice *hijo de Sacar.* **11:37** Igual que el texto paralelo en 2 Sm 23:35; en hebreo dice *Naarai.* **11:46** En hebreo *Eliel el mahavita.* **11:47** O *Jaasiel el mesobaíta.* **12:4** Los versículos del 12:4b-40 corresponden al 12:5-41 en el texto hebreo.

Referencias cruzadas **11:4-9** 2 Sm 5:6-10 **11:10-47** 2 Sm 23:8-39 **11:11** 2 Sm 23:8 **11:41** 2 Sm 23:8-39 **12:18** Jc 3:10

bandas de saqueadores, porque eran guerreros valientes
y capaces que llegaron a ser comandantes de su ejército.
22 Día tras día más hombres se unían a David hasta que
llegó a tener un gran ejército, como el ejército de Dios.
23 Estos son los números de los guerreros armados que
se unieron a David en Hebrón. Todos deseaban que David
fuera el rey en lugar de Saúl, tal como lo había prometido
el SEÑOR.

24 De la tribu de Judá había 6800 guerreros armados de escudos y lanzas.
25 De la tribu de Simeón había 7100 guerreros valientes.
26 De la tribu de Leví había 4600 guerreros. 27 Entre
ellos estaba Joiada, jefe de la familia de Aarón, quien
tenía 3700 hombres a su mando. 28 Entre ellos
también estaba Sadoc, un valiente guerrero joven,
con 22 miembros de su familia, todos oficiales.
29 De la tribu de Benjamín, parientes de Saúl, había 3000 guerreros. La mayoría de los hombres de Benjamín se habían mantenido leales a Saúl hasta ese momento.
30 De la tribu de Efraín había 20.800 guerreros valientes, cada uno muy respetado en su propio clan.
31 De la media tribu de Manasés al occidente del Jordán, 18.000 hombres fueron designados por nombre para ayudar a que David llegara a ser rey.
32 De la tribu de Isacar había 200 jefes junto con sus parientes. Todos estos hombres entendían las señales de los tiempos y sabían cuál era el mejor camino para Israel.
33 De la tribu de Zabulón había 50.000 hábiles guerreros. Estaban bien armados y preparados para la batalla y eran completamente leales a David.
34 De la tribu de Neftalí había 1000 oficiales y 37.000 guerreros armados de escudos y lanzas.
35 De la tribu de Dan había 28.600 guerreros, todos preparados para la batalla.
36 De la tribu de Aser había 40.000 guerreros entrenados, todos preparados para la batalla.
37 Del lado oriental del río Jordán —donde vivían las tribus de Rubén y Gad y la media tribu de Manasés— había 120.000 soldados armados de toda clase de armamento.

38 Todos estos hombres llegaron a Hebrón en orden de
batalla, con el único propósito de hacer rey a David sobre
todo Israel. En realidad, todos en Israel estaban de acuerdo
en que David debía ser su rey. 39 Festejaron y bebieron
con David durante tres días, porque sus parientes habían
hecho preparativos para su llegada. 40 Además, gente de
lugares tan lejanos como Isacar, Zabulón y Neftalí trajo
alimentos en burros, camellos, mulas y bueyes. Llevaron
a la celebración cantidades enormes de harina, pasteles de
higos, racimos de pasas, vino, aceite de oliva, ganado, ovejas y cabras. Hubo gran alegría por toda la tierra de Israel.

David intenta trasladar el arca

13 David consultó con todos sus oficiales, entre ellos
los generales y capitanes de su ejército.* 2 Luego
se dirigió a toda la asamblea de Israel con las siguientes
palabras: «Si ustedes lo aprueban y si es la voluntad del
SEÑOR nuestro Dios, enviemos un mensaje a todos los
israelitas por toda esta tierra, incluidos los sacerdotes y
los levitas en sus ciudades y pastizales, a que se unan a
nosotros. 3 Es hora de traer de regreso el arca de nuestro
Dios, porque la descuidamos durante el reinado de Saúl».
4 Toda la asamblea estuvo de acuerdo, porque el pueblo
comprendía que esto era lo correcto. 5 De manera que
David convocó a todo Israel, desde el arroyo de Sihor en
Egipto al sur hasta la ciudad de Lebo-hamat al norte, para
que participara en el traslado del arca de Dios de Quiriat-jearim.
6 Luego David y todo Israel fueron a Baala de Judá
(también llamada Quiriat-jearim) para traer de regreso
el arca de Dios, que lleva el nombre* del SEÑOR, quien
está entronizado entre los querubines. 7 Pusieron el arca
de Dios en una carreta nueva y la retiraron de la casa de
Abinadab. Uza y Ahío guiaban la carreta. 8 David y todo
Israel celebraban ante Dios con todas sus fuerzas, entonando canciones y tocando todo tipo de instrumentos
musicales: liras, arpas, panderetas, címbalos y trompetas.
9 Cuando llegaron al campo de trillar de Nacón,* los
bueyes tropezaron, y Uza extendió la mano para sujetar
el arca. 10 Entonces se encendió el enojo del SEÑOR contra
Uza, y lo hirió de muerte porque había puesto su mano
sobre el arca. Así fue como Uza murió allí en la presencia
de Dios.
11 David se enojó porque la ira del SEÑOR se había
desatado contra Uza y llamó a ese lugar Fares-uza (que
significa «desatarse contra Uza»), nombre que conserva
hasta el día de hoy.
12 Ahora David tenía miedo de Dios y preguntó:
«¿Cómo podré regresar el arca de Dios para que esté bajo
mi cuidado?». 13 Por lo tanto, David no trasladó el arca a
la Ciudad de David, sino que la llevó a la casa de Obed-edom de Gat.
14 El arca de Dios permaneció en la casa de
Obed-edom por tres meses, y el SEÑOR bendijo a los de
la casa de Obed-edom y todo lo que él poseía.

La familia y el palacio de David

14 Hiram, rey de Tiro, envió mensajeros a David,
junto con madera de cedro, así como canteros y
carpinteros para que le construyeran un palacio. 2 Entonces David se dio cuenta de que el SEÑOR lo había confirmado como rey de Israel y que había bendecido su reino
en abundancia por amor a su pueblo Israel.
3 Luego David se casó con varias mujeres más en Jerusalén, y ellas tuvieron más hijos e hijas.
4 Estos son los
nombres de los hijos de David que nacieron en Jerusalén:
Samúa, Sobab, Natán, Salomón, 5 Ibhar, Elisúa, Elpelet,
6 Noga, Nefeg, Jafía, 7 Elisama, Eliada* y Elifelet.

David conquista a los filisteos

8 Cuando los filisteos se enteraron de que David había sido
ungido rey de todo Israel, movilizaron todas sus fuerzas
para capturarlo; pero le avisaron a David que venían, así
que salió a su encuentro. 9 Los filisteos llegaron y realizaron una incursión en el valle de Refaim.
10 Entonces David
le preguntó a Dios:

—¿Debo salir a pelear contra los filisteos? ¿Los entregarás en mis manos?

***Notas textuales** **13:1** En hebreo *los comandantes de miles y de cientos.* **13:6** O *el arca de Dios, donde se proclama el Nombre, el nombre.* **13:9** Igual que el texto paralelo en 2 Sm 6:6; en hebreo dice *Quidón.* **14:7** En hebreo *Beeliada,* una variante de Eliada; comparar 3:8 y el texto paralelo en 2 Sm 5:16.

Referencias cruzadas **12:40** 1 Sm 25:18 **13:9-10** 1 Cr 15:13-16 **14:1-7** 2 Sm 5:11-16 **14:8-17** 2 Sm 5:17-25

El SEÑOR le contestó:

—Sí, adelante. Te los entregaré.

[11]Entonces David y sus tropas subieron a Baal-perazim y allí derrotó a los filisteos. «¡Dios lo hizo! —exclamó David—. ¡Me utilizó para irrumpir en medio de mis enemigos como una violenta inundación!». Así que llamó a ese lugar Baal-perazim (que significa «el Señor que irrumpe»). [12]Los filisteos abandonaron sus dioses allí, así que David dio órdenes de que fueran quemados.

[13]Poco tiempo después, los filisteos volvieron y de nuevo hicieron una incursión en el valle. [14]Una vez más David le preguntó a Dios qué debía hacer. «No los ataques de frente —le contestó Dios—. En cambio, rodéalos y, cerca de los álamos,* atácalos por la retaguardia. [15]Cuando oigas un sonido como de pies que marchan en las copas de los álamos, ¡entonces sal a atacar! Esa será la señal de que Dios va delante de ti para herir de muerte al ejército filisteo». [16]Entonces David hizo lo que Dios le ordenó e hirió de muerte al ejército filisteo desde Gabaón hasta Gezer.

[17]Así la fama de David se extendió por todas partes, y el SEÑOR hizo que todas las naciones tuvieran temor de David.

Preparativos para trasladar el arca

15 David construyó varios edificios para sí en la Ciudad de David. También preparó un lugar para el arca de Dios y levantó una carpa especial para ella. [2]Después ordenó: «Nadie, excepto los levitas, podrá llevar el arca de Dios. El SEÑOR los ha elegido a ellos para que carguen el arca del SEÑOR y para que le sirvan para siempre».

[3]Luego David convocó a todo Israel a Jerusalén para trasladar el arca del SEÑOR al lugar que él le había preparado. [4]Este es el número de los descendientes de Aarón (los sacerdotes) y de los levitas que fueron convocados:

[5]del clan de Coat, 120, con Uriel como su jefe;
[6]del clan de Merari, 220, con Asaías como su jefe;
[7]del clan de Gersón,* 130, con Joel como su jefe;
[8]de los descendientes de Elizafán, 200, con Semaías como su jefe;
[9]de los descendientes de Hebrón, 80, con Eliel como su jefe;
[10]de los descendientes de Uziel, 112, con Aminadab como su jefe.

[11]Luego David mandó llamar a los sacerdotes, Sadoc y Abiatar, y a los siguientes jefes levitas: Uriel, Asaías, Joel, Semaías, Eliel y Aminadab. [12]Les dijo: «Ustedes son los jefes de las familias levitas. Deben purificarse ustedes mismos y a todos los demás levitas, a fin de que puedan traer el arca del SEÑOR, Dios de Israel, al lugar que le he preparado. [13]Como no fueron ustedes, los levitas, los que llevaban el arca la primera vez, el enojo del SEÑOR nuestro Dios se encendió contra nosotros. No habíamos consultado a Dios acerca de cómo trasladarla de la manera apropiada». [14]Así que los sacerdotes y los levitas se purificaron para poder trasladar el arca del SEÑOR, Dios de Israel, a Jerusalén. [15]Entonces los levitas llevaron el arca de Dios sobre los hombros con las varas para transportarla, tal como el SEÑOR le había indicado a Moisés.

[16]David también ordenó a los jefes levitas que nombraran un coro de entre los levitas formado por cantores y músicos, para entonar alegres canciones al son de arpas, liras y címbalos. [17]De modo que los levitas nombraron a Hemán, hijo de Joel, junto con sus hermanos levitas: Asaf, hijo de Berequías, y Etán, hijo de Cusaías, del clan de Merari. [18]Los siguientes hombres fueron elegidos como sus ayudantes: Zacarías, Jaaziel,* Semiramot, Jehiel, Uni, Eliab, Benaía, Maaseías, Matatías, Elifelehu, Micnías y los porteros Obed-edom y Jeiel.

[19]Los músicos Hemán, Asaf y Etán fueron elegidos para hacer resonar los címbalos de bronce. [20]Zacarías, Aziel, Semiramot, Jehiel, Uni, Eliab, Maaseías y Benaía fueron elegidos para tocar las arpas.* [21]Matatías, Elifelehu, Micnías, Obed-edom, Jeiel y Azazías fueron elegidos para tocar las liras.* [22]Quenanías, el jefe de los levitas, fue seleccionado por su habilidad para dirigir el coro.

[23]Berequías y Elcana fueron elegidos para vigilar* el arca. [24]Sebanías, Josafat, Natanael, Amasai, Zacarías, Benaía y Eliezer —todos sacerdotes— fueron elegidos para tocar las trompetas cuando marchaban delante del arca de Dios. Obed-edom y Jehías también fueron elegidos para vigilar el arca.

Traslado del arca a Jerusalén

[25]Luego David y los ancianos de Israel junto con los generales del ejército* fueron a la casa de Obed-edom para trasladar el arca del pacto del SEÑOR a Jerusalén con gran celebración. [26]Como era evidente que Dios ayudaba a los levitas mientras llevaban el arca del pacto del SEÑOR, sacrificaron siete toros y siete carneros.

[27]David estaba vestido con un manto de lino fino, al igual que todos los levitas que cargaban el arca y también los cantores y Quenanías, el director del coro. David también llevaba puesta una vestidura sacerdotal.* [28]Así que todo Israel trasladó el arca del pacto del SEÑOR entre gritos de alegría, toques de cuernos de carneros y trompetas, el estrépito de címbalos, y la música de arpas y liras.

[29]Pero cuando el arca del pacto del SEÑOR entraba a la Ciudad de David, Mical, hija de Saúl, se asomó por la ventana. Cuando vio que el rey David saltaba y reía de alegría, se llenó de desprecio hacia él.

16 Trasladaron el arca de Dios y la colocaron dentro de la carpa especial que David le había preparado. Le presentaron a Dios ofrendas quemadas y ofrendas de paz. [2]Cuando terminó de ofrecer los sacrificios, David bendijo al pueblo en el nombre del SEÑOR. [3]Después repartió a cada hombre y mujer en todo Israel una hogaza de pan, un pastel de dátiles* y un pastel de pasas de uva.

[4]David designó a los siguientes levitas para dirigir al pueblo en adoración ante el arca del SEÑOR, para invocar sus bendiciones, para dar gracias y para alabar al SEÑOR, Dios de Israel. [5]Asaf, el líder de este grupo, tocaba los címbalos. El segundo era Zacarías, seguido por Jeiel, Semiramot, Jehiel, Matatías, Eliab, Benaía, Obed-edom y Jeiel. Ellos tocaban las arpas y las liras. [6]Los sacerdotes,

***Notas textuales** **14:14** O *los álamos temblones* o *los bálsamos*; también en 14:15. La identificación exacta de este árbol es incierta. **15:7** En hebreo *Gersom*, una variante de Gersón. **15:18** Así aparece en varios manuscritos hebreos y en la versión griega (ver también listas paralelas en 15:20; 16:5); el texto masorético dice *Zacarías ben Jaaziel.* **15:20** El texto hebreo incluye *según alamot*, probablemente indica un término musical. El significado del hebreo es incierto. **15:21** El texto hebreo incluye *según el seminit*, probablemente indica un término musical. El significado del hebreo es incierto. **15:23** En hebreo *elegidos como porteros para*; también en 15:24. **15:25** En hebreo *los comandantes de miles.* **15:27** En hebreo *un efod de lino.* **16:3** O *una porción de carne.* El significado del hebreo es incierto.

Referencias cruzadas **15:2** Dt 10:8 **15:16** 1 Cr 25:1

Benaía y Jahaziel, tocaban las trompetas continuamente ante el arca del pacto de Dios.

Cántico de alabanza de David

7Ese día David le dio a Asaf y a sus compañeros levitas esta canción de agradecimiento al SEÑOR:

8 Den gracias al SEÑOR y proclamen su grandeza;
que todo el mundo sepa lo que él ha hecho.
9 Canten a él; sí, cántenle alabanzas.
Cuéntenle a todo el mundo acerca de sus obras maravillosas.
10 Regocíjense por su santo nombre;
alégrense ustedes, los que adoran al SEÑOR.
11 Busquen al SEÑOR y su fuerza,
búsquenlo continuamente.
12 Recuerden las maravillas y los milagros que ha realizado,
y las resoluciones que ha dictado,
13 ustedes, hijos de su siervo Israel,
descendientes de Jacob, los elegidos de Dios.

14 Él es el SEÑOR nuestro Dios;
su justicia se ve por toda la tierra.
15 Recuerden su pacto para siempre,
el compromiso que adquirió con mil generaciones.
16 Es el pacto que hizo con Abraham
y el juramento que le hizo a Isaac.
17 Se lo confirmó a Jacob como un decreto
y al pueblo de Israel como un pacto eterno:
18 «Te daré la tierra de Canaán
como tu preciada posesión».

19 Eso lo dijo cuando eran pocos,
un pequeño grupo de extranjeros en Canaán.
20 Anduvieron de nación en nación,
de un reino a otro.
21 Sin embargo, él no permitió que nadie los oprimiera.
A favor de ellos, les advirtió a los reyes:
22 «No toquen a mi pueblo elegido
ni hagan daño a mis profetas».

23 ¡Que toda la tierra cante al SEÑOR!
Cada día anuncien las buenas noticias de que él salva.
24 Publiquen sus gloriosas obras entre las naciones;
cuéntenles a todos las cosas asombrosas que él hace.
25 ¡Grande es el SEÑOR! ¡Es el más digno de alabanza!
A él hay que temer por sobre todos los dioses.
26 Los dioses de las otras naciones no son más que ídolos,
¡pero el SEÑOR hizo los cielos!
27 Honor y majestad lo rodean;
fuerza y gozo llenan su morada.

28 Oh naciones del mundo, reconozcan al SEÑOR;
reconozcan que el SEÑOR es fuerte y glorioso.
29 ¡Denle al SEÑOR la gloria que merece!
Lleven ofrendas y entren en su presencia.
Adoren al SEÑOR en todo su santo esplendor;
30 que toda la tierra tiemble delante de él.
El mundo permanece firme y no puede ser sacudido.

31 ¡Que los cielos se alegren, y la tierra se goce!
Digan a todas las naciones: «¡El SEÑOR reina!».
32 ¡Que el mar y todo lo que contiene exclamen sus alabanzas!
¡Que los campos y sus cultivos estallen de alegría!
33 Que los árboles del bosque canten de alegría delante del SEÑOR,
porque viene a juzgar la tierra.

34 ¡Den gracias al SEÑOR, porque él es bueno!
Su fiel amor perdura para siempre.
35 Exclamen: «¡Sálvanos, oh Dios de nuestra salvación!
Reúnenos y rescátanos de entre las naciones,
para que podamos agradecer a tu santo nombre,
alegrarnos y alabarte».

36 ¡Alaben al SEÑOR, Dios de Israel,
quien vive desde siempre y para siempre!

Y todo el pueblo exclamó: «¡Amén!», y alabó al SEÑOR.

Adoración en Jerusalén y Gabaón

37David dispuso que Asaf y sus hermanos levitas sirvieran
continuamente ante el arca del pacto del SEÑOR, encarga-
dos de hacer todo lo necesario cada día. 38En este grupo
estaban como porteros Obed-edom (hijo de Jedutún),
Hosa y otros sesenta y ocho levitas.

39Mientras tanto, David colocó al sacerdote Sadoc y
a sus hermanos sacerdotes en el tabernáculo del SEÑOR
en el lugar de adoración en Gabaón, donde siguieron sir-
viendo delante del SEÑOR. 40Cada mañana y cada tarde,
sacrificaban al SEÑOR las ofrendas quemadas habituales
sobre el altar apartado para ese propósito, en obediencia
a todo lo que está escrito en la ley del SEÑOR, como él
se lo había ordenado a Israel. 41David también designó
a Hemán, a Jedutún y a los demás que fueron elegidos
por nombre para darle gracias al SEÑOR, porque «su fiel
amor perdura para siempre». 42Acompañaban sus cánti-
cos de alabanza a Dios* con trompetas, címbalos y otros
instrumentos; y los hijos de Jedutún fueron designados
como porteros.

43Luego todos regresaron a su casa, y David volvió a su hogar para bendecir a su propia familia.

Promesa del SEÑOR a David

17 Una vez instalado en su palacio, David mandó llamar al profeta Natán.

—Mira —le dijo David—, yo vivo en un hermoso palacio de cedro,* ¡mientras que el arca del pacto del SEÑOR está allá afuera debajo de una carpa!

2Natán le respondió a David:

—Haz todo lo que tienes pensado porque Dios está contigo.

3Pero esa misma noche Dios le dijo a Natán:

4«Ve y dile a mi siervo David: "Esto ha declarado el SEÑOR: no serás tú el que construya una casa en la

***Notas textuales** **16:42** O *Acompañaban la música sagrada*; o *Acompañaban el canto a Dios.* **17:1** En hebreo *una casa de cedro.*

Referencias cruzadas **16:8-22** Sal 105:1-15 **16:23-33** Sal 96:1-13 **16:34-36** Sal 106:1, 47-48 **16:39-42** 2 Cr 7:6 **17:1-15** 2 Sm 7:1-17

que yo viva. 5Nunca he vivido en una casa, desde el día en que saqué a los israelitas de Egipto hasta el día de hoy, sino que mi hogar ha sido una carpa, trasladada de un lugar a otro en un tabernáculo. 6Sin embargo, no importa dónde haya ido con los israelitas, ni una sola vez me quejé ante los líderes de Israel, los pastores de mi pueblo. Nunca les pregunté: '¿Por qué no me han construido una hermosa casa de cedro?'".

7»Ahora ve y dile a mi siervo David: "Esto ha declarado el SEÑOR de los Ejércitos Celestiales: te saqué de cuidar ovejas en los pastos y te elegí para que fueras el líder de mi pueblo Israel. 8He estado contigo dondequiera que has ido y destruí a todos tus enemigos frente a tus propios ojos. ¡Ahora haré que tu nombre sea tan famoso como el de los grandes que han vivido en la tierra! 9Le daré una patria a mi pueblo Israel y lo estableceré en un lugar seguro donde nunca será molestado. Las naciones malvadas no lo oprimirán como lo hicieron en el pasado, 10cuando designé jueces para que gobernaran a mi pueblo Israel; y derrotaré a todos tus enemigos.

»"Además, yo declaro que el SEÑOR construirá una casa para ti, ¡una dinastía de reyes! 11Pues cuando mueras y te reúnas con tus antepasados, levantaré a uno de tus descendientes, a uno de tus hijos, y fortaleceré su reino. 12Él es quien edificará una casa —un templo— para mí, y afirmaré su trono para siempre. 13Yo seré su padre, y él será mi hijo. Nunca le retiraré mi favor, como lo retiré de quien reinó antes de ti. 14Lo confirmaré como rey sobre mi casa y sobre mi reino para siempre, y su trono estará seguro para siempre"».

15Entonces Natán regresó a donde estaba David y repitió todo lo que el SEÑOR le había dicho en la visión.

Oración de gratitud de David

16Entonces el rey David entró y se sentó delante del SEÑOR y oró:

«¿Quién soy yo, oh SEÑOR Dios, y qué es mi familia para que me hayas traído hasta aquí? 17Y ahora, oh Dios, sumado a todo lo demás, ¡hablas de darle a tu siervo una dinastía duradera! Hablas como si yo fuera una persona muy importante,* oh SEÑOR Dios.

18»¿Qué más puedo decirte acerca de la forma en que me has honrado? Tú sabes cómo es realmente tu siervo. 19SEÑOR, por amor a tu siervo y según tu voluntad, hiciste todas estas grandes cosas y las diste a conocer.

20»Oh SEÑOR, no hay nadie como tú. ¡Nunca hemos oído de otro Dios como tú! 21¿Qué otra nación sobre la tierra es como tu pueblo Israel? ¿Qué otra nación, oh Dios, has redimido de la esclavitud para que sea tu pueblo? Te hiciste un gran nombre cuando redimiste a tu pueblo de Egipto. Realizaste imponentes milagros y expulsaste a las naciones que le impidieron el paso. 22Elegiste a Israel para ser tu pueblo para siempre y tú, oh SEÑOR, llegaste a ser su Dios.

23»Y ahora, oh SEÑOR, yo soy tu siervo; haz lo que prometiste respecto a mí y a mi familia. Que sea una promesa que dure para siempre. 24Que tu nombre sea afirmado y honrado para siempre, de modo que todos digan: "¡El SEÑOR de los Ejércitos Celestiales, el Dios de Israel, es Dios de Israel!". Que la casa de tu siervo David permanezca delante de ti para siempre.

25»Oh Dios mío, me he atrevido a elevarte mi oración porque has revelado a tu siervo que construirás una casa para él, ¡una dinastía de reyes! 26Pues tú eres Dios, oh SEÑOR, y le has prometido estas cosas buenas a tu siervo. 27Ahora te ha complacido bendecir la casa de tu siervo para que permanezca para siempre delante de ti. ¡Pues cuando tú concedes una bendición, oh SEÑOR, es una bendición eterna!».

Las victorias militares de David

18 Después David derrotó y sometió a los filisteos al conquistar Gat y las ciudades vecinas. 2David también conquistó la tierra de Moab, y los moabitas, a quienes se les perdonó la vida, se convirtieron en súbditos de David y tuvieron que pagarle tributo.

3David también destruyó las fuerzas de Hadad-ezer, rey de Soba, hasta Hamat,* cuando Hadad-ezer marchó para fortalecer su control a lo largo del río Éufrates. 4David capturó mil carros de guerra, siete mil conductores de carros de guerra y veinte mil soldados de infantería. Les lisió los caballos de tiro, excepto los necesarios para cien carros de guerra.

5Cuando los arameos de Damasco llegaron para ayudar al rey Hadad-ezer, David mató a veintidós mil de ellos. 6Luego puso varias guarniciones militares* en Damasco, la capital aramea, y los arameos se convirtieron en súbditos de David y le pagaban tributo. Así que el SEÑOR le daba la victoria a David dondequiera que iba.

7David llevó a Jerusalén los escudos de oro de los oficiales de Hadad-ezer, 8junto con una gran cantidad de bronce de las ciudades de Teba* y de Cun, que pertenecían a Hadad-ezer. Tiempo después Salomón fundió el bronce y moldeó un enorme tazón de bronce llamado el Mar, además de las columnas y los diversos objetos de bronce usados en el templo.

9Cuando Toi,* rey de Hamat, se enteró de que David había destruido a todo el ejército de Hadad-ezer, rey de Soba, 10envió a su hijo Joram* para felicitar al rey David por su exitosa campaña. Hadad-ezer y Toi habían sido enemigos y con frecuencia estaban en guerra. Joram le obsequió a David muchos regalos de oro, de plata y de bronce.

11El rey David dedicó todos estos regalos al SEÑOR, junto con el oro y la plata que había traído de las otras naciones: de Edom, de Moab, de Amón, de Filistea y de Amalec.

12Abisai, hijo de Sarvia, aniquiló a dieciocho mil edomitas en el valle de la Sal. 13Puso guarniciones militares en Edom, y los edomitas se convirtieron en súbditos de

***Notas textuales** **17:17** El significado del hebreo es incierto. **18:3** El significado del hebreo es incierto. **18:6** Así aparece en la versión griega y en la Vulgata Latina (ver también 2 Sm 8:6); en hebreo falta *varias guarniciones militares.* **18:8** En hebreo dice *Tibhat,* una variante de Teba; comparar el texto paralelo en 2 Sm 8:8. **18:9** Igual que el texto paralelo en 2 Sm 8:9; en hebreo dice *Tou*; también en 18:10. **18:10** Igual que el texto paralelo en 2 Sm 8:10; en hebreo dice *Adoram,* una variante de Joram.

Referencias cruzadas **17:13** Hb 1:5 **17:16-27** 2 Sm 7:18-29 **18:1-13** 2 Sm 8:1-14

David. Es más, el SEÑOR le daba la victoria a David don-
dequiera que iba.
14De modo que David reinó sobre todo Israel e hizo lo
que era justo y correcto para su pueblo. 15Joab, hijo de Sar-
via, era el comandante del ejército; Josafat, hijo de Ahilud,
era el historiador del reino. 16Sadoc, hijo de Ahitob, y Ahi-
melec,* hijo de Abiatar, eran los sacerdotes; Seraías* era el
secretario de la corte. 17Benaía, hijo de Joiada, era el capitán
de la guardia personal del rey,* y los hijos de David servían
como ayudantes principales del rey.

David derrota a los amonitas

19 Después de un tiempo, murió Nahas, rey de los
amonitas, y su hijo Hanún* subió al trono. 2David
dijo: «Le mostraré lealtad a Hanún porque su padre Nahas
siempre me fue leal». Entonces David envió mensajeros
a Hanún para expresarle sus condolencias por la muerte
de su padre.
Pero cuando los embajadores de David llegaron a la
tierra de Amón, 3los comandantes amonitas le dijeron
a Hanún: «¿Realmente cree que estos hombres vienen
para honrar a su padre? ¡No, David los ha enviado a es-
piar la tierra para luego venir y conquistarla!». 4Entonces
Hanún tomó presos a los embajadores de David, les afeitó
la barba, les cortó los mantos a la altura de las nalgas y los
envió avergonzados de regreso a David.
5Cuando llegó a oídos de David lo que les había su-
cedido a sus hombres, envió mensajeros para decirles:
«Quédense en Jericó hasta que les crezca la barba y luego
regresen». Pues se sentían muy avergonzados de su
aspecto.
6Cuando el pueblo de Amón se dio cuenta de qué tan
seriamente había provocado el enojo de David, Hanún
y los amonitas enviaron treinta y cuatro toneladas* de
plata para contratar carros de guerra y sus conductores
de Aram-naharaim, de Aram-maaca y de Soba. 7También
contrataron treinta y dos mil carros de guerra y logra-
ron el apoyo del rey de Maaca y su ejército. Estas fuerzas
acamparon en Medeba, donde se les unieron las tropas
amonitas que Hanún había reclutado en sus propias ciu-
dades. 8Cuando David se enteró, envió a Joab con todos
sus guerreros a pelear contra ellos. 9Las tropas amonitas
se pusieron en pie de guerra a la entrada de la ciudad,
mientras los otros reyes tomaron posiciones para pelear
a campo abierto.
10Cuando Joab vio que tendría que luchar tanto por
el frente como por la retaguardia, eligió a algunas de las
tropas selectas israelitas y las puso bajo su propio mando
para luchar contra los arameos a campo abierto. 11Dejó
al resto del ejército bajo el mando de su hermano Abisai,
quien atacaría a los amonitas. 12«Si los arameos son de-
masiado fuertes para mí, entonces ven en mi ayuda —le
dijo Joab a su hermano—. Si los amonitas son demasiado
fuertes para ti, te ayudaré. 13¡Sé valiente! Luchemos con
valor por nuestro pueblo y por las ciudades de nuestro
Dios, y que se haga la voluntad del SEÑOR».
14Cuando Joab y sus tropas atacaron, los arameos co-
menzaron a huir. 15Al ver que los arameos corrían, los
amonitas también huyeron de Abisai y retrocedieron a
la ciudad. Así que Joab regresó a Jerusalén.
16Al darse cuenta los arameos de que no podían contra
Israel, enviaron mensajeros para pedir tropas adiciona-
les arameas del otro lado del río Éufrates.* Estas tropas
estaban bajo el mando de Sobac,* el comandante de las
fuerzas de Hadad-ezer.
17Cuando David oyó lo que sucedía, movilizó a todo
Israel, cruzó el río Jordán y puso a sus hombres en forma-
ción de batalla. Luego entró en combate con los arameos y
ellos lucharon contra él; 18pero nuevamente los arameos
huyeron de los israelitas. Esta vez las fuerzas de David
mataron a siete mil conductores de carros de guerra y a
cuarenta mil soldados de infantería, entre estos a Sobac, el
comandante del ejército. 19Cuando los aliados de Hadad-
ezer vieron que Israel los había derrotado, se rindieron a
David y se convirtieron en sus súbditos. Después de esto,
los arameos nunca más quisieron ayudar a los amonitas.

David conquista Rabá

20 En la primavera,* cuando los reyes suelen salir
a la guerra, Joab dirigió al ejército en una serie
de ataques exitosos contra la tierra de los amonitas. Du-
rante esas operaciones sitió la ciudad de Rabá, la atacó y
la destruyó. Sin embargo, David se quedó en Jerusalén.
2Entonces David fue a Rabá y quitó la corona de la
cabeza del rey* y la colocaron sobre la de él. La corona
estaba hecha de oro con gemas incrustadas y David des-
cubrió que pesaba treinta y cuatro kilos.* Además, David
se llevó un enorme botín de la ciudad. 3También hizo
esclavos a los habitantes de Rabá y los forzó a trabajar
con sierras, picos y hachas de hierro.* Así trató David
a la gente de todas las ciudades amonitas. Luego David
regresó a Jerusalén con todo el ejército.

¡Respuestas Bíblicas! 73 ¿Qué tan exitosas fueron las batallas de David?

20:1 David ganó muchas guerras y conquistó muchas tierras. ¡Su reino era 10 veces más grande cuando murió que cuando se convirtió en rey!

Batallas contra gigantes filisteos

4Después de esto se desató la guerra contra los filisteos de
Gezer. Mientras peleaban, Sibecai de Husa mató a Saf,*
un descendiente de los gigantes,* y así fueron sometidos
los filisteos.
5Durante otra batalla contra los filisteos, Elhanán, hijo
de Jair, mató a Lahmi, el hermano de Goliat de Gat. ¡El
asta de la lanza de Lahmi era tan gruesa como un rodillo
de telar!
6En otra batalla contra los filisteos en Gat, se enfrenta-
ron con un hombre enorme que tenía seis dedos en cada

***Notas textuales** **18:16a** Así aparece en algunos manuscritos hebreos, en la versión siríaca, y en la Vulgata Latina (ver también 2 Sm 8:17); la mayoría de los manuscritos hebreos dicen *Abimelec.* **18:16b** Igual que el texto paralelo en 2 Sm 8:17; en hebreo dice *Savsa.* **18:17** En hebreo *de los cereteos y los peleteos.* **19:1** Igual que el texto paralelo en 2 Sm 10:1; en hebreo falta *Hanún.* **19:6** En hebreo *1000 talentos* [37,5 toneladas cortas]. **19:16a** En hebreo *del río.* **19:16b** Igual que el texto paralelo en 2 Sm 10:16; en hebreo dice *Sofac*; también en 19:18. **20:1** En hebreo *A comienzos del año.* En el antiguo calendario lunar hebreo, el primer día del año caía en marzo o en abril. **20:2a** O *de la cabeza de Milcom* (así aparece en la versión griega y en la Vulgata Latina). Milcom, también llamado Moloc, era el dios de los amonitas. **20:2b** En hebreo *1 talento* [75 libras]. **20:3** Igual que el texto paralelo en 2 Sm 12:31; en hebreo dice *y los cortó con sierras, picos de hierro y sierras.* **20:4a** Igual que el texto paralelo en 2 Sm 21:18; en hebreo dice *Sipai.* **20:4b** En hebreo *descendiente de los refaítas*; también en 20:6, 8.

Referencias cruzadas **18:14-17** 2 Sm 8:15-18 **19:1-19** 2 Sm 10:1-19 **20:2-3** 2 Sm 12:29-31 **20:4-8** 2 Sm 21:15-22 mano y seis en cada pie, veinticuatro dedos en total, que era también descendiente de los gigantes. 7Pero cuando desafió a los israelitas y se mofó de ellos, lo mató Jonatán, hijo de Simea, hermano de David.

8Estos filisteos eran descendientes de los gigantes de Gat, pero David y sus guerreros los mataron.

David hace un censo

21 Satanás se levantó contra Israel y provocó que David hiciera un censo del pueblo de Israel. 2De modo que David les dijo a Joab y a los comandantes del ejército:

—Hagan un censo de todo el pueblo de Israel, desde Beerseba en el sur hasta Dan en el norte, y tráiganme un informe para que yo sepa cuántos son.

3Pero Joab respondió:

—¡Que el SEÑOR multiplique el número de su pueblo cien veces! Pero ¿por qué, mi señor el rey, quiere usted hacer tal cosa? ¿Acaso no son todos servidores suyos? ¿Por qué hará que Israel caiga en pecado?

4Sin embargo, el rey insistió en que levantaran el censo, así que Joab viajó por todo Israel para contar al pueblo. Luego regresó a Jerusalén 5y le informó a David el número de personas. Había en todo Israel 1.100.000 guerreros que podían manejar una espada, y 470.000 en Judá; 6pero Joab no incluyó a las tribus de Leví y Benjamín en el censo, porque estaba muy afligido por lo que el rey le había ordenado hacer.

Juicio por el pecado de David

7Dios se disgustó mucho por el censo y castigó a Israel por haberlo levantado. 8Entonces David le dijo a Dios: «He pecado grandemente al haber hecho el censo. Te ruego que perdones mi culpa por haber cometido esta tontería».

9Entonces el SEÑOR le habló a Gad, el vidente de David, y le dio este mensaje: 10«Ve y dile a David: "Esto dice el SEÑOR: 'Te doy tres opciones; escoge uno de estos castigos, y yo te lo impondré'"».

11De modo que Gad fue a ver a David y le dijo:

—Estas son las opciones que el SEÑOR te da: 12puedes elegir entre tres años de hambre, tres meses de destrucción a espada de tus enemigos o tres días de una terrible plaga durante la cual el ángel del SEÑOR traerá devastación por toda la tierra de Israel. Decide y dime qué respuesta debo darle al SEÑOR, quien me envió.

13—¡Estoy en una situación desesperada! —le respondió David a Gad—. Mejor que caiga yo en las manos del SEÑOR, porque su misericordia es muy grande, y que no caiga yo en manos humanas.

14Por lo tanto, el SEÑOR mandó una plaga sobre Israel, y como consecuencia murieron setenta mil personas. 15Además Dios envió un ángel para destruir a Jerusalén. Sin embargo, en el momento que el ángel se disponía a destruirla, el SEÑOR desistió y le dijo al ángel de la muerte: «¡Detente! ¡Ya es suficiente!». En ese momento el ángel del SEÑOR estaba de pie junto al campo de trillar de Arauna* el jebuseo.

16David levantó la vista y vio que el ángel del SEÑOR estaba entre el cielo y la tierra con su espada desenvainada, extendida sobre Jerusalén. Entonces David y los líderes de Israel se pusieron tela áspera en señal de su profunda angustia y cayeron rostro en tierra. 17David le dijo a Dios: «¡Soy yo quien pidió el censo! ¡Soy yo el que pecó e hizo el mal! Pero estas personas son tan inocentes como ovejas, ¿qué han hecho? Oh SEÑOR mi Dios, que tu enojo caiga sobre mí y mi familia, pero no destruyas a tu pueblo».

David edifica un altar

18Entonces el ángel del SEÑOR le dijo a Gad que diera instrucciones a David para que subiera y edificara un altar al SEÑOR en el campo de trillar de Arauna, el jebuseo. 19Así que David subió para hacer lo que el SEÑOR le había ordenado por medio de Gad. 20Mientras Arauna trillaba el trigo, miró hacia atrás y vio al ángel. Los cuatro hijos de Arauna, que estaban con él, huyeron y se escondieron. 21Cuando Arauna vio que se acercaba David, salió del campo de trillar y se inclinó ante David rostro en tierra.

22David le dijo a Arauna:

—Permíteme comprarte este campo de trillar por el precio total. Así podré edificar allí un altar al SEÑOR, para que detenga la plaga.

23—Tómelo, mi señor el rey, y úselo como usted quiera —le respondió Arauna a David—. Yo le daré los bueyes para las ofrendas quemadas y los tablones de trillar como leña para hacer un fuego sobre el altar, y también le daré el trigo para la ofrenda de cereales. Se lo daré todo.

24Pero el rey David le respondió a Arauna:

—No, insisto en comprarlo por el precio total. No tomaré lo que es tuyo para dárselo al SEÑOR. ¡No presentaré ofrendas quemadas que no me hayan costado nada!

25Así que David le dio a Arauna seiscientas piezas de oro* en pago por el campo de trillar.

26Allí David edificó un altar al SEÑOR y sacrificó ofrendas quemadas y ofrendas de paz. Cuando David oró, el SEÑOR le contestó enviando fuego desde el cielo para quemar la ofrenda sobre el altar. 27Luego el SEÑOR le habló al ángel, quien envainó la espada.

28Cuando David vio que el SEÑOR había contestado su oración ofreció sacrificios allí, en el campo de trillar de Arauna. 29En ese tiempo el tabernáculo del SEÑOR y el altar de las ofrendas quemadas que Moisés había hecho en el desierto estaban situados en el lugar de culto en Gabaón; 30pero David no pudo ir allí para consultar a Dios porque quedó aterrado a causa de la espada desenvainada del ángel del SEÑOR.

22 Luego David dijo: «¡Este será el sitio del templo del SEÑOR Dios y el lugar del altar de las ofrendas quemadas de Israel!».

Preparativos para el templo

2De modo que David dio órdenes para reunir a los extranjeros que vivían en Israel, y les encargó la tarea de preparar piedras talladas para construir el templo de Dios. 3David proporcionó grandes cantidades de hierro para los clavos que se necesitarían para las puertas de las entradas y los herrajes, y dio tanto bronce que no se podía pesar. 4También proveyó innumerables troncos de cedro, porque los hombres de Tiro y de Sidón habían llevado grandes cantidades de cedro a David.

5David dijo: «Mi hijo Salomón es aún joven y sin experiencia. Ya que el templo que se edificará para el SEÑOR debe ser una estructura magnífica, gloriosa y reconocida

***Notas textuales** **21:15** Igual que el texto paralelo en 2 Sm 24:16; en hebreo dice *Ornán*, otro nombre de Arauna; también en 21:18-28. **21:25** En hebreo *600 siclos de oro*, aproximadamente 6,8 kilos o 15 libras.

Referencias cruzadas **21:1-26** 2 Sm 24:1-25 **22:10** 2 Sm 7:13

en el mundo entero, comenzaré a hacer los preparativos
desde ahora». Así que antes de morir, David reunió una
enorme cantidad de materiales de construcción.
6Luego David mandó llamar a su hijo Salomón y le
dio instrucciones para que edificara un templo para el
Señor, Dios de Israel. 7«Hijo mío, yo quería edificar un
templo para honrar el nombre del Señor mi Dios —le
dijo David—, 8pero el Señor me dijo: "Tú has matado a
muchos hombres en las batallas que has peleado. Puesto
que has derramado tanta sangre ante mis ojos, no serás tú
el que edifique un templo para honrar mi nombre; 9pero
tendrás un hijo que será un hombre de paz. Le daré paz
con sus enemigos de todas las tierras vecinas. Su nombre
será Salomón* y, durante su reinado, yo le daré a Israel paz
y tranquilidad. 10Es él quien edificará el templo para hon-
rar mi nombre. Él será mi hijo, y yo seré su padre. Además,
afirmaré el trono de su reino sobre Israel para siempre".
11»Ahora, hijo mío, que el Señor esté contigo y te
dé éxito al seguir sus instrucciones en la edificación
del templo del Señor tu Dios. 12Que el Señor te dé
sabiduría y entendimiento, para que obedezcas la ley
del Señor tu Dios mientras gobiernes a Israel. 13Pues
tendrás éxito si obedeces cuidadosamente los decretos
y las ordenanzas que el Señor le dio a Israel por medio
de Moisés. ¡Sé fuerte y valiente! ¡No tengas miedo ni
te desanimes!
14»He trabajado mucho para proveer los materiales
para construir el templo del Señor. Hay 3400 tonela-
das de oro, 34.000 toneladas de plata,* y tanto hierro y
bronce que es imposible pesarlos. También he reunido
madera y piedras para las paredes, aunque tal vez nece-
sites agregar más. 15Cuentas con un buen número de
hábiles carpinteros, canteros y artesanos de toda clase.
16Además, cuentas con expertos en orfebrería y platería,
y trabajadores del bronce y del hierro. ¡Ahora, manos a la
obra y que el Señor esté contigo!».
17Después David ordenó a todos los líderes de Israel
que ayudaran a Salomón en este proyecto. 18«El Señor
su Dios está con ustedes —les declaró—, y les ha dado paz
con las naciones vecinas. Él me las entregó, y ahora están
sometidas al Señor y a su pueblo. 19Busquen al Señor su
Dios con todo el corazón y con toda el alma. Edifiquen el
santuario del Señor Dios, para que puedan traer el arca
del pacto del Señor y los utensilios sagrados de Dios
al templo edificado para honrar el nombre del Señor».

Responsabilidades de los levitas

23 Cuando David ya era muy anciano designó a su
hijo Salomón rey de Israel. 2David convocó a
todos los líderes de Israel, junto con los sacerdotes y los
levitas. 3Contaron a todos los levitas de treinta años o
más y el total sumó treinta y ocho mil. 4Entonces David
dijo: «De entre los levitas, veinticuatro mil supervisarán
el trabajo en el templo del Señor. Otros seis mil servirán
como funcionarios y jueces. 5Otros cuatro mil trabajarán
como porteros, y cuatro mil alabarán al Señor con los
instrumentos musicales que yo hice». 6Después David
dividió a los levitas en grupos, nombrados por los clanes
que descendían de los tres hijos de Leví: Gersón, Coat
y Merari.

Los gersonitas

7Los núcleos familiares de los gersonitas se
identificaron por la línea de descendencia de
Libni* y Simei, los hijos de Gersón. 8Tres de los
descendientes de Libni fueron Jehiel (el jefe de
familia), Zetam y Joel. 9Estos fueron los jefes de
familia de Libni.
Tres de los descendientes de Simei fueron Selomit,
Haziel y Harán. 10Otros cuatro descendientes de
Simei fueron Jahat, Ziza,* Jeús y Bería. 11Jahat fue
el jefe de familia, y Ziza le seguía. Contaron a Jeús
y a Bería como una sola familia porque no tuvieron
muchos hijos.

Los coatitas

12Cuatro de los descendientes de Coat fueron Amram,
Izhar, Hebrón y Uziel.
13Los hijos de Amram fueron Aarón y Moisés. Aarón
y sus descendientes fueron apartados para dedicar
lo que es sumamente santo, ofrecer sacrificios en la
presencia del Señor, servir al Señor y pronunciar
bendiciones en su nombre para siempre.
14En cuanto a los hijos de Moisés, hombre
de Dios, se les incluyó en la tribu de Leví. 15Los
hijos de Moisés fueron Gersón y Eliezer. 16Entre
los descendientes de Gersón estaba Sebuel, el
jefe de familia. 17Eliezer solamente tuvo un hijo,
Rehabías, el jefe de familia. Rehabías tuvo muchos
descendientes.
18Entre los descendientes de Izhar estaba Selomit, el
jefe de familia.
19Entre los descendientes de Hebrón estaban Jerías (el
jefe de familia), Amarías (el segundo), Jahaziel (el
tercero) y Jecamán (el cuarto).
20Entre los descendientes de Uziel estaban Micaía (el
jefe de familia) e Isías (el segundo).

Los meraritas

21Entre los descendientes de Merari estaban Mahli y
Musi.
Los hijos de Mahli fueron Eleazar y Cis. 22Eleazar
murió sin tener hijos, solamente tuvo hijas. Sus hijas
se casaron con sus primos, los hijos de Cis.
23Tres de los descendientes de Musi fueron Mahli, Eder
y Jerimot.
24Estos fueron los descendientes de Leví por clanes, los
jefes de los grupos de familia, registrados cuidadosamente
por nombre. Cada uno debía tener veinte años o más para
tener el derecho de servir en la casa del Señor. 25Pues
David dijo: «El Señor, Dios de Israel, nos ha dado paz, y
él vivirá siempre en Jerusalén. 26Ahora los levitas no ten-
drán que transportar el tabernáculo y su mobiliario de un
lugar a otro». 27De acuerdo con las últimas instrucciones
de David, todos los levitas de veinte años o más fueron
registrados para servir.
28El trabajo de los levitas consistía en ayudar a los
sacerdotes, los descendientes de Aarón, mientras servían
en la casa del Señor. También se ocupaban de cuidar los
atrios y los cuartos laterales, ayudaban en las ceremonias

***Notas textuales** **22:9** *Salomón* suena como y probablemente se deriva del término hebreo que significa «paz». **22:14** En hebreo *100.000 talentos* [4000 toneladas cortas] *de oro, 1.000.000 de talentos* [40.000 toneladas cortas] *de plata.* **23:7** En hebreo *Laadán* (también en 23:8-9), otro nombre de Libni; comparar 6:17. **23:10** Así aparece en la versión griega y en la Vulgata Latina (ver también 23:11); en hebreo dice *Zina.*

Referencias cruzadas **22:13** 1 Cr 28:7 **23:1** 1 Cr 29:22, 28

de purificación y servían de muchas otras maneras en la
casa de Dios. 29Estaban a cargo del pan sagrado que se
colocaba sobre la mesa, de la harina selecta para las ofren-
das de grano, de las obleas preparadas sin levadura, de los
panes cocidos en aceite de oliva y de los demás panes.
También eran responsables de verificar todas las pesas
y medidas. 30Además, cada mañana y cada tarde se pre-
sentaban delante del SEÑOR para entonarle canciones de
agradecimiento y alabanza. 31Ayudaban con las ofrendas
quemadas que se presentaban al SEÑOR cada día de des-
canso, en las celebraciones de luna nueva y en los demás
festivales establecidos. Un número requerido de levitas
servía en la presencia del SEÑOR siempre, siguiendo los
procedimientos que se les había indicado.
32Por lo tanto, bajo la supervisión de los sacerdotes, los
levitas vigilaban el tabernáculo y el templo,* y llevaban
a cabo con fidelidad sus responsabilidades de servicio en
la casa del SEÑOR.

Responsabilidades de los sacerdotes

24 Los descendientes de Aarón, los sacerdotes, fue-
ron organizados en grupos para el servicio. Los
hijos de Aarón fueron Nadab, Abiú, Eleazar e Itamar;
2pero Nadab y Abiú murieron antes que su padre y no
tuvieron hijos. De modo que solo Eleazar e Itamar que-
daron para seguir adelante con el sacerdocio.
3Con ayuda de Sadoc, quien era un descendiente de
Eleazar, y de Ahimelec, quien era un descendiente de
Itamar, David dividió a los descendientes de Aarón en
grupos, de acuerdo a sus diferentes responsabilidades.
4Los descendientes de Eleazar se dividieron en dieciséis
grupos y los de Itamar en ocho porque había más jefes de
familia entre los descendientes de Eleazar.
5Todas las tareas se asignaban a los diversos grupos
mediante un sorteo sagrado, para no mostrar ninguna pre-
ferencia, ya que había muchos funcionarios capacitados
que servían a Dios en el santuario entre los descendientes
de Eleazar y los de Itamar. 6Semaías, hijo de Natanael, un
levita, actuó como secretario y anotó los nombres y las
responsabilidades en la presencia del rey, de los oficiales,
del sacerdote Sadoc, de Ahimelec —hijo de Abiatar—, y
de los jefes de familia de los sacerdotes y de los levitas.
Los descendientes de Eleazar y de Itamar se turnaban
para echar suertes.

7 La primera suerte le tocó a Joiarib;
la segunda, a Jedaías;
8 la tercera, a Harim;
la cuarta, a Seorim;
9 la quinta, a Malquías;
la sexta, a Mijamín;
10 la séptima, a Cos;
la octava, a Abías;
11 la novena, a Jesúa;
la décima, a Secanías;
12 la undécima, a Eliasib;
la duodécima, a Jaquim;
13 la decimotercera, a Hupa;
la decimocuarta, a Jesebeab;
14 la decimoquinta, a Bilga;
la decimosexta, a Imer;
15 la decimoséptima, a Hezir;
la decimoctava, a Afisés;
16 la decimonovena, a Petaías;
la vigésima, a Hezequiel;
17 la vigésima primera, a Jaquín;
la vigésima segunda, a Gamul;
18 la vigésima tercera, a Delaía;
la vigésima cuarta, a Maazías.

19En la casa del SEÑOR cada grupo cumplía con las
responsabilidades asignadas, de acuerdo con los proce-
dimientos establecidos por su antepasado Aarón en obe-
diencia a los mandatos del SEÑOR, Dios de Israel.

Jefes de familia entre los levitas

20Estos fueron los otros jefes de familias descendientes
de Leví:

De los descendientes de Amram el jefe fue Sebuel.*
De los descendientes de Sebuel el jefe fue Jehedías.
21 De los descendientes de Rehabías el jefe fue Isías.
22 De los descendientes de Izhar el jefe fue Selomit.*
De los descendientes de Selomit el jefe fue Jahat.
23 De los descendientes de Hebrón, Jerías fue el jefe;* Amarías fue el segundo; Jahaziel, el tercero y Jecamán, el cuarto.
24 De los descendientes de Uziel el jefe fue Micaía.
De los descendientes de Micaía el jefe fue Samir,
25junto con Isías, el hermano de Micaía.
De los descendientes de Isías el jefe fue Zacarías.
26 De los descendientes de Merari los jefes fueron Mahli y Musi.
De los descendientes de Jaazías el jefe fue Beno.
27 De los descendientes de Merari, por Jaazías, los líderes fueron Beno, Soham, Zacur e Ibri.
28 De los descendientes de Mahli el jefe fue Eleazar, aunque no tuvo hijos.
29 De los descendientes de Cis, el jefe fue Jerameel.
30 De los descendientes de Musi, los jefes fueron Mahli, Eder y Jerimot.

Esos fueron los descendientes de Leví según sus diver-
sas familias. 31Al igual que a los descendientes de Aarón,
se les asignaron responsabilidades por medio de sorteo
sagrado sin tomar en cuenta la edad o el nivel. Se echaron
las suertes en la presencia del rey David, de Sadoc, de
Ahimelec y de los jefes de familia de los sacerdotes y de
los levitas.

Responsabilidades de los músicos

25 David y los comandantes del ejército designaron
hombres de las familias de Asaf, de Hemán y de
Jedutún para proclamar los mensajes de Dios acompaña-
dos de liras, arpas y címbalos. La siguiente es una lista de
sus nombres y sus responsabilidades:

2De los hijos de Asaf estaban Zacur, José, Netanías y Asarela. Ellos trabajaban bajo la dirección de su padre, Asaf, quien proclamaba los mensajes de Dios por orden del rey.

***Notas textuales 23:32** En hebreo *la carpa de reunión y el santuario.* **24:20** En hebreo *Subael* (también en 24:20b), una variante de Sebuel; comparar 23:16 y 26:24. **24:22** En hebreo *Selomot* (también en 24:22b), una variante de Selomit; comparar 23:18. **24:23** En hebreo *De los descendientes de Jerías*; comparar 23:19.

Referencias cruzadas 23:32 Nm 3:6-9 **24:10** Lc 1:5 **24:23** 1 Cr 23:19

3 De los hijos de Jedutún estaban Gedalías, Zeri, Jesaías,
Simei,* Hasabías y Matatías, seis en total. Ellos
trabajaban bajo la dirección de su padre, Jedutún,
quien proclamaba los mensajes de Dios al son de la
lira dando gracias y alabando al SEÑOR.
4 De los hijos de Hemán estaban Buquías, Matanías,
Uziel, Subael,* Jerimot, Hananías, Hananí, Eliata,
Gidalti, Romanti-ezer, Josbecasa, Maloti, Hotir
y Mahaziot. 5 Todos estos fueron hijos de Hemán,
el vidente del rey, pues Dios lo había honrado con
catorce hijos y tres hijas.

6 Todos estos hombres estaban bajo la dirección de
su padre mientras tocaban música en la casa del SEÑOR.
Entre sus responsabilidades estaba tocar címbalos, arpas y
liras en la casa de Dios. Asaf, Jedutún y Hemán dependían
directamente del rey. 7 Todos ellos junto con sus familias
estaban capacitados para tocar música delante del SEÑOR, y
todos —doscientos ochenta y ocho en total— eran músicos
por excelencia. 8 Los músicos se designaban para los turnos
de servicio mediante el sorteo sagrado sin tomar en cuenta
si eran jóvenes o ancianos, maestros o discípulos.

9 La primera suerte le tocó a José, del clan de Asaf, y a doce de sus hijos y parientes;*
la segunda, a Gedalías y a doce de sus hijos y parientes;
10 la tercera, a Zacur y a doce de sus hijos y parientes;
11 la cuarta, a Zeri* y a doce de sus hijos y parientes;
12 la quinta, a Netanías y a doce de sus hijos y parientes;
13 la sexta, a Buquías y a doce de sus hijos y parientes;
14 la séptima, a Asarela* y a doce de sus hijos y parientes;
15 la octava, a Jesaías y a doce de sus hijos y parientes;
16 la novena, a Matanías y a doce de sus hijos y parientes;
17 la décima, a Simei y a doce de sus hijos y parientes;
18 la undécima, a Uziel* y a doce de sus hijos y parientes;
19 la duodécima, a Hasabías y a doce de sus hijos y parientes;
20 la decimotercera, a Subael y a doce de sus hijos y parientes;
21 la decimocuarta, a Matatías y a doce de sus hijos y parientes;
22 la decimoquinta, a Jerimot* y a doce de sus hijos y parientes;
23 la decimosexta, a Hananías y a doce de sus hijos y parientes;
24 la decimoséptima, a Josbecasa y a doce de sus hijos y parientes;
25 la decimoctava, a Hananí y a doce de sus hijos y parientes;
26 la decimonovena, a Maloti y a doce de sus hijos y parientes;
27 la vigésima, a Eliata y a doce de sus hijos y parientes;
28 la vigésima primera, a Hotir y a doce de sus hijos y parientes;
29 la vigésima segunda, a Gidalti y a doce de sus hijos y parientes;
30 la vigésima tercera, a Mahaziot y a doce de sus hijos y parientes;
31 la vigésima cuarta, a Romanti-ezer y a doce de sus hijos y parientes.

Responsabilidades de los porteros

26 Estas son las divisiones de los porteros:
De los coreítas estaba Meselemías, hijo de Koré,
de la familia de Abiasaf.* 2 Los hijos de Meselemías
fueron Zacarías (el mayor), Jediael (el segundo),
Zebadías (el tercero), Jatniel (el cuarto), 3 Elam (el
quinto), Johanán (el sexto) y Elioenai (el séptimo).
4 Los hijos de Obed-edom, también porteros, fueron
Semaías (el mayor), Jozabad (el segundo), Joa (el
tercero), Sacar (el cuarto), Natanael (el quinto),
5 Amiel (el sexto), Isacar (el séptimo) y Peultai (el
octavo). Dios había bendecido a Obed-edom en gran
manera.
6 Semaías, el hijo de Obed-edom, tuvo hijos muy
capaces que obtuvieron posiciones de gran autoridad
en el clan. 7 Sus nombres fueron Otni, Rafael, Obed
y Elzabad. Sus parientes, Eliú y Samaquías, fueron
también hombres muy capaces.
8 Todos estos descendientes de Obed-edom, entre
ellos sus hijos y nietos —sesenta y dos en total—
eran hombres muy capaces y competentes para su
trabajo.
9 Los dieciocho hijos y parientes de Meselemías
también fueron hombres muy capaces.

10 Hosa, del clan de Merari, designó a Simri jefe de
entre sus hijos aunque no era el mayor. 11 Entre sus
otros hijos estaban Hilcías (el segundo), Tebalías (el
tercero) y Zacarías (el cuarto). Los hijos y parientes
de Hosa que sirvieron como porteros sumaban trece
en total.

12 Estas divisiones de porteros llevaban el nombre del
jefe de su familia y, al igual que los demás levitas, servían
en la casa del SEÑOR. 13 Fueron designados por familias
para estar de guardia en las distintas puertas, sin tomar
en cuenta su edad o preparación, porque todo se decidía
por medio del sorteo sagrado.
14 La responsabilidad por la puerta oriental le tocó a
Meselemías* y a su grupo. La puerta del norte fue asig-
nada a su hijo Zacarías, un hombre de una sabiduría fuera
de lo común. 15 La puerta del sur le tocó a Obed-edom,
y sus hijos quedaron a cargo del depósito. 16 A Supim y a
Hosa les asignaron la puerta occidental y la entrada que
conduce al templo.* Los turnos de guardia se dividían de
manera equitativa. 17 Cada día se asignaban seis levitas a
la puerta oriental, cuatro a la puerta del norte, cuatro a
la puerta del sur y dos pares al depósito. 18 Cada día se
asignaban seis levitas a la puerta occidental, cuatro a la
entrada que conduce al templo y dos al atrio.*

***Notas textuales** **25:3** Así aparece en un manuscrito hebreo y en algunos manuscritos griegos (ver también 25:17); en la mayoría de los manuscritos hebreos falta *Simei.* **25:4** En hebreo *Sebuel,* una variante de Subael; comparar 25:20. **25:9** Así aparece en la versión griega; en hebreo falta *y a doce de sus hijos y parientes.* **25:11** En hebreo *Izri,* una variante de Zeri; comparar 25:3. **25:14** En hebreo *Jesarela,* una variante de Asarela; comparar 25:2. **25:18** En hebreo *Azareel,* una variante de Uziel; comparar 25:4. **25:22** En hebreo *Jeremot,* una variante de Jerimot; comparar 25:4. **26:1** Así aparece en la versión griega (ver también Ex 6:24); en hebreo dice *Asaf.* **26:14** En hebreo *Selemías,* una variante de Meselemías; comparar 26:2. **26:16** O *la puerta de Salequet en el camino superior* (también en 26:18). El significado del hebreo es incierto. **26:18** O *a la columnata.* El significado del hebreo es incierto.

Referencias cruzadas **25:3** 1 Cr 16:41-42 **25:8** 1 Cr 26:13 **26:13** 1 Cr 24:5

19 Esas fueron las divisiones de los porteros de los cla-
nes de Coré y Merari.

Los tesoreros y otros funcionarios

20 Otros levitas, bajo la dirección de Ahías, estaban a cargo
de los tesoros de la casa de Dios y de los tesoros que con-
tenían las ofrendas dedicadas al SEÑOR. 21 Jehiel* fue el
líder de la familia de Libni,* del clan de Gersón. 22 Zetam
y su hermano Joel, hijos de Jehiel, estaban a cargo de los
tesoros de la casa del SEÑOR.
23 Estos son los líderes que descendían de Amram,
Izhar, Hebrón y Uziel:

24 Del clan de Amram, Sebuel fue un descendiente de
Gersón, hijo de Moisés. Era el funcionario principal
de los tesoros. 25 Sus parientes por parte de Eliezer
fueron Rehabías, Jesaías, Joram, Zicri y Selomot.
26 Selomot y sus parientes estaban a cargo de
los tesoros que contenían las ofrendas que el
rey David, los jefes de familia, los generales, los
capitanes* y otros oficiales del ejército habían
dedicado al SEÑOR. 27 Estos hombres dedicaron
para el mantenimiento de la casa del SEÑOR parte
del botín que habían ganado en batalla. 28 Selomot*
y sus parientes también cuidaban las ofrendas
dedicadas al SEÑOR por Samuel, el vidente; Saúl,
hijo de Cis; Abner, hijo de Ner, y Joab, hijo de
Sarvia. Todas las demás ofrendas que habían sido
dedicadas también estaban a su cargo.
29 Del clan de Izhar, a Quenanías y a sus hijos se les
dieron responsabilidades administrativas* como
funcionarios y jueces sobre Israel.
30 Del clan de Hebrón, Hasabías y sus parientes —mil
setecientos hombres capaces— quedaron a cargo de
las tierras israelitas al occidente del río Jordán. Eran
responsables de todos los asuntos relacionados con el
trabajo del SEÑOR y con el servicio al rey en esa área.
31 También del clan de Hebrón estaba Jerías,
quien era el jefe de los hebronitas, según los registros
genealógicos. (En el año cuarenta del reinado de
David se hizo una investigación en los registros y se
encontraron hombres capaces del clan de Hebrón
en Jazer, en la tierra de Galaad). 32 Había dos mil
setecientos hombres capaces entre los parientes de
Jerías. El rey David los envió al lado oriental del río
Jordán y los puso a cargo de la tribu de Rubén, de la
tribu de Gad y de la media tribu de Manasés. Eran
responsables de todos los asuntos relacionados con
Dios y con el rey.

Comandantes y divisiones militares

27 La siguiente es la lista de los generales y capita-
nes* israelitas y de sus oficiales, quienes servían
al rey. Supervisaban las divisiones del ejército que estaban
de guardia cada mes del año. Cada división constaba de
veinticuatro mil hombres y servía durante un mes.

2 Jasobeam, hijo de Zabdiel, era el comandante de
la primera división de veinticuatro mil soldados,
que estaba de guardia durante el primer mes. 3 Era
descendiente de Fares y estaba a cargo de los oficiales
del ejército durante el primer mes.
4 Dodai, descendiente de Ahoa, era el comandante de la
segunda división de veinticuatro mil soldados, que
estaba de guardia durante el segundo mes. Su oficial
principal era Miclot.
5 Benaía, hijo del sacerdote Joiada, era el comandante de
la tercera división de veinticuatro mil soldados, que
estaba de guardia durante el tercer mes. 6 Este fue el
Benaía que comandó el grupo selecto del ejército de
David conocido como los Treinta. Su hijo Amisabad
era el oficial principal.
7 Asael, hermano de Joab, era comandante de la cuarta
división de veinticuatro mil soldados, que estaba de
guardia durante el cuarto mes. Asael fue sucedido
por su hijo Zebadías.
8 Sama* el izraíta era comandante de la quinta división
de veinticuatro mil soldados, que estaba de guardia
durante el quinto mes.
9 Ira, hijo de Iques de Tecoa, era el comandante de la
sexta división de veinticuatro mil soldados, que
estaba de guardia durante el sexto mes.
10 Heles, un descendiente de Efraín de Pelón, era el
comandante de la séptima división de veinticuatro
mil soldados, que estaba de guardia durante el
séptimo mes.
11 Sibecai, un descendiente de Zera de Husa, era el
comandante de la octava división de veinticuatro mil
soldados, que estaba de guardia durante el octavo
mes.
12 Abiezer de Anatot, en el territorio de Benjamín, era
el comandante de la novena división de veinticuatro
mil soldados, que estaba de guardia durante el
noveno mes.
13 Maharai, un descendiente de Zera, de Netofa, era el
comandante de la décima división de veinticuatro
mil soldados, que estaba de guardia durante el
décimo mes.
14 Benaía de Piratón, en Efraín, era el comandante de la
undécima división de veinticuatro mil soldados, que
estaba de guardia en el undécimo mes.
15 Heled,* un descendiente de Otoniel de Netofa,
era el comandante de la duodécima división de
veinticuatro mil soldados, que estaba de guardia
durante el duodécimo mes.

Jefes de las tribus

16 Estos fueron los jefes de las tribus de Israel:

	Tribu	*Jefe*
	Rubén	Eliezer, hijo de Zicri
	Simeón	Sefatías, hijo de Maaca
17	Leví	Hasabías, hijo de Kemuel
	Aarón (los sacerdotes)	Sadoc
18	Judá	Eliú (un hermano de David)
	Isacar	Omri, hijo de Micael
19	Zabulón	Ismaías, hijo de Abdías
	Neftalí	Jerimot, hijo de Azriel
20	Efraín	Oseas, hijo de Azazías

***Notas textuales** **26:21a** En hebreo *Jehieli* (también en 26:22), una variante de Jehiel; comparar 23:8. **26:21b** En hebreo *Laadán*, una variante de Libni; comparar 6:17. **26:26** En hebreo *los comandantes de miles y de cientos*. **26:28** En hebreo *Selomit*, una variante de Selomot. **26:29** O *se les dieron tareas exteriores*; o *se les dieron tareas alejadas de la zona del templo.* **27:1** En hebreo *comandantes de miles y de cientos.* **27:8** En hebreo *Samhut*, una variante de Sama; comparar 11:27 y 2 Sm 23:25. **27:15** En hebreo *Heldai*, una variante de Heled; comparar 11:30 y 2 Sm 23:29.

Referencias cruzadas **26:31** 1 Cr 23:19 **27:2** 2 Sm 23:8

Manasés (al occidente) .... Joel, hijo de Pedaías
21 Manasés de Galaad (al oriente) .... Iddo, hijo de Zacarías
Benjamín .... Jaasiel, hijo de Abner
22 Dan..................... Azareel, hijo de Jeroham

Estos fueron los jefes de las tribus de Israel.
23 Cuando David hizo el censo no contó a los que tenían
menos de veinte años, porque el SEÑOR había prometido
hacer a los israelitas tan numerosos como las estrellas
del cielo. 24 Joab, hijo de Sarvia, comenzó el censo pero
nunca lo terminó porque* el enojo de Dios se desató sobre
Israel. El número total nunca fue anotado en los registros
oficiales del rey David.

Funcionarios del reino de David

25 Azmavet, hijo de Adiel, estaba a cargo de los tesoros del palacio.
Jonatán, hijo de Uzías, estaba a cargo de los tesoros regionales en todas las ciudades, aldeas y fortalezas de Israel.
26 Ezri, hijo de Quelub, estaba a cargo de los trabajadores que cultivaban las tierras del rey.
27 Simei de Ramá estaba a cargo de los viñedos del rey.
Zabdi de Sefam era responsable de las uvas y de las provisiones de vino.
28 Baal-hanán de Geder estaba a cargo de los olivares del rey y de las higueras sicómoros de las colinas de Judá.*
Joás era responsable de las provisiones de aceite de oliva.
29 Sitrai de Sarón estaba a cargo del ganado en la llanura de Sarón.
Safat, hijo de Adlai, era responsable del ganado en los valles.
30 Obil, el ismaelita, estaba a cargo de los camellos.
Jehedías de Meronot estaba a cargo de las burras.
31 Jaziz, el agareno, estaba a cargo de los rebaños de ovejas y cabras del rey.
Todos estos oficiales administraban las propiedades del rey David.

32 Jonatán, el tío de David, era un sabio consejero del
rey, un hombre de gran percepción y un escriba. Jehiel, el
hacmonita, era responsable de la educación de los hijos del
rey. 33 Ahitofel era el consejero real. Husai, el arquita, era el
amigo del rey. 34 A Ahitofel lo sucedieron Joiada, hijo de
Benaía, y Abiatar. Joab era el comandante del ejército del rey.

Instrucciones de David a Salomón

28 David convocó a todas las autoridades de Israel
a Jerusalén: los jefes de las tribus, los coman-
dantes de las divisiones del ejército, los otros generales y
capitanes,* los que administraban las propiedades y los
animales del rey, los funcionarios del palacio, los hombres
valientes y todos los demás guerreros valientes del reino.
2 David se puso de pie y dijo: «¡Hermanos míos y pueblo
mío! Era mi deseo construir un templo donde el arca del
pacto del SEÑOR, el estrado de los pies de Dios, pudiera
descansar para siempre. Hice los preparativos necesarios
para construirlo, 3 pero Dios me dijo: "Tú no debes edificar
un templo para honrar mi nombre, porque eres hombre
de guerra y has derramado mucha sangre".
4 »Sin embargo, el SEÑOR, Dios de Israel, me eligió a
mí de entre toda la familia de mi padre para ser rey sobre
Israel para siempre. Pues él ha elegido a la tribu de Judá
para gobernar y, de entre las familias de Judá, eligió a la
familia de mi padre. De entre los hijos de mi padre al
SEÑOR le agradó hacerme a mí rey sobre todo Israel. 5 De
entre mis hijos —porque el SEÑOR me ha dado muchos—
eligió a Salomón para sucederme en el trono de Israel
y para gobernar el reino del SEÑOR. 6 Me dijo: "Tu hijo
Salomón edificará mi templo y sus atrios, porque lo he
elegido como mi hijo, y yo seré su padre. 7 Y si él sigue
obedeciendo mis mandatos y ordenanzas como lo hace
ahora, haré que su reino perdure para siempre".
8 »Así que ahora, con Dios como nuestro testigo, y a
la vista de todo Israel —la asamblea del SEÑOR— les doy
este encargo. Asegúrense de obedecer todos los mandatos
del SEÑOR su Dios, para que esta buena tierra siga en su
posesión y la dejen para sus hijos en herencia permanente.
9 »Y tú, Salomón, hijo mío, aprende a conocer íntima-
mente al Dios de tus antepasados. Adóralo y sírvelo de
todo corazón y con una mente dispuesta. Pues el SEÑOR
ve cada corazón y conoce todo plan y pensamiento. Si lo
buscas, lo encontrarás; pero si te apartas de él, te rechazará
para siempre. 10 De modo que toma esto en serio; el SEÑOR
te ha elegido para construir un templo como su santuario.
Sé fuerte y haz el trabajo».
11 Entonces David le dio a Salomón los planos para el
templo y sus alrededores, que incluían la antesala, los de-
pósitos, las habitaciones de la planta alta, las habitaciones
interiores y el santuario interior, el cual era el lugar de la
expiación. 12 David también le dio a Salomón todos los
planos de lo que tenía en mente* para los atrios del templo
del SEÑOR, para las habitaciones exteriores, para los tesoros
y para los cuartos de las ofrendas dedicadas al SEÑOR. 13 El
rey también le dio a Salomón las instrucciones sobre el
trabajo de las diferentes divisiones de sacerdotes y de levitas
en el templo del SEÑOR; y dejó especificaciones para los
artículos del templo que debían usarse para la adoración.
14 David dio instrucciones referentes a cuánto oro y
cuánta plata debía usarse para hacer los artículos necesa-
rios para el servicio en el templo. 15 Le indicó a Salomón
la cantidad de oro que se necesitaba para los candelabros
y las lámparas de oro, y la cantidad de plata para los can-
delabros y las lámparas de plata, según la función de cada
uno. 16 Designó la cantidad de oro para la mesa donde se
colocaría el pan de la Presencia y la cantidad de plata para
las otras mesas.
17 David también indicó la cantidad de oro para los
ganchos de oro macizo utilizados para manejar la carne
de los sacrificios y para los tazones, las jarras y la vajilla,
así como la cantidad de plata para cada uno de los platos.
18 Especificó la cantidad de oro refinado para el altar del
incienso. Finalmente, le dio un plano para la «carroza»
del SEÑOR, es decir, los querubines* de oro cuyas alas
se extendían sobre el arca del pacto del SEÑOR. 19 «Cada
detalle de este plan —le dijo David a Salomón— lo recibí
por escrito de la mano del SEÑOR*».
20 David siguió diciendo: «Sé fuerte y valiente y haz

***Notas textuales** **27:24** O *nunca lo terminó, y no obstante.* **27:28** En hebreo *la Sefela.* **28:1** En hebreo *los comandantes de miles y los comandantes de cientos.* **28:12** O *los planes del espíritu que estaba con él.* **28:18** En hebreo *para la carroza de oro del querubín.* **28:19** O *fue escrito bajo la dirección del SEÑOR.*

Referencias cruzadas **27:24** 2 Sm 24:12-15 **27:28** 1 Re 10:27 **27:29-31** 1 Cr 5:10 **28:2** Sal 132:7 **28:12** 1 Cr 26:20, 28 el trabajo. No tengas miedo ni te desanimes, porque el Señor Dios, mi Dios, está contigo. Él no te fallará ni te abandonará. Él se asegurará de que todo el trabajo relacionado con el templo del Señor se termine correctamente. 21Las diferentes divisiones de sacerdotes y levitas servirán en el templo de Dios. Otros con todo tipo de habilidades se ofrecerán como voluntarios, y los funcionarios y toda la nación están a tus órdenes».

Ofrendas para edificar el templo

29 Luego el rey David se dirigió a toda la asamblea y dijo: «Mi hijo Salomón, a quien Dios evidentemente ha elegido para ser el siguiente rey de Israel, es aún joven y sin experiencia. El trabajo que él tiene por delante es enorme, porque el templo que construirá no es para simples mortales, ¡es para el Señor Dios! 2Usando cada recurso a mi alcance, he reunido todo lo que pude para construir el templo de mi Dios. Así que hay suficiente oro, plata, bronce, hierro y madera, al igual que grandes cantidades de ónice y otras joyas costosas, y todo tipo de piedras finas y mármol.

3»Ahora, debido a la devoción que tengo por el templo de mi Dios, entrego todos mis propios tesoros de oro y de plata para ayudar en la construcción. Esto es además de los materiales de construcción que ya he reunido para su santo templo. 4Dono más de ciento dos toneladas de oro* de Ofir y doscientas treinta y ocho toneladas de plata* refinada para recubrir las paredes de los edificios 5y para los demás trabajos en oro y plata que harán los artesanos. Ahora bien, ¿quiénes de ustedes seguirán mi ejemplo y hoy darán ofrendas al Señor?».

6Entonces los jefes de familia, los jefes de las tribus de Israel, los generales y capitanes del ejército* y los funcionarios administrativos del rey, todos ofrendaron voluntariamente. 7Para la construcción del templo de Dios donaron alrededor de ciento setenta toneladas de oro,* diez mil monedas de oro,* trescientas cuarenta toneladas de plata,* seiscientas doce toneladas de bronce* y tres mil cuatrocientas toneladas de hierro.* 8También contribuyeron con gran cantidad de piedras preciosas, que se depositaron en el tesoro de la casa del Señor al cuidado de Jehiel, un descendiente de Gersón. 9El pueblo se alegró por las ofrendas, porque había dado libremente y de todo corazón al Señor, y el rey David se llenó de gozo.

Oración de alabanza de David

10Luego David alabó al Señor en presencia de toda la asamblea:

«¡Oh Señor, Dios de nuestro antepasado Israel,*
que seas alabado por siempre y para siempre!
11Tuyos, oh Señor, son la grandeza, el poder, la
gloria, la victoria y la majestad. Todo lo que hay en
los cielos y en la tierra es tuyo, oh Señor, y este es
tu reino. Te adoramos como el que está por sobre
todas las cosas. 12La riqueza y el honor solo vienen
de ti, porque tú gobiernas todo. El poder y la fuerza
están en tus manos, y según tu criterio la gente llega
a ser poderosa y recibe fuerzas.

13»¡Oh Dios nuestro, te damos gracias y
alabamos tu glorioso nombre! 14¿Pero quién soy yo,
y quién es mi pueblo, para que podamos darte algo a
ti? ¡Todo lo que tenemos ha venido de ti, y te damos
solo lo que tú primero nos diste! 15Estamos aquí
solo por un momento, visitantes y extranjeros en la
tierra, al igual que nuestros antepasados. Nuestros
días sobre la tierra son como una sombra pasajera,
pasan pronto sin dejar rastro.

16»¡Oh Señor nuestro Dios, aun estos materiales
que hemos reunido para construir un templo
para honrar tu santo nombre vienen de ti! ¡Todo
te pertenece! 17Yo sé, mi Dios, que tú examinas
nuestro corazón y te alegras cuando encuentras en
él integridad. Tú sabes que he hecho todo esto con
buenas intenciones y he visto a tu pueblo dando sus
ofrendas por voluntad propia y con alegría.

18»Oh Señor, Dios de nuestros antepasados
Abraham, Isaac e Israel, haz que tu pueblo siempre
desee obedecerte. Asegúrate de que su amor por ti
nunca cambie. 19Dale a mi hijo Salomón el deseo
de obedecer de todo corazón tus mandatos, leyes y
decretos, y de hacer todo lo necesario para edificar
este templo, para el cual he hecho estos preparativos».

20Después, David le dijo a toda la asamblea: «¡Alaben al Señor su Dios!». Y todos en la asamblea alabaron al Señor, Dios de sus antepasados, y se inclinaron y se arrodillaron ante el Señor y ante el rey.

Salomón es nombrado rey

21Al día siguiente trajeron mil toros, mil carneros y mil corderos como ofrendas quemadas para el Señor. También trajeron ofrendas líquidas y muchos otros sacrificios en nombre de todo Israel. 22Ese día festejaron y bebieron en la presencia del Señor con gran alegría.

Nuevamente coronaron a Salomón, el hijo de David, como su nuevo rey. Lo ungieron delante del Señor como su líder, y ungieron a Sadoc como sacerdote. 23Entonces Salomón subió al trono del Señor en lugar de su padre David, y tuvo éxito en todo, y todo Israel lo obedeció. 24Todos los oficiales, los guerreros y los hijos del rey David juraron lealtad al rey Salomón. 25Así que el Señor exaltó a Salomón a los ojos de todo Israel, y le dio un esplendor real aún mayor que a cualquier otro de los reyes anteriores de Israel.

Resumen del reinado de David

26David, hijo de Isaí, reinó sobre todo Israel. 27Durante cuarenta años reinó sobre Israel, siete años en Hebrón y treinta y tres en Jerusalén. 28Murió en buena vejez, habiendo disfrutado de una larga vida, riquezas y honor. Después su hijo Salomón gobernó en su lugar.

29Todos los acontecimientos del reinado de David, de principio a fin, están escritos en *El registro de Samuel el vidente,* en *El registro de Natán el profeta* y en *El registro de Gad el vidente.* 30Entre estos relatos están los hechos poderosos de su reinado, así como lo que le sucedió a él, a Israel y a todos los reinos vecinos.

***Notas textuales** **29:4a** En hebreo *3000 talentos* [112 toneladas cortas] *de oro.* **29:4b** En hebreo *7000 talentos* [262 toneladas cortas] *de plata.* **29:6** En hebreo *los comandantes de miles y los comandantes de cientos.* **29:7a** En hebreo *5000 talentos* [188 toneladas cortas] *de oro.* **29:7b** En hebreo *10.000 dáricos* [una moneda persa] *de oro,* alrededor de 84 kilos o 185 libras. **29:7c** En hebreo *10.000 talentos* [375 toneladas cortas] *de plata.* **29:7d** En hebreo *18.000 talentos* [675 toneladas cortas] *de bronce.* **29:7e** En hebreo *100.000 talentos* [3750 toneladas cortas] *de hierro.* **29:10** *Israel* es el nombre que Dios le dio a Jacob.

Referencias cruzadas **28:21** Ex 36:1-2 **29:9** 2 Co 9:7 **29:11** Ap 5:12-13 **29:21-25** 1 Re 1:28-53 **29:26-28** 1 Re 2:10-12

2 CRÓNICAS

¿Por qué es importante?

Este segundo libro de Crónicas recuerda la manera en la que podemos volver a Dios al arrepentirnos de nuestros pecados siendo humildes. Este libro describe el verdadero avivamiento que se experimentó durante la época de los reyes buenos de Judá. Desde el punto de vista histórico, 2 Crónicas repasa la historia del reino de Judá (en esta época Israel se dividió en Israel y Judá) y te cuenta de cada uno de sus reyes. Un amante de la historia disfrutará de las numerosas menciones de reyes también extranjeros como Senaquerib de Asiria y Nabucodonosor de Babilonia de los que hoy encuentras referencias en los grandes museos.

¿Por qué fue escrito?

Esta es la segunda parte de la obra que presenta la historia de Israel desde una perspectiva espiritual. En esta parte se considera el reinado de Salomón y los reinos sucesivos posteriores a la división de la nación. La atención se concentra solamente en Judá y sus reyes. Debe recordarse que el propósito del autor del libro es asegurar a los judíos que han regresado del exilio que ellos tienen un lugar especial en los planes del Señor. Por ello está repasando la historia de la nación evaluando la actuación de los reyes y colocando la monarquía davídica como el modelo que debían seguir.

¿Quién lo escribió?

Quizá un detalle clave es que los últimos textos de 2 Crónicas (2 Cr. 36:22- 23) son los versículos iniciales de Esdras (Esd. 1:1-3). Por esta razón, muchos se inclinan por la opinión de la tradición judía, la cual dice que el escritor es Esdras. Sin duda, este sacerdote estaba capacitado para producir una obra como esta. Era un ministro con suficiente conocimiento de la historia de su pueblo, con capacidad administrativa, liderazgo espiritual y claridad en cuanto a propósito teológico.

¿A quién lo escribió?

Los libros de Crónicas fueron escritos para el pueblo judío que estaba ya de regreso en su tierra, después de los setenta años de cautiverio. Ahora, en esta situación de esperanza que reflejaba un nuevo comienzo, ellos necesitaban revisar la historia de su pueblo, pero esta vez no para ver las causas del fracaso, sino para ver cuál es la fuente de esperanza y éxito en el pasado con el propósito de aprender de él en el presente. Estos judíos, que se sienten como inmigrantes en su propia tierra, la cual muchos nunca habían visto, necesitan recordar cómo funcionaba el templo, cómo trató el Señor con los reyes, por qué David fue tan querido por Dios y, en general, en qué consiste ser parte de una tradición tan rica y valiosa como la suya.

¿Cuándo y dónde lo escribió?

Después del exilio en Babilonia, los persas conquistaron a los caldeos y, a partir del año 537 a.C., les dan permiso a los judíos de retornar a su tierra. El regreso se realiza bajo el liderazgo de varios líderes, principalmente Zorobabel (año 536 a.C.), Esdras (año 458 a.C.) y Nehemías (445 a.C.). Si Esdras es el escritor de este libro, entonces la fecha en la que se escribió fue cerca del año 450 a.C., en la ciudad de Jerusalén, mientras se efectuaba la gran reforma espiritual bajo el liderazgo de Esdras.

Paso a paso

1. El carácter de Salomón. La sabiduría es recompensada por Dios. Cap. 1
2. El templo de Salomón. La casa del Señor como muestra de su grandeza. Caps. 2-7
3. El esplendor del reino de Salomón. Hasta dónde puede bendecir el Señor a un siervo fiel. Caps. 8-9
4. Los líderes comienzan una reforma espiritual. Historias de los reyes buenos de Judá y la razón para su éxito: Asa (caps. 14-16), Abías (cap. 13), Josafat (caps. 17-20), Joás (cap. 24), Amasías (cap. 25), Uzías (cap. 26), Jotán (cap. 27), Ezequías (caps. 29-32) y Josías (34-35).
5. Cuando los líderes no siguen a Dios llevan al fracaso a todos. Historias de los reyes malos de Judá y por qué Dios los consideraba malos: Roboán (Cap. 12), Jorán (cap. 21), Ocozías (cap. 22), Acaz (cap. 28), Manasés (33:1-20), Amón (33:21-25), Joacaz, Joacim, Joaquín y Sedequías (cap. 36).

2 Crónicas

Salomón pide sabiduría

1 Salomón, hijo de David, tomó firme control de su
reino porque el Señor su Dios estaba con él y lo hizo
muy poderoso.
2Salomón convocó a todos los líderes de Israel: a los
generales y a los capitanes del ejército,* a los jueces, y a
todos los jefes políticos y de clanes. 3Después condujo a
toda la asamblea al lugar de adoración en Gabaón, porque
allí se encontraba el tabernáculo* de Dios. (Este era el
tabernáculo que Moisés, siervo del Señor, había cons-
truido en el desierto).
4David ya había trasladado el arca de Dios desde
Quiriat-jearim a la carpa que le había preparado en Jeru-
salén; 5pero el altar de bronce hecho por Bezalel, hijo de
Uri y nieto de Hur, estaba allí* en Gabaón frente al taber-
náculo del Señor. Así que Salomón y el pueblo se reu-
nieron en ese lugar para consultar al Señor.* 6Allí, frente
al tabernáculo, Salomón subió hasta el altar de bronce
en la presencia del Señor y sacrificó sobre el altar mil
ofrendas quemadas.
7Esa noche Dios se le apareció a Salomón y dijo:
—¿Qué es lo que quieres? ¡Pídeme, y yo te lo daré!
8Salomón le contestó a Dios:
—Tú mostraste gran y fiel amor a David, mi padre, y
ahora me has hecho rey en su lugar. 9Oh Señor Dios, ¡te
ruego que sigas manteniendo la promesa que le hiciste a
David mi padre, pues me has hecho rey sobre un pueblo
tan numeroso como el polvo de la tierra! 10Dame la sa-
biduría y el conocimiento para guiarlo correctamente,*
porque, ¿quién podrá gobernar a este gran pueblo tuyo?
11Dios le dijo a Salomón:
—Por cuanto tu mayor deseo es ayudar a tu pueblo, y
no pediste abundancia ni riquezas ni fama ni siquiera la
muerte de tus enemigos o una larga vida, sino que has pe-
dido sabiduría y conocimiento para gobernar a mi pueblo
como es debido, 12ciertamente te daré la sabiduría y el co-
nocimiento que pediste. ¡Pero también te daré abundancia,
riquezas y fama como nunca las tuvo ningún otro rey antes
de ti y como ninguno las tendrá en el futuro!
13Después Salomón se fue de Gabaón, el lugar de ado-
ración donde estaba el tabernáculo, y regresó a Jerusalén
y reinó sobre Israel.
14Salomón acumuló gran cantidad de carros de guerra
y caballos;* tenía mil cuatrocientos carros y doce mil ca-
ballos. Los colocó en las ciudades designadas para guardar
los carros y también cerca de él en Jerusalén. 15El rey hizo
que en Jerusalén la plata y el oro fueran tan abundantes
como las piedras. Además, la valiosa madera de cedro era
tan común como la higuera sicómoro que crece en las coli-
nas de Judá.* 16Los caballos de Salomón se importaban de
Egipto* y de Cilicia;* los mercaderes del rey los adquirían
en Cilicia a precio de mercado. 17En ese tiempo, un carro
egipcio costaba seiscientas piezas de plata,* y los caballos
se vendían a ciento cincuenta piezas de plata.* Después los
exportaban a los reyes de los hititas y a los reyes de Aram.

Preparativos para construir el templo

2 1*Salomón decidió construir un templo para honrar
el nombre del Señor y también un palacio real para
sí mismo. 2*Reunió una fuerza de setenta mil obreros,
ochenta mil hombres para extraer piedras de las canteras
en la zona montañosa y tres mil seiscientos capataces.
3Salomón también le envió el siguiente mensaje al rey
Hiram* de Tiro:

«Envíame troncos de cedro como lo hiciste con mi
padre David, cuando construía su palacio. 4Estoy
a punto de construir un templo para honrar el
nombre del Señor mi Dios. Será un lugar apartado
para quemar incienso aromático delante de él,
para presentar el pan especial del sacrificio y para
sacrificar ofrendas quemadas todas las mañanas
y todas las tardes en los días de descanso, en las
celebraciones de luna nueva y en los demás festivales
del Señor nuestro Dios. Él le ha ordenado a Israel
que haga estas cosas para siempre.
5»Este tendrá que ser un templo magnífico
porque nuestro Dios es más grande que todos los
demás dioses; 6pero en realidad, ¿quién puede
edificarle un hogar digno de él? ¡Ni siquiera los
cielos más altos pueden contenerlo! ¿Quién soy yo
para proponer construirle un templo, excepto como
lugar para quemarle sacrificios?
7»Envíame, entonces, un maestro artesano que
pueda trabajar el oro, la plata, el bronce y el hierro,
así como las telas de púrpura, escarlata y azul. Debe
ser un experto grabador que pueda trabajar con
los artesanos de Judá y de Jerusalén que mi padre
David seleccionó.
8»Envíame también del Líbano troncos de cedro,
de ciprés y de sándalo* rojo, porque sé que no hay

***Notas textuales** **1:2** En hebreo *a los comandantes de miles y de cientos*. **1:3** En hebreo *la carpa de reunión* o *la carpa sagrada*; similar en 1:6, 13. **1:5a** Así aparece en la versión griega, en la Vulgata Latina y en algunos manuscritos hebreos; el texto masorético dice *él colocó*. **1:5b** En hebreo *para consultarlo.* **1:10** En hebreo *para salir y entrar ante este pueblo*. **1:14** O *conductores de carros de guerra*; también en 1:14b. **1:15** En hebreo *en la Sefela.* **1:16a** Posiblemente *Musri*, un distrito cerca de Cilicia; similar en 1:17. **1:16b** En hebreo *Coa*, probablemente otro nombre de Cilicia. **1:17a** En hebreo *600 [siclos] de plata*, aproximadamente 6,8 kilos o 15 libras. **1:17b** En hebreo *150 [siclos]*, aproximadamente 1,7 kilos o 3,8 libras. **2:1** El versículo 2:1 corresponde al 1:18 en el texto hebreo. **2:2** Los versículos del 2:2-18 corresponden al 2:1-17 en el texto hebreo. **2:3** En hebreo *Huram*, una variante de Hiram; también en 2:11. **2:8** O *enebro*; en hebreo dice *algum,* tal vez una variante de *almug*; comparar 9:10-11 y el texto paralelo en 1 Re 10:11-12.

Referencias cruzadas **1:2-13** 1 Re 3:4-15 **1:14-17** 1 Re 10:26-29 **2:2-18** 1 Re 5:1-16 nadie que se compare con tus hombres para cortar madera del Líbano. Yo enviaré a mis hombres para ayudarlos. 9Se necesitará una enorme cantidad de madera, porque el templo que voy a construir será grande y magnífico. 10Para quienes corten la madera, enviaré como pago 100.000 canastas de trigo molido, 100.000 canastas de cebada,* 420.000 litros de vino y 420.000 litros de aceite de oliva*».

¡Respuestas Bíblicas! 74 ¿Por qué Salomón le pidió sabiduría a Dios?

1:10 Salomón quería ser un buen rey y a Dios le agradó que Salomón quisiera ser sabio. Entonces Dios le dio sabiduría y le dijo a Salomón que también le daría riqueza y honor.

11En respuesta, el rey Hiram le envió a Salomón la siguiente carta:

«¡Es porque el SEÑOR ama a su pueblo que te ha hecho rey de los israelitas! 12¡Alaben al SEÑOR, Dios de Israel, quien hizo los cielos y la tierra! Él le dio al rey David un hijo sabio, dotado de capacidad y entendimiento, quien construirá un templo para el SEÑOR y un palacio real para sí mismo.

13»Te envío un maestro artesano llamado Huram-abí, un hombre sumamente talentoso. 14Su madre es de la tribu de Dan, en Israel, y su padre es de Tiro. Es hábil para trabajar el oro, la plata, el bronce y el hierro, y también la piedra y la madera. Es hábil para trabajar con telas de púrpura, azul, escarlata y con lino fino. También sabe grabar y puede realizar cualquier diseño que se le pida. Trabajará con tus artesanos y con los que nombró mi señor David, tu padre.

15»Envía ahora el trigo, la cebada, el aceite de oliva y el vino que mi señor ha mencionado. 16Nosotros cortaremos toda la madera que necesites de las montañas del Líbano y llevaremos los troncos en balsas por la costa del mar Mediterráneo* hasta Jope. Desde allí podrás transportar los troncos hasta Jerusalén».

17Luego Salomón levantó un censo de todos los extranjeros que vivían en la tierra de Israel, tal como el censo que había hecho su padre, y contó 153.600 extranjeros. 18Asignó a 70.000 como obreros, a 80.000 como cortadores de piedra en la zona montañosa y a 3600 como capataces.

Salomón construye el templo

3 Salomón comenzó a construir el templo del SEÑOR en Jerusalén en el monte Moriah, donde el SEÑOR se le había aparecido a David, su padre. El templo se construyó en el campo de trillar de Arauna* el jebuseo; el sitio que David había elegido. 2La construcción comenzó a mediados de la primavera,* durante el cuarto año del reinado de Salomón.

3Estas fueron las medidas que Salomón usó para los cimientos del templo de Dios (según el antiguo estándar de medición)*. Tenía veintisiete metros y medio de largo por nueve metros de ancho.* 4La antesala que estaba al frente del templo medía nueve metros* de ancho, coincidía con la anchura total del templo, y medía nueve metros* de alto. Después revistió el interior de oro puro.

5Cubrió el salón principal del templo con paneles de madera de ciprés, luego lo revistió de oro fino y lo decoró con tallas de palmeras y cadenas. 6Adornó las paredes del templo con hermosas joyas y con oro de la tierra de Parvaim. 7Revistió de oro las vigas, los umbrales, las paredes y las puertas de todo el templo, e hizo grabar en las paredes figuras de querubines.

8Hizo el Lugar Santísimo de nueve metros de ancho, igual que la anchura del templo, por nueve metros de profundidad. Revistió el interior con unas veinte toneladas* de oro fino. 9Los clavos de oro que se usaron pesaban quinientos setenta gramos cada uno.* También revistió de oro las paredes de las habitaciones de la planta alta.

10Hizo dos figuras en forma de querubines, las revistió de oro y las colocó en el Lugar Santísimo. 11La distancia entre las puntas de las alas de los dos querubines que estaban de pie uno al lado del otro, era de unos nueve metros. Una de las alas de la primera figura medía dos metros con treinta centímetros* de largo, y tocaba la pared del templo. La otra ala, también de dos metros con treinta centímetros, tocaba el extremo del ala del segundo querubín. 12De la misma manera, la segunda figura tenía un ala de dos metros con treinta centímetros de largo que tocaba la pared opuesta. La otra ala, también de dos metros con treinta centímetros de largo, tocaba el ala de la primera figura. 13Así que, la distancia entre las puntas de las alas de los dos querubines, uno al lado del otro, era de unos nueve metros. Estaban de pie con sus rostros hacia el salón principal del templo.

14En la entrada al Lugar Santísimo colocó de lado a lado una cortina hecha de lino fino decorada con hilo azul, púrpura y escarlata, y bordada con figuras de querubines.

15Para el frente del templo hizo construir dos columnas que tenían ocho metros con treinta centímetros* de alto, y encima de cada una puso un capitel que se extendía hacia arriba otros dos metros con treinta centímetros. 16Hizo una red de cadenas entrelazadas y la* usó para decorar la parte superior de las columnas. También hizo cien granadas decorativas y las sujetó a las cadenas. 17Luego levantó las dos columnas a la entrada del templo, una hacia el sur de la entrada y la otra hacia el norte. A la del sur la llamó Jaquín, y a la del norte, Boaz.*

***Notas textuales** **2:10a** En hebreo *20.000 coros* [4.400.000 litros o 4.000.000 de cuartos] *de trigo molido, 20.000 coros de cebada*. **2:10b** En hebreo *20.000 batos* [110.000 galones] *de vino y 20.000 batos de aceite de oliva.* **2:16** En hebreo *del mar.* **3:1** En hebreo *Ornán*, una variante de Arauna; comparar 2 Sm 24:16. **3:2** En hebreo *el segundo [día] del segundo mes*. En el antiguo calendario lunar hebreo, ese día caía en abril o en mayo. **3:3a** El «antiguo estándar de medición» era un codo que equivalía a 46 centímetros [18 pulgadas]. El nuevo estándar era un codo de aproximadamente 53 centímetros [21 pulgadas]. **3:3b** En hebreo *60 codos* [90 pies] *de largo con 20 codos* [30 pies] *de ancho.* **3:4a** En hebreo *20 codos* [30 pies]; también en 3:8, 11, 13. **3:4b** Así aparece en algunos manuscritos griegos y siríacos, que dicen *20 codos* [30 pies]; en hebreo *120 [codos]*, que equivalen a 55 metros o 180 pies. **3:8** En hebreo *600 talentos* [23 toneladas cortas]. **3:9** En hebreo *50 siclos* [20 onzas]. **3:11** En hebreo *5 codos* [7,5 pies]; también en 3:11b, 12, 15. **3:15** Así aparece en la versión siríaca (ver también 1 Re 7:15; 2 Re 25:17; Jr 52:21), que dice *18 codos* [27 pies]; en hebreo dice *35 codos,* que equivale a 16,5 metros o 52,5 pies. **3:16** En hebreo *Hizo cadenas en el santuario interior y las*. El significado del hebreo es incierto. **3:17** *Jaquín* probablemente significa «él establece»; *Boaz* probablemente significa «en él hay fuerza».

Referencias cruzadas **3:1-14** 1 Re 6:1-29 **3:15-16** 1 Re 7:15-20

Mobiliario del templo

4 Salomón* también hizo un altar de bronce de nueve
metros de largo por nueve metros de ancho y cuatro
metros y medio de alto.* [2]Luego fundió un enorme tazón
redondo, que medía cuatro metros con sesenta centíme-
tros de borde a borde, llamado el Mar. Tenía dos metros
con treinta centímetros de profundidad y trece metros
con ochenta centímetros de circunferencia.* [3]Por debajo
del borde, estaba rodeado por dos hileras de figuras que
se parecían a bueyes. Había veinte bueyes por metro*
de la circunferencia que se habían fundido como parte
del tazón.
[4]El Mar estaba colocado sobre una base formada por
doce bueyes de bronce que miraban hacia afuera. Tres
miraban hacia el norte, tres hacia el occidente, tres hacia el
sur y tres hacia el oriente; y el Mar estaba asentado sobre
ellos. [5]El grosor del Mar era de unos ocho centímetros,*
su borde era acampanado como una copa y se parecía a
una flor de nenúfar. Tenía capacidad para unos sesenta y
tres mil litros* de agua.
[6]También hizo diez tazones más pequeños para lavar
los utensilios que se usaban para las ofrendas quemadas.
Colocó cinco en el lado sur y cinco en el lado norte; pero
los sacerdotes se lavaban en el Mar.
[7]Luego fundió diez candelabros de oro según las es-
pecificaciones que se habían entregado y los colocó en
el templo. Puso cinco contra la pared sur y cinco contra
la pared norte.
[8]También hizo diez mesas y las colocó en el templo,
cinco a lo largo de la pared sur y cinco a lo largo de la pared
norte. Luego moldeó cien tazones de oro.
[9]Después edificó un atrio para los sacerdotes, y tam-
bién el gran atrio exterior. Hizo puertas para las entradas
de los atrios y las revistió de bronce. [10]El gran tazón de
bronce llamado el Mar fue ubicado cerca de la esquina
suroriental del templo.
[11]Huram-abí también hizo los lavamanos, las palas y
los tazones que se necesitaban.
Finalmente Huram-abí terminó todo el trabajo que el
rey Salomón le había asignado que hiciera para el templo
de Dios:

[12] las dos columnas;
las dos capiteles con forma de tazón en la parte
superior de las columnas;
las dos redes de cadenas entrelazadas que decoraban
los capiteles;
[13] las cuatrocientas granadas que colgaban de las
cadenas sobre los capiteles (dos filas de granadas
por cada red de cadenas que decoraban los
capiteles sobre las columnas);
[14] las carretas para llevar agua que sostenían los
tazones;
[15] el Mar y los doce bueyes que lo sostenían;
[16] los recipientes para la ceniza, las palas, los ganchos
para la carne y todos los demás utensilios.

Huram-abí hizo todos estos objetos de bronce bruñido
para el templo del SEÑOR, tal como le había indicado el
rey Salomón. [17]El rey mandó que se fundieran en moldes
de barro en el valle del Jordán, entre Sucot y Saretán.*
[18]Salomón utilizó tanto bronce que no se pudo deter-
minar el peso.
[19]Salomón también hizo todo el mobiliario para el
templo de Dios:

el altar de oro;
las mesas para el pan de la Presencia;
[20] los candelabros y sus lámparas de oro macizo, para
que ardieran frente al Lugar Santísimo, como está
establecido;
[21] las decoraciones de flores, las lámparas y las tenazas,
todo del oro más puro;
[22] las despabiladeras para las lámparas, los tazones,
los cucharones y los recipientes para quemar
incienso, todo de oro macizo;
las puertas para las entradas al Lugar Santísimo y al
salón principal del templo, revestidas de oro.

5 Así terminó Salomón todo su trabajo para el templo del
SEÑOR. Luego trajo todos los obsequios que su padre
David había consagrado —la plata, el oro y los diversos obje-
tos— y los guardó en los tesoros del templo de Dios.

Traslado del arca al templo

[2]Entonces Salomón mandó llamar a los ancianos de Israel
y a todos los jefes de las tribus —los líderes de las familias
patriarcales de Israel— para que fueran a Jerusalén. Ellos
debían trasladar el arca del pacto del SEÑOR desde su sitio
en la Ciudad de David, también conocida como Sion,
hasta el templo. [3]Así que todos los hombres de Israel se
reunieron ante el rey durante el Festival de las Enrama-
das, que se celebra anualmente a comienzos del otoño.*
[4]Una vez que estaban presentes todos los ancianos
de Israel, los levitas levantaron el arca. [5]Los sacerdotes y
los levitas trasladaron el arca junto con la carpa especial*
y todos los objetos sagrados que había en ella. [6]Delante
del arca, el rey Salomón y toda la comunidad de Israel
sacrificaron ovejas, cabras y ganado, ¡en tal cantidad que
fue imposible llevar la cuenta!
[7]Luego los sacerdotes llevaron el arca del pacto
del SEÑOR al santuario interior del templo —el Lugar
Santísimo— y la colocaron bajo las alas de los querubi-
nes. [8]Los querubines extendían sus alas por encima del
arca y formaban una especie de cubierta sobre el arca y las
varas para transportarla. [9]Estas varas eran tan largas que
los extremos podían verse desde el Lugar Santo,* que está
delante del Lugar Santísimo, pero no desde afuera; y allí
permanecen hasta el día de hoy. [10]Lo único que había den-
tro del arca eran las dos tablas de piedra que Moisés había
colocado en ella en el monte Sinaí,* donde el SEÑOR hizo
un pacto con los israelitas cuando partieron de Egipto.
[11]Luego los sacerdotes salieron del Lugar Santo. Todos
los sacerdotes presentes se habían purificado, estuvieran o
no de turno ese día. [12]Los levitas que eran músicos —Asaf,

***Notas textuales** **4:1a** O *Huram-abí*; en hebreo dice *Él*. **4:1b** En hebreo *20 codos* [30 pies] *de largo, 20 codos de ancho y 10 codos* [15 pies] *de alto*. **4:2** En hebreo *10 codos* [15 pies] *de borde a borde [...] 5 codos* [7,5 pies] *de profundidad y 30 codos* [45 pies] *de circunferencia*. **4:3** O *6 bueyes por pie*; en hebreo dice *10 por codo*. **4:5a** En hebreo *un palmo menor* [3 pulgadas]. **4:5b** En hebreo *3000 batos* [16.500 galones]. **4:17** Igual que el texto paralelo en 1 Re 7:46; en hebreo dice *Sereda*. **5:3** En hebreo *durante el festival que se celebra el séptimo mes*. El Festival de las Enramadas comenzaba el día quince del séptimo mes del antiguo calendario lunar hebreo. Ese día caía a fines de septiembre, en octubre o a principios de noviembre. **5:5** En hebreo *la carpa de reunión*; es decir, la carpa mencionada en 2 Sm 6:17 y en 1 Cr 16:1. **5:9** Así aparece en algunos manuscritos hebreos y en la versión griega (ver también 1 Re 8:8); el texto masorético dice *desde el arca*. **5:10** En hebreo *Horeb*, otro nombre para Sinaí.

Referencias cruzadas **4:1** Ex 27:1-2 **5:10** Hb 9:4

Hemán, Jedutún y todos sus hijos y hermanos—, vestidos
de mantos de lino fino, estaban de pie en el lado oriental
del altar y tocaban címbalos, liras y arpas. A ellos se les
unieron ciento veinte sacerdotes que tocaban trompetas.
13Los trompetistas y los cantores se unieron para alabar
y dar gracias al SEÑOR. Al son de trompetas, címbalos
y otros instrumentos, elevaron sus voces y alabaron al
SEÑOR con las siguientes palabras:

«¡Él es bueno!
¡Su fiel amor perdura para siempre!».

En ese momento una densa nube llenó el templo del
SEÑOR. 14Los sacerdotes no pudieron seguir con la cele-
bración a causa de la nube, porque la gloriosa presencia
del SEÑOR llenaba el templo de Dios.

Salomón alaba al SEÑOR

6 Entonces Salomón oró: «Oh SEÑOR, tú dijiste que
habitarías en una densa nube de oscuridad. 2Ahora te
he construido un templo glorioso, ¡un lugar donde podrás
habitar para siempre!».
3Luego el rey se dio vuelta hacia toda la comunidad
de Israel, que estaba de pie ante él, y después de bendecir
al pueblo, dijo: 4«Alabado sea el SEÑOR, Dios de Israel,
quien cumplió la promesa que le hizo a mi padre David;
pues le dijo a mi padre: 5“Desde el día en que saqué a mi
pueblo de la tierra de Egipto, nunca escogí una ciudad
de ninguna de las tribus de Israel como el sitio donde se
construyera un templo para honrar mi nombre. Tampoco
elegí a un rey para que guiara a mi pueblo Israel; 6pero
ahora he elegido a Jerusalén como el lugar para que mi
nombre sea honrado, y he elegido a David para que sea
rey de mi pueblo Israel”».
7Después Salomón dijo: «Mi padre David quería cons-
truir este templo para honrar el nombre del SEÑOR, Dios
de Israel. 8Pero el SEÑOR le dijo: “Tú querías construir el
templo para honrar mi nombre; tu intención es buena,
9pero no serás tú quien lo haga. Será uno de tus hijos
quien construya el templo para honrarme”.
10»Ahora el SEÑOR ha cumplido la promesa que hizo,
porque he llegado a ser rey en lugar de mi padre y ocupo
el trono de Israel, tal como el SEÑOR lo prometió. He cons-
truido este templo para honrar el nombre del SEÑOR, Dios
de Israel. 11Allí he colocado el arca, la cual contiene el
pacto que el SEÑOR hizo con el pueblo de Israel».

Oración de dedicación de Salomón

12Luego Salomón, de pie ante el altar del SEÑOR y frente
a toda la comunidad de Israel, levantó las manos en ora-
ción. 13Ahora bien, Salomón había hecho una plataforma
de bronce de dos metros con treinta centímetros de largo,
dos metros con treinta centímetros de ancho y un metro
con cuarenta centímetros de altura,* y la había colocado
en el centro del atrio exterior del templo. Se puso de pie
sobre la plataforma y después se arrodilló frente a toda
la comunidad de Israel y levantó las manos hacia el cielo.
14Oró así:

«Oh SEÑOR, Dios de Israel, no hay Dios como tú
en los cielos ni en la tierra. Tú cumples tu pacto y
muestras amor inagotable a quienes andan delante
de ti de todo corazón. 15Has cumplido tu promesa a
tu siervo David, mi padre. Pronunciaste esa promesa
con tu boca y hoy la has cumplido con tus propias
manos.
16»Ahora, oh SEÑOR, Dios de Israel, lleva a cabo
la otra promesa que le hiciste a tu siervo David, mi
padre, cuando le dijiste: “Si tus descendientes cuidan
su comportamiento y siguen mi ley con fidelidad,
así como tú lo has hecho, siempre habrá uno de ellos
sentado en el trono de Israel”. 17Ahora, oh SEÑOR,
Dios de Israel, cumple esta promesa que le hiciste a
tu siervo David.
18»¿Pero es realmente posible que Dios habite en
la tierra, entre seres humanos? Ni siquiera los cielos
más altos pueden contenerte, ¡mucho menos este
templo que he construido! 19Sin embargo, escucha
mi oración y mi súplica, oh SEÑOR mi Dios. Oye el
clamor y la oración que tu siervo te eleva. 20Que día
y noche tus ojos estén sobre este templo, este lugar
del cual tú has dicho que allí pondrías tu nombre.
Que siempre oigas las oraciones que elevo hacia
este lugar. 21Que atiendas las peticiones humildes y
fervientes de mi parte y de tu pueblo Israel cuando
oremos hacia este lugar. Sí, óyenos desde el cielo
donde tú vives y, cuando nos escuches, perdona.
22»Si alguien agravia a otra persona y se le exige
que haga juramento de inocencia ante tu altar en este
templo, 23oye entonces desde el cielo y juzga entre
tus siervos, entre el acusador y el acusado. Paga al
culpable según su merecido; absuelve al inocente
debido a su inocencia.
24»Si tu pueblo Israel cae derrotado ante sus
enemigos por haber pecado contra ti, pero luego
vuelve y reconoce tu nombre y eleva oraciones a ti en
este templo, 25oye entonces desde el cielo y perdona
el pecado de tu pueblo Israel, y hazlo volver a esta
tierra que diste a ellos y a sus antepasados.
26»Si los cielos se cierran y no hay lluvia porque tu
pueblo ha pecado contra ti, y si luego ellos oran hacia
este templo y reconocen tu nombre y se apartan
de sus pecados, porque tú los has castigado, 27oye
entonces desde el cielo y perdona los pecados de
tus siervos, de tu pueblo Israel. Enséñales a seguir
el camino correcto y envía lluvia sobre tu tierra,
la tierra que diste a tu pueblo como su preciada
posesión.
28»Si hay hambre en la tierra, o pestes, o plagas
en los cultivos, o ataques de langostas u orugas, o
si los enemigos de tu pueblo invaden el territorio y
sitian las ciudades —cualquiera sea el desastre o la
enfermedad que ocurra—; 29si luego tu pueblo Israel
ora por sus dificultades con las manos levantadas
hacia este templo, 30oye entonces desde el cielo
donde vives, y perdona. Haz con tu pueblo según
merecen sus acciones, porque solo tú conoces el
corazón de cada ser humano. 31Entonces ellos te
temerán y andarán en tus caminos mientras vivan en
la tierra que diste a nuestros antepasados.
32»En el futuro, los extranjeros que no
pertenezcan a tu pueblo Israel oirán de ti. Vendrán
de tierras lejanas cuando oigan de tu gran nombre,
de tu mano fuerte y de tu brazo poderoso. Cuando

***Notas textuales 6:13** En hebreo *5 codos* [7,5 pies] *de largo, 5 codos de ancho y 3 codos* [4,5 pies] *de altura.*

Referencias cruzadas 6:12-40 1 Re 8:22-53

ellos oren en dirección a este templo, 33oye entonces
desde el cielo donde vives y concédeles lo que te
pidan. De esa forma, todos los habitantes de la tierra
llegarán a conocerte y a temerte, igual que tu pueblo
Israel. También sabrán que este templo que he
construido honra tu nombre.

34»Si tu pueblo sale a donde tú lo envías a luchar
contra sus enemigos, y si ora a ti en dirección a esta
ciudad que has escogido y hacia este templo que
yo he construido para honrar tu nombre, 35oye
entonces desde el cielo sus oraciones y defiende su
causa.

36»Si ellos pecan contra ti (¿y quién nunca ha
pecado?), tal vez te enojes con ellos y permitas
que sus enemigos los conquisten y los lleven
cautivos a una tierra extranjera, ya sea cerca o lejos.
37Sin embargo, tal vez en esa tierra, donde estén
desterrados, se vuelvan a ti arrepentidos y oren así:
"Hemos pecado, hemos hecho lo malo y hemos
actuado de manera perversa". 38Si ellos se vuelven
a ti con todo el corazón y con toda el alma en la
tierra en la que estén cautivos, y oran en dirección
a la tierra que diste a sus antepasados —hacia esta
ciudad que escogiste y hacia este templo que he
construido para honrar tu nombre—, 39oye entonces
sus oraciones y sus peticiones desde el cielo donde
vives, y defiende su causa. Perdona a tu pueblo que
ha pecado contra ti.

40»Oh Dios mío, que tus ojos estén abiertos y tus
oídos atentos a todas las oraciones que se eleven a ti
en este lugar.

41 »Ahora levántate, oh SEÑOR Dios, y entra en tu
lugar de descanso,
junto con el arca, símbolo de tu poder.
Que tus sacerdotes, oh SEÑOR Dios, se vistan de
salvación;
que tus leales servidores se alegren en tu
bondad.
42 Oh SEÑOR Dios, no rechaces al rey que has ungido.
Recuerda tu amor inagotable hacia tu siervo
David».

¡Respuestas Bíblicas! 75 ¿Qué cantó el pueblo de Dios en la dedicación del templo?

7:6 «Su fiel amor perdura para siempre»
fue la canción que repitieron.

Dedicación del templo

7 Cuando Salomón terminó de orar, cayó fuego del
cielo que consumió los sacrificios y las ofrendas que-
madas, y la gloriosa presencia del SEÑOR llenó el tem-
plo. 2Los sacerdotes no podían entrar en el templo del
SEÑOR porque la gloriosa presencia del SEÑOR lo llenaba.
3Cuando todos los israelitas vieron que el fuego descendía
y que la gloriosa presencia del SEÑOR llenaba el templo,
cayeron postrados rostro en tierra y adoraron y alabaron
al SEÑOR diciendo:

«¡Él es bueno!
¡Su fiel amor perdura para siempre!».

4Luego el rey y todo el pueblo ofrecieron sacrificios al
SEÑOR. 5El rey Salomón ofreció un sacrificio de veintidós
mil cabezas de ganado y ciento veinte mil ovejas y cabras.
Así el rey y todo el pueblo dedicaron el templo de Dios.
6Los sacerdotes ocuparon sus puestos asignados al igual
que los levitas, quienes cantaban: «¡Su fiel amor perdura
para siempre!». Acompañaban el canto con la música de
los instrumentos que el rey David había hecho para alabar
al SEÑOR. Enfrente de los levitas, los sacerdotes hacían
sonar las trompetas mientras todo Israel estaba de pie.

7Luego Salomón consagró la parte central del atrio que
está delante del templo del SEÑOR. Allí presentó las ofren-
das quemadas y la grasa de las ofrendas de paz, porque el
altar de bronce que había construido no alcanzaba para
tantas ofrendas quemadas, ofrendas de grano y la grasa
de los sacrificios.

8Durante los siete días siguientes, Salomón y todo
Israel celebraron el Festival de las Enramadas.* Se había
reunido una gran multitud desde lugares tan lejanos
como Lebo-hamat, en el norte, y el arroyo de Egipto, en
el sur. 9Al octavo día hicieron la ceremonia de clausura,
porque habían celebrado la dedicación del altar durante
siete días y el Festival de las Enramadas también por siete
días. 10Luego, al final de la celebración,* Salomón des-
pidió al pueblo. Todos estaban llenos de alegría y muy
contentos porque el SEÑOR había sido bueno con David,
con Salomón y con su pueblo Israel.

Respuesta del SEÑOR a Salomón

11Así que Salomón terminó de construir el templo del
SEÑOR y también el palacio real. Llevó a cabo todo lo
que había pensado hacer en la construcción del templo
y del palacio. 12Luego una noche el SEÑOR se le apareció
a Salomón y le dijo:

«He oído tu oración y he elegido este templo como
el lugar para que se realicen sacrificios. 13Puede ser
que a veces yo cierre los cielos para que no llueva o
mande langostas para que devoren las cosechas o
envíe plagas entre ustedes; 14pero si mi pueblo, que
lleva mi nombre, se humilla y ora, busca mi rostro y
se aparta de su conducta perversa, yo oiré desde el
cielo, perdonaré sus pecados y restauraré su tierra.
15Mis ojos estarán abiertos y mis oídos atentos a
cada oración que se eleve en este lugar. 16Pues he
elegido este templo y lo he apartado para que sea
santo, un lugar donde mi nombre será honrado
para siempre. Lo vigilaré sin cesar, porque es muy
preciado a mi corazón.

17»En cuanto a ti, si me sigues fielmente como
lo hizo tu padre David y obedeces todos mis
mandatos, decretos y ordenanzas, 18entonces
estableceré tu dinastía en el trono. Pues hice este
pacto con tu padre David cuando le dije: "Uno de tus
descendientes siempre gobernará a Israel".

19»Sin embargo, si tú o tus descendientes

***Notas textuales** **7:8** En hebreo *el festival* (también en 7:9); ver nota en 5:3. **7:10** En hebreo *Luego, el día veintitrés del séptimo mes*. En el antiguo calendario lunar hebreo, ese día caía en octubre o a principios de noviembre.

Referencias cruzadas **7:4-10** 1 Re 8:62-66 **7:11-22** 1 Re 9:1-9

me abandonan y desobedecen los decretos y los mandatos que les he dado, y sirven y rinden culto a otros dioses, 20 entonces desarraigaré al pueblo de la tierra que le he dado. Rechazaré este templo que hice santo para honrar mi nombre. Haré que sea objeto de burla y de ridículo entre las naciones; 21 y aunque ahora este templo sea imponente, todos los que pasen por allí quedarán horrorizados. Preguntarán: "¿Por qué habrá hecho el SEÑOR cosas tan terribles a esta tierra y a este templo?".

22 »Y la respuesta será: "Porque los israelitas abandonaron al SEÑOR, Dios de sus antepasados, quien los sacó de Egipto, y rindieron culto a otros dioses y se inclinaron ante ellos. Por esa razón les envió tantas calamidades"».

Numerosos logros de Salomón

8 Salomón tardó veinte años en construir el templo del SEÑOR y su propio palacio real. Al cabo de ese tiempo, 2 Salomón dirigió su atención a la reconstrucción de las ciudades que le había dado el rey Hiram* y estableció israelitas en ellas.

3 Salomón también luchó contra la ciudad de Hamat de Soba y la conquistó. 4 Reconstruyó Tadmor, en el desierto, y construyó ciudades en la región de Hamat como centros de almacenamiento. 5 Fortificó las ciudades de Bet-horón de arriba y Bet-horón de abajo, reconstruyó sus murallas e instaló portones con rejas. 6 También reconstruyó Baalat y otros centros de almacenamiento y construyó ciudades para sus carros de guerra y sus caballos.* Construyó todo lo que quiso en Jerusalén, en el Líbano y por todo su reino.

7 En esa tierra todavía había habitantes que no eran israelitas, entre los cuales se encontraban hititas, amorreos, ferezeos, heveos y jebuseos. 8 Todos ellos eran descendientes de las naciones que el pueblo de Israel no había destruido. Entonces Salomón los obligó a ser parte de sus trabajadores y hasta el día de hoy son trabajadores forzados; 9 pero Salomón no obligó a ningún israelita a ser parte de sus trabajadores, sino que los puso a su servicio como soldados, oficiales en su ejército, y comandantes y conductores de sus carros de guerra. 10 El rey Salomón también designó a doscientos cincuenta de ellos para que supervisaran a los trabajadores.

11 Salomón trasladó a su esposa, la hija del faraón, de la Ciudad de David al palacio nuevo que le había edificado, y dijo: «Mi esposa no debe vivir en el palacio del rey David, porque allí ha estado el arca del SEÑOR y es tierra santa».

12 Luego Salomón presentó ofrendas quemadas al SEÑOR sobre el altar que le había construido frente a la antesala del templo. 13 Ofrecía sacrificios para los días de descanso, los festivales de luna nueva y los tres festivales anuales —la Pascua, el Festival de la Cosecha* y el Festival de las Enramadas— como Moisés había ordenado.

14 Para asignar las responsabilidades a los sacerdotes, Salomón siguió el reglamento de su padre David. También designó a los levitas para dirigir al pueblo en alabanza y para ayudar a los sacerdotes en sus tareas diarias. Designó porteros para cada puerta según sus divisiones, siguiendo las órdenes de David, hombre de Dios. 15 Salomón no se desvió en absoluto de las órdenes de David respecto a los sacerdotes, los levitas y los tesoros.

16 Así Salomón se aseguró de que todo el trabajo relacionado con la construcción del templo del SEÑOR se llevara a cabo, desde el día en que se echaron los cimientos hasta el día en que se terminó.

17 Tiempo después Salomón fue a Ezión-geber y a Elat,* puertos que están a la orilla del mar Rojo* en la tierra de Edom. 18 Hiram le envió barcos comandados por sus propios oficiales y tripulados por marineros expertos. Estos barcos navegaron hasta Ofir con los hombres de Salomón y regresaron con unas quince toneladas* de oro, que entregaron a Salomón.

Visita de la reina de Saba

9 Cuando la reina de Saba se enteró de la fama de Salomón, viajó a Jerusalén para ponerlo a prueba con preguntas difíciles. Llegó con un gran séquito de asistentes y una enorme caravana de camellos cargados con especias, grandes cantidades de oro y piedras preciosas. 2 Cuando se presentó ante Salomón, habló con él acerca de todo lo que ella tenía en mente. Salomón tenía respuestas para todas sus preguntas; nada le resultaba demasiado difícil de explicar. 3 Cuando la reina de Saba se dio cuenta de lo sabio que era Salomón y vio el palacio que él había construido, 4 quedó atónita. También estaba asombrada por la comida que se servía en las mesas del rey, por la forma en que estaban organizados sus funcionarios y la ropa espléndida que usaban, por los coperos y sus mantos, y por las ofrendas quemadas que ofrecía* Salomón en el templo del SEÑOR.

5 Entonces la reina exclamó: «¡Todo lo que oí en mi país acerca de tus logros* y de tu sabiduría es cierto! 6 Yo no creía lo que se dijo hasta que llegué aquí y lo vi con mis propios ojos. De hecho, ¡lo que había oído no refleja ni la mitad de tu sabiduría! Supera ampliamente lo que me habían dicho. 7 ¡Qué feliz debe estar tu pueblo! ¡Qué privilegio para tus funcionarios estar aquí en tu presencia día tras día, escuchando tu sabiduría! 8 Alabado sea el SEÑOR tu Dios, quien se deleita en ti y te ha puesto en el trono como rey para que gobiernes para él. Debido a que Dios ama a Israel y desea que este reino permanezca para siempre, te ha hecho rey sobre ellos para que puedas gobernar con justicia y rectitud».

9 Luego le regaló al rey cuatro mil kilos* de oro, grandes cantidades de especias y de piedras preciosas. Nunca antes hubo especias tan finas como las que la reina de Saba le regaló al rey Salomón.

10 (Además, las tripulaciones de Hiram y de Salomón trajeron oro desde Ofir, y también madera de sándalo* rojo y piedras preciosas. 11 Con el sándalo, el rey construyó escalones* para el templo del SEÑOR y para el palacio real, e hizo liras y arpas para los músicos. Nunca antes se habían visto cosas tan hermosas en Judá).

12 El rey Salomón le dio a la reina de Saba todo lo que ella pidió, regalos de mayor valor que los que ella le había entregado a él. Luego ella y todos sus acompañantes regresaron a su tierra.

***Notas textuales** **8:2** En hebreo *Huram*, una variante de Hiram; también en 8:18. **8:6** O *y conductores de carros de guerra*. **8:13** O *Festival de las Semanas*. **8:17a** Así aparece en la versión griega (ver también 2 Re 14:22; 16:6); en hebreo dice *Elot*, una variante de Elat. **8:17b** Igual que el texto paralelo en 1 Re 9:26; en hebreo dice *del mar*. **8:18** En hebreo *450 talentos* [17 toneladas cortas]. **9:4** Así aparece en la versión griega y en la siríaca (ver también 1 Re 10:5); en hebreo dice *por la subida que hacía*. **9:5** En hebreo *tus palabras*. **9:9** En hebreo *120 talentos* [9000 libras]. **9:10** En hebreo *madera de algum* (similar en 9:11); tal vez una variante de *almug*. Comparar el texto paralelo en 1 Re 10:11-12. **9:11** O *entradas*. El significado del hebreo es incierto.

Referencias cruzadas **8:1-18** 1 Re 9:10-28 **9:1-12** 1 Re 10:1-13

Riqueza y esplendor de Salomón

[13]Cada año Salomón recibía unas veintitrés toneladas* de oro, [14]sin contar los ingresos adicionales que recibía de mercaderes y comerciantes. Además, todos los reyes de Arabia y los gobernantes de las provincias también le llevaban a Salomón oro y plata.

[15]El rey Salomón fabricó doscientos escudos grandes de oro labrado a martillo; cada uno pesaba casi siete kilos.* [16]También hizo trescientos escudos más pequeños de oro labrado a martillo; cada uno pesaba tres kilos y medio.* El rey colocó los escudos en el Palacio del Bosque del Líbano.

[17]Luego el rey hizo un gran trono, decorado con marfil y revestido de oro puro. [18]El trono tenía seis escalones y un estrado de oro. A cada lado del asiento había apoyabrazos, y a cada lado del trono había una figura de león de pie. [19]Había también otros doce leones, uno en cada extremo de los seis escalones. ¡No había trono en todo el mundo que pudiera compararse con el de Salomón!

[20]Todas las copas del rey Salomón eran de oro macizo, igual que todos los utensilios en el Palacio del Bosque del Líbano. No estaban hechos de plata porque en los tiempos de Salomón la plata no se consideraba de valor.

[21]El rey tenía una flota de barcos mercantes de Tarsis tripulada por marineros enviados por Hiram.* Una vez cada tres años, los barcos regresaban cargados de oro, plata, marfil, simios y pavos reales.*

[22]De modo que Salomón llegó a ser más rico y más sabio que cualquier otro rey de la tierra. [23]Reyes de todas las naciones lo visitaban para consultarlo y escuchar la sabiduría que Dios le había dado. [24]Año tras año, cada visitante le llevaba regalos de plata y oro, ropa, armas, especias, caballos y mulas.

[25]Salomón tenía cuatro mil establos para sus caballos y carros de guerra, y doce mil caballos.* Los colocó en las ciudades designadas para guardar los carros y también cerca de él en Jerusalén. [26]Gobernaba a todos los reyes desde el río Éufrates,* en el norte, hasta la tierra de los filisteos y la frontera con Egipto, en el sur. [27]El rey hizo que en Jerusalén la plata fuera tan abundante como las piedras. Además, la valiosa madera de cedro era tan común como la higuera sicómoro que crece en las colinas de Judá.* [28]Los caballos de Salomón se importaban de Egipto* y de muchos otros países.

Resumen del reinado de Salomón

[29]Los demás acontecimientos del reinado de Salomón, desde el principio hasta el fin, están registrados en *El registro del profeta Natán*, en *La profecía de Ahías de Silo* y también en *Las visiones de Iddo el vidente* acerca de Jeroboam, hijo de Nabat. [30]Salomón gobernó en Jerusalén a todo Israel durante cuarenta años. [31]Cuando murió, lo enterraron en la Ciudad de David, la cual llevaba ese nombre por su padre. Luego su hijo Roboam lo sucedió en el trono.

Las tribus del norte se rebelan

10 Roboam fue a Siquem, donde todo Israel se había reunido para proclamarlo rey. [2]Cuando Jeroboam, hijo de Nabat, se enteró de esto, regresó de Egipto, donde había huido para escapar del rey Salomón. [3]Entonces los líderes de Israel mandaron a llamar a Jeroboam, y él junto con todo Israel fueron a hablar con Roboam.

[4]—Su padre fue un amo muy duro —le dijeron—. Alivie los trabajos tan pesados y los impuestos tan altos que su padre impuso sobre nosotros. Entonces seremos sus leales súbditos.

[5]Roboam les respondió:

—Regresen en tres días y les daré una respuesta.

Entonces el pueblo se retiró.

[6]Después el rey Roboam consultó el asunto con los ancianos que habían sido consejeros de su padre Salomón.

—¿Qué me aconsejan ustedes? —les preguntó—. ¿Cómo debo responder a este pueblo?

[7]Los consejeros ancianos contestaron:

—Si se muestra bondadoso con este pueblo y hace todo lo posible por complacerlos y darles una respuesta favorable, ellos siempre serán sus leales súbditos.

[8]Sin embargo, Roboam rechazó el consejo de los ancianos y pidió, en cambio, la opinión de los jóvenes que se habían criado con él y que ahora eran sus consejeros.

[9]—¿Qué me aconsejan ustedes? —les preguntó—. ¿Cómo debo responder a esta gente que me pide que alivie las cargas que impuso mi padre?

[10]Los jóvenes contestaron:

—Así debería responder a esos que se quejan de todo y que quieren una carga más liviana: "¡Mi dedo meñique es más grueso que la cintura de mi padre! [11]Es cierto que mi padre les impuso cargas pesadas, ¡pero yo las haré aún más pesadas! ¡Mi padre los golpeaba con látigos, pero yo los azotaré con escorpiones!".

[12]Tres días después, Jeroboam y toda la gente regresaron para conocer la decisión de Roboam, tal como el rey había ordenado. [13]Entonces Roboam les habló con dureza porque rechazó el consejo de los ancianos [14]y siguió el consejo de los más jóvenes. Así que le dijo al pueblo: «Mi padre les impuso* cargas pesadas, ¡pero yo las haré aún más pesadas! Mi padre los golpeaba con látigos, ¡pero yo los azotaré con escorpiones!».

[15]Por lo tanto, el rey no prestó atención al pueblo. Este giro en la historia ocurrió por voluntad de Dios, porque cumplía el mensaje que el SEÑOR le había dado a Jeroboam, hijo de Nabat, por medio del profeta Ahías de Silo.

[16]Cuando todos los israelitas se dieron cuenta* de que el rey no iba a hacerles caso, respondieron:

«¡Abajo la dinastía de David!
No nos interesa para nada el hijo de Isaí.
¡Regresa a tu casa, Israel!
Y tú, David, ¡cuida de tu propia casa!».

Entonces el pueblo de Israel regresó a casa; [17]pero Roboam siguió gobernando a los israelitas que vivían en las ciudades de Judá.

[18]Luego el rey Roboam envió a Adoniram,* quien estaba a cargo del trabajo forzado, a restaurar el orden, pero el pueblo de Israel lo apedreó a muerte. Cuando el rey Roboam se enteró, enseguida subió a su carro de guerra

***Notas textuales** **9:13** En hebreo *666 talentos* [25 toneladas cortas]. **9:15** En hebreo *600 [siclos] de oro labrado a martillo* [15 libras]. **9:16** En hebreo *300 [siclos] de oro* [7,5 libras]. **9:21a** En hebreo *Huram*, una variante de Hiram. **9:21b** O *y babuinos*. **9:25** O *12.000 conductores de carros de guerra*. **9:26** En hebreo *el río*. **9:27** En hebreo *en la Sefela*. **9:28** Posiblemente *Musri*, un distrito cerca de Cilicia. **10:14** Así aparece en la versión griega y en muchos manuscritos hebreos (ver también 1 Re 12:14); el texto masorético dice *Yo les pondré*. **10:16** Así aparece en la versión siríaca, en la Vulgata Latina y en muchos manuscritos hebreos (ver también 1 Re 12:16); en el texto masorético falta *se dieron cuenta*. **10:18** En hebreo *Adoram*, una variante del nombre Adoniram; comparar 1 Re 4:6; 5:14; 12:18.

Referencias cruzadas **9:13-28** 1 Re 10:14-28 **9:29-31** 1 Re 11:41-43

y huyó a Jerusalén. [19]Hasta el día de hoy, las tribus del norte de Israel se han negado a ser gobernadas por un descendiente de David.

¡Respuestas Bíblicas! 76 ¿Qué pasó cuando murió Salomón?

10:19 El reino de Salomón fue dividido en dos naciones. La tierra al norte fue llamada Israel. La tierra al sur fue llamada Judá.

Profecía de Semaías

11 Cuando Roboam llegó a Jerusalén, movilizó a los hombres de Judá y de Benjamín —ciento ochenta mil guerreros selectos— para pelear contra Israel y recuperar el reino.

[2]Ahora bien, el SEÑOR le dijo a Semaías, hombre de Dios: [3]«Diles a Roboam, hijo de Salomón, rey de Judá, y a todos los israelitas de Judá y de Benjamín: [4]"Esto dice el SEÑOR: 'No peleen contra sus parientes. ¡Regrese cada uno a su casa, porque lo que ha sucedido es obra mía!'"». Entonces ellos obedecieron el mensaje del SEÑOR y no pelearon contra Jeroboam.

Roboam fortifica Judá

[5]Roboam permaneció en Jerusalén y fortificó varias ciudades para la defensa de Judá. [6]Fortificó Belén, Etam, Tecoa, [7]Bet-sur, Soco, Adulam, [8]Gat, Maresa, Zif, [9]Adoraim, Laquis, Azeca, [10]Zora, Ajalón y Hebrón. Estas fueron las ciudades fortificadas de Judá y de Benjamín. [11]Roboam reforzó sus defensas y estableció comandantes en ellas, y almacenó provisiones de alimento, aceite de oliva y vino. [12]También, como medida de seguridad adicional, puso escudos y lanzas en esas ciudades. Así que solo Judá y Benjamín quedaron bajo su control.

[13]Todos los sacerdotes y levitas que vivían en las tribus del norte de Israel se aliaron con Roboam. [14]Los levitas incluso abandonaron sus pastizales y sus propiedades y se trasladaron a Judá y a Jerusalén, porque Jeroboam y sus hijos no les permitían servir al SEÑOR como sacerdotes. [15]Jeroboam nombró a sus propios sacerdotes para servir en los santuarios paganos, donde rindieron culto a ídolos con forma de cabra y de becerro que él había hecho. [16]De todas las tribus de Israel, los que querían adorar de corazón al SEÑOR, Dios de Israel, siguieron a los levitas a Jerusalén, donde podían ofrecer sacrificios al SEÑOR, Dios de sus antepasados. [17]Esto fortaleció el reino de Judá, y durante tres años apoyaron a Roboam, hijo de Salomón, pues durante esos años ellos siguieron fielmente los pasos de David y de Salomón.

Familia de Roboam

[18]Roboam se casó con su prima Mahalat, hija de Jerimot, quien era hijo de David y Abihail, hija de Eliab, hijo de Isaí. [19]Mahalat tuvo tres hijos: Jeús, Semarías y Zaham.

[20]Tiempo después, Roboam se casó con otra prima, Maaca, nieta de Absalón. Maaca dio a luz a Abías, Atai, Ziza y Selomit. [21]Roboam amó a Maaca más que a cualquiera de sus otras esposas y concubinas. En total, tuvo dieciocho esposas y sesenta concubinas que le dieron veintiocho hijos y sesenta hijas.

[22]Roboam nombró líder entre los príncipes a Abías, hijo de Maaca, y así puso en claro que él sería el próximo rey. [23]Roboam actuó sabiamente dándoles a sus demás hijos responsabilidades y estableciendo a algunos en las ciudades fortificadas por todo Judá y Benjamín. Les dio abundantes provisiones y encontró muchas esposas para ellos.

Egipto invade Judá

12 Cuando Roboam estaba fuerte y firmemente establecido, abandonó la ley del SEÑOR y todo Israel lo siguió en este pecado. [2]Debido a que fueron infieles al SEÑOR, el rey Sisac de Egipto subió y atacó Jerusalén en el quinto año del reinado de Roboam. [3]Llegó con mil doscientos carros, sesenta mil caballos* y un ejército incontable de soldados de infantería, integrado por libios, suquienos y etíopes.* [4]Sisac conquistó las ciudades fortificadas de Judá y luego avanzó para atacar Jerusalén.

[5]Entonces el profeta Semaías se reunió con Roboam y con los líderes de Judá, quienes habían huido a Jerusalén por causa de Sisac. Semaías les dijo:

—Esto dice el SEÑOR: "Ustedes me abandonaron, y por eso yo los abandono en manos de Sisac".

[6]Entonces los líderes de Israel y el rey se humillaron y dijeron:

—¡El SEÑOR es justo al hacer esto con nosotros!

[7]Cuando el SEÑOR vio el cambio de actitud en ellos, le dio este mensaje a Semaías: «Puesto que el pueblo se ha humillado, no lo destruiré completamente y pronto le daré cierto alivio. No usaré a Sisac para derramar mi enojo sobre Jerusalén; [8]pero serán súbditos de Sisac, para que conozcan la diferencia entre servirme a mí y servir a los gobernantes terrenales».

[9]Entonces el rey Sisac de Egipto subió y atacó Jerusalén. Saqueó los tesoros del templo del SEÑOR y del palacio real; robó todo, incluso los escudos de oro que Salomón había hecho. [10]Tiempo después, el rey Roboam los reemplazó con escudos de bronce y los confió al cuidado de los comandantes de la guardia, quienes protegían la entrada del palacio real. [11]Cada vez que el rey iba al templo del SEÑOR, los guardias llevaban los escudos y luego los devolvían al cuarto de guardia. [12]Como Roboam se humilló, se apartó el enojo del SEÑOR y no lo destruyó por completo. Aún quedaban algunas cosas buenas en la tierra de Judá.

¡Respuestas Bíblicas! 77 ¿Qué le sucedió a todo el oro del templo?

12:9 Luego de que el rey Roboam hiciera que el pueblo abandonara a Dios hubo una guerra con Egipto y los egipcios atacaron Judá y se robaron todo el oro.

Resumen del reinado de Roboam

[13]El rey Roboam se estableció firmemente en Jerusalén y siguió gobernando. Tenía cuarenta y un años cuando

***Notas textuales** **12:3a** O *conductores de carros de guerra*, o *jinetes*. **12:3b** En hebreo *y cusitas*.

Referencias cruzadas **11:22-23** Dt 21:15-17 **12:7-8** Dt 28:47-48 **12:9-16** 1 Re 14:25-31

subió al trono y reinó diecisiete años en Jerusalén, la
ciudad que el Señor había elegido entre todas las tribus de
Israel como el lugar para honrar su nombre. Su madre era
una mujer de Amón que se llamaba Naama. 14Fue un rey
malvado, porque no buscó al Señor con todo el corazón.
15Los demás acontecimientos del reinado de Roboam,
desde el principio hasta el fin, están anotados en *El registro
de Semaías el profeta* y en *El registro de Iddo el vidente*, que
forman parte del registro genealógico. Roboam y Jero-
boam estaban constantemente en guerra el uno contra el
otro. 16Cuando Roboam murió, lo enterraron en la Ciudad
de David. Luego su hijo Abías lo sucedió en el trono.

Guerra entre Abías y Jeroboam

13 Abías comenzó a gobernar Judá en el año dieci-
ocho del reinado de Jeroboam en Israel. 2Reinó
en Jerusalén tres años. Su madre se llamaba Maaca,* y era
hija de Uriel de Guibeá.
Luego estalló la guerra entre Abías y Jeroboam. 3Judá,
dirigido por el rey Abías, entró en acción con un ejército
de cuatrocientos mil guerreros selectos, mientras que
Jeroboam reunió una tropa selecta de ochocientos mil
hombres de Israel.
4Cuando el ejército de Judá llegó a la zona montañosa
de Efraín, Abías, de pie sobre el monte Zemaraim, le
gritó a Jeroboam y a todo Israel: «¡Escúchenme! 5¿No
se dan cuenta de que el Señor, Dios de Israel, hizo un
pacto duradero* con David, y les dio a él y a sus descen-
dientes el trono de Israel para siempre? 6Sin embargo,
Jeroboam, hijo de Nabat, un simple siervo de Salomón,
hijo de David, se rebeló contra su amo. 7Luego se le unió
toda una banda de sinvergüenzas, quienes desafiaron a
Roboam, hijo de Salomón, cuando todavía era joven y
sin experiencia y no podía hacerles frente.
8»¿Realmente creen que pueden oponerse al reino del
Señor el cual es dirigido por los descendientes de David?
Puede que ustedes tengan un enorme ejército, y tienen
esos becerros de oro que Jeroboam les hizo como dioses;
9pero han expulsado a los sacerdotes del Señor (los des-
cendientes de Aarón) y a los levitas, y han nombrado a
sus propios sacerdotes, al igual que las naciones paganas.
¡Hoy día ustedes permiten que cualquiera sea sacerdote!
Quienquiera que se presente para ser dedicado y traiga un
becerro y siete carneros puede llegar a ser un sacerdote de
esos así llamados dioses de ustedes.
10»Pero en cuanto a nosotros, el Señor es nuestro
Dios, y no lo hemos abandonado. Solo los descendien-
tes de Aarón sirven al Señor como sacerdotes, y solo los
levitas pueden ayudarlos en su trabajo. 11Ellos presentan
ofrendas quemadas e incienso aromático al Señor cada
mañana y cada tarde. Colocan el pan de la Presencia en
la mesa sagrada y encienden cada noche el candelabro
de oro. Nosotros seguimos las instrucciones del Señor
nuestro Dios, pero ustedes lo han abandonado. 12Así que
como pueden ver, Dios está con nosotros; él es nuestro
líder. Sus sacerdotes tocan las trompetas y nos dirigen
en batalla contra ustedes. ¡Oh pueblo de Israel, no luches
contra el Señor, Dios de tus antepasados, porque no
tendrás éxito!».
13Mientras tanto, Jeroboam había enviado en secreto
una parte de su ejército para rodear por la retaguardia a los
hombres de Judá y tenderles una emboscada. 14Cuando
los de Judá se dieron cuenta de que los estaban atacando
por delante y por detrás, clamaron al Señor por ayuda.
Entonces los sacerdotes tocaron las trompetas, 15y los
hombres de Judá empezaron a gritar. Al sonido de su
grito de batalla, Dios derrotó a Jeroboam y a todo Israel.
Los derrotó de forma aplastante delante de Abías y del
ejército de Judá.
16El ejército israelita huyó de Judá, y Dios lo entregó
derrotado en sus manos. 17Abías y su ejército les causaron
grandes pérdidas; ese día murieron quinientos mil solda-
dos selectos de Israel. 18Así que Judá venció a Israel en esa
ocasión porque confió en el Señor, Dios de sus antepa-
sados. 19Abías y su ejército persiguieron a las tropas de
Jeroboam y conquistaron algunas de sus ciudades, entre
ellas Betel, Jesana y Efrón, junto con sus aldeas vecinas.
20De modo que Jeroboam de Israel nunca recuperó
su poder mientras vivió Abías, y finalmente el Señor
lo hirió y murió. 21Mientras tanto, Abías de Judá se hizo
cada vez más poderoso. Tuvo catorce esposas, veintidós
hijos y dieciséis hijas.
22Los demás acontecimientos del reinado de Abías,
incluidos sus palabras y sus logros, están registrados en
El comentario de Iddo el profeta.

Primeros años del reinado de Asa

14 1*Cuando Abías murió, lo enterraron en la Ciudad
de David. Después su hijo Asa lo sucedió en el
trono. Hubo paz en la tierra durante diez años. 2*Asa
hizo lo que era agradable y bueno a los ojos del Señor
su Dios. 3Quitó los altares extranjeros y los santuarios
paganos. Destruyó las columnas sagradas y derribó los
postes dedicados a la diosa Asera. 4Ordenó al pueblo de
Judá que buscara al Señor, Dios de sus antepasados, y que
obedeciera su ley y sus mandatos. 5Asa también quitó los
santuarios paganos y los altares del incienso de cada una
de las ciudades de Judá. Entonces el reino de Asa disfrutó
un período de paz. 6Durante los años de paz, Asa pudo
reconstruir las ciudades fortificadas en todo Judá. Nadie
estuvo en guerra contra él durante ese tiempo, porque el
Señor le daba descanso de sus enemigos.
7Asa le dijo a la gente de Judá: «Construyamos y fortifi-
quemos ciudades con murallas, torres, puertas y barras. La
tierra aún nos pertenece porque buscamos al Señor nues-
tro Dios, y él nos ha dado paz en todo el territorio». Así
que continuaron con estos proyectos hasta completarlos.
8El rey Asa tenía un ejército de trescientos mil
guerreros de la tribu de Judá, armados con grandes es-
cudos y lanzas. También tenía un ejército de doscientos
ochenta mil guerreros de la tribu de Benjamín, armados
con arcos y escudos pequeños. Ambos ejércitos estaban
constituidos por hombres de guerra bien entrenados.
9Cierta vez un etíope* llamado Zera atacó a Judá con
un ejército de un millón de soldados* y trescientos carros
de guerra. Avanzaron hacia la ciudad de Maresa, 10por
eso Asa desplegó sus ejércitos para la batalla en el valle
al norte de Maresa.* 11Entonces Asa clamó al Señor su
Dios: «¡Oh Señor, nadie sino tú puede ayudar al débil
contra el poderoso! Ayúdanos, oh Señor nuestro Dios,

***Notas textuales** **13:2** Así aparece en la mayoría de los manuscritos griegos y en la versión siríaca (ver también 2 Cr 11:20-21; 1 Re 15:2); en hebreo dice *Micaías*, una variante de Maaca. **13:5** En hebreo *un pacto de sal*. **14:1** El versículo 14:1 corresponde al 13:23 en el texto hebreo. **14:2** Los versículos del 14:2-15 corresponden al 14:1-14 en el texto hebreo. **14:9a** En hebreo *un cusita*. **14:9b** O *un ejército de miles y miles*; en hebreo dice *un ejército de mil veces mil*.

Referencias cruzadas **13:1-2** 1 Re 15:1-2 **13:12** Nm 10:8-9 **13:14, 18** 2 Cr 14:11 **14:2-3** 1 Re 15:11-12 porque solo en ti confiamos. Es en tu nombre que hemos salido contra esta inmensa multitud. ¡Oh SEÑOR, tú eres nuestro Dios; no dejes que simples hombres prevalezcan contra ti!».

[12]Entonces el SEÑOR derrotó a los etíopes* en presencia de Asa y del ejército de Judá, y el enemigo huyó. [13]Asa y su ejército los persiguieron hasta Gerar, y cayeron tantos etíopes que no pudieron reagruparse. El SEÑOR y su ejército los destruyeron; y el ejército de Judá se llevó un enorme botín.

[14]Mientras estaban en Gerar, atacaron todas las ciudades de la región, y un terror de parte del SEÑOR se apoderó de la gente. Como resultado, también se llevaron un enorme botín de esas ciudades. [15]Además, atacaron los campamentos de los pastores y capturaron muchas ovejas, cabras y camellos antes de regresar a Jerusalén.

Reformas religiosas de Asa

15 Luego el Espíritu de Dios vino sobre Azarías, hijo de Obed, [2]y salió al encuentro del rey Asa cuando este volvía de la batalla. «¡Escúcheme, Asa! —le gritó—. ¡Escuchen, todos ustedes de Judá y de Benjamín! ¡El SEÑOR permanecerá con ustedes mientras ustedes permanezcan con él! Cada vez que lo busquen, lo encontrarán; pero si lo abandonan, él los abandonará a ustedes. [3]Por mucho tiempo los israelitas estuvieron sin el verdadero Dios, sin sacerdote que les enseñara y sin la ley que los instruyera; [4]pero cada vez que estaban en dificultades y se volvían al SEÑOR, Dios de Israel, y lo buscaban, lo encontraban.

[5]»En esos tiempos oscuros no se podía viajar con seguridad y los problemas perturbaban a los habitantes de todos los países. [6]Nación luchaba contra nación, ciudad contra ciudad, porque Dios las afligía con todo tipo de dificultades; [7]pero en cuanto a ustedes, sean fuertes y valientes porque su trabajo será recompensado».

[8]Cuando Asa oyó este mensaje de Azarías el profeta,* se armó de valor y quitó todos los ídolos detestables de la tierra de Judá y de Benjamín, así como de las ciudades que había conquistado en la zona montañosa de Efraín. Además reparó el altar del SEÑOR que estaba frente a la antesala del templo del SEÑOR.

[9]Después Asa convocó a todo el pueblo de Judá y de Benjamín, junto con la gente de Efraín, Manasés y Simeón que se había establecido entre ellos. Pues muchos de Israel se habían mudado a Judá durante el reinado de Asa cuando vieron que el SEÑOR su Dios estaba con él. [10]La gente se reunió en Jerusalén a fines de la primavera,* durante el año quince del reinado de Asa.

[11]Ese día sacrificaron al SEÑOR setecientas cabezas de ganado y siete mil ovejas y cabras del botín que habían tomado en la batalla. [12]Luego hicieron un pacto de buscar al SEÑOR, Dios de sus antepasados, con todo el corazón y con toda el alma. [13]Decidieron que todo el que se negara a buscar al SEÑOR, Dios de Israel, sería ejecutado, fuera joven o anciano, hombre o mujer. [14]Con gran voz hicieron un juramento de lealtad al SEÑOR al estruendo de las trompetas y al fuerte toque de los cuernos de carnero. [15]Todos en Judá estaban contentos con el pacto, porque lo habían hecho de todo corazón. Con fervor buscaron a Dios y lo encontraron; y el SEÑOR les dio descanso de sus enemigos en todo el territorio.

[16]El rey Asa quitó a su abuela* Maaca de su puesto de reina madre, porque ella había hecho un poste obsceno dedicado a la diosa Asera. Derribó el poste obsceno, lo hizo pedazos y lo quemó en el valle de Cedrón. [17]Aunque no se quitaron los santuarios paganos de Israel, el corazón de Asa se mantuvo totalmente fiel durante toda su vida. [18]Llevó al templo de Dios la plata, el oro y los diversos objetos que él y su padre habían dedicado.

[19]Así que no hubo más guerra hasta el año treinta y cinco del reinado de Asa.

Últimos años del reinado de Asa

16 En el año treinta y seis del reinado de Asa, Baasa, rey de Israel, invadió Judá y fortificó Ramá para que nadie pudiera entrar ni salir del territorio del rey Asa en Judá.

[2]En respuesta, Asa retiró la plata y el oro de los tesoros del templo del SEÑOR y del palacio real. Los envió al rey Ben-adad de Aram, quien gobernaba en Damasco, junto con el siguiente mensaje:

> [3]«Hagamos un tratado, tú y yo,* como hicieron tu padre y mi padre. Mira, te envío plata y oro. Rompe el tratado con el rey Baasa de Israel, para que me deje en paz».

[4]Ben-adad aceptó la propuesta del rey Asa y envió a los comandantes de su ejército a atacar las ciudades de Israel. Ellos conquistaron las ciudades de Ijón, Dan y Abel-bet-maaca* y todas las ciudades de almacenamiento de Neftalí. [5]Apenas Baasa de Israel se enteró de lo que ocurría, abandonó el proyecto de fortificar Ramá y detuvo todo el trabajo. [6]Entonces el rey Asa convocó a todos los hombres de Judá para que transportaran las piedras de construcción y la madera que Baasa había estado usando para fortificar Ramá. Asa empleó esos mismos materiales para fortificar las ciudades de Geba y Mizpa.

[7]En ese tiempo, Hananí el vidente fue a ver al rey Asa y le dijo: «Por cuanto pusiste tu confianza en el rey de Aram en lugar de confiar en el SEÑOR tu Dios, perdiste la oportunidad de destruir al ejército del rey de Aram. [8]¿No recuerdas lo que les pasó a los etíopes* y a los libios y a su enorme ejército, junto con todos sus carros de guerra y los conductores*? En ese tiempo, confiaste en el SEÑOR, y él los entregó en tus manos. [9]Los ojos del SEÑOR recorren toda la tierra para fortalecer a los que tienen el corazón totalmente comprometido con él. ¡Qué necio has sido! ¡De ahora en adelante estarás en guerra!».

[10]Asa se enojó tanto con Hananí por haberle dicho esto, que lo echó en la cárcel y lo puso en el cepo. En ese tiempo, Asa también comenzó a oprimir a algunos de su pueblo.

Resumen del reinado de Asa

[11]Los demás acontecimientos del reinado de Asa, desde el principio hasta el fin, están registrados en *El libro de los reyes de Judá y de Israel*. [12]En el año treinta y nueve de su reinado, Asa contrajo una enfermedad grave en los

***Notas textuales** **14:10** Así aparece en la versión griega; en hebreo dice *valle de Sefata cerca de Maresa*. **14:12** En hebreo *cusitas*; también en 14:13. **15:8** Así aparece en la versión siríaca y en la Vulgata Latina (ver también 15:1); en hebreo dice *de Obed el profeta*. **15:10** En hebreo *en el tercer mes*. En el antiguo calendario lunar hebreo, ese mes, por lo general, cae entre mayo y junio. **15:16** En hebreo *su madre*. **16:3** Así aparece en la versión griega; en hebreo dice *Hay un tratado entre tú y yo*. **16:4** Igual que el texto paralelo en 1 Re 15:20; en hebreo dice *Abel-maim*, otro nombre para Abel-bet-maaca. **16:8a** En hebreo *cusitas*. **16:8b** O *y los jinetes?*

Referencias cruzadas **14:11** 2 Cr 13:14, 18 **15:6** Mt 24:7 **15:16-19** 1 Re 15:13-15 **16:1-6** 1 Re 15:17-22 **16:9** Za 4:10 **17:2** 2 Cr 15:8

pies. A pesar de lo grave que era, no buscó la ayuda del
SEÑOR, sino que recurrió exclusivamente a sus médicos.
13Así que murió en el año cuarenta y uno de su reinado.
14Lo enterraron en la tumba que había tallado para sí en la
Ciudad de David. Fue puesto sobre una cama perfumada
con especias dulces y ungüentos aromáticos, y la gente
encendió una enorme hoguera funeraria en su honor.

Josafat gobierna sobre Judá

17 Luego Josafat, hijo de Asa, lo sucedió en el trono,
y fortaleció a Judá para hacerle frente a cualquier
ataque de Israel. 2Estableció tropas en todas las ciudades
fortificadas de Judá y asignó guarniciones adicionales en
la tierra de Judá y en las ciudades de Efraín que su padre
Asa había conquistado.

3El SEÑOR estaba con Josafat porque siguió el ejemplo
de los primeros años de su padre,* y no rindió culto a las
imágenes de Baal. 4Buscó al Dios de su padre y obedeció
sus mandatos en lugar de seguir las prácticas malvadas
del reino de Israel. 5Por eso el SEÑOR estableció el domi-
nio de Josafat sobre el reino de Judá. Todo el pueblo de
Judá le llevaba regalos a Josafat, de modo que llegó a ser
muy rico y gozó de gran estima. 6Estaba profundamente
comprometido con* los caminos del SEÑOR. Quitó en
todo Judá los santuarios paganos y los postes dedicados
a la diosa Asera.

7En el tercer año de su reinado, Josafat envió a sus fun-
cionarios a enseñar en todas las ciudades de Judá. Entre
los funcionarios estaban Ben-hail, Abdías, Zacarías, Na-
tanael y Micaías. 8Junto con ellos envió levitas, incluidos
Semaías, Netanías, Zebadías, Asael, Semiramot, Jonatán,
Adonías, Tobías y Tobadonías. También envió a los sacer-
dotes Elisama y Yoram. 9Llevaron copias del libro de la
ley del SEÑOR y recorrieron todas las ciudades de Judá,
enseñando a la gente.

10Entonces el temor del SEÑOR vino sobre todos los
reinos vecinos para que ninguno de ellos quisiera de-
clarar la guerra contra Josafat. 11Algunos de los filisteos
le llevaron regalos y plata como tributo, y los árabes le
llevaron siete mil setecientos carneros y siete mil sete-
cientos chivos.

12Entonces Josafat llegó a ser cada vez más poderoso
y construyó fortalezas y ciudades de almacenamiento en
todo el territorio de Judá. 13Almacenó numerosas provi-
siones en las ciudades de Judá y estableció un ejército de
soldados experimentados en Jerusalén. 14Su ejército fue
inscrito según los clanes patriarcales.

De Judá había una tropa de trescientos mil hombres,
organizada en grupos de mil soldados, bajo el mando
de Adnas. 15El siguiente en mando era Johanán,
quien comandaba doscientos ochenta mil soldados.
16Le seguía Amasías, hijo de Zicri, que se había
ofrecido para el servicio del SEÑOR, con doscientos
mil soldados bajo su mando.

17De Benjamín había una tropa de doscientos mil
soldados equipados con arcos y escudos. Estaba al
mando de Eliada, un soldado veterano. 18El siguiente
en mando era Jozabad, quien comandaba ciento
ochenta mil hombres armados.

19Estas eran las tropas establecidas en Jerusalén al servicio
del rey, además de las que Josafat puso en las ciudades
fortificadas en todo Judá.

Josafat y Acab

18 Josafat disfrutó de muchas riquezas y de gran
estima e hizo una alianza con Acab, rey de Israel,
al dar a su hijo en matrimonio a la hija de Acab. 2Unos
años más tarde fue a Samaria para visitar a Acab, quien
preparó un gran banquete para él y sus funcionarios. Ma-
taron grandes cantidades de ovejas, cabras y ganado para
la fiesta. Después Acab persuadió a Josafat para que se
uniera a él para recuperar Ramot de Galaad.

3—¿Irás conmigo contra Ramot de Galaad? —preguntó
el rey Acab de Israel al rey Josafat de Judá.

—¡Por supuesto! —contestó Josafat—. Tú y yo somos
como uno solo, y mis tropas son tus tropas. Ciertamente
nos uniremos a ti en batalla.

4Entonces agregó:

—Pero primero averigüemos qué dice el SEÑOR.

5Así que el rey de Israel convocó a los profetas, cuatro-
cientos en total, y les preguntó:

—¿Debemos ir a pelear contra Ramot de Galaad, o
debo desistir?

—¡Sí, adelante! —contestaron todos ellos—. Dios dará
la victoria al rey.

6Pero Josafat preguntó:

—¿Acaso no hay también un profeta* del SEÑOR aquí?
Debemos hacerle la misma pregunta.

7El rey de Israel contestó a Josafat:

—Hay un hombre más que podría consultar al SEÑOR
por nosotros, pero lo detesto. ¡Nunca me profetiza nada
bueno, solo desgracias! Se llama Micaías, hijo de Imla.

—¡Un rey no debería hablar de esa manera! —respondió
Josafat—. Escuchemos lo que tenga que decir.

8De modo que el rey de Israel llamó a uno de sus fun-
cionarios y le dijo:

—¡Rápido! Trae a Micaías, hijo de Imla.

Micaías profetiza contra Acab

9El rey Acab de Israel y Josafat, rey de Judá, vestidos con
sus vestiduras reales, estaban sentados en sus respectivos
tronos en el campo de trillar que está cerca de la puerta
de Samaria. Todos los profetas de Acab profetizaban allí,
delante de ellos. 10Uno de los profetas llamado Sede-
quías, hijo de Quenaana, hizo unos cuernos de hierro
y proclamó:

—Esto dice el SEÑOR: ¡Con estos cuernos cornearás a
los arameos hasta matarlos!

11Todos los demás profetas estaban de acuerdo.

—Sí —decían—, sube a Ramot de Galaad y saldrás ven-
cedor, porque ¡el SEÑOR dará la victoria al rey!

12Mientras tanto, el mensajero que había ido a buscar
a Micaías le dijo:

—Mira, todos los profetas le prometen victoria al rey.
Ponte tú también de acuerdo con ellos y asegúrale que
saldrá vencedor.

13Pero Micaías respondió:

—Tan cierto como que el SEÑOR vive, solo diré lo que
mi Dios diga.

14Cuando Micaías se presentó ante el rey, Acab le
preguntó:

***Notas textuales** **17:3** Algunos manuscritos hebreos dicen *el ejemplo de su padre David.* **17:6** En hebreo *Su corazón tuvo valor para.* **18:6** U *otro profeta.*

Referencias cruzadas **17:16** Jc 5:9 **18:1-27** 1 Re 22:1-28 **18:28-34** 1 Re 22:29-36

—Micaías, ¿debemos ir a pelear contra Ramot de Ga-
laad, o debo desistir?
Micaías le respondió con sarcasmo:
—¡Sí, sube y saldrás vencedor, tendrás la victoria sobre
ellos!
15 Pero el rey le respondió con dureza:
—¿Cuántas veces tengo que exigirte que solo me digas
la verdad cuando hables de parte del SEÑOR?
16 Entonces Micaías le dijo:
—En una visión, vi a todo Israel disperso por los mon-
tes, como ovejas sin pastor, y el SEÑOR dijo: "Han matado
a su amo.* Envíalos a sus casas en paz".
17 —¿No te dije? —exclamó el rey de Israel a Josafat—.
Nunca me profetiza otra cosa que desgracias.
18 Micaías continuó diciendo:
—¡Escucha lo que dice el SEÑOR! Vi al SEÑOR sentado
en su trono, rodeado por todos los ejércitos del cielo, a
su derecha y a su izquierda. 19 Entonces el SEÑOR dijo:
"¿Quién puede seducir al rey Acab de Israel para que vaya
a pelear contra Ramot de Galaad y lo maten?".
»Hubo muchas sugerencias, 20 hasta que finalmente un
espíritu se acercó al SEÑOR y dijo: "¡Yo puedo hacerlo!".
»"¿Cómo lo harás?", preguntó el SEÑOR.
21 »El espíritu contestó: "Saldré e inspiraré a todos los
profetas de Acab para que hablen mentiras".
»"Tendrás éxito —dijo el SEÑOR—. Adelante, hazlo".
22 »Así que, como ves, el SEÑOR ha puesto un espíritu
de mentira en la boca de tus profetas, porque el SEÑOR
ha dictado tu condena.
23 Entonces Sedequías, hijo de Quenaana, se acercó a
Micaías y le dio una bofetada.
—¿Desde cuándo el Espíritu del SEÑOR salió de mí para
hablarte a ti? —le reclamó.
24 Y Micaías le contestó:
—¡Ya lo sabrás, cuando estés tratando de esconderte
en algún cuarto secreto!
25 «¡Arréstenlo! —ordenó el rey de Israel—. Llévenlo de
regreso a Amón, el gobernador de la ciudad, y a mi hijo
Joás. 26 Denles la siguiente orden de parte del rey: "¡Metan
a este hombre en la cárcel y no le den más que pan y agua
hasta que yo regrese sano y salvo de la batalla!"».
27 Pero Micaías respondió: «¡Si tú regresas a salvo, eso
significará que el SEÑOR no habló por medio de mí!». En-
tonces, dirigiéndose a los que estaban alrededor, agregó:
«¡Todos ustedes, tomen nota de mis palabras!».

Muerte de Acab

28 Entonces Acab, rey de Israel, y Josafat, rey de Judá, di-
rigieron a sus ejércitos contra Ramot de Galaad. 29 El rey
de Israel dijo a Josafat: «Cuando entremos en la batalla,
yo me disfrazaré para que nadie me reconozca, pero tú
ponte tus vestiduras reales». Así que el rey de Israel se
disfrazó, y ambos entraron en la batalla.
30 A su vez, el rey de Aram había dado las siguientes
órdenes a sus comandantes de carros de guerra: «Ataquen
solamente al rey de Israel. ¡No pierdan tiempo con nadie
más!». 31 Entonces, cuando los comandantes arameos de
los carros vieron a Josafat en sus vestiduras reales, comen-
zaron a perseguirlo. «¡Allí está el rey de Israel!», gritaban;
pero Josafat clamó, y el SEÑOR lo rescató. Dios lo ayudó,
apartando a sus atacantes de él. 32 Tan pronto como los
comandantes de los carros se dieron cuenta de que no era
el rey de Israel, dejaron de perseguirlo.
33 Sin embargo, un soldado arameo disparó una flecha
al azar hacia las tropas israelitas e hirió al rey de Israel entre
las uniones de su armadura. «¡Da la vuelta* y sácame de
aquí! —dijo Acab entre quejas y gemidos al conductor del
carro—. ¡Estoy gravemente herido!».
34 La encarnizada batalla se prolongó todo ese día, y
el rey de Israel se mantuvo erguido en su carro frente a
los arameos. Por la tarde, justo cuando se ponía el sol,
Acab murió.

Josafat nombra jueces

19 Cuando el rey Josafat de Judá regresó a salvo a
Jerusalén, 2 Jehú, hijo de Hananí el vidente, salió
a recibirlo. «¿Por qué habrías de ayudar a los perversos
y amar a los que odian al SEÑOR? —le preguntó al rey—.
Debido a lo que has hecho, el SEÑOR está muy enojado
contigo. 3 Sin embargo, hay algo bueno en ti porque qui-
taste los postes dedicados a la diosa Asera por todo el
territorio y has decidido buscar a Dios».
4 Josafat vivía en Jerusalén pero solía salir a visitar a
su gente, y recorría el territorio desde Beerseba hasta la
zona montañosa de Efraín, para animar al pueblo a que
volviera al SEÑOR, Dios de sus antepasados. 5 Nombró
jueces en las ciudades fortificadas por toda la nación 6 y
les dijo: «Piensen siempre con cuidado antes de pronun-
ciar juicio. Recuerden que no juzgan para agradar a la
gente, sino para agradar al SEÑOR. Él estará con ustedes
cuando entreguen el veredicto para cada caso. 7 Teman
al SEÑOR y juzguen con integridad, porque el SEÑOR
nuestro Dios no tolera que se tuerza la justicia ni que se
muestre parcialidad ni que se acepte el soborno».
8 En Jerusalén Josafat nombró a algunos de los levitas
y de los sacerdotes y de los jefes de clanes de Israel para
que sirvieran como jueces* en casos relacionados con las
ordenanzas del SEÑOR y en los conflictos civiles. 9 Estas
fueron las instrucciones que les dio: «Ustedes deben ac-
tuar siempre con el temor del SEÑOR, con fidelidad y con
un corazón íntegro. 10 Cada vez que les llegue un caso de
sus compatriotas que viven en ciudades distantes —ya
sea de asesinato o de alguna otra violación de las leyes,
los mandatos, los decretos y las ordenanzas de Dios—
deben advertirles que no pequen contra el SEÑOR, para
que no se enoje con ustedes ni con ellos. Procedan así y
no serán culpables.
11 »Amarías, el sumo sacerdote, tendrá la última palabra
en todos los casos que tengan que ver con el SEÑOR. Ze-
badías, hijo de Ismael, jefe de la tribu de Judá, tendrá la
última palabra en todos los casos civiles. Los levitas los
ayudarán a asegurarse de que se haga justicia. Anímense
y cumplan con sus deberes y que el SEÑOR esté con todos
los que hacen lo correcto».

***Notas textuales** **18:16** En hebreo *Esta gente no tiene amo*. **18:33** En hebreo *Gira tu mano*. **19:8** Así aparece en la versión griega; el significado del hebreo es incierto. **20:1** Así aparece en algunos manuscritos griegos (ver también 26:7); el hebreo repite *amonitas.*

Referencias cruzadas **19:2** 1 Re 16:1 **19:11** 1 Cr 28:20

¡Respuestas Bíblicas! 78 ¿Por qué Josafat le dijo al pueblo que no comiera?

20:3 Josafat sabía que su ejército sólo podía ganar con la ayuda de Dios y quería que el pueblo pensara que no era con sus fuerzas sino con las de Dios que podían hacerlo.

Guerra con las naciones vecinas

20 Después de esto, los ejércitos de los moabitas y de los amonitas, y algunos meunitas* le declararon la guerra a Josafat. 2Llegaron mensajeros e informaron a Josafat: «Un enorme ejército de Edom* marcha contra ti desde más allá del mar Muerto;* ya está en Hazezon-tamar». (Este era otro nombre para En-gadi).

3Josafat quedó aterrado con la noticia y le suplicó al SEÑOR que lo guiara. También ordenó a todos en Judá que ayunaran. 4De modo que los habitantes de todas las ciudades de Judá fueron a Jerusalén para buscar la ayuda del SEÑOR.

5Josafat se puso de pie ante la comunidad de Judá en Jerusalén, frente al nuevo atrio del templo del SEÑOR, 6y oró diciendo: «Oh SEÑOR, Dios de nuestros antepasados, solo tú eres el Dios que está en el cielo. Tú eres el gobernante de todos los reinos de la tierra. Tú eres fuerte y poderoso. ¡Nadie puede hacerte frente! 7Oh Dios nuestro, ¿acaso no expulsaste a los que vivían en esta tierra cuando llegó tu pueblo Israel? ¿Acaso no les diste esta tierra para siempre a los descendientes de tu amigo Abraham? 8Tu pueblo se estableció aquí y construyó este templo para honrar tu nombre. 9Ellos dijeron: "Cuando enfrentemos cualquier calamidad, ya sea guerra,* plagas o hambre, podremos venir a este lugar para estar en tu presencia ante este templo donde se honra tu nombre. Podremos clamar a ti para que nos salves y tú nos oirás y nos rescatarás".

10»Ahora mira lo que los ejércitos de Amón, Moab y del monte Seir están haciendo. Tú no permitiste que nuestros antepasados invadieran esas naciones cuando Israel salió de Egipto, así que las rodearon y no las destruyeron. 11¡Mira cómo nos pagan ahora, porque han venido para echarnos de tu tierra, la cual nos diste como herencia! 12Oh Dios nuestro, ¿no los vas a detener? Somos impotentes ante este ejército poderoso que está a punto de atacarnos. No sabemos qué hacer, pero en ti buscamos ayuda».

13Mientras todos los hombres de Judá estaban de pie ante el SEÑOR junto con sus esposas, sus hijos y aun los niños pequeños, 14el Espíritu del SEÑOR vino sobre uno de los hombres allí presentes. Se llamaba Jahaziel, hijo de Zacarías, hijo de Benaía, hijo de Jeiel, hijo de Matanías, un levita, quien era un descendiente de Asaf.

15Dijo: «¡Escuchen, habitantes de Judá y de Jerusalén! ¡Escuche, rey Josafat! Esto dice el SEÑOR: "¡No tengan miedo! No se desalienten por este poderoso ejército, porque la batalla no es de ustedes, sino de Dios. 16Mañana, marchen contra ellos. Los encontrarán subiendo por la cuesta de Sis al extremo del valle que da al desierto de Jeruel. 17Sin embargo, ustedes ni siquiera tendrán que luchar. Tomen sus posiciones; luego quédense quietos y observen la victoria del SEÑOR. Él está con ustedes, pueblo de Judá y de Jerusalén. No tengan miedo ni se desalienten. ¡Salgan mañana contra ellos, porque el SEÑOR está con ustedes!"».

18Entonces el rey Josafat se inclinó rostro en tierra y todo el pueblo de Judá y de Jerusalén hizo lo mismo en adoración al SEÑOR. 19Después los levitas de los clanes de Coat y de Coré se pusieron de pie para alabar a viva voz al SEÑOR, Dios de Israel.

20Temprano a la mañana siguiente, el ejército de Judá salió al desierto de Tecoa. De camino, el rey Josafat se detuvo y dijo: «¡Escúchenme, habitantes de Judá y de Jerusalén! Crean en el SEÑOR su Dios y podrán permanecer firmes. Créanles a sus profetas y tendrán éxito».

21Después de consultar con el pueblo, el rey nombró cantores que caminaran delante del ejército cantando al SEÑOR y alabándolo por su santo esplendor. Esto es lo que cantaban:

«¡Den gracias al SEÑOR;
su fiel amor perdura para siempre!».

22Cuando comenzaron a cantar y a dar alabanzas, el SEÑOR hizo que los ejércitos de Amón, de Moab y del monte Seir comenzaran a luchar entre sí. 23Los ejércitos de Moab y de Amón se volvieron contra sus aliados del monte Seir y mataron a todos y a cada uno de ellos. Después de destruir al ejército de Seir, empezaron a atacarse entre sí. 24De modo que cuando el ejército de Judá llegó al puesto de observación en el desierto, no vieron más que cadáveres hasta donde alcanzaba la vista. Ni un solo enemigo había escapado con vida.

25El rey Josafat y sus hombres salieron a recoger el botín. Encontraron una enorme cantidad de objetos, vestidos* y otros artículos valiosos, más de lo que podían cargar. ¡Había tanto botín que les llevó tres días solo para juntarlo! 26Al cuarto día se reunieron en el valle de la Bendición,* el cual recibió ese nombre aquel día porque allí el pueblo alabó y agradeció al SEÑOR. Aún se conoce como valle de la Bendición hasta el día de hoy.

27Luego todos los hombres volvieron a Jerusalén, con Josafat a la cabeza, rebosando de alegría porque el SEÑOR les había dado la victoria sobre sus enemigos. 28Entraron a Jerusalén al son de arpas, liras y trompetas, y se dirigieron al templo del SEÑOR.

29Cuando todos los reinos vecinos oyeron que el SEÑOR mismo había luchado contra los enemigos de Israel, el temor de Dios se apoderó de ellos. 30Así que el reino de Josafat tuvo paz, porque su Dios le había dado descanso por todo el territorio.

Resumen del reinado de Josafat

31De manera que Josafat gobernó la tierra de Judá. Tenía treinta y cinco años cuando subió al trono y reinó en Jerusalén veinticinco años. Su madre era Azuba, hija de Silhi.

32Josafat fue un buen rey, quien siguió los caminos de su padre Asa. Hizo lo que era agradable a los ojos del SEÑOR. 33Sin embargo, durante su reinado no quitó todos

***Notas textuales** **20:2a** Así aparece en un manuscrito hebreo; la mayoría de los manuscritos hebreos y de las versiones antiguas dicen *Aram.* **20:2b** En hebreo *del mar*. **20:9** O *espada de juicio*; o *espada, juicio*. **20:25** Así aparece en algunos manuscritos hebreos y en la Vulgata Latina; la mayoría de los manuscritos hebreos dicen *cadáveres*. **20:26** En hebreo *valle de Beraca*.

Referencias cruzadas **20:6** Dt 4:39 **20:21** Sal 136:1

los santuarios paganos, y la gente nunca se comprometió
por completo a seguir al Dios de sus antepasados.
34 Los demás acontecimientos del reinado de Josafat,
desde el principio hasta el fin, están registrados en *El registro de Jehú, hijo de Hananí*, el cual está incluido en *El libro de los reyes de Israel*.
35 Tiempo después, Josafat, rey de Judá, hizo una alianza
con el rey Ocozías de Israel, quien era un hombre muy
perverso.* 36 Juntos construyeron una flota de barcos mer-
cantes* en el puerto de Ezión-geber. 37 Luego Eliezer, hijo
de Dodava, de Maresa, profetizó contra Josafat y le dijo:
«Por haberte aliado con el rey Ocozías, el Señor destruirá
tu labor». Así que los barcos naufragaron y nunca se hi-
cieron a la mar.*

Yoram gobierna sobre Judá

21 Cuando murió Josafat, lo enterraron con sus an-
tepasados en la Ciudad de David. Después su hijo
Yoram lo sucedió en el trono.
2 Los hermanos de Yoram —los otros hijos de Josafat—
fueron Azarías, Jehiel, Zacarías, Azaryahu, Micael y Sefa-
tías; todos estos fueron hijos de Josafat, rey de Judá.* 3 Su
padre había dado a cada uno de ellos regalos valiosos de
plata, oro y objetos costosos, y también les dio algunas
de las ciudades fortificadas de Judá; pero designó a Yoram
para que fuera el siguiente rey porque era el hijo mayor.
4 Sin embargo, cuando Yoram se afianzó firmemente en
el trono mató a todos sus hermanos y a algunos de los
otros líderes de Judá.
5 Yoram tenía treinta y dos años cuando subió al trono
y reinó en Jerusalén ocho años. 6 Sin embargo, siguió el
ejemplo de los reyes de Israel y fue tan perverso como el
rey Acab, porque se había casado con una de las hijas de
Acab. Así que Yoram hizo lo malo a los ojos del Señor.
7 No obstante, el Señor no quiso destruir la dinastía de
David, porque había hecho un pacto con David y le había
prometido que sus descendientes seguirían gobernando,
brillando como una lámpara por siempre.
8 Durante el reinado de Yoram, los edomitas se rebe-
laron contra Judá y coronaron a su propio rey. 9 Entonces
Yoram marchó con todo su ejército y todos sus carros de
guerra. Los edomitas rodearon a Yoram y a los comandan-
tes de sus carros, pero él los atacó* de noche al abrigo de la
oscuridad. 10 Aun así, Edom ha sido independiente de Judá
hasta el día de hoy. La ciudad de Libna también se rebeló
por ese mismo tiempo. Todo esto ocurrió porque Yoram
había abandonado al Señor, Dios de sus antepasados.
11 Había construido santuarios paganos en la zona mon-
tañosa de Judá y había inducido a la gente de Jerusalén
y de Judá a apartarse del buen camino y a entregarse a
dioses paganos.
12 Luego el profeta Elías le escribió la siguiente carta
a Yoram:

«Esto dice el Señor, Dios de tu antepasado David:
"Tú no has seguido el buen ejemplo de tu padre,
Josafat, ni el de tu abuelo Asa, rey de Judá. 13 En
cambio, has sido tan perverso como los reyes de
Israel. Has llevado al pueblo de Jerusalén y de Judá
a rendir culto a los ídolos, tal como lo hizo el rey
Acab en Israel. Incluso has matado a tus propios
hermanos, hombres que eran mejores que tú. 14 Por
eso ahora el Señor está a punto de herirte con
un fuerte golpe a ti, a tu pueblo, a tus hijos, a tus
esposas y a todo lo que te pertenece. 15 Sufrirás una
grave enfermedad abdominal que se empeorará cada
día hasta que se te salgan los intestinos"».

16 Después el Señor incitó a los filisteos y a los árabes,
pueblos que vivían cerca de los etíopes,* para que atacaran
a Yoram. 17 Marcharon contra Judá, derribaron sus defen-
sas y se llevaron todo lo que había de valor en el palacio
real, incluso a los hijos y a las esposas del rey. Solo quedó
con vida Ocozías,* el menor de sus hijos.
18 Después de todo esto, el Señor afligió a Yoram con
una enfermedad intestinal incurable. 19 Cada día empeo-
raba y, al cabo de dos años, se le salieron los intestinos por
causa de la enfermedad y murió con terribles dolores. Su
pueblo no hizo una gran hoguera funeraria para honrarlo,
como se había hecho con sus antepasados.
20 Yoram tenía treinta y dos años cuando subió al trono
y reinó en Jerusalén ocho años. Nadie sintió pena cuando
murió. Lo enterraron en la Ciudad de David, pero no en
el cementerio de los reyes.

Ocozías gobierna sobre Judá

22 Entonces el pueblo de Jerusalén proclamó como
siguiente rey a Ocozías, el hijo menor de Yoram,
ya que bandas saqueadoras que llegaron con los árabes*
habían matado a todos los hijos mayores. Por eso Ocozías,
hijo de Yoram, reinó sobre Judá.
2 Ocozías tenía veintidós* años cuando subió al trono
y reinó en Jerusalén un año. Su madre se llamaba Atalía
y era nieta del rey Omri. 3 Ocozías también siguió el mal
ejemplo de la familia del rey Acab, porque su madre lo ani-
maba a hacer lo malo. 4 Hizo lo malo a los ojos del Señor,
igual que la familia de Acab. Los parientes de Acab incluso
llegaron a ser asesores de Ocozías después de la muerte
de su padre y lo llevaron a la ruina.
5 Siguiendo su mal consejo, Ocozías se unió a Joram,*
hijo del rey Acab de Israel, en su guerra contra el rey Ha-
zael de Aram en Ramot de Galaad. Cuando los arameos*
hirieron a Joram en la batalla, 6 él regresó a Jezreel para
recuperarse de las heridas que había recibido en Ramot.*
Como Joram estaba herido, el rey Ocozías* de Judá fue
a visitarlo a Jezreel.
7 Ahora bien, Dios había decidido que esta visita sería
la ruina de Ocozías. Mientras estaba allí, Ocozías salió
con Joram para encontrarse con Jehú, nieto de Nimsi,* a
quien el Señor había designado para destruir la dinastía
de Acab.
8 Mientras Jehú llevaba a cabo el juicio contra la familia
de Acab, por casualidad se encontró con algunos de los

***Notas textuales** **20:35** O *quien lo indujo a hacer lo perverso*. **20:36** En hebreo *flota de barcos que podía ir a Tarsis*. **20:37** En hebreo *nunca salieron rumbo a Tarsis*. **21:2** El texto masorético dice *de Israel*; también en 21:4. El autor de Crónicas considera que Judá representa a la auténtica Israel. (Algunos manuscritos hebreos, la versión griega y la siríaca y la Vulgata Latina dicen *de Judá*). **21:9** O *él salió y escapó*. El significado del hebreo es incierto. **21:16** En hebreo *los cusitas*. **21:17** En hebreo *Joacaz*, una variante de Ocozías; comparar 22:1. **22:1** O *bandas saqueadoras de árabes*. **22:2** Así aparece en algunos manuscritos griegos y en la versión siríaca (ver también 2 Re 8:26); en hebreo dice *cuarenta y dos*. **22:5a** En hebreo *Yoram*, una variante de Joram; también en 22:6, 7. **22:5b** Así aparece en dos manuscritos hebreos y en la Vulgata Latina (ver también 2 Re 8:28); el texto masorético dice *los arqueros*. **22:6a** En hebreo *Ramá*, una variante de Ramot. **22:6b** Así aparece en algunos manuscritos hebreos, en la versión griega, en la siríaca y en la Vulgata Latina (ver también 2 Re 8:29); la mayoría de los manuscritos hebreos dicen *Azarías*. **22:7** En hebreo *descendiente de Nimsi*; comparar 2 Re 9:2, 14.

Referencias cruzadas **21:5-10** 2 Re 8:16-24 **21:20** 2 Cr 28:27 **22:1-6** 2 Re 8:25-29 **22:7-9** 2 Re 9:21-29 funcionarios de Judá y con parientes de Ocozías* que viajaban con él. Entonces Jehú los mató a todos. 9Luego los hombres de Jehú buscaron a Ocozías y lo encontraron escondido en la ciudad de Samaria. Lo llevaron ante Jehú, quien lo mató. Ocozías recibió un entierro digno, porque la gente decía: «Era el nieto de Josafat, un hombre que buscó al SEÑOR con todo el corazón»; pero ninguno de los sobrevivientes de la familia de Ocozías estaba en condiciones de gobernar el reino.

La reina Atalía gobierna sobre Judá

10Cuando Atalía, la madre del rey Ocozías de Judá, supo que su hijo había muerto, comenzó a aniquilar al resto de la familia real de Judá; 11pero Josaba, hermana de Ocozías* e hija del rey Yoram, tomó a Joás, el hijo más pequeño de Ocozías, y lo rescató de entre los demás hijos del rey que estaban a punto de ser ejecutados. Josaba puso a Joás con su nodriza en un dormitorio. De esa manera Josaba, esposa del sacerdote Joiada y hermana de Ocozías, escondió al niño para que Atalía no pudiera asesinarlo. 12Joás permaneció escondido en el templo de Dios durante seis años, mientras Atalía gobernaba el país.

Rebelión contra Atalía

23 En el séptimo año del reinado de Atalía, el sacerdote Joiada decidió actuar. Se armó de valor e hizo un pacto con cinco comandantes del ejército: Azarías, hijo de Jeroham; Ismael, hijo de Johanán; Azarías, hijo de Obed; Maaseías, hijo de Adaía, y Elisafat, hijo de Zicri. 2Estos hombres viajaron en secreto por todo Judá y convocaron a los levitas y a los jefes de clanes de todas las ciudades para que fueran a Jerusalén. 3Entonces se reunieron frente al templo de Dios, donde hicieron un pacto solemne con Joás, el joven rey.

Joiada les dijo: «¡Aquí está el hijo del rey! ¡Ha llegado el momento para que él reine! El SEÑOR prometió que un descendiente de David sería nuestro rey. 4Tienen que hacer lo siguiente: cuando ustedes, sacerdotes y levitas, empiecen el turno el día de descanso, una tercera parte de ustedes servirán como porteros; 5otra tercera parte irá hasta el palacio real; y la otra tercera parte estará en la puerta de los Cimientos. Todos los demás deberán quedarse en los atrios del templo del SEÑOR. 6Recuerden, solo los sacerdotes y los levitas de turno pueden entrar al templo del SEÑOR, porque han sido separados como santos. El resto del pueblo deberá obedecer las instrucciones del SEÑOR y permanecer fuera. 7Ustedes levitas, formen una escolta alrededor del rey y tengan sus armas en la mano. Maten a cualquiera que intente entrar al templo. Quédense junto al rey vaya donde vaya».

8De manera que los levitas y todo el pueblo de Judá hicieron todo tal como el sacerdote Joiada les había ordenado. Los comandantes se encargaron de los hombres que se presentaban para su turno ese día de descanso, así como los que terminaban el suyo. El sacerdote Joiada no permitió que ninguno se fuera a su casa después de haber terminado su turno. 9Luego Joiada dio a los comandantes las lanzas y los escudos grandes y pequeños que habían pertenecido al rey David y estaban guardados en el templo de Dios. 10Ubicó a todos los hombres alrededor del rey, con sus armas listas. Formaron una hilera desde el lado sur del templo hasta el lado norte y alrededor del altar.

11Entonces Joiada y sus hijos sacaron a Joás, el hijo del rey, pusieron la corona sobre su cabeza y le entregaron una copia de las leyes de Dios.* Lo ungieron y lo proclamaron rey, y todos gritaron: «¡Viva el rey!».

Muerte de Atalía

12Cuando Atalía oyó el ruido de la gente que corría y los gritos aclamando al rey, fue de prisa al templo del SEÑOR para ver qué pasaba. 13Cuando llegó, vio al recién coronado rey de pie en el lugar de autoridad, junto a la columna de entrada al templo. Los comandantes y los trompetistas lo rodeaban, y gente de todo el reino celebraba y tocaba las trompetas. Los cantores, con instrumentos musicales, dirigían al pueblo en una gran celebración. Cuando Atalía vio todo esto, rasgó su ropa en señal de desesperación y gritó: «¡Traición! ¡Traición!».

14Después el sacerdote Joiada ordenó a los comandantes que estaban a cargo de las tropas: «Llévensela a los soldados que están de guardia frente al templo,* y maten a cualquiera que intente rescatarla». Pues el sacerdote había dicho: «No deben matarla dentro del templo del SEÑOR». 15Por eso la agarraron y la llevaron a la entrada de la puerta de los Caballos, en el predio del palacio, y allí la mataron.

Reformas religiosas de Joiada

16Luego Joiada hizo un pacto entre él mismo, el rey y el pueblo, de que serían el pueblo del SEÑOR. 17Así que toda la gente fue al templo de Baal y entre todos lo destruyeron; demolieron los altares, destrozaron los ídolos y mataron a Matán, el sacerdote de Baal, frente a los altares.

18Entonces, siguiendo las instrucciones que había dado David, Joiada puso sacerdotes y levitas a cargo del templo del SEÑOR. También les ordenó que presentaran ofrendas quemadas al SEÑOR, como estaba establecido en la ley de Moisés, y que cantaran y se alegraran tal como David había instruido. 19También colocó porteros en las puertas del templo del SEÑOR para impedir la entrada a todo aquel que, por cualquier motivo, estuviera ceremonialmente impuro.

20Después los comandantes, los nobles, los gobernantes y toda la gente del reino escoltaron al rey desde el templo del SEÑOR; pasaron por la puerta superior, entraron al palacio y sentaron al rey en el trono real. 21Toda la gente del reino se alegró, y la ciudad estaba tranquila porque Atalía había sido ejecutada.

¡Respuestas Bíblicas! 79 **¿Cuántos años tenía Joás cuando comenzó a reinar?**

24:1 Joás tenía apenas 7 años cuando comenzó a ser el Rey.

Joás repara el templo

24 Joás tenía siete años de edad cuando subió al trono y reinó en Jerusalén cuarenta años. Su

***Notas textuales** **22:8** Así aparece en la versión griega (ver también 2 Re 10:13); en hebreo dice *y con hijos de los hermanos de Ocozías*. **22:11** Igual que el texto paralelo en 2 Re 11:2; en hebreo falta *hermana de Ocozías* y dice *Josabet*, una variante de Josaba. **23:11** O *una copia del pacto*. **23:14** O *Sáquenla de las filas* o *Sáquenla del predio del templo*. El significado del hebreo es incierto.

Referencias cruzadas **24:1-14** 2 Re 12:1-16

madre se llamaba Sibia y era de Beerseba. 2Joás hizo lo que era agradable a los ojos del SEÑOR mientras vivió el sacerdote Joiada. 3Joiada eligió dos esposas para Joás, y tuvo hijos e hijas.

4En un momento dado, Joás decidió reparar y restaurar el templo del SEÑOR. 5Mandó llamar a los sacerdotes y a los levitas y les dio las siguientes instrucciones: «Vayan a todas las ciudades de Judá y recojan las ofrendas requeridas anualmente, para que podamos reparar el templo de su Dios. ¡No se demoren!»; pero los levitas no actuaron de inmediato.

6Entonces el rey mandó llamar al sumo sacerdote Joiada y le preguntó: «¿Por qué no has exigido a los levitas que salgan a recaudar los impuestos del templo en las ciudades de Judá y en Jerusalén? Moisés, el siervo del SEÑOR, impuso a la comunidad de Israel este impuesto para el mantenimiento del tabernáculo del pacto*».

7A través de los años, los seguidores de la perversa Atalía habían forzado la entrada al templo de Dios y habían usado todos los objetos consagrados del templo del SEÑOR para rendir culto a las imágenes de Baal.

8Por esa razón, el rey ordenó que se hiciera un cofre y se colocara fuera de la puerta que conducía al templo del SEÑOR. 9Luego envió un edicto por todo Judá y Jerusalén para que el pueblo trajera al SEÑOR el impuesto que Moisés, el siervo de Dios, había exigido de los israelitas en el desierto. 10Esto agradó a todos los líderes y al pueblo, y con gusto llevaron su dinero y lo pusieron en el cofre hasta llenarlo.

11Cada vez que el cofre se llenaba, los levitas lo llevaban a los funcionarios del rey. Entonces se presentaban el secretario de la corte y un oficial del sumo sacerdote para vaciar el cofre y luego llevarlo de regreso al templo. Así fue día tras día, por lo tanto, se recogió una gran cantidad de dinero. 12El rey y Joiada entregaban el dinero a los supervisores de la construcción, quienes contrataron albañiles y carpinteros para restaurar el templo del SEÑOR. También contrataron herreros que hicieron objetos de hierro y de bronce para el templo del SEÑOR.

13Los hombres que estaban a cargo de la restauración trabajaron arduamente y la obra siguió progresando. Restauraron el templo de Dios de acuerdo con el diseño original y lo reforzaron. 14Cuando terminaron con todas las reparaciones, llevaron el dinero que sobró al rey y a Joiada. Este dinero se utilizó para hacer diversos objetos para el templo del SEÑOR: objetos para los servicios de adoración y para las ofrendas quemadas, entre ellos cucharones y otros objetos hechos de oro y de plata. Mientras vivió el sacerdote Joiada, continuamente sacrificaron ofrendas quemadas en el templo del SEÑOR.

15Joiada vivió hasta una edad muy avanzada y finalmente murió a los ciento treinta años. 16Lo enterraron con los reyes en la Ciudad de David, porque había hecho mucho bien en Israel para Dios y su templo.

Se revocan las reformas de Joiada

17Después de la muerte de Joiada, los líderes de Judá fueron y se inclinaron ante el rey Joás y lo persuadieron para que escuchara sus consejos. 18¡Decidieron abandonar el templo del SEÑOR, Dios de sus antepasados y, en cambio, rindieron culto a ídolos y a los postes dedicados a la diosa Asera! A causa de este pecado, el enojo divino cayó sobre Judá y Jerusalén. 19Sin embargo, el SEÑOR envió profetas para que el pueblo se volviera a él. Los profetas advirtieron al pueblo, pero aun así ellos no quisieron escuchar.

20Entonces el Espíritu de Dios vino sobre Zacarías, hijo de Joiada el sacerdote. Se puso de pie delante del pueblo y dijo: «Esto dice Dios: "¿Por qué desobedecen los mandatos del SEÑOR e impiden su propia prosperidad? ¡Ustedes han abandonado al SEÑOR, y ahora él los ha abandonado a ustedes!"».

21Entonces los líderes tramaron matar a Zacarías, y el rey Joás ordenó que lo mataran a pedradas en el atrio del templo del SEÑOR. 22Así fue como el rey Joás pagó a Joiada por su lealtad: mató a su hijo. Las últimas palabras de Zacarías al morir fueron: «¡Que el SEÑOR vea lo que ellos hacen y vengue mi muerte!».

Fin del reinado de Joás

23En la primavera de ese año* el ejército arameo marchó contra Joás. Invadieron a Judá y a Jerusalén y mataron a todos los líderes de la nación. Luego enviaron todo el botín a su rey en Damasco. 24Aunque los arameos atacaron con solo un ejército pequeño, el SEÑOR los ayudó a vencer al ejército mucho más grande de Judá. El pueblo de Judá había abandonado al SEÑOR, Dios de sus antepasados, y por eso se llevó a cabo juicio sobre Joás.

25Los arameos se retiraron y dejaron a Joás gravemente herido, pero sus propios oficiales conspiraron para matarlo por haber asesinado al hijo* de Joiada, el sacerdote; lo asesinaron mientras estaba en su cama. Luego lo enterraron en la Ciudad de David, pero no en el cementerio de los reyes. 26Los asesinos eran Josacar,* hijo de una mujer amonita llamada Simeat, y Jozabad, hijo de una mujer moabita llamada Somer.*

27El relato sobre los hijos de Joás, las profecías acerca de él y el registro de la restauración del templo de Dios están escritos en *El comentario sobre el libro de los reyes*. Su hijo Amasías lo sucedió en el trono.

Amasías gobierna sobre Judá

25 Amasías tenía veinticinco años cuando subió al trono y reinó en Jerusalén veintinueve años. Su madre se llamaba Joadín* y era de Jerusalén. 2Amasías hizo lo que era agradable a los ojos del SEÑOR, pero no de todo corazón.

3Cuando Amasías se afianzó en el trono, ejecutó a los oficiales que habían asesinado a su padre. 4Sin embargo, no mató a los hijos de los asesinos porque obedeció el mandato del SEÑOR que Moisés había escrito en el libro de la ley: «Los padres no deben morir por los pecados de los hijos, ni los hijos deben morir por los pecados de los padres. Los que merezcan la muerte serán ejecutados por sus propios delitos»*.

5Después Amasías organizó al ejército, y designó generales y capitanes* para todo Judá y Benjamín. Hizo un censo y descubrió que tenía un ejército de trescientos mil soldados selectos, hombres de veinte años o más, todos

***Notas textuales** **24:6** En hebreo *de la carpa del testimonio*. **24:23** En hebreo *A comienzos del año*. En el antiguo calendario lunar hebreo, el primer día del año caía en marzo o en abril. **24:25** Así aparece en la versión griega y en la Vulgata Latina; en hebreo dice *a los hijos*. **24:26a** Igual que el texto paralelo en 2 Re 12:21; en hebreo dice *Zabad*. **24:26b** Igual que el texto paralelo en 2 Re 12:21; en hebreo dice *Simrit*, una variante de Somer. **25:1** Igual que el texto paralelo en 2 Re 14:2; en hebreo dice *Joadán*, una variante de Joadín. **25:4** Dt 24:16. **25:5** En hebreo *comandantes de miles y comandantes de cientos*.

Referencias cruzadas **24:22** Gn 9:5 **24:23-27** 2 Re 12:17-21 **25:1-4** 2 Re 14:1-6

entrenados en el uso de la lanza y el escudo. 6También pagó alrededor de tres mil cuatrocientos kilos* de plata para contratar de Israel cien mil hombres de guerra con experiencia.

7Entonces un hombre de Dios se presentó ante él y le dijo:

—Su majestad, no contrate tropas de Israel porque el SEÑOR no está con Israel. ¡Él no ayudará a esa gente de Efraín! 8Si usted permite que ellos vayan a la batalla junto con sus tropas, ustedes serán derrotados por el enemigo sin importar qué tan bien peleen. Dios los derribará, porque él tiene el poder para ayudarlos o para hacerlos tropezar.

9Amasías le preguntó al hombre de Dios:

—¿Pero qué de toda esa plata que pagué para contratar al ejército de Israel?

El hombre de Dios contestó:

—¡El SEÑOR puede darle a usted mucho más que eso!

10Así que Amasías dio de baja a las tropas que había contratado y las envió de regreso a Efraín. En consecuencia se enojaron con Judá y regresaron enfurecidos a sus casas.

11Luego Amasías se armó de valor y dirigió a su ejército al valle de la Sal, donde mataron a diez mil soldados edomitas de Seir. 12Capturaron a otros diez mil, los llevaron hasta el borde de un precipicio y desde allí los despeñaron. Al caer sobre las rocas abajo, se hicieron pedazos.

13Mientras tanto, las tropas contratadas que Amasías había enviado de regreso hicieron incursiones en varias ciudades de Judá entre Samaria y Bet-horón. Mataron a tres mil personas y se llevaron un gran botín.

14Cuando el rey Amasías regresó de masacrar a los edomitas, trajo consigo los ídolos que le había quitado a la gente de Seir. ¡Los puso como sus propios dioses, se inclinó ante ellos y les ofreció sacrificios! 15Esto hizo enojar mucho al SEÑOR, quien le envió un profeta para que le preguntara:

—¿Por qué acudes a dioses que ni siquiera pudieron salvar a su propio pueblo de tu mano?

16Pero el rey lo interrumpió y le dijo:

—¿Desde cuándo te nombré consejero del rey? ¡Cállate antes de que te mande matar!

El profeta no insistió más pero hizo esta advertencia:

—Yo sé que Dios ha decidido destruirte porque has hecho esto y te negaste a aceptar mi consejo.

17Después de consultar con sus consejeros, el rey Amasías de Judá envió a Yoás,* rey de Israel, hijo de Joacaz y nieto de Jehú, el siguiente desafío: «¡Ven y enfréntate conmigo en batalla!»*.

18Entonces el rey Yoás de Israel respondió a Amasías, rey de Judá, con el siguiente relato: «En las montañas del Líbano, un cardo le envió un mensaje a un poderoso cedro: "Entrega a tu hija en matrimonio a mi hijo"; pero en ese momento, un animal salvaje del Líbano pasó por allí, ¡pisó el cardo y lo aplastó!

19»Tú dices: "He derrotado a Edom", y estás muy orgulloso de eso; pero mi consejo es que te quedes en casa. ¿Para qué causar problemas que solo te traerán calamidad a ti y al pueblo de Judá?».

20Sin embargo, Amasías no le hizo caso, porque Dios estaba decidido a destruirlo por haber recurrido a los dioses de Edom. 21Entonces Yoás, rey de Israel, movilizó a su ejército contra Amasías, rey de Judá. Los dos ejércitos se pusieron en pie de guerra en Bet-semes, en Judá. 22El ejército de Israel venció de manera aplastante a Judá, y sus soldados se dispersaron y huyeron a sus casas. 23En Bet-semes, el rey Yoás de Israel capturó a Amasías, rey de Judá, hijo de Joás y nieto de Ocozías. Después lo llevó a Jerusalén, donde demolió ciento ochenta metros* de la muralla de la ciudad, desde la puerta de Efraín hasta la puerta de la Esquina. 24Se llevó todo el oro y la plata, y todos los objetos del templo de Dios que habían estado al cuidado de Obed-edom. También se apoderó de los tesoros del palacio real y tomó rehenes; luego regresó a Samaria.

25Amasías, rey de Judá, vivió quince años después de la muerte del rey Yoás de Israel. 26Los demás acontecimientos del reinado de Amasías, desde el principio hasta el fin, están registrados en *El libro de los reyes de Judá y de Israel*.

27Después que Amasías se alejó del SEÑOR hubo una conspiración en Jerusalén contra su vida, y el rey huyó a Laquis; pero sus enemigos mandaron a unos asesinos tras él, y allí lo mataron. 28Llevaron su cuerpo sobre un caballo y lo enterraron con sus antepasados en la Ciudad de David.*

Uzías gobierna sobre Judá

26 Todo el pueblo de Judá había coronado a Uzías, hijo de Amasías, quien tenía dieciséis años de edad, para que reinara en lugar de su padre. 2Después de la muerte de su padre, Uzías reconstruyó la ciudad de Elat* y la restituyó a Judá.

3Uzías tenía dieciséis años cuando subió al trono y reinó en Jerusalén cincuenta y dos años. Su madre se llamaba Jecolías y era de Jerusalén. 4El rey hizo lo que era agradable a los ojos del SEÑOR, así como su padre Amasías. 5Uzías buscó a Dios en el tiempo de Zacarías, quien le enseñó a temer a Dios;* y mientras el rey buscó la dirección del SEÑOR, Dios le dio éxito.

6Uzías declaró la guerra a los filisteos y derribó las murallas de Gat, Jabnia y Asdod. Luego construyó nuevas ciudades en la región de Asdod y en otras partes de Filistea. 7Dios lo ayudó en las guerras contra los filisteos, en sus batallas contra los árabes de Gur* y en sus guerras contra los meunitas. 8Los meunitas* le pagaban un tributo anual, y la fama del rey se extendió incluso hasta Egipto, porque había llegado a ser muy poderoso.

9Uzías construyó torres fortificadas en Jerusalén en la puerta de la Esquina, en la puerta del Valle y en el ángulo de la muralla. 10También construyó fuertes en el desierto y cavó muchas cisternas de agua, porque tenía grandes manadas de animales en las colinas de Judá* y en las llanuras. También era un hombre que amaba la tierra. Tenía muchos trabajadores que cuidaban de sus granjas y de sus viñedos, tanto en las laderas como en los valles fértiles.

11Uzías tenía un ejército de guerreros bien entrenados, listos para marchar a la batalla, unidad por unidad. Este ejército había sido reunido y organizado por Jeiel, el

***Notas textuales** **25:6** En hebreo *100 talentos* [7500 libras]. **25:17a** En hebreo *Joás*, una variante de Yoás; también en 25:18, 21, 23, 25. **25:17b** En hebreo *Ven, mirémonos cara a cara.* **25:23** En hebreo *400 codos* [600 pies]. **25:28** Así aparece en algunos manuscritos hebreos y en otras versiones antiguas (ver también 2 Re 14:20); la mayoría de los manuscritos dicen *la ciudad de Judá.* **26:2** Así aparece en la versión griega (ver también 2 Re 14:22; 16:6); en hebreo dice *Elot*, una variante de Elat. **26:5** Así aparece en la versión griega y en la siríaca; en hebreo dice *quien lo instruyó en visiones divinas*. **26:7** Así aparece en la versión griega; en hebreo dice *Gur-baal*. **26:8** Así aparece en la versión griega; en hebreo dice *amonitas*. Comparar 26:7. **26:10** En hebreo *en la Sefela.*

Referencias cruzadas **25:8** 2 Cr 14:11 **25:11-12** 2 Re 14:7 **25:17-28** 2 Re 14:8-20 **26:1-2** 2 Re 14:21-22

secretario del ejército, y por su ayudante Maaseías. Estaban bajo el mando de Hananías, uno de los funcionarios del rey. 12Estos regimientos de poderosos guerreros eran comandados por 2600 jefes de clanes. 13El ejército estaba formado por 307.500 hombres, todos soldados selectos. Estaban preparados para ayudar al rey contra cualquier enemigo.

14Uzías proveyó a todo el ejército de escudos, lanzas, cascos, cotas de malla, arcos y piedras para hondas. 15También edificó estructuras sobre las murallas de Jerusalén, diseñadas por expertos para proteger a los que disparaban flechas y lanzaban grandes piedras* desde las torres y las esquinas de la muralla. Su fama se extendió por todas partes porque el SEÑOR le dio maravillosa ayuda, y llegó a ser muy poderoso.

¡Respuestas Bíblicas! 80 ¿Qué pecado cometió Ozías?

26:16 Ozías fue un rey bueno y fuerte cuando confió en Dios pero luego se hizo demasiado orgulloso y comenzó a confiar más en sí mismo.

Pecado y castigo de Uzías

16Pero cuando llegó a ser poderoso, Uzías también se volvió orgulloso, lo cual resultó en su ruina. Pecó contra el SEÑOR su Dios cuando entró al santuario del templo del SEÑOR y personalmente quemó incienso sobre el altar del incienso. 17Azarías, el sumo sacerdote, fue tras él junto con ochenta sacerdotes del SEÑOR, todos ellos hombres valientes. 18Enfrentaron al rey Uzías y le dijeron: «No es a usted, Uzías, a quien corresponde quemar incienso al SEÑOR. Eso es función exclusiva de los sacerdotes, los descendientes de Aarón, los cuales son apartados para este servicio. Salga del santuario, porque ha pecado. ¡El SEÑOR Dios no lo honrará por esto!».

19Uzías, que tenía en sus manos un recipiente para quemar incienso, se puso furioso; y mientras expresaba su rabia contra los sacerdotes, ante el altar del incienso en el templo del SEÑOR, de pronto le brotó lepra* en la frente. 20Cuando Azarías, el sumo sacerdote, y los demás sacerdotes vieron la lepra, lo sacaron del templo a toda prisa. El propio rey estaba ansioso por salir porque el SEÑOR lo había herido. 21De modo que el rey Uzías tuvo lepra hasta el día de su muerte. Vivió aislado en una casa aparte, porque fue excluido del templo del SEÑOR. Su hijo Jotam quedó encargado del palacio real y él gobernaba a los habitantes del reino.

22Los demás acontecimientos del reinado de Uzías, desde el principio hasta el fin, están registrados por el profeta Isaías, hijo de Amoz. 23Cuando Uzías murió, lo enterraron con sus antepasados; su tumba estaba en un cementerio cercano que pertenecía a los reyes, porque el pueblo decía: «Tenía lepra». Su hijo Jotam lo sucedió en el trono.

Jotam gobierna sobre Judá

27 Jotam tenía veinticinco años cuando subió al trono y reinó en Jerusalén dieciséis años. Su madre se llamaba Jerusa y era hija de Sadoc.

2Jotam hizo lo que era agradable a los ojos del SEÑOR. Hizo todo lo que había hecho su padre Uzías, solo que Jotam no pecó porque no entró en el templo del SEÑOR; pero el pueblo continuó con sus prácticas corruptas.

3Jotam reconstruyó la puerta superior del templo del SEÑOR. También hizo extensas reparaciones en la muralla en la colina de Ofel. 4Edificó ciudades en la zona montañosa de Judá y construyó fortalezas y torres en las zonas boscosas. 5Jotam entró en guerra contra los amonitas y los venció. Durante los tres años siguientes recibió de ellos un tributo anual de 3400 kilos* de plata, 50.000 canastas de trigo, y 50.000 canastas de cebada.*

6El rey Jotam llegó a ser muy poderoso porque procuró vivir en obediencia al SEÑOR su Dios.

7Los demás acontecimientos del reinado de Jotam, incluidas todas sus guerras y demás actividades, están registrados en *El libro de los reyes de Israel y de Judá*. 8Tenía veinticinco años cuando subió al trono y reinó en Jerusalén dieciséis años. 9Cuando Jotam murió, lo enterraron en la Ciudad de David, y su hijo Acaz lo sucedió en el trono.

Acaz gobierna sobre Judá

28 Acaz tenía veinte años cuando subió al trono y reinó en Jerusalén dieciséis años. Él no hizo lo que era agradable a los ojos del SEÑOR, como sí lo había hecho su antepasado David. 2En cambio, siguió el ejemplo de los reyes de Israel. Fundió imágenes de metal para rendir culto a Baal. 3Ofreció sacrificios en el valle de Ben-hinom y hasta sacrificó a sus hijos en el fuego.* De esta manera, siguió las prácticas detestables de las naciones paganas que el SEÑOR había expulsado de la tierra al paso de los israelitas. 4Ofreció sacrificios y quemó incienso en los santuarios paganos, en las colinas y debajo de todo árbol frondoso.

5Por todo eso, el SEÑOR su Dios permitió al rey de Aram que derrotara a Acaz y que desterrara a Damasco a un gran número de habitantes de su pueblo. Los ejércitos del rey de Israel también derrotaron a Acaz y causaron muchas bajas en su ejército. 6En un solo día Peka, hijo de Remalías y rey de Israel, mató a ciento veinte mil soldados de Judá —todos ellos guerreros con experiencia—, porque habían abandonado al SEÑOR, Dios de sus antepasados. 7Luego Zicri, un guerrero de Efraín, mató a Maaseías, el hijo del rey; a Azricam, el comandante del palacio del rey; y a Elcana, el segundo en autoridad después del rey. 8Los ejércitos de Israel capturaron a mujeres y niños de Judá, un total de doscientos mil, también tomaron un enorme botín, y se llevaron todo a Samaria.

9Ahora bien, un profeta del SEÑOR llamado Obed estaba allí en Samaria cuando el ejército de Israel volvía. Salió a su encuentro y dijo: «El SEÑOR, Dios de sus antepasados, estaba enojado con Judá y por eso les permitió derrotarlos; pero ustedes se han excedido, los han matado sin compasión y todo el cielo está perturbado. 10Ahora planean hacer esclavos a esta gente de Judá y de Jerusalén. ¿Y qué de sus propios pecados contra el SEÑOR su Dios? 11Escúchenme y devuelvan a los prisioneros que han tomado, porque son sus propios parientes. ¡Tengan

***Notas textuales** **26:15** O *para disparar flechas y lanzar grandes piedras.* **26:19** O *una enfermedad contagiosa de la piel.* El término hebreo empleado aquí y en todo este pasaje puede describir diversas enfermedades de la piel. **27:5a** En hebreo *100 talentos* [7500 libras]. **27:5b** En hebreo *10.000 coros* [2.200.000 litros o 2.000.000 de cuartos] *de trigo, y 10.000 coros de cebada.* **28:3** O *hasta hizo que sus hijos pasaran por el fuego.*

Referencias cruzadas **26:20-23** 2 Re 15:5-7 **27:1-9** 2 Re 15:33-38 **28:1-27** 2 Re 16:1-20

cuidado, porque ahora la ira feroz del SEÑOR se ha vuelto contra ustedes!».

12Entonces algunos líderes de Israel* —Azarías, hijo de Johanán; Berequías, hijo de Mesilemot; Ezequías, hijo de Salum y Amasa, hijo de Hadlai— estuvieron de acuerdo con esto y se enfrentaron a los hombres que regresaban de la batalla. 13«¡No deben traer aquí a los prisioneros! —exclamaron—. ¡De ninguna manera nos conviene aumentar nuestros pecados y culpas! Nuestra culpa ya es muy grande, y la ira feroz del SEÑOR ya se ha vuelto contra Israel».

14Entonces los guerreros pusieron en libertad a los prisioneros y entregaron el botín en presencia de los líderes y de todo el pueblo. 15Luego los cuatro hombres recién mencionados por nombre pasaron adelante y les repartieron ropa del botín a los prisioneros que estaban desnudos. Los proveyeron de ropa y sandalias, les dieron suficiente comida y bebida, y les cubrieron las heridas con aceite de oliva. A los que estaban débiles los montaron en burros y llevaron a todos los prisioneros de regreso a su propia gente en Jericó, la ciudad de las palmeras. Después regresaron a Samaria.

Acaz cierra el templo

16En ese tiempo el rey Acaz de Judá pidió ayuda al rey de Asiria. 17Los ejércitos de Edom habían invadido nuevamente Judá y habían tomado prisioneros. 18Por su parte, los filisteos habían asaltado las ciudades de Judá situadas en las colinas* y en el Neguev. Ya habían tomado y ocupado Bet-semes, Ajalón, Gederot, Soco con sus aldeas, Timna con sus aldeas y Gimzo con sus aldeas. 19El SEÑOR estaba humillando a Judá por causa de Acaz, rey de Judá,* pues este había incitado a su pueblo a que pecara y le había sido totalmente infiel al SEÑOR.

20Así que cuando llegó Tiglat-pileser,* rey de Asiria, atacó a Acaz en lugar de ayudarlo. 21Acaz tomó objetos valiosos del templo del SEÑOR, del palacio real y de las casas de los funcionarios y se los entregó al rey de Asiria como tributo; pero no le sirvió de nada.

22Aun durante este tiempo de dificultades, el rey Acaz siguió rechazando al SEÑOR. 23Ofreció sacrificios a los dioses de Damasco que lo habían vencido, porque dijo: «Puesto que estos dioses ayudaron a los reyes de Aram, me ayudarán a mí también si les ofrezco sacrificios»; pero en lugar de ayudarlo, lo llevaron a la ruina a él y a todo Judá.

24El rey tomó varios objetos del templo de Dios y los hizo pedazos. Cerró las puertas del templo del SEÑOR para que allí nadie pudiera adorar y levantó altares a dioses paganos en cada esquina de Jerusalén. 25Construyó santuarios paganos en todas las ciudades de Judá para ofrecer sacrificios a otros dioses. De esa manera provocó el enojo del SEÑOR, Dios de sus antepasados.

26Los demás acontecimientos del reinado de Acaz y todo lo que hizo, desde el principio hasta el fin, están registrados en *El libro de los reyes de Judá y de Israel.* 27Cuando Acaz murió, lo enterraron en Jerusalén pero no en el cementerio de los reyes de Judá. Luego su hijo Ezequías lo sucedió en el trono.

Ezequías gobierna sobre Judá

29 Ezequías tenía veinticinco años cuando subió al trono de Judá y reinó en Jerusalén veintinueve años. Su madre se llamaba Abías, hija de Zacarías. 2Él hizo lo que era agradable a los ojos del SEÑOR, igual que su antepasado David.

Ezequías vuelve a abrir el templo

3En el primer mes del primer año de su reinado, Ezequías reabrió las puertas del templo del SEÑOR y las reparó. 4Convocó a los sacerdotes y a los levitas a encontrarse con él en el atrio al oriente del templo. 5Les dijo: «¡Levitas, escúchenme! Purifíquense ustedes y purifiquen el templo del SEÑOR, Dios de sus antepasados. Quiten del santuario todos los objetos contaminados. 6Nuestros antepasados fueron infieles e hicieron lo malo a los ojos del SEÑOR nuestro Dios. Abandonaron al SEÑOR y el lugar donde él habita; le dieron la espalda. 7También cerraron las puertas de la antesala del templo y apagaron las lámparas. Dejaron de quemar incienso y de presentar ofrendas quemadas en el santuario del Dios de Israel.

8»Por eso el enojo del SEÑOR ha caído sobre Judá y Jerusalén. Él los hizo objeto de espanto, horror y ridículo, como ustedes pueden ver con sus propios ojos. 9Debido a eso, nuestros padres murieron en batalla, y nuestros hijos, hijas y esposas fueron capturados; 10pero ahora haré un pacto con el SEÑOR, Dios de Israel, para que su ira feroz se aparte de nosotros. 11Hijos míos, ¡no descuiden más sus responsabilidades! El SEÑOR los ha elegido para que estén en su presencia, le sirvan, dirijan al pueblo en la adoración y presenten a él sus ofrendas».

12Enseguida los siguientes levitas pusieron manos a la obra:

del clan de Coat: Mahat, hijo de Amasai y Joel, hijo de Azarías;
del clan de Merari: Cis, hijo de Abdi y Azarías, hijo de Jehalelel;
del clan de Gersón: Joa, hijo de Zima y Edén, hijo de Joa;
13 de la familia de Elizafán: Simri y Jeiel;
de la familia de Asaf: Zacarías y Matanías;
14 de la familia de Hemán: Jehiel y Simei;
de la familia de Jedutún: Semaías y Uziel.

15Estos hombres reunieron a sus hermanos levitas, y todos se purificaron. Luego empezaron a purificar el templo del SEÑOR, tal como el rey lo había ordenado. Se aseguraron de seguir todas las instrucciones del SEÑOR al hacer su trabajo. 16Los sacerdotes entraron en el santuario del templo del SEÑOR para purificarlo y sacaron al atrio del templo todos los objetos contaminados que encontraron. De allí los levitas los llevaron al valle de Cedrón.

17Comenzaron a trabajar a principios de la primavera, en el primer día del nuevo año,* y en ocho días habían llegado hasta la antesala del templo del SEÑOR. Luego purificaron el templo del SEÑOR, lo cual llevó ocho días más. Así que terminaron toda la tarea en dieciséis días.

***Notas textuales** **28:12** En hebreo *Efraín*, se refiere al reino del norte de Israel. **28:18** En hebreo *en la Sefela.* **28:19** El texto masorético dice *de Israel*; similar en 28:23, 27. El autor de Crónicas considera que Judá representa a la auténtica Israel. (Algunos manuscritos hebreos y la versión griega dicen *de Judá*). **28:20** En hebreo *Tilgat-pilneser*, una variante de Tiglat-pileser. **29:17** En hebreo *el primer día del primer mes*. En el antiguo calendario lunar hebreo, ese día cayó en marzo o al comienzo de abril del 715 a. C.

Referencias cruzadas **29:1-2** 2 Re 18:2-3 **29:15** 1 Cr 23:28

Se vuelve a dedicar el templo

18Luego los levitas se presentaron ante el rey Ezequías y
le dieron el siguiente informe: «Hemos purificado todo el
templo del SEÑOR, el altar de las ofrendas quemadas con
todos sus utensilios y la mesa del pan de la Presencia con
todos sus utensilios. 19También recuperamos todos los
objetos que había desechado el rey Acaz cuando, en su
infidelidad, cerró el templo. Ahora están delante del altar
del SEÑOR, purificados y listos para su uso».
20Temprano a la mañana siguiente, el rey Ezequías
reunió a los funcionarios de la ciudad y fue al templo
del SEÑOR. 21Llevaron siete toros, siete carneros y siete
corderos como ofrenda quemada, junto con siete chivos
como ofrenda por el pecado por el reino, por el templo y
por Judá. El rey ordenó a los sacerdotes, descendientes de
Aarón, que sacrificaran los animales en el altar del SEÑOR.
22Así que después de matar los toros, los sacerdotes
tomaron la sangre y la rociaron sobre el altar. A conti-
nuación mataron los carneros y rociaron la sangre sobre
el altar y por último, hicieron lo mismo con los corderos.
23Después, llevaron los chivos para la ofrenda por el pe-
cado ante el rey y ante la asamblea, quienes pusieron sus
manos sobre ellos. 24Luego los sacerdotes mataron los
chivos como ofrenda por el pecado y rociaron su san-
gre sobre el altar para hacer expiación por los pecados
de todo Israel. El rey había ordenado expresamente que
esta ofrenda quemada así como la ofrenda por el pecado
se hicieran por todo Israel.
25Luego el rey Ezequías ubicó a los levitas en el templo
del SEÑOR provistos de címbalos, liras y arpas. Obedeció
todos los mandatos que el SEÑOR le había dado al rey
David por medio de Gad, el vidente del rey, y del profeta
Natán. 26Después los levitas tomaron sus posiciones al-
rededor del templo con los instrumentos de David, y los
sacerdotes tomaron sus posiciones con las trompetas.
27Entonces Ezequías ordenó que pusieran la ofrenda
quemada sobre el altar. Mientras se presentaba la ofrenda
quemada, comenzaron los cánticos de alabanza al SEÑOR,
al son de las trompetas y de los demás instrumentos de
David, rey anterior de Israel. 28Toda la asamblea adoró
al SEÑOR mientras los cantores entonaban los cánticos y
las trompetas sonaban, hasta que se terminaron todas las
ofrendas quemadas. 29Luego el rey y todos los que esta-
ban con él se inclinaron en adoración. 30El rey Ezequías
y los funcionarios ordenaron a los levitas que alabaran al
SEÑOR con los salmos escritos por David y por el vidente
Asaf. De modo que ofrecieron alegres alabanzas y se in-
clinaron en adoración.
31Luego Ezequías exclamó: «Ahora que ustedes se han
consagrado al SEÑOR, traigan sus sacrificios y ofrendas
de acción de gracias al templo del SEÑOR». Entonces la
gente llevó sus sacrificios y ofrendas de acción de gra-
cias, y todos los que tenían el corazón dispuesto llevaron
también ofrendas quemadas. 32El pueblo llevó al SEÑOR
setenta toros, cien carneros y doscientos corderos para
las ofrendas quemadas. 33También llevaron seiscientas
cabezas de ganado y tres mil ovejas y cabras como ofren-
das sagradas.
34Sin embargo, no había suficientes sacerdotes para
preparar todas las ofrendas quemadas. Por eso sus parien-
tes, los levitas, los ayudaron hasta terminar el trabajo, y
hasta que se purificaran más sacerdotes, porque los levi-
tas habían sido más cuidadosos en cuanto a purificarse
que los sacerdotes. 35Hubo abundancia de ofrendas
quemadas, junto con las ofrendas líquidas habituales, y
una gran cantidad de grasa de las muchas ofrendas de paz.
Así que se restituyó el servicio en el templo del SEÑOR.
36Ezequías y todo el pueblo se alegraron por lo que Dios
había hecho por el pueblo, porque todo se había llevado
a cabo con tanta rapidez.

¡Respuestas Bíblicas! 81 ¿Por qué Ezequías fue un buen rey?

29:36 Ezequías mostró que amaba a Dios arreglando el templo de Dios y volviendo a celebrar la Pascua Judía. Él destruyó a las estatuas de los dioses falsos del pueblo e hizo muchas cosas buenas.

Preparativos para la Pascua

30 El rey Ezequías envió mensajes a todo Israel y
Judá, y escribió cartas de invitación a la gente
de Efraín y Manasés. Les pidió a todos que vinieran al
templo del SEÑOR en Jerusalén para celebrar la Pascua del
SEÑOR, Dios de Israel. 2El rey, sus funcionarios y toda la
comunidad de Jerusalén decidieron celebrar la Pascua un
mes más tarde de lo habitual.* 3No pudieron celebrarla
en el tiempo establecido porque no era posible purificar
suficientes sacerdotes para esa fecha, y el pueblo todavía
no se había reunido en Jerusalén.
4Esta propuesta para celebrar la Pascua les pareció bien
al rey y a todo el pueblo. 5De modo que mandaron un
edicto por todo Israel, desde Beerseba en el sur hasta Dan
en el norte, para invitar a todos a reunirse en Jerusalén
para celebrar la Pascua del SEÑOR, Dios de Israel. Hacía
tiempo que el pueblo no la celebraba en forma masiva,
como lo exigía la ley.
6Por orden del rey se enviaron mensajeros por todo
Israel y Judá con cartas que decían:

«Oh pueblo de Israel, vuélvanse al SEÑOR, Dios de
Abraham, de Isaac y de Israel,* para que él se vuelva
a los pocos de nosotros que hemos sobrevivido la
conquista de los reyes asirios. 7No sean como sus
antepasados y parientes que abandonaron al SEÑOR,
Dios de sus antepasados, y se convirtieron en objeto
de desdén, como ustedes mismos pueden ver. 8No
sean tercos como fueron ellos, sino sométanse al
SEÑOR y vengan a su templo que él mismo separó
como santo para siempre. Adoren al SEÑOR su Dios,
para que su ira feroz se aleje de ustedes.
9»Pues si ustedes se vuelven al SEÑOR, sus
parientes y sus hijos serán tratados con compasión
por sus captores, y podrán regresar a esta tierra. El
SEÑOR su Dios es bondadoso y misericordioso. Si
ustedes se vuelven a él, él no seguirá apartando su
rostro de ustedes».

Celebración de la Pascua

10Los mensajeros corrieron de ciudad en ciudad por todo
Efraín y Manasés y hasta el territorio de Zabulón; pero la

***Notas textuales** **30:2** En hebreo *en el segundo mes*. Normalmente, la Pascua se celebraba en el primer mes (del antiguo calendario lunar hebreo). **30:6** *Israel* es el nombre que Dios le dio a Jacob.

Referencias cruzadas **29:24** Lv 4:26 **29:31** Ex 35:22 **30:7** Ez 20:18

mayoría de la gente simplemente se reía de los mensajeros y se burlaba de ellos. 11Sin embargo, algunos habitantes de Aser, Manasés y Zabulón se humillaron y fueron a Jerusalén.

12Al mismo tiempo, la mano de Dios estaba sobre la gente en la tierra de Judá, y les dio un solo corazón para obedecer las órdenes del rey y de sus funcionarios, quienes seguían la palabra del Señor. 13Así que, una gran multitud se reunió en Jerusalén a mediados de la primavera* para celebrar el Festival de los Panes sin Levadura. 14Pusieron manos a la obra y quitaron todos los altares paganos de Jerusalén. Sacaron todos los altares del incienso y los arrojaron al valle de Cedrón.

15El día catorce del segundo mes, un mes más tarde de lo habitual,* el pueblo sacrificó el cordero de la Pascua. Eso avergonzó a los sacerdotes y a los levitas, de modo que se purificaron y llevaron ofrendas quemadas al templo del Señor. 16Después ocuparon sus lugares en el templo, tal como estaba establecido en la ley de Moisés, hombre de Dios. Los levitas llevaron la sangre de los sacrificios a los sacerdotes, quienes la rociaron sobre el altar.

17Como muchos del pueblo no se habían purificado, a fin de separarlos para el Señor, los levitas tuvieron que matar por ellos el cordero de la Pascua. 18La mayoría de los que habían venido de Efraín, Manasés, Isacar y Zabulón no se habían purificado. Sin embargo, se les permitió comer la cena de Pascua aunque estuviera en contra de las exigencias de la ley, porque Ezequías oró por ellos diciendo: «Que el Señor, quien es bueno, perdone a los 19que han decidido seguir al Señor, Dios de sus antepasados, aunque no estén debidamente purificados para la ceremonia»; 20y el Señor escuchó la oración de Ezequías y sanó a la gente.

21Entonces los israelitas que estaban presentes en Jerusalén celebraron con gran alegría el Festival de los Panes sin Levadura durante siete días. Cada día los levitas y los sacerdotes cantaban al Señor, al son de instrumentos resonantes.* 22Ezequías les dio ánimo a todos los levitas en cuanto a la habilidad que demostraban mientras servían al Señor. La celebración continuó durante siete días y se sacrificaron ofrendas de paz, y la gente le dio gracias al Señor, Dios de sus antepasados.

23Toda la asamblea decidió continuar el festival otros siete días, de modo que celebraron con gran alegría una semana más. 24El rey Ezequías le dio al pueblo mil toros y siete mil ovejas y cabras para las ofrendas, y los funcionarios donaron mil toros y diez mil ovejas y cabras. Mientras tanto, muchos otros sacerdotes se purificaron.

25Toda la asamblea de Judá se alegró, incluidos los sacerdotes, los levitas, todos los que habían venido del territorio de Israel, los extranjeros que vinieron al festival y todos los que vivían en Judá. 26Hubo gran alegría en la ciudad, porque en Jerusalén no se había presenciado una celebración como esta desde los días de Salomón, hijo del rey David. 27Luego los sacerdotes y los levitas se pusieron de pie y bendijeron al pueblo, y Dios escuchó su oración desde su santa morada en el cielo.

Reformas religiosas de Ezequías

31 Cuando terminó el festival, los israelitas que estuvieron presentes fueron a todas las ciudades de Judá, Benjamín, Efraín y Manasés, destrozaron todas las columnas sagradas, derribaron los postes dedicados a la diosa Asera y quitaron los altares y los santuarios paganos. Después de esto, los israelitas regresaron a sus ciudades, cada uno a su hogar.

2Luego Ezequías organizó a los sacerdotes y a los levitas en divisiones para que presentaran las ofrendas quemadas y las ofrendas de paz y para que adoraran, dieran gracias y alabaran al Señor en las puertas del templo. 3El rey también contribuyó personalmente con animales para las ofrendas quemadas diarias de la mañana y de la tarde, para los festivales semanales de los días de descanso y para los festivales mensuales de luna nueva, como también para todos los demás festivales anuales establecidos en la ley del Señor. 4Además, exigió al pueblo de Jerusalén que llevara una parte de sus bienes a los sacerdotes y levitas, para que ellos pudieran dedicarse por completo a la ley del Señor.

5Cuando los israelitas escucharon estos requisitos respondieron con generosidad; dieron la primera porción de su grano, vino nuevo, aceite de oliva, miel y de todo lo que producían sus campos. Llevaron grandes cantidades, el diezmo de todo lo que habían producido. 6La gente que se había mudado de Israel a Judá, y la gente de Judá, llevaron el diezmo de su ganado, de sus ovejas y de sus cabras, y el diezmo de las cosas que habían dedicado al Señor su Dios, y las apilaron en grandes montones. 7Empezaron a apilarlas a fines de la primavera y los montones siguieron creciendo hasta principios del otoño.* 8Cuando Ezequías y sus funcionarios fueron y vieron esos enormes montones, ¡le dieron gracias al Señor y a su pueblo, Israel!

9—¿De dónde vino todo esto? —preguntó Ezequías a los sacerdotes y a los levitas.

10Y el sumo sacerdote Azarías, de la familia de Sadoc, le contestó:

—Desde que la gente empezó a llevar sus ofrendas al templo del Señor, hemos tenido suficiente para comer y mucho de sobra. El Señor ha bendecido a su pueblo, y sobró todo esto.

11Ezequías ordenó que se prepararan unos depósitos en el templo del Señor. Cuando estuvieron listos, 12la gente fielmente llevó todas las ofrendas, los diezmos y otros artículos consagrados para uso en el templo. Conanías, el levita, quedó encargado y su hermano Simei lo ayudaba. 13Los supervisores bajo su mando fueron Jehiel, Azazías, Nahat, Asael, Jerimot, Jozabad, Eliel, Ismaquías, Mahat y Benaía. El rey Ezequías y Azarías, el funcionario principal en el templo de Dios, hicieron estos nombramientos.

14Koré, hijo del levita Imna, portero de la puerta Oriental, quedó encargado de distribuir las ofrendas voluntarias entregadas a Dios, los regalos y las cosas que habían sido dedicadas al Señor. 15Sus fieles ayudantes eran Edén, Miniamín, Jesúa, Semaías, Amarías y Secanías. Ellos distribuían los regalos entre las familias de los sacerdotes en sus ciudades según sus divisiones, repartiéndolos equitativamente entre ancianos y jóvenes por igual. 16Distribuían los regalos a todos los varones de tres años o más, sin tomar en cuenta su lugar en los registros

***Notas textuales** **30:13** En hebreo *en el segundo mes*. En el antiguo calendario lunar hebreo, el segundo mes, por lo general, cae entre abril y mayo. **30:15** En hebreo *El día catorce del segundo mes*. La Pascua por lo general comenzaba el día catorce del primer mes (ver Lv 23:5). **30:21** O *cantaban al Señor con todas sus fuerzas*. **31:7** En hebreo *en el tercer mes [...] hasta el séptimo mes*. En el antiguo calendario lunar hebreo, el tercer mes, por lo general, cae entre mayo y junio; el séptimo mes, por lo general, cae entre septiembre y octubre.

Referencias cruzadas **30:17-20** Nm 9:6-10 **31:1** 2 Re 18:4 **31:10** Ml 3:10

genealógicos. La distribución era para todos los que iban al
templo del Señor para cumplir con sus responsabilidades
diarias según sus divisiones. 17Distribuían los regalos a los
sacerdotes que estaban anotados por sus familias en los
registros genealógicos, y a los levitas de veinte años o más
que estaban anotados según sus funciones y sus divisio-
nes. 18Las raciones de alimentos también se entregaban
a las familias de todos los que estuvieran anotados en los
registros genealógicos, incluidos los bebés, las esposas,
los hijos y las hijas. Pues todos habían sido fieles purifi-
cándose a sí mismos.

19En cuanto a los sacerdotes, los descendientes de
Aarón, que vivían en las aldeas sin murallas alrededor de
las ciudades, algunos hombres fueron designados por
nombre para que distribuyeran raciones a todos los va-
rones entre los sacerdotes y a todos los levitas anotados
en los registros genealógicos.

20De esta manera, el rey Ezequías manejó la distribu-
ción en todo Judá, haciendo lo agradable y bueno a los ojos
del Señor su Dios. 21En todo lo que hizo para el servicio
del templo de Dios y en sus esfuerzos por seguir las leyes
y los mandatos de Dios, Ezequías buscó a su Dios de todo
corazón; y como resultado, tuvo mucho éxito.

Asiria invade Judá

32 Después de que Ezequías llevó a cabo fielmente
este trabajo, Senaquerib, rey de Asiria, invadió
Judá. Sitió las ciudades fortificadas y dio órdenes a su ejér-
cito para que penetraran las murallas. 2Cuando Ezequías
se dio cuenta de que Senaquerib también pensaba atacar
Jerusalén, 3consultó con sus funcionarios y consejeros
militares, y decidieron bloquear los manantiales fuera
de la ciudad. 4Organizaron una gran cuadrilla de trabaja-
dores para cegar los manantiales, como consecuencia se
cortó el arroyo que corría por los campos, porque dijeron:
«¿Por qué han de venir aquí los reyes de Asiria y encontrar
abundancia de agua?».

5Luego Ezequías se esforzó en reparar todas las sec-
ciones caídas de la muralla, erigió torres y construyó una
segunda muralla exterior a la primera. También reforzó los
terraplenes* en la Ciudad de David y fabricó grandes can-
tidades de armas y escudos. 6Designó oficiales militares
con mando sobre los habitantes y los reunió delante de él
en la plaza junto a la puerta de la ciudad. Luego Ezequías
les dio ánimo diciendo: 7«¡Sean fuertes y valientes! No
tengan miedo ni se desalienten por causa del rey de Asiria
o de su poderoso ejército, ¡porque hay un poder mucho
más grande de nuestro lado! 8El rey podrá tener un gran
ejército, pero no son más que hombres. ¡Con nosotros
está el Señor nuestro Dios para ayudarnos y para pelear
nuestras batallas por nosotros!». Las palabras de Ezequías
alentaron en gran manera a la gente.

Senaquerib amenaza a Jerusalén

9Mientras el rey Senaquerib de Asiria aún sitiaba la ciudad
de Laquis, envió a sus oficiales a Jerusalén con el siguiente
mensaje para Ezequías y para toda la gente en la ciudad:

10«Esto dice el rey Senaquerib de Asiria: "¿En qué
confían ustedes que les hace pensar que podrán
sobrevivir mi sitio de Jerusalén? 11Ezequías ha dicho:
'El Señor nuestro Dios nos librará del rey de Asiria'.
¡Ezequías los está engañando y los está condenando a
morir de hambre y de sed! 12¿Acaso no se dan cuenta
de que fue el mismo Ezequías quien destruyó todos
los santuarios y altares del Señor? Él ordenó a Judá
y a Jerusalén que se adorara solamente en el altar
del templo y que se ofreciera sacrificios únicamente
sobre él.

13»"¡De seguro ustedes se han dado cuenta de lo
que yo y los otros reyes de Asiria antes de mí hemos
hecho a todos los pueblos de la tierra! ¿Pudieron
acaso los dioses de esas naciones librar a sus pueblos
de mi poder? 14¿Cuál de sus dioses fue capaz de librar
a su pueblo del poder destructor de mis antecesores?
¿Qué les hace pensar que su Dios puede librarlos
de mí? 15¡No dejen que Ezequías los engañe! ¡No
permitan que se burle así de ustedes! Lo vuelvo a
repetir: ningún dios de ninguna nación o reino jamás
ha sido capaz de librar a su pueblo de mí o de mis
antepasados. ¡Mucho menos podrá su Dios librarlos a
ustedes de mi poder!"».

16Los oficiales de Senaquerib siguieron burlándose
del Señor Dios y de su siervo Ezequías, amontonando
insulto sobre insulto. 17El rey también envió cartas en las
que menospreciaba al Señor, Dios de Israel. Escribió:
«Así como los dioses de todas las demás naciones fueron
incapaces de librar a sus pueblos de mi poder, el Dios de
Ezequías tampoco será capaz de librar a su pueblo». 18Los
oficiales asirios que entregaron las cartas gritaron esto en
hebreo* a las personas que se habían juntado en la muralla
de la ciudad, con el fin de atemorizarlas para que luego
les fuera más fácil conquistar la ciudad. 19Estos oficiales
hablaban del Dios de Jerusalén como si fuera uno de los
dioses paganos hechos por manos humanas.

20Entonces el rey Ezequías y el profeta Isaías, hijo de
Amoz, clamaron en oración al Dios del cielo. 21Entonces
el Señor envió a un ángel que destruyó al ejército asirio
junto con todos sus comandantes y oficiales. Senaquerib
se vio obligado a regresar a su propia tierra avergonzado; y
cuando entró al templo de su dios, algunos de sus propios
hijos lo mataron allí mismo a espada.

22Así es como el Señor libró a Ezequías y al pueblo de
Jerusalén del rey Senaquerib de Asiria y de todos los demás
que los amenazaban. Entonces hubo paz por todo el país.
23A partir de entonces el rey Ezequías fue muy respetado
entre las naciones vecinas, y llegaron a Jerusalén muchos
obsequios para el Señor junto con valiosos regalos para
el rey Ezequías.

Enfermedad y recuperación de Ezequías

24Por ese tiempo Ezequías se enfermó gravemente. Así
que oró al Señor, quien lo sanó y le dio una señal mila-
grosa; 25pero Ezequías no respondió de manera adecuada
a la bondad que le había sido mostrada y se volvió orgu-
lloso. Por eso el enojo del Señor vino contra él y contra
Judá y Jerusalén. 26Entonces Ezequías se humilló y se
arrepintió de su soberbia, junto con el pueblo de Jerusa-
lén. De modo que el enojo del Señor no cayó sobre ellos
durante la vida de Ezequías.

27Ezequías era muy rico y altamente honrado. Cons-
truyó edificios especiales para guardar sus tesoros: plata,

***Notas textuales 32:5** En hebreo *el milo*. El significado del hebreo es incierto. **32:18** En hebreo *en el dialecto de Judá*.

Referencias cruzadas 31:19 Nm 35:2 **31:20-21** 2 Re 18:5-7 **32:1-23** Is 36:1-37:38 **32:8** Jr 17:5

oro, piedras preciosas y especias, así como los escudos y otros objetos de valor. 28También construyó muchos depósitos para su grano, vino nuevo y aceite de oliva; e hizo muchos establos para su ganado y corrales para sus rebaños de ovejas y cabras. 29Construyó muchas ciudades y adquirió enormes rebaños y manadas, porque Dios le había dado grandes riquezas. 30Bloqueó el manantial de la parte alta de Gihón y condujo el agua por un túnel hasta la parte occidental de la Ciudad de David. De modo que tuvo éxito en todo lo que hizo.

31Sin embargo, cuando llegaron embajadores de Babilonia para preguntar por los sorprendentes acontecimientos que habían ocurrido en la tierra, Dios se apartó de Ezequías para ponerlo a prueba y ver lo que realmente había en su corazón.

Resumen del reinado de Ezequías

32Los demás acontecimientos del reinado de Ezequías y sus actos de devoción están registrados en *La visión del profeta Isaías, hijo de Amoz*, que está incluida en *El libro de los reyes de Judá y de Israel*. 33Cuando Ezequías murió, lo enterraron en la parte superior del cementerio de los reyes, y todos los habitantes de Judá y de Jerusalén le rindieron honores en su muerte; y su hijo Manasés lo sucedió en el trono.

Manasés gobierna sobre Judá

33 Manasés tenía doce años cuando subió al trono y reinó en Jerusalén cincuenta y cinco años. 2Hizo lo malo a los ojos del SEÑOR y siguió las prácticas detestables de las naciones paganas que el SEÑOR había expulsado de la tierra al paso de los israelitas. 3Reconstruyó los santuarios paganos que su padre Ezequías había derribado. Construyó altares para las imágenes de Baal y levantó postes dedicados a la diosa Asera. También se inclinó ante todos los poderes de los cielos y les rindió culto.

4Construyó altares paganos dentro del templo del SEÑOR, el lugar sobre el cual el SEÑOR había dicho: «Mi nombre permanecerá en Jerusalén para siempre». 5Construyó estos altares para todos los poderes de los cielos en ambos atrios del templo del SEÑOR. 6Manasés también sacrificó a sus propios hijos en el fuego* en el valle de Ben-hinom. Practicó la hechicería, la adivinación y la brujería, y consultó a los médiums y a los videntes. Hizo muchas cosas que eran malas a los ojos del SEÑOR y con eso provocó su enojo.

7Incluso Manasés tomó un ídolo que había tallado y lo colocó en el templo de Dios, en el mismo lugar donde Dios les había dicho a David y a su hijo Salomón: «Mi nombre será honrado para siempre en este templo y en Jerusalén, la ciudad que he escogido entre todas las tribus de Israel. 8Si los israelitas se aseguran de obedecer mis mandatos —todas las leyes, los decretos y las ordenanzas que les di por medio de Moisés—, no los expulsaré de esta tierra que aparté para sus antepasados». 9Sin embargo, Manasés llevó al pueblo de Judá y de Jerusalén a cometer cosas aún peores de las que habían hecho las naciones paganas que el SEÑOR había destruido cuando el pueblo de Israel entró en la tierra.

10El SEÑOR les habló a Manasés y a su pueblo, pero no hicieron caso a sus advertencias. 11De modo que el SEÑOR envió a los comandantes de los ejércitos asirios y tomó a Manasés prisionero. Le pusieron un aro en la nariz, lo sujetaron con cadenas de bronce y se lo llevaron a Babilonia; 12pero cuando estaba sumido en profunda angustia, Manasés buscó al SEÑOR su Dios y se humilló con sinceridad ante el Dios de sus antepasados. 13Cuando oró, el SEÑOR lo escuchó y se conmovió por su petición. Así que el SEÑOR hizo que Manasés regresara a Jerusalén y a su reino. ¡Entonces Manasés finalmente se dio cuenta de que el SEÑOR es el único Dios!

¡Respuestas Bíblicas! 82 ¿Un rey malvado podía cambiar?

33:12 El rey Manasés era muy malvado pero luego admitió que se había equivocado. Él comenzó a orar y Dios lo escuchó y le dio una oportunidad para hacer el bien. Puedes leer esta historia en 2 Crónicas 33:10-20

14Después de esto, Manasés reconstruyó la muralla exterior de la Ciudad de David, desde el occidente del manantial de Gihón en el valle de Cedrón, hasta la puerta del Pescado, y continuó alrededor de la colina de Ofel; edificó la muralla muy alta. Además colocó a sus oficiales militares en todas las ciudades fortificadas de Judá. 15Manasés también quitó los dioses ajenos y el ídolo del templo del SEÑOR. Derribó todos los altares que había construido en el monte donde estaba el templo y todos los altares que había en Jerusalén, y los arrojó fuera de la ciudad. 16Después restauró el altar del SEÑOR y allí sacrificó ofrendas de paz y ofrendas de acción de gracias. También alentó al pueblo de Judá para que adorara al SEÑOR, Dios de Israel. 17Sin embargo, la gente seguía ofreciendo sacrificios en los santuarios paganos, aunque solo los ofrecía al SEÑOR su Dios.

18Los demás acontecimientos del reinado de Manasés, su oración a Dios y las palabras que los videntes le hablaron en nombre del SEÑOR, Dios de Israel, están registrados en *El libro de los reyes de Israel*. 19La oración de Manasés, el relato de la forma en que Dios le respondió, y el relato de todos sus pecados y su infidelidad están escritos en *El registro de los videntes*.* Incluye una lista de los sitios donde, antes de que se humillara y se arrepintiera, construyó santuarios paganos y levantó ídolos y postes dedicados a la diosa Asera. 20Cuando Manasés murió, lo enterraron en su palacio. Luego su hijo Amón lo sucedió en el trono.

Amón gobierna sobre Judá

21Amón tenía veintidós años cuando subió al trono y reinó en Jerusalén dos años. 22Él hizo lo malo a los ojos del SEÑOR, así como su padre Manasés. Rindió culto y ofreció sacrificios a todos los ídolos que su padre había hecho; 23pero a diferencia de su padre, no se humilló ante el SEÑOR, sino que Amón pecó aún más.

24Tiempo después, los propios funcionarios de Amón conspiraron contra él y lo asesinaron en su palacio; 25pero los habitantes del reino mataron a todos los que habían conspirado contra el rey Amón y luego proclamaron rey a su hijo Josías.

***Notas textuales 33:6** O *también hizo que sus propios hijos pasaran por el fuego.* **33:19** O *El registro de Hozai.*

Referencias cruzadas 32:19 Is 36:2-20 **32:21** Is 37:36-38 **32:32-33** Is 37:21-38 **33:1-10** 2 Re 21:1-10 **33:14** 1 Re 1:33 **33:18-20** 2 Re 21:17-18 **33:21-25** 2 Re 21:19-24

Josías gobierna sobre Judá

34 Josías tenía ocho años cuando subió al trono y
reinó en Jerusalén treinta y un años. 2Hizo lo que
era agradable a los ojos del SEÑOR y siguió el ejemplo de
su antepasado David; no se apartó de lo que era correcto.
3Durante el octavo año de su reinado, siendo aún
joven, Josías comenzó a buscar al Dios de su antepasado
David. Luego, en el año doce, empezó a purificar a Judá
y a Jerusalén, destruyendo todos los santuarios paganos,
los postes dedicados a la diosa Asera, los ídolos tallados
y las imágenes fundidas. 4Ordenó que demolieran los
altares de Baal y que derribaran los altares del incienso que
había encima. También se aseguró de que despedazaran
los postes dedicados a la diosa Asera, los ídolos tallados y
las imágenes fundidas, y que los pedazos fueran esparci-
dos sobre las tumbas de aquellos que les habían ofrecido
sacrificios. 5Quemó los huesos de los sacerdotes paganos
sobre sus propios altares, y de esta manera purificó a Judá
y a Jerusalén.
6Hizo lo mismo en las ciudades de Manasés, Efraín,
Simeón e incluso hasta tan lejos como Neftalí, y en las
regiones* que las rodean. 7Destruyó los altares paganos
y los postes dedicados a la diosa Asera, y redujo los ídolos
a polvo. Derribó todos los altares del incienso en toda la
tierra de Israel y, finalmente, volvió a Jerusalén.
8En el año dieciocho de su reinado, después de haber
purificado el país y el templo, Josías encargó a Safán, hijo
de Azalía, a Maaseías, el gobernador de Jerusalén y a Joa,
hijo de Joacaz, el historiador real, para que repararan el
templo del SEÑOR su Dios. 9Estos hombres le dieron al
sumo sacerdote Hilcías el dinero que habían recaudado
los levitas que servían como porteros en el templo de Dios.
Las ofrendas las traían la gente de Manasés, de Efraín y los
que quedaban de Israel; al igual que la gente de todo Judá,
de Benjamín y de Jerusalén.
10El sumo sacerdote les confió el dinero a los hombres
designados para supervisar la restauración del templo del
SEÑOR. A su vez ellos pagaban a los trabajadores que ha-
cían las reparaciones y la renovación del templo. 11Contra-
taron carpinteros y constructores, los cuales compraban
piedras labradas para las paredes y madera para las vigas
y los soportes. Restauraron lo que los reyes anteriores de
Judá habían permitido que cayera en ruinas.
12Los obreros servían fielmente bajo el liderazgo de
Jahat y Abdías, levitas del clan de Merari, y de Zacarías
y Mesulam, levitas del clan de Coat. Otros levitas, todos
músicos hábiles, 13quedaron encargados de los trabajado-
res de los diversos oficios. Incluso otros ayudaban como
secretarios, oficiales y porteros.

Hilcías descubre la ley de Dios

14Mientras sacaban el dinero recaudado en el templo del
SEÑOR, el sacerdote Hilcías encontró el libro de la ley del
SEÑOR que escribió Moisés. 15Hilcías le dijo a Safán, se-
cretario de la corte: «¡He encontrado el libro de la ley en
el templo del SEÑOR!». Entonces Hilcías le dio el rollo
a Safán.
16Safán llevó el rollo al rey y le informó: «Sus funciona-
rios están haciendo todo lo que se les asignó. 17El dinero
que se recaudó en el templo del SEÑOR ha sido entregado
a los supervisores y a los trabajadores». 18Safán también
dijo al rey: «El sacerdote Hilcías me entregó un rollo». Así
que Safán se lo leyó al rey.
19Cuando el rey oyó lo que estaba escrito en la ley,
rasgó su ropa en señal de desesperación. 20Luego dio las
siguientes órdenes a Hilcías; a Ahicam, hijo de Safán; a
Acbor, hijo de Micaías;* a Safán, secretario de la corte y
a Asaías, consejero personal del rey: 21«Vayan al templo
y consulten al SEÑOR por mí y por todo el remanente de
Israel y de Judá. Pregunten acerca de las palabras escritas
en el rollo que se encontró. Pues el gran enojo del SEÑOR
ha sido derramado sobre nosotros, porque nuestros
antepasados no obedecieron la palabra del SEÑOR. No
hemos estado haciendo todo lo que este rollo dice que
debemos hacer».
22Entonces Hilcías y los otros hombres se dirigieron al
Barrio Nuevo* de Jerusalén para consultar a la profetisa
Hulda. Ella era la esposa de Salum, hijo de Ticva, hijo de
Harhas,* el encargado del guardarropa del templo.
23Ella les dijo: «¡El SEÑOR, Dios de Israel, ha hablado!
Regresen y díganle al hombre que los envió: 24"Esto dice
el SEÑOR: 'Traeré desastre sobre esta ciudad* y sobre sus
habitantes. Todas las maldiciones escritas en el rollo que
fue leído al rey de Judá se cumplirán, 25pues los de mi
pueblo me han abandonado y han ofrecido sacrificios a
dioses paganos. Estoy muy enojado con ellos por todo lo
que han hecho. Mi enojo será derramado sobre este lugar
y no se apagará'".
26»Vayan a ver al rey de Judá, quien los envió a buscar
al SEÑOR, y díganle: "Esto dice el SEÑOR, Dios de Israel,
acerca del mensaje que acabas de escuchar: 27'Estabas
apenado y te humillaste ante Dios al oír las palabras que
él pronunció contra la ciudad y sus habitantes. Te humi-
llaste, rasgaste tu ropa en señal de desesperación y lloraste
delante de mí, arrepentido. Ciertamente te escuché, dice
el SEÑOR. 28Por eso, no enviaré el desastre que he prome-
tido hasta después de que hayas muerto y seas enterrado
en paz. Tú mismo no llegarás a ver la calamidad que traeré
sobre esta ciudad y sus habitantes'"».
De modo que llevaron su mensaje al rey.

Reformas religiosas de Josías

29Entonces el rey convocó a todos los ancianos de Judá
y de Jerusalén. 30Luego subió al templo del SEÑOR junto
con todos los habitantes de Judá y de Jerusalén, acompa-
ñado por los sacerdotes y los levitas: toda la gente, desde
el menos importante hasta el más importante. Allí el rey
les leyó todo el libro del pacto que se había encontrado
en el templo del SEÑOR. 31El rey tomó su lugar de autori-
dad junto a la columna y renovó el pacto en presencia del
SEÑOR. Se comprometió a obedecer al SEÑOR cumpliendo
sus mandatos, leyes y decretos con todo el corazón y con
toda el alma. Prometió obedecer todas las condiciones del
pacto que estaban escritas en el rollo. 32Además, exigió a
todos los que estaban en Jerusalén y en Benjamín que hi-
cieran una promesa similar. El pueblo de Jerusalén lo hizo,
y renovó su pacto con Dios, el Dios de sus antepasados.
33Josías quitó todos los ídolos detestables de toda la
tierra de Israel y exigió que todos adoraran al SEÑOR su

***Notas textuales** **34:6** Así aparece en la versión siríaca; en hebreo dice *en sus templos* o *en sus ruinas*. El significado del hebreo es incierto. **34:20** Igual que el texto paralelo en 2 Re 22:12; en hebreo dice *Abdón, hijo de Micaía.* **34:22a** O *al Segundo Barrio*, un sector nuevo de Jerusalén. En hebreo dice *al Misné*. **34:22b** Igual que el texto paralelo en 2 Re 22:14; en hebreo dice *hijo de Tocat, hijo de Hasrah.* **34:24** En hebreo *este lugar*; también en 34:27, 28.

Referencias cruzadas **34:1-2** 2 Re 22:1-2 **34:8-13** 2 Re 22:3-7 **34:15-28** 2 Re 22:8-20 **34:29-32** 2 Re 23:1-3

Dios. Durante el resto de la vida de Josías, no se apartaron del SEÑOR, Dios de sus antepasados.

Josías celebra la Pascua

35 Josías anunció que se celebraría la Pascua del SEÑOR en Jerusalén, y entonces se sacrificó el cordero de la Pascua el día catorce del primer mes.* 2Josías también asignó a los sacerdotes sus responsabilidades y los animó en su trabajo en el templo del SEÑOR. 3Dio esta orden a los levitas, quienes debían enseñar a todo Israel y quienes habían sido apartados para servir al SEÑOR: «Pongan el arca sagrada en el templo que construyó Salomón, hijo de David, rey de Israel. Ustedes ya no tienen que seguir cargándola de un sitio a otro sobre sus hombros. Ahora dediquen su tiempo a servir al SEÑOR su Dios y a su pueblo Israel. 4Preséntense para su turno según las divisiones de familia de sus antepasados, de acuerdo con las instrucciones del rey David de Israel y las de su hijo Salomón.

5»Luego preséntense en el santuario, en el lugar designado para su respectiva división de familia, y ayuden a las familias que les hayan sido asignadas cuando estas traigan sus ofrendas al templo. 6Maten los corderos de la Pascua, purifíquense y prepárense para ayudar a los que lleguen. Sigan todas las instrucciones que el SEÑOR dio por medio de Moisés».

7Después Josías proveyó treinta mil corderos y cabritos para las ofrendas de la Pascua del pueblo, junto con tres mil cabezas de ganado; todos eran de los rebaños y de las manadas del rey. 8Los funcionarios del rey también hicieron contribuciones voluntarias al pueblo, a los sacerdotes y a los levitas. Hilcías, Zacarías y Jehiel, administradores del templo de Dios, dieron a los sacerdotes dos mil seiscientos corderos y cabritos y trescientas cabezas de ganado como ofrendas de la Pascua. 9Los jefes de los levitas —Conanías y sus hermanos Semaías y Natanael, al igual que Hasabías, Jeiel y Josabad— dieron cinco mil corderos y cabritos, y quinientas cabezas de ganado a los levitas para sus ofrendas de la Pascua.

10Cuando todo estaba listo para la celebración de la Pascua, los sacerdotes y los levitas ocuparon sus lugares, organizados según sus divisiones, tal como el rey lo había ordenado. 11Luego los levitas mataron los corderos de la Pascua y presentaron la sangre a los sacerdotes, quienes la rociaron sobre el altar mientras los levitas preparaban los animales. 12Repartieron las ofrendas quemadas entre la gente de acuerdo a sus grupos de familia, para que las ofrecieran al SEÑOR según estaba establecido en el libro de Moisés. Hicieron lo mismo con el ganado. 13Luego asaron los corderos de la Pascua como estaba establecido. Hirvieron las ofrendas sagradas en ollas, calderos y sartenes, y las llevaron rápidamente a la gente para que comiera.

14Después los levitas prepararon las ofrendas de la Pascua para sí mismos y para los sacerdotes, descendientes de Aarón, porque los sacerdotes habían estado ocupados desde la mañana hasta la noche presentando las ofrendas quemadas y las porciones de grasa. Los levitas se hicieron cargo de todos estos preparativos.

15Los músicos, descendientes de Asaf, estaban en sus lugares asignados y seguían las órdenes que les habían dado David, Asaf, Hemán y Jedutún, vidente del rey. Los porteros cuidaban las puertas y no era necesario que se alejaran de sus puestos de servicio porque sus hermanos levitas les preparaban sus ofrendas de la Pascua.

16Toda la ceremonia de la Pascua del SEÑOR se terminó en ese día. Todas las ofrendas quemadas fueron sacrificadas en el altar del SEÑOR, como lo había ordenado el rey Josías. 17Todos los israelitas que estaban presentes en Jerusalén celebraron la Pascua y el Festival de los Panes sin Levadura durante siete días. 18Desde los tiempos del profeta Samuel no se había celebrado una Pascua semejante. Ninguno de los reyes de Israel jamás había celebrado la Pascua como lo hizo Josías, porque hizo participar a todos los sacerdotes y levitas, a todo el pueblo de Jerusalén y a la gente de todo Judá e Israel. 19Esta Pascua se celebró en el año dieciocho del reinado de Josías.

Josías muere en batalla

20Después de que Josías terminó de restaurar el templo, Necao, rey de Egipto, dirigió a su ejército desde Egipto, para hacer la guerra en Carquemis, junto al río Éufrates. Entonces Josías y su ejército salieron a enfrentarlo;* 21pero el rey Necao envió mensajeros a Josías con el siguiente mensaje:

«¿Qué quieres de mí, rey de Judá? ¡No tengo nada contra ti! ¡Voy de camino a pelear contra otra nación, y Dios me ha dicho que me apresure! No interfieras con Dios, quien está conmigo, o él te destruirá».

22Sin embargo, Josías se negó a escuchar a Necao, a quien Dios realmente le había hablado, y no quiso regresar. En cambio, se disfrazó y dirigió al ejército en la batalla, en la llanura de Meguido. 23Entonces los arqueros enemigos hirieron al rey Josías con sus flechas y el rey gritó a sus hombres: «¡Sáquenme de la batalla, porque estoy gravemente herido!».

24Así que sacaron a Josías de su carro de guerra y lo pusieron en otro. Luego lo regresaron a Jerusalén, donde murió. Lo enterraron allí, en el cementerio de los reyes, y todo Judá y Jerusalén hicieron duelo por él. 25El profeta Jeremías compuso cantos fúnebres en honor de Josías, y hasta el día de hoy los coros siguen entonando estos tristes cantos acerca de su muerte. Estos cantos de duelo se han convertido en una tradición y están registrados en *El libro de los lamentos*.

26Los demás acontecimientos del reinado de Josías y sus actos de devoción (realizados según lo que estaba escrito en la ley del SEÑOR), 27desde el principio hasta el fin, están registrados en *El libro de los reyes de Israel y de Judá*.

Joacaz gobierna sobre Judá

36 Entonces la gente de la nación tomó a Joacaz, hijo de Josías, y lo proclamó el siguiente rey en Jerusalén.

2Joacaz tenía veintitrés años cuando subió al trono y reinó en Jerusalén tres meses.

3Luego fue quitado por el rey de Egipto, quien exigió que Judá pagara un tributo de tres mil cuatrocientos kilos de plata, y treinta y cuatro kilos de oro.*

***Notas textuales** **35:1** En el antiguo calendario lunar hebreo, ese día fue el 5 de abril del 622 a. C. **35:20** O *Josías salió a encontrarlo.* **36:3** En hebreo *100 talentos* [7500 libras] *de plata y 1 talento* [75 libras] *de oro.* **36:7** O *templo.*

Referencias cruzadas **35:1** 2 Re 23:21-22 **35:18-19** 2 Re 23:21-23 **36:2-4** 2 Re 23:31-34

Joacim gobierna sobre Judá

4 El rey de Egipto puso en el trono a Eliaquim, hermano
de Joacaz, para que fuera el siguiente rey de Judá y de
Jerusalén, y le cambió el nombre a Joacim. Después Necao
se llevó a Joacaz a Egipto como prisionero.
5 Joacim tenía veinticinco años cuando subió al trono
y reinó en Jerusalén once años. Él hizo lo malo a los ojos
del Señor su Dios.
6 Luego el rey Nabucodonosor de Babilonia fue a Je-
rusalén y la conquistó, sujetó a Joacim con cadenas de
bronce y lo llevó a Babilonia. 7 Nabucodonosor también
se llevó algunos de los tesoros del templo del Señor y los
colocó en su palacio* en Babilonia.
8 Los demás acontecimientos del reinado de Joacim,
incluidas todas las maldades que cometió y todo lo que
se descubrió en su contra, están registrados en *El libro de
los reyes de Israel y de Judá*. Después su hijo Joaquín ocupó
su lugar en el trono.

Joaquín gobierna sobre Judá

9 Joaquín tenía dieciocho* años cuando subió al trono y
reinó en Jerusalén tres meses y diez días. Joaquín hizo lo
malo a los ojos del Señor.
10 En la primavera de ese año,* el rey Nabucodonosor
llevó a Joaquín a Babilonia. En esa ocasión, también se
llevaron muchos tesoros del templo del Señor. Nabu-
codonosor puso en el trono a Sedequías, tío* de Joaquín,
para que fuera el siguiente rey de Judá y de Jerusalén.

Sedequías gobierna sobre Judá

11 Sedequías tenía veintiún años cuando subió al trono y
reinó en Jerusalén once años. 12 Sin embargo, Sedequías
hizo lo malo a los ojos del Señor su Dios y se negó a hu-
millarse cuando el profeta Jeremías le habló directamente
de parte del Señor. 13 También se rebeló contra el rey
Nabucodonosor, a pesar de que había hecho un juramento
de lealtad en nombre de Dios. Sedequías era un hombre
duro y terco, y rehusó volverse al Señor, Dios de Israel.
14 Asimismo, todos los jefes de los sacerdotes y el pue-
blo se volvieron cada vez más infieles. Siguieron todas las
prácticas paganas de las naciones vecinas y profanaron el
templo del Señor que había sido consagrado en Jerusalén.
15 Repetidas veces el Señor, Dios de sus antepasados,
envió a sus profetas para advertirles, porque tenía compa-
sión de su pueblo y de su templo. 16 Sin embargo, el pueblo
se mofaba de estos mensajeros de Dios y despreciaba sus
palabras. Se burlaron con desprecio de los profetas hasta
que el enojo del Señor no pudo ser contenido y ya no se
podía hacer nada.

¡Respuestas Bíblicas! 83 ¿Cuándo fue destruida la ciudad de Jerusalén?

36:19 El pueblo de Babilonia destruyó a Jerusalén. Lo destruyeron en el 586 a.C. Esto fue casi 600 años antes de que Jesús naciera. Los babilonios quemaron la ciudad. Ellos tomaron todas las cosas del templo, y alejaron a cientos de personas de sus hogares.

Caída de Jerusalén

17 Entonces el Señor mandó al rey de Babilonia contra
ellos. Los babilonios* mataron a los hombres jóvenes de
Judá, y los persiguieron incluso dentro del templo. No
tuvieron compasión de la gente, y mataron tanto a los jó-
venes como a las muchachas, a los ancianos y a los débiles.
Dios los entregó a todos en manos de Nabucodonosor.
18 El rey se llevó a Babilonia todos los objetos, grandes y
pequeños, que se usaban en el templo de Dios, y los teso-
ros tanto del templo del Señor como del palacio del rey y
de sus funcionarios. 19 Luego su ejército quemó el templo
de Dios, derribó las murallas de Jerusalén, incendió todos
los palacios y destruyó por completo todo lo que había de
valor.* 20 Se llevaron desterrados a Babilonia a los pocos
sobrevivientes, y se convirtieron en sirvientes del rey y sus
hijos hasta que el reino de Persia llegó al poder.
21 Así se cumplió el mensaje del Señor anunciado por
medio de Jeremías. La tierra finalmente disfrutó de su
tiempo de descanso, y quedó desolada hasta que se cum-
plieron los setenta años, tal como el profeta había dicho.

Ciro permite el regreso de los desterrados

22 En el primer año de Ciro, rey de Persia,* el Señor cum-
plió la profecía que había dado por medio de Jeremías.*
Movió el corazón de Ciro a poner por escrito el siguiente
edicto y enviarlo a todo el reino:

23 «Esto dice Ciro, rey de Persia:
»"El Señor, Dios del cielo, me ha dado todos
los reinos de la tierra. Me encargó construirle un
templo en Jerusalén, que está en Judá. Cualquiera
que pertenezca a su pueblo puede regresar para
realizar esta tarea, ¡y que el Señor su Dios esté con
ustedes!"».

***Notas textuales** **36:9** Así aparece en un manuscrito hebreo, en algunos manuscritos griegos, y en la versión siríaca (ver también 2 Re 24:8); la mayoría de los manuscritos hebreos dicen *ocho*. **36:10a** En hebreo *A comienzos del año*. En el antiguo calendario lunar hebreo, el primer día del año fue el 13 de abril del 597 a. C. **36:10b** Igual que el texto paralelo en 2 Re 24:17; en hebreo dice *hermano* o *pariente*. **36:17** O *caldeos*. **36:19** O *destruyó por completo todos los objetos valiosos del templo*. **36:22a** El primer año del reinado de Ciro en Babilonia fue el año 538 a. C. **36:22b** Ver Jr 25:11-12; 29:10.

Referencias cruzadas **36:4-8** 2 Re 23:36–24:6 **36:9-10** 2 Re 24:8-17 **36:11-16** Jr 52:1-3 **36:17-20** Jr 52:4–27 **36:22-23** Esd 1:1-3

ESDRAS

¿Por qué es importante?

Luego de sufrir las consecuencias de su pecado, Dios es quien guía a la restauración a su pueblo en el libro de Esdras. Lo hace de manera que, por un lado, el pueblo que está saliendo del castigo sienta el consuelo y la esperanza de su dirección amorosa, pero a la vez, que también pueda saber cómo puede poner sus vidas en orden. El templo debía ser reconstruido y la obediencia a la ley de Dios restablecida, tal como debe ocurrir con nuestra vida cada vez que perdemos el rumbo. Después de las consecuencias de la desobediencia y el arrepentimiento, gran parte de la restauración de la vida espiritual consiste en retomar el camino correcto de la voluntad de Dios y este es un libro que muestra ese proceso. Este libro es como un mapa para salir adelante luego de haber hecho las cosas mal.

¿Por qué fue escrito?

El libro de Esdras, junto con el de Nehemías narra la manera en la que los judíos regresaron a su tierra y se establecieron, a pesar de la oposición. De hecho, Esdras y Nehemías eran considerados un solo tomo en el canon hebreo. Esdras registra cómo los primeros dos grupos de judíos regresan a Israel, bajo el liderazgo de Zorobabel (538 a.C.) y Esdras (457 a.C.). Es increíble estudiar cómo el Señor incluso llegó a moverla voluntad de reyes paganos para hacer que se cumpliera su promesa de que su pueblo regresaría a la tierra prometida. Este libro fue escrito con el propósito de asegurarles a los judíos que han regresado a su tierra que Dios mantiene las promesas del pacto con ellos.

¿Quién lo escribió?

La opinión tradicional ha sido por mucho tiempo que el autor de este libro es el sacerdote Esdras. Esd. 7:21 afirma que éste era además "maestro versado en la ley del Dios del cielo", lo cual nos comunica que él estaba capacitado para escribir este libro y, además que tenía acceso a los documentos oficiales y registros mencionados en el libro. De hecho, una parte está escrita en primera persona (7:27-9:15), lo que refuerza la idea de que fue él quien lo escribió. Hay varios documentos mencionados en el libro. Entre ellos, la lista de artefactos del templo (1:9-11), la lista de exiliados que regresaban a Jerusalén (2:1-70), la genealogía de Esdras (7:1-5), los líderes de las familias (8:1-14) y los involucrados en el asunto de los matrimonios mixtos (10:18-43). Además, hay siete cartas oficiales, seis de ellas escritas en el idioma arameo.

¿A quién lo escribió?

El cautiverio judío duró setenta años, pero no era la voluntad de Dios que su pueblo estuviese para siempre en tierra extraña. Su gracia permitió que regresara a la tierra de Canaán, tal y como lo había prometido (lee Jer. 29:10-14). Este libro fue escrito para que lo leyeran los judíos que habían regresado del cautiverio bajo el liderazgo de Esdras. El primer grupo de unos cincuenta mil judíos había regresado bajo Zorobabel y se habían enfocado en la reconstrucción del templo (Esd. 1-6). El segundo grupo, de unos dos mil, fue dirigido por Esdras. Ahora la necesidad es de una reforma espiritual más amplia; un regreso a la obediencia a la Palabra de Dios (Esd. 7-10).

¿Cuándo y dónde lo escribió?

Esdras regresó en el año 458 a.C. a Jerusalén, así que esto significa que el libro se escribió después de esa fecha. La mayoría de los estudiosos considera que su redacción fue terminada entre los años 450-445 a.C., antes del regreso de Nehemías. En cuanto al lugar de su escritura, lo más obvio es pensar que fue escrito en la ciudad de Jerusalén, aunque el autor tuvo acceso a materiales oficiales provenientes del imperio persa y de los registros del pueblo judío.

Paso a paso

1. Regreso bajo Zorobabel. Misión: restaurar la casa de Dios. Caps. 1-6
2. Regreso bajo Esdras. Misión: reformar moralmente la sociedad. Caps. 7-10.

Esdras

Ciro permite el regreso de los desterrados

1 En el primer año de Ciro, rey de Persia,* el SEÑOR
cumplió la profecía que había dado por medio de
Jeremías.* Movió el corazón de Ciro a poner por escrito
el siguiente edicto y enviarlo a todo el reino:

[2]«Esto dice Ciro, rey de Persia:
»"El SEÑOR, Dios del cielo, me ha dado todos
los reinos de la tierra. Me encargó construirle un
templo en Jerusalén, que está en Judá. [3]Cualquiera
que pertenezca a su pueblo puede ir a Jerusalén de
Judá para reconstruir el templo del SEÑOR, Dios
de Israel, quien vive en Jerusalén, ¡y que su Dios
esté con ustedes! [4]En el lugar que se encuentre este
remanente judío, que sus vecinos los ayuden con los
gastos, dándoles plata y oro, provisiones para el viaje
y animales, como también una ofrenda voluntaria
para el templo de Dios en Jerusalén"».

[5]Luego Dios movió el corazón de los sacerdotes, de los
levitas y de los jefes de las tribus de Judá y de Benjamín,
para que fueran a Jerusalén a reconstruir el templo del
SEÑOR. [6]Todos los vecinos colaboraron, dándoles objetos
de plata y de oro, provisiones para el viaje y animales.
Les dieron muchos regalos valiosos además de todas las
ofrendas voluntarias.
[7]El propio rey Ciro sacó los objetos que el rey Nabuco-
donosor se había llevado del templo del SEÑOR en Jeru-
salén y había colocado en el templo de sus dioses. [8]Ciro
le ordenó a Mitrídates, el tesorero de Persia, que contara
esos artículos y se los entregara a Sesbasar, el líder de los
desterrados que regresaban a Judá.* [9]La siguiente es una
lista de los artículos que se devolvieron:

	tazones de oro	30
	tazones de plata	1000
	recipientes de plata para quemar incienso*	29
10	copas de oro	30
	copas de plata	410
	otros artículos	1000

[11]En total eran 5400 artículos de oro y de plata. Sesbasar
los llevó todos consigo cuando los desterrados se fueron
de Babilonia hacia Jerusalén.

Los desterrados que regresaron con Zorobabel

2 Esta es la lista de los desterrados judíos de las pro-
vincias que regresaron de su cautiverio. El rey Na-
bucodonosor los había desterrado a Babilonia, pero ahora
regresaron a Jerusalén y a las otras ciudades de Judá donde
vivían originalmente. [2]Sus líderes fueron Zorobabel,
Jesúa, Nehemías, Seraías, Reelaías, Mardoqueo, Bilsán,
Mispar, Bigvai, Rehum y Baana.

Este es el total de los hombres de Israel que regresó del destierro:

3	la familia de Paros	2172
4	la familia de Sefatías	372
5	la familia de Ara	775
6	la familia de Pahat-moab (descendientes de Jesúa y Joab)	2812
7	la familia de Elam	1254
8	la familia de Zatu	945
9	la familia de Zacai	760
10	la familia de Bani	642
11	la familia de Bebai	623
12	la familia de Azgad	1222
13	la familia de Adonicam	666
14	la familia de Bigvai	2056
15	la familia de Adín	454
16	la familia de Ater (descendientes de Ezequías)	98
17	la familia de Bezai	323
18	la familia de Jora	112
19	la familia de Hasum	223
20	la familia de Gibar	95
21	la gente de Belén	123
22	la gente de Netofa	56
23	la gente de Anatot	128
24	la gente de Bet-azmavet*	42
25	la gente de Quiriat-jearim,* Cafira y Beerot	743
26	la gente de Ramá y Geba	621
27	la gente de Micmas	122
28	la gente de Betel y Hai	223
29	los ciudadanos de Nebo	52
30	los ciudadanos de Magbis	156
31	los ciudadanos de Elam occidental*	1254
32	los ciudadanos de Harim	320
33	los ciudadanos de Lod, Hadid y Ono	725
34	los ciudadanos de Jericó	345
35	los ciudadanos de Senaa	3630

Notas textuales **1:1a** El primer año del reinado de Ciro en Babilonia fue el 538 a. C. **1:1b** Ver Jr 25:11-12; 29:10. **1:8** En hebreo *Sesbasar, príncipe de Judá.* **1:9** El significado de esta palabra hebrea es incierto. **2:24** Igual que el texto paralelo en Ne 7:28; en hebreo dice *Azmavet.* **2:25** Así aparece en algunos manuscritos hebreos y en la versión griega (ver también Ne 7:29); en hebreo dice *Quiriat-arim.* **2:31** O *del otro Elam.*

Referencias cruzadas **1:1-3** 2 Cr 36:22-23 **1:7** Esd 6:5 **2:1-70** Ne 7:6-73

36 Estos son los sacerdotes que regresaron del destierro:
la familia de Jedaías (por la línea genealógica de Jesúa) 973
37 la familia de Imer 1052
38 la familia de Pasur 1247
39 la familia de Harim 1017

40 Estos son los levitas que regresaron del destierro:
la familia de Jesúa y la de Cadmiel (descendientes de Hodavías) 74
41 los cantores de la familia de Asaf 128
42 los porteros de las familias de Salum, Ater, Talmón, Acub, Hatita y Sobai 139

43 Regresaron del destierro los descendientes de estos sir-
vientes del templo:
Ziha, Hasufa, Tabaot,
44 Queros, Siaha, Padón,
45 Lebana, Hagaba, Acub,
46 Hagab, Salmai,* Hanán,
47 Gidel, Gahar, Reaía,
48 Rezín, Necoda, Gazam,
49 Uza, Paseah, Besai,
50 Asena, Mehunim, Nefusim,
51 Bacbuc, Hacufa, Harhur,
52 Bazlut, Mehída, Harsa,
53 Barcos, Sísara, Tema,
54 Nezía y Hatifa.

55 Regresaron del destierro los descendientes de estos sir-
vientes del rey Salomón:
Sotai, Hasoferet, Peruda,
56 Jaala, Darcón, Gidel,
57 Sefatías, Hatil, Poqueret-hazebaim y Ami.

58 En total, los sirvientes del templo y los descendientes
de los sirvientes de Salomón fueron trescientas noventa
y dos personas.

59 Otro grupo regresó en esos días de las ciudades de
Tel-mela, Tel-harsa, Querub, Addán e Imer. Sin embargo,
ni ellos ni sus familias pudieron demostrar que eran des-
cendientes de Israel. 60 Ese grupo incluía a las familias de
Delaía, Tobías y Necoda: un total de seiscientas cincuenta
y dos personas.
61 También regresaron tres familias de sacerdotes: Ha-
baía, Cos y Barzilai. (Este Barzilai se había casado con una
mujer que era descendiente de Barzilai de Galaad y había
tomado el nombre de la familia de ella). 62 Buscaron sus
nombres en los registros genealógicos pero no los encon-
traron, así que no calificaron para servir como sacerdotes.
63 El gobernador les dijo que no comieran de la porción de
los sacrificios que correspondía a los sacerdotes hasta que
un sacerdote pudiera consultar al Señor sobre ese asunto
por medio del Urim y el Tumim, o sea, el sorteo sagrado.
64 Así que un total de 42.360 personas regresaron a
Judá, 65 además de 7337 sirvientes y 200 cantores, tanto
hombres como mujeres. 66 Llevaron consigo 736 caballos,
245 mulas, 67 435 camellos y 6720 burros.
68 Cuando llegaron al templo del Señor en Jerusalén,
algunos de los jefes de familia entregaron ofrendas volun-
tarias para la reconstrucción del templo de Dios en su sitio
original, 69 y cada jefe dio todo lo que pudo. El total de esas
ofrendas fue 61.000 monedas de oro,* 3000 kilos* de
plata y 100 túnicas para los sacerdotes.
70 Entonces los sacerdotes, los levitas, los cantores, los
porteros, los sirvientes del templo y algunos miembros
del pueblo se establecieron en aldeas cerca de Jerusalén.
El resto de la gente regresó a sus respectivas ciudades por
todo el territorio de Israel.

Reconstrucción del altar

3 A comienzos del otoño,* cuando los israelitas ya se
habían establecido en sus ciudades, todo el pueblo se
reunió en Jerusalén con un mismo propósito. 2 Entonces
Jesúa, hijo de Jehosadac,* se unió a sus hermanos sacer-
dotes y a Zorobabel, hijo de Salatiel, con su familia, para
reconstruir el altar del Dios de Israel. Querían sacrificar
ofrendas quemadas sobre el altar, según las instrucciones
de la ley de Moisés, hombre de Dios. 3 A pesar de que tenían
miedo de los lugareños, reconstruyeron el altar en su sitio
original. Luego, cada mañana y cada tarde, comenzaron a
sacrificar ofrendas quemadas al Señor sobre el altar.
4 Celebraron el Festival de las Enramadas como está es-
tablecido en la ley y sacrificaron la cantidad específica de
ofrendas quemadas para cada día del festival. 5 También
ofrecieron las ofrendas quemadas habituales y las ofrendas
requeridas para las celebraciones de luna nueva y los festiva-
les anuales, tal como lo había establecido el Señor. La gente
también entregó ofrendas voluntarias al Señor. 6 Quince
días antes de que comenzara el Festival de las Enramadas,*
los sacerdotes empezaron a sacrificar ofrendas quemadas al
Señor. Esto ocurrió aun antes de que comenzaran a echar
los cimientos del templo del Señor.

El pueblo comienza a reconstruir el templo

7 Luego el pueblo contrató albañiles y carpinteros, y compró
troncos de cedro de los habitantes de Tiro y Sidón, a quienes
les pagaron con alimentos, vino y aceite de oliva. Transpor-
taron troncos desde las montañas del Líbano hasta Jope ha-
ciéndolos flotar a lo largo de la costa del mar Mediterráneo,*
ya que el rey Ciro había dado permiso para hacerlo.
8 La construcción del templo de Dios comenzó a me-
diados de la primavera,* en el segundo año después de la
llegada a Jerusalén. La fuerza laboral estaba formada por
todos los que habían regresado del destierro, entre ellos
Zorobabel, hijo de Salatiel, Jesúa, hijo de Jehosadac, junto
con sus hermanos sacerdotes y todos los levitas. Pusieron
al frente de la reconstrucción del templo del Señor a los
levitas mayores de veinte años de edad. 9 Jesúa, sus hijos y
parientes, junto con Cadmiel y sus hijos, todos descendien-
tes de Hodavías,* supervisaron a los que trabajaban en el

***Notas textuales** **2:46** Así aparece en una lectura alternativa del texto masorético (ver también Ne 7:48); la otra alternativa dice *Samlai*. **2:69a** En hebreo *61.000 dáricos de oro*, unos 500 kilos o 1100 libras de peso. **2:69b** En hebreo *5000 minas* [6250 libras]. **3:1** En hebreo *En el séptimo mes*. No se especifica el año, de modo que pudo haber sido durante el primer año de Ciro (538 a. C.) o el segundo (537 a. C.). El séptimo mes del antiguo calendario lunar hebreo cayó entre septiembre y octubre del 538 a. C. o entre octubre y noviembre del 537 a. C. La referencia al mes tiene que ver con que es sagrado para el pueblo de Israel, porque en él se celebra el Festival de las Enramadas (Lv 23:23-43; Nm 29). **3:2** En hebreo *Josadac,* una variante de Jehosadac; también en 3:8. **3:6** En hebreo *El primer día del séptimo mes.* En el antiguo calendario lunar hebreo, ese día caía en septiembre o en octubre. El Festival de las Enramadas comenzaba el día quince del séptimo mes. **3:7** En hebreo *del mar.* **3:8** En hebreo *en el segundo mes.* En el antiguo calendario lunar hebreo, ese mes cayó entre abril y mayo del 536 a. C. **3:9** En hebreo *hijos de Judá* (es decir, *bene Yehudah*). *Bene* también podría entenderse aquí como el nombre propio Binúi; *Yehudah* probablemente es otro nombre de Hodavías. Comparar 2:40; Ne 7:43; 1 Esdras 5:58 [libro apócrifo].

Referencias cruzadas **2:61** 2 Sm 17:27 **3:5** Nm 28:11-14

templo de Dios. Para esta tarea contaron con la colaboración
de los levitas de la familia de Henadad.
10Cuando los constructores terminaron los cimientos
del templo del Señor, los sacerdotes se pusieron sus mantos
y tomaron su lugar para tocar sus trompetas. Luego los
levitas descendientes de Asaf hicieron sonar sus címbalos
para alabar al Señor, tal como lo había establecido el rey
David. 11Con alabanza y agradecimiento entonaron el siguiente canto al Señor:

«¡Él es tan bueno!
¡Su fiel amor por Israel permanece para siempre!».

Luego todo el pueblo dio un fuerte grito, alabando al Señor, porque se habían echado los cimientos del templo del Señor.
12Sin embargo, muchos de los sacerdotes, levitas y otros
líderes de edad avanzada que habían visto el primer templo
lloraron en voz alta al ver los cimientos del nuevo templo.
Los demás, en cambio, gritaban de alegría. 13Los gritos de
alegría se mezclaron con el llanto y produjeron un clamor que podía oírse a gran distancia.

Los enemigos se oponen a la reconstrucción

4 Cuando los enemigos de Judá y de Benjamín oyeron
que los desterrados estaban reconstruyendo un templo
al Señor, Dios de Israel, 2fueron a ver a Zorobabel y a los
otros líderes, y les dijeron:
—Déjennos participar en la construcción junto con ustedes, porque nosotros también adoramos a su Dios. Le venimos haciendo sacrificios desde que el rey Esar-hadón, de Asiria, nos trajo a estas tierras.
3Zorobabel, Jesúa y los otros líderes de Israel respondieron:
—De ninguna manera pueden tomar parte en esta obra. Nosotros solos construiremos el templo para el Señor, Dios de Israel, tal como nos ordenó Ciro, rey de Persia.
4Entonces los habitantes del lugar intentaron desalentar
e intimidar al pueblo de Judá para impedirle que siguiera
trabajando. 5Sobornaron a algunos funcionarios para que
actuaran en contra de ellos y frustraran sus planes. Esta situación continuó durante todo el reinado de Ciro, rey de Persia, y duró hasta que Darío subió al trono de Persia.*

Más oposición durante el reinado de Jerjes y Artajerjes

6Años más tarde, cuando Jerjes* comenzó su reinado, los enemigos de Judá escribieron una carta con acusaciones contra el pueblo de Judá y de Jerusalén.
7Tiempo después, durante el reinado de Artajerjes, rey de Persia,* los enemigos de Judá, dirigidos por Bislam, Mitrídates y Tabeel, le enviaron una carta a Artajerjes escrita en arameo, que fue traducida al idioma del rey.
8*El gobernador Rehum y Simsai, el secretario de la
corte, escribieron la carta, en la cual le contaban al rey Artajerjes acerca de la situación en Jerusalén. 9Saludaban al rey
en nombre de todos sus colegas: los jueces y los dirigentes locales, el pueblo de Tarpel, los persas, los babilonios y
los de Erec y Susa (es decir, Elam). 10También enviaron
saludos de parte del resto del pueblo que el gran y noble Asurbanipal* había deportado y reubicado en Samaria y en todas las tierras vecinas de la provincia situada al occidente
del río Éufrates.* 11La siguiente es una copia de la carta:

«Al rey Artajerjes, de parte de sus leales súbditos de la provincia situada al occidente del río Éufrates:
12»El rey debería saber que los judíos que llegaron
a Jerusalén de Babilonia están reconstruyendo esa ciudad rebelde y malvada. Ya han echado los
cimientos y pronto terminarán sus murallas. 13El
rey también debería saber que, si esa ciudad se reconstruye y se completan sus murallas, su reino se verá perjudicado, porque los judíos se negarán a pagar los tributos, los derechos aduaneros y los peajes correspondientes.
14»Ya que nosotros somos leales súbditos* de usted y no queremos que se deshonre al rey de esa manera, hemos enviado esta información a su
majestad. 15Sugerimos que se investigue en los
registros de sus antepasados, en los que descubrirá lo rebelde que fue esa ciudad en la antigüedad. De hecho, fue destruida a causa de su larga y conflictiva historia de rebelión contra los reyes y las naciones
que la controlaban. 16Advertimos al rey que, si esa
ciudad se reconstruye y sus murallas se completan, su majestad perderá la provincia situada al occidente del río Éufrates».

17Entonces el rey Artajerjes envió la siguiente respuesta:

«Al gobernador Rehum, a Simsai, secretario de la corte, y a sus colegas de Samaria y de toda la provincia situada al occidente del río Éufrates: saludos.
18»La carta que me enviaron fue traducida y leída
en mi presencia. 19Ordené que se investigara en los
registros y, efectivamente, comprobé que Jerusalén ha sido un semillero de insurrección contra muchos reyes. De hecho, ¡la rebelión y las revueltas son
normales allí! 20Reyes poderosos han gobernado
Jerusalén y toda la provincia al occidente del río Éufrates, y han recibido tributos, derechos aduaneros
y peajes. 21Por lo tanto, emitan órdenes para que
esos hombres dejen de trabajar. Queda prohibido reconstruir esa ciudad, a menos que yo lo ordene
expresamente. 22Sean diligentes y no descuiden este
asunto, porque no debemos permitir que la situación perjudique los intereses del trono».

23Cuando Rehum, Simsai y sus colegas oyeron la lectura de esa carta del rey Artajerjes, se fueron de prisa hacia Jerusalén. Entonces, con una demostración de fuerza, obligaron a los judíos a abandonar la construcción.

Se reanuda la reconstrucción

24Por lo tanto, se detuvo la obra del templo de Dios en Jerusalén, y quedó suspendida hasta el segundo año del reinado de Darío, rey de Persia.*

5 En ese tiempo, los profetas Hageo y Zacarías, hijo de Iddo, profetizaron a los judíos que estaban en Judá y en

***Notas textuales** **4:5** Darío reinó del 521 al 486 a. C. **4:6** En hebreo *Asuero*, otro nombre de Jerjes. Reinó del 486 al 465 a. C. **4:7** Artajerjes reinó del 465 al 424 a. C. **4:8** El texto original de 4:8–6:18 está escrito en arameo. **4:10a** En arameo *Asnapar*, otro nombre de Asurbanipal. **4:10b** En arameo *la provincia situada más allá del río*; también en 4:11, 16, 17, 20. **4:14** En arameo *Ya que nosotros comemos la sal del palacio*. **4:24** El segundo año del reinado de Darío fue el 520 a. C. El relato que comienza en 4:1-5 se reanuda en el versículo 24.

Referencias cruzadas **3:12** Hag 2:3 **4:6** Dn 9:1 **4:13** Ne 5:4

Jerusalén. Hablaron en nombre del Dios de Israel, quien
estaba sobre ellos. 2 Zorobabel, hijo de Salatiel, y Jesúa, hijo
de Jehosadac,* respondieron y continuaron la reconstrucción del templo de Dios en Jerusalén. Los profetas de Dios
estaban con ellos y los ayudaban.
3 Sin embargo, Tatnai, el gobernador de la provincia situada al occidente del río Éufrates,* y Setar-boznai junto
con sus colegas pronto llegaron a Jerusalén y preguntaron:
«¿Quién les dio permiso para reconstruir este templo y restaurar esta estructura?». 4 También pidieron* los nombres
de todos los varones que trabajaban en la construcción del
templo; 5 pero como Dios cuidaba a su pueblo, no pudieron impedir que los líderes judíos siguieran construyendo
hasta que se enviara un informe a Darío y él comunicara
su decisión al respecto.

Carta de Tatnai al rey Darío

6 La siguiente es una copia de la carta que el gobernador Tatnai, Setar-boznai y los demás funcionarios de la provincia
situada al occidente del río Éufrates le enviaron al rey Darío:

7 «Al rey Darío: saludos.
8 »El rey debería saber que fuimos al sitio donde
se construye el templo del gran Dios, en la provincia
de Judá. Lo están reconstruyendo con piedras
especialmente preparadas y le están colocando
madera en las murallas. La obra prosigue con gran
energía y éxito.
9 »Les preguntamos a los líderes: "¿Quién les dio
permiso para reconstruir este templo y restaurar esta
estructura?". 10 También exigimos sus nombres para
poder comunicarle a usted quiénes eran esos líderes.
11 »Ellos dieron la siguiente respuesta: "Nosotros
somos siervos del Dios del cielo y de la tierra,
y estamos reconstruyendo el templo que, hace
muchos años, edificó aquí un gran rey de Israel. 12 No
obstante, debido a que nuestros antepasados hicieron
enojar al Dios del cielo, él los entregó en manos de
Nabucodonosor, rey de Babilonia,* quien destruyó el
templo y desterró al pueblo a Babilonia. 13 Sin embargo,
el rey Ciro, de Babilonia,* en el primer año de su
reinado, emitió un decreto que ordenaba reconstruir
el templo de Dios. 14 El rey Ciro devolvió las copas de
oro y de plata que Nabucodonosor había tomado del
templo de Dios en Jerusalén y había colocado en el
templo de Babilonia. Esas copas fueron retiradas de ese
templo y entregadas a un hombre llamado Sesbasar,
a quien el rey Ciro había designado gobernador de
Judá. 15 El rey le indicó que devolviera las copas a su
lugar en Jerusalén y reconstruyera el templo de Dios
en su sitio original. 16 Así que ese tal Sesbasar llegó y
echó los cimientos del templo de Dios en Jerusalén.
Desde entonces, la gente ha estado trabajando en la
reconstrucción, pero aún no está terminado".
17 »Por lo tanto, si al rey le place, solicitamos que
se haga una investigación en los archivos reales de
Babilonia, a fin de descubrir si es verdad que el rey
Ciro emitió un decreto para la reconstrucción del
templo de Dios en Jerusalén; y luego, que el rey nos
haga saber su decisión sobre este asunto».

Darío aprueba la reconstrucción

6 Entonces el rey Darío dio órdenes para que se investigara en los archivos de Babilonia, los cuales estaban
guardados en la tesorería. 2 Sin embargo, fue en la fortaleza
de Ecbatana, en la provincia de Media, donde se encontró
un rollo que decía lo siguiente:

«Memorando:
3 »En el primer año del reinado del rey Ciro, se
emitió un decreto en relación con el templo de Dios
en Jerusalén.
»Que se reconstruya el templo con los cimientos
originales en el sitio donde los judíos solían ofrecer
sus sacrificios. Su altura será de veintisiete metros,
y su anchura será de veintisiete metros.* 4 A cada tres
hileras de piedras especialmente preparadas, se les
pondrá encima una capa de madera. Todos los gastos
correrán por cuenta de la tesorería real. 5 Además, las
copas de oro y de plata que Nabucodonosor tomó del
templo de Dios en Jerusalén y llevó a Babilonia serán
devueltas a Jerusalén y colocadas nuevamente en el
lugar que corresponden. Que sean devueltas al templo
de Dios».

6 Entonces el rey Darío envió el siguiente mensaje:

«Por consiguiente, Tatnai, gobernador de la provincia
situada al occidente del río Éufrates,* y Setar-boznai
junto con sus colegas y otros funcionarios del
occidente del río Éufrates, ¡manténganse bien lejos de
allí! 7 No estorben la construcción del templo de Dios.
Dejen que se reconstruya en su sitio original y no le
pongan trabas al trabajo del gobernador de Judá ni al
de los ancianos de los judíos.
8 »Además, por la presente, decreto que ustedes
tendrán que ayudar a esos ancianos de los judíos
mientras reconstruyan el templo de Dios. Ustedes
tienen que pagar el costo total de la obra, sin demora,
con los impuestos que se recaudan en la provincia
situada al occidente del río Éufrates, a fin de que la
construcción no se interrumpa.
9 »Denles a los sacerdotes de Jerusalén todo lo que
necesiten, sean becerros, carneros o corderos, para las
ofrendas quemadas que presenten al Dios del cielo; y
sin falta, provéanles toda la sal y todo el trigo, el vino y el
aceite de oliva que requieran para cada día. 10 Entonces
ellos podrán ofrecer sacrificios aceptables al Dios del
cielo y orar por el bienestar del rey y sus hijos.
11 »También declaro que a los que violen de
cualquier manera este decreto se les arrancará una
viga de su casa; luego, serán levantados y atravesados
en ella, y su casa será reducida a un montón de
escombros.* 12 Que el Dios que eligió la ciudad
de Jerusalén como el lugar donde se dé honra a su

***Notas textuales** **5:2** En arameo *Josadac,* una variante de Jehosadac. **5:3** En arameo *la provincia situada más allá del río*; también en 5:6. **5:4** Así aparece en un manuscrito hebreo, en la versión griega y en la siríaca; el texto masorético dice *Entonces les dijimos*. **5:12** En arameo *Nabucodonosor el caldeo*. **5:13** Aquí se identifica al rey Ciro de Persia como el rey de Babilonia porque Persia había conquistado al Imperio babilónico. **6:3** En arameo *Su altura será de 60 codos* [90 pies], *y su anchura será de 60 codos.* La opinión general sostiene que este versículo debería modificarse, a fin de que diga: «Su altura será de 30 codos [13,8 metros o 45 pies], su largo será de 60 codos [27,6 metros o 90 pies] y su anchura será de 20 codos [9,2 metros o 30 pies]»; comparar 1 Re 6:2. La modificación con respecto al ancho tiene apoyo en la versión siríaca. **6:6** En arameo *la provincia situada más allá del río*; también en 6:6b, 8, 13. **6:11** En arameo *montón de estiércol*.

Referencias cruzadas **5:5** Sal 33:18 **5:12** 2 Cr 36:6-20 **6:12** Dt 12:4-5

nombre destruya a cualquier rey o nación que viole
este mandato y destruya este templo.
»Yo, Darío, he emitido el presente decreto. Que se
obedezca al pie de la letra».

Dedicación del templo

13Tatnai, gobernador de la provincia situada al occidente
del río Éufrates, y Setar-boznai junto con sus colegas aca-
taron enseguida el mandato del rey Darío. 14Así que los
ancianos de los judíos continuaron la obra y fueron muy
animados por la predicación de los profetas Hageo y Za-
carías, hijo de Iddo. Por fin el templo quedó terminado,
como lo había ordenado el Dios de Israel y decretado Ciro,
Darío y Artajerjes, reyes de Persia. 15La construcción del
templo se completó el 12 de marzo,* durante el sexto año
del reinado de Darío.
16Luego, el pueblo de Israel, los sacerdotes, los levitas
y todos los demás que habían regresado del destierro de-
dicaron el templo de Dios con gran alegría. 17Durante la
ceremonia de dedicación del templo de Dios, sacrificaron
cien becerros, doscientos carneros y cuatrocientos corde-
ros. También presentaron doce chivos como ofrenda por el
pecado de las doce tribus de Israel. 18Luego los sacerdotes
y levitas se agruparon según sus diferentes divisiones para
servir en el templo de Dios en Jerusalén, tal como está es-
tablecido en el libro de Moisés.

Celebración de la Pascua

19Los que regresaron del destierro celebraron la Pascua el
21 de abril.* 20Los sacerdotes y los levitas se habían puri-
ficado y estaban ceremonialmente puros. Así que mataron
el cordero de la Pascua para todos los que regresaron del
destierro, para sus hermanos sacerdotes y para ellos mis-
mos. 21El pueblo de Israel que había regresado del destierro
comió la cena de Pascua junto con los demás de la tierra
que habían dejado sus prácticas corruptas para adorar al
SEÑOR, Dios de Israel. 22Luego celebraron el Festival de
los Panes sin Levadura durante siete días. Hubo mucha
alegría en toda la tierra, porque el SEÑOR había hecho que
el rey de Asiria* les diera su favor al ayudarlos a reconstruir
el templo de Dios, el Dios de Israel.

Esdras llega a Jerusalén

7 Muchos años después, durante el reinado de Artajerjes,
rey de Persia,* hubo un hombre llamado Esdras. Era
hijo* de Seraías, hijo de Azarías, hijo de Hilcías, 2hijo de
Salum, hijo de Sadoc, hijo de Ahitob, 3hijo de Amarías, hijo
de Azarías, hijo* de Meraiot, 4hijo de Zeraías, hijo de Uzi,
hijo de Buqui, 5hijo de Abisúa, hijo de Finees, hijo de Elea-
zar, hijo de Aarón, el sumo sacerdote.* 6Este Esdras era un
escriba muy instruido en la ley de Moisés, la cual el SEÑOR,
Dios de Israel, había dado al pueblo de Israel. Él subió de
Babilonia a Jerusalén, y el rey le dio todo lo que pidió, por-
que la bondadosa mano del SEÑOR su Dios estaba sobre él.
7Algunos del pueblo de Israel junto con varios sacerdotes,
levitas, cantores, porteros y sirvientes del templo viajaron
con él en el séptimo año del reinado de Artajerjes.
8Esdras llegó a Jerusalén en agosto* de ese año. 9Había
hecho arreglos para partir de Babilonia el 8 de abril, el pri-
mer día del nuevo año,* y llegó a Jerusalén el 4 de agosto,*
pues la bondadosa mano de su Dios estaba sobre él. 10Así
fue porque Esdras había decidido estudiar y obedecer la ley
del SEÑOR y enseñar sus decretos y ordenanzas al pueblo
de Israel.

Carta de Artajerjes a Esdras

11La siguiente es una copia de la carta que el rey Artajerjes le
dio a Esdras, el sacerdote y escriba que estudiaba y enseñaba
los mandatos y decretos del SEÑOR a Israel:
12*«De Artajerjes, rey de reyes, al sacerdote Esdras,
maestro de la ley del Dios del cielo: ¡saludos!
13»Yo decreto que cualquier israelita de mi reino,
incluidos los sacerdotes y levitas, puede ofrecerse
como voluntario para regresar contigo a Jerusalén.
14Por la presente, yo y mis siete consejeros te
ordenamos que averigües la situación en que están
Judá y Jerusalén, basado en la ley de tu Dios, la cual
está en tus manos. 15También te encargamos que
lleves contigo plata y oro, los cuales presentamos
como una ofrenda voluntaria al Dios de Israel, quien
vive en Jerusalén.
16»Además, llevarás toda la plata y el oro que
obtengas de la provincia de Babilonia, como también
las ofrendas voluntarias que el pueblo y los sacerdotes
ofrezcan para el templo de su Dios en Jerusalén.
17Usarás estos donativos específicamente para
comprar toros, carneros, corderos y las ofrendas de
grano y las ofrendas líquidas correspondientes, para
que se ofrezca todo en el altar del templo de tu Dios
en Jerusalén. 18El oro y la plata que sobren pueden
usarse para lo que tú y tus colegas crean que sea la
voluntad de su Dios.
19»En cuanto a las copas que te confiamos para
el servicio del templo de tu Dios, entrégalas todas al
Dios de Jerusalén. 20Si precisas alguna otra cosa para
el templo de tu Dios o para otra necesidad similar,
puedes tomarla de la tesorería real.
21»Yo, el rey Artajerjes, por la presente, envío el
siguiente decreto a todos los tesoreros de la provincia
situada al occidente del río Éufrates:* "Deben darle a
Esdras, el sacerdote y maestro de la ley del Dios del
cielo, todo lo que él les pida. 22Le darán hasta tres mil
cuatrocientos kilos* de plata, quinientas canastas* de
trigo, dos mil cien litros de vino, dos mil cien litros de
aceite de oliva* y sal en cantidad ilimitada. 23Procuren
proveer todo lo que el Dios del cielo exija para su
templo, pues, ¿por qué hemos de correr el riesgo de
provocar el enojo de Dios contra los dominios del
rey y de sus hijos? 24También decreto que a ningún
sacerdote, levita, cantor, portero, sirviente del templo

***Notas textuales 6:15** En arameo *el tercer día del mes de adar*, del antiguo calendario lunar hebreo. Varios sucesos del libro de Esdras pueden corroborarse con las fechas que aparecen en los registros persas que se han conservado y pueden relacionarse de manera precisa con nuestro calendario moderno. Ese día fue el 12 de marzo del 515 a. C. **6:19** En hebreo *el día catorce del primer mes*, del antiguo calendario lunar hebreo. Ese día fue el 21 de abril del 515 a. C.; ver también la nota en 6:15. **6:22** Aquí se identifica al rey Darío, de Persia, como el rey de Asiria porque Persia había conquistado al Imperio babilónico, el cual incluía al antiguo Imperio asirio. **7:1a** Artajerjes reinó del 465 al 424 a. C. **7:1b** O *descendiente*; ver 1 Cr 6:14. **7:3** O *descendiente*; ver 1 Cr 6:6-10. **7:5** O *el primer sacerdote*. **7:8** En hebreo *en el quinto mes*. En el antiguo calendario lunar hebreo, ese mes cayó entre agosto y septiembre del 458 a. C. **7:9a** En hebreo *el primer día del primer mes*, del antiguo calendario lunar hebreo. Ese día fue el 8 de abril del 458 a. C.; ver también la nota en 6:15. Comparar con Ex 12:2; Nm 33:3. **7:9b** En hebreo *el primer día del quinto mes*, del antiguo calendario lunar hebreo. Ese día fue el 4 de agosto del 458 a. C.; ver también la nota en 6:15. **7:12** El texto original de 7:12-26 está en arameo. **7:21** En arameo *la provincia situada más allá del río*; también en 7:25. **7:22a** En arameo *100 talentos* [7500 libras]. **7:22b** En arameo *100 coros* [22.000 litros o 20.000 cuartos]. **7:22c** En arameo *100 batos* [550 galones] *de vino, 100 batos de aceite de oliva*.

Referencias cruzadas 6:22 Esd 1:1 **7:10** Ne 8:1

ni a ningún otro trabajador de este templo de Dios se le exija el pago de tributos, derechos aduaneros o peajes de ninguna clase".

25»Y tú, Esdras, usa la sabiduría que tu Dios te ha dado a fin de nombrar magistrados y jueces que conozcan las leyes de tu Dios, para que gobiernen a toda la gente de la provincia situada al occidente del río Éufrates. Enseña la ley a todo el que no la conozca. 26Cualquiera que se niegue a obedecer la ley de tu Dios y la ley del rey será castigado de inmediato, ya sea por muerte, destierro, confiscación de bienes o encarcelamiento».

Esdras alaba al Señor

27¡Alaben al Señor, Dios de nuestros antepasados, que hizo que el rey deseara embellecer el templo del Señor en Jerusalén! 28¡Y alábenlo, porque me demostró tal amor inagotable al honrarme delante del rey, sus consejeros y todos sus poderosos nobles! Me sentí alentado, porque la bondadosa mano del Señor mi Dios estuvo sobre mí. Así que reuní a algunos de los líderes de Israel para que regresaran conmigo a Jerusalén.

¡Respuestas Bíblicas! 84 ¿Por qué fue Esdras a Jerusalén?

8:1 Los enemigos de Israel que les habían atacado se los llevaron a sus tierras pero luego los dejaron regresar. Un primer grupo pequeño volvió a Jerusalén antes y Esdras fue luego con el segundo grupo a que el pueblo recuperara las leyes de Dios.

Los desterrados que regresaron con Esdras

8 La siguiente es una lista de los jefes de familia junto con las genealogías de los que regresaron conmigo de Babilonia durante el reinado del rey Artajerjes:

2 de la familia de Finees: Gersón;
de la familia de Itamar: Daniel;
de la familia de David: Hatús, 3descendiente de Secanías;
de la familia de Paros: Zacarías y otros ciento cincuenta hombres que fueron registrados;
4 de la familia de Pahat-moab: Elioenai, hijo de Zeraías, y otros doscientos hombres;
5 de la familia de Zatu:* Secanías, hijo de Jahaziel, y otros trescientos hombres;
6 de la familia de Adín: Ebed, hijo de Jonatán, y otros cincuenta hombres;
7 de la familia de Elam: Jesaías, hijo de Atalías, y otros setenta hombres;
8 de la familia de Sefatías: Zebadías, hijo de Micael, y otros ochenta hombres;
9 de la familia de Joab: Obadías, hijo de Jehiel, y otros doscientos dieciocho hombres;
10 de la familia de Bani:* Selomit, hijo de Josifías, y otros ciento sesenta hombres;
11 de la familia de Bebai: Zacarías, hijo de Bebai, y otros veintiocho hombres;
12 de la familia de Azgad: Johanán, hijo de Hacatán, y otros ciento diez hombres;
13 de la familia de Adonicam, la cual llegó después:* Elifelet, Jeiel, Semaías, y otros sesenta hombres;
14 de la familia de Bigvai: Utai, Zacur* y otros setenta hombres.

Viaje de Esdras a Jerusalén

15Reuní a los desterrados junto al canal de Ahava, y acampamos allí tres días, mientras revisaba la lista de las personas y los sacerdotes que habían llegado. Descubrí que ni un solo levita se había ofrecido para acompañarnos. 16Entonces mandé llamar a Eliezer, Ariel, Semaías, Elnatán, Jarib, Elnatán, Natán, Zacarías y Mesulam, los cuales eran jefes del pueblo. También mandé llamar a Joiarib y Elnatán, quienes eran hombres con discernimiento. 17Los envié a ver a Iddo, el líder de los levitas de Casifia, para pedirle a él, a sus parientes y a los sirvientes del templo que nos enviaran ministros para el templo de Dios en Jerusalén.

18Como la bondadosa mano de nuestro Dios estaba sobre nosotros, nos enviaron a un hombre llamado Serebías junto con dieciocho de sus hijos y hermanos. Serebías era muy sagaz, un descendiente de Mahli, quien era descendiente de Leví, hijo de Israel.* 19También enviaron a Hasabías junto con Jesaías, de los descendientes de Merari, a veinte de sus hijos y hermanos, 20y a doscientos veinte sirvientes del templo. Los sirvientes del templo, un grupo de trabajadores instituido originalmente por el rey David y sus funcionarios, eran ayudantes de los levitas. Todos estaban registrados por nombre.

21Allí, junto al canal de Ahava, di órdenes de que todos ayunáramos y nos humilláramos ante nuestro Dios. En oración le pedimos a Dios que nos diera un buen viaje y nos protegiera en el camino tanto a nosotros como a nuestros hijos y nuestros bienes. 22Pues me dio vergüenza pedirle al rey soldados y jinetes* que nos acompañaran y nos protegieran de los enemigos durante el viaje. Después de todo, ya le habíamos dicho al rey que «la mano protectora de nuestro Dios está sobre todos los que lo adoran, pero su enojo feroz se desata contra quienes lo abandonan». 23Así que ayunamos y oramos intensamente para que nuestro Dios nos cuidara, y él oyó nuestra oración.

24Nombré doce jefes de los sacerdotes —Serebías, Hasabías y otros diez sacerdotes— 25para que se encargaran de transportar la plata, el oro, los recipientes de oro y los demás artículos que el rey, sus consejeros y funcionarios, y todo el pueblo de Israel había presentado para el templo de Dios. 26Pesé el tesoro mientras se lo entregaba a ellos y el total sumaba lo siguiente:

22 toneladas* de plata,
3400 kilos* de objetos de plata,
3400 kilos de oro,
27 20 recipientes de oro (equivalentes al valor de 1000 monedas de oro*),
2 objetos finos de bronce pulido (tan valiosos como el oro).

Notas textuales **8:5** Así aparece en algunos manuscritos griegos (ver también 1 Esdras 8:32 [libro apócrifo]). En hebreo falta *Zatu*. **8:10** Así aparece en algunos manuscritos griegos (ver también 1 Esdras 8:36 [libro apócrifo]). En hebreo falta *Bani*. **8:13** O *quienes fueron los últimos de su familia*. **8:14** Así aparece en la versión griega, en la siríaca y en una lectura alternativa del texto masorético; la otra alternativa dice *Zabud*. **8:18** *Israel* es el nombre que Dios le dio a Jacob. **8:22** O *conductores de carros de guerra*. **8:26a** En hebreo *650 talentos* [24 toneladas cortas]. **8:26b** En hebreo *100 talentos* [7500 libras]; también en 8:26c.

Referencias cruzadas **7:25** Ex 18:21-25 **8:3** Esd 2:3 **8:21** Sal 27:11

28 Luego les dije a los sacerdotes: «Ustedes y esos tesoros son santos, separados al SEÑOR. La plata y el oro son una ofrenda voluntaria para el SEÑOR, Dios de nuestros antepasados. 29 Cuiden bien esos tesoros hasta que se los entreguen a los principales sacerdotes, a los levitas y a los jefes de Israel, quienes los pesarán en los depósitos del templo del SEÑOR en Jerusalén». 30 Entonces los sacerdotes y los levitas aceptaron la tarea de transportar esos tesoros de plata y de oro al templo de nuestro Dios en Jerusalén.

31 El 19 de abril,* levantamos el campamento junto al canal de Ahava y nos dirigimos a Jerusalén. La bondadosa mano de nuestro Dios nos protegió y nos salvó de enemigos y bandidos a lo largo del camino. 32 Así que llegamos a salvo a Jerusalén, donde descansamos tres días.

33 Al cuarto día de nuestra llegada, la plata, el oro y los demás objetos de valor fueron pesados en el templo de nuestro Dios y encomendados a Meremot, hijo del sacerdote Urías, y a Eleazar, hijo de Finees, junto con Jozabad, hijo de Jesúa, y Noadías, hijo de Binúi, ambos levitas. 34 Ellos rindieron cuenta de todo por número y peso, y el peso total quedó asentado en los registros oficiales.

35 Luego, los desterrados que habían regresado del cautiverio sacrificaron ofrendas quemadas al Dios de Israel. Ofrecieron doce toros por todo el pueblo de Israel, además de noventa y seis carneros y setenta y siete corderos. También sacrificaron doce chivos como ofrenda por el pecado. Todo se ofreció como una ofrenda quemada al SEÑOR. 36 Los decretos del rey fueron entregados a sus funcionarios de más alta posición y a los gobernadores de la provincia situada al occidente del río Éufrates,* quienes colaboraron dando su apoyo al pueblo y al templo de Dios.

Oración de Esdras acerca de los matrimonios mixtos

9 Una vez realizadas estas cosas, los líderes judíos vinieron a verme y dijeron: «Muchos del pueblo de Israel e incluso algunos sacerdotes y levitas no se han mantenido separados de los otros pueblos que viven en esta tierra. Han adoptado las prácticas detestables de los cananeos, los hititas, los ferezeos, los jebuseos, los amonitas, los moabitas, los egipcios y los amorreos. 2 Pues los hombres de Israel se han casado con mujeres de esos pueblos y también las han tomado como esposas para sus hijos. De manera que la raza santa se ha corrompido a causa de esos matrimonios mixtos. Peor aún, los primeros en cometer este ultraje han sido los líderes y los funcionarios».

3 Al oír esto, me rasgué el manto y la camisa, me arranqué el pelo de la cabeza y de la barba, y me senté completamente horrorizado. 4 Entonces todos los que temblaban ante las palabras del Dios de Israel vinieron y se sentaron conmigo a causa de este ultraje cometido por los que habían regresado del destierro. Allí me quedé sentado, totalmente horrorizado, hasta la hora del sacrificio vespertino.

5 A la hora del sacrificio, me levanté de donde había estado sentado haciendo duelo con mis ropas rasgadas. Caí de rodillas y levanté las manos al SEÑOR mi Dios. 6 Hice la siguiente oración:

«Oh Dios mío, estoy totalmente avergonzado; me da vergüenza elevar mi rostro a ti. Pues nuestros pecados se han amontonado tanto que son más altos que nosotros, y nuestra culpa llega a los cielos. 7 Desde el tiempo de nuestros antepasados hasta el día de hoy, hemos vivido sumergidos en el pecado. Por esa razón, nosotros, nuestros reyes y nuestros sacerdotes hemos estado a merced de los reyes paganos de la tierra. Nos han matado, capturado, robado y deshonrado, tal como estamos hoy.

8 »Sin embargo, ahora se nos concedió un breve momento de gracia, porque el SEÑOR nuestro Dios ha permitido que unos cuantos de nosotros sobreviviéramos como un remanente. Él nos ha dado seguridad en este lugar santo. Nuestro Dios nos ha iluminado los ojos y nos ha concedido un poco de alivio de nuestra esclavitud. 9 Pues éramos esclavos pero, en su amor inagotable, nuestro Dios no nos abandonó en nuestra esclavitud. Por el contrario, hizo que los reyes de Persia nos trataran favorablemente. Él nos dio nuevas fuerzas, para que pudiéramos reconstruir el templo de nuestro Dios y reparar las ruinas. Nos dio una muralla de protección en Judá y en Jerusalén.

10 »Ahora, Dios nuestro, ¿qué podemos decir después de semejantes cosas? ¡Pues una vez más hemos abandonado tus mandatos! 11 Tus siervos, los profetas, nos advirtieron cuando dijeron: "La tierra en la que están a punto de entrar y poseer está totalmente contaminada por las prácticas detestables de los pueblos que la habitan. De un extremo al otro, la tierra está llena de corrupción. 12 ¡No permitan que sus hijas se casen con los hijos de ellos! ¡No tomen a las hijas de ellos como esposas para sus hijos! Jamás promuevan la paz y la prosperidad para esas naciones. Si ustedes siguen estas instrucciones, serán fuertes y disfrutarán de las buenas cosas que la tierra produce, y dejarán esta prosperidad como herencia a sus hijos para siempre".

13 »Ahora somos castigados por nuestra perversión y nuestra gran culpa; pero en realidad, el castigo que recibimos es mucho menor de lo que merecemos, porque tú, Dios nuestro, has permitido que algunos de nosotros sobreviviéramos como un remanente. 14 Sin embargo, aun así, otra vez estamos quebrantando tus mandatos y nos estamos casando con personas que cometen esos actos detestables. ¿Acaso no será suficiente tu enojo para destruirnos, para que ni aun este pequeño remanente sobreviva? 15 Oh SEÑOR, Dios de Israel, tú eres justo. Nos acercamos a ti con nuestra culpa, sin ser más que un remanente que ha escapado, aunque en semejante condición ninguno de nosotros puede estar en tu presencia».

¡Respuestas Bíblicas! 85 ¿Qué oración especial hizo Esdras?

9:15 Cuando las personas se hacen cargo de sus pecados ante Dios llamamos a eso confesión y arrepentimiento y esta oración es muy importante para arreglar nuestras vida y empezar de nuevo.

El pueblo confiesa su pecado

10 Mientras Esdras oraba y hacía esa confesión llorando y postrado rostro en tierra delante del

***Notas textuales 8:27** En hebreo *1000 dáricos*, unos 8,6 kilos o 19 libras. **8:31** En hebreo *El día doce del primer mes*, del antiguo calendario lunar hebreo. Ese día fue el 19 de abril del 458 a. C.; ver también la nota en 6:15. **8:36** En hebreo *la provincia situada más allá del río*.

Referencias cruzadas 8:36 Esd 7:21 **9:6-15** Dn 9:7-11 **9:6** Ap 18:5 **10:1** 2 Cr 20:9

de Dios, una gran multitud de Israel —hombres, mujeres y
niños— se congregó y lloró amargamente con él. 2 Luego
Secanías, hijo de Jehiel, descendiente de Elam, le dijo a
Esdras: «Hemos sido infieles a nuestro Dios, porque nos
hemos casado con mujeres paganas de esta tierra; pero a
pesar de esto, hay esperanza para Israel. 3 Hagamos ahora
un pacto con nuestro Dios mediante el cual nos divorciare-
mos de nuestras esposas paganas y las echaremos de aquí
junto con sus hijos. Seguiremos tu consejo y el de los demás
que respetan los mandatos de nuestro Dios. Que se haga
todo de acuerdo con la ley de Dios. 4 Levántate, porque es
tu deber decirnos cómo debemos proceder para arreglar
esta situación. Nosotros te respaldamos, por lo tanto, sé
fuerte y actúa».

5 Entonces Esdras se puso de pie y exigió que los jefes de
los sacerdotes, los levitas y todo el pueblo de Israel juraran
que harían lo que dijo Secanías. Así que todos hicieron un
juramento solemne. 6 Luego Esdras se retiró de la parte de-
lantera del templo de Dios y fue a la habitación de Johanán,
hijo de Eliasib. Pasó la noche* allí sin comer ni beber nada.
Seguía en duelo a causa de la infidelidad de los que habían
regresado del destierro.

7 Luego se proclamó por todo el territorio de Judá y en
Jerusalén que todos los desterrados debían presentarse en
Jerusalén. 8 Si los jefes y los ancianos así lo decidían, los que
no acudieran en el plazo de tres días perderían el derecho a
todas sus propiedades y serían expulsados de la asamblea
de los desterrados.

9 En el plazo de tres días, todo el pueblo de Judá y de
Benjamín se reunió en Jerusalén. La asamblea tuvo lugar el
19 de diciembre,* y todos los israelitas estaban sentados en
la plaza, frente al templo de Dios. Temblaban por la seriedad
del asunto y también porque estaba lloviendo. 10 Entonces
Esdras, el sacerdote, se puso de pie y les dijo:

—Ustedes han cometido un pecado terrible; al casarse
con mujeres paganas, han aumentado la culpa de Israel.
11 Por lo tanto, confiesen ahora su pecado al SEÑOR, Dios
de sus antepasados, y hagan lo que él exige. Apártense de
los habitantes de esta tierra y sepárense de esas mujeres
paganas.

12 Entonces toda la asamblea levantó la voz y respondió:

—¡Sí, tienes razón; debemos hacer lo que tú dices!

13 Luego agregaron:

—No es algo que pueda resolverse en uno o dos días,
porque muchos de nosotros estamos implicados en este
asunto sumamente pecaminoso. Además, estamos en
temporada de lluvias, así que no podemos quedarnos aquí
afuera mucho más tiempo. 14 Que nuestros líderes actúen
en nombre de todos nosotros. Que todo el que tenga una
esposa pagana venga a una determinada hora, acompañado
por los líderes y jueces de su ciudad, para que la ira feroz de
nuestro Dios por este asunto se aleje de nosotros.

15 Los únicos que se opusieron a estas medidas fueron
Jonatán, hijo de Asael, y Jahazías, hijo de Ticva, ambos
respaldados por Mesulam y el levita Sabetai.

16 Así que adoptaron el plan sugerido por la asamblea.
Esdras escogió jefes para que representaran a sus familias y
nombró a cada representante por nombre. El 29 de diciem-
bre* los jefes se pusieron a investigar el asunto. 17 Para el 27
de marzo, que era el primer día del nuevo año,* ya habían
terminado de resolver los casos de todos los hombres que
se habían casado con mujeres paganas.

Los culpables de matrimonios mixtos

18 Los siguientes son los sacerdotes que habían tomado mujeres paganas como esposas:

De la familia de Jesúa, hijo de Jehosadac,* y sus hermanos: Maaseías, Eliezer, Jarib y Gedalías.
19 Ellos juraron divorciarse de sus esposas, y cada uno reconoció su culpabilidad presentando un carnero como ofrenda por la culpa.

20 De la familia de Imer: Hananí y Zebadías.

21 De la familia de Harim: Maaseías, Elías, Semaías, Jehiel y Uzías.

22 De la familia de Pasur: Elioenai, Maaseías, Ismael, Natanael, Jozabad y Elasa.

23 Los culpables de este pecado de entre los levitas eran Jozabad, Simei, Kelaía (también llamado Kelita), Petaías, Judá y Eliezer.

24 El culpable de este pecado de entre los cantores era Eliasib.

Los culpables de este pecado de entre los porteros eran Salum, Telem y Uri.

25 Los culpables de este pecado de entre los demás israelitas eran los siguientes:

De la familia de Paros: Ramía, Jezías, Malquías, Mijamín, Eleazar, Hasabías* y Benaía.

26 De la familia de Elam: Matanías, Zacarías, Jehiel, Abdi, Jeremot y Elías.

27 De la familia de Zatu: Elioenai, Eliasib, Matanías, Jeremot, Zabad y Aziza.

28 De la familia de Bebai: Johanán, Hananías, Zabai y Atlai.

29 De la familia de Bani: Mesulam, Maluc, Adaía, Jasub, Seal y Jeremot.

30 De la familia de Pahat-moab: Adna, Quelal, Benaía, Maaseías, Matanías, Bezalel, Binúi y Manasés.

31 De la familia de Harim: Eliezer, Isías, Malquías,
Semaías, Simeón, 32 Benjamín, Maluc y Semarías.

33 De la familia de Hasum: Matenai, Matata, Zabad, Elifelet, Jeremai, Manasés y Simei.

34 De la familia de Bani: Madai, Amram, Uel, 35 Benaía,
Bedías, Quelúhi, 36 Vanías, Meremot, Eliasib,
37 Matanías, Matenai y Jaasai.

38 De la familia de Binúi:* Simei, 39 Selemías, Natán,
Adaía, 40 Macnadebai, Sasai, Sarai, 41 Azareel,
Selemías, Semarías, 42 Salum, Amarías y José.

43 De la familia de Nebo: Jeiel, Matatías, Zabad, Zebina, Jadau, Joel y Benaía.

44 Cada uno de estos hombres tenía una esposa pagana, y algunos hasta tenían hijos con ellas.*

***Notas textuales** **10:6** Igual que el texto paralelo en 1 Esdras 9:2 [libro apócrifo]; en hebreo dice *Fue.* **10:9** En hebreo *el día veinte del noveno mes,* del antiguo calendario lunar hebreo. Ese día fue el 19 de diciembre del 458 a. C.; ver también la nota en 6:15. **10:16** En hebreo *El primer día del décimo mes,* del antiguo calendario lunar hebreo. Ese día fue el 29 de diciembre del 458 a. C.; ver también la nota en 6:15. **10:17** En hebreo *Para el primer día del primer mes,* del antiguo calendario lunar hebreo. Ese día fue el 27 de marzo del 457 a. C.; ver también la nota en 6:15. **10:18** En hebreo *Josadac,* una variante de Jehosadac. **10:25** Igual que el texto paralelo en 1 Esdras 9:26 [libro apócrifo]; en hebreo dice *Malquías.* **10:37-38** Así aparece en la versión griega; en hebreo dice *Jaasai, [38] Bani, Binúi.* **10:44** O *y las echaron con sus hijos.* El significado

Referencias cruzadas **10:19** Lv 5:15 **10:44** Esd 10:3

NEHEMÍAS

¿Por qué es importante?

Este libro se trata de emprender una gran aventura y trabajar con mucha gente para lograr una gran meta y por eso muchos creen que es un libro acerca del liderazgo. Incluso obras no cristianas lo han utilizado para registrar principios de liderazgo y dirección. Por supuesto, hay razones para que el libro sea utilizado de esa manera y hay muchos elementos aplicables al trabajo de los líderes en cualquier ambiente. Sin embargo, es bueno también saber que el propósito de este libro era principalmente espiritual. El principal objetivo de Nehemías no era solamente la construcción de un muro como una meta cualquiera. Nehemías, como todo gran líder, tenía como prioridad agradar al Señor y hacer su voluntad.

¿Por qué fue escrito?

Este libro continúa el relato de los judíos que restauraban su nación después del cautiverio, el cual fue iniciado por el libro de Esdras. Ambos personajes se complementan, ya que el sacerdote Esdras se ocupa de la purificación espiritual del pueblo, mientras Nehemías, un administrador, se preocupa por la protección física del pueblo mientras edifican. Este libro busca mostrar cómo Dios utiliza líderes capaces y fieles en su objetivo de restaurar al pueblo al lugar de bendición que Él ha preparado.

¿Quién lo escribió?

Nehemías nació durante el exilio, de padres judíos.Su nombre significa "Consuelo del Señor", lo cual nos hace concluir que nació en un hogar judío piadoso. Lo único que sabemos de su familia proviene del libro. Su padre era Jacalías (Neh. 1:1) y su hermano se llamaba Janani (Neh. 1:2). Siguiendo la costumbre de los babilonios de aprovechar el talento de los pueblos conquistados, este hombre fue nombrado "copero", es decir el encargado de probar la copa y comida del rey Artajerjes, el cual era un cargo de mucha confianza en el palacio. Desde allí, Dios lo utilizó como una pieza clave para permitir el regreso de los judíos para construir los muros de la ciudad. A diferencia de Esdras, que era un ministro religioso, Nehemías era lo que hoy llamaríamos un laico.

¿A quién lo escribió?

Los lectores originales fueron los judíos que ya estaban viviendo de regreso en la tierra de Israel, después del cautiverio. Estos judíos, aunque ya habían finalizado la reconstrucción del templo, estaban en una situación riesgosa, ya que los muros de la ciudad estaban aún destruidos. Ellos estaban inseguros; a merced del ataque de animales salvajes y sobre todo enemigos que los podrían amenazar. El libro cuenta la historia de la reconstrucción, los obstáculos y las decisiones tomadas por el líder, Nehemías.

¿Cuándo y dónde lo escribió?

Este libro fue escrito en la ciudad de Jerusalén. La fecha más probable es poco tiempo después de los eventos que narra. Entonces, la fecha más probable es el 430 a.C. Debes tomar en cuenta que este es el libro que narra los últimos eventos históricos del Antiguo Testamento.

Paso a paso

1. Reconstrucción del muro. Edificando para buscar seguridad. Caps. 1-7
2. Avivamiento de la Nación. Edificando a través de la Palabra. Caps. 8-13

NEHEMÍAS

Nehemías

1 Estas son las memorias de Nehemías, hijo de Hacalías.

Preocupación de Nehemías por Jerusalén

A fines del otoño, en el mes de *quisleu*, del año veinte del reinado del rey Artajerjes,* me encontraba en la fortaleza de Susa. 2Hananí, uno de mis hermanos, vino a visitarme con algunos hombres que acababan de llegar de Judá. Les pregunté por los judíos que habían regresado del cautiverio y sobre la situación en Jerusalén.

3Me dijeron: «Las cosas no andan bien. Los que regresaron a la provincia de Judá tienen grandes dificultades y viven en desgracia. La muralla de Jerusalén fue derribada, y las puertas fueron consumidas por el fuego».

4Cuando oí esto, me senté a llorar. De hecho, durante varios días estuve de duelo, ayuné y oré al Dios del cielo, 5y dije:

> «Oh Señor, Dios del cielo, Dios grande y temible que cumples tu pacto de amor inagotable con los que te aman y obedecen tus mandatos, 6¡escucha mi oración! Mírame y verás que oro día y noche por tu pueblo Israel. Confieso que hemos pecado contra ti. ¡Es cierto, incluso mi propia familia y yo hemos pecado! 7Hemos pecado terriblemente al no haber obedecido los mandatos, los decretos y las ordenanzas que nos diste por medio de tu siervo Moisés.
>
> 8»Te suplico que recuerdes lo que le dijiste a tu siervo Moisés: "Si me son infieles los dispersaré entre las naciones; 9pero si vuelven a mí y obedecen mis mandatos y viven conforme a ellos, entonces aunque se encuentren desterrados en los extremos más lejanos de la tierra,* yo los volveré a traer al lugar que elegí para que mi nombre sea honrado".
>
> 10»El pueblo que rescataste con tu gran poder y mano fuerte es tu siervo. 11¡Oh Señor, te suplico que oigas mi oración! Escucha las oraciones de aquellos quienes nos deleitamos en darte honra. Te suplico que hoy me concedas éxito y hagas que el rey me dé su favor.* Pon en su corazón el deseo de ser bondadoso conmigo».

En esos días yo era el copero del rey.

Nehemías va a Jerusalén

2 A comienzos de la siguiente primavera, en el mes de *nisán*,* durante el año veinte del reinado de Artajerjes, le servía el vino al rey y, como nunca antes había estado triste en su presencia, 2me preguntó:

—¿Por qué te ves tan triste? No me parece que estés enfermo; debes estar profundamente angustiado.

Entonces quedé aterrado, 3pero le contesté:

—Viva el rey para siempre. ¿Cómo no voy a estar triste cuando la ciudad donde están enterrados mis antepasados está en ruinas, y sus puertas han sido consumidas por el fuego?

4El rey preguntó:

—Bueno, ¿cómo te puedo ayudar?

Después de orar al Dios del cielo, 5contesté:

—Si al rey le agrada, y si está contento conmigo, su servidor, envíeme a Judá para reconstruir la ciudad donde están enterrados mis antepasados.

6El rey, con la reina sentada a su lado, preguntó:

—¿Cuánto tiempo estarás fuera? ¿Cuándo piensas regresar?

Después de decirle cuánto tiempo estaría ausente, el rey accedió a mi petición.

7Además le dije al rey:

—Si al rey le agrada, permítame llevar cartas dirigidas a los gobernadores de la provincia al occidente del río Éufrates,* indicándoles que me permitan viajar sin peligro por sus territorios de camino a Judá. 8Además, le ruego que me dé una carta dirigida a Asaf, el encargado del bosque del rey, con instrucciones de suministrarme madera. La necesitaré para hacer vigas para las puertas de la fortaleza del templo, para las murallas de la ciudad y para mi propia casa.

Entonces el rey me concedió estas peticiones porque la bondadosa mano de Dios estaba sobre mí.

9Cuando llegué ante los gobernadores de la provincia al occidente del río Éufrates, les entregué las cartas del rey. Debo agregar que el rey mandó oficiales del ejército y jinetes* para protegerme. 10Ahora bien, cuando Sanbalat, el horonita, y Tobías, el oficial amonita, se enteraron de mi llegada, se molestaron mucho porque alguien había venido para ayudar al pueblo de Israel.

Nehemías inspecciona la muralla de Jerusalén

11Entonces llegué a Jerusalén. Tres días después, 12me escabullí durante la noche, llevando conmigo a unos cuantos hombres. No le había dicho a nadie acerca de los planes que Dios había puesto en mi corazón para Jerusalén.

***Notas textuales** **1:1** En hebreo *En el mes de quisleu del año veinte.* Varias fechas que aparecen en Nehemías pueden corroborarse con las fechas que aparecen en los registros persas que se han conservado y pueden relacionarse de manera precisa con nuestro calendario moderno. En el antiguo calendario lunar hebreo, ese mes cayó entre noviembre y diciembre del 446 a. C. Es probable que el *año veinte* se refiera al reinado del rey Artajerjes I. Comparar 2:1; 5:14. **1:9** En hebreo *de los cielos*. **1:11** En hebreo *éxito a la vista de este hombre.* **2:1** En hebreo *En el mes de nisán*. En el antiguo calendario lunar hebreo, ese mes cayó entre abril y mayo del 445 a. C. **2:7** En hebreo *la provincia situada más allá del río*; también en 2:9. **2:9** O *conductores de carros de guerra.*

Referencias cruzadas **1:1** Est 2:8 **1:2** Ne 7:2, 18 **1:8-9** Dt 30:2-4 **2:3** Dn 2:4

No llevamos ningún animal de carga, con excepción del burro en el que yo cabalgaba. 13Salí por la puerta del Valle cuando ya había oscurecido y pasé por el pozo del Chacal* hacia la puerta del Estiércol para inspeccionar las murallas caídas y las puertas quemadas. 14Luego fui a la puerta de la Fuente y al estanque del Rey, pero mi burro no pudo pasar por los escombros. 15A pesar de que aún estaba oscuro, subí por el valle de Cedrón* e inspeccioné la muralla, antes de regresar y entrar nuevamente por la puerta del Valle.

16Los funcionarios de la ciudad no supieron de mi salida ni de lo que hice, porque aún no le había dicho nada a nadie sobre mis planes. Todavía no había hablado con los líderes judíos: los sacerdotes, los nobles, los funcionarios, ni con ningún otro en la administración; 17pero ahora les dije:

—Ustedes saben muy bien las dificultades en que estamos. Jerusalén yace en ruinas y sus puertas fueron destruidas por fuego. ¡Reconstruyamos la muralla de Jerusalén y pongamos fin a esta desgracia!

18Después les conté cómo la bondadosa mano de Dios estaba sobre mí, y acerca de mi conversación con el rey.

De inmediato contestaron:

—¡Sí, reconstruyamos la muralla!

Así que comenzaron la buena obra.

19Sin embargo, cuando Sanbalat, Tobías y Gesem el árabe se enteraron de nuestro plan, se burlaron con desprecio.

—¿Qué están haciendo? —preguntaron—. ¿Se rebelan contra el rey?

20Yo contesté:

—El Dios del cielo nos ayudará a tener éxito. Nosotros, sus siervos, comenzaremos a reconstruir esta muralla; pero ustedes no tienen ninguna parte ni derecho legal o reclamo histórico en Jerusalén.

Reconstrucción de la muralla de Jerusalén

3 Entonces Eliasib, el sumo sacerdote, y los demás sacerdotes comenzaron a reconstruir la puerta de las Ovejas. La dedicaron y colocaron las puertas, levantaron la muralla hasta llegar a la torre de los Cien, la cual también dedicaron, y hasta la torre de Hananeel. 2Trabajaron junto a ellos personas de la ciudad de Jericó, y más allá de ellos estaba Zacur, hijo de Imri.

3La puerta del Pescado la construyeron los hijos de Senaa. Colocaron las vigas, levantaron las puertas e instalaron sus cerrojos y barras. 4Meremot, hijo de Urías y nieto de Cos, reparó la siguiente sección de la muralla. A su lado estaban Mesulam, hijo de Berequías y nieto de Mesezabeel, y luego Sadoc, hijo de Baana. 5Contiguo a ellos estaban los habitantes de Tecoa, aunque sus líderes se negaron a trabajar con los supervisores de la construcción.

6La puerta de la Ciudad Antigua* la repararon Joiada, hijo de Paseah, y Mesulam, hijo de Besodías. Colocaron las vigas, levantaron las puertas e instalaron sus cerrojos y barras. 7Junto a ellos estaban Melatías de Gabaón, Jadón de Meronot, gente de Gabaón y gente de Mizpa, el cuartel general del gobernador de la provincia al occidente del río Éufrates.* 8Contiguo a ellos estaba Uziel, hijo de Harhaía, orfebre de profesión, quien también trabajó en la muralla. Después estaba Hananías, fabricante de perfumes. Omitieron una sección de Jerusalén mientras edificaban el muro Ancho.*

9Junto a ellos, en la muralla, estaba Refaías, hijo de Hur, jefe de la mitad del distrito de Jerusalén. 10Luego Jedaías, hijo de Harumaf, reparó la muralla frente a su propia casa, y junto a él estaba Hatús, hijo de Hasabnías. 11Enseguida se encontraban Malquías, hijo de Harim, y Hasub, hijo de Pahat-moab, quienes repararon otra sección de la muralla y la torre de los Hornos. 12Salum, hijo de Halohes, y sus hijas repararon la siguiente sección. Él era jefe de la otra mitad del distrito de Jerusalén.

13La puerta del Valle la repararon los habitantes de Zanoa, dirigidos por Hanún. Levantaron las puertas e instalaron sus cerrojos y barras. También repararon cuatrocientos sesenta metros* de la muralla hasta la puerta del Estiércol.

14Malquías, hijo de Recab, el jefe del distrito de Bet-haquerem reparó la puerta del Estiércol. La reconstruyó, levantó las puertas e instaló sus cerrojos y barras.

15La puerta de la Fuente la reparó Salum,* hijo de Col-hoze, jefe del distrito de Mizpa. Él la reedificó, la techó, levantó las puertas e instaló sus cerrojos y barras. Luego reparó la muralla del estanque de Siloé* cerca del jardín del rey y reconstruyó la muralla hasta las escaleras que descienden de la Ciudad de David. 16Junto a él estaba Nehemías, hijo de Azbuc, jefe de la mitad del distrito de Bet-sur. Él reconstruyó la muralla desde un lugar frente a las tumbas de la familia de David hasta el depósito de agua y la casa de los Guerreros.

17Junto a él, hizo reparaciones un grupo de levitas que trabajaba bajo la supervisión de Rehum, hijo de Bani. Luego estaba Hasabías, jefe de la mitad del distrito de Keila, quien supervisaba la construcción de la muralla en nombre de su propio distrito. 18Próximo a ellos estaban sus compatriotas dirigidos por Binúi,* hijo de Henadad, jefe de la otra mitad del distrito de Keila.

19Junto a ellos, Ezer, hijo de Jesúa, jefe de Mizpa, reparó otra sección de la muralla frente a la subida hacia el arsenal cerca del ángulo de la muralla. 20Junto a él estaba Baruc, hijo de Zabai, quien reparó con entusiasmo una sección adicional, desde el ángulo hasta la puerta de la casa de Eliasib, el sumo sacerdote. 21Meremot, hijo de Urías y nieto de Cos, reconstruyó otra sección de la muralla que se extendía desde la puerta de la casa de Eliasib hasta el otro extremo.

22Los sacerdotes de la región vecina hicieron las subsiguientes reparaciones. 23Después de ellos, Benjamín y Hasub repararon la sección frente a su casa, y Azarías, hijo de Maaseías y nieto de Ananías, reparó la sección frente a su casa. 24A continuación Binúi, hijo de Henadad, reconstruyó otra sección de la muralla desde la casa de Azarías hasta el ángulo y la esquina. 25Palal, hijo de Uzai, continuó con la tarea desde el punto opuesto al ángulo y la torre que sobresale de la casa superior del rey, al lado del patio de la guardia. Próximo a él estaban Pedaías, hijo de Faros, 26junto con los sirvientes del templo que vivían en la colina de Ofel, quienes repararon la muralla hasta un punto frente a la puerta del Agua hacia el oriente y la torre saliente. 27Luego seguían los habitantes de Tecoa, quienes

***Notas textuales** **2:13** O *el pozo de la Serpiente*. **2:15** En hebreo *el valle*. **3:6** O *La puerta del Misné* o *La puerta de Jesana*. **3:7** En hebreo *la provincia situada más allá del río*. **3:8** O *Fortificaron Jerusalén hasta el muro Ancho*. **3:13** En hebreo *1000 codos* [1500 pies]. **3:15a** Así aparece en la versión siríaca; en hebreo dice *Salún*. **3:15b** En hebreo *estanque de Sela*, otro nombre del estanque de Siloé. **3:18** Así aparece en algunos manuscritos hebreos, en algunos manuscritos griegos y en la versión siríaca (ver también 3:24; 10:9); la mayoría de los manuscritos hebreos dicen *Bavai*.

Referencias cruzadas **2:14** 2 Re 20:20 **3:1** Jr 31:38 **3:15** Jn 9:7

repararon otra sección frente a la gran torre saliente hasta el muro de Ofel.

28 Los sacerdotes repararon la muralla encima de la puerta de los Caballos. Cada uno reparó la sección justo frente a su propia casa. 29 A continuación Sadoc, hijo de Imer, también reconstruyó la muralla frente a su propia casa, y más allá de él estaba Semaías, hijo de Secanías, guardián de la puerta Oriental. 30 Junto a ellos Hananías, hijo de Selemías, y Hanún, el sexto hijo de Salaf, repararon otra sección, mientras Mesulam, hijo de Berequías, reconstruyó la muralla frente a donde vivía. 31 Malquías, uno de los orfebres, reparó la muralla hasta las viviendas para los sirvientes del templo y los comerciantes, frente a la puerta de la Inspección. Luego él siguió hasta la habitación de la planta alta de la esquina. 32 Los otros orfebres y comerciantes repararon la muralla desde esa esquina hasta la puerta de las Ovejas.

Los enemigos se oponen a la reconstrucción

4 1* Cuando Sanbalat se enteró de que estábamos reconstruyendo la muralla, se enojó muchísimo. Se puso furioso y se burló de los judíos, 2 diciendo ante sus amigos y los oficiales del ejército de Samaria: «¿Qué cree que está haciendo este pobre y debilucho grupo de judíos? ¿Acaso creen que pueden construir la muralla en un día por tan solo ofrecer unos cuantos sacrificios?* ¿Realmente creen que pueden hacer algo con piedras rescatadas de un montón de escombros, y para colmo piedras calcinadas?».

3 Tobías, el amonita, que estaba a su lado, comentó: «¡Esa muralla se vendría abajo si tan siquiera un zorro caminara sobre ella!».

4 Entonces oré: «Escúchanos, Dios nuestro, porque se burlan de nosotros. ¡Que sus burlas recaigan sobre sus propias cabezas, y que ellos mismos sean llevados cautivos a una tierra extraña! 5 No pases por alto su culpa. No borres sus pecados, porque han provocado tu enojo delante de* los que construyen la muralla».

6 Por fin se completó la muralla alrededor de toda la ciudad hasta la mitad de su altura, porque el pueblo había trabajado con entusiasmo.

7* Sin embargo, cuando Sanbalat, Tobías, los árabes, los amonitas y los asdodeos se enteraron de que la obra progresaba y que se estaban reparando las brechas en la muralla de Jerusalén, se enfurecieron. 8 Todos hicieron planes para venir y luchar contra Jerusalén y causar confusión entre nosotros. 9 Así que oramos a nuestro Dios y pusimos guardias en la ciudad día y noche para protegernos.

10 Entonces el pueblo de Judá comenzó a quejarse: «Los trabajadores se están cansando, y los escombros que quedan por sacar son demasiados. Jamás podremos construir la muralla por nuestra cuenta».

11 Mientras tanto, nuestros enemigos decían: «Antes de que se den cuenta de lo que está pasando, caeremos encima de ellos, los mataremos y detendremos el trabajo».

12 Los judíos que vivían cerca de los enemigos venían y nos decían una y otra vez: «¡Llegarán de todos lados y nos atacarán!»*. 13 De manera que coloqué guardias armados detrás de las partes más bajas de la muralla, en los lugares más descubiertos. Puse a la gente por familias para que hiciera guardia con espadas, lanzas y arcos.

14 Luego, mientras revisaba la situación, reuní a los nobles y a los demás del pueblo y les dije: «¡No le tengan miedo al enemigo! ¡Recuerden al Señor, quien es grande y glorioso, y luchen por sus hermanos, sus hijos, sus hijas, sus esposas y sus casas!».

15 Cuando nuestros enemigos se enteraron de que conocíamos sus planes y que Dios mismo los había frustrado, todos volvimos a nuestro trabajo en la muralla. 16 Sin embargo, de ahí en adelante, solo la mitad de los hombres trabajaba mientras que la otra mitad hacía guardia con lanzas, escudos, arcos y cotas de malla. Los líderes se colocaron detrás del pueblo de Judá 17 que edificaba la muralla. Los obreros seguían con el trabajo, sosteniendo con una mano la carga y con la otra un arma. 18 Todos los que construían tenían una espada asegurada a su costado. El que tocaba la trompeta quedó conmigo para tocar alarma.

19 Entonces les expliqué a los nobles, a los oficiales y a todo el pueblo lo siguiente: «La obra es muy extensa, y nos encontramos muy separados unos de otros a lo largo de la muralla. 20 Cuando oigan el sonido de la trompeta, corran hacia el lugar donde esta suene. ¡Entonces nuestro Dios peleará por nosotros!».

21 Trabajábamos desde temprano hasta tarde, desde la salida hasta la puesta del sol; y la mitad de los hombres estaba siempre de guardia. 22 También les dije a todos los que vivían fuera de las murallas que se quedaran en Jerusalén. De esa manera ellos y sus sirvientes podían colaborar con los turnos de guardia de noche y trabajar durante el día. 23 Durante ese tiempo, ninguno de nosotros —ni yo, ni mis parientes, ni mis sirvientes, ni los guardias que estaban conmigo— nos quitamos la ropa. En todo momento portábamos nuestras armas, incluso cuando íbamos por agua.*

Nehemías defiende a los oprimidos

5 En esos días, algunos de los hombres y sus esposas elevaron una protesta contra sus hermanos judíos. 2 Decían: «Nuestras familias son tan numerosas que necesitamos más comida para sobrevivir».

3 Otros decían: «Hemos hipotecado nuestros campos, viñedos y casas para conseguir comida durante el hambre».

4 Otros más decían: «Para poder pagar los impuestos, tuvimos que pedir dinero prestado dando nuestros campos y viñedos como garantía. 5 Pertenecemos a la misma familia de los que son ricos, y nuestros hijos son iguales a los de ellos. Sin embargo, tenemos que vender nuestros hijos como esclavos solo para conseguir lo necesario para vivir. Ya hemos vendido a algunas de nuestras hijas, y no hay nada que podamos hacer, porque nuestros campos y viñedos ya están hipotecados a otros».

6 Cuando oí sus quejas me enojé muchísimo. 7 Después de pensarlo bien, denuncié a esos nobles y a los funcionarios y les dije: «¡Ustedes perjudican a sus propios parientes al cobrar intereses cuando les piden dinero prestado!». Entonces convoqué a una reunión pública para tratar el problema.

8 En la reunión les dije:

—Estamos haciendo todo lo posible para rescatar a

***Notas textuales** **4:1** Los versículos del 4:1-6 corresponden al 3:33-38 en el texto hebreo. **4:2** El significado del hebreo es incierto. **4:5** O *porque han arrojado insultos en la cara de.* **4:7** Los versículos del 4:7-23 corresponden al 4:1-17 en el texto hebreo. **4:12** El significado del hebreo es incierto. **4:23** O *Cada uno llevaba su arma en la mano derecha.* En hebreo dice *Cada uno su arma el agua.* El significado del hebreo es incierto.

Referencias cruzadas **3:28** 2 Re 11:16 **4:4** Sal 123:3-4 **4:20** Ex 14:14

nuestros parientes judíos que han tenido que venderse a extranjeros paganos, pero ahora son ustedes los que los someten a esclavitud. ¿Cuántas veces tendremos que redimirlos?

Ellos no tenían nada que argumentar en su defensa. [9]Entonces insistí:

—¡No está bien lo que ustedes hacen! ¿Acaso no deberían andar en el temor de nuestro Dios para evitar que nos pongan en ridículo las naciones enemigas? [10]Yo mismo, al igual que mis hermanos y mis trabajadores, he estado prestando dinero y grano al pueblo, pero ahora dejemos de cobrarles intereses. [11]Devuélvanles hoy mismo sus campos y viñedos, sus olivares y sus casas. Además devuelvan los intereses que cobraron cuando prestaron dinero, grano, vino nuevo y aceite de oliva.

[12]Entonces ellos respondieron:

—Devolveremos todo y no le exigiremos nada al pueblo; haremos como tú dices.

Luego llamé a los sacerdotes e hice que los nobles y los funcionarios juraran que cumplirían su promesa.

[13]Sacudí los dobleces de mi manto y les dije:

—¡Si no cumplen su promesa, que así los sacuda Dios de sus casas y de sus propiedades!

Entonces toda la asamblea respondió:

—¡Amén!

Todos alabaron al SEÑOR y cumplieron con lo prometido.

[14]Durante los doce años en los que fui gobernador de Judá —desde el año veinte hasta el año treinta y dos del reinado del rey Artajerjes*— ni yo ni mis funcionarios reclamamos la ración de comida que nos correspondía. [15]Los gobernadores anteriores, por contraste, impusieron pesadas cargas al pueblo, al exigir una ración diaria de comida y vino, además de cuarenta piezas* de plata. Hasta sus ayudantes se aprovechaban del pueblo. Sin embargo, como yo temía a Dios, no actué de esa manera.

[16]También me dediqué a trabajar en la muralla y me negué a adquirir tierras. Además, exigí a todos mis sirvientes que dedicaran tiempo a trabajar en la muralla. [17]No pedí nada, aunque con frecuencia daba de comer a ciento cincuenta funcionarios judíos en mi mesa, ¡sin contar a todos los visitantes de otras tierras! [18]Las provisiones que yo pagaba todos los días incluían: un buey, seis ovejas o cabras selectas y una gran cantidad de carne de ave. Además, cada diez días necesitábamos una abundante provisión de toda clase de vino. Sin embargo, rehusé exigir la ración que me correspondía como gobernador porque el pueblo ya tenía una carga pesada.

[19]Oh Dios mío, acuérdate de todo lo que he hecho
por este pueblo y bendíceme.

Continúa la oposición a la reconstrucción

6 Sanbalat, Tobías, Gesem el árabe y los demás enemigos nuestros descubrieron que yo había terminado la reconstrucción de la muralla y que no quedaba ninguna brecha; a pesar de que todavía no habíamos levantado las puertas en sus respectivos lugares. [2]Así que Sanbalat y Gesem enviaron un mensaje pidiéndome que me encontrara con ellos en una de las aldeas* de la llanura de Ono.

Pero me di cuenta de que ellos tramaban hacerme daño, [3]de modo que les respondí con el siguiente mensaje: «Estoy ocupado en una gran tarea, así que no puedo ir. ¿Por qué habría de dejar el trabajo para ir a encontrarme con ustedes?».

[4]Cuatro veces me enviaron el mismo mensaje, y cada vez les respondí lo mismo. [5]La quinta vez, el sirviente de Sanbalat llegó con una carta abierta en su mano [6]que decía:

«Circula un rumor entre las naciones vecinas, y
Gesem* me asegura que es cierto, que tú y los judíos
piensan rebelarse y que por eso reconstruyen la
muralla. Según sus informes, tú te propones ser el
rey. [7]También informa que has nombrado profetas
en Jerusalén para que proclamen acerca de ti:
"¡Atención! ¡Hay rey en Judá!".

»Puedes tener la seguridad de que este informe
llegará a oídos del rey, de modo que sugiero que
vengas a hablar conmigo del asunto».

[8]Yo respondí: «Todo lo que dices es puro cuento. Tú mismo inventaste todo».

[9]Solo trataban de intimidarnos, creían que podrían desalentarnos y detener la obra. De modo que seguí con el trabajo más decidido que nunca.*

[10]Más adelante fui a visitar a Semaías, hijo de Delaía y nieto de Mehetabel, que estaba recluido en su casa. Me dijo:

—Reunámonos dentro del templo de Dios y cerremos las puertas con cerrojos. Tus enemigos vienen a matarte esta noche.

[11]Pero yo respondí:

—¿Acaso debería una persona en mi posición huir del peligro? ¿Acaso debería alguien en mi posición entrar al templo para salvar su vida? ¡No lo haré!

[12]Me di cuenta de que Dios no le había hablado, sino que decía esa profecía contra mí porque Tobías y Sanbalat lo habían contratado. [13]Ellos esperaban intimidarme y hacerme pecar. De esa forma podrían acusarme y desacreditarme.

[14]Oh Dios mío, acuérdate de todas las cosas
malvadas que Tobías y Sanbalat han hecho; y
recuerda a la profetisa Noadías y a todos los profetas
como ella que trataron de intimidarme.

Los trabajadores completan la muralla

[15]Así que el 2 de octubre,* a los cincuenta y dos días después de comenzar la obra, se terminó la muralla. [16]Cuando se enteraron nuestros enemigos y las naciones vecinas, se sintieron aterrorizados y humillados. Se dieron cuenta de que esta obra se había realizado con la ayuda de nuestro Dios.

[17]Durante esos cincuenta y dos días, circularon muchas cartas entre Tobías y los nobles de Judá. [18]Pues muchos en Judá le habían jurado lealtad porque su suegro era Secanías, hijo de Ara, y Johanán, su hijo, estaba casado con la hija de Mesulam, hijo de Berequías. [19]Constantemente ellos me hablaban de las buenas acciones de Tobías,

***Notas textuales** **5:14** Es decir, 445–433 a. C. **5:15** En hebreo *40 siclos* [456 gramos o una libra]. **6:2** Así aparece en la versión griega; en hebreo dice *en Quefirim.* **6:6** En hebreo *Gasmu*, una variante de Gesem. **6:9** Así aparece en la versión griega; en hebreo dice *Pero ahora para fortalecer mis manos.* **6:15** En hebreo *el día veinticinco del mes de elul*, del antiguo calendario lunar hebreo. Este día fue el 2 de octubre del 445 a. C.; ver también la nota en 1:1.

Referencias cruzadas **5:9-11** Lv 25:35-48 **5:18** 2 Ts 3:7-9 **6:14** Ez 13:17

y luego le contaban todo lo que yo decía. Por su parte, Tobías no dejaba de enviarme cartas amenazadoras a fin de intimidarme.

7 Cuando quedó terminada la muralla e instalé las puer-
tas en sus sitios, se nombraron porteros, cantores y
levitas. 2 A mi hermano Hananí le entregué la respon-
sabilidad de gobernar Jerusalén junto con Hananías, el
comandante de la fortaleza, porque era un hombre fiel
que temía a Dios más que la mayoría. 3 Les dije: «No dejen
abiertas las puertas durante las horas más calurosas del
día;* y aun mientras los porteros estén de guardia, man-
tengan las puertas cerradas con las barras puestas. Asignen
a los residentes de Jerusalén para que hagan guardia cada
uno con un turno regular. Algunos servirán en puestos de
centinela y otros frente a su propia casa».

Nehemías registra al pueblo

4 En ese tiempo, la ciudad era grande y espaciosa, pero
poco poblada y ninguna de las casas se había recons-
truido. 5 Entonces mi Dios me dio la idea de reunir a
todos los nobles y dirigentes de la ciudad, junto con los
ciudadanos comunes, para que se registraran. Yo había
encontrado el registro genealógico de los primeros que
habían regresado a Judá. Allí estaba escrito lo siguiente:

6 Esta es la lista de los desterrados judíos de las
provincias que regresaron de su cautiverio. El rey
Nabucodonosor los había desterrado a Babilonia,
pero ahora regresaron a Jerusalén y a las otras
ciudades de Judá donde vivían originalmente. 7 Sus
líderes fueron Zorobabel, Jesúa, Nehemías, Seraías,*
Reelaías,* Nahamaní, Mardoqueo, Bilsán, Mispar,*
Bigvai, Rehum* y Baana.

Este es el total de los hombres de Israel que regresó
del destierro:

8 la familia de Paros................2172
9 la familia de Sefatías............... 372
10 la familia de Ara................... 652
11 la familia de Pahat-moab
(descendientes de Jesúa
y Joab) 2818
12 la familia de Elam.................1254
13 la familia de Zatu 845
14 la familia de Zacai................760
15 la familia de Bani*................648
16 la familia de Bebai................ 628
17 la familia de Azgad...............2322
18 la familia de Adonicam 667
19 la familia de Bigvai..............2067
20 la familia de Adín 655
21 la familia de Ater (descendientes
de Ezequías)......................98
22 la familia de Hasum 328
23 la familia de Bezai 324
24 la familia de Jora*.................112
25 la familia de Gibar*..................95
26 la gente de Belén y Netofa 188
27 la gente de Anatot.................128
28 la gente de Bet-azmavet...............42
29 la gente de Quiriat-jearim,
Cafira y Beerot 743
30 la gente de Ramá y Geba 621
31 la gente de Micmas...................122
32 la gente de Betel y Hai..............123
33 la gente de Nebo occidental*...........52
34 los ciudadanos de Elam
occidental*.......................1254
35 los ciudadanos de Harim 320
36 los ciudadanos de Jericó............345
37 los ciudadanos de Lod, Hadid
y Ono 721
38 los ciudadanos de Senaa 3930

39 Estos son los sacerdotes que regresaron del
destierro:
la familia de Jedaías (por la línea genealógica de
Jesúa) 973
40 la familia de Imer 1052
41 la familia de Pasur.................1247
42 la familia de Harim.................1017

43 Estos son los levitas que regresaron del destierro:
la familia de Jesúa y la de Cadmiel (descendientes
de Hodavías*)..........................74
44 los cantores de la familia de Asaf.... 148
45 los porteros de las familias de
Salum, Ater, Talmón, Acub,
Hatita y Sobai..........................138

46 Regresaron del destierro los descendientes de
estos sirvientes del templo:
Ziha, Hasufa, Tabaot,
47 Queros, Siaha,* Padón,
48 Lebana, Hagaba, Salmai,
49 Hanán, Gidel, Gahar,
50 Reaía, Rezín, Necoda,
51 Gazam, Uza, Paseah,
52 Besai, Mehunim, Nefusim,*
53 Bacbuc, Hacufa, Harhur,
54 Bazlut,* Mehída, Harsa,
55 Barcos, Sísara, Tema,
56 Nezía y Hatifa.

57 Regresaron del destierro los descendientes de
estos sirvientes del rey Salomón:
Sotai, Hasoferet, Peruda,*
58 Jaala,* Darcón, Gidel,
59 Sefatías, Hatil, Poqueret-hazebaim y Ami.*

60 En total, los sirvientes del templo y los
descendientes de los sirvientes de Salomón fueron
trescientas noventa y dos personas.

***Notas textuales** **7:3** O *Mantengan las puertas de Jerusalén cerradas hasta que el sol esté caliente.* **7:7a** Igual que el texto paralelo en Esd 2:2; en hebreo dice *Azarías.* **7:7b** Igual que el texto paralelo en Esd 2:2; en hebreo dice *Raamías.* **7:7c** Igual que el texto paralelo en Esd 2:2; en hebreo dice *Misperet.* **7:7d** Igual que el texto paralelo en Esd 2:2; en hebreo dice *Nehum.* **7:15** Igual que el texto paralelo en Esd 2:10; en hebreo dice *Binúi.* **7:24** Igual que el texto paralelo en Esd 2:18; en hebreo dice *Harif.* **7:25** Igual que el texto paralelo en Esd 2:20; en hebreo dice *Gabaón.* **7:33** O *de la otra Nebo*. **7:34** O *de la otra Elam.* **7:43** Igual que el texto paralelo en Esd 2:40; en hebreo dice *Hodeva.* **7:47** Igual que el texto paralelo en Esd 2:44; en hebreo dice *Sia*. **7:52** Igual que el texto paralelo en Esd 2:50; en hebreo dice *Nefisesim.* **7:54** Igual que el texto paralelo en Esd 2:52; en hebreo dice *Bazlit.* **7:57** Igual que el texto paralelo en Esd 2:55; en hebreo dice *Sotai, Soferet, Perida*. **7:58** Igual que el texto paralelo en Esd 2:56; en hebreo dice *Jala.* **7:59** Igual que el texto paralelo en Esd 2:57; en hebreo dice *Amón.*

Referencias cruzadas **7:6-73** Esd 2:1-70

Elías y la viuda de Sarepta

1 Reyes 17:8-24

Un profeta es una persona escogida por Dios para ser su mensajero. Elías lo fue durante el tiempo de Acab, rey de Israel. Acab hizo lo malo delante del Señor; lo más grave fue que permitió que su esposa levantara templos de Baal en todo Israel.

Por eso, Dios levantó a Elías; sin embargo, Acab no escuchó ni hizo caso de las palabras del Señor. Entonces Elías oró para que no lloviera, y en efecto, hubo sequía. Esto lo hizo para llamar la atención del rey, que viera que sus acciones traían consecuencias sobre su pueblo y entonces se arrepintiera.

Arrepentirse significa hacer un cambio en nuestro corazón, y por lo tanto, se modificará nuestra manera de actuar. Pero ni el rey ni la reina se arrepintieron, más bien culparon a Elías de todo el mal que había venido sobre su pueblo. Por eso, Dios le indicó al profeta que fuera a un arroyo. Allí tenía agua, y unos cuervos le llevaban pan. Cuando el arroyo se secó, Dios instruyó a Elías para que fuera a Sarepta, porque allí una viuda iba a cuidar de él.

¿Una viuda? Las viudas eran las mujeres más desprotegidas económicamente, en especial si no tenían hijos grandes que pudieran cuidarlas.

Al llegar a Sarepta, vio a una viuda y le pidió agua y pan. Ella le contestó que solo contaba con un poco de harina y unas gotas de aceite, que planeaba hacer el último pan para su hijo pequeño y después esperararía la muerte por la escasez de comida. El profeta entonces le dijo que le hiciera el pan primero a él y después para ella y su hijo.

La viuda reconoció que era un hombre de Dios y obedeció. Preparó el pan para el profeta y ocurrió el milagro: cuando volvió a revisar había más harina y más aceite. Así siguió elaborando panes, sin acabarse nunca ni el aceite ni la harina.

La actitud de la viuda contrasta con la del rey. Él no obedece y entonces hay escasez; por el contrario, ella obedece y hay un milagro de multiplicación. Cuando ponemos atención y obedecemos la Palabra de Dios, que hoy tenemos escrita, entonces vamos a experimentar las consecuencias de la obediencia.

¿En qué debes obedecer a Dios en los próximos días? Animate a confiar en Dios, y verás como él te ayuda en los desafíos que tienes por delante.

Anfitriones de Dios

2 Reyes 4:8-37

¿Alguna vez te han dado ganas de que alguien a quien admiras vaya a tu casa? ¿Te has imaginado a tu jugador favorito comiendo en tu casa o mejor aún, jugando en tu cuarto? Cuando recibimos a alguien en nuestra casa, se dice que somos los anfitriones.

Un anfitrión es alguien que recibe en su casa a otra persona y se esmera por hacerlo sentir a gusto; prepara los detalles para que todo esté en su lugar y sea cómodo para la persona que viene. Así que, cuando eres un buen anfitrión, puedes mostrar a Dios a los que llegan a tu casa.

¿Sabías que una mujer en la Biblia fue anfitriona de un hombre de Dios y fue como si hubiera recibido a Dios mismo?

Viajemos en el tiempo a la época de los reyes de Israel, para conocer la historia de una mujer que se llevó una buena sorpresa al recibir a un hombre de Dios en su casa. Ella vivió en la ciudad de Sunén, y por entonces era muy conocido un profeta de Dios llamado Eliseo. Eliseo viajaba mucho por todas las ciudades de Israel, pero cada vez que pasaba por Sunén, la mujer lo invitaba a cenar a su casa. En una ocasión, ella pensó en algo más que una cena: le propuso a su esposo construir una habitación para el profeta, para que cada vez que estuviera por allí, dispusiera de un lugar cómodo en donde descansar.

La mujer no sabía que, al preparar su casa para ser anfitriona de un hombre de Dios, realmente recibiría la presencia del Señor en su casa y una recompensa de parte de él.

Por muchos años, ella había anhelado tener un hijo, pero no había sido posible. Ante tanta atención y cuidado, el profeta bendijo a la mujer y le anunció de parte de Dios que en poco tiempo iba a ser mamá. Un año después, la mujer tenía en brazos a su bebé.

Jesús enseñó que, cuando atendemos a los demás —en especial a aquellos que están en necesidad—, lo estamos recibiendo a él mismo.

¿A quién puedes recibir en tu casa en los próximos días? ¿Con quién te gustaría tener un acto de bondad?

El exilio en Babilonia

2 Reyes 25:1-15

Durante mucho tiempo, los reyes que gobernaban al pueblo de Dios no lo amaron; por lo tanto, no lo obedecían. Ellos adoraban los dioses de los vecinos y hacían cosas terribles que las otras naciones hacían.

Aquí encontramos a un gran profeta llamado Jeremias, que era un mensajero de parte de Dios para el pueblo.
Los profetas eran enviados por Dios para recordarles a los líderes que si ellos amaban a otros dioses, el pueblo seguiría por ese mal camino, pero si ellos se arrepentían y obedecían al Señor, el el pueblo también lo haría. Tristemente, muy pocos reyes siguieron el consejo de Dios.

Por eso, Dios permitió que los conquistara el rey de Babilonia, el imperio más grande de la época. El nombre de ese rey era muy curioso: se llamaba Nabucodonosor. ¡Uf!, hay que leerlo en sílabas... Mejor le decimos "Nabu".

Nabu y su ejército conquistaron al pueblo, y se llevaron todo el tesoro del templo y del palacio real. También capturaron a casi toda la población de la ciudad para llevarlos a otra tierra; a esto lo llamamos exilio. Se llama exilio a la salida del país en donde uno vive pero no por voluntad propia. En este caso, fue Nabu quien decidió que el pueblo dejara su tierra.

Las historias que vamos a ver más adelante, como las de Daniel y la reina Ester, son precisamente relatos de quienes vivieron en el exilio.

Con esa historia, podemos aprender sobre un aspecto de Dios, su justicia. La Palabra enseña que Dios es amor, pero que también es justo. Como juez justo, tiene que dar una sentencia cuando las personas persisten en la maldad. La intención de Dios detrás de esto es llamar la atención de sus hijos para que vuelvan a él.

Dios había tenido mucha paciencia con el pueblo, pero sin embargo tuvo que permitir que sufrieran esto para que el pueblo pudiera volver a escucharlo. A pesar de esto, Dios siempre fue amoroso porque al momento de ir al exilio, les dio esperanza al anunciarles que no iba a ser por siempre, sino por un tiempo.

A pesar de que le había dado la espalda, Dios dio nuevas oportunidades al pueblo, una y otra vez. Te animamos a darle gracias a Dios por las oportunidades de cambiar, y por su bondad para siempre ayudarnos a crecer.

Ester, una reina valiente

Ester 4:1 a 5:8

¿Alguna vez has sentido temor por hacer lo correcto?

Viajemos en el tiempo para conocer la historia de una reina que también tuvo mucho temor de hacer lo correcto. Su nombre era Ester, una hermosa mujer de origen judío casada con el rey de Persia, uno de los imperios más poderosos de la historia.

Ester llegó a ser reina porque Dios le dio el favor y la gracia para ser escogida por el rey como su esposa, después de que cientos de otras jóvenes compitieron por el título. Unos pocos años más tarde, un hombre de mucha confianza del rey llamado Amán planeó algo horrible contra los judíos. Convenció al rey de acabarlos a todos, simplemente porque se había enojado con uno, Mardoqueo, ya que este no se inclinaba ante él ni le hacía reverencia.

Amán no tenía idea de que Mardoqueo era el primo de la reina Ester ni de que ella era judía.

Ester sabía que ese era su momento en la historia para salvar a su pueblo, pero sentía mucho miedo porque el rey había estado tan ocupado que llevaba más de un mes sin verla, y si se presentaba sin ser llamada podía ser castigada hasta con la muerte. Sin embargo, las palabras de su primo Mardoqueo impactaron su corazón: *"¿Y quién sabe si no es para ayudar a tu pueblo en un momento como este que has llegado a ser reina?"*. Fue entonces que Ester decidió ser valiente y tomó la decisión de arriesgar su vida para defender a su pueblo.

Ester le pidió a su primo que todo el pueblo la apoyara en ayuno y oración. Después de tres días, ella se vistió con la ropa real y se presentó valientemente ante el rey y lo invitó a él y a su enemigo Amán a un banquete. Ester se llenó de valor y le contó al rey el plan macabro de Amán: matarla a ella y a su pueblo. En consecuencia, el rey decidió deshacerse de Amán.

Ese día, Ester tuvo la victoria, venció a ese enemigo poderoso y salvó a su pueblo.

¿En qué áreas de tu vida tienes que ser valiente? Ora por eso, y pidele a otros que oren por ti para tener la valentía necesaria para enfrentar ese reto.

61Otro grupo regresó en esos días de las ciudades de Tel-mela, Tel-harsa, Querub, Addán* e Imer. Sin embargo, ni ellos ni sus familias pudieron demostrar que eran descendientes de Israel. 62Ese grupo incluía a las familias de Delaía, Tobías y Necoda: un total de seiscientas cuarenta y dos personas.

63También regresaron tres familias de sacerdotes: Habaía, Cos y Barzilai. (Este Barzilai se había casado con una mujer que era descendiente de Barzilai de Galaad y había tomado el nombre de la familia de ella). 64Buscaron sus nombres en los registros genealógicos pero no los encontraron, así que no calificaron para servir como sacerdotes. 65El gobernador les dijo que no comieran de la porción de los sacrificios que correspondía a los sacerdotes hasta que un sacerdote pudiera consultar al SEÑOR sobre ese asunto por medio del Urim y el Tumim, o sea, el sorteo sagrado.

66Así que un total de 42.360 personas regresaron a Judá, 67además de 7337 sirvientes y 245 cantores, tanto hombres como mujeres. 68Llevaron consigo 736 caballos, 245 mulas,* 69435 camellos y 6720 burros.

70Algunos de los jefes de familia dieron ofrendas para la obra. El gobernador entregó a la tesorería 1000 monedas de oro,* 50 tazones de oro y 530 túnicas para los sacerdotes. 71Los otros jefes dieron al tesoro 20.000 monedas de oro* y unos 1300 kilos* de plata para la obra. 72El resto del pueblo entregó 20.000 monedas de oro, alrededor de 1200 kilos* de plata y 67 túnicas para los sacerdotes.

73Entonces los sacerdotes, los levitas, los porteros, los cantores, los sirvientes del templo y algunos miembros del pueblo se establecieron cerca de Jerusalén. El resto de la gente regresó a sus respectivas ciudades por todo el territorio de Israel.

Esdras lee la ley

8 En octubre,* cuando los israelitas ya se habían establecido en sus ciudades, 8:1todo el pueblo se reunió con un mismo propósito en la plaza, justo dentro de la puerta del Agua. Le pidieron al escriba Esdras que sacara el libro de la ley de Moisés, la cual el SEÑOR había dado a Israel para que la obedeciera.

2Así que el 8 de octubre* el sacerdote Esdras llevó el libro de la ley ante la asamblea, que incluía a los hombres y a las mujeres y a todos los niños con edad suficiente para entender. 3Se puso frente a la plaza, justo dentro de la entrada de la puerta del Agua, desde temprano por la mañana hasta el mediodía y leyó en voz alta a todos los que podían entender. Todo el pueblo escuchó atentamente la lectura del libro de la ley.

4El escriba Esdras estaba de pie sobre una plataforma de madera que se había construido para la ocasión. A su derecha se encontraban Matatías, Sema, Anías, Urías, Hilcías y Maaseías. A su izquierda estaban Pedaías, Misael, Malquías, Hasum, Hasbadana, Zacarías y Mesulam. 5Esdras estaba de pie en la plataforma a plena vista de todo el pueblo. Cuando vieron que abría el libro, se pusieron todos de pie.

6Entonces Esdras alabó al SEÑOR, el gran Dios, y todo el pueblo, con las manos levantadas, exclamó: «¡Amén! ¡Amén!». Luego se inclinaron y, con el rostro en tierra, adoraron al SEÑOR.

7Entonces los levitas —Jesúa, Bani, Serebías, Jamín, Acub, Sabetai, Hodías, Maaseías, Kelita, Azarías, Jozabed, Hanán y Pelaías— instruyeron al pueblo en la ley mientras todos permanecían en sus lugares. 8Leían del libro de la ley de Dios y explicaban con claridad el significado de lo que se leía, así ayudaban al pueblo a comprender cada pasaje.

9Luego Nehemías, el gobernador, Esdras, el sacerdote y escriba, y los levitas que interpretaban para el pueblo dijeron: «¡No se lamenten ni lloren en un día como este! Pues hoy es un día sagrado delante del SEÑOR su Dios». Pues todo el pueblo había estado llorando mientras escuchaba las palabras de la ley.

10Nehemías* continuó diciendo: «Vayan y festejen con un banquete de deliciosos alimentos y bebidas dulces, y regalen porciones de comida a los que no tienen nada preparado. Este es un día sagrado delante de nuestro Señor. ¡No se desalienten ni entristezcan, porque el gozo del SEÑOR es su fuerza!».

11También los levitas clamaban al pueblo y decían: «¡Cállense! ¡No lloren! Pues este es un día sagrado». 12Así que el pueblo se fue a comer y a beber en una gran fiesta, a compartir porciones de la comida y a celebrar con gran alegría porque habían oído y entendido las palabras de Dios.

¡Respuestas Bíblicas! 86 **¿Por qué Esdras tuvo que explicarle al pueblo qué significaba la ley de Dios?**

8:8 El Antiguo Testamento fue escrito en hebreo pero luego de tantos años esclavos en otra tierra ahora hablaban un nuevo idioma que se llamaba arameo.El pueblo ya no podía entender las antiguas palabras hebreas.Entonces Esdras tuvo que decirles qué significaban las palabras.

El Festival de las Enramadas

13El 9 de octubre* los jefes de familia de todo el pueblo, junto con los sacerdotes y los levitas, se reunieron con el escriba Esdras para repasar la ley más detalladamente. 14Mientras estudiaban la ley descubrieron que el SEÑOR había ordenado, por medio de Moisés, que los israelitas debían vivir en enramadas durante el festival a celebrarse durante ese mes.* 15Él había dicho que debía proclamarse al pueblo en todas sus ciudades y en Jerusalén, que fueran a las colinas a buscar ramas de olivo, olivo silvestre,* mirto, palmeras y otros árboles frondosos. Con esas ramas debían construirse enramadas para que habitaran en ellas durante el festival, como está establecido en la ley.

***Notas textuales** **7:61** Igual que el texto paralelo en Esd 2:59; en hebreo dice *Adón.* **7:68** Así aparece en algunos manuscritos hebreos (ver también Esd 2:66); la mayoría de los manuscritos hebreos no incluyen este versículo. Los versículos del 7:69-73 corresponden al 7:68-72 en el texto hebreo. **7:70** En hebreo *1000 dáricos de oro,* alrededor de 8,6 kilos o 19 libras. **7:71a** En hebreo *20.000 dáricos de oro,* alrededor de 170 kilos o 375 libras; también en 7:72. **7:71b** En hebreo *2200 minas* [2750 libras]. **7:72** En hebreo *2000 minas* [2500 libras]. **7:73** En hebreo *En el séptimo mes.* En el antiguo calendario lunar hebreo, ese mes cayó entre octubre y noviembre del 445 a. C. **8:2** En hebreo *el primer día del séptimo mes,* del antiguo calendario lunar hebreo. Ese día fue el 8 de octubre del 445 a. C.; ver también la nota en 1:1. **8:10** En hebreo *Él.* **8:13** En hebreo *El segundo día,* del séptimo mes del antiguo calendario lunar hebreo. Este día fue el 9 de octubre del 445 a. C.; ver también las notas en 1:1 y 8:2. **8:14** En hebreo *en el séptimo mes.* En el antiguo calendario lunar hebreo, ese mes, por lo general, cae entre septiembre y octubre. Ver Lv 23:39-43. **8:15** O *pino*; en hebreo dice *árbol de aceite.*

Referencias cruzadas **8:6** 1 Tm 2:8 **8:10** Dt 26:11-13

[16]Así que el pueblo salió y cortó ramas y las usó para levantar enramadas en las azoteas de sus casas, en sus patios, en los atrios del templo de Dios o en las plazas justo dentro de la puerta del Agua y de la puerta de Efraín. [17]Entonces todos los que habían regresado del cautiverio vivieron en las enramadas durante el festival, ¡y todos ellos se llenaron de alegría! Los israelitas no habían celebrado de esa forma desde los días de Josué,* hijo de Nun.

[18]Esdras leyó del libro de la ley de Dios en cada uno de los siete días del festival. Luego, al octavo día, realizaron una asamblea solemne, tal como lo exigía la ley.

El pueblo confiesa sus pecados

9 El 31 de octubre* el pueblo volvió a reunirse en asamblea. Esta vez ayunaron, se vistieron de tela áspera y se echaron polvo sobre la cabeza. [2]Los de ascendencia israelita se separaron de todos los extranjeros para confesar sus propios pecados y los pecados de sus antepasados. [3]Permanecieron de pie en el mismo lugar durante tres horas* mientras se les leía en voz alta el libro de la ley del SEÑOR su Dios. Luego confesaron sus pecados y adoraron al SEÑOR su Dios durante tres horas más. [4]Los levitas —Jesúa, Bani, Cadmiel, Sebanías, Buni, Serebías, Bani y Quenaní— estuvieron de pie en la escalera de los levitas y clamaron al SEÑOR su Dios en voz alta.

[5]Luego los jefes de los levitas —Jesúa, Cadmiel, Bani, Hasabnías, Serebías, Hodías, Sebanías y Petaías— llamaron al pueblo: «¡Levántense y alaben al SEÑOR su Dios, porque él vive desde la eternidad hasta la eternidad!». Entonces oraron:

«¡Que tu glorioso nombre sea alabado! ¡Que sea exaltado por sobre toda bendición y alabanza!

[6]»Solo tú eres el SEÑOR. Tú hiciste el firmamento, los cielos y todas las estrellas; hiciste la tierra, los mares y todo lo que hay en ellos. Tú los preservas a todos, y los ángeles del cielo te adoran.

[7]»Eres el SEÑOR Dios, quien eligió a Abram y lo sacó de Ur de los caldeos y le dio un nuevo nombre, Abraham. [8]Cuando demostró ser fiel, hiciste un pacto con él para darle a él y a sus descendientes la tierra de los cananeos, de los hititas, de los amorreos, de los ferezeos, de los jebuseos y de los gergeseos; y has cumplido lo que prometiste, porque tú siempre eres fiel a tu palabra.

[9]»Tú viste la miseria de nuestros antepasados en Egipto y escuchaste sus lamentos cuando estaban junto al mar Rojo.* [10]Realizaste señales milagrosas y maravillas contra el faraón, sus funcionarios y su pueblo, porque tú sabías con cuánta arrogancia trataban a nuestros antepasados. Tú tienes una gloriosa reputación que jamás ha sido olvidada. [11]¡Dividiste el mar para que tu pueblo pudiera cruzarlo por tierra seca! Luego arrojaste a sus perseguidores a las profundidades del mar. Se hundieron como piedras en aguas turbulentas. [12]Guiaste a nuestros antepasados mediante una columna de nube durante el día y una columna de fuego durante la noche para que pudieran encontrar el camino.

[13]»Bajaste al monte Sinaí y les hablaste desde el cielo. Les diste ordenanzas e instrucciones justas, y decretos y mandatos buenos. [14]Les diste instrucciones acerca de tu sagrado día de descanso. Además, por medio de tu siervo Moisés, les ordenaste que obedecieran todos tus mandatos, decretos e instrucciones.

[15]»Les diste pan del cielo cuando tenían hambre y agua de la roca cuando tenían sed. Les ordenaste que fueran y tomaran posesión de la tierra que habías jurado darles.

[16]»Sin embargo, nuestros antepasados fueron arrogantes y tercos, y no prestaron ninguna atención a tus mandatos. [17]Se negaron a obedecerte y no se acordaron de los milagros que habías hecho a favor de ellos. En cambio, se pusieron tercos y nombraron a un líder para que los llevara de regreso a su esclavitud en Egipto;* pero tú eres Dios de perdón, bondadoso y misericordioso, lento para enojarte y rico en amor inagotable. No los abandonaste, [18]ni siquiera cuando se hicieron un ídolo en forma de becerro y dijeron: "¡Este es tu dios que te sacó de Egipto!". Cometieron terribles blasfemias.

[19]»En tu gran misericordia no los abandonaste para que murieran en el desierto. La columna de nube todavía los guiaba de día, y la columna de fuego les mostraba el camino durante la noche. [20]Enviaste tu buen Espíritu para que les enseñara, y no dejaste de alimentarlos con maná del cielo ni de darles agua para su sed. [21]Durante cuarenta años los sustentaste en el desierto, y nada les faltó. ¡No se les desgastó la ropa, ni se les hincharon los pies!

[22]»Luego ayudaste a nuestros antepasados a conquistar reinos y naciones, y colocaste a tu pueblo en todos los rincones de la tierra.* Se apoderaron de la tierra del rey Sehón de Hesbón, y de la tierra del rey Og de Basán. [23]Hiciste que sus descendientes fueran tan numerosos como las estrellas del cielo y los llevaste a la tierra que habías prometido a sus antepasados.

[24]»Entraron y tomaron posesión de la tierra. Tú sometiste naciones enteras delante de ellos. ¡Hasta los cananeos, que habitaban esa tierra, se sintieron impotentes! Tu pueblo pudo hacer lo que quiso con esas naciones y con sus reyes. [25]Nuestros antepasados conquistaron ciudades fortificadas y tierras fértiles. Se apoderaron de casas llenas de cosas buenas, con cisternas ya cavadas y viñedos y olivares, además de frutales en abundancia. De modo que comieron hasta saciarse y engordaron y disfrutaron de todas tus bendiciones.

[26]»Sin embargo, a pesar de todo esto, fueron desobedientes y se rebelaron contra ti. Dieron la espalda a tu ley, mataron a tus profetas, quienes les advertían que volvieran a ti, y cometieron terribles blasfemias. [27]Así que los entregaste en manos de sus enemigos, quienes los hicieron sufrir; pero en sus momentos de angustia clamaron a ti, y desde el cielo los escuchaste. En tu gran misericordia, les enviaste libertadores que los rescataron de sus enemigos.

[28]»No obstante, apenas tenían paz, volvían a

***Notas textuales** **8:17** En hebreo *Jesúa*, una variante de Josué. **9:1** En hebreo *El día veinticuatro del mismo mes*, el séptimo mes del antiguo calendario lunar hebreo. Ese día fue el 31 de octubre del 445 a. C.; ver también las notas en 1:1 y 8:2. **9:3** En hebreo *durante una cuarta parte del día*. **9:9** En hebreo *mar de juncos*. **9:17** Así aparece en la versión griega; en hebreo dice *en su rebelión*. **9:22** El significado del hebreo es incierto.

Referencias cruzadas **8:18** Dt 31:11 **9:6** Gn 1:1 **9:12** Ex 13:21-22 **9:14** Ex 16:23 **9:15** Ex 16:4, 14-15 **9:17** Ex 34:6-7 **9:22** Dt 2:26–3:11

cometer maldades ante tus ojos, y una vez más
permitiste que sus enemigos los conquistaran.
Sin embargo, cada vez que tu pueblo volvía y
nuevamente clamaba a ti por ayuda, desde el cielo
tú lo escuchabas una vez más. En tu maravillosa
misericordia, los rescataste muchas veces.
29»Les advertías que regresaran a tu ley, pero
ellos se volvieron orgullosos y obstinados, y
desobedecieron tus mandatos. No siguieron tus
ordenanzas que dan vida a quienes las obedecen.
Tercamente te dieron la espalda y se negaron a
escuchar. 30En tu amor fuiste paciente con ellos
durante muchos años. Enviaste tu Espíritu, quien
les advertía por medio de los profetas. ¡Pero aun
así no quisieron escuchar! Entonces nuevamente
permitiste que los pueblos de la tierra los
conquistaran; 31pero en tu gran misericordia no los
destruiste por completo ni los abandonaste para
siempre. ¡Qué Dios tan bondadoso y misericordioso
eres tú!
32»Ahora, Dios nuestro —Dios grande,
poderoso y temible que cumple su pacto de
amor inagotable—, no permitas que todas las
privaciones que hemos sufrido te parezcan
insignificantes. Grandes dificultades cayeron
sobre nosotros, nuestros reyes, nuestros líderes,
nuestros sacerdotes, nuestros profetas y nuestros
antepasados —todo tu pueblo—, desde los días
cuando los reyes de Asiria por primera vez nos
vencieron hasta el día de hoy. 33Cada vez que nos
castigaste actuaste con justicia. Hemos pecado
grandemente, y nos diste solo lo que merecíamos.
34Nuestros reyes, líderes, sacerdotes y antepasados
no obedecieron tu ley ni prestaron atención a las
advertencias de tus mandatos y leyes. 35Aun cuando
tenían su propio reino, no te sirvieron, a pesar de
que derramaste tu bondad sobre ellos. Les diste
un territorio grande y fértil, pero ellos se negaron a
abandonar su perversidad.
36»Por eso, ¡hoy somos esclavos en esta tierra
de abundancia que diste a nuestros antepasados
para que la disfrutaran! Somos esclavos aquí en esta
buena tierra. 37Los abundantes productos agrícolas
de esta tierra se amontonan en las manos de los reyes
que has puesto sobre nosotros por causa de nuestros
pecados. Ellos ejercen su poder sobre nosotros y
nuestros animales. Les servimos según su antojo, y
pasamos por mucho sufrimiento».

El pueblo decide obedecer

38*Entonces el pueblo respondió: «En vista de todo esto,*
hacemos una promesa solemne y la ponemos por escrito.
En este documento sellado están los nombres de nuestros
líderes, levitas y sacerdotes».

10 1*La siguiente es una lista de las personas que
ratificaron el documento sellado.

El gobernador:
Nehemías, hijo de Hacalías, y también Sedequías.
2Los siguientes sacerdotes:
Seraías, Azarías, Jeremías, 3Pasur, Amarías,
Malquías, 4Hatús, Sebanías, Maluc, 5Harim,
Meremot, Obadías, 6Daniel, Ginetón, Baruc,
7Mesulam, Abías, Mijamín, 8Maazías, Bilgai y
Semaías. Estos eran los sacerdotes.
9Los siguientes levitas:
Jesúa, hijo de Azanías, Binúi, de la familia de Henadad,
Cadmiel, 10y los demás levitas: Sebanías, Hodías,
Kelita, Pelaías, Hanán, 11Micaía, Rehob, Hasabías,
12Zacur, Serebías, Sebanías, 13Hodías, Bani y Beninu.
14Los siguientes jefes del pueblo:
Paros, Pahat-moab, Elam, Zatu, Bani, 15Buni, Azgad,
Bebai, 16Adonías, Bigvai, Adín, 17Ater, Ezequías,
Azur, 18Hodías, Hasum, Bezai, 19Harif, Anatot,
Nebai, 20Magpías, Mesulam, Hezir, 21Mesezabeel,
Sadoc, Jadúa, 22Pelatías, Hanán, Anaías, 23Oseas,
Hananías, Hasub, 24Halohes, Pilha, Sobec,
25Rehum, Hasabna, Maaseías, 26Ahías, Hanán,
Anán, 27Maluc, Harim y Baana.

Promesa del pueblo

28Luego el resto del pueblo —los sacerdotes, los levitas, los
porteros, los cantores, los sirvientes del templo y todos los
que se habían separado de la gente pagana de esa tierra para
obedecer la ley de Dios, junto con sus mujeres, hijos, hijas
y todos los que tenían edad suficiente para entender— 29se
unió a sus jefes y se comprometió mediante juramento.
Juraron que caería una maldición sobre ellos mismos si
dejaban de obedecer la ley de Dios dada por medio de su
siervo Moisés. Prometieron solemnemente seguir al pie de
la letra todos los mandatos, las ordenanzas y los decretos
del SEÑOR, nuestro Señor:

30«Nos comprometemos a no permitir que nuestras
hijas se casen con los habitantes paganos de la tierra ni
a permitir que nuestros hijos se casen con sus hijas.
31»También prometemos no comprar mercadería
ni grano que la gente de esta tierra traiga para vender
en el día de descanso o en cualquier otro día sagrado.
Cada séptimo año dejaremos que nuestras tierras
descansen y perdonaremos toda deuda.
32»Además, nos comprometemos a obedecer el
mandato de pagar el impuesto anual del templo de
cuatro gramos de plata* para los gastos del templo
de nuestro Dios. 33Este monto servirá para el pan
de la Presencia; las ofrendas regulares de grano y
las ofrendas quemadas; las ofrendas de los días
de descanso, las celebraciones de luna nueva y los
festivales anuales; las ofrendas sagradas y las ofrendas
para hacer expiación por el pecado de Israel. Servirá
para proporcionar todo lo necesario para el trabajo del
templo de nuestro Dios.
34»Hicimos sorteos sagrados para determinar
cuándo —en tiempos regulares cada año— las
familias de los sacerdotes, los levitas y la gente
común deberán llevar leña al templo de Dios para ser
quemada en el altar del SEÑOR nuestro Dios, como
está escrito en la ley.
35»Nos comprometemos a llevar cada año al
templo del SEÑOR la primera parte de toda cosecha,
sea producto de la tierra o de nuestros árboles
frutales. 36Aceptamos entregar a Dios nuestros

***Notas textuales** **9:38a** El versículo 9:38 corresponde al 10:1 en el texto hebreo. **9:38b** O *A pesar de todo esto.* **10:1** Los versículos del 10:1-39 corresponden al 10:2-40 en el texto hebreo. **10:32** En hebreo *impuesto de ⅓ de un siclo* [0,13 onzas].

Referencias cruzadas **9:37** Dt 28:33-47 **10:1-28** Esd 2:36-58

primeros hijos varones y las primeras crías de todo
nuestro ganado y de nuestros rebaños, como lo
establece la ley. Los presentaremos a los sacerdotes
que ejercen el ministerio en el templo de nuestro
Dios. 37Almacenaremos los productos agrícolas
en los depósitos del templo de nuestro Dios.
Llevaremos lo mejor de nuestra harina y otras
ofrendas de grano, lo mejor de nuestra fruta, lo
mejor de nuestro vino nuevo y de nuestro aceite de
oliva. Además, prometemos llevar a los levitas una
décima parte de todo lo que nuestra tierra produzca,
porque son los levitas quienes recogen los diezmos
en todas nuestras poblaciones rurales.

38»Un sacerdote —descendiente de Aarón— estará
con los levitas cuando reciban esos diezmos. Una
décima parte de todos los diezmos que se reúnan
será entregada por los levitas al templo de nuestro
Dios para ser colocada en los depósitos. 39El pueblo
y los levitas tienen que trasladar estas ofrendas
de grano, de vino nuevo y de aceite de oliva a los
depósitos y colocarlas en recipientes sagrados
cerca de los sacerdotes de turno, los porteros y los
cantores.

»Todos nos comprometemos a no descuidar el
templo de nuestro Dios».

El pueblo habita en Jerusalén

11 Los jefes del pueblo vivían en Jerusalén, la ciudad
santa. Mediante los sorteos sagrados eligieron a
una décima parte del pueblo de otras ciudades de Judá y de
Benjamín para que vivieran allí también, mientras que el
resto siguió viviendo donde estaba; 2y el pueblo elogiaba
a todos los que se ofrecían para reubicarse en Jerusalén.

3La siguiente es una lista de los nombres de los fun-
cionarios provinciales que fueron a vivir a Jerusalén. (La
mayoría del pueblo, de los sacerdotes, de los levitas, de
los sirvientes del templo y de los descendientes de los
sirvientes de Salomón siguieron viviendo en sus propias
casas en las diversas ciudades de Judá, 4pero algunos de
los de Judá y de Benjamín repoblaron Jerusalén).

De la tribu de Judá:
Ataías, hijo de Uzías, hijo de Zacarías, hijo de
Amarías, hijo de Sefatías, hijo de Mahalaleel, de la
familia de Fares. 5También Maaseías, hijo de Baruc,
hijo de Col-hoze, hijo de Hazaías, hijo de Adaías,
hijo de Joiarib, hijo de Zacarías, de la familia de Sela.*
6Fueron cuatrocientos sesenta y ocho descendientes
de Fares los que se establecieron en Jerusalén, todos
ellos hombres excepcionales.

7De la tribu de Benjamín:
Salú, hijo de Mesulam, hijo de Joed, hijo de Pedaías,
hijo de Colaías, hijo de Maaseías, hijo de Itiel, hijo de
Jesaías; 8después de él estaban Gabai y Salai: en total
novecientos veintiocho parientes. 9El funcionario
principal de ellos era Joel, hijo de Zicri, y su asistente
era Judá, hijo de Senúa, el segundo en autoridad de
la ciudad.

10De los sacerdotes:
Jedaías, hijo de Joiarib; Jaquín; 11y Seraías, hijo de
Hilcías, hijo de Mesulam, hijo de Sadoc, hijo de
Meraiot, hijo de Ahitob, que era el supervisor del
templo de Dios. 12También ochocientos veintidós de
sus colaboradores, quienes trabajaban en el templo.
También Adaías, hijo de Jeroham, hijo de Pelalías,
hijo de Amsi, hijo de Zacarías, hijo de Pasur, hijo de
Malquías, 13junto con doscientos cuarenta y dos de
sus colaboradores, quienes eran jefes de sus familias.
También Amasai, hijo de Azareel, hijo de Azai, hijo
de Mesilemot, hijo de Imer, 14y ciento veintiocho
de sus excepcionales colaboradores.* El funcionario
principal de ellos era Zabdiel, hijo de Gedolim.

15De los levitas:
Semaías, hijo de Hasub, hijo de Azricam, hijo
de Hasabías, hijo de Buni. 16También Sabetai y
Jozabad, quienes estaban a cargo del trabajo fuera
del templo de Dios. 17También Matanías, hijo de
Micaía, hijo de Zabdi, descendiente de Asaf, quien
dirigía las acciones de gracias y la oración. También
Bacbuquías, ayudante de Matanías, y Abda, hijo de
Samúa, hijo de Galal, hijo de Jedutún. 18En total,
había doscientos ochenta y cuatro levitas en la
ciudad santa.

19De los porteros:
Acub, Talmón y ciento setenta y dos colaboradores
que vigilaban las puertas.

20Los demás sacerdotes, levitas e israelitas vivían en las
otras ciudades de Judá, dondequiera que se encontrara su
herencia familiar. 21Sin embargo, todos los sirvientes del
templo, bajo la dirección de Ziha y Gispa, se establecieron
en la colina de Ofel.

22El funcionario principal de los levitas en Jerusalén era
Uzi, hijo de Bani, hijo de Hasabías, hijo de Matanías, hijo
de Micaía, descendiente de Asaf. Los integrantes de la fa-
milia de Asaf eran los cantores en el templo de Dios. 23Las
responsabilidades diarias de los cantores se llevaban a
cabo según los términos establecidos por un mandato real.

24Petaías, hijo de Mesezabeel, descendiente de Zera,
hijo de Judá, era el consejero real en todos los asuntos de
la administración pública.

25En cuanto a las aldeas vecinas con sus campos abier-
tos, parte de la gente de Judá vivía en Quiriat-arba y sus
asentamientos, en Dibón y sus asentamientos y en Jecab-
seel y sus aldeas. 26También residían en Jesúa, Molada,
Bet-pelet, 27Hazar-sual, Beerseba y sus asentamientos,
28Siclag y Mecona y sus asentamientos. 29También vi-
vían en En-rimón, Zora, Jarmut, 30Zanoa y Adulam y sus
aldeas vecinas. También vivían en Laquis y sus campos
aledaños y en Azeca y sus aldeas cercanas. De manera que
el pueblo de Judá vivía desde Beerseba en el sur hasta el
valle de Hinom.

31Parte de la gente de Benjamín vivía en Geba, Micmas,
Aía y Betel y sus asentamientos. 32También vivían en
Anatot, Nob, Ananías, 33Hazor, Ramá, Gitaim, 34Hadid,
Seboim, Nebalat, 35Lod, Ono y el valle de los Artesanos.*
36Algunos de los levitas que residían en Judá fueron en-
viados a vivir con la tribu de Benjamín.

Historia de los sacerdotes y los levitas

12 La siguiente es una lista de los sacerdotes y los
levitas que regresaron con Zorobabel, hijo de
Salatiel y Jesúa, el sumo sacerdote:

***Notas textuales 11:5** En hebreo *hijo del silonita.* **11:14** Así aparece en la versión griega; en hebreo dice *de los excepcionales colaboradores de ellos*. **11:35** O *y Gue-jarasim.*

Referencias cruzadas 10:37 Lv 23:17 **11:3-19** 1 Cr 9:1-17

Seraías, Jeremías, Esdras,
2 Amarías, Maluc, Hatús,
3 Secanías, Harim,* Meremot,
4 Iddo, Ginetón,* Abías,
5 Miniamín, Moadías,* Bilga,
6 Semaías, Joiarib, Jedaías,
7 Salú, Amoc, Hilcías y Jedaías.
Estos eran los jefes de los sacerdotes y sus colaboradores
en los días de Jesúa.

8 Los levitas que regresaron con ellos eran Jesúa, Binúi,
Cadmiel, Serebías, Judá y Matanías, quien junto con sus
colaboradores estaba a cargo de las canciones de acción de
gracias. 9 Sus colaboradores, Bacbuquías y Uni, se ubicaban
frente a ellos durante el servicio.

10 Jesúa, el sumo sacerdote, fue padre de Joiacim.
Joiacim fue padre de Eliasib.
Eliasib fue padre de Joiada.
11 Joiada fue padre de Johanán.*
Johanán fue padre de Jadúa.

12 Ahora bien, cuando Joiacim era sumo sacerdote, los jefes
de familia de los sacerdotes eran los siguientes:

Meraías era jefe de la familia de Seraías.
Hananías era jefe de la familia de Jeremías.
13 Mesulam era jefe de la familia de Esdras.
Johanán era jefe de la familia de Amarías.
14 Jonatán era jefe de la familia de Maluc.*
José era jefe de la familia de Secanías.*
15 Adna era jefe de la familia de Harim.
Helcai era jefe de la familia de Meremot.*
16 Zacarías era jefe de la familia de Iddo.
Mesulam era jefe de la familia de Ginetón.
17 Zicri era jefe de la familia de Abías.
También había un* jefe de la familia de Miniamín.
Piltai era jefe de la familia de Moadías.
18 Samúa era jefe de la familia de Bilga.
Jonatán era jefe de la familia de Semaías.
19 Matenai era jefe de la familia de Joiarib.
Uzi era jefe de la familia de Jedaías.
20 Calai era jefe de la familia de Salú.*
Eber era jefe de la familia de Amoc.
21 Hasabías era jefe de la familia de Hilcías.
Natanael era jefe de la familia de Jedaías.

22 Durante los años cuando Eliasib, Joiada, Johanán y
Jadúa servían como sumos sacerdotes, se mantuvo un
registro de las familias de los levitas. Durante el reinado de
Darío el persa* se mantuvo otro registro de los sacerdotes.
23 Hasta los días de Johanán, nieto* de Eliasib, se mantuvo
un registro de los jefes de las familias de los levitas en *El
libro de historia*.
24 Estos eran los jefes de familia de los levitas: Hasabías,
Serebías, Jesúa, Binúi,* Cadmiel y otros colaboradores,
quienes se ubicaban frente a ellos durante las ceremo-
nias de alabanza y acción de gracias, un lado le respondía
al otro, como lo ordenó David, hombre de Dios. 25 Este
grupo incluía a Matanías, a Bacbuquías y a Obadías.
Mesulam, Talmón y Acub eran los porteros a cargo de
los depósitos cerca de las puertas. 26 Todos ellos sirvieron
en los días de Joiacim, hijo de Jesúa, hijo de Jehosadac,*
y en los días de Nehemías, el gobernador, y de Esdras, el
sacerdote y escriba.

Dedicación de la muralla de Jerusalén

27 Para la dedicación de la nueva muralla de Jerusalén se les
pidió a los levitas de toda la tierra que fueran a Jerusalén
para colaborar en las ceremonias. Debían tomar parte en
la feliz celebración con sus canciones de acción de gracias
y con música de címbalos, arpas y liras. 28 Se reunió a los
cantores de la zona alrededor de Jerusalén y de las aldeas
de los netofatitas. 29 También llegaron de Bet-gilgal y de
las zonas rurales cercanas a Geba y Azmavet porque los
cantores habían levantado sus propios asentamientos en
los alrededores de Jerusalén. 30 Primero los sacerdotes y
los levitas se purificaron a sí mismos, luego purificaron
al pueblo, a las puertas y a la muralla.
31 Conduje a los líderes de Judá a la parte superior de la
muralla y organicé dos grandes coros para dar acción de
gracias. Uno de los coros se dirigió hacia el sur* por en-
cima de la muralla hasta la puerta del Estiércol. 32 Osaías
y la mitad de los jefes de Judá los seguían, 33 con Azarías,
Esdras, Mesulam, 34 Judá, Benjamín, Semaías y Jeremías.
35 Luego iban algunos sacerdotes que tocaban trompetas,
junto con Zacarías, hijo de Jonatán, hijo de Semaías, hijo de
Matanías, hijo de Micaías, hijo de Zacur, descendiente de
Asaf. 36 Los compañeros de Zacarías eran Semaías, Azareel,
Milalai, Gilalai, Maai, Natanael, Judá y Hananí. Tocaban
los instrumentos musicales indicados por David, hombre
de Dios. Esdras, el escriba, lideraba esta procesión. 37 En
la puerta de la Fuente subieron los escalones de la subida
de la muralla de la ciudad en dirección hacia la Ciudad de
David. Pasaron frente a la casa de David y luego siguieron
al oriente hacia la puerta del Agua.
38 El segundo coro que daba acción de gracias se diri-
gió hacia el norte,* dando la vuelta por el otro lado para
encontrarse con el primer coro. Yo los seguía sobre la mu-
ralla, junto con la otra mitad del pueblo, y pasamos por la
torre de los Hornos hacia el muro Ancho, 39 y luego sobre
la puerta de Efraín hacia la puerta de la Ciudad Antigua,*
pasamos la puerta del Pescado y la torre de Hananeel,
hasta la torre de los Cien. Luego seguimos hacia la puerta
de las Ovejas y nos detuvimos a la altura de la puerta de
la Guardia.
40 Luego los dos coros que daban acción de gracias
siguieron hacia el templo de Dios y allí tomaron sus lu-
gares. Lo mismo hice yo, junto con el grupo de jefes que
estaba conmigo. 41 Íbamos con los sacerdotes que tocaban
las trompetas —Eliacim, Maaseías, Miniamín, Micaías,
Elioenai, Zacarías y Hananías— 42 y con los cantores

***Notas textuales** **12:3** En hebreo *Rehum*; comparar 7:42; 12:15; Esd 2:39. **12:4** Así aparece en algunos manuscritos hebreos y en la Vulgata Latina (ver también 12:16); la mayoría de los manuscritos hebreos dicen *Gineto.* **12:5** En hebreo *Mijamín, Maadías*; comparar 12:17. **12:11** En hebreo *Jonatán*; comparar 12:22. **12:14a** Así aparece en la versión griega (ver también 10:4; 12:2); en hebreo dice *Melicú.* **12:14b** Así aparece en muchos manuscritos hebreos, en algunos manuscritos griegos y en la versión siríaca (ver también 12:3); la mayoría de los manuscritos hebreos dicen *Sebanías.* **12:15** Así aparece en algunos manuscritos griegos (ver también 12:3); en hebreo dice *Meraiot.* **12:17** En el texto hebreo falta el nombre del jefe de esta familia. **12:20** En hebreo *Salai*; comparar 12:7. **12:22** Es probable que *Darío el persa* sea Darío II, quien reinó entre el 423 y el 404 a. C., o tal vez Darío III, quien reinó entre el 336 y el 331 a. C. **12:23** En hebreo *descendiente*; comparar 12:10-11. **12:24** En hebreo *hijo de* (o sea, *ben*), lo que probablemente debería entenderse aquí como el nombre propio Binúi: comparar Esd 3:9 y la nota al pie de página. **12:26** En hebreo *Josadac*, una variante de Jehosadac. **12:31** En hebreo *hacia la derecha.* **12:38** En hebreo *hacia la izquierda.* **12:39** O *la puerta del Misné*, o *la puerta de Jesana.*

Referencias cruzadas **12:27** 1 Cr 15:16, 28 **12:37** Ne 2:14

—Maaseías, Semaías, Eleazar, Uzi, Johanán, Malquías, Elam y Ezer—; tocaban y cantaban a toda voz bajo la dirección de Izrahías, el director del coro.

43 Se ofrecieron muchos sacrificios durante aquel día de gozo porque Dios había dado al pueblo razón de alegrarse. También las mujeres y los niños participaron en la celebración, y la alegría del pueblo de Jerusalén podía oírse a gran distancia.

Provisiones para el culto en el templo

44 Ese día se designaron hombres para que se encargaran de los depósitos para las ofrendas, la primera parte de la cosecha y los diezmos. Eran responsables de recolectar de los campos fuera de las ciudades las porciones especificadas por la ley para los sacerdotes y los levitas. Pues todo el pueblo de Judá se complacía en los sacerdotes y los levitas y en el trabajo que prestaban. 45 Ellos, junto con los cantores y los porteros, llevaban a cabo el servicio para su Dios y el servicio de purificación, como lo habían ordenado David y su hijo Salomón. 46 La costumbre de tener directores para dirigir los coros al entonar himnos de alabanza y de acción de gracias a Dios comenzó mucho tiempo antes, en los días de David y Asaf. 47 De modo que ahora, en los días de Zorobabel y de Nehemías, todo Israel llevaba una provisión diaria de comida para los cantores, los porteros y los levitas. Los levitas, a su vez, daban a los sacerdotes —los descendientes de Aarón— parte de lo que ellos recibían.

Diversas reformas de Nehemías

13 Ese mismo día, mientras se leía al pueblo el libro de Moisés, se encontró el pasaje que dice que jamás se debe admitir a un amonita o a un moabita en la asamblea de Dios,* 2 porque ellos se habían negado a darles comida y agua a los israelitas en el desierto. Por el contrario, contrataron a Balaam para que los maldijera, aunque nuestro Dios convirtió la maldición en bendición. 3 Cuando se leyó este pasaje de la ley, inmediatamente se excluyó de la asamblea a todos los que tenían ascendencia extranjera.

4 Antes de esto, el sacerdote Eliasib, quien había sido designado para supervisar los depósitos del templo de nuestro Dios y quien también era pariente de Tobías, 5 había rediseñado un gran depósito y lo había puesto a disposición de Tobías. Anteriormente usaban el cuarto para almacenar ofrendas de grano, incienso, diversos utensilios para el templo, diezmos de granos, de vino nuevo, de aceite de oliva (destinados a los levitas, a los cantores y a los porteros), y también las ofrendas para los sacerdotes.

6 En esa época yo no estaba en Jerusalén porque había ido a presentarme ante Artajerjes, rey de Babilonia, en el año treinta y dos de su reinado,* aunque más tarde le pedí permiso para regresar. 7 Cuando regresé a Jerusalén, me enteré del acto perverso de Eliasib de proporcionarle a Tobías una habitación en los atrios del templo de Dios. 8 Me disgusté mucho y saqué del cuarto todas las pertenencias de Tobías. 9 Luego exigí que purificaran las habitaciones y volví a colocar los utensilios para el templo de Dios, las ofrendas de grano y el incienso.

10 También descubrí que no se les había entregado a los levitas las porciones de comida que les correspondían, de manera que todos ellos y los cantores que debían dirigir los servicios de adoración habían regresado a trabajar en los campos. 11 Inmediatamente enfrenté a los dirigentes y les pregunté: «¿Por qué ha sido descuidado el templo de Dios?». Luego pedí a todos los levitas que regresaran y los reintegré para que cumplieran con sus obligaciones. 12 Entonces, una vez más, todo el pueblo de Judá comenzó a llevar sus diezmos de grano, de vino nuevo y de aceite de oliva a los depósitos del templo.

13 Como supervisores de los depósitos asigné al sacerdote Selemías, al escriba Sadoc y a Pedaías, uno de los levitas. Como ayudante de ellos nombré a Hanán, hijo de Zacur y nieto de Matanías. Estos hombres gozaban de una excelente reputación, y su tarea consistía en hacer distribuciones equitativas a sus compañeros levitas.

14 Recuerda esta buena obra, oh Dios mío, y no olvides
todo lo que fielmente he hecho por el templo de mi
Dios y sus servicios.

15 En esos días vi a unos hombres de Judá pisando en sus lagares en el día de descanso. Además, recogían granos y los cargaban sobre burros, y traían su vino, sus uvas, sus higos y toda clase de productos a Jerusalén para venderlos en el día de descanso. Así que los reprendí por vender sus productos en ese día. 16 Algunos hombres de Tiro, que vivían en Jerusalén, traían pescado y toda clase de mercancía. La vendían al pueblo de Judá el día de descanso, ¡y nada menos que en Jerusalén!

17 De modo que confronté a los nobles de Judá. «¿Por qué profanan el día de descanso de este modo tan perverso? —les pregunté—. 18 ¿Acaso no fueron cosas como estas las que hicieron sus antepasados y provocaron que nuestro Dios hiciera caer sobre nosotros y nuestra ciudad toda esta desgracia? ¡Ahora ustedes provocan aún más enojo contra Israel al permitir que el día de descanso sea profanado de esta manera!».

19 Entonces ordené que todos los viernes* se cerraran las puertas de Jerusalén al caer la noche, y que no se abrieran hasta que terminara el día de descanso. Envié a algunos de mis propios sirvientes a vigilar las puertas para que no pudiera entrar ninguna mercadería en los días de descanso. 20 Los mercaderes y los comerciantes de diversos productos acamparon fuera de Jerusalén una o dos veces; 21 pero yo les hablé duramente diciendo: «¿Qué pretenden, acampando aquí afuera alrededor de la muralla? ¡Si lo hacen otra vez, los arrestaré!». Esa fue la última vez que aparecieron en el día de descanso. 22 Luego ordené a los levitas que se purificaran y vigilaran las puertas para preservar la santidad del día de descanso.

¡Recuerda también esta buena obra, oh Dios mío!
Ten compasión de mí conforme a tu grande e
inagotable amor.

23 Por el mismo tiempo, me di cuenta de que algunos de los hombres de Judá se habían casado con mujeres de Asdod, Amón y Moab. 24 Además, la mitad de sus hijos hablaban el idioma de Asdod o de algún otro pueblo y no podían hablar en absoluto la lengua de Judá. 25 De modo que confronté a los hombres y pedí que cayeran

***Notas textuales** **13:1** Ver Dt 23:3-6. **13:6** Aquí se identifica al rey Artajerjes de Persia como el rey de Babilonia porque Persia había conquistado al Imperio babilónico. El año treinta y dos de Artajerjes fue el 433 a. C. **13:19** En hebreo *que el día antes del día de descanso.*

Referencias cruzadas **12:47** Nm 18:21-29 **13:9** 2 Cr 29:5, 15-19 **13:15** Ex 20:8-11

maldiciones sobre ellos. Golpeé a algunos y les arranqué
el cabello. Los hice jurar por el nombre de Dios que no
permitirían que sus hijos o sus hijas se casaran con la gente
pagana de la región.
26«¿Acaso no fue exactamente eso lo que llevó a Salo-
món, rey de Israel, a pecar? —exclamé—. No había rey de
ninguna nación que pudiera compararse con él, Dios lo
amaba y lo hizo rey sobre todo Israel; pero incluso él fue
inducido a pecar por sus mujeres extranjeras. 27¿Cómo pu-
dieron siquiera pensar en cometer esta acción pecaminosa
y ser infieles a Dios al casarse con mujeres extranjeras?».
28Uno de los hijos de Joiada, hijo de Eliasib, el sumo
sacerdote, se había casado con la hija de Sanbalat, el ho-
ronita, por lo cual lo expulsé de mi presencia.

29Recuérdalos, oh Dios mío, porque han profanado
el sacerdocio y los votos solemnes de los sacerdotes
y los levitas.

30Así que expulsé todo lo que fuera extranjero y asigné
tareas a los sacerdotes y a los levitas, asegurándome de que
cada uno supiera lo que tenía que hacer. 31También me
aseguré de que llegara el suministro de leña para el altar
y las primeras porciones de la cosecha en los tiempos
establecidos.

Recuerda esto a mi favor, oh Dios mío.

Referencias cruzadas **13:31** Ne 13:14, 22

ESTER

¿Por qué es importante?

Este libro es como una película de suspenso como los de las heroínas modernas ya que tiene protagonistas de todo tipo, sucesos extraordinarios y cambios repentinos. La historia de Ester es una aventura muy atractiva para explorar ya que ella esconde principios del valor, el compromiso con una causa y la lealtad a la familia. Está relatada con gran maestría para aumentar la emoción como un modelo de cómo el cuidado del Señor dirige los acontecimientos del mundo. Ester no presenta grandes milagros, ni plagas, ni rayos y truenos. Sin embargo, por medio de aparentes "casualidades" y el valor de Ester, la voluntad de Dios es cumplida de manera clara y contundente.

¿Por qué fue escrito?

Este es uno de los dos libros que llevan el nombre de una mujer (el otro es Rut). Aunque el nombre de Dios no aparece, es una de las narraciones en las que aparece de manera clara el cuidado de Dios, aun en medio de naciones paganas y circunstancias adversas. Esta obra tiene como propósito mostrarles a los judíos, tanto a los que aún están en cautiverio, como a los que han regresado a la tierra, que el Señor sigue protegiendo a su pueblo, incluso en tierras paganas y en medio de amenazas.

¿Quién lo escribió?

Podemos encontrar en la obra ciertas pistas que señalan al menos el trasfondo del escritor. Aparentemente fue alguien muy familiarizado con las costumbres y la cultura persa, así como los procedimientos oficiales del palacio. Además, escribe como alguien que es testigo de muchos de los eventos que narra. Incluso parece haber echado mano de recuerdos personales de algunos de los protagonistas, como Ester o Mardoqueo. A la vez, es claro que no es un escritor neutral, sino que está de parte de los judíos. Por todo lo anterior, lo más probable es que el escritor fue un judío que vivía en Persia durante el exilio de los judíos

¿A quién lo escribió?

Los lectores originales serían, entonces, los judíos que aún estaban en el exilio que comenzó con las invasiones de los caldeos a finales del siglo VII e inicios del siglo VI a.C. Quizá muchos de ellos se preguntaban si Dios los había abandonado debido a su pecado, o si el Señor podría protegerlos ahora que estaban fuera de la tierra prometida. Este libro respondía estas preguntas.

¿Cuándo y dónde lo escribió?

Este libro fue escrito en la ciudad de Jerusalén. La fecha más probable es poco tiempo después de los eventos que narra. Entonces, la fecha más probable es el 430 a.C. Debes tomar en cuenta que este es el libro que narra los últimos eventos históricos del Antiguo Testamento.

Paso a paso

1. Ester. El ascenso de una valiente libertadora. Caps. 1-2
2. Amán. Las manipulaciones de un enemigo mortal. Caps. 3-5
3. La liberación. La recompensa por haber confiado en el Señor. Caps. 6-10

ESTER

Ester

El banquete del rey

1 Estos hechos sucedieron en los días del rey Jerjes,* quien reinó sobre ciento veintisiete provincias, desde la India hasta Etiopía.* [2]En esa época, Jerjes gobernaba su imperio desde el trono real, ubicado en la fortaleza de Susa. [3]En el tercer año de su reinado, hizo un banquete para todos sus nobles y funcionarios. Invitó a todos los oficiales del ejército de Persia y Media, y también a los príncipes y nobles de las provincias. [4]La celebración duró ciento ochenta días y fue una gran exhibición de la opulenta riqueza de su imperio y de la pompa y el esplendor de su majestad.

[5]Cuando todo terminó, el rey ofreció un banquete para todo el pueblo que se encontraba en la fortaleza de Susa, desde el más importante hasta el más insignificante. El banquete duró siete días y se realizó en el patio del jardín del palacio. [6]El patio estaba elegantemente decorado con cortinas de algodón blanco y colgantes azules, sostenidos con cuerdas de lino y cintas de color púrpura que pasaban por anillos de plata incrustados en columnas de mármol. Había divanes de oro y de plata sobre un piso de mosaicos de cuarzo,* mármol, nácar y otras piedras costosas.

[7]Las bebidas se servían en copas de oro de distintos diseños, y había vino real en abundancia, lo cual reflejaba la generosidad del rey. [8]Por decreto del rey, no había límite de consumo, porque el rey había dado instrucciones a todos los empleados del palacio de que sirvieran a cada hombre cuanto quisiera.

[9]Al mismo tiempo, la reina Vasti hizo un banquete para las mujeres en el palacio real del rey Jerjes.

Destitución de la reina Vasti

[10]Al séptimo día de la fiesta, cuando el rey Jerjes estaba muy alegre a causa del vino, les ordenó a los siete eunucos que lo servían —Mehumán, Bizta, Harbona, Bigta, Abagta, Zetar y Carcas— [11]que le trajeran a la reina Vasti con la corona real en la cabeza. Quería que los nobles y los demás hombres contemplaran su belleza, porque era una mujer sumamente hermosa; [12]pero cuando le comunicaron la orden del rey a la reina Vasti, ella se negó a ir. Esa respuesta enfureció al rey y lo hizo arder de enojo.

[13]Entonces el rey consultó de inmediato con sus sabios consejeros, quienes conocían todas las leyes y costumbres persas, porque siempre les pedía consejo. [14]Sus nombres eran: Carsena, Setar, Admata, Tarsis, Meres, Marsena y Memucán, siete nobles de Persia y Media. Esos hombres se reunían frecuentemente con el rey y ocupaban los cargos más altos del imperio.

[15]—¿Qué debe hacerse con la reina Vasti? —preguntó el rey—. ¿Qué sanción impone la ley para una reina que se niega a obedecer las órdenes que el rey le envía debidamente por medio de sus eunucos?

[16]Memucán contestó al rey y a los nobles:

—La reina Vasti ofendió no solo al rey, sino también a cada noble y ciudadano del imperio. [17]Ahora, en todas partes, las mujeres comenzarán a despreciar a sus maridos cuando se enteren de que la reina Vasti se negó a presentarse ante el rey. [18]Antes de que termine este día, las esposas de todos los nobles del rey en toda Persia y Media oirán lo que hizo la reina y empezarán a tratar a sus maridos de la misma manera. Nada pondrá fin a su desprecio y enojo.

[19]»Así que, si al rey le agrada, sugerimos que emita un decreto por escrito, una ley de los persas y los medos que no pueda ser revocada. Debería ordenar que la reina Vasti sea excluida para siempre de la presencia del rey Jerjes y que el rey elija otra reina más digna que ella. [20]¡Cuando se publique este decreto en todo el vasto imperio del rey, los maridos de todas partes, sea cual fuere su rango, recibirán el respeto que merecen de parte de sus esposas!

[21]El rey y sus nobles consideraron que esa propuesta tenía sentido, así que el rey siguió el consejo de Memucán. [22]Envió cartas por todo el imperio, a cada provincia en su propio sistema de escritura y en su propio idioma, proclamando que todo hombre debía ser jefe en su propia casa y decir lo que le viniera en gana.*

Ester se convierte en reina

2 Una vez que se le pasó el enojo, Jerjes comenzó a pensar en Vasti y en lo que ella había hecho, y también en el decreto que él había firmado. [2]Así que sus asistentes personales sugirieron lo siguiente: «Busquemos en todo el imperio jóvenes hermosas y vírgenes para el rey. [3]Que el rey nombre delegados en cada provincia para que reúnan a esas hermosas jóvenes en el harén real en la fortaleza de Susa. Hegai, el eunuco del rey a cargo del harén, se ocupará de que todas ellas reciban tratamientos de belleza. [4]Después, la joven que más agrade al rey será reina en lugar de Vasti». Al rey le pareció muy bueno ese consejo, así que decidió ponerlo en práctica.

[5]Por esos días, en la fortaleza de Susa había un judío llamado Mardoqueo, hijo de Jair. Pertenecía a la tribu de Benjamín y era descendiente de Cis y Simei. [6]Su familia* había estado entre los que, junto con Joaquín,* rey de Judá, fueron desterrados de Jerusalén y llevados a Babilonia por el rey Nabucodonosor. [7]Mardoqueo tenía una prima joven muy hermosa y atractiva que se llamaba Hadasa, a la cual

***Notas textuales** **1:1a** En hebreo *Asuero*, otro nombre para Jerjes; también en todo el libro de Ester. Jerjes reinó del 486 al 465 a. C. **1:1b** En hebreo *Cus*. **1:6** En hebreo *pórfido:* roca compacta y dura, de color rojizo oscuro con cristales de feldespato y cuarzo. **1:22** O *y hablar el idioma de su propio pueblo.* **2:6a** En hebreo *Él.* **2:6b** En hebreo *Jeconías,* una variante de Joaquín.

Referencias cruzadas **1:1** Esd 4:6 **2:6** 2 Re 24:14-15

también le decían Ester. Cuando el padre y la madre de ella
murieron, Mardoqueo la adoptó, la integró a su familia y
la crio como su propia hija.
8Como resultado del decreto del rey, Ester, junto con
muchas otras jóvenes, fue llevada al harén del rey en la
fortaleza de Susa y entregada al cuidado de Hegai. 9Hegai
quedó muy impresionado con Ester y la trató con mucha
amabilidad. Enseguida ordenó que le prepararan una dieta
especial y se le hicieran tratamientos de belleza. Tam-
bién le asignó siete doncellas escogidas especialmente
del palacio del rey, y la trasladó junto con ellas al mejor
lugar del harén.
10Ester no le había revelado a nadie su nacionalidad ni
su trasfondo familiar porque Mardoqueo le había orde-
nado que no lo hiciera. 11Todos los días, Mardoqueo daba
un paseo cerca del patio del harén para averiguar cómo
estaba Ester y qué le sucedía.
12Antes de ser llevada a la cama del rey, a cada joven
se le hacían obligatoriamente tratamientos de belleza du-
rante doce meses: los primeros seis con aceite de mirra,
y los siguientes con perfumes y ungüentos especiales.
13Cuando llegaba el momento para presentarse en el pa-
lacio del rey, se le permitía elegir la ropa y las joyas que
quisiera llevarse del harén. 14Esa noche la llevaban a las
habitaciones privadas del rey, y a la mañana siguiente, la
pasaban a un segundo harén,* donde vivían las esposas
del rey. Allí quedaba al cuidado de Saasgaz, el eunuco del
rey que se ocupaba de las concubinas. Jamás volvía a la
presencia del rey a menos que a él le hubiera agradado
de manera especial y la mandara llamar por su nombre.
15Ester era hija de Abihail, tío de Mardoqueo. (Mardo-
queo había adoptado como hija a su prima menor, Ester).
Cuando a Ester le llegó el turno de ser llevada ante el rey,
ella siguió el consejo de Hegai, el eunuco encargado del
harén. No pidió nada aparte de lo que él le sugirió, y todos
los que la veían, la admiraban.
16Llevaron a Ester ante el rey Jerjes, en el palacio real,
a comienzos del invierno* del séptimo año de su reinado.
17Y el rey amó a Ester más que a todas las demás jóvenes.
Estaba tan encantado con ella que le puso la corona real
sobre la cabeza y la declaró reina en lugar de Vasti. 18Para
celebrar la ocasión, ofreció un gran banquete en honor
de Ester a todos sus nobles y funcionarios, decretó día
de fiesta para las provincias y entregó generosos regalos
a todos.
19Aun después de que todas las jóvenes fueron tras-
ladadas al segundo harén* y Mardoqueo fue designado
oficial del palacio,* 20Ester siguió manteniendo en secreto
su trasfondo familiar y su nacionalidad. Todavía seguía los
consejos de Mardoqueo, tal como cuando vivía en su casa.

La lealtad de Mardoqueo hacia el rey

21Cierto día, mientras Mardoqueo estaba de guardia en
la puerta del rey, dos de los eunucos del rey, Bigtana* y
Teres —guardias que custodiaban la entrada a las habita-
ciones privadas del rey— se enojaron con el rey Jerjes y
conspiraron para asesinarlo; 22pero Mardoqueo se enteró
del complot y le pasó la información a la reina Ester. En-
tonces ella se lo contó al rey y le dio el crédito a Mardo-
queo por la noticia. 23Cuando se hizo la investigación y
se confirmó que lo que decía Mardoqueo era cierto, los
dos hombres fueron atravesados con un poste afilado.
Todo el suceso quedó registrado en *El libro de la historia
del reinado del rey Jerjes.*

¡Respuestas Bíblicas! 87 ¿Qué significa echar suertes?

3:7 La gente solía hacer esto para tomar decisiones. Algo así como piedra, papel y tijera o lanzar una moneda aunque no estamos seguros cómo lo hacían. Pero Amán lo hizo para elegir un buen día para pedirle al rey que destruyera al pueblo de Dios.

El complot de Amán contra los judíos

3 Tiempo después, el rey Jerjes ascendió a Amán, hijo
de Hamedata el agagueo, lo puso por encima de todos
los demás nobles y lo convirtió en el funcionario más
poderoso del imperio. 2Todos los funcionarios del rey se
inclinaban ante Amán en señal de respeto cada vez que él
pasaba porque el rey lo había ordenado; pero Mardoqueo
se negó a inclinarse ante él o a rendirle homenaje.
3Entonces los funcionarios del palacio que estaban
a la puerta del rey le preguntaron a Mardoqueo: «¿Por
qué desobedeces la orden del rey?». 4Todos los días le
hablaban de lo mismo, pero aun así él se negaba a cumplir
la orden. Entonces le informaron a Amán para saber si él
toleraría la conducta de Mardoqueo, ya que Mardoqueo
les había dicho que era judío.
5Cuando Amán vio que Mardoqueo no se inclinaba
ante él ni le rendía homenaje, se llenó de furia. 6Como se
había enterado de la nacionalidad de Mardoqueo, decidió
que no bastaba con matar solamente a él. Entonces, buscó
la forma de destruir a todos los judíos a lo largo y ancho
del imperio de Jerjes.
7Así que, en el mes de abril,* durante el año doce del
reinado de Jerjes, echaron el plan a suertes en presencia de
Amán (las suertes se llamaban *purim*) a fin de determinar
cuál era el mejor día y mes para llevar a cabo el plan. Se
escogió el día 7 de marzo, casi un año después.*
8Luego Amán se acercó al rey Jerjes y le dijo: «Hay
cierta raza dispersada por todas las provincias del imperio
que se mantiene aislada de todas las demás. Tienen leyes
diferentes de los demás pueblos y se niegan a obedecer las
leyes del rey. Por lo tanto, no conviene a los intereses del
rey que ese pueblo siga con vida. 9Si al rey le agrada, emita
un decreto para destruirlos, y yo donaré diez mil bolsas
grandes* de plata a los administradores del imperio para
que los depositen en la tesorería del reino».
10El rey estuvo de acuerdo y, para confirmar su deci-
sión, se quitó del dedo el anillo con su sello oficial y se lo
entregó a Amán, hijo de Hamedata el agagueo, el ene-
migo de los judíos. 11El rey dijo: «Tanto el dinero como

***Notas textuales** **2:14** O *a otra parte del harén.* **2:16** En hebreo *en el décimo mes, el mes de tebet.* Varias fechas que aparecen en el libro de Ester pueden corroborarse con las fechas que aparecen en los registros persas que se han conservado y pueden relacionarse de manera precisa con nuestro calendario moderno. En el antiguo calendario lunar hebreo, ese mes cayó entre diciembre del 479 a. C. y enero del 478 a. C. **2:19a** El significado del hebreo es incierto. **2:19b** En hebreo *y Mardoqueo se sentara a la puerta del rey.* **2:21** En hebreo *Bigtán*; comparar 6:2. **3:7a** En hebreo *en el primer mes, el mes de nisán.* En el antiguo calendario lunar hebreo, ese mes cayó entre abril y mayo del 474 a. C.; ver también la nota en 2:16. **3:7b** Así aparece en 3:13, que dice *el día trece del mes doce, el mes de adar*; en hebreo dice *el mes doce*, del antiguo calendario lunar hebreo. La fecha elegida fue el 7 de marzo del 473 a. C.; ver también la nota en 2:16. **3:9** En hebreo *10.000 talentos,* alrededor de 340 toneladas métricas o 375 toneladas cortas.

Referencias cruzadas **2:18** Est 1:3-8 **2:23** Est 10:2 **3:8** Hch 16:20-21 el pueblo son tuyos para que hagas con ellos lo que mejor te parezca».

12 Así que, el 17 de abril,* citaron a los secretarios del rey, y se escribió un decreto tal como lo dictó Amán. Lo enviaron a los funcionarios del rey de más alta posición, a los gobernadores y a los nobles de cada provincia en sus propios sistemas de escritura y en sus propios idiomas. El decreto se redactó en nombre del rey Jerjes y fue sellado con el anillo del rey. 13 Se enviaron comunicados a todas las provincias del imperio mediante mensajeros veloces, con orden de matar, masacrar y aniquilar a todos los judíos —jóvenes y ancianos, incluso las mujeres y los niños— en un solo día. El plan estaba programado para el 7 de marzo del año siguiente.* Las pertenencias de los judíos serían entregadas a los que los mataran.

14 Una copia del decreto debía emitirse como ley en cada provincia y proclamarse a todos los pueblos, a fin de que estuvieran preparados para cumplir con su deber el día señalado. 15 Por orden del rey, se despachó el decreto mediante mensajeros veloces, y también se proclamó en la fortaleza de Susa. Luego el rey y Amán se sentaron a beber, pero la ciudad de Susa entró en confusión.

Mardoqueo pide ayuda a Ester

4 Cuando Mardoqueo se enteró de todo lo que había ocurrido, se rasgó su ropa, se vistió de tela áspera, se arrojó ceniza y salió por la ciudad llorando a gritos con un amargo lamento. 2 Llegó hasta la puerta del palacio porque no se permitía que nadie entrara por la puerta del palacio vestido de luto. 3 A medida que la noticia del decreto real llegaba a todas las provincias, había más duelo entre los judíos. Ayunaban, lloraban y se lamentaban, y muchos se vestían con tela áspera y se acostaban sobre ceniza.

4 Cuando las doncellas y los eunucos de la reina Ester se le acercaron y le contaron lo de Mardoqueo, ella se angustió profundamente. Le envió ropa para reemplazar la tela áspera, pero él la rechazó. 5 Luego Ester llamó a Hatac, uno de los eunucos del rey que había sido designado como su asistente. Le ordenó que fuera a ver a Mardoqueo y averiguara qué era lo que le preocupaba y por qué estaba de luto. 6 Entonces Hatac salió a buscar a Mardoqueo a la plaza, frente a la puerta del palacio.

7 Mardoqueo lo puso al tanto de todo lo que había pasado, hasta le dijo el monto exacto de dinero que Amán había prometido depositar en la tesorería del reino para la destrucción de los judíos. 8 Mardoqueo le entregó a Hatac una copia del decreto emitido en Susa, que ordenaba la muerte de todos los judíos. Le pidió a Hatac que se lo mostrara a Ester y le explicara la situación. También le pidió a Hatac que la exhortara a presentarse ante el rey para suplicarle compasión e interceder a favor de su pueblo. 9 Así que Hatac volvió a Ester con el mensaje de Mardoqueo.

10 Entonces Ester le ordenó a Hatac que volviera a ver a Mardoqueo y le diera el siguiente mensaje: 11 «Todos los funcionarios del rey e incluso la gente de las provincias saben que cualquiera que se presenta ante el rey en el patio interior sin haber sido invitado está condenado a morir, a menos que el rey le extienda su cetro de oro. Y el rey no me ha llamado a su presencia en los últimos treinta días». 12 Así que Hatac le dio* el mensaje de Ester a Mardoqueo.

13 Mardoqueo le envió la siguiente respuesta a Ester: «No te creas que por estar en el palacio escaparás cuando todos los demás judíos sean asesinados. 14 Si te quedas callada en un momento como este, el alivio y la liberación para los judíos surgirán de algún otro lado, pero tú y tus parientes morirán. ¿Quién sabe si no llegaste a ser reina precisamente para un momento como este?».

15 Entonces Ester envió la siguiente respuesta a Mardoqueo: 16 «Ve y reúne a todos los judíos que están en Susa y hagan ayuno por mí. No coman ni beban durante tres días, ni de noche ni de día; mis doncellas y yo haremos lo mismo. Entonces, aunque es contra la ley, entraré a ver al rey. Si tengo que morir, moriré». 17 Así que Mardoqueo se puso en marcha e hizo todo tal como Ester le había ordenado.

La petición de Ester al rey

5 Al tercer día del ayuno, Ester se puso las vestiduras reales y entró en el patio interior del palacio, que daba justo frente a la sala del rey. El rey estaba sentado en su trono real, mirando hacia la entrada. 2 Cuando vio a la reina Ester de pie en el patio interior, ella logró el favor del rey y él le extendió el cetro de oro. Entonces Ester se acercó y tocó la punta del cetro.

3 Entonces el rey le preguntó:

—¿Qué deseas, reina Ester? ¿Cuál es tu petición? ¡Te la daré, aun si fuera la mitad del reino!

4 Y Ester contestó:

—Si al rey le agrada, venga el rey con Amán hoy al banquete que preparé para el rey.

5 El rey se dirigió a sus asistentes y dijo: «Díganle a Amán que venga de prisa a un banquete, como lo ha solicitado Ester». Así que el rey y Amán fueron al banquete preparado por Ester.

6 Mientras bebían vino, el rey le dijo a Ester:

—Ahora dime lo que realmente quieres. ¿Cuál es tu petición? ¡Te la daré, aun si fuera la mitad del reino!

7 Ester contestó:

—Mi petición y mi más profundo deseo es que, 8 si he logrado el favor del rey y si al rey le agrada conceder mi petición y hacer lo que le pido, le ruego que venga mañana con Amán al banquete que prepararé para ustedes. Entonces explicaré de qué se trata todo este asunto.

El plan de Amán para matar a Mardoqueo

9 ¡Amán salió muy contento del banquete! Sin embargo, cuando vio a Mardoqueo sentado a la puerta del palacio y que no se puso de pie ni tembló de miedo ante su presencia, se enfureció mucho. 10 No obstante, se contuvo y se fue a su casa.

Luego Amán reunió a sus amigos y a Zeres, su esposa, 11 y se jactó ante ellos de su gran riqueza y sus muchos hijos. Hizo alarde de los honores que el rey le había dado y de la forma en que lo había ascendido por encima de todos los otros nobles y funcionarios.

12 Amán también añadió: «¡Y eso no es todo! La reina Ester nos invitó exclusivamente al rey y a mí a un banquete que preparó para nosotros. ¡Y me invitó a cenar mañana nuevamente con ella y con el rey! 13 Sin embargo, todo eso

***Notas textuales** **3:12** En hebreo *El día trece del primer mes*, del antiguo calendario lunar hebreo. Dicho día fue el 17 de abril del 474 a. C.; ver también la nota en 2:16. **3:13** En hebreo *el día trece del mes doce, el mes de adar*, del antiguo calendario lunar hebreo. La fecha elegida fue el 7 de marzo del 473 a. C.; ver también la nota en 2:16. **4:12** Así aparece en la versión griega; en hebreo dice *Así que ellos le dieron.*

Referencias cruzadas **3:15** Est 8:15 **4:11** Dn 2:9 **4:16** 2 Cr 20:3 **5:3** Mc 6:23

no vale nada mientras vea al judío Mardoqueo sentado allí, a la puerta del palacio».

14Entonces Zeres, la esposa de Amán, y todos sus amigos sugirieron: «Levanta un poste afilado que mida veintitrés metros* de altura y, mañana por la mañana, pídele al rey que atraviese a Mardoqueo en el poste. Después de eso, podrás seguir alegremente tu camino al banquete con el rey». A Amán le gustó la idea, y ordenó que colocaran el poste.

¡Respuestas Bíblicas! 88 ¿Por qué las cosas suceden como suceden?

6:1 Dios controla todo lo que pasa. Él no necesita de milagros para ayudar a su pueblo. Él puede utilizar cosas ordinarias. Dios tuvo el control sobre todos los eventos de Ester 6. Incluso hizo que el rey Jerjes no pudiera dormir. Dios hizo que todo esto sucediera para ayudar a su pueblo.

El rey honra a Mardoqueo

6 Esa noche el rey no podía dormir, entonces ordenó a un asistente que le trajera el libro de la historia de su reino para que se lo leyeran. 2En los registros descubrió el relato de cuando Mardoqueo informó del complot que Bigtana y Teres, dos de los eunucos que cuidaban la puerta de las habitaciones privadas del rey, habían tramado para asesinar al rey Jerjes.

3—¿Qué recompensa o reconocimiento le dimos a Mardoqueo por este acto? —preguntó el rey.

Sus asistentes contestaron:

—Nunca se ha hecho nada.

4—¿Quién está en el patio exterior? —preguntó el rey. Resulta que Amán acababa de llegar al patio exterior del palacio para pedirle al rey que atravesara a Mardoqueo en el poste que había preparado.

5Entonces los asistentes contestaron al rey:

—Es Amán el que está en el patio.

—Háganlo pasar —ordenó el rey.

6Entonces Amán entró, y el rey dijo:

—¿Qué debo hacer para honrar a un hombre que verdaderamente me agrada?

Amán pensó para sí: «¿A quién querría honrar el rey más que a mí?». 7Así que contestó:

—Si el rey desea honrar a alguien, 8debería sacar uno de los mantos reales que haya usado el rey y también un caballo que el propio rey haya montado, uno que tenga un emblema real en la frente. 9Que el manto y el caballo sean entregados a uno de los funcionarios más nobles del rey y que esta persona se asegure de que vistan con el manto real al hombre a quien el rey quiere honrar y lo paseen por la plaza de la ciudad en el caballo del rey. Durante el paseo, que el funcionario anuncie a viva voz: "¡Esto es lo que el rey hace a quien él quiere honrar!".

10—¡Perfecto! —le dijo el rey a Amán—. ¡Rápido! Lleva mi manto y mi caballo, y haz todo lo que has dicho con Mardoqueo, el judío que se sienta a la puerta del palacio. ¡No pierdas ni un detalle de lo que has sugerido!

11Entonces Amán tomó el manto y se lo puso a Mardoqueo, lo hizo montar el caballo del rey, y lo paseó por la plaza de la ciudad, gritando: «¡Esto es lo que el rey hace a quien él quiere honrar!». 12Después Mardoqueo regresó a la puerta del palacio, mientras que Amán se apresuró a volver a su casa desalentado y totalmente humillado.

13Cuando Amán le contó a su esposa, Zeres, y a todos sus amigos lo que había sucedido, sus sabios consejeros y su esposa dijeron: «Ya que Mardoqueo —este hombre que te ha humillado— es de origen judío, jamás tendrás éxito con tus planes contra él. Será tu ruina seguir oponiéndote a él».

14Mientras estaban hablando, llegaron los eunucos del rey y enseguida se llevaron a Amán al banquete que Ester había preparado.

El rey ejecuta a Amán

7 Entonces el rey y Amán fueron al banquete de la reina Ester. 2En esta segunda ocasión, mientras bebían vino, el rey volvió a decir a Ester:

—Dime lo que desees, reina Ester. ¿Cuál es tu petición? ¡Yo te la daré, aun si fuera la mitad del reino!

3La reina Ester contestó:

—Si he logrado el favor del rey, y si al rey le agrada conceder mi petición, pido que mi vida y la vida de mi pueblo sean libradas de la muerte. 4Pues mi pueblo y yo hemos sido vendidos para ser muertos, masacrados y aniquilados. Si solo nos hubieran vendido como esclavos, yo me quedaría callada, porque sería un asunto por el cual no merecería molestar al rey.

5—¿Quién sería capaz de hacer semejante cosa? —preguntó el rey Jerjes—. ¿Quién podría ser tan descarado para tocarte a ti?

6Ester contestó:

—Este malvado Amán es nuestro adversario y nuestro enemigo.

Amán se puso pálido de miedo delante del rey y de la reina. 7Entonces el rey, enfurecido, se levantó de un salto y salió al jardín del palacio.

Amán, en cambio, se quedó con la reina Ester para implorar por su vida, porque sabía que el rey pensaba matarlo. 8En su desesperación se dejó caer sobre el diván donde estaba reclinada la reina Ester, justo cuando el rey volvía del jardín del palacio.

El rey exclamó: «¿Hasta se atreve a atacar a la reina aquí mismo, en el palacio, ante mis propios ojos?». Entonces, en cuanto el rey habló, sus asistentes le cubrieron la cara a Amán en señal de condena.

9Luego Harbona, uno de los eunucos del rey, dijo:

—Amán ha levantado un poste afilado de veintitrés metros* de altura en el patio de su casa. Tenía pensado utilizarlo para atravesar a Mardoqueo, el hombre que salvó al rey de ser asesinado.

—¡Que atraviesen a Amán en ese poste! —ordenó el rey.

10Entonces atravesaron a Amán con el poste que había levantado para Mardoqueo, y la furia del rey se calmó.

Un decreto para ayudar a los judíos

8 Ese mismo día, el rey Jerjes entregó a la reina Ester las propiedades de Amán, el enemigo de los judíos. Luego llevaron a Mardoqueo ante el rey, porque Ester le había contado al rey el parentesco que había entre ellos. 2El rey se quitó el anillo con su sello oficial —el cual había recuperado de Amán— y se lo dio a Mardoqueo; y Ester

***Notas textuales** **5:14** En hebreo *50 codos* [75 pies]. **7:9** En hebreo *50 codos* [75 pies].

Referencias cruzadas **5:14** Est 7:9-10 **6:9** Gn 41:43 **6:14** 1 Re 3:15 **7:10** Est 9:25

nombró a Mardoqueo como encargado de las propiedades de Amán.

3Luego Ester volvió a presentarse ante el rey, cayó a sus pies y le suplicó con lágrimas que detuviera el plan siniestro que Amán, el agagueo, había conspirado contra los judíos. 4Nuevamente el rey extendió su cetro de oro hacia Ester. De modo que ella se levantó y permaneció de pie delante de él.

5Ester dijo:

—Si al rey le place y yo he logrado su favor, y si al rey le parece correcto y yo le resulto agradable, que se emita un decreto que anule las órdenes de Amán, hijo de Hamedata el agagueo, quien ordenó la destrucción de los judíos en todas las provincias del rey. 6Pues, ¿cómo podría soportar ver a mi pueblo y a mi familia ser masacrados y destruidos?

7Entonces el rey Jerjes dijo a la reina Ester y a Mardoqueo, el judío:

—Le he dado a Ester las propiedades de Amán, a quien atravesaron en un poste porque trató de destruir a los judíos. 8Ahora envíen un mensaje a los judíos en nombre del rey, que exprese lo que ustedes quieran, y séllenlo con el anillo del rey. Sin embargo, recuerden que todo lo que ya se ha escrito en nombre del rey y lo que se ha sellado con su anillo jamás puede ser revocado.

9Así que, el 25 de junio,* reunieron a los secretarios del rey, y se escribió un decreto tal como Mardoqueo lo dictó. Lo enviaron a los judíos y a los funcionarios de más alta posición, a los gobernadores y a los nobles de las ciento veintisiete provincias, que se extendían desde la India hasta Etiopía.* Este decreto se escribió en los propios sistemas de escritura y en los propios idiomas de cada pueblo del imperio, incluido el de los judíos. 10El decreto se redactó en nombre del rey Jerjes y fue sellado con el anillo del rey. Mardoqueo envió los comunicados por medio de mensajeros veloces, quienes montaban caballos rápidos, criados especialmente para el servicio del rey.

11El decreto del rey les daba autoridad a los judíos de todas las ciudades para unirse y defender su vida. Se les permitía matar, masacrar y aniquilar a cualquiera, de cualquier nacionalidad o provincia, que los atacara a ellos o a sus esposas e hijos. También podían apoderarse de los bienes de sus enemigos. 12El día escogido para llevar a cabo esa acción en todas las provincias del rey Jerjes fue el 7 de marzo del año siguiente.*

13En cada provincia debía emitirse una copia de ese decreto como ley y proclamarse a todos los pueblos, para que los judíos estuvieran preparados para vengarse de sus enemigos el día señalado. 14Así que, impulsados por el mandato del rey, los mensajeros salieron a toda prisa sobre caballos rápidos, criados para el servicio del rey. Este mismo decreto también se proclamó en la fortaleza de Susa.

15Luego Mardoqueo salió de la presencia del rey vestido con el manto real azul y blanco, con una gran corona de oro y con una capa de púrpura y lino de la más alta calidad. La gente de Susa también celebró el nuevo decreto y 16los judíos se llenaron de gozo y alegría y recibieron honra en todas partes. 17En cada provincia y ciudad, en cada lugar donde llegaba el decreto del rey, los judíos se alegraban mucho, festejaban a lo grande, y declararon día feriado y de celebración. También muchas personas del territorio se hicieron judíos por temor a lo que pudieran hacerles los judíos.

La victoria de los judíos

9 Así que, el 7 de marzo,* los dos decretos del rey entraron en vigencia. Ese día, los enemigos de los judíos tenían la esperanza de dominarlos, pero ocurrió todo lo contrario. Fueron los judíos quienes dominaron a sus enemigos. 2Los judíos se reunieron en sus ciudades, en todas las provincias del rey, para atacar a todo el que intentara hacerles daño; pero nadie pudo hacerles frente porque todos les tenían miedo. 3Además, todos los nobles de las provincias, los funcionarios de más alta posición, los gobernadores y los funcionarios reales ayudaron a los judíos por temor a Mardoqueo. 4Pues a Mardoqueo lo habían ascendido a un alto cargo en el palacio del rey, y su fama se extendía por todas las provincias a medida que se hacía más y más poderoso.

5Así que, el día señalado, los judíos hirieron de muerte a sus enemigos a filo de espada. Mataron y aniquilaron a sus enemigos e hicieron lo que quisieron con quienes los odiaban. 6En la propia fortaleza de Susa, los judíos mataron a quinientos hombres. 7También mataron a Parsandata, a Dalfón, a Aspata, 8a Porata, a Adalía, a Aridata, 9a Parmasta, a Arisai, a Aridai y a Vaizata: 10los diez hijos de Amán, hijo de Hamedata, el enemigo de los judíos; pero no se quedaron con ninguna de sus pertenencias.

11Ese mismo día, cuando se le informó al rey el número de muertos en la fortaleza de Susa, 12hizo llamar a la reina Ester y le dijo:

—Los judíos mataron a quinientos hombres solo en la fortaleza de Susa, además de los diez hijos de Amán. Si aquí hicieron eso, ¿qué habrá pasado en el resto de las provincias? Ahora bien, ¿qué más quieres? Te será concedido; dímelo y lo haré.

13Ester contestó:

—Si al rey le agrada, que a los judíos de Susa se les dé permiso para hacer mañana lo que hicieron hoy, y que los cuerpos de los diez hijos de Amán sean atravesados en un poste.

14El rey estuvo de acuerdo, y el decreto se hizo público en Susa. Atravesaron los cuerpos de los diez hijos de Amán. 15Luego, el 8 de marzo,* los judíos de Susa se reunieron y mataron a trescientos hombres más, y otra vez tampoco se quedaron con ninguna de sus pertenencias.

16Mientras tanto, los demás judíos en todas las provincias del rey se reunieron para defender su vida. Quedaron aliviados de todos sus enemigos, al matar a setenta y cinco mil de los que los odiaban; pero no se quedaron con ninguna de sus pertenencias. 17Eso ocurrió en todas las provincias el 7 de marzo, y el día 8 descansaron* para celebrar su victoria con un día de fiesta y alegría. 18(Los judíos de Susa mataron a sus enemigos el día 7 de marzo, continuaron el 8, y luego el día 9 descansaron* y lo designaron su día de fiesta y alegría). 19De manera

***Notas textuales** **8:9a** En hebreo *el día veintitrés del tercer mes, el mes de siván,* del antiguo calendario lunar hebreo. Ese día fue el 25 de junio del 474 a. C.; ver también la nota en 2:16. **8:9b** En hebreo *hasta Cus.* **8:12** En hebreo *el día trece del mes doce, el mes de adar,* del antiguo calendario lunar hebreo. La fecha elegida fue el 7 de marzo del 473 a. C.; ver también la nota en 2:16. **9:1** En hebreo *el día trece del mes doce, el mes de adar,* del antiguo calendario lunar hebreo. Ese día fue el 7 de marzo del 473 a. C.; ver también la nota en 2:16. **9:15** En hebreo *el día catorce del mes de adar,* del antiguo calendario lunar hebreo. Ese día fue el 8 de marzo del 473 a. C.; ver también la nota en 2:16. **9:17** En hebreo *provincias el día trece del mes de adar, y el día catorce descansaron.* Esos días fueron el 7 y el 8 de marzo del 473 a. C.; ver también la nota en 2:16. **9:18** En hebreo *mataron a sus enemigos el día trece y el día catorce, y luego descansaron el día quince,* del mes hebreo de adar.

Referencias cruzadas **8:8** Dn 6:15 **8:13** Est 3:14 **9:16** Est 9:2

que, hasta el día de hoy, los judíos del campo que viven
en aldeas remotas celebran un día feriado anualmente en
el día señalado a fines del invierno,* en el cual se alegran
y se mandan regalos de comida unos a otros.

El Festival de Purim

20 Mardoqueo registró esos acontecimientos y envió cartas
a los judíos que vivían cerca y lejos, en todas las provin-
cias del rey Jerjes, 21 para motivarlos a celebrar cada año
un festival durante esos dos días.* 22 Les dijo que debían
celebrar esos días con alegría y festejos, obsequiándose
porciones de comida unos a otros y haciendo regalos a
los pobres. Ese festival conmemoraría el tiempo en que
los judíos quedaron aliviados de sus enemigos, cuando su
dolor se convirtió en alegría y su duelo en gozo.

23 Así que los judíos aceptaron la propuesta de Mar-
doqueo y adoptaron esa costumbre anual. 24 Amán, hijo
de Hamedata el agagueo, el enemigo de los judíos, había
conspirado para aplastarlos y destruirlos en la fecha esco-
gida al echar suertes (a las suertes se les llamaba *purim*);
25 pero cuando Ester se presentó ante el rey, él emitió un
decreto que causó que el plan siniestro de Amán se vol-
viera en su contra, y tanto Amán como sus hijos fueron
atravesados en un poste afilado. 26 Por eso la celebración
se llama Purim, porque es la palabra que se empleaba
antiguamente para la frase «echar suertes».

Por lo tanto, debido a la carta de Mardoqueo y a la ex-
periencia que vivieron, 27 los judíos de todo el reino se
pusieron de acuerdo para iniciar esa tradición y pasarla
a sus descendientes y a todos los que se hacían judíos.
Declararon que jamás dejarían de celebrar cada año esos
dos días prescritos en la fecha señalada. 28 Esos días se re-
cordarían y se mantendrían de generación en generación y
serían celebrados por cada familia en todas las provincias
y ciudades del imperio. El Festival de Purim nunca dejaría
de celebrarse entre los judíos, ni se extinguiría de entre
sus descendientes el recuerdo de lo ocurrido.

29 Luego, la reina Ester, hija de Abihail, junto con Mar-
doqueo, el judío, escribieron otra carta en la cual la plena
autoridad de la reina respaldaba la carta de Mardoqueo
para establecer el Festival de Purim. 30 Se enviaron cartas
con deseos de paz y seguridad a los judíos de las ciento
veintisiete provincias del imperio de Jerjes. 31 Esas cartas
establecían la celebración anual del Festival de Purim en
las fechas señaladas, como lo habían decretado el judío
Mardoqueo y la reina Ester. (El pueblo decidió celebrar el
festival, de la misma manera que había decidido establecer
el tiempo de ayuno y luto para sí y sus descendientes).
32 Así que el mandato de Ester confirmó la costumbre del
Purim, y todo quedó escrito en los registros.

La grandeza de Jerjes y de Mardoqueo

10 El rey Jerjes impuso un tributo en todo su impe-
rio, incluso hasta las costas lejanas. 2 Sus grandes
logros y el relato completo de la grandeza de Mardoqueo,
a quien el rey había ascendido, están registrados en *El libro
de la historia de los reyes de Media y Persia.* 3 Mardoqueo, el
judío, llegó a ser primer ministro, segundo en mando
después del propio rey Jerjes. Fue un hombre muy impor-
tante entre los judíos, de gran estima ante ellos, porque
siguió actuando a favor de su pueblo y defendiendo el
bienestar de todos sus descendientes.

***Notas textuales** **9:19** En hebreo *el día catorce del mes de adar.* En el antiguo calendario lunar hebreo, ese día cae en febrero o en marzo. **9:21** En hebreo *el día catorce y el día quince de adar,* del antiguo calendario lunar hebreo.

Referencias cruzadas **9:25** Sal 7:16 **10:3** Ne 2:10

JOB

¿Por qué es importante?

Cuando alguien tiene preguntas lo mejor no es decirle que no piense en ellas. Al contrario, es necesario enfrentarlas con la fuerza de la verdad y el libro de Job es uno de los libros de la Biblia que más nos enseñan a enfrentar las cuestiones difíciles de la vida como el dolor.

El hecho de que Job evite las respuestas fáciles es una gran ayuda para que vivamos un cristianismo real y no de apariencias ya que tener fe no significa cerrar los ojos o "apagar el cerebro". Este es un mensaje que todos debemos saber ya que siempre tendremos preguntas o habrá momentos difíciles y a Dios no le enojan nuestras dudas o preguntas, sino que está listo para ayudarnos a responderlas y está con nosotros a pesar de los momentos difíciles.

¿Por qué fue escrito?

Este es uno de los libros más profundos de la Biblia. Enfrenta grandes temas, tales como el sufrimiento, la justicia y la intervención de Dios en estos complejos asuntos. Aparentemente, el tema central es el del sufrimiento de un creyente. Sin embargo, detrás de este tema, que obviamente es importante, se encuentra la realidad del control soberano de Dios sobre todo y, a la vez, sobre la vida de cada persona. La obra contrapone esa realidad con la del sufrimiento de personas justas y buenas y presenta las meditaciones de los seres humanos ante esa aparente contradicción.

¿Quién lo escribió?

No se sabe quién fue el autor, aunque se ha propuesto a Moisés, Salomón o uno de sus contemporáneos o el mismo Job. No hay manera de saberlo.Sin embargo, casi todos concuerdan con que se trata de un autor de la época de los patriarcas altamente calificado y con un gran conocimiento de Dios.

¿A quién lo escribió?

Es indudable que sus primeros lectores fueron israelitas, pero se puede notar que la historia está escrita para gente de todos los lugares y todas las épocas ya que no menciona costumbres hebreas.

¿Cuándo y dónde lo escribió?

No sabemos cuál fue el lugar en el que se escribió esta obra. Algunos han tratado de asignar lugares fuera de Israel para la composición de este libro como, por ejemplo, Egipto o Arabia. Sin embargo, es evidente que las ideas generales del autor provienen de la tradición hebrea. En cuanto a la fecha, los estudiosos no se ponen de acuerdo. Las fechas varían desde la época patriarcal (unos 2000 años antes de Cristo) hasta solo 200 años antes de Jesús.

Paso a paso

1. Dios, Satán y Job. Un vistazo a la batalla cósmica. Caps. 1-2
2. Elifaz, el intelectual, explica el dolor de Job: "Dios es puro. El ser humano es quien atrae los problemas". Caps. 3-5; 12-15; 21-22.
3. Bildad, el tradicionalista, explica el dolor de Job: "Dios no tuerce la justicia. Es el ser humano el que se olvida de Él". Caps. 6-8; 16-18, 23-26.
4. Zofar, el moralista, explica el dolor de Job. "Dios conoce cuando eres impío". Caps. 9-11; 19-20; 27.
5. Eliú, el joven, da su opinión. "Los sufrimientos refinan al justo". Caps. 32-37
6. Dios confronta a Job y lo restaura. Caps. 38-42

JOB

Job

Prólogo

1 Había un hombre llamado Job que vivía en la tierra
de Uz. Era un hombre intachable, de absoluta inte-
gridad, que tenía temor de Dios y se mantenía apartado
del mal. 2Tenía siete hijos y tres hijas. 3Poseía siete mil
ovejas, tres mil camellos, quinientas yuntas de bueyes y
quinientas burras; también tenía muchos sirvientes. En
realidad, era la persona más rica de toda aquella región.
4Los hijos de Job se turnaban en preparar banquetes
en sus casas e invitaban a sus tres hermanas para que ce-
lebraran con ellos. 5Cuando las fiestas terminaban —a
veces después de varios días— Job purificaba a sus hijos. Se
levantaba temprano por la mañana y ofrecía una ofrenda
quemada por cada uno de ellos, porque pensaba: «Quizá
mis hijos hayan pecado y maldecido a Dios en el corazón».
Esta era una práctica habitual de Job.

Primera prueba de Job

6Un día los miembros de la corte celestial* llegaron para
presentarse delante del Señor, y el Acusador, Satanás,*
vino con ellos. 7El Señor le preguntó a Satanás:
—¿De dónde vienes?
Satanás contestó al Señor:
—He estado recorriendo la tierra, observando todo
lo que ocurre.
8Entonces el Señor preguntó a Satanás:
—¿Te has fijado en mi siervo Job? Es el mejor hombre
en toda la tierra; es un hombre intachable y de absoluta
integridad. Tiene temor de Dios y se mantiene apartado
del mal.
9Satanás le respondió al Señor:
—Sí, pero Job tiene una buena razón para temer a Dios:
10siempre has puesto un muro de protección alrededor de
él, de su casa y de sus propiedades. Has hecho prosperar
todo lo que hace. ¡Mira lo rico que es! 11Así que extiende
tu mano y quítale todo lo que tiene, ¡ten por seguro que
te maldecirá en tu propia cara!
12—Muy bien, puedes probarlo —dijo el Señor a Sa-
tanás—. Haz lo que quieras con todo lo que posee, pero
no le hagas ningún daño físico.
Entonces Satanás salió de la presencia del Señor.
13Un día cuando los hijos y las hijas de Job celebraban
en casa del hermano mayor, 14llegó un mensajero a casa
de Job con las siguientes noticias: «Sus bueyes estaban
arando y las burras comiendo a su lado, 15cuando los
sabeos nos asaltaron. Robaron todos los animales y ma-
taron a los trabajadores, y yo soy el único que escapó
para contárselo».
16Mientras este mensajero todavía hablaba, llegó otro
con esta noticia: «Cayó del cielo el fuego de Dios y calcinó
a las ovejas y a todos los pastores; yo soy el único que
escapó para contárselo».
17Mientras este mensajero todavía hablaba, llegó un
tercero con esta noticia: «Tres bandas de saqueadores
caldeos robaron sus camellos y mataron a los sirvientes;
yo soy el único que escapó para contárselo».
18No había terminado de hablar el tercer mensajero
cuando llegó otro con esta noticia: «Sus hijos e hijas
estaban festejando en casa del hermano mayor y, 19de
pronto, un fuerte viento del desierto llegó y azotó la casa
por los cuatro costados. La casa se vino abajo y todos ellos
murieron; yo soy el único que escapó para contárselo».
20Job se levantó y rasgó su vestido en señal de dolor;
después se rasuró la cabeza y se postró en el suelo para
adorar 21y dijo:

«Desnudo salí del vientre de mi madre,
y desnudo estaré cuando me vaya.
El Señor me dio lo que tenía,
y el Señor me lo ha quitado.
¡Alabado sea el nombre del Señor!».

22A pesar de todo, Job no pecó porque no culpó a Dios.

Segunda prueba de Job

2 Un día los miembros de la corte celestial* llegaron
nuevamente para presentarse delante del Señor, y el
Acusador, Satanás,* vino con ellos. 2El Señor le preguntó:
—¿De dónde vienes?
Satanás contestó al Señor:
—He estado recorriendo la tierra, observando todo
lo que ocurre.
3Entonces el Señor le preguntó a Satanás:
—¿Te has fijado en mi siervo Job? Es el mejor hombre
en toda la tierra; es un hombre intachable y de absoluta in-
tegridad. Tiene temor de Dios y se mantiene apartado del
mal. Además ha conservado su integridad a pesar de que
tú me incitaste a que le hiciera daño sin ningún motivo.
4Satanás respondió al Señor:
—¡Piel por piel! Cualquier hombre renunciaría a todo lo
que tiene para salvar su vida. 5Así que extiende tu mano
y quítale la salud, ¡ten por seguro que te maldecirá en tu
propia cara!
6—Muy bien, haz con él lo que quieras —dijo el Señor
a Satanás—, pero no le quites la vida.
7Entonces Satanás salió de la presencia del Señor e

***Notas textuales** **1:6a** En hebreo *los hijos de Dios.* **1:6b** En hebreo *y el satán*; similar en todo este capítulo. **2:1a** En hebreo *los hijos de Dios.* **2:1b** En hebreo *y el satán*; similar en todo este capítulo.

Referencias cruzadas **1:1** St 5:11 **1:5** Gn 8:20 **1:16** Nm 11:1-3 **1:21** 1 Tm 6:7

hirió a Job con terribles llagas en la piel, desde la cabeza
hasta los pies.
8 Job, sentado entre cenizas, se rascaba con un trozo de
teja. 9 Su esposa le dijo: «¿Todavía intentas conservar tu
integridad? Maldice a Dios y muérete».
10 Sin embargo, Job contestó: «Hablas como una mujer
necia. ¿Aceptaremos solo las cosas buenas que vienen de
la mano de Dios y nunca lo malo?». A pesar de todo, Job
no dijo nada incorrecto.

Los tres amigos de Job comparten su angustia

11 Cuando tres de los amigos de Job se enteraron de la tragedia que había sufrido, viajaron juntos desde sus respectivos hogares para consolarlo y confortarlo. Sus nombres eran Elifaz, el temanita; Bildad, el suhita y Zofar, el naamatita.
12 Cuando vieron a Job de lejos, apenas lo reconocieron.
Con fuertes lamentos, rasgaron sus vestidos y echaron
polvo al aire sobre sus cabezas en señal de dolor. 13 En-
tonces, durante siete días y siete noches, se sentaron en
el suelo junto a Job, y ninguno le decía nada porque veían
que su sufrimiento era demasiado grande para expresarlo
con palabras.

¡Respuestas Bíblicas! 89 ¿Qué tan triste se sintió Job?

3:1 A Job le sucedieron muchas cosas terribles.
Estaba tan triste que dijo que deseaba nunca haber nacido.

Primer discurso de Job

3 Por fin habló Job y maldijo el día de su nacimiento.
2 Dijo:

3 «Que sea borrado el día en que nací,
y la noche en que fui concebido.
4 Que ese día se convierta en oscuridad;
que se pierda aun para Dios en las alturas,
y que ninguna luz brille en él.
5 Que la oscuridad y la penumbra absoluta reclamen
ese día para sí;
que una nube negra lo ensombrezca
y la oscuridad lo llene de terror.
6 Que esa noche sea borrada del calendario
y que nunca más se cuente entre los días del año
ni aparezca entre los meses.
7 Que esa noche sea estéril,
que no tenga ninguna alegría.
8 Que maldigan ese día los expertos en maldiciones,
los que, con una maldición, podrían despertar al
Leviatán.*
9 Que las estrellas de la mañana de ese día
permanezcan en oscuridad;
que en vano espere la luz
y que nunca llegue a ver la aurora.
10 Maldigo ese día por no haber cerrado el vientre de mi
madre,
por haberme dejado nacer para presenciar toda
esta desgracia.

11 »¿Por qué no nací muerto?
¿Por qué no morí al salir del vientre?
12 ¿Por qué me pusieron en las rodillas de mi madre?
¿Por qué me alimentó con sus pechos?
13 Si hubiera muerto al nacer, ahora descansaría en paz;
estaría dormido y en reposo.
14 Descansaría con los reyes y con los primeros
ministros del mundo,
cuyos grandiosos edificios ahora yacen en ruinas.
15 Descansaría junto a príncipes, ricos en oro,
cuyos palacios estuvieron llenos de plata.
16 ¿Por qué no me enterraron como a un niño que nace
muerto,
como a un niño que nunca vivió para ver la luz?
17 Pues una vez muertos, los malvados no causan más
problemas
y los cansados encuentran reposo.
18 Aun los cautivos logran tranquilidad en la muerte,
donde no hay guardias que los maldigan.
19 El rico y el pobre están allí,
y el esclavo se libera de su dueño.

20 »Oh, ¿por qué dar luz a los desdichados,
y vida a los amargados?
21 Ellos desean la muerte, pero no llega;
buscan la muerte con más fervor que a tesoro
escondido.
22 Se llenan de alegría cuando finalmente mueren,
y se regocijan cuando llegan a la tumba.
23 ¿Por qué dar vida a los que no tienen futuro,
a quienes Dios ha rodeado de dificultades?
24 No puedo comer a causa de mis suspiros;
mis gemidos se derraman como el agua.
25 Lo que yo siempre había temido me ocurrió;
se hizo realidad lo que me horrorizaba.
26 No tengo paz ni tranquilidad.
No tengo descanso; solo me vienen dificultades».

Primera respuesta de Elifaz a Job

4 Entonces Elifaz el temanita respondió a Job:

2 «¿Podrías ser paciente y permitirme que te
diga unas palabras?
Pues, ¿quién podría quedarse callado?

3 »Antes alentabas a mucha gente
y fortalecías a los débiles.
4 Tus palabras daban apoyo a los que caían;
animabas a los de rodillas temblorosas.
5 Sin embargo, ahora que las desgracias te acosan, te
desanimas;
te llenas de miedo cuando te afectan a ti.
6 ¿No te da confianza tu reverencia a Dios?
¿No te da esperanza tu vida de integridad?

7 »¡Detente a pensar! ¿Mueren los inocentes?
¿Cuándo han sido destruidos los justos?
8 La experiencia me dice que los que siembran
problemas

***Notas textuales** **3:8** La identidad del Leviatán es discutida; las ideas van desde una criatura terrestre hasta un mítico monstruo marino de la literatura antigua. **4:15a** O *viento*; también en 4:16. **4:15b** O *su viento me produjo escalofríos.*

Referencias cruzadas **2:10** Sal 39:1 **2:13** Ez 3:15 **3:13** Jb 19:25-27 **3:21** Ap 9:6

y cultivan el mal, eso cosecharán.
9 Un soplo de Dios los destruye
y se desvanecen con una ráfaga de su enojo.
10 Ruge el león y gruñen los gatos monteses,
pero a los leones fuertes se les romperán los dientes.
11 El feroz león morirá de hambre por falta de presa,
y los cachorros de la leona serán dispersados.

12 »En secreto recibí esta verdad,
como si me la hubieran susurrado al oído.
13 Me llegó en una inquietante visión durante la noche,
cuando la gente duerme profundamente.
14 El miedo se apoderó de mí,
y mis huesos temblaron.
15 Un espíritu* pasó frente a mi cara,
y se me pusieron los pelos de punta.*
16 El espíritu se detuvo, pero no pude ver su forma;
había una silueta delante de mis ojos.
En el silencio, oí una voz que dijo:
17 "¿Puede un mortal ser inocente ante Dios?
¿Puede alguien ser puro ante el Creador?".

18 »Si Dios no confía en sus propios ángeles
y acusa a sus mensajeros de necedad,
19 ¡cuánto menos confiará en los seres humanos hechos de barro!
Están hechos de polvo; son aplastados tan fácilmente como una polilla.
20 Están vivos en la mañana, pero muertos por la tarde;
desaparecen para siempre sin dejar rastro.
21 Se les arrancan las cuerdas, se derrumba la carpa
y mueren en ignorancia.

Continúa la respuesta de Elifaz

5 »Por más que grites por ayuda, ¿quién te responderá?
¿Cuál de los ángeles* te ayudará?
2 Te aseguro que el resentimiento destruye al necio,
y los celos matan al ingenuo.
3 He visto a los necios triunfar momentáneamente en la vida,
pero después llega la calamidad repentina.
4 Sus hijos quedan abandonados y lejos de toda ayuda;
los oprimen en el tribunal y no hay quien los defienda.
5 Su cosecha la devoran los hambrientos,
aun cuando esté rodeada de zarzas;*
los sedientos jadean tras su riqueza.*
6 El mal no germina del suelo
ni la aflicción brota de la tierra,
7 pero la gente nace para tener problemas
tan cierto como que las chispas vuelan del fuego.

8 »Si yo estuviera en tu lugar, me acercaría a Dios
y le presentaría mi caso.
9 Él hace grandezas, demasiado maravillosas para comprenderlas,
y realiza milagros incontables.
10 Él envía lluvia a la tierra
y agua a los campos.
11 Él hace prosperar a los pobres
y protege a los que sufren.
12 Él frustra los planes de los que traman
para que el trabajo de sus manos no prospere.
13 Él atrapa a los sabios en su propia astucia
y desbarata sus ingeniosas maquinaciones.
14 Encuentran oscuridad en pleno día
y andan a tientas al mediodía, como si fuera de noche.
15 Él rescata a los pobres de las palabras hirientes de los fuertes
y los rescata de las garras de los poderosos;
16 por fin los pobres tienen esperanza
y las fauces de los malvados son cerradas.

17 »¡Pero considera la alegría de aquellos a quienes Dios corrige!
Cuando peques, no menosprecies la disciplina del Todopoderoso.
18 Pues aunque él hiere, también venda las heridas;
él golpea, pero sus manos también sanan.
19 Te rescatará de seis desastres;
aun en el séptimo, te guardará del mal.
20 Te salvará de la muerte en tiempo de hambre
y del poder de la espada en tiempo de guerra.
21 Estarás seguro ante la calumnia
y no tendrás miedo cuando llegue la destrucción.
22 Te reirás de la destrucción y del hambre,
y no tendrás terror de los animales salvajes.
23 Estarás en paz con las piedras del campo
y los animales salvajes estarán en paz contigo.
24 Sabrás que tu hogar está seguro;
cuando revises tus posesiones, no te faltará nada.
25 Tendrás muchos hijos;
¡tus descendientes serán tan abundantes como la hierba!
26 Llegarás a la tumba de edad avanzada,
¡como una gavilla de grano cosechada a su debido tiempo!

27 »Hemos estudiado la vida y resulta que todo esto es verdad;
escucha mi consejo y aplícalo a ti mismo».

Segundo discurso de Job: respuesta a Elifaz

6 Entonces Job habló de nuevo:
2 «Si se pudiera pesar mi sufrimiento
y poner mis problemas en la balanza,
3 pesarían más que toda la arena del mar.
Por eso hablé impulsivamente.
4 Pues el Todopoderoso me ha derribado con sus flechas;
y el veneno de ellas infecta mi espíritu.
Los terrores de Dios están alineados contra mí.
5 ¿Acaso no tengo derecho a quejarme?
¿No rebuznan los burros salvajes cuando no encuentran hierba
y mugen los bueyes cuando no tienen qué comer?

***Notas textuales** **5:1** En hebreo *los santos.* **5:5a** El significado del hebreo de esta frase es incierto. **5:5b** Así aparece en la versión griega y en la siríaca; en hebreo dice *una trampa arrebata su riqueza.*

Referencias cruzadas **4:9** 2 Ts 2:8 **4:21** Jb 8:22 **5:7** Jb 14:1 **5:13** 1 Co 3:19 **5:17** Hb 12:5-11

6 ¿No se queja la gente cuando a la comida le falta sal?
¿Hay alguien que desee comer la insípida clara del huevo*?
7 Cuando la miro, mi apetito desaparece;
¡solo pensar en comerla me da asco!

8 »¡Ah, que se otorgara mi petición!
¡Que Dios me concediera mi deseo!
9 Quisiera que él me aplastara,
quisiera que extendiera su mano y me matara.
10 Al menos puedo consolarme con esto:
a pesar del dolor,
no he negado las palabras del Santo;
11 pero no tengo fuerzas para seguir,
no tengo nada por lo cual vivir.
12 ¿Tengo yo la fuerza de una roca?
¿Está mi cuerpo hecho de bronce?
13 No, estoy desamparado por completo,
sin ninguna oportunidad de salir adelante.

14 »Uno debería ser compasivo con un amigo abatido,
pero tú me acusas sin ningún temor del Todopoderoso.*
15 Hermanos míos, han demostrado ser tan poco confiables como un arroyo de temporada
que desborda su cauce en la primavera,
16 cuando crece por el hielo y por la nieve derretida;
17 pero en la estación cálida, el agua desaparece
y el arroyo se desvanece en el calor.
18 Las caravanas se desvían de su ruta para refrescarse,
pero no hay nada para beber y por eso mueren.
19 Las caravanas de Tema van en busca de esta agua;
los viajeros de Saba esperan encontrarla.
20 Confían que esté pero se decepcionan;
cuando llegan, sus esperanzas se desvanecen.
21 Tampoco ustedes han sido de ayuda;
han visto mi calamidad y les da miedo.
22 Pero ¿por qué? ¿Alguna vez les he pedido que me regalen algo?
¿Les he suplicado que me den algo suyo?
23 ¿Les he pedido que me rescaten de mis enemigos
o que me salven de personas despiadadas?
24 Enséñenme, y me quedaré callado;
muéstrenme en qué me equivoqué.
25 Las palabras sinceras pueden causar dolor,
pero ¿de qué sirven sus críticas?
26 ¿Creen que sus palabras son convincentes
cuando ignoran mi grito de desesperación?
27 Ustedes hasta serían capaces de enviar a un huérfano a la esclavitud*
o de vender a un amigo.
28 ¡Mírenme!
¿Les mentiría en su propia cara?
29 Dejen de suponer que soy culpable,
porque no he hecho nada malo.
30 ¿Piensan que estoy mintiendo?
¿Acaso no conozco la diferencia entre el bien y el mal?

7 »¿No es toda la vida humana una lucha?
Nuestra vida es como la de un jornalero,
2 como la de un trabajador que anhela estar bajo la sombra,
como la de un sirviente que espera cobrar su sueldo.
3 A mí también me ha tocado vivir meses en vano,
largas y pesadas noches de miseria.
4 Tumbado en la cama, pienso: "¿Cuándo llegará la mañana?";
pero la noche se alarga y doy vueltas hasta el amanecer.
5 Mi cuerpo está cubierto de gusanos y de costras;
se me abre la piel y supura pus.

Job clama a Dios

6 »Mis días pasan más rápido que la lanzadera de un telar
y terminan sin esperanza.
7 Oh Dios, recuerda que mi vida es apenas un suspiro,
y nunca más volveré a ser feliz.
8 Ahora me ves, pero no será por mucho tiempo;
me buscarás, pero ya me habré ido.
9 Así como las nubes se disipan y se desvanecen,
los que mueren* ya no volverán.
10 Se han ido de su hogar para siempre
y jamás volverán a verlos.

11 »No puedo evitar hablar;
debo expresar mi angustia.
Mi alma llena de amargura debe quejarse.
12 ¿Soy yo un monstruo marino o un dragón
para que me pongas bajo custodia?
13 Pienso: "Mi cama me dará consuelo,
y el sueño aliviará mi sufrimiento";
14 pero entonces me destrozas con sueños
y me aterras con visiones.
15 Preferiría ser estrangulado;
mejor morir que sufrir así.
16 Odio mi vida y no quiero seguir viviendo.
Oh, déjame en paz durante los pocos días que me quedan.

17 »¿Qué son los seres humanos para que nos des tanta importancia,
para que pienses tanto en nosotros?
18 Pues nos examinas cada mañana
y nos pruebas a cada momento.
19 ¿Por qué no me dejas en paz?,
¡al menos el tiempo suficiente para poder tragar!
20 Si he pecado, ¿qué te he hecho,
oh vigilante de toda la humanidad?
¿Por qué me haces tu blanco?
¿Acaso te soy una carga?*
21 ¿Por qué mejor no perdonas mi pecado
y me quitas la culpa?
Pues pronto me acostaré en el polvo y allí moriré.
Cuando me busques, me habré ido».

***Notas textuales** **6:6** O *desee tomar el insípido jugo de la planta malva?* **6:14** O *abatido, / o él podría perder su temor del Todopoderoso.* **6:27** En hebreo *hasta echarían suertes sobre un huérfano.* **7:9** En hebreo *que descienden al Seol.* **7:20** Así aparece en la versión griega; en hebreo dice *blanco y que sea una carga para mí mismo?*

Referencias cruzadas **6:10** Sal 119:102 **7:10** Sal 103:16 **7:17** Hb 2:6

Primera respuesta de Bildad a Job

8 Entonces Bildad el suhita respondió a Job:
2 «¿Hasta cuándo seguirás hablando así?
Suenas como un viento rugiente.
3 ¿Acaso Dios tuerce la justicia?
¿Tuerce el Todopoderoso lo que es recto?
4 Seguramente tus hijos pecaron contra él,
y por eso el castigo estaba bien merecido;
5 pero si oras a Dios
y buscas el favor del Todopoderoso,
6 si eres puro y vives con integridad,
sin duda que él se levantará y devolverá la
felicidad a tu hogar.
7 Aunque comenzaste con poco,
terminarás con mucho.

8 »Tan solo pregunta a la generación anterior;
presta atención a la experiencia de nuestros
antepasados,
9 porque nacimos apenas ayer y no sabemos nada;
nuestros días sobre la tierra son tan fugaces como
una sombra.
10 Sin embargo, los que vivieron antes que nosotros te
enseñarán;
te enseñarán la sabiduría de antaño.

11 »¿Pueden crecer altas las cañas del papiro donde no
hay pantanos?
¿Pueden crecer en abundancia las hierbas de
pantano donde no hay agua?
12 Cuando están floreciendo y aún no están listas para
ser cortadas,
empiezan a marchitarse más rápido que la hierba.
13 Lo mismo les ocurre a todos los que se olvidan de
Dios;
las esperanzas de los que viven sin Dios se
evaporan.
14 Su confianza pende de un hilo;
se apoyan en una tela de araña.
15 Se aferran a su hogar para sentirse seguros, pero esa
seguridad no durará;
intentan retenerla con firmeza, pero no
permanecerá.
16 Los que no tienen a Dios parecen una planta
frondosa que crece al sol,
y que extiende sus ramas por el jardín;
17 sus raíces penetran entre las piedras
y se sujetan a las rocas;
18 pero cuando se la arranca de raíz,
¡es como si nunca hubiera existido!
19 Así termina su vida,
y del suelo brotan otras plantas para reemplazarla.

20 »Sin embargo, mira, Dios no rechazará a una
persona íntegra,
tampoco dará una mano a los malvados.
21 Él volverá a llenar tu boca de risas
y tus labios con gritos de alegría.
22 Los que te odian se vestirán de vergüenza,
y el hogar de los malvados será destruido».

¡Respuestas Bíblicas! 90 ¿Qué les pasa a las personas que se olvidan de Dios?

8:11 Las personas que se olvidan de Dios son como plantas sin agua. Se mueren. Las personas que se olvidan de Dios no tienen esperanza.

Tercer discurso de Job: respuesta a Bildad

9 Entonces Job habló de nuevo:
2 «Sí, yo sé que en teoría todo esto es verdad.
Pero ¿cómo puede una persona ser declarada
inocente a los ojos de Dios?
3 Si alguien quisiera llevar a Dios a juicio,*
¿sería posible responderle siquiera una vez entre
mil?
4 Dios es tan sabio y tan poderoso.
¿Quién lo ha desafiado alguna vez con éxito?

5 »Él mueve las montañas sin dar aviso;
en su enojo las voltea.
6 Él sacude la tierra de su lugar
y tiemblan sus cimientos.
7 Si él lo ordena, el sol no saldrá
ni brillarán las estrellas.
8 Él solo extendió los cielos
y marcha sobre las olas del mar.
9 Él hizo todas las estrellas: la Osa y el Orión,
las Pléyades y las constelaciones del cielo del sur.
10 Él hace grandezas, demasiado maravillosas para
comprenderlas,
y realiza milagros incontables.

11 »Sin embargo, cuando él se acerca no puedo verlo;
cuando se mueve, no lo veo pasar.
12 Si arrebata la vida de alguien, ¿quién podrá
detenerlo?
¿Quién se atreve a preguntarle: "¿Qué haces?"?
13 Dios no contiene su enojo;
aun los monstruos del mar* son aplastados bajo
sus pies.

14 »Así que, ¿quién soy yo para intentar responder a
Dios
o incluso razonar con él?
15 Aunque yo tuviera razón, no tendría ninguna
defensa;
solo podría rogar misericordia.
16 Y aunque lo llamara y él me
respondiera,
dudo que me preste atención.
17 Pues él me ataca con una tormenta
y vez tras vez me hiere sin motivo.
18 No me deja recobrar el aliento,
sino que me llena de amargas tristezas.

***Notas textuales** **9:3** O *Si Dios quisiera llevar a alguien ante los tribunales.* **9:13** En hebreo *los ayudantes de Rahab,* nombre de un mítico monstruo marino que en la literatura antigua representa el caos.

Referencias cruzadas **8:3** Rm 3:5 **8:13** Sal 9:17 **8:22** Sal 132:16-18 **9:8** Gn 1:1 **9:13** Sal 89:10

19 Si es cuestión de fuerza, él es el fuerte,
y si de justicia, ¿quién se atreverá a llevarlo* al tribunal?
20 Aunque soy inocente, mi boca me declararía culpable;
aunque soy intachable, la misma boca demostraría* que soy malvado.

21 »Soy inocente,
pero para mí no marca ninguna diferencia;
desprecio mi vida.
22 Inocente o perverso, para Dios es lo mismo,
por eso digo: "Él destruye tanto al intachable como al perverso".
23 Cuando azota la plaga,*
él se ríe de la muerte del inocente.
24 Toda la tierra está en manos de los malvados,
y Dios ciega los ojos de los jueces.
Si no es él quien lo hace, ¿entonces quién?

25 »Mi vida pasa más rápido que un corredor
y se va volando sin una pizca de felicidad;
26 desaparece como un barco veloz hecho de papiro,
como un águila que se lanza en picada sobre su presa.
27 Si decidiera olvidar mis quejas,
abandonar mi cara triste y alegrarme,
28 aun así le tendría pavor a todo el dolor
porque sé que tú, oh Dios, no me encontrarías inocente.
29 Pase lo que pase, seré declarado culpable;
entonces, ¿para qué seguir luchando?
30 Incluso aunque me lavara con jabón
y limpiara mis manos con lejía,
31 me hundirías en un pozo lleno de lodo,
y mis propias ropas sucias me odiarían.

32 »Dios no es un mortal como yo,
por eso no puedo discutir con él ni llevarlo a juicio.
33 Si tan solo hubiera un mediador entre nosotros,
alguien que pudiera acercarnos el uno al otro.
34 Ese mediador podría hacer que Dios dejara de golpearme,
y ya no viviría aterrorizado de su castigo.
35 Entonces podría hablar con él sin temor,
pero no puedo lograrlo con mis propias fuerzas.

Job expresa su petición a Dios

10 »Estoy harto de mi vida.
Dejen que desahogue mis quejas abiertamente;
mi alma llena de amargura debe quejarse.
2 Le diré a Dios: "No me condenes de plano,
dime qué cargos tienes en mi contra.
3 ¿Qué ganas con oprimirme?
¿Por qué me rechazas, siendo yo obra de tus manos,
mientras miras con favor los planes de los malvados?
4 ¿Son tus ojos como los de un ser humano?
¿Ves las cosas de la misma manera que la gente?
5 ¿Dura tu vida lo mismo que la nuestra?
¿Es tu vida tan corta
6 que tienes que apurarte a descubrir mi culpa
y a buscar mi pecado?
7 Aunque sabes que no soy culpable,
no hay quien me rescate de tus manos.

8 »"Tú me formaste con tus manos; tú me hiciste,
sin embargo, ahora me destruyes por completo.
9 Recuerda que me hiciste del polvo;
¿me harás volver tan pronto al polvo?
10 Tú guiaste mi concepción
y me formaste en el vientre.*
11 Me vestiste con piel y carne
y tejiste mis huesos junto con mis tendones.
12 Me diste vida y me mostraste tu amor inagotable,
y con tu cuidado preservaste mi vida.

13 »"Sin embargo, tu verdadero motivo
—tu verdadera intención—
14 era vigilarme y, si cometía pecado,
no perdonar mi culpa.
15 Si soy culpable, mala suerte para mí;
aun si soy inocente, no puedo mantener mi cabeza en alto
porque estoy lleno de vergüenza y sufrimiento.
16 Y si mantengo mi cabeza en alto, tú me persigues como un león
y despliegas contra mí tu imponente poder.
17 Una y otra vez testificas en mi contra;
derramas sobre mí tu creciente enojo
y desplazas tropas de relevo contra mí.

18 »"¿Por qué entonces me sacaste del vientre de mi madre?
¿Por qué no me dejaste morir al nacer?
19 Sería como si nunca hubiera existido;
habría ido directamente del vientre a la tumba.
20 Me quedan pocos días, así que déjame en paz
para que tenga un momento de consuelo
21 antes de irme —para nunca más volver—
a la tierra de oscuridad y penumbra absoluta.
22 Es una tierra tan oscura como la medianoche,
una tierra de penumbra y confusión
donde aun la luz es tan oscura como la medianoche"».

¡Respuestas Bíblicas! 91 ¿Los amigos de Job lo ayudaron?

10:20 Elifaz, Bildad y Zofar eran tres amigos de Job que fueron a hacer que Job se sintiera mejor pero no lo lograron porque creían que las cosas malas solo les pasan a personas malas y lo hicieron sentir culpable.

***Notas textuales** **9:19** Así aparece en la versión griega; en hebreo dice *llevarme*. **9:20** O *él demostraría.* **9:23** O *el desastre.* **10:10** En hebreo *Tú me derramaste como a leche / y me cuajaste como a queso.*

Referencias cruzadas **9:24** Jb 16:11 **9:32** Rm 9:20 **10:1** 1 Re 19:4 **10:20-22** Sal 88:12

Primera respuesta de Zofar a Job

11 Entonces Zofar el naamatita respondió a Job:

2 «¿No debería alguien responder a este
torrente de palabras?
¿Se declara inocente a una persona solo porque
habla mucho?
3 ¿Debo quedarme en silencio mientras tú sigues
parloteando?
Cuando te burlas de Dios, ¿no debería alguien
hacerte sentir vergüenza?
4 Tú afirmas: "Mis creencias son puras"
y "estoy limpio a los ojos de Dios".
5 Si tan solo Dios hablara;
¡si tan solo te dijera lo que piensa!
6 Si tan solo te declarara los secretos de la sabiduría,
porque la verdadera sabiduría no es un asunto
sencillo.
¡Escucha! ¡Sin duda Dios te está castigando
mucho menos de lo que mereces!

7 »¿Puedes tú resolver los misterios de Dios?
¿Puedes descubrir todo acerca del Todopoderoso?
8 Tal conocimiento es más alto que los cielos
y tú, ¿quién eres?
Es más profundo que el averno*
¿y qué sabes tú?
9 Es más extenso que la tierra
y más ancho que el mar.
10 Si Dios pasa por aquí y mete a alguien en la cárcel
o llama al orden a los tribunales, ¿quién puede
detenerlo?
11 Pues él sabe quiénes son los impostores
y toma nota de todos sus pecados.
12 El que tiene la cabeza hueca no llegará a ser sabio
como tampoco un burro salvaje puede dar a luz
un niño.*

13 »¡Si tan solo prepararas tu corazón
y levantaras tus manos a él en oración!
14 Abandona tus pecados
y deja atrás toda iniquidad.
15 Entonces tu rostro se iluminará con inocencia;
serás fuerte y estarás libre de temor.
16 Olvidarás tu sufrimiento;
será como agua que corre.
17 Tu vida será más radiante que el mediodía,
y aun la oscuridad brillará como la mañana.
18 Tener esperanza te dará valentía.
Estarás protegido y descansarás seguro.
19 Te acostarás sin temor;
muchos buscarán tu ayuda.
20 Pero los malos serán cegados.
No tendrán escapatoria;
su única esperanza es la muerte».

Cuarto discurso de Job: respuesta a Zofar

12 Entonces Job habló de nuevo:

2 «Ustedes sí que lo saben todo, ¿no es cierto?
Y cuando mueran, ¡la sabiduría morirá con
ustedes!
3 Ahora bien, yo también sé algunas cosas,
y ustedes no son mejores que yo.
¿Quién no sabe estas cosas que acaban de decir?
4 Sin embargo, mis amigos se ríen de mí
porque clamo a Dios y espero una respuesta.
Soy un hombre justo e intachable,
sin embargo, se ríen de mí.
5 La gente que está tranquila se burla de los que están
en dificultades.
Le da un empujón a los que tropiezan.
6 Los ladrones están en paz
y los que provocan a Dios viven seguros,
aunque todavía siguen bajo el control de Dios.*

7 »Solo pregunta a los animales, y ellos te enseñarán;
pregunta a los pájaros del cielo, y ellos te
contarán.
8 Habla a la tierra, y ella te instruirá;
deja que los peces del mar te hablen.
9 Pues todos ellos saben
que mi desgracia* ha venido de la mano del
Señor,
10 ya que la vida de todo ser viviente está en sus
manos,
así como el aliento de todo ser humano.
11 El oído pone a prueba las palabras que oye
igual que la boca distingue los sabores.
12 La sabiduría pertenece a los ancianos,
y el entendimiento, a los mayores.

13 »Pero la verdadera sabiduría y el poder se encuentran
en Dios;
el consejo y el entendimiento le pertenecen.
14 Lo que él destruye no se puede volver a construir.
Cuando él mete a alguien en la cárcel, no hay
escapatoria.
15 Si él detiene la lluvia, la tierra se convierte en un
desierto;
si libera las aguas, se inunda la tierra.
16 Así es, la fuerza y la sabiduría le pertenecen a él;
los que engañan y los engañados, los dos están
bajo su poder.
17 Él se lleva a los consejeros y les quita el buen juicio;
los jueces sabios se vuelven necios.
18 Él despoja a los reyes del manto real
y son llevados lejos con cuerdas alrededor de la
cintura.
19 Él se lleva lejos a los sacerdotes, despojados de su
posición;
derroca a los que llevan muchos años en el poder.
20 Él hace callar al consejero de confianza
y quita la percepción a los ancianos.
21 Él derrama deshonra sobre los príncipes
y desarma a los fuertes.

22 »Él descubre los misterios escondidos en la
oscuridad;
trae luz a la más profunda penumbra.
23 Él levanta naciones y las destruye;
hace crecer a las naciones y las abandona.

***Notas textuales** **11:8** En hebreo *que el Seol.* **11:12** O *tampoco un burro salvaje puede dar a luz un burrito dócil.* **12:6** O *seguros, aquellos que tratan de manipular a Dios.* El significado del hebreo es incierto. **12:9** En hebreo *que esto.*

Referencias cruzadas **11:6** Jb 22:5 **11:12** Sal 62:9 **11:20** Dt 28:65 **12:12** Jb 32:7 **12:15** 1 Re 8:35 **12:22** 1 Co 4:5

24 Él quita el entendimiento a los reyes,
y los deja vagando en un desierto sin salida.
25 Ellos andan a tientas en la oscuridad sin una luz;
él los hace tambalear como
borrachos.

Job quiere defender su caso ante Dios

13 »Miren, he visto todo esto con mis propios
ojos,
y lo he escuchado con mis propios oídos y ahora
comprendo.
2 Tengo tanto conocimiento como
ustedes;
no son mejores que yo.
3 En cuanto a mí, hablaría directamente con el
Todopoderoso;
quiero defender mi caso ante Dios mismo.
4 En cuanto a ustedes, me calumnian con mentiras.
Como médicos, son unos matasanos inútiles.
5 ¡Si tan solo se quedaran callados!
Es lo más sabio que podrían hacer.
6 Escuchen los cargos que presento;
presten atención a mis argumentos.

7 »¿Acaso defienden a Dios con mentiras?
¿Presentan argumentos engañosos en su nombre?
8 ¿Mostrarán parcialidad en su testimonio a favor de él?
¿Serán los abogados defensores de Dios?
9 ¿Qué ocurrirá cuando descubra lo que hacen?
¿Creen que pueden engañarlo tan fácilmente
como lo hacen con la gente?
10 Si en secreto hacen inclinar los testimonios a su
favor,
ciertamente se meterán en problemas con él.
11 ¿No les da terror su majestad?
¿No los deja abrumados el temor que sienten
por él?
12 Sus frases vacías valen tanto como las cenizas;
su defensa es tan frágil como una vasija de barro.

13 »Ahora quédense en silencio y déjenme en paz.
Permítanme hablar y afrontaré las consecuencias.
14 ¿Por qué debería ponerme en peligro de muerte*
y tomar mi vida en mis manos?
15 Dios podría matarme, pero es mi única esperanza;*
voy a presentar mi caso ante él.
16 Esto es lo que me salvará: no soy ningún impío.
Si lo fuera, no podría estar delante de él.

17 »Presten mucha atención a lo que voy a decir;
escúchenme hasta el final.
18 He preparado mi defensa;
seré declarado inocente.
19 ¿Quién puede discutir conmigo sobre esto?
Y si demuestran que estoy equivocado, me
quedaré callado y moriré.

Job pregunta cómo pecó

20 »Oh Dios, concédeme estas dos cosas
y entonces podré enfrentarme contigo:
21 quítame de encima tu mano dura
y no me atemorices con tu temible presencia.
22 Ahora llámame, ¡y te responderé!
O deja que te hable y contéstame tú.
23 Dime, ¿qué he hecho mal?
Muéstrame mi rebelión y mi pecado.
24 ¿Por qué te alejas de mí?
¿Por qué me tratas como a tu enemigo?
25 ¿Atemorizarías a una hoja llevada por el viento?
¿Perseguirías a la paja seca?

26 »Escribes amargas acusaciones en mi contra
y sacas a relucir todos los pecados de mi
juventud.
27 Pones mis pies en el cepo,
examinas todos mis caminos
y rastreas todas mis pisadas.
28 Me consumo como madera que se pudre,
como un abrigo carcomido por la polilla.

14 »¡Qué frágil es el ser humano!
¡Qué breve es la vida, tan llena de dificultades!
2 Brotamos como una flor y después nos marchitamos;
desaparecemos como una sombra pasajera.
3 ¿Tienes que vigilar a una criatura tan frágil
y exiges que yo te rinda cuentas?
4 ¿Quién podrá sacar pureza de una persona impura?
¡Nadie!
5 Tú has determinado la duración de nuestra vida.
Tú sabes cuántos meses viviremos,
y no se nos concederá ni un minuto más.
6 Así que, ¡déjanos tranquilos, déjanos descansar!
Somos como los jornaleros, entonces déjanos
terminar nuestro trabajo en paz.

7 »¡Hasta un árbol tiene más
esperanza!
Si lo cortan, volverá a brotar
y le saldrán nuevas ramas.
8 Aunque sus raíces hayan envejecido en la tierra
y su tocón esté podrido,
9 al sentir el agua renacerá
y echará nuevos brotes como un árbol recién
plantado.

10 »En cambio, cuando los seres humanos mueren,
pierden su fuerza;
dan su último suspiro, y después, ¿dónde están?
11 Como el agua se evapora de un lago
y el río desaparece en la sequía,
12 así mismo la gente yace en la tumba y jamás se
levanta.
Hasta que los cielos dejen de existir, nadie
despertará
ni será perturbado de su sueño.

13 »¡Cómo quisiera que me escondieras en la tumba*
y que allí me dejaras olvidado hasta que pase tu
enojo!
¡Pero anota en tu calendario para que te acuerdes
de mí!
14 ¿Pueden los muertos volver a vivir?
De ser así, esto me daría esperanza durante todos

***Notas textuales** **13:14** En hebreo *¿Por qué debería tomar mi carne en mis dientes.* **13:15** Una lectura alternativa del texto masorético dice *Dios podría matarme, pero espero en él.* **14:13** En hebreo *en el Seol.*

Referencias cruzadas **13:5** Pr 17:28 **13:27** Jb 33:11 **14:3** Sal 144:3

mis años de
lucha
y con anhelo esperaría la liberación de la muerte.
15 Me llamarías y yo te respondería,
y tú me añorarías a mí, la obra de tus manos.
16 Entonces, cuidarías mis pasos
en lugar de vigilar mis pecados.
17 Mis pecados estarían sellados en una bolsa
y cubrirías mi culpa.

18 »En cambio, de la manera que las montañas caen y
se derrumban
y como las rocas se despeñan por el precipicio,
19 como el agua desgasta las piedras
y las inundaciones arrastran la tierra,
así mismo tú destruyes la esperanza de la gente.
20 Tú siempre puedes más que ellos, y desaparecen de
la escena.
Los desfiguras cuando mueren y los despides.
21 Ellos nunca saben si sus hijos crecen con honor
o si se hunden en el olvido.
22 Sufren con dolor;
su vida está llena de desgracia».

Segunda respuesta de Elifaz a Job

15 Luego Elifaz el temanita respondió:
2 «¡Un hombre sabio no contestaría con tanta
palabrería!
No eres más que un charlatán.
3 Los sabios no se enredan en palabras vanas.
¿De qué sirven tales palabras?
4 ¿No tienes temor de Dios
ni reverencia a él?
5 Tus pecados le dicen a tu boca qué decir,
y tus palabras se basan en el astuto engaño.
6 Tu propia boca te condena, no yo;
tus propios labios testifican contra ti.

7 »¿Acaso eres la primera persona que nació?
¿Naciste antes de que fueran creadas las colinas?
8 ¿Estuviste presente durante el concilio secreto de
Dios?
¿Tienes tú el monopolio de la sabiduría?
9 ¿Qué sabes tú que no sepamos nosotros?
¿Qué entiendes tú que no entendamos nosotros?
10 De nuestro lado están los hombres de edad y de
canas,
¡más ancianos que tu padre!

11 »¿Es el consuelo de Dios demasiado poco para ti?
¿No te es suficiente su palabra amable?
12 ¿Qué te ha quitado la razón?
¿Qué ha debilitado tu visión,*
13 para que te vuelvas en contra de Dios
y digas estas cosas malvadas?
14 ¿Acaso puede algún mortal ser puro?
¿Puede alguien nacido de mujer ser justo?
15 Mira, Dios ni siquiera confía en los ángeles.*
Ni los cielos son completamente puros a sus ojos,
16 ¡mucho menos una persona corrupta y pecadora
que tiene sed de maldad!

17 »Si escuchas, yo te explicaré,
y te responderé con mi propia experiencia.
18 Se confirma en las palabras de los sabios,
que a su vez escucharon lo mismo de sus padres;
19 de aquellos a quienes se les dio la tierra
mucho antes de que llegara algún extranjero.

20 »Los malos se retuercen de dolor toda su vida.
Para los despiadados están reservados años de
desgracia.
21 En sus oídos resuena el sonido del terror,
y aun en los días buenos temen el ataque del
destructor.
22 No se atreven a salir en la oscuridad
por miedo a ser asesinados.
23 Deambulan diciendo: "¿Dónde podré encontrar
pan?"*.
Saben que se acerca el día de su destrucción.
24 Ese día oscuro los llena de terror.
Viven en aflicción y angustia
como un rey que se prepara para la batalla.
25 Pues amenazan a Dios con el puño,
desafiando al Todopoderoso.
26 Con sus fuertes escudos en alto,
avanzan insolentes contra él.

27 »Esos malvados están gordos y son prósperos;
su cintura se hincha de grasa,
28 pero sus ciudades quedarán en ruinas.
Vivirán en casas abandonadas
a punto de derrumbarse.
29 No durarán sus riquezas
ni sus bienes permanecerán.
Sus posesiones ya no se extenderán hasta el
horizonte.

30 »No escaparán de las tinieblas.
El sol abrasador secará sus retoños
y el aliento de Dios los destruirá.
31 Que no se engañen más confiando en riquezas
huecas,
porque su única recompensa será el vacío.
32 Serán cortados en la flor de la vida;
sus ramas no reverdecerán jamás.
33 Serán como una vid cuyas uvas se recogen
demasiado temprano;
como un olivo que pierde sus flores antes de que
se forme el fruto.
34 Pues los que viven sin Dios son estériles.
Sus casas, enriquecidas mediante el soborno, se
quemarán.
35 Conciben desgracia y dan a luz maldad;
su vientre produce engaño».

Quinto discurso de Job: respuesta a Elifaz

16 Entonces Job volvió a hablar:
2 «Ya escuché todo esto antes,
¡qué consejeros tan miserables son ustedes!
3 ¿Nunca dejarán de decir más que palabrería?

***Notas textuales** **15:12** O *¿Por qué tus ojos brillan de enojo*; en hebreo dice *¿Por qué parpadean tus ojos.* **15:15** En hebreo *los santos.* **15:23** La versión griega dice *Él está designado a ser comida para los buitres.*

Referencias cruzadas **14:21** Ecl 9:5 **15:6** Jb 9:20 **15:25** Jb 36:9 **15:35** Is 59:4

¿Qué los mueve a seguir hablando?
4 Si ustedes estuvieran en mi lugar, yo podría decir lo mismo.
Podría lanzar críticas y menear mi cabeza ante ustedes.
5 Sin embargo, yo les daría palabras de ánimo;
intentaría aliviar su dolor.
6 En cambio, sufro si me defiendo,
y no sufro menos si me niego a hablar.

7 »Oh Dios, tú me has molido
y arrasaste con mi familia.
8 Me has reducido a piel y huesos, como si tuvieras que demostrar que he pecado;
mi carne consumida testifica en mi contra.
9 Dios me odia y me despedaza en su enojo.
Rechina los dientes contra mí
y me atraviesa con su mirada.
10 La gente me abuchea y se ríe de mí.
Con desprecio me dan bofetadas en la mejilla,
y una turba se junta en mi contra.
11 Dios me ha entregado a los pecadores
y me ha arrojado en manos de los malvados.

12 »Yo vivía tranquilo hasta que él me quebró;
me tomó por el cuello y me hizo pedazos.
Después me usó como blanco
13 y ahora sus arqueros me rodean.
Sus flechas me atraviesan sin misericordia
y el suelo está empapado con mi sangre.*
14 Una y otra vez él se estrella contra mí;
arremete como un guerrero.
15 Me visto de tela áspera en señal de mi dolor.
Mi orgullo yace en el polvo.
16 Mis ojos están enrojecidos de tanto llorar;
los rodean sombras oscuras.
17 Sin embargo, no he hecho nada malo
y mi oración es pura.

18 »Oh tierra, no escondas mi sangre;
deja que clame por mí.
19 Ahora mismo, mi testigo está en el cielo;
mi abogado está en las alturas.
20 Mis amigos me desprecian,
y derramo mis lágrimas ante Dios.
21 Necesito un mediador entre Dios y yo,
como una persona que intercede entre amigos.
22 Pues pronto me tocará recorrer ese camino
del que nunca volveré.

Job sigue defendiendo su inocencia

17 »Mi espíritu está destrozado,
y mi vida está casi extinguida.
La tumba está lista para recibirme.
2 Estoy rodeado de burlones;
observo que se mofan de mí de manera implacable.

3 »Debes defender mi inocencia, oh Dios,
ya que nadie más se levantará en mi favor.
4 Les cerraste la mente para que no comprendieran,
pero no permitas que triunfen.
5 Traicionan a sus amigos para su propio beneficio;
haz que sus hijos desfallezcan de hambre.

6 »Dios me ha puesto en ridículo ante la gente;
me escupen en la cara.
7 Mis ojos están hinchados de tanto llorar,
y soy solamente una sombra de lo que fui.
8 Los íntegros se horrorizan cuando me ven;
los inocentes se levantan contra los que no tienen a Dios.
9 Los justos siguen avanzando,
y los de manos limpias se vuelven cada vez más fuertes.

10 »En cuanto a todos ustedes, regresen con mejores argumentos,
aunque seguiré sin encontrar a un solo sabio entre ustedes.
11 Mis días se acaban.
Mis esperanzas han desaparecido;
los deseos de mi corazón están destruidos.
12 Estos hombres dicen que la noche es día;
afirman que la oscuridad es luz.
13 ¿Qué pasará si voy a la tumba*
y tiendo mi cama en las tinieblas?
14 ¿Qué pasará si llamo padre a la tumba
y madre o hermana a los gusanos?
15 ¿Dónde está entonces mi esperanza?
¿Podrá alguien encontrarla?
16 No, mi esperanza descenderá conmigo a la tumba.
¡Descansaremos juntos en el polvo!».

Segunda respuesta de Bildad a Job

18 Entonces Bildad el suhita respondió:
2 «¿Cuánto tiempo pasará hasta que dejes de hablar?
¡Habla con sentido si quieres que te respondamos!
3 ¿Crees que somos animales?
¿Piensas que somos tontos?
4 Aunque con enojo te arranques el pelo,
¿se destruirá la tierra por eso?
¿Hará que las rocas tiemblen?

5 »Ciertamente la luz de los malvados se apagará;
las chispas de su fuego no brillarán.
6 La luz en su carpa se oscurecerá;
la lámpara colgada del techo se extinguirá.
7 La zancada confiada de los malvados se acortará.
Sus propias artimañas provocarán su ruina.
8 Los malos quedan atrapados por una red;
caen en el pozo.
9 Una trampa los agarra por los talones;
el cepo los aprieta con fuerza.
10 Un lazo está escondido en el suelo;
una cuerda atraviesa su camino.

11 »El terror rodea a los malvados
y les causa problemas a cada paso.
12 El hambre agota sus fuerzas
y la calamidad queda a la espera de que tropiecen.

***Notas textuales 16:13** En hebreo *mi hiel.* **17:13** En hebreo *al Seol*; también en 17:16.

Referencias cruzadas 16:7 Jb 19:13-15 **16:14** Jl 2:7 **16:19** Jb 19:25-27 **17:5** Jb 11:20 **17:16** Jb 21:33 **18:3** Sal 73:22

13 La enfermedad les carcome la piel;
la muerte devora sus miembros.
14 Son arrancados de la seguridad de sus hogares
y llevados al rey de los terrores.
15 Los hogares de los malvados se quemarán por completo;
azufre ardiente llueve sobre sus casas.
16 Sus raíces se secarán
y sus ramas se marchitarán.
17 Desaparecerá de la tierra todo recuerdo de su existencia;
nadie se acordará de sus nombres.
18 Serán sacados de la luz, arrojados a las tinieblas
y expulsados del mundo.
19 No tendrán hijos ni nietos,
ni habrá sobrevivientes donde habitaban.
20 La gente del occidente se queda consternada por su destino,
y la gente del oriente está horrorizada.
21 Dirán: "Este fue el hogar de una persona malvada,
el lugar de alguien que rechazó a Dios"».

Sexto discurso de Job: respuesta a Bildad

19 Entonces Job volvió a hablar:

2 «¿Hasta cuándo me torturarán?
¿Hasta cuándo intentarán aplastarme con sus palabras?
3 Ya me han insultado diez veces.
Deberían avergonzarse de tratarme tan mal.
4 Aunque yo hubiera pecado,
eso es asunto mío y no de ustedes.
5 Creen que son mejores que yo
al usar mi humillación como prueba de mi pecado;
6 pero es Dios quien me hizo daño
cuando me atrapó en su red.*

7 »Yo clamo: "¡Socorro!" pero nadie me responde;
protesto, pero no hay justicia.
8 Dios ha cerrado mi camino para que no pueda moverme;
hundió mi senda en oscuridad.
9 Me ha despojado del honor
y ha quitado la corona de mi cabeza.
10 Por todos lados me ha destruido, y estoy acabado.
Arrancó de raíz mi esperanza como un árbol caído.
11 Su furia arde contra mí;
me considera un enemigo.
12 Sus tropas avanzan
y construyen caminos para atacarme;
acampan alrededor de mi carpa.

13 »Mis familiares se mantienen lejos,
y mis amigos se han puesto en mi contra.
14 Mi familia se ha ido
y mis amigos íntimos se olvidaron de mí.
15 Mis sirvientes y mis criadas me consideran un extraño;
para ellos soy como un extranjero.
16 Cuando llamo a mi sirviente, no viene,
¡tengo que rogarle!
17 Mi aliento le da asco a mi esposa;
mi propia familia me rechaza.
18 Hasta los niños me menosprecian;
cuando me levanto para hablar, me vuelven la espalda.
19 Mis amigos íntimos me detestan;
los que yo amaba se han puesto en mi contra.
20 Quedé reducido a piel y huesos
y he escapado de la muerte por un pelo.

21 »Tengan misericordia de mí, amigos míos, tengan misericordia;
porque la mano de Dios me ha golpeado.
22 ¿Me perseguirán ustedes también como lo hace Dios?
¿No me han despellejado ya bastante?

23 »Oh, que mis palabras fueran grabadas;
oh, que quedaran escritas en un monumento,
24 talladas con cincel de hierro y rellenas de plomo,
y labradas en la roca para siempre.

25 »Pero en cuanto a mí, sé que mi Redentor vive,
y un día por fin estará sobre la tierra.
26 Y después que mi cuerpo se haya descompuesto,
¡todavía en mi cuerpo veré a Dios!*
27 Yo mismo lo veré;
así es, lo veré con mis propios ojos.
¡Este pensamiento me llena de asombro!

28 »¿Cómo se atreven a seguir persiguiéndome,
diciendo: "Es su propia culpa"?
29 Ustedes mismos deben tener temor al castigo,
pues su actitud lo merece.
Entonces sabrán que de verdad hay un juicio».

Segunda respuesta de Zofar a Job

20 Entonces Zofar el naamatita respondió:

2 «Debo responder
porque estoy muy molesto.
3 He tenido que soportar tus insultos,
pero ahora mi espíritu me mueve a responder.

4 »¿No te das cuenta que desde el principio del tiempo,
desde que el hombre fue puesto sobre la tierra por primera vez,
5 el triunfo de los malos ha durado poco
y la alegría de los que viven sin Dios ha sido pasajera?
6 Aunque el orgullo de los incrédulos llegue hasta los cielos
y toquen las nubes con la cabeza,
7 aun así, ellos desaparecerán para siempre
y serán desechados como su propio estiércol.
Sus conocidos preguntarán:
"¿Dónde están?".
8 Se desvanecerán como un sueño y nadie los encontrará;
desaparecerán como una visión nocturna.
9 Quienes alguna vez los vieron, no los verán más;

***Notas textuales 19:6** O *porque soy como una ciudad sitiada.* **19:26** O *sin mi cuerpo veré a Dios.* El significado del hebreo es incierto.

Referencias cruzadas 18:14 Jb 15:21 **19:5** Sal 55:12-13 **19:26** 1 Co 13:12

sus familias nunca volverán a verlos.
10 Sus hijos mendigarán de los pobres
porque tendrán que devolver las riquezas que robaron.
11 A pesar de ser jóvenes,
sus huesos yacerán en el polvo.

12 »Ellos disfrutaron del dulce sabor de la maldad,
dejando que se deshiciera bajo su lengua.
13 La saborearon,
dejándola mucho tiempo en la boca;
14 pero de repente, la comida en su estómago se vuelve ácida,
un veneno en su vientre.
15 Vomitarán la riqueza que se tragaron;
Dios no permitirá que la retengan.
16 Chuparán el veneno de cobras
y la víbora los matará.
17 Nunca más disfrutarán de las corrientes de aceite de oliva
ni de los ríos de leche y miel.
18 Devolverán todo lo que consiguieron con tanto esfuerzo;
su riqueza no les traerá alegría.
19 Pues oprimieron a los pobres y los dejaron sin nada;
se adueñaron de sus casas.
20 Estuvieron siempre llenos de avaricia y nunca quedaron satisfechos;
no queda nada de todo lo que soñaron.
21 Comen hasta hartarse, pero después no les queda nada;
por eso, su prosperidad no perdurará.

22 »En medio de la abundancia, caerán en dificultades
y el sufrimiento se apoderará de ellos.
23 Que Dios les llene la vida de problemas;
que Dios haga llover su enojo sobre ellos.
24 Cuando intenten escapar de un arma de hierro,
una flecha de bronce los atravesará.
25 Cuando les arranquen la flecha de la espalda,
la punta brillará con sangre.*
El terror de la muerte los invade.
26 Sus tesoros serán lanzados a la más densa oscuridad.
Un fuego descontrolado devorará sus bienes,
y consumirá todo lo que les queda.
27 Los cielos pondrán al descubierto su culpa,
y la tierra testificará contra ellos.
28 La inundación arrasará con su casa;
el enojo de Dios descenderá en torrentes sobre ellos.
29 Esa es la recompensa que Dios da a los malvados;
es la herencia decretada por Dios».

Séptimo discurso de Job: respuesta a Zofar

21 Entonces Job habló de nuevo:
2 «Escuchen con atención lo que digo;
es una forma de consolarme.
3 Ténganme paciencia y déjenme hablar.
Después de que haya hablado, podrán seguir burlándose de mí.

4 »Mi queja es con Dios, no con la gente.
Tengo buenas razones para estar tan impaciente.
5 Mírenme y quédense atónitos;
tápense la boca con la mano, totalmente sorprendidos.
6 Cuando pienso en lo que estoy diciendo, me estremezco
y mi cuerpo tiembla.

7 »¿Por qué prosperan los malvados
mientras se vuelven viejos y poderosos?
8 Llegan a ver a sus hijos crecidos y establecidos,
y disfrutan de sus nietos.
9 Sus hogares no corren ningún peligro,
y Dios no los castiga.
10 Sus toros nunca dejan de procrear;
sus vacas tienen terneros y nunca pierden sus crías.
11 Dejan brincar a sus niños como corderitos;
sus pequeños saltan y bailan.
12 Cantan con panderetas y arpas
y celebran al sonido de la flauta.
13 Pasan sus días con prosperidad;
luego van a la tumba* en paz.
14 Sin embargo, le dicen a Dios: "Vete,
no queremos nada de ti ni de tus caminos.
15 ¿Quién es el Todopoderoso y por qué debemos obedecerlo?
¿En qué nos beneficiará orar?".
16 (Creen que su prosperidad depende de ellos,
pero yo no tendré nada que ver con esa forma de pensar).

17 »Sin embargo, la luz de los malvados parece no extinguirse nunca.
¿Alguna vez tienen problemas?
¿Acaso Dios les reparte dolores con enojo?
18 ¿Se los lleva el viento como la paja?
¿Los arrastra la tormenta como al heno?
¡De ninguna manera!

19 »Ustedes dicen: "Bien, ¡al menos Dios castigará a los hijos de ellos!";
pero yo digo que él debería castigar a los que pecan
para que comprendan su juicio.
20 Que vean con sus propios ojos su destrucción,
y beban en abundancia del enojo del Todopoderoso.
21 Pues, después de muertos,
no les importará lo que le suceda a su familia.

22 »Pero ¿quién podrá enseñarle algo a Dios,
si es él quien juzga aun a los más poderosos?
23 Una persona muere próspera,
muy cómoda y segura,
24 la viva imagen de la salud,
en excelente forma y llena de vigor.

***Notas textuales** **20:25** En hebreo *con hiel.* **21:13** En hebreo *al Seol.* **24:19** En hebreo *Seol.*

Referencias cruzadas **20:11** Jb 13:26 **20:23** Sal 78:30-31 **20:29** Jb 31:2-3 **21:7** Sal 73:3 **21:22** Rm 11:34

25 Otra persona muere en amarga pobreza,
sin haber saboreado nunca de la buena vida.
26 Sin embargo, a los dos se les entierra en el mismo polvo;
los mismos gusanos los comen a ambos.

27 »Miren, yo sé lo que están pensando;
conozco los planes que traman contra mí.
28 Me hablarán de gente rica y malvada,
cuyas casas desaparecieron a causa de sus pecados;
29 pero pregunten a los que han visto mucho mundo
y ellos les dirán la verdad.
30 Los malvados se salvan en tiempos de calamidad
y se les permite escapar del desastre.
31 Nadie los critica abiertamente
ni les dan su merecido por lo que hicieron.
32 Cuando los llevan a la tumba,
una guardia de honor vigila su sepultura.
33 Un gran cortejo fúnebre va al cementerio.
Muchos presentan sus respetos cuando los sepultan
y descansan en paz bajo tierra.

34 »¿Cómo podrán consolarme sus frases huecas?
¡Todas sus explicaciones son mentiras!».

Tercera respuesta de Elifaz a Job

22 Entonces Elifaz el temanita respondió:

2 «¿Puede una persona hacer algo para ayudar a Dios?
¿Puede aun el sabio ser de ayuda para él?
3 ¿Saca algún provecho el Todopoderoso con que tú seas justo?
Y si fueras perfecto, ¿le sería de beneficio?
4 ¿Acaso él te acusa y trae juicio contra ti
porque eres tan piadoso?
5 ¡No! ¡Se debe a tu maldad!
¡Tus pecados no tienen límite!

6 »Por ejemplo, debes haber prestado dinero a tu amigo
y le exigiste alguna prenda como garantía.
Sí, lo dejaste desnudo.
7 Debes haber negado agua a quien tenía sed
y comida al hambriento.
8 Probablemente pienses que la tierra le pertenece a los poderosos,
¡y que solo los privilegiados tienen derecho a ella!
9 Debes haber despedido a las viudas con las manos vacías
y acabado con las esperanzas de los huérfanos.
10 Por eso estás rodeado de trampas
y tiemblas de temores repentinos.
11 Por eso no puedes ver en la oscuridad
y olas de agua te cubren.

12 »Dios es grande, más alto que los cielos;
está por encima de las estrellas más lejanas.
13 Pero tú respondes: "¡Por eso Dios no puede ver lo que hago!
¿Cómo puede juzgar a través de las densas tinieblas?
14 Pues densas nubes se arremolinan a su alrededor y no puede vernos.
Él está allá arriba, caminando en la bóveda del cielo".

15 »¿Seguirás en las antiguas sendas
por donde anduvieron los malvados?
16 Ellos fueron cortados en la flor de la vida,
los cimientos de su vida arrasados como por un río.
17 Pues dijeron a Dios: "¡Déjanos en paz!
¿Qué puede hacernos el Todopoderoso?".
18 Sin embargo, él era quien llenaba sus hogares de cosas buenas;
así que yo no tendré nada que ver con esa forma de pensar.

19 »Los justos se alegrarán al ver la destrucción de los malvados,
y los inocentes se reirán con desprecio.
20 Dirán: "Miren cómo han sido destruidos nuestros enemigos;
los últimos fueron consumidos en el fuego".

21 »Sométete a Dios y tendrás paz,
entonces te irá bien.
22 Escucha las instrucciones de Dios
y guárdalas en tu corazón.
23 Si te vuelves al Todopoderoso, serás restaurado;
por lo tanto, limpia tu vida.
24 Si renuncias a tu codicia del dinero
y arrojas tu precioso oro al río,
25 el Todopoderoso será tu tesoro.
¡Él será tu plata preciosa!

26 »Entonces te deleitarás en el Todopoderoso
y levantarás tu mirada a Dios.
27 Orarás a él, y te escuchará,
y cumplirás los votos que le hiciste.
28 Prosperarás en todo lo que decidas hacer
y la luz brillará delante de ti en el camino.
29 Si la gente tiene problemas y tú dices: "Ayúdalos",
Dios los salvará.
30 Hasta los pecadores serán rescatados;
serán rescatados porque tienes las manos puras».

Octavo discurso de Job: respuesta a Elifaz

23 Entonces Job volvió a hablar:

2 «Hoy mi queja todavía es amarga,
y me esfuerzo por no gemir.
3 Si tan solo supiera dónde encontrar a Dios,
iría a su tribunal.
4 Expondría mi caso
y presentaría mis argumentos.
5 Luego escucharía su respuesta
y entendería lo que me dijera.
6 ¿Usaría su inmenso poder para discutir conmigo?
No, él me daría un juicio imparcial.
7 Las personas sinceras pueden razonar con él,
así que mi juez me absolvería para siempre.
8 Voy hacia el oriente, pero él no está allí;

Referencias cruzadas **22:7** Mt 10:42 **22:18** Jb 21:16 **22:29** Mt 23:12

voy hacia el occidente, pero no
puedo encontrarlo.
9 No lo veo en el norte, porque está escondido;
miro al sur, pero él está oculto.

10 »Sin embargo, él sabe a dónde yo voy;
y cuando me ponga a prueba, saldré tan puro
como el oro.
11 Pues he permanecido en las sendas de Dios;
he seguido sus caminos y no me he desviado.
12 No me he apartado de sus mandatos,
sino que he atesorado sus palabras más que la
comida diaria.
13 Pero una vez que él haya tomado su decisión, ¿quién
podrá hacerlo cambiar de parecer?
Lo que quiere hacer, lo hace.
14 Por lo tanto, él hará conmigo lo que tiene pensado;
él controla mi destino.
15 Con razón estoy tan aterrado ante su presencia;
cuando lo pienso, el terror se apodera de mí.
16 Dios me ha enfermado el corazón;
el Todopoderoso me ha aterrado.
17 No me han destruido las tinieblas que me rodean;
ni la densa e impenetrable oscuridad que está por
todas partes.

Job pregunta por qué los malvados no son castigados

24 »¿Por qué el Todopoderoso no trae a juicio a los
malvados?
¿Por qué los justos deben esperarlo en vano?
2 La gente malvada roba tierras moviendo los límites de
propiedad;
roba animales y los pone en sus propios campos.
3 Los malos le quitan el burro al
huérfano
y a la viuda le exigen el buey como garantía por un
préstamo.
4 A los pobres los echan del camino;
los necesitados tienen que esconderse juntos para
estar a salvo.
5 Igual que los burros salvajes en los lugares desolados,
los pobres pasan todo su tiempo buscando
comida;
hasta en el desierto buscan alimento para sus
hijos.
6 Cosechan un campo que no es suyo,
y recogen las sobras en los viñedos de los
malvados.
7 Pasan la noche desnudos en medio del frío,
sin ropa ni abrigo para cubrirse.
8 Las lluvias de la montaña los empapan
y se amontonan contra las rocas en busca de
refugio.

9 »Los malvados, a la viuda le arrebatan del pecho a su
hijo,
y toman al bebé como garantía de un préstamo.
10 El pobre tiene que andar desnudo, sin ropa;
cosecha alimentos para otros mientras él mismo
se muere de hambre.
11 Prensa el aceite de oliva pero no le permiten
probarlo,
y pisa las uvas en el lagar mientras pasa sed.
12 Los gemidos de los moribundos se elevan desde la
ciudad,
y los heridos claman por ayuda,
sin embargo, Dios no hace caso a sus lamentos.

13 »La gente malvada se rebela contra la luz;
se niega a reconocer los caminos de la luz
y a permanecer en sus sendas.
14 El asesino se levanta de madrugada
para matar al pobre y al necesitado;
por la noche es un ladrón.
15 El adúltero espera el anochecer
porque piensa: "Nadie me verá";
esconde su cara para que nadie lo reconozca.
16 Los ladrones entran a las casas de noche
y duermen durante el día;
no están familiarizados con la luz.
17 La noche oscura es su mañana;
hacen alianza con los terrores de la oscuridad.

18 »No obstante, ellos desaparecen como espuma en el
río.
Todo lo que poseen está maldito
y tienen miedo de entrar en sus propios viñedos.
19 La tumba* consume a los pecadores
tal como la sequía y el calor consumen la nieve.
20 Sus propias madres se olvidan de
ellos.
Los gusanos los encontrarán dulces al paladar.
Nadie se acordará de ellos.
Los malvados son quebrantados como un árbol
en medio de la tormenta.
21 Engañan a la mujer que no tiene hijo que la defienda
y se niegan a ayudar a la viuda necesitada.

22 »Dios, en su poder, arrastra a los ricos.
Puede ser que lleguen lejos, pero no tienen
asegurada la vida.
23 Quizá se les permita vivir seguros,
pero Dios siempre los vigila.
24 Aunque ahora son importantes,
en un momento habrán desaparecido como todos
los demás,
cortados como las espigas del grano.
25 ¿Puede alguien decir lo contrario?
¿Quién puede demostrar que estoy equivocado?».

Tercera respuesta de Bildad a Job

25 Entonces Bildad el suhita respondió:

2 «Dios es poderoso y temible;
él impone la paz en los cielos.
3 ¿Quién puede contar su ejército celestial?
¿No brilla su luz en toda la tierra?
4 ¿Cómo puede un mortal ser inocente ante Dios?
¿Puede alguien nacido de mujer ser puro?
5 Dios es más glorioso que la luna;
brilla con más intensidad que las estrellas.
6 Comparadas con él, las personas son gusanos;
nosotros los mortales somos simples lombrices».

Referencias cruzadas **23:10** Sal 11:5 **23:17** Jb 19:8 **24:4** Am 8:4 **24:12** Jb 9:23 **24:16** Mt 6:19 **24:24** Sal 37:10

Noveno discurso de Job: respuesta a Bildad

26 Entonces Job habló de nuevo:

2 «¡Qué manera de ayudar a los indefensos!
¡Cómo salvas a los débiles!
3 ¡Cómo has iluminado mi estupidez!
¡Qué consejo tan sabio has ofrecido!
4 ¿De dónde sacaste esas frases tan sabias?
¿El espíritu de quién habla por medio de ti?

5 »Tiemblan los muertos:
los que habitan debajo de las aguas.
6 El averno* está desnudo en presencia de Dios;
el lugar de destrucción* está al descubierto.
7 Dios extiende el cielo del norte sobre el espacio vacío
y cuelga a la tierra sobre la nada.
8 Envuelve la lluvia con sus densas nubes
y las nubes no estallan con el peso.
9 Él cubre el rostro de la luna*
y la envuelve con las nubes.
10 Él creó el horizonte cuando separó las aguas;
estableció los límites entre el día y la noche.
11 Los cimientos del cielo tiemblan;
se estremecen ante su reprensión.
12 El mar se calmó por su poder;
con su destreza aplastó al gran monstruo marino.*
13 Su Espíritu hizo hermosos los cielos,
y su poder atravesó a la serpiente deslizante.
14 Eso es solo el comienzo de todo lo que él hace,
apenas un susurro de su poder.
¿Quién podrá, entonces, comprender el trueno de su poder?».

Discurso final de Job

27 Job siguió hablando:

2 «Juro por el Dios viviente, quien me ha quitado los derechos,
por el Todopoderoso, quien llenó mi alma de amargura.
3 Mientras viva,
mientras Dios me dé aliento,
4 mis labios no pronunciarán maldad
y mi lengua no hablará mentiras.
5 Jamás admitiré que ustedes tengan la razón;
defenderé mi integridad hasta la muerte.
6 Insistiré en mi inocencia sin vacilar;
mientras viva, mi conciencia estará tranquila.

7 »Que mi enemigo sea castigado como los malvados,
y mi adversario como aquellos que hacen maldad.
8 Pues, ¿qué esperanza tienen los incrédulos cuando Dios acaba con ellos
y les quita la vida?
9 ¿Escuchará Dios su clamor
cuando la desgracia venga sobre ellos?
10 ¿Pueden deleitarse en el Todopoderoso?
¿Pueden clamar a Dios cuando quieran?
11 Yo les enseñaré acerca del poder de Dios;
no esconderé nada con respecto al Todopoderoso.
12 Aunque ustedes han visto todo esto,
sin embargo, me dicen estas cosas inútiles.

13 »Esto es lo que los malvados recibirán de Dios;
esta es la herencia del Todopoderoso.
14 Quizás tengan muchos hijos,
pero sus hijos morirán en la guerra o de hambre.
15 A los sobrevivientes los matará una plaga
y ni siquiera las viudas llorarán por ellos.

16 »Tal vez la gente malvada tenga montones de dinero
y amontonen mucha ropa,
17 pero los justos usarán esa ropa
y los inocentes se repartirán ese dinero.
18 Los malvados construyen casas tan frágiles como una tela de araña,*
tan débiles como un refugio hecho de ramas.
19 Los malvados se acuestan siendo ricos
pero, cuando despiertan, descubren que toda su riqueza se ha esfumado.
20 El terror los anega como una inundación
y son arrastrados por las tormentas de la noche.
21 El viento del oriente se los lleva, y desaparecen;
los arrasa por completo.
22 Se arremolina en torno a ellos sin misericordia.
Luchan por huir de su poder,
23 pero todos los abuchean
y se burlan de ellos.

Job habla acerca de sabiduría y entendimiento

28 »La gente sabe de dónde extraer la plata
y cómo refinar el oro.
2 Saben de dónde sacar hierro de la tierra
y cómo separar el cobre de la roca.
3 Saben cómo hacer brillar la luz en la oscuridad
y explorar las regiones más lejanas de la tierra
mientras buscan minerales en lo profundo.
4 Cavan pozos y abren minas
lejos de donde vive la gente.
Descienden por medio de cuerdas, balanceándose de un lado a otro.
5 En la superficie de la tierra se cultivan alimentos,
pero muy abajo, la tierra está derretida como por fuego.
6 Abajo, las piedras contienen lapislázuli precioso
y el polvo contiene oro.
7 Son tesoros que ningún ave de rapiña puede ver
ni el ojo de halcón alcanza a distinguir.
8 Ningún animal salvaje ha pisado esos tesoros;
ningún león ha puesto su garra sobre ellos.
9 La gente sabe cómo romper la roca más dura
y volcar de raíz a las montañas.
10 Construyen túneles en las rocas
y descubren piedras preciosas.
11 Represan el agua que corre en los arroyos
y sacan a la luz los tesoros escondidos.

12 »Pero ¿sabe la gente dónde encontrar sabiduría?
¿Dónde puede hallar entendimiento?
13 Nadie sabe dónde encontrar sabiduría*

***Notas textuales** **26:6a** En hebreo *Seol.* **26:6b** En hebreo *Abadón.* **26:9** O *cubre su trono.* **26:12** En hebreo *Rahab,* nombre de un mítico monstruo marino que en la literatura antigua representa el caos. **27:18** Así aparece en la versión griega y en la siríaca (ver también 8:14); en hebreo dice *una polilla.*

Referencias cruzadas **25:6** Jb 7:17 **26:6** Hb 4:13 **26:14** 1 Co 13:12 **27:10** Jb 22:26-27 **27:22** Ez 24:14

porque no se halla entre los vivos.
14 "Aquí no está", dice el océano;
"Aquí tampoco", dice el mar.
15 No se puede comprar con oro;
no se puede adquirir con plata.
16 Vale más que todo el oro de Ofir,
mucho más que el precioso ónice o el lapislázuli.
17 La sabiduría es más valiosa que el oro y el cristal;
no se puede comprar con joyas engastadas en oro fino.
18 El coral y el jaspe no sirven para adquirirla.
La sabiduría vale mucho más que los rubíes.
19 No se puede canjear por el precioso peridoto de Etiopía.*
Es más valiosa que el oro más puro.

20 »Pero ¿sabe la gente dónde encontrar sabiduría?
¿Dónde puede hallar entendimiento?
21 Se esconde de los ojos de toda la humanidad;
ni siquiera las aves del cielo con su vista aguda
pueden descubrir la sabiduría.
22 La Destrucción* y la Muerte dicen:
"Solo hemos oído rumores acerca de dónde encontrarla".

23 »Únicamente Dios entiende el camino a la sabiduría;
él sabe dónde se puede encontrar,
24 porque él mira hasta el último rincón de la tierra
y ve todo lo que hay bajo los cielos.
25 Él decidió con qué fuerza deberían soplar los vientos
y cuánta lluvia debería caer.
26 Hizo las leyes para la lluvia
y trazó un camino para el rayo.
27 Entonces vio la sabiduría y la evaluó;
la colocó en su lugar y la examinó cuidadosamente.
28 Esto es lo que Dios dice a toda la humanidad:
"El temor del Señor es la verdadera sabiduría;
apartarse del mal es el verdadero entendimiento"».

Job habla de sus bendiciones pasadas

29 Job siguió hablando:
2 «Añoro los días del pasado,
cuando Dios me cuidaba,
3 cuando iluminaba el camino delante de mí
y yo caminaba seguro en la oscuridad.
4 Cuando yo estaba en la flor de la vida,
la amistad con Dios se sentía en mi hogar.
5 El Todopoderoso todavía estaba conmigo,
y mis hijos me rodeaban.
6 Mis pasos se bañaban en crema
y las rocas me derramaban aceite de oliva.

7 »¡Qué tiempos aquellos cuando iba a las puertas de la ciudad
y ocupaba mi lugar entre los líderes reconocidos!
8 Los jóvenes me daban paso cuando me veían,
e incluso los ancianos se ponían de pie en señal de respeto cuando yo llegaba.
9 Los príncipes guardaban silencio
y se cubrían la boca con las manos.
10 Las más altas autoridades de la ciudad se quedaban calladas,
y refrenaban la lengua en señal de respeto.

11 »Los que me oían, me elogiaban;
los que me veían hablaban bien de mí.
12 Pues yo ayudaba a los pobres en su necesidad
y a los huérfanos que requerían ayuda.
13 Ayudaba a los que estaban sin esperanza y ellos me bendecían;
hacía que cantara de alegría el corazón de las viudas.
14 Siempre me comportaba con honradez;
la rectitud me cubría como un manto
y usaba la justicia como un turbante.
15 Yo era los ojos de los ciegos
y los pies de los cojos.
16 Era un padre para los pobres
y ayudaba a los extranjeros en necesidad.
17 Rompía la cara de los opresores incrédulos
y arrancaba a sus víctimas de entre sus dientes.

18 »Yo pensaba: "Ciertamente moriré rodeado de mi familia
después de una larga y buena vida.*
19 Pues soy como un árbol con raíces que llegan al agua,
con ramas que se refrescan con el rocío.
20 Todo el tiempo me rinden nuevos honores
y mi fuerza se renueva continuamente".

21 »Todos escuchaban mis consejos;
estaban en silencio esperando que yo hablara.
22 Y después que hablaba, no tenían nada que agregar
porque mi consejo les satisfacía.
23 Anhelaban mis palabras como la gente anhela la lluvia;
las bebían como a la lluvia refrescante de primavera.
24 Cuando estaban desanimados, yo les sonreía;
mi mirada de aprobación era preciosa para ellos.
25 Como hace un jefe, yo les decía qué hacer.
Vivía como un rey entre sus tropas
y consolaba a los que estaban de luto.

Job habla de su angustia

30 »Sin embargo, ahora, los que son más jóvenes que yo se burlan de mí,
jóvenes cuyos padres no son dignos de correr con mis perros ovejeros.
2 ¡De qué me sirven
esos pobres desgraciados!
3 Están demacrados por la pobreza y el hambre.
Escarban el suelo seco en tierras baldías y desoladas.
4 Arrancan verduras silvestres de entre los arbustos
y comen de las raíces de los árboles de retama.
5 Son expulsados de la sociedad,
y la gente les grita como si fueran ladrones.
6 Así que ahora viven en barrancos aterradores,

***Notas textuales** **28:13** Así aparece en la versión griega; en hebreo dice *sabe su valor*. **28:19** En hebreo *de Cus*. **28:22** En hebreo *Abadón*. **29:18** En hebreo *después de haber contado mis días como arena*.

Referencias cruzadas **28:15** Pr 8:10-11 **28:28** Pr 9:10 **29:6** Dt 32:13 **29:14** Ef 6:14 **29:25** Jb 4:4

en cuevas y entre las rocas.
7 Suenan como animales aullando entre los arbustos,
apiñados debajo de las ortigas.
8 Ellos son necios, hijos de nadie,
gentuza de la sociedad.

9 »¡Y ahora se burlan de mí con canciones vulgares!
¡Se mofan de mí!
10 Me desprecian y no se me acercan,
excepto para escupirme en la cara.
11 Pues Dios ha cortado la cuerda de mi arco;
me ha humillado
y por eso ellos ya no se contienen.
12 Esa gentuza se me opone descaradamente;
me arroja al suelo
y tiende trampas a mis pies.
13 Me cierra el camino
y hace todo lo posible para destruirme.
Sabe que no tengo quien me ayude.
14 Me ataca por todos lados;
me asalta cuando estoy abatido.
15 Vivo aterrorizado;
mi honor ha volado con el viento,
y mi prosperidad se ha desvanecido como una nube.

16 »Y ahora la vida se me escapa;
la depresión me persigue durante el día.
17 De noche, mis huesos se llenan de dolor
que me atormenta incesantemente.
18 Con mano fuerte, Dios me agarra de la camisa;*
me toma del cuello de mi abrigo.
19 Me ha lanzado al barro;
no soy más que polvo y ceniza.

20 »Clamo a ti, oh Dios, pero no respondes;
estoy delante de ti, pero ni siquiera miras.
21 Te has vuelto cruel conmigo;
utilizas tu poder para atormentarme.
22 Me lanzas al torbellino
y me destruyes en la tormenta.
23 Y sé que me envías a la muerte,
el destino de todos los que viven.

24 »Por cierto que nadie se pondrá en contra del necesitado
cuando clama por ayuda en medio de su miseria.
25 ¿No lloraba yo por los que estaban en apuros?
¿No me lamentaba profundamente por los necesitados?
26 Entonces busqué el bien, pero en su lugar me vino el mal.
Esperaba la luz, pero cayó la oscuridad.
27 Mi corazón está atribulado e inquieto;
me atormentan los días de sufrimiento.
28 Camino en penumbra, sin la luz del sol.
Clamo por ayuda en la plaza pública;
29 pero me consideran hermano de los chacales
y compañero de los búhos.
30 Mi piel se ha oscurecido,
y mis huesos arden de fiebre.
31 Mi arpa toca música triste,
y mi flauta acompaña a los que lloran.

Job declara su inocencia

31 »Hice un pacto con mis ojos,
de no mirar con codicia sexual a ninguna joven.
2 Pues, ¿qué ha escogido para nosotros el Dios del cielo?
¿Cuál es nuestra herencia del Todopoderoso en las alturas?
3 ¿No es calamidad para los malvados
y desgracia para quienes hacen el mal?
4 ¿No ve Dios todo lo que hago
y cada paso que doy?

5 »¿Acaso he mentido
o he engañado a alguien?
6 Que Dios me pese en la balanza de justicia,
porque sabe que soy íntegro.
7 Si me he desviado de su camino,
o si mi corazón ha codiciado lo que vieron mis ojos
o si soy culpable de cualquier otro pecado,
8 entonces, que otro coma las cosechas que he sembrado.
Que todo lo que planté, sea desarraigado.

9 »Si mi corazón ha sido seducido por una mujer,
o si he codiciado a la mujer de mi prójimo,
10 entonces, que mi esposa sirva a* otro hombre,
y que otros hombres se acuesten con ella.
11 Pues la codicia sexual es un pecado vergonzoso,
un delito que debería ser castigado.
12 Es un fuego que arde todo el camino hasta el infierno;*
arrasaría con todo lo que poseo.

13 »Si he sido injusto con mis siervos o con mis siervas
cuando me han presentado sus quejas,
14 ¿cómo podría enfrentarme con Dios?
¿Qué podría decir cuando él me interrogara?
15 Pues Dios me creó tanto a mí como a mis siervos;
nos formó a ambos en el vientre.

16 »¿He rehusado ayudar al pobre
o he acabado con las esperanzas de las viudas?
17 ¿He sido tacaño con mi comida
o me he negado a compartirla con los huérfanos?
18 No, desde la niñez he cuidado a los huérfanos como un padre,
y toda mi vida me he ocupado de las viudas.
19 Cuando veía sin vestido a los que no tienen hogar
y a los necesitados sin nada que ponerse,
20 ¿acaso no me alababan
por darles ropas de lana para combatir el frío?

21 »Si he levantado la mano contra un huérfano
sabiendo que los jueces se pondrían de mi parte,
22 entonces, ¡que se disloque mi hombro!
¡Que mi brazo se descoyunte!

***Notas textuales** **30:18** Así aparece en la versión griega; en hebreo dice *fuerte, mi ropa es deformada.* **31:10** En hebreo *muela para.* **31:12** En hebreo *hasta el Abadón.*

Referencias cruzadas **30:10** Mt 26:67 **30:23** Jb 10:8 **30:30** Sal 102:3 **31:1** Mt 5:28 **31:15** Jb 10:3

23 Eso sería mejor que enfrentarme al juicio de Dios.
Si la majestad de Dios está en mi contra, ¿qué esperanza queda?

24 »¿He puesto mi confianza en el dinero
o me he sentido seguro a causa de mi oro?
25 ¿Me he regodeado de mi riqueza
y de todo lo que poseo?

26 »¿He mirado alguna vez al sol que brilla en los cielos
o a la luna que recorre su sendero de plata,
27 y he sido seducido en lo secreto de mi corazón
a lanzarles besos de adoración?
28 Si así fuera, los jueces deberían castigarme,
porque significaría que he negado al Dios del cielo.

29 »¿Me he alegrado alguna vez cuando una calamidad ha herido a mis enemigos
o me entusiasmé cuando les ha tocado sufrir?
30 No, nunca he pecado por maldecir a nadie
ni por pedir venganza.

31 »Mis siervos nunca han dicho:
"Él dejó que otros pasaran hambre".
32 Nunca he negado la entrada a un desconocido,
más bien, he abierto mis puertas a todos.

33 »¿He intentado ocultar mis pecados como hacen otros,
escondiendo mi culpa en el corazón?
34 ¿Acaso me he quedado callado
y encerrado por miedo a la multitud
o al desprecio de las masas?

35 »¡Si tan solo alguien me escuchara!
Miren, voy a respaldar mi defensa con mi firma.
Que el Todopoderoso me responda;
que escriba los cargos que tiene contra mí.
36 Me enfrentaría a la acusación con orgullo,
y la llevaría como una corona.
37 Pues le diría exactamente lo que he hecho;
vendría ante él como un príncipe.

38 »Si mi tierra me acusa
y todos sus surcos claman juntos contra mí,
39 o si he robado sus cosechas
o he matado a sus propietarios,
40 entonces que en esa tierra crezcan cardos en lugar de trigo,
y malezas en lugar de cebada».

Aquí terminan las palabras de Job.

Eliú responde a los amigos de Job

32 Los tres amigos de Job no quisieron responderle
más porque él insistía en su inocencia.
2Entonces Eliú, hijo de Baraquel el buzita, del clan de
Ram, se enojó, porque Job no quería admitir que había
pecado y que Dios tenía razón cuando lo castigó. 3Tam-
bién se enojó con los tres amigos de Job porque, al no
lograr refutar los argumentos de Job, hacían parecer que
Dios* estaba equivocado. 4Eliú había esperado que los
demás hablaran con Job porque eran mayores que él;
5pero cuando vio que ellos ya no tenían respuesta, habló
con enojo. 6Eliú, hijo de Baraquel el buzita, dijo:

«Yo soy joven, y ustedes, ancianos;
por eso me contuve de decirles lo que pienso.
7 Me dije: "Los que tienen más edad deben hablar
porque la sabiduría viene con los años".
8 Sin embargo, hay un espíritu* dentro de las personas,
el aliento del Todopoderoso en ellas,
que las hace inteligentes.
9 No siempre los ancianos son sabios;
a veces las personas de edad no comprenden la justicia.
10 Así que, escúchenme
y déjenme decirles lo que pienso.

11 »He esperado todo este tiempo
prestando mucha atención a sus argumentos,
observando cómo buscaban a tientas las palabras.
12 He escuchado,
pero ninguno de ustedes ha logrado refutar a Job
ni responder a sus argumentos.
13 Y no me digan: "Él es demasiado sabio para nosotros;
solo Dios podrá convencerlo".
14 Si Job hubiera estado discutiendo conmigo,
¡yo no le respondería con la misma lógica que ustedes!
15 Ustedes se sientan ahí desconcertados
sin nada más que decir.
16 ¿Seguiré esperando ahora que se han quedado callados?
¿Permaneceré en silencio yo también?
17 No, sino que daré mi opinión
y expresaré lo que pienso.
18 Pues estoy lleno de palabras contenidas
y el espíritu que hay en mí me obliga a hablar.
19 Soy como un barril de vino sin respiradero;
¡como un cuero de vino a punto de estallar!
20 Tengo que hablar para encontrar alivio,
así que déjenme dar mis respuestas.
21 No haré favoritismos
ni intentaré adular a nadie.
22 Pues si intentara usar la adulación,
pronto mi Creador me destruiría.

Eliú presenta sus argumentos contra Job

33 »Job, escucha mis palabras;
presta atención a lo que tengo que decir.
2 Ahora que he comenzado a hablar,
déjame continuar.
3 Hablo con toda sinceridad;
digo la verdad.
4 El Espíritu de Dios me ha creado,
y el aliento del Todopoderoso me da vida.
5 Respóndeme, si puedes;
presenta tu argumento y define tu posición.
6 Mira, tú y yo, ambos, pertenecemos a Dios;

***Notas textuales** **32:3** Así aparece en la antigua tradición de los escribas hebreos; el texto masorético dice *Job.* **32:8** O *Espíritu*; también en 32:18.

Referencias cruzadas **31:23** Jb 31:3 **31:24** Mc 10:24 **32:6** Jb 15:10 **32:21** Lv 19:15 **33:4** Jb 32:8

yo también fui formado del barro.
7 Así que no tienes que tenerme miedo;
no seré duro contigo.

8 »Tú has hablado en mi presencia
y he escuchado tus palabras.
9 Dijiste: "Yo soy puro; no tengo pecado;
soy inocente; no tengo culpa.
10 Dios busca pleito conmigo
y me considera su enemigo.
11 Él puso mis pies en el cepo
y vigila todos mis movimientos".

12 »Pero estás equivocado, y te mostraré el porqué,
pues Dios es más grande que todo ser humano.
13 Así que, ¿por qué presentas cargos contra él?
¿Por qué dices que no responde a las quejas de la gente?
14 Pues Dios habla una y otra vez,
aunque la gente no lo reconozca.
15 Habla en sueños, en visiones nocturnas,
cuando el sueño profundo cae sobre las personas
mientras están acostadas.
16 Susurra a sus oídos
y las aterroriza con advertencias.
17 Él hace que se aparten de sus malas acciones;
no las deja caer en el orgullo.
18 Él las protege de la tumba,
de cruzar el río de la muerte.

19 »Otras veces Dios emplea el dolor para disciplinar a la gente en su lecho de enfermo,
con dolores incesantes en sus huesos.
20 Ellos pierden el apetito;
no desean ni la comida más deliciosa.
21 Su carne se consume
y son puro hueso.
22 Están a las puertas de la muerte;
los ángeles de la muerte los esperan.

23 »Pero si aparece un ángel del cielo
—un mensajero especial para interceder por una persona
y para declarar que es recta—
24 él le tendrá compasión y dirá:
"Sálvalo de la tumba,
porque he encontrado un rescate por su vida".
25 Entonces su cuerpo se volverá tan sano como el de un niño,
fuerte y juvenil otra vez.
26 Cuando él ore a Dios,
será aceptado
y Dios lo recibirá con alegría
y lo restaurará a una relación correcta.
27 Declarará a sus amigos:
"Pequé y torcí la verdad,
pero no valió la pena.*
28 Dios me rescató de la tumba
y ahora mi vida está llena de luz".

29 »Así es, Dios actúa de esa forma
una y otra vez por las personas.
30 Él las rescata de la tumba
para que disfruten de la luz de la vida.
31 Toma nota, Job; escúchame,
porque tengo más para decir.
32 Sin embargo, si tienes algo que decir, adelante,
habla, porque deseo verte justificado;
33 pero si no, entonces escúchame.
¡Guarda silencio y te enseñaré sabiduría!».

Eliú acusa a Job de arrogancia

34 Entonces Eliú dijo:

2 «Escúchenme, ustedes hombres sabios;
presten atención, ustedes que tienen conocimiento.
3 Job dijo: "El oído pone a prueba las palabras que oye,
igual que la boca distingue los sabores".
4 Así que, juzguemos por nosotros mismos lo que es correcto;
aprendamos juntos lo que es bueno.
5 Pues Job también dijo: "Yo soy inocente,
pero Dios ha quitado mis derechos.
6 Soy inocente, pero me llaman mentiroso;
mi sufrimiento es incurable, aunque yo no haya pecado".

7 »Díganme, ¿hubo una vez un hombre como Job,
con sed de conversaciones irreverentes?
8 Él escoge como compañeros a hombres malvados;
pasa su tiempo con hombres perversos.
9 Ha llegado a decir: "¿Por qué malgastar el tiempo
intentando agradar a Dios?".

10 »Escúchenme, ustedes que tienen entendimiento.
¡Todo el mundo sabe que Dios no peca!
El Todopoderoso no puede hacer nada malo.
11 Él paga a las personas según lo que hayan hecho;
las trata como se merecen.
12 En verdad, Dios no hará el mal;
el Todopoderoso no torcerá la justicia.
13 ¿Algún otro puso la tierra al cuidado de Dios?
¿Quién colocó al mundo en su sitio?
14 Si Dios retirara su espíritu
y quitara su aliento,
15 todos los seres vivientes dejarían de existir
y la humanidad volvería al polvo.

16 »Ahora escúchame, si eres sabio;
presta atención a lo que digo.
17 ¿Podría Dios gobernar si odiara la justicia?
¿Condenarás al juez todopoderoso?
18 Pues él dice a los reyes: "Ustedes son malvados",
y a los nobles: "Ustedes son injustos".
19 A él no le importa la grandeza que pueda tener una persona
y no presta más atención al rico que al pobre;
él creó a todos.
20 En un instante mueren.
Fallecen en la mitad de la noche;

***Notas textuales** **33:27** La versión griega dice *pero [Dios] no me castigó como lo merecía mi pecado.*

Referencias cruzadas **33:14** Sal 62:11 **33:27** Rm 6:21 **33:29** Flp 2:13 **34:11** Mt 16:27 **34:19** Hch 10:34

los poderosos se van sin la intervención de mano
humana.

21 »Pues Dios observa cómo vive la gente;
ve todo lo que ellos hacen.
22 No hay oscuridad tan densa
que pueda esconder a los malos de sus ojos.
23 No decidimos nosotros el momento
de presentarnos ante Dios para ser juzgados.
24 Él lleva a los poderosos a la ruina sin consultar a
nadie,
y pone a otros en su lugar.
25 Él sabe lo que hacen,
y por la noche los vence y los destruye.
26 Los derriba porque son malvados;
lo hace abiertamente para que todos lo vean.
27 Pues se apartaron y dejaron de seguirlo;
no respetan ninguno de sus caminos.
28 Hacen que los pobres clamen, y esto atrae la
atención de Dios;
él oye los clamores de los necesitados.
29 Sin embargo, si él opta por quedarse callado,
¿quién puede criticarlo?
Cuando esconde su rostro, nadie puede encontrarlo,
ya sea un individuo o una nación.
30 Él no deja que los incrédulos gobiernen,
para que no sean una trampa para la gente.

31 »¿Por qué la gente no le dice a Dios: "He pecado
pero no volveré a pecar"?
32 O bien: "No sé qué mal hice, dímelo;
si he actuado mal, me detendré de inmediato".

33 »¿Debe Dios adaptar su justicia a tus exigencias
a pesar de que lo hayas rechazado?
La elección es tuya, no mía.
Adelante, haznos partícipes de tu sabiduría.
34 Después de todo, las personas inteligentes me dirán
y la gente sabia me oirá decir:
35 "Job habla por ignorancia;
sus palabras carecen de percepción".
36 Job, te mereces la pena máxima
por tu manera malvada de
responder.
37 Pues a tu pecado has añadido rebelión;
no muestras ningún respeto
y dices muchas palabras de enojo contra Dios».

Eliú le recuerda a Job la justicia de Dios

35 Entonces Eliú dijo:

2 «¿Te parece correcto que afirmes:
"Soy justo delante de Dios"?
3 También te preguntas: "¿Y yo qué gano?
¿De qué sirve vivir una vida recta?".

4 »Yo te contestaré
y a todos tus amigos también.
5 Levanta tus ojos a los cielos
y mira las nubes en lo alto.
6 Si pecas, ¿en qué afecta eso a Dios?
Incluso si pecas una y otra vez,
¿qué efecto tendrá sobre él?
7 Si eres bueno, ¿es algún gran regalo para él?
¿Qué podrías darle tú?
8 No, tus pecados afectan únicamente a personas como
tú,
y tus buenas acciones afectan solo a seres
humanos.

9 »La gente clama al ser oprimida;
gime bajo el peso de los poderosos.
10 Sin embargo, no preguntan: "¿Dónde está Dios, mi
Creador,
el que da canciones en la noche?
11 ¿Dónde está el que nos hace más inteligentes que los
animales
y más sabios que las aves de los cielos?".
12 Cuando claman, Dios no les responde
a causa de la soberbia de ellos,
13 pero es un error decir que Dios no escucha,
que al Todopoderoso no le importa.
14 Tú dices que no puedes verlo;
sin embargo, si esperas, te hará justicia.*
15 Dices que Dios no responde con enojo a los
pecadores
y que no le importa mucho la perversidad.*
16 Pero Job, hablas tonterías;
has hablado como un necio».

36 Eliú siguió hablando:

2 «Déjame seguir, y te mostraré la verdad,
¡porque no he terminado de defender a Dios!
3 Presentaré argumentos profundos
a favor de la justicia de mi Creador.
4 Estoy diciendo solamente la verdad,
porque soy un hombre de gran conocimiento.

5 »Dios es poderoso, ¡pero no desprecia a nadie!
Él es poderoso tanto en fuerza como en
entendimiento.
6 No deja con vida a los malvados
pero hace justicia a los afligidos.
7 Nunca quita los ojos de los inocentes,
sino que los pone en tronos en compañía de reyes
y los exalta para siempre.
8 Si están encadenados,
y atrapados en una red de
dificultades,
9 él les muestra la causa;
les hace ver sus pecados de soberbia.
10 Él capta su atención
y ordena que se aparten de la maldad.

11 »Si escuchan y obedecen a Dios,
serán bendecidos con prosperidad por el resto de
su vida.
Todos sus años serán agradables.
12 Pero si se niegan a escucharlo,
cruzarán el río de la muerte;

***Notas textuales 35:13-14** Estos versículos también se pueden traducir de la siguiente manera: [13]*Desde luego, Dios no escucha su clamor vacío; / al Todopoderoso no le importa. /* [14]*¡Cuánto menos escuchará cuando dices que no lo ves, / y que tu caso está delante de él y estás esperando justicia!* **35:15** Así aparece en la versión griega y en la latina; el significado de este término hebreo es incierto.

Referencias cruzadas 35:7 Lc 17:10

morirán por falta de entendimiento.
13 Los incrédulos están llenos de resentimiento.
Aun cuando Dios los castiga,
se niegan a pedirle auxilio.
14 Mueren en plena juventud,
después de haber malgastado la vida en
inmoralidad.
15 Pero por medio del sufrimiento, él rescata a los que
sufren,
pues capta su atención mediante la adversidad.

16 »Job, Dios está alejándote del peligro,
y te lleva a un lugar libre de angustia.
Está poniendo en tu mesa la mejor comida,
17 pero te obsesiona saber si los incrédulos serán
juzgados.
No te preocupes, el juicio y la justicia
prevalecerán.
18 Ten cuidado, o la riqueza podrá seducirte;*
no dejes que el soborno te haga pecar.
19 ¿Podrá toda tu riqueza*
o podrán todos tus grandes esfuerzos
protegerte de la angustia?
20 No desees el amparo de la noche
porque allí es cuando la gente será destruida.*
21 ¡Mantente en guardia! Apártate de lo malo,
porque Dios envió este sufrimiento
para protegerte de una vida de maldad.

Eliú le recuerda a Job el poder de Dios

22 »Mira, Dios es todopoderoso.
¿Quién es un maestro como él?
23 Nadie puede indicarle lo que tiene que hacer
ni decirle: "Has hecho mal".
24 En cambio, glorifica tú sus obras poderosas,
entonando canciones de alabanza.
25 Todo el mundo ha visto estas cosas,
aunque solo desde lejos.

26 »Mira, Dios es más grande de lo que podemos
comprender;
sus años no se pueden contar.
27 Él hace subir el vapor de agua
y luego lo destila en lluvia.
28 La lluvia se derrama desde las nubes,
y todos se benefician.
29 ¿Quién puede comprender el despliegue de las
nubes
y el trueno que retumba desde los cielos?
30 Mira cómo Dios extiende el relámpago a su
alrededor
e ilumina las profundidades del mar.
31 Por medio de esos actos poderosos él nutre* a la
gente,
dándole comida en abundancia.
32 Él llena sus manos de rayos
y lanza cada uno a su objetivo.
33 El trueno declara su presencia;
la tormenta anuncia su enojo indignado.*

37 »Cuando pienso en esto, mi corazón late con
fuerza;
tiembla dentro de mi pecho.
2 Escucha con atención el estruendo de la voz de Dios
cuando retumba de su boca.
3 Resuena por todo el cielo
y sus relámpagos brillan en todas direcciones.
4 Después llega el rugido del trueno,
la tremenda voz de su majestad;
él no la retiene cuando habla.
5 La voz de Dios es gloriosa en el trueno.
Ni siquiera podemos imaginar la grandeza de su
poder.

6 »Él ordena que caiga la nieve en la tierra
y le dice a la lluvia que sea torrencial.
7 Hace que todos dejen de trabajar
para que contemplen su poder.
8 Los animales salvajes buscan refugio
y se quedan dentro de sus guaridas.
9 El viento tormentoso sale de su cámara,
y los vientos impetuosos traen el frío.
10 El aliento de Dios envía el hielo
y congela grandes extensiones de agua.
11 Él carga las nubes de humedad
y después salen relámpagos brillantes.
12 Las nubes se agitan bajo su mando
y hacen por toda la tierra lo que él ordena.
13 Él hace que estas cosas sucedan para castigar a las
personas
o para mostrarles su amor inagotable.

14 »Job, presta atención a esto,
¡detente y considera los maravillosos milagros de
Dios!
15 ¿Sabes cómo Dios controla la tormenta
y hace que los relámpagos salgan de las nubes?
16 ¿Entiendes cómo él mueve las nubes
con maravillosa perfección y destreza?
17 Cuando te sofocas de calor dentro de tus ropas
y el viento del sur pierde su fuerza y todo se
calma,
18 él hace que los cielos reflejen el calor como un espejo
de bronce.
¿Puedes tú hacer eso?

19 »Entonces, enséñanos qué decirle a Dios.
Somos demasiado ignorantes para presentar
nuestros propios argumentos.
20 ¿Se debe avisar a Dios que quiero hablar?
¿Puede una persona hablar cuando está
confundida*?
21 No podemos mirar al sol,
porque brilla con fuerza en el cielo
cuando el viento se lleva las nubes.
22 También el esplendor dorado proviene del monte de
Dios;*
él está vestido de deslumbrante esplendor.
23 No nos podemos imaginar la potencia del
Todopoderoso;
pero aunque él es justo y recto,

***Notas textuales** **36:18** O *No dejes que tu enojo te lleve a burlarte.* **36:19** O *Podrán todos tus gritos de auxilio.* **36:16-20** El significado del hebreo es incierto. **36:31** O *él gobierna.* **36:33** O *incluso el ganado sabe cuándo se acerca la tormenta.* El significado del hebreo es incierto. **37:20** O *hablar sin ser tragada?* **37:22** O *del norte*; o *de la morada.*

Referencias cruzadas **35:16** Jb 34:35 **36:12** Jb 15:22 **36:26** Sal 102:24, 27 **37:13** Ex 9:18-23

no nos destruye.
24 Por eso en todas partes la gente le teme;
todos los sabios le muestran reverencia*».

El Señor desafía a Job

38 Entonces el Señor respondió a Job desde el torbellino:

2 «¿Quién es este que pone en duda mi sabiduría
con palabras tan ignorantes?
3 Prepárate, muestra tu hombría
porque tengo algunas preguntas para ti
y tendrás que contestarlas.

4 »¿Dónde estabas tú cuando puse los cimientos de la tierra?
Dímelo, ya que sabes tanto.
5 ¿Quién decidió sus dimensiones
y extendió la cinta de medir?
6 ¿Qué sostiene sus cimientos
y quién puso su piedra principal
7 mientras las estrellas de la mañana cantaban a coro
y todos los ángeles* gritaban de alegría?

8 »¿Quién contuvo el mar dentro de sus límites
cuando brotó del vientre
9 y cuando lo vestí de nubes
y lo envolví en densa oscuridad?
10 Pues lo encerré detrás de portones con rejas
y puse límite a sus orillas.
11 Dije: "De aquí no pasarás.
¡Aquí se detendrán tus orgullosas olas!".

12 »¿Alguna vez has ordenado que aparezca la mañana
o has causado que el amanecer se levante por el oriente?
13 ¿Has hecho que la luz del día se extienda hasta los confines de la tierra
para poner fin a la perversidad de la noche?
14 A medida que la luz se aproxima,
la tierra va tomando forma como el barro bajo un sello;
se viste de brillantes colores.*
15 La luz molesta a los malvados
y detiene el brazo que se levanta para hacer violencia.

16 »¿Has explorado las fuentes donde nacen los mares?
¿Has recorrido sus profundidades?
17 ¿Sabes dónde se encuentran las puertas de la muerte?
¿Has visto las puertas de la absoluta penumbra?
18 ¿Tienes idea de la magnitud de la tierra?
¡Dímelo, si es que lo sabes!

19 »¿De dónde viene la luz
y adónde va la oscuridad?
20 ¿Puedes llevar a cada una a su hogar?
¿Sabes cómo llegar allí?
21 ¡Pero claro que ya conoces todo esto!
¡Pues naciste antes de que todo fuera creado,
y tienes muchísima experiencia!

22 »¿Has visitado los depósitos de la nieve
o has visto donde se guarda el granizo?
23 (Los he reservado como armas para el tiempo de angustia,
para el día de la batalla y de la guerra).
24 ¿Dónde está el camino hacia la fuente de luz?
¿Dónde está el hogar del viento del oriente?

25 »¿Quién creó un canal para los torrentes de lluvia?
¿Quién trazó el sendero del relámpago?
26 ¿Quién hace caer la lluvia en tierra árida,
en el desierto donde nadie vive?
27 ¿Quién envía la lluvia para saciar la tierra seca
y hace que brote la hierba tierna?

28 »¿Tiene padre la lluvia?
¿Quién da a luz el rocío?
29 ¿Quién es la madre del hielo?
¿Quién da a luz la escarcha que viene del cielo?
30 Pues el agua se convierte en hielo, duro como la roca,
y la superficie del agua se congela.

31 »¿Puedes tú guiar el movimiento de las estrellas
y atar el grupo de las Pléyades
o aflojar las cuerdas de Orión?
32 ¿Puedes dirigir las constelaciones a través de las estaciones del año
o guiar a la Osa con sus cachorros a través del cielo?
33 ¿Conoces las leyes del universo?
¿Puedes usarlas para regular la tierra?

34 »¿Puedes gritar a las nubes
y hacer que llueva?
35 ¿Puedes hacer que aparezca el relámpago
y que caiga hacia donde lo dirijas?
36 ¿Quién da la intuición al corazón
y el instinto a la mente?
37 ¿Quién es lo suficientemente sabio para contar las nubes?
¿Quién puede inclinar los cántaros de los cielos
38 cuando la tierra reseca está árida
y el suelo, convertido en terrones?

39 »¿Puedes acechar la presa para la leona
y saciar el hambre de los cachorros
40 cuando están tendidos en sus guaridas
o se agazapan en los matorrales?
41 ¿Quién da comida a los cuervos
cuando sus crías claman a Dios
y andan errantes con hambre?

El Señor continúa su desafío

39 »¿Sabes cuándo dan a luz las cabras salvajes?
¿Has visto nacer a los ciervos en su ambiente natural?
2 ¿Sabes cuántos meses llevan a las crías en su vientre?
¿Eres consciente del momento de parto?
3 Se agachan para dar a luz
y tener sus crías.

***Notas textuales** **37:24** Así aparece en la versión griega; en hebreo dice *a él no le impresionan los sabios*. **38:7** En hebreo *los hijos de Dios*. **38:14** O *sus rasgos se destacan como los pliegues en un manto*.

Referencias cruzadas **37:24** Mt 10:28 **38:21** Jb 15:7 **38:41** Lc 12:24

4 Estas crecen en campo abierto
y luego se van del hogar para no regresar.

5 »¿Quién le da libertad al burro salvaje?
¿Quién desató sus cuerdas?
6 Yo lo puse en el desierto;
su hogar es la tierra baldía.
7 Detesta el ruido de la ciudad
y no tiene arriero que le grite.
8 Las montañas son su pastizal
donde busca cada brizna de hierba.

9 »¿Acaso aceptará el buey salvaje ser domado?
¿Pasará la noche en tu establo?
10 ¿Puedes enganchar un buey salvaje a un arado?
¿Acaso arará un campo para ti?
11 Teniendo en cuenta su fuerza, ¿podrás confiar en él?
¿Puedes irte y confiar en que el buey haga tu trabajo?
12 ¿Podrás contar con él para que traiga el grano a tu casa
y lo ponga en tu campo de trillar?

13 »El avestruz agita sus alas con ostentación
pero estas no pueden competir con el plumaje de la cigüeña.
14 El avestruz pone sus huevos en la tierra,
y deja que se calienten en el polvo.
15 No le preocupa que alguien los aplaste
o que un animal salvaje los destruya.
16 Trata con dureza a sus polluelos,
como si no fueran suyos.
No le importa si mueren,
17 porque Dios no le dio sabiduría
ni le dio entendimiento.
18 Pero siempre que se levanta para correr,
le gana al jinete con el caballo más veloz.

19 »¿Diste la fuerza al caballo
o adornaste su cuello con largas crines?
20 ¿Le diste la capacidad de saltar como una langosta?
¡Su majestuoso resoplido es aterrador!
21 Patea la tierra y se alegra de su fuerza
cuando se lanza a la batalla.
22 Se ríe del miedo y no tiene temor.
No huye de la espada.
23 Se oye el sonido de las flechas golpeándolo
y brillan las lanzas y las jabalinas.
24 Patea el suelo con furia
y se lanza a la batalla cuando suena el cuerno de carnero.
25 Resopla al sonido del cuerno.
Percibe la batalla a lo lejos.
Se estremece bajo las órdenes del capitán y el ruido de la batalla.

26 »¿Es tu sabiduría la que hace que el halcón alce vuelo
y extienda sus alas hacia el sur?
27 ¿Es por tu mandato que el águila se eleva
y hace su nido en las cumbres?
28 Vive en los acantilados,
y tiene su hogar en las rocas lejanas y escarpadas.
29 Desde allí acecha a su presa
vigilándola con ojos penetrantes.
30 Sus crías engullen sangre.
Donde hay un cadáver, allí los encontrarás».

40 Entonces el SEÑOR le dijo a Job:

2 «¿Todavía quieres discutir con el Todopoderoso?
Tú criticas a Dios, pero ¿tienes las respuestas?».

Job responde al SEÑOR

3 Entonces Job respondió al SEÑOR:

4 «No soy nada, ¿cómo podría yo encontrar las respuestas?
Me taparé la boca con la mano.
5 Ya hablé demasiado;
no tengo nada más que decir».

El SEÑOR desafía otra vez a Job

6 Luego el SEÑOR respondió a Job desde el torbellino:

7 «Prepárate, muestra tu hombría
porque tengo algunas preguntas para ti
y tendrás que contestarlas.

8 »¿Pondrás en duda mi justicia
y me condenarás solamente para probar que tienes razón?
9 ¿Acaso eres tan fuerte como Dios?
¿Puede tronar tu voz como la suya?
10 Bien, vístete de tu gloria y esplendor,
de tu honor y majestad.
11 Da rienda suelta a tu enojo;
deja que se derrame contra los orgullosos.
12 Humíllalos con una mirada;
pisa a los malvados allí donde están.
13 Entiérralos en el polvo;
enciérralos en el mundo de los muertos.
14 Entonces hasta yo te elogiaría,
porque tu propia fuerza te podría salvar.

15 »Echa un vistazo al Behemot,*
a quien hice, al igual que a ti.
Come hierba como un buey.
16 Mira qué fuertes son sus lomos
y los músculos de su vientre.
17 Su rabo es tan fuerte como un cedro;
los tendones de sus muslos se entrelazan.
18 Sus huesos son tubos de bronce;
sus extremidades son barras de hierro.
19 Es un excelente ejemplo de la obra de Dios,
y solo su Creador puede amenazarlo.
20 Las montañas le ofrecen su mejor alimento,
donde juegan los animales salvajes.
21 Se tiende bajo los lotos*
donde los juncos del pantano lo esconden.
22 Las plantas de loto le dan sombra
entre los sauces junto al arroyo.
23 El río tempestuoso no le molesta,

***Notas textuales** **40:15** La identidad del Behemot es discutida, las ideas van desde una criatura terrestre hasta un mítico monstruo marino de la literatura antigua. **40:21** O *los arbustos de zarza*; similar en 40:22.

Referencias cruzadas **39:9** Nm 23:22 **39:13-16** Lm 4:3 **39:20** Jl 2:5 **39:30** Lc 17:37 **40:8** Rm 3:3-4 **40:19** Jb 41:33

ni le preocupa cuando el creciente Jordán se
arremolina a su alrededor.
24 Nadie puede sorprenderlo con la guardia baja
ni ponerle un aro en la nariz para llevárselo.

Continúa el desafío del Señor

41 1*»¿Puedes capturar al Leviatán* con un
anzuelo
o poner un lazo alrededor de su quijada?
2 ¿Puedes atar su nariz con una cuerda
o atravesar su boca con una estaca?
3 ¿Te rogará misericordia
o suplicará compasión?
4 ¿Querrá trabajar para ti
y ser tu esclavo toda la vida?
5 ¿Puedes hacer de él una mascota, como con un pájaro,
o darlo a tus niñas para que jueguen con él?
6 ¿Intentarán los mercaderes comprarlo
para venderlo en sus carpas?
7 ¿Será herida su piel por las lanzas
o su cabeza por un arpón?
8 Si le pones la mano encima,
te dará una batalla que no olvidarás.
¡No volverás a intentarlo!
9*Es inútil tratar de capturarlo;
el cazador que lo intente será derribado.
10 Y como nadie se atreve a molestarlo a él,
¿quién podrá hacerme frente a mí?
11 ¿Quién me ha dado algo para que tenga que
pagárselo?
Todo lo que hay debajo del cielo es mío.

12 »Quiero hacer hincapié en las extremidades del
Leviatán,
en su enorme fuerza y en su apariencia tan llena
de gracia.
13 ¿Quién puede quitarle la piel,
y quién puede penetrar su doble capa de
armadura*?
14 ¿Quién podría abrir sus mandíbulas a la fuerza?
¡Sus dientes dan terror!
15 Las escamas en su lomo son como* hileras de
escudos
fuertemente selladas.
16 Están tan apretadas
que el aire no puede pasar entre ellas.
17 Cada escama está fuertemente pegada a la siguiente;
están entrelazadas y nada puede traspasarlas.

18 »Cuando estornuda, ¡lanza destellos de luz!
Sus ojos son como el rojo del amanecer.
19 De su boca saltan relámpagos;
destellan llamas de fuego.
20 Humo sale de sus narices
como el vapor de una olla calentada al fuego
hecho de juncos.
21 Su aliento podría encender el carbón,
porque de su boca salen llamaradas.

22 »La tremenda fuerza del cuello del Leviatán
infunde terror dondequiera que va.
23 Su carne es dura y firme
y no se puede traspasar.
24 Su corazón es duro como la roca,
duro como piedra de molino.
25 Cuando se levanta, los poderosos tienen miedo;
el terror se apodera de ellos.
26 No hay espada que pueda detenerlo
ni lanza, ni dardo, ni jabalina.
27 El hierro no es más que paja para esa criatura,
y el bronce, madera podrida.
28 Las flechas no lo hacen huir;
las piedras tiradas con honda son como trocitos
de hierba.
29 Los garrotes son como una brizna de hierba,
y se ríe del silbido de las jabalinas.
30 Su vientre está cubierto de escamas tan afiladas
como el vidrio;
escarba el suelo cuando se arrastra por el barro.

31 »El Leviatán hace hervir el agua con su
sacudimiento;
agita las profundidades como una olla de
ungüento.
32 Deja en su estela agua reluciente
que hace que el mar parezca blanco.
33 En la tierra es sin igual;
ninguna otra criatura es tan intrépida.
34 De todas las criaturas, es la más orgullosa.
Es el rey de las bestias».

Job responde al Señor

42 Entonces Job respondió al Señor:
2 «Sé que todo lo puedes,
y que nadie puede detenerte.
3 Tú preguntaste: "¿Quién es este que pone en duda mi
sabiduría con tanta ignorancia?".
Soy yo y hablaba de cosas sobre las que no sabía
nada,
cosas demasiado maravillosas para mí.
4 Tú dijiste: "¡Escucha y yo hablaré!
Tengo algunas preguntas para ti
y tendrás que contestarlas".
5 Hasta ahora solo había oído de ti,
pero ahora te he visto con mis propios ojos.
6 Me retracto de todo lo que dije,
y me siento en polvo y ceniza en señal de
arrepentimiento».

Conclusión: el Señor bendice a Job

7Después de que el Señor terminó de hablar con Job, le
dijo a Elifaz el temanita: «Estoy enojado contigo y con
tus dos amigos, porque no hablaron con exactitud acerca
de mí, como lo hizo mi siervo Job. 8Así que, tomen siete
toros y siete carneros, vayan a mi siervo Job y ofrezcan
una ofrenda quemada por ustedes mismos. Mi siervo Job
orará, y yo aceptaré la oración a favor de ustedes. No los
trataré como se merecen, a pesar de no haber hablado de
mí con exactitud, como lo hizo mi siervo Job». 9Así que
Elifaz el temanita, Bildad el suhita y Zofar el naamatita

***Notas textuales** **41:1a** Los versículos del 41:1-8 corresponden al 40:25-32 en el texto hebreo. **41:1b** La identidad del Leviatán es discutida; las ideas van desde una criatura terrestre hasta un mítico monstruo marino de la literatura antigua. **41:9** Los versículos del 41:9-34 corresponden al 41:1-26 en el texto hebreo. **41:13** Así aparece en la versión griega; en hebreo dice *su brida?* **41:15** Así aparece en algunos manuscritos griegos y en la Vulgata Latina; en hebreo dice *Su orgullo está en sus.*

Referencias cruzadas **41:3** Rm 11:35 **41:34** Jb 28:8 **42:2** Mt 19:26

hicieron lo que el SEÑOR les mandó, y el SEÑOR aceptó
la oración de Job.
10Cuando Job oró por sus amigos, el SEÑOR le restauró
su bienestar. Es más, ¡el SEÑOR le dio el doble de lo que
antes tenía! 11Entonces todos sus hermanos, hermanas y
anteriores amigos vinieron y festejaron con él en su casa.
Lo consolaron y lo alentaron por todas las pruebas que
el SEÑOR había enviado en su contra; y cada uno de ellos
le regaló dinero* y un anillo de oro.
12Así que el SEÑOR bendijo a Job en la segunda mitad
de su vida aún más que al principio. Pues ahora tenía ca-
torce mil ovejas, seis mil camellos, mil yuntas de bueyes y
mil burras. 13Además dio a Job otros siete hijos y tres hijas.
14Llamó a su primera hija Jemima, a la segunda Cesia y a la
tercera Keren-hapuc. 15En toda la tierra no había mujeres
tan bellas como las hijas de Job, y su padre les dejó una
herencia en su testamento junto con sus hermanos.
16Después de esto, Job vivió ciento cuarenta años
y pudo ver a cuatro generaciones de sus hijos y nietos.
17Luego murió siendo muy anciano, después de vivir
una vida larga y plena.

¡Respuestas Bíblicas! 92 ¿Qué le pasó a Job?

42:12 Dios sanó a Job. Dios le dio a Job muchas riquezas. También le dio a Job una nueva familia. Job intentó con todas sus fuerzas entender a Dios. Job trató de ser honesto con Dios. A Dios le agradaba Job.

***Notas textuales 42:11** En hebreo *una kesita*; el valor y el peso de la kesita son desconocidos.

SALMOS

¿Por qué es importante?

Este libro es una colección de poemas y canciones que expresan todos los sentimientos humanos con plena libertad como incluso el enojo, el sentido de venganza, el temor, la timidez y la audacia además de la alegría y la alabanza. El libro de Salmos ofrece una gran variedad de experiencias, ideas, sentimientos y emociones de diferentes autores en una variedad de circunstancias, los cuales tuvieron la libertad de decirle a Dios por medio de expresiones artísticas lo que sentían, lo que pensaban y lo que deseaban en esos momentos. Claro que en general se conoce a Salmos por la alabanza porque celebrar a Dios siempre nos hace bien, pero esta colección de cantos y poemas es más que solo alabanza ya que los Salmos son una fuente de inspiración para quienes están llenos de sueños e ilusiones.

¿Por qué fue escrito?

Este es uno de los libros más cercanos al alma de los seres humanos, ya que muchas emociones y experiencias comunes a la raza humana son reflejadas en sus páginas. Se puede decir que el propósito para formar esta colección es, por un lado, práctico y por otro, teológico: el lado práctico es el de tener a mano una colección de los cantos para uso en la liturgia pública y privada del pueblo de Dios. Teológicamente, el propósito es el de expresar de manera poética una variedad de sentimientos, pensamientos y vivencias de los autores con el Dios personal y amoroso al cual sirven.

¿Quién lo escribió?

La verdad es que los Salmos siempre se identifican con David, el más famoso rey de Israel, porque es quien más salmos escribió, casi la mitad, pero no todos suyos. Asaf escribió doce salmos. Los hijos de Coré son los compositores de once salmos. Los sabios (lee 1 Reyes 4:31), Hemán el ezraita y Etán el ezraita, escribieron uno cada uno (Salmo 88 y 89) y Moisés escribió uno (Salmo 90). De los restantes 51 no se conoce su autor.

¿A quién lo escribió?

La colección fue compilada con el pueblo de Israel en mente, para su instrucción, la expresión de sus sentimientos y sobre todo para servir dentro del culto en el templo. Por supuesto, también cada salmo tuvo su origen en una situación específica que le dio origen. Sin embargo, hay algo muy humano en este libro. Sus emociones, sus clamores, sus alabanzas e incluso sus quejas son una declaración de lo que existe en los corazones humanos de todas las épocas y lugares, así que, aunque originalmente fue hecho pensando en Israel, tiene un alcance universal.

¿Cuándo y dónde lo escribió?

Los salmos se escribieron en un marco de tiempo bastante amplio –quizá unos quinientos años– desde la época de David hasta el tiempo posterior al cautiverio. Incluso el Salmo 90, compuesto por Moisés, fue escrito mucho tiempo antes. Sin embargo, la colección fue reunida en su forma actual en la época posterior al exilio. Muchas fuentes antiguas asignan a Esdras el trabajo de recopilar y colocar juntos todos los salmos. Si esto es así, significa que el libro finalmente fue publicado a mediados del siglo V antes de Cristo.

Paso a paso

1. Salmos de alabanza. Expresión de mi acción de gracias a Dios por su ser y sus obras. Sal. 66, 67, 113, 116, etc.
2. Salmos de penitencia. Expresión de mi arrepentimiento por el pecado. Sal. 6, 32, 38, 51.
3. Salmos históricos. Expresión de mis sentimientos ante la historia del pueblo de Dios. Sal. 78, 105, 106, 136.
4. Salmos proféticos. Expresión de mi esperanza que se cumple en el Mesías. Sal. 2, 22, 45, 72, 110.
5. Salmos por justicia ante el Señor. Sal. 5, 7, 35, 69, 109, 137.

Salmos

Libro Primero (Salmos 1-41)

1

Qué alegría para los que
no siguen el consejo de malos,
ni andan con pecadores,
ni se juntan con burlones,
2 sino que se deleitan en la ley del Señor
meditando en ella día y noche.
3 Son como árboles plantados a la orilla de un río,
que siempre dan fruto en su tiempo.
Sus hojas nunca se marchitan,
y prosperan en todo lo que hacen.

4 ¡No sucede lo mismo con los malos!
Son como paja inútil que esparce el viento.
5 Serán condenados cuando llegue el juicio;
los pecadores no tendrán lugar entre los justos.
6 Pues el Señor cuida el sendero de los justos,
pero la senda de los malos lleva a la destrucción.

2

¿Por qué están tan enojadas las naciones?
¿Por qué pierden el tiempo en planes inútiles?
2 Los reyes de la tierra se preparan para la batalla;
los gobernantes conspiran juntos
en contra del Señor
y en contra de su ungido.
3 «¡Rompamos las cadenas! —gritan—,
¡y liberémonos de ser esclavos de Dios!».

4 Pero el que gobierna en el cielo se ríe;
el Señor se burla de ellos.
5 Después los reprende con enojo;
los aterroriza con su intensa
furia.
6 Pues el Señor declara: «He puesto a mi rey elegido
en el trono
de Jerusalén,* en mi monte santo».

7 El rey proclama el decreto del Señor:
«El Señor me dijo: "Tú eres mi hijo.*
Hoy he llegado a ser tu Padre.*
8 Tan solo pídelo, y te daré como herencia las
naciones,
toda la tierra como posesión tuya.
9 Las quebrarás* con vara de hierro
y las harás pedazos como si fueran ollas de
barro"».

10 Ahora bien, ustedes reyes, ¡actúen con sabiduría!
¡Quedan advertidos, ustedes gobernantes de la
tierra!
11 Sirvan al Señor con temor reverente
y alégrense con temblor.
12 Sométanse al hijo de Dios,* no sea que se enoje
y sean destruidos en plena actividad,
porque su ira se enciende en un
instante.
¡Pero qué alegría para todos los que se refugian
en él!

3

Salmo de David, acerca de cuando huía de su hijo Absalón.

1 Oh Señor, tengo tantos enemigos;
son muchos los que están en mi contra.
2 Son tantos los que dicen:
«¡Dios no lo rescatará!». *Interludio**
3 Pero tú, oh Señor, eres un escudo que me rodea;
eres mi gloria, el que sostiene mi cabeza en alto.
4 Clamé al Señor,
y él me respondió desde su monte santo.
Interludio

5 Me acosté y dormí,
pero me desperté a salvo,
porque el Señor me cuidaba.
6 No tengo miedo a los diez mil enemigos
que me rodean por todas partes.

7 ¡Levántate, oh Señor!
¡Rescátame, Dios mío!
¡Abofetea a todos mis enemigos!
¡Destroza los dientes de los malvados!
8 La victoria proviene de ti, oh Señor;
bendice a tu pueblo. *Interludio*

4

Para el director del coro: salmo de David; acompáñese con instrumentos de cuerda.

1 Respóndeme cuando clamo a ti,
oh Dios, tú que me declaras inocente.
Libérame de mis problemas;
ten misericordia de mí y escucha mi oración.

2 ¿Hasta cuándo, señores, arruinarán mi reputación?
¿Hasta cuándo harán acusaciones infundadas
contra mí?

***Notas textuales** **2:6** En hebreo *de Sion.* **2:7a** O *Hijo*; también en 2:12. **2:7b** U *Hoy te doy a conocer como mi hijo.* **2:9** La versión griega dice *gobernarás.* Comparar Ap 2:27. **2:12** El significado del hebreo es incierto. **3:2** En hebreo *Selah.* El significado de esta palabra es incierto, aunque es probable que sea un término literario o musical. Se traduce *Interludio* en todo el libro de Salmos.

Referencias cruzadas **1:6** 2 Tm 2:19 **2:7** Hb 1:5-6 **3:1** 2 Sm 15:12-14

¿Hasta cuándo seguirán con sus mentiras?
Interludio
3 De algo pueden estar seguros:
el Señor ha separado para sí a los justos;
el Señor me responderá cuando lo llame.

4 No pequen al dejar que el enojo los controle;
reflexionen durante la noche y quédense en silencio. *Interludio*
5 Ofrezcan sacrificios con un espíritu correcto
y confíen en el Señor.

6 Muchos dicen: «¿Quién nos mostrará tiempos mejores?».
Haz que tu rostro nos sonría, oh Señor.
7 Me has dado más alegría
que los que tienen cosechas abundantes de grano y de vino nuevo.
8 En paz me acostaré y dormiré,
porque solo tú, oh Señor, me mantendrás a salvo.

5

Para el director del coro: salmo de David; acompáñese con flauta.

1 Oh Señor, óyeme cuando oro;
presta atención a mi gemido.
2 Escucha mi grito de auxilio, mi Rey y mi Dios,
porque solo a ti dirijo mi oración.
3 Señor, escucha mi voz por la mañana;
cada mañana llevo a ti mis peticiones y quedo a la espera.

4 Oh Dios, la maldad no te agrada;
no puedes tolerar los pecados de los malvados.
5 Por lo tanto, los orgullosos no pueden estar en tu presencia,
porque aborreces a todo el que hace lo malo.
6 Destruirás a los que dicen mentiras;
el Señor detesta a los asesinos y a los engañadores.

7 Gracias a tu amor inagotable, puedo entrar en tu casa;
adoraré en tu templo con la más profunda reverencia.
8 Guíame por el camino correcto, oh Señor,
o mis enemigos me conquistarán;
allana tu camino para que yo lo siga.

9 Mis enemigos no pueden decir la verdad;
su deseo más profundo es destruir a los demás.
Lo que hablan es repugnante, como el mal olor de una tumba abierta;
su lengua está llena de adulaciones.*
10 Oh Dios, declaralos culpables
y haz que caigan en sus propias trampas;
expúlsalos a causa de sus muchos pecados,
porque se rebelaron contra ti.

11 Pero que se alegren todos los que en ti se refugian;
que canten alegres alabanzas por siempre.
Cúbrelos con tu protección,
para que todos los que aman tu nombre estén llenos de alegría.
12 Pues tú bendices a los justos, oh Señor;
los rodeas con tu escudo de amor.

6

*Para el director del coro: salmo de David; acompáñese con instrumento de ocho cuerdas.**

1 Oh Señor, no me reprendas en tu enojo
ni me disciplines en tu ira.
2 Ten compasión de mí, Señor, porque soy débil;
sáname, Señor, porque mis huesos agonizan.
3 Mi corazón está angustiado;
¿cuánto falta, oh Señor, para que me restaures?

4 Vuelve, oh Señor, y rescátame;
por tu amor inagotable, sálvame.
5 Pues los muertos no se acuerdan de ti;
¿quién puede alabarte desde la tumba*?

6 Estoy agotado de tanto llorar.
Toda la noche inundo mi cama con llanto;
la empapo con mis lágrimas.
7 El dolor me nubla la vista;
tengo los ojos gastados a causa de todos mis enemigos.

8 Váyanse, todos ustedes que hacen el mal,
porque el Señor ha oído mi llanto.
9 El Señor ha escuchado mi ruego;
el Señor responderá a mi oración.
10 Que todos mis enemigos sean deshonrados y aterrorizados;
que retrocedan de golpe, avergonzados.

7

Salmo de David, quien lo cantó al Señor acerca de Cus, de la tribu de Benjamín.*

1 A ti acudo en busca de protección, oh Señor mi Dios.
¡Sálvame de los que me persiguen! ¡Rescátame!
2 Si no lo haces, me atacarán como leones,
me despedazarán y no habrá quien que me rescate.
3 Oh Señor mi Dios, si he hecho mal
o soy culpable de injusticia,
4 si he traicionado a un amigo
o he saqueado a mi adversario sin razón,
5 entonces que mis enemigos me capturen.
Deja que me pisoteen
y arrastren mi honor por el suelo.
Interludio

6 ¡Levántate, oh Señor, con enojo!
¡Hazle frente a la furia de mis enemigos!
¡Despierta, Dios mío, y trae justicia!
7 Reúne a las naciones delante de ti;
gobiérnalas desde lo alto.
8 El Señor juzga a las naciones.
Declárame justo, oh Señor,
¡porque soy inocente, oh Altísimo!
9 Acaba con la maldad de los perversos,
y defiende al justo.

***Notas textuales** **5:9** La versión griega dice *de mentiras.* Comparar Rm 3:13. **6:título** En hebreo *con instrumentos de cuerda; según el seminit.* **6:5** En hebreo *desde el Seol?* **7:título** En hebreo *Sigaión*; probablemente indica el arreglo musical para el salmo.

Referencias cruzadas **4:8** Sal 16:9 **5:9** Rm 3:13 **6:3** Jn 12:27

Pues tú miras lo profundo de la mente y del corazón,
oh Dios justo.

10 Dios es mi escudo,
quien salva a los de corazón recto y sincero.
11 Dios es un juez honrado;
todos los días se enoja con los malvados.

12 Si una persona no se arrepiente,
Dios* afilará su espada,
tensará su arco y le pondrá la cuerda.
13 Preparará sus armas mortales
y disparará sus flechas encendidas.

14 Los malvados conciben el mal;
están preñados de dificultades
y dan a luz mentiras.
15 Cavan una fosa profunda para atrapar a otros,
luego caen en su propia trampa.
16 Los problemas que provocan a otros se vuelven en
su contra;
la violencia que maquinan les cae sobre su propia
cabeza.

17 Daré gracias al SEÑOR porque él es justo;
cantaré alabanzas al nombre del SEÑOR Altísimo.

8

*Para el director del coro: salmo de David; acompáñese con instrumento de cuerda.**

1 Oh SEÑOR, Señor nuestro, ¡tu majestuoso nombre
llena la tierra!
Tu gloria es más alta que los cielos.
2 A los niños y a los bebés les has enseñado
a hablar de tu fuerza;*
así silencias a tus enemigos
y a todos los que se te oponen.

3 Cuando miro el cielo de noche y veo la obra de tus
dedos
—la luna y las estrellas que pusiste en su lugar—,
me pregunto:
4 ¿qué son los simples mortales para que pienses en
ellos,
los seres humanos para que de ellos te ocupes?*
5 Sin embargo, los hiciste un poco menor que Dios*
y los* coronaste de gloria y honor.
6 Los pusiste a cargo de todo lo que creaste,
y sometiste todas las cosas bajo su autoridad:
7 los rebaños y las manadas
y todos los animales salvajes,
8 las aves del cielo, los peces del mar,
y todo lo que nada por las corrientes oceánicas.

9 Oh SEÑOR, Señor nuestro, ¡tu majestuoso nombre
llena la tierra!

9

Para el director del coro: salmo de David; cántese con la melodía de «Muerte del hijo».

1 Te alabaré, SEÑOR, con todo mi
corazón;
contaré de las cosas maravillosas que has hecho.
2 Gracias a ti, estaré lleno de alegría;
cantaré alabanzas a tu nombre, oh Altísimo.

3 Mis enemigos retrocedieron,
tambalearon y murieron cuando apareciste.
4 Pues has juzgado a mi favor;
desde tu trono juzgaste con imparcialidad.
5 Reprendiste a las naciones y destruiste a los
malvados;
borraste sus nombres para siempre.
6 El enemigo está acabado; quedó en ruinas eternas.
Las ciudades que arrancaste de raíz ya pasaron al
olvido.

7 Pero el SEÑOR reina para siempre;
desde su trono lleva a cabo el juicio.
8 Juzgará al mundo con justicia
y gobernará a las naciones con imparcialidad.
9 El SEÑOR es un refugio para los oprimidos,
un lugar seguro en tiempos difíciles.
10 Los que conocen tu nombre confían en ti,
porque tú, oh SEÑOR, no abandonas a los que te
buscan.

11 Canten alabanzas al SEÑOR, que reina en Jerusalén.*
Cuéntenle al mundo acerca de sus inolvidables
hechos.
12 Pues el vengador de los que son asesinados cuida de
los
indefensos;
no pasa por alto el clamor de los que sufren.

13 SEÑOR, ten misericordia de mí.
Mira cómo me atormentan mis enemigos;
arrebátame de las garras de la muerte.
14 Sálvame, para que te alabe públicamente en las
puertas de Jerusalén,
para que me alegre porque me has rescatado.

15 Las naciones han caído en el hoyo que cavaron para
otros;
sus propios pies quedaron atrapados en la trampa
que tendieron.
16 Al SEÑOR lo conocen por su justicia;
los malvados son presos de sus propias acciones.
*Interludio de silencio**

17 Los malvados descenderán a la tumba;*
este es el destino de las naciones que se olvidan
de Dios.
18 Pero aquellos que pasen necesidad no quedarán
olvidados para siempre;
las esperanzas del pobre no siempre serán
aplastadas.

19 ¡Levántate, oh SEÑOR!

***Notas textuales** **7:12** En hebreo *él.* **8:TÍTULO** En hebreo *según el gitit.* **8:2** La versión griega dice *a darte alabanza.* Comparar Mt 21:16. **8:4** En hebreo *¿qué es el hombre para que pienses en él, / el hijo del hombre para que de él te ocupes?* **8:5a** O *Sin embargo, los hiciste un poco menor que los ángeles*; en hebreo dice *Sin embargo, lo hiciste a él* [es decir, al hombre] *un poco menor que Elojím.* **8:5b** En hebreo *lo* [es decir, al hombre]; similar en 8:6. **9:11** En hebreo *Sion*; también en 9:14. **9:16** En hebreo *Higaion Selah.* El significado de esta frase es incierto. **9:17** En hebreo *al Seol.*

Referencias cruzadas **7:9** 1 Cr 28:9 **7:17** Sal 66:1-4 **8:4-6** Hb 2:6-8 **8:6** 1 Co 15:27 **9:8** Sal 96:13

¡No permitas que simples mortales te desafíen!
¡Juzga a las naciones!
20 Haz que tiemblen de miedo, oh SEÑOR;
que las naciones sepan que no son más que seres humanos. *Interludio*

10

Oh SEÑOR, ¿por qué permaneces tan distante?
¿Por qué te escondes cuando estoy en apuros?
2 Con arrogancia los malvados persiguen a los pobres;
¡que sean atrapados en el mal que traman para otros!
3 Pues hacen alarde de sus malos deseos;
elogian al codicioso y maldicen al SEÑOR.

4 Los malvados son demasiado orgullosos para buscar a Dios;
parece que piensan que Dios está muerto.
5 Sin embargo, prosperan en todo lo que hacen.
No ven que les espera tu castigo;
miran con desdén a todos sus enemigos.
6 Piensan: «¡Jamás nos sucederá algo malo!
¡Estaremos para siempre sin problemas!».

7 Su boca está llena de maldiciones, mentiras y amenazas;*
tienen maldad y violencia en la punta de la lengua.
8 Se esconden en emboscada en las aldeas,
a la espera para matar a gente inocente;
siempre buscan víctimas indefensas.
9 Como leones agazapados en sus escondites,
esperan para lanzarse sobre los débiles.
Como cazadores capturan a los indefensos
y los arrastran envueltos en redes.
10 Sus pobres víctimas quedan aplastadas;
caen bajo la fuerza de los malvados.
11 Los malvados piensan: «¡Dios no nos mira!
¡Ha cerrado los ojos y ni siquiera ve lo que hacemos!».

12 ¡Levántate, oh SEÑOR!
¡Castiga a los malvados, oh Dios!
¡No te olvides de los indefensos!
13 ¿Por qué los malvados desprecian a Dios y quedan impunes?
Piensan: «Dios nunca nos pedirá cuentas».
14 Pero tú ves los problemas y el dolor que causan;
lo tomas en cuenta y los castigas.
Los indefensos depositan su confianza en ti;
tú defiendes a los huérfanos.

15 ¡Quiébrale los brazos a esta gente malvada y perversa!
Persíguelos hasta destruir al último de ellos.
16 ¡El SEÑOR es rey por siempre y para siempre!
Las naciones paganas desaparecerán de la tierra.
17 SEÑOR, tú conoces las esperanzas de los indefensos;
ciertamente escucharás sus clamores y los consolarás.
18 Harás justicia a los huérfanos y a los oprimidos,
para que ya no los aterre un simple mortal.

11

Para el director del coro: salmo de David.

1 Yo confío en la protección del SEÑOR.
Así que, ¿por qué me dicen:
«¡Vuela como un ave a las montañas para ponerte a salvo!
2 Los malvados ponen las cuerdas a sus arcos
y acomodan sus flechas sobre las cuerdas.
Disparan desde las sombras
contra los de corazón recto.
3 Cuando los fundamentos de la ley y del orden se desmoronan,
¿qué pueden hacer los justos?»?

4 Pero el SEÑOR está en su santo templo;
el SEÑOR aún gobierna desde el cielo.
Observa de cerca a cada uno
y examina a cada persona sobre la tierra.
5 El SEÑOR examina tanto a los justos como a los malvados
y aborrece a los que aman la violencia.
6 Hará llover carbones encendidos y azufre ardiente sobre los malvados,
y los castigará con vientos abrasadores.
7 Pues el SEÑOR es justo y ama la justicia;
los íntegros verán su rostro.

12

*Para el director del coro: salmo de David; acompáñese con instrumento de ocho cuerdas.**

1 ¡Auxilio, oh SEÑOR, porque los justos desaparecen con rapidez!
¡Los fieles se han esfumado de la tierra!
2 Los vecinos se mienten unos a otros:
se halagan con la lengua y se engañan con el corazón.
3 Que el SEÑOR les corte esos labios aduladores
y silencie sus lenguas jactanciosas.
4 «Mintamos todo lo que queramos —dicen—.
Son nuestros los labios; ¿quién puede detenernos?».

5 El SEÑOR responde: «He visto violencia contra los indefensos
y he oído el gemir de los pobres.
Ahora me levantaré para rescatarlos
como ellos anhelaron que hiciera».
6 Las promesas del SEÑOR son puras
como la plata refinada en el horno,
purificada siete veces.
7 Por lo tanto, SEÑOR, sabemos que protegerás a los oprimidos;
los guardarás para siempre de esta generación mentirosa,
8 aunque los malvados anden pavoneándose
y se alabe el mal por toda la tierra.

***Notas textuales** **10:7** La versión griega dice *maldición y amargura.* Comparar Rm 3:14. **12:TÍTULO** En hebreo *según el seminit.*

Referencias cruzadas **9:19** 2 Cr 14:11 **10:7** Rm 3:14 **10:18** Sal 146:9 **11:7** Sal 17:15 **12:7-8** Sal 55:10-11

13
Para el director del coro: salmo de David.

1 Oh SEÑOR, ¿hasta cuándo te olvidarás de mí? ¿Será para siempre?
¿Hasta cuándo mirarás hacia otro lado?
2 ¿Hasta cuándo tendré que luchar con angustia en mi alma,
con tristeza en mi corazón día tras día?
¿Hasta cuándo mi enemigo seguirá dominándome?

3 Vuélvete hacia mí y contéstame, ¡oh SEÑOR mi Dios!
Devuélvele el brillo a mis ojos, o moriré.
4 No permitas que mis enemigos se regodeen diciendo: «¡Lo hemos derrotado!».
No dejes que se regodeen en mi caída.

5 Pero yo confío en tu amor inagotable;
me alegraré porque me has rescatado.
6 Cantaré al SEÑOR
porque él es bueno conmigo.

14
Para el director del coro: salmo de David.

1 Solo los necios dicen en su corazón:
«No hay Dios».
Ellos son corruptos y sus acciones son malas;
¡no hay ni uno solo que haga lo bueno!

2 El SEÑOR mira desde los cielos
a toda la raza humana;
observa para ver si hay alguien realmente sabio,
si alguien busca a Dios.
3 Pero no, todos se desviaron;
todos se corrompieron.*
No hay ni uno que haga lo bueno,
¡ni uno solo!

4 ¿Será posible que nunca aprendan los que hacen el mal?
Devoran a mi pueblo como si fuera pan
y ni siquiera piensan en orar al SEÑOR.
5 El terror se apoderará de ellos,
pues Dios está con los que lo obedecen.
6 Los perversos frustran los planes de los oprimidos,
pero el SEÑOR protegerá a su pueblo.

7 ¿Quién vendrá del monte Sion para rescatar a Israel?
Cuando el SEÑOR restaure a su pueblo,
Jacob gritará de alegría e Israel se gozará.

15
Salmo de David.

1 SEÑOR, ¿quién puede adorar en tu santuario?
¿Quién puede entrar a tu presencia en tu monte santo?
2 Los que llevan una vida intachable y hacen lo correcto,
los que dicen la verdad con corazón sincero.
3 Los que no se prestan al chisme
ni le hacen daño a su vecino,
ni hablan mal de sus amigos.
4 Los que desprecian a los pecadores descarados,
y honran a quienes siguen fielmente al SEÑOR
y mantienen su palabra aunque salgan perjudicados.
5 Los que prestan dinero sin cobrar intereses
y no aceptan sobornos para mentir acerca de un inocente.
Esa gente permanecerá firme para siempre.

16
Salmo de David.*

1 Mantenme a salvo, oh Dios,
porque a ti he acudido en busca de refugio.

2 Le dije al SEÑOR: «¡Tú eres mi dueño!
Todo lo bueno que tengo proviene de ti».
3 ¡Los justos de la tierra
son mis verdaderos héroes!
¡Ellos son mi deleite!
4 A quienes andan detrás de otros dioses se les multiplican los problemas.
No participaré en sus sacrificios de sangre;
ni siquiera mencionaré los nombres de sus dioses.
5 SEÑOR, solo tú eres mi herencia, mi copa de bendición;
tú proteges todo lo que me pertenece.
6 La tierra que me has dado es agradable;
¡qué maravillosa herencia!

7 Bendeciré al SEÑOR, quien me guía;
aun de noche mi corazón me enseña.
8 Sé que el SEÑOR siempre está conmigo.
No seré sacudido, porque él está aquí a mi lado.

9 Con razón mi corazón está contento y yo me alegro;*
mi cuerpo descansa seguro.
10 Pues tú no dejarás mi alma entre los muertos*
ni permitirás que tu santo* se pudra en la tumba.
11 Me mostrarás el camino de la vida;
me concederás la alegría de tu presencia
y el placer de vivir contigo para siempre.*

17
Oración de David.

1 Oh SEÑOR, oye mi ruego pidiendo justicia;
escucha mi grito de auxilio.
Presta oído a mi oración,
porque proviene de labios sinceros.
2 Declárame inocente,
porque tú ves a los que hacen lo correcto.

***Notas textuales** **14:3** La versión griega dice *se volvieron inútiles.* Comparar Rm 3:12. **16:TÍTULO** En hebreo *Mictam.* Puede ser un término literario o musical. **16:9** La versión griega dice *y mi lengua grita sus alabanzas.* Comparar Hch 2:26. **16:10a** En hebreo *en el Seol.* **16:10b** O *tu Santo.* **16:11** La versión griega dice *Me has mostrado el camino de la vida / y me llenarás con la alegría de tu presencia.* Comparar Hch 2:28.

Referencias cruzadas **13:6** Sal 116:7 **14:1** Sal 53:1-6; Rm 3:10-12 **15:4** Hch 28:10 **16:8-11** Hch 2:25-28

3 Pusiste a prueba mis pensamientos y examinaste mi
corazón durante la noche;
me has escudriñado y no encontraste ningún mal.
Estoy decidido a no pecar con mis palabras.
4 He seguido tus mandatos,
los cuales me impidieron ir tras la gente cruel y
perversa.
5 Mis pasos permanecieron en tu
camino;
no he vacilado en seguirte.

6 Oh Dios, a ti dirijo mi oración porque sé que me
responderás;
inclínate y escucha cuando oro.
7 Muéstrame tu amor inagotable de maravillosas
maneras.
Con tu gran poder rescatas
a los que buscan refugiarse de sus enemigos.
8 Cuídame como cuidarías tus propios ojos;*
escóndeme bajo la sombra de tus
alas.
9 Protégeme de los perversos que me atacan,
del enemigo mortal que me rodea.
10 No tienen compasión;
¡escucha cómo se jactan!
11 Me rastrean y me rodean,
a la espera de cualquier oportunidad para tirarme
al suelo.
12 Son como leones hambrientos, deseosos por
despedazarme;
como leones jóvenes, escondidos en emboscada.

13 ¡Levántate, oh SEÑOR!
¡Enfréntalos y haz que caigan de rodillas!
¡Con tu espada rescátame de los perversos!
14 Con el poder de tu mano, oh SEÑOR,
destruye a los que buscan su recompensa en este
mundo;
pero sacia el hambre de los que son tu tesoro.
Que sus hijos tengan abundancia
y dejen herencia a sus descendientes.
15 Porque soy recto, te veré;
cuando despierte, te veré cara a cara y quedaré
satisfecho.

18 *Para el director del coro: salmo de David, siervo del SEÑOR. Entonó este cántico al SEÑOR el día que el SEÑOR lo rescató de todos sus enemigos y de Saúl. Cantó así:*

1 Te amo, SEÑOR;
tú eres mi fuerza.
2 El SEÑOR es mi roca, mi fortaleza y mi salvador;
mi Dios es mi roca, en quien encuentro
protección.
Él es mi escudo, el poder que me salva
y mi lugar seguro.
3 Clamé al SEÑOR, quien es digno de alabanza,
y me salvó de mis enemigos.

4 Me enredaron las cuerdas de la muerte;
me arrasó una inundación devastadora.
5 La tumba* me envolvió con sus cuerdas;
la muerte me tendió una trampa en el camino.
6 Pero en mi angustia, clamé al SEÑOR;
sí, oré a mi Dios para pedirle ayuda.
Él me oyó desde su santuario;
mi clamor llegó a sus oídos.

7 Entonces la tierra se estremeció y tembló.
Se sacudieron los cimientos de las montañas;
temblaron a causa de su enojo.
8 De su nariz salía humo a raudales;
de su boca saltaban violentas llamas de fuego.
Carbones encendidos se disparaban de él.
9 Abrió los cielos y descendió;
había oscuras nubes de tormenta debajo de sus
pies.
10 Voló montado sobre un poderoso ser angelical,*
remontándose sobre las alas del viento.
11 Se envolvió con un manto de oscuridad
y ocultó su llegada con oscuras nubes de lluvia.
12 Nubes densas taparon el brillo a su alrededor,
e hicieron llover granizo y carbones encendidos.*
13 El SEÑOR retumbó desde el cielo;
la voz del Altísimo resonó
en medio del granizo y de los carbones
encendidos.
14 Disparó sus flechas y dispersó a sus enemigos;
destellaron grandes relámpagos, y ellos quedaron
confundidos.
15 Luego, a tu orden, oh SEÑOR,
a la ráfaga de tu aliento,
pudo verse el fondo del mar,
y los cimientos de la tierra quedaron al
descubierto.

16 Él extendió la mano desde el cielo y me rescató;
me sacó de aguas profundas.
17 Me rescató de mis enemigos poderosos,
de los que me odiaban y eran demasiado fuertes
para mí.
18 Me atacaron en un momento de angustia,
pero el SEÑOR me sostuvo.
19 Me condujo a un lugar seguro;
me rescató porque en mí se deleita.
20 El SEÑOR me recompensó por hacer lo correcto;
me restauró debido a mi inocencia.
21 Pues he permanecido en los caminos del SEÑOR;
no me he apartado de mi Dios para seguir el mal.
22 He seguido todas sus ordenanzas;
nunca he abandonado sus decretos.
23 Soy intachable delante de Dios;
me he abstenido del pecado.
24 El SEÑOR me recompensó por hacer lo correcto;
él ha visto mi inocencia.

25 Con los fieles te muestras fiel;
a los íntegros les muestras integridad.
26 Con los puros te muestras puro,
pero te muestras astuto con los tramposos.
27 Rescatas al humilde,
pero humillas al orgulloso.
28 Enciendes una lámpara para mí.

Notas textuales 17:8** En hebreo *como a la niña de tus ojos.* **18:5** En hebreo *El Seol*Notas textuales. 18:10** En hebreo *un querubín.* **18:12** O *y relámpagos*; también en 18:13.

Referencias cruzadas 17:5 Sal 37:30-31 **17:15** Sal 4:6-7 **18:1-50** 2 Sm 22:1-51 **18:25** Mt 5:7

El Señor, mi Dios, ilumina mi oscuridad.
29 Con tu fuerza puedo aplastar a un ejército;
con mi Dios puedo escalar cualquier muro.

30 El camino de Dios es perfecto.
Todas las promesas del Señor demuestran ser verdaderas.
Él es escudo para todos los que buscan su protección.
31 Pues ¿quién es Dios aparte del Señor?
¿Quién más que nuestro Dios es una roca sólida?
32 Dios me arma de fuerza
y hace perfecto mi camino.
33 Me hace andar tan seguro como un ciervo
para que pueda pararme en las alturas de las montañas.
34 Entrena mis manos para la batalla;
fortalece mi brazo para tensar un arco de bronce.
35 Me has dado tu escudo de victoria.
Tu mano derecha me sostiene;
tu ayuda* me ha engrandecido.
36 Has trazado un camino ancho para mis pies
a fin de evitar que resbalen.

37 Perseguí a mis enemigos y los alcancé;
no me detuve hasta verlos vencidos.
38 Los herí de muerte para que no pudieran levantarse;
cayeron debajo de mis pies.
39 Me has armado de fuerza para la batalla;
has sometido a mis enemigos debajo de mis pies.
40 Pusiste mi pie sobre su cuello;
destruí a todos los que me odiaban.
41 Pidieron ayuda, pero nadie fue a rescatarlos.
Hasta clamaron al Señor, pero él se negó a responder.
42 Los molí tan fino como el polvo que se lleva el viento.
Los barrí a la cuneta como lodo.
43 Me diste la victoria sobre los que me acusaban.
Me nombraste gobernante de naciones;
ahora me sirve gente que ni siquiera conozco.
44 En cuanto oyen hablar de mí, se rinden;
naciones extranjeras se arrastran ante mí.
45 Todas pierden el valor
y salen temblando de sus fortalezas.

46 ¡El Señor vive! ¡Alabanzas a mi Roca!
¡Exaltado sea el Dios de mi salvación!
47 Él es el Dios que da su merecido a los que me dañan;
él somete a las naciones bajo mi control
48 y me rescata de mis enemigos.
Tú me mantienes seguro, lejos del alcance de mis enemigos;
me salvas de adversarios violentos.
49 Por eso, oh Señor, te alabaré entre las naciones;
cantaré alabanzas a tu nombre.
50 Le das grandes victorias a tu rey;
le muestras amor inagotable a tu ungido,
a David y a todos sus descendientes para siempre.

19

Para el director del coro: salmo de David.

1 Los cielos proclaman la gloria de Dios
y el firmamento despliega la destreza de sus manos.
2 Día tras día no cesan de hablar;
noche tras noche lo dan a conocer.
3 Hablan sin sonidos ni palabras;
su voz jamás se oye.*
4 Sin embargo, su mensaje se ha difundido por toda la tierra
y sus palabras, por todo el mundo.

Dios preparó un hogar para el sol en los cielos,
5 y este irrumpe como un novio radiante luego de su boda.
Se alegra como un gran atleta, ansioso por correr la carrera.
6 El sol sale de un extremo de los cielos
y sigue su curso hasta llegar al otro extremo;
nada puede ocultarse de su calor.

7 Las enseñanzas del Señor son perfectas;
reavivan el alma.
Los decretos del Señor son confiables;
hacen sabio al sencillo.
8 Los mandamientos del Señor son rectos;
traen alegría al corazón.
Los mandatos del Señor son claros;
dan buena percepción para vivir.
9 La reverencia al Señor es pura;
permanece para siempre.
Las leyes del Señor son verdaderas;
cada una de ellas es imparcial.
10 Son más deseables que el oro,
incluso que el oro más puro.
Son más dulces que la miel,
incluso que la miel que gotea del panal.
11 Sirven de advertencia para tu siervo,
una gran recompensa para quienes las obedecen.

12 ¿Cómo puedo conocer todos los pecados escondidos en mi corazón?
Límpiame de estas faltas ocultas.
13 ¡Libra a tu siervo de pecar intencionalmente!
No permitas que estos pecados me controlen.
Entonces estaré libre de culpa
y seré inocente de grandes pecados.

14 Que las palabras de mi boca
y la meditación de mi corazón
sean de tu agrado,
oh Señor, mi roca y mi redentor.

20

Para el director del coro: salmo de David.

1 Que el Señor responda a tu clamor en tiempos de dificultad;

***Notas textuales** **18:35** En hebreo *tu humildad*; comparar 2 Sm 22:36. **19:3** O *No existe discurso ni idioma en el cual no se oiga su voz.*

Referencias cruzadas **18:49** Rm 15:9 **19:4** Rm 10:18 **19:14** Sal 104:34

que el nombre del Dios de Jacob te proteja de
todo mal.
2 Que te envíe ayuda desde su santuario
y te fortalezca desde Jerusalén.*
3 Que se acuerde de todas tus ofrendas
y mire con agrado tus ofrendas quemadas.
Interludio

4 Que él conceda los deseos de tu corazón
y haga que todos tus planes tengan éxito.
5 Que gritemos de alegría cuando escuchemos de tu
triunfo
y levantemos una bandera de victoria en el
nombre de nuestro Dios.
Que el SEÑOR conteste a todas tus oraciones.

6 Ahora sé que el SEÑOR rescata a su rey ungido.
Le responderá desde su santo cielo
y lo rescatará con su gran poder.
7 Algunas naciones se jactan de sus caballos y sus carros
de guerra,
pero nosotros nos jactamos en el nombre del
SEÑOR nuestro Dios.
8 Esas naciones se derrumbarán y caerán,
pero nosotros nos levantaremos y estaremos
firmes.

9 ¡Da la victoria a nuestro rey, oh SEÑOR!
Responde a nuestro grito de auxilio.

21 *Para el director del coro: salmo de David.*

1 ¡Cuánto se alegra el rey en tu fuerza, oh SEÑOR!
Grita de alegría porque tú le das la victoria.
2 Pues le diste el deseo de su corazón;
no le has negado nada de lo que te ha pedido.
Interludio

3 Le das la bienvenida con éxito y prosperidad;
le colocaste una corona del oro más puro sobre la
cabeza.
4 Te pidió que le preservaras la vida,
y le concediste su petición;
los días de su vida se alargan para siempre.
5 Tu victoria le da mucha honra,
y lo has vestido de esplendor y majestad.
6 Lo has dotado de bendiciones
eternas
y le has dado la alegría de tu presencia.
7 Pues el rey confía en el SEÑOR;
el amor inagotable del Altísimo cuidará que no
tropiece.

8 Capturarás a todos tus enemigos;
con tu poderosa mano derecha atraparás a todos
los que te
odian.
9 Cuando te manifiestes,
los arrojarás a un horno en llamas.
En su enojo el SEÑOR los consumirá;
el fuego los devorará.
10 Borrarás a sus hijos de la faz de la
tierra;
nunca tendrán descendientes.
11 Aunque conspiren contra ti,
sus maquinaciones malignas jamás prosperarán.
12 Pues se darán vuelta y saldrán
corriendo
cuando vean que tus flechas apuntan hacia ellos.
13 Levántate, oh SEÑOR, en tu poder;
con música y cánticos celebramos tus poderosos
actos.

22 *Para el director del coro: salmo de David; cántese con la melodía de «Cierva de la aurora».*

1 Dios mío, Dios mío, ¿por qué me has abandonado?
¿Por qué estás tan lejos cuando gimo por ayuda?
2 Cada día clamo a ti, mi Dios, pero no respondes;
cada noche levanto mi voz, pero no encuentro
alivio.

3 Sin embargo, tú eres santo;
estás entronizado en las alabanzas de Israel.
4 Nuestros antepasados confiaron en ti,
y los rescataste.
5 Clamaron a ti, y los salvaste;
confiaron en ti y nunca fueron avergonzados.

6 Pero yo soy un gusano, no un
hombre;
¡todos me desprecian y me tratan con desdén!
7 Todos los que me ven se burlan de mí;
sonríen con malicia y menean la cabeza mientras
dicen:
8 «¿Este es el que confía en el SEÑOR?
Entonces ¡que el SEÑOR lo salve!
Si el SEÑOR lo ama tanto,
¡que el SEÑOR lo rescate!».

9 Sin embargo, me sacaste a salvo del vientre de mi
madre
y, desde que ella me amamantaba, me hiciste
confiar en ti.
10 Me arrojaron en tus brazos al nacer;
desde mi nacimiento, tú has sido mi Dios.

11 No te quedes tan lejos de mí,
porque se acercan dificultades,
y nadie más puede ayudarme.
12 Mis enemigos me rodean como una manada de
toros;
¡toros feroces de Basán me tienen cercado!
13 Como leones abren sus fauces contra mí;
rugen y despedazan a su presa.
14 Mi vida se derrama como el agua,
y todos mis huesos se han
dislocado.
Mi corazón es como cera
que se derrite dentro de mí.
15 Mi fuerza se ha secado como barro cocido;
la lengua se me pega al paladar.
Me acostaste en el polvo y me diste por muerto.

***Notas textuales** **20:2** En hebreo *Sion.*

Referencias cruzadas **20:9** Sal 17:6 **21:11** Sal 2:1-3 **22:1** Mc 15:34 **22:7-8** Mc 15:29-30

[16] Mis enemigos me rodean como una jauría
de perros;
una pandilla de malvados me acorrala.
Han atravesado* mis manos y mis pies.
17 Puedo contar cada uno de mis huesos;
mis enemigos me miran fijamente y se regodean.
18 Se reparten mi vestimenta entre ellos
y tiran los dados* por mi ropa.

19 ¡Oh Señor, no te quedes lejos!
Tú eres mi fuerza; ¡ven pronto en mi auxilio!
20 Sálvame de la espada;
libra mi preciosa vida de estos perros.
21 Arrebátame de las fauces del león
y de los cuernos de estos bueyes salvajes.

22 Anunciaré tu nombre a mis hermanos;
entre tu pueblo reunido te alabaré.
23 ¡Alaben al Señor, todos los que le temen!
¡Hónrenlo, descendientes de Jacob!
¡Muéstrenle reverencia, descendientes de Israel!
24 Pues no ha pasado por alto ni ha tenido en menos el
sufrimiento de los necesitados;
no les dio la espalda,
sino que ha escuchado sus gritos de auxilio.
25 Te alabaré en la gran asamblea;
cumpliré mis promesas en presencia de los que
te adoran.
26 Los pobres comerán y quedarán satisfechos.
Todos los que buscan al Señor lo alabarán;
se alegrará el corazón con gozo eterno.
27 Toda la tierra reconocerá al Señor y regresará a él;
todas las familias de las naciones se inclinarán
ante él.
28 Pues el poder de la realeza pertenece al Señor;
él gobierna a todas las naciones.

29 Que los ricos de la tierra hagan fiesta y adoren.
Inclínense ante él, todos los mortales,
aquellos cuya vida terminará como polvo.
30 Nuestros hijos también lo servirán;
las generaciones futuras oirán de las maravillas
del Señor.
31 A los que aún no han nacido les contarán de sus
actos de justicia;
ellos oirán de todo lo que él ha hecho.

23 *Salmo de David.*

1 El Señor es mi pastor;
tengo todo lo que necesito.
2 En verdes prados me deja descansar;
me conduce junto a arroyos tranquilos.
3 Él renueva mis fuerzas.
Me guía por sendas correctas,
y así da honra a su nombre.
4 Aun cuando yo pase
por el valle más oscuro,*
no temeré,
porque tú estás a mi lado.
Tu vara y tu cayado
me protegen y me confortan.
5 Me preparas un banquete
en presencia de mis enemigos.
Me honras ungiendo mi cabeza con aceite.
Mi copa se desborda de bendiciones.
6 Ciertamente tu bondad y tu amor inagotable me
seguirán
todos los días de mi vida,
y en la casa del Señor viviré
por siempre.

24 *Salmo de David.*

1 La tierra es del Señor y todo lo que hay en ella;
el mundo y todos sus habitantes le pertenecen.
2 Pues él echó los cimientos de la tierra sobre los mares
y los estableció sobre las profundidades de los
océanos.

3 ¿Quién puede subir al monte del Señor?
¿Quién puede estar en su lugar santo?
4 Solo los de manos limpias y corazón puro,
que no rinden culto a ídolos
y nunca dicen mentiras.
5 Ellos recibirán la bendición del Señor
y tendrán una relación correcta con Dios su
salvador.
6 Gente así puede buscarte
y adorar en tu presencia, oh Dios de Jacob.*
Interludio

7 ¡Ábranse, portones antiguos!
Ábranse, puertas antiguas,
y dejen que entre el Rey de gloria.
8 ¿Quién es el Rey de gloria?
El Señor, fuerte y poderoso;
el Señor, invencible en batalla.
9 ¡Ábranse, portones antiguos!
Ábranse, puertas antiguas,
y dejen que entre el Rey de gloria.
10 ¿Quién es el Rey de gloria?
El Señor de los Ejércitos Celestiales,
él es el Rey de gloria. *Interludio*

25* *Salmo de David.*

1 Oh Señor, te entrego mi vida.
2 ¡Confío en ti, mi Dios!
No permitas que me avergüencen,
ni dejes que mis enemigos se regodeen en mi
derrota.
3 Nadie que confíe en ti será jamás avergonzado,
pero la deshonra les llega a los que tratan de
engañar a otros.

***Notas textuales** **22:16** Así aparece en algunos manuscritos hebreos, en la versión griega y en la siríaca; la mayoría de los manuscritos hebreos dicen *son como un león a*. **22:18** En hebreo *y echan suertes*. **23:4** O *el oscuro valle de la muerte*. **24:6** Así aparece en dos manuscritos hebreos, en la versión griega y en la siríaca; la mayoría de los manuscritos hebreos dicen *oh Jacob*. **25** Este salmo es un poema acróstico hebreo: cada verso comienza con una letra del alfabeto hebreo en forma consecutiva.

Referencias cruzadas **22:15** Jn 19:28 **22:18** Mc 15:24 **22:22** Hb 2:12 **23:1** 1 P 2:25 **24:1** 1 Co 10:26

4 Muéstrame la senda correcta, oh SEÑOR;
señálame el camino que debo seguir.
5 Guíame con tu verdad y enséñame,
porque tú eres el Dios que me salva.
Todo el día pongo en ti mi esperanza.
6 Recuerda, oh SEÑOR, tu compasión y tu amor
inagotable,
que has mostrado desde hace siglos.
7 No te acuerdes de los pecados de rebeldía durante mi
juventud.
Acuérdate de mí a la luz de tu amor inagotable,
porque tú eres misericordioso, oh SEÑOR.

8 El SEÑOR es bueno y hace lo correcto;
les muestra el buen camino a los que andan
descarriados.
9 Guía a los humildes para que hagan lo correcto;
les enseña su camino.
10 El SEÑOR guía con fidelidad y amor inagotable
a todos los que obedecen su pacto y cumplen sus
exigencias.

11 Por el honor de tu nombre, oh SEÑOR,
perdona mis pecados, que son muchos.
12 ¿Quiénes son los que temen al SEÑOR?
Él les mostrará el sendero que deben elegir.
13 Vivirán en prosperidad,
y sus hijos heredarán la tierra.
14 El SEÑOR es amigo de los que le temen;
a ellos les enseña su pacto.
15 Mis ojos están siempre puestos en el SEÑOR,
porque él me rescata de las trampas de mis
enemigos.

16 Vuélvete a mí y ten misericordia de mí,
porque estoy solo y profundamente angustiado.
17 Mis problemas van de mal en peor,
¡oh, líbrame de todos ellos!
18 Siente mi dolor, considera mis dificultades
y perdona todos mis pecados.
19 Mira cuántos enemigos tengo,
¡y de qué manera despiadada me odian!
20 ¡Protégeme! ¡Rescata mi vida de sus manos!
No permitas que me avergüencen, pues yo en ti
me refugio.
21 Que la integridad y la honestidad me protejan,
porque en ti pongo mi esperanza.

22 Oh Dios, rescata a Israel
de todos sus problemas.

26 *Salmo de David.*

1 Declárame inocente, oh SEÑOR,
porque he actuado con integridad;
he confiado en el SEÑOR sin vacilar.
2 Ponme a prueba, SEÑOR, e interrógame;
examina mis intenciones y mi corazón.
3 Pues siempre estoy consciente de tu amor inagotable,
y he vivido de acuerdo con tu verdad.
4 No paso tiempo con mentirosos
ni ando con hipócritas.
5 Detesto las reuniones de los que hacen el mal
y me niego a juntarme con los perversos.
6 Me lavo las manos para declarar mi inocencia.
Vengo ante tu altar, oh SEÑOR,
7 entonando un cántico de gratitud,
y contando de todas tus maravillas.
8 Amo tu santuario, SEÑOR,
el lugar donde habita tu gloriosa presencia.

9 No permitas que sufra el destino de los pecadores
ni me condenes junto con los asesinos.
10 Tienen las manos sucias de maquinaciones malignas
y constantemente aceptan sobornos.
11 Pero yo no soy así; llevo una vida intachable.
Por eso, rescátame y muéstrame tu misericordia.
12 Ahora piso tierra firme,
y en público alabaré al SEÑOR.

27 *Salmo de David.*

1 El SEÑOR es mi luz y mi salvación,
entonces ¿por qué habría de temer?
El SEÑOR es mi fortaleza y me protege del peligro,
entonces ¿por qué habría de temblar?
2 Cuando los malvados vengan a devorarme,
cuando mis enemigos y adversarios me ataquen,
tropezarán y caerán.
3 Aunque un ejército poderoso me rodee,
mi corazón no temerá.
Aunque me ataquen,
permaneceré confiado.

4 Lo único que le pido al SEÑOR
—lo que más anhelo—
es vivir en la casa del SEÑOR todos los días de mi
vida,
deleitándome en la perfección del SEÑOR
y meditando dentro de su templo.
5 Pues él me ocultará allí cuando vengan dificultades;
me esconderá en su santuario.
Me pondrá en una roca alta donde nadie me
alcanzará.
6 Entonces mantendré mi cabeza en alto,
por encima de los enemigos que me rodean.
En su santuario ofreceré sacrificios con gritos de
alegría,
y con música cantaré y alabaré al SEÑOR.

7 Escúchame cuando oro, oh SEÑOR;
¡ten misericordia y respóndeme!
8 Mi corazón te ha oído decir: «Ven y conversa
conmigo».
Y mi corazón responde: «Aquí vengo, SEÑOR».
9 No me des la espalda;
no rechaces a tu siervo con enojo.
Tú siempre has sido mi ayudador.
No me dejes ahora; no me abandones,
¡oh Dios de mi salvación!
10 Aunque mi padre y mi madre me abandonen,
el SEÑOR me mantendrá cerca.

11 Enséñame cómo vivir, oh SEÑOR.

Referencias cruzadas **25:7** Sal 51:1 **25:22** Lc 24:21 **26:12** Sal 40:2

Guíame por el camino correcto,
porque mis enemigos me esperan.
12 No permitas que caiga en sus manos.
Pues me acusan de cosas que nunca hice;
cada vez que respiran, me amenazan con violencia.
13 Sin embargo, yo confío en que veré la bondad del SEÑOR
mientras estoy aquí, en la tierra de los vivientes.

14 Espera con paciencia al SEÑOR.
Sé valiente y esforzado;
sí, espera al SEÑOR con paciencia.

28 *Salmo de David.*

1 A ti elevo mi oración, oh SEÑOR, roca mía;
no cierres tus oídos a mi voz.
Pues si guardas silencio,
mejor sería darme por vencido y morir.
2 Escucha mi oración que pide misericordia,
cuando clamo a ti por ayuda,
cuando levanto mis manos hacia tu santo templo.

3 No me arrastres junto con los perversos
—con los que hacen lo malo—,
los que hablan con sus vecinos amablemente
mientras traman maldades en su corazón.
4 ¡Dales el castigo que tanto merecen!
Mídelo en proporción a su maldad.
¡Págales conforme a todas sus malas acciones!
Hazles probar en carne propia lo que ellos les han hecho a otros.
5 No les importa nada lo que el SEÑOR hizo
ni lo que sus manos crearon.
Por lo tanto, él los derrumbará
y ¡jamás serán reconstruidos!

6 ¡Alaben al SEÑOR!
Pues él oyó que clamaba por misericordia.
7 El SEÑOR es mi fortaleza y mi escudo;
confío en él con todo mi corazón.
Me da su ayuda y mi corazón se llena de alegría;
prorrumpo en canciones de acción de gracias.

8 El SEÑOR le da fuerza a su pueblo;
es una fortaleza segura para su rey ungido.
9 ¡Salva a tu pueblo!
Bendice a Israel, tu posesión más preciada.*
Guíalos como un pastor
y llévalos en tus brazos por siempre.

29 *Salmo de David.*

1 Honren al SEÑOR, oh seres celestiales;*
honren al SEÑOR por su gloria y fortaleza.
2 Honren al SEÑOR por la gloria de su nombre;
adoren al SEÑOR en la magnificencia de su santidad.

3 La voz del SEÑOR resuena sobre la superficie del mar;
el Dios de gloria truena;
el SEÑOR truena sobre el poderoso mar.
4 La voz del SEÑOR es potente;
la voz del SEÑOR es majestuosa.
5 La voz del SEÑOR parte los enormes cedros;
el SEÑOR hace pedazos los cedros del Líbano.
6 Hace brincar como terneras a las montañas del Líbano;
hace saltar el monte Hermón* como a un buey joven y salvaje.
7 La voz del SEÑOR resuena
con relámpagos.
8 La voz del SEÑOR hace temblar al lugar desolado;
el SEÑOR sacude el desierto de Cades.
9 La voz del SEÑOR retuerce los fuertes robles*
y desnuda los bosques.
En su templo todos gritan: «¡Gloria!».

10 El SEÑOR gobierna las aguas de la inundación;
el SEÑOR gobierna como rey para siempre.
11 El SEÑOR le da fuerza a su pueblo;
el SEÑOR lo bendice con paz.

30 *Salmo de David. Cántico para la dedicación del templo.*

1 Te exaltaré, SEÑOR, porque me rescataste;
no permitiste que mis enemigos triunfaran sobre mí.
2 Oh SEÑOR mi Dios, clamé a ti por ayuda,
y me devolviste la salud.
3 Me levantaste de la tumba,* oh SEÑOR;
me libraste de caer en la fosa de la muerte.

4 ¡Canten al SEÑOR, ustedes los justos!
Alaben su santo nombre.
5 Pues su ira dura solo un instante,
¡pero su favor perdura toda una vida!
El llanto podrá durar toda la noche,
pero con la mañana llega la alegría.

6 Cuando yo tenía prosperidad, decía:
«¡Ahora nada puede detenerme!».
7 Tu favor, oh SEÑOR, me hizo tan firme como una montaña;
después te apartaste de mí, y quedé destrozado.

8 A ti clamé, oh SEÑOR.
Le supliqué al Señor que tuviera misericordia, diciéndole:
9 «¿Qué ganarás si me muero,
si me hundo en la tumba?
¿Acaso podrá mi polvo alabarte?
¿Podrá hablar de tu fidelidad?
10 Escúchame, SEÑOR, y ten misericordia de mí;
ayúdame, oh SEÑOR».

11 Tú cambiaste mi duelo en alegre danza;
me quitaste la ropa de luto y me vestiste de alegría,

***Notas textuales** **28:9** En hebreo *Bendice a tu herencia.* **29:1** En hebreo *oh hijos de Dios.* **29:6** En hebreo *Sirión,* otro nombre para el monte Hermón. **29:9** O *hace que las ciervas se retuerzan de dolor durante el parto.* **30:3** En hebreo *del Seol.*

Referencias cruzadas **27:12** Mt 26:60 **28:2** 1 Tm 2:8 **28:9** Is 40:11 **29:11** Sal 68:35

12 para que yo te cante alabanzas y no me quede
callado.
Oh SEÑOR mi Dios, ¡por siempre te daré gracias!

31 *Para el director del coro: salmo de David.*

1 Oh SEÑOR, a ti acudo en busca de protección;
no dejes que me avergüencen.
Sálvame, porque tú haces lo que es correcto.
2 Inclina tu oído para escucharme;
rescátame pronto.
Sé mi roca de protección,
una fortaleza donde estaré a salvo.
3 Tú eres mi roca y mi fortaleza;
por el honor de tu nombre, sácame de este
peligro.
4 Rescátame de la trampa que me tendieron mis
enemigos,
porque solo en ti encuentro protección.
5 Encomiendo mi espíritu en tu mano;
rescátame, SEÑOR, porque tú eres un Dios fiel.

6 Detesto a los que rinden culto a ídolos inútiles;
yo confío en el SEÑOR.
7 Me gozaré y me alegraré en tu amor inagotable,
porque has visto mis dificultades
y te preocupas por la angustia de mi alma.
8 No me entregaste a mis enemigos,
sino que me pusiste en un lugar seguro.

9 Ten misericordia de mí, SEÑOR, porque estoy
angustiado.
Las lágrimas me nublan la vista;
mi cuerpo y mi alma se marchitan.
10 Estoy muriendo de dolor;
se me acortan los años por la tristeza.
El pecado me dejó sin fuerzas;
me estoy consumiendo por dentro.
11 Todos mis enemigos me desprecian
y mis vecinos me rechazan;
¡ni mis amigos se atreven a acercarse a mí!
Cuando me ven por la calle,
salen corriendo para el otro lado.
12 Me han olvidado como si estuviera muerto,
como si fuera una vasija rota.
13 He oído cantidad de rumores sobre mí,
y el terror me rodea.
Mis enemigos conspiran en mi contra;
hacen planes para quitarme la vida.

14 Pero yo confío en ti, oh SEÑOR;
digo: «¡Tú eres mi Dios!».
15 Mi futuro está en tus manos;
rescátame de los que me persiguen sin tregua.
16 Que tu favor brille sobre tu siervo;
por causa de tu amor inagotable, rescátame.
17 No permitas que me avergüencen, oh SEÑOR,
pues a ti clamo por ayuda.
Que los malvados pasen vergüenza,
que queden callados en la tumba.*
18 Silencia sus labios mentirosos,
esos labios orgullosos y arrogantes que acusan al
justo.

19 Qué grande es la bondad
que has reservado para los que te temen.
La derramas en abundancia sobre los que acuden a
ti en busca de protección,
y los bendices ante la mirada del mundo.
20 Los escondes en el refugio de tu presencia,
a salvo de los que conspiran contra ellos.
Los proteges en tu presencia,
los alejas de las lenguas acusadoras.

21 Alaben al SEÑOR,
porque me ha mostrado las maravillas de su amor
inagotable;
me mantuvo a salvo cuando atacaban mi ciudad.
22 Lleno de pánico, clamé:
«¡Me han separado del SEÑOR!».
Pero tú oíste que supliqué misericordia
y respondiste a mi pedido de auxilio.

23 ¡Amen al SEÑOR todos los justos!
Pues el SEÑOR protege a los que le son leales,
pero castiga severamente a los arrogantes.
24 Así que, ¡sean fuertes y valientes,
ustedes los que ponen su esperanza en el SEÑOR!

32 *Salmo* de David.*

1 ¡Oh, qué alegría para aquellos
a quienes se les perdona la desobediencia,
a quienes se les cubre su pecado!
2 Sí, ¡qué alegría para aquellos
a quienes el SEÑOR les borró la culpa* de su
cuenta,
los que llevan una vida de total transparencia!
3 Mientras me negué a confesar mi pecado,
mi cuerpo se consumió,
y gemía todo el día.
4 Día y noche tu mano de disciplina pesaba sobre mí;
mi fuerza se evaporó como agua al calor del
verano. *Interludio*

5 Finalmente te confesé todos mis pecados
y ya no intenté ocultar mi culpa.
Me dije: «Le confesaré mis rebeliones al SEÑOR»,
¡y tú me perdonaste! Toda mi culpa desapareció.
Interludio

6 Por lo tanto, que todos los justos oren a ti, mientras
aún haya tiempo,
para que no se ahoguen en las desbordantes aguas
del juicio.
7 Pues tú eres mi escondite;
me proteges de las dificultades
y me rodeas con canciones de victoria.
Interludio

8 El SEÑOR dice: «Te guiaré por el mejor sendero para
tu vida;

***Notas textuales** **31:17** En hebreo *en el Seol.* **32:TÍTULO** En hebreo *Masquil.* Puede ser un término literario o musical. **32:2** La versión griega dice *el pecado.* Comparar Rm 4:8.

Referencias cruzadas **30:12** Sal 108:1 **31:1-4** Sal 71:1-3 **31:5** Lc 23:46; Hch 7:59 **31:19** Rm 11:22 **32:2** Rm 4:7-8

te aconsejaré y velaré por ti.
9 No seas como el mulo o el caballo, que no tienen
entendimiento,
que necesitan un freno y una brida para
mantenerse controlados».
10 Muchos son los dolores de los malvados,
pero el amor inagotable rodea a los que confían
en el SEÑOR.
11 ¡Así que alégrense en el SEÑOR y estén contentos,
ustedes los que lo obedecen!
¡Griten de alegría, ustedes de corazón puro!

33

Que los justos canten de alegría al SEÑOR;
les corresponde a los puros alabarlo.
2 Alaben al SEÑOR con melodías de la lira;
toquen música para él en el arpa de diez cuerdas.
3 Entónenle un cántico nuevo de alabanza;
toquen el arpa con destreza y canten con alegría.
4 Pues la palabra del SEÑOR es verdadera
y podemos confiar en todo lo que él hace.
5 Él ama lo que es justo y bueno;
el amor inagotable del SEÑOR llena la tierra.

6 El SEÑOR tan solo habló
y los cielos fueron creados.
Sopló la palabra,
y nacieron todas las estrellas.
7 Asignó los límites al mar
y encerró los océanos en enormes depósitos.
8 Que todo el mundo tema al SEÑOR
y todos estén ante él con temor reverente.
9 Pues cuando habló, el mundo comenzó a existir;
apareció por orden del SEÑOR.

10 El SEÑOR frustra los planes de las naciones
y hace fracasar todas sus intrigas.
11 Pero los planes del SEÑOR se mantienen firmes para
siempre;
sus propósitos nunca serán frustrados.

12 Qué alegría para la nación cuyo Dios es el SEÑOR,
cuyo pueblo él eligió como herencia.

13 El SEÑOR mira desde el cielo
y ve a toda la raza humana.
14 Desde su trono observa
a todos los que viven en la tierra.
15 Él hizo el corazón de ellos,
así que entiende todo lo que hacen.
16 El ejército mejor equipado no puede salvar a un rey,
ni una gran fuerza es suficiente para salvar a un
guerrero.
17 No confíes en tu caballo de guerra para obtener la
victoria;
por mucha fuerza que tenga, no te puede salvar.

18 Pero el SEÑOR vela por los que le temen,
por aquellos que confían en su amor inagotable.
19 Los rescata de la muerte
y los mantiene con vida en tiempos de hambre.

20 Nosotros ponemos nuestra esperanza en el SEÑOR;
él es nuestra ayuda y nuestro escudo.
21 En él se alegra nuestro corazón,
porque confiamos en su santo nombre.
22 Que tu amor inagotable nos rodee, SEÑOR,
porque solo en ti está nuestra esperanza.

34

** Salmo de David, acerca de cuando se hizo pasar por loco frente a Abimelec, quien lo echó de su presencia.*

1 Alabaré al SEÑOR en todo tiempo;
a cada momento pronunciaré sus alabanzas.
2 Solo en el SEÑOR me jactaré;
que todos los indefensos cobren ánimo.
3 Vengan, hablemos de las grandezas del SEÑOR;
exaltemos juntos su nombre.

4 Oré al SEÑOR, y él me respondió;
me libró de todos mis temores.
5 Los que buscan su ayuda estarán radiantes de alegría;
ninguna sombra de vergüenza les oscurecerá el
rostro.
6 En mi desesperación oré, y el SEÑOR me escuchó;
me salvó de todas mis dificultades.
7 Pues el ángel del SEÑOR es un guardián;
rodea y defiende a todos los que le temen.

8 Prueben y vean que el SEÑOR es bueno;
¡qué alegría para los que se refugian en él!
9 Teman al SEÑOR, ustedes los de su pueblo santo,
pues los que le temen tendrán todo lo que
necesitan.
10 Hasta los leones jóvenes y fuertes a veces pasan
hambre,
pero a los que confían en el SEÑOR no les faltará
ningún bien.

11 Vengan, hijos míos, y escúchenme,
y les enseñaré a temer al SEÑOR.
12 ¿Quieres vivir una vida
larga y próspera?
13 ¡Entonces refrena tu lengua de hablar el mal
y tus labios de decir mentiras!
14 Apártate del mal y haz el bien;
busca la paz y esfuérzate por mantenerla.

15 Los ojos del SEÑOR están sobre los que hacen lo
bueno;
sus oídos están abiertos a sus gritos de auxilio.
16 Pero el SEÑOR aparta su rostro de los que hacen lo
malo;
borrará todo recuerdo de ellos de la faz de la tierra.
17 El SEÑOR oye a los suyos cuando claman a él por
ayuda;
los rescata de todas sus dificultades.
18 El SEÑOR está cerca de los que tienen quebrantado el
corazón;
él rescata a los de espíritu destrozado.

19 La persona íntegra enfrenta muchas dificultades,

***Notas textuales** **34** Este salmo es un poema acróstico hebreo: cada verso comienza con una letra del alfabeto hebreo en forma consecutiva.

Referencias cruzadas **32:10** Rm 2:9-10 **33:3** Ap 5:9 **33:6** Hb 11:3 **34:1** 1 Sm 21:10-15 **34:13** 1 P 2:22 **34:14-16** 1 P 3:10-12 **34:14** Rm 14:18-19

pero el SEÑOR llega al rescate en cada ocasión.
20 Pues el SEÑOR protege los huesos de los justos;
¡ni uno solo es quebrado!

21 Sin duda, la calamidad destruirá a los perversos,
y los que odian a los justos serán castigados.
22 Pero el SEÑOR redimirá a los que le sirven;
ninguno que se refugie en él será condenado.

35 *Salmo de David.*

1 Oh SEÑOR, ponte en contra de los que se me oponen;
pelea contra los que luchan contra mí.
2 Ponte tu armadura y toma tu escudo;
prepárate para la batalla y ven en mi ayuda.
3 Levanta tu lanza y tu jabalina
contra los que me persiguen.
Quiero oírte decir:
«¡Yo te daré la victoria!».
4 Avergüenza y causa deshonra a los que tratan de matarme;
hazlos retroceder y humilla a los que quieren hacerme daño.
5 Sopla y espárcelos como paja en el viento,
un viento mandado por el ángel del SEÑOR.
6 Haz que su camino sea oscuro y resbaladizo,
y que el ángel del SEÑOR los persiga.
7 Yo no les hice ningún mal, pero ellos me tendieron una trampa;
no les hice ningún mal, pero cavaron una fosa para atraparme.
8 Por eso, ¡que la ruina les llegue de repente!
¡Que queden atrapados en la trampa que me tendieron!
Que se destruyan en la fosa que cavaron para mí.

9 Entonces me alegraré en el SEÑOR;
estaré feliz porque él me rescata.
10 Con cada hueso de mi cuerpo lo alabaré:
«SEÑOR, ¿quién se compara contigo?
¿Quién otro rescata a los indefensos de las manos de los fuertes?
¿Quién otro protege a los indefensos y a los pobres de quienes les roban?».

11 Testigos maliciosos testifican en mi contra
y me acusan de crímenes que desconozco por completo.
12 Me pagan mal por bien
y estoy enfermo de desesperación.
13 Sin embargo, cuando ellos se enfermaban, yo me entristecía;
me afligía a mí mismo ayunando por ellos,
pero mis oraciones no tenían respuesta.
14 Estaba triste como si fueran mis amigos o mi familia,
como si me lamentara por mi propia madre.
15 Pero ahora que yo estoy en dificultades, ellos se ponen contentos;
con aires de triunfo se unen en mi contra.
Me ataca gente que ni siquiera conozco;
me calumnian sin cesar.
16 Se burlan de mí y me insultan;
me gruñen.
17 ¿Hasta cuándo, oh Señor, te quedarás observando sin actuar?
Rescátame de sus ataques feroces.
¡Protege mi vida de estos leones!
18 Después te daré gracias frente a la gran asamblea;
te alabaré delante de todo el pueblo.
19 No permitas que mis enemigos traicioneros se regodeen en mi derrota;
no permitas que los que me odian sin motivo se deleiten en mi tristeza.
20 No hablan de paz;
conspiran contra personas inocentes que no se meten con nadie.
21 Gritan: «¡Ajá!
¡Con nuestros ojos lo vimos hacerlo!».
22 Oh SEÑOR, tú sabes de todo esto;
no te quedes callado.
No me abandones ahora, oh Señor.
23 ¡Despierta! ¡Levántate en mi defensa!
Toma mi caso, Dios mío y Señor mío.
24 Declárame inocente, oh SEÑOR mi Dios, porque tú haces justicia;
no permitas que mis enemigos se rían de mí en mis dificultades.
25 No les permitas decir: «¡Miren, conseguimos lo que queríamos!
¡Ahora lo comeremos vivo!».
26 Que sean humillados y avergonzados
los que se alegran de mis dificultades;
que sean cubiertos de vergüenza y de deshonra
los que triunfan sobre mí.
27 Pero dales mucha alegría a los que vinieron a defenderme;
que todo el tiempo digan: «¡Grande es el SEÑOR,
quien se deleita en bendecir a su siervo con paz!».
28 Entonces proclamaré tu justicia
y te alabaré todo el día.

36 *Para el director del coro: salmo de David, el siervo del SEÑOR.*

1 A los malvados el pecado les susurra en lo profundo del corazón;*
no tienen temor de Dios en absoluto.
2 Ciegos de presunción,
no pueden ver lo perversos que son en realidad.
3 Todo lo que dicen es retorcido y engañoso;
se niegan a actuar con sabiduría o a hacer el bien.
4 Se quedan despiertos por la noche tramando planes pecaminosos.
Sus acciones nunca son buenas;

***Notas textuales** **36:1** Así aparece en algunos manuscritos hebreos y en la versión siríaca, que dicen *en su corazón*. El texto masorético dice *en mi corazón*.

Referencias cruzadas **35:8** 1 Ts 5:3 **35:9** Lc 1:47 **35:19** Jn 15:25 **35:21** Sal 40:15 **36:1** Rm 3:18

no hacen ningún intento por alejarse del mal.
5 Tu amor inagotable, oh Señor, es tan inmenso
como los cielos;
tu fidelidad sobrepasa las nubes.
6 Tu rectitud es como las poderosas montañas,
tu justicia, como la profundidad de los océanos.
Tú cuidas de la gente y de los animales por igual, oh
Señor.
7 ¡Qué precioso es tu amor inagotable, oh Dios!
Todos los seres humanos encuentran refugio
a la sombra de tus alas.
8 Los alimentas con la abundancia de tu propia casa
y les permites beber del río de tus delicias.
9 Pues tú eres la fuente de vida,
la luz con la que vemos.

10 Derrama tu amor inagotable sobre los que te aman;
haz justicia a los de corazón
sincero.
11 No permitas que los orgullosos me pisoteen
ni que los malvados me intimiden.
12 ¡Miren! ¡Han caído los que hacen el
mal!
Están derribados, jamás volverán a levantarse.

37*

Salmo de David.

1 No te inquietes a causa de los malvados
ni tengas envidia de los que hacen lo malo.
2 Pues como la hierba, pronto se desvanecen;
como las flores de primavera, pronto se
marchitan.

3 Confía en el Señor y haz el bien;
entonces vivirás seguro en la tierra y prosperarás.
4 Deléitate en el Señor,
y él te concederá los deseos de tu corazón.

5 Entrega al Señor todo lo que haces;
confía en él, y él te ayudará.
6 Él hará resplandecer tu inocencia como el amanecer,
y la justicia de tu causa brillará como el sol de
mediodía.

7 Quédate quieto en la presencia del Señor,
y espera con paciencia a que él actúe.
No te inquietes por la gente mala que prospera,
ni te preocupes por sus perversas maquinaciones.

8 ¡Ya no sigas enojado!
¡Deja a un lado tu ira!
No pierdas los estribos,
que eso únicamente causa daño.
9 Pues los perversos serán destruidos,
pero los que confían en el Señor poseerán la
tierra.

10 Pronto los perversos desaparecerán;
por más que los busques, no los encontrarás.
11 Los humildes poseerán la tierra
y vivirán en paz y prosperidad.

12 Los malvados conspiran contra los justos;
les gruñen de manera desafiante.
13 Pero el Señor simplemente se ríe,
porque ve que el día de su juicio se acerca.

14 Los perversos sacan sus espadas
y ponen cuerdas a sus arcos
para matar al pobre y al oprimido,
para masacrar a los que hacen lo correcto.
15 Pero sus espadas atravesarán su propio corazón,
y se les quebrarán los arcos.

16 Es mejor ser justo y tener poco
que ser malvado y rico.
17 Pues la fuerza de los malvados será destrozada,
pero el Señor cuida a los justos.

18 Día a día el Señor cuida a los inocentes,
y ellos recibirán una herencia que permanece para
siempre.
19 No serán avergonzados en tiempos difíciles;
tendrán más que suficiente aun en tiempo de
hambre.

20 Pero los perversos morirán;
los enemigos del Señor son como las flores del
campo,
desaparecerán como el humo.

21 Los perversos piden prestado y nunca pagan,
pero los justos dan con generosidad.
22 Los bendecidos por el Señor poseerán la tierra,
pero aquellos a quienes él maldice, morirán.

23 El Señor dirige los pasos de los justos;
se deleita en cada detalle de su vida.
24 Aunque tropiecen, nunca caerán,
porque el Señor los sostiene de la mano.

25 Una vez fui joven, ahora soy anciano,
sin embargo, nunca he visto abandonado al justo
ni a sus hijos mendigando pan.
26 Los justos siempre prestan con generosidad
y sus hijos son una bendición.

27 Aléjate del mal y haz el bien,
y vivirás en la tierra para siempre.
28 Pues el Señor ama la justicia
y nunca abandonará a los justos.

Los mantendrá a salvo para siempre,
pero los hijos de los perversos morirán.
29 Los justos poseerán la tierra
y vivirán allí para siempre.

30 Los justos ofrecen buenos consejos;
enseñan a diferenciar entre lo bueno y lo malo.
31 Han hecho suya la ley de Dios,
por eso, nunca resbalarán de su camino.

Notas textuales **37** Este salmo es un poema acróstico hebreo: cada estrofa comienza con una letra del alfabeto hebreo en forma consecutiva.

Referencias cruzadas **36:8** Ap 22:1 **36:9** 1 P 2:9 **37:8** Col 3:8 **37:11** Mt 5:3, 5 **37:25** Hb 13:5

32 Los malvados esperan en emboscada a los justos,
en busca de una excusa para matarlos.
33 Pero el SEÑOR no permitirá que los perversos tengan éxito
ni que los justos sean condenados cuando los lleven a juicio.

34 Pon tu esperanza en el SEÑOR
y marcha con paso firme por su camino.
Él te honrará al darte la tierra
y verás destruidos a los perversos.

35 He visto a gente malvada y despiadada
florecer como árboles en tierra fértil.
36 Pero cuando volví a mirar, ¡habían desaparecido!
¡Aunque los busqué, no pude encontrarlos!

37 Miren a los que son buenos y honestos,
porque a los que aman la paz les espera un futuro maravilloso.
38 Pero los rebeldes serán destruidos;
para ellos no hay futuro.

39 El SEÑOR rescata a los justos;
él es su fortaleza en tiempos de dificultad.
40 El SEÑOR los ayuda;
los rescata de los malvados.
Él salva a los justos,
y ellos encuentran refugio en él.

38

Salmo de David, en el cual le pide a Dios que se acuerde de él.

1 ¡Oh SEÑOR, no me reprendas en tu enojo
ni me disciplines en tu ira!
2 Tus flechas me han herido muy adentro
y tus golpes me aplastan.
3 Debido a tu enojo, todo mi cuerpo está enfermo;
mi salud está arruinada a causa de mis pecados.
4 Mi culpa me abruma;
es una carga demasiado pesada para soportar.
5 Mis heridas se infectan y dan mal olor
a causa de mis necios pecados.
6 Me retuerzo atormentado por el dolor;
todo el día estoy lleno de profunda tristeza.
7 Una fiebre galopante me quema por dentro,
y mi salud está arruinada.
8 Estoy agotado y totalmente destrozado;
mis gemidos salen de un corazón angustiado.

9 Señor, tú sabes lo que anhelo;
oyes todos mis suspiros.
10 Mi corazón late aceleradamente, se me acaban las fuerzas
y estoy quedando ciego.
11 Mis seres queridos y amigos no se me acercan, por temor a la enfermedad;
hasta mi propia familia se mantiene a distancia.
12 Mientras tanto, mis enemigos tienden trampas para matarme.
Los que desean mi mal hacen planes para arruinarme;
se pasan el día maquinando su traición.

13 Pero yo hago oídos sordos a sus amenazas;
me quedo callado ante ellos como quien no puede hablar.
14 Opté por no oír nada,
y tampoco respondo.
15 Pues a ti te espero, oh SEÑOR.
Tú debes responder por mí, oh Señor mi Dios.
16 Dije en oración: «No dejes que mis enemigos se burlen de mí,
ni que se regodeen en mi caída».

17 Estoy al borde del colapso,
haciendo frente a un dolor constante.
18 Pero confieso mis pecados;
estoy profundamente arrepentido por lo que hice.
19 Tengo muchos enemigos agresivos;
me odian sin razón.
20 Me pagan mal por bien
y se me oponen porque procuro lo bueno.
21 No me abandones, oh SEÑOR;
no te quedes lejos, Dios mío.
22 Ven pronto a ayudarme,
oh Señor, mi salvador.

39

Para Jedutún, director del coro: salmo de David.

1 Me dije: «Tendré cuidado con lo que hago
y no pecaré en lo que digo.
Refrenaré la lengua
cuando los que viven sin Dios anden cerca».
2 Pero mientras estaba allí en silencio
—sin siquiera hablar de cosas buenas—,
el torbellino en mi interior se hizo cada vez peor.
3 Cuanto más pensaba,
más me enardecía,
hasta que disparé un fuego de palabras:
4 «SEÑOR, recuérdame lo breve que será mi tiempo sobre la tierra.
Recuérdame que mis días están contados,
¡y cuán fugaz es mi vida!
5 La vida que me has dado no es más larga que el ancho de mi mano.
Toda mi vida es apenas un instante para ti;
cuando mucho, cada uno de nosotros es apenas un suspiro». *Interludio*

6 Somos tan solo sombras que se mueven
y todo nuestro ajetreo diario termina en la nada.
Amontonamos riquezas
sin saber quién las gastará.
7 Entonces, Señor, ¿dónde pongo mi esperanza?
Mi única esperanza está en ti.
8 Rescátame de mis rebeliones.
No permitas que los necios se burlen de mí.
9 En silencio estoy delante de ti; no diré ni una palabra,
porque mi castigo proviene de ti.
10 ¡Pero por favor, deja de castigarme!
Estoy agotado por los golpes de tu mano.
11 Cuando nos disciplinas por nuestros pecados,
consumes como una polilla lo que estimamos precioso.

Referencias cruzadas **37:33** 2 P 2:9 **38:20** 1 Jn 3:12 **39:6** Lc 12:20

Cada uno de nosotros es apenas un suspiro.
Interludio

12 ¡Oh SEÑOR, oye mi oración!
¡Escucha mis gritos de auxilio!
No cierres los ojos ante mis lágrimas.
Pues soy tu invitado,
un viajero de paso,
igual que mis antepasados.
13 Déjame solo para que pueda volver a sonreír
antes de que parta de este mundo y no exista
más.

40 *Para el director del coro: salmo de David.*

1 Con paciencia esperé que el SEÑOR me ayudara,
y él se fijó en mí y oyó mi clamor.
2 Me sacó del foso de desesperación,
del lodo y del fango.
Puso mis pies sobre suelo firme
y a medida que yo caminaba, me estabilizó.
3 Me dio un canto nuevo para entonar,
un himno de alabanza a nuestro Dios.
Muchos verán lo que él hizo y quedarán
asombrados;
pondrán su confianza en el SEÑOR.

4 Ah, qué alegría para los que confían en el SEÑOR,
los que no confían en los orgullosos
ni en aquellos que rinden culto a ídolos.
5 Oh SEÑOR mi Dios, has realizado muchas maravillas a
nuestro favor.
Son tantos tus planes para nosotros que resulta
imposible enumerarlos.
No hay nadie como tú.
Si tratara de mencionar todas tus obras maravillosas,
no terminaría jamás.

6 No te deleitas en los sacrificios ni en las ofrendas.
Ahora que me hiciste escuchar, finalmente
comprendo:*
tú no exiges ofrendas quemadas ni ofrendas por
el pecado.
7 Entonces dije: «Aquí estoy.
Como está escrito acerca de mí en las Escrituras:
8 me complace hacer tu voluntad, Dios mío,
pues tus enseñanzas están escritas en mi
corazón».

9 A todo tu pueblo le conté de tu justicia.
No tuve temor de hablar con libertad,
como tú bien lo sabes, oh SEÑOR.
10 No oculté en mi corazón las buenas noticias acerca
de tu justicia;
hablé de tu fidelidad y de tu poder salvador.
A todos en la gran asamblea les conté
de tu fidelidad y tu amor inagotable.

11 SEÑOR, no me prives de tus tiernas misericordias;
que tu amor inagotable y tu fidelidad siempre me
protejan.
12 Pues me rodean las dificultades,
¡son demasiadas para contar!
Es tal la acumulación de mis pecados
que no puedo ver una salida.
Suman más que los cabellos de mi cabeza
y he perdido toda mi valentía.
13 Por favor, SEÑOR, ¡rescátame!
Ven pronto, SEÑOR, y ayúdame.
14 Que los que tratan de destruirme
sean humillados y avergonzados;
que los que se deleitan en mis dificultades
retrocedan con deshonra;
15 que su vergüenza los horrorice,
porque dijeron: «¡Ajá! ¡Ahora sí lo atrapamos!».

16 Pero que todos los que te buscan
se alegren y se gocen en ti;
que los que aman tu salvación
griten una y otra vez: «¡El SEÑOR es grande!».
17 En cuanto a mí, pobre y necesitado,
que el Señor me tenga en sus pensamientos.
Tú eres mi ayudador y mi salvador;
oh Dios mío, no te demores.

41 *Para el director del coro: salmo de David.*

1 ¡Qué alegría hay para los que tratan bien a los pobres!
El SEÑOR los rescata cuando están en apuros.
2 El SEÑOR los protege
y los mantiene con vida;
los prospera en la tierra
y los rescata de sus enemigos.
3 El SEÑOR los atiende cuando están enfermos
y les devuelve la salud.

4 «Oh SEÑOR, ten misericordia de mí —pedí en
oración—,
sáname, porque contra ti he pecado».
5 Pero mis enemigos solo hablan mal de mí.
Preguntan: «¿Falta mucho para que se muera y
pase al olvido?».
6 Me visitan como si fueran mis amigos,
pero, mientras tanto, juntan chismes
y, cuando se van, los divulgan a los cuatro vientos.
7 Los que me odian susurran cosas acerca de mí
y se imaginan lo peor.
8 «Tiene alguna enfermedad fatal —dicen—.
¡Jamás se levantará de la cama!».
9 Hasta mi mejor amigo, en quien tenía plena
confianza,
quien compartía mi comida, se ha puesto en mi
contra.

10 SEÑOR, ten misericordia de mí.
¡Devuélveme la salud para que pueda darles su
merecido!
11 Sé que soy de tu agrado,
porque no permitiste que mis enemigos
triunfaran sobre mí.
12 Has preservado mi vida porque soy inocente;

***Notas textuales** **40:6** La versión griega dice *Me has dado un cuerpo.* Comparar Hb 10:5.

Referencias cruzadas **39:11** 2 P 2:16 **40:6** Hb 10:5-7 **40:13-17** Sal 70:1-5 **41:9** Mc 14:22-25

me has traído a tu presencia y eso es para
siempre.

13 Alaben al SEÑOR, Dios de Israel,
quien vive desde la eternidad hasta la eternidad.
¡Amén y amén!

LIBRO SEGUNDO (Salmos 42–72)

42

Para el director del coro: salmo de los descendientes de Coré.*

1 Como el ciervo anhela las corrientes de las aguas,
así te anhelo a ti, oh Dios.
2 Tengo sed de Dios, del Dios viviente.
¿Cuándo podré ir para estar delante de él?
3 Día y noche solo me alimento de lágrimas,
mientras que mis enemigos se burlan
continuamente de mí diciendo:
«¿Dónde está ese Dios tuyo?».

4 Se me destroza el corazón
al recordar cómo solían ser las cosas:
yo caminaba entre la multitud de adoradores,
encabezaba una gran procesión hacia la casa de
Dios,
cantando de alegría y dando gracias
en medio del sonido de una gran celebración.

5 ¿Por qué estoy desanimado?
¿Por qué está tan triste mi corazón?
¡Pondré mi esperanza en Dios!
Nuevamente lo alabaré,
¡mi Salvador y 6 mi Dios!

Ahora estoy profundamente desalentado,
pero me acordaré de ti,
aun desde el lejano monte Hermón, donde nace el
Jordán,
desde la tierra del monte Mizar.
7 Oigo el tumulto de los embravecidos mares
mientras me arrasan tus olas y las crecientes
mareas.
8 Pero cada día el SEÑOR derrama su amor inagotable
sobre mí,
y todas las noches entono sus cánticos
y oro a Dios, quien me da vida.

9 «¡Oh Dios, roca mía! —clamo—,
¿por qué me has olvidado?
¿Por qué tengo que andar angustiado,
oprimido por mis enemigos?».
10 Sus insultos me parten los huesos.
Se burlan diciendo: «¿Dónde está ese Dios
tuyo?».

11 ¿Por qué estoy desanimado?
¿Por qué está tan triste mi corazón?
¡Pondré mi esperanza en Dios!
Nuevamente lo alabaré,
¡mi Salvador y mi Dios!

43

1 ¡Declárame inocente, oh Dios!
Defiéndeme contra esta gente que vive sin ti;
rescátame de estos mentirosos injustos.
2 Pues tú eres Dios, mi único refugio seguro.
¿Por qué me hiciste a un lado?
¿Por qué tengo que andar angustiado,
oprimido por mis enemigos?
3 Envía tu luz y tu verdad,
que ellas me guíen.
Que me lleven a tu monte santo,
al lugar donde vives.
4 Allí iré al altar de Dios,
a Dios mismo, la fuente de toda mi alegría.
Te alabaré con mi arpa,
¡oh Dios, mi Dios!

5 ¿Por qué estoy desanimado?
¿Por qué está tan triste mi corazón?
¡Pondré mi esperanza en Dios!
Nuevamente lo alabaré,
¡mi Salvador y mi Dios!

44

Para el director del coro: salmo de los descendientes de Coré.*

1 Oh Dios, lo oímos con nuestros propios oídos;
nuestros antepasados nos han contado
de todo lo que hiciste en su época,
hace mucho tiempo atrás.
2 Con tu poder expulsaste a las naciones paganas
y entregaste toda la tierra a nuestros antepasados.
Aplastaste a sus enemigos
y liberaste a nuestros antepasados.
3 No fue con sus espadas que conquistaron la tierra,
ni sus brazos fuertes les dieron la victoria.
Fueron tu mano derecha y tu brazo fuerte
y la luz cegadora de tu rostro que los ayudaron,
porque los amabas.

4 Tú eres mi Rey y mi Dios;
tú decretas las victorias de Israel.*
5 Solo con tu poder hacemos retroceder a nuestros
enemigos;
solo en tu nombre podemos pisotear a nuestros
adversarios.
6 No confío en mi arco
ni dependo de que mi espada me salve.
7 Tú eres el que nos da la victoria sobre nuestros
enemigos;
avergüenzas a los que nos odian.
8 Oh Dios, todo el día te damos gloria
y alabamos tu nombre constantemente. *Interludio*

9 Pero ahora nos hiciste a un lado en deshonra;
ya no estás al frente de nuestros ejércitos en
batalla.
10 Nos haces huir en retirada de nuestros enemigos

***Notas textuales** **42:TÍTULO** En hebreo *masquil.* Puede ser un término literario o musical. **44:TÍTULO** En hebreo *masquil.* Puede ser un término literario o musical. **44:4** En hebreo *de Jacob.* Los nombres «Jacob» e «Israel» a menudo son intercambiables en el Antiguo Testamento. Algunas veces hacen referencia al patriarca como individuo y otras veces a la nación.

Referencias cruzadas **42:6** Mc 14:34 **43:4** Sal 26:6 **44:8** Sal 34:2

y dejas que los que nos odian saqueen nuestra
tierra.
11 Nos descuartizaste como a ovejas,
y nos esparciste entre las naciones.
12 Vendiste a tu precioso pueblo por una miseria
y no ganaste nada con la venta.
13 Permites que nuestros vecinos se burlen de
nosotros;
somos objeto de desprecio y desdén de quienes
nos rodean.
14 Nos has hecho el blanco de sus bromas;
menean la cabeza ante nosotros en señal de
desprecio.
15 No podemos escapar de la constante humillación;
tenemos la vergüenza dibujada en el rostro.
16 Lo único que oímos son los insultos de los burlones;
lo único que vemos es a nuestros enemigos
vengativos.

17 Todo esto ocurrió aunque nunca te hemos olvidado
ni desobedecimos tu pacto.
18 Nuestro corazón no te abandonó
ni nos hemos extraviado de tu camino.
19 Sin embargo, nos aplastaste en el desierto, donde
vive el chacal;
nos cubriste de oscuridad y muerte.
20 Si nos hubiéramos olvidado del nombre de nuestro
Dios
o hubiéramos extendido las manos en oración a
dioses ajenos,
21 con toda seguridad Dios lo habría sabido,
porque conoce los secretos de cada corazón.
22 Pero por tu causa, nos matan cada día;
nos tratan como a ovejas en el matadero.

23 ¡Despierta, oh Señor! ¿Por qué duermes?
¡Levántate! No nos rechaces para siempre.
24 ¿Por qué miras para otro lado?
¿Por qué pasas por alto nuestro sufrimiento y
opresión?
25 Nos desplomamos en el polvo;
quedamos boca abajo en la mugre.
26 ¡Levántate! ¡Ayúdanos!
Rescátanos a causa de tu amor inagotable.

45

Para el director del coro: cántico de amor. Entónese con la melodía de «Los lirios». Salmo de los descendientes de Coré.*

1 Hermosas palabras conmueven mi corazón;
por eso recitaré un bello poema acerca del rey,
pues mi lengua es como la pluma de un hábil
poeta.

2 Eres el más apuesto de todos;
de tus labios se desprenden palabras amables.
Dios mismo te ha bendecido para siempre.
3 ¡Ponte la espada, oh poderoso
guerrero!
¡Eres tan glorioso, tan majestuoso!
4 Cabalga con majestad hacia la victoria
y defiende la verdad, la humildad y la justicia.
¡Avanza para realizar obras imponentes!
5 Tus flechas son afiladas; traspasan el corazón de tus
enemigos,
y las naciones caen a tus pies.

6 Tu trono, oh Dios,* permanece por siempre y para
siempre.
Tú gobiernas con un cetro de justicia.
7 Amas la justicia y odias la maldad.
Por eso Dios —tu Dios— te ha ungido
derramando el aceite de alegría sobre ti más que
sobre cualquier otro.
8 Mirra, áloe y casia perfuman tu manto;
en palacios de marfil, la música de cuerdas te
entretiene.
9 Hijas de reyes hay entre las mujeres de tu corte;
a tu derecha está la reina,
¡lleva joyas del oro más fino de Ofir!

10 Escúchame, oh hija de la realeza; toma en serio lo
que te digo:
olvídate de tu pueblo y de tu familia, que están
lejos.
11 Pues tu esposo, el rey, se deleita en tu belleza;
hónralo, porque él es tu señor.
12 La princesa de Tiro* te colmará de regalos;
los ricos suplicarán tu favor.
13 La novia, una princesa, luce gloriosa
en su vestido dorado.
14 Con sus hermosas vestiduras la llevan ante el rey,
acompañada por sus damas de honor.
15 ¡Qué procesión tan alegre y entusiasta,
cuando entran en el palacio del rey!

16 Tus hijos se convertirán en reyes como su padre;
los harás gobernantes de muchas tierras.
17 Traeré honra a tu nombre en todas las generaciones;
por eso, las naciones te alabarán por siempre y
para siempre.

46

*Para el director del coro: cántico de los descendientes de Coré; entónese con voces de soprano.**

1 Dios es nuestro refugio y nuestra fuerza;
siempre está dispuesto a ayudar en tiempos de
dificultad.
2 Por lo tanto, no temeremos cuando vengan
terremotos
y las montañas se derrumben en el mar.
3 ¡Que rujan los océanos y hagan espuma!
¡Que tiemblen las montañas mientras suben las
aguas! *Interludio*

4 Un río trae gozo a la ciudad de nuestro Dios,
el hogar sagrado del Altísimo.
5 Dios habita en esa ciudad; no puede ser destruida.
En cuanto despunte el día, Dios la protegerá.
6 ¡Las naciones se encuentran en un caos,
y sus reinos se desmoronan!
¡La voz de Dios truena,

***Notas textuales** **45:TÍTULO** En hebreo *Masquil.* Puede ser un término literario o musical. **45:6** O *Tu trono divino.* **45:12** En hebreo *La hija de Tiro.* **46:TÍTULO** En hebreo *según alamot.*

Referencias cruzadas **44:22** Rm 8:36 **45:6-7** Hb 1:8-9 **45:17** Sal 138:4 **46:4** Ap 22:1

y la tierra se derrite!
7 El Señor de los Ejércitos Celestiales está entre nosotros;
el Dios de Israel* es nuestra fortaleza. *Interludio*

8 Vengan, vean las obras gloriosas del Señor:
miren cómo trae destrucción sobre el mundo.
9 Él hace cesar las guerras en toda la tierra;
quiebra el arco y rompe la lanza
y quema con fuego los escudos.

10 «¡Quédense quietos y sepan que yo soy Dios!
Toda nación me honrará.
Seré honrado en el mundo entero».

11 El Señor de los Ejércitos Celestiales está entre nosotros;
el Dios de Israel es nuestra fortaleza. *Interludio*

47

Para el director del coro: salmo de los descendientes de Coré.

1 ¡Vengan todos! ¡Aplaudan!
¡Griten alegres alabanzas a Dios!
2 Pues el Señor Altísimo es imponente;
es el gran Rey de toda la tierra.
3 Él subyuga a las naciones frente a nosotros;
pone a nuestros enemigos bajo nuestros pies.
4 Escogió la Tierra Prometida como nuestra herencia y posesión,
el orgullo de los descendientes de Jacob, a quienes ama. *Interludio*

5 Dios ascendió con un grito poderoso;
el Señor ha ascendido al estruendo de las trompetas.
6 Canten alabanzas a Dios, canten alabanzas;
¡canten alabanzas a nuestro Rey, canten alabanzas!
7 Pues Dios es el Rey de toda la tierra.
Alábenlo con un salmo.*
8 Dios reina sobre las naciones,
sentado en su santo trono.
9 Los gobernantes del mundo se han reunido
con el pueblo del Dios de Abraham.
Pues todos los reyes de la tierra pertenecen a Dios.
Él es exaltado en gran manera en todas partes.

48

Un cántico. Salmo de los descendientes de Coré.

1 ¡Qué grande es el Señor,
cuán digno de alabanza
en la ciudad de nuestro Dios,
situada sobre su monte santo!
2 Es alto y magnífico;
¡toda la tierra se alegra al verlo!
¡El monte Sion, el monte santo,*
es la ciudad del gran Rey!
3 Dios mismo está en las torres de Jerusalén
dándose a conocer como su defensor.

4 Los reyes de la tierra unieron sus fuerzas
y avanzaron contra la ciudad.
5 Pero al verla, se quedaron pasmados;
se llenaron de miedo y huyeron.
6 El terror se apoderó de ellos
y se retorcieron de dolor como una mujer en parto.
7 Los destruiste como a los poderosos barcos de Tarsis
que fueron despedazados por un potente viento del oriente.

8 Habíamos oído de la gloria de la ciudad,
pero ahora la hemos visto en persona,
la ciudad del Señor de los Ejércitos Celestiales.
Es la ciudad de nuestro Dios;
él hará que sea segura para siempre. *Interludio*

9 Oh Dios, meditamos en tu amor inagotable
mientras adoramos en tu templo.
10 Como lo merece tu nombre, oh Dios,
serás alabado hasta los extremos de la tierra;
tu fuerte mano derecha está llena de victoria.
11 Que se goce la gente del monte Sion;
que se alegren todas las ciudades de Judá
a causa de tu justicia.

12 Vayan a inspeccionar la ciudad de Jerusalén;*
anden por ella y cuenten sus muchas torres.
13 Fíjense en las murallas fortificadas
y recorran todas sus ciudadelas,
para que puedan describirlas
a las generaciones futuras.
14 Pues así es Dios.
Él es nuestro Dios por siempre y para siempre,
y nos guiará hasta el día de nuestra muerte.

49

Para el director del coro: salmo de los descendientes de Coré.

1 ¡Escuchen esto, todos los pueblos!
¡Presten atención, habitantes de todo el mundo!
2 Los de las altas esferas y la gente común,
ricos y pobres: ¡oigan!
3 Pues mis palabras son sabias
y mis pensamientos están llenos de buena percepción.
4 Escucho con atención muchos proverbios
y resuelvo enigmas con la inspiración del sonido de un arpa.

5 ¿Por qué tendría que temer cuando vienen dificultades,
cuando los enemigos me rodean?
6 Ellos se fían de sus posesiones
y se jactan de sus grandes riquezas.
7 Sin embargo, no pueden redimirse de la muerte*

***Notas textuales 46:7** En hebreo *de Jacob*; también en 46:11. Ver nota en 44:4. **47:7** En hebreo *masquil*. Puede ser un término literario o musical. **48:2** O *El monte Sion, en el extremo norte*; en hebreo dice *El monte Sion, las alturas de Zafón*. **48:12** En hebreo *Sion*.

Referencias cruzadas 46:10 Sal 100:3 **47:4** 1 P 1:4 **48:2** Mt 5:35 **48:14** Is 58:11

pagándole un rescate a Dios.
8 La redención no se consigue tan fácilmente,
pues nadie podrá jamás pagar lo suficiente
9 como para vivir para siempre
y nunca ver la tumba.

10 Los sabios finalmente tendrán que morir,
al igual que los necios y los insensatos,
y dejarán toda su riqueza atrás.
11 La tumba* es su hogar eterno,
donde permanecerán para siempre.
Podrán ponerle su propio nombre a sus propiedades,
12 pero su fama no durará.
Morirán, al igual que los animales.
13 Ese es el destino de los necios,
aunque sean recordados como si hubieran sido sabios.* *Interludio*

14 Como ovejas, son llevados a la tumba,*
donde la muerte será su pastor.
Por la mañana, los justos gobernarán sobre ellos.
Sus cuerpos se pudrirán en la tumba,
lejos de sus grandiosas propiedades.
15 Pero en mi caso, Dios redimirá mi vida;
me arrebatará del poder de la tumba.
Interludio

16 Así que no te desanimes cuando los malvados se enriquezcan,
y en sus casas haya cada vez más esplendor.
17 Pues al morir, no se llevan nada consigo;
sus riquezas no los seguirán a la tumba.
18 En esta vida se consideran dichosos
y los aplauden por su éxito.
19 Pero morirán como todos sus antepasados,
y nunca más volverán a ver la luz del día.
20 La gente que se jacta de su riqueza no comprende;
morirán, al igual que los animales.

50

Salmo de Asaf.

1 El SEÑOR, el Poderoso, es Dios y habló;
convocó a toda la humanidad
desde donde sale el sol hasta donde se pone.
2 Desde el monte Sion, la perfección de la belleza,
Dios brilla con un resplandor glorioso.
3 Nuestro Dios se acerca,
pero no en silencio.
A su paso el fuego devora todo lo que encuentra,
y a su alrededor se desata una gran tormenta.
4 Pone al cielo arriba y a la tierra abajo
como testigos del juicio a su pueblo.
5 «Tráiganme a mi pueblo fiel,
a los que hicieron un pacto conmigo al ofrecer sacrificios».
6 Luego dejen que los cielos proclamen la justicia divina,
porque Dios mismo será el juez.
Interludio

7 «Oh pueblo mío, escucha cuando te hablo.
Estas son las acusaciones que tengo contra ti, oh Israel:
¡yo soy Dios, tu Dios!
8 No tengo quejas de tus sacrificios
ni de las ofrendas quemadas que ofreces constantemente.
9 Pero no necesito los toros de tus establos
ni las cabras de tus corrales.
10 Pues todos los animales del bosque son míos,
y soy dueño del ganado de mil colinas.
11 Conozco a cada pájaro de las montañas,
y todos los animales del campo me pertenecen.
12 Si tuviera hambre, no te lo diría a ti,
porque mío es el mundo entero y todo lo que hay en él.
13 ¿Acaso me alimento de carne de toro?
¿Acaso bebo sangre de cabra?
14 Haz que la gratitud sea tu sacrificio a Dios
y cumple los votos que le has hecho al Altísimo.
15 Luego llámame cuando tengas problemas,
y yo te rescataré,
y tú me darás la gloria».

16 Pero Dios dice a los perversos:
«¿Para qué se molestan en recitar mis decretos
y en fingir que obedecen mi pacto?
17 Pues rechazan mi disciplina
y tratan mis palabras como basura.
18 Cuando ven ladrones, les dan su aprobación,
y se pasan el tiempo con adúlteros.
19 Tienen la boca llena de maldad,
y la lengua repleta de mentiras.
20 Se la pasan calumniando a su hermano,
a su propio hermano de sangre.
21 Mientras ustedes hacían todo esto, yo permanecí en silencio,
y pensaron que no me importaba.
Pero ahora los voy a reprender;
presentaré todas las acusaciones que tengo contra ustedes.
22 Arrepiéntanse, todos los que se olvidan de mí,
o los despedazaré
y nadie los ayudará.
23 Pero el dar gracias es un sacrificio que verdaderamente me honra;
si permanecen en mi camino,
les daré a conocer la salvación de Dios».

51

Para el director del coro: salmo de David, cuando el profeta Natán fue a verlo después que cometió adulterio con Betsabé.

1 Ten misericordia de mí, oh Dios,
debido a tu amor inagotable;
a causa de tu gran compasión,
borra la mancha de mis pecados.
2 Lávame de la culpa hasta que quede limpio
y purifícame de mis pecados.
3 Pues reconozco mis rebeliones;
día y noche me persiguen.

***Notas textuales** **49:7** Algunos manuscritos hebreos dicen *nadie puede redimir la vida de otro.* **49:11** Así aparece en la versión griega y en la siríaca; en hebreo dice *Su íntimo [pensamiento].* **49:13** El significado del hebreo es incierto. **49:14** En hebreo *al Seol*; similar en 49:14b, 15.

Referencias cruzadas **49:10** Lc 12:20-21 **49:14** 1 Co 6:2 **49:17** 1 Tm 6:7 **50:6** Sal 97:6 **50:14** Hb 13:15 **50:18** 1 Tm 5:22 **51:1** 2 Sm 11:1–12:25

4 Contra ti y solo contra ti he pecado;
he hecho lo que es malo ante tus ojos.
Quedará demostrado que tienes razón en lo que dices
y que tu juicio contra mí es justo.*
5 Pues soy pecador de nacimiento,
así es, desde el momento en que me concibió mi madre.
6 Pero tú deseas honradez desde el vientre*
y aun allí me enseñas sabiduría.

7 Purifícame de mis pecados,* y quedaré limpio;
lávame, y quedaré más blanco que la nieve.
8 Devuélveme la alegría;
deja que me goce
ahora que me has quebrantado.
9 No sigas mirando mis pecados;
quita la mancha de mi culpa.
10 Crea en mí, oh Dios, un corazón limpio
y renueva un espíritu fiel dentro de mí.
11 No me expulses de tu presencia
y no me quites tu Espíritu Santo.*

12 Restaura en mí la alegría de tu salvación
y haz que esté dispuesto a obedecerte.
13 Entonces enseñaré a los rebeldes tus caminos,
y ellos se volverán a ti.
14 Perdóname por derramar sangre, oh Dios que salva;
entonces con alegría cantaré de tu perdón.
15 Desata mis labios, oh Señor,
para que mi boca pueda alabarte.

16 Tú no deseas sacrificios; de lo contrario, te ofrecería uno.
Tampoco quieres una ofrenda quemada.
17 El sacrificio que sí deseas es un espíritu quebrantado;
tú no rechazarás un corazón arrepentido y quebrantado, oh Dios.
18 Mira a Sion con tu favor y ayúdala;
reconstruye las murallas de Jerusalén.
19 Entonces te agradarán los sacrificios ofrecidos con un espíritu correcto,
con ofrendas quemadas y ofrendas quemadas enteras.
Entonces volverán a sacrificarse toros sobre tu altar.

52

Para el director del coro: salmo de David, acerca de cuando Doeg, el edomita, le dijo a Saúl: «David fue a ver a Ahimelec».*

1 ¿Por qué te jactas de tus delitos, gran guerrero?
¿No te das cuenta de que la justicia de Dios permanece para siempre?
2 Todo el día conspiras destrucción.
Tu lengua es cortante como una navaja afilada;
eres experto en decir mentiras.
3 Amas el mal más que el bien
y las mentiras más que la verdad.
Interludio

4 Te encanta destruir a la gente con tus palabras,
¡mentiroso!
5 Pero Dios te herirá de muerte de una vez por todas;
te sacará de tu casa
y te desarraigará de la tierra de los vivientes.
Interludio

6 Los justos lo verán y se asombrarán;
se reirán y dirán:
7 «Miren lo que les pasa a los guerreros poderosos
que no ponen su confianza en Dios,
sino que confían en sus riquezas
y se vuelven más y más atrevidos en su maldad».

8 Pero yo soy como un olivo que florece en la casa de Dios
y siempre confiaré en su amor inagotable.
9 Te alabaré para siempre, oh Dios,
por lo que has hecho.
Confiaré en tu buen nombre
en presencia de tu pueblo fiel.

53

Para el director del coro: meditación, salmo de David.*

1 Solo los necios dicen en su corazón:
«No hay Dios».
Ellos son corruptos y sus acciones son malas;
¡no hay ni uno solo que haga lo bueno!

2 Dios mira desde los cielos
a toda la raza humana;
observa para ver si hay alguien realmente sabio,
si alguien busca a Dios.
3 Pero no, todos se desviaron;
todos se corrompieron.*
No hay ni uno que haga lo bueno,
¡ni uno solo!

4 ¿Será posible que nunca aprendan los que hacen el mal?
Devoran a mi pueblo como si fuera pan
y ni siquiera piensan en orar a Dios.
5 El terror se apoderará de ellos,
un terror como nunca han conocido.
Dios esparcirá los huesos de tus enemigos.
Los avergonzarás, porque Dios los ha rechazado.

6 ¿Quién vendrá del monte Sion para rescatar a Israel?
Cuando Dios restaure a su pueblo,
Jacob gritará de alegría e Israel se gozará.

54

Para el director del coro: salmo de David, acerca de cuando los zifeos fueron a decirle a Saúl: «Sabemos*

***Notas textuales** **51:4** La versión griega dice *y ganarás tu caso en los tribunales.* Comparar Rm 3:4. **51:6** O *desde el corazón*; en hebreo dice *en las partes íntimas.* **51:7** En hebreo *Purifícame con una rama de hisopo.* **51:11** O *tu espíritu de santidad.* **52:TÍTULO** En hebreo *masquil.* Puede ser un término literario o musical. **53:TÍTULO** En hebreo *según mahalat; un masquil.* Pueden ser términos literarios o musicales. **53:3** La versión griega dice *se volvieron inútiles.* Comparar Rm 3:12.

Referencias cruzadas **51:4** Rm 3:4 **51:10** Hch 15:9 **53:1-6** Sal 14:1-7 *dónde se esconde David». Acompáñese con instrumentos de cuerda.*

1 ¡Ven con tu gran poder, oh Dios, y rescátame!
Defiéndeme con tu poder.
2 Escucha mi oración, oh Dios;
presta atención a mi ruego.
3 Pues me atacan desconocidos;
gente violenta trata de matarme.
No les importa Dios en lo más mínimo.
Interludio
4 Pero Dios es mi ayudador;
¡el Señor me mantiene con vida!
5 Que los planes malvados de mis enemigos se tornen
en su contra;
haz lo que prometiste y acaba con ellos.

6 Sacrificaré una ofrenda voluntaria a ti;
alabaré tu nombre,
porque es bueno, oh Señor.
7 Pues me libraste de mis dificultades
y me ayudaste a triunfar sobre mis enemigos.

55 *Para el director del coro: salmo* de David; acompáñese con instrumentos de cuerda.*

1 Escucha mi oración, oh Dios;
¡no pases por alto mi grito de auxilio!
2 Por favor, escúchame y respóndeme,
porque las dificultades me abruman.
3 Mis enemigos me gritan;
me lanzan perversas amenazas a viva voz.
Me cargan de problemas
y con rabia me persiguen.
4 Mi corazón late en el pecho con fuerza;
me asalta el terror de la muerte.
5 El miedo y el temblor me abruman,
y no puedo dejar de temblar.
6 Si tan solo tuviera alas como una paloma,
¡me iría volando y descansaría!
7 Volaría muy lejos,
a la tranquilidad del desierto.
Interludio
8 Qué rápido me escaparía,
lejos de esta furiosa tormenta de odio.

9 Confúndelos, Señor, y frustra sus planes,
porque veo violencia y conflicto en la ciudad.
10 Día y noche patrullan sus murallas para cuidarla de
invasores,
pero el verdadero peligro es la maldad que hay
dentro de la ciudad.
11 Todo se viene abajo;
las amenazas y el engaño abundan por las calles.

12 No es un enemigo el que me hostiga;
eso podría soportarlo.
No son mis adversarios los que me insultan con
tanta arrogancia;
de ellos habría podido esconderme.
13 En cambio, eres tú, mi par,
mi compañero y amigo íntimo.
14 ¡Cuánto compañerismo disfrutábamos
cuando caminábamos juntos hacia la casa de
Dios!

15 Que la muerte aceche a mis enemigos;
que la tumba* se los trague vivos,
porque la maldad habita en ellos.

16 Pero clamaré a Dios,
y el Señor me rescatará.
17 Mañana, tarde y noche
clamo en medio de mi angustia,
y el Señor oye mi voz.
18 Él me rescata y me mantiene a salvo
de la batalla que se libra en mi contra,
aunque muchos todavía se me oponen.
19 Dios, quien siempre ha gobernado,
me oirá y los humillará. *Interludio*
Pues mis enemigos se niegan a cambiar de rumbo;
no tienen temor de Dios.

20 En cuanto a mi compañero, él traicionó a sus amigos;
no cumplió sus promesas.
21 Sus palabras son tan suaves como la mantequilla,
pero en su corazón hay guerra.
Sus palabras son tan relajantes como una loción,
¡pero por debajo son dagas!

22 Entrégale tus cargas al Señor,
y él cuidará de ti;
no permitirá que los justos tropiecen y caigan.

23 Pero tú, oh Dios, mandarás a los perversos
a la fosa de destrucción;
los asesinos y los mentirosos morirán jóvenes,
pero yo confío en que tú me salves.

56 *Para el director del coro: salmo* de David, acerca de cuando los filisteos lo capturaron en Gat. Cántese con la melodía de «La paloma en los robles distantes».*

1 Oh Dios, ten misericordia de mí,
porque la gente me acosa.
Mis enemigos me atacan todo el día.
2 Los que me calumnian no dejan de acosarme,
y muchos me atacan descaradamente.
3 Pero cuando tenga miedo,
en ti pondré mi confianza.
4 Alabo a Dios por lo que ha prometido.
En Dios confío, ¿por qué habría de tener miedo?
¿Qué pueden hacerme unos simples mortales?

5 Siempre tergiversan lo que digo;
se pasan el día tramando cómo hacerme daño.
6 Se juntan para espiarme;
vigilan cada paso que doy, ansiosos de matarme.
7 No permitas que estos malvados se salgan con la suya;
en tu enojo, oh Dios, derríbalos.

***Notas textuales** **54:TÍTULO** En hebreo *masquil.* Puede ser un término literario o musical. **55:TÍTULO** En hebreo *masquil.* Puede ser un término literario o musical. **55:15** En hebreo *que el Seol.* **56:TÍTULO** En hebreo *mictam.* Puede ser un término literario o musical.

Referencias cruzadas **54:1** 1 Sm 23:19 **55:11** Sal 10:7 **55:17** Hch 3:1 **55:22** 1 P 5:7 **56:4** Hb 13:6

8 Tú llevas la cuenta de todas mis angustias*
y has juntado todas mis lágrimas en tu frasco;
has registrado cada una de ellas en tu libro.

9 Mis enemigos emprenderán la retirada cuando yo clame a ti por ayuda.
Una cosa sé: ¡Dios está de mi lado!
10 Alabo a Dios por lo que ha prometido;
sí, alabo al SEÑOR por lo que ha prometido.
11 En Dios confío, ¿por qué habría de tener miedo?
¿Qué pueden hacerme unos simples mortales?

12 Cumpliré los votos que te hice, oh Dios,
y ofreceré un sacrificio de gratitud por tu ayuda.
13 Pues me rescataste de la muerte;
no dejaste que mis pies resbalaran.
Así que ahora puedo caminar en tu presencia, oh Dios,
en tu luz que da vida.

57

Para el director del coro: salmo de David, acerca de cuando huyó de Saúl y entró en una cueva. Cántese con la melodía de «¡No destruyas!».*

1 ¡Ten misericordia de mí, oh Dios, ten misericordia!
En ti busco protección.
Me esconderé bajo la sombra de tus alas
hasta que haya pasado el peligro.
2 Clamo al Dios Altísimo,*
a Dios, quien cumplirá su propósito para mí.
3 Él mandará ayuda del cielo para rescatarme,
y avergonzará a los que me persiguen.
Interludio
Mi Dios enviará su amor inagotable y su fidelidad.

4 Me rodean leones feroces
que con avidez devoran a sus presas humanas;
sus dientes penetran como lanzas y flechas,
y sus lenguas cortan como espadas.

5 ¡Exaltado seas, oh Dios, por encima de los cielos más altos!
Que tu gloria brille sobre toda la tierra.

6 Mis enemigos me tendieron una trampa;
estoy cansado de tanta angustia.
Cavaron un pozo profundo en mi camino,
pero ellos mismos cayeron en la trampa.
Interludio

7 Mi corazón está confiado en ti, oh Dios;
mi corazón tiene confianza.
¡Con razón puedo cantar tus alabanzas!
8 ¡Despiértate, corazón mío!
¡Despiértense, lira y arpa!
Con mi canto despertaré al amanecer.
9 Te daré gracias, Señor, en medio de toda la gente;
cantaré tus alabanzas entre las naciones.
10 Pues tu amor inagotable es tan alto como los cielos;
tu fidelidad alcanza las nubes.

11 Exaltado seas, oh Dios, por encima de los cielos más altos;
que tu gloria brille sobre toda la tierra.

58

Para el director del coro: salmo de David; cántese con la melodía de «¡No destruyas!».*

1 Gobernantes,* ¿saben acaso el significado de la palabra justicia?
¿Juzgan a la gente con imparcialidad?
2 ¡No! En el corazón traman injusticia
y desparraman violencia por toda la tierra.
3 Estos malvados son pecadores de nacimiento;
desde que nacieron mienten y siguen su propio camino.
4 Escupen veneno como serpientes mortíferas;
son como cobras que se niegan a escuchar,
5 y hacen oídos sordos a las melodías de los encantadores de serpientes,
aunque toquen con mucha destreza.

6 ¡Quiébrales los colmillos, oh Dios!
¡Destrózales las mandíbulas a estos leones, oh SEÑOR!
7 Que desaparezcan como agua en tierra sedienta;
que sean inútiles las armas en sus manos.*
8 Que sean como caracoles que se disuelven y se hacen baba,
como un niño que nace muerto y que nunca verá el sol.
9 Dios los barrerá a todos, tanto a jóvenes como a ancianos,
más rápido de lo que se calienta una olla sobre espinos ardientes.

10 Los justos se alegrarán cuando vean la injusticia vengada;
se lavarán los pies en la sangre de los perversos.
11 Entonces, por fin, todos dirán:
«Es verdad que hay recompensa para los que viven para Dios;
es cierto que existe un Dios que juzga con justicia aquí en la tierra».

59

Para el director del coro: salmo de David, acerca de cuando Saúl envió soldados a vigilar la casa de David para matarlo. Cántese con la melodía de «¡No destruyas!».*

1 Rescátame de mis enemigos, oh Dios;
protégeme de los que han venido a destruirme.
2 Rescátame de estos criminales;
sálvame de estos asesinos.
3 Me han tendido una emboscada.
Enemigos feroces están a la espera, SEÑOR,
aunque yo no pequé ni los he ofendido.
4 No hice nada malo,
sin embargo, se preparan para atacarme.
¡Despierta! ¡Mira lo que sucede y ayúdame!

***Notas textuales** **56:8** O *mis andanzas.* **57:TÍTULO** En hebreo *mictam*. Puede ser un término literario o musical. **57:2** En hebreo *Elojím-Elión.* **58:TÍTULO** En hebreo *mictam*. Puede ser un término literario o musical. **58:1** U *Oh dioses.* **58:7** O *que los pisoteen y se marchiten como el pasto.* El significado del hebreo es incierto. **59:TÍTULO** En hebreo *mictam*. Puede ser un término literario o musical.

Referencias cruzadas **56:13** Sal 116:8-9 **57:7-11** Sal 108:1-5 **58:11** Lc 6:23, 35 **59:1** 1 Sm 19:11

[5] Oh Señor, Dios de los Ejércitos Celestiales,
el Dios de Israel,
despierta y castiga a esas naciones hostiles;
no tengas misericordia de los traidores malvados.
Interludio

[6] Salen de noche
gruñendo como perros feroces
mientras merodean por las calles.
[7] Escucha la basura que sale de sus bocas;
sus palabras cortan como espadas.
Dicen con desdén: «Después de todo, ¿quién
puede oírnos?».
[8] Pero tú Señor, te ríes de ellos;
te burlas de las naciones hostiles.
[9] Tú eres mi fuerza; espero que me rescates,
porque tú, oh Dios, eres mi fortaleza.
[10] En su amor inagotable, mi Dios estará a mi lado
y me dejará mirar triunfante a todos mis
enemigos.

[11] No los mates, porque mi pueblo pronto olvida esa
clase de lecciones;
hazlos tambalear con tu poder y ponlos de
rodillas,
oh Señor, escudo nuestro.
[12] Debido a las cosas pecaminosas que dicen
y a la maldad que está en sus labios,
haz que queden atrapados por su orgullo,
por sus maldiciones y por sus mentiras.
[13] ¡Destrúyelos en tu enojo!
¡Arrásalos por completo!
Entonces todo el mundo sabrá
que Dios reina en Israel.* *Interludio*

[14] Mis enemigos salen de noche
gruñendo como perros feroces
mientras merodean por las calles.
[15] Escarban en busca de comida,
pero se van a dormir insatisfechos.*
[16] En cuanto a mí, yo cantaré de tu poder;
cada mañana cantaré con alegría acerca de tu
amor inagotable.
Pues tú has sido mi refugio,
un lugar seguro cuando estoy angustiado.
[17] Oh Fortaleza mía, a ti canto alabanzas,
porque tú, oh Dios, eres mi refugio,
el Dios que me demuestra amor inagotable.

60

Para el director del coro: salmo de David útil para enseñar, acerca de cuando peleó contra Aram-naharaim y Aram-soba, y Joab regresó y mató a doce mil edomitas en el valle de la Sal. Cántese con la melodía de «Lirio del testimonio».*

[1] Nos has rechazado, oh Dios, y quebraste nuestras
defensas.
Te enojaste con nosotros; ahora, restáuranos al
gozo de tu favor.
[2] Sacudiste nuestra tierra y la abriste en dos.
Sella las grietas, porque la tierra tiembla.
[3] Has sido muy estricto con nosotros;
nos hiciste beber de un vino que nos dejó
tambaleantes.
[4] Pero has levantado un estandarte para los que te
temen:
un punto de reunión en medio del ataque.
Interludio

[5] Rescata ahora a tu pueblo amado;
respóndenos y sálvanos con tu poder.
[6] Por su santidad,* Dios ha prometido:
«Dividiré a Siquem con alegría
y mediré el valle de Sucot.
[7] Galaad es mío,
y también Manasés.
Efraín, mi casco, producirá mis guerreros,
y Judá, mi cetro, producirá mis reyes.
[8] Pero Moab, mi lavamanos, se convertirá en mi siervo,
y sobre Edom me limpiaré los pies
y gritaré triunfante sobre Filistea».

[9] ¿Quién me llevará a la ciudad fortificada?
¿Quién me dará la victoria sobre Edom?
[10] ¿Nos has rechazado, oh Dios?
¿Ya no marcharás junto a nuestros ejércitos?
[11] Por favor, ayúdanos contra nuestros enemigos,
porque toda la ayuda humana es inútil.
[12] Con la ayuda de Dios, haremos cosas poderosas,
pues él pisoteará a nuestros enemigos.

61

Para el director del coro: salmo de David; acompáñese con instrumentos de cuerda.

[1] Oh Dios, ¡escucha mi clamor!
¡Oye mi oración!
[2] Desde los extremos de la tierra,
clamo a ti por ayuda
cuando mi corazón está abrumado.
Guíame a la imponente roca de seguridad,
[3] porque tú eres mi amparo seguro,
una fortaleza donde mis enemigos no pueden
alcanzarme.
[4] Permíteme vivir para siempre en tu santuario,
¡a salvo bajo el refugio de tus alas!
Interludio

[5] Pues has oído mis votos, oh Dios;
me diste una herencia reservada para los que
temen tu nombre.
[6] ¡Añade muchos años a la vida del rey!
¡Que sus años abunden de generación en
generación!
[7] Que reine bajo la protección de Dios para siempre,
y que tu amor inagotable y tu fidelidad lo cuiden.
[8] Entonces cantaré alabanzas a tu nombre para
siempre,
mientras cumplo mis votos cada día.

62

Para Jedutún, director del coro: salmo de David.

[1] Espero en silencio delante de Dios,
porque de él proviene mi victoria.

Notas textuales **59:13** En hebreo *en Jacob.* Ver nota en 44:4. **59:15** O *y rugen si no consiguen lo suficiente.* **60:TÍTULO** En hebreo *mictam.* Puede ser un término literario o musical. **60:6** O *En su santuario.*

Referencias cruzadas **59:13** Sal 83:18 **60:5-12** Sal 108:6-13 **61:8** Sal 71:22

2 Solo él es mi roca y mi salvación,
mi fortaleza donde jamás seré sacudido.
3 ¡Cuántos enemigos contra un solo hombre!
Todos tratan de matarme.
Para ellos no soy más que una pared derribada
o una valla inestable.
4 Piensan derrocarme de mi alta posición.
Se deleitan en decir mentiras sobre mí.
Cuando están frente a mí, me elogian,
pero en su corazón me maldicen.
Interludio

5 Que todo mi ser espere en silencio delante de Dios,
porque en él está mi esperanza.
6 Solo él es mi roca y mi salvación,
mi fortaleza donde no seré sacudido.
7 Mi victoria y mi honor provienen solamente de Dios;
él es mi refugio, una roca donde ningún enemigo
puede alcanzarme.
8 Oh pueblo mío, confía en Dios en todo momento;
dile lo que hay en tu corazón,
porque él es nuestro refugio.
Interludio

9 La gente común no vale más que una bocanada de
viento,
y los poderosos no son lo que parecen ser;
si se les pesa juntos en una balanza,
ambos son más livianos que un soplo de aire.

10 No te ganes la vida mediante la extorsión
ni pongas tu esperanza en el robo.
Y si tus riquezas aumentan,
no las hagas el centro de tu vida.

11 Dios ha hablado con claridad,
y yo lo he oído muchas veces:
el poder, oh Dios, te pertenece a ti;
12 el amor inagotable, oh Señor, es tuyo.
Ciertamente tú pagas a todos
de acuerdo a lo que hayan hecho.

63 *Salmo de David, acerca de cuando estaba en el desierto de Judá.*

1 Oh Dios, tú eres mi Dios;
de todo corazón te busco.
Mi alma tiene sed de ti;
todo mi cuerpo te anhela
en esta tierra reseca y agotada
donde no hay agua.
2 Te he visto en tu santuario
y he contemplado tu poder y tu
gloria.
3 Tu amor inagotable es mejor que la vida misma;
¡cuánto te alabo!
4 Te alabaré mientras viva;
a ti levantaré mis manos en oración.
5 Tú me satisfaces más que un suculento banquete;
te alabaré con cánticos de alegría.

6 Recostado, me quedo despierto
pensando y meditando en ti durante la noche.
7 Como eres mi ayudador,
canto de alegría a la sombra de tus alas.
8 Me aferro a ti;
tu fuerte mano derecha me mantiene seguro.

9 Pero los que traman destruirme acabarán arruinados;
descenderán a las profundidades de la tierra.
10 Morirán a espada
y se convertirán en comida de chacales.
11 Pero el rey se alegrará en Dios;
todos los que juran decir la verdad lo alabarán,
mientras que los mentirosos serán silenciados.

64 *Para el director del coro: salmo de David.*

1 Oh Dios, escucha mi queja;
protege mi vida de las amenazas de mis enemigos.
2 Escóndeme de las conspiraciones de esta turba
malvada,
de esta pandilla de malhechores.
3 Afilan su lengua como espada
y apuntan como flechas sus palabras amargas.
4 Le tiran a los inocentes desde una emboscada;
los atacan de repente y sin temor.
5 Se animan unos a otros a hacer el mal
y maquinan cómo tender sus trampas en secreto.
«¿Quién se dará cuenta?», preguntan.
6 Dicen mientras traman sus delitos:
«¡Hemos orquestado el plan perfecto!».
Es cierto, el corazón y la mente del ser humano
son astutos.

7 Pero Dios mismo les lanzará sus flechas
y los herirá de repente.
8 Su propia lengua los arruinará,
y quienes los vean, menearán la cabeza en señal
de desprecio.
9 Entonces todos temerán;
proclamarán los poderosos actos de Dios,
y se darán cuenta de todas las cosas asombrosas
que él hace.
10 Los justos se alegrarán en el Señor,
y en él encontrarán refugio.
Y los que hacen lo correcto
lo alabarán.

65 *Para el director del coro: cántico. Salmo de David.*

1 Qué poderosa alabanza, oh Dios,
te pertenece en Sion.
Cumpliremos los votos que te hemos hecho
2 porque tú respondes a nuestras oraciones.
Todos nosotros tenemos que acudir a ti.
3 Aunque nuestros pecados nos abruman,
tú los perdonas todos.
4 ¡Cuánta alegría para los que escoges y acercas a ti,
aquellos que viven en tus santos atrios!
¡Qué festejos nos esperan
dentro de tu santo templo!

Referencias cruzadas **62:8** Sal 42:4 **62:12** Rm 2:6 **63:11** Is 45:23 **64:10** Sal 32:11

[5] Fielmente respondes a nuestras oraciones con
imponentes obras,
oh Dios nuestro salvador.
Eres la esperanza de todos los que habitan la tierra,
incluso de los que navegan en mares distantes.
[6] Con tu poder formaste las montañas
y te armaste de una fuerza poderosa.
[7] Calmaste los océanos enfurecidos,
con sus impetuosas olas,
y silenciaste los gritos de las naciones.
[8] Los que viven en los extremos de la tierra
quedan asombrados ante tus maravillas.
Desde donde sale el sol hasta donde se pone,
tú inspiras gritos de alegría.

[9] Cuidas la tierra y la riegas;
la enriqueces y la haces fértil.
El río de Dios tiene agua en abundancia;
proporciona una exuberante cosecha de grano,
porque así ordenaste que fuera.
[10] Con lluvias empapas la tierra arada;
disuelves los terrones y nivelas los surcos.
Ablandas la tierra con aguaceros
y bendices sus abundantes cultivos.
[11] Coronas el año con una copiosa cosecha;
hasta los senderos más pisoteados desbordan de
abundancia.
[12] Las praderas del desierto se convierten en buenos
pastizales,
y las laderas de las colinas florecen de alegría.
[13] Los prados se visten con rebaños de ovejas,
y los valles están alfombrados con grano.
¡Todos gritan y cantan de alegría!

66 *Para el director del coro: cántico. Salmo.*

[1] ¡Griten alabanzas alegres a Dios, habitantes de toda la
tierra!
[2] ¡Canten de la gloria de su nombre!
Cuéntenle al mundo lo glorioso que es él.
[3] Díganle a Dios: «¡Qué imponentes son tus obras!
Tus enemigos se arrastran ante tu gran poder.
[4] Todo lo que hay en la tierra te adorará;
cantará tus alabanzas
aclamando tu nombre con cánticos gloriosos».
Interludio

[5] Vengan y vean lo que nuestro Dios ha hecho,
¡los imponentes milagros que realiza a favor de
la gente!
[6] Abrió un camino seco a través del mar Rojo,*
y su pueblo cruzó a pie.
Allí nos alegramos en él.
[7] Pues con su gran poder gobierna para siempre.
Observa cada movimiento de las naciones;
que ningún rebelde se levante desafiante.
Interludio

[8] Que el mundo entero bendiga a nuestro Dios
y cante sus alabanzas a viva voz.
[9] Nuestra vida está en sus manos,
y él cuida que nuestros pies no tropiecen.
[10] Nos pusiste a prueba, oh Dios;
nos purificaste como se purifica la plata.
[11] Nos atrapaste en tu red
y pusiste sobre nuestra espalda la carga de la
esclavitud.
[12] Luego colocaste un líder sobre nosotros.*
Pasamos por el fuego y por la inundación,
pero nos llevaste a un lugar de mucha abundancia.

[13] Ahora vengo a tu templo con ofrendas quemadas
para cumplir los votos que te hice,
[14] sí, los votos sagrados que hice
cuando me encontraba en graves dificultades.
[15] Por eso sacrifico ofrendas quemadas a ti,
lo mejor de mis carneros como aroma agradable,
y un sacrificio de toros y chivos.
Interludio

[16] Vengan y escuchen, todos ustedes que temen a Dios,
y les contaré lo que hizo por mí.
[17] Pues clamé a él por ayuda,
lo alabé mientras hablaba.
[18] Si no hubiera confesado el pecado de mi corazón,
mi Señor no me habría escuchado.
[19] ¡Pero Dios escuchó!
Él prestó oídos a mi oración.
[20] Alaben a Dios, quien no pasó por alto mi oración
ni me quitó su amor inagotable.

67 *Para el director del coro: cántico. Salmo, acompáñese con instrumentos de cuerda.*

[1] Que Dios tenga misericordia y nos bendiga;
que su rostro nos sonría con favor.
Interludio

[2] Que se conozcan tus caminos en toda la tierra
y tu poder salvador entre los pueblos por todas
partes.
[3] Que las naciones te alaben, oh Dios;
sí, que todas las naciones te alaben.
[4] Que el mundo entero cante de alegría,
porque tú gobiernas a las naciones con justicia
y guías a los pueblos del mundo.
Interludio

[5] Que las naciones te alaben, oh Dios;
sí, que todas las naciones te alaben.
[6] Entonces la tierra dará sus cosechas,
y Dios, nuestro Dios, nos bendecirá en
abundancia.
[7] Así es, Dios nos bendecirá,
y gente de todo el mundo le temerá.

68 *Para el director del coro: cántico. Salmo de David.*

[1] Levántate, oh Dios, y dispersa a tus
enemigos;
que todos los que odian a Dios corran por sus
vidas.
[2] Sóplalos y disípalos como si fueran humo;

***Notas textuales** **66:6** En hebreo *del mar.* **66:12** O *Hiciste que cabalgara gente sobre nuestra cabeza.*

Referencias cruzadas **65:7** Mt 8:26 **65:13** Is 55:12 **66:7** Sal 145:13 **66:18** St 4:3 **67:2** Tt 2:11

derrítelos como la cera en el fuego.
Que los malvados perezcan en la presencia de Dios.
3 Pero que los justos se alegren.
Que se gocen en la presencia de Dios;
que estén llenos de alegría.
4 ¡Canten alabanzas a Dios y a su nombre!
Canten alabanzas en alta voz al que cabalga sobre las nubes.*
Su nombre es el SEÑOR;
¡alégrense en su presencia!

5 Padre de los huérfanos, defensor de las viudas,
este es Dios y su morada es santa.
6 Dios ubica a los solitarios en familias;
pone en libertad a los prisioneros y los llena de alegría.
Pero a los rebeldes los hace vivir en una tierra abrasada por el sol.

7 Oh Dios, cuando sacaste a tu pueblo de Egipto,
cuando marchaste a través de las áridas tierras baldías, *Interludio*
8 la tierra tembló y los cielos derramaron lluvia a raudales
delante de ti, el Dios del Sinaí,
delante de Dios, el Dios de Israel.
9 Enviaste lluvia en abundancia, oh Dios,
para refrescar la tierra agotada.
10 Finalmente allí se estableció tu pueblo
y, con una abundante cosecha, oh Dios,
proveíste para tu pueblo necesitado.

11 El Señor da la palabra,
y un gran ejército* trae las buenas noticias.
12 Los reyes enemigos y sus ejércitos huyen
mientras las mujeres de Israel reparten el botín.
13 Hasta los que vivían entre los rediles encontraron tesoros,
palomas con alas de plata
y plumas de oro.
14 El Todopoderoso esparció a los reyes enemigos
como una tormenta de nieve que sopla en el monte Salmón.

15 Las montañas de Basán son majestuosas,
con muchas cumbres altas que llegan al cielo.
16 Oh montañas empinadas, ¿por qué miran con envidia
al monte Sion, donde Dios decidió vivir,
donde el SEÑOR vivirá para siempre?

17 Rodeado de incontables millares de carros de guerra,
el Señor llegó del monte Sinaí y entró en su santuario.
18 Cuando ascendiste a las alturas,
llevaste a una multitud de cautivos;
recibiste regalos de la gente,
incluso de quienes se rebelaron contra ti.
Ahora el SEÑOR Dios vivirá allí, en medio de nosotros.

19 ¡Alaben al Señor; alaben a Dios nuestro salvador!
Pues cada día nos lleva en sus brazos. *Interludio*
20 ¡Nuestro Dios es un Dios que salva!
El SEÑOR Soberano nos rescata de la muerte.

21 Pero Dios aplastará las cabezas de sus enemigos;
aplastará los cráneos de los que aman sus caminos perversos.
22 El Señor dice: «Haré descender a mis enemigos desde Basán;
los levantaré desde las profundidades del mar.
23 Ustedes, pueblo mío, se lavarán* los pies en la sangre de ellos,
¡y hasta los perros tendrán su porción!».

24 Ya asoma tu procesión, oh Dios,
la procesión de mi Dios y Rey mientras él entra en el santuario.
25 Los cantores van adelante, los músicos van detrás;
en medio hay jovencitas que tocan panderetas.
26 Alaben a Dios, todos los del pueblo de Israel;
alaben al SEÑOR, la fuente de vida de Israel.
27 Miren, la pequeña tribu de Benjamín va al frente;
le sigue una gran multitud de gobernantes de Judá
y todos los gobernantes de Zabulón y Neftalí.

28 Oh Dios, haz que tu poder se presente;*
despliega tu poder, oh Dios, como lo has hecho en el pasado.
29 Los reyes de la tierra traen tributo
a tu templo en Jerusalén.
30 Reprende a estas naciones enemigas,
a estos animales salvajes que acechan entre los juncos,
a esta manada de toros en medio de los becerros más débiles.
Hazlos traer barras de plata como humilde tributo.
Dispersa a las naciones que se deleitan en la guerra.
31 Que Egipto venga con regalos de metales preciosos;*
que Etiopía* le lleve tributo a Dios.
32 Canten a Dios, reinos de la tierra;
canten alabanzas al Señor. *Interludio*
33 Canten al que cabalga por los cielos antiguos;
su poderosa voz truena desde los cielos.
34 Cuéntenles a todos acerca del poder de Dios.
Su majestad brilla sobre Israel;
su fuerza es poderosa en los cielos.
35 Dios es imponente en su santuario;
el Dios de Israel le da poder y fuerza a su pueblo.

¡Alabado sea Dios!

69

Para el director del coro: salmo de David; cántese con la melodía de «Los lirios».

1 Sálvame oh Dios,
porque las aguas de la inundación me llegan al cuello.

***Notas textuales** **68:4** O *cabalga por los desiertos*. **68:11** O *una hueste de mujeres*. **68:23** Así aparece en la versión griega y en la siríaca; en hebreo dice *destrozarán*. **68:28** Así aparece en algunos manuscritos hebreos, en la versión griega y en la siríaca; la mayoría de los manuscritos hebreos dicen *Tu Dios ha ordenado tu fuerza*. **68:31a** O *de telas costosas*. **68:31b** En hebreo *Cus*.

Referencias cruzadas **68:5** Dt 26:15 **68:18** Ef 4:8 **68:35** Sal 29:11

[2] Me hundo cada vez más en el fango;
no encuentro dónde apoyar mis pies.
Estoy en aguas profundas,
y el torrente me cubre.
[3] Estoy agotado de tanto gritar por ayuda;
tengo la garganta reseca.
Mis ojos están hinchados de tanto llorar,
a la espera de la ayuda de mi Dios.
[4] Los que me odian sin motivo
suman más que los cabellos de mi cabeza.
Muchos enemigos tratan de destruirme con mentiras;
me exigen que devuelva lo que no robé.
[5] Oh Dios, tú sabes lo necio que soy;
de ti no puedo ocultar mis pecados.
[6] No dejes que los que confían en ti sean avergonzados por mi culpa,
oh Señor Soberano de los Ejércitos Celestiales.
No permitas que sean humillados por mi causa,
oh Dios de Israel.
[7] Pues yo soporto insultos por amor a ti;
tengo la humillación dibujada en todo mi rostro.
[8] Hasta mis propios hermanos fingen no conocerme;
me tratan como a un extraño.
[9] El celo por tu casa me ha consumido,
y los insultos de aquellos que te insultan han caído sobre mí.
[10] Cuando lloro y ayuno,
se burlan de mí.
[11] Cuando me visto de tela áspera en señal de dolor,
se ríen de mí.
[12] Soy el blanco de los chismes de la ciudad,
y todos los borrachos cantan de mí.

[13] Pero sigo orando a ti, Señor,
con la esperanza de que esta vez me muestres tu favor.
En tu amor inagotable, oh Dios,
responde a mi oración con tu salvación segura.
[14] Rescátame del lodo;
¡no dejes que me hunda aún más!
Sálvame de aquellos que me odian
y sácame de estas aguas profundas.
[15] No permitas que el torrente me cubra,
ni que las aguas profundas me traguen,
ni que el foso de la muerte me devore.

[16] Contesta a mis oraciones, oh Señor,
pues tu amor inagotable es maravilloso;
cuida de mí,
pues tu misericordia es muy abundante.
[17] No te escondas de tu siervo;
contéstame rápido, ¡porque estoy en graves dificultades!
[18] Ven y rescátame;
líbrame de mis enemigos.

[19] Tú conoces mi vergüenza, mi desprecio y mi deshonra;
ves todo lo que hacen mis enemigos.
[20] Sus insultos me han destrozado el corazón,
y estoy desesperado.
Si al menos una persona me tuviera compasión;
si tan solo alguien volviera y me consolara.
[21] En cambio, de comida, me dan veneno*
y me ofrecen vino agrio para la sed.

[22] Que la abundante mesa servida ante ellos se convierta en una trampa,
y que su prosperidad se vuelva un engaño.*
[23] Que sus ojos queden ciegos para que no puedan ver,
y haz que sus cuerpos tiemblen continuamente.*
[24] Derrama tu furia sobre ellos;
consúmelos en el ardor de tu enojo.
[25] Que sus casas queden desoladas,
y sus carpas, desiertas.
[26] A quien tú has castigado, agregan insultos;
añaden dolor a quienes tú has herido.
[27] Amontona sus pecados en una enorme pila,
y no los dejes en libertad.
[28] Borra sus nombres del libro de la vida;
no dejes que sean incluidos entre los justos.

[29] Estoy afligido y dolorido;
rescátame, oh Dios, con tu poder salvador.

[30] Entonces alabaré el nombre de Dios con cánticos,
y lo honraré con acción de gracias.
[31] Pues al Señor esto le agradará más que el sacrificio de ganado
o que presentar un toro con cuernos y pezuñas.
[32] Los humildes verán a su Dios en acción y se pondrán contentos;
que todos los que buscan la ayuda de Dios reciban ánimo.
[33] Pues el Señor oye el clamor de los necesitados;
no desprecia a su pueblo encarcelado.

[34] Alábenlo el cielo y la tierra,
los mares y todo lo que en ellos se mueve.
[35] Pues Dios salvará a Jerusalén*
y reconstruirá las ciudades de Judá.
Su pueblo vivirá allí
y se establecerá en su propia tierra.
[36] Los descendientes de quienes lo obedecen heredarán la tierra,
y los que lo aman vivirán allí seguros.

70

Para el director del coro: salmo de David, en el cual le pide a Dios que se acuerde de él.

[1] Por favor, Dios, ¡rescátame!
Ven pronto, Señor, y ayúdame.
[2] Que los que tratan de matarme
sean humillados y pasen vergüenza.
Que los que se deleitan en mis dificultades
retrocedan con deshonra.
[3] Que su vergüenza los horrorice,

***Notas textuales** **69:21** O *hiel.* **69:22** La versión griega dice *Que la abundante mesa servida ante ellos se convierta en una trampa, / en un engaño que los lleve a pensar que todo está bien. / Que sus bendiciones los hagan tropezar, / y que reciban su merecido.* Comparar Rm 11:9. **69:23** La versión griega dice *y que la espalda se les encorve para siempre.* Comparar Rm 11:10. **69:35** En hebreo *Sion.*

Referencias cruzadas **69:4** Jn 15:25 **69:9** Jn 2:17 **69:21** Jn 19:29 **69:22-23** Rm 11:9-10 **69:25** Hch 1:20 **70:1-5** Sal 40:13-17

porque dijeron: «¡Ajá! ¡Ahora sí lo atrapamos!».
4 Pero que todos aquellos que te buscan
estén llenos de alegría y de felicidad en ti.
Que los que aman tu salvación
griten una y otra vez: «¡Grande es Dios!».
5 En cuanto a mí, pobre y necesitado,
por favor, Dios, ven pronto a socorrerme.
Tú eres mi ayudador y mi salvador;
oh SEÑOR, no te demores.

71

Oh SEÑOR, a ti acudo en busca de protección;
no dejes que me avergüencen.
2 Sálvame y rescátame,
porque tú haces lo que es correcto.
Inclina tu oído para escucharme
y ponme en libertad.
3 Sé mi roca de seguridad,
donde siempre pueda esconderme.
Da la orden de salvarme,
porque tú eres mi roca y mi fortaleza.
4 Dios mío, rescátame del poder de los perversos,
de las garras de los crueles opresores.
5 Oh Señor, solo tú eres mi esperanza;
en ti he confiado, oh SEÑOR, desde mi niñez.
6 Así es, estás conmigo desde mi nacimiento;
me has cuidado desde el vientre de mi madre.
¡Con razón siempre te alabo!

7 Mi vida es un ejemplo para muchos,
porque tú has sido mi fuerza y protección.
8 Por eso nunca puedo dejar de alabarte;
todo el día declaro tu gloria.
9 Y ahora, en mi vejez, no me hagas a un lado;
no me abandones cuando me faltan las fuerzas.
10 Pues mis enemigos murmuran contra mí
y juntos confabulan matarme.
11 Dicen: «Dios lo ha abandonado.
Vayamos y agarrémoslo,
porque ahora nadie lo ayudará».

12 Oh Dios, no te quedes lejos;
Dios mío, por favor, apresúrate a ayudarme.
13 Trae deshonra y destrucción a los que me acusan;
humilla y avergüenza a los que quieren hacerme
daño.
14 Seguiré con la esperanza de tu ayuda;
te alabaré más y más.
15 A todos les hablaré de tu justicia;
todo el día proclamaré tu poder salvador,
aunque no tengo facilidad de palabras.*
16 Alabaré tus obras poderosas, oh SEÑOR Soberano,
y les contaré a todos que solo tú eres justo.

17 Oh Dios, tú me has enseñado desde mi tierna
infancia,
y yo siempre les cuento a los demás acerca de tus
hechos maravillosos.
18 Ahora que estoy viejo y canoso,
no me abandones, oh Dios.
Permíteme proclamar tu poder a esta nueva
generación,
tus milagros poderosos a todos los que vienen
después de mí.

19 Tu justicia, oh Dios, alcanza los cielos más altos;
¡has hecho cosas tan maravillosas!
¿Quién se compara contigo, oh Dios?
20 Has permitido que sufra muchas privaciones,
pero volverás a darme vida
y me levantarás de las profundidades de la tierra.
21 Me restaurarás incluso a mayor honor
y me consolarás una vez más.

22 Entonces te alabaré con música de arpa,
porque eres fiel a tus promesas, oh mi Dios.
Te cantaré alabanzas con la lira,
oh Santo de Israel.
23 Gritaré de alegría y cantaré tus alabanzas,
porque me redimiste.
24 Todo el día
hablaré de tus justas acciones,
porque todos los que trataron de hacerme daño
fueron humillados y avergonzados.

72

Salmo de Salomón.

1 Oh Dios, concede al rey tu amor por la justicia,
y da rectitud al hijo del rey.
2 Ayúdale a juzgar correctamente a tu pueblo;
que los pobres siempre reciban un trato imparcial.
3 Que las montañas den prosperidad a todos
y que las colinas sean fructíferas.
4 Ayúdalo a defender al pobre,
a rescatar a los hijos de los necesitados
y a aplastar a sus opresores.
5 Que te teman* mientras el sol brille
y mientras la luna permanezca en el cielo;
¡sí, para siempre!

6 Que el gobierno del rey tenga la frescura de las lluvias
de primavera sobre la hierba recién cortada,
de los aguaceros que riegan la tierra.
7 Que florezcan todos los justos durante su reinado;
que haya prosperidad abundante hasta que la luna
deje de existir.
8 Que reine de mar a mar,
y desde el río Éufrates* hasta los extremos de la
tierra.
9 Los nómadas del desierto se inclinarán ante él;
sus enemigos caerán a sus pies sobre el polvo.
10 Los reyes occidentales, de Tarsis y de otras tierras
distantes,
le llevarán tributo.
Los reyes orientales, de Saba y de Seba,
le llevarán regalos.
11 Todos los reyes se inclinarán ante él,
y todas las naciones le servirán.

12 Rescatará a los pobres cuando a él clamen;
ayudará a los oprimidos, que no tienen quién los
defienda.
13 Él siente compasión por los débiles y los necesitados,
y los rescatará.

***Notas textuales 71:15** O *aunque no puedo contarlo.* **72:5** La versión griega dice *Que perduren.* **72:8** En hebreo *el río.*

Referencias cruzadas 71:1-3 Sal 31:1-4 **71:24** Sal 35:28

14 Los redimirá de la opresión y la violencia,
porque sus vidas le son preciosas.

15 ¡Viva el rey!
Que se le entregue el oro de Saba.
Que la gente siempre ore por él
y lo bendiga todo el día.
16 Que haya grano en abundancia por toda la tierra;
que brote aun en la cima de las colinas.
Que los árboles frutales florezcan como los del Líbano
y los habitantes crezcan como la hierba en el campo.
17 Que el nombre del rey permanezca para siempre;
que se perpetúe mientras el sol brille.
Que todas las naciones sean bendecidas por medio de él,
y lo elogien.

18 Alaben al SEÑOR Dios, el Dios de Israel,
el único que hace semejantes maravillas.
19 ¡Alaben su glorioso nombre por siempre!
Que toda la tierra se llene de su gloria.
¡Amén y amén!

20 (Aquí terminan las oraciones de David, hijo de Isaí).

LIBRO TERCERO (Salmos 73-89)

73 *Salmo de Asaf.*

1 En verdad Dios es bueno con Israel,
con los de corazón puro.
2 Pero en cuanto a mí, casi perdí el equilibrio;
mis pies resbalaron y estuve a punto de caer,
3 porque envidiaba a los orgullosos
cuando los veía prosperar a pesar de su maldad.
4 Pareciera que viven sin problemas;
tienen el cuerpo tan sano y fuerte.
5 No tienen dificultades como otras personas;
no están llenos de problemas como los demás.
6 Lucen su orgullo como un collar de piedras preciosas
y se visten de crueldad.
7 ¡Estos gordos ricachones tienen todo
lo que su corazón desea!
8 Se burlan y hablan solo maldades;
en su orgullo procuran aplastar a otros.
9 Se jactan contra los cielos mismos,
y sus palabras se pasean presuntuosas por toda la tierra.
10 Entonces la gente se desanima y se confunde
al tragarse todas esas palabras.
11 «¿Y qué sabe Dios? —preguntan—.
¿Acaso el Altísimo sabe lo que está pasando?».
12 Miren a esos perversos:
disfrutan de una vida fácil mientras sus riquezas se multiplican.

13 ¿Conservé puro mi corazón en vano?
¿Me mantuve en inocencia sin ninguna razón?
14 En todo el día no consigo más que problemas;
cada mañana me trae dolor.

15 Si yo realmente hubiera hablado a otros de esta manera,
habría sido un traidor a tu pueblo.
16 Traté de entender por qué los malvados prosperan,
¡pero qué tarea tan difícil!
17 Entonces entré en tu santuario, oh Dios,
y por fin entendí el destino de los perversos.
18 En verdad, los pones en un camino resbaladizo
y haces que se deslicen por el precipicio hacia su ruina.
19 Al instante, quedan destruidos,
totalmente consumidos por los terrores.
20 Cuando te levantes, oh Señor,
te reirás de sus tontas ideas
como uno se ríe por la mañana de lo que soñó en la noche.

21 Entonces me di cuenta de que mi corazón se llenó de amargura,
y yo estaba destrozado por dentro.
22 Fui tan necio e ignorante;
debo haberte parecido un animal sin entendimiento.
23 Sin embargo, todavía te pertenezco;
me tomas de la mano derecha.
24 Me guías con tu consejo
y me conduces a un destino glorioso.
25 ¿A quién tengo en el cielo sino a ti?
Te deseo más que cualquier cosa en la tierra.
26 Puede fallarme la salud y debilitarse mi espíritu,
pero Dios sigue siendo la fuerza de mi corazón;
él es mío para siempre.

27 Los que lo abandonen, perecerán,
porque tú destruyes a los que se alejan de ti.
28 En cuanto a mí, ¡qué bueno es estar cerca de Dios!
Hice al SEÑOR Soberano mi refugio,
y a todos les contaré las maravillas que haces.

74 *Salmo* de Asaf.*

1 Oh Dios, ¿por qué nos has rechazado tanto tiempo?
¿Por qué es tan intensa tu ira contra las ovejas de tu propia manada?
2 Recuerda que somos el pueblo que elegiste hace tanto tiempo,
¡la tribu a la cual redimiste como tu posesión más preciada!
Y acuérdate de Jerusalén,* tu hogar aquí en la tierra.
3 Camina por las espantosas ruinas de la ciudad;
mira cómo el enemigo ha destruido tu santuario.

4 Allí tus enemigos dieron gritos victoriosos de guerra;
allí levantaron sus estandartes de batalla.
5 Blandieron sus hachas
como leñadores en el bosque.
6 Con hachas y picos,
destrozaron los paneles tallados.

***Notas textuales** **74:TÍTULO** En hebreo *Masquil.* Puede ser un término literario o musical. **74:2** En hebreo *del monte Sion.*

Referencias cruzadas **72:14** Sal 116:15**72:19** Sal 41:13 **73:1** Mt 5:8 **73:11** Jb 22:13 **73:28** Hb 10:22

7 Redujeron tu santuario a cenizas;
profanaron el lugar que lleva tu nombre.
8 Luego pensaron: «¡Destruyamos todo!».
Entonces quemaron por completo todos los lugares de adoración a Dios.

9 Ya no vemos tus señales milagrosas;
ya no hay más profetas,
y nadie puede decirnos cuándo acabará todo esto.
10 ¿Hasta cuándo, oh Dios, dejarás que tus enemigos te insulten?
¿Permitirás que deshonren tu nombre para siempre?
11 ¿Por qué contienes tu fuerte brazo derecho?
Descarga tu poderoso puño y destrúyelos.

12 Tú, oh Dios, eres mi rey desde hace siglos;
traes salvación a la tierra.
13 Dividiste el mar con tu fuerza
y les rompiste la cabeza a los monstruos marinos.
14 Aplastaste las cabezas del Leviatán*
y dejaste que se lo comieran los animales del desierto.
15 Hiciste que brotaran los manantiales y los arroyos,
y secaste ríos que jamás se secan.
16 Tanto el día como la noche te pertenecen;
tú creaste el sol y la luz de las estrellas.*
17 Estableciste los límites de la tierra
e hiciste el verano, así como el invierno.

18 Mira cómo te insultan estos enemigos, SEÑOR;
una nación insensata ha deshonrado tu nombre.
19 No permitas que estas bestias salvajes destruyan a tus tórtolas;
no te olvides para siempre de tu pueblo dolido.

20 Recuerda las promesas de tu pacto,
¡porque la tierra está llena de oscuridad y violencia!
21 No permitas que humillen otra vez a los oprimidos;
en cambio, deja que el pobre y el necesitado alaben tu nombre.

22 Levántate, oh Dios, y defiende tu causa;
recuerda cómo te insultan estos necios todo el día.
23 No pases por alto lo que han dicho tus enemigos
ni su creciente alboroto.

75

Para el director del coro: salmo de Asaf; cántese con la melodía de «¡No destruyas!».

1 ¡Te damos gracias, oh Dios!
Te damos gracias porque estás cerca;
por todas partes, la gente habla de tus hechos maravillosos.

2 Dios dice: «En el momento que tengo pensado,
haré justicia contra los perversos.
3 Cuando la tierra tiembla y sus habitantes viven en caos,
yo soy quien mantiene firme sus cimientos.
Interludio

4 »Al orgulloso le advertí: "¡Deja de jactarte!".
Al perverso le dije: "¡No levantes tus puños!
5 No levantes tus puños desafiantes contra los cielos
ni hables con semejante arrogancia"».
6 Pues nadie en la tierra —del oriente ni del occidente,
ni siquiera del desierto—
debería alzar* un puño desafiante.
7 Dios es el único que juzga;
él decide quién se levantará y quién caerá.
8 Pues el SEÑOR sostiene una copa en la mano,
llena de vino espumoso mezclado con especias.
Él derrama el vino en señal de juicio,
y todos los malvados lo beberán
hasta la última gota.

9 En cuanto a mí, siempre proclamaré lo que Dios ha hecho;
cantaré alabanzas al Dios de Jacob.
10 Pues Dios dice: «Quebraré la fuerza de los malvados,
pero aumentaré el poder de los justos».

76

Para el director del coro: salmo de Asaf. Cántico; acompáñese con instrumentos de cuerda.

1 Dios recibe honra en Judá;
su nombre es grande en Israel.
2 Jerusalén* es el lugar donde habita;
el monte Sion es su hogar.
3 Allí quebró las flechas encendidas del enemigo,
los escudos, las espadas y las armas de guerra.
Interludio

4 Tú eres glorioso y superas en majestad
a las montañas eternas.*
5 Nuestros enemigos más audaces fueron saqueados
y yacen ante nosotros en el sueño de la muerte.
No hay guerrero que pueda levantarse contra nosotros.
6 A la ráfaga de tu aliento, oh Dios de Jacob,
sus caballos y carros de guerra quedan inmóviles.

7 ¡Con razón eres tan temido!
¿Quién puede quedar en pie ante ti cuando estalla tu ira?
8 Desde el cielo sentenciaste a tus enemigos;
la tierra tembló y permaneció en silencio delante de ti.
9 Te levantas para juzgar a los que hacen lo malo, oh Dios,
y para rescatar a los oprimidos de la tierra.
Interludio
10 La rebeldía del ser humano solo resalta tu gloria,
porque tú la usas como un arma.*

11 Haz votos al SEÑOR tu Dios y cúmplelos;
que todos le lleven tributo al Temible.
12 Él quiebra el orgullo de los príncipes,

***Notas textuales 74:14** La identidad del Leviatán es discutida; las ideas van desde una criatura terrestre hasta un mítico monstruo marino de la literatura antigua. **74:16** O *y la luna*; en hebreo dice *y la luz.* **75:6** En hebreo *debería levantar.* **76:2** En hebreo *Salem,* otro nombre para Jerusalén **76:4** Así aparece en la versión griega; en hebreo dice *a las montañas llenas de bestias de presa.*

Referencias cruzadas 74:17 Hch 17:26 **74:23** Sal 65:7 **75:10** Sal 148:14 **76:3** Sal 46:9

y los reyes de la tierra le temen.

77 *Para Jedutún, director del coro: salmo de Asaf.*

1 Clamo a Dios: sí, a gritos.
¡Oh, si Dios me escuchara!
2 Cuando estaba en graves dificultades,
busqué al Señor.
Toda la noche oré con las manos levantadas hacia
el cielo,
pero mi alma no encontró consuelo.
3 Pienso en Dios y gimo,
abrumado de tanto anhelar su ayuda. *Interludio*
4 No me dejas dormir;
¡estoy tan afligido que ni siquiera puedo orar!
5 Pienso en los viejos tiempos,
que acabaron hace tanto,
6 cuando mis noches estaban llenas de alegres
canciones.
Ahora busco en mi alma y considero la diferencia.
7 ¿Me habrá rechazado para siempre el Señor?
¿Nunca más volverá a ser bondadoso conmigo?
8 ¿Se ha ido para siempre su amor inagotable?
¿Han dejado de cumplirse sus promesas para
siempre?
9 ¿Se ha olvidado Dios de ser bondadoso?
¿Habrá cerrado de un portazo la entrada a su
compasión? *Interludio*

10 Y yo digo: «Este es mi destino;
el Altísimo volvió su mano contra mí».
11 Pero después me acuerdo de todo lo que has hecho,
oh SEÑOR;
recuerdo tus obras maravillosas de tiempos
pasados.
12 Siempre están en mis pensamientos;
no puedo dejar de pensar en tus obras poderosas.
13 Oh Dios, tus caminos son santos.
¿Existe algún dios tan poderoso como tú?
14 ¡Eres el Dios de grandes maravillas!
Demuestras tu asombroso poder entre las
naciones.
15 Con tu fuerte brazo, redimiste a tu pueblo,
los descendientes de Jacob y de José. *Interludio*
16 Cuando el mar Rojo te vio,* oh Dios,
sus aguas miraron y temblaron;
el mar se estremeció hasta las profundidades.
17 Las nubes derramaron lluvia;
el trueno retumbó en el cielo;
tus flechas destellaron como rayos.
18 Tu trueno rugió desde el torbellino;
¡los relámpagos iluminaron el
mundo!
La tierra tembló y se estremeció.
19 Te abriste camino a través del mar
y tu sendero atravesó las poderosas aguas,
¡una senda que nadie sabía que estaba allí!
20 Guiaste a tu pueblo por ese camino como a un
rebaño de ovejas,
con Moisés y Aarón de pastores.

78 *Salmo* de Asaf.*

1 Oh pueblo mío, escucha mis
enseñanzas;
abre tus oídos a lo que digo,
2 porque te hablaré por medio de una parábola.
Te enseñaré lecciones escondidas de nuestro pasado,
3 historias que hemos oído y conocido,
que nos transmitieron nuestros antepasados.
4 No les ocultaremos estas verdades a nuestros hijos;
a la próxima generación le contaremos
de las gloriosas obras del SEÑOR,
de su poder y de sus imponentes maravillas.
5 Pues emitió sus leyes a Jacob;
entregó sus enseñanzas a Israel.
Les ordenó a nuestros antepasados
que se las enseñaran a sus hijos,
6 para que la siguiente generación las conociera
—incluso los niños que aún no habían nacido—,
y ellos, a su vez, las enseñarán a sus propios hijos.
7 De modo que cada generación volviera a poner su
esperanza en Dios
y no olvidara sus gloriosos milagros,
sino que obedeciera sus mandamientos.
8 Entonces no serán obstinados, rebeldes e infieles
como sus antepasados,
quienes se negaron a entregar su corazón a Dios.

9 Los guerreros de Efraín, aunque estaban armados con
arcos,
dieron la espalda y huyeron el día de la batalla.
10 No cumplieron el pacto de Dios
y se negaron a vivir según sus enseñanzas.
11 Se olvidaron de lo que él había hecho,
de las grandes maravillas que les había mostrado,
12 de los milagros que hizo para sus antepasados
en la llanura de Zoán, en la tierra de Egipto.
13 Partió en dos el mar y los guio a cruzarlo
¡mientras sostenía las aguas como si fueran una
pared!
14 Durante el día los guiaba con una nube,
y toda la noche, con una columna de fuego.
15 Partió las rocas en el desierto para darles agua
como de un manantial burbujeante.
16 Hizo que de la roca brotaran corrientes de agua,
¡y que el agua fluyera como un río!
17 Sin embargo, ellos siguieron pecando contra él,
al rebelarse contra el Altísimo en el desierto.
18 Tercamente pusieron a prueba a Dios en sus
corazones,
al exigirle la comida que tanto ansiaban.
19 Hasta hablaron en contra de Dios al decir:

***Notas textuales** **76:10** El significado del hebreo es incierto. **77:16** En hebreo *Cuando las aguas te vieron.* **78:TÍTULO** En hebreo *Masquil.* Puede ser un término literario o musical.

Referencias cruzadas **76:10** Rm 9:17 **77:1-3** Sal 142:2-3 **77:15** Ex 6:6 **77:20** Ex 13:21

«Dios no puede darnos comida en el desierto.
20 Por cierto, puede golpear una roca para que brote agua,
pero no puede darle pan y carne a su pueblo».
21 Cuando el SEÑOR los oyó, se puso furioso;
el fuego de su ira se encendió contra Jacob.
Sí, su enojo aumentó contra Israel,
22 porque no le creyeron a Dios
ni confiaron en su cuidado.
23 Pero él ordenó que se abrieran los cielos;
abrió las puertas del cielo.
24 Hizo que lloviera maná para que comieran;
les dio pan del cielo.
25 ¡Se alimentaron con comida de ángeles!
Dios les dio todo lo que podían consumir.
26 Soltó el viento del oriente en los cielos
y guio al viento del sur con su gran poder.
27 ¡Hizo llover tanta carne como si fuera polvo
y cantidad de aves como la arena a la orilla del mar!
28 Hizo caer las aves dentro del campamento
y alrededor de sus carpas.
29 El pueblo comió hasta saciarse;
él les dio lo que se les antojaba.
30 Pero antes de que saciaran su antojo,
mientras aún tenían la comida en la boca,
31 la ira de Dios aumentó contra ellos,
e hirió de muerte a sus hombres más fuertes;
derribó a los mejores jóvenes de Israel.

32 Sin embargo, el pueblo siguió pecando;
a pesar de sus maravillas, se negaron a confiar en él.
33 Entonces, hizo que la vida de ellos terminara en fracaso,
y sus años, en horror.
34 Cuando Dios comenzó a matarlos,
finalmente lo buscaron.
Se arrepintieron y tomaron en serio a Dios.
35 Entonces recordaron que Dios era su roca,
que el Dios Altísimo* era su redentor.
36 Pero todo fue de dientes para afuera;
le mintieron con la lengua.
37 Con el corazón no eran leales a él;
no cumplieron su pacto.
38 Sin embargo, él tuvo misericordia y perdonó sus pecados,
y no los destruyó a todos.
Muchas veces contuvo su enojo
y no desató su furia.
39 Se acordó de que eran simples mortales
que desaparecen como una ráfaga de viento que nunca vuelve.

40 Oh, cuántas veces se rebelaron contra él en el desierto
y entristecieron su corazón en esa tierra seca y baldía.
41 Una y otra vez pusieron a prueba la paciencia de Dios
y provocaron al Santo de Israel.
42 No se acordaron de su poder
ni de cómo los rescató de sus enemigos.
43 No recordaron las señales milagrosas que hizo en Egipto
ni sus maravillas en la llanura de Zoán.
44 Pues él convirtió los ríos en sangre,
para que nadie pudiera beber de los arroyos.
45 Envió grandes enjambres de moscas para que los consumieran
y miles de ranas para que los arruinaran.
46 Les dio sus cultivos a las orugas;
las langostas consumieron sus cosechas.
47 Destruyó sus vides con granizo
y destrozó sus higueras con aguanieve.
48 Dejó su ganado a merced del granizo,
sus animales, abandonados a los rayos.
49 Desató sobre ellos su ira feroz,
toda su furia, su enojo y hostilidad.
Envió contra ellos
a un grupo de ángeles destructores.
50 Se enfureció contra ellos;
no perdonó la vida de los egipcios,
sino que los devastó con plagas.
51 Mató al hijo mayor de cada familia egipcia,
la flor de la juventud en toda la tierra de Egipto.*
52 Pero guio a su propio pueblo como a un rebaño de ovejas;
los condujo a salvo a través del desierto.
53 Los protegió para que no tuvieran temor;
en cambio, sus enemigos quedaron cubiertos por el mar.
54 Los llevó a la frontera de la tierra santa,
a la tierra de colinas que había conquistado para ellos.
55 A su paso expulsó a las naciones de esa tierra,
la cual repartió por sorteo a su pueblo como herencia
y estableció a las tribus de Israel en sus hogares.

56 Pero ellos siguieron tentando al Dios Altísimo y rebelándose contra él;
no obedecieron sus leyes.
57 Le dieron la espalda y fueron tan infieles como sus padres;
eran tan poco fiables como un arco torcido.
58 Hicieron enojar a Dios al construir santuarios a otros dioses;
con sus ídolos lo pusieron celoso.
59 Cuando Dios los oyó, se enojó mucho,
y rechazó a Israel por completo.
60 Entonces abandonó su morada en Silo,
el tabernáculo donde había vivido en medio de su pueblo.
61 Permitió que el arca de su poder fuera capturada;
cedió su gloria a manos enemigas.
62 Entregó a su pueblo para que los masacraran a espada,
porque estaba muy enojado con su propio pueblo,
su posesión más preciada.
63 A los jóvenes los mataron con fuego;
las muchachas murieron antes de entonar sus canciones de boda.

***Notas textuales 78:35** En hebreo *El-Elión.* **78:51** En hebreo *en las carpas de Cam.*

Referencias cruzadas 78:17-18 1 Co 10:9-10 **78:24** Ex 16:4 **78:35** Dt 32:4

64 Masacraron a los sacerdotes,
y sus viudas no pudieron llorar su muerte.
65 Entonces el Señor se levantó como si despertara de un sueño,
como un guerrero que vuelve en sí de una borrachera.
66 Derrotó a sus enemigos en forma aplastante
y los mandó a la vergüenza eterna.
67 Pero rechazó a los descendientes de José;
no escogió a la tribu de Efraín.
68 En cambio, eligió a la tribu de Judá,
y al monte Sion, al cual amaba.
69 Allí construyó su santuario tan alto como los cielos,
tan sólido y perdurable como la tierra.
70 Escogió a su siervo David
y lo llamó del redil.
71 Tomó a David de donde cuidaba a las ovejas y a los corderos
y lo convirtió en pastor de los descendientes de Jacob:
de Israel, el pueblo de Dios.
72 Lo cuidó con sinceridad de corazón
y lo dirigió con manos diestras.

79

Salmo de Asaf.

1 Oh Dios, naciones paganas conquistaron tu tierra,
tu posesión más preciada.
Profanaron tu santo templo
y convirtieron a Jerusalén en un montón de ruinas.
2 Dejaron los cadáveres de tus siervos
como alimento para las aves del cielo.
La carne de tus justos
se ha convertido en comida para los animales salvajes.
3 La sangre fluyó como agua por toda Jerusalén;
no queda nadie para enterrar a los muertos.
4 Nuestros vecinos se mofan de nosotros;
somos objeto de desprecio y desdén de quienes nos rodean.
5 Oh Señor, ¿hasta cuándo seguirás enojado con nosotros? ¿Será para siempre?
¿Hasta cuándo arderá tu celo como el fuego?
6 Derrama tu ira sobre las naciones que se niegan a reconocerte,
sobre los reinos que no invocan tu nombre.
7 Pues devoraron a tu pueblo, Israel,*
y convirtieron la tierra en un desierto desolado.
8 ¡No nos hagas responsables por los pecados de nuestros antepasados!
Que tu compasión satisfaga pronto nuestras necesidades,
porque estamos al borde de la desesperación.

9 ¡Ayúdanos, oh Dios de nuestra salvación!
Ayúdanos por la gloria de tu nombre;
sálvanos y perdona nuestros pecados
por la honra de tu nombre.
10 ¿Por qué se les permite a las naciones paganas burlarse
y preguntar: «Dónde está su Dios»?
Muéstranos tu venganza contra las naciones,
porque han derramado la sangre de tus siervos.
11 Escucha el lamento de los prisioneros.
Demuestra tu gran poder al salvar a los condenados a muerte.

12 Oh Señor, multiplica siete veces tu venganza contra nuestros vecinos
por la burla que han lanzado contra ti.
13 Entonces nosotros, tu pueblo, las ovejas de tu prado,
te agradeceremos por siempre y para siempre,
y alabaremos tu grandeza de generación en generación.

80

Para el director del coro: salmo de Asaf; cántese con la melodía de «Lirios del pacto».

1 Te pido que escuches, oh Pastor de Israel,
tú, que guías como a un rebaño a los descendientes de José.
Oh Dios, entronizado por encima de los querubines,
despliega tu radiante gloria
2 ante Efraín, Benjamín y Manasés.
Muéstranos tu gran poder.
¡Ven a rescatarnos!

3 Oh Dios, haznos volver a ti;
haz que tu rostro brille sobre nosotros.
Solo entonces seremos salvos.
4 Oh Señor, Dios de los Ejércitos Celestiales,
¿hasta cuándo seguirás enojado con nuestras oraciones?
5 Nos diste tristeza por comida,
y nos hiciste beber lágrimas en abundancia.
6 Nos convertiste en el desprecio* de las naciones vecinas.
Nuestros enemigos nos tratan como si fuéramos una broma.
7 Haznos volver a ti, oh Dios de los Ejércitos Celestiales;
haz que tu rostro brille sobre nosotros.
Solo entonces seremos salvos.
8 Nos sacaste de Egipto como a una vid;
expulsaste a las naciones paganas y nos trasplantaste a tu tierra.
9 Limpiaste el terreno para nosotros,
y echamos raíces y llenamos la tierra.
10 Nuestra sombra cubrió las montañas;
nuestras ramas cubrieron los poderosos cedros.
11 Extendimos las ramas al occidente, hacia el mar Mediterráneo;
nuestros retoños se extendieron al oriente, hacia el río Éufrates.*
12 Pero ahora, ¿por qué has derribado nuestras murallas

***Notas textuales** **79:7** En hebreo *devoraron a Jacob.* Ver nota en 44:4. **80:6** Así aparece en la versión siríaca; en hebreo dice *conflicto.*

Referencias cruzadas **78:70** 1 Sm 16:10-12 **79:13** Sal 100:3 **80:8** Jr 2:21

de modo que todos los que pasan pueden robarse
nuestros frutos?
13 Los jabalíes del bosque los devoran,
y los animales salvajes se alimentan de ellos.

14 Te suplicamos que regreses, oh Dios de los Ejércitos
Celestiales.
Observa desde los cielos y mira nuestro aprieto.
Cuida de esta vid
15 que tú mismo plantaste,
este hijo que criaste para ti.
16 Somos cortados y quemados por nuestros enemigos;
que perezcan al ver tu ceño fruncido.
17 Fortalece al hombre que amas,
al hijo que elegiste.
18 Entonces jamás volveremos a abandonarte.
Revívenos para que podamos invocar tu nombre
una vez más.

19 Haznos volver a ti, oh Señor Dios de los Ejércitos
Celestiales;
haz que tu rostro brille sobre nosotros.
Solo entonces seremos salvos.

81 *Para el director del coro: salmo de Asaf; acompáñese con instrumento de cuerda.**

1 Entonen alabanzas a Dios, nuestra fuerza;
canten al Dios de Jacob.
2 ¡Canten! Toquen la pandereta.
Hagan sonar la dulce lira y el arpa.
3 ¡Toquen el cuerno de carnero en la luna nueva
y otra vez en la luna llena, para convocar a un
festival!
4 Pues los decretos de Israel así lo exigen;
es una ordenanza del Dios de Jacob.
5 Él lo hizo ley para Israel*
cuando atacó a Egipto para ponernos en libertad.

Oí una voz desconocida que decía:
6 «Ahora quitaré la carga de tus hombros;
liberaré tus manos de las tareas pesadas.
7 Clamaste a mí cuando estabas en apuros, y yo te salvé;
respondí desde el nubarrón
y puse a prueba tu fe cuando no había agua en
Meriba. *Interludio*

8 »Escúchame, pueblo mío, en tanto te doy severas
advertencias.
¡Oh Israel, si tan solo me escucharas!
9 Jamás debes tener un dios extranjero;
nunca debes inclinarte frente a un dios falso.
10 Pues fui yo, el Señor tu Dios,
quien te rescató de la tierra de Egipto.
Abre bien tu boca, y la llenaré de cosas buenas.

11 »Pero no, mi pueblo no quiso escuchar;
Israel no quiso que estuviera cerca.
12 Así que dejé que siguiera sus tercos deseos
y que viviera según sus propias ideas.
13 ¡Oh, si mi pueblo me escuchara!
¡Oh, si Israel me siguiera y caminara por mis
senderos!
14 ¡Qué rápido sometería a sus adversarios!
¡Qué pronto pondría mis manos sobre sus
enemigos!
15 Los que odian al Señor se arrastrarían delante de él;
quedarían condenados para siempre.
16 Pero a ustedes los alimentaría con el mejor trigo;
los saciaría con miel silvestre de la roca».

82 *Salmo de Asaf.*

1 Dios preside la corte de los cielos;
pronuncia juicio en medio de los seres celestiales:
2 «¿Hasta cuándo dictarán decisiones injustas
que favorecen a los malvados?
Interludio

3 »Hagan justicia al pobre y al huérfano;
defiendan los derechos de los oprimidos y de los
desposeídos.
4 Rescaten al pobre y al indefenso;
líbrenlos de las garras de los malvados.
5 Pero esos opresores no saben nada;
¡son tan ignorantes!
Andan errantes en la oscuridad
mientras el mundo entero se estremece hasta los
cimientos.
6 Yo digo: "Ustedes son dioses;
son todos hijos del Altísimo.
7 Pero morirán como simples mortales
y caerán como cualquier otro gobernante"».

8 Levántate, oh Dios, y juzga a la tierra,
porque todas las naciones te pertenecen.

83 *Un cántico. Salmo de Asaf.*

1 ¡Oh Dios, no guardes silencio!
No cierres tus oídos;
no te quedes callado, oh Dios.
2 ¿No oyes el alboroto que hacen tus enemigos?
¿No ves que tus arrogantes adversarios se
levantan?
3 Inventan intrigas astutas contra tu pueblo;
conspiran en contra de tus seres preciados.
4 «Vengan —dicen—, exterminemos a Israel como
nación;
destruiremos hasta el más mínimo recuerdo de su
existencia».
5 Efectivamente, esta fue su decisión unánime.
Firmaron un tratado de alianza en tu contra:
6 los edomitas y los ismaelitas;
los moabitas y los agarenos;
7 los giblitas, los amonitas y los amalecitas;
y los habitantes de Filistea y de Tiro.
8 Asiria también se unió a ellos
y se alió con los descendientes de Lot.
Interludio

***Notas textuales 80:11** En hebreo *al occidente, hacia el mar [...] al oriente, hacia el río.* **81:título** En hebreo *según el gitit.* **81:5** En hebreo *para José.*

Referencias cruzadas 80:18 Is 50:5 **81:7** Ex 17:5-7 **81:16** Dt 32:13-14 **82:6** Jn 10:34 **83:1** Sal 109:1

9 Haz con ellos lo mismo que hiciste con los madianitas
y como hiciste también con Sísara y con Jabín en
el río Cisón.
10 Fueron destruidos en Endor,
y sus cadáveres en descomposición fertilizaron
la tierra.
11 Que sus poderosos nobles mueran como murieron
Oreb y Zeeb;
que todos sus príncipes mueran como Zeba y
Zalmuna,
12 porque dijeron: «¡Vamos a apoderarnos de estos
pastizales de Dios
y a usarlos para nuestro beneficio!»
13 ¡Oh mi Dios, espárcelos como a arbustos que
ruedan,
como a paja que se lleva el viento!
14 Así como el fuego quema un bosque
y una llama incendia las montañas,
15 persíguelos con tu tormenta feroz;
atérralos con tu tempestad.
16 Desacredítalos por completo
hasta que se sometan a tu nombre, oh SEÑOR.
17 Que sean avergonzados y aterrorizados para
siempre;
que mueran en deshonra.
18 Entonces aprenderán que solo tú te llamas el SEÑOR,
que solo tú eres el Altísimo,
supremo sobre toda la tierra.

84 *Para el director del coro: salmo de los descendientes de Coré; acompáñese con instrumento de cuerda.**

1 ¡Qué bella es tu morada,
oh SEÑOR de los Ejércitos
Celestiales!
2 Anhelo y hasta desfallezco de deseo
por entrar en los atrios del SEÑOR.
Con todo mi ser, mi cuerpo y mi
alma,
gritaré con alegría al Dios viviente.
3 Hasta el gorrión encuentra un hogar
y la golondrina construye su nido y cría a sus
polluelos
cerca de tu altar,
¡oh SEÑOR de los Ejércitos Celestiales, mi Rey y
mi Dios!
4 ¡Qué alegría para los que pueden vivir en tu casa
cantando siempre tus alabanzas!
Interludio

5 ¡Qué alegría para los que reciben su fuerza del SEÑOR,
los que se proponen caminar hasta Jerusalén!
6 Cuando anden por el Valle del Llanto,*
se convertirá en un lugar de manantiales
refrescantes;
las lluvias de otoño lo cubrirán de bendiciones.
7 Ellos se harán cada vez más fuertes,
y cada uno se presentará delante de Dios en
Jerusalén.*
8 Oh SEÑOR Dios de los Ejércitos Celestiales, oye mi
oración;
escucha, oh Dios de Jacob. *Interludio*

9 ¡Oh Dios, mira con favor al rey, nuestro escudo!
Muestra bondad a quien has
ungido.

10 Un solo día en tus atrios
¡es mejor que mil en cualquier otro lugar!
Prefiero ser un portero en la casa de mi Dios
que vivir la buena vida en la casa de los perversos.
11 Pues el SEÑOR Dios es nuestro sol y nuestro escudo;
él nos da gracia y gloria.
El SEÑOR no negará ningún bien
a quienes hacen lo que es correcto.
12 Oh SEÑOR de los Ejércitos Celestiales,
¡qué alegría tienen los que confían en ti!

85 *Para el director del coro: salmo de los descendientes de Coré.*

1 ¡SEÑOR, tú derramaste bendiciones sobre tu tierra!
Devolviste el bienestar a Israel.*
2 Perdonaste la culpa de tu pueblo;
sí, cubriste todos sus pecados.
Interludio
3 Contuviste tu furia
y refrenaste tu enojo encendido.

4 Ahora, restáuranos, oh Dios de nuestra salvación;
aparta tu enojo de nosotros una vez más.
5 ¿Seguirás enojado con nosotros para siempre?
¿Extenderás tu ira a todas las generaciones?
6 ¿No volverás a darnos vida,
para que tu pueblo pueda alegrarse en ti?
7 Muéstranos tu amor inagotable, oh SEÑOR,
y concédenos tu salvación.

8 Presto mucha atención a lo que dice Dios el SEÑOR,
pues él da palabras de paz a su pueblo fiel.
Pero no le permitas volver a sus necios caminos.
9 Sin duda, la salvación de Dios está cerca de los que le
temen;
por lo tanto, nuestra tierra se llenará de su gloria.

10 El amor inagotable y la verdad se encontraron;
¡la justicia y la paz se besaron!
11 La verdad brota desde la tierra,
y la justicia sonríe desde los cielos.
12 Sí, el SEÑOR derrama sus bendiciones,
y nuestra tierra dará una abundante cosecha.
13 La justicia va delante de él como un heraldo,
preparando el camino para sus pasos.

86 *Oración de David.*

1 Inclínate, oh SEÑOR, y escucha mi oración;
contéstame, porque necesito tu ayuda.
2 Protégeme, pues estoy dedicado a ti.
Sálvame, porque te sirvo y confío en ti;
tú eres mi Dios.

***Notas textuales 84:TÍTULO** En hebreo *según el gitit.* **84:4** Sal 65:4 **84:6** O *Valle de [los] Álamos*; en hebreo dice *valle de Baca.* **84:7** En hebreo *Sion.* **85:1** En hebreo *a Jacob.* Ver nota en 44:4.

Referencias cruzadas 83:18 Sal 7:8**84:11** Ap 21:23 **85:12** St 1:17

3 Ten misericordia de mí, oh Señor,
porque a ti clamo constantemente.
4 Dame felicidad, oh Señor,
pues a ti me entrego.
5 ¡Oh Señor, eres tan bueno; estás tan dispuesto a perdonar,
tan lleno de amor inagotable para los que piden tu ayuda!
6 Escucha atentamente mi oración, oh SEÑOR;
oye mi urgente clamor.
7 A ti clamaré cada vez que esté en apuros,
y tú me responderás.

8 Ningún dios pagano es como tú, oh Señor;
¡nadie puede hacer lo que tú haces!
9 Todas las naciones que hiciste
vendrán y se inclinarán ante ti, Señor;
alabarán tu santo nombre.
10 Pues tú eres grande y haces obras maravillosas;
solo tú eres Dios.

11 Enséñame tus caminos, oh SEÑOR,
para que viva de acuerdo con tu verdad.
Concédeme pureza de corazón,
para que te honre.
12 Con todo el corazón te alabaré, oh Señor mi Dios.
Daré gloria a tu nombre para siempre,
13 porque muy grande es tu amor por mí.
Me has rescatado de las profundidades de la muerte.*

14 Oh Dios, gente insolente se levanta en mi contra;
una pandilla violenta trata de matarme.
No significas nada para ellos.
15 Pero tú, oh Señor,
eres Dios de compasión y misericordia,
lento para enojarte
y lleno de amor inagotable y fidelidad.
16 Mírame y ten misericordia de mí.
Dale tu fuerza a tu siervo;
salva a este hijo de tu sierva.
17 Envíame una señal de tu favor.
Entonces, los que me odian pasarán vergüenza,
porque tú, oh SEÑOR, me ayudas y me consuelas.

87 *Cántico. Salmo de los descendientes de Coré.*

1 En el monte santo
está la ciudad fundada por el SEÑOR.
2 Él ama a la ciudad de Jerusalén
más que a cualquier otra de Israel.*
3 Oh ciudad de Dios,
¡qué cosas gloriosas se dicen de ti!
Interludio

4 Incluiré a Egipto* y a Babilonia entre los que me conocen,
también a Filistea y a Tiro, e incluso a la distante Etiopía.*
¡Ahora todas son ciudadanas de Jerusalén!
5 Con respecto a Jerusalén* se dirá:
«Allí todos disfrutan de los derechos de ciudadanía».
Y el Altísimo en persona bendecirá a esa ciudad.
6 Cuando el SEÑOR escriba en el registro a las naciones, dirá:
«Ahora todas son ciudadanas de Jerusalén».
Interludio

7 La gente tocará flautas* y cantará:
«¡La fuente de mi vida brota de Jerusalén!».

88 *Para el director del coro: salmo de los descendientes de Coré. Cántico; entónese con la melodía de «El sufrimiento de la aflicción». Salmo* de Hemán el ezraíta.*

1 Oh SEÑOR, Dios de mi salvación,
a ti clamo de día.
A ti vengo de noche.
2 Oye ahora mi oración;
escucha mi clamor.
3 Mi vida está llena de dificultades,
y la muerte* se acerca.
4 Estoy como muerto,
como un hombre vigoroso al que no le quedan fuerzas.
5 Me han dejado entre los muertos,
y estoy tendido como un cadáver en la tumba.
Soy olvidado,
estoy separado de tu cuidado.
6 Me arrojaste a la fosa más honda,
a las profundidades más oscuras.
7 Tu ira me oprime;
con una ola tras otra me has cercado.
Interludio

8 Alejaste a mis amigos
al hacerme repulsivo para ellos.
Estoy atrapado y no hay forma de escapar.
9 Los ojos se me cegaron de tantas lágrimas.
Cada día suplico tu ayuda, oh SEÑOR;
levanto a ti mis manos para pedir misericordia.
10 ¿Acaso tus obras maravillosas sirven de algo a los muertos?
¿Se levantan ellos y te alaban?
Interludio

11 ¿Pueden anunciar tu amor inagotable los que están en la tumba?
¿Pueden proclamar tu fidelidad en el lugar de destrucción*?
12 ¿Puede la oscuridad hablar de tus obras maravillosas?
¿Puede alguien en la tierra del olvido contar de tu justicia?
13 Oh SEÑOR, a ti clamo;
seguiré rogando día tras día.
14 Oh SEÑOR, ¿por qué me rechazas?
¿Por qué escondes tu rostro de mí?

***Notas textuales** **86:13** En hebreo *del Seol.* **87:2** En hebreo *Él ama las puertas de Sion más que a todas las moradas de Jacob.* Ver nota en 44:4. **87:4a** En hebreo *Rahab,* nombre de un mítico monstruo marino que en la literatura antigua representa el caos. Aquí se utiliza como un nombre poético para Egipto. **87:4b** En hebreo *Cus.* **87:5** En hebreo *Sion.* **87:7** O *gente bailará.* **88:TÍTULO** En hebreo *Masquil.* Puede ser un término literario o musical. **88:3** En hebreo *el Seol.* **88:11** En hebreo *en Abadón?*

Referencias cruzadas **86:9** Is 66:23 **86:10** 1 Co 8:4 **87:7** Sal 36:9 **88:1** Lc 18:7

15 Desde mi juventud, estoy enfermo y al borde de la muerte.
Me encuentro indefenso y desesperado ante tus terrores.
16 Tu ira feroz me ha abrumado;
tus terrores me paralizaron.
17 Todo el día se arremolinan como las aguas de una inundación
y me han cercado por completo.
18 Me has quitado a mis compañeros y a mis seres queridos;
la oscuridad es mi mejor amiga.

89

Salmo de Etán el ezraíta.*

1 ¡Siempre cantaré acerca del amor inagotable del Señor!
Jóvenes y ancianos oirán de tu fidelidad.
2 Tu amor inagotable durará para siempre;
tu fidelidad es tan perdurable como los cielos.
3 Dijo el Señor: «Hice un pacto con David, mi siervo escogido.
Le hice este juramento:
4 "Estableceré a tus descendientes como reyes para siempre;
se sentarán en tu trono desde ahora y hasta la eternidad"». *Interludio*
5 Todo el cielo alabará tus grandes maravillas, Señor;
multitudes de ángeles te alabarán por tu fidelidad.
6 Pues, ¿quién se compara con el Señor en todo el cielo?
¿Qué ángel poderosísimo se asemeja en algo al Señor?
7 Los poderes angélicos más altos quedan en reverencia ante Dios con temor;
él es mucho más imponente que todos los que rodean su trono.
8 ¡Oh Señor Dios de los Ejércitos Celestiales!
¿Dónde hay alguien tan poderoso como tú, oh Señor?
Eres completamente fiel.

9 Gobiernas los océanos;
dominas las olas embravecidas por la tormenta.
10 Aplastas al gran monstruo marino;*
dispersas a tus enemigos con tu brazo poderoso.
11 Los cielos te pertenecen y la tierra también;
todo lo que hay en el mundo es tuyo; tú lo creaste todo.
12 Creaste el norte y el sur;
el monte Tabor y el monte Hermón alaban tu nombre.
13 ¡Poderoso es tu brazo!
¡Fuerte es tu mano!
Tu mano derecha se levanta en alto con gloriosa fuerza.
14 La rectitud y la justicia son el cimiento de tu trono;
el amor inagotable y la verdad van como séquito delante de ti.
15 Felices son los que oyen el alegre llamado a la adoración,
porque caminarán a la luz de tu presencia, Señor.
16 Todo el día se alegran de tu maravillosa fama;
se regocijan por tu justicia.
17 Tú eres la fuerza gloriosa de ellos.
A ti te agrada hacernos fuertes.
18 Así es, nuestra protección viene del Señor,
y él, el Santo de Israel, nos ha dado nuestro rey.

19 Hace mucho tiempo hablaste a tu pueblo fiel en una visión.
Dijiste: «He levantado a un guerrero;
lo seleccioné de la gente común para que fuera rey.
20 Encontré a mi siervo David;
lo ungí con mi aceite santo.
21 Con mi mano lo mantendré firme;
con mi brazo poderoso, lo haré fuerte.
22 Sus enemigos no lo vencerán
ni lo dominarán los malvados.
23 Aplastaré a sus adversarios frente a él
y destruiré a los que lo odian.
24 Mi fidelidad y mi amor inagotable lo acompañarán,
y con mi autoridad crecerá en poder.
25 Extenderé su gobierno sobre el mar,
su dominio sobre los ríos.
26 Y él clamará a mí: "Tú eres mi Padre,
mi Dios y la Roca de mi salvación".
27 Lo convertiré en mi primer hijo varón,
el rey más poderoso de la tierra.
28 Lo amaré y le daré mi bondad para siempre;
mi pacto con él nunca tendrá fin.
29 Me aseguraré de que tenga heredero;
su trono será interminable, como los días del cielo.
30 Pero, si sus descendientes abandonan mis enseñanzas
y dejan de obedecer mis ordenanzas,
31 si desobedecen mis decretos
y dejan de cumplir mis mandatos,
32 entonces castigaré su pecado con vara
y su desobediencia con azotes.
33 Pero jamás dejaré de amarlo
ni de cumplir la promesa que le hice.
34 Por nada romperé mi pacto;
no retiraré ni una sola palabra que he dicho.
35 Le hice un juramento a David
y por mi santidad no puedo mentir:
36 su dinastía seguirá por siempre;
su reino perdurará como el sol.
37 Será tan eterno como la luna,
¡la cual es mi fiel testigo en el cielo!» *Interludio*

38 Pero ahora lo has rechazado y desechado
y estás enojado con tu rey ungido.
39 Has renunciado al pacto que hiciste con él;
arrojaste su corona al polvo.
40 Derribaste las murallas que lo protegían
y destruiste cada fuerte que lo defendía.
41 Todos los que pasan por allí le han robado,

***Notas textuales 89:TÍTULO** En hebreo *Masquil.* Puede ser un término literario o musical. **89:10** En hebreo *a Rahab,* nombre de un mítico monstruo marino que en la literatura antigua representa el caos.

Referencias cruzadas 88:12 Jb 10:20-21 **88:18** Sal 38:11 **89:4** Lc 1:31-33 **89:20** Hch 13:22 **89:29** Jr 33:17

y se ha convertido en la burla de sus vecinos.
42 Has fortalecido a sus enemigos
e hiciste que se alegraran.
43 Has hecho inservible su espada
y te negaste a ayudarlo en la batalla.
44 Pusiste fin a su esplendor
y derrocaste su trono.
45 Lo has hecho envejecer antes de tiempo
y lo deshonraste en público.
Interludio

46 Oh SEÑOR, ¿hasta cuándo seguirá esto?
¿Te esconderás para siempre?
¿Hasta cuándo arderá tu ira como el fuego?
47 Recuerda lo breve que es mi vida,
¡qué vacía e inútil es la existencia humana!
48 Nadie puede vivir para siempre; todos morirán.
Nadie puede escapar del poder de la tumba.*
Interludio

49 Señor, ¿dónde está tu amor inagotable?
Le diste tu palabra a David mediante una promesa fiel.
50 ¡Considera, Señor, cómo pasan vergüenza tus siervos!
Llevo en mi corazón los insultos de mucha gente.
51 Tus enemigos se han burlado de mí, oh SEÑOR;
se mofan de tu rey ungido por dondequiera que va.

52 ¡Alaben al SEÑOR para siempre!
¡Amén y amén!

LIBRO CUARTO (Salmos 90-106)

90 *Oración de Moisés, hombre de Dios.*

1 Señor, a lo largo de todas las generaciones,
¡tú has sido nuestro hogar!
2 Antes de que nacieran las montañas,
antes de que dieras vida a la tierra y al mundo,
desde el principio y hasta el fin, tú eres Dios.

3 Haces que la gente vuelva al polvo con solo decir:
«¡Vuelvan al polvo, ustedes, mortales!».
4 Para ti, mil años son como un día pasajero,
tan breves como unas horas de la noche.
5 Arrasas a las personas como si fueran sueños que desaparecen.
Son como la hierba que brota en la mañana.
6 Por la mañana se abre y florece,
pero al anochecer está seca y marchita.
7 Nos marchitamos bajo tu enojo;
tu furia nos abruma.
8 Despliegas nuestros pecados delante de ti
—nuestros pecados secretos— y los ves todos.
9 Vivimos la vida bajo tu ira,
y terminamos nuestros años con un gemido.

10 ¡Setenta son los años que se nos conceden!
Algunos incluso llegan a ochenta.
Pero hasta los mejores años se llenan de dolor y de problemas;
pronto desaparecen, y volamos.
11 ¿Quién puede comprender el poder de tu enojo?
Tu ira es tan imponente como el temor que mereces.
12 Enséñanos a entender la brevedad de la vida,
para que crezcamos en sabiduría.

13 ¡Oh SEÑOR, vuelve a nosotros!
¿Hasta cuándo tardarás?
¡Compadécete de tus siervos!
14 Sácianos cada mañana con tu amor inagotable,
para que cantemos de alegría hasta el final de nuestra vida.
15 ¡Danos alegría en proporción a nuestro sufrimiento anterior!
Compensa los años malos con bien.
16 Permite que tus siervos te veamos obrar otra vez,
que nuestros hijos vean tu gloria.
17 Y que el Señor nuestro Dios nos dé su aprobación
y haga que nuestros esfuerzos prosperen.
Sí, ¡haz que nuestros esfuerzos prosperen!

91

Los que viven al amparo del Altísimo
encontrarán descanso a la sombra del Todopoderoso.
2 Declaro lo siguiente acerca del SEÑOR:
Solo él es mi refugio, mi lugar seguro;
él es mi Dios y en él confío.
3 Te rescatará de toda trampa
y te protegerá de enfermedades mortales.
4 Con sus plumas te cubrirá
y con sus alas te dará refugio.
Sus fieles promesas son tu armadura y tu protección.
5 No tengas miedo de los terrores de la noche
ni de la flecha que se lanza en el día.
6 No temas a la enfermedad que acecha en la oscuridad,
ni a la catástrofe que estalla al mediodía.
7 Aunque caigan mil a tu lado,
aunque mueran diez mil a tu alrededor,
esos males no te tocarán.
8 Simplemente abre tus ojos
y mira cómo los perversos reciben su merecido.

9 Si haces al SEÑOR tu refugio
y al Altísimo tu resguardo,
10 ningún mal te conquistará;
ninguna plaga se acercará a tu hogar.
11 Pues él ordenará a sus ángeles
que te protejan por donde vayas.
12 Te sostendrán con sus manos
para que ni siquiera te lastimes el pie con una piedra.
13 Pisotearás leones y cobras;
¡aplastarás feroces leones y serpientes bajo tus pies!

14 El SEÑOR dice: «Rescataré a los que me aman;

***Notas textuales 89:48** En hebreo *del Seol.*

Referencias cruzadas 89:52 Sal 72:18-19 **90:1** Ap 21:3 **90:4** 2 P 3:8 **90:17** Is 26:12 **91:11-12** Lc 4:9-11

protegeré a los que confían en mi nombre.
15 Cuando me llamen, yo les responderé;
estaré con ellos en medio de las dificultades.
Los rescataré y los honraré.
16 Los recompensaré con una larga vida
y les daré mi salvación».

92

Salmo. Cántico para entonar el día de descanso.

1 Es bueno dar gracias al SEÑOR,
cantar alabanzas al Altísimo.
2 Es bueno proclamar por la mañana tu amor
inagotable
y por la noche tu fidelidad,
3 al son de un instrumento de diez cuerdas, un arpa
y la melodía de la lira.

4 Todo lo que has hecho por mí, SEÑOR, ¡me
emociona!
Canto de alegría por todo lo que has hecho.
5 ¡Oh SEÑOR, qué grandes son tus obras!
Y qué profundos son tus pensamientos.
6 Solo un simplón no sabría
y solamente un necio no entendería que
7 aunque los malvados broten como maleza
y los malhechores florezcan,
serán destruidos para siempre.

8 Tú, oh SEÑOR, para siempre serás exaltado.
9 Tus enemigos, SEÑOR, sin duda perecerán;
todos los malhechores quedarán esparcidos.
10 Pero tú me has hecho fuerte como un buey salvaje;
me has ungido con el mejor aceite.
11 Mis ojos vieron la caída de mis enemigos;
mis oídos escucharon la derrota de mis perversos
oponentes.
12 Pero los justos florecerán como palmeras
y se harán fuertes como los cedros del Líbano;
13 trasplantados a la casa del SEÑOR,
florecen en los atrios de nuestro Dios.
14 Incluso en la vejez aún producirán fruto;
seguirán verdes y llenos de vitalidad.
15 Declararán: «¡El SEÑOR es justo!
¡Es mi roca!
¡No existe maldad en él!».

93

¡El SEÑOR es rey! Se viste de majestad.
Ciertamente el SEÑOR se viste de majestad y
está armado con fuerza.
El mundo permanece firme
y no puede ser sacudido.
2 Tu trono, oh SEÑOR, permanece desde tiempos
inmemoriales;
tú mismo existes desde el pasado eterno.
3 Las aguas crecieron, oh SEÑOR.
Los diluvios han rugido como truenos;
las inundaciones elevaron sus impetuosas olas.
4 Pero más poderoso que el estruendo de los mares
enfurecidos,
más potente que las rompientes olas en la orilla,
el SEÑOR, quien está en lo alto, es más poderoso
que estos.
5 Tus leyes soberanas no pueden ser modificadas;
tu reino, oh SEÑOR, es santo por siempre y para
siempre.

94

Oh SEÑOR, Dios de venganza,
oh Dios de venganza, ¡haz que tu gloriosa
justicia resplandezca!
2 Levántate, oh Juez de la tierra;
dales su merecido a los orgullosos.
3 ¿Hasta cuándo, SEÑOR?
¿Hasta cuándo los perversos tendrán permiso
para regodearse?
4 ¿Hasta cuándo hablarán con arrogancia?
¿Hasta cuándo se jactarán estos malvados?
5 Aplastan a tu pueblo, SEÑOR;
lastiman a los que llamas tuyos.
6 Matan a las viudas y a los extranjeros,
y asesinan a los huérfanos.
7 «El SEÑOR no está mirando —dicen—,
y además, al Dios de Israel* no le importa».

8 ¡Piénsenlo mejor, necios!
¿Cuándo por fin se darán cuenta?
9 El que les hizo los oídos, ¿acaso es sordo?
El que les formó los ojos, ¿acaso es ciego?
10 Él castiga a las naciones, ¿acaso no los castigará a
ustedes?
Él todo lo sabe, ¿acaso no sabe también lo que
ustedes hacen?
11 El SEÑOR conoce los pensamientos de la gente;
¡sabe que no valen nada!

12 Felices aquellos a quienes tú disciplinas, SEÑOR,
aquellos a los que les enseñas tus instrucciones.
13 Los alivias en tiempos difíciles
hasta que se cave un pozo para capturar a los
malvados.
14 El SEÑOR no rechazará a su pueblo;
no abandonará a su posesión más preciada.
15 El juicio volverá a basarse en la justicia,
y los de corazón íntegro la procurarán.

16 ¿Quién me protegerá de los perversos?
¿Quién me defenderá de los malvados?
17 Si el SEÑOR no me hubiera ayudado,
pronto me habría quedado en el silencio de la
tumba.
18 Clamé: «¡Me resbalo!»,
pero tu amor inagotable, oh SEÑOR, me sostuvo.
19 Cuando mi mente se llenó de dudas,
tu consuelo renovó mi esperanza y mi alegría.

20 ¿Acaso pueden los líderes injustos afirmar que Dios
está de su lado,
los líderes cuyos decretos permiten la injusticia?
21 Se unen contra los justos
y condenan a muerte a los inocentes.
22 Pero el SEÑOR es mi fortaleza;
mi Dios es la roca poderosa donde me escondo.
23 Dios hará que los pecados de los malvados se tornen
contra ellos;

***Notas textuales** **94:7** En hebreo *de Jacob.* Ver nota en 44:4.

Referencias cruzadas **92:5** Rm 11:33 **92:14** Jn 15:2 **93:5** Sal 19:7 **94:11** 1 Co 3:20 **94:12** Hb 12:5-6

los destruirá por sus pecados.
El SEÑOR nuestro Dios los destruirá.

95 ¡Vengan, cantemos al SEÑOR!
Aclamemos con alegría a la Roca de nuestra salvación.
2 Acerquémonos a él con acción de gracias.
Cantémosle salmos de alabanza,
3 porque el SEÑOR es Dios grande,
un gran Rey sobre todos los dioses.
4 En sus manos sostiene las profundidades de la tierra
y las montañas más imponentes.
5 El mar le pertenece, pues él lo creó;
sus manos también formaron la tierra firme.

6 Vengan, adoremos e inclinémonos.
Arrodillémonos delante del SEÑOR, nuestro creador,
7 porque él es nuestro Dios.
Somos el pueblo que él vigila,
el rebaño a su cuidado.

¡Si tan solo escucharan hoy su voz!
8 El SEÑOR dice: «No endurezcan el corazón como lo hizo Israel en Meriba,
como lo hizo el pueblo en el desierto de Masá.
9 Allí sus antepasados me tentaron y pusieron a prueba mi paciencia,
a pesar de haber visto todo lo que hice.
10 Durante cuarenta años estuve enojado con ellos y dije:
"Son un pueblo cuyo corazón se aleja de mí;
rehúsan hacer lo que les digo".
11 Así que en mi enojo juré:
"Ellos nunca entrarán en mi lugar de descanso"».

96 ¡Canten al SEÑOR una nueva canción!
¡Que toda la tierra cante al SEÑOR!
2 Canten al SEÑOR, alaben su nombre;
cada día anuncien las buenas noticias de que él salva.
3 Anuncien sus gloriosas obras entre las naciones;
cuéntenles a todos las cosas asombrosas que él hace.
4 ¡Grande es el SEÑOR! ¡Es el más digno de alabanza!
A él hay que temer por sobre todos los dioses.
5 Los dioses de las otras naciones no son más que ídolos,
¡pero el SEÑOR hizo los cielos!
6 Honor y majestad lo rodean;
fuerza y belleza llenan su santuario.

7 Oh naciones del mundo, reconozcan al SEÑOR;
reconozcan que el SEÑOR es fuerte y glorioso.
8 ¡Denle al SEÑOR la gloria que merece!
Lleven ofrendas y entren en sus atrios.
9 Adoren al SEÑOR en todo su santo esplendor;
que toda la tierra tiemble delante de él.
10 Digan a todas las naciones: «¡El SEÑOR reina!».
El mundo permanece firme y no puede ser sacudido.
Él juzgará a todos los pueblos con imparcialidad.

11 ¡Que los cielos se alegren, y la tierra se goce!
¡Que el mar y todo lo que contiene exclamen sus alabanzas!
12 ¡Que los campos y sus cultivos estallen de alegría!
Que los árboles del bosque canten de alegría
13 delante del SEÑOR, ¡porque él viene!
Viene a juzgar la tierra.
Juzgará al mundo con justicia
y a las naciones con su verdad.

97 ¡El SEÑOR es rey!
¡Que se goce la tierra!
¡Que se alegren las costas más lejanas!
2 Nubes oscuras lo rodean.
La rectitud y la justicia son el cimiento de su trono.
3 Fuego se extiende delante de él
y calcina a todos sus enemigos.
4 Sus relámpagos destellan por el mundo;
la tierra lo ve y tiembla.
5 Las montañas se derriten como cera delante del SEÑOR,
delante del Señor de toda la tierra.
6 Los cielos proclaman su justicia;
toda nación ve su gloria.

7 Los que rinden culto a ídolos quedan deshonrados
—todos los que se jactan de sus inútiles dioses—,
pues todos los dioses tienen que inclinarse ante él.
8 ¡Jerusalén* oyó y se alegró,
y todas las ciudades de Judá están felices
a causa de tu justicia, oh SEÑOR!
9 Pues tú, oh SEÑOR, eres supremo en toda la tierra,
exaltado muy por encima de todos los dioses.

10 ¡Ustedes, los que aman al SEÑOR, odien el mal!
Él protege la vida de sus justos
y los rescata del poder de los perversos.
11 La luz brilla sobre los justos,
y la alegría sobre los de corazón recto.
12 ¡Que todos los justos se alegren en el SEÑOR
y alaben su santo nombre!

98 *Salmo.*

1 Canten al SEÑOR una nueva canción,
porque ha hecho obras maravillosas.
Su mano derecha obtuvo una poderosa victoria;
su santo brazo ha mostrado su poder salvador.
2 El SEÑOR anunció su victoria
y reveló su justicia a toda nación.
3 Recordó su promesa de amar y de ser fiel a Israel.
¡Los extremos de la tierra han visto la victoria de nuestro Dios!

4 Aclamen al SEÑOR, habitantes de toda la tierra;
¡prorrumpan en alabanza y canten de alegría!
5 Canten alabanzas al SEÑOR con el arpa,
con el arpa y dulces melodías,
6 con trompetas y el sonido del cuerno de carnero.

***Notas textuales 97:8** En hebreo *Sion.*

Referencias cruzadas 94:21 Mt 27:4 **95:7-11** Hb 3:7-11, 15 **96:1-13** 1 Cr 16:23-33 **97:7** Hb 1:6

¡Toquen una alegre sinfonía delante del SEÑOR,
el Rey!
7 ¡Que el mar y todo lo que contiene le exclamen
alabanzas!
¡Que se le unan la tierra y todas sus criaturas
vivientes!
8 ¡Que los ríos aplaudan con júbilo!
Que las colinas entonen sus cánticos de alegría
9 delante del SEÑOR,
porque viene a juzgar la tierra.
Juzgará al mundo con justicia,
y a las naciones con imparcialidad.

99

¡El SEÑOR es rey!
¡Que tiemblen las naciones!
Está sentado en su trono, entre los querubines.
¡Que se estremezca toda la tierra!
2 El SEÑOR se sienta con majestad en Jerusalén,*
exaltado sobre todas las naciones.
3 Que ellas alaben tu nombre grande y temible.
¡Tu nombre es santo!
4 Rey poderoso, amante de la justicia,
tú has establecido la imparcialidad.
Has actuado con justicia
y con rectitud en todo Israel.*
5 ¡Exalten al SEÑOR nuestro Dios!
¡Póstrense ante sus pies porque él es santo!

6 Moisés y Aarón estaban entre sus sacerdotes;
Samuel también invocó su nombre.
Clamaron al SEÑOR por ayuda,
y él les respondió.
7 Habló a Israel desde la columna de nube,
y los israelitas siguieron las leyes y los decretos
que les dio.
8 Oh SEÑOR nuestro Dios, tú les respondiste;
para ellos fuiste Dios perdonador,
pero los castigaste cuando se desviaron.
9 Exalten al SEÑOR nuestro Dios
y adoren en su monte santo, en Jerusalén,
¡porque el SEÑOR nuestro Dios es santo!

100 *Salmo de agradecimiento.*

1 ¡Aclamen con alegría al SEÑOR, habitantes de toda la
tierra!
2 Adoren al SEÑOR con gozo.
Vengan ante él cantando con alegría.
3 ¡Reconozcan que el SEÑOR es Dios!
Él nos hizo, y le pertenecemos;*
somos su pueblo, ovejas de su prado.
4 Entren por sus puertas con acción de gracias;
vayan a sus atrios con alabanza.
Denle gracias y alaben su nombre.
5 Pues el SEÑOR es bueno.
Su amor inagotable permanece para siempre,
y su fidelidad continúa de generación en
generación.

101 *Salmo de David.*

1 Cantaré de tu amor y de tu justicia, oh SEÑOR;
te alabaré con canciones.
2 Tendré cuidado de llevar una vida intachable;
¿cuándo vendrás a ayudarme?
Viviré con integridad
en mi propio hogar.
3 Me negaré a mirar
cualquier cosa vil o vulgar.
Detesto a los que actúan de manera deshonesta;
no tendré nada que ver con ellos.
4 Rechazaré las ideas perversas
y me mantendré alejado de toda clase de mal.
5 No toleraré a los que calumnian a sus vecinos;
no soportaré la presunción ni el orgullo.

6 Buscaré a personas fieles
para que sean mis compañeros;
solo a los que sean irreprochables
se les permitirá servirme.
7 No permitiré que los engañadores sirvan en mi casa,
y los mentirosos no permanecerán en mi
presencia.
8 Mi tarea diaria será descubrir a los perversos
y liberar de sus garras a la ciudad del SEÑOR.

102 *Oración de quien está abrumado de problemas y se desahoga ante el SEÑOR.*

1 SEÑOR, ¡oye mi oración!
¡Escucha mi ruego!
2 No te alejes de mí
en el tiempo de mi angustia.
Inclínate para escuchar
y no tardes en responderme cuando te llamo.
3 Pues mis días desaparecen como el humo,
y los huesos me arden como carbones al rojo vivo.
4 Tengo el corazón angustiado, marchito como la
hierba,
y perdí el apetito.
5 Por mi gemir,
quedé reducido a piel y huesos.
6 Soy como un búho en el desierto,
como un búho pequeño en un lugar remoto y
desolado.
7 Me acuesto y sigo despierto,
como un pájaro solitario en el tejado.
8 Mis enemigos se burlan de mí día tras día;
se mofan de mí y me maldicen.
9 Me alimento de cenizas;
las lágrimas corren por mis mejillas y se mezclan
con mi bebida,
10 a causa de tu enojo y de tu ira,
pues me levantaste y me echaste.
11 Mi vida pasa tan rápido como las sombras de la
tarde;

***Notas textuales** **99:2** En hebreo *Sion.* **99:4** En hebreo *Jacob.* Ver nota en 44:4. **100:3** Así aparece en una lectura alternativa del texto masorético; la otra alternativa y algunas versiones antiguas dicen *y no nosotros mismos.*

Referencias cruzadas **98:9** Sal 96:10, 13 **99:8** Nm 14:20 **100:3** Jn 10:11 **101:8** Sal 118:10-12 **102:8** Lc 23:11, 35-37 voy marchitándome como hierba.

12 Pero tú, oh Señor, te sentarás en tu trono para
siempre;
tu fama durará por todas las generaciones.
13 Te levantarás y tendrás misericordia de Jerusalén;*
ya es tiempo de tener compasión de ella,
ahora es el momento en que prometiste ayudar.
14 Pues tu pueblo ama cada piedra de sus murallas
y atesora hasta el polvo de sus calles.
15 Entonces las naciones temblarán ante el Señor;
los reyes de la tierra temblarán ante su gloria.
16 Pues el Señor reconstruirá Jerusalén;
él aparecerá en su gloria.
17 Escuchará las oraciones de los desposeídos;
no rechazará sus ruegos.

18 Que esto quede registrado para las generaciones
futuras,
para que un pueblo aún no nacido alabe al Señor.
19 Cuéntenles que el Señor miró hacia abajo,
desde su santuario celestial.
Desde los cielos miró la tierra
20 para escuchar los gemidos de los prisioneros,
para poner en libertad a los condenados a muerte.
21 Por eso la fama del Señor se celebrará en Sion,
y sus alabanzas en Jerusalén,
22 cuando las multitudes se reúnan
y los reinos vengan a adorar al Señor.

23 En la mitad de mi vida, me quebró las fuerzas,
y así acortó mis días.
24 Pero clamé a él: «Oh mi Dios, el que vive para
siempre,
¡no me quites la vida en la flor de mi juventud!
25 Hace mucho tiempo echaste los cimientos de la
tierra
y con tus manos formaste los cielos.
26 Ellos dejarán de existir, pero tú permaneces para
siempre;
se desgastarán como ropa vieja.
Tú los cambiarás
y los desecharás como si fueran ropa.
27 Pero tú siempre eres el mismo;
tú vivirás para siempre.
28 Los hijos de tu pueblo
vivirán seguros;
los hijos de sus hijos
prosperarán en tu presencia».

103 *Salmo de David.*

1 Que todo lo que soy alabe al Señor;
con todo el corazón alabaré su santo nombre.
2 Que todo lo que soy alabe al Señor;
que nunca olvide todas las cosas buenas que hace
por mí.
3 Él perdona todos mis pecados
y sana todas mis enfermedades.
4 Me redime de la muerte
y me corona de amor y tiernas misericordias.
5 Colma mi vida de cosas buenas;
¡mi juventud se renueva como la del águila!
6 El Señor da rectitud
y hace justicia a los que son tratados
injustamente.
7 Dio a conocer su carácter a Moisés
y sus obras al pueblo de Israel.
8 El Señor es compasivo y misericordioso,
lento para enojarse y está lleno de amor
inagotable.
9 No nos reprenderá todo el tiempo
ni seguirá enojado para siempre.
10 No nos castiga por todos nuestros pecados;
no nos trata con la severidad que merecemos.
11 Pues su amor inagotable hacia los que le temen
es tan inmenso como la altura de los cielos sobre
la tierra.
12 Llevó nuestros pecados tan lejos de nosotros
como está el oriente del occidente.
13 El Señor es como un padre con sus hijos,
tierno y compasivo con los que le temen.
14 Pues él sabe lo débiles que somos;
se acuerda de que somos tan solo polvo.
15 Nuestros días sobre la tierra son como la hierba;
igual que las flores silvestres, florecemos y
morimos.
16 El viento sopla, y desaparecemos
como si nunca hubiéramos estado aquí.
17 Pero el amor del Señor permanece para siempre
con los que le temen.
¡Su salvación se extiende a los hijos de los hijos
18 de los que son fieles a su pacto,
de los que obedecen sus mandamientos!

19 El Señor ha hecho de los cielos su trono;
desde allí gobierna todo.

20 Alaben al Señor, ustedes los ángeles,
ustedes los poderosos que llevan a cabo sus
planes,
que están atentos a cada uno de sus mandatos.
21 ¡Sí, alaben al Señor, ejércitos de ángeles
que le sirven y hacen su voluntad!
22 Alabe al Señor todo lo que él ha creado,
todo lo que hay en su reino.

Que todo lo que soy alabe al Señor.

104

Que todo lo que soy alabe al Señor.

¡Oh Señor mi Dios, eres grandioso!
Te has vestido de honor y majestad.
2 Te has envuelto en un manto de luz.
Despliegas la cortina de estrellas de los cielos;
3 colocas las vigas de tu hogar en las nubes de lluvia.
Haces de las nubes tu carro de guerra;
cabalgas sobre las alas del viento.
4 Los vientos son tus mensajeros;
las llamas de fuego, tus sirvientes.*

5 Colocaste el mundo sobre sus cimientos,

***Notas textuales** **102:13** En hebreo *Sion*; también en 102:16.

Referencias cruzadas **102:25-27** Hb 1:10-12 **103:5** Is 40:31 **103:15** St 1:10-11

así jamás se removerá.
6 Vestiste a la tierra con torrentes de agua,
agua que cubrió aun a las montañas.
7 A tu orden, el agua huyó;
al sonido de tu trueno, salió corriendo.
8 Las montañas se elevaron y los valles se hundieron
hasta el nivel que tú decretaste.
9 Después, fijaste un límite para los mares,
para que nunca más cubrieran la tierra.

10 Tú haces que los manantiales viertan agua en los
barrancos,
para que los arroyos broten con fuerza y
desciendan desde las montañas.
11 Proveen agua a todos los animales,
y los burros salvajes sacian su sed.
12 Las aves hacen sus nidos junto a los arroyos
y cantan entre las ramas de los árboles.
13 Desde tu hogar celestial, envías lluvia sobre las
montañas
y colmas la tierra con el fruto de tus obras.
14 Haces crecer el pasto para los animales
y las plantas para el uso de la gente.
Les permites producir alimento con el fruto de la
tierra:
15 vino para que se alegren,
aceite de oliva para aliviarles la piel,
y pan para que se fortalezcan.
16 Los árboles del Señor están bien cuidados,
los cedros del Líbano que plantó.
17 Allí hacen sus nidos las aves,
y en los cipreses las cigüeñas hacen su hogar.
18 En lo alto de las montañas viven las cabras salvajes,
y las rocas forman un refugio para los damanes.*

19 Creaste la luna para que marcara las estaciones,
y el sol sabe cuándo ponerse.
20 Envías la oscuridad, y se hace de noche,
la hora en que merodean los animales del bosque.
21 Los leones jóvenes rugen por su presa;
acechan en busca del alimento que Dios les
provee.
22 Al amanecer, se escabullen
y se meten en sus guaridas para descansar.
23 Entonces la gente sale a trabajar
y realiza sus labores hasta el anochecer.

24 Oh Señor, ¡cuánta variedad de cosas has creado!
Las hiciste todas con tu sabiduría;
la tierra está repleta de tus criaturas.
25 Allí está el océano, ancho e inmenso,
rebosando de toda clase de vida,
especies tanto grandes como pequeñas.
26 Miren los barcos que pasan navegando,
y al Leviatán,* al cual hiciste para que juegue en
el mar.

27 Todos dependen de ti
para recibir el alimento según su necesidad.
28 Cuando tú lo provees, ellos lo recogen.
Abres tu mano para alimentarlos,
y quedan sumamente satisfechos.
29 Pero si te alejas de ellos, se llenan de pánico.
Cuando les quitas el aliento,
mueren y vuelven otra vez al polvo.
30 Cuando les das tu aliento,* se genera la vida
y renuevas la faz de la tierra.

31 ¡Que la gloria del Señor continúe para siempre!
¡El Señor se deleita en todo lo que ha creado!
32 La tierra tiembla ante su mirada;
las montañas humean cuando él las toca.

33 Cantaré al Señor mientras viva.
¡Alabaré a mi Dios hasta mi último suspiro!
34 Que todos mis pensamientos le agraden,
porque me alegro en el Señor.
35 Que todos los pecadores desaparezcan de la faz de la
tierra;
que dejen de existir para siempre los perversos.

Que todo lo que soy alabe al Señor.

¡Alabado sea el Señor!

105

Den gracias al Señor y proclamen su
grandeza;
que todo el mundo sepa lo que él ha hecho.
2 Canten a él; sí, cántenle alabanzas.
Cuéntenle a todo el mundo acerca de sus obras
maravillosas.
3 Regocíjense por su santo nombre;
alégrense ustedes, los que adoran al Señor.
4 Busquen al Señor y a su fuerza;
búsquenlo continuamente.
5 Recuerden las maravillas y los milagros que ha
realizado,
y los decretos que ha dictado,
6 ustedes, hijos de su siervo Abraham,
descendientes de Jacob, los elegidos de Dios.

7 Él es el Señor nuestro Dios;
su justicia se ve por toda la tierra.
8 Siempre se atiene a su pacto,
al compromiso que adquirió con mil
generaciones.
9 Es el pacto que hizo con Abraham
y el juramento que le hizo a Isaac.
10 Se lo confirmó a Jacob como un decreto
y al pueblo de Israel como un pacto eterno:
11 «Te daré la tierra de Canaán
como tu preciada posesión».

12 Eso lo dijo cuando eran unos pocos,
un pequeño grupo de extranjeros en Canaán.
13 Anduvieron de nación en nación,
de un reino a otro.
14 Sin embargo, él no permitió que nadie los
oprimiera.
A favor de ellos, les advirtió a los reyes:
15 «No toquen a mi pueblo elegido

***Notas textuales** **104:4** La versión griega dice *Él envía a sus ángeles como los vientos / y a sus sirvientes como llamas de fuego.* Comparar Hb 1:7. **104:18** O *conejos salvajes,* o *tejones de las rocas.* **104:26** La identidad del Leviatán es discutida; las ideas van desde una criatura terrestre hasta un mítico monstruo marino de la literatura antigua. **104:30** O *Cuando envías tu Espíritu.*

Referencias cruzadas **104:4** Hb 1:7 **104:23** Gn 3:19**104:35** Sal 37:10 **105:1-15** 1 Cr 16:8-22 ni hagan daño a mis profetas».

16 Mandó hambre a la tierra de Canaán,
y cortó la provisión de alimentos.
17 Luego envió a un hombre a Egipto delante de ellos:
a José, quien fue vendido como esclavo.
18 Le lastimaron los pies con grilletes
y en el cuello le pusieron un collar de hierro.
19 Hasta que llegó el momento de cumplir sus sueños,*
el Señor puso a prueba el carácter de José.
20 Entonces el faraón mandó a buscarlo y lo puso en libertad;
el gobernante de la nación le abrió la puerta de la cárcel.
21 José quedó a cargo de toda la casa del rey;
llegó a ser el administrador de todas sus posesiones.
22 Con total libertad instruía* a los asistentes del rey
y enseñaba a los consejeros del rey.

23 Luego Israel llegó a Egipto;
Jacob vivió como extranjero en la tierra de Cam.
24 Y el Señor multiplicó a los israelitas
hasta que llegaron a ser más poderosos que sus enemigos.
25 Después puso a los egipcios en contra del pueblo de Israel,
y ellos conspiraron contra los siervos del Señor.

26 Pero el Señor envió a su siervo Moisés,
junto con Aarón, a quien había escogido.
27 Ellos realizaron señales asombrosas entre los egipcios,
y maravillas en la tierra de Cam.
28 El Señor cubrió a Egipto con oscuridad,
porque los egipcios desobedecieron* las órdenes de dejar ir a su pueblo.
29 Convirtió sus aguas en sangre
y envenenó a todos los peces.
30 Luego las ranas infestaron la tierra
y hasta invadieron las habitaciones del rey.
31 Cuando el Señor habló, enjambres de moscas descendieron sobre los egipcios,
y hubo una nube de mosquitos por todo Egipto.
32 Les envió granizo en lugar de lluvia,
y destellaron relámpagos sobre la tierra.
33 Arruinó sus vides y sus higueras
y destrozó todos los árboles.
34 Habló, y vinieron oleadas de langostas,
langostas jóvenes en cantidades innumerables.
35 Se comieron todo lo verde que había en la tierra
y destruyeron todos los cultivos de los campos.
36 Después mató al hijo mayor de cada hogar egipcio,
el orgullo y la alegría de cada familia.

37 El Señor sacó a su pueblo de Egipto, cargado de oro y de plata;
y ni una sola persona de las tribus de Israel siquiera tropezó.
38 Egipto se alegró cuando se fueron,
porque les tenía mucho miedo.
39 El Señor desplegó una nube sobre ellos para que los cubriera
y les dio un gran fuego para que iluminara la oscuridad.
40 Ellos le pidieron carne, y él les envió codornices;
les sació el hambre con maná, pan del cielo.
41 Partió una roca, y brotó agua a chorros
que formó un río a través de la tierra árida y baldía.
42 Pues recordó la promesa sagrada
que le había hecho a su siervo Abraham.
43 Así que sacó a su pueblo de Egipto con alegría,
a sus escogidos, con gozo.
44 Les dio las tierras de las naciones paganas,
y cosecharon cultivos que otros habían sembrado.
45 Todo eso sucedió para que siguieran los decretos del Señor
y obedecieran sus enseñanzas.

¡Alabado sea el Señor!

106

¡Alabado sea el Señor!

¡Den gracias al Señor, porque él es bueno!
Su fiel amor perdura para siempre.
2 ¿Quién podrá enumerar los gloriosos milagros del Señor?
¿Quién podrá alabarlo lo suficiente?
3 Hay alegría para los que tratan con justicia a los demás
y siempre hacen lo que es correcto.

4 Acuérdate de mí, Señor, cuando le muestres favor a tu pueblo;
acércate y rescátame.
5 Déjame tener parte en la prosperidad de tus elegidos.
Permite que me alegre por el gozo de tu pueblo;
concédeme alabarte con los que son tu herencia.

6 Hemos pecado como nuestros antepasados.
¡Hicimos lo malo y actuamos de manera perversa!
7 Nuestros antepasados en Egipto
no quedaron conmovidos ante las obras milagrosas del Señor.
Pronto olvidaron sus muchos actos de bondad hacia ellos;
en cambio, se rebelaron contra él en el mar Rojo.*
8 Aun así, él los salvó:
para defender el honor de su nombre
y para demostrar su gran poder.
9 Ordenó al mar Rojo* que se secara
y condujo a Israel a través del mar como si fuera un desierto.
10 Así los rescató de sus enemigos
y los libertó de sus adversarios.
11 Después el agua volvió y cubrió a sus enemigos;
ninguno de ellos sobrevivió.
12 Entonces el pueblo creyó las promesas del Señor
y le cantó alabanzas.

***Notas textuales** **105:19** En hebreo *su palabra.* **105:22** Así aparece en la versión griega y en la siríaca; en hebreo dice *ataba* o *encarcelaba*. **105:28** Así aparece en la versión griega y en la siríaca; en hebreo dice *no desobedecieron*. **106:7** En hebreo *en el mar, el mar de juncos.* **106:9** En hebreo *mar de juncos*; también en 106:22.

Referencias cruzadas **105:25** Hch 7:9-19 **105:41** 1 Co 10:1-4

13 Sin embargo, ¡qué pronto olvidaron lo que él había
hecho!
¡No quisieron esperar su consejo!
14 En el desierto dieron rienda suelta a sus deseos;
pusieron a prueba la paciencia de Dios en esa
tierra árida y baldía.
15 Entonces les dio lo que pedían,
pero al mismo tiempo les envió una plaga.
16 La gente del campamento se puso celosa de Moisés
y tuvo envidia de Aarón, el santo sacerdote del
Señor.
17 Por esa causa la tierra se abrió;
se tragó a Datán
y enterró a Abiram junto con los otros rebeldes.
18 Sobre sus seguidores cayó fuego;
una llama consumió a los perversos.

19 Los israelitas hicieron un becerro en el monte Sinaí;*
se inclinaron ante una imagen hecha de oro.
20 Cambiaron a su glorioso Dios
por la estatua de un toro que come hierba.
21 Se olvidaron de Dios, su salvador,
quien había realizado tantas grandezas en Egipto:
22 obras tan maravillosas en la tierra de Cam,
hechos tan asombrosos en el mar Rojo.
23 Por lo tanto, él declaró que los destruiría.
Pero Moisés, su escogido, intervino entre el
Señor y los israelitas;
le suplicó que apartara su ira y que no los
destruyera.

24 El pueblo se negó a entrar en la agradable tierra,
porque no creían la promesa de que Dios los iba
a cuidar.
25 En cambio, rezongaron en sus carpas
y se negaron a obedecer al Señor.
26 Por lo tanto, él juró solemnemente
que los mataría en el desierto,
27 que dispersaría a sus descendientes* entre las
naciones,
y los enviaría a tierras distantes.

28 Después nuestros antepasados se unieron para
rendir culto a Baal en Peor;
¡hasta comieron sacrificios ofrecidos a los
muertos!
29 Con todo eso provocaron el enojo del Señor,
entonces se desató una plaga en medio de ellos.
30 Pero Finees tuvo el valor de intervenir
y la plaga se detuvo.
31 Por eso, desde entonces,
se le considera un hombre justo.

32 También en Meriba, provocaron el enojo del Señor,
y le causaron serios problemas a Moisés.
33 Hicieron que Moisés se enojara*
y hablara como un necio.

34 Israel no destruyó a las naciones que había en la
tierra,
como el Señor le había ordenado.
35 En cambio, los israelitas se mezclaron con los
paganos
y adoptaron sus malas costumbres.
36 Rindieron culto a sus ídolos,
y eso resultó en su ruina.
37 Hasta sacrificaron a sus propios hijos
e hijas a los demonios.
38 Derramaron sangre inocente,
la sangre de sus hijos e hijas.
Al sacrificarlos a los ídolos de Canaán,
contaminaron la tierra con asesinatos.
39 Se contaminaron a sí mismos con sus malas
acciones,
y su amor a los ídolos fue adulterio a los ojos del
Señor.

40 Por eso, el enojo del Señor se encendió contra su
pueblo,
y él aborreció a su posesión más preciada.
41 Los entregó a las naciones paganas
y quedaron bajo el gobierno de quienes
los odiaban.
42 Sus enemigos los aplastaron
y los sometieron a su cruel poder.
43 Él los rescató una y otra vez,
pero ellos decidieron rebelarse en su contra,
y finalmente su pecado los destruyó.
44 Aun así, él sintió compasión por la angustia de ellos
y escuchó sus clamores.
45 Recordó el pacto que les había hecho
y desistió a causa de su amor inagotable.
46 Hasta hizo que sus captores
los trataran con amabilidad.

47 ¡Oh Señor nuestro Dios, sálvanos!
Vuelve a reunirnos de entre las naciones,
para que podamos agradecer a tu santo nombre,
alegrarnos y alabarte.

48 Alaben al Señor, Dios de Israel,
quien vive desde siempre y para siempre.
Que todo el pueblo diga: «¡Amén!».
¡Alabado sea el Señor!

Libro Quinto (Salmos 107–150)

107 ¡Den gracias al Señor, porque él es bueno!
Su fiel amor perdura para siempre.
2 ¿Los ha rescatado el Señor? ¡Entonces, hablen con
libertad!
Cuenten a otros que él los ha rescatado de sus
enemigos.
3 Pues ha reunido a los desterrados de muchos países,
del oriente y del occidente,
del norte y del sur.*

4 Algunos vagaban por el desierto,
perdidos y sin hogar.
5 Con hambre y con sed,
estaban a punto de morir.

***Notas textuales** **106:19** En hebreo *en Horeb,* otro nombre para Sinaí. **106:27** Así aparece en la versión siríaca; en hebreo dice *que haría caer a sus descendientes*. **106:33** En hebreo *Amargaron su espíritu*. **107:3** En hebreo *y del mar*.

Referencias cruzadas **106:20** Hch 7:41 **106:24** Hb 3:18-19 **106:47-48** 1 Cr 16:34-36

6 «¡Socorro, SEÑOR!», clamaron en medio de su dificultad,
y él los rescató de su aflicción.
7 Los llevó directo a un lugar seguro,
a una ciudad donde pudieran vivir.
8 Que alaben al SEÑOR por su gran amor
y por las obras maravillosas que ha hecho a favor de ellos.
9 Pues él satisface al sediento
y al hambriento lo llena de cosas buenas.

10 Algunos estaban en oscuridad y en una profunda penumbra,
presos del sufrimiento con cadenas de hierro.
11 Se rebelaron contra las palabras de Dios;
se burlaron del consejo del Altísimo.
12 Por eso los doblegó con trabajo forzado;
cayeron, y no hubo quien los ayudara.
13 «¡Socorro, SEÑOR!», clamaron en medio de su dificultad,
y él los salvó de su aflicción.
14 Los sacó de la oscuridad y de la profunda penumbra;
les rompió las cadenas.
15 Que alaben al SEÑOR por su gran amor
y por las obras maravillosas que ha hecho a favor de ellos.
16 Pues rompió las puertas de bronce de su prisión;
partió en dos los barrotes de hierro.

17 Algunos fueron necios; se rebelaron
y sufrieron por sus pecados.
18 No podían ni pensar en comer,
y estaban a las puertas de la muerte.
19 «¡Socorro, SEÑOR!», clamaron en medio de su dificultad,
y él los salvó de su aflicción.
20 Envió su palabra y los sanó;
los arrebató de las puertas de la muerte.
21 Que alaben al SEÑOR por su gran amor
y por las obras maravillosas que ha hecho a favor de ellos.
22 Que ofrezcan sacrificios de agradecimiento
y canten con alegría por sus gloriosos actos.

23 Algunos se hicieron a la mar en barcos
y surcaron las rutas comerciales del mundo.
24 También observaron el poder del SEÑOR en acción,
sus impresionantes obras en los mares más profundos.
25 Él habló, y se desataron los vientos
que agitaron las olas.
26 Los barcos fueron lanzados hacia los cielos
y cayeron nuevamente a las profundidades;
los marineros se acobardaron de terror.
27 Se tambaleaban y daban tumbos como borrachos;
no sabían qué más hacer.
28 «¡Socorro, SEÑOR!», clamaron en medio de su dificultad,
y él los salvó de su aflicción.
29 Calmó la tormenta hasta convertirla en un susurro
y aquietó las olas.
30 ¡Qué bendición fue esa quietud
cuando los llevaba al puerto sanos y salvos!
31 Que alaben al SEÑOR por su gran amor
y por las obras maravillosas que ha hecho a favor de ellos.
32 Que lo exalten públicamente delante de la congregación
y ante los líderes del pueblo.

33 Él transforma ríos en desiertos
y manantiales de agua en tierra árida y sedienta.
34 Convierte la tierra fructífera en tierras saladas y baldías,
a causa de la maldad de sus habitantes.
35 Pero también convierte desiertos en lagunas
y la tierra seca en fuentes de agua.
36 Lleva a los hambrientos para que se establezcan allí
y construyan sus ciudades.
37 Siembran los campos, plantan viñedos,
y recogen cosechas abundantes.
38 ¡Cuánto los bendice!
Allí crían familias numerosas
y sus manadas de animales aumentan.

39 Cuando disminuye la cantidad de ellos y se empobrecen
por la opresión, las dificultades y el dolor,
40 el SEÑOR derrama desprecio sobre sus príncipes
y los hace vagar por tierras baldías y sin sendero.
41 Pero rescata de la dificultad a los pobres
y hace crecer a sus familias como rebaños de ovejas.
42 Los justos verán estas cosas y se alegrarán
mientras los perversos son bruscamente silenciados.
43 Los sabios tomarán todo muy en serio;
verán en nuestra historia el fiel amor del SEÑOR.

108 *Cántico. Salmo de David.*

1 Mi corazón está confiado en ti, oh Dios;
¡con razón puedo cantar tus alabanzas con toda el alma!
2 ¡Despiértense, lira y arpa!
Con mi canto despertaré al amanecer.
3 Te daré gracias, SEÑOR, en medio de toda la gente;
cantaré tus alabanzas entre las naciones.
4 Pues tu amor inagotable es más alto que los cielos;
tu fidelidad alcanza las nubes.
5 Exaltado seas, oh Dios, por encima de los cielos más altos.
Que tu gloria brille sobre toda la tierra.

6 Rescata ahora a tu pueblo amado;
respóndenos y sálvanos con tu poder.
7 Por su santidad,* Dios ha prometido:
«Dividiré a Siquem con alegría
y mediré el valle de Sucot.
8 Galaad es mío,
y también Manasés.
Efraín, mi casco, producirá mis guerreros,
y Judá, mi cetro, producirá mis reyes.

***Notas textuales** **108:7** O *En su santuario.*

Referencias cruzadas **107:9** Lc 1:53 **107:20** Mt 8:8 **107:29** Mt 8:26 **107:42** Rm 3:19 **108:1-5** Sal 57:7-11 **108:6-13** Sal 60:5-12

9 Pero Moab, mi lavamanos, se convertirá en mi siervo,
y sobre Edom me limpiaré los pies,
y gritaré triunfante sobre Filistea».

10 ¿Quién me llevará a la ciudad fortificada?
¿Quién me dará la victoria sobre Edom?
11 ¿Nos has rechazado, oh Dios?
¿Ya no marcharás junto a nuestros ejércitos?
12 Por favor, ayúdanos contra nuestros enemigos,
porque toda la ayuda humana es inútil.
13 Con la ayuda de Dios, haremos cosas poderosas,
pues él pisoteará a nuestros enemigos.

109

Para el director del coro: salmo de David.

1 Oh Dios, a quien alabo,
no te quedes distante y callado
2 mientras los perversos me calumnian
y dicen mentiras acerca de mí.
3 Me rodean con palabras de odio
y sin razón pelean contra mí.
4 Yo los amo, pero ellos tratan de destruirme con acusaciones,
¡incluso mientras oro por ellos!
5 Me devuelven mal por bien
y odio a cambio de mi amor.

6 Dicen:* «Consigan a un malvado para que se ponga en su contra;
envíen a un acusador para que lo lleve a juicio.
7 Cuando llegue el momento de juzgar su caso,
que lo declaren culpable.
Tomen como pecados sus oraciones.
8 Que sean pocos sus años;
que otro tome su lugar.
9 Que sus hijos queden huérfanos de padre,
y su esposa quede viuda.
10 Que sus hijos vaguen como mendigos
y que los echen de* sus hogares destruidos.
11 Que los acreedores se apoderen de toda su propiedad,
y que los extraños se lleven todo lo que ha ganado.
12 Que nadie sea amable con él;
que ninguno tenga piedad de sus hijos sin padre.
13 Que toda su descendencia muera;
que el nombre de su familia quede borrado en la próxima generación.
14 Que el SEÑOR jamás olvide los pecados de su padre;
que los pecados de su madre nunca se borren de los registros.
15 Que el SEÑOR siempre recuerde estos pecados,
y que su nombre desaparezca de la memoria humana.
16 Pues rehusó mostrar bondad a los demás;
persiguió al pobre y al necesitado,
y acosó hasta la muerte a los de corazón quebrantado.
17 Le encantaba maldecir a otros;
ahora, maldícelo tú a él.
Jamás bendijo a nadie;
ahora, no lo bendigas a él.
18 Maldecir le resulta tan natural como la ropa que usa,
o el agua que bebe
o los alimentos deliciosos que come.
19 Ahora, que sus maldiciones se vuelvan en su contra y se le peguen como la ropa;
que le aprieten como un cinturón».
20 Que esas maldiciones sean el castigo del SEÑOR
para los acusadores que hablan mal de mí.
21 Pero a mí trátame bien, oh SEÑOR Soberano,
¡por el honor de tu propia fama!
Rescátame
porque eres tan fiel y tan bueno.
22 Pues soy pobre y estoy necesitado,
y mi corazón está lleno de dolor.
23 Me desvanezco como una sombra al anochecer;
me quitan de encima como una langosta.
24 Mis rodillas están débiles de tanto ayunar
y estoy reducido a piel y huesos.
25 Soy objeto de burla para la gente;
cuando me ven, menean la cabeza en señal de desprecio.

26 ¡Ayúdame, oh SEÑOR mi Dios!
Sálvame a causa de tu amor inagotable.
27 Haz que vean que esto proviene de ti,
que tú mismo lo has hecho, SEÑOR.
28 Entonces que me maldigan si quieren,
¡pero tú me bendecirás!
Cuando me ataquen, ¡serán deshonrados!
¡Pero yo, tu siervo, seguiré alegrándome!
29 Que mis acusadores se vistan de vergüenza;
que la humillación los cubra como un manto.
30 Pero yo daré gracias al SEÑOR una y otra vez;
lo alabaré ante todo el mundo.
31 Pues él está junto al necesitado,
listo para salvarlo de quienes lo condenan.

110

Salmo de David.

1 El SEÑOR le dijo a mi Señor:*
«Siéntate en el lugar de honor a mi derecha,
hasta que humille a tus enemigos
y los ponga por debajo de tus pies».

2 El SEÑOR extenderá tu poderoso reino desde Jerusalén,*
y gobernarás a tus enemigos.
3 Cuando vayas a la guerra,
tu pueblo te servirá por voluntad propia.
Estás envuelto en vestiduras santas,
y tu fuerza se renovará cada día como el rocío de la mañana.

4 El SEÑOR ha hecho un juramento y no romperá su promesa:
«Tú eres sacerdote para siempre, según el orden de Melquisedec».

***Notas textuales** 109:6 El hebreo no incluye *Dicen.* 109:10 Así aparece en la versión griega; en hebreo dice *y que busquen.* 110:1 O *mi señor.* 110:2 En hebreo *Sion.*

Referencias cruzadas 109:8 Hch 1:20 109:17 Mt 7:2 109:31 Sal 16:8 110:1 Hb 1:13

5 El Señor está a tu derecha para protegerte;
derribará a muchos reyes cuando estalle su enojo.
6 Castigará a las naciones
y llenará de cadáveres sus territorios;
destrozará cabezas por toda la tierra.
7 Pero él se refrescará en los arroyos junto al camino.
Saldrá vencedor.

111

*¡Alabado sea el Señor!

Daré gracias al Señor con todo mi corazón
al reunirme con su pueblo justo.
2 ¡Qué asombrosas son las obras del Señor!
Todos los que se deleitan en él deberían
considerarlas.
3 Todo lo que él hace revela su gloria y majestad;
su justicia nunca falla.
4 Él nos hace recordar sus maravillosas obras.
¡Cuánta gracia y misericordia tiene nuestro
Señor!
5 Da alimento a los que le temen;
siempre recuerda su pacto.
6 Ha mostrado su gran poder a su pueblo
al entregarle las tierras de otras naciones.
7 Todo lo que hace es justo y bueno,
y todos sus mandamientos son confiables;
8 siempre son verdaderos,
para ser obedecidos fielmente y con integridad.
9 Él pagó el rescate completo por su pueblo
y les ha garantizado para siempre el pacto que
hizo con ellos.
¡Qué santo e imponente es su nombre!
10 El temor del Señor es la base de la verdadera
sabiduría;
todos los que obedecen sus mandamientos
crecerán en sabiduría.

¡Alábenlo para siempre!

112

*¡Alabado sea el Señor!

¡Qué felices son los que temen al Señor
y se deleitan en obedecer sus mandatos!
2 Sus hijos tendrán éxito en todas partes;
toda una generación de justos será bendecida.
3 Ellos mismos serán ricos,
y sus buenas acciones durarán para siempre.
4 La luz brilla en la oscuridad para los justos;
son generosos, compasivos y rectos.
5 Les va bien a los que prestan dinero con generosidad
y manejan sus negocios equitativamente.
6 A estas personas no las vencerá el mal;
a los rectos se los recordará por mucho tiempo.
7 Ellos no tienen miedo de malas noticias;
confían plenamente en que el Señor los cuidará.
8 Tienen confianza y viven sin temor,
y pueden enfrentar triunfantes a sus enemigos.
9 Comparten con libertad y dan con generosidad a los
necesitados;
sus buenas acciones serán recordadas para
siempre.
Ellos tendrán influencia y recibirán honor.
10 Los perversos lo verán y se pondrán furiosos.
Rechinarán los dientes de enojo;
se escabullirán avergonzados con sus esperanzas
frustradas.

113

¡Alabado sea el Señor!

Sí, alábenle, oh siervos del Señor,
¡alaben el nombre del Señor!
2 Bendito sea el nombre del Señor
ahora y para siempre.
3 En todas partes —del oriente al occidente—,
alaben el nombre del Señor.
4 Él está por encima de las naciones;
su gloria es más alta que los cielos.

5 ¿Quién puede compararse con el Señor nuestro
Dios,
quien está entronizado en las
alturas?
6 Él se inclina para mirar
el cielo y la tierra.
7 Levanta del polvo a los pobres,
y a los necesitados, del basurero.
8 Los pone entre príncipes,
¡incluso entre los príncipes de su propio pueblo!
9 A la mujer sin hijos le da una familia
y la transforma en una madre feliz.

¡Alabado sea el Señor!

114

Cuando los israelitas escaparon de Egipto
—cuando la familia de Jacob dejó esa tierra
extranjera—,
2 la tierra de Judá se convirtió en el santuario de Dios,
e Israel llegó a ser su reino.

3 El mar Rojo* los vio venir y se apuró a quitarse del
camino;
el agua del río Jordán se hizo a un lado.
4 ¡Las montañas saltaron como carneros,
las colinas brincaron como corderos!
5 ¿Qué te pasa, mar Rojo, qué te llevó a quitarte del
camino?
¿Qué sucedió, río Jordán, que te hiciste a un lado?
6 Montañas, ¿por qué saltaron como carneros?
Colinas, ¿por qué brincaron como corderos?

7 Tiembla, oh tierra, ante la presencia del Señor,
ante el Dios de Jacob.
8 Él convirtió la roca en una laguna de agua;
sí, de la roca sólida fluyó un manantial.

115

No a nosotros, oh Señor, no a nosotros,
sino a tu nombre le corresponde toda la
gloria,
por tu amor inagotable y tu fidelidad.
2 ¿Por qué dejar que las naciones digan:

***Notas textuales** **111** Este salmo es un poema acróstico hebreo; luego de la nota introductoria de alabanza, cada línea comienza con una letra del alfabeto hebreo en forma consecutiva. **112** Este salmo es un poema acróstico hebreo; luego de la nota introductoria de alabanza, cada línea comienza con una letra del alfabeto hebreo en forma consecutiva. **114:3** En hebreo *El mar*; similar en 114:5.

Referencias cruzadas **110:4** Hb 7:21 **111:5** Mt 6:31-33 **111:9** Lc 1:68 **112:9** 2 Co 9:9 **112:10** Mt 8:12 **113:7-9** 1 Sm 2:5-8 **114:2** Ex 29:45-46 **114:8** Ex 17:5-6

«Dónde está el Dios de Israel»?
3 Nuestro Dios está en los cielos
y hace lo que le place.
4 Los ídolos de ellos no son más que objetos de plata y
oro;
manos humanas les dieron forma.
5 Tienen boca pero no pueden hablar,
tienen ojos pero no pueden ver.
6 Tienen oídos pero no pueden oír,
y tienen nariz, pero no pueden oler.
7 Tienen manos pero no pueden sentir,
tienen pies pero no pueden caminar,
y tienen garganta pero no pueden emitir sonidos.
8 Y los que hacen ídolos son iguales a ellos,
como también todos los que confían en ellos.

9 ¡Oh Israel, confía en el SEÑOR!
Él es tu ayudador y tu escudo.
10 ¡Oh sacerdotes, descendientes de Aarón, confíen en
el SEÑOR!
Él es su ayudador y su escudo.
11 ¡Todos los que temen al SEÑOR, confíen en el
SEÑOR!
Él es su ayudador y su escudo.

12 El SEÑOR se acuerda de nosotros y nos bendecirá.
Bendecirá al pueblo de Israel
y bendecirá a los sacerdotes, los descendientes
de Aarón.
13 Bendecirá a los que temen al SEÑOR,
tanto a los grandes como a los humildes.

14 Que el SEÑOR los bendiga ricamente,
tanto a ustedes como a sus hijos.
15 Que sean bendecidos por el SEÑOR,
quien hizo los cielos y la tierra.
16 Los cielos pertenecen al SEÑOR,
pero él ha dado la tierra a toda la humanidad.
17 Los muertos no pueden cantar alabanzas al SEÑOR
porque han entrado en el silencio de la tumba.
18 ¡Pero nosotros podemos alabar al SEÑOR
ahora y para siempre!

¡Alabado sea el SEÑOR!

116 Amo al SEÑOR porque escucha mi voz
y mi oración que pide misericordia.
2 Debido a que él se inclina para escuchar,
¡oraré mientras tenga aliento!
3 La muerte me envolvió en sus cuerdas;
los terrores de la tumba* se apoderaron de mí.
Lo único que veía era dificultad y dolor.
4 Entonces invoqué el nombre del SEÑOR:
«¡SEÑOR, por favor, sálvame!».
5 ¡Qué bondadoso es el SEÑOR! ¡Qué bueno es él!
¡Tan misericordioso, este Dios nuestro!
6 El SEÑOR protege a los que tienen fe como de un
niño;
estuve frente a la muerte, y él me salvó.
7 Que mi alma descanse nuevamente,
porque el SEÑOR ha sido bueno conmigo.
8 Me rescató de la muerte;
quitó las lágrimas de mis ojos,
y libró a mis pies de tropezar.
9 ¡Así que camino en la presencia del SEÑOR
mientras vivo aquí en la tierra!
10 Creí en ti, por tanto dije:
«SEÑOR, estoy muy afligido».
11 En mi ansiedad clamé a ti:
«¡Estas personas son todas mentirosas!».
12 ¿Qué puedo ofrecerle al SEÑOR
por todo lo que ha hecho a mi favor?
13 Levantaré la copa de la salvación
y alabaré el nombre del SEÑOR por salvarme.
14 Cumpliré las promesas que le hice al SEÑOR
en presencia de todo su pueblo.
15 Al SEÑOR le conmueve profundamente
la muerte de sus amados.
16 Oh SEÑOR, soy tu siervo;
sí, soy tu siervo, nací en tu casa;
me has liberado de mis cadenas.
17 Te ofreceré un sacrificio de agradecimiento
e invocaré el nombre del SEÑOR.
18 Cumpliré mis votos al SEÑOR
en presencia de todo su pueblo,
19 en la casa del SEÑOR,
en el corazón de Jerusalén.

¡Alabado sea el SEÑOR!

117 Alaben al SEÑOR, todas ustedes, las
naciones.
Todos los pueblos de la tierra, alábenlo.
2 Pues su amor inagotable por nosotros es poderoso;
la fidelidad del SEÑOR permanece para siempre.

¡Alabado sea el SEÑOR!

118 ¡Den gracias al SEÑOR, porque él es bueno!
Su fiel amor perdura para siempre.

2 Que todo Israel repita:
«Su fiel amor perdura para siempre».
3 Que los descendientes de Aarón, los sacerdotes,
repitan:
«Su fiel amor perdura para siempre».
4 Que todos los que temen al SEÑOR repitan:
«Su fiel amor perdura para siempre».

5 En mi angustia oré al SEÑOR,
y el SEÑOR me respondió y me liberó.
6 El SEÑOR está de mi parte, por tanto, no temeré.
¿Qué me puede hacer un simple mortal?
7 Así es, el SEÑOR está de mi parte; él me ayudará.
Miraré triunfante a los que me odian.
8 Es mejor refugiarse en el SEÑOR
que confiar en la gente.
9 Es mejor refugiarse en el SEÑOR
que confiar en príncipes.

10 Aunque me rodearon naciones hostiles,
las destruí a todas con la autoridad del SEÑOR.
11 Así fue, me rodearon y me atacaron,

***Notas textuales** **116:3** En hebreo *del Seol.*

Referencias cruzadas **115:4-11** Sal 135:15-20 **115:18** Sal 113:2 **116:10** 2 Co 4:13 **117:1** Rm 15:11 **118:6** Hb 13:6

pero las destruí a todas con la autoridad del
SEÑOR.
12 Me rodearon como un enjambre de abejas;
se enardecieron contra mí como un fuego
crepitante,
pero las destruí a todas con la autoridad del
SEÑOR.
13 Mis enemigos hicieron todo lo posible para
matarme,
pero el SEÑOR me rescató.
14 El SEÑOR es mi fuerza y mi canción;
me ha dado la victoria.
15 Se entonan canciones de alegría y de victoria en el
campamento de los justos.
¡El fuerte brazo derecho del SEÑOR ha hecho
proezas gloriosas!
16 El fuerte brazo derecho del SEÑOR se levanta
triunfante.
¡El fuerte brazo derecho del SEÑOR ha hecho
proezas gloriosas!
17 No moriré, sino que viviré
para contar lo que hizo el SEÑOR.
18 El SEÑOR me castigó severamente,
pero no me dejó morir.

19 Ábranme las puertas por donde entran los justos,
y entraré y daré gracias al SEÑOR.
20 Estas puertas conducen a la presencia del SEÑOR
y los justos entran allí.
21 Te doy gracias por contestar mi oración,
¡y por darme la victoria!

22 La piedra que los constructores rechazaron
ahora se ha convertido en la piedra principal.
23 Esto es obra del SEÑOR
y es maravilloso verlo.
24 Este es el día que hizo el SEÑOR;
nos gozaremos y alegraremos en él.
25 Te rogamos, SEÑOR, por favor, sálvanos.
Te rogamos, por favor, SEÑOR, haznos triunfar.
26 Bendigan al que viene en el nombre del SEÑOR.
Desde la casa del SEÑOR, los bendecimos.
27 El SEÑOR es Dios y brilla sobre nosotros.
Lleven el sacrificio y átenlo con cuerdas sobre el
altar.
28 ¡Tú eres mi Dios y te alabaré!
¡Eres mi Dios y te exaltaré!

29 ¡Den gracias al SEÑOR, porque él es bueno!
Su fiel amor perdura para siempre.

Álef

119 * Felices son los íntegros,
los que siguen las enseñanzas del SEÑOR.
2 Felices son los que obedecen sus leyes
y lo buscan con todo el corazón.
3 No negocian con el mal
y andan solo en los caminos del SEÑOR.
4 Nos has ordenado
que cumplamos cuidadosamente tus
mandamientos.
5 ¡Oh, cuánto deseo que mis acciones
sean un vivo reflejo de tus decretos!
6 Entonces no tendré vergüenza
cuando compare mi vida con tus mandatos.
7 A medida que aprendo tus justas ordenanzas,
te daré las gracias viviendo como debo hacerlo.
8 Obedeceré tus decretos;
¡por favor, no te des por vencido conmigo!

Bet

9 ¿Cómo puede un joven mantenerse puro?
Obedeciendo tu palabra.
10 Me esforcé tanto por encontrarte;
no permitas que me aleje de tus mandatos.
11 He guardado tu palabra en mi corazón,
para no pecar contra ti.
12 Te alabo, oh SEÑOR;
enséñame tus decretos.
13 Recité en voz alta
todas las ordenanzas que nos has dado.
14 Me alegré en tus leyes
tanto como en las riquezas.
15 Estudiaré tus mandamientos
y reflexionaré sobre tus caminos.
16 Me deleitaré en tus decretos
y no olvidaré tu palabra.

Guímel

17 Sé bueno con este siervo tuyo,
para que viva y obedezca tu palabra.
18 Abre mis ojos, para que vea
las verdades maravillosas que hay en tus
enseñanzas.
19 No soy más que un extranjero en la tierra.
¡No escondas de mí tus mandatos!
20 Siempre me conmueve
el deseo de conocer tus ordenanzas.
21 Tú reprendes al arrogante;
los que se alejan de tus mandatos son malditos.
22 No permitas que se burlen de mí y me insulten,
pues he obedecido tus leyes.
23 Hasta los príncipes se sientan y hablan contra mí,
pero yo meditaré en tus decretos.
24 Tus leyes me agradan;
me dan sabios consejos.

Dálet

25 Estoy tirado en el polvo;
revíveme con tu palabra.
26 Te conté mis planes y me respondiste.
Ahora, enséñame tus decretos.
27 Ayúdame a comprender el significado de tus
mandamientos,
y meditaré en tus maravillosas
obras.
28 Lloro con tristeza;
aliéntame con tu palabra.
29 Líbrame de mentirme a mí mismo;
dame el privilegio de conocer tus enseñanzas.
30 He optado por ser fiel;

***Notas textuales** **119** Este salmo es un poema acróstico hebreo; hay 22 estrofas, una para cada letra del alfabeto hebreo en forma consecutiva. Cada uno de los 8 versos de cada estrofa comienza con la letra hebrea que se menciona en el encabezamiento.

Referencias cruzadas **118:22** 1 P 2:7 **118:23** Mc 12:11 **118:26** Jn 12:13 **119:8** Sal 71:9, 18 **119:11** Lc 2:19, 51 **119:19** Hb 11:13

Dios cumple sus promesas

Isaías 46:9b-10

¿Sabías que la Biblia no es un libro como los demás? La mayoría de los libros son escritos por una sola persona. En cambio, la Biblia tuvo más de cuarenta autores, en un período de tiempo de más de mil años, y lo más asombroso es que todos tienen el mismo mensaje.

Aparte de relatar la historia de la humanidad y del pueblo de Israel, la Biblia nos cuenta la historia del corazón de Dios hacia el mundo y su perfecto plan de amor para salvarnos. Cada libro de la Biblia apunta a ese mensaje. Eso solo pudo ser posible gracias a que Dios inspiró a cada autor para llevar el mismo mensaje. Entonces, Dios mismo es el autor de la Biblia.

Otro punto asombroso que encontramos en la Biblia es que varios de sus autores fueron llamados "los Profetas". Los profetas son mensajeros directos de Dios. Ellos anunciaron la venida de Jesús, el Mesías (que significa el escogido de Dios para salvar a su pueblo).

Dios reveló más de trescientas profecías acerca de Jesús muchos siglos antes de que él llegara. Lo asombroso es que Jesús cumplió todas ellas: que su madre sería una virgen, que nacería en Belén, que sería llamado Nazareno. Anunciaron también a Juan el Bautista, quien prepararía el camino para el Mesías. Las profecías hablaban de su obra en la Tierra con milagros y también contaron los detalles de su muerte en la cruz, de los que lo traicionaron y de su victoria sobre la muerte.

Cada profecía cumplida debe llenarnos el corazón de la seguridad de que la Biblia es la Palabra de Dios, que es verdadera. Pero también nos tiene que hacer entender que el mensaje más glorioso de toda la Biblia es la venida de Jesús como nuestro Mesías: Dios en medio de nosotros para salvarnos y darnos una nueva vida en él.

El cumplimiento de las profecías también nos llena de esperanza. El mismo Dios que concretó todas las profecías hará realidad todo lo que él nos promete, porque él no es un Dios que miente y conoce el fin desde el principio.

Antes de que nacieras

Jeremías 1:5

Tú no naciste porque tu mamá y tu papá decidieron tener un bebé. Ni tampoco fue una coincidencia que ellos se conocieran y estuvieran juntos. Algunas veces, cuando hay un embarazo no planeado, los adultos decimos que es un bebé sorpresa. Es posible que tú hayas sido una sorpresa para tus papás, pero no lo eres para tu Dios.

El personaje que encontraremos hoy en la máquina del tiempo es Jeremías. Él era casi un niño cuando escuchó por primera vez la voz de Dios.

Vamos a descubrir tres verdades importantes en ese primer mensaje que le reveló el Señor a Jeremías:

1. *"Te conocía aun antes de haberte formado en el vientre de tu madre".*

Dios pensó en ti antes de ponerte en el vientre de tu mami. Esto tiene que ver con un superpoder que tiene Dios que se llama: OMNISCIENCIA. Quiere decir que Dios conoce todo: tu pasado, tu presente y tu futuro. ¡Qué bueno es saber que a él nada lo agarra por sorpresa!

2. *"Antes de que nacieras, te aparté".*

Dios le dijo a Jeremías que él lo había apartado; en otras palabras, lo había escogido para que fuera su hijo.

Todos somos creación de Dios, pero no todos somos sus hijos. Los hijos de Dios son los que creen en él y que envió a su hijo Jesucristo para darnos el perdón de los pecados. Si hoy estás leyendo esto, es porque tú fuiste apartado por Dios para ser su hijo o su hija. Aunque en la Tierra necesitas de tu mamá y de tu papá para nacer, tienes que saber que tienes un Papá en los cielos que te llama su hijo.

3. *"Te nombré mi profeta a las naciones".*

La tercera verdad que Dios quiere que sepas es que él tiene una misión para ti. Dios llamó a Jeremías a ser su profeta. Un profeta es una persona que oye a Dios y comunica el mensaje de Dios a las personas. Jeremías tuvo miedo, pero Dios le dijo que él lo ayudaría y así fue. Él tiene un propósito para ti y siempre te ayudará a cumplir tu misión.

Si alguna vez te sientes perdido y te preguntas para qué estás vivo, recuerda que Dios te conoció antes de nacer, te apartó para que seas su hijo y te escogió para una misión que vas cumplir muy bien porque Él está contigo.

Diez veces mejores

Daniel 3:1-30

Vamos a conocer la historia de cuatro jóvenes que fueron llevados cautivos a la capital del imperio babilónico. Ellos fueron obligados a dejar atrás su casa, su familia y su tierra. Pero tenían dos tesoros que compartían: su fe en Dios y la amistad entre ellos.

Recién llegados, fueron seleccionados para pasar una prueba. Iban a ser entrevistados por el rey, pero diez días antes debían prepararse física y mentalmente. Daniel y sus amigos pidieron no comer lo que servían los encargados porque su fe se lo prohibía. En cambio, se alimentaron solo de vegetales y bebieron agua. Al cabo de ese tiempo, el rey los entrevistó y los encontró diez veces mejores que los demás, con mejor apariencia y más sabiduría.

Durante ese tiempo, se mantuvieron firmes en su fe a pesar de las circunstancias y vivieron grandes aventuras.

En una ocasión, Nabu mandó a hacerse una estatua de oroy les ordenó a los habitantes del imperio que la adoraran. Mientras todos se inclinaban, los únicos que quedaron de pie fueron los amigos de Daniel. El rey, enfurecido, amenazó con arrojarlos a un horno de fuego ardiente.

Los tres amigos le respondieron: *"El Dios a quien servimos es capaz de salvarnos, pero aunque no lo hiciera, deseamos dejar en claro ante usted que jamás serviremos a sus dioses ni rendiremos culto a la estatua de oro que usted ha levantado"*. El rey, loco de enojo, mandó a subir el fuego al máximo y lanzaron a los chicos al horno.

Nabu tuvo que ponerse de pie y acercarse lo más que pudo, al darse cuenta de lo que pasó: ¡los tres caminaban entre las llamas sin quemarse! Pero lo más sorprendente era que había una cuarta persona, mucho más alta y fornida.

Cuando les ordenó salir y revisó sus vestidos, ni siquiera tenían olor a humo. Entonces le contaron al rey cómo el ángel del Señor había venido a salvarlos.

Nabu no solo alabó a estos muchachos, sino que también anunció a todo el mundo que honraba al Dios de los hebreos.

¡Es increíble lo que puede lograr tu amistad con Dios! Comparte tu vida con buenos amigos, amigos que también tengan una fe fuerte en Dios.

Daniel y el foso de los leones

Daniel 6:1-28

Daniel fue un hombre muy importante durante cuatro reinados. Cuando el rey Darío tomó el trono, puso a Daniel en un lugar de autoridad. Daniel siempre fue un hombre responsable, confiable y fiel a sus amigos, a su jefe y en especial a Dios.

Sin embargo, otros funcionarios que lo envidiaban idearon un plan malvado: convencer al rey de firmar una orden real para que nadie pudiera orar a ninguna persona o dios fuera de Darío, quien era considerado como un dios. Cuando el rey lo firmó, corrieron a contarle que Daniel subía a su cuarto tres veces al día, y abriendo su ventana, oraba al Dios de Israel.

El rey, entristecido porque quería a Daniel, se vio obligado a aplicar el castigo que él mismo había impuesto: sería lanzado a un foso con leones hambrientos.

Antes de cumplir la sentencia, el rey se despidió de Daniel, deseándole: "*Que tu Dios, a quien sirves tan fielmente, te rescate*". Acto seguido, lanzaron a Daniel al foso y lo taparon con una piedra.

Esa noche, el rey no pudo descansar bien. Temprano en la mañana, ordenó que quitaran la piedra, y gritando, llamó a Daniel para consultar: "Danieeeel, *¿te pudo librar tu Dios?*"

Daniel respondió: "*Mi Dios envió a su ángel para cerrarles la boca a los leones, a fin de que no me hicieran daño*".

Aquel milagro provocó en el rey Darío una mayor confianza en Daniel y en su Dios. Tu fe puede ayudar a otros a encontrar un mejor camino en la vida. Aunque significó una prueba muy grande, la determinación con que Daniel oraba a Dios ayudó al rey a reconocer la grandeza de Dios.

Cuando tenía 9 años, un par de chicas me hablaron de Jesús, mientras jugaba en el parque de mi pueblo. (Yo, Danilo, nací en San José, Costa Rica). Ellas me guiaron a orar para recibir a Jesús en mi corazón. La fe que ellas me mostraron al contarme del Señor me ayudó a encontrar el camino. *¿Y sabes qué más pasó?* Unas horas después, mi mamá recibió a Jesús en su corazón, y poco a poco, todos mis hermanos conocieron al Señor.

Cuando decides orar, leer la Biblia, ser parte de una iglesia y servir a los demás, tu fe se expresa con acciones. Esta historia nos enseña cómo la fe puesta en acción puede cambiar la vida de otros.

¿De qué maneras puedes compartir tu fe en Dios?

estoy decidido a vivir de acuerdo con tus ordenanzas.
31 Me aferro a tus leyes.
SEÑOR, ¡no dejes que pase vergüenza!
32 Persiguiré tus mandatos,
porque tú aumentas mi comprensión.

He

33 Enséñame tus decretos, oh SEÑOR;
los cumpliré hasta el fin.
34 Dame entendimiento y obedeceré tus enseñanzas;
las pondré en práctica con todo mi corazón.
35 Hazme andar por el camino de tus mandatos,
porque allí es donde encuentro mi felicidad.
36 Dame entusiasmo por tus leyes
en lugar de amor por el dinero.
37 Aparta mis ojos de cosas inútiles
y dame vida mediante tu palabra.*
38 Confirma a tu siervo tu promesa,
la promesa que hiciste a los que te temen.
39 Ayúdame a abandonar mis caminos vergonzosos,
porque tus ordenanzas son buenas.
40 ¡Anhelo obedecer tus mandamientos!
Renueva mi vida con tu bondad.

Vav

41 SEÑOR, concédeme tu amor inagotable,
la salvación que me prometiste.
42 Entonces podré responder a los que se burlan de mí,
porque confío en tu palabra.
43 No arrebates de mí tu palabra de verdad,
pues tus ordenanzas son mi única esperanza.
44 Seguiré obedeciendo tus enseñanzas
por siempre y para siempre.
45 Caminaré en libertad,
porque me he dedicado a tus mandamientos.
46 A los reyes les hablaré de tu ley,
y no me avergonzaré.
47 ¡Cuánto me deleito en tus mandatos!
¡Cómo los amo!
48 Honro y amo tus mandatos;
en tus decretos medito.

Zayin

49 Recuerda la promesa que me hiciste;
es mi única esperanza.
50 Tu promesa renueva mis fuerzas;
me consuela en todas mis dificultades.
51 Los orgullosos me tratan con un desprecio total,
pero yo no me aparto de tus enseñanzas.
52 Medito en tus antiguas ordenanzas;
oh SEÑOR, ellas me consuelan.
53 Me pongo furioso con los perversos,
porque rechazan tus enseñanzas.
54 Tus decretos han sido el tema de mis canciones
en todos los lugares donde he vivido.
55 De noche reflexiono sobre quién eres, SEÑOR;
por lo tanto, obedezco tus enseñanzas.
56 Así paso mis días:
obedeciendo tus mandamientos.

Jet

57 ¡SEÑOR, eres mío!
¡Prometo obedecer tus palabras!
58 Deseo tus bendiciones con todo el corazón;
ten misericordia, como lo prometiste.
59 Consideré el rumbo de mi vida
y decidí volver a tus leyes.
60 Me apresuraré sin demora
a obedecer tus mandatos.
61 Gente malvada trata de arrastrarme al pecado,
pero estoy firmemente anclado a tus enseñanzas.
62 Me levanto a medianoche para agradecerte
por tus justas ordenanzas.
63 Soy amigo de todo el que te teme,
de todo el que obedece tus mandamientos.
64 Oh SEÑOR, tu amor inagotable llena la tierra;
enséñame tus decretos.

Tet

65 SEÑOR, has hecho muchas cosas buenas a mi favor
tal como lo prometiste.
66 Creo en tus mandatos;
ahora enséñame el buen juicio y dame conocimiento.
67 Yo solía desviarme, hasta que me disciplinaste;
pero ahora sigo de cerca tu palabra.
68 Tú eres bueno y haces únicamente el bien;
enséñame tus decretos.
69 Los arrogantes me difaman con mentiras,
pero la verdad es que obedezco tus mandamientos con todo el corazón.
70 El corazón de ellos es torpe y necio;
yo, en cambio, me deleito en tus enseñanzas.
71 El sufrimiento me hizo bien,
porque me enseñó a prestar atención a tus decretos.
72 Tus enseñanzas son más valiosas para mí
que millones en oro y plata.

Yod

73 Tú me hiciste; me creaste.
Ahora dame la sensatez de seguir tus mandatos.
74 Que todos los que te temen encuentren en mí un motivo de alegría,
porque he puesto mi esperanza en tu palabra.
75 SEÑOR, sé que tus ordenanzas son justas;
me disciplinaste porque lo necesitaba.
76 Ahora deja que tu amor inagotable me consuele,
tal como le prometiste a este siervo tuyo.
77 Rodéame con tus tiernas misericordias para que viva,
porque tus enseñanzas son mi deleite.
78 Trae deshonra sobre los arrogantes que mintieron sobre mí;
mientras tanto, me concentraré en tus mandamientos.
79 Permite que esté unido a todos los que te temen,
los que conocen tus leyes.
80 Que sea intachable en guardar tus decretos;
entonces nunca seré avergonzado.

***Notas textuales** **119:37** Algunos manuscritos dicen *en tus caminos.* **119:64** Sal 33:5

Referencias cruzadas **119:32** 2 Co 6:11 **119:46** Hch 26:1-2 **119:55** Hch 16:25 **119:72** Pr 8:10-11, 19 **119:75** Hb 12:10

Caf

81 Estoy agotado de tanto esperar a que me rescates,
pero he puesto mi esperanza en tu palabra.
82 Mis ojos se esfuerzan por ver cumplidas tus
promesas;
¿cuándo me consolarás?
83 Estoy arrugado como un odre ahumado,
pero no me olvidé de obedecer tus decretos.
84 ¿Hasta cuándo tendré que esperar?
¿Cuándo castigarás a los que me persiguen?
85 Estos arrogantes que odian tus enseñanzas
cavaron hoyos profundos para atraparme.
86 Todos tus mandatos son confiables.
Protégeme de aquellos que me persiguen sin
causa.
87 Casi acaban conmigo,
pero me negué a abandonar tus mandamientos.
88 En tu amor inagotable, perdona mi vida;
entonces podré continuar obedeciendo tus leyes.

Lámed

89 Tu eterna palabra, oh Señor,
se mantiene firme en el cielo.
90 Tu fidelidad se extiende a cada generación,
y perdura igual que la tierra que creaste.
91 Tus ordenanzas siguen siendo verdad hasta el día de
hoy,
porque todo está al servicio de tus planes.
92 Si tus enseñanzas no me hubieran sostenido con
alegría,
ya habría muerto en mi sufrimiento.
93 Jamás olvidaré tus mandamientos,
pues por medio de ellos me diste vida.
94 Soy tuyo, ¡rescátame!,
porque me he esforzado mucho en obedecer tus
mandamientos.
95 Aunque los malvados se escondan por el camino
para matarme,
con calma, mantendré mi mente puesta en tus
leyes.
96 Aun la perfección tiene sus límites,
pero tus mandatos no tienen límite.

Mem

97 ¡Oh, cuánto amo tus enseñanzas!
Pienso en ellas todo el día.
98 Tus mandatos me hacen más sabio que mis
enemigos,
pues me guían constantemente.
99 Así es, tengo mejor percepción que mis maestros,
porque siempre pienso en tus leyes.
100 Hasta soy más sabio que los ancianos,
porque he obedecido tus mandamientos.
101 Me negué a andar por cualquier mal camino,
a fin de permanecer obediente a tu palabra.
102 No me he apartado de tus ordenanzas,
porque me has enseñado bien.
103 ¡Qué dulces son a mi paladar tus palabras!
Son más dulces que la miel.
104 Tus mandamientos me dan entendimiento;
¡con razón detesto cada camino falso de la vida!

Nun

105 Tu palabra es una lámpara que guía mis pies
y una luz para mi camino.
106 Lo prometí una vez y volveré a prometerlo:
obedeceré tus justas ordenanzas.
107 He sufrido mucho, oh Señor;
restaura mi vida, como lo
prometiste.
108 Señor, acepta mi ofrenda de alabanza
y enséñame tus ordenanzas.
109 Mi vida pende de un hilo constantemente,
pero no dejaré de obedecer tus enseñanzas.
110 Los malvados me han tendido sus trampas,
pero no me apartaré de tus mandamientos.
111 Tus leyes son mi tesoro;
son el deleite de mi corazón.
112 Estoy decidido a obedecer tus decretos
hasta el final.

Sámej

113 Detesto a los que tienen divididas sus lealtades,
pero amo tus enseñanzas.
114 Tú eres mi refugio y mi escudo;
tu palabra es la fuente de mi esperanza.
115 Lárguense de mi vida, ustedes los de mente
malvada,
porque tengo la intención de obedecer los
mandatos de mi Dios.
116 ¡Señor, sostenme como prometiste para que viva!
No permitas que se aplaste mi esperanza.
117 Sostenme y seré rescatado;
entonces meditaré continuamente en tus
decretos.
118 Pero has rechazado a todos los que se apartan de tus
decretos,
quienes no hacen más que engañarse a sí
mismos.
119 Desechas a los perversos de la tierra como si fueran
desperdicios;
¡con razón me encanta obedecer tus leyes!
120 Me estremezco por mi temor a ti;
quedo en temor reverente ante tus ordenanzas.

Ayin

121 No me dejes a merced de mis enemigos,
porque he hecho lo que es correcto y justo.
122 Te ruego que me des seguridad de una bendición.
¡No permitas que los arrogantes me opriman!
123 Mis ojos se esfuerzan por ver tu rescate,
por ver la verdad de tu promesa cumplida.
124 Soy tu siervo; trátame con tu amor inagotable
y enséñame tus decretos.
125 Da discernimiento a este siervo tuyo;
entonces comprenderé tus leyes.
126 Señor, es tiempo de que actúes,
porque esta gente malvada ha desobedecido tus
enseñanzas.
127 De verdad, amo tus mandatos
más que el oro, incluso que el oro más fino.
128 Cada uno de tus mandamientos es recto;
por eso detesto todo camino falso.

Pe

129 Tus leyes son maravillosas.

Referencias cruzadas **119:84** Ap 6:10 **119:89** 1 P 1:25 **119:103** Sal 19:10 **119:111** Dt 33:4 **119:116** Rm 5:5

¡Con razón las obedezco!
130 La enseñanza de tu palabra da luz,
de modo que hasta los simples pueden entender.
131 Abro la boca y jadeo
anhelando tus mandatos.
132 Ven y muéstrame tu misericordia,
como lo haces con todos los que aman tu nombre.
133 Guía mis pasos conforme a tu palabra,
para que no me domine el mal.
134 Rescátame de la opresión de la gente malvada,
entonces podré obedecer tus mandamientos.
135 Mírame con amor;
enséñame tus decretos.
136 Torrentes de lágrimas brotan de mis ojos,
porque la gente desobedece tus enseñanzas.

Tsade

137 Oh Señor, tú eres recto,
y tus ordenanzas son justas.
138 Tus leyes son perfectas
y absolutamente confiables.
139 La indignación me agobia,
porque mis enemigos despreciaron tus palabras.
140 Tus promesas fueron sometidas a una prueba rigurosa;
por eso las amo tanto.
141 Soy insignificante y despreciado,
pero no olvido tus mandamientos.
142 Tu justicia es eterna,
y tus enseñanzas son totalmente ciertas.
143 Cuando la presión y el estrés se me vienen encima,
yo encuentro alegría en tus mandatos.
144 Tus leyes siempre tienen razón;
ayúdame a entenderlas para poder vivir.

Cof

145 Oro con todo el corazón; ¡respóndeme, Señor!
Obedeceré tus decretos.
146 A ti clamo; rescátame
para que pueda obedecer tus leyes.
147 Me levanto temprano, antes de que salga el sol;
clamo en busca de ayuda y pongo mi esperanza en tus palabras.
148 Me quedo despierto durante toda la noche,
pensando en tu promesa.
149 Oh Señor, en tu fiel amor oye mi clamor;
que el seguir tus ordenanzas me reanime.
150 Los que no respetan la ley vienen a atacarme;
viven alejados de tus enseñanzas.
151 Pero tú estás cerca, oh Señor,
y todos tus mandatos son ciertos.
152 Desde los primeros días
sé que tus leyes durarán para siempre.

Resh

153 Mira mi sufrimiento y rescátame,
porque no me he olvidado de tus enseñanzas.
154 ¡Defiende mi caso; ponte de mi lado!
Protege mi vida como lo prometiste.
155 Los perversos están lejos de ser rescatados,
porque no se interesan en tus decretos.
156 Señor, qué grande es tu misericordia;
que el seguir tus ordenanzas me reanime.
157 Muchos me persiguen y me molestan,
sin embargo, no me he desviado de tus leyes.
158 Ver a esos traidores me enferma el corazón,
porque no les importa nada tu palabra.
159 Mira cómo amo tus mandamientos, Señor.
Por tu amor inagotable, devuélveme la vida.
160 La esencia misma de tus palabras es verdad;
tus justas ordenanzas permanecerán para siempre.

Shin

161 Gente poderosa me acosa sin razón,
pero mi corazón tiembla únicamente ante tu palabra.
162 Me alegro en tu palabra
como alguien que descubre un gran tesoro.
163 Odio y detesto toda falsedad,
pero amo tus enseñanzas.
164 Te alabaré siete veces al día
porque todas tus ordenanzas son justas.
165 Los que aman tus enseñanzas tienen mucha paz
y no tropiezan.
166 Anhelo que me rescates, Señor,
por eso, he obedecido tus mandatos.
167 Obedecí tus leyes,
porque las amo mucho.
168 Así es, obedezco tus leyes y tus mandamientos
porque tú sabes todo lo que hago.

Tau

169 Oh Señor, escucha mi clamor;
dame la capacidad de discernir que me prometiste.
170 Escucha mi oración;
rescátame como lo prometiste.
171 Que la alabanza fluya de mis labios,
porque me has enseñado tus decretos.
172 Que mi lengua cante de tu palabra,
porque todos tus mandatos son correctos.
173 Tiéndeme una mano de ayuda,
porque opté por seguir tus mandamientos.
174 Oh Señor, he anhelado que me rescates,
y tus enseñanzas son mi deleite.
175 Déjame vivir para que pueda alabarte,
y que tus ordenanzas me ayuden.
176 He andado descarriado como una oveja perdida;
ven a buscarme,
porque no me he olvidado de tus mandatos.

120

Cántico para los peregrinos que suben a Jerusalén.

1 Llevé mis problemas al Señor;
clamé a él, y respondió a mi oración.
2 Rescátame, oh Señor, de los mentirosos
y de todos los embusteros.
3 ¡Ay, lengua engañosa! ¿Qué hará Dios contigo?
¿Cómo aumentará tu castigo?
4 Te atravesarán con flechas afiladas

Referencias cruzadas **119:128** Sal 19:8 **119:136** Jr 9:1, 18 **119:144** Sal 19:9 **119:152** Lc 21:33 **119:160** Sal 139:17 **119:165** 1 Jn 2:10 **119:176** Lc 15:4 **120:1** Sal 102:2

y te quemarán con brasas
encendidas.
[5] Cuánto sufro en el lejano Mesec.
Me duele habitar en el distante
Cedar.
[6] Estoy cansado de vivir
entre personas que odian la paz.
[7] Busco la paz;
pero, cuando hablo de paz, ¡ellos quieren guerra!

121 *Cántico para los peregrinos que suben a Jerusalén.*

[1] Levanto la vista hacia las
montañas;
¿viene de allí mi ayuda?
[2] ¡Mi ayuda viene del Señor,
quien hizo el cielo y la tierra!

[3] Él no permitirá que tropieces;
el que te cuida no se dormirá.
[4] En efecto, el que cuida a Israel
nunca duerme ni se adormece.

[5] ¡El Señor mismo te cuida!
El Señor está a tu lado como tu sombra
protectora.
[6] El sol no te hará daño durante el día,
ni la luna durante la noche.

[7] El Señor te libra de todo mal
y cuida tu vida.
[8] El Señor te protege al entrar y al salir,
ahora y para siempre.

122 *Cántico para los peregrinos que suben a Jerusalén. Salmo de David.*

[1] Me alegré cuando me dijeron:
«Vayamos a la casa del Señor».
[2] Y ahora, aquí estamos,
de pie dentro de tus puertas, oh Jerusalén.
[3] Jerusalén es una ciudad bien construida;
sus murallas compactas son impenetrables.
[4] Todas las tribus de Israel —que son el pueblo del
Señor—
peregrinan hasta aquí.
Vienen a dar gracias al nombre del Señor,
como la ley requiere de Israel.
[5] Aquí están los tronos donde se emiten los juicios,
los tronos de la dinastía de David.

[6] Oren por la paz de Jerusalén;
que todos los que aman a esta ciudad prosperen.
[7] Oh Jerusalén, que haya paz dentro de tus murallas
y prosperidad en tus palacios.
[8] Por amor a mi familia y a mis amigos, diré:
«Que tengas paz».
[9] Por amor a la casa del Señor nuestro Dios,
buscaré lo mejor para ti, oh Jerusalén.

123 *Cántico para los peregrinos que suben a Jerusalén.*

[1] Levanto mis ojos a ti,
oh Dios, entronizado en el cielo.
[2] Seguimos buscando la misericordia del Señor
nuestro Dios,
así como los sirvientes fijan los ojos en su amo
y la esclava observa a su ama, atenta al más
mínimo gesto.
[3] Ten misericordia de nosotros, Señor, ten
misericordia,
porque ya estamos hartos de tanto desprecio.
[4] Ya estamos más que hartos de las burlas de los
orgullosos
y del desprecio de los arrogantes.

124 *Cántico para los peregrinos que suben a Jerusalén. Salmo de David.*

[1] ¿Qué habría ocurrido si el Señor no hubiera estado
de nuestro lado?
Que todo Israel repita:
[2] ¿Qué habría ocurrido si el Señor no hubiera estado
de nuestro lado
cuando nos atacaron?
[3] Nos habrían tragado vivos
en el ardor de su enojo.
[4] Las aguas nos habrían envuelto;
un torrente nos habría inundado.
[5] Así es, las impetuosas aguas de su furia
nos habrían ahogado hasta la vida misma.

[6] ¡Alaben al Señor,
quien no permitió que nos despedazaran con sus
dientes!
[7] Escapamos como un pájaro de la trampa del cazador;
¡la trampa se rompió y somos libres!
[8] Nuestra ayuda viene del Señor,
quien hizo el cielo y la tierra.

125 *Cántico para los peregrinos que suben a Jerusalén.*

[1] Los que confían en el Señor
están seguros como el monte Sion;
no serán vencidos, sino que permanecerán para
siempre.
[2] Así como las montañas rodean a Jerusalén,
así rodea el Señor a su pueblo, ahora y siempre.
[3] Los perversos no gobernarán la tierra de los justos,
porque entonces los justos podrían ser tentados
a hacer el mal.
[4] Oh Señor, haz bien a los que son
buenos,
a los que tienen el corazón en armonía contigo.
[5] Pero expulsa a los que recurren a caminos torcidos, oh
Señor;
llévatelos junto con aquellos que hacen el mal.

¡Que Israel tenga paz!

126 *Cántico para los peregrinos que suben a Jerusalén.*

[1] Cuando el Señor trajo a los
desterrados de regreso a Jerusalén,*
¡fue como un sueño!

Referencias cruzadas **120:7** Sal 109:4 **121:6** Ap 7:16 **122:8** Sal 133:1 **123:2** Sal 25:15 **124:8** Gn 1:1 **125:1-2** Sal 48:2-5

2 Nos llenamos de risa
y cantamos de alegría.
Y las otras naciones dijeron:
«Cuántas maravillas ha hecho el Señor por ellos».
3 ¡Así es, el Señor ha hecho maravillas por nosotros!
¡Qué alegría!

4 Restaura nuestro bienestar, Señor,
como los arroyos renuevan el desierto.
5 Los que siembran con lágrimas
cosecharán con gritos de alegría.
6 Lloran al ir sembrando sus semillas,
pero regresan cantando cuando traen la cosecha.

127

Cántico para los peregrinos que suben a Jerusalén. Salmo de Salomón.

1 Si el Señor no construye la casa,
el trabajo de los constructores es una pérdida de tiempo.
Si el Señor no protege la ciudad,
protegerla con guardias no sirve para nada.
2 Es inútil que te esfuerces tanto,
desde temprano en la mañana hasta tarde en la noche,
y te preocupes por conseguir alimento;
porque Dios da descanso a sus amados.

3 Los hijos son un regalo del Señor;
son una recompensa de su parte.
4 Los hijos que le nacen a un hombre joven
son como flechas en manos de un guerrero.
5 ¡Qué feliz es el hombre que tiene su aljaba llena de ellos!
No pasará vergüenza cuando enfrente a sus acusadores en las puertas de la ciudad.

128

Cántico para los peregrinos que suben a Jerusalén.

1 ¡Qué feliz es el que teme al Señor,
todo el que sigue sus caminos!
2 Gozarás del fruto de tu trabajo;
¡qué feliz y próspero serás!
3 Tu esposa será como una vid fructífera,
floreciente en el hogar.
Tus hijos serán como vigorosos retoños de olivo
alrededor de tu mesa.
4 Esa es la bendición del Señor
para los que le temen.

5 Que el Señor te bendiga continuamente desde Sion;
que veas prosperar a Jerusalén durante toda tu vida.
6 Que vivas para disfrutar de tus nietos.
¡Que Israel tenga paz!

129

Cántico para los peregrinos que suben a Jerusalén.

1 Desde mi temprana juventud,
mis enemigos me han perseguido.
Que todo Israel repita:
2 Desde mi temprana juventud, mis enemigos me han perseguido,
pero nunca me derrotaron.
3 Tengo la espalda cubierta de heridas,
como si un agricultor hubiera arado largos surcos.
4 Pero el Señor es bueno;
cortó las cuerdas con que me ataban los impíos.

5 Que todos los que odian a Jerusalén*
retrocedan en vergonzosa derrota.
6 Que sean tan inútiles como la hierba que crece en un techo,
que se pone amarilla a la mitad de su desarrollo,
7 que es ignorada por el cosechador
y despreciada por el que hace los manojos.
8 Y que los que pasan por allí
se nieguen a darles esta bendición:
«El Señor los bendiga;
los bendecimos en el nombre del Señor».

130

Cántico para los peregrinos que suben a Jerusalén.

1 Desde lo profundo de mi desesperación, oh Señor,
clamo por tu ayuda.
2 Escucha mi clamor, oh Señor.
Presta atención a mi oración.

3 Señor, si llevaras un registro de nuestros pecados,
¿quién, oh Señor, podría sobrevivir?
4 Pero tú ofreces perdón,
para que aprendamos a temerte.

5 Yo cuento con el Señor;
sí, cuento con él.
En su palabra he puesto mi esperanza.
6 Anhelo al Señor
más que los centinelas el amanecer,
sí, más de lo que los centinelas anhelan el amanecer.

7 Oh Israel, espera en el Señor,
porque en el Señor hay amor inagotable;
su redención sobreabunda.
8 Él mismo redimirá a Israel
de toda clase de pecado.

131

Cántico para los peregrinos que suben a Jerusalén. Salmo de David.

1 Señor, mi corazón no es orgulloso;
mis ojos no son altivos.
No me intereso en cuestiones demasiado grandes
o impresionantes que no puedo asimilar.
2 En cambio, me he calmado y aquietado,
como un niño destetado que ya no llora por la leche de su madre.
Sí, tal como un niño destetado es mi alma en mi interior.

***Notas textuales** **126:1** En hebreo *Sion.* **129:5** En hebreo *Sion.*

Referencias cruzadas **126:5** Ga 6:9 **127:1** Sal 78:69 **128:6** Gn 48:11 **129:2** Mt 16:18 **130:8** Lc 1:68

[3] Oh Israel, pon tu esperanza en el SEÑOR,
ahora y siempre.

132

Cántico para los peregrinos que suben a Jerusalén.

[1] SEÑOR, acuérdate de David
y de todo lo que sufrió.
[2] Le hizo una promesa solemne al SEÑOR;
le juró al Poderoso de Israel:*
[3] «No iré a mi hogar
ni me permitiré descansar;
[4] no dejaré que mis ojos duerman
ni cerraré los párpados adormecidos
[5] hasta que encuentre un lugar donde construir una casa para el SEÑOR,
un santuario para el Poderoso de Israel».

[6] Oímos que el arca estaba en Efrata;
luego la encontramos en los campos distantes de Jaar.
[7] Vayamos al santuario del SEÑOR;
adoremos al pie de su trono.
[8] Levántate, oh SEÑOR, y entra en tu lugar de descanso,
junto con el arca, símbolo de tu poder.
[9] Que tus sacerdotes se vistan de santidad;
que tus leales servidores canten de alegría.
[10] Por amor a tu siervo David,
no rechaces al rey que has ungido.
[11] El SEÑOR le hizo un juramento a David
con una promesa que nunca retirará:
«Pondré a uno de tus descendientes
en tu trono.
[12] Si tus descendientes obedecen las condiciones de mi pacto
y las leyes que les enseño,
entonces tu linaje real
continuará por siempre y para siempre».

[13] Pues el SEÑOR ha escogido a Jerusalén;*
ha querido que sea su hogar.
[14] «Este es mi lugar de descanso para siempre —dijo—;
viviré aquí porque este es el hogar que he deseado.
[15] Bendeciré a esta ciudad y la haré próspera;
saciaré a sus pobres con alimento.
[16] Vestiré a sus sacerdotes con santidad;
sus fieles servidores cantarán de alegría.
[17] Aquí aumentaré el poder de David;
mi ungido será una luz para mi pueblo.
[18] Vestiré de vergüenza a sus enemigos,
pero él será un rey glorioso».

133

Cántico para los peregrinos que suben a Jerusalén. Salmo de David.

[1] ¡Qué maravilloso y agradable es
cuando los hermanos conviven en armonía!
[2] Pues la armonía es tan preciosa como el aceite de la unción
que se derramó sobre la cabeza de Aarón,
que corrió por su barba
hasta llegar al borde de su túnica.
[3] La armonía es tan refrescante como el rocío del monte Hermón
que cae sobre las montañas de Sion.
Y allí el SEÑOR ha pronunciado su bendición,
incluso la vida eterna.

134

Cántico para los peregrinos que suben a Jerusalén.

[1] Alaben al SEÑOR, todos ustedes, siervos del SEÑOR,
que sirven de noche en la casa del SEÑOR.
[2] Levanten sus manos hacia el santuario,
y alaben al SEÑOR.
[3] Que el SEÑOR, quien hizo el cielo y la tierra,
te bendiga desde Jerusalén.*

135

¡Alabado sea el SEÑOR!
¡Alaben el nombre del SEÑOR!
Alábenlo, ustedes, los que sirven al SEÑOR,
[2] los que sirven en la casa del SEÑOR,
en los atrios de la casa de nuestro Dios.

[3] Alaben al SEÑOR, porque el SEÑOR es bueno;
celebren con música su precioso nombre.
[4] Pues el SEÑOR escogió a Jacob para sí,
a Israel, como su tesoro especial.

[5] Yo conozco la grandeza del SEÑOR:
nuestro Señor es más grande que cualquier otro dios.
[6] El SEÑOR hace lo que le place
por todo el cielo y toda la tierra,
y en los océanos y sus profundidades.
[7] Hace que las nubes se eleven sobre toda la tierra.
Envía relámpagos junto con la lluvia
y suelta el viento desde sus depósitos.

[8] Destruyó al primer hijo varón de cada hogar egipcio
y a las primeras crías de los animales.
[9] Realizó señales milagrosas y maravillas en Egipto
en contra del faraón y todo su pueblo.
[10] Hirió de muerte a grandes naciones
y masacró a reyes poderosos:
[11] a Sehón, rey de los amorreos;
a Og, rey de Basán,
y a todos los reyes de Canaán.
[12] Entregó sus tierras como herencia,
como preciada posesión a su pueblo Israel.

[13] Tu nombre, oh SEÑOR, permanece para siempre;
tu fama, oh SEÑOR, se conoce en cada generación.
[14] Pues el SEÑOR hará justicia a su pueblo
y tendrá compasión de sus siervos.

[15] Los ídolos de las naciones no son más que objetos de plata y oro;

***Notas textuales 132:2** En hebreo *de Jacob*; también en 132:5. Ver nota en 44:4. **132:13** En hebreo *Sion.* **134:3** En hebreo *Sion.*

Referencias cruzadas 131:3 Sal 130:7 **132:8-10** 2 Cr 6:41-42 **132:11** Hch 2:30 **133:3** Dt 4:48 **134:3** Sal 124:8

manos humanas les dieron forma.
16 Tienen boca pero no pueden hablar,
tienen ojos pero no pueden ver.
17 Tienen oídos pero no pueden oír,
tienen boca pero no pueden respirar.
18 Y los que hacen ídolos son iguales a
ellos,
como también todos los que confían en ellos.

19 ¡Oh Israel, alaba al SEÑOR!
¡Oh sacerdotes —descendientes de Aarón—,
alaben al SEÑOR!
20 ¡Oh levitas, alaben al SEÑOR!
¡Todos los que temen al SEÑOR, alaben al SEÑOR!
21 El SEÑOR sea alabado desde Sion,
porque él vive aquí en Jerusalén.

¡Alabado sea el SEÑOR!

136 ¡Den gracias al SEÑOR, porque él es bueno!
Su fiel amor perdura para siempre.
2 Den gracias al Dios de dioses.
Su fiel amor perdura para siempre.
3 Den gracias al Señor de señores.
Su fiel amor perdura para siempre.
4 Den gracias al único que puede hacer milagros
poderosos.
Su fiel amor perdura para siempre.
5 Den gracias al que hizo los cielos con tanta habilidad.
Su fiel amor perdura para siempre.
6 Den gracias al que ubicó la tierra en medio de las
aguas.
Su fiel amor perdura para siempre.
7 Den gracias al que hizo las lumbreras celestiales:
Su fiel amor perdura para siempre.
8 el sol para que gobierne de día,
Su fiel amor perdura para siempre.
9 y la luna y las estrellas para que gobiernen de noche.
Su fiel amor perdura para siempre.
10 Den gracias al que mató a los hijos mayores de
Egipto.
Su fiel amor perdura para siempre.
11 Él sacó a Israel de Egipto.
Su fiel amor perdura para siempre.
12 Actuó con mano fuerte y brazo poderoso.
Su fiel amor perdura para siempre.
13 Den gracias al que separó las aguas del mar Rojo.*
Su fiel amor perdura para siempre.
14 Hizo cruzar a salvo a Israel,
Su fiel amor perdura para siempre.
15 pero arrojó al mar Rojo al faraón y a su ejército.
Su fiel amor perdura para siempre.
16 Den gracias al que guio a su pueblo por el desierto.
Su fiel amor perdura para siempre.
17 Den gracias al que hirió de muerte a reyes poderosos.
Su fiel amor perdura para siempre.
18 Mató a reyes poderosos:
Su fiel amor perdura para siempre.
19 a Sehón, rey de los amorreos,
Su fiel amor perdura para siempre.
20 y a Og, rey de Basán.
Su fiel amor perdura para siempre.
21 Dios entregó las tierras de estos reyes como
herencia:
Su fiel amor perdura para siempre.
22 como preciada posesión a su siervo Israel.
Su fiel amor perdura para siempre.
23 Él se acordó de nosotros en nuestras debilidades.
Su fiel amor perdura para siempre.
24 Nos salvó de nuestros
enemigos.
Su fiel amor perdura para siempre.
25 Él provee alimento a todo ser
viviente.
Su fiel amor perdura para siempre.
26 Den gracias al Dios del cielo.
Su fiel amor perdura para siempre.

137 Junto a los ríos de Babilonia, nos sentamos
y lloramos
al pensar en Jerusalén.*
2 Guardamos las arpas,
las colgamos en las ramas de los álamos.
3 Pues nuestros captores nos exigían que cantáramos;
los que nos atormentaban insistían en un himno
de alegría:
«¡Cántennos una de esas canciones acerca de
Jerusalén!».
4 ¿Pero cómo podemos entonar las canciones del
SEÑOR
mientras estamos en una tierra pagana?
5 Si me olvido de ti, oh Jerusalén,

***Notas textuales** **136:13** En hebreo *mar de juncos*; también en 136:15. **137:1** En hebreo *Sion*; también en 137:3.

Referencias cruzadas **135:13** Ex 3:15 **135:15-20** Sal 115:4-11 **136:4-9** Gn 1:1-16 **136:10-16** Ex 12:29–14:21 **136:26** Esd 5:11 **137:1-8** Is 51:1-64

que mi mano derecha se olvide de cómo tocar el
arpa.
6 Que la lengua se me pegue al paladar
si dejo de recordarte,
si no hago de Jerusalén mi mayor alegría.

7 Oh SEÑOR, recuerda lo que hicieron los edomitas
el día en que los ejércitos de Babilonia tomaron a
Jerusalén.
«¡Destrúyanla! —gritaron—.
¡Allánenla hasta reducirla a escombros!».
8 Oh Babilonia, serás destruida;
feliz será el que te haga pagar
por lo que nos has hecho.
9 ¡Feliz será el que tome a tus bebés
y los estrelle contra las rocas!

138 *Salmo de David.*

1 Te doy gracias, oh SEÑOR, con todo el corazón;
delante de los dioses cantaré tus alabanzas.
2 Me inclino ante tu santo templo mientras adoro;
alabo tu nombre por tu amor inagotable y tu
fidelidad,
porque tus promesas están
respaldadas
por todo el honor de tu nombre.
3 En cuanto oro, tú me respondes;
me alientas al darme fuerza.

4 Todos los reyes del mundo te darán gracias, SEÑOR,
porque cada uno de ellos escuchará tus palabras.
5 Así es, cantarán acerca de los caminos del SEÑOR,
porque la gloria del SEÑOR es muy grande.
6 Aunque el SEÑOR es grande, se ocupa de los
humildes,
pero se mantiene distante de los orgullosos.

7 Aunque estoy rodeado de dificultades,
tú me protegerás del enojo de mis enemigos.
Extiendes tu mano,
y el poder de tu mano derecha me salva.
8 El SEÑOR llevará a cabo los planes que tiene para mi
vida,
pues tu fiel amor, oh SEÑOR, permanece para
siempre.
No me abandones, porque tú me creaste.

139 *Para el director del coro: salmo de David.*

1 Oh SEÑOR, has examinado mi corazón
y sabes todo acerca de mí.
2 Sabes cuándo me siento y cuándo me levanto;
conoces mis pensamientos, aun cuando me
encuentro lejos.
3 Me ves cuando viajo
y cuando descanso en casa.
Sabes todo lo que hago.
4 Sabes lo que voy a decir
incluso antes de que lo diga, SEÑOR.
5 Vas delante y detrás de mí.
Pones tu mano de bendición sobre mi cabeza.
6 Semejante conocimiento es demasiado maravilloso
para mí;
¡es tan elevado que no puedo entenderlo!

7 ¡Jamás podría escaparme de tu Espíritu!
¡Jamás podría huir de tu presencia!
8 Si subo al cielo, allí estás tú;
si desciendo a la tumba,* allí estás tú.
9 Si cabalgo sobre las alas de la mañana,
si habito junto a los océanos más lejanos,
10 aun allí me guiará tu mano
y me sostendrá tu fuerza.
11 Podría pedirle a la oscuridad que me ocultara,
y a la luz que me rodea, que se convierta en
noche;
12 pero ni siquiera en la oscuridad puedo
esconderme de ti.
Para ti, la noche es tan brillante como el día.
La oscuridad y la luz son lo mismo para ti.

13 Tú creaste las delicadas partes internas de mi cuerpo
y me entretejiste en el vientre de mi madre.
14 ¡Gracias por hacerme tan maravillosamente
complejo!
Tu fino trabajo es maravilloso, lo sé muy bien.
15 Tú me observabas mientras iba cobrando forma en
secreto,
mientras se entretejían mis partes en la oscuridad
de la matriz.
16 Me viste antes de que naciera.
Cada día de mi vida estaba registrado en tu libro.
Cada momento fue diseñado
antes de que un solo día pasara.

17 Qué preciosos son tus pensamientos acerca de mí,*
oh Dios.
¡No se pueden enumerar!
18 Ni siquiera puedo contarlos;
¡suman más que los granos de la arena!
Y cuando despierto,
¡todavía estás conmigo!

19 ¡Oh Dios, si tan solo destruyeras a los perversos!
¡Lárguense de mi vida, ustedes asesinos!
20 Blasfeman contra ti;
tus enemigos hacen mal uso de tu nombre.
21 Oh SEÑOR, ¿no debería odiar a los que te odian?
¿No debería despreciar a los que se te oponen?
22 Sí, los odio con todas mis fuerzas,
porque tus enemigos son mis enemigos.

23 Examíname, oh Dios, y conoce mi corazón;
pruébame y conoce los pensamientos que me
inquietan.
24 Señálame cualquier cosa en mí que te ofenda
y guíame por el camino de la vida eterna.

***Notas textuales** **139:8** En hebreo *al Seol.* **139:17** O *Qué preciosos son para mí tus pensamientos.*

Referencias cruzadas **138:8** Flp 1:6 **139:16** Jb 14:5

140 *Para el director del coro: salmo de David.*

1 Oh Señor, rescátame de los malvados;
protégeme de los que son violentos,
2 de quienes traman el mal en el corazón
y causan problemas todo el día.
3 Su lengua pica como una serpiente;
veneno de víbora gotea de sus labios.
Interludio

4 Oh Señor, líbrame de la mano de los perversos;
protégeme de los violentos
porque traman un complot en mi contra.
5 Los orgullosos tendieron una trampa para atraparme;
extendieron una red;
colocaron trampas a lo largo del camino.
Interludio

6 Le dije al Señor: «¡Tú eres mi Dios!».
¡Escucha, oh Señor, mis súplicas por misericordia!
7 Oh Señor Soberano, tú eres el poderoso que me rescató.
Tú me protegiste en el día de la batalla.
8 Señor, no permitas que los malvados se salgan con la suya;
no dejes que prosperen sus maquinaciones malignas
porque se volverán orgullosos.
Interludio

9 Que mis enemigos sean destruidos
por el mismo mal que han planeado contra mí.
10 Que les caigan carbones encendidos sobre la cabeza;
que sean arrojados al fuego
o a pozos llenos de agua donde no haya escapatoria.
11 No dejes que los mentirosos prosperen en nuestra tierra;
haz que les caigan grandes calamidades a los violentos.
12 Pero a los que ellos persiguen, yo sé que el Señor los ayudará
y hará justicia a los pobres.
13 Sin duda, los rectos alaban tu nombre;
los justos vivirán en tu presencia.

141 *Salmo de David.*

1 Oh Señor, clamo a ti. ¡Por favor, apresúrate!
¡Escucha cuando clamo a ti por ayuda!
2 Acepta como incienso la oración que te ofrezco,
y mis manos levantadas, como una ofrenda vespertina.

3 Toma control de lo que digo, oh Señor,
y guarda mis labios.
4 No permitas que me deslice hacia el mal
ni que me involucre en actos perversos.
No me dejes participar de los manjares
de quienes hacen lo malo.
5 ¡Deja que los justos me golpeen!
¡Será un acto de bondad!
Si me corrigen, es un remedio calmante;
no permitas que lo rechace.

Pero oro constantemente
en contra de los perversos y de lo que hacen.
6 Cuando a sus líderes los arrojen por un acantilado,
los perversos escucharán mis palabras y
descubrirán que son verdad.
7 Como las piedras que levanta el arado,
los huesos de los perversos quedarán esparcidos,
sin que nadie los entierre.*

8 Busco tu ayuda, oh Señor Soberano.
Tú eres mi refugio; no dejes que me maten.
9 Líbrame de las trampas que me han tendido
y de los engaños de los que hacen el mal.
10 Que los perversos caigan en sus propias redes,
pero a mí, déjame escapar.

142 *Salmo* de David, acerca de su experiencia en la cueva. Oración.*

1 Clamo al Señor;
ruego la misericordia del Señor.
2 Expongo mis quejas delante de él
y le cuento todos mis problemas.
3 Cuando me siento agobiado,
solo tú sabes qué camino debo tomar.
Vaya adonde vaya,
mis enemigos me han tendido trampas.
4 Busco a alguien que venga a ayudarme,
¡pero a nadie se le ocurre hacerlo!
Nadie me ayudará;
a nadie le importa un bledo lo que me pasa.
5 Entonces oro a ti, oh Señor,
y digo: «Tú eres mi lugar de refugio.
En verdad, eres todo lo que quiero en la vida.
6 Oye mi clamor,
porque estoy muy decaído.
Rescátame de mis perseguidores,
porque son demasiado fuertes para mí.
7 Sácame de la prisión
para que pueda agradecerte.
Los justos se amontonarán a mi alrededor,
porque tú eres bueno conmigo».

143 *Salmo de David.*

1 Oye mi oración, oh Señor;
¡escucha mi ruego!
Respóndeme, porque eres fiel y justo.
2 No lleves a juicio a tu siervo,
porque ante ti nadie es inocente.
3 El enemigo me ha perseguido;
me ha tirado al suelo

***Notas textuales** **141:7** En hebreo *nuestros huesos serán esparcidos en la boca del Seol.* **142:TÍTULO** En hebreo *Masquil.* Puede ser un término literario o musical.

Referencias cruzadas **139:24** Sal 143:10**140:13** Sal 16:11 **141:8** Sal 11:1 **142:1** 1 Sm 24:3

y me obliga a vivir en la oscuridad como los que
están en la tumba.
4 Estoy perdiendo toda esperanza;
quedo paralizado de miedo.
5 Recuerdo los días de antaño.
Medito en todas tus grandes obras
y pienso en lo que has hecho.
6 A ti levanto mis manos en oración;
tengo sed de ti como la tierra reseca tiene sed de
lluvia. *Interludio*

7 Ven pronto, SEÑOR, y respóndeme,
porque mi abatimiento se profundiza.
No te apartes de mí,
o moriré.
8 Hazme oír cada mañana acerca de tu amor
inagotable,
porque en ti confío.
Muéstrame por dónde debo andar,
porque a ti me entrego.
9 Rescátame de mis enemigos, SEÑOR;
corro a ti para que me escondas.
10 Enséñame a hacer tu voluntad,
porque tú eres mi Dios.
Que tu buen Espíritu me lleve hacia adelante
con pasos firmes.
11 Para gloria de tu nombre, oh SEÑOR, preserva mi
vida;
por tu fidelidad, sácame de esta angustia.
12 En tu amor inagotable, silencia a todos mis
enemigos
y destruye a todos mis adversarios,
porque soy tu siervo.

144

Salmo de David.

1 Alaben al SEÑOR, mi roca.
Él entrena mis manos para la guerra
y da destreza a mis dedos para la batalla.
2 Él es mi aliado amoroso y mi fortaleza,
mi torre de seguridad y quien me rescata.
Es mi escudo, y en él me refugio.
Hace que las naciones se sometan* a mí.

3 Oh SEÑOR, ¿qué son los seres humanos para que te
fijes en ellos,
los simples mortales para que te preocupes por
ellos?
4 Pues son como un suspiro;
sus días son como una sombra pasajera.

5 Abre los cielos, SEÑOR, y desciende;
toca las montañas para que echen humo.
6 ¡Lanza tus rayos y esparce a tus enemigos!
¡Dispara tus flechas y confúndelos!
7 Alcánzame desde el cielo y rescátame;
sálvame de las aguas profundas,
del poder de mis enemigos.
8 Su boca está llena de mentiras;
juran decir la verdad pero, al contrario, mienten.

9 ¡Te entonaré una nueva canción, oh Dios!
Cantaré tus alabanzas con un arpa de diez
cuerdas.
10 ¡Pues tú concedes la victoria a los reyes!
Rescataste a tu siervo David de la espada mortal.
11 ¡Sálvame!
Rescátame del poder de mis
enemigos.
Su boca está llena de mentiras;
juran decir la verdad pero, al contrario, mienten.

12 Que nuestros hijos florezcan en su juventud
como plantas bien nutridas;
que nuestras hijas sean como columnas elegantes,
talladas para embellecer un palacio.
13 Que nuestros graneros estén llenos
de toda clase de cosechas;
que los rebaños en nuestros campos se multipliquen
de a miles,
y hasta de a diez miles,
14 y que nuestros bueyes estén muy cargados de
alimentos.
Que ningún enemigo penetre nuestras murallas,
ni nos lleve cautivos,
ni haya gritos de alarma en las plazas de nuestras
ciudades.
15 ¡Felices los que viven así!
Felices de verdad son los que tienen a Dios como
el SEÑOR.

145*

Salmo de alabanza de David.

1 Te exaltaré, mi Dios y Rey,
y alabaré tu nombre por siempre y para siempre.
2 Te alabaré todos los días;
sí, te alabaré por siempre.
3 ¡Grande es el SEÑOR, el más digno de alabanza!
Nadie puede medir su grandeza.

4 Que cada generación cuente a sus hijos de tus
poderosos actos
y que proclame tu poder.
5 Meditaré en la gloria y la majestad de tu esplendor,
y en tus maravillosos milagros.
6 Tus obras imponentes estarán en boca de todos;
proclamaré tu grandeza.
7 Todos contarán la historia de tu maravillosa bondad;
cantarán de alegría acerca de tu justicia.

8 El SEÑOR es misericordioso y compasivo,
lento para enojarse y lleno de amor inagotable.
9 El SEÑOR es bueno con todos;
desborda compasión sobre toda su creación.
10 Todas tus obras te agradecerán, SEÑOR,
y tus fieles seguidores te darán alabanza.
11 Hablarán de la gloria de tu reino;
darán ejemplos de tu poder.
12 Contarán de tus obras poderosas

***Notas textuales 144:2** Algunos manuscritos dicen *que mi pueblo se someta.* **145** Este salmo es un poema acróstico hebreo: cada verso (incluso 13b) comienza con una letra del alfabeto hebreo en forma consecutiva.

Referencias cruzadas 143:12 Sal 116:16 **144:1-15** Sal 18:1-50 **145:9** Mc 10:18

y de la majestad y la gloria de tu reinado.
13 Pues tu reino es un reino eterno;
gobiernas de generación en generación.

El SEÑOR siempre cumple sus promesas;
es bondadoso en todo lo que hace.*
14 El SEÑOR ayuda a los caídos
y levanta a los que están agobiados por sus cargas.
15 Los ojos de todos buscan en ti la esperanza;
les das su alimento según la necesidad.
16 Cuando abres tu mano,
sacias el hambre y la sed de todo ser viviente.
17 El SEÑOR es justo en todo lo que hace;
está lleno de bondad.
18 El SEÑOR está cerca de todos los que lo invocan,
sí, de todos los que lo invocan de verdad.
19 Él concede los deseos de los que le temen;
oye sus gritos de auxilio y los rescata.
20 El SEÑOR protege a todos los que lo aman,
pero destruye a los perversos.

21 Alabaré al SEÑOR,
y que todo el mundo bendiga su santo nombre
por siempre y para siempre.

146

¡Alabado sea el SEÑOR!

Que todo lo que soy alabe al SEÑOR.
2 Alabaré al SEÑOR mientras viva;
cantaré alabanzas a mi Dios con el último aliento.

3 No pongan su confianza en los poderosos;
no está allí la ayuda para ustedes.
4 Ellos, al dar su último suspiro, vuelven al polvo,
y todos sus planes mueren con ellos.
5 Pero felices son los que tienen como ayudador al Dios de Israel,*
los que han puesto su esperanza en el SEÑOR su Dios.
6 Él hizo el cielo y la tierra,
el mar y todo lo que hay en ellos.
Él cumple todas sus promesas para siempre.
7 Hace justicia al oprimido
y da alimento al que tiene hambre.
El SEÑOR libera a los prisioneros.
8 El SEÑOR abre los ojos de los ciegos.
El SEÑOR levanta a los agobiados.
El SEÑOR ama a los justos.
9 El SEÑOR protege a los extranjeros que viven entre nosotros.
Cuida de los huérfanos y las viudas,
pero frustra los planes de los perversos.

10 El SEÑOR reinará por siempre.
Él será tu Dios, oh Jerusalén,* por todas las generaciones.

¡Alabado sea el SEÑOR!

147

¡Alabado sea el SEÑOR!

¡Qué bueno es cantar alabanzas a nuestro Dios!
¡Qué agradable y apropiado!
2 El SEÑOR reconstruye a Jerusalén
y trae a los desterrados de vuelta a Israel.
3 Él sana a los de corazón quebrantado
y les venda las heridas.
4 Cuenta las estrellas
y llama a cada una por su nombre.
5 ¡Qué grande es nuestro Señor! ¡Su poder es absoluto!
¡Su comprensión supera todo entendimiento!
6 El SEÑOR sostiene a los humildes,
pero derriba a los perversos y los hace morder el polvo.

7 Canten su gratitud al SEÑOR;
al son del arpa, entonen alabanzas a nuestro Dios.
8 Él cubre los cielos con nubes,
provee lluvia a la tierra,
y hace crecer la hierba en los pastizales de los montes.
9 Da alimento a los animales salvajes
y alimenta a las crías del cuervo cuando chillan.
10 No se complace en la fuerza del caballo
ni en el poder del ser humano.
11 No, el SEÑOR se deleita en los que le temen,
en los que ponen su esperanza en su amor inagotable.

12 ¡Glorifica al SEÑOR, oh Jerusalén!
¡Alaba a tu Dios, oh Sion!
13 Pues él ha reforzado las rejas de tus puertas
y ha bendecido a tus hijos que habitan dentro de tus murallas.
14 Envía paz por toda tu nación
y te sacia el hambre con el mejor trigo.
15 Envía sus órdenes al mundo;
¡qué veloz corre su palabra!
16 Envía la nieve como lana blanca
y esparce la escarcha sobre la tierra como ceniza.
17 Lanza el granizo como piedras.*
¿Quién puede resistir su frío congelante?
18 Luego, a su orden todo se derrite;
envía sus vientos y el hielo se disuelve.
19 Dios reveló su palabra a Jacob,
sus decretos y ordenanzas a Israel.
20 No ha hecho esto con ninguna otra nación;
las demás naciones no conocen sus ordenanzas.

¡Alabado sea el SEÑOR!

148

¡Alabado sea el SEÑOR!

¡Alaben al SEÑOR desde los cielos!
¡Alábenlo desde el firmamento!
2 ¡Alábenlo, todos sus ángeles!
¡Alábenlo, todos los ejércitos celestiales!
3 ¡Alábenlo, sol y luna!
¡Alábenlo, todas las estrellas brillantes!
4 ¡Alábenlo, los altos cielos!

***Notas textuales** **145:13** Así aparece en los Rollos del mar Muerto, en la versión griega y en la siríaca; en el texto masorético faltan las dos últimas líneas de este versículo. **146:5** En hebreo *de Jacob.* Ver nota en 44:4. **146:10** En hebreo *Sion.* **147:17** En hebreo *como migas de pan.*

Referencias cruzadas **146:8** Mt 11:5 **147:1** Sal 135:3 **147:20** Dt 4:7-8 **148:1** Lc 19:38

¡Alábenlo, los vapores que están mucho más allá
de las nubes!
5 Que toda cosa creada alabe al Señor,
pues él dio la orden y todo cobró vida.
6 Puso todo lo creado en su lugar por siempre y para
siempre.
Su decreto jamás será revocado.

7 Alaben al Señor desde la tierra,
ustedes, criaturas de las profundidades del
océano,
8 el fuego y el granizo, la nieve y las nubes,*
el viento y el clima que lo obedecen,
9 ustedes, las montañas y todas las colinas,
los árboles frutales y los cedros,
10 los animales salvajes y todo el ganado,
los animales pequeños que corren por el suelo y
las aves,
11 los reyes de la tierra y toda la gente,
los gobernantes y los jueces de la tierra,
12 los muchachos y las jovencitas,
los ancianos y los niños.

13 Que todos alaben el nombre del Señor,
porque su nombre es muy grande;
¡su gloria está por encima de la tierra y el cielo!
14 Dios hizo fuerte a su pueblo
y honró a sus fieles:
los del pueblo de Israel que están cerca de él.

¡Alabado sea el Señor!

149

¡Alabado sea el Señor!

Canten al Señor una nueva canción;
canten sus alabanzas en la asamblea de los fieles.
2 Oh Israel, alégrate de tu Creador.
Oh pueblo de Jerusalén,* regocíjate de tu Rey.
3 Alaba su nombre con danza,
y acompáñala con panderetas y arpas,
4 porque el Señor se deleita en su pueblo;
él corona al humilde con victoria.
5 Que los fieles se alegren de que él los honra;
que canten de alegría mientras descansan en sus
camas.

6 Que las alabanzas de Dios estén en sus labios
y tengan una espada afilada en las manos,
7 para tomar venganza contra las naciones
y castigar a los pueblos,
8 para encadenar a sus reyes con grilletes
y a sus líderes con cadenas de hierro,
9 para ejecutar el juicio que está escrito contra ellos.
Este es el privilegio glorioso que tienen sus fieles.

¡Alabado sea el Señor!

150

¡Alabado sea el Señor!

Alaben a Dios en su santuario;
¡alábenlo en su poderoso cielo!
2 Alábenlo por sus obras poderosas;
¡alaben su grandeza sin igual!
3 Alábenlo con un fuerte toque del cuerno de carnero;
¡alábenlo con la lira y el arpa!
4 Alábenlo con panderetas y danzas;
¡alábenlo con instrumentos de cuerda y con
flautas!
5 Alábenlo con el sonido de los címbalos;
alábenlo con címbalos fuertes y resonantes.
6 ¡Que todo lo que respira cante alabanzas al Señor!

¡Alabado sea el Señor!

***Notas textuales** **148:8** O *la neblina,* o *el humo.* **149:2** En hebreo *Sion.*

Referencias cruzadas **149:6-9** Ez 28:26

PROVERBIOS

¿Por qué es importante?

Los dichos en este libro comienzan como la instrucción de buenos padres dirigidas a hijos que aún están en el camino de tomar las decisiones más importantes en la vida. Proverbios es una fuente extraordinaria de consejos prácticos para la vida de todos los días en relación con las amistades, las palabras, la justicia y la injusticia y las realidades de la vida en general. Proverbios es una colección de consejos oportunos y conocimiento práctico que puede aprovecharse de mil maneras en el mundo de hoy.

Sus cápsulas de sabiduría son un regalo de parte del Señor para cada uno de nosotros y su énfasis está en el éxito genuino y el significado de la sabiduría, y por esa razón será siempre útil para tomar buenas decisiones.

¿Por qué fue escrito?

Los proverbios son una forma literaria muy popular en oriente, ya que, en un mundo donde la escritura no era tan conocida, encerraban grandes enseñanzas con dichos cortos, pero de gran profundidad, para que fueran fáciles de recordar. Este libro fue compuesto con el propósito de impartir sabiduría y hacer un llamado a toda persona para que tome una decisión clara en favor de la sabiduría práctica, en lugar de la necedad. Algunos proverbios llegan a discutir temas morales, mientras que otros son observaciones generales acerca de la realidad, y otros son consejos prácticos sobre la vida diaria.

¿Quién lo escribió?

El rey Salomón escribió la mayoría de los proverbios encontrados en este libro. 1 Reyes 4:32-33 específicamente indica que, no solo estaba capacitado para escribir una colección como esta, sino que escribió mucho más de lo que aparece en este libro. Sin embargo, él no es el único autor. La misma sección escrita por Salomón menciona lo que algunas traducciones llaman "los dichos de los sabios" (22:17-24:34). También se menciona Agur, hijo de Jaqué como el autor de los dichos del capítulo 30 y el rey Lemuel como la fuente del capítulo 31. Aunque la tradición judía afirma que estos dos nombres también se refieren a Salomón, no hay manera de comprobarlo.

¿A quién lo escribió?

Los proverbios circulan como dichos sabios que usa la gente de todos los estratos sociales en la conversación diaria. "De tal palo tal astilla" o "Dime con quién andas y te diré quién eres" han sido utilizados por mucho tiempo sin saber quién los inventó o para quién se dijeron originalmente. Ahora bien, como libro, Proverbios fue publicado para registrar la sabiduría de Salomón y otros grandes pensadores para que sirvieran como guías en la vida diaria de las personas. Como escrito de sabiduría es un llamado a tomar el camino de la sabiduría. Así, entonces, se trata de una obra dirigida a todos.

¿Cuándo y dónde lo escribió?

El capítulo 25 registra que un grupo de escribas o sabios nombrados por el rey Ezequías copiaron proverbios de Salomón y también posiblemente los de los capítulos 30 y 31, lo cual apunta a que el libro fue compilado en esa época. Es muy posible que los proverbios de Salomón hayan circulado oralmente o como colecciones breves y por fin fueron coleccionados en un libro en la época de Ezequías o un tiempo después.

Paso a paso

1. Un llamado urgente a ser sabios. Caps. 1-9
2. Consejos acerca de la amistad. 14:20; 17:9, 17; 18:24; 19:4; 25:17-19; 27:5-10.
3. Consejos acerca del trabajo y la pereza. 6:6-9; 12:24-27; 16:26; 18:9; 21:25; 22:19; 26:13-16.
4. Consejos acerca del sexo opuesto. 5:20; 11:16, 22; 12:4; 14:1; 31:10-31.
5. Consejos acerca de las palabras. 4:24; 8:8; 12:6, 25; 15:26; 16:24, 28; 17:27; 20:19; 25:11.
6. Consejos acerca de la riqueza y pobreza. 3:9; 10:2-4, 15; 10:22; 12:27; 13:7-8; 14:31; 15:22; 18:11; 19:1, 7; 22:4; 23:4.
7. Consejos acerca de las relaciones entre padres e hijos. 1:8; 10:1; 13:1, 24; 15:20; 17:21, 25; 19:26; 24:21; 28:7; 29:15, 17.
8. Qué significa vivir bajo el temor del Señor. 1:7; 2:5; 9:10; 14:26-27; 15:33; 16:6; 19:23; 22:4; 23:17.

Proverbios

El propósito de los proverbios

1 Estos son los proverbios de Salomón, hijo de David, rey de Israel.

2 El propósito de los proverbios es enseñar sabiduría y
disciplina,
y ayudar a las personas a comprender la
inteligencia de los sabios.
3 Su propósito es enseñarles a vivir una vida
disciplinada y exitosa,
y ayudarlas a hacer lo que es correcto, justo e
imparcial.
4 Estos proverbios darán inteligencia al ingenuo,
conocimiento y discernimiento al joven.

5 Que el sabio escuche estos proverbios y se haga aún
más sabio.
Que los que tienen entendimiento reciban
dirección
6 al estudiar el significado de estos proverbios y estas
parábolas,
las palabras de los sabios y sus enigmas.

7 El temor del Señor es la base del verdadero
conocimiento,
pero los necios desprecian la sabiduría y la
disciplina.

¡Respuestas Bíblicas! 93 ¿Qué es lo contrario de la sabiduría?

1:7 Los necios que son las personas
que se rebelan a las leyes de Dios.

La exhortación de un padre: adquiere sabiduría

8 Hijo mío, presta atención cuando tu padre te
corrige;
no descuides la instrucción de tu madre.
9 Lo que aprendas de ellos te coronará de gracia
y será como un collar de honor alrededor de tu
cuello.

10 Hijo mío, si los pecadores quieren engatusarte,
¡dales la espalda!
11 Quizás te digan: «Ven con nosotros.
¡Escondámonos y matemos a alguien!
¡Vamos a emboscar a los inocentes, solo para
divertirnos!
12 Vamos a tragarlos vivos, como lo hace la tumba;*
vamos a tragarlos enteros, como a quienes
descienden a la fosa de la muerte.
13 ¡Piensa en todas las grandes cosas que
conseguiremos!
Llenaremos nuestras casas con todo lo robado.
14 Ven, únete a nosotros;
entre todos compartiremos el botín».

15 ¡Hijo mío, no vayas con ellos!
Mantente alejado de sus caminos.
16 Ellos corren a cometer malas acciones;
van de prisa a matar.
17 Si un pájaro ve que le tienden una trampa,
sabe que tiene que alejarse.
18 En cambio, esa gente se tiende una emboscada a sí
misma;
pareciera que busca su propia muerte.
19 Así terminan todos los que codician el dinero;
esa codicia les roba la vida.

La Sabiduría hace oír su voz en las calles

20 La Sabiduría hace oír su voz en las calles;
clama en la plaza pública.
21 La Sabiduría clama a los que están reunidos frente a
la entrada de la ciudad
y a las multitudes por la calle principal:
22 «Simplones, ¿hasta cuándo insistirán en su
ignorancia?
Burlones, ¿hasta cuándo disfrutarán de sus burlas?
Necios, ¿hasta cuándo odiarán el saber?
23 Vengan y escuchen mi consejo.
Les abriré mi corazón
y los haré sabios.

24 »Los llamé muy a menudo pero no quisieron venir;
les tendí la mano pero no me hicieron caso.
25 No prestaron atención a mi consejo
y rechazaron la corrección que les ofrecí.
26 ¡Por eso me reiré cuando tengan problemas!
Me burlaré de ustedes cuando les llegue la
desgracia,
27 cuando la calamidad caiga sobre ustedes como una
tormenta,
cuando el desastre los envuelva como un ciclón,
y la angustia y la aflicción los abrumen.

28 »Entonces, cuando clamen por ayuda, no les
responderé.

***Notas textuales** **1:12** En hebreo *como el Seol.*

Referencias cruzadas **1:7** Pr 15:33 **1:16** Rm 3:15-17

Aunque me busquen con ansiedad, no me
encontrarán.
29 Pues odiaron el conocimiento
y decidieron no temer al Señor.
30 Rechazaron mi consejo
y no prestaron atención cuando los corregía.
31 Por lo tanto, tendrán que comer el fruto amargo de
vivir a su manera
y se ahogarán con sus propias intrigas.
32 Pues los simplones se apartan de mí hacia la muerte.
Los necios son destruidos por su
despreocupación.
33 En cambio, todos los que me escuchan vivirán en
paz,
tranquilos y sin temor del mal».

Los beneficios de la sabiduría

2 Hijo mío, presta atención a lo que digo
y atesora mis mandatos.
2 Afina tus oídos a la sabiduría
y concéntrate en el entendimiento.
3 Clama por inteligencia
y pide entendimiento.
4 Búscalos como si fueran plata,
como si fueran tesoros
escondidos.
5 Entonces comprenderás lo que significa temer al
Señor
y obtendrás conocimiento de Dios.
6 ¡Pues el Señor concede sabiduría!
De su boca provienen el saber y el entendimiento.
7 Al que es honrado, él le concede el tesoro del sentido
común.
Él es un escudo para los que caminan con
integridad.
8 Él cuida las sendas de los justos
y protege a los que le son fieles.

9 Entonces comprenderás lo que es correcto, justo e
imparcial
y encontrarás el buen camino que debes seguir.
10 Pues la sabiduría entrará en tu corazón,
y el conocimiento te llenará de alegría.
11 Las decisiones sabias te protegerán;
el entendimiento te mantendrá a salvo.

12 La sabiduría te salvará de la gente mala,
de los que hablan con palabras retorcidas.
13 Estos hombres se alejan del camino correcto
para andar por sendas tenebrosas.
14 Se complacen en hacer lo malo
y disfrutan los caminos retorcidos del mal.
15 Sus acciones son torcidas,
y sus caminos son errados.

16 La sabiduría te librará de la mujer inmoral,
de las palabras seductoras de la mujer promiscua.
17 Ella abandonó a su marido
y no hace caso del pacto que hizo ante Dios.
18 Entrar a su casa lleva a la muerte;
es el camino a la tumba.*
19 El hombre que la visita está condenado;
nunca llegará a los senderos de la vida.

20 Por lo tanto, sigue los pasos de los buenos
y permanece en los caminos de los justos.
21 Pues solo los justos vivirán en la tierra
y los íntegros permanecerán en ella.
22 Pero los perversos serán quitados de la tierra,
y los traidores serán arrancados de raíz.

La confianza en el Señor

3 Hijo mío, nunca olvides las cosas que te he
enseñado;
guarda mis mandatos en tu corazón.
2 Si así lo haces, vivirás muchos años,
y tu vida te dará satisfacción.
3 ¡Nunca permitas que la lealtad ni la bondad te
abandonen!
Átalas alrededor de tu cuello como un
recordatorio.
Escríbelas en lo profundo de tu corazón.
4 Entonces tendrás tanto el favor de Dios como el de la
gente,
y lograrás una buena reputación.

5 Confía en el Señor con todo tu
corazón;
no dependas de tu propio entendimiento.
6 Busca su voluntad en todo lo que
hagas,
y él te mostrará cuál camino tomar.

7 No te dejes impresionar por tu propia sabiduría.
En cambio, teme al Señor y aléjate del mal.
8 Entonces dará salud a tu cuerpo
y fortaleza a tus huesos.

9 Honra al Señor con tus riquezas
y con lo mejor de todo lo que produces.
10 Entonces él llenará tus graneros,
y tus tinajas se desbordarán de buen vino.

11 Hijo mío, no rechaces la disciplina del Señor
ni te enojes cuando te corrige.
12 Pues el Señor corrige a los que ama,
tal como un padre corrige al hijo que es su
deleite.*

13 Alegre es el que encuentra sabiduría,
el que adquiere entendimiento.
14 Pues la sabiduría da más ganancia que la plata
y su paga es mejor que el oro.
15 La sabiduría es más preciosa que los rubíes;
nada de lo que desees puede compararse con ella.
16 Con la mano derecha, te ofrece una larga vida;
con la izquierda, riquezas y honor.
17 Te guiará por sendas agradables;
todos sus caminos dan satisfacción.
18 La sabiduría es un árbol de vida a los que la abrazan;
felices son los que se aferran a ella.

19 Con sabiduría el Señor fundó la tierra;

***Notas textuales** **2:18** En hebreo *a los espíritus de los muertos.* **3:12** La versión griega dice *ama, / y castiga a todo el que recibe como hijo.* Comparar Hb 12:6.

Referencias cruzadas **1:33** Pr 3:23-26 **2:8** 1 Sm 2:9 **2:17** Ml 2:14-15 **2:22** Dt 28:63 **3:4** Lc 2:52 **3:11-12** Hb 12:5-6

con entendimiento creó los cielos.
20 Con su conocimiento se abrieron las fuentes profundas de la tierra
e hizo que el rocío se asiente bajo el cielo nocturno.

21 Hijo mío, no pierdas de vista el sentido común ni el discernimiento.
Aférrate a ellos,
22 porque refrescarán tu alma;
son como las joyas de un collar.
23 Te mantienen seguro en tu camino,
y tus pies no tropezarán.
24 Puedes irte a dormir sin miedo;
te acostarás y dormirás profundamente.
25 No hay por qué temer la calamidad repentina
ni la destrucción que viene sobre los perversos,
26 porque el Señor es tu seguridad.
Él cuidará que tu pie no caiga en una trampa.
27 No dejes de hacer el bien a todo el que lo merece,
cuando esté a tu alcance ayudarlos.
28 Si puedes ayudar a tu prójimo hoy, no le digas:
«Vuelve mañana y entonces te ayudaré».

29 No trames hacerle daño a tu vecino,
porque los que viven cerca confían en ti.
30 No busques pelea sin motivo,
cuando nadie te ha hecho daño.

31 No envidies a las personas violentas
ni imites su conducta.
32 El Señor detesta a esa gente perversa;
en cambio, ofrece su amistad a los justos.

33 El Señor maldice la casa del perverso,
pero bendice el hogar de los justos.

34 El Señor se burla de los burlones,
pero muestra su bondad a los humildes.*

35 Los sabios heredan honra,
¡pero los necios son avergonzados!

El sabio consejo de un padre

4 Hijos míos, escuchen cuando su padre los corrige.
Presten atención y aprendan buen juicio,
2 porque les doy una buena orientación.
No se alejen de mis instrucciones.
3 Pues yo, igual que ustedes, fui hijo de mi padre,
amado tiernamente como el hijo único de mi madre.

4 Mi padre me enseñó:
«Toma en serio mis palabras.
Sigue mis mandatos y vivirás.
5 Adquiere sabiduría; desarrolla buen juicio.
No te olvides de mis palabras ni te alejes de ellas.
6 No des la espalda a la sabiduría, pues ella te protegerá;
ámala, y ella te guardará.
7 ¡Adquirir sabiduría es lo más sabio que puedes hacer!
Y en todo lo demás que hagas, desarrolla buen juicio.
8 Si valoras la sabiduría, ella te engrandecerá.
Abrázala, y te honrará.
9 Te pondrá una hermosa guirnalda de flores sobre la cabeza;
te entregará una preciosa corona».

10 Hijo mío, escúchame y haz lo que te digo,
y tendrás una buena y larga vida.
11 Te enseñaré los caminos de la sabiduría
y te guiaré por sendas rectas.
12 Cuando camines, no te detendrán;
cuando corras, no tropezarás.
13 Aférrate a mis instrucciones; no las dejes ir.
Cuídalas bien, porque son la clave de la vida.

14 No hagas lo que hacen los perversos
ni sigas el camino de los malos.
15 ¡Ni se te ocurra! No tomes ese camino.
Aléjate de él y sigue avanzando.
16 Pues las personas malvadas no pueden dormir sin hacer la mala acción del día.
No pueden descansar sin antes hacer tropezar a alguien.
17 ¡Se alimentan de la perversidad
y beben el vino de la violencia!

18 El camino de los justos es como la primera luz del amanecer,
que brilla cada vez más hasta que el día alcanza todo su esplendor.
19 Pero el camino de los perversos es como la más densa oscuridad;
ni siquiera saben con qué tropiezan.

20 Hijo mío, presta atención a lo que te digo.
Escucha atentamente mis palabras.
21 No las pierdas de vista.
Déjalas llegar hasta lo profundo de tu corazón,
22 pues traen vida a quienes las encuentran
y dan salud a todo el cuerpo.

23 Sobre todas las cosas cuida tu corazón,
porque este determina el rumbo de tu vida.

24 Evita toda expresión perversa;
aléjate de las palabras corruptas.

25 Mira hacia adelante
y fija los ojos en lo que está frente a ti.
26 Traza un sendero recto para tus pies;
permanece en el camino seguro.
27 No te desvíes;
evita que tus pies sigan el mal.

Evita a las mujeres inmorales

5 Hijo mío, presta atención a mi sabiduría;
escucha cuidadosamente mi sabio consejo.
2 Entonces demostrarás discernimiento,
y tus labios expresarán lo que has aprendido.

***Notas textuales** **3:34** La versión griega dice *El Señor se opone a los orgullosos / pero da gracia a los humildes.* Comparar St 4:6; 1 P 5:5.

Referencias cruzadas **3:27** Rm 13:8 **3:34** 1 P 5:5 **4:6** 2 Ts 2:10 **4:18** Dn 12:3 **4:26** Hb 12:13

[3] Pues los labios de una mujer inmoral son tan dulces como la miel
y su boca es más suave que el aceite.
4 Pero al final ella resulta ser tan amarga como el veneno,
tan peligrosa como una espada de dos filos.
5 Sus pies descienden a la muerte,
sus pasos conducen derecho a la tumba.*
6 Pues a ella no le interesa en absoluto el camino de la vida.
Va tambaleándose por un sendero torcido y no se da cuenta.

7 Así que ahora, hijos míos, escúchenme.
Nunca se aparten de lo que les voy a decir:
8 ¡Aléjate de ella!
¡No te acerques a la puerta de su casa!
9 Si lo haces perderás el honor,
y perderás todo lo que has logrado a manos de gente que no tiene compasión.
10 Gente extraña consumirá tus riquezas,
y otro disfrutará del fruto de tu trabajo.
11 Al final, gemirás de angustia
cuando la enfermedad consuma tu cuerpo.
12 Dirás: «¡Cuánto odié la disciplina!
¡Si tan solo no hubiera despreciado todas las advertencias!
13 ¿Por qué no escuché a mis maestros?
¿Por qué no presté atención a mis instructores?
14 He llegado al borde de la ruina
y ahora mi vergüenza será conocida por todos».

15 Bebe el agua de tu propio pozo;
comparte tu amor únicamente con tu esposa.*
16 ¿Para qué derramar por las calles el agua de tus manantiales
teniendo sexo con cualquiera?*
17 Deben reservarla solo para los dos;
jamás la compartan con desconocidos.

18 Que tu esposa sea una fuente de bendición para ti.
Alégrate con la esposa de tu juventud.
19 Es una cierva amorosa, una gacela llena de gracia.
Que sus pechos te satisfagan siempre.
Que siempre seas cautivado por su amor.
20 Hijo mío, ¿por qué dejarte cautivar por una mujer inmoral
o acariciar los pechos de una mujer promiscua?

21 Pues el Señor ve con claridad lo que hace el hombre;
examina cada senda que toma.
22 Un hombre malvado queda preso por sus propios pecados;
son cuerdas que lo atrapan y no lo sueltan.
23 Morirá por falta de control propio;
se perderá a causa de su gran insensatez.

Lecciones para la vida diaria

6 Hijo mío, si has salido fiador por la deuda de un amigo
o has aceptado garantizar la deuda de un extraño,
2 si quedaste atrapado por el acuerdo que hiciste
y estás enredado por tus palabras,
3 sigue mi consejo y sálvate,
pues te has puesto a merced de tu amigo.
Ahora trágate tu orgullo;
ve y suplica que tu amigo borre tu nombre.
4 No postergues el asunto; ¡hazlo enseguida!
No descanses hasta haberlo realizado.
5 Sálvate como una gacela que escapa del cazador,
como un pájaro que huye de la red.

6 Tú, holgazán, aprende una lección de las hormigas.
¡Aprende de lo que hacen y hazte sabio!
7 A pesar de que no tienen príncipe
ni gobernador ni líder que las haga trabajar,
8 se esfuerzan todo el verano,
juntando alimento para el invierno.
9 Pero tú, holgazán, ¿hasta cuándo seguirás durmiendo?
¿Cuándo despertarás?
10 Un rato más de sueño, una breve siesta,
un pequeño descanso con los brazos cruzados...
11 entonces la pobreza te asaltará como un bandido;
la escasez te atacará como un ladrón armado.

12 ¿Cómo son las personas despreciables y perversas?
Nunca dejan de mentir;
13 demuestran su engaño al guiñar con los ojos,
al dar golpes suaves con los pies o hacer gestos con los dedos.
14 Sus corazones pervertidos traman el mal,
y andan siempre provocando problemas.
15 Sin embargo, serán destruidos de repente,
quebrantados en un instante y sin la menor esperanza de recuperarse.

16 Hay seis cosas que el Señor odia,
no, son siete las que detesta:
17 los ojos arrogantes,
la lengua mentirosa,
las manos que matan al inocente,
18 el corazón que trama el mal,
los pies que corren a hacer lo malo,
19 el testigo falso que respira mentiras
y el que siembra discordia en una familia.

20 Hijo mío, obedece los mandatos de tu padre,
y no descuides la instrucción de tu madre.
21 Guarda siempre sus palabras en tu corazón;
átalas alrededor de tu cuello.
22 Cuando camines, su consejo te guiará.
Cuando duermas, te protegerá.
Cuando despiertes, te orientará.
23 Pues su mandato es una lámpara
y su instrucción es una luz;
su disciplina correctiva
es el camino que lleva a la vida.
24 Te protegerán de la mujer inmoral,
de la lengua suave de la mujer promiscua.
25 No codicies su belleza;
no dejes que sus miradas coquetas te seduzcan.
26 Pues una prostituta te llevará a la pobreza,*

***Notas textuales** **5:5** En hebreo *al Seol.* **5:15** En hebreo *Bebe el agua de tu propia cisterna, / el agua de tu propio pozo.* **5:16** En hebreo *¿Para qué derramar tus manantiales por las calles, / tus arroyos en las plazas de la ciudad?*

Referencias cruzadas **5:6** 2 P 2:14 **5:23** Pr 10:21 **6:5** Sal 124:7 **6:15** Pr 24:22 **6:25** Mt 5:28

pero dormir con la mujer de otro hombre te
costará la vida.
27 ¿Acaso puede un hombre echarse fuego sobre las
piernas
sin quemarse la ropa?
28 ¿Podrá caminar sobre carbones encendidos
sin ampollarse los pies?
29 Así le sucederá al hombre que duerme con la esposa
de otro hombre.
El que la abrace no quedará sin castigo.
30 Tal vez haya excusas para un ladrón
que roba porque se muere de
hambre.
31 Pero si lo atrapan, deberá pagar siete veces la
cantidad que robó,
aunque tenga que vender todo lo que hay en su
casa.
32 Pero el hombre que comete adulterio es un necio
total,
porque se destruye a sí mismo.
33 Será herido y deshonrado.
Su vergüenza no se borrará jamás.
34 Pues el marido celoso de la mujer se enfurecerá,
y no tendrá misericordia cuando se cobre
venganza.
35 No aceptará ninguna clase de compensación
ni habrá suma de dinero que lo satisfaga.

Más advertencia sobre mujeres inmorales

7 Hijo mío, sigue mi consejo;
atesora siempre mis mandatos.
2 ¡Obedece mis mandatos y vive!
Guarda mis instrucciones tal como cuidas tus
ojos.*
3 Átalas a tus dedos como un recordatorio;
escríbelas en lo profundo de tu corazón.

4 Ama a la sabiduría como si fuera tu hermana
y haz a la inteligencia un querido miembro de tu
familia.
5 Deja que ellas te prevengan de tener una aventura con
una mujer inmoral
y de escuchar las adulaciones de una mujer
promiscua.

6 Mientras estaba junto a la ventana de mi casa,
mirando a través de la cortina,
7 vi a unos muchachos ingenuos;
a uno en particular que le faltaba sentido común.
8 Cruzaba la calle cercana a la casa de una mujer
inmoral
y se paseaba frente a su casa.
9 Era la hora del crepúsculo, al anochecer,
mientras caía la densa oscuridad.
10 La mujer se le acercó,
vestida de manera seductora y con corazón astuto.
11 Era rebelde y descarada,
de esas que nunca están conformes con quedarse
en casa.
12 Suele frecuentar las calles y los mercados,
ofreciéndose en cada esquina.
13 Lo rodeó con sus brazos y lo besó,
y mirándolo con descaro le dijo:

14 «Acabo de hacer mis ofrendas de paz
y de cumplir mis votos.
15 ¡Tú eres precisamente al que estaba buscando!
¡Salí a encontrarte y aquí estás!
16 Mi cama está tendida con hermosas colchas,
con coloridas sábanas de lino egipcio.
17 La he perfumado
con mirra, áloes y canela.
18 Ven, bebamos sin medida la copa del amor hasta el
amanecer.
Disfrutemos de nuestras caricias,
19 ahora que mi esposo no está en casa.
Se fue de viaje por mucho tiempo.
20 Se llevó la cartera llena de dinero
y no regresará hasta fin de mes*».
21 Y así lo sedujo con sus dulces palabras
y lo engatusó con sus halagos.
22 Él la siguió de inmediato,
como un buey que va al matadero.
Era como un ciervo que cayó en la trampa,*
23 en espera de la flecha que le atravesaría el corazón.
Era como un ave que vuela directo a la red,
sin saber que le costará la vida.

24 Por eso, hijos míos, escúchenme
y presten atención a mis palabras.
25 No dejen que el corazón se desvíe tras ella.
No anden vagando por sus caminos descarriados.
26 Pues ella ha sido la ruina de muchos;
numerosos hombres han caído en sus garras.
27 Su casa es el camino a la tumba.*
Su alcoba es la guarida de la muerte.

Llamado de la Sabiduría

8 ¡Escuchen cuando la Sabiduría llama!
¡Oigan cuando el entendimiento alza su voz!
2 La Sabiduría toma su puesto en las encrucijadas,
en la cumbre de la colina, junto al camino.
3 Junto a las puertas de entrada a la ciudad,
en el camino de ingreso, grita con fuerza:
4 «¡A ustedes los llamo, a todos ustedes!
Levanto mi voz a toda persona.
5 Ustedes, ingenuos, usen el buen juicio.
Ustedes, necios, muestren un poco de
entendimiento.
6 ¡Escúchenme! Tengo cosas importantes que decirles.
Todo lo que digo es correcto,
7 pues hablo la verdad
y detesto toda clase de engaño.
8 Mi consejo es sano;
no tiene artimañas ni falsedad.
9 Mis palabras son obvias para todos los que tienen
entendimiento,
claras para los que poseen conocimiento.
10 Elijan mi instrucción en lugar de la plata
y el conocimiento antes que el oro puro.

***Notas textuales** **6:26** En hebreo *te reducirá a un pedazo de pan.* **7:2** En hebreo *como a la niña de tus ojos.* **7:20** En hebreo *hasta la luna llena.* **7:22** Así aparece en la versión griega y en la siríaca; en hebreo dice *matadero, / como lo son los grilletes para la disciplina de un necio.* **7:27** En hebreo *al Seol.*

Referencias cruzadas **7:5** Pr 6:24 **7:27** Pr 2:18 **8:5** Pr 1:4, 22, 32

11 Pues la sabiduría es mucho más valiosa que los rubíes.
Nada de lo que uno pueda desear se compara con ella.

12 »Yo, la Sabiduría, convivo con el buen juicio.
Sé dónde encontrar conocimiento y discernimiento.
13 Todos los que temen al SEÑOR odiarán la maldad.
Por eso odio el orgullo y la arrogancia,
la corrupción y el lenguaje perverso.
14 El sentido común y el éxito me pertenecen.
La fuerza y la inteligencia son mías.
15 Gracias a mí reinan los reyes
y los gobernantes dictan decretos justos.
16 Los mandatarios gobiernan con mi ayuda
y los nobles emiten juicios justos.*

17 »Amo a todos los que me aman.
Los que me buscan me encontrarán.
18 Tengo riquezas y honor,
así como justicia y prosperidad duraderas.
19 ¡Mis dones son mejores que el oro, aun el oro más puro;
mi paga es mejor que la plata refinada!
20 Camino en rectitud,
por senderos de justicia.
21 Los que me aman heredan riquezas;
llenaré sus cofres de tesoros.

22 »El SEÑOR me formó desde el comienzo,
antes de crear cualquier otra cosa.
23 Fui nombrada desde la eternidad,
en el principio mismo, antes de que existiera la tierra.
24 Nací antes de que los océanos fueran creados,
antes de que brotara agua de los manantiales.
25 Antes de que se formaran las montañas,
antes que las colinas, yo nací,
26 antes de que el SEÑOR hiciera la tierra y los campos
y los primeros puñados de tierra.
27 Estaba presente cuando él estableció los cielos,
cuando trazó el horizonte sobre los océanos.
28 Estaba ahí cuando colocó las nubes arriba,
cuando estableció los manantiales en lo profundo de la tierra.
29 Estaba ahí cuando puso límites a los mares,
para que no se extendieran más allá de sus márgenes.
Y también cuando demarcó los cimientos de la tierra,
30 era la arquitecta a su lado.
Yo era su constante deleite,
y me alegraba siempre en su presencia.
31 ¡Qué feliz me puse con el mundo que él creó;
cuánto me alegré con la familia humana!

32 »Y ahora, hijos míos, escúchenme,
pues todos los que siguen mis caminos son felices.
33 Escuchen mi instrucción y sean sabios;
no la pasen por alto.
34 ¡Alegres son los que me escuchan,
y están atentos a mis puertas día tras día,
y me esperan afuera de mi casa!
35 Pues todo el que me encuentra, halla la vida
y recibe el favor del SEÑOR.
36 Pero el que no me encuentra se perjudica a sí mismo.
Todos los que me odian aman la muerte».

9 La Sabiduría edificó su casa;
labró sus siete pilares.
2 Preparó un gran banquete,
mezcló los vinos y puso la mesa.
3 Envió a sus sirvientes para que invitaran a todo el mundo.
Ahora convoca desde el lugar más alto con vista a la ciudad:
4 «Entren conmigo», clama a los ingenuos.
Y a quienes les falta buen juicio, les dice:
5 «Vengan, disfruten mi comida
y beban el vino que he mezclado.
6 Dejen atrás sus caminos de ingenuidad y empiecen a vivir;
aprendan a usar el buen juicio».

7 El que reprende a un burlón recibirá un insulto a cambio;
el que corrige al perverso saldrá herido.
8 Por lo tanto, no te molestes en corregir a los burlones;
solo ganarás su odio.
En cambio, corrige a los sabios
y te amarán.
9 Instruye a los sabios,
y se volverán aún más sabios.
Enseña a los justos,
y aprenderán aún más.

10 El temor del SEÑOR es la base de la sabiduría.
Conocer al Santo da por resultado el buen juicio.

11 La sabiduría multiplicará tus días
y dará más años a tu vida.
12 Si te haces sabio, serás tú quien se beneficie.
Si desprecias la sabiduría, serás tú quien sufra.

Llamado de la Necedad

13 La mujer llamada Necedad es una atrevida
y, aunque no se da cuenta, es una ignorante.
14 Se sienta a la entrada de su casa,
en el lugar más alto con vista a la ciudad.
15 Llama a los hombres que pasan por ahí,
ocupados en sus propios asuntos.
16 «Entren conmigo», les dice a los ingenuos.
Y a los que les falta buen juicio, les dice:
17 «¡El agua robada es refrescante;
lo que se come a escondidas es más sabroso!».
18 Pero lo que menos se imaginan es que allí están los muertos.
Sus invitados están en lo profundo de la tumba.*

***Notas textuales 8:16** Algunos manuscritos hebreos y la versión griega dicen *y los nobles son jueces sobre la tierra*. **9:18** En hebreo *en el Seol*.

Referencias cruzadas 8:11 Pr 3:14-15 **8:36** Pr 1:31-32 **9:1** Ef 2:20-22 **9:10** Pr 1:7

Proverbios de Salomón

10 Los proverbios de Salomón:

Un hijo sabio trae alegría a su padre;
un hijo necio trae dolor a su madre.

2 Las riquezas mal habidas no tienen ningún valor duradero,
pero vivir debidamente puede salvar tu vida.

3 El SEÑOR no dejará que el justo pase hambre,
pero se niega a satisfacer los antojos del perverso.

4 Los perezosos pronto se empobrecen;
los que se esfuerzan en su trabajo se hacen ricos.

5 El joven sabio cosecha en el verano,
pero el que se duerme durante la siega es una vergüenza.

6 Los justos se llenan de bendiciones;
las palabras de los perversos encubren intenciones violentas.

7 Tenemos buenos recuerdos de los justos,
pero el nombre del perverso se pudre.

8 El sabio con gusto recibe instrucción,
pero el necio que habla hasta por los codos caerá de narices.

9 Las personas con integridad caminan seguras,
pero las que toman caminos torcidos serán descubiertas.

10 Quien guiña el ojo aprobando la maldad, causa problemas,
pero una reprensión firme promueve la paz.*

11 Las palabras de los justos son como una fuente que da vida;
las palabras de los perversos encubren intenciones violentas.

12 El odio provoca peleas,
pero el amor cubre todas las ofensas.

13 Las palabras sabias provienen de los labios de la gente con entendimiento,
pero a los que les falta sentido común, serán castigados con vara.

14 Las personas sabias atesoran el conocimiento,
pero el hablar por hablar del necio invita al desastre.

15 La riqueza del rico es su fortaleza;
la pobreza del pobre es su ruina.

16 Las ganancias de los justos realzan sus vidas,
pero la gente malvada derrocha su dinero en el pecado.

17 Los que aceptan la disciplina van por el camino que lleva a la vida,
pero los que no hacen caso a la corrección se descarriarán.

18 Encubrir el odio te hace un mentiroso;
difamar a otros te hace un necio.

19 Hablar demasiado conduce al pecado.
Sé prudente y mantén la boca cerrada.

20 Las palabras del justo son como la plata refinada;
el corazón del necio no vale nada.

21 Las palabras del justo animan a muchos,
pero a los necios los destruye su falta de sentido común.

22 La bendición del SEÑOR enriquece a una persona
y él no añade ninguna tristeza.

23 Al necio le divierte hacer el mal,
pero al sensato le da placer vivir sabiamente.

24 Los temores del perverso se cumplirán;
las esperanzas del justo se concederán.

25 Cuando lleguen las tormentas de la vida, arrasarán con los perversos;
pero los justos tienen un cimiento eterno.

26 Los perezosos irritan a sus patrones,
como el vinagre a los dientes o el humo a los ojos.

27 El temor del SEÑOR prolonga la vida,
pero los años de los perversos serán truncados.

28 Las esperanzas del justo traen felicidad,
pero las expectativas de los perversos no resultan en nada.

29 El camino del SEÑOR es una fortaleza para los que andan en integridad,
pero destruye a los que hacen maldad.

30 Los justos nunca serán perturbados,
pero los perversos serán quitados de la tierra.

31 La boca del justo da sabios consejos,
pero la lengua engañosa será cortada.

32 Los labios del justo hablan palabras provechosas,
pero la boca del malvado habla perversidad.

11 El SEÑOR detesta el uso de las balanzas adulteradas,
pero se deleita en pesas exactas.

***Notas textuales** **10:10** Así aparece en la versión griega; en hebreo dice *pero el necio que habla hasta por los codos caerá de narices.* **11:30** O *el que gana almas es sabio.*

Referencias cruzadas **10:3** Mt 6:33 **10:12** 1 P 4:8 **10:25** Mt 7:24-25

2 El orgullo lleva a la deshonra,
pero con la humildad viene la sabiduría.

3 La honestidad guía a la gente buena;
la deshonestidad destruye a los traicioneros.

4 Las riquezas no servirán para nada en el día del juicio,
pero la vida recta puede salvarte de la muerte.

5 La honestidad dirige los pasos de los justos;
los perversos caen bajo el peso de su pecado.

6 La justicia rescata a las personas buenas;
los traidores quedan atrapados por su propia ambición.

7 Cuando los perversos mueren, sus esperanzas mueren con ellos,
porque confían en sus propias y deficientes fuerzas.

8 Los justos son rescatados de dificultades,
y estas caen sobre los perversos.

9 Los que no tienen a Dios destruyen a sus amigos con sus palabras,
pero el conocimiento rescatará a los justos.

10 Toda la ciudad festeja cuando el justo triunfa;
grita de alegría cuando el perverso muere.

11 Los ciudadanos íntegros son de beneficio para la ciudad y la hacen prosperar,
pero las palabras de los perversos la destruyen.

12 Es necio denigrar al vecino;
una persona sensata guarda silencio.

13 El chismoso anda contando secretos;
pero los que son dignos de confianza saben guardar una confidencia.

14 Sin liderazgo sabio, la nación se hunde;
la seguridad está en tener muchos consejeros.

15 Es peligroso dar garantía por la deuda de un desconocido;
es más seguro no ser fiador de nadie.

16 La mujer bondadosa se gana el respeto,
pero los hombres despiadados solo ganan riquezas.

17 Tu bondad te recompensará,
pero tu crueldad te destruirá.

18 Los malvados se enriquecen temporalmente,
pero la recompensa de los justos permanecerá.

19 Los justos encuentran la vida;
los malvados hallan la muerte.

20 El Señor detesta a los de corazón retorcido,
pero se deleita en los que tienen integridad.

21 Los malvados seguramente recibirán castigo,
pero los hijos de los justos serán liberados.

22 Una mujer hermosa sin discreción
es como un anillo de oro en el hocico de un cerdo.

23 Los justos pueden esperar una recompensa,
mientras que a los perversos solo les espera juicio.

24 Da con generosidad y serás más rico;
sé tacaño y lo perderás todo.

25 El generoso prosperará,
y el que reanima a otros será reanimado.

26 La gente maldice a los que acaparan el grano,
pero bendice al que lo vende en tiempo de necesidad.

27 Si buscas el bien, hallarás favor;
pero si buscas el mal, ¡el mal te encontrará!

28 El que confía en su dinero se hundirá,
pero los justos reverdecen como las hojas en primavera.

29 Los que traen problemas a su familia heredan el viento.
El necio será sirviente del sabio.

30 La semilla de las buenas acciones se transforma en un árbol de vida;
una persona sabia gana amigos.*

31 Si los justos reciben su recompensa aquí en la tierra,
¡cuánto más los pecadores perversos!*

12

Para aprender, hay que amar la disciplina;
es tonto despreciar la corrección.

2 El Señor aprueba a los que son buenos,
pero condena a quienes traman el mal.

3 La perversidad nunca produce estabilidad,
pero los justos tienen raíces profundas.

4 Una esposa digna es una corona para su marido,
pero la desvergonzada es como cáncer a sus huesos.

5 Los planes de los rectos son justos,
pero el consejo de los perversos es traicionero.

6 Las palabras de los perversos son como una emboscada mortal,
pero las palabras de los justos salvan vidas.

***Notas textuales 11:31** La versión griega dice *Si los justos a duras penas se salvan, / ¿qué será de los pecadores que viven sin Dios?* Comparar 1 P 4:18.

Referencias cruzadas 11:13 1 Tm 5:13 **11:18** Ga 6:8-9 **11:31** 1 P 4:18

[7] Los perversos mueren y no dejan rastro,
mientras que la familia de los justos permanece firme.

[8] La persona sensata gana admiración,
pero la persona con la mente retorcida recibe desprecio.

[9] Más vale ser una persona común con sirvientes,
que darse aires de grandeza y no tener para comer.

[10] Los justos cuidan de sus animales,
pero los perversos siempre son crueles.

[11] El que se esfuerza en su trabajo tiene comida en abundancia,
pero el que persigue fantasías no tiene sentido común.

[12] Cada ladrón envidia el botín del otro,
pero los justos están bien arraigados y dan su propio fruto.

[13] Los perversos quedan atrapados por sus propias palabras,
pero los justos escapan de semejante enredo.

[14] Las palabras sabias producen muchos beneficios,
y el arduo trabajo trae recompensas.

[15] Los necios creen que su propio camino es el correcto,
pero los sabios prestan atención a otros.

[16] Un necio se enoja enseguida,
pero una persona sabia mantiene la calma cuando la insultan.

[17] Un testigo honrado dice la verdad;
un testigo falso dice mentiras.

[18] Algunas personas hacen comentarios hirientes,
pero las palabras del sabio traen alivio.

[19] Las palabras veraces soportan la prueba del tiempo,
pero las mentiras pronto se descubren.

[20] El corazón que trama el mal está lleno de engaño;
¡el corazón que procura la paz rebosa de alegría!

[21] Nada malo le sucederá a los justos,
pero los perversos se llenarán de dificultades.

[22] El SEÑOR detesta los labios mentirosos,
pero se deleita en los que dicen la verdad.

[23] Los sabios no hacen alarde de sus conocimientos,
pero los necios hacen pública su necedad.

[24] Trabaja duro y serás un líder;
sé un flojo y serás un esclavo.

[25] La preocupación agobia a la persona;
una palabra de aliento la anima.

[26] Los justos dan buenos consejos a sus amigos;*
los perversos los llevan por mal camino.

[27] Los perezosos ni siquiera cocinan la presa que han atrapado,
pero los diligentes aprovechan todo lo que encuentran.

[28] El camino de los justos conduce a la vida;
ese rumbo no lleva a la muerte.

13

El hijo sabio acepta la disciplina de sus padres;*
el burlón se niega a escuchar la corrección.

[2] Con palabras sabias te conseguirás una buena comida,
pero la gente traicionera tiene hambre de violencia.

[3] Los que controlan su lengua tendrán una larga vida;
el abrir la boca puede arruinarlo todo.

[4] Los perezosos ambicionan mucho y obtienen poco,
pero los que trabajan con esmero prosperarán.

[5] Los justos odian las mentiras;
los perversos son motivo de vergüenza y deshonra.

[6] La justicia protege el camino del intachable,
pero el pecado engaña a los malvados.

[7] Hay quienes son pobres y se hacen pasar por ricos;
hay otros que, siendo ricos, se hacen pasar por pobres.

[8] El rico puede pagar rescate por su vida,
pero al pobre ni siquiera lo amenazan.

[9] La vida del justo está llena de luz y de alegría,
pero la luz del pecador se apagará.

[10] El orgullo lleva a conflictos;
los que siguen el consejo son sabios.

[11] La riqueza lograda de la noche a la mañana pronto desaparece;
pero la que es fruto del arduo trabajo aumenta con el tiempo.

[12] La esperanza postergada aflige al corazón,
pero un sueño cumplido es un árbol de vida.

[13] Los que desprecian el consejo buscan problemas;
los que respetan un mandato tendrán éxito.

[14] La instrucción de los sabios es como una fuente que da vida;

***Notas textuales** **12:26** O *Los justos son cautelosos en la amistad,* o *Los justos son librados del mal.* El significado del hebreo es incierto. **13:1** En hebreo *Un hijo sabio acepta la disciplina de su padre.*

Referencias cruzadas **12:7** Mt 7:24-27 **12:21** 1 P 3:13 **12:28** Rm 5:21 **13:7** 2 Co 6:10

los que la aceptan evitan las trampas de la muerte.

15 Una persona de buen juicio es respetada;
una persona traicionera va directo a la destrucción.*

16 Las personas sabias piensan antes de actuar;
los necios no lo hacen y hasta se jactan de su necedad.

17 El mensajero no confiable cae en problemas,
pero el mensajero fiel trae alivio.

18 Si desprecias la crítica constructiva, acabarás en pobreza y deshonra;
si aceptas la corrección, recibirás honra.

19 Es agradable ver que los sueños se hacen realidad,
pero los necios se niegan a abandonar el mal para alcanzarlos.

20 Camina con sabios y te harás sabio;
júntate con necios y te meterás en dificultades.

21 Los problemas persiguen a los pecadores,
mientras que las bendiciones recompensan a los justos.

22 La gente buena deja una herencia a sus nietos,
pero la riqueza de los pecadores pasa a manos de los justos.

23 La granja del pobre puede que produzca mucho alimento,
pero la injusticia arrasa con todo.

24 Quienes no emplean la vara de disciplina odian a sus hijos.
Los que en verdad aman a sus hijos se preocupan lo suficiente para disciplinarlos.

25 Los justos comen hasta quedar bien satisfechos,
pero el estómago de los perversos quedará vacío.

14 La mujer sabia edifica su hogar,
pero la necia con sus propias manos lo destruye.

2 Los que siguen el buen camino temen al SEÑOR;
los que van por mal camino lo desprecian.

3 Las palabras arrogantes del necio se convierten en una vara que lo golpea,
pero las palabras de los sabios los protegen.

4 Sin bueyes un establo se mantiene limpio,
pero se necesita un buey fuerte para una gran cosecha.

5 El testigo honrado no miente;
el testigo falso respira mentiras.

6 El burlón busca la sabiduría y nunca la encuentra;
pero para el entendido, el conocimiento es cosa fácil.

7 No te acerques a los necios,
porque no encontrarás conocimiento en sus labios.

8 Los prudentes saben a dónde van;
en cambio, los necios se engañan a sí mismos.

9 Los necios se burlan de la culpa,
pero los justos la reconocen y buscan la reconciliación.

10 Cada corazón conoce su propia amargura,
y nadie más puede compartir totalmente su alegría.

11 La casa de los perversos será destruida,
pero la humilde morada de los justos prosperará.

12 Delante de cada persona hay un camino que parece correcto,
pero termina en muerte.

13 La risa puede ocultar un corazón afligido,
pero cuando la risa termina, el dolor permanece.

14 Los descarriados reciben su merecido;
la gente buena recibe su recompensa.

15 ¡Solo los simplones creen todo lo que se les dice!
Los prudentes examinan cuidadosamente sus pasos.

16 Los sabios son precavidos* y evitan el peligro;
los necios, confiados en sí mismos, se precipitan con imprudencia.

17 Los que se enojan fácilmente cometen locuras,
y los que maquinan maldad son odiados.

18 Los simplones están vestidos de necedad,*
pero los prudentes son coronados de conocimiento.

19 Los malvados se inclinarán ante los buenos;
los perversos harán reverencia a las puertas de los justos.

20 A los pobres hasta sus vecinos los desprecian,
mientras que a los ricos les sobran «amigos».

21 Denigrar al prójimo es pecado;
benditos los que ayudan a los pobres.

22 Si te propones hacer el mal, te perderás;
si te propones hacer el bien, recibirás amor inagotable y fidelidad.

***Notas textuales 13:15** Así aparece en la versión griega; en hebreo dice *el camino del traidor es duradero.* **14:16** En hebreo *Los sabios temen.* **14:18** O *heredan necedad.*

Referencias cruzadas 13:25 Sal 34:10 **14:12** Rm 6:21 **14:22** Ga 6:7

23 El trabajo trae ganancias,
¡pero el solo hablar lleva a la pobreza!

24 La riqueza es una corona para los sabios;
el esfuerzo de los necios solo produce necedad.

25 El testigo veraz salva vidas,
pero el testigo falso es un traidor.

26 Los que temen al Señor están seguros;
él será un refugio para sus hijos.

27 El temor del Señor es fuente que da vida;
ofrece un escape de las trampas de la muerte.

28 Una población que crece es la gloria del rey;
un príncipe sin súbditos no tiene nada.

29 Los que tienen entendimiento no pierden los estribos;
los que se enojan fácilmente demuestran gran necedad.

30 La paz en el corazón da salud al cuerpo;
los celos son como cáncer en los huesos.

31 Quienes oprimen a los pobres insultan a su Creador,
pero quienes los ayudan lo honran.

32 Los perversos son aplastados por el desastre,
pero los justos tienen un refugio cuando mueren.

33 La sabiduría es venerada en el corazón comprensivo;
la sabiduría no* se encuentra entre los necios.

34 La justicia engrandece a la nación,
pero el pecado es la deshonra de cualquier pueblo.

35 El rey se alegra de los siervos sabios,
pero se enoja con aquellos que lo avergüenzan.

15 La respuesta apacible desvía el enojo,
pero las palabras ásperas encienden los ánimos.

2 La lengua de los sabios hace que el conocimiento sea atractivo,
pero la boca de un necio escupe tonterías.

3 Los ojos del Señor están en todo lugar,
vigilando tanto a los malos como a los buenos.

4 Las palabras suaves son un árbol de vida;
la lengua engañosa destruye el espíritu.

5 Solo un necio desprecia la disciplina de sus padres;*
el que aprende de la corrección es sabio.

6 En la casa del justo hay tesoros,
pero las ganancias del perverso le acarrean dificultades.

7 Los labios del sabio dan buenos consejos;
el corazón del necio no tiene nada para ofrecer.

8 El Señor detesta el sacrificio de los perversos,
pero se deleita con las oraciones de los íntegros.

9 El Señor detesta el camino de los perversos,
pero ama a quienes siguen la justicia.

10 El que abandona el buen camino será severamente disciplinado;
el que odia la corrección morirá.

11 Ni la Muerte ni la Destrucción* ocultan secretos al Señor,
¡mucho menos el corazón humano!

12 Los burlones odian ser corregidos,
por eso se alejan de los sabios.

13 El corazón contento alegra el rostro;
el corazón quebrantado destruye el espíritu.

14 El sabio tiene hambre de conocimiento,
mientras que el necio se alimenta de basura.

15 Para el abatido, cada día acarrea dificultades;
para el de corazón feliz, la vida es un banquete continuo.

16 Más vale tener poco, con el temor del Señor,
que tener grandes tesoros y vivir llenos de angustia.

17 Un plato de verduras con alguien que amas
es mejor que carne asada con alguien que odias.

18 El que pierde los estribos con facilidad provoca peleas;
el que se mantiene sereno las detiene.

19 El camino de los perezosos está obstruido por espinas,
pero la senda de los íntegros es una carretera despejada.

20 Los hijos sensatos traen alegría a su padre;
los hijos necios desprecian a su madre.

21 La necedad alegra a los que les falta juicio;
la persona sensata permanece en el buen camino.

22 Los planes fracasan por falta de consejo;
muchos consejeros traen éxito.

23 A todo el mundo le gusta una respuesta apropiada;
¡es hermoso decir lo correcto en el momento oportuno!

***Notas textuales** **14:33** Así aparece en la versión griega y en la siríaca; en hebreo no incluye el *no.* **15:5** En hebreo *de su padre.* **15:11** En hebreo *Ni el Seol ni el Abadón.*

Referencias cruzadas **14:35** Mt 24:45-51 **15:3** Hb 4:13 **15:16** 1 Tm 6:6

24 Para los sabios, el camino de la vida avanza hacia arriba;
ellos dejan la tumba* atrás.

25 El Señor derriba la casa de los orgullosos,
pero protege la propiedad de las viudas.

26 El Señor detesta los planes perversos,
pero se deleita en las palabras puras.

27 El avaro causa mucho dolor a toda la familia,
pero los que odian el soborno vivirán.

28 El corazón del justo piensa bien antes de hablar;
la boca de los perversos rebosa de palabras malvadas.

29 El Señor está lejos de los perversos,
pero oye las oraciones de los justos.

30 Una mirada alegre trae gozo al corazón;
las buenas noticias contribuyen a la buena salud.

31 Si escuchas la crítica constructiva,
te sentirás en casa entre los sabios.

32 Si rechazas la disciplina, solo te harás daño a ti mismo,
pero si escuchas la corrección, crecerás en entendimiento.

33 El temor del Señor enseña sabiduría;
la humildad precede a la honra.

16 Podemos hacer nuestros propios planes,
pero la respuesta correcta viene del Señor.

2 La gente puede considerarse pura según su propia opinión,
pero el Señor examina sus intenciones.

3 Pon todo lo que hagas en manos del Señor,
y tus planes tendrán éxito.

4 El Señor ha hecho todo para sus propios propósitos,
incluso al perverso para el día de la calamidad.

5 El Señor detesta a los orgullosos.
Ciertamente recibirán su castigo.

6 Con amor inagotable y fidelidad se perdona el pecado.
Con el temor del Señor el mal se evita.

7 Cuando la vida de alguien agrada al Señor,
hasta sus enemigos están en paz con él.

8 Es mejor tener poco con justicia,
que ser rico y deshonesto.

9 Podemos hacer nuestros planes,
pero el Señor determina nuestros pasos.

10 El rey habla con sabiduría divina;
nunca debe juzgar injustamente.

11 El Señor exige el uso de pesas y balanzas exactas;
él es quien fija los parámetros de la justicia.

12 El rey detesta las fechorías,
porque su gobierno se basa en la justicia.

13 El rey se complace en las palabras de labios justos;
ama a quienes hablan con la verdad.

14 El enojo del rey es amenaza de muerte;
el sabio tratará de aplacarlo.

15 Cuando el rey sonríe, hay vida;
su favor refresca como lluvia de primavera.

16 ¡Cuánto mejor es adquirir sabiduría que oro,
y el buen juicio que la plata!

17 El camino de los íntegros lleva lejos del mal;
quien lo siga estará a salvo.

18 El orgullo va delante de la destrucción,
y la arrogancia antes de la caída.

19 Es mejor vivir humildemente con los pobres
que compartir el botín con los orgullosos.

20 Los que están atentos a la instrucción prosperarán;
los que confían en el Señor se llenarán de gozo.

21 Los sabios son conocidos por su entendimiento,
y las palabras agradables son persuasivas.

22 La discreción es fuente que da vida para quienes la poseen,
pero la disciplina se desperdicia en los necios.

23 De una mente sabia provienen palabras sabias;
las palabras de los sabios son persuasivas.

24 Las palabras amables son como la miel:
dulces al alma y saludables para el cuerpo.

25 Delante de cada persona hay un camino que parece correcto,
pero termina en muerte.

26 Es bueno que los trabajadores tengan hambre;
el estómago vacío los motiva a seguir su labor.

27 Los sinvergüenzas crean problemas;
sus palabras son un fuego destructor.

28 El alborotador siembra conflictos;
el chisme separa a los mejores amigos.

29 Los violentos engañan a sus compañeros;
los llevan por un camino peligroso.

***Notas textuales 15:24** En hebreo *el Seol.*

Referencias cruzadas 15:28 1 P 3:15 **16:1** Pr 19:21 **16:11** Pr 11:1 **16:20** Sal 34:8 **16:27** St 3:6

30 Con los ojos entrecerrados se trama el mal;
con una sonrisita se planean las maldades.

31 Las canas son una corona de gloria
que se obtiene por llevar una vida justa.

32 Mejor es ser paciente que poderoso;
más vale tener control propio que conquistar una ciudad.

33 Podremos tirar los dados,*
pero el Señor decide cómo caen.

17 Mejor comer pan duro donde reina la paz,
que vivir en una casa llena de banquetes donde hay peleas.

2 El sirviente sabio gobernará sobre el hijo sinvergüenza de su amo
y compartirá la herencia con los demás hijos.

3 El fuego prueba la pureza del oro y de la plata,
pero el Señor prueba el corazón.

4 Los malhechores están ansiosos por escuchar el chisme;
los mentirosos prestan suma atención a la calumnia.

5 Los que se burlan del pobre insultan a su Creador;
los que se alegran de la desgracia de otros serán castigados.

6 Los nietos son la corona de gloria de los ancianos;
los padres* son el orgullo de sus hijos.

7 Las palabras elocuentes no son apropiadas para el necio,
mucho menos las mentiras para el gobernante.

8 El soborno es como tener un amuleto de la suerte;
¡el que lo da, prospera!

9 Cuando se perdona una falta, el amor florece,
pero mantenerla presente separa a los amigos íntimos.

10 Es más efectivo un solo regaño al que tiene entendimiento
que cien latigazos en la espalda del necio.

11 Los malvados están ansiosos por rebelarse,
pero serán severamente castigados.

12 Es menos peligroso toparse con una osa a la que le han robado sus crías
que enfrentar a un necio en plena necedad.

13 Si pagas mal por bien,
el mal nunca se irá de tu casa.

14 Comenzar una pelea es como abrir las compuertas de una represa,
así que detente antes de que estalle la disputa.

15 Absolver al culpable y condenar al inocente
son dos actos que el Señor detesta.

16 Es absurdo pagar para educar a un necio,
puesto que no tiene deseos de aprender.

17 Un amigo es siempre leal,
y un hermano nace para ayudar en tiempo de necesidad.

18 Es una insensatez dar garantía por la deuda de otro
o ser fiador de un amigo.

19 Al que le gusta pelear, le gusta pecar;
el que confía en sus altas murallas invita al desastre.

20 El corazón retorcido no prosperará;
la lengua mentirosa cae en problemas.

21 Los padres de un necio sufren;
no hay alegría para el padre de un rebelde.

22 El corazón alegre es una buena medicina,
pero el espíritu quebrantado consume las fuerzas.

23 Los perversos aceptan sobornos a escondidas
para pervertir el curso de la justicia.

24 Los sensatos mantienen sus ojos en la sabiduría,
pero los ojos del necio vagan por los confines de la tierra.

25 Los hijos necios traen* dolor a su padre
y amargura a la que los dio a luz.

26 Está mal castigar al justo por ser bueno
o azotar a los líderes por ser honestos.

27 El verdadero sabio emplea pocas palabras;
la persona con entendimiento es serena.

28 Hasta los necios pasan por sabios si permanecen callados;
parecen inteligentes cuando mantienen la boca cerrada.

¡Respuestas Bíblicas! 94 ¿Qué hace una persona verdaderamente sabia?

17:27-28 Controla lo que dice y sus sentimientos y cuando debe aprende a callarse.

***Notas textuales** **16:33** En hebreo *Podremos echar suertes.* **17:6** En hebreo esta palabra se refiere solo a los hombres. **17:25** En hebreo *Un hijo necio trae.*

Referencias cruzadas **17:9** St 5:20 **17:20** St 3:8

18 La gente poco amistosa solo se preocupa de sí misma;
se opone al sentido común.

2 A los necios no les interesa tener entendimiento;
solo quieren expresar sus propias opiniones.

3 Hacer el mal resulta en la vergüenza,
y la conducta escandalosa trae desprecio.

4 Las palabras sabias son como aguas profundas;
la sabiduría fluye del sabio como un arroyo burbujeante.

5 No es correcto absolver al culpable
o negarle la justicia al inocente.

6 Con sus palabras, los necios se meten continuamente en pleitos;
van en busca de una paliza.

7 La boca de los necios es su ruina;
quedan atrapados por sus labios.

8 Los rumores son deliciosos bocaditos
que penetran en lo profundo del corazón.

9 El perezoso es tan malo
como el que destruye cosas.

10 El nombre del SEÑOR es una fortaleza firme;
los justos corren a él y quedan a salvo.

11 Los ricos piensan que su riqueza es una gran defensa;
imaginan que es una muralla alta y segura.

12 La arrogancia va delante de la destrucción;
la humildad precede al honor.

13 Precipitarse a responder antes de escuchar los hechos
es a la vez necio y vergonzoso.

14 El espíritu humano puede soportar un cuerpo enfermo,
¿pero quién podrá sobrellevar un espíritu destrozado?

15 Las personas inteligentes están siempre dispuestas a aprender;
tienen los oídos abiertos al conocimiento.

16 Ofrecer un regalo puede abrir puertas;
¡es una vía de acceso a la gente importante!

17 El primero que habla en la corte parece tener la razón,
hasta que comienza el interrogatorio.

18 Tirar una moneda* puede acabar con la disputa;
resuelve los desacuerdos entre grandes oponentes.

19 Un amigo ofendido es más difícil de recuperar que una ciudad fortificada.
Las disputas separan a los amigos como un portón cerrado con rejas.

20 Las palabras sabias satisfacen igual que una buena comida;
las palabras acertadas traen satisfacción.

21 La lengua puede traer vida o muerte;
los que hablan mucho cosecharán las consecuencias.

22 El hombre que halla esposa encuentra un tesoro,
y recibe el favor del SEÑOR.

23 El pobre ruega misericordia;
el rico responde con insultos.

24 Hay quienes parecen amigos, pero se destruyen unos a otros;
el amigo verdadero se mantiene más leal que un hermano.

19 Es mejor ser pobre y honesto
que deshonesto y necio.

2 El entusiasmo sin conocimiento no vale nada;
la prisa produce errores.

3 La gente arruina su vida por su propia necedad,
y después se enoja con el SEÑOR.

4 Las riquezas atraen muchos amigos;
la pobreza los aleja a todos.

5 El testigo falso no quedará sin castigo;
el mentiroso tampoco escapará.

6 Son muchos los que buscan favores del gobernante;
¡todos son amigos del que da regalos!

7 Los parientes del pobre lo desprecian;
¡cuánto más lo evitarán sus amigos!
Por más que el pobre les ruegue,
los amigos ya no están.

8 Adquirir sabiduría es amarte a ti mismo;
los que atesoran el entendimiento prosperarán.

9 El testigo falso no quedará sin castigo,
y el mentiroso será destruido.

10 ¡No es correcto que un necio viva rodeado de lujos
ni que un esclavo gobierne sobre príncipes!

11 Las personas sensatas no pierden los estribos;

***Notas textuales 18:18** En hebreo *Echar suertes.*

Referencias cruzadas 18:13 Pr 20:25 **18:21** Mt 12:37

se ganan el respeto pasando por alto las ofensas.

12 El enojo del rey es como el rugido del león,
pero su favor es como el rocío sobre el pasto.

13 El hijo necio es una calamidad para su padre;
una esposa que busca pleitos es tan molesta como una gotera continua.

14 Los padres* pueden dar en herencia a sus hijos casa y fortuna,
pero solo el Señor puede dar una esposa comprensiva.

15 Los perezosos duermen profundamente,
pero su ocio los deja con hambre.

16 Guarda los mandamientos y guardarás tu vida;
despreciarlos te llevará a la muerte.

17 Si ayudas al pobre, le prestas al Señor,
¡y él te lo pagará!

18 Disciplina a tus hijos mientras haya esperanza;
de lo contrario, arruinarás sus vidas.

19 Los que pierden los estribos con facilidad tendrán que sufrir las consecuencias.
Si los proteges de ellas una vez, tendrás que volver a hacerlo.

20 Consigue todo el consejo y la instrucción que puedas,
para que seas sabio por el resto de tu vida.

21 Puedes hacer todos los planes que quieras,
pero el propósito del Señor prevalecerá.

22 Lo que hace atractiva a una persona es su lealtad.
Es mejor ser pobre que deshonesto.

23 El temor del Señor conduce a la vida;
da seguridad y protección contra cualquier daño.

24 Los perezosos toman la comida con la mano,
pero ni siquiera se la llevan a la boca.

25 Si castigas al burlón, los ingenuos aprenderán una lección;
si corriges al sabio, será aún más sabio.

26 Los hijos que maltratan a su padre o echan fuera a su madre
son una deshonra pública y una vergüenza.

27 Hijo mío, si dejas de escuchar la instrucción,
le darás la espalda al conocimiento.

28 Un testigo corrupto ridiculiza la justicia;
la boca del perverso se traga de golpe la maldad.

29 El castigo está hecho para los burlones,
y la espalda de los necios, para recibir golpes.

20

El vino produce burlones; la bebida alcohólica lleva a la pelea.
Los que se dejan llevar por la bebida no pueden ser sabios.

2 La furia del rey es como el rugido del león;
quien provoca su enojo, pone en peligro su vida.

3 Evitar la pelea es una señal de honor;
solo los necios insisten en pelear.

4 Los que por pereza no aran en la temporada correspondiente
no tendrán alimento en la cosecha.

5 Aunque el buen consejo esté en lo profundo del corazón,
la persona con entendimiento lo extraerá.

6 Muchos se dicen ser amigos fieles,
¿pero quién podrá encontrar uno realmente digno de confianza?

7 Los justos caminan con integridad;
benditos son los hijos que siguen sus pasos.

8 Cuando el rey se sienta a juzgar en el tribunal, analiza todas las pruebas,
y separa lo malo de lo bueno.

9 ¿Quién puede decir: «He limpiado mi corazón;
soy puro y estoy libre de pecado»?

10 Pesas falsas y medidas desiguales,*
el Señor detesta cualquier tipo de engaño.

11 Aun a los niños se les conoce por su modo de actuar,
si su conducta es o no pura y recta.

12 Los oídos para oír y los ojos para ver:
ambos son regalos del Señor.

13 Si te encanta dormir, terminarás en la pobreza.
¡Mantén los ojos abiertos y tendrás comida en abundancia!

14 El comprador regatea el precio diciendo: «Esto no vale nada»,
¡y después se jacta por una buena compra!

15 Las palabras sabias son más valiosas
que mucho oro y multitud de rubíes.

16 Al que salga fiador por la deuda de un desconocido, pídele una garantía.
Exígele un depósito como garantía si lo hace por extranjeros.*

17 El pan robado tiene un sabor dulce,
pero se transforma en arena dentro de la boca.

***Notas textuales** **19:14** En hebreo esta palabra se refiere solo a los hombres. **20:10** En hebreo *Una piedra y una piedra, un efa y un efa.*

Referencias cruzadas **19:14** 2 Co 12:14 **19:16** Lc 11:28 **20:6** Mt 6:2

[18] Con buenos consejos los planes tienen éxito;
no entres en guerra sin consejos sabios.

[19] El chismoso anda contando secretos,
así que no andes con los que hablan de más.

[20] Si insultas a tu padre o a tu madre,
se apagará tu luz en la más densa oscuridad.

[21] Una herencia que se obtiene demasiado temprano en la vida
al final no es de bendición.

[22] No digas: «Me voy a vengar de este mal»;
espera a que el Señor se ocupe del asunto.

[23] El Señor detesta el engaño;
no le agradan las balanzas adulteradas.

[24] El Señor dirige nuestros pasos,
entonces, ¿por qué tratar de entender todo lo que pasa?

[25] No te acorrales al hacer una promesa apresurada a Dios
y calcular el costo después.

[26] El rey sabio esparce a los perversos como trigo,
y luego los atropella con su rueda de trillar.

[27] La luz del Señor penetra el espíritu humano*
y pone al descubierto cada intención oculta.

[28] El amor inagotable y la fidelidad protegen al rey;
su trono se afianza por medio de su amor.

[29] La gloria de los jóvenes es su fuerza;
las canas de la experiencia son el esplendor de los ancianos.

[30] El castigo físico limpia la maldad;*
semejante disciplina purifica el corazón.

21 El corazón del rey es como un arroyo dirigido por el Señor,
quien lo guía por donde él quiere.

[2] La gente puede considerarse en lo correcto según su propia opinión,
pero el Señor examina el corazón.

[3] Al Señor le agrada más cuando hacemos lo que es correcto y justo
que cuando le ofrecemos sacrificios.

[4] Los ojos arrogantes, el corazón orgulloso
y las malas acciones son pecado.

[5] Los planes bien pensados y el arduo trabajo llevan a la prosperidad,
pero los atajos tomados a la carrera conducen a la pobreza.

[6] La riqueza fruto de una lengua mentirosa
es una neblina que se esfuma y una trampa mortal.*

[7] La violencia de los perversos arrasará con ellos,
porque se niegan a hacer lo que es justo.

[8] El culpable camina por un sendero torcido;
el inocente anda por un camino recto.

[9] Es mejor vivir solo en un rincón de la azotea
que en una casa preciosa con una esposa que busca pleitos.

[10] Los malvados desean el mal;
no muestran compasión a sus vecinos.

[11] Si castigas al burlón, los ingenuos llegan a ser sabios;
si instruyes al sabio, será aún más sabio.

[12] El Justo* sabe lo que ocurre en el hogar de los perversos;
él traerá desastre sobre ellos.

[13] Los que tapan sus oídos al clamor del pobre
tampoco recibirán ayuda cuando pasen necesidad.

[14] El regalo en secreto calma el enojo;
el soborno por debajo de la mesa aplaca la furia.

[15] La justicia es una alegría para los justos,
pero hace temblar a los malhechores.

[16] La persona que se aparta del sentido común
terminará en compañía de los muertos.

[17] Los que aman el placer se vuelven pobres;
los que aman el vino y el lujo nunca llegarán a ser ricos.

[18] Los perversos son castigados en lugar de los justos,
y los traidores, en lugar de las personas honradas.

[19] Es mejor vivir solo en el desierto
que con una esposa que se queja y busca pleitos.

[20] Los sabios tienen riquezas y lujos,
pero los necios gastan todo lo que consiguen.

[21] El que busca la justicia y el amor inagotable
encontrará vida, justicia y honor.

[22] El sabio conquista la ciudad de los fuertes
y arrasa la fortaleza en que confían.

[23] Cuida tu lengua y mantén la boca cerrada,
y no te meterás en problemas.

[24] Los burlones son orgullosos y altaneros;

***Notas textuales** **20:16** Otra lectura del texto masorético es *por una mujer promiscua.* **20:27** O *El espíritu humano es la luz del Señor.* **20:30** El significado del hebreo es incierto. **21:6** Así aparece en la versión griega; en hebreo dice *se esfuma para aquellos que buscan la muerte.* **21:12** O *El hombre justo.*

Referencias cruzadas **20:22** Rm 12:17-19 **21:13** 1 Jn 3:17

actúan con una arrogancia que no tiene límites.

25 Por mucho que desee, el perezoso acabará en la ruina,
porque sus manos se niegan a trabajar.

26 Hay quienes se la pasan codiciando todo el tiempo,
¡pero a los justos les encanta dar!

27 El sacrificio del malvado es detestable,
sobre todo cuando lo ofrece con malas intenciones.

28 El testigo falso será silenciado,
pero al testigo creíble se le permitirá hablar.

29 El perverso finge para salir del apuro,
pero el honrado piensa antes de actuar.

30 No hay sabiduría humana ni entendimiento ni proyecto
que puedan hacerle frente al SEÑOR.

31 El caballo se prepara para el día de la batalla,
pero la victoria pertenece al SEÑOR.

22 Elige una buena reputación sobre las muchas riquezas;
ser tenido en gran estima es mejor que la plata o el oro.

2 El rico y el pobre tienen esto en común:
a ambos los hizo el SEÑOR.

3 El prudente se anticipa al peligro y toma precauciones.
El simplón avanza a ciegas y sufre las consecuencias.

4 La verdadera humildad y el temor del SEÑOR
conducen a riquezas, a honor y a una larga vida.

5 Los corruptos van por un camino espinoso y traicionero;
el que aprecie la vida lo evitará.

6 Dirige a tus hijos por el camino correcto,
y cuando sean mayores, no lo abandonarán.

7 Así como el rico gobierna al pobre,
el que pide prestado es sirviente del que presta.

8 Los que siembran injusticia cosecharán desgracia,
y su régimen de terror se acabará.*

9 Benditos son los generosos,
porque alimentan a los pobres.

10 Echa fuera al burlón, y también se acabarán las peleas.
Los pleitos y los insultos desaparecerán.

11 El que ama la pureza del corazón y habla con gracia
tendrá al rey como amigo.

12 El SEÑOR preserva a los que tienen conocimiento,
pero arruina los planes de los traicioneros.

13 El perezoso afirma: «¡Hay un león allí afuera!
¡Si salgo, me puede matar!».

14 La boca de la mujer inmoral es una trampa peligrosa;
los que provoquen el enojo del SEÑOR caerán en ella.

15 El corazón del muchacho está lleno de necedad,
pero la disciplina física la alejará de él.

16 La persona que saca ventaja oprimiendo al pobre,
o llenando de regalos al rico, terminará en la pobreza.

Dichos de los sabios

17 Escucha las palabras de los sabios;
aplica tu corazón a mi enseñanza.
18 Pues es bueno guardar estos dichos en tu corazón
y tenerlos siempre a flor de labios.
19 Yo te enseño hoy —sí, a ti—
para que confíes en el SEÑOR.
20 Te he escrito treinta dichos*
llenos de consejos y de conocimiento.
21 Así podrás conocer la verdad
y llevar un informe preciso a quienes te enviaron.

22 No le robes al pobre tan solo porque puedes hacerlo,
ni saques provecho de los necesitados en la corte,
23 porque el SEÑOR es su defensor.
Él destruirá a todo el que los destruya.

24 No te hagas amigo de la gente irritable,
ni te juntes con los que pierden los estribos con facilidad,
25 porque aprenderás a ser como ellos
y pondrás en peligro tu alma.

26 No te comprometas a garantizar la deuda de otro
ni seas fiador de nadie.
27 Si no puedes pagar,
te quitarán hasta la cama en la que duermes.

28 No engañes a tu vecino cambiando de lugar los antiguos límites de propiedad
establecidos por generaciones pasadas.

29 ¿Has visto a alguien realmente hábil en su trabajo?
Servirá a los reyes
en lugar de trabajar para la gente común.

***Notas textuales** **22:8** La versión griega incluye un proverbio adicional: *Dios bendice a la persona que da con alegría, / pero sus acciones inútiles acabarán.* Comparar 2 Co 9:7. **22:20** O *dichos excelentes*; el significado del hebreo es incierto.

Referencias cruzadas **21:23** St 3:2 **22:6** Ef 6:4 **22:9** 2 Co 9:6 **22:11** Mt 5:8

23 Cuando te sientes a la mesa de un gobernante,
fíjate bien en lo que te sirven.
2 Si eres de buen comer,
ponle un cuchillo a tu garganta;
3 no desees todos los manjares,
porque tal vez tenga la intención de engañarte.
4 No te desgastes tratando de hacerte rico.
Sé lo suficientemente sabio para saber cuándo detenerte.
5 Las riquezas desaparecen en un abrir y cerrar de ojos,
porque les saldrán alas
y se irán volando como las águilas.

6 No aceptes comer con los tacaños
ni desees sus manjares.
7 Están siempre pensando cuánto cuesta.*
«Come y bebe», te invitan, pero no lo dicen con sinceridad.
8 Vomitarás lo poco que hayas comido,
y se desperdiciarán tus cumplidos.

9 No gastes saliva con los necios,
porque despreciarán hasta el más sabio consejo.

10 No engañes a tu vecino cambiando de lugar los antiguos límites de propiedad
ni te apropies de la tierra de huérfanos indefensos.
11 Pues el Redentor* de ellos es fuerte;
él mismo levantará cargos en tu contra.

12 Entrégate a la instrucción;
presta suma atención a las palabras de conocimiento.

13 No dejes de disciplinar a tus hijos;
la vara de castigo no los matará.
14 La disciplina física
bien puede salvarlos de la muerte.*

15 Hijo mío, si tu corazón es sabio,
¡mi propio corazón saltará de alegría!
16 Todo mi ser celebrará
cuando hables con rectitud.

17 No envidies a los pecadores;
en cambio, teme siempre al Señor.
18 Si lo haces, serás recompensado;
tu esperanza no se frustrará.

19 Hijo mío, presta atención y sé sabio:
mantén tu corazón en el camino recto.
20 No andes de juerga con borrachos
ni festejes con glotones,
21 porque van camino a la pobreza,
y por dormir tanto, vestirán harapos.

22 Escucha a tu padre, que te dio la vida,
y no desprecies a tu madre cuando sea anciana.
23 Adquiere la verdad y nunca la vendas;
consigue también sabiduría, disciplina y buen juicio.

24 El padre de hijos justos tiene motivos para alegrarse.
¡Qué satisfacción es tener hijos sabios*!
25 ¡Por eso, alegra a tu padre y a tu madre!
Que sea feliz la que te dio a luz.

26 Oh, hijo mío, dame tu corazón;
que tus ojos se deleiten en seguir mis caminos.
27 Una prostituta es una trampa peligrosa;
la mujer promiscua es tan peligrosa como caer en un pozo estrecho.
28 Se esconde y espera como lo hace un ladrón,
ansiosa por hacer que más hombres sean infieles.

29 ¿Quién tiene angustia? ¿Quién siente tristeza?
¿Quién es el que siempre pelea? ¿Quién está siempre quejándose?
¿Quién tiene moretones sin motivo? ¿Quién tiene los ojos rojos?
30 Es el que pasa muchas horas en las tabernas,
probando nuevos tragos.
31 No te fijes en lo rojo que es el vino,
ni en cómo burbujea en la copa, ni en lo suave que se desliza.
32 Pues al final muerde como serpiente venenosa;
pica como una víbora.
33 Tendrás alucinaciones
y dirás disparates.
34 Te tambalearás como un marinero en alta mar,
aferrado a un mástil que se mueve.
35 Y entonces dirás: «Me golpearon pero no lo sentí.
Ni siquiera me di cuenta cuando me dieron la paliza.
¿Cuándo despertaré
para ir en busca de otro trago?».

24 No envidies a la gente malvada
ni desees su compañía.
2 Pues en su corazón traman violencia
y sus palabras siempre traen problemas.

3 Una casa se edifica con sabiduría
y se fortalece por medio del buen juicio.
4 Mediante el conocimiento se llenan sus cuartos
de toda clase de riquezas y objetos valiosos.

5 Los sabios son más poderosos que los fuertes,*
y los que tienen conocimiento se hacen cada vez más fuertes.
6 Así que, no vayas a la guerra sin consejo sabio;
la victoria depende de que tengas muchos consejeros.

7 La sabiduría es demasiado elevada para los necios.
Entre los líderes en la puerta de la ciudad, los necios no tienen nada que decir.

8 Una persona que maquina el mal
se gana la fama de alborotador.
9 Las intrigas del necio son pecaminosas;

***Notas textuales** **23:7** El significado del hebreo es incierto. **23:11** O *redentor.* **23:14** En hebreo *del Seol.* **23:24** En hebreo *tener un hijo sabio.*

Referencias cruzadas **22:29** 1 Re 11:28 **23:5** Mt 6:19 **23:23** Mt 13:44

todos detestan al burlón.

10 Si fallas bajo presión,
tu fuerza es escasa.

11 Rescata a los que están injustamente condenados a morir;
sálvalos mientras van tambaleando hacia su muerte.
12 No te excuses diciendo: «Ay, no lo sabíamos».
Pues Dios conoce cada corazón y él te ve.
El que cuida tu alma sabe bien que tú sabías.
Él pagará a cada uno según merecen sus acciones.

13 Come miel, hijo mío, porque es buena,
y el panal es dulce al paladar.
14 Así también, la sabiduría es dulce a tu alma.
Si la encuentras, tendrás un futuro brillante,
y tus esperanzas no se truncarán.

15 No estés al acecho frente a la casa del justo
ni ataques el lugar donde vive.
16 Los justos podrán tropezar siete veces, pero volverán a levantarse.
En cambio, basta una sola calamidad para derribar al perverso.

17 No te alegres cuando tus enemigos caigan;
no te pongas contento cuando tropiecen.
18 Pues el SEÑOR se molestará contigo
y quitará su enojo de ellos.

19 No te inquietes por causa de los que hacen el mal
ni envidies a los perversos.
20 Pues la gente mala no tiene futuro;
la luz de los perversos se apagará.

21 Hijo mío, teme al SEÑOR y al rey.
No te juntes con los rebeldes,
22 porque repentinamente les vendrá la calamidad.
¿Quién sabe qué castigo les caerá
de parte del SEÑOR y del rey?

Más dichos de los sabios

23 A continuación hay más dichos de los sabios:

No es correcto mostrar favoritismo al emitir un juicio.
24 El juez que dice al perverso: «Eres inocente»,
será maldecido por muchos y denunciado por las naciones.
25 En cambio, les irá bien a los que condenan al culpable;
recibirán bendiciones en abundancia.

26 Una respuesta sincera
es como un beso amistoso.

27 Antes de construir tu casa,
haz tus planes y prepara los campos.

28 No testifiques contra tus vecinos sin motivo;
no mientas cuando hables de ellos.
29 No digas: «¡Ahora me voy a vengar de lo que me hicieron!
¡Me desquitaré con ellos!».

30 Pasé por el campo de un perezoso,
por el viñedo de uno que carece de sentido común.
31 Vi que habían crecido espinos por todas partes.
Estaba cubierto de maleza,
y sus muros, destruidos.
32 Entonces, mientras miraba y pensaba en lo que veía,
aprendí esta lección:
33 un rato más de sueño,
una breve siesta,
un pequeño descanso con los brazos cruzados...
34 entonces la pobreza te asaltará como un bandido;
la escasez te atacará como un ladrón armado.

Más proverbios de Salomón

25 Estos son más proverbios de Salomón, reunidos por los consejeros del rey Ezequías de Judá.

2 Es privilegio de Dios ocultar un asunto,
y privilegio del rey descubrirlo.
3 Nadie puede comprender la altura de los cielos, la profundidad de la tierra,
¡ni todo lo que pasa por la mente del rey!

4 Quita las impurezas de la plata
y quedará lista para el orfebre.
5 Quita al perverso de la corte del rey
y su reino se afianzará por medio de la justicia.

6 No exijas una audiencia con el rey
ni insistas en hacerte un lugar entre los grandes.
7 Es mejor esperar a que te inviten a la mesa principal
y no que te echen y pases vergüenza en público.

Tan solo por haber visto algo,
8 no vayas corriendo a los tribunales.
Pues, ¿qué harás si a fin de cuentas
tu prójimo te desmiente y te hace pasar vergüenza?

9 Cuando discutas con tu prójimo,
no reveles los secretos que otros te confiaron.
10 Te podrían acusar de chismoso,
y nunca recuperarás tu buena reputación.

11 El consejo oportuno es precioso,
como manzanas de oro en canasta de plata.

12 La crítica constructiva es, para quien la escucha,
como un pendiente u otras joyas de oro.

13 Los mensajeros confiables refrescan como la nieve en verano.
Reviven el espíritu de su patrón.

***Notas textuales 24:5** Así aparece en la versión griega; en hebreo dice *Un hombre sabio es fuerza.*

Referencias cruzadas 24:12 Rm 2:6 **24:21** Rm 13:1-5 **24:29** Mt 5:38-41 **25:2** Rm 11:33

14 La persona que promete un regalo pero nunca lo da
es como las nubes y el viento que no traen lluvia.

15 La paciencia puede persuadir al príncipe,
y las palabras suaves pueden quebrar los huesos.

16 ¿Te gusta la miel?
¡No comas demasiada, porque te darán ganas de vomitar!

17 No visites a tus vecinos muy seguido,
porque se cansarán de ti y no serás bienvenido.

18 Decir mentiras acerca de otros
es tan dañino como golpearlos con un hacha,
herirlos con una espada
o lanzarles una flecha afilada.

19 Confiar en alguien inestable en tiempos de angustia
es como masticar con un diente roto o caminar con un pie cojo.

20 Cantar canciones alegres a quien tiene el corazón afligido
es como quitarle a alguien el abrigo cuando hace frío
o echarle vinagre a una herida.*

21 Si tus enemigos tienen hambre, dales de comer.
Si tienen sed, dales agua para beber.
22 Amontonarás carbones encendidos de vergüenza sobre su cabeza,
y el Señor te recompensará.

23 Tan cierto como que el viento del norte trae lluvia,
¡la lengua chismosa causa enojo!
24 Es mejor vivir solo en un rincón de la azotea
que en una casa preciosa con una esposa que busca pleitos.

25 Las buenas noticias que llegan de lejos
son como el agua fresca para el que tiene sed.

26 Si el justo se doblega ante el perverso,
es como contaminar una fuente o enturbiar un manantial.

27 No es bueno comer mucha miel
ni buscar honores para uno mismo.

28 Una persona sin control propio
es como una ciudad con las murallas destruidas.

26 Como la nieve no es para el verano ni la lluvia para la cosecha,
tampoco el honor es para los necios.

2 Como gorrión que revolotea o golondrina que vuela sin rumbo,
la maldición inmerecida no llegará a quien iba dirigida.

3 Guía al caballo con el látigo, al burro con el freno,
¡y al necio con la vara en la espalda!

4 No respondas a los argumentos absurdos de los necios
o te volverás tan necio como ellos.

5 Responde a los argumentos absurdos de los necios
o se creerán sabios en su propia opinión.

6 Confiarle a un necio que lleve un mensaje
¡es como cortarse los pies o tomar veneno!

7 Un proverbio en boca de un necio
es tan inútil como una pierna paralizada.

8 Honrar a un necio
es tan absurdo como atar la piedra a la honda.

9 Un proverbio en boca de un necio
es como una rama espinosa agitada por un borracho.

10 El patrón que contrata a un necio o a cualquiera que pasa
es como un arquero que lanza su flecha al azar.

11 Así como el perro vuelve a su vómito,
el necio repite su necedad.

12 Hay más esperanza para los necios
que para los que se creen sabios.

13 El perezoso afirma: «¡Hay un león en el camino!
¡Sí, estoy seguro de que allí afuera hay un león!».

14 Así como la puerta gira sobre sus bisagras,
el perezoso da vueltas en la cama.

15 Los perezosos toman la comida con la mano
pero ni siquiera se la llevan a la boca.

16 Los perezosos se creen más listos
que siete consejeros sabios.

17 Entrometerse en los pleitos ajenos
es tan necio como jalarle las orejas a un perro.

18 Tanto daña
un loco que dispara un arma mortal
19 como el que miente a un amigo
y luego le dice: «Solo estaba bromeando».

20 El fuego se apaga cuando falta madera,
y las peleas se acaban cuando termina el chisme.

21 El buscapleitos inicia disputas con tanta facilidad
como las brasas calientes encienden el carbón o el fuego prende la madera.

***Notas textuales** **25:20** Así aparece en la versión griega; en hebreo *echar vinagre sobre la soda*.

Referencias cruzadas **25:21-22** Rm 12:20 **26:11** 2 P 2:22

22 Los rumores son deliciosos bocaditos
que penetran en lo profundo del corazón.

23 Las palabras suaves* pueden ocultar un corazón perverso,
así como un barniz atractivo cubre una olla de barro.

24 La gente podrá encubrir su odio con palabras agradables,
pero te están engañando.
25 Fingen ser amables, pero no les creas;
tienen el corazón lleno de muchas maldades.*
26 Aunque su odio esté encubierto por engaños,
sus fechorías serán expuestas en público.
27 Si tiendes una trampa para otros,
tú mismo caerás en ella.
Si echas a rodar una roca sobre otros,
no los aplastará a ellos, sino a ti.

28 La lengua mentirosa odia a sus víctimas,
y las palabras aduladoras llevan a la ruina.

27 No te jactes del mañana,
ya que no sabes lo que el día traerá.

2 Que te alabe otro y no tu propia boca;
que lo haga un desconocido, no tus propios labios.

3 Una piedra es pesada, y la arena también,
pero el resentimiento causado por el necio es aún más pesado.

4 El enojo es cruel, y la ira es como una inundación,
pero los celos son aún más peligrosos.

5 ¡Una reprensión franca
es mejor que amar en secreto!

6 Las heridas de un amigo sincero
son mejores que muchos besos de un enemigo.

7 El que tiene el estómago lleno rechaza la miel;
pero al hambriento, hasta la comida amarga le sabe dulce.

8 El que se aleja de su hogar
es como el ave que se aleja de su nido.

9 El perfume y el incienso alegran el corazón,
y el dulce consejo de un amigo es mejor que la confianza propia.

10 Nunca abandones a un amigo,
sea tuyo o de tu padre.
Cuando ocurra la calamidad, no tendrás que pedirle ayuda a tu hermano.
Mejor es recurrir a un vecino que a un hermano que vive lejos.

11 Sé sabio, hijo mío, y alegra mi corazón.
Entonces podré responder a los que me critican.

12 El prudente se anticipa al peligro y toma precauciones.
El simplón avanza a ciegas y sufre las consecuencias.

13 Al que salga fiador por la deuda de un desconocido, pídele una garantía.
Exígele un depósito como garantía si lo hace por extranjeros.*

14 Un saludo alegre y en voz alta temprano en la mañana
¡será considerado una maldición!

15 Una esposa que busca pleitos es tan molesta
como una gotera continua en un día de lluvia.
16 Poner fin a sus quejas es como tratar de detener el viento
o de sostener algo con las manos llenas de grasa.

17 Como el hierro se afila con hierro,
así un amigo se afila con su amigo.

18 Como a los que cuidan de la higuera se les permite comer del fruto,
así serán recompensados los empleados que protegen los intereses de su patrón.

19 Así como el rostro se refleja en el agua,
el corazón refleja a la persona tal como es.

20 Así como la Muerte y la Destrucción* nunca se sacian,
el deseo del hombre nunca queda satisfecho.

21 El fuego prueba la pureza del oro y de la plata,
pero la persona es probada por las alabanzas* que recibe.

22 Es imposible separar al necio de su necedad,
aunque lo muelas como al grano en un mortero.

23 Mantente al tanto del estado de tus rebaños
y entrégate de lleno al cuidado de tus ganados,
24 porque las riquezas no duran para siempre,
y tal vez la corona no pase a la próxima generación.
25 Cuando se haya cosechado el heno y aparezca la nueva cosecha
y se recojan las hierbas de los montes,
26 tus ovejas proveerán la lana para vestirte,
y tus cabras servirán para comprar un campo.
27 Y tendrás suficiente leche de cabra para ti,
para tu familia y para tus criadas.

***Notas textuales** **26:23** Así aparece en la versión griega; en hebreo dice *ardientes.* **26:25** En hebreo *de siete maldades.* **27:13** Así aparece en la versión griega y en la latina (ver también 20:16); en hebreo dice *por una mujer promiscua.* **27:20** En hebreo *el Seol y el Abadón.*

Referencias cruzadas **26:23** Lc 11:39 **27:1** St 4:13-16 **27:6** Mt 26:49 **27:18** 1 Co 9:7 **27:20** Ha 2:5

28 Los perversos huyen aun cuando nadie los persigue,
pero los justos son tan valientes como el león.

2 Cuando hay corrupción moral en una nación, su gobierno se desmorona fácilmente.
En cambio, con líderes sabios y entendidos viene la estabilidad.

3 El pobre que oprime a los pobres
es como la lluvia torrencial que destruye la cosecha.

4 Rechazar la ley es enaltecer a los perversos;
obedecer la ley es luchar contra ellos.

5 Los malvados no comprenden la justicia,
pero los que siguen al Señor la entienden a la perfección.

6 Es mejor ser pobre y honesto
que ser rico y deshonesto.

7 Los jóvenes que obedecen la ley son sabios;
los que tienen amigos desenfrenados traen vergüenza a sus padres.*

8 Los ingresos que se obtienen por cobrar altos intereses
terminarán en el bolsillo del que trata bien a los pobres.

9 Dios detesta la oración
del que no hace caso de la ley.

10 El que lleva a la gente buena por mal camino
caerá en su propia trampa,
pero los honrados heredarán cosas buenas.

11 Los ricos se creen sabios,
pero no pueden engañar a un pobre que tiene discernimiento.

12 Cuando los justos triunfan, todo el mundo se alegra.
Cuando los perversos toman el control, todos se esconden.

13 Los que encubren sus pecados no prosperarán,
pero si los confiesan y los abandonan, recibirán misericordia.

14 Benditos los que tienen temor de hacer lo malo,*
pero los tercos van directo a graves problemas.

15 Para los pobres, un gobernante malvado es tan peligroso
como un león rugiente o un oso a punto de atacar.

16 Un gobernante sin entendimiento oprimirá a su pueblo,
pero el que odia la corrupción tendrá una larga vida.

17 La conciencia atormentada del asesino lo llevará a la tumba.
¡No lo protejas!

18 Los intachables serán librados del peligro,
pero los corruptos serán destruidos de repente.

19 El que se esfuerza en su trabajo tiene comida en abundancia,
pero el que persigue fantasías termina en la pobreza.

20 La persona digna de confianza obtendrá gran recompensa,
pero el que quiera enriquecerse de la noche a la mañana se meterá en problemas.

21 Nunca es bueno mostrar parcialidad,
incluso algunos hacen lo malo por un simple pedazo de pan.

22 Los avaros tratan de hacerse ricos de la noche a la mañana,
pero no se dan cuenta de que van directo a la pobreza.

23 A fin de cuentas, la gente aprecia la crítica sincera
mucho más que la adulación.

24 El que roba a su padre y a su madre,
y dice: «¿Qué tiene de malo?»,
es igual que un asesino.

25 La avaricia provoca pleitos;
confiar en el Señor resulta en prosperidad.

26 Los que confían en su propia inteligencia son necios,
pero el que camina con sabiduría está a salvo.

27 Al que ayuda al pobre no le faltará nada,
en cambio, los que cierran sus ojos ante la pobreza serán maldecidos.

28 Cuando los perversos toman el control, todos se esconden.
Cuando los perversos caen en la calamidad, los justos prosperan.

29 Quien se niega tercamente a aceptar la crítica
será destruido de repente sin poder recuperarse.

2 Cuando los justos gobiernan, el pueblo se alegra.
Pero cuando los perversos están en el poder, el pueblo gime.

3 El hombre que ama la sabiduría hace feliz a su padre,
pero si anda con prostitutas, desperdicia su fortuna.

***Notas textuales** **27:21** O *las adulaciones.* **28:7** En hebreo *a su padre.* **28:14** O *los que temen al Señor*; en hebreo dice *los que temen.*

Referencias cruzadas **28:4** Rm 1:32 **28:13** 1 Jn 1:6-9 **28:21** Ez 13:19

4 El rey que hace justicia da estabilidad a su nación,
pero uno que exige sobornos la destruye.

5 Adular a un amigo
es tenderle una trampa para los pies.

6 La gente malvada queda atrapada por el pecado,
pero los justos escapan con gritos de alegría.

7 Los justos se preocupan por los derechos del pobre;
al perverso no le importan en absoluto.

8 Los burlones pueden alborotar a toda una ciudad,
pero los sabios calman los ánimos.

9 Si un sabio lleva a un necio a juicio,
habrá alboroto y burlas pero no se solucionará nada.

10 Los sanguinarios odian a las personas intachables,
pero los honrados procuran ayudarlas.*

11 Los necios dan rienda suelta a su enojo,
pero los sabios calladamente lo controlan.

12 Si un gobernante presta atención a los mentirosos,
todos sus consejeros serán perversos.

13 El pobre y el opresor tienen esto en común:
el Señor les da la vista a ambos.

14 Si un rey juzga al pobre con justicia,
su trono perdurará para siempre.

15 Disciplinar a un niño produce sabiduría,
pero un hijo sin disciplina avergüenza a su madre.

16 Cuando los perversos están en autoridad, el pecado abunda,
pero los justos vivirán para verlos caer.

17 Disciplina a tus hijos, y te darán tranquilidad de espíritu
y alegrarán tu corazón.

18 Cuando la gente no acepta la dirección divina, se desenfrena.
Pero el que obedece la ley es alegre.

19 No solo con palabras se disciplina a un sirviente;
podrá entender las palabras, pero no hará caso.

20 Hay más esperanza para un necio
que para la persona que habla sin pensar.

21 El sirviente mimado desde pequeño
se volverá un rebelde.

22 La persona enojada comienza pleitos;
el que pierde los estribos con facilidad comete todo tipo de pecados.

23 El orgullo termina en humillación,
mientras que la humildad trae honra.

24 Si ayudas a un ladrón, solo te perjudicas a ti mismo;
juras decir la verdad, pero no testificarás.

25 Temer a la gente es una trampa peligrosa,
pero confiar en el Señor significa seguridad.

26 Muchos buscan el favor del gobernante,
pero la justicia proviene del Señor.

27 Los justos desprecian a los injustos;
los perversos desprecian a los justos.

Los dichos de Agur

30 Los dichos de Agur, hijo de Jaqué, contienen el siguiente mensaje.*

Cansado estoy, oh Dios;
cansado, oh Dios, y agotado.*
2 Soy demasiado torpe para ser humano
y me falta el sentido común.
3 No he dominado la sabiduría humana
ni conozco al Santo.

4 ¿Quién sino Dios sube a los cielos y desciende de ellos?
¿Quién retiene el viento en sus puños?
¿Quién envuelve los océanos en su manto?
¿Quién ha creado el mundo entero?
¿Cuál es su nombre? ¿Y el nombre de su hijo?
¡Dime, si los sabes!

5 Toda palabra de Dios demuestra ser verdadera.
Él es un escudo para todos los que buscan su protección.
6 No agregues nada a sus palabras,
o podría reprenderte y ponerte al descubierto como un mentiroso.

7 Oh Dios, te ruego dos favores;
concédemelos antes de que muera.
8 Primero, ayúdame a no mentir jamás.
Segundo, ¡no me des pobreza ni riqueza!
Dame solo lo suficiente para satisfacer mis necesidades.
9 Pues si me hago rico, podría negarte y decir: «¿Quién es el Señor?».
Y si soy demasiado pobre, podría robar y así ofender el santo nombre de Dios.

10 Nunca difames al empleado ante su patrón,
porque te maldecirá, y sufrirás las consecuencias.

11 Algunas personas maldicen a su padre
y no son agradecidas con su madre.
12 Se consideran puras en su propia opinión,
pero están sucias y no se han lavado.
13 Contemplan a su alrededor con soberbia

***Notas textuales** **29:10** O *Los sanguinarios odian a las personas intachables, / y procuran matar a los honrados*; en hebreo dice *Los sanguinarios odian a las personas intachables, / mientras que los honrados van en busca de su vida.* **30:1a** O *hijo de Jaqué, de Massa*; o *hijo de Jaqué, un oráculo.* **30:1b** En hebreo también puede traducirse *El hombre hace esta declaración a Itiel, / a Itiel y a Ucal.* **30:15** En hebreo *dos hijas que gritan: «¡Dame, dame!».*

Referencias cruzadas **29:10** 1 Jn 3:12 **29:27** Mt 24:9 **30:4** Ap 19:12

y miran a otros con desdén.
14 Tienen los dientes como espadas
y los colmillos como cuchillos.
Devoran al pobre de la tierra
y a los necesitados de entre la humanidad.

15 La sanguijuela tiene dos bocas que chupan,
y gritan: «¡Más, más!»*.

Hay tres cosas que nunca se sacian;
no, son cuatro las que nunca dicen «¡basta!»:
16 la tumba,*
la matriz estéril,
el desierto árido
y el fuego abrasador.

17 El ojo que se burla de su padre
y desprecia las instrucciones de su madre
será arrancado por los cuervos del valle
y devorado por los buitres.

18 Hay tres cosas que me asombran;
no, son cuatro las que no comprendo:
19 cómo planea el águila por el cielo,
cómo se desliza la serpiente sobre la roca,
cómo navega el barco en el océano
y cómo ama el hombre a la mujer.

20 La mujer adúltera devora al hombre,
luego se limpia la boca y dice: «¿Qué hice de malo?».

21 Hay tres cosas que hacen temblar la tierra;
no, son cuatro las que no puede soportar:
22 al esclavo que llega a ser rey,
al necio autoritario que prospera,
23 a la mujer amargada que finalmente encuentra marido
y a la criada que toma el lugar de su señora.

24 Hay cuatro cosas sobre la tierra que son pequeñas
pero extraordinariamente sabias:
25 Las hormigas no son fuertes,
pero almacenan su alimento todo el verano.
26 Los damanes* no son poderosos,
pero construyen su hogar entre las rocas.
27 Las langostas no tienen rey,
pero marchan en fila.
28 Las lagartijas son fáciles de atrapar,
pero se encuentran hasta en los palacios reales.

29 Hay tres cosas que caminan con paso firme y majestuoso;
no, son cuatro las que se dan aires al andar:
30 el león, rey de los animales, que no retrocede ante nada,
31 el gallo que se pavonea,
el macho cabrío
y el rey al frente de su ejército.

32 Si como un necio has sido orgulloso o has tramado el mal,
tapa tu boca de vergüenza.
33 Así como al batir la crema se obtiene mantequilla
y al golpearse la nariz sale sangre,
al provocar el enojo surgen peleas.

Los dichos del rey Lemuel

31 Los dichos del rey Lemuel contienen el siguiente mensaje,* que le enseñó su madre.

2 Oh hijo mío, oh hijo de mi vientre,
oh hijo de mis votos,
3 no desperdicies tu vigor con mujeres,
esas que arruinan a los reyes.

4 No es para los reyes, oh Lemuel, beber mucho vino.
Los gobernantes no deberían ansiar bebidas alcohólicas.
5 Pues si beben, podrían olvidarse de la ley
y no harían justicia a los oprimidos.
6 Las bebidas alcohólicas son para los que se están muriendo,
y el vino para los que sufren angustias amargas.
7 Que beban para olvidar su pobreza
y nunca más se acuerden de sus problemas.
8 Habla a favor de los que no pueden hablar por sí mismos;
garantiza justicia para todos los abatidos.
9 Sí, habla a favor de los pobres e indefensos,
y asegúrate de que se les haga justicia.

La esposa de carácter noble

10 *¿Quién podrá encontrar una esposa virtuosa y capaz?
Es más preciosa que los rubíes.
11 Su marido puede confiar en ella,
y ella le enriquecerá en gran manera la vida.
12 Esa mujer le hace bien y no mal,
todos los días de su vida.

13 Ella encuentra lana y lino
y laboriosamente los hila con sus manos.
14 Es como un barco mercante
que trae su alimento de lejos.
15 Se levanta de madrugada y prepara el desayuno para su familia
y planifica las labores de sus criadas.

16 Va a inspeccionar un campo y lo compra;
con sus ganancias planta un viñedo.
17 Ella es fuerte y llena de energía
y es muy trabajadora.
18 Se asegura de que sus negocios tengan ganancias;
su lámpara está encendida hasta altas horas de la noche.

***Notas textuales** **30:16** En hebreo *el Seol.* **30:26** O *Los conejos salvajes,* o *Los tejones de las rocas.* **31:1** O *de Lemuel, rey de Massa*; o *del rey Lemuel, un oráculo.* **31:10** Los versículos 10-31 conforman un poema acróstico; cada verso comienza con letras consecutivas del alfabeto hebreo.

Referencias cruzadas **30:8** Mt 6:11 **30:20** Pr 5:6 **31:4** Is 5:22-23

19 Tiene sus manos ocupadas en el hilado;
con sus dedos tuerce el hilo.
20 Tiende la mano al pobre
y abre sus brazos al necesitado.
21 Cuando llega el invierno, no teme por su familia,
porque todos tienen ropas
abrigadas.*

22 Ella hace sus propias colchas.
Se viste con túnicas de lino de alta calidad y
vestiduras de color púrpura.
23 Su esposo es bien conocido en las puertas de la
ciudad,
donde se sienta junto con los otros líderes del
pueblo.
24 Confecciona vestimentas de lino con cintos
y fajas para vender a los comerciantes.

25 Está vestida de fortaleza y dignidad,
y se ríe sin temor al futuro.
26 Cuando habla, sus palabras son sabias,
y da órdenes con bondad.
27 Está atenta a todo lo que ocurre en su hogar,
y no sufre las consecuencias de la pereza.

28 Sus hijos se levantan y la bendicen.
Su marido la alaba:
29 «Hay muchas mujeres virtuosas y capaces en el
mundo,
¡pero tú las superas a todas!».

30 El encanto es engañoso, y la belleza no perdura,
pero la mujer que teme al Señor será sumamente
alabada.
31 Recompénsenla por todo lo que ha hecho.
Que sus obras declaren en público su alabanza.

***Notas textuales** **31:21** Así aparece en la versión griega y en la latina; en hebreo dice *escarlatas*.

Referencias cruzadas **31:13** 1 Tm 2:9-10 **31:31** Pr 11:16

ECLESIASTÉS

¿Por qué es importante?

En este libro el sabio anciano Salomón comparte con la siguiente generación sus más importantes lecciones aprendidas acerca de la vida. Salomón vivió muchas aventuras y logró muchas cosas y ahora responde grandes preguntas tales como el significado de la vida, el lugar del placer y la utilidad del conocimiento y el trabajo.

Este es un libro perfecto para los más inteligentes o para aquellos que están en una temporada de planteos importantes para decidir lo que es importante.

¿Por qué fue escrito?

Esta es una obra en la que el autor describe su búsqueda sistemática del significado de la vida, a través de los placeres, la sabiduría, las riquezas y otros medios. Siguiendo un estilo realista que a veces parece pesimista, el Predicador escribe una obra para proclamar que el gozo de la vida está en el Señor y en su bendición y que, fuera de Él, la vida es "lo más absurdo de lo absurdo" (1:2).

¿Quién lo escribió?

El autor se llama a sí mismo "el Maestro, hijo de David, rey en Jerusalén" (1:1), todo lo cuál apunta al sabio Salomón.

¿A quién lo escribió?

Al igual que otros libros de sabiduría en Israel, este libro tiene un alcance más general. En otras palabras, Eclesiastés no fue escrito pensando en una persona o situación particular, sino que fue dirigido a cualquiera que buscara un sentido o propósito a la vida. Sin embargo, parece que el autor aún está pensando en jóvenes que puedan aprender de sus experiencias en la vida (lee Ecl. 11:9; 12:1)

¿Cuándo y dónde lo escribió?

El libro mismo habla de Jerusalén en varias ocasiones (1:1, 12, 16; 2:7, 9), por lo que se supone que allí se escribió en la época de Salomón que es unos 1000 años antes de Jesús. Como el libro dice que otra persona, distinta de "el Maestro", editó el libro para su publicación (Ecl. 12:9-10), se puede suponer que las reflexiones del libro provienen en su totalidad de Salomón, pero un grupo de escribas, quizá en la época de Ezequías, como sugiere la tradición judía, hizo la edición final del libro en una época cercana al exilio.

Paso a paso

1. Es absurdo tratar de vivir la vida sin Dios. Caps. 1-2
2. Es absurdo vivir sin comprender las leyes que gobiernan la vida. Caps. 3-4
3. Es absurdo buscar satisfacción en los bienes materiales. Caps. 5-6
4. Es absurdo vivir en insensatez, lejos de la sabiduría de Dios. Caps. 7-10
5. Es sensato vivir la vida dependiendo del Señor. Caps. 11-12

ECLESIASTÉS

Eclesiastés

1 Estas son las palabras del Maestro,* hijo del rey David
y gobernante de Jerusalén.

Nada tiene sentido
2«Nada tiene sentido —dice el Maestro—, ¡ningún sentido
en absoluto!».
3¿Qué obtiene la gente con trabajar tanto bajo el sol?
4Las generaciones van y vienen, pero la tierra nunca cam-
bia. 5El sol sale y se pone, y se apresura a dar toda la vuelta
para volver a salir. 6El viento sopla hacia el sur y luego gira
hacia el norte. Da vueltas y vueltas soplando en círculos.
7Los ríos desembocan en el mar, pero el mar nunca se
llena. Luego el agua vuelve a los ríos y sale nuevamente
al mar. 8Todo es tan tedioso, imposible de describir. No
importa cuánto veamos, nunca quedamos satisfechos.
No importa cuánto oigamos, nada nos tiene contentos.
9La historia no hace más que repetirse; ya todo se hizo
antes. No hay nada realmente nuevo bajo el sol. 10A veces
la gente dice: «¡Esto es algo nuevo!»; pero la verdad es
que no lo es, nada es completamente nuevo. 11Ninguno
de nosotros recuerda lo que sucedió en el pasado, y las
generaciones futuras tampoco recordarán lo que hace-
mos ahora.

El Maestro habla sobre la inutilidad de la sabiduría
12Yo, el Maestro, fui rey de Israel y viví en Jerusalén. 13Me
dediqué a buscar el entendimiento y a investigar con sabi-
duría todo lo que se hacía debajo del cielo. Pronto descubrí
que Dios le había dado una existencia trágica al género hu-
mano. 14Observé todo lo que ocurría bajo el sol, y a decir
verdad, nada tiene sentido, es como perseguir el viento.

15 Lo que está mal no puede corregirse;
lo que se ha perdido no puede recuperarse.

16Me dije: «A ver, soy más sabio que todos los reyes que
gobernaron Jerusalén antes que yo. Tengo más sabiduría
y conocimiento que cualquiera de ellos». 17Así que me
dispuse a aprender de todo: desde la sabiduría hasta la
locura y la insensatez; pero descubrí por experiencia que
procurar esas cosas es como perseguir el viento.

18 Cuanta más sabiduría tengo, mayor es mi
desconsuelo;
aumentar el conocimiento solo trae más dolor.

La inutilidad de los placeres
2 Me dije: «Vamos, probemos los placeres. ¡Busque-
mos "las cosas buenas" de la vida!»; pero descubrí
que eso también carecía de sentido. 2Entonces dije: «La
risa es tonta. ¿De qué sirve andar en busca de placeres?».
3Después de pensarlo bien, decidí alegrarme con vino.
Y mientras seguía buscando sabiduría, me aferré a la
insensatez. Así traté de experimentar la única felicidad
que la mayoría de la gente encuentra en su corto paso
por este mundo.
4También traté de encontrar sentido a la vida edificán-
dome enormes mansiones y plantando hermosos viñe-
dos. 5Hice jardines y parques, y los llené con toda clase de
árboles frutales. 6Construí represas para juntar agua con la
cual regar todos mis huertos florecientes. 7Compré escla-
vos y esclavas, y otros nacieron en mi propiedad. También
tuve enormes manadas y rebaños, más que cualquiera de
los reyes que vivieron en Jerusalén antes que yo. 8Junté
grandes cantidades de plata y de oro, el tesoro de muchos
reyes y provincias. Contraté cantores estupendos, tanto
hombres como mujeres, y tuve muchas concubinas her-
mosas. ¡Tuve todo lo que un hombre puede desear!
9De modo que me hice más poderoso que todos los
que vivieron en Jerusalén antes que yo, y mi sabiduría
nunca me falló. 10Todo lo que quise lo hice mío; no me
negué ningún placer. Hasta descubrí que me daba gran
satisfacción trabajar mucho, la recompensa de toda mi
labor; 11pero al observar todo lo que había logrado con
tanto esfuerzo, vi que nada tenía sentido; era como per-
seguir el viento. No había absolutamente nada que valiera
la pena en ninguna parte.

El sabio y el necio
12Entonces decidí comparar la sabiduría con la locura y la
insensatez (porque, ¿quién puede hacer eso mejor que yo,
que soy el rey?*). 13Pensé: «La sabiduría es mejor que la in-
sensatez, así como la luz es mejor que la oscuridad. 14Pues
el sabio puede ver hacia dónde va, pero el necio camina
a oscuras». Sin embargo, me di cuenta de que el sabio y
el necio tienen el mismo destino: 15los dos mueren. Así
que me dije: «Ya que voy a terminar igual que el necio, ¿de
qué vale toda mi sabiduría? ¡Nada de eso tiene sentido!».
16Pues tanto el sabio como el necio van a morir. Al sabio
no se le recordará más que al necio. En los días futuros,
ambos serán olvidados.
17Por lo tanto, llegué a odiar la vida, porque todo lo que
se hace aquí, bajo el sol, es tan complicado. Nada tiene
sentido, es como perseguir el viento.

La inutilidad del trabajo
18Llegué a odiar todo el trabajo que hice en este mundo
porque tengo que dejarles a otros lo que yo he ganado.

***Notas textuales** **1:1** En hebreo *Cohelet*; este término se traduce «el Maestro» en todo el libro. **2:12** El significado del hebreo es incierto.

Referencias cruzadas **1:6** Jn 3:8 **1:11** Ecl 2:16 **1:18** Ecl 12:12 **2:9** 1 Cr 29:25 **2:16** Ecl 9:5

[19]¿Y quién sabe si mis sucesores serán sabios o necios? Sin
embargo, ellos se van a apoderar de todo lo que yo he ad-
quirido bajo el sol a través de mi destreza y esfuerzo. ¡Qué
absurdo! [20]Así que, desilusionado, me di por vencido y
cuestioné el valor de todo mi duro trabajo en este mundo.
[21]Algunas personas trabajan con sabiduría, conoci-
miento y destreza, pero luego tienen que dejarle el fruto
de su labor a alguien que no ha trabajado para conseguirlo.
Eso tampoco tiene sentido, es una gran tragedia. [22]Enton-
ces, ¿qué gana la gente con tanto esfuerzo y preocupación
en esta vida? [23]Sus días de trabajo están llenos de dolor y
angustia, ni siquiera de noche pueden descansar la mente.
Nada tiene sentido.
[24]Entonces llegué a la conclusión de que no hay nada
mejor que disfrutar de la comida y la bebida, y encontrar
satisfacción en el trabajo. Luego me di cuenta de que esos
placeres provienen de la mano de Dios. [25]Pues, ¿quién
puede comer o disfrutar de algo separado de él*? [26]Dios
da sabiduría, conocimiento y alegría a quienes son de su
agrado; pero si un pecador se enriquece, Dios le quita las
riquezas y se las da a quienes le agradan. Eso tampoco
tiene sentido, es como perseguir el viento.

Todo a su debido tiempo

3 Hay una temporada para todo,
un tiempo para cada actividad bajo el cielo.
[2] Un tiempo para nacer y un tiempo para morir.
Un tiempo para sembrar y un tiempo para
cosechar.
[3] Un tiempo para matar y un tiempo para sanar.
Un tiempo para derribar y un tiempo para
construir.
[4] Un tiempo para llorar y un tiempo para reír.
Un tiempo para entristecerse y un tiempo para
bailar.
[5] Un tiempo para esparcir piedras y un tiempo para
juntar piedras.
Un tiempo para abrazarse y un tiempo para
apartarse.
[6] Un tiempo para buscar y un tiempo para dejar de
buscar.
Un tiempo para guardar y un tiempo para botar.
[7] Un tiempo para rasgar y un tiempo para remendar.
Un tiempo para callar y un tiempo para hablar.
[8] Un tiempo para amar y un tiempo para odiar.
Un tiempo para la guerra y un tiempo para la paz.

[9]¿Qué es lo que en verdad gana la gente a cambio de
tanto trabajo? [10]He visto la carga que Dios puso sobre
nuestros hombros. [11]Sin embargo, Dios lo hizo todo
hermoso para el momento apropiado. Él sembró la eter-
nidad en el corazón humano, pero aun así el ser humano
no puede comprender todo el alcance de lo que Dios ha
hecho desde el principio hasta el fin. [12]Así que llegué a
la conclusión de que no hay nada mejor que alegrarse
y disfrutar de la vida mientras podamos. [13]Además, la
gente debería comer, beber y aprovechar el fruto de su
trabajo, porque son regalos de Dios.
[14]También sé que todo lo que Dios hace es definitivo.
No se le puede agregar ni quitar nada. El propósito de
Dios es que el ser humano le tema. [15]Los sucesos del
presente ya ocurrieron en el pasado, y lo que sucederá
en el futuro ya ocurrió antes, porque Dios hace que las
mismas cosas se repitan una y otra vez.

Las injusticias de la vida

[16]También noté que, bajo el sol, la maldad está presente
en el juzgado. Sí, ¡hasta en los tribunales de justicia hay
corrupción! [17]Me dije: «A su debido tiempo, Dios juzgará
a todos, tanto a los malos como a los buenos, por cada
cosa que hayan hecho».
[18]También reflexioné acerca de la condición humana,
sobre cómo Dios les hace ver a los seres humanos que
son como los animales. [19]Pues tanto las personas como
los animales tienen el mismo destino: ambos respiran* y
ambos mueren. Así que las personas no tienen una verda-
dera ventaja sobre los animales. ¡Qué absurdo! [20]Ambos
terminan en el mismo lugar: del polvo vienen y al polvo
vuelven. [21]Pues, ¿quién puede demostrar que el espíritu
humano va hacia arriba y el espíritu de los animales des-
ciende al fondo de la tierra? [22]Entonces me di cuenta de
que no hay nada mejor para la gente que ser feliz con su
trabajo. Ese es nuestro destino, y nadie nos puede traer
de regreso para ver qué pasa después de que hayamos
muerto.

4 Además, observé toda la opresión que sucede bajo el
sol. Vi las lágrimas de los oprimidos, y no había nadie
para consolarlos. Los opresores tienen mucho poder y sus
víctimas son indefensas. [2]Entonces llegué a la conclusión
de que los muertos están mejor que los vivos; [3]pero los
más afortunados de todos son los que aún no nacen, por-
que no han visto toda la maldad que se comete bajo el sol.
[4]Luego observé que a la mayoría de la gente le interesa
alcanzar el éxito porque envidia a sus vecinos; pero eso
tampoco tiene sentido, es como perseguir el viento.

[5] «Los necios se cruzan de brazos,
y acaban en la ruina».
[6]Sin embargo,

«es mejor tener un puñado con tranquilidad
que tener dos puñados con mucho esfuerzo
y perseguir el viento».

Las ventajas de tener compañía

[7]También observé otro ejemplo de algo absurdo bajo el
sol. [8]Es el caso de un hombre que está totalmente solo, sin
hijos ni hermanos, no obstante trabaja mucho para acu-
mular toda la riqueza posible. Sin embargo, luego se pre-
gunta: «¿Para quién trabajo? ¿Por qué me privo de tantos
placeres?». Nada tiene sentido, todo es tan deprimente.
[9]Es mejor ser dos que uno, porque ambos pueden
ayudarse mutuamente a lograr el éxito. [10]Si uno cae, el
otro puede darle la mano y ayudarlo; pero el que cae y está
solo, ese sí que está en problemas. [11]Del mismo modo, si
dos personas se recuestan juntas, pueden brindarse calor
mutuamente; pero ¿cómo hace uno solo para entrar en
calor? [12]Alguien que está solo puede ser atacado y ven-
cido, pero si son dos, se ponen de espalda con espalda y
vencen; mejor todavía si son tres, porque una cuerda triple
no se corta fácilmente.

***Notas textuales** **2:25** Así aparece en la versión griega y en la siríaca; en hebreo dice *separado de mí?* **3:19** O *ambos tienen el mismo espíritu*

Referencias cruzadas **2:26** Jb 27:16-17 **3:14** Ecl 8:12-13 **3:22** Ecl 2:24 **4:5** Pr 6:10-11

La inutilidad del poder político

13Es mejor ser un joven pobre pero sabio que ser un rey
viejo y necio que rechaza todo consejo. 14Un joven así
podría salir de la pobreza y triunfar. Hasta podría llegar a
ser rey, aunque hubiera estado en la cárcel. 15Sin embargo,
luego todo el mundo corre a aliarse con otro joven* que lo
reemplaza. 16Lo rodean innumerables multitudes,* pero
luego surge otra generación y lo rechaza a él también.
Así que nada tiene sentido, es como perseguir el viento.

Precauciones al acercarse a Dios

5 1*Cuando entres en la casa de Dios, abre los oídos
y cierra la boca. El que presenta ofrendas a Dios sin
pensar hace mal. 2*No hagas promesas a la ligera y no te
apresures a presentar tus asuntos delante de Dios. Des-
pués de todo, Dios está en el cielo, y tú estás aquí en la
tierra. Por lo tanto, que sean pocas tus palabras.

3Demasiada actividad trae pesadillas; demasiadas pa-
labras te hacen necio.

4Cuando le hagas una promesa a Dios, no tardes en
cumplirla, porque a Dios no le agradan los necios. Cumple
todas las promesas que le hagas. 5Es mejor no decir nada
que hacer promesas y no cumplirlas. 6No dejes que tu boca
te haga pecar, y no te defiendas ante el mensajero del templo
al decir que la promesa que hiciste fue un error. Esa actitud
enojaría a Dios y quizá destruya todo lo que has logrado.

7Hablar no cuesta nada, es como soñar despierto y tan-
tas otras actividades inútiles. Tú, en cambio, teme a Dios.

La inutilidad de las riquezas

8No te sorprendas si ves que un poderoso oprime a un
pobre o que no se hace justicia en toda la tierra. Pues todo
funcionario está bajo las órdenes de otro superior a él, y
la justicia se pierde entre trámites y burocracia. 9¡Hasta
el rey saca todo lo que puede de la tierra para su propio
beneficio!*

10Los que aman el dinero nunca tendrán suficiente.
¡Qué absurdo es pensar que las riquezas traen verdadera
felicidad! 11Cuanto más tengas, más se te acercará la gente
para ayudarte a gastarlo. Por lo tanto, ¿de qué sirven las
riquezas? ¡Quizás solo para ver cómo se escapan de las
manos!

12La gente trabajadora siempre duerme bien, coma
mucho o coma poco; pero los ricos rara vez tienen una
buena noche de descanso.

13He notado otro gran problema bajo el sol: acaparar
riquezas perjudica al que ahorra. 14Se invierte dinero en
negocios arriesgados que fracasan, y entonces todo se
pierde. A fin de cuentas, no queda nada para dejarles a
los hijos. 15Todos llegamos al final de nuestra vida tal
como estábamos el día que nacimos: desnudos y con las
manos vacías. No podemos llevarnos las riquezas al morir.

16Esto es otro problema muy serio: las personas no
se van de este mundo mejor de lo que llegaron. Todo su
esfuerzo es en vano, como si trabajaran para el viento.
17Viven toda su vida bajo una carga pesada: con enojo,
frustración y desánimo.

18Aun así, he notado al menos una cosa positiva. Es
bueno que la gente coma, beba y disfrute del trabajo que
hace bajo el sol durante el corto tiempo de vida que Dios
le concedió, y que acepte su destino. 19También es algo
bueno recibir riquezas de parte de Dios y la buena salud
para disfrutarlas. Disfrutar del trabajo y aceptar lo que
depara la vida son verdaderos regalos de Dios. 20A esas
personas Dios las mantiene tan ocupadas en disfrutar de
la vida que no pasan tiempo rumiando el pasado.

6 He visto otro mal terrible bajo el sol que pesa tremen-
damente sobre la humanidad. 2Dios les da a algunos
mucha riqueza, honor y todo lo que pudieran desear, pero
luego no les da la oportunidad de disfrutar de esas cosas.
Se mueren, y algún otro —incluso un extraño— termina
disfrutando de toda esa abundancia. Eso no tiene sentido,
es una tragedia terrible.

3Un hombre podría tener cien hijos y llegar a vivir
muchos años. Pero si no encuentra satisfacción en la vida
y ni siquiera recibe un entierro digno, sería mejor para él
haber nacido muerto. 4Entonces su nacimiento habría
sido insignificante, y él habría terminado en la oscuridad.
Ni siquiera habría tenido un nombre 5ni habría visto la luz
del sol o sabido que existía. Sin embargo, habría gozado
de más paz que si hubiera crecido para convertirse en un
hombre infeliz. 6Podría vivir mil años o el doble, y ni aun
así encontrar satisfacción; y si al final de cuentas tiene que
morir como todos, ¿de qué le sirve?

7Toda la gente se pasa la vida trabajando para tener
qué comer, pero parece que nunca le alcanza. 8Entonces,
¿de verdad están los sabios en mejores condiciones que
los necios? ¿Ganan algo los pobres con ser sabios y saber
comportarse frente a otros?

9Disfruta de lo que tienes en lugar de desear lo que no
tienes; soñar con tener cada vez más no tiene sentido, es
como perseguir el viento.

El futuro: algo definido y a la vez incierto

10Todo ha sido decidido. Ya se sabía desde hace tiempo lo
que cada persona habría de ser. Así que no sirve de nada
discutir con Dios acerca de tu destino.

11Cuantas más palabras decimos, menos sentido tie-
nen. Entonces, ¿para qué sirven?

12En la brevedad de nuestra vida sin sentido, ¿quién
conoce cómo pasar mejor nuestros días? Nuestra vida es
como una sombra. ¿Quién sabe lo que sucederá en este
mundo después de la muerte?

Sabiduría para la vida

7 Vale más una buena reputación que un perfume
costoso.
Y el día que morimos es mejor que el día que
nacemos.
2 Vale más pasar el tiempo en funerales que en festejos.
Al fin y al cabo, todos morimos,
así que los que viven deberían tenerlo muy
presente.
3 Es mejor el llanto que la risa,
porque la tristeza tiende a pulirnos.
4 El que es sabio piensa mucho en la muerte,
mientras que el necio solo piensa en divertirse.
5 Es mejor ser criticado por un sabio
que alabado por un necio.

***Notas textuales** **4:15** En hebreo *un segundo joven.* **4:16** En hebreo *Hay un sinfín de gente, de los que están delante de ellos.* **5:1** El versículo 5:1 corresponde al 4:17 en el texto hebreo. **5:2** Los versículos del 5:2-20 corresponden al 5:1-19 en el texto hebreo. **5:9** El significado del hebreo en los versículos 8 y 9 es incierto.

Referencias cruzadas **5:2** Mt 6:7 **5:7** Ecl 3:14 **5:15** 1 Tm 6:7 **5:19** 2 Cr 1:12 **6:6** Ecl 2:14 **6:11** Os 12:1

6 La risa del necio se apaga enseguida,
como los espinos que crepitan en el fuego.
Eso tampoco tiene sentido.

7 La extorsión vuelve necio al sabio,
y el soborno corrompe el corazón.

8 Vale más terminar algo que empezarlo.
Vale más la paciencia que el orgullo.

9 Controla tu carácter,
porque el enojo es el distintivo de los necios.

10 No añores «viejos tiempos»;
no es nada sabio.

11 La sabiduría es aún mejor cuando uno tiene dinero;
ambas cosas son de beneficio a lo largo de la vida.
12 La sabiduría y el dinero abren casi todas las puertas,
pero solo la sabiduría puede salvarte la vida.

13 Acepta el modo en que Dios hace las cosas,
porque, ¿quién puede enderezar lo que él torció?
14 Disfruta de la prosperidad mientras puedas,
pero cuando lleguen los tiempos difíciles,
reconoce que ambas cosas provienen de Dios.
Recuerda que nada es seguro en esta vida.

Los límites de la sabiduría humana

15 He visto de todo en esta vida sin sentido, incluso jóve-
nes buenos que mueren y personas malvadas que tienen
una vida larga. 16 Así que, ¡no seas demasiado bueno ni
demasiado sabio! ¿Para qué destruirte a ti mismo? 17 Por
otra parte, tampoco seas demasiado malo. ¡No seas necio!
¿Para qué morir antes de tiempo? 18 Presta atención a estas
instrucciones, porque todo el que teme a Dios evitará caer
en ambos extremos.*
19 ¡Un solo sabio es más fuerte que diez ciudadanos
prominentes de una ciudad!
20 No hay una sola persona en la tierra que siempre sea
buena y nunca peque.
21 No escuches conversaciones ajenas a escondidas:
podrías escuchar que tu siervo te maldice. 22 Pues sabes
bien de las veces que tú mismo maldijiste a otros.
23 Siempre hice todo lo posible para que la sabiduría
guiara mis acciones y mis pensamientos. Me dije: «Me
propongo ser sabio», pero no funcionó. 24 La sabiduría
siempre está lejos y es difícil de encontrar. 25 Busqué por
todas partes, decidido a encontrarla y a entender la razón
de las cosas. Me había propuesto demostrarme a mí mismo
que la maldad es una tontería y la insensatez, una locura.
26 Descubrí que una mujer seductora* es una trampa
más amarga que la muerte. Su pasión es una red, y sus
manos suaves son cadenas. Los que agradan a Dios es-
caparán de ella, pero los pecadores caerán en su trampa.
27 «Llegué a la siguiente conclusión —dice el Maestro—,
la descubrí después de analizar la cuestión desde todos los
ángulos posibles. 28 Aunque lo he investigado una y otra
vez, veo que aún no encuentro lo que buscaba. Hay solo
un hombre virtuoso entre mil, ¡pero ni una sola mujer!
29 Sin embargo, sí encontré lo siguiente: Dios creó al ser
humano para que sea virtuoso, pero cada uno decidió
seguir su propio camino descendente».

8 Qué maravilloso es ser sabio,
poder analizar e interpretar las cosas.
La sabiduría ilumina el rostro de una persona;
suaviza la dureza de sus facciones.

La obediencia al rey

2 Obedece al rey porque lo juraste ante Dios. 3 No trates de
evitar cumplir con tu deber ni te juntes con los que conspi-
ran maldad, porque el rey puede hacer lo que se le antoje.
4 Sus órdenes tienen el respaldo de su gran poder. Nadie
puede oponerse ni cuestionarlas. 5 Quienes lo obedezcan
no serán castigados. Los sabios encontrarán el momento
y la forma de hacer lo correcto, 6 pues hay un tiempo y un
modo para cada cosa, incluso cuando uno está en apuros.
7 Además, ¿cómo puede uno evitar lo que no sabe que
está por suceder? 8 Nadie puede retener su espíritu y evitar
que se marche. Nadie tiene el poder de impedir el día de su
muerte. No hay forma de escapar de esa cita obligatoria:
esa batalla oscura. Y al enfrentarse con la muerte, la maldad
no rescatará al malvado.

El malvado y el justo

9 He reflexionado mucho acerca de todo lo que ocurre bajo
el sol, donde las personas tienen poder para herirse unas a
otras. 10 He visto que hay malvados que reciben honores
en su entierro. Sin embargo, eran los mismos que frecuen-
taban el templo, ¡y hoy se les alaba* en la misma ciudad
donde cometieron sus delitos! Eso tampoco tiene sentido.
11 Cuando no se castiga enseguida un delito, la gente siente
que no hay peligro en cometer maldades. 12 Sin embargo,
aunque una persona peque cien veces y siga gozando de
muchos años de vida, yo sé que les irá mejor a los que
temen a Dios. 13 Los malvados no prosperarán, porque
no temen a Dios. Sus días nunca se prolongarán, como
lo hacen las sombras del anochecer.
14 Y eso no es todo lo que carece de sentido en nuestro
mundo. En esta vida, a las personas buenas se les suele
tratar como si fueran malvadas, y a las malvadas, como si
fueran buenas. ¡Eso no tiene ningún sentido!
15 Entonces sugiero que se diviertan, ya que en este
mundo no hay nada mejor para la gente que comer, beber
y disfrutar de la vida. De ese modo, tendrán algo de fe-
licidad junto con todo el arduo trabajo que Dios les da
bajo el sol.
16 Mientras buscaba la sabiduría y observaba las cargas
que lleva la gente aquí en la tierra, descubrí que la activi-
dad no cesa ni de día ni de noche. 17 Me di cuenta de que
nadie puede descubrir todo lo que Dios está haciendo
bajo el sol. Ni siquiera los más sabios lo descubren todo,
no importa lo que digan.

La muerte nos llega a todos

9 También me dediqué a investigar lo siguiente: si bien
Dios tiene en sus manos las acciones de los sabios y
de los justos, nadie sabe si Dios les mostrará su favor. 2 A
la larga, a todos les espera el mismo destino, sean justos
o malvados, buenos o malos,* religiosos o no religiosos,
estén o no ceremonialmente puros. Las personas buenas

***Notas textuales** **7:18** O *seguirá ambas cosas*. **7:26** En hebreo *una mujer*. **8:10** Así aparece en algunos manuscritos hebreos y en la versión griega; muchos manuscritos hebreos dicen *y se les olvida*. **9:2** Así aparece en la versión griega, en la siríaca y en la Vulgata Latina; el hebreo no incluye *o malos*.

Referencias cruzadas **7:6** Ecl 2:1-2 **7:15** Ecl 8:12-13 **7:28** 1 Re 11:3

reciben el mismo trato que los pecadores, y las personas
que hacen promesas a Dios reciben el mismo trato que
los que no las hacen.
3¡Parece tan mal que todo el mundo bajo el sol tenga
el mismo destino! Ya torcida por el mal, la gente elige su
propio camino de locura, porque nadie tiene esperanza.
Sea como fuere, lo único que hay por delante es la muerte.
4Hay esperanza solo para los que están vivos. Como se
suele decir: «¡Más vale perro vivo que león muerto!».
5Los que están vivos al menos saben que un día van a
morir, pero los muertos no saben nada. Ya no reciben más
recompensas, y nadie los recuerda. 6Lo que hayan hecho
en su vida —amar, odiar, envidiar— pasó ya hace mucho.
Ya no son parte de nada en este mundo. 7Así que, ¡ade-
lante! Come tus alimentos con alegría y bebe tu vino con
un corazón contento, ¡porque Dios lo aprueba! 8¡Vístete
con ropa elegante y échate un poco de perfume!
9Vive feliz junto a la mujer que amas, todos los insig-
nificantes días de vida que Dios te haya dado bajo el sol.
La esposa que Dios te da es la recompensa por todo tu
esfuerzo terrenal. 10Todo lo que hagas, hazlo bien, pues
cuando vayas a la tumba* no habrá trabajo ni proyectos
ni conocimiento ni sabiduría.
11Observé algo más bajo el sol. El corredor más veloz
no siempre gana la carrera y el guerrero más fuerte no
siempre gana la batalla. Los sabios a veces pasan ham-
bre, los habilidosos no necesariamente son ricos, y los
bien instruidos no siempre tienen éxito en la vida. Todo
depende de la suerte, de estar en el lugar correcto en el
momento oportuno.
12La gente nunca puede predecir cuándo vendrán
tiempos difíciles. Como los peces en la red o los pája-
ros en la trampa, la gente queda atrapada por tragedias
repentinas.

Reflexiones sobre la sabiduría y la necedad

13Hay otro aspecto de la sabiduría que me quedó gra-
bado al observar cómo funciona el mundo. 14Había una
ciudad pequeña con unos cuantos habitantes, y vino un
rey poderoso con su ejército y la sitió. 15Un hombre pobre
pero sabio sabía cómo salvar la ciudad, y así la ciudad
fue rescatada. Sin embargo, pasado el incidente, a nadie
se le ocurrió darle las gracias. 16Por lo tanto, aunque la
sabiduría es mejor que la fuerza, los sabios —si son po-
bres— también serán despreciados. Lo que digan no será
valorado por mucho tiempo.

17 Es mejor oír las palabras suaves de una persona sabia
que los gritos de un rey necio.
18 Es mejor tener sabiduría que armas de guerra,
pero un solo pecador puede destruir muchas
cosas buenas.

10 Así como las moscas muertas apestan todo un
frasco de perfume,
una pizca de necedad arruina gran sabiduría y
honor.

2 Una persona sabia elige el camino correcto;
el necio toma el rumbo equivocado.

3 ¡Se puede identificar a los necios
tan solo de ver cómo andan por la calle!

4 Si tu jefe se enoja contigo, ¡no renuncies a tu puesto!
Un espíritu sereno puede superar grandes errores.

Las ironías de la vida

5He visto otro mal bajo el sol: los reyes y gobernantes
cometen un grave error 6cuando le otorgan gran autori-
dad a gente necia y asignan cargos inferiores a personas
con capacidad comprobada. 7Hasta he visto sirvientes
cabalgar como príncipes, ¡y príncipes andar a pie como
si fueran sirvientes!

8 Cuando cavas un pozo,
puedes caerte en él.
Cuando derrumbas una pared vieja,
puede morderte una serpiente.
9 Cuando trabajas en una cantera,
las piedras pueden caerte encima y aplastarte.
Cuando cortas leña,
se corre peligro en cada golpe del hacha.

10 Si se usa un hacha sin filo hay que hacer doble
esfuerzo,
por lo tanto, afila la hoja.
Ahí está el valor de la sabiduría:
ayuda a tener éxito.

11 Si una serpiente te muerde antes de que la encantes,
¿de qué te sirve ser encantador de serpientes?

12 Las palabras sabias traen aprobación,
pero a los necios, sus propias palabras los
destruyen.

13 Los necios basan sus pensamientos en suposiciones
insensatas,
por lo tanto, llegan a conclusiones locas y
malvadas;
14 hablan y hablan sin parar.

Nadie sabe a ciencia cierta qué es lo que va a suceder;
nadie puede predecir el futuro.

15 Los necios se agotan tanto con un poco de trabajo
que ni siquiera saben cómo regresar a su casa.

16 ¡Qué tristeza sufrirá el pueblo gobernado por un
sirviente,*
cuyos líderes hacen fiesta desde la mañana!
17 Dichoso el pueblo que tiene por rey a un líder noble
y cuyos dirigentes festejan en el momento
apropiado
para trabajar con fuerza y no para emborracharse.

18 Por la pereza se hunde el techo;
por el ocio gotea la casa.

19 Una fiesta da alegría;
un buen vino, felicidad;
¡y el dinero lo da todo!

20 Nunca te burles del rey, ni siquiera en tu mente;

***Notas textuales** **9:10** En hebreo *al Seol.* **10:16** O *un niño.*

Referencias cruzadas **9:5** Jb 14:21 **9:18** Jos 7:1-26 **10:20** Ex 22:28

y no te mofes de los poderosos, ni siquiera dentro
de tu dormitorio.
Pues un pajarito podría transmitir tu mensaje
y contarles lo que dijiste.

Las incertidumbres de la vida

11 Envía tu grano por los mares,
y a su tiempo recibirás ganancias.*
2 Coloca tus inversiones en varios lugares,*
porque no sabes qué riesgos podría haber más
adelante.

3 Cuando las nubes están cargadas, vienen las lluvias.
Un árbol puede caer hacia el norte o hacia el sur,
pero donde cae, allí queda.

4 El agricultor que espera el clima perfecto nunca
siembra;
si contempla cada nube, nunca cosecha.

5 Así como no puedes entender el rumbo que toma
el viento ni el misterio de cómo crece un bebecito en el
vientre de su madre,* tampoco puedes entender cómo
actúa Dios, quien hace todas las cosas.
6 Siembra tu semilla por la mañana, y por la tarde no
dejes de trabajar porque no sabes si la ganancia vendrá de
una actividad o de la otra, o quizás de ambas.

Consejos para jóvenes y ancianos

7 La luz es agradable; qué hermoso es ver el amanecer de
un nuevo día.
8 Si alguien llega a la ancianidad, que disfrute de cada
día de vida; pero que también recuerde que habrá muchos
días oscuros. Todo lo que aún vendrá carece de sentido.
9 Gente joven:* ¡la juventud es hermosa! Disfruten de
cada momento de ella. Hagan todo lo que quieran hacer,
¡no se pierdan nada! Pero recuerden que tendrán que ren-
dirle cuentas a Dios de cada cosa que hagan. 10 Así que
dejen de preocuparse y mantengan un cuerpo sano; pero
tengan presente que la juventud —con toda la vida por
delante— no tiene sentido.

12 No dejes que la emoción de la juventud te lleve
a olvidarte de tu Creador. Hónralo mientras seas
joven, antes de que te pongas viejo y digas: «La vida ya
no es agradable». 2 Acuérdate de él antes de que la luz del
sol, de la luna y de las estrellas se vuelva tenue a tus ojos
viejos, y las nubes negras oscurezcan para siempre tu
cielo. 3 Acuérdate de él antes de que tus piernas —guar-
dianas de tu casa— empiecen a temblar, y tus hombros
—los guerreros fuertes— se encorven. Acuérdate de él
antes de que tus dientes —esos pocos sirvientes que te
quedan— dejen de moler, y tus pupilas —las que miran
por las ventanas— ya no vean con claridad.
4 Acuérdate de él antes de que la puerta de las opor-
tunidades de la vida se cierre y disminuya el sonido de
la actividad diaria. Ahora te levantas con el primer canto
de los pájaros, pero un día todos esos trinos apenas serán
perceptibles.
5 Acuérdate de él antes de que tengas miedo de caerte
y te preocupes de los peligros de la calle; antes de que el
cabello se te ponga blanco como un almendro en flor y
arrastres los pies sin energía como un saltamontes mo-
ribundo, y la alcaparra ya no estimule el deseo sexual.
Acuérdate de él antes de que te falte poco para llegar a la
tumba —tu hogar eterno— donde los que lamentan tu
muerte llorarán en tu entierro.
6 Sí, acuérdate de tu Creador ahora que eres joven, antes
de que se rompa el cordón de plata de la vida y se quiebre
la vasija de oro. No esperes hasta que la jarra de agua se
haga pedazos contra la fuente y la polea se rompa en el
pozo. 7 Pues ese día el polvo volverá a la tierra, y el espíritu
regresará a Dios, que fue quien lo dio.

Reflexiones finales acerca del Maestro

8 «Nada tiene sentido —dice el Maestro—, ningún sentido
en absoluto».
9 Ten en cuenta lo siguiente: el Maestro fue considerado
sabio y le enseñó a la gente todo lo que sabía. Escuchó
con atención muchos proverbios, los estudió y los clasi-
ficó. 10 El Maestro se esmeró por encontrar las palabras
correctas para expresar las verdades con claridad.*
11 Las palabras de los sabios son como el aguijón para
el ganado: dolorosas pero necesarias. El conjunto de sus
dichos es como la vara con clavos que usa el pastor* para
guiar a sus ovejas.
12 Pero ahora, hijo mío, déjame darte un consejo más:
ten cuidado, porque escribir libros es algo que nunca ter-
mina y estudiar mucho te agota.
13 Aquí culmina el relato. Mi conclusión final es la si-
guiente: teme a Dios y obedece sus mandatos, porque ese
es el deber que tenemos todos. 14 Dios nos juzgará por
cada cosa que hagamos, incluso lo que hayamos hecho
en secreto, sea bueno o sea malo.

***Notas textuales** **11:1** O *Da con generosidad, / porque tus regalos, en algún momento, volverán a ti*. En hebreo dice *Arroja tu pan a las aguas, / porque, después de muchos días, volverás a encontrarlo*. **11:2** En hebreo *entre siete o incluso ocho.* **11:5** Algunos manuscritos dicen *Así como no puedes entender cómo un bebecito recibe aliento de vida en el vientre de su madre.* **11:9** En hebreo *Joven* (masculino). **12:10** O *El Maestro procuró escribir lo que era correcto y verdadero.* **12:11** O *un pastor.*

Referencias cruzadas **11:1** Is 32:20 **11:6** Ecl 9:10 **11:10** Mt 6:25-34; 2 Tm 2:22 **12:8** Ecl 1:1-2 **12:14** Mt 10:26

CANTARES

¿Por qué es importante?

Los judíos antiguos no dejaban a sus niños leer este libro hasta cierta edad porque tienen una historia muy intensa de amor entre un hombre y una mujer y cosas de papás. De todas maneras, es interesante saber que Dios consideró bueno incluir el romance en su inspiración de la Biblia porque el amor entre un hombre y una mujer es algo maravilloso que da comienzo a las familias. Dios está en cada sentimiento, en cada halago y en cada decisión que los jóvenes protagonistas de este libro toman y así debe ocurrir el día que a cada uno le toque enamorarse y tomar decisiones de pareja.

¿Por qué fue escrito?

Mientras Eclesiastés examina una visión intelectual de la vida de los seres humanos, Cantares presenta una hermosa perspectiva emotiva de un hombre y una mujer. El libro describe de manera poética el cortejo y el coqueteo, hasta la ceremonia matrimonial y la vida romántica de los esposos. Su propósito parece ser la celebración del amor romántico y puro entre un hombre y una mujer.

¿Quién lo escribió?

El libro tiene referencias de que fue escrito por Salomón y hay una teoría interesante que afirma que Salomón se hizo pasar por un plebeyo para conquistar a esta joven proveniente de las regiones al norte de Israel y que el libro describe su cortejo, su matrimonio y algunos conflictos de esa relación. Otra teoría afirma que la "Sulamita" (Cnt. 6:13) sería Abisag, la joven "sunamita" que sirvió al rey David en su vejez (1 Reyes 1:1-4). Todas ellas son propuestas interesantes, pero no pasan de ser teorías, ya que no hay forma de comprobarlas.

¿A quién lo escribió?

Como literatura de sabiduría, este libro no tiene una audiencia específica en mente. Esta escrito como una celebración universal del amor entre un hombre y una mujer.

¿Cuándo y dónde lo escribió?

Si Salomón escribió este libro durante su juventud, entonces la fecha más probable de su escritura sería entre los años 960-950 a.C., cuando comenzaba su reinado y aún no había caído en los gruesos errores que caracterizaron sus años posteriores.

Paso a paso

1. Cómo se cortejan los futuros esposos. Caps. 1-3
2. Así celebran la ceremonia de bodas los esposos. Caps. 4-5:1
3. La angustia de la separación de los esposos. Caps. 5:2-6:3
4. La descripción del fuerte amor de los esposos. Caps. 6:4-8:14

CANTARES

Cantar de los Cantares

1 Este es el Cantar de los Cantares de Salomón, la mejor de las canciones.

*La joven**

2 Bésame, una y otra vez,
porque tu amor es más dulce que el vino.
3 ¡Qué agradable es tu fragancia!
Tu nombre es como el aroma que se esparce de aceites perfumados.
¡Con razón todas las jóvenes te aman!
4 ¡Llévame contigo, ven, corramos!
El rey me ha traído a su alcoba.

Las jóvenes de Jerusalén

Cuánto nos alegramos por ti, oh rey;
elogiamos tu amor aún más que el vino.

La joven

Con razón te quieren las jóvenes.

5 Soy morena pero hermosa,
oh mujeres de Jerusalén,
morena como las carpas de Cedar,
morena como las cortinas de las carpas de Salomón.
6 No me miren así por ser morena;
el sol ha bronceado mi piel.
Mis hermanos se enojaron conmigo;
me obligaron a cuidar de sus viñedos,
por eso no pude cuidarme a mí misma, mi propio viñedo.

7 Dime, mi amor, ¿hacia dónde llevarás hoy tu rebaño?
¿Dónde harás descansar tus ovejas al mediodía?
¿Por qué tendría yo que vagar como una prostituta*
entre tus amigos y sus rebaños?

El joven

8 Oh, más hermosa mujer, si no lo sabes,
sigue las huellas de mi rebaño
y apacienta tus cabritos junto a las carpas de los pastores.
9 Amada mía, tú eres tan cautivante
como una yegua entre los sementales del faraón.
10 ¡Qué hermosas son tus mejillas!
¡Tus pendientes las encienden aún más!
¡Qué hermoso es tu cuello
realzado con un collar de joyas!
11 Te haremos unos pendientes de oro
con cuentas de plata.

La joven

12 El rey está descansando en su sofá,
encantado por la fragancia de mi perfume.
13 Mi amante es como una bolsita de mirra
que reposa entre mis pechos.
14 Es como un ramito de aromáticas flores de alheña
de los viñedos de En-gadi.

El joven

15 ¡Qué hermosa eres, amada mía,
qué hermosa!
Tus ojos son como palomas.

La joven

16 ¡Y tú eres tan apuesto, amor mío,
tan agradable que no puedo expresarlo!
La tierna hierba es nuestra cama;
17 las ramas fragantes de los cedros son los soportes de nuestra casa
y los abetos aromáticos, las vigas del techo.

La joven

2 Soy el azafrán de primavera que florece en la llanura de Sarón,*
el lirio del valle.

El joven

2 Como un lirio entre los cardos
es mi amada entre las jóvenes.

La joven

3 Como el manzano más selecto del huerto
es mi amante entre los jóvenes.
Me siento bajo su sombra placentera
y saboreo sus deliciosos frutos.
4 Él me escolta hasta la sala de banquetes;
es evidente lo mucho que me ama.
5 Fortalézcanme con pasteles de pasas,
refrésquenme con manzanas,
porque desfallezco de amor.
6 Su brazo izquierdo está debajo de mi cabeza,
y su brazo derecho me abraza.

7 Prométanme, oh mujeres de Jerusalén,
por las gacelas y los ciervos salvajes,

***Notas textuales** **1:1** Los encabezados que identifican a los personajes no aparecen en el texto original; sin embargo, el hebreo, a menudo, permite deducirlos por medio del género de quien habla. **1:7** En hebreo *como una mujer con velo.* **2:1** Tradicionalmente se traduce *Soy la rosa de Sarón.* La llanura de Sarón es una región en la llanura costera de Palestina.

Referencias cruzadas **1:1** 1 Re 4:32 **1:9** 2 Cr 1:16-17 **1:17** 1 Re 6:9-10 **2:1** Os 14:5

que no despertarán al amor hasta que llegue el
momento apropiado.*

8 ¡Ay, oigo que viene mi amado!
Viene saltando por las montañas,
brincando por las colinas.
9 Mi amante es como una gacela veloz
o un venado joven.
¡Miren! Allí está, detrás del muro,
asomándose por la ventana,
mirando dentro de la habitación.

10 Mi amante me dijo:
«¡Levántate, amada mía!
¡Ven conmigo, mi bella mujer!
11 Mira, el invierno se acabó
y las lluvias ya pasaron.
12 Las flores están brotando;
ha llegado la temporada de los pájaros cantores,*
y el arrullo de las tórtolas llena el aire.
13 Las higueras comienzan a formar su fruto,
y las vides fragantes están en flor.
¡Levántate, amada mía!
¡Ven conmigo, mi bella mujer!».

El joven
14 Mi paloma se esconde detrás de las rocas,
detrás de un peñasco en el precipicio.
Déjame ver tu cara;
déjame oír tu voz.
Pues tu voz es agradable,
y tu cara es hermosa.

Las jóvenes de Jerusalén
15 Atrapen todos los zorros,
esos zorros pequeños,
antes de que arruinen el viñedo del amor,
¡porque las vides están en flor!

La joven
16 Mi amado es mío, y yo soy suya.
Él apacienta entre los lirios.
17 Antes de que soplen las brisas del amanecer
y huyan las sombras de la noche,
regresa a mí, amor mío, como una gacela
o un venado joven sobre montes empinados.*

La joven
3 Una noche, mientras estaba en mi cama, suspiré
por mi amado;
suspiraba por él, pero él no venía.
2 Así que me dije: «Me levantaré y recorreré la ciudad,
y buscaré por todas las calles y las plazas.
Buscaré a mi amado».
Entonces busqué por todas partes pero no lo
encontré.
3 Los guardias me detuvieron mientras hacían sus
rondas,
y yo les pregunté: «¿Han visto ustedes al hombre
que amo?».
4 Y apenas me alejé de ellos,
¡encontré a mi amado!
Lo tomé y lo abracé con fuerza,
y lo llevé a la casa de mi madre,
a la cama de mi madre, donde fui concebida.

5 Prométanme, oh mujeres de Jerusalén,
por las gacelas y los ciervos salvajes,
que no despertarán al amor hasta que llegue el
momento apropiado.*

Las jóvenes de Jerusalén
6 ¿Quién es ese que viene majestuosamente desde el
desierto
como una nube de humo?
¿Quién es el que viene perfumado con mirra e
incienso
y todo tipo de especias?
7 Miren, es el carruaje de Salomón,
rodeado de sesenta héroes,
los mejores soldados de Israel.
8 Son espadachines hábiles,
guerreros con experiencia.
Cada uno lleva una espada al costado;
están listos para defender al rey contra un ataque
nocturno.
9 El carruaje del rey Salomón está hecho
con madera importada del Líbano.
10 Sus postes son de plata,
su techo de oro,
sus cojines de púrpura.
El carruaje fue decorado con amor
por las jóvenes de Jerusalén.

La joven
11 Salgan a ver al rey Salomón,
mujeres jóvenes de Jerusalén.*
Lleva puesta la corona que su madre le regaló el día
de su boda,
el día más feliz de su vida.

El joven
4 Eres hermosa, amada mía;
tan hermosa que no puedo expresarlo.
Tus ojos son como palomas
detrás del velo.
Tu cabello cae en ondas,
como un rebaño de cabras que serpentea por las
laderas de Galaad.
2 Tus dientes son blancos como ovejas
recién esquiladas y bañadas.
Tu sonrisa es perfecta;
cada diente hace juego con su par.*
3 Tus labios son como una cinta escarlata;
tu boca me cautiva.
Tus mejillas son como granadas color rosa
detrás de tu velo.
4 Tu cuello es tan hermoso como la torre de David,
adornado con los escudos de mil héroes.
5 Tus pechos son como dos cervatillos,
los mellizos de una gacela que pastan entre los
lirios.
6 Antes de que soplen las brisas del amanecer

***Notas textuales** **2:7** O *que no despertarán al amor hasta que esté listo.* **2:12** O *la temporada para podar las vides.* **2:17** O *sobre las colinas de Beter.* **3:5** O *que no despertarán al amor hasta que esté listo.* **3:11** En hebreo *de Sion.* **4:2** En hebreo *No falta ninguno; cada uno tiene su par*

Referencias cruzadas **2:17** Ct 2:8-9 **3:11** Is 62:5

y huyan las sombras de la noche,
correré a la montaña de mirra
y al cerro del incienso.
7 Toda tú eres hermosa, amada mía,
bella en todo sentido.

8 Ven conmigo desde el Líbano, esposa mía;
ven conmigo desde el Líbano.
Desciende del* monte Amana,
de las cumbres del Senir y del Hermón,
donde los leones tienen sus guaridas
y los leopardos viven entre las colinas.

9 Has cautivado mi corazón,
tesoro mío,* esposa mía.
Lo tienes como rehén con una sola mirada de tus ojos,
con una sola joya de tu collar.
10 Tu amor me deleita,
tesoro mío, esposa mía.
Tu amor es mejor que el vino,
tu perfume, más fragante que las especias.
11 Tus labios son dulces como el néctar, esposa mía.
Debajo de tu lengua hay leche y miel.
Tus vestidos están perfumados
como los cedros del Líbano.

12 Tú eres mi jardín privado, tesoro mío, esposa mía,
un manantial apartado, una fuente escondida.
13 Tus muslos* resguardan un paraíso de granadas
con especias exóticas:
alheña con nardo,
14 nardo con azafrán,
cálamo aromático y canela,
con toda clase de árboles de incienso, mirra y áloes,
y todas las demás especias deliciosas.
15 Tú eres una fuente en el jardín,
un manantial de agua fresca
que fluye de las montañas del Líbano.

La joven

16 ¡Despierta, viento del norte!
¡Levántate, viento del sur!
Soplen en mi jardín
y esparzan su fragancia por todas partes.
Ven a tu jardín, amado mío;
saborea sus mejores frutos.

El joven

5 ¡He entrado en mi jardín, tesoro mío,* esposa mía!
Recojo mirra entre mis especias,
y disfruto del panal con mi miel
y bebo vino con mi leche.

Las jóvenes de Jerusalén

Oh amante y amada: ¡coman y beban!
¡Sí, beban su amor hasta saciarse!

La joven

2 Yo dormía, pero mi corazón estaba atento,
cuando oí que mi amante tocaba a la puerta y llamaba:
«Ábreme, tesoro mío, amada mía,
mi paloma, mi mujer perfecta.
Mi cabeza está empapada de rocío,
mi cabello, con la humedad de la noche».

3 Pero yo le respondí:
«Me he quitado el vestido,
¿por qué debería vestirme otra vez?
He lavado mis pies,
¿por qué debería ensuciarlos?».

4 Mi amante trató de abrir el cerrojo de la puerta,
y mi corazón se estremeció dentro de mí.
5 Salté para abrirle la puerta a mi amor,
y mis manos destilaron perfume.
Mis dedos goteaban preciosa mirra
mientras yo corría el pasador.
6 Le abrí a mi amado,
¡pero él ya se había ido!
Se me desplomó el corazón.
Lo busqué
pero no pude encontrarlo.
Lo llamé
pero no tuve respuesta.
7 Los guardias nocturnos me encontraron
mientras hacían sus rondas.
Me golpearon y me lastimaron
y me arrancaron el velo,
aquellos guardias del muro.

8 Oh mujeres de Jerusalén, prométanme:
si encuentran a mi amante,
díganle que desfallezco de amor.

Las jóvenes de Jerusalén

9 ¿Por qué es tu amante mejor que todos los demás,
oh mujer de singular belleza?
¿Qué hace que tu amante sea tan especial
para que te hagamos esa promesa?

La joven

10 Mi amado es trigueño y deslumbrante,
¡el mejor entre diez mil!
11 Su cabeza es del oro más fino;
su cabello ondulado es negro como el cuervo.
12 Sus ojos brillan como palomas
junto a manantiales de agua,
montados como joyas
lavadas en leche.
13 Sus mejillas son como jardines de especias
que esparcen aromas.
Sus labios son como lirios,
perfumados con mirra.
14 Sus brazos son como barras de oro torneadas,
adornados con berilo.
Su cuerpo es como marfil reluciente;
resplandece de lapislázuli.
15 Sus piernas son como columnas de mármol
colocadas sobre bases de oro puro.
Su porte es majestuoso,
como los nobles cedros del Líbano.

***Notas textuales.** **4:8** O *Mira hacia abajo desde el.* **4:9** En hebreo *hermana mía*; también en 4:10, 12. **4:13** En hebreo *renuevos*. **5:1** En hebreo *hermana mía*; también en 5:2.

Referencias cruzadas **4:6** Ct 2:17 **4:8** 1 Cr 5:23 **4:15** Jn 7:38 **5:1** Is 55:1 **5:8** Ct 3:5

16 Su boca es la dulzura misma;
él es deseable en todo sentido.
Así es mi amante, mi amigo,
oh mujeres de Jerusalén.

Las jóvenes de Jerusalén

6 ¿Adónde se ha ido tu amante,
oh mujer de singular belleza?
Dinos por cuál camino se fue
para ayudarte a encontrarlo.

La joven

2 Mi amante ha bajado a su jardín,
a sus lechos de especias,
para pasear por los jardines
y juntar los lirios.
3 Yo soy de mi amante, y mi amante es mío.
Él apacienta entre los lirios.

El joven

4 Eres hermosa, amada mía,
como la bella ciudad de Tirsa.
Sí, eres tan hermosa como Jerusalén,
tan majestuosa como un ejército con sus
estandartes desplegados al viento.
5 Aparta de mí tus ojos,
porque me dominan.
Tu cabello cae en ondas,
como un rebaño de cabras que serpentea por las
laderas de Galaad.
6 Tus dientes son blancos como ovejas
recién bañadas.
Tu sonrisa es perfecta;
cada diente hace juego con su par.*
7 Tus mejillas son como granadas de color rosado
detrás de tu velo.

8 Aun entre sesenta reinas
y ochenta concubinas
e incontables doncellas,
9 yo todavía elegiría a mi paloma, a mi mujer perfecta,
la favorita de su madre,
muy amada por quien la dio a luz.
Las jóvenes la ven y la alaban;
hasta las reinas y las concubinas del palacio le
entonan alabanzas:
10 «¿Quién es esa, que se levanta como la aurora,
tan hermosa como la luna,
tan resplandeciente como el sol,
tan majestuosa como un ejército con sus
estandartes desplegados al viento?».

La joven

11 Bajé a la arboleda de nogales
y salí al valle para ver los nuevos brotes
primaverales,
para ver si habían brotado las vides
o si las granadas ya estaban florecidas.
12 Antes de darme cuenta,
mis fuertes deseos me habían llevado a la carroza
de un hombre noble.*

Las jóvenes de Jerusalén

13*Vuelve, vuelve a nosotras, oh doncella de Sulam.
Regresa, regresa, para que te veamos otra vez.

El joven

¿Por qué miran así a esta jovencita de Sulam
mientras se mueve con tanta gracia entre dos filas
de bailarines?*

7 1*¡Qué hermosos son tus pies con sandalias,
oh doncella y princesa!
Las curvas de tus muslos son como joyas,
la obra de un habilidoso artesano.
2 Tu ombligo tiene la forma perfecta,
como una copa llena de vino mezclado.
Entre tus muslos hay un manojo de trigo,
rodeado de lirios.
3 Tus pechos son como dos cervatillos,
mellizos de una gacela.
4 Tu cuello es tan hermoso como una torre de marfil.
Tus ojos son como los manantiales cristalinos de
Hesbón,
junto a la puerta de Bat-rabim.
Tu nariz es tan fina como la torre del Líbano
con vista a Damasco.
5 Tu cabeza es tan majestuosa como el monte
Carmelo,
y el brillo de tus cabellos irradia realeza.
El rey quedó cautivado con tus rizos.
6 ¡Qué hermosa eres!
¡Qué encantadora, mi amor, qué llena de delicias!
7 Eres esbelta como una palmera
y tus pechos son como los racimos de su fruto.
8 Dije: «Treparé a la palmera
y tomaré su fruto».
Que tus pechos sean como racimos de uvas
y tu aliento, como la fragancia de manzanas.
9 Que tus besos sean tan apasionantes como el mejor
de los vinos...

La joven

Sí, vino que le desciende suavemente a mi amante,
que fluye delicadamente sobre los labios y los
dientes.*
10 Yo soy de mi amante,
y él me declara como suya.
11 Ven, amor mío, salgamos a las praderas
y pasemos la noche entre las flores silvestres.*
12 Levantémonos temprano y vayamos a los viñedos
para ver si brotaron las vides,
si ya abrieron las flores,
y si las granadas están en flor.
Allí te daré mi amor.
13 Allí las mandrágoras dan su aroma,
y los mejores frutos están a nuestra puerta,
deleites nuevos y antiguos,
que he guardado para ti, amado mío.

***Notas textuales** **6:6** En hebreo *No falta ninguno; cada uno tiene su par.* **6:12** O *a las carrozas reales de mi pueblo*, o *a las carrozas de Aminadab*. El significado del hebreo es incierto. **6:13a** El versículo 6:13 corresponde al 7:1 en el texto hebreo. **6:13b** O *Sulam, / como harían ante el movimiento de dos ejércitos?* o *Sulam, / como harían ante el baile de Mahanaim?* El significado del hebreo es incierto. **7:1** Los versículos del 7:1-13 corresponden al 7:2-14 en el texto hebreo. **7:9** Así aparece en la versión griega, en la siríaca y en la Vulgata Latina; en hebreo dice *sobre los labios de los que duermen.* **7:11** O *en las aldeas.*

Referencias cruzadas **5:16** Ct 7:9 **6:3** Ct 7:10 **6:9** Ct 5:2 **7:9** Ct 5:16 **7:13** Ct 4:16

La joven

8 ¡Cómo quisiera que fueras mi hermano,
el que mamó de los pechos de mi madre!
Así podría besarte sin pensar en quién nos mira,
y nadie me criticaría.
2 Te llevaría al hogar de mi infancia,
y allí tú me enseñarías.*
Te daría a beber vino con especias,
mi dulce vino de granada.
3 Tu brazo izquierdo estaría bajo mi cabeza
y tu brazo derecho me abrazaría.

4 Prométanme, oh mujeres de Jerusalén,
que no despertarán al amor hasta que llegue el momento apropiado.*

Las jóvenes de Jerusalén

5 ¿Quién es esa que viene majestuosamente desde el desierto
recostada sobre su amante?

La joven

Desperté tus deseos bajo el manzano,
donde tu madre te dio a luz,
donde con tanto dolor te trajo al mundo.
6 Ponme como un sello sobre tu corazón,
como un sello sobre tu brazo.
Pues el amor es tan fuerte como la muerte,
y sus celos, tan duraderos* como la tumba.*
El amor destella como el fuego
con la llama más intensa.
7 Las muchas aguas no pueden apagar el amor,
ni los ríos pueden ahogarlo.
Si un hombre tratara de comprar amor
con toda su fortuna,
su oferta sería totalmente rechazada.

Los hermanos de la joven

8 Tenemos una hermanita
demasiado joven para tener pechos.
¿Qué haremos con nuestra hermana
si alguien pide casarse con ella?
9 Si es virgen como un muro,
la protegeremos con una torre de plata;
pero si es promiscua como una puerta que gira,
le trabaremos la puerta con una barra de cedro.

La joven

10 Yo era virgen como un muro,
ahora mis pechos son como torres.
Cuando mi amante me mira
se deleita con lo que ve.

11 Salomón tiene un viñedo en Baal-hamón
y lo renta a arrendatarios.
Cada uno de ellos paga mil monedas de plata
por cosechar la fruta.
12 Sin embargo, yo soy la dueña de mi viñedo y yo decido a quién dárselo,
y Salomón no tiene que pagar mil monedas de plata;
pero yo daré doscientas monedas
a quienes cuiden de sus vides.

El joven

13 Amada mía, tú que te entretienes en los jardines,
tus compañeros tienen la dicha de oír tu voz.
¡Déjame oírla también!

La joven

14 ¡Ven conmigo, mi amor! Sé como una gacela,
o como un venado joven sobre los montes de especias.

***Notas textuales 8:2** O *allí ella me enseñará.* **8:4** O *que no despertarán al amor hasta que esté listo.* **8:6a** O *y su pasión, tan duradera.* **8:6b** En hebreo *como el Seol.*

Referencias cruzadas 8:4 Ct 3:5 **8:12** Is 7:23 **8:14** Ct 4:6

ISAÍAS

¿Por qué es importante?

El profeta Isaías habló mucho acerca de Jesús... pero ¡mucho antes de que Jesús naciera! Algunos han llamado a este libro "la Biblia en miniatura", ya que los primeros 39 capítulos se enfocan en el juicio y el castigo del pueblo de Dios como los 39 libros del Antiguo Testamento, mientras los otros 27 están centrados en el perdón y el amor como los 27 libros del Nuevo Testamento. Isaías habla de grandes temas acerca de Dios y sobre todo anticipa que va a venir un mesías que sufriría por amor a otros.

¿Por qué fue escrito?

Asiria acechaba la seguridad tanto de Israel como de Judá. La tentación era la formación de alianzas militares con potencias vecinas para librarse de la amenaza asiria. Dios comisiona a Isaías para hacer un llamado a ambos reinos para que se arrepintieran de su pecado de incredulidad y que confiaran solamente en Él para su salvación. En el proceso, profetiza acerca de diversos juicios y además de una esperanza extraordinaria en la persona del Mesías.

¿Quién lo escribió?

El libro se presenta como la profecía de Isaías, hijo de Amoz. Este profeta vivió durante los reinados de Uzías, Jotán, Acaz y Ezequías en Judá. Según la tradición, era primo del rey Uzías, dato que no se puede confirmar. Isaías era casado y tenía dos hijos: Sear Yasub (Is. 7:3) y Maher Salal Jasbaz (Is. 8:3).

¿A quién lo escribió?

Los lectores originales fueron los habitantes de Judá después de la caída de Samaria y el reino del norte en manos de los asirios. El largo ministerio de Isaías sirvió para advertir a los judíos sobre sus malos caminos, pero también para anunciar las grandes bendiciones de la restauración que Dios traería a la tierra.

¿Cuándo y dónde lo escribió?

Lo más probable es que Isaías fue escrito poco tiempo antes de la muerte del profeta. Quizá la fecha más probable sea el año 680 a.C., durante los primeros años del reinado de Manasés. El libro cubre los casi sesenta años de largo ministerio de Isaías, durante los cuales fue testigo de muchos eventos buenos y malos para su pueblo.

Paso a paso

1. Juicio para el pueblo infiel del Señor y las naciones vecinas. Caps. 1-39.
2. Consuelo para el pueblo por medio del siervo fiel del Señor, y también para las naciones vecinas. Caps. 40-66.
3. Tema especial: las profecías mesiánicas de Isaías.

Isaías

1 Estas son las visiones que tuvo Isaías, hijo de Amoz,
acerca de Judá y Jerusalén durante los años en que
Uzías, Jotam, Acaz y Ezequías eran reyes de Judá.*

Mensaje para el rebelde pueblo de Judá

2 ¡Escuchen, oh cielos! ¡Presta atención, oh tierra!
Esto dice el SEÑOR:
«Los hijos que crie y cuidé
se han rebelado contra mí.
3 Hasta un buey conoce a su dueño,
y un burro reconoce los cuidados de su amo,
pero Israel no conoce a su amo.
Mi pueblo no reconoce mis cuidados a su favor».
4 ¡Qué nación tan pecadora,
pueblo cargado con el peso de su culpa!
Está lleno de gente malvada,
hijos corruptos que han rechazado al SEÑOR.
Han despreciado al Santo de Israel
y le han dado la espalda.

5 ¿Por qué buscar más castigo?
¿Se rebelarán para siempre?
Tienen la cabeza herida
y el corazón angustiado.
6 Desde los pies hasta la cabeza, están llenos de golpes,
cubiertos de moretones, contusiones y heridas infectadas,
sin vendajes ni ungüentos que los alivien.
7 Su país yace en ruinas,
y sus ciudades han sido incendiadas.
Los extranjeros saquean sus campos frente a sus propios ojos
y destruyen todo lo que ven a su paso.
8 La hermosa Jerusalén* está abandonada
como el refugio del cuidador en un viñedo,
como la choza en un campo de pepinos después de la cosecha,
como una ciudad indefensa y sitiada.
9 Si el SEÑOR de los Ejércitos Celestiales
no hubiera perdonado la vida a unos cuantos entre nosotros,*
habríamos sido exterminados como Sodoma
y destruidos como Gomorra.

10 Escuchen al SEÑOR, líderes de «Sodoma».
Escuchen la ley de nuestro Dios, pueblo de «Gomorra».
11 «¿Qué les hace pensar que yo deseo sus sacrificios?
—dice el SEÑOR—.
Estoy harto de sus ofrendas quemadas de carneros
y de la grasa del ganado engordado.
No me agrada la sangre
de los toros ni de los corderos ni de las cabras.
12 Cuando vienen a adorarme,
¿quién les pidió que desfilaran por mis atrios con toda esa ceremonia?
13 Dejen de traerme sus regalos sin sentido.
¡El incienso de sus ofrendas me da asco!
En cuanto a sus celebraciones de luna nueva, del día de descanso
y de sus días especiales de ayuno,
todos son pecaminosos y falsos.
¡No quiero más de sus piadosas reuniones!
14 Odio sus celebraciones de luna nueva y sus festivales anuales;
son una carga para mí. ¡No los soporto!
15 Cuando levanten las manos para orar, no miraré;
aunque hagan muchas oraciones, no escucharé,
porque tienen las manos cubiertas con la sangre de víctimas inocentes.
16 ¡Lávense y queden limpios!
Quiten sus pecados de mi vista.
Abandonen sus caminos malvados.
17 Aprendan a hacer el bien.
Busquen la justicia
y ayuden a los oprimidos.
Defiendan la causa de los huérfanos
y luchen por los derechos de las viudas.

18 »Vengan ahora. Vamos a resolver este asunto
—dice el SEÑOR—.
Aunque sus pecados sean como la escarlata,
yo los haré tan blancos como la nieve.
Aunque sean rojos como el carmesí,
yo los haré tan blancos como la lana.
19 Si tan solo me obedecen,
tendrán comida en abundancia.
20 Pero si se apartan y se niegan a escuchar,
la espada de sus enemigos los devorará.
¡Yo, el SEÑOR, he hablado!».

Jerusalén, la infiel

21 Miren cómo Jerusalén, que antes era tan fiel,
se ha convertido en una prostituta.
Antes era el centro de la justicia y la rectitud,
pero ahora está repleta de asesinos.
22 Antes eras como la plata pura,
ahora te has vuelto como escoria sin valor.
Antes eras pura,

***Notas textuales** **1:1** Estos reyes gobernaron entre los años 792 y 686 a. C. **1:8** En hebreo *La hija de Sion*. **1:9** La versión griega dice *a unos cuantos de nuestros hijos*. Comparar Rm 9:29.

Referencias cruzadas **1:1** 2 Re 18:1 **1:4** Is 5:24 **1:9** Rm 9:29 **1:11** Ml 1:10 **1:21** Jr 2:20

ahora eres como el vino diluido en agua.
23 Tus líderes son rebeldes,
compañeros de ladrones.
A todos ellos les encantan los sobornos
y exigen que se los den,
pero se niegan a defender la causa de los huérfanos
y a luchar por los derechos de las viudas.

24 Por lo tanto, el Señor, el SEÑOR de los Ejércitos Celestiales,
el Poderoso de Israel, dice:
«¡Me vengaré de mis enemigos
y a mis adversarios les daré su merecido!
25 Levantaré el puño en tu contra;
te derretiré para sacarte la escoria
y te quitaré todas tus impurezas.
26 Otra vez te daré buenos jueces,
y consejeros sabios como los que antes tenías.
Entonces Jerusalén volverá a ser llamada Centro de Justicia
y Ciudad Fiel».
27 Sion será restaurada por medio de la justicia;
los que se arrepientan serán revividos por la rectitud.
28 Pero los rebeldes y los pecadores serán destruidos por completo,
y los que abandonen al SEÑOR serán consumidos.
29 Sentirás vergüenza de haber rendido culto a los ídolos
en los bosques de los robles sagrados.
Te sonrojarás por haber adorado
en los jardines consagrados a los ídolos.
30 Serás como un gran árbol con las hojas marchitas,
como un jardín sin agua.
31 Los más fuertes de ustedes desaparecerán como la paja;
sus malas acciones serán la chispa que la encienda.
Ellos y sus malas acciones se quemarán juntos,
y nadie podrá apagar el fuego.

El reinado futuro del SEÑOR

2 Esta es una visión que tuvo Isaías, hijo de Amoz, acerca de Judá y de Jerusalén:

2 En los últimos días, el monte de la casa del SEÑOR
será el más alto de todos,
el lugar más importante de la tierra.
Se levantará por encima de las demás colinas,
y gente del mundo entero vendrá allí para adorar.
3 Vendrá gente de muchas naciones y dirán:
«Vengan, subamos al monte del SEÑOR,
a la casa del Dios de Jacob.
Allí él nos enseñará sus caminos,
y andaremos en sus sendas».
Pues de Sion saldrá la enseñanza del SEÑOR;
de Jerusalén saldrá su palabra.
4 El SEÑOR mediará entre las naciones
y resolverá los conflictos internacionales.
Ellos forjarán sus espadas en rejas de arado
y sus lanzas en herramientas para podar.
No peleará más nación contra nación,
ni seguirán entrenándose para la guerra.

Advertencia de juicio

5 Vengan, descendientes de Jacob,
caminemos a la luz del SEÑOR.
6 Pues el SEÑOR ha rechazado a su pueblo,
a los descendientes de Jacob,
porque han llenado la tierra con prácticas del oriente
y con hechiceros, igual que los filisteos.
Han formado alianzas con paganos.
7 Israel está lleno de plata y de oro;
sus tesoros no tienen fin.
Su tierra está llena de caballos de guerra
y tampoco tienen fin sus carros de guerra.
8 La tierra está llena de ídolos.
El pueblo rinde culto a cosas que hizo
con sus propias manos.
9 Por eso ahora serán humillados,
y todos serán rebajados;
no los perdones.
10 Escabúllanse en cuevas en medio de las rocas.
En el polvo, escóndanse
del terror del SEÑOR
y de la gloria de su majestad.
11 El orgullo humano será rebajado,
y la arrogancia humana será humillada.
Solo el SEÑOR será exaltado
en aquel día de juicio.

12 Pues el SEÑOR de los Ejércitos Celestiales
tiene asignado un día de juicio.
Él castigará al orgulloso y al poderoso
y derribará todo lo que esté enaltecido.
13 Cortará los altos cedros del Líbano
y todos los poderosos robles de Basán.
14 Aplanará las altas montañas
y todas las colinas elevadas.
15 Derribará cada torre alta
y cada muro fortificado.
16 Destruirá todos los grandes barcos mercantes*
y todas las naves magníficas.
17 El orgullo humano será humillado,
y la arrogancia humana será rebajada.
Solo el SEÑOR será enaltecido
en aquel día de juicio.

18 Los ídolos desaparecerán por completo.
19 Cuando el SEÑOR se levante para sacudir la tierra,
sus enemigos se escabullirán en hoyos en el suelo.
En cuevas en las rocas se esconderán
del terror del SEÑOR
y de la gloria de su majestad.
20 En aquel día de juicio abandonarán los ídolos de oro y de plata
que se hicieron para rendirles culto.
Abandonarán sus dioses y los dejarán a los roedores
y a los murciélagos,
21 mientras ellos se escabullen en cuevas
y se esconden en los acantilados entre los peñascos.
Tratarán de escapar del terror del SEÑOR

***Notas textuales** **2:16** En hebreo *todos los barcos de Tarsis.*

Referencias cruzadas **1:25** Ez 22:19-22 **1:31** Mt 3:12 **2:2-4** Mi 4:1-3 **2:10** 2 Ts 1:9

y de la gloria de su majestad,
cuando él se levante para sacudir la tierra.
22 No pongan su confianza en los simples humanos;
son tan frágiles como el aliento.
¿Qué valor tienen?

Juicio contra Judá

3 El Señor, el SEÑOR de los Ejércitos Celestiales,
les quitará a Jerusalén y a Judá
todo aquello en lo que confían:
hasta el último pedazo de pan
y la última gota de agua;
2 todos sus héroes y soldados;
jueces y profetas;
adivinos y ancianos;
3 oficiales militares y altos funcionarios;
consejeros, hábiles hechiceros y astrólogos.

4 Haré que sus líderes sean muchachos,
y que niños pequeños sean sus gobernantes.
5 Se oprimirán unos a otros:
hombre contra hombre
y vecino contra vecino.
Los jóvenes insultarán a sus mayores,
y la gente vulgar mirará con desdén a la gente honorable.

6 En esos días, un hombre le dirá a su hermano:
«Como tú tienes abrigo, ¡sé nuestro líder!
¡Hazte cargo de este montón de ruinas!».
7 Pero él responderá:
«¡No! No puedo ayudarlos.
No tengo comida ni ropa que me sobre;
¡no me pongan al mando!».

8 Pues Jerusalén tropezará,
y Judá caerá,
porque hablan contra el SEÑOR y se niegan a obedecerlo.
Lo provocan descaradamente.
9 El aspecto mismo de su rostro los delata.
Exhiben su pecado como la gente de Sodoma
y ni siquiera tratan de esconderlo.
¡Están condenados!
Han traído destrucción sobre ellos mismos.

10 Díganles a los justos que a ellos les irá bien en todo.
¡Disfrutarán de la rica recompensa que se han ganado!
11 En cambio, los malvados están condenados,
porque recibirán exactamente lo que se merecen.

12 Líderes inmaduros oprimen a mi pueblo,
y las mujeres lo gobiernan.
Oh pueblo mío, tus líderes te engañan;
te llevan por el camino equivocado.

13 El SEÑOR ocupa su lugar en el tribunal,
y presenta su caso contra su pueblo.*
14 El SEÑOR se presenta para pronunciar juicio
sobre los ancianos y los gobernantes de su pueblo:
«Ustedes han destruido a Israel, mi viñedo.
Sus casas están llenas de cosas robadas a los pobres.
15 ¿Cómo se atreven a aplastar a mi pueblo,
al restregar la cara de los pobres contra el polvo?»,
reclama el Señor, el SEÑOR de los Ejércitos Celestiales.

Advertencia a Jerusalén

16 El SEÑOR dice: «La hermosa Sion* es altanera:
estira su elegante cuello,
coquetea con los ojos
y camina con pasos delicados
haciendo sonar los brazaletes de sus tobillos.
17 Por eso el Señor le mandará costras a su cabeza.
El SEÑOR dejará calva a la hermosa Sion».

18 En aquel día de juicio
el Señor la despojará de todo lo que la embellece:
adornos, diademas, collares con forma de luna creciente,
19 aretes, pulseras, velos,
20 pañuelos, brazaletes para el tobillo, fajas,
perfumes, dijes,
21 anillos, joyas,
22 vestidos de fiesta, túnicas, mantos, bolsos,
23 espejos, ropas de lino de alta calidad,
adornos para la cabeza y mantillas.

24 En lugar de oler a dulce perfume, apestará.
Usará una soga como faja
y su elegante cabello se le caerá.
Usará tela áspera en lugar de vestidos costosos,
y la vergüenza reemplazará su belleza.*
25 Los hombres de la ciudad morirán a espada,
y sus guerreros morirán en batalla.
26 Las puertas de Sion llorarán y se lamentarán.
La ciudad será como una mujer violada,
acurrucada en el suelo.

4 En aquel día quedarán tan pocos hombres que siete
mujeres pelearán por uno solo y le dirán: «¡Deja que
todas nos casemos contigo! Nos ocuparemos de nuestra
propia comida y ropa. Solo déjanos tomar tu apellido,
para que no se burlen de nosotras diciendo que somos
solteronas».

Una promesa de restauración

2 Pero en aquel día, el retoño* del SEÑOR
será hermoso y glorioso.
El fruto de la tierra será el orgullo y la gloria
de todos los sobrevivientes de Israel.
3 Los que queden en Sion
serán un pueblo santo,
los que sobrevivan la destrucción de Jerusalén
y estén registrados entre los vivientes.
4 El Señor lavará la inmundicia de la hermosa Sion*
y limpiará a Jerusalén de sus manchas de sangre
con el aliento abrasador de su ardiente juicio.

***Notas textuales** **3:13** Así aparece en la versión griega y en la siríaca; en hebreo dice *contra los pueblos*. **3:16** O *Las mujeres de Sion* (con los cambios correspondientes al plural hasta el versículo 24); en hebreo dice *Las hijas de Sion*; también en 3:17. **3:24** Así aparece en los Rollos del mar Muerto; el texto masorético dice *vestidos costosos, / porque en lugar de belleza*. **4:2** O *el Retoño*. **4:4** O *de las mujeres de Sion*; en hebreo dice *de las hijas de Sion*.

Referencias cruzadas **2:22** St 4:14 **3:5** Mi 7:3-6 **3:8** Is 65:3, 5 **3:14** St 2:6 **3:25** Is 65:12 **4:3** Lc 10:20

5 Entonces el SEÑOR proveerá sombra para el monte Sion
y para todos los que se reúnan allí;
les dará una cubierta de nubes durante el día
y por la noche, humo y ardiente fuego,
que cubrirá la tierra gloriosa.
6 Será un refugio del calor del día
y un albergue contra las tormentas y la lluvia.

Un canto acerca de la viña del SEÑOR

5 Ahora cantaré para aquel a quien amo
un canto acerca de su viña.
Mi amado tenía una viña
en una colina rica y fértil.
2 Aró la tierra, le quitó las piedras
y sembró en ella las mejores vides.
En medio de su viña construyó una torre de vigilancia
y talló un lagar en las rocas cercanas.
Luego esperó una cosecha de uvas dulces,
pero las uvas que crecieron eran amargas.
3 Ahora ustedes, pueblo de Jerusalén y de Judá,
juzguen entre mi viña y yo.
4 ¿Qué más podría hacer por mi viña,
que no haya hecho ya?
¿Por qué, cuando esperaba uvas dulces,
mi viña me dio uvas amargas?
5 Déjenme decirles ahora
lo que haré con mi viña:
echaré abajo sus cercos
y dejaré que se destruya.
Derrumbaré sus muros
y dejaré que los animales la pisoteen.
6 La convertiré en un lugar silvestre
donde no se podan las vides ni se remueve la tierra,
un lugar cubierto de cardos y espinos.
Ordenaré a las nubes
que no dejen caer la lluvia sobre ella.
7 La nación de Israel es la viña del SEÑOR de los Ejércitos Celestiales.
El pueblo de Judá es su agradable huerto.
Él esperaba una cosecha de justicia,
pero, en cambio, encontró opresión.
Esperaba encontrar rectitud,
pero, en cambio, oyó gritos de violencia.

Culpa de Judá y su juicio

8 ¡Qué aflicción para ustedes que se apropian de una casa tras otra y de un campo tras otro
hasta que todos queden desalojados y ustedes vivan solos en la tierra!
9 Pero yo he oído al SEÑOR de los Ejércitos Celestiales hacer un juramento solemne:
«Muchas casas quedarán abandonadas;
hasta mansiones hermosas estarán vacías.
10 Cuatro hectáreas* de viñedo no producirán ni veintiún litros* de vino
y diez canastas de semilla solo darán una canasta* de grano».

11 Qué aflicción para los que se levantan temprano por la mañana
en busca de un trago de alcohol,
y pasan largas noches bebiendo vino
hasta tener una fuerte borrachera.
12 Proveen vino y música hermosa para sus grandes fiestas
—lira y arpa, pandereta y flauta—
pero nunca piensan en el SEÑOR
ni se dan cuenta de lo que él hace.

13 Por lo tanto, mi pueblo irá al destierro muy lejos
porque no me conoce.
La gente importante y los que reciben honra se morirán de hambre,
y la gente común morirá de sed.
14 La tumba* se relame de expectativa
y abre bien grande la boca.
Los importantes y los humildes,
y la turba de borrachos, todos serán devorados.
15 La humanidad será destruida y la gente derribada;
hasta los arrogantes bajarán la mirada con humildad.
16 Pero el SEÑOR de los Ejércitos Celestiales será exaltado por su justicia;
la santidad de Dios se demostrará por su rectitud.
17 En aquel día, los corderos encontrarán buenos pastos,
y entre las ruinas apacentarán las ovejas engordadas y los cabritos.*

18 ¡Qué aflicción para los que arrastran sus pecados
con sogas hechas de mentiras,
que arrastran detrás de sí la maldad como si fuera una carreta!
19 Hasta se burlan de Dios diciendo:
«¡Apresúrate, haz algo!
Queremos ver lo que puedes hacer.
Que el Santo de Israel lleve a cabo su plan,
porque queremos saber qué es».

20 ¡Qué aflicción para los que dicen
que lo malo es bueno y lo bueno es malo,
que la oscuridad es luz y la luz es oscuridad,
que lo amargo es dulce y lo dulce es amargo!
21 ¡Qué aflicción para los que se creen sabios en su propia opinión
y se consideran muy inteligentes!
22 ¡Qué aflicción para los que son campeones a la hora de beber vino
y se jactan de la cantidad de alcohol que pueden tomar!
23 Aceptan sobornos para dejar en libertad a los perversos,
y castigan a los inocentes.

***Notas textuales** **5:10a** En hebreo *Unas diez yugadas*, es decir, la cantidad de terreno que diez yuntas de bueyes podían arar en un día. **5:10b** En hebreo *un bato* [6 galones]. **5:10c** En hebreo *y un homer* [220 litros o 200 cuartos] *de semilla solo producirá un efa* [22 litros o 20 cuartos]. **5:14** En hebreo *El Seol*. **5:17** Así aparece en la versión griega; en hebreo dice *y los forasteros*.

Referencias cruzadas **5:2** Lc 13:6 **5:6** Hb 6:8 **5:13** Os 4:6

24 Por lo tanto, así como las lenguas de fuego
consumen los rastrojos,
y la hierba seca se marchita y cae en medio de la
llama,
así las raíces de ellos se pudrirán
y sus flores se marchitarán.
Pues han rechazado la ley del SEÑOR de los Ejércitos
Celestiales;
han despreciado la palabra del Santo de Israel.
25 Por eso el enojo del SEÑOR arde contra su pueblo
y ha levantado el puño para aplastarlo.
Los montes tiemblan
y los cadáveres de su pueblo están tirados por las
calles como basura.
Pero aun así, el enojo del SEÑOR no está satisfecho.
¡Su puño todavía está listo para asestar el golpe!

26 Él enviará una señal a las naciones lejanas
y llamará con un silbido a los que están en los
confines de la tierra;
ellos irán corriendo a Jerusalén.
27 No se cansarán, ni tropezarán.
No se detendrán para descansar ni para dormir.
Nadie tendrá flojo el cinturón
ni rotas las correas de ninguna sandalia.
28 Sus flechas estarán afiladas
y sus arcos listos para la batalla.
De los cascos de sus caballos saltarán chispas,
y las ruedas de sus carros de guerra girarán como
un torbellino.
29 Rugirán como leones,
como los más fuertes entre los leones.
Se lanzarán gruñendo sobre sus víctimas y se las
llevarán,
y no habrá nadie para rescatarlas.
30 Rugirán sobre sus víctimas en aquel día de
destrucción,
como el rugido del mar.
Si alguien extiende su mirada por toda la tierra,
solo verá oscuridad y angustia;
hasta la luz quedará oscurecida por las nubes.

Purificación y llamado de Isaías

6 El año en que murió el rey Uzías,* vi al Señor sen-
tado en un majestuoso trono, y el borde de su manto
llenaba el templo. 2Lo asistían poderosos serafines, cada
uno tenía seis alas. Con dos alas se cubrían el rostro, con
dos se cubrían los pies y con dos volaban. 3Se decían unos
a otros:

«¡Santo, santo, santo es el SEÑOR de los Ejércitos
Celestiales!
¡Toda la tierra está llena de su gloria!».

4Sus voces sacudían el templo hasta los cimientos, y todo
el edificio estaba lleno de humo.
5Entonces dije: «¡Todo se ha acabado para mí! Estoy
condenado, porque soy un pecador. Tengo labios impu-
ros, y vivo en medio de un pueblo de labios impuros;
sin embargo, he visto al Rey, el SEÑOR de los Ejércitos
Celestiales».
6Entonces uno de los serafines voló hacia mí con un
carbón encendido que había tomado del altar con unas
tenazas. 7Con él tocó mis labios y dijo: «¿Ves? Este carbón
te ha tocado los labios. Ahora tu culpa ha sido quitada, y
tus pecados perdonados».
8Después oí que el Señor preguntaba: «¿A quién
enviaré como mensajero a este pueblo? ¿Quién irá por
nosotros?».
—Aquí estoy yo —le dije—. Envíame a mí.
9Y él me dijo:
—Bien, ve y dile a este pueblo:

"Escuchen con atención, pero no entiendan;
miren bien, pero no aprendan nada".
10 Endurece el corazón de este pueblo;
tápales los oídos y ciérrales los ojos.
De esa forma, no verán con sus ojos,
ni oirán con sus oídos,
ni comprenderán con su corazón
para que no se vuelvan a mí en busca de sanidad.*

11Entonces yo dije:
—Señor, ¿cuánto tiempo durará esto?
Y él contestó:

—Hasta que sus ciudades queden vacías,
sus casas queden desiertas
y la tierra entera quede seca y baldía;
12 hasta que el SEÑOR haya mandado a todos lejos
y toda la tierra de Israel quede desierta.
13 Si aún sobrevive una décima parte, un remanente,
volverá a ser invadida y quemada.
Pero así como el terebinto o el roble dejan un tocón
cuando se cortan,
también el tocón de Israel será una semilla santa.

Mensaje para Acaz

7 Cuando Acaz, hijo de Jotam y nieto de Uzías, era rey
de Judá, Rezín, rey de Aram, y Peka, hijo de Remalías,
rey de Israel, salieron para atacar a Jerusalén. Sin embargo,
no pudieron llevar a cabo su plan.
2A la corte real de Judá había llegado la siguiente
noticia: «¡Aram se ha aliado con Israel* en contra de
nosotros!». Por eso, el corazón del rey y el de su pueblo
temblaron de miedo, como tiemblan los árboles en medio
de una tormenta.
3Entonces el SEÑOR dijo a Isaías: «Toma a tu hijo Sear-
jasub* y ve al encuentro del rey Acaz. Lo encontrarás
al final del acueducto que conduce el agua al estanque
superior, cerca del camino que lleva al campo donde se
lavan* las telas. 4Dile que deje de preocuparse; que no hay
por qué temer a la ira feroz de esos dos tizones apagados
que son Rezín, rey de Aram y Peka, hijo de Remalías. 5Es
verdad que los reyes de Aram y de Israel han conspirado
contra él diciendo: 6"Atacaremos a Judá y lo conquistare-
mos y pertenecerá a nosotros. Después pondremos en el
trono de Judá al hijo de Tabeel". 7Pero esto dice el SEÑOR
Soberano:

***Notas textuales** **6:1** El rey Uzías murió en el año 740 a. C. **6:9-10** La versión griega dice *Y él me dijo: —Ve y dile a este pueblo: / "Cuando ustedes oigan lo que digo, no entenderán. / Cuando vean lo que hago, no comprenderán". / Pues el corazón de este pueblo está endurecido, / y sus oídos no pueden oír, y han cerrado los ojos, / así que sus ojos no pueden ver, / y sus oídos no pueden oír, / y su corazón no puede entender, / y no pueden volver a mí para que yo los sane*. Comparar Mt 13:14-15; Mc 4:12; Lc 8:10; Hch 28:26-27. **7:2** En hebreo *Efraín*, se refiere al reino del norte de Israel; también en 7:5, 8, 9, 17. **7:3a** *Sear-jasub* significa «un remanente regresará». **7:3b** O *se blanquean*.

Referencias cruzadas **5:24** Is 9:18-19 **5:30** Is 8:22 **6:9** Lc 8:10

»"Esta invasión nunca sucederá,
nunca se llevará a cabo;
8 pues Aram no es más fuerte que Damasco, su capital,
y Damasco no es más fuerte que Rezín, su rey.
En cuanto a Israel, dentro de sesenta y cinco años
será aplastado y destruido por completo.
9 Israel no es más fuerte que Samaria, su capital,
y Samaria no es más fuerte que Peka, hijo de
Remalías, su rey.
A menos que ustedes tengan una fe firme,
no puedo hacer que permanezcan firmes"».

Señal de Emanuel

10 Más tarde, el SEÑOR le envió al rey Acaz el siguiente
mensaje: 11 «Acaz, pídele al SEÑOR tu Dios una señal
de confirmación. Hazla tan difícil como quieras: tan
alta como los cielos o tan profunda como el lugar de los
muertos*».
12 Pero el rey se negó.
—No —dijo el rey—. No pondré a prueba al SEÑOR así.
13 Entonces Isaías le dijo:
—¡Escuchen bien, ustedes de la familia real de David!
¿Acaso no les basta con agotar la paciencia humana?
¿También tienen que agotar la paciencia de mi Dios?
14 Muy bien, el Señor mismo les dará la señal. ¡Miren! ¡La
virgen* concebirá un niño! Dará a luz un hijo y lo llama-
rán Emanuel (que significa "Dios está con nosotros").
15 Cuando ese hijo tenga edad suficiente para escoger lo
correcto y rechazar lo malo, estará comiendo yogur* y
miel. 16 Pues antes de que el niño tenga esa edad, las tierras
de los dos reyes que tanto temes quedarán desiertas.

¡Respuestas Bíblicas! 95 ¿Qué significa Emanuel?

7:14 La palabra Emanuel es un nombre hebreo que significa "Dios está con nosotros". Este versículo habla de Jesús antes de que viniera así que es una profecía.

17 »Luego el SEÑOR hará venir sobre ti, sobre tu na-
ción y sobre tu familia, hechos como nunca hubo desde
que Israel se separó de Judá. ¡Pondrá al rey de Asiria en
tu contra!
18 En ese día, el SEÑOR llamará con un silbido al ejército
del sur de Egipto y al ejército de Asiria. Ellos te rodearán
como un enjambre de moscas o abejas. 19 Vendrán en
inmensas multitudes y se establecerán en las regiones
fértiles y también en los valles desolados, en las cuevas
y en los lugares llenos de espinos. 20 En ese día, el Señor
contratará a una «navaja» procedente del otro lado del río
Éufrates* —el rey de Asiria— y la usará para afeitarte por
completo: tu tierra, tus cosechas y tu pueblo.*
21 En ese día, un campesino se considerará afortu-
nado si le quedan una vaca y dos ovejas o cabras. 22 Sin
embargo, habrá suficiente leche para todos, porque
quedarán muy pocos habitantes en la tierra. Comerán
yogur y miel hasta saciarse. 23 En aquel día, los viñedos
lozanos que hoy valen mil piezas de plata* se convertirán
en parcelas llenas de zarzas y espinos. 24 Toda la tierra se
convertirá en una gran extensión repleta de zarzas y espi-
nos, en un territorio de cacería lleno de animales salvajes.
25 Nadie irá a las laderas fértiles donde antes crecían los
huertos, porque estarán cubiertas de zarzas y de espinos;
allí apacentarán el ganado, las ovejas y las cabras.

Futura invasión de los asirios

8 Luego el SEÑOR me dijo: «Haz un letrero grande y es-
cribe con claridad el siguiente nombre: Maher-salal-
has-baz*». 2 Les pedí al sacerdote Urías y a Zacarías, hijo
de Jeberequías, ambos conocidos como hombres honra-
dos, que fueran testigos de lo que yo hacía.
3 Después me acosté con mi esposa y ella quedó em-
barazada, y dio a luz un hijo. Y el SEÑOR me dijo: «Ponle
por nombre Maher-salal-has-baz. 4 Pues antes de que este
hijo tenga edad suficiente para decir "papá" o "mamá", el
rey de Asiria se llevará la abundancia de Damasco y las
riquezas de Samaria».
5 Entonces el SEÑOR volvió a hablar conmigo y me dijo:
6 «Mi cuidado del pueblo de Judá es como el delicado fluir
de las aguas de Siloé, pero ellos lo han rechazado. Se ale-
gran por lo que les sucederá al* rey Rezín y al rey Peka.*
7 Por lo tanto, el Señor los arrollará con una poderosa inun-
dación del río Éufrates,* el rey de Asiria con toda su gloria.
La inundación desbordará todos los canales 8 y cubrirá a
Judá hasta la barbilla. Extenderá sus alas y sumergirá a tu
tierra de un extremo al otro, oh Emanuel.

9 »Reúnanse, naciones, y llénense de terror.
Escuchen, todas ustedes, tierras lejanas:
prepárense para la batalla, ¡pero serán aplastadas!
Sí, prepárense para la batalla, ¡pero serán
aplastadas!
10 Convoquen a sus asambleas de guerra, pero no les
servirán de nada;
desarrollen sus estrategias, pero no tendrán éxito,
¡porque Dios está con nosotros!*».

Un llamado a confiar en el SEÑOR

11 El SEÑOR me dio una firme advertencia de no pensar
como todos los demás. Me dijo:

12 «No llames conspiración a todo, como hacen ellos,
ni vivas aterrorizado de lo que a ellos les da
miedo.
13 Ten por santo en tu vida al SEÑOR de los Ejércitos
Celestiales;
él es a quien debes temer.
Él es quien te debería hacer temblar.
14 Él te mantendrá seguro.
En cambio, para Israel y Judá
será una piedra que hace tropezar a muchos,
una roca que los hace caer.
Y para el pueblo de Jerusalén
será una red y una trampa.
15 Muchos tropezarán y caerán
y no volverán a levantarse;
caerán en la trampa y serán capturados».

***Notas textuales 7:11** En hebreo *tan profunda como el Seol*. **7:14** O *La joven*. **7:15** O *cuajada*; también en 7:22. **7:20a** En hebreo *del río*. **7:20b** En hebreo *afeitarte la cabeza, el vello de las piernas y la barba*. **7:23** En hebreo *1000 [siclos] de plata*, aproximadamente 11,4 kilos o 25 libras. **8:1** *Maher-salal-has-baz* significa «rápido para saquear y rápido para llevar». **8:6a** O *Se alegran debido al*. **8:6b** En hebreo *y al hijo de Remalías*. **8:7** En hebreo *del río*. **8:10** En hebreo *¡Emanuel!*

Referencias cruzadas 7:14 Mt 1:23 **8:12-17** 1 P 3:13-15

16 Preserva las enseñanzas de Dios;
confía sus instrucciones a quienes me siguen.
17 Yo esperaré al SEÑOR,
que se ha apartado de los descendientes de Jacob;
pondré mi esperanza en él.

18Yo y los hijos que el SEÑOR me ha dado servimos
como señales y advertencias a Israel de parte del SEÑOR
de los Ejércitos Celestiales, quien habita en su templo en
el monte Sion.
19Tal vez alguien les diga: «Preguntemos a los mé-
diums y a los que consultan los espíritus de los muertos;
con sus susurros y balbuceos nos dirán qué debemos
hacer». Pero ¿acaso no deberá el pueblo pedirle a Dios
que lo guíe? ¿Deberían los vivos buscar orientación de
los muertos?
20¡Busquen las instrucciones y las enseñanzas de Dios!
Quienes contradicen su palabra están en completa oscuri-
dad. 21Irán de un lugar a otro, fatigados y hambrientos. Y
porque tienen hambre, se pondrán furiosos y maldecirán
a su rey y a su Dios. Levantarán la mirada al cielo 22y luego
la bajarán a la tierra, pero dondequiera que miren habrá
problemas, angustia y una oscura desesperación. Serán
lanzados a las tinieblas de afuera.

Esperanza en el Mesías

9 1*Sin embargo, ese tiempo de oscuridad y de deses-
peración no durará para siempre. La tierra de Zabulón
y de Neftalí será humillada, pero habrá un tiempo en el
futuro cuando Galilea de los gentiles,* que se encuentra
junto al camino que va del Jordán al mar, será llena de
gloria.

2*El pueblo que camina en oscuridad
verá una gran luz.
Para aquellos que viven en una tierra de densa
oscuridad,*
brillará una luz.
3 Harás que crezca la nación de Israel,
y sus habitantes se alegrarán.
Se alegrarán ante ti
como la gente se goza en la cosecha,
y como los guerreros cuando se dividen el botín.
4 Pues tú quebrantarás el yugo de su esclavitud
y levantarás la pesada carga de sus hombros.
Romperás la vara del opresor,
tal como lo hiciste cuando destruiste al ejército
de Madián.
5 Las botas de los guerreros
y los uniformes manchados de sangre por la
guerra
serán quemados;
serán combustible para el fuego.
6 Pues nos ha nacido un niño,
un hijo se nos ha dado;
el gobierno descansará sobre sus hombros,
y será llamado:
Consejero Maravilloso,* Dios Poderoso,
Padre Eterno, Príncipe de Paz.
7 Su gobierno y la paz
nunca tendrán fin.
Reinará con imparcialidad y justicia desde el trono
de su antepasado David
por toda la eternidad.
¡El ferviente compromiso del SEÑOR de los Ejércitos
Celestiales
hará que esto suceda!

¡Respuestas Bíblicas! 96 ¿El Antiguo Testamento habla de Jesús?

9:6 Hay muchos mensajes sobre Jesús en el Antiguo Testamento. Estos mensajes son llamados "profecías". Una profecía nos habla sobre algo del futuro. Isaías 9:1-7 e Isaías 11:1-9 son profecías sobre Jesús.

Enojo del SEÑOR contra Israel

8 El Señor se ha pronunciado contra
Jacob;
su juicio ha caído sobre Israel.
9 Y los habitantes de Israel* y de Samaria,
quienes hablaron con tanta soberbia y arrogancia,
pronto se enterarán.
10 Decían: «Reemplazaremos los ladrillos rotos de
nuestras ruinas con piedra labrada
y volveremos a plantar cedros donde cayeron las
higueras sicómoros».

11 Pero el SEÑOR traerá a los enemigos de Rezín contra
Israel
e incitará a todos sus adversarios.
12 Los arameos desde el oriente y los filisteos desde el
occidente
sacarán sus colmillos y devorarán a Israel.
Pero aun así no quedará satisfecho el enojo del
SEÑOR;
su puño sigue preparado para dar el golpe.

13 Pues después de tanto castigo, el pueblo seguirá sin
arrepentirse;
no buscará al SEÑOR de los Ejércitos Celestiales.
14 Por lo tanto, en un solo día el SEÑOR destruirá tanto
la cabeza como la cola,
la noble rama de palma y el humilde junco.
15 Los líderes de Israel son la cabeza,
y los profetas mentirosos son la cola.
16 Pues los líderes del pueblo lo han engañado;
lo han llevado por la senda de la destrucción.
17 Por eso el Señor no se complace en los jóvenes,
ni tiene misericordia siquiera de las viudas y los
huérfanos.
Pues todos son unos hipócritas perversos,
y todos ellos hablan necedades.
Pero aun así no quedará satisfecho el enojo del
SEÑOR.
Su puño sigue preparado para dar el golpe.

18 Esa perversidad es como un incendio de maleza

***Notas textuales** **9:1a** El versículo 9:1 corresponde al 8:23 en el texto hebreo. **9:1b** *Gentil[es]*, que no es judío. **9:2a** Los versículos del 9:2-21 corresponden al 9:1-20 en el texto hebreo. **9:2b** La versión griega dice *una tierra donde la muerte arroja su sombra*. Comparar con Mt 4:16. **9:6** O *Consejero, Maravilloso.* **9:9** En hebreo *de Efraín*, se refiere al reino del norte de Israel.

Referencias cruzadas **8:18** Hb 2:13 **9:1-2** Mt 4:15-16 **9:8-9** Is 7:8-9 **9:17** Mt 12:34

que no solo quema las zarzas y los espinos,
sino que también hace arder los bosques.
Su fuego hace subir nubes de humo.
19 La tierra quedará ennegrecida
por la furia del SEÑOR de los Ejércitos Celestiales.
El pueblo será combustible para el fuego,
y nadie perdonará la vida ni siquiera de su propio hermano.
20 Atacarán a su vecino de la derecha
pero seguirán con hambre.
Devorarán a su vecino de la izquierda,
pero no quedarán satisfechos.
Al final, se comerán hasta a sus propios hijos.*
21 Manasés se alimentará de Efraín,
Efraín se alimentará de Manasés,
y los dos devorarán a Judá.
Pero aun así no quedará satisfecho el enojo del SEÑOR;
su puño sigue preparado para dar el golpe.

10 ¡Qué aflicción les espera a los jueces injustos
y a los que emiten leyes injustas!
2 Privan a los pobres de la justicia
y les niegan sus derechos a los necesitados de mi pueblo.
Explotan a las viudas
y se aprovechan de los huérfanos.
3 ¿Qué harán cuando yo los castigue,
cuando envíe el desastre sobre ustedes desde una tierra lejana?
¿A quién acudirán en busca de ayuda?
¿Dónde estarán seguros sus tesoros?
4 Irán tropezando como prisioneros
o quedarán tendidos entre los muertos.
Pero aun así no quedará satisfecho el enojo del SEÑOR;
su puño sigue preparado para dar el golpe.

Juicio contra Asiria

5 «Qué aflicción le espera a Asiria, la vara de mi ira.
Yo la empleo como garrote para expresar mi enojo.
6 Envío a Asiria contra una nación pagana,
contra un pueblo con el cual estoy enojado.
Asiria los saqueará,
y los pisoteará como a polvo debajo de sus pies.
7 Pero el rey de Asiria no comprenderá que es mi instrumento;
su mente no funciona de esa forma.
Su plan solo consiste en destruir,
en aplastar a las naciones, una tras otra.
8 Dirá:
"Pronto cada uno de mis príncipes será un rey.
9 Hemos destruido a Calno como hicimos antes con Carquemis.
Hamat cayó ante nosotros como antes había caído Arfad,
y destruimos a Samaria como lo hicimos con Damasco.
10 Sí, hemos acabado con muchos reinos
cuyos dioses eran más grandes que los de Jerusalén y de Samaria.
11 Por eso derrotaremos a Jerusalén y a sus dioses,
tal como destruimos a Samaria con sus dioses"».

12 Después de que el Señor haya utilizado al rey de Asi-
ria para llevar a cabo sus propósitos en el monte Sion y en
Jerusalén, se volverá contra el rey de Asiria y lo castigará,
porque es soberbio y arrogante. 13 Se jacta diciendo:

«Esto lo hice con el poder de mi brazo;
lo planifiqué con mi astuta sabiduría.
Derribé las defensas de las naciones
y me llevé sus tesoros.
Como un toro, he derribado a sus reyes.
14 Les robé las riquezas a sus nidos
y me he adueñado de reinos como un campesino recoge huevos.
Nadie puede siquiera batir un ala en mi contra.
Nadie puede decir ni pío en protesta».
15 Ahora bien, ¿puede jactarse el hacha de tener un poder mayor que la persona que la usa?
¿Es la sierra mayor que la persona que corta?
¿Puede golpear una vara a menos que la mueva una mano?
¿Puede caminar solo un bastón de madera?
16 Por lo tanto, el Señor, el SEÑOR de los Ejércitos Celestiales,
enviará una plaga entre las orgullosas tropas de Asiria,
y un fuego ardiente consumirá su gloria.
17 El SEÑOR, la Luz de Israel, será un fuego;
el Santo será una llama.
Devorará con fuego los espinos y las zarzas,
y en una sola noche quemará al enemigo por completo.
18 El SEÑOR consumirá la gloria de Asiria
igual que un incendio consume un bosque en tierra fértil,
o una plaga a los enfermos.
19 De ese glorioso bosque, solo sobrevivirán unos cuantos árboles:
tan pocos que un niño podrá contarlos.

Esperanza para el pueblo del SEÑOR

20 En ese día, el remanente que quedará en Israel,
los sobrevivientes de la casa de Jacob,
ya no seguirán confiando en aliados
que buscan destruirlos.
En cambio, confiarán fielmente en el SEÑOR,
el Santo de Israel.
21 Un remanente regresará;*
sí, el remanente de Jacob regresará al Dios Poderoso.
22 Pero aunque los hijos de Israel son tan numerosos
como la arena a la orilla del mar,
solo un remanente regresará.

***Notas textuales** **9:20** O *se comerán hasta sus propios brazos*. **10:21** En hebreo *Sear-jasub*; ver 7:3; 8:18. **10:22-23** La versión griega dice *solo un remanente se salvará. / Pues él ejecutará su sentencia sin demora, de manera terminante y con justicia; / porque Dios ejecutará su sentencia de manera terminante sobre el mundo entero*. Comparar Rm 9:27-28.

***Notas textuales** **10:3** Lc 19:43-44 **10:13** Is 37:24-27 **10:22** Rm 9:27-28

El SEÑOR, con razón, ha decidido destruir a su
pueblo.
[23] Sí, el Señor, el SEÑOR de los Ejércitos Celestiales,
ya ha decidido destruir toda la tierra.*

[24]Así que esto dice el Señor, el SEÑOR de los Ejércitos
Celestiales: «Oh, mi pueblo de Sion, no temas a los asi-
rios cuando te opriman con vara y con garrote como lo
hicieron los egipcios hace mucho tiempo. [25]Dentro de
poco se acabará mi enojo contra ustedes, y después mi
ira se levantará para destruirlos a ellos». [26]El SEÑOR de
los Ejércitos Celestiales los azotará con su látigo, como
hizo cuando Gedeón venció a los madianitas en la roca de
Oreb, o cuando se levantó la vara del SEÑOR para ahogar
al ejército egipcio en el mar.

[27] En ese día, el SEÑOR acabará con la servidumbre de
su pueblo.
Romperá el yugo de la esclavitud
y se lo quitará de los hombros.*

[28] Miren, los asirios están ahora en Ajat.
Están atravesando Migrón
y almacenando su equipo en Micmas.
[29] Están cruzando el paso de montaña
y acampando en Geba.
El poblado de Ramá queda paralizado de temor
y toda la gente de Guibeá, el pueblo de Saúl,
corre para salvar su vida.
[30] Griten de terror,
gente de Galim.
Grítenle una advertencia a Lais.
¡Oh, pobre Anatot!
[31] Allá va la gente de Madmena; todos huyen.
Los ciudadanos de Gebim tratan de esconderse.
[32] El enemigo se detiene en Nob por el resto del día;
amenaza con el puño al hermoso monte de Sion, el
monte de Jerusalén.

[33] ¡Pero miren! El Señor, el SEÑOR de los Ejércitos
Celestiales,
con gran fuerza cortará al poderoso árbol de
Asiria.
Echará abajo a los soberbios;
ese árbol altanero será talado.
[34] Cortará con un hacha los árboles de los bosques;
el Líbano caerá ante el Poderoso.*

Retoño del linaje de David

11 Del tocón de la familia de David* saldrá un
brote,
sí, un Retoño nuevo que dará fruto de la raíz vieja.
[2] Y el Espíritu del SEÑOR reposará sobre él:
el Espíritu de sabiduría y de entendimiento,
el Espíritu de consejo y de poder,
el Espíritu de conocimiento y de temor del
SEÑOR.
[3] Él se deleitará en obedecer al SEÑOR;
no juzgará por las apariencias
ni tomará decisiones basadas en rumores.
[4] Hará justicia a los pobres
y tomará decisiones imparciales con los que son
explotados.
La tierra temblará con la fuerza de su palabra,
y bastará un soplo de su boca para destruir a los
malvados.
[5] Llevará la justicia como cinturón
y la verdad como ropa interior.

[6] En ese día el lobo y el cordero vivirán juntos,
y el leopardo se echará junto al cabrito.
El ternero y el potro estarán seguros junto al león,
y un niño pequeño los guiará a todos.
[7] La vaca pastará cerca del oso,
el cachorro y el ternero se echarán juntos,
y el león comerá heno como las vacas.
[8] El bebé jugará seguro cerca de la guarida de la cobra;
así es, un niño pequeño meterá la mano en un
nido de víboras mortales y no le pasará nada.
[9] En todo mi monte santo no habrá nada que destruya
o haga daño,
porque así como las aguas llenan el mar,
así también la tierra estará llena de gente que
conocerá al SEÑOR.

[10] En ese día, el heredero del trono de David*
será estandarte de salvación para el mundo entero.
Las naciones se reunirán junto a él,
y la tierra donde vive será un lugar glorioso.*
[11] En ese día, el Señor extenderá su mano por segunda
vez
para traer de regreso al remanente de su pueblo:
los que queden en Asiria y el norte de Egipto;
en el sur de Egipto, Etiopía* y Elam;
en Babilonia,* Hamat y todas las tierras costeras
distantes.
[12] Levantará bandera en medio de las naciones
y reunirá a los desterrados de Israel.
Juntará al pueblo disperso de Judá
desde los confines de la tierra.

[13] Entonces por fin terminarán los celos entre Israel* y
Judá
y dejarán de ser rivales.
[14] Unirán sus fuerzas para caer encima de Filistea al
occidente.
Juntos, atacarán y saquearán a las naciones
situadas al oriente.
Ocuparán las tierras de Edom y de Moab,
y Amón los obedecerá.
[15] El SEÑOR abrirá un camino seco a través del golfo del
mar Rojo.*
Moverá su mano sobre el río
Éufrates*
y enviará un poderoso viento para dividirlo en siete
corrientes,
de manera que se podrá cruzar a pie con facilidad.
[16] Abrirá una carretera para el remanente de su pueblo,
el remanente que viene de Asiria,

***Notas textuales** **10:27** Así aparece en la versión griega; en hebreo dice *El yugo será quebrantado, / por lo mucho que tú has engordado*. **10:34** O *de los bosques / así como caen hasta los poderosos árboles del Líbano*. **11:1** En hebreo *Del tocón del linaje de Isaí*. Isaí era el padre del rey David. **11:10a** En hebreo *la raíz de Isaí*. **11:10b** La versión griega dice *En ese día, el heredero del trono de David* [literalmente *la raíz de Isaí*] *vendrá / y reinará sobre los gentiles. / Ellos pondrán sus esperanzas en él*. Comparar Rm 15:12. **11:11a** En hebreo *en Patros, Cus*. **11:11b** En hebreo *en Sinar*. **11:13** En hebreo *Efraín*, se refiere al reino del norte de Israel. **11:15a** En hebreo *El SEÑOR destruirá la lengua del mar de Egipto*. **11:15b** En hebreo *el río*.

***Notas textuales** **10:32** Za 2:9 **11:2** Ef 1:17 **11:10** Rm 15:12

tal como lo hizo por Israel hace mucho tiempo
cuando regresó de Egipto.

Cantos de alabanza por la salvación

12 En aquel día, tú cantarás:
«¡Te alabaré, oh SEÑOR!
Estabas enojado conmigo, pero ya no.
Ahora me consuelas.
2 Miren, Dios ha venido a salvarme.
Confiaré en él y no tendré temor.
El SEÑOR DIOS es mi fuerza y mi canción;
él me ha dado la victoria».

3 ¡Con alegría ustedes beberán abundantemente
de la fuente de la salvación!
4 En ese día maravilloso cantarán:
«¡Den gracias al SEÑOR! ¡Alaben su nombre!
Cuenten a las naciones lo que él ha hecho;
háganles saber lo poderoso que él es.
5 Canten al SEÑOR, porque ha hecho cosas
maravillosas.
Den a conocer su alabanza en el mundo entero.
6 ¡Que todos los habitantes de Jerusalén* griten sus
alabanzas con alegría!
Pues grande es el Santo de Israel, que vive en
medio de ustedes».

Mensaje acerca de Babilonia

13 Isaías, hijo de Amoz, recibió el siguiente mensaje
acerca de la destrucción de Babilonia:

2 «Levanta una bandera de señales en la cumbre
descubierta de una colina;
llama al ejército contra Babilonia.
Hazles señas con la mano para darles ánimo
mientras marchan hacia los palacios de los
grandes y poderosos.
3 Yo, el SEÑOR, he consagrado a estos soldados para
realizar esta tarea.
Es cierto, he llamado a guerreros poderosos para
que manifiesten mi enojo,
y ellos se alegrarán cuando yo sea exaltado».

4 ¡Oigan el ruido que hay en los montes!
¡Escuchen, mientras marchan los enormes
ejércitos!
Es el ruido y el griterío de muchas naciones.
El SEÑOR de los Ejércitos Celestiales
ha convocado a este ejército.
5 Vienen desde países distantes,
desde más allá de los horizontes lejanos.
Son las armas del SEÑOR para descargar su enojo;
con ellas destruirá toda la tierra.

6 Griten de terror, porque ha llegado el día del SEÑOR,
el momento para que el Todopoderoso destruya.
7 Todos los brazos están paralizados de temor;
cada corazón se derrite
8 y todos se aterran.
Les sobrevienen punzadas de angustia,
como las de una mujer que está de parto.
Se miran unos a otros sin poder hacer nada,
con el rostro encendido de miedo.

9 Pues miren, el día del SEÑOR ya viene,
el día terrible de su furia y de su ira feroz.
La tierra quedará desolada,
y con ella los pecadores serán destruidos.
10 Los cielos se pondrán negros sobre ellos;
las estrellas no darán luz.
El sol estará oscuro cuando salga
y la luna no iluminará.

11 «Yo, el SEÑOR, castigaré al mundo por su maldad
y a los perversos por su pecado.
Aplastaré la arrogancia de los soberbios
y humillaré el orgullo de los poderosos.
12 Haré que la gente sea más escasa que el oro,
más escasa que el oro fino de Ofir.
13 Pues sacudiré los cielos
y la tierra se saldrá de su lugar
cuando el SEÑOR de los Ejércitos Celestiales
manifieste su furor
en el día de su ira feroz».

14 En Babilonia todos correrán como gacelas
perseguidas,
como ovejas sin pastor.
Intentarán encontrar a los suyos
y huir a su propia tierra.
15 El que sea capturado será destruido,
atravesado con una espada.
16 Ante sus propios ojos, estrellarán a sus niños
pequeños hasta matarlos.
Sus hogares serán saqueados, y sus mujeres,
violadas.

17 «Miren, yo incitaré a los medos contra Babilonia.
No se les puede tentar con plata
ni sobornar con oro.
18 Los ejércitos agresores traspasarán a los jóvenes con
sus flechas.
No tendrán misericordia de los indefensos bebés
ni compasión de los niños».

19 Babilonia, el más glorioso de los reinos,
la flor del orgullo caldeo,
será devastada como Sodoma y Gomorra
cuando Dios las destruyó.
20 Babilonia nunca más volverá a ser habitada;
permanecerá vacía de generación en generación.
Los nómadas se negarán a acampar allí,
y los pastores no llevarán a sus ovejas para que
pasen la noche.
21 Las bestias del desierto se instalarán en la ciudad en
ruinas,
y en las casas rondarán criaturas aullantes.

***Notas textuales** **12:6** En hebreo *Sion.*

***Notas textuales** **12:3** Jn 7:37-38 **13:1-22** Jr 50:1-51 **13:10** Mc 13:24-25

Los búhos vivirán en medio de las ruinas
y las cabras salvajes irán allí para danzar.
22 Las hienas aullarán en las fortalezas
y los chacales harán su guarida en los lujosos palacios.
Los días de Babilonia están contados;
pronto llegará el momento de su destrucción.

Burla contra el rey de Babilonia

14 Pero el SEÑOR tendrá misericordia de los descen-
dientes de Jacob y una vez más elegirá a Israel
como su pueblo especial. Lo hará regresar para que se
establezca otra vez en su propia tierra. Y gente de varias
naciones vendrá para encontrarse con ellos y unirse al
pueblo de Israel.* 2 Las naciones del mundo ayudarán a
que el pueblo de Israel regrese, y los que vengan a vivir en
la tierra del SEÑOR los servirán. Los que conquistaron a
Israel, ellos mismos serán capturados, e Israel gobernará
a sus enemigos.
3 En aquel día maravilloso cuando el SEÑOR le dé des-
canso a su pueblo de sus angustias y temores, de la escla-
vitud y de las cadenas, 4 te mofarás del rey de Babilonia
y dirás:

«El hombre poderoso ha sido destruido.
Sí, se acabó tu insolencia.*
5 Pues el SEÑOR aplastó tu poder malvado
y puso fin a tu reino perverso.
6 Atacabas al pueblo con incesantes golpes de furia
y dominabas a las naciones dentro de tu poder sofocante
con una tiranía implacable.
7 Sin embargo, finalmente la tierra está en reposo y tranquila.
¡Ahora puede volver a cantar!
8 Hasta los árboles del bosque
—los cipreses y los cedros del Líbano—
cantan esta alegre canción:
"¡Dado que te talaron,
nadie vendrá ahora para talarnos a nosotros!".

9 »En el lugar de los muertos* hay mucha emoción
por tu llegada.
Los espíritus de los líderes mundiales y de los reyes poderosos que murieron hace tiempo
se ponen de pie para verte llegar.
10 Todos exclaman a una voz:
"¡Ahora eres tan débil como nosotros!
11 Tu poder y tu fuerza fueron enterrados contigo.*
En tu palacio ha cesado el sonido del arpa.
Ahora los gusanos son tu sábana,
y las lombrices, tu manta".

12 »¡Cómo has caído del cielo,
oh estrella luciente, hijo de la mañana!
Has sido arrojado a la tierra,
tú que destruías a las naciones del mundo.
13 Pues te decías a ti mismo:
"Subiré al cielo para poner mi trono por encima de las estrellas de Dios.
Voy a presidir en el monte de los dioses,
muy lejos en el norte.*
14 Escalaré hasta los cielos más altos
y seré como el Altísimo".
15 En cambio, serás bajado al lugar de los muertos,
a las profundidades más hondas.
16 Allí todos te mirarán y se preguntarán:
"¿Puede ser este el que sacudía la tierra
y hacía temblar a los reinos del mundo?
17 ¿Es este el que destruyó el mundo
y lo convirtió en una tierra baldía?
¿Es este el rey que demolía las grandes ciudades del mundo
y no tenía compasión de sus prisioneros?".

18 »Los reyes de las naciones yacen en gloria majestuosa,
cada cual en su propia tumba,
19 pero tú serás sacado de tu sepultura
como una rama inútil.
Como un cadáver pisoteado bajo los pies,
serás arrojado a una fosa común
con los que murieron en batalla.
Descenderás al abismo.
20 No te darán un entierro apropiado,
porque destruiste a tu nación
y masacraste a tu pueblo.
Los descendientes de una persona tan malvada
nunca más recibirán honra.
21 ¡Maten a los hijos de este hombre!
¡Que mueran por los pecados de su padre!
Que no se levanten para conquistar la tierra,
y llenar el mundo con sus ciudades».

22 Esto dice el SEÑOR de los Ejércitos Celestiales:
«¡Yo, yo mismo me he levantado contra Babilonia!
Destruiré a sus hijos, y a los hijos de sus hijos
—dice el SEÑOR—.
23 Convertiré a Babilonia en un lugar desolado, tierra de búhos,
lleno de pantanos y de ciénagas;
barreré la tierra con la escoba de la destrucción.
¡Yo, el SEÑOR de los Ejércitos Celestiales, he hablado!».

Mensaje acerca de Asiria

24 El SEÑOR de los Ejércitos Celestiales hizo este juramento:

«Sucederá tal como yo lo tengo planeado.
Será tal como lo he decidido.
25 Quebrantaré a los asirios cuando estén en Israel;
los pisotearé en mis montañas.
Mi pueblo ya no será más esclavo de ellos
ni se doblará ante sus cargas pesadas.
26 Tengo un plan para toda la tierra,
una mano de juicio sobre todas las naciones.
27 El SEÑOR de los Ejércitos Celestiales ha hablado;
¿quién podrá cambiar sus planes?
Cuando levante su mano,

***Notas textuales** **14:1** En hebreo *a la casa de Jacob*. Los nombres «Jacob» e «Israel» a menudo son intercambiables en el Antiguo Testamento. Algunas veces hacen referencia al patriarca como individuo y otras veces a la nación. **14:4** Así aparece en los Rollos del mar Muerto; el significado del texto masorético es incierto. **14:9** En hebreo *el Seol*; similar en 14:15. **14:11** En hebreo *fueron bajados al Seol*. **14:13** O *en las alturas de Zafón*.

***Notas textuales** **14:1-3** Esd 9:8-9 **14:2** Is 45:14 **14:13-15** Lc 10:15

¿quién lo podrá detener?».

Mensaje acerca de Filistea

28 Recibí este mensaje en el año que murió el rey Acaz:*

29 Ustedes, filisteos, no se alegren
de que la vara que los golpeaba se haya roto,
de que el rey que los atacaba esté muerto.
Pues de esa serpiente nacerá otra serpiente aún más venenosa,
¡una serpiente terrible que los destruirá!
30 Alimentaré a los pobres en mis pastos;
los necesitados se acostarán en paz.
En cuanto a ustedes, los aniquilaré con el hambre
y destruiré a los pocos que queden.
31 ¡Giman en las puertas! ¡Lloren en las ciudades!
¡Paralícense de miedo, filisteos!
Un poderoso ejército viene como humo desde el norte;
cada soldado avanza con prisa, ansioso por pelear.

32 ¿Qué les diremos a los mensajeros de los filisteos?
Diles:

«El Señor edificó a Jerusalén;*
sus murallas brindarán refugio a su pueblo oprimido».

¡Respuestas Bíblicas! 97 ¿Quiénes eran los filisteos?

14:29 Ellos eran los vecinos de Israel en la antigüedad y sus enemigos. El pueblo de Dios y los filisteos lucharon muchas veces antes de que Israel tuviera un rey. El Rey David y el Rey Saúl también tuvieron que luchar contra ellos muchas veces.

Mensaje acerca de Moab

15 Recibí este mensaje acerca de Moab:

En una sola noche será reducido a escombros el pueblo de Ar,
y la ciudad de Kir, destruida.
2 Tu pueblo irá al templo de Dibón para lamentarse.
Ellos irán a sus santuarios sagrados para llorar.
Gemirán por la suerte de Nebo y de Medeba,
y en su angustia se raparán la cabeza y se cortarán la barba.
3 Vagarán por las calles vestidos de tela áspera;
de cada hogar y plaza pública saldrá el sonido de gemidos.
4 Los habitantes de Hesbón y de Eleale gritarán;
sus voces se oirán hasta en Jahaza.
Los guerreros más valientes de Moab gritarán de terror.
Se paralizarán de temor.

5 Mi corazón llora por Moab.
Su pueblo huye a Zoar y a Eglat-selisiya.
Sube llorando por el camino a Luhit.
Se pueden oír sus gritos de angustia a lo largo del camino a Horonaim.
6 ¡Hasta las aguas de Nimrim se secaron!
Las riberas cubiertas de hierba se quemaron.
Desaparecieron las plantas tiernas;
no queda nada verde.
7 La gente toma sus posesiones
y las carga a través del barranco de los Sauces.
8 Se oye un grito de angustia por toda la tierra de Moab,
desde un extremo hasta el otro,
desde Eglaim hasta Beer-elim.
9 El arroyo cercano a Dibón* corre rojo por la sangre,
¡pero todavía no he terminado con Dibón!
Los leones cazarán a los sobrevivientes,
tanto a los que traten de escapar
como a los que se queden atrás.

16 Envíen corderos de Sela como tributo
al gobernante de la tierra.
Envíenlos a través del desierto
hasta el monte de la hermosa Sion.
2 Las mujeres de Moab fueron abandonadas como aves sin nido
en los vados del río Arnón.
3 «Ayúdennos —claman—,
defiéndannos de nuestros enemigos.
Protéjannos de sus ataques implacables;
no nos traicionen ahora que hemos escapado.
4 Permitan que nuestros refugiados se queden entre ustedes;
escóndanlos de nuestros enemigos hasta que haya pasado el terror».

Cuando hayan terminado la opresión
y la destrucción,
y hayan desaparecido los saqueadores enemigos,
5 Dios establecerá como rey a uno de los descendientes de David.
Él reinará con misericordia y verdad;
hará siempre lo que es justo
y estará deseoso de hacer lo correcto.

6 Hemos oído hablar del soberbio Moab,
de su orgullo, de su arrogancia y de su furia;
pero todo su alarde ha desaparecido.
7 Toda la tierra de Moab llora;
sí, todos se lamentan en Moab
por los pasteles de pasas de Kir-hareset.
Ya no queda ninguno.
8 Las granjas de Hesbón están abandonadas;
los viñedos de Sibma están desiertos.
Los gobernantes de las naciones han quebrantado a Moab,
esa vid tan hermosa.
Sus zarcillos se extendían hacia el norte hasta la ciudad de Jazer
y trepaban hacia el oriente hasta entrar en el desierto.
Sus sarmientos se extendían tan lejos hacia el occidente

***Notas textuales** **14:28** El rey Acaz murió en el año 715 a. C. **14:32** En hebreo *a Sion*. **15:9** Así aparece en los Rollos del mar Muerto, en algunos manuscritos griegos y en la Vulgata Latina; el texto masorético dice *Dimón*; también en 15:9b. **16:8** En hebreo *del mar*.

***Notas textuales** **14:32** Is 25:4 **15:1-4** Jr 48:38 **16:10** Jr 48:33

que cruzaban por encima del mar Muerto.*

9 Así que ahora lloro por Jazer y por los viñedos de Sibma;
mis lágrimas correrán por Hesbón y Eleale.
Ya no hay gritos de júbilo
por sus frutos de verano y sus cosechas.
10 Se acabó la alegría;
desapareció el gozo de la cosecha.
No habrá cantos en los viñedos
ni más gritos felices,
ni se pisarán las uvas en los lagares.
Yo puse fin a la alegría por sus cosechas.
11 El clamor de mi corazón por Moab es como el lamento de un arpa;
estoy lleno de angustia por Kir-hareset.*
12 El pueblo de Moab rendirá culto en sus santuarios paganos,
pero no le servirá de nada.
Clamará a los dioses en sus templos,
pero nadie lo podrá salvar.

13El SEÑOR ya ha dicho estas cosas acerca de Moab en el pasado. 14Pero ahora, el SEÑOR dice: «Dentro de tres años, contando cada día,* se acabará la gloria de Moab. De su gran población, solo unos cuantos débiles quedarán vivos».

Mensaje acerca de Damasco e Israel

17 Recibí este mensaje acerca de Damasco:

«¡Miren! ¡La ciudad de Damasco desaparecerá!
Se convertirá en un montón de escombros.
2 Las ciudades de Aroer quedarán desiertas.
Las manadas pastarán en las calles y se echarán
sin que nada las perturbe,
sin que nadie las espante.
3 Las ciudades fortificadas de Israel* también serán destruidas,
y se acabará el poder de la realeza de Damasco.
Todo lo que quede de Aram
tendrá el mismo destino de la desaparecida gloria de Israel»,
proclama el SEÑOR de los Ejércitos Celestiales.

4 «En aquel día, la gloria de Israel* se desvanecerá;
su robusto cuerpo se irá consumiendo.
5 Toda la tierra parecerá un campo de grano
después de que los segadores han recogido el cereal.
Estará desolada,
como los campos del valle de Refaim después de la cosecha.
6 Solo quedarán unos cuantos de su pueblo,
como aceitunas sueltas en un olivo después de la cosecha.
Solo dos o tres quedan en las ramas más altas,
cuatro o cinco esparcidas aquí y allá entre las restantes»,
proclama el SEÑOR, Dios de Israel.

7 Entonces, por fin el pueblo buscará a su Creador
y volverá los ojos al Santo de Israel.
8 Ya no buscarán ayuda de sus ídolos
ni rendirán culto a lo que hicieron con sus propias manos.
Nunca más se inclinarán ante los postes dedicados a la diosa Asera
ni rendirán culto en los santuarios paganos que construyeron.
9 Sus ciudades más grandes quedarán como bosques desiertos,
como la tierra que abandonaron los heveos y los amorreos*
cuando llegaron los israelitas, hace ya mucho tiempo.
Estarán totalmente desoladas.
10 ¿Por qué? Porque te has apartado del Dios que puede salvarte.
Te has olvidado de la Roca que puede esconderte.
Así que tal vez plantes las mejores vides
e importes los tallos más costosos.
11 Tal vez echen retoños en el día que las trasplantes.
Sí, hasta es posible que florezcan la misma mañana que las plantes,
pero nunca recogerás ni una uva de ellas.
Su única cosecha será una carga de aflicción y de dolor continuo.

12 ¡Escuchen! Los ejércitos de muchas naciones
rugen como los bramidos del mar.
Escuchen el trueno de sus fuerzas poderosas
que avanzan como olas estruendosas.
13 Pero aunque rujan como las olas grandes de la playa,
Dios los hará callar y huirán
como la paja que esparce el viento,
como los arbustos que ruedan antes de una tormenta.
14 En la noche, Israel espera aterrado;
pero al amanecer, sus enemigos están muertos.
Esta es la justa recompensa para quienes nos saquean,
un final apropiado para quienes nos destruyen.

Mensaje acerca de Etiopía

18 Escucha, Etiopía,* tierra de ondulantes velas*
que está ubicada a la cabecera del Nilo,
2 que envía embajadores
río abajo en rápidos barcos.

¡Vayan, veloces mensajeros!
Llévenle un mensaje a un pueblo de gente alta con piel suave,
temido en todas partes
por sus conquistas y destrucción,
y cuya tierra está dividida por ríos.

3 Todos ustedes, habitantes del mundo,
todos los que viven en la tierra:
cuando levante mi bandera de guerra, ¡miren!
Cuando toque el cuerno de carnero, ¡escuchen!
4 Pues el SEÑOR me ha dicho:

***Notas textuales** **16:11** En hebreo *Kir-heres*, una variante de Kir-hareset. **16:14** En hebreo *Dentro de tres años, como los contaría un siervo obligado por un contrato.* **17:3** En hebreo *de Efraín*, se refiere al reino del norte de Israel. **17:4** En hebreo *de Jacob*. Ver nota en 14:1. **17:9** Así aparece en la versión griega; en hebreo dice *como lugares del bosque y de las ramas más altas*. **18:1a** En hebreo *Cus*. **18:1b** O *tierra de muchas langostas*; en hebreo dice *tierra del zumbido de alas*.

***Notas textuales** **17:1** Is 25:2 **17:6** Dt 4:27 **17:14** Is 41:11-12

«Observaré en silencio desde el lugar donde habito,
tan silencioso como sube el calor en un día de verano,
o como se forma el rocío de la mañana durante la cosecha».
5 Aun antes que ustedes comiencen a atacar,
mientras sus planes maduran como uvas,
el SEÑOR cortará sus brotes nuevos con podaderas;
cortará y descartará las ramas extendidas.
6 Su poderoso ejército quedará muerto por los campos,
abandonado para los buitres de las montañas y los animales salvajes.
Los buitres despedazarán los cadáveres durante el verano
y los animales salvajes roerán los huesos durante el invierno.

7 En aquel tiempo, el SEÑOR de los Ejércitos Celestiales recibirá obsequios
de esa tierra dividida por ríos,
de ese pueblo de gente alta y de piel suave,
temido en todas partes por sus conquistas y destrucción.
Llevarán obsequios a Jerusalén,*
donde habita el SEÑOR de los Ejércitos Celestiales.

Mensaje acerca de Egipto

19 Este es el mensaje que recibí acerca de Egipto:

¡Miren! El SEÑOR avanza contra Egipto,
montado sobre una nube veloz.
Los ídolos de Egipto tiemblan;
el corazón de los egipcios se paraliza de miedo.

2 «Yo haré que egipcio pelee contra egipcio:
hermano contra hermano,
vecino contra vecino,
ciudad contra ciudad,
provincia contra provincia.
3 Los egipcios se desanimarán,
y yo confundiré sus planes.
Rogarán a sus ídolos que les den sabiduría
e invocarán a los espíritus, a médiums y a los que consultan los espíritus de los muertos.
4 Entregaré a Egipto
a un amo duro y cruel;
un rey feroz los gobernará»,
dice el Señor, el SEÑOR de los Ejércitos Celestiales.

5 Las aguas del Nilo no subirán para inundar los campos;
el lecho del río estará totalmente seco.
6 Los canales del Nilo se secarán
y los arroyos de Egipto apestarán
por la podredumbre de las cañas y los juncos.
7 Toda la vegetación en las orillas del río
y todos los sembrados en sus riberas
se secarán y se los llevará el viento.
8 Los pescadores se lamentarán porque no tienen trabajo;
se quejarán los que lanzan sus anzuelos al Nilo
y los que usan redes se desanimarán.
9 No habrá lino para los cosechadores
ni hilo para los tejedores.
10 Estarán desesperados,
y todos los obreros tendrán el corazón angustiado.

11 ¡Qué necios son los funcionarios de Zoán!
El mejor consejo que pueden dar al rey de Egipto
es absurdo y equivocado.
¿Seguirán jactándose de su sabiduría delante del faraón?
¿Se atreverán a presumir acerca de sus sabios antepasados?
12 ¿Dónde están tus sabios consejeros, faraón?
Que ellos te digan lo que Dios tiene planeado,
lo que el SEÑOR de los Ejércitos Celestiales le hará a Egipto.
13 Los funcionarios de Zoán son unos necios,
y los funcionarios de Menfis* son engañados.
Los líderes del pueblo
hicieron descarriar a Egipto.
14 El SEÑOR envió sobre ellos un espíritu de necedad,
para que todas sus sugerencias sean equivocadas.
Ellos hacen que Egipto se tambalee
como un borracho en su vómito.
15 No hay nada que Egipto pueda hacer;
todos son débiles:
la cabeza y la cola,
la noble rama de palma y el humilde junco.

16En aquel día, los egipcios serán tan débiles como
las mujeres. Se encogerán de miedo bajo el puño levan-
tado del SEÑOR de los Ejércitos Celestiales.
17Tan solo
pronunciar el nombre de Israel los aterrorizará, porque
el SEÑOR de los Ejércitos Celestiales ha trazado planes
en contra de ellos.
18En aquel día, cinco de las ciudades de Egipto seguirán
al SEÑOR de los Ejércitos Celestiales, y hasta comenzarán a
hablar hebreo, la lengua de Canaán. Una de esas ciudades
será Heliópolis, la Ciudad del Sol.*
19En aquel día habrá un altar al SEÑOR en el corazón
de Egipto, y habrá un monumento al SEÑOR en su fron-
tera.
20Este servirá de señal y de testimonio de que se
adora al SEÑOR de los Ejércitos Celestiales en la tierra
de Egipto. Cuando el pueblo clame al SEÑOR por ayuda
contra quienes lo oprimen, él enviará un salvador que lo
rescatará.
21El SEÑOR se dará a conocer a los egipcios;
así es, conocerán al SEÑOR y le darán a él sus sacrificios
y ofrendas. Harán un voto al SEÑOR y lo cumplirán.
22El
SEÑOR herirá a Egipto, y después lo sanará porque los
egipcios se volverán al SEÑOR, y él escuchará sus súplicas
y los sanará.
23En aquel día, habrá una carretera que conecte Egipto
con Asiria. Los egipcios y los asirios se moverán libre-
mente entre los dos países, y ambos pueblos adorarán
a Dios.
24En aquel día, Israel será el tercero, junto con
Egipto y Asiria, una bendición en medio de la tierra.
25Pues el SEÑOR de los Ejércitos Celestiales dirá: «Ben-
dito sea Egipto, mi pueblo; bendita sea Asiria, la tierra que
yo hice; bendito sea Israel, mi posesión más preciada».

***Notas textuales** **18:7** En hebreo *al monte Sion*. **19:13** En hebreo *Nof*. **19:18** O *será la Ciudad de la Destrucción*.

***Notas textuales** **18:4** Is 26:21 **19:2** Mt 10:21, 36 **19:12** Rm 9:17 **19:25** Os 2:23

Mensaje acerca de Egipto y Etiopía

20 El año en que el rey Sargón de Asiria envió a
su comandante en jefe para que conquistara la
ciudad filistea de Asdod,* [2]el SEÑOR le dijo a Isaías, hijo
de Amoz: «Quítate la ropa de tela áspera que has estado
usando y también las sandalias». Isaías hizo lo que se le
indicó, y anduvo desnudo y descalzo.
[3]Entonces el SEÑOR dijo: «Mi siervo Isaías ha andado
desnudo y descalzo durante los últimos tres años como
señal: un símbolo de las terribles dificultades que haré
caer sobre Egipto y Etiopía.* [4]Pues el rey de Asiria llevará
prisioneros a los egipcios y a los etíopes.* Los hará andar
desnudos y descalzos, tanto jóvenes como ancianos, con
las nalgas descubiertas para vergüenza de Egipto. [5]Entonces
los filisteos se llenarán de pánico, porque contaban
con el poder de Etiopía y hacían alarde de los aliados
que tenían en Egipto. [6]Dirán: "Si esto le puede suceder a
Egipto, ¿qué de nosotros? Contábamos con que Egipto
nos protegiera del rey de Asiria"».

Mensaje acerca de Babilonia

21 Este es el mensaje que recibí acerca de Babilonia,
el desierto junto al mar:*

Desde el desierto se acerca el desastre y te caerá encima,
como un remolino que entra arrasando desde el Neguev.

[2] Veo una visión aterradora:
veo al traidor traicionando,
al destructor destruyendo.
Adelante, ustedes, elamitas y medos:
ataquen y asedien.
Yo pondré fin a todos los gemidos
que provocó Babilonia.

[3] El estómago me duele y me arde de dolor;
me dominan agudas punzadas de angustia,
como las de una mujer en parto.
Me desmayo cuando oigo lo que Dios se propone hacer:
tengo demasiado miedo para mirar.

[4] La cabeza me da vueltas y se me acelera el corazón;
anhelaba que llegara la noche,
pero ahora la oscuridad me da terror.

[5] ¡Miren! Están preparando un gran banquete;
están extendiendo alfombras para que la gente se siente.
Todos comen y beben.
Pero ¡rápido!, tomen los escudos y prepárense para la batalla.
¡Los están atacando!

[6] Mientras tanto, el Señor me dijo:
«Pon un centinela sobre la muralla de la ciudad;
que advierta a gritos lo que ve.

[7] Deberá estar atento por carros de guerra
tirados por un par de caballos,
y jinetes sobre burros y camellos.
Que el centinela esté bien alerta».

[8] Luego el centinela* gritó:
«Día tras día me he mantenido de pie sobre la torre
de vigilancia, mi señor;
noche tras noche he permanecido en mi puesto.

[9] Y ahora, por fin, ¡mire!
¡Ahí viene un hombre en un carro de guerra
con un par de caballos!».
Entonces el centinela dijo:
«¡Ha caído Babilonia, ha caído!
¡Todos los ídolos de Babilonia
yacen en el suelo, hechos pedazos!».

[10] Pueblo mío, trillado y aventado,
te he transmitido todo lo que el SEÑOR de los Ejércitos Celestiales dijo,
todo lo que me ha dicho el Dios de Israel.

Mensaje acerca de Edom

[11]Este es el mensaje que recibí acerca de Edom:*

Alguien de Edom* sigue llamándome:
«Centinela, ¿cuánto falta para la mañana?
¿Cuándo se acabará la noche?».

[12] El centinela contesta:
«Ya llega la mañana, pero pronto volverá la noche.
Si quieres preguntar otra vez, entonces regresa y pregunta».

Mensaje acerca de Arabia

[13]Este es el mensaje que recibí acerca de Arabia:

Oh caravanas de Dedán,
escóndanse en los desiertos de Arabia.

[14] Oh gente de Tema,
lleven agua a esta gente sedienta,
alimento a estos refugiados agotados.

[15] Han huido de la espada,
de la espada desenvainada,
del arco tensado
y de los terrores de la batalla.

[16]El Señor me dijo: «Dentro de un año, contando cada
día,* toda la gloria de Cedar se acabará. [17]Solo sobrevivirán
unos cuantos de sus valientes arqueros. ¡Yo, el SEÑOR,
Dios de Israel, he hablado!».

Mensaje acerca de Jerusalén

22 Este es el mensaje que recibí acerca de Jerusalén,
el valle de la Visión:*

¿Qué sucede?
¿Por qué todo el mundo corre a las azoteas?

[2] Toda la ciudad está en un terrible alboroto.
¿Qué veo en esta ciudad tan parrandera?
Hay cadáveres por todas partes;
no murieron en batalla, sino a causa del hambre y de la enfermedad.

[3] Todos tus líderes huyeron;

***Notas textuales** **20:1** Asiria tomó la ciudad de Asdod en el 711 a. C. **20:3** En hebreo *Cus*; también en el 20:5. **20:4** En hebreo *los cusitas*. **21:1** En hebreo *acerca del desierto junto al mar*. **21:8** Así aparece en los Rollos del mar Muerto y en la versión siríaca; el texto masorético dice *un león*. **21:11a** En hebreo *Duma*, que significa «silencio» o «quietud». Es un juego de palabras con la palabra *Edom*. **21:11b** En hebreo *Seir*, otro nombre para Edom. **21:16** En hebreo *Dentro de un año, como lo contaría un siervo obligado por un contrato*. Algunos manuscritos antiguos dicen *Dentro de tres años*, así aparece en el 16:14. **22:1** En hebreo *acerca del valle de la Visión*.

***Notas textuales** **20:6** Mt 23:33 **21:9** Ap 14:8 **21:15** Is 13:14-15 **22:1** Jl 3:12, 14

se rindieron sin ofrecer ninguna resistencia.
Los habitantes trataron de escabullirse,
pero también fueron capturados.
4 Por eso dije: «Déjenme a solas para llorar;
no intenten consolarme.
Déjenme llorar por mi pueblo
mientras presencio su destrucción».

5 ¡Oh, qué día de derrota tan aplastante!
¡Qué día de confusión y de terror
enviado por el Señor, el SEÑOR de los Ejércitos Celestiales,
sobre el valle de la Visión!
Las murallas de Jerusalén han sido derribadas
y gritos de muerte resuenan desde las laderas de los montes.
6 Los elamitas son los arqueros.
Están en sus carros de guerra con los conductores.
Los hombres de Kir sostienen los escudos.
7 Los carros de guerra llenan tus hermosos valles
y los conductores de los carros irrumpen por tus puertas.
8 Judá ha sido despojado de sus defensas.
Ustedes corren al arsenal* a buscar sus armas.
9 Inspeccionan las brechas en las murallas de Jerusalén.*
Almacenan agua en la cisterna de abajo.
10 Recorren las casas y derriban algunas
para tomar las piedras y reforzar las murallas.
11 Entre las murallas de la ciudad construyen un estanque
para el agua de la cisterna vieja.
Sin embargo, nunca piden ayuda a Aquel que hizo todo esto.
Nunca tuvieron en cuenta a Aquel que lo planificó hace mucho tiempo.

12 En ese día, el Señor, el SEÑOR de los Ejércitos Celestiales,
los llamó a llorar y a lamentarse.
Les dijo que se raparan la cabeza en señal de dolor por sus pecados
y que usaran ropa de tela áspera para expresar su remordimiento.
13 En cambio, ustedes bailan y juegan;
matan reses y ovejas;
comen carne y beben vino.
Y dicen: «¡Comamos y bebamos,
que mañana moriremos!».

14El SEÑOR de los Ejércitos Celestiales me ha revelado lo siguiente: «Hasta el día en que mueran, nunca se les perdonará este pecado». Ese es el juicio del Señor, el SEÑOR de los Ejércitos Celestiales.

Mensaje para Sebna

15Esto me dijo el Señor, el SEÑOR de los Ejércitos Celestiales: «Enfréntate a Sebna, el administrador del palacio, y dale este mensaje:

16 »¿Quién te crees que eres,
y qué haces aquí,
construyéndote una hermosa sepultura,
un monumento en lo alto de la roca?
17 Pues el SEÑOR está a punto de arrojarte lejos,
hombre poderoso.
Te agarrará,
18 te arrugará y hará de ti una bola,
y te lanzará a una tierra árida y distante.
Allí morirás,
y tus gloriosos carros de guerra quedarán rotos e inútiles.
¡Eres una vergüenza para tu amo!

19»Sí, te sacaré de tu puesto —dice el SEÑOR—, te derri-
baré de tu elevada posición.
20Y entonces llamaré a mi
siervo Eliaquim, hijo de Hilcías, para que te reemplace.
21Lo vestiré con tus vestiduras reales y le daré tu título y
tu autoridad. Y será un padre para el pueblo de Jerusalén y
de Judá.
22Le daré la llave de la casa de David, la posición
más elevada dentro de la corte real. Cuando él abra puertas, nadie podrá cerrarlas; cuando él cierre puertas, nadie
podrá abrirlas.
23Le traerá honor al nombre de su familia,
porque yo lo pondré firmemente en su lugar como un
clavo en la pared.
24Le darán grandes responsabilidades, y
él les traerá honor incluso a los miembros más humildes
de su familia*».

25Pero el SEÑOR de los Ejércitos Celestiales también dice: «Llegará el día en que yo sacaré el clavo que parecía tan firme; saldrá y caerá al suelo y todo lo que sostiene se caerá junto con él. ¡Yo, el SEÑOR, he hablado!».

Mensaje acerca de Tiro

23

Este es el mensaje que recibí acerca de Tiro:

¡Giman ustedes, barcos mercantes de Tarsis,
porque quedaron destruidos el puerto y las casas de Tiro!
Los rumores que oyeron en Chipre*
son ciertos.
2 Laméntense en silencio, gente de la costa,
y ustedes, mercaderes de Sidón.
Sus comerciantes cruzaban el mar,*
3 navegando sobre aguas profundas;
les traían granos desde Egipto*
y cosechas de todo el Nilo.
Ustedes eran el mercado del mundo.

4 Pero ahora tú pasas vergüenza, ciudad de Sidón,
porque Tiro, la fortaleza del mar, dice:*
«Ahora estoy sin hijos;
no tengo hijos ni hijas».
5 Cuando en Egipto oigan la noticia acerca de Tiro,
habrá gran dolor.
6 ¡Avisen ahora a Tarsis!
¡Giman, ustedes que viven en tierras lejanas!
7 Con la larga historia que tenían ustedes,
¿son estas silenciosas ruinas lo único que queda de su ciudad, antes tan llena de alegría?

***Notas textuales** **22:8** En hebreo *a la Casa del Bosque*; ver 1 Re 7:2-5. **22:9** En hebreo *en la ciudad de David*. **22:24** En hebreo *Colgarán de él toda la gloria de la casa de su padre: su descendencia y vástagos, todas sus vasijas de menor importancia, desde los tazones hasta todas las jarras*. **23:1** En hebreo *Quitim*; también en 23:12. **23:2** Así aparece en los Rollos del mar Muerto y en la versión griega; el texto masorético dice *Los que han cruzado el mar los han llenado*. **23:3** En hebreo *desde Sihor*, una rama del río Nilo. **23:4** O *porque el dios del mar dice*; en hebreo dice *porque el mar, la fortaleza del mar, dice*.

***Notas textuales** **22:13** 1 Co 15:32 **22:23** Za 10:4

Piensen en toda la gente que enviaron para
establecerse en lugares distantes.

8 ¿Quién hizo caer este desastre sobre Tiro,
la gran fundadora de reinos?
Sus comerciantes eran todos príncipes;
sus mercaderes, nobles.
9 El SEÑOR de los Ejércitos Celestiales lo hizo
para destruir tu orgullo
y dejar por el suelo a toda la nobleza de la tierra.
10 Vengan, habitantes de Tarsis,
arrasen la tierra como el Nilo en sus inundaciones,
porque Tiro está indefensa.*
11 El SEÑOR extendió su mano sobre el mar
y sacudió los reinos de la tierra.
Él se ha pronunciado contra Fenicia;*
ordenó que fueran destruidas sus fortalezas.
12 Él dice: «Nunca más volverás a alegrarte,
oh hija de Sidón, porque has sido aplastada.
Aunque huyas a Chipre,
no encontrarás descanso».

13 Miren a la tierra de Babilonia:*
¡la gente de esa tierra ha desaparecido!
Los asirios han entregado a Babilonia
a los animales salvajes del desierto.
Levantaron rampas de asalto contra sus muros,
derribaron los palacios
y convirtieron la ciudad en un montón de
escombros.

14 ¡Giman ustedes, barcos de Tarsis,
porque su puerto está destruido!

15 Durante setenta años, el tiempo que dura la vida de
un rey, Tiro será olvidada; pero luego la ciudad volverá a
la vida, como en la canción acerca de la prostituta:

16 Toma un arpa y camina por las calles,
ramera olvidada;
entona una dulce melodía y canta tus canciones
para que te vuelvan a recordar.

17 Así es, después de setenta años, el SEÑOR devolverá la
vida a Tiro; pero no será distinta de lo que era antes. Vol-
verá a ser una prostituta para todos los reinos del mundo.
18 Sin embargo, al final, sus ganancias le serán entregadas
al SEÑOR. Sus riquezas no serán acumuladas, sino que
darán buenos alimentos y vestidos de buena calidad a los
sacerdotes del SEÑOR.

Destrucción de la tierra

24 ¡Miren! El SEÑOR está a punto de destruir la
tierra
y convertirla en una inmensa tierra baldía.
Él devasta la superficie de la tierra
y dispersa a los habitantes.
2 Sacerdotes y laicos,
sirvientes y amos,
criadas y señoras,
compradores y vendedores,
prestamistas y prestatarios,
banqueros y deudores: no se perdonará a nadie.
3 La tierra será totalmente vaciada y saqueada.
¡El SEÑOR ha hablado!
4 La tierra está de duelo y se seca,
y el suelo se consume y se marchita;
hasta los mejores habitantes de la tierra se
consumen.
5 La tierra sufre por los pecados de sus habitantes,
porque han torcido las instrucciones de Dios,
han violado sus leyes
y quebrantado su pacto eterno.
6 Por lo tanto, una maldición consume la tierra;
sus habitantes tienen que pagar el precio por su
pecado.
El fuego los destruye,
y solo unos cuantos quedan con vida.
7 Las vides se marchitan,
y no hay vino nuevo;
todos los parranderos suspiran y se lamentan.
8 Se ha callado el alegre sonido de las panderetas;
ya no se escuchan los felices gritos de celebración
y las melodiosas cuerdas del arpa están
silenciosas.
9 Se han acabado los placeres del vino y del canto;
las bebidas alcohólicas se vuelven amargas en la
boca.
10 La ciudad se retuerce en el caos;
todas las casas están cerradas con llave para que
no entren intrusos.
11 Se reúnen las turbas en las calles, clamando por vino;
el gozo se ha convertido en tristeza
y la alegría ha sido expulsada de la tierra.
12 La ciudad ha quedado en ruinas,
sus puertas echadas abajo.
13 Es lo mismo en toda la tierra:
solo queda un remanente,
como las aceitunas sueltas que quedan en el olivo
o las pocas uvas que quedan en la vid después de
la cosecha.

14 Pero los que quedaron, gritan y cantan de alegría;
los del occidente alaban la majestad del SEÑOR.
15 En las tierras del oriente, denle gloria al SEÑOR;
en las tierras más allá del mar, alaben el nombre
del SEÑOR, Dios de Israel.
16 ¡Oímos cantos de alabanza desde los confines de la
tierra,
canciones que le dan gloria al Justo!

Sin embargo, tengo el corazón cargado de angustia.
Lloren por mí, porque me estoy marchitando.
Sigue prevaleciendo el engaño,
y hay traición por todas partes.
17 Terror, trampas y redes serán su suerte,
gente de la tierra.
18 Los que huyan aterrorizados caerán en una trampa,
y los que escapen de la trampa quedarán
atrapados en una red.

La destrucción cae de los cielos como la lluvia;
tiemblan los cimientos de la tierra.

***Notas textuales** **23:10** El significado del hebreo en este versículo es incierto. **23:11** En hebreo *Canaán*. **23:13** O *Caldea*.

***Notas textuales** **23:13** Ap 18:21-22 **24:5** Gn 3:17 **24:14** Is 12:6

19 La tierra se ha hecho pedazos.
Se ha derrumbado por completo;
se sacude con violencia.
20 La tierra se tambalea como un borracho;
tiembla como una carpa en medio de una tormenta.
Cae para no volver a levantarse,
porque es muy pesada la culpa de su rebelión.

21 En aquel día, el SEÑOR castigará a los dioses de los cielos
y a los soberbios gobernantes en las naciones de la tierra.
22 Serán acorralados y echados a la cárcel.
Serán encerrados en prisión
y por fin serán castigados.
23 Entonces, la gloria de la luna menguará,
y el resplandor del sol se desvanecerá,
porque el SEÑOR de los Ejércitos Celestiales reinará en el monte Sion.
Reinará con gran gloria en Jerusalén,
a los ojos de todos los líderes de su pueblo.

Alabanza por el juicio y la salvación

25 Oh SEÑOR, honraré y alabaré tu nombre,
porque tú eres mi Dios.
¡Tú haces cosas maravillosas!
Las planeaste hace mucho tiempo,
y ahora las has realizado.
2 Tú conviertes ciudades poderosas en montones de ruinas;
ciudades con murallas fuertes se convierten en escombros.
Hermosos palacios en tierras lejanas desaparecen
y jamás serán reconstruidos.
3 Por lo tanto, naciones fuertes proclamarán tu gloria;
naciones despiadadas te temerán.

4 Oh SEÑOR, tú eres una torre de refugio para los pobres,
una torre de refugio para los necesitados en su angustia.
Eres refugio de la tempestad
y amparo del calor.
Pues los actos opresivos de la gente despiadada
son como una tormenta que azota los muros,
5 o como el calor implacable del desierto.
Sin embargo, tú haces callar el rugido de las naciones extranjeras.
Como la sombra de una nube aplaca el incesante calor,
tú silencias las canciones vanidosas de la gente despiadada.

6 En Jerusalén,* el SEÑOR de los Ejércitos Celestiales
preparará un maravilloso banquete
para toda la gente del mundo.
Será un banquete delicioso
con vino añejo y carne de primera calidad.
7 Allí él quitará la nube de tristeza,
la sombra de muerte que cubre la tierra.
8 ¡Él devorará a la muerte para siempre!
El SEÑOR Soberano secará todas las lágrimas
y quitará para siempre los insultos y las burlas
contra su tierra y su pueblo.
¡El SEÑOR ha hablado!

9 En aquel día, la gente proclamará:
«¡Este es nuestro Dios!
¡Confiamos en él, y él nos salvó!
Este es el SEÑOR en quien confiamos.
¡Alegrémonos en la salvación que nos trae!».
10 Pues la mano de bendición del SEÑOR descansará sobre Jerusalén.
Moab, en cambio, será aplastado;
será como la paja pisoteada y abandonada para que se pudra.
11 Dios echará hacia abajo al pueblo de Moab
como el nadador empuja hacia abajo el agua con las manos.
Pondrá fin a su orgullo
y a todas sus malas acciones.
12 Las altas murallas de Moab serán demolidas,
derribadas al suelo,
echadas al polvo.

Canto de alabanza al SEÑOR

26 En aquel día, todos en la tierra de Judá cantarán esta canción:

¡Nuestra ciudad es fuerte!
Estamos rodeados por las murallas de la salvación de Dios.
2 Abran las puertas a todos los que son justos;
dejen entrar a los fieles.
3 ¡Tú guardarás en perfecta paz
a todos los que confían en ti,
a todos los que concentran en ti sus pensamientos!
4 Confíen siempre en el SEÑOR,
porque el SEÑOR DIOS es la Roca eterna.
5 Él humilla a los orgullosos
y derriba a la ciudad arrogante;
él la echa al polvo.
6 Los pobres y los oprimidos la pisotean,
y los necesitados caminan sobre ella.

7 Sin embargo, para los que son justos,
el camino no es empinado ni accidentado.
Tú eres Dios. Haces lo que es justo
y allanas el camino delante de ellos.
8 SEÑOR, mostramos nuestra confianza en ti al obedecer tus leyes;
el deseo de nuestro corazón es glorificar tu nombre.
9 Te busco por la noche;
en la mañana* te busco de todo corazón.
Pues solo cuando tú vengas a juzgar la tierra,
la gente aprenderá lo correcto.
10 Tu bondad con los malvados
no los lleva a hacer el bien.
Aunque otros hagan el bien, los malvados siguen haciendo el mal
y no les importa la majestad del SEÑOR.

***Notas textuales** **25:6** En hebreo *En esta montaña*; similar en 25:10. **26:9** En hebreo *dentro de mí*.

***Notas textuales** **24:23** Ap 21:23 **25:8** 1 Co 15:54-55

[11] Oh SEÑOR, ellos no prestan ninguna
atención a tu puño levantado.
Demuéstrales tu fervor por defender a tu pueblo;
entonces quedarán avergonzados.
Que tu fuego consuma a tus enemigos.

[12] SEÑOR, tú nos concederás la paz;
en realidad, todo lo que hemos logrado viene de ti.
[13] Oh SEÑOR, Dios nuestro, otros nos han gobernado,
pero tú eres el único a quien adoramos.
[14] Aquellos a quienes servimos antes, están muertos y bajo tierra;
¡sus espíritus difuntos nunca volverán!
Tú los atacaste y los destruiste,
y hace tiempo que pasaron al olvido.
[15] Oh SEÑOR, tú hiciste grande nuestra nación;
así es, tú nos hiciste grandes.
Tú extendiste nuestras fronteras,
¡y te damos toda la gloria!

[16] SEÑOR, en nuestra angustia te hemos buscado;
bajo la carga de tu disciplina hemos orado.
[17] Como la mujer embarazada
se retuerce y grita de dolor mientras da a luz,
así estábamos en tu presencia, SEÑOR.
[18] También nosotros nos retorcemos de agonía,
pero nuestros sufrimientos no resultan en nada.
No le hemos dado salvación a la tierra,
ni le trajimos vida al mundo.
[19] Pero los que mueren en el SEÑOR vivirán;
¡sus cuerpos se levantarán otra vez!
Los que duermen en la tierra
se levantarán y cantarán de alegría.
Pues tu luz que da vida descenderá como el rocío
sobre tu pueblo, en el lugar de los muertos.

Restauración para Israel

[20] Ve a tu casa, pueblo mío,
¡y pon cerrojo a tus puertas!
Escóndete por un breve tiempo,
hasta que haya pasado el enojo del SEÑOR.
[21] ¡Miren! El SEÑOR viene del cielo
para castigar a la gente de la tierra por sus pecados.
La tierra no seguirá escondiendo a los asesinados;
los sacará a la vista de todos.

27 En aquel día, el SEÑOR tomará su espada veloz y
terrible para castigar al Leviatán:* la serpiente que
se mueve con gran rapidez, la serpiente que se retuerce y
se enrolla. Él matará al dragón del mar.

[2] «En aquel día,
canten acerca del viñedo fértil.
[3] Yo, el SEÑOR, lo vigilaré,
y lo regaré con cuidado.
Día y noche lo vigilaré para que nadie pueda hacerle daño.
[4] Mi enojo habrá desaparecido.
Si encuentro zarzas y espinos en crecimiento,
los atacaré;
los quemaré,
[5] a menos que vuelvan a mí en busca de ayuda.
Que se reconcilien conmigo;
sí, que se reconcilien conmigo».
[6] Se acerca el tiempo cuando los descendientes de Jacob
echarán raíces;
¡Israel brotará y florecerá,
y llenará de fruto el mundo entero!

[7] ¿Ha golpeado el SEÑOR a Israel
como golpeaba a sus enemigos?
¿Lo ha castigado
como los castigaba a ellos?
[8] No, pero desterró a Israel para que rindiera cuentas;
quedó desterrado de su tierra,
como si hubiera sido arrasado por una tormenta del oriente.
[9] El SEÑOR lo hizo para purificar a Israel* de su perversidad,
para quitarle todo su pecado.
Como resultado, todos los altares paganos serán reducidos a polvo.
No quedará en pie ningún poste dedicado a la diosa Asera ni ningún santuario pagano.
[10] Las ciudades fortificadas quedarán en silencio y vacías;
las casas estarán abandonadas, y las calles,
cubiertas de mala hierba.
Allí pastarán los terneros,
masticando ramas y tallos.
[11] La gente está como las ramas secas de un árbol,
que se arrancan y se usan para encender el fuego
debajo de las ollas para cocinar.
Israel es una nación tonta y necia,
porque sus habitantes se han apartado de Dios.
Por lo tanto, aquel que los hizo
no les tendrá lástima ni misericordia.

[12] Sin embargo, llegará el día cuando el SEÑOR los reu-
nirá como grano seleccionado a mano. Uno por uno los
irá reuniendo, desde el río Éufrates* al oriente, hasta el
arroyo de Egipto al occidente. [13] En aquel día se tocará la
gran trompeta y muchos de los que se morían en el des-
tierro en Asiria y en Egipto regresarán a Jerusalén para
adorar al SEÑOR en su monte santo.

Mensaje acerca de Samaria

28 ¡Qué aflicción le espera a la orgullosa ciudad de Samaria,
la corona gloriosa de los borrachos de Israel!*
Está asentada a la cabeza de un valle fértil,
pero su belleza gloriosa se marchitará como una flor.
Es el orgullo de un pueblo
que el vino derribó.
[2] Pues el Señor enviará un poderoso ejército en su contra;
como un potente granizo y una lluvia torrencial,

***Notas textuales** **27:1** La identidad del Leviatán es discutida; las ideas van desde una criatura terrestre hasta un mítico monstruo marino de la literatura antigua. **27:9** En hebreo *a Jacob.* Ver nota en 14:1. **27:12** En hebreo *el río.* **28:1** En hebreo *¡Qué aflicción le espera a la corona de gloria de los borrachos de Efraín!*, refiriéndose a Samaria, la capital del reino del norte de Israel.

***Notas textuales** **26:15** Is 54:2 **26:17** Jn 16:21 **26:21** Jds 1:14 **27:3** Jn 10:28 **27:13** Ap 11:15

se lanzarán sobre ella como las aguas embravecidas
de una inundación
y la aplastarán contra el suelo.
3 La orgullosa ciudad de Samaria,
la corona gloriosa de los borrachos de Israel,*
será pisoteada bajo los pies de sus enemigos.
4 Está asentada a la cabeza de un valle fértil,
pero su belleza gloriosa se marchitará como una
flor.
Cualquiera que la vea la arrancará,
como a un higo que brota temprano y pronto se
arranca y se come.

5 Entonces por fin el SEÑOR de los Ejércitos Celestiales
será la corona gloriosa de Israel;
será el orgullo y la alegría
del remanente de su pueblo.
6 Él dará a sus jueces
anhelo de justicia,
y gran valentía
a sus guerreros que vigilan las puertas.

7 Sin embargo, ahora Israel es dirigido por borrachos
que dan tumbos por el vino y se tambalean a
causa del alcohol.
Los sacerdotes y los profetas se tambalean a causa
del alcohol,
y se pierden por el vino.
Dan tumbos cuando tienen visiones
y se tambalean cuando emiten sus decisiones.
8 Sus mesas están cubiertas de
vómito;
hay inmundicia por todas partes.
9 «¿Quién se cree el SEÑOR que somos? —preguntan—.
¿Por qué nos habla así?
¿Acaso somos niños pequeños,
recién destetados?
10 ¡Una y otra vez nos repite todo,
línea por línea,
renglón por renglón,
un poco aquí
y un poco allá!».

11 Así que, ahora, ¡Dios tendrá que hablar a su pueblo
por medio de opresores extranjeros que hablan
una lengua extraña!
12 Dios le ha dicho a su pueblo:
«Aquí hay un lugar de descanso;
que reposen aquí los fatigados.
Este es un lugar tranquilo para descansar»;
pero ellos no quisieron escuchar.
13 Por eso el SEÑOR nuevamente les explicará su
mensaje en detalle:
línea por línea,
renglón por renglón,
un poco aquí
y un poco allá,
para que tropiecen y caigan.
Ellos serán heridos, caerán en la trampa y serán
capturados.

14 Por lo tanto, escuchen este mensaje del SEÑOR,
ustedes, gobernantes burlones de Jerusalén.
15 Se jactan diciendo: «Hemos hecho un trato para
burlar a la muerte
y hemos llegado a un acuerdo para evitar la
tumba.*
La destrucción que se aproxima nunca podrá
tocarnos,
porque nos hemos edificado un fuerte refugio
hecho de mentiras y engaños».

16 Por lo tanto, esto dice el SEÑOR Soberano:
«¡Miren! Pongo una piedra de cimiento en
Jerusalén,*
una piedra sólida y probada.
Es una preciosa piedra principal sobre la cual se
puede construir con seguridad.
El que crea jamás será sacudido.*
17 Los probaré con la cuerda de medir de la justicia
y con la plomada de la rectitud.
Puesto que su refugio está construido de mentiras,
un granizo lo echará abajo.
Puesto que está hecho de engaños,
una inundación lo arrasará.
18 Anularé el trato que ustedes hicieron para burlar a la
muerte,
y revocaré su acuerdo para evitar la tumba.
Cuando el terrible enemigo arrase la tierra,
ustedes serán pisoteados.
19 Una y otra vez vendrá esa inundación,
mañana tras mañana,
día y noche,
hasta que arrase con todos ustedes».

Este mensaje llenará de terror al pueblo.
20 La cama que ustedes hicieron es demasiado pequeña
para acostarse en ella
y las mantas son demasiado estrechas para
cubrirlos.
21 El SEÑOR vendrá, como lo hizo contra los filisteos en
el monte Perazim,
y contra los amorreos en Gabaón.
Vendrá para hacer algo extraño;
vendrá para hacer algo poco común:
22 el Señor, el SEÑOR de los Ejércitos Celestiales,
ha dicho con claridad que está decidido a aplastar
toda la tierra.
Así que no se burlen más,
de lo contrario, su castigo será aún mayor.

23 Escúchenme;
escuchen y presten mucha atención.
24 ¿Acaso el agricultor siempre ara pero nunca siembra?
¿Está continuamente labrando la tierra y nunca
plantando?
25 ¿No siembra finalmente sus semillas
—comino negro, comino, trigo, cebada y trigo
espelta—
cada uno en la forma correcta,

***Notas textuales** **28:3** En hebreo *La corona de gloria de los borrachos de Efraín*; ver nota en 28:1. **28:15** En hebreo *el Seol*; también en 28:18. **28:16a** En hebreo *en Sion*. **28:16b** La versión griega dice *¡Miren! Pongo una piedra en los cimientos de Jerusalén* [literalmente *Sion*], */ una preciosa piedra principal como cimiento, escogida para gran honor. / Todo el que confíe en él jamás será avergonzado*. Comparar Rm 9:33; 1 P 2:6.

***Notas textuales** **28:9** Hb 5:12-13 **28:11** 1 Co 14:21 **28:16** 1 P 2:6 **28:22** Rm 9:28

y cada uno en el lugar que le corresponde?
26 El agricultor sabe exactamente qué hacer
porque Dios le ha dado entendimiento.
27 Nunca se usa un mazo pesado para trillar el comino negro,
sino que se golpea con varas livianas.
Nunca se pasa una rueda de trillar sobre el comino,
al contrario, se golpea suavemente con un mayal.
28 El grano para el pan se muele con facilidad,
por eso no lo tritura demasiado.
Lo trilla bajo las ruedas de una carreta,
pero no lo pulveriza.
29 El SEÑOR de los Ejércitos Celestiales es un maestro maravilloso,
y le da gran sabiduría al agricultor.

Mensaje acerca de Jerusalén

29 «¡Qué aflicción le espera a Ariel,* la Ciudad de David!
Año tras año ustedes celebran sus fiestas.
2 Sin embargo, traeré desastre sobre ustedes,
y habrá mucho llanto y dolor.
Pues Jerusalén se convertirá en lo que significa su nombre, Ariel:
un altar cubierto de sangre.
3 Yo seré su enemigo;
rodearé a Jerusalén y atacaré sus murallas.
Edificaré torres de asalto
y la destruiré.
4 Entonces, tú hablarás desde lo profundo de la tierra;
tus palabras saldrán desde bien abajo, desde el polvo.
Tu voz susurrará desde el suelo
como un fantasma invocado de la tumba.

5 »Pero de pronto, tus despiadados enemigos serán aplastados
como el polvo más fino.
Tus numerosos atacantes serán expulsados
como la paja ante el viento.
De repente, en un instante,
6 yo, el SEÑOR de los Ejércitos Celestiales, intervendré a tu favor
con trueno, terremoto y gran ruido,
con torbellino, tormenta y fuego consumidor.
7 Todas las naciones que pelean contra Jerusalén*
¡desaparecerán como un sueño!
Los que atacan sus murallas
se esfumarán como una visión en la noche.
8 La persona con hambre sueña con comida,
pero se despierta todavía con hambre.
La persona con sed sueña con beber,
pero cuando llega la mañana, sigue desfallecida de sed.
Así será con tus enemigos,
con los que ataquen al monte Sion».

9 ¿Estás asombrado y escéptico?
¿No lo crees?
Entonces adelante, sé ciego.
Eres necio, pero no por culpa del vino;
te tambaleas, ¡pero no por causa del licor!
10 Pues el SEÑOR derramó sobre ti un espíritu de sueño profundo;
ha cerrado los ojos de tus profetas y visionarios.

11 Para ellos, todos los sucesos futuros de esta visión
son como un libro sellado. Cuando se lo des a los que
sepan leer, dirán: «No podemos leerlo porque está se-
llado». 12 Cuando se lo des a los que no sepan leer, dirán:
«No sabemos leer».

13 Así que el Señor dice:
«Este pueblo dice que me pertenece;
me honra con sus labios,
pero su corazón está lejos de mí.
Y la adoración que me dirige
no es más que reglas humanas, aprendidas de memoria.*
14 Por esa causa, una vez más asombraré a estos hipócritas
con maravillas extraordinarias.
La sabiduría de los sabios pasará,
y la inteligencia de los inteligentes desaparecerá».
15 ¡Qué aflicción les espera a los que intentan esconder sus planes del SEÑOR,
a los que hacen sus malas acciones en la oscuridad!
«El SEÑOR no puede vernos —dicen—;
no sabe lo que está pasando».
16 ¿Será posible que sean tan necios?
¡Él es el Alfarero y, por cierto, es mayor que ustedes, el barro!
¿Acaso la cosa creada puede decir acerca del que la creó:
«Él no me hizo»?
¿Alguna vez ha dicho una vasija:
«El alfarero que me hizo es un tonto»?

17 Pronto —y no pasará mucho tiempo—
los bosques del Líbano se convertirán en un campo fértil,
y el campo fértil se convertirá en bosque.
18 En aquel día, los sordos oirán cuando se lean las palabras de un libro
y los ciegos verán a través de la neblina y la oscuridad.
19 Los humildes se llenarán de una alegría nueva de parte del SEÑOR;
los pobres se alegrarán en el Santo de Israel.
20 Los burlones ya no existirán,
los arrogantes desaparecerán,
y los que traman el mal serán muertos.
21 Los que condenan a los inocentes
con sus falsos testimonios desaparecerán.
Un destino parecido les espera a los que usan el engaño para pervertir la justicia
y mienten para destruir a los inocentes.

22 Por eso el SEÑOR, quien redimió a Abraham, dice al
pueblo de Israel:*

***Notas textuales** **29:1** *Ariel* suena como un término hebreo que significa «brasero» o «altar». **29:7** En hebreo *Ariel*. **29:13** La versión griega dice *Su adoración es una farsa / porque enseñan ideas humanas como si fueran mandatos de Dios*. Comparar Mc 7:7.

***Notas textuales** **29:3** Lc 19:43-44 **29:10** Rm 11:8 **29:14** 1 Co 1:19 **29:16** Rm 9:20-21

«Mi pueblo ya no será avergonzado,
ni palidecerá de temor.
23 Pues cuando vean a sus numerosos hijos
y todas las bendiciones que yo les he dado,
reconocerán la santidad del Santo de Jacob;
quedarán asombrados ante el Dios de Israel.
24 Entonces los descarriados adquirirán entendimiento,
y los que se quejan de todo aceptarán la instrucción.

La alianza inútil entre Judá y Egipto

30 »Qué aflicción les espera a mis hijos rebeldes
—dice el SEÑOR—.
Ustedes hacen planes contrarios a los míos;
hacen alianzas que no son dirigidas por mi Espíritu,
y de esa forma aumentan sus pecados.
2 Pues sin consultarme,
bajaron a Egipto en busca de ayuda;
pusieron su confianza en la protección del faraón
y trataron de esconderse bajo su sombra.
3 Pero por confiar en el faraón serán humillados,
y por depender de él, serán avergonzados.
4 Pues, aunque el poder del faraón se extiende hasta Zoán,
y sus funcionarios han llegado a Hanes,
5 todos los que confíen en él serán avergonzados.
Él no los ayudará;
todo lo contrario, los avergonzará».

6Este es el mensaje que recibí con respecto a los animales del Neguev:

La caravana se mueve lentamente
a través del terrible desierto hacia Egipto
—burros cargados de riquezas
y camellos cargados de tesoros—
para pagar por la protección de Egipto.
Viajan a través del desierto,
lugar de leonas y leones,
lugar donde viven las víboras y las serpientes venenosas.
A pesar de todo esto, Egipto no les dará nada a cambio.
7 ¡Las promesas de Egipto no sirven para nada!
Por lo tanto, lo llamaré Rahab,
el dragón inofensivo.*

Advertencia para la rebelde Judá

8 Ahora ve y escribe estas palabras;
escríbelas en un libro.
Así quedarán hasta el fin de los tiempos
como testigo
9 de que este es un pueblo rebelde y terco
que se niega a hacer caso a las instrucciones del SEÑOR.
10 Les dicen a los videntes:
«¡Dejen de ver visiones!».
Les dicen a los profetas:
«No nos digan lo que es correcto.
Dígannos cosas agradables;
cuéntennos mentiras.
11 Olvídense de toda esta tristeza;
apártense de su senda estrecha.
Dejen de hablarnos acerca del
"Santo de Israel"».

12Esta es la respuesta del Santo de Israel:

«Dado que ustedes desprecian lo que les digo
pero más bien confían en la opresión y en las mentiras,
13 la calamidad caerá sobre ustedes de repente,
como una pared pandeada que explota y se cae.
En un instante, se desplomará
y se derrumbará.
14 Ustedes serán aplastados como una vasija de barro,
hechos añicos de una manera tan completa
que no habrá un pedazo lo suficientemente grande
para llevar los carbones de una hoguera
ni un poco de agua del pozo».

15 Esto dice el SEÑOR Soberano,
el Santo de Israel:
«Ustedes se salvarán solo si regresan a mí
y descansan en mí.
En la tranquilidad y en la confianza está su fortaleza;
pero no quisieron saber nada de esto.
16 "No —dijeron ustedes—, nuestra ayuda vendrá de Egipto;
ellos nos darán caballos veloces para entrar en batalla".
Sin embargo, la única velocidad que verán
¡será la de sus enemigos dándoles caza!
17 Uno de ellos perseguirá a mil de ustedes
y cinco de ellos los harán huir a todos.
Quedarán como un asta de bandera solitaria sobre una colina
o como un estandarte hecho jirones en la cima de un monte lejano».

Bendiciones para el pueblo de Dios

18 Así que el SEÑOR esperará a que ustedes acudan a él
para mostrarles su amor y su compasión.
Pues el SEÑOR es un Dios fiel.
Benditos son los que esperan su ayuda.

19 Oh pueblo de Sion, que vives en Jerusalén,
ya no llorarás más.
Él será compasivo si le pides ayuda;
sin ninguna duda, él responderá a los clamores.
20 Aunque el Señor te dio a comer adversidad
y a beber sufrimiento,
él seguirá contigo a fin de enseñarte;
verás a tu maestro con tus propios ojos.
21 Tus oídos lo escucharán.
Detrás de ti, una voz dirá:
«Este es el camino por el que debes ir»,
ya sea a la derecha o a la izquierda.
22 Entonces destruirás todos tus ídolos de plata
y tus valiosas imágenes de oro.
Los desecharás como trapos sucios,
y les dirás: «¡Adiós y hasta nunca!».

***Notas textuales 29:22** En hebreo *de Jacob*. Ver nota en 14:1. **30:7** En hebreo *Rahab, el que queda quieto*. Rahab es el nombre de un mítico monstruo marino que en la literatura antigua representa el caos. Aquí se utiliza como un nombre poético para Egipto.

***Notas textuales 30:10** 2 Tm 4:3-4 **30:18** 2 P 3:9, 15

23 Entonces el Señor te bendecirá con lluvia durante
el tiempo de la siembra. Habrá cosechas maravillosas y
muchos pastizales para tus animales. 24 Los bueyes y los
burros que cultivan los campos comerán buen grano, y
el viento llevará la paja. 25 En aquel día, cuando tus ene-
migos sean masacrados y caigan las torres, descenderán
corrientes de agua de cada monte y colina. 26 La luna será
tan resplandeciente como el sol, y el sol brillará siete veces
más, como la luz de siete días en uno solo. Así será cuando
el Señor comience a sanar a su pueblo y a curar las heridas
que le hizo.

27 ¡Miren! El Señor viene desde muy lejos,
ardiendo de enojo,
rodeado de un humo espeso que sube.
Sus labios están llenos de furia;
sus palabras consumen como el fuego.
28 Su ardiente aliento fluye como una inundación
hasta el cuello de sus enemigos.
Él zarandeará a las naciones soberbias para destrucción;
les pondrá el freno en la boca y las llevará a la ruina.

29 Sin embargo, el pueblo de Dios entonará una canción de alegría,
como los cantos de los festivales sagrados.
Estarás lleno de alegría,
como cuando un flautista dirige a un grupo de peregrinos
a Jerusalén, el monte del Señor,
a la Roca de Israel.
30 Y el Señor hará oír su majestuosa voz
y demostrará la fuerza de su brazo poderoso.
Descenderá con llamas consumidoras,
con aguaceros, con tormentas eléctricas y enormes granizos.
31 Por orden del Señor, los asirios serán destrozados;
los herirá de muerte con su cetro real.
32 Y cuando el Señor los golpee con su vara de castigo,*
su pueblo celebrará con arpas y panderetas.
Él levantará su brazo poderoso y peleará contra los asirios.
33 Tofet, el lugar de incineración,
hace tiempo que está preparado para el rey asirio;
la pira tiene un gran montón de leña.
El aliento del Señor, como fuego de volcán,
la encenderá.

Es inútil confiar en Egipto

31 ¡Qué aflicción les espera a los que buscan ayuda en Egipto,
que confían en sus caballos, en sus carros de guerra y en sus conductores
y dependen de la fuerza de ejércitos humanos
en lugar de buscar ayuda en el Señor,
el Santo de Israel!
2 En su sabiduría, el Señor enviará una gran calamidad;
no cambiará de parecer.
Se levantará contra los malvados
y contra quienes los ayudan.
3 ¡Pues estos egipcios son simples seres humanos; no son Dios!
Sus caballos son solo carne, no espíritus poderosos.
Cuando el Señor levante el puño contra ellos,
quienes los ayudan tropezarán,
y aquellos que reciben ayuda caerán;
todos caerán y morirán juntos.

4 Pero el Señor me ha dicho:

«Cuando un león joven y fuerte
ruge sobre la oveja que ha matado,
no lo asustan los gritos ni los ruidos
de toda una multitud de pastores.
De la misma manera, el Señor de los Ejércitos Celestiales
descenderá para pelear en el monte Sion.
5 El Señor de los Ejércitos Celestiales se moverá en el aire sobre Jerusalén
y la protegerá como un ave protege su nido.
Defenderá y salvará la ciudad;
pasará sobre ella y la rescatará».

6 Pueblo mío, aunque eres rebelde y perverso, ven y
regresa al Señor. 7 Yo sé que llegará el día glorioso cuando
cada uno de ustedes desechará los ídolos de oro y las
imágenes de plata que han hecho sus manos pecadoras.

8 «Los asirios serán destruidos,
pero no por las espadas de los hombres.
La espada de Dios los golpeará;
se dejarán llevar por el pánico y huirán.
Los fuertes jóvenes asirios
serán llevados cautivos.
9 Hasta los más fuertes temblarán de terror,
y los príncipes huirán al ver sus banderas de guerra»,
dice el Señor, cuyo fuego está en Sion
y sus llamas arden desde Jerusalén.

Liberación definitiva de Israel

32 ¡Miren! ¡Se acerca un rey justo!,
y príncipes honrados gobernarán bajo su mando.
2 Cada uno será como refugio del viento
y resguardo de la tormenta,
como corrientes de agua en el desierto
y sombra de una gran roca en tierra reseca.

3 Entonces todo el que tenga ojos podrá ver la verdad,
y todo el que tenga oídos podrá oírla.
4 Hasta los impulsivos estarán llenos de sentido común
y de entendimiento,
y los que tartamudean hablarán con claridad.
5 En aquel día, los necios que viven sin Dios no serán héroes;
los canallas no serán respetados.
6 Pues los necios hablan necedades
y hacen planes malvados;

***Notas textuales 30:32** Así aparece en algunos manuscritos hebreos y en la versión siríaca; el texto masorético dice *con la vara fundada*.

***Notas textuales 30:26** Ap 22:5 **30:33** Gn 19:24 **31:6** Is 55:7

practican la impiedad
y difunden enseñanzas falsas acerca del SEÑOR.
Privan de alimento a los hambrientos
y no dan agua a los sedientos.
7 Las sutiles artimañas de los canallas son maliciosas;
traman planes torcidos.
Mienten para condenar a los pobres,
aun cuando la causa de los pobres es justa.
8 Pero los generosos proponen hacer lo que es generoso
y se mantienen firmes en su generosidad.

9 Escuchen, mujeres, ustedes que están acostumbradas a la buena vida.
Escúchenme, ustedes que son tan engreídas.
10 Dentro de poco tiempo, algo más de un año,
ustedes que son tan despreocupadas, de repente comenzarán a preocuparse.
Pues se perderán sus cultivos de frutas,
y no habrá cosecha.
11 Tiemblen, mujeres de la buena vida;
abandonen su autosuficiencia.
Quítense sus ropas bonitas
y pónganse tela áspera en señal de su dolor.
12 Golpéense el pecho con profunda pena por sus abundantes granjas
y por sus vides llenas de fruto.
13 Pues su tierra se cubrirá de espinos y zarzas;
sus hogares alegres y ciudades felices desaparecerán.
14 El palacio y la ciudad quedarán abandonados,
y pueblos de mucha actividad estarán vacíos.
Los burros retozarán y las manadas pastarán
en los fuertes abandonados* y en las torres de vigilancia,
15 hasta que al fin se derrame el Espíritu
sobre nosotros desde el cielo.
Entonces el desierto se convertirá en campo fértil,
y el campo fértil dará cosechas abundantes.

16 La justicia gobernará en el desierto
y la rectitud en el campo fértil.
17 Y esta rectitud traerá la paz;
es cierto, traerá tranquilidad y confianza para siempre.
18 Mi pueblo vivirá seguro, tranquilo en su hogar,
y encontrará reposo.
19 Aunque se destruya el bosque
y se derrumbe la ciudad,
20 el SEÑOR bendecirá grandemente a su pueblo.
Dondequiera que siembre la semilla, brotarán cosechas abundantes
y su ganado y sus burros pastarán con libertad.

Mensaje acerca de Asiria

33 ¡Qué aflicción les espera a ustedes, asirios, que han destruido a otros,*
pero nunca han sido destruidos!
Traicionan a los demás,
pero nunca han sido traicionados.
Cuando terminen de destruir,
serán destruidos.
Cuando terminen de traicionar,
serán traicionados.
2 Pero tú, SEÑOR, ten misericordia de nosotros,
porque hemos esperado en ti.
Sé nuestro brazo fuerte cada día
y nuestra salvación en los tiempos difíciles.
3 El enemigo corre al sonido de tu voz;
cuando te pones en pie, ¡las naciones huyen!
4 Así como la oruga y la langosta despojan los campos y las vides,
de la misma forma será despojado el ejército caído de Asiria.

5 Aunque el SEÑOR es muy grande y vive en el cielo,
hará de Jerusalén* el hogar de su justicia y rectitud.
6 En aquel día, él será tu cimiento seguro,
y te proveerá de una abundante reserva de salvación, sabiduría y conocimiento;
el temor del SEÑOR será tu tesoro.

7 Pero ahora tus valientes guerreros lloran en público;
tus embajadores de paz lloran con amarga desilusión.
8 Tus caminos están abandonados;
ya nadie viaja por ellos.
Los asirios rompieron su tratado de paz
y no les importan las promesas que hicieron delante de testigos;*
no le tienen respeto a nadie.
9 La tierra de Israel se marchita con el duelo;
el Líbano se seca a causa de la vergüenza.
La llanura de Sarón es ahora un desierto;
Basán y el Carmelo han sido saqueados.

10 Pero el SEÑOR dice: «Ahora me levantaré;
ahora mostraré mi poder y mi fuerza.
11 Ustedes, los asirios, no producen más que hierba seca y rastrojos;
su propio aliento se convertirá en fuego y los consumirá.
12 Su pueblo será totalmente quemado,
como los espinos que se cortan y se echan al fuego.
13 ¡Escuchen lo que yo hice, naciones lejanas!
¡Y ustedes que están cerca, reconozcan mi poder!».

14 Los pecadores de Jerusalén tiemblan de temor;
el terror se apodera de los que no tienen a Dios.
«¿Quién puede vivir con este fuego devorador?
—claman—.
¿Quién puede sobrevivir a este fuego consumidor?».
15 Los que son honestos y justos,
los que se niegan a obtener ganancias por medio de fraudes,

***Notas textuales 32:14** En hebreo *en el Ofel*. **33:1** En hebreo *¡Qué aflicción te espera, oh destructor*. El texto hebreo no menciona específicamente a Asiria como el objeto de la profecía que aparece en este capítulo. **33:5** En hebreo *Sion*; también en el 33:14. **33:8** Así aparece en los Rollos del mar Muerto; el texto masorético dice *no les importan las ciudades*.

***Notas textuales 32:8** 2 Co 9:6-11 **32:17** St 3:18 **33:6** Sal 112:1-3 **33:14** Hb 12:29

los que se mantienen alejados de los sobornos,
los que se niegan a escuchar a los que traman asesinatos,
los que cierran los ojos para no ceder ante la tentación de hacer el mal:
16 estos son los que habitarán en las alturas.
Las rocas de los montes serán su fortaleza;
se les proveerá alimentos,
y tendrán agua en abundancia.

17 Sus ojos verán al rey en todo su esplendor,
y verán una tierra que se pierde en la distancia.
18 Recordarán este tiempo de terror y preguntarán:
«¿Dónde están los oficiales asirios
que contaban nuestras torres?
¿Dónde están los contadores
que anotaban el botín sacado de nuestra ciudad caída?».
19 Ustedes ya no verán a esa gente feroz y violenta,
con su idioma extraño y desconocido.

20 En cambio, verán a Sion como lugar de festivales sagrados;
verán a Jerusalén, una ciudad tranquila y segura.
Será como una carpa con las sogas tensas
y con las estacas firmemente clavadas.
21 Para nosotros el Señor será el Poderoso.
Será como un ancho río de protección
que ningún enemigo puede cruzar;
por el cual no puede navegar ningún barco enemigo.
22 Pues el Señor es nuestro juez,
nuestro legislador y nuestro rey;
él cuidará de nosotros y nos salvará.
23 Las velas de los enemigos cuelgan flácidas
de los mástiles rotos, junto con aparejos inútiles.
El pueblo de Dios repartirá el tesoro;
¡hasta los cojos recibirán su porción!
24 El pueblo de Israel ya no dirá:
«Estamos enfermos e indefensos»,
porque el Señor perdonará sus pecados.

Mensaje para las naciones

34 Vengan aquí y escuchen, oh naciones de la tierra;
que el mundo y todo lo que hay en él oigan mis palabras.
2 Pues el Señor está furioso contra las naciones;
su furia es contra todos sus ejércitos.
Los destruirá por completo;*
los condenará a ser masacrados.
3 Sus muertos quedarán sin sepultura,
y el hedor de los cuerpos podridos llenará la tierra;
de los montes fluirá su sangre.
4 Arriba, los cielos se esfumarán
y desaparecerán como quien enrolla un pergamino.
Las estrellas caerán del cielo
como caen las hojas marchitas de una vid,
o los higos secos de una higuera.

5 Y cuando mi espada haya terminado su trabajo en los cielos,
caerá sobre Edom,
la nación que he señalado para ser destruida.
6 La espada del Señor está empapada en sangre
y cubierta de grasa,
con la sangre de corderos y cabras,
con la grasa de carneros preparados para el sacrificio.
Sí, el Señor ofrecerá un sacrificio en la ciudad de Bosra
y hará una gran matanza en Edom.
7 Hasta morirán hombres tan fuertes como los bueyes salvajes,
los jóvenes junto a los veteranos.
La tierra quedará empapada en sangre
y el suelo enriquecido con la grasa.

8 Pues es el día de la venganza del Señor,
el año cuando Edom recibirá el pago por todo lo que le hizo a Israel.*
9 Los arroyos de Edom se llenarán de brea ardiente
y el suelo se cubrirá de fuego.
10 Este juicio sobre Edom nunca tendrá fin;
el humo de la nación en llamas se levantará para siempre.
La tierra quedará abandonada de generación en generación;
nadie volverá a vivir allí.
11 Será frecuentada por el búho del desierto y la lechuza blanca,
el búho grande y el cuervo.*
Pues Dios medirá esa tierra con cuidado;
la medirá para el caos y la destrucción.
12 Se llamará la Tierra de Nada,
y pronto todos sus nobles desaparecerán.*
13 Los espinos invadirán sus palacios;
en sus fuertes crecerán la ortiga y el cardo.
Las ruinas serán guarida de los chacales
y se convertirán en hogar de los búhos.
14 Los animales del desierto se mezclarán allí con las hienas,
y sus aullidos llenarán la noche.
Las cabras salvajes se balarán unas a otras en medio de las ruinas,
y las criaturas de la noche* irán a ese lugar para descansar.
15 Allí el búho hará su nido y pondrá sus huevos;
empollará a sus polluelos y los cubrirá con sus alas.
También irán los buitres,
cada uno con su compañera.

16 Escudriñen el libro del Señor
y vean lo que él hará.
Ninguno de estos animales ni de estas aves estará ausente,
y a ninguno le faltará su pareja,
porque el Señor lo ha prometido.

***Notas textuales 34:2** El término hebreo empleado aquí se refiere a la consagración total de cosas o personas al Señor, ya sea destruyéndolas o entregándolas como ofrenda; similar en 34:5. **34:8** En hebreo *a Sion*. **34:11** La identificación de algunas de estas aves es incierta. **34:12** El significado del hebreo es incierto. **34:14** En hebreo *Liliz*, posiblemente una referencia a un mítico demonio nocturno.

***Notas textuales 33:24** 1 Jn 1:7-9 **34:4** Mc 13:24-25 **34:10** Ap 14:11

Su Espíritu hará que todo esto se haga realidad.
17 Él ha medido y dividido la tierra,
y se la ha dado en propiedad a esas criaturas.
Ellas la poseerán para siempre,
de generación en generación.

Esperanza de restauración

35 Hasta el lugar desolado y el desierto estarán
contentos en esos días;
la tierra baldía se alegrará y florecerá el azafrán de
primavera.
2 Así es, habrá abundancia de flores,
de cantos y de alegría.
Los desiertos se pondrán tan verdes como los
montes del Líbano,
tan bellos como el monte Carmelo o la llanura de
Sarón.
Allí el SEÑOR manifestará su gloria,
el esplendor de nuestro Dios.
3 Con esta noticia, fortalezcan a los que tienen cansadas
las manos,
y animen a los que tienen débiles las rodillas.
4 Digan a los de corazón temeroso:
«Sean fuertes y no teman,
porque su Dios viene para destruir a sus enemigos;
viene para salvarlos».

5 Y cuando él venga, abrirá los ojos de los ciegos
y destapará los oídos de los sordos.
6 El cojo saltará como un ciervo,
y los que no pueden hablar ¡cantarán de alegría!
Brotarán manantiales en el desierto
y corrientes regarán la tierra baldía.
7 El suelo reseco se convertirá en laguna
y los manantiales de agua saciarán la tierra
sedienta.
Crecerán las hierbas de pantano, las cañas y los
juncos
donde antes vivían los chacales del desierto.

8 Un gran camino atravesará esa tierra, antes vacía;
se le dará el nombre de Carretera de la Santidad.
Los de mente malvada nunca viajarán por ella.
Será solamente para quienes anden por los
caminos de Dios;
los necios nunca andarán por ella.
9 Los leones no acecharán por esa ruta,
ni ninguna otra bestia feroz.
No habrá ningún otro peligro;
solo los redimidos andarán por ella.
10 Regresarán los que han sido rescatados por el
SEÑOR;
entrarán cantando a Jerusalén,*
coronados de gozo eterno.
Estarán llenos de regocijo y de alegría;
desaparecerán el luto y la tristeza.

Asiria invade Judá

36 En el año catorce del reinado de Ezequías,*
Senaquerib, rey de Asiria, atacó las ciudades
fortificadas de Judá y las conquistó. 2Entonces el rey de
Asiria mandó a su jefe del Estado Mayor* desde Laquis
con un enorme ejército para enfrentar al rey Ezequías en
Jerusalén. Los asirios tomaron posición de batalla junto
al acueducto que vierte el agua en el estanque superior,
cerca del camino que lleva al campo donde se lavan* telas.
3Estos son los funcionarios que salieron a reunirse
con ellos: Eliaquim, hijo de Hilcías, administrador del
palacio; Sebna, secretario de la corte; y Joa, hijo de Asaf,
historiador del reino.

Senaquerib amenaza a Jerusalén

4Entonces el jefe del Estado Mayor del rey asirio les dijo
que le transmitieran a Ezequías el siguiente mensaje:

«El gran rey de Asiria dice: ¿En qué confías que te da
tanta seguridad? 5¿Acaso crees* que simples palabras
pueden sustituir la fuerza y la capacidad militar?
¿Con quién cuentas para haberte rebelado contra
mí? 6¿Con Egipto? Si te apoyas en Egipto, será como
una caña que se quiebra bajo tu peso y te atraviesa la
mano. ¡El faraón, rey de Egipto, no es nada confiable!
7»Tal vez me digas: "¡Confiamos en el SEÑOR
nuestro Dios!"; pero ¿no es él a quien Ezequías
insultó? ¿Acaso no fue Ezequías quien derribó sus
santuarios y altares, e hizo que todos en Judá y en
Jerusalén adoraran solo en el altar que hay aquí, en
Jerusalén?
8»¡Se me ocurre una idea! Llega a un acuerdo
con mi amo, el rey de Asiria. Yo te daré dos mil
caballos, ¡si es que puedes encontrar esa cantidad
de hombres para que los monten! 9Con tu pequeño
ejército, ¿cómo se te ocurre desafiar siquiera al
contingente más débil de las tropas de mi amo,
aunque contaras con la ayuda de los carros de guerra
y sus conductores de Egipto? 10Es más, ¿crees que
hemos invadido tu tierra sin la dirección del SEÑOR?
El SEÑOR mismo nos dijo: "¡Ataquen esta tierra y
destrúyanla!"».

11Entonces tanto Eliaquim como Sebna y Joa le dijeron
al jefe del Estado Mayor asirio:
—Por favor, háblanos en arameo porque lo entendemos
bien. No hables en hebreo,* porque oirá la gente que está
sobre la muralla.
12Pero el jefe del Estado Mayor de Senaquerib
respondió:
—¿Ustedes creen que mi amo les envió este mensaje
solo a ustedes y a su amo? Él quiere que todos los habitantes lo oigan porque, cuando sitiemos a esta ciudad,
ellos sufrirán junto con ustedes. Tendrán tanta hambre y
tanta sed que comerán su propio excremento y beberán
su propia orina.
13Después el jefe del Estado Mayor se puso de pie y le
gritó en hebreo a la gente que estaba sobre la muralla: «¡Escuchen este mensaje del gran rey de Asiria! 14El rey dice
lo siguiente: "No dejen que Ezequías los engañe. Él jamás
podrá librarlos. 15No permitan que los haga confiar en el
SEÑOR diciéndoles: 'Con toda seguridad el SEÑOR nos
librará. ¡Esta ciudad nunca caerá en manos del rey asirio!'.
16»"¡No escuchen a Ezequías! El rey de Asiria les

***Notas textuales** **35:10** En hebreo *Sion*. **36:1** El año catorce del reinado de Ezequías fue el 701 a. C. **36:2a** O *al Rabsaces*; similar en 36:4, 11, 12, 22. **36:2b** O *se blanquean*. **36:5** Así aparece en los Rollos del mar Muerto (ver también 2 Re 18:20); el texto masorético dice *¿Acaso creo*. **36:11** En hebreo *en el dialecto de Judá*; también en 36:13.

***Notas textuales** **35:1** Is 41:18-19 **35:8** Mt 7:13-14 **36:1-22** 2 Re 18:13-37 **37:1-13** 2 Re 19:1-13 ofrece estas condiciones: hagan las paces conmigo; abran las puertas y salgan. Entonces cada uno de ustedes podrá seguir comiendo de su propia vid y de su propia higuera, y bebiendo de su propio pozo. 17 Me encargaré de llevarlos a otra tierra como esta: una tierra de grano y vino nuevo, de pan y viñedos.

18 »"No dejen que Ezequías los engañe al decir: '¡El Señor nos librará!'. ¿Acaso los dioses de cualquier otra nación alguna vez han salvado a su pueblo del rey de Asiria? 19 ¿Qué les sucedió a los dioses de Hamat y de Arfad? ¿Y qué me dicen de los dioses de Sefarvaim? ¿Algún dios libró a Samaria de mi poder? 20 ¿Cuál de los dioses de alguna nación ha podido salvar alguna vez a su pueblo de mi poder? ¿Qué les hace pensar entonces que el Señor puede librar a Jerusalén de mis manos?"».

21 El pueblo se quedó en silencio y no dijo ni una palabra, porque Ezequías le había ordenado: «No le respondan».

22 Entonces Eliaquim, hijo de Hilcías, administrador del palacio; Sebna, secretario de la corte; y Joa, hijo de Asaf, historiador del reino, regresaron a donde estaba Ezequías. Desesperados rasgaron su ropa, entraron para ver al rey y le contaron lo que había dicho el jefe del Estado Mayor asirio.

Ezequías busca la ayuda del Señor

37 Cuando el rey Ezequías oyó el informe, rasgó su ropa, se vistió de tela áspera y entró al templo del Señor. 2 Enseguida envió a Eliaquim, administrador del palacio; a Sebna, secretario de la corte; y a los principales sacerdotes, todos vestidos de tela áspera, a hablar con el profeta Isaías, hijo de Amoz. 3 Ellos le dijeron: «El rey Ezequías dice: "Hoy es un día de dificultad, insulto y deshonra. Es como cuando un niño está a punto de nacer, pero la madre no tiene fuerzas para dar a luz. 4 Tal vez el Señor tu Dios haya oído al jefe del Estado Mayor* asirio, que fue enviado por el rey para desafiar al Dios viviente, y lo castigue por sus palabras. ¡Te rogamos que ores por los que hemos quedado!"».

5 Una vez que los funcionarios del rey Ezequías le dieron a Isaías el mensaje del rey, 6 el profeta respondió: «Díganle a su amo: "Esto dice el Señor: 'No te alteres por ese discurso blasfemo que han pronunciado contra mí los mensajeros del rey de Asiria. 7 ¡Escucha! Yo mismo actuaré en su contra,* y el rey recibirá un mensaje de que lo necesitan en su país. Así que volverá a su tierra, donde haré que lo maten a filo de espada'"».

8 Mientras tanto, el jefe del Estado Mayor asirio partió de Jerusalén para consultar al rey de Asiria, quien había salido de Laquis y estaba atacando a Libna.

9 Poco después, el rey Senaquerib recibió la noticia de que el rey Tirhaca de Etiopía* iba al frente de un ejército para luchar contra él. Antes de salir al encuentro de sus agresores, envió mensajeros de regreso a Ezequías, en Jerusalén, con el siguiente mensaje:

> 10 «Este mensaje está dirigido al rey Ezequías de Judá. No dejes que tu Dios, en quien confías, te engañe con promesas de que Jerusalén no caerá en manos del rey de Asiria. 11 Tú sabes perfectamente bien lo que han hecho los reyes de Asiria en todos los lugares donde han ido. ¡Han destruido por completo a todo aquel que se ha interpuesto en su camino! ¿Por qué serías tú la excepción? 12 ¿Acaso los dioses de otras naciones las han rescatado, naciones como Gozán, Harán, Resef y el pueblo de Edén que vivía en Telasar? ¡Mis antecesores los destruyeron a todos! 13 ¿Qué sucedió con el rey de Hamat y el rey de Arfad? ¿Qué les pasó a los reyes de Sefarvaim, de Hena y de Iva?».

14 Después de recibir la carta de mano de los mensajeros y de leerla, Ezequías subió al templo del Señor y desplegó la carta ante el Señor. 15 En presencia del Señor, el rey hizo la siguiente oración: 16 «¡Oh Señor de los Ejércitos Celestiales, Dios de Israel, tú estás entronizado entre los poderosos querubines! Solo tú eres el Dios de todos los reinos de la tierra. Solo tú creaste los cielos y la tierra. 17 ¡Inclínate, oh Señor, y escucha! ¡Abre tus ojos, oh Señor, y mira! Escucha las palabras desafiantes de Senaquerib contra el Dios viviente.

18 »Es cierto, Señor, que los reyes de Asiria han destruido a todas esas naciones. 19 Han arrojado al fuego los dioses de esas naciones y los han quemado. ¡Por supuesto que los asirios pudieron destruirlos, pues no eran dioses en absoluto! Eran solo ídolos de madera y de piedra, formados por manos humanas. 20 Ahora, oh Señor nuestro Dios, rescátanos de su poder; así todos los reinos de la tierra sabrán que solo tú, oh Señor, eres Dios*».

Isaías predice la liberación de Judá

21 Después, Isaías, hijo de Amoz, le envió a Ezequías el siguiente mensaje: «Esto dice el Señor, Dios de Israel: "Ya que oraste respecto al rey Senaquerib de Asiria, 22 el Señor ha pronunciado estas palabras en su contra:

»"La hija virgen de Sion
te desprecia y se ríe de ti.
La hija de Jerusalén
menea la cabeza con desdén mientras tú huyes.

23 »"¿A quién has estado desafiando y ridiculizando?
¿Contra quién levantaste la voz?
¿A quién miraste con ojos tan arrogantes?
¡Fue al Santo de Israel!
24 Por medio de tus mensajeros, has desafiado al Señor.
Dijiste: 'Con mis numerosos carros de guerra
conquisté las montañas más altas,
sí, las cimas más remotas del Líbano.
Corté sus cedros más altos
y sus mejores cipreses.
Alcancé sus rincones más lejanos
y exploré sus bosques más espesos.
25 Cavé pozos en muchas tierras extranjeras*
y me refresqué con sus aguas.
¡Con la planta de mi pie
detuve todos los ríos de Egipto!'.

26 »"Pero ¿acaso no has oído?
Yo lo decidí hace mucho tiempo.
Hace mucho que lo planifiqué,
y ahora lo llevo a cabo.
Yo determiné que tú aplastaras ciudades fortificadas
y las redujeras a un montón de escombros.

***Notas textuales** **37:4** O *al Rabsaces*; similar en 37:8. **37:7** En hebreo *Yo pondré un espíritu en él.* **37:9** En hebreo *de Cus.* **37:20** Así aparece en los Rollos del mar Muerto (ver también 2 Re 19:19); el texto masorético dice *solo tú eres el Señor.*

***Notas textuales** **37:14-20** 2 Re 19:14-19

27 Por eso sus habitantes tienen tan poco
poder
y están tan asustados y confundidos.
Son tan débiles como la hierba,
tan fáciles de pisotear como tiernos brotes verdes.
Son como hierba que sale en el techo de una casa,
que se quema* antes de poder crecer alta y lozana.

28 »"Pero a ti te conozco bien:
sé dónde te encuentras,
y cuándo entras y sales.
Conozco la forma en que desataste tu furia contra
mí.
29 Por esa furia en mi contra
y por tu arrogancia, que yo mismo oí,
te pondré mi gancho en la nariz
y mi freno en la boca.
Te haré regresar
por el mismo camino por donde viniste"».

30Luego Isaías le dijo a Ezequías: «Esta es la prueba de
que es cierto lo que digo:

»Este año ustedes solo comerán lo que crezca por sí
mismo,
y el año próximo comerán lo que de eso brote.
Sin embargo, el tercer año, plantarán cultivos y los
cosecharán;
cuidarán de sus viñedos y comerán de su fruto.
31 Y ustedes, los que quedan en Judá,
los que han escapado de los estragos del ataque,
echarán raíces en su propio suelo,
crecerán y prosperarán.
32 Pues desde Jerusalén se extenderá un remanente de
mi pueblo,
un grupo de sobrevivientes, desde el monte Sion.
¡El ferviente compromiso del Señor de los Ejércitos
Celestiales
hará que esto suceda!

33»Y esto dice el Señor acerca del rey de Asiria:

»"Sus ejércitos no entrarán en Jerusalén;
ni siquiera lanzarán una sola flecha contra ella.
No marcharán fuera de sus puertas con sus escudos
ni levantarán terraplenes contra sus murallas.
34 El rey regresará a su propia tierra
por el mismo camino por donde vino.
No entrará en esta ciudad
—dice el Señor—.
35 Por mi propia honra y por amor a mi siervo David,
defenderé esta ciudad y la protegeré"».

36Esa noche el ángel del Señor fue al campamento
asirio y mató a 185.000 soldados. Cuando los asirios
que sobrevivieron* se despertaron a la mañana siguiente,
encontraron cadáveres por todas partes. 37Entonces Se-
naquerib, rey de Asiria, levantó campamento y regresó
a su propia tierra. Volvió a Nínive, la capital del reino, y
allí se quedó.
38Cierto día, mientras rendía culto en el templo de su
dios Nisroc, sus hijos Adramelec y Sarezer lo mataron a
espada. Luego escaparon a la tierra de Ararat, y otro de
sus hijos, Esar-hadón, lo sucedió en el trono de Asiria.

Enfermedad y recuperación de Ezequías

38 Por ese tiempo, Ezequías se enfermó gravemente,
y el profeta Isaías, hijo de Amoz, fue a visitarlo.
Le dio al rey el siguiente mensaje: «Esto dice el Señor:
"Pon tus asuntos en orden porque vas a morir. No te re-
cuperarás de esta enfermedad"».
2Cuando Ezequías oyó el mensaje, volvió su rostro
hacia la pared y oró al Señor: 3«Acuérdate, oh Señor,
que siempre te he sido fiel y te he servido con singular
determinación, haciendo siempre lo que te agrada»; y el
rey se echó a llorar amargamente.
4Luego Isaías recibió este mensaje de parte del Señor:
5«Regresa y dile a Ezequías: "Esto dice el Señor, Dios
de tu antepasado David: 'He oído tu oración y he visto
tus lágrimas. Te añadiré quince años más de vida 6y te
rescataré del rey de Asiria junto con esta ciudad. Así es,
defenderé esta ciudad'".
7»Esta es la señal del Señor para demostrar que cum-
plirá lo que ha prometido: 8"¡Haré retroceder diez gradas
la sombra del sol en el reloj solar* de Acaz!"». Así que la
sombra se movió diez gradas hacia atrás en el reloj solar.

Poema de alabanza de Ezequías

9Cuando el rey Ezequías se recuperó, escribió el siguiente
poema:

10 Yo dije: «¿En la flor de mi vida
tengo que entrar en el lugar de los muertos*?
¿Acaso seré privado del resto de mis años?».
11 Dije: «Nunca más veré al Señor Dios
en la tierra de los vivos.
Nunca más veré a mis amigos
ni estaré con los que viven en este mundo.
12 Se me voló la vida
como la carpa de un pastor en medio de una
tormenta.
Fue cortada,
como cuando el tejedor corta la tela del telar.
De repente, mi vida se había acabado.
13 Esperé con paciencia toda la noche,
pero me sentía como si unos leones me
estuvieran despedazando.
De repente, mi vida se había acabado.
14 En mi delirio, gorjeaba como una golondrina o una
grulla,
y después gemía como una paloma torcaza.
Se me cansaban los ojos de mirar al cielo en busca
de ayuda.
Estoy en apuros, Señor. ¡Ayúdame!».

15 Pero ¿qué podía decir?
Pues él mismo envió esta enfermedad.
Ahora caminaré con humildad durante el resto de
mis años
a causa de esta angustia que he sentido.
16 Señor, tu disciplina es buena,

Notas textuales **37:25** Así aparece en los Rollos del mar Muerto (ver también 2 Re 19:24); en el texto masorético falta *en muchas tierras extranjeras*. **37:27** Así aparece en los Rollos del mar Muerto y en algunos manuscritos griegos (ver también 2 Re 19:26); la mayoría de los manuscritos hebreos dicen *como un campo con terrazas*. **37:36** En hebreo *Cuando ellos*. **38:8** En hebreo *en las gradas*. **38:10** En hebreo *entrar por las puertas del Seol?*

Notas textuales **37:26** Hch 2:23; 4:27-28 **38:1-8** 2 Re 20:1-11 **38:12** 2 Co 5:1

porque lleva a la vida y a la salud.
¡Tú restauras mi salud
y me permites vivir!
17 Sí, esta angustia ha sido buena para mí,
porque me has rescatado de la muerte
y has perdonado todos mis pecados.
18 Pues los muertos* no pueden alabarte;
no pueden levantar la voz en alabanza.
Los que bajan a la tumba
ya no pueden esperar en tu fidelidad.
19 Solo los vivos pueden alabarte como yo lo hago hoy.
Cada generación le habla de tu fidelidad a la
siguiente.
20 Imagínense: el SEÑOR está dispuesto a sanarme.
Cantaré sus alabanzas con instrumentos
todos los días de mi vida
en el templo del SEÑOR.

21 Isaías les había dicho a los siervos de Ezequías: «Pre-
paren un ungüento de higos y úntenlo sobre la llaga, y
Ezequías se recuperará».
22 Y Ezequías había preguntado: «¿Qué señal probará
que iré al templo del SEÑOR?».

Mensajeros de Babilonia

39 Poco tiempo después, Merodac-baladán, hijo
de Baladán, rey de Babilonia, le envió saludos a
Ezequías junto con un regalo. Se enteró de que Ezequías
había estado muy enfermo y que se había recuperado.
2 Ezequías quedó encantado con los enviados de Babilonia
y les mostró todo lo que había en sus casas del tesoro: la
plata, el oro, las especias y los aceites aromáticos. También
los llevó a conocer su arsenal, ¡y les mostró todo lo que
había en sus tesoros reales! No hubo nada, ni en el palacio
ni en el reino, que Ezequías no les mostrara.
3 Entonces el profeta Isaías fue a ver al rey Ezequías
y le preguntó:
—¿Qué querían esos hombres? ¿De dónde vinieron?
Ezequías contestó:
—Vinieron de la lejana tierra de Babilonia.
4 —¿Qué vieron en tu palacio? —preguntó Isaías.
—Lo vieron todo —contestó Ezequías—. Les mostré
todo lo que poseo, todos mis tesoros reales.
5 Entonces Isaías dijo a Ezequías:
—Escucha este mensaje del SEÑOR de los Ejércitos Ce-
lestiales:
6 "Se acerca el tiempo cuando todo lo que hay en
tu palacio —todos los tesoros que tus antepasados han
acumulado hasta ahora— será llevado a Babilonia. No que-
dará nada —dice el SEÑOR—.
7 Algunos de tus hijos serán
llevados al destierro. Los harán eunucos que servirán en
el palacio del rey de Babilonia".
8 Entonces Ezequías dijo a Isaías:
—Este mensaje que me has dado de parte del SEÑOR
es bueno.
Pues el rey pensaba: «Por lo menos habrá paz y segu-
ridad mientras yo viva».

Consuelo para el pueblo de Dios

40 «Consuelen, consuelen a mi pueblo
—dice su Dios—.
2 Hablen con ternura a Jerusalén
y díganle que se acabaron sus días tristes
y que sus pecados están perdonados.
Sí, el SEÑOR le dio doble castigo
por todos sus pecados».
3 ¡Escuchen! Es la voz de alguien que clama:
«¡Abran camino a través del desierto
para el SEÑOR!
¡Hagan una carretera derecha a través de la tierra
baldía
para nuestro Dios!
4 Rellenen los valles
y allanen los montes y las colinas;
enderecen las curvas
y suavicen los lugares ásperos.
5 Entonces se revelará la gloria del SEÑOR
y todas las personas la verán.
¡El SEÑOR ha hablado!»*.
6 Una voz dijo: «¡Grita!».
Y yo pregunté: «¿Qué debo gritar?».

«Grita que los seres humanos son como la hierba.
Su belleza se desvanece tan rápido
como las flores en un campo.
7 La hierba se seca y las flores se marchitan
bajo el aliento del SEÑOR.
Y así sucede también con los seres humanos.
8 La hierba se seca y las flores se marchitan,
pero la palabra de nuestro Dios permanece para
siempre».

9 ¡Oh Sion, mensajera de buenas noticias,
grita desde las cimas de los montes!
Grítalo más fuerte, oh Jerusalén.*
Grita y no tengas miedo.
Diles a las ciudades de Judá:
«¡Aquí viene su Dios!».
10 Sí, el SEÑOR Soberano viene con poder
y reinará con brazo poderoso.
Miren, él trae consigo su recompensa.
11 Alimentará su rebaño como un pastor;
llevará en sus brazos los corderos
y los mantendrá cerca de su corazón.
Guiará con delicadeza a las ovejas con crías.

No existe otro que se iguale al SEÑOR

12 ¿Quién ha sostenido los océanos en la mano?
¿Quién ha medido los cielos con los dedos?
¿Quién sabe cuánto pesa la tierra,
o ha pesado los montes y las colinas en una
balanza?
13 ¿Quién puede dar consejos al Espíritu del SEÑOR?*
¿Quién sabe lo suficiente para aconsejarlo o
instruirlo?
14 ¿Acaso el SEÑOR alguna vez ha necesitado el consejo
de alguien?
¿Necesita que se le instruya sobre lo que es
bueno?

***Notas textuales** **38:18** En hebreo *el Seol*. **40:3-5** La versión griega dice *Es una voz que clama en el desierto: / «¡Preparen el camino para la venida del SEÑOR! / ¡Abran un camino para nuestro Dios! / Rellenen los valles, / y allanen los montes y las colinas. / Y entonces se revelará la gloria del SEÑOR, / y todas las personas verán la salvación enviada por Dios. / ¡El SEÑOR ha hablado!».* Comparar Mt 3:3; Mc 1:3; Lc 3:4-6. **40:9** U *¡Oh mensajero de buenas noticias, grítale a Sion desde las cimas de los montes! Grítaselo más fuerte a Jerusalén.*

***Notas textuales** **38:21-22** 2 Re 20:7-8 **39:1-8** 2 Re 20:12-19 **40:1** Lc 2:25 **40:3** Jn 1:23 **40:8** 1 P 1:24-25

¿Le enseñó alguien al Señor lo que es correcto,
o le mostró la senda de la justicia?

15 No, porque todas las naciones del mundo
no son más que un grano de arena en el desierto.
No son más que una capa de polvo
sobre la balanza.
Él levanta el mundo entero
como si fuera un grano de arena.
16 Toda la madera de los bosques del Líbano
y todos los animales del Líbano no serían suficientes
para presentar una ofrenda quemada digna de nuestro Dios.
17 Las naciones del mundo no valen nada para él.
Ante sus ojos, cuentan menos que nada;
son solo vacío y espuma.

18 ¿Con quién podemos comparar a Dios?
¿Qué imagen se puede encontrar que se le parezca?
19 ¿Se le puede comparar con un ídolo formado en un molde,
revestido de oro y decorado con cadenas de plata?
20 Y si la gente es demasiado pobre para eso,
al menos escogen una madera que no se pudre
y un artesano habilidoso
¡para que talle una imagen que no se caiga!

21 ¿Acaso no han oído? ¿No entienden?
¿Están sordos a las palabras de Dios,
las palabras que habló antes de que existiera el mundo?
¿Son tan ignorantes?
22 Dios se sienta sobre el círculo de la tierra;
la gente que hay abajo le parecen saltamontes.
Él despliega los cielos como una cortina,
y hace con ellos su carpa.
23 Él juzga a los poderosos del mundo
y los reduce a nada.
24 Apenas comienzan, recién están echando raíces,
cuando él sopla sobre ellos y se marchitan;
se los lleva el viento como a la paja.

25 «¿Con quién me compararán?
¿Quién es igual a mí?», pregunta el Santo.

26 Levanten la mirada a los cielos.
¿Quién creó todas las estrellas?
Él las hace salir como un ejército, una tras otra,
y llama a cada una por su nombre.
A causa de su gran poder y su incomparable fuerza,
no se pierde ni una de ellas.
27 Oh Jacob, ¿cómo puedes decir que el Señor no ve tus dificultades?
Oh Israel, ¿cómo puedes decir que Dios no toma en cuenta tus derechos?
28 ¿Acaso nunca han oído?
¿Nunca han entendido?
El Señor es el Dios eterno,
el Creador de toda la tierra.
Él nunca se debilita ni se cansa;
nadie puede medir la profundidad de su entendimiento.
29 Él da poder a los indefensos
y fortaleza a los débiles.
30 Hasta los jóvenes se debilitan y se cansan,
y los hombres jóvenes caen exhaustos.
31 En cambio, los que confían en el Señor encontrarán nuevas fuerzas;
volarán alto, como con alas de águila.
Correrán y no se cansarán;
caminarán y no desmayarán.

Dios ayuda a Israel

41 «Escuchen en silencio ante mí, tierras más allá del mar.
Traigan sus argumentos más convincentes.
Vengan ahora y hablen;
el tribunal está listo para oír su caso.

2 »¿Quién ha incitado a ese rey del oriente,
llamándolo en justicia para el servicio de Dios?
¿Quién le da victoria a ese hombre sobre muchas naciones
y permite que pisotee a los reyes?
Con su espada, reduce a polvo a los ejércitos
y con su arco los esparce como la paja ante el viento.
3 Los persigue y avanza seguro,
aunque pisa terreno desconocido.
4 ¿Quién ha hecho obras tan poderosas,
llamando a cada nueva generación desde el principio del tiempo?
Soy yo, el Señor, el Primero y el Último;
únicamente yo lo soy».
5 Las tierras más allá del mar observan con temor;
las tierras lejanas tiemblan y se movilizan para la guerra.
6 Los fabricantes de ídolos se alientan unos a otros
y se dicen: «¡Sé fuerte!».
7 El escultor anima al orfebre,
y el que hace moldes colabora en el yunque.
«Muy bien —dicen—, está quedando bien».
Con cuidado juntan las piezas,
después sujetan el ídolo para que no se caiga.

8 «Pero en cuanto a ti, Israel, mi siervo,
Jacob, a quien he escogido,
descendiente de mi amigo Abraham,
9 te he llamado desde los confines de la tierra,
diciéndote: "Eres mi siervo".
Pues te he escogido
y no te desecharé.
10 No tengas miedo, porque yo estoy contigo;
no te desalientes, porque yo soy tu Dios.
Te daré fuerzas y te ayudaré;
te sostendré con mi mano derecha victoriosa.

11 »¿Ves? Todos tus furiosos enemigos están allí tendidos,
confundidos y humillados.

***Notas textuales 40:13** La versión griega dice *¿Quién puede conocer los pensamientos del Señor?* Comparar Rm 11:34; 1 Co 2:16.

***Notas textuales 40:13** 1 Co 2:16 **40:31** 2 Co 4:8-10, 16 **41:4** Ap 1:8, 17-18

Todo el que se te oponga morirá
y quedará en la nada.
12 Buscarás en vano
a los que trataron de conquistarte.
Los que te ataquen
quedarán en la nada.
13 Pues yo te sostengo de tu mano derecha:
yo, el SEÑOR tu Dios.
Y te digo:
"No tengas miedo, aquí estoy para ayudarte.
14 Aunque seas un humilde gusano, oh Jacob,
no tengas miedo, pueblo de Israel, porque yo te ayudaré.
Yo soy el SEÑOR, tu Redentor.
Yo soy el Santo de Israel".
15 Serás un nuevo instrumento para trillar,
con muchos dientes afilados.
Despedazarás a tus enemigos,
convirtiendo a los montes en paja.
16 Los lanzarás al aire
y el viento se los llevará;
un remolino los esparcirá.
Entonces te alegrarás en el SEÑOR;
te gloriarás en el Santo de Israel.

17 »Cuando los pobres y los necesitados busquen agua
y no la encuentren,
y tengan la lengua reseca por la sed,
entonces yo, el SEÑOR, les responderé;
yo, el Dios de Israel, nunca los abandonaré.
18 Abriré ríos para ellos en los altiplanos.
Les daré fuentes de agua en los valles
y llenaré el desierto con lagunas de agua;
por la tierra reseca correrán ríos alimentados por manantiales.
19 Plantaré árboles en el desierto árido:
cedros, acacias, mirtos, olivos, cipreses, abetos y pinos.
20 Lo hago para que todos los que vean este milagro
comprendan lo que significa:
que el SEÑOR es quien lo ha hecho;
el Santo de Israel lo ha creado.

21 »Expongan el caso de sus ídolos
—dice el SEÑOR—.
Que demuestren lo que pueden hacer
—dice el Rey de Israel*—.
22 Que intenten decirnos lo que sucedió hace mucho tiempo,
para que podamos examinar las pruebas.
O que nos digan lo que nos depara el futuro,
para que podamos saber lo que sucederá.
23 Sí, díganos lo que ocurrirá en los próximos días.
Entonces sabremos que ustedes son dioses.
¡Por lo menos hagan algo, bueno o malo!
Hagan algo que nos asombre y nos atemorice.
24 ¡Pero no! Ustedes son menos que nada y no pueden hacer nada en absoluto.
Quienes los escogen se contaminan a sí mismos.

25 »Yo incité a un líder que se aproximará del norte;
desde el oriente invocará mi nombre.
Le daré la victoria sobre reyes y príncipes;
los pisoteará como el alfarero pisa la arcilla.
26 »¿Quién les dijo desde el principio
que esto sucedería?
¿Quién predijo esto,
haciéndoles admitir que él tenía razón?
¡Nadie dijo una sola palabra!
27 Yo fui el primero en decirle a Sion:
"¡Mira! ¡La ayuda está en camino!"*.
Enviaré a Jerusalén un mensajero con buenas noticias.
28 Ninguno de sus ídolos les dijo esto;
ni uno respondió cuando pregunté.
29 Como ven, todos son objetos necios y sin ningún valor;
sus ídolos son tan vacíos como el viento.

El Siervo escogido del SEÑOR

42 »Miren a mi siervo, al que yo fortalezco;
él es mi elegido, quien me complace.
He puesto mi Espíritu sobre él;
él hará justicia a las naciones.
2 No gritará
ni levantará su voz en público.
3 No aplastará a la caña más débil,
ni apagará una vela que titila.
Les hará justicia a todos los agraviados.
4 No vacilará ni se desalentará
hasta que prevalezca la justicia en toda la tierra.
Aun las tierras lejanas más allá del mar esperarán sus instrucciones*».

5 Dios, el SEÑOR, creó los cielos y los extendió;
creó la tierra y todo lo que hay en ella.
Él es quien da aliento a cada uno
y vida a todos los que caminan sobre la tierra.
Y es él quien dice:
6 «Yo, el SEÑOR, te he llamado para manifestar mi justicia.
Te tomaré de la mano y te protegeré,
y te daré a mi pueblo, los israelitas,
como símbolo de mi pacto con ellos.
Y serás una luz para guiar a las naciones.
7 Abrirás los ojos de los ciegos;
pondrás a los cautivos en libertad,
soltando a los que están en calabozos oscuros.

8 »¡Yo soy el SEÑOR; ese es mi nombre!
No le daré mi gloria a nadie más,
ni compartiré mi alabanza con ídolos tallados.
9 Todo cuanto profeticé se ha hecho realidad,
y ahora profetizaré de nuevo;
les diré el futuro antes de que suceda».

Canción de alabanza al SEÑOR

10 ¡Canten al SEÑOR un nuevo cántico!
¡Canten sus alabanzas desde los confines de la tierra!
Canten, ustedes que navegan los mares,
los que viven en las costas lejanas.
11 Únanse al coro, ciudades del desierto;

***Notas textuales 41:21** En hebreo *el Rey de Jacob*. Ver nota en 14:1. **41:27** O *"¡Mira! Vuelven a casa"*. **42:4** La versión griega dice *Y su nombre será la esperanza de todo el mundo*. Comparar Mt 12:21.

***Notas textuales 41:17** Is 30:19 **41:24** 1 Co 8:4 **42:1-4** Mt 12:18-21 **42:6** Lc 2:32

que las aldeas de Cedar se alegren.
Que el pueblo de Sela cante de alegría;
que grite alabanzas desde las cumbres de los montes.
12 Que el mundo entero glorifique al SEÑOR;
que cante su alabanza.
13 El SEÑOR marchará como un héroe poderoso;
saldrá como guerrero lleno de furia.
Lanzará su grito de batalla
y aplastará a todos sus enemigos.

14 Dirá: «He guardado silencio por mucho tiempo;
sí, me he contenido.
Pero ahora, como una mujer que da a luz,
gritaré, gemiré y jadearé.
15 Allanaré los montes y las colinas
y arruinaré toda su vegetación.
Convertiré los ríos en tierra seca
y secaré todas las lagunas.
16 Guiaré al ciego Israel por una senda nueva,
llevándolo por un camino desconocido.
Iluminaré las tinieblas a su paso
y allanaré el camino delante de ellos.
Ciertamente yo haré estas cosas;
no los abandonaré.
17 Pero los que confían en ídolos,
los que dicen: "Ustedes son nuestros dioses",
se alejarán avergonzados.

Israel no ha querido escuchar ni ver

18 »¡Escuchen ustedes, sordos!
¡Miren y vean, ciegos!
19 ¿Quién es tan ciego como mi propio pueblo, mi siervo?
¿Quién es tan sordo como mi mensajero?
¿Quién es tan ciego como mi pueblo elegido,
el siervo del SEÑOR?
20 Ustedes ven y reconocen lo que es correcto,
pero se niegan a hacerlo.
Escuchan con sus oídos,
pero en realidad no prestan atención».

21 Debido a que el SEÑOR es justo,
él ha exaltado su ley gloriosa;
22 pero a su pueblo lo han robado y saqueado,
lo han esclavizado, metido en prisión y atrapado.
Es blanco fácil para cualquiera,
y no tiene a nadie que lo proteja,
a nadie que lo lleve de regreso a casa.

23 ¿Quién escuchará estas lecciones del pasado
y verá la ruina que le espera en el futuro?
24 ¿Quién permitió que robaran e hirieran a Israel?
Fue el SEÑOR, contra quien pecamos,
porque los israelitas no quisieron andar por su camino,
ni quisieron obedecer su ley.
25 Por lo tanto, él derramó su furia sobre ellos
y los destruyó en batalla.
Las llamas los envolvieron,
pero aun así se negaron a entender.
El fuego los consumió,
pero no aprendieron su lección.

El Salvador de Israel

43 Pero ahora, oh Jacob, escucha al SEÑOR, quien te creó.
Oh Israel, el que te formó dice:
«No tengas miedo, porque he pagado tu rescate;
te he llamado por tu nombre; eres mío.
2 Cuando pases por aguas profundas,
yo estaré contigo.
Cuando pases por ríos de dificultad,
no te ahogarás.
Cuando pases por el fuego de la opresión,
no te quemarás;
las llamas no te consumirán.
3 Pues yo soy el SEÑOR, tu Dios,
el Santo de Israel, tu Salvador.
Yo di a Egipto como rescate por tu libertad;
en tu lugar di a Etiopía* y a Seba.
4 Entregué a otros a cambio de ti.
Cambié la vida de ellos por la tuya,
porque eres muy precioso para mí.
Recibes honra, y yo te amo.

5 »No tengas miedo, porque yo estoy contigo.
Te reuniré a ti y a tus hijos del oriente y del occidente.
6 Les diré al norte y al sur:
"Traigan a mis hijos e hijas de regreso a Israel
desde los rincones más lejanos de la tierra.
7 Traigan a todo el que me reconoce como su Dios,
porque yo los he creado para mi gloria.
Fui yo quien los formé"».

8 Saquen a la gente que tiene ojos pero está ciega,
que tiene oídos pero está sorda.
9 ¡Reúnan a las naciones!
¡Convoquen a los pueblos del mundo!
¿Cuál de sus ídolos acaso predijo cosas semejantes?
¿Cuál de ellos puede predecir lo que sucederá mañana?
¿Dónde están los testigos de tales predicciones?
¿Quién puede comprobar que han dicho la verdad?

10 «Pero tú eres mi testigo, oh Israel —dice el SEÑOR—.
Tú eres mi siervo.
Tú has sido escogido para conocerme, para creer en mí
y comprender que solo yo soy Dios.
No hay otro Dios;
nunca lo hubo y nunca lo habrá.
11 Yo, sí, yo soy el SEÑOR,
y no hay otro Salvador.
12 Primero predije tu rescate,
y después te salvé y lo proclamé ante el mundo.
Ningún dios extranjero jamás lo ha hecho.
Tú, Israel, eres testigo de que yo soy el único Dios
—dice el SEÑOR—.
13 Desde la eternidad y hasta la eternidad, yo soy Dios.
No hay quien pueda arrebatar a nadie de mi mano;

***Notas textuales** **43:3** En hebreo *Cus*.

***Notas textuales** **42:13** Is 66:14-16 **42:16** Ef 5:8 **42:25** Is 5:25 **43:6** 2 Co 6:17-18 nadie puede deshacer lo que he hecho».

Victoria prometida por el SEÑOR

[14]Esto dice el SEÑOR, tu Redentor, el Santo de Israel:

«Por tu bien, enviaré un ejército contra Babilonia
y obligaré a los babilonios* a huir en esos barcos
de los que están tan orgullosos.
15 Yo soy el SEÑOR, tu Santo,
el Creador y Rey de Israel.
16 Yo soy el SEÑOR, que abrió un camino a través de las aguas,
e hizo una senda seca a través del mar.
17 Yo llamé al poderoso ejército de Egipto
con todos sus carros de guerra y sus caballos.
Los sumergí debajo de las olas, y se ahogaron;
su vida se apagó como mecha humeante.

18 »Pero olvida todo eso;
no es nada comparado con lo que voy a hacer.
19 Pues estoy a punto de hacer algo nuevo.
¡Mira, ya he comenzado! ¿No lo ves?
Haré un camino a través del desierto;
crearé ríos en la tierra árida y baldía.
20 Los animales salvajes de los campos me darán las gracias,
y también los chacales y los búhos,
por darles agua en el desierto.
Sí, haré ríos en la tierra árida y baldía,
para que mi pueblo escogido pueda refrescarse.
21 Yo hice a Israel para mí mismo,
y algún día me honrará delante del mundo entero.

22 »Sin embargo, querida familia de Jacob, tú te niegas a pedirme ayuda.
¡Oh Israel, te has cansado de mí!
23 No me has traído ovejas ni cabras para ofrendas quemadas.
No me has honrado con sacrificios,
aun cuando no te he agobiado ni fatigado
con exigencias de ofrendas de granos y de incienso.
24 No me has traído el cálamo aromático,
ni me has agradado con la grasa de los sacrificios.
En cambio, me has agobiado con tus pecados
y me has cansado con tus faltas.

25 »Yo, sí, yo solo, borraré tus pecados por amor a mí mismo
y nunca volveré a pensar en ellos.
26 Revisemos juntos la situación,
y presenta tu defensa para demostrar tu inocencia.
27 Desde el principio, tu primer antepasado pecó contra mí;
todos tus líderes quebrantaron mis leyes.
28 Por eso yo he avergonzado a tus sacerdotes;
he decretado la destrucción total* de Jacob
y la vergüenza para Israel.

44 »Ahora, escúchame, Jacob, mi siervo,
Israel, mi elegido.
2 El SEÑOR que te hizo y que te ayuda, dice:
"No tengas miedo, oh Jacob, siervo mío,
mi amado Israel,* mi elegido.
3 Pues derramaré agua para calmar tu sed
y para regar tus campos resecos;
derramaré mi Espíritu sobre tus descendientes,
y mi bendición sobre tus hijos.
4 Prosperarán como la hierba bien regada,
como sauces en la ribera de un río.
5 Algunos dirán con orgullo: 'Yo le pertenezco al SEÑOR';
otros dirán: 'Soy descendiente de Jacob'.
Algunos escribirán el nombre del SEÑOR en sus manos
y tomarán para sí el nombre de Israel"».

Necedad de los ídolos

[6]Esto dice el SEÑOR, el Rey y Redentor de Israel, el SEÑOR de los Ejércitos Celestiales:

«Yo soy el Primero y el Último;
no hay otro Dios.
7 ¿Quién es como yo?
Que se presente y les demuestre su poder;
que haga lo que yo he hecho desde tiempos antiguos
cuando establecí a un pueblo y expliqué su futuro.
8 No tiemblen; no tengan miedo.
¿Acaso no proclamé mis propósitos para ustedes hace mucho tiempo?
Ustedes son mis testigos: ¿hay algún otro Dios?
¡No! No hay otra Roca, ni una sola».
9 ¡Qué necios son los que fabrican ídolos!
Esos objetos tan apreciados, en realidad, no valen nada.
Los que adoran ídolos no saben esto,
así que todos terminan avergonzados.
10 ¿Quién sino un tonto se haría su propio dios,
un ídolo que no puede ayudarlo en nada?
11 Los que rinden culto a ídolos caerán en la deshonra
junto con todos esos artesanos —simples humanos—
que se declaran capaces de fabricar un dios.
Tal vez unan sus fuerzas,
pero estarán unidos en el terror y la vergüenza.

12 El herrero se ubica frente a su fragua para hacer una herramienta afilada,
martillándola y dándole forma con todas sus fuerzas.
Su trabajo le da hambre y se siente débil;
le da sed y se siente desmayar.
13 Después el tallador mide un bloque de madera
y sobre él traza un diseño.
Trabaja con el cincel y el cepillo
y lo talla formando una figura humana.
Le da belleza humana
y lo pone en un pequeño santuario.
14 Corta cedros;

***Notas textuales** **43:14** O *caldeos*. **43:28** El término hebreo empleado aquí se refiere a la consagración total de cosas o personas al SEÑOR, ya sea destruyéndolas o entregándolas como ofrenda. **44:2** En hebreo *Jesurún*, una expresión de cariño para referirse a Israel.

Referencias cruzadas **43:20** 2 P 2:9 **43:25** Is 55:7 **44:6** Ap 1:8, 17 **44:10** Hch 19:26

escoge cipreses y robles;
planta pinos en el bosque
para que la lluvia los alimente.
15 Luego usa parte de la madera para hacer fuego,
y con esto se calienta y hornea su pan.
Después, aunque parezca increíble, toma lo que queda
y se hace un dios para rendirle culto;
hace un ídolo
y se inclina ante él.
16 Quema parte del árbol para asar la carne
y para darse calor.
Dice: «Ah, ¡qué bien se siente uno con este fuego!».
17 Luego toma lo que queda
y hace su dios: ¡un ídolo tallado!
Cae de rodillas ante el ídolo,
le rinde culto y le reza.
«¡Rescátame! —le dice—.
¡Tú eres mi dios!».

18 ¡Cuánta estupidez y cuánta ignorancia!
Tienen los ojos cerrados y no pueden ver;
tienen la mente cerrada y no pueden pensar.
19 La persona que hizo el ídolo nunca se detiene a reflexionar:
«¡Vaya, es solo un pedazo de madera!
Quemé la mitad para tener calor
y la usé para cocer el pan y asar la carne.
¿Cómo es posible que lo que queda sea un dios?
¿Acaso debo inclinarme a rendir culto a un pedazo de madera?».
20 El pobre iluso se alimenta de cenizas;
confía en algo que no puede ayudarlo en absoluto.
Sin embargo, no es capaz de preguntarse:
«Este ídolo que tengo en la mano, ¿no será una mentira?».

¡Respuestas Bíblicas! 98 ¿Cómo creaba la gente los dioses paganos?

44:16-17 Los dioses paganos eran normalmente representados con estatuas. Algunas estaban hechas de metal y otras de madera y las personas les pedían cosas. Pero estos dioses no eran reales ni podían ayudar a nadie.

Restauración de Jerusalén

21 «Presta atención, oh Jacob,
porque tú eres mi siervo, oh Israel.
Yo, el SEÑOR, te hice
y no te olvidaré.
22 He disipado tus pecados como una nube
y tus ofensas como la niebla de la mañana.
Vuelve a mí,
porque yo pagué el precio para ponerte en libertad».

23 Canten, oh cielos, porque el SEÑOR ha hecho algo tan maravilloso.
¡Griten de júbilo, oh profundidades de la tierra!
¡Pónganse a cantar,
oh montes, bosques y todos los árboles!
Pues el SEÑOR ha redimido a Jacob
y es glorificado en Israel.

24 Esto dice el SEÑOR,
tu Redentor y Creador:
«Yo soy el SEÑOR, que hizo todas las cosas;
yo solo extendí los cielos.
¿Quién estaba conmigo
cuando hice la tierra?
25 Expongo a los falsos profetas como mentirosos
y dejo en ridículo a los adivinos;
hago que los sabios den malos consejos,
y así demuestro que son unos necios.
26 Sin embargo, yo sí cumplo las predicciones de mis profetas.
Por medio de ellos le digo a Jerusalén: "Este lugar volverá a ser habitado",
y a las ciudades de Judá: "Ustedes serán reconstruidas;
yo restauraré todas sus ruinas".
27 Cuando hable a los ríos y les diga: "¡Séquense!",
se secarán.
28 Cuando diga de Ciro: "Él es mi pastor",
sin falta él hará lo que yo digo.
Él ordenará: "Reconstruyan Jerusalén";
y dirá: "Restauren el templo"».

Ciro, el escogido del SEÑOR

45 Esto le dice el SEÑOR a Ciro, su ungido,
cuya mano derecha llenará de poder.
Ante él, los reyes poderosos quedarán paralizados de miedo;
se abrirán las puertas de sus fortalezas
y nunca volverán a cerrarse.
2 Esto dice el SEÑOR:

«Iré delante de ti, Ciro,
y allanaré los montes;*
echaré abajo las puertas de bronce
y cortaré las barras de hierro.
3 Te daré tesoros escondidos en la oscuridad,
riquezas secretas.
Lo haré para que sepas que yo soy el SEÑOR,
Dios de Israel, el que te llama por tu nombre.

4 »¿Por qué te he llamado para esta tarea?
¿Por qué te llamé por tu nombre, cuando no me conocías?
Es por amor a mi siervo Jacob,
Israel, mi escogido.
5 Yo soy el SEÑOR;
no hay otro Dios.
Te he preparado para la batalla,
aunque tú ni siquiera me conoces,
6 para que el mundo entero, desde el oriente hasta el occidente,
sepa que no hay otro Dios.
Yo soy el SEÑOR, y no hay otro.
7 Yo formo la luz y creo las tinieblas;
yo envío los buenos tiempos y los malos.

***Notas textuales** **45:2** Así aparece en los Rollos del mar Muerto y en la versión griega; el texto masorético dice *las protuberancias*.

Referencias cruzadas **44:22** Hch 3:19 **44:25** 1 Co 1:20, 27

Yo, el SEÑOR, soy el que hace estas cosas.

8 »Ábranse, oh cielos,
y derramen su justicia.
Que la tierra se abra de par en par,
para que broten juntas la salvación y la justicia.
Yo, el SEÑOR, las he creado.

9 »¡Qué aflicción les espera a los que discuten con su Creador!
¿Acaso discute la olla de barro con su hacedor?
¿Reprocha el barro al que le da forma diciéndole:
"¡Detente, lo estás haciendo mal!"?
¿Exclama la olla:
"¡Qué torpe eres!"?
10 ¡Qué terrible sería si un recién nacido le dijera a su padre:
"¿Por qué nací?",
o le dijera a su madre:
"¿Por qué me hiciste así?"!».

11 Esto dice el SEÑOR,
el Santo de Israel, tu Creador:
«¿Pones en tela de juicio lo que hago por mis hijos?
¿Acaso me das órdenes acerca de la obra de mis manos?
12 Yo soy el que hizo la tierra
y creó a la gente para que viviera en ella.
Con mis manos extendí los cielos;
todas las estrellas están a mis órdenes.
13 Levantaré a Ciro para que cumpla mi propósito justo,
y guiaré sus acciones.
Él restaurará mi ciudad y pondrá en libertad a mi pueblo cautivo,
¡sin buscar recompensa!
¡Yo, el SEÑOR de los Ejércitos Celestiales, he hablado!».

Futura conversión de los gentiles

14Esto dice el SEÑOR:

«Gobernarás a los egipcios,
a los etíopes* y a los sabeos.
Ellos acudirán a ti con toda su mercancía,
y toda ella te pertenecerá.
Te seguirán como prisioneros encadenados
y caerán de rodillas ante ti y dirán:
"Dios está contigo y él es el único Dios;
no hay otro"».

15 Verdaderamente, oh Dios de Israel, Salvador nuestro,
tú obras de manera misteriosa.
16 Los artesanos que hacen ídolos serán humillados;
todos serán avergonzados.
17 Pero el SEÑOR salvará al pueblo de Israel
con salvación eterna;
por los siglos de los siglos,
nunca más será humillado ni avergonzado.

18 Pues el SEÑOR es Dios;
él creó los cielos y la tierra
y puso todas las cosas en su lugar.
Él hizo el mundo para ser habitado,
no para que fuera un lugar vacío y de caos.
«Yo soy el SEÑOR —afirma—,
y no hay otro.
19 Yo proclamo firmes promesas en público;
no susurro cosas oscuras en algún rincón escondido.
No le habría dicho al pueblo de Israel* que me buscara
si no fuera posible encontrarme.
Yo, el SEÑOR, solo digo la verdad,
y solo declaro lo correcto.

20 »Reúnanse y vengan,
fugitivos de las naciones vecinas.
¡Qué necios son los que llevan consigo sus ídolos de madera
y dirigen sus oraciones a dioses que no pueden salvarlos!
21 Consulten entre ustedes, defiendan su causa;
reúnanse y resuelvan qué decir.
¿Quién dio a conocer estas cosas desde hace mucho?
¿Cuál de los ídolos alguna vez les dijo que iban a suceder?
¿Acaso no fui yo, el SEÑOR?
Pues no hay otro Dios aparte de mí,
un Dios justo y Salvador;
fuera de mí no hay otro.
22 ¡Que todo el mundo me busque para la salvación!,
porque yo soy Dios; no hay otro.
23 He jurado por mi propio nombre;
he dicho la verdad
y no faltaré a mi palabra:
toda rodilla se doblará ante mí,
y toda lengua me declarará su lealtad*».
24 La gente declarará:
«El SEÑOR es la fuente de mi justicia y de mi fortaleza».
Y todos los que estaban enojados con él
se le acercarán y quedarán avergonzados.
25 En el SEÑOR, todas las generaciones de Israel serán justificadas,
y en él se enorgullecerán.

Los falsos dioses de Babilonia

46 Bel y Nebo, los dioses de Babilonia,
se inclinan cuando los bajan al suelo.
Se los llevan en carretas tiradas por bueyes.
Los pobres animales se tambalean por el peso.
2 Tanto los ídolos como sus dueños se doblegan.
Los dioses no pueden proteger a la gente,
y la gente no puede proteger a los dioses;
juntos van al cautiverio.

3 «Escúchenme, descendientes de Jacob,
todos los que permanecen en Israel.
Los he protegido desde que nacieron;
así es, los he cuidado desde antes de nacer.
4 Yo seré su Dios durante toda su vida,

***Notas textuales** **45:14** En hebreo *cusitas.* **45:19** En hebreo *de Jacob.* Ver nota en 14:1. **45:23** En hebreo *lengua confesará*; la versión griega dice *lengua declarará lealtad a Dios.* Comparar Rm 14:11.

Referencias cruzadas **45:9** Rm 9:20-21 **45:21** Mc 12:32

hasta que tengan canas por la edad.
Yo los hice y cuidaré de ustedes;
yo los sostendré y los salvaré.

5 »¿Con quién me compararán?
¿Quién es igual que yo?
6 Hay quienes derrochan su plata y su oro
y contratan a un artesano para que de estos les haga un dios.
Luego, ¡se inclinan y le rinden culto!
7 Lo llevan sobre los hombros,
y cuando lo bajan, allí se queda.
¡Ni siquiera se puede mover!
Cuando alguien le dirige una oración, no obtiene respuesta;
no puede rescatar a nadie de sus dificultades.

8 »¡No olviden esto! ¡Ténganlo presente!
Recuérdenlo, ustedes los culpables.
9 Recuerden las cosas que hice en el pasado.
¡Pues solo yo soy Dios!
Yo soy Dios, y no hay otro como yo.
10 Solo yo puedo predecir el futuro
antes que suceda.
Todos mis planes se cumplirán
porque yo hago todo lo que deseo.
11 Llamaré a una veloz ave de rapiña desde el oriente,
a un líder de tierras lejanas, para que venga y haga lo que le ordeno.
He dicho lo que haría,
y lo cumpliré.

12 »Escúchame, pueblo terco,
que estás tan lejos de actuar con justicia.
13 Pues estoy listo para rectificar todo,
no en un futuro lejano, ¡sino ahora mismo!
Estoy listo para salvar a Jerusalén*
y mostrarle mi gloria a Israel.

Predicción de la caída de Babilonia

47 »Desciende, hija virgen de Babilonia, y siéntate en el polvo
porque han terminado tus días de estar sentada en el trono.
Oh hija de Babilonia,* nunca volverás a ser
la encantadora princesa, tierna y delicada.
2 Toma las pesadas ruedas de molino y muele la harina;
quítate el velo y despójate de tu túnica.
Descúbrete a la vista del público.*
3 Quedarás desnuda y llena de vergüenza.
Me vengaré de ti sin piedad».

4 Nuestro Redentor, cuyo nombre es el Señor de los Ejércitos Celestiales,
es el Santo de Israel.

5 «Oh Babilonia hermosa, siéntate ahora en oscuridad y en silencio.
Nunca más serás conocida como la reina de los reinos.
6 Pues yo estaba enojado con mi pueblo escogido
y lo castigué al dejar que cayera en tus manos.
Sin embargo, tú, Babilonia, no les tuviste compasión.
Hasta oprimiste a los ancianos.
7 Dijiste: "¡Reinaré para siempre, como reina del mundo!".
No reflexionaste sobre lo que hacías,
ni pensaste en las consecuencias.

8 »Escucha esto, nación amante de los placeres,
que vives cómodamente y te sientes segura.
Tú dices: "Yo soy la única, y no hay otra.
Nunca seré viuda ni perderé a mis hijos".
9 Pues ambas cosas caerán sobre ti en un instante:
la viudez y la pérdida de tus hijos.
Así es, esas calamidades caerán sobre ti,
a pesar de tu brujería y de tu magia.

10 »Te sentías segura en tu maldad.
"Nadie me ve", dijiste.
Pero tu "sabiduría" y tu "conocimiento" te han descarriado,
y dijiste: "Yo soy la única, y no hay otra".
11 Por eso te alcanzará el desastre,
y serás incapaz de alejarlo por medio de encantos.
La calamidad caerá sobre ti,
y no podrás comprar tu libertad.
Una catástrofe te sorprenderá,
una para la cual no estás preparada.

12 »¡Usa ahora tus encantamientos!
Usa los conjuros que estuviste perfeccionando todos estos años.
Tal vez te hagan algún bien;
tal vez puedan hacer que alguien te tenga miedo.
13 Tanto consejo recibido te ha cansado.
¿Dónde están tus astrólogos,
esos que miran a las estrellas y hacen predicciones todos los meses?
Que den la cara y te salven de lo que te depara el futuro.
14 Pero ellos son como la paja que arde en el fuego;
no pueden salvarse a sí mismos de las llamas.
No recibirás ninguna ayuda de ellos;
su chimenea no es lugar para sentarse y calentarse.
15 Y todos tus amigos,
con los que has hecho negocios desde la niñez,
cada uno seguirá su propio camino,
haciendo oídos sordos a tus gritos.

La obstinación del pueblo de Dios

48 »Escúchame, oh familia de Jacob,
tú que llevas el nombre de Israel
y naciste en la familia de Judá.
Escucha, tú que haces juramentos en el nombre del Señor
e invocas al Dios de Israel.
No cumples tus promesas,
2 aunque te llamas a ti misma la ciudad santa
y dices que confías en el Dios de Israel,
cuyo nombre es el Señor de los Ejércitos Celestiales.

***Notas textuales** **46:13** En hebreo *Sion*. **47:1** O *Caldea*; también en 47:5. **47:2** En hebreo *Descúbrete las piernas; cruza los ríos*.

Referencias cruzadas **46:10** Hch 5:39 **47:3** Is 63:4 **47:9** 1 Ts 5:2-3

su madre también fue llevada a causa de los
pecados de ustedes.
2 ¿Por qué no había nadie cuando vine?
¿Por qué nadie respondió cuando llamé?
¿Se debe a que no tengo poder para rescatar?
¡No, no es esa la razón!
¡Pues yo puedo hablarle al mar y hacer que se seque!
Puedo convertir los ríos en desiertos llenos de
peces muertos.
3 Yo soy quien viste de tinieblas los cielos,
y los cubro con ropajes de luto».

El Siervo obediente del Señor

4 El Señor Soberano me ha dado sus palabras de
sabiduría,
para que yo sepa consolar a los fatigados.
Mañana tras mañana me despierta
y me abre el entendimiento a su voluntad.
5 El Señor Soberano me habló,
y yo lo escuché;
no me he rebelado, ni me he alejado.
6 Les ofrecí la espalda a quienes me golpeaban
y las mejillas a quienes me tiraban de la barba;
no escondí el rostro
de las burlas y los escupitajos.

7 Debido a que el Señor Soberano me ayuda,
no seré avergonzado.
Por lo tanto, he puesto el rostro como una piedra,
decidido a hacer su voluntad.
Y sé que no pasaré vergüenza.
8 El que me hace justicia está cerca.
Ahora, ¿quién se atreverá a presentar cargos en
mi contra?
¿Dónde están mis acusadores?
¡Que se presenten!
9 Miren, el Señor Soberano está de mi lado.
¿Quién me declarará culpable?
Todos mis enemigos serán destruidos
como ropa vieja que ha sido comida por la polilla.

10 Entre ustedes, ¿quién teme al Señor
y obedece a su siervo?
Si caminan en tinieblas,
sin un solo rayo de luz,
confíen en el Señor
y dependan de su Dios.
11 Pero tengan cuidado, ustedes que viven en su propia
luz,
y que se calientan en su propia fogata.
Esta es la recompensa que recibirán de mí:
pronto caerán en gran tormento.

Un llamado a confiar en el Señor

51 «Escúchenme, todos los que tienen esperanza
de ser liberados,
todos los que buscan al Señor.
Consideren la piedra de la que fueron tallados,
la cantera de la que fueron extraídos.
2 Sí, piensen en Abraham, su antepasado,
y en Sara, que dio a luz a su nación.
Cuando llamé a Abraham, era un solo hombre;
pero, cuando lo bendije, se convirtió en una gran
nación».
3 El Señor volverá a consolar a Israel*
y tendrá piedad de sus ruinas.
Su desierto florecerá como el Edén,
sus lugares desolados como el huerto del Señor.
Allí se encontrarán gozo y alegría;
los cantos de gratitud llenarán el aire.

4 «Escúchame, pueblo mío;
óyeme, Israel,
porque mi ley será proclamada
y mi justicia llegará a ser una luz para las naciones.
5 Mi misericordia y mi justicia ya se acercan;
mi salvación viene en camino.
Mi brazo fuerte hará justicia a las naciones.
Las tierras lejanas me buscarán
y con esperanza aguardarán mi brazo poderoso.
6 Levanten los ojos a los altos cielos
y miren la tierra abajo.
Pues los cielos desaparecerán como humo
y la tierra se gastará como una prenda de vestir.
Los habitantes de la tierra morirán como moscas,
pero mi salvación permanece para siempre;
mi reinado de justicia nunca tendrá fin.

7 »Escúchenme, ustedes que distinguen entre lo bueno
y lo malo,
ustedes que atesoran mi ley en el corazón.
No teman las burlas de la gente,
ni tengan miedo de sus insultos.
8 Pues la polilla los devorará a ellos como devora la
ropa,
y el gusano los comerá como se come la lana.
Pero mi justicia permanecerá para siempre;
mi salvación continuará de generación en
generación».

9 ¡Despierta, oh Señor, despierta! ¡Vístete de fuerza!
¡Mueve tu poderoso brazo derecho!
Levántate como en los días de antaño,
cuando mataste a Egipto, al dragón del Nilo.*
10 ¿Acaso no eres el mismo hoy,
el que secó el mar,
haciendo un camino en las profundidades
para que tu pueblo pudiera escapar y cruzar al
otro lado?
11 Regresarán los que han sido rescatados por el
Señor;
entrarán cantando a Jerusalén,*
coronados de gozo eterno.
Estarán llenos de regocijo y de alegría;
desaparecerán el luto y la tristeza.

12 «Yo, sí, yo soy quien te consuela.
Entonces, ¿por qué les temes a simples seres
humanos
que se marchitan como la hierba y desaparecen?
13 Sin embargo, has olvidado al Señor, tu Creador,

***Notas textuales** **49:26** En hebreo *de Jacob*. Ver nota en 14:1. **51:3** En hebreo *Sion*; también en 51:16. **51:9** En hebreo *mataste a Rahab; atravesaste al dragón*. Rahab es el nombre de un mítico monstruo marino que en la literatura antigua representa el caos. Aquí se utiliza como un nombre poético para Egipto.

Referencias cruzadas **50:3** Ap 6:12 **50:8** Rm 8:33-34 **51:2** Hb 11:11 **51:7** Mt 5:11

el que extendió el cielo como un dosel
y puso los cimientos de la tierra.
¿Vivirás en constante terror de los opresores
humanos?
¿Seguirás temiendo el enojo de tus enemigos?
¿Dónde están ahora su furia y su enojo?
¡Han desaparecido!
14 Pronto quedarán libres los cautivos.
¡La prisión, el hambre y la muerte no serán su
destino!
15 Pues yo soy el SEÑOR tu Dios,
que agito el mar haciendo que rujan las olas.
Mi nombre es SEÑOR de los Ejércitos Celestiales.
16 Y he puesto mis palabras en tu boca
y te he escondido a salvo dentro de mi mano.
Yo extendí* el cielo como un dosel
y puse los cimientos de la tierra.
Yo soy el que le dice a Israel:
"¡Tú eres mi pueblo!"».

17 ¡Despierta, oh Jerusalén, despierta!
Has bebido la copa de la furia del SEÑOR.
Has bebido la copa del terror;
la has vaciado hasta la última gota.
18 Ni uno de tus hijos queda con vida
para tomarte de la mano y guiarte.
19 Estas dos calamidades te han ocurrido:
la desolación y la destrucción, el hambre y la
guerra.
Y ¿quién ha quedado para compadecerse de ti?
¿Quién ha quedado para consolarte?*
20 Pues tus hijos se han desmayado y yacen en las
calles,
tan indefensos como antílopes atrapados en una
red.
El SEÑOR ha derramado su furia;
Dios los ha reprendido.

21 Pero ahora escuchen esto, ustedes los afligidos,
que están completamente borrachos,
aunque no por haber bebido vino.
22 Esto dice el SEÑOR Soberano,
su Dios y Defensor:
«Miren, yo les quité de las manos la copa aterradora;
ya no beberán más de mi furia.
23 En cambio, entregaré esa copa a quienes los
atormentan,
a los que dijeron: "Los pisotearemos en el polvo
y caminaremos sobre sus espaldas"».

Liberación para Jerusalén

52 ¡Despierta, oh Sion, despierta!
Vístete de fuerza.
Ponte tus ropas hermosas, oh ciudad santa de
Jerusalén,
porque ya no volverá a entrar por tus puertas la
gente impura que no teme a Dios.
2 Levántate del polvo, oh Jerusalén,
y siéntate en un lugar de honor.
Quítate del cuello las cadenas de la esclavitud,
oh hija cautiva de Sion.
3 Pues esto dice el SEÑOR:
«Cuando te vendí al destierro,
no recibí pago alguno;
ahora puedo redimirte
sin tener que pagar por ti».

4Esto dice el SEÑOR Soberano: «Hace mucho tiempo,
mi pueblo decidió vivir en Egipto. Ahora es Asiria la que
lo oprime. 5¿Qué es esto? —pregunta el SEÑOR—. ¿Por
qué está esclavizado mi pueblo nuevamente? Quienes
lo gobiernan gritan de júbilo;* todo el día blasfeman mi
nombre.* 6Pero yo revelaré mi nombre a mi pueblo, y
llegará a conocer mi poder. Entonces, por fin mi pueblo
reconocerá que soy yo quien le habla».

7 ¡Qué hermosos son sobre los montes
los pies del mensajero que trae buenas noticias,
buenas noticias de paz y de salvación,
las noticias de que el Dios de Israel* reina!
8 Los centinelas gritan y cantan de alegría,
porque con sus propios ojos
ven al SEÑOR regresando a Jerusalén.*
9 Que las ruinas de Jerusalén canten de alegría,
porque el SEÑOR ha consolado a su pueblo;
ha redimido a Jerusalén.
10 El SEÑOR ha manifestado su santo poder
ante los ojos de todas las naciones,
y todos los confines de la tierra verán
la victoria de nuestro Dios.

11 ¡Salgan! Salgan y dejen atrás su cautiverio,
donde todo lo que tocan es impuro.
Salgan de allí y purifíquense,
ustedes que vuelven a su tierra con los objetos
sagrados del SEÑOR.
12 No saldrán con prisa,
como quien corre para salvar su
vida.
Pues el SEÑOR irá delante de ustedes;
atrás los protegerá el Dios de Israel.

El Siervo sufriente del SEÑOR

13 Miren, mi siervo prosperará;
será muy exaltado.
14 Pero muchos quedaron asombrados cuando lo*
vieron.
Tenía el rostro tan desfigurado que apenas parecía
un ser humano,
y por su aspecto, no se veía como un hombre.
15 Y él alarmará* a muchas naciones;
los reyes quedarán mudos ante él.
Verán lo que no se les había contado;
entenderán lo que no habían oído hablar.*

53 ¿Quién ha creído nuestro mensaje?
¿A quién ha revelado el SEÑOR su brazo
poderoso?

***Notas textuales** **51:11** En hebreo *Sion*. **51:16** Así aparece en la versión siríaca (ver también 51:13); el texto hebreo dice *planté*. **51:19** Así aparece en los Rollos del mar Muerto, en la versión griega, en la latina y en la siríaca; el texto masorético dice *¿Cómo podré consolarte?* **52:5a** Así aparece en los Rollos del mar Muerto; el texto masorético dice *Quienes lo gobiernan gimen*. **52:5b** La versión griega dice *los gentiles blasfeman continuamente mi nombre por causa de ustedes*. Comparar Rm 2:24. **52:7** En hebreo *de Sion*. **52:8** En hebreo *a Sion*.

Referencias cruzadas **51:11** Ap 22:3 **51:22** Jr 50:34 **52:5** Rm 2:24 **52:7** Rm 10:15 **52:11** 2 Co 6:17

Jonás en el vientre del pez

Jonas 1:1-3:10

Cuando llegamos a la ciudad, nos enteramos de que Dios le había hablado a Jonás y le había pedido algo muy raro. Le había dicho que tenía que viajar a Nínive, la gran capital del imperio asirio, para llevarles a las personas un mensaje: el Señor destruiría la ciudad por causa de las cosas malas que hacían.

Vimos a Jonás salir de su casa y pensamos que se dirigiría hacia el este, para ir hacia Nínive. Sin embargo, lo seguimos hasta que llegó al puerto de Jope (ubicado en la costa del mar Mediterráneo) y compró un pasaje en barco hacia Tarsis, ¡que queda a más de 3000 km hacia el oeste!

Victoria me preguntó: *"Papá, ¿será que Jonás no sabe dónde queda Nínive?"*. Pero no era eso... Jonás estaba intentando escapar, porque no quería llevar el mensaje que el Señor le había dado para esa ciudad. Nos quedamos los tres muy preocupados.

Unos días más tarde, estábamos caminando por la playa, cuando de repente divisamos a lo lejos la escena más increíble: ¡un enorme pez estaba escupiendo a una persona! Nos acercamos para ver mejor y... ¡era Jonás!

Él nos contó todo lo que había sucedido después de subir al barco. Nos explicó sobre la terrible tormenta, los marineros y el gran pez que se lo había tragado. ¡Él se había arrepentido y había orado a Dios desde adentro del pez! Luego vimos cómo el Señor le habló nuevamente a Jonás, diciéndole que fuera a Nínive a entregar el mensaje que él le había dado. Esta vez Jonás obedeció. Nosotros lo acompañamos y fuimos testigos de cómo todas las personas de aquella enorme ciudad se arrepintieron ¡y Dios perdonó a Nínive!

"Hay tres lecciones importantes que podemos aprender de la historia de Jonás —le dije a Victoria mientras nos alejábamos—. La primera es que no podemos huir nunca de Dios. La segunda es que no debemos enojarnos, sino alegrarnos, cuando Dios es misericordioso y da, a quienes hacen lo malo, una oportunidad de arrepentirse para poder perdonarlos. Y la tercera es que todos cometemos errores, ¡incluso Jonás! Lo importante es admitirlos y saber recibir la misericordia del Señor, que siempre quiere darnos otra oportunidad".

María y el ángel Gabriel

Lucas 1:26-38

"¡Saludos, mujer favorecida! ¡El Señor está contigo!". Esa frase corrió por el pequeño cuarto en donde María tejía una pequeña pieza de tela. Se sintió como ondas sobre el agua. La voz venía de una esquina cercana a la única ventana que había allí. Nosotros estábamos muy quietos, mirando por detrás de una cortina que daba hacia la salida trasera de la casita. Vimos a María inclinarse hacia el piso, con sus grandes ojos color café tan abiertos que parecían salirse de las cuencas. *"Vas a quedar embarazada y tendrás un hijo, y lo llamarás Jesús". Mientras se tocaba su vientre, ella consultó: "¿Pero cómo podrá suceder esto? Soy virgen".*

La luz en el cuarto había cambiado a un tono ámbar y la voz parecía tener un efecto especial. Victoria no pudo más y corrió la cortina para ver quién era. Sus ojos comenzaron a parecerse a los de María, grandes y desorbitados. Y con su boca abierta exclamó: "¡Es un ángel!".

"¿Cómo sabes? —preguntó Gloriana—. ¿Alguna vez viste uno?" "No, por lo menos hasta hoy".

Respondió Gabriel (porque oímos su nombre también): "El Espíritu Santo vendrá sobre ti, y el poder del Altísimo te cubrirá con su sombra. Por lo tanto, el bebé que nacerá será santo y será llamado Hijo de Dios.".

"No tiene alas —dijo Victoria—,es hermoso y esa luz... guau, esa es la luz de Dios".

Lo último que vimos fue a María inclinarse aún más cerca del suelo y aceptar: "Soy la sierva del Señor. Que se cumpla todo lo que has dicho acerca de mí.".

En nuestro camino de regreso, Victoria reflexionó: "Es imposible que un ser humano nazca sin que sus padres hayan estado juntos, *¿verdad? ¿Cómo es que eso pasó con Jesús?"*.

Gloriana le respondió: "La respuesta está en algo que le escuché decir al ángel: 'Para los seres humanos es imposible, pero para Dios todo es posible'".

Hay cosas que son imposibles para los seres humanos, pero cuando Dios interviene, él las hace posible, sea lo que sea. Solo tenemos que rendirnos como lo hizo María.

¿Hay algo que te parece imposible de vencer o alcanzar? ¿Por qué no oras junto a tus papás? Invita a Dios a intervenir en esa situación.

El nacimiento de Jesús

Lucas 2:1-7

La noche en que nació Victoria nos tomó completamente por sorpresa. Gloriana había pasado todo el día en la clínica con fiebre; tenía ocho meses de embarazo.

La doctora entró al cuarto cerca de las once de la noche y nos dijo que, por ser un día antes de Navidad, ella tenía que intervenir para sacar a la bebé del vientre. Apenas me dio tiempo de ir a casa a recoger algunas cosas, y cuando regresé, pude ver a Gloriana entrar en la sala de operaciones, mientras me ponían una bata, unos guantes y un tapaboca. Victoria nació cerca de la una de mañana el 23 de diciembre. Pude cargarla en brazos un par de horas después, y la verdad, eso fue un torbellino de emociones.

Quizás por eso pude entender a José, cuando lo vimos yendo de puerta en puerta en una aldea llena de gente, buscando alojamiento. María montaba un pequeño burro y parecía estar adolorida y cansada. Habían viajado un largo trecho desde Nazaret hasta Belén. Finalmente lograron entrar en un cuartito, y claro, cuandola hora llegó, José no nos dejó quedarnos allí, aunque nos pidió orar.

Bueno, fue cuestión de unos minutos y escuchamos los llantos más hermosos de la historia: ¡Jesús había nacido! ¡Ver su rostro era ver el cielo!

María lucía radiante y a José se le derretía la mirada contemplando a Jesús.

"Recuerda, Victoria —le dije—, que Jesús vino del cielo por el poder de Dios".

Él era invisible y se hizo visible. Era Dios y se hizo humano, aunque nunca dejó de ser Dios. Él era más grande que el universo y se hizo un bebé en el vientre de María. Él era todopoderoso, pero se hizo frágil, un bebé que necesitaba cuidados y cariño. Es la persona que ha hecho el viaje más largo que alguien pudiera imaginar, desde su trono hasta el vientre de María. Desde que nació, amó a Dios, sirvió a los demás, sanó a los enfermos y nos dio esperanza, hasta que murió por nosotros en la cruz. Y desde allí se levantó de la tumba para sentarse en el trono de Dios. ¡Él es nuestro Salvador, el verdadero héroe de la historia!

¿Te gustaría tratar de dibujar el rostro del niño Jesús recién nacido? Cuando lo hagas, escríbele unas palabras de bienvenida al mundo y dale gracias por haber venido.

Visitantes inesperados

Lucas 2:8-20
Mateo 2:1-12

Cuando un bebé nace, nos aseguramos de avisar a las personas cercanas de esta gran noticia. Generalmente tomamos la foto del bebé y la pasamos por las redes sociales, para asegurarnos que las personas que amamos se enteren.

Lo mismo hizo Dios padre, se lo informó a un grupo de personas muy especiales y también muy diferentes entre sí: a unos pastores de ovejas de la misma ciudad donde nació Jesús y a unos sabios que vivían muy lejos.

El anuncio a los pastores fue espectacular: Dios envió a los ángeles a contarles. En medio de la noche, cuando quizá ya estaban dormidas las ovejitas, el cielo se iluminó y los ángeles dieron un concierto para anunciar que ese mismo día había nacido el Mesías. Al principio, los pastores se asustaron mucho, pero la alegría fue tan grande que decidieron ir a visitarlo y a llevarle regalos.

El otro grupo de personas que supieron del nacimiento de Jesús fueron unos sabios que vivían en el oriente. Ellos eran estudiosos de los cielos y entendieron que una estrella les indicaba que un gran rey judío acababa de nacer. Se prepararon con regalos dignos de un rey. Le llevaron oro, incienso y mirra, presentes que eran muy simbólicos para la ocasión.

Que Dios se ocupara de avisarles a personas tan humildes como los pastores de ovejas y a otras tan ilustres como los sabios nos habla de que la noticia de Jesús es para todos. No hay distinción de clases sociales. La noticia es revelada a los corazones humildes que se alegran con la buena noticia y que la esperan con muchas ganas.

Cada vez que Jesús se revela a las personas que no lo conocen, se nos llena el corazón de alegría y esto genera una respuesta de adoración de nuestra parte ante la gran noticia de que el Rey de los cielos ha nacido entre nosotros para traernos paz.

2 Mi siervo creció en la presencia del SEÑOR como un
tierno brote verde,
como raíz en tierra seca.
No había nada hermoso ni majestuoso en su
aspecto,
nada que nos atrajera hacia él.
3 Fue despreciado y rechazado:
hombre de dolores, conocedor del dolor más
profundo.
Nosotros le dimos la espalda y desviamos la mirada;
fue despreciado, y no nos importó.

4 Sin embargo, fueron nuestras debilidades las que él
cargó;
fueron nuestros dolores los que lo agobiaron.*
Y pensamos que sus dificultades eran un castigo de
Dios,
¡un castigo por sus propios
pecados!
5 Pero él fue traspasado por nuestras rebeliones
y aplastado por nuestros pecados.
Fue golpeado para que nosotros estuviéramos en
paz;
fue azotado para que pudiéramos ser sanados.
6 Todos nosotros nos hemos extraviado como ovejas;
hemos dejado los caminos de Dios para seguir los
nuestros.
Sin embargo, el SEÑOR puso sobre él
los pecados de todos nosotros.

¡Respuestas Bíblicas! **99** **¿Qué describe Isaías 53?**

53:4 Todo este capítulo es sobre Jesús aunque ¡fue escrito cientos de años antes de que Jesús naciera! Solo Dios podía saber antes de tiempo cómo Jesús iba a morir. Mensajes como este prueban que la Biblia es la Palabra de Dios.

7 Fue oprimido y tratado con crueldad;
sin embargo, no dijo ni una sola palabra.
Como cordero fue llevado al matadero.
Y como oveja en silencio ante sus trasquiladores,
no abrió su boca.
8 Al ser condenado injustamente,
se lo llevaron.*
A nadie le importó que muriera sin descendientes
ni que le quitaran la vida a mitad de camino.*
Pero lo hirieron de muerte
por la rebelión de mi pueblo.
9 Él no había hecho nada malo,
y jamás había engañado a nadie.
Pero fue enterrado como un criminal;
fue puesto en la tumba de un hombre rico.

10 Formaba parte del buen plan del SEÑOR aplastarlo
y causarle dolor.
Sin embargo, cuando su vida sea entregada en
ofrenda por el pecado,
tendrá muchos descendientes.
Disfrutará de una larga vida,
y en sus manos el buen plan del SEÑOR
prosperará.
11 Cuando vea todo lo que se logró mediante su
angustia,
quedará satisfecho.
Y a causa de lo que sufrió,
mi siervo justo hará posible
que muchos sean contados entre los justos,
porque él cargará con todos los pecados de ellos.
12 Yo le rendiré los honores de un soldado victorioso,
porque se expuso a la muerte.
Fue contado entre los rebeldes.
Cargó con los pecados de muchos e intercedió por
los transgresores.

Gloria futura de Jerusalén

54 «¡Canta, oh mujer sin hijos,
tú que nunca diste a luz!
Prorrumpe en canciones de alegría a toda voz, oh
Jerusalén,
tú que nunca tuviste dolores de parto.
Pues la mujer desolada ahora tiene más hijos
que la que vive con su esposo
—dice el SEÑOR—.
2 Agranda tu casa; construye una ampliación.
Extiende tu hogar y no repares en gastos.
3 Pues pronto estarás llena a rebosar;
tus descendientes ocuparán otras naciones
y repoblarán las ciudades en ruinas.

4 »No temas; ya no vivirás avergonzada.
No tengas temor; no habrá más deshonra para ti.
Ya no recordarás la vergüenza de tu juventud
ni las tristezas de tu viudez.
5 Pues tu Creador será tu marido;
¡el SEÑOR de los Ejércitos Celestiales es su
nombre!
Él es tu Redentor, el Santo de Israel,
el Dios de toda la tierra.
6 Pues el SEÑOR te llamó para que te libres de tu dolor,
como si fueras una esposa joven abandonada por
su marido
—dice tu Dios—.
7 Por un breve instante te abandoné,
pero con gran compasión te recibiré de nuevo.
8 En un estallido de enojo aparté de ti mi rostro por un
poco de tiempo.
Pero con amor eterno tendré compasión de ti
—dice el SEÑOR, tu Redentor—.

9 »Así como juré en tiempos de Noé
que nunca más permitiría que un diluvio cubra
la tierra,
ahora también juro
que nunca más me enojaré contigo ni te castigaré.
10 Pues las montañas podrán moverse
y las colinas desaparecer,

***Notas textuales** **52:14** Así aparece en la versión siríaca; en hebreo dice *te*. **52:15a** O *purificará*. **52:15b** La versión griega dice *Los que nunca se enteraron de él verán, / y los que nunca oyeron de él entenderán*. Comparar Rm 15:21. **53:4** O *Sin embargo, fueron nuestras enfermedades las que él cargó; / fueron nuestras dolencias las que lo agobiaron*. **53:8a** La versión griega dice *Fue humillado y no le hicieron justicia*. Comparar Hch 8:33. **53:8b** O *En cuanto a sus contemporáneos, / ¿a quién le importó que le quitaran la vida estando a mitad de camino?* La versión griega dice *¿Quién puede hablar de sus descendientes? / Pues su vida fue quitada de la tierra*. Comparar Hch 8:33.

Referencias cruzadas **52:15** Rm 15:21 **53:1** Rm 10:16 **53:4** Mt 8:17 **53:8** Hch 8:32-33 **53:12** Lc 22:37 **54:1** Ga 4:27

pero aun así mi fiel amor por ti permanecerá;
mi pacto de bendición nunca será roto
—dice el SEÑOR, que tiene misericordia de ti—.

11 »¡Oh ciudad azotada por las tormentas,
atribulada y desolada!
Te reconstruiré con joyas preciosas
y haré tus cimientos de lapislázuli.
12 Haré tus torres de rubíes relucientes,
tus puertas de gemas brillantes
y tus muros de piedras preciosas.
13 Yo les enseñaré a todos tus hijos,
y ellos disfrutarán de una gran paz.
14 Estarás segura bajo un gobierno justo e imparcial;
tus enemigos se mantendrán muy lejos.
Vivirás en paz,
y el terror no se te acercará.
15 Si alguna nación viniera para atacarte,
no será porque yo la haya enviado;
todo el que te ataque caerá derrotado.

16 »Yo he creado al herrero
que aviva el fuego de los carbones bajo la fragua
y hace las armas de destrucción.
Y he creado a los ejércitos que destruyen.
17 Pero en aquel día venidero,
ningún arma que te ataque triunfará.
Silenciarás cuanta voz
se levante para acusarte.
Estos beneficios los disfrutan los siervos del SEÑOR;
yo seré quien los reivindique.
¡Yo, el SEÑOR, he hablado!

Invitación a la salvación del SEÑOR

55 »¿Alguien tiene sed?
Venga y beba,
¡aunque no tenga dinero!
Vengan, tomen vino o leche,
¡es todo gratis!
2 ¿Por qué gastar su dinero en alimentos que no les dan fuerza?
¿Por qué pagar por comida que no les hace ningún bien?
Escúchenme, y comerán lo que es bueno;
disfrutarán de la mejor comida.

3 »Vengan a mí con los oídos bien abiertos.
Escuchen, y encontrarán vida.
Haré un pacto eterno con ustedes.
Les daré el amor inagotable que le prometí a David.
4 Vean cómo lo usé a él para manifestar mi poder entre los pueblos;
lo convertí en un líder entre las naciones.
5 Tú también darás órdenes a naciones que no conoces,
y pueblos desconocidos vendrán corriendo a obedecerte,
porque yo, el SEÑOR tu Dios,
el Santo de Israel, te hice glorioso».

6 Busquen al SEÑOR mientras puedan encontrarlo;
llámenlo ahora, mientras está cerca.
7 Que los malvados cambien sus caminos
y alejen de sí hasta el más mínimo pensamiento de hacer el mal.
Que se vuelvan al SEÑOR, para que les tenga misericordia.
Sí, vuélvanse a nuestro Dios, porque él perdonará con generosidad.

8 «Mis pensamientos no se parecen en nada a sus pensamientos —dice el SEÑOR—.
Y mis caminos están muy por encima de lo que pudieran imaginarse.
9 Pues así como los cielos están más altos que la tierra,
así mis caminos están más altos que sus caminos,
y mis pensamientos, más altos que sus pensamientos.

10 »La lluvia y la nieve descienden de los cielos
y quedan en el suelo para regar la tierra.
Hacen crecer el grano,
y producen semillas para el agricultor
y pan para el hambriento.
11 Lo mismo sucede con mi palabra.
La envío y siempre produce fruto;
logrará todo lo que yo quiero,
y prosperará en todos los lugares donde yo la envíe.
12 Ustedes vivirán con gozo y paz.
Los montes y las colinas se pondrán a cantar
y los árboles de los campos aplaudirán.
13 Donde antes había espinos, crecerán cipreses;
donde crecía la ortiga, brotarán mirtos.
Estas cosas le darán gran honra al nombre del SEÑOR;
serán una señal perpetua de su poder y de su amor».

Bendiciones para todas las naciones

56 Esto dice el SEÑOR:

«Sean justos e imparciales con todos;
hagan lo que es bueno y correcto,
porque vendré pronto para rescatarlos
y para manifestar mi justicia entre ustedes.
2 Benditos todos los
que se aseguran de cumplir esto.
Benditos los que honran mis días de descanso,
y procuran no hacer el mal.

3 »No permitan que los extranjeros que se comprometen con el SEÑOR digan:
"El SEÑOR nunca dejará que yo sea parte de su pueblo".
Y no permitan que los eunucos digan:
"Soy un árbol seco, sin hijos y sin futuro".
4 Pues esto dice el SEÑOR:
Bendeciré a los eunucos
que guardan como santos mis días de descanso,
que deciden hacer lo que a mí me agrada
y me entregan su vida.
5 Les daré —dentro de las paredes de mi casa—
un recordatorio y un nombre,

Referencias cruzadas **54:13** Jn 6:45 **55:3** Hch 13:34 **55:13** Jr 33:9

mucho más grande del que hijos o hijas pudieran
darles.
Pues el nombre que les doy es eterno;
¡nunca desaparecerá!

6 »También bendeciré a los extranjeros que se
comprometan con el Señor,
quienes lo sirvan y amen su nombre,
quienes lo adoren y no profanen el día de descanso,
y quienes se mantengan fieles a mi pacto.
7 Los llevaré a mi monte santo de Jerusalén
y los llenaré de alegría en mi casa de oración.
Aceptaré sus ofrendas quemadas y sus sacrificios,
porque mi templo será llamado casa de oración
para todas las naciones.
8 Pues el Señor Soberano,
que hace volver a los marginados de Israel, dice:
Traeré a otros también,
además de mi pueblo Israel».

Condenación de los líderes pecadores

9 ¡Vengan, animales salvajes de los campos!
¡Vengan, animales salvajes de los bosques!
¡Vengan a devorar a mi pueblo!
10 Pues los líderes de mi pueblo,
los guardianes del Señor, sus pastores,
son ciegos e ignorantes.
Son como perros guardianes silenciosos
que no advierten cuando viene el peligro.
Les encanta estar echados, durmiendo y soñando.
11 Como perros glotones, nunca quedan satisfechos.
Son pastores ignorantes;
cada uno va por su propio camino
y busca ganancias personales.
12 «Vengan —dicen ellos—, consigamos vino y
hagamos una fiesta.
Emborrachémonos todos.
¡Mañana lo haremos de nuevo,
y tendremos una fiesta aún más grande!».

57 La gente buena se muere;
muchas veces, los justos mueren antes de
que llegue su hora.
Pero a nadie parece importarle el porqué;
tampoco se lo preguntan a sí mismos.
Parece que nadie entiende
que Dios los está protegiendo del mal que vendrá.
2 Pues los que andan por el camino de la justicia
descansarán en paz cuando mueran.

Condenación de la idolatría

3 «¡Pero ustedes, vengan acá, hijos de brujas,
descendientes de adúlteros y de prostitutas!
4 ¿De quién se burlan
haciendo muecas y sacando la lengua?
¡Hijos de pecadores y mentirosos!
5 Rinden culto con gran pasión a sus ídolos,
debajo de los robles y debajo de todo árbol
frondoso.
Sacrifican a sus hijos abajo, en los valles,
entre los peñascos de los acantilados.
6 Sus dioses son las piedras pulidas de los valles;
ustedes les rinden culto con ofrendas líquidas y
ofrendas de grano.
Ellos son su herencia, no yo.
¿Creen que todo esto me hace feliz?
7 Ustedes cometieron adulterio en cada monte alto;
allí rindieron culto a los ídolos
y me fueron infieles.
8 Han puesto símbolos paganos
en los marcos de las puertas y detrás de ellas.
Me han abandonado
y se han metido en la cama con esos dioses
detestables.
Se han entregado a ellos
y les encanta ver sus cuerpos desnudos.
9 Han ido a Moloc*
con aceite de oliva y muchos perfumes,
y enviado a sus representantes por todas partes,
incluso al mundo de los muertos.*
10 Se han cansado en su búsqueda,
pero nunca se han dado por vencidos.
El deseo les dio nuevas fuerzas,
y no se fatigaron.

11 »¿Les tienen miedo a estos ídolos?
¿Les producen terror?
¿Por eso me han mentido
y se han olvidado de mí y de mis palabras?
¿Será por mi largo silencio
que ya no me temen?
12 Ahora pondré al descubierto sus supuestas buenas
obras;
ninguna de ellas los ayudará.
13 Veamos si sus ídolos pueden salvarlos
cuando clamen a ellos por ayuda.
¡Vaya, un soplo de viento puede derrumbarlos!
¡Basta con que uno respire sobre ellos para que
caigan de cabeza!
Pero el que confíe en mí heredará la tierra
y poseerá mi monte santo».

Dios perdona a los que se arrepienten

14 Dios dice: «¡Reconstruyan el camino!
Quiten las rocas y las piedras del camino
para que mi pueblo pueda volver del cautiverio».
15 El Alto y Majestuoso que vive en la eternidad,
el Santo, dice:
«Yo vivo en el lugar alto y santo
con los de espíritu arrepentido y humilde.
Restauro el espíritu destrozado del humilde
y reavivo el valor de los que tienen un corazón
arrepentido.
16 Pues no pelearé contra ustedes para siempre;
no estaré siempre enojado.
Si lo estuviera, moriría toda la gente,
sí, todas las almas que he creado.
17 Estaba enojado,
así que castigué a este pueblo tan avaro.
Me aparté de ellos,
pero continuaron por su propio terco camino.
18 He visto lo que hacen,
¡pero aun así, los sanaré
y los guiaré!

***Notas textuales** **57:9a** O *al rey*. **57:9b** En hebreo *al Seol*. **58:1** En hebreo *Jacob*. Ver nota en 14:1.

Referencias cruzadas **56:7** Mc 11:17 **56:12** Lc 12:19-20

Consolaré a los que se lamentan,
19 llevando palabras de alabanza a sus labios.
Que tengan paz abundante, tanto cerca como lejos
—dice el SEÑOR que los sana—.
20 Pero los que aún me rechazan son como el mar agitado,
que nunca está tranquilo,
sino que continuamente revuelve el lodo y la tierra.
21 No hay paz para el perverso»,
dice mi Dios.

Verdadera y falsa adoración

58 «Grita con la voz de un toque de trompeta.
¡Grita fuerte! No seas tímido.
¡Háblale a mi pueblo Israel* de sus pecados!
2 Sin embargo, ¡se hacen los piadosos!
Vienen al templo todos los días
y parecen estar encantados de aprender todo sobre mí.
Actúan como una nación justa
que nunca abandonaría las leyes de su Dios.
Me piden que actúe a su favor,
fingiendo que quieren estar cerca de mí.
3 "¡Hemos ayunado delante de ti! —dicen ellos—.
¿Por qué no te impresionamos?
Hemos sido muy severos con nosotros mismos,
y ni siquiera te das cuenta".

»¡Les diré por qué! —les contesto—.
Es porque ayunan para complacerse a sí mismos.
Aun mientras ayunan,
oprimen a sus trabajadores.
4 ¿De qué les sirve ayunar,
si siguen con sus peleas y riñas?
Con esta clase de ayuno,
nunca lograrán nada conmigo.
5 Ustedes se humillan
al hacer penitencia por pura fórmula:
inclinan la cabeza
como cañas en el viento,
se visten de tela áspera
y se cubren de cenizas.
¿A eso le llaman ayunar?
¿Realmente creen que eso agrada al SEÑOR?

6 »¡No! Esta es la clase de ayuno que quiero:
pongan en libertad a los que están encarcelados injustamente;
alivien la carga de los que trabajan para ustedes.
Dejen en libertad a los oprimidos
y suelten las cadenas que atan a la gente.
7 Compartan su comida con los hambrientos
y den refugio a los que no tienen hogar;
denles ropa a quienes la necesiten
y no se escondan de parientes que precisen su ayuda.

8 »Entonces su salvación llegará como el amanecer,
y sus heridas sanarán con rapidez;
su justicia los guiará hacia adelante
y atrás los protegerá la gloria del SEÑOR.
9 Entonces cuando ustedes llamen, el SEÑOR les responderá.
"Sí, aquí estoy", les contestará enseguida.

»Levanten el pesado yugo de la opresión;
dejen de señalar con el dedo y de esparcir rumores maliciosos.
10 Alimenten a los hambrientos
y ayuden a los que están en apuros.
Entonces su luz resplandecerá desde la oscuridad,
y la oscuridad que los rodea será tan radiante como el mediodía.
11 El SEÑOR los guiará continuamente;
les dará agua cuando tengan sed
y restaurará sus fuerzas.
Serán como un huerto bien regado,
como un manantial que nunca se seca.
12 Algunos de ustedes reconstruirán las ruinas desoladas de sus ciudades.
Entonces serán conocidos como reconstructores de muros
y restauradores de casas.

13 »Guarden como santo el día de descanso;
en ese día no se ocupen de sus propios intereses,
sino disfruten del día de descanso
y hablen del día con delicia, por ser el día santo del SEÑOR.
Honren el día de descanso en todo lo que hagan ese día
y no sigan sus propios deseos ni hablen palabras inútiles.
14 Entonces el SEÑOR será su delicia.
Yo les daré gran honor
y los saciaré con la herencia que prometí a su antepasado Jacob.
¡Yo, el SEÑOR, he hablado!».

Advertencias contra el pecado

59 ¡Escuchen! El brazo del SEÑOR no es demasiado débil para no salvarlos,
ni su oído demasiado sordo para no oír su clamor.
2 Son sus pecados los que los han separado de Dios.
A causa de esos pecados, él se alejó
y ya no los escuchará.
3 Las manos de ustedes son manos de asesinos,
y tienen los dedos sucios de pecado.
Sus labios están llenos de mentiras
y su boca vomita corrupción.
4 A nadie le importa ser justo y honrado;
las demandas legales de la gente se basan en mentiras.
Conciben malas acciones
y después dan a luz el pecado.
5 Incuban serpientes mortales
y tejen telas de araña.
El que coma sus huevos morirá;
al que los rompa le saldrán víboras.
6 Con sus telas de araña no se puede hacer ropa
y nada de lo que ellos hacen es útil.
Todo lo que hacen está lleno de pecado,
y la violencia es su sello característico.
7 Sus pies corren para hacer lo malo

Referencias cruzadas **57:19** Hb 13:15 **58:2** Tt 1:16 **58:7** Mt 25:35 **58:11** Jn 7:37-38

y se apresuran a matar.
Solo piensan en pecar;
siempre hay sufrimiento y destrucción en sus caminos.
8 No saben dónde encontrar paz
o qué significa ser justo y bueno.
Han trazado caminos torcidos
y quienes los siguen no conocen un momento de paz.

9 Por eso no hay justicia entre nosotros
y no sabemos nada acerca de vivir con rectitud.
Buscamos luz, pero solo encontramos oscuridad;
buscamos cielos radiantes, pero caminamos en tinieblas.
10 Andamos a tientas, como los ciegos junto a una pared,
palpando para encontrar el camino, como la gente que no tiene ojos.
Hasta en lo más radiante del mediodía,
tropezamos como si estuviera oscuro.
Entre los vivos,
somos como los muertos.
11 Gruñimos como osos hambrientos;
gemimos como el arrullo lastimero de las palomas.
Buscamos la justicia, pero nunca llega;
buscamos el rescate, pero está muy lejos de nosotros.
12 Pues nuestros pecados se han acumulado ante Dios
y testifican en contra de nosotros.
Así es, sabemos muy bien lo pecadores que somos.
13 Sabemos que nos hemos rebelado contra el Señor y también lo hemos negado;
le hemos dado la espalda a nuestro Dios.
Sabemos que hemos sido injustos y opresores,
preparando con cuidado nuestras mentiras engañosas.
14 Nuestros tribunales se oponen a los justos,
y no se encuentra justicia por ninguna parte.
La verdad tropieza por las calles
y la honradez ha sido declarada ilegal.
15 Sí, la verdad ha desaparecido
y se ataca a todo el que abandona la maldad.

El Señor miró y le desagradó
descubrir que no había justicia.
16 Estaba asombrado al ver que nadie intervenía
para ayudar a los oprimidos.
Así que se interpuso él mismo para salvarlos con su brazo fuerte,
sostenido por su propia justicia.
17 Se puso la justicia como coraza
y se colocó en la cabeza el casco de salvación.
Se vistió con una túnica de venganza
y se envolvió en un manto de pasión divina.
18 Él pagará a sus enemigos por sus malas obras,
y su furia caerá sobre sus adversarios;
les dará su merecido hasta los confines de la tierra.
19 En el occidente, la gente respetará el nombre del Señor;
en el oriente, lo glorificará.
Pues él vendrá como una tempestuosa marea,
impulsado por el aliento del Señor.*
20 «El Redentor vendrá a Jerusalén
para rescatar en Israel
a los que se hayan apartado de sus pecados»*,
dice el Señor.

21 «Y este es mi pacto con ellos —dice el Señor—. Mi Espíritu no los dejará, ni tampoco estas palabras que les he dado. Estarán en sus labios y en los labios de sus hijos, y de los hijos de sus hijos, para siempre. ¡Yo, el Señor, he hablado!

Gloria futura de Jerusalén

60 »¡Levántate, Jerusalén! Que brille tu luz para que todos la vean.
Pues la gloria del Señor se levanta para resplandecer sobre ti.
2 Una oscuridad negra como la noche cubre a todas las naciones de la tierra,
pero la gloria del Señor se levanta y aparece sobre ti.
3 Todas las naciones vendrán a tu luz;
reyes poderosos vendrán para ver tu resplandor.

4 »¡Levanta los ojos, porque todo el mundo vuelve a casa!
Tus hijos llegan desde tierras lejanas;
tus hijas pequeñas serán traídas en brazos.
5 Resplandecerán tus ojos,
y tu corazón se estremecerá de alegría
porque los mercaderes del mundo entero vendrán a ti.
Te traerán las riquezas de muchos países.
6 Enormes caravanas de camellos convergerán en ti;
los camellos de Madián y de Efa.
Los habitantes de Saba traerán oro e incienso
y vendrán adorando al Señor.
7 A ti te serán dados los rebaños de Cedar,
y los carneros de Nebaiot serán traídos para mis altares.
Aceptaré sus ofrendas
y haré glorioso mi templo.

8 »¿Y qué veo volando hacia Israel como las nubes,
como las palomas hacia su nido?
9 Son barcos de los confines de la tierra,
de países que confían en mí,
con los grandes barcos de Tarsis a la cabeza.
Traen al pueblo de Israel de regreso a su hogar desde muy lejos,
transportando su plata y su oro.
Honrarán al Señor tu Dios,
al Santo de Israel,
porque él te ha llenado de esplendor.

10 »Vendrán extranjeros para reconstruir tus ciudades

***Notas textuales 59:19** O *Cuando el enemigo venga como una tempestuosa marea, / el Espíritu del Señor lo hará retroceder*. **59:20** En hebreo *El Redentor vendrá a Sion / para rescatar a los de Jacob / que se hayan apartado de sus pecados*. La versión griega dice *El que rescata vendrá a favor de Sion / y apartará a Jacob de la maldad*. Comparar Rm 11:26.

Referencias cruzadas 59:7 Rm 3:15-17 **59:13** Tt 1:16 **59:20-21** Rm 11:26-27 **60:2** Col 1:13

y sus reyes te servirán.
Aunque te destruí en mi enojo,
ahora tendré misericordia de ti por mi gracia.
11 Tus puertas permanecerán abiertas de día y de noche
para recibir las riquezas de muchos países.
Los reyes del mundo serán llevados como cautivos
en un desfile victorioso.
12 Las naciones que se nieguen a servirte
serán destruidas.

13 »La gloria del Líbano será tuya
—los bosques de ciprés, de abeto y de pino—
para embellecer mi santuario.
¡Mi templo será glorioso!
14 Los descendientes de los que te atormentaron
vendrán a inclinarse ante ti.
Los que te despreciaron
te besarán los pies.
Te llamarán la Ciudad del SEÑOR,
y Sion del Santo de Israel.

15 »Aunque una vez fuiste despreciada y odiada,
y nadie pasaba por tus calles,
yo te haré hermosa para siempre,
una alegría para todas las generaciones.
16 Reyes poderosos y grandes naciones
colmarán todas tus necesidades,
como si fueras un niño
amamantado por una reina.
Por fin sabrás que yo, el SEÑOR,
soy tu Salvador y tu Redentor,
el Poderoso de Israel.*
17 Cambiaré tu bronce por oro,
tu hierro por plata,
tu madera por bronce
y tus piedras por hierro.
Haré que la paz sea tu líder,
y la justicia, tu gobernante.
18 La violencia desaparecerá de tu tierra;
se terminarán la desolación y la destrucción de la guerra.
La salvación te rodeará como las murallas de una ciudad,
y la alabanza estará en los labios de todos los que entren allí.

19 »Ya no necesitarás que el sol brille durante el día,
ni que la luna alumbre durante la noche,
porque el SEÑOR tu Dios será tu luz perpetua,
y tu Dios será tu gloria.
20 Tu sol nunca se pondrá;
tu luna nunca descenderá.
Pues el SEÑOR será tu luz perpetua.
Tus días de duelo llegarán a su fin.
21 Todo tu pueblo será justo;
poseerá para siempre su tierra,
pues yo lo plantaré allí con mis propias manos
con el fin de darme gloria a mí mismo.
22 La familia más pequeña se convertirá en mil personas,
y el grupo más diminuto se convertirá en una nación poderosa.
A su debido tiempo, yo, el SEÑOR, haré que esto suceda».

Buenas noticias para los oprimidos

61 El Espíritu del SEÑOR Soberano está sobre mí,
porque el SEÑOR me ha ungido
para llevar buenas noticias a los pobres.
Me ha enviado para consolar a los de corazón quebrantado
y a proclamar que los cautivos serán liberados
y que los prisioneros serán puestos en libertad.*
2 Él me ha enviado para anunciar a los que se lamentan
que ha llegado el tiempo del favor del SEÑOR*
junto con el día de la ira de Dios contra sus enemigos.
3 A todos los que se lamentan en Israel*
les dará una corona de belleza en lugar de cenizas,
una gozosa bendición en lugar de luto,
una festiva alabanza en lugar de desesperación.
Ellos, en su justicia, serán como grandes robles
que el SEÑOR ha plantado para su propia gloria.

4 Reconstruirán las ruinas antiguas,
reparando ciudades destruidas hace mucho tiempo.
Las resucitarán,
aunque hayan estado desiertas por muchas generaciones.
5 Los extranjeros serán sus siervos;
alimentarán a los rebaños de ustedes,
ararán sus campos
y cuidarán de sus viñedos.
6 Ustedes serán llamados sacerdotes del SEÑOR,
ministros de nuestro Dios.
Se alimentarán de los tesoros de las naciones
y se jactarán de sus riquezas.
7 Disfrutarán de una doble honra
en lugar de vergüenza y deshonra.
Poseerán una doble porción de prosperidad en su tierra,
y una alegría eterna será suya.

8 «Pues yo, el SEÑOR, amo la justicia;
odio el robo y la fechoría.
Recompensaré fielmente a mi pueblo por su sufrimiento
y haré un pacto eterno con él.
9 Sus descendientes serán reconocidos
y honrados entre las naciones.
Todo el mundo se dará cuenta de que es un pueblo
al que el SEÑOR ha bendecido».

10 ¡Me llené de alegría en el SEÑOR mi Dios!
Pues él me vistió con ropas de salvación
y me envolvió en un manto de justicia.

***Notas textuales** **60:16** En hebreo *de Jacob*. Ver nota en 14:1. **61:1** La versión griega dice *y que los ciegos verán*. Comparar Lc 4:18. **61:2** O *para proclamar el año aceptable del SEÑOR*. **61:3** En hebreo *en Sion*.

Referencias cruzadas **60:19** Ap 22:5 **61:1-2** Lc 4:18-19 **61:10** Is 52:1

Soy como un novio vestido para su boda
o una novia con sus joyas.
11 El SEÑOR Soberano mostrará su justicia a las naciones del mundo.
¡Todos lo alabarán!
Su justicia será como un huerto a comienzos de la primavera,
cuando brotan las plantas por todas partes.

Isaías ora por Jerusalén

62 Debido a que amo a Sion,
no me quedaré quieto.
Debido a que mi corazón suspira por Jerusalén,
no puedo quedarme callado.
No dejaré de orar por ella
hasta que su justicia resplandezca como el amanecer
y su salvación arda como una antorcha encendida.
2 Las naciones verán tu justicia
y los líderes del mundo quedarán cegados por tu gloria.
Tú recibirás un nombre nuevo
de la boca del SEÑOR mismo.
3 El SEÑOR te sostendrá en su mano para que todos te vean,
como una corona espléndida en la mano de Dios.
4 Nunca más te llamarán «La ciudad abandonada»*
ni «La tierra desolada»*.
Tu nuevo nombre será «La ciudad del deleite de Dios»*
y «La esposa de Dios»*,
porque el SEÑOR se deleita en ti
y te reclamará como su esposa.
5 Tus hijos se dedicarán a ti, oh Jerusalén,
como un joven se dedica a su esposa.
Entonces Dios se regocijará por ti
como el esposo se regocija por su esposa.

6 Oh Jerusalén, yo he puesto centinelas en tus murallas;
ellos orarán continuamente, de día y de noche.
No descansen, ustedes que dirigen sus oraciones al SEÑOR.
7 No le den descanso al SEÑOR hasta que termine su obra,
hasta que haga de Jerusalén el orgullo de toda la tierra.
8 El SEÑOR le ha jurado a Jerusalén por su propia fuerza:
«Nunca más te entregaré a tus enemigos;
nunca más vendrán guerreros extranjeros
para llevarse tu grano y tu vino nuevo.
9 Ustedes cultivaron el grano, y ustedes lo comerán,
alabando al SEÑOR.
Dentro de los atrios del templo,
ustedes mismos beberán el vino que prensaron».

10 ¡Salgan por las puertas!
¡Preparen la carretera para el regreso de mi pueblo!
Emparejen el camino, saquen las rocas
y levanten una bandera para que la vean todas las naciones.
11 El SEÑOR ha enviado el siguiente mensaje a cada país:
«Díganle al pueblo de Israel:*
"Miren, ya viene su Salvador.
Vean, él trae consigo su recompensa"».
12 Serán llamados «El pueblo santo»
y «El pueblo redimido por el SEÑOR».
Y Jerusalén será conocida como «El lugar deseable»
y «La ciudad ya no abandonada».

Juicio contra los enemigos del SEÑOR

63 ¿Quién es este que viene desde Edom,
desde la ciudad de Bosra,
con sus ropas teñidas de rojo?
¿Quién es este que lleva vestiduras reales
y marcha en su gran fuerza?

«¡Soy yo, el SEÑOR, proclamando su salvación!
¡Soy yo, el SEÑOR, quien tiene el poder para salvar!».

2 ¿Por qué están tan rojas tus ropas,
como si hubieras estado pisando uvas?

3 «Estuve pisando el lagar yo solo;
no había nadie allí para ayudarme.
En mi enojo, he pisado a mis enemigos
como si fueran uvas.
En mi furia he pisado a mis adversarios;
su sangre me ha manchado la ropa.
4 Ha llegado la hora de cobrar venganza por mi pueblo,
de rescatar a mi pueblo de sus opresores.
5 Estaba asombrado al ver que nadie intervenía
para ayudar a los oprimidos.
Así que yo mismo me interpuse para salvarlos con mi brazo fuerte,
y mi ira me sostuvo.
6 Aplasté a las naciones en mi enojo,
las hice tambalear y caer al suelo,
y derramé su sangre sobre la tierra».

Alabanza por la liberación

7 Hablaré del amor inagotable del SEÑOR;
alabaré al SEÑOR por todo lo que ha hecho.
Me alegraré por su gran bondad con Israel,
que le concedió según su misericordia y su amor.
8 Él dijo: «Ellos son mi pueblo.
Ciertamente no volverán a traicionarme».
Y se convirtió en su Salvador.
9 Cuando ellos sufrían, él también sufrió,
y él personalmente* los rescató.
En su amor y su misericordia los redimió;
los levantó y los tomó en brazos

***Notas textuales** **62:4a** En hebreo *Azuba*, que significa «abandonada». **62:4b** En hebreo *Semamá*, que significa «desolada». **62:4c** En hebreo *Hepsiba*, que significa «en ella tengo mis delicias». **62:4d** En hebreo *Beula*, que significa «casada». **62:11** En hebreo *Díganle a la hija de Sion*. **63:9** En hebreo *y el ángel de su presencia*.

Referencias cruzadas **63:2** Ap 19:13, 15

a lo largo de los años.
10 Pero ellos se rebelaron contra él
y entristecieron a su Santo Espíritu.
Así que él se convirtió en enemigo de ellos
y peleó contra ellos.

11 Entonces recordaron los días de antaño
cuando Moisés sacó a su pueblo de Egipto.
Clamaron: «¿Dónde está el que llevó a Israel a través del mar
con Moisés como pastor?
¿Dónde está el que envió a su Santo Espíritu
para que estuviera en medio de su pueblo?
12 ¿Dónde está aquel que manifestó su poder
cuando Moisés levantó su mano,
el que dividió el mar delante de ellos
y se hizo famoso para siempre?
13 ¿Dónde está el que los hizo pasar por el fondo del mar?
Eran como magníficos sementales
que corrían por el desierto sin tropezar.
14 Al igual que el ganado que desciende a un valle pacífico,
el Espíritu del Señor les daba descanso.
Tú guiaste a tu pueblo, Señor,
y te ganaste una magnífica reputación».

Oración por misericordia y perdón

15 Señor, mira desde el cielo;
míranos desde tu santo y glorioso hogar.
¿Dónde están la pasión y el poder
que solías manifestar a nuestro favor?
¿Dónde están tu misericordia y tu compasión?
16 ¡Ciertamente tú sigues siendo nuestro Padre!
Aunque Abraham y Jacob* nos desheredaran,
tú, Señor, seguirías siendo nuestro Padre.
Tú eres nuestro Redentor desde hace siglos.
17 Señor, ¿por qué permitiste que nos apartáramos de tu camino?
¿Por qué nos diste un corazón terco para que dejáramos de temerte?
Regresa y ayúdanos, porque somos tus siervos,
las tribus que son tu posesión más preciada.
18 Por poco tiempo tu pueblo santo poseyó tu lugar santo,
y ahora nuestros enemigos lo han destruido.
19 Algunas veces parece como si nunca te hubiéramos pertenecido;
es como si nunca hubiéramos sido conocidos
como tu pueblo.

64 1*¡Oh, si irrumpieras desde el cielo
y descendieras!
¡Cómo temblarían los montes en tu presencia!
2 *Así como el fuego hace que arda la leña
y que hierva el agua,
tu venida haría que las naciones temblaran.
¡Entonces tus enemigos se enterarían de la razón de tu fama!
3 Cuando descendiste hace mucho tiempo,
hiciste obras temibles, por encima de nuestras mayores expectativas.
¡Y cómo temblaron los montes!
4 Desde el principio del mundo,
ningún oído ha escuchado,
ni ojo ha visto a un Dios como tú,
quien actúa a favor de los que esperan en él.
5 Tú recibes a quienes hacen el bien con gusto,
a quienes siguen caminos de justicia.
Pero has estado muy enojado con nosotros,
porque no somos justos.
Pecamos constantemente;
¿cómo es posible que personas como nosotros se salven?
6 Estamos todos infectados por el pecado y somos impuros.
Cuando mostramos nuestros actos de justicia,
no son más que trapos sucios.
Como las hojas del otoño, nos marchitamos y caemos,
y nuestros pecados nos arrasan como el viento.
7 Sin embargo, nadie invoca tu nombre
ni te ruega misericordia.
Por eso tú te apartaste de nosotros
y nos entregaste* a nuestros pecados.

8 Y a pesar de todo, oh Señor, eres nuestro Padre;
nosotros somos el barro, y tú, el alfarero.
Todos somos formados por tu mano.
9 No te enojes tanto con nosotros, Señor;
por favor, no te acuerdes de nuestros pecados para siempre.
Te pedimos que nos mires
y veas que somos tu pueblo.
10 Tus ciudades santas están destruidas.
Sion es un desierto;
sí, Jerusalén no es más que una ruina desolada.
11 El templo santo y hermoso
donde nuestros antepasados te alababan
fue incendiado
y todas las cosas hermosas quedaron destruidas.
12 Después de todo esto, Señor, ¿aún rehusarás ayudarnos?
¿Permanecerás callado y nos castigarás?

Juicio y salvación final

65 El Señor dice:
«Estaba listo para responder, pero nadie me pedía ayuda;
estaba listo para dejarme encontrar, pero nadie me buscaba.
"¡Aquí estoy, aquí estoy!",
dije a una nación que no invocaba mi nombre.*
2 Todo el día abrí mis brazos a un pueblo rebelde.*
Pero ellos siguen sus malos caminos
y sus planes torcidos.
3 Todo el día me insultan en mi propia cara

***Notas textuales** **63:16** En hebreo *Israel*. Ver nota en 14:1. **64:1** El versículo 64:1 corresponde al 63:19 en el texto hebreo. **64:2** Los versículos del 64:2-12 corresponden al 64:1-11 en el texto hebreo. **64:7** Así aparece en la versión griega, en la siríaca y en la aramea; en hebreo dice *nos derretiste*. **65:1** O *a una nación que no llevaba mi nombre*. **65:1-2** La versión griega dice *Me encontraron personas que no me buscaban. / Me mostré a los que no preguntaban por mí. / Todo el día les abrí mis brazos, / pero ellos fueron desobedientes y rebeldes*. Comparar Rm 10:20-21.

Referencias cruzadas **63:11** Is 51:9-10 **63:17** Is 29:13-14 **64:4** 1 Co 2:9 **65:2** Rm 10:20-21

al rendir culto a ídolos en sus huertos sagrados
y al quemar incienso en altares paganos.
4 De noche andan entre las tumbas
para rendir culto a los muertos.
Comen carne de cerdo
y hacen guisos con otros alimentos prohibidos.
5 Sin embargo, se dicen unos a otros:
"¡No te acerques demasiado, porque me contaminarás!
¡Yo soy más santo que tú!".
Ese pueblo es un hedor para mi nariz,
un olor irritante que nunca desaparece.

6 »Miren, tengo escrito mi decreto* delante de mí:
no me quedaré callado;
les daré el pago que se merecen.
Sí, les daré su merecido,
7 tanto por sus propios pecados
como por los de sus antepasados
—dice el Señor—.
También quemaron incienso en los montes
y me insultaron en las colinas.
¡Les daré su merecido!

8 »Pero no los destruiré a todos
—dice el Señor—.
Tal como se encuentran uvas buenas en un racimo de uvas malas
(y alguien dice: "¡No las tires todas;
algunas de ellas están buenas!"),
así mismo, no destruiré a todo Israel.
Pues aún tengo verdaderos siervos allí.
9 Conservaré un remanente del pueblo de Israel*
y de Judá, para que posea mi tierra.
Aquellos a quienes yo escoja la heredarán
y mis siervos vivirán allí.
10 La llanura de Sarón se llenará nuevamente de rebaños
para mi pueblo que me busca,
y el valle de Acor será lugar de pastoreo para las manadas.

11 »Pero como el resto de ustedes abandonó al Señor
y se olvidó de su templo,
y como preparó fiestas para honrar al dios de la Fortuna
y le ofreció vino mezclado al dios del Destino,
12 ahora yo los "destinaré" a ustedes a la espada.
Todos ustedes se inclinarán delante del verdugo.
Pues cuando los llamé, ustedes
no me respondieron;
cuando hablé, no me escucharon.
Pecaron deliberadamente —ante mis propios ojos—
y escogieron hacer lo que saben que yo desprecio».

13 Por lo tanto, esto dice el Señor Soberano:
«Mis siervos comerán,
pero ustedes pasarán hambre.
Mis siervos beberán,
pero ustedes tendrán sed.
Mis siervos se alegrarán,
pero ustedes estarán tristes y avergonzados.
14 Mis siervos cantarán de alegría,
pero ustedes llorarán de angustia
y desesperación.
15 El nombre de ustedes será una maldición entre mi pueblo,
porque el Señor Soberano los destruirá
y llamará a sus verdaderos siervos por otro nombre.
16 Todos los que invoquen una bendición o hagan un juramento
lo harán por el Dios de la verdad.
Dejaré a un lado mi enojo
y olvidaré la maldad de los tiempos pasados.

17 »¡Miren! Estoy creando cielos nuevos y una tierra nueva,
y nadie volverá siquiera a pensar en los anteriores.
18 Alégrense; regocíjense para siempre en mi creación.
¡Y miren! Yo crearé una Jerusalén que será un lugar de felicidad,
y su pueblo será fuente de alegría.
19 Me gozaré por Jerusalén
y me deleitaré en mi pueblo.
Y el sonido de los llantos y los lamentos
jamás se oirá en ella.

20 »Los bebés ya no morirán a los pocos días de haber nacido,
ni los adultos morirán antes de haber tenido una vida plena.
Nunca más se considerará anciano a alguien que tenga cien años;
solamente los malditos morirán tan jóvenes.
21 En esos días, la gente habitará en las casas que construya
y comerá del fruto de sus propios viñedos.
22 A diferencia del pasado, los invasores no les quitarán sus casas
ni les confiscarán sus viñedos.
Pues mi pueblo vivirá tantos años como los árboles,
y mis escogidos tendrán tiempo para disfrutar de lo adquirido con su arduo trabajo.
23 No trabajarán en vano,
y sus hijos no estarán condenados a la desgracia,
porque son un pueblo bendecido por el Señor,
y sus hijos también serán bendecidos.
24 Les responderé antes que me llamen.
Cuando aún estén hablando de lo que necesiten,
¡me adelantaré y responderé a sus oraciones!
25 El lobo y el cordero comerán juntos.
El león comerá heno, como el buey;
pero las serpientes comerán polvo.
En esos días, nadie será herido ni destruido en mi monte santo.
¡Yo, el Señor, he hablado!».

***Notas textuales 65:6** O *Miren, sus pecados están escritos*; en hebreo dice *Miren, escrito está*. **65:9** En hebreo *remanente de Jacob*. Ver nota en 14:1.

Referencias cruzadas 65:14 Mt 8:12 **65:19** Ap 7:17

66 Esto dice el SEÑOR:
«El cielo es mi trono
y la tierra es el estrado de mis pies.
¿Podrían acaso construirme un templo tan bueno
como ese?
¿Podrían construirme un lugar de descanso así?
2 Con mis manos hice tanto el cielo como la tierra;
son míos, con todo lo que hay en ellos.*
¡Yo, el SEÑOR, he hablado!

»Bendeciré a los que tienen un corazón humilde y
arrepentido,
a los que tiemblan ante mi palabra.
3 Pero a los que escojan sus propios caminos
y se deleiten en sus pecados detestables,
no les aceptaré sus ofrendas.
Cuando tales personas sacrifiquen un toro,
será tan inaceptable como un sacrificio humano.
Cuando sacrifiquen un cordero,
será como si hubieran sacrificado un perro.
Cuando traigan una ofrenda de grano,
igual sería que ofrecieran sangre de cerdo.
Cuando quemen incienso,
será como si hubieran bendecido a un ídolo.
4 Yo les enviaré grandes dificultades:
todas las cosas que ellos temían.
Pues cuando los llamé, no me respondieron.
Cuando les hablé, no me escucharon.
Pecaron deliberadamente ante mis propios ojos
y escogieron hacer lo que saben que yo
desprecio».

5 Escuchen este mensaje del SEÑOR,
ustedes que tiemblan ante sus palabras:
«Su propio pueblo los odia
y los expulsa por ser leales a mi nombre.
"¡Que el SEÑOR sea honrado! —se burlan—.
¡Alégrense en él!".
Pero ellos serán avergonzados.
6 ¿Qué es ese alboroto que hay en la ciudad?
¿Qué es ese ruido tan terrible que viene del
templo?
Es la voz del SEÑOR,
vengándose de sus enemigos.
7 »Aun antes de que comenzaran los dolores de parto,
Jerusalén dio a luz un hijo.
8 ¿Acaso alguien ha visto algo tan extraño como esto?
¿Quién ha oído hablar de algo así?
¿Acaso ha nacido una nación en un solo día?
¿Acaso ha surgido un país en un solo instante?
Pero para cuando le comiencen los dolores de
parto a Jerusalén,*
ya habrán nacido sus hijos.
9 ¿Llevaría yo a esta nación al punto de nacer
para después no dejar que naciera? —pregunta
el SEÑOR—.
¡No! Nunca impediría que naciera esta nación»,
dice su Dios.

10 «¡Alégrense con Jerusalén!
Gócense con ella, todos ustedes que la aman
y ustedes que se lamentan por ella.
11 Beban abundantemente de su gloria,
como bebe un pequeño hasta saciarse de los
pechos consoladores de su madre».

12 Esto dice el SEÑOR:
«Yo le daré a Jerusalén un río de paz
y de prosperidad.
Las riquezas de las naciones fluirán hacia ella.
Sus hijos se alimentarán de sus pechos;
serán llevados en sus brazos y sostenidos en sus
piernas.
13 Los consolaré allí, en Jerusalén,
como una madre consuela a su hijo».

14 Cuando vean estas cosas, su corazón se alegrará.
Florecerán como la hierba.
Todos verán la mano de bendición del SEÑOR
sobre sus siervos,
y su ira contra sus enemigos.
15 Miren, el SEÑOR viene con fuego,
y sus veloces carros de guerra retumban como
un torbellino.
Él traerá castigo con la furia de su ira
y con el ardiente fuego de su dura reprensión.
16 El SEÑOR castigará al mundo con fuego
y con su espada.
Juzgará a la tierra
y muchos morirán a manos de él.

17 «Los que se "consagran" y se "purifican" en un
huerto sagrado con su ídolo en el centro, celebrando con
carne de cerdo, de rata y con otras carnes detestables,
tendrán un final terrible», dice el SEÑOR.
18 «Yo puedo ver lo que están haciendo y sé lo que
están pensando. Por eso reuniré a todas las naciones y
a todos los pueblos, y ellos verán mi gloria. 19 Realizaré
una señal entre ellos y enviaré a los sobrevivientes a que
lleven mi mensaje a las naciones: a Tarsis, a los libios*
y a los lidios* (que son famosos arqueros), a Tubal y a
Grecia* y a todas las tierras más allá del mar que no han
oído de mi fama ni han visto mi gloria. Allí declararán
mi gloria ante las naciones. 20 Ellos traerán de regreso al
remanente de sus hermanos de entre las naciones y los
llevarán a mi monte santo en Jerusalén, como ofrenda al
SEÑOR. Irán a caballo, en carros de guerra, en carretas,
en mulas y en camellos —dice el SEÑOR—; 21 y nombraré
a algunos de ellos para que sean mis sacerdotes y levitas.
¡Yo, el SEÑOR, he hablado!

22 »Tan cierto como que mis cielos nuevos y mi tierra
nueva permanecerán,
así también ustedes serán mi pueblo para
siempre,
con un nombre que nunca desaparecerá
—dice el SEÑOR—.
23 Toda la humanidad vendrá a adorarme
semana tras semana
y mes tras mes.

***Notas textuales** **66:2** Así aparece en la versión griega, en la latina y en la siríaca; en hebreo dice *estas cosas son*. **66:8** En hebreo *a Sion*. **66:19a** Así aparece en algunos manuscritos griegos que dicen *Fut* [es decir, Libia]; en hebreo dice *Pul*. **66:19b** En hebreo *Lud*. **66:19c** En hebreo *Javán*.

Referencias cruzadas **66:1** Hch 7:49-50 **66:10** Sal 122:6 **66:20-21** 1 P 2:5, 9

24 Y cuando salgan, verán
los cadáveres de los que se han rebelado contra mí.
Los gusanos que los devoran nunca morirán,
y el fuego que los quema nunca se apagará.
Todos los que pasen por allí
se llenarán de horror absoluto».

Referencias cruzadas **66:24** Mc 9:48

JEREMÍAS

¿Por qué es importante?

Este es el libro de la Biblia que tiene más versículos y en él encontrarás a un líder con un corazón sensible. En muchos rincones de la iglesia se piensa que los líderes cristianos son hombres o mujeres casi indestructibles, pero este libro demuestra que esa no es la foto verdadera del liderazgo cristiano ya que los grandes líderes también se entristecen, lloran y pasan por momentos difíciles. Jeremías enseña que podemos ser firmes y fuertes a la vez que amables y tiernos.

¿Por qué fue escrito?

Unos sesenta años después de la muerte de Isaías, Jeremías fue llamado por el Señor para profetizar en Judá; nación que estaba al borde del desastre. El propósito de su ministerio se relacionaba con un mensaje claro para el pueblo: la opresión y futura derrota a manos de los babilonios era la manera en la que el Señor los estaba llamando a arrepentirse de sus pecados y a convertirse a Él para recibir las promesas de un pacto nuevo, el cual incluiría un corazón nuevo.

¿Quién lo escribió?

El autor de este libro es el profeta Jeremías, hijo de Jilquías, de una familia sacerdotal de la tribu de Benjamín (Jer. 1:1). Fue llamado al ministerio profético siendo muy joven –algunos han especulado que tendría hasta unos catorce años- durante el reinado de Josías, y ministró hasta después de la destrucción de Jerusalén, por unos cuarenta años. Se le ha llamado "el profeta llorón" o "el profeta del corazón quebrantado", debido a su alta sensibilidad y dolor ante el pecado.

¿A quién lo escribió?

En el año 722 a.C., las diez tribus que formaban el reino del norte fueron llevadas cautivas por el imperio asirio. Las dos tribus que formaban el reino del sur debieron haber aprendido la lección y cambiar su conducta. Sin embargo, ellos continuaron por el mismo camino de rebeldía. Al fin, el juicio de Dios llegó y luego de sucesivas derrotas a manos de los caldeos en los años 605 a.C. y 597 a.C., la nación fue llevada cautiva en el año 586 a.C. y Jerusalén fue destruida. El libro de Jeremías estaba dirigido a los habitantes de Judá ya cautivos en Babilonia como un repaso de los eventos que los habían llevado hasta ese punto en su historia.

¿Cuándo y dónde lo escribió?

Jeremías comenzó su ministerio en el año 627 a.C., unos cien años después de la caída de Israel en manos de Asiria. Ahora, la nueva potencia en la región era Babilonia, la cual conquistó a los asirios en 605 a.C. y llegaría a conquistar Jerusalén en 586 a.C. El profeta ministraría hasta más o menos el año 581 a.C. El libro de Jeremías registra la caída de Jerusalén, lo que significa que el libro fue terminado y publicado tiempo después de ese evento.

Paso a paso

1. Llamado de un joven para servir al Señor como profeta. Cap. 1
2. El profeta advierte al pueblo de Dios que será castigado. Caps. 2-6
3. El profeta advierte que el templo no los librará del castigo por la idolatría. Caps. 7-10
4. El profeta anuncia el castigo de formas variadas. Caps. 11-29
5. El profeta anuncia restauración y consolación para el pueblo. Caps. 30-33
6. El profeta anuncia la inminente caída del pueblo. Caps. 34-44
7. El profeta anuncia la soberanía de Dios sobre todas las naciones. Caps. 45-52

JEREMÍAS

Jeremías

1 Estas son las palabras de Jeremías, hijo de Hilcías,
uno de los sacerdotes de Anatot, ciudad de la tierra
de Benjamín. [2]El SEÑOR le dio mensajes a Jeremías por
primera vez durante el año trece del reinado de Josías,
hijo de Amón, rey de Judá.* [3]Los mensajes del SEÑOR
continuaron durante el reinado de Joacim, hijo de Josías,
hasta el año once del reinado de Sedequías, otro de los
hijos de Josías. En agosto* de ese año once, la gente de
Jerusalén fue llevada cautiva.

El llamado de Jeremías y las primeras visiones

[4]El SEÑOR me dio el siguiente mensaje:

5 —Te conocía aun antes de haberte formado en el
vientre de tu madre;
antes de que nacieras, te aparté
y te nombré mi profeta a las naciones.

[6]—Oh SEÑOR Soberano —respondí—. ¡No puedo ha-
blar por ti! ¡Soy demasiado joven!
[7]—No digas: "Soy demasiado joven" —me contestó el
SEÑOR—, porque debes ir dondequiera que te mande y
decir todo lo que te diga. [8]No le tengas miedo a la gente,
porque estaré contigo y te protegeré. ¡Yo, el SEÑOR, he
hablado!
[9]Luego el SEÑOR extendió su mano, tocó mi boca y
dijo:

«¡Mira, he puesto mis palabras en tu boca!
10 Hoy te doy autoridad
para que hagas frente a naciones y reinos.
A algunos deberás desarraigar, derribar,
destruir y derrocar;
a otros deberás edificar
y plantar».

[11]Después el SEÑOR me dijo:
—¡Observa, Jeremías! ¿Qué es lo que ves?
—Veo una rama de almendro —contesté.
[12]—Así es —dijo el SEÑOR—, y eso significa que yo estoy
vigilando* y ciertamente llevaré a cabo todos mis planes.
[13]Después el SEÑOR me habló nuevamente.
—¿Qué es lo que ves ahora? —me preguntó.
—Veo una olla de agua hirviendo que se derrama desde
el norte —contesté.
[14]—Sí —dijo el SEÑOR—, porque el terror del norte her-
virá y se derramará sobre la gente de esta tierra. [15]¡Escu-
cha! Estoy llamando a los ejércitos de los reinos del norte
para que vengan a Jerusalén. ¡Yo, el SEÑOR, he hablado!

»Establecerán sus tronos
a las puertas de la ciudad;
atacarán los muros de Jerusalén
y a todas las demás ciudades de
Judá.
16 Pronunciaré juicio
contra mi pueblo a causa de toda su maldad,
por haberme abandonado y por quemar incienso a
otros dioses.
¡Sí, ellos rinden culto a ídolos que hicieron con
sus propias manos!

17 »Levántate y prepárate para entrar en acción.
Ve y diles todo lo que te ordene decir.
No les tengas miedo,
o haré que parezcas un necio delante de ellos.
18 Mira, hoy te he hecho fuerte,
como ciudad fortificada que no se puede
conquistar,
como columna de hierro o pared de bronce.
Te enfrentarás a toda esta tierra:
a los reyes, a los funcionarios, a los sacerdotes y al
pueblo de Judá.
19 Ellos pelearán contra ti, pero fracasarán,
porque yo estoy contigo y te protegeré.
¡Yo, el SEÑOR, he hablado!

El SEÑOR acusa a su pueblo

2 El SEÑOR me dio otro mensaje y me dijo: [2]«Ve y
anuncia a gritos este mensaje a Jerusalén. Esto dice
el SEÑOR:

»"Recuerdo qué ansiosa estabas por complacerme
cuando eras una joven recién casada,
cómo me amabas y me seguías
aun a través de lugares desolados.
3 En esos días Israel estaba consagrado al SEÑOR;
era el primero de sus hijos.*
Todos los que lastimaron a su pueblo fueron
declarados culpables,
y sobre ellos cayó la calamidad.
¡Yo, el SEÑOR, he hablado!"».

***Notas textuales** **1:2** El año trece del reinado de Josías fue el 627 a. C. **1:3** En hebreo *En el quinto mes*, del antiguo calendario lunar hebreo. Varios sucesos del libro de Jeremías pueden corroborarse con las fechas que aparecen en los registros babilónicos que se han conservado y pueden relacionarse de manera precisa con nuestro calendario moderno. El quinto mes del año once del reinado de Sedequías cayó entre los meses de agosto y septiembre del 586 a. C. Ver también 52:12 y la nota al pie de página. **1:12** El término hebreo para «vigilando» (*shoqued*) suena como el término hebreo para «almendro» (*shaqued*) del versículo 11. **2:3** En hebreo *las primicias de su cosecha.*

Referencias cruzadas **1:1** Mt 16:14 **1:5** Jr 25:15-26 **1:11** Jr 24:3 **1:16** Jr 10:3-5 **2:2** Ez 16:8

[4]¡Escuchen la palabra del SEÑOR, pueblo de Jacob,
todas las familias de Israel! [5]Esto dice el SEÑOR:

«¿Qué mal encontraron en mí sus antepasados
que los llevó a alejarse tanto de mi lado?
Rindieron culto a ídolos inútiles
y ellos mismos se volvieron inútiles.
6 No preguntaron: "¿Dónde está el SEÑOR
que nos sacó a salvo de Egipto
y nos guio a través del árido desierto,
por una tierra desolada y llena de hoyos,
una tierra de sequía y muerte,
donde no vive ni viaja nadie?".

7 »Cuando los traje a una tierra fértil
para que disfrutaran de sus bienes y de su abundancia,
contaminaron mi tierra
y corrompieron la posesión que les había prometido.
8 Los sacerdotes no preguntaron:
"¿Dónde está el SEÑOR?".
Aquellos que enseñaron mi palabra me ignoraron,
los gobernantes se volvieron en mi contra,
y los profetas hablaron en nombre de Baal,
perdiendo su tiempo con ídolos inútiles.
9 Por lo tanto, presentaré mi acusación en su contra
—dice el SEÑOR—.
Aun presentaré cargos contra los hijos de sus hijos
en los años venideros.

10 »Vayan al occidente y miren en la tierra de Chipre;*
vayan al oriente y busquen en la tierra de Cedar.
¿Acaso alguien ha oído algo
tan extraño como esto?
11 ¿Alguna vez una nación ha cambiado sus dioses por otros,
aun cuando no son dioses en absoluto?
¡Sin embargo, mi pueblo ha cambiado a su glorioso Dios*
por ídolos inútiles!
12 Los cielos están espantados ante semejante cosa
y retroceden horrorizados y consternados
—dice el SEÑOR—.
13 Pues mi pueblo ha cometido dos maldades:
me ha abandonado a mí
—la fuente de agua viva—
y ha cavado para sí cisternas rotas
¡que jamás pueden retener el agua!

Los resultados del pecado de Israel

14 »¿Por qué Israel se ha convertido en esclavo?
¿Por qué se lo han llevado como botín?
15 Leones fuertes rugieron contra él,
y la tierra ha sido destruida.
Ahora las ciudades están en ruinas;
ya nadie vive en ellas.
16 Los egipcios, en pie de guerra, llegaron desde sus ciudades de Menfis* y Tafnes;
han destruido la gloria y el poder de Israel.
17 Tú mismo te has buscado esta desgracia
al rebelarte contra el SEÑOR tu Dios,
¡aun cuando él te guiaba por el camino!
18 »¿Qué provecho has sacado de tus alianzas con Egipto
y de tus pactos con Asiria?
¿En qué te benefician las corrientes del Nilo*
o las aguas del río Éufrates*?
19 Tu perversidad traerá su propio castigo.
El haberte alejado de mí te avergonzará.
Verás qué malo y amargo es
abandonar al SEÑOR tu Dios y no temerle.
¡Yo, el Señor, el SEÑOR de los Ejércitos Celestiales,
he hablado!

20 »Hace tiempo rompí el yugo que te oprimía
y arranqué las cadenas de tu esclavitud,
pero aun así dijiste:
"No te serviré".
Sobre cada colina y debajo de todo árbol frondoso
te has prostituido inclinándote ante ídolos.
21 Pero fui yo el que te planté,
escogiendo una vid del más puro origen, lo mejor de lo mejor.
¿Cómo te transformaste en esta vid corrupta y silvestre?
22 Por más jabón o lejía que te pongas, no puedes limpiarte.
Aún puedo ver la mancha de tu culpa.
¡Yo, el SEÑOR Soberano, he hablado!

Israel, una esposa infiel

23 »Tú dices: "¡Esto no es cierto!
¡No he rendido culto a las imágenes de Baal!".
¿Pero cómo puedes decir semejante cosa?
¡Ve y mira lo que hay en cualquier valle de la tierra!
Reconoce los espantosos pecados que has cometido.
Eres como una camella inquieta,
buscando un macho con desesperación.
24 Eres como una burra salvaje,
olfateando el viento en época de apareamiento.
¿Quién puede contenerla de su celo?
¡Los que la desean no necesitan buscar demasiado,
porque es ella quien corre hacia ellos!
25 ¿Cuándo dejarás de correr?
¿Cuándo desistirás de jadear tras otros dioses?
Pero tú dices: "Ahórrate tus palabras.
¡Estoy enamorada de estos dioses ajenos,
y no puedo dejar de amarlos!".

26 »Israel es como un ladrón
que solo se avergüenza cuando lo descubren,
al igual que sus reyes, funcionarios, sacerdotes y profetas.
27 A una imagen tallada en un trozo de madera le dicen:
"Tú eres mi padre".
A un ídolo esculpido en un bloque de piedra le dicen:
"Tú eres mi madre".

***Notas textuales** **2:10** En hebreo *Quitim.* **2:11** En hebreo *su gloria.* **2:16** En hebreo *Nof.* **2:18a** En hebreo *de Sihor*, una rama del río Nilo. **2:18b** En hebreo *del río?*

Referencias cruzadas **2:13** Jn 4:14 **2:15** Jr 4:7 **2:21** Is 5:2, 4

Me dan la espalda,
pero durante tiempos difíciles me suplican:
"¡Ven y sálvanos!".
28 Pero ¿por qué no invocas a esos dioses que has fabricado?
Cuando lleguen los problemas, ¡que ellos te salven si pueden!
Pues tú tienes tantos dioses
como ciudades hay en Judá.
29 ¿Por qué me acusas de hacer el mal?
Ustedes son los que se han rebelado
—dice el SEÑOR—.
30 He castigado a tus hijos,
pero no respondieron a mi disciplina.
Tú mismo mataste a tus profetas
como un león mata a su presa.

31 »¡Oh pueblo mío, presta atención a las palabras del SEÑOR!
¿Acaso he sido como un desierto para Israel?
¿Acaso le he sido una tierra de tinieblas?
Entonces díganme por qué mi pueblo declara: "¡Por fin nos hemos librado de Dios!
¡No lo necesitamos más!".
32 ¿Se olvida una joven de sus joyas,
o una recién casada de su vestido de bodas?
Sin embargo, año tras año,
mi pueblo se ha olvidado de mí.

33 »¡Cómo maquinas y tramas para ganarte a tus amantes!
¡Hasta una prostituta veterana podría aprender de ti!
34 Tus vestidos están manchados con la sangre de los inocentes y de los pobres,
¡aunque no los sorprendiste robando tu casa!
35 Aun así dices:
"No he hecho nada malo.
¡Seguro que Dios no está enojado conmigo!";
pero ahora te castigaré severamente
porque afirmas no haber pecado.
36 Primero acá, después allá,
saltas de un aliado a otro pidiendo ayuda.
Pero tus nuevos amigos de Egipto te fallarán,
tal como Asiria lo hizo antes.
37 Desesperado, serás llevado al destierro
con las manos en la cabeza,
porque el SEÑOR ha rechazado a las naciones en las cuales confías.
Ellas no te ayudarán en absoluto.

3 »Si un hombre se divorcia de su esposa,
y ella se casa con otro,
él nunca la recibirá de nuevo,
porque eso sin duda corrompería la tierra.
Pero tú te has prostituido con muchos amantes,
entonces, ¿por qué tratas de volver a mí?
—dice el SEÑOR—.
2 Fíjate en los santuarios que hay en cada cumbre.
¿Hay algún lugar que no haya sido profanado
por tu adulterio con otros dioses?
Te sientas junto al camino como una prostituta en espera de un cliente.
Te sientas sola, como un nómada en el desierto.
Contaminaste la tierra con tu prostitución
y tu perversidad.
3 Por eso incluso han faltado las lluvias de primavera.
Pues eres una prostituta descarada y totalmente desvergonzada.
4 Aun así me dices:
"Padre, tú has sido mi guía desde mi juventud.
5 ¡Seguro que no estarás enojado para siempre!
¡Sin duda puedes olvidar lo que he hecho!".
Hablas de esta manera,
pero sigues haciendo todo el mal posible».

Judá sigue el ejemplo de Israel

6Durante el reinado de Josías, el SEÑOR me dijo: «¿Te
has dado cuenta de lo que ha hecho la caprichosa Israel?
Como una esposa que comete adulterio, Israel ha rendido
culto a otros dioses en cada colina y debajo de todo árbol
frondoso. 7Yo pensaba: "Después de haber hecho todo
esto regresará a mí"; pero no lo hizo, y su desleal hermana
Judá lo observó. 8Vio* que me divorcié de la infiel Israel
debido a su adulterio; pero Judá, esa hermana traicionera,
no tuvo temor, y ahora ella también me ha dejado y se ha
entregado a la prostitución. 9Israel no lo tomó en serio y
no le parece nada fuera de lo común cometer adulterio al
rendir culto a ídolos hechos de madera y de piedra. Así
que ahora la tierra se ha corrompido. 10Sin embargo, a
pesar de esto, su infiel hermana Judá nunca ha vuelto a
mí de corazón, solo fingió estar apenada. ¡Yo, el SEÑOR,
he hablado!».

Esperanza para la rebelde Israel

11Luego el SEÑOR me dijo: «¡Hasta la infiel Israel es menos
culpable que la traidora Judá! 12Por lo tanto, ve y dale este
mensaje a Israel.* Esto dice el SEÑOR:

»"Oh Israel, mi pueblo infiel,
regresa otra vez a mí,
porque yo soy misericordioso.
No estaré enojado contigo para siempre.
13 Solo reconoce tu culpa;
admite que te has rebelado contra el SEÑOR tu Dios
y que cometiste adulterio contra él
al rendir culto a ídolos debajo de todo árbol frondoso.
Confiesa que rehusaste oír mi voz.
¡Yo, el SEÑOR, he hablado!

14 »"Regresen a casa, ustedes, hijos descarriados
—dice el SEÑOR—,
porque yo soy su amo.
Los traeré de regreso a la tierra de Israel,*
uno de esta ciudad y dos de aquella familia,
de todo lugar donde estén esparcidos.
15 Y les daré pastores conforme a mi propio corazón,
que los guiarán con conocimiento
y entendimiento.

***Notas textuales** **3:8** Así aparece en los Rollos del mar Muerto, en un manuscrito griego y en la versión siríaca; el texto masorético dice *Vi.* **3:12** En hebreo *este mensaje hacia el norte.* **3:14** En hebreo *a Sion.*

Referencias cruzadas **2:28** Jr 11:12-13 **2:35** 1 Jn 1:8, 10 **3:2** Jr 2:7, 20 **3:9** Jr 2:7, 27 **3:15** Hch 20:28

16»"Cuando una vez más la tierra se llene de gente
—dice el SEÑOR—, ya no desearán más 'los viejos tiempos'
cuando poseían el arca del pacto del SEÑOR. No extrañarán
aquellos días, ni siquiera los recordarán y no habrá nece-
sidad de reconstruir el arca. 17En aquel día, Jerusalén será
conocida como 'el Trono del SEÑOR'. Todas las naciones
acudirán a Jerusalén para honrar al SEÑOR. Ya no seguirán
tercamente sus propios malos deseos. 18En aquellos días
la gente de Judá y la gente de Israel volverán juntas del
destierro del norte. Regresarán a la tierra que les di a los
antepasados de ustedes como herencia perpetua.

19 »"Me dije a mí mismo:
'¡Cómo quisiera tratarlos como a mis propios hijos!'.
Solo quería darles esta hermosa tierra,
la posesión más maravillosa del mundo.
Esperaba con anhelo que me llamaran 'Padre',
y quise que nunca se alejaran de mí.
20 Sin embargo, me fuiste infiel, ¡pueblo de Israel!
Has sido como una esposa infiel que deja a su marido.
Yo, el SEÑOR, he hablado"».

21 Se escuchan voces en las alturas de las montañas desoladas,
el llanto y las súplicas del pueblo de Israel.
Pues han escogido caminos torcidos
y se han olvidado del SEÑOR su Dios.

22 «Vuelvan a mí, hijos descarriados —dice el SEÑOR—,
y les sanaré el corazón extraviado».

«Sí, ya vamos —responde el pueblo—,
porque tú eres el SEÑOR nuestro Dios.
23 Nuestro culto a ídolos en las colinas
y nuestras orgías religiosas en las montañas
son una falsa ilusión.
Solo en el SEÑOR nuestro Dios
encontrará Israel salvación.
24 Desde la niñez hemos visto
cómo todo aquello por lo que trabajaron nuestros antepasados
—sus ganados y rebaños, sus hijos e hijas—
se despilfarraba en una falsa ilusión.
25 Echémonos al suelo llenos de vergüenza
y cubiertos de deshonra,
porque tanto nosotros como nuestros antepasados hemos pecado
contra el SEÑOR nuestro Dios.
Desde la niñez hasta el día de hoy
nunca lo hemos obedecido».

4 «¡Oh, Israel! —dice el SEÑOR—,
si quisieras, podrías volver a mí.
Podrías desechar tus ídolos detestables
y no alejarte nunca más.
2 Después, cuando jures por mi nombre diciendo:
"Tan cierto como que el SEÑOR vive",
lo podrías hacer
con verdad, justicia y rectitud.
Entonces serías una bendición a las naciones del mundo,
y todos los pueblos vendrían y alabarían mi nombre».

Se acerca el juicio a Judá

3Esto dice el SEÑOR a la gente de Judá y de Jerusalén:

«¡Pasen el arado por el terreno endurecido de sus corazones!
No desperdicien la buena semilla entre los espinos.
4 Oh habitantes de Judá y de Jerusalén,
renuncien a su orgullo y a su poder.
Cambien la actitud del corazón ante el SEÑOR,*
o mi enojo arderá como fuego insaciable
debido a todos sus pecados.

5 »¡Griten a la gente de Judá y proclamen a los de Jerusalén!
Díganles que toquen alarma en toda la tierra:
"¡Corran y salven sus vidas!
¡Huyan a las ciudades fortificadas!".
6 Levanten una bandera de señales como una advertencia para Jerusalén:*
"¡Huyan de inmediato! ¡No se demoren!".
Pues desde el norte traigo
una terrible destrucción sobre ustedes».

7 Desde su guarida un león acecha,
un destructor de naciones.
Ha salido de su guarida y se dirige hacia ustedes.
¡Arrasará su tierra!
Sus ciudades quedarán en ruinas,
y ya nadie vivirá en ellas.
8 Así que póngase ropa de luto
y lloren con el corazón destrozado,
porque la ira feroz del SEÑOR
todavía está sobre nosotros.

9 «En aquel día —dice el SEÑOR—,
el rey y los funcionarios temblarán de miedo.
Los sacerdotes quedarán paralizados de terror
y los profetas, horrorizados».
10 Entonces dije: «Oh SEÑOR Soberano,
el pueblo ha sido engañado por lo que dijiste,
porque prometiste paz para Jerusalén.
¡Sin embargo, la espada está en su cuello!».

11 Se acerca la hora en que el SEÑOR dirá
a la gente de Jerusalén:
«Mi querido pueblo, desde el desierto sopla un viento abrasador,
y no la brisa suave que se usa para separar la paja del grano.
12 ¡Es una ráfaga estrepitosa que yo envié!
¡Ahora pronuncio la destrucción contra ti!».

13 ¡Nuestro enemigo avanza hacia nosotros como nubarrones!
Sus carros de guerra son como torbellinos;

***Notas textuales** **4:4** En hebreo *Circuncídense para el SEÑOR y quiten el prepucio del corazón.* **4:6** En hebreo *Sion.*

Referencias cruzadas **3:25** Jr 22:21 **4:4** Rm 2:28-29 **4:10** 2 Ts 2:11

sus caballos son más veloces que las águilas.
¡Qué horrible será, pues estamos condenados!
14 Oh Jerusalén, limpia tu corazón
para que seas salvada.
¿Hasta cuándo guardarás
tus malos pensamientos?
15 Tu destrucción ya se anunció
desde Dan y la zona montañosa de Efraín.

16 «Adviertan a las naciones vecinas
y anuncien esto a Jerusalén:
"El enemigo viene desde una tierra lejana,
dando gritos de guerra contra las ciudades de Judá.
17 Rodean a Jerusalén como guardianes alrededor de un campo
porque mi pueblo se rebeló contra mí
—dice el SEÑOR—.
18 Tus propios hechos han traído todo esto sobre ti.
Este castigo es amargo; ¡te penetra hasta el corazón!"».

Jeremías llora por su pueblo

19 ¡Mi corazón, mi corazón, me retuerzo de dolor!
¡Mi corazón retumba dentro de mí! No puedo quedarme quieto.
Pues he escuchado el sonar de las trompetas enemigas
y el bramido de sus gritos de guerra.
20 Olas de destrucción cubren la tierra,
hasta dejarla en completa desolación.
Súbitamente mis carpas son destruidas;
de repente mis refugios son demolidos.
21 ¿Hasta cuándo tendré que ver las banderas de combate
y oír el toque de trompetas de guerra?

22 «Mi pueblo es necio
y no me conoce —dice el SEÑOR—.
Son hijos tontos,
sin entendimiento.
Son lo suficientemente listos para hacer lo malo,
¡pero no tienen ni idea de cómo hacer lo correcto!».

Visión de Jeremías del desastre venidero

23 Miré a la tierra y estaba vacía y no tenía forma;
miré a los cielos y no había luz.
24 Miré a las montañas y colinas
que temblaban y se agitaban.
25 Miré y toda la gente se había ido;
todos los pájaros del cielo se habían volado.
26 Miré y los terrenos fértiles se habían convertido en desiertos;
las ciudades estaban en ruinas,
destruidas por la ira feroz del SEÑOR.

27 Esto dice el SEÑOR:
«La tierra entera será arrasada,
pero no la destruiré por completo.
28 La tierra estará de luto
y los cielos serán tapizados de negro
a causa de la sentencia que pronuncié contra mi pueblo.
Lo he decidido y no lo cambiaré».
29 Al oír el ruido de los carros de guerra y los arqueros,
la gente huye aterrorizada.
Ellos se esconden en los matorrales
y corren a las montañas.
Todas las ciudades han sido abandonadas;
¡no queda nadie en ellas!
30 ¿Qué es lo que haces,
tú que has sido saqueado?
¿Por qué te vistes de ropas hermosas
y te pones joyas de oro?
¿Por qué te resaltas los ojos con rímel?
¡Arreglarte así de nada te servirá!
Los aliados que fueron tus amantes
te desprecian y buscan tu muerte.

31 Oigo gritos, como los de una mujer que está de parto,
los gemidos de una mujer dando a luz a su primer hijo.
Es la bella Jerusalén,*
que respira con dificultad y grita:
«¡Socorro! ¡Me están matando!».

Los pecados de Judá

5 «Corran por todas las calles de Jerusalén —dice el SEÑOR—.
Busquen arriba y abajo; ¡busquen por toda la ciudad!
Si encuentran aunque sea a una sola persona justa y honrada,
no destruiré la ciudad.
2 Pero aun cuando están bajo juramento
diciendo: "Tan cierto como que el SEÑOR vive",
¡todos siguen mintiendo!».

3 SEÑOR, tú estás buscando la honradez.
Golpeaste a tu pueblo,
pero no prestó atención.
Los has aplastado,
pero se negaron a ser corregidos.
Son tercos, de caras duras como piedra;
rehusaron arrepentirse.

4 Entonces dije: «¿Pero qué podemos esperar de los pobres?
Son unos ignorantes.
No conocen los caminos del SEÑOR
ni entienden las leyes divinas.
5 Así que iré y hablaré a sus líderes.
Sin duda ellos conocen los caminos del SEÑOR
y entienden las leyes de Dios».
Pero los líderes también, como un solo hombre,
se habían librado del yugo de Dios
y roto las cadenas.
6 Entonces ahora un león de la selva los atacará;
un lobo del desierto se les echará encima.
Un leopardo acechará cerca de sus ciudades,
y hará trizas a quien se atreva a salir.

***Notas textuales** **4:31** En hebreo *la hija de Sion.*

Referencias cruzadas **4:22** Rm 16:19 **4:30** Jr 22:20, 22 **5:2** Tt 1:16

Pues grande es la rebelión de ellos,
y muchos son sus pecados.
7 «¿Cómo puedo perdonarte?
Pues aun tus hijos se han alejado de mí.
¡Ellos juraron por dioses que no son dioses en absoluto!
Alimenté a mi pueblo hasta que estuvo satisfecho;
pero su manera de darme las gracias fue cometer adulterio
y hacer fila en los prostíbulos.
8 Son vigorosos sementales, bien alimentados,
cada uno relinchando por la mujer de su prójimo.
9 ¿No habría de castigarlos por esto? —dice el SEÑOR—.
¿No habría de vengarme de semejante nación?
10 »Vayan por las hileras de los viñedos y destruyan las vides,
pero dejen algunas con vida.
Arranquen los sarmientos de las vides,
porque esta gente no pertenece al SEÑOR.
11 Los pueblos de Israel y Judá
están llenos de traición contra mí
—dice el SEÑOR—.
12 Mintieron acerca del SEÑOR y dijeron:
"¡Él no nos molestará!
Ningún desastre vendrá sobre nosotros;
no habrá guerra ni hambre.
13 Todos los profetas de Dios son pura palabrería;
en realidad no hablan de parte de él.
¡Que caigan sobre ellos mismos sus predicciones de desastre!"».

14 Por lo tanto, esto dice el SEÑOR Dios de los Ejércitos Celestiales:

«Debido a que mi pueblo habla de esta manera,
mis mensajes saldrán de tu boca como llamas de fuego
y quemarán al pueblo como si fuera leña.
15 Oh Israel, traeré una nación lejana contra ti
—dice el SEÑOR—.
Es una nación poderosa,
una nación antigua,
un pueblo cuyo idioma desconoces,
cuya forma de hablar no entiendes.
16 Sus armas son mortíferas;
sus guerreros, poderosos.
17 Devorarán la comida de tu cosecha;
devorarán a tus hijos e hijas.
Devorarán tus rebaños y manadas;
devorarán tus uvas y tus higueras.
Y destruirán tus ciudades fortificadas
que consideras tan seguras.

18 »Sin embargo, aun en esos días, no te eliminaré por
completo —dice el SEÑOR—. 19 Y cuando tu pueblo pre-
gunte: "¿Por qué el SEÑOR nuestro Dios nos hizo todo
esto?", debes contestar: "Ustedes lo rechazaron y se en-
tregaron a dioses extranjeros en su propia tierra. Ahora
servirán a extranjeros en una tierra que a ustedes no les
pertenece".

Advertencia al pueblo de Dios

20 »Anuncien esto a Israel,*
y díganselo a Judá:
21 "Escucha, gente necia y sin sentido común,
que tiene ojos que no ven,
y oídos que no oyen.
22 ¿No me tienes respeto?
¿Por qué no tiemblas en mi presencia?
Yo, el SEÑOR, con la arena defino el límite del océano
como frontera eterna que las aguas no pueden cruzar.
Las olas pueden agitarse y rugir,
pero nunca podrán pasar los límites que establecí.
23 Sin embargo, mi pueblo tiene el corazón terco y rebelde;
se alejó y me abandonó.
24 No dicen de corazón:
'Vivamos con temor reverente ante el SEÑOR nuestro Dios,
porque nos da la lluvia cada primavera y otoño,
asegurándonos una cosecha en el tiempo apropiado'.
25 Su maldad les ha privado de estas maravillosas bendiciones;
su pecado les ha robado todas estas cosas buenas.

26 »"Hay hombres perversos entre mi pueblo
que están al acecho de víctimas, como un cazador oculto en su escondite.
Continuamente ponen trampas
para atrapar a la gente.
27 Como una jaula llena de pájaros,
sus casas están llenas de planes siniestros.
Ahora son poderosos y ricos.
28 Están gordos y con aspecto saludable,
y sus obras de maldad no tienen límite.
Rehúsan dar justicia al huérfano
y le niegan los derechos al pobre.
29 ¿No habría de castigarlos por esto? —dice el SEÑOR—.
¿No habría de vengarme de semejante nación?
30 Algo terrible y espantoso
ha sucedido en este país:
31 los profetas dan profecías falsas,
y los sacerdotes gobiernan con mano de hierro.
Peor todavía, ¡a mi pueblo le encanta que sea así!
Ahora bien, ¿qué harán ustedes cuando todo esto llegue a su fin?

Advertencia final a Jerusalén

6 »"¡Corran y salven sus vidas, habitantes de Benjamín!
¡Salgan de Jerusalén!
¡Toquen alarma en Tecoa!
¡Levanten señales en Bet-haquerem!
Un ejército poderoso viene del norte
y trae calamidad y destrucción.
2 Oh Jerusalén,* tú eres mi hija hermosa y delicada,

***Notas textuales** **5:20** En hebreo *a la casa de Jacob.* Los nombres «Jacob» e «Israel» a menudo son intercambiables en el Antiguo Testamento. Algunas veces hacen referencia al patriarca como individuo y otras veces a la nación. **6:2** En hebreo *Hija de Sion.*

Referencias cruzadas **5:7** Ga 4:8 **5:13** Jr 14:13, 15 **5:21** Mc 8:18 **5:30-31** Jr 23:14

¡pero te destruiré!
3 Los enemigos te rodearán como pastores que
acampan alrededor de la ciudad.
Cada uno escoge un lugar para que su tropa
devore.
4 Ellos gritan: '¡Prepárense para la batalla!
¡Ataquen a mediodía!'.
'No, ya es muy tarde; el día se acaba,
y caen las sombras de la noche'.
5 '¡Entonces, ataquemos de noche
y destruyamos sus palacios!'"».

6 El SEÑOR de los Ejércitos Celestiales dice:
«Corten árboles para usarlos como arietes;
construyan rampas de asalto contra las murallas
de Jerusalén.
Esta es la ciudad que debe ser castigada,
porque es perversa hasta más no poder.
7 De ella brota la maldad como de una fuente.
Sus calles resuenan con violencia y destrucción.
Siempre veo sus enfermedades y heridas.
8 Oye esta advertencia, Jerusalén,
o me alejaré de ti indignado.
Escucha, o te convertiré en un montón de
escombros,
una tierra donde no vive nadie».

9 El SEÑOR de los Ejércitos Celestiales dice:
«Aun los pocos que permanezcan en Israel
serán nuevamente recogidos,
como cuando el que cosecha revisa cada vid por
segunda vez
para recoger las uvas que no se cortaron».

La rebelión constante de Judá

10 ¿A quién puedo advertir?
¿Quién escuchará cuando yo hable?
Tienen sordos los oídos
y no pueden oír.
Ellos desprecian la palabra del SEÑOR.
No quieren escuchar para nada.
11 Por eso ahora estoy lleno de la furia del SEÑOR.
¡Sí, estoy cansado de contenerla!

«Derramaré mi furia sobre los niños que juegan en
las calles
y sobre las reuniones de jóvenes,
sobre esposos y esposas
y sobre los que son viejos y canosos.
12 Sus casas serán dadas a los enemigos,
al igual que sus campos y sus esposas
porque levantaré mi puño poderoso
contra la gente de esta tierra
—dice el SEÑOR—.
13 Desde el menos importante hasta el más importante,
sus vidas están dominadas por la avaricia.
Desde los profetas hasta los sacerdotes,
todos son unos farsantes.
14 Ofrecen curas superficiales
para la herida mortal de mi pueblo.
Dan garantías de paz
cuando no hay paz.
15 ¿Se avergüenzan de sus actos repugnantes?
De ninguna manera, ¡ni siquiera saben lo que es
sonrojarse!
Por lo tanto, estarán entre los caídos en la matanza;
serán derribados cuando los castigue»,
dice el SEÑOR.

Judá rechaza el camino del SEÑOR

16 Esto dice el SEÑOR:
«Deténganse en el cruce y miren a su alrededor;
pregunten por el camino antiguo, el camino
justo, y anden en él.
Vayan por esa senda y encontrarán descanso para el
alma.
Pero ustedes responden: "¡No, ese no es el
camino que queremos!".
17 Puse centinelas sobre ustedes, que dijeron:
"Estén atentos al sonido de alarma".
Pero ustedes respondieron:
"¡No! ¡No prestaremos atención!".

18 »Por lo tanto, naciones, escuchen esto;
tomen nota de la situación de mi pueblo.
19 ¡Escuchen, habitantes de toda la tierra!
Traeré desastre sobre mi pueblo.
Es el fruto de sus propias intrigas,
porque se niegan a escucharme;
han rechazado mi palabra.
20 Es inútil ofrecerme el incienso dulce de Saba.
¡Guárdense su cálamo aromático importado de
tierras lejanas!
No aceptaré sus ofrendas quemadas;
sus sacrificios no tienen ningún aroma agradable
para mí».

21 Por lo tanto, esto dice el SEÑOR:
«Pondré obstáculos en el camino de mi pueblo.
Padres e hijos tropezarán contra ellos.
Vecinos y amigos morirán juntos».

Invasión desde el norte

22 Esto dice el SEÑOR:
«¡Miren! ¡Un gran ejército viene del norte!
Desde tierras lejanas se levanta contra ti una gran
nación.
23 Están armados con arcos y lanzas;
son crueles y no tienen compasión de nadie.
Cuando avanzan sobre sus caballos,
se oyen como el rugido del mar.
Vienen en formación de batalla,
con planes de destruirte, hermosa Jerusalén*».

24 Hemos oído informes acerca del enemigo
y las manos nos tiemblan de miedo.
Punzadas de angustia se han apoderado de nosotros,
como las de una mujer que está en trabajo de
parto.
25 ¡No salgan a los campos!
¡No viajen por los caminos!
¡La espada del enemigo está por todos lados,
y nos aterroriza a cada paso!
26 Oh, pueblo mío, vístete de tela áspera

***Notas textuales** **6:23** En hebreo *hija de Sion*.

Referencias cruzadas **6:7** St 3:10-12 **6:10** Hch 7:51 **6:16** Mt 11:29

y siéntate entre las cenizas.
Laméntate y llora amargamente, como el que pierde
a un hijo único.
¡Pues los ejércitos destructores caerán de sorpresa
sobre ti!

27 «Jeremías, te he hecho probador de metales,*
para que puedas determinar la calidad de mi
pueblo.
28 Ellos son rebeldes de la peor clase,
llenos de calumnia.
Son tan duros como el bronce y el hierro
y llevan a otros a la corrupción.
29 Los fuelles soplan las llamas con furor
para quemar la corrupción.
Pero no los purifica,
ya que su perversidad permanece.
30 Los marcaré: "plata rechazada",
porque yo, el SEÑOR, los desecho».

Jeremías habla en el templo

7 El SEÑOR le dio otro mensaje a Jeremías diciendo: 2«Vete a la entrada del templo del SEÑOR y dale el siguiente mensaje al pueblo: "Oh Judá, ¡escucha este mensaje del SEÑOR! ¡Escúchenlo, todos ustedes que aquí adoran al SEÑOR! 3Esto dice el SEÑOR de los Ejércitos Celestiales, Dios de Israel:

»"Incluso ahora, si abandonan sus malos caminos les permitiré quedarse en su propia tierra; 4pero no se dejen engañar por los que les prometen seguridad simplemente porque aquí está el templo del SEÑOR. Ellos repiten: '¡El templo del SEÑOR está aquí! ¡El templo del SEÑOR está aquí!'. 5Pero seré misericordioso únicamente si abandonan sus malos pensamientos y sus malas acciones, y comienzan a tratarse el uno al otro con justicia; 6si dejan de explotar a los extranjeros, a los huérfanos y a las viudas; si dejan de asesinar; y si dejan de dañarse ustedes mismos al rendir culto a los ídolos. 7Entonces, les permitiré quedarse en esta tierra que les di a sus antepasados para siempre.

8»"No se dejen engañar ni crean que nunca tendrán que sufrir porque el templo está aquí. ¡Es una mentira! 9¿De verdad piensan que pueden robar, matar, cometer adulterio, mentir y quemar incienso a Baal y a los otros nuevos dioses que tienen, 10y luego venir y presentarse delante de mí en mi templo a repetir: '¡Estamos a salvo!', solo para irse a cometer nuevamente todas las mismas maldades? 11¿No reconocen ustedes mismos que este templo, que lleva mi nombre, se ha convertido en una cueva de ladrones? Les aseguro que veo todo el mal que ocurre allí. ¡Yo, el SEÑOR, he hablado!

12»"Ahora vayan a Silo, al lugar donde puse antes el tabernáculo que llevaba mi nombre. Vean lo que hice allí debido a toda la perversidad de mi pueblo, los israelitas. 13Cuando ustedes cometían estas perversidades, dice el SEÑOR, yo les hablé de ello repetidas veces, pero ustedes no quisieron escuchar. Los llamé, pero se negaron a contestar. 14Entonces, tal como destruí a Silo, ahora también destruiré a este templo que lleva mi nombre, este templo al que acuden en busca de ayuda, este lugar que les di a ustedes y a sus antepasados. 15Y los enviaré al destierro fuera de mi vista, así como hice con sus parientes, el pueblo de Israel*".

Persistente idolatría de Judá

16»Jeremías, no ores más por este pueblo. No llores ni ores por ellos y no me supliques que los ayude, porque no te escucharé. 17¿Acaso no ves lo que están haciendo en las ciudades de Judá y en las calles de Jerusalén? 18¡Con razón estoy tan enojado! Mira cómo los hijos juntan leña y los padres preparan el fuego para el sacrificio. Observa cómo las mujeres preparan la masa para hacer pasteles y ofrecérselos a la reina del cielo. ¡Y derraman ofrendas líquidas a sus otros dioses-ídolos! 19¿Soy yo al que ellos perjudican? —pregunta el SEÑOR—. Más que nada se perjudican a sí mismos, para su propia vergüenza».

20Así que esto dice el SEÑOR Soberano: «Derramaré mi terrible furia sobre este lugar. Sus habitantes, animales, árboles y cosechas serán consumidos con el fuego insaciable de mi enojo».

21Esto dice el SEÑOR de los Ejércitos Celestiales, Dios de Israel: «¡Tomen sus ofrendas quemadas y los demás sacrificios y cómanselos ustedes mismos! 22Cuando saqué a sus antepasados de Egipto no eran ofrendas quemadas ni sacrificios lo que deseaba de ellos. 23Esto les dije: "Obedézcanme, y yo seré su Dios, y ustedes serán mi pueblo. ¡Hagan todo lo que les diga y les irá bien!".

24»Pero mi pueblo no quiso escucharme. Continuaron haciendo lo que querían, siguiendo los tercos deseos de su malvado corazón. Retrocedieron en vez de ir hacia adelante. 25Desde el día en que sus antepasados salieron de Egipto hasta ahora, no he dejado de enviarles a mis siervos, los profetas, día tras día; 26pero mi pueblo no me ha escuchado, ni siquiera ha tratado de oírme. Han sido tercos y pecadores, aún peores que sus antepasados.

27»Diles todo esto, pero no esperes que te escuchen. Adviérteles a gritos, pero no esperes que te hagan caso. 28Diles: "Esta es la nación que no obedece al SEÑOR su Dios y que rechaza ser enseñada. Entre ellos la verdad ha desaparecido; ya no se escucha en sus labios. 29Rápate en señal de luto y llora a solas en las montañas, porque el SEÑOR ha rechazado y ha abandonado a esta generación que ha provocado su furia".

El valle de la Matanza

30»La gente de Judá ha pecado ante mis propios ojos —dice el SEÑOR—. Han puesto sus ídolos abominables precisamente en el templo que lleva mi nombre, y así lo han profanado. 31Han edificado santuarios paganos en Tofet, el basurero en el valle de Ben-hinom, donde queman a sus hijos y a sus hijas en el fuego. Jamás ordené un acto tan horrendo; ¡ni siquiera me pasó por la mente ordenar semejante cosa! 32Así que, ¡atención! Se acerca la hora —dice el SEÑOR—, cuando ese basurero ya no será llamado más Tofet ni valle de Ben-hinom, sino valle de la Matanza. Enterrarán a sus muertos en Tofet hasta que ya no haya más lugar. 33Los cadáveres de mi pueblo servirán de comida para los buitres y los animales salvajes, y no habrá quien los ahuyente. 34Pondré fin a las risas y a las alegres canciones en las calles de Jerusalén. No se oirán más las voces felices de los novios ni de las novias en las ciudades de Judá. La tierra quedará completamente desolada.

***Notas textuales** **6:27** Así aparece en la versión griega; en hebreo dice *probador de mi pueblo una fortaleza.* **7:15** En hebreo *de Efraín,* se refiere al reino del norte de Israel.

Referencias cruzadas **6:28** Ez 22:18 **7:3** Jr 4:1 **7:11** Lc 19:46 **7:29** Mi 1:16 **7:30-32** Jr 19:5-7

8 »En ese día —dice el Señor—, el enemigo abrirá las
tumbas de los reyes y los funcionarios de Judá, las
tumbas de los sacerdotes, los profetas y la gente común de
Jerusalén. 2Esparcirá los huesos sobre la tierra ante el sol,
la luna y las estrellas: los dioses que mi pueblo ha amado,
servido y rendido culto. Sus huesos no serán recogidos
nuevamente ni enterrados, sino que serán esparcidos
sobre la tierra como si fueran estiércol. 3Y la gente que
sobreviva de esta nación malvada deseará morir en vez
de vivir en el lugar donde los enviaré. ¡Yo, el Señor de
los Ejércitos Celestiales, he hablado!

Engaño de los falsos profetas

4»Jeremías, dile al pueblo: "Esto dice el Señor:

»"'Cuando una persona se cae, ¿acaso no vuelve a
levantarse?
Cuando descubre que está en un camino
equivocado, ¿acaso no da la vuelta?
5 Entonces, ¿por qué esta gente continúa en su camino
de autodestrucción?
¿Por qué los habitantes de Jerusalén rehúsan
regresar?
Se aferran a sus mentiras
y se niegan a volver.
6 Escucho sus conversaciones
y no oigo una sola palabra de verdad.
¿Hay alguien que esté apenado por haber hecho lo
malo?
¿Hay alguien que diga: "¡Qué cosa tan terrible he
hecho!"?
¡No! ¡Todos corren por el camino del pecado
tan veloces como galopa un caballo a la batalla!
7 Hasta la cigüeña que surca el cielo
conoce el tiempo de su migración,
al igual que la tórtola, la golondrina y la grulla.*
Todas regresan en el tiempo señalado cada año.
¡Pero no en el caso de mi pueblo!
Ellos no conocen las leyes del Señor.

8 »"'¿Cómo pueden decir: "Somos sabios porque
tenemos la palabra del Señor",
cuando, al escribir mentiras, sus maestros la han
torcido?
9 Estos maestros sabios caerán
en la trampa de su propia necedad,
porque han rechazado la palabra del Señor.
Después de todo, ¿son ellos tan
sabios?
10 Les daré sus esposas a otros
y sus fincas a extranjeros.
Desde el menos importante hasta el más importante,
sus vidas están dominadas por la avaricia.
Es cierto, incluso mis profetas y mis sacerdotes son
así;
todos son unos farsantes.
11 Ofrecen curas superficiales
para la herida mortal de mi pueblo.
Dan garantías de paz
cuando no hay paz.
12 ¿Se avergüenzan de estos actos repugnantes?
De ninguna manera, ¡ni siquiera saben lo que es
sonrojarse!
Por lo tanto, estarán entre los caídos en la matanza;
serán derribados cuando los
castigue,
dice el Señor.
13 Con toda seguridad los consumiré.
No habrá más cosechas de higos ni de uvas;
todos sus árboles frutales morirán.
Todo lo que les di, pronto se acabará.
¡Yo, el Señor, he hablado!'".

14 »Luego el pueblo dirá:
"¿Por qué deberíamos esperar aquí para morir?
Vengan, vayamos a las ciudades fortificadas para
morir allí.
Pues el Señor nuestro Dios ha decretado nuestra
destrucción
y nos ha dado a beber una copa de veneno
porque pecamos contra el Señor.
15 Esperábamos paz, pero la paz no llegó;
esperábamos un tiempo de sanidad, pero solo
encontramos terror".

16 »Ya se puede oír el resoplido de los caballos de guerra
del enemigo
¡desde tan lejos como la tierra de Dan en el norte!
El relincho de sus sementales hace temblar toda la
tierra.
Vienen a devorar el país y todo lo que hay en él,
tanto las ciudades como los habitantes.
17 Enviaré estas tropas enemigas entre ustedes
como serpientes venenosas a las que no pueden
encantar.
Los morderán y ustedes morirán.
¡Yo, el Señor, he hablado!».

Jeremías llora por Judá

18 Mi dolor no tiene remedio;
mi corazón está destrozado.
19 Escuchen el llanto de mi pueblo;
puede oírse por toda la tierra.
«¿Acaso ha abandonado el Señor a Jerusalén*?
—pregunta la gente—.
¿No está más su Rey allí?».

«Oh, ¿por qué han provocado mi enojo con sus
ídolos tallados
y sus despreciables dioses ajenos?», pregunta el
Señor.
20 «Ya se acabó la cosecha,
y el verano se ha ido —se lamenta el pueblo—,
¡y todavía no hemos sido salvados!».
21 Sufro con el dolor de mi pueblo;
lloro y estoy abrumado de profunda pena.
22 ¿No hay medicina en Galaad?
¿No hay un médico allí?
¿Por qué no hay sanidad
para las heridas de mi pueblo?

***Notas textuales** **8:7** La identificación de algunas de estas aves es incierta. **8:19** En hebreo *Sion?*

Referencias cruzadas **8:21** Jr 9:1

9 [1]*¡Si tan solo mi cabeza fuera una laguna
y mis ojos una fuente de lágrimas,
lloraría día y noche
por mi pueblo que ha sido masacrado!
[2]*Desearía poder marcharme y olvidarme de mi pueblo
y vivir en una choza para viajeros en el desierto.
Pues todos ellos son adúlteros,
una banda de mentirosos
traicioneros.

Juicio por la desobediencia

[3] «Mi pueblo encorva sus lenguas como arcos
para lanzar mentiras.
Rehúsan defender la verdad;
solo van de mal en peor.
Ellos no me conocen»,
dice el Señor.

[4] «¡Cuidado con tu vecino!
¡Ni siquiera confíes en tu hermano!
Pues un hermano saca ventaja de su hermano,
y un amigo calumnia a su amigo.
[5] Todos se engañan y se estafan entre sí;
ninguno dice la verdad.
Con la lengua, entrenada a fuerza de práctica, dicen
mentiras;
pecan hasta el cansancio.
[6] Amontonan mentira sobre mentira
y rechazan por completo reconocerme»,
dice el Señor.

[7] Por lo tanto, esto dice el Señor de los Ejércitos
Celestiales:
«Mira, los derretiré en el crisol
y los probaré como al metal.
¿Qué más puedo hacer con mi pueblo*?
[8] Pues sus lenguas lanzan mentiras como flechas
envenenadas.
Dicen palabras amistosas a sus vecinos
mientras en el corazón traman matarlos.
[9] ¿No habría de castigarlos por esto? —dice el Señor—.
¿No habría de vengarme de semejante nación?».

[10] Lloraré por las montañas
y gemiré por los pastos del desierto;
pues están desolados y no tienen vida.
Ya no se escucha el mugido del ganado;
todas las aves y los animales salvajes han huido.

[11] «Haré de Jerusalén un montón de ruinas —dice el
Señor—,
y será un lugar frecuentado por chacales.
Las ciudades de Judá serán abandonadas,
y nadie vivirá en ellas».

[12]¿Quién tiene suficiente sabiduría para entender todo
esto? ¿Quién ha sido instruido por el Señor y puede expli-
cárselo a otros? ¿Por qué ha sido tan arruinada esta tierra
que nadie se atreve a viajar por ella?
[13]El Señor contesta: «Esto sucedió porque mi pue-
blo abandonó mis instrucciones; se negó a obedecer lo
que dije. [14]En cambio, se pusieron tercos y siguieron
sus propios deseos y rindieron culto a imágenes de Baal,
como les enseñaron sus antepasados. [15]Así que ahora esto
dice el Señor de los Ejércitos Celestiales, Dios de Israel:
¡mira!, los alimentaré con amargura y les daré veneno para
beber. [16]Los esparciré por todo el mundo, a lugares que
ni ellos ni sus antepasados han oído nombrar, y aun allí
los perseguiré con espada hasta que los haya destruido
por completo».

Llanto en Jerusalén

[17] Esto dice el Señor de los Ejércitos Celestiales:
«Piensa en todo esto y llama a las que se les paga por
llorar;
manda traer a las mujeres que lloran en los
funerales.
[18] ¡Rápido! ¡Comiencen a llorar!
Que las lágrimas fluyan de sus ojos.
[19] Escuchen a los habitantes de Jerusalén* llorando
desesperados:
"¡Estamos arruinados! ¡Estamos totalmente
humillados!
Tenemos que abandonar nuestra tierra,
porque derribaron nuestras casas"».

[20] Escuchen, ustedes mujeres, las palabras del Señor;
abran sus oídos a lo que él tiene que decir.
Enseñen a sus hijas a gemir;
enséñense unas a otras a lamentarse.
[21] Pues la muerte se ha deslizado a través de nuestras
ventanas
y ha entrado a nuestras mansiones.
Ha acabado con la flor de nuestra juventud:
los niños ya no juegan en las calles,
y los jóvenes ya no se reúnen en las plazas.

[22] Esto dice el Señor:
«Se esparcirán cadáveres a través de los campos
como montones de estiércol,
como manojos de grano después de la cosecha.
No quedará nadie para enterrarlos».

[23] Esto dice el Señor:
«No dejen que el sabio se jacte de su sabiduría,
o el poderoso, de su poder,
o el rico, de sus riquezas.
[24] Pero los que desean jactarse,
que lo hagan solamente en esto:
en conocerme verdaderamente y entender que yo
soy el Señor
quien demuestra amor inagotable
y trae justicia y rectitud a la tierra,
y que me deleito en estas cosas.
¡Yo, el Señor, he hablado!

[25]»Se acerca la hora —dice el Señor—, cuando castigaré
a todos los que están circuncidados en el cuerpo pero no
en espíritu: [26]a los egipcios, a los edomitas, a los amoni-
tas, a los moabitas, a la gente que vive en el desierto en
lugares remotos,* y sí, aun a la gente de Judá. Igual que

***Notas textuales 9:1** El versículo 9:1 corresponde al 8:23 en el texto hebreo. **9:2** Los versículos del 9:2-26 corresponden al 9:1-25 en el texto hebreo. **9:7** En hebreo *con la hija de mi pueblo?* La versión griega dice *con la malvada hija de mi pueblo?* **9:19** En hebreo *Sion*.

Referencias cruzadas 9:6 Jn 3:19-20 **9:11** Is 34:13 **9:13-14** Rm 1:21-24 **9:24** 1 Co 1:31

todas estas naciones paganas, el pueblo de Israel también tiene el corazón incircunciso».

La idolatría trae destrucción

10 ¡Escucha la palabra que el SEÑOR te dice, oh Israel!
2 Esto dice el SEÑOR:

«No te comportes como las otras naciones
que tratan de leer el futuro en las estrellas.
No tengas temor de sus predicciones,
aun cuando otras naciones se aterren por ellas.
3 Sus costumbres son vanas y necias.
Cortan un árbol y el artesano talla un ídolo.
4 Lo decoran con oro y plata
y luego lo aseguran con martillo y clavos
para que no se caiga.
5 ¡Sus dioses son como
inútiles espantapájaros en un campo de pepinos!
No pueden hablar
y necesitan que los lleven en los brazos porque no pueden caminar.
No tengan temor de semejantes dioses,
porque no pueden hacerles ningún daño,
tampoco ningún bien».

6 ¡SEÑOR, no hay nadie como tú!
Pues eres grande y tu nombre está lleno de poder.
7 ¿Quién no te temería, oh Rey de las naciones?
¡Ese título te pertenece solo a ti!
Entre todos los sabios de la tierra
y en todos los reinos del mundo,
no hay nadie como tú.

8 Los que rinden culto a ídolos son estúpidos y necios.
¡Las cosas a las que rinden culto están hechas de madera!
9 Traen láminas de plata desde Tarsis
y oro desde Ufaz,
y les entregan esos materiales a hábiles artesanos
que hacen sus ídolos.
Luego visten estos dioses con ropas de púrpura y azul real
hechas por sastres expertos.
10 Sin embargo, el SEÑOR es el único Dios verdadero.
¡Él es el Dios viviente y el Rey eterno!
Toda la tierra tiembla ante su enojo;
las naciones no pueden hacerle frente a su ira.

11 Diles a los que rinden culto a otros dioses: «Sus supuestos dioses, que no hicieron los cielos y la tierra, desaparecerán de la tierra y de debajo de los cielos»*.

12 El SEÑOR hizo la tierra con su poder,
y la preserva con su sabiduría.
Con su propia inteligencia
desplegó los cielos.
13 Cuando habla en los truenos,
los cielos rugen con lluvia.
Él hace que las nubes se levanten sobre la tierra.
Envía el relámpago junto con la lluvia,
y suelta el viento de sus depósitos.
14 ¡Toda la raza humana es necia y le falta conocimiento!
Los artesanos quedan deshonrados por los ídolos que hacen,
porque sus obras hechas con tanto esmero son un fraude.
Estos ídolos no tienen ni aliento ni poder.
15 Los ídolos son inútiles; ¡son mentiras ridículas!
En el día del juicio, todos serán destruidos.
16 ¡Pero el Dios de Israel* no es ningún ídolo!
Él es el Creador de todo lo que existe,
incluido Israel, su posesión más preciada.
¡El SEÑOR de los Ejércitos Celestiales es su nombre!

La destrucción que se acerca

17 Haz las maletas y prepárate para salir;
el sitio está por comenzar.
18 Pues esto dice el SEÑOR:
«De forma repentina echaré
a todos los que viven en esta tierra.
Derramaré sobre ustedes grandes dificultades,
y por fin sentirán mi enojo».

19 Mi herida es profunda
y grande mi dolor.
Mi enfermedad es incurable,
pero debo soportarla.
20 Mi casa está destruida,
y no queda nadie que me ayude a reconstruirla.
Se llevaron a mis hijos,
y nunca volveré a verlos.
21 Los pastores de mi pueblo han perdido la razón.
Ya no buscan la sabiduría del SEÑOR.
Por lo tanto, fracasan completamente
y sus rebaños andan dispersos.
22 ¡Escuchen! Oigan el terrible rugir de los ejércitos poderosos
mientras avanzan desde el norte.
Las ciudades de Judá serán destruidas
y se convertirán en guarida de chacales.

Oración de Jeremías

23 Yo sé, SEÑOR, que nuestra vida no nos pertenece;
no somos capaces de planear nuestro propio destino.
24 Así que corrígeme, SEÑOR, pero, por favor, sé tierno;
no me corrijas con enojo porque moriría.
25 Derrama tu ira sobre las naciones que se niegan a reconocerte,
sobre los pueblos que no invocan tu nombre.
Pues han devorado a tu pueblo Israel;*
lo han devorado y consumido
y han hecho de la tierra un desierto desolado.

Judá rompe el pacto

11 El SEÑOR le dio otro mensaje a Jeremías y dijo:
2 —Recuérdales a los habitantes de Judá y de
Jerusalén las condiciones de mi pacto con ellos. 3 Diles:
"Esto dice el SEÑOR, Dios de Israel: '¡Maldito todo el que
no obedece las condiciones de mi pacto! 4 Pues cuando los

***Notas textuales** **9:26** O *en el desierto y que se recortan las puntas de su pelo.* **10:11** El texto original de este versículo está en arameo. **10:16** En hebreo *la Porción de Jacob.* Ver la nota en 5:20. **10:25** En hebreo *devorado a Jacob.* Ver la nota en 5:20.

Referencias cruzadas **10:15** Jr 14:22 **10:25** So 3:8

saqué de ese horno de fundir hierro que es Egipto, les dije
a sus antepasados: "Si me obedecen y hacen todo lo que
les mando, serán mi pueblo y yo seré su Dios". 5Esto les
dije para poder cumplir mi promesa a sus antepasados
de darles a ustedes una tierra donde fluyen la leche y la
miel, la tierra que hoy habitan'".

Entonces respondí:

—¡Amén, SEÑOR! Que así sea.

6Después el SEÑOR dijo:

—Proclama este mensaje en las calles de Jerusalén. Ve
de ciudad en ciudad por toda la tierra y anuncia: "Recuer-
den el antiguo pacto y hagan todo lo que exige. 7Pues
les advertí solemnemente a sus antepasados cuando los
saqué de Egipto: '¡Obedézcanme!'. He repetido esta ad-
vertencia una y otra vez hasta el día de hoy; 8pero sus
antepasados no escucharon y ni siquiera prestaron aten-
ción, sino que se pusieron tercos y siguieron sus propios
malos deseos. Y debido a que se negaron a obedecer, traje
sobre ellos todas las maldiciones descritas en este pacto".

9El SEÑOR me habló una vez más y dijo: «Descubrí
una conspiración contra mí entre los habitantes de Judá y
Jerusalén. 10Han vuelto a los pecados de sus antepasados.
Se han negado a escucharme y rinden culto a otros dioses.
Israel y Judá han roto el pacto que hice con sus antepasa-
dos. 11Por lo tanto, esto dice el SEÑOR: traeré calamidad
sobre ellos y no habrá escapatoria posible. Aunque supli-
quen misericordia, no escucharé sus ruegos. 12Entonces
los habitantes de Judá y Jerusalén clamarán a sus ídolos
y quemarán incienso ante ellos. ¡Pero los ídolos no los
salvarán cuando caiga el desastre! 13Miren ahora, gente de
Judá: ustedes tienen tantos dioses como ciudades. Tienen
tantos altares vergonzosos —altares para quemar incienso
a su dios Baal— como calles hay en Jerusalén.

14»Jeremías, no ores más por este pueblo. No llores ni
pidas por ellos porque yo no los escucharé cuando clamen
a mí en su angustia.

15 »¿Qué derecho tiene mi amado pueblo de ir a mi
templo
cuando ha cometido tantas inmoralidades?
¿Acaso sus votos y sacrificios pueden evitar su
destrucción?
¡En realidad se alegran en hacer lo malo!
16 Yo, el SEÑOR, antes los llamaba olivo frondoso,
hermoso a la vista y lleno de buen fruto.
Pero ahora he enviado el furor de sus enemigos
para quemarlos con fuego
y dejarlos carbonizados y quebrantados.

17»Yo, el SEÑOR de los Ejércitos Celestiales, el que
plantó ese olivo, he ordenado que lo destruyan. Pues los
pueblos de Israel y de Judá han hecho lo malo, y desper-
taron mi enojo al quemar incienso a Baal».

Complot contra Jeremías

18Luego el SEÑOR me avisó acerca de los complots que
mis enemigos tramaban en mi contra. 19Yo era como
cordero que se lleva al matadero. ¡No tenía idea de que
pensaban matarme! «Destruyamos a ese hombre y
todas sus palabras —dijeron—, derribémoslo para que su
nombre sea olvidado para siempre».

20 Oh SEÑOR de los Ejércitos Celestiales,
tú juzgas con justicia,
y examinas los secretos y los pensamientos más
profundos.
Déjame ver tu venganza contra ellos,
porque te he entregado mi causa.

21Esto dice el SEÑOR acerca de los hombres de Anatot
que deseaban mi muerte. Ellos habían dicho: «Te mata-
remos si no dejas de profetizar en el nombre del SEÑOR».
22Así que esto dice el SEÑOR de los Ejércitos Celestiales
acerca de ellos: «¡Yo los castigaré! Sus jóvenes morirán en
batalla y sus hijos e hijas morirán de hambre. 23Ninguno
de esos conspiradores de Anatot sobrevivirá, porque
traeré calamidad sobre ellos cuando llegue el momento
de su castigo».

Jeremías cuestiona la justicia de Dios

12 SEÑOR, tú siempre me haces justicia
cuando llevo un caso ante ti.
Así que déjame presentarte esta queja:
¿Por qué los malvados son tan prósperos?
¿Por qué son tan felices los malignos?
2 Tú los has plantado,
y ellos echaron raíces y han prosperado.
Tu nombre está en sus labios,
aunque estás lejos de su corazón.
3 En cuanto a mí, SEÑOR, tú conoces mi corazón;
me ves y pruebas mis pensamientos.
¡Arrastra a esta gente como se lleva a las ovejas al
matadero!
¡Apártalos para la masacre!

4 ¿Hasta cuándo tendrá que llorar esta tierra?
Incluso la hierba de los campos se ha marchitado.
Los animales salvajes y las aves han desaparecido
debido a la maldad que hay en la tierra.
Pues la gente ha dicho:
«¡El SEÑOR no ve nuestro futuro!».

El SEÑOR le contesta a Jeremías

5 «Si te cansa competir contra simples hombres,
¿cómo podrás correr contra caballos?
Si tropiezas y caes en campo abierto,
¿qué harás en los matorrales cerca del Jordán?
6 Aun tus hermanos, miembros de tu propia familia,
se han vuelto contra ti;
conspiran y se quejan de ti.
No confíes en ellos,
no importa lo amables que sean sus palabras.

7 »Yo he abandonado a mi pueblo, mi posesión más
preciada.
He entregado a los que más amo a sus enemigos.
8 Mi pueblo elegido ha rugido contra mí como un león
en la selva,
por eso lo traté con desprecio.
9 Mi pueblo elegido se comporta como buitres
moteados,*
pero es el pueblo mismo el que está rodeado de
buitres.
¡Que salgan los animales salvajes para que
despedacen sus cadáveres!

Referencias cruzadas **11:7** Ex 15:26 **11:15** Jr 13:27 **11:22-23** Os 9:7
12:6 Pr 26:25

10 »Muchos gobernantes han devastado mi viñedo;
pisotearon las vides
y así transformaron toda su belleza en un lugar desolado.
11 Lo han convertido en tierra baldía;
escucho su triste lamento.
Toda la tierra está desolada
y a nadie siquiera le importa.
12 Se pueden ver ejércitos destructores
en todas las cumbres desiertas de las colinas.
La espada del SEÑOR devora a la gente
de un extremo al otro de la nación.
¡Nadie escapará!
13 Mi pueblo sembró trigo,
pero cosecha espinos.
Se esforzó,
pero no le sirvió de nada.
Cosechará vergüenza
debido a la ira feroz del SEÑOR».

Mensaje a los vecinos de Israel

14 Esto dice el SEÑOR: «Desarraigaré de sus tierras a todas
las naciones malvadas que extendieron la mano para
tomar lo que le di a Israel. Desarraigaré a Judá de entre
ellos, 15 pero después regresaré y tendré compasión de
todos ellos. Los llevaré de regreso a su tierra, cada na-
ción a su propia heredad. 16 Y si en verdad estas naciones
aprenden los caminos de mi pueblo y si aprenden a jurar
por mi nombre, y dicen: "Tan cierto como que el SEÑOR
vive" (así como ellos enseñaron a mi pueblo a jurar por
el nombre de Baal), entonces se les dará un lugar entre
mi pueblo; 17 pero la nación que rehúse obedecerme será
arrancada de raíz y destruida. ¡Yo, el SEÑOR, he hablado!».

El calzoncillo de Jeremías

13 Esto me dijo el SEÑOR: «Ve y cómprate un cal-
zoncillo de lino y póntelo, pero no lo laves». 2 Así
que compré el calzoncillo como me indicó el SEÑOR y
me lo puse.

3 Luego el SEÑOR me dio otro mensaje: 4 «Toma el
calzoncillo que tienes puesto y vete al río Éufrates.* Allí
escóndelo en un agujero entre las rocas». 5 Así que fui
y lo escondí junto al Éufrates como el SEÑOR me había
indicado.

6 Mucho tiempo después, el SEÑOR me dijo: «Regresa al
Éufrates y toma el calzoncillo que te dije que escondieras».
7 Así que fui al Éufrates y lo saqué del agujero donde lo
había escondido, pero ahora estaba podrido y deshecho.
El calzoncillo ya no servía para nada.

8 Entonces recibí este mensaje del SEÑOR: 9 «Así dice
el SEÑOR: esto muestra cómo pudriré el orgullo de Judá
y Jerusalén. 10 Esta gente malvada se niega a escucharme.
Tercamente siguen sus propios deseos y rinden culto a
otros dioses. Por lo tanto, se volverán como este calzon-
cillo, ¡no servirán para nada! 11 Tal como el calzoncillo se
adhiere a la cintura del hombre, así he creado a Judá y a
Israel para que se aferren a mí, dice el SEÑOR. Iban a ser mi
pueblo, mi orgullo, mi gloria: un honor para mi nombre,
pero no quisieron escucharme.

12 »Así que diles: "Esto dice el SEÑOR, Dios de Israel:
'Que todas sus jarras sean llenas de vino'". Ellos te con-
testarán: "¡Por supuesto, las jarras se hacen para llenarlas
de vino!".

13 »Luego diles: "No, esto es lo que quiere dar a
entender el SEÑOR: 'A todos los habitantes de esta tierra
los llenaré de borrachera, desde el rey que se sienta en el
trono de David, pasando por los sacerdotes y los profe-
tas, hasta la gente común de Jerusalén. 14 Los estrellaré el
uno contra el otro, aun los padres contra los hijos, dice el
SEÑOR. No permitiré que mi lástima ni mi misericordia
ni mi compasión me impidan destruirlos'"».

Advertencia contra el orgullo

15 ¡Escuchen y presten atención!
No sean arrogantes, porque el SEÑOR ha hablado.
16 Den gloria al SEÑOR su Dios
antes de que sea demasiado tarde.
Reconózcanlo antes de que él traiga oscuridad sobre ustedes,
la cual hace que tropiecen y caigan en las montañas sombrías.
Pues entonces, cuando busquen luz,
solo encontrarán terrible oscuridad y tinieblas.
17 Y si todavía rehúsan escuchar,
lloraré a solas a causa de su orgullo.
Mis ojos no podrán contener las lágrimas
porque el rebaño del SEÑOR será llevado al destierro.

18 Diles al rey y a su madre:
«Desciendan de sus tronos
y siéntense en el polvo,
porque sus coronas gloriosas
pronto serán arrebatadas de su cabeza».
19 Las ciudades del Neguev cerrarán sus puertas
y nadie será capaz de abrirlas.
La gente de Judá será llevada cautiva;
todos serán llevados al destierro.

20 ¡Abran sus ojos y vean los ejércitos
que bajan marchando desde el norte!
¿Dónde está tu rebaño
—tu hermoso rebaño—
que él te encargó cuidar?
21 ¿Qué dirás cuando el SEÑOR tome a los aliados con
los que cultivaste una relación
y los designe como tus gobernantes?
¡Se apoderarán de ti punzadas de angustia
como una mujer en dolores de parto!
22 Quizá te preguntes:
«¿Por qué me sucede todo esto?».
¡Se debe a tus muchos pecados!
Por eso los ejércitos invasores
te desnudaron y te violaron.
23 ¿Acaso puede un etíope* cambiar el color de su piel?
¿Puede un leopardo quitarse sus manchas?
Tampoco ustedes pueden comenzar a hacer el bien
porque siempre han hecho lo malo.

24 «Los dispersaré como la paja
que es arrastrada por el viento del desierto.
25 Esta es tu asignación,
la porción que te he dado
—dice el SEÑOR—,

***Notas textuales** **12:9** O *como hienas manchadas*. **13:4** En hebreo *Perat*; también en 13:5, 6, 7. **13:23** En hebreo *un cusita*.

Referencias cruzadas **12:14** Is 11:11-16 **13:1** Jr 13:11 **13:17** Lc 19:41-42

porque ustedes me han olvidado
y han puesto su confianza en dioses falsos.
26 Yo mismo te desnudaré
y te expondré a la vergüenza.
27 He visto tu adulterio y tu pasión sexual,
y tu asquerosa adoración de ídolos en los campos
y sobre las colinas.
¡Qué aflicción te espera, Jerusalén!
¿Cuánto falta para que seas pura?».

La terrible sequía en Judá

14 Jeremías recibió este mensaje del SEÑOR que explica por qué detuvo la lluvia:

2 «Judá desfallece;
el comercio a las puertas de la ciudad se estanca.
Todo el pueblo se sienta en el suelo porque está de luto,
y surge un gran clamor de Jerusalén.
3 Los nobles envían a sus sirvientes a buscar agua,
pero los pozos están secos.
Confundidos y desesperados, los siervos regresan con sus cántaros vacíos,
y con sus cabezas cubiertas en señal de dolor.
4 El suelo está reseco
y agrietado por falta de lluvia.
Los agricultores están profundamente angustiados;
ellos también se cubren la cabeza.
5 Aun la cierva abandona su cría
porque no hay pasto en el campo.
6 Los burros salvajes se paran sobre las lomas desiertas
jadeando como chacales sedientos.
Fuerzan la vista en busca de hierba,
pero no la hay por ninguna parte».

7 La gente dice: «Nuestra maldad nos alcanzó, SEÑOR,
pero ayúdanos por el honor de tu propia fama.
Nos alejamos de ti
y pecamos contra ti una y otra vez.
8 Oh Esperanza de Israel, nuestro Salvador en tiempos de aflicción,
¿por qué eres como un desconocido?
¿Por qué eres como un viajero que pasa por la tierra
y se detiene solamente para pasar la noche?
9 ¿Estás confundido también?
¿Es nuestro guerrero valiente incapaz de salvarnos?
SEÑOR, tú estás aquí entre nosotros
y somos conocidos como pueblo tuyo.
¡Por favor, no nos abandones ahora!».

10 Así que el SEÑOR dice a su pueblo:
«A ustedes les encanta andar lejos de mí
y no se han contenido.
Por lo tanto, no los aceptaré más como mi pueblo;
ahora les recordaré todas sus maldades
y los castigaré por sus pecados».

El SEÑOR le prohíbe a Jeremías que interceda

11 Luego el SEÑOR me dijo:
—Ya no ores más por este pueblo. 12 Cuando ellos
ayunen no les prestaré atención. Cuando me presenten
sus ofrendas quemadas y las ofrendas de grano, no las
aceptaré. En cambio, los devoraré con guerra, hambre
y enfermedad.
13 Luego dije:
—Oh SEÑOR Soberano, sus profetas les dicen: "Todo
está bien, no vendrá guerra ni hambre. El SEÑOR ciertamente les enviará paz".
14 Entonces el SEÑOR dijo:
—Esos profetas dicen mentiras en mi nombre. Yo no
los envié ni les dije que hablaran. No les transmití ningún mensaje. Ellos profetizan visiones y revelaciones que
nunca han visto ni oído. Hablan necedades, producto de
su propio corazón mentiroso. 15 Por lo tanto, esto dice el
SEÑOR: yo castigaré a esos profetas mentirosos, porque
han hablado en mi nombre a pesar de que no los envié.
Dicen que no vendrá guerra ni hambre, ¡pero ellos mismos morirán en la guerra y morirán de hambre! 16 En
cuanto a aquellos a quienes profetizan, sus cadáveres
serán arrojados en las calles de Jerusalén, víctimas del
hambre y de la guerra. No quedará nadie para enterrarlos.
Se habrán ido todos: esposos, esposas, hijos e hijas. Pues
derramaré sobre ellos su propia maldad. 17 Ahora bien,
Jeremías, diles esto:

»"Mis ojos derraman lágrimas día y noche.
No puedo dejar de llorar
porque mi hija virgen —mi pueblo precioso—
ha sido derribada
y yace herida de muerte.
18 Si salgo al campo,
veo los cuerpos masacrados por el enemigo.
Si camino por las calles de la ciudad,
veo gente muerta por el hambre.
Los profetas y los sacerdotes continúan con su trabajo,
pero no saben lo que hacen".

Oración por sanidad

19 SEÑOR, ¿has rechazado por completo a Judá?
¿Verdaderamente odias a Jerusalén*?
¿Por qué nos has herido sin la menor esperanza de recuperarnos?
Esperábamos paz, pero la paz no llegó;
esperábamos un tiempo de sanidad, pero solo encontramos terror.
20 SEÑOR, confesamos nuestra maldad
y también la de nuestros antepasados;
todos hemos pecado contra ti.
21 Por el honor de tu fama, SEÑOR, no nos abandones;
no deshonres tu propio trono glorioso.
Por favor, recuérdanos,
y no rompas tu pacto con nosotros.

22 ¿Puede alguno de los inútiles dioses ajenos enviarnos lluvia?
¿O acaso cae del cielo por sí misma?
No, tú eres el único, ¡oh SEÑOR nuestro Dios!
Solo tú puedes hacer tales cosas.
Entonces esperaremos que nos ayudes.

***Notas textuales** **14:19** En hebreo *Sion?*

Referencias cruzadas **13:26** Lm 1:8 **14:2** Za 7:13 **14:9** Sal 46:5 **14:19** 1 Ts 5:3

Inevitable condenación de Judá

15 Luego el SEÑOR me dijo: «Aun si Moisés y Samuel se presentaran delante de mí para rogarme por este pueblo, no lo ayudaría. ¡Fuera con ellos! ¡Quítenlos de mi vista! 2Y si te dijeren: "¿Pero adónde podemos ir?", diles: "Esto dice el SEÑOR:

»"'Los que están destinados a la muerte, a la muerte;
los destinados a la guerra, a la guerra;
los destinados al hambre, al hambre;
los destinados al cautiverio, al cautiverio'".

3»Enviaré contra ellos cuatro clases de destructores
—dice el SEÑOR—. Enviaré la espada para matar, los perros
para arrastrar, los buitres para devorar y los animales sal-
vajes para acabar con lo que haya quedado. 4Debido a las
cosas perversas que Manasés, hijo de Ezequías, rey de
Judá, hizo en Jerusalén, haré a mi pueblo objeto de horror
para todos los reinos de la tierra.

5 »¿Quién tendrá compasión de ti, Jerusalén?
¿Quién llorará por ti?
¿Quién se tomará la molestia de preguntar cómo estás?
6 Tú me has abandonado
y me has dado la espalda
—dice el SEÑOR—.
Por eso, levantaré mi puño para destruirte.
Estoy cansado de darte siempre otra oportunidad.
7 Te aventaré como el grano a las puertas de las ciudades
y te quitaré tus hijos que tanto quieres.
Destruiré a mi propio pueblo,
porque rehusó cambiar sus malos caminos.
8 Habrá más viudas
que granos de arena a la orilla del mar.
Traeré al destructor al mediodía
contra las madres de los jóvenes.
Súbitamente haré que caigan sobre ellas
la angustia y el terror.
9 La madre de siete hijos se debilita y lucha por respirar;
su sol se puso mientras todavía es de día.
Ahora queda sin hijos,
avergonzada y humillada.
A los que queden, los entregaré
para que sus enemigos los maten.
¡Yo, el SEÑOR, he hablado!».

Queja de Jeremías

10Luego dije:

—¡Qué aflicción tengo, madre mía!
¡Oh, si hubiera muerto al nacer!
En todas partes me odian.
No soy un acreedor que pretende cobrar
ni un deudor que se niega a pagar;
aun así todos me maldicen.

11El SEÑOR respondió:

—Yo cuidaré de ti, Jeremías;
tus enemigos te pedirán que ruegues a su favor
en tiempos de aflicción y angustia.
12 ¿Puede un hombre quebrar una barra de hierro que proviene del norte
o una barra de bronce?
13 Sin que a ellos les cueste nada,
entregaré tus riquezas y tesoros
a tus enemigos como botín,
porque el pecado corre desenfrenado en tu tierra.
14 Les diré a tus enemigos que te lleven
cautivo a una tierra extranjera.
Pues mi enojo arde como un fuego
que quemará para siempre.*

15Luego dije:

—SEÑOR, tú sabes lo que me sucede.
Por favor, ayúdame. ¡Castiga a mis perseguidores!
Por favor, dame más tiempo; no dejes que muera joven.
Es por tu causa que sufro.
16 Cuando descubrí tus palabras las devoré;
son mi gozo y la delicia de mi corazón,
porque yo llevo tu nombre,
oh SEÑOR Dios de los Ejércitos Celestiales.
17 Nunca me uní a la gente en sus alegres banquetes.
Me senté a solas porque tu mano estaba sobre mí
y me llené de indignación ante sus pecados.
18 ¿Por qué, entonces, continúa mi sufrimiento?
¿Por qué es incurable mi herida?
Tu ayuda parece tan incierta como el arroyo estacional,
como un manantial que se ha secado.

19Esto responde el SEÑOR:

—Si regresas a mí te restauraré
para que puedas continuar sirviéndome.
Si hablas palabras beneficiosas en vez de palabras despreciables,
serás mi vocero.
Tienes que influir en ellos;
¡no dejes que ellos influyan en ti!
20 Pelearán contra ti como un ejército en ataque,
pero yo te haré tan seguro como una pared de bronce fortificada.
Ellos no te conquistarán,
porque estoy contigo para protegerte y rescatarte.
¡Yo, el SEÑOR, he hablado!
21 Sí, te mantendré a salvo de estos hombres malvados;
te rescataré de sus manos crueles.

A Jeremías se le prohíbe casarse

16 El SEÑOR me dio otro mensaje: 2«No te cases ni
tengas hijos en este lugar. 3Pues esto dice el SEÑOR
acerca de los niños nacidos en esta ciudad y de sus madres
y padres: 4morirán de enfermedades terribles. Nadie llo-
rará por ellos ni tampoco los enterrarán, sino que yacerán
dispersos sobre el suelo como si fueran estiércol. Morirán
por la guerra y morirán de hambre, y sus cuerpos serán
comida para los buitres y los animales salvajes».

***Notas textuales** **15:14** Así aparece en algunos manuscritos hebreos (ver también 17:4); la mayoría de los manuscritos hebreos dicen *que arderá contra ti.*

Referencias cruzadas **15:4** Jr 29:18 **15:14** Jr 17:4 **15:21** Sal 37:40 **16:4** Is 18:6

Se acerca el castigo a Judá

5Esto dice el SEÑOR: «No vayas a los funerales para llorar
y mostrar compasión por ellos, porque he retirado mi
protección y mi paz de ellos; he quitado mi amor inago-
table y mi misericordia. 6Tanto el grande como el humilde
morirán en esta tierra. Nadie los enterrará ni se lamentará
por ellos. Sus amigos no se cortarán la piel ni se afeitarán
la cabeza en señal de tristeza. 7Nadie ofrecerá una comida
para consolar a quienes estén de luto por un muerto, ni
siquiera por la muerte de una madre o de un padre. Nadie
enviará una copa de vino para consolarlos.
8»No vayas a sus fiestas ni a sus banquetes. Ni siquiera
comas o bebas con ellos. 9Pues esto dice el SEÑOR de los
Ejércitos Celestiales, Dios de Israel: en sus propios días y
ante sus propios ojos pondré fin a las risas y a las canciones
alegres en esta tierra. Ya no se oirán las voces felices de los
novios ni de las novias.
10»Cuando le digas todas estas cosas a la gente, ellos te
preguntarán: "¿Por qué el SEÑOR decretó cosas tan terri-
bles contra nosotros? ¿Qué hemos hecho para merecer
semejante trato? ¿Cuál es nuestro pecado contra el SEÑOR
nuestro Dios?".
11»Entonces les darás la respuesta del SEÑOR: "Es
porque sus antepasados me fueron infieles y rindieron
culto a otros dioses y los sirvieron. Me abandonaron y
no obedecieron mi palabra. 12¡Y ustedes son peores que
sus antepasados! Se pusieron tercos y siguen sus propios
malos deseos y rehúsan escucharme. 13Por lo tanto, los
expulsaré de esta tierra y los enviaré a una tierra extraña
en la que ni ustedes ni sus antepasados han estado. Allí
podrán rendir culto a ídolos día y noche, y ¡no les conce-
deré ningún favor!".

Esperanza a pesar del desastre

14»Por tanto, se acerca la hora —dice el SEÑOR—, cuando
la gente que haga un juramento ya no dirá: "Tan cierto
como que el SEÑOR vive, quien rescató al pueblo de Israel
de la tierra de Egipto". 15En cambio, dirán: "Tan cierto
como que el SEÑOR vive, quien trajo a Israel de regreso
a su propia tierra desde la tierra del norte y de todos los
países a donde él los envió al destierro". Pues los traeré
nuevamente a esta tierra que les di a sus antepasados.
16»Ahora mandaré llamar a muchos pescadores para
que los capturen —dice el SEÑOR—. Mandaré llamar a
cazadores para que los cacen en los montes, en las colinas
y en las cuevas. 17Los vigilo de cerca y veo cada pecado. No
hay esperanza de que se escondan de mí. 18Duplicaré su
castigo por todos sus pecados, porque han contaminado
mi tierra con las imágenes sin vida de sus detestables dio-
ses y han llenado mi territorio con sus hechos malignos».

Oración de confianza de Jeremías

19 SEÑOR, ¡tú eres mi fuerza y mi
fortaleza,
mi refugio en el día de aflicción!
Las naciones del mundo entero
vendrán a ti y te dirán:
«Nuestros antepasados nos han dejado una herencia
despreciable,
porque rendían culto a ídolos
inútiles.
20 ¿Acaso puede la gente hacer sus propios dioses?
¡Esos no son dioses verdaderos en absoluto!».
21 El SEÑOR dice:
«Ahora les mostraré mi poder;
ahora les mostraré mi fuerza.
Al fin sabrán y entenderán
que yo soy el SEÑOR.

Pecado y castigo de Judá

17 »El pecado de Judá
está escrito con cincel de hierro,
grabado con punta de diamante en su corazón de
piedra
y en las esquinas de sus altares.
2 Incluso sus hijos van a rendir culto
en los altares paganos y en los postes dedicados a
la diosa Asera,
debajo de todo árbol frondoso
y sobre cada colina alta.
3 Así que entregaré mi monte santo
—junto con todas sus riquezas, tesoros
y santuarios paganos—
como botín a sus enemigos,
porque el pecado corre desenfrenado en su tierra.
4 La herencia maravillosa que he reservado para
ustedes
se les escapará de las manos.
Les diré a sus enemigos que los lleven
cautivos a una tierra extranjera.
Pues mi enojo arde como un fuego
que quemará para siempre».

La sabiduría del SEÑOR

5 Esto dice el SEÑOR:
«Malditos son los que ponen su confianza en
simples seres humanos,
que se apoyan en la fuerza humana
y apartan el corazón del SEÑOR.
6 Son como los arbustos raquíticos del desierto,
sin esperanza para el futuro.
Vivirán en lugares desolados,
en tierra despoblada y salada.
7 »Pero benditos son los que confían en el SEÑOR
y han hecho que el SEÑOR sea su esperanza y
confianza.
8 Son como árboles plantados a la orilla de un río
con raíces que se hunden en las aguas.
A esos árboles no les afecta el calor
ni temen los largos meses de sequía.
Sus hojas están siempre verdes
y nunca dejan de producir fruto.
9 »El corazón humano es lo más engañoso que hay,
y extremadamente perverso.
¿Quién realmente sabe qué tan malo es?
10 Pero yo, el SEÑOR, investigo todos los corazones
y examino las intenciones secretas.
A todos les doy la debida recompensa,
según lo merecen sus acciones».

Jeremías confía en el SEÑOR

11 Los que acaparan riquezas en forma injusta

Referencias cruzadas **16:9** Ap 18:3 **16:18** Ap 18:6 **16:21** Sal 83:18
17:1 2 Co 3:3 **17:7-8** Sal 92:12-14

son como las perdices que empollan los huevos
que no han puesto.
En la mitad de la vida perderán sus riquezas;
al final, se volverán unos pobres viejos tontos.
12 Pero nosotros adoramos frente a tu trono:
¡eterno, puesto en alto y glorioso!
13 Oh Señor, esperanza de Israel,
serán avergonzados todos los que se alejan de ti.
Serán enterrados en el polvo de la tierra,
porque han abandonado al Señor, la fuente de
agua viva.

14 Oh Señor, si me sanas, seré verdaderamente sano;
si me salvas, seré verdaderamente salvo.
¡Mis alabanzas son solo para ti!
15 La gente se burla de mí y dice:
«¿Cuál es este "mensaje del Señor" del que hablas?
¿Por qué no se cumplen tus predicciones?».

16 Señor, no he abandonado mi labor
como pastor de tu pueblo
ni he insistido que mandes desastres.
Tú has oído todo lo que dije.
17 Señor, ¡no me aterrorices!
Solo tú eres mi esperanza en el día de la
calamidad.
18 Haz que se avergüencen y se desalienten todos los
que me persiguen,
pero no dejes que sea yo el avergonzado y el
desalentado.
Haz que caiga sobre ellos un día de terror.
¡Sí, haz que caiga sobre ellos doble destrucción!

Guardar el día de descanso

19Esto me dijo el Señor: «Ve y párate en las puertas de
Jerusalén, primero en la puerta por donde el rey entra y
sale, y luego en cada una de las demás puertas. 20Dile a
todo el pueblo: "Escuchen este mensaje del Señor, uste-
des reyes de Judá y ustedes, habitantes de Judá y todos los
que viven en Jerusalén. 21Esto dice el Señor: '¡Escuchen
mi advertencia! No comercien más en las puertas de Je-
rusalén en el día de descanso. 22No trabajen en el día de
descanso, sino hagan que sea un día sagrado. Yo les di este
mandato a sus antepasados, 23pero ellos no escucharon
ni obedecieron. Tercamente rehusaron prestar atención
o recibir mi disciplina.
24»"'Pero si me obedecen, dice el Señor, y no comer-
cian en las puertas ni trabajan en el día de descanso, y si
lo guardan como día sagrado, 25entonces los reyes y sus
funcionarios entrarán y saldrán para siempre por estas
puertas. Siempre habrá un descendiente de David sentado
en el trono aquí en Jerusalén. Los reyes y sus funcionarios
siempre entrarán y saldrán en carros y a caballo por entre
la gente de Judá, y esta ciudad permanecerá para siempre.
26Desde todas partes de Jerusalén, desde las ciudades de
Judá y Benjamín, desde las colinas occidentales* y la zona
montañosa, y del Neguev vendrá gente con sus ofrendas
quemadas y sus sacrificios. Traerán sus ofrendas de grano,
incienso y las ofrendas de acción de gracias al templo del
Señor.
27»"'Sin embargo, si no me escuchan y se niegan a
guardar como sagrado el día de descanso, y si ese día
pasan mercadería por las puertas de Jerusalén como si
fuera cualquier otro, entonces quemaré estas puertas. El
fuego se extenderá a los palacios y nadie podrá apagar las
llamas rugientes'"».

El alfarero y el barro

18 El Señor le dio otro mensaje a Jeremías: 2«Baja
al taller del alfarero y allí te hablaré». 3Así que
hice lo que me dijo y encontré al alfarero trabajando en
el torno; 4pero la vasija que estaba formando no resultó
como él esperaba, así que la aplastó y comenzó de nuevo.
5Después el Señor me dio este mensaje: 6«¡Oh, Israel!
¿No puedo hacer contigo lo mismo que hizo el alfarero
con el barro? De la misma manera que el barro está en
manos del alfarero, así estás en mis manos. 7Si anuncio
que voy a desarraigar, a derribar y a destruir a cierta nación
o a cierto reino, 8pero luego esa nación renuncia a sus
malos caminos, no la destruiré como lo había planeado. 9Y
si anuncio que plantaré y edificaré a cierta nación o a cierto
reino, 10pero después esa nación hace lo malo y se niega
a obedecerme, no la bendeciré como dije que lo haría.
11»Por lo tanto, Jeremías, advierte a todo Judá y a Jeru-
salén y diles: "Esto dice el Señor: 'En vez de algo bueno,
les tengo preparado un desastre. Así que cada uno de us-
tedes abandone sus malos caminos y haga lo correcto'"».
12Sin embargo, el pueblo respondió: «No gastes sa-
liva. Continuaremos viviendo como se nos antoja y con
terquedad seguiremos nuestros propios malos deseos».
13Así que esto dice el Señor:

«¿Acaso alguien ha oído semejante cosa,
aun entre las naciones paganas?
¡Israel, mi hija virgen,
ha hecho algo terrible!
14 ¿Acaso la nieve desaparece de las cumbres del
Líbano?
¿Quedan secos los arroyos helados que fluyen de
esas montañas distantes?
15 Pero mi pueblo no es confiable, porque me ha
abandonado;
quema incienso a ídolos inútiles.
Tropezó y salió de los caminos antiguos
y anduvo por senderos llenos de lodo.
16 Por lo tanto, su tierra quedará
desolada;
será un monumento a su necedad.
Todos los que pasen por allí quedarán pasmados
y menearán la cabeza con asombro.
17 Como el viento del oriente desparrama el polvo,
así esparciré a mi pueblo delante de sus enemigos.
Cuando tengan dificultades, les daré la espalda
y no prestaré atención a su aflicción».

Complot contra Jeremías

18Entonces el pueblo dijo: «Vengan, busquemos la ma-
nera de detener a Jeremías. Ya tenemos suficientes sacer-
dotes, sabios y profetas. No necesitamos que él enseñe
la palabra ni que nos dé consejos ni profecías. Hagamos
correr rumores acerca de él y no hagamos caso a lo que
dice».

19 Señor, ¡óyeme y ayúdame!
Escucha lo que dicen mis enemigos.

***Notas textuales** **17:26** En hebreo *desde la Sefela.*

Referencias cruzadas **17:21** Ne 13:15-18 **18:12** Jr 16:12

20 ¿Deben pagar mal por bien?
Han cavado una fosa para matarme,
aunque intercedí por ellos
y traté de protegerlos de tu enojo.
21 ¡Así que deja que sus hijos se mueran de hambre!
¡Deja que mueran a espada!
Que sus esposas se conviertan en viudas, sin hijos.
¡Que sus ancianos se mueran por una plaga
y que sus jóvenes sean muertos en batalla!
22 Que se escuchen gritos de dolor desde sus casas
cuando los guerreros caigan súbitamente sobre ellos.
Pues han cavado una fosa para mí
y han escondido trampas a lo largo de mi camino.
23 SEÑOR, tú conoces todos sus planes para matarme.
No perdones sus crímenes ni borres sus pecados;
que caigan muertos ante ti.
En tu enojo encárgate de ellos.

La vasija de Jeremías hecha pedazos

19 Esto me dijo el SEÑOR: «Ve y compra una vasija de
barro. Después pide a algunos de los líderes de tu
pueblo y a los sacerdotes que te sigan. 2Vete por la puerta
de las Ollas Rotas al basurero en el valle de Ben-hinom,
y dales este mensaje. 3Diles: "¡Reyes de Judá y ciudada-
nos de Jerusalén, escuchen este mensaje del SEÑOR! Esto
dice el SEÑOR de los Ejércitos Celestiales, Dios de Israel:
'¡Traeré un terrible desastre a este lugar, y a los que se
enteren les zumbarán los oídos!
4»"'Pues Israel me ha abandonado y convirtió este
valle en un lugar de maldad. La gente quema incienso
a dioses ajenos, ídolos nunca antes conocidos por esta
generación ni por sus antepasados ni por los reyes de Judá.
Y han llenado este lugar de sangre de niños inocentes.
5Han construido altares paganos a Baal y allí queman a
sus hijos en sacrificio a Baal. Jamás ordené un acto tan
horrendo; ¡ni siquiera me pasó por la mente ordenar se-
mejante cosa! 6Así que, ¡atención! Se acerca la hora, dice
el SEÑOR, cuando ese basurero ya no será llamado más
Tofet ni valle de Ben-hinom, sino valle de la Matanza.
7»"'Trastornaré los planes cuidadosos de Judá y Je-
rusalén. Dejaré que los ejércitos invasores masacren a la
gente y dejaré los cadáveres como comida para los buitres
y los animales salvajes. 8Reduciré a ruinas a Jerusalén, y
así la haré un monumento a su necedad. Todos los que
pasen por allí quedarán horrorizados y darán un grito
ahogado a causa de la destrucción que verán. 9Me ocuparé
de que sus enemigos sitien la ciudad hasta que no haya
más comida. Entonces los que queden atrapados adentro
se comerán a sus hijos, a sus hijas y a sus amigos. Caerán
en una profunda desesperación'".
10»Jeremías, rompe en pedazos a la vista de estos
hombres la vasija que trajiste. 11Luego diles: "Esto dice
el SEÑOR de los Ejércitos Celestiales: 'Así como esta vasija
está hecha pedazos, así haré pedazos a la gente de Judá
y de Jerusalén, de tal manera que no habrá esperanza
de reparación. Enterrarán a sus muertos aquí en Tofet,
el basurero, hasta que ya no haya más lugar. 12Esto le
haré a este lugar y a su gente, dice el SEÑOR. Haré que
esta ciudad sea profanada como Tofet. 13Efectivamente,
todas las casas de Jerusalén —incluso el palacio de los
reyes de Judá— quedarán como Tofet, es decir, todas las
casas donde quemaron incienso en las azoteas en honor
a los astros como si fueran dioses o donde derramaron
ofrendas líquidas a sus ídolos'"».
14Después de transmitir el mensaje, Jeremías regresó
de Tofet, el basurero, y se detuvo frente al templo del
SEÑOR. Allí le dijo a la gente: 15«Esto dice el SEÑOR de
los Ejércitos Celestiales, Dios de Israel: "Traeré desastre
sobre esta ciudad y las aldeas vecinas como lo prometí,
porque tercamente se negaron a escucharme"».

Jeremías y Pasur

20 Ahora bien, Pasur, hijo de Imer, el sacerdote
encargado del templo del SEÑOR, oyó lo que Je-
remías profetizaba. 2Así que arrestó al profeta Jeremías,
ordenó que lo azotaran y que lo pusieran en el cepo junto
a la puerta de Benjamín, en el templo del SEÑOR.
3Al día siguiente, cuando al fin Pasur lo puso en liber-
tad, Jeremías dijo: «Pasur, el SEÑOR te ha cambiado el
nombre. De ahora en adelante serás llamado "El hombre
que vive aterrorizado"*. 4Pues esto dice el SEÑOR: "En-
viaré terror sobre ti y todos tus amigos y verás cuando
sean masacrados por las espadas del enemigo. Entregaré
al pueblo de Judá en manos del rey de Babilonia. Él los
llevará cautivos a Babilonia o los traspasará con la espada;
5y dejaré que tus enemigos saqueen a Jerusalén. Todos los
tesoros famosos de la ciudad —las joyas preciosas, el oro
y la plata de tus reyes— serán llevados a Babilonia. 6En
cuanto a ti, Pasur, tú y todos los de tu casa irán cautivos
a Babilonia. Allí morirán y serán enterrados, tú y todos
tus amigos, a quienes profetizaste que todo iría bien"».

Queja de Jeremías

7 Oh SEÑOR, me engañaste,
y yo me dejé engañar.
Eres más fuerte que yo,
y me dominaste.
Ahora soy objeto de burla todos los días;
todos se ríen de mí.
8 Cuando hablo, me brotan las palabras.
Grito: «¡Violencia y destrucción!».
Así que estos mensajes del SEÑOR
me han convertido en objeto de burla.
9 Sin embargo, si digo que nunca mencionaré al SEÑOR
o que nunca más hablaré en su nombre,
su palabra arde en mi corazón como fuego.
¡Es como fuego en mis huesos!
¡Estoy agotado tratando de contenerla!
¡No puedo hacerlo!
10 He oído los muchos rumores acerca de mí.
Me llaman «El hombre que vive aterrorizado».
Me amenazan diciendo: «Si dices algo
te denunciaremos».
Aun mis viejos amigos me vigilan,
esperando que cometa algún error fatal.
«Caerá en su propia trampa —dicen—,
entonces nos vengaremos de él».
11 No obstante, el SEÑOR está a mi lado como un gran guerrero;
ante él mis perseguidores caerán.

***Notas textuales 20:3** En hebreo *Magor-misabib,* que significa «rodeado de terror», también en 20:10.

Referencias cruzadas 18:23 Jr 17:4 **19:8** Jr 18:16 **19:15** Jr 17:23 **20:9** Hch 4:20

No pueden derrotarme.
Fracasarán y serán totalmente humillados;
nunca se olvidará su deshonra.
12 Oh SEÑOR de los Ejércitos Celestiales,
tú pruebas a los justos
y examinas los secretos y los pensamientos más profundos.
Permíteme ver tu venganza contra ellos,
porque a ti he encomendado mi causa.
13 ¡Canten al SEÑOR!
¡Alaben al SEÑOR!
Pues al pobre y al necesitado
los ha rescatado de sus opresores.
14 ¡Sin embargo, maldigo el día en que nací!
Que nadie celebre el día de mi nacimiento.
15 Maldigo al mensajero que le dijo a mi padre:
«¡Buenas noticias! ¡Es un varón!».
16 Que lo destruyan como a las ciudades de la antigüedad
que el SEÑOR derribó sin misericordia.
Asústenlo todo el día con gritos de batalla,
17 porque no me mató al nacer.
¡Oh, si tan solo hubiera muerto en el vientre de mi madre,
si su cuerpo hubiera sido mi tumba!
18 ¿Por qué habré nacido?
Mi vida entera se ha llenado
de dificultades, de dolor y de vergüenza.

No hay escapatoria de Babilonia

21 El SEÑOR habló por medio de Jeremías cuando el
rey Sedequías envió a Pasur, hijo de Malquías, y
al sacerdote Sofonías, hijo de Maaseías, para hablar con
el profeta. Le suplicaron:
2—Por favor, habla al SEÑOR por nosotros y pídele que
nos ayude. El rey Nabucodonosor* está atacando a Judá.
Quizá el SEÑOR sea misericordioso y haga un poderoso
milagro como lo ha hecho en el pasado. Tal vez obligue a
Nabucodonosor a que retire sus ejércitos.
3Jeremías respondió:
—Regresen al rey Sedequías y díganle: 4"Esto dice
el SEÑOR, Dios de Israel: 'Haré que tus armas no sirvan
contra el rey de Babilonia ni contra los babilonios* que te
atacan fuera de tus murallas. Es más, traeré a tus enemigos al mismo corazón de la ciudad. 5Yo mismo pelearé
contra ti con mano fuerte y brazo poderoso porque estoy
muy enojado. ¡Me has puesto furioso! 6Enviaré una plaga
terrible sobre esta ciudad y morirán tanto la gente como
los animales. 7Después de todo eso, dice el SEÑOR, entregaré al rey Sedequías, a sus funcionarios y a todo el que
en la ciudad sobreviva a la enfermedad, a la guerra y al
hambre, en manos del rey Nabucodonosor de Babilonia y
de sus otros enemigos. Él los masacrará y no les mostrará
misericordia, piedad o compasión'".
8»Dile a todo el pueblo: "Esto dice el SEÑOR: '¡Elijan
entre la vida y la muerte! 9Todo el que permanezca en
Jerusalén morirá por guerra, enfermedad o hambre, pero
aquellos que salgan y se entreguen a los babilonios vivirán. ¡Su recompensa será la vida! 10Pues he decidido
traer desastre y no bien a esta ciudad, dice el SEÑOR. Será
entregada al rey de Babilonia, quien la reducirá a cenizas'".

Juicio contra los reyes de Judá

11»Dile a la familia real de Judá: "¡Escuchen el mensaje
del SEÑOR! 12Esto dice el SEÑOR a la dinastía de David:

»"¡Hagan justicia cada mañana al pueblo que ustedes juzgan!
Ayuden a los que han sufrido robos;
rescátenlos de sus opresores.
De lo contrario, mi enojo arderá como fuego insaciable
debido a todos sus pecados.
13 Yo pelearé personalmente contra el pueblo en Jerusalén,
esa poderosa fortaleza,
contra el pueblo que se jacta: 'Nadie puede tocarnos aquí;
nadie puede entrar aquí'.
14 Y yo mismo los castigaré por ser tan pecadores,
dice el SEÑOR.
Prenderé fuego a sus bosques
y ese fuego incendiará todo a su alrededor".

Mensaje a los reyes de Judá

22 Esto me dijo el SEÑOR: «Ve y habla directamente
al rey de Judá. Dile: 2"Rey de Judá, tú que te sientas en el trono de David, escucha el mensaje del SEÑOR.
Deja que tus ayudantes y tu pueblo también escuchen.
3Esto dice el SEÑOR: 'Sean imparciales y justos. ¡Hagan
lo que es correcto! Ayuden a quienes han sufrido robos;
rescátenlos de sus opresores. ¡Abandonen sus malas acciones! No maltraten a los extranjeros, ni a los huérfanos ni a
las viudas. ¡Dejen de matar al inocente! 4Si me obedecen,
siempre habrá un descendiente de David sentado en el
trono aquí en Jerusalén. El rey entrará por las puertas del
palacio en carros y a caballo, con su corte de ayudantes
y súbditos. 5Sin embargo, si rehúsan prestar atención a
esta advertencia, les juro por mi propio nombre, dice el
SEÑOR, que este palacio se convertirá en un montón de
escombros'"».

Mensaje referente al palacio

6Ahora bien, esto dice el SEÑOR con respecto al palacio
real de Judá:

«Te amo tanto como a la fructífera Galaad
y como a los verdes bosques del Líbano.
Pero te convertiré en un desierto
y nadie vivirá dentro de tus muros.
7 Citaré a obreros de demolición,
los cuales sacarán sus herramientas para desmantelarte.
Arrancarán todas tus selectas vigas de cedro
y las echarán al fuego.

8»Gente de muchas naciones pasará por las ruinas de
la ciudad y se dirán el uno al otro: "¿Por qué habrá destruido el SEÑOR esta gran ciudad?". 9Y la contestación
será: "Porque violaron su pacto con el SEÑOR su Dios al
rendir culto a otros dioses"».

***Notas textuales** **21:2** En hebreo *Nabucad-retsar*, una variante de Nabucodonosor; también en 21:7. **21:4** O *caldeos*; también en 21:9.

Referencias cruzadas **20:13** Sal 34:6 **20:18** 1 Co 4:9-13 **21:2** Sal 44:1-4 **21:12** Za 7:9-10 **22:3** Jr 22:17

Mensaje acerca de Joacaz

10 No lloren por el rey muerto ni lamenten su pérdida.
¡En cambio, lloren por el rey cautivo que se llevan
al exilio,
porque nunca más volverá para ver su tierra natal!

11Pues esto dice el SEÑOR acerca de Joacaz,* quien sucedió
en el trono a su padre, el rey Josías, y fue llevado cautivo:
«Él nunca regresará. 12Morirá en una tierra lejana y nunca
más verá su propio país».

Mensaje acerca de Joacim

13 Y el SEÑOR dice: «¡Qué aflicción le espera a Joacim,*
que edifica su palacio con trabajo forzado*!
Construye las paredes a base de injusticia,
porque obliga a sus vecinos a
trabajar,
y no les paga por su trabajo.
14 Dice: "Construiré un palacio magnífico
con habitaciones enormes y muchas ventanas.
Lo revestiré con cedro fragante
y lo pintaré de un rojo agradable".
15 ¡Pero un hermoso palacio de cedro no hace a un gran
rey!
Josías, tu padre, también tenía mucha comida y
bebida;
pero él era justo y recto en todo lo que hacía.
Por esa razón Dios lo bendijo.
16 Hizo justicia al pobre y al necesitado y los ayudó,
y le fue bien en todo.
¿No es eso lo que significa conocerme?
—dice el SEÑOR—.
17 ¡Pero tú, solo tienes ojos para la avaricia y la
deshonestidad!
Asesinas al inocente,
oprimes al pobre y reinas sin piedad».

18Por lo tanto, esto dice el SEÑOR acerca de Joacim, hijo
del rey Josías:

«El pueblo no llorará por él, lamentándose entre sí:
"¡Ay, mi hermano! ¡Ay, mi hermana!".
Sus súbditos no llorarán por él, lamentando:
"¡Ay, nuestro amo ha muerto! ¡Ay, su esplendor
se ha ido!".
19 Será enterrado como un burro muerto:
¡arrastrado fuera de Jerusalén y arrojado fuera de
las puertas!
20 Llora por tus aliados en el Líbano;
grita por ellos en Basán.
Búscalos en las regiones al oriente del río.*
Mira, todos han sido destruidos.
No quedó nadie para ayudarte.
21 Te lo advertí cuando eras próspero,
pero respondiste: "¡No me fastidies!".
Has sido así desde tu niñez;
¡nunca me obedeces!
22 Y ahora a tus aliados se los llevará el viento.
Todos tus amigos serán llevados cautivos.
Seguramente para entonces verás tu maldad y te
avergonzarás.
23 Puede que sea lindo vivir en un palacio magnífico,
recubierto con madera de cedros del Líbano,
pero pronto gemirás con punzadas de angustia,
angustia como la de una mujer con dolores de
parto.

Mensaje a Joaquín

24»Tan cierto como que yo vivo —dice el SEÑOR—, te
abandonaré, Joaquín,* hijo de Joacim, rey de Judá. Aunque
fueras el anillo con mi sello oficial en mi mano derecha, te
arrancaría. 25Te entregaré a los que buscan matarte —a los
que tanto temes— al rey Nabucodonosor* de Babilonia y
al poderoso ejército babilónico.* 26Te expulsaré de esta
tierra, a ti y a tu madre, y morirás en un país extranjero, no
en tu tierra natal. 27Nunca regresarás a la tierra que añoras.

28 »¿Por qué es este hombre, Joaquín, como una vasija
desechada y rota?
¿Por qué serán él y sus hijos exiliados al
extranjero?
29 ¡Oh tierra, tierra, tierra!
¡Escucha este mensaje del SEÑOR!
30 Esto dice el SEÑOR:
"Que conste en acta que este hombre, Joaquín, no
tuvo hijos.
Él es un fracasado,
porque no tendrá hijos que le sucedan en el trono
de David
para gobernar a Judá".

El descendiente justo

23 »¡Qué aflicción les espera a los líderes de mi pue-
blo —los pastores de mis ovejas— porque han des-
truido y esparcido precisamente a las ovejas que debían
cuidar!», dice el SEÑOR.
2Por lo tanto, esto dice el SEÑOR, Dios de Israel, a los
pastores: «En vez de cuidar de mis ovejas y ponerlas
a salvo, las han abandonado y las han llevado a la des-
trucción. Ahora, yo derramaré juicio sobre ustedes por
la maldad que han hecho a mi rebaño; 3pero reuniré al
remanente de mi rebaño de todos los países donde lo he
expulsado. Volveré a traer a mis ovejas a su redil y serán
fructíferas y crecerán en número. 4Entonces nombraré
pastores responsables que cuidarán de ellas, y nunca más
tendrán temor. Ni una sola se perderá ni se extraviará. ¡Yo,
el SEÑOR, he hablado!

5 »Pues se acerca la hora
—dice el SEÑOR—,
cuando levantaré a un descendiente justo*
del linaje del rey David.
Él será un rey que gobernará con sabiduría;
hará lo que es justo y correcto en toda la tierra.
6 Y su nombre será:
"El SEÑOR es nuestra justicia"*.
En ese día Judá estará a salvo,
e Israel vivirá seguro.

7»En ese día —dice el SEÑOR—, cuando la gente jure ya
no dirá: "Tan cierto como que el SEÑOR vive, quien rescató

***Notas textuales** **22:11** En hebreo *Salum*, otro nombre de Joacaz. **22:13a** Hermano y sucesor del exiliado Joacaz. Ver 22:18. **22:13b** En hebreo *con injusticia*. **22:20** O *en Abarim*. **22:24** En hebreo *Conías*, una variante de Joaquín; también en 22:28. **22:25a** En hebreo *Nabucad-retsar*, una variante de Nabucodonosor. **22:25b** O *caldeo*. **23:5** En hebreo *un retoño justo*. **23:6** En hebreo *Yahveh-Tsidkenu*.

Referencias cruzadas **22:10** Jr 16:7 **22:17** Lc 12:15-20 **22:25** 2 Re 24:15-16 **23:1** Jr 50:6 **23:5-6** Mt 1:21-23

al pueblo de Israel de la tierra de Egipto". 8 En cambio,
dirán: "Tan cierto como que el SEÑOR vive, quien trajo a
Israel de regreso a su propia tierra desde la tierra del norte
y de todos los países a donde él los envió al destierro".
Entonces vivirán en su propia tierra».

¡Respuestas Bíblicas! 100 ¿Qué o quién es el "descendiente justo"?

23:5 Este versículo fue escrito cientos de años antes de que Jesús naciera, pero se está refiriendo a él. Ningún otro rey descendiente de David fue perfecto. Pero este versículo promete que Jesús sólo haría "lo justo y lo correcto".

Juicio a los falsos profetas

9 Mi corazón está destrozado debido a los falsos
profetas,
y me tiemblan los huesos.
Me tambaleo como un borracho,
como alguien dominado por el vino,
debido a las santas palabras
que el SEÑOR ha pronunciado contra ellos.
10 Pues la tierra está llena de adulterio,
y está bajo una maldición.
La tierra está de luto;
los pastos del desierto están resecos.
Todos hacen lo malo
y abusan del poder que tienen.

11 «Aun los sacerdotes y los profetas
son hombres malvados que no tienen a Dios.
He visto sus hechos despreciables
aquí mismo en mi propio templo
—dice el SEÑOR—.
12 Por lo tanto, los caminos que toman
llegarán a ser resbaladizos.
Serán perseguidos en la oscuridad
y allí caerán.
Pues traeré desastre sobre ellos
en el tiempo señalado para su castigo.
¡Yo, el SEÑOR, he hablado!

13 »Vi que los profetas de Samaria eran tremendamente
malvados,
porque profetizaron en nombre de Baal
y llevaron a mi pueblo Israel al pecado.
14 ¡Pero ahora veo que los profetas de Jerusalén son aún
peores!
Cometen adulterio y les encanta la deshonestidad.
Alientan a los que hacen lo malo
para que ninguno se arrepienta de sus pecados.
Estos profetas son tan perversos
como lo fue la gente de Sodoma y Gomorra».

15 Por lo tanto, esto dice el SEÑOR de los Ejércitos
Celestiales acerca de los profetas:

«Los alimentaré con amargura
y les daré veneno para beber.
Pues es debido a los profetas de Jerusalén
que se ha llenado esta tierra de maldad».

16 Esto dice el SEÑOR de los Ejércitos Celestiales a su
pueblo:

«No escuchen a estos profetas cuando ellos les
profeticen,
llenándolos de esperanzas vanas.
Todo lo que dicen son puros inventos.
¡No hablan de parte del SEÑOR!
17 Siguen diciendo a los que desprecian mi palabra:
"¡No se preocupen! ¡El SEÑOR dice que ustedes
tendrán paz!".
Y a los que obstinadamente siguen sus propios
deseos,
los profetas les dicen: "¡No les sucederá nada
malo!".

18 »¿Ha estado alguno de estos profetas en la presencia
del SEÑOR
para escuchar lo que en realidad
dice?
¿Acaso alguno de ellos se ha interesado lo
suficiente como para escuchar?
19 ¡Miren! El enojo del SEÑOR estalla como una
tormenta,
como un torbellino que se arremolina sobre la
cabeza de los perversos.
20 El enojo del SEÑOR no disminuirá
hasta que termine con todo lo que él tenía
pensado.
En los días futuros,
ustedes entenderán todo esto con claridad.

21 »Yo no envié a estos profetas,
sin embargo, van de un lado a otro afirmando
hablar en mi nombre.
No les he dado ningún mensaje,
pero aun así siguen profetizando.
22 Si hubieran estado en mi presencia y me hubieran
escuchado,
habrían hablado mis palabras
y habrían hecho que mi pueblo se apartara
de sus malos caminos y sus malas acciones.
23 ¿Soy acaso Dios solo de cerca? —dice el SEÑOR—.
No, al mismo tiempo estoy lejos.
24 ¿Puede alguien esconderse de mí en algún lugar
secreto?
¿Acaso no estoy en todas partes en los cielos y en
la tierra?»,
dice el SEÑOR.

25 «He oído a estos profetas decir: "Escuchen el sueño
que Dios me dio anoche". Y después pasan a decir men-
tiras en mi nombre. 26 ¿Hasta cuándo seguirá esto? Si son
profetas, son profetas del engaño, pues inventan todo lo
que dicen. 27 Con decir estos sueños falsos, pretenden
hacer que mi pueblo me olvide, tal como lo hicieron sus
antepasados, al rendir culto a los ídolos de Baal.

28 »Que estos falsos profetas cuenten sus sueños,
pero que mis verdaderos mensajeros proclamen
todas mis palabras con fidelidad.
¡Hay diferencia entre la paja y el grano!

Referencias cruzadas 23:12 Jn 12:35 23:22 1 Ts 1:9-10

29 ¿No quema mi palabra como el fuego?
—dice el SEÑOR—.
¿No es como un martillo poderoso
que hace pedazos una roca?

30»Por lo tanto —dice el SEÑOR—, estoy en contra de estos profetas que se roban mensajes el uno al otro y alegan que provienen de mí. 31Estoy en contra de estos profetas que con mucha labia dicen: "¡Esta profecía es del SEÑOR!". 32Yo estoy contra estos falsos profetas. Sus sueños imaginarios son mentiras descaradas que llevan a mi pueblo a pecar. Yo no los envié ni los nombré, y no tienen ningún mensaje para mi pueblo. ¡Yo, el SEÑOR, he hablado!

Falsas profecías y falsos profetas

33»Supongamos que alguien del pueblo o uno de los profetas o sacerdotes te pregunta: "Y ahora, ¿qué profecía te ha encargado el SEÑOR?". Debes responder: "¡Ustedes son la carga!* ¡El SEÑOR dice que los abandonará!".

34»Si algún profeta, sacerdote o alguien más dice: "Tengo una profecía del SEÑOR", castigaré a tal persona junto con toda su familia. 35Ustedes deberán preguntarse el uno al otro: "¿Cuál es la respuesta del SEÑOR?" o "¿Qué dice el SEÑOR?". 36Ya dejen de usar esta frase: "Una profecía del SEÑOR". La gente la usa para darle importancia a sus propias ideas, tergiversando las palabras de nuestro Dios, el Dios viviente, el SEÑOR de los Ejércitos Celestiales.

37»Esto deberás decir a los profetas: "¿Cuál es la respuesta del SEÑOR?" o "¿Qué dice el SEÑOR?". 38Pero supongamos que responden: "¡Esta es una profecía del SEÑOR!". Entonces deberás decir: "Esto dice el SEÑOR: 'Debido a que han usado la frase "una profecía del SEÑOR", aun cuando les advertí que no la usaran, 39me olvidaré de ustedes por completo.* Los expulsaré de mi presencia, junto con esta ciudad que les di a ustedes y a sus antepasados. 40Los haré objeto de burla y su nombre será infame a lo largo de los siglos'"».

Higos buenos y malos

24 Después de que Nabucodonosor,* rey de Babilonia, desterró a Joaquín,* hijo de Joacim, rey de Judá, a Babilonia, junto con las autoridades de Judá y todos los artífices y los artesanos, el SEÑOR me dio la siguiente visión. Vi dos canastas de higos colocadas frente al templo del SEÑOR en Jerusalén. 2Una canasta estaba llena de higos frescos y maduros, mientras que la otra tenía higos malos, tan podridos que no podían comerse.

3Entonces el SEÑOR me preguntó:

—¿Qué ves, Jeremías?

—Higos —contesté—, algunos muy buenos y otros muy malos, tan podridos que no pueden comerse.

4Entonces el SEÑOR me dio este mensaje: 5«Esto dice el SEÑOR, Dios de Israel: los higos buenos representan a los desterrados que yo envié de Judá a la tierra de los babilonios.* 6Velaré por ellos, los cuidaré y los traeré de regreso a este lugar. Los edificaré y no los derribaré. Los plantaré y no los desarraigaré. 7Les daré un corazón que me reconozca como el SEÑOR. Ellos serán mi pueblo y yo seré su Dios, porque se volverán a mí de todo corazón.

8»Sin embargo, los higos malos —dijo el SEÑOR— representan al rey Sedequías de Judá, a sus funcionarios, a todo el pueblo que quedó en Jerusalén y a los que viven en Egipto. Los trataré como a higos malos, tan podridos que no pueden comerse. 9Los haré objeto de horror y un símbolo de maldad para todas las naciones de la tierra. En todos los lugares donde yo los disperse, serán objetos de desprecio y de burla. Los maldecirán y se mofarán de ellos. 10Les enviaré guerra, hambre y enfermedad hasta que desaparezcan de la tierra de Israel, tierra que les di a ellos y a sus antepasados».

Setenta años de cautiverio

25 Este mensaje del SEÑOR, para todo el pueblo de Judá, le vino a Jeremías durante el cuarto año del reinado de Joacim* sobre Judá. Este fue el año en que el rey Nabucodonosor* de Babilonia comenzó a reinar.

2Jeremías el profeta le dijo a todo el pueblo de Judá y de Jerusalén: 3«Durante los últimos veintitrés años —desde el año trece del reinado de Josías, hijo de Amón,* rey de Judá, hasta ahora— el SEÑOR me ha estado dando sus mensajes. Yo se los he comunicado con toda fidelidad, pero ustedes no han querido escuchar.

4»Una y otra vez, el SEÑOR les ha enviado a sus siervos, los profetas, pero ustedes no escucharon ni prestaron atención. 5Todas las veces el mensaje fue: "Apártense de su mal camino y de sus malas acciones. Solo entonces los dejaré vivir en esta tierra que el SEÑOR les dio a ustedes y a sus antepasados para siempre. 6No provoquen mi enojo al rendir culto a ídolos que ustedes hicieron con sus propias manos. Entonces no les haré ningún daño".

7»Pero ustedes no querían escucharme —dice el SEÑOR—. Me pusieron furioso al rendir culto a ídolos hechos con sus propias manos y trajeron sobre ustedes todos los desastres que ahora sufren. 8Ahora el SEÑOR de los Ejércitos Celestiales dice: "Como ustedes no me han escuchado, 9reuniré a todos los ejércitos del norte bajo el mando de Nabucodonosor, rey de Babilonia, a quien nombré mi representante. Los traeré contra esta tierra, contra su gente y contra las naciones vecinas. A ustedes los destruiré por completo* y los convertiré en objeto de horror, desprecio y ruina para siempre. 10Quitaré de ustedes la risa y las canciones alegres. No se oirán más las voces felices de los novios ni de las novias. Las piedras de molino se acallarán y las luces de las casas se apagarán. 11Toda la tierra se convertirá en una desolada tierra baldía. Israel y las naciones vecinas servirán al rey de Babilonia por setenta años.

12»"Entonces, después que hayan pasado los setenta años de cautiverio, castigaré al rey de Babilonia y a su pueblo por sus pecados —dice el SEÑOR—. Haré del país de los babilonios* una tierra baldía para siempre. 13Traeré sobre ellos todos los terrores que prometí en este libro, todos los castigos contra las naciones anunciados por Jeremías. 14Muchas naciones y grandes reyes esclavizarán a los babilonios, así como ellos esclavizaron a mi pueblo.

***Notas textuales** **23:33** Así aparece en la versión griega y en la Vulgata Latina; en hebreo dice *¿Qué carga?* **23:39** Algunos manuscritos hebreos y la versión griega dicen *no la usaran, ciertamente los levantaré.* **24:1a** En hebreo *Nabucad-retsar*, una variante de Nabucodonosor. **24:1b** En hebreo *Jeconías,* una variante de Joaquín. **24:5** O *caldeos.* **25:1a** El cuarto año del reinado de Joacim y el año de la ascensión al reino de Nabucodonosor fue el 605 a. C. **25:1b** En hebreo *Nabucad-retsar*, una variante de Nabucodonosor. **25:3** El año trece del reinado de Josías fue el 627 a. C. **25:9** El término hebreo empleado aquí se refiere a la consagración total de cosas o personas al SEÑOR, ya sea destruyéndolas o entregándolas como ofrenda. **25:12** O *caldeos*. **25:23** O *los que se recortan las puntas de su pelo.*

Referencias cruzadas **23:29** 2 Co 10:4-5 **23:34** Za 13:3 **24:7** Hb 8:10 **25:5** Is 55:6-7

Los castigaré en proporción al sufrimiento que le ocasio-
naron a mi pueblo”».

La copa del enojo del Señor

15 Esto me dijo el Señor, Dios de Israel: «Toma de mi
mano la copa de mi enojo, que está llena hasta el borde,
y haz que todas las naciones a las que te envíe beban de
ella. 16 Cuando la beban se tambalearán, enloquecidos por
la guerra que enviaré contra ellos».

17 Así que tomé la copa del enojo del Señor e hice que
todas las naciones bebieran de ella, cada nación a la que el
Señor me envió. 18 Fui a Jerusalén y a las otras ciudades de
Judá, y sus reyes y funcionarios bebieron de la copa. Desde
ese día hasta ahora ellos han sido una ruina desolada, un
objeto de horror, desprecio y maldición. 19 Le di la copa al
faraón, rey de Egipto, a sus asistentes, a sus funcionarios
y a todo su pueblo, 20 junto con todos los extranjeros que
vivían en esa tierra. También se la di a todos los reyes de
la tierra de Uz, a los reyes de las ciudades filisteas de Asca-
lón, Gaza y Ecrón, y a lo que queda de Asdod. 21 Después
les di la copa a las naciones de Edom, Moab y Amón, 22 a
los reyes de Tiro y Sidón, y a los reyes de las regiones al
otro lado del mar. 23 Se la di a Dedán, a Tema, a Buz y a la
gente que vive en lugares remotos.* 24 Se la di a los reyes de
Arabia, a los reyes de las tribus nómadas del desierto 25 y a
los reyes de Zimri, Elam y Media. 26 Se la di a los reyes de
los países del norte, lejanos y cercanos, uno tras otro, es
decir, a todos los reinos del mundo. Finalmente, el mismo
rey de Babilonia* bebió de la copa del enojo del Señor.

27 Entonces el Señor me dijo: «Ahora diles: “Esto dice
el Señor de los Ejércitos Celestiales, Dios de Israel: ‘Beban
de la copa de mi enojo. Emborráchense y vomiten; caigan
para nunca más levantarse, porque envío guerras terribles
contra ustedes’”. 28 Ahora bien, si se niegan a aceptar la
copa, diles: “El Señor de los Ejércitos Celestiales dice: ‘No
les queda más que beberla. 29 He comenzado a castigar a
Jerusalén, la ciudad que lleva mi nombre. ¿Acaso los de-
jaría a ustedes sin castigo? No, no escaparán del desastre.
Enviaré guerra contra todas las naciones de la tierra. ¡Yo, el
Señor de los Ejércitos Celestiales, he hablado!’”.

30 »Ahora, profetiza todas estas cosas y diles:

»“El Señor rugirá contra su propia tierra
desde su santa morada en el cielo.
Él gritará como los que pisan las uvas;
gritará contra todos los habitantes de la tierra.
31 Su grito de juicio llegará hasta los confines de la
tierra,
porque el Señor presentará su caso contra todas
las naciones.
Él juzgará a todos los habitantes de la tierra,
y matará con la espada a los perversos.
¡Yo, el Señor, he hablado!”».

32 Esto dice el Señor de los Ejércitos Celestiales:
«¡Miren! ¡Nación tras nación sufrirá calamidades!
¡Se está levantando un gran torbellino de furia
desde los rincones más distantes de la tierra!».

33 En aquel día, los que el Señor haya masacrado llena-
rán la tierra de un extremo a otro. Nadie llorará por ellos ni
juntará sus cuerpos para enterrarlos. Estarán esparcidos
sobre el suelo como estiércol.

34 ¡Lloren y giman, pastores malvados!
¡Revuélquense en el polvo, líderes del rebaño!
Ha llegado el momento de su matanza;
ustedes caerán y se harán añicos como vaso frágil.
35 No encontrarán lugar donde esconderse;
no habrá forma de escapar.
36 Escuchen los gritos desesperados de los pastores.
Los líderes del rebaño gimen en su desesperación
porque el Señor está arruinando sus pastos.
37 Debido al gran enojo del Señor,
los prados tranquilos se convertirán en tierra
baldía.
38 Él salió de su guarida como un león fuerte en busca
de su presa,
y la tierra quedará desolada
por la espada* del enemigo
y por la ira feroz del Señor.

Jeremías escapa de la muerte

26 Jeremías recibió el siguiente mensaje del Señor a
principios del reinado de Joacim, hijo de Josías,*
rey de Judá. 2 «Esto dice el Señor: “Ponte de pie en el atrio
que está delante del templo del Señor y haz un anuncio
a la gente que ha venido de toda Judá a adorar. Dales mi
mensaje completo sin que falte una sola palabra. 3 Quizá
te escuchen y se aparten de sus malos caminos. Entonces
cambiaré de parecer acerca del desastre que estoy por
derramar sobre ellos a causa de sus pecados”.

4 »Diles: “Esto dice el Señor: ‘Si ustedes no me escu-
chan ni obedecen la palabra que les he dado 5 ni tampoco
escuchan a mis siervos, los profetas —porque los envié
una y otra vez para advertirles, pero ustedes rehusaron
escucharlos—, 6 entonces destruiré este templo así como
destruí a Silo, el lugar donde estaba el tabernáculo. Y haré
que Jerusalén se convierta en objeto de maldición en cada
nación de la tierra’”».

7 Los sacerdotes, los profetas y todo el pueblo escu-
charon a Jeremías mientras hablaba frente al templo del
Señor; 8 pero cuando Jeremías terminó su mensaje, ha-
biendo dicho todo lo que el Señor le ordenó que dijera,
los sacerdotes, los profetas y todo el pueblo que estaba
junto al templo lo atacaron en masa. «¡Mátenlo! —grita-
ban—. 9 ¿Qué derecho tienes de profetizar en el nombre
del Señor que este templo será destruido como lo fue
Silo? ¿Qué quieres decir cuando afirmas que Jerusalén
será destruida y dejada sin habitantes?». Así que todo el
pueblo lo amenazaba mientras él estaba frente al templo.

10 Cuando los funcionarios de Judá oyeron lo que pa-
saba, corrieron del palacio a sentarse a juzgar junto a la
puerta Nueva del templo. 11 Los sacerdotes y los profetas
presentaron sus acusaciones a los funcionarios y al pue-
blo. «¡Este hombre debe morir! —dijeron—. Ustedes han
escuchado con sus propios oídos lo traidor que es, porque
ha profetizado contra esta ciudad».

12 Entonces Jeremías habló en su propia defensa a los
funcionarios y al pueblo. «El Señor me envió para pro-
fetizar contra este templo y contra esta ciudad —dijo—.
El Señor me dio cada una de las palabras que he hablado;

***Notas textuales** **25:26** En hebreo *Sesac*, un nombre codificado para Babilonia. **25:38** Así aparece en algunos manuscritos hebreos y en la versión griega; el texto masorético dice *por la ira*. **26:1** El primer año del reinado de Joacim fue el 608 a. C.

Referencias cruzadas **25:15** Jr 51:7 **25:29** 1 P 4:17 **25:38** Jr 5:6 **26:11** Hch 6:11-14

13pero si ustedes dejan de pecar y comienzan a obede-
cer al SEÑOR su Dios, él cambiará de parecer acerca del
desastre que anunció contra ustedes. 14En cuanto a
mí, estoy en sus manos, hagan conmigo lo que mejor
les parezca. 15¡Pero si me matan, tengan por seguro que
estarán matando a un inocente! La responsabilidad por
semejante acción caerá sobre ustedes, sobre esta ciudad
y sobre cada persona que vive en ella. Pues es totalmente
cierto que el SEÑOR me envió a decir cada palabra que
ustedes han oído».

16Así que los funcionarios y el pueblo les dijeron a los
sacerdotes y a los profetas: «Este hombre no merece la
pena de muerte porque nos ha hablado en el nombre del
SEÑOR nuestro Dios».

17Entonces algunos de los sabios ancianos se pusieron
de pie y hablaron a todo el pueblo reunido en ese lugar.
18Dijeron: «Recuerden cuando Miqueas de Moreset pro-
fetizaba durante el reinado de Ezequías de Judá. Él le dijo
al pueblo de Judá:

"Esto dice el SEÑOR de los Ejércitos Celestiales:
'El monte Sion quedará arado como un campo
abierto;
¡Jerusalén será reducida a escombros!
Un matorral crecerá en las cumbres,
donde ahora se encuentra el
templo'"*.

19¿Acaso el rey Ezequías y el pueblo lo mataron por lo
que dijo? No, se apartaron de sus pecados y adoraron al
SEÑOR. Le suplicaron misericordia. Entonces el SEÑOR
cambió de parecer acerca del terrible desastre que había
declarado contra ellos. Así que estamos a punto de per-
judicarnos a nosotros mismos».

20En ese tiempo, Urías hijo de Semaías, de Quiriat-
jearim, también profetizaba en nombre del SEÑOR; y
predijo el mismo terrible desastre contra la ciudad y la
nación igual que Jeremías. 21Cuando el rey Joacim junto
con los oficiales militares y los demás funcionarios escu-
charon lo que dijo, el rey envió a alguien para matarlo.
Sin embargo, Urías se enteró del plan y escapó a Egipto
atemorizado. 22Entonces el rey Joacim envió a Elnatán,
hijo de Acbor, a Egipto junto con algunos otros hombres
para que capturaran a Urías. 23Lo tomaron prisionero y
lo trajeron de regreso al rey Joacim. Así que el rey mató
a Urías a espada y mandó que lo enterraran en una fosa
común.

24No obstante, Ahicam, hijo de Safán, respaldó a Jere-
mías y persuadió al tribunal de no entregarlo a la multitud
para que lo matara.

Jeremías se coloca un yugo para bueyes

27 Jeremías recibió el siguiente mensaje del SEÑOR
a principios del reinado de Sedequías,* hijo de
Josías, rey de Judá.

2Esto me dijo el SEÑOR: «Hazte un yugo y átatelo al
cuello con correas de cuero. 3Luego envía un mensaje a
los reyes de Edom, Moab, Amón, Tiro y Sidón a través
de sus embajadores que han llegado a visitar al rey Sede-
quías en Jerusalén. 4Dales este mensaje para sus amos:
"Esto dice el SEÑOR de los Ejércitos Celestiales, Dios de
Israel: 5'Yo hice la tierra, la gente y cada animal con mi
gran fuerza y brazo poderoso. Estas cosas me pertenecen
y puedo dárselas a quien yo quiera. 6Ahora entregaré estos
países al rey Nabucodonosor de Babilonia, quien es mi
siervo. He puesto todo bajo su control, aun los animales
salvajes. 7Todas las naciones le servirán a él, a su hijo y a
su nieto hasta que se acabe el tiempo de ellos. Entonces
muchas naciones y grandes reyes conquistarán y domi-
narán a Babilonia. 8Así que ustedes deben someterse al
rey de Babilonia y servirle; ¡pongan su cuello bajo el yugo
de Babilonia! Castigaré a toda nación que rehúse ser su
esclava, dice el SEÑOR. Enviaré guerra, hambre y enfer-
medad sobre esa nación hasta que Babilonia la conquiste.

9»"'No les hagan caso a sus falsos profetas, adivinos,
intérpretes de sueños, los médiums y hechiceros que
dicen: "El rey de Babilonia no los conquistará". 10Todos
son mentirosos y sus mentiras solo servirán para que us-
tedes sean expulsados de su propia tierra. Yo los expul-
saré y los enviaré a morir lejos; 11pero al pueblo de toda
nación que se someta al rey de Babilonia se le permitirá
permanecer en su propio país para cultivar la tierra como
siempre. ¡Yo, el SEÑOR, he hablado!'"».

12Después repetí el mismo mensaje al rey Sedequías
de Judá: «Si deseas vivir, sométete al yugo del rey de Ba-
bilonia y a su pueblo. 13¿Por qué insistes en morir, tú y tu
pueblo? ¿Por qué habrán de escoger la guerra, el hambre
y la enfermedad que el SEÑOR traerá contra toda nación
que se niegue a someterse al rey de Babilonia? 14No les
hagan caso a los falsos profetas que les siguen diciendo:
"El rey de Babilonia no los conquistará". Son mentirosos.
15Esto dice el SEÑOR: "¡Yo no envié a estos profetas! Les
dicen mentiras en mi nombre, así que yo los expulsaré
de esta tierra. Todos ustedes morirán, junto con todos
estos profetas"».

16Entonces me dirigí a los sacerdotes y al pueblo y les
dije: «Esto dice el SEÑOR: "No escuchen a sus profetas que
les aseguran que los artículos de oro que fueron sacados de
mi templo pronto serán devueltos de Babilonia. ¡Es pura
mentira! 17No los escuchen. Ríndanse al rey de Babilonia
y vivirán. ¿Por qué ha de ser destruida toda esta ciudad?
18Si realmente son profetas y proclaman los mensajes
del SEÑOR, que oren al SEÑOR de los Ejércitos Celestia-
les. ¡Que supliquen que los objetos que aún quedan en el
templo del SEÑOR, en el palacio real y en los palacios de
Jerusalén no sean llevados a Babilonia!".

19»Pues el SEÑOR de los Ejércitos Celestiales ha
hablado acerca de las columnas que están al frente del
templo, del enorme tazón de bronce llamado el Mar,
de las carretas para llevar agua y de los demás objetos
ceremoniales. 20El rey Nabucodonosor de Babilonia los
dejó aquí cuando desterró a Babilonia a Joaquín,* hijo de
Joacim, rey de Judá, junto con los demás nobles de Judá
y de Jerusalén. 21Sí, esto dice el SEÑOR de los Ejércitos
Celestiales, Dios de Israel, acerca de los objetos preciosos
que todavía permanecen en el templo, en el palacio del rey
de Judá y en Jerusalén: 22"Todos serán llevados a Babilonia
y permanecerán allí hasta que yo envíe por ellos —dice el
SEÑOR—. Entonces los traeré de regreso a Jerusalén"».

Jeremías condena a Hananías

28 Un día a fines del verano* del mismo año
—el cuarto año del reinado de Sedequías, rey de

***Notas textuales** **26:18** Mi 3:12. **27:1** Así aparece en algunos manuscritos hebreos y en la versión siríaca (ver también 27:3, 12); la mayoría de los manuscritos hebreos dicen *Joacim*. **27:20** En hebreo *Jeconías*, una variante de Joaquín.

Referencias cruzadas **26:21** Mt 10:23, 28 **27:9** Ml 3:5 **27:22** Jr 32:5

Judá— Hananías, hijo de Azur, un profeta de Gabaón, se dirigió a mí públicamente en el templo mientras los sacerdotes y el pueblo escuchaban. Dijo: 2«Esto dice el SEÑOR de los Ejércitos Celestiales, Dios de Israel: "Quitaré del cuello de ustedes el yugo del rey de Babilonia. 3Dentro de dos años traeré de regreso todos los tesoros del templo que el rey Nabucodonosor llevó a Babilonia. 4También traeré de regreso a Joaquín,* hijo de Joacim, rey de Judá y a todos los demás cautivos que fueron llevados a Babilonia. Tengan por seguro que romperé el yugo que el rey de Babilonia ha puesto sobre sus cuellos. ¡Yo, el SEÑOR, he hablado!"».

5Jeremías le respondió a Hananías mientras estaban delante de los sacerdotes y de la gente presente en el templo. 6Le dijo: «¡Amén! ¡Que tus profecías se vuelvan realidad! Espero que el SEÑOR haga todo lo que tú dices. Espero que traiga de regreso los tesoros de este templo y a todos los cautivos; 7pero ahora presta atención a las palabras solemnes que te hablo en presencia de todas estas personas. 8Los profetas antiguos que nos precedieron hablaron en contra de muchas naciones y advirtieron siempre la llegada de guerra, desastre y enfermedad. 9Así que el profeta que predice paz debe demostrar que está en lo correcto. Solamente cuando sus predicciones se cumplan podremos saber que el SEÑOR lo ha enviado».

10Entonces el profeta Hananías quitó el yugo del cuello de Jeremías y lo hizo pedazos. 11Y Hananías dijo nuevamente a la multitud que se había reunido: «Esto dice el SEÑOR: "Así como este yugo ha sido roto, dentro de dos años romperé el yugo de opresión de todas las naciones ahora sometidas al rey Nabucodonosor de Babilonia"». Después de eso, Jeremías se fue de la zona del templo.

12Poco tiempo después de la confrontación con Hananías, el SEÑOR le dio a Jeremías este mensaje: 13«Ve y dile a Hananías: "Esto dice el SEÑOR: 'Tú has quebrado un yugo de madera, pero lo has reemplazado con un yugo de hierro. 14El SEÑOR de los Ejércitos Celestiales, Dios de Israel, dice: he puesto un yugo de hierro en el cuello de todas estas naciones, y las he sometido a la esclavitud del rey Nabucodonosor de Babilonia. He puesto todo bajo su control, incluso los animales salvajes'"».

15Entonces el profeta Jeremías le dijo a Hananías: «¡Escucha, Hananías! El SEÑOR no te ha enviado, pero el pueblo cree tus mentiras. 16Por lo tanto, esto dice el SEÑOR: "Debes morir. Tu vida terminará este mismo año porque te rebelaste contra el SEÑOR"».

17Dos meses después* murió el profeta Hananías.

Carta a los desterrados

29 Jeremías escribió desde Jerusalén una carta a los ancianos, a los sacerdotes, a los profetas y a todos los que el rey Nabucodonosor había desterrado a Babilonia. 2Esto sucedió luego de que el rey Joaquín,* la reina madre, los funcionarios de la corte, los demás funcionarios de Judá y todos los artífices y los artesanos fueran deportados de Jerusalén. 3Envió la carta con Elasa, hijo de Safán, y Gemarías, hijo de Hilcías, cuando fueron a Babilonia como embajadores del rey Sedequías ante Nabucodonosor. Esto decía la carta de Jeremías:

4«Esto dice el SEÑOR de los Ejércitos Celestiales, Dios de Israel, a los cautivos que él desterró de Jerusalén a Babilonia: 5"Edifiquen casas y hagan planes para quedarse. Planten huertos y coman del fruto que produzcan. 6Cásense y tengan hijos. Luego encuentren esposos y esposas para ellos para que tengan muchos nietos. ¡Multiplíquense! ¡No disminuyan! 7Y trabajen por la paz y prosperidad de la ciudad donde los envié al destierro. Pidan al SEÑOR por la ciudad, porque del bienestar de la ciudad dependerá el bienestar de ustedes".

8»Esto dice el SEÑOR de los Ejércitos Celestiales, Dios de Israel: "No permitan que los engañen los profetas y los adivinos que están entre ustedes en la tierra de Babilonia. No presten atención a sus sueños, 9porque les dicen mentiras en mi nombre. Yo no los envié", dice el SEÑOR.

10»Esto dice el SEÑOR: "Ustedes permanecerán en Babilonia durante setenta años; pero luego vendré y cumpliré todas las cosas buenas que les prometí, y los llevaré de regreso a casa. 11Pues yo sé los planes que tengo para ustedes —dice el SEÑOR—. Son planes para lo bueno y no para lo malo, para darles un futuro y una esperanza. 12En esos días, cuando oren, los escucharé. 13Si me buscan de todo corazón, podrán encontrarme. 14Sí, me encontrarán —dice el SEÑOR—. Pondré fin a su cautiverio y restableceré su bienestar. Los reuniré de las naciones adonde los envié y los llevaré a casa, de regreso a su propia tierra".

15»Ustedes afirman que el SEÑOR les ha levantado profetas en Babilonia; 16pero esto dice el SEÑOR acerca del rey que se sienta en el trono de David y acerca de todos los que todavía viven aquí en Jerusalén, sus parientes que no fueron desterrados a Babilonia. 17Esto dice el SEÑOR de los Ejércitos Celestiales: "Enviaré sobre ellos guerra, hambre y enfermedad, y haré que sean como higos podridos, tan podridos que no pueden comerse. 18Sí, los perseguiré con guerra, hambre y enfermedad, y los esparciré por todo el mundo. En cada nación por donde los envíe los convertiré en objeto de condenación, horror, desprecio y burla. 19Pues ellos rehusaron escucharme, a pesar de que les hablé repetidas veces por medio de los profetas que les envié. Y ustedes, que están en el destierro, tampoco han escuchado", dice el SEÑOR.

20»Por lo tanto, todos los cautivos en Babilonia, escuchen el mensaje del SEÑOR. 21Esto dice el SEÑOR de los Ejércitos Celestiales, Dios de Israel, acerca de los profetas que tienen —Acab, hijo de Colaías y Sedequías, hijo de Maaseías— que les dicen mentiras en mi nombre: "Yo los entregaré a Nabucodonosor* para que los ejecute delante de sus ojos. 22Su horrible final será conocido por todos, entonces cuando los desterrados judíos quieran maldecir a alguien, dirán: '¡Que el SEÑOR te haga como a Sedequías y a Acab, a quienes el rey de Babilonia quemó vivos!'. 23Pues estos hombres han hecho cosas terribles entre mi pueblo. Han cometido adulterio con las esposas de sus vecinos y

***Notas textuales** **28:1** En hebreo *En el quinto mes,* del antiguo calendario lunar hebreo. El quinto mes del cuarto año del reinado de Sedequías cayó entre los meses de agosto y septiembre del 593 a. C. Ver también la nota en 1:3. **28:4** En hebreo *Jeconías*, una variante de Joaquín. **28:17** En hebreo *En el séptimo mes del mismo año.* Ver 28:1 y la nota al pie de página. **29:2** En hebreo *Jeconías*, una variante de Joaquín. **29:21** En hebreo *Nabucad-retsar*, una variante de Nabucodonosor.

Referencias cruzadas **28:9** Dt 18:22 **28:15** Lm 2:14 **29:7** 1 Tm 2:1-2 **29:19** Jr 26:5

han mentido en mi nombre diciendo cosas que no
les mandé decir. De esto soy testigo. Yo, el Señor, he
hablado"».

Mensaje a Semaías

24 El Señor envió este mensaje a Semaías el nehelamita
que estaba en Babilonia. 25 «Esto dice el Señor de los
Ejércitos Celestiales, Dios de Israel: escribiste una carta
por tu propia cuenta a Sofonías, hijo de Maaseías, el sacer-
dote, y enviaste copias a los demás sacerdotes y al pueblo
en Jerusalén. Le escribiste a Sofonías:

> 26 »"El Señor te ha designado para que reemplaces a
> Joiada como sacerdote a cargo de la casa del Señor.
> Eres responsable de poner en cepos y grilletes a
> cualquier loco que afirme ser profeta. 27 Así que, ¿por
> qué no has hecho nada para detener a Jeremías de
> Anatot, que se hace pasar por profeta entre ustedes?
> 28 Jeremías envió aquí, a Babilonia, una carta
> prediciendo que nuestro cautiverio será por largo
> tiempo. Dijo: 'Edifiquen casas y hagan planes para
> quedarse. Planten huertos y coman del fruto que
> produzcan'"».

29 Ahora bien, cuando el sacerdote Sofonías recibió la
carta de Semaías, la llevó a Jeremías y se la leyó. 30 Enton-
ces el Señor le dio a Jeremías este mensaje: 31 «Envía una
carta abierta a todos los desterrados en Babilonia. Diles:
"Esto dice el Señor con relación a Semaías el nehelamita:
'Como les ha profetizado a pesar de que yo no lo envié,
y los ha engañado, haciéndolos creer sus mentiras, 32 lo
castigaré a él y a su familia. Ninguno de sus descendientes
verá las buenas cosas que haré para mi pueblo, porque él
los ha incitado a rebelarse contra mí. ¡Yo, el Señor, he
hablado!'"».

Promesas de liberación

30 El Señor le dio otro mensaje a Jeremías. Le dijo:
2 «Esto dice el Señor, Dios de Israel: Jeremías,
anota en un registro cada cosa que te he dicho. 3 Pues
se acerca la hora cuando restableceré el bienestar de mi
pueblo, Israel y Judá. Los traeré a casa, a esta tierra que
di a sus antepasados, y volverán a poseerla. ¡Yo, el Señor,
he hablado!».

4 Este es el mensaje que dio el Señor con relación a
Israel y Judá. 5 Esto dice el Señor:

«Oigo gritos de temor;
hay terror y no hay paz.
6 Déjenme hacerles una pregunta:
¿Acaso los varones dan a luz?
¿Entonces por qué están parados allí con sus caras pálidas
y con las manos apoyadas sobre el vientre
como una mujer en parto?
7 En toda la historia nunca ha habido un tiempo de terror como este.
Será un tiempo de angustia para mi pueblo Israel.*
¡Pero al final será salvo!
8 Pues en ese día
—dice el Señor de los Ejércitos Celestiales—,
quebraré el yugo de sus cuellos
y romperé sus cadenas.
Los extranjeros no serán más sus amos.
9 Pues mi pueblo servirá al Señor su Dios
y a su rey, descendiente de David,
el rey que yo le levantaré.

10 »Así que no temas, Jacob, mi siervo;
no te desalientes, Israel
—dice el Señor—.
Pues desde tierras lejanas los traeré de regreso a casa,
y sus hijos regresarán del destierro.
Israel volverá a vivir en paz y tranquilidad,
y nadie lo atemorizará.
11 Yo estoy contigo y te salvaré
—dice el Señor—.
Destruiré por completo a las naciones entre las cuales te esparcí,
pero a ti no te destruiré por completo.
Te disciplinaré, pero con justicia;
no puedo dejarte sin castigo».

12 Esto dice el Señor:
«Tu lesión es incurable,
una herida terrible.
13 No hay nadie que te ayude
ni que vende tu herida.
Ningún medicamento puede curarte.
14 Todos tus amantes, tus aliados, te han abandonado
y ya no se interesan por ti.
Te he herido cruelmente
como si fuera tu enemigo.
Pues tus pecados son muchos
y tu culpa es grande.
15 ¿Por qué te quejas de tu castigo,
de esta herida que no tiene cura?
He tenido que castigarte
porque tus pecados son muchos
y tu culpa es grande.

16 »Pero todos los que te devoran serán devorados,
y todos tus enemigos serán enviados al destierro.
Todos los que te saquean serán saqueados,
y todos los que te atacan serán atacados.
17 Te devolveré la salud
y sanaré tus heridas —dice el Señor—,
aunque te llamen desechada, es decir,
"Jerusalén,* de quien nadie se interesa"».

18 Esto dice el Señor:
«Cuando del cautiverio traiga a Israel de regreso a casa
y cuando restablezca su bienestar,
Jerusalén será reedificada sobre sus ruinas
y el palacio reconstruido como antes.
19 Habrá alegría y canciones de acción de gracias,
y multiplicaré a mi pueblo, no lo reduciré;
lo honraré, no lo despreciaré.

***Notas textuales** **30:7** En hebreo *Jacob*; también en 30:10b, 18. Ver la nota en 5:20. **30:17** En hebreo *Sion*. **31:6** En hebreo *Sion*, también en 31:12.

Referencias cruzadas **29:26** Hch 26:24-25 **30:3** So 3:20 **30:6** Jr 22:23 **30:9** Hch 13:23-24 **30:17** Jr 33:6, 24

20 Sus hijos prosperarán como en el pasado.
Los estableceré como una nación delante de mí,
y castigaré a cualquiera que les haga daño.
21 Volverán a tener su propio gobernante,
quien surgirá de entre ellos mismos.
Lo invitaré a que se acerque a mí —dice el SEÑOR—,
porque ¿quién se atrevería a acercarse sin ser invitado?
22 Ustedes serán mi pueblo
y yo seré su Dios».

23 ¡Miren! El enojo del SEÑOR estalla como una tormenta,
un viento devastador que se arremolina sobre las cabezas de los perversos.
24 La ira feroz del SEÑOR no disminuirá
hasta que haya terminado con todo lo que él tiene pensado.
En los días futuros
ustedes entenderán todo esto.

Esperanza de restauración

31 «En ese día —dice el SEÑOR—, seré el Dios de todas
las familias de Israel, y ellas serán mi pueblo. 2Esto
dice el SEÑOR:

»Los que sobrevivan de la destrucción venidera
encontrarán bendiciones aun en las tierras áridas,
porque al pueblo de Israel le daré descanso».

3 Hace tiempo el SEÑOR le dijo a Israel:
«Yo te he amado, pueblo mío, con un amor eterno.
Con amor inagotable te acerqué a mí.
4 Yo te reedificaré, mi virgen Israel.
Volverás a ser feliz
y con alegría danzarás con las panderetas.
5 De nuevo plantarás tus viñedos sobre las montañas de Samaria
y allí comerás de tus propios huertos.
6 Llegará el día cuando los centinelas gritarán
desde la zona montañosa de Efraín:
"Vengan, subamos a Jerusalén*
a adorar al SEÑOR nuestro Dios"».

7 Ahora esto dice el SEÑOR:
«Canten con alegría por Israel.*
¡Griten por la mejor de las naciones!
Griten de alabanza y alegría:
"¡Salva a tu pueblo, oh SEÑOR,
el remanente de Israel!".
8 Pues los traeré del norte
y de los extremos más lejanos de la tierra.
No me olvidaré del ciego ni del cojo,
ni de las mujeres embarazadas ni de las que están en trabajo de parto.
¡Volverá un enorme grupo!
9 Por sus rostros correrán lágrimas de alegría,
y con mucho cuidado los guiaré a casa.
Caminarán junto a arroyos quietos
y por caminos llanos donde no tropezarán.
Pues soy el padre de Israel,
y Efraín es mi hijo mayor.

10 »Ustedes, naciones del mundo,
escuchen este mensaje del SEÑOR;
proclámenlo en las costas lejanas:
El SEÑOR, quien dispersó a su pueblo,
lo reunirá y lo cuidará
como hace un pastor con su rebaño.
11 Pues el SEÑOR ha rescatado a Israel
de manos más fuertes.
12 Vendrán a su tierra y entonarán canciones de alegría
en las alturas de Jerusalén.
Estarán radiantes debido a los buenos regalos del SEÑOR:
abundancia de grano, vino nuevo y aceite de oliva,
y los rebaños y las manadas saludables.
Su vida será como un jardín bien regado,
y desaparecerán todas sus tristezas.
13 Las jóvenes danzarán de alegría,
y los hombres —jóvenes y viejos— se unirán a la celebración.
Convertiré su duelo en alegría.
Los consolaré y cambiaré su aflicción en regocijo.
14 Los sacerdotes disfrutarán de la abundancia,
y mi pueblo se saciará de mis buenos regalos.
¡Yo, el SEÑOR, he hablado!».

La tristeza de Raquel se torna en alegría

15Esto dice el SEÑOR:

«En Ramá se oye una voz:
profunda angustia y llanto amargo.
Raquel llora por sus hijos;
se niega a que la consuelen,
porque sus hijos se han ido».

16 Pero ahora esto dice el SEÑOR:
«No llores más,
porque te recompensaré —dice el SEÑOR—.
Tus hijos volverán a ti
desde la tierra lejana del enemigo.
17 Hay esperanza para tu futuro —dice el SEÑOR—.
Tus hijos volverán a su propia tierra.
18 Oí a Israel* decir:
"Me disciplinaste severamente,
como a un becerro que necesita ser entrenado para el yugo.
Hazme volver a ti y restáurame,
porque solo tú eres el SEÑOR mi Dios.
19 Me aparté de Dios,
pero después tuve remordimiento.
¡Me di golpes por haber sido tan estúpido!
Estaba profundamente avergonzado por todo lo que hice en los días de mi juventud".

20 »¿No es aún Israel mi hijo,
mi hijo querido? —dice el SEÑOR—.
A menudo tengo que castigarlo,
pero aun así lo amo.
Por eso mi corazón lo anhela
y ciertamente le tendré misericordia.
21 Pon señales en el camino;

***Notas textuales 31:7** En hebreo *Jacob*; también en 31:11. Ver la nota en 5:20. **31:18** En hebreo *Efraín*, se refiere al reino del norte de Israel; también en 31:20.

Referencias cruzadas 30:24 Jr 4:8 **31:12** Is 60:20 **31:15** Mt 2:17-18

coloca postes indicadores.
Marca bien el camino
por el que viniste.
Regresa otra vez, mi virgen Israel;
regresa aquí a tus ciudades.
22 ¿Hasta cuándo vagarás,
mi hija descarriada?
Pues el SEÑOR hará que algo nuevo suceda:
Israel abrazará a su Dios*».

23 Esto dice el SEÑOR de los Ejércitos Celestiales, Dios
de Israel: «Cuando los traiga de regreso del cautiverio,
el pueblo de Judá y sus ciudades volverán a decir: "¡El
SEÑOR te bendiga, oh casa de rectitud, oh monte santo!".
24 Tanto la gente de la ciudad como los agricultores y los
pastores vivirán juntos en paz y felicidad. 25 Pues le he
dado descanso al fatigado y al afligido, alegría».
26 Al oír esto, me desperté y miré a mi alrededor. Mi
sueño había sido muy dulce.
27 «Se acerca el día —dice el SEÑOR—, cuando aumen-
taré en gran manera la población humana y el número de
los animales en Israel y Judá. 28 En el pasado con determi-
nación desarraigué y derribé a esta nación. La derroqué,
la destruí y sobre ella traje el desastre; pero en el futuro
con la misma determinación la plantaré y la edificaré. ¡Yo,
el SEÑOR, he hablado!
29 »El pueblo ya no citará este proverbio:

"Los padres comieron uvas agrias,
pero la boca de sus hijos se frunce por el sabor".

30 Cada persona morirá por sus propios pecados, los
que coman las uvas agrias serán los que tengan la boca
fruncida.
31 »Se acerca el día —dice el SEÑOR—, en que haré un
nuevo pacto con el pueblo de Israel y de Judá. 32 Este pacto
no será como el que hice con sus antepasados cuando los
tomé de la mano y los saqué de la tierra de Egipto. Ellos
rompieron ese pacto, a pesar de que los amé como un
hombre ama a su esposa», dice el SEÑOR.
33 «Pero este es el nuevo pacto que haré con el pueblo de
Israel después de esos días —dice el SEÑOR—. Pondré mis
instrucciones en lo más profundo de ellos y las escribiré
en su corazón. Yo seré su Dios, y ellos serán mi pueblo.
34 Y no habrá necesidad de enseñar a sus vecinos ni habrá
necesidad de enseñar a sus parientes diciendo: "Deberías
conocer al SEÑOR". Pues todos ya me conocerán, desde
el más pequeño hasta el más grande —dice el SEÑOR—.
Perdonaré sus maldades y nunca más me acordaré de sus
pecados».

35 Es el SEÑOR quien provee el sol para alumbrar el día
y la luna y las estrellas para alumbrar la noche,
y agita el mar y hace olas rugientes.
Su nombre es el SEÑOR de los Ejércitos Celestiales,
y esto es lo que dice:
36 «¡Igual de improbable es que anule las leyes de la
naturaleza
como que rechace a mi pueblo Israel!».
37 Esto dice el SEÑOR:
«Así como no se pueden medir los cielos
ni explorar los fundamentos de la tierra,
así tampoco consideraré echarlos fuera
por las maldades que han hecho.
¡Yo, el SEÑOR, he hablado!

38 »Se acerca el día —dice el SEÑOR—, cuando toda Je-
rusalén será reconstruida para mí, desde la torre de Ha-
naneel hasta la puerta de la Esquina. 39 Se extenderá una
cuerda de medir sobre la colina de Gareb hasta Goa 40 y
el área entera —incluidos el cementerio y el basurero de
cenizas en el valle, y todos los campos en el oriente hasta
el valle de Cedrón y hasta la puerta de los Caballos— será
santa al SEÑOR. Nunca más la ciudad será conquistada
ni destruida».

Jeremías compra un terreno

32 Jeremías recibió el siguiente mensaje del SEÑOR
en el décimo año del reinado de Sedequías,* rey
de Judá. También era el año dieciocho del reinado de Na-
bucodonosor.* 2 Para entonces, Jerusalén estaba sitiada
por el ejército babilónico y Jeremías estaba preso en el
patio de la guardia del palacio real. 3 El rey Sedequías lo
había puesto allí, y preguntaba por qué Jeremías seguía
dando esta profecía: «Esto dice el SEÑOR: "Estoy a punto
de entregar esta ciudad al rey de Babilonia, y él la tomará.
4 El rey Sedequías será capturado por los babilonios* y
llevado a encontrarse cara a cara con el rey de Babilonia.
5 Él llevará a Sedequías a Babilonia y allí me ocuparé de
él —dice el SEÑOR—. Si ustedes pelean contra los babilo-
nios, no vencerán"».
6 En ese tiempo el SEÑOR me envió un mensaje. Me
dijo: 7 «Tu primo Hanameel, hijo de Salum, vendrá y te
dirá: "Compra mi terreno en Anatot. Por ley tienes dere-
cho a comprarlo antes de que lo ofrezca a algún otro"».
8 Entonces, así como el SEÑOR dijo que haría, mi primo
Hanameel vino y me visitó en la cárcel. Me dijo: «Por
favor, compra mi terreno en Anatot en la tierra de Benja-
mín. Por ley tienes el derecho de comprarlo antes de que lo
ofrezca a algún otro, así que cómpralo para ti». Entonces
supe que el mensaje que había oído era del SEÑOR.
9 Así que compré el terreno en Anatot pagándole a
Hanameel diecisiete piezas* de plata. 10 Firmé y sellé la
escritura de compra delante de testigos, pesé la plata y le
pagué. 11 Entonces tomé la escritura sellada y una copia
de la escritura no sellada con los términos y condiciones
de la compra, 12 y se las di a Baruc, hijo de Nerías y nieto
de Maaseías. Hice todo esto en presencia de mi primo
Hanameel, de los testigos que firmaron la escritura y de
todos los hombres de Judá que estaban allí en el patio
de la guardia.
13 Entonces le dije a Baruc mientras todos escuchaban:
14 «Esto dice el SEÑOR de los Ejércitos Celestiales, Dios de
Israel: "Toma tanto la escritura sellada como la copia no
sellada y ponlas en una vasija de barro para preservarlas
por largo tiempo". 15 Pues esto dice el SEÑOR de los Ejérci-
tos Celestiales, Dios de Israel: "Algún día de nuevo habrá
dueños de estos terrenos que comprarán y venderán casas,
viñedos y campos"».

***Notas textuales** **31:22** En hebreo *suceda: / una mujer rodeará a un hombre.* **32:1a** El décimo año del reinado de Sedequías y el año dieciocho del reinado de Nabucodonosor fue el 587 a. C. **32:1b** En hebreo *Nabucad-retsar*, una variante de Nabucodonosor; también en 32:28. **32:4** O *caldeos*; también en 32:5, 24, 25, 28, 29, 43. **32:9** En hebreo *17 siclos*, aproximadamente 194 gramos o 7 onzas.

Referencias cruzadas **31:31-34** Hb 8:8-12 **32:6-9** Mt 27:9-10 **32:7** Mt 27:10

Oración de Jeremías

[16]Después que le di los documentos a Baruc, oré al SEÑOR:

[17]«¡Oh SEÑOR Soberano! Hiciste los cielos y la tierra
con tu mano fuerte y tu brazo poderoso. ¡Nada
es demasiado difícil para ti! [18]Muestras un amor
inagotable a miles, pero también haces recaer las
consecuencias del pecado de una generación sobre
la siguiente. Tú eres el Dios grande y poderoso, el
SEÑOR de los Ejércitos Celestiales. [19]Tú posees toda
la sabiduría y haces grandes y maravillosos milagros.
Ves la conducta de todas las personas y les das lo
que se merecen. [20]Realizaste señales milagrosas
y maravillas en la tierra de Egipto, ¡cosas que se
recuerdan hasta el día de hoy! Y sigues haciendo
grandes milagros en Israel y en todo el mundo. Así
has hecho que tu nombre sea famoso hasta el día de
hoy.

[21]»Tú sacaste a Israel de Egipto con señales
poderosas y maravillas, con mano fuerte y brazo
poderoso, y con un terror aplastante. [22]Le diste al
pueblo de Israel esta tierra que habías prometido
hace mucho tiempo a sus antepasados, tierra donde
fluyen la leche y la miel. [23]Nuestros antepasados
vinieron, la conquistaron y vivieron en ella, pero
rehusaron obedecerte o seguir tu palabra. No
hicieron nada de lo que les ordenaste. Por eso
enviaste este terrible desastre sobre ellos.

[24]»¡Miren cómo han construido rampas de
asalto contra las murallas de la ciudad! Por medio
de guerra, hambre y enfermedad la ciudad será
entregada a los babilonios, que la conquistarán.
Todo ha sucedido tal como lo dijiste. [25]Y aun así,
oh SEÑOR Soberano, me has ordenado comprar el
terreno —hasta pagué mucho dinero en presencia
de estos testigos— aunque la ciudad pronto será
entregada a los babilonios».

Predicción de la caída de Jerusalén

[26]Después Jeremías recibió el siguiente mensaje del
SEÑOR: [27]«Yo soy el SEÑOR, Dios de todos los pueblos
del mundo. ¿Hay algo demasiado difícil para mí? [28]Por
lo tanto, esto dice el SEÑOR: entregaré esta ciudad a los
babilonios y a Nabucodonosor, rey de Babilonia, y él
la conquistará. [29]Los babilonios que están fuera de las
murallas entrarán y prenderán fuego a la ciudad. Que-
marán por completo todas estas casas, donde el pueblo
provocó mi enojo al quemar incienso a Baal en las azoteas
y al derramar ofrendas líquidas a otros dioses. [30]Desde
su comienzo Israel y Judá solo han hecho lo malo. Me
han enfurecido con todas sus malas acciones —dice el
SEÑOR—. [31]Desde el día que se construyó esta ciudad
hasta ahora no han hecho más que enojarme, así que
estoy decidido a deshacerme de ella.

[32]»Los pecados de Israel y de Judá —los pecados de la
gente de Jerusalén, de los reyes, de los funcionarios, de
los sacerdotes y de los profetas— han provocado mi enojo.
[33]Mi pueblo me ha dado la espalda y no quiere regresar. A
pesar de que les he enseñado con diligencia, no aceptaron
la instrucción ni obedecieron. [34]Levantaron sus ídolos
abominables justo en mi propio templo, y así lo profa-
naron. [35]Edificaron santuarios paganos a Baal en el valle
de Ben-hinom y allí sacrifican a sus hijos e hijas a Moloc.
Jamás ordené un acto tan horrendo; ¡ni siquiera me pasó
por la mente ordenar semejante cosa! ¡Qué maldad tan
increíble la que hizo que Judá pecara tanto!

Promesa de restauración

[36]»Ahora quiero decir algo más acerca de esta ciudad. Us-
tedes han estado diciendo: "La ciudad caerá ante el rey de
Babilonia por guerra, hambre y enfermedad"; pero esto
dice el SEÑOR, Dios de Israel: [37]ciertamente traeré de re-
greso a mi pueblo de todos los países adonde lo esparcí en
mi furor. Lo traeré de regreso a esta misma ciudad para que
viva en paz y seguridad. [38]Ellos serán mi pueblo y yo seré
su Dios. [39]Les daré un solo corazón y un solo propósito:
adorarme para siempre para su propio bien y el bien de
todos sus descendientes. [40]Y haré un pacto eterno con
ellos: nunca dejaré de hacerles bien. Pondré en el corazón
de ellos el deseo de adorarme, y nunca me dejarán. [41]Me
gozaré en hacerles bien, y con fidelidad y de todo corazón
los volveré a plantar en esta tierra.

[42]»Esto dice el SEÑOR: así como traje todas estas ca-
lamidades sobre ellos, así haré todo el bien que les he
prometido. [43]Se volverán a comprar y a vender terrenos
en esta tierra de la que ahora ustedes dicen: "Ha sido arra-
sada por los babilonios, es una tierra desolada de donde la
gente y los animales han desaparecido". [44]Es cierto, otra
vez se comprarán y venderán terrenos —con escrituras
firmadas y selladas frente a testigos— en la tierra de Ben-
jamín y aquí en Jerusalén, en las ciudades de Judá y en la
zona montañosa, en las colinas de Judá* y también en el
Neguev. Pues algún día les devolveré la prosperidad. ¡Yo,
el SEÑOR, he hablado!».

Promesas de paz y prosperidad

33 Mientras Jeremías aún estaba detenido en el patio
de la guardia, el SEÑOR le dio un segundo men-
saje: [2]«Esto dice el SEÑOR, el SEÑOR que hizo la tierra,
que la formó y la estableció, cuyo nombre es el SEÑOR:
[3]pídeme y te daré a conocer secretos sorprendentes que
no conoces acerca de lo que está por venir. [4]Pues esto dice
el SEÑOR, Dios de Israel: ustedes derribaron las casas de
esta ciudad y hasta el palacio real a fin de conseguir ma-
teriales para fortalecer las murallas contra las rampas de
asalto y contra la espada del enemigo. [5]Ustedes esperan
luchar contra los babilonios,* pero los hombres de esta
ciudad ya están como muertos, porque en mi terrible
enojo he decidido destruirlos. Los abandoné debido a
toda su perversidad.

[6]»Sin embargo, llegará el día en que sanaré las heri-
das de Jerusalén y le daré prosperidad y verdadera paz.
[7]Restableceré el bienestar de Judá e Israel y reconstruiré
sus ciudades. [8]Los limpiaré de sus pecados contra mí y
perdonaré todos sus pecados de rebelión. [9]¡Entonces esta
ciudad me traerá gozo, gloria y honra ante todas las na-
ciones de la tierra! ¡Ellas verán todo el bien que hago a mi
pueblo y temblarán de asombro al ver la paz y prosperidad
que le doy!

[10]»Esto dice el SEÑOR: ustedes dijeron: "Esta es una
tierra desolada de donde la gente y los animales han desa-
parecido". Sin embargo, en las calles desiertas de Jerusalén
y de las otras ciudades de Judá volverán a oírse [11]risas
y voces de alegría. Otra vez se oirán las voces felices de

***Notas textuales** **32:44** En hebreo *en la Sefela.* **33:5** O *caldeos.*

Referencias cruzadas **32:19** Mt 16:27 **32:31** Mt 23:37 **32:37-38** 2 Co 6:16 **33:8** Hb 9:11-14

los novios y las novias junto con las canciones alegres
de las personas que traen ofrendas de gratitud al Señor.
Cantarán:

“Den gracias al Señor de los Ejércitos Celestiales,
porque el Señor es bueno.
¡Su fiel amor perdura para siempre!”.

Pues restauraré la prosperidad de esta tierra a como era
en el pasado, dice el Señor.
12»Esto dice el Señor de los Ejércitos Celestiales: esta
tierra —a pesar de que ahora está desolada y no tiene gente
ni animales— tendrá otra vez pastizales donde los pastores
podrán llevar los rebaños. 13Una vez más los pastores
contarán sus rebaños en las ciudades de la zona monta-
ñosa, en las colinas de Judá,* en el Neguev, en la tierra de
Benjamín, en los alrededores de Jerusalén y en todas las
ciudades de Judá. ¡Yo, el Señor, he hablado!
14»Llegará el día, dice el Señor, cuando haré por Israel
y por Judá todas las cosas buenas que les he prometido.

15 »En esos días y en ese tiempo
levantaré un descendiente justo* del linaje del
rey David.
Él hará lo que es justo y correcto en toda la tierra.
16 En ese día Judá será salvo,
y Jerusalén vivirá segura.
Y este será su nombre:
“El Señor es nuestra justicia”*.

17Pues esto dice el Señor: David tendrá por siempre un
descendiente sentado en el trono de Israel. 18Y siempre
habrá sacerdotes levitas para ofrecerme ofrendas quema-
das, ofrendas de grano y sacrificios».
19Luego Jeremías recibió el siguiente mensaje del
Señor: 20«Esto dice el Señor: si ustedes pudieran rom-
per mi pacto con el día y con la noche de modo que uno no
siguiera al otro, 21solo entonces se rompería mi pacto con
mi siervo David. Solo entonces, él no tendría un descen-
diente para reinar sobre su trono. Lo mismo ocurre con mi
pacto con los sacerdotes levitas que ministran ante mí. 22Y
así como no se pueden contar las estrellas de los cielos ni
se puede medir la arena a la orilla del mar, así multiplicaré
los descendientes de mi siervo David y de los levitas que
ministran ante mí».
23El Señor le dio a Jeremías otro mensaje y le dijo:
24«¿Te has dado cuenta de lo que la gente dice?: “¡El Señor
eligió a Judá y a Israel pero luego los abandonó!”. En son
de burla dicen que Israel no es digno de ser considerado
una nación. 25Sin embargo, esto dice el Señor: así como
no cambiaría las leyes que gobiernan el día y la noche,
la tierra y el cielo, así tampoco rechazaré a mi pueblo.
26Nunca abandonaré a los descendientes de Jacob o de mi
siervo David ni cambiaré el plan de que los descendientes
de David gobiernen a los descendientes de Abraham, Isaac
y Jacob. En cambio, yo los restauraré a su tierra y tendré
misericordia de ellos».

Advertencia a Sedequías

34 El rey Nabucodonosor* de Babilonia llegó con
todos los ejércitos de los reinos que él gober-
naba y peleó contra Jerusalén y las ciudades de Judá. En
ese momento Jeremías recibió el siguiente mensaje del
Señor: 2«Ve ante Sedequías, rey de Judá, y dile: “Esto
dice el Señor, Dios de Israel: ‘Estoy por entregar esta
ciudad en manos del rey de Babilonia y él la incendiará.
3No escaparás de sus garras, sino que te tomarán cautivo,
te llevarán ante el rey de Babilonia y lo verás cara a cara.
Después serás exiliado a Babilonia’.
4»”Pero escucha esta promesa del Señor, oh Sede-
quías, rey de Judá. Esto dice el Señor: ‘No te matarán
en la guerra 5sino que morirás en paz. La gente quemará
incienso en tu memoria de la misma manera que lo hizo
con tus antepasados, los reyes que te precedieron. Se la-
mentarán por ti llorando: “¡Ay, nuestro amo ha muerto!”.
Esto es lo que he decretado, dice el Señor’”».
6Así que el profeta Jeremías transmitió este mensaje
al rey Sedequías de Judá. 7En ese tiempo, el ejército
babilónico sitiaba Jerusalén, Laquis y Azeca, las únicas
ciudades fortificadas de Judá que todavía no habían sido
conquistadas.

Liberación para los esclavos hebreos

8Jeremías recibió este mensaje del Señor luego que el
rey Sedequías hizo un pacto con el pueblo que proclamó
la libertad de los esclavos. 9El rey había ordenado que
todo el pueblo dejara en libertad a sus esclavos hebreos,
tanto hombres como mujeres. Nadie debía mantener a un
hermano judío en esclavitud. 10Las autoridades y todo el
pueblo habían obedecido el mandato del rey, 11pero luego
cambiaron de opinión. Volvieron a tomar a los hombres
y a las mujeres que habían liberado y los obligaron a ser
esclavos otra vez.
12Así que el Señor les dio el siguiente mensaje por
medio de Jeremías: 13«Esto dice el Señor, Dios de Israel:
“Hace tiempo hice un pacto con sus antepasados cuando
los rescaté de la esclavitud de Egipto. 14Les dije que todo
esclavo hebreo debía ser liberado después de haber ser-
vido seis años; pero sus antepasados no me hicieron caso.
15Hace poco ustedes se arrepintieron e hicieron lo que es
correcto obedeciendo mi palabra. Liberaron a sus esclavos
e hicieron un pacto solemne conmigo en el templo que
lleva mi nombre. 16Sin embargo, ahora ustedes abando-
naron su juramento y profanaron mi nombre al volver a
tomar a los hombres y a las mujeres que habían liberado
y los obligaron a ser esclavos otra vez.
17»”Por lo tanto, esto dice el Señor: ya que ustedes me
han desobedecido al no poner en libertad a sus compatrio-
tas, yo los pondré a ustedes en libertad para ser destruidos
por guerra, enfermedad y hambre. Serán objeto de horror
para todas las naciones de la tierra. 18Puesto que rompie-
ron las condiciones de nuestro pacto, los partiré en dos
tal como ustedes partieron el becerro cuando caminaron
entre las mitades para solemnizar sus votos. 19Así es, yo
los partiré, sean autoridades de Judá o de Jerusalén, fun-
cionarios de la corte, sacerdotes o gente común, porque
rompieron su juramento. 20Los entregaré en manos de sus
enemigos y ellos los matarán. Sus cuerpos serán alimento
para los buitres y para los animales salvajes.
21»”Yo entregaré a Sedequías, rey de Judá, y a sus
funcionarios en manos del ejército del rey de Babilonia.
A pesar de que se han ido de Jerusalén por un tiempo,
22llamaré a los ejércitos babilónicos para que regresen.

***Notas textuales** **33:13** En hebreo *en la Sefela.* **33:15** En hebreo *un retoño justo.* **33:16** En hebreo *Yahveh-Tsidkenu.* **34:1** En hebreo *Nabucadretsar*, una variante de Nabucodonosor.

Referencias cruzadas **33:18** Hb 13:15 **33:26** Os 2:23 **34:7** 2 Re 14:19 **34:17** Mt 7:2

Pelearán contra esta ciudad, la conquistarán y la incen-
diarán. Me aseguraré de que todas las ciudades de Judá
sean destruidas y que nadie viva allí”».

Los fieles recabitas

35 Este es el mensaje que el Señor le dio a Jeremías
cuando Joacim, hijo de Josías, era rey de Judá:
2«Ve al asentamiento donde habitan las familias de los
recabitas e invítalos al templo del Señor. Llévalos a una
de las habitaciones interiores y ofréceles algo de vino».
3Así que fui a ver a Jaazanías, hijo de Jeremías y nieto
de Habasinías, y a todos sus hermanos e hijos, que repre-
sentan a todas las familias recabitas. 4Los llevé al templo y
fuimos a la habitación asignada a los hijos de Hanán, hijo
de Igdalías, hombre de Dios. Esta habitación se encon-
traba junto a la que usaban los funcionarios del templo,
encima de la habitación de Maaseías, hijo de Salum, el
portero del templo.
5Puse copas y jarras llenas de vino delante de ellos y los
invité a beber, 6pero no aceptaron. «No —dijeron—, no
bebemos vino porque nuestro antepasado Jonadab, hijo
de Recab, nos ordenó: “Nunca beban vino ni ustedes ni
sus descendientes. 7Tampoco edifiquen casas, ni planten
cultivos, ni viñedos, sino que siempre vivan en carpas. Si
ustedes obedecen estos mandamientos vivirán largas y
buenas vidas en la tierra”. 8Así que le hemos obedecido
en todas estas cosas. Nunca hemos bebido vino hasta el
día de hoy, ni tampoco nuestras esposas, ni nuestros hijos,
ni nuestras hijas. 9No hemos construido casas ni hemos
sido dueños de viñedos o granjas, ni sembramos campos.
10Hemos vivido en carpas y hemos obedecido por com-
pleto los mandamientos de Jonadab, nuestro antepasado.
11Sin embargo, cuando el rey Nabucodonosor* de Babilo-
nia atacó este país tuvimos miedo del ejército de Babilonia*
y del ejército de Aram. Así que decidimos mudarnos a
Jerusalén. Por esa razón, estamos aquí».
12Entonces el Señor le dio a Jeremías el siguiente men-
saje: 13«Esto dice el Señor de los Ejércitos Celestiales,
Dios de Israel: ve y dile al pueblo de Judá y de Jerusalén:
“Vengan y aprendan una lección de cómo obedecerme.
14Los recabitas no beben vino hasta el día de hoy por-
que su antepasado Jonadab les dijo que no; pero yo les
hablé a ustedes una y otra vez y se negaron a obedecerme.
15Vez tras vez les envié profetas que decían: ‘Apártense
de su conducta perversa y comiencen a hacer lo que es
correcto. Dejen de rendir culto a otros dioses para que
vivan en paz aquí en la tierra que les di a ustedes y a sus
antepasados’; pero ustedes no querían escucharme ni
obedecerme. 16Los descendientes de Jonadab, hijo de
Recab, han obedecido a su antepasado en todo, pero us-
tedes rehusaron escucharme”.
17»Por lo tanto, esto dice el Señor Dios de los Ejércitos
Celestiales, Dios de Israel: “Dado que ustedes se niegan a
escuchar o a responder cuando llamo, enviaré sobre Judá
y Jerusalén todos los desastres con que los amenacé”».
18Entonces Jeremías se dirigió a los recabitas y les dijo:
«Esto dice el Señor de los Ejércitos Celestiales, Dios de
Israel: “Ustedes han obedecido a su antepasado Jonadab
en todos los aspectos y han seguido todas sus instruccio-
nes”. 19Por lo tanto, esto dice el Señor de los Ejércitos Ce-
lestiales, Dios de Israel: “Jonadab, hijo de Recab, siempre
tendrá descendientes que me sirvan”».

Baruc lee los mensajes del Señor

36 El Señor le dio a Jeremías el siguiente mensaje
en el cuarto año del reinado de Joacim, hijo de
Josías, en Judá:* 2«Toma un rollo y anota todos mis men-
sajes contra Israel, Judá y las demás naciones. Comienza
con el primer mensaje allá por los tiempos de Josías y es-
cribe todos los mensajes, hasta llegar al tiempo presente.
3Quizá los habitantes de Judá se arrepientan cuando vuel-
van a escuchar todas las cosas terribles que tengo pensadas
para ellos. Entonces perdonaré sus pecados y maldades».
4Así que Jeremías mandó llamar a Baruc, hijo de Ne-
rías, y mientras Jeremías le dictaba todas las profecías
que el Señor le había dado, Baruc las escribía en un rollo.
5Entonces Jeremías le dijo a Baruc: «Estoy preso aquí y no
puedo ir al templo. 6Así que en el próximo día de ayuno
ve al templo y lee los mensajes de parte del Señor que te
he hecho escribir en este rollo. Léelos para que la gente de
todo Judá que esté presente los escuche. 7Quizá se aparten
de sus malos caminos y antes de que sea demasiado tarde
le pidan al Señor que los perdone. Pues el Señor los ha
amenazado con su terrible enojo».
8Baruc hizo lo que Jeremías le dijo y leyó al pueblo los
mensajes del Señor en el templo. 9Lo hizo en un día de
ayuno sagrado, celebrado a fines del otoño,* durante el
quinto año del reinado de Joacim, hijo de Josías. Gente
de toda Judá había venido a Jerusalén ese día para asistir
a los servicios en el templo. 10Baruc leyó al pueblo las
palabras de Jeremías, escritas en el rollo. En el templo, se
paró frente a la habitación de Gemarías, hijo de Safán, el
secretario. Esa habitación estaba junto al atrio superior del
templo, cerca de la entrada de la puerta Nueva.
11Cuando Micaías, hijo de Gemarías y nieto de Safán,
oyó los mensajes de parte del Señor, 12bajó a la sala del
secretario en el palacio, donde estaban reunidos los fun-
cionarios administrativos. Allí estaba el secretario Elisama
junto con Delaía, hijo de Semaías; Elnatán, hijo de Acbor;
Gemarías, hijo de Safán; Sedequías, hijo de Ananías y
todos los demás funcionarios. 13Cuando Micaías les contó
acerca de los mensajes que Baruc leía al pueblo, 14los
funcionarios enviaron a Jehudí, hijo de Netanías, nieto
de Selemías y bisnieto de Cusi, para pedirle a Baruc que
también viniera a leerles los mensajes. Entonces Baruc
tomó el rollo y se dirigió a ellos. 15Los funcionarios le
dijeron: «Siéntate y léenos el rollo». Entonces Baruc hizo
lo que le pidieron.
16Cuando oyeron todos los mensajes, se miraron unos
a otros asustados.
—Tenemos que contarle al rey lo que hemos oído —le
dijeron a Baruc—, 17pero primero dinos cómo obtuviste
estos mensajes. ¿Provinieron directamente de Jeremías?
18Así que Baruc explicó:
—Jeremías me los dictó y yo los escribí con tinta,
palabra por palabra, en este rollo.
19—Tanto tú como Jeremías deberían esconderse —le
dijeron los funcionarios a Baruc—. ¡No le digan a nadie
dónde están!
20Entonces, los funcionarios dejaron el rollo a salvo en

***Notas textuales** **35:11a** En hebreo *Nabucad-retsar*, una variante de Nabucodonosor. **35:11b** O *de los caldeos*. **36:1** El cuarto año del reinado de Joacim fue el 605 a. C. **36:9** En hebreo *celebrado en el noveno mes*, del antiguo calendario lunar hebreo (similar en 36:22). El noveno mes del quinto año del reinado de Joacim cayó entre los meses de noviembre y diciembre del 604 a. C. Ver también la nota en 1:3.

Referencias cruzadas **35:7** Hb 11:9 **35:17** Lc 13:34-35 **36:3** Hch 3:19 **36:16** Hch 24:25

la habitación de Elisama, el secretario, y le fueron a decir al rey lo que había acontecido.

El rey Joacim quema el rollo

21 Luego el rey envió a Jehudí a buscar el rollo y Jehudí lo sacó de la habitación de Elisama y lo leyó al rey, con los funcionarios presentes. 22 Era avanzado el otoño, así que el rey estaba en el cuarto del palacio acondicionado para el invierno, sentado junto a un brasero para calentarse. 23 Cada vez que Jehudí terminaba de leer tres o cuatro columnas, el rey tomaba un cuchillo y cortaba esa sección del rollo. Luego lo lanzaba al fuego, sección por sección, hasta que quemó todo el rollo. 24 Ni el rey ni sus asistentes mostraron ninguna señal de temor o arrepentimiento ante lo que habían oído. 25 Aun cuando Elnatán, Delaía y Gemarías le suplicaron al rey que no quemara el rollo, él no les hizo caso.

26 Entonces el rey mandó a su hijo Jerameel, a Seraías, hijo de Azriel, y a Selemías, hijo de Abdeel, para que arrestaran a Baruc y a Jeremías; pero el SEÑOR los había escondido.

Jeremías vuelve a escribir el rollo

27 Después de que el rey quemó el rollo en el que Baruc había escrito las palabras de Jeremías, el SEÑOR le dio a Jeremías otro mensaje. Le dijo: 28 «Toma otro rollo y escribe de nuevo todo tal como lo hiciste en el rollo que quemó el rey Joacim. 29 Luego dile al rey: "Esto dice el SEÑOR: 'Tú quemaste el rollo porque allí dice que el rey de Babilonia destruiría esta tierra y la dejaría vacía de gente y de animales. 30 Ahora, esto dice el SEÑOR acerca del rey Joacim de Judá: el rey no tendrá herederos que se sienten en el trono de David. Su cadáver será echado a la intemperie y permanecerá sin enterrar, expuesto al calor del día y a las heladas de la noche. 31 Lo castigaré a él, a su familia y a sus ayudantes por sus pecados. Derramaré sobre ellos y sobre la gente de Jerusalén y de Judá todas las calamidades que prometí, porque no hicieron caso a mis advertencias'"».

32 Así que Jeremías tomó otro rollo y volvió a dictarle a su secretario Baruc. Escribió todo lo que estaba en el rollo que el rey Joacim había quemado en el brasero. ¡Solo que esta vez agregó mucho más!

Sedequías llama a Jeremías

37 Sedequías, hijo de Josías, subió al trono de Judá después de Joaquín,* hijo de Joacim. Fue nombrado rey por el rey Nabucodonosor* de Babilonia. 2 Sin embargo, ni Sedequías ni sus ayudantes ni la gente que quedó en la tierra de Judá hicieron caso a lo que el SEÑOR decía a través de Jeremías.

3 No obstante, el rey Sedequías envió a Jehucal, hijo de Selemías, y al sacerdote Sofonías, hijo de Maaseías, a pedirle a Jeremías: «Por favor, ora por nosotros al SEÑOR, nuestro Dios». 4 Todavía no habían encarcelado a Jeremías, por lo tanto, se movía con total libertad entre la gente.

5 En ese tiempo, el ejército del faraón Hofra* de Egipto apareció en la frontera sur de Judá. Cuando el ejército babilónico* se enteró de esto, levantó el sitio de Jerusalén.

6 Entonces el SEÑOR le dio el siguiente mensaje a Jeremías: 7 «Esto dice el SEÑOR, Dios de Israel: el rey de Judá te envió a consultarme acerca de lo que va a suceder. Dile a él: "El ejército del faraón está a punto de regresar a Egipto aunque vino aquí para ayudarte. 8 Luego los babilonios* regresarán y conquistarán esta ciudad y la quemarán hasta reducirla a cenizas".

9 »Esto dice el SEÑOR: "No se engañen a sí mismos creyendo que los babilonios se marcharon para siempre. ¡No es así! 10 Y aunque pudieran destruir a todo el ejército babilónico y dejaran a solo un puñado de sobrevivientes heridos, ¡aun así estos saldrían tambaleando de sus carpas e incendiarían esta ciudad hasta reducirla a cenizas!"».

Jeremías encarcelado

11 Cuando el ejército babilónico se fue de Jerusalén debido a que se acercaba el ejército del faraón, 12 Jeremías comenzó a salir de la ciudad camino al territorio de Benjamín para tomar posesión de su terreno allí, entre sus parientes.* 13 Sin embargo, cuando atravesaba la puerta de Benjamín un guardia lo arrestó y le dijo:

—¡Estás desertando para unirte a los babilonios!

El guardia que lo arrestó era Irías, hijo de Selemías y nieto de Hananías.

14 —¡Mentira! —protestó Jeremías—. No tenía la menor intención de hacer tal cosa.

Pero Irías no quiso escucharlo, así que llevó a Jeremías ante los funcionarios. 15 Ellos estaban furiosos con Jeremías y mandaron que lo azotaran y lo encarcelaran en la casa del secretario Jonatán porque la casa de Jonatán había sido convertida en prisión. 16 Jeremías fue puesto en un calabozo donde permaneció por muchos días.

17 Más tarde, a escondidas, el rey Sedequías pidió que Jeremías fuera al palacio y allí el rey le preguntó:

—¿Tienes algún mensaje de parte del SEÑOR?

—¡Sí, lo tengo! —dijo Jeremías—. Serás derrotado por el rey de Babilonia.

18 Entonces Jeremías le preguntó al rey:

—¿Qué crimen he cometido? ¿Qué he hecho yo contra ti, tus ayudantes o el pueblo para que me hayan encarcelado? 19 ¿Ahora dónde están tus profetas que te dijeron que el rey de Babilonia no te atacaría a ti ni a esta tierra? 20 Escucha, mi señor y rey, te suplico que no me mandes de regreso al calabozo en la casa del secretario Jonatán, porque allí me moriré.

21 Así que el rey Sedequías mandó que no regresaran a Jeremías al calabozo. En cambio, lo encerró en el patio de la guardia del palacio real. El rey también ordenó que cada día se le diera a Jeremías un pan recién horneado mientras hubiera pan en la ciudad. Así que Jeremías fue puesto en la prisión del palacio.

¡Respuestas Bíblicas! 101 ¿Por qué los pozos eran importantes?

38:10 Las ciudades en Israel tenían enormes y profundos pozos de agua. Había 37 pozos bajo Jerusalén para que la ciudad funcionara. Las personas necesitaban esta agua y por eso una ciudad con muchos pozos era una ciudad más rica.

***Notas textuales** **37:1a** En hebreo *Conías*, una variante de Joaquín. **37:1b** En hebreo *Nabucad-retsar*, una variante de Nabucodonosor. **37:5a** En hebreo *el ejército del faraón*; ver 44:30. **37:5b** O *caldeo*; también en 37:10, 11. **37:8** O *caldeos*; también en 37:9, 13. **37:12** En hebreo *para apartarse de allí en medio del pueblo.*

Referencias cruzadas **36:21-24** Hch 5:34-39 **36:32** Ex 34:1 **37:9** Ef 5:6 **37:18** Hch 25:8, 10-11

Jeremías en una cisterna

38 Entonces Sefatías, hijo de Matán; Gedalías, hijo de Pasur; Jehucal,* hijo de Selemías; y Pasur, hijo de Malquías, oyeron lo que Jeremías le decía al pueblo: 2«Esto dice el SEÑOR: "Todo el que se quede en Jerusalén morirá por guerra, enfermedad o hambre, pero los que se rindan a los babilonios* vivirán. Su recompensa será su propia vida, ¡ellos vivirán!". 3El SEÑOR también dice: "La ciudad de Jerusalén ciertamente será entregada al ejército del rey de Babilonia, quien la conquistará"».

4Entonces los funcionarios fueron a ver al rey y le dijeron:

—Señor, ¡este hombre debe morir! Esta forma de hablar desmoralizará a los pocos hombres de guerra que nos quedan, al igual que a todo el pueblo. ¡Este hombre es un traidor!

5El rey Sedequías estuvo de acuerdo.

—Está bien —dijo—, hagan lo que quieran. No los puedo detener.

6Así que los funcionarios sacaron a Jeremías de la celda y lo bajaron con sogas a una cisterna vacía en el patio de la cárcel que pertenecía a Malquías, miembro de la familia real. La cisterna no tenía agua pero Jeremías se hundió en una espesa capa de barro que había en el fondo.

7Pero el etíope* Ebed-melec, un importante funcionario de la corte, se enteró de que Jeremías estaba en la cisterna. En ese momento el rey estaba en sesión junto a la puerta de Benjamín, 8entonces Ebed-melec salió del palacio a toda prisa para hablar con él.

9—Mi señor y rey —dijo—, estos hombres hicieron un gran mal al poner al profeta Jeremías dentro de la cisterna. Pronto morirá de hambre porque casi no hay pan en la ciudad.

10Entonces el rey le dijo a Ebed-melec:

—Toma contigo a unos treinta de mis hombres y saca a Jeremías de la cisterna antes de que muera.

11Así que Ebed-melec se llevó a los hombres y fue a la habitación del palacio que estaba debajo de la tesorería. Allí encontró trapos viejos y ropa desechada que llevó a la cisterna y se los bajó con sogas a Jeremías. 12Ebed-melec le gritó a Jeremías: «Ponte estos trapos debajo de tus axilas para protegerte de las sogas». Cuando Jeremías estuvo listo, 13lo sacaron. Entonces regresaron a Jeremías al patio de la guardia —la prisión del palacio— y allí permaneció.

Sedequías interroga a Jeremías

14Cierto día, el rey Sedequías mandó llamar a Jeremías e hizo que lo llevaran a la tercera entrada del templo del SEÑOR.

—Quiero preguntarte algo —le dijo el rey—. Y no intentes ocultar la verdad.

15—Si te dijera la verdad, me matarías —contestó Jeremías—. Y si te diera un consejo, igual no me escucharías.

16Entonces el rey Sedequías le prometió en secreto:

—Tan cierto como que el SEÑOR nuestro Creador vive, no te mataré ni te entregaré en manos de los hombres que desean verte muerto.

17Entonces Jeremías le dijo a Sedequías:

—Esto dice el SEÑOR Dios de los Ejércitos Celestiales, Dios de Israel: "Si te rindes a los oficiales babilónicos, tú y toda tu familia vivirán, y la ciudad no será incendiada; 18pero si rehúsas rendirte, ¡no escaparás! La ciudad será entregada en manos de los babilonios y la incendiarán hasta reducirla a cenizas".

19—Pero tengo miedo de rendirme —dijo el rey—, porque los babilonios me pueden entregar a los judíos que desertaron para unirse a ellos. ¡Y quién sabe qué me harán!

20—Si eliges obedecer al SEÑOR, no serás entregado a ellos —contestó Jeremías—, sino que salvarás tu vida y todo te irá bien; 21pero si te niegas a rendirte, el SEÑOR me ha revelado lo siguiente: 22todas las mujeres que queden en el palacio serán sacadas y entregadas a los oficiales del ejército babilónico. Entonces las mujeres se mofarán de ti diciendo:

"¡Qué buenos amigos tienes!
Te han traicionado y engañado.
¡Cuando tus pies se hundieron en el barro,
te abandonaron a tu suerte!".

23Todas tus esposas e hijos serán entregados a los babilonios y tú no escaparás. El rey de Babilonia te apresará, y esta ciudad será incendiada.

24Entonces Sedequías le dijo a Jeremías:

—No le comentes a nadie que me dijiste esto ¡o morirás! 25Mis funcionarios quizá se enteren de que hablé contigo y te digan: "Cuéntanos de lo que hablaban tú y el rey. De lo contrario, te mataremos". 26Si tal cosa sucediera, solo diles que me suplicaste que no te enviara de nuevo al calabozo de Jonatán por temor a morir allí.

27Efectivamente, poco tiempo después los funcionarios del rey vinieron a Jeremías a preguntarle por qué el rey lo había llamado; pero Jeremías siguió las instrucciones del rey y ellos se fueron sin enterarse de la verdad ya que nadie había escuchado la conversación entre Jeremías y el rey. 28Así que Jeremías permaneció encarcelado en el patio de la guardia hasta el día en que Jerusalén fue conquistada.

Caída de Jerusalén

39 En enero* del noveno año del reinado de Sedequías, el rey Nabucodonosor* de Babilonia llegó con todo su ejército para sitiar Jerusalén. 2Dos años y medio más tarde, el 18 de julio* del año once del reinado de Sedequías, abrieron una brecha en la muralla de la ciudad. 3Todos los oficiales del ejército babilónico entraron y, en señal de su triunfo, se sentaron en la puerta Central: Nergal-sarezer de Samgar y Nebo-sarsequim,* un oficial principal, Nergal-sarezer, consejero del rey, y todos los demás oficiales del rey de Babilonia.

4Cuando el rey Sedequías de Judá y todos los soldados vieron que los babilonios habían invadido la ciudad, huyeron. Esperaron hasta la caída del sol y entonces se deslizaron por la puerta que está entre las dos murallas detrás del jardín real y se dirigieron al valle del Jordán.*

5Sin embargo, las tropas babilónicas* los persiguieron y alcanzaron a Sedequías en las llanuras de Jericó. Lo capturaron y lo llevaron ante el rey Nabucodonosor de Babilonia, que se encontraba en Ribla, en la tierra de

***Notas textuales** **38:1** En hebreo *Jucal*, una variante de Jehucal; ver 37:3. **38:2** O *caldeos*; también en 38:18, 19, 23. **38:7** En hebreo *el cusita.* **39:1a** En hebreo *En el décimo mes*, del antiguo calendario lunar hebreo. Varios sucesos del libro de Jeremías pueden corroborarse con las fechas que aparecen en los registros babilónicos que se han conservado, y pueden relacionarse de manera precisa con nuestro calendario moderno. Ese suceso ocurrió el 15 de enero del 588 a. C.; ver 52:4 y la nota al pie de página. **39:1b** En hebreo *Nabucad-retsar*, una variante de Nabucodonosor; también en 39:5, 11. **39:2** En hebreo *el noveno día del cuarto mes.* Este día fue el 18 de julio del 586 a. C.; también ver la nota en 39:1a.

Referencias cruzadas **38:4** Hch 16:20-21 **38:27** 1 Sm 16:2-5

Hamat. Allí el rey de Babilonia dictó sentencia contra Sedequías. 6El rey de Babilonia hizo que Sedequías observara mientras masacraba a sus hijos en Ribla. El rey de Babilonia también masacró a todos los nobles de Judá. 7Luego le sacó los ojos y lo ató con cadenas de bronce para llevarlo a Babilonia.

8Mientras tanto, los babilonios quemaron Jerusalén, incluidos el palacio real y las casas del pueblo, y derribaron las murallas de la ciudad. 9Entonces Nabuzaradán, capitán de la guardia, se llevó cautivas a Babilonia a las personas que quedaban en la ciudad, a las que habían desertado para unirse a sus filas y a todas las que quedaban. 10Pero Nabuzaradán permitió que algunos de los más pobres se quedaran en la tierra de Judá, y los hizo responsables de cuidar los viñedos y los campos.

Jeremías permanece en Judá

11El rey Nabucodonosor había ordenado a Nabuzaradán, capitán de la guardia, que encontrara a Jeremías. 12«Asegúrate de que no esté herido —le dijo—, trátalo bien y dale todo lo que quiera». 13Así que Nabuzaradán, capitán de la guardia; Nabusazbán, un oficial principal; Nergal-sarezer, consejero del rey; y los demás oficiales del rey de Babilonia 14enviaron mensajeros para que sacaran a Jeremías de la prisión. Lo pusieron al cuidado de Gedalías, hijo de Ahicam y nieto de Safán, quien lo llevó de regreso a su casa. Entonces Jeremías permaneció en Judá, entre su propio pueblo.

15El Señor le dio a Jeremías el siguiente mensaje cuando todavía estaba en prisión: 16«Dile a Ebed-melec el etíope:* "Esto dice el Señor de los Ejércitos Celestiales, Dios de Israel: 'Cumpliré en esta ciudad todas mis amenazas; enviaré desastre y no prosperidad. Tú mismo verás su destrucción, 17pero te libraré de aquellos a quienes tanto temes. 18Como has confiado en mí, te daré tu vida como recompensa; te rescataré y te mantendré seguro. ¡Yo, el Señor, he hablado!'"».

40 El Señor le dio a Jeremías un mensaje después que Nabuzaradán, capitán de la guardia, lo dejó libre en Ramá. Este había encontrado a Jeremías atado con cadenas entre todos los demás cautivos de Jerusalén y de Judá que estaban siendo desterrados a Babilonia.

2El capitán de la guardia mandó llamar a Jeremías y le dijo: «El Señor tu Dios trajo desastre a esta tierra 3tal como dijo que haría, pues este pueblo ha pecado contra el Señor y lo desobedeció. Por eso ocurrió. 4Ahora voy a quitarte estas cadenas y a dejarte libre. Si quieres venir conmigo a Babilonia, eres bienvenido. Me ocuparé de que seas tratado bien, pero si no quieres venir, puedes quedarte aquí. Toda la tierra está ante ti, puedes irte a donde quieras. 5Si decides quedarte, regresa a Gedalías, hijo de Ahicam y nieto de Safán. Él fue nombrado gobernador de Judá por el rey de Babilonia. Quédate allí con la gente que él gobierna, pero eso depende de ti. Puedes irte a donde quieras».

Entonces Nabuzaradán, capitán de la guardia, le dio a Jeremías algo de comida y dinero y lo dejó ir. 6Entonces, Jeremías regresó a Gedalías, hijo de Ahicam, en Mizpa, y vivió en Judá con los pocos que se quedaron en la tierra.

Gedalías gobierna sobre Judá

7Los líderes de los grupos militares judíos que estaban en el campo oyeron que el rey de Babilonia había nombrado a Gedalías, hijo de Ahicam, gobernador sobre las personas pobres que fueron dejadas en Judá, es decir, los hombres, las mujeres y los niños que no habían sido desterrados a Babilonia. 8Así que fueron a ver a Gedalías a Mizpa. El grupo incluía a Ismael, hijo de Netanías; Johanán y Jonatán, hijos de Carea; Seraías, hijo de Tanhumet; los hijos de Efai el netofatita; Jezanías, hijo del maacateo; y todos sus hombres.

9Gedalías les juró que los babilonios* no querían hacerles ningún daño. «No tengan miedo de servirles. Vivan en la tierra y sirvan al rey de Babilonia, y todo les irá bien —les prometió—. 10En cuanto a mí, permaneceré en Mizpa para representarlos a ustedes ante los babilonios cuando vengan a reunirse con nosotros. Establézcanse en las ciudades que han tomado y vivan de la tierra. Cosechen las uvas, los frutos de verano y los olivos, y almacénenlos».

11Cuando los judíos que se encontraban en Moab, Amón, Edom y en los otros países cercanos oyeron que el rey de Babilonia había dejado un puñado de gente en Judá y que Gedalías era el gobernador, 12comenzaron a regresar a Judá de los lugares adonde habían huido. Se detuvieron en Mizpa para encontrarse con Gedalías y luego se fueron a los campos de Judá para recoger una gran cosecha de uvas y de otros cultivos.

Complot contra Gedalías

13Poco tiempo después, Johanán, hijo de Carea, y los otros líderes militares fueron a ver a Gedalías en Mizpa. 14Le dijeron: «¿Sabías que Baalis, rey de Amón, ha enviado a Ismael, hijo de Netanías, para asesinarte?», pero Gedalías se negó a creerles.

15Más adelante Johanán habló con Gedalías en privado y se ofreció para matar a Ismael en forma secreta.

—¿Por qué deberíamos permitir que venga y te mate? —preguntó Johanán—. ¿Qué les sucederá entonces a los judíos que regresaron? ¿Por qué los pocos que quedamos deberíamos terminar esparcidos y perdidos?

16Pero Gedalías le dijo a Johanán:

—Te prohíbo que hagas semejante cosa ya que mientes en cuanto a Ismael.

Asesinato de Gedalías

41 Después, a mediados del otoño de ese año,* Ismael, hijo de Netanías y nieto de Elisama, quien era miembro de la familia real y había sido uno de los altos funcionarios del rey, fue con diez hombres a Mizpa para encontrarse con Gedalías. Mientras comían juntos, 2Ismael y sus diez hombres de pronto se levantaron, desenvainaron sus espadas y mataron a Gedalías, a quien el rey de Babilonia había nombrado gobernador. 3Ismael también mató a todos los judíos y a los soldados babilónicos* que estaban con Gedalías en Mizpa.

4Al día siguiente, antes de que alguien se enterara del asesinato de Gedalías, 5llegaron ochenta hombres de Siquem, de Silo y de Samaria para adorar en el templo del Señor. Venían con sus barbas afeitadas, con las ropas rasgadas y con cortaduras que se habían hecho en el cuerpo.

***Notas textuales** **39:3** O *Nergal-sarezer, Samgar-nebo, Sarsequim.* **39:4** En hebreo *al Arabá.* **39:5** O *caldeas*; similar en 39:8. **39:16** En hebreo *el cusita.* **40:9** O *caldeos*; también en 40:10. **41:1** En hebreo *en el séptimo mes,* del antiguo calendario lunar hebreo. Ese mes cayó entre octubre y noviembre del 586 a. C.; ver también la nota en 39:1a.

Referencias cruzadas **39:5** Jr 32:4-5 **39:12** 1 P 3:13 **40:1** Ef 6:20 **40:15-16** Mt 10:16

También traían consigo incienso y ofrendas de grano. 6Entonces Ismael salió de Mizpa para ir a su encuentro e iba llorando por el camino. Cuando los alcanzó, les dijo: «¡Oh, vengan y vean lo que le ha sucedido a Gedalías!».

7En cuanto entraron a la ciudad, Ismael y sus hombres los mataron a todos, menos a diez, y echaron sus cuerpos en una cisterna. 8Los otros diez convencieron a Ismael que los dejara en libertad, con la promesa de traerle todo el trigo, la cebada, el aceite de oliva y la miel que habían escondido. 9La cisterna donde Ismael echó los cuerpos de los hombres que asesinó era grande,* cavada por órdenes del rey Asa cuando fortificó Mizpa para protegerse de Baasa, rey de Israel. Así que, Ismael, hijo de Netanías, la llenó de cadáveres.

10Después Ismael capturó a las hijas del rey y al resto del pueblo que había quedado en Mizpa bajo el cuidado de Gedalías, quien había sido encargado por Nabuzaradán, capitán de la guardia. Los llevó consigo y comenzó el regreso a la tierra de Amón.

11Sin embargo, cuando Johanán, hijo de Carea, y los otros líderes militares se enteraron de los crímenes cometidos por Ismael, 12reunieron a todos sus hombres y salieron a detenerlo. Lo alcanzaron junto al estanque grande cerca de Gabaón. 13La gente que Ismael había capturado gritó de alegría cuando vio a Johanán y a los otros líderes militares. 14Entonces todos los cautivos de Mizpa escaparon y empezaron a ayudar a Johanán. 15Mientras tanto, Ismael y ocho de sus hombres escaparon de Johanán y huyeron a la tierra de los amonitas.

16Entonces Johanán, hijo de Carea, y los otros líderes militares tomaron a toda la gente que habían liberado en Gabaón: los soldados, las mujeres, los niños y los funcionarios de la corte* que Ismael había capturado después de matar a Gedalías. 17Los llevaron a todos a la aldea de Gerut-quimam cerca de Belén, donde hicieron preparativos para irse a Egipto 18porque tenían miedo de lo que harían los babilonios* cuando se enteraran de que Ismael había matado a Gedalías, el gobernador designado por el rey babilónico.

Advertencia a quedarse en Judá

42 Entonces los líderes militares, incluidos Johanán, hijo de Carea, y Jezanías,* hijo de Osaías, junto con todo el pueblo, desde el menos importante hasta el más importante, se acercaron a 2Jeremías el profeta y le dijeron:

—Por favor, ora al Señor tu Dios por nosotros. Como puedes ver, somos un pequeño remanente comparado con lo que éramos antes. 3Ora que el Señor tu Dios nos muestre qué hacer y adónde ir.

4—Está bien —contestó Jeremías—, oraré al Señor su Dios, como me lo han pedido, y les diré todo lo que él diga. No les ocultaré nada.

5Ellos dijeron a Jeremías:

—¡Que el Señor tu Dios sea fiel testigo contra nosotros si rehusamos obedecer todo lo que él nos diga que hagamos! 6Nos guste o no, obedeceremos al Señor nuestro Dios a quien te enviamos con nuestro ruego. Pues si lo obedecemos, todo nos irá bien.

7Diez días más tarde, el Señor le dio a Jeremías la respuesta. 8Así que él mandó a buscar a Johanán, hijo de Carea, a los demás líderes militares y a todo el pueblo, desde el menos importante hasta el más importante. 9Les dijo: «Ustedes me enviaron al Señor, Dios de Israel, con su petición y esta es la respuesta: 10"Permanezcan aquí en esta tierra. Si lo hacen, los edificaré y no los derribaré; los plantaré y no los desarraigaré. Pues lamento todo el castigo que tuve que traer sobre ustedes. 11No teman más al rey de Babilonia —dice el Señor—. Pues yo estoy con ustedes, los salvaré y los libraré de su poder. 12Seré misericordioso con ustedes al hacer que él sea amable para que les permita quedarse en su propia tierra".

13»Sin embargo, si se niegan a obedecer al Señor su Dios, y dicen: "No nos quedaremos aquí; 14sino que iremos a Egipto donde estaremos libres de guerra, de llamados a las armas y de hambre", 15entonces escuchen el mensaje del Señor al remanente de Judá. Esto dice el Señor de los Ejércitos Celestiales, Dios de Israel: "Si están decididos a irse a Egipto y vivir allí, 16la misma guerra y el mismo hambre que temen los alcanzarán, y allí morirán. 17Este es el destino que le espera a quien insista en irse a vivir a Egipto. Efectivamente, morirán por guerra, enfermedad y hambre. Ninguno escapará del desastre que traeré sobre ustedes allí".

18»Esto dice el Señor de los Ejércitos Celestiales, Dios de Israel: "Así como se derramó mi enojo y mi furia sobre la gente de Jerusalén, así se derramará sobre ustedes cuando entren a Egipto. Serán objeto de condenación, de horror, de maldición y de burla; y nunca más volverán a ver su tierra natal".

19»Escuchen, ustedes que forman el remanente de Judá. El Señor les ha dicho: "¡No se vayan a Egipto!". No olviden la advertencia que hoy les di. 20Pues no fueron sinceros cuando me enviaron a orar al Señor su Dios por ustedes. Dijeron: "Solo dinos lo que el Señor nuestro Dios dice ¡y lo haremos!". 21Hoy les he transmitido exactamente lo que él dijo, pero ahora ustedes no obedecerán al Señor su Dios más que en el pasado. 22Así que tengan por seguro que morirán por guerra, enfermedad y hambre en Egipto, donde ustedes insisten en ir».

Jeremías llevado a Egipto

43 Cuando Jeremías terminó de dar este mensaje del Señor su Dios a todo el pueblo, 2Azarías, hijo de Osaías, y Johanán, hijo de Carea, y los demás hombres arrogantes le dijeron a Jeremías: «¡Mentira! ¡El Señor nuestro Dios no nos ha prohibido ir a Egipto! 3Baruc, hijo de Nerías, te ha convencido para que digas esto, porque él quiere que nos quedemos aquí para que los babilonios* nos maten o nos lleven al destierro».

4Entonces Johanán, los demás líderes militares y todo el pueblo se negaron a obedecer la orden del Señor de permanecer en Judá. 5Johanán y los otros líderes se llevaron con ellos a toda la gente que había regresado de los países vecinos adonde habían huido. 6En la multitud había hombres, mujeres y niños, las hijas del rey y todos los que Nabuzaradán, capitán de la guardia, había dejado con Gedalías. El profeta Jeremías y Baruc también fueron incluidos. 7El pueblo rehusó obedecer la voz del Señor y se fue a Egipto hasta la ciudad de Tafnes.

8En Tafnes, el Señor le dio otro mensaje a Jeremías. Le dijo: 9«A la vista de toda la gente de Judá, toma unas

***Notas textuales** **41:3** O *caldeos.* **41:9** Así aparece en la versión griega; en hebreo dice *asesinó a causa de Gedalías era una.* **41:16** O *y los eunucos.* **41:18** O *caldeos.* **42:1** La versión griega dice *Azarías*; comparar con 43:2.

Referencias cruzadas **41:2** Jn 13:18 **41:18** Lc 12:4-5 **42:6** Jr 7:23 **42:22** Jr 43:11

piedras grandes y entiérralas debajo de las piedras del pavimento a la entrada del palacio del faraón aquí en Tafnes. 10Luego dile al pueblo de Judá: "Esto dice el SEÑOR de los Ejércitos Celestiales, Dios de Israel: 'Les aseguro que traeré a mi siervo Nabucodonosor,* rey de Babilonia, aquí a Egipto. Estableceré su trono sobre estas piedras que he escondido. Sobre ellas extenderá su dosel real 11y cuando venga, destruirá la tierra de Egipto. Traerá muerte a los destinados a la muerte, cautiverio a los destinados al cautiverio y guerra a los destinados a la guerra. 12Prenderá fuego a los templos de los dioses egipcios; quemará los templos y se llevará los ídolos como botín. Limpiará la tierra de Egipto como un pastor que limpia su manto de pulgas, pero él saldrá ileso. 13Derribará las columnas sagradas que están en el templo al sol* en Egipto, y reducirá a cenizas los templos de los dioses de Egipto'"».

Castigo por idolatría

44 Este es el mensaje que recibió Jeremías con relación a los judíos que vivían en el norte de Egipto, en las ciudades de Migdol, Tafnes y Menfis* y también en el sur de Egipto.* 2«Esto dice el SEÑOR de los Ejércitos Celestiales, Dios de Israel: ustedes vieron las calamidades que traje sobre Jerusalén y sobre todas las ciudades de Judá. Ahora están abandonadas y en ruinas. 3Ellos provocaron mi enojo con toda su perversidad. Quemaban incienso y rendían culto a otros dioses, dioses que ni ellos ni ustedes ni ninguno de sus antepasados conocieron.

4»Una y otra vez envié a mis siervos, los profetas, para rogarles: "No hagan estas cosas horribles que tanto detesto", 5pero mi pueblo no quiso escucharme ni apartarse de su conducta perversa. Siguieron quemando incienso a esos dioses. 6Por eso mi furia se desbordó y cayó como fuego sobre las ciudades de Judá y en las calles de Jerusalén, que hasta hoy son unas ruinas desoladas.

7»Ahora, el SEÑOR Dios de los Ejércitos Celestiales, Dios de Israel, les pregunta: ¿por qué se destruyen ustedes mismos? Pues ninguno de ustedes sobrevivirá: ningún hombre, mujer o niño de entre ustedes que haya venido aquí desde Judá, ni siquiera los bebés que llevan en brazos. 8¿Por qué provocan mi enojo quemando incienso a ídolos que ustedes han hecho aquí en Egipto? Lo único que lograrán es destruirse y hacerse a sí mismos objeto de maldición y burla para todas las naciones de la tierra. 9¿Acaso han olvidado los pecados de sus antepasados, los pecados de los reyes y las reinas de Judá, y los pecados que ustedes y sus esposas cometieron en Judá y en Jerusalén? 10Hasta este mismo instante no han mostrado remordimiento ni reverencia. Ninguno ha elegido obedecer mi palabra ni los decretos que les di a ustedes y a sus antepasados.

11»Por lo tanto, esto dice el SEÑOR de los Ejércitos Celestiales, Dios de Israel: ¡estoy decidido a destruir a cada uno de ustedes! 12Tomaré a este remanente de Judá —los que estaban resueltos a venir y vivir en Egipto— y los consumiré. Caerán aquí en Egipto, muertos por guerra y hambre. Todos morirán, desde el menos importante hasta el más importante. Serán objeto de condenación, de horror, de maldición y de burla. 13Los castigaré en Egipto así como lo hice en Jerusalén, con guerra, hambre y enfermedad. 14Del remanente que huyó a Egipto, con la esperanza de regresar algún día a Judá, no quedarán sobrevivientes. A pesar de que anhelan volver a su tierra solo un puñado lo hará».

15Entonces todas las mujeres presentes y todos los hombres que sabían que sus esposas habían quemado incienso a los ídolos —una gran multitud de todos los judíos que vivían en el norte y en el sur de Egipto*— le contestaron a Jeremías:

16—¡No escucharemos tus mensajes del SEÑOR! 17Haremos lo que se nos antoje. Quemaremos incienso y derramaremos ofrendas líquidas a la reina del cielo tanto como nos guste, tal como nosotros, nuestros antepasados, nuestros reyes y funcionarios han hecho siempre en las ciudades de Judá y en las calles de Jerusalén. ¡Pues en aquellos días teníamos comida en abundancia, estábamos bien económicamente y no teníamos problemas! 18Pero desde que dejamos de quemar incienso a la reina del cielo y dejamos de rendirle culto con ofrendas líquidas, nos hemos visto en tremendos problemas y hemos muerto por guerra y hambre.

19»Además —agregaron las mujeres—, ¿acaso crees que quemábamos incienso y derramábamos las ofrendas líquidas a la reina del cielo y hacíamos pasteles con su imagen sin el conocimiento y la ayuda de nuestros esposos? ¡Por supuesto que no!

20Entonces Jeremías les dijo a todos, tanto hombres como mujeres que le habían dado esa respuesta:

21—¿Acaso piensan que el SEÑOR no sabía que ustedes y sus antepasados, sus reyes y funcionarios y todo el pueblo quemaban incienso a los ídolos en las ciudades de Judá y en las calles de Jerusalén? 22El SEÑOR no podía soportar más todas las cosas repugnantes que hacían; por eso convirtió la tierra de ustedes en objeto de maldición —una ruina desolada sin habitantes—, como sucede hasta hoy. 23A ustedes les ocurrieron todas estas cosas horribles porque quemaron incienso a los ídolos y pecaron contra el SEÑOR. Se negaron a obedecerlo y no han seguido sus instrucciones, sus decretos ni sus leyes.

24Luego Jeremías les dijo a todos, incluidas las mujeres: «Escuchen este mensaje del SEÑOR, todos ustedes ciudadanos de Judá que viven en Egipto. 25Esto dice el SEÑOR de los Ejércitos Celestiales, Dios de Israel: "Ustedes y sus esposas han dicho: 'Guardaremos nuestras promesas de quemar incienso y derramar ofrendas líquidas a la reina del cielo' y por sus hechos han demostrado que hablaban en serio. ¡Así que vayan, cumplan sus promesas y votos a ella!".

26»Sin embargo, escuchen este mensaje del SEÑOR todos ustedes, los judíos que ahora viven en Egipto: "He jurado por mi gran nombre —dice el SEÑOR— que mi nombre ya no será pronunciado por ningún judío en la tierra de Egipto. Ninguno de ustedes podrá invocar mi nombre ni usar el siguiente juramento: 'Tan cierto como que el SEÑOR Soberano vive'. 27Pues los vigilaré para traerles desastre y no bien. Todos los de Judá que ahora viven en Egipto sufrirán guerra y hambre hasta que todos mueran. 28Solo un pequeño número escapará de morir y regresará a Judá desde Egipto. ¡Entonces todos los que vinieron a Egipto sabrán cuáles palabras son verdad: las mías o las de ellos!

29»"Esta es la prueba que les doy —dice el SEÑOR— de que se cumplirán todas mis amenazas y de que aquí en esta tierra los castigaré". 30Esto dice el SEÑOR: "Yo

***Notas textuales** **43:3** O *caldeos.* **43:10** En hebreo *Nabucad-retsar*, una variante de Nabucodonosor. **43:13** O *en Heliópolis.* **44:1a** En hebreo *Nof.* **44:1b** En hebreo *en Patros.* **44:15** En hebreo *vivían en Egipto, en Patros.*

Referencias cruzadas **43:12** Ez 30:13 **44:8** 1 Co 10:21-22 **44:14** Rm 9:27 **44:23** Dn 9:11-12

entregaré al faraón Hofra, rey de Egipto, en manos de sus
enemigos, quienes desean su muerte, así como entregué
al rey Sedequías de Judá en manos de Nabucodonosor*
de Babilonia"».

Mensaje para Baruc

45 El profeta Jeremías le dio un mensaje a Baruc, hijo
de Nerías, en el cuarto año del reinado de Joacim,
hijo de Josías,* después que Baruc escribió todo lo que
Jeremías le había dictado. Le dijo: 2 «Baruc, esto te dice el
SEÑOR, Dios de Israel: 3 "Tú has dicho: '¡Estoy repleto de
dificultades! ¿No he sufrido ya lo suficiente? ¡Y ahora el
SEÑOR ha añadido más! Estoy agotado de tanto gemir y
no encuentro descanso'".
4 »Baruc, esto dice el SEÑOR: "Destruiré esta nación que
construí; arrancaré lo que planté. 5 ¿Buscas grandes cosas
para ti mismo? ¡No lo hagas! Yo traeré un gran desastre
sobre todo este pueblo; pero a ti te daré tu vida como
recompensa dondequiera que vayas. ¡Yo, el SEÑOR, he
hablado!"».

Mensajes para las naciones

46 El profeta Jeremías recibió del SEÑOR los siguientes mensajes con relación a las naciones extranjeras.

Mensajes acerca de Egipto

2 En el cuarto año del reinado de Joacim, hijo de Josías, rey de Judá, se dio este mensaje con relación a Egipto. Fue en ocasión de la batalla de Carquemis* cuando Nabucodonosor* de Babilonia venció al faraón Necao, rey de Egipto y a su ejército, junto al río Éufrates.

3 «¡Preparen sus escudos
y avancen a la batalla!
4 Ensillen los caballos,
y monten los sementales.
Tomen sus posiciones
y pónganse los cascos.
Afilen las lanzas
y preparen sus armaduras.
5 Pero ¿qué es lo que veo?
El ejército egipcio huye aterrorizado.
Sus hombres de guerra más valientes corren
sin mirar atrás.
A cada paso se llenan de terror
—dice el SEÑOR—.
6 El corredor más veloz no puede huir;
los guerreros más poderosos no pueden escapar.
En el norte, junto al río Éufrates,
tropiezan y caen.

7 »¿Quién es este que se levanta como el Nilo en
tiempos de crecida
e inunda toda la tierra?
8 Es el ejército egipcio
que inunda toda la tierra,
y se jacta de que cubrirá toda la tierra como un
diluvio,
destruyendo ciudades y sus habitantes.
9 ¡A la carga, caballos y carros de guerra;
ataquen, poderosos guerreros de Egipto!
¡Vengan, todos ustedes aliados de Etiopía, Libia y
Lidia*
que son hábiles con el escudo y el arco!
10 Pues este es el día del Señor, el SEÑOR de los
Ejércitos Celestiales,
día para vengarse de sus enemigos.
La espada devorará hasta quedar satisfecha,
¡sí, hasta que se emborrache de la sangre de
ustedes!
El Señor, el SEÑOR de los Ejércitos Celestiales,
recibirá hoy un sacrificio
en la tierra del norte, junto al río Éufrates.

11 »Sube a Galaad en busca de medicina,
¡oh hija virgen de Egipto!
Pero tus muchos tratamientos
no te devolverán la salud.
12 Las naciones han oído de tu vergüenza.
La tierra está llena de tus gritos de desesperación.
Tus guerreros más poderosos chocarán unos contra
otros
y caerán juntos».

13 Entonces el profeta Jeremías recibió del SEÑOR el siguiente mensaje acerca de los planes de Nabucodonosor para atacar Egipto.

14 «¡Grítenlo en Egipto!
¡Publíquenlo en las ciudades de Migdol, Menfis*
y Tafnes!
Movilícense para la batalla,
porque la espada devorará a todos los que están a
su alrededor.
15 ¿Por qué han caído sus guerreros?
No pueden mantenerse de pie porque el SEÑOR
los derribó.
16 Tropiezan y caen unos sobre otros
y se dicen entre sí:
"Vamos, volvamos a nuestra gente,
a la tierra donde nacimos.
¡Huyamos de la espada del enemigo!".
17 Allí dirán:
"¡El faraón, rey de Egipto, es un bocón
que perdió su oportunidad!".

18 »Tan cierto como que yo vivo —dice el Rey,
cuyo nombre es el SEÑOR de los Ejércitos
Celestiales—,
¡alguien viene contra Egipto
que es tan alto como el monte Tabor
o como el monte Carmelo junto al mar!
19 ¡Hagan las maletas! ¡Prepárense para ir al destierro,
ustedes ciudadanos de Egipto!
La ciudad de Menfis será destruida;
quedará sin un solo habitante.
20 Egipto es tan hermoso como una novilla,
¡pero el tábano del norte ya está en camino!
21 Los mercenarios de Egipto se han vuelto como
becerros engordados.

***Notas textuales** **44:30** En hebreo *Nabucad-retsar*, una variante de Nabucodonosor. **45:1** El cuarto año del reinado de Joacim fue el 605 a. C. **46:2a** Este suceso cayó en el año 605 a. C., durante el cuarto año del reinado de Joacim (de acuerdo con el calendario en el cual el año comienza en la primavera). **46:2b** En hebreo *Nabucad-retsar*, una variante de Nabucodonosor; también en 46:13, 26. **46:9** En hebreo *de Cus, Fut y Lud*. **46:14** En hebreo *Nof*; también en 46:19.

Referencias cruzadas **45:4** Jr 18:7-10 **46:3** Jl 3:9 **46:11** Jr 30:13

Ellos también se darán vuelta y huirán,
porque este es el día del gran desastre para Egipto,
un momento de enorme castigo.
22 Egipto huye, silencioso como serpiente que se
desliza.
Los soldados invasores avanzan;
se enfrentan a ella con hachas como si fueran
leñadores.
23 Cortarán a su pueblo como se talan los árboles —dice
el SEÑOR—,
porque son más numerosos que las langostas.
24 Egipto será humillado;
será entregado en manos de la gente del norte».

25El SEÑOR de los Ejércitos Celestiales, Dios de Israel,
dice: «Castigaré a Amón, el dios de Tebas* y a todos los
demás dioses de Egipto. Castigaré a sus gobernantes y
al faraón también, y a todos los que confían en él. 26Los
entregaré en manos de los que buscan matarlos, al rey
Nabucodonosor de Babilonia y a su ejército. Sin embargo,
después la tierra se recuperará de los estragos de la guerra.
¡Yo, el SEÑOR, he hablado!

27 »Pero no temas, Jacob, mi siervo;
no te desalientes, Israel.
Pues desde tierras lejanas los traeré de regreso a casa,
y sus hijos regresarán del destierro.
Israel* volverá a vivir en paz y tranquilidad,
y nadie lo atemorizará.
28 No temas, Jacob, mi siervo,
porque yo estoy contigo —dice el SEÑOR—.
Destruiré por completo a las naciones donde te envié
al destierro,
pero a ti no te destruiré por completo.
Te disciplinaré, pero con justicia;
no puedo dejarte sin castigo».

Mensaje acerca de Filistea

47 Este es el mensaje que el profeta Jeremías recibió
del SEÑOR acerca de los filisteos de Gaza, antes
de que la ciudad fuera conquistada por el ejército egipcio.
2Esto dice el SEÑOR:

«Del norte viene un diluvio
que inundará la tierra.
Destruirá la tierra y todo lo que hay en ella,
tanto las ciudades como sus habitantes.
La gente gritará de terror,
y todos en la tierra gemirán.
3 Escuchen el ruido de los cascos de los caballos
y el estruendo de las ruedas de los carros de
guerra al pasar.
Los padres aterrorizados corren desesperados;
ni siquiera miran hacia atrás para ver a sus hijos
indefensos.

4 »Ha llegado el momento de destruir a los filisteos,
junto con sus aliados de Tiro y Sidón.
Sí, el SEÑOR está destruyendo a los pocos que
quedan de los filisteos,
a esos colonos de la isla de Creta.*
5 Gaza será humillada, su cabeza rapada;
Ascalón quedará en silencio.
Ustedes, los que quedan de las costas
mediterráneas,*
¿hasta cuándo se harán cortaduras en el cuerpo en
señal de duelo?

6 »Oh espada del SEÑOR,
¿cuándo volverás a descansar?
Vuelve a tu vaina;
descansa y mantente quieta.

7 »¿Pero cómo se mantendrá quieta
cuando el SEÑOR la ha enviado en una misión?
Pues la ciudad de Ascalón
y el pueblo que vive junto al mar
deben ser destruidos».

Mensaje acerca de Moab

48 Este es el mensaje que se dio con relación a Moab.
Esto dice el SEÑOR de los Ejércitos Celestiales,
Dios de Israel:

«Qué aflicción le espera a la ciudad de Nebo;
pronto quedará en ruinas.
La ciudad de Quiriataim será humillada
y conquistada;
la fortaleza será humillada y derribada.
2 Ya nunca más nadie se jactará de Moab,
porque en Hesbón hay un complot para
destruirla.
"Vengan —dicen—, haremos que nunca más sea una
nación".
La ciudad de Madmena* también será silenciada;
la espada te seguirá allí.
3 Oigan los gritos que vienen de Horonaim,
gritos de devastación y gran destrucción.
4 Toda Moab está destruida;
sus pequeños clamarán.*
5 Sus refugiados lloran amargamente
mientras escalan las colinas de Luhit.
Gritan de terror
mientras bajan la ladera a Horonaim.
6 ¡Huyan por su vida!
¡Escóndanse* en el desierto!
7 Puesto que ustedes confiaron en sus riquezas y
habilidades,
serán tomados cautivos.
¡Su dios Quemos, junto con sus sacerdotes
y funcionarios,
será llevado a tierras distantes!

8 »Todas las ciudades serán destruidas
y nadie escapará,
ni en las mesetas ni en los valles,
porque el SEÑOR así lo ha dicho.
9 Oh, si Moab tuviera alas
para que volara lejos,*
porque sus ciudades quedarán abandonadas

***Notas textuales** **46:25** En hebreo *de No.* **46:27** En hebreo *Jacob.* Ver la nota en 5:20. **47:4** En hebreo *de Caftor.* **47:5** En hebreo *de la llanura.* **48:2** *Madmena* suena como el término hebreo para «silencio». **48:4** La versión griega dice *sus gritos se oyen desde tan lejos como Zoar.* **48:6** O *Escóndanse como un burro salvaje*; o *Escóndanse como un arbusto enebro*; o *Sean como* [la ciudad de] *Aroer.* El significado del hebreo es incierto.

Referencias cruzadas **46:19** Ez 30:13 **47:4** Is 23:5 **48:2** Is 15:4-5

y nadie vivirá en ellas.
10 ¡Malditos los que rehúsen hacer el trabajo del Señor,
los que retengan la espada del derramamiento de sangre!

11 »Desde sus comienzos, Moab ha vivido en paz;
nunca ha ido al destierro.
Es como el vino que se ha dejado reposar.
No ha sido vertida de botella en botella,
por eso es fragante y suave.
12 Pero pronto se acerca el día —dice el Señor—,
cuando enviaré hombres que la viertan de su vasija.
¡Verterán a Moab
y luego destrozarán la vasija!
13 Por fin Moab se avergonzará de su ídolo Quemos,
como el pueblo de Israel se avergonzó de su becerro de oro en Betel.*

14 »Ustedes solían jactarse: "Nosotros somos héroes,
hombres valientes de guerra".
15 Sin embargo, ahora Moab será destruida junto con sus ciudades.
Sus jóvenes más prometedores son condenados a la masacre
—dice el Rey, cuyo nombre es el Señor de los Ejércitos Celestiales—.
16 Pronto se acerca la destrucción de Moab;
se avecina una calamidad amenazante.
17 ¡Amigos de Moab,
lloren y lamenten por esta nación!
¡Miren cómo se ha quebrado el cetro fuerte,
cómo se ha hecho pedazos el hermoso bastón!

18 »Bájense de su gloria
y siéntense en el polvo, gente de Dibón,
porque los que destruyan a Moab también harán pedazos a Dibón.
Ellos derribarán todas sus torres.
19 Habitantes de Aroer,
párense junto al camino y observen.
Griten a los que huyen de Moab:
"¿Qué sucedió allí?".

20 »Y la contestación que reciben es:
"¡Moab queda en ruinas, deshonrada;
lloren y giman!
Anúncienlo en las orillas del río Arnón:
¡Moab ha sido destruida!".
21 Se derramó el juicio sobre las ciudades de la meseta,
sobre Holón, Jahaza* y Mefaat,
22 sobre Dibón, Nebo y Bet-diblataim,
23 sobre Quiriataim, Bet-gamul y Bet-meón,
24 sobre Queriot y Bosra,
todas las ciudades de Moab, lejanas y cercanas.

25 »El poder de Moab ha llegado a su fin.
Su brazo ha sido quebrado —dice el Señor—.
26 Dejen que se tambalee y caiga como un borracho,
porque se ha rebelado contra el Señor.
Moab se revolcará en su propio vómito
y será ridiculizada por todos.
27 ¿No ridiculizaste tú a los israelitas?
¿Fueron ellos acaso sorprendidos en compañía de ladrones
para que tú los desprecies como lo haces?

28 »Ustedes, habitantes de Moab,
huyan de sus ciudades y vivan en cuevas.
Escóndanse como palomas que anidan
en las hendiduras de las rocas.
29 Todos hemos oído de la soberbia de Moab,
porque su orgullo es muy grande.
Sabemos de su orgullo altanero,
de su arrogancia y de su corazón altivo.
30 Yo conozco su insolencia
—dice el Señor—,
pero sus alardes están vacíos,
tan vacíos como sus hechos.
31 Así que ahora gimo por Moab;
de veras, me lamentaré por Moab.
Mi corazón está quebrantado por los hombres de Kir-hareset.*

32 »Pueblo de Sibma, rico en viñedos,
lloraré por ti aún más de lo que lloré por Jazer.
Tus extensas vides en otro tiempo llegaban hasta el mar Muerto,*
¡pero el destructor te ha dejado desnudo
y cosechó tus uvas y frutos de verano!
33 El gozo y la alegría desaparecieron de la fructífera Moab;
los lagares no producen vino.
Nadie pisa las uvas dando gritos de alegría.
Hay gritos, sí, pero no de alegría.

34»En cambio, se pueden oír terribles gritos de terror
desde Hesbón hasta Eleale y Jahaza; desde Zoar hasta
Horonaim y Eglat-selisiya. Incluso las aguas de Nimrim
ya están secas.
35»Acabaré con Moab —dice el Señor—, porque la
gente ofrece sacrificios en los altares paganos y quema
incienso a sus dioses falsos. 36Mi corazón gime como una
flauta por Moab y Kir-hareset porque ha desaparecido
toda su riqueza. 37La gente se rapa la cabeza y se afeita la
barba en señal de luto. Se hacen cortaduras en las manos
y se ponen ropa de tela áspera. 38Hay llanto y dolor en
cada hogar moabita y en cada calle. Pues hice pedazos
a Moab como a una vasija vieja y despreciada. 39¡Cómo
quedó hecha añicos! ¡Escuchen los lamentos! ¡Miren la
vergüenza de Moab! Se ha vuelto objeto de burla, ejemplo
de ruina para todos sus vecinos».
40Esto dice el Señor:

«¡Miren! El enemigo cae en picada como un águila,
desplegando sus alas sobre Moab.
41 Sus ciudades caerán
y sus fortalezas serán tomadas.
Aun los guerreros más poderosos
estarán en agonía como mujeres en trabajo de parto.
42 Moab ya no será más una nación

***Notas textuales** **48:9** O *Pongan sal sobre Moab, / porque será arrasada.* **48:13** En hebreo *se avergonzó cuando confió en Betel.* **48:21** En hebreo *Jaza*, una variante de Jahaza. **48:31** En hebreo *Kir-hares*, una variante de Kir-hareset; también en 48:36. **48:32** En hebreo *mar de Jazer.*

Referencias cruzadas **48:14-15** Is 10:13-16 **48:20** Is 16:7 **48:38** Jr 25:34

porque se jactó ante el SEÑOR.

43 »Terror, trampas y redes serán tu suerte,
oh Moab —dice el SEÑOR—.
44 Los que huyan en terror caerán en una trampa,
y los que escapen de la trampa serán apresados
por una red.
Me aseguraré de que no escapes
porque ha llegado el tiempo de tu juicio
—dice el SEÑOR—.
45 Los habitantes huyen hasta Hesbón,
pero no pueden continuar
porque sale fuego de Hesbón,
la antigua casa de Sehón,
fuego que devora toda la tierra
junto con toda su gente rebelde.

46 »¡Qué aflicción te espera, oh pueblo de Moab!
¡El pueblo del dios Quemos queda destruido!
Tus hijos y tus hijas fueron llevados cautivos.
47 Pero en los días venideros
restableceré el bienestar de Moab.
¡Yo, el SEÑOR, he hablado!».

Aquí termina la profecía de Jeremías acerca de Moab.

Mensaje acerca de Amón

49 Este es el mensaje que se dio sobre los amonitas.
Esto dice el SEÑOR:

«¿No hay descendientes de Israel
para que hereden la tierra de Gad?
¿Por qué ustedes, adoradores de Moloc,*
habitan en sus ciudades?
2 En los días futuros —dice el SEÑOR—,
haré sonar el grito de guerra contra la ciudad de
Rabá.
Se convertirá en un montón de escombros
y las ciudades vecinas serán quemadas.
Entonces Israel volverá a tomar
la tierra que ustedes le quitaron», dice el SEÑOR.

3 «Clama, oh Hesbón,
porque la ciudad de Hai quedó destruida.
¡Lloren, oh habitantes de Rabá!
Pónganse ropa de luto.
Lloren y giman, escondidos detrás de los arbustos,
porque su dios Moloc, junto con sus sacerdotes y
funcionarios, será llevado a tierras distantes.
4 Estás orgullosa de tus fértiles valles, hija rebelde,
pero pronto se convertirán en
ruinas.
Confiaste en tus riquezas
y pensaste que nadie podría hacerte daño.
5 ¡Pero mira! Yo traeré terror sobre ti
—dice el Señor, el SEÑOR de los Ejércitos
Celestiales—.
Tus vecinos te expulsarán de tu tierra
y nadie ayudará a tus desterrados cuando huyan.
6 Sin embargo, yo restableceré el bienestar de los
amonitas
en los días venideros.
Yo, el SEÑOR, he hablado».

Mensajes acerca de Edom

7 Este es el mensaje que se dio acerca de Edom. Esto dice
el SEÑOR de los Ejércitos Celestiales:

«¿No hay sabiduría en Temán?
¿No queda nadie que pueda dar sabios consejos?
8 ¡Dense la vuelta y huyan!
¡Escóndanse en cuevas profundas, habitantes de
Dedán!
Pues cuando yo traiga desastre sobre Edom,*
¡a ti también te castigaré!
9 Los que cosechan uvas
siempre dejan algunas para los pobres.
Si de noche vinieran los ladrones,
ni ellos se llevarían todo;
10 pero yo despojaré la tierra de Edom
y no habrá lugar dónde esconderse.
Sus hijos, hermanos y vecinos
serán todos destruidos,
y Edom no existirá más.
11 Pero protegeré a los huérfanos que queden entre
ustedes.
También sus viudas pueden contar con mi
ayuda».

12 Así dice el SEÑOR: «Si el inocente debe sufrir, ¡cuanto
más tú! ¡No quedarás sin castigo! ¡Debes beber de esta
copa de juicio! 13 Pues juré por mi propio nombre —dice
el SEÑOR—, que Bosra se convertirá en objeto de horror
y en un montón de ruinas; se burlarán de ella y la maldecirán. Todas sus ciudades y aldeas quedarán desoladas
para siempre».

14 He oído un mensaje del SEÑOR.
Se envió un embajador a las naciones para decir:
«¡Formen una coalición contra Edom,
y prepárense para la batalla!».

15 El SEÑOR le dice a Edom:
«Te haré pequeña entre las naciones;
todos te despreciarán.
16 Has sido engañada
por tu propio orgullo
y por el temor que inspirabas en los demás.
Vives en una fortaleza de piedra
y controlas las alturas de las montañas.
Pero aun si haces tu nido con las águilas en las
cumbres,
te haré caer estrepitosamente»,
dice el SEÑOR.

17 «Edom será objeto de espanto;
todos los que pasen por allí quedarán
horrorizados
y darán un grito ahogado a causa de la destrucción
que verán.
18 Será como la destrucción de Sodoma, Gomorra
y sus ciudades vecinas —dice el SEÑOR—.
Nadie vivirá allí;
nadie la habitará.

***Notas textuales 49:1** En hebreo *Malcam*, una variante de Moloc; también en 49:3. **49:8** En hebreo *Esaú*; también en 49:10.

Referencias cruzadas 49:4 1 Tm 6:17 **49:16** Is 14:13-15

19 Vendré como un león que sale de los
matorrales del Jordán
y atacaré a las ovejas en los pastos.
Echaré a Edom de su tierra,
y nombraré al líder que yo escoja.
Pues, ¿quién es como yo y quién puede desafiarme?
¿Qué gobernante puede oponerse
a mi voluntad?».
20 Escuchen los planes que tiene el SEÑOR contra
Edom
y contra la gente de Temán.
Aun sus hijos pequeños serán arrastrados como
ovejas,
y sus casas serán destruidas.
21 La tierra temblará con el ruido de la caída de Edom,
y su grito de desesperación se oirá hasta el mar
Rojo.*
22 ¡Mira! El enemigo cae en picada como un águila,
desplegando sus alas sobre Bosra.
Aun los guerreros más poderosos estarán en agonía
como mujer en trabajo de parto.

Mensaje acerca de Damasco

23Este es el mensaje que se dio acerca de Damasco. Esto
dice el SEÑOR:

«El temor se apoderó de las ciudades de Hamat y
Arfad
porque oyeron los anuncios de su propia
destrucción.
El corazón de ellos está agitado
como el mar cuando hay una tormenta furiosa.
24 Damasco se volvió débil,
y toda la gente trató de huir.
El miedo, la angustia y el dolor se han apoderado
de ella
como a una mujer en trabajo de parto.
25 ¡Esa ciudad famosa, ciudad de alegría,
será abandonada!
26 Sus jóvenes caerán en las calles y morirán.
Todos sus soldados serán matados
—dice el SEÑOR de los Ejércitos Celestiales—,
27 y prenderé fuego a las murallas de Damasco
que consumirá los palacios de Ben-adad».

Mensaje acerca de Cedar y Hazor

28Este es el mensaje que se dio acerca de Cedar y los reinos
de Hazor, que fueron atacados por Nabucodonosor,* rey
de Babilonia. Esto dice el SEÑOR:

«¡Avancen contra Cedar!
¡Destruyan a los guerreros del oriente!
29 Tomarán sus rebaños y carpas,
y sus pertenencias y camellos les serán quitados.
Se escucharán voces de pánico en todas partes:
"¡Somos atemorizados a cada paso!".
30 ¡Corran y salven sus vidas! —dice el SEÑOR—.
Gente de Hazor, escóndanse en cuevas profundas,
porque Nabucodonosor, rey de Babilonia, ha
conspirado contra ustedes
y se prepara para destruirlos.

31 »Levántense y ataquen a esta nación tan confiada
—dice el SEÑOR—.
Su gente vive aislada en el desierto
sin murallas ni puertas.
32 Todos sus camellos y demás animales serán de
ustedes.
A este pueblo que vive en lugares remotos*
lo esparciré a los cuatro vientos.
Traeré sobre ellos calamidad
de todas partes —dice el SEÑOR—.
33 Hazor será habitada por chacales
y quedará desolada para siempre.
Nadie vivirá allí;
nadie la habitará».

Mensaje acerca de Elam

34El profeta Jeremías recibió del SEÑOR este mensaje
acerca de Elam al comienzo del reinado de Sedequías, rey
de Judá. 35Esto dice el SEÑOR de los Ejércitos Celestiales:

«Destruiré a los arqueros de Elam,
lo mejor de su ejército.
36 Traeré enemigos de todas partes
y esparciré a la gente de Elam a los cuatro vientos.
Serán desterrados a países de todo el mundo.
37 Yo mismo iré con los enemigos de Elam para
destrozarla.
En mi ira feroz traeré gran desastre
sobre el pueblo de Elam —dice el SEÑOR—.
Sus enemigos lo perseguirán con espada
hasta que yo lo destruya por
completo.
38 Estableceré mi trono en Elam —dice el SEÑOR—,
y destruiré a su rey y a sus oficiales.
39 Sin embargo, en los días que vienen
restableceré el bienestar de Elam.
¡Yo, el SEÑOR, he hablado!».

Mensaje acerca de Babilonia

50 Jeremías recibió el siguiente mensaje del SEÑOR
con relación a Babilonia y a la tierra de los babi-
lonios.* 2Esto dice el SEÑOR:

«Anúncienlo a todo el mundo
y no se callen nada.
¡Levanten una bandera de señales
para decirles a todos que caerá Babilonia!
Sus imágenes e ídolos* serán hechos pedazos.
Sus dioses Bel y Merodac serán completamente
deshonrados.
3 Pues una nación la atacará desde el norte
y traerá tal destrucción que nadie volverá a vivir
allí.
Desaparecerá todo;
huirán tanto las personas como los animales.

Esperanza para Israel y Judá

4 »En los días venideros
—dice el SEÑOR—,

***Notas textuales** **49:21** En hebreo *mar de juncos.* **49:28** En hebreo *Nabucad-retsar*, una variante de Nabucodonosor; también en 49:30. **49:32** O *que se recorta las puntas de su pelo.* **50:1** O *caldeos*; también en 50:8, 25, 35, 45. **50:2** El término hebreo (literalmente *cosas redondas*) probablemente se refiere al estiércol.

Referencias cruzadas **49:22** Jr 48:40-41 **49:36** Ap 7:1

el pueblo de Israel volverá a su hogar
junto con el pueblo de Judá.
Llegarán llorando
en busca del SEÑOR su Dios.
5 Preguntarán por el camino a Jerusalén*
y emprenderán el regreso a su hogar.
Se aferrarán al SEÑOR
con un pacto eterno que nunca se olvidará.

6 »Mi pueblo ha sido como ovejas perdidas.
Sus pastores los llevaron por mal camino
y los dejaron sueltos en las montañas.
Perdieron su rumbo
y no recuerdan cómo regresar al redil.
7 Todos los que los encontraban los devoraban.
Sus enemigos decían:
"No hicimos nada malo al atacarlos
porque ellos pecaron contra el SEÑOR,
quien es su verdadero lugar de descanso
y la esperanza de sus antepasados".

8 »Pero ahora, ¡huyan de Babilonia!
Abandonen la tierra de los babilonios.
Guíen a mi pueblo de regreso al hogar
como hace el macho cabrío que va a la cabeza de la manada.
9 Pues estoy levantando un ejército
de grandes naciones del norte.
Unirán fuerzas para atacar a Babilonia,
y esta será conquistada.
Las flechas de los enemigos irán directamente al blanco;
¡no errarán!
10 Babilonia* será saqueada
hasta que los agresores se sacien con el botín.
¡Yo, el SEÑOR, he hablado!

Inevitable caída de Babilonia

11 »Se alegran y regocijan,
ustedes que despojaron a mi pueblo elegido.
Retozan como becerros en el prado
y relinchan como sementales.
12 Pero su tierra natal* será llena
de vergüenza y deshonra.
Ustedes serán la última de las naciones,
un desierto, tierra seca y desolada.
13 A causa del enojo del SEÑOR,
Babilonia se convertirá en una tierra baldía y desierta.
Todos los que pasen por allí quedarán horrorizados
y darán un grito ahogado a causa
de la destrucción que verán.

14 »Sí, prepárense para atacar Babilonia,
todas ustedes, naciones vecinas.
Que sus arqueros disparen contra ella, que no escatimen flechas;
pues pecó contra el SEÑOR.
15 Lancen gritos de guerra contra Babilonia desde todas partes.
¡Miren! ¡Se rinde!
Sus murallas han caído.
Es la venganza del SEÑOR,
así que vénguense también ustedes.
¡Háganle lo mismo que ella les hizo a otros!
16 Saquen de Babilonia a todos los sembradores;
despidan a todos los segadores.
Debido a la espada del enemigo,
todos huirán a sus propias tierras.

Esperanza para el pueblo de Dios

17 »Los israelitas son como ovejas
que han sido esparcidas por los leones.
Primero los devoró el rey de Asiria.
Después Nabucodonosor,* rey de Babilonia, les quebró los huesos».
18 Por lo tanto, esto dice el SEÑOR de los Ejércitos Celestiales,
Dios de Israel:
«Ahora, castigaré al rey de Babilonia y a su tierra
de la misma manera que castigué al rey de Asiria.
19 Traeré a Israel de regreso a su hogar, a su propia tierra,
para comer en los campos de Carmelo y Basán,
y para quedar saciado una vez más
en la zona montañosa de Efraín y Galaad.
20 En esos días —dice el SEÑOR—,
no se encontrará pecado en Israel ni en Judá,
porque perdonaré al remanente que yo guarde.

Juicio de Dios sobre Babilonia

21 »Mis guerreros, suban contra la tierra de Merataim
y contra la gente de Pecod.
Persíganlos, mátenlos y destrúyanlos por completo*
como les he ordenado —dice el SEÑOR—.
22 Que en la tierra se escuche el grito de guerra,
un clamor de gran destrucción.
23 Babilonia, el martillo más poderoso de toda la tierra,
queda roto y hecho pedazos.
¡Babilonia queda desolada entre las naciones!
24 Escucha, Babilonia, porque te tendí una trampa.
Estás atrapada porque luchaste contra el SEÑOR.
25 El SEÑOR abrió su arsenal
y sacó armas para desahogar su furor.
El terror que caiga sobre los babilonios
será la obra del SEÑOR Soberano de los Ejércitos Celestiales.
26 Sí, vengan contra ella desde tierras lejanas
y abran sus graneros.
Aplasten sus muros y sus casas, y conviértanlos en montones de escombros.
¡Destrúyanla por completo y no dejen nada!
27 Maten incluso a sus becerros;
¡para ellos también será terrible!
¡Masácrenlos a todos!
Pues ha llegado el día del juicio a Babilonia.
28 Escuchen a la gente que escapó de Babilonia
mientras cuentan en Jerusalén
cómo el SEÑOR nuestro Dios se vengó
de los que destruyeron su templo.

***Notas textuales** **50:5** En hebreo *Sion*, también en 50:28. **50:10** O *Caldea*. **50:12** En hebreo *su madre*. **50:17** En hebreo *Nabucadretsar*, una variante de Nabucodonosor. **50:21** El término hebreo empleado aquí se refiere a la consagración total de cosas o personas al SEÑOR, ya sea destruyéndolas o entregándolas como ofrenda.

Referencias cruzadas **50:6** Mt 9:36 **50:15** Sal 137:8 **50:20** Jr 31:34

29 »Manden llamar a los arqueros para que vengan a
Babilonia.
Rodeen la ciudad para que nadie escape.
Háganle lo mismo que ella les hizo a otros,
porque desafió al SEÑOR, el Santo de Israel.
30 Sus jóvenes caerán en las calles y morirán.
Todos sus soldados serán matados»,
dice el SEÑOR.

31 «Mira, pueblo arrogante, yo soy tu enemigo
—dice el Señor, el SEÑOR de los Ejércitos
Celestiales—.
Ha llegado el día de tu juicio,
el día en que te castigaré.
32 Oh tierra de arrogancia, tropezarás y caerás,
y nadie te levantará.
Pues encenderé un fuego en las ciudades de
Babilonia
que consumirá todo a su alrededor».
33 Esto dice el SEÑOR de los Ejércitos Celestiales:
«Los pueblos de Israel y de Judá han sido agraviados.
Sus captores los retienen y se niegan a soltarlos.
34 Pero el que los redime es fuerte.
Su nombre es el SEÑOR de los Ejércitos
Celestiales.
Él los defenderá
y nuevamente les dará descanso en Israel.
¡Pero para la gente de Babilonia
no habrá descanso!

35 »La espada destructora golpeará a los babilonios
—dice el SEÑOR—.
Golpeará al pueblo de Babilonia,
también a sus funcionarios y a sus hombres
sabios.
36 La espada golpeará a sus sabios consejeros
y se volverán necios.
La espada golpeará a sus guerreros más poderosos
y el pánico se apoderará de ellos.
37 La espada golpeará sus caballos, sus carros de guerra
y a sus aliados de otras tierras,
y todos se volverán como mujeres.
La espada golpeará sus tesoros
y todos serán saqueados.
38 Una sequía* afectará el suministro de agua
y hará que se seque.
¿Y por qué? Porque toda la tierra está llena de ídolos
y la gente está locamente enamorada de ellos.

39 »Pronto Babilonia será habitada por hienas y
animales del desierto.
Será un hogar de búhos.
Nunca más vivirá gente allí;
quedará desolada para siempre.
40 La destruiré tal como yo destruí* a Sodoma, a
Gomorra
y a sus ciudades vecinas —dice el SEÑOR—.
Nadie vivirá allí;
nadie la habitará.

41 »¡Miren! Un gran ejército viene del
norte.
Desde tierras lejanas se levantan contra ti
una gran nación y muchos reyes.
42 Están armados con arcos y lanzas;
son crueles y no tienen compasión de nadie.
Cuando avanzan sobre sus caballos,
se oyen como el rugido del mar.
Vienen en formación de batalla,
con planes de destruirte, Babilonia.
43 El rey de Babilonia ha oído informes acerca del
enemigo
y tiembla de miedo.
Punzadas de angustia se han apoderado de él,
como las de una mujer que está en trabajo de
parto.

44 »Vendré como un león que sale de los matorrales del
Jordán
y atacaré las ovejas en los pastos.
Expulsaré a Babilonia de su tierra
y nombraré al líder que yo escoja.
Pues, ¿quién es como yo y quién puede desafiarme?
¿Qué gobernante puede oponerse
a mi voluntad?».
45 Escuchen los planes que tiene el SEÑOR contra
Babilonia
y contra la tierra de los babilonios.
Aun sus hijos pequeños serán arrastrados como
ovejas
y sus casas serán destruidas.
46 La tierra temblará con el grito: «¡Babilonia ha sido
tomada!».
Su grito de desesperación se oirá en todo el
mundo.

51

Esto dice el SEÑOR:
«Incitaré a un destructor contra Babilonia
y contra la gente de Babilonia.*
2 Vendrán extranjeros y la aventarán;
la soplarán como si fuera paja.
Vendrán de todos lados
para levantarse contra ella en su día de tribulación.
3 No dejen que los arqueros se pongan sus armaduras
ni que tensen sus arcos.
¡No perdonen la vida ni siquiera a sus mejores
soldados!
Que su ejército sea completamente destruido.*
4 Caerán muertos en la tierra de los babilonios,*
acuchillados en sus calles.
5 Pues el SEÑOR de los Ejércitos Celestiales
no ha abandonado a Israel ni a Judá.
Todavía es su Dios,
aunque su tierra se llenó de pecado
contra el Santo de Israel».

6 ¡Huyan de Babilonia! ¡Sálvense a sí mismos!
¡No queden atrapados en su castigo!
Es el tiempo de la venganza del SEÑOR;
él le dará su merecido.

***Notas textuales** **50:38** O *espada*; los términos hebreos para «sequía» y «espada» son muy parecidos. **50:40** En hebreo *tal como Dios destruyó.* **51:1** En hebreo *Leb-camay,* un nombre codificado para Babilonia.

Referencias cruzadas **50:34** Is 14:3-7 **50:40** Lc 17:28-30 **51:2** Mt 3:12

7 Babilonia ha sido como copa de oro en las manos del
Señor,
copa que hizo emborrachar a todo el mundo.
Las naciones bebieron del vino de Babilonia
y se enloquecieron.
8 Pero repentinamente, cayó también Babilonia.
Lloren por ella.
Denle medicina;
quizá todavía pueda sanarse.
9 La habríamos ayudado si hubiéramos podido,
pero ya nada se puede hacer por ella.
Déjenla ir; abandónenla.
Regresen ahora a su propio país.
Pues su castigo llega hasta los cielos;
es tan grande que no se puede medir.
10 El Señor nos ha hecho justicia.
Vengan, anunciemos en Jerusalén*
todo lo que hizo el Señor nuestro Dios.

11 ¡Afilen las flechas!
¡Alcen los escudos!*
Pues el Señor ha incitado a los reyes de Media
a que marchen contra Babilonia y la destruyan.
Esta es su venganza contra los que
profanaron su templo.
12 ¡Levanten la bandera de guerra contra Babilonia!
Refuercen la guardia y pongan centinelas.
Preparen la emboscada
porque el Señor llevará a cabo todos sus planes
contra Babilonia.
13 Tú eres una ciudad junto a un gran río,
un gran centro comercial,
pero tu fin ha llegado.
Se cortó el hilo de tu vida.
14 El Señor de los Ejércitos Celestiales hizo este voto
y lo juró por su propio nombre:
«Tus ciudades se llenarán de enemigos,
como campos plagados de langostas,
y cantarán victoria sobre ti».

Himno de alabanza al Señor

15 El Señor hizo la tierra con su poder
y la preserva con su sabiduría.
Con su propia inteligencia
desplegó los cielos.
16 Cuando habla en los truenos,
los cielos rugen con lluvia.
Él hace que las nubes se levanten sobre la tierra.
Envía el relámpago junto con la
lluvia
y suelta el viento de sus depósitos.

17 ¡Toda la raza humana es necia y le falta
conocimiento!
Los artesanos quedan deshonrados por los ídolos
que hacen,
porque sus obras hechas con tanto esmero son un
fraude.
Estos ídolos no tienen ni aliento ni poder.
18 Los ídolos son inútiles; ¡son mentiras ridículas!
En el día del juicio todos serán destruidos.
19 ¡Pero el Dios de Israel* no es ningún ídolo!
Él es el Creador de todo lo que existe,
incluido su pueblo, su posesión más preciada.
¡El Señor de los Ejércitos Celestiales es su
nombre!

Gran castigo de Babilonia

20 «Tú* eres mi hacha de guerra y mi espada
—dice el Señor—.
Contigo destrozaré naciones
y destruiré muchos reinos.
21 Contigo destrozaré ejércitos,
destruiré al caballo y al jinete,
al carro de guerra y al conductor.
22 Contigo destrozaré a hombres y a mujeres,
a ancianos y a niños,
a muchachos y a jovencitas.
23 Contigo destrozaré a pastores y rebaños,
a campesinos y bueyes,
a capitanes y a oficiales.

24 »Le daré a Babilonia y a sus habitantes*
el pago que se merecen
por todo el mal que le hizo
a mi pueblo en Jerusalén», dice el Señor.

25 «¡Mira, oh poderosa montaña, destructora de la
tierra!
Yo soy tu enemigo —dice el Señor—.
Levantaré mi puño contra ti,
para derribarte desde las cumbres.
Cuando termine contigo,
no serás más que un montón de escombros
quemados.
26 Para siempre quedarás desolada;
aun tus piedras no volverán a usarse para
construir.
Te aniquilarán por completo»,
dice el Señor.

27 Levanten una bandera de señales a las naciones.
¡Hagan sonar el grito de guerra!
Movilicen a todas contra Babilonia.
¡Prepárenlas para luchar contra ella!
Convoquen a los ejércitos de Ararat, Mini y Askenaz.
¡Nombren a un comandante
y traigan una multitud de caballos como una nube
de langostas!
28 Levanten contra ella a los ejércitos de las naciones
dirigidos por los reyes de Media
y por todos sus capitanes y oficiales.

29 La tierra tiembla y se retuerce de dolor,
porque todos los planes del Señor contra
Babilonia no han cambiado.
Babilonia quedará desolada, sin un solo habitante.
30 Sus guerreros más poderosos ya no luchan más.
Permanecen en sus cuarteles, sin valentía;
se volvieron como mujeres.
Los invasores quemaron las casas

***Notas textuales** **51:3** El término hebreo empleado aquí se refiere a la consagración total de cosas o personas al Señor, ya sea destruyéndolas o entregándolas como ofrenda. **51:4** O *caldeos*, también en 51:54. **51:10** En hebreo *Sion*; también en 51:24. **51:11** La versión griega dice *Llenen las aljabas.* **51:19** En hebreo *la Porción de Jacob.* Ver la nota en 5:20. **51:20** Posiblemente se refiera a Ciro, a quien Dios usó para conquistar Babilonia. Comparar con Is 44:28; 45:1. **51:24** O *y al pueblo de Caldea.*

Referencias cruzadas **51:13** Ha 2:9-11 **51:19** Jr 10:16 **51:26** Is 13:19-22

y derribaron las puertas de la ciudad.
31 Las noticias se transmiten de un mensajero al otro,
al paso que los mensajeros se apuran a avisarle al rey
que la ciudad ha sido tomada.
32 Se han cortado todas las rutas de fuga.
Los pantanos están en llamas
y el ejército se llenó de pánico.

33 Esto dice el SEÑOR de los Ejércitos Celestiales,
Dios de Israel:
«Babilonia es como el trigo en el campo de trillar
a punto de ser pisoteado.
Dentro de poco,
comenzará la cosecha».

34 «Nabucodonosor,* rey de Babilonia, nos devoró, nos aplastó
y nos dejó sin fuerzas.
Nos tragó como un gran monstruo
y llenó su barriga con nuestras riquezas.
Nos echó de nuestro propio país.
35 Hagan que Babilonia sufra como nos hizo sufrir a nosotros
—dice la gente de Sion—.
Hagan que el pueblo de Babilonia* pague por derramar nuestra sangre»,
dice Jerusalén.

Venganza del SEÑOR sobre Babilonia

36 Esto dice el SEÑOR a Jerusalén:

«Yo seré tu abogado para defender tu causa
y te vengaré.
Secaré su río,
tal como sus fuentes de agua,
37 y Babilonia se convertirá en un montón de ruinas,
frecuentada por chacales.
Será objeto de horror y menosprecio,
un lugar donde no vive nadie.
38 Sus habitantes rugirán juntos como leones fuertes;
gruñirán como cachorros de león.
39 Y mientras estén sonrojados por el vino,
les prepararé otra clase de banquete.
Los haré beber hasta que se duerman
y nunca se despertarán
—dice el SEÑOR—.
40 Los llevaré
como a corderos al matadero,
como a carneros y chivos para el sacrificio.

41 »¡Cómo ha caído Babilonia,*
la gran Babilonia, aclamada en toda la tierra!
Ahora se ha convertido en objeto de horror
entre las naciones.
42 El mar ha subido sobre Babilonia;
está cubierta por las violentas olas.
43 Sus ciudades ahora quedan en ruinas;
es una árida tierra baldía
donde no vive nadie, ni nadie pasa por allí.
44 Entonces yo castigaré a Bel, el dios de Babilonia,
y haré que vomite todo lo que se comió.
Nunca más las naciones vendrán a rendirle culto.
¡La muralla de Babilonia ha caído!

Mensaje a los desterrados

45 »Sal, pueblo mío, huye de Babilonia.
¡Sálvense! Huyan del terrible enojo del SEÑOR.
46 Pero no tengan pánico ni temor
cuando oigan los primeros rumores de que se acercan los soldados.
Pues los rumores seguirán llegando año tras año.
Estallará la violencia en la tierra
en tanto los líderes se peleen unos contra otros.
47 Pues ciertamente se acerca la hora
cuando castigaré a esta gran ciudad y a todos sus ídolos.
Toda su tierra será avergonzada,
y sus muertos caerán en las calles.
48 Entonces los cielos y la tierra se alegrarán,
porque del norte los ejércitos destructores
vendrán contra Babilonia —dice el SEÑOR—.
49 Así como Babilonia mató a la gente de Israel
y a la gente de otros pueblos por todo el mundo,
así mismo debe morir su gente.
50 ¡Váyanse, todos ustedes que escaparon de la espada!
¡No se detengan para mirar, huyan mientras puedan!
Recuerden al SEÑOR, aunque estén en una tierra lejana,
y piensen en su hogar en Jerusalén».

51 «Estamos avergonzados —dicen los del pueblo—.
Estamos ofendidos y en desgracia
porque extranjeros profanaron
el templo del SEÑOR».

52 «Sí —dice el SEÑOR—, pero se acerca la hora
en que destruiré los ídolos de Babilonia.
Los quejidos de la gente herida
se oirán por toda la tierra.
53 Aunque Babilonia llegue tan alto como los cielos
y haga sus fortificaciones increíblemente resistentes,
aun así yo enviaré enemigos para que la saqueen.
¡Yo, el SEÑOR, he hablado!

Destrucción completa de Babilonia

54 »¡Escuchen! Oigan el llanto de Babilonia,
el sonido de la gran destrucción que surge de la tierra de los babilonios.
55 Pues el SEÑOR destruye a Babilonia;
silenciará su vozarrón.
Oleadas de enemigos golpean contra ella;
resuenan en la ciudad los ruidos de batalla.
56 Vienen contra Babilonia ejércitos destructores.
Apresan a sus hombres valientes
y sus armas se quiebran en sus manos.
Pues el SEÑOR es Dios que da justo castigo;
él siempre le da a cada cual su merecido.

***Notas textuales 51:34** En hebreo *Nabucad-retsar*, una variante de Nabucodonosor. **51:35** O *Caldea*. **51:41** En hebreo *Sesac*, un nombre codificado para Babilonia.

Referencias cruzadas 51:36 Rm 12:19 **51:45** Hch 2:40

57 Haré que sus autoridades y hombres sabios se
emborrachen,
junto con sus capitanes, oficiales y guerreros.
¡Caerán dormidos
y nunca más se despertarán!»,
dice el Rey, cuyo nombre es
el SEÑOR de los Ejércitos Celestiales.

58 Esto dice el SEÑOR de los Ejércitos Celestiales:
«Las gruesas murallas de Babilonia serán arrasadas
y sus inmensas puertas serán quemadas.
¡Los constructores de muchos países han trabajado
en vano
porque su obra será destruida por fuego!».

Mensaje de Jeremías enviado a Babilonia

59El profeta Jeremías le dio el siguiente mensaje a Se-
raías, hijo de Nerías y nieto de Maaseías, un oficial del
Estado Mayor, cuando Seraías fue a Babilonia junto con
el rey Sedequías de Judá. Esto sucedió durante el cuarto
año del reinado de Sedequías.* 60Jeremías registró en un
rollo todos los terribles desastres que pronto vendrían
sobre Babilonia: todas las palabras escritas aquí. 61Le
dijo a Seraías: «Cuando llegues a Babilonia, lee en voz
alta todo lo que está en este rollo. 62Luego di: "SEÑOR, tú
has dicho que destruirás a Babilonia de manera que no
quedarán personas ni animales. Ella permanecerá vacía
y abandonada para siempre". 63Cuando hayas terminado
de leer el rollo, átalo a una piedra y arrójalo al río Éufrates.
64Luego di: "De la misma manera Babilonia y su pueblo se
hundirán para no levantarse jamás a causa de los desastres
que traeré sobre ella"».

Aquí terminan los mensajes de Jeremías.

Caída de Jerusalén

52 Sedequías tenía veintiún años cuando subió al
trono y reinó en Jerusalén once años. Su madre
se llamaba Hamutal y era hija de Jeremías, de Libna. 2Sin
embargo, Sedequías hizo lo malo a los ojos del SEÑOR,
igual que Joacim. 3Estas cosas sucedieron debido al enojo
que el SEÑOR tenía contra la gente de Jerusalén y de Judá,
hasta que finalmente los expulsó de su presencia y los
envió al destierro.

Sedequías se rebeló contra el rey de Babilonia. 4Así
que el 15 de enero,* durante el noveno año del reinado
de Sedequías, Nabucodonosor,* rey de Babilonia, dirigió
a todo su ejército contra Jerusalén. Rodearon la ciudad y
construyeron rampas de asalto contra las murallas. 5Je-
rusalén estuvo sitiada hasta el año once del reinado de
Sedequías.

6Hacia el 18 de julio del año once del reinado de Se-
dequías,* el hambre en la ciudad ya era muy intensa y se
había agotado por completo lo último que quedaba de
alimento. 7Entonces abrieron una brecha en la muralla de
la ciudad, y todos los soldados huyeron. Como la ciudad
estaba rodeada por los babilonios,* esperaron hasta la
caída del sol y entonces se deslizaron por la puerta que está
entre las dos murallas detrás del jardín real y se dirigieron
al valle del Jordán.*

8Sin embargo, las tropas babilónicas* persiguieron al
rey Sedequías y lo alcanzaron en las llanuras de Jericó,
porque todos sus hombres lo habían abandonado y se
habían dispersado. 9Capturaron al rey y lo llevaron ante
el rey de Babilonia, que se encontraba en Ribla, en la tierra
de Hamat. Allí el rey de Babilonia dictó sentencia contra
Sedequías. 10El rey de Babilonia hizo que Sedequías ob-
servara mientras masacraba a sus hijos. También masacró
a todos los funcionarios de Judá en Ribla. 11Luego le sacó
los ojos y lo ató con cadenas de bronce, y el rey de Babi-
lonia lo llevó a Babilonia. Sedequías permaneció allí en
prisión hasta el día de su muerte.

Destrucción del templo

12El 17 de agosto de ese año,* que era el año diecinueve
del reinado de Nabucodonosor, llegó a Jerusalén Nabu-
zaradán, capitán de la guardia y funcionario del rey babi-
lónico. 13Quemó por completo el templo del SEÑOR, el
palacio real y todas las casas de Jerusalén. Destruyó todos
los edificios importantes* de la ciudad. 14Después super-
visó a todo el ejército babilónico* mientras derribaba por
completo las murallas de Jerusalén. 15Entonces Nabuza-
radán, capitán de la guardia, se llevó cautivos a algunos de
los más pobres, al resto de las personas que quedaban en la
ciudad, a los desertores que habían jurado lealtad al rey de
Babilonia y al resto de los artesanos; 16pero Nabuzaradán
permitió que algunos de los más pobres se quedaran para
cuidar los viñedos y los campos.

17Los babilonios hicieron pedazos las columnas de
bronce que estaban al frente del templo del SEÑOR, las
carretas de bronce para llevar agua y el enorme tazón
de bronce llamado el Mar, y se llevaron todo el bronce
a Babilonia. 18También se llevaron los recipientes para
la ceniza, las palas, la despabiladera de las lámparas, los
tazones, los platos y todos los demás objetos de bronce
que se usaban para realizar los sacrificios en el templo.
19El capitán de la guardia también se llevó los cuencos
pequeños, los recipientes para quemar incienso, los ta-
zones, los calderos, los candelabros, los cucharones y las
copas utilizadas para las ofrendas líquidas, y todos los
demás objetos de oro puro o de plata.

20El peso del bronce de las dos columnas, el Mar
con los doce bueyes de bronce que estaban debajo y las
carretas para llevar agua era tanto que no podía calcularse.
Estos objetos se habían hecho para el templo del SEÑOR
en tiempos del rey Salomón. 21Cada columna tenía ocho
metros con treinta centímetros de alto y cinco metros y
medio de circunferencia.* Eran huecas, con un grosor
de ocho centímetros.* 22El capitel de bronce en la parte
superior de cada columna era de dos metros con treinta
centímetros* de alto y estaba decorado alrededor con una
red de granadas hecha de bronce. 23Había noventa y seis
granadas a los lados, y un total de cien granadas en la red
alrededor de la parte superior.

24Nabuzaradán, capitán de la guardia, se llevó consigo
como prisioneros al sumo sacerdote Seraías, al sacerdote

***Notas textuales** **51:59** El cuarto año del reinado de Sedequías fue el 593 a. C. **52:4a** En hebreo *el décimo día del décimo mes*, del antiguo calendario lunar hebreo. Varios sucesos del libro de Jeremías pueden corroborarse con las fechas que aparecen en los registros babilónicos que se han conservado, y pueden relacionarse de manera precisa con nuestro calendario moderno. Ese día fue el 15 de enero de 588 a. C. **52:4b** En hebreo *Nabucad-retsar*, una variante de Nabucodonosor; también en 52:12, 28, 29, 30. **52:6** En hebreo *Por el noveno día del cuarto mes* [del año once del reinado de Sedequías]. Este día fue el 18 de julio del 586 a. C.; ver también la nota en 52:4. **52:7a** O *caldeos*; también en 52:17. **52:7b** En hebreo *al Arabá.* **52:8** O *caldeas.* **52:12** En hebreo *El décimo día del quinto mes,* del antiguo calendario lunar hebreo. Ese día fue el 17 de agosto del 586 a. C.; ver también la nota en 52:4. **52:13** O *Destruyó las casas de la gente importante.* **52:14** O *caldeo.*

Referencias cruzadas **51:63** Ap 18:21 **52:6-11** Jr 39:2, 4-7 **52:17** 1 Re 7:15-36 de segundo rango Sofonías, y a los tres porteros principales. [25]De la gente que seguía escondida en la ciudad, se llevó a un oficial que había estado al mando del ejército judío, a siete de los consejeros personales del rey, al secretario principal del comandante del ejército, quien estaba a cargo del reclutamiento, y a otros sesenta ciudadanos. [26]Nabuzaradán, capitán de la guardia, los llevó a todos ante el rey de Babilonia, que se encontraba en Ribla. [27]Allí, en Ribla, en la tierra de Hamat, el rey de Babilonia mandó que los ejecutara a todos. Así que el pueblo de Judá fue expulsado de su tierra y llevado al destierro.

[28]El número de cautivos llevados a Babilonia en el séptimo año del reinado de Nabucodonosor* fue de tres mil veintitrés. [29]Más adelante, en el año dieciocho de Nabucodonosor,* se llevó a ochocientos treinta y dos más. [30]En el año veintitrés del reinado de Nabucodonosor,* él envió a Nabuzaradán, capitán de la guardia, quien se llevó consigo a setecientos cuarenta y cinco más, un total de cuatro mil seiscientos cautivos.

Esperanza para la descendencia real de Israel

[31]En el año treinta y siete del exilio de Joaquín, rey de Judá, Evil-merodac ascendió al trono de Babilonia. El nuevo rey fue bondadoso con* Joaquín y lo sacó de la cárcel el 31 de marzo de ese año.* [32]Le habló con amabilidad y le dio una posición superior a la de los demás reyes exiliados en Babilonia. [33]Le proporcionó a Joaquín ropa nueva para reemplazar la ropa de prisionero y le permitió comer en presencia del rey por el resto de su vida. [34]Así que el rey de Babilonia le dio una ración diaria de comida mientras vivió. Esto continuó hasta el día de su muerte.

***Notas textuales** **52:21a** En hebreo *18 codos* [27 pies] *de alto y 12 codos* [18 pies] *de circunferencia.* **52:21b** En hebreo *4 dedos* [3 pulgadas] *de grosor*. **52:22** En hebreo *5 codos* [7,5 pies]. **52:28** El destierro en el séptimo año del reinado de Nabucodonosor cayó en el 597 a. C. **52:29** El destierro en el año dieciocho del reinado de Nabucodonosor cayó en el 586 a. C. **52:30** El destierro en el año veintitrés del reinado de Nabucodonosor cayó en el 581 a. C. **52:31a** En hebreo *Levantó la cabeza de.* **52:31b** En hebreo *el día veinticinco del mes doce*, del antiguo calendario lunar hebreo. Ese día fue el 31 de marzo del 561 a. C.; ver también la nota en 52:4.

Referencias cruzadas **52:27** Jr 13:19

LAMENTACIONES

¿Por qué es importante?

La ciudad de Jerusalén había sido destruida y el pueblo de Israel había sido capturado y llevado como esclavo como resultado de malos gobernantes y muchos años de olvidarse de Dios así que este libro se trata de lamentarlo y reflexionar en cómo recuperar lo que se había perdido.

¿Por qué fue escrito?

Muchos judíos pensaban que Dios nunca permitiría la destrucción de Jerusalén, puesto que el templo estaba allí (Jer. 7:4). Después de unos cuarenta años de advertir a Judá sobre el castigo que vendría, lo impensado ocurrió: Jerusalén y el templo fueron destruidos por los ejércitos de Babilonia. Jeremías llora y expresa un dramático lamento por lo sucedido. El propósito del libro es doble: primero, Jeremías confiesa los pecados del pueblo, expresando, a la vez, su profundo pesar por el castigo recibido. Segundo, el profeta proclama la esperanza que existe en la fidelidad de Dios.

¿Quién lo escribió?

El escritor es un testigo de la tragedia y un hombre que muestra sentimientos muy profundos por la tragedia experimentada por Jerusalén. Se trata de un escritor con amplia capacidad literaria y sensibilidad poética. Estos hechos y además algunos vínculos literarios y teológicos con el libro de Jeremías apuntan a ese profeta como el autor, aunque el libro mismo no lo dice.

¿A quién lo escribió?

Los lectores originales de este libro eran los judíos cautivos en Babilonia y además los pocos que permanecieron en Jerusalén después de su destrucción. Se trata de un poema que busca expresar la agonía, y la profunda tristeza por lo ocurrido en la amada ciudad. Hay una larga tradición entre los judíos que los lleva a leer este libro en días de ayuno y tragedias nacionales, sobre todo al recordar el cautiverio.

¿Cuándo y dónde lo escribió?

La fecha de composición se coloca muy cerca de la destrucción de Jerusalén, en el año 586 a.C., ya que los recuerdos de los eventos estaban frescos aún. En el tono de los lamentos se nota tal cercanía con lo ocurrido (por ejemplo, 1:10-11), que casi se pueden escuchar los sollozos de los sobrevivientes y el ruido del fuego aun encendido en toda la ciudad (2:9-12).

Paso a paso

1. "¡Ay!". Conmovedora aflicción por el castigo. Cap. 1
2. "El Señor se porta como enemigo". Evidente causa del castigo. Cap. 2
3. "¡Muy grande es su fidelidad!". Alentadora esperanza en medio del castigo. Cap. 3
4. "Por los pecados...". Honesta confesión ante el castigo, Cap. 4
5. "Permítenos volver a ti". Humilde súplica después del castigo. Cap. 5.

Lamentaciones

Dolor en Jerusalén

1 * Jerusalén, antes colmada de gente,
ahora está desierta.
La que en su día fue grande entre las naciones
ahora queda sola como una viuda.
La que antes era la reina de toda la
tierra
ahora es una esclava.

2 Durante toda la noche solloza;
las lágrimas corren por sus mejillas.
De todos sus amantes,
no hay quien la consuele.
Todos sus amigos la traicionaron
y se volvieron sus enemigos.

3 Judá fue llevada al cautiverio,
oprimida por la cruel esclavitud.
Vive entre naciones extranjeras
y no tiene lugar donde descansar.
Sus enemigos la persiguieron y la alcanzaron
y ya no tiene a quien recurrir.

4 Los caminos a Jerusalén* están de luto,
porque las multitudes ya no vienen para celebrar
los festivales.
En las puertas de la ciudad hay silencio,
sus sacerdotes gimen,
sus mujeres jóvenes lloran;
¡qué amarga es su suerte!

5 Sus opresores son ahora sus amos
y sus enemigos prosperan,
porque el Señor castigó a Jerusalén
por sus muchos pecados.
Sus hijos fueron capturados
y llevados a tierras lejanas.

6 La bella Jerusalén* ha sido despojada
de toda su majestad.
Sus príncipes son como venados hambrientos
en busca de pastos.
Están demasiado débiles para huir
del enemigo que los persigue.

7 En medio de su tristeza y sus andanzas,
Jerusalén recuerda su antiguo esplendor.
Pero ahora ha caído en manos de su enemigo
y no hay quien la ayude.
Su enemigo la derribó
y se burlaba cuando ella caía.

8 Jerusalén ha pecado grandemente,
por eso fue desechada como un trapo sucio.
Todos los que antes la honraban ahora la desprecian,
porque vieron su desnudez y su humillación.
Lo único que puede hacer es gemir
y taparse la cara.

9 Se deshonró a sí misma con
inmoralidad
y no pensó en su futuro.
Ahora yace en una zanja
y no hay nadie que la saque.
«Señor, mira mi sufrimiento
—gime—.
El enemigo ha triunfado».

¡Respuestas Bíblicas! 102 ¿Qué son las lamentaciones?

1:1 Las lamentaciones son tristes poemas que hablan de Jerusalén siendo capturada por sus enemigos. Hablan de cuando el templo fue quemado por la desobediencia del pueblo. Pero este triste poema también habla de algo bueno. Dice que Dios deja que las consecuencias de las malas acciones corrijan, pero también perdona.

10 El enemigo la saqueó por completo
y se llevó todo lo valioso que poseía.
Vio a los extranjeros profanar su templo sagrado,
el lugar al que el Señor les había prohibido entrar.

11 Su pueblo gime en busca de pan;
vendieron sus tesoros para comprar comida y
mantenerse con vida.
«Oh Señor, mira —se lamenta—
y observa cómo me desprecian.

12 »¿No les importa nada, ustedes que pasan por aquí?
Miren a su alrededor y vean si hay otro
sufrimiento como el mío,
que el Señor descargó sobre mí
cuando estalló en ira feroz.

13 »Él mandó fuego del cielo que me quema los huesos.

***Notas textuales** **1** Cada uno de los primeros cuatro capítulos de este libro es un acróstico, presentado según el orden del alfabeto hebreo. La primera palabra de cada versículo comienza con una letra hebrea en sucesión. Los capítulos 1, 2 y 4 tienen un versículo para cada una de las 22 letras hebreas. El capítulo 3 contiene 22 estrofas de tres versículos cada una. El capítulo 5 contiene 22 versículos, pero no es un acróstico. **1:4** En hebreo *Sion*; también en 1:17. **1:6** En hebreo *La hija de Sion*.

Referencias cruzadas **1:8** Is 59:2-13 **1:12** Jr 48:27

Tendió una trampa en mi camino y me hizo volver atrás.
Me dejó devastada
y atormentada día y noche por la enfermedad.

14 »Él tejió sogas con mis pecados
para atarme a un yugo de cautiverio.
El Señor minó mis fuerzas; me entregó a mis enemigos
y en sus manos soy incapaz de levantarme.

15 »El Señor trató con desdén
a mis hombres valientes.
A su orden llegó un gran ejército
para aplastar a mis jóvenes guerreros.
El Señor pisoteó su amada ciudad*
como se pisotean las uvas en un lagar.

16 »Por todas estas cosas lloro;
lágrimas corren por mis mejillas.
No tengo a nadie que me consuele;
todos los que podrían alentarme están lejos.
Mis hijos no tienen futuro
porque el enemigo nos ha conquistado».

17 Jerusalén extiende la mano en busca de ayuda,
pero nadie la consuela.
El Señor ha dicho
de su pueblo Israel:*
«¡Que sus vecinos se conviertan en enemigos!
¡Que sean desechados como un trapo sucio!».

18 «El Señor es justo —dice Jerusalén—,
porque yo me rebelé contra él.
Escuchen, pueblos de todas partes;
miren mi angustia y mi desesperación,
porque mis hijos e hijas
fueron llevados cautivos a tierras lejanas.

19 »Les supliqué ayuda a mis aliados,
pero me traicionaron.
Mis sacerdotes y mis líderes
murieron de hambre en la ciudad,
mientras buscaban comida
para salvar sus vidas.

20 »¡Señor, mira mi angustia!
Mi corazón está quebrantado
y mi alma desespera
porque me rebelé contra ti.
En las calles la espada mata,
y en casa solo hay muerte.

21 »Otros oyeron mis lamentos,
pero nadie se volvió para consolarme.
Cuando mis enemigos se enteraron de mis tribulaciones,
se pusieron felices al ver lo que habías hecho.
Oh, manda el día que prometiste,
cuando ellos sufrirán como he sufrido yo.

22 »Señor, mira todas sus maldades.
Castígalos como me castigaste a mí
por todos mis pecados.
Son muchos mis gemidos
y tengo el corazón enfermo de angustia».

El enojo de Dios por el pecado

2 En su enojo el Señor
cubrió de sombras a la bella Jerusalén.*
La más hermosa de las ciudades de Israel yace en el polvo,
derrumbada desde las alturas del cielo.
En su día de gran enojo
el Señor no mostró misericordia ni siquiera con su templo.*

2 El Señor ha destruido sin misericordia
todas las casas en Israel.*
En su enojo derribó
las murallas protectoras de la bella Jerusalén.*
Las derrumbó hasta el suelo
y deshonró al reino y a sus gobernantes.

3 Toda la fuerza de Israel
desaparece ante su ira feroz.
El Señor ha retirado su protección
durante el ataque del enemigo.
Él consume toda la tierra de Israel
como un fuego ardiente.

4 Tensa el arco contra su pueblo
como si él fuera su enemigo.
Utiliza su fuerza contra ellos
para matar a sus mejores jóvenes.
Su furia se derrama como fuego
sobre la bella Jerusalén.*

5 Así es, el Señor venció a Israel
como lo hace un enemigo.
Destruyó sus palacios
y demolió sus fortalezas.
Causó dolor y llanto interminable
sobre la bella Jerusalén.

6 Derribó su templo
como si fuera apenas una choza en el jardín.
El Señor ha borrado todo recuerdo
de los festivales sagrados y los días de descanso.
Ante su ira feroz,
reyes y sacerdotes caen juntos.

7 El Señor rechazó su propio altar;
desprecia su propio santuario.
Entregó los palacios de Jerusalén
a sus enemigos.
Ellos gritan en el templo del Señor
como si fuera un día de celebración.

***Notas textuales** **1:15** En hebreo *pisoteó a la hija virgen de Judá*. **1:17** En hebreo *Jacob*. Los nombres «Jacob» e «Israel» a menudo son intercambiables en el Antiguo Testamento. Algunas veces hacen referencia al patriarca como individuo y otras veces a la nación. **2:1a** En hebreo *la hija de Sion*; también en 2:8, 10, 18. **2:1b** En hebreo *con el estrado de sus pies*. **2:2a** En hebreo *Jacob*; también en 2:3b. Ver nota en 1:17. **2:2b** En hebreo *la hija de Judá*; también en 2:5. **2:4** En hebreo *sobre la carpa de la hija de Sion*. **2:15** En hebreo *la hija de Jerusalén*.

Referencias cruzadas **1:15** Is 41:2 **1:22** Ne 4:4-5 **2:4** Lm 3:12-13

8 El Señor decidió
destruir las murallas de la bella Jerusalén.
Hizo cuidadosos planes para su destrucción,
después los llevó a cabo.
Por eso, los terraplenes y las murallas
cayeron ante él.

9 Las puertas de Jerusalén se han hundido en la tierra;
él rompió sus cerrojos y sus barrotes.
Sus reyes y príncipes fueron desterrados a tierras lejanas;
su ley dejó de existir.
Sus profetas no reciben
más visiones de parte del Señor.

10 Los líderes de la bella Jerusalén
se sientan en el suelo en silencio;
están vestidos de tela áspera
y se echan polvo sobre la cabeza.
Las jóvenes de Jerusalén
bajan la cabeza avergonzadas.

11 Lloré hasta que no tuve más lágrimas;
mi corazón está destrozado.
Mi espíritu se derrama de angustia
al ver la situación desesperada de mi pueblo.
Los niños y los bebés
desfallecen y mueren en las calles.

12 Claman a sus madres:
«¡Necesitamos comida y bebida!».
Sus vidas se extinguen en las calles
como la de un guerrero herido en la batalla;
intentan respirar para mantenerse vivos
mientras desfallecen en los brazos de sus madres.

13 ¿Qué puedo decir de ti?
¿Quién ha visto alguna vez semejante dolor?
Oh hija de Jerusalén,
¿con qué puedo comparar tu angustia?
Oh hija virgen de Sion,
¿cómo puedo consolarte?
Pues tu herida es tan profunda como el mar.
¿Quién puede sanarte?

14 Tus profetas han declarado
tantas tonterías; son falsas hasta la médula.
No te salvaron del destierro
exponiendo a la luz tus pecados.
Más bien, te pintaron cuadros engañosos
y te llenaron de falsas esperanzas.

15 Todos los que pasan por tu camino te abuchean.
Insultan a la bella Jerusalén* y se burlan de ella diciendo:
«¿Es esta la ciudad llamada "La más bella del mundo"
y "La alegría de la tierra"?».

16 Todos tus enemigos se burlan de ti;
se mofan, gruñen y dicen:
«¡Por fin la hemos destruido!
¡Hace mucho que esperábamos este día,
y por fin llegó!».

17 Sin embargo, es el Señor quien hizo exactamente lo que se había propuesto;
cumplió las promesas de calamidad
que hizo hace mucho tiempo.
Destruyó a Jerusalén sin misericordia;
hizo que sus enemigos se regodearan ante ella
y sobre ella les dio poder.

18 ¡Lloren a viva voz* delante del Señor,
oh murallas de la bella Jerusalén!
Que sus lágrimas corran como un río,
de día y de noche.
No se den descanso;
no les den alivio a sus ojos.

19 Levántense durante la noche y clamen.
Desahoguen el corazón como agua delante del Señor.
Levanten a él sus manos en oración,
y rueguen por sus hijos
porque en cada calle
desfallecen de hambre.

20 «¡Oh Señor, piensa en esto!
¿Debieras tratar a tu propio pueblo de semejante manera?
¿Habrán de comerse las madres a sus propios hijos,
a quienes mecieron en sus rodillas?
¿Habrán de ser asesinados los sacerdotes y los profetas
dentro del templo del Señor?

21 »Mira cómo yacen en las calles,
jóvenes y viejos,
niños y niñas,
muertos por la espada del enemigo.
Los mataste en tu enojo;
los masacraste sin misericordia.

22 »Convocaste a los terrores para que vinieran de todas partes,
como si los invitaras a un día de fiesta.
En el día del enojo del Señor,
no escapó ni sobrevivió nadie.
El enemigo mató a todos los niños
que llevé en mis brazos y crie».

Esperanza en la fidelidad del Señor

3 Yo soy el que ha visto las aflicciones
que provienen de la vara del enojo del Señor.
2 Me llevó a las tinieblas,
y dejó fuera toda luz.
3 Volvió su mano contra mí
una y otra vez, todo el día.

***Notas textuales 2:18** En hebreo *Su corazón lloró.*

Referencias cruzadas 2:10 Jon 3:6-8 **2:18** Sal 119:145 **2:22** Jr 16:2-4

[4] Hizo que mi piel y mi carne envejecieran;
quebró mis huesos.
[5] Me sitió y me rodeó
de angustia y aflicción.
[6] Me enterró en un lugar oscuro,
como a los que habían muerto hace tiempo.

[7] Me cercó con un muro, y no puedo escapar;
me ató con pesadas cadenas.
[8] Y a pesar de que lloro y grito,
cerró sus oídos a mis oraciones.
[9] Impidió mi paso con un muro de
piedra;
hizo mis caminos tortuosos.

[10] Se escondió como un oso o un león,
esperando atacarme.
[11] Me arrastró fuera del camino, me descuartizó
y me dejó indefenso y destruido.
[12] Tensó su arco
y me hizo el blanco de sus
flechas.

[13] Disparó sus flechas
a lo profundo de mi corazón.
[14] Mi propio pueblo se ríe de mí;
todo el día repiten sus canciones burlonas.
[15] Él me llenó de amargura
y me dio a beber una copa amarga de dolor.

[16] Me hizo masticar piedras;
me revolcó en el polvo.
[17] Me arrebató la paz
y ya no recuerdo qué es la prosperidad.
[18] Yo exclamo: «¡Mi esplendor ha desaparecido!
¡Se perdió todo lo que yo esperaba del SEÑOR!».

[19] Recordar mi sufrimiento y no tener hogar
es tan amargo que no encuentro palabras.*
[20] Siempre tengo presente este terrible tiempo
mientras me lamento por mi pérdida.
[21] No obstante, aún me atrevo a tener esperanza
cuando recuerdo lo siguiente:

[22] ¡El fiel amor del SEÑOR nunca se acaba*!
Sus misericordias jamás terminan.
[23] Grande es su fidelidad;
sus misericordias son nuevas cada mañana.
[24] Me digo: «El SEÑOR es mi herencia,
por lo tanto, ¡esperaré en él!».

[25] El SEÑOR es bueno con los que dependen de él,
con aquellos que lo buscan.
[26] Por eso es bueno esperar en silencio
la salvación que proviene del SEÑOR.
[27] Y es bueno que todos se sometan desde temprana
edad
al yugo de su disciplina:

[28] Que se queden solos en silencio
bajo las exigencias del SEÑOR.
[29] Que se postren rostro en tierra,
pues quizá por fin haya esperanza.
[30] Que vuelvan la otra mejilla a aquellos que los
golpean
y que acepten los insultos de sus enemigos.

[31] Pues el Señor no abandona
a nadie para siempre.
[32] Aunque trae dolor, también muestra compasión
debido a la grandeza de su amor inagotable.
[33] Pues él no se complace en herir a la gente
o en causarles dolor.

[34] Si la gente pisotea
a todos los prisioneros de la tierra,
[35] si privan a otros de sus derechos,
desafiando al Altísimo,
[36] si tuercen la justicia en los tribunales,
¿acaso no ve el Señor todas estas cosas?

[37] ¿Quién puede ordenar que algo suceda
sin permiso del Señor?
[38] ¿No envía el Altísimo
tanto calamidad como bien?
[39] Entonces, ¿por qué nosotros, simples humanos,
habríamos de quejarnos cuando somos castigados
por nuestros pecados?

[40] En cambio, probemos y examinemos nuestros
caminos
y volvamos al SEÑOR.
[41] Levantemos nuestro corazón y nuestras manos
al Dios del cielo y digamos:
[42] «Hemos pecado y nos hemos
rebelado,
y no nos has perdonado.

[43] »Nos envolviste en tu enojo, nos perseguiste
y nos masacraste sin misericordia.
[44] Te escondiste en una nube
para que nuestras oraciones no pudieran llegar
a ti.
[45] Nos desechaste como a basura y como a desperdicio
entre las naciones.

[46] »Todos nuestros enemigos
se han pronunciado en contra de nosotros.
[47] Estamos llenos de miedo,
porque nos encontramos atrapados, destruidos y
arruinados».
[48] ¡Ríos de lágrimas brotan de mis ojos
por la destrucción de mi pueblo!

[49] Mis lágrimas corren sin cesar;
no pararán
[50] hasta que el SEÑOR mire
desde el cielo y vea.
[51] Se me destroza el corazón
por el destino de todas las mujeres de Jerusalén.

[52] Mis enemigos, a quienes nunca les hice daño,

***Notas textuales** **3:19** O *es amargura y hiel.* **3:22** Así aparece en la versión siríaca; en hebreo dice *del SEÑOR nos guarda de la destrucción.*

Referencias cruzadas **3:6** Sal 88:5-6 **3:18** Ez 37:11 **3:31** Is 54:7-10 **3:39** Hb 12:5-6

me persiguieron como a un pájaro.
53 Me arrojaron a un hoyo
y dejaron caer piedras sobre mí.
54 El agua subió hasta cubrir mi cabeza
y yo exclamé: «¡Este es el fin!».
55 Pero desde lo profundo del hoyo,
invoqué tu nombre, SEÑOR.
56 Me oíste cuando clamé: «¡Escucha mi ruego!
¡Oye mi grito de socorro!».
57 Así fue, cuando llamé, tú viniste;
me dijiste: «No tengas miedo».
58 Señor, has venido a defenderme;
has redimido mi vida.
59 Viste el mal que me hicieron, SEÑOR;
sé mi juez y demuestra que tengo razón.
60 Has visto los planes vengativos
que mis enemigos han tramado contra mí.
61 SEÑOR, tú oíste los nombres repugnantes con los
que me llaman
y conoces los planes que hicieron.
62 Mis enemigos susurran y hablan entre dientes
mientras conspiran contra mí todo el día.
63 ¡Míralos! Estén sentados o de pie,
yo soy el objeto de sus canciones burlonas.
64 SEÑOR, dales su merecido
por todo lo malo que han hecho.
65 ¡Dales corazones duros y tercos,
y después, que tu maldición caiga sobre ellos!
66 Persíguelos en tu enojo
y destrúyelos bajo los cielos del SEÑOR.

El enojo de Dios queda satisfecho

4 ¡Cómo perdió su brillo el oro!
Hasta el oro más preciado se volvió opaco.
¡Las piedras preciosas sagradas
yacen esparcidas en las calles!

2 Miren cómo los preciosos hijos de Jerusalén,*
que valen su peso en oro puro,
ahora son tratados como vasijas de barro
hechas por un alfarero común y corriente.

3 Hasta los chacales amamantan a sus cachorros,
pero mi pueblo Israel no lo hace;
ignoran los llantos de sus hijos,
como los avestruces del desierto.

4 La lengua reseca de sus pequeños
se pega al paladar a causa de la sed.
Los niños lloran por pan,
pero nadie tiene para darles.

5 Los que antes comían los manjares más ricos
ahora mendigan en las calles por cualquier cosa
que puedan obtener.
Los que antes vestían ropa de la más alta calidad
ahora hurgan en los basureros buscando qué
comer.

6 La culpa* de mi pueblo
es mayor que la de Sodoma,
donde, en un instante, cayó el desastre total
y nadie ofreció ayuda.

7 Nuestros príncipes antes rebosaban de salud,
más brillantes que la nieve, más blancos que la
leche.
Sus rostros eran tan rosados como rubíes,
su aspecto como joyas preciosas.*

8 Pero ahora sus caras son más negras que el carbón;
nadie los reconoce en las calles.
La piel se les pega a los huesos;
está tan seca y dura como la
madera.

9 Los que murieron a espada terminaron mejor
que los que mueren de hambre.
Hambrientos, se consumen
por la falta de comida de los campos.

10 Mujeres de buen corazón
han cocinado a sus propios hijos;
los comieron
para sobrevivir el sitio.

11 Pero ahora, quedó satisfecho el enojo del SEÑOR;
su ira feroz ha sido derramada.
Prendió un fuego en Jerusalén*
que quemó la ciudad hasta sus cimientos.

12 Ningún rey sobre toda la tierra,
nadie en todo el mundo,
hubiera podido creer que un enemigo
lograra entrar por las puertas de Jerusalén.

13 No obstante, ocurrió a causa de los pecados de sus
profetas
y de los pecados de sus sacerdotes,
que profanaron la ciudad
al derramar sangre inocente.

14 Vagaban a ciegas
por las calles,
tan contaminados por la sangre
que nadie se atrevía a tocarlos.

15 «¡Apártense! —les gritaba la gente—.
¡Ustedes están contaminados! ¡No nos toquen!».
Así que huyeron a tierras distantes
y deambularon entre naciones extranjeras,
pero nadie les permitió quedarse.

16 El SEÑOR mismo los dispersó,
y ya no los ayuda.
La gente no tiene respeto por los sacerdotes
y ya no honra a los líderes.

17 En vano esperamos que nuestros aliados
vinieran a salvarnos,

***Notas textuales** **4:2** En hebreo *de Sion*. **4:6** O *El castigo*. **4:7** En hebreo *como lapislázuli*. **4:11** En hebreo *en Sion*.

Referencias cruzadas **3:57** Is 41:10-14 **4:16** Is 9:14-16

pero buscábamos socorro en naciones
que no podían ayudarnos.

18 Era imposible andar por las calles
sin poner en peligro la vida.
Se acercaba nuestro fin; nuestros días estaban
contados.
¡Estábamos condenados!

19 Nuestros enemigos fueron más veloces que las
águilas en vuelo.
Si huíamos a las montañas, nos encontraban;
si nos escondíamos en el desierto,
allí estaban esperándonos.

20 Nuestro rey —el ungido del SEÑOR, la vida misma de
nuestra nación—
quedó atrapado en sus lazos.
¡Pensábamos que su sombra
nos protegería contra cualquier nación de la tierra!

21 ¿Te estás alegrando en la tierra de Uz,
oh pueblo de Edom?
Tú también beberás de la copa del enojo del SEÑOR;
tú también serás desnudada en tu borrachera.

22 Oh bella Jerusalén,* tu castigo tendrá fin;
pronto regresarás del destierro.
Pero Edom, tu castigo apenas comienza;
pronto serán puestos al descubierto tus muchos
pecados.

Oración por restauración

5 SEÑOR, recuerda lo que nos ha sucedido.
¡Mira cómo hemos sido deshonrados!
2 Se entregó nuestra herencia a extraños,
y nuestras casas, a extranjeros.
3 Somos huérfanos, sin padre,
y nuestras madres son viudas.
4 Tenemos que pagar por el agua que bebemos,
y hasta la leña es costosa.
5 Los que nos persiguen nos pisan los talones;
estamos agotados pero no encontramos descanso.
6 Nos sometimos a Egipto y a Asiria
para conseguir alimentos y así sobrevivir.
7 Nuestros antepasados pecaron, pero murieron,
¡y nosotros sufrimos el castigo que ellos merecían!

8 Los esclavos son ahora nuestros amos;
no ha quedado nadie para rescatarnos.
9 Buscamos comida a riesgo de nuestra vida
porque la violencia domina el campo.
10 El hambre hizo ennegrecer nuestra piel
como si hubiera sido quemada en el horno.
11 Nuestros enemigos violaron a las mujeres de
Jerusalén*
y a las muchachas de las ciudades de Judá.
12 Cuelgan a nuestros príncipes de las manos,
y tratan a nuestros ancianos con desprecio.
13 Llevan a los jóvenes a trabajar en los molinos,
y los niños tambalean bajo pesadas cargas de leña.
14 Los ancianos ya no se sientan en las puertas de la
ciudad;
los jóvenes ya no bailan ni cantan.
15 La alegría abandonó nuestro corazón;
nuestras danzas se convirtieron en luto.
16 Cayeron las guirnaldas* de nuestra cabeza.
Lloren por nosotros porque hemos pecado.
17 Tenemos el corazón angustiado y cansado,
y nuestros ojos se nublan por las lágrimas,
18 porque Jerusalén* está vacía y desolada;
es un lugar donde merodean los chacales.

19 ¡Pero SEÑOR, tú serás el mismo para siempre!
Tu trono continúa de generación en generación.
20 ¿Por qué sigues olvidándonos?
¿Por qué nos has abandonado por tanto tiempo?
21 ¡Restáuranos, oh SEÑOR, y haz que regresemos a ti!
¡Devuélvenos la alegría que teníamos antes!
22 ¿O acaso nos has rechazado por completo?
¿Todavía estás enojado con nosotros?

***Notas textuales** **4:22** En hebreo *Oh hija de Sion.* **5:11** En hebreo *de Sion.* **5:16** O *Cayó la corona.* **5:18** En hebreo *porque el monte Sion.*

Referencias cruzadas **4:22** Is 40:2 **5:7** Jr 14:20 **5:14** Jr 7:34 **5:21** Sal 80:3

EZEQUIEL

¿Por qué es importante?

Dios nunca ha estado interesado en el castigo, pero la lección de este libro es que a veces no nos damos cuenta de lo malo que hemos hecho hasta que no vemos las consecuencias. Para el tiempo de Ezequiel, Israel había vivido durante tanto tiempo en pecado y rebelión, confiados en su propia fuerza y en la de las naciones vecinas, que necesitaban que Dios les recordara su naturaleza santa y su identidad de la manera más dramática. Después de siglos de advertencias y mensajes proféticos, Dios dejó que el pueblo fuera llevado fuera de su tierra prometida para su propio bien ya que su purificación vendría mediante la prueba y aprender de las consecuencias de sus malas decisiones.

¿Por qué fue escrito?

El propósito de este libro fue el de explicarles a los judíos que su castigo se debía a su pecado y falta de santidad delante del Señor. De hecho, el profeta logró este propósito a través de dramáticos y extremos actos simbólicos (lee como ejemplo Ez. 4). A la vez, proclamó la restauración total de un remanente del pueblo, a través de la creación de un nuevo pueblo; con un nuevo corazón, un nuevo pacto, una nueva ciudad y un nuevo templo.

¿Quién lo escribió?

El profeta y sacerdote Ezequiel, hijo de Buzí, ha sido considerado tradicionalmente como el autor de este libro (Ez. 1:3). Aunque el Señor envió al exilio a su pueblo, no dejó de hablarles. Ezequiel estaba entre los diez mil que fueron llevados durante la segunda invasión de Jerusalén (año 597 a.C.), durante el reinado de Joaquín, así que su ministerio profético se realizó en el cautiverio, buscando que los judíos se volvieran a Dios. Su nombre significa "El Señor fortalece".

¿A quién lo escribió?

El libro de Ezequiel fue escrito para que lo leyeran los judíos durante el exilio en Babilonia. El profeta se encontraba en una colonia de cautivos establecida por Nabucodonosor a orillas del canal de Quebar, en un asentamiento llamado Tel-Aviv (Ez. 3:15), en el cual él tenía su casa (Ez. 8:1). Aparentemente, los líderes judíos continuamente se juntaban con Ezequiel para recibir los consejos del profeta. Algunos sugieren que quizá este sea el inicio de lo que después serían las sinagogas, tan populares en tiempos del Nuevo Testamento.

¿Cuándo y dónde lo escribió?

Este es uno de los libros del Antiguo Testamento que hacen más énfasis en referencias cronológicas. Se cuentan hasta trece alusiones a distintas fechas. Ezequiel comenzó su ministerio en el año 592 a.C., unos cinco años después de ser llevado a Babilonia (lee Ez. 1:2). Veintidós años después, aún seguía profetizando a los exiliados (lee Ez. 29:17). El libro fue escrito en el exilio, mientras Ezequiel estaba en la comunidad de Tel-Aviv, a orillas del río-canal de Quebar, en Babilonia; lejos de la tierra prometida.

Paso a paso

1. Llamado excepcional de un siervo del Señor. Caps. 1-3
2. Cómo y por qué viene el juicio sobre el pueblo del Señor. Caps. 4-24
3. Cómo y por qué viene el juicio sobre las naciones enemigas del Señor. Caps. 25-32
4. Restauración total del verdadero pueblo del Señor. Caps. 33-48

Ezequiel

Visión de los seres vivientes

1 El 31 de julio* de mis treinta años de vida,* me encontraba con los judíos en el destierro, junto al río Quebar, en Babilonia, cuando se abrieron los cielos y tuve visiones de Dios. 2Eso ocurrió durante el quinto año de cautividad del rey Joaquín. 3(El Señor le dio este mensaje al sacerdote Ezequiel, hijo de Buzi, junto al río Quebar, en la tierra de los babilonios;* y él sintió que la mano del Señor se apoderó de él).

4Mientras miraba, vi una gran tormenta que venía del norte empujando una nube enorme que resplandecía con relámpagos y brillaba con una luz radiante. Dentro de la nube había fuego, y en medio del fuego resplandecía algo que parecía como de ámbar reluciente.* 5Del centro de la nube salieron cuatro seres vivientes que parecían humanos, 6solo que cada uno tenía cuatro caras y cuatro alas. 7Las piernas eran rectas, y los pies tenían pezuñas como las de un becerro y brillaban como bronce bruñido. 8Pude ver que, debajo de cada una de las cuatro alas, tenían manos humanas. Así que cada uno de los cuatro seres tenía cuatro caras y cuatro alas. 9Las alas de cada ser viviente se tocaban con las de los seres que estaban al lado. Cada uno se movía de frente hacia adelante, en la dirección que fuera, sin darse vuelta.

10Cada uno tenía cara humana por delante, cara de león a la derecha, cara de buey a la izquierda, y cara de águila por detrás. 11Cada uno tenía dos pares de alas extendidas: un par se tocaba con las alas de los seres vivientes a cada lado, y el otro par le cubría el cuerpo. 12Los seres iban en la dirección que indicara el espíritu y se movían de frente hacia delante, en la dirección que fuera, sin darse vuelta.

13Los seres vivientes parecían carbones encendidos o antorchas brillantes, y daba la impresión de que entre ellos destellaban relámpagos. 14Y los seres vivientes se desplazaban velozmente de un lado a otro como centellas.

15Mientras miraba a esos seres vivientes, vi junto a ellos cuatro ruedas que tocaban el suelo; a cada uno le correspondía una rueda. 16Las ruedas brillaban como si fueran de berilo. Las cuatro ruedas se parecían y estaban hechas de la misma manera; dentro de cada rueda había otra rueda, que giraba en forma transversal. 17Los seres podían avanzar de frente en cualquiera de las cuatro direcciones, sin girar mientras se movían. 18Los aros de las cuatro ruedas eran altos y aterradores, y estaban cubiertos de ojos alrededor.

19Cuando los seres vivientes se movían, las ruedas se movían con ellos. Cuando volaban hacia arriba, las ruedas también subían. 20El espíritu de los seres vivientes estaba en las ruedas. Así que a donde fuera el espíritu, iban también las ruedas y los seres vivientes. 21Cuando los seres se movían, las ruedas se movían. Cuando los seres se detenían, las ruedas se detenían. Cuando los seres volaban hacia arriba, las ruedas se elevaban, porque el espíritu de los seres vivientes estaba en las ruedas.

22Por encima de ellos se extendía una superficie semejante al cielo, reluciente como el cristal. 23Por debajo de esa superficie, dos alas de cada ser viviente se extendían para tocar las alas de los otros, y cada uno tenía otras dos alas que le cubrían el cuerpo. 24Cuando volaban, el ruido de las alas me sonaba como olas que rompen contra la costa o la voz del Todopoderoso* o los gritos de un potente ejército. Cuando se detuvieron, bajaron las alas. 25Mientras permanecían de pie con las alas bajas, se oyó una voz más allá de la superficie de cristal que estaba encima de ellos.

26Sobre esta superficie había algo semejante a un trono hecho de lapislázuli. En ese trono, en lo más alto, había una figura con apariencia de hombre. 27De lo que parecía ser su cintura para arriba, tenía aspecto de ámbar reluciente, titilante como el fuego; y de la cintura para abajo, parecía una llama encendida resplandeciente. 28Lo rodeaba un halo luminoso, como el arco iris que brilla entre las nubes en un día de lluvia. Así se me presentó la gloria del Señor. Cuando la vi, caí con rostro en tierra, y oí la voz de alguien que me hablaba.

Llamado y encargo de Ezequiel

2 «Levántate, hijo de hombre —dijo la voz—, quiero hablarte». 2El Espíritu entró en mí mientras me hablaba y me puso de pie. Entonces escuché atentamente sus palabras. 3«Hijo de hombre —me dijo—, te envío a la nación de Israel, un pueblo desobediente que se ha rebelado contra mí. Ellos y sus antepasados se han puesto en mi contra hasta el día de hoy. 4Son un pueblo terco y duro de corazón. Ahora te envío a decirles: "¡Esto dice el Señor Soberano!". 5Ya sea que te escuchen o se nieguen a escuchar —pues recuerda que son rebeldes—, al menos sabrán que han tenido un profeta entre ellos.

6»Hijo de hombre, no tengas miedo ni de ellos ni de sus palabras. No temas, aunque sus amenazas te rodeen como ortigas, zarzas y escorpiones venenosos. No te desanimes por sus ceños fruncidos, por muy rebeldes que ellos sean. 7Debes darles mis mensajes, te escuchen o no. Sin embargo, no te escucharán, ¡porque son totalmente rebeldes! 8Hijo de hombre, presta atención a lo que te digo. No seas rebelde como ellos. Abre la boca y come lo que te doy».

9Luego miré y vi que se me acercaba una mano que

***Notas textuales** **1:1a** En hebreo *El quinto día del cuarto mes*, del antiguo calendario lunar hebreo. Varias fechas que aparecen en Ezequiel pueden corroborarse con las fechas que aparecen en los registros babilónicos que se han conservado y pueden relacionarse de manera precisa con nuestro calendario moderno. Ese suceso ocurrió el 31 de julio del 593 a. C. **1:1b** O *en el año treinta.* **1:3** O *caldeos.* **1:4** O *como metal bruñido*; similar en 1:27. **1:24** En hebreo *Shaddai.*

Referencias cruzadas **1:1** Ap 19:11 **1:5-9** Ap 4:6-8 **1:19-21** Ez 10:16-19 **1:24** Ap 19:6 **2:5** Mt 10:12-15 **2:8** Jr 15:16

sostenía un rollo, 10el cual él abrió. Entonces vi que estaba escrito en ambos lados con cantos fúnebres, lamentos y declaraciones de condena.

3 La voz me dijo: «Hijo de hombre, come lo que te doy, ¡cómete este rollo! Luego ve y transmite el mensaje a los israelitas». 2Así que abrí la boca y él me dio a comer el rollo. 3«Llénate el estómago con esto», me dijo. Al comerlo, sentí un sabor tan dulce como la miel.

4Luego me dijo: «Hijo de hombre, ve a los israelitas y dales mis mensajes. 5No te envío a un pueblo de extranjeros que habla un idioma que no comprendes. 6No, no te envío a gente que habla un idioma extraño y difícil de entender. Si te enviara a esas personas, ¡ellas te escucharían! 7¡Pero los israelitas no te escucharán a ti como tampoco me escuchan a mí! Pues todos y cada uno de ellos son tercos y duros de corazón. 8Sin embargo, mira, te he hecho tan obstinado y duro de corazón como ellos. 9¡Endurecí tu frente tanto como la roca más dura! Por lo tanto, no les tengas miedo ni te asustes con sus miradas furiosas, por muy rebeldes que sean».

10Luego agregó: «Hijo de hombre, que todas mis palabras penetren primero en lo profundo de tu corazón. Escúchalas atentamente para tu propio bien. 11Después ve a tus compatriotas desterrados y diles: "¡Esto dice el Señor Soberano!". Hazlo, te escuchen o no».

12Luego el Espíritu me levantó y oí detrás de mí un fuerte ruido que retumbaba. (¡Alabada sea la gloria del Señor en su lugar!)*. 13Era el sonido de las alas de los seres vivientes al rozarse unas con otras y el retumbar de las ruedas debajo de ellos.

14El Espíritu me levantó y me sacó de allí. Salí amargado y confundido, pero era fuerte el poder del Señor sobre mí. 15Luego llegué a la colonia de judíos desterrados en Tel-abib, junto al río Quebar. Estaba atónito y me quedé sentado entre ellos durante siete días.

Centinela para Israel

16Después de siete días, el Señor me dio el siguiente mensaje: 17«Hijo de hombre, te he puesto como centinela para Israel. Cada vez que recibas un mensaje mío, adviértele a la gente de inmediato. 18Si les aviso a los perversos: "Ustedes están bajo pena de muerte", pero tú no les das la advertencia, ellos morirán en sus pecados; y yo te haré responsable de su muerte. 19Si tú les adviertes, pero ellos se niegan a arrepentirse y siguen pecando, morirán en sus pecados; pero tú te habrás salvado porque me obedeciste.

20»Si los justos se desvían de su conducta recta y no hacen caso a los obstáculos que pongo en su camino, morirán; y si tú no les adviertes, ellos morirán en sus pecados. No se recordará ninguno de sus actos de justicia y te haré responsable de la muerte de esas personas; 21pero si les adviertes a los justos que no pequen y te hacen caso y no pecan, entonces vivirán, y tú también te habrás salvado».

22Luego el Señor puso su mano sobre mí y me dijo: «Levántate y sal al valle, y allí te hablaré». 23Entonces me levanté y fui. Allí vi la gloria del Señor, tal como la había visto en mi primera visión junto al río Quebar, y caí con el rostro en tierra.

24Después el Espíritu entró en mí y me puso de pie. Me habló y me dijo: «Vete a tu casa y enciérrate. 25Allí, hijo de hombre, te atarán con cuerdas, para que no puedas salir a estar con el pueblo. 26Haré que la lengua se te pegue al paladar para que quedes mudo y no puedas reprenderlos, porque son rebeldes. 27Sin embargo, cuando te dé un mensaje, te soltaré la lengua y te dejaré hablar. Entonces les dirás: "¡Esto dice el Señor Soberano!". Los que quieran escuchar, escucharán, pero los que se nieguen, se negarán, porque son rebeldes.

Señal del inminente sitio

4 »Ahora, hijo de hombre, toma un ladrillo grande de barro y ponlo en el suelo, delante de ti. Luego dibuja en él un mapa de la ciudad de Jerusalén y 2representa la ciudad bajo ataque. Construye un muro a su alrededor para que nadie pueda escapar. Establece el campamento enemigo y rodea la ciudad con rampas de asalto y arietes. 3Luego toma una plancha de hierro y colócala entre tú y la ciudad. Dirígete a la ciudad y demuestra lo terrible que será el ataque contra Jerusalén. Esto será una advertencia al pueblo de Israel.

4»Ahora acuéstate sobre tu lado izquierdo y pon sobre ti los pecados de Israel. Cargarás con sus pecados todos los días que permanezcas acostado sobre ese lado. 5Te exijo que cargues con los pecados de Israel durante trescientos noventa días, un día por cada año de su pecado. 6Cumplido ese tiempo, date vuelta y acuéstate sobre el lado derecho cuarenta días, un día por cada año del pecado de Judá.

7»Mientras tanto, mira fijamente el sitio contra Jerusalén. Quédate acostado con el brazo descubierto y profetiza la destrucción de la ciudad. 8Te ataré con cuerdas para que no puedas moverte de un lado al otro hasta que se hayan cumplido los días del ataque.

9»Ahora ve a conseguir algo de trigo, cebada, frijoles, lentejas, mijo y trigo espelta, y mézclalos en un recipiente grande. Con esta mezcla, harás pan para ti durante los trescientos noventa días que estarás acostado sobre tu lado izquierdo. 10Prepárate raciones de este alimento de doscientos veintiocho gramos* para cada día y cómelas a determinadas horas. 11Luego mide una jarra* de agua para cada día y bébela a determinadas horas. 12Prepara este alimento y cómelo como si fuera un pan de cebada. Cocínalo a la vista de todo el pueblo, sobre un fuego encendido con excremento humano seco, y luego cómete el pan». 13Después el Señor dijo: «¡Así comerán los israelitas pan contaminado en las naciones gentiles* adonde los expulsaré!».

14Entonces dije: «Oh Señor Soberano, ¿es necesario que me contamine con excremento humano? Pues nunca me he contaminado. Desde que era niño hasta ahora, jamás comí ningún animal que muriera por enfermedad o que fuera muerto por otros animales. Jamás probé ninguna carne prohibida por la ley».

15«Está bien —dijo el Señor—. Puedes cocinar tu pan con estiércol de vaca en vez de excremento humano». 16Luego me dijo: «Hijo de hombre, haré que escasee el alimento en Jerusalén. Tendrán que racionarlo con mucho cuidado y lo comerán con temor. El agua se racionará, gota a gota, y el pueblo la beberá afligido. 17Por la falta de

***Notas textuales** **3:12** Otra lectura posible de este versículo sería: *Luego el Espíritu me levantó, y mientras la gloria del Señor se elevaba de su lugar, oí detrás de mí un fuerte ruido que retumbaba.* **4:10** En hebreo *20 siclos* [8 onzas]. **4:11** En hebreo *1/6 de un hin* [aproximadamente 0,6 litros o 1 pinta]. **4:13** *Gentil[es]*, que no es judío.

Referencias cruzadas **3:3** Sal 119:102-103 **3:5-6** Hch 26:17-18 **3:12** Hch 8:39 **3:21** Hch 20:31 **3:27** Ez 33:22 **4:2** Ez 21:22 **4:14** Hch 10:14 **4:17** Ez 24:23

alimento y de agua, ellos se mirarán unos a otros llenos de terror, y en su castigo se irán consumiendo.

Señal del juicio que viene

5 »Hijo de hombre, toma una espada afilada y úsala como navaja para afeitarte la cabeza y la barba. Toma una balanza y pesa el cabello en tres partes iguales. 2 Coloca una tercera parte del cabello en el centro del mapa que hiciste de Jerusalén. Después de representar el ataque a la ciudad, quémalo allí. Esparce otra tercera parte del cabello por todo el mapa y córtalo con una espada. Arroja la otra tercera parte al viento, porque yo esparciré a mi pueblo con la espada. 3 Conserva apenas un poquito del cabello y átalo en tu túnica. 4 Luego toma algunos de esos cabellos y arrójalos al fuego para que se consuman. De ese remanente se esparcirá un fuego que destruirá a todo Israel.

5 »El Señor Soberano dice: esto es una ilustración de lo que le ocurrirá a Jerusalén. Yo la puse en el centro de las naciones, 6 pero ella se rebeló contra mis ordenanzas y decretos, y resultó ser aún más perversa que las naciones vecinas. Se ha negado a obedecer las ordenanzas y los decretos que le di para que siguiera.

7 »Por lo tanto, esto dice el Señor Soberano al pueblo: te has comportado peor que tus vecinos y te has negado a obedecer mis decretos y ordenanzas. Ni siquiera has vivido a la altura de las naciones que te rodean. 8 Por lo tanto, ahora, yo mismo, el Señor Soberano, soy tu enemigo. Te castigaré en público, a la vista de todas las naciones. 9 A causa de tus ídolos detestables, te castigaré como nunca he castigado a nadie ni volveré a hacerlo jamás. 10 Los padres se comerán a sus propios hijos y los hijos se comerán a sus padres. Te castigaré, y esparciré a los pocos que sobrevivan a los cuatro vientos.

11 »Tan cierto como que yo vivo, dice el Señor Soberano, te eliminaré por completo. No te tendré ninguna lástima porque has contaminado mi templo con tus imágenes repugnantes y tus pecados detestables. 12 Una tercera parte del pueblo morirá de hambre y de enfermedades en la ciudad. Otra tercera parte será masacrada por el enemigo fuera de las murallas de la ciudad. A la otra tercera parte la dispersaré a los cuatro vientos y la perseguiré con mi espada. 13 Entonces por fin mi enojo se habrá desahogado y quedaré satisfecho. Cuando se haya calmado mi furia contra ellos, todo Israel sabrá que yo, el Señor, les hablé enojado de celos.

14 »Así que te convertiré en ruinas, en una burla ante los ojos de las naciones vecinas y de todos los que pasen por allí. 15 Te volverás objeto de burla, de mofas y de horror. Servirás de advertencia a las naciones que te rodean. Ellas verán lo que sucede cuando el Señor castiga con enojo a una nación y la reprende, dice el Señor.

16 »Haré que te lluevan las flechas mortales del hambre para destruirte. El hambre se volverá cada vez más terrible hasta que haya desaparecido la última migaja de alimento. 17 Junto con el hambre, te atacarán animales salvajes y te arrebatarán a tus hijos. La enfermedad y la guerra acecharán tu tierra, y mandaré la espada del enemigo contra ti. ¡Yo, el Señor, he hablado!».

Juicio contra los montes de Israel

6 Nuevamente recibí un mensaje del Señor: 2 «Hijo de hombre, ponte de cara a los montes de Israel y profetiza contra ellos. 3 Proclama este mensaje de parte del Señor Soberano contra los montes de Israel. Esto dice el Señor Soberano a los montes y a las colinas, a los barrancos y a los valles: "Estoy por provocar guerra contra ustedes y aplastaré sus santuarios paganos. 4 Todos sus altares serán demolidos y sus lugares de culto quedarán destruidos. Mataré a la gente delante de sus ídolos.* 5 Arrojaré los cadáveres delante de sus ídolos y desparramaré sus huesos alrededor de sus altares. 6 Dondequiera que vivan, habrá desolación y destruiré sus santuarios paganos. Sus altares serán demolidos; sus ídolos, aplastados; sus lugares de culto, derribados y todos los objetos religiosos que hayan hecho, destruidos. 7 El lugar quedará sembrado de cadáveres y sabrán que solo yo soy el Señor.

8 »"Sin embargo, permitiré que algunos de mi pueblo escapen de la destrucción y esos pocos serán esparcidos entre las naciones del mundo. 9 Luego, cuando estén desterrados entre las naciones, se acordarán de mí. Reconocerán cuánto me duele la infidelidad de su corazón y la lujuria de sus ojos que anhelan a sus ídolos. Entonces, al fin, se odiarán a sí mismos por todos sus pecados detestables. 10 Sabrán que solo yo soy el Señor y que hablaba en serio cuando dije que traería esta calamidad sobre ellos".

11 »Esto dice el Señor Soberano: "Den palmadas y pataleen en señal de horror. Griten por todos los pecados detestables que ha cometido el pueblo de Israel. Ahora morirán por la guerra, el hambre y la enfermedad: 12 la enfermedad herirá de muerte a los que estén desterrados en lugares lejanos; la guerra destruirá a quienes estén cerca, y cualquiera que sobreviva morirá a causa del hambre. Entonces, por fin desahogaré mi furia en ellos. 13 Sabrán que yo soy el Señor cuando sus muertos queden esparcidos en medio de sus ídolos y en torno a sus altares, sobre cada colina y montaña y debajo de todo árbol frondoso y cada árbol grande que da sombra, es decir, en los lugares donde ofrecían sacrificios a sus ídolos. 14 Los aplastaré y dejaré desoladas sus ciudades, desde el desierto del sur hasta Ribla,* en el norte. Entonces sabrán que yo soy el Señor"».

Ya viene el fin

7 Después recibí este mensaje del Señor: 2 «Hijo de hombre, esto dice el Señor Soberano a Israel:

»¡Ya llegó el fin!
Dondequiera que mires
—al oriente, al occidente, al norte o al sur—
tu tierra está acabada.
3 No queda esperanza,
porque desataré mi enojo contra ti.
Te llamaré a rendir cuentas
de todos tus pecados detestables.
4 Miraré para otro lado y no te tendré compasión.
Te daré tu merecido por todos tus pecados
detestables.
Entonces sabrás que yo soy el Señor.

5 »Esto dice el Señor Soberano:
¡Desastre tras desastre
se te acerca!

***Notas textuales 6:4** El término hebreo (literalmente *cosas redondas*) probablemente se refiere al estiércol; también en 6:5, 6, 9, 13. **6:14** Así aparece en algunos manuscritos hebreos; la mayoría de los manuscritos hebreos dicen *Diblat.*

Referencias cruzadas 5:3 Jr 39:10 **5:9** Mt 24:21 **5:15** Jr 22:8-9 **6:6** Za 13:2 **6:9** Jb 42:6 **6:13** Os 4:13 **7:4** Ez 22:31

6 El fin ha llegado.
Finalmente llegó.
¡Te espera la condenación final!
7 Oh pueblo de Israel, ya amanece el día de tu destrucción.
Ha llegado la hora; está cerca el día de dificultad.
En las montañas se oirán gritos de angustia;
no serán gritos de alegría.
8 Pronto derramaré mi furia sobre ti,
y contra ti desataré mi enojo.
Te llamaré a rendir cuentas
de todos tus pecados detestables.
9 Miraré para otro lado y no te tendré compasión.
Te daré tu merecido por todos tus pecados detestables.
Entonces sabrás que soy yo, el Señor,
quien da el golpe.

10 »¡El día del juicio ha llegado;
tu destrucción está a la puerta!
La perversidad y la soberbia de la gente
han florecido en pleno.
11 La violencia de ellos se ha transformado en una vara
que los azotará por su perversidad.
Ninguno de esos orgullosos y perversos sobrevivirá.
Toda su riqueza y prestigio se esfumará.
12 Sí, ha llegado la hora;
¡este es el día!
Que los comerciantes no se alegren por las ofertas,
ni los vendedores lamenten sus pérdidas,
porque todos ellos caerán
bajo mi enojo terrible.
13 Aunque los mercaderes sobrevivan,
jamás regresarán a sus negocios.
Pues lo que Dios ha dicho se aplica a todos sin excepción;
¡no se cambiará!
Ninguna persona que viva descarriada por el pecado
se recuperará jamás.

Desolación de Israel

14 »Suena la trompeta para movilizar al ejército de Israel,
pero nadie presta atención,
porque me he enfurecido contra todos ellos.
15 Fuera de la ciudad hay guerra,
y dentro de la ciudad, enfermedades y hambre.
Los que estén fuera de las murallas de la ciudad
morirán al filo de las espadas enemigas.
Los que estén dentro de la ciudad
morirán de hambre y enfermedades.
16 Los sobrevivientes que escapen hacia las montañas
gemirán como palomas, sollozando por sus pecados.
17 Sus manos colgarán sin fuerza;
las rodillas les quedarán débiles como el agua.
18 Se vestirán de tela áspera;
el horror y la vergüenza los cubrirán.
Se afeitarán la cabeza
en señal de dolor y remordimiento.

19 »Arrojarán su dinero a la calle;
lo tirarán como si fuera basura.
Ni su plata ni su oro los salvará
cuando llegue ese día del enojo del Señor.
No los saciarán ni los alimentarán,
porque su avaricia solo los hace tropezar.
20 Estaban orgullosos de sus hermosas joyas
y con ellas hicieron ídolos detestables e imágenes repugnantes.
Por lo tanto, haré que todas sus riquezas
les resulten asquerosas.
21 Se las daré a los extranjeros como botín,
a las naciones más perversas,
y ellas las profanarán.
22 Apartaré mis ojos de ellos
cuando esos ladrones invadan y profanen mi preciosa tierra.

23 »Prepara cadenas para mi pueblo,
porque la tierra está ensangrentada por crímenes terribles.
Jerusalén está llena de violencia.
24 Traeré a las naciones más despiadadas
para que se apoderen de sus casas.
Derrumbaré sus orgullosas fortalezas
y haré que se profanen sus santuarios.
25 El terror y el temblor se apoderarán de mi pueblo.
Buscarán paz, pero no la encontrarán.
26 Habrá calamidad tras calamidad;
un rumor seguirá a otro rumor.
En vano buscarán
una visión de los profetas.
No recibirán enseñanza de los sacerdotes
ni consejo de los líderes.
27 El rey y el príncipe quedarán indefensos,
sollozando de desesperación,
y las manos de la gente
temblarán de miedo.
Los haré pasar por la misma maldad
que ellos causaron a otros,
y recibirán el castigo
que tanto merecen.
¡Entonces sabrán que yo soy el Señor!».

Idolatría en el templo

8 Después, el 17 de septiembre,* durante el sexto año
de cautividad del rey Joaquín, mientras los líderes de
Judá estaban en mi casa, el Señor Soberano puso su mano
sobre mí. 2Vi una figura con apariencia de hombre.* De lo
que parecía ser su cintura para abajo, parecía una llama en-
cendida. De la cintura para arriba, tenía aspecto de ámbar
reluciente.* 3Extendió algo que parecía ser una mano y
me tomó del cabello. Luego el Espíritu me elevó al cielo
y me transportó a Jerusalén en una visión que procedía
de Dios. Me llevó a la puerta norte del atrio interior del
templo, donde hay un ídolo grande que ha provocado
los celos del Señor. 4De pronto, estaba allí la gloria del
Dios de Israel, tal como yo la había visto antes en el valle.
5Entonces el Señor me dijo: «Hijo de hombre, mira
hacia el norte». Así que miré hacia el norte y, junto a la

***Notas textuales** **8:1** En hebreo *el quinto [día] del sexto mes,* del antiguo calendario lunar hebreo. Ese suceso ocurrió el 17 de septiembre del 592 a. C.; ver también la nota en 1:1. **8:2a** Así aparece en la versión griega; en hebreo dice *apariencia de fuego*. **8:2b** O *de metal bruñido*.

Referencias cruzadas **7:8** Ez 33:20 **7:12** 1 Co 7:29-31 **7:20-22** Jr 7:20 **7:26** Is 47:11 **8:2** Ez 1:4, 27-28 **8:5** Ez 8:9, 17 entrada de la puerta que está cerca del altar, estaba el ídolo que tanto había provocado los celos del SEÑOR.

6«Hijo de hombre —me dijo—, ¿ves lo que hacen? ¿Ves los pecados detestables que cometen los israelitas para sacarme de mi templo? ¡Pero ven y verás pecados aún más detestables que estos!». 7Luego me llevó a la puerta del atrio del templo, donde pude ver un hueco en el muro. 8Me dijo: «Ahora, hijo de hombre, cava en el muro». Entonces cavé en el muro y hallé una entrada escondida.

9«¡Entra —me dijo—, y mira los pecados perversos y detestables que cometen ahí!». 10Entonces entré y vi las paredes cubiertas con grabados de toda clase de reptiles y criaturas detestables. También vi los diversos ídolos* a los que rendía culto el pueblo de Israel. 11Allí había de pie setenta líderes de Israel y en el centro estaba Jaazanías, hijo de Safán. Todos tenían en la mano un recipiente para quemar incienso y de cada recipiente se elevaba una nube de incienso por encima de sus cabezas.

12Entonces el SEÑOR me dijo: «Hijo de hombre, ¿has visto lo que los líderes de Israel hacen con sus ídolos en los rincones oscuros? Dicen: "¡El SEÑOR no nos ve; él ha abandonado nuestra tierra!"». 13Entonces el SEÑOR agregó: «¡Ven y te mostraré pecados aún más detestables que estos!».

14Así que me llevó a la puerta norte del templo del SEÑOR; allí estaban sentadas algunas mujeres, sollozando por el dios Tamuz. 15«¿Has visto esto? —me preguntó—. ¡Pero te mostraré pecados aún más detestables!».

16Entonces me llevó al atrio interior del templo del SEÑOR. En la entrada del santuario, entre la antesala y el altar de bronce, había unos veinticinco hombres de espaldas al santuario del SEÑOR. ¡Estaban inclinados hacia el oriente, rindiendo culto al sol!

17«¿Ves esto, hijo de hombre? —me preguntó—. ¿No le importa nada al pueblo de Judá cometer estos pecados detestables con los cuales llevan a la nación a la violencia y se burlan de mí y provocan mi enojo? 18Por lo tanto, responderé con furia. No les tendré compasión ni les perdonaré la vida y por más que clamen por misericordia, no los escucharé».

Masacre de los idólatras

9 Entonces el SEÑOR dijo con voz de trueno: «¡Traigan a los hombres designados para castigar la ciudad! ¡Díganles que vengan con sus armas!». 2Pronto entraron seis hombres por la puerta superior que da al norte y cada uno llevaba un arma mortal en la mano. Con ellos había un hombre vestido de lino, que llevaba un estuche de escriba en la cintura. Todos se dirigieron al atrio del templo y se pusieron de pie junto al altar de bronce.

3Entonces la gloria del Dios de Israel se elevó de entre los querubines, donde había reposado, y se movió hacia la entrada del templo. Luego el SEÑOR llamó al hombre vestido de lino, que llevaba el estuche de escriba. 4Le dijo: «Recorre las calles de Jerusalén y pon una marca en la frente de todos los que lloren y suspiren por los pecados detestables que se cometen en la ciudad».

5Luego oí al SEÑOR decir a los demás hombres: «Síganlo por toda la ciudad y maten a todos los que no tengan la marca en la frente. ¡No tengan compasión! ¡No tengan lástima de nadie! 6Mátenlos a todos: ancianos, jóvenes, muchachas, mujeres y niños. Sin embargo, no toquen a ninguno que tenga la marca. Comiencen aquí mismo, en el templo». Entonces ellos comenzaron matando a los setenta líderes.

7«¡Contaminen el templo! —mandó el SEÑOR—. Llenen los atrios con cadáveres. ¡Vayan!». Entonces ellos salieron y comenzaron la masacre por toda la ciudad.

8Mientras mataban a la gente, yo me quedé solo. Caí con el rostro en tierra y clamé:

—¡Oh SEÑOR Soberano! ¿Acaso tu furia contra Jerusalén destruirá a todos los que queden en Israel?

9Me contestó:

—Los pecados del pueblo de Israel y Judá son muy, pero muy grandes. La tierra está llena de homicidios; la ciudad está colmada de injusticia. Ellos dicen: "¡El SEÑOR no lo ve! ¡El SEÑOR ha abandonado esta tierra!". 10Por eso no les perdonaré la vida ni les tendré compasión. Les daré todo su merecido por lo que han hecho.

11Luego regresó el hombre vestido de lino, que llevaba el estuche de escriba, e informó: «Ya hice lo que me ordenaste».

La gloria del SEÑOR abandona el templo

10 En mi visión, vi que, por encima de la superficie de cristal que estaba sobre las cabezas de los querubines, había algo que parecía un trono de lapislázuli. 2Entonces el SEÑOR le habló al hombre vestido de lino y le dijo: «Métete entre las ruedas que giran debajo de los querubines, toma un puñado de carbones encendidos y espárcelos sobre la ciudad». Así que el hombre lo hizo mientras yo observaba.

3Cuando el hombre entró allí, los querubines estaban de pie en la parte sur del templo y la nube de gloria llenaba el atrio interior. 4Entonces la gloria del SEÑOR se elevó por encima de los querubines y se dirigió hacia la entrada del templo. El templo se llenó con esa nube de gloria y el atrio resplandeció con la gloria del SEÑOR. 5El sonido de las alas de los querubines sonaban como la voz del Dios Todopoderoso* y podía oírse hasta en el atrio exterior.

6El SEÑOR le dijo al hombre vestido de lino: «Métete entre los querubines y toma algunos carbones encendidos de entre las ruedas». Entonces el hombre entró y se paró junto a una de las ruedas. 7Luego uno de los querubines extendió la mano y tomó algunas brasas de en medio del fuego que ardía entre ellos. Puso las brasas en las manos del hombre vestido de lino y el hombre las tomó y salió de allí. 8(Todos los querubines tenían debajo de sus alas lo que parecían ser manos humanas).

9Me fijé y cada uno de los cuatro querubines tenía una rueda a su lado y las ruedas brillaban como el berilo. 10Las cuatro ruedas eran semejantes entre sí y estaban hechas de la misma manera; dentro de cada rueda había otra rueda que giraba en forma transversal. 11Los querubines podían avanzar de frente en las cuatro direcciones, sin girar mientras se movían. Iban derecho en la dirección que tuvieran frente a ellos y nunca se desviaban. 12Tanto los querubines como las ruedas estaban cubiertos de ojos. Los querubines tenían ojos por todo el cuerpo, incluso las manos, la espalda y las alas. 13Oí que alguien hablaba de las ruedas como «las ruedas que giran». 14Cada uno de los cuatro querubines tenía cuatro caras: la primera era la cara

***Notas textuales** **8:10** El término hebreo (literalmente *cosas redondas*) probablemente se refiere al estiércol. **10:5** En hebreo *El-Shaddai.*

Referencias cruzadas **8:12** Ez 9:9 **8:14** Ez 44:4 **8:18** Is 1:15 **9:2** Ez 10:2 **9:6** Ap 9:4 **10:1** Ap 4:2-3 **10:12** Ap 4:6, 8

de un buey,* la segunda era una cara humana, la tercera
era la cara de un león y la cuarta era la cara de un águila.
15Luego los querubines se elevaron. Eran los mismos
seres vivientes que yo había visto junto al río Quebar.
16Cuando los querubines se movían, las ruedas se movían
con ellos. Cuando elevaban las alas para volar, las ruedas
permanecían con ellos. 17Cuando los querubines se de-
tenían, las ruedas también se detenían. Cuando volaban
hacia arriba, las ruedas subían, porque el espíritu de los
seres vivientes estaba en las ruedas.
18Luego la gloria del SEÑOR salió de la entrada del tem-
plo y se sostenía en el aire por encima de los querubines.
19Entonces, mientras yo observaba, los querubines vo-
laron con sus ruedas a la puerta oriental del templo del
SEÑOR y la gloria del Dios de Israel se sostenía en el aire
por encima de ellos.
20Eran los mismos seres vivientes que yo había visto
debajo del Dios de Israel cuando me encontraba junto al
río Quebar. Sabía que eran querubines, 21porque cada
uno tenía cuatro caras y cuatro alas y lo que parecían ser
manos humanas debajo de las alas. 22Además, sus caras
eran como las caras de los seres que yo había visto junto
al Quebar y se movían de frente y hacia adelante, tal como
los otros.

Juicio a los líderes de Israel

11 Luego el Espíritu me levantó y me llevó a la en-
trada oriental del templo del SEÑOR, donde vi a
veinticinco hombres prominentes de la ciudad. Entre ellos
estaban Jaazanías, hijo de Azur, y Pelatías, hijo de Benaía,
quienes eran líderes del pueblo.
2El Espíritu me dijo: «Hijo de hombre, estos son los
hombres que piensan hacer maldades y dan consejos per-
versos en esta ciudad. 3Le dicen al pueblo: "¿Acaso no es
un buen momento para construir casas? Esta ciudad es
como una olla de hierro. Aquí adentro estamos a salvo,
como la carne en la olla*". 4Por lo tanto, hijo de hombre,
profetiza contra ellos en forma clara y a viva voz».
5Entonces vino sobre mí el Espíritu del SEÑOR, y me
ordenó que dijera: «Esto dice el SEÑOR a los habitantes
de Israel: "Yo sé lo que ustedes hablan, porque conozco
cada pensamiento que les viene a la mente. 6Ustedes
asesinaron a muchos en esta ciudad y llenaron las calles
con cadáveres.
7»"Por lo tanto, esto dice el SEÑOR Soberano: es cierto
que esta ciudad es una olla de hierro, pero los trozos de
carne son las víctimas de la injusticia de ustedes. En
cuanto a ustedes, pronto los sacaré a rastras de esta olla.
8Les haré caer la espada de la guerra que tanto temen,
dice el SEÑOR Soberano. 9Los expulsaré de Jerusalén y
los entregaré a extranjeros que ejecutarán mis castigos
contra ustedes. 10Serán masacrados hasta las fronteras
de Israel. Ejecutaré juicio contra ustedes y sabrán que yo
soy el SEÑOR. 11No, esta ciudad no será una olla de hierro
para ustedes ni estarán a salvo como la carne dentro de
ella. Los juzgaré, incluso hasta las fronteras de Israel, 12y
sabrán que yo soy el SEÑOR. Pues se negaron a obedecer
mis decretos y ordenanzas; en cambio, han imitado las
costumbres de las naciones que los rodean"».
13Mientras yo aún profetizaba, murió de repente Pela-
tías, hijo de Benaía. Entonces caí rostro en tierra y clamé:
«Oh SEÑOR Soberano, ¿vas a matar a todos en Israel?».

Esperanza para Israel en el destierro

14Luego recibí este mensaje del SEÑOR: 15«Hijo de
hombre, el pueblo que aún queda en Jerusalén habla de
ti, de tus parientes y de todos los israelitas desterrados.
Dicen: "¡Ellos están lejos del SEÑOR, así que ahora él nos
ha dado a nosotros la tierra que les pertenecía!".
16»Por lo tanto, diles a los desterrados: "Esto dice el
SEÑOR Soberano: 'A pesar de que los esparcí por los países
del mundo, yo seré un santuario para ustedes durante
su tiempo en el destierro. 17Yo, el SEÑOR Soberano, los
reuniré de entre las naciones adonde fueron esparcidos y
les daré una vez más el territorio de Israel'".
18»Cuando los israelitas regresen a su patria, quitarán
todo rastro de sus imágenes repugnantes y sus ídolos
detestables. 19Les daré integridad de corazón y pondré
un espíritu nuevo dentro de ellos. Les quitaré su terco
corazón de piedra y les daré un corazón tierno y recep-
tivo,* 20para que obedezcan mis decretos y ordenanzas.
Entonces serán verdaderamente mi pueblo, y yo seré su
Dios. 21Sin embargo, a todos los que añoren las imágenes
repugnantes y los ídolos detestables, les daré su merecido
por sus pecados. ¡Yo, el SEÑOR Soberano, he hablado!».

La gloria del SEÑOR abandona a Jerusalén

22Luego los querubines desplegaron las alas y se elevaron
por el aire con las ruedas junto a ellos y la gloria del Dios de
Israel se sostenía en el aire por encima de ellos. 23Entonces
la gloria del SEÑOR se levantó de la ciudad y se detuvo
sobre la montaña que está al oriente.
24Después el Espíritu de Dios me llevó de regreso a Ba-
bilonia,* al pueblo desterrado. Así terminó la visión de mi
visita a Jerusalén. 25Entonces les relaté a los desterrados
todo lo que el SEÑOR me había mostrado.

Señales del destierro venidero

12 Nuevamente recibí un mensaje del SEÑOR: 2«Hijo
de hombre, tú vives entre rebeldes que tienen
ojos pero se niegan a ver; tienen oídos pero se niegan a
oír, porque son un pueblo rebelde.
3»De modo que ahora, hijo de hombre, haz como si
te enviaran al destierro. Prepara tu equipaje con las pocas
pertenencias que podría llevarse un desterrado y sal de tu
casa para ir a otro lugar. Hazlo a la vista de todos para que
te vean. Pues quizás presten atención a eso, por muy re-
beldes que sean. 4Saca tu equipaje en pleno día para que te
vean. Luego, por la tarde, mientras aún estén mirándote,
sal de tu casa como lo hacen los cautivos cuando inician
una larga marcha a tierras lejanas. 5Cava un hueco en la
muralla a la vista de todos y sal por ese hueco. 6Mientras
todos observan, carga el equipaje sobre los hombros y
aléjate caminando en la oscuridad de la noche. Cúbrete
el rostro para que no puedas ver la tierra que dejas atrás.
Pues yo he hecho de ti una señal para el pueblo de Israel».
7Por lo tanto, hice lo que se me ordenó. A plena luz del
día, saqué mi equipaje, lleno de cosas que llevaría al des-
tierro. Por la tarde, mientras el pueblo seguía observando,
cavé con las manos un hueco en la muralla y salí en la
oscuridad de la noche con el equipaje sobre los hombros.

***Notas textuales** **10:14** En hebreo *la cara de un querubín*; comparar con 1:10. **11:3** En hebreo *Esta ciudad es la olla y nosotros somos la carne.* **11:19** En hebreo *un corazón de carne.* **11:24** O *Caldea.*

Referencias cruzadas **10:15** Ez 1:3-6 **10:19** Ez 1:22 **10:21** Ez 1:6 **11:2** Mi 2:1 **11:9** Sal 106:41 **11:13** Ez 9:8 **11:19** Ez 36:26 **11:23** Ez 8:4 **12:3** Lc 20:13 **12:7** Ez 24:18

8A la mañana siguiente, recibí este mensaje del Señor: 9«Hijo de hombre, esos rebeldes —el pueblo de Israel— te han preguntado qué significa todo lo que haces. 10Diles: "Esto dice el Señor Soberano: 'Estas acciones contienen un mensaje para el rey Sedequías, en Jerusalén,* y para todo el pueblo de Israel'". 11Explica, entonces, que tus acciones son una señal para mostrar lo que pronto les sucederá a ellos, pues serán llevados cautivos al destierro.

12»Hasta Sedequías se irá de Jerusalén de noche por un hueco en la muralla, cargando solo lo que pueda llevar consigo. Se cubrirá el rostro y sus ojos no verán la tierra que deja atrás. 13Luego lanzaré mi red sobre él y lo capturaré con mi trampa. Lo llevaré a Babilonia, el territorio de los babilonios,* aunque él nunca lo verá y allí morirá. 14Esparciré a los cuatro vientos a sus siervos y guerreros, y mandaré la espada tras ellos. 15Entonces, cuando los disperse entre las naciones, sabrán que yo soy el Señor. 16No obstante, a algunos los libraré de morir en la guerra o por enfermedades o de hambre, para que confiesen sus pecados detestables a sus captores. ¡Entonces sabrán que yo soy el Señor!».

17Luego recibí este mensaje del Señor: 18«Hijo de hombre, estremécete al comer tu alimento; tiembla de miedo al beber tu agua. 19Dile al pueblo: "Esto dice el Señor Soberano acerca de los que viven en Israel y Jerusalén: 'Con temblor comerán su alimento y con desesperación beberán su agua, porque la tierra quedará arrasada a causa de la violencia de sus habitantes. 20Las ciudades serán destruidas y los campos quedarán hechos desiertos. Entonces ustedes sabrán que yo soy el Señor'"».

Nuevo proverbio para Israel

21Nuevamente recibí un mensaje del Señor: 22«Hijo de hombre, has oído ese proverbio que citan en Israel: "El tiempo pasa y las profecías quedan en nada". 23Dile al pueblo: "Esto dice el Señor Soberano: 'Pondré fin a este proverbio y pronto dejarán de citarlo'". Ahora dales este nuevo proverbio en reemplazo del otro: "¡Ha llegado la hora de que se cumplan todas las profecías!".

24»Ya no habrá más visiones falsas ni predicciones aduladoras en Israel. 25¡Pues yo soy el Señor! Si yo lo digo, sucederá. Ya no habrá más demora para ustedes, rebeldes de Israel. Cumpliré mi amenaza de destrucción durante los años de su vida. ¡Yo, el Señor Soberano, he hablado!».

26Luego recibí este mensaje del Señor: 27«Hijo de hombre, los israelitas andan diciendo: "Él habla de un futuro lejano. Sus visiones no se cumplirán por muchísimo tiempo". 28Por lo tanto, diles: "Esto dice el Señor Soberano: '¡Se acabó la demora! Ya mismo cumpliré todas mis amenazas. ¡Yo, el Señor Soberano, he hablado!'"».

¡Respuestas Bíblicas! 103 ¿Quiénes son los falsos profetas?

13:1-10 Un profeta es alguien que habla de parte de Dios y un falso profeta es alguien que dice lo que Dios no dijo. Los falsos profetas de este capítulo le decían al pueblo solo lo que querían escuchar y por eso Ezequiel los advierte.

Juicio contra los falsos profetas

13 Después recibí este mensaje del Señor: 2«Hijo de hombre, profetiza contra los falsos profetas de Israel que inventan sus propias profecías. Diles: "Escuchen la palabra del Señor. 3Esto dice el Señor Soberano: '¡Qué aflicción les espera a los falsos profetas que siguen su propia imaginación y no han visto absolutamente nada!'".

4»Oh pueblo de Israel, estos profetas tuyos son como chacales que escarban en las ruinas. 5No han hecho nada para reparar las grietas de las murallas que rodean la nación. No la han ayudado a mantenerse firme en la batalla el día del Señor. 6En cambio, han mentido y han hecho predicciones falsas. Dicen: "Este mensaje es del Señor", aunque el Señor nunca los envió. ¡Y todavía esperan que el Señor cumpla las profecías de ellos! 7¿No son acaso totalmente falsas sus visiones si ustedes afirman: "Este mensaje es del Señor", cuando yo ni siquiera les he hablado?

8»Por lo tanto, esto dice el Señor Soberano: lo que ustedes afirman es falso y sus visiones son mentira, por eso yo me pondré en contra de ustedes, dice el Señor Soberano. 9Alzaré mi puño contra todos los profetas que tengan visiones falsas y hagan predicciones mentirosas, y serán expulsados de la comunidad de Israel. Tacharé sus nombres de los registros de Israel, y jamás volverán a pisar su propia tierra. Entonces ustedes sabrán que yo soy el Señor Soberano.

10»Esto ocurrirá porque estos profetas malvados engañan a mi pueblo cuando dicen: "Todo está en paz", ¡pero en realidad no hay paz en absoluto! Es como si el pueblo hubiera construido un muro frágil, ¡y estos profetas pretenden reforzarlo cubriéndolo con cal! 11Diles a esos que pintan con cal que pronto se les derrumbará el muro. Una lluvia torrencial debilitará sus cimientos; fuertes tormentas de granizo y vientos impetuosos lo demolerán. 12Entonces, cuando caiga el muro, la gente exclamará: "¿Qué pasó con la cal que pusieron ustedes?".

13»Por lo tanto, esto dice el Señor Soberano: arrasaré su muro blanqueado con una tormenta de indignación, una gran inundación de enojo y una granizada de furia. 14Derribaré su muro hasta los cimientos y cuando caiga los aplastará a ustedes. Entonces sabrán que yo soy el Señor. 15Por fin se saciará mi enojo contra el muro y quienes lo blanquearon con cal. Luego les diré a ustedes: "Ya desaparecieron el muro y quienes lo blanquearon con cal. 16Eran los profetas mentirosos que afirmaban que la paz llegaría a Jerusalén, cuando no había paz. ¡Yo, el Señor Soberano, he hablado!".

Juicio contra las falsas profetisas

17»Ahora, hijo de hombre, denuncia a las mujeres que profetizan según su propia imaginación. 18Esto dice el Señor Soberano: "Qué aflicción les espera a ustedes, mujeres, que atrapan el alma de mi pueblo, tanto de los jóvenes como de los mayores. Les atan amuletos mágicos en las muñecas y les dan velos mágicos para la cabeza. ¿Acaso piensan que pueden atrapar a otros sin provocar su propia destrucción? 19Ustedes me deshonran delante de mi pueblo por unos puñados de cebada o un trozo de pan. Al mentirle a mi pueblo —que disfruta de las mentiras—, ustedes matan a quienes no deben morir y prometen vida a quienes no deben vivir".

20»Esto dice el Señor Soberano: "Estoy en contra de

***Notas textuales** **12:10** En hebreo *el príncipe de Jerusalén*; similar en 12:12. **12:13** O *caldeos*.

Referencias cruzadas **12:16** Jr 22:8-9 **12:20** Jr 25:9 **12:22** 2 P 3:3-4 **12:27** Dn 10:14 **13:3** Lm 2:14 **13:13** Ap 11:19 **13:19** Jr 23:14, 17 sus amuletos mágicos, esos que se usan para atrapar a mi pueblo como a pájaros. Yo se los arrancaré de los brazos y liberaré a mi pueblo como se libera a un pájaro de la jaula. 21Les quitaré los velos mágicos y rescataré a mi pueblo de las garras de ustedes. Ellos ya no serán más sus víctimas. Entonces ustedes sabrán que yo soy el SEÑOR. 22Con sus mentiras desalentaron a los justos, pero yo no quería que estuvieran tristes; ustedes alentaron a los perversos al prometerles vida, aunque ellos continuaran pecando. 23Por todo eso, ustedes ya no hablarán de visiones que jamás vieron ni harán más predicciones. Pues yo rescataré a mi pueblo de sus garras. Entonces ustedes sabrán que yo soy el SEÑOR"».

Idolatría de los líderes de Israel

14 Después me visitaron algunos de los líderes de Israel y, mientras estaban sentados conmigo, 2recibí este mensaje del SEÑOR: 3«Hijo de hombre, estos líderes han levantado ídolos* en su corazón. Se han entregado a cosas que los harán caer en pecado. ¿Por qué habría de escuchar sus peticiones? 4Diles: "Esto dice el SEÑOR Soberano: 'Los israelitas han levantado ídolos en su corazón y han caído en pecado y después corren a consultar a un profeta. Así que yo, el SEÑOR, les daré la clase de respuesta que merece su gran idolatría, 5a fin de conquistar la mente y el corazón de mi pueblo que me ha abandonado para rendir culto a sus ídolos detestables'".

6»Por lo tanto, diles a los israelitas: "Esto dice el SEÑOR Soberano: 'Arrepiéntanse y abandonen sus ídolos, y dejen de cometer ya sus pecados detestables. 7Yo, el SEÑOR, les responderé a todos —sean israelitas o extranjeros— los que me rechazan y levantan ídolos en su corazón y así caen en pecado, y después van a consultar a un profeta en busca de mi consejo. 8Me pondré en contra de esas personas y haré de ellas un ejemplo espantoso cuando las elimine de mi pueblo. Entonces ustedes sabrán que yo soy el SEÑOR.

9»"'Además, si un profeta es engañado para que dé un mensaje, es porque yo, el SEÑOR, engañé a ese profeta. Alzaré mi puño contra esos profetas y los eliminaré de la comunidad de Israel. 10Tanto los falsos profetas como quienes los consultan serán castigados por sus pecados. 11De este modo, los israelitas aprenderán a no alejarse de mí y por tanto a no contaminarse con el pecado. Ellos serán mi pueblo y yo seré su Dios. ¡Yo, el SEÑOR Soberano, he hablado!'"».

Certeza del castigo del SEÑOR

12Luego recibí este mensaje del SEÑOR: 13«Hijo de hombre, supongamos que los habitantes de un país pecaran contra mí y yo alzara mi puño para aplastarlos al cortarles la provisión de alimento y al hacerles pasar un hambre que destruyera tanto a personas como a animales. 14Aunque Noé, Daniel y Job estuvieran allí, su justicia los salvaría solo a ellos y no a ningún otro, dice el SEÑOR Soberano.

15»O supongamos que yo les enviara animales salvajes que invadieran el país, mataran a los habitantes y dejaran la tierra desolada y demasiado peligrosa para ser transitada. 16Tan cierto como que yo vivo, dice el SEÑOR Soberano, aunque esos tres hombres estuvieran allí, no podrían salvar ni a sus hijos ni a sus hijas. Se salvarían solo ellos tres, pero la tierra quedaría desolada.

17»O supongamos que yo provocara guerra contra el país y mandara ejércitos enemigos para destruir tanto a personas como a animales. 18Tan cierto como que yo vivo, dice el SEÑOR Soberano, aunque esos tres hombres estuvieran allí, no podrían salvar ni a sus hijos ni a sus hijas. Solo ellos tres se salvarían.

19»O supongamos que yo derramara mi furia y enviara una epidemia al país que matara tanto a personas como a animales. 20Tan cierto como que yo vivo, dice el SEÑOR Soberano, aunque Noé, Daniel y Job estuvieran allí, no podrían salvar ni a sus hijos ni a sus hijas. Solo ellos tres se salvarían por causa de su justicia.

21»Ahora esto dice el SEÑOR Soberano: ¡qué terrible será cuando estos cuatro castigos espantosos caigan sobre Jerusalén —guerra, hambre, animales salvajes y enfermedades— y destruyan a todos sus habitantes y a los animales! 22Sin embargo, habrá sobrevivientes, quienes vendrán aquí, desterrados como ustedes en Babilonia. Ustedes verán con sus propios ojos lo perversos que ellos son y entonces no se sentirán tan mal por lo que hice en Jerusalén. 23Cuando se reúnan con ellos y vean cómo se comportan, entenderán que lo que hice a Israel no fue sin motivo. ¡Yo, el SEÑOR Soberano, he hablado!».

Jerusalén, una vid inútil

15 Luego recibí este mensaje del SEÑOR: 2«Hijo de hombre, ¿cómo se compara una vid con un árbol? ¿Es la madera de una vid tan útil como la de un árbol? 3¿Sirve su madera para hacer objetos, como ganchos para colgar ollas y sartenes? 4No, solo sirve para leña y aun como leña se consume demasiado rápido. 5¡Las vides son inútiles antes y después de arrojarlas al fuego!

6»Esto dice el SEÑOR Soberano: los habitantes de Jerusalén son como vides que crecen entre los árboles del bosque. Dado que son inútiles, los arrojé al fuego para que se quemen. 7Si escapan de un fuego, me encargaré de que caigan en otro. Cuando me ponga en su contra, ustedes sabrán que yo soy el SEÑOR. 8Haré que el país quede desolado porque mi pueblo me ha sido infiel. ¡Yo, el SEÑOR Soberano, he hablado!».

Jerusalén, una esposa infiel

16 Después recibí otro mensaje del SEÑOR: 2«Hijo de hombre, enfrenta a Jerusalén con sus pecados detestables. 3Dale este mensaje de parte del SEÑOR Soberano: "¡No eres más que una cananea! Tu padre era amorreo y tu madre hitita. 4El día en que naciste, nadie se preocupó por ti. No te cortaron el cordón umbilical ni te lavaron ni te frotaron con sal ni te envolvieron en pañales. 5Nadie puso el más mínimo interés en ti; nadie tuvo compasión de ti ni te cuidó. El día de tu nacimiento, no fuiste deseada; te arrojaron en el campo y te abandonaron para que murieras.

6»"Sin embargo, llegué yo y te vi ahí, pataleando indefensa en tu propia sangre. Mientras estabas allí tirada dije: '¡Vive!'; 7y te ayudé a florecer como una planta del campo. Creciste y te convertiste en una joya preciosa. Te crecieron los pechos y te salió el vello, pero seguías desnuda. 8Cuando volví a pasar, vi que ya tenías edad para el amor. Entonces te envolví con mi manto para cubrir tu desnudez

***Notas textuales** **14:3** El término hebreo (literalmente *cosas redondas*) probablemente se refiere al estiércol; también en 14:4, 5, 6, 7.

Referencias cruzadas **13:22** 2 P 2:18-19 **14:5** Za 7:12 **14:6** Is 55:6-7 **14:14** Hb 11:7 **14:23** Jr 22:8-9 **15:2** Jn 15:1-6 **15:7** Am 9:1-4 **16:4** Os 2:3 **16:7** Ex 1:7

y te pronuncié mis votos matrimoniales. Hice un pacto contigo, dice el SEÑOR Soberano, y pasaste a ser mía.

9»”Luego te bañé, te limpié la sangre y te froté la piel con aceites fragantes. 10Te vestí con ropas costosas de lino fino y de seda con bordados hermosos, y te calcé con sandalias de cuero de cabra de la mejor calidad. 11Te di joyas preciosas, pulseras y hermosos collares, 12un anillo para la nariz, aretes para las orejas y una hermosa corona para la cabeza. 13Así quedaste adornada con oro y plata. Tus ropas eran de lino fino y telas costosas con bordados hermosos. Comiste los mejores alimentos —harina selecta, miel y aceite de oliva— y te pusiste más hermosa que nunca. Parecías una reina ¡y lo eras! 14Tu fama pronto se extendió por todo el mundo a causa de tu belleza. Te vestí de mi esplendor y perfeccioné tu belleza, dice el SEÑOR Soberano.

15»”Pero pensaste que eras dueña de tu fama y tu belleza. Entonces te entregaste como prostituta a todo hombre que pasaba. Tu belleza estaba a la disposición del que la pidiera. 16Usaste los hermosos regalos que te di para construir lugares de culto a ídolos, donde te prostituiste. ¡Qué increíble! ¿Cómo pudo ocurrir semejante cosa? 17Tomaste las joyas y los adornos de oro y plata que yo te había dado y te hiciste estatuas de hombres y les rendiste culto. ¡Eso es adulterio contra mí! 18Usaste las ropas con bordados hermosos que te di para vestir a tus ídolos. Después usaste mi aceite especial y mi incienso para rendirles culto. 19¡Imagínate! Ofreciste ante ellos en sacrificio la harina selecta, el aceite de oliva y la miel que yo te había dado, dice el SEÑOR Soberano.

20»”Luego tomaste a tus hijos e hijas —los que diste a luz para mí— y los sacrificaste a tus dioses. ¿No era suficiente con haberte prostituido? 21¿También tenías que masacrar a mis hijos ofreciéndolos en sacrificio a ídolos? 22En todos tus años de adulterio y pecado detestable, no recordaste ni una sola vez los días pasados, cuando estabas desnuda y tirada en el campo, pataleando en tu propia sangre.

23»”¡Qué aflicción te espera!, dice el SEÑOR Soberano. Además de todas tus otras perversidades, 24edificaste un santuario pagano y levantaste altares a ídolos en la plaza de cada ciudad. 25En cada esquina contaminaste tu belleza ofreciendo tu cuerpo a todo el que pasaba, en una interminable ola de prostitución. 26Luego agregaste a tu lista de amantes al lujurioso Egipto y provocaste mi enojo con tu creciente promiscuidad. 27Por eso te golpeé con mi puño y reduje tu territorio. Te entregué en manos de tus enemigos, los filisteos, y hasta ellos quedaron horrorizados ante tu conducta depravada. 28También te prostituiste con los asirios. ¡Parece que nunca te cansas de buscar nuevos amantes! Después de prostituirte con los asirios, tampoco quedaste satisfecha. 29Por si fueran pocos tus amantes, también te abrazaste a Babilonia,* el territorio de los mercaderes, pero ni aun así quedaste satisfecha.

30»”¡Qué enfermo tienes el corazón!, dice el SEÑOR Soberano, para hacer semejantes cosas comportándote como una prostituta desvergonzada. 31Edificas tus santuarios paganos en cada esquina y construyes en cada plaza los altares para tus ídolos. En realidad, has sido peor que una prostituta, tan desesperada por pecar que ni siquiera exigías que te pagaran. 32Sí, eres una esposa adúltera que recibe a extraños en lugar de a su propio marido. 33Las prostitutas cobran por sus servicios, ¡pero tú no! Les das regalos a tus amantes, los sobornas para que tengan sexo contigo. 34Así que haces lo contrario de las demás prostitutas; ¡tú les pagas a tus amantes en lugar de que ellos te paguen a ti!

Juicio por la prostitución de Jerusalén

35»”¡Por lo tanto, prostituta, escucha este mensaje de parte del SEÑOR! 36Esto dice el SEÑOR Soberano: por haber derramado tus deseos lujuriosos y haberte desnudado como prostituta ante tus amantes y por haber rendido culto a ídolos* detestables y masacrado a tus hijos en sacrificio a tus dioses, 37ahora yo actuaré en consecuencia. Reuniré a todos tus aliados —los amantes con los que has pecado, tanto los que amaste como los que odiaste— y te desnudaré delante de ellos para que vean tu desnudez. 38Te castigaré por tus homicidios y tu adulterio. En mi celosa furia te cubriré con sangre. 39Luego te entregaré a todas esas naciones que son tus amantes y ellas te destruirán. Derrumbarán tus santuarios paganos y los altares de tus ídolos. Te arrancarán la ropa, se llevarán tus hermosas joyas y te dejarán completamente desnuda. 40Juntas formarán una turba violenta para apedrearte y despedazarte con espadas. 41Quemarán tus casas y te castigarán frente a muchas mujeres. Yo pondré fin a tu prostitución y haré que no les pagues más a tus numerosos amantes.

42»”Finalmente desahogaré mi furia contra ti, y se calmará el enojo de mis celos. Quedaré tranquilo y ya no estaré enojado contigo. 43No obstante, primero, te daré tu merecido por todos tus pecados, porque no recordaste los días de tu juventud, sino que me hiciste enojar con todas esas maldades, dice el SEÑOR Soberano. Pues a todos tus pecados detestables les sumaste actos depravados. 44Todos los que compongan refranes dirán de ti: ‘De tal madre, tal hija’. 45Pues tu madre despreció a su esposo y a sus hijos, y tú hiciste lo mismo. Eres igual a tus hermanas, que despreciaron a sus esposos y a sus hijos. Queda claro que tu madre era hitita, y tu padre amorreo.

46»”Tu hermana mayor fue Samaria, que vivía con sus hijas en el norte. Tu hermana menor fue Sodoma, que vivía con sus hijas en el sur. 47Ahora bien, tú no solo pecaste igual que ellas, sino que tu corrupción pronto las superó. 48Tan cierto como que yo vivo, dice el SEÑOR Soberano, Sodoma y sus hijas nunca fueron tan perversas como tú y tus hijas. 49Los pecados de Sodoma eran el orgullo, la glotonería y la pereza, mientras que afuera sufrían los pobres y los necesitados. 50Ella fue arrogante y cometió pecados detestables, por eso la destruí, como has visto.*

51»”Ni siquiera Samaria cometió la mitad de tus pecados. Tú has hecho cosas mucho más detestables de las que hicieron tus hermanas; ahora ellas parecen rectas en comparación contigo. 52¡Debería darte vergüenza! Tus pecados son tan terribles que haces que tus hermanas parezcan rectas, hasta virtuosas.

53»”Sin embargo, algún día restauraré el bienestar de Sodoma y de Samaria, y también te restauraré a ti. 54Entonces realmente te avergonzarás de todo lo que has hecho, pues tus pecados hacen que ellas se sientan bien al compararse contigo. 55Así es, tus hermanas, Sodoma y

***Notas textuales** **16:29** O *Caldea.* **16:36** El término hebreo (literalmente *cosas redondas*) probablemente se refiere al estiércol. **16:50** Así aparece en algunos manuscritos hebreos y en la versión griega; en el texto masorético dice *como yo lo he visto.*

Referencias cruzadas **16:13** Dt 32:13-14 **16:15** Jr 2:20 **16:23-24** Jr 7:18-19 **16:30** Ap 17:1-6 **16:38** Ap 16:6 **16:49** Lc 12:16-20

Samaria, serán restauradas junto con todos sus habitantes
y en ese tiempo también te restauraré a ti. 56Cuando eras
tan orgullosa, despreciabas a Sodoma; 57pero ahora tu
peor perversidad quedó a la vista de todo el mundo y
eres tú la despreciada, tanto por los edomitas* y todos
sus vecinos como por los filisteos. 58Este será el castigo
por tu lascivia y tus pecados detestables, dice el Señor.
59»"Por lo tanto, esto dice el Señor Soberano: te daré
tu merecido, pues tomaste tus votos solemnes a la ligera
al romper el pacto. 60Sin embargo, recordaré el pacto que
hice contigo cuando eras joven y estableceré contigo un
pacto eterno. 61Entonces recordarás con vergüenza todo
el mal que hiciste. Haré que tus hermanas, Samaria y So-
doma, sean hijas tuyas, aunque no formen parte de nuestro
pacto. 62Reafirmaré mi pacto contigo y sabrás que yo soy
el Señor. 63Recordarás tus pecados y te cubrirás la boca
enmudecida de vergüenza, cuando te perdone por todo lo
que hiciste. ¡Yo, el Señor Soberano, he hablado!"».

Relato de las dos águilas

17 Luego recibí el siguiente mensaje del Señor:
2«Hijo de hombre, propón este enigma y cuenta
este relato a los israelitas. 3Diles de parte del Señor
Soberano:

»"Un águila grande con alas anchas y plumas largas,
cubierta de plumaje de varios colores,
llegó al Líbano.
Agarró la copa de un cedro
4 y arrancó la rama más alta.
Se la llevó a una ciudad llena de mercaderes.
La plantó en una ciudad de comerciantes.
5 También tomó de la tierra una planta de semillero
y la sembró en tierra fértil.
La colocó junto a un río ancho,
donde podría crecer como un sauce.
6 Allí echó raíces y creció
hasta convertirse en una amplia vid de poca
altura.
Sus ramas se extendieron hacia arriba, en dirección
al águila,
y sus raíces penetraron en el suelo.
Produjo ramas robustas
y le salieron retoños.
7 Pero luego llegó otra águila grande
con alas anchas y cubierta de plumaje.
Entonces la vid extendió las raíces y las ramas
hacia esa águila para obtener agua,
8 aunque ya estaba plantada en buena tierra
y tenía agua en abundancia
para crecer y convertirse en una vid espléndida
y producir hojas frondosas y frutos suculentos".

9 »Así que ahora el Señor Soberano pregunta:
"¿Crecerá y prosperará esa vid?
¡No! ¡Yo la arrancaré de raíz!
Cortaré sus frutos
y dejaré que se le sequen y marchiten las hojas.
La arrancaré fácilmente,
sin necesidad de un brazo fuerte ni de un gran
ejército.
10 Pero cuando la vid sea trasplantada,
¿volverá a florecer?
No, se secará
cuando el viento del oriente sople contra ella.
Morirá en la misma tierra fértil
donde había crecido tan bien"».

Explicación del enigma

11Luego recibí este mensaje del Señor: 12«Diles a esos
rebeldes de Israel: "¿No entienden lo que significa este
enigma de las águilas? El rey de Babilonia vino a Jerusalén
y se llevó al rey y a los príncipes a Babilonia. 13Hizo un tra-
tado con un miembro de la familia real y lo obligó a jurarle
lealtad. También desterró a los líderes más influyentes de
Israel, 14para que Israel no se fortaleciera nuevamente y se
rebelara. Solo si cumplía su tratado con Babilonia podría
Israel sobrevivir.
15»"Sin embargo, este israelita de la familia real se re-
beló contra Babilonia y envió embajadores a Egipto para
solicitar un gran ejército con muchos caballos. ¿Acaso
podrá Israel dejar de cumplir los tratados que hizo bajo
juramento sin que haya consecuencias? 16¡No! Porque tan
cierto como que yo vivo, dice el Señor Soberano, el rey de
Israel morirá en Babilonia: el territorio del rey que lo puso
en el trono y con quien hizo un tratado que despreció y
no cumplió. 17Ni el faraón con su poderoso ejército podrá
ayudar a Israel cuando el rey de Babilonia vuelva a sitiar
a Jerusalén y mate a mucha gente. 18Pues el rey de Israel
despreció el tratado y no lo cumplió aun después de jurar
que lo haría; así que no escapará.
19»"Entonces esto dice el Señor Soberano: tan cierto
como que yo vivo, lo castigaré por no cumplir mi pacto
y por despreciar el juramento solemne que hizo en mi
nombre. 20Arrojaré mi red sobre él y lo capturaré en mi
trampa. Lo llevaré a Babilonia y lo juzgaré por haberme
traicionado. 21Todos sus mejores guerreros* morirán en
batalla y los que sobrevivan serán esparcidos a los cuatro
vientos. Entonces ustedes sabrán que yo, el Señor, he
hablado.
22»"Esto dice el Señor Soberano: tomaré una rama de
la copa de un cedro alto y la plantaré sobre la cumbre de la
montaña más alta de Israel. 23Se convertirá en un cedro
majestuoso, extenderá sus ramas y producirá semillas.
Toda clase de aves anidarán en él y encontrarán refugio a
la sombra de sus ramas. 24Todos los árboles sabrán que
soy yo, el Señor, quien tala el árbol alto y hace crecer
alto el árbol pequeño. Soy yo quien hace secar el árbol
verde y le da vida al árbol seco. ¡Yo, el Señor, he hablado
y cumpliré lo que he dicho!"».

Justicia de un Dios justo

18 Luego recibí otro mensaje del Señor: 2«¿Por qué
citan ustedes ese proverbio acerca de la tierra de
Israel, que dice: "Los padres comieron uvas agrias, pero la
boca de sus hijos se frunce por el sabor"? 3Tan cierto como
que yo vivo, dice el Señor Soberano, que dejarán de citar
ese proverbio en Israel. 4Pues todos los seres humanos son
míos para juzgar, los padres y los hijos por igual. Esta es
mi regla: la persona que peque es la que morirá.
5»Supongamos que cierto hombre es recto y hace lo
que es justo y correcto. 6No participa en los banquetes

***Notas textuales 16:57** Así aparece en muchos manuscritos hebreos y en la versión siríaca; el texto masorético dice *arameos*. **17:21** Así aparece en muchos manuscritos hebreos; el texto masorético dice *sus guerreros que huyan*. El significado es incierto.

Referencias cruzadas 16:58 Ez 23:49 **16:60** Jr 32:40 **17:5** Dt 8:7-9 **17:10** Ez 19:12-14 **17:20** Ez 12:13 **17:22** Za 3:8 **18:4** Rm 6:23

que se ofrecen en los montes ante los ídolos* de Israel ni
les rinde culto. No comete adulterio ni tiene relaciones
sexuales con una mujer durante su período menstrual.
7Es un acreedor compasivo, no se queda con objetos en-
tregados en garantía por deudores pobres. No les roba a
los pobres, más bien, les da de comer a los hambrientos
y les da ropa a los necesitados. 8Presta dinero sin cobrar
interés, se mantiene lejos de la injusticia, es honesto e
imparcial al juzgar a otros 9y obedece fielmente mis de-
cretos y ordenanzas. Todo el que hace estas cosas es justo
y ciertamente vivirá, dice el SEÑOR Soberano.
10»Pero supongamos que ese hombre tiene un hijo
adulto que es ladrón o asesino y se niega a hacer lo
correcto. 11Ese hijo también comete todas las maldades
que su padre jamás haría: rinde culto a ídolos en los mon-
tes, comete adulterio, 12oprime a los pobres e indefensos,
roba a los deudores al negarles que recuperen sus garan-
tías, rinde culto a ídolos, comete pecados detestables 13y
presta dinero con intereses excesivos. ¿Acaso debería vivir
ese pecador? ¡No! Tiene que morir y asumir toda la culpa.
14»Pero supongamos que ese hijo pecador, a su vez,
tiene un hijo que ve la maldad de su padre y decide no
llevar esa clase de vida. 15Este hijo se niega a rendir culto
a ídolos en los montes y no comete adulterio. 16No ex-
plota a los pobres, más bien, es justo con los deudores y
no les roba. Da de comer a los hambrientos y da ropa a
los necesitados. 17Ayuda a los pobres,* presta dinero sin
cobrar interés y obedece todos mis decretos y ordenan-
zas. Esa persona no morirá por los pecados de su padre;
ciertamente vivirá. 18Sin embargo, el padre morirá por
todos sus pecados: por haber sido cruel, por robar a la
gente y hacer lo que es indudablemente incorrecto en
medio de su pueblo.
19»"¿Cómo? —se preguntan ustedes—. ¿No pagará el
hijo por los pecados del padre?". ¡No! Porque si el hijo
hace lo que es justo y correcto y obedece mis decretos,
ese hijo ciertamente vivirá. 20La persona que peque es la
que morirá. El hijo no será castigado por los pecados del
padre ni el padre será castigado por los pecados del hijo.
Los justos serán recompensados por su propia conducta
recta y las personas perversas serán castigadas por su pro-
pia perversidad. 21Ahora bien, si los perversos abandonan
sus pecados y comienzan a obedecer mis decretos y a
hacer lo que es justo y correcto, ciertamente vivirán y no
morirán. 22Todos los pecados pasados serán olvidados y
vivirán por las acciones justas que han hecho.
23»¿Acaso piensan que me agrada ver morir a los
perversos?, pregunta el SEÑOR Soberano. ¡Claro que no!
Mi deseo es que se aparten de su conducta perversa y
vivan. 24Sin embargo, si los justos se apartan de su con-
ducta recta y comienzan a pecar y a comportarse como
los demás pecadores, ¿se les permitirá vivir? No, ¡claro
que no! Todas las acciones justas que han hecho serán
olvidadas y morirán por sus pecados.
25»Sin embargo, ustedes dicen: "¡El Señor no hace lo
correcto!". Escúchame, pueblo de Israel. ¿Soy yo el que
no hace lo correcto o son ustedes? 26Cuando los justos
abandonen su conducta justa y comiencen a cometer
pecados, morirán por eso. Sí, morirán por sus acciones
pecaminosas; 27y si los perversos abandonan su perver-
sidad, obedecen la ley y hacen lo que es justo y correcto,
salvarán su vida. 28Vivirán, porque lo pensaron bien y
decidieron apartarse de sus pecados. Esas personas no
morirán. 29Aun así, los israelitas siguen diciendo: "¡El
Señor no hace lo correcto!". Oh pueblo de Israel, tú eres
quien no hace lo correcto, no yo.
30»Por lo tanto, pueblo de Israel, juzgaré a cada uno
de ustedes, según sus acciones, dice el SEÑOR Soberano.
Arrepiéntete y apártate de tus pecados. ¡No permitas que
tus pecados te destruyan! 31Deja atrás tu rebelión y pro-
cura encontrar un corazón nuevo y un espíritu nuevo.
¿Por qué habrías de morir, oh pueblo de Israel? 32No
quiero que mueras, dice el SEÑOR Soberano. ¡Cambia
de rumbo y vive!

Canto fúnebre para los reyes de Israel

19 »Entona este canto fúnebre para los príncipes
de Israel:

2 »"¿Qué es tu madre?
¡Una leona entre leones!
Se recostó entre los leones jóvenes
y crio a sus cachorros.
3 A uno de sus cachorros lo crio
para que fuera un león fuerte.
Aprendió a cazar la presa y a devorarla
y llegó a alimentarse de carne humana.
4 Luego las naciones oyeron hablar de él
y lo atraparon en una fosa.
Se lo llevaron con garfios
a la tierra de Egipto.

5 »"Cuando la leona vio
que su esperanza en él estaba perdida,
tomó a otro de sus cachorros
y le enseñó a ser un león fuerte.
6 Él merodeaba entre los demás leones
y se destacaba por su fuerza.
Aprendió a cazar la presa y a devorarla,
y también él llegó a alimentarse de carne humana.
7 Derribó fortalezas*
y destruyó sus aldeas y ciudades.
Las granjas quedaron devastadas,
y las cosechas, destruidas.
La tierra y sus habitantes temblaban de miedo
cuando lo oían rugir.
8 Luego lo atacaron los ejércitos de las naciones;
lo rodearon por todas partes.
Arrojaron una red sobre él
y lo atraparon en una fosa.
9 Lo arrastraron con ganchos, lo encerraron en una
jaula
y lo llevaron ante el rey de Babilonia.
Lo mantuvieron cautivo,
para que nunca más se oyera su voz
en los montes de Israel.

10 »"Tu madre era como una vid
plantada junto a la orilla del agua.
Su follaje era verde y frondoso
por la abundancia de agua.
11 Sus ramas se fortalecieron

***Notas textuales** **18:6** El término hebreo (literalmente *cosas redondas*) probablemente se refiere al estiércol; también en 18:12, 15. **18:17** La versión griega dice *Se niega a hacer maldad.* **19:7** Así aparece en la versión griega; en hebreo dice *Conoció viudas.*

Referencias cruzadas **18:9** Rm 1:17 **18:13** Ez 33:4-5 **18:16** Sal 41:1 **18:20** Rm 2:6-9 **18:24** Ga 3:3-4 **18:31** Hch 3:19 **19:9** 2 Re 24:15

lo suficiente para ser el cetro de un rey.
Llegó a crecer muy alta,
muy por encima de las demás vides.
Se destacó por su altura
y sus abundantes ramas frondosas.
12 Pero la vid fue arrancada de raíz con furia
y arrojada al suelo.
El viento del desierto le secó los frutos
y le desgajó las ramas fuertes;
así que se marchitó
y fue consumida por el fuego.
13 Ahora la vid está trasplantada en el desierto,
donde el suelo es duro y reseco.
14 De sus ramas surgió fuego
que devoró sus frutos.
Las ramas que le quedan no son
tan fuertes para ser el cetro de un rey".

»Este es un canto fúnebre y se entonará en un funeral».

Rebelión de Israel

20 El 14 de agosto,* durante el séptimo año de
cautividad del rey Joaquín, algunos de los líderes
de Israel vinieron a pedir un mensaje del SEÑOR. Se sen-
taron frente a mí en espera de su respuesta. 2Entonces
recibí el siguiente mensaje del SEÑOR: 3«Hijo de hombre,
diles a los líderes de Israel: "Esto dice el SEÑOR Soberano:
'¿Cómo se atreven a venir a pedirme un mensaje? ¡Tan
cierto como que yo vivo, dice el SEÑOR Soberano, que no
les diré nada!'".
4»Hijo de hombre, levanta cargos en contra de los lí-
deres y condénalos. Hazles ver que los pecados de sus
antepasados fueron realmente detestables. 5Dales el si-
guiente mensaje de parte del SEÑOR Soberano: "Cuando
elegí a Israel —cuando me di a conocer a los descendientes
de Jacob en Egipto—, hice un juramento solemne de que
yo, el SEÑOR, sería su Dios. 6Ese día juré solemnemente
que los sacaría de Egipto y los llevaría a una tierra que
yo había explorado para ellos: una buena tierra donde
fluyen la leche y la miel, la mejor tierra de todas. 7Entonces
les dije: 'Cada uno de ustedes deshágase de las imágenes
repugnantes con las que están tan obsesionados. No se
contaminen con los ídolos* de Egipto, porque yo soy el
SEÑOR su Dios'.
8»"Sin embargo, ellos se rebelaron contra mí y no me
hicieron caso. No se deshicieron de las imágenes repug-
nantes con las que estaban obsesionados ni abandona-
ron los ídolos de Egipto. Entonces, mientras seguían en
Egipto, amenacé con derramar mi furia sobre ellos para
satisfacer mi enojo; 9pero no lo hice porque actué para
proteger el honor de mi nombre. Yo no permitiría que mi
nombre fuera avergonzado ante las naciones vecinas, a
las cuales me di a conocer cuando saqué a los israelitas
de Egipto. 10Después de sacarlos de Egipto, los llevé al
desierto. 11Allí les di mis decretos y ordenanzas para que
al ponerlos en práctica encontraran vida. 12Además, les
di mis días de descanso como una señal entre ellos y yo.
El propósito era recordarles que soy el SEÑOR, quien los
apartó para que fueran santos.
13»"Sin embargo, los israelitas se rebelaron contra mí
y se negaron a obedecer mis decretos en el desierto. Des-
obedecieron mis ordenanzas, a pesar de que la obediencia
les hubiera dado vida. Además profanaron mis días de
descanso. Por lo tanto, amenacé con derramar mi furia
sobre ellos e hice planes para consumirlos por completo
en el desierto; 14pero otra vez me contuve para proteger
el honor de mi nombre ante las naciones que habían visto
mi poder cuando saqué a Israel de Egipto. 15Sin embargo,
hice un juramento solemne contra ellos en el desierto.
Juré que no los dejaría entrar en la tierra que les había
dado, tierra donde fluyen la leche y la miel, el lugar más
hermoso del mundo. 16Pues rechazaron mis ordenanzas,
se negaron a obedecer mis decretos y profanaron mis días
de descanso, ya que habían entregado su corazón a ídolos.
17Sin embargo, les tuve compasión y en el desierto me
contuve y no los destruí.
18»"Después les advertí a sus hijos que no siguieran el
ejemplo de sus padres, quienes se contaminaron con sus
ídolos. 19'Yo soy el SEÑOR su Dios —les dije—. Sigan mis
decretos, presten atención a mis ordenanzas 20y manten-
gan santos mis días de descanso, porque son una señal
para recordarles que yo soy el SEÑOR su Dios'.
21»"Sin embargo, sus hijos también se rebelaron con-
tra mí. Se negaron a cumplir mis decretos y a seguir mis
ordenanzas, a pesar de que la obediencia les hubiera dado
vida. Además profanaron mis días de descanso. Así que
amenacé nuevamente con derramar mi furia sobre ellos
en el desierto. 22No obstante, quité mi juicio contra ellos
a fin de proteger el honor de mi nombre ante las naciones
que habían visto mi poder cuando los saqué de Egipto;
23pero hice un juramento solemne contra ellos en el de-
sierto: juré esparcirlos por todas las naciones 24porque no
obedecieron mis ordenanzas. Se burlaron de mis decretos
al profanar mis días de descanso y anhelar los ídolos de
sus antepasados. 25Los entregué a decretos y ordenanzas
inútiles, que no los conducirían a la vida. 26Dejé que se
contaminaran* con los mismos regalos que yo les había
dado y permití que sacrificaran a su hijo mayor como
ofrenda a sus dioses, para devastarlos y recordarles que
solo yo soy el SEÑOR".

Juicio y restauración

27»Por lo tanto, hijo de hombre, dale este mensaje al pue-
blo de Israel de parte del SEÑOR Soberano: "Tus antepa-
sados siguieron blasfemando y traicionándome, 28pues
cuando los hice entrar en la tierra que les había prometido,
¡ofrecieron sacrificios en cada colina alta y debajo de cada
árbol frondoso que encontraron! Provocaron mi furia al
ofrecer sacrificios a sus dioses. ¡Les llevaron perfumes e
incienso y derramaron ofrendas líquidas ante ellos! 29Les
dije: '¿Qué es ese lugar alto adonde van?'". (Desde enton-
ces, esa clase de santuario pagano se llama Bama, que
significa "lugar alto").
30»Por lo tanto, dale este mensaje al pueblo de Israel de
parte del SEÑOR Soberano: "¿Piensas contaminarte como
lo hicieron tus antepasados? ¿Seguirás prostituyéndote al
adorar imágenes repugnantes? 31Pues, cuando les pre-
sentas ofrendas y les sacrificas a tus niños en el fuego,* te
contaminas con ídolos hasta el día de hoy. ¿Y yo debería
permitirte, pueblo de Israel, que me pidas un mensaje?

***Notas textuales** **20:1** En hebreo *En el quinto mes, el décimo día,* del antiguo calendario lunar hebreo. Ese día fue el 14 de agosto del 591 a. C.; ver también la nota en 1:1. **20:7** El término hebreo (literalmente *cosas redondas*) probablemente se refiere al estiércol; también en 20:8, 16, 18, 24, 31, 39. **20:25-26** O *Les entregué decretos y ordenanzas inútiles [...] Los contaminé.* **20:31** O *y haces que tus niños pasen por el fuego.*

Referencias cruzadas **19:12** Jn 15:6 **20:8** Is 63:10 **20:15** Sal 95:11 **20:18** Dt 4:3-4 **20:25** 2 Ts 2:9-11 **20:31-32** Jr 2:25

Tan cierto como que yo vivo, dice el SEÑOR Soberano,
que no te diré nada.
32»"Tú dices: 'Queremos ser como las naciones que
nos rodean, que sirven a ídolos de madera y de piedra';
pero eso que piensas nunca sucederá. 33Tan cierto como
que yo vivo, dice el SEÑOR Soberano, te gobernaré con
puño de hierro, con gran enojo y con imponente poder.
34También con enojo, extenderé mi mano fuerte y mi
brazo poderoso, y te traeré de regreso* desde los terri-
torios por donde fuiste esparcido. 35Te llevaré al desierto
de las naciones y allí te juzgaré cara a cara. 36Te juzgaré
tal como hice con tus antepasados en el desierto des-
pués de sacarlos de Egipto, dice el SEÑOR Soberano. 37Te
examinaré cuidadosamente y te obligaré a cumplir las
condiciones del pacto. 38Te limpiaré de todos los que se
rebelen y se subleven contra mí. A ellos los sacaré de los
países adonde fueron desterrados, pero nunca entrarán
en la tierra de Israel. Entonces sabrás que yo soy el SEÑOR.
39»"En cuanto a ti, pueblo de Israel, esto dice el SEÑOR
Soberano: adelante, rinde culto a tus ídolos, pero tarde o
temprano me obedecerás y dejarás de deshonrar mi santo
nombre al rendir culto a ídolos. 40Pues algún día, dice el
SEÑOR Soberano, los israelitas me adorarán en mi monte
santo, el gran monte de Israel, y yo los aceptaré. Allí les
exigiré que me presenten todas sus ofrendas y los mejo-
res regalos y sacrificios. 41Cuando los traiga de regreso a
casa desde el destierro, ustedes serán para mí como un
sacrificio agradable. Desplegaré mi santidad por medio
de ustedes a la vista de todas las naciones. 42Entonces,
cuando yo los regrese a la tierra que mediante un jura-
mento solemne prometí darles a sus antepasados, ustedes
sabrán que yo soy el SEÑOR. 43Recordarán todas las formas
en que se contaminaron y se odiarán a sí mismos por el
mal que hicieron. 44Y sabrás, pueblo de Israel, que yo soy
el SEÑOR, cuando haya honrado mi nombre al tratarte
con compasión, a pesar de tu perversidad. ¡Yo, el SEÑOR
Soberano, he hablado!"».

Juicio contra el Neguev

45*Después recibí este mensaje del SEÑOR: 46«Hijo de
hombre, ponte de cara al sur* y denuncia a esa región; pro-
fetiza contra los matorrales del Neguev. 47Dile al desierto
del sur: "Esto dice el SEÑOR Soberano: '¡Oye la palabra del
SEÑOR! Te prenderé fuego y se quemará todo árbol, esté
verde o seco. Las horrendas llamas no se extinguirán y
arrasarán con todo, desde el sur hasta el norte. 48Entonces
el mundo entero verá que yo, el SEÑOR, prendí este fuego,
que no se apagará'"».
49Entonces dije: «Oh SEÑOR Soberano, ¡la gente anda
diciendo de mí: "Él solo habla en enigmas!"».

Espada del juicio del SEÑOR

21 1*Luego recibí este mensaje del SEÑOR: 2«Hijo de
hombre, ponte de cara a Jerusalén y profetiza con-
tra Israel y sus santuarios. 3Dile: "Esto dice el SEÑOR: 'Oh
Israel, yo soy tu enemigo y voy a desenvainar mi espada
para destruir a tu gente, a justos y a perversos por igual.
4Así es, ¡eliminaré tanto a los justos como a los perversos!
Sacaré mi espada contra todos los que estén en la tierra,
desde el sur hasta el norte. 5El mundo entero sabrá que
yo soy el SEÑOR. Tengo la espada en la mano, y no la de-
volveré a su vaina hasta que haya terminado su trabajo'".
6»¡Hijo de hombre, gime delante del pueblo! Gime
ante ellos con amarga angustia y el corazón destrozado.
7Cuando te pregunten por qué gimes, diles: "Gimo por
la aterradora noticia que oí. Cuando se haga realidad, el
corazón más valiente se derretirá de miedo; toda fuerza se
desvanecerá. Todo espíritu decaerá; las rodillas fuertes se
debilitarán como el agua. Y el SEÑOR Soberano dice: '¡Está
por llegar! ¡Ya está en camino!'"».
8Entonces el SEÑOR me dijo: 9«Hijo de hombre, da al
pueblo el siguiente mensaje de parte del Señor:

»"Una espada, una espada
está siendo afilada y pulida.
10 ¡Está siendo afilada para una masacre espantosa
y pulida para destellar como un rayo!
¿Ahora te reirás?
¡Los más fuertes que tú han caído bajo su poder!*
11 Sí, ahora mismo la espada está siendo afilada y
pulida;
se prepara para el verdugo.

12 »"Hijo de hombre, grita y laméntate;
golpéate los muslos con angustia,
porque esa espada masacrará a mi pueblo y a sus
líderes:
¡todos morirán!
13 ¡A todos los pondrá a prueba!
¿Qué posibilidad tienen ellos?*",
dice el SEÑOR Soberano.

14 »Hijo de hombre, profetízales
y bate las palmas.
Después toma la espada y esgrímela dos veces en
el aire,
incluso tres veces,
para simbolizar la gran masacre,
la gran masacre que los amenaza por todas partes.
15 Que el corazón se les derrita de pavor,
porque la espada reluce en cada puerta de la
ciudad.
¡Destella como un rayo
y está pulida para la matanza!
16 Oh espada, acuchilla a la derecha
y luego a la izquierda;
corta por todas partes,
corta por donde quieras.
17 Yo también batiré las palmas,
y aplacaré mi furia.
¡Yo, el SEÑOR, he hablado!».

Presagios para el rey de Babilonia

18Después recibí este mensaje del SEÑOR: 19«Hijo de
hombre, dibuja un mapa y traza en él dos caminos para
que los siga la espada del rey de Babilonia. Coloca una
señal en el camino que sale de Babilonia, donde el sendero
se divide en dos: 20un camino con dirección a Amón y
su capital, Rabá; y el otro camino rumbo a Judá y a Jeru-
salén, la ciudad fortificada. 21El rey de Babilonia ahora
se encuentra donde se dividen los dos caminos y está

***Notas textuales** **20:34** La versión griega dice *y yo te recibiré*. Comparar con 2 Co 6:17. **20:45** Los versículos del 20:45-49 corresponden al 21:1-5 en el texto hebreo. **20:46** En hebreo *hacia Temán*. **21:1** Los versículos del 21:1-32 corresponden al 21:6-37 en el texto hebreo. **21:10** El significado del hebreo es incierto. **21:13** El significado del hebreo es incierto.

Referencias cruzadas **20:39-44** Is 1:12-15 **20:48** Jr 7:20 **21:7** Ez 7:26 **21:12** Jl 1:13 **21:15** 2 Sm 17:10

indeciso sobre a quién atacar: a Jerusalén o a Rabá. Así
que él convoca a sus magos en busca de presagios para
que le adivinen la suerte. Ellos revuelven las flechas de la
aljaba y examinan hígados de animales sacrificados. 22El
presagio en su mano derecha le indica: "¡Jerusalén!". Sus
soldados irán con arietes contra las puertas de la ciudad,
pidiendo a gritos la masacre. Levantarán torres de asalto y
construirán rampas contra las murallas. 23Los habitantes
de Jerusalén pensarán que es un falso presagio, debido a
su tratado con los babilonios; pero el rey de Babilonia le
recordará a la gente su rebelión. Entonces los atacará y
los capturará.

24»Por lo tanto, esto dice el SEÑOR Soberano: una y otra
vez me hiciste recordar tu pecado y tu culpa. ¡Ni siquiera
intentas ocultarlo! En todo lo que haces, tus pecados son
evidentes, están a la vista de todos. ¡Por lo tanto, ya ha
llegado la hora de tu castigo!

25»Príncipe de Israel, corrupto y perverso, ¡ha llegado
el día de tu juicio final! 26Esto dice el SEÑOR Soberano:

»"Quítate la corona de joyas,
porque el antiguo orden está por cambiar.
Ahora los humildes serán exaltados,
y los poderosos serán humillados.
27 ¡Destrucción! ¡Destrucción!
Sin duda destruiré el reino.
Y no será restaurado hasta que
aparezca
aquel que tiene derecho a juzgarlo.
Entonces se lo entregaré a él".

Mensaje para los amonitas

28»Ahora, hijo de hombre, profetiza sobre los amonitas y
sus burlas. Dales el siguiente mensaje de parte del SEÑOR
Soberano:

»"Una espada, una espada
se desenvainó para tu masacre.
Está pulida para destruir,
¡y destella como un rayo!
29 Tus profetas han transmitido falsas visiones
y tus adivinos han dicho mentiras.
La espada caerá sobre el cuello de los malvados,
para quienes ya ha llegado el día del juicio final.

30 »"Ahora devuelve la espada a su vaina,
porque en tu propio país,
la tierra donde naciste,
dictaré mi sentencia contra ti.
31 Sobre ti derramaré mi furia
y te soplaré con el fuego de mi enojo.
Te entregaré a hombres crueles,
expertos en destrucción.
32 Serás leña para el fuego,
y derramarán tu sangre en tu propia tierra.
¡Serás arrasado por completo,
y no habrá más memoria de ti en la historia,
porque yo, el SEÑOR, he hablado!"».

Los pecados de Jerusalén

22 Entonces recibí este mensaje del SEÑOR: 2«Hijo
de hombre, ¿estás listo para juzgar a Jerusalén?
¿Estás preparado para juzgar a esta ciudad de asesinos?
Denuncia públicamente sus pecados detestables 3y dale
este mensaje de parte del SEÑOR Soberano: "Ciudad de
asesinos, condenada y maldita —ciudad de ídolos,* in-
munda y repugnante— 4eres culpable por la sangre que
has derramado. Te has contaminado con los ídolos que
hiciste. ¡Ha llegado el día de tu destrucción! Has llegado
al fin de tus días. Te convertiré en objeto de burla en todos
los países. 5Ciudad infame y llena de confusión, de ti se
burlarán pueblos lejanos y cercanos.

6»"Cada uno de los líderes de Israel que vive dentro de
tus murallas está decidido a derramar sangre. 7A los padres
y a las madres se les trata con desprecio. Los extranjeros
están obligados a pagar por protección. Los huérfanos y
las viudas que viven en medio de ti son objeto de abusos y
maltratos. 8Desprecias mis objetos santos y profanas mis
días de descanso. 9Hay quienes acusan falsamente a otros
y los envían a la muerte. Estás llena de gente que rinde
culto a ídolos y hace cosas obscenas. 10Hay entre ustedes
hombres que se acuestan con la esposa de su padre y que
obligan a las mujeres a tener relaciones sexuales con ellos
durante su período menstrual. 11Dentro de tus murallas
viven hombres que cometen adulterio con la mujer de su
vecino, que deshonran a sus nueras o violan a sus propias
hermanas. 12Por todas partes hay asesinos a sueldo, pres-
tamistas usureros y extorsionistas. Ni siquiera piensan en
mí ni en mis mandatos, dice el SEÑOR Soberano.

13»"Sin embargo, ahora yo bato las palmas con in-
dignación por tus ganancias deshonestas y tu derrama-
miento de sangre. 14¿Qué tan fuerte y valiente serás en
el día del juicio? Yo, el SEÑOR, he hablado y cumpliré lo
que he dicho. 15Te esparciré por todas las naciones y te
limpiaré de tu maldad; 16y cuando sea deshonrado entre
las naciones a causa de ti,* sabrás que yo soy el SEÑOR"».

El horno purificador del SEÑOR

17Luego recibí este mensaje del SEÑOR: 18«Hijo de
hombre, los israelitas son la escoria inservible que queda
después de fundir la plata. Son los desechos que sobran:
una mezcla inútil de cobre, estaño, hierro y plomo. 19En-
tonces diles: "Esto dice el SEÑOR Soberano: 'Dado que
todos son escoria inservible, los traeré a mi crisol en Je-
rusalén. 20Así como en un horno se funde plata, cobre,
hierro, plomo y estaño, los fundiré a ustedes con el calor
de mi furia. 21Los reuniré y los soplaré con el fuego de mi
enojo, 22y se fundirán como la plata en el intenso calor.
Entonces sabrán que yo, el SEÑOR, he derramado mi furia
sobre ustedes'"».

Pecados de los líderes de Israel

23Nuevamente recibí un mensaje del SEÑOR: 24«Hijo de
hombre, dale este mensaje al pueblo de Israel: "En el día
de mi indignación, serás como tierra contaminada, una
tierra sin lluvia. 25Tus príncipes* traman conspiraciones
tal como los leones que acechan su presa. Devoran a los
inocentes apoderándose de sus tesoros y quitándoles su
riqueza mediante la extorsión; y dejan viudas a muchas
mujeres del país. 26Tus sacerdotes desobedecieron mis
enseñanzas y profanaron mis objetos santos. No hacen

***Notas textuales 22:3** El término hebreo (literalmente *cosas redondas*) probablemente se refiere al estiércol; también en 22:4. **22:16** Así aparece en un manuscrito hebreo, en la versión griega y en la siríaca; el texto masorético dice *cuando seas deshonrado entre las naciones.* **22:25** Así aparece en la versión griega; en hebreo dice *profetas.*

Referencias cruzadas 21:25 Ez 7:2-7 **21:31** Na 1:6 **22:4** Ez 5:14-15 **22:12** Mi 7:2-3 **22:15** Dt 4:27 **22:22** Ez 20:8, 33 ninguna diferencia entre lo que es santo y lo que no es, tampoco enseñan a mi pueblo la diferencia entre lo que es ceremonialmente puro e impuro. Desprecian mis días de descanso, de modo que soy deshonrado entre ellos. 27Tus líderes son como lobos que despedazan a sus víctimas. ¡En realidad destruyen vidas a cambio de dinero! 28Y tus profetas los encubren dando falsas visiones y predicciones mentirosas. Dicen: 'Mi mensaje proviene del SEÑOR Soberano', cuando en realidad el SEÑOR no les ha dicho ni una sola palabra. 29Hasta la gente común oprime a los pobres, les roba a los necesitados y priva de justicia a los extranjeros.

30»"Busqué a alguien que pudiera reconstruir la muralla de justicia que resguarda al país. Busqué a alguien que se pusiera en la brecha de la muralla para que yo no tuviera que destruirlos, pero no encontré a nadie. 31Por eso ahora derramaré mi furia sobre ellos y los consumiré con el fuego de mi enojo. Haré recaer sobre su cabeza todo el castigo por cada uno de sus pecados. ¡Yo, el SEÑOR Soberano, he hablado!"».

Adulterio de dos hermanas

23 Recibí este mensaje de parte del SEÑOR: 2«Hijo de hombre, había una vez dos hermanas que eran hijas de la misma madre. 3Ambas se hicieron prostitutas en Egipto. Incluso cuando eran jovencitas, dejaban que los hombres manosearan sus senos. 4La mayor se llamaba Aholá, y su hermana era Aholibá. Yo me casé con ellas y me dieron hijos e hijas. Me refiero a Samaria y a Jerusalén, pues Aholá es Samaria y Aholibá es Jerusalén.

5»Luego Aholá sintió deseos sensuales por otros amantes y no por mí, así que entregó su amor a los oficiales asirios. 6Eran todos jóvenes atractivos: capitanes y comandantes hermosamente vestidos de azul que conducían los carros de guerra. 7Así que se prostituyó con los hombres más deseables de Asiria, rindiendo culto a sus ídolos* y contaminándose. 8Cuando salió de Egipto, no abandonó la prostitución, sino que continuó tan depravada como en su juventud, cuando los egipcios se acostaban con ella, le manoseaban los senos y la tenían como prostituta.

9»Entonces la entregué a sus amantes asirios, a quienes ella tanto deseaba. 10Ellos la desnudaron, se llevaron a sus hijos como esclavos y luego la mataron. Después de recibir su castigo, su mala fama llegó a oídos de todas las mujeres de la tierra.

11»Sin embargo, Aholibá siguió los mismos pasos, a pesar de que vio todo lo que le había ocurrido a su hermana Aholá. Se corrompió todavía más y se entregó por completo a sus pasiones sexuales y a la prostitución. 12Aduló a todos los oficiales asirios, esos capitanes y comandantes con hermosos uniformes, esos jóvenes que conducían carros de guerra, todos apuestos y deseables. 13Yo vi cómo iba corrompiéndose, igual que su hermana mayor.

14»Luego llevó su prostitución a tal extremo que se enamoró de imágenes pintadas en un muro, imágenes de oficiales militares babilonios* con llamativos uniformes rojos, 15que portaban magníficos cinturones y sobre la cabeza turbantes grandes y distinguidos. Estaban vestidos como oficiales de carros de guerra de la tierra de Babilonia.* 16Cuando ella vio esas imágenes, anheló entregarse a ellos y envió mensajeros a Babilonia para invitarlos a que la visitaran. 17Entonces vinieron y cometieron adulterio con ella, y la corrompieron en la cama del amor. No obstante, después de contaminarse con ellos, los rechazó con asco.

18»Asimismo, yo sentí asco por Aholibá y la rechacé, tal como había rechazado a su hermana, porque se exhibió delante de ellos y se les entregó para satisfacerles sus pasiones sexuales. 19Sin embargo, ella se prostituyó mucho más recordando su juventud cuando se había prostituido en Egipto. 20Sintió deseos sensuales por sus amantes con órganos sexuales tan grandes como los del burro, que eyaculan como un caballo. 21Y así, Aholibá, reviviste el pasado, esos días de jovencita en Egipto, cuando dejaste que te manosearan los senos por primera vez.

El SEÑOR juzga a Aholibá

22»Por lo tanto, Aholibá, esto dice el SEÑOR Soberano: de todas partes enviaré a tus amantes contra ti, esas mismas naciones de las que te alejaste con asco. 23Pues los babilonios vendrán con todos los caldeos de Pecod, de Soa y de Coa. Junto con ellos llegarán todos los asirios, esos jóvenes y apuestos capitanes, comandantes, oficiales de carros de guerra y demás oficiales de alto rango, cada uno montado a caballo. 24Todos ellos vendrán contra ti desde el norte* con carros de guerra, carretas y un gran ejército preparado para atacar. Tomarán posiciones de batalla por todas partes y te rodearán de hombres armados con escudos y yelmos. Yo te entregaré a ellos para castigarte, a fin de que hagan contigo lo que quieran. 25Descargaré sobre ti el enojo de mis celos y ellos te tratarán con dureza. Te cortarán la nariz y las orejas, y a los sobrevivientes los matarán a espada. Se llevarán a tus hijos cautivos y quemarán todo lo que quede. 26Te arrancarán tus hermosas ropas y joyas. 27De ese modo pondré fin a la lascivia y a la prostitución que trajiste de Egipto. Nunca más tus ojos anhelarán aquellas cosas ni recordarás con nostalgia tus días en Egipto.

28»Pues esto dice el SEÑOR Soberano: ciertamente te entregaré a tus enemigos, a esos que detestas, a quienes rechazaste. 29Te tratarán con odio, te robarán todo lo que tienes y te dejarán completamente desnuda. Tu vergonzosa prostitución quedará a la vista de todo el mundo. 30Tú misma te provocaste todo esto al prostituirte con otras naciones y contaminarte con todos sus ídolos. 31Por haber seguido los pasos de tu hermana, te obligaré a beber de la misma copa de terror que ella bebió.

32»Sí, esto dice el SEÑOR Soberano:

»Beberás de la copa de terror de tu hermana,
 una copa grande y profunda,
que está llena hasta el borde
 de burla y de desprecio.
33 Te llenarás de borrachera y angustia,
 pues tu copa rebosa de aflicción y desolación;
 es la misma copa que bebió tu hermana, Samaria.
34 Beberás toda esa copa de terror
 hasta la última gota.
Luego la romperás en pedazos
 y te golpearás el pecho en señal de angustia.
 ¡Yo, el SEÑOR Soberano, he hablado!

***Notas textuales** **23:7** El término hebreo (literalmente *cosas redondas*) probablemente se refiere al estiércol; también en 23:30, 37, 39, 49. **23:14** O *caldeos.* **23:15** O *Caldea*; también en 23:16. **23:24** Así aparece en la versión griega; el significado del hebreo es incierto.

Referencias cruzadas **22:31** Rm 2:8-9 **23:2** Jr 3:7-10 **23:10** Ez 16:37 **23:16** Mt 5:28

35»Y porque te olvidaste de mí y me diste la espalda,
esto dice el SEÑOR Soberano: tendrás que sufrir las conse-
cuencias de toda tu lascivia y de tu prostitución».

El SEÑOR juzga a las dos hermanas

36El SEÑOR me dijo: «Hijo de hombre, debes acusar a
Aholá y Aholibá de todos sus pecados detestables. 37Ellas
han cometido adulterio y homicidio: adulterio al rendir
culto a ídolos y homicidio al quemar en sacrificio a los
hijos que me habían dado. 38¡Además, contaminaron mi
templo y profanaron mi día de descanso! 39¡El mismo
día que ofrecieron a sus hijos en sacrificio a ídolos, se
atrevieron a venir a mi templo para adorar! Entraron y
contaminaron mi casa.

40»Ustedes, hermanas, enviaron mensajeros a tierras
lejanas para conseguir hombres. Cuando ellos llegaron,
ustedes se bañaron, se pintaron los párpados y se pusieron
sus mejores joyas para recibirlos. 41Se sentaron junto a
ellos en un sofá con hermosos bordados y pusieron mi
incienso y mi aceite especial sobre una mesa servida ante
ustedes. 42Desde su habitación llegaba el ruido de muchos
hombres en plena juerga. Eran hombres lujuriosos y
borrachos* provenientes del desierto, que les pusieron
brazaletes en las muñecas y hermosas coronas sobre la
cabeza. 43Entonces dije: "Si realmente quieren tener sexo
con prostitutas viejas y estropeadas como estas, ¡que lo
hagan!". 44Y eso fue lo que hicieron. Tuvieron sexo con
Aholá y Aholibá, esas prostitutas desvergonzadas. 45Sin
embargo, gente recta juzgará a esas ciudades hermanas
por lo que verdaderamente son: adúlteras y asesinas.

46»Ahora bien, esto dice el SEÑOR Soberano: manda
a un ejército contra ellas y entrégalas para que las aterro-
ricen y las saqueen. 47Pues sus enemigos las apedrearán
y las matarán a espada. Masacrarán a sus hijos e hijas y
quemarán sus casas. 48De ese modo acabaré con la lascivia
y la idolatría en la tierra y mi castigo servirá de advertencia
a todas las mujeres para que no sigan el mal ejemplo de
ustedes. 49Recibirán su merecido por su prostitución:
por rendir culto a ídolos. Así es, recibirán todo el castigo.
Entonces sabrán que yo soy el SEÑOR Soberano».

Señal de la olla

24 El 15 de enero,* durante el noveno año de cau-
tividad del rey Joaquín, recibí este mensaje del
SEÑOR: 2«Hijo de hombre, anota la fecha de hoy, porque
en este preciso día el rey de Babilonia comenzará el ataque
contra Jerusalén. 3Luego transmíteles a esos rebeldes,
mediante una ilustración, este mensaje de parte del SEÑOR
Soberano:

»"Pon una olla al fuego
y échale un poco de agua.
4 Llénala con trozos selectos de carne:
de cadera, de lomo
y de los cortes más tiernos.
5 Usa solo las mejores ovejas del rebaño
y amontona leña en el fuego, debajo de la olla.
Hierve el contenido de la olla,
y cocina los huesos junto con la
carne.

6 »"Ahora bien, esto dice el SEÑOR Soberano:
¡qué aflicción le espera a Jerusalén,
ciudad de asesinos!
Ella es una olla de cocina
cuya corrupción no puede limpiarse.
Saca los trozos de carne al azar,
porque ningún pedazo es mejor que otro.
7 Pues la sangre de sus homicidios
quedó salpicada en las rocas.
¡Ni siquiera se derramó en el suelo
donde el polvo podría cubrirla!
8 Así que yo salpicaré su sangre en una roca
para que todos vean
una expresión de mi enojo
y mi venganza contra ella.

9 »"Esto dice el SEÑOR Soberano:
¡Qué aflicción le espera a Jerusalén,
ciudad de asesinos!
Yo mismo amontonaré leña debajo de ella.
10 ¡Sí, échale más leña!
Que ardan las llamas para que hierva la olla.
Cocina la carne con muchas especias
y después quema los huesos.
11 Luego deja la olla vacía sobre los carbones
encendidos.
¡Que se caliente al rojo vivo!
Que se quemen la inmundicia y la corrupción.
12 Pero es un caso perdido;
la corrupción no puede limpiarse.
Así que échala al fuego.
13 Tu impureza es tu lascivia
y la corrupción fruto de tu idolatría.
Yo traté de limpiarte,
pero tú te negaste.
Ahora quedarás en tu inmundicia
hasta que sacie mi furia contra ti".

14»¡Yo, el SEÑOR, he hablado! Ha llegado la hora y no
me contendré. No cambiaré de parecer ni tendré compa-
sión de ti. Serás juzgada por tus acciones perversas, dice
el SEÑOR Soberano».

Muerte de la esposa de Ezequiel

15Luego recibí este mensaje del SEÑOR: 16«Hijo de
hombre, de un solo golpe te quitaré tu tesoro más que-
rido; sin embargo, no debes expresar ningún dolor ante
su muerte. No llores; que no haya lágrimas. 17Gime en
silencio, pero sin que haya lamentos junto a su tumba.
No te descubras la cabeza ni te quites las sandalias. No
cumplas con los ritos acostumbrados en el tiempo de
duelo ni aceptes la comida de los amigos que se acerquen
a consolarte».

18Así que, por la mañana, anuncié ese mensaje al
pueblo y por la tarde mi esposa murió. A la mañana si-
guiente hice todo lo que se me indicó. 19Entonces la gente
me preguntó: «¿Qué significa todo esto? ¿Qué tratas de
decirnos?».

20Así que les contesté: «Recibí un mensaje del SEÑOR,
21quien me dijo que se lo transmitiera a los israelitas. Esto
dice el SEÑOR Soberano: "Contaminaré mi templo, que es
fuente de seguridad y orgullo para ustedes, el lugar en el

***Notas textuales 23:42** O *sabeos*. **24:1** En hebreo *El décimo día del décimo mes*, del antiguo calendario lunar hebreo. Este suceso ocurrió el 15 de enero del 588 a. C.; ver también nota en 1:1.

Referencias cruzadas 23:35 Os 13:6 **23:39** Jr 7:9-11 **23:42** Ez 16:11-12, 49 **23:49** Ez 9:10 **24:4** Mi 3:2-3 **24:13** Ez 8:18 **24:16** Jr 16:5

que se deleita su corazón. Los hijos y las hijas que dejaron en Judá serán masacrados a espada. [22]Entonces ustedes harán lo mismo que hizo Ezequiel. No harán duelo en público ni se consolarán entre ustedes comiendo lo que les traigan sus amigos. [23]Se dejarán la cabeza cubierta y no se quitarán las sandalias. No harán luto ni llorarán, pero se consumirán a causa de sus pecados. Gemirán entre ustedes mismos por todo el mal que hicieron. [24]Ezequiel les sirve de ejemplo; ustedes harán lo mismo que él. Y cuando llegue ese tiempo, sabrán que yo soy el Señor Soberano"».

[25]Luego el Señor me dijo: «Hijo de hombre, el día que les quite su fortaleza —su alegría y su gloria, el deseo de su corazón, su tesoro más querido— también les quitaré a sus hijos e hijas. [26]Ese día, un sobreviviente llegará desde Jerusalén a Babilonia para contarte lo que sucedió. [27]Cuando llegue, enseguida recuperarás la voz para que hables con él y serás un símbolo para los de este pueblo. Entonces ellos sabrán que yo soy el Señor».

Mensaje para Amón

25 Luego recibí este mensaje del Señor: [2]«Hijo de hombre, ponte de cara a la tierra de Amón y profetiza contra sus habitantes. [3]Comunica este mensaje a los amonitas de parte del Señor Soberano: "¡Escuchen la palabra del Señor Soberano! Ustedes se alegraron cuando mi templo fue contaminado, se burlaron de Israel y de su desolación y se rieron de Judá cuando la llevaron al destierro. [4]Permitiré que invadan su país los nómadas de los desiertos orientales. Ellos establecerán su campamento entre ustedes y levantarán carpas en su tierra. Se llevarán el fruto de sus cosechas y se tomarán la leche de sus animales. [5]Convertiré la ciudad de Rabá en un pastizal para camellos y todo el territorio de los amonitas en un lugar de descanso para ovejas y cabras. Entonces ustedes sabrán que yo soy el Señor.

[6]»"Esto dice el Señor Soberano: dado que ustedes aplaudieron, bailaron y gritaron de alegría por la destrucción de mi pueblo, [7]yo alzaré mi puño de juicio contra ustedes. Los entregaré como botín a muchas naciones. Los eliminaré y dejarán de ser nación, los destruiré por completo. Así sabrán que yo soy el Señor".

Mensaje para Moab

[8]»Esto dice el Señor Soberano: dado que los moabitas* dijeron que Judá es igual a las demás naciones, [9]les abriré el flanco oriental y destruiré sus gloriosas ciudades fronterizas: Bet-jesimot, Baal-meón y Quiriataim. [10]Entregaré a los moabitas en manos de los nómadas de los desiertos orientales, tal como hice con los amonitas. Es cierto, los amonitas dejarán de ser contados entre las naciones. [11]Del mismo modo, haré caer mi castigo sobre los moabitas. Entonces sabrán que yo soy el Señor.

Mensaje para Edom

[12]»Esto dice el Señor Soberano: los edomitas pecaron grandemente al vengarse contra el pueblo de Judá. [13]Por lo tanto, dice el Señor Soberano, alzaré mi puño de juicio contra Edom. Exterminaré a sus habitantes y a sus animales a filo de espada. Convertiré en una tierra baldía el territorio desde Temán hasta Dedán. [14]Lo llevaré a cabo por medio de mi pueblo Israel. Con enojo los israelitas ejecutarán mi venganza, y los edomitas sabrán que esa venganza es mía. ¡Yo, el Señor Soberano, he hablado!

Mensaje para Filistea

[15]»Esto dice el Señor Soberano: los filisteos arremetieron contra Judá por amarga venganza y por desprecio acumulado. [16]Por lo tanto, esto dice el Señor Soberano: alzaré mi puño de juicio contra la tierra de los filisteos. Exterminaré a los cereteos y destruiré por completo a la gente que vive junto al mar. [17]Ejecutaré contra ellos una terrible venganza para castigarlos por lo que han hecho. Y una vez que me haya vengado, sabrán que yo soy el Señor».

Mensaje para Tiro

26 El 3 de febrero, durante el año doce de cautividad del rey Joaquín,* recibí este mensaje del Señor: [2]«Hijo de hombre, Tiro se alegró por la caída de Jerusalén diciendo: "¡Ajá! La que era la puerta de entrada a las prósperas rutas comerciales del oriente ha sido destruida y ¡ahora es mi turno! ¡Dado que ella quedó desolada, yo me enriqueceré!".

[3]»Por lo tanto, esto dice el Señor Soberano: oh Tiro, yo soy tu enemigo y haré que muchas naciones se levanten contra ti como las olas del mar que rompen contra tu costa. [4]Ellas destruirán las murallas de Tiro y derribarán sus torres. ¡Yo rasparé su suelo hasta dejarlo como roca desnuda! [5]No será más que una roca en el mar, un lugar donde los pescadores tiendan sus redes, pues yo he hablado, dice el Señor Soberano. Tiro se convertirá en presa de muchas naciones, [6]y sus aldeas de tierra adentro serán destruidas a espada. Entonces sabrán que yo soy el Señor.

[7]»Esto dice el Señor Soberano: del norte haré que se levante el rey Nabucodonosor* de Babilonia contra Tiro. Él es rey de reyes y viene con sus caballos, sus carros de guerra, sus conductores y un gran ejército. [8]Primero destruirá las aldeas de tierra adentro. Luego te atacará construyendo un muro de asalto y una rampa y levantando un techo de escudos. [9]Golpeará tus murallas con arietes y demolerá tus torres a golpe de martillo. [10]Las patas de sus caballos ahogarán de polvo la ciudad y el estruendo de las ruedas de los carros de guerra y sus conductores hará temblar tus murallas cuando entren por tus puertas derrumbadas. [11]Los caballos de sus jinetes pisotearán todas las calles de la ciudad. Masacrarán a tu gente y derribarán las fuertes columnas.

[12]»Saquearán tus riquezas y mercancías, y demolerán tus murallas. Destruirán tus preciosas casas y arrojarán al mar las piedras, los maderos y hasta el polvo de la ciudad. [13]Pondré fin a la música de tus cánticos. Nunca más se oirá entre tu pueblo el sonido de las arpas. [14]Transformaré tu isla en una roca desnuda, un lugar donde los pescadores tiendan sus redes. Jamás serás reconstruida, porque yo, el Señor, he hablado. ¡Sí, el Señor Soberano ha hablado!

Efectos de la destrucción de Tiro

[15]»Esto dice el Señor Soberano a Tiro: toda la costa temblará ante el ruido de tu caída, mientras se oyen los gritos de los heridos que retumban en la prolongada masacre.

***Notas textuales** **25:8** Así aparece en la versión griega; en hebreo dice *los pueblos de Moab y Seir*. **26:1** En hebreo *En el año once, el primer día del mes,* según el año del antiguo calendario lunar hebreo. Dado que falta un elemento en la fórmula de la fecha, los estudiosos han reconstruido esta lectura probable: *En el [mes] once [del] año [doce], el primer día del mes.* Según esa lectura este mensaje quedaría fechado el 3 de febrero del 585 a. C.; ver también la nota en 1:1. **26:7** En hebreo *Nabucad-retsar*, una variante de Nabucodonosor.

Referencias cruzadas **24:24** Lc 11:29-30 **24:27** Ez 3:26 **25:6-7** So 2:8, 10 **25:8** Am 2:1 **25:14** Hb 10:30-31 **25:17** Sal 9:16 **26:4** Am 1:10 **26:13** Ap 18:22-23

16 Los gobernantes de las ciudades portuarias dejarán sus
tronos y se quitarán las vestiduras reales y su hermosa
ropa. Se sentarán en el suelo, temblando de terror a causa
de tu destrucción. 17 Después se lamentarán por ti ento-
nando este canto fúnebre:

»¡Oh famosa ciudad isleña,
que antes gobernaba el mar,
cómo has sido destruida!
Tu gente, con su poderío naval,
antes sembraba terror por todo el mundo.
18 Ahora las tierras costeras tiemblan de miedo por tu
caída.
Decaen las islas a medida que desapareces.

19 »Esto dice el Señor Soberano: convertiré a Tiro en
ruinas despobladas, como muchas otras. La sepultaré
bajo las terribles oleadas del ataque enemigo. Los gran-
des mares te tragarán. 20 Te enviaré a la fosa para que te
reúnas con los que descendieron allí hace mucho tiempo.
Tu ciudad quedará en ruinas, sepultada bajo tierra, como
los que están en la fosa, quienes entraron al mundo de
los muertos. Aquí, en el mundo de los vivos, no tendrás
ningún lugar de honor. 21 Te daré un fin terrible y dejarás
de existir. Te buscarán, pero nunca más te encontrarán.
¡Yo, el Señor Soberano, he hablado!».

Fin de la gloria de Tiro

27 Luego recibí este mensaje del Señor: 2 «Hijo de
hombre, entona un canto fúnebre por Tiro, 3 esa
poderosa ciudad y portal al mar, el centro comercial del
mundo. Dale a Tiro este mensaje de parte del Señor
Soberano:

»"Oh Tiro, te jactaste diciendo:
'¡Mi belleza es perfecta!'.
4 Extendiste tus fronteras hacia el mar.
Tus constructores hicieron perfecta tu belleza.
5 Eras como un gran barco
construido con los mejores cipreses de Senir.*
Con un cedro del Líbano
te fabricaron un mástil.
6 Te labraron los remos
con robles de Basán.
Tu cubierta hecha de pino de las costas de Chipre*
se incrustó con marfil.
7 Confeccionaron tus velas con el mejor lino de Egipto,
y ondeaban sobre ti como una bandera.
Estabas bajo toldos azules y púrpura,
abrillantados con tinturas de las costas de Elisa.
8 Tus remeros venían de Sidón y de Arvad;
tus timoneles eran hombres hábiles de Tiro.
9 Sabios ancianos artesanos de Gebal calafateaban la
nave.
De todos los países llegaban naves con mercancías
para comerciar contigo.

10 »"Hombres de las lejanas tierras de Persia, Lidia y
Libia* servían en tu gran ejército. Ellos colgaban sus es-
cudos y yelmos en tus muros y así te daban gran honor.
11 Hombres de Arvad y de Helec montaban guardia en
tus murallas. Tus torres estaban al mando de hombres
de Gamad. Sus escudos colgados en tus murallas com-
pletaban tu belleza.

12 »"De Tarsis enviaban mercaderes para comprar tus
productos a cambio de plata, hierro, estaño y plomo.
13 Mercaderes de Grecia,* Tubal y Mesec llegaban con
esclavos y objetos de bronce para comerciar contigo.

14 »"De Bet-togarmá traían caballos para montar, ca-
ballos para carros de guerra y mulas para cambiarlos por
tus mercancías. 15 También te llegaban mercaderes desde
la tierra de Dedán.* Tenías el monopolio del mercado en
muchos lugares costeros; te pagaban con colmillos de mar-
fil y madera de ébano.

16 »"De Aram* enviaban mercaderes para comprar tu
gran variedad de artículos. Comerciaban con turquesa,
tinturas de púrpura, bordados, lino fino y joyas de coral y
de rubíes. 17 Judá e Israel te ofrecían trigo de Minit, higos,*
miel, aceite de oliva y bálsamo a cambio de tus mercancías.

18 »"De Damasco enviaban mercaderes a comprar tu
gran variedad de artículos, a cambio de vino de Helbón y
lana blanca de Zahar. 19 Llegaban griegos desde Uzal* con
hierro forjado, canela y cálamo aromático para cambiar
por tus mercancías.

20 »"Desde Dedán enviaban mercaderes para intercam-
biar contigo sus costosas mantas para montura. 21 Los
árabes y los príncipes de Cedar enviaban mercaderes para
obtener tus mercancías a cambio de corderos, carneros
y chivos. 22 Llegaban mercaderes de Saba y Raama para
conseguir tus mercancías a cambio de toda clase de es-
pecias, joyas y oro.

23 »"También de Harán, Cane, Edén, Saba, Asiria y
Quilmad llegaban con sus mercancías. 24 Traían telas de
alta calidad para comerciar: tela de color azul, bordados y
alfombras multicolores, enrolladas y atadas con cordeles.
25 Las naves de Tarsis formaban una caravana acuática.
¡Los depósitos de tu isla estaban llenos hasta el techo!

Destrucción de Tiro

26 »"¡Pero mira! ¡Tus remeros
te han llevado hacia mares tempestuosos!
¡Un poderoso viento oriental
te ha causado destrozos en alta mar!
27 Has perdido todo:
tus riquezas y tus mercancías,
tus marineros y tus pilotos,
tus constructores de naves, tus mercaderes y tus
guerreros.
En el día de tu ruina,
todos a bordo se hundirán en lo profundo del mar.
28 Tiemblan tus ciudades junto al mar
mientras tus pilotos gritan de terror.
29 Todos los remeros abandonan sus naves;
los marineros y los pilotos están de pie en la orilla.
30 Gritan fuerte por ti
y lloran amargamente.
Se echan polvo sobre la cabeza
y se revuelcan en cenizas.
31 Se rapan la cabeza en señal de duelo por ti
y se visten de tela áspera.
Lloran por ti con gran amargura

***Notas textuales** **27:5** O *Hermón.* **27:6** En hebreo *Quitim.* **27:10** En hebreo *Paras, Lud y Fut.* **27:13** En hebreo *Naván.* **27:15** La versión griega dice *Rodas.* **27:16** Algunos manuscritos dicen *Edom.* **27:17** El significado del hebreo es incierto. **27:19** En hebreo *Llegaban Vedán y Javán de Uzal.* El significado del hebreo es incierto.

Referencias cruzadas **26:17** Is 14:12 **26:20** Za 2:8 **27:2** Jr 7:20 **27:15** Ap 18:12 **27:29-32** Ap 18:17-19

y profundo dolor.
32 Mientras se lamentan y gimen por ti,
entonan este triste canto fúnebre:
'¿Hubo alguna vez una ciudad como Tiro,
que ahora está en silencio, en el fondo del mar?
33 Las mercancías que comerciabas
saciaron los deseos de muchas naciones.
Reyes de los confines de la tierra
se enriquecieron con tu comercio.
34 Ahora eres una nave que naufragó,
deshecha en el fondo del mar.
Toda tu mercancía y tu tripulación
se hundieron contigo.
35 Todos los habitantes de las costas
se horrorizan de tu terrible destino.
Los reyes están llenos de terror
y lo ven con la cara retorcida de espanto.
36 Los mercaderes de las naciones
menean la cabeza al verte,*
pues llegaste a un horrible final
y dejarás de existir'"».

Mensaje para el rey de Tiro

28 Después recibí este mensaje del SEÑOR: 2«Hijo
de hombre, dale al príncipe de Tiro este mensaje
de parte del SEÑOR Soberano:

»"En tu gran arrogancia afirmaste: '¡Soy un dios!
Estoy sentado en un trono divino, en el corazón
del mar';
pero eres solo un hombre y no un dios,
aunque te jactes de ser un dios.
3 Te crees más sabio que Daniel
y piensas que ningún secreto está oculto de ti.
4 Con tu sabiduría y entendimiento has acumulado
mucha riqueza:
oro y plata para tus tesoros.
5 Sí, tu sabiduría te hizo muy rico,
y tus riquezas, muy orgulloso.

6 »"Por lo tanto, esto dice el SEÑOR Soberano:
ya que te crees tan sabio como un dios,
7 haré que te ataque un ejército extranjero,
el terror de las naciones.
¡Ellos desenvainarán sus espadas contra tu
maravillosa sabiduría
y profanarán tu esplendor!
8 Te hundirán en la fosa,
y morirás en el corazón del mar,
traspasado de muchas heridas.
9 ¿Te jactarás, entonces, diciendo: '¡Soy un dios!'
frente a tus asesinos?
¡Para ellos no serás un dios,
sino un simple hombre!
10 Morirás como un pagano*
en manos de extranjeros.
¡Yo, el SEÑOR Soberano, he hablado!"».

11Luego recibí otro mensaje más del SEÑOR: 12«Hijo
de hombre, entona este canto fúnebre para el rey de Tiro.
Dale este mensaje de parte del SEÑOR Soberano:

»"Tú eras el modelo de la perfección,
lleno de sabiduría y de exquisita belleza.
13 Estabas en el Edén,
el jardín de Dios.
Tenías la ropa adornada con toda clase de piedras
preciosas*
—cornalina rojiza, peridoto verde pálido, adularia
blanca,
berilo azul y verde, ónice, jaspe verde,
lapislázuli, turquesa y esmeralda—,
todas talladas especialmente para ti
e incrustadas en el oro más puro.
Te las dieron
el día en que fuiste creado.
14 Yo te ordené y te ungí
como poderoso ángel guardián.*
Tenías acceso al monte santo de Dios
y caminabas entre las piedras de fuego.

15 »"Eras intachable en todo lo que hacías,
desde el día en que fuiste creado
hasta el día en que se encontró maldad en ti.
16 Tu abundante comercio te llevó a la violencia,
y pecaste.
Entonces te expulsé en deshonra
de la montaña de Dios.
Te eché, guardián poderoso,
del lugar que tenías entre las piedras de fuego.
17 Tu corazón se llenó de orgullo
debido a tu gran belleza.
Tu sabiduría se corrompió
a causa de tu amor por el esplendor.
Entonces te arrojé al suelo
y te expuse a la mirada curiosa de los reyes.
18 Profanaste tus santuarios
con tus muchos pecados y tu comercio
deshonesto.
Entonces hice brotar fuego de tu interior
y te consumió.
Te reduje a cenizas en el suelo
a la vista de todos los que te miraban.
19 Todos los que te conocían se horrorizaron por tu
destino.
Has llegado a un final terrible,
y dejarás de existir"».

Mensaje para Sidón

20Luego recibí otro mensaje del SEÑOR: 21«Hijo de
hombre, ponte de cara a la ciudad de Sidón y profetiza
contra ella. 22Dale a la gente de Sidón este mensaje de
parte del SEÑOR Soberano:

»"Oh Sidón, yo soy tu enemigo,
y revelaré mi gloria en lo que te haré.
Cuando traiga juicio sobre ti
y revele mi santidad en medio de ti,
todos los que observen sabrán
que yo soy el SEÑOR.
23 Enviaré una plaga contra ti
y correrá sangre por tus calles.
El ataque llegará de todas direcciones,

***Notas textuales 27:36** En hebreo *te silban con desagrado.* **28:10** En hebreo *Morirás como mueren los incircuncisos.* **28:13** La identificación de algunas de estas piedras preciosas es incierta. **28:14** En hebreo *como querubín guardián*; similar en 28:16.

Referencias cruzadas 28:2 2 Ts 2:4 **28:13** Gn 2:8

y tu gente quedará masacrada dentro de tus
murallas.
Entonces todos sabrán
que yo soy el SEÑOR.
24 Los vecinos burlones de Israel ya no la provocarán
punzándola y desgarrándola como zarzas y
espinos.
Pues entonces sabrán
que yo soy el SEÑOR Soberano".

Restauración de Israel

25»Esto dice el SEÑOR Soberano: el pueblo de Israel vol-
verá a vivir en su propio país, la tierra que le di a mi siervo
Jacob. Pues reuniré a los israelitas de entre las tierras leja-
nas adonde los había esparcido. A la vista de las naciones
del mundo, revelaré mi santidad en mi pueblo. 26En Israel,
ellos vivirán seguros, construirán casas y cultivarán viñe-
dos; y cuando yo castigue a las naciones vecinas que los
trataron con desprecio, ellos sabrán que yo soy el SEÑOR
su Dios».

Mensaje para Egipto

29 El 7 de enero,* durante el décimo año de cau-
tividad del rey Joaquín, recibí este mensaje del
SEÑOR: 2«Hijo de hombre, ponte de cara a Egipto y pro-
fetiza contra su rey —el faraón— y contra todo el pueblo
egipcio. 3Dales este mensaje de parte del SEÑOR Soberano:

»"Yo soy tu enemigo, oh faraón, rey de Egipto,
monstruo enorme que acechas en las corrientes
del Nilo.
Pues has dicho: 'El Nilo es mío;
lo hice para mí'.
4 Te pondré garfios en las mandíbulas
y te arrastraré hasta tierra firme
con peces pegados a tus escamas.
5 Te dejaré a ti y a tus peces
abandonados en el desierto para que mueran.
Quedarás sin sepultura tirado en campo abierto,
pues te daré como comida a los animales salvajes
y a las aves.
6 Todos los habitantes de Egipto sabrán que yo soy el
SEÑOR,
pues para Israel no fuiste más que una vara de
juncos.
7 Cuando Israel se apoyó en ti,
te astillaste y te rompiste
y te clavaste en su axila.
Cuando Israel dejó caer su peso sobre ti,
te quebraste y sus piernas le fallaron.

8»"Por lo tanto, esto dice el SEÑOR Soberano: oh
Egipto, enviaré un ejército contra ti y destruiré tanto a la
gente como a los animales. 9La tierra de Egipto se con-
vertirá en una desolada tierra baldía y los egipcios sabrán
que yo soy el SEÑOR.

»"Debido a que dijiste: 'El Nilo es mío; yo lo hice',
10ahora soy enemigo tuyo y de tu río. Haré de Egipto
una tierra totalmente desolada y baldía, desde Migdol
hasta Asuán, y tan al sur como la frontera con Etiopía.*
11Durante cuarenta años nadie pasará por allí, ni personas
ni animales. Quedará totalmente despoblada. 12Haré de
Egipto un lugar desolado, rodeado por otras naciones de-
soladas. Sus ciudades quedarán vacías y desoladas durante
cuarenta años, rodeadas por otras ciudades en ruinas.
Esparciré a los egipcios por tierras lejanas".

13»Esto también dice el SEÑOR Soberano: pasados los
cuarenta años traeré a los egipcios nuevamente a su patria
de entre las naciones donde fueron esparcidos. 14Restau-
raré la prosperidad de Egipto y haré volver a sus habitantes
a la tierra de Patros, en el sur de Egipto, de donde prove-
nían. Sin embargo, Egipto seguirá siendo un reino menor
y sin importancia. 15Será la más insignificante de todas
las naciones y nunca volverá a destacarse por encima de
las naciones vecinas.

16»Entonces Israel ya no tendrá la tentación de confiar
en la ayuda de Egipto. Egipto quedará tan devastado que
servirá para recordarle a Israel la magnitud del pecado que
cometió al haber confiado en Egipto en tiempos pasados.
Entonces Israel sabrá que yo soy el SEÑOR Soberano».

Nabucodonosor conquistará Egipto

17El 26 de abril, el primer día del año nuevo,* durante
el año veintisiete de cautividad del rey Joaquín, recibí
este mensaje del SEÑOR: 18«Hijo de hombre, el ejército
del rey Nabucodonosor* de Babilonia combatió tan fe-
rozmente contra Tiro que los guerreros quedaron con la
cabeza calva y los hombros llagados y ampollados; pero
ni Nabucodonosor ni su ejército recibieron botín en re-
compensa por todo su esfuerzo. 19Por lo tanto, esto dice
el SEÑOR Soberano: le entregaré el territorio de Egipto a
Nabucodonosor, rey de Babilonia. Se llevará la riqueza de
Egipto saqueando todo lo que haya para poder pagarle a su
ejército. 20Así es, le he entregado la tierra de Egipto como
recompensa por su esfuerzo, dice el SEÑOR Soberano, por-
que trabajaba para mí cuando destruyó a Tiro.

21»Llegará el día cuando haré revivir la antigua gloria
de Israel,* y por fin, Ezequiel, respetarán tus palabras.
Entonces sabrán que yo soy el SEÑOR».

Día triste para Egipto

30 Este es otro mensaje que recibí del SEÑOR: 2«Hijo
de hombre, profetiza y comunica este mensaje de
parte del SEÑOR Soberano:

»"Lloren y giman
por ese día,
3 porque ya se acerca el día terrible,
¡el día del SEÑOR!
Será un día de nubes y de penumbra,
un día de desesperación para las naciones.
4 Vendrá una espada contra Egipto
y los masacrados cubrirán el suelo.
Se llevarán sus riquezas
y destruirán sus cimientos.
La tierra de Etiopía* será saqueada.
5 Etiopía, Libia, Lidia, toda Arabia*
y sus demás aliadas
serán destruidas en esa guerra.

***Notas textuales** **29:1** En hebreo *El día doce del décimo mes*, del antiguo calendario lunar hebreo. Este suceso ocurrió el 7 de enero del 587 a. C.; ver también nota en 1:1. **29:10** En hebreo *desde Migdol hasta Sevene y hasta la lejana frontera de Cus.* **29:17** En hebreo *El primer día del primer mes*, del antiguo calendario lunar hebreo. Ese suceso ocurrió el 26 de abril del 571 a. C.; ver también la nota en 1:1. **29:18** En hebreo *Nabucad-retsar*, una variante de Nabucodonosor; también en 29:19. **29:21** En hebreo *haré brotar un cuerno para la casa de Israel.*

Referencias cruzadas **28:24** Is 55:13 **28:26** Am 9:13-14 **29:6** Is 36:6 **29:8-11** Jr 43:11-12 **29:15** Za 10:11 **29:19** Ez 30:10-12 **29:21** Lc 21:15 **30:2** Jl 1:5

6 »"Esto dice el SEÑOR:
caerán todos los aliados de Egipto
y acabará la soberbia de su poder.
Desde Migdol hasta Asuán*
serán masacrados a filo de espada,
dice el SEÑOR Soberano.
7 Egipto quedará desolado,
rodeado de naciones desoladas,
y sus ciudades quedarán en ruinas,
rodeadas de otras ciudades en ruinas.
8 Los egipcios sabrán que yo soy el SEÑOR
cuando le prenda fuego a Egipto
y destruya a todos sus aliados.
9 En ese tiempo enviaré veloces mensajeros por barco
para aterrorizar a los tan confiados etíopes.
Un gran pánico se apoderará de ellos
el día de la indudable destrucción de Egipto.
¡Espérenlo!
¡Sin falta, llegará!

10 »"Esto dice el SEÑOR Soberano:
con el poder del rey Nabucodonosor* de Babilonia,
destruiré a las multitudes de Egipto.
11 Él y sus ejércitos —los más despiadados de todos—
serán enviados para destruir el país.
Harán guerra contra Egipto
hasta cubrir el suelo con egipcios masacrados.
12 Secaré el río Nilo
y venderé el país a hombres perversos.
Haré destruir la tierra de Egipto y todo lo que haya
allí
por manos de extranjeros.
¡Yo, el SEÑOR, he hablado!

13 »"Esto dice el SEÑOR Soberano:
romperé en pedazos los ídolos* de Egipto
y las imágenes que están en Menfis.*
Ya no quedarán gobernantes en Egipto;
el terror se apoderará del país.
14 Destruiré el sur de Egipto,*
prenderé fuego a Zoán
y traeré juicio sobre Tebas.*
15 Derramaré mi furia sobre Pelusio,*
la fortaleza más fuerte de Egipto,
y pisotearé
a las multitudes de Tebas.
16 ¡Sí, le prenderé fuego a todo Egipto!
Pelusio se retorcerá de dolor;
Tebas será despedazada;
Menfis vivirá en constante terror.
17 Los jóvenes de Heliópolis y Bubastis* morirán en
batalla,
y las mujeres* serán llevadas como esclavas.
18 Cuando yo quiebre el orgullo de la fuerza de Egipto,
también será un día oscuro para Tafnes.
Una nube oscura cubrirá Tafnes,
y sus hijas serán llevadas cautivas.
19 Así traeré un gran castigo sobre Egipto
y los egipcios sabrán que yo soy el SEÑOR"».

Los brazos rotos del faraón

20 El 29 de abril,* durante el año once de cautividad del
rey Joaquín, recibí este mensaje del SEÑOR: 21 «Hijo de
hombre, le he roto el brazo al faraón, rey de Egipto. No
le han enyesado el brazo para que se cure, ni se lo han
entablillado para que pueda sostener una espada. 22 Por
lo tanto, esto dice el SEÑOR Soberano: ¡yo soy enemigo
del faraón, rey de Egipto! Le romperé ambos brazos —el
que tiene sano y el que tiene roto— y haré que se le caiga
la espada. 23 Esparciré a los egipcios por muchos países
alrededor del mundo. 24 Fortaleceré los brazos al rey de
Babilonia y le pondré mi espada en la mano. En cambio,
le romperé los brazos al faraón, rey de Egipto, y quedará
tendido, herido de muerte, gimiendo de dolor. 25 Fortale-
ceré los brazos del rey de Babilonia, mientras los brazos
del faraón caerán inservibles a ambos lados de su cuerpo.
Cuando ponga mi espada en la mano del rey de Babilonia y
él la levante contra la tierra de Egipto, Egipto sabrá que yo
soy el SEÑOR. 26 Esparciré a los egipcios entre las naciones;
los dispersaré por todo el mundo. Entonces sabrán que yo
soy el SEÑOR».

Comparación entre Egipto y la Asiria derrotada

31 El 21 de junio,* durante el año once de cautividad
del rey Joaquín, recibí este mensaje del SEÑOR:
2 «Hijo de hombre, dale este mensaje al faraón, rey de
Egipto, y a todas sus multitudes:

»"¿Con quién compararás tu grandeza?
3 Eres como la poderosa Asiria,
que alguna vez fue como un cedro del Líbano,
con hermosas ramas que daban una intensa sombra
al bosque
y su copa llegaba hasta las nubes.
4 Los manantiales profundos lo regaban
y lo ayudaban a crecer alto y frondoso.
El agua corría a su alrededor como un río
y fluía hacia todos los árboles cercanos.
5 Este gran árbol se elevaba
muy por encima de los demás árboles que lo
rodeaban.
Creció y desarrolló ramas gruesas y largas
por el agua abundante que recibían sus raíces.
6 Las aves anidaban en sus ramas
y bajo su sombra parían los animales salvajes.
Todas las grandes naciones del mundo
vivían bajo su sombra.
7 Era fuerte y hermoso,
con ramas que se extendían ampliamente
porque sus raíces llegaban a lo profundo,
donde había agua en abundancia.
8 Ningún otro cedro del jardín de Dios
podía hacerle competencia.
Ningún ciprés tenía ramas como las suyas;
ningún plátano oriental tenía ramas comparables.
Ningún árbol del jardín de Dios

***Notas textuales** **30:4** En hebreo *Cus*; similar en 30:9. **30:5** En hebreo *Cus, Fut, Lud, toda Arabia, Cub.* Aparte de este versículo, se desconoce *Cub* y podría ser una variante de *Lub* [Libia]. **30:6** En hebreo *hasta Sevene.* **30:10** En hebreo *Nabucad-retsar*, una variante de Nabucodonosor. **30:13a** El término hebreo (literalmente *cosas redondas*) probablemente se refiere al estiércol. **30:13b** En hebreo *Nof*; también en 30:16. **30:14a** En hebreo *Patros*. **30:14b** En hebreo *No*; también en 30:15, 16. **30:15** En hebreo *Sin*; también en 30:16. **30:17a** En hebreo *de Avén y Pibeset*. **30:17b** O *y sus ciudades.* **30:20** En hebreo *El séptimo día del primer mes,* del antiguo calendario lunar hebreo. Ese suceso ocurrió el 29 de abril del 587 a. C.; ver también la nota en 1:1. **31:1** En hebreo *El primer día del tercer mes,* del antiguo calendario lunar hebreo. Ese suceso ocurrió el 21 de junio del 587 a. C.; ver también la nota en 1:1.

Referencias cruzadas **30:9** Ez 32:9-10 **30:12** Ez 29:3, 9 **30:19** Ez 5:8, 15

tenía una belleza parecida.
9 Como hice tan hermoso este árbol
y le di un follaje tan magnífico,
era la envidia de los demás árboles del Edén,
el jardín de Dios.

10»"Por lo tanto, esto dice el SEÑOR Soberano: como
Egipto se volvió* vanidoso y arrogante, y porque se puso
tan por encima de los demás que su copa llegaba a las
nubes, 11lo entregaré en manos de una nación poderosa
para que lo destruya como merece su perversidad. Ya
lo he desechado. 12Un ejército extranjero —el terror de
las naciones— lo taló y lo dejó tendido en el suelo. Sus
ramas quedaron esparcidas por las montañas, los valles
y los barrancos de la tierra. Todos los que vivían bajo su
sombra se fueron y lo dejaron allí tirado.

13 »"Las aves se posan en el tronco caído,
y los animales salvajes se tienden entre sus ramas.
14 Que ningún árbol de ninguna otra nación
se envanezca por su propia grandeza,
aunque supere la altura de las nubes
y reciba agua de lo profundo.
Pues todos están condenados a morir
y a descender a las profundidades de la tierra.
Caerán a la fosa
junto con el resto del mundo.

15»"Esto dice el SEÑOR Soberano: cuando Asiria des-
cendió a la tumba,* hice que los manantiales profundos
se lamentaran. Detuve el curso de sus ríos y sequé su
abundante agua. Vestí de negro el Líbano e hice que se
marchitaran los árboles del campo. 16Hice que las nacio-
nes temblaran de miedo al sonido de su caída, porque la
envié a la tumba junto con todos los que descienden a la
fosa. Los demás árboles vanidosos del Edén, los mejores y
más hermosos del Líbano, aquellos que hundían sus raíces
profundamente en el agua, se consolaron al encontrar a
este árbol allí con ellos en las profundidades de la tierra.
17También sus aliados fueron destruidos y estaban muer-
tos. Habían descendido a la tumba todas esas naciones que
una vez vivieron bajo su sombra.
18»"Oh Egipto, ¿a cuál de los árboles del Edén compa-
rarás tu fortaleza y tu gloria? Tú también serás enviado
a las profundidades con todas esas naciones. Quedarás
tendido entre los paganos* que murieron a espada. Ese
será el destino del faraón y de todas sus multitudes. ¡Yo,
el SEÑOR Soberano, he hablado!"».

Advertencia al faraón

32 El 3 de marzo,* durante el año doce de cautividad
del rey Joaquín, recibí este mensaje del SEÑOR:
2«Hijo de hombre, laméntate por el faraón, rey de Egipto,
y dale este mensaje:

»"Te crees un león joven y fuerte entre las naciones,
pero en realidad solo eres un monstruo marino
que se retuerce en sus propios ríos
y revuelve el lodo con las patas.
3 Por lo tanto, esto dice el SEÑOR Soberano:
enviaré a muchas personas
para que te atrapen con mi red
y te arrastren fuera del agua.
4 Te dejaré abandonado en tierra para que mueras.
Todas las aves de los cielos se posarán sobre ti,
y los animales salvajes de toda la tierra
te comerán hasta saciarse.
5 Esparciré tu carne por las colinas
y llenaré los valles con tus huesos.
6 Empaparé la tierra con la sangre que brote de ti,
que correrá hasta las montañas
y llenará los barrancos hasta el
borde.
7 Cuando yo borre tu existencia,
cubriré los cielos y oscureceré las estrellas.
Taparé el sol con una nube,
y la luna no te dará su luz.
8 Oscureceré las estrellas brillantes en lo alto
y cubriré tu territorio con tinieblas.
¡Yo, el SEÑOR Soberano, he hablado!

9»"Inquietaré el corazón de muchos cuando haga que
se enteren de tu caída en naciones lejanas que no conocías.
10Así es, espantaré a muchos países y sus reyes quedarán
aterrados al conocer tu destino. Temblarán de miedo por
su vida cuando yo esgrima mi espada ante ellos el día de
tu caída. 11Esto dice el SEÑOR Soberano:

»"La espada del rey de Babilonia
vendrá contra ti.
12 Destruiré a tus multitudes con las espadas de
poderosos guerreros,
el terror de las naciones.
Destrozaré el orgullo de Egipto
y todas sus multitudes quedarán destruidas.
13 Destruiré todos tus rebaños y manadas
que pastan junto a los arroyos.
Nunca más ni personas ni animales
enturbiarán esas aguas con sus pies.
14 Luego dejaré que las aguas de Egipto se aquieten de
nuevo,
y fluirán tranquilas, como se desliza el aceite de
oliva,
dice el SEÑOR Soberano.
15 Cuando yo destruya a Egipto
y te arranque todas tus posesiones
y hiera de muerte a todo tu pueblo,
entonces sabrás que yo soy el SEÑOR.
16 Sí, este es el canto fúnebre
que entonarán para Egipto.
Que todas las naciones hagan luto.
Que se lamenten por Egipto y sus multitudes.
¡Yo, el SEÑOR Soberano, he hablado!"».

Egipto cae en la fosa

17El 17 de marzo,* durante el año doce, recibí otro men-
saje del SEÑOR: 18«Hijo de hombre, laméntate por las
multitudes de Egipto y por las demás naciones podero-
sas.* Pues los enviaré al mundo de abajo, junto con los
que descienden a la fosa. 19Diles:

»"Oh Egipto, ¿acaso eres más bella que las otras
naciones?

***Notas textuales** **31:10** En hebreo *como tú te volviste.* **31:15** En hebreo *al Seol*; también en 31:16, 17. **31:18** En hebreo *entre los incircuncisos.* **32:1** En hebreo *El primer día del mes doce,* del antiguo calendario lunar hebreo. Ese suceso ocurrió el 3 de marzo del 585 a. C.; ver también la nota en 1:1.

Referencias cruzadas **31:8** Is 51:3 **31:17** Sal 9:17 **32:9** Ap 18:10-15

¡No! Así que desciende a la fosa y quédate allí,
entre los paganos*".

20Los egipcios caerán junto a todos los que murieron a espada, pues la espada se ha desenvainado contra ellos. Egipto y sus multitudes irán arrastrados a su juicio. 21En lo profundo de la tumba,* líderes poderosos, en tono de burla, darán la bienvenida a Egipto y a sus aliados diciendo: "Ya descendieron; yacen entre los paganos, entre multitudes masacradas a espada".

22»Allí está Asiria rodeada por las tumbas de sus soldados, los que fueron masacrados a espada. 23Sus tumbas están en lo más hondo de la fosa, rodeadas por las de sus aliados. Antes infundían terror en el corazón de muchos por todas partes, ahora fueron masacrados a espada.

24»Allí está Elam, rodeado por las tumbas de todas sus multitudes, los que fueron masacrados a espada. Antes infundían terror en el corazón de muchos por todas partes, ahora descendieron como paganos al mundo de abajo. Ahora yacen en la fosa, con la misma vergüenza de los que murieron antes que ellos. 25Tienen un lugar de descanso entre los masacrados, rodeados por las tumbas de todas sus multitudes. Sí, en vida aterrorizaban a las naciones, pero ahora quedaron avergonzados junto con los demás de la fosa, todos paganos, masacrados a filo de espada.

26»Allí están Mesec y Tubal, rodeados por las tumbas de todas sus multitudes. Antes infundían terror por todas partes en el corazón de muchos; pero ahora son paganos, todos masacrados a espada. 27No fueron enterrados con honores, como sus héroes caídos, quienes descendieron a la tumba* con sus armas: con el cuerpo cubierto por su escudo* y con la espada debajo de la cabeza. Ellos cargan con la culpa porque en vida aterrorizaban a todos.

28»También tú, Egipto, yacerás aplastado y destruido entre los paganos, todos masacrados a espada.

29»Edom está allí con sus reyes y príncipes. Aunque eran poderosos, también yacen entre los masacrados a espada, entre los paganos que descendieron a la fosa.

30»Todos los príncipes del norte y los sidonios están allí junto a otros que han muerto. Antes sembraban el terror, ahora son avergonzados. Yacen como paganos junto a otros que fueron masacrados a espada; y cargan con la misma vergüenza de todos los que descendieron a la fosa.

31»Cuando llegue el faraón con todo su ejército, se consolará al ver que no fue el único que perdió a sus multitudes en batalla, dice el Señor Soberano. 32Aunque hice que sembrara el terror entre todos los seres vivientes, el faraón y sus multitudes yacerán en medio de los paganos que fueron masacrados a espada. ¡Yo, el Señor Soberano, he hablado!».

Ezequiel, centinela de Israel

33 Una vez más recibí un mensaje del Señor: 2«Hijo de hombre, da este mensaje a tu pueblo: "Cuando yo envío a un ejército contra un país, los habitantes de ese país escogen a uno de los suyos para que sea el centinela. 3Cuando el centinela ve acercarse al enemigo, toca la alarma para advertir a los habitantes. 4Entonces, si los que oyen la alarma se niegan a actuar y resulta que los matan, ellos mismos tendrán la culpa de su muerte. 5Oyeron la alarma pero no le hicieron caso, así que la responsabilidad es de ellos. Si hubieran prestado atención a la advertencia, podrían haber salvado sus vidas. 6Ahora bien, si el centinela ve acercarse al enemigo y no toca la alarma para advertir a la gente, él será responsable de la cautividad del pueblo. Todos morirán en sus pecados, pero haré responsable al centinela por la muerte de ellos".

7»Ahora, hijo de hombre, te pongo por centinela del pueblo de Israel. Por lo tanto, escucha lo que digo y adviérteles de mi parte. 8Si yo anuncio que unos malvados de cierto morirán y tú no les dices que cambien su manera de vivir, entonces ellos morirán en sus pecados y te haré a ti responsable de su muerte. 9En cambio, si les adviertes que se arrepientan y no lo hacen, morirán en sus pecados, pero tú te habrás salvado.

Mensaje del centinela

10»Hijo de hombre, da este mensaje al pueblo de Israel: "Ustedes dicen: 'Nuestros pecados son una carga pesada; ¡nos consumimos poco a poco! ¿Cómo sobreviviremos?'. 11Tan cierto como que yo vivo, dice el Señor Soberano, no me complace la muerte de los perversos. Solo quiero que se aparten de su conducta perversa para que vivan. ¡Arrepiéntanse! ¡Apártense de su maldad, oh pueblo de Israel! ¿Por qué habrían de morir?".

12»Hijo de hombre, da este mensaje a tu pueblo: "La conducta recta de los justos no los salvará si se entregan al pecado, ni la mala conducta de los malvados los destruirá si se arrepienten y abandonan sus pecados. 13Cuando les digo a los justos que vivirán, pero después pecan y piensan que se salvarán por haber sido justos anteriormente, entonces no se tomará en cuenta ninguno de sus actos de justicia. Los destruiré por sus pecados. 14Y supongamos que les digo a unas personas malvadas que de cierto morirán, pero después abandonan sus pecados y hacen lo que es justo y recto. 15Por ejemplo, podrían devolverle la garantía a un deudor, restituir lo que habían robado y obedecer mis leyes que dan vida dejando de hacer lo malo; si así lo hacen, entonces de cierto vivirán y no morirán. 16No se sacará a relucir ninguno de sus pecados pasados, porque hicieron lo que es justo y recto, por eso ciertamente vivirán.

17»"Tu pueblo dice: 'El Señor no hace lo correcto', pero son ellos quienes no hacen lo correcto. 18Pues reitero, si los justos abandonan su conducta recta y pecan, morirán. 19Sin embargo, si los malvados se apartan de su maldad y hacen lo que es justo y recto, vivirán. 20Oh pueblo de Israel, ustedes dicen: 'El Señor no hace lo correcto'; pero yo juzgo a cada uno de ustedes según sus acciones"».

Explicación de la caída de Jerusalén

21El 8 de enero,* durante el año doce de nuestra cautividad, un sobreviviente de Jerusalén vino a verme y me dijo: «¡Ha caído la ciudad!». 22La noche anterior, el Señor había puesto su mano sobre mí y me había devuelto la voz. De modo que pude hablar cuando llegó ese hombre a la mañana siguiente.

***Notas textuales** **32:17** En hebreo *El día quince del mes,* posiblemente en el mes doce del antiguo calendario lunar hebreo (ver 32:1). Ese dato colocaría la fecha de este mensaje a fines del año doce de la cautividad del rey Joaquín, el 17 de marzo del 585 a. C.; ver también la nota en 1:1. En la versión griega dice *El día quince del primer mes,* que colocaría la fecha de este mensaje el 27 de abril del 586 a. C., a comienzos del año doce del rey Joaquín. **32:18** El significado del hebreo es incierto. **32:19** En hebreo *los incircuncisos*; también en 32:21, 24, 25, 26, 28, 29, 30, 32. **32:21** En hebreo *del Seol.* **32:27a** En hebreo *al Seol.* **32:27b** El significado del hebreo es incierto.

Referencias cruzadas **32:21** Lc 16:23-24 **32:23** Is 14:15 **32:27** Pr 14:32 **32:29** Ez 25:13 **33:5** Hb 11:7 **33:9** Hch 13:40-46 **33:15** Lc 19:8 **33:17-20** Ez 18:24-29

[23]Luego recibí el siguiente mensaje del SEÑOR: [24]«Hijo de hombre, el remanente de Israel, que vive disperso en las ciudades destruidas, sigue diciendo: "Abraham era un solo hombre y, sin embargo, llegó a poseer toda la tierra. Nosotros somos muchos; sin duda se nos ha entregado la tierra como posesión". [25]Por lo tanto, diles a esas personas: "Esto dice el SEÑOR Soberano: 'Ustedes comen carne con sangre, rinden culto a ídolos* y asesinan a los inocentes. ¿De veras piensan que la tierra debería ser suya? [26]¡Asesinos! ¡Idólatras! ¡Adúlteros! ¿Acaso la tierra habría de pertenecerles?'".

[27]»Diles: "Esto dice el SEÑOR Soberano: 'Tan cierto como que yo vivo, los que vivan en las ruinas morirán a filo de espada y enviaré animales salvajes para que devoren a los que vivan en campo abierto. Los que se escondan en fuertes y en cuevas morirán de enfermedades. [28]Destruiré la tierra por completo y destrozaré su orgullo. Se acabará su poder arrogante. Las montañas de Israel quedarán tan desiertas que nadie siquiera pasará por ellas. [29]Cuando yo haya destruido la tierra por completo a causa de los pecados detestables que cometieron, entonces sabrán que yo soy el SEÑOR'".

[30]»Hijo de hombre, los de tu pueblo hablan de ti en sus casas y murmuran acerca de ti junto a las puertas. Se dicen unos a otros: "¡Vayamos a oír lo que el profeta tiene para contarnos de parte del SEÑOR!". [31]Entonces ellos se acercan fingiendo sinceridad y se sientan delante de ti. Escuchan tus palabras, pero no tienen ninguna intención de hacer lo que tú les dices. Tienen la boca llena de palabras sensuales y en su corazón solo buscan dinero. [32]Les resultas muy entretenido, como alguien que les canta canciones de amor con una hermosa voz o les toca buena música con un instrumento. ¡Oyen lo que les dices, pero se niegan a hacerlo! [33]Sin embargo, cuando les sucedan todas estas cosas terribles —que sin duda les sucederán—, entonces sabrán que hubo un profeta entre ellos».

Los pastores de Israel

34 Después recibí este mensaje del SEÑOR: [2]«Hijo de hombre, profetiza contra los pastores, los líderes de Israel. Dales este mensaje de parte del SEÑOR Soberano: "¡Qué aflicción les espera a ustedes, pastores, que se alimentan a sí mismos en lugar de alimentar a sus rebaños! ¿Acaso los pastores no deben alimentar a sus ovejas? [3]Ustedes beben la leche, se visten con la lana y matan a los mejores animales, pero dejan que sus rebaños pasen hambre. [4]No han cuidado de las débiles; no se han ocupado de las enfermas ni han vendado las heridas; no salieron a buscar a las descarriadas y perdidas. En cambio, las gobernaron con mano dura y con crueldad. [5]Por eso mis ovejas se dispersaron sin pastor y son presa fácil de cualquier animal salvaje. [6]Han deambulado por todas las montañas y las colinas sobre la faz de la tierra; sin embargo, nadie salió a buscarlas.

[7]»"Por lo tanto, pastores, oigan la palabra del SEÑOR: [8]tan cierto como que yo vivo, dice el SEÑOR Soberano, ustedes abandonaron a mi rebaño y lo expusieron al ataque de toda clase de animales salvajes. Aunque ustedes eran mis pastores, no salieron a buscar a mis ovejas cuando ellas se extraviaron. Se ocuparon de sí mismos y dejaron que las ovejas pasaran hambre. [9]Por lo tanto, pastores, oigan la palabra del SEÑOR. [10]Esto dice el SEÑOR Soberano: ahora me declaro enemigo de esos pastores y los haré responsables de lo que le sucedió a mi rebaño. Les quitaré el derecho de alimentar al rebaño y no dejaré que sigan alimentándose a sí mismos. Rescataré de su boca a mi rebaño; las ovejas ya no serán su presa.

El buen pastor

[11]»"Esto dice el SEÑOR Soberano: yo mismo saldré a buscar a mis ovejas y las encontraré. [12]Seré como un pastor que busca al rebaño esparcido. Encontraré a mis ovejas y las rescataré de todos los lugares por donde quedaron esparcidas ese día oscuro y nublado. [13]Las sacaré de entre los demás pueblos y naciones y las traeré de regreso a casa, a su propia tierra. Las alimentaré en las montañas de Israel, junto a los ríos y en todos los lugares habitados. [14]Así es, les daré buenos pastizales en las altas colinas de Israel. Descansarán en lugares agradables y se alimentarán con los abundantes pastizales verdes de las colinas. [15]Yo mismo cuidaré de mis ovejas y les daré un lugar para que se recuesten en paz, dice el SEÑOR Soberano. [16]Buscaré a mis perdidas y las traeré sanas y salvas de regreso a casa. Vendaré a las heridas y fortaleceré a las débiles. Sin embargo, destruiré a las gordas y poderosas; ¡a ellas también les daré de comer, pero juicio!

[17]»"En cuanto a ti, rebaño mío, esto dice el SEÑOR Soberano a su pueblo: juzgaré entre un animal del rebaño y otro, y separaré a las ovejas de las cabras. [18]¿No les basta quedarse con los mejores pastizales? ¿También tienen que pisotear lo que queda? ¿No les basta con beber el agua cristalina? ¿También tienen que enturbiar con las patas el resto del agua? [19]¿Por qué mi rebaño tiene que comer lo que ustedes han pisoteado y beber el agua que han ensuciado?

[20]»"Por lo tanto, esto dice el SEÑOR Soberano: sin duda alguna, juzgaré entre las ovejas gordas y las ovejas escuálidas. [21]Pues ustedes, las ovejas gordas, han empujado, embestido y desplazado a mi rebaño enfermo y hambriento hasta esparcirlo por tierras lejanas. [22]Así que yo rescataré a mi rebaño y ya no será maltratado. Juzgaré entre un animal del rebaño y otro. [23]Sobre ellos pondré un solo pastor, a mi siervo David. Él las alimentará y será su pastor. [24]Yo, el SEÑOR, seré su Dios y mi siervo David será un príncipe en medio de mi pueblo. ¡Yo, el SEÑOR, he hablado!

Pacto de paz del SEÑOR

[25]»"Haré un pacto de paz con mi pueblo y alejaré de la tierra a los animales peligrosos. Entonces los israelitas podrán acampar seguros en los lugares más silvestres y dormir sin temor en el bosque. [26]Bendeciré a mi pueblo y a sus hogares alrededor de mi colina sagrada. En la temporada oportuna les enviaré las lluvias que necesiten; habrá lluvias de bendición. [27]Los huertos y los campos de mi pueblo darán cosechas abundantes y todos vivirán seguros. Una vez que yo rompa las cadenas de su esclavitud y los rescate de quienes los esclavizaron, entonces ellos sabrán que yo soy el SEÑOR. [28]Ya no serán presa de otras naciones, ni animales salvajes los devorarán. Vivirán seguros y nadie los atemorizará.

[29]»"Haré que su tierra sea famosa por sus cosechas, para que mi pueblo nunca más pase hambre ni sufra los

***Notas textuales 33:21** En hebreo *El quinto día del décimo mes*, del antiguo calendario lunar hebreo. Ese suceso ocurrió el 8 de enero del 585 a. C.; ver también la nota en 1:1. **33:25** El término hebreo (literalmente *cosas redondas*) probablemente se refiere al estiércol.

Referencias cruzadas 33:22 Lc 1:64 **33:24** Hch 7:5 **33:31** 1 Jn 3:18 **34:3** Hch 20:29 **34:11-16** Jn 10:9 **34:22** Jr 23:2-3

insultos de naciones extranjeras. 30De ese modo, sa-
brán que yo, el SEÑOR su Dios, estoy con ellos y sabrán
que ellos —los israelitas— son mi pueblo, dice el SEÑOR
Soberano. 31Ustedes son mi rebaño, las ovejas de mi
prado. Ustedes son mi pueblo y yo soy su Dios. ¡Yo, el
SEÑOR Soberano, he hablado!"».

Mensaje para Edom

35 Nuevamente recibí un mensaje del SEÑOR: 2«Hijo
de hombre, ponte de cara al monte Seir y profe-
tiza contra sus habitantes. 3Dales este mensaje de parte
del SEÑOR Soberano:

»"Oh monte Seir, yo soy tu enemigo
y levantaré mi puño contra ti
para destruirte por completo.
4 Demoleré tus ciudades
y te dejaré desolado.
Entonces sabrás que yo soy el SEÑOR.

5»"Tu eterno odio por los israelitas te llevó a masa-
crarlos cuando estaban indefensos, cuando ya los había
castigado por todos sus pecados. 6Tan cierto como que
yo vivo, dice el SEÑOR Soberano, ya que no muestras re-
chazo alguno a la sangre, te daré tu propio baño de sangre.
¡Ahora te toca a ti! 7Haré del monte Seir una desolación
total; mataré a los que traten de escapar y a cualquiera
que regrese. 8Llenaré tus montes con los cadáveres. Tus
colinas, valles y barrancos se colmarán de gente masacrada
a espada. 9Te dejaré desolado para siempre; tus ciudades
jamás se reconstruirán. Entonces sabrás que yo soy el
SEÑOR.
10»"Pues dijiste: 'Los territorios de Israel y Judá serán
míos; me apoderaré de ellos. ¡Qué me importa que el
SEÑOR esté allí!'. 11Por lo tanto, tan cierto como que yo
vivo, dice el SEÑOR Soberano, te pagaré todos tus actos
de enojo con los míos. Te castigaré por todos tus actos de
enojo, envidia y odio; y me daré a conocer a Israel* por
medio de lo que yo te haga a ti. 12Entonces sabrás que yo,
el SEÑOR, he oído cada palabra de desprecio que pronun-
ciaste contra los montes de Israel. Pues dijiste: '¡Están deso-
lados; nos fueron entregados para que los comamos!'. 13¡Al
decir eso, se jactaron con arrogancia contra mí y lo oí todo!
14»"Esto dice el SEÑOR Soberano: todo el mundo se
alegrará cuando te deje hecho un lugar desolado. 15Tú
te alegraste cuando el territorio de Israel fue devastado.
¡Ahora yo me alegraré de tu desolación! ¡Serán extermi-
nados, ustedes, pueblo del monte Seir y todos los que
viven en Edom! Entonces sabrán que yo soy el SEÑOR".

Restauración de Israel

36 »Hijo de hombre, profetiza a los montes de Israel
y dales este mensaje: "¡Oh montañas de Israel,
oigan la palabra del SEÑOR! 2Esto dice el SEÑOR Soberano:
sus enemigos se mofaron de ustedes diciendo: '¡Ajá, ahora
las alturas antiguas nos pertenecen!'". 3Por lo tanto, hijo de
hombre, da este mensaje a los montes de Israel de parte
del SEÑOR Soberano: "Sus enemigos los atacaron por
todas partes, los hicieron propiedad de muchas naciones
y objeto de mucha burla y calumnia. 4Por lo tanto, montes
de Israel, oigan la palabra del SEÑOR Soberano. Él habla a
las colinas y a los montes; a los barrancos y a los valles; a
las asoladas tierras baldías y a las ciudades abandonadas
de hace tiempo, que fueron destruidas y burladas por
naciones vecinas. 5Esto dice el SEÑOR Soberano: el enojo
de mis celos arde contra esas naciones, especialmente
contra Edom, porque me trataron con total desprecio
cuando, con aires de triunfo, se apoderaron de mi tierra
y la tomaron como botín".
6»Por lo tanto, profetiza a las colinas y a los montes, a
los barrancos y a los valles de Israel. Esto dice el SEÑOR
Soberano: "Estoy furioso porque pasaron vergüenza ante
las naciones vecinas. 7Por lo tanto, esto dice el SEÑOR
Soberano: he jurado solemnemente que pronto esas na-
ciones tendrán que soportar su propia vergüenza.
8»"Sin embargo, los montes de Israel producirán abun-
dantes cosechas de frutos para mi pueblo, ¡que ya pronto
regresará a casa! 9Ya ven, ustedes me importan y les pres-
taré atención. Su suelo será arado y se sembrarán cultivos.
10Aumentaré en gran manera la población de Israel y las
ciudades en ruinas se reconstruirán y se llenarán de gente.
11No solo aumentaré el número de habitantes, sino tam-
bién de animales. Oh montes de Israel, traeré gente para
que vuelva a habitarlos. Los haré aún más prósperos que
antes. Así sabrán que yo soy el SEÑOR. 12Haré que mi
pueblo vuelva a transitarlos y ustedes formarán parte de
su territorio. Nunca más privarán ustedes a mi pueblo
de sus hijos.
13»"Esto dice el SEÑOR Soberano: las demás naciones
se mofan de ti al decir: '¡Israel es una tierra que devora a
su propia gente y deja a la nación sin hijos!'; 14pero nunca
más devorarás a tu gente ni los dejarás sin hijos, dice el
SEÑOR Soberano. 15No permitiré que oigas los insultos
de las otras naciones y ellas dejarán de burlarse de ti. No
serás una tierra que provoque la caída de su propia nación,
dice el SEÑOR Soberano"».
16Luego recibí este otro mensaje del SEÑOR: 17«Hijo de
hombre, cuando los israelitas vivían en su propia tierra,
la contaminaron con su mala manera de vivir. Para mí, su
conducta fue tan impura como el paño menstrual de una
mujer. 18Contaminaron la tierra con homicidios y con
la adoración de ídolos,* por eso derramé mi furia sobre
ellos. 19Los esparcí por varios países a fin de castigarlos
por su mala manera de vivir; 20pero esparcidos entre las
naciones, deshonraron mi santo nombre. Pues las nacio-
nes decían: "¡Estos son el pueblo del SEÑOR, pero él no
pudo protegerlos en su propia tierra!". 21Entonces me
preocupé por mi santo nombre, al cual mi pueblo trajo
vergüenza entre las naciones.
22»Por lo tanto, da este mensaje a los israelitas de parte
del SEÑOR Soberano: "Los llevaré de regreso a su tierra,
pero no porque lo merezcan, sino para proteger mi santo
nombre, que deshonraron mientras estaban esparcidos
entre las naciones. 23Mostraré cuán santo es mi gran
nombre, el nombre que deshonraron entre las naciones.
Cuando revele mi santidad por medio de ustedes ante los
ojos de las naciones, dice el SEÑOR Soberano, entonces
ellas sabrán que yo soy el SEÑOR. 24Pues los recogeré de
entre todas las naciones y los haré regresar a su tierra.
25»"Entonces los rociaré con agua pura y quedarán
limpios. Lavaré su inmundicia y dejarán de rendir culto a
ídolos. 26Les daré un corazón nuevo y pondré un espíritu
nuevo dentro de ustedes. Les quitaré ese terco corazón de

***Notas textuales** **35:11** En hebreo *a ellos*; la versión griega dice *a ti*. **36:18** El término hebreo (literalmente *cosas redondas*) probablemente se refiere al estiércol; también en 36:25.

Referencias cruzadas **34:29** Ez 36:6 **35:5** Ab 10 **35:11** Am 1:11 **36:5** Mi 7:8 **36:11** Jr 30:18 **36:15** Is 54:4 **36:20** Rm 2:24

piedra y les daré un corazón tierno y receptivo.* 27 Pondré mi Espíritu en ustedes para que sigan mis decretos y se aseguren de obedecer mis ordenanzas.

28 »"Vivirán en Israel, la tierra que hace mucho tiempo di a sus antepasados. Ustedes serán mi pueblo y yo seré su Dios. 29 Los limpiaré de su conducta inmunda. Les daré buenas cosechas de grano y no enviaré más hambrunas a su tierra. 30 Les daré abundantes cosechas de sus árboles frutales y sus campos, y nunca más las naciones vecinas podrán burlarse de su tierra a causa de las hambrunas. 31 Entonces recordarán los pecados que cometieron en el pasado y se avergonzarán de ustedes mismos por todas las cosas detestables que hicieron. 32 Sin embargo, recuerden, dice el SEÑOR Soberano, que no lo hago porque lo merezcan. ¡Oh Israel, pueblo mío, ustedes deberían estar totalmente avergonzados por todo lo que hicieron!

33 »"Esto dice el SEÑOR Soberano: cuando yo los limpie de sus pecados, volveré a poblar sus ciudades y se reconstruirán las ruinas. 34 Los campos que estaban vacíos y desolados, a la vista de todos, se cultivarán de nuevo. 35 Cuando los regrese a su tierra, la gente dirá: '¡Esta tierra era baldía y ahora se parece al jardín del Edén! ¡Las ciudades abandonadas y en ruinas ahora tienen murallas fuertes y están llenas de gente!'. 36 Entonces las naciones vecinas que hayan sobrevivido sabrán que yo, el SEÑOR, reedifiqué lo que estaba en ruinas y volví a sembrar la tierra baldía. Pues yo, el SEÑOR, lo he dicho, y cumpliré mi palabra.

37 »"Esto dice el SEÑOR Soberano: estoy dispuesto a escuchar las oraciones de Israel y a aumentar su población como un rebaño. 38 Los israelitas serán tan numerosos como los rebaños sagrados que llenan las calles de Jerusalén en tiempos de los festivales. Las ciudades que estaban en ruinas estarán repletas de gente una vez más y todos sabrán que yo soy el SEÑOR"».

Un valle de huesos secos

37 El SEÑOR puso su mano sobre mí y fui llevado por el Espíritu del SEÑOR hasta un valle que estaba lleno de huesos. 2 El SEÑOR me condujo por entre los huesos que cubrían el fondo del valle. Estaban desparramados en el suelo por todas partes y completamente secos. 3 Luego me preguntó:

—Hijo de hombre, ¿podrán estos huesos volver a convertirse en personas vivas?

—Oh SEÑOR Soberano —respondí—, solo tú sabes la respuesta.

4 Entonces me dijo:

—Anuncia un mensaje profético a estos huesos y diles: "¡Huesos secos, escuchen la palabra del SEÑOR! 5 Esto dice el SEÑOR Soberano: '¡Atención! ¡Pondré aliento dentro de ustedes y haré que vuelvan a vivir! 6 Les pondré carne y músculos y los recubriré con piel. Pondré aliento en ustedes y revivirán. Entonces sabrán que yo soy el SEÑOR'".

7 Así que yo anuncié el mensaje, tal como él me dijo. De repente, mientras yo hablaba, se oyó un ruido, un traqueteo por todo el valle. Se juntaron los huesos de cada cuerpo y volvieron a unirse hasta formar esqueletos enteros. 8 Mientras yo observaba, vi que se formaron músculos y apareció carne sobre los huesos. Después se formó piel para recubrir los cuerpos, pero aún no tenían aliento de vida.

9 Luego me dijo: «Hijo de hombre, anuncia un mensaje profético a los vientos. Anuncia un mensaje profético y di: "Esto dice el SEÑOR Soberano: '¡Ven, oh aliento, ven de los cuatro vientos y sopla en estos cuerpos muertos para que vuelvan a vivir!'"».

10 Así que yo anuncié el mensaje como él me ordenó y entró aliento en los cuerpos. Todos volvieron a la vida y se pusieron de pie; era un gran ejército.

11 Luego me dijo: «Hijo de hombre, estos huesos representan al pueblo de Israel. Ellos dicen: "Nos hemos vuelto huesos viejos y secos; hemos perdido toda esperanza. Nuestra nación está acabada". 12 Por lo tanto, profetiza y diles: "Esto dice el SEÑOR Soberano: 'Oh pueblo mío, abriré las tumbas del destierro y haré que te levantes. Luego te regresaré a la tierra de Israel. 13 Cuando eso suceda, pueblo mío, sabrás que yo soy el SEÑOR. 14 Pondré mi Espíritu en ti, volverás a vivir y regresarás a tu propia tierra. Entonces sabrás que yo, el SEÑOR, he hablado y que he cumplido mi palabra. ¡Sí, el SEÑOR ha hablado!'"».

¡Respuestas Bíblicas! 104 ¿Qué significa el valle lleno de huesos?

37:1-6 Dios le mostró un valle a Ezequiel que era una imagen de cómo es el mundo sin la vida que solo Dios puede darnos y luego promete que cuando confiamos en él, esos huesos volverán a la vida.

Reunificación de Israel y Judá

15 Nuevamente recibí un mensaje del SEÑOR: 16 «Hijo de hombre, toma un trozo de madera y grábale estas palabras: "Esto representa a Judá y a sus tribus aliadas". Luego toma otro trozo y graba en él estas palabras: "Esto representa a Efraín y a las tribus del norte de Israel"*. 17 Ahora toma ambos trozos en tu mano como si fueran una sola pieza de madera. 18 Cuando la gente te pregunte qué significa lo que haces, 19 diles: "Esto dice el SEÑOR Soberano: 'Tomaré a Efraín y a las tribus del norte y las uniré a Judá. Las convertiré en una sola pieza de madera en mi mano'".

20 »Luego coloca, a la vista del pueblo, los trozos de madera que has grabado, para que todos puedan verlos. 21 Dales este mensaje de parte del SEÑOR Soberano: "Reuniré al pueblo de Israel de entre las naciones. Los regresaré a su propia tierra desde los lugares adonde fueron esparcidos. 22 Los unificaré para que formen una sola nación sobre los montes de Israel. Un rey los gobernará a todos; ya no estarán divididos en dos naciones o en dos reinos. 23 Nunca más se contaminarán con ídolos* ni con imágenes repugnantes ni rebelión, porque los salvaré de su apostasía pecaminosa* y los limpiaré. Entonces serán verdaderamente mi pueblo, y yo seré su Dios.

24 »"Mi siervo David será su rey y tendrán un solo pastor. Obedecerán mis ordenanzas y se asegurarán de cumplir mis decretos. 25 Vivirán en la tierra que le di a mi siervo Jacob, la tierra donde vivieron sus antepasados. Tanto ellos como sus hijos y sus nietos vivirán allí para siempre, de generación en generación; y mi siervo David será su príncipe por siempre. 26 Haré con ellos un pacto de paz, un pacto eterno. Les daré su tierra y aumentaré su población,* y pondré mi templo en medio de ellos para

***Notas textuales** **36:26** En hebreo *un corazón de carne*. **37:16** En hebreo *Esta es madera de Efraín, que representa a José y a toda la casa de Israel*; similar en 37:19.

Referencias cruzadas **36:26** 2 Co 5:17 **36:35** Is 51:3 **36:38** 2 Cr 35:7-9 **37:5** Jn 20:22 **37:10** Ap 11:11 **37:14** Jl 2:28-29 **37:16-19** Os 1:11

Jesús es llevado al templo

Lucas 2:21-40

Según la tradición judía, cuarenta días después de que un bebe nacía, los padres debían llevar una ofrenda al templo.

Cuando José, María y el bebé Jesús fueron a Jerusalén para cumplir con este rito, se encontraron con dos personas muy especiales.

La primera de ellas fue Simeón. La Biblia nos dice que era un hombre muy anciano, justo y muy devoto a Dios. Toda su vida había esperado con mucho anhelo que llegara el Mesías prometido. Otro detalle especial acerca de él es que el Espíritu de Dios estaba sobre él y le había revelado que iba a ver al Mesías con sus propios ojos.

Así que cuando la familia de Jesús estaba yendo al templo, el Espíritu Santo guió a Simeón allí también. Cuando vio llegar a esta familia con el bebé, supo que era el Mesías que tanto él había deseado conocer. Entonces, tomó al niño en sus brazos y comenzó a alabar a Dios, y como el Espíritu Santo estaba en él, comenzó a profetizar, diciendo que ese niño era una luz para revelar a Dios a las naciones, y mostrar la gloria de Israel.

La otra persona que conocieron fue una mujer llamada Ana. También era muy anciana, y después de haber quedado viuda muy joven, había decidido servir en el templo todos los días de su vida. Ella llegó al templo justo en el momento en que Simeón estaba cargando con gran gozo al bebé. Así que ella comenzó a alabar a Dios con mucha alegría en ese mismo lugar. Luego, les contó del niño a todos los que conocía y que esperaban con ansias al Mesías.

¿Te imaginas el asombro de los padres de Jesús? Aunque ya el ángel les había dicho que era el Mesías, fue muy especial para ellos ver que Dios les estaba revelando sus planes a hombres y mujeres que anhelaban muchísimo conocerlo.

Ese pasaje en la Biblia nos cuenta una gran verdad del corazón de Dios. ¡Él se revela a los que quieren conocerlo! Hoy tú estás leyendo esta historia porque te interesa conocer a Jesús. El Espíritu Santo te lo ha dado a conocer y seguirás conociéndolo y amándolo como Simeón y Ana.

Jesús es la luz que nos muestra a Dios Padre, y es el camino que nos lleva a una relación íntima con él y nos llena de su amor.

Juan el Bautista

Lucas 1:5-25

El viejo Zacarías temblaba de emoción mientras entraba en el templo de Dios para servirlo. Lo había hecho durante muchos años, pero siempre era un momento inolvidable. Al orar, pensaba en su pueblo, Israel, y le pidió a Dios que se acordara de sus antiguas promesas: usar a Israel para bendecir a muchas naciones. Nada había preparado a Zacarías para lo que estaba a punto de pasar. Ese cuarto oscuro se iluminó de repente y una voz que retumbaba dijo: "*¡No tengas miedo, Zacarías! Dios ha oído tu oración. Tu esposa Elisabet te dará un hijo, y lo llamarás Juan*".

Zacarías respondió: "Soy muy viejo, no recuerdo haber pedido eso desde hace muchos años".

El ángel continuó: "Su nacimiento les traerá mucha alegría a ti y a muchos más, porque tu hijo va a ser un gran hombre delante del Señor... Yo soy Gabriel y estoy al servicio de Dios. Él me envió para hablar contigo y darte estas buenas noticias".

Victoria me preguntó: "*Papá, ¿cuál Juan es este?*" Le respondí: Él es Juan, al que llamaron "el Bautista". Nació con pocos meses de diferencia de Jesús; era hijo de la prima de María, la madre de Jesús. Juan se dedicó a llamar a la gente a cambiar su manera de vivir y a bautizarse en el río Jordán como una señal de ese cambio.

Un día, vio a su primo Jesús llegar al río y este le pidió que lo bautizara. Aunque al principio se resistió, finalmente lo hizo. Entonces Juan vio el cielo abrirse, y a Dios Padre diciendo cuánto amaba a Jesús.

Dios siempre escucha nuestras oraciones. Aunque Zacarías pensó que Dios se había olvidado de él, el ángel le recordó que sus oraciones eran valiosas para Dios, y aunque parecía imposible, Dios contestó su oración de una manera mayor de lo que Zacarías hubiera imaginado. Su hijo fue el profeta que preparó el camino para que viniera Jesús.

¿Tienes algo que pedir a Dios y que parece imposible? ¿Por qué no oras junto a tus padres por eso? Dios siempre escucha las oraciones de sus hijos.

El bautismo de Jesús

Mateo 3:13-17

La vida de Juan siempre estuvo cerca de la de su primo Jesús. Su madre Elisabet le había contado que, cuando ella estaba embarazada de él, su prima María había venido a visitarla. Las dos pasaron un tiempo maravilloso juntas. Ya muy anciana, Elisabet había quedado embarazada de su esposo; María, embarazada por el poder del Espíritu Santo, tendría como hijo a Jesús.

Así que es probable que Jesús y Juan hayan pasado tiempo jugando juntos cuando eran niños. Pero todo eso cambió cuando crecieron. Juan vivió solitario en el desierto, mientras que Jesús permaneció junto a sus padres hasta que fue un hombre. Fue en esos años que Juan recibió un llamado de parte de Dios para hablarle al pueblo de Israel de su necesidad de volverse al Señor. Y cuando Juan se atrevió a predicarles, las personas comenzaron a venir al río Jordán a bautizarse, como una señal de que querían cambiar sus vidas.

Juan estaba viviendo algo extraordinario. Sabía que esto cumplía unas palabras que el Señor le había dicho a sus padres antes de que él naciera, de cómo Juan prepararía el ambiente para que viniera el Mesías de los judíos, el Salvador del mundo.

Cuál no sería su sorpresa cuando un día Jesús mismo vino a bautizarse, y aunque Juan se resistió, Jesús insistió y fue bautizado. Mientras Jesús salía del agua, Juan fue testigo de algo tremendo. El Espíritu Santo vino sobre Jesús como una paloma, y escuchó la voz de Dios decir: *"Este es mi Hijo muy amado, quien me da gran gozo"*.

Fue en ese momento que todo tuvo sentido para Juan: su vida era un milagro, pero el mayor de todos los milagros había comenzado. Jesús era el Hijo de Dios, el Salvador del mundo, y él, Juan, había tenido el honor de abrirle el camino para que empezara su ministerio.

Ya Juan no tenía la menor duda de quién era en realidad Jesús. El mismo Padre celestial, que había llamado a Juan a predicar mientras estaba en el desierto, había predicho lo que acababa de pasar. Juan había cumplido la misión de Dios para él.

Nosotros también podemos preparar el camino para que Jesús venga al corazón de nuestros amigos. Ora por ellos, háblales del amor de Jesús y dales tu amor. Jesús puede tocar sus vidas a través de ti también.

Jesús vence la tentación

Lucas 4:1-13

¡Qué extraño era el lugar en el que nos encontrábamos! No había nada ni nadie alrededor, era un desierto. De lejos vimos a Jesús conversando con alguien y nos acercamos para ver qué estaba pasando.

Supimos que después de bautizarse, Jesús se había ido al desierto. Llevaba allí cuarenta días ¡sin comida!

La Biblia dice que Satanás, quien es enemigo de Dios, buscó a Jesús en el momento de mayor debilidad para tentarlo. Es decir, para incitarlo a pecar y a seguirlo a él en lugar de a su Padre Celestial.

La tentación busca que saciemos nuestras necesidades de una manera incorrecta, deshonrando a Dios y sin precisarlo a él como fuente de provisión. Satanás tentó a Jesús tres veces, y cada una de ellas implicaba satisfacer una necesidad diferente:

1. Física: Jesús tenía mucha hambre; por eso, le dijo: "*—Si eres el Hijo de Dios, dile a esta piedra que se transforme en pan*".

2. Material: Le planteó: "*—Te daré la gloria de estos reinos... si me adoras.*"

3. De recibir validación: Satanás lo llevó a un lugar alto y le dijo: "—Si eres el Hijo de Dios, ¡tírate! Pues las Escrituras dicen: "*Él ordenará a sus ángeles que te protejan y te guarden. Y te sostendrán con sus manos para que ni siquiera te lastimes el pie con una piedra*".

Jesús, nuestro campeón, no cayó. Él venció toda tentación, y lo hizo recordando la Palabra del Señor. Por eso, ante cada tentación, Jesús respondió: "*las Escrituras dicen...*" y declaró al enemigo que él seguía la voluntad de su Padre Celestial.

La Biblia nos dice que Satanás huyó de delante de él.

Las tentaciones son parte de la vida; vivimos en un mundo del cual Satanás es el príncipe. Él tomó ese lugar al tentar a Adán y Eva en el principio de la creación y logró que cayeran en su engaño. Ellos sufrieron la separación de Dios y las consecuencias del pecado. Él aún sigue buscando cómo hacernos tropezar y apartarnos de Dios. Sin embargo, Jesús abrió el camino para que aprendamos de él a vencer.

Mientras más leamos la Biblia, más nos vamos a llenar de conocimiento de Dios y de su voluntad. El Espíritu Santo que está dentro de ti te recordará también su Palabra y te hará fuerte en momentos en los que estés débil.

siempre. [27]Haré mi hogar entre ellos. Yo seré su Dios, y ellos serán mi pueblo. [28]Y cuando mi templo esté en medio de ellos para siempre, las naciones sabrán que yo soy el SEÑOR, quien hace santo a Israel"».

Mensaje para Gog

38 Este es otro mensaje que recibí del SEÑOR: [2]«Hijo de hombre, ponte de cara a Gog, de la tierra de Magog, el príncipe que gobierna a las naciones de Mesec y Tubal, y profetiza contra él. [3]Dale este mensaje de parte del SEÑOR Soberano: "¡Gog, yo soy tu enemigo! [4]Te haré regresar y te pondré garfios en las mandíbulas para sacarte junto con todo tu ejército: tus caballos y tus conductores de carros con toda su armadura y una inmensa multitud armada con escudos y espadas. [5]Además te acompañarán Persia, Etiopía y Libia* con todas sus armas. [6]También se sumarán Gomer y todos sus ejércitos, junto con los ejércitos de Bet-togarmá desde el lejano norte y muchos otros.

[7]»"¡Prepárate; alístate! Mantén movilizados a todos los ejércitos que te rodean y toma el mando de ellos. [8]Al cabo de mucho tiempo, recibirás la orden de entrar en combate. En un futuro lejano, caerás en picada sobre la tierra de Israel, la cual estará disfrutando de paz, después de haberse recuperado de la guerra y luego de que su gente haya regresado de otras tierras hacia los montes de Israel. [9]Tú y todos tus aliados —un inmenso y temible ejército— descenderán sobre Israel como una tormenta y cubrirán la tierra como una nube.

[10]»"Esto dice el SEÑOR Soberano: en ese tiempo, te vendrán a la mente malos pensamientos y tramarás una estrategia perversa. [11]Dirás: '¡Israel es un país sin protección, lleno de aldeas sin murallas! ¡Marcharé contra Israel y destruiré a su pueblo, que vive tan confiado! [12]Iré a esas ciudades que antes estaban desoladas y que ahora están repletas de gente que regresó del destierro de muchas naciones. Las saquearé y me llevaré un enorme botín porque ahora los habitantes son ricos en animales y en otras posesiones. ¡Piensan que el mundo gira a su alrededor!'. [13]Sin embargo, los de Saba y Dedán, y los mercaderes de Tarsis preguntarán: '¿De verdad piensas que los ejércitos que has juntado podrán robarles la plata y el oro? ¿Piensas que puedes llevarte los animales, apoderarte de sus bienes y saquear su riqueza?'".

[14]»Por lo tanto, hijo de hombre, profetiza contra Gog. Dale este mensaje de parte del SEÑOR Soberano: "Cuando mi pueblo viva en paz en su país, entonces tú te despertarás.* [15]Vendrás desde tu tierra natal, en el lejano norte, con tu inmensa caballería y tu poderoso ejército, [16]atacarás a mi pueblo Israel y cubrirás su tierra como una nube. En ese futuro lejano, te traeré contra mi tierra ante la vista de todos y se demostrará mi santidad, Gog, por medio de lo que te suceda a ti. Luego todas las naciones sabrán que yo soy el SEÑOR.

[17]»"Esto pregunta el SEÑOR Soberano: ¿eres tú de quien yo hablé hace mucho tiempo, cuando anuncié mediante los profetas de Israel que en el futuro te enviaría contra mi pueblo? [18]Pero esto dice el SEÑOR Soberano: cuando Gog invada la tierra de Israel, ¡herviré de furia! [19]En mis celos y en mi enojo ardiente prometo que ese día habrá una violenta sacudida en el territorio de Israel. [20]Todos los seres vivientes —los peces en el mar, las aves del cielo, los animales del campo, los pequeños animales que corren por el suelo y toda la gente de la tierra— temblarán de terror ante mi presencia. Se derrumbarán las montañas, se desintegrarán los acantilados y las murallas caerán al suelo. [21]Convocaré contra ti a la espada en todas las colinas de Israel, dice el SEÑOR Soberano. Tus hombres se atacarán con la espada unos contra otros. [22]Te castigaré a ti y a tus ejércitos con enfermedades y derramamiento de sangre; ¡enviaré lluvias torrenciales, granizo, fuego y azufre ardiente! [23]De ese modo, mostraré mi grandeza y santidad, y me daré a conocer a todas las naciones del mundo. Entonces sabrán que yo soy el SEÑOR".

Masacre de las multitudes de Gog

39 »Hijo de hombre, profetiza contra Gog. Dale este mensaje de parte del SEÑOR Soberano: "Yo soy tu enemigo, oh Gog, gobernante de las naciones de Mesec y Tubal. [2]Te haré regresar, te traeré desde el lejano norte y te llevaré hacia las montañas de Israel. [3]Te quitaré el arco de la mano izquierda y las flechas de la mano derecha y te dejaré indefenso. [4]Tú, tu ejército y tus aliados morirán sobre las montañas. Te haré comida para los buitres y los animales salvajes. [5]Caerás en campo abierto, porque yo he hablado, dice el SEÑOR Soberano. [6]Haré llover fuego sobre Magog y sobre todos tus aliados que viven seguros en las costas. Entonces sabrán que yo soy el SEÑOR.

[7]»"De ese modo, daré a conocer mi santo nombre en medio de mi pueblo Israel. No permitiré que nadie deshonre mi nombre; y las naciones también sabrán que yo soy el SEÑOR, el Santo de Israel. [8]Ese día de juicio llegará, dice el SEÑOR Soberano. Todo sucederá tal como lo he declarado.

[9]»"Entonces los habitantes de las ciudades de Israel saldrán a recoger tus escudos pequeños y grandes, tus arcos y flechas, tus jabalinas y tus lanzas, y lo usarán todo como leña. ¡Habrá suficiente para que les dure siete años! [10]No será necesario cortar leña de los campos ni de los bosques, porque de esas armas obtendrán toda la leña que necesiten. Saquearán a quienes pensaban saquearlos y robarán a quienes pensaban robarles, dice el SEÑOR Soberano.

[11]»"Prepararé un inmenso cementerio para Gog y sus multitudes en el valle de los Viajeros, al oriente del mar Muerto.* Ese lugar impedirá el paso de quienes viajen por allí y el lugar pasará a llamarse valle de las Multitudes de Gog. [12]Les llevará siete meses a los israelitas enterrar los cuerpos y limpiar la tierra. [13]Todo el pueblo colaborará, pues será una victoria gloriosa para Israel ese día, cuando demuestre mi gloria, dice el SEÑOR Soberano.

[14]»"Pasados los siete meses, se nombrarán grupos de hombres que exploren la tierra en busca de esqueletos para enterrar y así la tierra quedará limpia de nuevo. [15]Donde encuentren huesos pondrán un indicador para que los equipos encargados de enterrarlos los trasladen al valle de las Multitudes de Gog y los sepulten allí. [16](Habrá allí una ciudad llamada Hamona, que significa 'multitud'). Así por fin quedará limpia la tierra".

[17]»Ahora, hijo de hombre, esto dice el SEÑOR Soberano: llama a las aves y a los animales salvajes y diles:

***Notas textuales** **37:23a** El término hebreo (literalmente *cosas redondas*) probablemente se refiere al estiércol. **37:23b** Así aparece en muchos manuscritos hebreos y en la versión griega; el texto masorético dice *de todas sus moradas en donde pecaron*. **37:26** En hebreo *Les daré y aumentaré su población*; en la versión griega falta toda la frase. **38:5** En hebreo *Paras, Cus y Fut*. **38:14** Así aparece en la versión griega; en hebreo dice *entonces tú sabrás*. **39:11** En hebreo *del mar*.

Referencias cruzadas **37:27** 2 Co 6:16 **38:2** Ap 20:8-9 **38:8** Is 11:11 **38:10** Sal 36:4 **38:16** Ez 36:23 **38:19** Hb 12:26-29 **39:4** Ez 29:5 **39:7** Ez 20:39 **39:10** Is 14:2

"Reúnanse para mi gran banquete sacrificial. ¡Vengan de lejos y de cerca a los montes de Israel y coman allí carne y beban sangre! 18¡Coman la carne de hombres valientes y beban la sangre de príncipes como si fueran carneros, corderos, cabras y toros; todos animales engordados de Basán! 19Devoren la carne hasta quedar hastiados; beban la sangre hasta embriagarse. Es el banquete sacrificial que he preparado para ustedes. 20Sáciense de la mesa de mi banquete; devoren caballos y conductores de carros, hombres poderosos y toda clase de guerreros valientes, dice el SEÑOR Soberano".

21»De ese modo, mostraré mi gloria a las naciones. Todos verán el castigo que les impuse y el poder de mi puño cuando golpeo. 22A partir de entonces, el pueblo de Israel sabrá que yo soy el SEÑOR su Dios. 23Luego las naciones sabrán por qué los israelitas fueron enviados al destierro: fue el castigo por su pecado, porque fueron infieles a su Dios. Por lo tanto, les di la espalda y dejé que sus enemigos los destruyeran. 24Les di la espalda y los castigué por su contaminación y por sus pecados.

Restauración del pueblo de Dios

25»Ahora bien, esto dice el SEÑOR Soberano: pondré fin a la cautividad de mi pueblo.* ¡Tendré misericordia de todo Israel, pues yo protejo celosamente mi santa reputación! 26Una vez que regresen a su propia tierra para vivir en paz, donde nadie los molestará, asumirán la responsabilidad de* la deshonra e infidelidad que cometieron. 27Cuando los haga regresar de las tierras de sus enemigos, mostraré mi santidad en medio de ellos para que la vean todas las naciones. 28Entonces mi pueblo sabrá que yo soy el SEÑOR su Dios, porque los envié al destierro y los regresé a su hogar. No abandonaré a ninguno de mi pueblo. 29Nunca más esconderé mi rostro de ellos, pues derramaré mi Espíritu sobre el pueblo de Israel. ¡Yo, el SEÑOR Soberano, he hablado!».

La nueva zona del templo

40 El 28 de abril,* durante el año veinticinco de nuestra cautividad —catorce años después de la caída de Jerusalén—, el SEÑOR puso su mano sobre mí. 2En una visión que provenía de Dios, él me llevó a la tierra de Israel y me puso sobre una montaña muy alta. Desde allí pude ver hacia el sur lo que parecía ser una ciudad. 3A medida que me acercaba, vi a un hombre de pie junto a una puerta de entrada y su rostro brillaba como el bronce. En la mano tenía una cuerda de medir hecha de lino y una vara para medir.

4Me dijo: «Hijo de hombre, observa y escucha. Presta mucha atención a todo lo que te voy a mostrar. Te he traído aquí para enseñarte muchas cosas. Después regresarás y le contarás al pueblo de Israel todo lo que has visto».

La puerta oriental

5Pude ver un muro que rodeaba por completo la zona del templo. El hombre tomó una vara que medía tres metros con veinte centímetros* de largo y midió el muro, y el muro tenía tres metros con veinte centímetros* de espesor y tres metros con veinte centímetros de alto.

6Luego se dirigió a la puerta oriental. Subió los escalones y midió el umbral de la puerta; tenía tres metros con veinte centímetros de fondo.* 7También había cuartos de vigilancia construidos a cada lado del pasillo de la entrada. Cada cuarto formaba un cuadrado de tres metros con veinte centímetros de lado; entre cuarto y cuarto había una distancia de dos metros con setenta centímetros,* a lo largo de la pared del pasillo. El umbral interior de la puerta, que conducía a la antesala, en el extremo interior del pasillo de la entrada, tenía tres metros con veinte centímetros de fondo. 8También midió la antesala de la entrada.* 9Tenía cuatro metros con veinte centímetros* de un extremo a otro y columnas de apoyo de un metro con diez centímetros* de espesor. Esa antesala estaba en el extremo interior de la estructura de la entrada y daba al templo.

10Había tres cuartos de vigilancia a cada lado del pasillo de la entrada. Todos medían lo mismo y las paredes divisorias entre ellos también eran idénticas. 11El hombre midió la puerta de entrada; medía cinco metros con treinta centímetros* de ancho en la abertura y seis metros con noventa centímetros* de ancho en el pasillo. 12Delante de cada cuarto de vigilancia había un muro bajo de cincuenta y tres centímetros.* Los cuartos mismos medían tres metros con veinte centímetros* de lado.

13Luego el hombre midió la anchura total de la entrada tomando la distancia desde la pared del fondo de un cuarto hasta la pared del fondo del cuarto del lado opuesto; daba trece metros con treinta centímetros.* 14También midió las paredes divisorias a lo largo del interior de la entrada hasta la antesala de la entrada; la distancia era de treinta y un metros con ochenta centímetros.* 15La longitud total del pasillo de la entrada era de veintiséis metros con cincuenta centímetros* desde un extremo al otro. 16En los muros de los cuartos de vigilancia y en sus paredes divisorias había ventanas empotradas que se angostaban hacia adentro. También había ventanas en la antesala y las superficies de las paredes divisorias estaban decoradas con palmeras talladas.

El atrio exterior

17Luego el hombre me llevó por la entrada al atrio exterior del templo. A lo largo de los muros del atrio se extendía un empedrado y había treinta habitaciones construidas contra los muros, todas daban al empedrado. 18El empedrado flanqueaba las puertas y su distancia desde los muros hasta el atrio era equivalente a la puerta de entrada. Ese era el empedrado de abajo. 19Luego el hombre midió la distancia a lo ancho del atrio exterior del templo entre la entrada exterior y la interior; era de cincuenta y tres metros.*

***Notas textuales** **39:25** En hebreo *de Jacob.* **39:26** Unos cuantos manuscritos hebreos dicen *olvidarán.* **40:1** En hebreo *Al comenzar el año, el décimo día del mes,* del antiguo calendario lunar hebreo. Ese suceso ocurrió el 28 de abril del 573 a. C.; ver también la nota en 1:1. **40:5a** En hebreo *6 codos largos* [10,5 pies]; cada uno equivale a *un codo* [45 centímetros o 18 pulgadas] *y un palmo menor* [8 centímetros o 3 pulgadas] *de largo.* **40:5b** En hebreo *una vara* [10,5 pies]; también en 40:5c, 7. **40:6** Así aparece en la versión griega, que dice *una vara* [10,5 pies] *de fondo*; en hebreo dice *una vara de fondo y un umbral, una vara de fondo.* **40:7** En hebreo *5 codos* [8,75 pies]; también en 40:48. **40:8** Así aparece en muchos manuscritos hebreos y en la versión siríaca; otros manuscritos hebreos agregan *que daba por dentro hacia el templo; medía una vara* [3,2 metros o 10,5 pies] *de fondo. 9Luego midió la antesala de la entrada.* **40:9a** En hebreo *8 codos* [14 pies]. **40:9b** En hebreo *2 codos* [3,5 pies]. **40:11a** En hebreo *10 codos* [17,5 pies]. **40:11b** En hebreo *13 codos* [22,75 pies]. **40:12a** En hebreo *1 codo* [21 pulgadas]. **40:12b** En hebreo *6 codos* [10,5 pies]. **40:13** En hebreo *25 codos* [43,75 pies]; también en 40:21, 25, 29, 30, 33, 36. **40:14** En hebreo *60 codos* [105 pies]. En la versión griega dice *20 codos* [10,6 metros o 35 pies]. El significado de este versículo en el hebreo es incierto. **40:15** En hebreo *50 codos* [87,5 pies]; también en 40:21, 25, 29, 33, 36.

Referencias cruzadas **39:13** So 3:19-20 **39:17** Ap 19:17-18 **39:24** Jr 2:17 **39:29** Hch 2:17 **40:3** Ap 11:1

La puerta norte

[20]El hombre midió la puerta norte, igual como midió la del oriente. [21]En esta entrada también había tres cuartos de vigilancia a cada lado, con paredes divisorias y una antesala. Todas las medidas coincidían con las de la puerta oriental. El pasillo de la entrada tenía veintiséis metros con cincuenta centímetros de largo y trece metros con treinta centímetros de ancho entre las paredes del fondo de los cuartos de vigilancia de lados opuestos. [22]Las ventanas, la antesala y las decoraciones de palmeras eran idénticas a las de la entrada oriental. Había siete escalones que conducían a la puerta de la entrada y la antesala estaba situada en el extremo interior del pasillo de la entrada. [23]En el lado norte, tal como en el lado oriental, había otra puerta, que conducía al atrio interior del templo, la cual estaba en dirección opuesta a esta entrada exterior. La distancia de puerta a puerta era de cincuenta y tres metros.

La puerta sur

[24]Luego el hombre me llevó hacia la puerta sur y midió sus diversas partes, las cuales eran exactamente iguales a las de las otras puertas. [25]Tenía ventanas en las paredes, como las otras, y había una antesala mediante la cual el pasillo de la entrada salía al atrio exterior. Y como en las demás, el pasillo de la entrada tenía veintiséis metros con cincuenta centímetros de largo, y trece metros con treinta centímetros de ancho entre las paredes del fondo de los cuartos de vigilancia en lados opuestos. [26]Esta entrada también tenía una escalera de siete escalones que conducía a la puerta, así como una antesala en el extremo interior y decoraciones de palmeras en las paredes divisorias. [27]Asimismo, en dirección opuesta a la entrada exterior, había otra puerta que conducía al atrio interior. La distancia entre puerta y puerta era de cincuenta y tres metros.

Puertas del atrio interior

[28]Luego el hombre me llevó a la puerta sur que conducía al atrio interior. La midió y tenía las mismas medidas que las demás puertas. [29]Los cuartos de vigilancia, las paredes divisorias y la antesala eran del mismo tamaño que en las otras. También tenía ventanas en las paredes y en la antesala. Y como las demás, el pasillo de la entrada tenía veintiséis metros con cincuenta centímetros de largo y trece metros con treinta centímetros de ancho. [30](Las antesalas de las entradas que conducían al atrio interior medían cuatro metros con veinte centímetros* de ancho y trece metros con treinta centímetros de largo). [31]La antesala de la puerta sur daba al atrio exterior. Tenía decoraciones de palmeras en sus columnas y había ocho escalones que conducían a la entrada.

[32]Luego el hombre me llevó a la puerta oriental que conducía al atrio interior. La midió y tenía las mismas medidas que las demás puertas. [33]Los cuartos de vigilancia, las paredes divisorias y la antesala eran del mismo tamaño que en las otras. También había ventanas en las paredes y en la antesala. El pasillo de la entrada medía veintiséis metros con cincuenta centímetros de largo y trece metros con treinta centímetros de ancho. [34]La antesala daba al atrio exterior. Tenía decoraciones de palmeras en sus columnas y había ocho escalones que conducían a la entrada.

[35]Luego me llevó a la puerta norte que conducía al atrio interior. La midió y tenía las mismas medidas que las demás puertas. [36]Los cuartos de vigilancia, las paredes divisorias y la antesala de esta entrada medían lo mismo que en las otras y tenían la misma disposición de ventanas. El pasillo de la entrada medía veintiséis metros con cincuenta centímetros de largo y trece metros con treinta centímetros de ancho. [37]La antesala* daba al atrio exterior y tenía decoraciones de palmeras en las columnas; también había ocho escalones que conducían a la entrada.

Habitaciones para preparar los sacrificios

[38]En la antesala de una de las entradas interiores, había una puerta que conducía a una habitación lateral donde se lavaba la carne para los sacrificios. [39]A cada lado de esta antesala había dos mesas, en las cuales se mataban los animales sacrificiales para las ofrendas quemadas, las ofrendas por el pecado y las ofrendas por la culpa. [40]Afuera de la antesala, a cada lado de la escalera que subía hacia la puerta norte, había dos mesas más. [41]De modo que había en total ocho mesas —cuatro adentro y cuatro afuera— donde se cortaban y preparaban los sacrificios. [42]También había cuatro mesas de piedra labrada, que se usaban para preparar las ofrendas quemadas; cada una formaba un cuadrado de ochenta centímetros de lado y cincuenta y tres centímetros de alto.* Sobre esas mesas se colocaban los cuchillos y demás utensilios para matar a los animales del sacrificio. [43]Había ganchos de ocho centímetros* de largo, sujetados alrededor de las paredes del vestíbulo, y la carne para los sacrificios se colocaba sobre las mesas.

Habitaciones para los sacerdotes

[44]Dentro del atrio interior había dos habitaciones,* una ubicada junto a la entrada norte, que daba al sur, y la otra ubicada junto a la entrada sur,* que daba al norte. [45]Entonces el hombre me dijo: «La habitación que está junto a la entrada interior del lado norte es para los sacerdotes que supervisan el mantenimiento del templo. [46]La habitación junto a la entrada interior del lado sur es para los sacerdotes encargados del altar —los descendientes de Sadoc—, pues ellos son los únicos levitas que pueden acercarse al SEÑOR para servirle».

El atrio interior y el templo

[47]Luego el hombre midió el atrio interior y era un cuadrado de cincuenta y tres metros de ancho por cincuenta y tres metros de largo. El altar estaba ubicado en el atrio, delante del templo. [48]Después me llevó a la antesala del templo. Midió los muros a cada lado de la abertura de entrada a la antesala y tenían dos metros con setenta centímetros de espesor. La entrada misma medía siete metros con cuarenta centímetros de ancho y los muros a cada lado de la entrada tenían un metro con sesenta centímetros* más de largo. [49]La antesala tenía diez metros con sesenta centímetros* de ancho y seis metros con cuarenta centímetros* de fondo. Había diez escalones* que conducían a la antesala y una columna a cada lado de la entrada.

***Notas textuales 40:19** En hebreo *100 codos* [175 pies]; también en 40:23, 27, 47. **40:30** Así aparece en 40:9, que dice *8 codos* [4,2 metros o 14 pies]; en hebreo aquí dice *5 codos* [2,7 metros u 8,75 pies]. En algunos manuscritos hebreos y en la versión griega falta este versículo. **40:37** Así aparece en la versión griega (comparar las frases paralelas en 40:26, 31, 34); en hebreo dice *Su pared divisoria*. **40:42** En hebreo *1,5 codos* [31,5 pulgadas] *de largo y 1,5 codos de ancho y 1 codo* [21 pulgadas] *de alto*. **40:43** En hebreo *un palmo menor* [3 pulgadas]. **40:44a** Así aparece en la versión griega; en hebreo dice *habitaciones para los cantores*. **40:44b** Así aparece en la versión griega; en hebreo dice *oriental*.

Referencias cruzadas 40:22 Ap 7:9 **40:24** Ez 46:9 **40:35** Ez 44:4 **40:39** Ez 46:2 **40:46** Ez 43:19

41 Después el hombre me llevó al santuario del templo. Midió el espesor de los muros a cada lado del portal* y era de tres metros con veinte centímetros.* 2El portal medía cinco metros con treinta centímetros* de ancho y los muros a cada lado tenían una longitud de dos metros con setenta centímetros.* El santuario en sí era de veintiún metros con veinte centímetros de largo y diez metros con sesenta centímetros de ancho.*

3Luego él pasó del santuario a la sala interior. Midió los muros a cada lado de la entrada y tenían un espesor de un metro con diez centímetros.* La entrada medía tres metros con veinte centímetros de ancho y los muros a cada lado de la entrada tenían una longitud de tres metros con setenta centímetros.* 4La sala interior del santuario medía diez metros con sesenta centímetros* de largo y diez metros con sesenta centímetros de ancho. El hombre me dijo: «Este es el Lugar Santísimo».

5Luego midió el muro del templo y tenía un espesor de tres metros con veinte centímetros. Había una hilera de habitaciones a lo largo del muro exterior; cada habitación medía dos metros con diez centímetros* de ancho. 6Esas habitaciones laterales estaban construidas en tres pisos, uno encima del otro, y había treinta habitaciones en cada piso. Las vigas de esas habitaciones laterales se apoyaban sobre cornisas exteriores que sobresalían del muro del templo; no estaban empotradas en el muro. 7El muro del templo era más estrecho a medida que aumentaba su altura y por eso cada piso era más ancho que el de abajo. Una escalera subía desde el piso de abajo por el piso intermedio hacia el piso de arriba.

8Vi que el templo estaba construido sobre una plataforma elevada, la cual servía de base para las habitaciones laterales. La plataforma tenía una altura de tres metros con veinte centímetros.* 9La pared exterior de las habitaciones laterales del templo tenía un espesor de dos metros con setenta centímetros, lo cual dejaba un espacio libre entre las habitaciones laterales 10y la hilera de habitaciones a lo largo del muro exterior del atrio interior. Ese espacio libre tenía diez metros con sesenta centímetros de ancho y rodeaba todo el templo. 11De las habitaciones laterales salían dos puertas al atrio del terraplén, que tenía dos metros con setenta centímetros de ancho. Una puerta daba al norte y la otra daba al sur.

12Por el occidente había un gran edificio, cuyo frente daba al atrio del templo. De ancho medía treinta y siete metros con diez centímetros, de largo cuarenta y siete metros con setenta centímetros; sus muros tenían dos metros con setenta centímetros* de espesor. 13Luego el hombre midió la longitud del templo y era de cincuenta y tres metros.* El atrio que rodeaba el edificio con los muros incluidos, tenía de largo cincuenta y tres metros más. 14El atrio interior al oriente del templo también tenía cincuenta y tres metros de ancho. 15El edificio al occidente, con sus dos muros incluidos, también tenía cincuenta y tres metros de ancho.

El santuario, la sala interior y la antesala del templo 16tenían un revestimiento de madera, al igual que los marcos de las ventanas empotradas. Los muros interiores del templo estaban revestidos con madera por encima y por debajo de las ventanas. 17También estaban revestidos de madera el espacio sobre la puerta que daba a la habitación interior y sus paredes, por dentro y por fuera. 18Todas las paredes estaban decoradas con querubines tallados, cada uno con dos caras, y había una palmera tallada entre cada querubín. 19Una cara —que era de hombre— miraba hacia la palmera de un lado; la otra cara —de un león joven— miraba hacia la palmera del otro lado. Las figuras estaban talladas por todo el interior del templo, 20desde el piso hasta la parte superior de las paredes, incluido el muro exterior del santuario.

21En la entrada al santuario había columnas cuadradas y eran similares a las que había en la entrada del Lugar Santísimo. 22Había también un altar de madera, que medía un metro con sesenta centímetros de alto y un metro con diez centímetros de ancho.* Las esquinas, la base y los costados del altar estaban hechos de madera. El hombre me dijo: «Esta es la mesa que está delante de la presencia del Señor».

23Tanto el santuario como el Lugar Santísimo tenían doble entrada 24y cada entrada consistía de dos puertas giratorias. 25Las puertas que conducían al santuario estaban decoradas con querubines tallados y palmeras talladas, como las de los muros. Había un techo de madera frente a la antesala del templo. 26A ambos lados de la antesala había ventanas empotradas, decoradas con palmeras talladas. Las habitaciones laterales a lo largo del muro exterior también tenían techos.

Habitaciones para los sacerdotes

42 Luego el hombre me llevó afuera del atrio del templo por la puerta norte. Entramos al atrio exterior y llegamos a un conjunto de habitaciones edificadas contra el muro norte del atrio interior. 2Esta estructura tenía cincuenta y tres metros* de largo y veintiséis metros con cincuenta centímetros* de ancho; la entrada abría hacia el norte. 3Un grupo de habitaciones daba al espacio del atrio interior que tenía diez metros con sesenta centímetros* de ancho. Otro grupo de habitaciones daba al empedrado del atrio exterior. Ambos grupos tenían tres pisos de alto y estaban construidos uno frente al otro. 4Entre los dos grupos de habitaciones se extendía un pasillo de cinco metros con treinta centímetros* de ancho, que recorría los cincuenta y tres metros de largo del complejo,* y todas las puertas daban al norte. 5Cada uno de los dos pisos de arriba era más angosto que el de debajo, porque era necesario dejar espacio delante de ellos para los pasillos. 6Dado que eran tres pisos y no tenían columnas de apoyo como las habitaciones de los atrios, cada piso de arriba comenzaba más atrás en relación con el piso de debajo. 7Había un muro exterior de veintiséis metros con cincuenta centímetros de largo, que separaba las habitaciones del atrio exterior. 8Este muro agregaba

***Notas textuales** **40:48** Así aparece en la versión griega, que dice *La entrada medía 14 codos* [24,5 pies] *de ancho y los muros de la entrada tenían 3 codos* [5,25 pies] *a cada lado*; en hebreo falta *14 codos de ancho y los muros de la entrada tenían.* **40:49a** En hebreo *20 codos* [35 pies]. **40:49b** Así aparece en la versión griega, que dice *12 codos* [21 pies]; en hebreo dice *11 codos* [5,8 metros o 19,25 pies]. **40:49c** Así aparece en la versión griega; en hebreo dice *Había escalones*. **41:1a** Así aparece en la versión griega; el significado del hebreo es incierto. **41:1b** En hebreo *6 codos* [10,5 pies]; también en 41:3, 5. **41:2a** En hebreo *10 codos* [17,5 pies]. **41:2b** En hebreo *5 codos* [8,75 pies]; también en 41:9, 11. **41:2c** En hebreo *40 codos* [70 pies] *de largo y 20 codos* [35 pies] *de ancho.* **41:3a** En hebreo *2 codos* [3,5 pies]. **41:3b** En hebreo *7 codos* [12,25 pies]. **41:4** En hebreo *20 codos* [35 pies]; también en 41:4b, 10. **41:5** En hebreo *4 codos* [7 pies]. **41:8** En hebreo *una vara, 6 codos* [10,5 pies]. **41:12** En hebreo *70 codos* [122,5 pies] *de ancho y 90 codos* [157,5 pies] *de largo, y sus muros tenían 5 codos* [8,75 pies] *de espesor.* **41:13** En hebreo *100 codos* [175 pies]; también en 41:13b, 14, 15. **41:22** En hebreo *3 codos* [5,25 pies] *de alto y 2 codos* [3,5 pies] *de ancho.* **42:2a** En hebreo *100 codos* [175 pies]; también en 42:8. **42:2b** En hebreo *50 codos* [87,5 pies]; también en 42:7, 8.

Referencias cruzadas **40:49** Ap 3:12 **41:4** Hb 9:3-8 **41:10** Ez 40:17 **41:19** Ez 1:10 **41:22** Ap 8:3

longitud al conjunto exterior de habitaciones, que medía solo veintiséis metros con cincuenta centímetros de largo, mientras que el conjunto interior —las habitaciones que daban al templo— tenía cincuenta y tres metros de largo. 9Desde el atrio exterior había una entrada a estas habitaciones por el oriente.

10En el lado sur* del templo había dos grupos de habitaciones, entre el templo y el atrio exterior, inmediatamente al sur del atrio interior. Estas habitaciones estaban dispuestas de la misma manera que las habitaciones del lado norte. 11Había un pasillo entre ambos grupos de habitaciones, igual que en el complejo de edificios del lado norte del templo. Este complejo de habitaciones medía lo mismo de largo y de ancho que el otro complejo y tenía las mismas entradas y puertas. Las dimensiones de uno y otro eran idénticas. 12De modo que había una entrada en el muro, frente a las puertas del conjunto interior de habitaciones y otra entrada en el lado oriental, al final del pasillo interior.

13Luego el hombre me dijo: «Estas habitaciones que dan al templo desde el norte y el sur son santas. Aquí es donde los sacerdotes que ofrezcan sacrificios al Señor comerán las ofrendas más santas. Ahora bien, dado que estas habitaciones son santas, se usarán para guardar las ofrendas sagradas: las ofrendas de grano, las ofrendas por el pecado y las ofrendas por la culpa. 14Cuando los sacerdotes salgan del santuario, no deberán ir directamente al atrio exterior. Primero tendrán que quitarse la ropa que llevaban puesta mientras oficiaban, porque esa ropa es santa. Deberán ponerse otra ropa antes de entrar a los sectores del complejo abiertos al público».

15Cuando el hombre terminó de medir la zona interior del templo, me llevó por la entrada oriental para medir todo el perímetro. 16Midió con su vara el lado oriental y resultó tener doscientos sesenta y cinco metros de largo.* 17Luego midió el lado norte y también tenía doscientos sesenta y cinco metros. 18El lado sur también tenía doscientos sesenta y cinco metros, 19y lo mismo el lado occidental, doscientos sesenta y cinco metros. 20Así que la zona medía doscientos sesenta y cinco metros en cada lado y tenía un muro alrededor para separar lo santo de lo común.

La gloria del Señor vuelve al templo

43 Después el hombre me llevó de regreso a la puerta oriental. 2De pronto, la gloria del Dios de Israel apareció desde el oriente. El sonido de su venida era como el rugir de aguas torrentosas y todo el paisaje resplandeció con su gloria. 3Esta visión fue igual a las otras que yo había tenido, primero junto al río Quebar y después cuando él vino* a destruir Jerusalén. Caí con el rostro en tierra 4y la gloria del Señor entró al templo por la puerta oriental.

5Luego el Espíritu me levantó y me llevó al atrio interior, y la gloria del Señor llenó el templo. 6Entonces oí que alguien me hablaba desde el interior del templo, mientras el hombre que tomaba las medidas se ponía a mi lado. 7El Señor me dijo: «Hijo de hombre, este es el lugar de mi trono y el lugar donde pondré los pies. Viviré aquí para siempre, entre los israelitas. Ni ellos ni sus reyes volverán a profanar mi santo nombre cometiendo adulterio al rendir culto a otros dioses y honrando las reliquias de sus reyes ya muertos.* 8Colocaron los altares para sus ídolos junto a mi altar, con solo un muro de separación entre ellos y yo. Profanaron mi santo nombre con ese pecado tan detestable, por eso los consumí en mi enojo. 9Que dejen ya de rendir culto a otros dioses y de honrar las reliquias de sus reyes, y yo viviré entre ellos para siempre.

10»Hijo de hombre, describe al pueblo de Israel el templo que te he mostrado, para que ellos se avergüencen de todos sus pecados. Deja que estudien el plano del templo 11y se avergonzarán* de lo que hicieron. Descríbeles todas las especificaciones del templo —incluidas las entradas y las salidas— y todos los demás detalles. Háblales de los decretos y las leyes del templo. Escribe todas las especificaciones y los decretos mientras ellos observan, para que sin falta los recuerden y los sigan. 12Esta es la ley fundamental del templo: ¡santidad absoluta! Toda la cumbre del monte donde está el templo es santa. Sí, esta es la ley fundamental del templo.

El altar

13»Estas son las medidas del altar:* alrededor del altar hay una zanja de cincuenta y tres centímetros de profundidad por cincuenta y tres centímetros de ancho,* con un reborde de veintitrés centímetros* de ancho. Esta es la altura* del altar: 14desde la zanja, el altar se eleva un metro con diez centímetros* hasta una saliente inferior de cincuenta y tres centímetros* de ancho, que rodea el altar. Desde la saliente inferior, el altar se eleva dos metros con diez centímetros* hasta la saliente superior, también de cincuenta y tres centímetros de ancho. 15La parte superior del altar —la plataforma para el fuego— se eleva otros dos metros con diez centímetros y tiene un cuerno hacia arriba en cada una de las cuatro esquinas. 16La parte superior del altar es cuadrada y mide seis metros con cuarenta centímetros de lado.* 17La saliente superior también forma un cuadrado de siete metros con cuarenta centímetros de lado,* tiene una zanja de cincuenta y tres centímetros, un reborde de veintisiete centímetros* por alrededor y escalones para subir al altar por el lado oriental».

18Luego me dijo: «Hijo de hombre, esto dice el Señor Soberano: cuando se construya el altar, estas serán las ordenanzas para quemar las ofrendas y rociar la sangre. 19En ese tiempo, a los sacerdotes levitas de la familia de Sadoc, quienes ministran delante de mí, se les dará un becerro para la ofrenda por el pecado, dice el Señor Soberano. 20Tomarás parte de la sangre del animal y con ella untarás los cuatro cuernos del altar, las cuatro esquinas de la saliente superior y el reborde que rodea la saliente. Esto limpiará el altar y hará expiación por él. 21Luego tomarás

***Notas textuales** **42:3** En hebreo *20 [codos]* [35 pies]. **42:4a** En hebreo *10 codos* [17,5 pies]. **42:4b** Así aparece en la versión griega y en la siríaca, que dicen *su longitud era de 100 codos* [175 pies]; en hebreo dice *y un pasillo de un codo* [53 centímetros o 21 pulgadas] *de ancho.* **42:10** Así aparece en la versión griega; en hebreo dice *oriental.* **42:16** Así aparece en 45:2 y en 42:17 de la versión griega, que dice *500 codos* [875 pies]; en hebreo dice *500 varas* [1590 metros o 5250 pies]; similar en 42:17, 18, 19, 20. **43:3** Así aparece en algunos manuscritos hebreos y en la Vulgata Latina; el texto masorético dice *yo vine*. **43:7** O *reyes en sus lugares altos*. **43:11** Así aparece en la versión griega; en hebreo dice *si se avergüenzan.* **43:13a** En hebreo *las medidas del altar en codos largos, que equivalen a un codo* [45 centímetros o 18 pulgadas] *y un palmo menor* [8 centímetros o 3 pulgadas] *de largo*. **43:13b** En hebreo *un codo* [21 pulgadas] *de profundidad y un codo de ancho*. **43:13c** En hebreo *un palmo* [9 pulgadas]. **43:13d** Así aparece en la versión griega; en hebreo dice *base.* **43:14a** En hebreo *2 codos* [3,5 pies]. **43:14b** En hebreo *1 codo* [21 pulgadas]; también en 43:14d. **43:14c** En hebreo *4 codos* [7 pies]; también en 43:15.

Referencias cruzadas **42:6** Ez 41:6 **42:13** Nm 18:9-10 **42:16** Ez 40:3, 5 **43:5** 2 Co 12:2-4 **43:11** Ez 11:20 **43:13-17** Ex 27:1-8

el becerro para la ofrenda por el pecado y lo quemarás en el lugar indicado afuera de la zona del templo.

22»El segundo día, sacrificarás como ofrenda por el pecado un cabrito que no tenga ningún defecto físico. Después, nuevamente limpiarás el altar y harás expiación por él, tal como hiciste con el becerro. 23Cuando hayas terminado con la ceremonia de purificación, ofrecerás otro becerro que no tenga defectos y un carnero perfecto del rebaño. 24Se los presentarás al SEÑOR, y los sacerdotes los rociarán con sal y los ofrecerán como ofrenda quemada al SEÑOR.

25»Diariamente, durante siete días, se sacrificarán un cabrito, un becerro y un carnero del rebaño como ofrenda por el pecado. Esos animales no deberán tener ningún defecto físico. 26Hazlo diariamente, durante siete días, para limpiar el altar y hacer expiación por él, y así quedará apartado para un uso santo. 27A partir del octavo día, los sacerdotes sacrificarán a diario sobre el altar las ofrendas quemadas y las ofrendas de paz del pueblo. Entonces los aceptaré a ustedes. ¡Yo, el SEÑOR Soberano, he hablado!».

El príncipe, los levitas y los sacerdotes

44 Luego el hombre me llevó nuevamente a la puerta oriental, ubicada en el muro exterior de la zona del templo, pero estaba cerrada. 2Entonces el SEÑOR me dijo: «Esta entrada debe permanecer cerrada; nunca volverá a abrirse. Nadie jamás la abrirá ni entrará por ella, pues el SEÑOR, Dios de Israel, entró por aquí. Por lo tanto, permanecerá siempre cerrada. 3Únicamente el príncipe podrá sentarse debajo de esta entrada para disfrutar de una comida en la presencia del SEÑOR; pero solo podrá entrar y salir por la antesala de la entrada».

4Luego el hombre me llevó por la entrada norte hasta el frente del templo. Miré y vi que la gloria del SEÑOR llenaba el templo del SEÑOR, así que caí al suelo rostro en tierra.

5Entonces el SEÑOR me dijo: «Hijo de hombre, presta mucha atención. Usa los ojos y los oídos, y escucha atentamente todo lo que te diga sobre las ordenanzas acerca del templo del SEÑOR. Presta mucha atención a los procedimientos para usar las entradas y las salidas del templo. 6Da a esos rebeldes, los israelitas, este mensaje de parte del SEÑOR Soberano: "¡Oh pueblo de Israel, basta ya con tus pecados detestables! 7Has traído a extranjeros incircuncisos a mi santuario, gente que no tiene corazón para Dios. De ese modo, profanaste mi templo incluso mientras me ofrecías mi alimento: la grasa y la sangre de los sacrificios. Además de todos tus otros pecados detestables, rompiste mi pacto. 8En lugar de proteger mis ritos sagrados, contrataste a extranjeros para que se encargaran de mi santuario.

9»"Por lo tanto, esto dice el SEÑOR Soberano: ningún extranjero, ni siquiera de los que viven entre los israelitas, entrará en mi santuario si no se ha circuncidado y entregado al SEÑOR. 10Además, los hombres de la tribu de Leví que me abandonaron cuando Israel se alejó de mí para rendir culto a ídolos* tendrán que sufrir las consecuencias de su infidelidad. 11Aun así podrán servir como guardias del templo y porteros, podrán matar los animales para las ofrendas quemadas y estar presentes para ayudar al pueblo. 12Sin embargo, incitaron a mi pueblo a rendir culto a ídolos e hicieron que los israelitas cayeran en un pecado muy grave. Por eso hice un juramento solemne de que tendrán que sufrir las consecuencias por sus pecados, dice el SEÑOR Soberano. 13No se les permite acercarse a mí para ministrar como sacerdotes. Tampoco se les permite tocar ninguno de mis objetos santos ni las ofrendas santas, pues deberán cargar con la vergüenza de todos los pecados detestables que cometieron. 14Servirán como cuidadores del templo a cargo del trabajo de mantenimiento y las tareas generales.

15»"Sin embargo, los sacerdotes levitas de la familia de Sadoc continuaron sirviendo fielmente en el templo cuando los israelitas me abandonaron para rendir culto a ídolos. Estos hombres servirán como ministros míos. Estarán en mi presencia y ofrecerán la grasa y la sangre de los sacrificios, dice el SEÑOR Soberano. 16Solo ellos entrarán en mi santuario y se acercarán a mi mesa para servirme. Ellos cumplirán todos mis requisitos.

17»"Cuando entren por la puerta al atrio interior, deben vestir solamente ropa de lino. No se vestirán con lana cuando estén de turno en el atrio interior o en el templo mismo. 18Llevarán puestos turbantes de lino y ropa interior de lino. No deberán vestir nada que los haga transpirar. 19Cuando regresen al atrio exterior donde está el pueblo, tendrán que quitarse la ropa que usaron mientras me sirvieron. Dejarán esa ropa en las habitaciones sagradas y se cambiarán, a fin de no poner a nadie en peligro al transmitirle santidad con esa ropa.

20»"No se raparán la cabeza ni se dejarán crecer demasiado el cabello, sino que deberán recortárselo con frecuencia. 21Los sacerdotes no beberán vino antes de entrar al atrio interior. 22Podrán casarse únicamente con una virgen de Israel o con la viuda de un sacerdote. No podrán casarse con otras viudas ni con mujeres divorciadas. 23Enseñarán a mi pueblo la diferencia entre lo santo y lo común, entre lo ceremonialmente puro y lo impuro.

24»"Servirán de jueces para resolver cualquier desacuerdo que surja en mi pueblo y sus decisiones tendrán que basarse en mis ordenanzas. Y los sacerdotes mismos deberán obedecer mis instrucciones y decretos en todos los festivales sagrados y ocuparse de que los días de descanso sean apartados como días santos.

25»"Un sacerdote no deberá contaminarse al estar en presencia de un cadáver, a menos que se trate de su padre, su madre, uno de sus hijos, de sus hermanos o hermanas solteras. En tales casos está permitido. 26Aun así, podrá volver a desempeñar sus tareas en el templo solo después de purificarse ceremonialmente y luego esperar siete días. 27El primer día que vuelva a su trabajo y entre al atrio interior y al santuario, deberá presentar una ofrenda por su propio pecado, dice el SEÑOR Soberano.

28»"Los sacerdotes no tendrán ninguna parte ni porción de la tierra, porque solo yo seré su preciada posesión. 29Su alimento provendrá de las ofrendas y los sacrificios que el pueblo lleve al templo: las ofrendas de grano, las ofrendas por el pecado y las ofrendas por la culpa. Todo lo que alguien aparte* para el SEÑOR pertenecerá a los sacerdotes. 30Los primeros frutos maduros y todas las ofrendas presentadas al SEÑOR pertenecerán a los sacerdotes. También les darán a los sacerdotes la primera masa para que el SEÑOR bendiga los hogares de ustedes. 31Los sacerdotes tendrán prohibido comer carne de cualquier

***Notas textuales** **43:16** En hebreo *12 [codos]* [21 pies] *de largo y 12 [codos] de ancho*. **43:17a** En hebreo *14 [codos]* [24,5 pies] *de largo y 14 [codos] de ancho*. **43:17b** En hebreo *una zanja de un codo* [21 pulgadas] *y un reborde de medio codo* [10,5 pulgadas]. **44:10** El término hebreo (literalmente *cosas redondas*) probablemente se refiere al estiércol; también en 44:12.

Referencias cruzadas **43:19** Hb 7:27 **43:24** Col 4:6 **44:3** Za 6:12-13 **44:7** Jr 4:4 **44:12** Os 5:1 **44:23** Ml 2:6

ave o animal que muera de muerte natural o por haber
sido atacado por otro animal.

División de la tierra

45 »"Cuando se repartan la tierra entre las tribus
de Israel, deberán apartar una sección para el
Señor, la cual será su porción santa. Esa porción tendrá
trece kilómetros con trescientos metros de largo por diez
kilómetros con seiscientos metros de ancho.* Toda el área
será santa. 2Una parte de esta tierra —un cuadrado de
doscientos sesenta y cinco metros de lado*— se apartará
para el templo. A su alrededor se dejará libre una franja
adicional de tierra de veintiséis metros y medio* de ancho.
3Dentro del terreno sagrado más extenso, midan una par-
cela de tierra de trece kilómetros con trescientos metros
de largo y cinco kilómetros con trescientos metros de
ancho.* Allí se ubicará el santuario del Lugar Santísimo.
4Esta área será santa, apartada para los sacerdotes que
oficián ante el Señor en el santuario. Allí estarán sus casas
y allí también se pondrá mi templo. 5La franja de tierra
sagrada junto a esta área —también de trece kilómetros
con trescientos metros de largo por cinco kilómetros con
trescientos metros de ancho— se destinará a las viviendas
de los levitas que trabajen en el templo. El lugar les perte-
necerá a ellos y será un lugar para sus aldeas.*
6»"Junto a la tierra sagrada más extensa habrá una por-
ción de tierra de trece kilómetros con trescientos metros
de largo por dos kilómetros con seiscientos cincuenta
metros de ancho,* la cual se apartará para construir una
ciudad donde pueda vivir cualquier israelita.
7»"Apartarán también dos porciones de tierra espe-
ciales para el príncipe. La primera porción colindará con
el lado oriental de las tierras sagradas y la ciudad, y la
segunda colindará con el lado occidental. De modo que
los límites extremos hacia el oriente y el occidente de las
tierras del príncipe quedarán alineados con los límites
oriental y occidental de los territorios de las tribus. 8Estas
dos porciones de tierra se le asignarán al príncipe. Enton-
ces mis príncipes dejarán de oprimir a mi pueblo y de
robarle; repartirán el resto de la tierra al pueblo, asignando
una porción a cada tribu.

Reglas para los príncipes

9»"Esto dice el Señor Soberano: ¡basta ya, príncipes de
Israel! Abandonen la violencia y la opresión, y hagan lo
que es justo y correcto. Dejen de estafar a mi pueblo y de
robarle su tierra. No los desalojen de sus casas, dice el
Señor Soberano. 10Utilicen solamente pesas y balanzas
legítimas, y medidas exactas, tanto para sólidos como
para líquidos.* 11El homer* será la unidad estándar para
medir volúmenes. Tanto el efa como el bato* equivaldrán
a un décimo de homer. 12La unidad estándar para medir
pesos será el siclo de plata.* Un siclo equivaldrá a veinte
geras y sesenta siclos equivaldrán a una mina.*

Ofrendas y celebraciones especiales

13»"Tendrán que pagarle al príncipe el siguiente im-
puesto: una canasta de trigo o cebada por cada sesenta*
que cosechen, 14el uno por ciento de su aceite de oliva*
15y una oveja o cabra por cada doscientas que haya en los
rebaños de Israel. Esas serán las ofrendas de grano, ofren-
das quemadas y ofrendas de paz que harán expiación por
quienes las presenten, dice el Señor Soberano. 16Todo
el pueblo de Israel debe contribuir y llevar esas ofrendas
al príncipe. 17Al príncipe le corresponderá proveer las
ofrendas que se entregan en los festivales religiosos, las
celebraciones de luna nueva, los días de descanso y todas
las demás ocasiones similares. Él también proveerá las
ofrendas por el pecado, las ofrendas quemadas, las ofren-
das de grano, las ofrendas líquidas y las ofrendas de paz,
para purificar a los israelitas y así hacerlos justos ante el
Señor.*
18»"Esto dice el Señor Soberano: a comienzos de la
primavera, el primer día de cada año nuevo,* sacrifica un
becerro sin defecto para purificar el templo. 19El sacer-
dote tomará la sangre de ese sacrificio por el pecado y la
pondrá sobre los marcos de la puerta del templo, sobre
las cuatro esquinas de la saliente superior del altar y sobre
los postes de la puerta de entrada al atrio interior. 20Haz
lo mismo el séptimo día del año nuevo por cualquiera
que haya pecado por error o por ignorancia. De ese modo
purificarás* el templo.
21»"El día catorce del primer mes,* deberán celebrar la
Pascua, un festival que durará siete días. El pan que coman
durante ese tiempo será preparado sin levadura. 22El día
de la Pascua, el príncipe proveerá un becerro como sa-
crificio por su propio pecado y el pecado del pueblo de
Israel. 23Cada uno de los siete días del festival, el príncipe
preparará una ofrenda quemada para el Señor, la cual
consistirá en siete becerros y siete carneros sin defecto.
También se entregará un cabrito cada día como ofrenda
por el pecado. 24El príncipe proveerá una canasta de harina
como ofrenda de grano y unos cuatro litros de aceite de
oliva* con cada becerro y cada carnero.
25»"Durante los siete días del Festival de las Enra-
madas, que cada año ocurre a principios del otoño,* el
príncipe proveerá esos mismos sacrificios para la ofrenda
por el pecado, la ofrenda quemada y la ofrenda de grano,
junto con la cantidad de aceite de oliva requerida.

46 »"Esto dice el Señor Soberano: la puerta oriental
del atrio interior permanecerá cerrada durante los
seis días laborables de cada semana, pero se abrirá los días
de descanso y los días de celebración de luna nueva. 2El
príncipe entrará a la antesala de la entrada desde afuera.
Luego se quedará de pie junto al poste de la puerta de en-
trada mientras el sacerdote presenta su ofrenda quemada
y su ofrenda de paz. Se inclinará en adoración dentro del

***Notas textuales** **44:29** El término hebreo empleado aquí se refiere a la consagración total de cosas o personas al Señor, ya sea destruyéndolas o entregándolas como ofrenda. **45:1** Así aparece en la versión griega, que dice *25.000 [codos]* [8,33 millas] *de largo y 20.000 [codos]* [6,66 millas] *de ancho*; en hebreo dice *25.000 [codos] de largo y 10.000 [codos]* [5,3 kilómetros o 3,33 millas] *de ancho.* Comparar con 45:3, 5; 48:9. **45:2a** En hebreo *un cuadrado de 500 [codos]* [875 pies] *de lado.* **45:2b** En hebreo *50 codos* [87,5 pies]. **45:3** En hebreo *25.000 [codos]* [8,33 millas] *de largo y 10.000 [codos]* [3,33 millas] *de ancho*; también en 45:5. **45:5** Así aparece en la versión griega; en hebreo dice *Tendrán 20 habitaciones como propiedad de ellos.* **45:6** En hebreo *25.000 [codos]* [8,33 millas] *de largo y 5000 [codos]* [1,66 millas] *de ancho.* **45:10** En hebreo *Utilicen balanzas exactas, un efa exacto y un bato exacto*. **45:11a** El *homer* equivale a unos 220 litros o 50 galones. **45:11b** El *efa* es una medida para áridos; el *bato* es una medida para líquidos. **45:12a** El *siclo* pesa aproximadamente 11 gramos o 0,4 onzas. **45:12b** En todas las demás referencias, la *mina* equivale a 50 siclos. **45:13** En hebreo *⅙ de un efa por cada homer de trigo y ⅙ de un efa por cada homer de cebada*. **45:14** En hebreo *la porción de aceite, medida en batos, equivale a ⅒ de un bato por cada coro, el cual consiste en 10 batos o un homer, pues 10 batos equivalen a un homer*. **45:17** O *para hacer expiación por los israelitas*. **45:18** En hebreo *El primer día del primer mes.* En el antiguo calendario lunar hebreo, ese día caía en marzo o en abril. **45:20** O *harás expiación por*. **45:21** En el antiguo calendario lunar hebreo ese día caía a fines de marzo, en abril o a principios de mayo.

Referencias cruzadas **44:28** Nm 18:20 **45:4** Nm 16:5 **45:6** Ez 48:15-16 **45:8** Jr 23:5-6 **45:9** Za 8:16 **45:17** Ez 46:4-12 **45:18-19** Hb 9:14 **45:21** Lv 23:5-8

pasillo de la entrada y luego regresará por donde entró. La
puerta no se cerrará hasta el anochecer. 3La gente común
se inclinará y adorará al SEÑOR delante de esta entrada los
días de descanso y los días de celebración de luna nueva.
4»"Cada día de descanso el príncipe presentará al SEÑOR
una ofrenda quemada de seis corderos y un carnero, todos
sin defecto. 5Para acompañar al carnero, presentará una
ofrenda de grano de una canasta de harina selecta y con
cada cordero la cantidad de harina que él decida, y tendrá
que ofrecer unos cuatro litros de aceite de oliva* por cada
canasta de harina. 6En las celebraciones de luna nueva
llevará un becerro, seis corderos y un carnero, todos sin
defecto. 7Junto con el becerro presentará una canasta de
harina selecta como ofrenda de grano. Junto con el carnero
presentará otra canasta de harina y con cada cordero ofre-
cerá la cantidad de harina que decida. Con cada canasta de
harina deberá ofrecer unos cuatro litros de aceite de oliva.
8»"El príncipe tendrá que entrar por la puerta por
medio de la antesala y saldrá por el mismo lugar. 9En cam-
bio, durante los festivales religiosos, cuando algunos del
pueblo entren por la puerta norte para adorar al SEÑOR,
tendrán que salir por la puerta sur; y los que entraron
por la puerta sur deberán salir por la puerta norte. Nunca
saldrán por donde entraron, sino que utilizarán siempre la
entrada opuesta. 10En esas ocasiones el príncipe entrará
y saldrá con el pueblo.
11»"Entonces en las fiestas especiales y los festivales
sagrados, la ofrenda de grano consistirá de una canasta
de harina selecta con cada becerro, otra canasta de harina
con cada carnero y la cantidad de harina que el adorador
decida presentar con cada cordero. Con cada canasta de
harina, habrá que entregar unos cuatro litros de aceite de
oliva. 12Cuando el príncipe presente al SEÑOR una ofrenda
quemada o una ofrenda de paz voluntaria, se le abrirá la
puerta oriental al atrio interior y ofrecerá sus sacrificios
como lo hace los días de descanso. Luego saldrá y cerrarán
la puerta detrás de él.
13»"Cada mañana sacrificarás, como ofrenda quemada
al SEÑOR, un cordero de un año sin defecto. 14Junto con el
cordero, se presentará también al SEÑOR una ofrenda de
grano, que consistirá en unos tres litros de harina selecta
con un litro y tercio de aceite de oliva* para humedecer la
harina. Esta será una ley perpetua para ti. 15El cordero, la
ofrenda de grano y el aceite de oliva se entregarán como
sacrificio diario, cada mañana, sin excepción.
16»"Esto dice el SEÑOR Soberano: si el príncipe le regala
un terreno a uno de sus hijos como herencia, le pertene-
cerá al hijo y a sus descendientes para siempre. 17Sin em-
bargo, si el príncipe, de su herencia le obsequia un terreno
a uno de sus siervos, el siervo solo podrá conservarlo hasta
el año de jubileo, que se celebra cada cincuenta años.*
Llegado ese tiempo, se devolverá el terreno al príncipe. En
cambio, los regalos que el príncipe les dé a sus hijos, serán
permanentes. 18Además, el príncipe nunca podrá quitarle
a nadie su tierra por la fuerza. Si le regala propiedades a sus
hijos, tendrán que ser de su propia tierra, porque no deseo
que ninguno de mi pueblo sea desalojado injustamente
de su propiedad"».

Las cocinas del templo

19En mi visión, el hombre me llevó por la entrada que
había junto a la puerta y me condujo a las habitaciones
sagradas que daban al norte y estaban asignadas a los
sacerdotes. Me mostró un lugar en el extremo occidental
de esas habitaciones 20y me explicó: «Aquí es donde los
sacerdotes cocinarán la carne de las ofrendas por la culpa
y de las ofrendas por el pecado, y donde también hornea-
rán el pan hecho con la harina de las ofrendas de grano.
Usarán este lugar, a fin de no llevar los sacrificios por el
atrio exterior y poner al pueblo en peligro al transmitirle
la santidad».
21Luego me llevó nuevamente al atrio exterior y me
condujo a cada una de sus cuatro esquinas. En cada esquina
vi un recinto. 22Cada recinto medía veintiún metros con
veinte centímetros de largo por quince metros con noventa
centímetros de ancho,* y estaba rodeado por muros. 23En
el lado interior de esos muros, por todo alrededor, había
una saliente de piedra con chimeneas debajo de toda la
saliente. 24El hombre me dijo: «Estas son las cocinas que
usarán los ayudantes del templo para hervir los sacrificios
ofrecidos por el pueblo».

El río de sanidad

47 En mi visión, el hombre me llevó nuevamente
a la entrada del templo. Allí vi una corriente de
agua que fluía hacia el oriente por debajo de la puerta del
templo y pasaba por la derecha de la parte sur del altar.
2El hombre me llevó hacia afuera del muro por la puerta
norte y me condujo hasta la entrada oriental. Allí pude
ver que el agua fluía por el lado sur de la entrada oriental.
3Me llevó a lo largo de la corriente de agua y, mientras
avanzábamos, él iba midiendo; cuando llegamos a qui-
nientos treinta metros,* me llevó a través de la corriente.
El agua me llegaba a los tobillos. 4Midió otros quinien-
tos treinta metros y una vez más me llevó a través de la
corriente. Esta vez el agua me llegaba hasta las rodillas.
Después de otros quinientos treinta metros, el agua me
alcanzaba a la cintura. 5Luego midió otros quinientos
treinta metros y el río ya era demasiado profundo para
cruzarlo caminando. Había buena profundidad para
nadar, pero demasiada para atravesarlo a pie.
6Me preguntó: «Hijo de hombre, ¿has estado obser-
vando?». Después me llevó de regreso por la orilla del río.
7Al volver, me sorprendió ver muchos árboles que crecían
a ambos lados del río. 8Entonces me dijo: «Este río fluye
hacia el oriente, atraviesa el desierto y desemboca en el
valle del mar Muerto.* Esta corriente hará que las aguas
saladas del mar Muerto se vuelvan puras y dulces. 9Vivirán
cantidad de criaturas vivientes por donde llegue el agua de
este río.* Abundarán los peces en el mar Muerto, pues sus
aguas se volverán dulces. Florecerá la vida a donde llegue
esta agua. 10Habrá pescadores a lo largo de las costas del
mar Muerto. Desde En-gadi hasta En-eglaim, toda la costa
estará cubierta de redes secándose al sol. El mar Muerto
se llenará de toda clase de peces, igual que en el Medi-
terráneo.* 11No obstante, los pantanos y las ciénagas no
se purificarán; quedarán salados. 12A ambas orillas del río

***Notas textuales** **45:24** En hebreo *un efa* [22 litros o 20 cuartos] *de harina [...] y un hin* [un galón] *de aceite de oliva*. **45:25** En hebreo *del festival que comienza el día quince del séptimo mes* (ver Lv 23:34). En el antiguo calendario lunar hebreo ese día caía a fines de septiembre, en octubre o a principios de noviembre. **46:5** En hebreo *un efa* [22 litros o 20 cuartos] *de harina selecta [...] un hin* [un galón] *de aceite de oliva*; similar en 46:7, 11. **46:14** En hebreo *⅙ de un efa* [3 cuartos] *de harina con ⅓ de un hin* [⅓ de galón] *de aceite de oliva*. **46:17** En hebreo *hasta el año de liberación*; ver Lv 25:8-17. **46:22** En hebreo *40 [codos]* [70 pies] *de largo y 30 [codos]* [52,5 pies] *de ancho*. **47:3** En hebreo *1000 codos* [1750 pies]; también en 47:4, 5.

Referencias cruzadas **46:10** Sal 42:4 **46:12** Ez 44:3 **46:15** Ex 29:42 **46:17** Lv 25:10 **46:20** Lv 2:4-7 **47:1** Ap 22:1, 17 crecerá toda clase de árboles frutales. Sus hojas nunca se marchitarán ni caerán y sus ramas siempre tendrán fruto. Cada mes darán una nueva cosecha, pues se riegan con el agua del río que fluye del templo. Los frutos servirán para comer, y las hojas se usarán para sanar».

Límites para la tierra

13Esto dice el Señor Soberano: «La tierra para las doce tribus de Israel se dividirá de la siguiente manera: los descendientes de José recibirán dos porciones de tierra.* 14Las demás tribus recibirán partes iguales. Yo juré solemnemente que daría esta tierra a los antepasados de ustedes y ahora pasará a sus manos como posesión.

15»Estos son los límites de la tierra: el límite norte irá
desde el mar Mediterráneo hacia Hetlón, luego seguirá
por Lebo-hamat hasta Zedad 16y de allí se extenderá
a Berota y Sibraim,* que están en la frontera entre
Damasco y Hamat, y finalmente hacia Hazar-haticón,
en la frontera con Haurán. 17De modo que el límite
norte irá desde el mar Mediterráneo hasta Hazar-enán,
en la frontera entre Hamat al norte y Damasco al sur.

18»La frontera oriental arranca entre Haurán
y Damasco, y desciende al sur por el río Jordán,
entre Israel y Galaad, pasa el mar Muerto* y sigue
en dirección sur hasta llegar a Tamar.* Esta será la
frontera oriental.

19»La frontera sur irá en dirección occidental
desde Tamar hasta las aguas de Meriba en Cades* y
desde allí seguirá el curso del arroyo de Egipto hasta
el mar Mediterráneo. Esta será la frontera sur.

20»Por el lado occidental, la frontera será el
mar Mediterráneo, desde la frontera sur hasta el
punto donde comienza la frontera norte, frente a
Lebo-hamat.

21Dividan la tierra entre las tribus de Israel dentro de estos límites. 22Repártanse la tierra como asignación para ustedes y para los extranjeros que se hayan unido a ustedes y estén criando a su familia en medio de ustedes. Ellos serán como israelitas de nacimiento y recibirán una asignación entre las tribus. 23Estos extranjeros recibirán tierra dentro del territorio de la tribu con la cual ahora viven. ¡Yo, el Señor Soberano, he hablado!

División de la tierra entre las tribus

48 »La siguiente lista corresponde a las tribus de Israel junto con el territorio que recibirá cada una. El territorio de Dan está ubicado en el extremo norte; la línea fronteriza sigue la ruta de Hetlón hasta Lebo-hamat y luego continúa a Hazar-enán en la frontera con Damasco, con Hamat por el norte. El territorio de Dan se extiende a lo ancho de todo el territorio de Israel, de oriente a occidente.

2»El territorio de Aser queda al sur del territorio de Dan y también se extiende de oriente a occidente. 3El territorio de Neftalí se ubica al sur del territorio de Aser y también se extiende de oriente a occidente. 4Luego sigue Manasés al sur de Neftalí y su territorio también se extiende de oriente a occidente. 5Al sur de Manasés está Efraín, 6después Rubén 7y luego Judá; todos los límites se extienden de oriente a occidente.

8»Al sur de Judá está la tierra apartada para un propósito especial. Esa porción tendrá trece kilómetros con trescientos metros* de ancho y se extenderá al oriente y al occidente igual que los territorios tribales, con el templo en el centro.

9»La tierra apartada para el templo del Señor tendrá trece kilómetros con trescientos metros de largo por diez kilómetros con seiscientos metros de ancho.* 10Para los sacerdotes habrá una franja de tierra de trece kilómetros con trescientos metros de largo por cinco kilómetros con trescientos metros de ancho,* con el templo del Señor en el centro. 11Este terreno está apartado para los sacerdotes ordenados, es decir, los descendientes de Sadoc, quienes me sirvieron fielmente y no se extraviaron con el pueblo de Israel y los demás levitas. 12Esa será su porción especial —la tierra más sagrada— cuando se haga la repartición. Junto al territorio de los sacerdotes estará la tierra donde vivirán los demás levitas.

13»El terreno asignado a los levitas tendrá la misma dimensión y forma que el terreno que pertenece a los sacerdotes: trece kilómetros con trescientos metros de largo y cinco kilómetros con trescientos metros de ancho. Las dos porciones juntas medirán trece kilómetros con trescientos metros de largo por diez kilómetros con seiscientos metros de ancho.* 14Ninguna parte de esa tierra especial podrá venderse ni será canjeada ni usada por otras personas, pues pertenece al Señor; es tierra consagrada.

15»Al sur del terreno sagrado del templo, se asignará una franja adicional de tierra, de trece kilómetros con trescientos metros de largo por dos kilómetros con seiscientos cincuenta metros de ancho,* para uso público: casas, pastizales y espacios comunes, con una ciudad en el centro. 16La ciudad medirá dos kilómetros con cuatrocientos metros* en cada lado: norte, sur, oriente y occidente. 17Estará rodeada por ciento treinta y tres metros* de campo abierto en cada dirección. 18Fuera de la ciudad habrá un terreno agrícola que se extenderá cinco kilómetros con trescientos metros al oriente y lo mismo al occidente,* por el límite del terreno sagrado. Esta tierra de labranza producirá alimentos para la gente que trabaje en la ciudad. 19Podrán cultivarla los miembros de las diversas tribus que vayan a la ciudad para trabajar. 20Todo este terreno —incluidas las tierras sagradas y la ciudad— forma un cuadrado de trece kilómetros con trescientos metros* de lado.

21»Los terrenos restantes, al oriente y al occidente de las tierras sagradas y de la ciudad, pertenecerán al príncipe. Cada uno de estos terrenos medirá trece kilómetros con trescientos metros de ancho, y se extenderán en dirección opuesta uno de otro, hacia los límites oriental y occidental de Israel, con las tierras sagradas y el santuario del templo

***Notas textuales** **47:8** En hebreo *del mar*; también en 47:10. **47:9** Así aparece en la versión griega y en la siríaca; en hebreo dice *de estos dos ríos*. **47:10** En hebreo *el mar Grande*; también en 47:15, 17, 19, 20. **47:13** Era importante quedarse con 12 porciones de tierra. Dado que Leví no recibía ninguna porción, los descendientes de los hijos de José (Efraín y Manasés) recibieron tierra como dos tribus. **47:15-16** Así aparece en la versión griega; el texto masorético dice *luego seguirá por Lebo hasta Zedad 16y de allí se extenderá a Hamat, Berota y Sibraim*. **47:18a** En hebreo *el mar oriental*. **47:18b** Así aparece en la versión griega; en hebreo dice *ustedes medirán*. **47:19** En hebreo *las aguas de Meriba-cades*. **48:8** En hebreo *25.000 [codos]* [8,33 millas]. **48:9** Así aparece en un manuscrito griego y en la versión griega en 45:1: *25.000 [codos]* [8,33 millas] *de largo y 20.000 [codos]* [6,66 millas] *de ancho*; en hebreo dice *25.000 [codos] de largo y 10.000 [codos]* [5,3 kilómetros o 3,33 millas] *de ancho*. Similar en 48:13b. Comparar con 45:1-5; 48:10-13. **48:10** En hebreo *25.000 [codos]* [8,33 millas] *de largo por 10.000 [codos]* [3,33 millas] *de ancho*; también en 48:13a. **48:13** Ver nota en 48:9. **48:15** En hebreo *25.000 [codos]* [8,33 millas] *de largo por 5000 [codos]* [1,66 millas] *de ancho*.

Referencias cruzadas **47:12** Ap 22:2 **47:14** Ez 20:5-6 **47:15-17** Ez 48:1 **47:18** Gn 13:10-11 **47:19** Is 27:12 **47:20** Nm 34:6 **47:22** Ef 2:12-14 **48:1** Jos 19:40-48 **48:10** Ez 44:28

en el centro. [22]Por lo tanto, la tierra del príncipe abarcará todo lo que esté entre los territorios asignados a Judá y a Benjamín, con excepción de los terrenos separados para las tierras sagradas y la ciudad.

[23]»Los territorios asignados a las demás tribus son los siguientes. El territorio de Benjamín está al sur de las tierras del príncipe y se extiende por toda la tierra de Israel de oriente a occidente. [24]Al sur del territorio de Benjamín está el territorio de Simeón, el cual también se extiende de oriente a occidente. [25]A continuación está el territorio de Isacar, con los mismos límites al oriente y al occidente.

[26]»Luego sigue el territorio de Zabulón, que atraviesa la tierra de Israel de oriente a occidente. [27]El territorio de Gad está situado al sur de Zabulón, con los mismos límites al oriente y al occidente. [28]La frontera sur de Gad va desde Tamar hasta las aguas de Meriba en Cades* y de allí sigue el arroyo de Egipto hacia el mar Mediterráneo.*

[29]»Estas son las asignaciones que se apartarán como posesión exclusiva de cada tribu. ¡Yo, el Señor Soberano, he hablado!

Las puertas de la ciudad

[30]»Estas serán las salidas de la ciudad: en la muralla norte, cuya extensión es de dos kilómetros con cuatrocientos metros de largo, [31]habrá tres puertas y cada una llevará el nombre de una tribu de Israel. La primera llevará el nombre de Rubén, la segunda de Judá y la tercera de Leví. [32]En la muralla oriental, que también mide dos kilómetros con cuatrocientos metros de largo, las puertas llevarán el nombre de José, de Benjamín y de Dan. [33]En la muralla sur, también de dos kilómetros con cuatrocientos metros de largo, las puertas llevarán el nombre de Simeón, de Isacar y de Zabulón; [34]y en la muralla occidental, también de la misma longitud, las puertas llevarán el nombre de Gad, de Aser y de Neftalí.

[35]»El perímetro total de la ciudad tendrá una extensión de nueve kilómetros con seiscientos metros* y desde ese día, el nombre de la ciudad será: "El Señor está allí"*».

***Notas textuales** **48:16** En hebreo *4500 [codos]* [1,5 millas]; también en 48:30, 32, 33, 34. **48:17** En hebreo *250 [codos]* [150 yardas]. **48:18** En hebreo *10.000 [codos]* [3,33 millas] *al oriente y 10.000 [codos] al occidente*. **48:20** En hebreo *25.000 [codos]* [8,33 millas]; también en 48:21. **48:28a** En hebreo *las aguas de Meriba-cades*. **48:28b** En hebreo *el mar Grande*. **48:35a** En hebreo *18.000 [codos]* [6 millas]. **48:35b** En hebreo *Yahveh-sama*.

Referencias cruzadas **48:16** Ap 21:16 **48:21** Ez 34:24 **48:29** Ez 47:13-23 **48:35** Ap 22:3

DANIEL

¿Por qué es importante?

Este libro suele ser recordado por la historia del foso de los leones o la dieta vegetariana que escogió su protagonista y sus amigos porque Daniel es una historia de lealtad a toda prueba. Su historia es como un modelo de integridad juvenil que te desafía mantenerte obediente, aunque nadie a tu alrededor lo haga.

Daniel no solo fue un buen siervo fiel a Dios, sino que llegó a tener mucho éxito en su mundo por hacer las cosas bien y esa es una lección de vital importancia. Daniel también dejó profecías acerca del futuro que proveen confianza y seguridad en un Dios que controla los eventos de la historia humana.

¿Por qué fue escrito?

El libro fue escrito, por un lado, para asegurarles a los judíos en el exilio que era posible permanecer fieles a Dios aun viviendo en un país pagano y en medio de una situación adversa para su fe. Por otro lado, para garantizarles que Dios estaba en control, tanto de su pueblo como de Babilonia y del resto de la historia presente y futura. Ese era un mensaje que necesitaban escuchar los cautivos para mantener su esperanza como pueblo de Dios.

¿Quién lo escribió?

El testimonio claro del libro es que su escritor es Daniel. Incluso Jesús afirma que Daniel fue el autor de sus profecías (Mt. 24:15). Este fue uno de los primeros judíos en ser llevado cautivo por los caldeos (año 605 a.C.). Por la providencia de Dios, fue entrenado por sus captores como parte de la nobleza, y eventualmente el joven judío llegó a destacar como un profeta, consejero de cuatro reyes y estadista en tres imperios mundiales hasta el reinado de Ciro, el persa (Dan. 10:1).

¿A quién lo escribió?

El libro fue escrito pensando en los judíos que estaban aún en el exilio, así como también aquellos que estaban regresando a su tierra después del terrible trauma del cautiverio. El doble énfasis –la fidelidad al Señor y su soberanía absoluta sobre la historia– sin duda estaban diseñados para motivar a un pueblo que estaba reconstruyendo su identidad nacional y espiritual.

¿Cuándo y dónde lo escribió?

El capítulo 10, versículo 1 menciona el año tercero de Ciro de Persia. Esto sería el año 536 a.C., por lo que una fecha probable en la que el libro fue escrito es el año 530 a.C., o sea, cuando Daniel tenía ya noventa años. Hay que tomar en cuenta que cuando Daniel comienza es el año 605 a.C. Babilonia estaba sustituyendo a Asiria como imperio mundial. Cuando Daniel termina es el año 536 a.C. El gran imperio mundial era Persia y los judíos ya habían regresado a su tierra para comenzar la reconstrucción del templo.

Paso a paso

1. Fidelidad total al Señor, en medio de las naciones. Caps. 1-6
2. Dominio total del Señor, en medio de las naciones. Caps. 7-12

Daniel

Daniel en la corte del rey Nabucodonosor

1 Durante el tercer año del reinado de Joacim, rey de Judá,* llegó a Jerusalén el rey Nabucodonosor de Babilonia y la sitió. 2El Señor le dio la victoria sobre el rey Joacim de Judá y le permitió llevarse algunos de los objetos sagrados del templo de Dios. Así que Nabucodonosor se los llevó a Babilonia* y los puso en la casa del tesoro del templo de su dios.

3Luego el rey ordenó a Aspenaz, jefe del Estado Mayor, que trajera al palacio a algunos de los jóvenes de la familia real de Judá y de otras familias nobles, que habían sido llevados a Babilonia como cautivos. 4«Selecciona solo a jóvenes sanos, fuertes y bien parecidos —le dijo—. Asegúrate de que sean instruidos en todas las ramas del saber, que estén dotados de conocimiento y de buen juicio y que sean aptos para servir en el palacio real. Enseña a estos jóvenes el idioma y la literatura de Babilonia*». 5El rey les asignó una ración diaria de la comida y del vino que provenían de su propia cocina. Debían recibir entrenamiento por tres años y después entrarían al servicio real.

6Daniel, Ananías, Misael y Azarías fueron cuatro de los jóvenes seleccionados, todos de la tribu de Judá. 7El jefe del Estado Mayor les dio nuevos nombres babilónicos:

A Daniel lo llamó Beltsasar.
A Ananías lo llamó Sadrac.
A Misael lo llamó Mesac.
A Azarías lo llamó Abed-nego.

8Sin embargo, Daniel estaba decidido a no contaminarse con la comida y el vino dados por el rey. Le pidió permiso al jefe del Estado Mayor para no comer esos alimentos inaceptables. 9Ahora bien, Dios había hecho que el jefe del Estado Mayor le tuviera respeto y afecto a Daniel, 10pero le respondió: «Tengo miedo de mi señor el rey quien ordenó que ustedes comieran estos alimentos y bebieran este vino. Si se vuelven pálidos y delgados en comparación con otros jóvenes de su edad, temo que el rey mandará a decapitarme».

11Entonces Daniel habló con el asistente que había sido designado por el jefe del Estado Mayor para cuidar a Daniel, Ananías, Misael y Azarías, 12y le dijo: «Por favor, pruébanos durante diez días con una dieta de vegetales y agua. 13Al cumplirse los diez días, compara nuestro aspecto con el de los otros jóvenes que comen de la comida del rey. Luego decide de acuerdo con lo que veas». 14El asistente aceptó la sugerencia de Daniel y los puso a prueba por diez días.

15Al cumplirse los diez días, Daniel y sus tres amigos se veían más saludables y mejor nutridos que los jóvenes alimentados con la comida asignada por el rey. 16Así que, desde entonces, el asistente les dio de comer solo vegetales en lugar de los alimentos y el vino que servían a los demás.

17A estos cuatro jóvenes Dios les dio aptitud excepcional para comprender todos los aspectos de la literatura y la sabiduría; y a Daniel Dios le dio la capacidad especial de interpretar el significado de visiones y sueños.

18Cuando se cumplió el período de instrucción ordenado por el rey, el jefe del Estado Mayor llevó a todos los jóvenes ante el rey Nabucodonosor. 19El rey habló con ellos y ninguno le causó mejor impresión que Daniel, Ananías, Misael y Azarías. De modo que entraron al servicio real. 20Cada vez que el rey los consultaba sobre cualquier asunto que exigiera sabiduría y juicio equilibrado, los encontraba diez veces más capaces que todos los magos y brujos de su reino.

21Daniel permaneció en el servicio real hasta el primer año del rey Ciro.*

Sueño del rey Nabucodonosor

2 Una noche, durante el segundo año de su reinado,* Nabucodonosor tuvo unos sueños tan desconcertantes que no pudo dormir. 2Mandó llamar a sus magos, brujos, hechiceros y astrólogos,* y les exigió que le dijeran lo que había soñado. Cuando se presentaron ante el rey, 3les dijo:

—He tenido un sueño que me desconcierta mucho y necesito saber lo que significa.

4Entonces los astrólogos respondieron al rey en arameo:*

—¡Que viva el rey! Cuéntenos el sueño y nosotros le diremos lo que significa.

5Pero el rey respondió a los astrólogos:

—Les digo esto en serio. Si no me dicen lo que soñé y lo que significa, ¡los haré despedazar y convertiré sus casas en un montón de escombros! 6Pero si me dicen lo que soñé y lo que significa, les daré muchos honores y regalos maravillosos. ¡Solo díganme lo que soñé y lo que significa!

7Ellos volvieron a decirle:

—Por favor, su majestad, cuéntenos el sueño y nosotros le diremos lo que significa.

8El rey respondió:

—¡Ya sé lo que se proponen! Están tratando de ganar tiempo porque saben que hablo en serio cuando digo: 9“¡Si no me cuentan el sueño, están condenados!”. Así que

***Notas textuales** **1:1** Este suceso ocurrió el 605 a. C., durante el tercer año del reinado de Joacim (de acuerdo con el calendario en el cual el año comienza en la primavera). **1:2** En hebreo *a Sinar.* **1:4** O *de los caldeos.* **1:21** Ciro comenzó a reinar (sobre Babilonia) en el 539 a. C. **2:1** El segundo año del reinado de Nabucodonosor fue el 603 a. C. **2:2** O *caldeos*; también en 2:4, 5, 10. **2:4** El texto original desde aquí hasta el capítulo 7 está en arameo.

Referencias cruzadas **1:2** Jr 27:19-20 **1:8** Ez 4:13-14 **1:21** Dn 10:1 **2:6** Dn 5:7, 16, 29

han conspirado para mentirme, con la esperanza de que
yo cambie de idea, pero cuéntenme el sueño y entonces
sabré que pueden explicarme el significado.
10Los astrólogos respondieron al rey:
—¡No hay nadie en la tierra que pueda decirle al rey lo
que soñó! ¡Y ningún rey, por grande y poderoso que sea,
jamás pidió tal cosa a sus magos, brujos o astrólogos! 11Es
imposible cumplir con lo que el rey exige. Nadie, excepto
los dioses, puede contar al rey su sueño, pero los dioses
no habitan entre los hombres.
12Cuando el rey oyó esto, se enfureció y mandó a eje-
cutar a todos los sabios de Babilonia. 13Entonces, debido
al decreto del rey, enviaron hombres para que encontraran
y mataran a Daniel y a sus amigos.
14Cuando Arioc, comandante de la guardia real, llegó
con la intención de matarlos, Daniel manejó la situación
con sabiduría y discreción. 15Le preguntó a Arioc: «¿Por
qué emitió el rey un decreto tan severo?». Entonces Arioc
le contó todo lo que había sucedido. 16Daniel fue a ver al
rey inmediatamente y le pidió más tiempo para comuni-
carle el significado del sueño.
17Entonces Daniel regresó a casa y contó a sus amigos
Ananías, Misael y Azarías lo que había ocurrido. 18Les
rogó que pidieran al Dios del cielo que tuviera misericor-
dia y les revelara el secreto, para que no fueran ejecutados
junto con los demás sabios de Babilonia. 19Esa noche el
misterio le fue revelado a Daniel en una visión. Entonces
alabó al Dios del cielo 20y dijo:

«Alabado sea el nombre de Dios por siempre y para
siempre,
porque a él pertenecen toda la sabiduría y todo
el poder.
21 Él controla el curso de los sucesos del mundo;
él quita reyes y pone otros reyes.
Él da sabiduría a los sabios
y conocimiento a los estudiosos.
22 Él revela cosas profundas y misteriosas
y conoce lo que se oculta en la oscuridad,
aunque él está rodeado de luz.
23 Te agradezco y te alabo, Dios de mis antepasados,
porque me has dado sabiduría y fortaleza.
Me revelaste lo que te pedimos
y nos diste a conocer lo que el rey exigía».

Daniel interpreta el sueño

24Entonces Daniel fue a ver a Arioc, a quien el rey había
ordenado ejecutar a los sabios de Babilonia. Daniel le dijo:
«No mates a los sabios. Llévame ante el rey y le explicaré
el significado de su sueño».
25Enseguida Arioc llevó a Daniel ante el rey y anunció:
«¡Entre los cautivos de Judá, encontré a uno que le dirá al
rey el significado de su sueño!».
26Entonces el rey le preguntó a Daniel (también lla-
mado Beltsasar):
—¿Es cierto? ¿Puedes decirme lo que soñé y lo que mi
sueño significa?
27Daniel contestó:
—No hay sabios, brujos, magos ni adivinos que puedan
dar a conocer el secreto del rey; 28pero hay un Dios en el
cielo, quien revela secretos y le ha dado a conocer al rey
Nabucodonosor lo que ocurrirá en el futuro. Ahora le
diré lo que soñó y las visiones que vio mientras estaba
acostado en su cama.
29»Mientras su majestad dormía, soñó sobre sucesos
futuros. Aquel que da a conocer los secretos le ha mos-
trado a usted lo que ocurrirá. 30Y no es porque yo sea más
sabio que los demás que conozco el secreto de su sueño,
sino porque Dios quiere que su majestad entienda lo que
estaba en su corazón cuando soñó.
31»En su visión, su majestad vio frente a sí una enorme
estatua resplandeciente de un hombre; daba terror verla.
32La cabeza de la estatua era de oro fino. El pecho y los
brazos eran de plata, el vientre y los muslos de bronce,
33las piernas eran de hierro y los pies eran una mezcla de
hierro y barro cocido. 34Mientras usted observaba, una
roca de una montaña* fue cortada, pero no por manos hu-
manas. La roca golpeó los pies de hierro y barro, y los hizo
pedazos. 35La estatua quedó reducida a pequeños trozos
de hierro, barro, bronce, plata y oro. Luego el viento se los
llevó sin dejar rastro alguno, como la paja cuando se trilla
el grano. Sin embargo, la roca que derrumbó la estatua se
convirtió en una gran montaña que cubrió toda la tierra.
36»Ese fue el sueño. Ahora explicaremos al rey el sig-
nificado. 37Su majestad, usted es supremo entre los reyes.
El Dios del cielo le ha dado soberanía, poder, fuerza y
honra. 38Dios lo ha puesto como gobernante sobre todo
el mundo habitado y le ha dado dominio aun sobre las
aves y los animales salvajes. Usted es la cabeza de oro.
39»Ahora bien, después de que termine su reino, sur-
girá otro reino, inferior al suyo, y ocupará su lugar. Cuando
este caiga, un tercer reino, representado por el bronce,
surgirá para gobernar el mundo. 40Después vendrá un
cuarto reino, tan fuerte como el hierro. Ese reino destro-
zará y aplastará a todos los imperios anteriores, así como
el hierro destroza y aplasta todo lo que golpea. 41Los pies
y los dedos que usted vio eran una combinación de hierro
y barro cocido, lo cual demuestra que ese reino se dividirá.
Por ser barro mezclado con hierro, tendrá algo de la fuerza
del hierro. 42No obstante, si bien algunas de sus partes
serán tan fuertes como el hierro, otras serán tan débiles
como el barro. 43Esta mezcla de hierro con barro tam-
bién demuestra que esos reinos procurarán fortalecerse
al hacer alianzas matrimoniales; pero no se mantendrán
unidos, así como el hierro y el barro no se mezclan.
44»Durante los gobiernos de esos reyes, el Dios del
cielo establecerá un reino que jamás será destruido o con-
quistado. Aplastará por completo a esos reinos y permane-
cerá para siempre. 45Ese es el significado de la roca cortada
de la montaña, aunque no por manos humanas, que hizo
pedazos la estatua de hierro, bronce, barro, plata y oro.
El gran Dios estaba mostrando al rey lo que ocurrirá en
el futuro. El sueño es verdadero y el significado, seguro.

Nabucodonosor recompensa a Daniel

46Entonces el rey Nabucodonosor se postró ante Daniel y
le rindió culto, y mandó al pueblo que ofreciera sacrificios
y quemara incienso dulce frente a Daniel. 47El rey le dijo:
«En verdad tu Dios es el más grande de todos los dioses,
es el Señor de los reyes, y es quien revela los misterios,
porque tú pudiste revelar este secreto».
48Entonces el rey puso a Daniel en un puesto impor-
tante y le dio muchos regalos valiosos. Nombró a Daniel

***Notas textuales 2:34** Así aparece en la versión griega (ver también 2:45); en arameo falta *de una montaña*.

Referencias cruzadas 2:12 Sal 76:10 **2:20** 1 Cr 29:11-12 **2:35** Sal 37:10 **2:45** Ap 22:6

gobernador de toda la provincia de Babilonia y jefe de
todos los sabios del rey. 49A petición de Daniel, el rey puso
a Sadrac, Mesac y Abed-nego a cargo de todos los asuntos
de la provincia de Babilonia, mientras Daniel permaneció
en la corte del rey.

Estatua de oro del rey Nabucodonosor

3 El rey Nabucodonosor hizo una estatua de oro que
medía veintisiete metros de altura y dos metros y
medio de ancho* y la levantó sobre la llanura de Dura, en
la provincia de Babilonia. 2Luego envió mensajes a los
altos funcionarios, autoridades, gobernadores, asesores,
tesoreros, jueces y magistrados y a todos los funciona-
rios provinciales para que asistieran a la dedicación de la
estatua que había levantado. 3De modo que todas estas
autoridades* vinieron y se pusieron de pie ante la estatua
que el rey Nabucodonosor había levantado.
4Entonces un vocero proclamó: «¡Gente de todas las
razas, naciones y lenguas escuchen el mandato del rey!
5Cuando oigan tocar la trompeta, la flauta, la cítara, la
lira, el arpa, la zampoña y otros instrumentos musicales,*
inclínense rostro en tierra y rindan culto a la estatua de oro
del rey Nabucodonosor. 6¡Cualquiera que rehúse obede-
cer será arrojado inmediatamente a un horno ardiente!».
7Así que al sonido de los instrumentos musicales,*
toda la gente, de cualquier raza, nación o lengua, se inclinó
rostro en tierra y rindió culto a la estatua de oro que había
levantado el rey Nabucodonosor.
8Sin embargo, algunos de los astrólogos* se presen-
taron ante el rey y denunciaron a los judíos. 9Dijeron al
rey Nabucodonosor: «¡Que viva el rey! 10Usted emitió
un decreto que exige a todo el pueblo inclinarse y rendir
culto a la estatua de oro al oír tocar la trompeta, la flauta,
la cítara, la lira, el arpa, la zampoña y otros instrumentos
musicales. 11Ese decreto también establece que quienes
rehúsen obedecer serán arrojados dentro de un horno
ardiente. 12Pues hay algunos judíos —Sadrac, Mesac y
Abed-nego— a los que usted puso a cargo de la provincia
de Babilonia que no le prestan atención, su majestad. Se
niegan a servir a los dioses de su majestad y no rinden
culto a la estatua de oro que usted ha levantado».
13Entonces Nabucodonosor se enfureció y ordenó que
trajeran ante él a Sadrac, Mesac y Abed-nego. Cuando los
trajeron, 14Nabucodonosor les preguntó:
—¿Es cierto, Sadrac, Mesac y Abed-nego, que ustedes
se niegan a servir a mis dioses y a rendir culto a la estatua
de oro que he levantado? 15Les daré una oportunidad más
para inclinarse y rendir culto a la estatua que he hecho
cuando oigan el sonido de los instrumentos musicales.*
Sin embargo, si se niegan, serán inmediatamente arro-
jados al horno ardiente y entonces, ¿qué dios podrá res-
catarlos de mi poder?
16Sadrac, Mesac y Abed-nego contestaron:
—Oh Nabucodonosor, no necesitamos defendernos
delante de usted. 17Si nos arrojan al horno ardiente, el
Dios a quien servimos es capaz de salvarnos. Él nos resca-
tará de su poder, su majestad; 18pero aunque no lo hiciera,
deseamos dejar en claro ante usted que jamás serviremos
a sus dioses ni rendiremos culto a la estatua de oro que
usted ha levantado.

El horno ardiente

19Entonces Nabucodonosor se enfureció tanto con Sa-
drac, Mesac y Abed-nego que el rostro se le desfiguró a
causa de la ira. Mandó calentar el horno siete veces más de
lo habitual. 20Entonces ordenó que algunos de los hom-
bres más fuertes de su ejército ataran a Sadrac, Mesac y
Abed-nego y los arrojaran al horno ardiente. 21Así que
los ataron y los arrojaron al horno, totalmente vestidos
con sus pantalones, turbantes, túnicas y demás ropas.
22Ya que el rey, en su enojo, había exigido que el horno
estuviera bien caliente, las llamas mataron a los soldados
mientras arrojaban dentro a los tres hombres. 23De esa
forma Sadrac, Mesac y Abed-nego, firmemente atados,
cayeron a las rugientes llamas.
24De pronto, Nabucodonosor, lleno de asombro, se
puso de pie de un salto y exclamó a sus asesores:
—¿No eran tres los hombres que atamos y arrojamos
dentro del horno?
—Sí, su majestad, así es —le contestaron.
25—¡Miren! —gritó Nabucodonosor—. ¡Yo veo a cuatro
hombres desatados que caminan en medio del fuego sin
sufrir daño! ¡Y el cuarto hombre se parece a un dios*!
26Entonces Nabucodonosor se acercó tanto como
pudo a la puerta del horno en llamas y gritó: «¡Sadrac,
Mesac y Abed-nego, siervos del Dios Altísimo, salgan y
vengan aquí!».
Así que Sadrac, Mesac y Abed-nego salieron del fuego.
27Entonces los altos funcionarios, autoridades, goberna-
dores y asesores los rodearon y vieron que el fuego no los
había tocado. No se les había chamuscado ni un cabello, ni
se les había estropeado la ropa. ¡Ni siquiera olían a humo!
28Entonces Nabucodonosor dijo: «¡Alabado sea el Dios
de Sadrac, Mesac y Abed-nego! Envió a su ángel para
rescatar a sus siervos que confiaron en él. Desafiaron el
mandato del rey y estuvieron dispuestos a morir en lugar
de servir o rendir culto a otro dios que no fuera su propio
Dios. 29Por lo tanto, yo decreto: si alguien, cualquiera
sea su raza, nación o lengua, habla en contra del Dios de
Sadrac, Mesac y Abed-nego, será despedazado y su casa
será reducida a un montón de escombros. ¡No hay otro
dios que pueda rescatar de esta manera!».
30Luego el rey ascendió a Sadrac, Mesac y Abed-nego a
puestos aún más altos en la provincia de Babilonia.

El rey Nabucodonosor sueña con un árbol

4 1*El rey Nabucodonosor envió el siguiente mensaje
a la gente de todas las razas, naciones y lenguas del
mundo:

«¡Paz y prosperidad a todos!

2»Quiero que todos conozcan las señales
milagrosas y las maravillas que el Dios Altísimo ha
realizado en mi favor.

3 ¡Cuán grandiosas son sus señales
y cuán poderosas sus maravillas!
Su reino durará para siempre,
y su dominio por todas las generaciones.

***Notas textuales** **3:1** En arameo *60 codos* [90 pies] *de altura y 6 codos* [9 pies] *de ancho.* **3:3** En arameo *los altos funcionarios, autoridades, gobernadores, asesores, tesoreros, jueces y magistrados y todos los funcionarios provinciales.* **3:5** La identificación de algunos de estos instrumentos musicales es incierta. **3:7** En arameo *la trompeta, la flauta, la cítara, la lira, el arpa y otros instrumentos musicales.* **3:8** En arameo *caldeos.* **3:15** En arameo *la trompeta, la flauta, la cítara, la lira, el arpa, la zampoña y otros instrumentos musicales.* **3:25** En arameo *se parece a un hijo de los dioses.* **4:1** Los versículos del 4:1-3 corresponden al 3:31-33 en el texto arameo.

Referencias cruzadas **3:18** Dn 3:28 **3:25** Sal 91:3-9 **3:30** Dn 2:49 **4:3** Dn 6:27

4*»Yo, Nabucodonosor, vivía en mi palacio con
comodidad y prosperidad. 5Una noche tuve un
sueño que me asustó; mientras estaba en la cama vi
visiones que me aterraron. 6Así que emití una orden
llamando a todos los sabios de Babilonia para que
me explicaran el significado de mi sueño. 7Cuando
se presentaron los magos, los brujos, los astrólogos*
y los adivinos, les conté el sueño, pero no pudieron
explicarme el significado. 8Finalmente Daniel se
presentó ante mí y le conté el sueño. (Daniel lleva
el nombre de mi dios, Beltsasar. El espíritu de los
dioses santos vive en él).

9»Le dije: "Beltsasar, jefe de los magos, sé que
el espíritu de los dioses santos vive en ti y que
ningún misterio es demasiado profundo para que lo
resuelvas. Dime ahora el significado de mi sueño.

10»"Mientras estaba acostado en mi cama, soñé
esto: vi un enorme árbol en medio de la tierra. 11El
árbol creció muy alto y se hizo fuerte y se elevó hacia
los cielos para que todo el mundo lo viera. 12Sus
hojas eran verdes y nuevas, y tenía abundancia de
fruta para que todos comieran. Los animales salvajes
vivían bajo su sombra y las aves anidaban en sus
ramas. Todo el mundo se alimentaba de ese árbol.

13»"Luego mientras soñaba, vi a un mensajero,*
un santo que descendía del cielo. 14El mensajero
gritó:

'¡Talen el árbol y córtenle las ramas!
  ¡Sacúdanle las hojas y desparramen su fruta!
Espanten los animales salvajes que están bajo su
    sombra
  y las aves que están en sus ramas.
15 Pero dejen en la tierra el tocón con las raíces,
  sujeto con una faja de hierro y bronce
  y rodeado por la hierba tierna.
Que lo moje el rocío del cielo,
  y que viva con los animales salvajes entre las
    plantas del campo.
16 Durante siete períodos de tiempo,
  que tenga la mente de un animal salvaje,
  en lugar de una mente humana.
17 Pues esto es lo que decretaron los mensajeros;*
  es lo que ordenan los santos,
para que todos sepan
  que el Altísimo gobierna los reinos del mundo
y los entrega a cualquiera que él elija,
  incluso a las personas más humildes'.

18»"Beltsasar, ese fue el sueño que tuve yo, el rey
Nabucodonosor. Ahora dime qué significa, porque
ninguno de los sabios de mi reino ha podido hacerlo.
Sin embargo, tú puedes decírmelo porque el espíritu
de los dioses santos vive en ti".

Daniel explica el sueño

19»Al oír el relato, Daniel (también llamado
Beltsasar) se quedó agobiado por un rato,
atemorizado por el significado del sueño. Entonces
el rey le dijo: "Beltsasar, no te alarmes por el sueño y
lo que significa".

»Beltsasar respondió: "¡Mi señor, quisiera que
los sucesos anticipados en este sueño ocurrieran a
sus enemigos y no a usted! 20El árbol que usted vio
crecía alto y se hacía fuerte y se elevaba hacia los
cielos para que todo el mundo lo viera. 21Sus hojas
eran verdes y nuevas, y tenía abundancia de fruta
para que todos comieran. Los animales salvajes
vivían bajo su sombra y las aves anidaban en sus
ramas. 22Ese árbol es usted, su majestad. Pues
usted ha crecido y se ha hecho fuerte y poderoso; su
esplendor llega hasta el cielo y su gobierno hasta los
confines de la tierra.

23»"Luego usted vio a un mensajero, un santo
que descendía del cielo y decía: 'Talen el árbol y
destrúyanlo, pero dejen en la tierra el tocón con
las raíces, sujeto con una faja de hierro y bronce, y
rodeado por la hierba tierna. Que lo moje el rocío del
cielo. Que viva con los animales del campo durante
siete períodos de tiempo'.

24»"Esto es lo que significa el sueño, su majestad,
y lo que el Altísimo ha declarado que le sucederá a mi
señor, el rey. 25Usted será expulsado de la sociedad
humana y vivirá en el campo con los animales
salvajes. Comerá pasto como el ganado y el rocío del
cielo lo mojará. Durante siete períodos de tiempo
vivirá de esta manera hasta que reconozca que el
Altísimo gobierna los reinos del mundo y los entrega
a cualquiera que él elija. 26Sin embargo, quedaron en
la tierra el tocón y las raíces del árbol. Esto significa
que usted recibirá nuevamente el reino cuando haya
reconocido que es el cielo el que gobierna.

27»"Rey Nabucodonosor, por favor, acepte mi
consejo. Deje de pecar y haga lo correcto. Apártese
de su perverso pasado y sea compasivo con los
pobres. Quizá, entonces, pueda seguir prosperando".

Cumplimiento del sueño

28»Sin embargo, todas estas cosas le ocurrieron
al rey Nabucodonosor. 29Doce meses más tarde,
el rey caminaba sobre la terraza del palacio real
en Babilonia 30y mientras contemplaba la ciudad,
dijo: "¡Miren esta grandiosa ciudad de Babilonia!
Edifiqué esta hermosa ciudad con mi gran poder
para que fuera mi residencia real a fin de desplegar
mi esplendor majestuoso".

31»Mientras estas palabras aún estaban en su
boca, se oyó una voz desde el cielo que decía: "¡Rey
Nabucodonosor, este mensaje es para ti! Ya no eres
gobernante de este reino. 32Serás expulsado de
la sociedad humana. Vivirás en el campo con los
animales salvajes y comerás pasto como el ganado.
Durante siete períodos de tiempo vivirás de esta
manera hasta que reconozcas que el Altísimo
gobierna los reinos del mundo y los entrega a
cualquiera que él elija".

33»En ese mismo momento se cumplió la
sentencia y Nabucodonosor fue expulsado de la
sociedad humana. Comió pasto como el ganado y
lo mojó el rocío del cielo. Vivió de esa manera hasta
que el pelo le creció tan largo como las plumas de las
águilas y las uñas como las garras de un ave.

***Notas textuales 4:4** Los versículos del 4:4-37 corresponden al 4:1-34 en el texto arameo. **4:7** O *caldeos.* **4:13** En arameo *un vigilante*; también en 4:23. **4:17** En arameo *los vigilantes.*

Referencias cruzadas 4:18 Dn 4:7 **4:22** Dn 2:37-38

Nabucodonosor alaba a Dios

34»Cuando se cumplió el tiempo, yo,
Nabucodonosor, levanté los ojos al cielo. Recuperé
la razón, alabé y adoré al Altísimo y di honra a aquel
que vive para siempre.

Su dominio es perpetuo,
y eterno es su reino.
35 Todos los hombres de la tierra
no son nada comparados con él.
Él hace lo que quiere
entre los ángeles del cielo
y entre la gente de la tierra.
Nadie puede detenerlo ni decirle:
"¿Por qué haces estas cosas?".

36»Cuando recobré la razón, también recuperé mi
honra, mi gloria y mi reino. Mis asesores y nobles me
buscaron y fui restituido como cabeza de mi reino,
con mayor honra que antes.
37»Ahora, yo, Nabucodonosor, alabo, glorifico y
doy honra al Rey del cielo. Todos sus actos son justos
y verdaderos, y es capaz de humillar al soberbio».

La escritura en la pared

5 Muchos años después, el rey Belsasar ofreció un gran
banquete a mil de sus nobles y bebió vino con ellos.
2Mientras Belsasar bebía, mandó traer las copas de oro y
plata que su antecesor,* Nabucodonosor, había sacado del
templo de Jerusalén. Quería beber en ellas con sus nobles,
sus esposas y sus concubinas. 3Así que trajeron las copas de
oro sacadas del templo —la casa de Dios en Jerusalén— y
el rey y sus nobles, sus esposas y sus concubinas bebieron
en ellas. 4Mientras bebían en las copas, rindieron culto a
sus ídolos de oro, plata, bronce, hierro, madera y piedra.
5De pronto, vieron los dedos de una mano humana que
escribía sobre la pared blanqueada del palacio del rey, cerca
del candelabro. El propio rey vio la mano mientras escribía
6y el rostro se le puso pálido del susto. Le temblaron las
rodillas a causa del miedo y se le aflojaron las piernas.
7El rey llamó a gritos que trajeran a los brujos, a los
astrólogos* y a los adivinos para que se presentaran ante
él. Les dijo a esos sabios babilónicos: «El que pueda leer
esta escritura y explicarme lo que significa será vestido
con mantos púrpuras, propios de la realeza, y se le pondrá
una cadena de oro alrededor del cuello. ¡Será el tercero en
importancia en el reino!».
8Entonces entraron todos los sabios del rey, pero nin-
guno pudo leer lo que estaba escrito ni decirle al rey lo
que significaba. 9Así que el rey se asustó aún más y se
puso pálido. Sus nobles también estaban perturbados.
10Cuando la reina madre oyó lo que estaba pasando,
se dirigió apresuradamente a la sala del banquete y le
dijo a Belsasar: «¡Que viva el rey! No se ponga tan pálido
ni tenga miedo. 11Hay un hombre en su reino en quien
vive el espíritu de los dioses santos. Durante el reinado
de Nabucodonosor, este hombre demostró percepción,
entendimiento y sabiduría como la que tienen los dio-
ses. El rey que precedió a usted, o sea su antecesor, el rey
Nabucodonosor, lo nombró jefe de todos los magos, los
brujos, los astrólogos y los adivinos de Babilonia. 12Este
hombre, Daniel, a quien el rey le dio por nombre Beltsasar,
tiene un intelecto excepcional y rebosa de conocimiento y
entendimiento divino. Puede interpretar sueños, explicar
acertijos y resolver problemas difíciles. Mande llamar a
Daniel y él le dirá el significado de lo que está escrito en
la pared».

Daniel explica la escritura

13Entonces trajeron a Daniel delante del rey y el rey le
preguntó:
—¿Eres tú ese Daniel, uno de los cautivos traídos de
Judá por mi antecesor, el rey Nabucodonosor? 14He oído
que el espíritu de los dioses vive en ti y que tienes mucha
percepción, entendimiento y sabiduría. 15Mis sabios y
brujos han intentado leer las palabras escritas en la pared
y explicarme su significado, pero no pueden. 16Me dicen
que tú puedes dar interpretaciones y resolver problemas
difíciles. Si eres capaz de leer estas palabras y explicarme
el significado, te haré vestir con mantos púrpuras, propios
de la realeza, y recibirás una cadena de oro en el cuello.
¡Serás el tercero en importancia en el reino!
17Daniel respondió al rey:
—Su majestad, guarde sus regalos o déselos a otra per-
sona, igual le diré el significado de lo que está escrito en
la pared. 18El Dios Altísimo le dio soberanía, majestad,
gloria y honor a su antecesor, Nabucodonosor. 19Lo hizo
tan poderoso que gente de toda raza, nación y lengua
temblaba de temor ante él. El rey mataba a quienes quería
matar y perdonaba a quienes quería perdonar; honraba a
quienes quería honrar y humillaba a quienes quería hu-
millar. 20Sin embargo, cuando su corazón y su mente se
llenaron de arrogancia, le fue quitado el trono real y se
le despojó de su gloria. 21Fue expulsado de la sociedad
humana. Se le dio la mente de un animal salvaje y vivió
entre los burros salvajes. Comió pasto como el ganado y
lo mojó el rocío del cielo, hasta que reconoció que el Dios
Altísimo gobierna los reinos del mundo y designa a quien
él quiere para que los gobierne.
22»Oh Belsasar, usted es el sucesor* del rey y sabía todo
esto, pero aun así no se ha humillado. 23Todo lo contrario,
usted desafió con soberbia al Señor del cielo y mandó
traer ante usted estas copas que pertenecían al templo.
Usted, sus nobles, sus esposas y sus concubinas estuvie-
ron bebiendo vino en estas copas mientras rendían culto
a dioses de plata, oro, bronce, hierro, madera y piedra,
dioses que no pueden ver ni oír, ni saben absolutamente
nada. ¡Pero usted no honró al Dios que le da el aliento de
vida y controla su destino! 24Así que Dios envió esa mano
para escribir el mensaje.
25»Este es el mensaje que se escribió: MENE, MENE,
TEKEL y PARSIN. 26Y el significado de las palabras es el
siguiente:

Mene significa "contado": Dios ha contado los días de
su reinado y le ha puesto fin.
27 *Tekel* significa "pesado": usted ha sido pesado en la
balanza y no dio la medida.
28 *Parsin** significa "dividido": su reino ha sido dividido
y dado a los medos y a los persas.

29Entonces por orden del rey Belsasar, vistieron a Da-
niel con mantos púrpuras, le pusieron una cadena de oro

***Notas textuales** **5:2** En arameo *padre*; también en 5:11, 13, 18.
5:7 O *caldeos*; también en 5:11. **5:22** En arameo *hijo*. **5:28** En arameo *Peres*,
singular de *Parsin*.

Referencias cruzadas **4:35** Rm 9:20 **5:4** Ap 9:20 **5:28** Is 45:1-2 en el cuello y lo proclamaron el tercero en importancia en el reino.

30Esa misma noche mataron* a Belsasar, rey de Babilonia.*

31*Y Darío el medo se apoderó del reino a los sesenta y dos años de edad.

¡Respuestas Bíblicas! 105 ¿Por qué Daniel fue el foso de los leones?

6:1-18 Daniel demostró ser mejor que los otros líderes a los que el Rey les había dado las mismas tareas y ellos se pusieron tan celosos que engañaron al rey haciéndole poner una ley que haría que Daniel fuera castigado porque sabían que Daniel siempre oraba al Señor.

Daniel en el foso de los leones

6 1*Darío el medo decidió dividir el reino en ciento veinte provincias y nombró a un alto funcionario para gobernar cada provincia. 2Asimismo, el rey escogió a Daniel y a dos personas más como administradores para que supervisaran a los altos funcionarios y protegieran los intereses del rey. 3Pronto Daniel demostró ser más capaz que los otros administradores y altos funcionarios. Debido a la gran destreza administrativa de Daniel, el rey hizo planes para ponerlo frente al gobierno de todo el imperio.

4Entonces los demás administradores y altos funcionarios comenzaron a buscar alguna falta en la manera en que Daniel conducía los asuntos de gobierno, pero no encontraron nada que pudieran criticar o condenar. Era fiel, siempre responsable y totalmente digno de confianza. 5Finalmente llegaron a la siguiente conclusión: «Nuestra única posibilidad de encontrar algún motivo para acusar a Daniel será en relación con las normas de su religión».

6Así que los administradores y los altos funcionarios se presentaron ante el rey y dijeron: «¡Que viva el rey Darío! 7Todos nosotros —administradores, autoridades, altos funcionarios, asesores y gobernadores— nos hemos puesto de acuerdo en que el rey apruebe una ley que se haga cumplir estrictamente. Ordene usted que, en los próximos treinta días, todo aquel que ore a quien sea, divino o humano —excepto a usted, su majestad—, sea arrojado al foso de los leones. 8Ahora bien, su majestad, emita y firme esta ley de tal modo que no pueda ser alterada, una ley oficial de los medos y de los persas que no puede ser revocada». 9Así que el rey Darío firmó la ley.

10Sin embargo, cuando Daniel oyó que se había firmado la ley, fue a su casa y se arrodilló como de costumbre en la habitación de la planta alta, con las ventanas abiertas que se orientaban hacia Jerusalén. Oraba tres veces al día, tal como siempre lo había hecho, dando gracias a su Dios. 11Entonces los funcionarios fueron juntos a la casa de Daniel y lo encontraron orando y pidiéndole a Dios que lo ayudara. 12De manera que fueron directo al rey y le recordaron el decreto.

—¿No firmó usted una ley por la cual, durante los próximos treinta días, todo aquel que ore a quien sea, divino o humano —excepto a usted, su majestad—, sea arrojado al foso de los leones?

—Sí —contestó el rey—, esa decisión sigue en pie; es una ley oficial de los medos y de los persas que no puede ser revocada.

13Entonces le dijeron al rey:

—Ese hombre Daniel, uno de los cautivos de Judá, no hace caso a usted ni a su ley. Sigue orando a su Dios tres veces al día.

14Al oír esto, el rey se angustió mucho y procuró encontrar un modo de salvar a Daniel. Pasó el resto del día buscando una manera de librarlo de ese aprieto.

15Por la noche, los hombres volvieron a presentarse ante el rey y dijeron: «Su majestad, usted sabe que según las leyes de los medos y los persas, ninguna ley firmada por el rey puede ser modificada».

16Entonces, finalmente el rey ordenó que arrestaran a Daniel y lo arrojaran al foso de los leones. El rey le dijo: «Que tu Dios, a quien sirves tan fielmente, te rescate».

17Así que trajeron una piedra y la colocaron sobre la boca del foso. El rey selló la piedra con su sello real y los sellos de sus nobles para que nadie pudiera rescatar a Daniel. 18Luego el rey regresó al palacio y pasó la noche en ayuno. Rechazó sus entretenimientos habituales y no pudo dormir en toda la noche.

19Muy temprano a la mañana siguiente, el rey se levantó y fue deprisa al foso de los leones. 20Cuando llegó allí, gritó con angustia:

—¡Daniel, siervo del Dios viviente! ¿Pudo tu Dios, a quien sirves tan fielmente, rescatarte de los leones?

21Y Daniel contestó:

—¡Que viva el rey! 22Mi Dios envió a su ángel para cerrarles la boca a los leones, a fin de que no me hicieran daño, porque fui declarado inocente ante Dios y no he hecho nada malo en contra de usted, su majestad.

23El rey se alegró mucho y mandó que sacaran a Daniel del foso. No tenía ningún rasguño, porque había confiado en su Dios.

24Entonces el rey dio órdenes de que arrestaran a los hombres que maliciosamente habían acusado a Daniel y los hizo echar al foso de los leones, junto con sus esposas y con sus hijos. Los leones saltaron sobre ellos y los despedazaron aun antes de que llegaran al piso del foso.

25Después el rey Darío envió el siguiente mensaje a la gente de toda raza, nación y lengua en el mundo entero:

> «¡Paz y prosperidad a todos ustedes!
>
> 26»Ordeno que en mi reino toda persona tiemble con temor delante del Dios de Daniel.
>
> Pues él es el Dios viviente,
> y permanecerá para siempre.
> Su reino jamás será destruido,
> y su dominio nunca tendrá fin.
> 27 Él rescata y salva a su pueblo;
> realiza señales milagrosas y maravillas
> en los cielos y en la tierra.
> Él ha rescatado a Daniel
> del poder de los leones».

28Así que Daniel prosperó durante el reinado de Darío y el reinado de Ciro, el persa.*

***Notas textuales** **5:30a** Los persas y los medos conquistaron Babilonia en octubre del 539 a. C. **5:30b** O *de los caldeos.* **5:31** El versículo 5:31 corresponde al 6:1 en el texto arameo. **6:1** Los versículos del 6:1-28 corresponden al 6:2-29 en el texto arameo. **6:28** O *de Darío, es decir, el reinado de Ciro, el persa.*

Referencias cruzadas **6:4** Lc 23:14-15 **6:7** Mt 12:14 **6:22** 2 Tm 4:17 **6:27** Dn 4:3

Visión de las cuatro bestias

7 Anteriormente, durante el primer año del reinado de Belsasar en Babilonia,* Daniel tuvo un sueño y vio visiones mientras estaba en su cama. Puso el sueño por escrito y esto es lo que vio:

[2]Esa noche, en mi visión, yo, Daniel, vi una tempestad que agitaba la superficie de un mar grande, con vientos fuertes soplando de todas direcciones. [3]Del agua surgieron cuatro bestias enormes, cada una diferente de la otra.

[4]La primera bestia era como un león con alas de águila. Mientras yo observaba, le fueron arrancadas las alas y quedó de pie en el suelo sobre sus dos patas traseras, como un ser humano; y se le dio una mente humana.

[5]Luego vi a una segunda bestia que se parecía a un oso. Se levantó sobre uno de sus costados y llevaba tres costillas entre los dientes; y oí una voz que le decía: «¡Levántate! ¡Devora la carne de mucha gente!».

[6]Después apareció la tercera de estas extrañas bestias y se parecía a un leopardo. Tenía cuatro alas de ave sobre la espalda y cuatro cabezas. A esta bestia se le dio gran autoridad.

[7]Luego, en mi visión de esa noche, vi a una cuarta bestia, aterradora, espantosa y muy fuerte. Devoraba y aplastaba a sus víctimas con enormes dientes de hierro y pisoteaba los restos bajo sus pies. Era diferente a las demás bestias y tenía diez cuernos.

[8]Mientras yo miraba los cuernos, surgió de pronto otro cuerno pequeño entre ellos. Tres de los primeros cuernos fueron arrancados de raíz para darle lugar al nuevo. Este cuerno pequeño tenía ojos que parecían humanos y una boca que presumía con arrogancia.

9 Observé mientras colocaban unos tronos en su lugar,
y el Anciano* se sentó a juzgar.
Su ropa era blanca como la nieve;
su cabello se parecía a la lana más pura.
Se sentó sobre un trono ardiente
con ruedas en llamas,
10 y un río de fuego
brotaba de su presencia.
Millones de ángeles le atendían;
muchos millones se pusieron de pie para servirle.
Entonces comenzó la sesión del tribunal
y se abrieron los libros.

[11]Yo seguí mirando porque podía oír las palabras arrogantes del cuerno pequeño. Seguí mirando hasta que mataron a la cuarta bestia y su cuerpo fue destruido por el fuego. [12]A las otras tres bestias les quitaron la autoridad, pero se les permitió seguir con vida un poco más.*

[13]Mientras continuó mi visión esa noche, vi a alguien parecido a un hijo de hombre* descender con las nubes del cielo. Se acercó al Anciano y lo llevaron ante su presencia. [14]Se le dio autoridad, honra y soberanía sobre todas las naciones del mundo, para que lo obedecieran los de toda raza, nación y lengua. Su gobierno es eterno, no tendrá fin. Su reino jamás será destruido.

Explicación de la visión

[15]Yo, Daniel, quedé muy angustiado por todo lo que había visto, y las visiones me aterrorizaron. [16]Así que me acerqué a uno de los que estaban de pie junto al trono y le pregunté lo que significaba todo eso. Entonces me lo explicó así: [17]«Estas cuatro bestias enormes representan a cuatro reinos que surgirán de la tierra; [18]pero al final, el reino será entregado al pueblo santo del Altísimo y los santos gobernarán por siempre y para siempre».

[19]Entonces quise conocer el verdadero significado de la cuarta bestia, que era tan diferente a las demás y tan espantosa. Había devorado y aplastado a sus víctimas con dientes de hierro y garras de bronce y pisoteaba los restos bajo sus pies. [20]También pregunté acerca de los diez cuernos que había en la cabeza de la cuarta bestia y por el cuerno pequeño que surgió después y destruyó a tres de los otros cuernos. Este cuerno parecía más grande que los demás y tenía ojos humanos y una boca que presumía con arrogancia. [21]Mientras miraba, ese cuerno hacía guerra contra el pueblo santo de Dios y lo vencía, [22]hasta que vino el Anciano —el Altísimo— y emitió un juicio en favor de su pueblo santo. Entonces llegó el tiempo para que los santos tomaran posesión del reino.

[23]Después me dijo: «Esta cuarta bestia es la cuarta potencia mundial que gobernará la tierra. Será diferente a todas las demás. Devorará al mundo entero, pisoteando y aplastando todo lo que encuentre a su paso. [24]Sus diez cuernos son diez reyes que gobernarán ese imperio. Luego surgirá otro rey, diferente a los otros diez, y someterá a tres de ellos. [25]Desafiará al Altísimo y oprimirá al pueblo santo del Altísimo. Procurará cambiar las leyes de los santos y sus festivales sagrados y ellos quedarán bajo el dominio de ese rey por un tiempo, tiempos y medio tiempo.

[26]»Sin embargo, después el tribunal dictará sentencia, se le quitará todo su poder y quedará totalmente destruido. [27]Entonces se dará al pueblo santo del Altísimo la soberanía, el poder y la grandeza de todos los reinos bajo el cielo. El reino del Altísimo permanecerá para siempre y todos los gobernantes le servirán y obedecerán».

[28]Aquí termina la visión. Yo, Daniel, estaba espantado por mis pensamientos y mi rostro estaba pálido de miedo, pero no le dije nada a nadie.

Visión de un carnero y un chivo

8 [1]*Durante el tercer año del reinado de Belsasar, yo, Daniel, tuve otra visión, después de la que ya se me había aparecido. [2]En esta visión me encontraba en la fortaleza de Susa, en la provincia de Elam, de pie junto al río Ulai.*

[3]Cuando levanté los ojos, vi un carnero con dos cuernos largos, de pie junto al río.* Uno de los cuernos era más largo que el otro, a pesar de que le había crecido después. [4]El carnero embestía todo lo que encontraba a su paso hacia el occidente, el norte y el sur. Nadie podía hacerle frente ni ayudar a sus víctimas. El carnero hacía lo que quería y se hizo muy poderoso.

[5]Mientras yo observaba, de pronto apareció un chivo desde el occidente y atravesó el campo con tanta rapidez que ni siquiera tocó la tierra. Este chivo, que tenía un cuerno enorme entre los ojos, [6]se dirigió hacia el carnero de dos cuernos que yo había visto parado junto al río y se

***Notas textuales** **7:1** El primer año del reinado de Belsasar (quien era corregente con su padre, Nabónido) fue el 556 a. C. (o posiblemente una fecha tan tardía como el 553 a. C.). **7:9** En arameo *un Anciano de Días*; también en 7:13, 22. **7:12** En arameo *por una temporada y un tiempo.* **7:13** O *un Hijo de Hombre.* **8:1** El texto original desde aquí hasta el capítulo 12 está en hebreo. Ver nota en 2:4. **8:2** O *a la puerta de Ulai*; similar en 8:16. **8:3** O *a la puerta*; también en 8:6.

Referencias cruzadas **7:7** Ap 13:1 **7:10** Ap 20:11-15 **7:18** Ap 2:26-27 **7:27** Ap 11:1, 5

abalanzó con furia sobre él. 7El chivo atacó con violencia al carnero y le dio un golpe que le quebró ambos cuernos. El carnero quedó indefenso y el chivo lo derribó y lo pisoteó. Nadie pudo rescatar al carnero del poder del chivo.

8El chivo se hizo poderoso, pero cuando alcanzó el máximo de su poder, se quebró el enorme cuerno que tenía. En su lugar crecieron cuatro cuernos prominentes que apuntaban hacia los cuatro puntos cardinales. 9Luego, de uno de los cuernos prominentes salió un cuerno pequeño cuyo poder creció en gran manera. Se extendía hacia el sur y hacia el oriente y hacia el glorioso territorio de Israel. 10Su poder llegó hasta los cielos, donde atacó al ejército de los cielos y arrojó a la tierra a algunos de los seres celestiales y a algunas de las estrellas y los pisoteó. 11Incluso desafió al comandante del ejército de los cielos cancelando los sacrificios diarios que le ofrecían al comandante y destruyendo su templo. 12No se le permitió al ejército de los cielos responder a esta rebelión. Así que se detuvieron los sacrificios diarios y la verdad fue derrocada. El cuerno tuvo éxito en todo lo que hizo.*

13Entonces oí a dos seres santos que hablaban entre sí. Uno de ellos preguntó:

—¿Cuánto tiempo durarán los sucesos de esta visión? ¿Por cuánto tiempo la rebelión que causa profanación detendrá los sacrificios diarios? ¿Por cuánto tiempo pisotearán el templo y al ejército celestial?

14El otro le contestó:

—Pasarán dos mil trescientas noches y mañanas; después el templo será restaurado.

¡Respuestas Bíblicas! 106 ¿De qué eran los sueños y visiones de Daniel?

8:19 Los sueños de Daniel eran sobre el futuro. Daniel vio a las naciones que serían poderosas en el futuro y sucesos históricos importantes. Puedes leer sobre estos sueños en Daniel 7-8

Gabriel explica la visión

15Mientras yo, Daniel, procuraba entender el significado de esta visión, alguien que se parecía a un hombre se paró frente a mí. 16Entonces oí una voz humana que exclamaba desde el río Ulai: «Gabriel, dile a este hombre el significado de su visión».

17Cuando Gabriel se acercó al lugar donde yo estaba, me aterroricé tanto que caí rostro en tierra. «Hijo de hombre —me dijo—, debes comprender que los sucesos que has visto en tu visión tienen que ver con el tiempo del fin».

18Mientras él hablaba, me desmayé y quedé tendido con el rostro contra el suelo, pero Gabriel con un toque me despertó y me ayudó a ponerme de pie.

19Entonces dijo: «Estoy aquí para explicarte lo que sucederá después, en el tiempo de la ira. Lo que has visto pertenece al fin del tiempo. 20El carnero con los dos cuernos representa a los reyes de Media y de Persia. 21El chivo peludo representa al rey de Grecia,* y el cuerno enorme que tiene entre los ojos representa al primer rey del Imperio griego. 22Los cuatro cuernos prominentes que reemplazaron el cuerno enorme indican que el Imperio griego se dividirá en cuatro reinos, pero que ninguno de ellos será tan grande como el primero.

23»Al final de sus reinados, cuando el pecado llegue al colmo de su maldad, subirá al poder un rey brutal, un maestro de la intriga. 24Se volverá muy fuerte, pero no por su propio poder. Provocará una tremenda cantidad de destrucción y tendrá éxito en todo lo que emprenda. Destruirá a líderes poderosos y arrasará al pueblo santo. 25Será un maestro del engaño y se volverá arrogante; destruirá a muchos de golpe. Hasta entrará en batalla con el Príncipe de príncipes, pero será quebrantado, aunque no por poder humano.

26»Esta visión sobre las dos mil trescientas noches y mañanas* es verdadera, pero ninguna de esas cosas sucederá sino hasta dentro de mucho tiempo, de modo que mantén esta visión en secreto».

27Entonces yo, Daniel, quedé abrumado y estuve enfermo durante varios días. Después me levanté y cumplí con mis deberes para con el rey. Sin embargo, la visión me dejó angustiado y no podía entenderla.

Oración de Daniel por su pueblo

9 Era el primer año del reinado de Darío, el medo, hijo de Asuero, quien llegó a ser rey de los babilonios.* 2Durante el primer año de su reinado, yo, Daniel, al estudiar la palabra del SEÑOR, según fue revelada al profeta Jeremías, aprendí que Jerusalén debía quedar en desolación durante setenta años.* 3Así que dirigí mis ruegos al Señor Dios, en oración y ayuno. También me puse ropa de tela áspera y arrojé cenizas sobre mi cabeza.

4Oré al SEÑOR mi Dios y le confesé:

«¡Oh Señor, tú eres un Dios grande y temible!
Siempre cumples tu pacto y tus promesas de amor
inagotable con los que te aman y obedecen tus
mandatos; 5pero hemos pecado y hemos hecho
lo malo. Nos hemos rebelado contra ti y hemos
despreciado tus mandatos y ordenanzas. 6Hemos
rehusado escuchar a tus siervos, los profetas,
quienes hablaron bajo tu autoridad a nuestros reyes,
príncipes, antepasados y a todo el pueblo de la tierra.

7»Señor, tú tienes la razón; pero como ves,
tenemos el rostro cubierto de vergüenza. Esto nos
sucede a todos, tanto a los que están en Judá y en
Jerusalén, como a todo el pueblo de Israel disperso
en lugares cercanos y lejanos, adondequiera que nos
has mandado por nuestra deslealtad a ti. 8Oh SEÑOR,
nosotros y nuestros reyes, príncipes y antepasados
estamos cubiertos de vergüenza porque hemos
pecado contra ti. 9Pero el Señor, nuestro Dios, es
misericordioso y perdonador, a pesar de habernos
rebelado contra él. 10No hemos obedecido al
SEÑOR nuestro Dios, porque no hemos seguido las
instrucciones que nos dio por medio de sus siervos,
los profetas. 11Todo Israel ha desobedecido tus
instrucciones, te ha dado la espalda y ha rehusado
escuchar tu voz.

»Entonces ahora, a causa de nuestro pecado,
se han derramado sobre nosotros las maldiciones
solemnes y los juicios escritos en la ley de Moisés,

***Notas textuales** **8:11-12** El significado del texto hebreo en estos versículos es incierto. **8:21** En hebreo *de Javán.* **8:26** En hebreo *sobre las noches y las mañanas*; comparar 8:14. **9:1** O *los caldeos.* **9:2** Ver Jr 25:11-12; 29:10.

Referencias cruzadas **8:13** Ap 11:2 **8:16** Lc 1:19, 26 **8:24** Ap 13:3-9 **9:11** Is 1:2-4

siervo de Dios. 12Tú cumpliste tu palabra e hiciste
con nosotros y nuestros gobernantes tal como habías
advertido. Nunca hubo una calamidad tan grande
como la que ocurrió en Jerusalén. 13Se han cumplido
todas las maldiciones de la ley de Moisés escritas
contra nosotros. Sin embargo, hemos rehusado
buscar la misericordia del Señor nuestro Dios al
no reconocer su verdad ni abandonar nuestros
pecados. 14Por lo tanto, el Señor nos ha enviado la
calamidad que había preparado. El Señor nuestro
Dios tuvo razón en hacer todas esas cosas, porque no
lo obedecimos.

15»Oh Señor nuestro Dios, al rescatar a tu pueblo
de Egipto con gran despliegue de poder, le diste
honor perpetuo a tu nombre; pero hemos pecado
y estamos llenos de maldad. 16En vista de tus fieles
misericordias, por favor, Señor, aparta tu enojo y
furor de tu ciudad, Jerusalén, tu monte santo. Todas
las naciones vecinas se burlan de Jerusalén y de
tu pueblo por causa de nuestros pecados y de los
pecados de nuestros antepasados.

17»¡Oh Dios nuestro, oye la oración de tu siervo!
Escucha mientras te hago mis ruegos. Por amor a
tu nombre, Señor, vuelve a sonreírle a tu desolado
santuario.

18»Oh Dios mío, inclínate y escúchame. Abre tus
ojos y mira nuestra desesperación. Mira cómo tu
ciudad —la ciudad que lleva tu nombre— está en ruinas.
Esto rogamos, no porque merezcamos tu ayuda, sino
debido a tu misericordia.

19»Oh Señor, óyenos. Oh Señor, perdónanos. ¡Oh
Señor, escúchanos y actúa! Por amor a tu nombre,
no te demores, oh mi Dios, porque tu pueblo y tu
ciudad llevan tu nombre».

Mensaje de Gabriel sobre el Ungido

20Yo seguí orando y confesando mi pecado y el pecado
de mi pueblo, rogándole al Señor mi Dios por Jerusalén,
su monte santo. 21Mientras oraba, Gabriel, a quien había
visto en la visión anterior, se me acercó con rapidez a la
hora del sacrificio vespertino. 22Él me explicó: «Daniel, he
venido hasta aquí para darte percepción y entendimiento.
23En cuanto comenzaste a orar, se dio una orden y ahora
estoy aquí para decírtela, porque eres muy precioso para
Dios. Presta mucha atención, para que puedas entender
el significado de la visión.

24»Un período de setenta conjuntos de siete* se ha
decretado para tu pueblo y tu ciudad santa para poner
fin a su rebelión, para terminar con su pecado, para
obtener perdón por su culpa, para traer justicia eterna,
para confirmar la visión profética y para ungir el Lugar
Santísimo.* 25¡Ahora escucha y entiende! Pasarán siete
conjuntos de siete más sesenta y dos conjuntos de siete*
desde el momento en que se dé la orden de reconstruir
Jerusalén hasta que venga un gobernante, el Ungido.*
Jerusalén será reconstruida con calles y fuertes defensas,*
a pesar de los tiempos peligrosos.

26»Después de este período de sesenta y dos conjuntos
de siete,* matarán al Ungido sin que parezca haber logrado
nada y surgirá un gobernante cuyos ejércitos destruirán
la ciudad y el templo. El fin llegará con una inundación;
guerra, y la miseria que acarrea, está decretada desde ese
momento hasta el fin. 27El gobernante firmará un tratado
con el pueblo por un período de un conjunto de siete,*
pero al cumplirse la mitad de ese tiempo, pondrá fin a los
sacrificios y a las ofrendas. Como punto culminante de
todos sus terribles actos,* colocará un objeto sacrílego que
causa profanación* hasta que el destino decretado para
este profanador finalmente caiga sobre él».

Visión de un mensajero

10 En el tercer año del reinado de Ciro de Persia,*
Daniel (también llamado Beltsasar) tuvo otra vi-
sión. Comprendió que la visión tenía que ver con sucesos
que ciertamente ocurrirían en el futuro, es decir, tiempos
de guerra y de grandes privaciones.

2Cuando recibí esta visión, yo, Daniel, había estado de
luto durante tres semanas enteras. 3En todo ese tiempo
no comí nada pesado. No probé carne ni vino, ni me puse
lociones perfumadas hasta que pasaron esas tres semanas.
4El 23 de abril,* mientras estaba de pie en la ribera del
gran río Tigris, 5levanté los ojos y vi a un hombre vestido
con ropas de lino y un cinto de oro puro alrededor de la
cintura. 6Su cuerpo tenía el aspecto de una piedra pre-
ciosa. Su cara destellaba como un rayo y sus ojos ardían
como antorchas. Sus brazos y sus pies brillaban como
el bronce pulido y su voz era como el bramido de una
enorme multitud.

7Solo yo, Daniel, vi esta visión. Los hombres que es-
taban conmigo no vieron nada, pero de pronto tuvieron
mucho miedo y corrieron a esconderse. 8De modo que
quedé allí solo para contemplar tan sorprendente visión.
Las fuerzas me abandonaron, mi rostro se volvió mor-
talmente pálido y me sentí muy débil. 9Entonces oí que
el hombre hablaba y cuando oí el sonido de su voz, me
desmayé y quedé tendido, con el rostro contra el suelo.

10En ese momento, una mano me tocó y, aún tem-
blando, me levantó y me puso sobre las manos y las ro-
dillas. 11Entonces el hombre me dijo: «Daniel, eres muy
precioso para Dios, así que presta mucha atención a lo
que tengo que decirte. Ponte de pie, porque me enviaron
a ti». Cuando me dijo esto, me levanté, todavía temblando.

12Entonces dijo: «No tengas miedo, Daniel. Desde el
primer día que comenzaste a orar para recibir entendi-
miento y a humillarte delante de tu Dios, tu petición fue
escuchada en el cielo. He venido en respuesta a tu oración;
13pero durante veintiún días el espíritu príncipe* del reino
de Persia me impidió el paso. Entonces vino a ayudarme
Miguel, uno de los arcángeles,* y lo dejé allí con el espíritu
príncipe del reino de Persia.* 14Ahora estoy aquí para ex-
plicar lo que le sucederá en el futuro a tu pueblo, porque
esta visión se trata de un tiempo aún por venir».

15Mientras me hablaba, bajé la vista al suelo, sin
poder decir una palabra. 16Entonces el que se parecía a

***Notas textuales** **9:24a** En hebreo *setenta sietes.* **9:24b** O *al Santísimo.* **9:25a** En hebreo *siete sietes más sesenta y dos sietes.* **9:25b** O *un ungido*; similar en 9:26. En hebreo dice *un mesías.* **9:25c** O *y un foso* o *y trincheras.* **9:26** En hebreo *Después de sesenta y dos sietes.* **9:27a** En hebreo *por un siete.* **9:27b** En hebreo *Y sobre el ala*; el significado del texto hebreo es incierto. **9:27c** En hebreo *una abominación de desolación.* **10:1** El tercer año del reinado de Ciro fue el 536 a. C. **10:4** En hebreo *El día veinticuatro del primer mes,* del antiguo calendario lunar hebreo. Esta fecha del libro de Daniel puede corroborarse con las fechas que aparecen en los registros persas que se han conservado, y pueden relacionarse de manera precisa con nuestro calendario moderno. Este suceso ocurrió el 23 de abril del 536 a. C. **10:13a** En hebreo *el príncipe*; también en 10:13c, 20. **10:13b** En hebreo *los príncipes principales.* **10:13c** Así aparece en una versión griega; en hebreo dice *y me dejaron allí con los reyes de Persia.* El significado del texto hebreo es incierto.

Referencias cruzadas **9:19** Sal 74:10-11 **9:23** Mt 24:15 **9:27** Mc 13:14 **10:16** Jr 1:9

un hombre* me tocó los labios y abrí la boca y comencé
a hablar. Le dije al que estaba de pie frente a mí:
—Estoy muy angustiado a causa de la visión que tuve,
mi señor, y me siento muy débil. 17 ¿Cómo podría alguien
como yo, tu siervo, hablar contigo, mi señor? Mis fuerzas
se han ido y apenas puedo respirar.
18 Entonces el que se parecía a un hombre volvió a to-
carme y sentí que recuperaba mis fuerzas.
19 —No tengas miedo —dijo—, porque eres muy pre-
cioso para Dios. ¡Que tengas paz, ánimo y fuerza!
Mientras me decía estas palabras, de pronto me sentí
más fuerte y le dije:
—Por favor, háblame, señor mío, porque me has
fortalecido.
20 —¿Sabes por qué he venido? —respondió él—. Pronto
debo regresar a luchar contra el espíritu príncipe del reino
de Persia y después de eso vendrá el espíritu príncipe del
reino de Grecia.* 21 Mientras tanto, te diré lo que está
escrito en el libro de la verdad. (Nadie me ayuda contra
esos espíritus príncipes, a excepción de Miguel, el espíritu
príncipe de ustedes.* 11:1 He acompañado a Miguel* para
apoyarlo y fortalecerlo desde el primer año del reinado
de Darío el medo).

Los reyes del sur y del norte

11 2 »Ahora te daré a conocer la verdad. Reinarán
otros tres reyes persas y seguirá un cuarto rey,
mucho más rico que los otros. Usará su riqueza para in-
citar a todos a luchar contra el reino de Grecia.*
3 »Entonces surgirá un rey poderoso que gobernará
con gran autoridad y logrará todo lo que se proponga.
4 Pero cuando esté en la cumbre de su poder, su reino
será quebrado y dividido en cuatro partes. Este reino no
será gobernado por los descendientes del rey, ni tendrá el
poder que tuvo antes. Pues su imperio será arrancado de
raíz y entregado a otros.
5 »El rey del sur crecerá en poder, pero uno de sus
propios funcionarios llegará a ser más poderoso que él
y gobernará el reino con gran autoridad.
6 »Algunos años después, se formará una alianza entre
el rey del norte y el rey del sur. El rey del sur dará a su hija
en matrimonio al rey del norte para asegurar la alianza,
pero tanto ella como su padre perderán su influencia sobre
el rey. Ella será abandonada junto con todos sus partida-
rios. 7 No obstante, cuando uno de sus parientes* llegue
a ser el rey del sur, este levantará un ejército, entrará en la
fortaleza del rey del norte y lo derrotará. 8 Cuando regrese
a Egipto, se llevará consigo los ídolos de ellos, junto con
objetos de oro y de plata de incalculable valor. Después
de esto, dejará al rey del norte en paz por algunos años.
9 »Más tarde el rey del norte invadirá el imperio del
rey del sur pero regresará pronto a su propia tierra. 10 Sin
embargo, los hijos del rey del norte reunirán un ejército
poderoso que avanzará como una inundación y llevará el
combate hasta la fortaleza del enemigo.
11 »Entonces, furioso, el rey del sur saldrá a pelear con-
tra los enormes ejércitos reunidos por el rey del norte y los
derrotará. 12 Después de arrasar con el ejército enemigo,
el rey del sur se llenará de orgullo y ejecutará a muchos
miles de sus enemigos; pero su triunfo no durará mucho
tiempo.
13 »Pocos años después, el rey del norte regresará con
un ejército bien equipado, mucho más numeroso que
antes. 14 En esos días habrá una rebelión general contra
el rey del sur. En cumplimiento de esta visión, hombres
violentos del pueblo de Israel se unirán a esa rebelión, pero
fracasarán. 15 Después llegará el rey del norte y sitiará una
ciudad fortificada y la conquistará. Las mejores tropas del
sur no podrán hacer frente al ataque.
16 »El rey del norte avanzará sin oposición; nadie podrá
contenerlo. Se detendrá en la gloriosa tierra de Israel*
decidido a destruirla. 17 Hará planes para avanzar con la
fuerza de su reino y formará una alianza con el rey del
sur. Le dará en matrimonio a su hija, con la intención de
derrotar al reino desde adentro, pero su plan fracasará.
18 »Después, dirigirá su atención a la región de la costa
y conquistará muchas ciudades. Sin embargo, un coman-
dante de otra tierra pondrá fin a su insolencia y lo hará reti-
rarse avergonzado. 19 Se refugiará en sus propias fortalezas
pero tropezará y caerá y no se le verá más.
20 »El sucesor del rey enviará a un cobrador de impues-
tos para mantener el esplendor del reino, pero morirá al
cabo de un breve reinado, aunque no como resultado del
enojo ni en batalla.
21 »El siguiente en subir al poder será un hombre des-
preciable, quien no está en la línea de sucesión al trono.
Cuando menos lo esperen, tomará el control del reino,
mediante adulación e intrigas. 22 Arrasará a los grandes
ejércitos que se le opongan, incluido un príncipe del pacto.
23 Formará diversas alianzas mediante promesas engaño-
sas. Se volverá fuerte, a pesar de tener solo un puñado de
seguidores. 24 De improviso, invadirá los lugares más ricos
del territorio. Luego repartirá entre sus seguidores el botín
y las fortunas de los ricos, algo que sus antecesores nunca
habían hecho. Hará planes para conquistar las ciudades
fortificadas, pero esto durará poco tiempo.
25 »Entonces se armará de valor y levantará un gran
ejército en contra del rey del sur. Saldrá a la batalla con
un ejército poderoso, pero será en vano, porque habrá
intrigas en su contra. 26 Los de su propia casa causarán
su derrota. Su ejército será arrasado y muchos morirán.
27 Entonces sin otro propósito que dañarse el uno al otro,
estos reyes se sentarán a la mesa de negociaciones y cons-
pirarán el uno contra el otro con el propósito de engañarse
mutuamente; pero esto no cambiará nada, porque el fin
llegará a la hora señalada.
28 »El rey del norte, entonces, regresará a su territorio
con muchas riquezas. En su camino se pondrá en contra
del pueblo del pacto sagrado y causará mucho daño antes
de seguir su viaje.
29 »Después, a la hora señalada, volverá a invadir el
sur, pero esta vez el resultado será diferente. 30 Pues lo es-
pantarán barcos de guerra de las costas del occidente;* se
retirará y volverá a su territorio. Sin embargo, descargará
su enojo contra el pueblo del pacto sagrado y premiará a
los que abandonen el pacto.
31 »Su ejército se apoderará de la fortaleza del templo,
contaminará el santuario, pondrá fin a los sacrificios dia-
rios y colocará el objeto sacrílego que causa profanación.*

***Notas textuales** **10:16** Así aparece en casi todos los manuscritos del texto masorético; en un manuscrito del texto masorético y en una versión griega dice *Entonces algo que se parecía a una mano humana.* **10:20** En hebreo *de Javán.* **10:21** En hebreo *contra estos, excepto Miguel, el príncipe de ustedes.* **11:1** En hebreo *Lo he acompañado.* **11:2** En hebreo *de Javán.* **11:7** En hebreo *un retoño de sus raíces.* **11:16** En hebreo *la tierra gloriosa.* **11:30** En hebreo *de Quitim.* **11:31** En hebreo *la abominación de desolación.*

Referencias cruzadas **11:8** Jr 43:12-13 **11:17** Ez 4:3, 7 **11:27** Hch 17:31

32Capturará con adulaciones a quienes desobedecen el
pacto. Sin embargo, el pueblo que conoce a su Dios se
mantendrá fuerte y lo resistirá.
33»Los líderes sabios instruirán a muchos, pero esos
maestros morirán por fuego y espada o los encarcelarán
y les robarán. 34Durante estas persecuciones, recibirán
poca ayuda y muchos de los que se unan a ellos no serán
sinceros. 35Algunos de los sabios serán víctimas de la
persecución. De esa manera ellos se perfeccionarán, se
limpiarán y se refinarán hasta que llegue el tiempo del fin,
porque la hora señalada todavía está por venir.
36»El rey hará lo que le venga en gana, se exaltará a sí
mismo y afirmará ser más grande que todos los dioses,
incluso blasfemará contra el Dios de dioses. El éxito lo
acompañará, pero solo hasta que se cumpla el tiempo
de la ira, pues lo que se ha establecido, sin lugar a dudas,
ocurrirá. 37No tendrá ningún respeto por los dioses de
sus antepasados, ni por el dios querido por las mujeres, ni
por ningún otro dios, porque se jactará de ser más grande
que todos ellos. 38En su lugar, rendirá culto al dios de las
fortalezas —un dios que sus antepasados jamás conocie-
ron— y lo engrandecerá con oro, plata, piedras preciosas y
regalos costosos. 39Atacará las fortalezas más resistentes,
afirmando que cuenta con la ayuda de este dios extranjero.
Honrará a quienes se sometan a él, al ponerlos en pues-
tos de autoridad y al repartir la tierra entre ellos como
recompensa.*
40»Luego, al tiempo del fin, el rey del sur atacará al
rey del norte. El rey del norte saldrá precipitadamente
en carros de guerra con sus conductores y una enorme
armada. Invadirá varios territorios y los arrasará como
una inundación. 41Entrará en la gloriosa tierra de Israel*
y muchas naciones caerán, pero Moab, Edom y la mayor
parte de Amón escaparán de sus manos. 42Conquistará
muchos países y ni siquiera Egipto se salvará. 43Se apo-
derará del oro, de la plata y de los tesoros de Egipto; los
libios y los etíopes* serán sus sirvientes.
44»Pero luego lo alarmarán las noticias provenientes
del oriente y del norte y saldrá con furia a destruir y a
aniquilar a muchos. 45Se detendrá entre el glorioso monte
santo y el mar y allí instalará sus carpas reales, pero mien-
tras esté allí, terminará su tiempo de repente y no habrá
quien lo ayude.

El tiempo del fin

12 »En ese tiempo se levantará Miguel, el arcán-
gel* que hace guardia sobre tu nación. Entonces
habrá un tiempo de angustia, como no lo hubo desde que
existen las naciones. Sin embargo, en ese momento, cada
uno de tu pueblo que tiene el nombre escrito en el libro
será rescatado. 2Se levantarán muchos de los que están
muertos y enterrados, algunos para vida eterna y otros
para vergüenza y deshonra eterna. 3Los sabios resplan-
decerán tan brillantes como el cielo y quienes conducen a
muchos a la justicia brillarán como estrellas para siempre.
4Pero tú, Daniel, mantén en secreto esta profecía; sella el
libro hasta el tiempo del fin, cuando muchos correrán de
aquí para allá y el conocimiento aumentará.
5Entonces yo, Daniel, vi a otros dos que estaban de
pie en lados opuestos del río. 6Uno de ellos le preguntó
al hombre vestido de lino, que estaba de pie sobre el río:
—¿Cuánto tiempo pasará hasta que terminen estos
espantosos sucesos?
7El hombre vestido de lino —que estaba de pie sobre
el río— levantó ambas manos hacia el cielo e hizo un jura-
mento solemne por aquel que vive para siempre diciendo:
—Durará por un tiempo, tiempos y medio tiempo.
Cuando finalmente termine el quebrantamiento del
pueblo santo, todas estas cosas habrán sucedido.
8Oí lo que dijo, pero no entendí el significado. Enton-
ces le pregunté:
—Mi señor, ¿cómo terminará todo esto?
9Pero él dijo:
—Vete ya, Daniel, porque lo que he dicho se mantendrá
en secreto y sellado hasta el tiempo del fin. 10Mediante
estas pruebas, muchos serán purificados, limpiados
y refinados. Sin embargo, los perversos seguirán en su
perversidad y ninguno de ellos entenderá. Solo los sabios
comprenderán lo que significa.
11»Desde el momento en que se detengan los sacri-
ficios diarios y coloquen el objeto sacrílego que causa
profanación* para ser adorado, habrá 1290 días. 12¡Ben-
ditos sean los que esperen y permanezcan hasta el fin de
los 1335 días!
13»En cuanto a ti, sigue tu camino hasta el final. Des-
cansarás y, entonces, al final de los días, te levantarás para
recibir la herencia que ha sido guardada para ti.

***Notas textuales** **11:39** O *por un precio.* **11:41** En hebreo *la tierra gloriosa.* **11:43** En hebreo *cusitas.* **12:1** En hebreo *el gran príncipe.* **12:11** En hebreo *la abominación de desolación.*

Referencias cruzadas **11:36** Ap 13:5-6 **11:45** Is 66:20 **12:7** Ap 10:5-7 **12:13** Ap 14:13

OSEAS

¿Por qué es importante?

Este libro presenta la ilustración más dramática acerca de la historia del amor de Dios por su pueblo. Quizá debido a la actitud excesivamente seria de muchas iglesias en sus cultos, muchos cristianos se criaron pensando en un Dios continuamente enojado solo interesado en hacer cumplir una serie de reglamentos. Sin embargo, en Oseas encontramos al Señor insistiendo en ser fiel, incluso con un corazón quebrantado por la traición de su pueblo. El Dios que da a conocer el libro de Oseas se trata de un Dios apasionado, con un anhelo constante por ver a su pueblo amándolo con todo el corazón. El mensaje de Oseas es que Dios te anhela a pesar de tus infidelidades y quien pierde cuando eres indiferente eres tú.

¿Por qué fue escrito?

Oseas es el primero de los llamados "profetas menores", debido al menor tamaño de sus libros. Originalmente, los hebreos tenían estos doce libros como uno solo y le llamaban simplemente "Los Doce". La profecía de Oseas se caracteriza por estar basada en una ilustración del amor y la gracia de Dios y el dolor que le provoca la infidelidad de su pueblo y el castigo que vendrá. Así, entonces, el propósito del libro es mostrar cómo se balancea el amor de Dios con su justicia. El amor de Dios no impide que haya justo juicio por el pecado, mientras que su justicia no obstaculiza su deseo de restaurar su relación con su amado pueblo.

¿Quién lo escribió?

El autor, como dice el libro mismo, es Oseas, hijo de Beerí (Os. 1.1). No poseemos más información sobre su familia o su origen, pero las abundantes ilustraciones agrícolas que utiliza señalan a un trasfondo familiar mayormente rural. Oseas no recibió capacitación formal para el oficio profético, pero muestra tener mucha capacidad para escribir y mucho conocimiento acerca de su pueblo y acerca de Dios.

¿A quién lo escribió?

En la época en la que ministró Oseas había idolatría e inmoralidad y el pueblo rechazaba el amor de Dios de forma consistente. Por eso, el libro se dirige a los habitantes de Israel como reino. Es un doloroso y dramático llamado de atención, proveniente del corazón herido de Dios para que ellos reconozcan lo profundo de su pecado y se vuelvan a Dios en arrepentimiento, antes que sea demasiado tarde.

¿Cuándo y dónde lo escribió?

Como dice el libro, ministró durante el reinado de cuatro reyes de Judá y durante el reinado de Jeroboam en el norte. Ya el reino estaba dividido, pero las diez tribus del norte no habían sido conquistadas por Asiria (año 722 a.C.), ni las del sur por Babilonia (año 586 a.C.). Oseas ministró desde los últimos años del reinado del segundo Jeroboam (años 793-753 a.C.) hasta después de la conquista por parte de Asiria, cubriendo un período de unos cuarenta años.

Paso a paso

1. Dramática ilustración de la fidelidad y la infidelidad del pueblo. Caps. 1-3
2. Dramática acusación de la infidelidad del pueblo. Caps. 4-7
3. Dramático juicio debido a la infidelidad del pueblo. Caps. 8-10
4. Dramática restauración futura del pueblo libre de infidelidad. Caps. 11-14

OSEAS

Oseas

1 El SEÑOR le dio este mensaje a Oseas, hijo de Beeri,
durante los años en que Uzías, Jotam, Acaz y Eze-
quías eran reyes de Judá, y Jeroboam II, hijo de Yoás,*
era rey de Israel.

La esposa y los hijos de Oseas

2Cuando el SEÑOR le habló por primera vez a Israel por
medio de Oseas, le dijo al profeta: «Ve y cásate con una
prostituta,* de modo que algunos de los hijos de ella sean
concebidos en prostitución. Esto ilustrará cómo Israel se
ha comportado como una prostituta, al volverse en contra
del SEÑOR y al rendir culto a otros dioses».
3Así que Oseas se casó con Gomer, hija de Diblaim. Ella
quedó embarazada y le dio un hijo. 4Entonces el SEÑOR
dijo: «Ponle al niño por nombre Jezreel, porque estoy a
punto de castigar a la dinastía del rey Jehú para vengar
los asesinatos que cometió en Jezreel. De hecho, pondré
fin a la independencia de Israel 5y acabaré con su poderío
militar en el valle de Jezreel».
6Al poco tiempo, Gomer quedó embarazada otra vez
y dio a luz una niña. Entonces el SEÑOR le dijo a Oseas:
«Ponle por nombre a tu hija Lo-ruhama —"no amada"—
porque ya no le demostraré amor al pueblo de Israel ni
lo perdonaré; 7pero sí le demostraré amor al pueblo de
Judá. Lo libraré de sus enemigos, no con armas y ejérci-
tos ni con caballos y jinetes, sino con mi poder como el
SEÑOR su Dios».
8Después que Gomer destetó a Lo-ruhama, quedó
nuevamente embarazada y dio a luz un segundo hijo.
9Entonces el SEÑOR dijo: «Ponle por nombre Lo-ammi
—"no es mi pueblo"— porque Israel no es mi pueblo y
yo no soy su Dios.
10*»Sin embargo, llegará el día cuando el pueblo de
Israel será como la arena a la orilla del mar, ¡imposible
de contar! Así que en el lugar donde se les dijo: "Uste-
des no son mi pueblo", se dirá: "Ustedes son hijos del
Dios viviente". 11Entonces los pueblos de Judá e Israel
se unirán, elegirán un solo líder y regresarán juntos del
destierro. Qué gran día será —el día de Jezreel*— cuando
Dios plantará de nuevo a su pueblo en su tierra.
2:1*»En ese día, llamarán a sus hermanos Ammi —"mi
pueblo"— y a sus hermanas llamarán Ruhama: "las que
yo amo".

Cargos contra una esposa infiel

2 2»Pero ahora, presenten cargos contra su madre,
Israel,
porque ya no es mi esposa,
ni yo soy su esposo.
Díganle que se quite del rostro el maquillaje de
prostituta
y la ropa que muestra sus pechos.
3 De lo contrario, la desnudaré por completo,
como estaba el día en que nació.
Dejaré que muera de sed,
como en un desierto desolado
y árido.
4 No amaré a sus hijos
porque fueron concebidos en la prostitución.
5 Su madre es una prostituta descarada
y quedó embarazada de una manera vergonzosa.
Dijo: "Iré tras otros amantes
y me venderé a cambio de comida y agua,
a cambio de ropa de lana y lino,
también a cambio de aceite de oliva y bebidas".

6 »Por esta razón la cercaré con espinos.
Cerraré su paso con un muro
para que pierda su rumbo.
7 Cuando corra tras sus amantes,
no podrá alcanzarlos.
Los buscará,
pero no los encontrará.
Entonces pensará:
"Mejor me sería volver a mi esposo
porque con él estaba mejor que ahora".
8 Ella no se da cuenta de que fui yo quien le dio todo
lo que tiene:
grano, vino nuevo y aceite de oliva;
hasta le di plata y oro.
Pero ella le ofreció todos mis regalos a Baal.

9 »Sin embargo, ahora le quitaré el grano maduro y el
vino nuevo
que generosamente le di en cada cosecha.
Le quitaré la ropa de lino y lana
que le di para cubrir su desnudez.
10 La desnudaré por completo en público,
a la vista de todos sus amantes.
Nadie podrá librarla
de mis manos.
11 Pondré fin a sus festivales anuales,
sus celebraciones de luna nueva y sus días de
descanso:
todos sus festivales establecidos.
12 Destruiré sus vides y sus higueras,
las cuales, según ella, le dieron sus amantes.

***Notas textuales** **1:1** En hebreo *Joás*, una variante de Yoás. **1:2** O *una mujer promiscua*. **1:10** Los versículos del 1:10-11 corresponden al 2:1-2 en el texto hebreo. **1:11** *Jezreel* significa «Dios siembra». **2:1** Los versículos del 2:1-23 corresponden al 2:3-25 en el texto hebreo.

Referencias cruzadas **1:1** Mi 1:1 **1:4** 2 Re 10:1-28 **1:9** 1 P 2:10 **2:3** Am 8:11-13

Dejaré que crezcan hasta que se conviertan en
espesos matorrales
de los que solo los animales salvajes comerán su
fruto.
13 La castigaré por todas las ocasiones
en que quemaba incienso a las imágenes de Baal,
cuando se ponía aretes y joyas
y salía a buscar a sus amantes,
olvidándose de mí por completo»,
dice el SEÑOR.

El amor del SEÑOR por un Israel infiel

14 «Pero luego volveré a conquistarla.
La llevaré al desierto
y allí le hablaré tiernamente.
15 Le devolveré sus viñedos
y convertiré el valle de la Aflicción* en una puerta
de esperanza.
Allí se me entregará
como lo hizo hace mucho tiempo cuando era
joven,
cuando la liberé de su esclavitud en Egipto.
16 Al llegar ese día —dice el SEÑOR—,
me llamarás "esposo mío"
en vez de "mi señor"*.
17 Oh Israel, yo borraré los muchos nombres de Baal de
tus labios
y nunca más los mencionarás.
18 En ese día haré un pacto
con todos los animales salvajes, las aves de los
cielos
y los animales que corren sobre la tierra,
para que no te hagan daño.
Quitaré de la tierra todas las armas de guerra,
todas las espadas y todos los arcos,
para que puedas vivir sin temor,
en paz y seguridad.
19 Te haré mi esposa para siempre,
mostrándote rectitud y justicia,
amor inagotable y compasión.
20 Te seré fiel y te haré mía,
y por fin me conocerás como el SEÑOR.

21 »En ese día, yo responderé
—dice el SEÑOR—.
Le responderé al cielo cuando clame por nubes,
y el cielo contestará a la tierra con lluvia.
22 Entonces la tierra responderá a los clamores
sedientos
del grano, de las vides y de los olivos.
Y ellos a su vez responderán:
"Jezreel", que significa "¡Dios siembra!".
23 En ese tiempo yo sembraré una cosecha de israelitas
y los haré crecer para mí.
Demostraré amor
a los que antes llamé "no amados"*.
Y a los que llamé "no son mi pueblo"*,
yo diré: "Ahora son mi pueblo".
Y ellos responderán: "¡Tú eres nuestro Dios!"».

La esposa de Oseas es redimida

3 Entonces el SEÑOR me dijo: «Ve y ama otra vez a
tu esposa, aun cuando ella* comete adulterio con
un amante. Esto ilustrará que el SEÑOR aún ama a
Israel, aunque se haya vuelto a otros dioses y le encante
adorarlos*».
2 Así que la recuperé pagando quince piezas de plata,*
cinco canastas de cebada y una medida de vino.* 3 Enton-
ces le dije: «Tienes que vivir en mi casa por muchos días
y dejar la prostitución. Durante este tiempo no tendrás
relaciones sexuales con nadie, ni siquiera conmigo*».
4 Esto muestra que Israel estará por mucho tiempo sin
rey ni príncipe, sin sacrificios ni columnas sagradas ni
sacerdotes,* ¡ni siquiera ídolos! 5 Pero después el pueblo
volverá y se dedicará al SEÑOR su Dios y al descendiente de
David, su rey.* En los últimos días, temblarán de asombro
ante el SEÑOR y su bondad.

Cargos del SEÑOR contra Israel

4 ¡Escucha la palabra del SEÑOR, oh pueblo de Israel!
El SEÑOR ha presentado cargos en tu contra,
diciendo:
«No hay fidelidad, ni bondad
ni conocimiento de Dios en tu tierra.
2 Haces votos y los rompes;
matas, robas y cometes adulterio.
Hay violencia en todas partes:
un asesinato tras otro.
3 Por eso la tierra está de luto
y todos desfallecen.
Hasta los animales salvajes y las aves de los cielos
y los peces del mar desaparecen.

4 »¡No señales a otro
para echarle la culpa!
¡Mi queja, sacerdotes,
es con ustedes!*
5 Así que tropezarán en plena luz del día,
y sus falsos profetas caerán con ustedes durante
la noche.
Y destruiré a su madre, Israel.
6 Mi pueblo está siendo destruido
porque no me conoce.
Así como ustedes, sacerdotes, se niegan
a conocerme,
yo me niego a reconocerlos como mis sacerdotes.
Ya que olvidaron las leyes de su Dios,
me olvidaré de bendecir a sus hijos.
7 Mientras más sacerdotes hay,
más pecan contra mí.
Han cambiado la gloria de Dios
por la vergüenza de los ídolos.*

8 »Cuando la gente lleva su ofrenda por el pecado, los
sacerdotes se alimentan.
¡Por eso se alegran cuando el pueblo peca!

***Notas textuales** **2:15** En hebreo *el valle de Acor.* **2:16** En hebreo *"baal mío".* **2:23a** En hebreo *Lo-ruhama*; ver 1:6. **2:23b** En hebreo *Lo-ammi*; ver 1:9. **3:1a** O *Ve y ama a una mujer que.* **3:1b** En hebreo *le encantan sus tortas de pasas.* **3:2a** En hebreo *15 [siclos] de plata,* aproximadamente 171 gramos o 6 onzas. **3:2b** Así aparece en la versión griega, que dice *un homer de cebada y un odre lleno de vino*; en hebreo dice *un homer* [220 litros o 200 cuartos] *de cebada y un létec* [110 litros o 100 cuartos] *de cebada.* **3:3** O *y yo viviré contigo.* **3:4** En hebreo *efod,* chaleco usado por el sacerdote. **3:5** En hebreo *a David su rey.* **4:4** En hebreo *Tu pueblo es como aquellos que tienen quejas contra los sacerdotes.* **4:7** Así aparece en la versión siríaca y en una antigua tradición hebrea; el texto masorético dice *Cambiaré su gloria en vergüenza.*

Referencias cruzadas **2:20** Os 13:4 **2:23** 1 P 2:10 **3:4** Jr 50:4-5 **4:6** Ml 2:7-8

9 "Y lo que hacen los sacerdotes, el pueblo también lo
hace".
Así que ahora castigaré tanto a los sacerdotes
como al pueblo
por sus perversas acciones.
10 Comerán pero seguirán con hambre.
Se prostituirán pero no lograrán nada,
porque han abandonado al SEÑOR
11 para rendir culto a otros dioses.

»El vino le ha robado
el entendimiento a mi pueblo.
12 ¡Piden consejo a un trozo de madera!
¡Creen que un palo puede decirles el futuro!
El deseo de ir tras los ídolos
los ha vuelto necios.
Se prostituyeron
sirviendo a otros dioses y abandonando a su Dios.
13 Ofrecen sacrificios a ídolos en la cima de las
montañas.
Suben a las colinas para quemar incienso
bajo la sombra placentera de robles, álamos y
terebintos.

»Por eso sus hijas se entregan a la prostitución
y sus nueras cometen adulterio.
14 Pero ¿por qué debería yo castigarlas
por su prostitución y adulterio?
Pues sus hombres hacen lo mismo,
pecando con rameras y prostitutas de los templos
paganos.
¡Oh pueblo necio! ¡Se niegan a entender,
por eso serán destruidos!

15 »A pesar de que tú, Israel, eres una prostituta,
que Judá no sea culpable de tales cosas.
No te unas a la falsa adoración en Gilgal o Bet-avén,*
ni jures allí en el nombre del SEÑOR.
16 Israel es obstinado
como una vaquilla terca.
¿Debería el SEÑOR alimentarlo
como a un cordero en buenos pastizales?
17 Dejen a Israel* solo
porque está casado con la idolatría.
18 Cuando los gobernantes de Israel terminan de beber,
salen en busca de prostitutas.
Aman más la vergüenza que el honor.*
19 Por lo tanto, un viento poderoso los arrasará.
Sus sacrificios a ídolos les traerán vergüenza.

Fracaso de los líderes de Israel

5 »Escuchen esto, ustedes sacerdotes.
Presten atención, líderes de Israel.
Escuchen, miembros de la familia real.
Se ha pronunciado sentencia contra ustedes
porque han llevado al pueblo a una trampa
al rendirles culto a ídolos en Mizpa y en Tabor.
2 Sí, ustedes cavaron un gran pozo para atraparlos en la
arboleda de Acacias.*
Pero yo ajustaré cuentas con ustedes por lo que
hicieron.
3 Yo sé cómo eres, oh Efraín.
No puedes esconderte de mí, oh Israel.
Me abandonaste como una prostituta deja a su
esposo;
estás totalmente contaminada.
4 Tus acciones no te permiten volver a tu Dios.
Eres prostituta hasta la médula
y no conoces al SEÑOR.

5 »La arrogancia de Israel testifica en su propia contra;
Israel y Efraín tropezarán bajo el peso de su culpa.
Judá también caerá con ellas.
6 Cuando vengan con sus manadas y rebaños
para ofrecer sacrificios al SEÑOR,
no lo encontrarán,
porque él se ha apartado de ellos.
7 Traicionaron el honor del SEÑOR,
engendrando hijos que no son de él.
Ahora su falsa religión los devorará
junto con sus riquezas.*

8 »¡Toquen alarma en Guibeá!
¡Hagan sonar la trompeta en Ramá!
¡Den el grito de guerra en Bet-avén*!
¡Entren en batalla, oh guerreros de Benjamín!
9 Una cosa es segura, Israel:*
en el día de tu castigo,
te convertirás en un montón de escombros.

10 »Los líderes de Judá han llegado a ser como
ladrones;*
por lo tanto, derramaré mi enojo sobre ellos como
una cascada.
11 El pueblo de Israel será aplastado y demolido por mi
juicio,
porque están decididos a rendir culto a ídolos.*
12 Destruiré a Israel como la polilla consume la lana.
Dejaré a Judá tan débil como madera podrida.

13 »Cuando Israel y Judá vieron lo enfermos que
estaban,
Israel acudió a Asiria
y a su gran rey,
pero este no pudo ayudarlos ni curarlos.
14 Seré como un león a Israel,
como un león joven y fuerte a Judá.
¡Los despedazaré!
Me los llevaré
y no quedará nadie para rescatarlos.
15 Entonces regresaré a mi lugar,
hasta que reconozcan su culpa y se vuelvan a mí.
Pues tan pronto lleguen las dificultades,
me buscarán de todo corazón».

***Notas textuales** **4:15** *Bet-avén* significa «casa de perversidad»; aquí se usa como otro nombre para Betel, que significa «casa de Dios». **4:17** En hebreo *Efraín,* se refiere al reino del norte de Israel. **4:18** Así aparece en la versión griega; el significado del hebreo es incierto. **5:2** En hebreo *en Sitim.* El significado del hebreo de esta frase es incierto. **5:7** El significado del hebreo es incierto. **5:8** *Bet-avén* significa «casa de perversidad»; aquí se usa como otro nombre para Betel, que significa «casa de Dios». **5:9** En hebreo *Efraín,* se refiere al reino del norte de Israel; también en 5:11, 12, 13, 14. **5:10** En hebreo *como esos que cambian los límites de propiedad.* **5:11** O *están decididos a seguir mandatos humanos.* El significado del hebreo es incierto.

Referencias cruzadas **4:19** Os 12:1 **5:4** Os 4:6, 14 **5:15** Is 64:7-9

Un llamado al arrepentimiento

6 «Vengan, volvámonos al Señor.
Él nos despedazó,
pero ahora nos sanará.
Nos hirió,
pero ahora vendará nuestras heridas.
2 Dentro de poco tiempo él nos restaurará,
para que podamos vivir en su presencia.
3 ¡Oh, si conociéramos al Señor!
Esforcémonos por conocerlo.
Él nos responderá, tan cierto como viene el amanecer
o llegan las lluvias a comienzos de la primavera».

4 «Oh Israel* y Judá,
¿qué debo hacer con ustedes? —pregunta el Señor—.
Pues su amor se desvanece como la niebla de la mañana
y desaparece como el rocío a la luz del sol.
5 Envié mis profetas para destrozarlos,
para aniquilarlos con mis palabras,
con juicios tan inevitables como la luz.
6 Quiero que demuestren amor,*
no que ofrezcan sacrificios.
Más que ofrendas quemadas,
quiero que me conozcan.*
7 Pero igual que Adán,* ustedes rompieron mi pacto
y traicionaron mi confianza.

8 »Galaad es una ciudad de pecadores,
marcada con huellas de sangre.
9 Los sacerdotes forman bandas de asaltantes
que esperan para emboscar a sus víctimas.
Asesinan a los viajeros en el camino a Siquem
y cometen toda clase de pecados.
10 Sí, he visto cosas horribles en Efraín e Israel:
¡Mi pueblo se ha contaminado por prostituirse con otros dioses!

11 »Oh Judá, también a ti te espera una cosecha de castigo,
a pesar de que yo deseaba restaurar el bienestar de mi pueblo.

Israel ama la perversidad

7 »Yo quiero sanar a Israel, pero sus pecados* son demasiado grandes.
Samaria está llena de mentirosos.
¡Hay ladrones adentro
y bandidos afuera!
2 La gente no se da cuenta
de que los estoy mirando.
Están cercados por sus acciones pecaminosas
y yo las veo todas.

3 »El pueblo entretiene al rey con sus perversidades,
y los príncipes se ríen de todas las mentiras del pueblo.
4 Son todos adúlteros,
siempre ardiendo con pasión.
Son como un horno que se mantiene caliente
mientras el panadero prepara la masa.
5 Durante una fiesta del rey, los príncipes se emborrachan con vino
y se entregan a la juerga con los que se burlan de ellos.
6 Sus corazones son como un horno
recalentado con intriga.
Sus maquinaciones humean* durante la noche
y por la mañana estallan en un incendio violento.
7 Como un horno ardiente,
consumen a sus líderes.
Matan a sus reyes uno tras otro,
y nadie clama a mí en busca de ayuda.

8 »El pueblo de Israel se mezcla con paganos de otras naciones,
¡y se vuelven tan inútiles como un pastel a medio cocer!
9 El rendir culto a dioses ajenos consume sus fuerzas,
pero ellos ni cuenta se dan.
Su cabello se ha encanecido,
pero no se dan cuenta de que están viejos y débiles.
10 Su arrogancia testifica en su contra,
sin embargo, no se vuelven al Señor su Dios,
ni siquiera tratan de encontrarlo.

11 »El pueblo de Israel se ha vuelto como palomas,
necias y tontas;
primero clama a Egipto en busca de ayuda y luego vuela a Asiria.
12 Pero mientras revolotean,
arrojaré mi red sobre ellos
y los derribaré como a un pájaro que cae del cielo.
Los castigaré por todo el mal que hacen.*

13 »¡Qué aflicción les espera a los que me han abandonado!
Déjenlos morir porque se han rebelado contra mí.
Yo deseaba redimirlos,
pero han dicho mentiras de mí.
14 En lugar de invocarme con corazón sincero,
se quedan sentados en sus sillones y se lamentan.
Se hacen cortaduras en el cuerpo* y suplican grano y vino nuevo a dioses ajenos
y se alejan de mí.
15 Yo los entrené y los hice fuertes,
pero ahora, traman maldades en mi contra.
16 Miran en todas partes menos al Altísimo.
Son tan inútiles como un arco torcido.
Sus líderes morirán a manos de sus enemigos
a causa de su insolencia hacia mí.
Entonces el pueblo de Egipto
se reirá de ellos.

***Notas textuales** **6:4** En hebreo *Efraín*, se refiere al reino del norte de Israel. **6:6a** La versión griega traduce este término hebreo como *que tengan compasión*. Comparar Mt 9:13; 12:7. **6:6b** En hebreo *que conozcan a Dios*. **6:7** O *Pero en Adán.* **7:1** En hebreo *pero los pecados de Efraín*, se refiere al reino del norte de Israel, similar en 7:8, 11. **7:6** En hebreo *Su panadero duerme.* **7:12** En hebreo *Los castigaré por lo que de ellos fue reportado en la asamblea.* **7:14** Así aparece en la versión griega; en hebreo dice *Se reúnen.*

Referencias cruzadas **6:2** 1 Co 15:4 **6:6** Mt 12:7 **7:7** Is 64:7 **7:13** Mt 23:37

Israel cosecha un torbellino

8 »¡Toquen alarma!
El enemigo desciende como un águila sobre el pueblo del SEÑOR,
porque rompieron mi pacto
y se rebelaron contra mi ley.
2 Ahora Israel me suplica:
"¡Ayúdanos, porque tú eres nuestro Dios!".
3 Pero es demasiado tarde.
Los israelitas rechazaron lo bueno,
y ahora sus enemigos los perseguirán.
4 El pueblo de Israel nombró reyes sin mi consentimiento
y príncipes sin mi aprobación.
Fabricaron ídolos de plata y oro para sí mismos
y así provocaron su propia destrucción.

5 »Oh Samaria, yo rechazo este becerro,
este ídolo que te has hecho.
Mi furia arde contra ti.
¿Hasta cuándo serás incapaz de estar sin culpa?
6 Este becerro que adoras, oh Israel,
¡lo hiciste con tus propias manos!
¡No es Dios!
Por lo tanto, debe ser hecho pedazos.

7 »Sembraron vientos
y cosecharán torbellinos.
Los tallos de grano se marchitan
y no producen nada para comer.
Y aun si hubiera grano,
lo comerían los extranjeros.
8 El pueblo de Israel ha sido tragado;
ahora está tirado en medio de las naciones como una olla vieja y descartada.
9 Como asno salvaje en celo,
los israelitas* se han ido a Asiria.
Se vendieron
y se entregaron a muchos amantes.
10 Pero aunque se han vendido a muchos aliados,
ahora los reuniré para el juicio.
Entonces se retorcerán
bajo la opresión del gran rey.

11 »¡Israel construyó muchos altares para quitar el pecado,
pero estos mismos altares se convirtieron en lugares para pecar!
12 A pesar de que les di todas mis leyes,
actúan como si esas leyes no se aplicaran a ellos.
13 Al pueblo le encanta ofrecerme sacrificios,
y se deleitan con la carne,
pero no acepto sus sacrificios.
Yo haré responsable a mi pueblo de sus pecados
y lo castigaré;
ellos volverán a Egipto.
14 Israel se olvidó de su Creador y construyó grandes palacios,
y Judá fortificó sus ciudades.
Por lo tanto, haré descender fuego sobre sus ciudades
y quemaré sus fortalezas».

Oseas anuncia el castigo de Israel

9 Oh pueblo de Israel,
no te alegres como lo hacen otras naciones.
Pues has sido infiel a tu Dios,
alquilándote como una prostituta
y rindiendo culto a otros dioses en cada campo de trillar.
2 Ahora tus cosechas serán insuficientes para alimentarte;
no habrá uvas para hacer vino nuevo.
3 Ya no podrás quedarte aquí en la tierra del SEÑOR.
En cambio, volverás a Egipto,
y en Asiria comerás alimentos
ceremonialmente impuros.
4 Allí no presentarás ofrendas de vino al SEÑOR,
y ninguno de tus sacrificios le agradará.
Serás inmundo como el alimento tocado por una persona que está de luto.
Todo el que presente tales sacrificios quedará contaminado.
Ellos mismos podrán comer esta comida,
pero no podrán ofrecerla al SEÑOR.
5 Entonces, ¿qué harás en los días de los festivales?
¿Cómo celebrarás los festivales del SEÑOR?
6 Aunque escapes de la destrucción a manos de Asiria,
Egipto te vencerá y Menfis* te enterrará.
La ortiga se apoderará de tus tesoros de plata
y la zarza invadirá tus casas arruinadas.

7 Ha llegado la hora del castigo de Israel;
ha llegado el día del pago merecido.
Pronto Israel se dará perfecta cuenta de esto.
A causa de tu gran pecado y hostilidad
dices: «¡Los profetas están locos
y los hombres inspirados son necios!».
8 El profeta es un centinela sobre Israel* para mi Dios,
sin embargo, dondequiera que va le tienden trampas.
Hasta en la casa de Dios enfrenta hostilidad.
9 Lo que hace mi pueblo es tan depravado
como lo que se hizo en Guibeá hace mucho tiempo.
Dios no olvidará;
sin falta los castigará por sus pecados.

10 Dice el SEÑOR: «Oh Israel, cuando te encontré por primera vez,
fue como encontrar uvas frescas en el desierto.
Cuando vi a tus antepasados,
fue como ver los primeros higos maduros de la temporada.
Pero después me abandonaron por Baal-peor
y se entregaron a ese ídolo vergonzoso.
En poco tiempo se volvieron viles,
tan viles como el dios al que rinden culto.
11 La gloria de Israel saldrá volando como un ave,

***Notas textuales** **8:9** En hebreo *Efraín,* se refiere al reino del norte de Israel; también en 8:11. **9:6** Menfis era la capital del norte de Egipto. **9:8** En hebreo *Efraín,* se refiere al reino del norte de Israel; también en 9:11, 13, 16.

Referencias cruzadas **8:5** Jr 13:27 **8:13** 1 Co 4:5 **9:1** Is 22:12-13 **9:4** Hag 2:14 **9:7** Is 10:3

porque tus hijos no nacerán,
ni crecerán en la matriz,
ni siquiera serán concebidos.
12 Aunque algunos de tus hijos lleguen a crecer,
yo te los arrebataré.
Será un día terrible cuando me aleje
y te deje solo.
13 He visto a Israel llegar a ser tan hermoso como Tiro.
Pero ahora Israel sacará a sus hijos para ser
masacrados».

14 Oh Señor, ¿qué debería pedir para tu pueblo?
Pediré matrices que no den a luz
y pechos que no den leche.

15 Dice el Señor: «Toda su perversidad empezó en
Gilgal;
allí comencé a odiarlos.
A causa de sus malas acciones,
los sacaré de mi tierra.
Ya no los amaré
porque todos sus líderes son rebeldes.
16 El pueblo de Israel ha sido derribado.
Sus raíces se han secado
y no darán más fruto.
Y si dan a luz,
yo mataré a sus amados hijos».

17 Mi Dios rechazará al pueblo de Israel
porque no quiere escuchar ni obedecer.
Será un vagabundo,
sin hogar entre las naciones.

Juicio de Dios contra Israel

10 Qué próspero es Israel,
una vid frondosa llena de uvas.
Pero mientras más se enriquece la gente,
más altares paganos construye.
Cuanto más abundantes sus cosechas,
tanto más hermosas sus columnas sagradas.
2 El corazón de los israelitas es inconstante;
ellos son culpables y deben ser castigados.
El Señor derribará sus altares
y hará pedazos sus columnas sagradas.
3 Entonces dirán: «No tenemos rey
porque no temimos al Señor.
Pero aun si tuviéramos un rey,
¿qué podría hacer por nosotros?».
4 La gente habla palabras vacías
y hace pactos que no tiene intención de cumplir.
Así que la injusticia brota en medio de ellos
como hierbas venenosas en el campo de un
agricultor.

5 La gente de Samaria tiembla de miedo
por su ídolo, el becerro en Bet-avén,*
y está de luto por él.
Aunque sus sacerdotes se regocijan en él,
su gloria será arrebatada.*
6 Este ídolo será llevado a Asiria,
un regalo para el gran rey.
Se burlarán de Efraín e Israel será avergonzado
porque confiaron en ese ídolo.
7 Samaria y su rey serán arrancados;
flotarán a la deriva como un madero sobre las olas
del mar.
8 Y los santuarios paganos de Avén,* donde Israel
pecaba, se derrumbarán.
Alrededor de sus altares crecerán espinos y
cardos.
Suplicarán a los montes: «¡Entiérrennos!»,
y rogarán a las colinas: «¡Caigan sobre nosotros!».

9 Dice el Señor: «¡Oh Israel, desde los tiempos de
Guibeá,
hay tan solo pecado y más pecado!
No has mejorado en absoluto.
¿Acaso no fue justo que los hombres perversos de
Guibeá fueran atacados?
10 Ahora, cuando concuerde con mis planes,
también a ustedes los atacaré.
Llamaré a los ejércitos de las naciones
para castigarlos por sus múltiples pecados.

11 »Israel* es como una vaquilla entrenada que pisotea
el grano,
un trabajo fácil que le encanta.
Pero yo pondré un yugo pesado sobre su tierno
cuello.
Forzaré a Judá a tirar el arado
y a Israel* a labrar la tierra dura.
12 Yo dije: "Planten buenas semillas de justicia,
y levantarán una cosecha de amor.
Aren la dura tierra de sus corazones,
porque ahora es tiempo de buscar al Señor
para que él venga
y haga llover justicia sobre ustedes".

13 »Sin embargo, han cultivado perversidad
y han levantado una abundante cosecha de
pecados.
Han comido el fruto de la mentira,
confiando en su poderío militar
y creyendo que los grandes ejércitos
podrían mantener a su nación a salvo.
14 Ahora los terrores de la guerra
se levantarán entre su gente.
Todas sus fortificaciones caerán,
tal como Salmán destruyó a
Bet-arbel.
Allí, a las madres y a los niños
los estrellaron contra el suelo hasta matarlos.
15 Habitantes de Betel, debido a su gran maldad,
les espera el mismo destino.
Cuando amanezca el día del juicio,
el rey de Israel será completamente destruido.

El amor del Señor por Israel

11 »Cuando Israel era niño, yo lo amé,
y de Egipto llamé a mi hijo;

***Notas textuales** **10:5a** *Bet-avén* significa «casa de perversidad»; aquí se usa como otro nombre para Betel, que significa «casa de Dios». **10:5b** O *será llevada al destierro.* **10:8** *Avén* se refiere a Bet-avén; ver 10:5a y la nota al pie de página. **10:11a** En hebreo *Efraín,* se refiere al reino del norte de Israel. **10:11b** En hebreo *Jacob.* Los nombres «Jacob» e «Israel» a menudo son intercambiables en el Antiguo Testamento. Algunas veces hacen referencia al patriarca como individuo y otras veces a la nación.

Referencias cruzadas **10:8** Lc 23:30 **10:13** Ga 6:7-8 **11:2** Os 13:1-2

2 pero cuanto más lo llamaba,
más se alejaba de mí*
y ofrecía sacrificios a las imágenes de Baal
y quemaba incienso a ídolos.
3 Yo mismo le enseñé a Israel* a caminar,
llevándolo de la mano;
pero no sabe ni le importa
que fui yo quien lo cuidó.
4 Guie a Israel
con mis cuerdas de ternura y de amor.
Quité el yugo de su cuello
y yo mismo me incliné para alimentarlo.

5 »Sin embargo, como mi pueblo se niega a regresar a mí,
regresará a Egipto
y será forzado a servir a Asiria.
6 La guerra, como un torbellino, pasará por sus ciudades;
los enemigos derribarán sus puertas.
Los destruirán,
atrapándolos en sus propios planes malignos.
7 Pues mi pueblo está decidido a abandonarme.
Aunque me llaman el Altísimo,
no me honran de verdad.

8 »Oh, Israel, ¿cómo podría abandonarte?
¿Cómo podría dejarte ir?
¿Cómo podría destruirte como a Adma
o demolerte como a Zeboim?
Mi corazón está desgarrado dentro de mí
y mi compasión se desborda.
9 No, no desataré mi ira feroz.
No destruiré por completo a Israel,
ya que no soy un simple mortal, soy Dios.
Yo soy el Santo que vive entre ustedes
y no vendré a destruir.
10 Pues algún día la gente me seguirá.
Yo, el SEÑOR, rugiré como un león.
Y cuando ruja,
mi pueblo regresará temblando del occidente.
11 Vendrán de Egipto como una bandada de aves.
Regresarán de Asiria temblando como palomas
y los traeré de regreso a casa»,
dice el SEÑOR.

Cargos contra Israel y Judá

12*Israel me rodea con mentiras y engaño,
pero Judá todavía obedece a Dios
y es fiel al Santo.*

12

1*El pueblo de Israel* se alimenta del viento;
todo el día corre tras el viento del oriente.
Amontonan mentiras y violencia;
hacen una alianza con Asiria
mientras mandan aceite de oliva a fin de comprar
el apoyo de Egipto.

2 Ahora el SEÑOR presenta cargos contra Judá.
Está a punto de castigar a Jacob* por todos sus
caminos engañosos
y cobrarle por todo lo que hizo.
3 Aun en la matriz,
Jacob luchó con su hermano;
cuando se hizo hombre,
hasta peleó con Dios.
4 Sí, luchó con el ángel y venció.
Lloró y clamó para que lo bendijera.
Allá en Betel se encontró cara a cara con Dios,
y Dios habló con él,*
5 ¡el SEÑOR Dios de los Ejércitos Celestiales,
el SEÑOR es su nombre!
6 Así que ahora, vuélvete a tu Dios.
Actúa con amor y justicia,
y confía siempre en él.

7 Pero no, la gente se comporta como astutos
comerciantes
que venden con balanzas fraudulentas;
les encanta estafar.
8 Israel se jacta: «¡Yo soy rico!
¡Sin ayuda de nadie hice una fortuna!
¡Nadie me ha descubierto haciendo trampas!
¡Mi historial es impecable!».

9 «Pero yo soy el SEÑOR tu Dios,
quien te rescató de la esclavitud en Egipto.
Y te haré habitar otra vez en carpas
como lo haces cada año en el Festival de las
Enramadas.*
10 Yo envié a mis profetas para advertirte
con numerosas visiones y parábolas».

11 Pero la gente de Galaad no vale nada
debido a su idolatría.
Y en Gilgal también sacrifican toros;
sus altares están en filas como montones de
piedra
a lo largo de los bordes de un campo arado.
12 Jacob huyó a la tierra de Aram
y allí, a cambio de pastorear ovejas, ganó* una
esposa.
13 Luego, por medio de un profeta,
el SEÑOR sacó de Egipto a los descendientes de
Jacob;*
y fueron protegidos
por el mismo profeta.
14 Pero el pueblo de Israel
amargamente ha provocado al SEÑOR;
ahora el Señor los sentenciará a muerte
en pago por sus pecados.

La ira de Dios contra Israel

13

Cuando hablaba la tribu de Efraín,
el pueblo temblaba de miedo
porque esa tribu era importante en Israel;
pero la gente de Efraín pecó al rendir culto a Baal

***Notas textuales** **11:2** Así aparece en la versión griega; en hebreo dice *lo llamaban, más se alejaba de ellos.* **11:3** En hebreo *Efraín,* se refiere al reino del norte de Israel; también en 11:8, 9, 12. **11:12a** El versículo 11:12 corresponde al 12:1 en el texto hebreo. **11:12b** O *engaño, y Judá está rebelde contra Dios, el Santo fiel*. El significado del hebreo es incierto. **12:1a** Los versículos del 12:1-14 corresponden al 12:2-15 en el texto hebreo. **12:1b** En hebreo *Efraín,* se refiere al reino del norte de Israel; también en el 12:8, 14. **12:2** *Jacob* suena como el término hebreo para «engañador». **12:4** Así aparece en la versión griega y en la siríaca; en hebreo dice *con nosotros.* **12:9** En hebreo *como en los días de tu festival señalado*. **12:12** En hebreo *ovejas, Israel ganó*. Ver la nota en 10:11b. **12:13** En hebreo *sacó de Egipto a Israel.* Ver la nota en 10:11b.

Referencias cruzadas **11:10** Os 6:1-3 **12:1** Jr 22:22 **12:13** Is 63:11-12 **13:1** Os 2:8-17

y así selló su destrucción.
2 Ahora siguen pecando, haciendo ídolos de plata,
imágenes hábilmente formadas por manos
humanas.
«¡Ofrézcanles sacrificios —gritan—
y besen a ídolos que tienen forma de becerros!».
3 Por lo tanto, desaparecerán como la neblina de la
mañana,
como el rocío bajo el sol del amanecer,
como paja llevada por el viento
y como el humo de una chimenea.

4 «He sido el Señor tu Dios
desde que te saqué de Egipto.
No debes reconocer a ningún otro Dios aparte de mí,
porque no hay otro salvador.
5 Yo te cuidé en el desierto,
en esa tierra árida y sedienta;
6 pero una vez que comiste y quedaste satisfecho,
te volviste orgulloso y te olvidaste de mí.
7 Entonces ahora yo te atacaré como un león,
como un leopardo que acecha en el camino.
8 Como una osa a quien le robaron sus cachorros,
arrancaré tu corazón.
Te devoraré como una leona hambrienta
y te destrozaré como un animal salvaje.

9 »Estás a punto de ser destruido, oh Israel:
sí, por mí, el único que te ayuda.
10 Ahora, ¿dónde está* tu rey?
¡Que él te salve!
¿Dónde están los líderes de la tierra,
el rey y los funcionarios que me exigiste?
11 En mi enojo te di reyes,
y en mi furia te los quité.

12 »La culpa de Efraín ha sido reunida
y su pecado almacenado para el castigo.
13 El sufrimiento ha llegado al pueblo
como dolores de parto,
pero son como un bebé
que se resiste a nacer.
¡El momento de nacer ha llegado,
pero siguen en la matriz!

14 »¿Debo rescatarlos de la tumba*?
¿Debo redimirlos de la muerte?
¡Oh muerte, haz salir tus horrores!
¡Tumba, desata tus plagas!*
Ya no les tendré compasión.
15 Efraín era el más productivo de sus hermanos,
pero el viento del oriente —una ráfaga del Señor—
se levantará en el desierto.
Todos sus manantiales se secarán
y todos sus pozos desaparecerán.
Todo lo valioso que poseen
será saqueado y se lo llevarán.
16*El pueblo de Samaria
debe sufrir las consecuencias de su culpa
porque se rebeló contra su Dios.
Un ejército invasor los matará;
a sus niños los estrellarán contra el suelo hasta
matarlos,
y a las embarazadas las abrirán con espadas».

Sanidad para los que se arrepienten

14 1*Regresa, oh Israel, al Señor tu Dios,
porque tus pecados te hicieron caer.
2 Presenta tus confesiones y vuélvete al Señor.
Dile:
«Perdona todos nuestros pecados y recíbenos con
bondad
para que podamos ofrecerte nuestras alabanzas.*
3 Asiria no puede salvarnos,
ni nuestros caballos de guerra.
Nunca más diremos a ídolos que hemos hecho:
"Ustedes son nuestros dioses".
No, solamente en ti
los huérfanos encuentran misericordia».

4 El Señor dice:
«Entonces yo los sanaré de su falta
de fe;
mi amor no tendrá límites,
porque mi enojo habrá desaparecido para
siempre.
5 Seré para Israel
como un refrescante rocío del
cielo.
Israel florecerá como el lirio;
hundirá sus raíces profundamente en la tierra
como los cedros del Líbano.
6 Sus ramas se extenderán como hermosos olivos,
tan fragantes como los cedros del Líbano.
7 Mi pueblo vivirá otra vez bajo mi sombra.
Crecerán como el grano y florecerán como la vid;
serán tan fragantes como los vinos del Líbano.

8 »¡Oh Israel,* mantente lejos de los ídolos!
Yo soy el que contesta tus oraciones y te cuida.
Soy como un árbol que siempre está verde;
todo tu fruto proviene de mí».

9 Que los sabios entiendan estas cosas.
Que los que tienen discernimiento escuchen con
atención.
Los caminos del Señor son rectos y verdaderos,
y los justos viven al andar en ellos;
pero en esos mismos caminos, los pecadores
tropiezan y caen.

***Notas textuales** **13:10** Así aparece en la versión griega, en la siríaca y en la Vulgata Latina; en hebreo dice *Yo seré.* **13:14a** En hebreo *del Seol*; similar en 13:14b. **13:14b** La versión griega dice *Oh muerte, ¿dónde está tu castigo? / Oh sepulcro* [Hades], *¿dónde está tu aguijón?* Comparar 1 Co 15:55. **13:16** El versículo 13:16 corresponde al 14:1 en el texto hebreo. **14:1** Los versículos del 14:1-9 corresponden al 14:2-10 en el texto hebreo. **14:2** Así aparece en la versión griega y en la siríaca, que dicen *para que podamos recompensar el fruto de nuestros labios*; en hebreo dice *para que podamos recompensar los toros de nuestros labios*. **14:8** En hebreo *Efraín*, se refiere al reino del norte de Israel.

Referencias cruzadas **13:6** Os 8:14 **13:10** Os 8:4 **13:14** 1 Co 15:55 **14:2** Hb 13:15 **14:5** Mt 6:28 **14:9** Is 1:28

JOEL

¿Por qué es importante?

Este libro deja en claro que siempre es sabio entender lo que esté sucediendo a la luz de las verdades bíblicas y la voluntad del Señor. Siempre es inteligente recordar que Dios está presente y atento. Joel habla de uno de los temas más asombrosos en las profecías bíblicas y que es el del Día del Señor. Este es un período de juicio y también de bendición y restauración de todas las cosas. Para quienes no confíen en Dios, el Día del Señor es una advertencia de cosas terribles (Joel 1:15), pero el pueblo fiel del Señor debe alegrarse porque el Señor hará grandes cosas con los suyos (Joel 2:21).

¿Por qué fue escrito?

Aprovechando una tragedia nacional, una plaga de langostas que arruinó las cosechas, Joel lanza un urgente mensaje de juicio que vendrá durante el "Día del Señor", un período de terribles castigos que habrá antes de la restauración final, con motivo del arrepentimiento del pueblo.

¿Quién lo escribió?

El libro menciona el nombre de su autor y el de su padre ("Joel hijo de Petuel", Jl. 1:1). No se sabe nada sobre el profeta o su familia; solo el significado de su nombre ("el Señor es Dios") y el nombre de su padre. Por su estilo de escritura y su familiaridad con la geografía de Judá podemos suponer que nació en el reino del sur, que quizá vivió en Jerusalén y que tuvo cierta preparación literaria y teológica.

¿A quién lo escribió?

Este profeta ministró en el reino de Judá. El mensaje de advertencia acerca de un juicio cercano estaba dirigido a los judíos de esas dos tribus del sur. Una plaga de langostas es vista como el anticipo de un juicio en contra de una nación que está enredada en sus pecados y, además, como un símbolo del Día del Señor.

¿Cuándo y dónde lo escribió?

La mayoría de los estudiosos evangélicos se inclinan por una fecha durante el reinado de Joás (820 a.C.) o unos 30 o 40 años más tarde en la primera mitad del siglo VIII, debido a que no se mencionan las grandes potencias como Siria, Asiria o Babilonia. En su lugar se mencionan enemigos del período pre-exílico como los filisteos, los fenicios (lee Joel 3:4), los egipcios o los edomitas (Joel 3:19). Además, el libro está colocado entre otros profetas que ministraron más o menos en ese período, como Oseas y Amós.

En cuanto al lugar de su escritura, es posible que haya sido la ciudad de Jerusalén.

Paso a paso

1. Una lectura espiritual de la historia presente. Cap. 1
2. Una descripción de la tribulación futura. Cap. 2:1-17
3. Una descripción de la restauración futura. Cap. 2:18-3:21

Joel

1 El Señor le dio el siguiente mensaje a Joel, hijo de
Petuel.

Lamento por la plaga de langostas

2 Oigan esto, líderes del pueblo.
Escuchen, todos los habitantes de la tierra.
En toda su historia,
¿ha sucedido antes algo semejante?
3 Cuéntenlo a sus hijos en los años venideros,
y que sus hijos lo relaten a sus hijos.
Transmitan esta historia de generación en generación.
4 Después de que la oruga devoró las cosechas,
¡el pulgón acabó con lo que quedaba!
Luego vino el saltamontes
y llegó también la langosta.*

5 ¡Despiértense, borrachos, y lloren!
¡Giman, bebedores de vino!
Todas las uvas están arruinadas
y se acabó el vino dulce.
6 Un inmenso ejército de langostas* ha invadido mi tierra,
un ejército terrible, imposible de contar.
Sus dientes son como los del león
y sus colmillos se parecen a los de la leona.
7 Destruyó mis vides
y arruinó mis higueras;
les arrancó la corteza y la destruyó,
dejando sus ramas blancas y desnudas.

8 Lloren como una recién casada vestida de luto,
quien llora la muerte de su esposo.
9 Pues no hay grano ni vino
para ofrecer en el templo del Señor.
Por eso los sacerdotes están de luto;
los ministros del Señor están llorando.
10 Los campos están arruinados,
la tierra quedó desnuda.
El grano está destruido,
las uvas se secaron
y se acabó el aceite de oliva.

11 ¡Laméntense, ustedes, agricultores!
¡Giman, ustedes que cultivan vides!
Lloren porque el trigo y la cebada
—todos los cultivos del campo— están arruinados.
12 Se secaron las vides
y se marchitaron las higueras.
Los granados, las palmeras y los manzanos
—todos los árboles frutales— se secaron.
Y la alegría de la gente se marchitó con ellos.

13 Ustedes sacerdotes, ¡vístanse de tela áspera y lloren!
¡Giman, ustedes, los que sirven ante el altar!
Vengan, pasen la noche vestidos de tela áspera,
ustedes, ministros de mi Dios.
Pues no hay grano ni vino
para ofrecer en el templo de su Dios.
14 Proclamen un tiempo de ayuno;
convoquen al pueblo a una reunión solemne.
Reúnan a los líderes
y a toda la gente del país
en el templo del Señor su Dios
y allí clamen a él.
15 El día del Señor está cerca,
el día cuando la destrucción viene de parte del Todopoderoso.
¡Qué terrible será aquel día!

16 La comida desaparece delante de nuestros ojos.
Ya no hay celebraciones de júbilo en la casa de nuestro Dios.
17 Las semillas mueren en la tierra reseca
y las cosechas de grano se pierden.
Los establos están vacíos,
y los graneros, abandonados.
18 ¡Cómo braman de hambre los animales!
Las manadas de ganado vagan desorientadas
porque no encuentran pasto.
Los rebaños de ovejas y cabras gimen en su sufrimiento.

19 ¡Señor, ayúdanos!
El fuego ha devorado los pastos del desierto
y las llamas han consumido todos los árboles.
20 Hasta los animales salvajes claman a ti
porque los arroyos se secaron
y el fuego ha devorado los pastos del desierto.

Las langostas invaden como un ejército

2 ¡Toquen las trompetas en Jerusalén*!
¡Den la alarma en mi monte santo!
Que todos tiemblen de miedo
porque está cerca el día del Señor.
2 Es un día de oscuridad y penumbra,
un día de nubes densas y sombras profundas.
De repente, como el amanecer se extiende sobre las montañas,
aparece un ejército grande y poderoso.
Nunca antes se había visto algo semejante,

***Notas textuales** **1:4** La identificación precisa de las cuatro clases de insectos aquí mencionadas es incierta. **1:6** En hebreo *Una nación.* **2:1** En hebreo *Sion*, también en 2:15, 23.

Referencias cruzadas **1:4** Na 3:15-16 **1:6** Ap 9:8 **1:12** Ha 3:17-18 **1:17** Is 17:10-11 **1:19** Sal 50:15

ni volverá a verse jamás.

[3] Fuego va delante del ejército
y llamas detrás.
Delante de ellos, la tierra se extiende
tan hermosa como el jardín del Edén.
Detrás solo queda desolación;
nada escapa.
[4] Parecen caballos;
van a la carga como caballos de guerra.*
[5] Mírenlos saltar a lo largo de las cumbres.
Escuchen el estruendo que producen, como el retumbar de carros de guerra,
como el rugir del fuego que arrasa los campos de hierba seca
o el despliegue de un poderoso ejército en batalla.

[6] El miedo se apodera de la gente;
cada rostro palidece de terror.
[7] Los agresores marchan como guerreros
y escalan los muros de la ciudad como soldados.
Marchan hacia adelante,
sin romper filas.
[8] No se empujan unos a otros;
cada uno se mueve en la posición exacta.
Atraviesan las líneas de defensa
sin perder la formación.
[9] Irrumpen en la ciudad
y corren a lo largo de sus muros.
Se meten en todas las casas;
como ladrones trepan por las ventanas.
[10] La tierra tiembla mientras avanzan
y los cielos se estremecen.
El sol y la luna se oscurecen
y las estrellas dejan de brillar.

[11] El SEÑOR va a la cabeza de la columna;
con un grito los guía.
Este es su ejército poderoso
y ellos siguen sus órdenes.
El día del SEÑOR es algo imponente y pavoroso.
¿Quién lo podrá sobrevivir?

Un llamado al arrepentimiento

[12] Por eso dice el SEÑOR:
«Vuélvanse a mí ahora, mientras haya tiempo;
entréguenme su corazón.
Acérquense con ayuno, llanto y luto.
[13] No se desgarren la ropa en su dolor,
sino desgarren sus corazones».
Regresen al SEÑOR su Dios,
porque él es misericordioso y compasivo,
lento para enojarse y lleno de amor inagotable.
Está deseoso de desistir y no de castigar.
[14] ¿Quién sabe? Quizá les suspenda el castigo
y les envíe una bendición en vez de esta maldición.
Quizá puedan ofrendar grano y vino
al SEÑOR su Dios, como lo hacían antes.

[15] ¡Toquen el cuerno de carnero en Jerusalén!
Proclamen un tiempo de ayuno;
convoquen al pueblo
a una reunión solemne.
[16] Reúnan a toda la gente:
ancianos, niños y aun los bebés.
Llamen al novio de su habitación
y a la novia de su cuarto de espera.
[17] Que los sacerdotes, quienes sirven en la presencia del SEÑOR,
se levanten y lloren entre la entrada del templo y el altar.
Que oren: «¡Perdona a tu pueblo, SEÑOR!
No permitas que tu preciada posesión se convierta en objeto de burla.
No dejes que lleguen a ser la burla de los extranjeros incrédulos que dicen:
"¿Los ha abandonado el Dios de Israel?"».

El SEÑOR promete restauración

[18] Entonces el SEÑOR se compadecerá de su pueblo
y guardará celosamente el honor de su tierra.
[19] El SEÑOR responderá:
«¡Miren!, les envío grano, vino nuevo y aceite de oliva,
suficiente para satisfacer sus necesidades.
Ya no serán objeto de burla
entre las naciones vecinas.
[20] Expulsaré a esos ejércitos que vienen del norte.
Los enviaré a tierra árida y desolada.
Los que van a la vanguardia serán arrojados al mar Muerto,
y los de la retaguardia, al Mediterráneo.*
El hedor de sus cuerpos en descomposición se elevará sobre la tierra».

¡Realmente el SEÑOR ha hecho grandes cosas!
[21] No temas, oh tierra.
Alégrate ahora y regocíjate,
porque el SEÑOR ha hecho grandes cosas.
[22] No teman, animales del campo,
porque pronto los pastos del desierto recobrarán su verdor.
Los árboles volverán a colmarse de fruto;
las higueras y las vides se llenarán una vez más.
[23] ¡Alégrense, habitantes de Jerusalén!
¡Alégrense en el SEÑOR su Dios!
Pues la lluvia que él envía demuestra su fidelidad.
Volverán las lluvias de otoño,
así como las de primavera.
[24] El grano volverá a amontonarse en los campos de trillar
y los lagares desbordarán de vino nuevo y aceite de oliva.

[25] El SEÑOR dice: «Les devolveré lo que perdieron
a causa del pulgón, el saltamontes,
la langosta y la oruga.*
Fui yo quien envió ese gran ejército destructor en contra de ustedes.
[26] Volverán a tener toda la comida que deseen
y alabarán al SEÑOR su Dios,
que hace esos milagros para ustedes.

***Notas textuales** **2:4** O *como jinetes.* **2:20** En hebreo *al mar oriental [...] al mar occidental.* **2:25** La identificación precisa de las cuatro clases de insectos aquí mencionadas es incierta.

Referencias cruzadas **2:4** Ap 9:7 **2:7** Is 5:26-29 **2:10** Mc 13:24-25 **2:19** Os 2:21-22

Nunca más mi pueblo será avergonzado.
27 Entonces sabrán que yo estoy en medio de mi
pueblo Israel,
que yo soy el SEÑOR su Dios, y que no hay otro.
Nunca más mi pueblo será avergonzado.

El SEÑOR promete su Espíritu

28*»Entonces, después de hacer todas esas cosas,
derramaré mi Espíritu sobre toda la gente.
Sus hijos e hijas profetizarán.
Sus ancianos tendrán sueños,
y sus jóvenes tendrán visiones.
29 En esos días derramaré mi Espíritu
aun sobre los sirvientes, hombres y mujeres por
igual.
30 Y haré maravillas en los cielos y en la tierra:
sangre, fuego y columnas de humo.
31 El sol se oscurecerá,
y la luna se pondrá roja como la sangre
antes de que llegue el grande y terrible* día del
SEÑOR.
32 Pero todo el que invoque el nombre del SEÑOR
será salvo;
pues algunos que están en el monte Sion en
Jerusalén escaparán,
tal como el SEÑOR lo ha dicho.
Estos se contarán entre los sobrevivientes
a quienes el SEÑOR ha llamado.

Juicio contra las naciones enemigas

3 1*»En el tiempo de esos acontecimientos —dice el
SEÑOR—,
cuando yo restaure la prosperidad de Judá y de
Jerusalén,
2 reuniré a los ejércitos del mundo
en el valle de Josafat.*
Allí los juzgaré
por hacerle daño a mi pueblo, mi posesión más
preciada,
por dispersar a mi pueblo entre las naciones
y por dividir mi tierra.
3 Tiraron los dados* para decidir quiénes de mi pueblo
serían sus esclavos.
Canjearon niños por prostitutas
y vendieron niñas por tan solo suficiente vino
para emborracharse.

4»¿Qué tienen contra mí, Tiro y Sidón y, ustedes,
ciudades de Filistea? ¿Tratan de vengarse de mí? Si es
así, ¡tengan cuidado! Los atacaré con rapidez y les pagaré
por todo lo que hicieron. 5Tomaron mi plata y mi oro y
todos mis tesoros preciados y los llevaron a sus templos
paganos. 6Les vendieron la gente de Judá y de Jerusalén
a los griegos* para que se la llevaran lejos de su tierra.
7»Sin embargo, yo los traeré de regreso de todos los
lugares donde los vendieron y les pagaré a ustedes por
todo lo que hicieron. 8Venderé a sus hijos e hijas a la gente
de Judá y ellos los venderán al pueblo de Arabia,* una
nación lejana. ¡Yo, el SEÑOR, he hablado!».

9 Digan a las naciones de todas partes:
«¡Prepárense para la guerra!
Llamen a sus mejores hombres de guerra.
Que todos sus combatientes avancen para el
ataque.
10 Forjen las rejas de arado y conviértanlas en espadas,
y sus herramientas para podar, en lanzas.
Entrenen aun a los más débiles para que sean
guerreros.
11 Vengan pronto, naciones de todas partes.
Reúnanse en el valle».

¡Y ahora, oh SEÑOR, llama a tus guerreros!

12 «Que las naciones se movilicen para la guerra.
Que marchen hacia el valle de Josafat.
Allí, yo, el SEÑOR, me sentaré
para pronunciar juicio contra todas ellas.
13 Den rienda suelta a la hoz,
porque la cosecha está madura.*
Vengan, pisen las uvas,
porque el lagar está lleno.
Los barriles rebosan
con la perversidad de esas naciones».

14 Miles y miles esperan en el valle de la decisión.
Es allí donde llegará el día del SEÑOR.
15 El sol y la luna se oscurecerán
y las estrellas dejarán de brillar.
16 La voz del SEÑOR pronto rugirá desde Sion
y tronará desde Jerusalén,
y los cielos y la tierra temblarán;
pero el SEÑOR será un refugio para su pueblo,
una fortaleza firme para el pueblo de Israel.

Bendiciones para el pueblo de Dios

17 «Entonces ustedes sabrán que yo, el SEÑOR su Dios,
habito en Sion, mi monte santo.
Jerusalén será santa para siempre,
y los ejércitos extranjeros nunca más volverán a
conquistarla.
18 En aquel día las montañas destilarán vino dulce,
y de los montes fluirá leche.
El agua llenará los arroyos de Judá,
y del templo del SEÑOR brotará una fuente
que regará el árido valle de las acacias.*
19 Sin embargo, Egipto se convertirá en tierra baldía,
y Edom, en un desierto
porque atacaron al pueblo de Judá
y mataron a gente inocente en la tierra de ellos.

20 »Judá, en cambio, se llenará de gente para siempre
y Jerusalén perdurará a través de todas las
generaciones.
21 Perdonaré los crímenes de mi pueblo
que todavía no he perdonado;
y yo, el SEÑOR, haré mi hogar
en Jerusalén* con mi pueblo».

***Notas textuales** **2:28** Los versículos del 2:28-32 corresponden al 3:1-5 en el texto hebreo. **2:31** La versión griega dice *glorioso.* **3:1** Los versículos del 3:1-21 corresponden al 4:1-21 en el texto hebreo. **3:2** *Josafat* significa «el SEÑOR juzga». **3:3** En hebreo *Echaron suertes*. **3:6** En hebreo *a los pueblos de Javán*. **3:8** En hebreo *a los sabeos.* **3:13** La versión griega dice *porque ha llegado el tiempo de la cosecha.* Comparar Mc 4:29. **3:18** En hebreo *valle de Sitim.* **3:21** En hebreo *Sion.*

Referencias cruzadas **2:28-32** Hch 2:17-21 **3:4** Ez 25:15-17 **3:13** Ap 14:15-19 **3:21** Ez 36:25, 29

AMÓS

¿Por qué es importante?

Amós vivió en un mundo muy parecido al actual. Nunca había habido tanta prosperidad y, al mismo tiempo, existía una brecha cada vez mayor entre los que tenían y los que no. Hoy hay mucha injusticia, violencia y desigualdad en el mundo y la Biblia no es indiferente ni nosotros podemos serlo. Los cristianos de hoy necesitamos recuperar un sentido de santo enojo ante los pecados sociales que existen en las comunidades de las que somos parte. Amós es una antesala ampliada acerca del sermón del monte en el que Jesús dice que nosotros somos la sal y la luz de la tierra (Mt. 5:13) e incluso brinda algunas ideas de cómo rebelarnos en contra de la maldad a nivel individual y social.

¿Por qué fue escrito?

Específicamente, el propósito del libro es hacer un llamado a Israel para que se arrepienta tanto de los pecados sociales y culturales, tales como la violencia, la injusticia social y la idolatría, como de los pecados internos tales como el orgullo, la autocomplacencia y la adoración meramente externa. De lo contrario, el Señor caería sobre ellos como un león cae sobre su presa (Am. 1:2; 3:4). Por otro lado, el Señor pronuncia juicio contra las naciones vecinas por diversos pecados contra la humanidad.

¿Quién lo escribió?

El libro mismo afirma que su autor fue "Amós, pastor de Tecoa" (Am. 1.1). Cuando dice que era "pastor" y "cultivaba higueras" (Am. 7:14), no quiere decir que Amós era un campesino, sino que parece que era lo que hoy llamaríamos un ranchero dedicado a la cría de ganados y a actividades agrícolas. Además, su libro denota que tenía cierto nivel educativo. Tecoa era un pueblo que estaba más o menos a 16 km. de Jerusalén.

¿A quién lo escribió?

Durante el reinado del segundo Jeroboam, en el reino del norte hubo una época de esplendor económico y militar. Sin embargo, la vida espiritual del pueblo era decadente. Entonces, Dios llama a Amós, proveniente del reino del sur, para que venga al reino del norte a denunciar el pecado y a anunciar juicio para el pueblo por sus pecados personales y sociales. De hecho, este es uno de los libros con más referencias al pecado social de Israel.

¿Cuándo y dónde lo escribió?

El libro fue escrito alrededor del año 760 a.C., durante el reinado de Uzías en Judá y de Jeroboam II en el norte. El libro dice que Amós comenzó a ministrar "dos años antes del terremoto" (Am. 1:1), el cual ocurrió más o menos en el año 760 a.C. Con estos datos, la mayoría de los expertos ubica a Amós predicando en una época de prosperidad y poder político en Israel, aunque no todos gozaban de los beneficios de estas condiciones. En cuanto al lugar, Amós fue enviado a Israel, específicamente, a Betel la capital y residencia del rey. Esta ciudad había sido convertida en el principal santuario del reino del norte (1 Reyes 12:26-33).

Paso a paso

1. Dios acusa a las naciones por crímenes contra la humanidad. Caps. 1-2
2. Dios acusa a Samaria por su indiferente iniquidad. Caps. 3-6
3. Dios describe su creativo juicio contra Samaria. Caps. 7-9:10
4. Dios describe la esperanza de la restauración. Cap. 9:11-15

Amós

1 Este mensaje fue dado a Amós, un pastor de ovejas
de la ciudad de Tecoa, en Judá. Él recibió el mensaje
por medio de visiones, dos años antes del terremoto,
cuando Uzías era rey de Judá y Jeroboam II, hijo de
Yoás,* era rey de Israel.
2 Esto es lo que vio y oyó:

«¡La voz del Señor rugirá desde el monte Sion;
su voz tronará desde Jerusalén!
Los buenos pastizales de los pastores se secarán,
y la hierba del monte Carmelo se marchitará y morirá».

¡Respuestas Bíblicas! 107 ¿Qué es una visión?

1:1 Una visión es como un sueño. Pero los sueños suceden mientras duermes. Las visiones suceden cuando estás despierto. A veces Dios utiliza las visiones y sueños para hablarle a las personas en la Biblia.

Juicio contra las naciones vecinas

3 Esto es lo que dice el Señor:

«¡Los habitantes de Damasco han pecado una y otra vez*
y no permitiré que queden sin castigo!
Azotaron a mi gente en Galaad
como se separa el grano con trillos de hierro.
4 Por lo tanto, haré caer fuego sobre el palacio del rey Hazael,
y las fortalezas del rey Ben-adad serán destruidas.
5 Derribaré las puertas de Damasco
y masacraré a los habitantes en el valle de Avén.
Destruiré al gobernante de Bet-edén,
y los habitantes de Aram serán llevados cautivos a Kir»,
dice el Señor.

6 Esto es lo que dice el Señor:

«¡Los habitantes de Gaza han pecado una y otra vez
y no permitiré que queden sin castigo!
Enviaron a pueblos enteros al destierro
y los vendieron como esclavos a Edom.
7 Por lo tanto, haré caer fuego sobre los muros de Gaza,
y todas sus fortalezas serán destruidas.
8 Masacraré a los habitantes de Asdod
y destruiré al rey de Ascalón.
Después me volveré para atacar a Ecrón,
y los pocos filisteos que queden morirán»,
dice el Señor Soberano.

9 Esto es lo que dice el Señor:

«¡Los habitantes de Tiro han pecado una y otra vez
y no permitiré que queden sin castigo!
Rompieron su pacto de hermandad con Israel
al vender aldeas enteras como esclavas a Edom.
10 Por lo tanto, haré caer fuego sobre los muros de Tiro,
y todas sus fortalezas serán destruidas».

11 Esto es lo que dice el Señor:

«¡Los habitantes de Edom han pecado una y otra vez
y no permitiré que queden sin castigo!
Espada en mano, persiguieron a sus parientes, los israelitas,
y no les tuvieron compasión.
En su furia, los apuñalaron continuamente
y fueron implacables en su enojo.
12 Por lo tanto, haré caer fuego sobre Temán,
y las fortalezas de Bosra serán destruidas».

13 Esto es lo que dice el Señor:

«¡Los habitantes de Amón han pecado una y otra vez
y no permitiré que queden sin castigo!
Cuando atacaron a Galaad para extender sus fronteras,
con sus espadas abrieron a las mujeres embarazadas.
14 Por lo tanto, haré caer fuego sobre los muros de Rabá,
y todas sus fortalezas serán destruidas.
La batalla vendrá sobre ellos con gritos,
como un torbellino en una tormenta impetuosa.
15 Y su rey* y sus príncipes irán juntos al destierro»,
dice el Señor.

2 Esto es lo que dice el Señor:

«¡Los habitantes de Moab han pecado una y otra vez*
y no permitiré que queden sin castigo!
Profanaron los huesos del rey de Edom,

***Notas textuales** **1:1** En hebreo *Joás*, una variante de Yoás. **1:3** En hebreo *han cometido tres pecados, aun cuatro*; también en 1:6, 9, 11, 13. **1:15** En hebreo *malcam*, posiblemente se refiere a su dios Moloc. **2:1** En hebreo *han cometido tres pecados, aun cuatro*; también en 2:4, 6.

Referencias cruzadas **1:6** Jr 47:1, 5 **1:9-10** Is 23:1-18 **1:11-12** Ez 25:12-14 **2:1-3** Jr 48:24, 41, 45

reduciéndolos a cenizas.
2 Por lo tanto, haré caer fuego sobre la tierra de Moab,
y todas las fortalezas de Queriot serán destruidas.
Los habitantes caerán en el ruido de la batalla,
entre gritos de guerra y toques del cuerno de carnero.
3 Y destruiré a su rey
y masacraré a todos sus príncipes»,
dice el SEÑOR.

Juicio de Dios contra Judá e Israel

4 Esto es lo que dice el SEÑOR:

«¡Los habitantes de Judá han pecado una y otra vez
y no permitiré que queden sin castigo!
Rechazaron la instrucción del SEÑOR
y se negaron a obedecer sus decretos.
Se han descarriado por las mismas mentiras
que engañaron a sus antepasados.
5 Por lo tanto, haré caer fuego sobre Judá,
y todas las fortalezas de Jerusalén serán destruidas».

6 Esto es lo que dice el SEÑOR:

«¡Los habitantes de Israel han pecado una y otra vez
y no permitiré que queden sin castigo!
Venden por dinero a la gente honrada
y a los pobres por un par de sandalias.
7 Pisotean en el polvo a los indefensos
y quitan a los oprimidos del camino.
Tanto el padre como el hijo se acuestan con la misma mujer
y así profanan mi santo nombre.
8 En sus festivales religiosos
están a sus anchas usando la ropa que sus deudores dejaron en garantía.
En la casa de sus dioses*
beben vino comprado con dinero de multas injustas.

9 »Pero ante los ojos de mi pueblo
destruí a los amorreos,
aunque eran tan altos como cedros
y tan fuertes como robles.
Destruí el fruto de sus ramas
y arranqué sus raíces.
10 Fui yo quien los rescató a ustedes de Egipto
y los guio por el desierto durante cuarenta años
para que pudieran poseer la tierra de los amorreos.
11 Elegí a algunos de sus hijos para ser profetas
y a otros para ser nazareos.
¿Acaso puedes negar esto, Israel, pueblo mío?
—pregunta el SEÑOR—.
12 Pero ustedes hicieron que los nazareos pecaran,
forzándolos a beber vino,
y les ordenaron a los profetas: "¡Cállense!"

13 »Por lo tanto, haré que giman
como una carreta cargada con gavillas de grano.
14 Sus corredores más veloces no podrán escapar.
El más fuerte entre ustedes se volverá débil.
Ni siquiera los guerreros más poderosos serán capaces de salvarse.
15 Los arqueros no podrán mantenerse firmes.
Los más veloces no serán lo suficientemente rápidos para escapar.
Ni siquiera los que montan a caballo podrán salvarse.
16 En aquel día, los hombres de guerra más valientes
dejarán caer sus armas y correrán por sus vidas»,
dice el SEÑOR.

3 Escuchen este mensaje que el SEÑOR ha hablado
contra ustedes, oh pueblo de Israel, contra toda la
familia que rescaté de Egipto:

2 «De entre todas las familias de la tierra,
solo con ustedes he tenido una relación tan íntima.
Por eso debo castigarlos
por todos sus pecados».

Testigos contra Israel

3 ¿Pueden dos caminar juntos
sin estar de acuerdo adonde van?
4 ¿Ruge un león en un matorral
sin antes encontrar a una víctima?
¿Gruñe un león joven en su guarida
sin antes agarrar a su presa?
5 ¿Cae un pájaro en una trampa
que no tiene cebo?
¿Se cierra una trampa
cuando no hay nada que atrapar?
6 Cuando el cuerno de carnero toca la alarma,
¿no debería el pueblo estar alarmado?
¿Llega el desastre a una ciudad
sin que el SEÑOR lo haya planeado?

7 De hecho, el SEÑOR Soberano nunca hace nada
sin antes revelar sus planes a sus siervos, los profetas.

8 El león ha rugido,
así que, ¿quién no tiene miedo?
El SEÑOR Soberano ha hablado,
así que, ¿quién puede negarse a proclamar su mensaje?
9 Anuncien lo siguiente a los líderes de Filistea*
y a los grandes de Egipto:
«Siéntense ahora en las colinas que rodean a Samaria
y sean testigos del caos y la opresión en Israel.

10 »Mi pueblo ha olvidado cómo hacer lo correcto
—dice el SEÑOR—.
Sus fortalezas están llenas de riquezas
obtenidas por el robo y la violencia.
11 Por lo tanto —dice el SEÑOR
Soberano—,
¡se acerca un enemigo!

***Notas textuales 2:8** O *de su Dios*. **3:9** En hebreo *Asdod*. **3:12** El significado del hebreo es incierto.

Referencias cruzadas 2:6 2 Re 18:12 **2:10** Dt 2:7 **2:14** Sal 33:16 **3:2** Rm 2:9 **3:7** Jn 15:15 **3:10** Za 5:3-4

Los rodeará y destrozará sus defensas.
Luego saqueará todas sus fortalezas».

12 Esto es lo que dice el SEÑOR:

«Un pastor que trate de rescatar una oveja de la boca del león
solamente recuperará dos patas o un pedazo de oreja.
Así será con los israelitas en Samaria que se recuestan en camas lujosas
y con el pueblo de Damasco que se reclina en sillones.*

13 »Escuchen ahora esto y anúncienlo por todo
Israel* —dice el Señor, el SEÑOR Dios de los Ejércitos
Celestiales—:

14 »El mismo día que yo castigue a Israel por sus pecados,
destruiré los altares paganos en Betel.
Los cuernos del altar serán cortados
y caerán al suelo.
15 Y destruiré las hermosas casas de los ricos
—sus mansiones de invierno y también sus casas de verano—,
todos sus palacios cubiertos de marfil»,
dice el SEÑOR.

Israel no aprende

4 Escúchenme, ustedes, vacas gordas*
que viven en Samaria,
ustedes, mujeres, que oprimen al pobre
y aplastan al necesitado
y que les gritan siempre a sus esposos:
«¡Tráigannos otra bebida!».
2 El SEÑOR Soberano ha jurado por su propia santidad:
«Llegará el día cuando ustedes serán llevadas
con garfios enganchados en sus narices.
¡Hasta la última de ustedes será arrastrada lejos
como un pez al anzuelo!
3 Las sacarán por las ruinas de la muralla;
serán expulsadas de sus fortalezas*»,
dice el SEÑOR.

4 «Adelante, ofrezcan sacrificios a los ídolos en Betel;
continúen desobedeciendo en Gilgal.
Ofrezcan sacrificios cada mañana
y lleven sus diezmos cada tercer día.
5 Presenten su pan hecho con levadura
como una ofrenda de gratitud.
¡Luego entreguen sus ofrendas voluntarias
para poder jactarse de ello en todas partes!
Este es el tipo de cosas que a ustedes, israelitas, les encanta hacer»,
dice el SEÑOR Soberano.

6 «Hice que pasaran hambre en cada ciudad
y que hubiera hambruna en cada pueblo,
pero aun así, ustedes no se volvieron a mí»,
dice el SEÑOR.

7 «Yo detuve la lluvia
cuando sus cosechas más la necesitaban.
Envié la lluvia sobre una ciudad,
pero la retuve en otra.
Llovió en un campo,
mientras otro se marchitaba.
8 La gente deambulaba de ciudad en ciudad buscando agua,
pero nunca había suficiente;
pero aun así, ustedes no se volvieron a mí»,
dice el SEÑOR.

9 «Arruiné sus cultivos y viñedos con plaga y moho.
La langosta devoró todas sus higueras y todos sus olivos;
pero aun así, ustedes no se volvieron a mí»,
dice el SEÑOR.

10 «Les mandé plagas
como las que envié sobre Egipto hace tiempo.
¡Maté a sus jóvenes en la guerra
y llevé lejos a todos sus caballos*!
¡El hedor de la muerte llenó el aire!,
pero aun así, ustedes no se volvieron a mí»,
dice el SEÑOR.

11 «Destruí algunas de sus ciudades,
así como destruí* Sodoma y Gomorra.
Ustedes que sobrevivieron
parecían tizones rescatados del fuego;
pero aun así, no se volvieron a mí»,
dice el SEÑOR.

12 «Por lo tanto, yo traeré sobre ustedes los desastres que he anunciado.
Pueblo de Israel, ¡prepárate para encontrarte con tu Dios en el juicio!».

13 Pues el SEÑOR es quien formó las montañas,
agita los vientos y da a conocer sus pensamientos a la humanidad.
Él convierte la luz del amanecer en oscuridad
y marcha sobre las alturas de la tierra.
¡El SEÑOR Dios de los Ejércitos Celestiales es su nombre!

Un llamado al arrepentimiento

5 ¡Escucha, pueblo de Israel! Oye este canto fúnebre que entono:

2 «¡La virgen Israel ha caído;
nunca volverá a levantarse!
Yace abandonada en el suelo
y no hay quien la levante».

3 El SEÑOR Soberano dice:

«Cuando una ciudad mande a mil hombres a la guerra,

***Notas textuales** **3:13** En hebreo *la casa de Jacob.* Los nombres «Jacob» e «Israel» a menudo son intercambiables en el Antiguo Testamento. Algunas veces hacen referencia al patriarca como individuo y otras veces a la nación. **4:1** En hebreo *ustedes, vacas de Basán.* **4:3** O *expulsadas hacia Harmón,* posiblemente se refiere al monte Hermón. **4:10** O *y maté sus caballos capturados.* **4:11** En hebreo *como cuando Dios destruyó.*

Referencias cruzadas **3:14** Am 4:4 **4:2** Is 37:29 **4:8** Jr 14:3-4 **4:10** Ex 9:3-6 **4:13** Jb 38:4-11 **5:2** Jr 14:17

solo volverán cien.
Cuando un pueblo envíe a cien,
solo diez regresarán vivos».

4 Ahora bien, esto es lo que el SEÑOR dice a la familia de
Israel:

«¡Vuelvan a buscarme y vivan!
5 No adoren en los altares paganos en Betel;
no vayan a los altares en Gilgal ni en Beerseba.
Pues el pueblo de Gilgal será arrastrado al destierro
y el pueblo de Betel será reducido a nada».
6 ¡Vuelvan a buscar al SEÑOR y vivan!
De lo contrario, él pasará por Israel* como un fuego
y los devorará completamente.
Sus dioses en Betel
no serán capaces de apagar las llamas.
7 Ustedes tuercen la justicia y la convierten en trago amargo para el oprimido.
Tratan al justo como basura.

8 Es el SEÑOR quien creó las estrellas,
las Pléyades y el Orión.
Él transforma la oscuridad en luz
y el día en noche.
Él levanta agua de los océanos
y la vierte como lluvia sobre la tierra.
¡El SEÑOR es su nombre!
9 Con poder y deslumbrante velocidad destruye a los poderosos
y aplasta todas sus defensas.

10 ¡Cómo odian ustedes a los jueces honestos!
¡Cómo desprecian a los que dicen la verdad!
11 Pisotean a los pobres,
robándoles el grano con impuestos y rentas injustas.
Por lo tanto, aunque construyan hermosas casas de piedra,
nunca vivirán en ellas.
Aunque planten viñedos exuberantes,
nunca beberán su vino.
12 Pues yo conozco la enorme cantidad de sus pecados
y la profundidad de sus rebeliones.
Ustedes oprimen a los buenos al aceptar sobornos
y privan al pobre de la justicia en los tribunales.
13 Así que los que son listos permanecerán con la boca cerrada,
porque es un tiempo malo.

14 ¡Hagan lo bueno y huyan del mal
para que vivan!
Entonces el SEÑOR Dios de los Ejércitos Celestiales será su ayudador,
así como ustedes han dicho.
15 Odien lo malo y amen lo bueno;
conviertan sus tribunales en verdaderas cortes de justicia.
Quizás el SEÑOR Dios de los Ejércitos Celestiales
todavía tenga compasión del remanente de su pueblo.*

16 Por lo tanto, esto es lo que dice el Señor, el SEÑOR Dios
de los Ejércitos Celestiales:

«Habrá llanto en todas las plazas públicas
y lamentos en cada calle.
Llamen a los campesinos para que lloren con ustedes
y traigan a los que les pagan por lamentar.
17 Habrá gemidos en cada viñedo,
porque yo los destruiré a todos»,
dice el SEÑOR.

Advertencia sobre el juicio que viene

18 Qué aflicción les espera a ustedes que dicen:
«¡Si tan solo hoy fuera el día del SEÑOR!».
No tienen la menor idea de lo que desean.
Ese día no traerá luz, sino oscuridad.
19 En ese día ustedes serán como un hombre que huye de un león,
solo para encontrarse con un oso.
Y, al escapar del oso, apoya su mano contra una pared en su casa
y lo muerde una serpiente.
20 Así es, el día del SEÑOR será oscuro y sin remedio,
sin un rayo de alegría ni esperanza.

21 «Odio todos sus grandes alardes y pretensiones,
la hipocresía de sus festivales religiosos y asambleas solemnes.
22 No aceptaré sus ofrendas quemadas ni sus ofrendas de grano.
Ni siquiera prestaré atención a sus ofrendas selectas de paz.
23 ¡Fuera de aquí con sus ruidosos himnos de alabanza!
No escucharé la música de sus arpas.
24 En cambio, quiero ver una tremenda inundación de justicia
y un río inagotable de rectitud.

25 »Israel, ¿acaso era a mí a quien traías sacrificios y
ofrendas durante los cuarenta años en el desierto? 26 No,
servías a tus dioses paganos —Sacut, tu dios rey y Quiún,
tu dios estrella—, las imágenes que hiciste para ti mismo.
27 Por lo tanto, te mandaré al destierro, a un país al oriente
de Damasco*», dice el SEÑOR, cuyo nombre es el Dios de
los Ejércitos Celestiales.

6

¡Qué aflicción les espera a ustedes que están a sus anchas en medio de lujos en Jerusalén,*
y a ustedes que se sienten seguros en Samaria!
Son famosos y conocidos en Israel,
y la gente acude a ustedes en busca de ayuda.
2 Pero vayan a Calne
y vean lo que ocurrió allí.
Vayan luego a la gran ciudad de Hamat
y desciendan a la ciudad filistea de Gat.
Ustedes no son mejores que ellos,
y miren cómo fueron destruidos.
3 No quieren pensar en el desastre que viene,
pero sus acciones solo acercan más el día del juicio.

***Notas textuales** **5:6** En hebreo *la casa de José.* **5:15** En hebreo *del remanente de José.* **5:26-27** La versión griega dice *No, llevabas a tus dioses paganos: el santuario de Moloc, la estrella de tu dios Refán y las imágenes que hiciste para ti mismo. Por lo tanto, te mandaré al destierro, a un país al oriente de Damasco.* Comparar Hch 7:43. **6:1** En hebreo *en Sion.*

Referencias cruzadas **5:11** Is 59:15 **5:15** Rm 12:9 **5:24** Mi 6:8

4 Qué terrible será para ustedes que se dejan caer en
camas de marfil
y están a sus anchas en sus sillones,
comiendo corderos tiernos del rebaño
y becerros selectos engordados en el establo.
5 Entonan canciones frívolas al son del arpa
y se creen músicos tan magníficos como David.
6 Beben vino en tazones llenos
y se perfuman con lociones
fragantes.
No les importa la ruina de su nación.*
7 Por lo tanto, ustedes serán los primeros en ser
llevados cautivos.
De repente se acabarán todas sus fiestas.

8 El SEÑOR Soberano ha jurado por su propio nombre
y esto es lo que dice el SEÑOR Dios de los Ejércitos
Celestiales:

«Desprecio la arrogancia de Israel*
y odio sus fortalezas.
Entregaré esta ciudad
a sus enemigos junto con todo lo que hay en ella».

9 (Si quedan diez hombres en una casa, todos morirán.
10 Luego, cuando el pariente responsable de deshacerse
de los muertos* entre en la casa para llevarse los cuerpos,
le preguntará al último sobreviviente: «¿Está alguien más
contigo?». Entonces, cuando la persona comience a jurar:
«No, por...», la interrumpirá y dirá: «¡Cállate! Ni siquiera
menciones el nombre del SEÑOR»).

11 Cuando el SEÑOR dé la orden,
las casas, tanto grandes como pequeñas, serán
reducidas a escombros.

12 ¿Pueden galopar los caballos sobre rocas grandes?
¿Se pueden usar bueyes para
ararlas?
Así de necios son ustedes cuando convierten la
justicia en veneno
y el fruto dulce de la rectitud en amargura.
13 Ustedes se jactan de su conquista de Lo-debar*
y alardean: «¿No tomamos Karnaim* por nuestra
propia fuerza?».

14 «Oh pueblo de Israel, estoy a punto de levantar una
nación enemiga contra ti
—dice el SEÑOR Dios de los Ejércitos
Celestiales—.
Los oprimirán por todo su territorio,
desde Lebo-hamat en el norte
hasta el valle de Arabá en el sur».

La visión de las langostas

7 El SEÑOR Soberano me mostró una visión. Lo vi pre-
parándose para enviar una enorme nube de langostas
sobre la tierra. Esto ocurrió después de que la parte de la
cosecha del rey había sido recolectada, pero cuando se
acercaba la cosecha principal. 2 En mi visión las langostas
se comieron todo lo verde que se veía. Entonces dije:
—Oh SEÑOR Soberano, por favor, perdónanos o no
sobreviviremos, porque Israel* es tan pequeño.
3 Así que el SEÑOR se retractó de ese plan y dijo:
—No lo haré.

La visión del fuego

4 Después el SEÑOR Soberano me mostró otra visión. Lo vi
preparándose para castigar a su pueblo con un gran fuego.
El fuego había quemado las profundidades del mar e iba
devorando toda la tierra. 5 Entonces dije:
—Oh SEÑOR Soberano, por favor, detente o no sobre-
viviremos, porque Israel es tan pequeño.
6 Entonces el SEÑOR también se retractó de ese plan.
—Tampoco lo haré —dijo el SEÑOR Soberano.

La visión de la plomada

7 Luego me mostró otra visión. Vi al Señor de pie al lado de
una pared que se había construido usando una plomada.
Usaba la plomada para ver si aún estaba derecha. 8 Entonces
el SEÑOR me dijo:
—Amós, ¿qué ves?
—Una plomada —contesté.
Y el Señor respondió:
—Probaré a mi pueblo con esta plomada. Ya no pasaré
por alto sus pecados. 9 Los altares paganos de sus antepa-
sados* quedarán en ruinas y los santuarios de Israel serán
destruidos; acabaré de forma repentina con la dinastía
del rey Jeroboam.

Amós y Amasías

10 Luego Amasías, el sacerdote de Betel, mandó un men-
saje a Jeroboam, rey de Israel: «¡Amós está tramando una
conspiración contra usted, aquí mismo en el umbral de
su casa! Lo que él dice es intolerable. 11 Anda diciendo:
"Pronto matarán a Jeroboam y el pueblo de Israel será
enviado al destierro"».
12 Entonces Amasías envió órdenes a Amós:
—¡Vete de aquí, profeta! ¡Regresa a la tierra de Judá y
gánate la vida profetizando allí! 13 No nos molestes con
tus profecías aquí en Betel. ¡Este es el santuario del rey y
el lugar nacional de culto!
14 Pero Amós contestó:
—No soy profeta profesional ni fui entrenado para
serlo.* No soy más que un pastor de ovejas y cultivador
de las higueras sicómoros. 15 Sin embargo, el SEÑOR me
llamó y me apartó de mi rebaño y me dijo: "Ve y profe-
tiza a mi pueblo en Israel". 16 Ahora bien, escuchen este
mensaje del SEÑOR:

"Tú dices:
'No profetices contra Israel.
Deja de predicar contra mi pueblo*'.
17 Pero esto es lo que dice el SEÑOR:
'Tu esposa se convertirá en prostituta en esta
ciudad,
y a tus hijos y a tus hijas los
matarán.
Tu tierra será repartida
y tú morirás en tierra extranjera.

***Notas textuales** **6:6** En hebreo *de José.* **6:8** En hebreo *Jacob.* Ver nota en 3:13. **6:10** O *quemar los muertos.* El significado del hebreo es incierto. **6:13a** *Lo-debar* significa «nada». **6:13b** *Karnaim* significa «cuernos», un término que simboliza fuerza. **7:2** En hebreo *Jacob*; también en el 7:5. Ver nota en 3:13. **7:9** En hebreo *de Isaac.* **7:14** O *No soy profeta ni hijo de un profeta.* **7:16** En hebreo *contra la casa de Isaac.*

Referencias cruzadas **6:4** Ez 34:2-3 **6:8** Lv 26:30 **6:14** Jr 5:15 **7:4** Is 66:15-16 **7:9** 2 Re 15:8-10 **7:13** Hch 4:17-18 **7:17** Jr 14:16

Con toda seguridad el pueblo de Israel irá cautivo al
destierro,
lejos de su patria'».

La visión de la fruta madura

8 Entonces el SEÑOR Soberano me mostró otra visión.
Esta vez vi una cesta llena de fruta madura.
2 —¿Qué ves, Amós? —me preguntó.
—Una cesta repleta de fruta madura —contesté.
Entonces el SEÑOR dijo:
—Al igual que esta fruta, ¡Israel está maduro para el
castigo! No volveré a demorar su castigo. 3 En aquel día
el canto en el templo se convertirá en lamento. Habrá
cadáveres tirados por todas partes. Serán llevados fuera
de la ciudad en silencio. ¡Yo, el SEÑOR Soberano, he
hablado!

4 ¡Escuchen esto, ustedes que roban al pobre
y pisotean al necesitado!
5 Ustedes no se aguantan a que termine el día de
descanso
y a que se acaben los festivales religiosos
para volver a estafar al
desamparado.
Pesan el grano con medidas falsas
y estafan al comprador con balanzas
fraudulentas.*
6 Y el grano que venden lo mezclan
con los deshechos barridos del piso.
Por una moneda de plata o un par de sandalias,
convierten en esclavos a los pobres.

7 Ahora el SEÑOR ha hecho este
juramento
por su propio nombre, el Orgullo de Israel:*
«¡Nunca olvidaré
las cosas perversas que han hecho!
8 La tierra temblará a causa de sus acciones
y todos harán duelo.
La tierra subirá como el río Nilo en tiempo de
inundaciones;
se levantará y volverá a hundirse.

9 »En aquel día —dice el SEÑOR Soberano—
haré que el sol se ponga al mediodía
y que en pleno día se oscurezca la tierra.
10 Convertiré sus celebraciones en lamentos
y su cantar en llanto.
Se vestirán de luto
y se raparán la cabeza en señal de dolor,
como si su único hijo hubiera muerto.
¡Qué tan amargo será ese día!

11 »Ciertamente se acerca la hora —dice el SEÑOR
Soberano—
cuando enviaré hambre a la tierra;
no será hambre de pan ni sed de agua,
sino hambre de oír las palabras del SEÑOR.
12 La gente deambulará de mar a mar
y vagará de frontera a frontera*
en busca de la palabra del SEÑOR,
pero no la encontrarán.
13 En aquel día, las jóvenes hermosas y los muchachos
fuertes se
desmayarán,
sedientos por la palabra del SEÑOR.
14 Y los que juran por los vergonzosos ídolos de
Samaria,
los que hacen juramentos en nombre del dios de
Dan
y votos en nombre del dios de Beerseba,*
todos caerán y nunca más se levantarán».

La visión de Dios junto al altar

9 Entonces vi una visión del Señor, quien estaba de pie
junto al altar, y dijo:

«Golpea la parte superior de las columnas del templo
para que los cimientos se sacudan.
Derriba el techo
sobre las cabezas de la gente.
Mataré a espada a los que sobrevivan.
¡Nadie escapará!

2 »Aunque caven hasta el lugar de los muertos,*
allí descenderé y los sacaré.
Aunque suban hasta los cielos,
de allí los derribaré.
3 Aunque se escondan en la cumbre del monte
Carmelo,
allí los buscaré y los capturaré.
Aunque se oculten en el fondo del océano,
enviaré tras ellos a la serpiente marina para que
los muerda.
4 Aunque sus enemigos los lleven al destierro,
ordenaré a la espada que allí los
mate.
Estoy decidido a traerles desastre
y no a ayudarlos».

5 El Señor, el SEÑOR de los Ejércitos Celestiales,
toca la tierra y esta se derrite,
y todos sus habitantes lloran.
La tierra sube como el río Nilo en tiempo de
inundaciones,
y luego vuelve a hundirse.
6 El hogar del SEÑOR llega hasta los cielos,
mientras que sus cimientos están en la tierra.
Él levanta agua de los océanos
y la vierte como lluvia sobre la tierra.
¡El SEÑOR es su nombre!

7 «Israelitas, ¿son ustedes más importantes para mí
que los etíopes*? —pregunta el SEÑOR—.
Saqué a Israel de Egipto,
pero también traje a los filisteos de Creta*
y a los arameos de Kir.

8 »Yo, el SEÑOR Soberano,
estoy vigilando a esta nación pecaminosa de Israel

***Notas textuales** **8:5** En hebreo *Hacen la efa* [una unidad para medir el grano] *pequeña y el siclo* [una unidad de peso] *grande y comercian con engaño al usar balanzas fraudulentas.* **8:7** En hebreo *el orgullo de Jacob*. Ver la nota en 3:13. **8:12** En hebreo *del norte al oriente.* **8:14** En hebreo *el camino de Beerseba*. **9:2** En hebreo *hasta el Seol*. **9:7a** En hebreo *los cusitas?* **9:7b** En hebreo *Caftor.* **9:8** En hebreo *la casa de Jacob.* Ver nota en 3:13.

Referencias cruzadas **8:4** Am 2:6-7 **8:9** Lc 23:44-45 **9:4** Jr 44:11 **9:6** Sal 104:3

y la destruiré
de la faz de la tierra.
Sin embargo, nunca destruiré por completo a la familia de Israel*
—dice el SEÑOR—.
9 Pues daré la orden
y sacudiré a Israel junto con las demás naciones
como se sacude el grano en un cernidor;
sin embargo, ningún grano verdadero se perderá.
10 En cambio, todos los pecadores morirán a filo de espada,
esos que dicen: "Nada malo nos sucederá".

Promesa de restauración

11 »En aquel día restauraré la casa caída* de David.
Repararé sus muros dañados.
De las ruinas, la reedificaré
y restauraré su gloria anterior.
12 Israel poseerá lo que quede de Edom
y todas las naciones que he llamado a ser mías*».
El SEÑOR ha hablado
y cumplirá estas cosas.

13 «Llegará el día —dice el SEÑOR—
en el que el grano y las uvas crecerán más rápido
de lo que puedan ser cosechados.
¡Entonces los viñedos en las terrazas de las colinas de Israel
destilarán vino dulce!
14 Traeré a mi pueblo Israel de su cautiverio
en tierras lejanas;
reedificarán sus ciudades que están en ruinas
y nuevamente vivirán en ellas.
Plantarán viñedos y huertos;
comerán sus cosechas y beberán su vino.
15 Los plantaré firmemente allí
en su propia tierra.
Nunca más serán desarraigados
de la tierra que yo les di»,
dice el SEÑOR tu Dios.

***Notas textuales** **9:11a** O *el reino caído*; en hebreo dice *la carpa caída*. **9:11b-12** La versión griega dice *restauraré su gloria anterior / para que el resto de la humanidad, incluidos los gentiles / —todos los que he llamado a ser míos— me busquen*. Comparar Hch 15:16-17.

Referencias cruzadas **9:14** Jr 30:18

ABDÍAS

¿Por qué es importante?

El egoísmo es siempre un mal consejero y provoca que el amor entre hermanos y amigos se enfríe y por eso Abdías es una advertencia para abandonar el orgullo en las relaciones personales. En este libro, Edom recibió la condena de parte de Dios por ser orgulloso en la hora de angustia de su hermano, y de la misma forma la recibirá todo aquel que trate con crueldad al prójimo que ha caído en desgracia. Por eso, este sería un buen libro para enseñar acerca de llevarse bien con los hermanos mayores o menores en la familia. La amabilidad y la compasión siempre son importantes para los cristianos. Ese es el gran desafío de este pequeño libro que puede ayudarte a recordar que la armonía familiar no es algo que simplemente sucede sino en lo que debemos trabajar.

¿Por qué fue escrito?

El libro de Abdías fue escrito para condenar a Edom por sus pecados contra Dios e Israel, y para ofrecer esperanza a Israel.

¿Quién lo escribió?

El libro se presenta como la visión de Abdías. Eso es lo único que sabemos de este profeta. Su nombre significa "Siervo del Señor."

¿A quién lo escribió?

Aunque hay una larga referencia a Edom, lo más probable es que el libro fue escrito para que fuese leído por los judíos que ya estaban sufriendo el exilio o que habían quedado viviendo de manera precaria en las ruinas de Jerusalén. Era la forma de decirles que el Señor seguía estando en control y que, aunque la invasión de los caldeos fue permitida por Dios, de todas maneras, Él pediría cuentas a aquellos involucrados en la destrucción de su pueblo.

¿Cuándo y dónde lo escribió?

Hay varias fechas posibles para la composición de este libro. Sin embargo, la gravedad de la tragedia de Judá sugiere que la destrucción de esa nación es la que sufrió a manos de los caldeos en el año 586 a.C. Eso sugiere que el libro fue terminado poco después de ese evento. En cuanto al lugar en el que fue escrito, es posible que Abdías haya escrito este libro en lo que quedaba de Jerusalén.

Paso a paso

1. El orgulloso será humillado. V. 1-9
2. El orgulloso es condenado por traicionar a su hermano. V. 10-16
3. El humilde será colocado a la cabeza de la historia. V. 17-21

ABDÍAS

Abdías

Esta es la visión que el SEÑOR Soberano reveló a Abdías acerca de la tierra de Edom.

Anuncio del juicio de Edom

Hemos oído un mensaje del SEÑOR,
que un embajador fue enviado a las naciones para decir:
«¡Prepárense todos!
¡Convoquemos a nuestros ejércitos y ataquemos a Edom!».

¡Respuestas Bíblicas! 108 ¿Qué quiere decir que la gente de Edom vivía en una fortaleza de piedra?

3 Las personas de Edom estaban orgullosas de su ciudad que estaba tallada en acantilados de piedra. Luego nombraron a la ciudad Petra. Petra significa piedra.

2 El SEÑOR dice a Edom:
«Te haré pequeña entre las naciones;
serás muy despreciada.
3 Has sido engañada por tu propio orgullo
porque vives en una fortaleza de piedra
y haces tu morada en lo alto de las montañas.
"¿Quién puede tocarnos aquí en las remotas alturas?",
te preguntas con arrogancia;
4 pero aunque te remontes tan alto como las águilas
y construyas tu nido entre las estrellas,
te haré caer estrepitosamente»,
dice el SEÑOR.

5 «Si vinieran ladrones en la noche y te robaran,
(¡qué desastre te espera!)
no se llevarían todo.
Los que cosechan uvas
siempre dejan unas cuantas para los pobres.
¡Pero tus enemigos te aniquilarán por completo!
6 Registrarán y saquearán
cada rincón y cada grieta de Edom.*
Se llevarán hasta el último de los tesoros escondidos.

7 »Todos tus aliados se volverán contra ti
y ayudarán a expulsarte de tu tierra.
Te prometerán paz
mientras traman engañarte y destruirte.
Tus amigos de confianza te tenderán trampas
y ni siquiera te darás cuenta.
8 En aquel día ni una sola persona sabia
quedará en toda la tierra de Edom
—dice el SEÑOR—.
Pues destruiré en las montañas de Edom
a todos los que tengan entendimiento.
9 Los más poderosos guerreros de Temán
sentirán terror,
y todos en las montañas de Edom
serán exterminados en la masacre.

Causas del castigo de Edom

10 »A causa de la violencia con la que trataste
a tus parientes cercanos de Israel,*
te llenarás de vergüenza
y serás destruido para siempre.
11 Cuando tus parientes fueron invadidos,
te mantuviste al margen y te negaste a ayudarlos.
Los invasores se llevaron su riqueza
y echaron suertes para repartirse Jerusalén,
pero tú actuaste como un enemigo de Israel.

12 »No debiste alegrarte
cuando desterraron a tus parientes a tierras lejanas.
No debiste gozarte
cuando el pueblo de Judá sufría semejante desgracia.
No debiste hablar con arrogancia
en ese terrible tiempo de angustia.
13 No debiste saquear la tierra de Israel
mientras ellos sufrían semejante calamidad.
No debiste regodearte de su destrucción
mientras sufrían semejante calamidad.
No debiste robar sus riquezas
mientras sufrían semejante calamidad.
14 No debiste pararte en la encrucijada
para matar a los que intentaban escapar.
No debiste capturar y entregar a los sobrevivientes
en su terrible tiempo de angustia.

Destrucción de Edom, restauración de Israel

15 »¡Se acerca el día cuando yo, el SEÑOR,
juzgaré a todas las naciones paganas!
Como le hiciste a Israel,
así se hará contigo.
Todas tus malas acciones
recaerán sobre tu cabeza.
16 Así como te tragaste a mi pueblo

***Notas textuales** **6** En hebreo *Esaú*; también en 8b, 9, 18, 19, 21. **10** En hebreo *a tu hermano Jacob*. Los nombres «Jacob» e «Israel» a menudo son intercambiables en el Antiguo Testamento. Algunas veces hacen referencia al patriarca como individuo y otras veces a la nación.

Referencias cruzadas **1:1** Am 1:11-12 **1:5** Jr 49:9-10 **1:7** Jr 30:14 **1:10** Ez 25:12-14

en mi monte santo,
así tú y las naciones vecinas
se tragarán el castigo que derramaré sobre ti.
Sí, todas las naciones beberán, se tambalearán
y desaparecerán de la historia.

17 »Sin embargo, Jerusalén* será un refugio para los que escapen;
será un lugar santo.
Y el pueblo de Israel* regresará
para reclamar su herencia.
18 El pueblo de Israel será un fuego violento,
y Edom, un campo de hierba seca.
Los descendientes de José serán una llama que rugirá a través del campo,
devorándolo todo.
No quedará nadie con vida en Edom.
¡Yo, el Señor, he hablado!

19 »Entonces mi pueblo que vive en el Neguev
ocupará las montañas de Edom.
Los que viven en las colinas de Judá*
poseerán las llanuras de los filisteos
y se apoderarán de los campos de Efraín y de Samaria,
y el pueblo de Benjamín
ocupará la tierra de Galaad.
20 Los desterrados de Israel volverán a su tierra
y ocuparán la costa de Fenicia hasta Sarepta, al norte.
Los cautivos de Jerusalén desterrados en el norte*
volverán a casa y repoblarán los pueblos del Neguev.
21 Los que hayan sido rescatados* subirán al* monte Sion en Jerusalén
para gobernar sobre las montañas de Edom.
¡Y el Señor mismo será rey!».

***Notas textuales** **17a** En hebreo *el monte Sion*. **17b** En hebreo *la casa de Jacob*; también en 18. Ver nota en 10. **19** En hebreo *en la Sefela*. **20** En hebreo *en Sefarad*. **21a** Igual que en la versión griega y en la siríaca; en hebreo dice *Rescatadores*. **21b** O *desde el*.

Referencias cruzadas **1:17** Am 9:11-15 **1:21** Ap 11:15

JONÁS

¿Por qué es importante?

La imagen de un pez tragándose a un profeta, de una ciudad entera arrepentida o de una planta que creció en un solo día pueden sonar extraño, pero lo más crucial de ellas es lo que significan. La gran lección de Jonás es que la misericordia de Dios está disponible para todas las personas que se arrepienten y eso puede sonar muy normal para lo que se predica hoy día, pero no hay que perder de vista que este es un texto del Antiguo Testamento escrito originalmente para un pueblo judío que cree que la salvación y la fe en Jehová es solamente para ellos. Piensa en el peor pecador que puedas pensar: un terrorista, un narcotraficante, un asesino, un ateo o un secuestrador. El amor de Dios también es para ellos y como Jonás, nosotros debemos compartírselo.

¿Por qué fue escrito?

A diferencia de los otros profetas que escriben el mensaje que les ha sido revelado, el libro de Jonás comunica su mensaje a través de la experiencia del autor. De hecho, el libro sólo dedica dos versículos para registrar su profecía (1:2; 3:4), la cual, a fin de cuentas, no se cumplió. Este libro fue escrito para mostrar el carácter misericordioso de Dios, quien perdona a quienes se arrepienten, sin importar quiénes son y, además, le da una lección de misericordia al profeta.

¿Quién lo escribió?

El libro mismo no dice quién es su autor, pero la opinión tradicional, poco discutida, ha sido que Jonás escribió este libro. 2 Reyes 14:25 parece sugerir que este profeta fue contemporáneo con el rey Jeroboam II, de Israel y que era originario de Gat Jefer, una villa cerca de Nazaret, perteneciente a la tribu de Zabulón.

¿A quién lo escribió?

La historia de Jonás deja en claro el deseo de Dios de salvar a pueblos de todo tipo y ese mensaje era necesario para la gente del tiempo de Jonás como lo es para nosotros.

¿Cuándo y dónde lo escribió?

En cuanto a la fecha de escritura del libro, es posible que el autor, lo haya escrito al final de su vida, entre los años 770-760 a.C.

En cuanto al lugar, lo más lógico es pensar que lo escribió en su pueblo natal, Gat Jefer.

Sin embargo, ni el libro ni la tradición ofrecen datos al respecto.

Paso a paso

1. Nadie está más allá de la voluntad de Dios. Cap. 1
2. Nadie está más allá de la misericordia de Dios. Cap. 2-3
3. Nadie pone sus intereses personales por encima de la misericordia de Dios. Cap. 4

JONÁS

Jonás

Jonás huye del Señor

1 El Señor le dio el siguiente mensaje a Jonás, hijo de Amitai: 2«Levántate y ve a la gran ciudad de Nínive. Pronuncia mi juicio contra ella, porque he visto lo perversa que es su gente».

3Entonces Jonás se levantó y se fue en dirección contraria para huir del Señor. Descendió al puerto de Jope donde encontró un barco que partía para Tarsis. Pagó su pasaje, subió a bordo y se embarcó rumbo a Tarsis con la esperanza de escapar del Señor.

¡Respuestas Bíblicas! 109 **¿Qué fue lo primero que hizo Jonás cuando Dios le dijo que vaya a Nínive?**

1:2-3 Jonás se fue en la dirección opuesta.

4Ahora bien, el Señor mandó un poderoso viento sobre el mar, el cual desató una violenta tempestad que amenazaba con despedazar el barco. 5Temiendo por sus vidas, los desesperados marineros pedían ayuda a sus dioses y lanzaban la carga por la borda para aligerar el barco. Todo esto sucedía mientras Jonás dormía profundamente en la bodega del barco, 6así que el capitán bajó a buscarlo. «¿Cómo puedes dormir en medio de esta situación? —le gritó—. ¡Levántate y ora a tu dios! Quizá nos preste atención y nos perdone la vida».

7Entonces la tripulación echó suertes para ver quién había ofendido a los dioses y causado tan terrible tempestad. Cuando lo hicieron, la suerte señaló a Jonás como el culpable. 8Así que los marineros le reclamaron:

—¿Por qué nos ha venido esta espantosa tormenta? ¿Quién eres? ¿En qué trabajas? ¿De qué país eres? ¿Cuál es tu nacionalidad?

9—Soy hebreo —contestó Jonás— y temo al Señor, Dios del cielo, quien hizo el mar y la tierra.

10Los marineros se aterraron al escuchar esto, porque Jonás ya les había contado que huía del Señor.

—¿Ay, por qué lo hiciste? —gimieron.

11Como la tormenta seguía empeorando, le preguntaron:

—¿Qué debemos hacer contigo para detener esta tempestad?

12—Échenme al mar —contestó Jonás— y volverá la calma. Yo sé que soy el único culpable de esta terrible tormenta.

13Sin embargo, los marineros remaron con más fuerza para llevar el barco a tierra, pero la tempestad era tan violenta que no lo lograron. 14Entonces clamaron al Señor, Dios de Jonás: «Oh Señor —le rogaron—, no nos dejes morir por el pecado de este hombre y no nos hagas responsables de su muerte. Oh Señor, has enviado esta tormenta sobre él y solo tú sabes por qué».

15Entonces los marineros tomaron a Jonás y lo lanzaron al mar embravecido, ¡y al instante se detuvo la tempestad! 16Los marineros quedaron asombrados por el gran poder del Señor, le ofrecieron un sacrificio y prometieron servirle.

17*Entre tanto, el Señor había provisto que un gran pez se tragara a Jonás; y Jonás estuvo dentro del pez durante tres días y tres noches.

¡Respuestas Bíblicas! 110 **¿Fue una ballena o un monstruo quien se tragó a Jonás?**

2:1 La Biblia no dice. Solo menciona que era un pez.

Oración de Jonás

2 1*Entonces Jonás oró al Señor su Dios desde el interior del pez 2y dijo:

«En mi gran aflicción clamé al Señor
y él me respondió.
Desde la tierra de los muertos* te llamé,
¡y tú, Señor, me escuchaste!
3 Me arrojaste a las profundidades del mar
y me hundí en el corazón del océano.
Las poderosas aguas me envolvieron;
tus salvajes y tempestuosas olas me cubrieron.
4 Entonces dije: "Oh Señor, me has expulsado de tu presencia;
aun así volveré a mirar hacia tu santo templo".

5 »Me hundí bajo las olas
y las aguas se cerraron sobre mí;
las algas se enredaban en mi cabeza.
6 Me hundí hasta las raíces de las montañas.
Me quedé preso en la tierra,

***Notas textuales** **1:17** El versículo 1:17 corresponde al 2:1 en el texto hebreo. **2:1** Los versículos del 2:1-10 corresponden al 2:2-11 en el texto hebreo. **2:2** En hebreo *Desde el Seol.*

Referencias cruzadas **1:1** Mt 12:39-41 **1:3** Sal 139:7 **1:6** Jon 3:8-9 **1:12** Jn 11:50 **1:15** Sal 89:9 **1:17** Mt 12:40 **2:2** Sal 18:4-6 **2:6** Sal 16:10

cuyas puertas se cierran para
siempre.
Pero tú, oh SEÑOR mi Dios,
¡me arrebataste de las garras de la muerte!
7 Cuando la vida se me escapaba,
recordé al SEÑOR.
Elevé mi oración sincera hacia ti
en tu santo templo.
8 Los que rinden culto a dioses falsos
le dan la espalda a todas las misericordias de Dios.
9 Pero yo te ofreceré sacrificios con cantos de alabanza,
y cumpliré todas mis promesas.
Pues mi salvación viene solo del SEÑOR».

10Entonces el SEÑOR ordenó al pez escupir a Jonás
sobre la playa.

Jonás va a Nínive

3 El SEÑOR habló por segunda vez a Jonás: 2«Levántate
y ve a la gran ciudad de Nínive y entrega el mensaje
que te he dado».
3Esta vez Jonás obedeció el mandato del SEÑOR y fue
a Nínive, una ciudad tan grande que tomaba tres días re-
correrla toda.* 4El día que Jonás entró en la ciudad, pro-
clamó a la multitud: «Dentro de cuarenta días Nínive será
destruida». 5Entonces la gente de Nínive creyó el mensaje
de Dios y desde el más importante hasta el menos im-
portante declararon ayuno y se vistieron de tela áspera
en señal de remordimiento.
6Cuando el rey de Nínive oyó lo que Jonás decía, bajó
de su trono y se quitó sus vestiduras reales. Se vistió de
tela áspera y se sentó sobre un montón de cenizas. 7En-
tonces el rey y sus nobles enviaron el siguiente decreto
por toda la ciudad:

«Nadie puede comer ni beber nada, ni siquiera los
animales de las manadas o de los rebaños. 8Tanto
el pueblo como los animales tienen que vestirse de
luto y toda persona debe orar intensamente a Dios,
apartarse de sus malos caminos y abandonar toda
su violencia. 9¡Quién sabe!, puede ser que todavía
Dios cambie de parecer, contenga su ira feroz y no
nos destruya».

10Cuando Dios vio lo que habían hecho y cómo habían
abandonado sus malos caminos, cambió de parecer y no
llevó a cabo la destrucción con que los había amenazado.

Enojo de Jonás por la misericordia del SEÑOR

4 Este cambio de planes molestó mucho a Jonás y se
enfureció. 2Entonces le reclamó al SEÑOR:
—SEÑOR, ¿no te dije antes de salir de casa que tú harías
precisamente esto? ¡Por eso hui a Tarsis! Sabía que tú eres
un Dios misericordioso y compasivo, lento para enojarte
y lleno de amor inagotable. Estás dispuesto a perdonar y
no destruir a la gente. 3¡Quítame la vida ahora, SEÑOR!
Prefiero estar muerto y no vivo si lo que yo predije no
sucederá.
4El SEÑOR le respondió:
—¿Te parece bien enojarte por esto?
5Entonces Jonás se fue al oriente de la ciudad e hizo una
enramada. Luego se sentó bajo la sombra de la enramada
mientras esperaba ver lo que le acontecería a la ciudad.
6Ahora bien, el SEÑOR Dios proveyó que una planta fron-
dosa creciera allí y pronto extendió sus anchas hojas sobre
la cabeza de Jonás y lo protegió del sol. Esto le trajo alivio
y Jonás estuvo muy agradecido por la planta.
7¡Pero Dios también proveyó un gusano! Al amanecer
del día siguiente, el gusano se comió el tallo de la planta,
de modo que se marchitó. 8Así que cuando el sol se inten-
sificó, Dios proveyó un viento abrasador del oriente para
que soplara sobre Jonás. El sol pegó sobre su cabeza hasta
que se sintió tan débil que deseaba morirse y exclamó:
«¡Es mejor morir que vivir así!».
9Entonces Dios dijo a Jonás:
—¿Te parece bien enojarte porque la planta murió?
—¡Sí —replicó Jonás—, estoy tan enojado que quisiera
morirme!
10Entonces el SEÑOR le respondió:
—Sientes lástima por una planta, aunque tú no hiciste
nada para que creciera. Creció rápido y murió rápido.
11Pero Nínive tiene más de ciento veinte mil habitantes
que viven en oscuridad espiritual,* sin mencionar todos
los animales. ¿No debería yo sentir lástima por esta gran
ciudad?

***Notas textuales** **3:3** En hebreo *una gran ciudad para Dios, de un recorrido de tres días.* **4:11** En hebreo *habitantes que no saben distinguir entre la mano derecha y la mano izquierda*.

Referencias cruzadas **2:9** Sal 3:8 **3:2** Jr 1:17 **3:4** Mt 12:41 **3:8** Sal

MIQUEAS

¿Por qué es importante?

Aunque las actividades de la iglesia son importantes para los cristianos, el libro de Miqueas nos recuerda que hay algo más importante y son la honestidad y a obediencia a Dios en la vida diaria. Miqueas apunta nuestra atención hacia la justicia y nos invita a preguntarnos cuales serían las verdaderas evidencias de la vida cristiana. Si somos honestos, parece que a veces nuestras vidas cristianas están enfocadas en las reuniones y la fascinación de muchos pareciera ser la música. Miqueas nos desafía a perseguir una relación con Dios que se muestre en nuestras decisiones de todos los días.

¿Por qué fue escrito?

Los líderes de Israel se corrompieron y guiaron al pueblo hacia el pecado. Por eso Dios los señala como los principales culpables de la ruina de la nación. Con valentía y atrevimiento, Miqueas se levanta y se enfrenta con los poderosos de la nación para comunicarles la sentencia del Señor. Este libro tiene como objetivo el anunciar juicio justo, debido a la apostasía e hipocresía religiosa, además de mostrar cómo la fe verdadera tiene implicaciones prácticas, como la honestidad y la justicia social.

¿Quién lo escribió?

El libro dice que el autor es Miqueas de Moréset, el cual era un pueblo a unos 35 km. al suroeste de Jerusalén. No hay más datos acerca de su familia o su trasfondo, aunque algunos suponen que era un campesino o artesano. Un siglo después, el libro de Jeremías recuerda el valor de este profeta, el cual fue uno de los responsables del avivamiento que ocurrió bajo el rey Ezequías (lee Jer. 26:17-19).

¿A quién lo escribió?

Aunque el libro se dirige "a todos los pueblos" (Miq. 1:2), el mensaje más específico es dirigido a los líderes y a los pueblos de los dos reinos, el de Israel al norte y el de Judá al sur. A veces, incluso se dirige a ambos aparentemente como un solo pueblo, llamándoles "Jacob" o "Israel", ya que Dios los considera a ambos culpables por su pecado (Miq. 1:5). En algunas secciones, Miqueas se dirige a grupos específicos de la nación, como los ricos (Miq. 2:1-2) y el liderazgo religioso (Miq. 3:11).

¿Cuándo y dónde lo escribió?

Miqueas profetizó durante el reinado de Jotán, Acaz y Ezequías (740-690 a.C.). Sin embargo, la fecha de escritura de este libro es antes de la caída de Samaria bajo el poder de los asirios (año 722 a.C.). En cuanto al lugar de escritura, es probable que lo haya escrito en Jerusalén, a la cual le dirigió muchas de sus palabras, aunque también profetizó contra los pecados del reino del norte.

Paso a paso

1. Pecado de las capitales y la fuente de esperanza para ellas. Caps. 1-2
2. Pecado de los líderes y la fuente de esperanza para ellos. Caps. 3-5
3. Pecado del pueblo y la fuente de esperanza para ellos. Caps. 6-7

MIQUEAS

Miqueas

1 El SEÑOR le dio el siguiente mensaje a Miqueas de
Moreset durante los años cuando Jotam, Acaz y Eze-
quías eran reyes de Judá. Las visiones que tuvo tenían que
ver con Samaria y con Jerusalén.

Lamento por Samaria y Jerusalén

2 ¡Atención! ¡Que todos los habitantes del mundo
escuchen!
Que oiga la tierra y todo lo que hay en ella.
El SEÑOR Soberano hace acusaciones en contra de
ustedes;
el Señor habla desde su santo
templo.
3 ¡Miren! ¡Viene el SEÑOR!
Sale de su trono en el cielo
y pisotea las cumbres de la tierra.
4 Las montañas se derriten debajo de sus pies
y se derraman sobre los valles
como cera en el fuego,
como agua que desciende de una colina.
5 ¿Y por qué sucede esto?
Es a causa de la rebelión de Israel,*
sí, por los pecados de toda la nación.
¿Quién es culpable de la rebelión de Israel?
¡Samaria, su ciudad capital!
¿Dónde está el centro de la idolatría en Judá?
¡En Jerusalén, su capital!

6 «Así que, yo, el SEÑOR, haré de la ciudad de Samaria
un montón de escombros.
Sus calles serán aradas
para plantar viñedos.
Haré rodar las piedras de sus paredes hacia el valle
hasta dejar al descubierto sus cimientos.
7 Todas sus imágenes talladas serán aplastadas;
todos sus tesoros sagrados serán quemados.
Estas cosas fueron compradas con dinero
ganado por su prostitución,
pero ahora serán arrebatadas
para pagar prostitutas en otro lugar».

8 Por lo tanto, lloraré y me lamentaré;
andaré descalzo y desnudo.
Aullaré como un chacal
y gemiré como un búho.
9 Pues la herida de mi pueblo
es demasiado profunda para sanar.
Ha llegado hasta Judá,
aun hasta las puertas de Jerusalén.

10 No se lo digan a nuestros enemigos en Gat;*
no lloren en absoluto.
Ustedes, pueblo de Bet-le-afra,*
revuélquense en el polvo para mostrar su
desesperación.
11 Ustedes, pueblo de Safir,*
vayan como cautivos al destierro, desnudos y
avergonzados.
El pueblo de Zaanán*
no se atreve a salir de sus murallas.
El pueblo de Bet-esel* gime
porque su casa no tiene apoyo.
12 El pueblo de Marot* con ansias espera la ayuda.
Sin embargo, solo le espera
amargura,
porque el juicio del SEÑOR llega
a las puertas de Jerusalén.
13 Enganchen los caballos a sus carros y huyan,
pueblo de Laquis.*
Ustedes fueron la primera ciudad de Judá
que siguió a Israel en su rebelión
e hicieron caer a Jerusalén* en pecado.
14 Den regalos de despedida a Moreset-gat,*
porque no hay esperanza de salvarla.
La ciudad de Aczib*
ha engañado a los reyes de Israel.
15 Oh, gente de Maresa,*
yo enviaré un conquistador para tomar su ciudad.
Y los líderes* de Israel
irán a Adulam.

16 Oh, pueblo de Judá, rapen sus cabezas en señal de
aflicción,
porque sus amados hijos les serán arrebatados.
Rápense hasta quedar calvos como un buitre,
porque sus pequeños serán desterrados a tierras
lejanas.

Juicio contra los ricos opresores

2 ¡Qué aflicción les espera a ustedes que despiertan
en la noche,

***Notas textuales** **1:5** En hebreo *Jacob*; también en 1:5b. Los nombres «Jacob» e «Israel» a menudo son intercambiables en el Antiguo Testamento. Algunas veces hacen referencia al patriarca como individuo y otras veces a la nación. **1:10a** *Gat* suena como el término hebreo que significa «decir». **1:10b** *Bet-le-afra* significa «casa del polvo». **1:11a** *Safir* significa «agradable». **1:11b** *Zaanán* suena como el término hebreo que significa «salir». **1:11c** *Bet-esel* significa «casa contigua». **1:12** *Marot* suena como el término hebreo que significa «amargo». **1:13a** *Laquis* suena como el término hebreo que significa «yunta de caballos». **1:13b** En hebreo *la hija de Sion.* **1:14a** *Moreset-gat* suena como el término hebreo que significa «regalo» o «dote». **1:14b** *Aczib* significa «engaño». **1:15a** *Maresa* suena como el término hebreo que significa «conquistador». **1:15b** En hebreo *la gloria.*

Referencias cruzadas **1:7** 2 Cr 34:3-7 **1:9** Jr 30:11-15 **1:16** Is 22:12 **2:1** Is 32:7

tramando planes malvados!
Se levantan al amanecer y se apuran a realizarlos,
solo porque tienen el poder para hacerlo.
2 Cuando quieren un pedazo de tierra,
encuentran la forma de apropiárselo.
Cuando quieren la casa de alguien,
la toman mediante fraude y
violencia.
Estafan a un hombre para quitarle su propiedad
y dejan a su familia sin herencia.

3 Pero esto es lo que dice el SEÑOR:
«Pagaré su maldad con maldad;
no podrán librar su cuello de la soga.
No volverán a caminar con orgullo,
porque será un tiempo terrible».
4 En aquel día sus enemigos se burlarán de ustedes
cuando entonen esta canción de lamento acerca
de ustedes:
«¡Estamos acabados,
totalmente arruinados!
Dios confiscó la tierra,
nos la ha quitado.
Dio nuestros campos
a los que nos traicionaron*».
5 Entonces otros establecerán los límites de propiedad
y el pueblo del SEÑOR no tendrá voz ni voto
en cómo se reparte la tierra.

Falsos y verdaderos profetas

6 «No digan semejantes cosas
—responde la gente—*.
No profeticen así.
¡Esos desastres nunca nos llegarán!».
7 ¿Debes hablar de esa manera, oh familia de Israel*?
¿Tendrá paciencia el Espíritu del SEÑOR con
semejante comportamiento?
Si ustedes hicieran lo correcto,
encontrarían consuelo en mis palabras.
8 Sin embargo, hasta este mismo instante
mi pueblo se rebela contra mí, ¡como un enemigo!
Les roban hasta la camisa
a los que confiaban en ustedes
y los dejan tan andrajosos como hombres
que regresan de la guerra.
9 Desalojaron a las mujeres de sus cómodos hogares
y despojaron a sus hijos para siempre de todo lo
que Dios les hubiera dado.
10 ¡Levántense! ¡Fuera!
Esta ya no es su tierra ni su hogar,
porque la llenaron de pecado
y la arruinaron por completo.
11 Supongamos que un profeta lleno de mentiras les
dice:
«¡Les predicaré las delicias del vino y del
alcohol!».
¡Esa es la clase de profeta que a ustedes les gustaría!

Esperanza de restauración

12 «Algún día, oh Israel, yo te reuniré;
juntaré al remanente que quedó.
Volveré a reunirlos como ovejas en su redil
y como un rebaño en su pastizal.
¡Sí, su tierra se llenará nuevamente
de ruidosas multitudes!
13 Su líder irrumpirá, se pondrá al frente
y los sacará del destierro,
a través de las puertas de las ciudades enemigas,
y los llevará de regreso a su propia tierra.
Su rey los conducirá;
el SEÑOR mismo los guiará».

Juicio contra los líderes de Israel

3 Yo dije: «¡Escuchen, líderes de Israel!
Ustedes deberían saber cómo distinguir entre lo
bueno y lo malo.
2 Sin embargo, ustedes mismos son los
que odian lo bueno y aman lo malo.
Despellejan vivo a mi pueblo
y le arrancan la carne de sus huesos.
3 Sí, devoran la carne de mi pueblo,
le arrancan la piel
y le rompen los huesos.
Los cortan en pedazos,
como carne para la olla.
4 ¡Y luego, cuando tienen problemas, suplican la ayuda
del SEÑOR!
¿Realmente esperan que él les responda?
Después de todo el mal que han hecho,
¡ni siquiera los mirará!».

5 Esto es lo que dice el SEÑOR:
«¡Ustedes, falsos profetas, llevan a mi pueblo por
mal camino!
Prometen paz a quienes les dan de comer,
pero le declaran la guerra a quienes se niegan a
alimentarlos.
6 Ahora la noche caerá sobre ustedes
y acabará con todas sus visiones.
La oscuridad los cubrirá
y pondrá fin a sus predicciones.
El sol se pondrá para ustedes, profetas,
y su día terminará.
7 Entonces ustedes, videntes, serán avergonzados
y ustedes, adivinadores, serán deshonrados.
Cubrirán sus rostros,
porque no hay respuesta de Dios».

8 Yo, en cambio, estoy lleno de poder,
lleno del Espíritu del SEÑOR.
Estoy lleno de justicia y de fuerza
para denunciar con valentía el pecado y la rebelión
de Israel.
9 ¡Escúchenme, líderes de Israel!
Ustedes odian la justicia y tuercen todo lo recto.
10 Construyen Jerusalén
sobre cimientos de crimen y corrupción.
11 Ustedes, gobernantes, toman decisiones con base en
sobornos;

***Notas textuales** **2:4** O *a los que nos tomaron cautivos.* **2:6** O *responden los profetas*; en hebreo dice *ellos profetizan.* **2:7** En hebreo *oh casa de Jacob?* Ver la nota en 1:5a.

Referencias cruzadas **2:6** Is 30:10 **2:10** Sal 106:38 **2:11** Jr 5:31 **2:12** Mi 4:7 **3:4** Dt 31:17 **3:6** Am 8:9-10

ustedes, sacerdotes, enseñan las leyes de Dios
solo por dinero;
ustedes, profetas, no profetizan a menos que se les
pague.
Sin embargo, todos alegan depender del Señor.
«Nada malo nos puede suceder —dicen ustedes—
porque el Señor está entre nosotros».
12 Por causa de ustedes, el monte Sion quedará arado
como un campo abierto;
¡Jerusalén será reducida a escombros!
Un matorral crecerá en las cumbres,
donde ahora se encuentra el templo.

El futuro reinado del Señor

4 En los últimos días, el monte de la casa del Señor
será el más alto de todos,
el lugar más importante de la tierra.
Se levantará por encima de las demás colinas
y gente del mundo entero acudirá allí para adorar.
2 Vendrá gente de muchas naciones y dirá:
«Vengan, subamos al monte del Señor,
a la casa del Dios de Jacob.
Allí él nos enseñará sus caminos
y andaremos en sus sendas».
Pues la enseñanza del Señor saldrá de Sion,
y su palabra, de Jerusalén.
3 El Señor mediará entre los pueblos
y resolverá conflictos entre naciones poderosas
y lejanas.
Ellos forjarán sus espadas para convertirlas en rejas
de arado
y sus lanzas en podaderas.
No peleará más nación contra nación,
ni seguirán entrenándose para la guerra.
4 Todos vivirán en paz y prosperidad;
disfrutarán de sus propias vides e higueras
porque no habrá nada que temer.
¡El Señor de los Ejércitos Celestiales
ha hecho esta promesa!
5 Aunque las naciones que nos rodean sigan a sus
ídolos,
nosotros seguiremos al Señor nuestro Dios por
siempre y para siempre.

Israel regresa del destierro

6 «En aquel día venidero —dice el Señor—
reuniré a los lisiados,
a los que fueron desterrados,
y a quienes he llenado de profundo dolor.
7 Los que son débiles sobrevivirán como un
remanente;
los que fueron desterrados volverán a ser una
nación poderosa.
Entonces yo, el Señor, desde Jerusalén* gobernaré
como su rey para siempre».
8 En cuanto a ti, Jerusalén,
ciudadela del pueblo de Dios,*
recuperarás tu fuerza
y poder soberano.
El reino será restaurado
a mi muy amada Jerusalén.

9 Ahora pues, ¿por qué gritas de terror?
¿Acaso no tienes rey que te dirija?
¿Han muerto todos tus sabios?
El dolor te ha apresado como a una mujer durante
el parto.
10 Retuércense y giman como una mujer con dolores
de parto,
ustedes, habitantes de Jerusalén,*
porque ahora tendrán que salir de esta ciudad
para vivir en campos abiertos.
Pronto serán enviados al destierro
a la lejana Babilonia.
Pero allí el Señor los rescatará;
él los redimirá de las garras de sus enemigos.

11 Ahora muchas naciones se han reunido contra
ustedes.
«Que sean profanados —dicen ellos—.
Seamos testigos de la destrucción de Jerusalén*».
12 Pero estas naciones no conocen los pensamientos
del Señor
ni entienden su plan.
No saben
que las está reuniendo
para golpearlas y pisotearlas
como a gavillas de grano en el campo de trillar.
13 «¡Levántate y aplasta a las naciones, oh Jerusalén!*
—dice el Señor—.
Pues te daré cuernos de hierro y pezuñas de bronce,
para que pisotees a muchas naciones hasta
reducirlas a polvo.
Presentarás al Señor las riquezas mal habidas de
esas naciones,
sus tesoros al Señor de toda la tierra».

¡Respuestas Bíblicas! 111 ¿Cuándo escribió Miqueas estas palabras sobre Belén?

5:2 ¡Miqueas escribió alrededor de 700 años antes de que Jesús naciera! Él dijo que Jesús nacería en Belén. Dios sabe el futuro. Él muchas veces nos habla sobre el futuro en la Biblia.

5 1*¡Formen las tropas!
El enemigo pone sitio a Jerusalén.
Con una vara golpeará al líder de Israel en la cara.

Un gobernante saldrá de Belén

2*Pero tú, oh Belén Efrata,
eres solo una pequeña aldea entre todo el pueblo
de Judá.
No obstante, en mi nombre, saldrá de ti un
gobernante para Israel,
cuyos orígenes vienen desde la eternidad.
3 El pueblo de Israel será entregado a sus enemigos
hasta que dé a luz la mujer que está de parto.
Entonces, por fin, sus compatriotas

***Notas textuales** **4:7** En hebreo *el monte Sion.* **4:8** En hebreo *En cuanto a ti, Migdal-eder, / el Ofel de la hija de Sion.* **4:10** En hebreo *oh hija de Sion.* **4:11** En hebreo *de Sion.* **4:13** En hebreo *Levántate y trilla, oh hija de Sion.* **5:1** El versículo 5:1 corresponde al 4:14 en el texto hebreo. **5:2** Los versículos del 5:2-15 corresponden al 5:1-14 en el texto hebreo.

Referencias cruzadas **3:12** Jr 9:11 **4:7** Is 9:6-7 **4:12** Sal 147:19-20

volverán del destierro a su propia tierra.
4 Y él se levantará para dirigir a su rebaño con la fuerza
del SEÑOR
y con la majestad del nombre del SEÑOR su Dios.
Entonces su pueblo vivirá allí tranquilo,
porque él es exaltado con honores en todas partes.
5 Y él será la fuente de paz.

Cuando los asirios invadan nuestra tierra
y penetren en nuestras defensas,
nombraremos a siete gobernantes para que nos
vigilen,
a ocho príncipes para que nos dirijan.
6 Ellos gobernarán a Asiria con la espada desenvainada
y entrarán por las puertas de la tierra de Nimrod.
Él nos rescatará de los asirios
cuando desborden las fronteras para invadir
nuestra tierra.

Purificación del remanente

7 Entonces el remanente que quedó en Israel*
ocupará su lugar entre las naciones.
Será como rocío enviado por el SEÑOR
o como lluvia que cae sobre la
hierba,
la cual nadie puede controlar
ni hacer que se detenga.
8 El remanente que quedó en Israel
ocupará su lugar entre las naciones.
Será como un león entre los animales del bosque,
como un fuerte león joven entre los rebaños de
ovejas y cabras
que se abalanza sobre ellas y las desgarra
sin nadie que las rescate.
9 La gente de Israel enfrentará a sus adversarios,
y todos sus enemigos serán aniquilados.

10 «En aquel día —dice el SEÑOR—
mataré a tus caballos
y destruiré tus carros de guerra.
11 Derribaré tus muros
y demoleré tus defensas.
12 Pondré fin a toda la brujería
y no habrá más adivinos.
13 Destruiré todos tus ídolos y columnas sagradas,
para que nunca más adores la obra de tus propias
manos.
14 Quitaré tus altares idólatras con los postes dedicados
a la diosa Asera
y destruiré tus ciudades paganas.
15 Derramaré mi venganza
sobre las naciones que se niegan a obedecerme».

Cargos del SEÑOR contra Israel

6 Escuchen lo que dice el SEÑOR:
«Levántate y presenta tu caso contra mí.
Que se convoque a las montañas y a las colinas
para que sean testigos de tus quejas.
2 ¡Y ahora, oh montañas,
escuchen las quejas del SEÑOR!
Él entabla un pleito contra su pueblo
y presentará sus cargos contra Israel.

3 »Oh pueblo mío, ¿qué te he hecho?
¿Qué he hecho para que te canses de mí?
¡Contéstame!
4 Yo te saqué de Egipto
y te redimí de la esclavitud.
Envié a Moisés, a Aarón y a Miriam para ayudarte.
5 ¿No te acuerdas, pueblo mío,
cómo el rey Balac de Moab intentó que te
maldijeran
y cómo, en lugar de eso, Balaam hijo de Beor te
bendijo?
Recuerda tu viaje de la arboleda de Acacias* a Gilgal,
cuando yo, el SEÑOR, hice todo lo posible
para enseñarte acerca de mi fidelidad».

6 ¿Qué podemos presentar al SEÑOR?
¿Debemos traerle ofrendas quemadas?
¿Debemos inclinarnos ante el Dios Altísimo
con ofrendas de becerros de solo un año?
7 ¿Debemos ofrecerle miles de carneros
y diez mil ríos de aceite de oliva?
¿Debemos sacrificar a nuestros hijos mayores
para pagar por nuestros pecados?

8 ¡No! Oh pueblo, el SEÑOR te ha dicho lo que es
bueno,
y lo que él exige de ti:
que hagas lo que es correcto, que ames la compasión
y que camines humildemente con tu Dios.

Culpa y castigo de Israel

9 ¡Si son sabios, teman al SEÑOR!
Su voz llama a todos en Jerusalén:
«Los ejércitos de destrucción se acercan;
el SEÑOR los envía.*
10 ¿Qué puedo decir de las casas de los perversos
que se llenaron de riquezas obtenidas con estafa?
¿Qué de la práctica repugnante
de pesar el grano con medidas falsas*?
11 ¿Cómo podré tolerar a tus mercaderes
que usan balanzas y pesas adulteradas?
12 Los ricos entre ustedes llegaron a tener mucho
dinero
mediante la extorsión y la violencia.
Tus habitantes están tan acostumbrados a mentir
que su lengua ya no puede decir la verdad.

13 »¡Por lo tanto, yo te heriré!
Te dejaré en la ruina a causa de todos tus pecados.
14 Comerás pero no quedarás
satisfecho.
Las punzadas de hambre y el vacío de tu
estómago no cesarán.
Aunque intentes ahorrar dinero,
al final no te quedará nada.
Guardarás un poco,
pero se lo daré a tus conquistadores.
15 Sembrarás

***Notas textuales** **5:7** En hebreo *en Jacob*; también en 5:8. Ver nota en 1:5a. **6:5** En hebreo *Sitim*. **6:9** En hebreo *«Escuchen a la vara. / ¿Quién la nombró?»*. **6:10** En hebreo *de usar el efa corto?* El efa era una unidad para medir el grano.

Referencias cruzadas **5:6** Is 37:36-37 **5:8** Gn 49:9 **5:13** Is 2:8 **6:3** Jr 2:5 **6:5** Nm 22:5-6 **6:14** Is 9:20

pero no cosecharás.
Prensarás tus aceitunas,
pero no obtendrás aceite suficiente para ungirte.
Pisarás las uvas,
pero no conseguirás sacarles jugo para hacer vino.
16 ¡Tú respetas solo las leyes del malvado rey Omri;
sigues solo el ejemplo del perverso rey Acab!
Por lo tanto, haré de ti un ejemplo,
llevándote a la ruina.
Serás tratado con desprecio,
ridiculizado por todos los que te vean».

El sufrimiento se transforma en esperanza

7 ¡Miserable de mí!
Me siento como el recolector de fruta que después de cosechar
no encuentra nada que comer.
No encuentro ni un racimo de uvas ni uno de los primeros higos
para saciar mi hambre.
2 La gente que sigue a Dios ha desaparecido;
no queda ni una sola persona honrada sobre la tierra.
Son todos asesinos;
les tienden trampas hasta a sus propios hermanos.
3 ¡Con ambas manos son hábiles para hacer el mal!
Tanto los funcionarios como los jueces exigen sobornos.
La gente con influencia obtiene lo que quiere
y juntos traman para torcer la justicia.
4 Hasta el mejor de ellos es como una zarza;
el más honrado es tan peligroso como un cerco de espinos.
Pero ahora viene con prontitud el día de juicio.
Su hora de castigo ha llegado, un tiempo de confusión.
5 No confíen en nadie,
¡ni en su mejor amigo, ni siquiera en su esposa!
6 Pues el hijo desprecia a su padre.
La hija se rebela contra su madre.
La nuera reta a su suegra.
¡Sus enemigos están dentro de su propia casa!

7 En cuanto a mí, busco la ayuda del Señor.
Espero confiadamente que Dios me salve,
y con seguridad mi Dios me oirá.
8 ¡Enemigos míos, no se regodeen de mí!
Pues aunque caiga, me levantaré otra vez.
Aunque esté en oscuridad,
el Señor será mi luz.
9 Seré paciente cuando el Señor me castigue,
porque he pecado contra él.
Pero después, él tomará mi caso
y me hará justicia por todo lo que he sufrido a manos de mis enemigos.
El Señor me llevará a la luz
y veré su justicia.
10 Entonces mis enemigos verán que el Señor está de mi lado.
Serán avergonzados los que se mofaban de mí diciendo:
«Entonces, ¿dónde está el Señor,
ese Dios tuyo?».
Con mis propios ojos veré su ruina;
como lodo en las calles serán pisoteados.

11 En aquel día, Israel, tus ciudades serán reconstruidas
y tus fronteras se extenderán.
12 Vendrá gente de muchos países y te honrará:
desde Asiria hasta las ciudades de Egipto,
desde Egipto hasta el río Éufrates*
y desde los mares distantes y las montañas lejanas.
13 Sin embargo, la tierra se volverá vacía y desolada
a causa de la perversidad de los que la habitan.

Compasión del Señor por Israel

14 Oh Señor, protege a tu pueblo con tu vara de pastor;
guía a tu rebaño, tu posesión más preciada.
Aunque viva solo en un matorral
en lo alto del monte Carmelo,*
que se alimente en los fértiles pastos de Basán y Galaad
como lo hacía en tiempos pasados.

15 «Sí —dice el Señor—,
haré para ti grandes milagros,
como los que hice cuando te rescaté
de la esclavitud en Egipto».

16 Todas las naciones del mundo quedarán maravilladas
de lo que el Señor hará por ti.
Estarán avergonzadas
de su escaso poder.
Se cubrirán la boca, mudas de respeto y temor,
sordas a todo lo que las rodea.
17 Como serpientes que salen de sus guaridas,
saldrán para encontrarse con el Señor nuestro Dios.
Sentirán mucho temor de él
y temblarán de terror ante su presencia.

18 ¿Dónde hay otro Dios como tú,
que perdona la culpa del remanente
y pasa por alto los pecados de su preciado pueblo?
No seguirás enojado con tu pueblo para siempre,
porque tú te deleitas en mostrar tu amor inagotable.
19 Volverás a tener compasión de nosotros.
¡Aplastarás nuestros pecados bajo tus pies
y los arrojarás a las profundidades del océano!
20 Nos mostrarás tu fidelidad y tu amor inagotable,
como lo prometiste hace mucho tiempo a
nuestros antepasados Abraham y Jacob.

***Notas textuales 7:12** En hebreo *el río.* **7:14** O *rodeado por una tierra fértil.*

Referencias cruzadas 6:16 Jr 7:24 **7:6** Mt 10:35-36 **7:9** Jr 50:34 **7:16** Mi 3:7 **7:20** Lc 1:72

NAHÚM

¿Por qué es importante?

El mensaje de muchas películas es que lo más importante de la vida es ser felices y sentir placer, pero con la trampa de buscar el placer momentáneo sin pensar en las consecuencias. Nahúm confirma que, aunque la misericordia de Dios es grande, Dios también es justo y recto y las malas decisiones tienen consecuencias por lo que no solo la disciplina de Dios también puede llegar cuando él lo considere adecuado, sino que el placer de corto plazo muchas veces desencadena esclavitud de largo plazo. El mensaje de Nahúm es: "El Señor es lento para la ira y a la vez, no deja a nadie sin castigo" (Nahúm 1:3) en otras palabras: vale la pena confiar en Dios y no hay nada más tonto que darle la espalda.

¿Por qué fue escrito?

Nahúm enseña que el Soberano Señor de la historia es justo y castiga todos los pecados. Aunque es misericordioso, Él no olvida la iniquidad y el juicio es lo que le espera a Nínive. Ahora ya no es tiempo de arrepentimiento, sino de castigo por el pecado. A la vez, el autor busca consolar a Judá, recordándole que el Señor cuida de su pueblo.

¿Quién lo escribió?

Del profeta Nahúm no se tienen muchos datos personales. Se sabe que era de Elcós, posiblemente una aldea de Galilea. El autor cristiano Jerónimo dice que era un lugar importante para el pueblo judío. Algunos creen que nació en esa aldea, pero que residió en Capernaúm, que significa "aldea de Nahúm", sin embargo, no hay evidencias de ello. Se trata de un autor especialmente dotado para escribir poesía.

¿A quién lo escribió?

La ciudad de Nínive, capital de Asiria había experimentado un avivamiento espiritual en la época de Jonás. Más de cien años después, la ciudad se había olvidado de Dios y había vuelto por el camino del orgullo y la crueldad, al igual que todo el imperio asirio. Dios envía al profeta Nahúm para proclamar el destino trágico que le esperaba a esta ciudad, debido a sus múltiples pecados. Los lectores originales serían los habitantes de Judá, quienes se preguntaban si Dios aún estaba con ellos y si Él era soberano sobre las naciones.

¿Cuándo y dónde lo escribió?

El libro menciona la destrucción de la ciudad de Tebas, la cual ocurrió en el año 663 a.C. Lo anterior significa que la fecha de composición del libro puede ser ubicada entre ese año y la caída de Nínive, a manos de Babilonia, en el año 612 a.C. Algunos colocan la fecha cerca del 645 a.C., la cual es consistente con el poder de Asiria, según es descrito en el libro. El lugar desde donde lo escribió sería Jerusalén.

Paso a paso

1. La justicia de Dios pronuncia sentencia contra el pecado. Cap. 1
2. El juicio de Dios es decretado contra el pecado. Caps. 2-3

Nahúm

1 Este mensaje sobre Nínive vino como una visión a
Nahúm, que vivía en Elcos.

La ira del SEÑOR contra Nínive

2 El SEÑOR es Dios celoso,
lleno de ira y venganza.
¡Él toma venganza de todos los que se le oponen
y persiste en su furia contra sus enemigos!
3 El SEÑOR es lento para enojarse, pero su poder es grande
y nunca deja sin castigo al culpable.
Da muestras de su poder en el torbellino y la tormenta;
las nubes ondulantes son el polvo bajo sus pies.
4 Él da la orden y los océanos se secan
y los ríos desaparecen.
Los buenos pastizales de Basán y el Carmelo pierden su verdor,
y los frondosos bosques del Líbano se marchitan.
5 Ante la presencia de Dios las montañas se estremecen
y las colinas se derriten;
la tierra tiembla
y sus habitantes son destruidos.
6 ¿Quién podrá quedar en pie ante su ira feroz?
¿Quién podrá sobrevivir ante su furia abrasadora?
Su furor arde como el fuego,
y ante él las montañas se desmenuzan.

7 El SEÑOR es bueno,
un refugio seguro cuando llegan dificultades.
Él está cerca de los que confían en él.
8 Pero arrasará a sus enemigos*
con una inundación arrolladora.
Él perseguirá a sus enemigos
en la oscuridad de la noche.

9 ¿Por qué traman contra el SEÑOR?
¡Él los destruirá de un golpe;
no necesitará golpear dos veces!
10 Sus enemigos, enredados como espinos
y tambaleantes como borrachos,
serán quemados como hierba seca en el campo.
11 ¿Quién es este perverso consejero tuyo
que maquina el mal contra el SEÑOR?

12 Esto es lo que dice el SEÑOR:
«Aunque los asirios tienen muchos aliados,
serán destruidos y desaparecerán.
Oh pueblo mío, yo te castigué anteriormente,
pero no te volveré a castigar.
13 Ahora romperé el yugo de esclavitud de tu cuello
y te quitaré las cadenas de la opresión asiria».
14 Esto es lo que dice el SEÑOR acerca de Nínive, la ciudad de los asirios:
«No tendrás más hijos para perpetuar tu nombre.
Destruiré todos los ídolos en los templos de tus dioses.
¡Estoy preparando una tumba para ti
porque eres despreciable!».
15*¡Miren! ¡Viene un mensajero sobre las montañas con buenas noticias!
Trae un mensaje de paz.
Celebra tus festivales, oh pueblo de Judá,
y cumple todos tus votos,
porque tus enemigos perversos no volverán a invadir tu tierra.
¡Serán destruidos por completo!

Caída de Nínive

2 1*Nínive, tu enemigo viene para aplastarte.
¡A las murallas! ¡Vigila los caminos!
¡Prepara tus defensas! ¡Reúne a tus fuerzas armadas!

2 Aunque el destructor arrasó con Judá,
el SEÑOR restaurará su honor.
A la vid de Israel le arrancaron las ramas,
pero él restaurará su esplendor.

3 ¡Los escudos resplandecen rojizos a la luz del sol!
¡Miren los uniformes escarlatas de las valientes tropas!
Observen a los deslumbrantes carros de guerra tomar posiciones;
sobre ellos se agita un bosque de lanzas.*
4 Los carros de guerra corren con imprudencia por las calles
y salvajemente por las plazas;
destellan como antorchas
y se mueven tan veloces como relámpagos.
5 El rey grita a sus oficiales
y ellos tropiezan en su apuro
por correr hacia los muros para levantar las defensas.
6 ¡Las compuertas del río se abrieron con violencia!
¡El palacio está a punto de desplomarse!
7 Se decretó el destierro de Nínive

***Notas textuales** **1:8** Así aparece en la versión griega; en hebreo dice *arrasará su lugar*. **1:15** El versículo 1:15 corresponde al 2:1 en el texto hebreo. **2:1** Los versículos del 2:1-13 corresponden al 2:2-14 en el texto hebreo. **2:3** La versión griega y la siríaca dicen *tomar posiciones, / los caballos todos alborotados*.

Referencias cruzadas **1:4** Mt 8:26 **1:9** Sal 2:1 **1:14** Mi 5:13-14

y todas las sirvientas lloran su conquista.
Gimen como palomas
y se golpean el pecho en señal de aflicción.
8 ¡Nínive es como una represa agrietada
que deja escapar a su gente!
«¡Deténganse, deténganse!», grita alguien,
pero nadie siquiera mira hacia atrás.
9 ¡Roben la plata!
¡Saqueen el oro!
Los tesoros de Nínive no tienen fin;
su riqueza es incalculable.
10 Pronto la ciudad es saqueada; queda vacía y en ruinas.
Los corazones se derriten y tiemblan las rodillas.
La gente queda horrorizada,
con la cara pálida, temblando de miedo.

11 ¿Dónde está ahora la magnífica Nínive,
esa guarida repleta de cachorros de león?
Era un lugar donde la gente —como leones con sus cachorros—
caminaba libremente y sin temor.
12 El león despedazaba carne para sus cachorros
y estrangulaba presas para su leona.
Llenaba la guarida de presas
y sus cavernas con su botín.

13 «¡Yo soy tu enemigo!
—dice el SEÑOR de los Ejércitos Celestiales—.
Tus carros de guerra serán quemados;
tus jóvenes* morirán en la batalla.
Nunca más saquearás las naciones conquistadas.
No volverán a oírse las voces de tus orgullosos mensajeros».

Juicio del SEÑOR contra Nínive

3 ¡Qué aflicción le espera a Nínive,
la ciudad de crímenes y mentiras!
Está saturada de riquezas
y nunca le faltan víctimas.
2 ¡Oigan el chasquido de los látigos
y el retumbo de las ruedas!
Los cascos de los caballos retumban
y los carros de guerra traquetean sin control.
3 ¡Miren cómo destellan las espadas y brillan las lanzas
cuando pasa la caballería!
Hay muertos incontables,
hay montones de cadáveres,
tantos que la gente tropieza con ellos.
4 Y todo porque Nínive
—la ciudad hermosa e incrédula,
la amante con encantos mortales—
sedujo a las naciones con su belleza.
Ella les enseñó toda su magia
y hechizó a la gente por todas partes.

5 «¡Yo soy tu enemigo!
—dice el SEÑOR de los Ejércitos Celestiales—.
Ahora te levantaré la falda
y mostraré tu desnudez y tu vergüenza a toda la tierra.
6 Te cubriré con inmundicias
y mostraré al mundo lo vil que eres.
7 Todos los que te vean se alejarán de ti y dirán:
"Nínive yace en ruinas.
¿Dónde están los que lloran por ella?".
¿Lamenta alguien tu destrucción?».

8 ¿Acaso eres mejor que la ciudad de Tebas,*
situada en el río Nilo y rodeada de agua?
Estaba protegida a su alrededor por el río,
con el agua por muralla.
9 Etiopía* y la tierra de Egipto
le dieron ayuda sin límites.
Las naciones de Fut y de Libia
estaban entre sus aliados.
10 Sin embargo, Tebas cayó
y su gente fue llevada cautiva
y sus bebés fueron estrellados
contra las piedras de las calles hasta morir.
Los soldados tiraban los dados* para quedarse con los oficiales egipcios como sirvientes.
Ataron con cadenas a todos sus líderes.

11 Y tú, Nínive, también te tambalearás como un borracho;
te esconderás por temor al ataque del enemigo.
12 Todas tus fortalezas se derrumbarán.
Serán devoradas como higos maduros
que caen en la boca
de los que sacuden los árboles.
13 Tus tropas serán tan débiles e indefensas
como mujeres.
Las puertas de tu país se abrirán de par en par al enemigo;
les prenderán fuego y se quemarán.
14 ¡Prepárate para el sitio!
¡Almacena agua!
¡Refuerza las defensas!
¡Métete en los pozos para pisotear el barro
y llenar los moldes
y hacer ladrillos para reparar los muros!

15 Sin embargo, el fuego te devorará;
serás derribada a espada.
El enemigo te consumirá como langostas;
devorará todo lo que encuentre.
Aunque te multipliques como una nube de langostas,
no tendrás escapatoria.
16 Tus comerciantes se han multiplicado
hasta llegar a ser más numerosos que las estrellas.
Pero son como una nube de langostas
que despojan la tierra y alzan el vuelo.
17 Tus guardias* y tus oficiales también son como una nube de langostas
que se amontona sobre los cercos en un día frío.
Pero al igual que las langostas que vuelan cuando sale el sol,
todos levantarán el vuelo y desaparecerán.

***Notas textuales** **2:13** En hebreo *tus leones jóvenes.* **3:8** En hebreo *No-amón*; también en 3:10. **3:9** En hebreo *Cus.* **3:10** En hebreo *Echaban suertes.* **3:17** O *príncipes.*

Referencias cruzadas **2:12** Is 10:14 **3:4** Is 47:9 **3:7** Ap 18:19 **3:11** Na 1:10

18 Tus pastores duermen, oh rey asirio;
tus príncipes yacen muertos en el polvo.
Tu pueblo está disperso por las montañas,
sin nadie que lo reúna.
19 Tu herida no tiene remedio;
tu lesión es mortal.
Todos los que se enteren de tu destrucción
aplaudirán con alegría.
¿Dónde se puede encontrar a alguien
que no haya sufrido tu constante crueldad?

Referencias cruzadas **3:19** Mi 1:9

HABACUC

¿Por qué es importante?

El libro de Habacuc deja totalmente claro que, cuando hay una relación de amistad con el Señor, tenemos la libertad de expresarle nuestras dudas e inquietudes con confianza. Habacuc deja ver la diferencia que hay entre expresar nuestros cuestionamientos a Dios y hacerlo contra Dios. El ejemplo del profeta Habacuc anima a los creyentes a esperar en el Señor, esperando que Él realmente hará todas las cosas para nuestro bien (Romanos 8:28).

¿Por qué fue escrito?

En este ambiente de injusticia, idolatría y confusión ministró Habacuc. Su libro se escribió con el propósito de asegurar que el pecado de Judá sería castigado, utilizando el poder de los babilonios y que los que confiaran en el Señor serían preservados. Ante esas condiciones, atónito, Habacuc establece una especie de sesión de preguntas y respuestas con Dios para preguntarle el porqué de sus decisiones. Al final, el profeta comprende que no debe depender de lo que está ante sus ojos sino de la fe en el Señor y eso le dará seguridad.

¿Quién lo escribió?

Poco sabemos acerca del profeta Habacuc, aunque es posible que haya tenido algo de relación con los músicos del templo (3:19). Fue contemporáneo de los profetas Jeremías y Sofonías.

¿A quién lo escribió?

Este profeta ministró en una época muy turbulenta de Judá. Babilonia había conquistado la ciudad de Nínive, capital de Asiria (año 612 a.C.), levantándose como la nueva gran potencia de la región. En Judá, mientras tanto, murió el buen rey Josías (509 a.C.). Por su parte, 2 Reyes 23:34-37 registra que, en un esfuerzo por fortalecerse militarmente, el egipcio Faraón Necao impuso a Joacim como rey de Judá (reinó entre los años 609-598 a.C.), el cual resultó ser ambicioso y corrupto. Además, Judá se volvió a la idolatría (Ez. 8:9-12). Para este pueblo es que Habacuc escribió su libro.

¿Cuándo y dónde lo escribió?

La fecha más probable en la que fue escrito el libro es el 609 a.C.; después que los caldeos conquistaran Nínive (612 a.C.), pero antes de la primera invasión de Judá por parte de esta misma potencia (605 a.C.). En cuanto al lugar, la mención del templo (Hab. 2:20; 3:19) confirma que el libro fue escrito en Jerusalén.

Paso a paso

1. Expresémosle al Señor las dudas acerca de lo que vemos. Cap. 1
2. Confiemos en los decretos del Señor acerca de lo que vemos. Cap. 2
3. Expresémosle al Señor nuestra confianza a pesar de lo que vemos. Cap. 3

HABACUC

Habacuc

1 Este es el mensaje que el profeta Habacuc recibió en una visión.

Primera queja de Habacuc

2 ¿Hasta cuándo debo pedir ayuda, oh Señor?
¡Pero tú no escuchas!
«¡Hay violencia por todas partes!», clamo,
pero tú no vienes a salvar.
3 ¿Tendré siempre que ver estas maldades?
¿Por qué debo mirar tanta miseria?
Dondequiera que mire,
veo destrucción y violencia.
Estoy rodeado de gente
que le encanta discutir y pelear.
4 La ley se ha estancado
y no hay justicia en los tribunales.
Los perversos suman más que los justos,
de manera que la justicia se ha corrompido.

¡Respuestas Bíblicas! 112 ¿Por qué Habacuc era tan infeliz?

1:2 Él veía los pecados del pueblo de Judá. Le disgustaba que Dios permitiera que estas cosas malas sucedieran y Dios le dijo que no iba a impedir las consecuencias de sus desobediencia. Dios dejaría que el pueblo de Babilonia fuera a atacar Judá.

Respuesta del Señor

5 El Señor respondió:

«Observen las naciones;
¡mírenlas y asómbrense!*
Pues estoy haciendo algo en sus propios días,
algo que no creerían
aun si alguien les dijera.
6 Estoy levantando a los babilonios,*
un pueblo cruel y violento.
Marcharán por todo el mundo
y conquistarán otras tierras.
7 Son reconocidos por su crueldad
y hacen lo que se les antoja.
8 Sus caballos son más veloces que guepardos*
y más feroces que lobos al anochecer.
Sus jinetes arremeten desde lejos.
Como águilas, se lanzan en picada para devorar a sus presas.

9 »Vienen sin tregua, decididos a la violencia.
Sus multitudes avanzan como el viento del desierto,
barriendo cautivos a su paso como si fueran arena.
10 Se burlan de reyes y príncipes
y menosprecian todas sus fortalezas.
¡Simplemente hacen rampas de tierra
contra las murallas y las toman por asalto!
11 Arrasan como el viento
y desaparecen.
Pero son profundamente culpables,
porque hicieron de su propia fuerza un dios».

Segunda queja de Habacuc

12 Oh Señor mi Dios, Santo mío, tú que eres eterno,
¡no puede ser que estés planeando acabar con nosotros!
Oh Señor, nuestra Roca, tú has enviado a los babilonios para corregirnos
y castigarnos por nuestros muchos pecados.
13 Pero tú eres puro y no soportas ver la maldad.
¿Serás indiferente ante la traición de ellos?
¿Guardarás silencio mientras los perversos
se tragan a gente más justa que ellos?

14 ¿Somos tan solo peces para ser capturados y matados?
¿Somos simples criaturas del mar que no tienen quien las guíe?
15 ¿Tenemos que terminar ensartados en sus ganchos
y atrapados en sus redes, mientras ellos se alegran y celebran?
16 Entonces adorarán a sus redes
y quemarán incienso frente a ellas.
«¡Estas redes son los dioses
que nos han hecho ricos!», exclamarán.
17 ¿Permitirás que se salgan con la suya para siempre?
¿Tendrán siempre éxito en sus conquistas despiadadas?

2 Subiré a mi torre de vigilancia
y montaré guardia.
Allí esperaré hasta ver qué dice el Señor
y cómo responderá* a mi queja.

Respuesta del Señor

2 Entonces el Señor me dijo:

«Escribe mi respuesta con claridad en tablas,

***Notas textuales** **1:5** La versión griega dice *Miren, ustedes burlones; / miren y asómbrense y mueran*. Comparar Hch 13:41. **1:6** O *caldeos*. **1:8** O *leopardos*. **2:1** Igual que en la versión siríaca; en hebreo dice *responderé*.

Referencias cruzadas **1:2-4** Sal 13:1-4 **1:5** Hch 13:41 **1:11** Jr 4:11-12 **1:13** 1 P 1:15-16 **1:16** Jr 44:17-18

para que un corredor pueda llevar a otros el mensaje sin error.
3 Esta visión es para un tiempo futuro.
Describe el fin, y este se cumplirá.
Aunque parezca que se demora en llegar, espera con paciencia,
porque sin lugar a dudas sucederá.
No se tardará.

4 »¡Mira a los orgullosos!
Confían en sí mismos y sus vidas están torcidas.
Pero el justo vivirá por su fidelidad a Dios.*
5 La riqueza es traicionera*
y los arrogantes nunca están tranquilos.
Abren la boca tan grande como una tumba,*
y como la muerte nunca están satisfechos.
En su avaricia juntaron a muchas naciones
y devoraron a muchos pueblos.

6 »Pronto sus cautivos se burlarán de ellos.
Se mofarán, diciendo:
"¡Qué aflicción les espera, ladrones!
¡Ahora tendrán su merecido!
Se hicieron ricos por medio de la extorsión,
pero ¿cuánto tiempo puede durar esto?".
7 De repente tus deudores tomarán medidas.
Se volverán en tu contra y te quitarán todo lo que tienes,
mientras que tú te quedarás temblando e impotente.
8 Debido a que saqueaste a muchas naciones,
ahora todos los sobrevivientes te saquearán a ti.
Cometiste asesinatos por toda la tierra
y llenaste los pueblos de violencia.

9 »¡Qué aflicción te espera a ti que construyes mansiones
con dinero deshonesto!
Crees que tu riqueza comprará seguridad
y así pondrás el nido familiar fuera de peligro.
10 Sin embargo, por causa de los asesinatos que cometiste,
deshonraste tu nombre y te costó la vida.
11 Hasta las piedras de los muros gritan contra ti
y las vigas de los techos le hacen eco a la queja.

12 »¡Qué aflicción te espera a ti que construyes ciudades
con el dinero adquirido mediante el crimen y la corrupción!
13 ¿No ha prometido el Señor de los Ejércitos Celestiales
que las riquezas de las naciones se convertirán en cenizas?
¡Se esfuerzan mucho,
pero todo es en vano!
14 Así como las aguas llenan el mar,
la tierra se llenará del conocimiento
de la gloria del Señor.

15 »¡Qué aflicción te espera a ti que emborrachas a tus vecinos!
Los obligas a beber
para regodearte de la vergüenza de su desnudez.
16 Sin embargo, pronto te llegará el turno de ser deshonrado.
¡Ven, bebe y demuestra tu desnudez*!
Bebe de la copa del juicio del Señor
y toda tu gloria se convertirá en vergüenza.
17 Derribaste los bosques del Líbano.
Ahora serás derribado.
Destruiste los animales salvajes;
¡ahora el terror de ellos será el tuyo!
Cometiste asesinatos por toda la tierra
y llenaste los pueblos de violencia.

18 »¿De qué sirve un ídolo tallado por hombres
o una imagen fundida que te engaña?
¡Qué necio es confiar en algo elaborado por tus propias manos,
un dios que ni siquiera puede hablar!
19 ¡Qué aflicción te espera a ti que les dices a ídolos de madera:
"Despierten y sálvennos!".
A imágenes de piedra, mudas, dices:
"¡Levántense y enséñennos!".
¿Podrá un ídolo decirte qué hacer?
Aunque estén recubiertos de oro y plata,
por dentro no tienen vida.
20 Pero el Señor está en su santo templo.
Que toda la tierra guarde silencio delante de él».

Oración de Habacuc

3 Esta oración fue entonada por el profeta Habacuc:*

2 «He oído todo acerca de ti, Señor.
Estoy maravillado por tus hechos asombrosos.
En este momento de profunda necesidad,
ayúdanos otra vez como lo hiciste en el pasado.
Y en tu enojo,
recuerda tu misericordia.

3 »¡Veo a Dios cruzando el desierto de Edom;*
el Santo viene desde el monte Parán!*
Su brillante esplendor llena los cielos,
y la tierra se llena de su alabanza.
4 Su llegada es tan radiante como la salida del sol.
Rayos de luz salen de sus manos,
donde se esconde su imponente poder.
5 La pestilencia marcha delante de él;
la plaga lo sigue de cerca.
6 Cuando él se detiene, la tierra se estremece.
Cuando mira, las naciones tiemblan.
Él derrumba las montañas perpetuas
y arrasa las antiguas colinas.
¡Él es el Eterno!*
7 Veo al pueblo de Cusán en angustia

***Notas textuales** **2:3b-4** La versión griega dice *Aunque la visión se demora, espera con paciencia, / porque sin lugar a dudas vendrá y no se demorará. / [4]No me complaceré con nadie que se aleje. / Pero el justo vivirá por mi fe.* Comparar Rm 1:17; Ga 3:11; Hb 10:37-38. **2:5a** Así aparece en los Rollos del mar Muerto: 1QpHab; otros manuscritos hebreos dicen *El vino es traicionero*. **2:5b** En hebreo *como el Seol*. **2:16** Los Rollos del mar Muerto, la versión griega y la siríaca dicen *y tambalea!* **3:1** El texto hebreo incluye *según sigionot*; probablemente indica el arreglo musical para la oración. **3:3a** En hebreo *Temán*. **3:3b** El hebreo incluye *selah*; también en 3:9, 13. El significado de este término hebreo es incierto; probablemente es un término musical o literario. **3:6** O *A él le pertenecen los caminos antiguos*.

Referencias cruzadas **2:3** Hb 10:37 **2:11** Lc 19:40 **2:16** Jr 25:15-16 **2:20** Za 2:13 **3:2** Sal 78:38-39 y a la nación de Madián temblando de terror.

8 »¿Estabas enojado, Señor, cuando golpeaste los ríos
y dividiste el mar?
¿Estabas disgustado con ellos?
¡No! ¡Enviabas tus carros de salvación!
9 Blandiste tu arco
y tu aljaba de flechas.
Partiste la tierra con caudalosos ríos.
10 Las montañas observaron y temblaron.
Avanzaron las tempestuosas aguas.
Las profundidades del mar rugieron
levantando sus manos en sumisión.
11 El sol y la luna se detuvieron en el cielo
cuando volaron tus radiantes flechas
y brilló tu deslumbrante lanza.

12 »Con enojo marchaste a través de la tierra
y con furor pisoteaste las naciones.
13 Saliste a rescatar a tu pueblo elegido,
a salvar a tus ungidos.
Aplastaste las cabezas de los perversos
y descarnaste sus huesos de pies a cabeza.
14 Con sus propias armas
destruiste al jefe de los que
se lanzaron como un torbellino,
pensando que Israel sería presa fácil.
15 Pisoteaste el mar con tus caballos
y las potentes aguas se amontonaron.

16 »Al oír esto, me estremecí por dentro;
mis labios temblaron de miedo.
Se me doblaron las piernas, caí*
y temblé de terror.
Esperaré en silencio el día venidero
cuando la catástrofe golpee al pueblo invasor.
17 Aunque las higueras no florezcan
y no haya uvas en las vides,
aunque se pierda la cosecha de oliva
y los campos queden vacíos y no den fruto,
aunque los rebaños mueran en los campos
y los establos estén vacíos,
18 ¡aun así me alegraré en el Señor!
¡Me gozaré en el Dios de mi salvación!
19 ¡El Señor Soberano es mi fuerza!
Él me da pie firme como al venado,*
capaz de pisar sobre las alturas».

(Para el director del coro: esta oración se acompaña con instrumentos de cuerda).

***Notas textuales** **3:16** En hebreo *La descomposición entró en mis huesos.* **3:19** O *Él me da la velocidad de un venado.*

Referencias cruzadas **3:8** Ex 7:19-20 **3:13** Sal 110:6 **3:18** Lc 1:47

SOFONÍAS

¿Por qué es importante?

Sofonías es un libro perfecto para atacar la mediocridad de una vida cristiana de fin de semana porque sacude a aquellos que dicen ser creyentes pero que al mismo tiempo sirven al pecado y ni siquiera se dan cuenta. Cuando la familia y la mayoría de nuestros amigos van a la iglesia, decir que somos cristianos se vuelve fácil, de tal manera que prácticamente lo damos por sentado. Pero esto lastima nuestra vida espiritual ya que corremos el riesgo de permitirles a ciertos pecados crecer y ser parte de nuestro "cristianismo" y por eso la respuesta para esta condición de nuestra vida, según Sofonías, es arrepentimiento de estas falsas versiones de la fe (Sofonías 2:1-3) y un cambio de corazón.

¿Por qué fue escrito?

El ministerio de Sofonías seguramente fue como un motor que alentó al rey Josías a hacer un cambio drástico en la nación. El libro se escribió para anunciar la llegada del "Día del Señor" y corregir falsas ideas con respecto a él, ya que no se trataba de un día de regocijo, sino de destrucción para los idólatras miembros del pueblo. A la vez, el libro les recuerda a los fieles que hay esperanza para ellos.

¿Quién lo escribió?

Sofonías fue el autor de este libro. Su nombre significa "protegido por el Señor" o "tesoro de Jehová". No es común que un profeta registre su genealogía hasta cuatro generaciones previas, por lo que Ezequías debía ser una persona de mucha importancia, por lo que se puede decir que Sofonías era posiblemente descendiente del famoso rey de Judá.

¿A quién lo escribió?

Las profecías de Sofonías fueron dirigidas al pueblo de Judá, el cual estaba sumido en una situación espiritual y moral deplorable. Su reclamo profético lo hace a las personas comunes y corrientes, pero especialmente a los líderes (1:4-6, 9; 3:1-4).

¿Cuándo y dónde lo escribió?

Sofonías profetizó en los días que gobernó en Judá el rey Josías (2 Rey. 21:23-24). Antes de su reinado, los asirios habían convertido a la nación en una de sus colonias (2 Rey. 18:13). De modo que, cuando Josías llegó al trono, se encontró con un pueblo que casi había olvidado a Dios y habían adoptado mucho de la cultura y dioses de sus colonizadores. La profecía de Sofonías fue dada un poco antes de la reforma que hizo el Rey Josías (año 621 a.C.). Los estudiosos calculan que profetizó en el año 625 a. C. El lugar desde el que se escribió el libro es la ciudad de Jerusalén.

Paso a paso

1. Viene un día de tristeza para los infieles. Caps. 1-3:8
2. Viene un día de alegría para los fieles. Cap. 3:9-20

Sofonías

1 El SEÑOR le dio este mensaje a Sofonías, cuando
Josías, hijo de Amón, era rey de Judá. Sofonías fue
hijo de Cusi, hijo de Gedalías, hijo de Amarías, hijo de
Ezequías.

Juicio venidero contra Judá

2 «Arrasaré con todo lo que hay
sobre la faz de la tierra —dice el SEÑOR—.
3 Arrasaré con personas y animales por igual;
arrasaré con las aves de los cielos y con los peces del mar.
Reduciré a los malvados a un montón de escombros*
y borraré a la humanidad de la faz de la tierra
—dice el SEÑOR—.
4 Aplastaré a Judá y a Jerusalén con mi puño
y destruiré todo rastro del culto a Baal.
Acabaré con todos los sacerdotes idólatras,
para que se borre hasta el recuerdo de ellos.
5 Pues ellos suben a las azoteas
y se postran ante el sol, la luna y las estrellas.
Dicen seguir al SEÑOR,
pero al mismo tiempo rinden culto a Moloc.*
6 Destruiré a los que antes me adoraban
pero ahora dejaron de hacerlo.
Ya no piden el consejo del SEÑOR
ni buscan mis bendiciones».

7 Guarden silencio en presencia del SEÑOR Soberano,
porque se acerca el imponente día del juicio del SEÑOR.
El SEÑOR ha preparado a su pueblo para una gran matanza
y ha seleccionado a sus verdugos.*
8 «En ese día del juicio
—dice el SEÑOR—,
castigaré a los líderes y a los príncipes de Judá
y a todos los que siguen costumbres paganas.
9 Sí, castigaré a los que toman parte en cultos paganos
y a los que llenan las casas de sus amos con
violencia y engaño.

> **¡Respuestas Bíblicas! 113**
> **¿Por qué el pueblo de Israel no debía actuar como otras naciones?**
>
> 1:8 Israel representaba el pueblo de Dios y Dios no quería que ellos sean violentos, descontrolados y paganos como las otras naciones. Ellos tenían que representarlo.

10 »En ese día —dice el SEÑOR—
vendrá un grito de alarma desde la puerta del Pescado
y el eco resonará por todo el Barrio Nuevo* de la ciudad.
Un gran estrépito se oirá desde las colinas.
11 Giman de dolor los que viven en la zona del mercado,*
porque todos los comerciantes y negociantes
serán destruidos.

12 »Buscaré con linternas en los rincones más oscuros de Jerusalén
para castigar a quienes descansen cómodos con sus pecados.
Piensan que el SEÑOR no les hará nada,
ni bueno ni malo.
13 Por eso serán despojados de sus posesiones,
y sus casas serán saqueadas.
Construirán nuevas casas,
pero nunca vivirán en ellas.
Plantarán viñedos,
pero nunca beberán su vino.

14 »Ese terrible día del SEÑOR está cerca.
Viene de prisa,
un día de llanto amargo,
un día cuando aun los hombres fuertes clamarán.
15 Será un día cuando el SEÑOR derramará su ira,
un día de terrible aflicción y angustia,
un día de ruina y desolación,
un día de oscuridad y penumbra,
un día de nubes y de negrura,
16 un día de sonido de trompeta y gritos de batalla.
¡Caen las ciudades amuralladas
y las más sólidas fortificaciones!

17 »Por haber pecado contra el SEÑOR,
los haré andar a tientas como el ciego.
Su sangre será vertida en el polvo
y sus cuerpos quedarán pudriéndose sobre la tierra».

18 Ni su plata ni su oro los salvará
en el día de la ira del SEÑOR.

***Notas textuales** **1:3** El significado del hebreo es incierto. **1:5** En hebreo *Malcam,* una variante de Moloc; o posiblemente signifique *su rey*. **1:7** En hebreo *ha preparado un sacrificio y santificado a sus invitados.* **1:10** O *el Segundo Barrio,* un sector nuevo de Jerusalén. En hebreo dice *el Misné.* **1:11** O *en el valle,* un sector de abajo de Jerusalén. En hebreo dice *en Mactes.*

Referencias cruzadas **1:4** Jr 6:12 **1:10** 2 Cr 33:14 **1:13** Am 5:11 **1:18** Ez 7:19

Pues toda la tierra será devorada
por el fuego de su celo.
Él dará un final aterrador
a toda la gente de la tierra.*

Un llamado al arrepentimiento

2 Reúnanse, sí, júntense,
nación desvergonzada.
2 Reúnanse antes de que comience el juicio,
antes de que su oportunidad de arrepentirse
vuele como la paja.
Actúen ahora, antes de que caiga la intensa furia
del Señor
y comience el terrible día de la ira del Señor.
3 Busquen al Señor los que son humildes
y sigan sus mandamientos.
Procuren hacer lo que es correcto
y vivir con humildad.
Quizá todavía el Señor los proteja
y los libre de su ira en ese día de destrucción.

Juicio contra Filistea

4 Gaza y Ascalón serán abandonadas,
Asdod y Ecrón, derribadas.
5 Y qué aflicción les espera, filisteos,*
que viven a lo largo de la costa y en la tierra de
Canaán,
¡porque este juicio es también en contra de
ustedes!
El Señor los destruirá
hasta que no quede ni uno de ustedes.
6 La costa filistea se convertirá en pastizales
desiertos,
un lugar en el que acampan los pastores
con corrales para ovejas y cabras.
7 Allí pastoreará un remanente de la tribu de Judá.
Por las noches descansarán en las casas
abandonadas de Ascalón.
Pues el Señor su Dios visitará a su pueblo con
bondad
y le devolverá su prosperidad.

Juicio contra Moab y Amón

8 «He oído las burlas de los moabitas
y los insultos de los amonitas
cuando se mofan de mi pueblo
e invaden sus fronteras.
9 Ahora, tan cierto como que yo vivo
—dice el Señor de los Ejércitos Celestiales, Dios
de Israel—,
Moab y Amón serán destruidos,
aniquilados por completo, igual que Sodoma y
Gomorra.
Su tierra será un lugar de ortigas,
de pozos de sal y de desolación eterna.
El remanente de mi pueblo los saqueará
y tomará su tierra».

10 Recibirán el pago de su orgullo,
porque se burlaron del pueblo del Señor de los
Ejércitos Celestiales.
11 El Señor los llenará de terror
cuando destruya a todos los dioses de la tierra.
Entonces naciones en todo el mundo adorarán al
Señor,
cada una en su propio país.

Juicio contra Etiopía y Asiria

12 «Ustedes, etíopes,* también serán masacrados
por mi espada», dice el Señor.

13 Con su puño, el Señor golpeará a las tierras del
norte
y así destruirá a la tierra de Asiria.
Hará de Nínive, su gran capital, una desolada tierra
baldía,
reseca como un desierto.
14 La orgullosa ciudad vendrá a ser pastizal para los
rebaños y manadas;
allí se instalará y vivirá toda clase de animales
salvajes.
El búho del desierto y la lechuza blanca se posarán
sobre las columnas destruidas,
y sus reclamos se oirán por las ventanas rotas.
Los escombros taparán todas las puertas,
y los revestimientos de cedro quedarán a la
intemperie.
15 Esta es la ruidosa ciudad
que un día fue tan segura.
«¡Yo soy la más grande! —se jactaba—.
¡No hay otra ciudad que se compare conmigo!».
Sin embargo, ahora, miren la ruina en la que se
convirtió,
un refugio de animales salvajes.
Todo el que pase por allí se reirá con desdén
y sacudirá su puño en señal de desafío.

Rebelión y redención de Jerusalén

3 ¡Qué aflicción le espera a la rebelde y contaminada
Jerusalén,
la ciudad de violencia y crimen!
2 Nadie puede decirle nada;
rechaza toda corrección.
No confía en el Señor
ni se acerca a su Dios.
3 Sus líderes son como leones rugientes
en cacería de sus víctimas.
Sus jueces son como lobos voraces al anochecer,
que para la mañana no han dejado rastro de su
presa.
4 Sus profetas son mentirosos y arrogantes, en busca
de su propia ganancia.
Sus sacerdotes profanan el templo
al desobedecer las instrucciones de Dios.
5 Pero el Señor todavía está en la ciudad,
y él no hace nada malo.
Día tras día emite justicia;
él nunca falla.
Pero los perversos no conocen la vergüenza.

6 «Yo he aniquilado a muchas naciones

***Notas textuales 1:18** O *la gente que vive en la tierra*. **2:5** En hebreo *cereteos*. **2:12** En hebreo *cusitas*.

Referencias cruzadas 2:4 Am 1:7 **2:8** Jr 48:27 **2:12** Is 18:1 **2:15** Is 47:8 **3:5** Jr 3:3

y he devastado las murallas y torres de sus
fortalezas.
Las calles ahora están desiertas;
sus ciudades quedan en ruinas silenciosas.
No quedó nadie con vida,
ni siquiera uno.
7 Yo pensé: "¡Seguramente ahora me temerán!
Sin duda, escucharán mis advertencias.
Entonces no necesitaré intervenir otra vez
y destruir sus casas".
¡Pero no es así! Se levantan temprano
para continuar con sus malas acciones.
8 Por lo tanto, tengan paciencia —dice el Señor—.
Pronto me levantaré y acusaré a esas naciones
malvadas.
Pues he decidido reunir a los reinos de la tierra
y descargar mi más feroz ira y furia sobre ellos.
Toda la tierra será consumida
por el fuego de mi celo.

9 »Entonces purificaré el lenguaje de todos los pueblos,
para que todos juntos puedan adorar al Señor.
10 Mi pueblo disperso que vive más allá de los ríos de
Etiopía*
vendrá a presentar sus ofrendas.
11 En ese día ya no hará falta que sean avergonzados,
porque dejarán de rebelarse contra mí.
Quitaré al orgulloso y al arrogante de entre ustedes;
no habrá más altivez en mi monte santo.
12 Quedarán solo los sencillos y los humildes
porque son ellos quienes confían en el nombre
del Señor.
13 Los del remanente de Israel no harán nada malo;
nunca mentirán ni se engañarán unos a otros.
Comerán y dormirán seguros,
sin que nadie los atemorice».

14 ¡Canta, oh hija de Sion;
grita fuerte, oh Israel!
¡Alégrate y gózate con todo tu corazón,
oh hija de Jerusalén!
15 Pues el Señor quitará su mano de juicio
y dispersará a los ejércitos de tus enemigos.
¡El Señor mismo, el Rey de Israel,
vivirá en medio de ti!
Por fin, se habrán terminado tus aflicciones
y nunca jamás temerás el desastre.
16 En ese día, la proclama en Jerusalén será:
«¡Ánimo, Sion! ¡No temas!
17 Pues el Señor tu Dios vive en medio
de ti.
Él es un poderoso salvador.
Se deleitará en ti con alegría.
Con su amor calmará todos tus temores.*
Se gozará por ti con cantos de alegría».

18 «Reuniré a los que añoran los festivales establecidos;
nunca más serán avergonzados.*
19 Sin embargo, trataré con severidad
a quienes te oprimieron.
Salvaré al débil y al indefenso;
reuniré a los que fueron expulsados.
Daré gloria y renombre a los que fueron desterrados
dondequiera que hayan sido ridiculizados y
avergonzados.
20 En ese día los reuniré
y los traeré de regreso a casa.
Les daré un buen nombre, un nombre distinguido
entre todas las naciones de la
tierra,
cuando, ante sus propios ojos, restauraré tu
bienestar.
¡Yo, el Señor, he hablado!».

***Notas textuales** **3:10** En hebreo *Cus*. **3:17** O *Él estará silencioso en su amor.* La versión griega y la siríaca dicen *Él te renovará con su amor.* **3:18** El significado del hebreo en este versículo es incierto.

Referencias cruzadas **3:12** Is 14:32 **3:15** Jn 1:49

HAGEO

¿Por qué es importante?

A través del acto físico de reconstruir el templo en los tiempos de este profeta, la gente comenzó a buscar de nuevo a Dios. De pensar solo en ellos mismos, empezaron a poner a Dios primero y así el tema de las prioridades y lo que hoy valoras se encuentra en el corazón del mensaje de este libro. Hageo muestra cómo el Señor motiva a su pueblo a conducirse conforme a su voluntad y a colocar sus valores en orden. Según el mensaje de Hageo, si las personas colocaran a Dios en el centro de sus vidas, se darían cuenta de las futuras bendiciones que Dios tiene reservadas para quienes en Él confían.

¿Por qué fue escrito?

El mensaje de parte de Dios era bastante sencillo: "reconstruyan mi casa" (Hag. 1:8). El profeta señala que su falta de satisfacción (Hag. 1:6), el fracaso de las cosechas (Hag. 1:9) y la sequía (Hag. 1:11) son maneras en las que Dios los está llamando a considerar esta obra. Luego, les promete bendiciones debido a su obediencia y a que pusieron su obra en primer lugar. Una palabra importante que se repite al menos cuatro veces en el libro es "reflexionen" (Hag. 1:5, 7; 2:15, 18). Como puede verse, Hageo trata de motivar la reflexión del pueblo de Dios para que coloque en orden las prioridades en su vida.

¿Quién lo escribió?

Poco sabemos del profeta Hageo, más que su nombre al inicio del libro (Hag. 1:1). Una antigua tradición judía afirma que fue autor de varios salmos de la Biblia (entre ellos el 138, 146 y 147), pero esto no se puede confirmar. Este profeta es mencionado en varios escritos apócrifos del período intertestamentario como 2 Esdras y Eclesiástico, lo cual indica que llegó a ser muy apreciado por los judíos.

¿A quién lo escribió?

Dos años después de haber regresado a su amada tierra, los judíos comenzaron la reconstrucción del templo, pero se desanimaron por la oposición y la obra permaneció quince años sin avanzar (Esdras 4:4, 5). Dios levantó al profeta Hageo para animarlos a continuar la construcción de la casa del Señor. Para ellos fue escrito este pequeño pero potente libro.

¿Cuándo y dónde lo escribió?

El libro mismo establece la fecha de su escritura: en el año segundo del rey Darío, es decir, el año 520 a.C., unos dieciocho años después del primer regreso de los judíos a su tierra. Los cuatro mensajes del libro se dan en el mismo año. La ciudad en la que fue escrito fue Jerusalén.

Paso a paso

1. Es tiempo de cumplir la voluntad del Señor. Cap. 1
2. Es tiempo de considerar el éxito según los criterios del Señor. Cap. 2:1-9
3. Es tiempo de purificarse para no apartar la bendición del Señor. Cap. 2:10-19
4. Es tiempo de obedecer para alcanzar la bendición del Señor. Cap. 2:20-23

HAGEO

Hageo

Un llamado a reconstruir el templo

1 El 29 de agosto* del segundo año del reinado del
rey Darío, el Señor dio un mensaje por medio del
profeta Hageo a Zorobabel, hijo de Salatiel, gobernador
de Judá, y a Jesúa,* hijo de Jehosadac, el sumo sacerdote:
2«Esto es lo que dice el Señor de los Ejércitos Celes-
tiales: el pueblo alega: "Todavía no ha llegado el momento
para reconstruir la casa del Señor"».
3Entonces el Señor envió el siguiente mensaje por
medio del profeta Hageo: 4«¿Por qué viven ustedes en
casas lujosas mientras mi casa permanece en ruinas?».
5Esto es lo que dice el Señor de los Ejércitos Celestiales:
«¡Miren lo que les está pasando! 6Han sembrado mucho
pero cosechado poco; comen pero no quedan satisfechos;
beben pero aún tienen sed; se abrigan pero todavía tienen
frío. Sus salarios desaparecen, ¡como si los echaran en
bolsillos llenos de agujeros!».
7Esto es lo que dice el Señor de los Ejércitos Celestia-
les: «¡Miren lo que les está pasando! 8Vayan ahora a los
montes, traigan madera y reconstruyan mi casa. Enton-
ces me complaceré en ella y me sentiré honrado, dice el
Señor. 9Esperaban cosechas abundantes, pero fueron
pobres; y cuando trajeron la cosecha a su casa, yo la hice
desaparecer con un soplo. ¿Por qué? Porque mi casa está
en ruinas, dice el Señor de los Ejércitos Celestiales, mien-
tras ustedes se ocupan de construir sus elegantes casas.
10Es por causa de ustedes que los cielos retienen el rocío y
la tierra no produce cosechas. 11Yo mandé la sequía sobre
sus campos y colinas; una sequía que destruirá el grano,
el vino nuevo, el aceite de oliva y las demás cosechas; una
sequía que hará que ustedes y sus animales pasen hambre
y arruinará todo aquello por lo que tanto han trabajado».

Obediencia al llamado de Dios

12Entonces Zorobabel, hijo de Salatiel, y Jesúa, hijo de
Jehosadac, el sumo sacerdote, y todo el remanente del
pueblo de Dios comenzaron a obedecer el mensaje del
Señor su Dios. Cuando oyeron las palabras del profeta
Hageo, a quien el Señor su Dios había enviado, el pueblo
temió al Señor. 13Luego Hageo, el mensajero del Señor,
dio al pueblo el siguiente mensaje del Señor: «¡Yo estoy
con ustedes, dice el Señor!».
14Entonces el Señor despertó el entusiasmo de Zoro-
babel, hijo de Salatiel, gobernador de Judá, y de Jesúa, hijo
de Jehosadac, el sumo sacerdote, y de todo el remanente
del pueblo de Dios. Comenzaron a trabajar en la casa de
su Dios, el Señor de los Ejércitos Celestiales, 15el 21 de
septiembre* del segundo año del reinado del rey Darío.

El menor esplendor del nuevo templo

2 Entonces el 17 de octubre de ese mismo año,* el
Señor envió otro mensaje por medio del profeta
Hageo: 2«Di lo siguiente a Zorobabel, hijo de Salatiel,
gobernador de Judá, y a Jesúa,* hijo de Jehosadac, el sumo
sacerdote, y al remanente del pueblo de Dios allí en la
tierra: 3"¿Alguno de ustedes recuerda esta casa —este
templo— con su antiguo esplendor? ¿Cómo se compara
este con el otro? ¡No se parecen en nada! 4Sin embargo,
ahora el Señor dice: Zorobabel, sé fuerte. Jesúa, hijo de
Jehosadac, sumo sacerdote, sé fuerte. Ustedes que aún
quedan en la tierra, sean fuertes. Así que ahora, ¡manos
a la obra!, porque yo estoy con ustedes, dice el Señor de
los Ejércitos Celestiales. 5Mi Espíritu permanece entre
ustedes, así como lo prometí cuando salieron de Egipto.
Por lo tanto, no teman".
6»El Señor de los Ejércitos Celestiales dice: "Dentro
de poco, haré temblar los cielos y la tierra, los océanos
y la tierra firme una vez más. 7Haré temblar a todas las
naciones y traerán los tesoros de todas las naciones a este
templo. Llenaré este lugar de gloria, dice el Señor de los
Ejércitos Celestiales. 8La plata es mía y el oro es mío, dice
el Señor de los Ejércitos Celestiales. 9La futura gloria de
este templo será mayor que su pasada gloria, dice el Señor
de los Ejércitos Celestiales, y en este lugar, traeré paz.
¡Yo, el Señor de los Ejércitos Celestiales, he hablado!"».

Promesas de bendición por la obediencia

10El 18 de diciembre* del segundo año del reinado del
rey Darío, el Señor envió el siguiente mensaje al profeta
Hageo: 11«El Señor de los Ejércitos Celestiales dice:
pregunta a los sacerdotes acerca de la ley: 12"Si alguno
de ustedes trae entre sus vestiduras sacerdotales carne
de un sacrificio consagrado y sucede que las vestiduras
rozan con algún pan o guiso, vino o aceite de oliva o al-
guna otra clase de alimento, ¿quedará el alimento también
consagrado?"».
Entonces los sacerdotes contestaron:
—No.
13Luego Hageo preguntó:
—Si alguien se vuelve ceremonialmente impuro por

***Notas textuales** **1:1a** En hebreo *En el primer día del sexto mes,* del antiguo calendario lunar hebreo. Muchos de los sucesos del libro de Hageo pueden corroborarse con las fechas que aparecen en los registros persas que se han conservado y pueden relacionarse de manera precisa con nuestro calendario moderno. Ese suceso ocurrió el 29 de agosto del 520 a. C. **1:1b** En hebreo *Josué*, una variante de Jesúa; también en 1:12, 14. **1:15** En hebreo *el día veinticuatro del sexto mes,* del antiguo calendario lunar hebreo. Ese suceso ocurrió el 21 de septiembre del 520 a. C.; ver también la nota en 1:1a. **2:1** En hebreo *el día veintiuno del séptimo mes*, del antiguo calendario lunar hebreo. Ese suceso (durante el segundo año del reinado de Darío) ocurrió el 17 de octubre del 520 a. C.; ver también la nota en 1:1a. **2:2** En hebreo *Josué*, una variante de Jesúa; también en 2:4. **2:10** En hebreo *El día veinticuatro del noveno mes,* del antiguo calendario lunar hebreo (similar en 2:18). Ese suceso ocurrió el 18 de diciembre del 520 a. C.; ver también la nota en 1:1a.

Referencias cruzadas **1:3** Esd 5:1 **1:10** Lv 26:19 **1:12** Is 50:10 **2:3** Esd 3:12 **2:6** Hb 12:26 **2:12** Lv 6:27

tocar a un muerto y después toca cualquiera de esos alimentos, ¿se contaminará la comida?

—Sí —contestaron los sacerdotes.

14Entonces Hageo respondió:

—Así mismo sucede con este pueblo y con esta nación,
dice el SEÑOR. Todo lo que hacen y todo lo que ofrecen,
está contaminado por su pecado. 15Miren lo que les pa-
saba antes de que comenzaran a edificar los cimientos del
templo del SEÑOR. 16Cuando esperaban veinte medidas
de grano, cosechaban solo diez. Cuando esperaban sacar
cincuenta litros del lagar, encontraban solo veinte. 17Yo
envié plaga, moho y granizo para destruir todo aquello
por lo que hicieron tanto esfuerzo para producir. Aun así,
rehusaban regresar a mí, dice el SEÑOR.

18»Consideren este día, el 18 de diciembre,* cuando
los cimientos del templo del SEÑOR fueron establecidos.
Considérenlo bien. 19Ahora les doy una promesa cuando la
semilla aún está en el granero.* Todavía no han cosechado
su grano, ni las vides ni las higueras ni los granados ni
los olivos han dado sus frutos. Sin embargo, de hoy en
adelante, yo los bendeciré.

Promesas para Zorobabel

20En ese mismo día, el 18 de diciembre,* el SEÑOR envió
este segundo mensaje a Hageo: 21«Dile a Zorobabel, go-
bernador de Judá, que yo estoy a punto de hacer tem-
blar los cielos y la tierra. 22Derrocaré los tronos reales y
destruiré el poder de los reinos de las naciones. Volcaré
sus carros de guerra, los caballos caerán y los jinetes se
matarán unos a otros.

23»Pero cuando esto suceda, dice el SEÑOR de los Ejér-
citos Celestiales, te honraré, Zorobabel, hijo de Salatiel,
mi siervo. Te haré como el anillo con mi sello oficial, dice
el SEÑOR, porque te he escogido. ¡Yo, el SEÑOR de los
Ejércitos Celestiales, he hablado!».

***Notas textuales** **2:18** O *En este día, el 18 de diciembre, consideren el día.* **2:19** En hebreo *¿Está la semilla aún en el granero?* **2:20** En hebreo *En el día veinticuatro del [noveno] mes*; ver la nota en 2:10.

Referencias cruzadas **2:16** Za 8:10 **2:21** Hag 1:14

ZACARÍAS

¿Por qué es importante?

Zacarías es un excelente ejemplo de un mensajero que promueve la santidad sin necesidad de provocar culpa y temor. Este libro contiene el mayor número de pasajes acerca de Jesús entre los profetas menores y en ese sentido, es posible pensar en el libro de Zacarías como una especie de libro de Isaías en miniatura. Zacarías representa a Cristo tanto en su primera venida (Zacarías 9: 9) como en su segunda venida (9: 10–10: 12). Jesús vendrá, según Zacarías, como Salvador, Juez y, en última instancia, como el Rey justo que gobierna a su pueblo (14: 8–9) así que confiar en Dios debe hacerse por confianza en su victoria y no solo por miedo en un castigo.

¿Por qué fue escrito?

Este es el libro más largo de los profetas menores, con catorce capítulos y el más apocalíptico. Junto con Hageo, recibió la comisión de animar al pueblo a continuar la labor de reconstrucción del templo. Además, el profeta dio instrucciones acerca de la santidad de vida, necesaria para la reconstrucción de un templo santo. Por último, el libro revela detalles acerca del futuro, sobre todo sobre el Mesías, fuente de esperanza para el pueblo.

¿Quién lo escribió?

El autor del libro es Zacarías, hijo de Berequías. Este profeta provenía de una familia sacerdotal. Su abuelo, Idó, fue uno de los sacerdotes que retornó de Babilonia (Nehemías 12:1-4). Así que, por linaje, Zacarías era sacerdote y por llamado era también profeta (Esdras 5:1), como Ezequiel y Jeremías. Aparentemente era muy joven cuando comenzó su ministerio (lee Zac. 2:4), al igual que Daniel y Jeremías. El significado de su nombre es "Jehová recuerda". Algunos piensan que ese nombre le fue puesto por sus padres para dar testimonio de que seguían esperando que Dios se acordara de ellos en el exilio.

¿A quién lo escribió?

Zacarías proclamó su mensaje a los judíos que habían regresado bajo el liderazgo de Zorobabel a su tierra. Su ministerio comenzó casi al mismo tiempo que el de Hageo. Sin embargo, mientras éste hizo un llamado a poner en orden las prioridades del pueblo, Zacarías entrega un mensaje de compromiso con Dios y, a la vez, de consuelo y ánimo en forma de visiones proféticas acerca del futuro. En el libro hay, además, mensajes específicos para el líder civil Zorobabel (Zac. 4:6-7), el sumo sacerdote Josué (Zac. 3:8-9) y los sacerdotes como líderes espirituales del pueblo (Zac. 7:4-5).

¿Cuándo y dónde lo escribió?

Dos meses después de que Hageo finalizara su profecía, Dios también le habló al pueblo a través del profeta Zacarías exactamente en el mes octavo que es octubre-noviembre (Zacarías 1:1). Así, entonces, la fecha de los primeros ocho capítulos del libro es la misma que la de Hageo: 520 a.C. Los capítulos 9-14 son posteriores; quizá cerca del año 480 a.C. Zacarías se encontraba en Jerusalén cuando escribió su libro.

Paso a paso

1. El Señor reanima a través de un llamado al arrepentimiento. Cap. 1:1-6
2. El Señor reanima por medio de visiones que revelan la historia. Caps. 1:7-6:15
3. El Señor reanima por medio de respuestas claras. Caps. 7-8
4. El Señor reanima por medio de una visión del futuro Mesías. Caps. 9-14

ZACARÍAS

Zacarías

Un llamado a volver al Señor

1 En noviembre* del segundo año del reinado de Darío,
el Señor le dio este mensaje al profeta Zacarías, hijo
de Berequías, nieto de Iddo:
2«Yo, el Señor, estuve muy enojado con los antepa-
sados de ustedes. 3Por lo tanto, dile al pueblo: "El Señor
de los Ejércitos Celestiales dice: 'Regresen a mí y yo me
volveré a ustedes, dice el Señor de los Ejércitos Celes-
tiales'. 4No sean como sus antepasados que no querían
escuchar ni prestar atención cuando los antiguos profetas
les dijeron: 'El Señor de los Ejércitos Celestiales dice:
"Apártense de sus malos caminos y abandonen todas sus
prácticas malvadas"'.
5»"¿Dónde están ahora sus antepasados? Ellos y los
profetas murieron hace mucho tiempo. 6Pero todo lo que
dije por medio de mis siervos, los profetas, les ocurrió a
sus antepasados, tal como lo dije. En consecuencia, ellos
se arrepintieron y dijeron: 'Hemos recibido lo que mere-
cíamos del Señor de los Ejércitos Celestiales. Él ha hecho
lo que dijo que haría'"».

¡Respuestas Bíblicas! **114** **¿Qué es lo que Dios promete a quienes se acercan a Él?**

1: 2-4 Que Dios se acercará también sin tomar en cuenta los pecados de las generaciones anteriores.

Un hombre entre los arrayanes

7Tres meses después, el 15 de febrero,* el Señor envió
otro mensaje al profeta Zacarías, hijo de Berequías, nieto
de Iddo.
8En una visión durante la noche, vi a un hombre mon-
tado en un caballo rojo que estaba entre unos arrayanes
en un pequeño valle. Detrás de él había jinetes en caballos
rojos, marrones y blancos. 9Le pregunté al ángel que ha-
blaba conmigo:
—Mi señor, ¿qué significan estos caballos?
—Te mostraré —me contestó el ángel.
10Entonces el jinete que estaba entre los arrayanes me
explicó: «Son los que el Señor ha enviado a recorrer la
tierra».
11Entonces los otros jinetes le informaron al ángel del
Señor, que se encontraba entre los arrayanes: «Hemos es-
tado recorriendo la tierra y el mundo entero está en paz».
12Al escucharlo, el ángel del Señor elevó la siguiente
oración: «Oh Señor de los Ejércitos Celestiales, durante
los últimos setenta años has estado enojado con Jerusalén
y con las ciudades de Judá. ¿Cuánto tiempo más pasará
para que vuelvas a mostrarles compasión?». 13Entonces
el Señor le habló palabras buenas y consoladoras al ángel
que conversaba conmigo.
14Luego el ángel me dijo: «Proclama este mensaje a
gritos para que todos lo oigan: "El Señor de los Ejérci-
tos Celestiales dice: 'Mi amor por Jerusalén y el monte
Sion es intenso y ferviente. 15Sin embargo, estoy muy
enojado con las otras naciones que ahora disfrutan de
paz y seguridad. Solo me enojé un poco con mi pueblo,
pero las naciones le causaron mucho más daño del que
me proponía.
16»"'Por lo tanto, esto es lo que dice el Señor: he vuelto
a mostrar misericordia a Jerusalén. Mi templo será reedi-
ficado, dice el Señor de los Ejércitos Celestiales, y se to-
marán las medidas para la reconstrucción de Jerusalén*'".
17»Proclama también: "El Señor de los Ejércitos
Celestiales dice: 'Otra vez las ciudades de Israel rebosa-
rán de prosperidad y otra vez el Señor consolará a Sion
y elegirá a Jerusalén para sí mismo'"».

Los cuatro cuernos y los cuatro herreros

18*Entonces levanté la mirada y vi cuatro cuernos.
19—¿Qué significan estos cuernos? —pregunté al ángel
que hablaba conmigo.
Él me contestó:
—Estos cuernos representan a las naciones que dis-
persaron a Judá, a Israel y a Jerusalén.
20Entonces el Señor me mostró cuatro herreros.
21—Y estos hombres, ¿qué vienen a hacer? —pregunté.
El ángel me contestó:
—Estos cuatro cuernos, es decir, estas naciones, dis-
persaron y humillaron a Judá. Ahora estos herreros han
venido para aterrorizar, derribar y destruir a esas naciones.

Prosperidad futura de Jerusalén

2 1*Cuando miré de nuevo, vi a un hombre con una
cinta de medir en la mano.
2—¿Adónde vas? —le pregunté.
—Voy a medir Jerusalén —me contestó— para ver
cuánto mide de ancho y de largo.
3Entonces el ángel que estaba conmigo fue a reunirse

***Notas textuales** **1:1** En hebreo *En el octavo mes*. Muchos de los sucesos del libro de Zacarías pueden corroborarse con las fechas que aparecen en los registros persas que se han conservado, y pueden relacionarse de manera precisa con nuestro calendario moderno. En el antiguo calendario lunar hebreo ese mes cayó entre octubre y noviembre del 520 a. C. **1:7** En hebreo *En el día veinticuatro del mes once, el mes de sebat, en el segundo año de Darío*. Ese suceso ocurrió el 15 de febrero del 519 a. C.; ver también la nota en 1:1. **1:16** En hebreo *y la cinta de medir será extendida sobre Jerusalén.* **1:18** Los versículos del 1:18-21 corresponden al 2:1-4 en el texto hebreo. **2:1** Los versículos del 2:1-13 corresponden al 2:5-17 en el texto hebreo.

Referencias cruzadas **1:3** St 4:8 **1:10** Jb 1:7 **1:12** Jr 25:11 **1:19** Esd 4:1 **2:3** Gn 32:1

con un segundo ángel que se dirigía hacia él. 4El otro ángel dijo:

—Apresúrate y dile a ese joven: "¡Jerusalén algún día estará tan llena de gente y de animales que no habrá lugar suficiente para todos! Muchos vivirán fuera de las murallas de la ciudad. 5Entonces yo mismo seré un muro de fuego protector alrededor de Jerusalén, dice el SEÑOR. ¡Y seré la gloria dentro de la ciudad!".

Los desterrados son llamados a regresar

6El SEÑOR dice: «¡Salgan! Huyan de Babilonia en la tierra del norte, porque yo los he dispersado a los cuatro vientos. 7¡Sal, pueblo de Sion, tú que estás desterrado en Babilonia!».

8Después de un período de gloria, el SEÑOR de los Ejércitos Celestiales me envió* contra las naciones que los saquearon a ustedes. Pues él dijo: «Cualquiera que te dañe, daña a mi más preciada posesión.* 9Levantaré mi puño para aplastarlos y sus propios esclavos los saquearán». Entonces ustedes sabrán que el SEÑOR de los Ejércitos Celestiales me ha enviado.

10El SEÑOR dice: «Grita y alégrate, oh Jerusalén hermosa,* porque yo vengo a vivir en medio de ti. 11Muchas naciones se unirán al SEÑOR en ese día y ellos también serán mi pueblo. Viviré entre ustedes y sabrán que el SEÑOR de los Ejércitos Celestiales me ha enviado a ustedes. 12La tierra de Judá será la preciada posesión del SEÑOR en la tierra santa y él elegirá una vez más a Jerusalén para ser su propia ciudad. 13Que toda la humanidad guarde silencio ante el SEÑOR, porque él entra en acción desde su santa morada».

Limpieza del sumo sacerdote

3 Entonces el ángel me mostró a Jesúa,* el sumo sacerdote, que estaba de pie ante el ángel del SEÑOR. El Acusador, Satanás,* estaba allí a la derecha del ángel y presentaba acusaciones contra Jesúa. 2Entonces el SEÑOR le dijo a Satanás: «Yo, el SEÑOR, rechazo tus acusaciones, Satanás. Así es, el SEÑOR que eligió a Jerusalén te reprende. Este hombre es como un tizón en llamas que ha sido arrebatado del fuego».

3La ropa de Jesúa estaba sucia cuando estuvo de pie ante el ángel. 4Entonces el ángel dijo a los otros que estaban allí: «Quítenle esa ropa sucia». Luego se volvió hacia Jesúa y le dijo: «¿Ya ves? He quitado tus pecados y ahora te voy a dar esta ropa nueva y fina».

5Luego yo dije: «Deben también colocarle un turbante limpio en la cabeza». Así que ellos le pusieron en la cabeza un turbante sacerdotal limpio y lo vistieron de ropas nuevas, mientras el ángel del SEÑOR permanecía cerca.

6Entonces el ángel del SEÑOR habló solemnemente a Jesúa y le dijo: 7«El SEÑOR de los Ejércitos Celestiales dice: "Si tú sigues mis caminos y me sirves con cuidado, recibirás autoridad sobre mi templo y sus atrios. Permitiré que camines entre los otros que están aquí.

8»"Escúchenme, oh Jesúa, sumo sacerdote, y ustedes los demás sacerdotes. Ustedes son símbolos de lo que está por venir. Pronto traeré a mi siervo llamado el Retoño. 9Miren ahora la joya que he puesto ante Jesúa, una sola piedra con siete facetas.* Grabaré una inscripción en ella, dice el SEÑOR de los Ejércitos Celestiales, y en un solo día quitaré los pecados de esta tierra.

10»"En ese día, dice el SEÑOR de los Ejércitos Celestiales, cada uno invitará a su vecino a sentarse en paz bajo sus propias vides e higueras"».

El candelabro y los dos olivos

4 Entonces el ángel que había estado hablando conmigo volvió y me despertó, como si hubiera estado dormido.

2—¿Qué ves ahora? —me preguntó.

—Veo un candelabro de oro macizo con un tazón de aceite encima —contesté—. Alrededor del tazón hay siete lámparas y cada una tiene siete conductos para las mechas. 3También veo dos olivos, uno a cada lado del tazón.

4Entonces le pregunté al ángel:

—¿Qué es todo esto, mi señor? ¿Qué significa?

5—¿No lo sabes? —preguntó el ángel.

—No, mi señor —le contesté.

6Entonces me dijo:

—El SEÑOR dice a Zorobabel: "No es por el poder ni por la fuerza, sino por mi Espíritu, dice el SEÑOR de los Ejércitos Celestiales. 7Nada impedirá el camino de Zorobabel, ni siquiera una montaña gigantesca, ¡pues se convertirá en llanura delante de él! Y cuando Zorobabel coloque la última piedra del templo en su lugar, la gente gritará: '¡Dios lo bendiga! ¡Dios lo bendiga!'*".

8Después recibí otro mensaje del SEÑOR: 9«Zorobabel es quien colocó los cimientos de este templo y él los terminará. Así ustedes sabrán que el SEÑOR de los Ejércitos Celestiales me envió. 10No menosprecien estos modestos comienzos, pues el SEÑOR se alegrará cuando vea que el trabajo se inicia y que la plomada está en las manos de Zorobabel».

(Las siete lámparas* representan los ojos del SEÑOR que recorren toda la tierra).

11Entonces le pregunté al ángel:

—¿Qué son esos dos olivos a cada lado del candelabro 12y las dos ramas de olivo que vierten aceite dorado por dos tubos de oro?

13—¿No lo sabes? —preguntó.

—No, mi señor —respondí.

14Entonces él me dijo:

—Representan a los dos ungidos* que están de pie en la corte del Señor de toda la tierra.

El rollo que volaba

5 Levanté otra vez la mirada y vi un rollo volando en el aire.

2—¿Qué ves? —preguntó el ángel.

—Veo un rollo que vuela —contesté—. Parece tener diez metros de largo y cinco metros de ancho.*

3Entonces él me dijo:

—Este rollo contiene la maldición que cubrirá toda la tierra. Un lado del rollo dice que los que roban serán desterrados; el otro lado dice que los que juran en falso serán desterrados. 4El SEÑOR de los Ejércitos Celestiales dice: "Envío esta maldición a la casa de cada ladrón y a la

***Notas textuales** **2:8a** El significado del hebreo es incierto. **2:8b** En hebreo *Cualquiera que te toca, toca la niña de sus ojos.* **2:10** En hebreo *oh hija de Sion.* **3:1a** En hebreo *Josué*, una variante de Jesúa; también en 3:3, 4, 6, 8, 9. **3:1b** En hebreo *El satán*; similar en 3:2. **3:9** En hebreo *siete ojos.* **4:7** En hebreo *'Gracia, gracia sea a esto'.* **4:10** O *Las siete facetas* (ver 3:9); en hebreo dice *Estos siete.* **4:14** O *dos seres celestiales*; en hebreo dice *dos hijos de aceite nuevo*. **5:2** En hebreo *20 codos* [30 pies] *de largo y 10 codos* [15 pies] *de ancho*.

Referencias cruzadas **2:10** Lv 26:12 **3:8** Sal 71:7 **4:2** Ap 1:12 **4:7** Is 40:3 **4:14** Ap 11:4 **5:4** Ml 3:5 **5:8** Os 12:7

casa de todos los que juran en falso usando mi nombre. Mi maldición se quedará en esa casa y la destruirá por completo, hasta las maderas y las piedras".

La mujer en una canasta

5Entonces el ángel que hablaba conmigo se adelantó y dijo:

—Mira hacia arriba y fíjate en lo que viene.

6—¿Qué es? —pregunté.

—Es una canasta para medir grano* —respondió—, y está llena con los pecados* de los habitantes de todo el país.

7Entonces fue levantada la pesada tapa de plomo de la canasta y adentro había una mujer sentada. 8El ángel dijo: «La mujer se llama Perversidad», y la empujó adentro de la canasta otra vez y cerró la pesada tapa.

9Entonces miré hacia arriba y vi a dos mujeres que volaban hacia nosotros, planeando con el viento. Tenían alas como de cigüeña, y recogieron la canasta y levantaron el vuelo.

10—¿Adónde llevan la canasta? —le pregunté al ángel.

11—A la tierra de Babilonia* —me respondió—, donde construirán un templo para la canasta. Luego, cuando el templo esté listo, colocarán la canasta allí sobre un pedestal.

Los cuatro carros de guerra

6 Entonces levanté la mirada otra vez y vi cuatro carros de guerra que salían de entre dos montañas de bronce. 2El primer carro era tirado por caballos rojos, el segundo por caballos negros, 3el tercero por caballos blancos y el cuarto por poderosos caballos tordos.

4—¿Y qué son estos, mi señor? —le pregunté al ángel que hablaba conmigo.

5—Son los cuatro espíritus* del cielo que están delante del Señor de toda la tierra —el ángel contestó—. Ellos salen a hacer su trabajo. 6El carro con caballos negros va al norte, el carro con caballos blancos va al occidente* y el carro con caballos tordos va al sur.

7Los poderosos caballos estaban ansiosos por salir a vigilar la tierra. Así que el SEÑOR dijo: «¡Vayan y vigilen la tierra!». Entonces salieron de inmediato a hacer el recorrido.

8Luego el SEÑOR me llamó y me dijo: «Mira, los que fueron al norte han desahogado el enojo de mi Espíritu* allí en la tierra del norte».

Coronación de Jesúa

9Entonces recibí otro mensaje del SEÑOR: 10«Heldai, Tobías, y Jedaías traerán obsequios de plata y oro de los judíos desterrados en Babilonia. En cuanto lleguen, encuéntrate con ellos en la casa de Josías, hijo de Sofonías. 11Acepta sus obsequios y, con la plata y el oro, haz una corona. Entonces coloca la corona en la cabeza de Jesúa* hijo de Jehosadac, el sumo sacerdote. 12Dile: "El SEÑOR de los Ejércitos Celestiales declara: 'Este es el hombre llamado el Retoño. Él echará ramas desde donde está y construirá el templo del SEÑOR'". 13Así es, él construirá el templo del SEÑOR. Entonces recibirá el honor real y desde su trono gobernará como rey; también desde su trono servirá como sacerdote* y habrá armonía perfecta entre sus dos oficios.

14»La corona servirá de recordatorio en el templo del SEÑOR en reconocimiento a quienes la obsequiaron: Heldai,* Tobías, Jedaías y Josías,* hijo de Sofonías».

15Vendrá gente desde tierras lejanas a reedificar el templo del SEÑOR. Cuando esto ocurra, ustedes sabrán que mis mensajes vinieron del SEÑOR de los Ejércitos Celestiales. Todo esto sucederá si ustedes se aseguran de obedecer lo que dice el SEÑOR su Dios.

Un llamado a la justicia y a la compasión

7 El 7 de diciembre* del cuarto año del reinado del rey Darío, el SEÑOR le dio otro mensaje a Zacarías. 2El pueblo de Betel había enviado a Sarezer y a Regem-melec,* junto con sus asistentes, para buscar el favor del SEÑOR. 3Les encargaron hacer la siguiente pregunta a los profetas y a los sacerdotes del templo del SEÑOR de los Ejércitos Celestiales: «¿Debemos continuar de luto y ayuno cada verano en el aniversario de la destrucción del templo,* como lo hemos estado haciendo durante muchos años?».

4En respuesta, el SEÑOR de los Ejércitos Celestiales me envió este mensaje: 5«Diles a tu pueblo y a tus sacerdotes: "Durante estos setenta años de destierro, cuando ayunaban y se vestían de luto en el verano y a comienzos del otoño,* ¿hacían los ayunos realmente para mí? 6Incluso ahora, cuando comen y beben en sus festivales santos, ¿no lo hacen para complacerse a sí mismos? 7¿No es este el mismo mensaje del SEÑOR que los profetas proclamaron en años anteriores cuando Jerusalén y los pueblos de Judá estaban llenos de gente y el Neguev y las colinas de Judá* estaban bien poblados?"».

8Luego Zacarías recibió este mensaje del SEÑOR: 9«El SEÑOR de los Ejércitos Celestiales dice: juzguen con imparcialidad y muestren compasión y bondad el uno por el otro. 10No opriman a las viudas ni a los huérfanos ni a los extranjeros ni a los pobres. Tampoco tramen el mal unos contra otros.

11»Sus antepasados se negaron a escuchar este mensaje. Volvieron la espalda tercamente y se taparon los oídos para no oír. 12Endurecieron su corazón como la piedra para no oír las instrucciones ni los mensajes que el SEÑOR de los Ejércitos Celestiales les había enviado por su Espíritu por medio de los antiguos profetas. Por eso el SEÑOR de los Ejércitos Celestiales se enojó tanto con ellos.

13»Así como ellos se negaron a escuchar cuando los llamé, tampoco yo los escuché cuando clamaron a mí, dice el SEÑOR de los Ejércitos Celestiales. 14Como con un torbellino, los dispersé entre las naciones lejanas, donde vivieron como extranjeros. La tierra quedó tan desolada que nadie pasaba por allí. ¡Convirtieron su hermosa tierra en un desierto!».

***Notas textuales** **5:6a** En hebreo *un efa* [22 litros o 20 cuartos]; también en 5:7, 8, 9, 10, 11. **5:6b** Igual que en la versión griega; en hebreo dice *con la apariencia*. **5:11** En hebreo *la tierra de Sinar.* **6:5** O *los cuatro vientos.* **6:6** En hebreo *va tras ellos*. **6:8** En hebreo *han dado descanso a mi Espíritu*. **6:11** En hebreo *Josué*, una variante de Jesúa. **6:13** O *también habrá un sacerdote al lado de su trono*. **6:14a** Igual que en la versión siríaca (comparar 6:10); en hebreo dice *Helem.* **6:14b** Igual que en la versión siríaca (comparar 6:10); en hebreo dice *Hen*. **7:1** En hebreo *El cuarto día del noveno mes, el mes de quisleu*, del antiguo calendario lunar hebreo. Ese suceso ocurrió el 7 de diciembre del 518 a. C.; ver también la nota en 1:1. **7:2** O *Betel-sarezer había enviado a Regem-melec.* **7:3** En hebreo *continuar de luto y ayuno en el quinto mes*. El templo había sido destruido en el quinto mes del antiguo calendario lunar hebreo (agosto del 586 a. C.); ver 2 Re 25:8. **7:5** En hebreo *ayunaban y se vestían de luto en el quinto y séptimo mes*. El quinto mes del antiguo calendario lunar hebreo por lo general cae en el mes de julio o en agosto. El séptimo mes por lo general cae en el mes de septiembre o en octubre; tanto el Día del Perdón como el Festival de las Enramadas se celebraban en el séptimo mes. **7:7** En hebreo *y la Sefela*.

Referencias cruzadas **6:3** Ap 6:2 **6:11** Ex 29:6 **6:15** Is 57:19 **7:9** Is 58:6-7 **7:12** Jr 17:1 **7:14** Dt 28:64

Bendiciones prometidas para Jerusalén

8 Entonces el Señor de los Ejércitos Celestiales me dio otro mensaje: 2«El Señor de los Ejércitos Celestiales dice: mi amor por el monte Sion es intenso y ferviente, ¡me consume la pasión por Jerusalén!

3»Ahora dice el Señor: regresaré al monte Sion y viviré en Jerusalén. Entonces Jerusalén se llamará la Ciudad Fiel; el monte del Señor de los Ejércitos Celestiales se llamará Monte Santo.

4»El Señor de los Ejércitos Celestiales dice: nuevamente los ancianos y las ancianas caminarán por las calles de Jerusalén apoyados en sus bastones y se sentarán juntos en las plazas de la ciudad, 5y las calles de la ciudad se llenarán de niños y niñas que juegan.

6»El Señor de los Ejércitos Celestiales dice: ahora todo esto puede parecerles imposible, a ustedes que son el pequeño remanente del pueblo de Dios. ¿Pero será imposible para mí?, dice el Señor de los Ejércitos Celestiales.

7»El Señor de los Ejércitos Celestiales dice: pueden estar seguros de que rescataré a mi pueblo del oriente y del occidente. 8Yo los haré regresar a casa para que vivan seguros en Jerusalén. Ellos serán mi pueblo, y como su Dios los trataré con fidelidad y justicia.

9»El Señor de los Ejércitos Celestiales dice: ¡Sean fuertes y terminen la tarea! Desde que echaron los cimientos del templo del Señor de los Ejércitos Celestiales, ustedes han oído lo que los profetas han estado diciendo acerca de terminar el edificio. 10Antes de que la obra en el templo comenzara, no había trabajo ni dinero para contratar obreros o animales. Ningún viajero estaba a salvo porque había enemigos por todos lados. Yo hice que todos estuvieran unos contra otros.

11»Pero ahora no trataré al remanente de mi pueblo como lo hice antes, dice el Señor de los Ejércitos Celestiales. 12Pues estoy plantando semillas de paz y prosperidad entre ustedes. Las vides estarán cargadas de fruta, la tierra producirá sus cosechas y los cielos soltarán el rocío. Una vez más yo haré que el remanente de Judá y de Israel herede estas bendiciones. 13Entre las demás naciones, Judá e Israel se convirtieron en símbolo de una nación maldita. ¡Pues ya no lo serán más! Ahora los rescataré y los haré símbolo y fuente de bendición. Así que no tengan miedo. ¡Sean fuertes y sigan con la reconstrucción del templo!

14»Pues el Señor de los Ejércitos Celestiales dice: estaba decidido a castigarlos cuando sus antepasados me hicieron enojar y no cambié de parecer, dice el Señor de los Ejércitos Celestiales. 15Sin embargo, ahora estoy decidido a bendecir a Jerusalén y al pueblo de Judá, así que no tengan miedo. 16Pero ustedes deben hacer lo siguiente: digan la verdad unos a otros. En sus tribunales, pronuncien veredictos que sean justos y que conduzcan a la paz. 17No tramen el mal unos contra otros. Dejen de amar el decir mentiras y jurar que son verdad. Yo odio todas esas cosas, dice el Señor».

18Este es otro mensaje que me dio el Señor de los Ejércitos Celestiales: 19«El Señor de los Ejércitos Celestiales dice: los ayunos tradicionales y los tiempos de luto que han mantenido al principio del verano, en pleno verano, en el otoño y en el invierno* ahora han terminado. Se convertirán en festivales de alegría y celebración para el pueblo de Judá. Así que amen la verdad y la paz.

20»El Señor de los Ejércitos Celestiales dice: gente de naciones y ciudades en todo el mundo viajará a Jerusalén. 21La gente de una ciudad dirá a la gente de otra: "Vengan con nosotros a Jerusalén para pedir que el Señor nos bendiga. Adoremos al Señor de los Ejércitos Celestiales. Yo estoy decidido a ir". 22Muchos pueblos y naciones poderosas irán a Jerusalén a buscar al Señor de los Ejércitos Celestiales y a pedir su bendición.

23»El Señor de los Ejércitos Celestiales dice: en aquellos días, diez hombres de naciones e idiomas diferentes agarrarán por la manga a un judío y le dirán: "Por favor, permítenos acompañarte, porque hemos oído que Dios está contigo"».

Juicio contra los enemigos de Israel

9 Este es el mensaje* del Señor contra la tierra de Aram* y contra la ciudad de Damasco, pues los ojos de la humanidad, incluidas todas las tribus de Israel, están puestos en el Señor.

2 La destrucción de Hamat está asegurada,
ciudad ubicada cerca de Damasco,
también para las ciudades de Tiro y de Sidón,
aunque sean tan astutas.
3 ¡Tiro ha construido una poderosa fortaleza
y ha logrado que la plata y el oro
sean tan abundantes como el polvo en las calles!
4 Pero ahora el Señor despojará a Tiro de sus posesiones
y lanzará sus fortificaciones al mar,
y será reducida a cenizas.
5 La ciudad de Ascalón verá la caída de Tiro
y se llenará de miedo.
Gaza temblará de terror
y lo mismo hará Ecrón, porque sus esperanzas se desvanecerán.
El rey de Gaza será asesinado
y Ascalón será abandonada.
6 La ciudad de Asdod será ocupada por extranjeros.
Destruiré el orgullo de los filisteos.
7 Les quitaré de la boca la carne ensangrentada
y sacaré de entre sus dientes los sacrificios detestables.
Entonces los filisteos que sobrevivan adorarán a nuestro Dios
y serán como un clan en Judá.*
Los filisteos de Ecrón se unirán a mi pueblo,
como una vez lo hicieron los antiguos jebuseos.
8 Guardaré mi templo
y lo protegeré de ejércitos invasores.
Estoy vigilando de cerca para asegurar
que nunca más los opresores extranjeros invadan la tierra de mi pueblo.

La venida del rey de Sion

9 ¡Alégrate, oh pueblo de Sion*!
¡Grita de triunfo, oh pueblo de Jerusalén!
Mira, tu rey viene hacia ti.
Él es justo y victorioso,*

***Notas textuales** **8:19** En hebreo *en el cuarto, quinto, séptimo y décimo mes*. El cuarto mes del antiguo calendario lunar hebreo cae generalmente en el mes de junio o en julio; el quinto, en julio o en agosto; el séptimo, en septiembre o en octubre; el décimo, en diciembre o en enero. **9:1a** En hebreo *Un oráculo: el mensaje*. **9:1b** En hebreo *tierra de Hadrac*. **9:7** En hebreo *como un líder en Judá*. **9:9a** En hebreo *oh hija de Sion!* **9:9b** En hebreo *y está siendo vindicado*. **9:10a** En hebreo *Efraín*, se refiere al reino del norte de Israel; también en 9:13.

Referencias cruzadas **8:4-5** Jr 30:19 **8:8** Jr 31:1 **8:12** Jl 2:22 **8:16** Ef 4:25 **8:21** Is 2:3 **8:23** Is 45:14, 24 **9:4** Ez 26:17 **9:9** Mt 21:4-5

pero es humilde, montado en un burro:
montado en la cría de una burra.
10 Quitaré los carros de guerra de Israel*
y los caballos de guerra de Jerusalén.
Destruiré todas las armas usadas en la batalla,
y tu rey traerá paz a las naciones.
Su reino se extenderá de mar a mar
y desde el río Éufrates* hasta los confines de la tierra.*
11 Debido al pacto que hice contigo,
sellado con sangre,
yo liberaré a tus prisioneros
de morir en un calabozo sin agua.
12 ¡Regresen al refugio,
ustedes, prisioneros, que todavía tienen esperanza!
Hoy mismo prometo
que les daré dos bendiciones por cada dificultad.
13 Judá es mi arco,
e Israel, mi flecha.
Jerusalén* es mi espada
y, como un guerrero, la blandiré contra los griegos.*

14 ¡El Señor aparecerá sobre su pueblo
y sus flechas volarán como rayos!
El Señor Soberano hará sonar el cuerno de carnero
y atacará como un torbellino desde el desierto del sur.
15 El Señor de los Ejércitos Celestiales protegerá a su pueblo,
quien derrotará a sus enemigos lanzándoles grandes piedras.
Gritarán en la batalla como si estuvieran borrachos con vino.
Se llenarán de sangre como si fueran un tazón,
empapados con sangre como las esquinas del altar.
16 En aquel día el Señor su Dios rescatará a su pueblo,
así como un pastor rescata a sus ovejas.
Brillarán en la tierra del Señor
como joyas en una corona.
17 ¡Qué espléndidos y hermosos serán!
Los jóvenes florecerán con la abundancia de grano
y las jóvenes con el vino nuevo.

El Señor restaurará a su pueblo

10 Pidan al Señor lluvia en la primavera,
porque él forma las nubes de tempestad.
Y él mandará abundante lluvia
de modo que cada campo se convierta en un buen pastizal.
2 Los ídolos caseros dan consejos sin ningún valor,
los adivinos predicen solo mentiras
y los que interpretan los sueños dicen
falsedades que no dan consuelo.
Así que mi pueblo vaga como ovejas perdidas,
y las atacan porque no tienen pastor.

3 «Mi ira se enciende contra sus pastores
y castigaré a esos líderes.*
Pues el Señor de los Ejércitos Celestiales ha llegado
para cuidar a Judá, su rebaño.
Él los hará fuertes y magníficos,
como un caballo majestuoso en la batalla.
4 De Judá saldrá la piedra principal,
la estaca de la carpa,
el arco para la batalla
y todos los gobernantes.
5 Serán como guerreros poderosos en batalla,
que pisotean a sus enemigos en el lodo debajo de sus pies.
Puesto que el Señor está con ellos cuando luchan,
hasta derribarán a los jinetes de sus enemigos.

6 »Yo fortaleceré a Judá y salvaré a Israel;*
los restauraré a causa de mi compasión.
Será como si nunca los hubiera rechazado,
porque yo soy el Señor su Dios, que escuchará sus lamentos.
7 El pueblo de Israel* será como poderosos guerreros,
y sus corazones se alegrarán como si tomaran vino.
Sus hijos también verán esto y se alegrarán;
sus corazones se gozarán en el Señor.
8 Cuando los llame con un silbido, vendrán corriendo,
porque los he redimido.
De los pocos que queden,
volverán a ser tan numerosos como eran antes.
9 Aunque los dispersé como semillas entre las naciones,
aun así en tierras lejanas se acordarán de mí.
Ellos y sus hijos sobrevivirán
y volverán otra vez a Israel.
10 Los traeré de regreso desde Egipto
y los recogeré de Asiria.
Yo los estableceré otra vez en Galaad y en el Líbano
hasta que no haya espacio para todos.
11 Cruzarán a salvo el mar de la angustia,*
porque las olas serán contenidas
y las aguas del Nilo se secarán.
La soberbia de Asiria será aplastada
y el dominio de Egipto terminará.
12 Mediante mi poder* haré fuerte a mi pueblo,
y por mi autoridad irán a donde quieran.
¡Yo, el Señor, he hablado!».

11 Líbano, abre tus puertas,
para que el fuego pueda devorar tus bosques de cedro.
2 Lloren, ustedes cipreses, por todos los cedros arruinados;
han caído los más majestuosos.
Lloren, ustedes robles de Basán,
porque los tupidos bosques han sido talados.
3 Escuchen el gemido de los pastores
porque se destruyeron sus abundantes pastizales.
Oigan rugir a los leones jóvenes
porque se arruinaron sus matorrales en el valle del Jordán.

***Notas textuales** **9:10b** En hebreo *el río*. **9:10c** O *hasta el fin de la tierra.* **9:13a** En hebreo *Sion.* **9:13b** En hebreo *los hijos de Javán.* **10:3** O *esos chivos.* **10:6** En hebreo *salvaré a la casa de José*. **10:7** En hebreo *de Efraín.* **10:11** O *el mar de Egipto*, refiriéndose al mar Rojo. **10:12** En hebreo *En el Señor*.

Referencias cruzadas **9:17** Sal 31:19 **10:3** Ct 1:9 **10:6** Is 54:4

Buenos y malos pastores

4 El SEÑOR mi Dios dice: «Ve y cuida del rebaño que está destinado para el matadero. 5 Los compradores matan a las ovejas sin remordimiento. Los vendedores dicen: "¡Gloria al SEÑOR! ¡Ahora soy rico!". Ni siquiera los pastores tienen compasión de las ovejas. 6 De la misma manera, ya no tendré compasión de la gente de la tierra —dice el SEÑOR—. Permitiré que uno caiga en manos del otro y en manos de su rey. Convertirán la tierra en un desierto y yo no los rescataré».

7 Así que cuidé el rebaño destinado al matadero, el rebaño que fue oprimido. Entonces tomé dos varas de pastor y a una nombré Favor y a la otra Unión. 8 En un solo mes me deshice de los tres pastores malvados.

Sin embargo, perdí la paciencia con estas ovejas y ellas también me odiaron. 9 Así que les dije: «Ya no seré su pastor. Si se mueren, que se mueran. Si las matan, que las maten. ¡Y que las sobrevivientes se devoren unas a otras!».

10 Entonces tomé mi vara llamada Favor y la partí en dos para mostrar que había revocado el pacto que había hecho con todas las naciones. 11 Así terminó mi pacto con ellas. El sufrido rebaño me miraba y sabían que el SEÑOR hablaba por medio de mis acciones.

12 Así que les dije: «Si les parece bien, páguenme lo que consideren que merezco; pero solo si quieren». Entonces ellos valuaron mi pago en treinta piezas de plata.

13 Luego el SEÑOR me dijo: «Arrójalas al alfarero*», ¡esta magnífica cantidad con que me valuaron! Así que tomé las treinta monedas y las lancé al alfarero en el templo del SEÑOR.

14 Después tomé mi otra vara, Unión, y la partí en dos para mostrar que el lazo de unidad entre Judá e Israel estaba roto.

15 Entonces el SEÑOR me dijo: «Ve nuevamente e interpreta el papel de pastor irresponsable. 16 Así ilustrarás que le daré a esta nación un pastor que no cuidará de las que están muriendo, ni protegerá a las pequeñas, ni sanará a las heridas, ni alimentará a las sanas. Al contrario, este pastor se comerá la carne de las ovejas más gordas y les arrancará las pezuñas.

17 »¡Qué aflicción le espera a este pastor despreciable
que abandona el rebaño!
La espada cortará su brazo
y perforará su ojo derecho.
Su brazo quedará inútil,
y su ojo derecho, completamente ciego».

Liberación futura para Jerusalén

12 Este* mensaje vino del SEÑOR con respecto al destino de Israel: «El siguiente mensaje es del SEÑOR, quien extendió los cielos, puso los cimientos de la tierra y formó el espíritu humano. 2 Haré que Jerusalén sea como una bebida embriagante que causa que las naciones vecinas se tambaleen cuando envíen a sus ejércitos para sitiar a Jerusalén y a Judá. 3 En aquel día yo convertiré a Jerusalén en una roca inamovible. Todas las naciones se reunirán en contra de ella para tratar de moverla, pero solo se herirán a sí mismas.

4 »En aquel día —dice el SEÑOR— haré que todos los caballos se espanten y que todos los jinetes pierdan el valor. Vigilaré a la gente de Judá, pero cegaré los caballos de sus enemigos. 5 Los clanes de Judá se dirán a sí mismos: "El pueblo de Jerusalén ha encontrado fuerzas en su Dios, el SEÑOR de los Ejércitos Celestiales".

6 »En aquel día yo haré que los clanes de Judá sean como una llama que le prende fuego a un montón de leña o como una antorcha encendida entre los manojos de grano. Destruirán con fuego a las naciones vecinas a la derecha y a la izquierda, mientras la gente que vive en Jerusalén permanecerá segura.

7 »El SEÑOR dará primero la victoria al resto de Judá, antes que a Jerusalén, para que el pueblo de Jerusalén y el linaje real de David no tengan mayor honor que el resto de Judá. 8 En aquel día el SEÑOR defenderá al pueblo de Jerusalén. ¡El más débil entre ellos será tan poderoso como el rey David! ¡Y los descendientes reales serán como Dios mismo, como el ángel del SEÑOR que va delante de ellos! 9 Pues en aquel día comenzaré a destruir a todas las naciones que ataquen a Jerusalén.

10 »Entonces derramaré un espíritu* de gracia y oración sobre la familia de David y sobre los habitantes de Jerusalén. Me mirarán a mí, a quien atravesaron, y harán duelo por él como por un hijo único. Se lamentarán amargamente como quien llora la muerte de un primer hijo varón. 11 El dolor y el luto en Jerusalén serán tan grandes como el duelo por Hadad-rimón en el valle de Meguido.

12 »Todo Israel hará duelo, cada clan por su lado, los esposos separados de sus esposas. El clan de David llorará solo, como lo hará el clan de Natán, 13 el clan de Leví y el clan de Simei. 14 Cada clan sobreviviente de Judá se lamentará por separado, y los esposos separados de sus esposas.

Fuente de purificación

13 »En aquel día brotará un manantial para la dinastía de David y para el pueblo de Jerusalén; una fuente que los limpiará de todos sus pecados e impurezas.

2 »En aquel día —dice el SEÑOR de los Ejércitos Celestiales— borraré el culto a ídolos en toda la tierra, para que se olviden hasta de los nombres de esos ídolos. Quitaré de la tierra tanto a los falsos profetas como al espíritu de impureza que los acompañaba. 3 Si alguno continúa profetizando, su propio padre y madre le dirán: "Debes morir, porque has profetizado mentiras en el nombre del SEÑOR". Entonces, mientras esté profetizando, su propio padre y madre lo apuñalarán.

4 »En aquel día la gente se avergonzará de decir que tiene el don profético. Nadie se hará pasar por profeta vistiéndose con ropa de profeta. 5 Dirá: "Yo no soy profeta; soy agricultor. Comencé a trabajar para un agricultor en mi niñez". 6 Y si alguien pregunta: "¿Entonces qué de esas heridas en tu pecho*?". Él responderá: "¡Me hirieron en casa de mis amigos!".

Las ovejas se dispersan

7 »Despierta, oh espada, contra mi pastor,
el hombre quien es mi compañero
—dice el SEÑOR de los Ejércitos Celestiales—.
Mata al pastor,
y las ovejas se dispersarán
y me volveré contra los corderos.
8 Dos tercios de los habitantes del país

***Notas textuales** **11:13** La versión siríaca dice *dentro del tesoro*; también en 11:13b. Comparar Mt 27:6-10. **12:1** En hebreo *Un oráculo: este.* **12:10** O *el Espíritu.* **13:6** En hebreo *heridas entre tus manos?*

Referencias cruzadas **11:9** Jr 15:2 **11:12** Mt 27:9 **11:15** Ez 34:2 **12:4** Sal 76:6 **12:7** Jr 30:18 **12:10** Jn 19:34 **13:4** Jr 6:15

serán cortados y morirán —dice el Señor—.
Pero quedará un tercio en el país.
9 A este último grupo lo pasaré por el fuego
y los haré puros.
Los refinaré como se refina la plata
y los purificaré como se purifica el oro.
Invocarán mi nombre
y yo les responderé.
Les diré: "Este es mi pueblo",
y ellos dirán: "El Señor es nuestro Dios"».

El Señor gobernará la tierra

14 ¡Atención, viene el día del Señor, cuando tus
posesiones serán saqueadas frente a ti! 2 Reuniré
a todas las naciones para que peleen contra Jerusalén. La
ciudad será tomada, las casas saqueadas y las mujeres
violadas. La mitad de la población será llevada al cautiverio
y al resto la dejarán entre las ruinas de la ciudad.
3 Luego el Señor saldrá a pelear contra esas naciones,
como lo hizo en tiempos pasados. 4 En aquel día sus pies
estarán sobre el monte de los Olivos, al oriente de Jerusa-
lén. Entonces el monte de los Olivos se partirá, formando
un extenso valle del oriente al occidente. La mitad del
monte se desplazará hacia el norte y la otra mitad hacia
el sur. 5 Ustedes huirán por ese valle, porque llegará hasta
Azal.* Así es, huirán como lo hicieron durante el terre-
moto en los días de Uzías, rey de Judá. Entonces vendrá
el Señor mi Dios y todos sus santos con él.*
6 En aquel día las fuentes de luz no brillarán más.* 7 Sin
embargo, ¡la luz del día será perpetua! Solo el Señor sabe
cómo esto podría suceder. No habrá días y noches como
de costumbre, porque en las horas nocturnas todavía
habrá luz.
8 En aquel día fluirán desde Jerusalén aguas que dan
vida, la mitad hacia el mar Muerto y la otra mitad hacia
el Mediterráneo;* brotarán continuamente, tanto en el
verano como en el invierno.
9 El Señor será rey sobre toda la tierra. En aquel día
habrá un solo Señor y únicamente su nombre será
adorado.

10 Toda la tierra desde Geba, al norte de Judá, hasta
Rimón, al sur de Jerusalén, se convertirá en una inmensa
llanura. Pero Jerusalén será levantada en su lugar original
y estará poblada desde la puerta de Benjamín hasta el sitio
de la puerta vieja, luego hasta la puerta de la Esquina, y
desde la torre de Hananeel hasta las prensas de vino del
rey. 11 Entonces Jerusalén, por fin a salvo, se llenará de
gente y nunca más será maldecida ni destruida.
12 Luego el Señor enviará una plaga sobre todas las
naciones que pelearon contra Jerusalén. Sus habitantes
llegarán a ser como cadáveres ambulantes, la carne se les
pudrirá. Se les pudrirán los ojos en sus cuencas y la lengua
en la boca. 13 En aquel día sentirán terror, agobiados por el
Señor con un terrible pánico. Pelearán contra sus vecinos
mano a mano. 14 También Judá peleará en Jerusalén. To-
marán las riquezas de todas las naciones vecinas: grandes
cantidades de oro, plata y ropa costosa. 15 Esta misma
plaga atacará a caballos, mulas, camellos, asnos y demás
animales de los campos enemigos.
16 A fin de cuentas, los enemigos de Jerusalén que
sobrevivan a la plaga, subirán a Jerusalén cada año para
adorar al Rey, el Señor de los Ejércitos Celestiales, y para
celebrar el Festival de las Enramadas. 17 Toda nación que se
niegue a ir a Jerusalén para adorar al Rey, el Señor de los
Ejércitos Celestiales, no recibirá lluvia. 18 Si el pueblo de
Egipto se niega a asistir al festival, el Señor lo castigará*
con la misma plaga que envió sobre las otras naciones que
se negaron a ir. 19 Egipto y las demás naciones serán casti-
gadas si no van para celebrar el Festival de las Enramadas.
20 En aquel día hasta en los cascabeles del arnés de
los caballos se inscribirán estas palabras: Santo para
el Señor. Las ollas de cocina en el templo del Señor
serán tan sagradas como los tazones que se usan al lado
del altar. 21 De hecho, toda olla de cocina en Jerusalén y
Judá será consagrada al Señor de los Ejércitos Celestiales.
Todo el que venga a adorar tendrá plena libertad de usar
cualquiera de estas ollas para cocinar sus sacrificios. En
aquel día no habrá más comerciantes* en el templo del
Señor de los Ejércitos Celestiales.

***Notas textuales 14:5a** El significado del hebreo es incierto. **14:5b** Igual que en la versión griega; en hebreo dice *todos sus santos contigo*. **14:6** En hebreo *las preciosas disminuirán*; o *las preciosas y la escarcha*. El significado del hebreo es incierto. **14:8** En hebreo *la mitad hacia el mar oriente y la otra mitad hacia el mar del occidente*. **14:18** Así aparece en algunos manuscritos hebreos, en la versión griega y en la siríaca; el texto masorético dice *no lo castigará*. **14:21** En hebreo *cananitas*.

Referencias cruzadas 13:9 Is 48:10 **14:4** Is 64:1 **14:7** Jr 30:7 **14:12** Lv 26:16 **14:18** Dt 11:10 **14:21** Rm 14:6

MALAQUÍAS

¿Por qué es importante?

Como a nosotros nos cuesta perdonar, a veces pensamos que a Dios también le cuesta hacerlo y por eso solemos imaginarlo a Dios siempre enojado. Ese es el resultado de nuestra culpa, pero Dios le señaló a su pueblo a través de Malaquías que, si esperaban ver cambios, tenían que volver a obedecer por confianza y contar con la nueva oportunidad que les daba. Este libro es para preguntarnos cuánta influencia práctica tiene el amor de Dios en nuestra vida y si en verdad confiamos en Él. Este llamado de Malaquías nos impulsa a vivir fielmente ante Dios y nos ofrece la esperanza de que Dios aún no ha terminado de extender su misericordia a nosotros (Malaquías 3:1; 4:2, 5-6).

¿Por qué fue escrito?

La profecía de él es "contra" el pueblo de Israel (1:1). Es decir, Dios le envía un mensaje de reproche a todo su pueblo. La reprensión es presentada como si fuera un diálogo entre Dios y el pueblo, el cual contesta con preguntas que dan la impresión de que se creía inocente. El libro hace un llamado a practicar una adoración más sincera y, a la vez que la vida de los judíos se ajuste a las demandas éticas del pacto con el Señor. Estas exigencias están basadas en una premisa teológica bastante sencilla, pero profunda: "'Yo los he amado', dice el Señor" (Mal. 1:2). A la vez, como en la mayoría de los profetas, termina con una nota de esperanza, basada en la venida de "Elías" en el "Día del Señor" (lee Mt. 11:14; 17:12; Mr. 9:12).

¿Quién lo escribió?

Del autor no se sabe absolutamente nada más que el significado de su nombre, "mensajero" o "mi mensajero". De hecho, algunos piensan que Malaquías era un sobrenombre, porque ese nombre no aparece en ningún otro lugar en el Antiguo Testamento. Sin embargo, todos los profetas han sido llamados por su nombre, así que no hay razón para pensar que él es la excepción.

¿A quién lo escribió?

El ministerio de Malaquías se desarrolla casi un siglo después del de Hageo. El pueblo judío que trabajó de manera tan entusiasta en Hageo había cambiado. Quizá la espera del cumplimiento de las promesas de Zacarías les pareció muy larga y ellos volvieron a portarse mal. Entonces Dios los reprendió a través del profeta Malaquías. En el libro hay mensajes especialmente dirigidos a los líderes espirituales del pueblo (Mal. 1:6-2:9).

¿Cuándo y dónde lo escribió?

Es muy difícil señalar una fecha exacta para la composición del libro, pero la mayoría de los estudiosos ubican su ministerio un poco antes de las reformas de Esdras y Nehemías (465 a.C.) Algunos incluso creen que Malaquías fue contemporáneo de Nehemías. El libro fue escrito en la ciudad de Jerusalén.

Paso a paso

1. El amor de Dios es afirmado. Cap. 1:1-5
2. El amor de Dios es rechazado. Caps. 1:6-3:15
3. Dios protegerá a los que responden a su amor. Caps. 3:16-4:6

Malaquías

1 Este es el mensaje* que el SEÑOR dio a Israel por medio del profeta Malaquías.*

Amor de Dios por Israel

2«Yo siempre los he amado», dice el SEÑOR.

Sin embargo, ustedes replican: «¿De veras? ¿Cómo nos has amado?».

Entonces el SEÑOR contesta: «Yo les he demostrado mi amor de la siguiente manera: amé a su antepasado Jacob, 3pero rechacé a su hermano, Esaú, y devasté su zona montañosa. Convertí la herencia de Esaú en un desierto para chacales».

4Los descendientes de Esaú en Edom podrán decir: «Hemos sido destrozados, pero reconstruiremos las ruinas».

No obstante, el SEÑOR de los Ejércitos Celestiales responde: «Puede ser que intenten reconstruirlas, pero yo las derribaré de nuevo. Su país será conocido como "tierra de perversidad" y su pueblo será llamado "el pueblo con quien el SEÑOR está para siempre enojado". 5Cuando vean la destrucción con sus propios ojos, dirán: "¡Verdaderamente la grandeza del SEÑOR se extiende más allá de las fronteras de Israel!"».

Sacrificios indignos

6El SEÑOR de los Ejércitos Celestiales dice a los sacerdotes: «Un hijo honra a su padre y un sirviente respeta a su señor. Si yo soy su padre y su señor, ¿dónde están el honor y el respeto que merezco? ¡Ustedes han tratado mi nombre con desprecio!

»No obstante, preguntan: "¿De qué manera hemos tratado tu nombre con desprecio?".

7»Mostraron su desprecio al ofrecer sacrificios contaminados sobre mi altar.

»Entonces preguntan: "¿Cómo hemos contaminado los sacrificios?*".

»Los contaminaron al decir que el altar del SEÑOR no merece respeto. 8Cuando ofrecen animales ciegos como sacrificio, ¿acaso no está mal? ¿Y no está mal también ofrecer animales lisiados y enfermos? ¡Intenten dar este tipo de regalos al gobernador y vean qué contento se pone!», dice el SEÑOR de los Ejércitos Celestiales.

9«¡Adelante, supliquen a Dios que sea misericordioso con ustedes! Pero cuando llevan esa clase de ofrendas a él, ¿por qué debería tratarlos bien?», pregunta el SEÑOR de los Ejércitos Celestiales.

10«¡Cómo quisiera que alguno de ustedes cerrara las puertas del templo para que esos sacrificios despreciables no fueran ofrecidos! No estoy nada contento con ustedes —dice el SEÑOR de los Ejércitos Celestiales—, y no aceptaré sus ofrendas. 11Sin embargo, mi nombre es honrado* desde la mañana hasta la noche por gente de otras naciones. En todo el mundo ofrecen* incienso dulce y ofrendas puras en honor de mi nombre. Pues mi nombre es grande entre las naciones», dice el SEÑOR de los Ejércitos Celestiales.

12«Ustedes, en cambio, deshonran mi nombre con sus acciones. Al traer alimentos despreciables declaran que no está mal deshonrar la mesa del Señor. 13Ustedes dicen: "Es demasiado difícil servir al SEÑOR" y consideran un fastidio mis mandamientos —dice el SEÑOR de los Ejércitos Celestiales—. ¡Imagínense! ¡Están presentando animales robados, lisiados y enfermos como ofrendas! ¿Debo aceptar esa clase de ofrenda de ustedes?», pregunta el SEÑOR.

14«Maldito sea el tramposo que promete dar un carnero selecto de su rebaño, pero después sacrifica uno defectuoso al Señor. ¡Pues yo soy un gran rey —dice el SEÑOR de los Ejércitos Celestiales—, y mi nombre es temido entre las naciones!

Advertencia a los sacerdotes

2 »Escuchen, ustedes sacerdotes, ¡este mandato es para ustedes! 2Escúchenme y decidan honrar mi nombre —dice el SEÑOR de los Ejércitos Celestiales—, o enviaré una maldición terrible contra ustedes. Maldeciré hasta las bendiciones que reciban. En realidad ya las he maldecido, porque ustedes no han tomado a pecho mi advertencia. 3Castigaré a sus descendientes y a ustedes les salpicaré la cara con el estiércol de los animales que sacrifican en sus festivales y luego los arrojaré sobre el montón de estiércol. 4Entonces por fin sabrán que fui yo quien les envió esta advertencia, para que mi pacto con los levitas continúe», dice el SEÑOR de los Ejércitos Celestiales.

5«El propósito de mi pacto con los levitas era darles vida y paz y eso fue lo que les di. De ellos se requería que me reverenciaran, y lo hicieron en gran manera y temieron mi nombre. 6Comunicaron al pueblo la verdad de las instrucciones que recibieron de mí. No mintieron ni estafaron; anduvieron conmigo y llevaron vidas buenas y justas e hicieron volver a muchas personas de sus vidas pecaminosas.

7»Las palabras que salen de la boca de un sacerdote deberían conservar el conocimiento de Dios y la gente debería acudir a él para recibir instrucción, porque el sacerdote es el mensajero del SEÑOR de los Ejércitos Celestiales. 8No obstante, ustedes, sacerdotes, han abandonado los

***Notas textuales** **1:1a** En hebreo *Un oráculo: el mensaje*. **1:1b** *Malaquías* significa «mi mensajero». **1:7** Igual que en la versión griega; en hebreo dice *¿Cómo te hemos contaminado a ti?* **1:11a** O *será honrado*. **1:11b** U *ofrecerán*.

Referencias cruzadas **1:5** Sal 35:27 **1:8** Lv 22:22 **1:14** Sal 47:2 **2:2** Dt 28:15 **2:5** Dt 33:9

caminos de Dios. Sus instrucciones hicieron que muchos
cayeran en pecado. Corrompieron el pacto que hice con
los levitas —dice el SEÑOR de los Ejércitos Celestiales—.
9Por lo tanto, yo los he vuelto despreciables y los he hu-
millado ante los ojos de todo el pueblo. Pues no me obe-
decieron, sino que mostraron favoritismo en su forma de
llevar a la práctica mis instrucciones».

Un llamado a la fidelidad

10¿No somos hijos del mismo Padre? ¿No fuimos creados
por el mismo Dios? Entonces, ¿por qué nos traicionamos
unos a otros, violando el pacto de nuestros antepasados?
11Judá ha sido infiel y se ha hecho una cosa detestable
en Israel y en Jerusalén. Los hombres de Judá han conta-
minado el amado santuario del SEÑOR, al casarse con mu-
jeres que rinden culto a ídolos. 12Que el SEÑOR arranque
de la nación de Israel* hasta el último de los hombres que
haya hecho esto y que aun así lleva una ofrenda al SEÑOR
de los Ejércitos Celestiales.
13Esta es otra cosa que hacen: cubren el altar del SEÑOR
con lágrimas; lloran y gimen porque él no presta atención
a sus ofrendas ni las acepta con agrado. 14Claman: «¿Por
qué el SEÑOR no acepta mi adoración?». ¡Les diré por qué!
Porque el SEÑOR fue testigo de los votos que tú y tu esposa
hicieron cuando eran jóvenes. Pero tú le has sido infiel,
aunque ella siguió siendo tu compañera fiel, la esposa con
la que hiciste tus votos matrimoniales.
15¿No te hizo uno el SEÑOR con tu esposa? En cuerpo
y espíritu ustedes son de él.* ¿Y qué es lo que él quiere?
De esa unión quiere hijos que vivan para Dios. Por eso,
guarda tu corazón y permanece fiel a la esposa de tu ju-
ventud. 16«¡Pues yo odio el divorcio!* —dice el SEÑOR,
Dios de Israel—. Divorciarte de tu esposa es abrumarla de
crueldad* —dice el SEÑOR de los Ejércitos Celestiales—.
Por eso guarda tu corazón; y no le seas infiel a tu esposa».
17Ustedes han cansado al SEÑOR con sus palabras.
«¿Cómo lo hemos cansado?», preguntan.
Lo cansaron diciendo que todos los que hacen el mal
son buenos a los ojos del SEÑOR y que él se agrada de
ellos. Lo han fatigado al preguntar: «¿Dónde está el Dios
de justicia?».

El día del juicio venidero

3 «¡Miren! Yo envío a mi mensajero y él preparará el
camino delante de mí. Entonces el Señor al que us-
tedes buscan vendrá de repente a su templo. El mensajero
del pacto a quien buscan con tanto entusiasmo, sin duda
vendrá», dice el SEÑOR de los Ejércitos Celestiales.
2«Pero ¿quién será capaz de soportar su venida? ¿Quién
podrá mantenerse de pie y estar cara a cara con él cuando
aparezca? Pues él será como un fuego abrasador que refina
el metal o como un jabón fuerte que blanquea la ropa. 3Se
sentará como un refinador de plata y quemará la escoria.
Purificará a los levitas, refinándolos como el oro y la plata,
para que vuelvan a ofrecer sacrificios aceptables al SEÑOR.
4Nuevamente el SEÑOR recibirá las ofrendas que el pueblo
de Judá y Jerusalén le lleven, como lo hizo en el pasado.
5»En ese día, yo los pondré a juicio. Estoy ansioso por
dar testimonio contra todos los hechiceros, los adúlteros
y los mentirosos. Declararé en contra de los que estafan a
sus empleados con sus sueldos, de los que oprimen a viu-
das y huérfanos o privan de justicia a los extranjeros que
viven entre ustedes, porque gente que hace estas cosas
no me teme», dice el SEÑOR de los Ejércitos Celestiales.

¡Respuestas Bíblicas! 115 ¿Qué quiere decir Dios con que lo pongamos a prueba?

3:10-12 Dios quiere que sepamos que él cumple sus promesas y que vale la pena confiar en Él. La fe siempre funciona.

Un llamado al arrepentimiento

6«Yo soy el SEÑOR y no cambio. Por eso ustedes, descen-
dientes de Jacob, aún no han sido destruidos. 7Desde los
días de sus antepasados, han despreciado mis decretos y
los han desobedecido. Ahora, vuelvan a mí y yo volveré a
ustedes», dice el SEÑOR de los Ejércitos Celestiales.
«Pero ustedes preguntan: "¿Cómo podemos volver
cuando nunca nos fuimos?".
8»¿Debería el pueblo estafar a Dios? ¡Sin embargo,
ustedes me han estafado!
»Pero ustedes preguntan: "¿Qué quieres decir?
¿Cuándo te hemos estafado?".
»Me han robado los diezmos y ofrendas que me
corresponden. 9Ustedes están bajo maldición porque
toda la nación me ha estado estafando. 10Traigan todos
los diezmos al depósito del templo, para que haya sufi-
ciente comida en mi casa. Si lo hacen —dice el SEÑOR
de los Ejércitos Celestiales—, les abriré las ventanas de
los cielos. ¡Derramaré una bendición tan grande que no
tendrán suficiente espacio para guardarla! ¡Inténtenlo!
¡Pónganme a prueba! 11Sus cosechas serán abundantes
porque las protegeré de insectos y enfermedades.* Las
uvas no caerán de las vides antes de madurar —dice el
SEÑOR de los Ejércitos Celestiales—. 12Entonces todas
las naciones los llamarán benditos, porque su tierra será
un deleite», dice el SEÑOR de los Ejércitos Celestiales.
13«Ustedes han dicho cosas terribles acerca de mí»,
dice el SEÑOR.
«Sin embargo, ustedes preguntan: "¿Qué quieres decir?
¿Qué hemos dicho contra ti?".
14»Ustedes han dicho: "¿De qué vale servir a Dios?
¿Qué hemos ganado con obedecer sus mandamientos o
demostrarle al SEÑOR de los Ejércitos Celestiales que nos
sentimos apenados por nuestros pecados? 15De ahora en
adelante llamaremos bendito al arrogante. Pues los que
hacen maldad se enriquecen y los que desafían a Dios a
que los castigue no sufren ningún daño"».

Promesa de la misericordia de Dios

16Entonces los que temían al SEÑOR hablaron entre sí
y el SEÑOR escuchó lo que dijeron. En la presencia de
él, escribieron un rollo de memorias para registrar los
nombres de los que temían al SEÑOR y siempre pensaban
en el honor de su nombre.

***Notas textuales** **2:12** En hebreo *de las carpas de Jacob.* Los nombres «Jacob» e «Israel» a menudo son intercambiables en el Antiguo Testamento. Algunas veces hacen referencia al patriarca como individuo y otras veces a la nación. **2:15** O *¿No nos hizo el único SEÑOR y preservó nuestra vida y aliento?* o *¿No la hizo el único SEÑOR a ella, carne y espíritu?* El significado del hebreo es incierto. **2:16a** En hebreo *Pues él odia divorciar*. **2:16b** En hebreo *es cubrirse la vestidura con violencia*. **3:11** En hebreo *del devorador.*

Referencias cruzadas **2:17** Is 43:24 **3:1** Lc 1:76 **3:7** Hch 7:51 **3:12** Is 61:9 **3:16** Hb 3:13

17«Ellos serán mi pueblo —dice el SEÑOR de los Ejérci-
tos Celestiales—. El día en que yo venga para juzgar, serán
mi tesoro especial. Les tendré compasión así como un
padre le muestra compasión a un hijo obediente. 18En-
tonces de nuevo podrán ver la diferencia entre los justos
y los perversos, entre los que sirven a Dios y los que no
lo hacen».

El día del juicio venidero

4 1*El SEÑOR de los Ejércitos Celestiales dice: «El día
del juicio se acerca, ardiente como un horno. En aquel
día el arrogante y el perverso serán quemados como paja.
Serán consumidos, desde las raíces hasta las ramas.
2»Sin embargo, para ustedes que temen mi nombre,
se levantará el Sol de Justicia* con sanidad en sus alas.
Saldrán libres, saltando de alegría como becerros sueltos
en medio de los pastos. 3El día en que yo actúe, ustedes
pisotearán a los perversos como si fueran polvo debajo
de sus pies», dice el SEÑOR de los Ejércitos Celestiales.
4«Acuérdense de obedecer la ley de Moisés, mi servi-
dor, todos los decretos y ordenanzas que le entregué en
el monte Sinaí* para todo Israel.
5»Miren, les envío al profeta Elías antes de que llegue
el gran y terrible día del SEÑOR. 6Sus predicaciones harán
volver el corazón de los padres* hacia sus hijos y el cora-
zón de los hijos hacia sus padres. De lo contrario, vendré
y haré caer una maldición sobre la tierra».

***Notas textuales** **4:1** Los versículos del 4:1-6 corresponden al 3:19-24 en el texto hebreo. **4:2** O *el sol de justicia*. **4:4** En hebreo *Horeb*, otro nombre para Sinaí. **4:6** En hebreo esta palabra se refiere solo a los hombres; también en 4:6b.

Referencias cruzadas **4:3** Mi 7:10 **4:6** Is 11:4

Jesús demuestra ser Dios

Marcos 1:1

"Esta es la Buena Noticia acerca de Jesús el Mesías, el Hijo de Dios."

Cuando Jesús estaba en la tierra, todos se quedaban asombrados porque hablaba con autoridad y poder. Los estudiosos de la época se preguntaban de dónde tenía tanto conocimiento.

Además, Jesús realizó tantos milagros que probó ser quien decía ser: el Hijo de Dios.

Jesús inició su ministerio con un grupo de discípulos que dejaron lo que estaban haciendo y lo siguieron. Y en muchas ocasiones, ellos afirmaban que Jesús "conocía los pensamientos de las personas" y les respondía conforme a eso. Por eso, todos quedaban asombrados de ese poder divino en él.

Jesús demostró ser Dios al tener autoridad para hacer milagros. Lucas 8:26-39 nos cuenta la historia de un hombre que vivía atormentado por muchos demonios, y encuentra libertad total al encontrarse con Jesus. También encontramos historias donde las multitudes lo seguían y le llevaban a los enfermos para que los sanara. Ciegos, cojos, sordos, mudos, paralíticos, leprosos, todos eran sanados con su toque y aun solo con su palabra.

¡Qué maravilloso el poder de nuestro Señor, Jesús!

Jesús también demostró ser Dios al tener autoridad sobre la naturaleza. Varios de los milagros que muestran esto son la multiplicación de la comida, pescas milagrosas, caminar sobre el agua, ordenar al viento detenerse, entre otros.

Por último, Jesús demostró ser Dios al tener poder sobre la muerte. Los evangelios nos cuentan cuatro milagros de resurrección: la hija de un oficial romano que tenía 12 años, el hijo de una mujer viuda, su amigo Lázaro, quien llevaba tres días muerto, y su propia resurrección al tercer día. ¡Jesús conquistó el poder de la muerte!

Lo más maravilloso de nuestro Jesús es que está vivo, que sigue operando milagros para todos aquellos que confían en él y lo reconocen Señor. *¿Has sido testigo de algún milagro?*

Celebra y alaba al Señor porque él es bueno y muestra su poder en favor de los que en él confían.

Jesús ama a los niños

Mateo 19:13-15

Los Evangelios nos cuentan que Jesús amaba a las personas. Una forma de demostrarlo es que él visitaba los pueblos de Israel para compartir las buenas noticias de que el reino de los cielos había llegado a la Tierra (Lucas 4:18-19).

Cuando las personas oían que Jesús estaba cerca de su ciudad, salían corriendo y llevaban a los enfermos para que Jesús orara por ellos. Eran tantos los que lo seguían que muchas veces no tenía tiempo de comer o de descansar.

Había un grupo muy especial de personas a las que Jesús también amaba. *¿Sabes quiénes eran?* Los niños. Ellos lo rodeaban y Jesús ponía sus manos sobre ellos para bendecirlos, oraba a su Padre celestial por ellos.

En una ocasión, Jesús regañó a sus discípulos por no dejar que los niños se acercaran a él. Les dijo que no se lo impidieran porque de ellos era el reino de los cielos.

¿El reino de los cielos es de los niños? ¿Qué querría decir Jesús con eso?

1. Los niños tienen un corazón humilde, reciben con emoción las noticias del amor de Dios. Son genuinos en sus relaciones y aman intensamente.

2. Los niños tienen una gran fe. Creen con todo su corazón y con todas sus fuerzas. No se complican, como los adultos, con muchos pensamientos. Los niños creen y confían en lo que creen. Si tu papá o mamá te dice: "Tírate al agua que yo te agarro", con confianza saltas, porque estás seguro de que así lo hará. Si tu Padre celestial te dice que te ama, lo crees y disfrutas de su amor.

3. Los niños son inocentes. Los niños pequeños no tienen noción de la maldad. Son puros, sencillos y aman el bien.

Tristemente, estas virtudes se van perdiendo a medida que nos hacemos adultos. Nos llenamos de temores,de inseguridades y perdemos la fe. Sin embargo, Jesús pide a los adultos que vuelvan a tener el corazón de un niño al recibirlo. Que tengan la humildad de aceptarlo como él lo merece, que recuperen la fe en él, que amen la pureza y la sencillez de corazón.

Recuerda siempre lo importante que eres para Jesús. Él quiere una relación personal contigo porque eres importante y te ama.

El superpoder del perdón

Mateo 18:21-35

El perdón es como una medicina para heridas que sana los corazones y las relaciones; por eso es un superpoder.

Jesús nos enseña sobre este tema contando la historia de un rey que decidió pedirle cuentas a una persona que le debía muchísimo dinero. Al no poder pagar, el hombre cayó de rodillas y le rogó que tuviera paciencia, que se lo devolvería todo. El rey tuvo compasión y le perdonó la deuda.
Al salir de la presencia del rey, ese hombre se encontró con un compañero que le debía muy poco dinero. Así que lo tomó del cuello y le exigió que le pagara. Su compañero cayó de rodillas y le pidió que le diera tiempo para saldar la deuda, pero el hombre no tuvo compasión y mandó a su compañero a la cárcel hasta que pudiera pagarla.
Al enterarse el rey de lo sucedido, lo encerró también a él en prisión, para que pagara su gran deuda, porque no había tenido misericordia de su compañero, tal y como lo había experimentado él.

Jesús terminó diciendo que todos los que se acercan a Dios reciben perdón de las ofensas que cometemos hacia él. Por lo tanto, él espera que nosotros también tengamos misericordia y perdonemos a los que nos ofenden.
El perdón es una decisión para el bien del que lo pide y también para nuestro bien. Sin embargo, toma tiempo para que nuestro corazón sane. Por eso dijimos que el perdón es como una medicina para heridas: hay que aplicarlo constantemente y darle tiempo para que actúe.

El pedir perdón sinceramente y el perdonar son acciones distintas. Pedir perdón es reconocer nuestros errores y hacernos responsables de ellos, mientras que perdonar es un acto de generosidad. Ninguna de las dos tareas es fácil, pero Jesús nos enseña que es necesario hacerlo.

Si viene a tu mente alguien a quien tengas que perdonar por algo que te hizo, o alguien a quien tengas que pedirle perdón por algo que hiciste, te animamos a pedir ayuda a nuestro Dios para poder hacerlo y así comenzar a sanar esa relación.

El superpoder de la responsabilidad

Mateo 25:14-30

En una ocasión, Jesús les contó a sus discípulos una historia relacionada con el superpoder de hoy.
Se trataba de un hombre rico que entregó diferentes cantidades de dinero (monedas llamadas talentos) a sus siervos antes de salir de viaje, para que los pusieran a trabajar. Dos de los siervos invirtieron y multiplicaron el dinero que se les había confiado, mientras que el tercero lo enterró por miedo y no hizo nada con él.

Al regresar, el hombre elogió y recompensó a los siervos que habían incrementado sus talentos, pero reprendió al siervo que lo había escondido por su falta de responsabilidad.

En esta historia, Jesús nos enseña la importancia de ser responsables con los dones, habilidades y recursos que se nos han confiado. La responsabilidad es cumplir con lo que se espera de nosotros, cuidar de nuestras tareas y compromisos.

La responsabilidad es un superpoder porque cuando actuamos de manera responsable nos trae muchísimos beneficios. Nos va bien en la escuela, en las relaciones y nos permite avanzar a lugares privilegiados.

En Proverbios 22:29 dice: "¿Has visto a alguien realmente hábil en su trabajo? Servirá a los reyes en lugar de trabajar para la gente común.".

Alguien responsable se destaca entre los demás, termina sus tareas, hace lo correcto aunque se requiera de esfuerzo.

La buena noticia es que todos podemos crecer en este superpoder. Aquí te damos algunos consejos para eso: prepara listas de las cosas importantes que no quieres olvidar; pon alarmas, si es que necesitas recordatorios; evita las distracciones; quizá debas apagar lo que estés mirando o el videojuego mientras trabajas en lo importante.

Recuerda que el Señor quiere ayudarte a crecer en ser responsable. Te animamos a darle gracias por las habilidades que tienes y a pedirle ayuda para ser responsable con eso.

NUEVO TESTAMENTO

BIBLIA KIDS

MATEO

¿Por qué es importante?

Evangelio quiere decir "buenas noticias" y Mateo comienza su historia conectando a Jesús con el Rey David y con Abraham para demostrar que es el Mesías que el pueblo de Dios esperaba. Al leer las páginas de Mateo no solo vemos a Jesús como el Rey y Mesías de Israel, sino que su venida a la tierra como Dios nacido como un niño nos recuerda su profundo amor por nosotros. Ahora resucitado y ascendido, el Señor Jesús siempre estará con nosotros, incluso hasta el fin de los tiempos mientras cumplimos con la tarea de que otros lo conozcan (Mateo 28:20).

¿Por qué fue escrito?

El Evangelio de Mateo fue escrito para demostrar que Jesús cumplió las profecías del Antiguo Testamento sobre el Mesías. En resumen, el Evangelio de Mateo es una narración detallada de la vida y las enseñanzas de Jesús, presentado desde la mirada de un discípulo cercano.

¿Quién lo escribió?

En tanto que el evangelio mismo no indica quién lo escribió, la tradición primitiva testifica que el evangelio existió en hebreo/arameo escrito por Mateo. Papías, Irineo, Panteno y Jerónimo, entre otros, lo respaldan.

¿A quién lo escribió?

Mateo usa la palabra griega ekklesia (16:18; 18:17) para refererise a quien le escribe y lo que tiene en mente en cuanto a esa palabra y quienes leen su evangelio es que son judios que creen que Jesús es el mesías y que quieren que otros judios crean en Jesús también.

¿Cuándo y dónde lo escribió?

Ninguna evidencia clara demuestra una fecha fija, pero es probable que los 3 sinópticos (Mateo, Marcos y Lucas) hayan sido escritos entre el 40 y el 70 d.C. En el caso de Mateo, hay propuestas que plantean una escritura en Palestina o en Antioquía de Siria.

Paso a paso

1. ¡Las profecías acerca del Mesías se cumplieron! (1:1-4:11)
2. La predicación del Mesías (4:12-7:29)
3. ¡El Mesías es poderoso! (8:1-10:42)
4. La misión del Mesías (11:1-12:50)
5. Las parábolas del reino (13:1-58)
6. Los adversarios del Mesías (13:53-17:27)
7. Cómo funciona el reino (18:1-39)
8. La pasión del Mesías (24:1-28:20)

MATEO

Mateo

Antepasados de Jesús el Mesías

1 El siguiente es un registro de los antepasados de Jesús
el Mesías, descendiente de David y de Abraham:*

2 Abraham fue el padre de Isaac.
Isaac fue el padre de Jacob.
Jacob fue el padre de Judá y de sus hermanos.
3 Judá fue el padre de Fares y de Zera (la madre fue
Tamar).
Fares fue el padre de Hezrón.
Hezrón fue el padre de Ram.*
4 Ram fue el padre de Aminadab.
Aminadab fue el padre de Naasón.
Naasón fue el padre de Salmón.
5 Salmón fue el padre de Booz (su madre fue Rahab).
Booz fue el padre de Obed (su madre fue Rut).
Obed fue el padre de Isaí.
6 Isaí fue el padre del rey David.
David fue el padre de Salomón (su madre fue
Betsabé, la viuda de Urías).
7 Salomón fue el padre de Roboam.
Roboam fue el padre de Abías.
Abías fue el padre de Asa.*
8 Asa fue el padre de Josafat.
Josafat fue el padre de Yoram.*
Yoram fue el padre* de Uzías.
9 Uzías fue el padre de Jotam.
Jotam fue el padre de Acaz.
Acaz fue el padre de Ezequías.
10 Ezequías fue el padre de Manasés.
Manasés fue el padre de Amón.*
Amón fue el padre de Josías.
11 Josías fue el padre de Joaquín* y de sus hermanos
(quienes nacieron en el tiempo del destierro a
Babilonia).
12 Luego del destierro a Babilonia:
Joaquín fue el padre de Salatiel.
Salatiel fue el padre de Zorobabel.
13 Zorobabel fue el padre de Abiud.
Abiud fue el padre de Eliaquim.
Eliaquim fue el padre de Azor.
14 Azor fue el padre de Sadoc.
Sadoc fue el padre de Aquim.
Aquim fue el padre de Eliud.
15 Eliud fue el padre de Eleazar.
Eleazar fue el padre de Matán.
Matán fue el padre de Jacob.
16 Jacob fue el padre de José, esposo de María.
María dio a luz a Jesús, quien es llamado el Mesías.

17 Todos los que aparecen en la lista abarcan catorce gene-
raciones desde Abraham hasta David, catorce desde David
hasta el destierro a Babilonia, y catorce desde el destierro
a Babilonia hasta el Mesías.

> ¡Respuestas Bíblicas! **116** **¿Por qué Mateo comienza con una larga lista de nombres?**
>
> 1:17 Porque Mateo quería presentar a Jesús como un descendiente de David. Solo un descendiente de David podía ser rey de los judíos.

Nacimiento de Jesús el Mesías

18 Este es el relato de cómo nació Jesús el Mesías. Su
madre, María, estaba comprometida para casarse con
José, pero antes de que la boda se realizara, mientras to-
davía era virgen, quedó embarazada mediante el poder del
Espíritu Santo. 19 José, su prometido, era un hombre justo
y no quiso avergonzarla en público; por lo tanto, decidió
romper el compromiso* en privado.
20 Mientras consideraba esa posibilidad, un ángel del
Señor se le apareció en un sueño. «José, hijo de David —le
dijo el ángel—, no tengas miedo de recibir a María por
esposa, porque el niño que lleva dentro de ella fue conce-
bido por el Espíritu Santo. 21 Y tendrá un hijo y lo llamarás
Jesús,* porque él salvará a su pueblo de sus pecados».
22 Todo eso sucedió para que se cumpliera el mensaje
del Señor a través de su profeta:

23 «¡Miren! ¡La virgen concebirá un niño!
Dará a luz un hijo,
y lo llamarán Emanuel,*
que significa “Dios está con nosotros”».

24 Cuando José despertó, hizo como el ángel del Señor
le había ordenado y recibió a María por esposa, 25 pero no
tuvo relaciones sexuales con ella hasta que nació su hijo;
y José le puso por nombre Jesús.

Visitantes del oriente

2 Jesús nació en Belén de Judea durante el reinado de
Herodes. Por ese tiempo, algunos sabios* de países

***Notas textuales** **1:1** En griego *Jesús el Mesías, Hijo de David e hijo de Abraham.* **1:3** En griego *Aram,* una variante de Ram; también en 1:4. Ver 1 Cr 2:9-10. **1:7** En griego *Asaf,* una variante de Asa; también en 1:8. Ver 1 Cr 3:10. **1:8a** En griego *Joram,* una variante de Yoram; también en 1:8b. Ver 1 Re 22:50 y la nota en 1 Cr 3:11. **1:8b** O *antepasado*; también en 1:11. **1:10** En griego *Amós,* una variante de Amón; también en 1:10b. Ver 1 Cr 3:14. **1:11** En griego *Jeconías,* una variante de Joaquín; también en 1:12. Ver 2 Re 24:6 y la nota en 1 Cr 3:16. **1:19** En griego *divorciarse de ella.* **1:21** *Jesús* significa «El Señor salva». **1:23** Is 7:14; 8:8, 10 (versión griega). **2:1** O *astrólogos reales*; en griego dice *magos*; también en 2:7, 16.

Referencias cruzadas **1:1-17** Lc 3:23-38 **1:18-25** Lc 2:1-7 del oriente llegaron a Jerusalén y preguntaron: [2]«¿Dónde está el rey de los judíos que acaba de nacer? Vimos su estrella mientras salía* y hemos venido a adorarlo».

[3]Cuando el rey Herodes oyó eso, se perturbó profundamente igual que todos en Jerusalén. [4]Mandó llamar a los principales sacerdotes y maestros de la ley religiosa y les preguntó:

—¿Dónde se supone que nacerá el Mesías?

[5]—En Belén de Judea —le dijeron— porque eso es lo que escribió el profeta:

[6] "Y tú, oh Belén, en la tierra de Judá,
no eres la menor entre las ciudades reinantes* de Judá,
porque de ti saldrá un gobernante
que será el pastor de mi pueblo Israel"*.

[7]Luego Herodes convocó a los sabios a una reunión privada y, por medio de ellos, se enteró del momento en el que había aparecido la estrella por primera vez. [8]Entonces les dijo: «Vayan a Belén y busquen al niño con esmero. Cuando lo encuentren, vuelvan y díganme dónde está para que yo también vaya y lo adore».

[9]Después de esa reunión, los sabios siguieron su camino, y la estrella que habían visto en el oriente los guio hasta Belén. Iba delante de ellos y se detuvo sobre el lugar donde estaba el niño. [10]Cuando vieron la estrella, ¡se llenaron de alegría! [11]Entraron en la casa y vieron al niño con su madre, María, y se inclinaron y lo adoraron. Luego abrieron sus cofres de tesoro y le dieron regalos de oro, incienso y mirra.

[12]Cuando llegó el momento de irse, volvieron a su tierra por otro camino, ya que Dios les advirtió en un sueño que no regresaran a Herodes.

Huida a Egipto

[13]Después de que los sabios se fueron, un ángel del Señor se le apareció a José en un sueño. «¡Levántate! Huye a Egipto con el niño y su madre —dijo el ángel—. Quédate allí hasta que yo te diga que regreses, porque Herodes buscará al niño para matarlo».

[14]Esa noche José salió para Egipto con el niño y con María, su madre, [15]y se quedaron allí hasta la muerte de Herodes. Así se cumplió lo que el Señor había dicho por medio del profeta: «De Egipto llamé a mi Hijo»*.

[16]Cuando Herodes se dio cuenta de que los sabios se habían burlado de él, se puso furioso. Entonces, basado en lo que dijeron los sabios sobre la primera aparición de la estrella, Herodes envió soldados para matar a todos los niños que vivieran en Belén y en sus alrededores y que tuvieran dos años o menos. [17]Esta acción brutal cumplió lo que Dios había anunciado por medio del profeta Jeremías:

[18] «En Ramá se oyó una voz:
llanto y gran lamento.
Raquel llora por sus hijos;
se niega a que la consuelen,
porque están muertos»*.

Regreso a Nazaret

[19]Cuando Herodes murió, un ángel del Señor se le apareció en un sueño a José en Egipto. [20]«¡Levántate! —dijo el ángel—. Lleva al niño y a su madre de regreso a la tierra de Israel, porque ya murieron los que trataban de matar al niño».

[21]Entonces José se levantó y regresó a la tierra de Israel con Jesús y su madre; [22]pero cuando se enteró de que el nuevo gobernante de Judea era Arquelao, hijo de Herodes, tuvo miedo de ir allí. Entonces, luego de ser advertido en un sueño, se fue a la región de Galilea. [23]Después la familia fue a vivir a una ciudad llamada Nazaret y así se cumplió lo que los profetas habían dicho: «Lo llamarán nazareno».

Juan el Bautista prepara el camino

3 En esos días, Juan el Bautista llegó al desierto de Judea y comenzó a predicar. Su mensaje era el siguiente: [2]«Arrepiéntanse de sus pecados y vuelvan a Dios, porque el reino del cielo está cerca*». [3]El profeta Isaías se refería a Juan cuando dijo:

«Es una voz que clama en el desierto:
"¡Preparen el camino para la venida del Señor!
¡Ábranle camino!"»*.

[4]Juan usaba ropa tejida con pelo rústico de camello y llevaba puesto un cinturón de cuero alrededor de la cintura. Se alimentaba con langostas y miel silvestre. [5]Gente de Jerusalén, de toda Judea y de todo el valle del Jordán salía para ver y escuchar a Juan; [6]y cuando confesaban sus pecados, él las bautizaba en el río Jordán.

¡Respuestas Bíblicas! 117 ¿Qué significa apartarse del pecado?

3:8 Decirle que no a la desobediencia a Dios. Si Dios dice que algo es malo, es malo y punto. Pecado quiere decir "errar el blanco" y nuestro blanco debe ser confiar en lo que Dios dice.

[7]Cuando Juan vio que muchos fariseos y saduceos venían a mirarlo bautizar,* los enfrentó. «¡Camada de víboras! —exclamó—. ¿Quién les advirtió que huyeran de la ira que se acerca? [8]Demuestren con su forma de vivir que se han arrepentido de sus pecados y han vuelto a Dios. [9]No se digan simplemente el uno al otro: "Estamos a salvo porque somos descendientes de Abraham". Eso no significa nada, porque les digo que Dios puede crear hijos de Abraham de estas piedras. [10]Ahora mismo el hacha del juicio de Dios está lista para cortar las raíces de los árboles. Así es, todo árbol que no produzca buenos frutos será cortado y arrojado al fuego.

[11]»Yo bautizo con* agua a los que se arrepienten de sus pecados y vuelven a Dios, pero pronto viene alguien que es superior a mí, tan superior que ni siquiera soy digno de ser su esclavo y llevarle las sandalias. Él los bautizará con el Espíritu Santo y con fuego.* [12]Está listo para separar el trigo de la paja con su rastrillo. Luego limpiará la zona donde se trilla y juntará el trigo en su granero, pero quemará la paja en un fuego interminable».

***Notas textuales** **2:2** O *estrella en el oriente.* **2:6a** En griego *el menor entre los gobernantes.* **2:6b** Mi 5:2; 2 Sm 5:2. **2:15** Os 11:1. **2:18** Jr 31:15. **3:2** O *ha llegado,* o *viene pronto.* **3:3** Is 40:3 (versión griega). **3:7** O *venían para ser bautizados.* **3:11a** O *en.* **3:11b** O *en el Espíritu Santo y en fuego.*

Referencias cruzadas **2:2** Nm 24:17 **2:11** Sal 72:10 **2:20** Ex 4:19 **3:1-12** Lc 3:1-16

Bautismo de Jesús

13Luego Jesús fue de Galilea al río Jordán para que Juan
lo bautizara, 14pero Juan intentó convencerlo de que no
lo hiciera.

—Yo soy el que necesita que tú me bautices —dijo
Juan—, entonces, ¿por qué vienes tú a mí?

15Pero Jesús le dijo:

—Así debe hacerse, porque tenemos que cumplir con
todo lo que Dios exige.*

Entonces Juan aceptó bautizarlo.

16Después del bautismo, mientras Jesús salía del agua,
los cielos se abrieron* y vio al Espíritu de Dios que des-
cendía sobre él como una paloma. 17Y una voz dijo desde
el cielo: «Este es mi Hijo muy amado, quien me da gran
gozo».

Tentación de Jesús

4 Luego el Espíritu llevó a Jesús al desierto para que allí
lo tentara el diablo. 2Durante cuarenta días y cuarenta
noches ayunó y después tuvo mucha hambre.

3En ese tiempo, el diablo* se le acercó y le dijo:

—Si eres el Hijo de Dios, di a estas piedras que se con-
viertan en pan.

4Jesús le dijo:

—¡No! Las Escrituras dicen:

"La gente no vive solo de pan,
sino de cada palabra que sale de la boca de Dios"*.

5Después el diablo lo llevó a la santa ciudad, Jerusalén,
al punto más alto del templo, 6y dijo:

—Si eres el Hijo de Dios, ¡tírate! Pues las Escrituras
dicen:

"Él ordenará a sus ángeles que te protejan.
Y te sostendrán con sus manos
para que ni siquiera te lastimes el pie con una
piedra"*.

7Jesús le respondió:

—Las Escrituras también dicen: "No pondrás a prueba
al SEÑOR tu Dios"*.

8Luego el diablo lo llevó a la cima de una montaña muy
alta y le mostró todos los reinos del mundo y la gloria
que hay en ellos.

9—Te daré todo esto —dijo— si te arrodillas y me adoras.

10—Vete de aquí, Satanás —le dijo Jesús—, porque las
Escrituras dicen:

"Adora al SEÑOR tu Dios
y sírvele únicamente a él"*.

11Entonces el diablo se fue, y llegaron ángeles a cuidar
a Jesús.

Comienzo del ministerio de Jesús

12Cuando Jesús oyó que habían arrestado a Juan, salió de
Judea y regresó a Galilea. 13Primero fue a Nazaret, luego
salió de allí y siguió hasta Capernaúm, junto al mar de
Galilea, en la región de Zabulón y Neftalí. 14Así se cumplió
lo que Dios dijo por medio del profeta Isaías:

15 «En la tierra de Zabulón y Neftalí,
junto al mar, más allá del río Jordán,
en Galilea, donde viven tantos gentiles,*
16 la gente que estaba en la oscuridad
ha visto una gran luz.
Y para aquellos que vivían en la tierra donde la
muerte arroja su sombra,
ha brillado una luz»*.

17A partir de entonces, Jesús comenzó a predicar:
«Arrepiéntanse de sus pecados y vuelvan a Dios, porque
el reino del cielo está cerca*».

Primeros discípulos

18Cierto día, mientras Jesús caminaba por la orilla del
mar de Galilea, vio a dos hermanos —a Simón, también
llamado Pedro, y a Andrés— que echaban la red al agua,
porque vivían de la pesca. 19Jesús los llamó: «Vengan,
síganme, ¡y yo les enseñaré cómo pescar personas!». 20Y
enseguida dejaron las redes y lo siguieron.

21Un poco más adelante por la orilla, vio a otros dos
hermanos, Santiago y Juan, sentados en una barca junto
a su padre, Zebedeo, reparando las redes. También los
llamó para que lo siguieran. 22Ellos, dejando atrás la barca
y a su padre, lo siguieron de inmediato.

Multitudes siguen a Jesús

23Jesús viajó por toda la región de Galilea enseñando en
las sinagogas, anunciando la Buena Noticia del reino, y
sanando a la gente de toda clase de enfermedades y do-
lencias. 24Las noticias acerca de él corrieron y llegaron
tan lejos como Siria, y pronto la gente comenzó a llevarle
a todo el que estuviera enfermo. Y él los sanaba a todos,
cualquiera fuera la enfermedad o el dolor que tuvieran,
o si estaban poseídos por demonios, o eran epilépticos o
paralíticos. 25Numerosas multitudes lo seguían a todas
partes: gente de Galilea, de las Diez Ciudades,* de Jeru-
salén, de toda Judea y del oriente del río Jordán.

El Sermón del monte

5 Cierto día, al ver que las multitudes se reunían, Jesús
subió a la ladera de la montaña y se sentó. Sus discípu-
los se juntaron a su alrededor, 2y él comenzó a enseñarles.

¡Respuestas Bíblicas! 118 ¿Qué son las bienaventuranzas?

5:3-10 Son bendiciones especiales de Jesús que explican cómo ser realmente felices. Algunas personas creen que el dinero les hará felices. Algunas personas creen que ser fuertes les traerá felicidad. Jesús quiere que las personas sepan cómo vivir vidas llenas de vida.

Las bienaventuranzas

3 «Dios bendice a los que son pobres en espíritu y se
dan cuenta de la necesidad que tienen de él,
porque el reino del cielo les pertenece.
4 Dios bendice a los que lloran,

***Notas textuales** **3:15** O *con toda justicia*. **3:16** Algunos manuscritos dicen *se abrieron a él.* **4:3** En griego *el tentador.* **4:4** Dt 8:3. **4:6** Sal 91:11-12. **4:7** Dt 6:16. **4:10** Dt 6:13. **4:15** *Gentil[es]*, que no es judío. **4:15-16** Is 9:1-2 (versión griega). **4:17** O *ha venido*, o *viene pronto.* **4:25** En griego *Decápolis.*

Referencias cruzadas **3:13-17** Jn 1:31-34 **4:1-11** Lc 4:1-13 **4:17** Lc 4:14-15 **4:18-22** Mc 1:16-20 **4:23-25** Lc 6:17-19 **5:1-12** Lc 6:20-23

porque serán consolados.
5 Dios bendice a los que son humildes,
porque heredarán toda la tierra.
6 Dios bendice a los que tienen hambre y sed de
justicia,
porque serán saciados.
7 Dios bendice a los compasivos,
porque serán tratados con compasión.
8 Dios bendice a los que tienen corazón puro,
porque ellos verán a Dios.
9 Dios bendice a los que procuran la paz,
porque serán llamados hijos de Dios.
10 Dios bendice a los que son perseguidos por hacer lo
correcto,
porque el reino del cielo les pertenece.

11»Dios los bendice a ustedes cuando la gente les hace
burla y los persigue y miente acerca de ustedes y dice toda
clase de cosas malas en su contra porque son mis segui-
dores. 12¡Alégrense! ¡Estén contentos, porque les espera
una gran recompensa en el cielo! Y recuerden que a los
antiguos profetas los persiguieron de la misma manera.

Enseñanza acerca de la sal y de la luz

13»Ustedes son la sal de la tierra. Pero ¿para qué sirve la
sal si ha perdido su sabor? ¿Pueden lograr que vuelva a
ser salada? La descartarán y la pisotearán como algo que
no tiene ningún valor.
14»Ustedes son la luz del mundo, como una ciudad en
lo alto de una colina que no puede esconderse. 15Nadie
enciende una lámpara y luego la pone debajo de una ca-
nasta. En cambio, la coloca en un lugar alto donde ilumina
a todos los que están en la casa. 16De la misma manera,
dejen que sus buenas acciones brillen a la vista de todos,
para que todos alaben a su Padre celestial.

Enseñanza acerca de la ley

17»No malinterpreten la razón por la cual he venido.
No vine para abolir la ley de Moisés o los escritos de los
profetas. Al contrario, vine para cumplir sus propósitos.
18Les digo la verdad, hasta que desaparezcan el cielo y la
tierra, no desaparecerá ni el más mínimo detalle de la ley
de Dios hasta que su propósito se cumpla. 19Entonces, si
no hacen caso al más insignificante mandamiento y les
enseñan a los demás a hacer lo mismo, serán llamados
los más insignificantes en el reino del cielo; pero el que
obedece las leyes de Dios y las enseña será llamado grande
en el reino del cielo.
20»Les advierto: a menos que su justicia supere a la de
los maestros de la ley religiosa y a la de los fariseos, nunca
entrarán en el reino del cielo.

Enseñanza acerca del enojo

21»Han oído que a nuestros antepasados se les dijo: "No
asesines. Si cometes asesinato quedarás sujeto a juicio"*.
22Pero yo digo: aun si te enojas con alguien,* ¡quedarás
sujeto a juicio! Si llamas a alguien idiota,* corres peligro
de que te lleven ante el tribunal; y si maldices a alguien,*
corres peligro de caer en los fuegos del infierno.*
23»Por lo tanto, si presentas una ofrenda en el altar del
templo y de pronto recuerdas que alguien tiene algo con-
tra ti, 24deja la ofrenda allí en el altar. Anda y reconcíliate
con esa persona. Luego ven y presenta tu ofrenda a Dios.
25»Cuando vayas camino al juicio con tu adversario,
resuelvan rápidamente las diferencias. De no ser así, el
que te acusa podría entregarte al juez, quien te entregará
a un oficial y te meterán en la cárcel. 26Si eso sucede, te
aseguro que no te pondrán en libertad hasta que hayas
pagado el último centavo.*

Enseñanza acerca del adulterio

27»Han oído el mandamiento que dice: "No cometas adul-
terio"*. 28Pero yo digo que el que mira con pasión sexual a
una mujer ya ha cometido adulterio con ella en el corazón.
29Por lo tanto, si tu ojo —incluso tu ojo bueno*— te hace
caer en pasiones sexuales, sácatelo y tíralo. Es preferi-
ble que pierdas una parte de tu cuerpo y no que todo tu
cuerpo sea arrojado al infierno. 30Y si tu mano —incluso
tu mano más fuerte*— te hace pecar, córtala y tírala. Es
preferible que pierdas una parte del cuerpo y no que todo
tu cuerpo sea arrojado al infierno.

Enseñanza acerca del divorcio

31»Han oído la ley que dice: "Un hombre puede divor-
ciarse de su esposa con solo darle por escrito un aviso de
divorcio"*. 32Pero yo digo que un hombre que se divorcia
de su esposa, a menos que ella le haya sido infiel, hace
que ella cometa adulterio; y el que se casa con una mujer
divorciada también comete adulterio.

Enseñanza acerca de los juramentos

33»También han oído que a nuestros antepasados se les
dijo: "No rompas tus juramentos; debes cumplir con los
juramentos que le haces al SEÑOR"*. 34Pero yo digo: ¡no
hagas juramentos! No digas: "¡Por el cielo!", porque el
cielo es el trono de Dios. 35Y no digas: "¡Por la tierra!",
porque la tierra es donde descansa sus pies. Tampoco
digas: "¡Por Jerusalén!", porque Jerusalén es la ciudad del
gran Rey. 36Ni siquiera digas: "¡Por mi cabeza!", porque
no puedes hacer que ninguno de tus cabellos se vuelva
blanco o negro. 37Simplemente di: "Sí, lo haré" o "No,
no lo haré". Cualquier otra cosa proviene del maligno.

Enseñanza acerca de la venganza

38»Han oído la ley que dice que el castigo debe ser acorde
a la gravedad del daño: "Ojo por ojo, y diente por diente"*.
39Pero yo digo: no resistas a la persona mala. Si alguien te
da una bofetada en la mejilla derecha, ofrécele también
la otra mejilla. 40Si te demandan ante el tribunal y te qui-
tan la camisa, dales también tu abrigo. 41Si un soldado te
exige que lleves su equipo por un kilómetro,* llévalo dos.
42Dales a los que te pidan y no des la espalda a quienes
te pidan prestado.

Enseñanza acerca de amar a los enemigos

43»Han oído la ley que dice: "Ama a tu prójimo"* y odia
a tu enemigo. 44Pero yo digo: ¡ama a tus enemigos!* ¡Ora
por los que te persiguen! 45De esa manera, estarás ac-
tuando como verdadero hijo de tu Padre que está en el

***Notas textuales** **5:21** Ex 20:13; Dt 5:17. **5:22a** Algunos manuscritos agregan *sin causa*. **5:22b** El griego emplea un término arameo de desprecio: *Si le dices a tu hermano: "Raca"*. **5:22c** En griego *si dices: "Necio"*. **5:22d** En griego *Gehena*; también en 5:29, 30. **5:26** En griego *los últimos kodrantes* [es decir, cuadrantes]. **5:27** Ex 20:14; Dt 5:18. **5:29** En griego *tu ojo derecho*. **5:30** En griego *tu mano derecha*. **5:31** Dt 24:1. **5:33** Nm 30:2. **5:38** En griego *la ley que dice: "Ojo por ojo, y diente por diente"*. Ex 21:24; Lv 24:20; Dt 19:21. **5:41** En griego *milion* [1478 metros o 4854 pies].

Referencias cruzadas **5:13** Lc 14:34-35 **5:22** 1 Jn 3:15 **5:29-30** Mc 9:43-47 **5:43-48** Lc 6:27-35

cielo. Pues él da la luz de su sol tanto a los malos como a los
buenos y envía la lluvia sobre los justos y los injustos por
igual. 46Si solo amas a quienes te aman, ¿qué recompensa
hay por eso? Hasta los corruptos cobradores de impuestos
hacen lo mismo. 47Si eres amable solo con tus amigos,*
¿en qué te diferencias de cualquier otro? Hasta los paganos
hacen lo mismo. 48Pero tú debes ser perfecto, así como tu
Padre en el cielo es perfecto.

Enseñanza acerca de dar a los necesitados

6 »¡Tengan cuidado! No hagan sus buenas acciones
en público para que los demás los admiren, porque
perderán la recompensa de su Padre, que está en el cielo.
2Cuando le des a alguien que pasa necesidad, no hagas lo
que hacen los hipócritas que tocan la trompeta en las sina-
gogas y en las calles para llamar la atención a sus actos de
caridad. Les digo la verdad, no recibirán otra recompensa
más que esa. 3Pero tú, cuando le des a alguien que pasa
necesidad, que no sepa tu mano izquierda lo que hace tu
derecha. 4Entrega tu ayuda en privado, y tu Padre, quien
todo lo ve, te recompensará.

Enseñanza acerca de la oración y el ayuno

5»Cuando ores, no hagas como los hipócritas a quienes
les encanta orar en público, en las esquinas de las calles y
en las sinagogas donde todos pueden verlos. Les digo la
verdad, no recibirán otra recompensa más que esa. 6Pero
tú, cuando ores, apártate a solas, cierra la puerta detrás de
ti y ora a tu Padre en privado. Entonces, tu Padre, quien
todo lo ve, te recompensará.

7»Cuando ores, no parlotees de manera intermina-
ble como hacen los gentiles.* Piensan que sus oraciones
recibirán respuesta solo por repetir las mismas palabras
una y otra vez. 8No seas como ellos, porque tu Padre sabe
exactamente lo que necesitas, incluso antes de que se lo
pidas. 9Ora de la siguiente manera:

Padre nuestro que estás en el cielo,
que sea siempre santo tu nombre.
10 Que tu reino venga pronto.
Que se cumpla tu voluntad en la tierra
como se cumple en el cielo.
11 Danos hoy el alimento que necesitamos,*
12 y perdónanos nuestros pecados,
así como hemos perdonado a los que pecan
contra nosotros.
13 No permitas que cedamos ante la tentación,*
sino rescátanos del maligno.*

14»Si perdonas a los que pecan contra ti, tu Padre ce-
lestial te perdonará a ti; 15pero si te niegas a perdonar a
los demás, tu Padre no perdonará tus pecados.

16»Cuando ayunes, que no sea evidente, porque así
hacen los hipócritas; pues tratan de tener una apariencia
miserable y andan desarreglados para que la gente los
admire por sus ayunos. Les digo la verdad, no recibirán
otra recompensa más que esa. 17Pero tú, cuando ayunes,
péinate* y lávate la cara. 18Así, nadie se dará cuenta de que
estás ayunando, excepto tu Padre, quien sabe lo que haces
en privado; y tu Padre, quien todo lo ve, te recompensará.

Enseñanza acerca del dinero y las posesiones

19»No almacenes tesoros aquí en la tierra, donde las po-
lillas se los comen y el óxido los destruye, y donde los
ladrones entran y roban. 20Almacena tus tesoros en el
cielo, donde las polillas y el óxido no pueden destruir, y
los ladrones no entran a robar. 21Donde esté tu tesoro, allí
estarán también los deseos de tu corazón.

22»Tu ojo es como una lámpara que da luz a tu cuerpo.
Cuando tu ojo está sano, todo tu cuerpo está lleno de luz;
23pero cuando tu ojo está enfermo, todo tu cuerpo está
lleno de oscuridad. Y si la luz que crees tener en realidad
es oscuridad, ¡qué densa es esa oscuridad!

24»Nadie puede servir a dos amos. Pues odiará a uno y
amará al otro; será leal a uno y despreciará al otro. No se
puede servir a Dios y estar esclavizado al dinero.

25»Por eso les digo que no se preocupen por la vida
diaria, si tendrán suficiente alimento y bebida, o suficiente
ropa para vestirse. ¿Acaso no es la vida más que la co-
mida y el cuerpo más que la ropa? 26Miren los pájaros.
No plantan ni cosechan ni guardan comida en graneros,
porque el Padre celestial los alimenta. ¿Y no son ustedes
para él mucho más valiosos que ellos? 27¿Acaso con todas
sus preocupaciones pueden añadir un solo momento a
su vida?

28»¿Y por qué preocuparse por la ropa? Miren cómo
crecen los lirios del campo. No trabajan ni cosen su ropa;
29sin embargo, ni Salomón con toda su gloria se vistió tan
hermoso como ellos. 30Si Dios cuida de manera tan ma-
ravillosa a las flores silvestres que hoy están y mañana se
echan al fuego, tengan por seguro que cuidará de ustedes.
¿Por qué tienen tan poca fe?

31»Así que no se preocupen por todo eso diciendo:
"¿Qué comeremos?, ¿qué beberemos?, ¿qué ropa nos
pondremos?". 32Esas cosas dominan el pensamiento de
los incrédulos, pero su Padre celestial ya conoce todas sus
necesidades. 33Busquen el reino de Dios* por encima de
todo lo demás y lleven una vida justa, y él les dará todo
lo que necesiten.

34»Así que no se preocupen por el mañana, porque el
día de mañana traerá sus propias preocupaciones. Los
problemas del día de hoy son suficientes por hoy.

No juzgar a los demás

7 »No juzguen a los demás, y no serán juzgados. 2Pues
serán tratados de la misma forma en que traten a los
demás.* El criterio que usen para juzgar a otros es el cri-
terio con el que se les juzgará a ustedes.*

3»¿Y por qué te preocupas por la astilla en el ojo de tu
amigo,* cuando tú tienes un tronco en el tuyo? 4¿Cómo
puedes pensar en decirle a tu amigo: "Déjame ayudarte a
sacar la astilla de tu ojo", cuando tú no puedes ver más allá
del tronco que está en tu propio ojo? 5¡Hipócrita! Primero
quita el tronco de tu ojo; después verás lo suficientemente
bien para ocuparte de la astilla en el ojo de tu amigo.

6»No desperdicien lo que es santo en gente que no es

***Notas textuales** **5:43** Lv 19:18. **5:44** Algunos manuscritos agregan *Bendice a quienes te maldicen. Haz el bien a todos los que te odian.* Comparar Lc 6:27-28. **5:47** En griego *tus hermanos.* **6:7** *Gentil[es],* que no es judío. **6:11** O *Danos hoy nuestro alimento para este día*; o *Danos hoy nuestro alimento para mañana*. **6:13a** O *Líbranos de ser puestos a prueba.* **6:13b** O *del mal.* Algunos manuscritos agregan *Pues tuyo es el reino y el poder y la gloria por siempre. Amén.* **6:17** En griego *úngete la cabeza.* **6:33** Algunos manuscritos no incluyen *de Dios.* **7:2a** O *Pues Dios los juzgará de la misma forma en que juzgan a los demás.* **7:2b** O *La misma medida que dan será la que recibirán.* **7:3** En griego *tu hermano*; también en 7:4, 5.

Referencias cruzadas **6:1-4** Col 3:23-24 **6:9-13** Lc 11:2-4 **6:16-18** Mt 6:4, 6 **6:19-21** Lc 12:33-34 **6:22-23** Lc 11:34-36 **6:24** Lc 16:13 **6:25-34** Lc 12:22-31 **7:1-5** Lc 6:37-42 santa.* ¡No arrojen sus perlas a los cerdos! Pisotearán las perlas y luego se darán vuelta y los atacarán.

Oración eficaz

7»Sigue pidiendo y recibirás lo que pides; sigue buscando y encontrarás; sigue llamando, y la puerta se te abrirá. 8Pues todo el que pide, recibe; todo el que busca, encuentra; y a todo el que llama, se le abrirá la puerta.

9»Ustedes, los que son padres, si sus hijos les piden un pedazo de pan, ¿acaso les dan una piedra en su lugar? 10O si les piden un pescado, ¿les dan una serpiente? ¡Claro que no! 11Así que si ustedes, gente pecadora, saben dar buenos regalos a sus hijos, cuánto más su Padre celestial dará buenos regalos a quienes le pidan.

La regla de oro

12»Haz a los demás todo lo que quieras que te hagan a ti. Esa es la esencia de todo lo que se enseña en la ley y en los profetas.

La puerta angosta

13»Solo puedes entrar en el reino de Dios a través de la puerta angosta. La carretera al infierno* es amplia y la puerta es ancha para los muchos que escogen ese camino. 14Sin embargo, la puerta de acceso a la vida es muy angosta y el camino es difícil, y son solo unos pocos los que alguna vez lo encuentran.

El árbol y su fruto

15»Ten cuidado de los falsos profetas que vienen disfrazados de ovejas inofensivas pero en realidad son lobos feroces. 16Puedes identificarlos por su fruto, es decir, por la manera en que se comportan. ¿Acaso puedes recoger uvas de los espinos o higos de los cardos? 17Un buen árbol produce frutos buenos y un árbol malo produce frutos malos. 18Un buen árbol no puede producir frutos malos y un árbol malo no puede producir frutos buenos. 19Por lo tanto, todo árbol que no produce frutos buenos se corta y se arroja al fuego. 20Así es, de la misma manera que puedes identificar un árbol por su fruto, puedes identificar a la gente por sus acciones.

Verdaderos discípulos

21»No todo el que me llama: "¡Señor, Señor!" entrará en el reino del cielo. Solo entrarán aquellos que verdaderamente hacen la voluntad de mi Padre que está en el cielo. 22El día del juicio, muchos me dirán: "¡Señor, Señor! Profetizamos en tu nombre, expulsamos demonios en tu nombre e hicimos muchos milagros en tu nombre". 23Pero yo les responderé: "Nunca los conocí. Aléjense de mí, ustedes, que violan las leyes de Dios".

Edificar sobre un cimiento sólido

24»Todo el que escucha mi enseñanza y la sigue es sabio, como la persona que construye su casa sobre una roca sólida. 25Aunque llueva a cántaros y suban las aguas de la inundación y los vientos golpeen contra esa casa, no se vendrá abajo porque está construida sobre un lecho de roca. 26Sin embargo, el que oye mi enseñanza y no la obedece es un necio, como la persona que construye su casa sobre la arena. 27Cuando vengan las lluvias y lleguen las inundaciones y los vientos golpeen contra esa casa, se derrumbará con un gran estruendo».

28Cuando Jesús terminó de decir esas cosas, las multitudes quedaron asombradas de su enseñanza, 29porque lo hacía con verdadera autoridad, algo completamente diferente de lo que hacían los maestros de la ley religiosa.

Jesús sana a un hombre con lepra

8 Al bajar Jesús por la ladera del monte, grandes multitudes lo seguían. 2De repente, un hombre con lepra se le acercó y se arrodilló delante de él.

—Señor —dijo el hombre—, si tú quieres, puedes sanarme y dejarme limpio.

3Jesús extendió la mano y lo tocó.

—Sí quiero —dijo—. ¡Queda sano!

Al instante, la lepra desapareció.

4—No se lo cuentes a nadie —le dijo Jesús—. En cambio, preséntate ante el sacerdote y deja que te examine. Lleva contigo la ofrenda que exige la ley de Moisés a los que son sanados de lepra.* Esto será un testimonio público de que has quedado limpio.

La fe de un oficial romano

5Cuando Jesús regresó a Capernaúm, un oficial romano* se le acercó y le rogó:

6—Señor, mi joven siervo* está en cama, paralizado y con terribles dolores.

7—Iré a sanarlo —dijo Jesús.

8—Señor —dijo el oficial—, no soy digno de que entres en mi casa. Tan solo pronuncia la palabra desde donde estás y mi siervo se sanará. 9Lo sé porque estoy bajo la autoridad de mis oficiales superiores y tengo autoridad sobre mis soldados. Solo tengo que decir: "Vayan", y ellos van, o: "Vengan", y ellos vienen. Y si les digo a mis esclavos: "Hagan esto", lo hacen.

10Al oírlo, Jesús quedó asombrado. Se dirigió a los que lo seguían y dijo: «Les digo la verdad, ¡no he visto una fe como esta en todo Israel! 11Y les digo que muchos gentiles* vendrán de todas partes del mundo —del oriente y del occidente— y se sentarán con Abraham, Isaac y Jacob en la fiesta del reino del cielo. 12Pero muchos israelitas —para quienes se preparó el reino— serán arrojados a la oscuridad de afuera, donde habrá llanto y rechinar de dientes».

13Entonces Jesús le dijo al oficial romano: «Vuelve a tu casa. Debido a que creíste, ha sucedido». Y el joven siervo quedó sano en esa misma hora.

Jesús sana a mucha gente

14Cuando Jesús llegó a la casa de Pedro, la suegra de Pedro estaba enferma en cama con mucha fiebre. 15Jesús le tocó la mano, y la fiebre se fue. Entonces ella se levantó y le preparó una comida.

16Aquella noche, le llevaron a Jesús muchos endemoniados. Él expulsó a los espíritus malignos con una simple orden y sanó a todos los enfermos. 17Así se cumplió la palabra del Señor por medio del profeta Isaías, quien dijo:

«Se llevó nuestras enfermedades
y quitó nuestras dolencias»*.

***Notas textuales** **7:6** En griego *No den lo sagrado a los perros.* **7:13** En griego *La senda que conduce a la destrucción.* **8:4** Ver Lv 14:2-32. **8:5** En griego *un centurión*; similar en 8:8, 13. **8:6** O *hijo*; también en 8:13. **8:11** *Gentil[es]*, que no es judío.

Referencias cruzadas **7:7-11** Lc 11:9-13 **7:13** Lc 13:24 **7:16-20** Lc 6:43-44 **7:21-23** Lc 13:25-27 **7:24-27** Lc 6:47-49 **7:28** Lc 4:32

Lo que cuesta seguir a Jesús

18Cuando Jesús vio a la multitud que lo rodeaba, dio instrucciones a sus discípulos de que cruzaran al otro lado del lago.

19Entonces uno de los maestros de la ley religiosa le dijo:

—Maestro, te seguiré adondequiera que vayas.

20Jesús le respondió:

—Los zorros tienen cuevas donde vivir y los pájaros tienen nidos, pero el Hijo del Hombre* no tiene ni siquiera un lugar donde recostar la cabeza.

21Otro de sus discípulos dijo:

—Señor, deja que primero regrese a casa y entierre a mi padre.

22Jesús le dijo:

—Sígueme ahora. Deja que los muertos espirituales entierren a sus propios muertos.*

Jesús calma la tormenta

23Luego Jesús entró en la barca y comenzó a cruzar el lago con sus discípulos. 24De repente, se desató sobre el lago una fuerte tormenta, con olas que entraban en la barca; pero Jesús dormía. 25Los discípulos fueron a despertarlo:

—Señor, ¡sálvanos! ¡Nos vamos a ahogar! —gritaron.

26—¿Por qué tienen miedo? —preguntó Jesús—. ¡Tienen tan poca fe!

Entonces se levantó y reprendió al viento y a las olas y, de repente, hubo una gran calma.

27Los discípulos quedaron asombrados y preguntaron: «¿Quién es este hombre? ¡Hasta el viento y las olas lo obedecen!».

Jesús sana a dos endemoniados

28Cuando Jesús llegó al otro lado del lago, a la región de los gadarenos,* dos hombres que estaban poseídos por demonios salieron a su encuentro. Salían de entre las tumbas y eran tan violentos que nadie podía pasar por esa zona.

29Comenzaron a gritarle: «¿Por qué te entrometes con nosotros, Hijo de Dios? ¿Has venido aquí para torturarnos antes del tiempo establecido por Dios?».

30Sucedió que a cierta distancia había una gran manada de cerdos alimentándose. 31Entonces los demonios suplicaron:

—Si nos echas afuera, envíanos a esa manada de cerdos.

32—Muy bien, ¡vayan! —les ordenó Jesús.

Entonces los demonios salieron de los hombres y entraron en los cerdos, y toda la manada se lanzó al lago por el precipicio y se ahogó en el agua.

33Los hombres que cuidaban los cerdos huyeron a la ciudad cercana y contaron a todos lo que había sucedido con los endemoniados. 34Entonces toda la ciudad salió al encuentro de Jesús, pero le rogaron que se fuera y los dejara en paz.

Jesús sana a un paralítico

9 Jesús subió a una barca y regresó al otro lado del lago, a su propia ciudad. 2Unos hombres le llevaron a un paralítico en una camilla. Al ver la fe de ellos, Jesús le dijo al paralítico: «¡Ánimo, hijo mío! Tus pecados son perdonados».

3Entonces algunos de los maestros de la ley religiosa decían en su interior: «¡Es una blasfemia! ¿Acaso se cree que es Dios?».

4Jesús sabía* lo que ellos estaban pensando, así que les preguntó: «¿Por qué tienen pensamientos tan malvados en el corazón? 5¿Qué es más fácil decir: "Tus pecados son perdonados" o "Ponte de pie y camina"? 6Así que les demostraré que el Hijo del Hombre* tiene autoridad en la tierra para perdonar pecados». Entonces Jesús miró al paralítico y dijo: «¡Ponte de pie, toma tu camilla y vete a tu casa!».

7¡El hombre se levantó de un salto y se fue a su casa! 8Al ver esto, el temor se apoderó de la multitud y alabaron a Dios por darles semejante autoridad a los seres humanos.

Jesús llama a Mateo

9Mientras caminaba, Jesús vio a un hombre llamado Mateo sentado en su cabina de cobrador de impuestos. «Sígueme y sé mi discípulo», le dijo Jesús. Entonces Mateo se levantó y lo siguió.

10Más tarde, Mateo invitó a Jesús y a sus discípulos a una cena en su casa, junto con muchos cobradores de impuestos y otros pecadores de mala fama. 11Cuando los fariseos vieron esto, preguntaron a los discípulos: «¿Por qué su maestro come con semejante escoria*?».

12Cuando Jesús los oyó, les dijo: «La gente sana no necesita médico, los enfermos sí». 13Luego añadió: «Ahora vayan y aprendan el significado de la siguiente Escritura: "Quiero que tengan compasión, no que ofrezcan sacrificios"*. Pues no he venido a llamar a los que se creen justos, sino a los que saben que son pecadores».

Discusión acerca del ayuno

14Un día los discípulos de Juan el Bautista se acercaron a Jesús y le preguntaron:

—¿Por qué tus discípulos no ayunan,* como lo hacemos nosotros y los fariseos?

15Jesús respondió:

—¿Acaso los invitados de una boda están de luto mientras festejan con el novio? Por supuesto que no, pero un día el novio será llevado, y entonces sí ayunarán.

16»Además, ¿a quién se le ocurriría remendar una prenda vieja con tela nueva? Pues el remiendo nuevo encogería y se desprendería de la tela vieja, lo cual dejaría una rotura aún mayor que la anterior.

17»Y nadie pone vino nuevo en cueros viejos. Pues los cueros viejos se reventarían por la presión y el vino se derramaría, y los cueros quedarían arruinados. El vino nuevo se guarda en cueros nuevos para preservar a ambos.

Jesús sana en respuesta a la fe

18Mientras Jesús decía esas cosas, el líder de una sinagoga se le acercó y se arrodilló delante de él. «Mi hija acaba de morir —le dijo—, pero tú puedes traerla nuevamente a la vida solo con venir y poner tu mano sobre ella».

19Entonces Jesús y sus discípulos se levantaron y fueron con él. 20Justo en ese momento, una mujer quien hacía doce años que sufría de una hemorragia continua se le

***Notas textuales** **8:17** Is 53:4. **8:20** «Hijo del Hombre» es un título que Jesús empleaba para referirse a sí mismo. **8:22** En griego *Deja que los muertos entierren a sus propios muertos.* **8:28** Otros manuscritos dicen *gerasenos*; incluso otros dicen *gergesenos.* Comparar Mc 5:1; Lc 8:26. **9:4** Algunos manuscritos dicen *vio.* **9:6** «Hijo del Hombre» es un título que Jesús empleaba para referirse a sí mismo. **9:11** En griego *con cobradores de impuestos y pecadores?* **9:13** Os 6:6 (versión griega). **9:14** Algunos manuscritos dicen *ayunan a menudo.*

Referencias cruzadas **8:2-4** Mc 1:40-44 **8:5-13** Lc 7:1-10 **8:14-16** Lc 4:38-41 **8:19-22** Lc 9:57-62 **8:23-27** Mc 4:36-41 **8:28-34** Lc 8:26-37 **9:2-8** Lc 5:18-26 **9:9-13** Mc 2:14-17 **9:14-17** Mc 2:18-22 **9:18-26** Lc 8:41-56

acercó por detrás. Tocó el fleco de la túnica de Jesús 21por-
que pensó: «Si tan solo toco su túnica, quedaré sana».
22Jesús se dio vuelta, y cuando la vio le dijo: «¡Ánimo,
hija! Tu fe te ha sanado». Y la mujer quedó sana en ese
instante.
23Cuando Jesús llegó a la casa del oficial, vio a una rui-
dosa multitud y escuchó la música del funeral. 24«¡Sal-
gan de aquí! —les dijo—. La niña no está muerta; solo
duerme»; pero la gente se rio de él. 25Sin embargo, una vez
que hicieron salir a todos, Jesús entró y tomó la mano de
la niña, ¡y ella se puso de pie! 26La noticia de este milagro
corrió por toda la región.

Jesús sana a unos ciegos

27Cuando Jesús salió de la casa de la niña, lo siguieron dos
hombres ciegos, quienes gritaban: «¡Hijo de David, ten
compasión de nosotros!».
28Entraron directamente a la casa donde Jesús se hos-
pedaba, y él les preguntó:
—¿Creen que puedo darles la vista?
—Sí, Señor —le dijeron—, lo creemos.
29Entonces él les tocó los ojos y dijo:
—Debido a su fe, así se hará.
30Entonces sus ojos se abrieron, ¡y pudieron ver! Jesús
les advirtió severamente: «No se lo cuenten a nadie»;
31pero ellos, en cambio, salieron e hicieron correr su fama
por toda la región.
32Cuando se fueron, un hombre que no podía hablar,
poseído por un demonio, fue llevado a Jesús. 33Entonces
Jesús expulsó al demonio y después el hombre comenzó
a hablar. Las multitudes quedaron asombradas. «¡Jamás
sucedió algo así en Israel!», exclamaron.
34Sin embargo, los fariseos dijeron: «Puede expul-
sar demonios porque el príncipe de los demonios le da
poder».

La necesidad de obreros

35Jesús recorrió todas las ciudades y aldeas de esa re-
gión, enseñando en las sinagogas y anunciando la Buena
Noticia acerca del reino; y sanaba toda clase de enferme-
dades y dolencias. 36Cuando vio a las multitudes, les tuvo
compasión, porque estaban confundidas y desampara-
das, como ovejas sin pastor. 37A sus discípulos les dijo:
«La cosecha es grande, pero los obreros son pocos. 38Así
que oren al Señor que está a cargo de la cosecha; pídanle
que envíe más obreros a sus campos».

¡Respuestas Bíblicas! 119 ¿Qué es un discípulo?

10:1 Un discípulo es un seguidor que es un verdadero aprendiz. Jesús entrenó a sus discípulos para que predicaran y enseñaran. Los discípulos eran hombres comunes pero amaban a Jesús y aprendieron haciendo lo que Jesús hizo.

Jesús envía a los doce apóstoles

10 Jesús reunió a sus doce discípulos y les dio autori-
dad para expulsar espíritus malignos* y para sanar
toda clase de enfermedades y dolencias. 2Los nombres de
los doce apóstoles son los siguientes:

Primero, Simón (también llamado Pedro),
luego Andrés (el hermano de Pedro),
Santiago (hijo de Zebedeo),
Juan (el hermano de Santiago),
3 Felipe,
Bartolomé,
Tomás,
Mateo (el cobrador de impuestos),
Santiago (hijo de Alfeo),
Tadeo,*
4 Simón (el zelote*),
Judas Iscariote (quien después lo traicionó).

5Jesús envió a los doce apóstoles con las siguientes
instrucciones: «No vayan a los gentiles* ni a los samari-
tanos, 6sino solo al pueblo de Israel, las ovejas perdidas
de Dios. 7Vayan y anúncienles que el reino del cielo está
cerca.* 8Sanen a los enfermos, resuciten a los muertos,
curen a los que tienen lepra y expulsen a los demonios.
¡Den tan gratuitamente como han recibido!
9»No lleven nada de dinero en el cinturón, ni monedas
de oro, ni de plata, ni siquiera de cobre. 10No lleven bolso
de viaje con una muda de ropa ni con sandalias, ni siquiera
lleven un bastón. No duden en aceptar la hospitalidad,
porque los que trabajan merecen que se les dé alimento.
11»Cada vez que entren en una ciudad o una aldea,
busquen a una persona digna y quédense en su casa hasta
que salgan de ese lugar. 12Cuando entren en el hogar,
bendíganlo. 13Si resulta ser un hogar digno, dejen que su
bendición siga allí; si no lo es, retiren la bendición. 14Si
cualquier casa o ciudad se niega a darles la bienvenida o a
escuchar su mensaje, sacúdanse el polvo de los pies al salir.
15Les digo la verdad, el día del juicio les irá mejor a las ciu-
dades perversas de Sodoma y Gomorra que a esa ciudad.
16»Miren, los envío como ovejas en medio de lobos.
Por lo tanto, sean astutos como serpientes e inofensivos
como palomas. 17Tengan cuidado, porque los entregarán
a los tribunales y los azotarán con látigos en las sinagogas.
18Serán sometidos a juicio delante de gobernantes y reyes
por ser mis seguidores; pero esa será una oportunidad
para que les hablen a los gobernantes y a otros incrédulos
acerca de mí.* 19Cuando los arresten, no se preocupen
por cómo responder o qué decir. Dios les dará las pala-
bras apropiadas en el momento preciso. 20Pues no serán
ustedes los que hablen, sino que el Espíritu de su Padre
hablará por medio de ustedes.
21»Un hermano traicionará a muerte a su hermano,
un padre traicionará a su propio hijo, los hijos se rebela-
rán contra sus padres y harán que los maten. 22Todas las
naciones los odiarán a ustedes por ser mis seguidores,*
pero todo el que se mantenga firme hasta el fin será salvo.
23Cuando los persigan en una ciudad, huyan a la siguiente.
Les digo la verdad, el Hijo del Hombre* regresará antes de
que hayan llegado a todas las ciudades de Israel.
24»Los alumnos* no son superiores a su maestro, y
los esclavos no son superiores a su amo. 25Los alumnos
deben parecerse a su maestro, y los esclavos deben pare-
cerse a su amo. Si a mí, el amo de la casa, me han llamado

***Notas textuales** **10:1** En griego *impuros.* **10:3** Otros manuscritos dicen *Lebeo*; incluso otros dicen *Lebeo, a quien se llama Tadeo.* **10:4** En griego *el cananeo,* término arameo para designar a los judíos nacionalistas. **10:5** *Gentil[es],* que no es judío. **10:7** O *ha venido,* o *viene pronto.* **10:18** O *pero ese será su testimonio en contra de los gobernantes y otros incrédulos.*

Referencias cruzadas **9:37-38** Lc 10:2 **10:1-15** Lc 9:1-6 **10:16-22** Lc 21:12-19

príncipe de los demonios,* a los miembros de mi casa los
llamarán con nombres todavía peores.
26 »Así que no tengan miedo de aquellos que los ame-
nazan; pues llegará el tiempo en que todo lo que está en-
cubierto será revelado y todo lo secreto se dará a conocer
a todos. 27 Lo que ahora les digo en la oscuridad, grítenlo
por todas partes cuando llegue el amanecer. Lo que les
susurro al oído, grítenlo desde las azoteas, para que todos
lo escuchen.
28 »No teman a los que quieren matarles el cuerpo; no
pueden tocar el alma. Teman solo a Dios, quien puede
destruir tanto el alma como el cuerpo en el infierno.*
29 ¿Cuánto cuestan dos gorriones: una moneda de cobre*?
Sin embargo, ni un solo gorrión puede caer a tierra sin que
el Padre lo sepa. 30 En cuanto a ustedes, cada cabello de
su cabeza está contado. 31 Así que no tengan miedo; para
Dios ustedes son más valiosos que toda una bandada de
gorriones.
32 »Todo aquel que me reconozca en público aquí en
la tierra también lo reconoceré delante de mi Padre en el
cielo; 33 pero al que me niegue aquí en la tierra también
yo lo negaré delante de mi Padre en el cielo.
34 »¡No crean que vine a traer paz a la tierra! No vine a
traer paz, sino espada.

35 "He venido a poner a un hombre contra su padre,
a una hija contra su madre
y a una nuera contra su suegra.
36 ¡Sus enemigos estarán dentro de su propia
casa!"*.

37 »Si amas a tu padre o a tu madre más que a mí, no
eres digno de ser mío; si amas a tu hijo o a tu hija más
que a mí, no eres digno de ser mío. 38 Si te niegas a tomar
tu cruz y a seguirme, no eres digno de ser mío. 39 Si te
aferras a tu vida, la perderás; pero, si entregas tu vida por
mí, la salvarás.
40 »El que los recibe a ustedes me recibe a mí, y el que
me recibe a mí recibe al Padre, quien me envió. 41 Si re-
ciben a un profeta como a alguien que habla de parte de
Dios,* recibirán la misma recompensa que un profeta.
Y, si reciben a un justo debido a su justicia, recibirán una
recompensa similar a la de él. 42 Y si le dan siquiera un
vaso de agua fresca a uno de mis seguidores más insig-
nificantes, les aseguro que recibirán una recompensa».

Jesús y Juan el Bautista

11 Cuando Jesús terminó de darles esas instruc-
ciones a los doce discípulos, salió a enseñar y a
predicar en las ciudades de toda la región.
2 Juan el Bautista, quien estaba en prisión, oyó acerca
de todas las cosas que hacía el Mesías. Entonces envió a
sus discípulos para que le preguntaran a Jesús:
3 —¿Eres tú el Mesías a quien hemos esperado* o de-
bemos seguir buscando a otro?
4 Jesús les dijo:
—Regresen a Juan y cuéntenle lo que han oído y visto:
5 los ciegos ven, los cojos caminan bien, los que tienen
lepra son curados, los sordos oyen, los muertos resuci-
tan, y a los pobres se les predica la Buena Noticia. 6 —Y
agregó—: Dios bendice a los que no se apartan por causa
de mí.*
7 Mientras los discípulos de Juan se iban, Jesús co-
menzó a hablar acerca de él a las multitudes: «¿A qué
clase de hombre fueron a ver al desierto? ¿Acaso era una
caña débil sacudida con la más leve brisa? 8 ¿O esperaban
ver a un hombre vestido con ropa costosa? No, la gente
que usa ropa costosa vive en los palacios. 9 ¿Buscaban a
un profeta? Así es, y él es más que un profeta. 10 Juan es
el hombre al que se refieren las Escrituras cuando dicen:

"Mira, envío a mi mensajero por anticipado,
y él preparará el camino delante de ti"*.

11 »Les digo la verdad, de todos los que han vivido,
nadie es superior a Juan el Bautista. Sin embargo, hasta la
persona más insignificante en el reino del cielo es superior
a él. 12 Desde los días en que Juan el Bautista comenzó a
predicar hasta ahora, el reino del cielo ha venido avan-
zando con fuerza,* y gente violenta lo está atacando.
13 Pues, antes de que viniera Juan, todos los profetas y la
ley de Moisés anunciaban este tiempo; 14 y si ustedes están
dispuestos a aceptar lo que les digo, él es Elías, aquel que
los profetas dijeron que vendría.* 15 ¡El que tenga oídos
para oír, que escuche y entienda!
16 »¿Con qué puedo comparar a esta generación? Se
parece a los niños que juegan en la plaza. Se quejan ante
sus amigos:

17 "Tocamos canciones de bodas,
y no bailaron;
entonces tocamos cantos fúnebres,
y no se lamentaron".

18 Pues Juan no dedicaba el tiempo a comer y beber, y
ustedes dicen: "Está poseído por un demonio". 19 El Hijo
del Hombre,* por su parte, festeja y bebe, y ustedes dicen:
"¡Es un glotón y un borracho y es amigo de cobradores
de impuestos y de otros pecadores!". Pero la sabiduría
demuestra estar en lo cierto por medio de sus resultados».

Juicio para los incrédulos

20 Luego Jesús comenzó a denunciar a las ciudades en las
que había hecho tantos milagros, porque no se habían
arrepentido de sus pecados ni se habían vuelto a Dios.
21 «¡Qué aflicción les espera, Corazín y Betsaida! Pues, si
en las perversas ciudades de Tiro y de Sidón se hubieran
hecho los milagros que hice entre ustedes, hace tiempo
sus habitantes se habrían arrepentido de sus pecados vis-
tiéndose con ropa de tela áspera y echándose ceniza sobre
la cabeza en señal de remordimiento. 22 Les digo que, el
día del juicio, a Tiro y a Sidón les irá mejor que a ustedes.
23 »Y ustedes, los de Capernaúm, ¿serán honrados en el
cielo? No, descenderán al lugar de los muertos.* Pues, si
hubiera hecho en la perversa ciudad de Sodoma los mila-
gros que hice entre ustedes, la ciudad estaría aquí hasta el

***Notas textuales** **10:22** En griego *por causa de mi nombre.* **10:23** «Hijo del Hombre» es un título que Jesús empleaba para referirse a sí mismo. **10:24** O *discípulos.* **10:25** En griego *Beelzeboul*; otros manuscritos dicen *Beezeboul;* la versión latina dice *Beelzebú.* **10:28** En griego *Gehena.* **10:29** En griego *un asarion* [es decir, un «as», moneda romana equivalente a 1⁄16 de un denario]. **10:35-36** Mi 7:6. **10:41** En griego *reciben a un profeta en nombre de un profeta.* **11:3** En griego *¿Eres tú el que viene?* **11:6** O *que no se ofenden por mí.* **11:10** Ml 3:1. **11:12** O *el reino del cielo ha sufrido violencia.* **11:14** Ver Ml 4:5. **11:19** «Hijo del Hombre» es un título que Jesús empleaba para referirse a sí mismo. **11:23** En griego *al Hades.* **12:7** Os 6:6 (versión griega).

Referencias cruzadas **10:26-33** Lc 12:2-9 **10:34-36** Lc 12:51-53 **11:2-19** Lc 7:18-35 **11:21-24** Lc 10:13-16

día de hoy. 24Les digo que, el día del juicio, aun a Sodoma
le irá mejor que a ustedes».

Jesús da gracias al Padre

25En esa ocasión, Jesús hizo la siguiente oración: «Oh
Padre, Señor del cielo y de la tierra, gracias por esconder
estas cosas de los que se creen sabios e inteligentes, y
por revelárselas a los que son como niños. 26Sí, Padre, ¡te
agradó hacerlo de esa manera!

27»Mi Padre me ha confiado todo. Nadie conoce ver-
daderamente al Hijo excepto el Padre, y nadie conoce ver-
daderamente al Padre excepto el Hijo y aquellos a quienes
el Hijo decide revelarlo».

28Luego dijo Jesús: «Vengan a mí todos los que están
cansados y llevan cargas pesadas, y yo les daré descanso.
29Pónganse mi yugo. Déjenme enseñarles, porque yo soy
humilde y tierno de corazón, y encontrarán descanso para
el alma. 30Pues mi yugo es fácil de llevar y la carga que les
doy es liviana».

Discusión acerca del día de descanso

12 Por ese tiempo, Jesús caminaba en el día de des-
canso por unos terrenos sembrados. Sus discí-
pulos tenían hambre, entonces comenzaron a arrancar
unas espigas de grano y a comérselas. 2Algunos fariseos
los vieron y protestaron:

—Mira, tus discípulos violan la ley al cosechar granos
en el día de descanso.

3Jesús les dijo:

—¿No han leído en las Escrituras lo que hizo David
cuando él y sus compañeros tuvieron hambre? 4Entró en
la casa de Dios, y él y sus compañeros violaron la ley al
comer los panes sagrados, que solo a los sacerdotes se les
permitía comer. 5¿Y no han leído en la ley de Moisés que
los sacerdotes de turno en el templo pueden trabajar en el
día de descanso? 6Les digo, ¡aquí hay uno que es superior
al templo! 7Ustedes no habrían condenado a mis discípu-
los —quienes son inocentes— si conocieran el significado
de la Escritura que dice: "Quiero que tengan compasión,
no que ofrezcan sacrificios"*. 8Pues el Hijo del Hombre*
es Señor, ¡incluso del día de descanso!

Jesús sana en el día de descanso

9Luego Jesús entró en la sinagoga de ellos, 10y allí vio a
un hombre que tenía una mano deforme. Los fariseos le
preguntaron a Jesús:

—¿Permite la ley que una persona trabaje sanando en
el día de descanso?

(Esperaban que él dijera que sí para poder levantar
cargos en su contra).

11Él les respondió:

—Si tuvieran una oveja y esta cayera en un pozo de
agua en el día de descanso, ¿no trabajarían para sacarla de
allí? Por supuesto que lo harían. 12¡Y cuánto más valiosa
es una persona que una oveja! Así es, la ley permite que
una persona haga el bien en el día de descanso.

13Después le dijo al hombre: «Extiende la mano». En-
tonces el hombre la extendió, y la mano quedó restaurada,
¡igual que la otra! 14Entonces los fariseos convocaron a
una reunión para tramar cómo matar a Jesús.

Jesús, el Siervo elegido de Dios

15Pero Jesús sabía lo que ellos tenían en mente. Entonces
salió de esa región, y mucha gente lo siguió. Sanó a todos
los enfermos de esa multitud, 16pero les advirtió que no
revelaran quién era él. 17Con eso se cumplió la profecía
de Isaías acerca de él:

18 «Miren a mi Siervo, al que he elegido.
Él es mi Amado, quien me complace.
Pondré mi Espíritu sobre él,
y proclamará justicia a las naciones.
19 No peleará ni gritará,
ni levantará su voz en público.
20 No aplastará la caña más débil
ni apagará una vela que titila.
Al final, hará que la justicia salga victoriosa.
21 Y su nombre será la esperanza
de todo el mundo»*.

Jesús y el príncipe de los demonios

22Luego le llevaron a Jesús a un hombre ciego y mudo
que estaba poseído por un demonio. Jesús sanó al hombre
para que pudiera hablar y ver. 23La multitud quedó llena
de asombro, y preguntaba: «¿Será posible que Jesús sea
el Hijo de David, el Mesías?».

24Pero cuando los fariseos oyeron del milagro, dijeron:
«Con razón puede expulsar demonios. Él recibe su poder
de Satanás,* el príncipe de los demonios».

25Jesús conocía sus pensamientos y les contestó: «Todo
reino dividido por una guerra civil está condenado al
fracaso. Una ciudad o una familia dividida por peleas se
desintegrará. 26Si Satanás expulsa a Satanás, está dividido
y pelea contra sí mismo; su propio reino no sobrevivirá.
27Entonces, si mi poder proviene de Satanás, ¿qué me
dicen de sus propios exorcistas, quienes también expulsan
demonios? Así que ellos los condenarán a ustedes por lo
que acaban de decir. 28Sin embargo, si yo expulso a los
demonios por el Espíritu de Dios, entonces el reino de
Dios ha llegado y está entre ustedes. 29Pues, ¿quién tiene
suficiente poder para entrar en la casa de un hombre fuerte
y saquear sus bienes? Solo alguien aún más fuerte, alguien
que pudiera atarlo y después saquear su casa.

30»El que no está conmigo, a mí se opone, y el que no
trabaja conmigo, en realidad, trabaja en mi contra.

31»Por eso les digo, cualquier pecado y blasfemia
pueden ser perdonados, excepto la blasfemia contra el
Espíritu Santo, que jamás será perdonada. 32El que hable
en contra del Hijo del Hombre puede ser perdonado, pero
el que hable contra el Espíritu Santo jamás será perdo-
nado, ya sea en este mundo o en el que vendrá.

33»A un árbol se le identifica por su fruto. Si el árbol es
bueno, su fruto será bueno. Si el árbol es malo, su fruto
será malo. 34¡Camada de víboras! ¿Cómo podrían hom-
bres malvados como ustedes hablar de lo que es bueno y
correcto? Pues lo que está en el corazón determina lo que
uno dice. 35Una persona buena produce cosas buenas del
tesoro de su buen corazón, y una persona mala produce
cosas malas del tesoro de su mal corazón. 36Les digo lo
siguiente: el día del juicio, tendrán que dar cuenta de toda

***Notas textuales 12:8** «Hijo del Hombre» es un título que Jesús empleaba para referirse a sí mismo. **12:18-21** Is 42:1-4 (versión griega para el 42:4). **12:24** En griego *Beelzeboul*; también en 12:27. Otros manuscritos dicen *Beezeboul*; la versión latina dice *Beelzebú*.

Referencias cruzadas 11:25-27 Lc 10:21-22 **11:30** 1 Jn 5:3 **12:1-8** Lc 6:1-5 **12:9-14** Mc 3:1-6 **12:15-21** Mc 3:7-12 **12:22-32** Lc 11:14-23 **12:33** Lc 6:43-45

palabra inútil que hayan dicho. 37Las palabras que digas
te absolverán o te condenarán».

La señal de Jonás

38Un día, algunos maestros de la ley religiosa y algunos
fariseos se acercaron a Jesús y le dijeron:
—Maestro, queremos que nos muestres alguna señal
milagrosa para probar tu autoridad.
39Jesús les respondió:
—Solo una generación maligna y adúltera exigiría una
señal milagrosa; pero la única que les daré será la señal
del profeta Jonás. 40Así como Jonás estuvo en el vientre
del gran pez durante tres días y tres noches, el Hijo del
Hombre estará en el corazón de la tierra durante tres días
y tres noches.
41»El día del juicio los habitantes de Nínive se levanta-
rán contra esta generación y la condenarán, porque ellos
se arrepintieron de sus pecados al escuchar la predicación
de Jonás. Ahora alguien superior a Jonás está aquí, pero
ustedes se niegan a arrepentirse. 42La reina de Saba* tam-
bién se levantará contra esta generación el día del juicio y
la condenará, porque vino de una tierra lejana para oír la
sabiduría de Salomón. Ahora alguien superior a Salomón
está aquí, pero ustedes se niegan a escuchar.
43»Cuando un espíritu maligno* sale de una persona,
va al desierto en busca de descanso, pero no lo encuentra.
44Entonces dice: "Volveré a la persona de la cual salí".
De modo que regresa y encuentra su antigua casa vacía,
barrida y en orden. 45Entonces el espíritu busca a otros
siete espíritus más malignos que él, y todos entran en la
persona y viven allí. Y entonces esa persona queda peor
que antes. Eso es lo que le ocurrirá a esta generación
maligna.

La verdadera familia de Jesús

46Mientras Jesús hablaba a la multitud, su madre y sus
hermanos estaban afuera y pedían hablar con él. 47Alguien
le dijo a Jesús: «Tu madre y tus hermanos están parados
afuera y desean hablar contigo»*.
48Jesús preguntó: «¿Quién es mi madre? ¿Quiénes son
mis hermanos?». 49Luego señaló a sus discípulos y dijo:
«Miren, estos son mi madre y mis hermanos. 50Pues todo
el que hace la voluntad de mi Padre que está en el cielo es
mi hermano y mi hermana y mi madre».

Parábola del sembrador

13 Más tarde ese mismo día, Jesús salió de la casa
y se sentó junto al lago. 2Pronto se reunió una
gran multitud alrededor de él, así que entró en una barca.
Se sentó allí y enseñó mientras la gente estaba de pie en
la orilla. 3Contó muchas historias en forma de parábola
como la siguiente:
«¡Escuchen! Un agricultor salió a sembrar. 4A medida
que esparcía las semillas por el campo, algunas cayeron
sobre el camino y los pájaros vinieron y se las comieron.
5Otras cayeron en tierra poco profunda con roca debajo de
ella. Las semillas germinaron con rapidez porque la tierra
era poco profunda; 6pero pronto las plantas se marchita-
ron bajo el calor del sol y, como no tenían raíces profundas,
murieron. 7Otras semillas cayeron entre espinos, los cua-
les crecieron y ahogaron los brotes; 8pero otras semillas
cayeron en tierra fértil, ¡y produjeron una cosecha que
fue treinta, sesenta y hasta cien veces más numerosa de
lo que se había sembrado! 9El que tenga oídos para oír,
que escuche y entienda».
10Sus discípulos vinieron y le preguntaron:
—¿Por qué usas parábolas cuando hablas con la gente?
11—A ustedes se les permite entender los secretos* del
reino del cielo —les contestó—, pero a otros no. 12A los
que escuchan mis enseñanzas se les dará más compren-
sión, y tendrán conocimiento en abundancia; pero a los
que no escuchan se les quitará aun lo poco que entiendan.
13Por eso uso estas parábolas:

Pues ellos miran, pero en realidad no ven.
  Oyen, pero en realidad no escuchan ni entienden.

14De esa forma, se cumple la profecía de Isaías que dice:

"Cuando ustedes oigan lo que digo,
  no entenderán.
Cuando vean lo que hago,
  no comprenderán.
15 Pues el corazón de este pueblo está endurecido,
  y sus oídos no pueden oír,
y han cerrado los ojos,
  así que sus ojos no pueden ver,
y sus oídos no pueden oír,
  y su corazón no puede entender,
y no pueden volver a mí
  para que yo los sane"*.

16»Pero benditos son los ojos de ustedes, porque ven;
y sus oídos, porque oyen. 17Les digo la verdad, muchos
profetas y muchas personas justas anhelaron ver lo que
ustedes ven, pero no lo vieron; y anhelaron oír lo que
ustedes oyen, pero no lo oyeron.
18»Escuchen ahora la explicación de la parábola acerca
del agricultor que salió a sembrar: 19Las semillas que ca-
yeron en el camino representan a los que oyen el mensaje
del reino y no lo entienden. Entonces viene el maligno y
arrebata la semilla que fue sembrada en el corazón. 20Las
semillas sobre la tierra rocosa representan a los que oyen
el mensaje y de inmediato lo reciben con alegría; 21pero,
como no tienen raíces profundas, no duran mucho. En
cuanto tienen problemas o son perseguidos por creer la
palabra de Dios, caen. 22Las semillas que cayeron entre
los espinos representan a los que oyen la palabra de Dios,
pero muy pronto el mensaje queda desplazado por las
preocupaciones de esta vida y el atractivo de la riqueza,
así que no se produce ningún fruto. 23Las semillas que
cayeron en la buena tierra representan a los que de verdad
oyen y entienden la palabra de Dios, ¡y producen una
cosecha treinta, sesenta y hasta cien veces más numerosa
de lo que se había sembrado!

Parábola del trigo y la maleza

24La siguiente es otra historia que contó Jesús: «El reino
del cielo es como un agricultor que sembró buena se-
milla en su campo. 25Pero aquella noche, mientras los

***Notas textuales** **12:42** En griego *La reina del sur.* **12:43** En griego *impuro.* **12:47** Algunos manuscritos no incluyen el versículo 47. Comparar Mc 3:32 y Lc 8:20. **13:11** En griego *los misterios.* **13:14-15** Is 6:9-10 (versión griega).

Referencias cruzadas **12:39-42** Lc 11:29-32 **12:43-45** Lc 11:24-26 **12:46-50** Lc 8:19-21 **13:1-15** Mc 4:1-12 **13:16-17** Lc 10:23-24 **13:18-23** Mc 4:13-20

trabajadores dormían, vino su enemigo, sembró hierbas
malas entre el trigo y se escabulló. 26Cuando el cultivo
comenzó a crecer y a producir granos, la maleza también
creció.
27»Los empleados del agricultor fueron a hablar con
él y le dijeron: "Señor, el campo donde usted sembró la
buena semilla está lleno de maleza. ¿De dónde salió?".
28»"¡Eso es obra de un enemigo!", exclamó el agricultor.
»"¿Arrancamos la maleza?", le preguntaron.
29»"No —contestó el amo—, si lo hacen, también
arrancarán el trigo. 30Dejen que ambas crezcan juntas
hasta la cosecha. Entonces les diré a los cosechadores que
separen la maleza, la aten en manojos y la quemen, y que
pongan el trigo en el granero"».

Parábola de la semilla de mostaza

31La siguiente es otra ilustración que usó Jesús: «El reino
del cielo es como una semilla de mostaza sembrada en un
campo. 32Es la más pequeña de todas las semillas, pero
se convierte en la planta más grande del huerto; crece
hasta llegar a ser un árbol y vienen los pájaros y hacen
nidos en las ramas».

Parábola de la levadura

33Jesús también usó la siguiente ilustración: «El reino
del cielo es como la levadura que utilizó una mujer para
hacer pan. Aunque puso solo una pequeña porción de
levadura en tres medidas de harina, la levadura impregnó
toda la masa».
34Jesús siempre usaba historias e ilustraciones como
esas cuando hablaba con las multitudes. De hecho, nunca
les habló sin usar parábolas. 35Así se cumplió lo que había
dicho Dios por medio del profeta:

«Les hablaré en parábolas.
Les explicaré cosas escondidas desde la creación
del mundo*».

¡Respuestas Bíblicas! 120 ¿Sobre qué trata la parábola de la maleza?

13:36 La parábola de la maleza trata sobre las personas. Algunas personas son verdaderos cristianos. Otras personas fingen ser cristianos. Jesús dice que puede ser difícil darse cuenta de la diferencia. Él nos dice que esperemos. Que Dios decida quién es un verdadero cristiano cuando Jesús vuelva.

Explicación de la parábola del trigo y la maleza

36Luego, Jesús dejó a las multitudes afuera y entró en la
casa. Sus discípulos le dijeron:
—Por favor, explícanos la historia de la maleza en el
campo.
37Jesús respondió:
—El Hijo del Hombre* es el agricultor que siembra la
buena semilla. 38El campo es el mundo, y la buena semilla
representa a la gente del reino. La maleza representa a las
personas que pertenecen al maligno. 39El enemigo que
sembró la maleza entre el trigo es el diablo. La cosecha
es el fin del mundo,* y los cosechadores son los ángeles.
40»Tal como se separa la maleza y se quema en el fuego,
así será en el fin del mundo. 41El Hijo del Hombre enviará
a sus ángeles, y ellos quitarán del reino todo lo que pro-
duzca pecado y a todos aquellos que hagan lo malo. 42Y
los ángeles los arrojarán al horno ardiente, donde habrá
llanto y rechinar de dientes. 43Entonces los justos brillarán
como el sol en el reino de su Padre. ¡El que tenga oídos
para oír, que escuche y entienda!

Parábolas del tesoro escondido y de la perla

44»El reino del cielo es como un tesoro escondido que
un hombre descubrió en un campo. En medio de su en-
tusiasmo, lo escondió nuevamente y vendió todas sus
posesiones a fin de juntar el dinero suficiente para com-
prar el campo.
45»Además el reino del cielo es como un comerciante
en busca de perlas de primera calidad. 46Cuando descu-
brió una perla de gran valor, vendió todas sus posesiones
y la compró.

Parábola de la red para pescar

47»También el reino del cielo es como una red para pescar,
que se echó al agua y atrapó toda clase de peces. 48Cuando
la red se llenó, los pescadores la arrastraron a la orilla, se
sentaron y agruparon los peces buenos en cajas, pero des-
echaron los que no servían. 49Así será en el fin del mundo.
Los ángeles vendrán y separarán a los perversos de los
justos, 50y arrojarán a los malos en el horno ardiente,
donde habrá llanto y rechinar de dientes. 51¿Entienden
todas estas cosas?
—Sí —le dijeron—, las entendemos.
52Entonces añadió:
—Todo maestro de la ley religiosa que se convierte en
un discípulo del reino del cielo es como el propietario de
una casa, que trae de su depósito joyas de la verdad tanto
nuevas como viejas.

Jesús es rechazado en Nazaret

53Cuando Jesús terminó de contar esas historias e ilustra-
ciones, salió de esa región. 54Regresó a Nazaret, su pueblo.
Cuando enseñó allí en la sinagoga, todos quedaron asom-
brados, y decían: «¿De dónde saca esa sabiduría y el poder
para hacer milagros?». 55Y se burlaban: «No es más que
el hijo del carpintero, y conocemos a María, su madre, y
a sus hermanos: Santiago, José,* Simón y Judas. 56Todas
sus hermanas viven aquí mismo entre nosotros. ¿Dónde
aprendió todas esas cosas?». 57Se sentían profundamente
ofendidos y se negaron a creer en él.
Entonces Jesús les dijo: «Un profeta recibe honra en
todas partes menos en su propio pueblo y entre su pro-
pia familia». 58Por lo tanto, hizo solamente unos pocos
milagros allí debido a la incredulidad de ellos.

Muerte de Juan el Bautista

14 Cuando Herodes Antipas, el gobernante de Gali-
lea,* oyó hablar de Jesús, 2les dijo a sus consejeros:
«¡Este debe ser Juan el Bautista que resucitó de los muer-
tos! Por eso puede hacer semejantes milagros».
3Pues Herodes había arrestado y encarcelado a Juan
como un favor para su esposa, Herodías (exesposa de
Felipe, el hermano de Herodes). 4Juan venía diciendo a

***Notas textuales** **13:35** Algunos manuscritos no incluyen *del mundo.* Sal 78:2. **13:37** «Hijo del Hombre» es un título que Jesús empleaba para referirse a sí mismo. **13:39** O *del siglo*; también en 13:40, 49. **13:55** Otros manuscritos dicen *Joses*; incluso otros dicen *Juan.* **14:1** En griego *Herodes el tetrarca.* Herodes Antipas era un hijo del rey Herodes y gobernaba sobre Galilea.

Referencias cruzadas **13:31-33** Lc 13:18-21 **13:36** Mt 15:15 **13:42** Mt 8:12 **13:54-58** Lc 4:16-30 **14:1-12** Mc 6:14-29

Herodes: «Es contra la ley de Dios que te cases con ella».
5Herodes quería matar a Juan pero temía que se produjera
un disturbio, porque toda la gente creía que Juan era un
profeta.
6Pero durante la fiesta de cumpleaños de Herodes, la
hija de Herodías bailó una danza que a él le agradó mucho;
7entonces le prometió con un juramento que le daría cual-
quier cosa que ella quisiera. 8Presionada por su madre, la
joven dijo: «Quiero en una bandeja la cabeza de Juan el
Bautista». 9Entonces el rey se arrepintió de lo que había
dicho; pero debido al juramento que había hecho delante
de sus invitados, dio las órdenes necesarias. 10Así fue que
decapitaron a Juan en la prisión, 11trajeron su cabeza en
una bandeja y se la dieron a la joven, quien se la llevó a su
madre. 12Después, los discípulos de Juan llegaron a buscar
su cuerpo y lo enterraron. Luego fueron a contarle a Jesús
lo que había sucedido.

Jesús alimenta a cinco mil

13En cuanto Jesús escuchó la noticia, salió en una barca
a un lugar alejado para estar a solas; pero las multitudes
oyeron hacia dónde se dirigía y lo siguieron a pie desde
muchas ciudades. 14Cuando Jesús bajó de la barca, vio
a la gran multitud, tuvo compasión de ellos y sanó a los
enfermos.
15Esa tarde, los discípulos se le acercaron y le dijeron:
—Este es un lugar alejado y ya se está haciendo tarde.
Despide a las multitudes para que puedan ir a las aldeas
a comprarse comida.
16Jesús les dijo:
—Eso no es necesario; denles ustedes de comer.
17—¡Pero lo único que tenemos son cinco panes y dos
pescados! —le respondieron.
18—Tráiganlos aquí —dijo Jesús.
19Luego le dijo a la gente que se sentara sobre la hierba.
Jesús tomó los cinco panes y los dos pescados, miró hacia
el cielo y los bendijo. Después partió los panes en trozos y
se los dio a sus discípulos, quienes los distribuyeron entre
la gente. 20Todos comieron cuanto quisieron, y después
los discípulos juntaron doce canastas con lo que sobró.
21Aquel día, ¡unos cinco mil hombres se alimentaron,
además de las mujeres y los niños!

Jesús camina sobre el agua

22Inmediatamente después, Jesús insistió en que los dis-
cípulos regresaran a la barca y cruzaran al otro lado del
lago mientras él enviaba a la gente a casa. 23Después de
despedir a la gente, subió a las colinas para orar a solas.
Mientras estaba allí solo, cayó la noche.
24Mientras tanto, los discípulos se encontraban en pro-
blemas lejos de tierra firme, ya que se había levantado un
fuerte viento y luchaban contra grandes olas. 25A eso de las
tres de la madrugada,* Jesús se acercó a ellos caminando
sobre el agua. 26Cuando los discípulos lo vieron caminar
sobre el agua, quedaron aterrados. Llenos de miedo, cla-
maron: «¡Es un fantasma!».
27Pero Jesús les habló de inmediato:
—No tengan miedo —dijo—. ¡Tengan ánimo! ¡Yo estoy
aquí!*
28Entonces Pedro lo llamó:
—Señor, si realmente eres tú, ordéname que vaya hacia
ti caminando sobre el agua.
29—Sí, ven —dijo Jesús.
Entonces Pedro se bajó por el costado de la barca y
caminó sobre el agua hacia Jesús, 30pero cuando vio
el fuerte* viento y las olas, se aterrorizó y comenzó a
hundirse.
—¡Sálvame, Señor! —gritó.
31De inmediato, Jesús extendió la mano y lo agarró.
—Tienes tan poca fe —le dijo Jesús—. ¿Por qué dudaste
de mí?
32Cuando subieron de nuevo a la barca, el viento se de-
tuvo. 33Entonces los discípulos lo adoraron. «¡De verdad
eres el Hijo de Dios!», exclamaron.
34Después de cruzar el lago, arribaron a Genesaret.
35Cuando la gente reconoció a Jesús, la noticia de su lle-
gada corrió rápidamente por toda la región, y pronto la
gente llevó a todos los enfermos para que fueran sanados.
36Le suplicaban que permitiera a los enfermos tocar al
menos el fleco de su túnica, y todos los que tocaban a
Jesús eran sanados.

Jesús enseña acerca de la pureza interior

15 En ese momento, algunos fariseos y maestros
de la ley religiosa llegaron desde Jerusalén para
ver a Jesús.
2—¿Por qué tus discípulos desobedecen nuestra anti-
gua tradición? —le preguntaron—. No respetan la cere-
monia de lavarse las manos antes de comer.
3Jesús les respondió:
—¿Y por qué ustedes, por sus tradiciones, violan los
mandamientos directos de Dios? 4Por ejemplo, Dios dice:
"Honra a tu padre y a tu madre"* y "Cualquiera que hable
irrespetuosamente de su padre o de su madre tendrá que
morir"*. 5Sin embargo, ustedes dicen que está bien que
uno les diga a sus padres: "Lo siento, no puedo ayudarlos
porque he jurado darle a Dios lo que les hubiera dado a
ustedes". 6De esta manera, ustedes afirman que no hay
necesidad de honrar a los padres;* y entonces anulan la
palabra de Dios por el bien de su propia tradición. 7¡Hi-
pócritas! Isaías tenía razón cuando profetizó acerca de
ustedes, porque escribió:

8 "Este pueblo me honra con sus labios,
pero su corazón está lejos de mí.
9 Su adoración es una farsa
porque enseñan ideas humanas como si fueran
mandatos de Dios"*.

10Luego Jesús llamó a la multitud para que se acercara
y oyera. «Escuchen —les dijo—, y traten de entender. 11Lo
que entra por la boca no es lo que los contamina; ustedes
se contaminan por las palabras que salen de la boca».
12Entonces los discípulos se acercaron y le preguntaron:
—¿Te das cuenta de que has ofendido a los fariseos con
lo que acabas de decir?
13Jesús contestó:
—Toda planta que no fue plantada por mi Padre ce-
lestial será arrancada de raíz, 14así que no les hagan caso.
Son guías ciegos que conducen a los ciegos, y si un ciego
guía a otro, los dos caerán en una zanja.

***Notas textuales** **14:25** En griego *En la cuarta vigilia de la noche.* **14:27** O *¡El "Yo Soy" está aquí!* En griego dice *Yo soy*. Ver Ex 3:14. **14:30** Algunos manuscritos no incluyen *fuerte*. **15:4a** Ex 20:12; Dt 5:16. **15:4b** Ex 21:17 (versión griega); Lv 20:9 (versión griega). **15:6** En griego *a su padre*; otros manuscritos dicen *a su padre o a su madre.* **15:8-9** Is 29:13 (versión griega).

Referencias cruzadas **14:13-21** Jn 6:1-13 **14:22-33** Mc 6:45-52 **14:34-36** Mc 6:53-56 **15:1-20** Mc 7:1-23

15Entonces Pedro le dijo a Jesús:

—Explícanos la parábola que dice que la gente no se contamina por lo que come.

16—¿Todavía no lo entienden? —preguntó Jesús—. 17Todo lo que comen pasa a través del estómago y luego termina en la cloaca, 18pero las palabras que ustedes dicen provienen del corazón; eso es lo que los contamina. 19Pues del corazón salen los malos pensamientos, el asesinato, el adulterio, toda inmoralidad sexual, el robo, la mentira y la calumnia. 20Esas cosas son las que los contaminan. Comer sin lavarse las manos nunca los contaminará.

La fe de una mujer gentil

21Luego Jesús salió de Galilea y se dirigió al norte, a la región de Tiro y Sidón. 22Una mujer de los gentiles,* que vivía allí, se le acercó y le rogó: «¡Ten misericordia de mí, oh Señor, Hijo de David! Pues mi hija está poseída por un demonio que la atormenta terriblemente».

23Pero Jesús no le contestó ni una palabra. Entonces sus discípulos le pidieron que la despidiera. «Dile que se vaya —dijeron—. Nos está molestando con sus súplicas».

24Entonces Jesús le dijo a la mujer:

—Fui enviado para ayudar solamente a las ovejas perdidas de Dios, el pueblo de Israel.

25Ella se acercó y lo adoró, y le rogó una vez más:

—¡Señor, ayúdame!

26Jesús le respondió:

—No está bien tomar la comida de los hijos y arrojársela a los perros.

27—Es verdad, Señor —respondió la mujer—, pero hasta a los perros se les permite comer las sobras que caen bajo la mesa de sus amos.

28—Apreciada mujer —le dijo Jesús—, tu fe es grande. Se te concede lo que pides.

Y al instante la hija se sanó.

Jesús sana a mucha gente

29Jesús regresó al mar de Galilea, subió a una colina y se sentó. 30Una inmensa multitud le llevó a personas cojas, ciegas, lisiadas, mudas y a muchas más. Las pusieron delante de Jesús y él las sanó a todas. 31¡La multitud quedó asombrada! Los que no podían hablar, ahora hablaban; los lisiados quedaron sanos, los cojos caminaban bien y los ciegos podían ver; y alababan al Dios de Israel.

Jesús alimenta a cuatro mil

32Entonces Jesús llamó a sus discípulos y les dijo:

—Siento compasión por ellos. Han estado aquí conmigo durante tres días y no les queda nada para comer. No quiero despedirlos con hambre, no sea que se desmayen por el camino.

33Los discípulos contestaron:

—¿Dónde conseguiríamos comida suficiente aquí en el desierto para semejante multitud?

34—¿Cuánto pan tienen? —preguntó Jesús.

—Siete panes y unos pocos pescaditos —contestaron ellos.

35Entonces Jesús le dijo a la gente que se sentara en el suelo. 36Luego tomó los siete panes y los pescados, dio gracias a Dios por ellos y los partió en trozos. Se los dio a los discípulos, quienes repartieron la comida entre la multitud.

37Todos comieron cuanto quisieron. Después los discípulos recogieron siete canastas grandes con la comida que sobró. 38Aquel día, cuatro mil hombres recibieron alimento, además de las mujeres y los niños. 39Entonces Jesús envió a todos a sus casas, subió a una barca y cruzó a la región de Magadán.

Los líderes demandan una señal milagrosa

16 Cierto día, los fariseos y saduceos se acercaron a Jesús para ponerlo a prueba, exigiéndole que les mostrara una señal milagrosa del cielo para demostrar su autoridad.

2Él respondió: «Ustedes conocen el dicho: "Si el cielo está rojo por la noche, mañana habrá buen clima; 3si el cielo está rojo por la mañana, habrá mal clima todo el día". Saben interpretar las señales del clima en los cielos, pero no saben interpretar las señales de los tiempos.* 4Solo una generación malvada y adúltera reclamaría una señal milagrosa, pero la única señal que les daré es la del profeta Jonás*». Luego Jesús los dejó y se fue.

La levadura de los fariseos y de los saduceos

5Más tarde, cuando ya habían cruzado al otro lado del lago, los discípulos descubrieron que se habían olvidado de llevar pan. 6«¡Atención! —les advirtió Jesús—. Tengan cuidado con la levadura de los fariseos y con la de los saduceos».

7Al oír esto, comenzaron a discutir entre sí pues no habían traído nada de pan. 8Jesús supo lo que hablaban, así que les dijo: «¡Tienen tan poca fe! ¿Por qué discuten los unos con los otros por no tener pan? 9¿Todavía no entienden? ¿No recuerdan los cinco mil que alimenté con cinco panes y las canastas con sobras que recogieron? 10¿Ni los cuatro mil que alimenté con siete panes ni las grandes canastas con sobras que recogieron? 11¿Por qué no pueden entender que no hablo de pan? Una vez más les digo: "Tengan cuidado con la levadura de los fariseos y de los saduceos"».

12Entonces, al fin, comprendieron que no les hablaba de la levadura del pan, sino de las enseñanzas engañosas de los fariseos y de los saduceos.

¡Respuestas Bíblicas! 121 ¿Sobre qué roca Jesús construirá su iglesia?

16:18 Jesús le dijo esa frase a Pedro y como su nombre significa roca algunos creen que se refería a ese discípulo pero si miras bien el capítulos verás que Pedro acababa de afirmar quién era Jesús (Mateo 16:16) y creer que Cristo es el hijo de Dios es el fundamento del cristianismo.

Declaración de Pedro acerca de Jesús

13Cuando Jesús llegó a la región de Cesarea de Filipo, les preguntó a sus discípulos:

—¿Quién dice la gente que es el Hijo del Hombre*?

14—Bueno —contestaron—, algunos dicen Juan el Bautista, otros dicen Elías, y otros dicen Jeremías o algún otro profeta.

15Entonces les preguntó:

—Y ustedes, ¿quién dicen que soy?

***Notas textuales** **15:22** *Gentil[es]*, que no es judío. En griego *cananea*. **16:2-3** Varios manuscritos no incluyen ninguna de las palabras de 16:2-3 después de *El respondió*. **16:4** En griego *la señal de Jonás*. **16:13** «Hijo del Hombre» es un título que Jesús empleaba para referirse a sí mismo.

Referencias cruzadas **15:21-28** Mc 7:24-30

16 Simón Pedro contestó:

—Tú eres el Mesías,* el Hijo del Dios viviente.

17 Jesús respondió:

—Bendito eres, Simón hijo de Juan,* porque mi Padre que está en el cielo te lo ha revelado. No lo aprendiste de ningún ser humano. 18 Ahora te digo que tú eres Pedro (que significa "roca")*, y sobre esta roca edificaré mi iglesia, y el poder de la muerte no la conquistará.* 19 Y te daré las llaves del reino del cielo. Todo lo que prohíbas* en la tierra será prohibido en el cielo, y todo lo que permitas* en la tierra será permitido en el cielo.

20 Luego advirtió severamente a los discípulos que no le contaran a nadie que él era el Mesías.

Jesús predice su muerte

21 A partir de entonces, Jesús* empezó a decir claramente a sus discípulos que era necesario que fuera a Jerusalén, y que sufriría muchas cosas terribles a manos de los ancianos, de los principales sacerdotes y de los maestros de la ley religiosa. Lo matarían, pero al tercer día resucitaría.

22 Entonces Pedro lo llevó aparte y comenzó a reprenderlo* por decir semejantes cosas.

—¡Dios nos libre, Señor! —dijo—. Eso jamás te sucederá a ti.

23 Jesús se dirigió a Pedro y le dijo:

—¡Aléjate de mí, Satanás! Representas una trampa peligrosa para mí. Ves las cosas solamente desde el punto de vista humano, no desde el punto de vista de Dios.

24 Luego Jesús dijo a sus discípulos: «Si alguno de ustedes quiere ser mi seguidor, tiene que abandonar su propia manera de vivir, tomar su cruz y seguirme. 25 Si tratas de aferrarte a la vida, la perderás, pero si entregas tu vida por mi causa, la salvarás. 26 ¿Y qué beneficio obtienes si ganas el mundo entero pero pierdes tu propia alma*? ¿Hay algo que valga más que tu alma? 27 Pues el Hijo del Hombre vendrá con sus ángeles en la gloria de su Padre y juzgará a cada persona de acuerdo con sus acciones. 28 Les digo la verdad, algunos de los que están aquí ahora no morirán antes de ver al Hijo del Hombre llegar en su reino».

¡Respuestas Bíblicas! 122 ¿Por qué Jesús llamó a Pedro "Satanás"?

16:23 Jesús le dijo esto a Pedro por otra afirmación que hizo. Pedro no quería que Jesús muriera y cuando Jesús dijo que eso es lo que iba a pasar, Pedro gritó que "¡Jamás!" negándolo. Jesús sabía que Satanás estaba usando a Pedro para tratar de alejarlo de lo que debía hacer.

La transfiguración

17 Seis días después, Jesús tomó a Pedro y a los dos hermanos, Santiago y Juan, y los llevó a una montaña alta para estar a solas. 2 Mientras los hombres observaban, la apariencia de Jesús se transformó a tal punto que la cara le brillaba como el sol y su ropa se volvió tan blanca como la luz. 3 De repente, aparecieron Moisés y Elías y comenzaron a conversar con Jesús.

4 Pedro exclamó: «Señor, ¡es maravilloso que estemos aquí! Si deseas, haré tres enramadas como recordatorios:* una para ti, una para Moisés y la otra para Elías».

5 No había terminado de hablar cuando una nube brillante los cubrió, y desde la nube una voz dijo: «Este es mi Hijo muy amado, quien me da gran gozo. Escúchenlo a él». 6 Los discípulos estaban aterrados y cayeron rostro en tierra.

7 Entonces Jesús se les acercó y los tocó. «Levántense —les dijo—, no tengan miedo». 8 Cuando levantaron la vista, Moisés y Elías habían desaparecido, y vieron solo a Jesús.

9 Mientras descendían de la montaña, Jesús les ordenó: «No le cuenten a nadie lo que han visto hasta que el Hijo del Hombre* se haya levantado de los muertos».

10 Luego sus discípulos le preguntaron:

—¿Por qué los maestros de la ley religiosa insisten en que Elías debe regresar antes de que venga el Mesías*?

11 Jesús contestó:

—Es cierto que Elías viene primero a fin de dejar todo preparado. 12 Pero les digo, Elías ya vino, pero no fue reconocido y ellos prefirieron maltratarlo. De la misma manera, también harán sufrir al Hijo del Hombre.

13 Entonces los discípulos se dieron cuenta de que hablaba de Juan el Bautista.

Jesús sana a un muchacho endemoniado

14 Al pie del monte, les esperaba una gran multitud. Un hombre vino y se arrodilló delante de Jesús y le dijo: 15 «Señor, ten misericordia de mi hijo. Le dan ataques y sufre terriblemente. A menudo cae al fuego o al agua. 16 Así que lo llevé a tus discípulos, pero no pudieron sanarlo».

17 Jesús dijo: «¡Gente corrupta y sin fe! ¿Hasta cuándo tendré que estar con ustedes? ¿Hasta cuándo tendré que soportarlos? Tráiganme aquí al muchacho». 18 Entonces Jesús reprendió al demonio, y el demonio salió del joven. A partir de ese momento, el muchacho estuvo bien.

19 Más tarde, los discípulos le preguntaron a Jesús en privado:

—¿Por qué nosotros no pudimos expulsar el demonio?

20 —Ustedes no tienen la fe suficiente —les dijo Jesús—. Les digo la verdad, si tuvieran fe, aunque fuera tan pequeña como una semilla de mostaza, podrían decirle a esta montaña: "Muévete de aquí hasta allá", y la montaña se movería. Nada sería imposible.*

Jesús predice otra vez su muerte

22 Luego, cuando volvieron a reunirse en Galilea, Jesús les dijo: «El Hijo del Hombre será traicionado y entregado en manos de sus enemigos. 23 Lo matarán, pero al tercer día se levantará de los muertos». Y los discípulos se llenaron de profundo dolor.

El pago del impuesto del templo

24 Cuando llegaron a Capernaúm, los cobradores del impuesto del templo* se acercaron a Pedro y le preguntaron:

—¿Tu maestro no paga el impuesto del templo?

25 —Sí, lo paga —contestó Pedro.

***Notas textuales** **16:16** O *el Cristo.* Tanto *Cristo* (término griego) como *Mesías* (término hebreo) quieren decir «ungido». **16:17** En griego *Simón bar-Jonás*; ver Jn 1:42; 21:15-17. **16:18a** En griego *que tú eres Pedro.* **16:18b** En griego *y las puertas del Hades no la conquistarán.* **16:19a** O *ates,* o *cierres.* **16:19b** O *desates,* o *abras.* **16:21** Algunos manuscritos dicen *Jesús el Mesías.* **16:22** O *comenzó a corregirlo.* **16:26** O *tu propio ser?*; similar en 16:26b. **17:4** En griego *tres tabernáculos.* **17:9** «Hijo del Hombre» es un título que Jesús empleaba para referirse a sí mismo. **17:10** En griego *que Elías debe venir primero?* **17:20** Algunos manuscritos agregan el versículo 21: *Pero esta clase de demonio no se va sino con oración y ayuno.* Comparar Mc 9:29.

Referencias cruzadas **15:29-31** Mc 7:31-37 **15:32-39** Mc 8:1-10 **16:1-12** Mc 8:11-21 **16:13-20** Mc 8:27-30 **16:21-28** Lc 9:21-27 **17:1-13** Mc 9:2-13 **17:22-23** Lc 9:43-45

Luego entró en la casa, pero antes de tener oportunidad de hablar, Jesús le preguntó:

—¿Qué te parece, Pedro*? Los reyes, ¿cobran impuestos a su propia gente o a la gente que han conquistado*?

26—Se los cobran a los que han conquistado —contestó Pedro.

—Muy bien —dijo Jesús—, entonces, ¡los ciudadanos quedan exentos! 27Sin embargo, no queremos que se ofendan, así que desciende al lago y echa el anzuelo. Abre la boca del primer pez que saques y allí encontrarás una gran moneda de plata.* Tómala y paga mi impuesto y el tuyo.

El más importante en el reino

18 Por ese tiempo, los discípulos se acercaron a Jesús y le preguntaron:

—¿Quién es el más importante en el reino del cielo?

2Jesús llamó a un niño pequeño y lo puso en medio de ellos. 3Entonces dijo:

—Les digo la verdad, a menos que se aparten de sus pecados y se vuelvan como niños, nunca entrarán en el reino del cielo. 4Así que el que se vuelva tan humilde como este pequeño es el más importante en el reino del cielo.

5»Todo el que recibe de mi parte* a un niño pequeño como este, me recibe a mí; 6pero si hacen que uno de estos pequeños que confía en mí caiga en pecado, sería mejor para ustedes que se aten una gran piedra de molino alrededor del cuello y se ahoguen en las profundidades del mar.

7»¡Qué aflicción le espera al mundo, porque tienta a la gente a pecar! Las tentaciones son inevitables, ¡pero qué aflicción le espera al que provoca la tentación! 8Por lo tanto, si tu mano o tu pie te hace pecar, córtatelo y tíralo. Es preferible entrar en la vida eterna con una sola mano o un solo pie que ser arrojado al fuego eterno con las dos manos y los dos pies. 9Y si tu ojo te hace pecar, sácatelo y tíralo. Es preferible entrar en la vida eterna con un solo ojo que tener los dos ojos y ser arrojado al fuego del infierno.*

10»Cuidado con despreciar a cualquiera de estos pequeños. Les digo que, en el cielo, sus ángeles siempre están en la presencia de mi Padre celestial.*

¡Respuestas Bíblicas! 123 ¿Qué importancia tienen los niños para Jesús?

18:4 Jesús tuvo distintos encuentros con niños e hizo bien claro que los niños eran valiosos para él.

Parábola de la oveja perdida

12»Si un hombre tiene cien ovejas y una de ellas se extravía, ¿qué hará? ¿No dejará las otras noventa y nueve en las colinas y saldrá a buscar la perdida? 13Si la encuentra, les digo la verdad, se alegrará más por esa que por las noventa y nueve que no se extraviaron. 14De la misma manera, no es la voluntad de mi Padre celestial que ni siquiera uno de estos pequeñitos perezca.

Cómo corregir a otro creyente

15»Si un creyente* peca contra ti,* háblale en privado y hazle ver su falta. Si te escucha y confiesa el pecado, has recuperado a esa persona; 16pero si no te hace caso, toma a uno o dos más contigo y vuelve a hablarle, para que los dos o tres testigos puedan confirmar todo lo que digas. 17Si aun así la persona se niega a escuchar, lleva el caso ante la iglesia. Luego, si la persona no acepta la decisión de la iglesia, trata a esa persona como a un pagano o como a un corrupto cobrador de impuestos.

18»Les digo la verdad, todo lo que prohíban* en la tierra será prohibido en el cielo, y todo lo que permitan* en la tierra será permitido en el cielo.

19»También les digo lo siguiente: si dos de ustedes se ponen de acuerdo aquí en la tierra con respecto a cualquier cosa que pidan, mi Padre que está en el cielo la hará. 20Pues donde se reúnen dos o tres en mi nombre, yo estoy allí entre ellos.

Parábola del deudor que no perdona

21Luego Pedro se le acercó y preguntó:

—Señor, ¿cuántas veces debo perdonar a alguien* que peca contra mí? ¿Siete veces?

22—No siete veces —respondió Jesús—, sino setenta veces siete.*

23»Por lo tanto, el reino del cielo se puede comparar a un rey que decidió poner al día las cuentas con los siervos que le habían pedido prestado dinero. 24En el proceso, le trajeron a uno de sus deudores que le debía millones de monedas de plata.* 25No podía pagar, así que su amo ordenó que lo vendieran —junto con su esposa, sus hijos y todo lo que poseía— para pagar la deuda.

26»El hombre cayó de rodillas ante su amo y le suplicó: "Por favor, tenme paciencia y te lo pagaré todo". 27Entonces el amo sintió mucha lástima por él, y lo liberó y le perdonó la deuda.

28»Pero cuando el hombre salió de la presencia del rey, fue a buscar a un compañero, también siervo, que le debía unos pocos miles de monedas de plata.* Lo tomó del cuello y le exigió que le pagara de inmediato.

29»El compañero cayó de rodillas ante él y le rogó que le diera un poco más de tiempo. "Ten paciencia conmigo, y yo te pagaré", le suplicó. 30Pero el acreedor no estaba dispuesto a esperar. Hizo arrestar al hombre y lo puso en prisión hasta que pagara toda la deuda.

31»Cuando algunos de los otros siervos vieron eso, se disgustaron mucho. Fueron ante el rey y le contaron todo lo que había sucedido. 32Entonces el rey llamó al hombre al que había perdonado y le dijo: "¡Siervo malvado! Te perdoné esa tremenda deuda porque me lo rogaste. 33¿No deberías haber tenido compasión de tu compañero así como yo tuve compasión de ti?". 34Entonces el rey, enojado, envió al hombre a la prisión para que lo torturaran hasta que pagara toda la deuda.

***Notas textuales** **17:24** En griego *[del impuesto] de dos dracmas*; similar en 17:24b. Ver Ex 30:13-16; Ne 10:32-33. **17:25a** En griego *Simón?* **17:25b** En griego *a sus hijos o a extraños?* **17:27** En griego *un estatero* [moneda griega equivalente a cuatro dracmas]. **18:5** En griego *recibe en mi nombre.* **18:9** En griego *al Gehena de fuego.* **18:10** Algunos manuscritos agregan el versículo 11: *Y el Hijo del Hombre vino a salvar a los que están perdidos.* Comparar Lc 19:10. **18:15a** En griego *Si tu hermano.* **18:15b** Algunos manuscritos no incluyen *contra ti.* **18:18a** O *aten,* o *cierren.* **18:18b** O *desaten,* o *abran.* **18:21** En griego *a mi hermano.* **18:22** O *setenta y siete veces.* **18:24** En griego *10.000 talentos* [340 toneladas métricas o 375 toneladas cortas de plata]. **18:28** En griego *100 denarios.* Un denario equivalía a la paga de un obrero por una jornada completa de trabajo.

Referencias cruzadas **17:24-25** Mt 22:17-22 **18:1-5** Mc 9:33-37 **18:6-9** Mc 9:42-48 **18:10** Sal 34:7 **18:12-14** Lc 15:3-7 **18:15-17** 1 Co 6:1-6 **18:21-22** Lc 17:3-4 **18:23** Mt 25:19 **18:24-35** Mt 6:14-15 **19:1-9** Mc 10:1-12 **19:13-15** Lc 18:15-17 **19:16-30** Mc 10:17-31

35»Eso es lo que les hará mi Padre celestial a ustedes si
se niegan a perdonar de corazón a sus hermanos.

Discusión acerca del divorcio y del matrimonio

19 Cuando Jesús terminó de decir esas cosas, salió de
Galilea y descendió a la región de Judea, al oriente
del río Jordán. 2Grandes multitudes lo siguieron, y él sanó
a los enfermos.
3Unos fariseos se acercaron y trataron de tenderle una
trampa con la siguiente pregunta:
—¿Se permite que un hombre se divorcie de su esposa
por cualquier motivo?
4Jesús respondió:
—¿No han leído las Escrituras? Allí está escrito que,
desde el principio, "Dios los hizo hombre y mujer"*. 5—Y
agregó—: "Esto explica por qué el hombre deja a su padre
y a su madre, y se une a su esposa, y los dos se convierten
en uno solo"*. 6Como ya no son dos sino uno, que nadie
separe lo que Dios ha unido.
7—Entonces —preguntaron—, ¿por qué dice Moisés en
la ley que un hombre podría darle a su esposa un aviso de
divorcio por escrito y despedirla?*
8Jesús contestó:
—Moisés permitió el divorcio solo como una conce-
sión ante la dureza del corazón de ustedes, pero no fue
la intención original de Dios. 9Y les digo lo siguiente: el
que se divorcia de su esposa y se casa con otra comete
adulterio, a menos que la esposa le haya sido infiel.*
10Entonces los discípulos le dijeron:
—Si así son las cosas, ¡será mejor no casarse!
11—No todos pueden aceptar esta palabra —dijo Jesús—.
Solo aquellos que reciben la ayuda de Dios. 12Algunos
nacen como eunucos, a otros los hacen eunucos, y otros
optan por no casarse* por amor al reino del cielo. El que
pueda, que lo acepte.

Jesús bendice a los niños

13Cierto día, algunos padres llevaron a sus niños a Jesús
para que pusiera sus manos sobre ellos y orara por ellos.
Pero los discípulos regañaron a los padres por molestar
a Jesús.
14Pero Jesús les dijo: «Dejen que los niños vengan a
mí. ¡No los detengan! Pues el reino del cielo pertenece a
los que son como estos niños». 15Entonces les puso las
manos sobre la cabeza y los bendijo antes de irse.

El hombre rico

16Alguien se acercó a Jesús con la siguiente pregunta:
—Maestro,* ¿qué buena acción tengo que hacer para
tener la vida eterna?
17—¿Por qué me preguntas a mí sobre lo que es bueno?
—respondió Jesús—. Solo hay Uno que es bueno; pero para
contestar a tu pregunta, si deseas recibir la vida eterna,
cumple* los mandamientos.
18—¿Cuáles? —preguntó el hombre.
Y Jesús le contestó:
—"No cometas asesinato; no cometas adulterio; no
robes; no des falso testimonio; 19honra a tu padre y a tu
madre; ama a tu prójimo como a ti mismo"*.
20—He obedecido todos esos mandamientos —res-
pondió el joven—. ¿Qué más debo hacer?
21Jesús le dijo:
—Si deseas ser perfecto, anda, vende todas tus
posesiones y entrega el dinero a los pobres, y tendrás
tesoro en el cielo. Después ven y sígueme.
22Cuando el joven escuchó lo que Jesús le dijo, se fue
triste porque tenía muchas posesiones.
23Entonces Jesús dijo a sus discípulos: «Les digo la ver-
dad, es muy difícil que una persona rica entre en el reino
del cielo. 24Lo repito: es más fácil que un camello pase por
el ojo de una aguja que un rico entre en el reino de Dios».
25Los discípulos quedaron atónitos.
—Entonces, ¿quién podrá ser salvo? —preguntaron.
26Jesús los miró y les dijo:
—Humanamente hablando es imposible, pero para
Dios todo es posible.
27Entonces Pedro le dijo:
—Nosotros hemos dejado todo para seguirte. ¿Qué
recibiremos a cambio?
28Jesús contestó:
—Les aseguro que cuando el mundo se renueve* y el
Hijo del Hombre* se siente sobre su trono glorioso, uste-
des que han sido mis seguidores también se sentarán en
doce tronos para juzgar a las doce tribus de Israel. 29Y todo
el que haya dejado casas o hermanos o hermanas o padre
o madre o hijos o bienes por mi causa recibirá cien veces
más a cambio y heredará la vida eterna. 30Pero muchos
que ahora son los más importantes en ese día serán los
menos importantes, y aquellos que ahora parecen menos
importantes en ese día serán los más importantes.*

Parábola de los trabajadores del viñedo

20 »El reino del cielo es como un propietario que
salió temprano por la mañana con el fin de con-
tratar trabajadores para su viñedo. 2Acordó pagar el salario
normal de un día de trabajo* y los envió a trabajar.
3»A las nueve de la mañana, cuando pasaba por la
plaza, vio a algunas personas que estaban allí sin hacer
nada. 4Entonces las contrató y les dijo que, al final del día,
les pagaría lo que fuera justo. 5Así que fueron a trabajar
al viñedo. El propietario hizo lo mismo al mediodía y a
las tres de la tarde.
6»A las cinco de la tarde, se encontraba nuevamente
en la ciudad y vio a otros que estaban allí. Les preguntó:
"¿Por qué ustedes no trabajaron hoy?".
7»Ellos contestaron: "Porque nadie nos contrató".
»El propietario les dijo: "Entonces vayan y únanse a
los otros en mi viñedo".
8»Aquella noche, le dijo al capataz que llamara a los
trabajadores y les pagara, comenzando por los últimos
que había contratado. 9Cuando recibieron su paga los que
habían sido contratados a las cinco de la tarde, cada uno
recibió el salario por una jornada completa. 10Cuando los
que habían sido contratados primero llegaron a recibir su
paga, supusieron que recibirían más; pero a ellos también
se les pagó el salario de un día. 11Cuando recibieron la
paga, protestaron contra el propietario: 12"Aquellos tra-
bajaron solo una hora, sin embargo, se les ha pagado lo

***Notas textuales** **19:4** Gn 1:27; 5:2. **19:5** Gn 2:24. **19:7** Ver Dt 24:1. **19:9** Algunos manuscritos agregan *Y el que se casa con una mujer divorciada comete adulterio.* Comparar Mt 5:32. **19:12** En griego *y otros se hacen eunucos ellos mismos.* **19:16** Algunos manuscritos dicen *Maestro bueno.* **19:17** Algunos manuscritos dicen *continúa cumpliendo.* **19:18-19** Ex 20:12-16; Dt 5:16-20; Lv 19:18. **19:28a** O *en la regeneración.* **19:28b** «Hijo del Hombre» es un título que Jesús empleaba para referirse a sí mismo. **19:30** En griego *Pero muchos que son primeros serán los últimos; y los últimos serán primeros.* **20:2** En griego *pagar un denario*, la paga por una jornada completa de trabajo; similar en 20:9, 10, 13.

Referencias cruzadas **20:1** Mt 21:28, 33

mismo que a nosotros, que trabajamos todo el día bajo el intenso calor”.

13»Él le respondió a uno de ellos: “Amigo, ¡no he sido injusto! ¿Acaso tú no acordaste conmigo que trabajarías todo el día por el salario acostumbrado? 14Toma tu dinero y vete. Quise pagarle a este último trabajador lo mismo que a ti. 15¿Acaso es contra la ley que yo haga lo que quiero con mi dinero? ¿Te pones celoso porque soy bondadoso con otros?”.

16»Así que los que ahora son últimos, ese día serán los primeros, y los primeros serán los últimos.

Jesús predice otra vez su muerte

17Mientras Jesús subía a Jerusalén, llevó a los doce discípulos aparte y les contó en privado lo que le iba a suceder. 18«Escuchen —les dijo—, subimos a Jerusalén, donde el Hijo del Hombre* será traicionado y entregado a los principales sacerdotes y a los maestros de la ley religiosa. Lo condenarán a muerte. 19Luego lo entregarán a los romanos* para que se burlen de él, lo azoten con un látigo y lo crucifiquen; pero al tercer día, se levantará de los muertos».

Jesús enseña acerca del servicio a los demás

20Entonces la madre de Santiago y de Juan, hijos de Zebedeo, se acercó con sus hijos a Jesús. Se arrodilló respetuosamente para pedirle un favor.

21—¿Cuál es tu petición? —le preguntó Jesús.

La mujer contestó:

—Te pido, por favor, que permitas que, en tu reino, mis dos hijos se sienten en lugares de honor a tu lado, uno a tu derecha y el otro a tu izquierda.

22Jesús les respondió:

—¡No saben lo que piden! ¿Acaso pueden beber de la copa amarga de sufrimiento que yo estoy a punto de beber?

—Claro que sí —contestaron ellos—, ¡podemos!

23Jesús les dijo:

—Es cierto, beberán de mi copa amarga; pero no me corresponde a mí decir quién se sentará a mi derecha o a mi izquierda. Mi Padre preparó esos lugares para quienes él ha escogido.

24Cuando los otros diez discípulos oyeron lo que Santiago y Juan habían pedido, se indignaron. 25Así que Jesús los reunió a todos y les dijo: «Ustedes saben que los gobernantes de este mundo tratan a su pueblo con prepotencia y los funcionarios hacen alarde de su autoridad frente a los súbditos. 26Pero entre ustedes será diferente. El que quiera ser líder entre ustedes deberá ser sirviente, 27y el que quiera ser el primero entre ustedes deberá convertirse en esclavo. 28Pues ni aun el Hijo del Hombre vino para que le sirvan, sino para servir a otros y para dar su vida en rescate por muchos».

Jesús sana a dos hombres ciegos

29Mientras Jesús y sus discípulos salían de la ciudad de Jericó, una gran multitud los seguía. 30Dos hombres ciegos estaban sentados junto al camino. Cuando oyeron que Jesús venía en dirección a ellos, comenzaron a gritar: «¡Señor, Hijo de David, ten compasión de nosotros!».

31«¡Cállense!», les gritó la multitud.

Sin embargo, los dos ciegos gritaban aún más fuerte: «¡Señor, Hijo de David, ten compasión de nosotros!».

32Cuando Jesús los oyó, se detuvo y los llamó:

—¿Qué quieren que haga por ustedes?

33—Señor —dijeron—, ¡queremos ver!

34Jesús se compadeció de ellos y les tocó los ojos. ¡Al instante pudieron ver! Luego lo siguieron.

Entrada triunfal de Jesús

21 Mientras Jesús y los discípulos se acercaban a Jerusalén, llegaron a la ciudad de Betfagé, en el monte de los Olivos. Jesús mandó a dos de ellos que se adelantaran. 2«Vayan a la aldea que está allí —les dijo—. En cuanto entren, verán una burra atada junto con su cría. Desaten a los dos animales y tráiganmelos. 3Si alguien les pregunta qué están haciendo, simplemente digan: “El Señor los necesita”, entonces les permitirá llevárselos de inmediato».

4Eso ocurrió para que se cumpliera la profecía que decía:

5 «Dile a la gente de Jerusalén:*
“Mira, tu Rey viene hacia ti.
Es humilde y llega montado en un burro:
montado en la cría de una burra”»*.

6Los dos discípulos hicieron tal como Jesús les había ordenado. 7Llevaron la burra y su cría, pusieron sus prendas sobre la cría, y Jesús se sentó allí.*

8De la multitud presente, la mayoría tendió sus prendas sobre el camino delante de él, y otros cortaron ramas de los árboles y las extendieron sobre el camino. 9Jesús estaba en el centro de la procesión, y toda la gente que lo rodeaba gritaba:

«¡Alaben a Dios* por el Hijo de David!
¡Bendiciones al que viene en el nombre del Señor!
¡Alaben a Dios en el cielo más alto!»*.

10Toda la ciudad de Jerusalén estaba alborotada a medida que Jesús entraba. «¿Quién es este?», preguntaban.

11Y las multitudes contestaban: «Es Jesús, el profeta de Nazaret de Galilea».

Jesús despeja el templo

12Jesús entró en el templo y comenzó a echar a todos los que compraban y vendían animales para el sacrificio. Volcó las mesas de los cambistas y las sillas de los que vendían palomas. 13Les dijo: «Las Escrituras declaran: “Mi templo será llamado casa de oración”, ¡pero ustedes lo han convertido en una cueva de ladrones!»*.

14Los ciegos y los cojos se acercaron a Jesús en el templo y él los sanó. 15Los principales sacerdotes y los maestros de la ley religiosa vieron esos milagros maravillosos y oyeron que hasta los niños en el templo gritaban: «Alaben a Dios por el Hijo de David».

Sin embargo, los líderes estaban indignados. 16Le preguntaron a Jesús:

***Notas textuales** **20:18** «Hijo del Hombre» es un título que Jesús empleaba para referirse a sí mismo. **20:19** En griego *los gentiles.* (*Gentil[es]*, que no es judío). **21:5a** En griego *Dile a la hija de Sion.* Is 62:11. **21:5b** Za 9:9. **21:7** En griego *sobre ellas, y se sentó encima de ellas.* **21:9a** En griego *Hosanna*, una exclamación de alabanza que literalmente significa «salva ahora»; también en el 21:9b, 15. **21:9b** Sal 118:25-26; 148:1. **21:13** Is 56:7; Jr 7:11. **21:16** Sal 8:2 (versión griega).

Referencias cruzadas **20:17-19** Lc 18:31-34 **20:20-28** Mc 10:35-45 **20:29-34** Lc 18:35-43 **21:1-9** Jn 12:12-19 **21:12-17** Mc 11:15-19

—¿Oyes lo que dicen esos niños?
—Sí —contestó Jesús—. ¿No han leído las Escrituras?
Pues dicen: "A los niños y a los bebés les has enseñado a
darte alabanza"*.
17Luego regresó a Betania, donde pasó la noche.

Jesús maldice la higuera

18Por la mañana, cuando Jesús regresaba a Jerusalén, tuvo
hambre 19y vio que había una higuera junto al camino.
Se acercó para ver si tenía higos, pero solo había hojas.
Entonces le dijo: «¡Que jamás vuelva a dar fruto!». De
inmediato, la higuera se marchitó.
20Al ver eso los discípulos quedaron asombrados y le
preguntaron:
—¿Cómo se marchitó tan rápido la higuera?
21Entonces Jesús les dijo:
—Les digo la verdad, si tienen fe y no dudan, pueden
hacer cosas como esa y mucho más. Hasta pueden decirle
a esta montaña: "Levántate y échate al mar", y sucederá.
22Ustedes pueden orar por cualquier cosa, y si tienen fe
la recibirán.

¡Respuestas Bíblicas! 124 ¿Qué es la autoridad?

21:27 La autoridad es el derecho y la capacidad de hacer algo. Los enemigos de Jesús estaban enojados con él. No les gustaban sus enseñanzas. Tampoco les gustaban las cosas buenas que hacía y creían que no debía hacerlas solo porque los hacia a ellos quedar mal.

Desafían la autoridad de Jesús

23Cuando Jesús regresó al templo y comenzó a enseñar,
se le acercaron los principales sacerdotes y los ancianos.
—¿Con qué autoridad haces todas estas cosas? —le
reclamaron—. ¿Quién te dio el derecho?
24—Les diré con qué autoridad hago estas cosas si me
contestan una pregunta —respondió Jesús—. 25La au-
toridad de Juan para bautizar, ¿provenía del cielo o era
meramente humana?
Ellos discutieron el asunto unos con otros: «Si deci-
mos que provenía del cielo, nos preguntará por qué no
le creímos a Juan; 26pero si decimos que era meramente
humana, la multitud se volverá contra nosotros porque
todos creen que Juan era un profeta». 27Entonces final-
mente contestaron:
—No sabemos.
Y Jesús respondió:
—Entonces yo tampoco les diré con qué autoridad hago
estas cosas.

Parábola de los dos hijos

28»¿Pero qué piensan de lo siguiente? Un hombre con dos
hijos le dijo al mayor: "Hijo, ve a trabajar al viñedo hoy".
29El hijo le respondió: "No, no iré", pero más tarde cambió
de idea y fue. 30Entonces el padre le dijo al otro hijo: "Ve
tú", y él le dijo: "Sí, señor, iré"; pero no fue.
31»¿Cuál de los dos obedeció al padre?
Ellos contestaron:
—El primero.*
Luego Jesús explicó el significado:
—Les digo la verdad, los corruptos cobradores de im-
puestos y las prostitutas entrarán en el reino de Dios antes
que ustedes. 32Pues Juan el Bautista vino y les mostró a
ustedes la manera correcta de vivir, pero ustedes no le
creyeron, mientras que los cobradores de impuestos y las
prostitutas sí le creyeron. Aun viendo lo que ocurría, us-
tedes se negaron a creerle y a arrepentirse de sus pecados.

Parábola de los agricultores malvados

33»Ahora, escuchen otra historia. Cierto propietario
plantó un viñedo, lo cercó con un muro, cavó un hoyo
para extraer el jugo de las uvas y construyó una torre de
vigilancia. Luego les alquiló el viñedo a unos agricultores
arrendatarios y se mudó a otro país. 34Llegado el tiempo
de la cosecha de la uva, envió a sus siervos para recoger
su parte de la cosecha. 35Pero los agricultores agarraron a
los siervos, golpearon a uno, mataron a otro y apedrearon
a un tercero. 36Entonces el dueño de la tierra envió a un
grupo más numeroso de siervos para recoger lo que era
suyo, pero el resultado fue el mismo.
37»Finalmente, el dueño envió a su propio hijo porque
pensó: "Sin duda, respetarán a mi hijo".
38»Sin embargo, cuando los agricultores vieron que
venía el hijo, se dijeron unos a otros: "Aquí viene el he-
redero de esta propiedad. Vamos, matémoslo y nos que-
daremos con la propiedad". 39Entonces lo agarraron, lo
arrastraron fuera del viñedo y lo asesinaron.
40Jesús preguntó:
—Cuando el dueño del viñedo regrese, ¿qué les parece
que hará con esos agricultores?
41Los líderes religiosos contestaron:
—A los hombres malvados les dará una muerte horrible
y alquilará el viñedo a otros que le darán su porción des-
pués de cada cosecha.
42Entonces Jesús les preguntó:
—¿Nunca leyeron en las Escrituras:

"La piedra que los constructores rechazaron
ahora se ha convertido en la piedra principal.
Esto es obra del SEÑOR
y es maravilloso verlo"*?

43Les digo que a ustedes se les quitará el reino de Dios y
se le dará a una nación que producirá el fruto esperado.
44Cualquiera que tropiece con esa piedra se hará pedazos,
y la piedra aplastará a quienes les caiga encima.*
45Cuando los principales sacerdotes y los fariseos oye-
ron esa parábola, se dieron cuenta de que contaba esa
historia en contra de ellos, pues ellos eran los agricultores
malvados. 46Querían arrestarlo, pero tenían miedo de las
multitudes, que consideraban que Jesús era un profeta.

Parábola de la gran fiesta

22 Jesús también les contó otras parábolas. Dijo: 2«El
reino del cielo también puede ilustrarse mediante
la historia de un rey que preparó una gran fiesta de bodas
para su hijo. 3Cuando el banquete estuvo listo, el rey envió
a sus sirvientes para llamar a los invitados. ¡Pero todos se
negaron a asistir!

***Notas textuales** **21:29-31** Otros manuscritos dicen *—El segundo.* Incluso en otros manuscritos, el primer hijo dice «Sí», pero no hace nada; el segundo dice «No», pero luego se arrepiente y va; y la respuesta a la pregunta de Jesús es que el segundo hijo obedeció a su padre. **21:42** Sal 118:22-23. **21:44** Algunos manuscritos antiguos no incluyen este versículo. Comparar Lc 20:18.

Referencias cruzadas **21:18-22** Mc 11:12-14, 20-24 **21:23-27** Lc 20:1-8 **21:32** Mt 3:1-12 **21:33-46** Lc 20:9-19 **22:1-10** Lc 14:15-24

4»Entonces envió a otros sirvientes a decirles: “La fiesta está preparada. Se han matado los toros y las reses engordadas, y todo está listo. ¡Vengan al banquete!”. 5Pero las personas a quienes había invitado no hicieron caso y siguieron su camino: uno se fue a su granja y otro a su negocio. 6Otros agarraron a los mensajeros, los insultaron y los mataron.

7»El rey se puso furioso, y envió a su ejército para destruir a los asesinos y quemar su ciudad. 8Y les dijo a los sirvientes: “La fiesta de bodas está lista y las personas a las que invité no son dignas de tal honor. 9Ahora salgan a las esquinas de las calles e inviten a todos los que vean”. 10Entonces los sirvientes llevaron a todos los que pudieron encontrar, tanto buenos como malos, y la sala del banquete se llenó de invitados.

11»Cuando el rey entró para recibir a los invitados, notó que había un hombre que no estaba vestido apropiadamente para una boda. 12“Amigo —le preguntó—, ¿cómo es que estás aquí sin ropa de bodas?”. Pero el hombre no tuvo respuesta. 13Entonces el rey dijo a sus asistentes: “Átenlo de pies y manos y arrójenlo a la oscuridad de afuera, donde habrá llanto y rechinar de dientes”.

14»Pues muchos son los llamados, pero pocos los elegidos».

Los impuestos para el César

15Entonces los fariseos se juntaron para tramar cómo hacer que Jesús cayera en la trampa de decir algo por lo cual pudiera ser arrestado. 16Enviaron a algunos de sus discípulos, junto con los partidarios de Herodes, a buscarlo.

—Maestro —dijeron—, sabemos lo honesto que eres. Enseñas con verdad el camino de Dios. Eres imparcial y no tienes favoritismos. 17Ahora bien, dinos qué piensas de lo siguiente: ¿Es correcto que paguemos impuestos al César o no?

18Pero Jesús conocía sus malas intenciones.

—¡Hipócritas! —dijo—. ¿Por qué intentan atraparme? 19Veamos, muéstrenme la moneda que se usa para el impuesto.

Cuando le entregaron una moneda romana,* 20les preguntó:

—¿A quién pertenecen la imagen y el título grabados en la moneda?

21—Al César —contestaron.

—Bien —dijo—, entonces den al César lo que pertenece al César y den a Dios lo que pertenece a Dios.

22Su respuesta los dejó asombrados, y se marcharon.

Discusión acerca de la resurrección

23Ese mismo día, se acercaron a Jesús algunos saduceos, líderes religiosos que dicen que no hay resurrección después de la muerte. Le plantearon la siguiente pregunta:

24—Maestro, Moisés dijo: “Si un hombre muere sin haber tenido hijos, su hermano debe casarse con la viuda y darle un hijo para que el nombre del hermano continúe”*. 25Ahora bien, supongamos que había siete hermanos. El mayor se casó y murió sin dejar hijos, entonces su hermano se casó con la viuda. 26El segundo hermano también murió, y el tercero se casó con ella. Lo mismo sucedió con los siete. 27Por último, la mujer también murió. 28Entonces dinos, ¿de quién será esposa en la resurrección? Pues los siete estuvieron casados con ella.

29Jesús contestó:

—El error de ustedes es que no conocen las Escrituras y no conocen el poder de Dios. 30Pues cuando los muertos resuciten, no se casarán ni se entregarán en matrimonio. En este sentido, serán como los ángeles del cielo.

31»Ahora bien, en cuanto a si habrá una resurrección de los muertos, ¿nunca han leído acerca de esto en las Escrituras? Mucho después de que Abraham, Isaac y Jacob murieran, Dios dijo:* 32“Yo soy el Dios de Abraham, el Dios de Isaac y el Dios de Jacob”*. Por lo tanto, él es Dios de los que están vivos, no de los muertos.

33Cuando las multitudes lo escucharon, quedaron atónitas ante su enseñanza.

El mandamiento más importante

34En cuanto los fariseos oyeron que había silenciado a los saduceos con esa respuesta, se juntaron para interrogarlo nuevamente. 35Uno de ellos, experto en la ley religiosa, intentó tenderle una trampa con la siguiente pregunta:

36—Maestro, ¿cuál es el mandamiento más importante en la ley de Moisés?

37Jesús contestó:

—“Ama al Señor tu Dios con todo tu corazón, con toda tu alma y con toda tu mente”*. 38Este es el primer mandamiento y el más importante. 39Hay un segundo mandamiento que es igualmente importante: “Ama a tu prójimo como a ti mismo”*. 40Toda la ley y las exigencias de los profetas se basan en estos dos mandamientos.

¿De quién es hijo el Mesías?

41Entonces, rodeado por los fariseos, Jesús les hizo una pregunta:

42—¿Qué piensan del Mesías? ¿De quién es hijo?

Ellos contestaron:

—Es hijo de David.

43Jesús les respondió:

—Entonces, ¿por qué David, mientras hablaba bajo la inspiración del Espíritu, llama al Mesías “mi Señor”? Pues David dijo:

44 “El Señor le dijo a mi Señor:
‘Siéntate en el lugar de honor a mi derecha,
hasta que humille a tus enemigos y los ponga por debajo de tus pies’”*.

45Si David llamó al Mesías “mi Señor”, ¿cómo es posible que el Mesías sea su hijo?

46Nadie pudo responderle, y a partir de entonces, ninguno se atrevió a hacerle más preguntas.

Jesús critica a los líderes religiosos

23 Entonces Jesús les dijo a las multitudes y a sus discípulos: 2«Los maestros de la ley religiosa y los fariseos son los intérpretes oficiales de la ley de Moisés.* 3Por lo tanto, practiquen y obedezcan todo lo que les digan, pero no sigan su ejemplo. Pues ellos no hacen lo que enseñan. 4Aplastan a la gente bajo el peso de exigencias religiosas insoportables y jamás mueven un dedo para aligerar la carga.

***Notas textuales** **22:19** En griego *un denario.* **22:24** Dt 25:5-6. **22:31** En griego *¿nunca han leído acerca de esto? Dios dijo.* **22:32** Ex 3:6. **22:37** Dt 6:5. **22:39** Lv 19:18. **22:44** Sal 110:1. **23:2** En griego *y los fariseos se sientan en el asiento de Moisés.*

Referencias cruzadas **22:15-22** Lc 20:20-26 **22:23-33** Mc 12:18-27 **22:34-40** Lc 10:25-28 **22:41-46** Mc 12:35-37

5»Todo lo que hacen es para aparentar. En los brazos se ponen anchas cajas de oración con versículos de la Escritura, y usan túnicas con borlas muy largas.* 6Y les encanta sentarse a la mesa principal en los banquetes y ocupar los asientos de honor en las sinagogas. 7Les encanta recibir saludos respetuosos cuando caminan por las plazas y que los llamen "Rabí"*.

8»Pero ustedes, no permitan que nadie los llame "Rabí", porque tienen un solo maestro y todos ustedes son hermanos por igual. 9Además, aquí en la tierra, no se dirijan a nadie llamándolo "Padre", porque solo Dios, que está en el cielo, es su Padre. 10Y no permitan que nadie los llame "Maestro", porque ustedes tienen un solo maestro, el Mesías. 11El más importante entre ustedes debe ser el sirviente de los demás; 12pero aquellos que se exaltan a sí mismos serán humillados, y los que se humillan a sí mismos serán exaltados.

13»¡Qué aflicción les espera, maestros de la ley religiosa y fariseos! ¡Hipócritas! Pues le cierran la puerta del reino del cielo en la cara a la gente. Ustedes no entrarán ni tampoco dejan que los demás entren.*

15»¡Qué aflicción les espera, maestros de la ley religiosa y fariseos! ¡Hipócritas! Pues cruzan tierra y mar para ganar un solo seguidor, ¡y luego lo convierten en un hijo del infierno* dos veces peor que ustedes mismos!

¡Respuestas Bíblicas! 125 ¿Quiénes eran los fariseos?

23:13 Eran los judíos que enseñaban la ley pero que también tenían un montón de reglas que solo eran sus tradiciones. Jesús se enojaba con ellos porque decían una cosa pero hacían otra y además no entendían que las leyes eran por amor a las personas y no para condenarlas.

16»¡Guías ciegos! ¡Qué aflicción les espera! Pues dicen que no significa nada jurar "por el templo de Dios" pero que el que jura "por el oro del templo" está obligado a cumplir ese juramento. 17¡Ciegos tontos! ¿Qué es más importante, el oro o el templo que lo hace sagrado? 18Y dicen que jurar "por el altar" no impone una obligación, pero jurar "por las ofrendas que están sobre el altar" sí la impone. 19¡Qué ciegos son! Pues, ¿qué es más importante, la ofrenda sobre el altar o el altar que hace que la ofrenda sea sagrada? 20Cuando juran "por el altar", juran por el altar y por todo lo que hay encima. 21Cuando juran "por el templo", no solo juran por el templo, sino por Dios, quien vive allí. 22Y cuando juran "por el cielo", juran por el trono de Dios y por Dios, quien se sienta en el trono.

23»¡Qué aflicción les espera, maestros de la ley religiosa y fariseos! ¡Hipócritas! Pues se cuidan de dar el diezmo sobre el más mínimo ingreso de sus jardines de hierbas,* pero pasan por alto los aspectos más importantes de la ley: la justicia, la misericordia y la fe. Es cierto que deben diezmar, pero sin descuidar las cosas más importantes. 24¡Guías ciegos! ¡Cuelan el agua para no tragarse por accidente un mosquito, pero se tragan un camello!*

25»¡Qué aflicción les espera, maestros de la ley religiosa y fariseos! ¡Hipócritas! ¡Pues se cuidan de limpiar la parte exterior de la taza y del plato pero ustedes están sucios por dentro, llenos de avaricia y se permiten todo tipo de excesos! 26¡Fariseo ciego! Primero lava el interior de la taza y del plato,* y entonces el exterior también quedará limpio.

27»¡Qué aflicción les espera, maestros de la ley religiosa y fariseos! ¡Hipócritas! Pues son como tumbas blanqueadas: hermosas por fuera, pero llenas de huesos de muertos y de toda clase de impurezas por dentro. 28Por fuera parecen personas rectas, pero por dentro, el corazón está lleno de hipocresía y desenfreno.

29»¡Qué aflicción les espera, maestros de la ley religiosa y fariseos! ¡Hipócritas! Edifican tumbas a los profetas que sus antepasados mataron, y adornan los monumentos de la gente justa que sus antepasados destruyeron. 30Luego dicen: "Si hubiéramos vivido en los días de nuestros antepasados, jamás nos habríamos unido a ellos para matar a los profetas".

31»Así que al decir eso, dan testimonio en contra de ustedes mismos, que en verdad son descendientes de aquellos que asesinaron a los profetas. 32Sigan adelante y terminen lo que sus antepasados comenzaron. 33¡Serpientes! ¡Hijos de víboras! ¿Cómo escaparán del juicio del infierno?

34»Por lo tanto, les envío profetas, hombres sabios y maestros de la ley religiosa. A algunos los matarán crucificándolos, y a otros los azotarán con látigos en las sinagogas y los perseguirán de ciudad en ciudad. 35Como consecuencia, se les hará responsables del asesinato de toda la gente justa de todos los tiempos, desde el asesinato del justo Abel hasta el de Zacarías, hijo de Berequías, a quien mataron en el templo, entre el santuario y el altar. 36Les digo la verdad, ese juicio caerá sobre esta misma generación.

Lamento de Jesús por Jerusalén

37»¡Oh Jerusalén, Jerusalén, la ciudad que mata a los profetas y apedrea a los mensajeros de Dios! Cuántas veces quise juntar a tus hijos como la gallina protege a sus pollitos debajo de sus alas, pero no me dejaste. 38Y ahora, mira, tu casa está abandonada y desolada.* 39Pues te digo lo siguiente: no volverás a verme hasta que digas: "¡Bendiciones al que viene en el nombre del SEÑOR!"*».

Jesús habla acerca del futuro

24 Cuando Jesús salía del terreno del templo, sus discípulos le señalaron los diversos edificios del templo. 2Pero él les respondió: «¿Ven todos esos edificios? Les digo la verdad, serán demolidos por completo. ¡No quedará ni una sola piedra sobre otra!».

3Más tarde, Jesús se sentó en el monte de los Olivos. Sus discípulos se le acercaron en privado y le dijeron:

—Dinos, ¿cuándo sucederá todo eso? ¿Qué señal marcará tu regreso y el fin del mundo*?

4Jesús les dijo:

—No dejen que nadie los engañe, 5porque muchos vendrán en mi nombre y afirmarán: "Yo soy el Mesías", y engañarán a muchos. 6Oirán de guerras y de amenazas de

***Notas textuales** **23:5** En griego *Agrandan sus filacterias y alargan sus borlas.* **23:7** *Rabí*, del arameo, significa «amo» o «maestro». **23:13** Algunos manuscritos agregan el versículo 14: *¡Qué aflicción les espera, maestros de la ley religiosa y fariseos! ¡Hipócritas! Estafan descaradamente a las viudas para apoderarse de sus propiedades, y luego pretenden ser piadosos haciendo largas oraciones en público. Por eso, serán castigados con severidad.* Comparar con Mc 12:40 y Lc 20:47. **23:15** En griego *Gehena*; también en 23:33. **23:23** En griego *sobre la menta, el eneldo y el comino.* **23:24** Ver Lv 11:4, 23, donde se prohíbe comer tanto mosquitos como camellos. **23:26** Algunos manuscritos no incluyen *y del plato.* **23:38** Algunos manuscritos no incluyen *y desolada.* **23:39** Sal 118:26. **24:3** O *del siglo?*

Referencias cruzadas **23:13** Lc 11:52 **23:16** Mt 5:33-35 **23:37-39** Lc 13:34-35 **24:1-35** Mc 13:1-31

guerras, pero no se dejen llevar por el pánico. Es verdad,
esas cosas deben suceder, pero el fin no vendrá inmedia-
tamente después. 7Una nación entrará en guerra con otra,
y un reino con otro reino. Habrá hambres y terremotos en
muchas partes del mundo. 8Sin embargo, todo eso es solo
el comienzo de los dolores del parto, luego vendrán más.
9»Entonces los arrestarán, los perseguirán y los mata-
rán. En todo el mundo los odiarán por ser mis seguidores.*
10Muchos se apartarán de mí, se traicionarán unos a otros
y se odiarán. 11Aparecerán muchos falsos profetas y en-
gañarán a mucha gente. 12Abundará el pecado por todas
partes, y el amor de muchos se enfriará; 13pero el que se
mantenga firme hasta el fin será salvo. 14Y se predicará
la Buena Noticia acerca del reino por todo el mundo,
de manera que todas las naciones* la oirán; y entonces
vendrá el fin.
15»Llegará el día cuando verán de lo que habló el
profeta Daniel: el objeto sacrílego que causa profana-
ción* de pie en el Lugar Santo. (Lector, ¡presta atención!).
16Entonces los que estén en Judea huyan a las colinas.
17La persona que esté en la azotea no baje a la casa para
empacar. 18La persona que esté en el campo no regrese
ni para buscar un abrigo. 19¡Qué terribles serán esos días
para las mujeres embarazadas y para las madres que ama-
mantan! 20Y oren para que la huida no sea en invierno
o en día de descanso. 21Pues habrá más angustia que en
cualquier otro momento desde el principio del mundo.
Y jamás habrá una angustia tan grande. 22De hecho, a
menos que se acorte ese tiempo de calamidad, ni una
sola persona sobrevivirá; pero se acortará por el bien de
los elegidos de Dios.
23»Entonces, si alguien les dice: "Miren, aquí está el
Mesías" o "Allí está", no lo crean. 24Pues se levantarán
falsos mesías y falsos profetas y realizarán grandes señales
y milagros para engañar, de ser posible, aun a los elegidos
de Dios. 25Miren, que les he advertido esto de antemano.
26»Por lo tanto, si alguien les dice: "Miren, el Mesías
está en el desierto", ni se molesten en ir a buscarlo. O bien,
si les dicen: "Miren, se esconde aquí", ¡no lo crean! 27Pues,
así como el relámpago destella en el oriente y brilla en el
occidente, así será cuando venga el Hijo del Hombre.*
28Así como los buitres, cuando se juntan, indican que
hay un cadáver cerca, de la misma manera, esas señales
revelan que el fin está cerca.*
29»Inmediatamente después de la angustia de esos
días,

"El sol se oscurecerá,
la luna no dará luz,
las estrellas caerán del cielo,
y los poderes de los cielos serán sacudidos"*.

30Y entonces, por fin, aparecerá en los cielos la señal de
que el Hijo del Hombre viene, y habrá un profundo la-
mento entre todos los pueblos de la tierra. Verán al Hijo
del Hombre venir en las nubes del cielo con poder y gran
gloria.* 31Enviará a sus ángeles con un potente toque de
trompeta y reunirán a los elegidos de todas partes del
mundo,* desde los extremos más lejanos de la tierra y
del cielo.
32»Ahora, aprendan una lección de la higuera. Cuando
las ramas echan brotes y comienzan a salir las hojas, uste-
des saben que el verano se acerca. 33De la misma manera,
cuando vean que suceden todas estas cosas, sabrán que su
regreso está muy cerca, a las puertas. 34Les digo la verdad,
no pasará esta generación* hasta que todas estas cosas
sucedan. 35El cielo y la tierra desaparecerán, pero mis
palabras no desaparecerán jamás.
36»Sin embargo, nadie sabe el día ni la hora en que
sucederán estas cosas, ni siquiera los ángeles en el cielo
ni el propio Hijo.* Solo el Padre lo sabe.
37»Cuando el Hijo del Hombre regrese, será como en
los días de Noé. 38En esos días, antes del diluvio, la gente
disfrutaba de banquetes, fiestas y casamientos, hasta el
momento en que Noé entró en su barco. 39La gente no
se daba cuenta de lo que iba a suceder hasta que llegó el
diluvio y arrasó con todos. Así será cuando venga el Hijo
del Hombre.
40»Dos hombres estarán trabajando juntos en el
campo; uno será llevado, el otro será dejado. 41Dos muje-
res estarán moliendo harina en el molino; una será llevada,
la otra será dejada.
42»¡Así que ustedes también deben estar alerta!, por-
que no saben qué día vendrá su Señor. 43Entiendan lo
siguiente: si el dueño de una casa supiera exactamente a
qué hora viene un ladrón, se mantendría alerta y no de-
jaría que asaltara su casa. 44Ustedes también deben estar
preparados todo el tiempo, porque el Hijo del Hombre
vendrá cuando menos lo esperen.
45»Un sirviente fiel y sensato es aquel a quien el amo
puede darle la responsabilidad de dirigir a los demás sir-
vientes y alimentarlos. 46Si el amo regresa y encuentra que
el sirviente ha hecho un buen trabajo, habrá una recom-
pensa. 47Les digo la verdad, el amo pondrá a ese sirviente
a cargo de todo lo que posee. 48¿Pero qué tal si el sirviente
es malo y piensa: "Mi amo no regresará por un tiempo"
49y comienza a golpear a los otros sirvientes, a parrandear
y a emborracharse? 50El amo regresará inesperadamente
y sin previo aviso, 51cortará al sirviente en pedazos y le
asignará un lugar con los hipócritas. En ese lugar habrá
llanto y rechinar de dientes.

Parábola de las diez damas de honor

25 »Entonces, el reino del cielo será como diez
damas de honor* que tomaron sus lámparas y
salieron para encontrarse con el novio. 2Cinco de ellas
eran necias y cinco sabias. 3Las cinco que eran necias
no llevaron suficiente aceite de oliva para sus lámparas,
4pero las otras cinco fueron tan sabias que llevaron aceite
extra. 5Como el novio se demoró, a todas les dio sueño
y se durmieron.
6»A la medianoche, se despertaron ante el grito de:
"¡Miren, ya viene el novio! ¡Salgan a recibirlo!".
7»Todas las damas de honor se levantaron y prepararon
sus lámparas. 8Entonces las cinco necias les pidieron a
las otras: "Por favor, dennos un poco de aceite, porque
nuestras lámparas se están apagando".
9»Sin embargo, las sabias contestaron: "No tenemos

***Notas textuales** **24:9** En griego *por causa de mi nombre.* **24:14** O *todos los grupos étnicos.* **24:15** En griego *la abominación de la desolación.* Ver Dn 9:27; 11:31; 12:11. **24:27** «Hijo del Hombre» es un título que Jesús empleaba para referirse a sí mismo. **24:28** En griego *Donde hay un animal muerto, allí se juntan los buitres.* **24:29** Ver Is 13:10; 34:4; Jl 2:10. **24:30** Ver Dn 7:13. **24:31** En griego *de los cuatro vientos.* **24:34** O *esta era,* o *esta nación.* **24:36** Algunos manuscritos no incluyen *ni el propio Hijo.* **25:1** O *10 vírgenes*; similar en el 25:7, 11.

Referencias cruzadas **24:7** Is 19:2 **24:26-27** Lc 17:23-24 **24:37-39** Lc 17:26-27 **24:45-51** Lc 12:41-48

suficiente para todas. Vayan a una tienda y compren un
poco para ustedes”.
10»Pero durante el lapso en que se fueron a comprar
aceite, llegó el novio. Entonces las que estaban listas entra-
ron con él a la fiesta de bodas y se cerró la puerta con llave.
11Más tarde, cuando regresaron las otras cinco damas de
honor, se quedaron afuera, y llamaron: “¡Señor, señor!
¡Ábrenos la puerta!”.
12»Él les respondió: “Créanme, ¡no las conozco!”.
13»¡Así que ustedes también deben estar alerta! Porque
no saben el día ni la hora de mi regreso.

Parábola de los tres siervos

14»También el reino del cielo puede ilustrarse mediante
la historia de un hombre que tenía que emprender un
largo viaje. Reunió a sus siervos y les confió su dinero
mientras estuviera ausente. 15Lo dividió en proporción a
las capacidades de cada uno. Al primero le dio cinco bolsas
de plata;* al segundo, dos bolsas de plata; al último, una
bolsa de plata. Luego se fue de viaje.
16»El siervo que recibió las cinco bolsas de plata co-
menzó a invertir el dinero y ganó cinco más. 17El que
tenía las dos bolsas de plata también salió a trabajar y
ganó dos más. 18Pero el siervo que recibió una sola bolsa
de plata cavó un hoyo en la tierra y allí escondió el dinero
de su amo.
19»Después de mucho tiempo, el amo regresó de su
viaje y los llamó para que rindieran cuentas de cómo ha-
bían usado su dinero. 20El siervo al cual le había confiado
las cinco bolsas de plata se presentó con cinco más y dijo:
“Amo, usted me dio cinco bolsas de plata para invertir, y
he ganado cinco más”.
21»El amo lo llenó de elogios. “Bien hecho, mi buen
siervo fiel. Has sido fiel en administrar esta pequeña canti-
dad, así que ahora te daré muchas más responsabilidades.
¡Ven a celebrar conmigo!*”.
22»Se presentó el siervo que había recibido las dos
bolsas de plata y dijo: “Amo, usted me dio dos bolsas de
plata para invertir, y he ganado dos más”.
23»El amo dijo: “Bien hecho, mi buen siervo fiel. Has
sido fiel en administrar esta pequeña cantidad, así que
ahora te daré muchas más responsabilidades. ¡Ven a ce-
lebrar conmigo!”.
24»Por último se presentó el siervo que tenía una sola
bolsa de plata y dijo: “Amo, yo sabía que usted era un
hombre severo, que cosecha lo que no sembró y recoge
las cosechas que no cultivó. 25Tenía miedo de perder su
dinero, así que lo escondí en la tierra. Mire, aquí está su
dinero de vuelta”.
26»Pero el amo le respondió: “¡Siervo perverso y pere-
zoso! Si sabías que cosechaba lo que no sembré y recogía
lo que no cultivé, 27¿por qué no depositaste mi dinero
en el banco? Al menos hubiera podido obtener algún
interés de él”.
28»Entonces ordenó: “Quítenle el dinero a este siervo
y dénselo al que tiene las diez bolsas de plata. 29A los que
usan bien lo que se les da, se les dará aún más y tendrán
en abundancia; pero a los que no hacen nada se les qui-
tará aun lo poco que tienen. 30Ahora bien, arrojen a este
siervo inútil a la oscuridad de afuera, donde habrá llanto
y rechinar de dientes”.

El juicio final

31»Cuando el Hijo del Hombre* venga en su gloria acom-
pañado por todos los ángeles, entonces se sentará sobre
su trono glorioso. 32Todas las naciones* se reunirán en su
presencia, y él separará a la gente como un pastor separa a
las ovejas de las cabras. 33Pondrá las ovejas a su derecha y
las cabras a su izquierda.
34»Entonces el Rey dirá a los que estén a su derecha:
“Vengan, ustedes, que son benditos de mi Padre, here-
den el reino preparado para ustedes desde la creación del
mundo. 35Pues tuve hambre, y me alimentaron. Tuve sed,
y me dieron de beber. Fui extranjero, y me invitaron a su
hogar. 36Estuve desnudo, y me dieron ropa. Estuve en-
fermo, y me cuidaron. Estuve en prisión, y me visitaron”.
37»Entonces esas personas justas responderán: “Señor,
¿en qué momento te vimos con hambre y te alimentamos,
o con sed y te dimos algo de beber, o 38te vimos como
extranjero y te brindamos hospitalidad, o te vimos des-
nudo y te dimos ropa, 39o te vimos enfermo o en prisión,
y te visitamos?”.
40»Y el Rey dirá: “Les digo la verdad, cuando hicieron
alguna de estas cosas al más insignificante de estos, mis
hermanos, ¡me lo hicieron a mí!”.
41»Luego el Rey se dirigirá a los de la izquierda y dirá:
“¡Fuera de aquí, ustedes, los malditos, al fuego eterno
preparado para el diablo y sus demonios*! 42Pues tuve
hambre, y no me alimentaron. Tuve sed, y no me dieron
de beber. 43Fui extranjero, y no me invitaron a su hogar.
Estuve desnudo, y no me dieron ropa. Estuve enfermo y
en prisión, y no me visitaron”.
44»Entonces ellos responderán: “Señor, ¿en qué mo-
mento te vimos con hambre o con sed o como extranjero
o desnudo o enfermo o en prisión y no te ayudamos?”.
45»Y él responderá: “Les digo la verdad, cuando se
negaron a ayudar al más insignificante de estos, mis her-
manos, se negaron a ayudarme a mí”.
46»Y ellos irán al castigo eterno, pero los justos entrarán
en la vida eterna.

Conspiración para matar a Jesús

26 Cuando Jesús terminó de hablar todas esas cosas,
dijo a sus discípulos: 2«Como ya saben, la Pascua
comienza en dos días, y el Hijo del Hombre* será entre-
gado para que lo crucifiquen».
3En ese mismo momento, los principales sacerdotes y
los ancianos estaban reunidos en la residencia de Caifás, el
sumo sacerdote, 4tramando cómo capturar a Jesús en se-
creto y matarlo. 5«Pero no durante la celebración de la Pas-
cua —acordaron—, no sea que la gente cause disturbios».

Jesús es ungido en Betania

6Mientras tanto, Jesús se encontraba en Betania, en la casa
de Simón, un hombre que había tenido lepra. 7Mientras
comía,* entró una mujer con un hermoso frasco de ala-
bastro que contenía un perfume costoso, y lo derramó
sobre la cabeza de Jesús.

***Notas textuales** **25:15** En griego *5 talentos*; lo mismo se repite en toda la historia. Un talento equivale a 34 kilos o 75 libras. **25:21** En griego *Entra en el gozo de tu amo* [o *tu Señor*]; también en 25:23. **25:31** «Hijo del Hombre» es un título que Jesús empleaba para referirse a sí mismo. **25:32** O *Todos los grupos étnicos*. **25:41** En griego *sus ángeles*. **26:2** «Hijo del Hombre» es un título que Jesús empleaba para referirse a sí mismo. **26:7** O *Mientras reclinaba.*

Referencias cruzadas **25:13** Lc 12:40 **25:14-30** Lc 19:11-27 **25:34** 1 Co 15:50 **25:40** Pr 19:17 **25:46** Jn 3:15, 36 **26:5** Lc 22:1-2 **26:6-13** Jn 12:1-8

8Los discípulos se indignaron al ver esto. «¡Qué des-
perdicio! —dijeron—. 9Podría haberse vendido a un alto
precio y el dinero dado a los pobres».
10Jesús, consciente de esto, les respondió: «¿Por qué
critican a esta mujer por hacer algo tan bueno conmigo?
11Siempre habrá pobres entre ustedes, pero a mí no siem-
pre me tendrán. 12Ella ha derramado este perfume sobre
mí a fin de preparar mi cuerpo para el entierro. 13Les digo
la verdad, en cualquier lugar del mundo donde se predique
la Buena Noticia, se recordará y se hablará de lo que hizo
esta mujer».

Judas acuerda traicionar a Jesús

14Entonces Judas Iscariote, uno de los doce discípulos, fue
a ver a los principales sacerdotes 15y preguntó: «¿Cuánto
me pagarán por traicionar a Jesús?». Y ellos le dieron
treinta piezas de plata. 16A partir de ese momento, Judas
comenzó a buscar una oportunidad para traicionar a Jesús.

La última cena

17El primer día del Festival de los Panes sin Levadura, los
discípulos se acercaron a Jesús y le preguntaron:
—¿Dónde quieres que te preparemos la cena de Pascua?
18—Al entrar en la ciudad —les dijo—, verán a cierto
hombre. Díganle: "El Maestro dice: 'Mi tiempo ha llegado
y comeré la cena de Pascua con mis discípulos en tu casa'".
19Entonces los discípulos hicieron como Jesús les dijo
y prepararon la cena de Pascua allí.
20Al anochecer, Jesús se sentó a la mesa* con los Doce.
21Mientras comían, les dijo:
—Les digo la verdad, uno de ustedes me traicionará.
22Ellos, muy afligidos, le preguntaron uno por uno:
—¿Seré yo, Señor?
23Jesús contestó:
—Uno de ustedes que acaba de comer de este plato con-
migo me traicionará. 24Pues el Hijo del Hombre tiene que
morir, tal como lo declararon las Escrituras hace mucho
tiempo. ¡Pero qué terrible será para el que lo traiciona!
¡Para ese hombre sería mucho mejor no haber nacido!
25Judas, el que lo iba a traicionar, también preguntó:
—¿Seré yo, Rabí?
Y Jesús le dijo:
—Tú lo has dicho.
26Mientras comían, Jesús tomó un poco de pan y lo
bendijo. Luego lo partió en trozos, lo dio a sus discípulos
y dijo: «Tómenlo y cómanlo, porque esto es mi cuerpo».
27Y tomó en sus manos una copa de vino y dio gracias
a Dios por ella. Se la dio a ellos y dijo: «Cada uno de us-
tedes beba de la copa, 28porque esto es mi sangre, la cual
confirma el pacto* entre Dios y su pueblo. Es derramada
como sacrificio para perdonar los pecados de muchos.
29Acuérdense de lo que les digo: no volveré a beber vino
hasta el día en que lo beba nuevo con ustedes en el reino
de mi Padre».
30Luego cantaron un himno y salieron al monte de
los Olivos.

Jesús predice la negación de Pedro

31En el camino, Jesús les dijo: «Esta noche, todos ustedes
me abandonarán, porque las Escrituras dicen:

"Dios golpeará* al Pastor,
y las ovejas del rebaño se dispersarán".

32Sin embargo, después de ser levantado de los muertos,
iré delante de ustedes a Galilea y allí los veré».
33Pedro declaró:
—Aunque todos te abandonen, yo jamás te abandonaré.
34Jesús respondió:
—Te digo la verdad, Pedro: esta misma noche, antes
de que cante el gallo, negarás tres veces que me conoces.
35—¡No! —insistió Pedro—. Aunque tenga que morir
contigo, ¡jamás te negaré!
Y los demás discípulos juraron lo mismo.

Jesús ora en Getsemaní

36Entonces Jesús fue con ellos al huerto de olivos llamado
Getsemaní y dijo: «Siéntense aquí mientras voy allí para
orar». 37Se llevó a Pedro y a los hijos de Zebedeo, Santiago
y Juan, y comenzó a afligirse y angustiarse. 38Les dijo: «Mi
alma está destrozada de tanta tristeza, hasta el punto de
la muerte. Quédense aquí y velen conmigo».
39Él se adelantó un poco más y se inclinó rostro en
tierra mientras oraba: «¡Padre mío! Si es posible, que pase
de mí esta copa de sufrimiento. Sin embargo, quiero que
se haga tu voluntad, no la mía».
40Luego volvió a los discípulos y los encontró dor-
midos. Le dijo a Pedro: «¿No pudieron velar conmigo
ni siquiera una hora? 41Velen y oren para que no cedan
ante la tentación, porque el espíritu está dispuesto, pero
el cuerpo es débil».
42Entonces Jesús los dejó por segunda vez y oró:
«¡Padre mío! Si no es posible que pase esta copa* a menos
que yo la beba, entonces hágase tu voluntad». 43Cuando
regresó de nuevo adonde estaban ellos, los encontró dor-
midos porque no podían mantener los ojos abiertos.
44Así que se fue a orar por tercera vez y repitió lo
mismo. 45Luego se acercó a sus discípulos y les dijo:
«¡Adelante, duerman y descansen! Pero miren, ha llegado
la hora y el Hijo del Hombre es traicionado y entregado
en manos de pecadores. 46Levántense, vamos. ¡Miren, el
que me traiciona ya está aquí!».

Traicionan y arrestan a Jesús

47Mientras Jesús hablaba, llegó Judas, uno de los doce
discípulos, junto con una multitud de hombres armados
con espadas y palos. Los habían enviado los principales
sacerdotes y los ancianos del pueblo. 48El traidor, Judas,
había acordado con ellos una señal: «Sabrán a cuál arrestar
cuando lo salude con un beso». 49Entonces Judas fue di-
rectamente a Jesús.
—¡Saludos, Rabí! —exclamó y le dio el beso.
50Jesús dijo:
—Amigo mío, adelante, haz lo que viniste a hacer.
Entonces los otros agarraron a Jesús y lo arrestaron;
51pero uno de los hombres que estaban con Jesús sacó su
espada e hirió al esclavo del sumo sacerdote cortándole
una oreja.
52«Guarda tu espada —le dijo Jesús—. Los que usan la
espada morirán a espada. 53¿No te das cuenta de que yo
podría pedirle a mi Padre que enviara miles* de ángeles
para que nos protejan, y él los enviaría de inmediato?

***Notas textuales** **26:20** O *Jesús se reclinó.* **26:28** Algunos manuscritos dicen *el nuevo pacto.* **26:31** En griego *Golpearé.* Za 13:7. **26:42** En griego *Si esto no puede pasar.*

Referencias cruzadas **26:14-16** Lc 22:3-6 **26:17-30** Mc 14:12-26 **26:31-35** Lc 22:31-34 **26:36-46** Lc 22:40-46 **26:47-56** Jn 18:3-11

54Pero si lo hiciera, ¿cómo se cumplirían las Escrituras, que describen lo que tiene que suceder ahora?».

55Luego Jesús le dijo a la multitud: «¿Acaso soy un peligroso revolucionario, para que vengan con espadas y palos para arrestarme? ¿Por qué no me arrestaron en el templo? Estuve enseñando allí todos los días. 56Pero todo esto sucede para que se cumplan las palabras de los profetas registradas en las Escrituras». En ese momento, todos los discípulos lo abandonaron y huyeron.

¡Respuestas Bíblicas! 126 ¿Qué era el Sanedrín?

26:59 Era el grupo de hombres que lideraba a los judíos. El Sanedrín podía hacer leyes y enviar personas a prisión. Este grupo tenía mucho poder.

Jesús ante el Concilio

57Luego la gente que había arrestado a Jesús lo llevó a la casa de Caifás, el sumo sacerdote, donde se habían reunido los maestros de la ley religiosa y los ancianos. 58Mientras tanto, Pedro lo siguió de lejos y llegó al patio del sumo sacerdote. Entró, se sentó con los guardias y esperó para ver cómo acabaría todo.

59Adentro, los principales sacerdotes y todo el Concilio Supremo* intentaban encontrar testigos que mintieran acerca de Jesús para poder ejecutarlo. 60Sin embargo, aunque encontraron a muchos que accedieron a dar un falso testimonio, no pudieron usar el testimonio de ninguno. Finalmente, se presentaron dos hombres 61y declararon: «Este hombre dijo: "Puedo destruir el templo de Dios y reconstruirlo en tres días"».

62Entonces el sumo sacerdote se puso de pie y le dijo a Jesús: «Bien, ¿no vas a responder a estos cargos? ¿Qué tienes que decir a tu favor?». 63Pero Jesús guardó silencio. Entonces el sumo sacerdote le dijo:

—Te exijo, en el nombre del Dios viviente, que nos digas si eres el Mesías, el Hijo de Dios.

64Jesús respondió:

—Tú lo has dicho; y en el futuro verán al Hijo del Hombre sentado en el lugar de poder, a la derecha de Dios,* y viniendo en las nubes del cielo.*

65Entonces el sumo sacerdote se rasgó las vestiduras en señal de horror y dijo: «¡Blasfemia! ¿Para qué necesitamos más testigos? Todos han oído la blasfemia que dijo. 66¿Cuál es el veredicto?».

«¡Culpable! —gritaron—. ¡Merece morir!».

67Entonces comenzaron a escupirle en la cara a Jesús y a darle puñetazos. Algunos le daban bofetadas 68y se burlaban: «¡Profetízanos, Mesías! ¿Quién te golpeó esta vez?».

Pedro niega a Jesús

69Mientras tanto, Pedro estaba sentado afuera en el patio. Una sirvienta se acercó y le dijo:

—Tú eras uno de los que estaban con Jesús, el galileo.

70Pero Pedro lo negó frente a todos.

—No sé de qué hablas —le dijo.

71Más tarde, cerca de la puerta, lo vio otra sirvienta, quien les dijo a los que estaban por ahí: «Este hombre estaba con Jesús de Nazaret*».

72Nuevamente, Pedro lo negó, esta vez con un juramento. «Ni siquiera conozco al hombre», dijo.

73Un poco más tarde, algunos de los otros que estaban allí se acercaron a Pedro y dijeron:

—Seguro que tú eres uno de ellos; nos damos cuenta por el acento galileo que tienes.

74Pedro juró:

—¡Que me caiga una maldición si les miento! ¡No conozco al hombre!

Inmediatamente, el gallo cantó.

75De repente, las palabras de Jesús pasaron rápidamente por la mente de Pedro: «Antes de que cante el gallo, negarás tres veces que me conoces». Y Pedro salió llorando amargamente.

Judas se ahorca

27 Muy temprano por la mañana, los principales sacerdotes y los ancianos del pueblo se juntaron nuevamente para tramar de qué manera ejecutar a Jesús. 2Luego, lo ataron, se lo llevaron y lo entregaron a Pilato, el gobernador romano.

3Cuando Judas, quien lo había traicionado, se dio cuenta de que habían condenado a muerte a Jesús, se llenó de remordimiento. Así que devolvió las treinta piezas de plata a los principales sacerdotes y a los ancianos.

4—He pecado —declaró—, porque traicioné a un hombre inocente.

—¿Qué nos importa? —contestaron—. Ese es tu problema.

5Entonces Judas tiró las monedas de plata en el templo, salió y se ahorcó.

6Los principales sacerdotes recogieron las monedas. «No sería correcto poner este dinero en el tesoro del templo —dijeron—, ya que se usó para pagar un asesinato*». 7Luego de discutir unos instantes, finalmente decidieron comprar el campo del alfarero y convertirlo en un cementerio para extranjeros. 8Por eso todavía se llama el Campo de Sangre. 9Así se cumplió la profecía de Jeremías que dice:

«Tomaron las treinta piezas de plata
—el precio que el pueblo de Israel le puso a él—
10 y compraron* el campo del alfarero,
como indicó el Señor*».

Juicio de Jesús ante Pilato

11Jesús se encontraba frente a Pilato, el gobernador romano.

—¿Eres tú el rey de los judíos? —le preguntó el gobernador.

—Tú lo has dicho —contestó Jesús.

12Entonces, cuando los principales sacerdotes y los ancianos presentaron sus acusaciones contra él, Jesús guardó silencio.

13—¿No oyes todas las acusaciones que presentan en tu contra? —le preguntó Pilato.

14Para sorpresa del gobernador, Jesús no respondió a ninguno de esos cargos.

***Notas textuales** **26:53** En griego *doce legiones.* **26:59** En griego *el Sanedrín.* **26:64a** En griego *sentado a la derecha de poder.* Ver Sal 110:1. **26:64b** Ver Dn 7:13. **26:71** O *Jesús nazareno.* **27:6** En griego *ya que es el precio de sangre.* **27:9-10a** O *Tomé [...] y compré.* **27:9-10b** En griego *como me indicó el Señor*. Za 11:12-13; Jr 32:6-9.

Referencias cruzadas **26:57-68** Mc 14:53-65 **26:69-75** Lc 22:55-62 **27:1-2** Mc 15:1 **27:3** Mt 26:14-15 **27:7-10** Hch 1:18-19 **27:11-14** Jn 18:33-38

15Ahora bien, era costumbre del gobernador cada año,
durante la celebración de la Pascua, poner en libertad a un
preso —el que la gente quisiera— y entregarlo a la multi-
tud. 16Ese año, había un preso de mala fama, un hombre
llamado Barrabás.* 17Al reunirse la multitud frente a la
casa de Pilato aquella mañana, él les preguntó: «¿A quién
quieren que ponga en libertad, a Barrabás o a Jesús, lla-
mado el Mesías?». 18(Él sabía muy bien que los líderes
religiosos judíos habían arrestado a Jesús por envidia).

19Justo en ese momento, cuando Pilato estaba sentado
en el tribunal, su esposa le envió el siguiente mensaje:
«Deja en paz a ese hombre inocente. Anoche sufrí una
pesadilla terrible con respecto a él».

20Mientras tanto, los principales sacerdotes y los
ancianos persuadieron a la multitud para que pidiera la
libertad de Barrabás y que se ejecutara a Jesús. 21Así que
el gobernador volvió a preguntar:

—¿A cuál de estos dos quieren que les deje en libertad?

—¡A Barrabás! —contestó la multitud a gritos.

22—Entonces, ¿qué hago con Jesús, llamado el Mesías?
—preguntó Pilato.

—¡Crucifícalo! —le contestaron a gritos.

23—¿Por qué? —insistió Pilato—. ¿Qué crimen ha
cometido?

Pero la turba rugió aún más fuerte:

—¡Crucifícalo!

24Pilato vio que no lograba nada y que se armaba un
disturbio. Así que mandó a buscar un recipiente con agua
y se lavó las manos delante de la multitud a la vez que
decía:

—Soy inocente de la sangre de este hombre. La respon-
sabilidad es de ustedes.

25Y la gente respondió a gritos:

—¡Nos haremos responsables de su muerte, nosotros
y nuestros hijos!*

26Así fue que Pilato dejó a Barrabás en libertad. Mandó
azotar a Jesús con un látigo que tenía puntas de plomo,
y después lo entregó a los soldados romanos para que lo
crucificaran.

Los soldados se burlan de Jesús

27Algunos de los soldados del gobernador llevaron a Jesús
al cuartel* y llamaron a todo el regimiento. 28Le quitaron
la ropa y le pusieron un manto escarlata. 29Armaron una
corona con ramas de espinos y se la pusieron en la cabeza y
le colocaron una caña de junco en la mano derecha como si
fuera un cetro. Luego se arrodillaron burlonamente delante
de él mientras se mofaban: «¡Viva el rey de los judíos!». 30Lo
escupieron, le quitaron la caña de junco y lo golpearon en
la cabeza con ella. 31Cuando al fin se cansaron de hacerle
burla, le quitaron el manto y volvieron a ponerle su propia
ropa. Luego lo llevaron para crucificarlo.

La crucifixión

32En el camino, se encontraron con un hombre llamado
Simón, quien era de Cirene,* y los soldados lo obligaron
a llevar la cruz de Jesús. 33Salieron a un lugar llamado
Gólgota (que significa «Lugar de la Calavera»). 34Los sol-
dados le dieron a Jesús vino mezclado con hiel amarga,
pero cuando la probó, se negó a beberla.

35Después de clavarlo en la cruz, los soldados sortea-
ron su ropa tirando los dados.* 36Luego se sentaron alre-
dedor e hicieron guardia mientras él estaba colgado allí.
37Encima de la cabeza de Jesús, colocaron un letrero, que
anunciaba el cargo en su contra. Decía: «Este es Jesús, el
Rey de los judíos». 38Con él crucificaron a dos revolucio-
narios,* uno a su derecha y otro a su izquierda.

39La gente que pasaba por allí gritaba insultos y movía
la cabeza en forma burlona. 40«¡Pero mírate ahora! —le
gritaban—. Dijiste que ibas a destruir el templo y a re-
construirlo en tres días. Muy bien, si eres el Hijo de Dios,
sálvate a ti mismo y bájate de la cruz».

41Los principales sacerdotes, los maestros de la ley
religiosa y los ancianos también se burlaban de Jesús.
42«Salvó a otros —se mofaban—, ¡pero no puede salvarse
a sí mismo! Con que es el Rey de Israel, ¿no? ¡Que baje de
la cruz ahora mismo y creeremos en él! 43Confió en Dios,
entonces, ¡que Dios lo rescate ahora si lo quiere! Pues
dijo: "Soy el Hijo de Dios"». 44Hasta los revolucionarios
que estaban crucificados con Jesús se burlaban de él de
la misma manera.

Muerte de Jesús

45Al mediodía, la tierra se llenó de oscuridad hasta las tres
de la tarde. 46A eso de las tres de la tarde, Jesús clamó en
voz fuerte: *«Eli, Eli,* ¿lema sabactani?»,* que significa «Dios
mío, Dios mío, ¿por qué me has abandonado?»*.

47Algunos que pasaban por allí entendieron mal y
pensaron que estaba llamando al profeta Elías. 48Uno de
ellos corrió y empapó una esponja en vino agrio, la puso
sobre una caña de junco y la levantó para que pudiera
beber. 49Pero los demás dijeron: «¡Espera! A ver si Elías
viene a salvarlo».*

50Entonces Jesús volvió a gritar y entregó su espíritu.
51En ese momento, la cortina del santuario del templo se
rasgó en dos, de arriba abajo. La tierra tembló, las rocas
se partieron en dos, 52y las tumbas se abrieron. Los cuer-
pos de muchos hombres y mujeres justos que habían
muerto resucitaron. 53Salieron del cementerio luego de
la resurrección de Jesús, entraron en la santa ciudad de
Jerusalén y se aparecieron a mucha gente.

54El oficial romano* y los otros soldados que estaban
en la crucifixión quedaron aterrorizados por el terremoto
y por todo lo que había sucedido. Dijeron: «¡Este hombre
era verdaderamente el Hijo de Dios!».

55Muchas mujeres que habían llegado desde Galilea
con Jesús para cuidar de él, miraban de lejos. 56Entre ellas
estaban María Magdalena, María (la madre de Santiago y
José), y la madre de Santiago y Juan, los hijos de Zebedeo.

Entierro de Jesús

57Al acercarse la noche, José, un hombre rico de Arimatea
que se había convertido en seguidor de Jesús, 58fue a ver
a Pilato y le pidió el cuerpo de Jesús. Pilato emitió una
orden para que se lo entregaran. 59José tomó el cuerpo y lo
envolvió en un largo lienzo de lino limpio. 60Lo colocó en
una tumba nueva, su propia tumba que había sido tallada
en la roca. Luego hizo rodar una gran piedra para tapar la

***Notas textuales** **27:16** Algunos manuscritos dicen *Jesús Barrabás*; también en 27:17. **27:25** En griego *—¡Que su sangre sea sobre nosotros y sobre nuestros hijos!* **27:27** O *al pretorio.* **27:32** *Cirene* era una ciudad al norte de África. **27:35** En griego *echando suertes.* Unos cuantos manuscritos tardíos agregan *Así se cumplió la palabra del profeta: «Se repartieron mi vestimenta entre ellos y echaron suertes por mi túnica».* Ver Sal 22:18. **27:38** O *criminales*; también en 27:44. **27:46a** Algunos manuscritos dicen *Eloi, Eloi.* **27:46b** Sal 22:1. **27:49** Algunos manuscritos agregan *Y otro tomó una lanza y le atravesó el costado, y salió agua y sangre.* Comparar Jn 19:34. **27:54** En griego *El centurión.*

Referencias cruzadas **27:15-26** Jn 18:39–19:16 **27:27-31** Mc 15:16-20 **27:32-44** Mc 15:21-32 **27:45-56** Jn 19:28-37 **27:57-61** Lc 23:50-56

entrada y se fue. 61Tanto María Magdalena como la otra
María estaban sentadas frente a la tumba y observaban.

La guardia en la tumba

62Al día siguiente, que era el día de descanso,* los princi-
pales sacerdotes y los fariseos fueron a ver a Pilato. 63Le
dijeron:
—Señor, recordamos lo que dijo una vez ese mentiroso
cuando todavía estaba con vida: "Luego de tres días re-
sucitaré de los muertos". 64Por lo tanto, le pedimos que
selle la tumba hasta el tercer día. Eso impedirá que sus
discípulos vayan y roben su cuerpo, y luego le digan a todo
el mundo que él resucitó de los muertos. Si eso sucede,
estaremos peor que al principio.
65Pilato les respondió:
—Tomen guardias y aseguren la tumba lo mejor que
puedan.
66Entonces ellos sellaron la tumba y pusieron guardias
para que la protegieran.

La resurrección

28 El domingo por la mañana temprano,* cuando
amanecía el nuevo día, María Magdalena y la otra
María fueron a visitar la tumba.
2¡De repente, se produjo un gran terremoto! Pues
un ángel del Señor descendió del cielo, corrió la piedra
a un lado y se sentó sobre ella. 3Su rostro brillaba como
un relámpago, y su ropa era blanca como la nieve. 4Los
guardias temblaron de miedo cuando lo vieron y cayeron
desmayados por completo.
5Entonces, el ángel les habló a las mujeres: «¡No teman!
—dijo—. Sé que buscan a Jesús, el que fue crucificado.
6¡No está aquí! Ha resucitado tal como dijo que sucedería.
Vengan, vean el lugar donde estaba su cuerpo. 7Y ahora,
vayan rápidamente y cuéntenles a sus discípulos que ha
resucitado y que va delante de ustedes a Galilea. Allí lo
verán. Recuerden lo que les he dicho».
8Las mujeres se fueron a toda prisa. Estaban asustadas
pero a la vez llenas de gran alegría, y se apresuraron para
dar el mensaje del ángel a los discípulos. 9Mientras iban,
Jesús les salió al encuentro y las saludó. Ellas corrieron
hasta él, abrazaron sus pies y lo adoraron. 10Entonces
Jesús les dijo: «¡No teman! Digan a mis hermanos que
vayan a Galilea, y allí me verán».

El informe de los guardias

11Mientras las mujeres estaban en camino, algunos de
los guardias entraron en la ciudad y les contaron a los
principales sacerdotes lo que había sucedido. 12Se con-
vocó a una reunión con los ancianos, y decidieron dar a
los soldados un gran soborno. 13Les dijeron: «Ustedes
deben decir: "Los discípulos de Jesús vinieron durante la
noche, mientras dormíamos, y robaron el cuerpo". 14Si
llega a oídos del gobernador, nosotros los respaldaremos,
así no se meterán en problemas». 15Entonces los guardias
aceptaron el soborno y dijeron lo que les habían ordenado.
Su historia corrió por todas partes entre los judíos y la
siguen contando hasta el día de hoy.

La gran comisión

16Entonces los once discípulos salieron hacia Galilea
y se dirigieron al monte que Jesús les había indicado.
17Cuando vieron a Jesús, lo adoraron, ¡pero algunos de
ellos dudaban!
18Jesús se acercó y dijo a sus discípulos: «Se me ha
dado toda autoridad en el cielo y en la tierra. 19Por lo
tanto, vayan y hagan discípulos de todas las naciones,*
bautizándolos en el nombre del Padre y del Hijo y del
Espíritu Santo. 20Enseñen a los nuevos discípulos a obe-
decer todos los mandatos que les he dado. Y tengan por
seguro esto: que estoy con ustedes siempre, hasta el fin
de los tiempos».

***Notas textuales** **27:62** O *Al día siguiente, luego de la preparación.* **28:1** En griego *Luego del día de descanso, el primer día de la semana.* **28:19** O *todos los grupos étnicos.*

Referencias cruzadas **27:63** Mt 16:21 **28:1-8** Jn 20:1-10 **28:16-20** Lc 24:36-49

MARCOS

¿Por qué es importante?

Este es el evangelio más corto, pero tiene un mensaje super importante y es que Jesús tiene el poder de hacer las cosas diferente. Marcos pone cuidado en contarnos los milagros que hizo Jesús más que solamente contarnos lo que enseñaba y quiso presentar a Jesús como el hijo de Dios que tenía poder sobre todo y venía a traer un Reino compasivo y lleno de amor al estilo del cielo y no de la tierra.

¿Por qué fue escrito?

Marcos intenta responder una pregunta: ¿Quién es Jesús y por qué él es digno de que se escriba una biografía de su vida? Rodeados por el Imperio Romano, los cristianos deben enfrentar no solo marginación de los judíos de dónde vienen, sino muy posiblemente, ejecución en el Circo romano. Marcos debe explicarles entonces el camino de la cruz que Cristo tomó y el camino de los primeros discípulos, sus triunfos y fracasos.

¿Quién lo escribió?

Sabemos que el autor es judío: conoce las costumbres, cultura, sectas y creencias judías (teología del AT). ¿Quién fue Marcos? Aunque el nombre era común en esta época, el nombre completo "Juan Marcos" es citado en 1 Pedro 5:13; Hechos 12:12, 25; 13:13; 15:37-39; Filemón 24; Colosenses 4:10; 2 Timoteo 4:11. De estas citas se parte para afirmar que Marcos fue compañero de Pedro y Pablo, miembro de la Iglesia en Jerusalén que se reunía en el aposento alto del hogar materno (Hech. 12:12) donde quizá Jesús pudo celebrar su última cena (Mr. 14:14-15; Hech. 1:13-14).

¿A quién lo escribió?

Este evangelio es para que los primeros cristianos romanos supieran quién era Jesús y qué hizo y pudieran compartir este evangelio con otras personas.. Marcos busca prepararlos para el sufrimiento adicional y dificultades por venir, recordándoles que Su Maestro ya ha experimentado tales sufrimientos a manos de los romanos.

¿Cuándo y dónde lo escribió?

Hoy sabemos por la historia que la ciudad de Jerusalén fue destruida al principio de los años 70 y Marcos habla de que eso está por suceder así que eso nos dice que fue escrito unos años antes y en algún lugar de Italia.

Paso a paso

1. Preparación e inicio del ministerio de Jesús (1:1-5:43)
2. Jesús es popular (6:1-7:23)
3. Ministerio de Jesús entre los gentiles (7:24-9:50)
4. Conclusión del ministerio (10:1-13:37)
5. La pasión y resurrección de Jesús (14:1-16:20)

MARCOS

Marcos

Juan el Bautista prepara el camino
1 Esta es la Buena Noticia acerca de Jesús el Mesías, el
Hijo de Dios.* Comenzó 2tal como el profeta Isaías
había escrito:

«Mira, envío a mi mensajero delante de ti,
y él preparará tu camino.*
3 Es una voz que clama en el desierto:
"¡Preparen el camino para la venida del SEÑOR!
¡Ábranle camino!"*».

4Ese mensajero era Juan el Bautista. Estaba en el desierto y
predicaba que la gente debía ser bautizada para demostrar
que se había arrepentido de sus pecados y vuelto a Dios
para ser perdonada. 5Toda la gente de Judea, incluidos
los habitantes de Jerusalén, salían para ver y oír a Juan;
y cuando confesaban sus pecados, él los bautizaba en el
río Jordán. 6Juan usaba ropa tejida con pelo rústico de
camello y llevaba puesto un cinturón de cuero alrededor
de la cintura. Se alimentaba con langostas y miel silvestre.
7Juan anunciaba: «Pronto viene alguien que es superior
a mí, tan superior que ni siquiera soy digno de inclinarme
como un esclavo y desatarle las correas de sus sandalias.
8Yo los bautizo con* agua, ¡pero él los bautizará con el
Espíritu Santo!».

Bautismo y tentación de Jesús
9Cierto día, Jesús llegó de Nazaret de Galilea, y Juan lo
bautizó en el río Jordán. 10Cuando Jesús salió del agua,
vio que el cielo se abría y el Espíritu Santo descendía
sobre él* como una paloma. 11Y una voz dijo desde el
cielo: «Tú eres mi Hijo muy amado y me das gran gozo».
12Luego el Espíritu lo impulsó a ir al desierto, 13donde
Jesús fue tentado por Satanás durante cuarenta días. Es-
taba a la intemperie entre los animales salvajes, y los án-
geles lo cuidaban.
14Más tarde, después del arresto de Juan, Jesús entró en
Galilea, donde predicó la Buena Noticia de Dios.* 15«¡Por
fin ha llegado el tiempo prometido por Dios! —anun-
ciaba—. ¡El reino de Dios está cerca! ¡Arrepiéntanse de
sus pecados y crean la Buena Noticia!».

Primeros discípulos
16Cierto día, mientras Jesús caminaba por la orilla del mar
de Galilea, vio a Simón* y a su hermano Andrés que echa-
ban la red al agua, porque vivían de la pesca. 17Jesús los
llamó: «Vengan, síganme, ¡y yo les enseñaré cómo pescar
personas!». 18Y enseguida dejaron las redes y lo siguieron.
19Un poco más adelante por la orilla, Jesús vio a San-
tiago y a Juan, hijos de Zebedeo, en una barca, reparando
las redes. 20Los llamó de inmediato y ellos también lo
siguieron, dejando a su padre Zebedeo en la barca con
los hombres contratados.

Jesús expulsa a un espíritu maligno
21Jesús y sus compañeros fueron al pueblo de Capernaúm.
Cuando llegó el día de descanso, Jesús entró en la sinagoga
y comenzó a enseñar. 22La gente quedó asombrada de su
enseñanza, porque lo hacía con verdadera autoridad, algo
completamente diferente de lo que hacían los maestros
de la ley religiosa.
23De pronto, un hombre en la sinagoga, que estaba
poseído por un espíritu maligno,* gritó: 24«¿Por qué te
entrometes con nosotros, Jesús de Nazaret? ¿Has venido
a destruirnos? ¡Yo sé quién eres: el Santo de Dios!».
25Pero Jesús lo reprendió: «¡Cállate! —le ordenó—. ¡Sal
de este hombre!». 26En ese mismo momento, el espíritu
maligno soltó un alarido, le causó convulsiones al hombre
y luego salió de él.
27El asombro se apoderó de la gente, y todos comen-
zaron a hablar de lo que había ocurrido. «¿Qué clase de
enseñanza nueva es esta? —se preguntaban con emo-
ción—. ¡Tiene tanta autoridad! ¡Hasta los espíritus ma-
lignos obedecen sus órdenes!». 28Las noticias acerca de
Jesús corrieron velozmente por toda la región de Galilea.

Jesús sana a mucha gente
29Después Jesús salió de la sinagoga con Santiago y Juan,
y fueron a la casa de Simón y Andrés. 30Resulta que la sue-
gra de Simón estaba enferma en cama con mucha fiebre.
Se lo contaron a Jesús de inmediato. 31Él se acercó a la
cama, la tomó de la mano y la ayudó a sentarse. Entonces
la fiebre se fue, y ella les preparó una comida.
32Esa tarde, después de la puesta del sol, le llevaron
a Jesús muchos enfermos y endemoniados. 33El pueblo
entero se juntó en la puerta para mirar. 34Entonces Jesús
sanó a mucha gente que padecía de diversas enfermedades
y expulsó a muchos demonios, pero como los demonios
sabían quién era él, no los dejó hablar.

Jesús predica en Galilea
35A la mañana siguiente, antes del amanecer, Jesús se
levantó y fue a un lugar aislado para orar. 36Más tarde,
Simón y los otros salieron a buscarlo. 37Cuando lo en-
contraron, le dijeron:
—Todos te están buscando.

***Notas textuales 1:1** Algunos manuscritos no incluyen *el Hijo de Dios.* **1:2** Ml 3:1. **1:3** Is 40:3 (versión griega). **1:8** O *en*; también en 1:8b. **1:10** O *hacia él*, o *en él.* **1:14** Algunos manuscritos dicen *la Buena Noticia del reino de Dios.* **1:16** *Simón* es llamado «Pedro» desde 3:16 en adelante. **1:23** En griego *impuro*; también en 1:26, 27.

Referencias cruzadas 1:1-8 Lc 3:1-16 **1:9-11** Mt 3:13-17 **1:12-13** Lc 4:1-13 **1:14-15** Mt 4:12-17 **1:16-20** Lc 5:1-11 **1:21-28** Lc 4:31-41 **1:29-34** Lc 4:38-41 **1:35-39** Lc 4:42-44

38Jesús les respondió:

—Debemos seguir adelante e ir a otras ciudades, y en ellas también predicaré porque para eso he venido.

39Así que recorrió toda la región de Galilea, predicando en las sinagogas y expulsando demonios.

Jesús sana a un hombre con lepra

40Un hombre con lepra se acercó, se arrodilló ante Jesús y le suplicó que lo sanara.

—Si tú quieres, puedes sanarme y dejarme limpio —dijo.

41Movido a compasión,* Jesús extendió la mano y lo tocó.

—Sí quiero —dijo—. ¡Queda sano!

42Al instante, la lepra desapareció y el hombre quedó sano. 43Entonces Jesús lo despidió con una firme advertencia:

44—No se lo cuentes a nadie. En cambio, preséntate ante el sacerdote y deja que te examine. Lleva contigo la ofrenda que exige la ley de Moisés a los que son sanados de lepra.* Esto será un testimonio público de que has quedado limpio.

45Pero el hombre hizo correr la voz proclamando a todos lo que había sucedido. Como resultado, grandes multitudes pronto rodearon a Jesús, de modo que ya no pudo entrar abiertamente en ninguna ciudad. Tenía que quedarse en lugares apartados, pero aun así gente de todas partes seguía acudiendo a él.

Jesús sana a un paralítico

2 Cuando Jesús regresó a Capernaúm varios días después, enseguida corrió la voz de que había vuelto a casa. 2Pronto la casa donde se hospedaba estaba tan llena de visitas que no había lugar ni siquiera frente a la puerta. Mientras él les predicaba la palabra de Dios, 3llegaron cuatro hombres cargando a un paralítico en una camilla. 4Como no podían llevarlo hasta Jesús debido a la multitud, abrieron un agujero en el techo, encima de donde estaba Jesús. Luego bajaron al hombre en la camilla, justo delante de Jesús. 5Al ver la fe de ellos, Jesús le dijo al paralítico: «Hijo mío, tus pecados son perdonados».

6Algunos de los maestros de la ley religiosa que estaban allí sentados pensaron: 7«¿Qué es lo que dice? ¡Es una blasfemia! ¡Solo Dios puede perdonar pecados!».

8En ese mismo instante, Jesús supo lo que pensaban, así que les preguntó: «¿Por qué cuestionan eso en su corazón? 9¿Qué es más fácil decirle al paralítico: "Tus pecados son perdonados" o "Ponte de pie, toma tu camilla y camina"? 10Así que les demostraré que el Hijo del Hombre* tiene autoridad en la tierra para perdonar pecados». Entonces Jesús miró al paralítico y dijo: 11«¡Ponte de pie, toma tu camilla y vete a tu casa!».

12Y el hombre se levantó de un salto, tomó su camilla y salió caminando entre los espectadores, que habían quedado atónitos. Todos estaban asombrados y alababan a Dios, exclamando: «¡Jamás hemos visto algo así!».

Jesús llama a Leví (Mateo)

13Entonces Jesús salió de nuevo a la orilla del lago y enseñó a las multitudes que se acercaban a él. 14Mientras caminaba, vio a Leví, hijo de Alfeo, sentado en su cabina de cobrador de impuestos. «Sígueme y sé mi discípulo», le dijo Jesús. Entonces Leví se levantó y lo siguió.

15Más tarde, Leví invitó a Jesús y a sus discípulos a una cena en su casa, junto con muchos cobradores de impuestos y otros pecadores de mala fama. (Había mucha de esa clase de gente entre los seguidores de Jesús). 16Cuando los maestros de la ley religiosa, que eran fariseos,* lo vieron comer con los cobradores de impuestos y otros pecadores, preguntaron a los discípulos: «¿Por qué come con semejante escoria*?».

17Cuando Jesús los oyó, les dijo: «La gente sana no necesita médico, los enfermos sí. No he venido a llamar a los que se creen justos, sino a los que saben que son pecadores».

Discusión acerca del ayuno

18Cierta vez que los discípulos de Juan y los fariseos ayunaban, algunas personas se acercaron a Jesús y le preguntaron:

—¿Por qué tus discípulos no ayunan, como lo hacen los discípulos de Juan y los fariseos?

19Jesús les contestó:

—¿Acaso los invitados de una boda ayunan mientras festejan con el novio? Por supuesto que no. No pueden ayunar mientras el novio está con ellos; 20pero un día el novio será llevado, y entonces sí ayunarán.

21»Además, ¿a quién se le ocurriría remendar una prenda vieja con tela nueva? Pues el remiendo nuevo encogería y se desprendería de la tela vieja, lo cual dejaría una rotura aún mayor que la anterior.

22»Y nadie pone vino nuevo en cueros viejos. Pues el vino reventaría los cueros, y tanto el vino como los cueros se echarían a perder. El vino nuevo necesita cueros nuevos.

Discusión acerca del día de descanso

23Cierto día de descanso, mientras Jesús caminaba por unos terrenos sembrados, sus discípulos comenzaron a arrancar espigas de grano para comer. 24Entonces los fariseos le dijeron a Jesús:

—Mira, ¿por qué tus discípulos violan la ley al cosechar granos en el día de descanso?

25Jesús les dijo:

—¿Acaso no han leído en las Escrituras lo que hizo David cuando él y sus compañeros tuvieron hambre? 26Entró en la casa de Dios (en el tiempo que Abiatar era sumo sacerdote) y violó la ley al comer los panes sagrados que solo a los sacerdotes se les permite comer, y también les dio una porción a sus compañeros.

27Después Jesús les dijo:

—El día de descanso se hizo para satisfacer las necesidades de la gente, y no para que la gente satisfaga los requisitos del día de descanso. 28Así que el Hijo del Hombre es Señor, ¡incluso del día de descanso!

Jesús sana en el día de descanso

3 Jesús entró de nuevo en la sinagoga y vio a un hombre que tenía una mano deforme. 2Como era el día de descanso, los enemigos de Jesús lo vigilaban de cerca. Si sanaba la mano del hombre, tenían pensado acusarlo por trabajar en el día de descanso.

***Notas textuales** **1:41** Algunos manuscritos dicen *Por enojo.* **1:44** Ver Lv 14:2-32. **2:10** «Hijo del Hombre» es un título que Jesús empleaba para referirse a sí mismo. **2:16a** En griego *los escribas de los fariseos.* **2:16b** En griego *con cobradores de impuestos y pecadores?*

Referencias cruzadas **1:40-45** Mt 8:2-4 **2:2-12** Lc 5:18-26 **2:14-17** Mt 9:9-13 **2:18-22** Lc 5:33-38 **2:23-28** Lc 6:1-5 **3:1-6** Mt 12:9-14

3Jesús le dijo al hombre con la mano deforme: «Ven y ponte de pie frente a todos». 4Luego se dirigió a sus acusadores y les preguntó: «¿Permite la ley hacer buenas acciones en el día de descanso o es un día para hacer el mal? ¿Es un día para salvar la vida o para destruirla?». Pero ellos no quisieron contestarle.

5Jesús miró con enojo a los que lo rodeaban, profundamente entristecido por la dureza de su corazón. Entonces le dijo al hombre: «Extiende la mano». Así que el hombre la extendió, ¡y la mano quedó restaurada! 6Los fariseos salieron enseguida y se reunieron con los partidarios de Herodes para tramar cómo matar a Jesús.

Multitudes siguen a Jesús

7Jesús fue al lago con sus discípulos, y una gran multitud lo siguió. La gente llegaba de toda Galilea, Judea, 8Jerusalén, Idumea, del oriente del río Jordán y de lugares tan al norte como Tiro y Sidón. Las noticias sobre sus milagros corrían por todas partes, y una enorme cantidad de personas llegó para verlo.

9Jesús encargó a sus discípulos que prepararan una barca para que la multitud no lo apretujara. 10Ese día sanó a tanta gente que todos los enfermos empujaban hacia adelante para poder tocarlo. 11Y, cuando los que estaban poseídos por espíritus malignos* lo veían, los espíritus los arrojaban al suelo frente a él y gritaban: «¡Tú eres el Hijo de Dios!»; 12pero Jesús ordenó severamente a los espíritus que no revelaran quién era él.

Jesús escoge a los doce apóstoles

13Tiempo después Jesús subió a un monte y llamó a los que quería que lo acompañaran. Todos ellos se acercaron a él. 14Luego nombró a doce de ellos y los llamó sus apóstoles.* Ellos lo acompañarían, y él los enviaría a predicar 15y les daría autoridad para expulsar demonios. 16Estos son los doce que escogió:

Simón (a quien llamó Pedro),
17 Santiago y Juan (los hijos de Zebedeo, a quienes
Jesús apodó «hijos del trueno»*),
18 Andrés,
Felipe,
Bartolomé,
Mateo,
Tomás,
Santiago (hijo de Alfeo),
Tadeo,
Simón (el zelote*),
19 Judas Iscariote (quien después lo traicionó).

Jesús y el príncipe de los demonios

20Cierta vez, Jesús entró en una casa y las multitudes empezaron a juntarse nuevamente. Pronto ni él ni sus discípulos encontraron un momento para comer. 21Cuando sus familiares oyeron lo que sucedía, intentaron llevárselo. «Está fuera de sí», decían.

22Pero los maestros de la ley religiosa que habían llegado de Jerusalén decían: «Está poseído por Satanás,* el príncipe de los demonios. De él recibe el poder para expulsar los demonios».

23Jesús los llamó para que se acercaran y respondió con una ilustración. «¿Cómo puede Satanás expulsar a Satanás? —preguntó—. 24Un reino dividido por una guerra civil acabará destruido. 25De la misma manera una familia dividida por peleas se desintegrará. 26Si Satanás está dividido y pelea contra sí mismo, ¿cómo podrá mantenerse en pie? Nunca sobreviviría. 27Permítanme darles otra ilustración. ¿Quién tiene suficiente poder para entrar en la casa de un hombre fuerte y saquear sus bienes? Solo alguien aún más fuerte, alguien que pudiera atarlo y después saquear su casa.

28»Les digo la verdad, cualquier pecado y blasfemia pueden ser perdonados, 29pero todo el que blasfeme contra el Espíritu Santo jamás será perdonado. Este es un pecado que acarrea consecuencias eternas». 30Les dijo esto porque ellos decían: «Está poseído por un espíritu maligno».

La verdadera familia de Jesús

31Luego la madre y los hermanos de Jesús vinieron a verlo. Se quedaron afuera y le mandaron a decir que saliera para hablar con ellos. 32Había una multitud sentada alrededor de Jesús, y alguien dijo: «Tu madre y tus hermanos* están afuera y te llaman».

33Jesús respondió: «¿Quién es mi madre? ¿Quiénes son mis hermanos?». 34Entonces miró a los que estaban a su alrededor y dijo: «Miren, estos son mi madre y mis hermanos. 35Todo el que hace la voluntad de Dios es mi hermano y mi hermana y mi madre».

Parábola del sembrador

4 Una vez más Jesús comenzó a enseñar a la orilla del lago. Pronto se reunió una gran multitud alrededor de él, así que entró en una barca. Luego se sentó en la barca, mientras que toda la gente permanecía en la orilla. 2Les enseñaba por medio de historias que contaba en forma de parábola, como la siguiente:

3«¡Escuchen! Un agricultor salió a sembrar. 4A medida que esparcía la semilla por el campo, algunas cayeron sobre el camino y los pájaros vinieron y se las comieron. 5Otras cayeron en tierra poco profunda con roca debajo de ella. Las semillas germinaron con rapidez porque la tierra era poco profunda; 6pero pronto las plantas se marchitaron bajo el calor del sol y, como no tenían raíces profundas, murieron. 7Otras semillas cayeron entre espinos, los cuales crecieron y ahogaron los brotes, así que esos brotes no produjeron grano. 8Pero otras semillas cayeron en tierra fértil, y germinaron y crecieron, ¡y produjeron una cosecha que fue treinta, sesenta y hasta cien veces más numerosa de lo que se había sembrado!». 9Luego les dijo: «El que tenga oídos para oír, que escuche y entienda».

10Más tarde, cuando Jesús se quedó a solas con los doce discípulos y con las demás personas que se habían reunido, le preguntaron el significado de las parábolas.

11Él contestó: «A ustedes se les permite entender el secreto* del reino de Dios; pero utilizo parábolas para hablarles a los de afuera, 12para que se cumplan las Escrituras:

"Cuando ellos vean lo que hago,

***Notas textuales** **3:11** En griego *impuros*; similar en 3:30. **3:14** Algunos manuscritos no incluyen *y los llamó sus apóstoles*. **3:17** En griego *a quienes llamó Boanerges, que significa «hijos del trueno»*. **3:18** En griego *el cananeo*, un término arameo para referirse a los judíos nacionalistas. **3:22** En griego *Beelzeboul*; otros manuscritos dicen *Beezeboul*; la versión latina dice *Beelzebú*. **3:32** Algunos manuscritos agregan *y hermanas*. **4:11** En griego *misterio*.

Referencias cruzadas **3:7-12** Lc 6:17-19 **3:22-30** Lc 11:14-23 **3:31-35** Lc 8:19-21 **4:1-20** Mt 13:1-23 **4:11-12** Lc 8:9-10

no aprenderán nada.
Cuando oigan lo que digo,
no entenderán.
De lo contrario, se volverían a mí
y serían perdonados"*».

13Luego Jesús les dijo: «Si no pueden entender el significado de esta parábola, ¿cómo entenderán las demás parábolas? 14El agricultor siembra las semillas al llevar la palabra de Dios a otros. 15Las semillas que cayeron en el camino representan a los que oyen el mensaje, pero enseguida viene Satanás y lo quita. 16Las semillas sobre la tierra rocosa representan a los que oyen el mensaje y de inmediato lo reciben con alegría; 17pero como no tienen raíces profundas, no duran mucho. En cuanto tienen problemas o son perseguidos por creer la palabra de Dios, caen. 18Las semillas que cayeron entre los espinos representan a los que oyen la palabra de Dios, 19pero muy pronto el mensaje queda desplazado por las preocupaciones de esta vida, el atractivo de la riqueza y el deseo por otras cosas, así que no se produce ningún fruto. 20Y las semillas que cayeron en la buena tierra representan a los que oyen y aceptan la palabra de Dios, ¡y producen una cosecha treinta, sesenta y hasta cien veces más numerosa de lo que se había sembrado!».

Parábola de la lámpara

21Entonces Jesús les preguntó: «¿Acaso alguien encendería una lámpara y luego la pondría debajo de una canasta o de una cama? ¡Claro que no! Una lámpara se coloca en un lugar alto, donde su luz alumbre. 22Pues todo lo que está escondido tarde o temprano se descubrirá y todo secreto saldrá a la luz. 23El que tenga oídos para oír, que escuche y entienda».

24Luego agregó: «Presten mucha atención a lo que oyen. Cuanto más atentamente escuchen, tanto más entendimiento les será dado,* y se les dará aún más. 25A los que escuchan mis enseñanzas se les dará más entendimiento, pero a los que no escuchan, se les quitará aun lo poco que entiendan».

Parábola de la semilla que crece

26Jesús también dijo: «El reino de Dios es como un agricultor que esparce semilla en la tierra. 27Día y noche, sea que él esté dormido o despierto, la semilla brota y crece, pero él no entiende cómo sucede. 28La tierra produce las cosechas por sí sola. Primero aparece una hoja, luego se forma la espiga y finalmente el grano madura. 29Tan pronto como el grano está listo, el agricultor lo corta con la hoz porque ha llegado el tiempo de la cosecha».

Parábola de la semilla de mostaza

30Jesús dijo: «¿Cómo puedo describir el reino de Dios? ¿Qué relato emplearé para ilustrarlo? 31Es como una semilla de mostaza sembrada en la tierra. Es la más pequeña de todas las semillas, 32pero se convierte en la planta más grande del huerto; sus ramas llegan a ser tan grandes que los pájaros hacen nidos bajo su sombra».

33Jesús empleó muchas historias e ilustraciones similares para enseñar a la gente, tanto como pudieran entender. 34De hecho, durante su ministerio público nunca enseñó sin usar parábolas; pero después, cuando estaba a solas con sus discípulos, les explicaba todo a ellos.

Jesús calma la tormenta

35Al atardecer, Jesús dijo a sus discípulos: «Crucemos al otro lado del lago». 36Así que dejaron a las multitudes y salieron con Jesús en la barca (aunque otras barcas los siguieron). 37Pronto se desató una tormenta feroz y olas violentas entraban en la barca, la cual empezó a llenarse de agua.

38Jesús estaba dormido en la parte posterior de la barca, con la cabeza recostada en una almohada. Los discípulos lo despertaron: «¡Maestro! ¿No te importa que nos ahoguemos?», gritaron.

39Cuando Jesús se despertó, reprendió al viento y dijo a las olas: «¡Silencio! ¡Cálmense!». De repente, el viento se detuvo y hubo una gran calma. 40Luego él les preguntó: «¿Por qué tienen miedo? ¿Todavía no tienen fe?».

41Los discípulos estaban completamente aterrados. «¿Quién es este hombre? —se preguntaban unos a otros—. ¡Hasta el viento y las olas lo obedecen!».

Jesús sana a un hombre endemoniado

5 Entonces llegaron al otro lado del lago, a la región de los gerasenos.* 2Cuando Jesús bajó de la barca, un hombre poseído por un espíritu maligno* salió de entre las tumbas a su encuentro. 3Este hombre vivía en las cuevas de entierro y ya nadie podía sujetarlo, ni siquiera con cadenas. 4Siempre que lo ataban con cadenas y grilletes —lo cual le hacían a menudo—, él rompía las cadenas de sus muñecas y destrozaba los grilletes. No había nadie con suficiente fuerza para someterlo. 5Día y noche vagaba entre las cuevas donde enterraban a los muertos y por las colinas, aullando y cortándose con piedras afiladas.

6Cuando Jesús todavía estaba a cierta distancia, el hombre lo vio, corrió a su encuentro y se inclinó delante de él. 7Dando un alarido, gritó: «¿Por qué te entrometes conmigo, Jesús, Hijo del Dios Altísimo? ¡En el nombre de Dios, te suplico que no me tortures!». 8Pues Jesús ya le había dicho al espíritu: «Sal de este hombre, espíritu maligno».

9Entonces Jesús le preguntó:

—¿Cómo te llamas?

Y él contestó:

—Me llamo Legión, porque somos muchos los que estamos dentro de este hombre.

10Entonces los espíritus malignos le suplicaron una y otra vez que no los enviara a un lugar lejano.

11Sucedió que había una gran manada de cerdos alimentándose en una ladera cercana. 12«Envíanos a esos cerdos —suplicaron los espíritus—. Déjanos entrar en ellos».

13Entonces Jesús les dio permiso. Los espíritus malignos salieron del hombre y entraron en los cerdos, y toda la manada de unos dos mil cerdos se lanzó al lago por el precipicio y se ahogó en el agua.

14Los hombres que cuidaban los cerdos huyeron a la ciudad cercana y sus alrededores, difundiendo la noticia mientras corrían. La gente salió corriendo para ver lo que había pasado. 15Pronto una multitud se juntó alrededor de Jesús, y todos vieron al hombre que había estado poseído

***Notas textuales** **4:12** Is 6:9-10 (versión griega). **4:24** O *La medida que ustedes den será la medida que recibirán.* **5:1** Otros manuscritos dicen *gadarenos*; incluso otros dicen *gergesenos*. Ver Mt 8:28; Lc 8:26. **5:2** En griego *impuro*; también en 5:8, 13.

Referencias cruzadas **4:13-20** Lc 8:11-15 **4:21-25** Lc 8:16-18 **4:30-32** Mt 13:31-32 **4:35-41** Lc 8:22-25 **5:1-20** Lc 8:26-39

por la legión de demonios. Se encontraba sentado allí, completamente vestido y en su sano juicio, y todos tuvieron miedo. 16Entonces los que habían visto lo sucedido, les contaron a los otros lo que había ocurrido con el hombre poseído por los demonios y con los cerdos; 17y la multitud comenzó a rogarle a Jesús que se fuera y los dejara en paz.

18Mientras Jesús entraba en la barca, el hombre que había estado poseído por los demonios le suplicaba que le permitiera acompañarlo. 19Pero Jesús le dijo: «No. Ve a tu casa y a tu familia y diles todo lo que el Señor ha hecho por ti y lo misericordioso que ha sido contigo». 20Así que el hombre salió a visitar las Diez Ciudades* de esa región y comenzó a proclamar las grandes cosas que Jesús había hecho por él; y todos quedaban asombrados de lo que les decía.

¡Respuestas Bíblicas! 127 ¿Pueden los demonios controlar realmente a las personas?

5:18 Los demonios son espíritus malvados que pueden hacer que las personas hagan cosas malas. Las películas de demonios son peligrosas porque ellos no están jugando ni son imaginarios.

Jesús sana en respuesta a la fe

21Jesús entró de nuevo en la barca y regresó al otro lado del lago, donde una gran multitud se juntó alrededor de él en la orilla. 22Entonces llegó uno de los líderes de la sinagoga local, llamado Jairo. Cuando vio a Jesús, cayó a sus pies 23y le rogó con fervor: «Mi hijita se está muriendo —dijo—. Por favor, ven y pon tus manos sobre ella para que se sane y viva».

24Jesús fue con él, y toda la gente lo siguió, apretujada a su alrededor. 25Una mujer de la multitud hacía doce años que sufría una hemorragia continua. 26Había sufrido mucho con varios médicos y, a lo largo de los años, había gastado todo lo que tenía para poder pagarles, pero nunca mejoró. De hecho, se puso peor. 27Ella había oído de Jesús, así que se le acercó por detrás entre la multitud y tocó su túnica. 28Pues pensó: «Si tan solo tocara su túnica, quedaré sana». 29Al instante, la hemorragia se detuvo, y ella pudo sentir en su cuerpo que había sido sanada de su terrible condición.

30Jesús se dio cuenta de inmediato de que había salido poder sanador de él, así que se dio vuelta y preguntó a la multitud: «¿Quién tocó mi túnica?».

31Sus discípulos le dijeron: «Mira a la multitud que te apretuja por todos lados. ¿Cómo puedes preguntar: "¿Quién me tocó?"?».

32Sin embargo, él siguió mirando a su alrededor para ver quién lo había hecho. 33Entonces la mujer, asustada y temblando al darse cuenta de lo que le había pasado, se le acercó y se arrodilló delante de él y le confesó lo que había hecho. 34Y él le dijo: «Hija, tu fe te ha sanado. Ve en paz. Se acabó tu sufrimiento».

35Mientras él todavía hablaba con ella, llegaron mensajeros de la casa de Jairo, el líder de la sinagoga, y le dijeron: «Tu hija está muerta. Ya no tiene sentido molestar al Maestro».

36Jesús oyó* lo que decían y le dijo a Jairo: «No tengas miedo. Solo ten fe».

37Jesús detuvo a la multitud y no dejó que nadie fuera con él excepto Pedro, Santiago y Juan (el hermano de Santiago). 38Cuando llegaron a la casa del líder de la sinagoga, Jesús vio el alboroto y que había muchos llantos y lamentos. 39Entró y preguntó: «¿Por qué tanto alboroto y llanto? La niña no está muerta; solo duerme».

40La gente se rio de él; pero él hizo que todos salieran y llevó al padre y a la madre de la muchacha y a sus tres discípulos a la habitación donde estaba la niña. 41La tomó de la mano y le dijo: *«Talita cum»*, que significa «¡Niña, levántate!». 42Entonces la niña, que tenía doce años, ¡enseguida se puso de pie y caminó! Los presentes quedaron conmovidos y totalmente asombrados. 43Jesús dio órdenes estrictas de que no le dijeran a nadie lo que había sucedido y entonces les dijo que le dieran de comer a la niña.

Jesús es rechazado en Nazaret

6 Jesús salió de esa región y regresó con sus discípulos a Nazaret, su pueblo. 2El siguiente día de descanso, comenzó a enseñar en la sinagoga, y muchos de los que lo oían quedaban asombrados. Preguntaban: «¿De dónde sacó toda esa sabiduría y el poder para realizar semejantes milagros?». 3Y se burlaban: «Es un simple carpintero, hijo de María* y hermano de Santiago, José,* Judas y Simón. Y sus hermanas viven aquí mismo entre nosotros». Se sentían profundamente ofendidos y se negaron a creer en él.

4Entonces Jesús les dijo: «Un profeta recibe honra en todas partes menos en su propio pueblo y entre sus parientes y su propia familia». 5Y, debido a la incredulidad de ellos, Jesús no pudo hacer ningún milagro allí, excepto poner sus manos sobre algunos enfermos y sanarlos. 6Y estaba asombrado de su incredulidad.

Jesús envía a los doce discípulos

Después Jesús fue de aldea en aldea enseñando a la gente. 7Reunió a sus doce discípulos, comenzó a enviarlos de dos en dos y les dio autoridad para expulsar espíritus malignos.* 8Les dijo que no llevaran nada para el viaje —ni comida, ni bolso de viaje, ni dinero*—, sino solo un bastón. 9Les permitió llevar sandalias pero no una muda de ropa.

10Les dijo: «Por todo lugar que vayan, quédense en la misma casa hasta salir de la ciudad. 11Pero si en algún lugar se niegan a recibirlos o a escucharlos, sacúdanse el polvo de los pies al salir para mostrar que abandonan a esas personas a su suerte».

12Entonces los discípulos salieron y decían a todos que se arrepintieran de sus pecados y volvieran a Dios. 13También expulsaban muchos demonios y sanaban a muchos enfermos ungiéndolos con aceite de oliva.

Muerte de Juan el Bautista

14El rey Herodes Antipas pronto oyó hablar de Jesús, porque todos hablaban de él. Algunos decían:* «Este debe ser Juan el Bautista que resucitó de los muertos. Por eso puede hacer semejantes milagros». 15Otros decían: «Es Elías». Incluso otros afirmaban: «Es un profeta como los grandes profetas del pasado».

***Notas textuales** **5:20** En griego *Decápolis.* **5:36** O *ignoró.* **6:3a** Algunos manuscritos dicen *Es tan solo el hijo del carpintero y de María.* **6:3b** La mayoría de los manuscritos dicen *Joses*; ver Mt 13:55. **6:7** En griego *impuros.* **6:8** En griego *ni monedas de cobre en su cinturón.* **6:14** Algunos manuscritos dicen *Él decía.*

Referencias cruzadas **5:22-43** Mt 9:18-26 **6:1-6** Mt 13:53-58 **6:7-13** Lc 9:1-6 **6:14-29** Mt 14:1-12

[16]Cuando Herodes oyó hablar de Jesús, dijo: «Juan, el hombre que yo decapité, ha regresado de los muertos».

[17]Pues Herodes había enviado soldados para arrestar y encarcelar a Juan para hacerle un favor a Herodías. Él se casó con ella a pesar de que era esposa de su hermano, Felipe. [18]Juan le había estado diciendo a Herodes: «Es contra la ley de Dios que te cases con la esposa de tu hermano». [19]Por eso Herodías le guardaba rencor a Juan y quería matarlo; pero sin el visto bueno de Herodes, ella no podía hacer nada, [20]porque Herodes respetaba a Juan y lo protegía porque sabía que era un hombre bueno y santo. Herodes se inquietaba mucho siempre que hablaba con Juan, pero aun así le gustaba escucharlo.

[21]Finalmente, Herodías tuvo su oportunidad en el cumpleaños de Herodes. Él dio una fiesta para los altos funcionarios de su gobierno, los oficiales del ejército y los ciudadanos prominentes de Galilea. [22]Luego la hija del rey, también llamada Herodías,* entró y bailó una danza que agradó mucho a Herodes y a sus invitados. «Pídeme lo que quieras —le dijo el rey a la muchacha— y te lo daré». [23]Incluso juró: «Te daré cualquier cosa que me pidas, ¡hasta la mitad de mi reino!».

[24]Ella salió y le preguntó a su madre:

—¿Qué debo pedir?

Su madre le dijo:

—¡Pide la cabeza de Juan el Bautista!

[25]Así que la muchacha regresó de prisa y le dijo al rey:

—¡Quiero ahora mismo la cabeza de Juan el Bautista en una bandeja!

[26]Entonces el rey se arrepintió profundamente de lo que había dicho, pero debido a los juramentos que había hecho delante de sus invitados, no le podía negar lo que pedía. [27]Así que envió de inmediato a un verdugo a la prisión para que le cortara la cabeza a Juan y luego se la trajera. El soldado decapitó a Juan en la prisión, [28]trajo su cabeza en una bandeja y se la dio a la muchacha, quien se la llevó a su madre. [29]Cuando los discípulos de Juan oyeron lo que había sucedido, fueron a buscar el cuerpo y lo pusieron en una tumba.

¡Respuestas Bíblicas! 128 ¿Por qué Herodes mató a Juan el Bautista?

6:26 Herodes le prometió a una adolescente bailando que le daría cualquier cosa que deseara y ella le pidió la cabeza de Juan el Bautista. El rey sabía que estaba mal asesinar a Juan pero no quería que se burlaran de él ni nadie pensara que no cumplía lo que decía.

Jesús alimenta a cinco mil

[30]Los apóstoles regresaron de su viaje y le contaron a Jesús todo lo que habían hecho y enseñado. [31]Entonces Jesús les dijo: «Vayamos solos a un lugar tranquilo para descansar un rato». Lo dijo porque había tanta gente que iba y venía que Jesús y sus apóstoles no tenían tiempo ni para comer.

[32]Así que salieron en la barca a un lugar tranquilo, donde pudieran estar a solas; [33]pero muchos los reconocieron y los vieron salir, y gente de muchos pueblos corrió a lo largo de la orilla y llegó antes que ellos. [34]Cuando Jesús salió de la barca, vio a la gran multitud y tuvo compasión de ellos porque eran como ovejas sin pastor. Entonces comenzó a enseñarles muchas cosas.

[35]Al atardecer, los discípulos se le acercaron y le dijeron:

—Este es un lugar alejado y ya se está haciendo tarde. [36]Despide a las multitudes para que puedan ir a las granjas y aldeas cercanas a comprar algo de comer.

[37]Jesús les dijo:

—Denles ustedes de comer.

—¿Con qué? —preguntaron—. ¡Tendríamos que trabajar durante meses para ganar suficiente* a fin de comprar comida para toda esta gente!

[38]—¿Cuánto pan tienen? —preguntó—. Vayan y averigüen.

Ellos regresaron e informaron:

—Tenemos cinco panes y dos pescados.

[39]Entonces Jesús les dijo a los discípulos que sentaran a la gente en grupos sobre la hierba verde. [40]Así que se sentaron en grupos de cincuenta y de cien.

[41]Jesús tomó los cinco panes y los dos pescados, miró hacia el cielo y los bendijo. Luego, a medida que partía los panes en trozos, se los daba a sus discípulos para que los distribuyeran entre la gente. También dividió los pescados para que cada persona tuviera su porción. [42]Todos comieron cuanto quisieron, [43]y después los discípulos juntaron doce canastas con lo que sobró de pan y pescado. [44]Un total de cinco mil hombres y sus familias se alimentaron.*

Jesús camina sobre el agua

[45]Inmediatamente después, Jesús insistió en que sus discípulos regresaran a la barca y comenzaran a cruzar el lago hacia Betsaida mientras él enviaba a la gente a casa. [46]Después de despedirse de la gente, subió a las colinas para orar a solas.

[47]Muy tarde esa misma noche, los discípulos estaban en la barca en medio del lago y Jesús estaba en tierra, solo. [48]Jesús vio que ellos se encontraban en serios problemas, pues remaban con mucha fuerza y luchaban contra el viento y las olas. A eso de las tres de la madrugada,* Jesús se acercó a ellos caminando sobre el agua. Su intención era pasarlos de largo, [49]pero cuando los discípulos lo vieron caminar sobre el agua, gritaron de terror pues pensaron que era un fantasma. [50]Todos quedaron aterrados al verlo.

Pero Jesús les habló de inmediato: «No tengan miedo —dijo—. ¡Tengan ánimo! ¡Yo estoy aquí!*». [51]Entonces subió a la barca, y el viento se detuvo. Ellos estaban totalmente asombrados [52]porque todavía no entendían el significado del milagro de los panes. Tenían el corazón demasiado endurecido para comprenderlo.

[53]Después de cruzar el lago, arribaron a Genesaret. Llevaron la barca hasta la orilla [54]y bajaron. Los habitantes reconocieron a Jesús enseguida [55]y corrieron por toda la región llevando a los enfermos en camillas hasta donde oían que él estaba. [56]Por donde iba —fueran aldeas, ciudades o granjas— le llevaban enfermos a las plazas. Le suplicaban que permitiera a los enfermos tocar al menos el fleco de su túnica, y todos los que tocaban a Jesús eran sanados.

***Notas textuales** **6:22** Algunos manuscritos dicen *la hija de la propia Herodías.* **6:37** En griego *Costaría 200 denarios.* Un denario equivalía a la paga de un obrero por una jornada completa de trabajo. **6:44** Algunos manuscritos dicen *se alimentaron de los panes.* **6:48** En griego *Cerca de la cuarta vigilia de la noche.* **6:50** O *¡El "Yo Soy" está aquí!* En griego dice *Yo soy.* Ver Éx 3:14.

Referencias cruzadas **6:32-44** Jn 6:5-13 **6:45-52** Jn 6:16-21

¡Respuestas Bíblicas! 129 ¿Por qué Jesús estaba enojado con los fariseos?

7:5 Los fariseos creían que todas sus reglas eran muy importantes. Creían que sus reglas eran más importantes que la Palabra de Dios. Jesús dijo que los fariseos se equivocaban. Las costumbres inventadas por los humanos nunca son tan importantes como la Palabra de Dios.

Jesús enseña acerca de la pureza interior

7 Cierto día, algunos fariseos y maestros de la ley religiosa llegaron desde Jerusalén para ver a Jesús. 2Notaron que algunos de sus discípulos no seguían el ritual judío de lavarse las manos antes de comer. 3(Los judíos, sobre todo los fariseos, no comen si antes no han derramado agua sobre el hueco de sus manos,* como exigen sus tradiciones antiguas. 4Tampoco comen nada del mercado sin antes sumergir sus manos en* agua. Esa es solo una de las tantas tradiciones a las que se han aferrado, tal como el lavado ceremonial de vasos, jarras y vasijas de metal*).

5Entonces los fariseos y maestros de la ley religiosa le preguntaron:

—¿Por qué tus discípulos no siguen nuestra antigua tradición? Ellos comen sin antes realizar la ceremonia de lavarse las manos.

6Jesús contestó:

—¡Hipócritas! Isaías tenía razón cuando profetizó acerca de ustedes, porque escribió:

"Este pueblo me honra con sus labios,
pero su corazón está lejos de mí.
7 Su adoración es una farsa
porque enseñan ideas humanas como si fueran
mandatos de Dios"*.

8Pues ustedes pasan por alto la ley de Dios y la reemplazan con su propia tradición.

9Entonces dijo:

—Ustedes esquivan hábilmente la ley de Dios para aferrarse a su propia tradición. 10Por ejemplo, Moisés les dio la siguiente ley de Dios: "Honra a tu padre y a tu madre"* y "Cualquiera que hable irrespetuosamente de su padre o de su madre tendrá que morir"*. 11Sin embargo, ustedes dicen que está bien que uno les diga a sus padres: "Lo siento, no puedo ayudarlos porque he jurado darle a Dios lo que les hubiera dado a ustedes"*. 12De esta manera, ustedes permiten que la gente desatienda a sus padres necesitados. 13Y entonces anulan la palabra de Dios para transmitir su propia tradición. Y este es solo un ejemplo entre muchos otros.

14Luego Jesús llamó a la multitud para que se acercara y oyera. «Escuchen, todos ustedes, y traten de entender. 15Lo que entra en el cuerpo no es lo que los contamina; ustedes se contaminan por lo que sale de su corazón*».

17Luego Jesús entró en una casa para alejarse de la multitud, y sus discípulos le preguntaron qué quiso decir con la parábola que acababa de emplear. 18«¿Ustedes tampoco entienden? —preguntó—. ¿No se dan cuenta de que la comida que introducen en su cuerpo no puede contaminarlos? 19La comida no entra en su corazón, solo pasa a través del estómago y luego termina en la cloaca». (Al decir eso, declaró que toda clase de comida es aceptable a los ojos de Dios).

20Y entonces agregó: «Es lo que sale de su interior lo que los contamina. 21Pues de adentro, del corazón de la persona, salen los malos pensamientos, la inmoralidad sexual, el robo, el asesinato, 22el adulterio, la avaricia, la perversidad, el engaño, los deseos sensuales, la envidia, la calumnia, el orgullo y la necedad. 23Todas esas vilezas provienen de adentro; esas son las que los contaminan».

La fe de una mujer gentil

24Luego Jesús salió de Galilea y se dirigió al norte, a la región de Tiro.* No quería que nadie supiera en qué casa se hospedaba, pero no pudo ocultarlo. 25Enseguida una mujer que había oído de él se acercó y cayó a sus pies. Su hijita estaba poseída por un espíritu maligno,* 26y ella le suplicó que expulsara al demonio de su hija.

Como la mujer era una gentil,* nacida en la región de Fenicia que está en Siria, 27Jesús le dijo:

—Primero debo alimentar a los hijos, a mi propia familia, los judíos.* No está bien tomar la comida de los hijos y arrojársela a los perros.

28—Es verdad, Señor —respondió ella—, pero hasta a los perros que están debajo de la mesa se les permite comer las sobras del plato de los hijos.

29—¡Buena respuesta! —le dijo Jesús—. Ahora vete a tu casa, porque el demonio ha salido de tu hija.

30Cuando ella llegó a su casa, encontró a su hijita tranquila recostada en la cama, y el demonio se había ido.

Jesús sana a un sordo

31Jesús salió de Tiro y subió hasta Sidón antes de regresar al mar de Galilea y a la región de las Diez Ciudades.* 32Le trajeron a un hombre sordo con un defecto del habla, y la gente le suplicó a Jesús que pusiera sus manos sobre el hombre para sanarlo.

33Jesús lo llevó aparte de la multitud para poder estar a solas con él. Metió sus dedos en los oídos del hombre. Después escupió sobre sus propios dedos y tocó la lengua del hombre. 34Mirando al cielo, suspiró y dijo: *«Efatá»*, que significa «¡Ábranse!». 35Al instante el hombre pudo oír perfectamente bien y se le desató la lengua, de modo que hablaba con total claridad.

36Jesús le dijo a la multitud que no lo contaran a nadie, pero cuanto más les pedía que no lo hicieran, tanto más hacían correr la voz. 37Quedaron completamente asombrados y decían una y otra vez: «Todo lo que él hace es maravilloso. Hasta hace oír a los sordos y da la capacidad de hablar al que no puede hacerlo».

Jesús alimenta a cuatro mil

8 En esos días, se reunió otra gran multitud, y de nuevo la gente quedó sin alimentos. Jesús llamó a sus discípulos y les dijo:

***Notas textuales** **7:3** En griego *han lavado con el puño.* **7:4a** Algunos manuscritos dicen *sin antes rociarse con.* **7:4b** Algunos manuscritos agregan *y divanes del comedor.* **7:7** Is 29:13 (versión griega). **7:10a** Ex 20:12; Dt 5:16. **7:10b** Ex 21:17 (versión griega); Lv 20:9 (versión griega). **7:11** En griego *"Lo que les hubiera dado a ustedes es corbán" (esto es, un regalo).* **7:15** Algunos manuscritos agregan el versículo 16: *El que tenga oídos para oír, que escuche y entienda.* Comparar 4:9, 23. **7:24** Algunos manuscritos agregan *y Sidón.* **7:25** En griego *impuro.* **7:26** *Gentil,* que no es judío. En griego *griega.* **7:27** En griego *Permite que los hijos coman primero.* **7:31** En griego *Decápolis.*

Referencias cruzadas **7:1-23** Mt 15:1-20 **7:24-30** Mt 15:21-28 **7:31-37** Mt 15:29-31 **8:1-10** Mt 15:32-39

2—Siento compasión por ellos. Han estado aquí conmigo durante tres días y no les queda nada para comer. 3Si los envío a sus casas con hambre, se desmayarán en el camino porque algunos han venido desde muy lejos.

4Sus discípulos respondieron:

—¿Cómo vamos a conseguir comida suficiente para darles de comer aquí en el desierto?

5—¿Cuánto pan tienen? —preguntó Jesús.

—Siete panes —contestaron ellos.

6Entonces Jesús le dijo a la gente que se sentara en el suelo. Luego tomó los siete panes, dio gracias a Dios por ellos, los partió en trozos y se los dio a sus discípulos, quienes repartieron el pan entre la multitud. 7También encontraron unos pescaditos, así que Jesús los bendijo y pidió a sus discípulos que los repartieran.

8Todos comieron cuanto quisieron. Después los discípulos recogieron siete canastas grandes con la comida que sobró. 9Ese día había unos cuatro mil hombres en la multitud, y Jesús los envió a sus casas luego de que comieron. 10Inmediatamente después, subió a una barca con sus discípulos y cruzó a la región de Dalmanuta.

Los fariseos exigen una señal milagrosa

11Cuando los fariseos oyeron que Jesús había llegado, se acercaron y comenzaron a discutir con él. Para ponerlo a prueba, exigieron que les mostrara una señal milagrosa del cielo que demostrara su autoridad.

12Cuando Jesús oyó esto, suspiró profundamente en su espíritu y dijo: «¿Por qué esta gente sigue exigiendo una señal milagrosa? Les digo la verdad, no daré ninguna señal a esta generación». 13Luego regresó a la barca y los dejó y cruzó al otro lado del lago.

La levadura de los fariseos y de Herodes

14Pero los discípulos se habían olvidado de llevar comida y solo tenían un pan en la barca. 15Mientras cruzaban el lago, Jesús les advirtió: «¡Atención! ¡Tengan cuidado con la levadura de los fariseos y con la de Herodes!».

16Al oír esto, comenzaron a discutir entre sí, pues no habían traído nada de pan. 17Jesús supo lo que hablaban, así que les dijo:

—¿Por qué discuten por no tener pan? ¿Todavía no saben ni entienden? ¿Tienen el corazón demasiado endurecido para comprenderlo? 18"Tienen ojos, ¿y no pueden ver? Tienen oídos, ¿y no pueden oír?"* ¿No recuerdan nada en absoluto? 19Cuando alimenté a los cinco mil con cinco panes, ¿cuántas canastas con sobras recogieron después?

—Doce —contestaron ellos.

20—Y cuando alimenté a los cuatro mil con siete panes, ¿cuántas canastas grandes con sobras recogieron?

—Siete —dijeron.

21—¿Todavía no entienden? —les preguntó.

Jesús sana a un ciego

22Cuando llegaron a Betsaida, algunas personas llevaron a un hombre ciego ante Jesús y le suplicaron que lo tocara y lo sanara. 23Jesús tomó al ciego de la mano y lo llevó fuera de la aldea. Luego escupió en los ojos del hombre, puso sus manos sobre él y le preguntó:

—¿Puedes ver algo ahora?

24El hombre miró a su alrededor y dijo:

—Sí, veo a algunas personas, pero no puedo verlas con claridad; parecen árboles que caminan.

25Entonces Jesús puso nuevamente sus manos sobre los ojos del hombre y fueron abiertos. Su vista fue totalmente restaurada y podía ver todo con claridad. 26Jesús lo envió a su casa y le dijo:

—No pases por la aldea cuando regreses a tu casa.

Declaración de Pedro acerca de Jesús

27Jesús y sus discípulos salieron de Galilea y fueron a las aldeas cerca de Cesarea de Filipo. Mientras caminaban, él les preguntó:

—¿Quién dice la gente que soy?

28—Bueno —contestaron—, algunos dicen Juan el Bautista, otros dicen Elías, y otros dicen que eres uno de los otros profetas.

29Entonces les preguntó:

—Y ustedes, ¿quién dicen que soy?

Pedro contestó:

—Tú eres el Mesías.*

30Pero Jesús les advirtió que no le contaran a nadie acerca de él.

Jesús predice su muerte

31Entonces Jesús comenzó a decirles que el Hijo del Hombre* tendría que sufrir muchas cosas terribles y ser rechazado por los ancianos, por los principales sacerdotes y por los maestros de la ley religiosa. Lo matarían, pero tres días después resucitaría. 32Mientras hablaba abiertamente de eso con sus discípulos, Pedro lo llevó aparte y empezó a reprenderlo por decir semejantes cosas.*

33Jesús se dio la vuelta, miró a sus discípulos y reprendió a Pedro: «¡Aléjate de mí, Satanás! —dijo—. Ves las cosas solamente desde el punto de vista humano, no del punto de vista de Dios».

34Entonces llamó a la multitud para que se uniera a los discípulos, y dijo: «Si alguno de ustedes quiere ser mi seguidor, tiene que abandonar su propia manera de vivir, tomar su cruz y seguirme. 35Si tratas de aferrarte a la vida, la perderás; pero si entregas tu vida por mi causa y por causa de la Buena Noticia, la salvarás. 36¿Y qué beneficio obtienes si ganas el mundo entero pero pierdes tu propia alma*? 37¿Hay algo que valga más que tu alma? 38Si alguien se avergüenza de mí y de mi mensaje en estos días de adulterio y de pecado, el Hijo del Hombre se avergonzará de esa persona cuando regrese en la gloria de su Padre con sus santos ángeles».

9 Jesús continuó diciendo: «¡Les digo la verdad, algunos de los que están aquí ahora no morirán antes de ver el reino de Dios llegar con gran poder!».

La transfiguración

2Seis días después, Jesús tomó a Pedro, a Santiago y a Juan y los llevó a una montaña alta para estar a solas. Mientras los hombres observaban, la apariencia de Jesús se transformó, 3y su ropa se volvió blanca resplandeciente, más de lo que cualquier blanqueador terrenal jamás podría lograr. 4Después aparecieron Elías y Moisés y comenzaron a conversar con Jesús.

***Notas textuales** **8:18** Jr 5:21. **8:29** O *el Cristo*. Tanto *Cristo* (término griego) como *Mesías* (término hebreo) quieren decir «ungido». **8:31** «Hijo del Hombre» es un título que Jesús empleaba para referirse a sí mismo. **8:32** O *empezó a corregirlo*. **8:36** O *tu propio ser?*; similar en 8:37.

Referencias cruzadas **8:11-21** Mt 16:1-12 **8:27-30** Lc 9:18-21 **9:2-10** Lc 9:28-36

5Pedro exclamó: «Rabí,* ¡es maravilloso que estemos aquí! Hagamos tres enramadas como recordatorios:* una para ti, una para Moisés y la otra para Elías». 6Dijo esto porque realmente no sabía qué otra cosa decir, pues todos estaban aterrados.

7Luego una nube los cubrió y, desde la nube, una voz dijo: «Este es mi Hijo muy amado. Escúchenlo a él». 8De pronto, cuando miraban ellos a su alrededor, Moisés y Elías se habían ido, y vieron solo a Jesús con ellos.

9Mientras descendían de la montaña, él les dijo que no le contaran a nadie lo que habían visto hasta que el Hijo del Hombre* se levantara de los muertos. 10Así que guardaron el secreto, pero a menudo se preguntaban qué quería decir con «levantarse de los muertos».

11Entonces le preguntaron:

—¿Por qué los maestros de la ley religiosa insisten en que Elías debe regresar antes de que venga el Mesías*?

12Jesús contestó:

—Es cierto que Elías viene primero a fin de dejar todo preparado. Sin embargo, ¿por qué las Escrituras dicen que el Hijo del Hombre debe sufrir mucho y ser tratado con total desprecio? 13Pero les digo, Elías ya vino, y ellos prefirieron maltratarlo, tal como lo predijeron las Escrituras.

Jesús sana a un muchacho endemoniado

14Cuando regresaron adonde estaban los demás discípulos, vieron que los rodeaba una gran multitud y que algunos maestros de la ley religiosa discutían con ellos. 15Cuando la multitud vio a Jesús, todos se llenaron de asombro y corrieron a saludarlo.

16—¿Sobre qué discuten? —preguntó Jesús.

17Un hombre de la multitud tomó la palabra y dijo:

—Maestro, traje a mi hijo para que lo sanaras. Está poseído por un espíritu maligno que no le permite hablar. 18Y, siempre que este espíritu se apodera de él, lo tira violentamente al suelo y él echa espuma por la boca, rechina los dientes y se pone rígido.* Así que les pedí a tus discípulos que echaran fuera al espíritu maligno, pero no pudieron hacerlo.

19Jesús les dijo:* «¡Gente sin fe! ¿Hasta cuándo tendré que estar con ustedes? ¿Hasta cuándo tendré que soportarlos? Tráiganme al muchacho».

20Así que se lo llevaron. Cuando el espíritu maligno vio a Jesús, le causó una violenta convulsión al muchacho, quien cayó al piso retorciéndose y echando espuma por la boca.

21—¿Hace cuánto tiempo que le pasa esto? —preguntó Jesús al padre del muchacho.

—Desde que era muy pequeño —contestó él—. 22A menudo el espíritu lo arroja al fuego o al agua para matarlo. Ten misericordia de nosotros y ayúdanos si puedes.

23—¿Cómo que "si puedo"? —preguntó Jesús—. Todo es posible si uno cree.

24Al instante el padre clamó:

—¡Sí, creo, pero ayúdame a superar mi incredulidad!

25Cuando Jesús vio que aumentaba el número de espectadores, reprendió al espíritu maligno.* «Escucha, espíritu que impides que este muchacho oiga y hable —dijo—. ¡Te ordeno que salgas de este muchacho y nunca más entres en él!».

26Entonces el espíritu gritó, le causó otra convulsión violenta al muchacho y salió de él. El muchacho quedó como muerto. Un murmullo recorrió la multitud: «Está muerto», decía la gente. 27Pero Jesús lo tomó de la mano, lo levantó, y el muchacho se puso de pie.

28Más tarde, cuando Jesús quedó a solas en la casa con sus discípulos, ellos le preguntaron:

—¿Por qué nosotros no pudimos expulsar ese espíritu maligno?

29Jesús contestó:

—Esa clase solo puede ser expulsada con oración.*

Jesús predice otra vez su muerte

30Saliendo de esa región, viajaron por Galilea. Jesús no quería que nadie supiera que él estaba allí, 31porque deseaba pasar más tiempo con sus discípulos y enseñarles. Les dijo: «El Hijo del Hombre será traicionado y entregado en manos de sus enemigos. Lo matarán, pero tres días después se levantará de los muertos». 32Ellos no entendieron lo que quería decir, sin embargo, tenían miedo de preguntarle.

El más importante en el reino

33Después de llegar a Capernaúm e instalarse en una casa, Jesús preguntó a sus discípulos: «¿Qué venían conversando en el camino?». 34Pero no le contestaron porque venían discutiendo sobre quién de ellos era el más importante. 35Jesús se sentó y llamó a los doce discípulos y dijo: «Quien quiera ser el primero debe tomar el último lugar y ser el sirviente de todos los demás».

36Entonces puso a un niño pequeño en medio de ellos. Y, tomándolo en sus brazos, les dijo: 37«Todo el que recibe de mi parte* a un niño pequeño como este me recibe a mí, y todo el que me recibe, no solo me recibe a mí, sino también a mi Padre, quien me envió».

Uso del nombre de Jesús

38Juan le dijo a Jesús:

—Maestro, vimos a alguien usar tu nombre para expulsar demonios, pero le dijimos que no lo hiciera, porque no pertenece a nuestro grupo.

39—¡No lo detengan! —dijo Jesús—. Nadie que haga un milagro en mi nombre podrá luego hablar mal de mí. 40Todo el que no está en contra de nosotros está a nuestro favor. 41Si alguien les da a ustedes incluso un vaso de agua porque pertenecen al Mesías, les digo la verdad, esa persona ciertamente será recompensada.

42»Si tú haces que uno de estos pequeños que confían en mí caiga en pecado, sería mejor que te arrojaran al mar con una gran piedra de molino atada al cuello. 43Si tu mano te hace pecar, córtatela. Es preferible entrar en la vida eterna con una sola mano que en el fuego inextinguible del infierno* con las dos manos.* 45Si tu pie te hace pecar, córtatelo. Es preferible entrar en la vida eterna con un solo pie que ser arrojado al infierno con los dos pies.* 47Y si tu ojo te hace pecar, sácatelo. Es preferible entrar

***Notas textuales** **9:5a** *Rabí*, del arameo, significa «amo» o «maestro». **9:5b** En griego *tres tabernáculos.* **9:9** «Hijo del Hombre» es un título que Jesús empleaba para referirse a sí mismo. **9:11** En griego *que Elías debe venir primero?* **9:18** O *se pone débil.* **9:19** O *dijo a sus discípulos.* **9:25** En griego *impuro.* **9:29** Algunos manuscritos dicen *con oración y ayuno.* **9:37** En griego *recibe en mi nombre.* **9:43a** En griego *Gehena*; también en 9:45, 47. **9:43b** Algunos manuscritos agregan el versículo 44: *"donde los gusanos nunca mueren y el fuego nunca se apaga"*. Ver 9:48. **9:45** Algunos manuscritos agregan el versículo 46: *"donde los gusanos nunca mueren y el fuego nunca se apaga"*. Ver 9:48.

Referencias cruzadas **9:11-13** Mt 17:10-12 **9:14-29** Mt 17:14-21 **9:30-32** Lc 9:43-45 **9:33-37** Mt 18:1-5 **9:38-41** Lc 9:49-50 **9:42-48** Lc 17:1-2

en el reino de Dios con un solo ojo que tener los dos ojos
y ser arrojado al infierno, 48“donde los gusanos nunca
mueren y el fuego nunca se apaga”*.
49»Pues cada uno será probado con fuego.* 50La sal es
buena para condimentar, pero si pierde su sabor, ¿cómo
la harán salada de nuevo? Entre ustedes deben tener las
cualidades de la sal y vivir en paz unos con otros.

Discusión acerca del divorcio y del matrimonio

10 Luego Jesús salió de Capernaúm, descendió a
la región de Judea y entró en la zona que está al
oriente del río Jordán. Una vez más, las multitudes lo ro-
dearon, y él les enseñaba como de costumbre.
2Unos fariseos se acercaron y trataron de tenderle una
trampa con la siguiente pregunta:
—¿Está bien permitir que un hombre se divorcie de
su esposa?
3Jesús les contestó con otra pregunta:
—¿Qué dijo Moisés en la ley sobre el divorcio?
4—Bueno, él lo permitió —contestaron—. Dijo que un
hombre puede darle a su esposa un aviso de divorcio por
escrito y despedirla.*
5Jesús les respondió:
—Moisés escribió ese mandamiento solo como una
concesión ante la dureza del corazón de ustedes, 6pero
desde el principio de la creación “Dios los hizo hombre
y mujer”*. 7“Esto explica por qué un hombre deja a su
padre y a su madre, y se une a su esposa,* 8y los dos se
convierten en uno solo”*. Como ya no son dos sino uno,
9que nadie separe lo que Dios ha unido.
10Más tarde, cuando quedó a solas con sus discípulos
en la casa, ellos sacaron el tema de nuevo. 11Él les dijo:
«El que se divorcia de su esposa y se casa con otra comete
adulterio contra ella; 12y si una mujer se divorcia de su
marido y se casa con otro, comete adulterio».

Jesús bendice a los niños

13Cierto día, algunos padres llevaron a sus niños a Jesús
para que los tocara y los bendijera, pero los discípulos
regañaron a los padres por molestarlo.
14Cuando Jesús vio lo que sucedía, se enojó con sus
discípulos y les dijo: «Dejen que los niños vengan a mí.
¡No los detengan! Pues el reino de Dios pertenece a los
que son como estos niños. 15Les digo la verdad, el que no
reciba el reino de Dios como un niño nunca entrará en él».
16Entonces tomó a los niños en sus brazos y después de
poner sus manos sobre la cabeza de ellos, los bendijo.

El hombre rico

17Cuando Jesús estaba por emprender su camino a Je-
rusalén, un hombre se le acercó corriendo, se arrodilló
y le preguntó:
—Maestro bueno, ¿qué debo hacer para heredar la vida
eterna?
18—¿Por qué me llamas bueno? —preguntó Jesús—.
Solo Dios es verdaderamente bueno; 19pero para con-
testar a tu pregunta, tú conoces los mandamientos: “No
cometas asesinato; no cometas adulterio; no robes; no
des falso testimonio; no estafes a nadie; honra a tu padre
y a tu madre”*.
20—Maestro —respondió el hombre—, he obedecido
todos esos mandamientos desde que era joven.
21Jesús miró al hombre y sintió profundo amor por él.
—Hay una cosa que todavía no has hecho —le dijo—.
Anda y vende todas tus posesiones y entrega el dinero
a los pobres, y tendrás tesoro en el cielo. Después ven
y sígueme.
22Al oír esto, el hombre puso cara larga y se fue triste
porque tenía muchas posesiones.
23Jesús miró a su alrededor y dijo a sus discípulos:
«¡Qué difícil es para los ricos entrar en el reino de Dios!».
24Los discípulos quedaron asombrados de sus palabras.
Pero Jesús volvió a decir: «Queridos hijos, es muy difícil*
entrar en el reino de Dios. 25De hecho, ¡es más fácil que
un camello pase por el ojo de una aguja que un rico entre
en el reino de Dios!».
26Los discípulos quedaron atónitos.
—Entonces, ¿quién podrá ser salvo? —preguntaron.
27Jesús los miró fijamente y dijo:
—Humanamente hablando, es imposible, pero no para
Dios. Con Dios, todo es posible.
28Entonces Pedro comenzó a hablar.
—Nosotros hemos dejado todo para seguirte —dijo.
29—Así es —respondió Jesús—, y les aseguro que todo
el que haya dejado casa o hermanos o hermanas o madre o
padre o hijos o bienes por mi causa y por la Buena Noticia
30recibirá ahora a cambio cien veces más el número de
casas, hermanos, hermanas, madres, hijos y bienes, junto
con persecución; y en el mundo que vendrá, esa persona
tendrá la vida eterna. 31Pero muchos que ahora son los
más importantes en ese día serán los menos importantes,
y aquellos que ahora parecen menos importantes en ese
día serán los más importantes.*

Jesús predice otra vez su muerte

32Subían rumbo a Jerusalén, y Jesús caminaba delante
de ellos. Los discípulos estaban llenos de asombro y la
gente que los seguía, abrumada de temor. Jesús tomó a
los doce discípulos aparte y, una vez más, comenzó a des-
cribir todo lo que estaba por sucederle. 33«Escuchen —les
dijo—, subimos a Jerusalén, donde el Hijo del Hombre*
será traicionado y entregado a los principales sacerdotes y
a los maestros de la ley religiosa. Lo condenarán a muerte
y lo entregarán a los romanos.* 34Se burlarán de él, lo
escupirán, lo azotarán con un látigo y lo matarán; pero
después de tres días, resucitará».

Jesús enseña acerca del servicio a los demás

35Entonces Santiago y Juan, hijos de Zebedeo, se le acer-
caron y dijeron:
—Maestro, queremos que nos hagas un favor.
36—¿Cuál es la petición? —preguntó él.
37Ellos contestaron:
—Cuando te sientes en tu trono glorioso, nosotros
queremos sentarnos en lugares de honor a tu lado, uno a
tu derecha y el otro a tu izquierda.
38Jesús les dijo:
—¡No saben lo que piden! ¿Acaso pueden beber de
la copa amarga de sufrimiento que yo estoy a punto de

***Notas textuales** **9:48** Is 66:24. **9:49** En griego *será salado con fuego*; otros manuscritos agregan *y cada sacrificio será salado con sal.* **10:4** Ver Dt 24:1. **10:6** Ver Gn 1:27; 5:2. **10:7** Algunos manuscritos no incluyen *y se une a su esposa.* **10:7-8** Gn 2:24. **10:19** Ex 20:12-16; Dt 5:16-20. **10:24** Algunos manuscritos dicen *muy difícil para aquellos que confían en las riquezas.* **10:31** En griego *Pero muchos que son primeros serán los últimos; y los últimos serán primeros.* **10:33a** «Hijo del Hombre» es un título que Jesús empleaba para referirse a sí mismo. **10:33b** En griego *los gentiles.* (*Gentil[es]*, que no es judío).

***Notas textuales** **10:1-12** Mt 19:1-12 **10:13-16** Mt 19:13-15 **10:17-31** Lc 18:18-30 **10:32-34** Mt 20:17-19 **10:35-45** Mt 20:20-28

beber? ¿Acaso pueden ser bautizados con el bautismo
de sufrimiento con el cual yo tengo que ser bautizado?
39—Claro que sí —contestaron ellos—, ¡podemos!
Entonces Jesús les dijo:
—Es cierto, beberán de mi copa amarga y serán bau-
tizados con mi bautismo de sufrimiento; 40pero no me
corresponde a mí decir quién se sentará a mi derecha o
a mi izquierda. Dios preparó esos lugares para quienes
él ha escogido.
41Cuando los otros diez discípulos oyeron lo que San-
tiago y Juan habían pedido, se indignaron. 42Así que Jesús
los reunió a todos y les dijo: «Ustedes saben que los gober-
nantes de este mundo tratan a su pueblo con prepotencia
y los funcionarios hacen alarde de su autoridad frente a
los súbditos. 43Pero entre ustedes será diferente. El que
quiera ser líder entre ustedes deberá ser sirviente, 44y el
que quiera ser el primero entre ustedes deberá ser esclavo
de los demás. 45Pues ni aun el Hijo del Hombre vino para
que le sirvan, sino para servir a otros y para dar su vida en
rescate por muchos».

Jesús sana al ciego Bartimeo

46Después llegaron a Jericó y mientras Jesús y sus discí-
pulos salían de la ciudad, una gran multitud los siguió. Un
mendigo ciego llamado Bartimeo (hijo de Timeo) estaba
sentado junto al camino. 47Cuando Bartimeo oyó que
Jesús de Nazaret estaba cerca, comenzó a gritar: «¡Jesús,
Hijo de David, ten compasión de mí!».
48«¡Cállate!», muchos le gritaban, pero él gritó aún más
fuerte: «¡Hijo de David, ten compasión de mí!».
49Cuando Jesús lo oyó, se detuvo y dijo: «Díganle que
se acerque».
Así que llamaron al ciego. «Anímate —le dijeron—.
¡Vamos, él te llama!». 50Bartimeo echó a un lado su abrigo,
se levantó de un salto y se acercó a Jesús.
51—¿Qué quieres que haga por ti? —preguntó Jesús.
—Mi Rabí* —dijo el hombre ciego—, ¡quiero ver!
52Y Jesús le dijo:
—Puedes irte, pues tu fe te ha sanado.
Al instante el hombre pudo ver y siguió a Jesús por
el camino.*

Entrada triunfal de Jesús

11 Mientras Jesús y los discípulos se acercaban a Jeru-
salén, llegaron a las ciudades de Betfagé y Betania,
en el monte de los Olivos. Jesús mandó a dos de ellos que
se adelantaran. 2«Vayan a la aldea que está allí —les dijo—.
En cuanto entren, verán un burrito atado, que nadie ha
montado jamás. Desátenlo y tráiganlo aquí. 3Si alguien les
pregunta: "¿Qué están haciendo?" simplemente digan: "El
Señor lo necesita y él lo devolverá pronto"».
4Los dos discípulos salieron y encontraron el burrito
en la calle, atado frente a la puerta principal. 5Mientras
lo desataban, algunos que estaban allí les preguntaron:
«¿Qué están haciendo, por qué desatan ese burrito?».
6Ellos contestaron lo que Jesús había dicho y se les dio
permiso para llevarlo. 7Así que llevaron el burrito a Jesús
y pusieron sus prendas encima y él se sentó allí.
8Muchos de la multitud tendían sus prendas sobre el
camino delante de él y otros extendían ramas frondosas
que habían cortado en los campos. 9Jesús estaba en el
centro de la procesión, y la gente que lo rodeaba gritaba:

«¡Alaben a Dios!*
¡Bendiciones al que viene en el nombre del
Señor!
10 ¡Bendiciones al reino que viene, el reino de nuestro
antepasado David!
¡Alaben a Dios en el cielo más alto!»*.

11Así Jesús llegó a Jerusalén y entró en el templo. Des-
pués de mirar todo detenidamente a su alrededor, salió
porque ya era tarde. Después regresó a Betania con los
doce discípulos.

Jesús maldice la higuera

12A la mañana siguiente, cuando salían de Betania, Jesús
tuvo hambre. 13Vio que a cierta distancia había una hi-
guera frondosa, así que se acercó para ver si encontraba
higos; pero solo tenía hojas porque aún no había comen-
zado la temporada de los higos. 14Entonces Jesús dijo al
árbol: «¡Que nadie jamás vuelva a comer tu fruto!». Y los
discípulos lo oyeron.

Jesús despeja el templo

15Cuando llegaron de nuevo a Jerusalén, Jesús entró
en el templo y comenzó a echar a los que compraban y
vendían animales para los sacrificios. Volcó las mesas de
los cambistas y las sillas de los que vendían palomas, 16y
les prohibió a todos que usaran el templo como un mer-
cado.* 17Les dijo: «Las Escrituras declaran: "Mi templo
será llamado casa de oración para todas las naciones", pero
ustedes lo han convertido en una cueva de ladrones»*.
18Cuando los principales sacerdotes y los maestros de
la ley religiosa oyeron lo que Jesús había hecho, comen-
zaron a planificar cómo matarlo; pero tenían miedo de
Jesús, porque la gente estaba asombrada de su enseñanza.
19Esa tarde Jesús y los discípulos salieron* de la ciudad.
20A la mañana siguiente, al pasar junto a la higuera que
él había maldecido, los discípulos notaron que se había
marchitado desde la raíz. 21Pedro recordó lo que Jesús
había dicho al árbol el día anterior y exclamó:
—¡Mira, Rabí*! ¡La higuera que maldijiste se marchitó
y murió!
22Entonces Jesús dijo a los discípulos:
—Tengan fe en Dios. 23Les digo la verdad, ustedes pue-
den decir a esta montaña: "Levántate y échate al mar", y
sucederá; pero deben creer de verdad que ocurrirá y no
tener ninguna duda en el corazón. 24Les digo, ustedes
pueden orar por cualquier cosa y si creen que la han re-
cibido, será suya. 25Cuando estén orando, primero per-
donen a todo aquel contra quien guarden rencor, para
que su Padre que está en el cielo también les perdone a
ustedes sus pecados.*

Desafían la autoridad de Jesús

27Nuevamente entraron en Jerusalén. Mientras Jesús ca-
minaba por la zona del templo, los principales sacerdotes,

***Notas textuales** **10:51** En griego se emplea el término hebreo *Raboní*, que significa «maestro». **10:52** O *en el camino.* **11:9** En griego *Hosanna*, una exclamación de alabanza que literalmente significa «salva ahora»; también en 11:10. **11:9-10** Sal 118:25-26; 148:1. **11:16** O *que llevaran mercancías a través del templo.* **11:17** Is 56:7; Jr 7:11. **11:19** En griego *ellos salieron*; otros manuscritos dicen *él salió.* **11:21** *Rabí*, del arameo, significa «amo» o «maestro». **11:25** Algunos manuscritos agregan el versículo 26: *Pero si ustedes se niegan a perdonar, su Padre que está en el cielo no les perdonará sus pecados.* Comparar Mt 6:15.

Referencias cruzadas **10:46-52** Mt 20:29-34 **11:1-10** Jn 12:12-19 **11:12-14** Mt 21:18-19 **11:15-19** Mt 21:12-17 **11:20-25** Mt 21:20-22

los maestros de la ley religiosa y los ancianos se le
acercaron.
28—¿Con qué autoridad haces todas estas cosas? —le
reclamaron—. ¿Quién te dio el derecho de hacerlas?
29—Les diré con qué autoridad hago estas cosas si me
contestan una pregunta —respondió Jesús—. 30La au-
toridad de Juan para bautizar, ¿provenía del cielo o era
meramente humana? ¡Contéstenme!
31Ellos discutieron el asunto unos con otros: «Si deci-
mos que provenía del cielo, preguntará por qué nosotros
no le creímos a Juan. 32¿Pero nos atrevemos a decir que
era meramente humana?». Pues tenían temor de lo que
haría la gente, porque todos creían que Juan era un profeta.
33Entonces finalmente contestaron:
—No sabemos.
Y Jesús respondió:
—Entonces yo tampoco les diré con qué autoridad hago
estas cosas.

¡Respuestas Bíblicas! 130 ¿Por qué Jesús contaba historias?

12:1 Porque era un gran maestro y sabía que todos aprendemos mejor con ejemplos. Sus historias siempre tenían una enseñanza y sus ejemplos tenían que ver con personas y cosas de la vida de los judíos que todos le entendían.

Parábola de los agricultores malvados

12 Después Jesús comenzó a enseñarles con histo-
rias: «Un hombre plantó un viñedo. Lo cercó con
un muro, cavó un hoyo para extraer el jugo de las uvas y
construyó una torre de vigilancia. Luego les alquiló el
viñedo a unos agricultores arrendatarios y se mudó a otro
país. 2Llegado el tiempo de la cosecha de la uva, envió a
uno de sus siervos para recoger su parte de la cosecha;
3pero los agricultores agarraron al siervo, le dieron una
paliza y lo mandaron de regreso con las manos vacías.
4Entonces el dueño envió a otro siervo, pero lo insultaron
y le pegaron en la cabeza. 5Al próximo siervo que envió,
lo mataron. Envió a otros; a unos los golpearon y a otros
los mataron, 6hasta que le quedó solo uno, su hijo, a quien
amaba profundamente. Finalmente, el dueño lo envió
porque pensó: "Sin duda, respetarán a mi hijo".
7»Los agricultores se dijeron unos a otros: "Aquí viene
el heredero de esta propiedad. ¡Matémoslo y nos queda-
remos con la propiedad!". 8Así que lo agarraron, lo asesi-
naron y tiraron su cuerpo fuera del viñedo.
9»¿Qué creen qué hará el dueño del viñedo? —pre-
guntó Jesús—. Les diré: irá y matará a esos agricultores
y alquilará el viñedo a otros. 10¿Nunca leyeron en las
Escrituras:

"La piedra que los constructores rechazaron
ahora se ha convertido en la piedra principal.
11 Esto es obra del Señor
y es maravilloso verlo"*?».

12Los líderes religiosos* querían arrestar a Jesús por-
que se dieron cuenta de que contaba esa historia en con-
tra de ellos, pues ellos eran los agricultores malvados;
pero tenían miedo de la multitud, así que lo dejaron y
se marcharon.

Los impuestos para el César

13Después los ancianos enviaron a algunos fariseos y
partidarios de Herodes para hacer que Jesús cayera en
la trampa de decir algo por lo cual pudiera ser arrestado.
14—Maestro —dijeron—, sabemos lo honesto que
eres. Eres imparcial y no tienes favoritismos. Enseñas
con verdad el camino de Dios. Ahora dinos, ¿es correcto
que paguemos impuestos al César o no? 15¿Debemos o
no pagarlos?
Jesús se dio cuenta de su hipocresía y dijo:
—¿Por qué intentan atraparme? Muéstrenme una mo-
neda romana,* y les diré.
16Cuando se la dieron, les preguntó:
—¿A quién pertenecen la imagen y el título grabados
en la moneda?
—Al César —contestaron.
17—Bien —dijo Jesús—, entonces den al César lo que
pertenece al César y den a Dios lo que pertenece a Dios.
Su respuesta los dejó totalmente asombrados.

Discusión acerca de la resurrección

18Después se acercaron a Jesús algunos saduceos, líderes
religiosos que dicen que no hay resurrección después de
la muerte. Le plantearon la siguiente pregunta:
19—Maestro, Moisés nos dio una ley que dice que, si
un hombre muere y deja a una esposa sin hijos, su her-
mano debe casarse con la viuda y darle un hijo para que el
nombre del hermano continúe.* 20Ahora bien, suponga-
mos que había siete hermanos. El mayor se casó y murió
sin dejar hijos. 21Entonces el segundo hermano se casó
con la viuda, pero también murió sin dejar hijos. Luego el
tercer hermano se casó con ella. 22Lo mismo sucedió con
los siete y aún no había hijos. Por último, la mujer tam-
bién murió. 23Entonces dinos, ¿de quién será esposa en
la resurrección? Pues los siete estuvieron casados con ella.
24Jesús contestó:
—El error de ustedes es que no conocen las Escrituras y
no conocen el poder de Dios. 25Pues, cuando los muertos
resuciten, no se casarán ni se entregarán en matrimonio.
En este sentido, serán como los ángeles del cielo.
26»Ahora bien, en cuanto a si los muertos resucitarán,
¿nunca han leído acerca de esto en los escritos de Moisés,
en la historia de la zarza ardiente? Mucho después de que
Abraham, Isaac y Jacob murieron, Dios le dijo a Moisés:*
"Yo soy el Dios de Abraham, el Dios de Isaac y el Dios de
Jacob"*. 27Por lo tanto, él es Dios de los que están vivos,
no de los muertos. Ustedes han cometido un grave error.

El mandamiento más importante

28Uno de los maestros de la ley religiosa estaba allí es-
cuchando el debate. Se dio cuenta de que Jesús había
contestado bien, entonces le preguntó:
—De todos los mandamientos, ¿cuál es el más
importante?
29Jesús contestó:
—El mandamiento más importante es: "¡Escucha, oh
Israel! El Señor nuestro Dios es el único Señor. 30Ama
al Señor tu Dios con todo tu corazón, con toda tu alma,
con toda tu mente y con todas tus fuerzas"*. 31El segundo

***Notas textuales** **12:10-11** Sal 118:22-23. **12:12** En griego *Ellos.* **12:15** En griego *un denario.* **12:19** Ver Dt 25:5-6. **12:26a** En griego *en la historia de la zarza? Dios le dijo.* **12:26b** Ex 3:6. **12:29-30** Dt 6:4-5.

Referencias cruzadas **11:27-33** Lc 20:1-8 **12:1-12** Mt 21:33-46 **12:13-17** Lc 20:20-26 **12:18-27** Mt 22:23-33 **12:28-34** Lc 10:25-28

es igualmente importante: "Ama a tu prójimo como a ti
mismo"*. Ningún otro mandamiento es más importante
que estos.
32El maestro de la ley religiosa respondió:
—Bien dicho, Maestro. Has hablado la verdad al decir
que hay solo un Dios y ningún otro. 33Además yo sé que es
importante amarlo con todo mi corazón y todo mi enten-
dimiento y todas mis fuerzas, y amar a mi prójimo como a
mí mismo. Esto es más importante que presentar todas las
ofrendas quemadas y sacrificios exigidos en la ley.
34Al ver cuánto entendía el hombre, Jesús le dijo:
—No estás lejos del reino de Dios.
Y, a partir de entonces, nadie se atrevió a hacerle más
preguntas.

¿De quién es hijo el Mesías?

35Tiempo después, Jesús estaba enseñando al pueblo en
el templo y preguntó: «¿Por qué afirman los maestros de
la ley religiosa que el Mesías es hijo de David? 36Pues el
propio David, mientras hablaba bajo la inspiración del
Espíritu Santo, dijo:

"El Señor le dijo a mi Señor:
'Siéntate en el lugar de honor a mi derecha,
hasta que humille a tus enemigos y los ponga por
debajo de tus pies'"*.

37Ya que David mismo llamó al Mesías "mi Señor", ¿cómo
es posible que el Mesías sea su hijo?». La gran multitud
se deleitaba al escucharlo.
38Jesús también enseñó: «¡Cuídense de los maestros de
la ley religiosa! Pues les gusta pavonearse en túnicas largas
y sueltas y recibir saludos respetuosos cuando caminan
por las plazas. 39¡Y cómo les encanta ocupar los asientos
de honor en las sinagogas y sentarse a la mesa principal en
los banquetes! 40Sin embargo, estafan descaradamente a
las viudas para apoderarse de sus propiedades y luego pre-
tenden ser piadosos haciendo largas oraciones en público.
Por eso, serán castigados con más severidad».

La ofrenda de la viuda

41Jesús se sentó cerca de la caja de las ofrendas del templo
y observó mientras la gente depositaba su dinero. Muchos
ricos echaban grandes cantidades. 42Entonces llegó una
viuda pobre y echó dos monedas pequeñas.*
43Jesús llamó a sus discípulos y les dijo: «Les digo la
verdad, esta viuda pobre ha dado más que todos los demás
que ofrendan. 44Pues ellos dieron una mínima parte de lo
que les sobraba, pero ella, con lo pobre que es, dio todo lo
que tenía para vivir».

Jesús habla acerca del futuro

13 Cuando Jesús salía del templo ese día, uno de sus
discípulos le dijo:
—Maestro, ¡mira estos magníficos edificios! Observa
las impresionantes piedras en los muros.
2Jesús respondió:
—Sí, mira estos grandes edificios, pero serán demoli-
dos por completo. ¡No quedará ni una sola piedra sobre
otra!
3Más tarde, Jesús se sentó en el monte de los Olivos,
al otro lado del valle del templo. Pedro, Santiago, Juan y
Andrés se le acercaron en privado y le preguntaron:
4—Dinos, ¿cuándo sucederá todo eso? ¿Qué señal nos
indicará que esas cosas están por cumplirse?
5Jesús contestó:
—No dejen que nadie los engañe, 6porque muchos
vendrán en mi nombre y afirmarán: "Yo soy el Mesías"*.
Engañarán a muchos. 7Y ustedes oirán de guerras y de
amenazas de guerras, pero no se dejen llevar por el pánico.
Es verdad, esas cosas deben suceder, pero el fin no vendrá
inmediatamente después. 8Una nación entrará en guerra
con otra, y un reino con otro reino. Habrá terremotos
en muchas partes del mundo, y también hambres; pero
eso es solo el comienzo de los dolores del parto, luego
vendrán más.
9»Cuando esas cosas comiencen a suceder, ¡tengan
cuidado! Los entregarán a los tribunales y los golpearán
en las sinagogas. Serán sometidos a juicio ante gober-
nantes y reyes por ser mis seguidores, pero esa será una
oportunidad para que ustedes les hablen de mí.* 10Pues
la Buena Noticia primero tiene que ser predicada a todas
las naciones.* 11Cuando los arresten y los sometan a jui-
cio, no se preocupen de antemano por lo que van a decir.
Solo hablen lo que Dios les diga en ese momento, porque
no serán ustedes los que hablen, sino el Espíritu Santo.
12»Un hermano traicionará a muerte a su hermano,
un padre traicionará a su propio hijo, y los hijos se rebe-
larán contra sus padres y harán que los maten. 13Todos
los odiarán a ustedes por ser mis seguidores,* pero el que
se mantenga firme hasta el fin será salvo.
14»Llegará el día cuando verán el objeto sacrílego que
causa profanación* de pie en un lugar donde él* no debe
estar. (Lector, ¡presta atención!). Entonces los que estén
en Judea huyan a las colinas. 15La persona que esté en
la azotea no baje a la casa para empacar. 16El que esté
en el campo no regrese ni para buscar un abrigo. 17¡Qué
terribles serán esos días para las mujeres embarazadas
y para las madres que amamantan! 18Y oren para que la
huida no sea en invierno. 19Pues habrá más angustia en
esos días que en cualquier otro momento desde que Dios
creó al mundo. Y jamás habrá una angustia tan grande.
20De hecho, a menos que el Señor acorte ese tiempo de
calamidad, ni una sola persona sobrevivirá; pero por el
bien de los elegidos, él ha acortado esos días.
21»Entonces, si alguien les dice: "Miren, aquí está el
Mesías" o "Allí está", no lo crean. 22Pues se levantarán fal-
sos mesías y falsos profetas y realizarán señales y milagros
para engañar, de ser posible, aun a los elegidos de Dios.
23¡Tengan cuidado! ¡Les he advertido esto de antemano!
24»En ese tiempo, después de la angustia de esos días,

el sol se oscurecerá,
la luna no dará luz,
25 las estrellas caerán del cielo,
y los poderes de los cielos serán sacudidos.*

26Entonces todos verán al Hijo del Hombre* venir en las
nubes con gran poder y gloria.* 27Y él enviará a sus ángeles

***Notas textuales** **12:31** Lv 19:18. **12:36** Sal 110:1. **12:42** En griego *dos lepta, que es un kodrante* [es decir, un cuadrante]. **13:6** En griego *y afirmarán: "Yo soy"*. **13:9** O *pero ese será su testimonio contra ellos.* **13:10** O *todos los grupos étnicos.* **13:13** En griego *por causa de mi nombre.* **13:14a** En griego *la abominación de la desolación.* Ver Dn 9:27; 11:31; 12:11. **13:14b** O *esto.* **13:24-25** Ver Is 13:10; 34:4; Jl 2:10.

Referencias cruzadas **12:35-37** Lc 20:41-44 **12:38-40** Lc 20:45-47 **12:41-44** Lc 21:1-4 **13:1-31** Mt 24:1-35 para que reúnan a los elegidos de todas partes del mundo,* desde los extremos más lejanos de la tierra y del cielo.

[28]»Ahora, aprendan una lección de la higuera. Cuando las ramas echan brotes y comienzan a salir las hojas, ustedes saben que el verano se acerca. [29]De la misma manera, cuando vean que suceden todas estas cosas, sabrán que su regreso está muy cerca, a las puertas. [30]Les digo la verdad, no pasará esta generación* hasta que todas estas cosas sucedan. [31]El cielo y la tierra desaparecerán, pero mis palabras no desaparecerán jamás.

[32]»Sin embargo, nadie sabe el día ni la hora en que sucederán esas cosas, ni siquiera los ángeles en el cielo ni el propio Hijo. Solo el Padre lo sabe. [33]Y, ya que ustedes tampoco saben cuándo llegará ese tiempo, ¡manténganse en guardia! ¡Estén alerta*!

[34]»La venida del Hijo del Hombre puede ilustrarse mediante la historia de un hombre que tenía que emprender un largo viaje. Cuando salió de casa, dio instrucciones a cada uno de sus esclavos sobre el trabajo que debían hacer y le dijo al portero que esperara su regreso. [35]¡Ustedes también deben estar alerta! Pues no saben cuándo regresará el amo de la casa: si en la tarde, a medianoche, durante la madrugada o al amanecer. [36]Que no los encuentre dormidos cuando llegue sin previo aviso. [37]Les digo a ustedes lo que digo a todos: ¡Manténganse despiertos esperándolo a él!

Jesús es ungido en Betania

14 Faltaban dos días para la Pascua y el Festival de los Panes sin Levadura. Los principales sacerdotes y los maestros de la ley religiosa seguían buscando una oportunidad para capturar a Jesús en secreto y matarlo. [2]«Pero no durante la celebración de la Pascua —acordaron—, no sea que la gente cause disturbios».

[3]Mientras tanto, Jesús se encontraba en Betania, en la casa de Simón, un hombre que había tenido lepra. Mientras comía,* entró una mujer con un hermoso frasco de alabastro que contenía un perfume costoso, preparado con esencias de nardo. Ella abrió el frasco y derramó el perfume sobre la cabeza de Jesús.

[4]Algunos que estaban a la mesa se indignaron. «¿Por qué desperdiciar un perfume tan costoso? —preguntaron—. [5]¡Podría haberse vendido por el salario de un año* y el dinero dado a los pobres!». Así que la regañaron severamente.

[6]Pero Jesús respondió: «Déjenla en paz. ¿Por qué la critican por hacer algo tan bueno conmigo? [7]Siempre habrá pobres entre ustedes, y pueden ayudarlos cuando quieran, pero a mí no siempre me tendrán. [8]Ella hizo lo que pudo y ungió mi cuerpo en preparación para el entierro. [9]Les digo la verdad, en cualquier lugar del mundo donde se predique la Buena Noticia, se recordará y se hablará de lo que hizo esta mujer».

Judas acuerda traicionar a Jesús

[10]Entonces Judas Iscariote, uno de los doce discípulos, fue a ver a los principales sacerdotes para llegar a un acuerdo de cómo entregarles a Jesús a traición. [11]Ellos quedaron complacidos cuando oyeron la razón de su visita y le prometieron darle dinero. Entonces él comenzó a buscar una oportunidad para traicionar a Jesús.

La última cena

[12]El primer día del Festival de los Panes sin Levadura, cuando se sacrifica el cordero de la Pascua, los discípulos de Jesús le preguntaron: «¿Dónde quieres que vayamos a prepararte la cena de Pascua?».

[13]Así que Jesús envió a dos de ellos a Jerusalén con las siguientes instrucciones: «Al entrar en la ciudad, se encontrarán con un hombre que lleva un cántaro de agua. Síganlo. [14]En la casa donde él entre, díganle al dueño: "El Maestro pregunta: '¿Dónde está el cuarto de huéspedes para que pueda comer la cena de Pascua con mis discípulos?'". [15]Él los llevará a un cuarto grande en el piso de arriba, que ya está listo. Allí deben preparar nuestra cena». [16]Entonces los dos discípulos entraron en la ciudad y encontraron todo como Jesús les había dicho y allí prepararon la cena de Pascua.

[17]Por la noche, Jesús llegó con los Doce. [18]Mientras estaban a la mesa,* comiendo, Jesús dijo: «Les digo la verdad, uno de ustedes que está aquí comiendo conmigo me traicionará».

[19]Ellos, muy afligidos, le preguntaron uno por uno: «¿Seré yo?».

[20]Él contestó: «Es uno de ustedes doce que come de este plato conmigo. [21]Pues el Hijo del Hombre* tiene que morir, tal como lo declararon las Escrituras hace mucho tiempo. Pero qué aflicción le espera a aquel que lo traiciona. ¡Para ese hombre sería mucho mejor no haber nacido!».

[22]Mientras comían, Jesús tomó un poco de pan y lo bendijo. Luego lo partió en trozos, lo dio a sus discípulos y dijo: «Tómenlo, porque esto es mi cuerpo».

[23]Y tomó en sus manos una copa de vino y dio gracias a Dios por ella. Se la dio a ellos, y todos bebieron de la copa. [24]Y les dijo: «Esto es mi sangre, la cual confirma el pacto* entre Dios y su pueblo. Es derramada como sacrificio por muchos. [25]Les digo la verdad, no volveré a beber vino hasta el día en que lo beba nuevo en el reino de Dios».

[26]Luego cantaron un himno y salieron al monte de los Olivos.

Jesús predice la negación de Pedro

[27]En el camino, Jesús les dijo: «Todos ustedes me abandonarán, porque las Escrituras dicen:

"Dios golpeará* al Pastor,
y las ovejas se dispersarán".

[28]Sin embargo, después de ser levantado de los muertos, iré delante de ustedes a Galilea y allí los veré».

[29]Pedro le dijo:

—Aunque todos te abandonen, yo jamás lo haré.

[30]Jesús respondió:

—Te digo la verdad, Pedro: esta misma noche, antes de que cante el gallo dos veces, negarás tres veces que me conoces.

[31]—¡No! —exclamó Pedro enfáticamente—. Aunque tenga que morir contigo, ¡jamás te negaré!

Y los demás juraron lo mismo.

***Notas textuales** **13:26a** «Hijo del Hombre» es un título que Jesús empleaba para referirse a sí mismo. **13:26b** Ver Dn 7:13. **13:27** En griego *de los cuatro vientos.* **13:30** O *esta era,* o *esta nación.* **13:33** Algunos manuscritos agregan *y oren.* **14:3** O *Mientras reclinaba.* **14:5** En griego *por 300 denarios.* Un denario equivalía a la paga de un obrero por una jornada completa de trabajo. **14:18** O *Mientras reclinaban.* **14:21** «Hijo del Hombre» es un título que Jesús empleaba para referirse a sí mismo. **14:24** Algunos manuscritos dicen *el nuevo pacto.* **14:27** En griego *Golpearé.* Za 13:7.

Referencias cruzadas **14:1-2** Lc 22:1-2 **14:3-9** Jn 12:1-8 **14:10-11** Mt 26:14-16 **14:12-26** Lc 22:7-14, 21-23 **14:27-31** Jn 13:36-38

Jesús ora en Getsemaní

32Fueron al huerto de olivos llamado Getsemaní, y
Jesús dijo: «Siéntense aquí mientras yo voy a orar». 33Se
llevó a Pedro, a Santiago y a Juan y comenzó a afligirse y
angustiarse profundamente. 34Les dijo: «Mi alma está
destrozada de tanta tristeza, hasta el punto de la muerte.
Quédense aquí y velen conmigo».
35Se adelantó un poco más y cayó en tierra. Pidió en
oración que, si fuera posible, pasara de él la horrible hora
que le esperaba. 36«Abba, Padre* —clamó—, todo es po-
sible para ti. Te pido que quites esta copa de sufrimiento
de mí. Sin embargo, quiero que se haga tu voluntad, no
la mía».
37Luego volvió y encontró a los discípulos dormidos.
Le dijo a Pedro: «Simón, ¿estás dormido? ¿No pudiste
velar conmigo ni siquiera una hora? 38Velen y oren para
que no cedan ante la tentación, porque el espíritu está
dispuesto, pero el cuerpo es débil».
39Entonces Jesús los dejó otra vez e hizo la misma
oración que antes. 40Cuando regresó de nuevo adonde
estaban ellos, los encontró dormidos porque no podían
mantener los ojos abiertos. Y no sabían qué decir.
41Cuando volvió a ellos por tercera vez, les dijo: «Ade-
lante, duerman, descansen; pero no, la hora ha llegado.
El Hijo del Hombre es traicionado y entregado en manos
de pecadores. 42Levántense, vamos. ¡Miren, el que me
traiciona ya está aquí!».

Traicionan y arrestan a Jesús

43En ese mismo instante, mientras Jesús todavía hablaba,
llegó Judas, uno de los doce discípulos, junto con una
multitud de hombres armados con espadas y palos. Los
habían enviado los principales sacerdotes, los maestros
de la ley religiosa y los ancianos. 44El traidor, Judas, había
acordado previamente con ellos una señal: «Sabrán a cuál
arrestar cuando yo lo salude con un beso. Entonces po-
drán llevárselo bajo custodia». 45En cuanto llegaron, Judas
se acercó a Jesús. «¡Rabí!»*, exclamó, y le dio el beso.
46Entonces los otros agarraron a Jesús y lo arrestaron;
47pero uno de los hombres que estaban con Jesús sacó su
espada e hirió al esclavo del sumo sacerdote cortándole
una oreja.
48Jesús les preguntó: «¿Acaso soy un peligroso revo-
lucionario, para que vengan con espadas y palos para
arrestarme? 49¿Por qué no me arrestaron en el templo?
Estuve enseñando allí entre ustedes todos los días. Pero
estas cosas suceden para que se cumpla lo que dicen las
Escrituras acerca de mí».
50Entonces todos sus discípulos lo abandonaron y
huyeron. 51Un joven que los seguía solamente llevaba
puesta una camisa de noche de lino. Cuando la turba in-
tentó agarrarlo, 52su camisa de noche se deslizó y huyó
desnudo.

Jesús ante el Concilio

53Llevaron a Jesús a la casa del sumo sacerdote, donde se
habían reunido los principales sacerdotes, los ancianos y
los maestros de la ley religiosa. 54Mientras tanto, Pedro
lo siguió de lejos y entró directamente al patio del sumo
sacerdote. Allí se sentó con los guardias para calentarse
junto a la fogata.
55Adentro, los principales sacerdotes y todo el Concilio
Supremo* intentaban encontrar pruebas contra Jesús para
poder ejecutarlo, pero no pudieron encontrar ninguna.
56Había muchos falsos testigos que hablaban en contra
de él, pero todos se contradecían. 57Finalmente unos
hombres se pusieron de pie y dieron el siguiente falso
testimonio: 58«Nosotros lo oímos decir: "Yo destruiré
este templo hecho con manos humanas y en tres días
construiré otro, no hecho con manos humanas"». 59¡Pero
aun así sus relatos no coincidían!
60Entonces el sumo sacerdote se puso de pie ante todos
y le preguntó a Jesús: «Bien, ¿no vas a responder a estos
cargos? ¿Qué tienes que decir a tu favor?». 61Pero Jesús se
mantuvo callado y no contestó. Entonces el sumo sacer-
dote le preguntó:
—¿Eres tú el Mesías, el Hijo del Bendito?
62Jesús dijo:
—Yo Soy.* Y ustedes verán al Hijo del Hombre sentado
en el lugar de poder, a la derecha de Dios,* y viniendo en
las nubes del cielo.*
63Entonces el sumo sacerdote se rasgó las vestiduras
en señal de horror y dijo: «¿Para qué necesitamos más
testigos? 64Todos han oído la blasfemia que dijo. ¿Cuál
es el veredicto?».
«¡Culpable! —gritaron todos—. ¡Merece morir!».
65Entonces algunos comenzaron a escupirle, y le ven-
daron los ojos y le daban puñetazos. «¡Profetízanos!»,
se burlaban. Y los guardias lo abofeteaban mientras se
lo llevaban.

Pedro niega a Jesús

66Mientras tanto, Pedro estaba abajo, en el patio. Una de
las sirvientas que trabajaba para el sumo sacerdote pasó
67y vio que Pedro se calentaba junto a la fogata. Se quedó
mirándolo y dijo:
—Tú eres uno de los que estaban con Jesús de Nazaret.*
68Pero Pedro lo negó y dijo:
—No sé de qué hablas.
Y salió afuera, a la entrada. En ese instante, cantó un
gallo.*
69Cuando la sirvienta vio a Pedro parado allí, comenzó
a decirles a los otros: «¡No hay duda de que este hombre
es uno de ellos!». 70Pero Pedro lo negó otra vez.
Un poco más tarde, algunos de los otros que estaban
allí confrontaron a Pedro y dijeron:
—Seguro que tú eres uno de ellos, porque eres galileo.
71Pedro juró:
—¡Que me caiga una maldición si les miento! ¡No co-
nozco a ese hombre del que hablan!
72Inmediatamente, el gallo cantó por segunda vez.
De repente, las palabras de Jesús pasaron rápidamente
por la mente de Pedro: «Antes de que cante el gallo dos
veces, negarás tres veces que me conoces»; y se echó a
llorar.

Juicio de Jesús ante Pilato

15 Muy temprano por la mañana, los principales
sacerdotes, los ancianos y los maestros de la ley
religiosa —todo el Concilio Supremo*— se reunieron para

***Notas textuales** **14:36** *Abba* es un término arameo que significa «padre». **14:45** *Rabí*, del arameo, significa «amo» o «maestro». **14:55** En griego *el Sanedrín.* **14:62a** O *—El "Yo Soy" está aquí*; o *—Yo soy el Señor*. Ver Ex 3:14. **14:62b** En griego *sentado a la derecha del poder.* Ver Sal 110:1. **14:62c** Ver Dn 7:13. **14:67** O *Jesús nazareno.* **14:68** Algunos manuscritos no incluyen *En ese instante, cantó un gallo.*

Referencias cruzadas **14:32-42** Mt 26:36-46 **14:43-50** Lc 22:47-53 **14:53-65** Jn 18:12-14, 19-24 **14:66-72** Mt 26:69-75 hablar del próximo paso. Ataron a Jesús, se lo llevaron y lo entregaron a Pilato, el gobernador romano.

2Pilato le preguntó a Jesús:

—¿Eres tú el rey de los judíos?

—Tú lo has dicho —contestó Jesús.

3Entonces los principales sacerdotes siguieron acusándolo de muchos delitos, 4y Pilato le preguntó: «¿No vas a contestarles? ¿Qué me dices de las acusaciones que presentan en tu contra?». 5Entonces, para sorpresa de Pilato, Jesús no dijo nada.

6Ahora bien, era costumbre del gobernador poner en libertad a un preso cada año, durante la celebración de la Pascua, el que la gente pidiera. 7Uno de los presos en ese tiempo era Barrabás, un revolucionario que había cometido un asesinato durante un levantamiento. 8La multitud acudió a Pilato y le pidió que soltara a un preso como era la costumbre.

9«¿Quieren que les deje en libertad a este "rey de los judíos"?», preguntó Pilato. 10(Pues ya se había dado cuenta de que los principales sacerdotes habían arrestado a Jesús por envidia). 11Sin embargo, en ese momento, los principales sacerdotes incitaron a la multitud para que exigiera la libertad de Barrabás en lugar de la de Jesús. 12Pilato les preguntó:

—Entonces, ¿qué hago con este hombre al que ustedes llaman rey de los judíos?

13—¡Crucifícalo! —le contestaron a gritos.

14—¿Por qué? —insistió Pilato—. ¿Qué crimen ha cometido?

Pero la turba rugió aún más fuerte:

—¡Crucifícalo!

15Entonces Pilato, para calmar a la multitud, dejó a Barrabás en libertad. Y mandó azotar a Jesús con un látigo que tenía puntas de plomo, y después lo entregó a los soldados romanos para que lo crucificaran.

Los soldados se burlan de Jesús

16Los soldados llevaron a Jesús al patio del cuartel general del gobernador (llamado el pretorio) y llamaron a todo el regimiento. 17Lo vistieron con un manto púrpura y armaron una corona con ramas de espinos y se la pusieron en la cabeza. 18Entonces lo saludaban y se mofaban: «¡Viva el rey de los judíos!». 19Y lo golpeaban en la cabeza con una caña de junco, le escupían y se ponían de rodillas para adorarlo burlonamente. 20Cuando al fin se cansaron de hacerle burla, le quitaron el manto púrpura y volvieron a ponerle su propia ropa. Luego lo llevaron para crucificarlo.

La crucifixión

21Un hombre llamado Simón, que pasaba por allí pero era de Cirene,* venía del campo justo en ese momento, y los soldados lo obligaron a llevar la cruz de Jesús. (Simón era el padre de Alejandro y de Rufo). 22Y llevaron a Jesús a un lugar llamado Gólgota (que significa «Lugar de la Calavera»). 23Le ofrecieron vino mezclado con mirra, pero él lo rechazó.

24Después los soldados lo clavaron en la cruz. Dividieron su ropa y tiraron los dados* para ver quién se quedaba con cada prenda. 25Eran las nueve de la mañana cuando lo crucificaron. 26Un letrero anunciaba el cargo en su contra. Decía: «El Rey de los judíos». 27Con él crucificaron a dos revolucionarios,* uno a su derecha y otro a su izquierda.*

29La gente que pasaba por allí gritaba insultos y movía la cabeza en forma burlona. «¡Eh! ¡Pero mírate ahora! —le gritaban—. Dijiste que ibas a destruir el templo y a reconstruirlo en tres días. 30¡Muy bien, sálvate a ti mismo y bájate de la cruz!».

31Los principales sacerdotes y los maestros de la ley religiosa también se burlaban de Jesús. «Salvó a otros —se mofaban—, ¡pero no puede salvarse a sí mismo! 32¡Que este Mesías, este Rey de Israel, baje de la cruz para que podamos verlo y creerle!». Hasta los hombres que estaban crucificados con Jesús se burlaban de él.

Muerte de Jesús

33Al mediodía, la tierra se llenó de oscuridad hasta las tres de la tarde. 34Luego, a las tres de la tarde, Jesús clamó con voz fuerte: *«Eloi, Eloi, ¿lema sabactani?»*, que significa «Dios mío, Dios mío, ¿por qué me has abandonado?»*.

35Algunos que pasaban por allí entendieron mal y pensaron que estaba llamando al profeta Elías. 36Uno de ellos corrió y empapó una esponja en vino agrio, la puso sobre una caña de junco y la levantó para que él pudiera beber. «¡Esperen! —dijo—. ¡A ver si Elías viene a bajarlo!».

37Entonces Jesús soltó otro fuerte grito y dio su último suspiro. 38Y la cortina del santuario del templo se rasgó en dos, de arriba abajo.

39El oficial romano* que estaba frente a él,* al ver cómo había muerto, exclamó: «¡Este hombre era verdaderamente el Hijo de Dios!».

40Algunas mujeres miraban de lejos, entre ellas, María Magdalena, María (la madre de Santiago el menor y de José*), y Salomé. 41Eran seguidoras de Jesús y lo habían cuidado mientras estaba en Galilea. También estaban allí muchas otras mujeres que habían venido con él a Jerusalén.

Entierro de Jesús

42Todo eso sucedió el viernes —el día de preparación*— anterior al día de descanso. Al acercarse la noche, 43José de Arimatea se arriesgó y fue a ver a Pilato y pidió el cuerpo de Jesús. (José era miembro honorable del Concilio Supremo y esperaba la venida del reino de Dios). 44Pilato no podía creer que Jesús ya hubiera muerto, así que llamó al oficial romano y le preguntó si ya había muerto. 45El oficial lo confirmó, así que Pilato le dijo a José que podía llevarse el cuerpo. 46José compró un largo lienzo de lino. Luego bajó el cuerpo de Jesús de la cruz, lo envolvió en el lienzo y lo colocó en una tumba que había sido tallada en la roca. Después hizo rodar una piedra en la entrada. 47María Magdalena y María, la madre de José, vieron dónde ponían el cuerpo de Jesús.

La resurrección

16 El sábado al atardecer, cuando terminó el día de descanso, María Magdalena, Salomé y María, la madre de Santiago, fueron a comprar especias para el entierro, a fin de ungir el cuerpo de Jesús. 2El domingo por la mañana* muy temprano, justo al amanecer, fueron

***Notas textuales** **15:1** En griego *el Sanedrín*; también en 15:43. **15:21** *Cirene* era una ciudad al norte de África. **15:24** En griego *y echaron suertes*. Ver Sal 22:18. **15:27a** O *dos criminales*. **15:27b** Algunos manuscritos agregan el versículo 28: *Y se cumplió la Escritura que dice: «Fue contado entre los rebeldes»*. Ver Is 53:12; comparar también Lc 22:37. **15:34** Sal 22:1. **15:39a** En griego *El centurión*; similar en 15:44, 45. **15:39b** Algunos manuscritos agregan *oyó su grito y*. **15:40** En griego *Joses*; también en 15:47. Ver Mt 27:56. **15:42** En griego *Era el día de preparación*.

Referencias cruzadas **15:1-15** Jn 18:39–19:16 **15:16-20** Mt 27:27-31 **15:21-32** Mt 27:32-44 **15:33-41** Mt 27:45-56 **15:42-47** Lc 23:50-56

a la tumba. 3En el camino, se preguntaban unas a otras:
«¿Quién nos correrá la piedra de la entrada de la tumba?»;
4pero cuando llegaron, se fijaron y vieron que la piedra,
que era muy grande, ya estaba corrida.
5Cuando entraron en la tumba, vieron a un joven ves-
tido con un manto blanco, sentado al lado derecho. Las
mujeres estaban asustadas, 6pero el ángel les dijo: «No se
alarmen. Ustedes buscan a Jesús de Nazaret,* el que fue
crucificado. ¡No está aquí! ¡Ha resucitado! Miren, aquí es
donde pusieron su cuerpo. 7Ahora vayan y cuéntenles a
sus discípulos, incluido Pedro, que Jesús va delante de
ustedes a Galilea. Allí lo verán, tal como les dijo antes
de morir».
8Las mujeres, desconcertadas, huyeron temblando de
la tumba y no dijeron nada a nadie porque estaban muy
asustadas.*

[Los manuscritos más antiguos de Marcos terminan en el versículo 16:8. Otros manuscritos tardíos incluyen uno o ambos de los finales que aparecen a continuación].

[Final breve de Marcos]

Luego ellas informaron todo eso a Pedro y a sus compañeros brevemente. Tiempo después, Jesús mismo los envió del oriente al occidente con el sagrado e inagotable mensaje de salvación que da vida eterna. Amén.

[Final largo de Marcos]

9Después de que Jesús resucitó el domingo por la mañana
temprano, la primera persona que lo vio fue María Magda-
lena, la mujer de quien él había expulsado siete demonios.
10Ella fue a ver a los discípulos, quienes estaban lamen-
tándose y llorando, y les dijo lo que había sucedido. 11Sin
embargo, cuando les dijo que Jesús estaba vivo y que lo
había visto, ellos no le creyeron.
12Tiempo después, Jesús se apareció en otra forma a
dos de sus seguidores que iban caminando desde Jeru-
salén hacia el campo. 13Ellos regresaron corriendo para
contárselo a los demás, pero ninguno les creyó.
14Incluso más tarde, se apareció a los once discípulos
mientras comían juntos. Los reprendió por su obstinada
incredulidad, porque se habían negado a creer a los que
lo habían visto después de que resucitó.*
15Entonces les dijo: «Vayan por todo el mundo y
prediquen la Buena Noticia a todos. 16El que crea y sea
bautizado será salvo, pero el que se niegue a creer, será
condenado. 17Estas señales milagrosas acompañarán a
los que creen: expulsarán demonios en mi nombre y ha-
blarán nuevos idiomas.* 18Podrán tomar serpientes en las
manos sin que nada les pase y, si beben algo venenoso,
no les hará daño. Pondrán sus manos sobre los enfermos,
y ellos sanarán».
19Cuando el Señor Jesús terminó de hablar con ellos,
fue levantado al cielo y se sentó en el lugar de honor, a la
derecha de Dios. 20Y los discípulos fueron por todas partes
y predicaron, y el Señor actuaba por medio de ellos con-
firmando con muchas señales milagrosas lo que decían.

***Notas textuales 16:2** En griego *El primer día de la semana*; también en 16:9. **16:6** O *Jesús nazareno.* **16:8** Los manuscritos más antiguos y confiables del Evangelio de Marcos terminan en el versículo 8. Otros manuscritos incluyen varios finales del Evangelio. Unos cuantos incluyen tanto el «final breve» como el «final largo». La mayoría de los manuscritos incluyen el «final largo» inmediatamente después del versículo 8.
16:14 Algunos manuscritos antiguos incluyen: *Y ellos se disculparon diciendo: «Esta época de desorden e incredulidad está bajo Satanás, que no permite que la verdad y el poder de Dios conquisten a los espíritus malignos [impuros]. Por consiguiente, revela tu justicia ahora». Esto es lo que ellos le dijeron a Cristo. Y Cristo les respondió: «El período de años del poder de Satanás se ha cumplido, pero pronto otras cosas terribles ocurrirán. Y yo fui entregado a la muerte para beneficio de los que han pecado, a fin de que puedan volver a la verdad y no pequen más, y así puedan heredar la gloria celestial, que es espiritual, incorruptible y justa».*
16:17 O *nuevas lenguas*; algunos manuscritos no incluyen *nuevas.*

Referencias cruzadas 16:1-8 Jn 20:1-8 **16:9-11** Mt 28:9-10 **16:12-13** Lc 24:13-35 **16:14-18** Mt 28:16-20 **16:19-20** Hch 1:9-11

LUCAS

¿Por qué es importante?

Lucas era médico, sí, doctor y se dedica en este evangelio a dejar en claro que Jesús era un hombre viviendo en un tiempo específico de la historia y por eso deja ver que "Hijo del Hombre", era la forma favorita de Jesús para referirse a sí mismo. A Lucas le parece importante destacar que Jesús estaba pendiente de la salud de la gente, que sentía compasión por los demás y que le importaba el sufrimiento de otros. Lucas muestra a Jesús cerca de personas rechazadas y enseña que tomar el ejemplo de nuestro Señor en mirar con compasión a los que los demás ignoran, es un desafío e invitación para cada persona que quiera llamarse cristiana.

¿Por qué fue escrito?

Este evangelio y el libro de Los Hechos que es su continuación, quiere primero confirmar lo que se venía contando de Jesús y luego, el comienzo de la Iglesia, y segundo quiere dejar en claro que el cristianismo no es igual al judaísmo sino un nuevo comienzo para el pueblo de Dios.

¿Quién lo escribió?

Ningún historiador o estudioso ha cuestionado que este evangelio fue escrito por Lucas, quien en el libro de Los Hechos se incluye en historias con Pablo.

¿A quién lo escribió?

A Teófilo, un hombre de rango social, dentro de la comunidad romana de aquellos días. Pero dada la magnitud del esfuerzo de Lucas, parece claro que Lucas no escribió pensando sólo en Teófilo. También en muchos otros con quienes pudo haberlo compartido o con muchos otros que, como Teófilo, estuvieran atravesando por la tensión de convicción de la fe, en vista del rechazo judío y la persecución que sufría la comunidad de creyentes. La importancia del nombre y el contenido del libro demuestran que está dirigido a cuantos aman a Dios.

¿Cuándo y dónde lo escribió?

Lucas fue escrito antes de Hechos, lo cual es definido por la conclusión del libro alrededor del 63 d.C. Otras narraciones estuvieron circulando en el tiempo cuando Lucas escribe. Por lo anterior, la fecha más probable puede ser alrededor del 60 d.C. El lugar más probable es Roma, aunque se ha sugerido también Acaya, Éfeso y Cesarea.

Paso a paso

1. Evidencias que demuestran que Jesús es el Salvador (1:1-4:13)
2. El ministerio del Salvador y sus diferentes reacciones (4:14-9:50)
3. La misión del Salvador (9:51-19:27)
4. La pasión del Salvador (19:28-23:56)
5. La victoria del Salvador y su comisión (24:1-53)

Lucas

Introducción

1 Muchas personas han intentado escribir un relato de los hechos que se han cumplido entre nosotros. [2]Se valieron de los informes que circulan entre nosotros dados por testigos oculares, los primeros discípulos.* [3]Después de investigar todo con esmero desde el principio, yo también decidí escribir un relato fiel para ti, muy honorable Teófilo, [4]para que puedas estar seguro de la veracidad de todo lo que te han enseñado.

Anuncio del nacimiento de Juan el Bautista

[5]Cuando Herodes era rey en Judea, hubo un sacerdote judío llamado Zacarías. Era miembro del grupo sacerdotal de Abías; y su esposa, Elisabet, también pertenecía a la familia sacerdotal de Aarón. [6]Zacarías y Elisabet eran justos a los ojos de Dios y cuidadosos en obedecer todos los mandamientos y las ordenanzas del Señor. [7]No tenían hijos porque Elisabet no podía quedar embarazada y los dos eran ya muy ancianos.

[8]Cierto día, Zacarías se encontraba sirviendo a Dios en el templo, porque su grupo de sacerdotes estaba de turno esa semana. [9]Como era costumbre entre los sacerdotes, le tocó por sorteo entrar en el santuario del Señor y quemar el incienso. [10]Mientras el incienso se quemaba, una gran multitud estaba afuera orando.

[11]Y mientras Zacarías estaba en el santuario, se le apareció un ángel del Señor, de pie a la derecha del altar del incienso. [12]Cuando Zacarías lo vio, se alarmó y se llenó de temor, [13]pero el ángel le dijo:

—¡No tengas miedo, Zacarías! Dios ha oído tu oración. Tu esposa, Elisabet, te dará un hijo, y lo llamarás Juan. [14]Tendrás gran gozo y alegría, y muchos se alegrarán de su nacimiento, [15]porque él será grande a los ojos del Señor. No deberá beber vino ni ninguna bebida alcohólica y será lleno del Espíritu Santo aun antes de nacer.* [16]Y hará que muchos israelitas vuelvan al Señor su Dios. [17]Será un hombre con el espíritu y el poder de Elías; preparará a la gente para la venida del Señor. Inclinará el corazón de los padres* hacia los hijos* y hará que los rebeldes acepten la sabiduría de los justos.

[18]Zacarías le dijo al ángel:

—¿Cómo puedo estar seguro de que ocurrirá esto? Ya soy muy anciano, y mi esposa también es de edad avanzada.

[19]Entonces el ángel dijo:

—¡Yo soy Gabriel! Estoy en la presencia misma de Dios. ¡Fue él quien me envió a darte esta buena noticia! [20]Pero ahora, como no creíste lo que te dije, te quedarás mudo, sin poder hablar hasta que nazca el niño. Te aseguro que mis palabras se cumplirán a su debido tiempo.

[21]Mientras tanto, la gente esperaba a que Zacarías saliera del santuario y se preguntaba por qué tardaba tanto. [22]Cuando por fin salió, no podía hablarles. Entonces, por las señas que hacía y su silencio, se dieron cuenta de que seguramente había tenido una visión en el santuario.

[23]Cuando Zacarías terminó su semana de servicio en el templo, regresó a su casa. [24]Poco tiempo después, su esposa, Elisabet, quedó embarazada y permaneció recluida en su casa durante cinco meses. [25]«¡Qué bondadoso es el Señor! —exclamó ella—. Me ha quitado la vergüenza de no tener hijos».

Anuncio del nacimiento de Jesús

[26]Cuando Elisabet estaba en su sexto mes de embarazo, Dios envió al ángel Gabriel a Nazaret, una aldea de Galilea, [27]a una virgen llamada María. Ella estaba comprometida para casarse con un hombre llamado José, descendiente del rey David. [28]Gabriel se le apareció y dijo: «¡Saludos,* mujer favorecida! ¡El Señor está contigo!*».

[29]Confusa y perturbada, María trató de pensar lo que el ángel quería decir.

[30]—No tengas miedo, María —le dijo el ángel—, ¡porque has hallado el favor de Dios! [31]Concebirás y darás a luz un hijo, y le pondrás por nombre Jesús. [32]Él será muy grande y lo llamarán Hijo del Altísimo. El Señor Dios le dará el trono de su antepasado David. [33]Y reinará sobre Israel* para siempre; ¡su reino no tendrá fin!

[34]—¿Pero cómo podrá suceder esto? —le preguntó María al ángel—. Soy virgen.

[35]El ángel le contestó:

—El Espíritu Santo vendrá sobre ti, y el poder del Altísimo te cubrirá con su sombra. Por lo tanto, el bebé que nacerá será santo y será llamado Hijo de Dios. [36]Además, tu parienta Elisabet, ¡quedó embarazada en su vejez! Antes la gente decía que ella era estéril, pero ha concebido un hijo y ya está en su sexto mes de embarazo. [37]Pues la palabra de Dios nunca dejará de cumplirse.*

[38]María respondió:

—Soy la sierva del Señor. Que se cumpla todo lo que has dicho acerca de mí.

Y el ángel la dejó.

María visita a Elisabet

[39]Pocos días después, María fue de prisa a la zona montañosa de Judea, al pueblo [40]donde vivía Zacarías. Entró en la casa y saludó a Elisabet. [41]Al escuchar el saludo de

***Notas textuales** **1:2** En griego *los que, desde un principio, fueron siervos de la palabra.* **1:15** O *aun desde su nacimiento.* **1:17a** En griego esta palabra se refiere solo a los hombres. **1:17b** Ver Ml 4:5-6. **1:28a** O *Regocíjate.* **1:28b** Algunos manuscritos agregan *Bendita eres entre las mujeres.* **1:33** En griego *sobre la casa de Jacob.* **1:37** Algunos manuscritos dicen *Pues nada es imposible para Dios.*

Referencias cruzadas **1:2** 1 Jn 1:1-4 **1:10** Ex 30:7-8 **1:18** Gn 17:17 **1:25** Gn 30:23 **1:26** Mt 2:23 **1:33** Dn 2:44 **1:35** Mt 1:20

María, el bebé de Elisabet saltó en su vientre y Elisabet
se llenó del Espíritu Santo.
42 Elisabet dio un grito de alegría y le exclamó a María:
—Dios te ha bendecido más que a todas las mujeres,
y tu hijo es bendito. 43 ¿Por qué tengo este honor, que la
madre de mi Señor venga a visitarme? 44 Cuando escuché
tu saludo, el bebé saltó de alegría en mi vientre. 45 Eres
bendita porque creíste que el Señor haría lo que te dijo.

¡Respuestas Bíblicas! 131 ¿Qué es la canción de María?

1:46 María alabó a Dios por haberla elegido para ser la mamá de Jesús. Ella sabía que Jesús sería el Salvador. María era una gran joven y tenía una enorme fe en Dios y por eso fue elegida para esta increíble tarea.

El Magníficat: canción de alabanza de María

46 María respondió:

—Oh, cuánto alaba mi alma al Señor.
47 ¡Cuánto mi espíritu se alegra en Dios mi Salvador!
48 Pues se fijó en su humilde sierva,
y de ahora en adelante todas las generaciones me llamarán bendita.
49 Pues el Poderoso es santo
y ha hecho grandes cosas por mí.
50 Él muestra misericordia de generación en generación
a todos los que le temen.
51 ¡Su brazo poderoso ha hecho cosas tremendas!
Dispersó a los orgullosos y a los altaneros.
52 A príncipes derrocó de sus tronos
y exaltó a los humildes.
53 Al hambriento llenó de cosas buenas
y a los ricos despidió con las manos vacías.
54 Ayudó a su siervo Israel
y no se olvidó de ser misericordioso.
55 Pues lo prometió a nuestros antepasados,
a Abraham y a sus descendientes para siempre.

56 Y María se quedó con Elisabet unos tres meses y
luego regresó a su casa.

Nacimiento de Juan el Bautista

57 Cuando se cumplió el tiempo para que naciera el bebé,
Elisabet dio a luz un hijo varón. 58 Todos sus vecinos y
parientes se alegraron al enterarse de que el Señor había
sido tan misericordioso con ella.
59 Cuando el bebé cumplió ocho días, todos se reu-
nieron para la ceremonia de circuncisión. Querían ponerle
por nombre Zacarías como su padre, 60 pero Elisabet dijo:
—¡No! ¡Su nombre es Juan!
61 —¿Cómo? —exclamaron—. No hay nadie en tu fa-
milia con ese nombre.
62 Entonces, le preguntaron por gestos al padre cómo
quería que se llamara. 63 Zacarías pidió con señas que le
dieran una tablilla para escribir y, para sorpresa de todos,
escribió: «Su nombre es Juan». 64 Al instante Zacarías
pudo hablar de nuevo y comenzó a alabar a Dios.
65 Todo el vecindario se llenó de temor reverente, y
la noticia de lo que había sucedido corrió por todas las
colinas de Judea. 66 Los que la oían meditaban sobre los
acontecimientos y se preguntaban: «¿Qué llegará a ser
este niño?». Pues la mano del Señor estaba sobre él de
una manera especial.

Profecía de Zacarías

67 Entonces su padre, Zacarías, se llenó del Espíritu Santo
y dio la siguiente profecía:

68 «Alaben al Señor, el Dios de Israel,
porque ha visitado y redimido a su pueblo.
69 Nos envió un poderoso Salvador*
del linaje real de su siervo David,
70 como lo prometió
mediante sus santos profetas hace mucho tiempo.
71 Ahora seremos rescatados de nuestros enemigos
y de todos los que nos odian.
72 Él ha sido misericordioso con nuestros antepasados
al recordar su pacto sagrado,
73 el pacto que prometió mediante un juramento
a nuestro antepasado Abraham.
74 Hemos sido rescatados de nuestros enemigos
para poder servir a Dios sin temor,
75 en santidad y justicia,
mientras vivamos.

76 »Y tú, mi pequeño hijo,
serás llamado profeta del Altísimo,
porque prepararás el camino para el Señor.
77 Dirás a su pueblo cómo encontrar la salvación
mediante el perdón de sus pecados.
78 Gracias a la tierna misericordia de Dios,
la luz matinal del cielo está a punto de brillar entre nosotros,*
79 para dar luz a los que están en oscuridad y en sombra de muerte,
y para guiarnos al camino de la paz».

80 Juan creció y se fortaleció en espíritu. Y vivió en el
desierto hasta que comenzó su ministerio público a Israel.

Nacimiento de Jesús

2 En esos días, Augusto, el emperador de Roma, de-
cretó que se hiciera un censo en todo el Imperio
romano. 2 (Este fue el primer censo que se hizo cuando
Cirenio era gobernador de Siria). 3 Todos regresaron a los
pueblos de sus antepasados a fin de inscribirse para el
censo. 4 Como José era descendiente del rey David, tuvo
que ir a Belén de Judea, el antiguo hogar de David. Viajó
hacia allí desde la aldea de Nazaret de Galilea. 5 Llevó con-
sigo a María, su prometida, quien estaba embarazada.
6 Mientras estaban allí, llegó el momento para que na-
ciera el bebé. 7 María dio a luz a su primer hijo varón. Lo
envolvió en tiras de tela y lo acostó en un pesebre, porque
no había alojamiento disponible para ellos.

Pastores y ángeles

8 Esa noche había unos pastores en los campos cercanos,
que estaban cuidando sus rebaños de ovejas. 9 De repente,

***Notas textuales** **1:69** En griego *Levantó un cuerno de salvación para nosotros*. **1:78** O *la Luz Matinal del Cielo está a punto de visitarnos.*

Referencias cruzadas **1:46-55** 1 Sm 2:1-10 **1:59-60** Lc 2:21 **1:65-66** Hch 11:21 **1:67-79** 1 Sm 2:1-10 **1:76** Ml 3:1 **2:1-7** Mt 1:18-25

apareció entre ellos un ángel del Señor, y el resplandor
de la gloria del Señor los rodeó. Los pastores estaban
aterrados, 10 pero el ángel los tranquilizó. «No tengan
miedo —dijo—. Les traigo buenas noticias que darán gran
alegría a toda la gente. 11 ¡El Salvador —sí, el Mesías, el
Señor— ha nacido hoy en Belén, la ciudad de David! 12 Y
lo reconocerán por la siguiente señal: encontrarán a un
niño envuelto en tiras de tela, acostado en un pesebre».
13 De pronto, se unió a ese ángel una inmensa multitud
—los ejércitos celestiales— que alababan a Dios y decían:

14 «Gloria a Dios en el cielo más alto
y paz en la tierra para aquellos en quienes Dios se
complace».

15 Cuando los ángeles regresaron al cielo, los pastores
se dijeron unos a otros: «¡Vayamos a Belén! Veamos esto
que ha sucedido y que el Señor nos anunció».
16 Fueron de prisa a la aldea y encontraron a María y a
José. Y allí estaba el niño, acostado en el pesebre. 17 Des-
pués de verlo, los pastores contaron a todos lo que había
sucedido y lo que el ángel les había dicho acerca del niño.
18 Todos los que escucharon el relato de los pastores queda-
ron asombrados, 19 pero María guardaba todas estas cosas
en el corazón y pensaba en ellas con frecuencia. 20 Los
pastores regresaron a sus rebaños, glorificando y alabando
a Dios por lo que habían visto y oído. Todo sucedió tal
como el ángel les había dicho.

Presentación de Jesús en el templo

21 Ocho días después, cuando el bebé fue circuncidado, le
pusieron por nombre Jesús, el nombre que había dado el
ángel aun antes de que el niño fuera concebido.
22 Luego llegó el tiempo para la ofrenda de purificación,
como exigía la ley de Moisés después del nacimiento de un
niño; así que sus padres lo llevaron a Jerusalén para pre-
sentarlo al Señor. 23 La ley del Señor dice: «Si el primer hijo
de una mujer es varón, habrá que dedicarlo al SEÑOR»*.
24 Así que ellos ofrecieron el sacrificio requerido en la ley del
Señor, que consistía en «un par de tórtolas o dos pichones
de paloma»*.

Profecía de Simeón

25 En ese tiempo, había en Jerusalén un hombre llamado
Simeón. Era justo y devoto, y esperaba con anhelo que
llegara el Mesías y rescatara a Israel. El Espíritu Santo
estaba sobre él 26 y le había revelado que no moriría sin
antes ver al Mesías del Señor. 27 Ese día, el Espíritu lo guio
al templo. De manera que, cuando María y José llegaron
para presentar al bebé Jesús ante el Señor como exigía la
ley, 28 Simeón estaba allí. Tomó al niño en sus brazos y
alabó a Dios diciendo:

29 «Señor Soberano, permite ahora que tu siervo muera
en paz,
como prometiste.
30 He visto tu salvación,
31 la que preparaste para toda la gente.
32 Él es una luz para revelar a Dios a las naciones,
¡y es la gloria de tu pueblo Israel!».

33 Los padres de Jesús estaban asombrados de lo que se
decía de él. 34 Entonces Simeón les dio su bendición y le
dijo a María, la madre del bebé: «Este niño está destinado a
provocar la caída de muchos en Israel, y también el ascenso
de muchos otros. Fue enviado como una señal de Dios,
pero muchos se le opondrán. 35 Como resultado, saldrán
a la luz los pensamientos más profundos de muchos cora-
zones, y una espada atravesará tu propia alma».

Profecía de Ana

36 En el templo también estaba Ana, una profetisa muy
anciana, hija de Fanuel, de la tribu de Aser. Su esposo
había muerto cuando solo llevaban siete años de casa-
dos. 37 Después ella vivió como viuda hasta la edad de
ochenta y cuatro años.* Nunca salía del templo, sino
que permanecía allí de día y de noche adorando a Dios
en ayuno y oración. 38 Llegó justo en el momento que
Simeón hablaba con María y José, y comenzó a alabar a
Dios. Habló del niño a todos los que esperaban que Dios
rescatara a Jerusalén.
39 Una vez que los padres de Jesús cumplieron con
todas las exigencias de la ley del Señor, regresaron a su
casa en Nazaret de Galilea. 40 Allí el niño crecía sano y
fuerte. Estaba lleno de sabiduría, y el favor de Dios estaba
sobre él.

¡Respuestas Bíblicas! 132 ¿Por qué Jesús fue al templo cuando tenía 12 años?

2:42 Los judíos pensaban que a los 12 los niños ya tenían que empezar a entender el mundo de los adultos y prácticamente todos iban a Jerusalén para la Pascua ya que allí adoraban en el templo y recordaban lo que Dios hizo con ellos. Con esta historia podemos ver que Jesús ya era un niño sabio que le prestaba atención a Dios.

Jesús habla con los maestros

41 Cada año, los padres de Jesús iban a Jerusalén para el
festival de la Pascua. 42 Cuando Jesús tenía doce años,
asistieron al festival como siempre. 43 Una vez terminada
la celebración, emprendieron el regreso a Nazaret, pero
Jesús se quedó en Jerusalén. Al principio, sus padres no
se dieron cuenta, 44 porque creyeron que estaba entre los
otros viajeros; pero cuando se hizo de noche y no apare-
cía, comenzaron a buscarlo entre sus parientes y amigos.
45 Como no pudieron encontrarlo, regresaron a Jeru-
salén para buscarlo allí. 46 Tres días después, por fin lo
encontraron en el templo, sentado entre los maestros
religiosos, escuchándolos y haciéndoles preguntas.
47 Todos los que lo oían quedaban asombrados de su en-
tendimiento y de sus respuestas.
48 Sus padres no sabían qué pensar.
—Hijo, ¿por qué nos has hecho esto? —le dijo su
madre—. Tu padre y yo hemos estado desesperados
buscándote por todas partes.
49 —¿Pero por qué tuvieron que buscarme? —les pre-
guntó—. ¿No sabían que tengo que estar en la casa de
mi Padre?*
50 Pero ellos no entendieron lo que les quiso decir.
51 Luego regresó con sus padres a Nazaret, y vivió en
obediencia a ellos. Y su madre guardó todas esas cosas
en el corazón.

***Notas textuales** **2:23** Ex 13:2. **2:24** Lv 12:8. **2:37** O *Ella había sido viuda por ochenta y cuatro años.* **2:49** O *¿No se dieron cuenta de que debo ocuparme de los asuntos de mi Padre?*

Referencias cruzadas **2:14** Rm 5:1 **2:19** Lc 2:51 **2:21** Mt 1:21 **2:40** Lc 1:80

52 Jesús crecía en sabiduría y en estatura, y en el favor
de Dios y de toda la gente.

Juan el Bautista prepara el camino

3 Era el año quince del reinado de Tiberio, el empera-
dor de Roma. Poncio Pilato era gobernador de Judea;
Herodes Antipas gobernaba* Galilea; su hermano Felipe
gobernaba* Iturea y Traconite; y Lisanias gobernaba
Abilinia. 2 Anás y Caifás eran los sumos sacerdotes. En
ese tiempo, un mensaje de Dios llegó a Juan, hijo de Za-
carías, que vivía en el desierto. 3 Entonces Juan fue de un
lugar a otro, por ambos lados del río Jordán, predicando
que la gente debía ser bautizada para demostrar que se
había arrepentido de sus pecados y vuelto a Dios para
ser perdonada. 4 Isaías había hablado de Juan cuando dijo:

«Es una voz que clama en el desierto:
"¡Preparen el camino para la venida del Señor!
¡Ábranle camino!
5 Los valles serán rellenados,
y las montañas y las colinas, allanadas.
Las curvas serán enderezadas,
y los lugares ásperos, suavizados.
6 Y entonces todas las personas verán
la salvación enviada por Dios"»*.

7 Cuando las multitudes acudieron a Juan para que los
bautizara, les dijo:
—¡Camada de víboras! ¿Quién les advirtió que huyeran
de la ira que se acerca? 8 Demuestren con su forma de
vivir que se han arrepentido de sus pecados y han vuelto
a Dios. No se digan simplemente el uno al otro: "Estamos
a salvo porque somos descendientes de Abraham". Eso no
significa nada, porque les digo que Dios puede crear hijos
de Abraham de estas mismas piedras. 9 Ahora mismo el
hacha del juicio de Dios está lista para cortar las raíces de
los árboles. Así es, todo árbol que no produzca buenos
frutos será cortado y arrojado al fuego.
10 Las multitudes preguntaron:
—¿Qué debemos hacer?
11 Juan contestó:
—Si tienes dos camisas, da una a los pobres. Si tienes
comida, comparte con los que tienen hambre.
12 Hasta los corruptos cobradores de impuestos vinie-
ron a bautizarse y preguntaron:
—Maestro, ¿qué debemos hacer?
13 Él les contestó:
—No recauden más impuestos de lo que el gobierno
requiere.
14 —¿Qué debemos hacer nosotros? —preguntaron
algunos soldados.
Juan les contestó:
—No extorsionen ni hagan falsas acusaciones, y estén
satisfechos con su salario.
15 Todos esperaban que el Mesías viniera pronto, y te-
nían muchas ganas de saber si Juan era el Mesías. 16 Juan
contestó a sus preguntas diciendo: «Yo los bautizo con*
agua, pero pronto viene alguien que es superior a mí,
tan superior que ni siquiera soy digno de ser su esclavo
y desatarle las correas de sus sandalias. Él los bautizará
con el Espíritu Santo y con fuego.* 17 Él está listo para
separar el trigo de la paja con su rastrillo. Luego limpiará
la zona donde se trilla y juntará el trigo en su granero,
pero quemará la paja en un fuego interminable». 18 Juan
usó muchas advertencias similares al anunciar la Buena
Noticia al pueblo.
19 También Juan criticó públicamente a Herodes An-
tipas, el gobernador de Galilea,* por haberse casado con
Herodías, la esposa de su hermano, y por muchas otras
injusticias que había cometido. 20 Así que Herodes metió
a Juan en la cárcel, agregando a sus muchos pecados uno
más.

Bautismo de Jesús

21 Cierto día, en que las multitudes se bautizaban, Jesús
mismo fue bautizado. Mientras él oraba, los cielos se
abrieron, 22 y el Espíritu Santo, en forma visible, descendió
sobre él como una paloma. Y una voz dijo desde el cielo:
«Tú eres mi Hijo muy amado y me das gran gozo*».

Antepasados de Jesús

23 Jesús tenía unos treinta años cuando comenzó su mi-
nisterio público.

Jesús era conocido como el hijo de José.
José era hijo de Elí.
24 Elí era hijo de Matat.
Matat era hijo de Leví.
Leví era hijo de Melqui.
Melqui era hijo de Jana.
Jana era hijo de José.
25 José era hijo de Matatías.
Matatías era hijo de Amós.
Amós era hijo de Nahúm.
Nahúm era hijo de Esli.
Esli era hijo de Nagai.
26 Nagai era hijo de Maat.
Maat era hijo de Matatías.
Matatías era hijo de Semei.
Semei era hijo de Josec.
Josec era hijo de Judá.
27 Judá era hijo de Joana.
Joana era hijo de Resa.
Resa era hijo de Zorobabel.
Zorobabel era hijo de Salatiel.
Salatiel era hijo de Neri.
28 Neri era hijo de Melqui.
Melqui era hijo de Adi.
Adi era hijo de Cosam.
Cosam era hijo de Elmodam.
Elmodam era hijo de Er.
29 Er era hijo de Josué.
Josué era hijo de Eliezer.
Eliezer era hijo de Jorim.
Jorim era hijo de Matat.
Matat era hijo de Leví.
30 Leví era hijo de Simeón.
Simeón era hijo de Judá.
Judá era hijo de José.
José era hijo de Jonán.
Jonán era hijo de Eliaquim.
31 Eliaquim era hijo de Melea.

***Notas textuales** **3:1a** En griego *Herodes era tetrarca de.* Herodes Antipas era hijo del rey Herodes. **3:1b** En griego *era tetrarca de*; también en 3:1c. **3:4-6** Is 40:3-5 (versión griega). **3:16a** O *en.* **3:16b** O *en el Espíritu Santo y en fuego.* **3:19** En griego *Herodes el tetrarca.* **3:22** Algunos manuscritos dicen *mi Hijo, y hoy he llegado a ser tu Padre.*

Referencias cruzadas **2:52** Lc 1:80 **3:3-16** Jn 1:19-28 **3:21-22** Mt 3:13-17

Melea era hijo de Mainán.
Mainán era hijo de Matata.
Matata era hijo de Natán.
Natán era hijo de David.
32 David era hijo de Isaí.
Isaí era hijo de Obed.
Obed era hijo de Booz.
Booz era hijo de Salmón.*
Salmón era hijo de Naasón.
33 Naasón era hijo de Aminadab.
Aminadab era hijo de Admín.
Admín era hijo de Arní.*
Arní era hijo de Hezrón.
Hezrón era hijo de Fares.
Fares era hijo de Judá.
34 Judá era hijo de Jacob.
Jacob era hijo de Isaac.
Isaac era hijo de Abraham.
Abraham era hijo de Taré.
Taré era hijo de Nacor.
35 Nacor era hijo de Serug.
Serug era hijo de Reu.
Reu era hijo de Peleg.
Peleg era hijo de Heber.
Heber era hijo de Sala.
36 Sala era hijo de Cainán.
Cainán era hijo de Arfaxad.
Arfaxad era hijo de Sem.
Sem era hijo de Noé.
Noé era hijo de Lamec.
37 Lamec era hijo de Matusalén.
Matusalén era hijo de Enoc.
Enoc era hijo de Jared.
Jared era hijo de Mahalaleel.
Mahalaleel era hijo de Cainán.
38 Cainán era hijo de Enós.
Enós era hijo de Set.
Set era hijo de Adán.
Adán era hijo de Dios.

¡Respuestas Bíblicas! 133 ¿Qué hizo Jesús cuando fue tentado?

4:4 El diablo quería que Jesús pecara y por eso lo tentó y trató de engañar diciéndole cosas de la Biblia para ese propósito. Pero Jesús sabía más de la Biblia que el diablo y eso no funcionó, así que resistió las tentaciones.

Tentación de Jesús

4 Entonces Jesús, lleno del Espíritu Santo, regresó del
río Jordán y fue guiado por el Espíritu en el desierto,*
2donde fue tentado por el diablo durante cuarenta días.
Jesús no comió nada en todo ese tiempo y comenzó a
tener mucha hambre.
3Entonces el diablo le dijo:
—Si eres el Hijo de Dios, dile a esta piedra que se transforme en pan.
4Jesús le dijo:
—¡No! Las Escrituras dicen: "La gente no vive solo de pan"*.
5Entonces el diablo lo llevó a una parte alta y desplegó
ante él todos los reinos del mundo en un solo instante.
6—Te daré la gloria de estos reinos y autoridad sobre
ellos —le dijo el diablo—, porque son míos para dárselos a
quien yo quiera. 7Te daré todo esto si me adoras.
8Jesús le respondió:
—Las Escrituras dicen:

"Adora al SEÑOR tu Dios
y sírvele únicamente a él"*.

9Entonces el diablo lo llevó a Jerusalén, al punto más
alto del templo, y dijo:
—Si eres el Hijo de Dios, ¡tírate! 10Pues las Escrituras
dicen:

"Él ordenará a sus ángeles que te protejan y te guarden.
11 Y te sostendrán con sus manos
para que ni siquiera te lastimes el pie con una piedra"*.

12Jesús le respondió:
—Las Escrituras también dicen: "No pondrás a prueba
al SEÑOR tu Dios"*.
13Cuando el diablo terminó de tentar a Jesús, lo dejó
hasta la siguiente oportunidad.

Jesús es rechazado en Nazaret

14Entonces Jesús regresó a Galilea lleno del poder del
Espíritu Santo. Las noticias acerca de él corrieron rápidamente por toda la región. 15Enseñaba con frecuencia
en las sinagogas y todos lo elogiaban.
16Cuando llegó a Nazaret, la aldea donde creció, fue
como de costumbre a la sinagoga el día de descanso y se
puso de pie para leer las Escrituras. 17Le dieron el rollo
del profeta Isaías. Jesús lo desenrolló y encontró el lugar
donde está escrito lo siguiente:

18 «El Espíritu del SEÑOR está sobre mí,
porque me ha ungido para llevar la Buena Noticia a los pobres.
Me ha enviado a proclamar que los cautivos serán liberados,
que los ciegos verán,
que los oprimidos serán puestos en libertad,
19 y que ha llegado el tiempo del favor del SEÑOR*».

20Lo enrolló de nuevo, se lo entregó al ayudante y se
sentó. Todas las miradas en la sinagoga se fijaron en él.
21Después Jesús comenzó a hablarles: «La Escritura que
acaban de oír ¡se ha cumplido este mismo día!».
22Todos hablaban bien de él y estaban asombrados de
la gracia con la que salían las palabras de su boca. «¿Cómo
puede ser? —preguntaban—. ¿No es este el hijo de José?».
23Entonces Jesús les dijo: «Seguramente ustedes me
citarán el proverbio que dice: "Médico, cúrate a ti mismo"
para decirme: "Haz milagros aquí en tu propio pueblo

***Notas textuales** **3:32** En griego *Sala*, una variante de Salmón; también en 3:32b. Ver Rt 4:20-21. **3:33** Algunos manuscritos dicen *Aminadab era hijo de Aram. Arní* y *Aram* son variantes de Ram. Ver 1 Cr 2:9-10. **4:1** Algunos manuscritos dicen *hacia el desierto.* **4:4** Dt 8:3. **4:8** Dt 6:13. **4:10-11** Sal 91:11-12. **4:12** Dt 6:16. **4:18-19** O *y a proclamar el año aceptable del SEÑOR*. Is 61:1-2 (versión griega); 58:6.

Referencias cruzadas **4:1-13** Mt 4:1-11 **4:15** Mc 1:14-15 **4:16-30** Mc 6:1-6

como los que hiciste en Capernaúm”. 24Pero les digo la
verdad, ningún profeta es aceptado en su propio pueblo.
25»Sin duda había muchas viudas necesitadas en Israel
en el tiempo de Elías, cuando los cielos se cerraron por
tres años y medio y un hambre terrible devastó la tierra.
26Sin embargo, Elías no fue enviado a ninguna de ellas.
En cambio, lo enviaron a una extranjera, a una viuda de
Sarepta en la tierra de Sidón. 27También muchas personas
en Israel tenían lepra en el tiempo del profeta Eliseo, pero
el único sanado fue Naamán, un sirio».
28Al oír eso la gente de la sinagoga se puso furiosa. 29Se
levantaron de un salto, lo atacaron y lo llevaron a la fuerza
hasta el borde del cerro sobre el cual estaba construida la
ciudad. Querían arrojarlo por el precipicio, 30pero él pasó
por en medio de la multitud y siguió su camino.

Jesús expulsa un demonio

31Después Jesús fue a Capernaúm, una ciudad de Galilea,
y enseñaba en la sinagoga cada día de descanso. 32Allí tam-
bién la gente quedó asombrada de su enseñanza, porque
hablaba con autoridad.
33Cierta vez que Jesús estaba en la sinagoga, un hombre
poseído por un demonio —un espíritu maligno*— clamó,
gritando: 34«¡Vete! ¿Por qué te entrometes con nosotros,
Jesús de Nazaret? ¿Has venido a destruirnos? ¡Yo sé quién
eres: el Santo de Dios!».
35Pero Jesús lo reprendió: «¡Cállate! —le ordenó—. ¡Sal
de este hombre!». En ese mismo momento, el demonio
arrojó al hombre al suelo mientras la multitud miraba;
luego salió de él sin hacerle más daño.
36La gente, asombrada, exclamó: «¡Qué poder y autori-
dad tienen las palabras de este hombre! Hasta los espíritus
malignos lo obedecen y huyen a su orden». 37Las noticias
acerca de Jesús corrieron por cada aldea de toda la región.

Jesús sana a mucha gente

38Después de salir de la sinagoga ese día, Jesús fue a la
casa de Simón, donde encontró a la suegra de Simón muy
enferma, con mucha fiebre. «Por favor, sánala», le supli-
caron todos. 39De pie junto a su cama, Jesús reprendió a
la fiebre y la fiebre se fue de la mujer. Ella se levantó de
inmediato y les preparó una comida.
40Esa tarde, al ponerse el sol, la gente de toda la aldea
llevó ante Jesús a sus parientes enfermos. Cualquiera que
fuera la enfermedad, el toque de su mano los sanaba a
todos. 41Muchos estaban poseídos por demonios, los cua-
les salieron a su orden gritando: «¡Eres el Hijo de Dios!».
Pero como ellos sabían que él era el Mesías, los reprendió
y no los dejó hablar.

Jesús continúa predicando

42Muy temprano a la mañana siguiente, Jesús salió a un
lugar aislado. Las multitudes lo buscaron por todas partes
y, cuando por fin lo encontraron, le suplicaron que no se
fuera. 43Él les respondió: «Debo predicar la Buena Noticia
del reino de Dios también en otras ciudades, porque para
eso fui enviado». 44Así que siguió recorriendo la región,
predicando en las sinagogas de toda Judea.*

Primeros discípulos

5 Cierto día, mientras Jesús predicaba en la orilla del
mar de Galilea,* grandes multitudes se abalanzaban
sobre él para escuchar la palabra de Dios. 2Jesús notó dos
barcas vacías en la orilla porque los pescadores las habían
dejado mientras lavaban sus redes. 3Al subir a una de las
barcas, Jesús le pidió a Simón,* el dueño de la barca, que
la empujara al agua. Luego se sentó en la barca y desde
allí enseñaba a las multitudes.
4Cuando terminó de hablar, le dijo a Simón:
—Ahora ve a las aguas más profundas y echa tus redes
para pescar.
5—Maestro —respondió Simón—, hemos trabajado
mucho durante toda la noche y no hemos pescado nada;
pero si tú lo dices, echaré las redes nuevamente.
6Y esta vez las redes se llenaron de tantos peces ¡que
comenzaron a romperse! 7Un grito de auxilio atrajo a los
compañeros de la otra barca, y pronto las dos barcas es-
taban llenas de peces y a punto de hundirse.
8Cuando Simón Pedro se dio cuenta de lo que había
sucedido, cayó de rodillas delante de Jesús y le dijo:
—Señor, por favor, aléjate de mí; soy un hombre tan
pecador.
9Pues estaba muy asombrado por la cantidad de peces
que habían sacado, al igual que los otros que estaban con
él. 10Sus compañeros, Santiago y Juan, hijos de Zebedeo,
también estaban asombrados.
Jesús respondió a Simón:
—¡No tengas miedo! ¡De ahora en adelante, pescarás
personas!
11Y, en cuanto llegaron a tierra firme, dejaron todo y
siguieron a Jesús.

Jesús sana a un hombre con lepra

12En una de las aldeas, Jesús conoció a un hombre que
tenía una lepra muy avanzada. Cuando el hombre vio a
Jesús, se inclinó rostro en tierra y le suplicó que lo sanara.
—¡Señor! —le dijo—, ¡si tú quieres, puedes sanarme y
dejarme limpio!
13Jesús extendió la mano y lo tocó:
—Sí quiero —dijo—. ¡Queda sano!
Al instante, la lepra desapareció. 14Entonces Jesús le
dio instrucciones de que no dijera a nadie lo que había
sucedido. Le dijo: «Preséntate ante el sacerdote y deja
que te examine. Lleva contigo la ofrenda que exige la ley
de Moisés a los que son sanados de lepra.* Esto será un
testimonio público de que has quedado limpio».
15Sin embargo, a pesar de las instrucciones de Jesús, la
noticia de su poder corrió aún más, y grandes multitudes
llegaron para escucharlo predicar y ser sanados de sus
enfermedades. 16Así que Jesús muchas veces se alejaba
al desierto para orar.

Jesús sana a un paralítico

17Cierto día, mientras Jesús enseñaba, algunos fariseos
y maestros de la ley religiosa estaban sentados cerca. (Al
parecer, esos hombres habían llegado de todas las aldeas de
Galilea y Judea, y también de Jerusalén). Y el poder sanador
del Señor estaba presente con fuerza en Jesús.
18Unos hombres llegaron cargando a un paralítico
en una camilla. Trataron de llevarlo dentro a donde es-
taba Jesús, 19pero no pudieron acercarse a él debido a la

***Notas textuales** **4:33** En griego *impuro*; similar en 4:36. **4:44** Algunos manuscritos dicen *Galilea.* **5:1** En griego *del lago de Genesaret,* otro nombre para el mar de Galilea. **5:3** *Simón* es llamado «Pedro» desde 6:14 en adelante. **5:14** Ver Lv 14:2-32.

Referencias cruzadas **4:33-37** Mc 1:23-28 **4:38-41** Mt 8:14-17 **4:42-44** Mc 1:35-39 **5:1-11** Mt 4:18-22 **5:12-14** Mc 1:40-44 **5:17-26** Mc 2:1-12 multitud. Entonces subieron al techo y quitaron algunas tejas. Luego bajaron al enfermo en su camilla hasta ponerlo en medio de la multitud, justo frente a Jesús. 20Al ver la fe de ellos, Jesús le dijo al hombre: «Joven, tus pecados son perdonados».

21Entonces los fariseos y los maestros de la ley religiosa decían para sí: «¿Quién se cree que es? ¡Es una blasfemia! ¡Solo Dios puede perdonar pecados!».

22Jesús supo lo que pensaban, así que les preguntó: «¿Por qué cuestionan eso en su corazón? 23¿Qué es más fácil decir: "Tus pecados son perdonados" o "Ponte de pie y camina"? 24Así que les demostraré que el Hijo del Hombre* tiene autoridad en la tierra para perdonar pecados». Entonces Jesús miró al paralítico y dijo: «¡Ponte de pie, toma tu camilla y vete a tu casa!».

25Al instante, delante de todos, el hombre se levantó de un salto, tomó su camilla y se fue a su casa alabando a Dios. 26El asombro se apoderó de todos, y quedaron pasmados. Y alababan a Dios exclamando: «¡Hoy hemos visto cosas maravillosas!».

Jesús llama a Leví (Mateo)

27Tiempo después, al salir de la ciudad, Jesús vio a un cobrador de impuestos llamado Leví sentado en su cabina de cobrador. «Sígueme y sé mi discípulo», le dijo Jesús. 28Entonces Leví se levantó, dejó todo y lo siguió.

29Más tarde, Leví dio un banquete en su casa, con Jesús como invitado de honor. Muchos de los cobradores de impuestos, compañeros de Leví, y otros invitados comieron con ellos. 30Así que los fariseos y los maestros de la ley religiosa les reclamaron severamente a los discípulos de Jesús diciéndoles: «¿Por qué comen y beben con semejante escoria*?».

31Jesús les contestó: «La gente sana no necesita médico, los enfermos sí. 32No he venido a llamar a los que se creen justos, sino a los que saben que son pecadores y necesitan arrepentirse».

Discusión acerca del ayuno

33Cierto día, algunas personas le dijeron a Jesús:

—Los discípulos de Juan el Bautista ayunan y oran con frecuencia, igual que los discípulos de los fariseos. ¿Por qué tus discípulos están siempre comiendo y bebiendo?

34Jesús contestó:

—¿Acaso los invitados de una boda ayunan mientras festejan con el novio? Por supuesto que no; 35pero un día el novio será llevado, y entonces sí ayunarán.

36Luego Jesús les dio la siguiente ilustración: «Nadie quita un pedazo de tela de una prenda nueva y la usa para remendar una prenda vieja; pues la prenda nueva se arruinaría y el remiendo nuevo no haría juego con la prenda vieja.

37»Nadie pone vino nuevo en cueros viejos; pues el vino nuevo reventaría los cueros, el vino se derramaría, y los cueros quedarían arruinados. 38El vino nuevo debe guardarse en cueros nuevos. 39Ni nadie que prueba el vino añejo parece querer el vino nuevo. Pues dicen: "El añejo es mejor"».

Discusión acerca del día de descanso

6 Cierto día de descanso, mientras Jesús caminaba por unos terrenos sembrados, sus discípulos arrancaron unas espigas de grano, las frotaron entre sus manos para sacarles la cáscara y se comieron los granos. 2Algunos fariseos dijeron:

—¿Por qué violan la ley al cosechar granos en el día de descanso?

3Jesús les respondió:

—¿Acaso no han leído en las Escrituras lo que hizo David cuando él y sus compañeros tuvieron hambre? 4Entró en la casa de Dios y violó la ley al comer los panes sagrados que solo los sacerdotes pueden comer, y también les dio una porción a sus compañeros.

5Entonces Jesús agregó:

—El Hijo del Hombre* es Señor incluso del día de descanso.

Jesús sana en el día de descanso

6Otro día de descanso, un hombre que tenía la mano derecha deforme estaba en la sinagoga mientras Jesús enseñaba. 7Los maestros de la ley religiosa y los fariseos vigilaban a Jesús de cerca. Si sanaba la mano del hombre, tenían pensado acusarlo por trabajar en el día de descanso.

8Pero Jesús sabía lo que pensaban y le dijo al hombre con la mano deforme: «Ven y ponte de pie frente a todos». Así que el hombre pasó adelante. 9Entonces Jesús les dijo a sus acusadores: «Tengo una pregunta para ustedes: ¿Permite la ley hacer buenas acciones en el día de descanso o es un día para hacer el mal? ¿Es un día para salvar la vida o para destruirla?».

10Miró uno por uno a los que lo rodeaban y luego le dijo al hombre: «Extiende la mano». Entonces el hombre la extendió, ¡y la mano quedó restaurada! 11Al ver esto, los enemigos de Jesús se llenaron de rabia y comenzaron a discutir para decidir qué harían con él.

Jesús escoge a los doce apóstoles

12Cierto día, poco tiempo después, Jesús subió a un monte a orar y oró a Dios toda la noche. 13Al amanecer, llamó a todos sus discípulos y escogió a doce de ellos para que fueran apóstoles. Sus nombres son los siguientes:

14 Simón (a quien llamó Pedro),
Andrés (hermano de Pedro),
Santiago,
Juan,
Felipe,
Bartolomé,
15 Mateo,
Tomás,
Santiago (hijo de Alfeo),
Simón (a quien llamaban el zelote),
16 Judas (hijo de Santiago),
Judas Iscariote (quien después lo traicionó).

Multitudes siguen a Jesús

17Cuando descendieron del monte, los discípulos se quedaron con Jesús en un amplio lugar llano, rodeados de muchos seguidores y de las multitudes. Había gente de toda Judea y Jerusalén, y de lugares tan al norte como las costas de Tiro y Sidón. 18Habían llegado para oírlo

***Notas textuales** **5:24** «Hijo del Hombre» es un título que Jesús empleaba para referirse a sí mismo. **5:30** En griego *con cobradores de impuestos y pecadores?* **6:5** «Hijo del Hombre» es un título que Jesús empleaba para referirse a sí mismo.

Referencias cruzadas **5:27-32** Mc 2:13-17 **5:33-39** Mt 9:14-17 **6:1-5** Mc 2:23-28 **6:6-11** Mt 12:9-14 **6:17-19** Mt 4:23-25

y para ser sanados de sus enfermedades; y los que eran
atormentados por espíritus malignos* fueron sanados.
19Todos trataban de tocarlo, porque de él salía poder sa-
nador, y los sanó a todos.

Las bienaventuranzas

20Entonces Jesús se volvió hacia sus discípulos y les dijo:

«Dios los bendice a ustedes, que son pobres,
porque el reino de Dios les pertenece.
21 Dios los bendice a ustedes, que ahora tienen hambre,
porque serán saciados.
Dios los bendice a ustedes, que ahora lloran,
porque a su debido tiempo reirán.

22Qué bendiciones les esperan cuando la gente los odie y
los excluya, cuando se burlen de ustedes y los maldigan,
como si fueran gente maligna, porque siguen al Hijo del
Hombre. 23Cuando les suceda eso, pónganse contentos.
¡Sí, salten de alegría, porque les espera una gran recom-
pensa en el cielo! Y recuerden que los antepasados de
ellos trataron a los antiguos profetas de la misma manera.

Tristeza anunciada

24 »Qué aflicción les espera a ustedes, los que son ricos,
porque su única felicidad es aquí y ahora.
25 Qué aflicción les espera a ustedes, los que ahora
están gordos y prósperos,
porque tienen un horrible tiempo de hambre por
delante.
Qué aflicción les espera a ustedes, los que ahora se
ríen,
porque su risa se convertirá en luto y dolor.
26 Qué aflicción les espera a ustedes, los que son
elogiados por las multitudes,
porque sus antepasados también elogiaron a
falsos profetas.

El amor hacia los enemigos

27»A los que están dispuestos a escuchar, les digo: ¡amen
a sus enemigos! Hagan bien a quienes los odian. 28Ben-
digan a quienes los maldicen. Oren por aquellos que los
lastiman. 29Si alguien te da una bofetada en una mejilla,
ofrécele también la otra mejilla. Si alguien te exige el
abrigo, ofrécele también la camisa. 30Dale a cualquiera
que te pida; y cuando te quiten las cosas, no trates de re-
cuperarlas. 31Traten a los demás como les gustaría que
ellos los trataran a ustedes.
32»Si solo aman a quienes los aman a ustedes, ¿qué mé-
rito tienen? ¡Hasta los pecadores aman a quienes los aman
a ellos! 33Y si solo hacen bien a los que son buenos con
ustedes, ¿qué mérito tienen? ¡Hasta los pecadores hacen
eso! 34Y si prestan dinero solamente a quienes pueden de-
volverlo, ¿qué mérito tienen? Hasta los pecadores prestan
a otros pecadores a cambio de un reembolso completo.
35»¡Amen a sus enemigos! Háganles bien. Presten sin
esperar nada a cambio. Entonces su recompensa del cielo
será grande, y se estarán comportando verdaderamente
como hijos del Altísimo, pues él es bondadoso con los que
son desagradecidos y perversos. 36Deben ser compasivos,
así como su Padre es compasivo.

No juzgar a los demás

37»No juzguen a los demás, y no serán juzgados. No
condenen a otros, para que no se vuelva en su contra.
Perdonen a otros, y ustedes serán perdonados. 38Den, y
recibirán. Lo que den a otros les será devuelto por com-
pleto: apretado, sacudido para que haya lugar para más,
desbordante y derramado sobre el regazo. La cantidad que
den determinará la cantidad que recibirán a cambio*».
39Luego Jesús les dio la siguiente ilustración: «¿Puede
un ciego guiar a otro ciego? ¿No caerán los dos en una
zanja? 40Los alumnos* no son superiores a su maestro,
pero el alumno que complete su entrenamiento se volverá
como su maestro.
41»¿Y por qué te preocupas por la astilla en el ojo de tu
amigo* cuando tú tienes un tronco en el tuyo? 42¿Cómo
puedes decir: "Amigo,* déjame ayudarte a sacar la astilla
de tu ojo", cuando tú no puedes ver más allá del tronco
que está en tu propio ojo? ¡Hipócrita! Primero quita el
tronco de tu ojo; después verás lo suficientemente bien
para ocuparte de la astilla en el ojo de tu amigo.

El árbol y su fruto

43»Un buen árbol no puede producir frutos malos, y un
árbol malo no puede producir frutos buenos. 44Al árbol
se le identifica por su fruto. Los higos no se recogen de
los espinos, y las uvas no se cosechan de las zarzas. 45Una
persona buena produce cosas buenas del tesoro de su
buen corazón, y una persona mala produce cosas malas
del tesoro de su mal corazón. Lo que uno dice brota de lo
que hay en el corazón.

Edificar sobre un cimiento sólido

46»Así que, ¿por qué siguen llamándome "¡Señor, Señor!"
cuando no hacen lo que digo? 47Les mostraré cómo es
cuando una persona viene a mí, escucha mi enseñanza y
después la sigue. 48Es como una persona que, para cons-
truir una casa, cava hondo y echa los cimientos sobre
roca sólida. Cuando suben las aguas de la inundación y
golpean contra esa casa, esta queda intacta porque está
bien construida. 49Pero el que oye y no obedece es como
una persona que construye una casa sobre el suelo, sin
cimientos. Cuando las aguas de la inundación azoten esa
casa, se derrumbará en un montón de escombros».

La fe de un oficial romano

7 Cuando Jesús terminó de decir todo eso a la gente,
regresó a Capernaúm. 2En ese tiempo, un apreciado
esclavo de un oficial romano* estaba enfermo y a punto
de morir. 3Cuando el oficial oyó hablar de Jesús, envió
a unos respetados ancianos judíos a pedirle que fuera a
sanar a su esclavo. 4De todo corazón, le suplicaron a Jesús
que ayudara al hombre. Le dijeron: «Si alguien merece tu
ayuda, es él; 5pues ama al pueblo judío y hasta construyó
una sinagoga para nosotros».
6Entonces Jesús fue con ellos; pero, justo antes de que
llegaran a la casa, el oficial envió a unos amigos a decir:
«Señor, no te molestes en venir a mi casa, porque no soy

***Notas textuales** **6:18** En griego *impuros.* **6:38** O *La medida que den será la medida que recibirán a cambio.* **6:40** O *discípulos.* **6:41** En griego *el ojo de tu hermano*; también en 6:42. **6:42** En griego *Hermano.* **7:2** En griego *un centurión*; similar en 7:6.

Referencias cruzadas **6:20-23** Mt 5:1-12 **6:24-26** St 4:4 **6:27-35** Mt 5:38-48 **6:37-42** Mt 7:1-5 **6:43-45** Mt 12:34-35 **6:47-49** Mt 7:24-27 **7:1-10** Jn 4:43-54 digno de tanto honor. 7Ni siquiera soy digno de ir a tu encuentro. Tan solo pronuncia la palabra desde donde estás y mi siervo se sanará. 8Lo sé porque estoy bajo la autoridad de mis oficiales superiores y tengo autoridad sobre mis soldados. Solo tengo que decir: "Vayan", y ellos van, o "vengan", y ellos vienen. Y si les digo a mis esclavos: "Hagan esto", lo hacen».

9Al oírlo, Jesús quedó asombrado. Se dirigió a la multitud que lo seguía y dijo: «Les digo, ¡no he visto una fe como esta en todo Israel!». 10Cuando los amigos del oficial regresaron a la casa, encontraron al esclavo completamente sano.

Jesús resucita al hijo de una viuda

11Poco después, Jesús fue con sus discípulos a la aldea de Naín, y una multitud numerosa lo siguió. 12Cuando Jesús llegó a la entrada de la aldea, salía una procesión fúnebre. El joven que había muerto era el único hijo de una viuda, y una gran multitud de la aldea la acompañaba. 13Cuando el Señor la vio, su corazón rebosó de compasión. «No llores», le dijo. 14Luego se acercó al ataúd y lo tocó y los que cargaban el ataúd se detuvieron. «Joven —dijo Jesús—, te digo, levántate». 15¡Entonces el joven muerto se incorporó y comenzó a hablar! Y Jesús lo regresó a su madre.

16Un gran temor se apoderó de la multitud, y alababan a Dios diciendo: «Un profeta poderoso se ha levantado entre nosotros» y «Dios ha visitado hoy a su pueblo». 17Y las noticias acerca de Jesús corrieron por toda Judea y sus alrededores.

Jesús y Juan el Bautista

18Los discípulos de Juan el Bautista le contaron todo lo que Jesús hacía. Entonces Juan llamó a dos de sus discípulos 19y los envió al Señor para que le preguntaran: «¿Eres tú el Mesías a quien hemos esperado* o debemos seguir buscando a otro?».

20Los dos discípulos de Juan encontraron a Jesús y le dijeron: «Juan el Bautista nos envió a preguntarte: "¿Eres tú el Mesías a quien hemos esperado o debemos seguir buscando a otro?"».

21En ese preciso momento Jesús sanó a muchas personas de enfermedades, dolencias, y expulsó espíritus malignos y le devolvió la vista a muchos ciegos. 22Luego les dijo a los discípulos de Juan: «Regresen a Juan y cuéntenle lo que han visto y oído: los ciegos ven, los cojos caminan bien, los que tienen lepra son curados, los sordos oyen, los muertos resucitan, y a los pobres se les predica la Buena Noticia». 23Y agregó: «Dios bendice a los que no se apartan por causa de mí*».

24Después de que los discípulos de Juan se fueron, Jesús comenzó a hablar acerca de él a las multitudes. «¿A qué clase de hombre fueron a ver al desierto? ¿Acaso era una caña débil sacudida por la más leve brisa? 25¿O esperaban ver a un hombre vestido con ropa costosa? No, la gente que usa ropa elegante y vive rodeada de lujos se encuentra en los palacios. 26¿Buscaban a un profeta? Así es, y él es más que un profeta. 27Juan es el hombre al que se refieren las Escrituras cuando dicen:

"Mira, envío a mi mensajero por anticipado,
y él preparará el camino delante de ti"*.

28Les digo que de todos los hombres que han vivido, nadie es superior a Juan. Sin embargo, hasta la persona más insignificante en el reino de Dios es superior a él».

29Cuando oyeron esto, todos —hasta los cobradores de impuestos— coincidieron en que el camino de Dios era el correcto,* porque fueron bautizados por Juan; 30pero los fariseos y los expertos en la ley religiosa no aceptaron el plan de Dios para ellos, porque rechazaron el bautismo de Juan.

31«¿Con qué puedo comparar a la gente de esta generación? —preguntó Jesús—. ¿Cómo los puedo describir? 32Se parecen a los niños que juegan en la plaza. Se quejan ante sus amigos:

"Tocamos canciones de bodas,
y no bailaron;
entonces tocamos cantos fúnebres,
y no lloraron".

33Pues Juan el Bautista no pasaba el tiempo comiendo pan y bebiendo vino, y ustedes dicen: "Está poseído por un demonio". 34El Hijo del Hombre,* por su parte, festeja y bebe, y ustedes dicen: "Es un glotón y un borracho, ¡y es amigo de cobradores de impuestos y de otros pecadores!". 35Pero la sabiduría demuestra estar en lo cierto por la vida de quienes la siguen*».

Una mujer pecadora unge a Jesús

36Uno de los fariseos invitó a Jesús a cenar, así que Jesús fue a su casa y se sentó a comer.* 37Cuando cierta mujer de mala vida que vivía en la ciudad se enteró de que Jesús estaba comiendo allí, llevó un hermoso frasco de alabastro lleno de un costoso perfume. 38Llorando, se arrodilló detrás de él a sus pies. Sus lágrimas cayeron sobre los pies de Jesús, y ella los secó con sus cabellos. No cesaba de besarle los pies y les ponía perfume.

39Cuando el fariseo que lo había invitado vio esto, dijo para sí: «Si este hombre fuera profeta, sabría qué tipo de mujer lo está tocando. ¡Es una pecadora!».

40Entonces Jesús respondió a los pensamientos del fariseo:

—Simón —le dijo—, tengo algo que decirte.

—Adelante, Maestro —respondió Simón.

41Entonces Jesús le contó la siguiente historia:

—Un hombre prestó dinero a dos personas, quinientas piezas de plata* a una y cincuenta piezas a la otra. 42Sin embargo, ninguna de las dos pudo devolver el dinero, así que el hombre perdonó amablemente a ambas y les canceló la deuda. ¿Quién crees que lo amó más?

43Simón contestó:

—Supongo que la persona a quien le perdonó la deuda más grande.

—Correcto —dijo Jesús.

44Luego se volvió a la mujer y le dijo a Simón:

—Mira a esta mujer que está arrodillada aquí. Cuando entré en tu casa, no me ofreciste agua para lavarme el polvo de los pies, pero ella los lavó con sus lágrimas y los secó con sus cabellos. 45Tú no me saludaste con un beso,

***Notas textuales** **7:19** En griego *¿Eres tú el que viene?*; también en 7:20. **7:23** O *que no se ofenden por mí.* **7:27** Ml 3:1. **7:29** O *alabaron a Dios por su justicia.* **7:34** «Hijo del Hombre» es un título que Jesús empleaba para referirse a sí mismo. **7:35** O *Pero la sabiduría es justificada por todos sus hijos.* **7:36** O *y se reclinó.* **7:41** En griego *500 denarios.* Un denario equivalía a la paga de un obrero por una jornada completa de trabajo.

Referencias cruzadas **7:11-16** Jn 11:1-44 **7:18-35** Mt 11:2-19 **7:39** Mt 21:11

pero ella, desde el momento en que entré, no ha dejado de besarme los pies. 46Tú no tuviste la cortesía de ungir mi cabeza con aceite de oliva, pero ella ha ungido mis pies con un perfume exquisito.

47»Te digo que sus pecados —que son muchos— han sido perdonados, por eso ella me demostró tanto amor; pero una persona a quien se le perdona poco demuestra poco amor.

48Entonces Jesús le dijo a la mujer: «Tus pecados son perdonados».

49Los hombres que estaban sentados a la mesa se decían entre sí: «¿Quién es este hombre que anda perdonando pecados?».

50Y Jesús le dijo a la mujer: «Tu fe te ha salvado; ve en paz».

Las mujeres que seguían a Jesús

8 Poco después, Jesús comenzó un recorrido por las ciudades y aldeas cercanas, predicando y anunciando la Buena Noticia acerca del reino de Dios. Llevó consigo a sus doce discípulos, 2junto con algunas mujeres que habían sido sanadas de espíritus malignos y enfermedades. Entre ellas estaban María Magdalena, de quien él había expulsado siete demonios; 3Juana, la esposa de Chuza, administrador de Herodes; Susana; y muchas otras que contribuían con sus propios recursos al sostén de Jesús y sus discípulos.

Parábola del sembrador

4Cierto día, Jesús contó una historia en forma de parábola a una gran multitud, proveniente de varias ciudades, que se había reunido para escucharlo: 5«Un agricultor salió a sembrar. A medida que esparcía las semillas por el campo, algunas cayeron sobre el camino, donde las pisotearon y los pájaros se las comieron. 6Otras cayeron entre las rocas. Comenzaron a crecer, pero la planta pronto se marchitó y murió por falta de humedad. 7Otras semillas cayeron entre espinos, los cuales crecieron junto con ellas y ahogaron los brotes. 8Pero otras semillas cayeron en tierra fértil. Estas semillas crecieron, ¡y produjeron una cosecha que fue cien veces más numerosa de lo que se había sembrado!». Después de haber dicho esto, exclamó: «El que tenga oídos para oír, que escuche y entienda».

9Sus discípulos le preguntaron qué significaba esta parábola. 10Él respondió: «A ustedes se les permite entender los secretos* del reino de Dios, pero utilizo parábolas para enseñarles a los demás y para que se cumplan las Escrituras:

"Cuando miren, no verán realmente.
Cuando oigan, no entenderán"*.

11»Este es el significado de la parábola: la semilla es la palabra de Dios. 12Las semillas que cayeron en el camino representan a los que oyen el mensaje, pero viene el diablo, se lo quita del corazón e impide que crean y sean salvos. 13Las semillas sobre la tierra rocosa representan a los que oyen el mensaje y lo reciben con alegría; pero como no tienen raíces profundas, creen por un tiempo y luego se apartan cuando enfrentan la tentación. 14Las semillas que cayeron entre los espinos representan a los que oyen el mensaje, pero muy pronto el mensaje queda desplazado por las preocupaciones, las riquezas y los placeres de esta vida. Así que nunca crecen hasta la madurez. 15Y las semillas que cayeron en la buena tierra representan a las personas sinceras, de buen corazón, que oyen la palabra de Dios, se aferran a ella y con paciencia producen una cosecha enorme.

Parábola de la lámpara

16»Nadie enciende una lámpara y luego la cubre con un tazón o la esconde debajo de la cama. Una lámpara se coloca en un lugar alto, donde todos los que entran a la casa puedan ver su luz. 17Pues todo lo secreto tarde o temprano se descubrirá, y todo lo oculto saldrá a la luz y se dará a conocer a todos.

18»Así que presten atención a cómo oyen. A los que escuchan mis enseñanzas se les dará más entendimiento; pero a los que no escuchan, se les quitará aun lo que piensan que entienden».

La verdadera familia de Jesús

19Entonces la madre y los hermanos de Jesús vinieron a verlo, pero no pudieron acercarse a él debido a la gran cantidad de gente. 20Alguien le dijo a Jesús:

—Tu madre y tus hermanos están parados afuera y quieren verte.

21Jesús respondió:

—Mi madre y mis hermanos son todos los que oyen la palabra de Dios y la obedecen.

Jesús calma la tormenta

22Cierto día Jesús les dijo a sus discípulos: «Crucemos al otro lado del lago». Así que subieron a una barca y salieron. 23Mientras navegaban, Jesús se recostó para dormir una siesta. Pronto se desató una tormenta feroz sobre el lago. La barca se llenaba de agua y estaban realmente en peligro.

24Los discípulos fueron a despertarlo: «¡Maestro! ¡Maestro! ¡Nos vamos a ahogar!», gritaron.

Cuando Jesús se despertó, reprendió al viento y a las tempestuosas olas. De repente la tormenta se detuvo, y todo quedó en calma. 25Entonces les preguntó: «¿Dónde está su fe?».

Los discípulos quedaron aterrados y asombrados. «¿Quién es este hombre? —se preguntaban unos a otros—. Cuando da una orden, ¡hasta el viento y las olas lo obedecen!».

¡Respuestas Bíblicas! 134 ¿Cómo mostró Jesús su poder sobre los demonios?

8:32 Jesús hizo que los demonios hicieran lo que él decía. Miles de demonios no eran lo suficientemente fuertes para vencer a Jesús. Jesús es más fuerte que todos los espíritus malvados.

Jesús sana a un hombre endemoniado

26Luego llegaron a la región de los gerasenos,* al otro lado del lago de Galilea. 27Mientras Jesús bajaba de la barca, un hombre que estaba poseído por demonios salió a su

***Notas textuales** **8:10a** En griego *misterios.* **8:10b** Is 6:9 (versión griega). **8:26** Otros manuscritos dicen *gadarenos*; incluso otros dicen *gergesenos*; también en 8:37. Ver Mt 8:28; Mc 5:1.

Referencias cruzadas **7:50** Mc 5:34 **8:4-15** Mc 4:1-20 **8:16-18** Mc 4:21-25 **8:19-21** Mt 12:46-50 **8:22-25** Mc 4:35-41 **8:26-39** Mt 8:28-34

encuentro. Por mucho tiempo, había estado desnudo y sin
hogar, y vivía entre las tumbas en las afueras de la ciudad.
28En cuanto vio a Jesús, soltó un alarido y cayó al suelo
frente a él, y gritó: «¿Por qué te entrometes conmigo,
Jesús, Hijo del Dios Altísimo? ¡Por favor, te suplico que
no me tortures!». 29Pues Jesús ya le había ordenado al
espíritu maligno* que saliera del hombre. Ese espíritu
a menudo tomaba control de él. Aun cuando el hombre
estaba bajo custodia, con cadenas y grilletes, simplemente
los rompía y se escapaba al desierto, totalmente contro-
lado por el demonio.
30Jesús le preguntó:
—¿Cómo te llamas?
—Legión —contestó, porque estaba lleno de muchos
demonios.
31Los demonios seguían suplicándole a Jesús que no
los enviara al abismo sin fondo.*
32Sucedió que había una gran manada de cerdos ali-
mentándose en una ladera cercana, y los demonios le
suplicaron que les permitiera entrar en los cerdos.
Entonces Jesús les dio permiso. 33Así que los demo-
nios salieron del hombre y entraron en los cerdos, y toda
la manada se lanzó al lago por el precipicio y se ahogó.
34Cuando los que cuidaban los cerdos vieron lo su-
cedido, huyeron a la ciudad cercana y sus alrededores,
difundiendo la noticia mientras corrían. 35La gente salió
corriendo para ver lo que había pasado. Pronto una multi-
tud se juntó alrededor de Jesús, y todos vieron al hombre
liberado de los demonios. Estaba sentado a los pies de
Jesús, completamente vestido y en su sano juicio, y todos
tuvieron miedo. 36Entonces los que habían visto lo suce-
dido, les contaron a los otros cómo había sido sanado el
hombre poseído por demonios. 37Y todos los habitantes
de la región de los gerasenos le suplicaron a Jesús que se
fuera y los dejara en paz, porque una gran ola de miedo
se apoderó de ellos.
Entonces Jesús regresó a la barca y se fue y cruzó nue-
vamente al otro lado del lago. 38El hombre que había sido
liberado de los demonios le suplicaba que le permitiera
acompañarlo. Pero Jesús lo envió a su casa diciéndole:
39«No, regresa a tu familia y diles todo lo que Dios ha
hecho por ti». Entonces el hombre fue por toda la ciudad
proclamando las grandes cosas que Jesús había hecho
por él.

Jesús sana en respuesta a la fe

40Del otro lado del lago, las multitudes recibieron a Jesús
porque lo estaban esperando. 41Y un hombre llamado
Jairo, líder de la sinagoga local, se acercó y cayó a los
pies de Jesús mientras rogaba que lo acompañara a su
casa. 42Su única hija, que tenía unos doce años, estaba
muriendo.
Mientras Jesús iba con Jairo, las multitudes lo rodea-
ban. 43Una mujer de la multitud hacía doce años que su-
fría una hemorragia continua* y no encontraba ninguna
cura. 44Acercándose a Jesús por detrás, le tocó el fleco de
la túnica. Al instante, la hemorragia se detuvo.
45«¿Quién me tocó?», preguntó Jesús.
Todos negaron, y Pedro dijo:
—Maestro, la multitud entera se apretuja contra ti.
46Pero Jesús dijo:
—Alguien me tocó a propósito, porque yo sentí que
salió poder sanador de mí.
47Cuando la mujer se dio cuenta de que no podía
permanecer oculta, comenzó a temblar y cayó de ro-
dillas frente a Jesús. A oídos de toda la multitud, ella le
explicó por qué lo había tocado y cómo había sido sanada
al instante. 48«Hija —le dijo Jesús—, tu fe te ha sanado.
Ve en paz».
49Mientras él todavía hablaba con ella, llegó un mensa-
jero de la casa de Jairo, el líder de la sinagoga, y le dijo: «Tu
hija está muerta. Ya no tiene sentido molestar al Maestro».
50Cuando Jesús oyó lo que había sucedido, le dijo a
Jairo: «No tengas miedo. Solo ten fe, y ella será sanada».
51Cuando llegaron a la casa, Jesús no dejó que nadie
entrara con él excepto Pedro, Juan, Santiago, y el padre
y la madre de la niña. 52La casa estaba llena de personas
que lloraban y se lamentaban, pero Jesús dijo: «¡Dejen de
llorar! No está muerta; solo duerme».
53La multitud se rio de él, porque todos sabían que
había muerto. 54Entonces Jesús la tomó de la mano y dijo
en voz fuerte: «¡Niña, levántate!». 55En ese momento,
le volvió la vida,* ¡y se puso de pie enseguida! Entonces
Jesús les dijo que le dieran de comer a la niña. 56Sus padres
quedaron conmovidos, pero Jesús insistió en que no le
dijeran a nadie lo que había sucedido.

Jesús envía a los doce discípulos

9 Cierto día, Jesús reunió a sus doce discípulos* y les
dio poder y autoridad para expulsar a todos los de-
monios y sanar enfermedades. 2Luego los envió para que
anunciaran a todos acerca del reino de Dios y sanaran a
los enfermos. 3Les dio las siguientes instrucciones: «No
lleven nada para el viaje, ni bastón, ni bolso de viaje, ni
comida, ni dinero,* ni siquiera una muda de ropa. 4Por
todo lugar que vayan, quédense en la misma casa hasta
salir de la ciudad. 5Y si en algún pueblo se niegan a reci-
birlos, sacúdanse el polvo de los pies al salir para mostrar
que abandonan a esas personas a su suerte».
6Entonces ellos comenzaron su recorrido por las aldeas
para predicar la Buena Noticia y sanar a los enfermos.

La confusión de Herodes

7Cuando Herodes Antipas, el gobernante de Galilea,*
oyó hablar de todo lo que Jesús hacía, quedó perplejo.
Algunos decían que Juan el Bautista había resucitado de
los muertos. 8Otros pensaban que Jesús era Elías o algún
otro profeta, levantado de los muertos.
9«Decapité a Juan —decía Herodes—, así que, ¿quién
es este hombre de quien oigo tantas historias?». Y siguió
tratando de ver a Jesús.

Jesús alimenta a cinco mil

10Cuando los apóstoles regresaron, le contaron a Jesús
todo lo que habían hecho. Luego él se retiró con ellos sin
llamar la atención hacia la ciudad de Betsaida, 11pero las
multitudes descubrieron adónde iba y lo siguieron. Jesús
los recibió y les enseñó acerca del reino de Dios y sanó a
los que estaban enfermos.
12Al atardecer, los doce discípulos se le acercaron y
le dijeron:

***Notas textuales 8:29** En griego *impuro.* **8:31** O *al abismo*, o *al averno.* **8:43** Algunos manuscritos agregan *y había gastado todo lo que tenía en médicos.* **8:55** O *su espíritu.* **9:1** En griego *los Doce*; otros manuscritos dicen *los doce apóstoles.* **9:3** O *monedas de plata.* **9:7** En griego *Herodes el tetrarca.* Herodes Antipas era hijo del rey Herodes y gobernador de Galilea.

Referencias cruzadas 8:40-56 Mc 5:21-43 **9:1-6** Mc 6:7-13 **9:7-9** Mt 14:1-12 **9:10-17** Jn 6:1-14

—Despide a las multitudes para que puedan conseguir
comida y encontrar alojamiento para la noche en las aldeas
y granjas cercanas. En este lugar alejado no hay nada para
comer.
13 Jesús les dijo:
—Denles ustedes de comer.
—Pero lo único que tenemos son cinco panes y dos
pescados —le respondieron—. ¿O esperas que vayamos
y compremos suficiente comida para toda esta gente?
14 Pues había alrededor de cinco mil hombres allí.
Jesús les respondió:
—Díganles que se sienten en grupos de unos cincuenta
cada uno.
15 Entonces todos se sentaron. 16 Jesús tomó los cinco
panes y los dos pescados, miró hacia el cielo y los bendijo.
Luego, a medida que partía los panes en trozos, se los
daba a sus discípulos junto con los pescados para que los
distribuyeran entre la gente. 17 Todos comieron cuanto
quisieron, y después los discípulos juntaron doce canastas
con lo que sobró.

¡Respuestas Bíblicas! 135 ¿Por qué Jesús alimentó a 5000 personas?

9:13 Las personas habían ido a escuchar a Jesús y estaban hambrientas. A Jesús le importan las personas pobres y hambrientas. Él quiere que los cristianos cuiden de otros tal como él lo hizo.

Declaración de Pedro acerca de Jesús

18 Cierto día, Jesús se alejó de las multitudes para orar a
solas. Solo estaban con él sus discípulos, y les preguntó:
—¿Quién dice la gente que soy?
19 —Bueno —contestaron—, algunos dicen Juan el Bau-
tista, otros dicen Elías, y otros dicen que eres uno de los
otros antiguos profetas, que volvió de la muerte.
20 Entonces les preguntó:
—Y ustedes, ¿quién dicen que soy?
Pedro contestó:
—¡Tú eres el Mesías* enviado por Dios!

Jesús predice su muerte

21 Jesús les advirtió a sus discípulos que no dijeran a nadie
quién era él.
22 —El Hijo del Hombre* tendrá que sufrir muchas cosas
terribles —les dijo—. Será rechazado por los ancianos, por
los principales sacerdotes y por los maestros de la ley reli-
giosa. Lo matarán, pero al tercer día resucitará.
23 Entonces dijo a la multitud: «Si alguno de ustedes
quiere ser mi seguidor, tiene que abandonar su propia
manera de vivir, tomar su cruz cada día y seguirme. 24 Si
tratas de aferrarte a la vida, la perderás, pero si entregas tu
vida por mi causa, la salvarás. 25 ¿Y qué beneficio obtienes
si ganas el mundo entero, pero te pierdes o destruyes a ti
mismo? 26 Si alguien se avergüenza de mí y de mi mensaje,
el Hijo del Hombre se avergonzará de esa persona cuando
regrese en su gloria y en la gloria del Padre y de los santos
ángeles. 27 Les digo la verdad, algunos de los que están aquí
ahora no morirán sin antes ver el reino de Dios».

La transfiguración

28 Cerca de ocho días después, Jesús llevó a Pedro, a Juan
y a Santiago a una montaña para orar. 29 Y mientras oraba,
la apariencia de su rostro se transformó y su ropa se vol-
vió blanca resplandeciente. 30 De repente aparecieron dos
hombres, Moisés y Elías, y comenzaron a hablar con Jesús.
31 Se veían llenos de gloria. Y hablaban sobre la partida de
Jesús de este mundo, lo cual estaba a punto de cumplirse
en Jerusalén.
32 Pedro y los otros se durmieron. Cuando despertaron,
vieron la gloria de Jesús y a los dos hombres de pie junto
a él. 33 Cuando Moisés y Elías comenzaron a irse, Pedro,
sin saber siquiera lo que decía, exclamó: «Maestro, ¡es
maravilloso que estemos aquí! Hagamos tres enramadas
como recordatorios:* una para ti, una para Moisés y la otra
para Elías». 34 Pero no había terminado de hablar cuando
una nube los cubrió y, mientras los cubría, se llenaron
de miedo.
35 Entonces, desde la nube, una voz dijo: «Este es mi
Hijo, mi Elegido.* Escúchenlo a él». 36 Cuando la voz ter-
minó de hablar, Jesús estaba allí solo. En aquel tiempo, no
le contaron a nadie lo que habían visto.

Jesús sana a un muchacho endemoniado

37 Al día siguiente, después que bajaron del monte, una
gran multitud salió al encuentro de Jesús. 38 Un hombre
de la multitud le exclamó:
—Maestro, te suplico que veas a mi hijo, el único que
tengo. 39 Un espíritu maligno sigue apoderándose de él,
haciéndolo gritar. Le causa tales convulsiones que echa
espuma por la boca; lo sacude violentamente y casi nunca
lo deja en paz. 40 Les supliqué a tus discípulos que expul-
saran ese espíritu, pero no pudieron hacerlo.
41 —Gente corrupta y sin fe —dijo Jesús—, ¿hasta
cuándo tendré que estar con ustedes y soportarlos?
Entonces le dijo al hombre:
—Tráeme a tu hijo aquí.
42 Cuando el joven se acercó, el demonio lo arrojó al
piso y le causó una violenta convulsión; pero Jesús repren-
dió al espíritu maligno* y sanó al muchacho. Después lo
devolvió a su padre. 43 El asombro se apoderó de la gente
al ver esa majestuosa demostración del poder de Dios.

Jesús predice otra vez su muerte

Mientras todos se maravillaban de las cosas que él hacía,
Jesús dijo a sus discípulos: 44 «Escúchenme y recuerden
lo que digo. El Hijo del Hombre será traicionado y entre-
gado en manos de sus enemigos». 45 Sin embargo, ellos
no entendieron lo que quiso decir. El significado de lo que
decía estaba oculto de ellos, por eso no pudieron entender
y tenían miedo de preguntarle.

El más importante en el reino

46 Entonces los discípulos comenzaron a discutir entre ellos
acerca de quién era el más importante. 47 Pero Jesús conocía
lo que ellos pensaban, así que trajo a un niño y lo puso a su
lado. 48 Luego les dijo: «Todo el que recibe de mi parte* a

***Notas textuales** **9:20** O *el Cristo.* Tanto *Mesías* (término hebreo) como *Cristo* (término griego) significan «ungido». **9:22** «Hijo del Hombre» es un título que Jesús empleaba para referirse a sí mismo. **9:33** En griego *tres tabernáculos.* **9:35** Algunos manuscritos dicen *Este es mi Hijo muy amado.* **9:42** En griego *impuro.* **9:48** En griego *en mi nombre.*

Referencias cruzadas **9:18-20** Mc 8:27-30 **9:22-27** Mt 16:21-28 **9:28-36** Mt 17:1-13 **9:43-45** Mc 9:30-32 **9:46-48** Mc 9:33-37

un niño pequeño como este, me recibe a mí; y todo el que
me recibe a mí, también recibe al Padre, quien me envió.
El más insignificante entre ustedes es el más importante».

Uso del nombre de Jesús

49 Juan le dijo a Jesús:
—Maestro, vimos a alguien usar tu nombre para expul-
sar demonios, pero le dijimos que no lo hiciera porque no
pertenece a nuestro grupo.
50 Jesús le dijo:
—¡No lo detengan! Todo el que no está en contra de
ustedes está a su favor.

Oposición de los samaritanos

51 Cuando se acercaba el tiempo de ascender al cielo,
Jesús salió con determinación hacia Jerusalén. 52 Envió
mensajeros por delante a una aldea de Samaria para que
se hicieran los preparativos para su llegada, 53 pero los
habitantes de la aldea no recibieron a Jesús porque iba
camino a Jerusalén. 54 Cuando Santiago y Juan vieron eso,
le dijeron a Jesús: «Señor, ¿quieres que hagamos bajar
fuego del cielo para que los consuma*?». 55 Entonces Jesús
se volvió a ellos y los reprendió.* 56 Así que siguieron de
largo hacia otro pueblo.

Lo que cuesta seguir a Jesús

57 Mientras caminaban, alguien le dijo a Jesús:
—Te seguiré a cualquier lugar que vayas.
58 Jesús le respondió:
—Los zorros tienen cuevas donde vivir y los pájaros
tienen nidos, pero el Hijo del Hombre no tiene ni siquiera
un lugar donde recostar la cabeza.
59 Dijo a otro:
—Ven, sígueme.
El hombre aceptó, pero le dijo:
—Señor, deja que primero regrese a casa y entierre a
mi padre.
60 Jesús le dijo:
—¡Deja que los muertos espirituales entierren a sus
propios muertos!* Tu deber es ir y predicar acerca del
reino de Dios.
61 Otro dijo:
—Sí, Señor, te seguiré, pero primero deja que me des-
pida de mi familia.
62 Jesús le dijo:
—El que pone la mano en el arado y luego mira atrás
no es apto para el reino de Dios.

Jesús envía a sus discípulos

10 Después el Señor escogió a otros setenta y dos*
discípulos y los envió de dos en dos delante de
él a todas las ciudades y los lugares que tenía pensado
visitar. 2 Y les dio las siguientes instrucciones: «La cose-
cha es grande, pero los obreros son pocos. Así que oren
al Señor que está a cargo de la cosecha; pídanle que envíe
más obreros a sus campos. 3 Ahora vayan, y recuerden
que los envío como ovejas en medio de lobos. 4 No lleven
con ustedes nada de dinero, ni bolso de viaje, ni un par
de sandalias de repuesto; y no se detengan a saludar a
nadie por el camino.
5 »Cuando entren en la casa de alguien, primero digan:
"La paz de Dios sea sobre esta casa". 6 Si los que viven en
la casa son gente de paz, la bendición permanecerá; si no
lo son, la bendición regresará a ustedes. 7 No cambien de
una casa a otra. Quédense en un lugar, coman y beban lo
que les den. No duden en aceptar la hospitalidad, porque
los que trabajan merecen recibir su salario.
8 »Si entran en un pueblo donde los reciben bien,
coman todo lo que les ofrezcan. 9 Sanen a los enfermos y
díganles: "El reino de Dios ahora está cerca de ustedes".
10 Pero si un pueblo se niega a recibirlos bien, salgan a
las calles y digan: 11 "Nos limpiamos de los pies hasta el
polvo de su ciudad para mostrar que los abandonamos a
su suerte. Y sepan esto: ¡el reino de Dios está cerca!". 12 Les
aseguro que, el día del juicio, le irá mejor a la perversa
Sodoma que a ese pueblo.
13 »¡Qué aflicción les espera, Corazín y Betsaida! Pues,
si en las perversas ciudades de Tiro y de Sidón se hubieran
hecho los milagros que hice entre ustedes, hace tiempo
sus habitantes se habrían arrepentido de sus pecados vis-
tiéndose de tela áspera y echándose ceniza sobre la cabeza
en señal de remordimiento. 14 Así es, el día del juicio, les
irá mejor a Tiro y Sidón que a ustedes. 15 Y ustedes, los de
Capernaúm, ¿serán honrados en el cielo? No, descenderán
al lugar de los muertos*».
16 Entonces dijo a sus discípulos: «El que acepta el
mensaje de ustedes me acepta también a mí. El que los
rechaza a ustedes a mí me rechaza. Y el que me rechaza a
mí rechaza a Dios, quien me envió».
17 Cuando los setenta y dos discípulos regresaron, le
informaron llenos de alegría:
—¡Señor, hasta los demonios nos obedecen cuando
usamos tu nombre!
18 —Sí —les dijo—. Vi a Satanás caer del cielo como un
rayo. 19 Miren, les he dado autoridad sobre todos los po-
deres del enemigo; pueden caminar entre serpientes y
escorpiones y aplastarlos. Nada les hará daño. 20 Pero no
se alegren de que los espíritus malignos los obedezcan;
alégrense porque sus nombres están escritos en el cielo.

Jesús da gracias al Padre

21 En esa misma ocasión, Jesús se llenó del gozo del
Espíritu Santo y dijo: «Oh Padre, Señor del cielo y de la
tierra, gracias por esconder estas cosas de los que se creen
sabios e inteligentes y por revelárselas a los que son como
niños. Sí, Padre, te agradó hacerlo de esa manera.
22 »Mi Padre me ha confiado todo. Nadie conoce ver-
daderamente al Hijo excepto el Padre, y nadie conoce ver-
daderamente al Padre excepto el Hijo y aquellos a quienes
el Hijo decide revelarlo».
23 Después, cuando estuvieron a solas, se volvió a sus
discípulos y les dijo: «Benditos los ojos que ven lo que
ustedes han visto. 24 Les digo que muchos profetas y reyes
anhelaron ver lo que ustedes ven, pero no lo vieron; y
anhelaron oír lo que ustedes oyen, pero no lo oyeron».

El mandamiento más importante

25 Cierto día, un experto en la ley religiosa se levantó para
probar a Jesús con la siguiente pregunta:

***Notas textuales** **9:54** Algunos manuscritos agregan *como hizo Elías.* **9:55** Algunos manuscritos amplían el versículo 55 y agregan una oración adicional en el versículo 56: *Y él dijo: «Ustedes no se dan cuenta de cómo es su corazón. 56 Pues el Hijo del Hombre no vino a destruir vidas, sino a salvarlas».* **9:60** En griego *Deja que los muertos entierren a sus propios muertos.* **10:1** Algunos manuscritos dicen *setenta*; también en 10:17. **10:15** En griego *al Hades.*

Referencias cruzadas **9:49-50** Mc 9:38-40 **9:57-62** Mt 8:19-22 **10:4** Lc 9:3 **10:8-16** Mt 11:20-24 **10:20** Ex 32:32 **10:24** Mt 11:25-27 **10:25-28** Mt 22:34-40

—Maestro, ¿qué debo hacer para heredar la vida eterna?

[26]Jesús contestó:

—¿Qué dice la ley de Moisés? ¿Cómo la interpretas?

[27]El hombre contestó:

—"Ama al SEÑOR tu Dios con todo tu corazón, con toda tu alma, con toda tu fuerza y con toda tu mente" y "Ama a tu prójimo como a ti mismo"*.

[28]—¡Correcto! —le dijo Jesús—. ¡Haz eso y vivirás!

[29]El hombre quería justificar sus acciones, entonces le preguntó a Jesús:

—¿Y quién es mi prójimo?

¡Respuestas Bíblicas! 136 ¿Qué era un samaritano?

10:33 Samaria era un país al lado de Israel. A los judíos no les gustaban estas personas y la historia de Jesús muestra que todos podemos ser buenos vecinos y es malo discriminar a otros por de dónde vienen. No importa si las personas son diferentes a nosotros. Podemos ayudar a cualquiera que tenga un problema.

Parábola del buen samaritano

[30]Jesús respondió con una historia:

—Un hombre judío bajaba de Jerusalén a Jericó y fue atacado por ladrones. Le quitaron la ropa, le pegaron y lo dejaron medio muerto al costado del camino.

[31]»Un sacerdote pasó por allí de casualidad, pero cuando vio al hombre en el suelo, cruzó al otro lado del camino y siguió de largo. [32]Un ayudante del templo* pasó y lo vio allí tirado, pero también siguió de largo por el otro lado.

[33]»Entonces pasó un samaritano despreciado y, cuando vio al hombre, sintió compasión por él. [34]Se le acercó y le alivió las heridas con vino y aceite de oliva, y se las vendó. Luego subió al hombre en su propio burro y lo llevó hasta un alojamiento, donde cuidó de él. [35]Al día siguiente, le dio dos monedas de plata* al encargado de la posada y le dijo: "Cuida de este hombre. Si los gastos superan esta cantidad, te pagaré la diferencia la próxima vez que pase por aquí".

[36]»Ahora bien, ¿cuál de los tres te parece que fue el prójimo del hombre atacado por los bandidos? —preguntó Jesús.

[37]El hombre contestó:

—El que mostró compasión.

Entonces Jesús le dijo:

—Así es, ahora ve y haz lo mismo.

Jesús visita a Marta y a María

[38]Durante el viaje a Jerusalén, Jesús y sus discípulos llegaron a cierta aldea donde una mujer llamada Marta los recibió en su casa. [39]Su hermana María se sentó a los pies del Señor a escuchar sus enseñanzas, [40]pero Marta estaba distraída con los preparativos para la gran cena. Entonces se acercó a Jesús y le dijo:

—Maestro, ¿no te parece injusto que mi hermana esté aquí sentada mientras yo hago todo el trabajo? Dile que venga a ayudarme.

[41]El Señor le dijo:

—Mi apreciada Marta, ¡estás preocupada y tan inquieta con todos los detalles! [42]Hay una sola cosa por la que vale la pena preocuparse. María la ha descubierto, y nadie se la quitará.

Enseñanza acerca de la oración

11 Una vez, Jesús estaba orando en cierto lugar. Cuando terminó, uno de sus discípulos se le acercó y le dijo:

—Señor, enséñanos a orar, así como Juan les enseñó a sus discípulos.

[2]Jesús dijo:

—Deberían orar de la siguiente manera:*

»Padre, que siempre sea santificado tu nombre.
Que tu reino venga pronto.
[3] Danos cada día el alimento que necesitamos*
[4] y perdónanos nuestros pecados,
así como nosotros perdonamos a los que pecan contra nosotros.
Y no permitas que cedamos ante la tentación.*

[5]Luego utilizó la siguiente historia para enseñarles más acerca de la oración: «Supongan que uno de ustedes va a la casa de un amigo a medianoche para pedirle que le preste tres panes. Le dices: [6]"Acaba de llegar de visita un amigo mío y no tengo nada para darle de comer". [7]Supongan que ese amigo grita desde el dormitorio: "No me molestes. La puerta ya está cerrada, y mi familia y yo estamos acostados. No puedo ayudarte". [8]Les digo que, aunque no lo haga por amistad, si sigues tocando a la puerta el tiempo suficiente, él se levantará y te dará lo que necesitas debido a tu audaz insistencia.*

[9]»Así que les digo, sigan pidiendo y recibirán lo que piden; sigan buscando y encontrarán; sigan llamando, y la puerta se les abrirá. [10]Pues todo el que pide, recibe; todo el que busca, encuentra; y a todo el que llama, se le abrirá la puerta.

[11]»Ustedes, los que son padres, si sus hijos les piden* un pescado, ¿les dan una serpiente en su lugar? [12]O si les piden un huevo, ¿les dan un escorpión? ¡Claro que no! [13]Así que si ustedes, gente pecadora, saben dar buenos regalos a sus hijos, cuánto más su Padre celestial dará el Espíritu Santo a quienes lo pidan».

Jesús y el príncipe de los demonios

[14]Cierto día, Jesús expulsó un demonio de un hombre que no podía hablar y, cuando el demonio salió, el hombre comenzó a hablar. Las multitudes quedaron asombradas, [15]pero algunos dijeron: «Con razón puede expulsar demonios. Él recibe su poder de Satanás,* el príncipe de los demonios». [16]Otros, con la intención de poner a Jesús a prueba, le exigían que les mostrara alguna señal milagrosa del cielo para demostrar su autoridad.

[17]Jesús conocía sus pensamientos, así que dijo: «Todo reino dividido por una guerra civil está condenado al fracaso. Una familia dividida por peleas se desintegrará. [18]Ustedes dicen que mi poder proviene de Satanás, pero si Satanás está dividido y pelea contra sí mismo, ¿cómo

***Notas textuales** **10:27** Dt 6:5; Lv 19:18. **10:32** En griego *Un levita.* **10:35** En griego *dos denarios.* Un denario equivalía a la paga de un obrero por una jornada completa de trabajo. **11:2** Algunos manuscritos agregan frases adicionales en el Padrenuestro, como aparece en Mt 6:9-13. **11:3** O *Danos cada día nuestro alimento para ese día*; o *Danos cada día nuestro alimento para mañana.* **11:4** O *Y líbranos de ser puestos a prueba.* **11:8** O *para evitar la vergüenza,* o *para que su reputación no se vea dañada.* **11:11** Algunos manuscritos agregan *pan, ¿les dan una piedra? O [si les piden].* **11:15** En griego *Beelzeboul*; también en 11:18, 19. Otros manuscritos dicen *Beezeboul*; la versión latina dice *Beelzebú.*

Referencias cruzadas **11:2-4** Mt 6:9-13 **11:9-13** Mt 7:7-11 **11:14-23** Mc 3:20-30

puede sobrevivir su reino? [19]Entonces, si mi poder proviene de Satanás, ¿qué me dicen de sus propios exorcistas quienes también expulsan demonios? Así que ellos los condenarán a ustedes por lo que acaban de decir. [20]Sin embargo, si yo expulso a los demonios por el poder de Dios,* entonces el reino de Dios ha llegado y está entre ustedes. [21]Cuando un hombre fuerte está armado y protege su palacio, sus posesiones están seguras, [22]hasta que alguien aún más fuerte lo ataca y lo vence, le quita sus armas y se lleva sus pertenencias.

[23]»El que no está conmigo a mí se opone, y el que no trabaja conmigo, en realidad, trabaja en mi contra.

[24]»Cuando un espíritu maligno* sale de una persona, va al desierto en busca de descanso, pero como no lo encuentra, dice: "Volveré a la persona de la cual salí". [25]De modo que regresa y encuentra que su antigua casa está barrida y en orden. [26]Entonces el espíritu busca a otros siete espíritus más malignos que él, y todos entran en la persona y viven allí. Y entonces esa persona queda peor que antes».

[27]Mientras él hablaba, una mujer de la multitud exclamó: «¡Que Dios bendiga a tu madre, el vientre del cual saliste y los pechos que te amamantaron!».

[28]Jesús respondió: «Pero aún más bendito es todo el que escucha la palabra de Dios y la pone en práctica».

La señal de Jonás

[29]Al apretujarse la multitud contra Jesús, él dijo: «Esta generación maligna sigue pidiéndome que le muestre una señal milagrosa, pero la única que le daré será la señal de Jonás. [30]Lo que le sucedió a él fue una señal para los habitantes de Nínive de que Dios lo había enviado. Lo que le suceda al Hijo del Hombre* será una señal para la gente de este tiempo de que él fue enviado por Dios.

[31]»El día del juicio, la reina de Saba* se levantará contra esta generación y la condenará, porque vino de una tierra lejana para oír la sabiduría de Salomón. Ahora alguien superior a Salomón está aquí, pero ustedes se niegan a escuchar. [32]Los habitantes de Nínive también se levantarán contra esta generación el día del juicio y la condenarán, porque ellos se arrepintieron de sus pecados al escuchar la predicación de Jonás. Ahora alguien superior a Jonás está aquí, pero ustedes se niegan a arrepentirse.

La lámpara del cuerpo

[33]»Nadie enciende una lámpara y luego la esconde o la pone debajo de una canasta.* En cambio, una lámpara se coloca en un lugar alto donde todos los que entren en la casa puedan ver su luz.

[34]»Tu ojo es como una lámpara que da luz a tu cuerpo. Cuando tu ojo está sano, todo tu cuerpo está lleno de luz; pero cuando tu ojo está enfermo, tu cuerpo está lleno de oscuridad. [35]Asegúrate de que la luz que crees tener no sea en realidad oscuridad. [36]Si estás lleno de luz, sin rincones oscuros, entonces toda tu vida será radiante, como si un reflector te llenara con su luz».

Jesús critica a los líderes religiosos

[37]Mientras Jesús hablaba, uno de los fariseos lo invitó a comer en su casa. Jesús fue y se sentó a la mesa.* [38]Su anfitrión se sorprendió de que se sentara a la mesa sin antes realizar la ceremonia de lavarse las manos que exigía la costumbre judía. [39]Entonces el Señor le dijo: «Ustedes, los fariseos, son tan cuidadosos para limpiar la parte exterior de la taza y del plato pero están sucios por dentro, ¡llenos de avaricia y de perversidad! [40]¡Necios! ¿No hizo Dios tanto el interior como el exterior? [41]Por lo tanto, limpien el interior dando de sus bienes a los pobres, y quedarán completamente limpios.

[42]»¡Qué aflicción les espera, fariseos! Pues se cuidan de dar el diezmo sobre el más mínimo ingreso de sus jardines de hierbas,* pero pasan por alto la justicia y el amor de Dios. Es cierto que deben diezmar, pero sin descuidar las cosas más importantes.

[43]»¡Qué aflicción les espera, fariseos! Pues les encanta ocupar los asientos de honor en las sinagogas y recibir saludos respetuosos cuando caminan por las plazas. [44]¡Sí, qué aflicción les espera! Pues son como tumbas escondidas en el campo. Las personas caminan sobre ellas sin saber de la corrupción que están pisando».

[45]—Maestro —le dijo un experto en la ley religiosa—, nos has insultado a nosotros también con lo que has dicho.

[46]—Sí —dijo Jesús—, ¡qué aflicción les espera también a ustedes, expertos en la ley religiosa! Pues aplastan a la gente bajo el peso de exigencias religiosas insoportables y jamás mueven un dedo para aligerar la carga. [47]¡Qué aflicción les espera! Pues levantan monumentos a los profetas que sus propios antepasados mataron tiempo atrás. [48]Por lo cual, ustedes quedan como testigos que aprueban lo que hicieron sus antepasados. Ellos mataron a los profetas, ¡y ustedes se convierten en cómplices al edificar los monumentos! [49]Esto es lo que Dios en su sabiduría dijo acerca de ustedes:* "Les enviaré profetas y apóstoles, pero ellos matarán a unos y perseguirán a otros".

[50]»Como consecuencia, a esta generación se le hará responsable del asesinato de todos los profetas de Dios desde la creación del mundo, [51]desde el asesinato de Abel hasta el de Zacarías, a quien mataron entre el altar y el santuario. Sí, de verdad se culpará a esta generación.

[52]»¡Qué aflicción les espera a ustedes, expertos en la ley religiosa! Pues le quitan a la gente la llave del conocimiento. Ustedes mismos no entran al reino e impiden que otros entren.

[53]Mientras Jesús se retiraba, los maestros de la ley religiosa y los fariseos se pusieron agresivos y trataron de provocarlo con muchas preguntas. [54]Querían tenderle una trampa para que dijera algo que pudieran usar en su contra.

Advertencia contra la hipocresía

12 Mientras tanto, las multitudes crecieron hasta que miles de personas se arremolinaban y se atropellaban unas a otras. Jesús primero se dirigió a sus discípulos y les advirtió: «Tengan cuidado con la levadura de los fariseos, es decir, su hipocresía. [2]Llegará el tiempo en que todo lo que está encubierto será revelado y todo lo secreto se dará a conocer a todos. [3]Todo lo que hayan dicho en la oscuridad se oirá a plena luz, y todo lo que hayan susurrado a puerta cerrada, ¡se gritará desde los techos para que todo el mundo lo oiga!

[4]»Queridos amigos, no teman a los que quieren

***Notas textuales** **11:20** En griego *por el dedo de Dios.* **11:24** En griego *impuro.* **11:30** «Hijo del Hombre» es un título que Jesús empleaba para referirse a sí mismo. **11:31** En griego *la reina del sur.* **11:33** Algunos manuscritos no incluyen *o la pone debajo de una canasta.* **11:37** O *se reclinó.* **11:42** En griego *sobre la menta, la ruda y cada hierba.* **11:49** En griego *Por lo tanto, la sabiduría de Dios dijo.*

Referencias cruzadas **11:24-26** Mt 12:43-45 **11:29-32** Mt 12:38-42 **11:34-36** Mt 6:22-23 **11:37-54** Mt 23:1-36 **12:1-9** Mt 10:26-33

matarles el cuerpo; después de eso, no pueden hacerles
nada más. 5Les diré a quién temer: teman a Dios, quien
tiene el poder de quitarles la vida y luego arrojarlos al
infierno.* Claro, él es a quien deben temer.

6»¿Cuánto cuestan cinco gorriones: dos monedas de
cobre*? Sin embargo, Dios no se olvida de ninguno de
ellos. 7Y, en cuanto a ustedes, cada cabello de su cabeza
está contado. Así que no tengan miedo; para Dios ustedes
son más valiosos que toda una bandada de gorriones.

8»Les digo la verdad, a todo el que me reconozca en
público aquí en la tierra, el Hijo del Hombre* también lo
reconocerá en presencia de los ángeles de Dios. 9Pero el
que me niegue aquí en la tierra será negado delante de
los ángeles de Dios. 10El que hable en contra del Hijo
del Hombre puede ser perdonado, pero el que blasfeme
contra el Espíritu Santo no será perdonado.

11»Cuando sean sometidos a juicio en las sinagogas y
delante de gobernantes y autoridades, no se preocupen
por cómo defenderse o qué decir, 12porque el Espíritu
Santo les enseñará en ese momento lo que hay que decir».

Parábola del rico insensato

13Entonces alguien de la multitud exclamó:

—Maestro, por favor, dile a mi hermano que divida la
herencia de nuestro padre conmigo.

14Jesús le respondió:

—Amigo, ¿quién me puso por juez sobre ustedes para
decidir cosas como esa?

15Y luego dijo: «¡Tengan cuidado con toda clase de
avaricia! La vida no se mide por cuánto tienen».

16Luego les contó una historia: «Un hombre rico tenía
un campo fértil que producía buenas cosechas. 17Se dijo a
sí mismo: "¿Qué debo hacer? No tengo lugar para almacenar
todas mis cosechas". 18Entonces pensó: "Ya sé. Tiraré abajo
mis graneros y construiré unos más grandes. Así tendré
lugar suficiente para almacenar todo mi trigo y mis otros
bienes. 19Luego me pondré cómodo y me diré a mí mismo:
'Amigo mío, tienes almacenado para muchos años. ¡Relá-
jate! ¡Come y bebe y diviértete!'".

20»Pero Dios le dijo: "¡Necio! Vas a morir esta misma
noche. ¿Y quién se quedará con todo aquello por lo que
has trabajado?".

21»Así es, el que almacena riquezas terrenales pero no
es rico en su relación con Dios es un necio».

Enseñanza acerca del dinero y las posesiones

22Luego, dirigiéndose a sus discípulos, dijo: «Por eso les
digo que no se preocupen por la vida diaria, si tendrán su-
ficiente alimento para comer o suficiente ropa para vestirse.
23Pues la vida es más que la comida, y el cuerpo es más
que la ropa. 24Miren los cuervos. No plantan ni cosechan
ni guardan comida en graneros, porque Dios los alimenta.
¡Y ustedes son para él mucho más valiosos que cualquier
pájaro! 25¿Acaso con todas sus preocupaciones pueden
añadir un solo momento a su vida? 26Y, si por mucho pre-
ocuparse no se logra algo tan pequeño como eso, ¿de qué
sirve preocuparse por cosas más grandes?

27»Miren cómo crecen los lirios. No trabajan ni cosen
su ropa; sin embargo, ni Salomón con toda su gloria se
vistió tan hermoso como ellos. 28Y, si Dios cuida de ma-
nera tan maravillosa a las flores que hoy están y mañana se
echan al fuego, tengan por seguro que cuidará de ustedes.
¿Por qué tienen tan poca fe?

29»No se inquieten por lo que van a comer o lo que
van a beber. No se preocupen por esas cosas. 30Esas cosas
dominan el pensamiento de los incrédulos en todo el
mundo, pero su Padre ya conoce sus necesidades. 31Bus-
quen el reino de Dios por encima de todo lo demás, y él
les dará todo lo que necesiten.

32»Así que no se preocupe, pequeño rebaño. Pues al
Padre le da mucha felicidad entregarles el reino.

33»Vendan sus posesiones y den a los que pasan ne-
cesidad. ¡Eso almacenará tesoros para ustedes en el cielo!
Y las bolsas celestiales nunca se ponen viejas ni se agu-
jerean. El tesoro de ustedes estará seguro; ningún ladrón
podrá robarlo y ninguna polilla, destruirlo. 34Donde esté
su tesoro, allí estarán también los deseos de su corazón.

Preparados para la venida del Señor

35»Estén vestidos, listos para servir y mantengan las lám-
paras encendidas, 36como si esperaran el regreso de su
amo de la fiesta de bodas. Entonces estarán listos para
abrirle la puerta y dejarlo entrar en el momento que llegue
y llame. 37Los siervos que estén listos y a la espera de
su regreso serán recompensados. Les digo la verdad, él
mismo les indicará dónde sentarse, se pondrá el delantal
y les servirá mientras están a la mesa y comen. 38Puede
ser que llegue en la mitad de la noche o durante la madru-
gada,* pero cualquiera sea la hora a la que llegue, recom-
pensará a los siervos que estén preparados.

39»Entiendan lo siguiente: si el dueño de una casa
supiera exactamente a qué hora viene un ladrón, no de-
jaría que asaltara su casa. 40Ustedes también deben estar
preparados todo el tiempo, porque el Hijo del Hombre
vendrá cuando menos lo esperen».

41Pedro preguntó:

—Señor, ¿esa ilustración es solo para nosotros o es
para todos?

42Y el Señor respondió:

—Un siervo fiel y sensato es aquel a quien el amo puede
darle la responsabilidad de dirigir a los demás siervos y
alimentarlos. 43Si el amo regresa y encuentra que el siervo
ha hecho un buen trabajo, habrá una recompensa. 44Les
digo la verdad, el amo pondrá a ese siervo a cargo de todo
lo que posee. 45¿Pero qué tal si el siervo piensa: "Mi amo
no regresará por un tiempo" y comienza a golpear a los
otros siervos, a parrandear y a emborracharse? 46El amo
regresará inesperadamente y sin previo aviso, cortará al
siervo en pedazos y lo expulsará junto con los infieles.

47»Un siervo que sabe lo que su amo quiere, pero no
se prepara ni cumple las instrucciones, será severamente
castigado. 48Pero alguien que no lo sabe y hace algo malo,
será castigado levemente. Alguien a quien se le ha dado
mucho, mucho se le pedirá a cambio; y alguien a quien se
le ha confiado mucho, aún más se le exigirá.

Jesús causa división

49»Yo he venido para encender con fuego el mundo, ¡y
quisiera que ya estuviera en llamas! 50Me espera un terrible
bautismo de sufrimiento, y estoy bajo una carga pesada
hasta que se lleve a cabo. 51¿Piensan que vine a traer paz
a la tierra? No, ¡vine a causar división entre las personas!

***Notas textuales** **12:5** En griego *Gehena.* **12:6** En griego *dos ases* [moneda romana equivalente a 1/16 de un denario]. **12:8** «Hijo del Hombre» es un título que Jesús empleaba para referirse a sí mismo. **12:38** En griego *en la segunda o la tercera vigilia.*

Referencias cruzadas **12:11-12** Mc 13:11 **12:13-20** Sal 39:6-7 **12:22-31** Mt 6:25-34 **12:39-46** Mt 24:43-51 **12:51-53** Mt 10:34-36

52 De ahora en adelante, las familias estarán divididas, tres a mi favor y dos en mi contra, o dos a favor y tres en contra.

53 "Habrá divisiones, el padre estará contra el hijo
 y el hijo contra el padre;
la madre contra la hija
 y la hija contra la madre;
la suegra contra la nuera,
 y la nuera contra la suegra"*.

54 Entonces Jesús se dirigió a la multitud y dijo: «Cuando ustedes ven que se forman nubes en el occidente, dicen: "Viene la lluvia". Y tienen razón. 55 Cuando sopla viento del sur, dicen: "Hoy será un día de mucho calor". Y así sucede. 56 ¡Necios! Saben interpretar las señales del clima en la tierra y en los cielos, pero no saben interpretar los tiempos presentes.

57 »¿Por qué no pueden decidir por ustedes mismos lo que es correcto? 58 Cuando vayan camino al juicio con el que los acusa, traten de resolver el asunto antes de llegar. De no ser así, su acusador podría arrastrarlos ante el juez, quien los entregará a un oficial, que los meterá en la cárcel. 59 Y, si eso sucede, no los pondrán en libertad hasta que hayan pagado el último centavo*».

Un llamado al arrepentimiento

13 En esos días, le informaron a Jesús que Pilato había asesinado a varias personas de Galilea mientras ofrecían sacrificios en el templo. 2 «¿Piensan que esos galileos eran peores pecadores que todas las demás personas de Galilea? —preguntó Jesús—. ¿Por eso sufrieron? 3 ¡De ninguna manera! Y ustedes también perecerán a menos que se arrepientan de sus pecados y vuelvan a Dios. 4 ¿Y qué piensan de los dieciocho que murieron cuando la torre de Siloé les cayó encima? ¿Acaso eran los peores pecadores de Jerusalén? 5 No, y les digo de nuevo, a menos que se arrepientan, ustedes también perecerán».

Parábola de la higuera estéril

6 Luego Jesús les contó la siguiente historia: «Un hombre plantó una higuera en su jardín, y regresó varias veces para ver si había dado algún fruto, pero siempre quedaba decepcionado. 7 Finalmente le dijo al jardinero: "Llevo tres años esperando, ¡y no ha producido ni un solo higo! Córtala, solo ocupa espacio en mi jardín".

8 »El jardinero respondió: "Señor, dale otra oportunidad. Déjala un año más, y le daré un cuidado especial y mucho fertilizante. 9 Si el año próximo da higos, bien. Si no, entonces puedes cortarla"».

Jesús sana en el día de descanso

10 Cierto día de descanso, mientras Jesús enseñaba en la sinagoga, 11 vio a una mujer que estaba lisiada a causa de un espíritu maligno. Había estado encorvada durante dieciocho años y no podía ponerse derecha. 12 Cuando Jesús la vio, la llamó y le dijo: «Apreciada mujer, ¡estás sanada de tu enfermedad!». 13 Luego la tocó y, al instante, ella pudo enderezarse. ¡Cómo alabó ella a Dios!

14 En cambio, el líder a cargo de la sinagoga se indignó de que Jesús la sanara en un día de descanso. «Hay seis días en la semana para trabajar —dijo a la multitud—. Vengan esos días para ser sanados, no el día de descanso».

15 Así que el Señor respondió: «¡Hipócritas! Cada uno de ustedes trabaja el día de descanso. ¿Acaso no desatan su buey o su burro y lo sacan del establo el día de descanso y lo llevan a tomar agua? 16 Esta apreciada mujer, una hija de Abraham, estuvo esclavizada por Satanás durante dieciocho años. ¿No es justo que sea liberada, aun en el día de descanso?».

17 Esto avergonzó a sus enemigos, pero toda la gente se alegraba de las cosas maravillosas que él hacía.

Parábola de la semilla de mostaza

18 Entonces Jesús dijo: «¿A qué se parece el reino de Dios? ¿Cómo puedo ilustrarlo? 19 Es como una pequeña semilla de mostaza que un hombre sembró en un jardín; crece y se convierte en un árbol, y los pájaros hacen nidos en las ramas».

Parábola de la levadura

20 También preguntó: «¿A qué otra cosa se parece el reino de Dios? 21 Es como la levadura que utilizó una mujer para hacer pan. Aunque puso solo una pequeña porción de levadura en tres medidas de harina, la levadura impregnó toda la masa».

La puerta angosta

22 Jesús iba enseñando por ciudades y aldeas mientras seguía adelante, camino a Jerusalén. 23 Alguien le preguntó:

—Señor, ¿solo unos pocos se salvarán?

Él contestó:

24 —Esfuércense por entrar por la puerta angosta del reino de Dios, porque muchos tratarán de entrar pero fracasarán. 25 Cuando el señor de la casa haya cerrado la puerta, será demasiado tarde. Ustedes quedarán afuera llamando y rogando: "¡Señor, ábrenos la puerta!", pero él contestará: "No los conozco ni sé de dónde vienen". 26 Entonces ustedes dirán: "Pero comimos y bebimos contigo, y enseñaste en nuestras calles". 27 Entonces él responderá: "Les digo que no sé quiénes son ni de dónde vienen. Aléjense de mí, todos ustedes que hacen maldad".

28 »Habrá llanto y rechinar de dientes, porque verán a Abraham y a Isaac y a Jacob junto con todos los profetas en el reino de Dios, pero ustedes serán echados fuera. 29 Y vendrán personas de todas partes del mundo —del oriente y del occidente, del norte y del sur— para ocupar sus lugares en el reino de Dios. 30 Y tomen en cuenta lo siguiente: algunos que ahora parecen menos importantes en ese día serán los más importantes, y algunos que ahora son los más importantes en ese día serán los menos importantes.*

Lamento de Jesús por Jerusalén

31 En ese tiempo, algunos fariseos le dijeron:

—¡Sal de aquí si quieres vivir! ¡Herodes Antipas quiere matarte!

32 Jesús respondió:

—Vayan y díganle a ese zorro que seguiré expulsando demonios y sanando a la gente hoy y mañana; y al tercer día cumpliré mi propósito. 33 Sí, hoy, mañana y pasado mañana debo seguir mi camino. Pues, después de todo, ¡no se debe matar a un profeta de Dios en un lugar que no sea Jerusalén!

***Notas textuales** **12:53** Mi 7:6. **12:59** En griego *último lepton* [la más pequeña de las monedas judías]. **13:30** En griego *algunos que son últimos serán primeros, y algunos que son primeros serán últimos.*

Referencias cruzadas **13:1-5** Mt 27:2 **13:7** Mt 3:10 **13:16** Lc 19:9 **13:18-21** Mc 4:30-32 **13:23-24** Mt 7:13 **13:29** Mt 8:10-11 **13:34-35** Mt 23:37-39

34»¡Oh, Jerusalén, Jerusalén, la ciudad que mata a los profetas y apedrea a los mensajeros de Dios! Cuántas veces quise juntar a tus hijos como la gallina protege a sus pollitos debajo de sus alas, pero no me dejaste. 35Y ahora, mira, tu casa está abandonada. Y no volverás a verme hasta que digas: "Bendiciones al que viene en el nombre del SEÑOR"*.

Jesús sana en el día de descanso

14 Cierto día de descanso, Jesús fue a cenar en la casa de un líder de los fariseos, y la gente lo observaba de cerca. 2Había allí un hombre que tenía hinchados los brazos y las piernas.* 3Jesús preguntó a los fariseos y a los expertos de la ley religiosa: «¿Permite o no la ley sanar a la gente el día de descanso?». 4Como ellos se negaron a contestar, Jesús tocó al hombre enfermo, lo sanó y lo despidió. 5Después se dirigió a ellos y dijo: «¿Quién de ustedes no trabaja el día de descanso? Si tu hijo* o tu buey cae en un pozo, ¿acaso no corres para sacarlo?». 6Una vez más, ellos no pudieron responder.

Jesús enseña acerca de la humildad

7Cuando Jesús vio que todos los invitados a la cena trataban de sentarse en los lugares de honor, cerca de la cabecera de la mesa, les dio el siguiente consejo: 8«Cuando te inviten a una fiesta de bodas, no te sientes en el lugar de honor. ¿Qué pasaría si invitaron a alguien más distinguido que tú? 9El anfitrión vendría y te diría: "Cédele tu asiento a esta persona". Te sentirías avergonzado, ¡y tendrías que sentarte en cualquier otro lugar que haya quedado libre al final de la mesa!

10»Más bien, ocupa el lugar más humilde, al final de la mesa. Entonces, cuando el anfitrión te vea, vendrá y te dirá: "¡Amigo, tenemos un lugar mejor para ti!". Entonces serás honrado delante de todos los demás invitados. 11Pues aquellos que se exaltan a sí mismos serán humillados, y los que se humillan a sí mismos serán exaltados».

12Luego Jesús se dirigió al anfitrión: «Cuando ofrezcas un almuerzo o des un banquete —le dijo—, no invites a tus amigos, hermanos, parientes y vecinos ricos. Pues ellos también te invitarán a ti, y esa será tu única recompensa. 13Al contrario, invita al pobre, al lisiado, al cojo y al ciego. 14Luego, en la resurrección de los justos, Dios te recompensará por invitar a los que no podían devolverte el favor».

Parábola de la gran fiesta

15Al oír esto, un hombre que estaba sentado a la mesa con Jesús exclamó: «¡Qué bendición será participar de un banquete* en el reino de Dios!».

16Jesús respondió con la siguiente historia: «Un hombre preparó una gran fiesta y envió muchas invitaciones. 17Cuando el banquete estuvo listo, envió a su sirviente a decirles a los invitados: "Vengan, el banquete está preparado"; 18pero todos comenzaron a poner excusas. Uno dijo: "Acabo de comprar un campo y debo ir a inspeccionarlo. Por favor, discúlpame". 19Otro dijo: "Acabo de comprar cinco yuntas de bueyes y quiero ir a probarlas. Por favor, discúlpame". 20Otro dijo: "Acabo de casarme, así que no puedo ir".

21»El sirviente regresó y le informó a su amo lo que le habían dicho. Su amo se puso furioso y le dijo: "Ve rápido a las calles y callejones de la ciudad e invita a los pobres, a los lisiados, a los ciegos y a los cojos". 22Después de hacerlo, el sirviente informó: "Todavía queda lugar para más personas". 23Entonces su amo dijo: "Ve por los senderos y detrás de los arbustos y a cualquiera que veas, insístele que venga para que la casa esté llena. 24Pues ninguno de mis primeros invitados probará ni una migaja de mi banquete"».

El costo de ser discípulo

25Una gran multitud seguía a Jesús. Él se dio vuelta y les dijo: 26«Si quieres ser mi discípulo, debes aborrecer a los demás —a tu padre y madre, esposa e hijos, hermanos y hermanas— sí, hasta tu propia vida. De lo contrario, no puedes ser mi discípulo. 27Además, si no cargas tu propia cruz y me sigues, no puedes ser mi discípulo.

28»Sin embargo, no comiences sin calcular el costo. Pues, ¿quién comenzaría a construir un edificio sin primero calcular el costo para ver si hay suficiente dinero para terminarlo? 29De no ser así, tal vez termines solamente los cimientos antes de quedarte sin dinero, y entonces todos se reirán de ti. 30Dirán: "¡Ahí está el que comenzó un edificio y no pudo terminarlo!".

31»¿O qué rey entraría en guerra con otro rey sin primero sentarse con sus consejeros para evaluar si su ejército de diez mil puede vencer a los veinte mil soldados que marchan contra él? 32Y, si no puede, enviará una delegación para negociar las condiciones de paz mientras el enemigo todavía esté lejos. 33Así que no puedes convertirte en mi discípulo sin dejar todo lo que posees.

34»La sal es buena para condimentar, pero si pierde su sabor, ¿cómo la harán salada de nuevo? 35La sal sin sabor no sirve ni para la tierra ni para el abono. Se tira. ¡El que tenga oídos para oír, que escuche y entienda!».

Parábola de la oveja perdida

15 Los cobradores de impuestos y otros pecadores de mala fama a menudo venían a escuchar las enseñanzas de Jesús. 2Por eso los fariseos y los maestros de la ley religiosa se quejaban de que Jesús se juntaba con semejantes pecadores, ¡y hasta comía con ellos!

3Entonces Jesús les contó la siguiente historia: 4«Si un hombre tiene cien ovejas y una de ellas se pierde, ¿qué hará? ¿No dejará las otras noventa y nueve en el desierto y saldrá a buscar la perdida hasta que la encuentre? 5Y, cuando la encuentre, la cargará con alegría en sus hombros y la llevará a su casa. 6Cuando llegue, llamará a sus amigos y vecinos y les dirá: "Alégrense conmigo porque encontré mi oveja perdida". 7De la misma manera, ¡hay más alegría en el cielo por un pecador perdido que se arrepiente y regresa a Dios que por noventa y nueve justos que no se extraviaron!

Parábola de la moneda perdida

8»O supongamos que una mujer tiene diez monedas de plata* y pierde una. ¿No encenderá una lámpara y barrerá toda la casa y buscará con cuidado hasta que la encuentre? 9Y, cuando la encuentre, llamará a sus amigos y vecinos y les dirá: "¡Alégrense conmigo porque encontré mi moneda perdida!". 10De la misma manera, hay alegría en

***Notas textuales** **13:35** Sal 118:26. **14:2** O *que tenía hidropesía.* **14:5** Algunos manuscritos dicen *burro.* **14:15** En griego *será comer pan.* **15:8** En griego *diez dracmas.* Una dracma equivalía a la paga de una jornada completa de trabajo.

Referencias cruzadas **14:7-11** Pr 25:6-7 **14:16-24** Mt 22:1-10 **14:26-27** Mt 10:37-38 **14:34-35** Mc 9:50 **15:3-7** Mt 18:12-14

presencia de los ángeles de Dios cuando un solo pecador
se arrepiente».

Parábola del hijo perdido

11 Para ilustrar mejor esa enseñanza, Jesús les contó la
siguiente historia: «Un hombre tenía dos hijos. 12 El hijo
menor le dijo al padre: "Quiero la parte de mi herencia
ahora, antes de que mueras". Entonces el padre accedió a
dividir sus bienes entre sus dos hijos.
13 »Pocos días después, el hijo menor empacó sus per-
tenencias y se mudó a una tierra distante, donde derrochó
todo su dinero en una vida desenfrenada. 14 Al mismo
tiempo que se le acabó el dinero, hubo una gran ham-
bruna en todo el país, y él comenzó a morirse de hambre.
15 Convenció a un agricultor local de que lo contratara, y el
hombre lo envió al campo para que diera de comer a sus
cerdos. 16 El joven llegó a tener tanta hambre que hasta las
algarrobas con las que alimentaba a los cerdos le parecían
buenas para comer, pero nadie le dio nada.
17 »Cuando finalmente entró en razón, se dijo a sí
mismo: "En casa, hasta los jornaleros tienen comida de
sobra, ¡y aquí estoy yo, muriéndome de hambre! 18 Volveré
a la casa de mi padre y le diré: 'Padre, he pecado contra el
cielo y contra ti. 19 Ya no soy digno de que me llamen tu
hijo. Te ruego que me contrates como jornalero'".
20 »Entonces regresó a la casa de su padre, y cuando
todavía estaba lejos, su padre lo vio llegar. Lleno de amor
y de compasión, corrió hacia su hijo, lo abrazó y lo besó.
21 Su hijo le dijo: "Padre, he pecado contra el cielo y contra
ti, y ya no soy digno de que me llamen tu hijo*".
22 »Sin embargo, su padre dijo a los sirvientes: "Rá-
pido, traigan la mejor túnica que haya en la casa y vístanlo.
Consigan un anillo para su dedo y sandalias para sus pies.
23 Maten el ternero que hemos engordado. Tenemos que
celebrar con un banquete, 24 porque este hijo mío estaba
muerto y ahora ha vuelto a la vida; estaba perdido y ahora
ha sido encontrado". Entonces comenzó la fiesta.
25 »Mientras tanto, el hijo mayor estaba trabajando en
el campo. Cuando regresó, oyó el sonido de música y baile
en la casa, 26 y preguntó a uno de los sirvientes qué pasaba.
27 "Tu hermano ha vuelto —le dijo—, y tu padre mató el
ternero engordado. Celebramos porque llegó a salvo".
28 »El hermano mayor se enojó y no quiso entrar. Su
padre salió y le suplicó que entrara, 29 pero él respondió:
"Todos estos años, he trabajado para ti como un burro
y nunca me negué a hacer nada de lo que me pediste. Y
en todo ese tiempo, no me diste ni un cabrito para fes-
tejar con mis amigos. 30 Sin embargo, cuando este hijo
tuyo regresa después de haber derrochado tu dinero en
prostitutas, ¡matas el ternero engordado para celebrar!".
31 »Su padre le dijo: "Mira, querido hijo, tú siempre
has estado a mi lado y todo lo que tengo es tuyo. 32 Tenía-
mos que celebrar este día feliz. ¡Pues tu hermano estaba
muerto y ha vuelto a la vida! ¡Estaba perdido y ahora ha
sido encontrado!"».

Parábola del administrador astuto

16 Jesús les contó la siguiente historia a sus discí-
pulos: «Había cierto hombre rico que tenía un
administrador que manejaba sus negocios. Un día llegó
la noticia de que el administrador estaba malgastando el
dinero de su patrón. 2 Entonces el patrón lo llamó y le dijo:
"¿Qué es esto que oigo acerca de ti? Prepara un informe
final porque voy a despedirte".
3 »El administrador pensó: "¿Y ahora qué haré? Mi jefe
me ha despedido. No tengo fuerzas para cavar zanjas y soy
demasiado orgulloso para mendigar. 4 Ah, ya sé cómo ase-
gurarme de que tendré muchos amigos que me recibirán
en sus casas cuando mi patrón me despida".
5 »Entonces invitó a todo el que le debía dinero a su
patrón para conversar sobre la situación. Le preguntó al
primero: "¿Cuánto debes a mi patrón?". 6 El hombre con-
testó: "Le debo cien medidas* de aceite de oliva". Enton-
ces el administrador le dijo: "Toma la factura y cámbiala
a cincuenta medidas*".
7 »Le preguntó al siguiente: "¿Cuánto le debes tú?". "Le
debo cien medidas* de trigo", respondió. "Toma la factura
y cámbiala a ochenta medidas*", le dijo.
8 »El hombre rico tuvo que admirar a este pícaro des-
honesto por su astucia. Y la verdad es que los hijos de este
mundo son más astutos que los hijos de la luz al lidiar con
el mundo que los rodea. 9 Aquí está la lección: usen sus
recursos mundanos para beneficiar a otros y para hacer
amigos. Entonces, cuando esas posesiones se acaben,
ellos les darán la bienvenida a un hogar eterno.*
10 »Si son fieles en las cosas pequeñas, serán fieles en las
grandes; pero si son deshonestos en las cosas pequeñas,
no actuarán con honradez en las responsabilidades más
grandes. 11 Entonces, si no son confiables con las riquezas
mundanas, ¿quién les confiará las verdaderas riquezas del
cielo?; 12 y si no son fieles con las cosas de otras personas,
¿por qué se les debería confiar lo que es de ustedes?
13 »Nadie puede servir a dos amos. Pues odiará a uno y
amará al otro; será leal a uno y despreciará al otro. No se
puede servir a Dios y estar esclavizado al dinero».
14 Los fariseos, que amaban mucho su dinero, oyeron
todo eso y se burlaron de Jesús. 15 Entonces él les dijo:
«A ustedes les encanta aparecer como personas rectas en
público, pero Dios conoce el corazón. Lo que este mundo
honra es detestable a los ojos de Dios.
16 »Hasta el tiempo de Juan el Bautista, la ley de Moisés
y el mensaje de los profetas fueron sus guías; pero ahora
se predica la Buena Noticia del reino de Dios, y todos
están ansiosos por entrar.* 17 Eso no significa que la ley
haya perdido su fuerza. Es más fácil que el cielo y la tierra
desaparezcan, a que el más pequeño punto de la ley de
Dios sea anulado.
18 »Por ejemplo, un hombre que se divorcia de su es-
posa y se casa con otra comete adulterio; y el que se case
con una mujer divorciada de su esposo comete adulterio».

Parábola del rico y Lázaro

19 Jesús dijo: «Había un hombre rico que se vestía con gran
esplendor en púrpura y lino de la más alta calidad y vivía
rodeado de lujos. 20 Tirado a la puerta de su casa había
un hombre pobre llamado Lázaro, quien estaba cubierto
de llagas. 21 Mientras Lázaro estaba tendido, deseando
comer las sobras de la mesa del hombre rico, los perros
venían y le lamían las llagas abiertas.
22 »Con el tiempo, el hombre pobre murió y fue llevado
por los ángeles para que se sentara junto a Abraham en

***Notas textuales** **15:21** Algunos manuscritos agregan *Por favor, contrátame como jornalero.* **16:6a** En griego *100 batos.* **16:6b** En griego *50 [batos].* **16:7a** En griego *100 koros.* **16:7b** En griego *80 [koros].* **16:9** O *acaben, ustedes serán bienvenidos en los hogares eternos.* **16:16** O *y a todos se les urge entrar.*

Referencias cruzadas **15:20** Lv 26:40 **16:1** Lc 15:13, 30

el banquete celestial.* El hombre rico también murió y
fue enterrado, 23 y fue al lugar de los muertos.* Allí, en
medio del tormento, vio a Abraham a lo lejos con Lázaro
junto a él.
24 »El hombre rico gritó: "¡Padre Abraham, ten piedad!
Envíame a Lázaro para que moje la punta de su dedo en
agua y refresque mi lengua. Estoy en angustia en estas
llamas".
25 »Abraham le dijo: "Hijo, recuerda que tuviste todo lo
que quisiste durante tu vida, y Lázaro no tuvo nada. Ahora
él está aquí recibiendo consuelo y tú estás en angustia.
26 Además, hay un gran abismo que nos separa. Ninguno
de nosotros puede cruzar hasta allí, y ninguno de ustedes
puede cruzar hasta aquí".
27 »Entonces el hombre rico dijo: "Por favor, padre
Abraham, al menos envíalo a la casa de mi padre. 28 Tengo
cinco hermanos y quiero advertirles que no terminen en
este lugar de tormento".
29 »Abraham le dijo: "Moisés y los profetas ya les
advirtieron. Tus hermanos pueden leer lo que ellos
escribieron".
30 »El hombre rico respondió: "¡No, padre Abraham!
Pero si se les envía a alguien de los muertos ellos se arre-
pentirán de sus pecados y volverán a Dios".
31 »Pero Abraham le dijo: "Si no escuchan a Moisés y
a los profetas, no se persuadirán por más que alguno se
levantara de los muertos"».

Enseñanzas acerca del perdón y la fe

17 Cierto día, Jesús dijo a sus discípulos: «Siempre
habrá tentaciones para pecar, ¡pero qué aflicción le
espera a la persona que provoca la tentación! 2 Sería mejor
que se arrojara al mar con una piedra de molino alrededor
del cuello que hacer que uno de estos pequeños caiga en
pecado. 3 Así que, ¡cuídense!
»Si un creyente* peca, repréndelo; luego, si hay arre-
pentimiento, perdónalo. 4 Aun si la persona te agravia siete
veces al día y cada vez regresa y te pide perdón, debes
perdonarla».
5 Los apóstoles le dijeron al Señor:
—Muéstranos cómo aumentar nuestra fe.
6 El Señor respondió:
—Si tuvieran fe, aunque fuera tan pequeña como una
semilla de mostaza, podrían decirle a este árbol de moras:
"Desarráigate y plántate en el mar", ¡y les obedecería!
7 »Cuando un sirviente vuelve de arar o de cuidar las
ovejas, ¿acaso su patrón le dice: "Ven y come conmigo"?
8 No, le dirá: "Prepara mi comida, ponte el delantal y sír-
veme mientras como. Luego puedes comer tú". 9 ¿Y le
agradece el amo al sirviente por hacer lo que se le dijo
que hiciera? Por supuesto que no. 10 De la misma manera,
cuando ustedes me obedecen, deben decir: "Somos sier-
vos indignos que simplemente cumplimos con nuestro
deber".

Diez hombres son sanados de lepra

11 Mientras Jesús seguía camino a Jerusalén, llegó a la fron-
tera entre Galilea y Samaria. 12 Al entrar en una aldea, diez
hombres con lepra se quedaron a la distancia, 13 gritando:
—¡Jesús! ¡Maestro! ¡Ten compasión de nosotros!
14 Jesús los miró y dijo:
—Vayan y preséntense a los sacerdotes.*
Y, mientras ellos iban, quedaron limpios de la lepra.
15 Uno de ellos, cuando vio que estaba sano, volvió a
Jesús, y exclamó: «¡Alaben a Dios!». 16 Y cayó al suelo, a
los pies de Jesús, y le agradeció por lo que había hecho.
Ese hombre era samaritano.
17 Jesús preguntó: «¿No sané a diez hombres? ¿Dónde
están los otros nueve? 18 ¿Ninguno volvió para darle gloria a
Dios excepto este extranjero?». 19 Y Jesús le dijo al hombre:
«Levántate y sigue tu camino. Tu fe te ha sanado*».

La venida del reino

20 Un día, los fariseos le preguntaron a Jesús:
—¿Cuándo vendrá el reino de Dios?
Jesús contestó:
—No pueden descubrir el reino de Dios por medio
de señales visibles.* 21 Nunca podrán decir: "¡Aquí está!"
o "¡Está por allí!", porque el reino de Dios ya está entre
ustedes.*
22 Entonces dijo a sus discípulos: «Se acerca el tiempo
en que desearán ver el día que el Hijo del Hombre re-
grese,* pero no lo verán. 23 Algunos les dirán: "Miren, allí
está el Hijo del Hombre" o "Aquí está", pero no los sigan.
24 Pues, así como el relámpago destella e ilumina el cielo
de un extremo a otro, así será el día* cuando venga el Hijo
del Hombre. 25 Pero primero el Hijo del Hombre tiene que
sufrir terriblemente* y ser rechazado por esta generación.
26 »Cuando el Hijo del Hombre regrese, será como en
los días de Noé. 27 En esos días, la gente disfrutaba de
banquetes, fiestas y casamientos, hasta el momento en
que Noé entró en su barco y llegó el diluvio y los destruyó
a todos.
28 »El mundo será como en los días de Lot, cuando las
personas se ocupaban de sus quehaceres diarios —comían
y bebían, compraban y vendían, cultivaban y edificaban—
29 hasta la mañana en que Lot salió de Sodoma. Entonces
llovió del cielo fuego y azufre ardiente, y destruyó a todos.
30 Sí, será "todo como siempre" hasta el día en que se ma-
nifieste el Hijo del Hombre. 31 Ese día, la persona que esté
en la azotea no baje a la casa para empacar. La persona que
esté en el campo no regrese a su casa. 32 ¡Recuerden lo
que le pasó a la esposa de Lot! 33 Si se aferran a su vida, la
perderán; pero si dejan de aferrarse a su vida, la salvarán.
34 Esa noche, dos personas estarán durmiendo en una
misma cama; una será llevada y la otra, dejada. 35 Dos
mujeres estarán moliendo harina juntas en un molino;
una será llevada, la otra será dejada*».
37 Los discípulos le preguntaron:
—¿Dónde sucederá eso, Señor?*
Jesús les contestó:
—Así como los buitres, cuando se juntan, indican que
hay un cadáver cerca, de la misma manera, esas señales
revelan que el fin está cerca.*

***Notas textuales** **16:22** En griego *por los ángeles al seno de Abraham.* **16:23** En griego *al Hades.* **17:3** En griego *Si tu hermano.* **17:14** Ver Lv 14:2-32. **17:19** O *Tu fe te ha salvado.* **17:20** O *por medio de sus especulaciones.* **17:21** O *el reino de Dios está dentro de ustedes*, o *el reino de Dios está a su alcance.* **17:22** O *desearán aunque sea un día con el Hijo del Hombre.* «Hijo del Hombre» es un título que Jesús empleaba para referirse a sí mismo. **17:24** Algunos manuscritos no incluyen *el día.* **17:25** O *sufrir muchas cosas.* **17:35** Algunos manuscritos agregan el versículo 36: *Dos hombres estarán trabajando en el campo; uno será llevado, el otro será dejado.* Comparar Mt 24:40. **17:37a** En griego *—¿Dónde, Señor?* **17:37b** En griego *—Donde hay un cadáver, allí se juntan los buitres.*

Referencias cruzadas **16:13** Mt 6:24 **16:16-17** Mt 11:12-13 **16:18** Mt 5:31-32 **16:19-31** Mt 6:24 **17:1-3** Mc 9:42 **17:6** Mt 21:21 **17:19** Mt 9:22 **17:25** Lc 9:22 **17:26-27** Mt 24:37-39 **17:31** Mc 13:15-16

Parábola de la viuda persistente

18 Cierto día, Jesús les contó una historia a sus discípulos para mostrarles que siempre debían orar y nunca darse por vencidos. 2 «Había un juez en cierta ciudad —dijo—, que no tenía temor de Dios ni se preocupaba por la gente. 3 Una viuda de esa ciudad acudía a él repetidas veces para decirle: "Hágame justicia en este conflicto con mi enemigo". 4 Durante un tiempo, el juez no le hizo caso, hasta que finalmente se dijo a sí mismo: "No temo a Dios ni me importa la gente, 5 pero esta mujer me está volviendo loco. Me ocuparé de que reciba justicia, ¡porque me está agotando con sus constantes peticiones!"».

6 Entonces el Señor dijo: «Aprendan una lección de este juez injusto. 7 Si hasta él dio un veredicto justo al final, ¿acaso no creen que Dios hará justicia a su pueblo escogido que clama a él día y noche? ¿Seguirá aplazando su respuesta? 8 Les digo, ¡él pronto les hará justicia! Pero cuando el Hijo del Hombre* regrese, ¿a cuántas personas con fe encontrará en la tierra?».

Parábola del fariseo y el cobrador de impuestos

9 Luego Jesús contó la siguiente historia a algunos que tenían mucha confianza en su propia rectitud y despreciaban a los demás: 10 «Dos hombres fueron al templo a orar. Uno era fariseo, y el otro era un despreciado cobrador de impuestos. 11 El fariseo, de pie, apartado de los demás, hizo la siguiente oración:* "Te agradezco, Dios, que no soy como otros: tramposos, pecadores, adúlteros. ¡Para nada soy como ese cobrador de impuestos! 12 Ayuno dos veces a la semana y te doy el diezmo de mis ingresos".

13 »En cambio, el cobrador de impuestos se quedó a la distancia y ni siquiera se atrevía a levantar la mirada al cielo mientras oraba, sino que golpeó su pecho en señal de dolor mientras decía: "Oh Dios, ten compasión de mí, porque soy un pecador". 14 Les digo que fue este pecador —y no el fariseo— quien regresó a su casa justificado delante de Dios. Pues los que se exaltan a sí mismos serán humillados, y los que se humillan serán exaltados».

Jesús bendice a los niños

15 Cierto día, algunos padres llevaron a sus hijitos a Jesús para que él los tocara y los bendijera; pero cuando los discípulos vieron esto, regañaron a los padres por molestarlo.

16 Entonces Jesús llamó a los niños y dijo a los discípulos: «Dejen que los niños vengan a mí. ¡No los detengan! Pues el reino de Dios pertenece a los que son como estos niños. 17 Les digo la verdad, el que no reciba el reino de Dios como un niño nunca entrará en él».

El hombre rico

18 Cierta vez, un líder religioso le hizo a Jesús la siguiente pregunta:

—Maestro bueno, ¿qué debería hacer para heredar la vida eterna?

19 —¿Por qué me llamas bueno? —le preguntó Jesús—. Solo Dios es verdaderamente bueno; 20 pero para contestar a tu pregunta, tú conoces los mandamientos: "No cometas adulterio; no cometas asesinato; no robes; no des falso testimonio; honra a tu padre y a tu madre"*.

21 El hombre respondió:

—He obedecido todos esos mandamientos desde que era joven.

22 Cuando Jesús oyó su respuesta, le dijo:

—Hay una cosa que todavía no has hecho. Vende todas tus posesiones y entrega el dinero a los pobres, y tendrás tesoro en el cielo. Después ven y sígueme.

23 Cuando el hombre oyó esto, se puso triste porque era muy rico.

24 Jesús lo vio* y dijo: «¡Qué difícil es para los ricos entrar en el reino de Dios! 25 De hecho, ¡es más fácil que un camello pase por el ojo de una aguja que un rico entre en el reino de Dios!».

26 Los que lo oyeron, dijeron: «Entonces, ¿quién podrá ser salvo?».

27 Él contestó: «Lo que es imposible para los seres humanos es posible para Dios».

28 Pedro dijo:

—Nosotros hemos dejado nuestros hogares para seguirte.

29 —Así es —respondió Jesús—, y les aseguro que todo el que haya dejado casa o esposa o hermanos o padres o hijos por causa del reino de Dios 30 recibirá mucho más en esta vida y tendrá la vida eterna en el mundo que vendrá.

¡Respuestas Bíblicas! 137 ¿Por qué Jesús le dijo al líder religioso que vendiera todo?

18:22 El principal deseo de Dios es que lo amemos y amemos a las personas pero para este hombre sus riquezas eran lo más importante. Él cumplía todo lo demás de la ley pero su corazón amaba demasiado a las cosas materiales y por eso Jesús le dijo que eso era lo que debía dar.

Jesús predice otra vez su muerte

31 Jesús llevó a los doce discípulos aparte y dijo: «Escuchen, subimos a Jerusalén, donde todas las predicciones de los profetas acerca del Hijo del Hombre se harán realidad. 32 Será entregado a los romanos,* y se burlarán de él, lo tratarán de manera vergonzosa y lo escupirán. 33 Lo azotarán con un látigo y lo matarán, pero al tercer día resucitará».

34 Sin embargo, ellos no entendieron nada de esto. La importancia de sus palabras estaba oculta de ellos, y no captaron lo que decía.

Jesús sana a un mendigo ciego

35 Al acercarse Jesús a Jericó, un mendigo ciego estaba sentado junto al camino. 36 Cuando oyó el ruido de la multitud que pasaba, preguntó qué sucedía. 37 Le dijeron que Jesús de Nazaret* pasaba por allí. 38 Entonces comenzó a gritar: «¡Jesús, Hijo de David, ten compasión de mí!».

39 «¡Cállate!», le gritaba la gente que estaba más adelante.

Sin embargo, él gritó aún más fuerte: «¡Hijo de David, ten compasión de mí!».

40 Cuando Jesús lo oyó, se detuvo y ordenó que le trajeran al hombre. Al acercarse el ciego, Jesús le preguntó:

41 —¿Qué quieres que haga por ti?

***Notas textuales** **18:8** «Hijo del Hombre» es un título que Jesús empleaba para referirse a sí mismo. **18:11** Algunos manuscritos dicen *El fariseo se puso de pie e hizo la siguiente oración para sí mismo.* **18:20** Ex 20:12-16; Dt 5:16-20. **18:24** Algunos manuscritos dicen *Jesús vio lo triste que estaba el hombre.* **18:32** En griego *los gentiles.* (*Gentil[es]*, que no es judío). **18:37** O *Jesús nazareno.*

Referencias cruzadas **18:1-5** Lc 11:7-8 **18:14** Lc 14:11 **18:15-17** Mc 10:13-16 **18:18-30** Mt 19:16-30 **18:31-34** Mt 20:17-19 **18:35-43** Mc 10:46-52

—Señor —le dijo—, ¡quiero ver!

42Jesús le dijo:

—Bien, recibe la vista. Tu fe te ha sanado.

43Al instante el hombre pudo ver y siguió a Jesús mientras alababa a Dios. Y todos los que lo vieron también alabaron a Dios.

Jesús y Zaqueo

19 Jesús entró en Jericó y comenzó a pasar por la ciudad. 2Había allí un hombre llamado Zaqueo. Era jefe de los cobradores de impuestos de la región y se había hecho muy rico. 3Zaqueo trató de mirar a Jesús pero era de poca estatura y no podía ver por encima de la multitud. 4Así que se adelantó corriendo y se subió a una higuera sicómoro que estaba junto al camino, porque Jesús iba a pasar por allí.

5Cuando Jesús pasó, miró a Zaqueo y lo llamó por su nombre: «¡Zaqueo! —le dijo—. ¡Baja enseguida! Debo hospedarme hoy en tu casa».

6Zaqueo bajó rápidamente y, lleno de entusiasmo y alegría, llevó a Jesús a su casa; 7pero la gente estaba disgustada, y murmuraba: «Fue a hospedarse en la casa de un pecador de mala fama».

8Mientras tanto, Zaqueo se puso de pie delante del Señor y dijo:

—Señor, daré la mitad de mi riqueza a los pobres y, si estafé a alguien con sus impuestos, le devolveré cuatro veces más.

9Jesús respondió:

—La salvación ha venido hoy a esta casa, porque este hombre ha demostrado ser un verdadero hijo de Abraham. 10Pues el Hijo del Hombre* vino a buscar y a salvar a los que están perdidos.

Parábola de los diez siervos

11La multitud escuchaba todo lo que Jesús decía, y como ya se acercaba a Jerusalén, les contó una historia para corregir la idea de que el reino de Dios comenzaría de inmediato. 12Les dijo: «Un hombre de la nobleza fue llamado a un país lejano para ser coronado rey y luego regresar. 13Antes de partir, reunió a diez de sus siervos y dividió entre ellos cinco kilos de plata,* diciéndoles: "Inviertan esto por mí mientras estoy de viaje"; 14pero sus súbditos lo odiaban y enviaron una delegación tras él a decir: "No queremos que él sea nuestro rey".

15»Después de que lo coronaran rey, volvió y llamó a los siervos a quienes les había dado el dinero. Quería saber qué ganancias habían tenido. 16El primer siervo informó: "Amo, invertí su dinero, ¡y multipliqué diez veces el monto inicial!".

17»"¡Bien hecho! —exclamó el rey—. Eres un buen siervo. Has sido fiel con lo poco que te confié, así que como recompensa serás gobernador de diez ciudades".

18»El siguiente siervo informó: "Amo, invertí su dinero y multipliqué cinco veces el monto original".

19»"¡Bien hecho! —exclamó el rey—. Serás gobernador de cinco ciudades".

20»Pero el tercer siervo trajo solo la suma original y dijo: "Amo, escondí su dinero para protegerlo. 21Tenía miedo, porque usted es un hombre muy difícil de tratar, que toma lo que no es suyo y cosecha lo que no sembró".

22»"¡Siervo perverso! —dijo el rey a gritos—. Tus propias palabras te condenan. Si sabías que era un hombre duro que tomo lo que no es mío y cosecho lo que no sembré, 23¿por qué no depositaste mi dinero en el banco? Al menos hubiera podido obtener algún interés de él".

24»Luego, dirigiéndose a los otros que estaban cerca, el rey ordenó: "Quiten el dinero de este siervo y dénselo al que tiene cinco kilos".

25»"Pero amo —le dijeron—, él ya tiene cinco kilos".

26»"Sí —respondió el rey—, y a los que usan bien lo que se les da, se les dará aún más; pero a los que no hacen nada se les quitará aun lo poco que tienen. 27En cuanto a esos enemigos míos que no querían que yo fuera su rey, tráiganlos y ejecútenlos aquí mismo en mi presencia"».

Entrada triunfal de Jesús

28Después de contar esa historia, Jesús siguió rumbo a Jerusalén, caminando delante de sus discípulos. 29Al llegar a las ciudades de Betfagé y Betania, en el monte de los Olivos, mandó a dos discípulos que se adelantaran. 30«Vayan a la aldea que está allí —les dijo—. Al entrar, verán un burrito atado, que nadie ha montado jamás. Desátenlo y tráiganlo aquí. 31Si alguien les pregunta: "¿Por qué desatan al burrito?", simplemente digan: "El Señor lo necesita"».

32Así que ellos fueron y encontraron el burrito tal como lo había dicho Jesús. 33Y, efectivamente, mientras lo desataban, los dueños les preguntaron:

—¿Por qué desatan ese burrito?

34Y los discípulos simplemente contestaron:

—El Señor lo necesita.

35Entonces le llevaron el burrito a Jesús y pusieron sus prendas encima para que él lo montara.

36A medida que Jesús avanzaba, la multitud tendía sus prendas sobre el camino delante de él. 37Cuando llegó a donde comienza la bajada del monte de los Olivos, todos sus seguidores empezaron a gritar y a cantar mientras alababan a Dios por todos los milagros maravillosos que habían visto.

38 «¡Bendiciones al Rey que viene en el nombre del
Señor!
¡Paz en el cielo y gloria en el cielo más alto!»*.

39Algunos de los fariseos que estaban entre la multitud decían:

—¡Maestro, reprende a tus seguidores por decir cosas como esas!

40Jesús les respondió:

—Si ellos se callaran, las piedras a lo largo del camino se pondrían a aclamar.

Jesús llora por Jerusalén

41Al acercarse a Jerusalén, Jesús vio la ciudad delante de él y comenzó a llorar, diciendo: 42«¡Cómo quisiera que hoy tú, entre todos los pueblos, entendieras el camino de la paz! Pero ahora es demasiado tarde, y la paz está oculta a tus ojos. 43No pasará mucho tiempo antes de que tus enemigos construyan murallas que te rodeen y te encierren por todos lados. 44Te aplastarán contra el suelo, y a tus

***Notas textuales 19:10** «Hijo del Hombre» es un título que Jesús empleaba para referirse a sí mismo. **19:13** En griego *diez minas*; una mina equivalía aproximadamente a tres meses de salario. **19:38** Sal 118:26; 148:1.

Referencias cruzadas 19:7 Mt 9:11 **19:10** Jn 3:17 **19:12-27** Mt 25:14-30 **19:29-38** Jn 12:12-19 **19:44** Lc 21:6

hijos contigo. Tus enemigos no dejarán una sola piedra en
su lugar, porque no reconociste cuando Dios te visitó*».

Jesús despeja el templo

45Luego Jesús entró en el templo y comenzó a echar a
los que vendían animales para los sacrificios. 46Les dijo:
«Las Escrituras declaran: "Mi templo será una casa de
oración", pero ustedes lo han convertido en una cueva
de ladrones»*.
47Después de eso, enseñó todos los días en el templo,
pero los principales sacerdotes y los maestros de la ley
religiosa, junto con los otros líderes del pueblo, comen-
zaron a planificar cómo matarlo; 48pero no se les ocurría
nada, porque el pueblo prestaba mucha atención a cada
palabra que él decía.

Desafían la autoridad de Jesús

20 Cierto día, mientras Jesús enseñaba a la gente
y predicaba la Buena Noticia en el templo, los
principales sacerdotes, los maestros de la ley religiosa y
los ancianos se le acercaron.
2—¿Con qué autoridad haces todas estas cosas? —le
reclamaron—. ¿Quién te dio el derecho?
3—Primero, déjenme hacerles una pregunta —les res-
pondió él—. 4La autoridad de Juan para bautizar, ¿prove-
nía del cielo o era meramente humana?
5Ellos discutieron el asunto unos con otros: «Si deci-
mos que provenía del cielo, preguntará por qué nosotros
no le creímos a Juan, 6pero si decimos que era meramente
humana, la gente nos apedreará, porque están convenci-
dos de que Juan era un profeta». 7Entonces finalmente
contestaron que no sabían.
8Jesús respondió:
—Entonces yo tampoco les diré con qué autoridad hago
estas cosas.

Parábola de los agricultores malvados

9Jesús se dirigió nuevamente a la gente y les contó la si-
guiente historia: «Un hombre plantó un viñedo, lo alquiló
a unos agricultores arrendatarios y se mudó a vivir a otro
país por varios años. 10Llegado el tiempo de la cosecha de
la uva, envió a uno de sus siervos para recoger su parte de
la cosecha; pero los agricultores atacaron al siervo, le dieron
una paliza y lo mandaron de regreso con las manos vacías.
11Así que el dueño envió a otro siervo, pero a este también
lo insultaron, le dieron una paliza y lo despacharon con
las manos vacías. 12Entonces envió a un tercer hombre, a
quien lastimaron y echaron a patadas.
13»"¿Qué haré? —se preguntó el dueño—. ¡Ya sé! En-
viaré a mi querido hijo. Sin duda a él lo respetarán".
14»Sin embargo, cuando los agricultores vieron al
hijo, se dijeron unos a otros: "Aquí viene el heredero de
esta propiedad. ¡Matémoslo y nos quedaremos con la
propiedad!". 15Entonces lo arrastraron fuera del viñedo
y lo asesinaron.
»¿Qué creen ustedes que hará con ellos el dueño del
viñedo? —preguntó Jesús—. 16Les diré: irá y matará a esos
agricultores y alquilará el viñedo a otros».
—¡Qué terrible que suceda algo así! —protestaron los
oyentes.
17Jesús los miró y les dijo:
—Entonces, ¿a qué se refiere la siguiente Escritura:

"La piedra que los constructores rechazaron
ahora se ha convertido en la piedra principal"*?

18Todo el que tropiece con esa piedra se hará pedazos, y
la piedra aplastará a quienes les caiga encima.
19Los maestros de la ley religiosa y principales sacer-
dotes querían arrestar a Jesús en ese mismo momento,
porque se dieron cuenta de que contaba esa historia en
contra de ellos, pues ellos eran los agricultores malvados;
pero tenían miedo de la reacción de la gente.

¡Respuestas Bíblicas! 138 ¿Cómo trataron los espías de engañar a Jesús?

20:20 Los espías le preguntaron a Jesús sobre los impuestos para hacerlo quedar mal con la gente. Si Jesús decía que no paguen impuestos, los espías les dirían a los gobernantes y si Jesús decía paguen impuestos, haría enojar a los judíos pero Jesús era demasiado sabio para dejarse atrapar.

Los impuestos para el César

20Esperando su oportunidad, los líderes mandaron espías
que se hicieron pasar por hombres sinceros. Trataban
de hacer que Jesús dijera algo que pudieran informar al
gobernador de Roma para que lo arrestara.
21—Maestro —le dijeron—, sabemos que dices y en-
señas lo que es correcto y no te dejas influir por lo que
piensan otros. Enseñas con verdad el camino de Dios.
22Ahora dinos, ¿es correcto que paguemos impuestos
al César o no?
23Jesús se dio cuenta de la trampa y dijo:
24—Muéstrenme una moneda romana.* ¿A quién
pertenecen la imagen y el título grabados en la moneda?
—Al César —contestaron.
25—Bien —dijo—, entonces den al César lo que perte-
nece al César y den a Dios lo que pertenece a Dios.
26Así que no pudieron atraparlo por lo que decía en pú-
blico. En cambio, quedaron asombrados de su respuesta
y se callaron.

Discusión acerca de la resurrección

27Después se acercaron a Jesús algunos saduceos, líderes
religiosos que dicen que no hay resurrección de los muer-
tos. 28Le plantearon la siguiente pregunta:
—Maestro, Moisés nos dio una ley que dice que si un
hombre muere y deja a una esposa sin haber tenido hijos,
su hermano debe casarse con la viuda y darle un hijo para
que el nombre del hermano continúe.* 29Ahora bien, su-
pongamos que había siete hermanos. El mayor se casó y
murió sin dejar hijos. 30Entonces el segundo hermano
se casó con la viuda, pero él también murió. 31Luego el
tercer hermano se casó con ella. Lo mismo sucedió con
los siete, quienes murieron sin dejar hijos. 32Por último,
la mujer también murió. 33Entonces dinos, ¿de quién
será esposa en la resurrección? ¡Pues los siete estuvieron
casados con ella!
34Jesús respondió:
—El matrimonio es para las personas aquí en la tierra;
35pero en el mundo que vendrá, los que sean dignos de

***Notas textuales** **19:44** En griego *no reconociste el tiempo de tu visitación*, una referencia a la llegada del Mesías. **19:46** Is 56:7; Jr 7:11. **20:17** Sal 118:22. **20:24** En griego *un denario.* **20:28** Ver Dt 25:5-6.

Referencias cruzadas **19:45-48** Mt 21:12-17 **20:1-8** Mc 11:27-33 **20:9-19** Mc 12:1-12 **20:20-26** Mt 22:15-22 **20:27-40** Mc 12:18-27

ser levantados de los muertos no se casarán, ni se darán
en casamiento, 36ni volverán a morir. En este sentido,
serán como ángeles. Ellos son hijos de Dios e hijos de
la resurrección.
37»Ahora bien, en cuanto a si los muertos resucitarán,
hasta Moisés demostró esto cuando escribió acerca de la
zarza ardiente. Mucho después de que Abraham, Isaac y
Jacob murieron, él se refirió al Señor* como "el Dios de
Abraham, el Dios de Isaac y el Dios de Jacob"*. 38Por lo
tanto, él es Dios de los que están vivos, no de los muertos,
porque todos están vivos para él.
39«¡Bien dicho, Maestro!», comentaron algunos de los
maestros de la ley religiosa que estaban allí. 40Y después
nadie se atrevió a hacerle más preguntas.

¿De quién es hijo el Mesías?

41Entonces Jesús les planteó una pregunta: «¿Cómo es
que se dice que el Mesías es hijo de David? 42Pues David
mismo escribió en el libro de los Salmos:

"El SEÑOR le dijo a mi Señor:
Siéntate en el lugar de honor a mi derecha,
43 hasta que humille a tus enemigos
y los ponga por debajo de tus pies"*.

44Si David llamó al Mesías "Señor", ¿cómo es posible que
el Mesías sea su hijo?».
45Entonces, mientras la multitud escuchaba, se dirigió
a sus discípulos y les dijo: 46«¡Cuídense de los maestros de
la ley religiosa! Pues les gusta pavonearse en túnicas largas
y sueltas y les encanta recibir saludos respetuosos cuando
caminan por las plazas. ¡Y cómo les encanta ocupar los
asientos de honor en las sinagogas y sentarse a la mesa
principal en los banquetes! 47Sin embargo, estafan descara-
damente a las viudas para apoderarse de sus propiedades y
luego pretenden ser piadosos haciendo largas oraciones en
público. Por eso, serán castigados con severidad».

La ofrenda de la viuda

21 Mientras Jesús estaba en el templo, observó a los
ricos que depositaban sus ofrendas en la caja de
las ofrendas. 2Luego pasó una viuda pobre y echó dos
monedas pequeñas.*
3«Les digo la verdad —dijo Jesús—, esta viuda pobre
ha dado más que todos los demás. 4Pues ellos dieron una
mínima parte de lo que les sobraba, pero ella, con lo pobre
que es, dio todo lo que tenía».

Jesús habla acerca del futuro

5Algunos de sus discípulos comenzaron a hablar acerca
del templo, con su majestuosa arquitectura de piedra y
las decoraciones conmemorativas que adornaban las pa-
redes. Pero Jesús les dijo: 6«Viene el tiempo cuando todo
esto será demolido por completo. ¡No quedará ni una sola
piedra sobre otra!».
7—Maestro —le preguntaron—, ¿cuándo sucederá todo
eso? ¿Qué señal nos indicará que esas cosas están por
ocurrir?
8Él les contestó:
—No dejen que nadie los engañe, porque muchos ven-
drán en mi nombre y afirmarán: "Yo soy el Mesías"* y
dirán: "El tiempo ha llegado"; pero no les crean. 9Cuando
oigan de guerras y de levantamientos, no se dejen llevar
por el pánico. Es verdad, esas cosas deben suceder pri-
mero, pero el fin no vendrá inmediatamente después.
10Luego agregó:
—Una nación entrará en guerra con otra, y un reino
con otro reino. 11Habrá grandes terremotos, hambres y
plagas en muchos países, y sucederán cosas aterradoras
y grandes señales milagrosas del cielo.
12»Pero antes de que ocurra todo eso, habrá un tiempo
de gran persecución. Los arrastrarán a las sinagogas y a las
prisiones, y serán sometidos a juicio ante reyes y gober-
nantes, todo por ser mis seguidores; 13pero esa será una
oportunidad para que ustedes les hablen de mí.* 14Así
que no se preocupen de antemano por cómo contestarán
los cargos en su contra, 15porque yo les daré las palabras
apropiadas y tal sabiduría que ninguno de sus adversa-
rios podrá responderles o refutarlos. 16Aun sus seres más
cercanos —padres, hermanos, familiares y amigos— los
traicionarán. Incluso a algunos de ustedes los matarán.
17Todos los odiarán por ser mis seguidores,* 18pero ni
un solo cabello de su cabeza perecerá. 19Al mantenerse
firmes, ganarán su alma.
20»Cuando vean a Jerusalén rodeada de ejércitos, en-
tonces sabrán que ha llegado el tiempo de su destrucción.
21Entonces los que estén en Judea huyan a las colinas.
Los que estén en Jerusalén deben salir, y los que estén
en el campo no deben volver a la ciudad. 22Pues serán
días de la venganza de Dios, y las palabras proféticas de
las Escrituras se cumplirán. 23¡Qué terribles serán esos
días para las mujeres embarazadas y para las madres que
amamantan! Pues habrá desastre en la tierra y gran enojo
contra este pueblo. 24Los matarán a espada o serán envia-
dos cautivos a todas las naciones del mundo. Y Jerusalén
será pisoteada por los gentiles* hasta que el tiempo de los
gentiles llegue a su fin.
25»Y habrá señales extrañas en el sol, en la luna y en
las estrellas. Y aquí en la tierra, las naciones del mundo
estarán en caos, perplejas por los mares rugientes y las
mareas extrañas. 26La gente quedará aterrada de lo que
verá venir sobre la tierra, porque los poderes de los cie-
los serán sacudidos. 27Entonces todos verán al Hijo del
Hombre* venir en una nube con poder y gran gloria.*
28Por lo tanto, cuando todas estas cosas comiencen a su-
ceder, pónganse de pie y levanten la mirada, ¡porque la
salvación está cerca!
29Luego les dio la siguiente ilustración:
—Fíjense en la higuera o en cualquier otro árbol.
30Cuando brotan las hojas, sin que nadie les diga uste-
des saben que el verano se acerca. 31De la misma ma-
nera, cuando vean que suceden todas estas cosas, sabrán
que el reino de Dios está cerca. 32Les digo la verdad, no
pasará esta generación hasta que hayan sucedido todas
estas cosas. 33El cielo y la tierra desaparecerán, pero mis
palabras no desaparecerán jamás.
34»¡Tengan cuidado! No dejen que su corazón se
entorpezca con parrandas y borracheras, ni por las

***Notas textuales** **20:37a** En griego *cuando escribió acerca de la zarza. Él se refirió al Señor.* **20:37b** Ex 3:6. **20:42-43** Sal 110:1. **21:2** En griego *dos lepta* [la más pequeña de las monedas judías]. **21:8** En griego *afirmarán: "Yo soy"*. **21:13** O *pero ese será su testimonio contra ellos*. **21:17** En griego *por causa de mi nombre.* **21:24** *Gentil[es]*, que no es judío. **21:27a** «Hijo del Hombre» es un título que Jesús empleaba para referirse a sí mismo. **21:27b** Ver Dn 7:13.

Referencias cruzadas **20:41-44** Mc 12:35-37 **20:45-47** Lc 11:37-54 **21:1-4** Mc 12:41-44 **21:5-36** Mt 24:1-35 **21:6** Lc 19:44 **21:8** Lc 17:23 **21:12-19** Mt 10:17-22

preocupaciones de esta vida. No dejen que ese día los
agarre desprevenidos, 35como una trampa. Pues ese día
vendrá sobre cada ser viviente de la tierra. 36Manténganse
siempre alerta. Y oren para que sean suficientemente
fuertes para escapar de los horrores que vendrán y para
presentarse delante del Hijo del Hombre.
37Cada día Jesús iba al templo a enseñar y cada tarde re-
gresaba a pasar la noche en el monte de los Olivos. 38Todas
las mañanas, desde muy temprano, las multitudes se reu-
nían en el templo para escucharlo.

¡Respuestas Bíblicas! 139 ¿Qué fue la Última Cena?

22:8 Jesús tuvo una última comida de despedida con sus discípulos en la que les dijo a sus amigos que estaba a punto de morir. Él les dijo que lo recordaran siempre comiendo juntos una y otra vez, hasta que él regrese.

Judas acuerda traicionar a Jesús

22 Se acercaba el Festival de los Panes sin Levadura,
también llamado Pascua. 2Los principales sacer-
dotes y los maestros de la ley religiosa tramaban de qué
manera matar a Jesús, pero tenían miedo de la reacción
de la gente.
3Entonces Satanás entró en Judas Iscariote, uno de los
doce discípulos, 4quien fue a ver a los principales sacer-
dotes y a los capitanes de la guardia del templo para ha-
blar con ellos sobre la mejor manera de traicionar a Jesús.
5Ellos quedaron complacidos y prometieron darle dinero.
6Judas aceptó y comenzó a buscar una oportunidad para
traicionar a Jesús de modo que ellos pudieran arrestarlo
cuando las multitudes no estuvieran rodeándolo.

La última cena

7Llegó el Festival de los Panes sin Levadura, cuando se
sacrifica el cordero de la Pascua. 8Jesús mandó que Pedro
y Juan se adelantaran y les dijo:
—Vayan y preparen la cena de Pascua, para que poda-
mos comerla juntos.
9—¿Dónde quieres que la preparemos? —le
preguntaron.
10Él contestó:
—En cuanto entren en Jerusalén, les saldrá al encuen-
tro un hombre que lleva un cántaro de agua. Síganlo. En
la casa donde él entre, 11díganle al dueño: "El Maestro
pregunta: ¿Dónde está el cuarto de huéspedes en el que
puedo comer la cena de Pascua con mis discípulos?". 12Él
los llevará a un cuarto grande en el piso de arriba, que ya
está listo. Allí deben preparar nuestra cena.
13Ellos fueron a la ciudad y encontraron todo como
Jesús les había dicho y allí prepararon la cena de Pascua.
14Cuando llegó la hora, Jesús y los apóstoles se senta-
ron juntos a la mesa.* 15Jesús dijo: «He tenido muchos
deseos de comer esta Pascua con ustedes antes de que
comiencen mis sufrimientos. 16Pues ahora les digo que
no volveré a comerla hasta que su significado se cumpla
en el reino de Dios».
17Luego tomó en sus manos una copa de vino y le
dio gracias a Dios por ella. Entonces dijo: «Tomen esto y
repártanlo entre ustedes. 18Pues no volveré a beber vino
hasta que venga el reino de Dios».
19Tomó un poco de pan y dio gracias a Dios por él.
Luego lo partió en trozos, lo dio a sus discípulos y dijo:
«Esto es mi cuerpo, el cual es entregado por ustedes.
Hagan esto en memoria de mí».
20Después de la cena, tomó en sus manos otra copa de
vino y dijo: «Esta copa es el nuevo pacto entre Dios y su
pueblo, un acuerdo confirmado con mi sangre, la cual es
derramada como sacrificio por ustedes.*
21»Pero aquí en esta mesa, sentado entre nosotros
como un amigo, está el hombre que me traicionará. 22Pues
está establecido que el Hijo del Hombre* tiene que morir.
¡Pero qué aflicción le espera a aquel que lo traiciona!».
23Los discípulos comenzaron a preguntarse unos a otros
quién sería capaz de hacer semejante cosa.
24Después comenzaron a discutir quién sería el más
importante entre ellos. 25Jesús les dijo: «En este mundo,
los reyes y los grandes hombres tratan a su pueblo con pre-
potencia; sin embargo, son llamados "amigos del pueblo".
26Pero entre ustedes será diferente. El más importante de
ustedes deberá tomar el puesto más bajo, y el líder debe
ser como un sirviente. 27¿Quién es más importante: el
que se sienta a la mesa o el que la sirve? El que se sienta
a la mesa, por supuesto. ¡Pero en este caso no!, pues yo
estoy entre ustedes como uno que sirve.
28»Ustedes han estado conmigo durante mis tiempos
de prueba. 29Así como mi Padre me concedió un reino,
yo ahora les concedo el derecho 30de comer y beber a mi
mesa en mi reino, y se sentarán sobre tronos y juzgarán
a las doce tribus de Israel.

Jesús predice la negación de Pedro

31»Simón, Simón, Satanás ha pedido zarandear a cada
uno de ustedes como si fueran trigo; 32pero yo he rogado
en oración por ti, Simón, para que tu fe no falle, de modo
que cuando te arrepientas y vuelvas a mí fortalezcas a tus
hermanos».
33Pedro dijo:
—Señor, estoy dispuesto a ir a prisión contigo y aun
a morir contigo.
34Jesús le respondió:
—Pedro, déjame decirte algo. Mañana por la mañana,
antes de que cante el gallo, negarás tres veces que me
conoces.
35Entonces Jesús les preguntó:
—Cuando los envié a predicar la Buena Noticia y no
tenían dinero ni bolso de viaje ni otro par de sandalias,
¿les faltó algo?
—No —respondieron ellos.
36—Pero ahora —les dijo—, tomen su dinero y un bolso
de viaje; y si no tienen espada, ¡vendan su manto y com-
pren una! 37Pues ha llegado el tiempo en que se cumpla
la siguiente profecía acerca de mí: "Fue contado entre los
rebeldes"*. Así es, todo lo que los profetas escribieron
acerca de mí se cumplirá.
38—Mira Señor —le respondieron—, contamos con dos
espadas entre nosotros.
—Es suficiente —les dijo.

***Notas textuales** **22:14** O *reclinaron juntos.* **22:19-20** Algunos manuscritos no incluyen los versículos 22:19b-20: *el cual es entregado por ustedes [...] la cual es derramada como sacrificio por ustedes.* **22:22** «Hijo del Hombre» es un título que Jesús empleaba para referirse a sí mismo. **22:37** Is 53:12.

Referencias cruzadas **21:37** Jn 8:1-2 **22:1-2** Mt 26:1-5 **22:3-6** Mc 14:10-11 **22:7-13** Mc 14:12-16 **22:14-20** 1 Co 11:23-26 **22:21-23** Jn 13:21-26 **22:24-27** Mt 20:24-28 **22:31-34** Mt 26:31-35 **22:35** Lc 9:3

Jesús ora en el monte de los Olivos

39Luego, acompañado por sus discípulos, Jesús salió del cuarto en el piso de arriba y, como de costumbre, fue al monte de los Olivos. 40Allí les dijo: «Oren para que no cedan a la tentación».

41Se alejó a una distancia como de un tiro de piedra, se arrodilló y oró: 42«Padre, si quieres, te pido que quites esta copa de sufrimiento de mí. Sin embargo, quiero que se haga tu voluntad, no la mía». 43Entonces apareció un ángel del cielo y lo fortaleció. 44Oró con más fervor, y estaba en tal agonía de espíritu que su sudor caía a tierra como grandes gotas de sangre.*

45Finalmente se puso de pie y regresó adonde estaban sus discípulos, pero los encontró dormidos, exhaustos por la tristeza. 46«¿Por qué duermen? —les preguntó—. Levántense y oren para que no cedan ante la tentación».

Traicionan y arrestan a Jesús

47Mientras Jesús hablaba, se acercó una multitud, liderada por Judas, uno de los doce discípulos. Judas caminó hacia Jesús para saludarlo con un beso. 48Entonces Jesús le dijo: «Judas, ¿con un beso traicionas al Hijo del Hombre?».

49Cuando los otros discípulos vieron lo que estaba por suceder, exclamaron: «Señor, ¿peleamos? ¡Trajimos las espadas!». 50Y uno de ellos hirió al esclavo del sumo sacerdote cortándole la oreja derecha.

51Pero Jesús dijo: «Basta». Y tocó la oreja del hombre y lo sanó.

52Entonces Jesús habló a los principales sacerdotes, a los capitanes de la guardia del templo y a los ancianos, que habían venido a buscarlo. «¿Acaso soy un peligroso revolucionario, para que vengan con espadas y palos para arrestarme? —les preguntó—. 53¿Por qué no me arrestaron en el templo? Estuve allí todos los días, pero este es el momento de ustedes, el tiempo en que reina el poder de la oscuridad».

Pedro niega a Jesús

54Entonces lo arrestaron y lo llevaron a la casa del sumo sacerdote. Y Pedro los siguió de lejos. 55Los guardias encendieron una fogata en medio del patio y se sentaron alrededor, y Pedro se sumó al grupo. 56Una sirvienta lo vio a la luz de la fogata y comenzó a mirarlo fijamente. Por fin dijo: «Este hombre era uno de los seguidores de Jesús».

57Pero Pedro lo negó: «¡Mujer, ni siquiera lo conozco!».

58Después de un rato, alguien más lo vio y dijo:

—Seguramente tú eres uno de ellos.

—¡No, hombre, no lo soy! —contestó.

59Alrededor de una hora más tarde, otra persona insistió: «Seguro este es uno de ellos porque también es galileo».

60Pero Pedro dijo: «¡Hombre, no sé de qué hablas!». Inmediatamente, mientras aún hablaba, el gallo cantó.

61En ese momento, el Señor se volvió y miró a Pedro. De repente, las palabras del Señor pasaron rápidamente por la mente de Pedro: «Mañana por la mañana, antes de que cante el gallo, negarás tres veces que me conoces». 62Y Pedro salió del patio, llorando amargamente.

63Los guardias que estaban a cargo de Jesús comenzaron a burlarse de él y a golpearlo. 64Le vendaron los ojos y le decían: «¡Profetízanos! ¿Quién te golpeó esta vez?». 65Y le lanzaban todo tipo de insultos.

Jesús ante el Concilio

66Al amanecer, todos los ancianos del pueblo se reunieron, incluidos los principales sacerdotes y los maestros de la ley religiosa. Llevaron a Jesús ante el Concilio Supremo* 67y le dijeron:

—Dinos, ¿eres tú el Mesías?

Él les respondió:

—Si lo dijera, no me creerían; 68y si yo les hiciera una pregunta, ustedes no me la contestarían. 69Sin embargo, desde ahora, el Hijo del Hombre estará sentado en el lugar de poder, a la derecha de Dios.*

70Todos gritaron:

—¿Entonces afirmas que eres el Hijo de Dios?

Y él contestó:

—Ustedes dicen que lo soy.

71«¿Para qué necesitamos otros testigos? —dijeron—. Nosotros mismos lo oímos decirlo».

¡Respuestas Bíblicas! 140 ¿Dijo alguna vez Jesús que él era Dios?

22:70 Sí. Les dijo a los líderes judíos que era el Hijo de Dios en esta ocasión y también en Juan 5:16-18 y Juan 8:54-59

Juicio de Jesús ante Pilato

23 Entonces todo el Concilio llevó a Jesús ante Pilato, el gobernador romano. 2Comenzaron a presentar su caso: «Este hombre ha estado llevando al pueblo por mal camino al decirles que no paguen los impuestos al gobierno romano y al afirmar que él es el Mesías, un rey».

3Entonces Pilato le preguntó:

—¿Eres tú el rey de los judíos?

Jesús contestó:

—Tú lo has dicho.

4Pilato se dirigió a los principales sacerdotes y a la multitud y les dijo:

—¡No encuentro ningún delito en este hombre!

5Pero insistían:

—Con sus enseñanzas causa disturbios por donde va, en toda Judea, desde Galilea hasta Jerusalén.

6—Ah, ¿es galileo? —preguntó Pilato.

7Cuando le dijeron que sí, Pilato lo mandó a Herodes Antipas, porque Galilea estaba bajo la jurisdicción de Herodes, y dio la casualidad de que se encontraba en Jerusalén en ese momento.

8Herodes se alegró mucho por la oportunidad de ver a Jesús, porque había oído hablar de él y hacía tiempo que quería verlo realizar un milagro. 9Herodes le hizo una pregunta tras otra, pero Jesús se negó a contestar. 10Mientras tanto, los principales sacerdotes y los maestros de la ley religiosa se quedaron allí gritando sus acusaciones. 11Entonces Herodes y sus soldados comenzaron a burlarse de Jesús y a ridiculizarlo. Finalmente le pusieron un manto real y lo enviaron de regreso a Pilato. 12(Herodes y Pilato,

***Notas textuales** **22:43-44** Los versículos 43 y 44 no están incluidos en los manuscritos más antiguos. **22:66** En griego *ante el Sanedrín.* **22:69** Ver Sal 110:1.

Referencias cruzadas **22:39-46** Mc 14:32-42 **22:47-53** Jn 18:3-11 **22:54-62** Jn 18:12-18, 25-27 **22:63-65** Mt 26:67-68 **22:66-71** Mc 14:61-64 **23:1-5** Jn 18:29-38 **23:8** Lc 9:9

quienes habían sido enemigos anteriormente, ese día se
hicieron amigos).
13Entonces Pilato llamó a los principales sacerdotes
y a los otros líderes religiosos, junto con el pueblo, 14y
anunció su veredicto: «Me trajeron a este hombre porque
lo acusan de encabezar una revuelta. Detenidamente lo
he examinado al respecto en presencia de ustedes y lo
encuentro inocente. 15Herodes llegó a la misma conclu-
sión y me lo devolvió. Este hombre no ha hecho nada
que merezca la pena de muerte. 16Así que lo haré azotar
y luego lo pondré en libertad».*
18Pero un gran clamor surgió de la multitud, y a una
voz la gente gritó: «¡Mátalo y suéltanos a Barrabás!».
19(Barrabás estaba en prisión por haber participado en
un levantamiento contra el gobierno en Jerusalén, y por
asesinato). 20Pilato discutió con ellos porque quería poner
en libertad a Jesús, 21pero la multitud seguía gritando:
«¡Crucifícalo! ¡Crucifícalo!».
22Por tercera vez insistió Pilato: «¿Por qué? ¿Qué cri-
men ha cometido? No encuentro ninguna razón para
condenarlo a muerte. Lo haré azotar y luego lo soltaré».
23Pero la turba gritó cada vez más fuerte, exigiendo
que Jesús fuera crucificado, y sus voces prevalecieron.
24Entonces Pilato sentenció a Jesús a muerte como la
gente reclamaba. 25Como habían pedido, puso en liber-
tad a Barrabás, el que estaba preso por levantamiento y
asesinato. Y les entregó a Jesús para que hicieran con él
como quisieran.

La crucifixión

26Cuando ellos se llevaban a Jesús, sucedió que un
hombre llamado Simón, que era de Cirene,* venía del
campo. Los soldados lo agarraron, pusieron la cruz sobre
él y lo obligaron a cargarla detrás de Jesús. 27Una gran
multitud lo seguía, incluidas muchas mujeres que llo-
raban desconsoladas. 28Entonces Jesús se dio la vuelta
y les dijo: «Hijas de Jerusalén, no lloren por mí; lloren
más bien por ustedes y por sus hijos. 29Pues vienen días
cuando dirán: "¡Dichosas las mujeres que no tienen hijos,
los vientres que no dieron a luz y los pechos que no ama-
mantaron!". 30La gente suplicará a los montes: "¡Caigan
sobre nosotros!" y rogará a las colinas: "¡Entiérrennos!"*.
31Pues, si estas cosas suceden cuando el árbol está verde,
¿qué pasará cuando esté seco?*».
32Llevaron a otros dos, ambos criminales, para ser eje-
cutados con Jesús. 33Cuando llegaron a un lugar llamado
«La Calavera»*, lo clavaron en la cruz y a los criminales
también, uno a su derecha y otro a su izquierda.
34Jesús dijo: «Padre, perdónalos, porque no saben lo
que hacen»*. Y los soldados sortearon su ropa, tirando
los dados.*
35La multitud observaba, y los líderes se burlaban.
«Salvó a otros —decían—, que se salve a sí mismo si de
verdad es el Mesías de Dios, el Elegido». 36Los soldados
también se burlaban de él, al ofrecerle vino agrio para
beber. 37Y exclamaron: «Si eres el rey de los judíos, ¡sálvate
a ti mismo!». 38Encima de su cabeza, colocaron un letrero
que decía: «Este es el Rey de los judíos».
39Uno de los criminales colgados junto a él se burló:
«¿Así que eres el Mesías? Demuéstralo salvándote a ti
mismo, ¡y a nosotros también!».
40Pero el otro criminal protestó: «¿Ni siquiera temes
a Dios ahora que estás condenado a muerte? 41Nosotros
merecemos morir por nuestros crímenes, pero este
hombre no ha hecho nada malo». 42Luego dijo:
—Jesús, acuérdate de mí cuando vengas en tu reino.
43Jesús respondió:
—Te aseguro que hoy estarás conmigo en el paraíso.

Muerte de Jesús

44Ya era alrededor del mediodía, y la tierra se llenó de
oscuridad hasta las tres de la tarde. 45La luz del sol desa-
pareció. Y, de repente, la cortina del santuario del templo
se rasgó por la mitad. 46Después Jesús gritó: «Padre, ¡enco-
miendo mi espíritu en tus manos!»*. Y con esas palabras
dio su último suspiro.
47Cuando el oficial romano* encargado de la ejecu-
ción vio lo que había sucedido, adoró a Dios y dijo: «Este
hombre era inocente* de verdad». 48Y cuando todas las
multitudes que habían venido a observar la ejecución
vieron lo que había sucedido, regresaron a casa con gran
dolor;* 49pero los amigos de Jesús, incluidas las muje-
res que lo habían seguido desde Galilea, se quedaron
mirando de lejos.

Entierro de Jesús

50Había un hombre bueno y justo llamado José. Era
miembro del Concilio Supremo judío, 51pero no había
estado de acuerdo con la decisión y las acciones de los
otros líderes religiosos. Era de la ciudad de Judea llamada
Arimatea y esperaba la venida del reino de Dios. 52Fue a
Pilato y le pidió el cuerpo de Jesús. 53Luego bajó el cuerpo
de la cruz, lo envolvió en un largo lienzo de lino y lo colocó
en una tumba nueva que había sido tallada en la roca.
54Esto sucedió el viernes por la tarde, el día de prepara-
ción,* cuando el día de descanso estaba por comenzar.
55Mientras llevaban el cuerpo, las mujeres de Galilea
iban detrás y vieron la tumba donde lo colocaron. 56Luego
fueron a sus casas y prepararon especias y ungüentos para
ungir el cuerpo de Jesús; pero cuando terminaron ya había
comenzado el día de descanso, así que descansaron como
ordena la ley.

La resurrección

24 El domingo,* muy temprano por la mañana, las
mujeres fueron a la tumba, llevando las especias
que habían preparado. 2Encontraron que la piedra de la
entrada estaba corrida a un costado. 3Entonces entraron,
pero no encontraron el cuerpo del Señor Jesús. 4Mientras
estaban allí perplejas, de pronto aparecieron dos hombres
vestidos con vestiduras resplandecientes.
5Las mujeres quedaron aterradas y se inclinaron rostro
en tierra. Entonces los hombres preguntaron: «¿Por qué
buscan entre los muertos a alguien que está vivo? 6¡Él no
está aquí! ¡Ha resucitado! Recuerden lo que les dijo en

***Notas textuales** **23:16** Algunos manuscritos agregan el versículo 17: *Ahora bien, era necesario que él pusiera en libertad a un preso y lo entregara a ellos durante la celebración de la Pascua.* Comparar con Mt 27:15; Mc 15:6; Jn 18:39. **23:26** *Cirene* era una ciudad del norte de África. **23:30** Os 10:8. **23:31** O *Si a mí, el árbol viviente, me hacen estas cosas, ¿qué les sucederá a ustedes, el árbol seco?* **23:33** A veces se traduce *Calvario,* que proviene de la palabra latina «calavera». **23:34a** Esta oración no está incluida en muchos manuscritos antiguos. **23:34b** En griego *echando suertes.* Ver Sal 22:18. **23:46** Sal 31:5. **23:47a** En griego *el centurión.* **23:47b** O *justo.* **23:48** En griego *regresaron a casa golpeándose el pecho.* **23:54** En griego *Era el día de la preparación.* **24:1** En griego *El primer día de la semana.*

Referencias cruzadas **23:18-25** Mt 27:15-26 **23:32-43** Mt 27:33-44 **23:44-49** Jn 19:28-30 **23:50-56** Mc 15:42-47 **24:1-10** Jn 20:1-8

Galilea, 7que el Hijo del Hombre* debía ser traicionado
y entregado en manos de hombres pecadores, y ser cru-
cificado, y que resucitaría al tercer día».
8Entonces ellas recordaron lo que Jesús había dicho.
9Así que regresaron corriendo de la tumba a contarles a
los once discípulos y a todos los demás lo que había suce-
dido. 10Fueron María Magdalena, Juana, María la madre
de Santiago y varias mujeres más quienes contaron a los
apóstoles lo que pasó. 11Pero a los hombres el relato les
pareció una tontería, y no les creyeron. 12Sin embargo,
Pedro se levantó de un salto y corrió a la tumba para ver
por sí mismo. Agachándose, miró hacia adentro y vio
solo los lienzos de lino, vacíos; luego regresó a la casa,
preguntándose qué habría ocurrido.

De camino a Emaús

13Ese mismo día, dos de los seguidores de Jesús iban ca-
mino al pueblo de Emaús, a unos once kilómetros* de
Jerusalén. 14Al ir caminando, hablaban acerca de las cosas
que habían sucedido. 15Mientras conversaban y hablaban,
de pronto Jesús mismo se apareció y comenzó a caminar
con ellos; 16pero Dios impidió que lo reconocieran.
17Él les preguntó:
—¿De qué vienen discutiendo tan profundamente por
el camino?
Se detuvieron de golpe, con sus rostros cargados
de tristeza. 18Entonces uno de ellos, llamado Cleofas,
contestó:
—Tú debes de ser la única persona en Jerusalén que
no oyó acerca de las cosas que han sucedido allí en los
últimos días.
19—¿Qué cosas? —preguntó Jesús.
—Las cosas que le sucedieron a Jesús, el hombre de
Nazaret —le dijeron—. Era un profeta que hizo milagros
poderosos, y también era un gran maestro a los ojos de
Dios y de todo el pueblo. 20Sin embargo, los principales
sacerdotes y otros líderes religiosos lo entregaron para que
fuera condenado a muerte, y lo crucificaron. 21Nosotros
teníamos la esperanza de que fuera el Mesías que había
venido para rescatar a Israel. Todo esto sucedió hace tres
días.
22»No obstante, algunas mujeres de nuestro grupo de
seguidores fueron a su tumba esta mañana temprano y
regresaron con noticias increíbles. 23Dijeron que el cuerpo
había desaparecido y que habían visto a ángeles, quienes
les dijeron ¡que Jesús está vivo! 24Algunos de nuestros
hombres corrieron para averiguarlo, y efectivamente el
cuerpo no estaba, tal como las mujeres habían dicho.
25Entonces Jesús les dijo:
—¡Qué necios son! Les cuesta tanto creer todo lo que
los profetas escribieron en las Escrituras. 26¿Acaso no
profetizaron claramente que el Mesías tendría que sufrir
todas esas cosas antes de entrar en su gloria?
27Entonces Jesús los guio por los escritos de Moisés y
de todos los profetas, explicándoles lo que las Escrituras
decían acerca de él mismo.
28Para entonces ya estaban cerca de Emaús y del final
del viaje. Jesús hizo como que iba a seguir adelante, 29pero
ellos le suplicaron: «Quédate con nosotros esta noche,
ya que se está haciendo tarde». Entonces los acompañó
a la casa. 30Al sentarse a comer,* tomó el pan y lo ben-
dijo. Luego lo partió y se lo dio a ellos. 31De pronto, se
les abrieron los ojos y lo reconocieron. Y, en ese instante,
Jesús desapareció.
32Entonces se dijeron el uno al otro: «¿No ardía nuestro
corazón cuando nos hablaba en el camino y nos explicaba
las Escrituras?». 33En menos de una hora, estaban de re-
greso a Jerusalén. Allí encontraron a los once discípulos
y a los otros que se habían reunido con ellos, 34quienes
decían: «¡El Señor ha resucitado de verdad! Se le apareció
a Pedro*».

Jesús se aparece a los discípulos

35Luego los dos de Emaús les contaron cómo Jesús se les
había aparecido mientras iban por el camino y cómo lo
habían reconocido cuando partió el pan. 36Entonces, justo
mientras contaban la historia, de pronto Jesús mismo apa-
reció de pie en medio de ellos. «La paz sea con ustedes»,
les dijo. 37Pero todos quedaron asustados y temerosos;
¡pensaban que veían un fantasma!
38«¿Por qué están asustados? —les preguntó—. ¿Por
qué tienen el corazón lleno de dudas? 39Miren mis
manos. Miren mis pies. Pueden ver que de veras soy yo.
Tóquenme y asegúrense de que no soy un fantasma, pues
los fantasmas no tienen cuerpo, como ven que yo tengo».
40Mientras hablaba, él les mostró sus manos y sus pies.
41Aun así, ellos seguían sin creer, llenos de alegría y
asombro. Entonces les preguntó: «¿Tienen aquí algo para
comer?». 42Le dieron un pedazo de pescado asado, 43y él
lo comió mientras ellos miraban.
44Entonces dijo: «Cuando estaba con ustedes antes,
les dije que tenía que cumplirse todo lo escrito acerca de
mí en la ley de Moisés, en los profetas y en los Salmos».
45Entonces les abrió la mente para que entendieran las Es-
crituras, 46y dijo: «Efectivamente, se escribió hace mucho
tiempo que el Mesías debería sufrir, morir y resucitar al
tercer día. 47También se escribió que este mensaje se
proclamaría con la autoridad de su nombre a todas las
naciones,* comenzando con Jerusalén: "Hay perdón de
pecados para todos los que se arrepientan". 48Ustedes son
testigos de todas estas cosas.
49»Ahora enviaré al Espíritu Santo, tal como prome-
tió mi Padre; pero quédense aquí en la ciudad hasta que
el Espíritu Santo venga y los llene con poder del cielo».

La ascensión

50Entonces Jesús los llevó a Betania, levantó sus manos al
cielo y los bendijo. 51Mientras los bendecía, los dejó y fue
levantado al cielo. 52Entonces ellos lo adoraron y regre-
saron a Jerusalén llenos de gran alegría; 53y pasaban todo
su tiempo en el templo, adorando a Dios.

***Notas textuales** **24:7** «Hijo del Hombre» es un título que Jesús empleaba para referirse a sí mismo. **24:13** En griego *60 estadios* [7 millas]. **24:30** O *Al reclinarse.* **24:34** En griego *Simón.* **24:47** O *todos los grupos étnicos.*

Referencias cruzadas **24:16** Jn 21:4 **24:27** Jn 1:45 **24:35-49** Jn 20:19-23 **24:50-53** Hch 1:4-14

JUAN

¿Por qué es importante?

Mientras que los otros tres evangelios describen a Jesús como el Rey, el Siervo y el Hijo del Hombre, Juan presenta a Jesús como el Hijo de Dios. Juan escribió para que sus lectores pudieran "creer que Jesús es el Cristo, el Hijo de Dios" y puedan nacer de nuevo. Para lograr este objetivo presenta una imagen fascinante y distintiva de Jesucristo, en completa unidad con los retratos de los otros tres evangelios, pero que también agrega significativamente a la revelación bíblica de Jesús, el Dios-hombre. En este evangelio es a donde Jesús habla más de sí mismo porque para Juan el creer en quien Jesús dice que es, es lo más importante para saber quiénes somos nosotros.

¿Por qué fue escrito?

Juan escribió con un propósito evangelístico: "Los discípulos vieron a Jesús hacer muchas otras señales milagrosas además de las registradas en este libro. Pero estas se escribieron para que ustedes continúen creyendo que Jesús es el Mesías, el Hijo de Dios, y para que, al creer en él, tengan vida por el poder de su nombre. (20:30,31). Desde su introducción, este es el más teológico de los cuatro evangelios. Juan escribe para convencer a sus lectores de la verdadera identidad de Jesús como el perfecto Dios-hombre, y para llevarlos a creer en Él. Juan utiliza la palabra creer 98 veces en este evangelio.

¿Quién lo escribió?

El mismo libro indica que el autor es Juan, el discípulo al cual Jesús amaba (13:23; 19:26; 20:2; 21:7,20,24). Por ser testigo, incluye en su narración muchos detalles que sólo pueden ser descritos por alguien que los vivió en carne propia (por ejemplo,2:6; 12:3; 13:26; 21:8-11). Además, sabemos que era alguien que conocía muy bien las costumbres judías (por ejemplo, 21:8), las referencias mesiánicas (1:20-21; 7:40-42), y la tierra de Palestina (1:44-46; 5:2; 11:18). Juan era hijo de Zebedeo y de Salomé, quien probablemente fue hermana de María, madre de Jesús (Mateo 27:56; Marcos 15:40; Juan 19:25). Jacobo fue su hermano mayor, y ambos fueron parte de un grupo muy cercano a Jesús.

¿A quién lo escribió?

Este libro fue escrito principalmente para fortalecer la fe de creyentes no judíos. Además, Juan quiso presentar el evangelio a incrédulos que luchaban con los pensamientos populares que sostenían que Jesús era Dios, pero rechazaban su humanidad

¿Cuándo y dónde lo escribió?

Los historiados y la tradición consideran que este evangelio fue escrito alrededor de los años 50 y que Juan luego de compartir su tiempo con Jesús y el comienzo de la Iglesia fue a Efeso a dónde escribió su testimonio.

Paso a paso

1. ¡Cree en Jesús! (1:1-18)
2. Las primeras reflexiones y entrevistas (1:19-4:54)
3. Ministerio de Jesús: público... y polémico (5:1-6:71)
4. Incredulidad (7:1-12:36a)
5. ¿Están listos? Preparación de los discípulos (12:36b-16:33)
6. ¡Jesús oró por ti! (17:1-26)
7. La pasión (18:1-19:42)
8. ¡Él vive! ¡Lo hemos visto! (20:1-21:25)

Juan

Prólogo: Cristo, la Palabra eterna

1 En el principio la Palabra ya existía.
La Palabra estaba con Dios,
y la Palabra era Dios.
[2] El que es la Palabra existía en el principio con Dios.
[3] Dios creó todas las cosas por medio
de él,
y nada fue creado sin él.
[4] La Palabra le dio vida a todo lo creado,*
y su vida trajo luz a todos.
[5] La luz brilla en la oscuridad,
y la oscuridad jamás podrá apagarla.*

> **¡Respuestas Bíblicas! 141 ¿Qué significa "el verbo"?**
>
> 1:1 El "verbo" o la "palabra" cuando se refiere a Jesús significa que
> él está activo siempre y habla y hace lo que hace en nombre de Dios.

[6]Dios envió a un hombre llamado Juan el Bautista*
[7]para que contara acerca de la luz, a fin de que todos cre-
yeran por su testimonio. [8]Juan no era la luz; era solo un
testigo para hablar de la luz. [9]Aquel que es la luz verdadera,
quien da luz a todos, venía al mundo.
[10]Vino al mismo mundo que él había creado, pero el
mundo no lo reconoció. [11]Vino a los de su propio pue-
blo, y hasta ellos lo rechazaron; [12]pero a todos los que
creyeron en él y lo recibieron, les dio el derecho de llegar
a ser hijos de Dios. [13]Ellos nacen de nuevo, no mediante
un nacimiento físico como resultado de la pasión o de la
iniciativa humana, sino por medio de un nacimiento que
proviene de Dios.
[14]Entonces la Palabra se hizo hombre* y vino a vivir
entre nosotros. Estaba lleno de amor inagotable y fide-
lidad.* Y hemos visto su gloria, la gloria del único Hijo
del Padre.
[15]Juan dio testimonio de él cuando clamó a las multi-
tudes: «A él me refería yo cuando decía: "Alguien viene
después de mí que es muy superior a mí porque existe
desde mucho antes que yo"».
[16]De su abundancia, todos hemos recibido una ben-
dición inmerecida tras otra.* [17]Pues la ley fue dada por
medio de Moisés, pero el amor inagotable de Dios y su
fidelidad vinieron por medio de Jesucristo. [18]Nadie ha
visto jamás a Dios; pero el Único, que es Dios,* está ínti-
mamente ligado al Padre. Él nos ha revelado a Dios.

El testimonio de Juan el Bautista

[19]Este fue el testimonio que dio Juan cuando los líderes
judíos enviaron sacerdotes y ayudantes del templo* desde
Jerusalén para preguntarle:
—¿Quién eres?
[20]Él dijo con toda franqueza:
—Yo no soy el Mesías.
[21]—Bien. Entonces, ¿quién eres? —preguntaron—.
¿Eres Elías?
—No —contestó.
—¿Eres el Profeta que estamos esperando?*
—No.
[22]—Entonces, ¿quién eres? Necesitamos alguna res-
puesta para los que nos enviaron. ¿Qué puedes decirnos
de ti mismo?
[23]Juan contestó con las palabras del profeta Isaías:

«Soy una voz que clama en el desierto:
"¡Abran camino para la llegada del SEÑOR!"»*.

[24]Entonces los fariseos que habían sido enviados [25]le
preguntaron:
—Si no eres el Mesías, ni Elías, ni el Profeta, ¿con qué
derecho bautizas?
[26]Juan les dijo:
—Yo bautizo con* agua, pero aquí mismo, en medio
de la multitud, hay alguien a quien ustedes no reconocen.
[27]Aunque su servicio viene después del mío, yo ni siquiera
soy digno de ser su esclavo, ni de desatar las correas de
sus sandalias.
[28]Ese encuentro ocurrió en Betania, una región situada
al oriente del río Jordán, donde Juan estaba bautizando.

Jesús, el Cordero de Dios

[29]Al día siguiente, Juan vio que Jesús se le acercaba y
dijo: «¡Miren! ¡El Cordero de Dios, que quita el pecado
del mundo! [30]A él me refería cuando yo decía: "Después
de mí, vendrá un hombre que es superior a mí porque
existe desde mucho antes que yo". [31]No lo reconocí como
el Mesías, aunque estuve bautizando con agua para que
él fuera revelado a Israel».
[32]Entonces Juan dio testimonio: «Vi al Espíritu Santo
descender del cielo como una paloma y reposar sobre

***Notas textuales** **1:3-4** O *y nada de lo que fue creado, fue creado sino por medio de él. La Palabra dio vida a todo.* **1:5** O *y la oscuridad no la ha entendido.* **1:6** En griego *un hombre llamado Juan.* **1:14a** En griego *se hizo carne.* **1:14b** O *de gracia y verdad*; similar en 1:17. **1:16** O *recibido la gracia de Cristo en lugar de la gracia de la ley*; en griego dice *recibido gracia sobre gracia.* **1:18** Algunos manuscritos dicen *pero el único Hijo.* **1:19** En griego *y levitas.* **1:21** En griego *¿Eres tú el Profeta?* Ver Dt 18:15, 18; Ml 4:5-6. **1:23** Is 40:3. **1:26** O *en*; también en 1:31, 33.

Referencias cruzadas **1:1** 1 Jn 5:20 **1:9** 1 Jn 2:8 **1:12** Rm 8:15-16, 29 **1:14** Col 2:9 **1:17** Ex 31:18 **1:19-20** Lc 3:15 **1:21** Ml 4:5 **1:23** Is 40:3 **1:29** 1 Co 5:7

él. 33Yo no sabía que era el Mesías, pero cuando Dios me envió a bautizar con agua, me dijo: "Aquel, sobre quien veas que el Espíritu desciende y reposa, es el que bautizará con el Espíritu Santo". 34Vi que eso sucedió con Jesús, por eso doy testimonio de que él es el Elegido de Dios*».

¡Respuestas Bíblicas! 142 ¿Qué significa "Cordero de Dios"?

1:29 En tiempos bíblicos, cuando alguien pecaba, esa persona debía llevar un cordero al templo para darlo como una ofrenda a Dios. Llamar a Jesús "el Cordero de Dios" significa que Dios nos dio a su hijo para ser matado, como el cordero, por nuestros pecados.

Los primeros discípulos

35Al día siguiente, Juan estaba otra vez allí con dos de sus discípulos. 36Al pasar Jesús, Juan lo miró y declaró: «¡Miren! ¡Ahí está el Cordero de Dios!». 37Cuando los dos discípulos de Juan lo oyeron, siguieron a Jesús.

38Jesús miró a su alrededor y vio que ellos lo seguían.

—¿Qué quieren? —les preguntó.

Ellos contestaron:

—Rabí (que significa "Maestro"), ¿dónde te hospedas?

39—Vengan y vean —les dijo.

Eran como las cuatro de la tarde cuando lo acompañaron al lugar donde se hospedaba, y se quedaron el resto del día con él.

40Andrés, hermano de Simón Pedro, era uno de estos hombres que, al oír lo que Juan dijo, siguieron a Jesús. 41Andrés fue a buscar a su hermano Simón y le dijo: «Hemos encontrado al Mesías» (que significa «Cristo»*).

42Luego Andrés llevó a Simón, para que conociera a Jesús. Jesús miró fijamente a Simón y le dijo: «Tu nombre es Simón hijo de Juan, pero te llamarás Cefas» (que significa «Pedro»*).

43Al día siguiente, Jesús decidió ir a Galilea. Encontró a Felipe y le dijo: «Ven, sígueme». 44Felipe era de Betsaida, el pueblo natal de Andrés y Pedro.

45Felipe fue a buscar a Natanael y le dijo:

—¡Hemos encontrado a aquel de quien Moisés* y los profetas escribieron! Se llama Jesús, el hijo de José, de Nazaret.

46—¡Nazaret! —exclamó Natanael—. ¿Acaso puede salir algo bueno de Nazaret?

—Ven y compruébalo tú mismo —le respondió Felipe.

47Mientras ellos se acercaban, Jesús dijo:

—Aquí viene un verdadero hijo de Israel, un hombre totalmente íntegro.

48—¿Cómo es que me conoces? —le preguntó Natanael.

—Pude verte debajo de la higuera antes de que Felipe te encontrara —contestó Jesús.

49Entonces Natanael exclamó:

—Rabí, ¡tú eres el Hijo de Dios, el Rey de Israel!

50Jesús le preguntó:

—¿Crees eso solo porque te dije que te había visto debajo de la higuera? Verás cosas más grandes que esta.

51Y agregó: «Les digo la verdad, todos ustedes verán el cielo abierto y a los ángeles de Dios subiendo y bajando sobre el Hijo del Hombre, quien es la escalera entre el cielo y la tierra*».

La boda de Caná

2 Al día siguiente,* se celebró una boda en la aldea de Caná de Galilea. La madre de Jesús estaba presente, 2y también fueron invitados a la fiesta Jesús y sus discípulos. 3Durante la celebración, se acabó el vino, entonces la madre de Jesús le dijo:

—Se quedaron sin vino.

4—Apreciada mujer, ese no es nuestro problema —respondió Jesús—. Todavía no ha llegado mi momento.

5Sin embargo, su madre les dijo a los sirvientes: «Hagan lo que él les diga».

6Cerca de allí había seis tinajas de piedra, que se usaban para el lavado ceremonial de los judíos. Cada tinaja tenía una capacidad de entre setenta y cinco a ciento trece litros.* 7Jesús les dijo a los sirvientes: «Llenen las tinajas con agua». Una vez que las tinajas estuvieron llenas, 8les dijo: «Ahora saquen un poco y llévenselo al maestro de ceremonias». Así que los sirvientes siguieron sus indicaciones.

9Cuando el maestro de ceremonias probó el agua que ahora era vino, sin saber de dónde provenía (aunque, por supuesto, los sirvientes sí lo sabían), mandó a llamar al novio. 10«Un anfitrión siempre sirve el mejor vino primero —le dijo—, y una vez que todos han bebido bastante, comienza a ofrecer el vino más barato. ¡Pero tú has guardado el mejor vino hasta ahora!».

11Esta señal milagrosa en Caná de Galilea marcó la primera vez que Jesús reveló su gloria. Y sus discípulos creyeron en él.

12Después de la boda, se fue unos días a Capernaúm con su madre, sus hermanos y sus discípulos.

Jesús despeja el templo

13Se acercaba la fecha de la celebración de la Pascua judía, así que Jesús fue a Jerusalén. 14Vio que en la zona del templo había unos comerciantes que vendían ganado, ovejas y palomas para los sacrificios; vio a otros que estaban en sus mesas cambiando dinero extranjero. 15Jesús se hizo un látigo con unas cuerdas y expulsó a todos del templo. Echó las ovejas y el ganado, arrojó por el suelo las monedas de los cambistas y les volteó las mesas. 16Luego se dirigió a los que vendían palomas y les dijo: «Saquen todas esas cosas de aquí. ¡Dejen de convertir la casa de mi Padre en un mercado!».

17Entonces sus discípulos recordaron la profecía de las Escrituras que dice: «El celo por la casa de Dios me consumirá»*.

18Pero los líderes judíos exigieron:

—¿Qué estás haciendo? Si Dios te dio autoridad para hacer esto, muéstranos una señal milagrosa que lo compruebe.

19—De acuerdo —contestó Jesús—. Destruyan este templo y en tres días lo levantaré.

***Notas textuales 1:34** Algunos manuscritos dicen *el Hijo de Dios.* **1:41** Tanto *Mesías* (término hebreo) como *Cristo* (término griego) significan «ungido». **1:42** Tanto el nombre *Cefas* (del arameo) como el nombre *Pedro* (del griego) significan «roca». **1:45** En griego *Moisés en la ley.* **1:51** En griego *subiendo y bajando sobre el Hijo del Hombre*; ver Gn 28:10-17. «Hijo del Hombre» es un título que Jesús empleaba para referirse a sí mismo. **2:1** En griego *Al tercer día*; ver 1:35, 43. **2:6** En griego *2 o 3 medidas* [entre 20 y 30 galones]. **2:17** O *«La preocupación por la casa de Dios será mi ruina»*. Sal 69:9.

Referencias cruzadas 1:33 Hch 1:5 **1:40** Mc 1:16 **1:42** 1 P 2:5 **1:43** Jn 12:20-22 **1:45** Ez 34:23-24 **1:51** Gn 28:12 **2:4** Jn 8:20 **2:6** Mc 7:3-4 **2:9** Jn 4:46 **2:11** Jn 4:54 **2:12** Mt 12:46-50 **2:13-22** Mt 21:12-17 **2:13** Dt 16:1-6 **2:19** Hch 6:14

20—¡Qué dices! —exclamaron—. Tardaron cuarenta y seis años en construir este templo, ¿y tú puedes reconstruirlo en tres días?

21Pero cuando Jesús dijo «este templo», se refería a su propio cuerpo. 22Después que resucitó de los muertos, sus discípulos recordaron que había dicho esto y creyeron en las Escrituras y también en lo que Jesús había dicho.

Jesús y Nicodemo

23Debido a las señales milagrosas que Jesús hizo en Jerusalén durante la celebración de la Pascua, muchos comenzaron a confiar en él; 24pero Jesús no confiaba en ellos porque conocía todo acerca de las personas. 25No hacía falta que nadie le dijera sobre la naturaleza humana, pues él sabía lo que había en el corazón de cada persona.

3 Había un hombre llamado Nicodemo, un líder religioso judío, de los fariseos. 2Una noche, fue a hablar con Jesús:

—Rabí* —le dijo—, todos sabemos que Dios te ha enviado para enseñarnos. Las señales milagrosas que haces son la prueba de que Dios está contigo.

3Jesús le respondió:

—Te digo la verdad, a menos que nazcas de nuevo,* no puedes ver el reino de Dios.

4—¿Qué quieres decir? —exclamó Nicodemo—. ¿Cómo puede un hombre mayor volver al vientre de su madre y nacer de nuevo?

5Jesús le contestó:

—Te digo la verdad, nadie puede entrar en el reino de Dios si no nace de agua y del Espíritu.* 6El ser humano solo puede reproducir la vida humana, pero la vida espiritual nace del Espíritu Santo.* 7Así que no te sorprendas cuando digo: "Tienen que nacer de nuevo". 8El viento sopla hacia donde quiere. De la misma manera que oyes el viento pero no sabes de dónde viene ni adónde va, tampoco puedes explicar cómo las personas nacen del Espíritu.

9—¿Cómo es posible todo esto? —preguntó Nicodemo.

10Jesús le contestó:

—¿Tú eres un respetado maestro judío y aún no entiendes estas cosas? 11Te aseguro que les contamos lo que sabemos y hemos visto, y ustedes todavía se niegan a creer nuestro testimonio. 12Ahora bien, si no me creen cuando les hablo de cosas terrenales, ¿cómo creerán si les hablo de cosas celestiales? 13Nadie jamás fue al cielo y regresó, pero el Hijo del Hombre* bajó del cielo. 14Y, así como Moisés levantó la serpiente de bronce en un poste en el desierto, así deberá ser levantado el Hijo del Hombre, 15para que todo el que crea en él tenga vida eterna.*

16»Pues Dios amó tanto al mundo que dio* a su único Hijo, para que todo el que crea en él no se pierda, sino que tenga vida eterna. 17Dios no envió a su Hijo al mundo para condenar al mundo, sino para salvarlo por medio de él.

18»No hay condenación para todo el que cree en él, pero todo el que no cree en él ya ha sido condenado por no haber creído en el único Hijo de Dios. 19Esta condenación se basa en el siguiente hecho: la luz de Dios llegó al mundo, pero la gente amó más la oscuridad que la luz, porque sus acciones eran malvadas. 20Todos los que hacen el mal odian la luz y se niegan a acercarse a ella porque temen que sus pecados queden al descubierto, 21pero los que hacen lo correcto se acercan a la luz, para que otros puedan ver que están haciendo lo que Dios quiere.*

Juan el Bautista exalta a Jesús

22Luego Jesús y sus discípulos salieron de Jerusalén y se fueron al campo de Judea. Jesús pasó un tiempo allí con ellos, bautizando a la gente.

23En ese tiempo, Juan el Bautista bautizaba en Enón, cerca de Salim, porque allí había mucha agua; y la gente iba a él para ser bautizada. 24(Eso ocurrió antes de que metieran a Juan en la cárcel). 25Surgió un debate entre los discípulos de Juan y cierto judío* acerca de la purificación ceremonial. 26Entonces los discípulos de Juan fueron a decirle:

—Rabí, el hombre que estaba contigo al otro lado del río Jordán, a quien identificaste como el Mesías, también está bautizando a la gente. Y todos van a él en lugar de venir a nosotros.

27Juan respondió:

—Nadie puede recibir nada a menos que Dios se lo conceda desde el cielo. 28Ustedes saben que les dije claramente: "Yo no soy el Mesías; estoy aquí solamente para prepararle el camino a él". 29Es el novio quien se casa con la novia, y el amigo del novio simplemente se alegra de poder estar al lado del novio y oír sus votos. Por lo tanto, oír que él tiene éxito me llena de alegría. 30Él debe tener cada vez más importancia y yo, menos.

31»Él vino de lo alto y es superior a cualquier otro. Nosotros somos de la tierra y hablamos de cosas terrenales, pero él vino del cielo y es superior a todos.* 32Él da testimonio de lo que ha visto y oído, ¡pero qué pocos creen en lo que les dice! 33Todo el que acepta su testimonio puede confirmar que Dios es veraz. 34Pues él es enviado por Dios y habla las palabras de Dios, porque Dios le da el Espíritu sin límites. 35El Padre ama a su Hijo y ha puesto todo en sus manos. 36Los que creen en el Hijo de Dios tienen vida eterna. Los que no obedecen al Hijo nunca tendrán vida eterna, sino que permanecen bajo la ira del juicio de Dios.

Jesús y la mujer samaritana

4 Jesús* sabía que los fariseos se habían enterado de que él hacía y bautizaba más discípulos que Juan 2(aunque no era Jesús mismo quien los bautizaba, sino sus discípulos). 3Así que se fue de Judea y volvió a Galilea.

4En el camino, tenía que pasar por Samaria. 5Entonces llegó a una aldea samaritana llamada Sicar, cerca del campo que Jacob le dio a su hijo José. 6Allí estaba el pozo de Jacob; y Jesús, cansado por la larga caminata, se sentó junto al pozo cerca del mediodía. 7Poco después, llegó una mujer samaritana a sacar agua, y Jesús le dijo:

—Por favor, dame un poco de agua para beber.

***Notas textuales** **3:2** *Rabí*, del arameo, significa «amo» o «maestro»; también en 3:26. **3:3** O *de lo alto*; también en 3:7. **3:5** O *y espíritu.* La palabra griega que se usa para *Espíritu* también puede traducirse *viento*; ver 3:8. **3:6** En griego *pero lo que nace del Espíritu es espíritu.* **3:13** Algunos manuscritos agregan *quien vive en el cielo.* «Hijo del Hombre» es un título que Jesús empleaba para referirse a sí mismo. **3:15** O *todo el que crea tenga vida eterna en él.* **3:16** O *Pues así es cómo Dios amó al mundo: dio.* **3:21** O *puedan ver a Dios obrando en lo que él hace.* **3:25** Algunos manuscritos dicen *y algunos judíos.* **3:31** Algunos manuscritos no incluyen *y es superior a todos.* **4:1** Algunos manuscritos dicen *El Señor.*

Referencias cruzadas **2:23** Jn 11:47-48 **3:2** Mt 22:16 **3:3** Jn 1:13 **3:5** Ez 36:26-27 **3:14** Nm 21:8-9 **3:16** Rm 5:8 **3:20** Ef 5:11-13 **3:22** Jn 4:1-2 **3:24** Mt 4:12 **3:28** Ml 3:1 **3:34** Lc 4:18 **4:1** Jn 3:22, 26 **4:6** Gn 33:19

8Él estaba solo en ese momento porque sus discípulos
habían ido a la aldea a comprar algo para comer.

9La mujer se sorprendió, ya que los judíos rechazan
todo trato con los samaritanos.* Entonces le dijo a Jesús:

—Usted es judío, y yo soy una mujer samaritana. ¿Por
qué me pide agua para beber?

10Jesús contestó:

—Si tan solo supieras el regalo que Dios tiene para ti
y con quién estás hablando, tú me pedirías a mí, y yo te
daría agua viva.

11—Pero señor, usted no tiene ni una soga ni un balde
—le dijo ella—, y este pozo es muy profundo. ¿De dónde
va a sacar esa agua viva? 12Además, ¿se cree usted su-
perior a nuestro antepasado Jacob, quien nos dio este
pozo? ¿Cómo puede usted ofrecer mejor agua que la que
disfrutaron él, sus hijos y sus animales?

13Jesús contestó:

—Cualquiera que beba de esta agua pronto volverá a
tener sed, 14pero todos los que beban del agua que yo
doy no tendrán sed jamás. Esa agua se convierte en un
manantial que brota con frescura dentro de ellos y les
da vida eterna.

15—Por favor, señor —le dijo la mujer—, ¡deme de esa
agua! Así nunca más volveré a tener sed y no tendré que
venir aquí a sacar agua.

16Jesús le dijo:

—Ve y trae a tu esposo.

17—No tengo esposo —respondió la mujer.

—Es cierto —dijo Jesús—. No tienes esposo 18porque
has tenido cinco esposos y ni siquiera estás casada con
el hombre con el que ahora vives. ¡Ciertamente dijiste la
verdad!

19—Señor —dijo la mujer—, seguro que usted es
profeta. 20Así que dígame, ¿por qué ustedes, los judíos,
insisten en que Jerusalén es el único lugar donde se debe
adorar, mientras que nosotros, los samaritanos, afirma-
mos que es aquí, en el monte Gerizim,* donde adoraron
nuestros antepasados?

21Jesús le contestó:

—Créeme, querida mujer, que se acerca el tiempo en
que no tendrá importancia si se adora al Padre en este
monte o en Jerusalén. 22Ustedes, los samaritanos, saben
muy poco acerca de aquel a quien adoran, mientras que
nosotros, los judíos, conocemos bien a quien adoramos,
porque la salvación viene por medio de los judíos. 23Pero
se acerca el tiempo —de hecho, ya ha llegado— cuando
los verdaderos adoradores adorarán al Padre en espíritu
y en verdad. El Padre busca personas que lo adoren de esa
manera. 24Pues Dios es Espíritu, por eso todos los que lo
adoran deben hacerlo en espíritu y en verdad.

25La mujer dijo:

—Sé que el Mesías está por venir, al que llaman Cristo.
Cuando él venga, nos explicará todas las cosas.

26Entonces Jesús le dijo:

—¡Yo Soy el Mesías!*

27Justo en ese momento, volvieron sus discípulos. Se
sorprendieron al ver que Jesús hablaba con una mujer,
pero ninguno se atrevió a preguntarle: «¿Qué quieres de
ella?» o «¿Por qué le hablas?». 28La mujer dejó su cántaro
junto al pozo y volvió corriendo a la aldea mientras les
decía a todos: 29«¡Vengan a ver a un hombre que me dijo
todo lo que he hecho en mi vida! ¿No será este el Mesías?».
30Así que la gente salió de la aldea para verlo.

31Mientras tanto, los discípulos le insistían a Jesús:

—Rabí,* come algo.

32Jesús les respondió:

—Yo tengo una clase de alimento que ustedes no
conocen.

33«¿Le habrá traído alguien de comer mientras noso-
tros no estábamos?», se preguntaban los discípulos unos
a otros.

34Entonces Jesús explicó:

—Mi alimento consiste en hacer la voluntad de Dios,
quien me envió, y en terminar su obra. 35Ustedes conocen
el dicho: "Hay cuatro meses entre la siembra y la cosecha",
pero yo les digo: despierten y miren a su alrededor, los
campos ya están listos* para la cosecha. 36A los segadores
se les paga un buen salario, y los frutos que cosechan son
personas que pasan a tener la vida eterna. ¡Qué alegría le
espera tanto al que siembra como al que cosecha! 37Ya
saben el dicho: "Uno siembra y otro cosecha", y es cierto.
38Yo los envié a ustedes a cosechar donde no sembraron;
otros ya habían hecho el trabajo, y ahora a ustedes les toca
levantar la cosecha.

Muchos samaritanos creen

39Muchos samaritanos de esa aldea creyeron en Jesús,
porque la mujer había dicho: «¡Él me dijo todo lo que hice
en mi vida!». 40Cuando salieron a verlo, le rogaron que
se quedara en la aldea. Así que Jesús se quedó dos días,
41tiempo suficiente para que muchos más escucharan su
mensaje y creyeran. 42Luego le dijeron a la mujer: «Ahora
creemos, no solo por lo que tú nos dijiste, sino porque lo
hemos oído en persona. Ahora sabemos que él es real-
mente el Salvador del mundo».

Jesús sana al hijo de un funcionario

43Pasados los dos días, Jesús siguió camino a Galilea. 44Él
mismo había declarado que un profeta no recibe honra en
su propio pueblo. 45Sin embargo, los galileos lo recibieron
bien, porque habían estado en Jerusalén durante la cele-
bración de la Pascua y habían visto todo lo que él hizo allí.

46En su paso por Galilea, Jesús llegó a Caná, donde
había convertido el agua en vino. Cerca de allí, en Caper-
naúm, había un funcionario de gobierno que tenía un
hijo muy enfermo. 47Cuando supo que Jesús había ido
de Judea a Galilea, fue a verlo y le rogó que se dirigiera
a Capernaúm para sanar a su hijo, quien estaba al borde
de la muerte.

48Jesús le preguntó:

—¿Acaso nunca van a creer en mí a menos que vean
señales milagrosas y maravillas?

49—Señor, por favor —suplicó el funcionario—, ven
ahora mismo, antes de que mi hijito se muera.

50Entonces Jesús le dijo:

—Vuelve a tu casa. ¡Tu hijo vivirá!

Y el hombre creyó lo que Jesús le dijo y emprendió el
regreso a su casa.

51Mientras el funcionario iba en camino, algunos de
sus sirvientes salieron a su encuentro con la noticia de que
su hijo estaba vivo y sano. 52Él les preguntó a qué hora el

***Notas textuales** **4:9** Algunos manuscritos no incluyen esta oración. **4:20** En griego *en este monte.* **4:26** O *—¡El "Yo Soy" está aquí!*; o *—¡Yo soy el Señor!*; en griego dice *—Yo soy, el que habla contigo*. Ver Ex 3:14. **4:31** *Rabí*, del arameo, significa «amo» o «maestro». **4:35** En griego *blancos.*

Referencias cruzadas **4:9** Esd 4:1-3 **4:10** Jr 17:13 **4:15** Jn 6:34 **4:20** Dt 12:5-14 **4:22** 2 Re 17:28-41 **4:25** Dt 18:15 **4:26** Mc 14:61-62 **4:29** Mt 9:37 **4:37** Jb 31:8 **4:42** 1 Jn 4:14 **4:44** Lc 4:24 **4:46-54** Mt 8:5-13 **4:46** Jn 2:1-11 **4:48** 1 Co 1:22 **4:50** Mt 8:13

niño había comenzado a mejorar, y ellos le contestaron: «Ayer, a la una de la tarde, ¡la fiebre de pronto se le fue!». 53Entonces el padre se dio cuenta de que la sanidad había ocurrido en el mismo instante en que Jesús le había dicho: «Tu hijo vivirá». Y tanto él como todos los de su casa creyeron en Jesús. 54Esa fue la segunda señal milagrosa que hizo Jesús en Galilea al volver de Judea.

Jesús sana a un hombre cojo

5 Después Jesús regresó a Jerusalén para la celebración de uno de los días sagrados de los judíos. 2Dentro de la ciudad, cerca de la puerta de las Ovejas, se encontraba el estanque de Betesda,* que tenía cinco pórticos cubiertos. 3Una multitud de enfermos —ciegos, cojos, paralíticos— estaban tendidos en los pórticos.* 5Uno de ellos era un hombre que hacía treinta y ocho años que estaba enfermo. 6Cuando Jesús lo vio y supo que hacía tanto que padecía la enfermedad, le preguntó:

—¿Te gustaría recuperar la salud?

7—Es que no puedo, señor —contestó el enfermo—, porque no tengo a nadie que me meta en el estanque cuando se agita el agua. Siempre alguien llega antes que yo.

8Jesús le dijo:

—¡Ponte de pie, toma tu camilla y anda!

9¡Al instante, el hombre quedó sano! Enrolló la camilla, ¡y comenzó a caminar! Pero ese milagro sucedió el día de descanso, 10así que los líderes judíos protestaron. Le dijeron al hombre que había sido sanado:

—¡No puedes trabajar el día de descanso! ¡La ley no te permite cargar esa camilla!

11Pero él respondió:

—El hombre que me sanó me dijo: "Toma tu camilla y anda".

12—¿Quién te dijo semejante cosa? —le exigieron.

13El hombre no lo sabía, porque Jesús había desaparecido entre la multitud; 14pero después, Jesús lo encontró en el templo y le dijo: «Ya estás sano; así que deja de pecar o podría sucederte algo mucho peor». 15Entonces el hombre fue a ver a los líderes judíos y les dijo que era Jesús quien lo había sanado.

Jesús afirma ser el Hijo de Dios

16Entonces los líderes judíos comenzaron a acosar* a Jesús por haber violado las reglas del día de descanso. 17Pero Jesús respondió: «Mi Padre siempre trabaja, y yo también». 18Entonces los líderes judíos se esforzaron aún más por encontrar una forma de matarlo. Pues no solo violaba el día de descanso sino que, además, decía que Dios era su Padre, con lo cual se hacía igual a Dios.

19Entonces Jesús explicó: «Les digo la verdad, el Hijo no puede hacer nada por su propia cuenta; solo hace lo que ve que el Padre hace. Todo lo que hace el Padre, también lo hace el Hijo, 20pues el Padre ama al Hijo y le muestra todo lo que hace. De hecho, el Padre le mostrará cómo hacer cosas más trascendentes que el sanar a ese hombre. Entonces ustedes quedarán realmente asombrados. 21Pues, así como el Padre da vida a los que resucita de los muertos, también el Hijo da vida a quien él quiere. 22Además, el Padre no juzga a nadie, sino que le ha dado al Hijo autoridad absoluta para juzgar, 23a fin de que todos honren al Hijo así como honran al Padre. El que no honra al Hijo ciertamente tampoco honra al Padre que lo envió.

24»Les digo la verdad, todos los que escuchan mi mensaje y creen en Dios, quien me envió, tienen vida eterna. Nunca serán condenados por sus pecados, pues ya han pasado de la muerte a la vida.

25»Y les aseguro que se acerca el tiempo —de hecho, ya ha llegado— cuando los muertos oirán mi voz, la voz del Hijo de Dios, y los que escuchen, vivirán. 26El Padre tiene vida en sí mismo y le ha entregado a su Hijo ese mismo poder de dar vida.* 27Y le ha dado autoridad para juzgar a todos, porque es el Hijo del Hombre.* 28¡No se sorprendan tanto! Ciertamente, ya se acerca el tiempo en que todos los que están en las tumbas oirán la voz del Hijo de Dios 29y resucitarán. Los que hicieron el bien resucitarán para gozar de la vida eterna, y los que continuaron en su maldad resucitarán para sufrir el juicio. 30Yo no puedo hacer nada por mi propia cuenta; juzgo según Dios me indica. Por lo tanto, mi juicio es justo, porque llevo a cabo la voluntad del que me envió y no la mía.

Testigos de Jesús

31»Si yo diera testimonio en mi propio favor, mi testimonio no sería válido; 32pero hay otro que también da testimonio de mí, y les aseguro que todo lo que dice acerca de mí es verdad. 33De hecho, ustedes enviaron a sus hombres para que escucharan a Juan el Bautista, y el testimonio que él dio acerca de mí fue cierto. 34Por supuesto, no necesito testigos humanos, pero digo estas cosas para que ustedes sean salvos. 35Juan era como una lámpara que ardía y brillaba, y ustedes se entusiasmaron con su mensaje durante un tiempo; 36pero yo tengo un testigo aún más importante que Juan: mis enseñanzas y mis milagros. El Padre me dio estas obras para que yo las realizara, y ellas prueban que él me envió. 37El Padre mismo, quien me envió, ha dado testimonio de mí. Ustedes nunca han oído su voz ni lo han visto cara a cara, 38y no tienen su mensaje en el corazón, porque no creen en mí, que soy a quien el Padre les ha enviado.

39»Ustedes estudian las Escrituras a fondo porque piensan que ellas les dan vida eterna. ¡Pero las Escrituras me señalan a mí! 40Sin embargo, ustedes se niegan a venir a mí para recibir esa vida.

41»La aprobación de ustedes no significa nada para mí, 42porque sé que no tienen el amor de Dios adentro. 43Yo he venido en nombre de mi Padre, y ustedes me han rechazado. Sin embargo, si otros vienen en su propio nombre, ustedes los reciben con gusto. 44¡Con razón les cuesta creer! Pues a ustedes les encanta honrarse unos a otros, pero no les importa la honra que proviene del único que es Dios.*

45»Sin embargo, no soy yo quien los acusará ante el Padre. ¡Moisés los acusará! Sí, Moisés, en quien ustedes han puesto su esperanza. 46Si en verdad le creyeran a Moisés, me creerían a mí, porque él escribió acerca de mí; 47pero como no creen en lo que él escribió, ¿cómo creerán lo que yo digo?».

***Notas textuales** **5:2** Otros manuscritos dicen *Bet-zata*; incluso otros dicen *Betsaida.* **5:3** Algunos manuscritos amplían el versículo 3 y agregan el versículo 4: *esperando un determinado movimiento del agua, 4porque un ángel del Señor descendía de vez en cuando y agitaba el agua. Y la primera persona que se metía en el agua después de que se agitara quedaba sana de cualquier enfermedad que tuviera.* **5:16** O *perseguir.* **5:26** En griego *y le ha dado al Hijo el tener vida en sí mismo.* **5:27** «Hijo del Hombre» es un título que Jesús empleaba para referirse a sí mismo. **5:44** Algunos manuscritos dicen *del Único.*

Referencias cruzadas **5:1** Lv 23:1-2 **5:8** Mc 2:11 **5:10** Ne 13:15-20 **5:14** Jn 8:11 **5:18** Flp 2:6 **5:19** Jn 14:10 **5:24** 1 Jn 5:13 **5:29** Dn 12:2 **5:37** Dt 4:12 **5:39** Rm 2:17-20 **5:41** Jn 12:43 **5:46** Dt 18:15, 18

Jesús alimenta a cinco mil

6 Después Jesús cruzó al otro lado del mar de Galilea, conocido también como el mar de Tiberias. [2]Una gran multitud siempre lo seguía a todas partes porque veía las señales milagrosas que hacía cuando sanaba a los enfermos. [3]Entonces Jesús subió a una colina y se sentó allí rodeado de sus discípulos. [4](Ya era casi el tiempo de la celebración de la Pascua judía). [5]Enseguida Jesús vio que una gran multitud venía a su encuentro. Dirigiéndose a Felipe, le preguntó:

—¿Dónde podemos comprar pan para alimentar a toda esta gente?

[6]Lo estaba poniendo a prueba, porque Jesús ya sabía lo que iba a hacer.

[7]Felipe contestó:

—¡Aunque trabajáramos meses enteros, no tendríamos el dinero suficiente* para alimentar a toda esta gente!

[8]Entonces habló Andrés, el hermano de Simón Pedro: [9]«Aquí hay un muchachito que tiene cinco panes de cebada y dos pescados. ¿Pero de qué sirven ante esta enorme multitud?».

[10]Jesús dijo: «Díganles a todos que se sienten». Así que todos se sentaron sobre la hierba, en las laderas. (Solo contando a los hombres sumaban alrededor de cinco mil). [11]Luego Jesús tomó los panes, dio gracias a Dios y los distribuyó entre la gente. Después hizo lo mismo con los pescados. Y todos comieron cuanto quisieron. [12]Una vez que quedaron satisfechos, Jesús les dijo a sus discípulos: «Ahora junten lo que sobró, para que no se desperdicie nada». [13]Entonces ellos juntaron las sobras y llenaron doce canastos con los restos que la multitud había dejado después de comer de los cinco panes de cebada.

[14]La gente, al ver la señal milagrosa que Jesús* había hecho, exclamó: «¡No hay duda de que es el Profeta que esperábamos!»*. [15]Cuando Jesús vio que estaban dispuestos a hacerlo rey a la fuerza, se escabulló hacia las colinas él solo.

Jesús camina sobre el agua

[16]Al atardecer, los discípulos de Jesús bajaron a la orilla del lago para esperarlo; [17]pero al ver que caía la noche y que Jesús aún no había vuelto, subieron a la barca y comenzaron a cruzar el lago rumbo a Capernaúm. [18]Poco después, se levantó un viento fuerte sobre ellos y el mar se agitó mucho. [19]Habían remado unos cinco o seis kilómetros* cuando de pronto vieron a Jesús caminando sobre el agua en dirección a la barca. Estaban aterrados, [20]pero él exclamó: «No tengan miedo, ¡yo estoy aquí!*». [21]Entonces lo recibieron con entusiasmo en la barca, ¡y enseguida llegaron a su destino!

Jesús, el pan de vida

[22]Al día siguiente, la multitud que se había quedado en la otra orilla del lago se dio cuenta de que los discípulos habían tomado la única barca y que Jesús no había ido con ellos. [23]Varias barcas de Tiberias arribaron cerca del lugar donde el Señor había bendecido el pan y la gente había comido. [24]Cuando la multitud vio que ni Jesús ni sus discípulos estaban allí, subieron a las barcas y cruzaron el lago hasta Capernaúm para ir en busca de Jesús. [25]Lo encontraron al otro lado del lago y le preguntaron:

—Rabí,* ¿cuándo llegaste acá?

[26]Jesús les contestó:

—Les digo la verdad, ustedes quieren estar conmigo porque les di de comer, no porque hayan entendido las señales milagrosas. [27]No se preocupen tanto por las cosas que se echan a perder, tal como la comida. Pongan su energía en buscar la vida eterna que puede darles el Hijo del Hombre.* Pues Dios Padre me ha dado su sello de aprobación.

[28]—Nosotros también queremos realizar las obras de Dios —contestaron ellos—. ¿Qué debemos hacer?

[29]Jesús les dijo:

—La única obra que Dios quiere que hagan es que crean en quien él ha enviado.

[30]—Si quieres que creamos en ti —le respondieron—, muéstranos una señal milagrosa. ¿Qué puedes hacer? [31]Después de todo, ¡nuestros antepasados comieron maná mientras andaban por el desierto! Las Escrituras dicen: "Moisés les dio de comer pan del cielo"*.

[32]Jesús les respondió:

—Les digo la verdad, no fue Moisés quien les dio el pan del cielo, fue mi Padre. Y ahora él les ofrece el verdadero pan del cielo, [33]pues el verdadero pan de Dios es el que desciende del cielo y da vida al mundo.

[34]—Señor —le dijeron—, danos ese pan todos los días.

[35]Jesús les respondió:

—Yo soy el pan de vida. El que viene a mí nunca volverá a tener hambre; el que cree en mí no tendrá sed jamás. [36]Pero ustedes no han creído en mí, a pesar de que me han visto. [37]Sin embargo, los que el Padre me ha dado vendrán a mí, y jamás los rechazaré. [38]Pues he descendido del cielo para hacer la voluntad de Dios, quien me envió, no para hacer mi propia voluntad. [39]Y la voluntad de Dios es que yo no pierda ni a uno solo de todos los que él me dio, sino que los resucite, en el día final. [40]Pues la voluntad de mi Padre es que todos los que vean a su Hijo y crean en él tengan vida eterna; y yo los resucitaré en el día final.

[41]Entonces la gente comenzó* a murmurar en desacuerdo, porque él había dicho: «Yo soy el pan que descendió del cielo». [42]Ellos se decían: «¿Acaso no es este Jesús, el hijo de José? Conocemos a su padre y a su madre. ¿Y ahora cómo puede decir: "Yo descendí del cielo"?».

[43]Jesús les contestó: «Dejen de quejarse por lo que dije. [44]Pues nadie puede venir a mí a menos que me lo traiga el Padre, que me envió, y yo lo resucitaré en el día final. [45]Como dicen las Escrituras:* "A todos les enseñará Dios". Todos los que escuchan al Padre y aprenden de él, vienen a mí. [46](No es que alguien haya visto al Padre; solamente yo lo he visto, el que Dios envió).

[47]»Les digo la verdad, todo el que cree, tiene vida eterna. [48]¡Sí, yo soy el pan de vida! [49]Sus antepasados comieron maná en el desierto, pero todos murieron, [50]sin embargo, el que coma el pan del cielo nunca morirá. [51]Yo soy el pan vivo que descendió del cielo. Todo el que coma de este pan vivirá para siempre; y este pan, que ofreceré para que el mundo viva, es mi carne».

***Notas textuales** **6:7** En griego *Doscientos denarios no serían suficientes.* Un denario equivalía a la paga de un obrero por una jornada completa de trabajo. **6:14a** Algunos manuscritos no incluyen *Jesús.* **6:14b** Ver Dt 18:15, 18; Ml 4:5-6. **6:19** En griego *25 o 30 estadios* [3 o 4 millas]. **6:20** O *¡El "Yo Soy" está aquí!*; en griego dice *Yo soy.* Ver Ex 3:14. **6:25** *Rabí*, del arameo, significa «amo» o «maestro». **6:27** «Hijo del Hombre» es un título que Jesús empleaba para referirse a sí mismo. **6:31** Ex 16:4; Sal 78:24. **6:41** En griego *Entonces los judíos comenzaron*; también en 6:52. **6:45** En griego *Como está escrito en los profetas*. Is 54:13.

Referencias cruzadas **6:1-13** Mt 14:13-21 **6:9** 2 Re 4:43 **6:14** Hch 3:22 **6:19** Jb 9:8 **6:22-23** Mc 6:47-51 **6:27** Rm 6:23 **6:29** 1 Jn 3:23 **6:31** Nm 11:7-9 **6:33** Jn 6:41, 50 **6:39** Jn 10:28-29 **6:42** Lc 4:22 **6:45** Jr 31:33-34 **6:51** Hb 10:10

52Entonces la gente comenzó a discutir entre sí sobre lo que él quería decir. «¿Cómo puede este hombre darnos de comer su carne?», se preguntaban.

53Por eso Jesús volvió a decir: «Les digo la verdad, a menos que coman la carne del Hijo del Hombre y beban su sangre, no podrán tener vida eterna en ustedes; 54pero todo el que coma mi carne y beba mi sangre tendrá vida eterna, y yo lo resucitaré en el día final. 55Pues mi carne es verdadera comida y mi sangre es verdadera bebida. 56Todo el que come mi carne y bebe mi sangre permanece en mí y yo en él. 57Yo vivo gracias al Padre viviente que me envió; de igual manera, todo el que se alimente de mí vivirá gracias a mí. 58Yo soy el pan verdadero que descendió del cielo. El que coma de este pan no morirá —como les pasó a sus antepasados a pesar de haber comido el maná—, sino que vivirá para siempre».

59Jesús dijo esas cosas mientras enseñaba en la sinagoga de Capernaúm.

¡Respuestas Bíblicas! 143 ¿Qué significa "pan de vida"?

6:35 En este pasaje, la palabra "pan" se está refiriendo a provisión o lo que se da para responder a una necesidad profunda. Jesús no estaba hablando del pan como alimento de nuestros cuerpos si no de él como alimento de nuestro espíritu. La comida mantiene vivo a nuestro cuerpo. Jesús mantiene nuestro espíritu vivo.

Muchos discípulos abandonan a Jesús

60Muchos de sus discípulos decían: «Esto es muy difícil de entender. ¿Cómo puede alguien aceptarlo?».

61Jesús estaba consciente de que sus discípulos se quejaban, así que les dijo: «¿Acaso esto los ofende? 62¿Qué pensarán, entonces, si ven al Hijo del Hombre ascender al cielo otra vez? 63Solo el Espíritu da vida eterna; los esfuerzos humanos no logran nada. Las palabras que yo les he hablado son espíritu y son vida, 64pero algunos de ustedes no me creen». (Pues Jesús sabía, desde un principio, quiénes eran los que no creían y también quién lo traicionaría). 65Entonces les dijo: «Por eso dije que nadie puede venir a mí a menos que el Padre me lo entregue».

66A partir de ese momento, muchos de sus discípulos se apartaron de él y lo abandonaron. 67Entonces Jesús, mirando a los Doce, les preguntó:

—¿Ustedes también van a marcharse?

68Simón Pedro le contestó:

—Señor, ¿a quién iríamos? Tú tienes las palabras que dan vida eterna. 69Nosotros creemos y sabemos que tú eres el Santo de Dios.*

70Entonces Jesús dijo:

—Yo los elegí a ustedes doce, pero hay uno de ustedes que es un diablo.

71Se refería a Judas, hijo de Simón Iscariote, uno de los doce, quien más tarde lo traicionaría.

Jesús y sus hermanos

7 Después Jesús recorrió la región de Galilea. Quería alejarse de Judea, donde los líderes judíos estaban tramando su muerte; 2pero se acercaba el tiempo judío del Festival de las Enramadas, 3y sus hermanos le dijeron:

—¡Sal de aquí y vete a Judea, donde tus seguidores puedan ver tus milagros! 4¡No puedes hacerte famoso si te escondes así! Si tienes poder para hacer cosas tan maravillosas, ¡muéstrate al mundo!

5Pues ni siquiera sus hermanos creían en él.

6—Este no es el mejor momento para que yo vaya —respondió Jesús—, pero ustedes pueden ir cuando quieran. 7El mundo no puede odiarlos a ustedes, pero a mí sí me odia, porque yo lo acuso de hacer lo malo. 8Vayan ustedes; no iré* al festival, porque todavía no ha llegado mi momento.

9Después de decir esas cosas, se quedó en Galilea.

Jesús enseña abiertamente en el templo

10Pero después de que sus hermanos se fueron al festival, Jesús también fue, aunque en secreto, y se quedó fuera de la vista del público. 11Los líderes judíos lo buscaron durante todo el festival y no dejaron de preguntar a la gente si alguien lo había visto. 12Se oían muchas discusiones acerca de él entre la multitud. Unos afirmaban: «Es un buen hombre», mientras que otros decían: «No es más que un farsante que engaña a la gente»; 13pero nadie se atrevía a hablar bien de él en público por miedo a tener problemas con los líderes judíos.

14Entonces, en la mitad del festival, Jesús subió al templo y comenzó a enseñar. 15Los presentes* quedaron maravillados al oírlo. Se preguntaban: «¿Cómo es que sabe tanto sin haber estudiado?».

16Así que Jesús les dijo:

—Mi mensaje no es mío, sino que proviene de Dios, quien me envió. 17Todo el que quiera hacer la voluntad de Dios sabrá si lo que enseño proviene de Dios o solo hablo por mi propia cuenta. 18Los que hablan por su propia cuenta buscan su propia gloria, pero el que busca honrar a quien lo envió, habla con la verdad, no con mentiras. 19Moisés les dio la ley, ¡pero ninguno de ustedes la cumple! De hecho, tratan de matarme.

20—¡Estás endemoniado! —respondió la multitud—. ¿Quién trata de matarte?

21Jesús contestó:

—Yo hice un milagro en el día de descanso, y ustedes se asombraron; 22pero ustedes también trabajan en el día de descanso al obedecer la ley de la circuncisión dada por Moisés. (En realidad, la costumbre de la circuncisión comenzó con los patriarcas, mucho antes de la ley de Moisés). 23Pues, si el tiempo indicado para circuncidar a un hijo coincide con el día de descanso, ustedes igual realizan el acto, para no violar la ley de Moisés. Entonces, ¿por qué se enojan conmigo por sanar a un hombre en el día de descanso? 24Miren más allá de la superficie, para poder juzgar correctamente.

¿Es Jesús el Mesías?

25Algunos de los que vivían en Jerusalén comenzaron a preguntarse unos a otros: «¿No es ese el hombre a quien procuran matar? 26Sin embargo, está aquí hablando en público, y nadie le dice nada. ¿Será que nuestros líderes ahora creen que es el Mesías? 27¿Pero cómo podría serlo? Nosotros sabemos de dónde proviene este hombre.

***Notas textuales** **6:69** Otros manuscritos dicen *tú eres el Cristo, el Santo de Dios*; otros dicen *tú eres el Cristo, el Hijo de Dios*; e incluso otros dicen *tú eres el Cristo, el Hijo del Dios viviente*. **7:8** Algunos manuscritos dicen *todavía no voy*. **7:15** En griego *Los judíos*.

Referencias cruzadas **6:56** 1 Jn 2:24 **6:62** Ef 4:8 **6:69** Lc 9:20 **6:71** Mt 26:14 **7:2** Lv 23:34 **7:7** Jn 15:18 **7:13** Jn 9:22-23 **7:15** Mt 13:54 **7:19** Jn 1:17 **7:20** Jn 8:48, 52 **7:22** Gn 17:10-13 **7:27** Jn 9:29

Cuando venga el Mesías, sencillamente aparecerá; y nadie
sabrá de dónde proviene».
28Mientras Jesús enseñaba en el templo, exclamó:
«Es cierto, ustedes me conocen y saben de dónde pro-
vengo, pero no estoy aquí por mi propia cuenta. El que
me envió es veraz, y ustedes no lo conocen; 29pero yo sí lo
conozco porque provengo de él, y él me envió a ustedes».
30Entonces los líderes trataron de arrestarlo, pero nadie
le puso las manos encima, porque aún no había llegado
su momento.*
31De las multitudes presentes en el templo, muchos
creyeron en él. «Después de todo —decían—, ¿acaso es-
peran que el Mesías haga más señales milagrosas que las
que hizo este hombre?».
32Cuando los fariseos se enteraron de lo que las multi-
tudes andaban murmurando, ellos y los principales sacer-
dotes enviaron guardias del templo para arrestar a Jesús.
33Entonces Jesús les dijo: «Voy a estar con ustedes solo
un poco más de tiempo, luego volveré al que me envió.
34Ustedes me buscarán pero no me encontrarán; y no
pueden ir adonde yo voy».
35Desconcertados por esas palabras, los líderes judíos
se preguntaban: «¿Adónde pensará ir? ¿Estará pensando
salir del país e ir a los judíos dispersos en otras tierras*?
¡Tal vez hasta les enseñe a los griegos! 36¿A qué se refiere
cuando dice: "Me buscarán pero no me encontrarán" y
"no pueden ir adonde yo voy"?».

Jesús promete agua viva

37El último día del festival, el más importante, Jesús se
puso de pie y gritó a la multitud: «¡Todo el que tenga sed
puede venir a mí! 38¡Todo el que crea en mí puede venir
y beber! Pues las Escrituras declaran: "De su corazón,
brotarán ríos de agua viva"»*. 39(Con la expresión «agua
viva», se refería al Espíritu, el cual se le daría a todo el que
creyera en él; pero el Espíritu aún no había sido dado,*
porque Jesús todavía no había entrado en su gloria).

División e incredulidad

40Algunos de la multitud, al oír lo que Jesús decía, afir-
maron: «Seguramente este hombre es el Profeta que es-
tábamos esperando»*. 41Otros decían: «Es el Mesías».
Pero otros expresaban: «¡No puede ser! ¿Acaso el Mesías
vendrá de Galilea? 42Pues las Escrituras dicen claramente
que el Mesías nacerá del linaje real de David, en Belén, la
aldea donde nació el rey David»*. 43Así que hubo división
entre la multitud a causa de él. 44Algunos querían que lo
arrestaran, pero nadie le puso las manos encima.
45Cuando los guardias del templo regresaron sin haber
arrestado a Jesús, los principales sacerdotes y los fariseos
les preguntaron:
—¿Por qué no lo trajeron?
46—¡Jamás hemos oído a nadie hablar como él! —con-
testaron los guardias.
47—¿También ustedes se han dejado engañar? —se bur-
laron los fariseos—. 48¿Habrá siquiera uno de nosotros,
gobernantes o fariseos, que crea en él? 49Esa multitud
tonta que lo sigue es ignorante de la ley, ¡está bajo la mal-
dición de Dios!
50Entonces tomó la palabra Nicodemo, el líder que
había ido a ver a Jesús:
51—¿Es legal condenar a un hombre antes de darle la
oportunidad de defenderse? —preguntó.
52—¿También tú eres de Galilea? —contestaron ellos—.
Estudia las Escrituras y compruébalo tú mismo: jamás ha
salido un profeta* de Galilea.

[Los manuscritos griegos más antiguos no incluyen Juan 7:53–8:11].

53Así terminó la reunión, y cada uno se volvió a su casa.

¡Respuestas Bíblicas! 144 ¿Qué significa "el Mesías"?

7:42 "El Mesías" es la persona que Dios prometió para salvar a su pueblo. Cuando alguien llamaba a Jesús "el Mesías", significaba que la persona creía en Jesús. La persona creía que Jesús era el que la palabra de Dios decía que salvaría a la gente.

Una mujer sorprendida en adulterio

8 Jesús regresó al monte de los Olivos, 2pero muy
temprano a la mañana siguiente, estaba de vuelta
en el templo. Pronto se juntó una multitud, y él se sentó
a enseñarles. 3Mientras hablaba, los maestros de la ley
religiosa y los fariseos le llevaron a una mujer que había
sido sorprendida en el acto de adulterio; la pusieron en
medio de la multitud.
4«Maestro —le dijeron a Jesús—, esta mujer fue sor-
prendida en el acto de adulterio. 5La ley de Moisés manda
apedrearla; ¿tú qué dices?».
6Intentaban tenderle una trampa para que dijera algo
que pudieran usar en su contra, pero Jesús se inclinó y
escribió con el dedo en el polvo. 7Como ellos seguían
exigiéndole una respuesta, él se incorporó nuevamente
y les dijo: «¡Muy bien, pero el que nunca haya pecado que
tire la primera piedra!». 8Luego volvió a inclinarse y siguió
escribiendo en el polvo.
9Al oír eso, los acusadores se fueron retirando uno tras
otro, comenzando por los de más edad, hasta que queda-
ron solo Jesús y la mujer en medio de la multitud. 10En-
tonces Jesús se incorporó de nuevo y le dijo a la mujer:
—¿Dónde están los que te acusaban? ¿Ni uno de ellos
te condenó?
11—Ni uno, Señor —dijo ella.
—Yo tampoco —le dijo Jesús—. Vete y no peques más.

Jesús, la luz del mundo

12Jesús habló una vez más al pueblo y dijo: «Yo soy la luz
del mundo. Si ustedes me siguen, no tendrán que andar
en la oscuridad porque tendrán la luz que lleva a la vida».
13Los fariseos respondieron:
—¡Tú haces esas declaraciones acerca de ti mismo! Un
testimonio así no es válido.

***Notas textuales** **7:30** En griego *su hora.* **7:35** O *los judíos que viven entre los griegos?* **7:37-38** O *«¡Que todo el que tenga sed venga a mí y beba! 38Pues las Escrituras declaran: "Ríos de agua viva brotarán del corazón de todo el que crea en mí"».* **7:39** Varios de los manuscritos más antiguos dicen *pero aún no había Espíritu*; incluso otros dicen *pero aún no había Espíritu Santo.* **7:40** Ver Dt 18:15, 18; Ml 4:5-6. **7:42** Ver Mi 5:2. **7:52** Algunos manuscritos dicen *tú mismo: el profeta no viene.*

Referencias cruzadas **7:29** Jn 17:25 **7:31** Jn 2:23 **7:33** Jn 13:33 **7:37** Is 55:1 **7:42** 2 Sm 7:12 **7:46** Mt 7:28 **7:48** Jn 12:42 **7:51** Dt 1:16 **7:52** Is 9:1-2 **8:2** Mt 26:55 **8:4-5** Dt 22:22-24 **8:7** Dt 17:7 **8:11** Jn 5:14 **8:12** Is 9:1-2

[14]—Estas afirmaciones sí son válidas, aunque las diga de mí mismo —respondió Jesús—. Pues sé de dónde vengo y adónde voy, pero eso es algo que ustedes no saben de mí. [15]Ustedes me juzgan con criterios humanos, pero yo no juzgo a nadie. [16]Y, si lo hiciera, mi juicio sería correcto en todo sentido, porque no estoy solo. El Padre,* quien me envió, está conmigo. [17]La misma ley de ustedes establece que, si dos personas concuerdan en algo, su testimonio se acepta como un hecho.* [18]Yo soy uno de los testigos, y mi Padre, quien me envió, es el otro.

[19]—¿Dónde está tu padre? —le preguntaron.

Jesús contestó:

—Como ustedes no saben quién soy yo, tampoco saben quién es mi Padre. Si me conocieran a mí, también conocerían a mi Padre.

[20]Jesús dijo todo esto mientras enseñaba en la parte del templo conocida como la tesorería, pero no lo arrestaron, porque aún no había llegado su momento.*

Advertencia para los incrédulos

[21]Más tarde, Jesús volvió a decirles: «Yo me voy, y ustedes me buscarán, pero morirán en su pecado. Adonde yo voy, ustedes no pueden ir».

[22]Por lo tanto, la gente* se preguntaba: «¿Estará pensando suicidarse? ¿Qué quiere decir con "no pueden ir adonde yo voy"?».

[23]Jesús continuó diciendo: «Ustedes son de abajo; yo soy de arriba. Ustedes pertenecen a este mundo; yo no. [24]Por eso dije que morirán en sus pecados; porque, a menos que crean que Yo Soy quien afirmo ser,* morirán en sus pecados».

[25]—¿Y quién eres? —preguntaron.

Jesús contestó:

—El que siempre dije que era.* [26]Tengo mucho para decir acerca de ustedes y mucho para condenar, pero no lo haré. Pues digo solo lo que oí del que me envió, y él es totalmente veraz.

[27]Pero ellos seguían sin entender que les hablaba de su Padre.

[28]Por eso Jesús dijo: «Cuando hayan levantado al Hijo del Hombre en la cruz, entonces comprenderán que Yo Soy.* Yo no hago nada por mi cuenta, sino que digo únicamente lo que el Padre me enseñó. [29]Y el que me envió está conmigo, no me ha abandonado. Pues siempre hago lo que a él le agrada». [30]Entonces muchos de los que oyeron sus palabras creyeron en él.

Jesús y Abraham

[31]Jesús le dijo a la gente que creyó en él:

—Ustedes son verdaderamente mis discípulos si se mantienen fieles a mis enseñanzas; [32]y conocerán la verdad, y la verdad los hará libres.

[33]—Nosotros somos descendientes de Abraham —le respondieron—, nunca hemos sido esclavos de nadie. ¿Qué quieres decir con "los hará libres"?

[34]Jesús contestó:

—Les digo la verdad, todo el que comete pecado es esclavo del pecado. [35]Un esclavo no es un miembro permanente de la familia, pero un hijo sí forma parte de la familia para siempre. [36]Así que, si el Hijo los hace libres, ustedes son verdaderamente libres. [37]Claro que me doy cuenta de que son descendientes de Abraham. Aun así, algunos de ustedes procuran matarme porque no tienen lugar para mi mensaje en su corazón. [38]Yo les cuento lo que vi cuando estaba con mi Padre, pero ustedes siguen el consejo de su padre.

[39]—¡Nuestro padre es Abraham! —declararon.

—No —respondió Jesús—, pues si realmente fueran hijos de Abraham, seguirían su ejemplo.* [40]En cambio, procuran matarme porque les dije la verdad, la cual oí de Dios. Abraham nunca hizo algo así. [41]No, ustedes imitan a su verdadero padre.

—¡Nosotros no somos hijos ilegítimos! —respondieron—. Dios mismo es nuestro verdadero Padre.

[42]Jesús les dijo:

—Si Dios fuera su Padre, ustedes me amarían, porque he venido a ustedes de parte de Dios. No estoy aquí por mi propia cuenta, sino que él me envió. [43]¿Por qué no pueden entender lo que les digo? ¡Es porque ni siquiera toleran oírme! [44]Pues ustedes son hijos de su padre, el diablo, y les encanta hacer las cosas malvadas que él hace. Él ha sido asesino desde el principio y siempre ha odiado la verdad, porque en él no hay verdad. Cuando miente, actúa de acuerdo con su naturaleza porque es mentiroso y el padre de la mentira. [45]Por eso, es natural que no me crean cuando les digo la verdad. [46]¿Quién de ustedes puede, con toda sinceridad, acusarme de pecado? Y si les digo la verdad, ¿por qué, entonces, no me creen? [47]Los que pertenecen a Dios escuchan con gusto las palabras de Dios, pero ustedes no las escuchan porque no pertenecen a Dios.

[48]—¡Samaritano endemoniado! —replicó la gente—. ¿No veníamos diciendo que estabas poseído por un demonio?

[49]—No —dijo Jesús—, no tengo ningún demonio. Pues yo honro a mi Padre; en cambio, ustedes me deshonran a mí. [50]Y, aunque no tengo ninguna intención de glorificarme a mí mismo, Dios va a glorificarme y él es el verdadero juez. [51]Les digo la verdad, ¡todo el que obedezca mi enseñanza jamás morirá!

[52]—Ahora estamos convencidos de que estás poseído por un demonio —dijo la gente—. Hasta Abraham y los profetas murieron, pero tú dices: "¡El que obedezca mi enseñanza nunca morirá!". [53]¿Acaso eres más importante que nuestro padre Abraham? Él murió, igual que los profetas. ¿Tú quién te crees que eres?

[54]Jesús contestó:

—Si yo buscara mi propia gloria, esa gloria no tendría ningún valor, pero es mi Padre quien me glorificará. Ustedes dicen: "Él es nuestro Dios"*, [55]pero ni siquiera lo conocen. Yo sí lo conozco; y si dijera lo contrario, ¡sería tan mentiroso como ustedes! Pero lo conozco y lo obedezco. [56]Abraham, el padre de ustedes, se alegró mientras esperaba con ansias mi venida; la vio y se llenó de alegría.

[57]Entonces la gente le dijo:

***Notas textuales** **8:16** Algunos manuscritos dicen *Aquel.* **8:17** Ver Dt 19:15. **8:20** En griego *su hora.* **8:22** En griego *los judíos*; también en 8:31, 48, 52, 57. **8:24** En griego *a menos que ustedes crean que yo soy*. Ver Ex 3:14. **8:25** O *¿Por qué hablo con ustedes?* **8:28** En griego *Cuando hayan levantado al Hijo del Hombre, entonces sabrán que yo soy.* «Hijo del Hombre» es un título que Jesús empleaba para referirse a sí mismo. **8:39** Algunos manuscritos dicen *si realmente son hijos de Abraham, sigan su ejemplo.* **8:54** Algunos manuscritos dicen *que él es su Dios.* **8:57** Algunos manuscritos dicen *¿Cómo puedes decir que Abraham te ha visto?* **8:58** O *¡aun antes de que Abraham naciera, yo siempre he estado vivo!*; en griego dice *antes de que Abraham fuera, yo soy.* Ver Ex 3:14.

Referencias cruzadas **8:18** Dt 19:15 **8:20** Mc 12:41 **8:21** Jn 7:34, 36 **8:22** Jn 7:35 **8:24** Ex 3:14-15 **8:26** Jn 3:32-34 **8:29** Jn 4:34 **8:31-32** Ga 5:1, 13 **8:33** Mt 3:9 **8:34** Rm 6:16, 20 **8:39** Ga 3:7, 14, 29 **8:42** 1 Jn 5:1 **8:51** Jn 11:25-26 **8:53** Jn 4:12 **8:56** Gn 22:17-18

—Ni siquiera tienes cincuenta años. ¿Cómo puedes
decir que has visto a Abraham?*
58 Jesús contestó:
—Les digo la verdad, ¡aun antes de que Abraham na-
ciera, Yo Soy!*
59 En ese momento, tomaron piedras para arrojár-
selas, pero Jesús desapareció de la vista de ellos y salió
del templo.

¡Respuestas Bíblicas! 145 ¿Cuántos años vivió Jesús?

8:57 Jesús vivió alrededor de 33 años en la tierra. Pero Jesús además es Dios y siempre estuvo vivo. Jesús estaba vivo antes de Abraham. Pero estaba vivo en el cielo. Jesús vino a la tierra muchos, pero muchos años después de que Abraham muriera.

Jesús sana a un hombre ciego de nacimiento

9 Mientras caminaba, Jesús vio a un hombre que era
ciego de nacimiento.
2 —Rabí,* ¿por qué nació ciego este hombre? —le pre-
guntaron sus discípulos—. ¿Fue por sus propios pecados
o por los de sus padres?
3 —No fue por sus pecados ni tampoco por los de sus
padres —contestó Jesús—. Nació ciego para que todos
vieran el poder de Dios en él. 4 Debemos llevar a cabo
cuanto antes las tareas que nos encargó el que nos envió.*
Pronto viene la noche cuando nadie puede trabajar; 5 pero
mientras estoy aquí en el mundo, yo soy la luz del mundo.
6 Luego escupió en el suelo, hizo lodo con la saliva y
lo untó en los ojos del ciego. 7 Le dijo: «Ve a lavarte en el
estanque de Siloé» (Siloé significa «enviado»). Entonces
el hombre fue, se lavó, ¡y regresó viendo!
8 Sus vecinos y otros que lo conocían como un pordio-
sero ciego se preguntaban: «¿No es ese el hombre que
solía sentarse a mendigar?». 9 Algunos decían que sí, y
otros decían: «No, solo se le parece».
Pero el mendigo seguía diciendo: «¡Sí, soy yo!».
10 Le preguntaron:
—¿Quién te sanó? ¿Cómo sucedió?
11 Él les dijo:
—El hombre al que llaman Jesús hizo lodo, me lo untó
en los ojos y me dijo: "Ve al estanque de Siloé y lávate".
Entonces fui, me lavé, ¡y ahora puedo ver!
12 —¿Dónde está él ahora? —le preguntaron.
—No lo sé —contestó.
13 Entonces llevaron ante los fariseos al hombre que
había sido ciego, 14 porque era día de descanso cuando
Jesús hizo el lodo y lo sanó. 15 Los fariseos interrogaron
al hombre sobre todo lo que había sucedido y les respon-
dió: «Él puso el lodo sobre mis ojos y, cuando me lavé,
¡pude ver!».
16 Algunos de los fariseos decían: «Ese tal Jesús no viene
de Dios porque trabaja en el día de descanso». Otros de-
cían: «¿Pero cómo puede un simple pecador hacer seme-
jantes señales milagrosas?». Así que había una profunda
diferencia de opiniones entre ellos.
17 Luego los fariseos volvieron a interrogar al hombre
que había sido ciego:
—¿Qué opinas del hombre que te sanó?
—Creo que debe de ser un profeta —contestó el
hombre.
18 Aun así los líderes judíos se negaban a creer que el
hombre había sido ciego y ahora podía ver, así que lla-
maron a sus padres.
19 —¿Es este su hijo? —les preguntaron—. ¿Es verdad
que nació ciego? Si es cierto, ¿cómo es que ahora ve?
20 Sus padres contestaron:
—Sabemos que él es nuestro hijo y que nació ciego,
21 pero no sabemos cómo es que ahora puede ver ni quién
lo sanó. Pregúntenselo a él; ya tiene edad para hablar por
sí mismo.
22 Los padres dijeron eso por miedo a los líderes judíos,
quienes habían anunciado que cualquiera que dijera que
Jesús era el Mesías sería expulsado de la sinagoga. 23 Por
eso dijeron: «Ya tiene edad suficiente, entonces pregún-
tenle a él».
24 Por segunda vez llamaron al hombre que había sido
ciego y le dijeron:
—Es Dios quien debería recibir la gloria por lo que ha
pasado,* porque sabemos que ese hombre, Jesús, es un
pecador.
25 —Yo no sé si es un pecador —respondió el hombre—,
pero lo que sé es que yo antes era ciego, ¡y ahora puedo
ver!
26 —¿Pero qué fue lo que hizo? —le preguntaron—.
¿Cómo te sanó?
27 —¡Miren! —exclamó el hombre—. Ya les dije una
vez. ¿Acaso no me escucharon? ¿Para qué quieren oírlo
de nuevo? ¿Ustedes también quieren ser sus discípulos?
28 Entonces ellos lo insultaron y dijeron:
—Tú eres su discípulo, ¡pero nosotros somos discípulos
de Moisés! 29 Sabemos que Dios le habló a Moisés, pero
no sabemos ni siquiera de dónde proviene este hombre.
30 —¡Qué cosa tan extraña! —respondió el hombre—.
A mí me sanó los ojos, ¿y ustedes ni siquiera saben de
dónde proviene? 31 Sabemos que Dios no escucha a los
pecadores pero está dispuesto a escuchar a los que lo ado-
ran y hacen su voluntad. 32 Desde el principio del mundo,
nadie ha podido abrir los ojos de un ciego de nacimiento.
33 Si este hombre no viniera de parte de Dios, no habría
podido hacerlo.
34 —¡Tú naciste pecador hasta la médula! —le respon-
dieron—. ¿Acaso tratas de enseñarnos a nosotros?
Y lo echaron de la sinagoga.

Ceguera espiritual

35 Cuando Jesús supo lo que había pasado, encontró al
hombre y le preguntó:
—¿Crees en el Hijo del Hombre*?
36 —¿Quién es, señor? —contestó el hombre—. Quiero
creer en él.
37 —Ya lo has visto —le dijo Jesús—, ¡y está hablando
contigo!
38 —¡Sí, Señor, creo! —dijo el hombre. Y adoró a Jesús.
39 Entonces Jesús le dijo:*

***Notas textuales 9:2** *Rabí*, del arameo, significa «amo» o «maestro». **9:4** Otros manuscritos dicen *Debo llevar a cabo cuanto antes las tareas que me encargó el que me envió*; incluso otros dicen *Debemos llevar a cabo cuanto antes las tareas que nos encargó el que me envió.* **9:24** O *Dale la gloria a Dios, no a Jesús*; en griego dice *Dale la gloria a Dios.* **9:35** Algunos manuscritos dicen *el Hijo de Dios?* «Hijo del Hombre» es un título que Jesús empleaba para referirse a sí mismo. **9:38-39a** Algunos manuscritos no incluyen las palabras *—¡Sí, Señor, creo! —dijo el hombre. Y adoró a Jesús. Entonces Jesús le dijo.* **9:39b** En griego *los que ven.*

Referencias cruzadas 8:58 Is 43:10, 13 **9:2** Ex 20:5 **9:5** Is 49:6 **9:7** Is 35:5 **9:8** Hch 3:10 **9:13-14** Lc 13:14 **9:16** Jn 7:43 **9:17** Mt 21:11 **9:22** Hch 5:13 **9:24** Jos 7:19 **9:28** Jn 5:45 **9:31** Mi 3:4 **9:34** Jn 9:2 **9:37** Jn 4:26 **9:39** Lc 4:18

—Yo entré en este mundo para hacer juicio, para dar vista a los ciegos y para demostrarles a los que creen que ven,* que, en realidad, son ciegos.

40Algunos fariseos que estaban cerca lo oyeron y le preguntaron:

—¿Estás diciendo que nosotros somos ciegos?

41—Si fueran ciegos, no serían culpables —contestó Jesús—, pero siguen siendo culpables porque afirman que pueden ver.

El buen pastor y sus ovejas

10 »Les digo la verdad, el que trepa por la pared de un redil a escondidas en lugar de entrar por la puerta ¡con toda seguridad es un ladrón y un bandido! 2Pero el que entra por la puerta es el pastor de las ovejas. 3El portero le abre la puerta, y las ovejas reconocen la voz del pastor y se le acercan. Él llama a cada una de sus ovejas por su nombre y las lleva fuera del redil. 4Una vez reunido su propio rebaño, camina delante de las ovejas, y ellas lo siguen porque conocen su voz. 5Nunca seguirán a un desconocido; al contrario, huirán de él porque no conocen su voz.

6Los que oyeron a Jesús usar este ejemplo no entendieron lo que quiso decir, 7entonces les dio la explicación: «Les digo la verdad, yo soy la puerta de las ovejas. 8Todos los que vinieron antes que yo* eran ladrones y bandidos, pero las verdaderas ovejas no los escucharon. 9Yo soy la puerta; los que entren a través de mí serán salvos.* Entrarán y saldrán libremente y encontrarán buenos pastos. 10El propósito del ladrón es robar y matar y destruir; mi propósito es darles una vida plena y abundante.

11»Yo soy el buen pastor. El buen pastor da su vida en sacrificio por las ovejas. 12El que trabaja a sueldo sale corriendo cuando ve que se acerca un lobo; abandona las ovejas, porque no son suyas y él no es su pastor. Entonces el lobo ataca el rebaño y lo dispersa. 13El cuidador contratado sale corriendo porque trabaja solamente por el dinero y, en realidad, no le importan las ovejas.

14»Yo soy el buen pastor; conozco a mis ovejas, y ellas me conocen a mí, 15como también mi Padre me conoce a mí, y yo conozco al Padre. Así que sacrifico mi vida por las ovejas. 16Además, tengo otras ovejas que no están en este redil, también las debo traer. Ellas escucharán mi voz, y habrá un solo rebaño con un solo pastor.

17»El Padre me ama, porque sacrifico mi vida para poder tomarla de nuevo. 18Nadie puede quitarme la vida, sino que yo la entrego voluntariamente en sacrificio. Pues tengo la autoridad para entregarla cuando quiera y también para volver a tomarla. Esto es lo que ordenó mi Padre».

19Al oírlo decir esas cosas, la gente* volvió a dividirse en cuanto a su opinión sobre Jesús. 20Algunos decían: «Está loco y endemoniado, ¿para qué escuchar a un hombre así?». 21Otros decían: «¡No suena como alguien poseído por un demonio! ¿Acaso un demonio puede abrir los ojos de los ciegos?».

Jesús afirma ser el Hijo de Dios

22Ya era invierno, y Jesús estaba en Jerusalén durante el tiempo de Janucá, el Festival de la Dedicación. 23Se encontraba en el templo, caminando por la parte conocida como el pórtico de Salomón. 24La gente lo rodeó y le preguntó:

—¿Hasta cuándo nos tendrás en suspenso? Si tú eres el Mesías, dínoslo sin rodeos.

25Jesús les contestó:

—Yo ya les dije, y ustedes no me creen. La prueba es la obra que hago en nombre de mi Padre, 26pero ustedes no me creen porque no son mis ovejas. 27Mis ovejas escuchan mi voz; yo las conozco, y ellas me siguen. 28Les doy vida eterna, y nunca perecerán. Nadie puede quitármelas, 29porque mi Padre me las ha dado, y él es más poderoso que todos.* Nadie puede quitarlas de la mano del Padre. 30El Padre y yo somos uno.

31Una vez más, la gente tomó piedras para matarlo. 32Jesús dijo:

—Bajo la dirección de mi Padre, he realizado muchas buenas acciones. ¿Por cuál de todas ellas me van a apedrear?

33—No te apedreamos por ninguna buena acción, ¡sino por blasfemia! —contestaron—. Tú, un hombre común y corriente, afirmas ser Dios.

34Jesús respondió:

—En sus propias Escrituras* está registrado que Dios les dijo a ciertos líderes del pueblo: "Yo digo que ustedes son dioses"*. 35Y ustedes bien saben que las Escrituras no pueden ser modificadas. Así que, si a las personas que recibieron el mensaje de Dios se les llamó "dioses", 36¿por qué ustedes me acusan de blasfemar cuando digo: "Soy el Hijo de Dios"? Después de todo, el Padre me separó y me envió al mundo. 37No me crean a menos que lleve a cabo las obras de mi Padre; 38pero si hago su trabajo, entonces crean en las obras milagrosas que he hecho aunque no me crean a mí. Entonces sabrán y entenderán que el Padre está en mí y yo estoy en el Padre.

39Una vez más trataron de arrestarlo, pero él se escapó y los dejó. 40Se fue al otro lado del río Jordán, cerca del lugar donde Juan bautizaba al principio, y se quedó un tiempo allí. 41Y muchos lo siguieron. «Juan no hacía señales milagrosas —se comentaban unos a otros—, pero todo lo que dijo acerca de este hombre resultó ser cierto». 42Y muchos de los que estaban allí creyeron en Jesús.

La resurrección de Lázaro

11 Un hombre llamado Lázaro estaba enfermo. Vivía en Betania con sus hermanas María y Marta. 2María era la misma mujer que tiempo después derramó el perfume costoso sobre los pies del Señor y los secó con su cabello.* Su hermano, Lázaro, estaba enfermo. 3Así que las dos hermanas le enviaron un mensaje a Jesús que decía: «Señor, tu querido amigo está muy enfermo».

4Cuando Jesús oyó la noticia, dijo: «La enfermedad de Lázaro no acabará en muerte. Al contrario, sucedió para la gloria de Dios, a fin de que el Hijo de Dios reciba gloria como resultado». 5Aunque Jesús amaba a Marta, a María y a Lázaro, 6se quedó donde estaba dos días más. 7Pasado ese tiempo, les dijo a sus discípulos:

—Volvamos a Judea.

8Pero sus discípulos se opusieron diciendo:

***Notas textuales** **10:8** Algunos manuscritos no incluyen *antes que yo.* **10:9** O *encontrarán seguridad.* **10:19** En griego *los judíos*; también en 10:24, 31. **10:29** Otros manuscritos dicen *porque lo que mi Padre me ha dado es más poderoso que todo*; incluso otros dicen *porque, en cuanto a lo que mi Padre me ha dado, él es más importante que todos.* **10:34a** En griego *su propia ley.* **10:34b** Sal 82:6. **11:2** Este incidente se relata en el capítulo 12.

Referencias cruzadas **9:40** Rm 2:19 **9:41** Jn 15:22 **10:4** Sal 80:2 **10:8** Ez 34:2-3 **10:11-13** Ez 34:11-16, 23 **10:16** Is 56:8 **10:18** Flp 2:8-9 **10:24** Lc 22:67 **10:30** Jn 17:21-24 **10:33** Lv 24:16 **10:34** Sal 82:6 **10:42** Jn 12:11, 42 **11:1** Mt 21:17 **11:4** Jn 9:3 **11:8** Jn 8:59

—Rabí,* hace solo unos días, la gente de Judea* trató
de apedrearte. ¿Irás allí de nuevo?
9Jesús contestó:
—Cada día tiene doce horas de luz. Durante el día, la
gente puede andar segura y puede ver porque tiene la luz
de este mundo; 10pero de noche se corre el peligro de tro-
pezar, porque no hay luz. 11—Después agregó—: Nuestro
amigo Lázaro se ha dormido, pero ahora iré a despertarlo.
12—Señor —dijeron los discípulos—, si se ha dormido,
¡pronto se pondrá mejor!
13Ellos pensaron que Jesús había querido decir que
Lázaro solo estaba dormido, pero Jesús se refería a que
Lázaro había muerto.
14Por eso les dijo claramente:
—Lázaro está muerto. 15Y, por el bien de ustedes, me
alegro de no haber estado allí, porque ahora ustedes van
a creer de verdad. Vamos a verlo.
16Tomás, al que apodaban el Gemelo,* les dijo a los
otros discípulos: «Vamos nosotros también y moriremos
con Jesús».
17Cuando Jesús llegó a Betania, le dijeron que Lázaro
ya llevaba cuatro días en la tumba. 18Betania quedaba solo
a unos pocos kilómetros* de Jerusalén, 19y mucha gente*
se había acercado para consolar a Marta y a María por la
pérdida de su hermano. 20Cuando Marta se enteró de que
Jesús estaba por llegar, salió a su encuentro, pero María se
quedó en la casa. 21Marta le dijo a Jesús:
—Señor, si tan solo hubieras estado aquí, mi hermano
no habría muerto; 22pero aun ahora, yo sé que Dios te
dará todo lo que pidas.
23Jesús le dijo:
—Tu hermano resucitará.
24—Es cierto —respondió Marta—, resucitará cuando
resuciten todos, en el día final.
25Jesús le dijo:
—Yo soy la resurrección y la vida.* El que cree en mí
vivirá aun después de haber muerto. 26Todo el que vive en
mí y cree en mí jamás morirá. ¿Lo crees, Marta?
27—Sí, Señor —le dijo ella—. Siempre he creído que
tú eres el Mesías, el Hijo de Dios, el que ha venido de
Dios al mundo.
28Luego Marta regresó adonde estaba María y los que
se lamentaban. La llamó aparte y le dijo: «El Maestro está
aquí y quiere verte». 29Entonces María salió enseguida a
su encuentro.
30Jesús todavía estaba fuera de la aldea, en el lugar
donde se había encontrado con Marta. 31Cuando la gente*
que estaba en la casa consolando a María la vio salir con
tanta prisa, creyeron que iba a la tumba de Lázaro a llorar.
Así que la siguieron. 32Cuando María llegó y vio a Jesús,
cayó a sus pies y dijo:
—Señor, si tan solo hubieras estado aquí, mi hermano
no habría muerto.
33Cuando Jesús la vio llorando y vio a la gente lamen-
tándose con ella, se enojó en su interior* y se conmovió
profundamente.
34—¿Dónde lo pusieron? —les preguntó.
Ellos le dijeron:
—Señor, ven a verlo.
35Entonces Jesús lloró. 36La gente que estaba cerca dijo:
«¡Miren cuánto lo amaba!». 37Pero otros decían: «Este
hombre sanó a un ciego. ¿Acaso no podía impedir que
Lázaro muriera?».
38Jesús todavía estaba enojado cuando llegó a la tumba,
una cueva con una piedra que tapaba la entrada. 39«Corran
la piedra a un lado», les dijo Jesús.
Entonces Marta, la hermana del muerto, protestó:
—Señor, hace cuatro días que murió. Debe haber un
olor espantoso.
40Jesús respondió:
—¿No te dije que si crees, verás la gloria de Dios?
41Así que corrieron la piedra a un lado. Entonces Jesús
miró al cielo y dijo: «Padre, gracias por haberme oído. 42Tú
siempre me oyes, pero lo dije en voz alta por el bien de
toda esta gente que está aquí, para que crean que tú me
enviaste». 43Entonces Jesús gritó: «¡Lázaro, sal de ahí!».
44Y el muerto salió de la tumba con las manos y los pies
envueltos con vendas de entierro y la cabeza enrollada
en un lienzo. Jesús les dijo: «¡Quítenle las vendas y dé-
jenlo ir!».

Conspiración para matar a Jesús

45Al ver lo que sucedió, muchos de entre la gente que es-
taba con María creyeron en Jesús; 46pero otros fueron a
ver a los fariseos para contarles lo que Jesús había hecho.
47Entonces, los principales sacerdotes y los fariseos con-
vocaron al Concilio Supremo.* «¿Qué vamos a hacer? —se
preguntaron unos a otros—. Sin duda, ese hombre realiza
muchas señales milagrosas. 48Si lo dejamos seguir así,
dentro de poco todos van a creer en él. Entonces, el ejército
romano vendrá y destruirá tanto nuestro templo* como
nuestra nación».
49Caifás, quien era el sumo sacerdote en aquel
tiempo,* dijo: «¡No saben de qué están hablando! 50No
se dan cuenta de que es mejor para ustedes que muera
un solo hombre por el pueblo, y no que la nación entera
sea destruida».
51No dijo eso por su propia cuenta; como sumo sacer-
dote en aquel tiempo, fue guiado a profetizar que Jesús
moriría por toda la nación. 52Y no solo por esa nación,
sino que también moriría para congregar y unir a todos
los hijos de Dios dispersos por el mundo.
53Así que, a partir de ese momento, los líderes judíos
comenzaron a conspirar para matar a Jesús. 54Como re-
sultado, Jesús detuvo su ministerio público entre la gente
y salió de Jerusalén. Fue a un lugar cercano al desierto, a la
aldea de Efraín, y se quedó allí con sus discípulos.
55Ya faltaba poco para la celebración de la Pascua judía,
y mucha gente de todo el país llegó a Jerusalén varios
días antes para participar en la ceremonia de purifica-
ción previa al comienzo de la Pascua. 56Seguían buscando
a Jesús, pero mientras estaban en el templo, se decían
unos a otros: «¿Qué les parece? No vendrá para la Pascua,
¿verdad?». 57Mientras tanto, los principales sacerdotes y
los fariseos habían dado órdenes públicamente de que
cualquiera que viera a Jesús avisara enseguida, para que
ellos pudieran arrestarlo.

***Notas textuales** **11:8a** *Rabí*, del arameo, significa «amo» o «maestro». **11:8b** En griego *los judíos*. **11:16** En griego *Tomás, a quien llamaban Dídimo.* **11:18** En griego *estaba a unos 15 estadios* [cerca de 1,7 millas]. **11:19** En griego *muchos de los judíos*. **11:25** Algunos manuscritos no incluyen *y la vida.* **11:31** En griego *los judíos*; también en 11:33, 36, 45, 54. **11:33** O *se enojó en su espíritu.* **11:47** En griego *al Sanedrín.* **11:48** O *nuestra posición*; en griego dice *nuestro lugar.* **11:49** En griego *ese año*; también en 11:51.

Referencias cruzadas **11:11** Dn 12:2 **11:16** Hch 1:3 **11:20** Lc 10:38-42 **11:24** 1 Ts 4:14 **11:25** Ap 1:17-18 **11:27** Mt 16:16 **11:35** Lc 19:41 **11:39** Jn 11:17 **11:43** Lc 7:14 **11:47** Mt 26:3-5 **11:49** Mt 26:3 **11:52** Is 49:6 **11:53** Mt 26:4 **11:55** Ex 12:13

Jesús es ungido en Betania

12 Seis días antes de que comenzara la celebración de la Pascua, Jesús llegó a Betania, a la casa de Lázaro, el hombre a quien él había resucitado. 2Prepararon una cena en honor de Jesús. Marta servía, y Lázaro estaba entre los que comían* con él. 3Entonces María tomó un frasco con casi medio litro* de un costoso perfume preparado con esencia de nardo, le ungió los pies a Jesús y los secó con sus propios cabellos. La casa se llenó de la fragancia del perfume.

4Sin embargo, Judas Iscariote, el discípulo que pronto lo traicionaría, dijo: 5«Ese perfume valía el salario de un año.* Hubiera sido mejor venderlo para dar el dinero a los pobres». 6No es que a Judas le importaran los pobres; en verdad, era un ladrón y, como estaba a cargo del dinero de los discípulos, a menudo robaba una parte para él.

7Jesús respondió: «Déjala en paz. Esto lo hizo en preparación para mi entierro. 8Siempre habrá pobres entre ustedes, pero a mí no siempre me tendrán».

9Cuando toda la gente* se enteró de que Jesús había llegado, corrieron en masa para verlo a él y también a Lázaro, el hombre al que Jesús había resucitado de los muertos. 10Entonces los principales sacerdotes decidieron matar a Lázaro también, 11ya que a causa de él mucha gente* los había abandonado a ellos* y ahora creían en Jesús.

Entrada triunfal de Jesús

12Al día siguiente, la noticia de que Jesús iba camino a Jerusalén corrió por toda la ciudad. Una gran multitud de visitantes que habían venido para la Pascua 13tomaron ramas de palmera y salieron al camino para recibirlo. Gritaban:

«¡Alabado sea Dios!*
¡Bendiciones al que viene en el nombre del Señor!
¡Viva el Rey de Israel!»*.

14Jesús encontró un burrito y se montó en él; así se cumplió la profecía que dice:

15 «No temas, pueblo de Jerusalén.*
Mira, tu Rey ya viene
montado en la cría de una burra»*.

16Sus discípulos no entendieron en ese momento que se trataba del cumplimiento de la profecía. Solo después de que Jesús entró en su gloria, se acordaron de lo sucedido y se dieron cuenta de que esas cosas se habían escrito acerca de él.

17Muchos de la multitud habían estado presentes cuando Jesús llamó a Lázaro de la tumba y lo resucitó de los muertos, y se lo habían contado a otros.* 18Por eso tantos salieron a recibir a Jesús, porque habían oído de esa señal milagrosa. 19Entonces los fariseos se dijeron unos a otros: «Ya no hay nada que podamos hacer. ¡Miren, todo el mundo* se va tras él!».

Jesús anuncia su muerte

20Algunos griegos que habían ido a Jerusalén para celebrar la Pascua 21le hicieron una visita a Felipe, que era de Betsaida de Galilea. Le dijeron: «Señor, queremos conocer a Jesús». 22Felipe se lo comentó a Andrés, y juntos fueron a preguntarle a Jesús.

23Jesús respondió: «Ya ha llegado el momento para que el Hijo del Hombre* entre en su gloria. 24Les digo la verdad, el grano de trigo, a menos que sea sembrado en la tierra y muera, queda solo. Sin embargo, su muerte producirá muchos granos nuevos, una abundante cosecha de nuevas vidas. 25Los que aman su vida en este mundo la perderán. Los que no le dan importancia a su vida en este mundo la conservarán por toda la eternidad. 26Todo el que quiera servirme debe seguirme, porque mis siervos tienen que estar donde yo estoy. El Padre honrará a todo el que me sirva.

27»Ahora mi alma está muy entristecida. ¿Acaso debería orar: "Padre, sálvame de esta hora"? ¡Pero esa es precisamente la razón por la que vine! 28Padre, glorifica tu nombre».

Entonces habló una voz del cielo: «Ya he glorificado mi nombre y lo haré otra vez». 29Al oír la voz, algunos de la multitud pensaron que era un trueno, mientras que otros decían que un ángel le había hablado.

30Entonces Jesús les dijo: «La voz fue para beneficio de ustedes, no mío. 31Ha llegado el tiempo de juzgar a este mundo, cuando Satanás —quien gobierna este mundo— será expulsado. 32Y, cuando yo sea levantado de la tierra, atraeré a todos hacia mí». 33Con eso quería dar a entender de qué forma iba a morir.

34La multitud respondió:

—Según entendimos de las Escrituras,* el Mesías vivirá para siempre. ¿Cómo puedes decir, entonces, que el Hijo del Hombre va a morir? Además, ¿quién es este Hijo del Hombre?

35Jesús contestó:

—Mi luz brillará para ustedes solo un poco más de tiempo. Caminen en la luz mientras puedan, para que la oscuridad no los tome por sorpresa, porque los que andan en la oscuridad no pueden ver adónde van. 36Pongan su confianza en la luz mientras aún haya tiempo; entonces se convertirán en hijos de la luz.

Después de decir esas cosas, Jesús salió y desapareció de la vista de ellos.

Incredulidad de la gente

37A pesar de todas las señales milagrosas que Jesús había hecho, la mayoría de la gente aún no creía en él. 38Eso era precisamente lo que el profeta Isaías había predicho:

«Señor, ¿quién ha creído nuestro mensaje?
¿A quién ha revelado el Señor su brazo
poderoso?»*.

39Pero la gente no podía creer, porque como también dijo Isaías:

40 «El Señor les ha cegado los ojos

***Notas textuales** **12:2** O *los que se reclinaban*. **12:3** En griego *tomó una libra* (antigua) [12 onzas]. **12:5** En griego *valía 300 denarios.* Un denario equivalía a la paga de un obrero por una jornada completa de trabajo. **12:9** En griego *los judíos*. **12:11a** En griego *muchos de los judíos*. **12:11b** O *había abandonado sus tradiciones*; en griego dice *se había apartado.* **12:13a** En griego *Hosanna*, una exclamación de alabanza adaptada de una expresión hebrea que significa «salva ahora». **12:13b** Sal 118:25-26; So 3:15. **12:15a** En griego *hija de Sion.* **12:15b** Za 9:9. **12:17** En griego *y lo habían testificado.* **12:19** En griego *Miren, el mundo.* **12:23** «Hijo del Hombre» es un título que Jesús empleaba para referirse a sí mismo. **12:34** En griego *de la ley.* **12:38** Is 53:1.

Referencias cruzadas **12:2** Lc 10:38-42 **12:6** Jn 13:29 **12:10** Lc 16:31 **12:13** Lv 23:40 **12:15** Za 9:9 **12:16** Jn 2:22 **12:21** Jn 1:43-44 **12:24** 1 Co 15:36 **12:31** Ef 2:2 **12:34** Ez 37:25 **12:36** Ef 5:8 **12:38** Is 53:1 **12:40** Is 6:10

y les ha endurecido el corazón,
para que sus ojos no puedan ver
y su corazón no pueda entender
y ellos no puedan volver a mí
para que yo los sane»*.

41 Isaías se refería a Jesús cuando dijo esas palabras, porque vio el futuro y habló de la gloria del Mesías. 42 Sin embargo, hubo muchos que sí creyeron en él —entre ellos algunos líderes judíos—, pero no lo admitían por temor a que los fariseos los expulsaran de la sinagoga, 43 porque amaban más la aprobación humana que la aprobación de Dios.

44 Jesús le gritó a la multitud: «Si confían en mí, no confían solo en mí, sino también en Dios, quien me envió. 45 Pues, cuando me ven a mí, están viendo al que me envió. 46 Yo he venido como una luz para brillar en este mundo de oscuridad, a fin de que todos los que pongan su confianza en mí no queden más en la oscuridad. 47 No voy a juzgar a los que me oyen pero no me obedecen, porque he venido para salvar al mundo y no para juzgarlo. 48 Pero todos los que me rechazan a mí y rechazan mi mensaje serán juzgados el día del juicio por la verdad que yo he hablado. 49 Yo no hablo con autoridad propia; el Padre, quien me envió, me ha ordenado qué decir y cómo decirlo. 50 Y sé que sus mandatos llevan a la vida eterna; por eso digo todo lo que el Padre me indica que diga».

Jesús lava los pies a sus discípulos

13 Antes de la celebración de la Pascua, Jesús sabía que había llegado su momento para dejar este mundo y regresar a su Padre. Había amado a sus discípulos durante el ministerio que realizó en la tierra y ahora los amó hasta el final.* 2 Era la hora de cenar, y el diablo ya había incitado a Judas, hijo de Simón Iscariote, para que traicionara* a Jesús. 3 Jesús sabía que el Padre le había dado autoridad sobre todas las cosas y que había venido de Dios y regresaría a Dios. 4 Así que se levantó de la mesa, se quitó el manto, se ató una toalla a la cintura 5 y echó agua en un recipiente. Luego comenzó a lavarles los pies a los discípulos y a secárselos con la toalla que tenía en la cintura.

6 Cuando se acercó a Simón Pedro, este le dijo:

—Señor, ¿tú me vas a lavar los pies a mí?

7 Jesús contestó:

—Ahora no entiendes lo que hago, pero algún día lo entenderás.

8 —¡No! —protestó Pedro—. ¡Jamás me lavarás los pies!

—Si no te lavo —respondió Jesús—, no vas a pertenecerme.

9 —¡Entonces, lávame también las manos y la cabeza, Señor, no solo los pies! —exclamó Simón Pedro.

10 Jesús respondió:

—Una persona que se ha bañado bien no necesita lavarse más que los pies* para estar completamente limpia. Y ustedes, discípulos, están limpios, aunque no todos.

11 Pues Jesús sabía quién lo iba a traicionar. A eso se refería cuando dijo: «No todos están limpios».

12 Después de lavarles los pies, se puso otra vez el manto, se sentó y preguntó:

—¿Entienden lo que acabo de hacer? 13 Ustedes me llaman "Maestro" y "Señor" y tienen razón, porque es lo que soy. 14 Y, dado que yo, su Señor y Maestro, les he lavado los pies, ustedes deben lavarse los pies unos a otros. 15 Les di mi ejemplo para que lo sigan. Hagan lo mismo que yo he hecho con ustedes. 16 Les digo la verdad, los esclavos no son superiores a su amo ni el mensajero es más importante que quien envía el mensaje. 17 Ahora que saben estas cosas, Dios los bendecirá por hacerlas.

Jesús predice la traición

18 »No les digo estas cosas a todos ustedes; yo conozco a los que he elegido. Pero es para que se cumpla la Escritura que dice: "El que come de mi comida se ha puesto en mi contra"*. 19 Les aviso de antemano, a fin de que, cuando suceda, crean que Yo Soy el Mesías.* 20 Les digo la verdad, todo el que recibe a mi mensajero me recibe a mí, y el que me recibe a mí recibe al Padre, quien me envió.

21 Entonces Jesús, muy angustiado,* exclamó: «Les digo la verdad, ¡uno de ustedes va a traicionarme!».

22 Los discípulos se miraron unos a otros sin saber a cuál se refería Jesús. 23 El discípulo a quien Jesús amaba estaba sentado a la mesa a su lado.* 24 Simón Pedro le hizo señas para que le preguntara a quién se refería. 25 Entonces, ese discípulo se inclinó hacia Jesús y le preguntó:

—Señor, ¿quién es?

26 Jesús le contestó:

—Es aquel a quien le doy el pan que mojo en el plato.

Y, después de mojar el pan, se lo dio a Judas, el hijo de Simón Iscariote. 27 Cuando Judas comió el pan, Satanás entró en él. Entonces Jesús le dijo: «Apresúrate a hacer lo que vas a hacer». 28 Ninguno de los demás que estaban a la mesa entendió lo que Jesús quiso decir. 29 Como Judas era el tesorero del grupo, algunos pensaron que Jesús le estaba diciendo que fuera a pagar la comida o que diera algo de dinero a los pobres. 30 Así que Judas se fue enseguida y se internó en la noche.

Jesús predice la negación de Pedro

31 En cuanto Judas salió del lugar, Jesús dijo: «Ha llegado el momento para que el Hijo del Hombre* entre en su gloria y, por causa de él, Dios será glorificado. 32 Y dado que Dios recibe gloria a causa del Hijo,* le dará su propia gloria al Hijo, y lo hará de inmediato. 33 Mis queridos hijos, voy a estar con ustedes solo un poco más de tiempo. Y, como les dije a los líderes judíos, ustedes me buscarán, pero no pueden ir adonde yo voy. 34 Así que ahora les doy un nuevo mandamiento: ámense unos a otros. Tal como yo los he amado, ustedes deben amarse unos a otros. 35 El amor que tengan unos por otros será la prueba ante el mundo de que son mis discípulos».

36 Simón Pedro le preguntó:

—Señor, ¿adónde vas?

Y Jesús contestó:

—Ahora no puedes venir conmigo, pero me seguirás después.

37 —¿Pero por qué no puedo ir ahora, Señor? —le preguntó—. Estoy dispuesto a morir por ti.

***Notas textuales** **12:40** Is 6:10. **13:1** O *ahora les mostró toda la plenitud de su amor.* **13:2** O *el diablo ya se había propuesto que Judas, hijo de Simón Iscariote, traicionara.* **13:10** Algunos manuscritos no incluyen *más que los pies.* **13:18** Sal 41:9. **13:19** O *que el "Yo Soy" ha venido*; o *que yo soy el Señor*; en griego dice *que yo soy*. Ver Ex 3:14. **13:21** En griego *Jesús, angustiado en su espíritu.* **13:23** En griego *estaba recostado sobre el pecho de Jesús*. El «discípulo a quien Jesús amaba» probablemente era Juan. **13:31** «Hijo del Hombre» era un título que Jesús empleaba para referirse a sí mismo. **13:32** Varios de los manuscritos más antiguos no incluyen *Y dado que Dios recibe gloria a causa del Hijo.*

Referencias cruzadas **12:41** Is 6:1 **12:46** Jn 3:19 **13:2** Lc 22:3 **13:8** Ez 36:25 **13:11** Jn 6:64, 70-71 **13:15** 1 P 5:3-5 **13:18** Sal 41:9 **13:25** Jn 21:20 **13:34** Lv 19:18 **13:36-38** Mt 26:33-35 **13:36** 2 P 1:14

Contar con buenos amigos es uno de los regalos más maravillosos que podemos tener. Aunque pareciera que todos sabemos ser amigos, algunos hacen cosas ASOMBROSAS por sus amigos.

Jesús compartió su vida rodeado de amigos, a los que al mismo tiempo instruyó en los principios del reino de Dios.

En esta historia, Jesús acababa de llegar a una aldea y se encontraba en una casa enseñando y sanando a las personas. Entonces, se acercaron unos hombres que llevaban en una camilla a un amigo que estaba paralítico. Al no poder entrar porque la casa estaba muy llena, no se dieron por vencidos, sino que se les ocurrió una idea muy loca. Se subieron al techo, abrieron un hueco entre las tejas y bajaron al enfermo justo delante de Jesús.
Jesús quedó tan asombrado de la fe y determinación de ellos que lo sanó de su enfermedad y le perdonó los pecados. Ese hombre salió saltando de alegría y alabando a Dios junto con sus amigos.

La amistad se convierte en un superpoder cuando hace algo extraordinario por otros. Llevar a los amigos a Jesús es una muestra de una gran amistad.
Tú también puedes ser un buen amigo cuando acercas a tus amigos a Jesús. Ya no hay que romper techos; Jesús está al alcance de una oración de fe. Así que ora con ellos o por ellos, y pídele a Jesús que te de oportunidades para contarles sobre él.

Jesús ha demostrado ser el mejor amigo. Él dijo: *"Nadie tiene más amor que el que da la vida por sus amigos"*. ¡Jesús lo hizo! Nada le impidió llegar hasta el fin de su misión de salvarnos; ni una cruz lo detuvo. Él perseveró hasta el final, para rescatarnos a todos y darnos una nueva vida en él.

Jesus quiere ser tu mejor amigo, y enseñarte a ser un gran amigo para los demás.

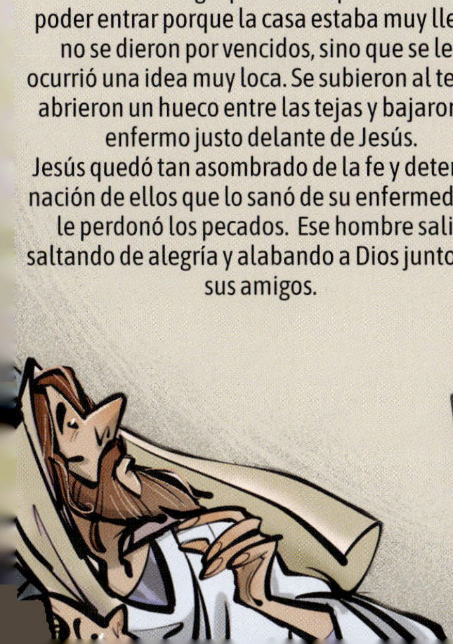

El superpoder de la amistad

Lucas 5:17-26

El superpoder de la bondad

Lucas 10:30-37

El próximo superpoder es el de la bondad: el poder de hacer el bien a las demás personas sin esperar algo a cambio. Tiene que ver con ser amables y ayudar en la medida de nuestras posibilidades.

Es muy cercano al superpoder del amor. No se puede ser bondadoso con los demás si no tenemos primero amor. La bondad es amar de maneras prácticas, es hacer visible el amor con nuestros actos.

La bondad no está dirigida solo a las personas que nos aman o a las que amamos. Tampoco se limita a las que nos caen bien. Según Jesús, el amor bondadoso debe darse al prójimo. Esa palabra significa "el próximo, el que está cerca".

Para explicarlo mejor, Jesús les cuenta una historia a dos líderes que también le preguntaron quién era su prójimo.

El relato habla de un hombre judío que fue atacado por ladrones. Lo dejaron muy mal herido y tirado en el camino. Al rato, pasó un líder religioso quien, al verlo, se cruzó de camino y siguió adelante sin ayudar al pobre hombre. Luego llegó alguien del mismo pueblo que el herido y también continuó su marcha sin ayudarlo. Después pasó un hombre samaritano, que sintió mucho dolor y compasión al verlo, eran un pueblo que estaba en enemistad con los judíos desde hacía muchos años. Sin embargo, a ese hombre no le importó lo que los dividía; se enfocó en que era un ser humano que necesitaba de la bondad de otro. Así que se acercó, le curó las heridas lo mejor que pudo y lo llevó al hospital más próximo, pagando él mismo la cuenta del doctor.

Como ves, Jesús nos está diciendo que la bondad es un superpoder porque va más allá de las diferencias o enemistades. No tiene que ver con ser amigos o enemigos. La bondad es mostrar amor a las personas solo porque están cerca de mí y puedo hacer algo bueno por ellos.

Diariamente podemos tener actos de bondad hacia los que nos rodean: saludarlos con una sonrisa, tener palabras amables, respuestas cordiales, ayudar a alguien que está en necesidad; todos estos son actos pequeños y prácticos que nos ayudarán a crecer en este superpoder.

¿A quién podemos ayudar con el superpoder de la bondad en esta semana?

El superpoder de la gratitud

Lucas 17:11-19

¿Sabías que el ser agradecido tiene el poder de hacerte más feliz? Los científicos han comprobado que las personas que practican el agradecimiento son más optimistas, felices y saludables.

Quizá te preguntes cómo podemos sentir ganas de agradecer. Déjanos contarte un secreto: los sentimientos son resultado de nuestros pensamientos. Por ejemplo, la gratitud se siente cuando pensamos en eso valioso que recibimos, o en el gesto que tuvo una persona al hacer algo por nosotros.

Pero la gratitud no termina en el sentimiento, va más allá. Responde con un acto hacia la persona que originó ese regalo o favor. Un ejemplo sencillo sería cuando decimos "gracias" a alguien.

El evangelio de Lucas, en el capítulo 17, nos cuenta la historia de diez leprosos que reciben el favor más grande de sus vidas. Eran personas que tenían que vivir fuera de las ciudades y aislados de sus familias a causa de su enfermedad, ya que era muy contagiosa.

Jesús estaba yendo a Jerusalén, y en el camino se acercaron, rogándole que tuviera misericordia de ellos y que los sanara. Jesús les dio la instrucción de presentarse ante el sacerdote, ya que la ley indicaba que los que estaban sanos debían confirmar que estaban limpios con un sacerdote para obtener permiso para volver a la sociedad.

El evangelio cuenta que "*mientras iban*", fueron limpiados. Pero solo uno de ellos decidió regresar a donde estaba Jesús para postrarse delante de él y darle las gracias. Jesús preguntó: "*¿No sané a diez hombres? Solo uno volvió*", entonces Jesús le dijo: "*Tu fe te ha sanado*".

Al que regresó, Jesús le dio más que la sanidad física: le brindó paz a su alma y perdón de pecados. El leproso que fue agradecido entendió que era más grande la persona que realizó el milagro que el fenómeno mismo.

Lo mismo sucede con nosotros en nuestra relación con Jesús. Estamos agradecidos con él por sus obras en nuestra vida y ese agradecimiento nos lleva a algo mejor, a una relación constante con él.

Por eso, el superpoder del agradecimiento es vital para sentirnos felices; nos enseña a contar nuestras bendiciones y nos conecta con Dios y con las personas especiales que nos rodean.

El superpoder de la generosidad

Juan 6:1–15

¿Alguna vez has tenido que compartir tu almuerzo con alguien en tu escuela?

Hoy queremos contarte la historia de un chico que cedió su almuerzo para alimentar a cinco mil personas. Parece imposible, pero la generosidad es un superpoder que puede hacer grandes milagros en las manos de Dios.

En esta historia, encontramos a Jesús rodeado de una gran multitud: más de cinco mil personas habían venido de sus pueblos para aprender de él. Se hacía tarde y los discípulos le sugirieron a Jesús que despidiera a las personas para que pudieran ir a sus pueblos a buscar comida. Sin embargo, Jesús los desafió a darles ellos mismos de comer. ¡Vaya tarea! No tenían dinero suficiente como para comprar tanta comida.
Sin embargo, un muchacho ofreció su almuerzo: cinco panes y dos peces. Jesús no lo despreció ni le pareció poco. Oró al Padre celestial y lo bendijo. Entonces, ordenó a los discípulos que lo repartieran. La sorpresa es que todos comieron y hasta sobró comida.

Definitivamente fue un milagro lo que allí ocurrió, pero fue posible porque hubo un muchacho dispuesto a compartir lo que tenía. La generosidad implica entregar voluntariamente algo que nos pertenece para cubrir la necesidad de alguien más.

Este es un superpoder que pocos tienen. Lo más natural es que a la mayoría de nosotros nos cueste compartir, sobre todo las cosas que son valiosas e importantes. ¡Cuántos milagros podríamos ver sin tan solo estuviéramos dispuestos como ese chico a hacer algo ante la necesidad del prójimo!

Es importante mencionar que la generosidad no quiere decir que lo tienes que compartir todo y todo el tiempo. No, el superpoder de la generosidad sabe leer los momentos en que lo que tú tienes se necesita para suplir la necesidad de alguien más o no.

Además, cuando somos generosos nos parecemos a nuestro Padre celestial, que nos da mucho más abundantemente de lo que pedimos o entendemos. Así lo dice su Palabra en Efesios 3:20. Cuando eres generoso, las personas pueden también ver a Dios a través de ti.

Pídele al Señor que te ayude a crecer en el superpoder de la generosidad, y que otros puedan ver a Dios a través de tus acciones.

38—¿Morir por mí? —le contestó Jesús—. Pedro, te digo la verdad, mañana por la mañana, antes de que cante el gallo, negarás tres veces que me conoces.

Jesús, el camino al Padre

14 »No dejen que el corazón se les llene de angustia; confíen en Dios y confíen también en mí. 2En el hogar de mi Padre, hay lugar más que suficiente.* Si no fuera así, ¿acaso les habría dicho que voy a prepararles un lugar?* 3Cuando todo esté listo, volveré para llevarlos, para que siempre estén conmigo donde yo estoy. 4Y ustedes conocen el camino que lleva adonde voy.

5—No, Señor, no lo conocemos —dijo Tomás—. No tenemos ni idea de adónde vas, ¿cómo vamos a conocer el camino?

6Jesús le contestó:

—Yo soy el camino, la verdad y la vida; nadie puede ir al Padre si no es por medio de mí. 7Si ustedes realmente me conocieran, también sabrían quién es mi Padre.* De ahora en adelante, ya lo conocen y lo han visto.

8Felipe le dijo:

—Señor, muéstranos al Padre y quedaremos conformes.

9Jesús respondió:

—Felipe, ¿he estado con ustedes todo este tiempo, y todavía no sabes quién soy? ¡Los que me han visto a mí han visto al Padre! Entonces, ¿cómo me pides que les muestre al Padre? 10¿Acaso no crees que yo estoy en el Padre y el Padre está en mí? Las palabras que yo digo no son mías, sino que mi Padre, quien vive en mí, hace su obra por medio de mí. 11Solo crean que yo estoy en el Padre y el Padre está en mí; o al menos crean por las obras que me han visto hacer.

12»Les digo la verdad, todo el que crea en mí hará las mismas obras que yo he hecho y aún mayores, porque voy a estar con el Padre. 13Pueden pedir cualquier cosa en mi nombre, y yo la haré, para que el Hijo le dé gloria al Padre. 14Es cierto, pídanme cualquier cosa en mi nombre, ¡y yo la haré!

Jesús promete el Espíritu Santo

15»Si me aman, obedezcan* mis mandamientos. 16Y yo le pediré al Padre, y él les dará otro Abogado Defensor,* quien estará con ustedes para siempre. 17Me refiero al Espíritu Santo, quien guía a toda la verdad. El mundo no puede recibirlo porque no lo busca ni lo reconoce; pero ustedes sí lo conocen, porque ahora él vive con ustedes y después estará en ustedes.* 18No los abandonaré como a huérfanos; vendré a ustedes. 19Dentro de poco, el mundo no me verá más, pero ustedes sí me verán. Dado que yo vivo, ustedes también vivirán. 20Cuando yo vuelva a la vida, ustedes sabrán que estoy en mi Padre y que ustedes están en mí, y yo, en ustedes. 21Los que aceptan mis mandamientos y los obedecen son los que me aman. Y, porque me aman a mí, mi Padre los amará a ellos. Y yo los amaré y me daré a conocer a cada uno de ellos.

22Judas (no Judas Iscariote, sino el otro discípulo con el mismo nombre) le dijo:

—Señor, ¿por qué te darás a conocer solo a nosotros y no al mundo en general?

23Jesús contestó:

—Todos los que me aman harán lo que yo diga. Mi Padre los amará, y vendremos para vivir con cada uno de ellos. 24El que no me ama no me obedece. Y recuerden, mis palabras no son mías; lo que les hablo proviene del Padre, quien me envió. 25Les digo estas cosas ahora, mientras todavía estoy con ustedes. 26Sin embargo, cuando el Padre envíe al Abogado Defensor como mi representante —es decir, al Espíritu Santo—, él les enseñará todo y les recordará cada cosa que les he dicho.

27»Les dejo un regalo: paz en la mente y en el corazón. Y la paz que yo doy es un regalo que el mundo no puede dar. Así que no se angustien ni tengan miedo. 28Recuerden lo que les dije: me voy, pero volveré a ustedes. Si de veras me amaran, se alegrarían de que voy al Padre, quien es más importante que yo. 29Les he dicho estas cosas antes de que sucedan para que, cuando sucedan, ustedes crean.

30»No me queda mucho tiempo para hablar con ustedes, porque se acerca el que gobierna este mundo. Él no tiene ningún poder sobre mí, 31pero haré lo que el Padre me manda, para que el mundo sepa que amo al Padre. Vamos, salgamos de aquí.

Jesús, la vid verdadera

15 »Yo soy la vid verdadera, y mi Padre es el labrador. 2Él corta de mí toda rama que no produce fruto y poda las ramas que sí dan fruto, para que den aún más. 3Ustedes ya han sido podados y purificados por el mensaje que les di. 4Permanezcan en mí, y yo permaneceré en ustedes. Pues una rama no puede producir fruto si la cortan de la vid, y ustedes tampoco pueden ser fructíferos a menos que permanezcan en mí.

5»Ciertamente, yo soy la vid; ustedes son las ramas. Los que permanecen en mí y yo en ellos producirán mucho fruto porque, separados de mí, no pueden hacer nada. 6El que no permanece en mí es desechado como rama inútil y se seca. Todas esas ramas se juntan en un montón para quemarlas en el fuego. 7Si ustedes permanecen en mí y mis palabras permanecen en ustedes, pueden pedir lo que quieran, ¡y les será concedido! 8Cuando producen mucho fruto, demuestran que son mis verdaderos discípulos. Eso le da mucha gloria a mi Padre.

9»Yo los he amado a ustedes tanto como el Padre me ha amado a mí. Permanezcan en mi amor. 10Cuando obedecen mis mandamientos, permanecen en mi amor, así como yo obedezco los mandamientos de mi Padre y permanezco en su amor. 11Les he dicho estas cosas para que se llenen de mi gozo; así es, desbordarán de gozo. 12Este es mi mandamiento: ámense unos a otros de la misma manera en que yo los he amado. 13No hay un amor más grande que el dar la vida por los amigos. 14Ustedes son mis amigos si hacen lo que yo les mando. 15Ya no los llamo esclavos, porque el amo no confía sus asuntos a los esclavos. Ustedes ahora son mis amigos, porque les he contado todo lo que el Padre me dijo. 16Ustedes no me eligieron a mí, yo los elegí a ustedes. Les encargué que vayan y produzcan frutos duraderos, así el Padre les dará todo lo que pidan en mi nombre. 17Este es mi mandato: ámense unos a otros.

***Notas textuales** **14:2a** O *Hay muchas habitaciones en la casa de mi Padre.* **14:2b** O *Si no fuera así, les habría dicho que voy a prepararles un lugar.* Algunos manuscritos dicen *Si no fuera así, se los habría dicho. Voy a prepararles un lugar.* **14:7** Algunos manuscritos dicen *Si ustedes realmente me han conocido, sabrán quién es mi Padre.* **14:15** Otros manuscritos dicen *obedecerán;* incluso otros dicen *deben obedecer.* **14:16** O *Consolador,* o *Alentador,* o *Consejero.* En griego dice *Paráclito*; también en 14:26. **14:17** Algunos manuscritos dicen *y está en ustedes.*

Referencias cruzadas **14:2** Sal 90:1 **14:6** Ef 2:18 **14:9** Hb 1:3 **14:16-18** 2 Co 3:17-18 **14:22** Lc 6:16 **14:23** Pr 8:17 **14:27** Col 3:15 **14:30** Jn 12:31 **15:1-4** Is 5:1-7 **15:8** Mt 5:16 **15:11** 1 Jn 1:4

Odio del mundo

18»Si el mundo los odia, recuerden que a mí me odió primero. 19Si pertenecieran al mundo, el mundo los amaría como a uno de los suyos, pero ustedes ya no forman parte del mundo. Yo los elegí para que salieran del mundo, por eso el mundo los odia. 20¿Recuerdan lo que les dije? "El esclavo no es superior a su amo". Ya que me persiguieron a mí, también a ustedes los perseguirán. Y, si me hubieran escuchado a mí, también los escucharían a ustedes. 21Les harán todo eso a causa de mí, porque han rechazado a aquel que me envió. 22Ellos no serían culpables si yo no hubiera venido a hablarles, pero ahora no tienen ninguna excusa por su pecado. 23Cualquiera que me odia a mí también odia a mi Padre. 24Si yo no hubiera hecho entre ellos esas señales tan milagrosas que nadie más podría hacer, no serían culpables; pero la verdad es que vieron todo lo que hice, y aun así nos siguen odiando a mí y a mi Padre. 25Con eso se cumple lo que está registrado en sus Escrituras:* "Me odiaron sin motivo".

26»A ustedes yo les enviaré al Abogado Defensor,* el Espíritu de verdad. Él vendrá del Padre y dará testimonio acerca de mí, 27y también ustedes deben dar testimonio de mí porque han estado conmigo desde el principio de mi ministerio.

16 »Les he dicho estas cosas para que no abandonen su fe. 2Los expulsarán de las sinagogas, y llegará el tiempo en que quienes los maten pensarán que están haciendo un servicio santo para Dios. 3Eso se debe a que nunca han conocido ni al Padre ni a mí. 4Les digo estas cosas ahora para que, cuando sucedan, recuerden mi advertencia. No las mencioné antes porque todavía iba a estar un tiempo más con ustedes.

La obra del Espíritu Santo

5»Ahora voy a aquel que me envió, y ninguno de ustedes me pregunta adónde voy. 6En cambio, se entristecen por lo que les he dicho. 7En realidad, es mejor para ustedes que me vaya porque, si no me fuera, el Abogado Defensor* no vendría. En cambio, si me voy, entonces se lo enviaré a ustedes; 8y cuando él venga, convencerá al mundo de pecado y de la justicia de Dios y del juicio que viene. 9El pecado del mundo consiste en que el mundo se niega a creer en mí. 10La justicia está disponible, porque voy al Padre, y ustedes no me verán más. 11El juicio vendrá, porque quien gobierna este mundo ya ha sido juzgado.

12»Me queda aún mucho más que quisiera decirles, pero en este momento no pueden soportarlo. 13Cuando venga el Espíritu de verdad, él los guiará a toda la verdad. Él no hablará por su propia cuenta, sino que les dirá lo que ha oído y les contará lo que sucederá en el futuro. 14Me glorificará porque les contará todo lo que reciba de mí. 15Todo lo que pertenece al Padre es mío; por eso dije: "El Espíritu les dirá todo lo que reciba de mí".

La tristeza se convertirá en alegría

16»Dentro de poco, ya no me verán más; pero tiempo después, me verán de nuevo.

17Algunos de los discípulos se preguntaron unos a otros: «¿A qué se refiere cuando dice: "Dentro de poco, no me verán, pero luego me verán" y "voy al Padre"? 18¿Qué quiere decir con "dentro de poco"? No lo entendemos».

19Jesús se dio cuenta de que querían preguntarle sobre eso, así que les dijo:

—¿Se están preguntando qué quise decir? Dije que, dentro de poco, no me verán más; pero tiempo después, volverán a verme. 20Les digo la verdad, ustedes llorarán y se lamentarán por lo que va a sucederme, pero el mundo se alegrará. Ustedes se lamentarán, pero su dolor se convertirá de pronto en una alegría maravillosa. 21Será como una mujer que sufre dolores de parto, pero cuando nace su hijo, su angustia se transforma en alegría, porque ha traído una nueva vida al mundo. 22Así que ahora ustedes tienen tristeza, pero volveré a verlos; entonces se alegrarán, y nadie podrá robarles esa alegría. 23Ese día, no necesitarán pedirme nada. Les digo la verdad, le pedirán directamente al Padre, y él les concederá la petición, porque piden en mi nombre. 24No lo han hecho antes. Pidan en mi nombre y recibirán y tendrán alegría en abundancia.

25»He hablado de estos asuntos en lenguaje figurativo, pero pronto dejaré de hablar en sentido figurado y les contaré acerca del Padre con toda claridad. 26Ese día pedirán en mi nombre. No digo que pediré al Padre de parte de ustedes, 27ya que el Padre mismo los ama profundamente, porque ustedes me aman a mí y han creído que vine de Dios.* 28Es cierto, vine del Padre al mundo y ahora dejaré el mundo y volveré al Padre.

29Entonces sus discípulos dijeron:

—Por fin hablas con claridad y no en sentido figurado. 30Ahora entendemos que sabes todas las cosas y que no es necesario que nadie te pregunte nada. Por eso creemos que viniste de Dios.

31—¿Por fin creen? —preguntó Jesús—. 32Pero se acerca el tiempo —de hecho, ya ha llegado— cuando ustedes serán dispersados, cada uno se irá por su lado y me dejarán solo. Sin embargo, no estoy solo, porque el Padre está conmigo. 33Les he dicho todo lo anterior para que en mí tengan paz. Aquí en el mundo tendrán muchas pruebas y tristezas; pero anímense, porque yo he vencido al mundo.

¡Respuestas Bíblicas! 146 ¿Qué le pidió Jesús a Dios por sus seguidores?

17:20 Jesús le pidió a Dios que cuidara de ellos y que les diera el mismo gozo que Jesús tenía. Él le pidió a Dios que los hiciera santos y uno entre ellos para vivir una buena vida en la tierra y luego en el cielo.

Oración de Jesús

17 Después de decir todas esas cosas, Jesús miró al cielo y dijo: «Padre, ha llegado la hora. Glorifica a tu Hijo para que él, a su vez, te dé la gloria a ti. 2Pues le has dado a tu Hijo autoridad sobre todo ser humano. Él da vida eterna a cada uno de los que tú le has dado. 3Y la manera de tener vida eterna es conocerte a ti, el único Dios verdadero, y a Jesucristo, a quien tú enviaste a la tierra. 4Yo te di la gloria aquí en la tierra, al terminar la obra que me encargaste. 5Ahora, Padre, llévame a la gloria que compartíamos antes de que comenzara el mundo.

***Notas textuales** **15:25** En griego *en su ley*. Sal 35:19; 69:4. **15:26** O *Consolador*, o *Alentador*, o *Consejero*. En griego dice *Paráclito*. **16:7** O *Consolador*, o *Alentador*, o *Consejero*. En griego dice *Paráclito*. **16:27** Algunos manuscritos dicen *del Padre*.

Referencias cruzadas **15:21** 1 P 4:14 **15:27** 1 Jn 1:2 **16:2** Jn 9:22 **16:10** Rm 1:17 **16:13** Jn 14:17, 26 **16:16** Jn 14:18-24 **16:20** Mc 16:10 **16:25** Sal 78:2 **16:32** Za 13:7 **17:3** Flp 3:8

6»Te he dado a conocer* a los que me diste de este mundo. Siempre fueron tuyos. Tú me los diste, y ellos han obedecido tu palabra. 7Ahora saben que todo lo que tengo es un regalo que proviene de ti, 8porque les he transmitido el mensaje que me diste. Ellos aceptaron el mensaje y saben que provine de ti y han creído que tú me enviaste.

9»Mi oración no es por el mundo, sino por los que me has dado, porque te pertenecen. 10Todos los que son míos te pertenecen, y me los has dado, para que me den gloria. 11Ahora me voy del mundo; ellos se quedan en este mundo, pero yo voy a ti. Padre santo, tú me has dado tu nombre;* ahora protégelos con el poder de tu nombre para que estén unidos como lo estamos nosotros. 12Durante el tiempo que estuve aquí, los protegí con el poder del nombre que me diste.* Los cuidé para que ni uno solo se perdiera, excepto el que va camino a la destrucción como predijeron las Escrituras.

13»Ahora voy a ti. Mientras estuve con ellos en este mundo, les dije muchas cosas para que estuvieran llenos de mi alegría. 14Les he dado tu palabra, y el mundo los odia, porque ellos no pertenecen al mundo, así como yo tampoco pertenezco al mundo. 15No te pido que los quites del mundo, sino que los protejas del maligno. 16Al igual que yo, ellos no pertenecen a este mundo. 17Hazlos santos con tu verdad; enséñales tu palabra, la cual es verdad. 18Así como tú me enviaste al mundo, yo los envío al mundo. 19Y me entrego por ellos como un sacrificio santo, para que tu verdad pueda hacerlos santos.

20»No te pido solo por estos discípulos, sino también por todos los que creerán en mí por el mensaje de ellos. 21Te pido que todos sean uno, así como tú y yo somos uno, es decir, como tú estás en mí, Padre, y yo estoy en ti. Y que ellos estén en nosotros, para que el mundo crea que tú me enviaste.

22»Les he dado la gloria que tú me diste, para que sean uno, como nosotros somos uno. 23Yo estoy en ellos, y tú estás en mí. Que gocen de una unidad tan perfecta que el mundo sepa que tú me enviaste y que los amas tanto como me amas a mí. 24Padre, quiero que los que me diste estén conmigo donde yo estoy. Entonces podrán ver toda la gloria que me diste, porque me amaste aun antes de que comenzara el mundo.

25»Oh Padre justo, el mundo no te conoce, pero yo sí te conozco; y estos discípulos saben que tú me enviaste. 26Yo te he dado a conocer a ellos y seguiré haciéndolo. Entonces tu amor por mí estará en ellos, y yo también estaré en ellos».

Traicionan y arrestan a Jesús

18 Después de decir esas cosas, Jesús cruzó el valle de Cedrón con sus discípulos y entró en un huerto de olivos. 2Judas, el traidor, conocía ese lugar, porque Jesús solía reunirse allí con sus discípulos. 3Los principales sacerdotes y los fariseos le habían dado a Judas un grupo de soldados romanos y guardias del templo para que lo acompañaran. Llegaron al huerto de olivos con antorchas encendidas, linternas y armas.

4Jesús ya sabía todo lo que le iba a suceder, así que salió al encuentro de ellos.

—¿A quién buscan? —les preguntó.

5—A Jesús de Nazaret* —contestaron.

—Yo Soy* —dijo Jesús.

(Judas, el que lo traicionó, estaba con ellos). 6Cuando Jesús dijo «Yo Soy», ¡todos retrocedieron y cayeron al suelo! 7Una vez más les preguntó:

—¿A quién buscan?

Y nuevamente ellos contestaron:

—A Jesús de Nazaret.

8—Ya les dije que Yo Soy —dijo Jesús—. Ya que soy la persona a quien buscan, dejen que los demás se vayan.

9Lo hizo para que se cumplieran sus propias palabras: «No perdí ni a uno solo de los que me diste»*.

10Entonces Simón Pedro sacó una espada y le cortó la oreja derecha a Malco, un esclavo del sumo sacerdote. 11Pero Jesús le dijo a Pedro: «Mete tu espada en la vaina. ¿Acaso no voy a beber de la copa de sufrimiento que me ha dado el Padre?».

Jesús en la casa del sumo sacerdote

12Así que los soldados, el oficial que los comandaba y los guardias del templo arrestaron a Jesús y lo ataron. 13Primero lo llevaron ante Anás, ya que era el suegro de Caifás, quien era sumo sacerdote en ese momento.* 14Caifás era el que les había dicho a los otros líderes judíos: «Es mejor que muera un solo hombre por el pueblo».

Primera negación de Pedro

15Simón Pedro y otro discípulo siguieron a Jesús. Ese otro discípulo conocía al sumo sacerdote, así que le permitieron entrar con Jesús al patio del sumo sacerdote. 16Pedro tuvo que quedarse afuera, junto a la puerta. Entonces el discípulo que conocía al sumo sacerdote habló con la mujer que cuidaba la puerta, y ella dejó entrar a Pedro. 17La mujer le preguntó a Pedro:

—¿No eres tú también uno de los discípulos de ese hombre?

—No —le contestó Pedro—, no lo soy.

18Como hacía frío, los sirvientes de la casa y los guardias habían hecho una fogata con carbón. Estaban allí de pie, junto al fuego, calentándose, y Pedro estaba con ellos, también calentándose.

El sumo sacerdote interroga a Jesús

19Adentro, el sumo sacerdote comenzó a interrogar a Jesús acerca de sus seguidores y de lo que les había estado enseñando. 20Jesús contestó: «Todos saben lo que enseño. He predicado con frecuencia en las sinagogas y en el templo, donde se reúne el pueblo.* No he hablado en secreto. 21¿Por qué me haces a mí esa pregunta? Pregúntales a los que me oyeron, ellos saben lo que dije».

22Entonces uno de los guardias del templo que estaba cerca le dio una bofetada a Jesús.

—¿Es esa la forma de responder al sumo sacerdote? —preguntó.

23Jesús contestó:

—Si dije algo indebido, debes demostrarlo; pero si digo la verdad, ¿por qué me pegas?

***Notas textuales** **17:6** En griego *He dado a conocer tu nombre*; también en 17:26. **17:11** Algunos manuscritos dicen *tú me has dado a estos [discípulos].* **17:12** Algunos manuscritos dicen *aquí, protegí a los que tú me diste, con el poder de tu nombre.* **18:5a** O *Jesús nazareno*; también en 18:7. **18:5b** O *—El "Yo Soy" está aquí*; o *—Yo soy el SEÑOR*; en griego dice *Yo soy*; también en 18:6, 8. Ver Ex 3:14. **18:9** Ver Jn 6:39 y 17:12. **18:13** En griego *ese año*. **18:20** En griego *pueblo judío*; también en 18:38.

Referencias cruzadas **17:6** Jn 17:26 **17:11** Ga 3:28 **17:19** Hb 2:11 **17:21** Ga 3:28 **17:24** Jn 1:14 **17:25** Mt 11:27 **18:3** Jn 7:32, 45 **18:4-5** Jn 6:64 **18:9** Jn 6:39 **18:10-11** Mt 26:47-56 **18:12-14** Mc 14:53-54 **18:17-18** Mc 14:54, 67 **18:20** Mt 26:55 **18:22** Jn 19:3 **18:23** Hch 23:2-5

24 Entonces Anás ató a Jesús y lo envió a Caifás, el sumo
sacerdote.

Segunda y tercera negación de Pedro

25 Mientras tanto, como Simón Pedro seguía de pie junto
a la fogata calentándose, volvieron a preguntarle:
—¿No eres tú también uno de sus discípulos?
—No lo soy —negó Pedro.
26 Pero uno de los esclavos del sumo sacerdote, pa-
riente del hombre al que Pedro le había cortado la oreja,
preguntó: «¿No te vi en el huerto de olivos con Jesús?».
27 Una vez más, Pedro lo negó, y enseguida cantó un gallo.

Juicio de Jesús ante Pilato

28 El juicio de Jesús ante Caifás terminó cerca del amane-
cer. De allí lo llevaron a la residencia oficial del gobernador
romano.* Sus acusadores no entraron porque, de haberlo
hecho, se habrían contaminado y no hubieran podido
celebrar la Pascua. 29 Por eso Pilato, el gobernador, salió
adonde estaban ellos y les preguntó:
—¿Qué cargos tienen contra este hombre?
30 —¡No te lo habríamos entregado si no fuera un cri-
minal! —replicaron.
31 —Entonces llévenselo y júzguenlo de acuerdo con la
ley de ustedes —les dijo Pilato.
—Solo los romanos tienen derecho a ejecutar a una
persona —respondieron los líderes judíos.
32 (Con eso se cumplió la predicción de Jesús acerca de
la forma en que iba a morir)*.
33 Entonces Pilato volvió a entrar en su residencia y
pidió que le trajeran a Jesús.
—¿Eres tú el rey de los judíos? —le preguntó.
34 Jesús contestó:
—¿Lo preguntas por tu propia cuenta o porque otros
te hablaron de mí?
35 —¿Acaso yo soy judío? —replicó Pilato—. Tu propio
pueblo y sus principales sacerdotes te trajeron a mí para
que yo te juzgue. ¿Por qué? ¿Qué has hecho?
36 Jesús contestó:
—Mi reino no es un reino terrenal. Si lo fuera, mis se-
guidores lucharían para impedir que yo sea entregado
a los líderes judíos; pero mi reino no es de este mundo.
37 Pilato le dijo:
—¿Entonces eres un rey?
—Tú dices que soy un rey —contestó Jesús—. En rea-
lidad, yo nací y vine al mundo para dar testimonio de la
verdad. Todos los que aman la verdad reconocen que lo
que digo es cierto.
38 —¿Qué es la verdad? —preguntó Pilato.
Entonces salió de nuevo adonde estaba el pueblo y dijo:
—Este hombre no es culpable de ningún delito, 39 pero
ustedes tienen la costumbre de pedirme cada año que
ponga en libertad a un preso durante la Pascua. ¿Quieren
que deje en libertad a ese "rey de los judíos"?
40 Pero ellos contestaron a gritos:
—¡No!, a ese hombre, no. ¡Queremos a Barrabás!
(Barrabás era un insurgente).

Sentencia de muerte para Jesús

19 Entonces Pilato mandó azotar a Jesús con un lá-
tigo que tenía puntas de plomo. 2 Los soldados
armaron una corona de espinas y se la pusieron en la ca-
beza y lo vistieron con un manto púrpura. 3 «¡Viva el rey
de los judíos!», se burlaban de él mientras lo abofeteaban.
4 Pilato volvió a salir y le dijo al pueblo: «Ahora lo voy
a traer, pero que quede bien claro que yo no lo encuentro
culpable de nada». 5 Entonces Jesús salió con la corona de
espinas sobre la cabeza y el manto púrpura puesto. Y Pilato
dijo: «¡Miren, aquí tienen al hombre!».
6 Cuando lo vieron, los principales sacerdotes y los
guardias del templo comenzaron a gritar: «¡Crucifícalo!
¡Crucifícalo!».
—Llévenselo ustedes y crucifíquenlo —dijo Pilato—.
Yo no lo encuentro culpable.
7 Los líderes judíos respondieron:
—Según nuestra ley, debe morir porque afirmó que
era el Hijo de Dios.
8 Cuando Pilato oyó eso, tuvo más miedo que nunca.
9 Llevó a Jesús de nuevo a la residencia oficial* y le pre-
guntó: «¿De dónde eres?». Pero Jesús no le dio ninguna
respuesta.
10 —¿Por qué no me hablas? —preguntó Pilato—. ¿No
te das cuenta de que tengo poder para ponerte en libertad
o para crucificarte?
11 Entonces Jesús le dijo:
—No tendrías ningún poder sobre mí si no te lo hubie-
ran dado desde lo alto. Así que el que me entregó en tus
manos es el que tiene el mayor pecado.
12 Entonces Pilato trató de poner en libertad a Jesús,
pero los líderes judíos gritaron: «Si pones en libertad a
ese hombre, no eres "amigo del César"*. Todo el que se
proclama a sí mismo rey está en rebeldía contra el César».
13 Cuando dijeron eso, Pilato llevó de nuevo a Jesús
ante el pueblo. Entonces Pilato se sentó en el tribunal, en
la plataforma llamada el Empedrado (en hebreo, *Gabata*).
14 Ya era el día de preparación para la Pascua, cerca del
mediodía. Y Pilato dijo al pueblo:* «¡Miren, aquí tienen
a su rey!».
15 «¡Llévatelo! ¡Llévatelo! —gritaban—. ¡Crucifícalo!».
—¿Cómo dicen? ¿Que yo crucifique a su rey? —pre-
guntó Pilato.
—No tenemos otro rey más que el César —le contes-
taron a gritos los principales sacerdotes.
16 Entonces Pilato les entregó a Jesús para que lo
crucificaran.

La crucifixión

Así que se llevaron a Jesús. 17 Él, cargando su propia cruz,
fue al sitio llamado Lugar de la Calavera (en hebreo, *Gól-
gota*). 18 Allí lo clavaron en la cruz. También crucificaron a
otros dos con él, uno a cada lado, y a Jesús, en medio. 19 Y
Pilato colocó un letrero sobre la cruz, que decía: «Jesús de
Nazaret,* el Rey de los judíos». 20 El lugar donde crucifi-
caron a Jesús estaba cerca de la ciudad, y el letrero estaba
escrito en hebreo, en latín y en griego, para que muchos*
pudieran leerlo.
21 Entonces los principales sacerdotes se opusieron y
le dijeron a Pilato:
—Cambia la inscripción "El Rey de los judíos" por una
que diga "Él dijo: 'Yo soy el Rey de los judíos'".

***Notas textuales** **18:28** En griego *al pretorio*; también en 18:33. **18:32** Ver Jn 12:32-33. **19:9** En griego *al pretorio*. **19:12** «Amigo del César» es un término técnico para referirse a un aliado del emperador. **19:14** En griego *pueblo judío*. **19:19** O *Jesús nazareno*. **19:20** En griego *muchos judíos*.

Referencias cruzadas **18:24** Mt 26:59-68 **18:25-27** Lc 22:58-62 **18:31-32** Mt 20:19 **18:33** Lc 23:3 **18:36** Mt 26:53 **18:37** 1 Jn 4:6 **18:38** Mt 27:1-2, 11-14 **19:1** Is 50:6 **19:6** Jn 18:31 **19:7** Lv 24:16 **19:11** Rm 13:1 **19:12** Hch 17:7 **19:13** Mt 27:19 **19:16-27** Mt 27:32-44

22—No —respondió Pilato—. Lo que he escrito, escrito está y así quedará.

23Una vez que los soldados terminaron de crucificarlo, tomaron la ropa de Jesús y la dividieron en cuatro partes, una para cada uno de ellos. También tomaron la túnica, la cual no tenía costura y había sido tejida de arriba a abajo en una sola pieza. 24Así que dijeron: «En lugar de rasgarla, tiremos los dados* para ver quién se la queda». Con eso se cumplió la Escritura que dice: «Se repartieron mi vestimenta entre ellos y tiraron los dados por mi ropa»*. Así que eso fue lo que hicieron.

25Estaban de pie junto a la cruz la madre de Jesús, la hermana de su madre, María la esposa de Cleofas y María Magdalena. 26Cuando Jesús vio a su madre al lado del discípulo que él amaba, le dijo: «Apreciada mujer, ahí tienes a tu hijo». 27Y al discípulo le dijo: «Ahí tienes a tu madre». Y, a partir de entonces, ese discípulo la llevó a vivir a su casa.

Muerte de Jesús

28Jesús sabía que su misión ya había terminado y, para cumplir las Escrituras, dijo: «Tengo sed»*. 29Había allí una vasija de vino agrio, así que mojaron una esponja en el vino, la pusieron en una rama de hisopo y la acercaron a los labios de Jesús. 30Después de probar el vino, Jesús dijo: «¡Todo está cumplido!». Entonces inclinó la cabeza y entregó su espíritu.

31Era el día de preparación, y los líderes judíos no querían que los cuerpos permanecieran allí colgados el día siguiente, que era el día de descanso (y uno muy especial, porque era la semana de la Pascua). Entonces le pidieron a Pilato que mandara a quebrarles las piernas a los crucificados para apresurarles la muerte. Así podrían bajar los cuerpos. 32Entonces los soldados fueron y les quebraron las piernas a los dos hombres crucificados con Jesús. 33Cuando llegaron a Jesús, vieron que ya estaba muerto, así que no le quebraron las piernas. 34Sin embargo, uno de los soldados le atravesó el costado con una lanza y, de inmediato, salió sangre y agua. 35(La información anterior proviene de un testigo ocular que presenta un relato fiel. Él dice la verdad para que ustedes también continúen creyendo*). 36Esas cosas sucedieron para que se cumplieran las Escrituras que dicen: «Ni uno de sus huesos será quebrado»* 37y «Mirarán al que atravesaron»*.

Entierro de Jesús

38Más tarde, José de Arimatea, quien había sido un discípulo secreto de Jesús (por temor a los líderes judíos), pidió permiso a Pilato para bajar el cuerpo de Jesús. Cuando Pilato concedió el permiso, José fue a buscar el cuerpo y se lo llevó. 39Lo acompañó Nicodemo, el hombre que había ido a ver a Jesús de noche. Llevó consigo unos treinta y tres kilos* de ungüento perfumado, una mezcla de mirra y áloe. 40De acuerdo con la costumbre de los entierros judíos, envolvieron el cuerpo de Jesús untado con las especias en largos lienzos de lino. 41El lugar de la crucifixión estaba cerca de un huerto donde había una tumba nueva que nunca se había usado. 42Y, como era el día de preparación para la Pascua judía y* la tumba estaba cerca, pusieron a Jesús allí.

La resurrección

20 El domingo por la mañana temprano,* mientras aún estaba oscuro, María Magdalena llegó a la tumba y vio que habían rodado la piedra de la entrada. 2Corrió y se encontró con Simón Pedro y con el otro discípulo, a quien Jesús amaba. Les dijo: «¡Sacaron de la tumba el cuerpo del Señor, y no sabemos dónde lo pusieron!».

3Pedro y el otro discípulo se dirigieron a la tumba. 4Ambos iban corriendo, pero el otro discípulo corrió más aprisa que Pedro y llegó primero a la tumba. 5Se agachó a mirar adentro y vio los lienzos de lino apoyados ahí, pero no entró. 6Luego llegó Simón Pedro y entró en la tumba. Él también notó los lienzos de lino allí, 7pero el lienzo que había cubierto la cabeza de Jesús estaba doblado y colocado aparte de las otras tiras. 8Entonces el discípulo que había llegado primero a la tumba también entró y vio y creyó, 9porque hasta ese momento aún no habían entendido las Escrituras que decían que Jesús tenía que resucitar de los muertos. 10Después cada uno se fue a su casa.

Jesús se aparece a María Magdalena

11María se encontraba llorando fuera de la tumba y, mientras lloraba, se agachó y miró adentro. 12Vio a dos ángeles vestidos con vestiduras blancas, uno sentado a la cabecera y el otro a los pies, en el lugar donde había estado el cuerpo de Jesús.

13—Apreciada mujer, ¿por qué lloras? —le preguntaron los ángeles.

—Porque se han llevado a mi Señor —contestó ella—, y no sé dónde lo han puesto.

14Dio la vuelta para irse y vio a alguien que estaba de pie allí. Era Jesús, pero ella no lo reconoció.

15—Apreciada mujer, ¿por qué lloras? —le preguntó Jesús—. ¿A quién buscas?

Ella pensó que era el jardinero y le dijo:

—Señor, si usted se lo ha llevado, dígame dónde lo puso, y yo iré a buscarlo.

16—¡María! —dijo Jesús.

Ella giró hacia él y exclamó:

—¡Raboní! (que en hebreo significa "Maestro").

17—No te aferres a mí —le dijo Jesús—, porque todavía no he subido al Padre; pero ve a buscar a mis hermanos y diles: "Voy a subir a mi Padre y al Padre de ustedes, a mi Dios y al Dios de ustedes".

18María Magdalena encontró a los discípulos y les dijo: «¡He visto al Señor!». Y les dio el mensaje de Jesús.

Jesús se aparece a sus discípulos

19Ese domingo, al atardecer,* los discípulos estaban reunidos con las puertas bien cerradas porque tenían miedo de los líderes judíos. De pronto, ¡Jesús estaba de pie en medio de ellos! «La paz sea con ustedes», dijo. 20Mientras hablaba, les mostró las heridas de sus manos y su costado. ¡Ellos se llenaron de alegría cuando vieron al Señor! 21Una vez más les dijo: «La paz sea con ustedes. Como el Padre me envió a mí, así yo los envío a ustedes». 22Entonces sopló sobre ellos y les dijo: «Reciban al Espíritu Santo. 23Si ustedes perdonan los pecados de alguien, esos pecados

***Notas textuales** **19:24a** En griego *echemos suertes.* **19:24b** Sal 22:18. **19:28** Ver Sal 22:15; 69:21. **19:35** Algunos manuscritos dicen *también crean.* **19:36** Ex 12:46; Nm 9:12; Sal 34:20. **19:37** Za 12:10. **19:39** En griego *100 libras* (antiguas) [75 libras]. **19:42** En griego *Y, debido al día de preparación judío, y como.* **20:1** En griego *El primer día de la semana.* **20:19** En griego *Al atardecer de ese día, el primer día de la semana.*

Referencias cruzadas **19:24** Sal 22:18 **19:28-30** Sal 69:21 **19:31** Dt 21:22-23 **19:38-42** Mt 27:57-61 **20:1-8** Lc 24:1-12 **20:2** Jn 13:23 **20:14** Lc 24:16 **20:17** Rm 8:29 **20:18** Mc 16:9-11 **20:20-23** Mt 28:16-20

son perdonados; si ustedes no los perdonan, esos pecados no son perdonados».

Jesús se aparece a Tomás

[24]Tomás, uno de los doce discípulos (al que apodaban el Gemelo)*, no estaba con los otros cuando llegó Jesús. [25]Ellos le contaron:

—¡Hemos visto al Señor!

Pero él respondió:

—No lo creeré a menos que vea las heridas de los clavos en sus manos, meta mis dedos en ellas y ponga mi mano dentro de la herida de su costado.

[26]Ocho días después, los discípulos estaban juntos de nuevo, y esa vez Tomás se encontraba con ellos. Las puertas estaban bien cerradas; pero de pronto, igual que antes, Jesús estaba de pie en medio de ellos y dijo: «La paz sea con ustedes». [27]Entonces le dijo a Tomás:

—Pon tu dedo aquí y mira mis manos; mete tu mano en la herida de mi costado. Ya no seas incrédulo. ¡Cree!

[28]—¡Mi Señor y mi Dios! —exclamó Tomás.

[29]Entonces Jesús le dijo:

—Tú crees porque me has visto; benditos son los que creen sin verme.

Propósito del libro

[30]Los discípulos vieron a Jesús hacer muchas otras señales milagrosas además de las registradas en este libro. [31]Pero estas se escribieron para que ustedes continúen creyendo* que Jesús es el Mesías, el Hijo de Dios, y para que, al creer en él, tengan vida por el poder de su nombre.

Epílogo: Jesús se aparece a siete discípulos

21 Más tarde, Jesús se apareció nuevamente a los discípulos junto al mar de Galilea.* Este es el relato de lo que sucedió. [2]Varios de sus discípulos se encontraban allí: Simón Pedro, Tomás (al que apodaban el Gemelo)*, Natanael de Caná de Galilea, los hijos de Zebedeo y otros dos discípulos.

[3]Simón Pedro dijo:

—Me voy a pescar.

—Nosotros también vamos —dijeron los demás.

Así que salieron en la barca, pero no pescaron nada en toda la noche.

[4]Al amanecer, Jesús apareció en la playa, pero los discípulos no podían ver quién era. [5]Les preguntó:

—Amigos,* ¿pescaron algo?

—No —contestaron ellos.

[6]Entonces él dijo:

—¡Echen la red a la derecha de la barca y tendrán pesca!

Ellos lo hicieron y no podían sacar la red por la gran cantidad de peces que contenía.

[7]Entonces el discípulo a quien Jesús amaba le dijo a Pedro: «¡Es el Señor!». Cuando Simón Pedro oyó que era el Señor, se puso la túnica (porque se la había quitado para trabajar), se tiró al agua y se dirigió hacia la orilla. [8]Los otros se quedaron en la barca y arrastraron la pesada red llena de pescados hasta la orilla, porque estaban solo a unos noventa metros* de la playa. [9]Cuando llegaron, encontraron el desayuno preparado para ellos: pescado a la brasa y pan.

[10]«Traigan algunos de los pescados que acaban de sacar», dijo Jesús. [11]Así que Simón Pedro subió a la barca y arrastró la red hasta la orilla. Había 153 pescados grandes, y aun así la red no se había roto.

[12]«¡Ahora acérquense y desayunen!», dijo Jesús. Ninguno de los discípulos se atrevió a preguntarle: «¿Quién eres?». Todos sabían que era el Señor. [13]Entonces Jesús les sirvió el pan y el pescado. [14]Esa fue la tercera vez que se apareció a sus discípulos después de haber resucitado de los muertos.

[15]Después del desayuno, Jesús le preguntó a Simón Pedro:

—Simón, hijo de Juan, ¿me amas más que estos?*

—Sí, Señor —contestó Pedro—, tú sabes que te quiero.

—Entonces, alimenta a mis corderos —le dijo Jesús.

[16]Jesús repitió la pregunta:

—Simón, hijo de Juan, ¿me amas?

—Sí, Señor —dijo Pedro—, tú sabes que te quiero.

—Entonces, cuida de mis ovejas —dijo Jesús.

[17]Le preguntó por tercera vez:

—Simón, hijo de Juan, ¿me quieres?

A Pedro le dolió que Jesús le dijera la tercera vez: «¿Me quieres?». Le contestó:

—Señor, tú sabes todo. Tú sabes que yo te quiero.

Jesús dijo:

—Entonces, alimenta a mis ovejas.

[18]»Te digo la verdad, cuando eras joven, podías hacer lo que querías; te vestías tú mismo e ibas adonde querías ir. Sin embargo, cuando seas viejo, extenderás los brazos, y otros te vestirán y te llevarán* adonde no quieras ir.

[19]Jesús dijo eso para darle a conocer el tipo de muerte con la que Pedro glorificaría a Dios. Entonces Jesús le dijo: «Sígueme».

[20]Pedro se dio vuelta y vio que, detrás de ellos, estaba el discípulo a quien Jesús amaba, el que se había inclinado hacia Jesús durante la cena para preguntarle: «Señor, ¿quién va a traicionarte?». [21]Pedro le preguntó a Jesús:

—Señor, ¿qué va a pasar con él?

[22]Jesús contestó:

—Si quiero que él siga vivo hasta que yo regrese, ¿qué tiene que ver contigo? En cuanto a ti, sígueme.

[23]Así que entre la comunidad de los creyentes* corrió el rumor de que ese discípulo no moriría; pero eso no fue en absoluto lo que dijo Jesús. Él solamente dijo: «Si quiero que él siga vivo hasta que yo regrese, ¿qué tiene que ver contigo?».

[24]Ese discípulo es el que da testimonio de todos estos sucesos y los ha registrado en este libro; y sabemos que su relato es fiel.

[25]Jesús también hizo muchas otras cosas. Si todas se pusieran por escrito, supongo que el mundo entero no podría contener los libros que se escribirían.

***Notas textuales** **20:24** En griego *a quien llamaban Dídimo.* **20:31** Algunos manuscritos dicen *que ustedes crean.* **21:1** En griego *mar de Tiberias*, otro nombre para el mar de Galilea. **21:2** En griego *Tomás, a quien llamaban Dídimo*. **21:5** En griego *Hijos.* **21:8** En griego *200 codos* [100 yardas]. **21:15** O *¿me amas más que ellos?* o *¿me amas más que a estas [cosas]?* **21:18** Algunos manuscritos dicen *y algún otro te vestirá y te llevará.* **21:23** En griego *los hermanos.*

Referencias cruzadas **20:24** Jn 11:16 **20:28** Tt 2:13 **20:29** 1 P 1:8 **20:31** 1 Jn 5:13 **21:2** Jn 1:45-51 **21:3** Lc 5:5 **21:4** Lc 24:16 **21:6** Lc 5:4-7 **21:9** Jn 18:18 **21:14** Jn 20:19, 26 **21:15** Mt 26:33 **21:16** Hb 13:20-21 **21:17** Jn 13:38 **21:19** 2 P 1:14 **21:20** Jn 13:23, 25 **21:22** Mt 16:27 **21:24** 1 Jn 1:1-3 **21:25** Jn 20:30

HECHOS

¿Por qué es importante?

Solo treinta años después de la resurrección de Jesús había cristianos por todo el mundo conocido. Un pequeño grupo de creyentes, primero asustados en Jerusalén, se transformó en un movimiento que llegaría a todo el imperio romano. Eran personas que habían comprometido sus vidas con Cristo hasta la muerte y este libro cuenta sus "hechos". Con este libro conocemos las historias de los primeros cristianos y cómo es que hoy somos tantos por todo el mundo. La historia de este libro comienza en el evangelio de Lucas porque lo escribió el mismo autor, y continúa siendo una historia de salvación que ahora es escrita por cada cristiano que desde lo que cuenta este libro tiene al Espíritu Santo en su interior.

¿Por qué fue escrito?

El libro narra la expansión de la Iglesia luego de que Jesús dio sus últimas instrucciones personales a los apóstoles, hasta el año 60-63 d.C. (aprox.). Lucas empieza el libro de Hechos donde dejó su evangelio. Este libro registra el cumplimiento inicial de la Gran Comisión de Mateo 28:19-20. Jesús estuvo en Galilea, Samaria y luego Jerusalén. Hechos enfoca la geografía de manera contraria: De Jerusalén hacia Samaria y a Roma. Lucas enfoca la universalización vertical del Evangelio (de arriba hacia abajo, en la escala social), en tanto que Hechos enfoca la universalización horizontal del Evangelio (a todas las gentes a través del Imperio).

¿Quién lo escribió?

La tradición claramente apoya la paternidad de Lucas, el médico amado. Un cuidadoso estudio del "nosotros", referencias en Hechos, donde el autor se incluye a sí mismo como presente con Pablo (16:10-17; 20:5-15; 21:1-18 y 27:1-28:16), comparado con los saludos enviados en las cartas a las iglesias indican la fuerte probabilidad que Lucas escribió este libro.

¿A quién lo escribió?

Teófilo, el "patrón" de Lucas y cuyo nombre significa: "amado de Dios" o "a quien Dios ama". Para más información vea lo dicho en la Introducción al Evangelio de Lucas. ¿Dónde estaba Teófilo? Es imposible decirlo.

¿Cuándo y dónde lo escribió?

El libro posiblemente se escribió desde Roma (28:16). Pudo haber sido escrito entre finales de los 70s y principios de los 80s d.C.

Paso a paso

1. El testimonio a Jerusalén (1:1-8:3)
2. El testimonio a Judea y Samaria (8:4-12:25)
3. Primer viaje misionero de Pablo y concilio de Jerusalén (13:1-15:35)
4. Segundo viaje misionero de Pablo (15:36-18:22)
5. Tercer viaje misionero de Pablo (18:23-21:16)
6. Juicios de Pablo y viaje a Roma (21:17-28:31)

De esta manera, Hechos traza la expansión rápida del evangelio, empezando en Jerusalén y extendiéndose por todo el imperio romano. Lo anterior significa que uno debe tomar el texto de Hechos 2:1-21 como la Agenda en el libro, en la misma manera que se toma el texto de 4:18-21 en Lucas.

Hechos

La promesa del Espíritu Santo

1 Teófilo, en mi primer libro* te relaté todo lo que Jesús
comenzó a hacer y a enseñar 2hasta el día que fue lle-
vado al cielo, después de haberles dado a sus apóstoles
escogidos instrucciones adicionales por medio del Espíritu
Santo. 3Durante los cuarenta días después de que sufrió y
murió, Cristo se apareció varias veces a los apóstoles y les
demostró con muchas pruebas convincentes que él real-
mente estaba vivo. Y les habló del reino de Dios.
4Una vez, mientras comía con ellos, les ordenó: «No
se vayan de Jerusalén hasta que el Padre les envíe el regalo
que les prometió, tal como les dije antes. 5Juan bautizaba
con* agua, pero en unos cuantos días ustedes serán bau-
tizados con el Espíritu Santo».

La ascensión de Jesús

6Así que mientras los apóstoles estaban con Jesús, le pre-
guntaron con insistencia:
—Señor, ¿ha llegado ya el tiempo de que liberes a Israel
y restaures nuestro reino?
7Él les contestó:
—Solo el Padre tiene la autoridad para fijar esas fechas
y tiempos, y a ustedes no les corresponde saberlo; 8pero
recibirán poder cuando el Espíritu Santo descienda sobre
ustedes; y serán mis testigos, y le hablarán a la gente acerca
de mí en todas partes: en Jerusalén, por toda Judea, en
Samaria y hasta los lugares más lejanos de la tierra.
9Después de decir esto, Jesús fue levantado en una
nube mientras ellos observaban, hasta que ya no pudieron
verlo. 10Mientras se esforzaban por verlo ascender al cielo,
dos hombres vestidos con túnicas blancas de repente se
pusieron en medio de ellos. 11«Hombres de Galilea —les
dijeron—, ¿por qué están aquí parados, mirando al cielo?
Jesús fue tomado de entre ustedes y llevado al cielo, ¡pero
un día volverá del cielo de la misma manera en que lo
vieron irse!».

Matías toma el lugar de Judas

12Después los apóstoles regresaron del monte de los Oli-
vos a Jerusalén, a un kilómetro de distancia.* 13Cuando
llegaron, subieron a la habitación de la planta alta de la
casa donde se hospedaban.
Estos son los nombres de los que estaban presentes:
Pedro, Juan, Santiago, Andrés, Felipe, Tomás, Bartolomé,
Mateo, Santiago (hijo de Alfeo), Simón (el zelote) y Judas
(hijo de Santiago). 14Todos se reunían y estaban constan-
temente unidos en oración junto con María la madre de
Jesús, varias mujeres más y los hermanos de Jesús.
15Durante aquellos días, cuando aproximadamente
ciento veinte creyentes* estaban juntos en un mismo lugar,
Pedro se puso de pie y se dirigió a ellos: 16«Hermanos —les
dijo—, las Escrituras tenían que cumplirse con respecto
a Judas, quien guio a los que arrestaron a Jesús. Esto lo
predijo hace mucho tiempo el Espíritu Santo cuando habló
por medio del rey David. 17Judas era uno de nosotros y
participó con nosotros en el ministerio».
18(Judas había comprado un campo con el dinero que
recibió por su traición. Allí cayó de cabeza, se le reventó
el cuerpo y se le derramaron los intestinos. 19La noticia
de su muerte llegó a todos los habitantes de Jerusalén, y
ellos le pusieron a ese lugar el nombre arameo *Acéldama,*
que significa «Campo de Sangre»).
20«Esto estaba escrito en el libro de los Salmos —con-
tinuó Pedro—, donde dice: "Que su casa quede desolada
y que nadie viva en ella". También dice: "Que otro tome
su lugar"*.
21»Entonces ahora tenemos que elegir a alguien que
tome el lugar de Judas entre los hombres que estaban con
nosotros todo el tiempo mientras viajábamos con el Señor
Jesús, 22desde el día en que Juan lo bautizó hasta el día en
que fue tomado de entre nosotros. El que salga elegido se
unirá a nosotros como testigo de la resurrección de Jesús».
23Así que propusieron a dos hombres: a José —a quien
llamaban Barsabás (también conocido como Justo)— y
a Matías. 24Después todos ellos oraron: «Oh Señor, tú
conoces cada corazón. Muéstranos a cuál de estos hom-
bres has elegido 25como apóstol para que tome el lugar de
Judas en este ministerio, porque él nos ha abandonado y
se ha ido al lugar que le corresponde». 26Entonces echa-
ron suertes, y Matías fue elegido para ser apóstol con los
otros once.

La llegada del Espíritu Santo

2 El día de Pentecostés,* todos los creyentes estaban
reunidos en un mismo lugar. 2De repente, se oyó un
ruido desde el cielo parecido al estruendo de un viento
fuerte e impetuoso que llenó la casa donde estaban sen-
tados. 3Luego, algo parecido a unas llamas o lenguas de
fuego aparecieron y se posaron sobre cada uno de ellos.
4Y todos los presentes fueron llenos del Espíritu Santo
y comenzaron a hablar en otros idiomas,* conforme el
Espíritu Santo les daba esa capacidad.
5En esa ocasión, había judíos devotos de todas las
naciones, que vivían en Jerusalén. 6Cuando oyeron el
fuerte ruido, todos llegaron corriendo y quedaron des-
concertados al escuchar sus propios idiomas hablados
por los creyentes.

***Notas textuales 1:1** Se refiere al Evangelio de Lucas. **1:5** O *en;* también en 1:5b. **1:12** En griego *Jerusalén, un trayecto de un día de descanso.* **1:15** En griego *hermanos.* **1:20** Sal 69:25; 109:8. **2:1** El Festival de Pentecostés caía cincuenta días después de la Pascua (cuando Jesús fue crucificado). **2:4** O *en otras lenguas.*

Referencias cruzadas 1:1 Lc 1:1-4 **1:7** Mt 24:36 **1:17** Jn 6:70-71 **1:22** Mc 1:4 **2:4** Mc 16:17

7Estaban totalmente asombrados. «¿Cómo puede
ser? —exclamaban—. Todas estas personas son de Ga-
lilea, 8¡y aun así las oímos hablar en nuestra lengua ma-
terna! 9Aquí estamos nosotros: partos, medos, elamitas,
gente de Mesopotamia, Judea, Capadocia, Ponto, de la
provincia de Asia, 10de Frigia, Panfilia, Egipto y de las
áreas de Libia alrededor de Cirene, visitantes de Roma
11(tanto judíos como convertidos al judaísmo), cretenses
y árabes. ¡Y todos oímos a esta gente hablar en nuestro
propio idioma acerca de las cosas maravillosas que Dios
ha hecho!». 12Quedaron allí, maravillados y perplejos.
«¿Qué querrá decir esto?», se preguntaban unos a otros.
13Pero otros entre la multitud se burlaban de ellos di-
ciendo: «Solo están borrachos, eso es todo».

¡Respuestas Bíblicas! 147 ¿Qué pasó en Pentecostés?

2:1-3 Cuando estaba sucediendo esta celebración judía, los discípulos y los primeros cristianos fueron llenos del Espíritu Santo para que pudieran predicar con valentía, poder y pasión.

Pedro predica a la multitud

14Entonces Pedro dio un paso adelante junto con los
otros once apóstoles y gritó a la multitud: «¡Escuchen
con atención, todos ustedes, compatriotas judíos y resi-
dentes de Jerusalén! No se equivoquen. 15Estas personas
no están borrachas, como algunos de ustedes suponen.
Las nueve de la mañana es demasiado temprano para em-
borracharse. 16No, lo que ustedes ven es lo que el profeta
Joel predijo hace mucho tiempo:

17 “En los últimos días —dice Dios—,
derramaré mi Espíritu sobre toda la gente.
Sus hijos e hijas profetizarán.
Sus jóvenes tendrán visiones,
y sus ancianos tendrán sueños.
18 En esos días derramaré mi Espíritu
aun sobre mis siervos —hombres y mujeres por igual—
y profetizarán.
19 Y haré maravillas arriba en los cielos
y señales abajo en la tierra:
sangre, fuego y nubes de humo.
20 El sol se oscurecerá,
y la luna se pondrá roja como la sangre
antes de que llegue el grande y glorioso día del Señor.
21 Pero todo el que invoque el nombre del Señor
será salvo”*.

22»Pueblo de Israel, ¡escucha! Dios públicamente
aprobó a Jesús de Nazaret* al hacer milagros poderosos,
maravillas y señales por medio de él, como ustedes bien
saben; 23pero Dios sabía lo que iba a suceder y su plan pre-
determinado se llevó a cabo cuando Jesús fue traicionado.
Con la ayuda de gentiles* sin ley, ustedes lo clavaron en
la cruz y lo mataron; 24pero Dios lo liberó de los terrores
de la muerte y lo volvió a la vida, pues la muerte no pudo
retenerlo bajo su dominio. 25El rey David dijo lo siguiente
acerca de él:

“Veo que el Señor siempre está conmigo.
No seré sacudido, porque él está aquí a mi lado.
26 ¡Con razón mi corazón está contento,
y mi lengua grita sus alabanzas!
Mi cuerpo descansa en esperanza.
27 Pues tú no dejarás mi alma entre los muertos*
ni permitirás que tu Santo se pudra en la tumba.
28 Me has mostrado el camino de la vida
y me llenarás con la alegría de tu presencia”*.

29»Queridos hermanos, ¡piensen en esto! Pueden estar
seguros de que el patriarca David no se refería a sí mismo,
porque él murió, fue enterrado y su tumba está todavía
aquí entre nosotros; 30pero él era un profeta y sabía que
Dios había prometido mediante un juramento que uno
de los propios descendientes de David se sentaría en su
trono. 31David estaba mirando hacia el futuro y hablaba de
la resurrección del Mesías. Él decía que Dios no lo dejaría
entre los muertos ni permitiría que su cuerpo se pudriera
en la tumba.
32»Dios levantó a Jesús de los muertos y de esto todos
nosotros somos testigos. 33Ahora él ha sido exaltado al
lugar de más alto honor en el cielo, a la derecha de Dios. Y
el Padre, según lo había prometido, le dio el Espíritu Santo
para que lo derramara sobre nosotros, tal como ustedes lo
ven y lo oyen hoy. 34Pues David nunca ascendió al cielo;
sin embargo, dijo:

“El Señor le dijo a mi Señor:
‘Siéntate en el lugar de honor a mi derecha,
35 hasta que humille a tus enemigos
y los ponga por debajo de tus pies’”*.

36»Por lo tanto, que todos en Israel sepan sin lugar a
dudas, que a este Jesús, a quien ustedes crucificaron, ¡Dios
lo ha hecho tanto Señor como Mesías!».
37Las palabras de Pedro traspasaron el corazón de ellos,
quienes le dijeron a él y a los demás apóstoles:
—Hermanos, ¿qué debemos hacer?
38Pedro contestó:
—Cada uno de ustedes debe arrepentirse de sus pe-
cados y volver a Dios, y ser bautizado en el nombre de
Jesucristo para el perdón de sus pecados. Entonces re-
cibirán el regalo del Espíritu Santo. 39Esta promesa es
para ustedes, para sus hijos y para los que están lejos,* es
decir, para todos los que han sido llamados por el Señor
nuestro Dios.
40Entonces Pedro siguió predicando por largo rato, y
les rogaba con insistencia a todos sus oyentes: «¡Sálvense
de esta generación perversa!».
41Los que creyeron lo que Pedro dijo fueron bautiza-
dos y sumados a la iglesia en ese mismo día, como tres
mil en total.

***Notas textuales** **2:17-21** Jl 2:28-32. **2:22** O *Jesús nazareno*. **2:23** *Gentil[es]*, que no es judío. **2:27** En griego *en el Hades*; también en 2:31. **2:25-28** Sal 16:8-11 (versión griega). **2:34-35** Sal 110:1. **2:39** O *y para la gente en el futuro lejano* o *y para los gentiles*.

Referencias cruzadas **2:13** 1 Co 14:23 **2:21** Rm 10:13 **2:22** Jn 4:48 **2:25-28** Sal 16:8-11 **2:33** Hch 10:45 **2:40** Dt 32:5

Los creyentes forman una comunidad

42Todos los creyentes se dedicaban a las enseñanzas de los apóstoles, a la comunión fraternal, a participar juntos en las comidas (entre ellas la Cena del Señor*), y a la oración.

43Un profundo temor reverente vino sobre todos ellos, y los apóstoles realizaban muchas señales milagrosas y maravillas. 44Todos los creyentes se reunían en un mismo lugar y compartían todo lo que tenían. 45Vendían sus propiedades y posesiones y compartían el dinero con aquellos en necesidad. 46Adoraban juntos en el templo cada día, se reunían en casas para la Cena del Señor y compartían sus comidas con gran gozo y generosidad,* 47todo el tiempo alabando a Dios y disfrutando de la buena voluntad de toda la gente. Y cada día el Señor agregaba a esa comunidad cristiana los que iban siendo salvos.

¡Respuestas Bíblicas! 148 ¿Cómo es que Pedro y Juan podían sanar a las personas?

3:6 Dios les dio poderes especiales y ellos pudieron sanar a personas en el nombre de Jesús para probar que Jesús era el Hijo de Dios. Luego de curar a las personas, Pedro les hablaba sobre Cristo.

Pedro sana a un mendigo cojo

3 Cierta tarde, Pedro y Juan fueron al templo para participar en el servicio de oración de las tres de la tarde. 2Mientras se acercaban al templo, llevaban cargando a un hombre cojo de nacimiento. Todos los días lo ponían junto a la puerta del templo, la que se llama Hermosa, para que pidiera limosna a la gente que entraba. 3Cuando el hombre vio que Pedro y Juan estaban por entrar, les pidió dinero.

4Pedro y Juan lo miraron fijamente, y Pedro le dijo: «¡Míranos!». 5El hombre lisiado los miró ansiosamente, esperando recibir un poco de dinero, 6pero Pedro le dijo: «Yo no tengo plata ni oro para ti, pero te daré lo que tengo. En el nombre de Jesucristo de Nazaret,* ¡levántate y* camina!».

7Entonces Pedro tomó al hombre lisiado de la mano derecha y lo ayudó a levantarse. Y, mientras lo hacía, al instante los pies y los tobillos del hombre fueron sanados y fortalecidos. 8¡Se levantó de un salto, se puso de pie y comenzó a caminar! Luego entró en el templo con ellos caminando, saltando y alabando a Dios.

9Toda la gente lo vio caminar y lo oyó adorar a Dios. 10Cuando se dieron cuenta de que él era el mendigo cojo que muchas veces habían visto junto a la puerta Hermosa, ¡quedaron totalmente sorprendidos! 11Llenos de asombro, salieron todos corriendo hacia el pórtico de Salomón, donde estaba el hombre sujetando fuertemente a Pedro y a Juan.

Pedro predica en el templo

12Pedro vio esto como una oportunidad y se dirigió a la multitud: «Pueblo de Israel —dijo—, ¿qué hay de sorprendente en esto? ¿Y por qué nos quedan viendo como si hubiéramos hecho caminar a este hombre con nuestro propio poder o nuestra propia rectitud? 13Pues es el Dios de Abraham, de Isaac y de Jacob —el Dios de todos nuestros antepasados— quien dio gloria a su siervo Jesús al hacer este milagro. Es el mismo Jesús a quien ustedes rechazaron y entregaron a Pilato, a pesar de que Pilato había decidido ponerlo en libertad. 14Ustedes rechazaron a ese santo y justo y, en su lugar, exigieron que soltaran a un asesino. 15Ustedes mataron al autor de la vida, pero Dios lo levantó de los muertos. ¡Y nosotros somos testigos de ese hecho!

16»Por la fe en el nombre de Jesús, este hombre fue sanado, y ustedes saben que él antes era un lisiado. La fe en el nombre de Jesús lo ha sanado delante de sus propios ojos.

17»Amigos,* yo entiendo que lo que ustedes y sus líderes le hicieron a Jesús fue hecho en ignorancia; 18pero Dios estaba cumpliendo lo que los profetas predijeron acerca del Mesías, que él tenía que sufrir estas cosas. 19Ahora pues, arrepiéntanse de sus pecados y vuelvan a Dios para que sus pecados sean borrados. 20Entonces, de la presencia del Señor vendrán tiempos de refrigerio y él les enviará nuevamente a Jesús, el Mesías designado para ustedes. 21Pues él debe permanecer en el cielo hasta el tiempo de la restauración final de todas las cosas, así como Dios lo prometió desde hace mucho mediante sus santos profetas. 22Moisés dijo: "El SEÑOR, Dios de ustedes, les levantará un Profeta como yo de entre su propio pueblo. Escuchen con atención todo lo que él les diga"*. 23Luego Moisés dijo: "Cualquiera que no escuche a ese Profeta será totalmente excluido del pueblo de Dios"*.

24»Comenzando con Samuel, cada profeta habló acerca de lo que sucede hoy en día. 25Ustedes son los hijos de esos profetas y están incluidos en el pacto que Dios les prometió a sus antepasados. Pues Dios le dijo a Abraham: "Todas las familias de la tierra serán bendecidas por medio de tus descendientes*". 26Cuando Dios levantó a su siervo, Jesús, lo envió primero a ustedes, pueblo de Israel, para bendecirlos al hacer que cada uno se aparte de sus caminos pecaminosos».

Pedro y Juan ante el Concilio

4 Mientras Pedro y Juan le hablaban a la gente, se vieron enfrentados por los sacerdotes, el capitán de la guardia del templo y algunos de los saduceos. 2Estos líderes estaban sumamente molestos porque Pedro y Juan enseñaban a la gente que hay resurrección de los muertos por medio de Jesús. 3Los arrestaron y, como ya era de noche, los metieron en la cárcel hasta la mañana siguiente. 4Pero muchos de los que habían oído el mensaje lo creyeron, así que el número de hombres creyentes ascendió a un total aproximado de cinco mil.

5Al día siguiente, el Concilio —integrado por todos los gobernantes, ancianos y maestros de la ley religiosa— se reunió en Jerusalén. 6El sumo sacerdote, Anás, estaba presente junto con Caifás, Juan, Alejandro y otros parientes del sumo sacerdote. 7Hicieron entrar a los dos discípulos y les preguntaron:

—¿Con qué poder o en nombre de quién han hecho esto?

8Entonces Pedro, lleno del Espíritu Santo, les dijo:

—Gobernantes y ancianos de nuestro pueblo, 9¿nos interrogan hoy por haber hecho una buena obra a un lisiado? ¿Quieren saber cómo fue sanado? 10Déjenme decirles

***Notas textuales** **2:42** En griego *el partimiento del pan*; también en 2:46. **2:46** O *y corazones sinceros*. **3:6a** O *Jesucristo nazareno*. **3:6b** Algunos manuscritos no incluyen *levántate y*. **3:17** En griego *Hermanos*. **3:22** Dt 18:15. **3:23** Dt 18:19; Lv 23:29. **3:25** En griego *tu simiente*; Gn 12:3; 22:18.

Referencias cruzadas **2:47** Hch 5:14 **3:6-10** Hch 4:10 **3:16** Mc 1:24 **3:26** Hch 13:46 **4:5-7** Mt 26:3

claramente tanto a ustedes como a todo el pueblo de Israel que fue sanado por el poderoso nombre de Jesucristo de Nazaret,* el hombre a quien ustedes crucificaron pero a quien Dios levantó de los muertos. 11Pues es Jesús a quien se refieren las Escrituras cuando dicen:

"La piedra que ustedes, los constructores,
rechazaron
ahora se ha convertido en la piedra principal"*.

12¡En ningún otro hay salvación! Dios no ha dado ningún otro nombre bajo el cielo, mediante el cual podamos ser salvos.

13Los miembros del Concilio quedaron asombrados cuando vieron el valor de Pedro y de Juan, porque veían que eran hombres comunes sin ninguna preparación especial en las Escrituras. También los identificaron como hombres que habían estado con Jesús. 14Sin embargo, dado que podían ver allí de pie entre ellos al hombre que había sido sanado, no hubo nada que el Concilio pudiera decir. 15Así que les ordenaron a Pedro y a Juan que salieran de la sala del Concilio,* y consultaron entre ellos.

16«¿Qué debemos hacer con estos hombres? —se preguntaban unos a otros—. No podemos negar que han hecho una señal milagrosa, y todos en Jerusalén ya lo saben. 17Así que para evitar que sigan divulgando su propaganda aún más, tenemos que advertirles que no vuelvan a hablar con nadie en el nombre de Jesús». 18Entonces llamaron nuevamente a los apóstoles y les ordenaron que nunca más hablaran ni enseñaran en el nombre de Jesús.

19Pero Pedro y Juan respondieron: «¿Acaso piensan que Dios quiere que los obedezcamos a ustedes en lugar de a él? 20Nosotros no podemos dejar de hablar acerca de todo lo que hemos visto y oído».

21Entonces el Concilio los amenazó aún más, pero finalmente los dejaron ir porque no sabían cómo castigarlos sin desatar un disturbio. Pues todos alababan a Dios 22por esa señal milagrosa, la sanidad de un hombre que había estado lisiado por más de cuarenta años.

Los creyentes oran por valentía

23Tan pronto como quedaron libres, Pedro y Juan volvieron adonde estaban los demás creyentes y les contaron lo que los sacerdotes principales y los ancianos les habían dicho. 24Cuando los creyentes oyeron las noticias, todos juntos alzaron sus voces en oración a Dios: «Oh Señor Soberano, Creador del cielo y de la tierra, del mar y de todo lo que hay en ellos, 25hace mucho tiempo tú hablaste por el Espíritu Santo mediante nuestro antepasado David, tu siervo, y dijiste:

"¿Por qué estaban tan enojadas las naciones?
¿Por qué perdieron el tiempo en planes inútiles?
26 Los reyes de la tierra se prepararon para la batalla,
los gobernantes se reunieron
en contra del SEÑOR
y en contra de su Mesías"*.

27»De hecho, ¡eso ha ocurrido aquí en esta misma ciudad! Pues Herodes Antipas, el gobernador Poncio Pilato, los gentiles* y el pueblo de Israel estaban todos unidos en contra de Jesús, tu santo siervo, a quien tú ungiste. 28Sin embargo, todo lo que hicieron ya estaba determinado de antemano de acuerdo con tu voluntad. 29Y ahora, oh Señor, escucha sus amenazas y danos a nosotros, tus siervos, mucho valor al predicar tu palabra. 30Extiende tu mano con poder sanador; que se hagan señales milagrosas y maravillas por medio del nombre de tu santo siervo Jesús».

31Después de esta oración, el lugar donde estaban reunidos tembló y todos fueron llenos del Espíritu Santo. Y predicaban con valentía la palabra de Dios.

Los creyentes comparten sus bienes

32Todos los creyentes estaban unidos de corazón y en espíritu. Consideraban que sus posesiones no eran propias, así que compartían todo lo que tenían. 33Los apóstoles daban testimonio con poder de la resurrección del Señor Jesús y la gran bendición de Dios estaba sobre todos ellos. 34No había necesitados entre ellos, porque los que tenían terrenos o casas los vendían 35y llevaban el dinero a los apóstoles para que ellos lo dieran a los que pasaban necesidad.

36Por ejemplo, había un tal José, a quien los apóstoles le pusieron el sobrenombre Bernabé (que significa «hijo de ánimo»). Él pertenecía a la tribu de Leví y era oriundo de la isla de Chipre. 37Vendió un campo que tenía y llevó el dinero a los apóstoles.

¡Respuestas Bíblicas! 149 ¿Cuál fue el pecado de Ananías y Safira?

5:3 El pecado de Ananías y Safira no fue simplemente guardarse parte del dinero, sino tratar de engañar a Dios y a la iglesia. Su historia sirve como advertencia sobre la importancia de la honestidad, especialmente frente a Dios. Ellos le estaban mintiendo a Dios. Entonces, sufrieron las consecuencias.

Ananías y Safira

5 Había cierto hombre llamado Ananías quien, junto con su esposa, Safira, vendió una propiedad; 2y llevó solo una parte del dinero a los apóstoles pero afirmó que era la suma total de la venta. Con el consentimiento de su esposa, se quedó con el resto.

3Entonces Pedro le dijo: «Ananías, ¿por qué has permitido que Satanás llenara tu corazón? Le mentiste al Espíritu Santo y te quedaste con una parte del dinero. 4La decisión de vender o no la propiedad fue tuya. Y, después de venderla, el dinero también era tuyo para regalarlo o no. ¿Cómo pudiste hacer algo así? ¡No nos mentiste a nosotros, sino a Dios!».

5En cuanto Ananías oyó estas palabras, cayó al suelo y murió. Todos los que se enteraron de lo sucedido quedaron aterrados. 6Después unos muchachos se levantaron, lo envolvieron en una sábana, lo sacaron y lo enterraron.

7Como tres horas más tarde, entró su esposa sin saber lo que había pasado. 8Pedro le preguntó:

—¿Fue este todo el dinero que tú y tu esposo recibieron por la venta de su terreno?

—Sí —contestó ella—, ese fue el precio.

***Notas textuales** **4:10** O *Jesucristo nazareno*. **4:11** Sal 118:22. **4:15** En griego *del Sanedrín*. **4:25-26** O *su ungido*; o *su Cristo*. Sal 2:1-2. **4:27** *Gentil[es]*, que no es judío.

Referencias cruzadas **4:10-12** Mt 1:21 **4:16-17** Mt 11:25 **4:21-22** Hch 5:26 **5:6** Jn 19:40

9Y Pedro le dijo:
—¿Cómo pudieron ustedes dos siquiera pensar en
conspirar para poner a prueba al Espíritu del Señor de
esta manera? Los jóvenes que enterraron a tu esposo
están justo afuera de la puerta, ellos también te sacarán
cargando a ti.
10Al instante, ella cayó al suelo y murió. Cuando los
jóvenes entraron y vieron que estaba muerta, la sacaron
y la enterraron al lado de su esposo. 11Gran temor se apo-
deró de toda la iglesia y de todos los que oyeron lo que
había sucedido.

Los apóstoles sanan a muchos

12Los apóstoles hacían muchas señales milagrosas y ma-
ravillas entre la gente. Y todos los creyentes se reunían
con frecuencia en el templo, en el área conocida como el
pórtico de Salomón; 13pero nadie más se atrevía a unirse
a ellos, aunque toda la gente los tenía en alta estima. 14Sin
embargo, cada vez más personas —multitudes de hom-
bres y mujeres— creían y se acercaban al Señor. 15Como
resultado del trabajo de los apóstoles, la gente sacaba a
los enfermos a las calles en camas y camillas para que la
sombra de Pedro cayera sobre algunos de ellos cuando
él pasaba. 16Multitudes llegaban desde las aldeas que
rodeaban a Jerusalén y llevaban a sus enfermos y a los
que estaban poseídos por espíritus malignos,* y todos
eran sanados.

Los apóstoles enfrentan oposición

17El sumo sacerdote y sus funcionarios, que eran sadu-
ceos, se llenaron de envidia. 18Arrestaron a los apóstoles
y los metieron en la cárcel pública; 19pero un ángel del
Señor llegó de noche, abrió las puertas de la cárcel y los
sacó. Luego les dijo: 20«¡Vayan al templo y denle a la gente
este mensaje de vida!».
21Así que, al amanecer, los apóstoles entraron en el
templo como se les había dicho, y comenzaron a enseñar
de inmediato.

Cuando llegaron el sumo sacerdote y sus funcionarios,
convocaron al Concilio Supremo,* es decir, a toda la asam-
blea de los ancianos de Israel. Luego mandaron a sacar a
los apóstoles de la cárcel para llevarlos a juicio; 22pero
cuando los guardias del templo llegaron a la cárcel, los
hombres ya no estaban. Entonces regresaron al Concilio
y dieron el siguiente informe: 23«La cárcel estaba bien
cerrada, los guardias estaban afuera en sus puestos, pero
cuando abrimos las puertas, ¡no había nadie!».
24Cuando el capitán de la guardia del templo y los
sacerdotes principales oyeron esto, quedaron perplejos
y se preguntaban en qué iba a terminar todo el asunto.
25Entonces alguien llegó con noticias sorprendentes: «¡Los
hombres que ustedes metieron en la cárcel están en el
templo enseñando a la gente!».
26El capitán fue con los guardias del templo y arrestó
a los apóstoles, pero sin violencia, porque tenían miedo
de que la gente los apedreara. 27Después llevaron a los
apóstoles ante el Concilio Supremo, donde los confrontó
el sumo sacerdote.
28—¡Les ordenamos estrictamente que no enseñaran
nunca más en nombre de ese hombre! —les dijo—. En
lugar de eso, han llenado a toda Jerusalén con la ense-
ñanza acerca de él, ¡y quieren hacernos responsables de
su muerte!
29Pero Pedro y los apóstoles respondieron:
—Nosotros tenemos que obedecer a Dios antes que a
cualquier autoridad humana. 30El Dios de nuestros ante-
pasados levantó a Jesús de los muertos después de que us-
tedes lo mataron colgándolo en una cruz.* 31Luego Dios
lo puso en el lugar de honor, a su derecha, como Príncipe
y Salvador. Lo hizo para que el pueblo de Israel se arrepin-
tiera de sus pecados y fuera perdonado. 32Nosotros somos
testigos de estas cosas y también lo es el Espíritu Santo,
dado por Dios a todos los que lo obedecen.
33Al oír esto, el Concilio Supremo se enfureció y de-
cidió matarlos; 34pero uno de los miembros, un fariseo
llamado Gamaliel, experto en la ley religiosa y respetado
por toda la gente, se puso de pie y ordenó que sacaran de
la sala del Concilio a los apóstoles por un momento. 35En-
tonces les dijo a sus colegas: «Hombres de Israel, ¡tengan
cuidado con lo que piensan hacerles a estos hombres!
36Hace algún tiempo, hubo un tal Teudas, quien fingía
ser alguien importante. Unas cuatrocientas personas se
le unieron, pero a él lo mataron y todos sus seguidores
se fueron cada cual por su camino. Todo el movimiento
se redujo a nada. 37Después de él, en el tiempo en que
se llevó a cabo el censo, apareció un tal Judas de Galilea.
Logró que gente lo siguiera, pero a él también lo mataron,
y todos sus seguidores se dispersaron.
38»Así que mi consejo es que dejen a esos hombres
en paz. Pónganlos en libertad. Si ellos están planeando y
actuando por sí solos, pronto su movimiento caerá; 39pero
si es de Dios, ustedes no podrán detenerlos. ¡Tal vez hasta
se encuentren peleando contra Dios!».
40Los otros miembros aceptaron su consejo. Llamaron
a los apóstoles y mandaron que los azotaran. Luego les
ordenaron que nunca más hablaran en el nombre de Jesús
y los pusieron en libertad.
41Los apóstoles salieron del Concilio Supremo con
alegría, porque Dios los había considerado dignos de su-
frir deshonra por el nombre de Jesús.* 42Y cada día, en el
templo y casa por casa, seguían enseñando y predicando
este mensaje: «Jesús es el Mesías».

Siete hombres escogidos para servir

6 Al multiplicarse los creyentes* rápidamente, hubo
muestras de descontento. Los creyentes que ha-
blaban griego se quejaban de los que hablaban hebreo
diciendo que sus viudas eran discriminadas en la distri-
bución diaria de los alimentos.
2De manera que los Doce convocaron a todos los cre-
yentes a una reunión. Dijeron: «Nosotros, los apóstoles,
deberíamos ocupar nuestro tiempo en enseñar la palabra
de Dios, y no en dirigir la distribución de alimento. 3Por lo
tanto, hermanos, escojan a siete hombres que sean muy
respetados, que estén llenos del Espíritu y de sabiduría.
A ellos les daremos esa responsabilidad. 4Entonces noso-
tros, los apóstoles, podremos dedicar nuestro tiempo a la
oración y a enseñar la palabra».
5A todos les gustó la idea y eligieron a Esteban (un
hombre lleno de fe y del Espíritu Santo), a Felipe, a Pró-
coro, a Nicanor, a Timón, a Parmenas y a Nicolás de An-
tioquía (quien anteriormente se había convertido a la fe
judía). 6Estos siete hombres fueron presentados ante los

***Notas textuales** **5:16** En griego *impuros*. **5:21** En griego *al Sanedrín*; similar en 5:27, 41. **5:30** En griego *en un madero*. **5:41** En griego *por el nombre*. **6:1** En griego *discípulos*; también en 6:2, 7.

Referencias cruzadas **5:11** Hch 19:17 **5:16** Hch 2:47 **5:28** Mt 23:35 **5:32** Jn 15:26 **5:39** Hch 7:51 **5:41** Jn 15:21 **6:2-4** Hch 4:35

apóstoles, quienes oraron por ellos y les impusieron las manos.

7Así que el mensaje de Dios siguió extendiéndose. El número de creyentes aumentó en gran manera en Jerusalén, y muchos de los sacerdotes judíos también se convirtieron.

Arresto de Esteban

8Esteban, un hombre lleno de la gracia y del poder de Dios, hacía señales y milagros asombrosos entre la gente. 9Cierto día, unos hombres de la sinagoga de los Esclavos Liberados —así la llamaban— comenzaron a debatir con él. Eran judíos de Cirene, Alejandría, Cilicia y de la provincia de Asia. 10Ninguno de ellos podía hacerle frente a la sabiduría y al Espíritu con que hablaba Esteban.

11Entonces persuadieron a unos hombres para que dijeran mentiras acerca de Esteban. Ellos declararon: «Nosotros lo oímos blasfemar contra Moisés y hasta contra Dios». 12Esto provocó a la gente, a los ancianos y a los maestros de la ley religiosa. Así que arrestaron a Esteban y lo llevaron ante el Concilio Supremo.*

13Los testigos mentirosos dijeron: «Este hombre siempre habla contra el santo templo y contra la ley de Moisés. 14Lo hemos oído decir que ese tal Jesús de Nazaret* destruirá el templo y cambiará las costumbres que Moisés nos transmitió».

15En ese momento, todos los del Concilio Supremo fijaron la mirada en Esteban, porque su cara comenzó a brillar como la de un ángel.

Discurso de Esteban ante el Concilio

7 Entonces el sumo sacerdote le preguntó a Esteban:

—¿Son ciertas estas acusaciones?

2Esteban dio la siguiente respuesta:

—Hermanos y padres, escúchenme. Nuestro glorioso Dios se le apareció a nuestro antepasado Abraham en Mesopotamia antes de que él se estableciera en Harán.* 3Dios le dijo: "Deja tu patria y a tus parientes y entra en la tierra que yo te mostraré"*. 4Entonces Abraham salió del territorio de los caldeos y vivió en Harán hasta que su padre murió. Después Dios lo trajo hasta aquí, a la tierra donde ustedes viven ahora.

5»Sin embargo, Dios no le dio ninguna herencia aquí, ni siquiera un metro cuadrado de tierra; pero Dios sí le prometió que algún día toda la tierra les pertenecería a Abraham y a sus descendientes, aun cuando él todavía no tenía hijos. 6Dios también le dijo que sus descendientes vivirían en una tierra extranjera, donde serían oprimidos como esclavos durante cuatrocientos años. 7"Pero yo castigaré a la nación que los esclavice —dijo Dios—, y al final saldrán de allí y me adorarán en este lugar"*.

8»En aquel entonces, Dios también le dio a Abraham el pacto de la circuncisión. Así que cuando nació su hijo Isaac, Abraham lo circuncidó al octavo día; y esa práctica continuó cuando Isaac fue padre de Jacob y cuando Jacob fue padre de los doce patriarcas de la nación israelita.

9»Estos patriarcas tuvieron envidia de su hermano José y lo vendieron para que fuera esclavo en Egipto; pero Dios estaba con él 10y lo rescató de todas sus dificultades; y Dios le mostró su favor ante el faraón, el rey de Egipto. Dios también le dio a José una sabiduría fuera de lo común, de manera que el faraón lo nombró gobernador de todo Egipto y lo puso a cargo del palacio.

11»Entonces un hambre azotó a Egipto y a Canaán. Hubo mucho sufrimiento, y nuestros antepasados se quedaron sin alimento. 12Jacob oyó que aún había grano en Egipto, por lo que envió a sus hijos —nuestros antepasados— a comprar un poco. 13La segunda vez que fueron, José reveló su identidad a sus hermanos* y se los presentó al faraón. 14Después José mandó a buscar a su padre, Jacob, y a todos sus parientes para que los llevaran a Egipto, setenta y cinco personas en total. 15De modo que Jacob fue a Egipto. Murió allí, al igual que nuestros antepasados. 16Sus cuerpos fueron llevados a Siquem, donde fueron enterrados en la tumba que Abraham les había comprado a los hijos de Hamor en Siquem a un determinado precio.

17»A medida que se acercaba el tiempo en que Dios cumpliría su promesa a Abraham, el número de nuestro pueblo en Egipto aumentó considerablemente. 18Pero luego ascendió un nuevo rey al trono de Egipto, quien no sabía nada de José. 19Este rey explotó a nuestro pueblo y lo oprimió, y forzó a los padres a que abandonaran a sus recién nacidos para que murieran.

20»En esos días nació Moisés, un hermoso niño a los ojos de Dios. Sus padres lo cuidaron en casa durante tres meses. 21Cuando tuvieron que abandonarlo, la hija del faraón lo adoptó y lo crio como su propio hijo. 22A Moisés le enseñaron toda la sabiduría de los egipcios, y era poderoso tanto en palabras como en acciones.

23»Cierto día, cuando Moisés tenía cuarenta años, decidió visitar a sus parientes, el pueblo de Israel. 24Vio que un egipcio maltrataba a un israelita. Entonces Moisés salió en defensa del hombre y mató al egipcio para vengarlo. 25Moisés supuso que sus compatriotas israelitas se darían cuenta de que Dios lo había enviado para rescatarlos, pero no fue así.

26»Al día siguiente, los visitó de nuevo y vio que dos hombres de Israel estaban peleando. Trató de ser un pacificador y les dijo: "Señores, ustedes son hermanos. ¿Por qué se están peleando?".

27»Pero el hombre que era culpable empujó a Moisés. "¿Quién te puso como gobernante y juez sobre nosotros? —le preguntó—. 28¿Me vas a matar como mataste ayer al egipcio?". 29Cuando Moisés oyó eso, huyó del país y vivió como extranjero en la tierra de Madián. Allí nacieron sus dos hijos.

30»Cuarenta años después, en el desierto que está cerca del monte Sinaí, un ángel se le apareció a Moisés en la llama de una zarza ardiente. 31Moisés quedó asombrado al verla. Y, cuando se estaba acercando para ver mejor, la voz del SEÑOR le dijo: 32"Yo soy el Dios de tus antepasados: el Dios de Abraham, de Isaac y de Jacob". Moisés tembló aterrorizado y no se atrevía a mirar.

33»Entonces el SEÑOR le dijo: "Quítate las sandalias, porque estás pisando tierra santa. 34Ciertamente he visto la opresión de mi pueblo en Egipto. He escuchado sus gemidos y he descendido para rescatarlos. Ahora ve, porque te envío de regreso a Egipto"*.

35»Así que Dios envió de vuelta al mismo hombre que su pueblo había rechazado anteriormente cuando

***Notas textuales** **6:12** En griego *el Sanedrín*; similar en 6:15. **6:14** O *Jesús nazareno*. **7:2** *Mesopotamia* era la región que ahora se conoce como Irak. *Harán* era una ciudad en lo que ahora se conoce como Siria. **7:3** Gn 12:1. **7:5-7** Gn 12:7; 15:13-14; Ex 3:12. **7:13** Otros manuscritos dicen *José fue reconocido por sus hermanos.* **7:31-34** Ex 3:5-10.

Referencias cruzadas **6:7** Hch 12:24 **6:10** Lc 21:15 **6:11-14** Mt 5:22 **7:2** Hch 22:1 **7:11-16** Gn 45:1-4 **7:22** 1 Re 4:30 **7:23-29** Ex 2:11-15

le preguntaron: "¿Quién te puso como gobernante y juez sobre nosotros?". Mediante el ángel que se le apareció en la zarza ardiente, Dios envió a Moisés para que fuera gobernante y salvador. 36Y, por medio de muchas maravillas y señales milagrosas, él los sacó de Egipto, los guio a través del mar Rojo y por el desierto durante cuarenta años.

37»Moisés mismo le dijo al pueblo de Israel: "Dios les levantará un Profeta como yo de entre su propio pueblo"*. 38Moisés estuvo con nuestros antepasados —la asamblea del pueblo de Dios en el desierto— cuando el ángel le habló en el monte Sinaí, y allí Moisés recibió palabras que dan vida para transmitirlas a nosotros.*

39»Sin embargo, nuestros antepasados se negaron a escuchar a Moisés. Lo rechazaron y quisieron volver a Egipto. 40Le dijeron a Aarón: "Haznos unos dioses que puedan guiarnos, porque no sabemos qué le ha pasado a este Moisés, quien nos sacó de Egipto". 41De manera que hicieron un ídolo en forma de becerro, le ofrecieron sacrificios y festejaron ese objeto que habían hecho. 42Entonces Dios se apartó de ellos y los abandonó, ¡para que sirvieran a las estrellas del cielo como sus dioses! En el libro de los profetas está escrito:

"Israel, ¿acaso era a mí a quien traías sacrificios y
ofrendas
durante esos cuarenta años en el desierto?
43 No, llevabas a tus dioses paganos,
el santuario de Moloc,
la estrella de tu dios Refán
y las imágenes que hiciste a fin de rendirles culto.
Por lo tanto, te mandaré al destierro,
tan lejos como Babilonia"*.

44»Nuestros antepasados llevaron el tabernáculo* con ellos a través del desierto. Lo construyeron según el plan que Dios le había mostrado a Moisés. 45Años después, cuando Josué dirigió a nuestros antepasados en las batallas contra las naciones que Dios expulsó de esta tierra, el tabernáculo fue llevado con ellos al nuevo territorio. Y permaneció allí hasta los tiempos del rey David.

46»David obtuvo el favor de Dios y pidió tener el privilegio de construir un templo permanente para el Dios de Jacob,* 47pero fue Salomón quien lo construyó. 48Sin embargo, el Altísimo no vive en templos hechos por manos humanas. Como dice el profeta:

49 "El cielo es mi trono
y la tierra es el estrado de mis pies.
¿Podrían acaso construirme un templo tan bueno
como ese?
—pregunta el Señor—.
¿Podrían construirme un lugar de descanso así?
50 ¿Acaso no fueron mis manos las que hicieron el
cielo y la tierra?"*.

51»¡Pueblo terco! Ustedes son paganos* de corazón y sordos a la verdad. ¿Resistirán para siempre al Espíritu Santo? Eso es lo que hicieron sus antepasados, ¡y ustedes también! 52¡Mencionen a un profeta a quien sus antepasados no hayan perseguido! Hasta mataron a los que predijeron la venida del Justo, el Mesías a quien ustedes traicionaron y asesinaron. 53Deliberadamente desobedecieron la ley de Dios, a pesar de que la recibieron de manos de ángeles.

54Los líderes judíos se enfurecieron por la acusación de Esteban y con rabia le mostraban los puños;* 55pero Esteban, lleno del Espíritu Santo, fijó la mirada en el cielo, y vio la gloria de Dios y vio a Jesús de pie en el lugar de honor, a la derecha de Dios. 56Y les dijo: «¡Miren, veo los cielos abiertos y al Hijo del Hombre de pie en el lugar de honor, a la derecha de Dios!».

57Entonces ellos se taparon los oídos con las manos y empezaron a gritar. Se lanzaron sobre él, 58lo arrastraron fuera de la ciudad y comenzaron a apedrearlo. Sus acusadores se quitaron las túnicas y las pusieron a los pies de un joven que se llamaba Saulo.*

59Mientras lo apedreaban, Esteban oró: «Señor Jesús, recibe mi espíritu». 60Cayó de rodillas gritando: «¡Señor, no los culpes por este pecado!». Dicho eso, murió.

8 Saulo fue uno de los testigos y estuvo totalmente de acuerdo con el asesinato de Esteban.

La persecución dispersa a los creyentes

Ese día comenzó una gran ola de persecución que se extendió por toda la iglesia de Jerusalén; y todos los creyentes excepto los apóstoles fueron dispersados por las regiones de Judea y Samaria. 2(Con profundo dolor, unos hombres consagrados enterraron a Esteban). 3Y Saulo iba por todas partes con la intención de acabar con la iglesia. Iba de casa en casa y sacaba a rastras tanto a hombres como a mujeres y los metía en la cárcel.

Felipe predica en Samaria

4Así que los creyentes que se esparcieron predicaban la Buena Noticia acerca de Jesús adondequiera que iban. 5Felipe, por ejemplo, se dirigió a la ciudad de Samaria y allí le contó a la gente acerca del Mesías. 6Las multitudes escuchaban atentamente a Felipe, porque estaban deseosas de oír el mensaje y ver las señales milagrosas que él hacía. 7Muchos espíritus malignos* fueron expulsados, los cuales gritaban cuando salían de sus víctimas; y muchos que habían sido paralíticos o cojos fueron sanados. 8Así que hubo mucha alegría en esa ciudad.

9Un hombre llamado Simón, quien por muchos años había sido hechicero allí, asombraba a la gente de Samaria y decía ser alguien importante. 10Todos, desde el más pequeño hasta el más grande, a menudo se referían a él como «el Grande, el Poder de Dios». 11Lo escuchaban con atención porque, por mucho tiempo, él los había maravillado con su magia.

12Pero ahora la gente creyó el mensaje de Felipe sobre la Buena Noticia acerca del reino de Dios y del nombre de Jesucristo. Como resultado, se bautizaron muchos hombres y mujeres. 13Luego el mismo Simón creyó y fue bautizado. Comenzó a seguir a Felipe a todos los lugares adonde él iba y estaba asombrado por las señales y los grandes milagros que Felipe hacía.

14Cuando los apóstoles de Jerusalén oyeron que la gente de Samaria había aceptado el mensaje de Dios, enviaron a Pedro y a Juan allá. 15En cuanto ellos llegaron,

***Notas textuales** **7:37** Dt 18:15. **7:38** Algunos manuscritos dicen *a ustedes*. **7:42-43** Am 5:25-27 (versión griega). **7:44** En griego *la carpa del testimonio*. **7:46** Algunos manuscritos dicen *la casa de Jacob*. **7:49-50** Is 66:1-2. **7:51** En griego *incircuncisos*. **7:54** En griego *y crujían los dientes contra él*. **7:58** *Saulo* es posteriormente llamado Pablo; ver 13:9. **8:7** En griego *impuros*.

Referencias cruzadas **7:36** Ex 12:41 **7:49-50** Is 66:1-2 **7:58** Lv 24:14 **8:9** Hch 13:6

oraron por los nuevos creyentes para que recibieran el
Espíritu Santo. 16El Espíritu Santo todavía no había ve-
nido sobre ninguno de ellos porque solo habían sido bau-
tizados en el nombre del Señor Jesús. 17Entonces Pedro
y Juan impusieron sus manos sobre esos creyentes, y
recibieron el Espíritu Santo.
18Cuando Simón vio que el Espíritu se recibía cuando
los apóstoles imponían sus manos sobre la gente, les ofre-
ció dinero para comprar ese poder.
19—Déjenme tener este poder también —exclamó—,
para que, cuando yo imponga mis manos sobre las per-
sonas, ¡reciban el Espíritu Santo!
20Pedro le respondió:
—¡Que tu dinero se destruya junto contigo por pensar
que es posible comprar el don de Dios! 21Tú no tienes parte
ni derecho en esto porque tu corazón no es recto delante
de Dios. 22Arrepiéntete de tu maldad y ora al Señor. Tal vez
él perdone tus malos pensamientos, 23porque puedo ver
que estás lleno de una profunda envidia y que el pecado
te tiene cautivo.
24—¡Oren al Señor por mí! —exclamó Simón—. ¡Que no
me sucedan estas cosas terribles que has dicho!
25Después de dar testimonio y predicar la palabra del
Señor en Samaria, Pedro y Juan regresaron a Jerusalén. Por
el camino, se detuvieron en muchas aldeas samaritanas
para predicar la Buena Noticia.

¡Respuestas Bíblicas! 150 ¿Hay poder detrás de la magia?

8:9-19 Simón era un hechicero y usaba poderes que no eran de Dios. No todos los trucos de magia tienen que ver con poderes sobrenaturales ya que algunos solo son una ilusión. Pero que existe el poder del diablo no hay ninguna duda y por eso es mejor mantenerse lejos de cualquier cosa que tenga que ver con espíritus.

Felipe y el eunuco etíope

26En cuanto a Felipe, un ángel del Señor le dijo: «Ve al
sur* por el camino del desierto que va de Jerusalén a
Gaza». 27Entonces él emprendió su viaje y se encontró
con el tesorero de Etiopía, un eunuco de mucha auto-
ridad bajo el mando de Candace, la reina de Etiopía. El
eunuco había ido a Jerusalén a adorar 28y ahora venía de
regreso. Sentado en su carruaje, leía en voz alta el libro
del profeta Isaías.
29El Espíritu Santo le dijo a Felipe: «Acércate y camina
junto al carruaje».
30Felipe se acercó corriendo y oyó que el hombre leía
al profeta Isaías. Felipe le preguntó:
—¿Entiendes lo que estás leyendo?
31El hombre contestó:
—¿Y cómo puedo entenderlo, a menos que alguien
me explique?
Y le rogó a Felipe que subiera al carruaje y se sentara
junto a él.
32El pasaje de la Escritura que leía era el siguiente:

«Como oveja fue llevado al matadero.
Y, como cordero en silencio ante sus
trasquiladores,
no abrió su boca.
33 Fue humillado y no le hicieron justicia.
¿Quién puede hablar de sus descendientes?
Pues su vida fue quitada de la tierra»*.

34El eunuco le preguntó a Felipe: «Dime, ¿hablaba el
profeta acerca de sí mismo o de alguien más?». 35Enton-
ces, comenzando con esa misma porción de la Escritura,
Felipe le habló de la Buena Noticia acerca de Jesús.
36Mientras iban juntos, llegaron a un lugar donde había
agua, y el eunuco dijo: «¡Mira, allí hay agua! ¿Qué im-
pide que yo sea bautizado?».* 38Ordenó que detuvieran
el carruaje, descendieron al agua, y Felipe lo bautizó.
39Cuando salieron del agua, el Espíritu del Señor arre-
bató a Felipe. El eunuco nunca más volvió a verlo, pero
siguió su camino con mucha alegría. 40Entre tanto, Felipe
se encontró más al norte, en la ciudad de Azoto. Predicó la
Buena Noticia allí y en cada pueblo a lo largo del camino,
hasta que llegó a Cesarea.

Conversión de Saulo

9 Mientras tanto, Saulo pronunciaba amenazas en cada
palabra y estaba ansioso por matar a los seguidores*
del Señor. Así que acudió al sumo sacerdote. 2Le pidió
cartas dirigidas a las sinagogas de Damasco para solici-
tarles su cooperación en el arresto de los seguidores del
Camino que se encontraran ahí. Su intención era llevarlos
—a hombres y mujeres por igual— de regreso a Jerusalén
encadenados.
3Al acercarse a Damasco para cumplir esa misión, una
luz del cielo de repente brilló alrededor de él. 4Saulo cayó
al suelo y oyó una voz que le decía:
—¡Saulo, Saulo! ¿Por qué me persigues?
5—¿Quién eres, señor? —preguntó Saulo.
—Yo soy Jesús, ¡a quien tú persigues! —contestó la
voz—. 6Ahora levántate, entra en la ciudad y se te dirá
lo que debes hacer.
7Los hombres que estaban con Saulo se quedaron
mudos, porque oían el sonido de una voz, ¡pero no veían
a nadie! 8Saulo se levantó del suelo, pero cuando abrió los
ojos, estaba ciego. Entonces sus acompañantes lo lleva-
ron de la mano hasta Damasco. 9Permaneció allí, ciego,
durante tres días sin comer ni beber.
10Ahora bien, había un creyente* en Damasco llamado
Ananías. El Señor le habló en una visión, lo llamó:
—¡Ananías!
—¡Sí, Señor! —respondió.
11El Señor le dijo:
—Ve a la calle llamada Derecha, a la casa de Judas.
Cuando llegues, pregunta por un hombre de Tarso que
se llama Saulo. En este momento, él está orando. 12Le he
mostrado en visión a un hombre llamado Ananías que
entra y pone las manos sobre él para que recobre la vista.
13—¡Pero Señor! —exclamó Ananías—. ¡He oído a
mucha gente hablar de las cosas terribles que ese hombre
les ha hecho a los creyentes* de Jerusalén! 14Además, tiene
la autorización de los sacerdotes principales para arrestar
a todos los que invocan tu nombre.
15El Señor le dijo:
—Ve, porque él es mi instrumento elegido para llevar

***Notas textuales** **8:26** O *Ve al mediodía*. **8:32-33** Is 53:7-8 (versión griega). **8:36** Algunos manuscritos agregan el versículo 37: *—Puedes —respondió Felipe—, si crees con todo tu corazón. Y el eunuco respondió: —Creo que Jesucristo es el Hijo de Dios.* **9:1** En griego *discípulos*. **9:10** En griego *discípulo*; también en 9:26, 36. **9:13** En griego *al pueblo santo de Dios*; también en 9:32, 41.

Referencias cruzadas **8:20-23** 2 Re 5:16 **8:26-29** Jn 12:20 **8:32-33** Is 53:7-8 **8:39-40** 1 Re 18:12 **9:10** Hch 10:3 **9:15-16** Hch 13:2

mi mensaje a los gentiles* y a reyes, como también al pueblo de Israel; 16y le voy a mostrar cuánto debe sufrir por mi nombre.

17Así que Ananías fue y encontró a Saulo, puso sus manos sobre él y dijo: «Hermano Saulo, el Señor Jesús, quien se te apareció en el camino, me ha enviado para que recobres la vista y seas lleno del Espíritu Santo». 18Al instante, algo como escamas cayó de los ojos de Saulo y recobró la vista. Luego se levantó y fue bautizado. 19Después comió algo y recuperó las fuerzas.

Saulo en Damasco y Jerusalén

Saulo se quedó unos días con los creyentes* en Damasco. 20Y enseguida comenzó a predicar acerca de Jesús en las sinagogas, diciendo: «¡Él es verdaderamente el Hijo de Dios!».

21Todos los que lo oían quedaban asombrados. «¿No es este el mismo hombre que causó tantos estragos entre los seguidores de Jesús en Jerusalén? —se preguntaban—. ¿Y no llegó aquí para arrestarlos y llevarlos encadenados ante los sacerdotes principales?».

22La predicación de Saulo se hacía cada vez más poderosa, y los judíos de Damasco no podían refutar las pruebas de que Jesús de verdad era el Mesías. 23Poco tiempo después, unos judíos conspiraron para matarlo. 24Día y noche vigilaban la puerta de la ciudad para poder asesinarlo, pero a Saulo se le informó acerca del complot. 25De modo que, durante la noche, algunos de los creyentes* lo bajaron en un canasto grande por una abertura que había en la muralla de la ciudad.

26Cuando Saulo llegó a Jerusalén, trató de reunirse con los creyentes, pero todos le tenían miedo. ¡No creían que de verdad se había convertido en un creyente! 27Entonces Bernabé se lo llevó a los apóstoles y les contó cómo Saulo había visto al Señor en el camino a Damasco y cómo el Señor le había hablado a Saulo. También les dijo que, en Damasco, Saulo había predicado con valentía en el nombre de Jesús.

28Así que Saulo se quedó con los apóstoles y los acompañó por toda Jerusalén, predicando con valor en el nombre del Señor. 29Debatió con algunos judíos que hablaban griego, pero ellos trataron de matarlo. 30Cuando los creyentes* se enteraron, lo llevaron a Cesarea y lo enviaron a Tarso, su ciudad natal.

31La iglesia, entonces, tuvo paz por toda Judea, Galilea y Samaria; se fortalecía y los creyentes vivían en el temor del Señor. Y, con la ayuda del Espíritu Santo, también creció en número.

Pedro sana a Eneas y resucita a Dorcas

32Mientras tanto, Pedro viajaba de un lugar a otro, y descendió a visitar a los creyentes de la ciudad de Lida. 33Allí conoció a un hombre llamado Eneas, quien estaba paralizado y postrado en cama hacía ocho años. 34Pedro le dijo: «Eneas, ¡Jesucristo te sana! ¡Levántate y enrolla tu camilla!». Al instante, fue sanado. 35Entonces todos los habitantes de Lida y Sarón vieron a Eneas caminando, y se convirtieron al Señor.

36Había una creyente en Jope que se llamaba Tabita (que en griego es Dorcas*). Ella siempre hacía buenas acciones a los demás y ayudaba a los pobres. 37En esos días, se enfermó y murió. Lavaron el cuerpo para el entierro y lo pusieron en un cuarto de la planta alta; 38pero los creyentes habían oído que Pedro estaba cerca, en Lida, entonces mandaron a dos hombres a suplicarle: «Por favor, ¡ven tan pronto como puedas!».

39Así que Pedro regresó con ellos y, tan pronto como llegó, lo llevaron al cuarto de la planta alta. El cuarto estaba lleno de viudas que lloraban y le mostraban a Pedro las túnicas y demás ropa que Dorcas les había hecho. 40Pero Pedro les pidió a todos que salieran del cuarto; luego se arrodilló y oró. Volviéndose hacia el cuerpo, dijo: «¡Tabita, levántate!». ¡Y ella abrió los ojos! Cuando vio a Pedro, ¡se sentó! 41Él le dio la mano y la ayudó a levantarse. Después llamó a las viudas y a todos los creyentes, y la presentó viva.

42Las noticias corrieron por toda la ciudad y muchos creyeron en el Señor; 43y Pedro se quedó mucho tiempo en Jope, viviendo con Simón, un curtidor de pieles.

Cornelio manda a buscar a Pedro

10 En Cesarea vivía un oficial del ejército romano* llamado Cornelio, quien era un capitán del regimiento italiano. 2Era un hombre devoto, temeroso de Dios, igual que todos los de su casa. Daba generosamente a los pobres y oraba a Dios con frecuencia. 3Una tarde, como a las tres, tuvo una visión en la cual vio que un ángel de Dios se le acercaba.

—¡Cornelio! —dijo el ángel.

4Cornelio lo miró fijamente, aterrorizado.

—¿Qué quieres, señor? —le preguntó al ángel.

Y el ángel contestó:

—¡Dios ha recibido tus oraciones y tus donativos a los pobres como una ofrenda! 5Ahora pues, envía a algunos hombres a Jope y manda llamar a un hombre llamado Simón Pedro. 6Él está hospedado con Simón, un curtidor que vive cerca de la orilla del mar.

7En cuanto el ángel se fue, Cornelio llamó a dos de los sirvientes de su casa y a un soldado devoto, que era uno de sus asistentes personales. 8Les contó lo que había ocurrido y los envió a Jope.

Pedro visita a Cornelio

9Al día siguiente, mientras los mensajeros de Cornelio se acercaban a la ciudad, Pedro subió a la azotea a orar. Era alrededor del mediodía, 10y tuvo hambre; pero mientras preparaban la comida, cayó en un estado de éxtasis. 11Vio los cielos abiertos y algo parecido a una sábana grande que bajaba por sus cuatro puntas. 12En la sábana había toda clase de animales, reptiles y aves. 13Luego una voz le dijo:

—Levántate, Pedro; mátalos y come de ellos.

14—No, Señor —dijo Pedro—. Jamás he comido algo que nuestras leyes judías declaren impuro e inmundo.*

15Pero la voz habló de nuevo:

—No llames a algo impuro si Dios lo ha hecho limpio.

16La misma visión se repitió tres veces, y repentinamente la sábana fue subida al cielo.

17Pedro quedó muy desconcertado. ¿Qué podría significar la visión? Justo en ese momento, los hombres enviados por Cornelio encontraron la casa de Simón. De

***Notas textuales** **9:15** *Gentil[es]*, que no es judío. **9:19** En griego *discípulos*; también en 9:26, 38. **9:25** En griego *sus discípulos*. **9:30** En griego *hermanos*. **9:36** Ambos nombres, *Tabita* (en arameo) y *Dorcas* (en griego), significan «gacela». **10:1** En griego *un centurión*; similar en 10:22. **10:14** En griego *algo común e inmundo*.

Referencias cruzadas **9:22** Hch 8:3 **9:28-30** Hch 6:1 **9:33-35** Hch 3:6, 16 **9:36-38** 1 Tm 2:10 **10:3** Hch 3:1 **10:8** Hch 9:36 **10:9** Mt 24:17

pie, frente a la puerta, 18preguntaron si se hospedaba allí
un hombre llamado Simón Pedro.

> **¡Respuestas Bíblicas! 151 ¿Por qué Dios le dio una visión a Pedro?**
>
> 10:17 Los judíos han creído desde antes del tiempo de Jesús que quienes no son judíos son personas impuras y por eso Dios quiso ser claro con Pedro para que entendiera que su mensaje y amor no era solo para los judíos.

19Entre tanto, mientras Pedro trataba de descifrar la
visión, el Espíritu Santo le dijo: «Tres hombres han venido
a buscarte. 20Levántate, baja y vete con ellos sin titubear.
No te preocupes, porque yo los he enviado».
21Entonces Pedro bajó y dijo:
—Yo soy el hombre que ustedes buscan. ¿Por qué han
venido?
22Ellos dijeron:
—Nos envió Cornelio, un oficial romano. Es un hombre
devoto y temeroso de Dios, muy respetado por todos los
judíos. Un ángel santo le dio instrucciones para que vayas
a su casa a fin de que él pueda escuchar tu mensaje.
23Entonces Pedro invitó a los hombres a quedarse para
pasar la noche. Al siguiente día, fue con ellos, acompañado
por algunos hermanos de Jope.
24Llegaron a Cesarea al día siguiente. Cornelio los
estaba esperando y había reunido a sus parientes y ami-
gos cercanos. 25Cuando Pedro entró en la casa, Cornelio
cayó a sus pies y lo adoró; 26pero Pedro lo levantó y le
dijo: «¡Ponte de pie, yo soy un ser humano como tú!».
27Entonces conversaron y entraron en donde muchos
otros estaban reunidos.
28Pedro les dijo:
—Ustedes saben que va en contra de nuestras leyes
que un hombre judío se relacione con gentiles* o que
entre en su casa; pero Dios me ha mostrado que ya no
debo pensar que alguien es impuro o inmundo. 29Por eso,
sin oponerme, vine aquí tan pronto como me llamaron.
Ahora díganme por qué enviaron por mí.
30Cornelio contestó:
—Hace cuatro días, yo estaba orando en mi casa como
a esta misma hora, las tres de la tarde. De repente, un
hombre con ropa resplandeciente se paró delante de mí.
31Me dijo: "Cornelio, ¡tu oración ha sido escuchada, y
Dios ha tomado en cuenta tus donativos para los pobres!
32Ahora, envía mensajeros a Jope y manda llamar a un
hombre llamado Simón Pedro. Está hospedado en la casa
de Simón, un curtidor que vive cerca de la orilla del mar".
33Así que te mandé a llamar de inmediato, y te agradezco
que hayas venido. Ahora, estamos todos aquí, delante
de Dios, esperando escuchar el mensaje que el Señor te
ha dado.

Los gentiles oyen la Buena Noticia

34Entonces Pedro respondió:
—Veo con claridad que Dios no muestra favoritismo.
35En cada nación, él acepta a los que le temen y hacen lo
correcto. 36Este es el mensaje de la Buena Noticia para
el pueblo de Israel: que hay paz con Dios por medio de
Jesucristo, quien es Señor de todo. 37Ustedes saben lo que
pasó en toda Judea, comenzando en Galilea, después de
que Juan empezó a predicar su mensaje de bautismo. 38Y
saben que Dios ungió a Jesús de Nazaret con el Espíritu
Santo y con poder. Después Jesús anduvo haciendo el bien
y sanando a todos los que eran oprimidos por el diablo,
porque Dios estaba con él.
39»Y nosotros, los apóstoles, somos testigos de todo
lo que él hizo por toda Judea y en Jerusalén. Lo mata-
ron, colgándolo en una cruz,* 40pero Dios lo resucitó
al tercer día. Después Dios permitió que se apareciera,
41no al público en general,* sino a nosotros, a quienes
Dios había elegido de antemano para que fuéramos sus
testigos. Nosotros fuimos los que comimos y bebimos
con él después de que se levantó de los muertos. 42Y él
nos ordenó que predicáramos en todas partes y diéramos
testimonio de que Jesús es a quien Dios designó para ser
el juez de todos, de los que están vivos y de los muertos.
43De él dan testimonio todos los profetas cuando dicen
que a todo el que cree en él se le perdonarán los pecados
por medio de su nombre.

Los gentiles reciben el Espíritu Santo

44Mientras Pedro aún estaba diciendo estas cosas, el
Espíritu Santo descendió sobre todos los que escuchaban
el mensaje. 45Los creyentes judíos* que habían llegado
con Pedro quedaron asombrados al ver que el don del
Espíritu Santo también era derramado sobre los gentiles.
46Pues los oyeron hablar en otras lenguas* y alabar a Dios.
Entonces Pedro preguntó: 47«¿Puede alguien oponerse
a que ellos sean bautizados ahora que han recibido el
Espíritu Santo, tal como nosotros lo recibimos?». 48Por lo
tanto, dio órdenes de que fueran bautizados en el nombre
de Jesucristo. Después Cornelio le pidió que se quedara
varios días con ellos.

Pedro explica sus acciones

11 La noticia de que los gentiles* habían recibido
la palabra de Dios pronto llegó a los apóstoles y
a los demás creyentes* de Judea. 2Así que cuando Pedro
regresó a Jerusalén, los creyentes judíos* lo criticaron.
3—Entraste en una casa de gentiles,* ¡y hasta comiste
con ellos! —le dijeron.
4Entonces Pedro les contó todo tal como había
sucedido.
5—Yo estaba en la ciudad de Jope —les dijo—, y mien-
tras oraba, caí en un estado de éxtasis y tuve una visión.
Algo parecido a una sábana grande descendía por sus
cuatro puntas desde el cielo y bajó justo hasta donde yo
estaba. 6Cuando me fijé en el contenido de la sábana, vi
toda clase de animales domésticos y salvajes, reptiles y
aves. 7Y oí una voz que decía: "Levántate, Pedro, mátalos
y come de ellos".
8»"No, Señor —respondí—. Jamás he comido algo que
nuestras leyes judías declaren impuro o inmundo*".
9»Pero la voz del cielo habló de nuevo: "No llames a
algo impuro si Dios lo ha hecho limpio". 10Eso sucedió
tres veces antes de que la sábana, con todo lo que había
dentro, fuera subida al cielo otra vez.

***Notas textuales** **10:28** *Gentil[es]*, que no es judío. **10:39** En griego *en un madero*. **10:41** En griego *a la gente*. **10:45** En griego *Los fieles de la circuncisión*. **10:46** O *en otros idiomas*. **11:1a** *Gentil[es]*, que no es judío. **11:1b** En griego *hermanos*. **11:2** En griego *los de la circuncisión*. **11:3** En griego *de hombres incircuncisos*. **11:8** En griego *algo común o inmundo*.

Referencias cruzadas **10:22-23** Hch 11:14 **10:28-29** Jn 4:9 **10:39-43** Mc 16:7 **11:3** Hch 10:25 **11:9-10** Hch 10:15

11»En ese preciso momento, tres hombres que habían sido enviados desde Cesarea llegaron a la casa donde estábamos hospedados. 12El Espíritu Santo me dijo que los acompañara y que no me preocupara que fueran gentiles. Estos seis hermanos aquí presentes me acompañaron, y pronto entramos en la casa del hombre que había mandado a buscarnos. 13Él nos contó cómo un ángel se le había aparecido en su casa y le había dicho: "Envía mensajeros a Jope y manda a llamar a un hombre llamado Simón Pedro. 14¡Él te dirá cómo tú y todos los de tu casa pueden ser salvos!".

15»Cuando comencé a hablar —continuó Pedro—, el Espíritu Santo descendió sobre ellos tal como descendió sobre nosotros al principio. 16Entonces pensé en las palabras del Señor cuando dijo: "Juan bautizó con* agua, pero ustedes serán bautizados con el Espíritu Santo". 17Y, como Dios les dio a esos gentiles el mismo don que nos dio a nosotros cuando creímos en el Señor Jesucristo, ¿quién era yo para estorbar a Dios?

18Cuando los demás oyeron esto, dejaron de oponerse y comenzaron a alabar a Dios. Dijeron:

—Podemos ver que Dios también les ha dado a los gentiles el privilegio de arrepentirse de sus pecados y de recibir vida eterna.

La iglesia en Antioquía de Siria

19Mientras tanto, los creyentes que fueron dispersados durante la persecución que hubo después de la muerte de Esteban, viajaron tan lejos como Fenicia, Chipre y Antioquía de Siria. Predicaban la palabra de Dios, pero solo a judíos. 20Sin embargo, algunos de los creyentes que fueron a Antioquía desde Chipre y Cirene les comenzaron a predicar a los gentiles* acerca del Señor Jesús. 21El poder del Señor estaba con ellos, y un gran número de estos gentiles creyó y se convirtió al Señor.

22Cuando la iglesia de Jerusalén se enteró de lo que había pasado, enviaron a Bernabé a Antioquía. 23Cuando él llegó y vio las pruebas de la bendición de Dios, se llenó de alegría y alentó a los creyentes a que permanecieran fieles al Señor. 24Bernabé era un hombre bueno, lleno del Espíritu Santo y firme en la fe. Y mucha gente llegó al Señor.

25Después Bernabé siguió hasta Tarso para buscar a Saulo. 26Cuando lo encontró, lo llevó de regreso a Antioquía. Los dos se quedaron allí con la iglesia durante todo un año, enseñando a grandes multitudes. (Fue en Antioquía donde, por primera vez, a los creyentes* los llamaron «cristianos»).

27Durante aquellos días, unos profetas viajaron de Jerusalén a Antioquía. 28Uno de ellos, llamado Ágabo, se puso de pie en una de las reuniones y predijo por medio del Espíritu que iba a haber una gran hambre en todo el mundo romano. (Esto se cumplió durante el reinado de Claudio). 29Así que los creyentes de Antioquía decidieron enviar una ayuda a los hermanos de Judea, y cada uno dio lo que podía. 30Así lo hicieron, y confiaron sus ofrendas a Bernabé y a Saulo para que las llevaran a los ancianos de la iglesia de Jerusalén.

Asesinato de Santiago y encarcelamiento de Pedro

12 Por ese tiempo, el rey Herodes Agripa* comenzó a perseguir a algunos creyentes de la iglesia. 2Mandó matar a espada al apóstol Santiago (hermano de Juan). 3Cuando Herodes vio cuánto esto le agradó al pueblo judío, también arrestó a Pedro. (Eso sucedió durante la celebración de la Pascua*). 4Después lo metió en la cárcel y lo puso bajo la vigilancia de cuatro escuadrones de cuatro soldados cada uno. Herodes tenía pensado llevar a Pedro a juicio público después de la Pascua. 5Pero, mientras Pedro estaba en la cárcel, la iglesia oraba fervientemente por él.

Pedro escapa milagrosamente de la cárcel

6La noche antes de ser sometido a juicio, Pedro dormía sujetado con dos cadenas entre dos soldados. Otros hacían guardia junto a la puerta de la prisión. 7De repente, una luz intensa iluminó la celda y un ángel del Señor se puso frente a Pedro. El ángel lo golpeó en el costado para despertarlo y le dijo: «¡Rápido! ¡Levántate!». Y las cadenas cayeron de sus muñecas. 8Después, el ángel le dijo: «Vístete y ponte tus sandalias». Pedro lo hizo, y el ángel le ordenó: «Ahora ponte tu abrigo y sígueme».

9Así que Pedro salió de la celda y siguió al ángel, pero todo el tiempo pensaba que era una visión; no se daba cuenta de que en verdad eso estaba sucediendo. 10Pasaron el primer puesto de guardia y luego el segundo y llegaron a la puerta de hierro que lleva a la ciudad, y esta puerta se abrió por sí sola frente a ellos. De esta manera cruzaron la puerta y empezaron a caminar por la calle, y de pronto el ángel lo dejó.

11Finalmente Pedro volvió en sí. «¡De veras es cierto! —dijo—. ¡El Señor envió a su ángel y me salvó de Herodes y de lo que los líderes judíos* tenían pensado hacerme!».

12Cuando se dio cuenta de esto, fue a la casa de María, la madre de Juan Marcos, donde muchos se habían reunido para orar. 13Tocó a la puerta de entrada, y una sirvienta llamada Rode fue a abrir. 14Cuando ella reconoció la voz de Pedro, se alegró tanto que, en lugar de abrir la puerta, corrió hacia adentro y les dijo a todos:

—¡Pedro está a la puerta!

15—¡Estás loca! —le dijeron.

Como ella insistía, llegaron a la conclusión: «Debe ser su ángel».

16Mientras tanto, Pedro seguía tocando. Cuando por fin abrieron la puerta y lo vieron, quedaron asombrados. 17Él les hizo señas para que se callaran y les contó cómo el Señor lo había sacado de la cárcel. «Díganles a Santiago y a los demás hermanos lo que pasó», dijo. Y después se fue a otro lugar.

18Al amanecer, hubo un gran alboroto entre los soldados por lo que había sucedido con Pedro. 19Herodes Agripa ordenó que se hiciera una búsqueda exhaustiva para encontrar a Pedro. Como no pudieron encontrarlo, Herodes interrogó a los guardias y luego los condenó a muerte. Después Herodes se fue de Judea para quedarse en Cesarea por un tiempo.

***Notas textuales** **11:16** O *en*; también en 11:16b. **11:20** En griego *los helenistas* (es decir, los que hablan griego); otros manuscritos dicen *los griegos*. **11:26** En griego *discípulos*; también en 11:29. **12:1** En griego *Herodes el rey*. Era sobrino de Herodes Antipas y nieto de Herodes el Grande. **12:3** En griego *durante los días de los panes sin levadura*. **12:11** O *los judíos*.

Referencias cruzadas **11:15-17** Hch 2:4 **11:21** Lc 1:66 **11:24** Hch 5:14 **12:4** Ex 12:15 **12:10** Hch 16:26 **12:14** Lc 24:41

¡Respuestas Bíblicas! 152 ¿Cómo escapó Pedro de prisión?

12:7 Un ángel liberó a Pedro de sus cadenas y lo ayudó a salir de la cárcel. Todos los amigos de Pedro estaban orando por él cuando se les apareció y por eso se asustaron de la sorpresa. ¡Ellos primero no creyeron que él realmente estuviera allí!

Muerte de Herodes Agripa

20Ahora bien, Herodes estaba muy enojado con los ha-
bitantes de Tiro y de Sidón. Entonces ellos enviaron una
delegación para que hiciera las paces con él, porque sus
ciudades dependían del país de Herodes para obtener
alimento. Los delegados se ganaron el apoyo de Blasto,
el asistente personal de Herodes, 21y así se les concedió
una cita con Herodes. Cuando llegó el día, Herodes se
puso sus vestiduras reales, se sentó en su trono y les dio
un discurso. 22El pueblo le dio una gran ovación, gritando:
«¡Es la voz de un dios, no la de un hombre!».
23Al instante, un ángel del Señor hirió a Herodes con
una enfermedad, porque él aceptó la adoración de la gente
en lugar de darle la gloria a Dios. Así que murió carcomido
por gusanos.
24Mientras tanto, la palabra de Dios seguía extendién-
dose, y hubo muchos nuevos creyentes.
25Cuando Bernabé y Saulo terminaron su misión en
Jerusalén, regresaron* llevándose con ellos a Juan Marcos.

¡Respuestas Bíblicas! 153 ¿Qué trabajo especial quería Dios que hicieran Bernabé y Pablo?

13:2 Dios quería que Bernabé y Pablo predicaran afuera de Israel. Él quería que ellos les contaran a otros sobre Jesús y el resto del libro de Hechos habla de sus aventuras.

Bernabé y Saulo son encomendados

13 Entre los profetas y maestros de la iglesia de An-
tioquía de Siria se encontraban Bernabé, Simeón
(llamado «el Negro»*), Lucio (de Cirene), Manaén (com-
pañero de infancia del rey Herodes Antipas*) y Saulo.
2Cierto día, mientras estos hombres adoraban al Señor y
ayunaban, el Espíritu Santo dijo: «Designen a Bernabé y a
Saulo para el trabajo especial al cual los he llamado». 3Así
que, después de pasar más tiempo en ayuno y oración, les
impusieron las manos y los enviaron.

Primer viaje misionero de Pablo

4Entonces Bernabé y Saulo fueron enviados por el
Espíritu Santo. Descendieron hasta el puerto de Seleu-
cia y después navegaron hacia la isla de Chipre. 5Allí, en
la ciudad de Salamina, fueron a las sinagogas judías y
predicaron la palabra de Dios. Juan Marcos fue con ellos
como su asistente.
6Después viajaron de ciudad en ciudad por toda la isla
hasta que finalmente llegaron a Pafos, donde conocieron a
un hechicero judío, un falso profeta llamado Barjesús. 7El
tal se había apegado al gobernador, Sergio Paulo, quien
era un hombre inteligente. El gobernador invitó a Bernabé
y a Saulo para que fueran a verlo, porque quería oír la
palabra de Dios; 8pero Elimas, el hechicero (eso es lo que
significa su nombre en griego), se entrometió y trataba de
persuadir al gobernador para que no prestara atención a
lo que Bernabé y Saulo decían. Trataba de impedir que el
gobernador creyera.
9Saulo, también conocido como Pablo, fue lleno del
Espíritu Santo y miró al hechicero a los ojos. 10Luego
dijo: «¡Tú, hijo del diablo, lleno de toda clase de engaño
y fraude, y enemigo de todo lo bueno! ¿Nunca dejarás de
distorsionar los caminos verdaderos del Señor? 11Ahora
mira, el Señor ha puesto su mano de castigo sobre ti, y
quedarás ciego. No verás la luz del sol por un tiempo».
Al instante, neblina y oscuridad cubrieron los ojos del
hombre, y comenzó a andar a tientas, mientras suplicaba
que alguien lo tomara de la mano y lo guiara.
12Cuando el gobernador vio lo que había sucedido, se
convirtió, pues quedó asombrado de la enseñanza acerca
del Señor.

Pablo predica en Antioquía de Pisidia

13Luego Pablo y sus compañeros salieron de Pafos en
barco rumbo a Panfilia y desembarcaron en la ciudad
portuaria de Perge. Allí Juan Marcos los dejó y regresó a
Jerusalén; 14pero Pablo y Bernabé siguieron su viaje por
tierra adentro hasta Antioquía de Pisidia.*
El día de descanso fueron a las reuniones de la sinagoga.
15Después de las lecturas acostumbradas de los libros
de Moisés* y de los profetas, los que estaban a cargo del
servicio les mandaron el siguiente mensaje: «Hermanos,
si tienen alguna palabra de aliento para el pueblo, ¡pasen
a decirla!».
16Entonces Pablo se puso de pie, levantó la mano para
hacer que se callaran y comenzó a hablar: «Hombres de
Israel —dijo— y ustedes, gentiles* temerosos de Dios,
escúchenme.
17»El Dios de esta nación de Israel eligió a nuestros
antepasados e hizo que se multiplicaran y se hicieran
fuertes durante el tiempo que pasaron en Egipto. Luego,
con brazo poderoso los sacó de la esclavitud. 18Tuvo que
soportarlos* durante los cuarenta años que anduvieron
vagando por el desierto. 19Luego destruyó a siete naciones
en Canaán y le dio su tierra a Israel como herencia. 20Todo
esto llevó cerca de cuatrocientos cincuenta años.
»Después de eso, Dios les dio jueces para que goberna-
ran hasta los días del profeta Samuel. 21Luego el pueblo
suplicó por un rey, y Dios les dio a Saúl, hijo de Cis, un
hombre de la tribu de Benjamín que reinó durante cua-
renta años. 22Pero Dios quitó a Saúl y lo reemplazó con
David, un hombre de quien Dios dijo: "He encontrado
en David, hijo de Isaí, a un hombre conforme a mi propio
corazón; él hará todo lo que yo quiero que haga"*.
23»Y es precisamente uno de los descendientes del rey
David, Jesús, ¡el Salvador de Israel prometido por Dios!
24Antes de que él viniera, Juan el Bautista predicaba que
todo el pueblo de Israel tenía que arrepentirse de sus

***Notas textuales** **12:25** O *misión, regresaron a Jerusalén*. Otros manuscritos dicen *misión, regresaron de Jerusalén*; incluso otros dicen *misión, regresaron de Jerusalén a Antioquía*. **13:1a** En griego *llamado Niger*. **13:1b** En griego *Herodes el tetrarca*. **13:13-14** *Panfilia* y *Pisidia* eran distritos de lo que ahora es Turquía. **13:15** En griego *lecturas acostumbradas de la ley*. **13:16** *Gentil[es]*, que no es judío. **13:18** Algunos manuscritos dicen *Él los cuidó*; comparar Dt 1:31. **13:22** 1 Sm 13:14.

Referencias cruzadas **12:19** Hch 16:27 **13:2-3** Hch 14:26 **13:14** Hch 14:19, 21 **13:17-19** Dt 1:31 **13:23** Mt 1:21

pecados, convertirse a Dios y bautizarse. 25Cuando es-
taba en los últimos días de su ministerio, Juan preguntó:
"¿Creen ustedes que yo soy el Mesías? No, ¡no lo soy! Pero
él pronto viene, y yo ni siquiera soy digno de ser su esclavo
ni de desatarle las sandalias de sus pies".

26»Hermanos —ustedes, hijos de Abraham, y también
ustedes, gentiles temerosos de Dios—, ¡este mensaje de
salvación ha sido enviado a nosotros! 27La gente de Jerusa-
lén y sus líderes no reconocieron a Jesús como la persona
de quien hablaron los profetas. En cambio, lo condenaron
y, al hacerlo, cumplieron las palabras de los profetas que
se leen todos los días de descanso. 28No encontraron nin-
guna razón legal para ejecutarlo, pero de cualquier forma
le pidieron a Pilato que lo matara.

29»Una vez que llevaron a cabo todo lo que las profecías
decían acerca de él, lo bajaron de la cruz* y lo pusieron en
una tumba. 30¡Pero Dios lo levantó de los muertos! 31Y,
durante varios días, se apareció a los que habían ido con él
de Galilea a Jerusalén. Actualmente ellos son sus testigos
al pueblo de Israel.

32»Y ahora nosotros estamos aquí para traerles la
Buena Noticia. La promesa fue dirigida a nuestros an-
tepasados. 33Y ahora Dios nos la cumplió a nosotros,
los descendientes, al resucitar a Jesús. Esto es lo que el
segundo salmo dice sobre Jesús:

"Tú eres mi Hijo.
Hoy he llegado a ser tu Padre*".

34Pues Dios había prometido levantarlo de los muertos,
no dejarlo que se pudriera en la tumba. Dijo: "Yo te daré
las bendiciones sagradas que le prometí a David"*. 35Otro
salmo lo explica con más detalle: "No permitirás que tu
Santo se pudra en la tumba"*. 36Este salmo no hace refe-
rencia a David, pues, después de haber hecho la voluntad
de Dios en su propia generación, David murió, fue en-
terrado con sus antepasados y su cuerpo se descompuso.
37No, el salmo se refería a otra persona, a alguien a quien
Dios resucitó y cuyo cuerpo no se descompuso.

38»Hermanos, ¡escuchen! Estamos aquí para procla-
mar que, por medio de este hombre Jesús, ustedes tienen
el perdón de sus pecados. 39Todo el que cree en él es hecho
justo a los ojos de Dios, algo que la ley de Moisés nunca
pudo hacer. 40¡Tengan cuidado! No dejen que las palabras
de los profetas se apliquen a ustedes. Pues ellos dijeron:

41 "Miren, ustedes burlones,
¡asómbrense y mueran!
Pues estoy haciendo algo en sus propios días,
algo que no creerían
aun si alguien les dijera"*».

42Cuando Pablo y Bernabé salieron de la sinagoga ese
día, la gente les suplicó que volvieran a hablar sobre esas
cosas la semana siguiente. 43Muchos judíos y devotos
convertidos al judaísmo siguieron a Pablo y a Bernabé, y
ambos hombres los exhortaban a que continuaran con-
fiando en la gracia de Dios.

Pablo se dirige a los gentiles

44A la semana siguiente, casi toda la ciudad fue a oírlos
predicar la palabra del Señor. 45Cuando algunos judíos
vieron las multitudes tuvieron envidia; así que calumnia-
ban a Pablo y debatían contra todo lo que él decía.

46Entonces Pablo y Bernabé hablaron con valentía y
declararon: «Era necesario que primero les predicáramos
la palabra de Dios a ustedes, los judíos; pero ya que uste-
des la han rechazado y se consideran indignos de la vida
eterna, se la ofreceremos a los gentiles. 47Pues el Señor
nos dio este mandato cuando dijo:

"Yo te he hecho luz para los gentiles,
a fin de llevar salvación a los rincones más lejanos
de la tierra"*».

48Cuando los gentiles oyeron esto, se alegraron y le
dieron las gracias al Señor por su mensaje, y todos los
que fueron elegidos para la vida eterna se convirtieron
en creyentes. 49Así que el mensaje del Señor se extendió
por toda esa región.

50Luego los judíos provocaron a las mujeres religiosas
influyentes y a los líderes de la ciudad, e incitaron a una
turba contra Pablo y Bernabé, y los echaron de la ciudad.
51Así que ellos se sacudieron el polvo de sus pies en señal
de rechazo y se dirigieron a la ciudad de Iconio. 52Y los
creyentes* se llenaron de alegría y del Espíritu Santo.

Pablo y Bernabé en Iconio

14 Lo mismo sucedió en Iconio.* Pablo y Bernabé
fueron a la sinagoga judía y predicaron con tanto
poder que un gran número de judíos y griegos se hicieron
creyentes. 2Sin embargo, algunos de los judíos rechazaron
el mensaje de Dios y envenenaron la mente de los genti-
les* en contra de Pablo y Bernabé; 3pero los apóstoles se
quedaron allí por mucho tiempo, predicando con valentía
acerca de la gracia del Señor. Y el Señor demostraba que el
mensaje era verdadero al darles poder para hacer señales
milagrosas y maravillas; 4pero la gente de la ciudad estaba
dividida en cuanto a su opinión sobre ellos. Algunos esta-
ban del lado de los judíos, y otros apoyaban a los apóstoles.

5Entonces una turba de gentiles y judíos, junto con sus
líderes, decidieron atacarlos y apedrearlos. 6Cuando los
apóstoles se enteraron, huyeron a la región de Licaonia,
a las ciudades de Listra y Derbe y sus alrededores. 7Y allí
predicaron la Buena Noticia.

Pablo y Bernabé en Listra y Derbe

8Mientras estaban en Listra, Pablo y Bernabé se toparon
con un hombre lisiado de los pies. Como había nacido
así, jamás había caminado. Estaba sentado, 9escuchando
mientras Pablo predicaba. Pablo lo miró fijamente y se dio
cuenta de que el hombre tenía fe para ser sanado. 10Así que
Pablo lo llamó con voz alta: «¡Levántate!». Y el hombre se
puso de pie de un salto y comenzó a caminar.

11Cuando la multitud vio lo que Pablo había hecho,
gritó en su dialecto local: «¡Estos hombres son dioses en
forma humana!». 12Decidieron que Bernabé era el dios
griego Zeus y que Pablo era Hermes por ser el orador
principal. 13El templo de Zeus estaba situado justo fuera
de la ciudad. Así que el sacerdote del templo y la multitud

***Notas textuales** **13:29** En griego *del madero*. **13:33** U *Hoy te doy a conocer como mi Hijo*. Sal 2:7. **13:34** Is 55:3. **13:35** Sal 16:10. **13:41** Ha 1:5 (versión griega). **13:47** Is 49:6. **13:52** En griego *los discípulos*. **14:1** *Iconio*, así como *Listra* y *Derbe* (14:6), eran ciudades en lo que ahora es Turquía. **14:2** *Gentil[es]*, que no es judío.

Referencias cruzadas **13:31** Mt 28:16 **13:35** Sal 16:10 **13:46** Hch 3:26 **14:11-13** Hch 8:10

llevaron toros y coronas de flores a las puertas de la ciudad, y se prepararon para ofrecerles sacrificios a los apóstoles.

14Cuando los apóstoles Bernabé y Pablo oyeron lo que pasaba, horrorizados se rasgaron la ropa y salieron corriendo entre la gente, mientras gritaban: 15«Amigos,* ¿por qué hacen esto? ¡Nosotros somos simples seres humanos, tal como ustedes! Hemos venido a traerles la Buena Noticia de que deben apartarse de estas cosas inútiles y volverse al Dios viviente, quien hizo el cielo y la tierra, el mar y todo lo que hay en ellos. 16En el pasado, él permitió que todas las naciones siguieran su propio camino, 17pero nunca las dejó sin pruebas de sí mismo y de su bondad. Por ejemplo, les envía lluvia y buenas cosechas, y les da alimento y corazones alegres». 18No obstante, aun con estas palabras, a duras penas Pablo y Bernabé pudieron contener a la gente para que no les ofreciera sacrificios.

19Luego unos judíos llegaron de Antioquía e Iconio, y lograron poner a la multitud de su lado. Apedrearon a Pablo y lo arrastraron fuera de la ciudad, pensando que estaba muerto; 20pero los creyentes* lo rodearon, y él se levantó y regresó a la ciudad. Al día siguiente, salió junto con Bernabé hacia Derbe.

Pablo y Bernabé regresan a Antioquía de Siria

21Después de predicar la Buena Noticia en Derbe y de hacer muchos discípulos, Pablo y Bernabé regresaron a Listra, Iconio y Antioquía de Pisidia, 22donde fortalecieron a los creyentes. Los animaron a continuar en la fe, y les recordaron que debemos sufrir muchas privaciones para entrar en el reino de Dios. 23Pablo y Bernabé también nombraron ancianos en cada iglesia. Con oración y ayuno, encomendaron a los ancianos al cuidado del Señor, en quien habían puesto su confianza. 24Luego atravesaron nuevamente Pisidia y llegaron a Panfilia. 25Predicaron la palabra en Perge y después descendieron hasta Atalia.

26Por último, regresaron en barco a Antioquía de Siria, donde habían iniciado su viaje. Los creyentes de allí los habían encomendado a la gracia de Dios para que hicieran el trabajo que ahora habían terminado. 27Una vez que llegaron a Antioquía, reunieron a la iglesia y le informaron todo lo que Dios había hecho por medio de ellos y cómo él también había abierto la puerta de la fe a los gentiles. 28Y se quedaron allí con los creyentes por mucho tiempo.

El concilio de Jerusalén

15 Cuando Pablo y Bernabé estaban en Antioquía de Siria, llegaron unos hombres de Judea y comenzaron a enseñarles a los creyentes:* «A menos que se circunciden como exige la ley de Moisés, no podrán ser salvos». 2Pablo y Bernabé no estaban de acuerdo con ellos y discutieron con vehemencia. Finalmente, la iglesia decidió enviar a Pablo y a Bernabé a Jerusalén, junto con algunos creyentes del lugar, para que hablaran con los apóstoles y con los ancianos sobre esta cuestión. 3La iglesia envió a los delegados a Jerusalén, quienes de camino se detuvieron en Fenicia y Samaria para visitar a los creyentes. Les contaron —para alegría de todos— que los gentiles* también se convertían.

¡Respuestas Bíblicas! 154 ¿Por qué ocurrió la primera gran reunión de líderes de la iglesia?

15:4-19 Algunos creían que los cristianos debían seguir todas las leyes judías y los apóstoles decidieron reunirse a discutir esto. Ahora la iglesia ya no iba a tratarse de las costumbres de los judíos sino del evangelio de Jesús así que aunque hicieron algunas recomendaciones, dejaron en claro que la predicación cristiana no se trataba de las tradiciones judías.

4Cuando llegaron a Jerusalén, toda la iglesia —incluidos los apóstoles y los ancianos— dio la bienvenida a Pablo y a Bernabé, quienes les informaron acerca de todo lo que Dios había hecho por medio de ellos. 5Pero después algunos creyentes que pertenecían a la secta de los fariseos se pusieron de pie e insistieron: «Los convertidos gentiles deben ser circuncidados y hay que exigirles que sigan la ley de Moisés».

6Así que los apóstoles y los ancianos se reunieron para resolver este asunto. 7En la reunión, después de una larga discusión, Pedro se puso de pie y se dirigió a ellos de la siguiente manera: «Hermanos, todos ustedes saben que hace tiempo Dios me eligió de entre ustedes para que predicara a los gentiles a fin de que pudieran oír la Buena Noticia y creer. 8Dios conoce el corazón humano y él confirmó que acepta a los gentiles al darles el Espíritu Santo, tal como lo hizo con nosotros. 9Él no hizo ninguna distinción entre nosotros y ellos, pues les limpió el corazón por medio de la fe. 10Entonces, ¿por qué ahora desafían a Dios al poner cargas sobre los creyentes* gentiles con un yugo que ni nosotros ni nuestros antepasados pudimos llevar? 11Nosotros creemos que todos somos salvos de la misma manera, por la gracia no merecida que proviene del Señor Jesús».

12Todos escucharon en silencio mientras Bernabé y Pablo les contaron de las señales milagrosas y maravillas que Dios había hecho por medio de ellos entre los gentiles.

13Cuando terminaron, Santiago se puso de pie y dijo: «Hermanos, escúchenme. 14Pedro* les ha contado de cuando Dios visitó por primera vez a los gentiles para tomar de entre ellos un pueblo para sí mismo. 15Y la conversión de los gentiles es precisamente lo que los profetas predijeron. Como está escrito:

16 “Después yo volveré
y restauraré la casa caída* de David.
Reconstruiré sus ruinas
y la restauraré,
17 para que el resto de la humanidad busque al SEÑOR,
incluidos los gentiles,
todos los que he llamado a ser míos.
El SEÑOR ha hablado,
18 Aquel que hizo que estas cosas se dieran a
conocer desde hace mucho”*.

***Notas textuales** **14:15** En griego *Hombres*. **14:20** En griego *discípulos*; también en 14:22, 28. **15:1** En griego *hermanos*; también en 15:3, 23, 32, 33, 36, 40. **15:3** *Gentil[es]*, que no es judío. **15:10** En griego *discípulos*. **15:14** En griego *Simeón*. **15:16** O *el reino caído*; en griego dice *la carpa caída*. **15:16-18** Am 9:11-12 (versión griega); Is 45:21.

Referencias cruzadas **14:15** Hch 10:26 **14:19-20** Hch 13:45 **14:21-22** 2 Tm 3:12 **14:26-28** Hch 13:1, 3 **15:5** Hch 5:17 **15:7-11** Mt 23:4 **15:16-18** Is 45:21

19»Y mi opinión entonces es que no debemos ponerles
obstáculos a los gentiles que se convierten a Dios. 20Al con-
trario, deberíamos escribirles y decirles que se abstengan
de comer alimentos ofrecidos a ídolos, de inmoralidad
sexual, de comer carne de animales estrangulados y de
consumir sangre. 21Pues esas leyes de Moisés se han pre-
dicado todos los días de descanso en las sinagogas judías
de cada ciudad durante muchas generaciones».

Carta para los creyentes gentiles

22Entonces los apóstoles y los ancianos, junto con toda
la iglesia de Jerusalén, escogieron delegados y los envia-
ron a Antioquía de Siria con Pablo y Bernabé para que
informaran acerca de esta decisión. Los delegados esco-
gidos eran dos de los líderes de la iglesia:* Judas (también
llamado Barsabás) y Silas. 23La carta que llevaron decía
lo siguiente:

«Nosotros, los apóstoles y los ancianos, sus
hermanos de Jerusalén, escribimos esta carta a
los creyentes gentiles de Antioquía, Siria y Cilicia.
¡Saludos!
24»Tenemos entendido que unos hombres de aquí
los han perturbado e inquietado con su enseñanza,
¡pero nosotros no los enviamos! 25Así que decidimos,
después de llegar a un acuerdo unánime, enviarles
representantes oficiales junto con nuestros amados
Bernabé y Pablo, 26quienes han arriesgado la vida
por el nombre de nuestro Señor Jesucristo. 27Les
enviamos a Judas y a Silas para confirmar lo que
hemos decidido con relación a la pregunta de ustedes.
28»Pues nos pareció bien al Espíritu Santo y a
nosotros no imponer sobre ustedes una carga mayor
que estos pocos requisitos: 29deben abstenerse de
comer alimentos ofrecidos a ídolos, de consumir
sangre o la carne de animales estrangulados y de
la inmoralidad sexual. Si hacen esto, harán bien.
Adiós».

30Los mensajeros salieron de inmediato para Antio-
quía, donde convocaron a una reunión general de los
creyentes y entregaron la carta. 31Y hubo mucha alegría
en toda la iglesia ese día cuando leyeron este mensaje
alentador.
32Entonces Judas y Silas, ambos profetas, hablaron
largo y tendido con los creyentes para animarlos y forta-
lecerlos en su fe. 33Se quedaron allí un tiempo, y luego los
creyentes los enviaron de regreso a la iglesia de Jerusalén
con una bendición de paz.* 35Pablo y Bernabé se quedaron
en Antioquía. Ellos y muchos otros enseñaban y predica-
ban la palabra del Señor en esa ciudad.

Pablo y Bernabé se separan

36Después de un tiempo Pablo le dijo a Bernabé: «Vol-
vamos a visitar cada una de las ciudades donde ya antes
predicamos la palabra del Señor para ver cómo andan
los nuevos creyentes». 37Bernabé estuvo de acuerdo y
quería llevar con ellos a Juan Marcos; 38pero Pablo se
opuso terminantemente ya que Juan Marcos los había
abandonado en Panfilia y no había continuado con ellos en
el trabajo. 39Su desacuerdo fue tan intenso que se separa-
ron. Bernabé tomó a Juan Marcos consigo y navegó hacia
Chipre. 40Pablo escogió a Silas y, al salir, los creyentes
lo encomendaron al cuidado misericordioso del Señor.
41Luego viajó por toda Siria y Cilicia, fortaleciendo a las
iglesias.

Segundo viaje misionero de Pablo

16 Pablo fue primero a Derbe y luego a Listra, donde
había un discípulo joven llamado Timoteo. Su
madre era una creyente judía, pero su padre era griego.
2Los creyentes* de Listra e Iconio tenían un buen con-
cepto de Timoteo, 3de modo que Pablo quiso que él los
acompañara en el viaje. Por respeto a los judíos de la
región, dispuso que Timoteo se circuncidara antes de
salir, ya que todos sabían que su padre era griego. 4Luego
fueron de ciudad en ciudad enseñando a los creyentes a
que siguieran las decisiones tomadas por los apóstoles
y los ancianos de Jerusalén. 5Así que las iglesias se forta-
lecían en su fe y el número de creyentes crecía cada día.

Un llamado de Macedonia

6Luego, Pablo y Silas viajaron por la región de Frigia y
Galacia, porque el Espíritu Santo les había impedido que
predicaran la palabra en la provincia de Asia en ese tiempo.
7Luego, al llegar a los límites con Misia, se dirigieron al
norte, hacia la provincia de Bitinia,* pero de nuevo el
Espíritu de Jesús no les permitió ir allí. 8Así que siguieron
su viaje por Misia hasta el puerto de Troas.
9Esa noche Pablo tuvo una visión. Puesto de pie, un
hombre de Macedonia —al norte de Grecia— le rogaba:
«¡Ven aquí a Macedonia y ayúdanos!». 10Entonces deci-
dimos* salir de inmediato hacia Macedonia, después de
haber llegado a la conclusión de que Dios nos llamaba a
predicar la Buena Noticia allí.

En Filipos, Lidia cree en Jesús

11Subimos a bordo de un barco en Troas, navegamos
directo a la isla de Samotracia y, al día siguiente, desem-
barcamos en Neápolis. 12De allí llegamos a Filipos, una
ciudad principal de ese distrito de Macedonia y una colo-
nia romana. Y nos quedamos allí varios días.
13El día de descanso nos alejamos un poco de la ciudad
y fuimos a la orilla de un río, donde pensamos que la gente
se reuniría para orar, y nos sentamos a hablar con unas
mujeres que se habían congregado allí. 14Una de ellas era
Lidia, de la ciudad de Tiatira, una comerciante de tela
púrpura muy costosa, quien adoraba a Dios. Mientras
nos escuchaba, el Señor abrió su corazón y aceptó lo que
Pablo decía. 15Ella y los de su casa fueron bautizados, y
nos invitó a que fuéramos sus huéspedes. «Si ustedes
reconocen que soy una verdadera creyente en el Señor
—dijo ella—, vengan a quedarse en mi casa». Y nos insistió
hasta que aceptamos.

Pablo y Silas en la cárcel

16Cierto día, cuando íbamos al lugar de oración, nos en-
contramos con una joven esclava que tenía un espíritu que
le permitía adivinar el futuro. Por medio de la adivinación,
ganaba mucho dinero para sus amos. 17Ella seguía a Pablo

***Notas textuales** **15:22** En griego *eran líderes entre los hermanos*. **15:33** Algunos manuscritos agregan el versículo 34: *Pero Silas decidió quedarse allí*. **16:2** En griego *hermanos*; también en 16:40. **16:6-7** *Frigia, Galacia, Asia, Misia* y *Bitinia* eran distritos en lo que ahora es Turquía. **16:10** Lucas, el escritor de este libro, aquí se unió a Pablo y lo acompañó en su viaje.

Referencias cruzadas **15:19-21** Hch 13:15 **15:35** Hch 8:4 **15:37-39** Hch 12:12 **16:4-5** Hch 9:31 **16:9** Hch 9:10 **16:14** Lc 24:45

y también al resto de nosotros, gritando: «Estos hombres son siervos del Dios Altísimo y han venido para decirles cómo ser salvos».

18Esto mismo sucedió día tras día hasta que Pablo se exasperó de tal manera que se dio la vuelta y le dijo al demonio que estaba dentro de la joven: «Te ordeno, en el nombre de Jesucristo, que salgas de ella». Y al instante el demonio la dejó.

19Las esperanzas de sus amos de hacerse ricos ahora quedaron destruidas, así que agarraron a Pablo y a Silas y los arrastraron hasta la plaza del mercado ante las autoridades. 20«¡Toda la ciudad está alborotada a causa de estos judíos! —les gritaron a los funcionarios de la ciudad—. 21Enseñan costumbres que nosotros, los romanos, no podemos practicar porque son ilegales».

22Enseguida se formó una turba contra Pablo y Silas, y los funcionarios de la ciudad ordenaron que les quitaran la ropa y los golpearan con varas de madera. 23Los golpearon severamente y después los metieron en la cárcel. Le ordenaron al carcelero que se asegurara de que no escaparan. 24Así que el carcelero los puso en el calabozo de más adentro y les sujetó los pies en el cepo.

25Alrededor de la medianoche, Pablo y Silas estaban orando y cantando himnos a Dios, y los demás prisioneros escuchaban. 26De repente, hubo un gran terremoto y la cárcel se sacudió hasta sus cimientos. Al instante, todas las puertas se abrieron de golpe, ¡y a todos los prisioneros se les cayeron las cadenas! 27El carcelero se despertó y vio las puertas abiertas de par en par. Dio por sentado que los prisioneros se habían escapado, por lo que sacó su espada para matarse; 28pero Pablo le gritó: «¡Detente! ¡No te mates! ¡Estamos todos aquí!».

29El carcelero pidió una luz y corrió al calabozo y cayó temblando ante Pablo y Silas. 30Después los sacó y les preguntó:

—Señores, ¿qué debo hacer para ser salvo?

31Ellos le contestaron:

—Cree en el Señor Jesús y serás salvo, junto con todos los de tu casa.

32Y le presentaron la palabra del Señor tanto a él como a todos los que vivían en su casa. 33Aun a esa hora de la noche, el carcelero los atendió y les lavó las heridas. Enseguida ellos lo bautizaron a él y a todos los de su casa. 34El carcelero los llevó adentro de su casa y les dio de comer, y tanto él como los de su casa se alegraron porque todos habían creído en Dios.

35A la mañana siguiente, los funcionarios de la ciudad mandaron a la policía para que le dijera al carcelero: «¡Suelta a esos hombres!». 36Entonces el carcelero le dijo a Pablo:

—Los funcionarios de la ciudad han dicho que tú y Silas quedan en libertad. Vayan en paz.

37Pero Pablo respondió:

—Ellos nos golpearon en público sin llevarnos a juicio y nos metieron en la cárcel, y nosotros somos ciudadanos romanos. ¿Ahora quieren que nos vayamos a escondidas? ¡De ninguna manera! ¡Que vengan ellos mismos a ponernos en libertad!

38Cuando la policía dio su informe, los funcionarios de la ciudad se alarmaron al enterarse de que Pablo y Silas eran ciudadanos romanos. 39Entonces fueron a la cárcel y se disculparon con ellos. Luego los sacaron de allí y les suplicaron que se fueran de la ciudad. 40Una vez que salieron de la cárcel, Pablo y Silas regresaron a la casa de Lidia. Allí se reunieron con los creyentes y los animaron una vez más. Después se fueron de la ciudad.

Pablo predica en Tesalónica

17 Más tarde, Pablo y Silas pasaron por las ciudades de Anfípolis y Apolonia y llegaron a Tesalónica donde había una sinagoga judía. 2Como era su costumbre, Pablo fue al servicio de la sinagoga y, durante tres días de descanso seguidos, usó las Escrituras para razonar con la gente. 3Explicó las profecías y demostró que el Mesías tenía que sufrir y resucitar de los muertos. Decía: «Este Jesús, de quien les hablo, es el Mesías». 4Algunos judíos que escuchaban fueron persuadidos y se unieron a Pablo y Silas, junto con muchos hombres griegos temerosos de Dios y un gran número de mujeres prominentes.*

5Entonces ciertos judíos tuvieron envidia y reunieron a unos alborotadores de la plaza del mercado para que formaran una turba e iniciaran un disturbio. Atacaron la casa de Jasón en busca de Pablo y Silas a fin de sacarlos a rastras y entregarlos a la multitud.* 6Como no los encontraron allí, en su lugar sacaron arrastrando a Jasón y a algunos de los otros creyentes* y los llevaron al concejo de la ciudad. «Pablo y Silas han causado problemas por todo el mundo —gritaban—, y ahora están aquí perturbando también nuestra ciudad. 7Y Jasón los ha recibido en su casa. Todos ellos son culpables de traición contra el César porque profesan lealtad a otro rey, llamado Jesús».

8La gente de la ciudad y también los del concejo de la ciudad quedaron totalmente confundidos por esas palabras. 9Así que los funcionarios obligaron a Jasón y a los otros creyentes a pagar una fianza y luego los soltaron.

Pablo y Silas en Berea

10Esa misma noche, los creyentes enviaron a Pablo y a Silas a Berea. Cuando llegaron allí, fueron a la sinagoga judía. 11Los de Berea tenían una mentalidad más abierta que los de Tesalónica y escucharon con entusiasmo el mensaje de Pablo. Día tras día examinaban las Escrituras para ver si Pablo y Silas enseñaban la verdad. 12Como resultado, muchos judíos creyeron, como también lo hicieron muchos griegos prominentes, tanto hombres como mujeres.

13Cuando unos judíos de Tesalónica se enteraron de que Pablo predicaba la palabra de Dios en Berea, fueron allá y armaron un alboroto. 14Los creyentes enseguida tomaron medidas y enviaron a Pablo a la costa, mientras que Silas y Timoteo permanecieron allí. 15Los que acompañaban a Pablo fueron con él hasta Atenas; luego regresaron a Berea con instrucciones para Silas y Timoteo de que se apresuraran a unirse a él.

***Notas textuales** **17:4** Algunos manuscritos dicen *un gran número de las esposas de hombres prominentes*. **17:5** O *al concejo municipal*. **17:6** En griego *hermanos*; también en 17:10, 14.

Referencias cruzadas **16:18** Mc 16:17 **16:24** Jr 20:2-3 **16:25-28** Hch 4:31 **16:38-39** Mt 8:34 **17:4** Hch 15:22 **17:7** Lc 23:2 **17:15** Hch 16:1

¡Respuestas Bíblicas! 155 ¿Pablo discutió con los filósofos griegos?

17:16 Atenas era la más famosa ciudad en Grecia y allí disfrutaban hablar sobre ideas importantes así que cuando Pablo estuvo allí, les habló sobre Dios. Les dijo que Dios creó el mundo y luego presentó a Jesús contándoles que había vencido a la muerte.

Pablo predica en Atenas

16Mientras Pablo los esperaba en Atenas, se indignó pro-
fundamente al ver la gran cantidad de ídolos que había por
toda la ciudad. 17Iba a la sinagoga para razonar con los
judíos y con los gentiles* temerosos de Dios y hablaba a
diario en la plaza pública con todos los que estuvieran allí.
18También debatió con algunos filósofos epicúreos
y estoicos. Cuando les habló acerca de Jesús y de su re-
surrección, ellos dijeron: «¿Qué trata de decir este char-
latán con esas ideas raras?». Otros decían: «Parece que
predica de unos dioses extranjeros».
19Entonces lo llevaron al Concilio Supremo de la
ciudad.* «Ven y háblanos sobre esta nueva enseñanza
—dijeron—. 20Dices cosas bastante extrañas y queremos
saber de qué se trata». 21(Cabe explicar que todos los ate-
nienses, al igual que los extranjeros que están en Atenas,
al parecer pasan todo el tiempo discutiendo las ideas más
recientes).
22Entonces Pablo, de pie ante el Concilio,* les dirigió
las siguientes palabras: «Hombres de Atenas, veo que
ustedes son muy religiosos en todo sentido, 23porque
mientras caminaba observé la gran cantidad de lugares
sagrados. Y uno de sus altares tenía la siguiente inscrip-
ción: "A un Dios Desconocido". Este Dios, a quien ustedes
rinden culto sin conocer, es de quien yo les hablo.
24»Él es el Dios que hizo el mundo y todo lo que hay
en él. Ya que es el Señor del cielo y de la tierra, no vive en
templos hechos por hombres, 25y las manos humanas no
pueden servirlo, porque él no tiene ninguna necesidad. Él
es quien da vida y aliento a todo y satisface cada necesidad.
26De un solo hombre* creó todas las naciones de toda
la tierra. De antemano decidió cuándo se levantarían y
cuándo caerían, y determinó los límites de cada una.
27»Su propósito era que las naciones buscaran a Dios y,
quizá acercándose a tientas, lo encontraran; aunque él no
está lejos de ninguno de nosotros. 28Pues en él vivimos,
nos movemos y existimos. Como dijeron algunos de sus*
propios poetas: "Nosotros somos su descendencia". 29Y,
como esto es cierto, no debemos pensar en Dios como
un ídolo diseñado por artesanos y hecho de oro, plata
o piedra.
30»En la antigüedad Dios pasó por alto la ignorancia
de la gente acerca de estas cosas, pero ahora él manda
que todo el mundo en todas partes se arrepienta de sus
pecados y vuelva a él. 31Pues él ha fijado un día para juzgar
al mundo con justicia por el hombre que él ha designado,
y les demostró a todos quién es ese hombre al levantarlo
de los muertos».
32Cuando oyeron a Pablo hablar acerca de la resurrec-
ción de los muertos, algunos se rieron con desprecio,
pero otros dijeron: «Queremos oír más sobre este tema
más tarde». 33Con esto terminó el diálogo de Pablo con
ellos, 34pero algunos se unieron a él y se convirtieron en
creyentes. Entre ellos estaban Dionisio —un miembro del
Concilio*—, una mujer llamada Dámaris y varios más.

Pablo conoce a Priscila y a Aquila en Corinto

18 Después Pablo salió de Atenas y fue a Corinto.*
2Allí conoció a un judío llamado Aquila, nacido
en la región del Ponto, quien estaba recién llegado de Ita-
lia junto con su esposa, Priscila. Habían salido de Italia
cuando Claudio César deportó de Roma a todos los judíos.
3Pablo se quedó a vivir y a trabajar con ellos, porque eran
fabricantes de carpas* al igual que él.
4Cada día de descanso, Pablo se encontraba en la sina-
goga tratando de persuadir tanto a judíos como a griegos.
5Después de que Silas y Timoteo llegaron de Macedonia,
Pablo pasó todo el tiempo predicando la palabra. Testifi-
caba a los judíos que Jesús era el Mesías; 6pero cuando
ellos se opusieron y lo insultaron, Pablo se sacudió el polvo
de su ropa y dijo: «La sangre de ustedes está sobre sus
propias cabezas; yo soy inocente. De ahora en adelante
iré a predicar a los gentiles*».
7Entonces salió de allí y fue a la casa de Ticio Justo,
un gentil que adoraba a Dios y que vivía al lado de la si-
nagoga. 8Crispo, el líder de la sinagoga, y todos los de
su casa creyeron en el Señor. Muchos otros en Corinto
también escucharon a Pablo, se convirtieron en creyentes
y fueron bautizados.
9Una noche, el Señor le habló a Pablo en una visión
y le dijo: «¡No tengas miedo! ¡Habla con libertad! ¡No te
quedes callado! 10Pues yo estoy contigo, y nadie te atacará
ni te hará daño, porque mucha gente de esta ciudad me
pertenece». 11Así que Pablo se quedó allí un año y medio
enseñando la palabra de Dios.
12Cuando Galión llegó a ser gobernador de Acaya,
unos judíos se levantaron contra Pablo y lo llevaron ante
el gobernador para juzgarlo. 13Acusaron a Pablo de «per-
suadir a la gente a adorar a Dios en formas contrarias a
nuestra ley».
14Pero justo cuando Pablo comenzó a defenderse, Ga-
lión se dirigió a los acusadores de Pablo y dijo: «Escuchen,
ustedes judíos, si aquí hubiera alguna fechoría o un delito
grave, yo tendría una razón para aceptar el caso; 15pero
dado que es solo un asunto de palabras y nombres, y de su
ley judía, resuélvanlo ustedes mismos. Me niego a juzgar
tales asuntos». 16Así que los expulsó de la corte.
17Entonces la multitud agarró a Sóstenes, el líder de la
sinagoga, y lo golpeó* allí mismo en la corte; pero Galión
no le dio a eso ninguna importancia.

Pablo regresa a Antioquía de Siria

18Después Pablo se quedó en Corinto un tiempo más,
luego se despidió de los hermanos y fue a Cencrea, que
quedaba cerca. Allí se rapó la cabeza según la costumbre
judía en señal de haber cumplido un voto. Después se
embarcó hacia Siria y llevó a Priscila y a Aquila con él.

***Notas textuales** **17:17** *Gentil[es]*, que no es judío. **17:19** O *a la sociedad de los filósofos más educados de la ciudad*. En griego dice *al Areópago*. **17:22** Tradicionalmente se traduce *de pie sobre el monte de Marte*. En griego *de pie en medio del Areópago*. **17:26** En griego *De uno*; otros manuscritos dicen *De una sangre*. **17:28** Algunos manuscritos dicen *nuestros*. **17:34** En griego *un areopagita*. **18:1** *Atenas* y *Corinto* eran ciudades importantes de Acaya, la región sur de la península griega. **18:3** O *eran curtidores de pieles*. **18:6** *Gentil[es]*, que no es judío. **18:17** En griego *Entonces todos agarraron [...] y lo golpearon*; otros manuscritos dicen *Entonces todos los griegos agarraron [...] y lo golpearon*.

Referencias cruzadas **17:21** Hch 4:2 **17:23** Jn 4:22 **17:30** Lc 24:47 **18:8** Mc 5:22 **18:15** Hch 23:29

[19]Primero se detuvieron en el puerto de Éfeso, donde
Pablo dejó a los demás. Mientras estuvo en Éfeso, fue
a la sinagoga para razonar con los judíos. [20]Le pidieron
que se quedara más tiempo, pero él se negó. [21]Al irse, sin
embargo, dijo: «Si Dios quiere, regresaré»*. Entonces
zarpó de Éfeso. [22]La siguiente parada fue en el puerto de
Cesarea. De allí subió y visitó a la iglesia de Jerusalén,* y
luego regresó a Antioquía.
[23]Después de pasar un tiempo en Antioquía, Pablo
regresó por Galacia y Frigia, donde visitó y fortaleció a
todos los creyentes.*

Apolos recibe instrucción en Éfeso

[24]Mientras tanto, un judío llamado Apolos —un orador
elocuente que conocía bien las Escrituras— llegó a Éfeso
desde la ciudad de Alejandría, en Egipto. [25]Había recibido
enseñanza en el camino del Señor y les enseñó a otros
acerca de Jesús con espíritu entusiasta* y con precisión.
Sin embargo, él solo sabía acerca del bautismo de Juan.
[26]Cuando Priscila y Aquila lo escucharon predicar con
valentía en la sinagoga, lo llevaron aparte y le explicaron
el camino de Dios con aún más precisión.
[27]Apolos pensaba ir a Acaya, y los hermanos de Éfeso
lo animaron para que fuera. Les escribieron a los creyentes
de Acaya para pedirles que lo recibieran. Cuando Apolos
llegó, resultó ser de gran beneficio para los que, por la
gracia de Dios, habían creído. [28]Refutaba a los judíos en
debates públicos con argumentos poderosos. Usando las
Escrituras, les explicaba que Jesús es el Mesías.

Tercer viaje misionero de Pablo

19 Mientras Apolos estaba en Corinto, Pablo viajó
por las regiones del interior hasta que llegó a
Éfeso, en la costa, donde encontró a varios creyentes.*
[2]—¿Recibieron el Espíritu Santo cuando creyeron?
—les preguntó.
—No —contestaron—, ni siquiera hemos oído que hay
un Espíritu Santo.
[3]—Entonces, ¿qué bautismo recibieron? —preguntó.
Y ellos contestaron:
—El bautismo de Juan.
[4]Pablo dijo:
—El bautismo de Juan exigía arrepentirse del pecado;
pero Juan mismo le dijo a la gente que creyera en el que
vendría después, es decir, en Jesús.
[5]En cuanto oyeron esto, fueron bautizados en el
nombre del Señor Jesús. [6]Después, cuando Pablo les im-
puso las manos, el Espíritu Santo descendió sobre ellos,
y hablaron en otras lenguas* y profetizaron. [7]Había unos
doce hombres en total.

Pablo ministra en Éfeso

[8]Luego Pablo fue a la sinagoga y predicó con valentía du-
rante los siguientes tres meses, discutiendo persuasiva-
mente sobre el reino de Dios; [9]pero algunos se pusieron
tercos, rechazaron el mensaje y hablaron públicamente en
contra del Camino. Así que Pablo salió de la sinagoga y se
llevó a los creyentes con él. Entonces asistía diariamente
a la sala de conferencias de Tirano, donde exponía sus
ideas y debatía. [10]Esto continuó los siguientes dos años,
de modo que gente de toda la provincia de Asia —tanto
judíos como griegos— oyó la palabra del Señor.
[11]Dios le dio a Pablo el poder para realizar milagros
excepcionales. [12]Cuando ponían sobre los enfermos
pañuelos o delantales que apenas habían tocado la piel
de Pablo, quedaban sanos de sus enfermedades y los es-
píritus malignos salían de ellos.
[13]Un grupo de judíos viajaba de ciudad en ciudad ex-
pulsando espíritus malignos. Trataban de usar el nombre
del Señor Jesús en sus conjuros y decían: «¡Te ordeno en
el nombre de Jesús, de quien Pablo predica, que salgas!».
[14]Siete de los hijos de Esceva, un sacerdote principal, ha-
cían esto. [15]En una ocasión que lo intentaron, el espíritu
maligno respondió: «Conozco a Jesús y conozco a Pablo,
¿pero quiénes son ustedes?». [16]Entonces el hombre con
el espíritu maligno se lanzó sobre ellos, logró dominarlos
y los atacó con tal violencia que ellos huyeron de la casa,
desnudos y golpeados.
[17]Esta historia corrió velozmente por toda Éfeso, entre
judíos y griegos por igual. Un temor solemne descendió
sobre la ciudad, y el nombre del Señor Jesús fue honrado
en gran manera. [18]Muchos de los que llegaron a ser cre-
yentes confesaron sus prácticas pecaminosas. [19]Varios de
ellos, que practicaban la hechicería, trajeron sus libros de
conjuros y los quemaron en una hoguera pública. El valor
total de los libros fue de cincuenta mil monedas de plata.*
[20]Y el mensaje acerca del Señor se extendió por muchas
partes y tuvo un poderoso efecto.
[21]Tiempo después Pablo se vio obligado por el
Espíritu* a pasar por Macedonia y Acaya antes de ir a Jeru-
salén. «Y, después de eso —dijo—, ¡tengo que ir a Roma!».
[22]Envió a sus dos asistentes, Timoteo y Erasto, a que se
adelantaran a Macedonia mientras que él se quedó un
poco más de tiempo en la provincia de Asia.

¡Respuestas Bíblicas! 156 ¿Quiénes eran los efesios?

19:17 Éfeso era una ciudad grande que tenía un templo para una diosa llamada Artemisa y Pablo fue a esa ciudad a contarles acerca de Jesús y muchas personas se convirtieron al cristianismo. Los nuevos cristianos dejaron de comprar esculturas del templo de la diosa y algunos Efesios se enojaron con Pablo.

Disturbio en Éfeso

[23]Por ese tiempo, se generó un grave problema en Éfeso
con respecto al Camino. [24]Comenzó con Demetrio, un
platero que tenía un importante negocio de fabricación
de templos de plata en miniatura de la diosa griega Ar-
temisa.* Él les daba trabajo a muchos artesanos. [25]Los
reunió a todos, junto con otros que trabajaban en oficios
similares y les dirigió las siguientes palabras:
«Caballeros, ustedes saben que nuestra riqueza pro-
viene de este negocio. [26]Pero, como han visto y oído,
este tal Pablo ha convencido a mucha gente al decirles
que los dioses hechos a mano no son realmente dioses; y
no solo lo ha hecho en Éfeso, ¡sino por toda la provincia!
[27]Por supuesto que no solo hablo de la pérdida del respeto
público para nuestro negocio. También me preocupa que

***Notas textuales** **18:21** Algunos manuscritos dicen *«Debo estar sin falta en Jerusalén para el festival que se acerca, pero si Dios quiere, regresaré»*. **18:22** En griego *la iglesia*. **18:23** En griego *discípulos*; también en 18:27. **18:25** O *con entusiasmo en el Espíritu*. **19:1** En griego *discípulos*; también en 19:9, 30. **19:6** O *en otros idiomas*. **19:19** En griego *50.000 piezas de plata*; cada pieza equivalía al salario de una jornada de trabajo. **19:21** O *Pablo decidió en su espíritu*. **19:24** *Artemisa* también es conocida como Diana.

Referencias cruzadas **18:22** Hch 11:19 **18:25** Hch 19:3 **19:1** Hch 18:1 **19:10** Hch 1:3 **19:21** Rm 15:25 **19:27** Sal 115:4

el templo de la gran diosa Artemisa pierda su influencia y que a Artemisa —esta magnífica diosa adorada en toda la provincia de Asia y en todo el mundo— ¡se le despoje de su gran prestigio!».

28 Al oír esto, montaron en cólera y comenzaron a gritar: «¡Grande es Artemisa de los efesios!». 29 Pronto toda la ciudad se llenó de confusión. Todos corrieron al anfiteatro, arrastrando a Gayo y Aristarco, los compañeros de viaje de Pablo, que eran macedonios. 30 Pablo también quiso entrar, pero los creyentes no lo dejaron. 31 Algunos de los funcionarios de la provincia, amigos de Pablo, también le enviaron un mensaje para suplicarle que no arriesgara su vida por entrar en el anfiteatro.

32 Adentro era un griterío; algunos gritaban una cosa, y otros otra. Todo era confusión. De hecho, la mayoría ni siquiera sabía por qué estaba allí. 33 Los judíos de la multitud empujaron a Alejandro hacia adelante y le dijeron que explicara la situación. Él hizo señas para pedir silencio e intentó hablar; 34 pero cuando la multitud se dio cuenta de que era judío, empezaron a gritar de nuevo y siguieron sin parar como por dos horas: «¡Grande es Artemisa de los efesios! ¡Grande es Artemisa de los efesios!».

35 Por fin, el alcalde logró callarlos lo suficiente para poder hablar. «Ciudadanos de Éfeso —les dijo—, todos saben que la ciudad de Éfeso es la guardiana oficial del templo de la gran Artemisa, cuya imagen nos cayó del cielo. 36 Dado que esto es un hecho innegable, no deberían perder la calma ni hacer algo precipitado. 37 Ustedes han traído a estos hombres aquí, pero ellos no han robado nada del templo ni tampoco han hablado en contra de nuestra diosa.

38 »Si Demetrio y los artesanos tienen algún caso contra ellos, las cortes están en sesión y los funcionarios pueden escuchar el caso de inmediato. Dejen que ellos presenten cargos formales; 39 y si hubiera quejas sobre otros asuntos, podrían resolverse en una asamblea legal. 40 Me temo que corremos peligro de que el gobierno romano nos acuse de generar disturbios, ya que no hay razón para todo este alboroto; y si Roma exige una explicación, no sabremos qué decir». 41 *Entonces los despidió y ellos se dispersaron.

Pablo viaja a Macedonia y a Grecia

20 Cuando se acabó el alboroto, Pablo mandó llamar a los creyentes* y los alentó. Después se despidió y viajó a Macedonia. 2 Mientras estuvo allí, animó a los creyentes en cada pueblo que atravesó. Luego descendió a Grecia, 3 donde se quedó tres meses. Se preparaba para regresar en barco a Siria cuando descubrió que unos judíos tramaban una conspiración contra su vida; entonces decidió regresar por Macedonia.

4 Varios hombres viajaban con él. Sus nombres eran Sópater, hijo de Pirro, de Berea; Aristarco y Segundo, de Tesalónica; Gayo, de Derbe; Timoteo; también Tíquico y Trófimo, de la provincia de Asia. 5 Ellos se adelantaron y nos esperaron en Troas. 6 Finalizada la Pascua,* subimos a un barco en Filipos de Macedonia y, cinco días después, nos reencontramos con ellos en Troas, donde nos quedamos una semana.

Última visita de Pablo a Troas

7 El primer día de la semana, nos reunimos con los creyentes locales para participar de la Cena del Señor.* Pablo les estaba predicando y, como iba a viajar el día siguiente, siguió hablando hasta la medianoche. 8 El cuarto de la planta alta, donde nos reuníamos, estaba iluminado con muchas lámparas que titilaban. 9 Como Pablo hablaba y hablaba, a un joven llamado Eutico, que estaba sentado en el borde de la ventana, le dio mucho sueño. Finalmente se quedó profundamente dormido y se cayó desde el tercer piso y murió. 10 Pablo bajó, se inclinó sobre él y lo tomó en sus brazos. «No se preocupen —les dijo—, ¡está vivo!». 11 Entonces todos regresaron al cuarto de arriba, participaron de la Cena del Señor* y comieron juntos. Pablo siguió hablándoles hasta el amanecer y luego se fue. 12 Mientras tanto, llevaron al joven a su casa vivo y sano, y todos sintieron un gran alivio.

Pablo se reúne con los ancianos de Éfeso

13 Pablo viajó por tierra hasta Asón, donde había arreglado que nos encontráramos con él, y nosotros viajamos por barco. 14 Allí él se unió a nosotros, y juntos navegamos a Mitilene. 15 Al otro día, navegamos frente a la isla de Quío. Al día siguiente, cruzamos hasta la isla de Samos y,* un día después, llegamos a Mileto.

16 Pablo había decidido navegar sin detenerse en Éfeso porque no quería pasar más tiempo en la provincia de Asia. Se apresuraba a llegar a Jerusalén, de ser posible, para el Festival de Pentecostés. 17 Cuando llegamos a Mileto, Pablo envió un mensaje a los ancianos de la iglesia de Éfeso para pedirles que vinieran a su encuentro.

18 Cuando llegaron, Pablo declaró: «Ustedes saben que desde el día que pisé la provincia de Asia hasta ahora, 19 he hecho el trabajo del Señor con humildad y con muchas lágrimas. He soportado las pruebas que me vinieron como consecuencia de las conspiraciones de los judíos. 20 Nunca me eché para atrás a la hora de decirles lo que necesitaban oír, ya fuera en público o en sus casas. 21 He tenido un solo mensaje para los judíos y los griegos por igual: la necesidad de arrepentirse del pecado, de volver a Dios y de tener fe en nuestro Señor Jesús.

22 »Ahora estoy obligado por el Espíritu* a ir a Jerusalén. No sé lo que me espera allí, 23 solo que el Espíritu Santo me dice en ciudad tras ciudad que me esperan cárcel y sufrimiento; 24 pero mi vida no vale nada para mí a menos que la use para terminar la tarea que me asignó el Señor Jesús, la tarea de contarles a otros la Buena Noticia acerca de la maravillosa gracia de Dios.

25 »Y ahora sé que ninguno de ustedes, a quienes les he predicado del reino, volverá a verme. 26 Declaro hoy que he sido fiel. Si alguien sufre la muerte eterna, no será mi culpa,* 27 porque no me eché para atrás a la hora de declarar todo lo que Dios quiere que ustedes sepan.

28 »Entonces cuídense a sí mismos y cuiden al pueblo de Dios. Alimenten y pastoreen al rebaño de Dios —su iglesia, comprada con su propia sangre*— sobre quien el Espíritu Santo los ha designado líderes.* 29 Sé que, después de mi salida, vendrán en medio de ustedes falsos maestros como lobos rapaces y no perdonarán al rebaño. 30 Incluso algunos hombres de su propio grupo se levantarán y distorsionarán la verdad para poder juntar seguidores. 31 ¡Cuidado! Recuerden los tres años que pasé

***Notas textuales** **19:41** Algunas traducciones incluyen el versículo 41 como parte del versículo 40. **20:1** En griego *discípulos*. **20:6** En griego *los días de los panes sin levadura*. **20:7** En griego *para partir el pan*. **20:11** En griego *partieron el pan*. **20:15** Algunos manuscritos dicen *y, habiéndonos quedado en Trogilio*. **20:22** O *por mi espíritu*, o *por una convicción interna*; en griego dice *por el espíritu*. **20:26** En griego *Soy inocente de la sangre de todos*. **20:28a** O *con la sangre de su propio [Hijo]*. **20:28b** O *supervisores*, u *obispos*.

Referencias cruzadas **19:29-31** Hch 20:4 **19:33** Hch 12:17 **20:10-12** Mt 9:23-24 **20:16** Hch 2:1 **20:21** Hch 2:38 **20:22-24** Hch 21:13

con ustedes —de día y de noche mi constante atención y
cuidado— así como mis muchas lágrimas por cada uno
de ustedes.
32»Y ahora los encomiendo a Dios y al mensaje de su
gracia, que tiene poder para edificarlos y darles una heren-
cia junto con todos los que él ha consagrado para sí mismo.
33»Yo nunca he codiciado la plata ni el oro ni la ropa de
nadie. 34Ustedes saben que mis dos manos han trabajado
para satisfacer mis propias necesidades e incluso las ne-
cesidades de los que estuvieron conmigo. 35Y he sido un
ejemplo constante de cómo pueden ayudar con trabajo
y esfuerzo a los que están en necesidad. Deben recordar
las palabras del Señor Jesús: "Hay más bendición en dar
que en recibir"».
36Cuando Pablo terminó de hablar, se arrodilló y oró
con ellos. 37Todos lloraban mientras lo abrazaban y le
daban besos de despedida. 38Estaban tristes principal-
mente porque les había dicho que nunca más volverían a
verlo. Luego lo acompañaron hasta el barco.

Viaje de Pablo a Jerusalén

21 Después de despedirnos de los ancianos de Éfeso,
navegamos directamente a la isla de Cos. Al día
siguiente, llegamos a Rodas y luego fuimos a Pátara.
2Allí abordamos un barco que iba a Fenicia. 3Divisamos
la isla de Chipre, la pasamos por nuestra izquierda y lle-
gamos al puerto de Tiro, en Siria, donde el barco tenía
que descargar.
4Desembarcamos, encontramos a los creyentes* del
lugar y nos quedamos con ellos una semana. Estos cre-
yentes profetizaron por medio del Espíritu Santo, que
Pablo no debía seguir a Jerusalén. 5Cuando regresamos
al barco al final de esa semana, toda la congregación, in-
cluidos las mujeres* y los niños, salieron de la ciudad y
nos acompañaron a la orilla del mar. Allí nos arrodillamos,
oramos 6y nos despedimos. Luego abordamos el barco y
ellos volvieron a casa.
7Después de dejar Tiro, la siguiente parada fue Tole-
maida, donde saludamos a los hermanos y nos quedamos
un día. 8Al día siguiente, continuamos hasta Cesarea y nos
quedamos en la casa de Felipe el evangelista, uno de los
siete hombres que habían sido elegidos para distribuir
los alimentos. 9Tenía cuatro hijas solteras, que habían
recibido el don de profecía.
10Varios días después, llegó de Judea un hombre lla-
mado Ágabo, quien también tenía el don de profecía.
11Se acercó, tomó el cinturón de Pablo y se ató los pies
y las manos. Luego dijo: «El Espíritu Santo declara: "De
esta forma será atado el dueño de este cinturón por los
líderes judíos en Jerusalén y entregado a los gentiles*"».
12Cuando lo oímos, tanto nosotros como los creyentes
del lugar le suplicamos a Pablo que no fuera a Jerusalén.
13Pero él dijo: «¿Por qué todo este llanto? ¡Me parten
el corazón! Yo estoy dispuesto no solo a ser encarcelado
en Jerusalén, sino incluso a morir por el Señor Jesús».
14Al ver que era imposible convencerlo, nos dimos por
vencidos y dijimos: «Que se haga la voluntad del Señor».

Pablo llega a Jerusalén

15Después de esto, empacamos nuestras cosas y sali-
mos hacia Jerusalén. 16Algunos creyentes de Cesarea
nos acompañaron y nos llevaron a la casa de Mnasón,
un hombre originario de Chipre y uno de los primeros
creyentes. 17Cuando llegamos, los hermanos de Jerusalén
nos dieron una calurosa bienvenida.
18Al día siguiente, Pablo fue con nosotros para encon-
trarnos con Santiago, y todos los ancianos de la iglesia de
Jerusalén estaban presentes. 19Después de saludarlos,
Pablo dio un informe detallado de las cosas que Dios había
realizado entre los gentiles mediante su ministerio.
20Después de oírlo, alabaron a Dios. Luego dijeron: «Tú
sabes, querido hermano, cuántos miles de judíos también
han creído, y todos ellos siguen muy en serio la ley de
Moisés; 21pero se les ha dicho a los creyentes judíos de
aquí, de Jerusalén, que tú enseñas a todos los judíos que
viven entre los gentiles que abandonen la ley de Moisés.
Ellos han oído que les enseñas que no circunciden a sus
hijos ni que practiquen otras costumbres judías. 22¿Qué
debemos hacer? Seguramente se van a enterar de tu llegada.
23»Queremos que hagas lo siguiente: hay entre noso-
tros cuatro hombres que han cumplido su voto; 24acom-
páñalos al templo y participa con ellos en la ceremonia
de purificación, y paga tú los gastos para que se rapen
la cabeza según el ritual judío. Entonces todos sabrán
que los rumores son falsos y que tú mismo cumples las
leyes judías.
25»En cuanto a los creyentes gentiles, ellos deben hacer
lo que ya les dijimos en una carta: abstenerse de comer ali-
mentos ofrecidos a ídolos, de consumir sangre o la carne
de animales estrangulados, y de la inmoralidad sexual».

Arresto de Pablo

26Así que, al día siguiente, Pablo fue al templo con los
otros hombres. Ya comenzado el ritual de purificación,
anunció públicamente la fecha en que se cumpliría el
tiempo de los votos y se ofrecerían sacrificios por cada
uno de los hombres.
27Cuando estaban por cumplirse los siete días del voto,
unos judíos de la provincia de Asia vieron a Pablo en el
templo e incitaron a una turba en su contra. Lo agarraron
28mientras gritaban: «¡Hombres de Israel, ayúdennos!
Este es el hombre que predica en contra de nuestro pueblo
en todas partes y les dice a todos que desobedezcan las
leyes judías. Habla en contra del templo, ¡y hasta profana
este lugar santo llevando gentiles* adentro!». 29(Pues más
temprano ese mismo día lo habían visto en la ciudad con
Trófimo, un gentil de Éfeso,* y supusieron que Pablo lo
había llevado al templo).
30Toda la ciudad fue estremecida por estas acusaciones
y se desencadenó un gran disturbio. Agarraron a Pablo y lo
arrastraron fuera del templo e inmediatamente cerraron
las puertas detrás de él. 31Cuando estaban a punto de
matarlo, le llegó al comandante del regimiento romano
la noticia de que toda Jerusalén estaba alborotada. 32De
inmediato el comandante llamó a sus soldados y oficiales*
y corrió entre la multitud. Cuando la turba vio que venían
el comandante y las tropas, dejaron de golpear a Pablo.
33Luego el comandante lo arrestó y ordenó que lo su-
jetaran con dos cadenas. Le preguntó a la multitud quién
era él y qué había hecho. 34Unos gritaban una cosa, y otros
otra. Como no pudo averiguar la verdad entre todo el
alboroto y la confusión, ordenó que llevaran a Pablo a la

***Notas textuales** **21:4** En griego *discípulos*; también en 21:16.
21:5 O *esposas.* **21:11** *Gentil[es]*, que no es judío. **21:28** En griego *griegos.*
21:29 En griego *Trófimo, el efesio.* **21:32** En griego *centuriones.*

Referencias cruzadas **21:8** Hch 6:5 **21:16** Hch 8:40 **21:23-24** Hch
18:18 **21:29** Hch 20:4

fortaleza. 35Cuando Pablo llegó a las escaleras, la turba se
puso tan violenta que los soldados tuvieron que levantarlo
sobre sus hombros para protegerlo. 36Y la multitud seguía
gritando desde atrás: «¡Mátenlo! ¡Mátenlo!».

¡Respuestas Bíblicas! 157 ¿Por qué quisieron matar a Pablo en Jerusalén?

21:27-36 Cuando Pablo fue al templo de Jerusalén los judíos se enojaron acusándolo de que él enseñaba a no prestarle atención a las tradiciones judías y cuando querían matarlo, un comandante romano y sus soldados salvaron a Pablo.

Pablo habla a la multitud

37Cuando estaban por llevarlo adentro, Pablo le dijo al
comandante:
—¿Puedo hablar con usted?
—¿¡Hablas griego!? —le preguntó el comandante, sor-
prendido—. 38¿No eres tú el egipcio que encabezó una
rebelión hace un tiempo y llevó al desierto a cuatro mil
miembros del grupo llamado "Los Asesinos"?
39—No —contestó Pablo—, soy judío y ciudadano de
Tarso de Cilicia, que es una ciudad importante. Por favor,
permítame hablar con esta gente.
40El comandante estuvo de acuerdo, entonces Pablo
se puso de pie en las escaleras e hizo señas para pedir
silencio. Pronto un gran silencio envolvió a la multitud, y
Pablo se dirigió a la gente en su propia lengua, en arameo.*

22 «Hermanos y estimados padres —dijo Pablo—, es-
cuchen mientras presento mi defensa». 2Cuando
lo oyeron hablar en el idioma de ellos,* el silencio fue
aún mayor.
3Entonces Pablo dijo: «Soy judío, nacido en Tarso, una
ciudad de Cilicia, y fui criado y educado aquí en Jerusalén
bajo el maestro Gamaliel. Como estudiante de él, fui cui-
dadosamente entrenado en nuestras leyes y costumbres
judías. Llegué a tener un gran celo por honrar a Dios en
todo lo que hacía, tal como todos ustedes hoy. 4Perseguí
a los seguidores del Camino, acosando a algunos hasta la
muerte, y arresté tanto a hombres como a mujeres para
arrojarlos en la cárcel. 5El sumo sacerdote y todo el con-
sejo de ancianos pueden dar fe de que esto es cierto. Pues
recibí cartas de ellos, dirigidas a nuestros hermanos judíos
en Damasco, las cuales me autorizaban a encadenar a los
seguidores del Camino de esa ciudad y traerlos a Jerusalén
para que fueran castigados.
6»Cuando iba de camino, ya cerca de Damasco, como
al mediodía, de repente una intensa luz del cielo brilló
alrededor de mí. 7Caí al suelo y oí una voz que me decía:
"Saulo, Saulo, ¿por qué me persigues?".
8»"¿Quién eres, señor?", pregunté.
»Y la voz contestó: "Yo soy Jesús de Nazaret,* a quien
tú persigues". 9La gente que iba conmigo vio la luz pero
no entendió la voz que me hablaba.
10»Yo pregunté: "¿Qué debo hacer, Señor?".
»Y el Señor me dijo: "Levántate y entra en Damasco,
allí se te dirá todo lo que debes hacer".
11»Quedé ciego por la intensa luz y mis compañeros
tuvieron que llevarme de la mano hasta Damasco. 12Allí
vivía un hombre llamado Ananías. Era un hombre recto,
muy devoto de la ley y muy respetado por todos los judíos
de Damasco. 13Él llegó y se puso a mi lado y me dijo:
"Hermano Saulo, recobra la vista". Y, en ese mismo ins-
tante, ¡pude verlo!
14»Después me dijo: "El Dios de nuestros antepasados
te ha escogido para que conozcas su voluntad y para que
veas al Justo y lo oigas hablar. 15Pues tú serás su testigo; les
contarás a todos lo que has visto y oído. 16¿Qué esperas?
Levántate y bautízate. Queda limpio de tus pecados al
invocar el nombre del Señor".
17»Después de regresar a Jerusalén y, mientras oraba en
el templo, caí en un estado de éxtasis. 18Tuve una visión
de Jesús,* quien me decía: "¡Date prisa! Sal de Jerusalén,
porque la gente de aquí no aceptará tu testimonio acerca
de mí".
19»"Pero Señor —argumenté—, seguramente ellos
saben que, en cada sinagoga, yo encarcelé y golpeé a los
que creían en ti. 20Y estuve totalmente de acuerdo cuando
mataron a tu testigo Esteban. Estuve allí cuidando los
abrigos que se quitaron cuando lo apedrearon".
21»Pero el Señor me dijo: "¡Ve, porque yo te enviaré
lejos, a los gentiles*!"».
22La multitud escuchó hasta que Pablo dijo esta
palabra. Entonces todos comenzaron a gritar: «¡Llévense
a ese tipo! ¡No es digno de vivir!». 23Gritaron, arrojaron
sus abrigos y lanzaron puñados de polvo al aire.

Pablo revela su ciudadanía romana

24El comandante llevó a Pablo adentro y ordenó que
lo azotaran con látigos para hacerlo confesar su delito.
Quería averiguar por qué la multitud se había enfurecido.
25Cuando ataron a Pablo para azotarlo, Pablo le preguntó
al oficial* que estaba allí:
—¿Es legal que azoten a un ciudadano romano que
todavía no ha sido juzgado?
26Cuando el oficial oyó esto, fue al comandante y le
preguntó: «¿Qué está haciendo? ¡Este hombre es un ciu-
dadano romano!».
27Entonces el comandante se acercó a Pablo y le
preguntó:
—Dime, ¿eres ciudadano romano?
—Sí, por supuesto que lo soy —respondió Pablo.
28—Yo también lo soy —dijo el comandante entre dien-
tes—, ¡y me costó mucho dinero!
Pablo respondió:
—¡Pero yo soy ciudadano de nacimiento!
29Los soldados que estaban a punto de interrogar a
Pablo se retiraron velozmente cuando se enteraron de que
era ciudadano romano, y el comandante quedó asustado
porque había ordenado que lo amarraran y lo azotaran.

¡Respuestas Bíblicas! 158 ¿Por qué Pablo no fue azotado?

22:29 Los romanos azotaban a la gente que creían que había hecho algo malo o que querían que confiese pero azotar a un ciudadano romano iba contra la ley y Pablo aunque era de origen judío era romano también.

***Notas textuales** **21:40** O *hebreo*. **22:2** En griego *en arameo*, o *en hebreo*. **22:8** O *Jesús nazareno*. **22:18** En griego *de él*. **22:21** *Gentil[es]*, que no es judío. **22:25** En griego *centurión*; también en 22:26.

Referencias cruzadas **21:38** Mt 24:26 **22:3** Hch 21:20 **22:12-13** Hch 9:17 **22:18** Hch 9:26 **22:24** 2 Sm 16:13 **22:29** Hch 16:38

Pablo ante el Concilio Supremo

30Al día siguiente, el comandante ordenó que los sacer-
dotes principales se reunieran en sesión con el Concilio
Supremo judío.* Quería averiguar de qué se trataba el
problema, así que soltó a Pablo para presentarlo delante
de ellos.

23 Mirando fijamente al Concilio Supremo,* Pablo
comenzó: «Hermanos, ¡siempre he vivido ante
Dios con la conciencia limpia!».
2Al instante, Ananías, el sumo sacerdote, ordenó a los
que estaban cerca de Pablo que lo golpearan en la boca.
3Pero Pablo le dijo: «¡Dios te golpeará a ti, hipócrita
corrupto*! ¿Qué clase de juez eres si tú mismo infringes
la ley al ordenar que me golpeen así?».
4Los que estaban cerca de Pablo le dijeron:
—¿Te atreves a insultar al sumo sacerdote de Dios?
5—Lo siento, hermanos. No me había dado cuenta de
que él es el sumo sacerdote —contestó Pablo—, porque
las Escrituras dicen: "No hables mal de ninguno de tus
gobernantes"*.
6Pablo se dio cuenta de que algunos miembros del
Concilio Supremo eran saduceos y que otros eran fa-
riseos, por lo tanto, gritó: «Hermanos, ¡yo soy fariseo,
al igual que mis antepasados! ¡Y estoy en juicio porque
mi esperanza está en la resurrección de los muertos!».
7Esto dividió al Concilio —puso a los fariseos contra
los saduceos—, 8porque los saduceos dicen que no hay
resurrección, ni ángeles, ni espíritus, pero los fariseos
sí creen en todo esto. 9Así que hubo un gran alboroto.
Algunos de los maestros de la ley religiosa que eran fa-
riseos se levantaron de un salto y comenzaron a discutir
enérgicamente. «Nosotros no encontramos nada malo en
él —gritaban—. Tal vez algún espíritu o ángel le habló».
10Como el conflicto se tornó más violento, el comandante
tenía temor de que descuartizaran a Pablo. De modo que
les ordenó a sus soldados que fueran a rescatarlo por la
fuerza y lo regresaran a la fortaleza.
11Esa noche el Señor se le apareció a Pablo y le dijo:
«Ten ánimo, Pablo. Así como has sido mi testigo aquí
en Jerusalén, también debes predicar la Buena Noticia
en Roma».

Plan para matar a Pablo

12A la mañana siguiente, un grupo de judíos se reunió
y se comprometió* mediante un juramento a no comer
ni beber hasta matar a Pablo. 13Eran más de cuarenta los
cómplices en la conspiración. 14Fueron a los sacerdotes
principales y a los ancianos y les dijeron: «Nos hemos
comprometido mediante un juramento a no comer nada
hasta que hayamos matado a Pablo. 15Así que ustedes
y el Concilio Supremo deberían pedirle al comandante
que lleve otra vez a Pablo ante el Concilio. Aparenten
que quieren examinar su caso más a fondo. Nosotros lo
mataremos en el camino».
16Pero el sobrino de Pablo —el hijo de su hermana— se
enteró del plan y fue a la fortaleza y se lo contó a Pablo.
17Pablo mandó llamar a uno de los oficiales romanos*
y le dijo: «Lleva a este joven al comandante; tiene algo
importante que decirle».
18Entonces el oficial lo hizo y explicó: «El prisionero
Pablo me llamó y me pidió que le trajera a este joven
porque tiene algo que decirle».
19El comandante lo tomó de la mano, lo llevó a un
lado y le preguntó:
—¿Qué es lo que quieres decirme?
20El sobrino de Pablo le dijo:
—Unos judíos van a pedirle que usted lleve mañana a
Pablo ante el Concilio Supremo, fingiendo que quieren
obtener más información. 21¡Pero no lo haga! Hay más de
cuarenta hombres escondidos por todo el camino, listos
para tenderle una emboscada. Ellos han jurado no comer
ni beber nada hasta que lo hayan matado. Ya están listos,
solo esperan su consentimiento.
22—Que nadie sepa que me has contado esto —le ad-
virtió el comandante al joven.

Pablo es enviado a Cesarea

23Entonces el comandante llamó a dos de sus oficiales y
les dio la siguiente orden: «Preparen a doscientos soldados
para que vayan a Cesarea esta noche a las nueve. Lleven
también doscientos lanceros y setenta hombres a caballo.
24Denle caballos a Pablo para el viaje y llévenlo a salvo al
gobernador Félix». 25Después escribió la siguiente carta
al gobernador:

26«De Claudio Lisias. A su excelencia, el gobernador
Félix. ¡Saludos!
27»Unos judíos detuvieron a este hombre y
estaban a punto de matarlo cuando llegué con mis
tropas. Luego me enteré de que él era ciudadano
romano, entonces lo trasladé a un lugar seguro.
28Después lo llevé al Concilio Supremo judío para
tratar de averiguar la razón de las acusaciones en
su contra. 29Pronto descubrí que el cargo tenía que
ver con su ley religiosa, nada que merezca prisión o
muerte en absoluto; 30pero cuando se me informó
de un complot para matarlo, se lo envié a usted
de inmediato. Les he dicho a sus acusadores que
presenten los cargos ante usted».

31Así que, esa noche, tal como se les había ordenado,
los soldados llevaron a Pablo tan lejos como Antípatris.
32A la mañana siguiente, ellos regresaron a la fortaleza
mientras que las tropas a caballo trasladaron a Pablo hasta
Cesarea. 33Cuando llegaron a Cesarea, lo presentaron
ante el gobernador Félix y le entregaron la carta. 34El go-
bernador la leyó y después le preguntó a Pablo de qué
provincia era.
—De Cilicia —contestó Pablo.
35—Yo mismo oiré tu caso cuando lleguen los que te
acusan —le dijo el gobernador.
Luego el gobernador ordenó que lo pusieran en la pri-
sión del cuartel general* de Herodes.

Pablo ante Félix

24 Cinco días después, Ananías, el sumo sacerdote,
llegó con algunos de los ancianos judíos y con el
abogado* Tértulo, para presentar su caso contra Pablo
ante el gobernador. 2Una vez que hicieron entrar a Pablo,

***Notas textuales** **22:30** En griego *el Sanedrín*. **23:1** En griego *al Sanedrín*; similar en 23:6, 15, 20, 28. **23:3** En griego *a ti, pared blanqueada*. **23:5** Ex 22:28. **23:12** En griego *siguiente, los judíos se reunieron y se comprometieron*. **23:17** En griego *los centuriones*; similar en 23:23. **23:35** En griego *del pretorio*. **24:1** En griego *algunos ancianos y un orador*.

Referencias cruzadas **23:5** Ex 22:28 **23:8** Mt 22:23 **23:15** Hch 22:30 **23:18** Ef 3:1 **23:24-26** Hch 24:1-3 **23:30** Hch 24:19 **23:34** Hch 21:39 **24:1** Hch 23:2, 4

Tértulo presentó los cargos en su contra ante el goberna-
dor con el siguiente discurso:

«Usted ha dado un largo período de paz a nosotros,
los judíos y, con previsión, nos ha promulgado reformas.
3Por todo esto, su excelencia, le estamos muy agradecidos;
4pero no quiero aburrirlo, así que le ruego que me preste
atención solo por un momento. 5Hemos descubierto
que este hombre es un alborotador que constantemente
provoca disturbios entre los judíos por todo el mundo.
Es un cabecilla de la secta conocida como "los nazare-
nos". 6Además, trataba de profanar el templo cuando lo
arrestamos.* 8Puede averiguar la veracidad de nuestras
acusaciones si lo interroga usted mismo». 9Así que los
demás judíos intervinieron, declarando que todo lo que
Tértulo había dicho era cierto.

10Entonces el gobernador le hizo una seña a Pablo
para que hablara. Y Pablo dijo: «Yo sé, señor, que usted
ha sido juez de asuntos judíos durante muchos años, por
lo tanto, presento con gusto mi defensa ante usted. 11Con
facilidad puede averiguar que llegué a Jerusalén hace no
más de doce días para adorar en el templo. 12Los que me
acusan nunca me encontraron discutiendo con nadie en
el templo ni provocando disturbios en ninguna sinagoga
o en las calles de la ciudad. 13Estos hombres no pueden
probar las cosas por las cuales me acusan.

14»Pero admito que soy seguidor del Camino, al cual
ellos llaman secta. Adoro al Dios de nuestros antepasados
y firmemente creo en la ley judía y en todo lo que escri-
bieron los profetas. 15Tengo la misma esperanza en Dios
que la que tienen estos hombres, la esperanza de que él
resucitará tanto a los justos como a los injustos. 16Por esto,
siempre trato de mantener una conciencia limpia delante
de Dios y de toda la gente.

17»Después de estar ausente durante varios años,
regresé a Jerusalén con dinero para ayudar a mi pueblo
y para ofrecer sacrificios a Dios. 18Los que me acusan
me vieron en el templo mientras yo terminaba una cere-
monia de purificación. No había ninguna multitud a mi
alrededor ni ningún disturbio; 19pero algunos judíos de
la provincia de Asia estaban allí, ¡y ellos deberían estar
aquí para presentar cargos si es que tienen algo en mi
contra! 20Pregúnteles a estos hombres que están aquí de
qué crimen me encontró culpable el Concilio Supremo
judío,* 21excepto por una sola vez que grité: "¡Hoy se me
juzga ante ustedes porque creo en la resurrección de los
muertos!"».

22En ese momento, Félix, quien estaba bastante fami-
liarizado con el Camino, levantó la sesión y dijo: «Esperen
hasta que llegue Lisias, el comandante de la guarnición.
Entonces tomaré una decisión sobre el caso». 23Le ordenó
a un oficial* que mantuviera a Pablo bajo custodia pero
le diera ciertas libertades y permitiera que sus amigos lo
visitaran y se encargaran de sus necesidades.

24Unos días después, Félix regresó con su esposa,
Drusila, quien era judía. Mandó llamar a Pablo, y lo es-
cucharon mientras les habló acerca de la fe en Cristo
Jesús. 25Al razonar Pablo con ellos acerca de la justicia, el
control propio y el día de juicio que vendrá, Félix se llenó
de miedo. «Vete por ahora —le dijo—. Cuando sea más
conveniente, volveré a llamarte». 26También esperaba
que Pablo lo sobornara, de modo que lo mandaba a llamar
muy a menudo y hablaba con él.

27Pasaron dos años así, y Félix fue sucedido por Porcio
Festo. Y, como Félix quería ganarse la aceptación del pue-
blo judío, dejó a Pablo en prisión.

Pablo ante Festo

25 Tres días después de que Festo llegó a Cesarea
para asumir sus nuevas funciones, partió hacia
Jerusalén, 2donde los sacerdotes principales y otros líderes
judíos se reunieron con él y le presentaron sus acusaciones
contra Pablo. 3Le pidieron a Festo que les hiciera el favor
de trasladar a Pablo a Jerusalén (ya que tenían pensado
tenderle una emboscada y matarlo en el camino). 4Pero
Festo respondió que Pablo estaba en Cesarea y que pronto
él mismo iba a regresar allí. 5Así que les dijo: «Algunos
de ustedes que tengan autoridad pueden volver conmigo.
Si Pablo ha hecho algo malo, entonces podrán presentar
sus acusaciones».

6Unos ocho o diez días después, Festo regresó a Cesa-
rea y, al día siguiente, tomó su lugar en la corte y ordenó
que trajeran a Pablo. 7Cuando Pablo llegó, los líderes ju-
díos de Jerusalén lo rodearon e hicieron muchas acusa-
ciones graves que no podían probar.

8Pablo negó los cargos. «No soy culpable de ningún
delito contra las leyes judías, ni contra el templo, ni contra
el gobierno romano», dijo.

9Entonces Festo, queriendo complacer a los judíos,
le preguntó:

—¿Estás dispuesto a ir a Jerusalén y ser juzgado ante
mí allá?

10Pero Pablo contestó:

—¡No! Esta es la corte oficial romana, por lo tanto, debo
ser juzgado aquí mismo. Usted sabe muy bien que no
soy culpable de hacer daño a los judíos. 11Si he hecho
algo digno de muerte, no me niego a morir; pero si soy
inocente, nadie tiene el derecho de entregarme a estos
hombres para que me maten. ¡Apelo al César!

12Festo consultó con sus consejeros y después
respondió:

—¡Muy bien! Has apelado al César, ¡y al César irás!

13Unos días más tarde el rey Agripa llegó con su her-
mana, Berenice,* a presentar sus respetos a Festo. 14Du-
rante su visita de varios días, Festo conversó con el rey
acerca del caso de Pablo.

—Aquí hay un prisionero —le dijo— cuyo caso me dejó
Félix. 15Cuando yo estaba en Jerusalén, los sacerdotes
principales y los ancianos judíos presentaron cargos en
su contra y me pidieron que yo lo condenara. 16Les hice
ver que la ley romana no declara culpable a nadie sin
antes tener un juicio. El acusado debe tener una oportu-
nidad para que confronte a sus acusadores y se defienda.

17»Cuando los acusadores de Pablo llegaron aquí para
el juicio, yo no me demoré. Convoqué al tribunal el día
siguiente y di órdenes para que trajeran a Pablo, 18pero las
acusaciones que hicieron en su contra no correspondían a
ninguno de los delitos que yo esperaba. 19En cambio, te-
nían algo que ver con su religión y con un hombre muerto
llamado Jesús, quien —según Pablo— está vivo. 20No sabía
cómo investigar estas cuestiones, así que le pregunté si él

***Notas textuales** **24:6** Algunos manuscritos amplían el versículo 6, agregan todo el versículo 7 y una frase adicional en el versículo 8: *Nosotros lo habríamos juzgado de acuerdo con nuestra ley, 7pero Lisias, el comandante de la guarnición, llegó y se lo llevó por la fuerza, 8y ordenó a sus acusadores que se presentaran ante ti*. **24:20** En griego *el Sanedrín*. **24:23** En griego *centurión*. **25:13** En griego *el rey Agripa y Berenice llegaron*.

Referencias cruzadas **24:14** Hch 9:2 **24:23** Hch 27:3 **25:8** Hch 6:13 **25:13-15** Hch 24:1, 27 **25:17-20** Hch 18:15

estaba dispuesto a ser juzgado por estos cargos en Jeru-
salén; 21pero Pablo apeló al emperador para que resuelva
su caso. Así que di órdenes de que lo mantuvieran bajo
custodia hasta que yo pudiera hacer los arreglos necesa-
rios para enviarlo al César.
22—Me gustaría oír personalmente a ese hombre —dijo
Agripa.
Y Festo respondió:
—¡Mañana lo oirás!

Pablo habla con Agripa

23Así que, al día siguiente, Agripa y Berenice llegaron al
auditorio con gran pompa, acompañados por oficiales
militares y hombres prominentes de la ciudad. Festo dio
órdenes de que trajeran a Pablo. 24Después Festo dijo:
«Rey Agripa y los demás presentes, este es el hombre
a quien todos los judíos tanto aquí como en Jerusalén
quieren ver muerto; 25pero en mi opinión, él no ha hecho
nada que merezca la muerte. Sin embargo, como apeló al
emperador, decidí enviarlo a Roma.
26»¿Pero qué debo escribirle al emperador?, pues no
hay ningún cargo concreto en su contra. Así que lo he
traído ante todos ustedes —especialmente ante ti, rey
Agripa— para tener algo que escribir después de que lo
interroguemos. 27¡Pues no tiene sentido enviarle un pri-
sionero al emperador sin especificar los cargos que hay
en su contra!».

26 Entonces Agripa le dijo a Pablo: «Tienes permiso
para hablar en tu defensa».
Así que Pablo, haciendo una seña con la mano, co-
menzó su defensa: 2«Me considero afortunado, rey
Agripa, de que sea usted quien oye hoy mi defensa en
contra de todas estas acusaciones que han hecho los líde-
res judíos, 3porque sé que usted es un experto en costum-
bres y controversias judías. Ahora, por favor, escúcheme
con paciencia.
4»Como bien saben los líderes judíos, desde mi tem-
prana infancia recibí una completa capacitación judía
entre mi propia gente y también en Jerusalén. 5Ellos
saben, si quisieran admitirlo, que he sido miembro de
los fariseos, la secta más estricta de nuestra religión.
6Ahora se me juzga por la esperanza en el cumplimiento
de la promesa que Dios les hizo a nuestros antepasados.
7De hecho, esta es la razón por la cual las doce tribus de
Israel adoran a Dios con celo día y noche, y participan de
la misma esperanza que yo tengo. Aun así, su majestad,
¡ellos me acusan por tener esta esperanza! 8¿Por qué les
parece increíble a todos ustedes que Dios pueda resucitar
a los muertos?
9»Yo solía creer que mi obligación era hacer todo lo
posible para oponerme al nombre de Jesús de Nazaret.*
10Por cierto, eso fue justo lo que hice en Jerusalén. Con
la autorización de los sacerdotes principales, hice que
muchos creyentes* de allí fueran enviados a la cárcel.
Di mi voto en contra de ellos cuando los condenaban a
muerte. 11Muchas veces hice que los castigaran en las
sinagogas para que maldijeran a Jesús.* Estaba tan vio-
lentamente en contra de ellos que los perseguí hasta en
ciudades extranjeras.
12»Cierto día, yo me dirigía a Damasco para cumplir
esa misión respaldado por la autoridad y el encargo de los
sacerdotes principales. 13Cerca del mediodía, su majestad,
mientras iba de camino, una luz del cielo, más intensa
que el sol, brilló sobre mí y mis compañeros. 14Todos
caímos al suelo y escuché una voz que me decía en ara-
meo:* "Saulo, Saulo, ¿por qué me persigues? Es inútil que
luches contra mi voluntad*".
15»"¿Quién eres, señor?", pregunté.
»Y el Señor contestó: "Yo soy Jesús, a quien tú persi-
gues. 16Ahora, ¡levántate! Pues me aparecí ante ti para
designarte como mi siervo y testigo. Dile a la gente que
me has visto y lo que te mostraré en el futuro. 17Y yo te
rescataré de tu propia gente y de los gentiles.* Sí, te envío
a los gentiles 18para que les abras los ojos, a fin de que
pasen de la oscuridad a la luz, y del poder de Satanás a
Dios. Entonces recibirán el perdón de sus pecados y se les
dará un lugar entre el pueblo de Dios, el cual es apartado
por la fe en mí".
19»Por lo tanto, rey Agripa, obedecí esa visión del cielo.
20Primero les prediqué a los de Damasco, luego en Jeru-
salén y por toda Judea, y también a los gentiles: que todos
tienen que arrepentirse de sus pecados y volver a Dios,
y demostrar que han cambiado, por medio de las cosas
buenas que hacen. 21Unos judíos me arrestaron en el tem-
plo por predicar esto y trataron de matarme; 22pero Dios
me ha protegido hasta este mismo momento para que yo
pueda dar testimonio a todos, desde el menos importante
hasta el más importante. Yo no enseño nada fuera de lo
que los profetas y Moisés dijeron que sucedería: 23que el
Mesías sufriría y que sería el primero en resucitar de los
muertos, y de esta forma anunciaría la luz de Dios tanto
a judíos como a gentiles por igual».
24De repente Festo gritó:
—Pablo, estás loco. ¡Tanto estudio te ha llevado a la
locura!
25Pero Pablo respondió:
—No estoy loco, excelentísimo Festo. Lo que digo es la
pura verdad, 26y el rey Agripa sabe de estas cosas. Yo hablo
con atrevimiento porque estoy seguro de que todos estos
acontecimientos le son familiares, ¡pues no se hicieron en
un rincón! 27Rey Agripa, ¿usted les cree a los profetas?
Yo sé que sí.
28Agripa lo interrumpió:
—¿Acaso piensas que puedes persuadirme para que me
convierta en cristiano en tan poco tiempo?*
29Pablo contestó:
—Sea en poco tiempo o en mucho, le pido a Dios en
oración que tanto usted como todos los presentes en este
lugar lleguen a ser como yo, excepto por estas cadenas.
30Entonces el rey, el gobernador, Berenice y todos los
demás se pusieron de pie y se retiraron. 31Mientras salían,
hablaron del tema y acordaron: «Este hombre no ha hecho
nada que merezca la muerte o la cárcel».
32Y Agripa le dijo a Festo: «Podría ser puesto en libertad
si no hubiera apelado al César».

Pablo navega hacia Roma

27 Cuando llegó el tiempo, zarpamos hacia Italia.
A Pablo y a varios prisioneros más los pusieron
bajo la custodia de un oficial romano* llamado Julio, un

***Notas textuales** **26:9** O *Jesús nazareno*. **26:10** En griego *muchos del pueblo santo de Dios*. **26:11** En griego *para que blasfemaran*. **26:14a** O *hebreo*. **26:14b** En griego *Te es difícil dar patadas contra el aguijón*. **26:17** *Gentil[es]*, que no es judío. **26:28** O *—Un poco más y tus argumentos me convierten en cristiano*. **27:1** En griego *un centurión*; similar en 27:6, 11, 31, 43.

Referencias cruzadas **25:26-27** Hch 22:22 **26:8** Hch 23:6 **26:11** Hch 8:3 **26:14** Hch 9:7 **26:18** Is 35:5 **26:24** Jn 10:20 **26:28** Hch 11:26

capitán del regimiento imperial. 2También nos acompañó Aristarco, un macedonio de Tesalónica. Salimos en un barco matriculado en el puerto de Adramitio, situado en la costa noroccidental de la provincia de Asia.* El barco tenía previsto hacer varias paradas en distintos puertos a lo largo de la costa de la provincia.

3Al día siguiente, cuando atracamos en Sidón, Julio fue muy amable con Pablo y le permitió desembarcar para visitar a sus amigos, a fin de que ellos pudieran proveer a sus necesidades. 4Desde allí nos hicimos a la mar y nos topamos con fuertes vientos de frente que hacían difícil mantener el barco en curso, así que navegamos hacia el norte de Chipre, entre la isla y el continente. 5Navegando en mar abierto, pasamos por la costa de Cilicia y Panfilia, y desembarcamos en Mira, en la provincia de Licia. 6Allí, el oficial al mando encontró un barco egipcio, de Alejandría, con destino a Italia, y nos hizo subir a bordo.

7Tuvimos que navegar despacio por varios días y, después de serias dificultades, por fin nos acercamos a Gnido; pero teníamos viento en contra, así que cruzamos a la isla de Creta, navegando al resguardo de la costa de la isla con menos viento, frente al cabo de Salmón. 8Seguimos por la costa con mucha dificultad y finalmente llegamos a Buenos Puertos, cerca de la ciudad de Lasea. 9Habíamos perdido bastante tiempo. El clima se ponía cada vez más peligroso para viajar por mar, porque el otoño estaba muy avanzado,* y Pablo comentó eso con los oficiales del barco.

10Les dijo: «Señores, creo que tendremos problemas más adelante si seguimos avanzando: naufragio, pérdida de la carga y también riesgo para nuestras vidas»; 11pero el oficial a cargo de los prisioneros les hizo más caso al capitán y al dueño del barco que a Pablo. 12Ya que Buenos Puertos era un puerto desprotegido —un mal lugar para pasar el invierno—, la mayoría de la tripulación quería seguir hasta Fenice, que se encuentra más adelante en la costa de Creta, y pasar el invierno allí. Fenice era un buen puerto, con orientación solo al suroccidente y al noroccidente.

Tormenta en el mar

13Cuando un viento suave comenzó a soplar desde el sur, los marineros pensaron que podrían llegar a salvo. Entonces levaron anclas y navegaron cerca de la costa de Creta; 14pero el clima cambió abruptamente, y un viento huracanado (llamado «Nororiente») sopló sobre la isla y nos empujó a mar abierto. 15Los marineros no pudieron girar el barco para hacerle frente al viento, así que se dieron por vencidos y se dejaron llevar por la tormenta.

16Navegamos al resguardo del lado con menos viento de una pequeña isla llamada Cauda,* donde con gran dificultad subimos a bordo el bote salvavidas que era remolcado por el barco. 17Después los marineros ataron cuerdas alrededor del casco del barco para reforzarlo. Tenían miedo de que el barco fuera llevado a los bancos de arena de Sirte, frente a la costa africana, así que bajaron el ancla flotante para disminuir la velocidad del barco y se dejaron llevar por el viento.

18El próximo día, como la fuerza del vendaval seguía azotando el barco, la tripulación comenzó a echar la carga por la borda. 19Luego, al día siguiente, hasta arrojaron al agua parte del equipo del barco. 20La gran tempestad rugió durante muchos días, ocultó el sol y las estrellas, hasta que al final se perdió toda esperanza.

21Nadie había comido en mucho tiempo. Finalmente, Pablo reunió a la tripulación y le dijo: «Señores, ustedes debieran haberme escuchado al principio y no haber salido de Creta. Así se hubieran evitado todos estos daños y pérdidas. 22¡Pero anímense! Ninguno de ustedes perderá la vida, aunque el barco se hundirá. 23Pues anoche un ángel del Dios a quien pertenezco y a quien sirvo estuvo a mi lado 24y dijo: "¡Pablo, no temas, porque ciertamente serás juzgado ante el César! Además, Dios, en su bondad, ha concedido protección a todos los que navegan contigo". 25Así que, ¡anímense! Pues yo le creo a Dios. Sucederá tal como él lo dijo, 26pero seremos náufragos en una isla».

El naufragio

27Como a la medianoche de la decimocuarta noche de la tormenta, mientras los vientos nos empujaban por el mar Adriático,* los marineros presintieron que había tierra cerca. 28Arrojaron una cuerda con una pesa y descubrieron que el agua tenía treinta y siete metros de profundidad. Un poco después, volvieron a medir y vieron que solo había veintisiete metros de profundidad.* 29A la velocidad que íbamos, ellos tenían miedo de que pronto fuéramos arrojados contra las rocas que estaban a lo largo de la costa; así que echaron cuatro anclas desde la parte trasera del barco y rezaron que amaneciera.

30Luego los marineros trataron de abandonar el barco; bajaron el bote salvavidas como si estuvieran echando anclas desde la parte delantera del barco. 31Así que Pablo les dijo al oficial al mando y a los soldados: «Todos ustedes morirán a menos que los marineros se queden a bordo». 32Entonces los soldados cortaron las cuerdas del bote salvavidas y lo dejaron a la deriva.

33Cuando empezó a amanecer, Pablo animó a todos a que comieran. «Ustedes han estado tan preocupados que no han comido nada en dos semanas —les dijo—. 34Por favor, por su propio bien, coman algo ahora. Pues no perderán ni un solo cabello de la cabeza». 35Así que tomó un poco de pan, dio gracias a Dios delante de todos, partió un pedazo y se lo comió. 36Entonces todos se animaron y empezaron a comer, 37los doscientos setenta y seis que estábamos a bordo. 38Después de comer, la tripulación redujo aún más el peso del barco echando al mar la carga de trigo.

39Cuando amaneció, no reconocieron la costa, pero vieron una bahía con una playa y se preguntaban si podrían llegar a la costa haciendo encallar el barco. 40Entonces cortaron las anclas y las dejaron en el mar. Luego soltaron los timones, izaron las velas de proa y se dirigieron a la costa; 41pero chocaron contra un banco de arena y el barco encalló demasiado rápido. La proa del barco se clavó en la arena, mientras que la popa fue golpeada repetidas veces por la fuerza de las olas y comenzó a hacerse pedazos.

42Los soldados querían matar a los prisioneros para asegurarse de que no nadaran hasta la costa y escaparan; 43pero el oficial al mando quería salvar a Pablo, así que no

***Notas textuales** **27:2** *Asia* era una provincia romana en lo que ahora es la parte occidental de Turquía. **27:9** En griego *porque el ayuno ya había pasado*. Ese ayuno estaba relacionado con el Día del Perdón (*Yom Kippur*), que caía a fines de septiembre o a principios de octubre. **27:16** Algunos manuscritos dicen *Clauda*. **27:27** El *mar Adriático:* a diferencia de la denominación de este mar en tiempos modernos, en el siglo primero las aguas con este nombre incluían las de la parte central del Mediterráneo. **27:28** En griego *20 brazas [...] 15 brazas* (120 pies [...] 90 pies).

Referencias cruzadas **27:3** Hch 24:23 **27:23-26** Hch 23:11 **27:30-32** Hch 27:16, 24 **27:34** Mt 10:30 **27:42-44** Hch 27:22, 31

los dejó llevar a cabo su plan. Luego les ordenó a todos los
que sabían nadar que saltaran por la borda primero y se
dirigieran a tierra firme. 44Los demás se sujetaron a tablas
o a restos del barco destruido.* Así que todos escaparon
a salvo hasta la costa.

Pablo en la isla de Malta

28 Una vez a salvo en la costa, nos enteramos de que
estábamos en la isla de Malta. 2La gente de la isla
fue muy amable con nosotros. Hacía frío y llovía, enton-
ces encendieron una fogata en la orilla para recibirnos.
3Mientras Pablo juntaba una brazada de leña y la
echaba en el fuego, una serpiente venenosa que huía del
calor lo mordió en la mano. 4Los habitantes de la isla,
al ver la serpiente colgando de su mano, se decían unos
a otros: «¡Sin duda este es un asesino! Aunque se salvó
del mar, la justicia no le permitirá vivir»; 5pero Pablo se
sacudió la serpiente en el fuego y no sufrió ningún daño.
6La gente esperaba que él se hinchara o que cayera muerto
de repente; pero después de esperar y esperar y ver que
estaba ileso, cambiaron de opinión y llegaron a la conclu-
sión de que Pablo era un dios.
7Cerca de la costa adonde llegamos, había una propie-
dad que pertenecía a Publio, el funcionario principal de la
isla. Él nos recibió y nos atendió con amabilidad por tres
días. 8Dio la casualidad de que el padre de Publio estaba
enfermo con fiebre y disentería. Pablo entró a verlo, oró
por él, puso sus manos sobre él y lo sanó. 9Entonces todos
los demás enfermos de la isla también vinieron y fueron
sanados. 10Como resultado, nos colmaron de honores y,
cuando llegó el tiempo de partir, la gente nos proveyó de
todo lo que necesitaríamos para el viaje.

Pablo llega a Roma

11Tres meses después del naufragio, zarpamos en otro
barco, que había pasado el invierno en la isla; era un barco
de Alejandría que tenía como figura de proa a los dioses
gemelos.* 12Hicimos la primera parada en Siracusa,*
donde nos quedamos tres días. 13De allí navegamos hasta
Regio.* Un día después, un viento del sur empezó a soplar,
de manera que, al día siguiente, navegamos por la costa
hasta Poteoli. 14Allí encontramos a algunos creyentes,*
quienes nos invitaron a pasar una semana con ellos. Y
así llegamos a Roma.
15Los hermanos de Roma se habían enterado de
nuestra inminente llegada, y salieron hasta el Foro* por
el Camino Apio para recibirnos. En Las Tres Tabernas*
nos esperaba otro grupo. Cuando Pablo los vio, se animó
y dio gracias a Dios.
16Una vez que llegamos a Roma, a Pablo se le permitió
hospedarse en un alojamiento privado, aunque estaba
bajo la custodia de un soldado.

Pablo predica en Roma bajo custodia

17Tres días después de haber llegado, Pablo mandó reunir
a los líderes judíos locales. Les dijo:
—Hermanos, fui arrestado en Jerusalén y entregado
al gobierno romano, a pesar de no haber hecho nada en
contra de nuestro pueblo ni de las costumbres de nuestros
antepasados. 18Los romanos me llevaron a juicio y que-
rían ponerme en libertad, porque no encontraron ninguna
causa para condenarme a muerte; 19pero cuando los líde-
res judíos protestaron por la decisión, creí necesario ape-
lar al César, aunque no tenía deseos de presentar cargos
contra mi propia gente. 20Les pedí a ustedes que vinieran
hoy aquí para que nos conociéramos y para que yo pudiera
explicarles que estoy atado con esta cadena porque creo
que la esperanza de Israel —el Mesías— ya ha venido.
21Ellos respondieron:
—No hemos recibido ninguna carta de Judea ni ningún
informe en tu contra de nadie que haya venido por aquí;
22pero queremos escuchar lo que tú crees, pues lo único
que sabemos de este movimiento es que se le ataca por
todas partes.
23Entonces fijaron una fecha, y ese día mucha gente
llegó al lugar donde Pablo estaba alojado. Él explicó y dio
testimonio acerca del reino de Dios y trató de conven-
cerlos acerca de Jesús con las Escrituras. Usando la ley
de Moisés y los libros de los profetas, les habló desde la
mañana hasta la noche. 24Algunos se convencieron por
las cosas que dijo, pero otros no creyeron. 25Después de
discutir entre unos y otros, se fueron con las siguientes
palabras finales de Pablo: «El Espíritu Santo tenía razón
cuando les dijo a sus antepasados por medio del profeta
Isaías:

26 "Ve y dile a este pueblo:
Cuando ustedes oigan lo que digo,
no entenderán.
Cuando vean lo que hago,
no comprenderán.
27 Pues el corazón de este pueblo está endurecido,
y sus oídos no pueden oír,
y han cerrado los ojos,
así que sus ojos no pueden ver,
y sus oídos no pueden oír,
y su corazón no puede entender,
y no pueden volver a mí
para que yo los sane"*.

28Así que quiero que sepan que esta salvación de Dios tam-
bién se ha ofrecido a los gentiles,* y ellos la aceptarán».*
30Durante los dos años siguientes Pablo vivió en Roma
pagando sus gastos él mismo.* Recibía a todos los que lo
visitaban, 31y proclamaba con valentía el reino de Dios
y enseñaba acerca del Señor Jesucristo; y nadie intentó
detenerlo.

***Notas textuales** **27:44** U *o fueron ayudados por miembros de la tripulación del barco*. **28:11** Los *dioses gemelos* eran los dioses romanos Cástor y Pólux. **28:12** *Siracusa* estaba en la isla de Sicilia. **28:13** *Regio* estaba en la punta del sur de Italia. **28:14** En griego *hermanos*. **28:15a** *El Foro* estaba como a 70 kilómetros (43 millas) de Roma. **28:15b** *Las Tres Tabernas* estaba como a 57 kilómetros (35 millas) de Roma. **28:26-27** Is 6:9-10 (versión griega). **28:28a** *Gentil[es]*, que no es judío. **28:28b** Algunos manuscritos agregan el versículo 29: *Y después de que dijo estas palabras, los judíos se fueron, muy en desacuerdo unos con otros*. **28:30** O *en una habitación que alquilaba*.

Referencias cruzadas **28:3-6** Lc 10:19 **28:17-20** Hch 25:11 **28:24** Hch 14:4 **28:26-27** Mt 13:5 **28:30-31** Hch 4:29

ROMANOS

¿Por qué es importante?

Este libro explica muchos temas importantes como el perdón de Dios, quienes somos su pueblo y qué es lo que hace el Espíritu Santo en nosotros. Estos temas son esenciales para una relación con Dios y Pablo deja en claro en esta carta lo que Dios hizo con Cristo, que va más allá de lo que el pueblo judío entendía acerca de la ley hasta ese entonces. Sin entender los temas de esta carta de Pablo a los Romanos corremos el riesgo de convertir al cristianismo en un código moral de buenas costumbres y tradiciones o ideas de éxito humano, pero sin la transformación completa que produce entender su perdón y planes.

¿Por qué fue escrito?

Pablo quiere dejarle bien claro el mensaje de salvación a los cristianos de la capital del imperio romano. Su mensaje principal es que la salvación sucede al poner la fe en Jesús y no por las obras, ni tampoco por haber nacido judío o no. Dios ha puesto a nuestro alcance la salvación a pesar de que somos imperfectos. La cruz es la consecuencia de nuestra injusticia y reconocer que Jesús la sufrió por nosotros es nuestra única posibilidad de salvación.

¿Quién lo escribió?

El autor de esta carta es el apóstol Pablo (1:1). En Hechos 19:21 conocemos acerca de su deseo de ir a Roma, e incluso hizo planes en múltiples ocasiones (Romanos 1:13). Sin embargo, esto no sucedió (15:22). Por ello, escribe esta carta como sustituto al contacto personal. Cuando Pablo viajó a Jerusalén para llevar una ofrenda a los santos (15:25; Hechos 17:15-17) fue apresado, y luego de apelar a César, fue enviado como prisionero a Roma (Hechos 27, 28). Allí permaneció arrestado, predicando el evangelio durante dos años (Hechos 28:31).

¿A quién lo escribió?

La carta está dirigida a la comunidad de creyentes de Roma (1:7), la capital y ciudad más importante del Imperio Romano. Aunque no sabemos quién comenzó aquella obra, probablemente fueron los convertidos en el día de Pentecostés (Hechos 2:10) quienes llevaron el evangelio y fundaron la iglesia (cerca del año 30 DC). La iglesia en Roma estaba constituida tanto por judíos (4:1) como por una gran parte de personas no judías, llamados gentiles (1:13).

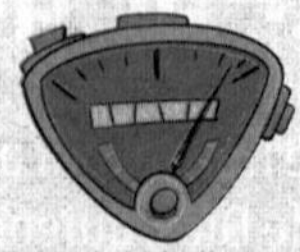

¿Cuándo y dónde lo escribió?

Pablo envió esta carta a finales de su tercer viaje misionero, alrededor del año 56 o 57 DC. Fue escrita después de Primera y Segunda de Corintios, y antes de Efesios. El lugar más probable de redacción es la ciudad de Corinto, por las referencias a Febe de Cencrea (16:1), quien posiblemente llevo la carta, a Gayo su anfitrión (16:23; 1 Corintios 1:14), y a Erasto (16:23).

Paso a paso

1. ¡Desgracia! Todos estamos en serios problemas (Condenación, 1:1-3:20)
2. ¡Buenas noticias! En Cristo tenemos la solución a nuestro pecado (Justificación, 3:21-5:21)
3. ¡Libres! Ya no tienes que obedecer al pecado (Santificación, 6:1-8:17)
4. ¡Aún hay más! Nuestra salvación total está garantizada (Glorificación, 8:18-39)
5. ¿Israel? Dios no ha olvidado a su pueblo (Vindicación, 9:1-11:36)
6. ¿Y ahora qué? ¿Cómo vive alguien que entiende el evangelio? (Aplicación, 12:1-16:27).

Romanos

Saludos de Pablo

1 Yo, Pablo, esclavo de Cristo Jesús y elegido por Dios para ser apóstol y enviado a predicar su Buena Noticia, escribo esta carta. 2 Dios prometió esa Buena Noticia hace tiempo por medio de sus profetas en las sagradas Escrituras. 3 La Buena Noticia trata de su Hijo. En su vida terrenal, él fue descendiente del rey David, 4 y quedó demostrado que era* el Hijo de Dios cuando fue resucitado de los muertos mediante el poder del Espíritu Santo.* Él es Jesucristo nuestro Señor. 5 Por medio de Cristo, Dios nos ha dado a nosotros, como apóstoles, el privilegio* y la autoridad de anunciar por todas partes a los gentiles* lo que Dios ha hecho por ellos, a fin de que crean en él y lo obedezcan, lo cual dará gloria a su nombre. 6 Ustedes están incluidos entre los gentiles que fueron llamados a pertenecer a Jesucristo. 7 Les escribo a todos ustedes, los amados de Dios que están en Roma y son llamados a ser su pueblo santo.

Que Dios nuestro Padre y el Señor Jesucristo les den gracia y paz.

La Buena Noticia de Dios

8 Ante todo les digo que, mediante Jesucristo, le doy gracias a mi Dios por todos ustedes, porque en todas partes del mundo se habla de la fe que tienen en él. 9 Dios sabe cuántas veces los recuerdo en mis oraciones. Día y noche hago mención de ustedes y sus necesidades delante de Dios, a quien sirvo con todo mi corazón* anunciando la Buena Noticia acerca de su Hijo.

10 Algo que siempre pido en oración es que, Dios mediante, se presente la oportunidad de ir por fin a verlos. 11 Pues tengo muchos deseos de visitarlos para llevarles algún don espiritual que los ayude a crecer firmes en el Señor. 12 Cuando nos encontremos, quiero alentarlos en la fe pero también me gustaría recibir aliento de la fe de ustedes.

13 Quiero que sepan, amados hermanos, que me propuse muchas veces ir a visitarlos pero, hasta el momento, me vi impedido. Mi deseo es trabajar entre ustedes y ver frutos espirituales tal como he visto entre otros gentiles. 14 Pues siento una gran obligación tanto con los habitantes del mundo civilizado como con los del resto del mundo,* con los instruidos y los incultos por igual. 15 Así que estoy ansioso por visitarlos también a ustedes, que están en Roma, para predicarles la Buena Noticia.

16 Pues no me avergüenzo de la Buena Noticia acerca de Cristo, porque es poder de Dios en acción para salvar a todos los que creen, a los judíos primero y también a los gentiles.* 17 Esa Buena Noticia nos revela cómo Dios nos hace justos ante sus ojos, lo cual se logra del principio al fin por medio de la fe. Como dicen las Escrituras: «Es por medio de la fe que el justo tiene vida»*.

La ira de Dios contra el pecado

18 Pero Dios muestra su ira desde el cielo contra todos los que son pecadores y perversos, que detienen la verdad con su perversión.* 19 Ellos conocen la verdad acerca de Dios, porque él se la ha hecho evidente. 20 Pues, desde la creación del mundo, todos han visto los cielos y la tierra. Por medio de todo lo que Dios hizo, ellos pueden ver a simple vista las cualidades invisibles de Dios: su poder eterno y su naturaleza divina. Así que no tienen ninguna excusa para no conocer a Dios.

21 Es cierto, ellos conocieron a Dios pero no quisieron adorarlo como Dios ni darle gracias. En cambio, comenzaron a inventar ideas necias sobre Dios. Como resultado, la mente les quedó en oscuridad y confusión. 22 Afirmaban ser sabios pero se convirtieron en completos necios. 23 Y, en lugar de adorar al Dios inmortal y glorioso, rindieron culto a ídolos que ellos mismos se hicieron con forma de simples mortales, de aves, de animales de cuatro patas y de reptiles.

24 Entonces Dios los abandonó para que hicieran todas las cosas vergonzosas que deseaban en su corazón. Como resultado, usaron sus cuerpos para hacerse cosas viles y degradantes entre sí. 25 Cambiaron la verdad acerca de Dios por una mentira. Y así rindieron culto y sirvieron a las cosas que Dios creó pero no al Creador mismo, ¡quien es digno de eterna alabanza! Amén. 26 Por esa razón, Dios los abandonó a sus pasiones vergonzosas. Aun las mujeres se rebelaron contra la forma natural de tener relaciones sexuales y, en cambio, dieron rienda suelta al sexo unas con otras. 27 Los hombres, por su parte, en lugar de tener relaciones sexuales normales, con la mujer, ardieron en pasiones unos con otros. Los hombres hicieron cosas vergonzosas con otros hombres y, como consecuencia de ese pecado, sufrieron dentro de sí el castigo que merecían.

28 Por pensar que era una tontería reconocer a Dios, él los abandonó a sus tontos razonamientos y dejó que hicieran cosas que jamás deberían hacerse. 29 Se llenaron de toda clase de perversiones, pecados, avaricia, odio, envidia, homicidios, peleas, engaños, conductas maliciosas y chismes. 30 Son traidores, insolentes, arrogantes, fanfarrones y gente que odia a Dios. Inventan nuevas formas de pecar y desobedecen a sus padres. 31 No quieren entrar en razón, no cumplen lo que prometen, son crueles y no tienen compasión. 32 Saben bien que la justicia de

***Notas textuales** **1:4a** O *y fue designado*. **1:4b** O *mediante el Espíritu de santidad*; o *en el nuevo dominio del Espíritu*. **1:5a** O *la gracia*. **1:5b** *Gentil[es]*, que no es judío. **1:9** O *en mi espíritu*. **1:14** En griego *obligación con los griegos y los bárbaros*. **1:16** En griego *al judío primero y también al griego*. **1:17** O *«El justo vivirá por la fe»*. Ha 2:4. **1:18** O *que, con su perversión, impiden que la verdad sea conocida*. **2:9** En griego *para el judío y también para el griego*; también en 2:10. *Gentil[es]*, que no es judío.

Referencias cruzadas **1:7** 1 Co 1:3 **1:10** Rm 15:32 **1:17** Rm 3:21 **1:20** Sal 19:1-6 **1:23** Sal 106:20 **1:25** Jr 10:14 **1:32** Rm 6:23

Dios exige que los que hacen esas cosas merecen morir; pero ellos igual las hacen. Peor aún, incitan a otros a que también las hagan.

Juicio de Dios contra el pecado

2 Tal vez crees que puedes condenar a tales individuos, pero tu maldad es igual que la de ellos, ¡y no tienes ninguna excusa! Cuando dices que son perversos y merecen ser castigados, te condenas a ti mismo porque tú, que juzgas a otros, también practicas las mismas cosas. 2Y sabemos que Dios, en su justicia, castigará a todos los que hacen tales cosas. 3Y tú, que juzgas a otros por hacer esas cosas, ¿cómo crees que podrás evitar el juicio de Dios cuando tú haces lo mismo? 4¿No te das cuenta de lo bondadoso, tolerante y paciente que es Dios contigo? ¿Acaso eso no significa nada para ti? ¿No ves que la bondad de Dios es para guiarte a que te arrepientas y abandones tu pecado?

5Pero eres terco y te niegas a arrepentirte y abandonar tu pecado, por eso vas acumulando un castigo terrible para ti mismo. Pues se acerca el día de la ira, en el cual se manifestará el justo juicio de Dios. 6Él juzgará a cada uno según lo que haya hecho. 7Dará vida eterna a los que siguen haciendo el bien, pues de esa manera demuestran que buscan la gloria, el honor y la inmortalidad que Dios ofrece; 8pero derramará su ira y enojo sobre los que viven para sí mismos, los que se niegan a obedecer la verdad y, en cambio, viven entregados a la maldad. 9Habrá aflicción y angustia para todos los que siguen haciendo lo malo, para los judíos primero y también para los gentiles;* 10pero habrá gloria, honra y paz de parte de Dios para todos los que hacen lo bueno, para los judíos primero y también para los gentiles. 11Pues Dios no muestra favoritismo.

12Los gentiles serán destruidos por el hecho de pecar, aunque nunca tuvieron la ley escrita de Dios; y los judíos, quienes sí tienen la ley de Dios, serán juzgados por esa ley porque no la obedecen. 13Pues el simple acto de escuchar la ley no nos hace justos ante Dios. Es obedecer la ley lo que nos hace justos ante sus ojos. 14Aun los gentiles, quienes no cuentan con la ley escrita de Dios, muestran que conocen esa ley cuando, por instinto, la obedecen aunque nunca la hayan oído. 15Ellos demuestran que tienen la ley de Dios escrita en el corazón, porque su propia conciencia y sus propios pensamientos o los acusan o bien les indican que están haciendo lo correcto. 16Y el mensaje que proclamo es que se acerca el día en que Dios juzgará, por medio de Cristo Jesús, la vida secreta de cada uno.

¡Respuestas Bíblicas! 159 ¿Por qué Pablo les explica a los romanos la ley de Dios?

2:17 Los judíos creían que agradaban a Dios solo por obediencia pero Pablo explica que Dios se siente realmente complacido cuando las personas lo aman y les explica a los romanos que la ley no existe solo para ayudarnos a vivir sino para dejarnos en claro que necesitamos a Jesús como salvador ya que siendo imperfectos nunca la cumpliremos siempre.

Los judíos y la ley

17Tú, que te llamas judío, confías en la ley de Dios y te jactas de tu relación especial con él. 18Tú sabes lo que a él le agrada, sabes bien qué es lo correcto, porque se te ha enseñado su ley. 19Estás convencido de que eres guía para los ciegos y luz para los que andan perdidos en la oscuridad. 20Piensas que puedes instruir al ignorante y enseñar a los niños los caminos de Dios. Pues estás seguro de que la ley de Dios te da pleno conocimiento y toda la verdad.

21Ahora bien, si tú enseñas a otros, ¿por qué no te enseñas a ti mismo? Predicas a otros que no se debe robar, ¿pero tú robas? 22Dices que está mal cometer adulterio, ¿pero tú cometes adulterio? Condenas la idolatría, ¿pero tú usas objetos robados de los templos paganos?* 23Te sientes muy orgulloso de conocer la ley pero deshonras a Dios al quebrantarla. 24No es extraño que las Escrituras digan: «Los gentiles blasfeman el nombre de Dios por causa de ustedes»*.

25La ceremonia judía de la circuncisión solo tiene valor si obedeces la ley de Dios; pero si no obedeces la ley de Dios, no estás en mejor condición que un gentil incircunciso. 26Y si los gentiles obedecen la ley de Dios, ¿acaso él no los considerará su propio pueblo? 27De hecho, los gentiles incircuncisos que cumplen la ley de Dios los condenarán a ustedes, judíos, que están circuncidados y tienen la ley de Dios pero no la obedecen.

28Pues no se es un verdadero judío solo por haber nacido de padres judíos ni por haber pasado por la ceremonia de la circuncisión. 29No, un verdadero judío es aquel que tiene el corazón recto a los ojos de Dios. La verdadera circuncisión no consiste meramente en obedecer la letra de la ley, sino que es un cambio en el corazón, producido por el Espíritu. Y una persona con un corazón transformado busca* la aprobación de Dios, no la de la gente.

Dios permanece fiel

3 Entonces, ¿cuál es la ventaja de ser judío? ¿Tiene algún valor la ceremonia de la circuncisión? 2Claro que sí, ¡tiene muchos beneficios! En primer lugar, a los judíos se les confió toda la revelación de Dios.*

3Es cierto, algunos de ellos fueron infieles; ¿pero acaso eso significa que, porque ellos fueron infieles, Dios también será infiel? 4¡Por supuesto que no! Aun cuando todos los demás sean mentirosos, Dios es veraz. Como dicen las Escrituras acerca de él:

> «Quedará demostrado que tienes razón en lo que dices,
> y ganarás tu caso en los tribunales»*.

5«Sin embargo —algunos podrían decir—, nuestro pecado cumple un buen propósito porque muestra a otros lo justo que es Dios. ¿No es injusto, entonces, que Dios nos castigue?». (Este no es más que un punto de vista humano). 6¡De ninguna manera! Si Dios no fuera completamente justo, ¿cómo tendría autoridad para juzgar al mundo? 7«Sin embargo —alguien podría seguir argumentando—, ¿por qué Dios me juzga como pecador si mi mentira realza su veracidad y le da más gloria a él?». 8Algunos incluso nos difaman asegurando que nosotros decimos: «¡Cuanto más pecamos, mejor!». Los que dicen tales cosas merecen ser condenados.

***Notas textuales** **2:22** En griego *¿pero tú robas de los templos?* **2:24** Is 52:5 (versión griega). **2:29** O *recibe*. **3:2** En griego *se les confiaron todos los oráculos de Dios.* **3:4** Sal 51:4 (versión griega).

Referencias cruzadas **2:4** Ex 34:6 **2:11** Hch 10:34 **2:16** Hch 10:42 **2:24** Is 52:5 **2:27** Mt 12:41-42 **3:4** Sal 51:4 **3:5-8** Gn 18:25

¡Respuestas Bíblicas! 160 ¿Cómo podemos estar bien con Dios?

3:10 Como todos han pecado, nadie puede estar bien con Dios. ¡Ese es el problema! Entonces, Dios perdona a las personas que creen en Jesús. No puedes ser salvo tan solo con obedecer la ley. Solo puedes ser salvo si crees en Jesús.

Todos somos pecadores

9Ahora bien, ¿llegamos a la conclusión de que los judíos
somos mejores que los demás? ¡Para nada! Tal como
acabamos de demostrar, todos —sean judíos o genti-
les*— están bajo el poder del pecado. 10Como dicen las
Escrituras:

«No hay ni un solo justo,
ni siquiera uno.
11 Nadie es realmente sabio,
nadie busca a Dios.
12 Todos se desviaron,
todos se volvieron inútiles.
No hay ni uno que haga lo bueno,
ni uno solo»*.
13 «Lo que hablan es repugnante, como el mal olor de
una tumba abierta.
Su lengua está llena de mentiras»*.
«Veneno de serpientes gotea de sus labios»*.
14 «Su boca está llena de maldición y amargura»*.
15 «Se apresuran a matar.
16 Siempre hay destrucción y sufrimiento en sus
caminos.
17 No saben dónde encontrar paz»*.
18 «No tienen temor de Dios en absoluto»*.

19Obviamente, la ley se aplica a quienes fue entre-
gada, porque su propósito es evitar que la gente tenga
excusas y demostrar que todo el mundo es culpable de-
lante de Dios. 20Pues nadie llegará jamás a ser justo ante
Dios por hacer lo que la ley manda. La ley sencillamente
nos muestra lo pecadores que somos.

Cristo sufrió nuestro castigo

21Pero ahora, tal como se prometió tiempo atrás en los
escritos de Moisés y de los profetas,* Dios nos ha mos-
trado cómo podemos ser justos ante él sin cumplir con
las exigencias de la ley. 22Dios nos hace justos a sus ojos
cuando ponemos nuestra fe en Jesucristo. Y eso es verdad
para todo el que cree, sea quien fuere.

23Pues todos hemos pecado; nadie puede alcanzar la
meta gloriosa establecida por Dios. 24Sin embargo, en
su gracia, Dios gratuitamente nos hace justos a sus ojos
por medio de Cristo Jesús, quien nos liberó del castigo
de nuestros pecados. 25Pues Dios ofreció a Jesús como
el sacrificio por el pecado. Las personas son declaradas
justas a los ojos de Dios cuando creen que Jesús sacrificó
su vida al derramar su sangre. Ese sacrificio muestra que
Dios actuó con justicia cuando se contuvo y no castigó a
los que pecaron en el pasado, 26porque miraba hacia el
futuro y de ese modo los incluiría en lo que llevaría a cabo
en el tiempo presente. Dios hizo todo eso para demostrar
su justicia, porque él mismo es justo e imparcial, y a los
pecadores los hace justos a sus ojos cuando creen en Jesús.
27¿Podemos, entonces, jactarnos de haber hecho algo
para que Dios nos acepte? No, porque nuestra libertad
de culpa y cargo no se basa en la obediencia a la ley. Está
basada en la fe. 28Así que somos hechos justos a los ojos
de Dios por medio de la fe y no por obedecer la ley.
29Después de todo, ¿acaso Dios es solo el Dios de los
judíos? ¿No es también el Dios de los gentiles? Claro
que sí. 30Hay solo un Dios, y él hace justas a las personas
—tanto a los judíos como a los gentiles—* únicamente
por medio de la fe. 31Entonces, si hacemos énfasis en
la fe, ¿eso significa que podemos olvidarnos de la ley?
¡Por supuesto que no! De hecho, solo cuando tenemos
fe cumplimos verdaderamente la ley.

La fe de Abraham

4 Humanamente hablando, Abraham fue el fundador
de nuestra nación judía. ¿Qué descubrió él acerca de
llegar a ser justo ante Dios? 2Que si sus buenas acciones le
hubieran servido para que Dios lo aceptara, habría tenido
de qué jactarse; pero esa no era la forma de actuar de Dios.
3Pues las Escrituras nos dicen: «Abraham le creyó a Dios,
y Dios lo consideró justo debido a su fe»*.
4Cuando la gente trabaja, el salario que recibe no es
un regalo, sino algo que se ha ganado; 5pero la gente no
es considerada justa por sus acciones, sino por su fe en
Dios, quien perdona a los pecadores. 6David también
habló de lo mismo cuando describió la felicidad de los que
son declarados justos sin hacer esfuerzos para lograrlo:

7 «Oh, qué alegría para aquellos
a quienes se les perdona la desobediencia,
a quienes se les cubren los pecados.
8 Sí, qué alegría para aquellos
a quienes el SEÑOR les borró el pecado de su
cuenta»*.

9Ahora bien, ¿es esta bendición solamente para los
judíos o es también para los gentiles* incircuncisos?*
Como venimos diciendo, Dios consideró a Abraham
justo debido a su fe. 10¿Pero cómo sucedió esto? ¿Se le
consideró justo solo después de ser circuncidado o fue
antes? ¡Es evidente que Dios aceptó a Abraham antes de
que fuera circuncidado!

11La circuncisión era una señal de que Abraham ya
tenía fe y de que Dios ya lo había aceptado y declarado
justo aun antes de que fuera circuncidado. Por lo tanto,
Abraham es el padre espiritual de los que tienen fe pero
no han sido circuncidados. A ellos se les considera justos
debido a su fe. 12Y Abraham también es el padre espiri-
tual de los que han sido circuncidados, pero solo si tie-
nen la misma clase de fe que tenía Abraham antes de ser
circuncidado.

13Obviamente, la promesa que Dios hizo de dar toda
la tierra a Abraham y a sus descendientes no se basaba en

***Notas textuales** **3:9** *Gentil[es]*, que no es judío. En griego *o griegos.* **3:10-12** Sal 14:1-3; 53:1-3 (versión griega). **3:13a** Sal 5:9 (versión griega). **3:13b** Sal 140:3. **3:14** Sal 10:7 (versión griega). **3:15-17** Is 59:7-8. **3:18** Sal 36:1. **3:21** En griego *en la ley y los profetas*. **3:30** En griego *a los circuncisos y a los incircuncisos.* **4:3** Gn 15:6. **4:7-8** Sal 32:1-2 (versión griega). **4:9a** *Gentil[es]*, que no es judío. **4:9b** En griego *¿es esta bendición solamente para los circuncisos o es también para los incircuncisos?*

Referencias cruzadas **3:10-12** Sal 14:1-3 **3:20** Hch 13:39 **3:26** Rm 1:17 **3:30** 1 Co 1:29-31 **4:3** Gn 15:6 **4:7-8** Sal 32:1-2 **4:12** Gn 17:10-11 la obediencia de Abraham a la ley, sino en una relación correcta con Dios, la cual viene por la fe. 14Si la promesa de Dios es solo para los que obedecen la ley, entonces la fe no hace falta y la promesa no tiene sentido. 15Pues la ley siempre trae castigo para los que tratan de obedecerla. (¡La única forma de no violar la ley es no tener ninguna ley para violar!).

16Así que la promesa se recibe por medio de la fe. Es un regalo inmerecido. Y, vivamos o no de acuerdo con la ley de Moisés, todos estamos seguros de recibir esta promesa si tenemos una fe como la de Abraham, quien es el padre de todos los que creen. 17A eso se refieren las Escrituras cuando citan lo que Dios le dijo: «Te hice padre de muchas naciones»*. Eso sucedió porque Abraham creyó en el Dios que da vida a los muertos y crea cosas nuevas de la nada.

18Aun cuando no había motivos para tener esperanza, Abraham siguió teniendo esperanza porque había creído en que llegaría a ser el padre de muchas naciones. Pues Dios le había dicho: «Esa es la cantidad de descendientes que tendrás»*. 19Y la fe de Abraham no se debilitó a pesar de que él reconocía que, por tener unos cien años de edad, su cuerpo ya estaba muy anciano para tener hijos, igual que el vientre de Sara.

20Abraham siempre creyó la promesa de Dios sin vacilar. De hecho, su fe se fortaleció aún más y así le dio gloria a Dios. 21Abraham estaba plenamente convencido de que Dios es poderoso para cumplir todo lo que promete. 22Y, debido a su fe, Dios lo consideró justo. 23Y el hecho de que Dios lo considerara justo no fue solo para beneficio de Abraham, sino que quedó escrito 24también para nuestro beneficio, porque nos asegura que Dios nos considerará justos a nosotros también si creemos en él, quien levantó de los muertos a Jesús nuestro Señor. 25Él fue entregado a la muerte por causa de nuestros pecados, y resucitado para hacernos justos a los ojos de Dios.

¡Respuestas Bíblicas! 161 ¿Qué es la gracia?

5:2 Si hicieras algo malo, deberías ser castigado. Pero la gracia cambia esto. Gracia significa que eres perdonado incluso cuando no mereces serlo. Significa que Dios te bendice incluso cuando deberías ser castigado.

La fe produce alegría

5 Por lo tanto, ya que fuimos hechos justos a los ojos de Dios por medio de la fe, tenemos paz* con Dios gracias a lo que Jesucristo nuestro Señor hizo por nosotros. 2Debido a nuestra fe, Cristo nos hizo entrar en este lugar de privilegio inmerecido en el cual ahora permanecemos, y esperamos con confianza y alegría participar de la gloria de Dios.

3También nos alegramos al enfrentar pruebas y dificultades porque sabemos que nos ayudan a desarrollar resistencia. 4Y la resistencia desarrolla firmeza de carácter, y el carácter fortalece nuestra esperanza segura de salvación. 5Y esa esperanza no acabará en desilusión. Pues sabemos con cuánta ternura nos ama Dios, porque nos ha dado el Espíritu Santo para llenar nuestro corazón con su amor.

6Cuando éramos totalmente incapaces de salvarnos, Cristo vino en el momento preciso y murió por nosotros, pecadores. 7Ahora bien, casi nadie se ofrecería a morir por una persona honrada, aunque tal vez alguien podría estar dispuesto a dar su vida por una persona extraordinariamente buena; 8pero Dios mostró el gran amor que nos tiene al enviar a Cristo a morir por nosotros cuando todavía éramos pecadores. 9Entonces, ya que hemos sido hechos justos a los ojos de Dios por la sangre de Cristo, con toda seguridad él nos salvará de la condenación de Dios. 10Pues, como nuestra amistad con Dios quedó restablecida por la muerte de su Hijo cuando todavía éramos sus enemigos, con toda seguridad seremos salvos por la vida de su Hijo. 11Así que ahora podemos alegrarnos por nuestra nueva y maravillosa relación con Dios gracias a que nuestro Señor Jesucristo nos hizo amigos de Dios.

Comparación entre Adán y Cristo

12Cuando Adán pecó, el pecado entró en el mundo. El pecado de Adán introdujo la muerte, de modo que la muerte se extendió a todos, porque todos pecaron. 13Es cierto, la gente ya pecaba aun antes de que se entregara la ley; pero no se le tomaba en cuenta como pecado, porque todavía no existía ninguna ley para violar. 14Sin embargo, desde los tiempos de Adán hasta los de Moisés, todos murieron, incluso los que no desobedecieron un mandamiento explícito de Dios como lo hizo Adán. Ahora bien, Adán es un símbolo, una representación de Cristo, quien aún tenía que venir; 15pero hay una gran diferencia entre el pecado de Adán y el regalo del favor inmerecido de Dios. Pues el pecado de un solo hombre, Adán, trajo muerte a muchos; pero aún más grande es la gracia maravillosa de Dios y el regalo de su perdón para muchos por medio de otro hombre, Jesucristo; 16y el resultado del regalo del favor inmerecido de Dios es muy diferente de la consecuencia del pecado de ese primer hombre. Pues el pecado de Adán llevó a la condenación, pero el regalo de Dios nos lleva a ser hechos justos a los ojos de Dios, a pesar de que somos culpables de muchos pecados. 17Pues el pecado de un solo hombre, Adán, hizo que la muerte reinara sobre muchos; pero aún más grande es la gracia maravillosa de Dios y el regalo de su justicia, porque todos los que lo reciben vivirán en victoria sobre el pecado y la muerte por medio de un solo hombre, Jesucristo.

18Así es, un solo pecado de Adán trae condenación para todos, pero un solo acto de justicia de Cristo trae una relación correcta con Dios y vida nueva para todos. 19Por uno solo que desobedeció a Dios, muchos pasaron a ser pecadores; pero por uno solo que obedeció a Dios, muchos serán declarados justos.

20La ley de Dios fue entregada para que toda la gente se diera cuenta de la magnitud de su pecado, pero mientras más pecaba la gente, más abundaba la gracia maravillosa de Dios. 21Entonces, así como el pecado reinó sobre todos y los llevó a la muerte, ahora reina en cambio la gracia maravillosa de Dios, la cual nos pone en la relación correcta con él y nos da como resultado la vida eterna por medio de Jesucristo nuestro Señor.

***Notas textuales** **4:17** Gn 17:5. **4:18** Gn 15:5. **5:1** Algunos manuscritos dicen *tengamos paz.*

Referencias cruzadas **4:15** Rm 3:20 **5:8** Jn 15:13 **5:17** Hch 15:11 **5:20-21** Ga 3:14

¡Respuestas Bíblicas! 162 ¿Cómo sabemos que Dios nos ama?

5:15 Jesús, el Hijo de Dios, vino a morir por nosotros.
Él murió por nosotros aunque seamos pecadores.
Él murió por nuestros pecados y se levantó de entre los muertos, triunfando sobre el pecado y la muerte.
Esto muestra cuánto nos ama Dios.

Cristo quebró el poder del pecado

6 Ahora bien, ¿deberíamos seguir pecando para que
Dios nos muestre más y más su gracia maravillosa?
2¡Por supuesto que no! Nosotros hemos muerto al pecado,
entonces, ¿cómo es posible que sigamos viviendo en pe-
cado? 3¿O acaso olvidaron que, cuando fuimos unidos a
Cristo Jesús en el bautismo, nos unimos a él en su muerte?
4Pues hemos muerto y fuimos sepultados con Cristo me-
diante el bautismo; y tal como Cristo fue levantado de los
muertos por el poder glorioso del Padre, ahora nosotros
también podemos vivir una vida nueva.
5Dado que fuimos unidos a él en su muerte, también
seremos resucitados como él. 6Sabemos que nuestro an-
tiguo ser pecaminoso fue crucificado con Cristo para que
el pecado perdiera su poder en nuestra vida. Ya no somos
esclavos del pecado. 7Pues, cuando morimos con Cristo,
fuimos liberados del poder del pecado; 8y dado que mo-
rimos con Cristo, sabemos que también viviremos con
él. 9Estamos seguros de eso, porque Cristo fue levantado
de los muertos y nunca más volverá a morir. La muerte
ya no tiene ningún poder sobre él. 10Cuando él murió,
murió una sola vez, a fin de quebrar el poder del pecado;
pero ahora que él vive, vive para la gloria de Dios. 11Así
también ustedes deberían considerarse muertos al poder
del pecado y vivos para Dios por medio de Cristo Jesús.
12No permitan que el pecado controle la manera en
que viven;* no caigan ante los deseos pecaminosos. 13No
dejen que ninguna parte de su cuerpo se convierta en un
instrumento del mal para servir al pecado. En cambio,
entréguense completamente a Dios, porque antes estaban
muertos pero ahora tienen una vida nueva. Así que usen
todo su cuerpo como un instrumento para hacer lo que es
correcto para la gloria de Dios. 14El pecado ya no es más
su amo, porque ustedes ya no viven bajo las exigencias de
la ley. En cambio, viven en la libertad de la gracia de Dios.
15Ahora bien, ¿eso significa que podemos seguir pe-
cando porque la gracia de Dios nos ha liberado de la ley?
¡Claro que no! 16¿No se dan cuenta de que uno se con-
vierte en esclavo de todo lo que decide obedecer? Uno
puede ser esclavo del pecado, lo cual lleva a la muerte,
o puede decidir obedecer a Dios, lo cual lleva a una vida
recta. 17Antes ustedes eran esclavos del pecado pero, gra-
cias a Dios, ahora obedecen de todo corazón la enseñanza
que les hemos dado. 18Ahora son libres de la esclavitud del
pecado y se han hecho esclavos de la vida recta.
19Uso la ilustración de la esclavitud para ayudarlos
a entender todo esto, porque la naturaleza humana de
ustedes es débil. En el pasado, se dejaron esclavizar por
la impureza y el desenfreno, lo cual los hundió aún más
en el pecado. Ahora deben entregarse como esclavos a la
vida recta para llegar a ser santos.
20Cuando eran esclavos del pecado, estaban libres
de la obligación de hacer lo correcto. 21¿Y cuál fue la
consecuencia? Que ahora están avergonzados de las cosas
que solían hacer, cosas que terminan en la condenación
eterna; 22pero ahora quedaron libres del poder del pecado
y se han hecho esclavos de Dios. Ahora hacen las cosas
que llevan a la santidad y que dan como resultado la vida
eterna. 23Pues la paga que deja el pecado es la muerte,
pero el regalo que Dios da es la vida eterna por medio de
Cristo Jesús nuestro Señor.

No más atados a la ley

7 Ahora bien, amados hermanos, ustedes que conocen
la ley, ¿no saben que la ley se aplica solo mientras
una persona está viva? 2Por ejemplo, cuando una mujer
se casa, la ley la une a su marido mientras él viva; pero si
él muere, las leyes del matrimonio ya no se aplican a ella.
3Así que mientras su marido viva, ella cometería adulterio
si se casara con otro hombre; pero si el esposo muere,
ella queda libre de esa ley y no comete adulterio cuando
se casa de nuevo.
4Por lo tanto, mis amados hermanos, la cuestión es
la siguiente: ustedes murieron al poder de la ley cuando
murieron con Cristo y ahora están unidos a aquel que fue
levantado de los muertos. Como resultado, podemos pro-
ducir una cosecha de buenas acciones para Dios. 5Cuando
vivíamos controlados por nuestra vieja naturaleza,* los
deseos pecaminosos actuaban dentro de nosotros y la
ley despertaba esos malos deseos que producían una co-
secha de acciones pecaminosas, las cuales nos llevaban a
la muerte. 6Pero ahora fuimos liberados de la ley, porque
morimos a ella y ya no estamos presos de su poder. Ahora
podemos servir a Dios, no según el antiguo modo —que
consistía en obedecer la letra de la ley—, sino mediante
uno nuevo, el de vivir en el Espíritu.

La ley de Dios revela nuestro pecado

7Ahora bien, ¿acaso sugiero que la ley de Dios es pecami-
nosa? ¡De ninguna manera! De hecho, fue la ley la que me
mostró mi pecado. Yo nunca hubiera sabido que codiciar
es malo si la ley no dijera: «No codicies»*. 8¡Pero el pecado
usó ese mandamiento para despertar toda clase de deseos
codiciosos dentro de mí! Si no existiera la ley, el pecado no
tendría ese poder. 9Hubo un tiempo en que viví sin enten-
der la ley. Sin embargo, cuando aprendí, por ejemplo, el
mandamiento de no codiciar, el poder del pecado cobró
vida 10y yo morí. Entonces me di cuenta de que los man-
datos de la ley —que supuestamente traían vida— trajeron,
en cambio, muerte espiritual. 11El pecado se aprovechó
de esos mandatos y me engañó; usó los mandatos para
matarme. 12Sin embargo, la ley en sí misma es santa, y
sus mandatos son santos, rectos y buenos.
13¿Pero cómo puede ser? ¿Acaso la ley, que es buena,
provocó mi muerte? ¡Por supuesto que no! El pecado usó
lo que era bueno a fin de lograr mi condena de muerte.
Por eso, podemos ver qué terrible es el pecado. Se vale
de los buenos mandatos de Dios para lograr sus propios
fines malvados.

***Notas textuales** **6:12** O *No permitan que el pecado reine en su cuerpo, el cual está sujeto a la muerte.* **7:5** En griego *Cuando estábamos en la carne.* **7:7** Ex 20:17; Dt 5:21.

Referencias cruzadas **6:4** Col 2:12 **6:7** Rm 7:24 **6:14** Rm 3:24 **6:18** Jn 8:34 **7:4** Rm 1:13 **7:6** Rm 2:29 **7:10-12** Lv 18:5 **7:13** Rm 6:23

La lucha contra el pecado

14Por lo tanto, el problema no es con la ley, porque la ley es buena y espiritual. El problema está en mí, porque soy demasiado humano, un esclavo del pecado. 15Realmente no me entiendo a mí mismo, porque quiero hacer lo que es correcto pero no lo hago. En cambio, hago lo que odio. 16Pero si yo sé que lo que hago está mal, eso demuestra que estoy de acuerdo con que la ley es buena. 17Entonces no soy yo el que hace lo que está mal, sino el pecado que vive en mí.

18Yo sé que en mí, es decir, en mi naturaleza pecaminosa* no existe nada bueno. Quiero hacer lo que es correcto, pero no puedo. 19Quiero hacer lo que es bueno, pero no lo hago. No quiero hacer lo que está mal, pero igual lo hago. 20Ahora, si hago lo que no quiero hacer, realmente no soy yo el que hace lo que está mal, sino el pecado que vive en mí.

21He descubierto el siguiente principio de vida: que cuando quiero hacer lo que es correcto, no puedo evitar hacer lo que está mal. 22Amo la ley de Dios con todo mi corazón, 23pero hay otro poder* dentro de mí que está en guerra con mi mente. Ese poder me esclaviza al pecado que todavía está dentro de mí. 24¡Soy un pobre desgraciado! ¿Quién me libertará de esta vida dominada por el pecado y la muerte? 25¡Gracias a Dios! La respuesta está en Jesucristo nuestro Señor. Así que ya ven: en mi mente de verdad quiero obedecer la ley de Dios, pero a causa de mi naturaleza pecaminosa, soy esclavo del pecado.

La vida en el Espíritu

8 Por lo tanto, ya no hay condenación para los que pertenecen a Cristo Jesús; 2y porque ustedes pertenecen a él, el poder* del Espíritu que da vida los* ha libertado del poder del pecado, que lleva a la muerte. 3La ley de Moisés no podía salvarnos, porque nuestra naturaleza pecaminosa* es débil. Así que Dios hizo lo que la ley no podía hacer. Él envió a su propio Hijo en un cuerpo como el que nosotros los pecadores tenemos; y en ese cuerpo, mediante la entrega de su Hijo como sacrificio por nuestros pecados, Dios declaró el fin del dominio que el pecado tenía sobre nosotros. 4Lo hizo para que se cumpliera totalmente la exigencia justa de la ley a favor de nosotros, que ya no seguimos a nuestra naturaleza pecaminosa sino que seguimos al Espíritu.

5Los que están dominados por la naturaleza pecaminosa piensan en cosas pecaminosas, pero los que son controlados por el Espíritu Santo piensan en las cosas que agradan al Espíritu. 6Por lo tanto, permitir que la naturaleza pecaminosa les controle la mente lleva a la muerte. Pero permitir que el Espíritu les controle la mente lleva a la vida y a la paz. 7Pues la naturaleza pecaminosa es enemiga de Dios siempre. Nunca obedeció las leyes de Dios y jamás lo hará. 8Por eso, los que todavía viven bajo el dominio de la naturaleza pecaminosa nunca pueden agradar a Dios.

9Pero ustedes no están dominados por su naturaleza pecaminosa. Son controlados por el Espíritu si el Espíritu de Dios vive en ustedes. (Y recuerden que los que no tienen al Espíritu de Cristo en ellos, de ninguna manera pertenecen a él). 10Y Cristo vive en ustedes; entonces, aunque el cuerpo morirá por causa del pecado, el Espíritu les da vida,* porque ustedes ya fueron hechos justos a los ojos de Dios. 11El Espíritu de Dios, quien levantó a Jesús de los muertos, vive en ustedes; y así como Dios levantó a Cristo Jesús de los muertos, él dará vida a sus cuerpos mortales mediante el mismo Espíritu, quien vive en ustedes.

12Por lo tanto, amados hermanos, no están obligados a hacer lo que su naturaleza pecaminosa los incita a hacer; 13pues, si viven obedeciéndola, morirán; pero si mediante el poder del Espíritu hacen morir las acciones de la naturaleza pecaminosa,* vivirán. 14Pues todos los que son guiados por el Espíritu de Dios son hijos de Dios.

15Y ustedes no han recibido un espíritu que los esclavice al miedo. En cambio, recibieron el Espíritu de Dios cuando él los adoptó como sus propios hijos.* Ahora lo llamamos «Abba, Padre»*. 16Pues su Espíritu se une a nuestro espíritu para confirmar que somos hijos de Dios. 17Así que como somos sus hijos, también somos sus herederos. De hecho, somos herederos junto con Cristo de la gloria de Dios; pero si vamos a participar de su gloria, también debemos participar de su sufrimiento.

La gloria futura

18Sin embargo, lo que ahora sufrimos no es nada comparado con la gloria que él nos revelará más adelante. 19Pues toda la creación espera con anhelo el día futuro en que Dios revelará quiénes son verdaderamente sus hijos. 20Contra su propia voluntad, toda la creación quedó sujeta a la maldición de Dios. Sin embargo, con gran esperanza, 21la creación espera el día en que será liberada de la muerte y la descomposición, y se unirá a la gloria de los hijos de Dios. 22Pues sabemos que, hasta el día de hoy, toda la creación gime de angustia como si tuviera dolores de parto; 23y los creyentes también gemimos —aunque tenemos al Espíritu Santo en nosotros como una muestra anticipada de la gloria futura— porque anhelamos que nuestro cuerpo sea liberado del pecado y el sufrimiento. Nosotros también deseamos con una esperanza ferviente que llegue el día en que Dios nos dé todos nuestros derechos como sus hijos adoptivos,* incluido el nuevo cuerpo que nos prometió. 24Recibimos esa esperanza cuando fuimos salvos. (Si uno ya tiene algo, no necesita esperarlo; 25pero si deseamos algo que todavía no tenemos, debemos esperar con paciencia y confianza).

26Además, el Espíritu Santo nos ayuda en nuestra debilidad. Por ejemplo, nosotros no sabemos qué quiere Dios que le pidamos en oración, pero el Espíritu Santo ora por nosotros con gemidos que no pueden expresarse con palabras. 27Y el Padre, quien conoce cada corazón, sabe lo que el Espíritu dice, porque el Espíritu intercede por nosotros, los creyentes,* en armonía con la voluntad de Dios. 28Y sabemos que Dios hace que todas las cosas cooperen* para el bien de quienes lo aman y son llamados según el propósito que él tiene para ellos. 29Pues Dios conoció a los suyos de antemano y los eligió para que llegaran a ser como su Hijo, a fin de que su Hijo fuera el hijo mayor* entre muchos hermanos. 30Después de haberlos elegido,

***Notas textuales** **7:18** En griego *mi carne*; también en 7:25. **7:23** En griego *otra ley*; similar en 7:23b. **8:2a** En griego *la ley*; también en 8:2b. **8:2b** Algunos manuscritos dicen *me*. **8:3** En griego *nuestra carne*; similar en 8:4, 5, 6, 7, 8, 9, 12. **8:10** O *el espíritu de ustedes está vivo*. **8:13** En griego *las acciones del cuerpo*. **8:15a** En griego *recibieron un espíritu de adopción como hijos*. **8:15b** *Abba* es un término arameo que significa «padre». **8:23** En griego *también esperamos ansiosamente la adopción como hijos*. **8:27** En griego *por el pueblo santo de Dios*. **8:28** Algunos manuscritos dicen *Y sabemos que todo coopera*. **8:29** O *fuera el supremo*.

Referencias cruzadas **8:4** 1 Co 15:45 **8:8** Ga 6:8 **8:17** Ga 4:7 **8:24-25** 2 Co 5:2, 4

Dios los llamó para que se acercaran a él; y una vez que los llamó, los puso en la relación correcta con él; y luego de ponerlos en la relación correcta con él, les dio su gloria.

Nada puede separarnos del amor de Dios

31¿Qué podemos decir acerca de cosas tan maravillosas como estas? Si Dios está a favor de nosotros, ¿quién podrá ponerse en nuestra contra? 32Si Dios no se guardó ni a su propio Hijo, sino que lo entregó por todos nosotros, ¿no nos dará también todo lo demás? 33¿Quién se atreve a acusarnos a nosotros, a quienes Dios ha elegido para sí? Nadie, porque Dios mismo nos puso en la relación correcta con él. 34Entonces, ¿quién nos condenará? Nadie, porque Cristo Jesús murió por nosotros y resucitó por nosotros, y está sentado en el lugar de honor, a la derecha de Dios, e intercede por nosotros.

35¿Acaso hay algo que pueda separarnos del amor de Cristo? ¿Será que él ya no nos ama si tenemos problemas o aflicciones, si somos perseguidos o pasamos hambre o estamos en la miseria o en peligro o bajo amenaza de muerte? 36(Como dicen las Escrituras: «Por tu causa nos matan cada día; nos tratan como a ovejas en el matadero»*). 37Claro que no, a pesar de todas estas cosas, nuestra victoria es absoluta por medio de Cristo, quien nos amó.

38Y estoy convencido de que nada podrá jamás separarnos del amor de Dios. Ni la muerte ni la vida, ni ángeles ni demonios,* ni nuestros temores de hoy ni nuestras preocupaciones de mañana. Ni siquiera los poderes del infierno pueden separarnos del amor de Dios. 39Ningún poder en las alturas ni en las profundidades, de hecho, nada en toda la creación podrá jamás separarnos del amor de Dios, que está revelado en Cristo Jesús nuestro Señor.

Dios elige a Israel

9 Con Cristo de testigo hablo con toda veracidad. Mi conciencia y el Espíritu Santo lo confirman. 2Tengo el corazón lleno de amarga tristeza e infinito dolor 3por mi pueblo, mis hermanos judíos.* Yo estaría dispuesto a vivir bajo maldición para siempre —¡separado de Cristo!— si eso pudiera salvarlos. 4Ellos son el pueblo de Israel, elegidos para ser los hijos adoptivos de Dios.* Él les reveló su gloria, hizo pactos con ellos y les entregó su ley. Les dio el privilegio de adorarlo y de recibir sus promesas maravillosas. 5Abraham, Isaac y Jacob son los antepasados de los israelitas, y Cristo mismo era israelita en cuanto a su naturaleza humana. Y él es Dios, el que reina sobre todas las cosas, ¡y es digno de eterna alabanza! Amén.*

6Ahora bien, ¿acaso Dios no cumplió su promesa a Israel? ¡No, porque no todos los que nacen en la nación de Israel son en verdad miembros del pueblo de Dios! 7Ser descendientes de Abraham no los hace verdaderos hijos de Abraham, pues las Escrituras dicen: «Isaac es el hijo mediante el cual procederán tus descendientes»*, aunque Abraham también tuvo otros hijos. 8Eso significa que no todos los descendientes naturales de Abraham son necesariamente hijos de Dios. Solo los hijos de la promesa son considerados hijos de Abraham; 9pues Dios había prometido: «Volveré dentro de un año, y Sara tendrá un hijo»*.

10Ese hijo fue nuestro antepasado Isaac. Cuando se casó con Rebeca, ella dio a luz mellizos.* 11Sin embargo, antes de que nacieran, antes de que pudieran hacer algo bueno o malo, ella recibió un mensaje de Dios. (Este mensaje demuestra que Dios elige a la gente según sus propósitos; 12él llama a las personas, pero no según las buenas o malas acciones que hayan hecho). Se le dijo: «Tu hijo mayor servirá a tu hijo menor»*. 13Como dicen las Escrituras: «Amé a Jacob, pero rechacé a Esaú»*.

14¿Estamos diciendo, entonces, que Dios fue injusto? ¡Por supuesto que no! 15Pues Dios le dijo a Moisés:

«Tendré misericordia de quien yo quiera
y mostraré compasión con quien yo quiera»*.

16Por lo tanto, es Dios quien decide tener misericordia. No depende de nuestro deseo ni de nuestro esfuerzo.

17Pues las Escrituras cuentan que Dios le dijo al faraón: «Te he designado con el propósito específico de exhibir mi poder en ti y dar a conocer mi fama por toda la tierra»*. 18Así que, como ven, Dios decide tener misericordia de algunos y también decide endurecer el corazón de otros para que se nieguen a escuchar.

19Ahora bien, ustedes podrían decir: «¿Por qué Dios culpa a las personas por no responder? ¿Acaso no hicieron sencillamente lo que él les exige que hagan?».

20No, no digan eso. ¿Quién eres tú, simple ser humano, para discutir con Dios? ¿Acaso el objeto creado puede preguntarle a su creador: «¿Por qué me has hecho así?»? 21Cuando un alfarero hace vasijas de barro, ¿no tiene derecho a usar del mismo trozo de barro para hacer una vasija de adorno y otra para arrojar basura? 22De la misma manera, aunque Dios tiene el derecho de mostrar su enojo y su poder, él es muy paciente con aquellos que son objeto de su enojo, los que están destinados para destrucción. 23Lo hace para que las riquezas de su gloria brillen con mucha más intensidad sobre aquellos a quienes les tiene misericordia, los que preparó de antemano para gloria. 24Y nosotros estamos entre los que él eligió, ya sea del grupo de los judíos o de los gentiles.

25Con respecto a los gentiles, Dios dice en la profecía de Oseas:

«A los que no eran mi pueblo,
ahora los llamaré mi pueblo.
Y amaré a los que
antes no amaba»*.

26Y también dice:

«En el lugar donde se les dijo:
"Ustedes no son mi pueblo",
allí serán llamados
"hijos del Dios viviente"»*.

27Con respecto a Israel, el profeta Isaías clamó:

«Aunque los hijos de Israel son tan numerosos como
la arena a la orilla del mar,
solo un remanente se salvará.
28 Pues el Señor ejecutará su sentencia sobre la tierra

***Notas textuales** **8:36** Sal 44:22. **8:38** En griego *ni gobernantes.* **9:3** En griego *pueblo, mis hermanos.* **9:4** En griego *elegidos para la adopción como hijos.* **9:5** O *Que Dios, el que reina sobre todas las cosas, sea alabado por siempre. Amén.* **9:7** Gn 21:12. **9:9** Gn 18:10, 14. **9:10** En griego *ella concibió hijos de ese hombre solamente.* **9:12** Gn 25:23. **9:13** Ml 1:2-3. **9:15** Ex 33:19. **9:17** Ex 9:16 (versión griega). **9:25** Os 2:23. **9:26** Os 1:10.

Referencias cruzadas **8:36** Sal 44:22 **8:39** Sal 118:6 **9:5** Jn 1:1 **9:9** Gn 18:10, 14 **9:14** 2 Cr 19:7 **9:18** Ex 4:21 **9:25** Os 2:23; Rm 3:29 **9:27-28** Is 10:22-23; Rm 11:5

sin demora y de manera terminante»*.

29 Y lo mismo dijo Isaías en otro lugar:

«Si el SEÑOR de los Ejércitos Celestiales
no hubiera perdonado la vida a unos cuantos de nuestros hijos,
habríamos sido exterminados como Sodoma
y destruidos como Gomorra»*.

Incredulidad de Israel

30 ¿Qué significa todo esto? Aunque los gentiles no trataban de seguir las normas de Dios, fueron hechos justos a los ojos de Dios; y eso sucedió por medio de la fe. 31 Pero los hijos de Israel, que se esforzaron tanto en cumplir la ley para llegar a ser justos ante Dios, nunca lo lograron. 32 ¿Por qué no? Porque trataban de hacerse justos ante Dios por cumplir la ley* en lugar de confiar en él. Tropezaron con la gran piedra en su camino. 33 Dios se lo advirtió en las Escrituras cuando dijo:

«Pongo en Jerusalén* una piedra que hace tropezar a muchos,
una roca que los hace caer.
Pero todo el que confíe en él
jamás será avergonzado»*.

10 Amados hermanos, el profundo deseo de mi corazón y mi oración a Dios es que los israelitas lleguen a ser salvos. 2 Yo sé que ellos tienen un gran entusiasmo por Dios, pero es un fervor mal encauzado. 3 Pues no entienden la forma en que Dios hace justas a las personas ante él. Se niegan a aceptar el modo de Dios y, en cambio, se aferran a su propio modo de hacerse justos ante él tratando de cumplir la ley. 4 Sin embargo, Cristo ya cumplió el propósito por el cual se entregó la ley.* Como resultado, todos los que creen en él son hechos justos a los ojos de Dios.

La salvación es para todos

5 Pues Moisés escribe que la ley exige obediencia a todos sus mandatos* para que una persona llegue a ser justa ante Dios. 6 Pero el modo de la fe para hacernos justos ante Dios dice: «No digas en tu corazón: "¿Quién subirá al cielo?" (para hacer bajar a Cristo a la tierra). 7 Ni tampoco digas: "¿Quién descenderá al lugar de los muertos?" (para volver a Cristo de nuevo a la vida)». 8 En realidad, dice:

«El mensaje está muy al alcance de la mano,
está en tus labios y en tu corazón»*.

Y ese mensaje es el mismo mensaje que nosotros predicamos acerca de la fe: 9 Si declaras abiertamente que Jesús es el Señor y crees en tu corazón que Dios lo levantó de los muertos, serás salvo. 10 Pues es por creer en tu corazón que eres hecho justo a los ojos de Dios y es por declarar abiertamente tu fe que eres salvo. 11 Como nos dicen las Escrituras: «Todo el que confíe en él jamás será avergonzado»*. 12 No hay diferencia entre los judíos y los gentiles* en ese sentido. Ambos tienen al mismo Señor, quien da con generosidad a todos los que lo invocan. 13 Pues «todo el que invoque el nombre del SEÑOR será salvo»*.

14 ¿Pero cómo pueden ellos invocarlo para que los salve si no creen en él? ¿Y cómo pueden creer en él si nunca han oído de él? ¿Y cómo pueden oír de él a menos que alguien se lo diga? 15 ¿Y cómo irá alguien a contarles sin ser enviado? Por eso, las Escrituras dicen: «¡Qué hermosos son los pies de los mensajeros que traen buenas noticias!»*.

16 Sin embargo, no todos aceptan la Buena Noticia, porque el profeta Isaías dijo: «SEÑOR, ¿quién ha creído nuestro mensaje?»*. 17 Así que la fe viene por oír, es decir, por oír la Buena Noticia acerca de Cristo. 18 Pero pregunto: ¿de verdad el pueblo de Israel oyó el mensaje? Claro que sí.

«El mensaje se ha difundido por toda la tierra,
y sus palabras, por todo el mundo»*.

19 Vuelvo a preguntar: ¿entendió realmente el pueblo de Israel? Por supuesto que sí. Pues, incluso en el tiempo de Moisés, Dios dijo:

«Despertaré sus celos con un pueblo que ni siquiera es una nación.
Provocaré su enojo por medio de gentiles insensatos»*.

20 Luego Isaías habló audazmente de parte de Dios y dijo:

«Me encontraron personas que no me buscaban.
Me mostré a los que no preguntaban por mí»*.

21 Pero, con respecto a Israel, Dios dijo:

«Todo el día les abrí mis brazos,
pero ellos fueron desobedientes y rebeldes»*.

Misericordia de Dios con Israel

11 Entonces pregunto: ¿acaso Dios ha rechazado a su propio pueblo, la nación de Israel? ¡Por supuesto que no! Yo mismo soy israelita, descendiente de Abraham y miembro de la tribu de Benjamín.

2 No, Dios no ha rechazado a su propio pueblo, al cual eligió desde el principio. ¿Se dan cuenta de lo que dicen las Escrituras sobre el tema? El profeta Elías se quejó del pueblo de Israel ante Dios y dijo: 3 «SEÑOR, han matado a tus profetas y derribaron tus altares. Yo soy el único que queda con vida, y ahora me buscan para matarme a mí también»*.

4 ¿Y recuerdan la respuesta de Dios? Él dijo: «¡No, tengo a siete mil más que nunca se han inclinado ante Baal!»*.

5 Lo mismo sucede hoy, porque unos cuantos del pueblo de Israel han permanecido fieles* por la gracia de Dios, es decir, por su bondad inmerecida al elegirlos; 6 y como es mediante la bondad de Dios, entonces no es por medio de buenas acciones. Pues, en ese caso, la gracia de Dios no sería lo que realmente es: gratuita e inmerecida.

7 Así que la situación es la siguiente: la mayoría del pueblo de Israel no ha encontrado el favor de Dios que tanto

***Notas textuales** **9:27-28** Is 10:22-23 (versión griega). **9:29** Is 1:9 (versión griega). **9:32** En griego *por medio de acciones.* **9:33a** En griego *en Sion*. **9:33b** Is 8:14; 28:16 (versión griega). **10:4** O *Cristo es el fin de la ley.* **10:5** Ver Lv 18:5. **10:6-8** Dt 30:12-14. **10:11** Is 28:16 (versión griega). **10:12** *Gentil[es],* que no es judío. En griego *y los griegos.* **10:13** Jl 2:32. **10:15** Is 52:7. **10:16** Is 53:1. **10:18** Sal 19:4. **10:19** Dt 32:21. **10:20** Is 65:1 (versión griega). **10:21** Is 65:2 (versión griega). **11:3** 1 Re 19:10, 14. **11:4** 1 Re 19:18. **11:5** En griego *porque un remanente ha permanecido fiel*.

Referencias cruzadas **9:33** Is 28:16 **10:4** Hch 21:20 **10:13** Jl 2:32; Hch 2:21 **10:19** Rm 11:11, 14 **11:6** Rm 4:4

busca. Unos cuantos sí lo han encontrado —los que Dios
ha elegido—, pero el corazón de los demás fue endurecido.
8Como dicen las Escrituras:

«Dios los hizo caer en un sueño profundo.
Hasta el día de hoy, les ha cerrado los ojos para que
no vean
y les ha tapado los oídos para que no oigan»*.

9También David dijo:

«Que su mesa de abundancia se convierta en una
trampa,
en un engaño que los lleve a pensar que todo está
bien.
Que sus bendiciones los hagan
tropezar,
y que reciban su merecido.
10 Que sus ojos queden ciegos para que no puedan ver,
y que la espalda se les encorve para siempre»*.

11¿Acaso el pueblo de Dios tropezó y cayó sin posibi-
lidad de recuperarse? ¡De ninguna manera! El pueblo fue
desobediente, por eso Dios puso la salvación al alcance de
los gentiles.* Sin embargo, él quería que su propio pueblo
sintiera celos y la reclamara para sí. 12Ahora bien, si los
gentiles fueron enriquecidos porque los israelitas recha-
zaron la oferta de salvación de Dios, imagínense cuánto
más grande será la bendición para el mundo cuando ellos
por fin la acepten.
13Menciono todo lo anterior especialmente para uste-
des, los gentiles. Dios me designó apóstol a los gentiles.
Pongo énfasis en esto 14porque, de alguna manera, quiero
hacer que los hijos de Israel sientan celos de lo que tienen
ustedes, los gentiles, y entonces yo pueda salvar a algu-
nos de ellos. 15Pues, si el rechazo de ellos hizo que Dios
ofreciera la salvación al resto del mundo, la aceptación
de ellos será algo aún más maravilloso. ¡Será vida para
los que estaban muertos! 16Y dado que Abraham y los
otros patriarcas fueron santos, sus descendientes también
serán santos, del mismo modo que toda la masa de pan
es santa porque la porción que se da como ofrenda es
santa. Pues, si las raíces del árbol son santas, las ramas
también lo serán.
17Algunas ramas del árbol de Abraham —algunos del
pueblo de Israel— han sido arrancadas; y ustedes, los gen-
tiles, que eran ramas de un olivo silvestre, fueron injerta-
dos. Así que ahora ustedes también reciben la bendición
que Dios prometió a Abraham y a sus hijos, con lo cual
comparten con ellos el alimento nutritivo que proviene de
la raíz del olivo especial de Dios. 18Así que no se jacten de
haber sido injertados para reemplazar a las ramas que fue-
ron arrancadas. Ustedes son solo una rama, no son la raíz.
19Tal vez digas: «Bueno, esas ramas fueron arrancadas
para darme lugar a mí». 20Es cierto, pero recuerda: esas
ramas fueron arrancadas porque no creyeron en Cristo,
y tú estás allí porque sí crees. Así que no te consideres tan
importante, más bien teme lo que podría suceder. 21Pues,
si Dios no perdonó a las ramas originales, tampoco* te
perdonará a ti.
22Fíjate en que Dios es bondadoso pero también es
severo. Es severo con los que desobedecen, pero será
bondadoso contigo si sigues confiando en su bondad.
En cambio, si dejas de confiar, tú también serás arrancado
por completo. 23Y si el pueblo de Israel abandona su in-
credulidad, volverá a ser injertado, pues Dios tiene poder
para volver a injertarlo en el árbol. 24Tú, por naturaleza,
eras una rama cortada de un olivo silvestre. Por lo tanto,
si Dios estuvo dispuesto a ir en contra de la naturaleza
al injertarte en un árbol cultivado, él estará mucho más
dispuesto a injertar las ramas originales en el árbol al que
pertenecen.

La misericordia de Dios es para todos

25Mis amados hermanos, quiero que entiendan este
misterio para que no se vuelvan orgullosos de ustedes
mismos. Parte del pueblo de Israel tiene el corazón en-
durecido, pero eso solo durará hasta que se complete el
número de gentiles que aceptarán a Cristo. 26Y entonces
todo Israel será salvo. Como dicen las Escrituras:

«El que rescata vendrá de Jerusalén*
y apartará a Israel* de la maldad.
27 Y mi pacto con ellos es
que quitaré sus pecados»*.

28Muchos del pueblo de Israel ahora son enemigos
de la Buena Noticia, y eso los beneficia a ustedes, los
gentiles. Sin embargo, ellos todavía son el pueblo que
Dios ama, porque él eligió a los antepasados Abraham,
Isaac y Jacob. 29Pues los dones de Dios y su llamado son
irrevocables. 30Ustedes, los gentiles, antes eran rebeldes
contra Dios, pero cuando el pueblo de Israel se rebeló
contra él, Dios tuvo misericordia de ustedes y no de ellos.
31Ahora ellos son los rebeldes y a ustedes Dios les mostró
su misericordia para que* ellos también participen de la
misericordia de Dios. 32Pues Dios encarceló a todos en
la desobediencia para poder tener misericordia de todos.
33¡Qué grande es la riqueza, la sabiduría y el conoci-
miento de Dios! ¡Es realmente imposible para nosotros
entender sus decisiones y sus caminos!

34 Pues, ¿quién puede conocer los pensamientos del
Señor?
¿Quién sabe lo suficiente para aconsejarlo?*
35 ¿Y quién le ha entregado tanto
para que él tenga que devolvérselo?*

36Pues todas las cosas provienen de él y existen por
su poder y son para su gloria. ¡A él sea toda la gloria por
siempre! Amén.

Sacrificio vivo para Dios

12 Por lo tanto, amados hermanos, les ruego que
entreguen su cuerpo a Dios por todo lo que él
ha hecho a favor de ustedes. Que sea un sacrificio vivo
y santo, la clase de sacrificio que a él le agrada. Esa es la
verdadera forma de adorarlo.* 2No imiten las conductas
ni las costumbres de este mundo, más bien dejen que Dios
los transforme en personas nuevas al cambiarles la manera

***Notas textuales** **11:8** Is 29:10; Dt 29:4. **11:9-10** Sal 69:22-23 (versión griega). **11:11** *Gentil[es]*, que no es judío. **11:21** Algunos manuscritos dicen *quizá tampoco.* **11:26a** En griego *de Sion*. **11:26b** En griego *Jacob*. **11:26-27** Is 59:20-21; 27:9 (versión griega). **11:31** Otros manuscritos dicen *para que ahora*; incluso otros dicen *para que algún día.* **11:34** Is 40:13 (versión griega). **11:35** Ver Jb 41:11. **12:1** O *Esa es la adoración espiritual de ustedes*; o *Ese es el servicio que se espera de ustedes*.

Referencias cruzadas **11:9-10** Sal 69:22-23 **11:20-21** 1 Co 10:12 **11:24** Jn 15:2 **11:27** Hb 8:10, 12 **12:2** Ef 4:23

de pensar. Entonces aprenderán a conocer la voluntad de
Dios para ustedes, la cual es buena, agradable y perfecta.
3Basado en el privilegio y la autoridad* que Dios me
ha dado, le advierto a cada uno de ustedes lo siguiente:
ninguno se crea mejor de lo que realmente es. Sean re-
alistas al evaluarse a ustedes mismos, háganlo según la
medida de fe que Dios les haya dado.* 4Así como nuestro
cuerpo tiene muchas partes y cada parte tiene una función
específica, 5el cuerpo de Cristo también. Nosotros somos
las diversas partes de un solo cuerpo y nos pertenecemos
unos a otros.
6Dios, en su gracia, nos ha dado dones diferentes para
hacer bien determinadas cosas. Por lo tanto, si Dios te dio
la capacidad de profetizar, habla con toda la fe que Dios
te haya concedido. 7Si tu don es servir a otros, sírvelos
bien. Si eres maestro, enseña bien. 8Si tu don consiste
en animar a otros, anímalos. Si tu don es dar, hazlo con
generosidad. Si Dios te ha dado la capacidad de liderar,
toma la responsabilidad en serio. Y si tienes el don de
mostrar bondad a otros, hazlo con gusto.
9No finjan amar a los demás; ámenlos de verdad.
Aborrezcan lo malo. Aférrense a lo bueno. 10Ámense
unos a otros con un afecto genuino* y deléitense al hon-
rarse mutuamente. 11No sean nunca perezosos, más bien
trabajen con esmero y sirvan al Señor con entusiasmo.*
12Alégrense por la esperanza segura que tenemos. Tengan
paciencia en las dificultades y sigan orando. 13Estén listos
para ayudar a los hijos de Dios cuando pasen necesidad.
Estén siempre dispuestos a brindar hospitalidad.
14Bendigan a quienes los persiguen. No los maldigan,
sino pídanle a Dios en oración que los bendiga. 15Alé-
grense con los que están alegres y lloren con los que lloran.
16Vivan en armonía unos con otros. No sean tan orgu-
llosos como para no disfrutar de la compañía de la gente
común. ¡Y no piensen que lo saben todo!
17Nunca devuelvan a nadie mal por mal. Compórtense
de tal manera que todo el mundo vea que ustedes son
personas honradas. 18Hagan todo lo posible por vivir en
paz con todos.
19Queridos amigos, nunca tomen venganza. Dejen que
se encargue la justa ira de Dios. Pues dicen las Escrituras:

«Yo tomaré venganza;
yo les pagaré lo que se merecen»*,
dice el SEÑOR.

20En cambio,

«Si tus enemigos tienen hambre, dales de comer.
Si tienen sed, dales de beber.
Al hacer eso, amontonarás
carbones encendidos de vergüenza sobre su
cabeza»*.

21No dejen que el mal los venza, más bien venzan el mal
haciendo el bien.

Respeto por las autoridades

13 Toda persona debe someterse a las autoridades de
gobierno, pues toda autoridad proviene de Dios,
y los que ocupan puestos de autoridad están allí colocados
por Dios. 2Por lo tanto, cualquiera que se rebele contra la
autoridad se rebela contra lo que Dios ha instituido, y será
castigado. 3Pues las autoridades no infunden temor a los
que hacen lo que está bien, sino a los que hacen lo que
está mal. ¿Quieres vivir sin temor a las autoridades? Haz
lo correcto, y ellas te honrarán. 4Las autoridades están al
servicio de Dios para tu bien; pero si estás haciendo algo
malo, por supuesto que deberías tener miedo, porque ellas
tienen poder para castigarte. Están al servicio de Dios para
cumplir el propósito específico de castigar a los que hacen
lo malo. 5Por eso tienes que someterte a ellas, no solo para
evitar el castigo, sino para mantener tu conciencia limpia.
6Por esas mismas razones, también paguen sus impues-
tos, pues los funcionarios de gobierno necesitan cobrar su
sueldo. Ellos sirven a Dios con lo que hacen. 7Ustedes den
a cada uno lo que le deben: paguen los impuestos y demás
aranceles a quien corresponda, y den respeto y honra a los
que están en autoridad.

¡Respuestas Bíblicas! 163 ¿Cómo podemos demostrar que amamos a Dios?

12:9 Mostramos que amamos a Dios cuando
amamos y ayudamos a otros.

El amor cumple con los requisitos de Dios

8No deban nada a nadie, excepto el deber de amarse unos
a otros. Si aman a su prójimo, cumplen con las exigen-
cias de la ley de Dios. 9Pues los mandamientos dicen:
«No cometas adulterio. No cometas asesinato. No robes.
No codicies»*. Estos y otros mandamientos semejantes
se resumen en uno solo: «Ama a tu prójimo como a ti
mismo»*. 10El amor no hace mal a otros, por eso el amor
cumple con las exigencias de la ley de Dios.
11Esto es aún más urgente, porque ustedes saben que es
muy tarde; el tiempo se acaba. Despierten, porque nuestra
salvación ahora está más cerca que cuando recién creímos.
12La noche ya casi llega a su fin; el día de la salvación ama-
necerá pronto. Por eso, dejen de lado sus actos oscuros
como si se quitaran ropa sucia, y pónganse la armadura
resplandeciente de la vida recta. 13Ya que nosotros perte-
necemos al día, vivamos con decencia a la vista de todos.
No participen en la oscuridad de las fiestas desenfrenadas
y de las borracheras, ni vivan en promiscuidad sexual e in-
moralidad, ni se metan en peleas, ni tengan envidia. 14Más
bien, vístanse con la presencia del Señor Jesucristo. Y no se
permitan pensar en formas de complacer los malos deseos.

El peligro de juzgar

14 Acepten a los creyentes que son débiles en la fe
y no discutan acerca de lo que ellos consideran
bueno o malo. 2Por ejemplo, un creyente piensa que está
bien comer de todo; pero otro creyente, con una con-
ciencia sensible, come solo verduras. 3Los que se sienten
libres para comer de todo no deben menospreciar a los
que no sienten la misma libertad; y los que no comen

***Notas textuales** **12:3a** O *Basado en la gracia*; comparar 1:5. **12:3b** O *fe que Dios nos haya dado*; o *según la medida de nuestra fe dada por Dios.* **12:10** En griego *con amor fraternal.* **12:11** O *más bien sirvan al Señor con un espíritu ferviente*; o *más bien dejen que el Espíritu los entusiasme siempre que sirvan al Señor.* **12:19** Dt 32:35. **12:20** Pr 25:21-22. **13:9a** Ex 20:13-15, 17. **13:9b** Lv 19:18.

Referencias cruzadas **12:8** Hch 15:32 **12:13** 1 Tm 3:2 **12:20** Lv 19:18 **13:7** Mt 22:17, 21 **13:10** Mt 19:19 **13:14** Ga 3:27

determinados alimentos no deben juzgar a los que sí los
comen, porque a esos hermanos Dios los ha aceptado.
4¿Quién eres tú para juzgar a los sirvientes de otro? Su
amo dirá si quedan en pie o caen; y con la ayuda del Señor,
quedarán en pie y recibirán la aprobación de él.

5Del mismo modo, algunos piensan que un día es más
sagrado que otro, mientras que otros creen que todos
los días son iguales. Cada uno debería estar plenamente
convencido de que el día que elija es aceptable. 6Los que
adoran al Señor un día en particular lo hacen para hon-
rarlo a él. Los que comen toda clase de alimentos lo hacen
para honrar al Señor, ya que le dan gracias a Dios antes
de comer. Y los que se niegan a comer ciertos alimentos
también quieren agradar al Señor y le dan gracias a Dios.
7Pues no vivimos para nosotros mismos ni morimos para
nosotros mismos. 8Si vivimos, es para honrar al Señor,
y si morimos, es para honrar al Señor. Entonces, tanto
si vivimos como si morimos, pertenecemos al Señor.
9Cristo murió y resucitó con este propósito: ser Señor
de los vivos y de los muertos.

10¿Por qué, entonces, juzgas a otro creyente*? ¿Por
qué menosprecias a otro creyente? Recuerda que todos
estaremos delante del tribunal de Dios. 11Pues dicen las
Escrituras:

«Tan cierto como que yo vivo —dice el Señor—*,
toda rodilla se doblará ante mí,
y toda lengua declarará lealtad a Dios*».

12Es cierto, cada uno de nosotros tendrá que responder
por sí mismo ante Dios. 13Así que dejemos de juzgarnos
unos a otros. Por el contrario, propónganse vivir de tal
manera que no causen tropiezo ni caída a otro creyente.

14Yo sé —y estoy convencido por la autoridad del Señor
Jesús— que ningún alimento en sí mismo está mal; pero si
alguien piensa que está mal comerlo, entonces, para esa
persona, está mal. 15Si otro creyente se angustia por lo que
tú comes, entonces no actúas con amor si lo comes. No
permitas que lo que tú comes destruya a alguien por quien
Cristo murió. 16Entonces no serás criticado por hacer algo
que tú crees que es bueno. 17Pues el reino de Dios no se
trata de lo que comemos o bebemos, sino de llevar una
vida de bondad, paz y alegría en el Espíritu Santo. 18Si
tú sirves a Cristo con esa actitud, agradarás a Dios y tam-
bién tendrás la aprobación de los demás. 19Por lo tanto,
procuremos que haya armonía en la iglesia y tratemos de
edificarnos unos a otros.

20No destruyas la obra de Dios a causa de lo que comes.
Recuerda que todos los alimentos están permitidos; lo
malo es comer algo que haga tropezar a otro. 21Es mejor
no comer carne ni beber vino ni hacer ninguna otra cosa
que pudiera causar que otro creyente tropiece.* 22Tal vez
crees que no hay nada malo en lo que haces, pero man-
tenlo entre tú y Dios. Benditos son los que no se sienten
culpables por hacer algo que han decidido que es correcto.
23Pero si tienes dudas acerca de si debes o no comer algo
en particular, entonces es pecado comerlo, pues no eres
fiel a tus convicciones. Si haces algo que crees que está
mal, pecas.*

Vivir para ayudar y edificar a otros

15 Los que somos fuertes debemos tener considera-
ción de los que son sensibles a este tipo de cosas.
No debemos agradarnos solamente a nosotros mismos.
2Deberíamos ayudar a otros a hacer lo que es correcto y
edificarlos en el Señor. 3Pues ni siquiera Cristo vivió para
agradarse a sí mismo. Como dicen las Escrituras: «Los
insultos de aquellos que te insultan, oh Dios, han caído
sobre mí»*. 4Tales cosas se escribieron hace tiempo en
las Escrituras para que nos sirvan de enseñanza. Y las Es-
crituras nos dan esperanza y ánimo mientras esperamos
con paciencia hasta que se cumplan las promesas de Dios.

5Que Dios, quien da esa paciencia y ese ánimo, los
ayude a vivir en plena armonía unos con otros, como
corresponde a los seguidores de Cristo Jesús. 6Entonces
todos ustedes podrán unirse en una sola voz para dar ala-
banza y gloria a Dios, el Padre de nuestro Señor Jesucristo.

7Por lo tanto, acéptense unos a otros, tal como Cristo
los aceptó a ustedes, para que Dios reciba la gloria. 8Re-
cuerden que Cristo vino a servir a los judíos* para de-
mostrar que Dios es fiel a las promesas que les hizo a los
antepasados de ellos. 9También vino para que los genti-
les* le dieran la gloria a Dios por la misericordia que él
tuvo con ellos. A eso se refería el salmista cuando escribió:

«Por eso, te alabaré entre los gentiles,
cantaré alabanzas a tu nombre»*.

10Y en otro lugar está escrito:

«Alégrense con su pueblo,
oh gentiles»*.

11Y además:

«Alaben al Señor, todos ustedes, los gentiles.
Todos los pueblos de la tierra, alábenlo»*.

12Y en otro lugar Isaías dijo:

«El heredero del trono de David* vendrá
y reinará sobre los gentiles.
Ellos pondrán su esperanza en él»*.

13Le pido a Dios, fuente de esperanza, que los llene
completamente de alegría y paz, porque confían en él.
Entonces rebosarán de una esperanza segura mediante
el poder del Espíritu Santo.

Propósito de la carta

14Mis amados hermanos, estoy plenamente convencido
de que ustedes están llenos de bondad. Conocen estas
cosas tan bien que pueden enseñárselas unos a otros.
15Aun así, me atreví a escribirles sobre algunos de estos
temas porque sé que lo único que necesitan es recordarlos.
Pues, por la gracia de Dios, 16soy un mensajero especial
de Cristo Jesús enviado a ustedes, los gentiles. Les trans-
mito la Buena Noticia para presentarlos como una ofrenda
aceptable a Dios, hecha santa por el Espíritu Santo. 17Así

***Notas textuales** **14:10** En griego *a tu hermano*; también en 14:10b, 13, 15, 21. **14:11a** Is 49:18. **14:11b** O *declarará alabanza para Dios*. Is 45:23 (versión griega). **14:21** Algunos manuscritos dicen *tropiece o se ofenda o se debilite*. **14:23** Algunos manuscritos ubican el texto de 16:25-27 aquí. **15:3** En griego *te insultan han caído sobre mí*. Sal 69:9. **15:8** En griego *vino como siervo de la circuncisión*. **15:9a** *Gentil[es]*, que no es judío. **15:9b** Sal 18:49. **15:10** Dt 32:43. **15:11** Sal 117:1. **15:12a** En griego *La raíz de Isaí*. David era hijo de Isaí. **15:12b** Is 11:10 (versión griega).

Referencias cruzadas **14:11** Is 49:18 **15:2** Rm 14:1, 19 **15:8-9** Mt 15:24 **15:10** Dt 32:43

que tengo razón de estar entusiasmado por todo lo que Cristo Jesús ha hecho por medio de mí al servir a Dios. [18]Sin embargo, no me atrevo a jactarme de nada, salvo de lo que Cristo ha hecho por medio de mí al llevar a los gentiles a Dios a través de mi mensaje y de la manera en que he trabajado entre ellos. [19]Los gentiles se convencieron por el poder de señales milagrosas y maravillas, y por el poder del Espíritu de Dios.* De esa manera, presenté con toda plenitud la Buena Noticia de Cristo desde Jerusalén hasta llegar a la región del Ilírico.*

[20]Mi gran aspiración siempre ha sido predicar la Buena Noticia donde nunca antes se ha oído el nombre de Cristo, y no donde otro ya ha comenzado una iglesia. [21]He seguido el plan que mencionan las Escrituras, donde dice:

«Los que nunca se enteraron de él verán,
y los que nunca oyeron de él entenderán»*.

[22]De hecho, mi visita a ustedes se demoró tanto precisamente porque estuve predicando en esos lugares.

Planes de viaje de Pablo

[23]Ahora que terminé mi trabajo en estas regiones y después de todos estos largos años de espera, tengo muchos deseos de ir a verlos. [24]Estoy pensando viajar a España. Cuando lo haga, me detendré en Roma, y luego de disfrutar de la compañía de ustedes por un breve tiempo, podrán ayudarme con lo necesario para mi viaje.

[25]Sin embargo, antes de visitarlos, debo ir a Jerusalén para llevar una ofrenda a los creyentes* de allí. [26]Pues, les cuento, los creyentes de Macedonia y Acaya* con entusiasmo juntaron una ofrenda para los creyentes de Jerusalén que son pobres. [27]Lo hicieron con gusto porque se sienten en deuda con ellos. Dado que los gentiles recibieron las bendiciones espirituales de la Buena Noticia por parte de los creyentes de Jerusalén, sienten que lo menos que pueden hacer por ellos a cambio es ayudarlos económicamente. [28]En cuanto yo entregue ese dinero y termine esa buena acción de los gentiles, iré a visitarlos a ustedes de camino a España. [29]Cuando vaya, estoy seguro de que Cristo bendecirá en abundancia el tiempo que pasemos juntos.

[30]Mis amados hermanos, les pido encarecidamente en el nombre de nuestro Señor Jesucristo que se unan a mi lucha orando a Dios por mí. Háganlo por el amor que me tienen, ese amor que el Espíritu Santo les ha dado. [31]Pídanle que me libre de los que están en Judea que se niegan a obedecer a Dios. Pídanle también que los creyentes de allí estén dispuestos a aceptar la ofrenda* que llevo a Jerusalén. [32]Entonces, por la voluntad de Dios, podré ir a verlos con un corazón alegre, y nos alentaremos unos a otros.

[33]Y que Dios, quien nos da su paz, esté con todos ustedes. Amén.*

¡Respuestas Bíblicas! 164

¿Por qué Pablo llama a los otros miembros de la iglesia hermanos y hermanas?

16:1 Pablo deja en claro que los cristianos somos la familia de Dios y Jesús nos enseñó a orar llamando a Dios "padre", lo cual nos hace... hermanos en la fe.

Pablo saluda a sus amigos

16 Les encomiendo a nuestra hermana Febe, quien es diaconisa de la iglesia en Cencrea. [2]Recíbanla en el Señor como digna de honra en el pueblo de Dios. Ayúdenla en todo lo que necesite, porque ella ha sido de ayuda para muchos, especialmente para mí.

[3]Den mis saludos a Priscila y Aquila, mis colaboradores en el ministerio de Cristo Jesús. [4]De hecho, ellos una vez arriesgaron la vida por mí. Yo les estoy agradecido, igual que todas las iglesias de los gentiles.* [5]Den también mis saludos a la iglesia que se reúne en el hogar de ellos.

Saluden a mi querido amigo Epeneto. Él fue el primero de toda la provincia de Asia que se convirtió en seguidor de Cristo. [6]Denle mis saludos a María, quien ha trabajado tanto por ustedes. [7]Saluden a Andrónico y a Junias,* judíos como yo,* quienes estuvieron en la cárcel conmigo. Ellos son muy respetados entre los apóstoles y se hicieron seguidores de Cristo antes que yo. [8]Saluden a Amplias, mi querido amigo en el Señor. [9]Saludos también a Urbano, nuestro colaborador en Cristo, y a mi querido amigo Estaquis.

[10]Saluden a Apeles, un buen hombre aprobado por Cristo. Y den mis saludos a los creyentes de la familia de Aristóbulo. [11]Saluden a Herodión, judío como yo.* Saluden a los de la familia de Narciso que son del Señor. [12]Den mis saludos a Trifena y Trifosa, obreras del Señor, y a la amada Pérsida, quien ha trabajado tanto para el Señor. [13]Saluden a Rufo, a quien el Señor eligió para hacerlo suyo; y también a su querida madre, quien ha sido como una madre para mí.

[14]Den mis saludos a Asíncrito, Flegonte, Hermas, Patrobas, Hermes y a los hermanos que se reúnen con ellos. [15]Saluden también a Filólogo, Julia, Nereo y su hermana, y a Olimpas y a todos los creyentes* que se reúnen con ellos. [16]Salúdense unos a otros con un beso santo. Todas las iglesias de Cristo les envían saludos.

Instrucciones finales de Pablo

[17]Y ahora, mis amados hermanos, les pido algo más. Tengan cuidado con los que causan divisiones y trastornan la fe de los creyentes al enseñar cosas que van en contra de

***Notas textuales** **15:19a** Otros manuscritos dicen *del Espíritu*; incluso otros dicen *del Espíritu Santo*. **15:19b** *Ilírico,* una región situada al nororiente de Italia. **15:21** Is 52:15 (versión griega). **15:25** En griego *al pueblo santo de Dios*; similar en 15:26, 31. **15:26** *Macedonia* y *Acaya* eran las regiones norte y sur de Grecia respectivamente. **15:31** En griego *el ministerio*; otros manuscritos dicen *el regalo.* **15:33** Algunos manuscritos no incluyen *Amén*. Un manuscrito muy antiguo ubica aquí los versículos 16:25-27. **16:4** *Gentil[es],* que no es judío. **16:7a** *Junias* es un nombre femenino. Algunos manuscritos tardíos ponen tilde a la palabra de modo que se lee *Junías*, un nombre masculino; incluso otros manuscritos dicen *Julia* (nombre femenino). **16:7b** O *mis compatriotas*; también en 16:21. **16:11** O *Herodión, mi compatriota.* **16:15** En griego *a todo el pueblo santo de Dios.*

Referencias cruzadas **15:20-21** Hch 21:19 **15:29** Rm 1:10-11 **15:33** Rm 16:20 **16:3** Hch 18:2 **16:13** Mc 15:21

El superpoder del servicio

Juan 13:12-17

¡Qué bueno es llegar a casa y tener una rica comida y una mesa servida! ¡Qué bien se siente cuando alguien limpia nuestro cuarto y lava nuestra ropa!

Cuando no se contrata a una persona, estas acciones son un acto de servicio que alguien realiza, un acto voluntario que ayuda a los demás.

En una ocasión, los discípulos de Jesús estaban discutiendo sobre cuál de ellos debería ser considerado el más importante, pero al escucharlos, Jesús les dijo que el más importante es el que sirve a los demás.

Para darles un ejemplo de esto, mientras celebraban la cena de Pascua, Jesús se puso de pie, agarró una toalla y un recipiente con agua y comenzó a lavarles los pies a sus discípulos. Ellos se quedaron asombrados de lo que estaba haciendo, ya que esa tarea solo la realizaba un sirviente.

Esto se hacía porque las personas usaban sandalias y sus pies se llenaban de polvo, mugre o barro, por lo que al llegar al destino, se lavaban los pies para comer y dormir limpios, luego de todo el viaje.

Al terminar, Jesús les indicó que hicieran lo mismo. Sin embargo, no se refería a lavar los pies, sino a servir a los demás siempre que pudieran.

El superpoder del servicio solo puede nacer de un corazón humilde. Únicamente alguien humilde puede considerar a los demás dignos de recibir una buena atención, sin importar quiénes sean.

Jesús sigue siendo nuestro mayor ejemplo de humildad y servicio. Él vivía en el cielo y los ángeles le servían. Sin embargo, al ver nuestra necesidad, se dispuso a venir a este mundo, tomar forma de hombre y entregarse como siervo de todos en una cruz.

La Biblia dice en Filipenses 2:9, nos dice que por esa actitud de Jesús, Dios Padre lo exaltó hasta lo más alto y su nombre está por encima de todo nombre.
Así que el Padre promete exaltar a toda persona que tenga el mismo superpoder de Jesús, tal como Cristo fue exaltado.

¿A quién podrías ayudar en los próximos días? Pídele ayuda a Dios para poder servir tal como nos lo enseñó Jesús.

El superpoder de la oración

Hechos 12:1-19

¿Alguna vez has pensado que tu oración es un arma poderosa? Si no lo has visto así, la historia de hoy te desafiará a hacer oraciones más atrevidas. Quizá, por lo pronto, tu tiempo de oración se ha limitado a agradecer los alimentos y cuando oras antes de irte dormir, y aunque eso está muy bien, Dios espera que sus hijos le pidan cosas buenas y grandes que solo el Padre puede responder.

Poco tiempo después de que Jesús subió a los cielos, los líderes judíos empezaron a perseguir a los cristianos intentando evitar que sus discípulos dijeran a los demás lo que Jesús había hecho por ellos.
Era un tiempo difícil, el rey había ordenado matar al apóstol Santiago, y ahora Pedro estaba encadenado y bajo la custodia constante de cuatro guardias armados. Entonces, los cristianos en Jerusalén se reunieron en una casa por varios días para orar fervientemente por Pedro.

De repente, una noche, mientras Pedro ya estaba dormido, lo despertó un ángel del Señor y al instante se le cayeron las cadenas. El ángel lo sacó de la cárcel sin que nadie lo notara, abrió los portones de hierro de la prisión y luego desapareció. Pedro creyó que había sido un sueño, pero al darse cuenta de que estaba en medio de la ciudad, corrió justo hacia la casa en donde sus amigos estaban orando por él.

La oración es un superpoder que está al alcance de los hijos de Dios. La mayoría de las veces no lo usamos como deberíamos porque no sabemos cómo hacerlo. Por eso te vamos a mencionar algunos puntos importantes que enseña la Biblia con respecto a la oración:

Te conecta directamente con el corazón de Dios. Gracias a que en la cruz Jesús pagó por todos nuestros pecados, tenemos un camino abierto y directo al Padre.
Te da la oportunidad de saludar a tu Padre y reconocer que es todopoderoso y amoroso como para saber lo que necesitamos.
Pide que venga su reino a la Tierra, es decir, que se haga su voluntad en tu vida, y aunque sea un tiempo difícil como el de Pedro, podrás ver a Dios actuar.

Puedes aprender más leyendo Mateo 6:5-15.

Empieza pronto a usar este superpoder y verás cosas poderosas suceder.

El poder de la alabanza

Hechos 16:16-40

Una de las maneras de agradecer y honrar a Dios por todo lo que es y hace por nosotros es con gestos y palabras. Exteriorizar nuestra alabanza a Dios nos lleva a una vida más plena, porque Dios nos enseña en la Biblia que él disfruta la alabanza de su pueblo.

La Biblia enseña que la alabanza es un superpoder porque nos permite conectarnos con la misma presencia de Dios.

Durante los tiempos de alabanza podemos sentir una profunda paz, al reconocer todo lo que Dios es y hace por nosotros, y recordar y celebrar todo tiene trae como consecuencia sanidad, libertad y descanso en nuestras vidas.

En el Nuevo Testamento, el apóstol Pablo y su aasistente Silas habían predicado en una ciudad llena de gente muy mala, que rechazó el mensaje que ellos traían. Por eso, los golpearon y los metieron en la cárcel.

¿Quieres saber qué hicieron en medio de todo eso? A la medianoche, mientras estaban con dolor y encadenados de manos y pies, comenzaron a entonar cantos de alabanza a Dios. *¿Te imaginas?* Es para valientes dar gracias a Dios en medio del dolor.

¿Y qué crees que pasó?

Un terremoto sacudió ese pueblo, y de manera sobrenatural las cadenas que tenían en las manos y pies se rompieron, y los cerrojos de las puertas se quebraron. Al ver aquello, el carcelero vino corriendo, porque temía que los presos hubieran escapado. Pero Pablo le advirtió que todos estaban allí y que la mano de Dios los había librado. Ese carcelero y toda su familia creyeron en Jesús ese día y una iglesia cristiana comenzó en ese pueblo.

Cuando usamos el superpoder de la alabanza, nuestros corazones están más preparados para ver a Dios actuar con poder en medio de la situación que estamos viviendo.

Te animamos a que tomen un tiempo para alabar a Dios juntos.

Hemos llegado al último superpoder y el más importante de todos: el amor.

En una ocasión, un hombre le preguntó a Jesús cuál era el mandamiento más importante. Jesús le contestó: *"Ama al Señor tu Dios con todo tu corazón, con toda tu alma y con toda tu mente"* y añadió: *"Ama a tu prójimo como a ti mismo"*.

Lo que Jesús estaba diciendo era que, cuando amas a Dios, amas también a tu hermano. Cuando amas a tu hermano, es imposible que busques hacerle un mal. Por eso, Jesús sostenía que el amor cumple con todos los mandamientos, ya que ellos buscan honrar a Dios y a los demás.

Nuestro máximo ejemplo de amor es Dios mismo. Juan 3:16 anuncia: *"Dios amó tanto al mundo que dio a su único Hijo, para que todo el que cree en él no se pierda, sino que tenga vida eterna"*.
Jesús también dio ejemplo de ese amor al estar dispuesto a abrazar la cruz, y el Espíritu Santo muestra su amor al habitar dentro de nosotros y producir ese fruto del amor de Dios.

Muchas personas que le piden al Señor que habite en su corazón experimentan un amor especial o diferente por las personas que antes no podían soportar. Eso solo ya es un milagro del amor de Dios en las personas. El hecho de que podamos perdonar y ser bondadosos y generosos es una muestra del amor de Dios viviendo en nosotros.

Para terminar, el apóstol también nos anima a echar raíces profundas en el amor de Dios. Dios quiere que recuerdes constantemente que él te ama. Cuando las cosas van bien, él te ama; cuando no van tan bien, él te ama; cuando te sientes fuerte, él te ama; cuando estás débil, él te ama; cuando obedeces, él te ama; cuando no lo haces, él te ama. Te ama tanto que él mismo te ofrece el perdón de tus pecados a través de la cruz. No tenemos que escondernos de él cuando nos portamos mal; más bien debemos correr a él para recibir perdón y dejarnos transformar por su amor.

Para terminar, lean juntos 1 Corintios 13:4-7 y piensen: *¿A quién podemos mostrarle este amor la próxima semana?*

El superpoder del amor

1 Corintios 13:4-7

las que a ustedes se les enseñaron. Manténganse lejos de
ellos. [18]Tales personas no sirven a Cristo nuestro Señor;
sirven a sus propios intereses. Con palabras suaves y hala-
gos, engañan a la gente inocente; [19]pero todos saben que
ustedes son obedientes al Señor. Eso me llena de alegría.
Quiero que sean sabios para hacer lo que está bien y sigan
siendo inocentes en cuanto a toda clase de mal. [20]El Dios
de paz pronto aplastará a Satanás bajo los pies de ustedes.
Que la gracia de nuestro Señor Jesús* sea con ustedes.

[21]Timoteo, mi compañero de trabajo, les manda salu-
dos, igual que Lucio, Jasón y Sosípater, judíos como yo.

[22]Yo, Tercio, quien escribo esta carta de parte de Pablo,
también les envío mis saludos como uno de los seguidores
del Señor.

[23]Los saluda Gayo. Él es quien me hospeda y también
recibe en su casa a toda la iglesia. Les envía saludos Erasto,
el tesorero de la ciudad, y también el hermano Cuarto.*

[25]Que toda la gloria sea para Dios, quien puede fortale-
cerlos tal como expresa la Buena Noticia. En ese mensaje
acerca de Jesucristo se ha revelado su plan para ustedes, los
gentiles, un plan que estuvo guardado en secreto desde el
principio del tiempo. [26]Pero ahora, tal como lo predijeron
los profetas* y el Dios eterno lo ha ordenado, ese mensaje
se da a conocer a todos los gentiles en todas partes, para
que ellos también puedan creer y obedecerlo a él. [27]Toda la
gloria sea para el único sabio Dios eternamente por medio
de Jesucristo. Amén.*

***Notas textuales** **16:20** Algunos manuscritos dicen *Señor Jesucristo*. **16:23** Algunos manuscritos agregan el versículo 24: *Que la gracia de nuestro Señor Jesucristo sea con todos ustedes. Amén.* Incluso otros agregan este versículo después del versículo 27. **16:26** En griego *los escritos proféticos.* **16:25-27** Varios manuscritos ubican la doxología (es decir, los versículos 16:25-27) después de 14:23 o 15:33 o 16:23.

Referencias cruzadas **16:20** Gn 3:15 **16:23** Hch 19:29

1 CORINTIOS

¿Por qué es importante?

En la Iglesia de Corinto había muchas discusiones entre hermanos y no todos se portaban demasiado bien ni estaban seguros de lo que significaba ser cristianos así que Pablo les escribe para enseñarles cómo deben comportarse y qué es lo más importante que deben creer. Al leer esta carta se hace obvio que a Pablo le inquietaba que la iglesia de Corinto estuviera confundida, por lo que quiso proporcionales una guía clara de cómo se deben manejar los problemas y desafíos del pecado y la naturaleza humana. Pablo trató los problemas de frente y dejó en claro que estaba dispuesto a perder los aplausos de algunos con tal de ayudar a limpiar el pecado que estaba contaminando a la iglesia allí.

¿Por qué fue escrito?

Pablo había recibido por lo menos una carta de la iglesia de Corinto acerca de varios problemas en la iglesia (7:1, 25; 8:1; 12:1; 16:1, 12). La situación en Éfeso no permitía que él fuera a Corinto antes de Pentecostés (mayo-junio) (16:7-9). Por lo tanto, escribió la epístola para tratar los problemas hasta que él llegara allí. Casi todos los problemas tratados en la carta tenían que ver con la conducta, pero detrás de la conducta incorrecta había una teología errada, especialmente con respecto a lo que significa ser espiritual y sabio. Pablo corrige no solamente la conducta, sino también las ideas equivocadas acerca de Dios que justificaban esa conducta.

1 CORINTIOS

¿Quién lo escribió?

La carta dice ser escrita por Pablo (1:1; 16:21). Los datos históricos coinciden con lo relatado en Hechos.

¿A quién lo escribió?

La carta está escrita a los cristianos de la ciudad griega de Corinto que era una ciudad muy rica y de mucho comercio internacional con gente que entraba y salía desde otras ciudades continuamente.

¿Cuándo y dónde lo escribió?

Desde Éfeso, muy probablemente durante su tercer viaje. Probablemente en 54 o 55 d.C., en los últimos meses del ministerio en Éfeso (tal vez marzo o abril, ver 16:8).

Paso a paso

1. División en la iglesia (1:1-4:21)
2. Inmoralidad en la iglesia (5:1-6:20)
3. Respuestas acerca del matrimonio (7:1-40)
4. Respuestas acerca de lo sacrificado a los ídolos (8:1-11:1)
5. Adoración en la iglesia (11:2-14:40)
6. La resurrección, esperanza de la iglesia (15:1-16:24)

1 Corintios

Saludos de Pablo

1 Yo, Pablo, elegido por la voluntad de Dios para ser un apóstol de Cristo Jesús, escribo esta carta junto con nuestro hermano Sóstenes.

2Va dirigida a la iglesia de Dios en Corinto,* a ustedes que han sido llamados por Dios para ser su pueblo santo. Él los hizo santos por medio de Cristo Jesús,* tal como lo hizo con todos los que en todas partes invocan el nombre de nuestro Señor Jesucristo, Señor de ellos y de nosotros.

3Que Dios nuestro Padre y el Señor Jesucristo les den gracia y paz.

Pablo da gracias a Dios

4Siempre doy gracias a mi Dios por ustedes y por los dones inmerecidos que les dio ahora que pertenecen a Cristo Jesús. 5Por medio de él, Dios ha enriquecido la iglesia de ustedes en todo sentido, con toda la elocuencia y todo el conocimiento que tienen. 6Eso confirma que es verdad lo que les dije acerca de Cristo. 7Ahora tienen todos los dones espirituales que necesitan mientras esperan con anhelo el regreso de nuestro Señor Jesucristo. 8Él los mantendrá firmes hasta el final, para que estén libres de toda culpa el día que nuestro Señor Jesucristo vuelva. 9Dios lo hará porque él es fiel para hacer lo que dice y los ha invitado a que tengan comunión con su Hijo, Jesucristo nuestro Señor.

Divisiones en la iglesia

10Amados hermanos, les ruego por la autoridad de nuestro Señor Jesucristo que vivan en armonía los unos con los otros. Que no haya divisiones en la iglesia. Por el contrario, sean todos de un mismo parecer, unidos en pensamiento y propósito. 11Pues algunos de la casa de Cloé me contaron de las peleas entre ustedes, mis amados hermanos. 12Algunos de ustedes dicen: «Yo soy seguidor de Pablo». Otros dicen: «Yo sigo a Apolos» o «Yo sigo a Pedro*», o «Yo sigo únicamente a Cristo».

13¿Acaso Cristo está dividido en facciones? ¿Fui yo, Pablo, crucificado por ustedes? ¿Fue alguno de ustedes bautizado en el nombre de Pablo? ¡Por supuesto que no! 14Agradezco a Dios que no bauticé a ninguno de ustedes excepto a Crispo y a Gayo, 15porque ahora nadie puede decir que fue bautizado en mi nombre. 16(Ah, sí, también bauticé a los de la casa de Estéfanas, pero no recuerdo haber bautizado a nadie más). 17Pues Cristo no me envió a bautizar, sino a predicar la Buena Noticia, y no con palabras ingeniosas, por temor a que la cruz de Cristo perdiera su poder.

La sabiduría de Dios

18¡El mensaje de la cruz es una ridiculez para los que van rumbo a la destrucción! Pero nosotros, que vamos en camino a la salvación, sabemos que es el poder mismo de Dios. 19Como dicen las Escrituras:

> «Destruiré la sabiduría de los sabios
> y desecharé la inteligencia de los inteligentes»*.

20Así que, ¿dónde deja eso a los filósofos, a los estudiosos y a los especialistas en debates de este mundo? Dios ha hecho que la sabiduría de este mundo parezca una ridiculez. 21Ya que Dios, en su sabiduría, se aseguró de que el mundo nunca lo conociera por medio de la sabiduría humana, usó nuestra predicación «ridícula» para salvar a los que creen. 22Es ridícula para los judíos, que piden señales del cielo. Y es ridícula para los griegos, que buscan la sabiduría humana. 23Entonces cuando predicamos que Cristo fue crucificado, los judíos se ofenden y los gentiles* dicen que son puras tonterías.

24Sin embargo, para los que Dios llamó a la salvación, tanto judíos como gentiles,* Cristo es el poder de Dios y la sabiduría de Dios. 25Ese plan «ridículo» de Dios es más sabio que el más sabio de los planes humanos, y la debilidad de Dios es más fuerte que la mayor fuerza humana.

26Recuerden, amados hermanos, que pocos de ustedes eran sabios a los ojos del mundo o poderosos o ricos* cuando Dios los llamó. 27En cambio, Dios eligió lo que el mundo considera ridículo para avergonzar a los que se creen sabios. Y escogió cosas que no tienen poder para avergonzar a los poderosos. 28Dios escogió lo despreciado por el mundo* —lo que se considera como nada— y lo usó para convertir en nada lo que el mundo considera importante. 29Como resultado, nadie puede jamás jactarse en presencia de Dios.

30Dios los ha unido a ustedes con Cristo Jesús. Dios hizo que él fuera la sabiduría misma para nuestro beneficio. Cristo nos hizo justos ante Dios; nos hizo puros y santos y nos liberó del pecado. 31Por lo tanto, como dicen las Escrituras: «Si alguien quiere jactarse, que se jacte solamente del SEÑOR»*.

Pablo y su mensaje de sabiduría

2 Amados hermanos, la primera vez que los visité, no me valí de palabras elevadas ni de una sabiduría impresionante para contarles acerca del plan secreto de Dios.* 2Pues decidí que, mientras estuviera con ustedes, olvidaría todo excepto a Jesucristo, el que fue crucificado. 3Me acerqué a ustedes en debilidad: con timidez y temblor. 4Y mi mensaje y mi predicación fueron muy sencillos. En lugar de usar discursos ingeniosos y persuasivos,

***Notas textuales** **1:2a** *Corinto* era la capital de Acaya, la región sur de la península griega. **1:2b** O *porque ustedes pertenecen a Cristo Jesús.* **1:12** En griego *Cefas.* **1:19** Is 29:14. **1:23** *Gentil[es],* que no es judío. **1:24** En griego *griegos.*

Referencias cruzadas **1:2-3** Rm 1:7 **1:17** Jn 4:2 **1:31** 2 Co 10:17

confié solamente en el poder del Espíritu Santo. [5]Lo hice así para que ustedes no confiaran en la sabiduría humana, sino en el poder de Dios.

[6]Sin embargo, cuando estoy con creyentes maduros, sí hablo con palabras de sabiduría, pero no la clase de sabiduría que pertenece a este mundo o a los gobernantes de este mundo, quienes pronto son olvidados. [7]No, la sabiduría de la que hablamos es el misterio de Dios,* su plan que antes estaba escondido, aunque él lo hizo para nuestra gloria final aún antes que comenzara el mundo; [8]pero los gobernantes de este mundo no lo entendieron; si lo hubieran hecho, no habrían crucificado a nuestro glorioso Señor. [9]A eso se refieren las Escrituras cuando dicen:

«Ningún ojo ha visto, ningún oído ha escuchado,
ninguna mente ha imaginado
lo que Dios tiene preparado
para quienes lo aman»*.

[10]Pero* fue a nosotros a quienes Dios reveló esas cosas por medio de su Espíritu. Pues su Espíritu investiga todo a fondo y nos muestra los secretos profundos de Dios. [11]Nadie puede conocer los pensamientos de una persona excepto el propio espíritu de esa persona y nadie puede conocer los pensamientos de Dios excepto el propio Espíritu de Dios. [12]Y nosotros hemos recibido el Espíritu de Dios (no el espíritu del mundo), de manera que podemos conocer las cosas maravillosas que Dios nos ha regalado.

[13]Les decimos estas cosas sin emplear palabras que provienen de la sabiduría humana. En cambio, hablamos con palabras que el Espíritu nos da, usando las palabras del Espíritu para explicar las verdades espirituales;* [14]pero los que no son espirituales* no pueden recibir esas verdades de parte del Espíritu de Dios. Todo les suena ridículo y no pueden entenderlo, porque solo los que son espirituales pueden entender lo que el Espíritu quiere decir. [15]Los que son espirituales pueden evaluar todas las cosas, pero ellos mismos no pueden ser evaluados por otros. [16]Pues,

«¿Quién puede conocer los pensamientos del
Señor?
¿Quién sabe lo suficiente para enseñarle a él?»*.

Pero nosotros entendemos estas cosas porque tenemos la mente de Cristo.

Pablo y Apolos, siervos de Cristo

3 Amados hermanos, cuando estuve con ustedes, no pude hablarles como lo haría con personas espirituales.* Tuve que hablarles como si pertenecieran a este mundo o como si fueran niños en Cristo. [2]Tuve que alimentarlos con leche, no con alimento sólido, porque no estaban preparados para algo más sustancioso. Y aún no están preparados, [3]porque todavía están bajo el control de su naturaleza pecaminosa. Tienen celos unos de otros y se pelean entre sí. ¿Acaso eso no demuestra que los controla su naturaleza pecaminosa? ¿No viven como la gente del mundo? [4]Cuando uno de ustedes dice: «Yo soy seguidor de Pablo» y otro dice: «Yo sigo a Apolos», ¿no actúan igual que la gente del mundo?

[5]Después de todo, ¿quién es Apolos?, ¿quién es Pablo? Nosotros solo somos siervos de Dios mediante los cuales ustedes creyeron la Buena Noticia. Cada uno de nosotros hizo el trabajo que el Señor nos encargó. [6]Yo planté la semilla en sus corazones, y Apolos la regó, pero fue Dios quien la hizo crecer. [7]No importa quién planta o quién riega; lo importante es que Dios hace crecer la semilla. [8]El que planta y el que riega trabajan en conjunto con el mismo propósito. Y cada uno será recompensado por su propio arduo trabajo. [9]Pues ambos somos trabajadores de Dios; y ustedes son el campo de cultivo de Dios, son el edificio de Dios.

[10]Por la gracia que Dios me dio, yo eché los cimientos como un experto en construcción. Ahora otros edifican encima; pero cualquiera que edifique sobre este fundamento tiene que tener mucho cuidado. [11]Pues nadie puede poner un fundamento distinto del que ya tenemos, que es Jesucristo.

[12]El que edifique sobre este fundamento podrá usar una variedad de materiales: oro, plata, joyas, madera, heno o paja; [13]pero el día del juicio, el fuego revelará la clase de obra que cada constructor ha hecho. El fuego mostrará si la obra de alguien tiene algún valor. [14]Si la obra permanece, ese constructor recibirá una recompensa, [15]pero si la obra se consume, el constructor sufrirá una gran pérdida. El constructor se salvará, pero como quien apenas se escapa atravesando un muro de llamas.

[16]¿No se dan cuenta de que todos ustedes juntos son el templo de Dios y que el Espíritu de Dios vive en* ustedes? [17]Dios destruirá a cualquiera que destruya este templo. Pues el templo de Dios es santo, y ustedes son este templo.

[18]Dejen de engañarse a sí mismos. Si piensan que son sabios de acuerdo con los criterios de este mundo, necesitan volverse necios para ser verdaderamente sabios. [19]Pues la sabiduría de este mundo es necedad para Dios. Como dicen las Escrituras:

«Él atrapa a los sabios
en la trampa de su propia astucia»*.

[20]Y también:

«El Señor conoce los pensamientos de los sabios;
sabe que no valen nada»*.

[21]Así que no se jacten de seguir a un líder humano en particular. Pues a ustedes les pertenece todo: [22]ya sea Pablo o Apolos o Pedro,* o el mundo, o la vida y la muerte, o el presente y el futuro. Todo les pertenece a ustedes, [23]y ustedes pertenecen a Cristo, y Cristo pertenece a Dios.

La relación de Pablo con los corintios

4 Así que, a Apolos y a mí, considérennos como simples siervos de Cristo, a quienes se nos encargó la tarea de explicar los misterios de Dios. [2]Ahora bien, alguien que recibe el cargo de administrador debe ser fiel. [3]En cuanto a mí, me importa muy poco cómo me califiquen ustedes o cualquier autoridad humana. Ni siquiera confío en mi

***Notas textuales** **1:26** O *de ilustre cuna.* **1:28** O *Dios eligió a los de cuna humilde.* **1:31** Jr 9:24. **2:1** En griego *del misterio de Dios*; otros manuscritos dicen *del testimonio de Dios.* **2:7** En griego *Pero nosotros hablamos la sabiduría de Dios en misterio.* **2:9** Is 64:4. **2:10** Algunos manuscritos dicen *Pues.* **2:13** O *da, explicando las verdades espirituales en lenguaje espiritual*, o *da, explicando las verdades espirituales a personas espirituales*. **2:14** O *los que no tienen el Espíritu*; o *los que solo tienen vida física.* **2:16** Is 40:13 (versión griega). **3:1** O *personas que tienen el Espíritu.* **3:16** O *entre.* **3:19** Jb 5:13. **3:20** Sal 94:11. **3:22** En griego *Cefas.*

Referencias cruzadas **2:5** Rm 15:19 **2:9** Is 64:4 **2:13-15** 1 Co 1:17-18 **3:3** Ga 5:20 **3:9** 2 Co 6:1

propio juicio en este sentido. [4]Tengo la conciencia limpia, pero eso no demuestra que yo tenga razón. Es el Señor mismo quien me evaluará y tomará la decisión.

[5]Así que no juzguen a nadie antes de tiempo, es decir, antes de que el Señor vuelva. Pues él sacará a la luz nuestros secretos más oscuros y revelará nuestras intenciones más íntimas. Entonces Dios le dará a cada uno el reconocimiento que le corresponda.

[6]Amados hermanos, puse el caso de Apolos y el mío propio como ilustración de lo que les vengo diciendo. Si prestan atención a lo que les cité de las Escrituras,* no estarán orgullosos de uno de sus líderes a costa de otro. [7]Pues, ¿qué derecho tienen a juzgar así? ¿Qué tienen que Dios no les haya dado? Y si todo lo que tienen proviene de Dios, ¿por qué se jactan como si no fuera un regalo?

[8]Ustedes piensan que ya tienen todo lo que necesitan. Creen que ya son ricos. ¡Hasta han comenzado a reinar sin nosotros en el reino de Dios! Yo desearía que en verdad ya estuvieran reinando, porque entonces nosotros estaríamos reinando con ustedes. [9]A veces pienso que a nosotros, los apóstoles, Dios nos puso en exhibición como prisioneros de guerra al final del desfile del vencedor, condenados a muerte. Nos hemos convertido en un espectáculo para el mundo entero, tanto para la gente como para los ángeles.

[10]Nuestra entrega a Cristo nos hace parecer tontos, en cambio, ¡ustedes afirman ser tan sabios en Cristo! Nosotros somos débiles, ¡pero ustedes son tan poderosos! A ustedes los estiman, ¡a nosotros nos ridiculizan! [11]Incluso ahora mismo pasamos hambre y tenemos sed y nos falta ropa para abrigarnos. A menudo somos golpeados y no tenemos casa. [12]Nos cansamos trabajando con nuestras manos para ganarnos la vida. Bendecimos a los que nos maldicen. Somos pacientes con los que nos maltratan. [13]Respondemos con gentileza cuando dicen cosas malas de nosotros. Aun así se nos trata como la basura del mundo, como el desperdicio de todos, hasta este preciso momento.

[14]No les escribo estas cosas para avergonzarlos, sino para advertirles como mis amados hijos. [15]Pues, aunque tuvieran diez mil maestros que les enseñaran acerca de Cristo, tienen solo un padre espiritual. Pues me convertí en su padre en Cristo Jesús cuando les prediqué la Buena Noticia. [16]Así que les ruego que me imiten.

[17]Por esa razón les envié a Timoteo, mi fiel y amado hijo en el Señor. Él les recordará la manera en que sigo a Cristo Jesús, así como lo enseño en todas las iglesias en todas partes.

[18]Algunos de ustedes se han vuelto arrogantes al pensar que no volveré a visitarlos. [19]Pero iré —y pronto— si el Señor me lo permite, y entonces comprobaré si esos arrogantes solo dan discursos pretenciosos o de verdad tienen el poder de Dios. [20]Pues el reino de Dios no consiste en las muchas palabras, sino en vivir por el poder de Dios. [21]¿Qué prefieren? ¿Que llegue con una vara para castigarlos o que vaya con amor y un espíritu amable?

Pablo condena el orgullo espiritual

5 Me cuesta creer lo que me informan acerca de la inmoralidad sexual que hay entre ustedes, algo que ni siquiera los paganos hacen. Me dicen que un hombre de su iglesia vive en pecado con su madrastra.* [2]Ustedes están muy orgullosos de sí mismos, en cambio, deberían estar llorando de dolor y vergüenza y echar a ese hombre de la congregación.

[3]Aunque no estoy con ustedes en persona, sí lo estoy en el Espíritu;* y como si estuviera ahí, ya emití mi juicio sobre ese hombre [4]en el nombre del Señor Jesús. Ustedes deben convocar a una reunión de la iglesia.* Yo estaré presente en espíritu, igual que el poder de nuestro Señor Jesús. [5]Entonces deben expulsar a ese hombre y entregárselo a Satanás, para que su naturaleza pecaminosa sea destruida* y él mismo* sea salvo el día que el Señor* vuelva.

[6]Es terrible que se jacten sobre dicho asunto. ¿No se dan cuenta de que ese pecado es como un poco de levadura que impregna toda la masa? [7]Desháganse de la vieja «levadura» quitando a ese perverso de entre ustedes. Entonces serán como una nueva masa preparada sin levadura, que es lo que realmente son. Cristo, nuestro Cordero Pascual, ha sido sacrificado por nosotros.* [8]Por lo tanto, celebremos el festival, no con el viejo pan* de perversidad y maldad, sino con el nuevo pan* de sinceridad y verdad.

[9]Cuando les escribí anteriormente, les dije que no se relacionaran con personas que se entregan al pecado sexual; [10]pero no me refería a los incrédulos que se entregan al pecado sexual o son avaros o estafadores o rinden culto a ídolos. Uno tendría que salir de este mundo para evitar gente como esa. [11]Lo que quise decir es: no se relacionen con ninguno que afirma ser creyente* y aun así se entrega al pecado sexual o es avaro o rinde culto a ídolos o insulta o es borracho o estafador. Ni siquiera coman con esa gente.

[12]No es mi deber juzgar a los de afuera, pero sí es responsabilidad de ustedes juzgar a los que son de la iglesia y están en pecado. [13]Dios juzgará a los de afuera; pero como dicen las Escrituras: «Quiten al malvado de entre ustedes»*.

Evitar demandas legales contra los cristianos

6 Cuando uno de ustedes tiene un conflicto con otro creyente, ¿cómo se atreve a presentar una demanda y a pedirle a un tribunal secular que decida sobre el asunto, en lugar de llevarlo ante otros creyentes*? [2]¿No se dan cuenta de que algún día nosotros, los creyentes, juzgaremos al mundo? Y dado que ustedes van a juzgar al mundo, ¿no son capaces de resolver esas pequeñas cuestiones entre ustedes? [3]¿No se dan cuenta de que juzgaremos a los ángeles? Así que deberían ser capaces de resolver los conflictos comunes y corrientes que ocurren en esta vida. [4]Si tienen conflictos legales acerca de tales asuntos, ¿por qué acuden a jueces que son de afuera y no son respetados por la iglesia? [5]Digo esto para que se avergüencen. ¿No hay nadie en toda la iglesia con suficiente sabiduría para decidir sobre esos temas? [6]En cambio, un creyente* demanda a otro, ¡justo frente a los incrédulos!

[7]El hecho de que tengan semejantes demandas legales unos contra otros es en sí una derrota para ustedes. ¿Por qué mejor no aceptar la injusticia y dejar el asunto como

***Notas textuales** **4:6** O *Si aprenden a no ir más allá de «lo que está escrito».* **5:1** En griego *con la esposa de su padre.* **5:3** O *en espíritu.* **5:4** O *En el nombre del Señor Jesús, ustedes deben convocar a una reunión de la iglesia.* **5:5a** O *para que su cuerpo sea destruido*; en griego dice *para la destrucción de la carne.* **5:5b** En griego *y el espíritu.* **5:5c** Otros manuscritos dicen *el Señor Jesús*; incluso otros dicen *nuestro Señor Jesucristo.* **5:7** En griego *ha sido sacrificado.* **5:8a** En griego *no con levadura vieja.* **5:8b** En griego *sino [con pan] sin levadura.* **5:11** En griego *un hermano.* **5:13** Dt 17:7. **6:1** En griego *ante el pueblo santo de Dios*; similar en 6:2. **6:6** En griego *un hermano.* **6:8** En griego *aun a los hermanos.*

Referencias cruzadas **4:5** Rm 2:1, 29 **4:13** Hch 17:18 **4:17** 1 Co 7:17 **4:20** Rm 15:13 **5:5** 1 Tm 1:20 **5:8** Ga 5:9 **5:12-13** Mc 4:11 **6:4-5** Mt 19:28

está? ¿Por qué no se dejan estafar? [8]En cambio, son ustedes mismos los que hacen lo malo y estafan aun a sus propios hermanos en Cristo.*

[9]¿No se dan cuenta de que los que hacen lo malo no heredarán el reino de Dios? No se engañen a sí mismos. Los que se entregan al pecado sexual o rinden culto a ídolos o cometen adulterio o son prostitutos o practican la homosexualidad [10]o son ladrones o avaros o borrachos o insultan o estafan a la gente: ninguno de esos heredará el reino de Dios. [11]Algunos de ustedes antes eran así; pero fueron limpiados; fueron hechos santos; fueron hechos justos ante Dios al invocar el nombre del Señor Jesucristo y por el Espíritu de nuestro Dios.

Evitar el pecado sexual

[12]Ustedes dicen: «Se me permite hacer cualquier cosa», pero no todo les conviene. Y aunque «se me permite hacer cualquier cosa», no debo volverme esclavo de nada. [13]Ustedes dicen: «La comida se hizo para el estómago, y el estómago, para la comida». (Eso es cierto, aunque un día Dios acabará con ambas cosas). Pero ustedes no pueden decir que nuestro cuerpo fue creado para la inmoralidad sexual. Fue creado para el Señor, y al Señor le importa nuestro cuerpo. [14]Y Dios nos levantará de los muertos con su poder, tal como levantó de los muertos a nuestro Señor.

[15]¿No se dan cuenta de que sus cuerpos en realidad son miembros de Cristo? ¿Acaso un hombre debería tomar su cuerpo, que es parte de Cristo, y unirlo a una prostituta? ¡Jamás! [16]¿Y no se dan cuenta de que, si un hombre se une a una prostituta, se hace un solo cuerpo con ella? Pues las Escrituras dicen: «Los dos se convierten en uno solo»*. [17]Pero la persona que se une al Señor es un solo espíritu con él.

[18]¡Huyan del pecado sexual! Ningún otro pecado afecta tanto el cuerpo como este, porque la inmoralidad sexual es un pecado contra el propio cuerpo. [19]¿No se dan cuenta de que su cuerpo es el templo del Espíritu Santo, quien vive en ustedes y les fue dado por Dios? Ustedes no se pertenecen a sí mismos, [20]porque Dios los compró a un alto precio. Por lo tanto, honren a Dios con su cuerpo.

Instrucciones sobre el matrimonio

7 Ahora, en cuanto a las preguntas que me hicieron en su carta: es cierto que es bueno abstenerse de tener relaciones sexuales.* [2]Sin embargo, dado que hay tanta inmoralidad sexual, cada hombre debería tener su propia esposa, y cada mujer su propio marido.

[3]El esposo debe satisfacer las necesidades sexuales de su esposa, y la esposa debe satisfacer las necesidades sexuales de su marido. [4]La esposa le da la autoridad sobre su cuerpo a su marido, y el esposo le da la autoridad sobre su cuerpo a su esposa.

[5]No se priven el uno al otro de tener relaciones sexuales, a menos que los dos estén de acuerdo en abstenerse de la intimidad sexual por un tiempo limitado para entregarse más de lleno a la oración. Después deberán volverse a juntar, a fin de que Satanás no pueda tentarlos por la falta de control propio. [6]Eso les digo a modo de concesión, no como un mandato. [7]Sin embargo, quisiera que todos fueran solteros, igual que yo; pero cada uno tiene su don específico de Dios, unos de una clase y otros de otra.

[8]Así que les digo a los solteros y a las viudas: es mejor quedarse sin casar, tal como yo; [9]pero si no pueden controlarse, entonces deberían casarse. Es mejor casarse que arder de pasión.

[10]No obstante, para los que ya están casados, tengo un mandato que no proviene de mí sino del Señor.* La esposa no debe dejar a su marido; [11]pero si lo deja, que no se case de nuevo o bien que se reconcilie con él; y el marido no debe dejar a su esposa.

[12]Ahora, me dirigiré al resto de ustedes, aunque no tengo un mandato directo del Señor. Si un creyente* está casado con una mujer que no es creyente y ella está dispuesta a seguir viviendo con él, no debe abandonarla. [13]Y, si una creyente tiene un esposo que no es creyente y él está dispuesto a seguir viviendo con ella, no debe abandonarlo. [14]Pues la esposa creyente da santidad a su matrimonio, y el esposo creyente* da santidad al suyo. De otro modo, sus hijos no serían santos, pero ahora son santos. [15](En cambio, si el esposo o la esposa que no es creyente insiste en irse, dejen que se vaya. En esos casos, el cónyuge creyente* ya no está ligado al otro, porque Dios los ha llamado a ustedes* a vivir en paz). [16]¿Acaso ustedes, esposas, no se dan cuenta de que sus maridos podrían ser salvos a causa de ustedes? Y ustedes, esposos, ¿no se dan cuenta de que sus esposas podrían ser salvas a causa de ustedes?

[17]Cada uno debería seguir viviendo en la situación que el Señor lo haya puesto, y permanecer tal como estaba cuando Dios lo llamó por primera vez. Esa es mi regla para todas las iglesias. [18]Por ejemplo, un hombre que se circuncidó antes de llegar a ser creyente no debería tratar de revertir su condición. Y el hombre que no estaba circuncidado cuando llegó a ser creyente no debería circuncidarse ahora. [19]Pues no tiene importancia si un hombre ha sido o no circuncidado. Lo importante es cumplir los mandamientos de Dios.

[20]Cada uno debería permanecer tal como estaba cuando Dios lo llamó. [21]¿Eres un esclavo? No dejes que eso te preocupe; sin embargo, si tienes la oportunidad de ser libre, aprovéchala. [22]Y recuerda: si eras un esclavo cuando el Señor te llamó, ahora eres libre en el Señor; y si eras libre cuando el Señor te llamó, ahora eres un esclavo de Cristo. [23]Dios pagó un alto precio por ustedes, así que no se dejen esclavizar por el mundo.* [24]Amados hermanos, cada uno debería permanecer tal como estaba cuando Dios lo llamó por primera vez.

[25]Ahora, con respecto a la pregunta acerca de las jóvenes que todavía no se han casado, para ellas no tengo ningún mandato del Señor. Pero el Señor, en su misericordia, me ha dado sabiduría digna de confianza, que les transmitiré a ustedes. [26]Debido a la crisis actual,* pienso que es mejor que cada uno se quede como está. [27]Si tienes esposa, no procures terminar tu matrimonio. Si no tienes esposa, no busques casarte; [28]pero si te casas, no es pecado; y si una joven se casa, tampoco es pecado. Sin embargo, los que se casen en este tiempo tendrán problemas, y estoy tratando de evitárselos.

[29]Déjenme decirles lo siguiente, amados hermanos: el tiempo que queda es muy breve. Así que, de ahora en

***Notas textuales** **6:16** Gn 2:24. **7:1** O *es cierto que es bueno llevar una vida célibe*; en griego *es bueno que un hombre no toque mujer.* **7:10** Ver Mt 5:32; 19:9; Mc 10:11-12; Lc 16:18. **7:12** En griego *un hermano.* **7:14** En griego *el hermano.* **7:15a** En griego *el hermano o la hermana.* **7:15b** Algunos manuscritos dicen *nos ha llamado a nosotros.* **7:23** En griego *no se conviertan en esclavos de la gente.* **7:26** O *las presiones de la vida.*

Referencias cruzadas **6:17** Jn 17:21 **6:20** Rm 6:12 **7:7** 1 Co 9:5 **7:14** Ml 2:15

adelante, los que estén casados no deberían concentrarse
únicamente en su matrimonio. 30Los que lloran o los que
se alegran o los que compran cosas, no deberían ser ab-
sorbidos por sus lágrimas ni su alegría ni sus posesiones.
31Los que usan las cosas del mundo no deberían apegarse
a ellas. Pues este mundo, tal como lo conocemos, pronto
desaparecerá.

32Quisiera que estén libres de las preocupaciones de
esta vida. Un soltero puede invertir su tiempo en hacer la
obra del Señor y en pensar cómo agradarlo a él; 33pero el
casado tiene que pensar en sus responsabilidades terre-
nales y en cómo agradar a su esposa; 34sus intereses están
divididos. De la misma manera, una mujer que ya no está
casada o que nunca se ha casado puede dedicarse al Señor
y ser santa en cuerpo y en espíritu; pero una mujer casada
tiene que pensar en sus responsabilidades terrenales y en
cómo agradar a su esposo. 35Les digo esto para su propio
beneficio, no para imponerles restricciones. Mi deseo es
que hagan todo lo que los ayude a servir mejor al Señor,
con la menor cantidad de distracciones posibles.

36No obstante, si un hombre piensa que está tratando
a su prometida en forma impropia y que inevitablemente
cederá a sus pasiones, que se case con ella como él desea.
No es pecado. 37Pero si ha decidido con toda firmeza no
casarse y no hay urgencia y puede controlar sus pasiones,
hace bien en no casarse. 38Así que el que se casa con su
prometida hace bien, y el que no se casa hace aún mejor.

39Una esposa está ligada a su esposo mientras el esposo
vive. Si su esposo muere, ella queda libre para casarse con
quien quiera, pero solamente si ese hombre ama al Señor.*
40Sin embargo, en mi opinión, sería mejor para ella no vol-
ver a casarse, y pienso que, al decirles esto, les doy consejo
del Espíritu de Dios.

Comida sacrificada a ídolos

8 Ahora, con respecto a la pregunta acerca de la co-
mida que ha sido ofrecida a ídolos, es cierto, sabemos
que «todos tenemos conocimiento» sobre este tema. Sin
embargo, mientras que el conocimiento nos hace sentir
importantes, es el amor lo que fortalece a la iglesia. 2El
que afirma que lo sabe todo, en realidad, no es que sepa
mucho; 3pero la persona que ama a Dios es a quien Dios
reconoce.*

4Entonces, ¿qué acerca de comer carne ofrecida a ído-
los? Pues sabemos que un ídolo no es en verdad un dios y
que hay solo un Dios. 5Puede que existan esos llamados
«dioses» tanto en el cielo como en la tierra, y algunas per-
sonas de hecho rinden culto a muchos dioses y a muchos
señores. 6Pero para nosotros:

Hay un Dios, el Padre,
  por quien todas las cosas fueron creadas
  y para quien vivimos;
y hay un Señor, Jesucristo,
  por medio de quien todas las cosas fueron creadas
  y por medio de quien vivimos.

7Sin embargo, no todos los creyentes saben esto. Al-
gunos están acostumbrados a pensar que los ídolos son
reales, entonces, cuando comen un alimento que fue ofre-
cido a ídolos, lo consideran adoración a dioses verdaderos,
y violan su débil conciencia. 8Es cierto que no podemos
obtener la aprobación de Dios por lo que comemos. No
perdemos nada si no lo comemos, y no ganamos nada
si lo comemos.

9Pero ustedes deben tener cuidado de que su libertad
no haga tropezar a los que tienen una conciencia más
débil. 10Pues, si otros te ven —con tu «conocimiento su-
perior»— comiendo en el templo de un ídolo, ¿acaso no
se sentirán alentados a violar su conciencia al comer un
alimento que se ofreció a un ídolo? 11Así que a causa de
tu conocimiento superior, se destruirá un creyente* débil
por quien Cristo murió. 12Cuando ustedes pecan contra
otros creyentes* al alentarlos a hacer algo que para ellos
está mal, pecan contra Cristo. 13Por lo tanto, si lo que
como hace que otro creyente peque, nunca más comeré
carne mientras viva, porque no quiero hacer que otro
creyente tropiece.

Pablo renuncia a sus derechos

9 ¿Acaso no soy tan libre como cualquier otro? ¿No
soy apóstol? ¿No he visto a Jesús nuestro Señor con
mis propios ojos? ¿No es gracias a mi trabajo que ustedes
pertenecen al Señor? 2Aunque otros piensen que no soy
apóstol, ciertamente para ustedes lo soy. Ustedes mismos
son la prueba de que soy apóstol del Señor.

3Esta es mi respuesta a los que cuestionan mi autori-
dad.* 4¿Acaso no tenemos derecho de hospedarnos con
ustedes y compartir sus comidas? 5¿No tenemos dere-
cho a llevar con nosotros a una esposa creyente* como
lo hacen los demás apóstoles y los hermanos del Señor y
como lo hace Pedro*? 6¿O Bernabé y yo somos los únicos
que tenemos que trabajar para sostenernos?

7¿Qué soldado tiene que pagar sus propios gastos?
¿Qué agricultor planta un viñedo y no tiene derecho a
comer de su fruto? ¿A qué pastor que cuida de su rebaño
de ovejas no se le permite beber un poco de la leche?
8¿Expreso meramente una opinión humana o dice la ley
lo mismo? 9Porque la ley de Moisés dice: «No le pongas
bozal al buey para impedirle que coma mientras trilla
el grano»*. ¿Acaso pensaba Dios únicamente en bueyes
cuando dijo eso? 10¿No nos hablaba a nosotros en reali-
dad? Claro que sí, se escribió para nosotros, a fin de que
tanto el que ara como el que trilla el grano puedan esperar
una porción de la cosecha.

11Ya que hemos plantado la semilla espiritual entre
ustedes, ¿no tenemos derecho a cosechar el alimento y
la bebida material? 12Si ustedes sostienen a otros que les
predican, ¿no deberíamos tener nosotros aún mayor dere-
cho a que nos sostengan? Pero nunca nos hemos valido de
ese derecho. Preferiríamos soportar cualquier cosa antes
que ser un obstáculo a la Buena Noticia acerca de Cristo.

13¿No se dan cuenta de que los que trabajan en el tem-
plo obtienen sus alimentos de las ofrendas que se llevan
al templo? Y los que sirven en el altar reciben una porción
de lo que se ofrece como sacrificio. 14Del mismo modo, el
Señor ordenó que los que predican la Buena Noticia sean
sostenidos por los que reciben el beneficio del mensaje.
15Sin embargo, yo jamás me he valido de ninguno de esos
derechos. Y no escribo esto para sugerir que es mi deseo
comenzar a hacerlo ahora. De hecho, preferiría morir
antes que perder mi derecho a jactarme de predicar sin

***Notas textuales 7:39** En griego *pero solamente en el Señor.* **8:3** Algunos manuscritos dicen *la persona que ama tiene pleno conocimiento.* **8:11** En griego *hermano*; también en 8:13. **8:12** En griego *hermanos.*

Referencias cruzadas 7:39 Rm 7:2-3 **8:6** Rm 11:36 **8:13** Mt 18:6 **9:6** Hch 4:36 **9:12** Rm 15:27

cobrar. 16 Sin embargo, predicar la Buena Noticia no es algo de lo que pueda jactarme. Estoy obligado por Dios a hacerlo. ¡Qué terrible sería para mí si no predicara la Buena Noticia!

17 Si lo hiciera por mi propia iniciativa, merecería que me paguen; pero no tengo opción, porque Dios me ha encomendado este deber sagrado. 18 ¿Cuál es, entonces, mi paga? Es la oportunidad de predicar la Buena Noticia sin cobrarle a nadie. Por esa razón, nunca reclamo mis derechos cuando predico la Buena Noticia.

19 A pesar de que soy un hombre libre y sin amo, me he hecho esclavo de todos para llevar a muchos a Cristo. 20 Cuando estaba con los judíos, vivía como un judío para llevar a los judíos a Cristo. Cuando estaba con los que siguen la ley judía, yo también vivía bajo esa ley. A pesar de que no estoy sujeto a la ley, me sujetaba a ella para poder llevar a Cristo a los que están bajo la ley. 21 Cuando estoy con los gentiles,* quienes no siguen la ley judía,* yo también vivo independiente de esa ley para poder llevarlos a Cristo; pero no ignoro la ley de Dios, obedezco la ley de Cristo.

22 Cuando estoy con los que son débiles, me hago débil con ellos, porque deseo llevar a los débiles a Cristo. Sí, con todos trato de encontrar algo que tengamos en común, y hago todo lo posible para salvar a algunos. 23 Hago lo que sea para difundir la Buena Noticia y participar de sus bendiciones.

24 ¿No se dan cuenta de que en una carrera todos corren, pero solo una persona se lleva el premio? ¡Así que corran para ganar! 25 Todos los atletas se entrenan con disciplina. Lo hacen para ganar un premio que se desvanecerá, pero nosotros lo hacemos por un premio eterno. 26 Por eso yo corro cada paso con propósito. No solo doy golpes al aire. 27 Disciplino mi cuerpo como lo hace un atleta, lo entreno para que haga lo que debe hacer. De lo contrario, temo que, después de predicarles a otros, yo mismo quede descalificado.

Lecciones de la idolatría de Israel

10 Amados hermanos, no quiero que se olviden de lo que les sucedió a nuestros antepasados hace mucho tiempo en el desierto. Todos fueron guiados por una nube que iba delante de ellos y todos caminaron a través del mar sobre tierra seca. 2 Todos ellos fueron bautizados en la nube y en el mar como seguidores de Moisés. 3 Todos comieron el mismo alimento espiritual 4 y todos bebieron la misma agua espiritual. Pues bebieron de la roca espiritual que viajaba con ellos, y esa roca era Cristo. 5 Sin embargo, Dios no se agradó con la mayoría de ellos, y sus cuerpos fueron dispersados por el desierto.

6 Esas cosas sucedieron como una advertencia para nosotros, a fin de que no codiciemos lo malo como hicieron ellos, 7 ni rindamos culto a ídolos como hicieron algunos de ellos. Como dicen las Escrituras: «El pueblo celebró con abundante comida y bebida, y se entregó a diversiones paganas»*. 8 Y no debemos cometer inmoralidad sexual como hicieron algunos de ellos, lo cual causó la muerte de veintitrés mil personas en un solo día.

9 Tampoco deberíamos poner a prueba a Cristo* como hicieron algunos de ellos, y luego murieron mordidos por serpientes. 10 Y no murmuren como lo hicieron algunos de ellos, y luego el ángel de la muerte los destruyó. 11 Esas cosas les sucedieron a ellos como ejemplo para nosotros. Se pusieron por escrito para que nos sirvieran de advertencia a los que vivimos en el fin de los tiempos.

12 Si ustedes piensan que están firmes, tengan cuidado de no caer. 13 Las tentaciones que enfrentan en su vida no son distintas de las que otros atraviesan. Y Dios es fiel; no permitirá que la tentación sea mayor de lo que puedan soportar. Cuando sean tentados, él les mostrará una salida, para que puedan resistir.

14 Por lo tanto, mis queridos amigos, huyan de la adoración a los ídolos. 15 Ustedes son personas razonables. Juzguen por sí mismos si lo que digo es cierto. 16 Cuando bendecimos la copa en la Mesa del Señor, ¿no participamos en la sangre de Cristo? Y, cuando partimos el pan, ¿no participamos en el cuerpo de Cristo? 17 Aunque somos muchos, todos comemos de un mismo pan, con lo cual demostramos que somos un solo cuerpo. 18 Piensen en el pueblo de Israel. ¿No estaban unidos al comer de los sacrificios del altar?

19 ¿Qué es lo que trato de decir? ¿Que la comida ofrecida a ídolos tiene alguna importancia o que los ídolos son dioses verdaderos? 20 No, de ninguna manera. Lo que digo es que esos sacrificios se ofrecen a los demonios, no a Dios. Y no quiero que ustedes tengan parte con los demonios. 21 Ustedes no pueden beber de la copa del Señor y también de la copa de los demonios. No pueden comer de la Mesa del Señor y también de la mesa de los demonios. 22 ¿Qué? ¿Acaso nos atreveremos a despertar los celos del Señor? ¿Piensan que somos más fuertes que él?

23 Ustedes dicen: «Se me permite hacer cualquier cosa»*, pero no todo les conviene. Dicen: «Se me permite hacer cualquier cosa», pero no todo trae beneficio. 24 No se preocupen por su propio bien, sino por el bien de los demás.

25 Así que pueden comer cualquier carne que se venda en el mercado sin preguntar nada por motivos de conciencia. 26 Pues «la tierra es del SEÑOR y todo lo que hay en ella»*.

27 Si alguien que no es creyente los invita a cenar a su casa, acepten la invitación si desean. Coman todo lo que les ofrezcan sin preguntar nada por motivos de conciencia. 28 (Pero supongamos que alguien les dice: «Esta carne se ofreció a un ídolo». No la coman, por respeto a la conciencia del que lo dijo. 29 Tal vez no sea una cuestión de conciencia para ustedes, pero lo es para la otra persona). Pues, ¿por qué tendría que ser restringida mi libertad por lo que piense otra persona? 30 Si puedo darle gracias a Dios por la comida y disfrutarla, ¿por qué debería ser condenado por comerla?

31 Así que, sea que coman o beban o cualquier otra cosa que hagan, háganlo todo para la gloria de Dios. 32 No ofendan a los judíos ni a los gentiles* ni a la iglesia de Dios. 33 Yo también trato de complacer a todos en todo lo que hago. No hago solo lo que es mejor para mí; hago lo que es mejor para otros a fin de que muchos sean salvos. 11:1 Y ustedes deberían imitarme a mí, así como yo imito a Cristo.

***Notas textuales** **9:3** En griego *a los que me evalúan.* **9:5a** En griego *una hermana una esposa.* **9:5b** En griego *Cefas.* **9:9** Dt 25:4. **9:21a** *Gentil[es],* que no es judío. **9:21b** En griego *con los que no tienen la ley.* **10:7** Ex 32:6. **10:9** Algunos manuscritos dicen *al Señor.* **10:23** En griego *Todas las cosas son lícitas*; también en 10:23b. **10:26** Sal 24:1. **10:32** *Gentil[es],* que no es judío. En griego *ni a los griegos.*

Referencias cruzadas **9:18** 1 Co 3:8, 14 **9:21** Rm 2:12, 14 **10:5** Nm 14:29 **10:12** Rm 11:20 **10:22** Dt 32:16, 21

Instrucciones para la adoración en público

11 [2]Cuánto me alegro de que ustedes siempre me tienen en sus pensamientos y de que siguen las enseñanzas que les transmití. [3]Pero hay algo que quiero que sepan: la cabeza de todo hombre es Cristo, la cabeza de la mujer es el hombre, y la cabeza de Cristo es Dios.* [4]El hombre deshonra a su cabeza* si se cubre la cabeza mientras ora o profetiza. [5]En cambio, la mujer deshonra a su cabeza* si ora o profetiza sin cubrirse la cabeza, porque es como si se la rapara. [6]Efectivamente, si ella se niega a ponerse algo para cubrirse la cabeza, ¡debería cortarse todo el cabello! Ya que es vergonzoso que la mujer se corte el cabello o se rape la cabeza, debería cubrírsela con algo.*

[7]El hombre no debería ponerse nada sobre la cabeza cuando adora a Dios, porque el hombre fue hecho a la imagen de Dios y refleja la gloria de Dios. Y la mujer refleja la gloria del hombre. [8]Pues el primer hombre no provino de ninguna mujer, sino que la primera mujer provino de un hombre. [9]Y el hombre no fue hecho para la mujer, sino que la mujer fue hecha para el hombre. [10]Por esta razón y debido a que los ángeles observan, la mujer debería cubrirse la cabeza para mostrar que está bajo autoridad.*

[11]Sin embargo, entre el pueblo del Señor, las mujeres no son independientes de los hombres, y los hombres no son independientes de las mujeres. [12]Pues, aunque la primera mujer provino de un hombre, todos los demás hombres nacieron de una mujer, y todo proviene de Dios.

[13]Juzguen por sí mismos: ¿Es correcto que una mujer ore a Dios en público sin cubrirse la cabeza? [14]¿No es obvio que es vergonzoso que un hombre tenga el cabello largo? [15]¿Acaso el cabello largo no es el orgullo y la alegría de la mujer? Pues se le dio para que se cubra. [16]Pero si alguien quiere discutir este tema, simplemente digo que no tenemos otra costumbre más que esa, y tampoco la tienen las demás iglesias de Dios.

Orden en la Cena del Señor

[17]En las siguientes instrucciones, no puedo elogiarlos. Pues parece que hacen más daño que bien cuando se juntan. [18]Primero, oigo que hay divisiones entre ustedes cuando se reúnen como iglesia y, hasta cierto punto, lo creo. [19]Así que, ¡por supuesto que tiene que haber divisiones entre ustedes, para que los que tienen la aprobación de Dios sean reconocidos!

[20]Cuando ustedes se reúnen, la verdad es que no les interesa la Cena del Señor. [21]Pues algunos se apresuran a comer su propia comida y no la comparten con los demás. Como resultado, algunos se quedan con hambre mientras que otros se emborrachan. [22]¿Qué? ¿Acaso no tienen sus propias casas para comer y beber? ¿O de veras quieren deshonrar a la iglesia de Dios y avergonzar a los pobres? ¿Qué se supone que debo decir? ¿Quieren que los elogie? Pues bien, ¡de ninguna manera los elogiaré por esto!

[23]Pues yo les transmito lo que recibí del Señor mismo. La noche en que fue traicionado, el Señor Jesús tomó pan [24]y dio gracias a Dios por ese pan. Luego lo partió en trozos y dijo: «Esto es mi cuerpo, el cual es entregado por ustedes.* Hagan esto en memoria de mí». [25]De la misma manera, tomó en sus manos la copa de vino después de la cena, y dijo: «Esta copa es el nuevo pacto entre Dios y su pueblo, un acuerdo confirmado con mi sangre. Hagan esto en memoria de mí todas las veces que la beban». [26]Pues, cada vez que coman este pan y beban de esta copa, anuncian la muerte del Señor hasta que él vuelva.

[27]Por lo tanto, cualquiera que coma este pan o beba de esta copa del Señor en forma indigna es culpable de pecar contra* el cuerpo y la sangre del Señor. [28]Por esta razón, cada uno debería examinarse a sí mismo antes de comer el pan y beber de la copa. [29]Pues, si alguno come el pan y bebe de la copa sin honrar el cuerpo de Cristo,* come y bebe el juicio de Dios sobre sí mismo. [30]Esa es la razón por la que muchos de ustedes son débiles y están enfermos y algunos incluso han muerto.

[31]Si nos examináramos a nosotros mismos, Dios no nos juzgaría de esa manera. [32]Sin embargo, cuando el Señor nos juzga, nos está disciplinando para que no seamos condenados junto con el mundo.

[33]Así que, mis amados hermanos, cuando se reúnan para la Cena del Señor, espérense unos a otros. [34]Si de veras tienen hambre, que cada uno coma en su casa, a fin de no traer juicio sobre ustedes mismos cuando se reúnan. Les daré instrucciones sobre los demás asuntos después de mi llegada.

¡Respuestas Bíblicas! 165 ¿Qué son los dones del Espíritu Santo?

12:1 Los dones del Espíritu Santo son capacidades especiales que Dios les da a los cristianos para hablar de Jesús y servir a las personas.

Dones espirituales

12 Ahora, amados hermanos, con respecto a la pregunta acerca de las capacidades especiales que el Espíritu nos da, no quiero que lo malentiendan. [2]Ustedes saben que, cuando todavía eran paganos, fueron llevados por mal camino y arrastrados a rendir culto a ídolos mudos. [3]Por lo tanto, quiero que sepan que nadie que habla por el Espíritu de Dios maldice a Jesús, y nadie puede decir que Jesús es el Señor excepto por el Espíritu Santo.

[4]Hay distintas clases de dones espirituales, pero el mismo Espíritu es la fuente de todos ellos. [5]Hay distintas formas de servir, pero todos servimos al mismo Señor. [6]Dios trabaja de maneras diferentes, pero es el mismo Dios quien hace la obra en todos nosotros.

[7]A cada uno de nosotros se nos da un don espiritual para que nos ayudemos mutuamente. [8]A uno el Espíritu le da la capacidad de dar consejos sabios;* a otro el mismo Espíritu le da un mensaje de conocimiento especial.* [9]A otro el mismo Espíritu le da gran fe y a alguien más ese único Espíritu le da el don de sanidad. [10]A uno le da el poder para hacer milagros y a otro, la capacidad de profetizar. A alguien más le da la capacidad de discernir si un mensaje es del Espíritu de Dios o de otro espíritu.

***Notas textuales** **11:3** O *que sepan: el origen de todo hombre es Cristo, el origen de la mujer es el hombre, y el origen de Cristo es Dios.* O *que sepan: cada hombre es responsable ante Cristo, la mujer es responsable ante su marido, y Cristo es responsable ante Dios.* **11:4** O *deshonra a Cristo.* **11:5** O *deshonra a su marido.* **11:6** O *debería tener el cabello largo.* **11:10** En griego *debería tener una autoridad sobre su cabeza.* **11:24** En griego *el cual es para ustedes*; otros manuscritos dicen *el cual es partido para ustedes.* **11:27** O *es responsable de.* **11:29** En griego *el cuerpo*; otros manuscritos dicen *el cuerpo del Señor.* **12:8a** O *le da una palabra de sabiduría.* **12:8b** O *le da una palabra de conocimiento.*

Referencias cruzadas **11:2** 1 Co 4:17 **11:7** Rm 11:36 **11:20-22** 1 Co 1:10-12 **11:34** 1 Co 4:19 **12:1-3** Rm 1:11

Todavía a otro se le da la capacidad de hablar en idiomas desconocidos,* mientras que a otro se le da la capacidad de interpretar lo que se está diciendo. 11Es el mismo y único Espíritu quien distribuye todos esos dones. Solamente él decide qué don cada uno debe tener.

Un cuerpo con muchas partes

12El cuerpo humano tiene muchas partes, pero las muchas partes forman un cuerpo entero. Lo mismo sucede con el cuerpo de Cristo. 13Entre nosotros hay algunos que son judíos y otros que son gentiles;* algunos son esclavos, y otros son libres. Pero todos fuimos bautizados en un solo cuerpo por un mismo Espíritu, y todos compartimos el mismo Espíritu.*

14Así es, el cuerpo consta de muchas partes diferentes, no de una sola parte. 15Si el pie dijera: «No formo parte del cuerpo porque no soy mano», no por eso dejaría de ser parte del cuerpo. 16Y si la oreja dijera: «No formo parte del cuerpo porque no soy ojo», ¿dejaría por eso de ser parte del cuerpo? 17Si todo el cuerpo fuera ojo, ¿cómo podríamos oír? O si todo el cuerpo fuera oreja, ¿cómo podríamos oler?

18Pero nuestro cuerpo tiene muchas partes, y Dios ha puesto cada parte justo donde él quiere. 19¡Qué extraño sería el cuerpo si tuviera solo una parte! 20Efectivamente, hay muchas partes, pero un solo cuerpo. 21El ojo nunca puede decirle a la mano: «No te necesito». La cabeza tampoco puede decirle al pie: «No te necesito».

22De hecho, algunas partes del cuerpo que parecieran las más débiles y menos importantes, en realidad, son las más necesarias. 23Y las partes que consideramos menos honorables son las que vestimos con más esmero. Así que protegemos con mucho cuidado esas partes que no deberían verse, 24mientras que las partes más honorables no precisan esa atención especial. Por eso Dios ha formado el cuerpo de tal manera que se les dé más honor y cuidado a esas partes que tienen menos dignidad. 25Esto hace que haya armonía entre los miembros a fin de que los miembros se preocupen los unos por los otros. 26Si una parte sufre, las demás partes sufren con ella y, si a una parte se le da honra, todas las partes se alegran.

27Todos ustedes en conjunto son el cuerpo de Cristo, y cada uno de ustedes es parte de ese cuerpo. 28A continuación hay algunas de las partes que Dios ha designado para la iglesia:

en primer lugar, los apóstoles;
en segundo lugar, los profetas;
en tercer lugar, los maestros;
luego los que hacen milagros,
los que tienen el don de sanidad,
los que pueden ayudar a otros,
los que tienen el don de liderazgo,
los que hablan en idiomas desconocidos.

29¿Acaso somos todos apóstoles? ¿Somos todos profetas? ¿Somos todos maestros? ¿Tenemos todos el poder de hacer milagros? 30¿Tenemos todos el don de sanidad? ¿Tenemos todos la capacidad de hablar en idiomas desconocidos? ¿Tenemos todos la capacidad de interpretar idiomas desconocidos? ¡Por supuesto que no! 31Por lo tanto, ustedes deberían desear encarecidamente los dones que son de más ayuda.

Pero ahora déjenme mostrarles una manera de vida que supera a todas las demás.

La mayor es el amor

13 Si pudiera hablar todos los idiomas del mundo y de los ángeles pero no amara a los demás, yo solo sería un metal ruidoso o un címbalo que resuena. 2Si tuviera el don de profecía y entendiera todos los planes secretos de Dios y contara con todo el conocimiento, y si tuviera una fe que me hiciera capaz de mover montañas, pero no amara a otros, yo no sería nada. 3Si diera todo lo que tengo a los pobres y hasta sacrificara mi cuerpo, podría jactarme de eso;* pero si no amara a los demás, no habría logrado nada.

4El amor es paciente y bondadoso. El amor no es celoso ni fanfarrón ni orgulloso 5ni ofensivo. No exige que las cosas se hagan a su manera. No se irrita ni lleva un registro de las ofensas recibidas. 6No se alegra de la injusticia, sino que se alegra cuando la verdad triunfa. 7El amor nunca se da por vencido, jamás pierde la fe, siempre tiene esperanzas y se mantiene firme en toda circunstancia.

8La profecía, el hablar en idiomas desconocidos,* y el conocimiento especial se volverán inútiles. ¡Pero el amor durará para siempre! 9Ahora nuestro conocimiento es parcial e incompleto, ¡y aun el don de profecía revela solo una parte de todo el panorama! 10Sin embargo, cuando llegue el tiempo de la perfección, esas cosas parciales se volverán inútiles.

11Cuando yo era niño, hablaba, pensaba y razonaba como un niño; pero cuando crecí, dejé atrás las cosas de niño. 12Ahora vemos todo de manera imperfecta, como reflejos desconcertantes, pero luego veremos todo con perfecta claridad.* Todo lo que ahora conozco es parcial e incompleto, pero luego conoceré todo por completo, tal como Dios ya me conoce a mí completamente.

13Tres cosas durarán para siempre: la fe, la esperanza y el amor; y la mayor de las tres es el amor.

¡Respuestas Bíblicas! 166 ¿Qué es amar de verdad?

13:4-7 Algunas personas creen que el amor es solo un sentimiento o sensación pero Pablo lo describe como acciones en este texto maravilloso.

Lenguas y profecía

14 ¡Que el amor sea su meta más alta! Pero también deberían desear las capacidades especiales que da el Espíritu, sobre todo la capacidad de profetizar. 2Pues, si alguien tiene la capacidad de hablar en lenguas,* le hablará solamente a Dios, dado que la gente no podrá entenderle. Hablará por el poder del Espíritu,* pero todo será un misterio. 3En cambio, el que profetiza fortalece a otros, los anima y los consuela. 4La persona que habla en lenguas

***Notas textuales** **12:10** O *en diversas lenguas,* también en 12:28, 30. **12:13a** *Gentil[es],* que no es judío. En griego *son griegos.* **12:13b** En griego *y a todos se nos dio a beber de un mismo Espíritu.* **13:3** Algunos manuscritos dicen *sacrificara mi cuerpo para ser quemado.* **13:8** O *en lenguas.* **13:12** En griego *veremos cara a cara.* **14:2a** O *en idiomas desconocidos*; también en 14:4, 5, 13, 14, 18, 22, 26, 27, 28, 39. **14:2b** O *Hablará en su espíritu.*

Referencias cruzadas **12:13** Ga 3:28 **12:20** Rm 12:5 **13:12** 1 Co 8:3

se fortalece a sí misma, pero el que dice una palabra de
profecía fortalece a toda la iglesia.
[5]Yo desearía que todos pudieran hablar en lenguas,
pero más aún me gustaría que todos pudieran profeti-
zar. Pues la profecía es superior que hablar en lenguas,
a menos que alguien interprete lo que se dice, para que
toda la iglesia se fortalezca.
[6]Amados hermanos, si yo fuera a visitarlos y les hablara
en un idioma desconocido,* ¿de qué les serviría a ustedes?
En cambio, si les llevo una revelación o un conocimiento
especial o una profecía o una enseñanza, eso sí les sería
de ayuda. [7]Aun los instrumentos inanimados como la
flauta y el arpa, tienen que emitir sonidos nítidos, o nadie
reconocerá la melodía. [8]Si el toque de trompeta no es
entendible, ¿cómo sabrán los soldados que se les llama
a la batalla?
[9]Lo mismo ocurre con ustedes. Si hablan a la gente con
palabras que no entienden, ¿cómo podrían saber lo que
ustedes dicen? Sería igual que hablarle al viento.
[10]Hay muchos idiomas diferentes en el mundo, y cada
uno tiene significado; [11]pero si no entiendo un idioma,
soy un extranjero para el que lo habla, y el que lo habla es
un extranjero para mí. [12]Lo mismo ocurre con ustedes.
Ya que están tan deseosos de tener las capacidades espe-
ciales que da el Espíritu, procuren las que fortalecerán a
toda la iglesia.
[13]Por lo tanto, el que habla en lenguas también debería
pedir en oración la capacidad de interpretar lo que se ha
dicho. [14]Pues, si oro en lenguas, mi espíritu ora, pero yo
no entiendo lo que digo.
[15]¿Qué debo hacer entonces? Oraré en el espíritu* y
también oraré con palabras que entiendo. Cantaré en el
espíritu y también cantaré con palabras que entiendo.
[16]Pues, si alabas a Dios solamente en el espíritu, ¿cómo
podrán los que no te entienden alabar a Dios contigo?
¿Cómo podrán unirse a tus agradecimientos cuando no
entienden lo que dices? [17]Tú darás gracias muy bien, pero
eso no fortalecerá a la gente que te oye.
[18]Yo le agradezco a Dios que hablo en lenguas más
que cualquiera de ustedes; [19]pero en una reunión de la
iglesia, para ayudar a otros preferiría hablar cinco pala-
bras comprensibles que diez mil palabras en un idioma
desconocido.
[20]Amados hermanos, no sean infantiles en su com-
prensión de estas cosas. Sean inocentes como bebés en
cuanto a la maldad pero maduros en la comprensión de
asuntos como estos. [21]En las Escrituras* está escrito:

«Hablaré a mi propio pueblo
en idiomas extraños
y mediante labios de extranjeros.
Pero aun así, no me escucharán»*,
dice el Señor.

[22]Así que, como ven, el hablar en lenguas es una señal,
no para los creyentes, sino para los incrédulos. La profecía,
sin embargo, es para el beneficio de los creyentes, no de
los incrédulos. [23]Aun así, si los incrédulos o la gente que
no entiende esas cosas entran en la reunión de la iglesia y
oyen a todos hablando en un idioma desconocido, pensa-
rán que ustedes están locos; [24]pero si todos ustedes están
profetizando, y los incrédulos o la gente que no entiende
esas cosas entran en la reunión, serán convencidos de
pecado y juzgados por lo que ustedes dicen. [25]Al escuchar,
sus pensamientos secretos quedarán al descubierto y cae-
rán de rodillas y adorarán a Dios declarando: «En verdad,
Dios está aquí entre ustedes».

Un llamado a adorar con orden

[26]Ahora bien, mis hermanos, hagamos un resumen.
Cuando se reúnan, uno de ustedes cantará, otro ense-
ñará, otro contará alguna revelación especial que Dios le
haya dado, otro hablará en lenguas y otro interpretará lo
que se dice; pero cada cosa que se haga debe fortalecer a
cada uno de ustedes.
[27]No más de dos o tres deberían hablar en lenguas.
Deben hablar uno a la vez y que alguien interprete lo que
ellos digan. [28]Pero, si no hay nadie presente que pueda
interpretar, ellos deberán guardar silencio en la reunión
de la iglesia y hablar en lenguas a Dios en forma privada.
[29]Que dos o tres personas profeticen y que los demás
evalúen lo que se dice. [30]Pero, si alguien está profetizando
y otra persona recibe una revelación del Señor, el que
está hablando debe callarse. [31]De esa manera, todos los
que profeticen tendrán su turno para hablar, uno des-
pués de otro, para que todos aprendan y sean alentados.
[32]Recuerden que la gente que profetiza está en control
de su espíritu y puede turnarse con otros. [33]Pues Dios
no es Dios de desorden sino de paz, como en todas las
reuniones del pueblo santo de Dios.*
[34]Las mujeres deben guardar silencio durante las reu-
niones de la iglesia. No es apropiado que hablen. Deben
ser sumisas, tal como dice la ley. [35]Si tienen preguntas,
que le pregunten a su marido en casa, porque no es
apropiado que las mujeres hablen en las reuniones de
la iglesia.*
[36]¿O acaso piensan, corintios, que la palabra de Dios
se originó con ustedes? ¿Son ustedes los únicos a quienes
fue entregada? [37]Si alguien afirma ser profeta o piensa
que es espiritual, debería reconocer que lo que digo es
un mandato del Señor mismo; [38]pero si no lo reconoce,
él tampoco será reconocido.*
[39]Por lo tanto, mis amados hermanos, con todo co-
razón deseen profetizar y no prohíban que se hable en
lenguas; [40]pero asegúrense de que todo se haga de forma
apropiada y con orden.

La resurrección de Cristo

15 Ahora, amados hermanos, permítanme recordar-
les la Buena Noticia que ya les prediqué. En ese
entonces, la recibieron con gusto y todavía permanecen
firmes en ella. [2]Esa es la Buena Noticia que los salva si
ustedes siguen creyendo el mensaje que les prediqué,
a menos que hayan creído algo que desde un principio
nunca fue cierto.*
[3]Yo les transmití a ustedes lo más importante y lo que
se me había transmitido a mí también. Cristo murió por
nuestros pecados tal como dicen las Escrituras. [4]Fue
enterrado y al tercer día fue levantado de los muertos,

***Notas textuales** **14:6** O *en lenguas*; también en 14:19, 23. **14:15** O *en el Espíritu*; también en 14:15b, 16. **14:21a** En griego *En la ley.* **14:21b** Is 28:11-12. **14:33** La frase *como en todas las reuniones del pueblo santo de Dios* podría, en cambio, unirse al comienzo de 14:34. **14:35** Algunos manuscritos ubican los versículos 34-35 después de 14:40. **14:38** Algunos manuscritos dicen *si ignora esto, permanece en su ignorancia.* **15:2** O *a menos que desde un principio ustedes nunca lo hayan creído.*

Referencias cruzadas **14:5** Nm 11:29 **14:16-17** 1 Cr 16:36 **14:21** Is 28:11-12 **14:25** Is 45:14 **14:26** Rm 14:19 **14:29-32** 1 Co 12:10 **14:35** 1 Tm 2:11-12 **14:40** 1 Co 12:31 **15:4-8** Hch 1:3-4

tal como dicen las Escrituras. 5Lo vio Pedro* y luego lo
vieron los Doce. 6Más tarde, lo vieron más de quinien-
tos de sus seguidores* a la vez, la mayoría de los cuales
todavía viven, aunque algunos ya han muerto. 7Luego
lo vio Santiago, y después lo vieron todos los apóstoles.
8Por último, como si hubiera nacido en un tiempo que
no me correspondía, también lo vi yo. 9Pues soy el más
insignificante de todos los apóstoles. De hecho, ni si-
quiera soy digno de ser llamado apóstol después de haber
perseguido a la iglesia de Dios, como lo hice.
10Sin embargo, lo que ahora soy, todo se debe a que
Dios derramó su favor especial sobre mí, y no sin resulta-
dos. Pues he trabajado mucho más que cualquiera de los
otros apóstoles; pero no fui yo sino Dios quien obraba a
través de mí por su gracia. 11Así que no importa si predico
yo o predican ellos, porque todos predicamos el mismo
mensaje que ustedes ya han creído.

La resurrección de los muertos

12Pero díganme lo siguiente: dado que nosotros predi-
camos que Cristo se levantó de los muertos, ¿por qué
algunos de ustedes dicen que no habrá resurrección
de los muertos? 13Pues, si no hay resurrección de los
muertos, entonces Cristo tampoco ha resucitado; 14y
si Cristo no ha resucitado, entonces toda nuestra pre-
dicación es inútil, y la fe de ustedes también es inútil.
15Y nosotros, los apóstoles, estaríamos todos mintiendo
acerca de Dios, porque hemos dicho que Dios levantó a
Cristo de la tumba. Así que eso no puede ser cierto si no
hay resurrección de los muertos; 16y si no hay resurrec-
ción de los muertos, entonces Cristo no ha resucitado;
17y si Cristo no ha resucitado, entonces la fe de ustedes
es inútil, y todavía son culpables de sus pecados. 18En
ese caso, ¡todos los que murieron creyendo en Cristo
están perdidos! 19Y si nuestra esperanza en Cristo es
solo para esta vida, somos los más dignos de lástima de
todo el mundo.
20Lo cierto es que Cristo sí resucitó de los muertos.
Él es el primer fruto de una gran cosecha, el primero de
todos los que murieron.
21Así que, ya ven, tal como la muerte entró en el mundo
por medio de un hombre, ahora la resurrección de los
muertos ha comenzado por medio de otro hombre. 22Así
como todos mueren porque todos pertenecemos a Adán,
todos los que pertenecen a Cristo recibirán vida nueva;
23pero esta resurrección tiene un orden: Cristo fue resu-
citado como el primero de la cosecha, luego todos los que
pertenecen a Cristo serán resucitados cuando él regrese.
24Después de eso, vendrá el fin, cuando él le entregará
el reino a Dios el Padre, luego de destruir a todo gober-
nante y poder y toda autoridad. 25Pues Cristo tiene que
reinar hasta que humille a todos sus enemigos debajo
de sus pies. 26Y el último enemigo que será destruido es
la muerte. 27Pues las Escrituras dicen: «Dios ha puesto
todas las cosas bajo su autoridad»*. (Claro que, cuando
dice «todas las cosas están bajo su autoridad», no incluye
a Dios mismo, quien le dio a Cristo su autoridad). 28En-
tonces, cuando todas las cosas estén bajo su autoridad, el
Hijo se pondrá a sí mismo bajo la autoridad de Dios, para
que Dios, quien le dio a su Hijo la autoridad sobre todas
las cosas, sea completamente supremo sobre todas las
cosas en todas partes.
29Si los muertos no serán resucitados, ¿para qué se
bautiza la gente por los que están muertos? ¿Para qué
hacerlo a menos que los muertos algún día resuciten?
30¿Y para qué nosotros a todas horas pondríamos en
peligro nuestra vida? 31Pues juro, amados hermanos, que
todos los días enfrento la muerte. Esto es tan cierto como
el orgullo que siento por lo que Cristo Jesús nuestro Señor
ha hecho en ustedes. 32¿Y qué valor hubo en luchar con-
tra las fieras salvajes —esa gente de Éfeso—* si no habrá
resurrección de los muertos? Y si no hay resurrección,
«¡comamos y bebamos, que mañana moriremos!»*. 33No
se dejen engañar por los que dicen semejantes cosas, por-
que «las malas compañías corrompen el buen carácter».
34Piensen bien sobre lo que es correcto y dejen de pecar.
Pues para su vergüenza les digo que algunos de ustedes
no conocen a Dios en absoluto.

El cuerpo resucitado

35Pero alguien podría preguntar: «¿Cómo resucitarán los
muertos? ¿Qué clase de cuerpos tendrán?». 36¡Qué pre-
gunta tan tonta! Cuando pones una semilla en la tierra,
esta no crece y llega a ser una planta a menos que muera
primero; 37y lo que pones en el suelo no es la planta que
crecerá, sino tan solo una simple semilla de trigo o de lo
que estés sembrando. 38Luego Dios le da el cuerpo nuevo
que él quiere que tenga. De cada clase de semilla crece una
planta diferente. 39De modo parecido, hay diferentes cla-
ses de carne: una para los humanos, otra para los animales,
otra para las aves y otra para los peces.
40También hay cuerpos en los cielos y cuerpos sobre la
tierra. La gloria de los cuerpos celestiales es diferente de la
gloria de los cuerpos terrenales. 41El sol tiene una clase de
gloria, mientras que la luna tiene otra y las estrellas tienen
otra. Y hasta las estrellas se diferencian unas de otras por
la gloria de cada una.
42Lo mismo sucede con la resurrección de los muertos.
Cuando morimos, nuestros cuerpos terrenales son plan-
tados en la tierra, pero serán resucitados para que vivan
por siempre. 43Nuestros cuerpos son enterrados en des-
honra, pero serán resucitados en gloria. Son enterrados
en debilidad, pero serán resucitados en fuerza. 44Son en-
terrados como cuerpos humanos naturales, pero serán
resucitados como cuerpos espirituales. Pues, así como
hay cuerpos naturales, también hay cuerpos espirituales.
45Las Escrituras nos dicen: «El primer hombre, Adán,
se convirtió en un ser viviente»*, pero el último Adán
—es decir, Cristo— es un Espíritu que da vida. 46Lo que
primero viene es el cuerpo natural, y más tarde viene el
cuerpo espiritual. 47Adán, el primer hombre, fue formado
del polvo de la tierra, mientras que Cristo, el segundo
hombre, vino del cielo. 48Los que son terrenales son
como el hombre terrenal, y los que son celestiales son
como el hombre celestial. 49Al igual que ahora somos
como el hombre terrenal, algún día seremos como* el
hombre celestial.
50Lo que les digo, amados hermanos, es que nuestros
cuerpos físicos no pueden heredar el reino de Dios. Estos
cuerpos que mueren no pueden heredar lo que durará
para siempre.

***Notas textuales** **15:5** En griego *Cefas.* **15:6** En griego *los hermanos.* **15:27** Sal 8:6. **15:32a** En griego *luchar contra las fieras salvajes en Éfeso.* **15:32b** Is 22:13. **15:45** Gn 2:7. **15:49** Algunos manuscritos dicen *terrenal, que seamos como.*

Referencias cruzadas **15:10** 2 Co 11:23 **15:19-20** Hch 2:24 **15:28** 1 Co 3:23 **15:32** Is 22:13 **15:42-44** Mt 13:43

51Pero permítanme revelarles un secreto maravilloso. ¡No todos moriremos, pero todos seremos transformados! 52Sucederá en un instante, en un abrir y cerrar de ojos, cuando se toque la trompeta final. Pues, cuando suene la trompeta, los que hayan muerto resucitarán para vivir por siempre. Y nosotros, los que estemos vivos, también seremos transformados. 53Pues nuestros cuerpos mortales tienen que ser transformados en cuerpos que nunca morirán; nuestros cuerpos mortales deben ser transformados en cuerpos inmortales.

54Entonces, cuando nuestros cuerpos mortales hayan sido transformados en cuerpos que nunca morirán,* se cumplirá la siguiente Escritura:

«La muerte es devorada en victoria.*
55 Oh muerte, ¿dónde está tu victoria?
Oh muerte, ¿dónde está tu aguijón?*».

56Pues el pecado es el aguijón que termina en muerte, y la ley le da al pecado su poder. 57¡Pero gracias a Dios! Él nos da la victoria sobre el pecado y la muerte por medio de nuestro Señor Jesucristo.

58Por lo tanto, mis amados hermanos, permanezcan fuertes y constantes. Trabajen siempre para el Señor con entusiasmo, porque ustedes saben que nada de lo que hacen para el Señor es inútil.

La colecta para Jerusalén

16 Ahora bien, consideremos la pregunta acerca del dinero que se está juntando para el pueblo de Dios en Jerusalén. Deberían seguir el mismo procedimiento que les di a las iglesias de Galacia. 2El primer día de cada semana, cada uno debería separar una parte del dinero que ha ganado. No esperen hasta que yo llegue para luego tratar de reunirlo todo de golpe. 3Cuando yo vaya, escribiré cartas de recomendación para los mensajeros que ustedes escojan como encargados de entregar su ofrenda en Jerusalén; 4y si parece oportuno que yo también vaya, ellos pueden viajar conmigo.

Instrucciones finales de Pablo

5Los visitaré después de haber ido a Macedonia,* pues estoy pensando pasar por Macedonia. 6Tal vez me quede un tiempo con ustedes, quizá todo el invierno, y después podrán enviarme a mi próximo destino. 7Esta vez no quiero hacerles una visita corta nada más y luego seguir mi viaje. Deseo ir y quedarme un tiempo si el Señor me lo permite. 8Mientras tanto, seguiré aquí, en Éfeso, hasta el Festival de Pentecostés. 9Se ha abierto una puerta de par en par para hacer un gran trabajo en este lugar, aunque muchos se me oponen.

10Cuando llegue Timoteo, no lo intimiden. Él hace la obra del Señor igual que yo. 11No permitan que nadie lo trate con desprecio. Despídanlo con su bendición cuando regrese para estar conmigo. Espero que venga, junto con los demás creyentes.*

12Ahora, en cuanto a nuestro hermano Apolos, yo le rogué que fuera a visitarlos en compañía de los otros creyentes, pero él no estaba dispuesto a ir por el momento. Los verá después, cuando tenga la oportunidad.

13Estén alerta. Permanezcan firmes en la fe. Sean valientes.* Sean fuertes. 14Y hagan todo con amor.

15Ustedes ya saben que Estéfanas y los de su casa fueron los primeros frutos de la cosecha de creyentes en Grecia,* y ellos tienen su vida puesta al servicio del pueblo de Dios. Les ruego, amados hermanos, 16que se sometan a ellos y a otros como ellos, que sirven con tanta devoción. 17Estoy muy contento de que Estéfanas, Fortunato y Acaico hayan llegado. Ellos me han dado la ayuda que ustedes no pudieron darme al no estar aquí. 18Ellos también han sido de mucho aliento para mí como lo fueron para ustedes. Muéstrenles agradecimiento a todos los que sirven así de bien.

Saludos finales de Pablo

19Las iglesias de aquí, en la provincia de Asia,* les mandan saludos en el Señor, igual que Aquila y Priscila* y todos los demás que se congregan en la casa de ellos para las reuniones de la iglesia. 20Todos los hermanos de aquí les envían saludos. Salúdense unos a otros con un beso santo.

21Este es mi saludo de puño y letra: Pablo.

22Si alguien no ama al Señor, tal persona es maldita. Señor nuestro, ¡ven!*

23Que la gracia del Señor Jesús sea con ustedes.

24Mi amor a todos ustedes en Cristo Jesús.*

***Notas textuales** **15:54a** Algunos manuscritos agregan *y nuestros cuerpos mortales hayan sido transformados en cuerpos inmortales.* **15:54b** Is 25:8. **15:55** Os 13:14 (versión griega). **16:5** *Macedonia* estaba situada en la región del norte de Grecia. **16:11** En griego *con los hermanos*; similar en 16:12. **16:13** En griego *Sean hombres.* **16:15** En griego *en Acaya,* la región sur de la península griega. **16:19a** *Asia* era una provincia romana en lo que ahora es la parte occidental de Turquía. **16:19b** En griego *Prisca.* **16:22** Del arameo, *Marana ta.* Algunos manuscritos dicen *Maran ata,* «*Nuestro Señor ha venido*». **16:24** Algunos manuscritos agregan *Amén.*

Referencias cruzadas **15:58** 1 Co 16:10 **16:12** Hch 18:24 **16:18** 2 Co 11:9 **16:21** Ga 6:11

2 CORINTIOS

¿Por qué es importante?

Esta esta una carta más personal en la que Pablo habla primero de ser generosos. Pablo explica por qué es bueno y necesario que los cristianos compartamos los costos de dar a conocer el evangelio y servir a nuestras ciudades con el amor de Jesús. La iglesia debe ser compasiva y generosa con todos sin importar países, razas o clases y por eso otro de los temas importantes de la carta es la reconciliación. Pablo nunca vendió sus convicciones, sino que luchó por ellas e hizo prevalecer la verdad con generosidad y esta carta te ayuda a entender que eso es muy importante para Dios.

¿Por qué fue escrito?

Pablo quiso expresar agradecimiento y fortalecer a los cristianos de Corinto que habían recibido bien su carta anterior además de dvertirlos sobre los algunos maestros que estaban enseñando cosas incorrectas.

¿Quién lo escribió?

Prácticamente no hay dudas de que el autor fue el Apóstol Pablo.

¿A quién lo escribió?

Esta carta fue escrita debido a algunas discusiones, donde algunos miembros de la iglesia habían comenzado a cuestionar la autoridad de Pablo y enseñar ideas equivocadas así que Pablo les vuelve a escribir a los cristianos de Corinto.

¿Cuándo y dónde lo escribió?

Escrita desde Macedonia, probablemente en Filipos (entregada por Tito y otros dos hermanos) para que se prepararan para su visita (8:16-24). La envió aproximadamente en el 56 d. C. unos 8 a 12 meses después de la "primera" carta.

Paso a paso

1. El ministerio de Pablo (1:1-7:16)
2. El plan de colecta de la ofrenda (8:1-9:15)
3. Defensa del ministerio de Pablo (10:1-13:14)

2 Corintios

Saludos de Pablo
1 Yo, Pablo, elegido por la voluntad de Dios para ser
un apóstol de Cristo Jesús, escribo esta carta junto
con nuestro hermano Timoteo.
Va dirigida a la iglesia de Dios en Corinto y a todo su
pueblo santo que está en toda Grecia.*
2 Que Dios nuestro Padre y el Señor Jesucristo les den
gracia y paz.

Dios ofrece consuelo a todos
3 Toda la alabanza sea para Dios, el Padre de nuestro
Señor Jesucristo. Dios es nuestro Padre misericordioso
y la fuente de todo consuelo. 4 Él nos consuela en todas
nuestras dificultades para que nosotros podamos consolar
a otros. Cuando otros pasen por dificultades, podremos
ofrecerles el mismo consuelo que Dios nos ha dado a
nosotros. 5 Pues, cuanto más sufrimos por Cristo, tanto
más Dios nos colmará de su consuelo por medio de Cristo.
6 Aun cuando estamos abrumados por dificultades, ¡es
para el consuelo y la salvación de ustedes! Pues, cuando
nosotros somos consolados, ciertamente los consolare-
mos a ustedes. Entonces podrán soportar con paciencia
los mismos sufrimientos que nosotros. 7 Tenemos la
plena confianza de que, al participar ustedes de nuestros
sufrimientos, también tendrán parte del consuelo que
Dios nos da.
8 Amados hermanos, pensamos que tienen que estar
al tanto de las dificultades que hemos atravesado en la
provincia de Asia. Fuimos oprimidos y agobiados más
allá de nuestra capacidad de aguantar y hasta pensamos
que no saldríamos con vida. 9 De hecho, esperábamos
morir; pero, como resultado, dejamos de confiar en noso-
tros mismos y aprendimos a confiar solo en Dios, quien
resucita a los muertos. 10 Efectivamente él nos rescató del
peligro mortal y volverá a hacerlo de nuevo. Hemos depo-
sitado nuestra confianza en Dios, y él seguirá rescatándo-
nos, 11 y ustedes nos están ayudando al orar por nosotros.
Entonces mucha gente dará gracias porque Dios contestó
bondadosamente tantas oraciones por nuestra seguridad.

Cambio de planes de Pablo
12 Podemos decir con confianza y con una conciencia
limpia que, en todos nuestros asuntos, hemos vivido en
santidad* y con una sinceridad dadas por Dios. Hemos
dependido de la gracia de Dios y no de nuestra propia sabi-
duría humana. Esa es la forma en que nos hemos compor-
tado ante el mundo y en especial con ustedes. 13 Nuestras
cartas fueron transparentes, y no hay nada escrito entre
líneas ni nada que no puedan entender. Espero que algún
día nos entiendan plenamente, 14 aunque por ahora no nos
entiendan. Entonces, en el día que el Señor Jesús* regrese,
estarán orgullosos de nosotros de la misma manera que
nosotros estamos orgullosos de ustedes.
15 Como estaba tan seguro de su comprensión y con-
fianza, quise darles una doble bendición al visitarlos dos
veces: 16 primero de camino a Macedonia, y otra vez al
regresar de Macedonia.* Luego podrían ayudarme a se-
guir mi viaje a Judea.
17 Tal vez se pregunten por qué cambié de planes.
¿Acaso piensan que hago mis planes a la ligera? ¿Piensan
que soy como la gente del mundo que dice «sí» cuando en
realidad quiere decir «no»? 18 Tan cierto como que Dios
es fiel, nuestra palabra a ustedes no oscila entre el «sí» y el
«no». 19 Pues Jesucristo, el Hijo de Dios, no titubea entre
el «sí» y el «no». Él es aquel de quien Silas,* Timoteo y
yo les predicamos, y siendo el «sí» definitivo de Dios, él
siempre hace lo que dice. 20 Pues todas las promesas de
Dios se cumplieron en Cristo con un resonante «¡sí!», y
por medio de Cristo, nuestro «amén» (que significa «sí»)
se eleva a Dios para su gloria.
21 Es Dios quien nos capacita, junto con ustedes, para
estar firmes por Cristo. Él nos comisionó 22 y nos iden-
tificó como suyos al poner al Espíritu Santo en nuestro
corazón como un anticipo que garantiza todo lo que él
nos prometió.
23 Ahora pongo a Dios por testigo de que les digo la
verdad. La razón por la cual no regresé a Corinto fue para
ahorrarles una severa reprimenda; 24 pero eso no significa
que queramos dominarlos al decirles cómo poner en prác-
tica su fe. Queremos trabajar junto con ustedes para que
estén llenos de alegría, porque es por medio de su propia
fe que se mantienen firmes.

2 Así que decidí que no les causaría tristeza con otra
visita dolorosa. 2 Pues, si yo les causo tristeza, ¿quién
me alegrará a mí? Por cierto, no será alguien a quien yo
haya entristecido. 3 Por eso les escribí como lo hice, para
que, cuando llegue, no me causen tristeza los mismos
que deberían darme la más grande alegría. Seguramente,
todos ustedes saben que mi alegría proviene de que estén
alegres. 4 Escribí aquella carta con gran angustia, un cora-
zón afligido y muchas lágrimas. No quise causarles tris-
teza, más bien quería que supieran cuánto amor tengo
por ustedes.

***Notas textuales** **1:1** En griego *Acaya*, la región sur de la península griega. **1:12** Algunos manuscritos dicen *honestidad*. **1:14** Algunos manuscritos dicen *nuestro Señor Jesús*. **1:16** *Macedonia* estaba situada en la región del norte de Grecia. **1:19** En griego *Silvano*.

Referencias cruzadas **1:2** Rm 1:7 **1:6-7** 2 Co 4:10, 15 **1:11** Rm 15:30 **1:22** 2 Co 5:5 **2:3-4** 2 Co 7:8, 12

Perdón para el pecador
5No exagero cuando digo que el hombre que causó todos
los problemas los lastimó más a todos ustedes que a mí.
6La mayoría de ustedes se le opusieron, y eso ya fue su-
ficiente castigo. 7No obstante, ahora es tiempo de per-
donarlo y consolarlo; de otro modo, podría ser vencido
por el desaliento. 8Así que ahora les ruego que reafirmen
su amor por él.

9Les escribí como lo hice para probarlos y ver si cum-
plirían mis instrucciones al pie de la letra. 10Si ustedes
perdonan a este hombre, yo también lo perdono. Cuando
yo perdono lo que necesita ser perdonado, lo hago con la
autoridad de Cristo en beneficio de ustedes, 11para que
Satanás no se aproveche de nosotros. Pues ya conocemos
sus maquinaciones malignas.

12Cuando llegué a la ciudad de Troas para predicar la
Buena Noticia de Cristo, el Señor me abrió una puerta de
oportunidad; 13pero no sentía paz, porque mi querido
hermano Tito todavía no había llegado con un informe
de ustedes. Así que me despedí y seguí hacia Macedonia
para buscarlo.

Ministros del nuevo pacto
14Así que, ¡gracias a Dios!, quien nos ha hecho sus cauti-
vos y siempre nos lleva en triunfo en el desfile victorioso
de Cristo. Ahora nos usa para difundir el conocimiento
de Cristo por todas partes como un fragante perfume.
15Nuestras vidas son la fragancia de Cristo que sube hasta
Dios, pero esta fragancia se percibe de una manera dife-
rente por los que se salvan y los que se pierden. 16Para
los que se pierden, somos un espantoso olor de muerte
y condenación, pero para aquellos que se salvan, somos
un perfume que da vida. ¿Y quién es la persona adecuada
para semejante tarea?

17Ya ven, no somos como tantos charlatanes* que
predican para provecho personal. Nosotros predicamos
la palabra de Dios con sinceridad y con la autoridad de
Cristo, sabiendo que Dios nos observa.

3 ¿Otra vez comenzamos a elogiarnos a nosotros
mismos? ¿Acaso somos como otros, que necesitan
llevarles cartas de recomendación o que les piden que se
escriban tales cartas en nombre de ellos? ¡Por supuesto
que no! 2La única carta de recomendación que necesita-
mos son ustedes mismos. Sus vidas son una carta escrita
en nuestro* corazón; todos pueden leerla y reconocer
el buen trabajo que hicimos entre ustedes. 3Es evidente
que son una carta de Cristo que muestra el resultado de
nuestro ministerio entre ustedes. Esta «carta» no está
escrita con pluma y tinta, sino con el Espíritu del Dios
viviente. No está tallada en tablas de piedra, sino en co-
razones humanos.

4Estamos seguros de todo esto debido a la gran con-
fianza que tenemos en Dios por medio de Cristo. 5No es
que pensemos que estamos capacitados para hacer algo
por nuestra propia cuenta. Nuestra aptitud proviene de
Dios. 6Él nos capacitó para que seamos ministros de su
nuevo pacto. Este no es un pacto de leyes escritas, sino
del Espíritu. El antiguo pacto escrito termina en muerte;
pero, de acuerdo con el nuevo pacto, el Espíritu da vida.

La gloria del nuevo pacto
7El camino* antiguo, con leyes grabadas en piedra, con-
ducía a la muerte, aunque comenzó con tanta gloria que el
pueblo de Israel no podía mirar la cara de Moisés. Pues su
rostro brillaba con la gloria de Dios, aun cuando el brillo ya
estaba desvaneciéndose. 8¿No deberíamos esperar mayor
gloria dentro del nuevo camino, ahora que el Espíritu
Santo da vida? 9Si el antiguo camino, que trae condena-
ción, era glorioso, ¡cuánto más glorioso es el nuevo ca-
mino, que nos hace justos ante Dios! 10De hecho, aquella
primera gloria no era para nada gloriosa comparada con la
gloria sobreabundante del nuevo camino. 11Así que si el
antiguo camino, que ha sido reemplazado, era glorioso,
¡cuánto más glorioso es el nuevo, que permanece para
siempre!

12Ya que este nuevo camino nos da tal confianza,
podemos ser muy valientes. 13No somos como Moisés,
quien se cubría la cara con un velo para que el pueblo
de Israel no pudiera ver la gloria, aun cuando esa gloria
estaba destinada a desvanecerse. 14Pero la mente de ellos
se endureció y, hasta el día de hoy, cada vez que se lee el
antiguo pacto, el mismo velo les cubre la mente para que
no puedan entender la verdad. Este velo puede quitarse
solamente al creer en Cristo. 15Efectivamente, incluso
hoy en día, cuando leen los escritos de Moisés, tienen el
corazón cubierto con ese velo y no comprenden.

16En cambio, cuando alguien se vuelve al Señor, el velo
es quitado. 17Pues el Señor es el Espíritu, y donde está el
Espíritu del Señor, allí hay libertad. 18Así que, todos noso-
tros, a quienes nos ha sido quitado el velo, podemos ver y
reflejar la gloria del Señor. El Señor, quien es el Espíritu,
nos hace más y más parecidos a él a medida que somos
transformados a su gloriosa imagen.

Tesoros en frágiles vasijas de barro
4 Por lo tanto, ya que Dios, en su misericordia, nos
ha dado este nuevo camino,* nunca nos damos por
vencidos. 2Rechazamos todas las acciones vergonzosas
y los métodos turbios. No tratamos de engañar a nadie
ni de distorsionar la palabra de Dios. Decimos la verdad
delante de Dios, y todos los que son sinceros lo saben bien.

3Si la Buena Noticia que predicamos está escondida
detrás de un velo, solo está oculta de la gente que se pierde.
4Satanás, quien es el dios de este mundo, ha cegado la
mente de los que no creen. Son incapaces de ver la gloriosa
luz de la Buena Noticia. No entienden este mensaje acerca
de la gloria de Cristo, quien es la imagen exacta de Dios.

5Como ven, no andamos predicando acerca de noso-
tros mismos. Predicamos que Jesucristo es Señor, y noso-
tros somos siervos de ustedes por causa de Jesús. 6Pues
Dios, quien dijo: «Que haya luz en la oscuridad», hizo que
esta luz brille en nuestro corazón para que podamos co-
nocer la gloria de Dios que se ve en el rostro de Jesucristo.

7Ahora tenemos esta luz que brilla en nuestro cora-
zón, pero nosotros mismos somos como frágiles vasijas
de barro que contienen este gran tesoro.* Esto deja bien
claro que nuestro gran poder proviene de Dios, no de
nosotros mismos.

8Por todos lados nos presionan las dificultades, pero
no nos aplastan. Estamos perplejos pero no caemos
en la desesperación. 9Somos perseguidos pero nunca

***Notas textuales** **2:17** Algunos manuscritos dicen *como los demás charlatanes.* **3:2** Algunos manuscritos dicen *su.* **3:7** O *ministerio*; también en 3:8, 9, 10, 11, 12. **4:1** O *ministerio.* **4:7** En griego *Ahora tenemos este tesoro en vasijas de barro.*

Referencias cruzadas **2:9-11** 2 Co 10:6 **2:12** Hch 16:8 **2:17** Lc 2:34 **3:3** Jr 31:33 **3:11** Ex 34:29-35 abandonados por Dios. Somos derribados, pero no destruidos. 10Mediante el sufrimiento, nuestro cuerpo sigue participando de la muerte de Jesús, para que la vida de Jesús también pueda verse en nuestro cuerpo.

11Es cierto, vivimos en constante peligro de muerte porque servimos a Jesús, para que la vida de Jesús sea evidente en nuestro cuerpo que muere. 12Así que vivimos de cara a la muerte, pero esto ha dado como resultado vida eterna para ustedes.

13Sin embargo, seguimos predicando porque tenemos la misma clase de fe que tenía el salmista cuando dijo: «Creí en Dios, por tanto hablé»*. 14Sabemos que Dios, quien resucitó al Señor Jesús,* también nos resucitará a nosotros con Jesús y nos presentará ante sí mismo junto con ustedes. 15Todo esto es para beneficio de ustedes, y a medida que la gracia de Dios alcance a más y más personas, habrá abundante acción de gracias, y Dios recibirá más y más gloria.

16Es por esto que nunca nos damos por vencidos. Aunque nuestro cuerpo está muriéndose, nuestro espíritu* va renovándose cada día. 17Pues nuestras dificultades actuales son pequeñas y no durarán mucho tiempo. Sin embargo, ¡nos producen una gloria que durará para siempre y que es de mucho más peso que las dificultades! 18Así que no miramos las dificultades que ahora vemos; en cambio, fijamos nuestra vista en cosas que no pueden verse. Pues las cosas que ahora podemos ver pronto se habrán ido, pero las cosas que no podemos ver permanecerán para siempre.

Nuevos cuerpos

5 Pues sabemos que, cuando se desarme esta carpa terrenal en la cual vivimos (es decir, cuando muramos y dejemos este cuerpo terrenal), tendremos una casa en el cielo, un cuerpo eterno hecho para nosotros por Dios mismo y no por manos humanas. 2Nos fatigamos en nuestro cuerpo actual y anhelamos ponernos nuestro cuerpo celestial como si fuera ropa nueva. 3Pues nos vestiremos con un cuerpo celestial; no seremos espíritus sin cuerpo.* 4Mientras vivimos en este cuerpo terrenal, gemimos y suspiramos, pero no es que queramos morir y deshacernos de este cuerpo que nos viste. Más bien, queremos ponernos nuestro cuerpo nuevo para que este cuerpo que muere sea consumido por la vida. 5Dios mismo nos ha preparado para esto, y como garantía nos ha dado su Espíritu Santo.

6Así que siempre vivimos en plena confianza, aunque sabemos que mientras vivamos en este cuerpo no estamos en el hogar celestial con el Señor. 7Pues vivimos por lo que creemos y no por lo que vemos. 8Sí, estamos plenamente confiados, y preferiríamos estar fuera de este cuerpo terrenal porque entonces estaríamos en el hogar celestial con el Señor. 9Así que, ya sea que estemos aquí en este cuerpo o ausentes de este cuerpo, nuestro objetivo es agradarlo a él. 10Pues todos tendremos que estar delante de Cristo para ser juzgados. Cada uno de nosotros recibirá lo que merezca por lo bueno o lo malo que haya hecho mientras estaba en este cuerpo terrenal.

¡Respuestas Bíblicas! 167 ¿Qué tarea les dio Dios a los cristianos?

5:20 Dios quiere que nosotros seamos mensajeros como Pablo. Jesus murió por nuestros pecados para que nosotros podamos ser amigos de Dios. Dios quiere que le contemos a la gente de Jesús para que otros puedan también ser amigos de Dios.

Somos embajadores de Dios

11Dado que entendemos nuestra temible responsabilidad ante el Señor, trabajamos con esmero para persuadir a otros. Dios sabe que somos sinceros, y espero que ustedes también lo sepan. 12¿Estamos de nuevo recomendándonos a ustedes? No, estamos dándoles un motivo para que estén orgullosos de nosotros,* para que puedan responder a los que se jactan de tener ministerios espectaculares en vez de tener un corazón sincero. 13Si parecemos estar locos es para darle gloria a Dios, y si estamos en nuestro sano juicio, es para beneficio de ustedes. 14Sea de una forma u otra, el amor de Cristo nos controla.* Ya que creemos que Cristo murió por todos, también creemos que todos hemos muerto a nuestra vida antigua.* 15Él murió por todos para que los que reciben la nueva vida de Cristo ya no vivan más para sí mismos. Más bien, vivirán para Cristo, quien murió y resucitó por ellos.

16Así que hemos dejado de evaluar a otros desde el punto de vista humano. En un tiempo, pensábamos de Cristo solo desde un punto de vista humano. ¡Qué tan diferente lo conocemos ahora! 17Esto significa que todo el que pertenece a Cristo se ha convertido en una persona nueva. La vida antigua ha pasado; ¡una nueva vida ha comenzado!

18Y todo esto es un regalo de Dios, quien nos trajo de vuelta a sí mismo por medio de Cristo. Y Dios nos ha dado la tarea de reconciliar a la gente con él. 19Pues Dios estaba en Cristo reconciliando al mundo consigo mismo, no tomando más en cuenta el pecado de la gente. Y nos dio a nosotros este maravilloso mensaje de reconciliación. 20Así que somos embajadores de Cristo; Dios hace su llamado por medio de nosotros. Hablamos en nombre de Cristo cuando les rogamos: «¡Vuelvan a Dios!». 21Pues Dios hizo que Cristo, quien nunca pecó, fuera la ofrenda por nuestro pecado,* para que nosotros pudiéramos estar en una relación correcta con Dios por medio de Cristo.

6 Como colaboradores de Dios,* les suplicamos que no reciban ese maravilloso regalo de la bondad de Dios y luego no le den importancia. 2Pues Dios dice:

«En el momento preciso, te oí.
En el día de salvación te ayudé»*.

Efectivamente, el «momento preciso» es ahora. Hoy es el día de salvación.

***Notas textuales** **4:13** Sal 116:10. **4:14** Algunos manuscritos dicen *quien resucitó a Jesús.* **4:16** En griego *nuestro ser interior.* **5:3** En griego *no estaremos desnudos.* **5:12** Algunos manuscritos dicen *de ustedes mismos.* **5:14a** O *nos impulsa.* **5:14b** En griego *Ya que uno murió por todos, entonces todos murieron.* **5:21** O *fuera hecho pecado.* **6:1** O *Mientras trabajamos juntos.* **6:2** Is 49:8 (versión griega).

Referencias cruzadas **4:18** Rm 8:24

Dificultades y privaciones de Pablo

[3]Vivimos de tal manera que nadie tropezará a causa de nosotros, y nadie encontrará ninguna falta en nuestro ministerio. [4]En todo lo que hacemos, demostramos que somos verdaderos ministros de Dios. Con paciencia soportamos dificultades y privaciones y calamidades de toda índole. [5]Fuimos golpeados, encarcelados, enfrentamos a turbas enfurecidas, trabajamos hasta quedar exhaustos, aguantamos noches sin dormir y pasamos hambre. [6]Demostramos lo que somos por nuestra pureza, nuestro entendimiento, nuestra paciencia, nuestra bondad, por el Espíritu Santo que está dentro de nosotros* y por nuestro amor sincero. [7]Con fidelidad predicamos la verdad. El poder de Dios actúa en nosotros. Usamos las armas de la justicia con la mano derecha para atacar y con la izquierda para defender. [8]Servimos a Dios, ya sea que la gente nos honre o nos desprecie, sea que nos calumnie o nos elogie. Somos sinceros, pero nos llaman impostores. [9]Nos ignoran aun cuando somos bien conocidos. Vivimos al borde de la muerte, pero aún seguimos con vida. Nos han golpeado, pero no matado. [10]Hay dolor en nuestro corazón, pero siempre tenemos alegría. Somos pobres, pero damos riquezas espirituales a otros. No poseemos nada, y sin embargo, lo tenemos todo.

[11]¡Oh, queridos amigos corintios!, les hemos hablado con toda sinceridad y nuestro corazón está abierto a ustedes. [12]No hay falta de amor de nuestra parte, pero ustedes nos han negado su amor. [13]Les pido que respondan como si fueran mis propios hijos. ¡Ábrannos su corazón!

El templo del Dios viviente

[14]No se asocien íntimamente con los que son incrédulos. ¿Cómo puede la justicia asociarse con la maldad? ¿Cómo puede la luz vivir con las tinieblas? [15]¿Qué armonía puede haber entre Cristo y el diablo*? ¿Cómo puede un creyente asociarse con un incrédulo? [16]¿Y qué clase de unión puede haber entre el templo de Dios y los ídolos? Pues nosotros somos el templo del Dios viviente. Como dijo Dios:

«Viviré en ellos
y caminaré entre ellos.
Yo seré su Dios,
y ellos serán mi pueblo.*
[17] Por lo tanto, salgan de entre los incrédulos
y apártense de ellos, dice el Señor.
No toquen sus cosas inmundas,
y yo los recibiré a ustedes.*
[18] Y yo seré su Padre,
y ustedes serán mis hijos e hijas,
dice el Señor Todopoderoso*».

7 Queridos amigos, dado que tenemos estas promesas, limpiémonos de todo lo que pueda contaminar nuestro cuerpo o espíritu. Y procuremos alcanzar una completa santidad porque tememos a Dios.

[2]Por favor, ábrannos su corazón. No le hemos hecho mal a nadie ni hemos llevado a nadie por mal camino ni nos hemos aprovechado de nadie. [3]No les digo esto para condenarlos. Ya les dije antes que ustedes están en nuestro corazón y que vivimos o morimos junto con ustedes. [4]Tienen toda mi confianza, y estoy muy orgulloso de ustedes. Me han alentado en gran manera y me han hecho feliz a pesar de todas nuestras dificultades.

Alegría de Pablo por el arrepentimiento de la iglesia

[5]Cuando llegamos a Macedonia, no hubo descanso para nosotros. Enfrentamos conflictos de todos lados, con batallas por fuera y temores por dentro; [6]pero Dios, quien alienta a los desanimados, nos alentó con la llegada de Tito. [7]Su presencia fue una alegría, igual que la noticia que nos trajo del ánimo que él recibió de ustedes. Cuando nos dijo cuánto anhelan verme y cuánto sienten lo que sucedió y lo leales que me son, ¡me llené de alegría!

[8]No lamento haberles enviado esa carta tan severa, aunque al principio sí me lamenté porque sé que les causó dolor durante un tiempo. [9]Ahora me alegro de haberla enviado, no porque los haya lastimado, sino porque el dolor hizo que se arrepintieran y cambiaran su conducta. Fue la clase de tristeza que Dios quiere que su pueblo tenga, de modo que no les hicimos daño de ninguna manera. [10]Pues la clase de tristeza que Dios desea que suframos nos aleja del pecado y trae como resultado salvación. No hay que lamentarse por esa clase de tristeza; pero la tristeza del mundo, a la cual le falta arrepentimiento, resulta en muerte espiritual.

[11]¡Tan solo miren lo que produjo en ustedes esa tristeza que proviene de Dios! Tal fervor, tal ansiedad por limpiar su nombre, tal indignación, tal preocupación, tal deseo de verme, tal celo y tal disposición para castigar lo malo. Ustedes demostraron haber hecho todo lo necesario para corregir la situación. [12]Mi propósito, entonces, no fue escribir acerca de quién causó el daño o quién resultó dañado. Les escribí para que, a los ojos de Dios, pudieran comprobar por sí mismos qué tan leales son a nosotros. [13]Esto nos ha alentado en gran manera.

Además de nuestro propio aliento, nos deleitamos particularmente al ver lo feliz que estaba Tito por la manera en que todos ustedes lo recibieron y lo tranquilizaron.* [14]Le dije lo orgulloso que estaba de ustedes, y no me decepcionaron. Siempre les he dicho la verdad, ¡y ahora mi jactancia ante Tito también resultó ser cierta! [15]Ahora él se preocupa por ustedes más que nunca cuando recuerda cómo todos lo obedecieron y cómo lo recibieron con tanto temor y profundo respeto. [16]Ahora estoy muy feliz porque tengo plena confianza en ustedes.

Un llamado a dar con generosidad

8 Ahora quiero que sepan, amados hermanos, lo que Dios, en su bondad, ha hecho por medio de las iglesias de Macedonia. [2]Estas iglesias están siendo probadas con muchas aflicciones y además son muy pobres; pero a la vez rebosan de abundante alegría, la cual se desbordó en gran generosidad.

[3]Pues puedo dar fe de que dieron no solo lo que podían, sino aún mucho más. Y lo hicieron por voluntad propia. [4]Nos suplicaron una y otra vez tener el privilegio de participar en la ofrenda para los creyentes de Jerusalén.* [5]Incluso hicieron más de lo que esperábamos, porque su primer paso fue entregarse ellos mismos al Señor y a nosotros, tal como Dios quería.

***Notas textuales** **6:6** O *por nuestra santidad de espíritu.* **6:15** En griego *y Beliar*; varios manuscritos traducen este nombre del diablo como *Belian*, *Beliab* o *Belial*. **6:16** Lv 26:12; Ez 37:27. **6:17** Is 52:11; Ez 20:34 (versión griega). **6:18** 2 Sm 7:14. **7:13** En griego *tranquilizaron su espíritu.* **8:4** En griego *para el pueblo santo de Dios.*

Referencias cruzadas **6:10** Rm 8:32 **6:13** 1 Co 4:14 **6:17** Ap 18:4 **7:1** 2 Co 6:17-18 **7:2-4** 2 Co 6:10-13 **7:5-6** 2 Co 2:13 **7:11-13** 1 Co 5:1-2 **7:15** 2 Co 2:9

6Así que le hemos pedido a Tito —quien los alentó a
que comenzaran a dar— que regrese a ustedes y los anime
a completar este ministerio de ofrendar. 7Dado que uste-
des sobresalen en tantas maneras —en su fe, sus oradores
talentosos, su conocimiento, su entusiasmo y el amor que
reciben de nosotros*— quiero que también sobresalgan
en este acto bondadoso de ofrendar.
8No estoy ordenándoles que lo hagan, pero pongo a
prueba qué tan genuino es su amor al compararlo con el
anhelo de las otras iglesias.
9Ustedes conocen la gracia generosa de nuestro Señor
Jesucristo. Aunque era rico, por amor a ustedes se hizo
pobre para que mediante su pobreza pudiera hacerlos
ricos.
10Este es mi consejo: sería bueno que completaran
lo que comenzaron hace un año. El año pasado, ustedes
fueron los primeros en querer dar y fueron los primeros
en comenzar a hacerlo. 11Ahora deberían terminar lo que
comenzaron. Que el anhelo que mostraron al principio
corresponda ahora con lo que den. Den en proporción
a lo que tienen. 12Todo lo que den es bien recibido si lo
dan con entusiasmo. Y den según lo que tienen, no según
lo que no tienen. 13Claro, con eso no quiero decir que lo
que ustedes den deba hacerles fácil la vida a otros y difí-
cil a ustedes. Solo quiero decir que debería haber cierta
igualdad. 14Ahora mismo ustedes tienen en abundancia
y pueden ayudar a los necesitados. Más adelante, ellos
tendrán en abundancia y podrán compartir con ustedes
cuando pasen necesidad. De esta manera, habrá igualdad.
15Como dicen las Escrituras:

«A los que recogieron mucho, nada les sobraba,
y a los que recogieron solo un poco, nada les
faltaba»*.

¡Respuestas Bíblicas! 168 ¿Por qué se ofrenda en la iglesia?

8:14 La ofrenda no es una ley sino un actor de amor que demuestra que valoramos la misión de la iglesia de predicar a Jesús y ayudar a otras personas.

Tito y sus compañeros

16Por lo tanto, ¡gracias a Dios!, quien le ha dado a Tito
el mismo entusiasmo que yo tengo por ustedes. 17Tito
recibió con agrado nuestra petición de que él volviera
a visitarlos. De hecho, él mismo estaba deseoso por ir
a verlos. 18También les enviamos junto con Tito a otro
hermano, a quien todas las iglesias elogian como predica-
dor de la Buena Noticia. 19Las iglesias lo nombraron para
que nos acompañara a llevar la ofrenda a Jerusalén,* un
servicio que glorifica al Señor y que demuestra nuestro
anhelo de ayudar.
20Viajamos juntos para evitar cualquier crítica por la
manera en que administramos esta generosa ofrenda.
21Tenemos cuidado de ser honorables ante el Señor, pero
también queremos que todos los demás vean que somos
honorables.
22Además les enviamos junto con ellos a otro de nues-
tros hermanos, que muchas veces ha demostrado lo que
es y en varias ocasiones ha manifestado su gran fervor.
Ahora está aún más entusiasmado debido a la gran con-
fianza que tiene en ustedes. 23Si alguien pregunta por
Tito, díganle que él es mi colaborador, quien trabaja con-
migo para ayudarlos. Y los hermanos que lo acompañan
fueron enviados por las iglesias,* y le dan honor a Cristo.
24Así que demuéstrenles su amor y pruébenles a todas las
iglesias que está justificada nuestra jactancia por ustedes.

Ofrenda para los cristianos de Jerusalén

9 En realidad, no necesito escribirles acerca del minis-
terio de ofrendar para los creyentes de Jerusalén.*
2Pues sé lo deseosos que están de ayudar, y me estuve jac-
tando en las iglesias de Macedonia de que ustedes, los de
Grecia,* hace un año estuvieron dispuestos a enviar una
ofrenda. De hecho, fue su entusiasmo lo que fomentó que
muchos de los creyentes macedonios comenzaran a dar.
3Les envío a estos hermanos para estar seguro de que
ustedes realmente están listos —como les he estado di-
ciendo a ellos— y que ya tienen todo el dinero reunido.
No quiero estar equivocado al jactarme de ustedes. 4Sería
vergonzoso para nosotros —ni hablar de la vergüenza
que significaría para ustedes— si algunos creyentes ma-
cedonios llegaran conmigo y encontraran que ustedes
no están preparados ¡después de todo lo que les hablé
de ustedes! 5Así que pensé que debería enviarles a estos
hermanos primero, a fin de estar seguro de que tienen
lista la ofrenda que prometieron; pero quiero que sea una
ofrenda voluntaria, no una ofrenda dada de mala gana.
6Recuerden lo siguiente: un agricultor que siembra
solo unas cuantas semillas obtendrá una cosecha pe-
queña. Pero el que siembra abundantemente obtendrá
una cosecha abundante. 7Cada uno debe decidir en su
corazón cuánto dar; y no den de mala gana ni bajo presión,
«porque Dios ama a la persona que da con alegría»*. 8Y
Dios proveerá con generosidad todo lo que necesiten.
Entonces siempre tendrán todo lo necesario y habrá bas-
tante de sobra para compartir con otros. 9Como dicen
las Escrituras:

«Comparten con libertad y dan con generosidad a
los pobres.
Sus buenas acciones serán recordadas para
siempre»*.

10Pues es Dios quien provee la semilla al agricultor y luego
el pan para comer. De la misma manera, él proveerá y
aumentará los recursos de ustedes y luego producirá una
gran cosecha de generosidad* en ustedes.
11Efectivamente, serán enriquecidos en todo sentido
para que siempre puedan ser generosos; y cuando lle-
vemos sus ofrendas a los que las necesitan, ellos darán
gracias a Dios. 12Entonces dos cosas buenas resultarán
del ministerio de dar: se satisfarán las necesidades de los
creyentes de Jerusalén* y ellos expresarán con alegría su
agradecimiento a Dios.

***Notas textuales** **8:7** Algunos manuscritos dicen *el amor por nosotros.* **8:15** Ex 16:18. **8:19** Ver 1 Co 16:3-4. **8:23** En griego *son apóstoles de las iglesias.* **9:1** En griego *acerca de la ofrenda para el pueblo santo de Dios.* **9:2** En griego *de Acaya*. La región sur de la península griega. *Macedonia* estaba situada en la región del norte de Grecia. **9:7** Ver nota en Pr 22:8. **9:9** Sal 112:9. **9:10** En griego *justicia.* **9:12** En griego *del pueblo santo de Dios.*

Referencias cruzadas **8:7** 1 Co 1:5 **8:15** Ex 16:18 **8:21** Rm 12:17 **8:24** 2 Co 9:2 **9:4-5** Flp 4:17 **9:9** Sal 112:9 **9:11** Ef 3:20

13Como resultado del ministerio de ustedes, ellos darán la gloria a Dios. Pues la generosidad de ustedes tanto hacia ellos como a todos los creyentes demostrará que son obedientes a la Buena Noticia de Cristo. 14Y ellos orarán por ustedes con un profundo cariño debido a la desbordante gracia que Dios les ha dado a ustedes. 15¡Gracias a Dios por este don* que es tan maravilloso que no puede describirse con palabras!

Pablo defiende su autoridad

10 Ahora yo, Pablo, les ruego con la ternura y bondad de Cristo, aunque me doy cuenta de que piensan que soy tímido en persona y valiente solo cuando escribo desde lejos. 2Pues bien, les suplico ahora, para que cuando vaya, no tenga que ser atrevido con los que piensan que actuamos con intenciones humanas.

3Somos humanos, pero no luchamos como lo hacen los humanos. 4*Usamos las armas poderosas de Dios, no las del mundo, para derribar las fortalezas del razonamiento humano y para destruir argumentos falsos. 5Destruimos todo obstáculo de arrogancia que impide que la gente conozca a Dios. Capturamos los pensamientos rebeldes y enseñamos a las personas a obedecer a Cristo; 6y una vez que ustedes lleguen a ser totalmente obedientes, castigaremos a todo el que siga en desobediencia.

7Fíjense en los hechos evidentes.* Los que afirman que pertenecen a Cristo deben reconocer que nosotros pertenecemos a Cristo tanto como ellos. 8Pareciera que estoy jactándome demasiado de la autoridad que nos dio el Señor, pero nuestra autoridad los edifica a ustedes, no los destruye. Así que no me avergonzaré de usar mi autoridad.

9No es mi intención asustarlos con mis cartas. 10Pues algunos dicen: «Las cartas de Pablo son exigentes y fuertes, ¡pero él en persona es débil y sus discursos no valen nada!». 11Esas personas deberían darse cuenta de que nuestras acciones, cuando lleguemos en persona, serán tan enérgicas como lo que decimos en nuestras cartas, que llegan desde lejos.

12¡Ah, no se preocupen! No nos atreveríamos a decir que somos tan maravillosos como esos hombres, que les dicen qué importantes son ellos pero solo se comparan el uno con el otro, empleándose a sí mismos como estándar de medición. ¡Qué ignorantes!

13Nosotros no nos jactaremos de cosas hechas fuera de nuestro campo de autoridad. Nos jactaremos solo de lo que haya sucedido dentro de los límites del trabajo que Dios nos ha dado, los cuales incluyen nuestro trabajo con ustedes. 14No traspasamos esos límites cuando afirmamos tener autoridad sobre ustedes, como si nunca hubiéramos ido a visitarlos. Pues fuimos los primeros en viajar hasta Corinto con la Buena Noticia de Cristo.

15Tampoco nos jactamos ni nos atribuimos el mérito por el trabajo que otro haya hecho. En cambio, esperamos que la fe de ustedes crezca, a fin de que se extiendan los límites de nuestro trabajo entre ustedes. 16Entonces podremos ir a predicar la Buena Noticia en otros lugares más allá de ustedes, donde ningún otro esté trabajando. Así nadie pensará que nos jactamos de trabajar en el territorio de otro. 17Como dicen las Escrituras: «Si alguien quiere jactarse, que se jacte solamente del SEÑOR»*.

18Cuando la gente se alaba a sí misma, ese elogio no sirve de mucho. Lo importante es que los elogios provengan del Señor.

Pablo y los falsos apóstoles

11 Espero que toleren un poco más de mis «tonterías». Por favor, ténganme paciencia; 2pues los celo, con el celo de Dios mismo. Los prometí como una novia pura* a su único esposo: Cristo. 3Pero temo que, de alguna manera, su pura y completa devoción a Cristo se corrompa, tal como Eva fue engañada por la astucia de la serpiente. 4Ustedes soportan de buena gana todo lo que cualquiera les dice, aun si les predican a un Jesús diferente del que nosotros predicamos o a un Espíritu diferente del que ustedes recibieron o un evangelio diferente del que creyeron.

5Pero de ninguna manera me considero inferior a esos «superapóstoles» que enseñan tales cosas. 6Podré ser un orador inexperto, pero no me falta conocimiento. Eso es algo que les hemos dejado bien claro a ustedes de todas las maneras posibles.

7¿Estaba equivocado cuando me humillé y los honré al predicarles la Buena Noticia de Dios sin esperar nada a cambio? 8Les «robé» a otras iglesias al aceptar sus contribuciones para poder servirlos a ustedes sin ningún costo. 9Cuando estuve con ustedes y no tenía lo suficiente para vivir, no llegué a ser una carga financiera para nadie. Pues los hermanos que llegaron de Macedonia me trajeron todo lo que necesitaba. Nunca he sido una carga para ustedes y jamás lo seré. 10Tan cierto como que la verdad de Cristo está en mí, nadie en toda Grecia* me impedirá que me jacte de esto. 11¿Por qué? ¿Porque no los amo? Dios sabe que sí.

12Pero seguiré haciendo lo que siempre he hecho. Esto debilitará los argumentos de aquellos que andan buscando la oportunidad para jactarse de que su trabajo es igual al nuestro. 13Estos individuos son falsos apóstoles. Son obreros engañosos que se disfrazan de apóstoles de Cristo. 14¡Pero no me sorprende para nada! Aun Satanás se disfraza de ángel de luz. 15Así que no es de sorprenderse que los que lo sirven también se disfracen de siervos de la justicia. Al final, recibirán el castigo que sus acciones perversas merecen.

Las muchas pruebas de Pablo

16Otra vez lo digo, no piensen que soy un necio por hablar así; pero aun si lo piensan, escúchenme, tal como lo harían con una persona necia, mientras que yo también me jacto un poco. 17Dicha jactancia no proviene del Señor, pero actúo como un necio. 18Ya que otros se jactan de sus logros humanos, yo también lo haré. 19Después de todo, ustedes se creen muy sabios, ¡pero con gusto soportan a los necios! 20Aguantan cuando alguien los esclaviza, les quita todo lo que tienen, se aprovecha de ustedes, toma control de todo y les da una bofetada. 21¡Me da vergüenza decir que nosotros fuimos demasiado «débiles» para hacer lo mismo!

Pero sea lo que sea de lo que ellos se atrevan a jactarse —otra vez hablo como un necio— yo también me atrevo a jactarme de lo mismo. 22¿Son ellos hebreos? Yo también lo soy. ¿Son israelitas? También lo soy yo. ¿Son descendientes de Abraham? También yo. 23¿Son siervos

***Notas textuales** **9:15** En griego *su don.* **10:4** Diferentes traducciones al español dividen los versículos 4 y 5 de maneras distintas. **10:7** O *Ustedes ven las cosas solo con base en las apariencias.* **10:17** Jr 9:24. **11:2** En griego *una virgen.* **11:10** En griego *Acaya*, la región sur de la península griega.

Referencias cruzadas **9:13** Mt 9:8 **10:6** Jr 1:10 **10:18** Rm 2:29 **11:6** 1 Co 1:17 **11:12** 1 Co 9:18 **11:21** 1 Co 4:10

de Cristo? Sé que sueno como un loco, ¡pero yo lo he servido mucho más! He trabajado con más esfuerzo, me han encarcelado más seguido, fui azotado innumerables veces y enfrenté la muerte en repetidas ocasiones. 24En cinco ocasiones distintas, los líderes judíos me dieron treinta y nueve latigazos. 25Tres veces me azotaron con varas. Una vez fui apedreado. Tres veces sufrí naufragios. Una vez pasé toda una noche y el día siguiente a la deriva en el mar. 26He estado en muchos viajes muy largos. Enfrenté peligros de ríos y de ladrones. Enfrenté peligros de parte de mi propio pueblo, los judíos, y también de los gentiles.* Enfrenté peligros en ciudades, en desiertos y en mares. Y enfrenté peligros de hombres que afirman ser creyentes, pero no lo son.* 27He trabajado con esfuerzo y por largas horas y soporté muchas noches sin dormir. He tenido hambre y sed, y a menudo me he quedado sin nada que comer. He temblado de frío, sin tener ropa suficiente para mantenerme abrigado.

28Además de todo eso, a diario llevo la carga de mi preocupación por todas las iglesias. 29¿Quién está débil sin que yo no sienta esa misma debilidad? ¿Quién se ha dejado llevar por mal camino sin que yo arda de enojo?

30Si debo jactarme, preferiría jactarme de las cosas que muestran lo débil que soy. 31Dios, el Padre de nuestro Señor Jesús, quien es digno de eterna alabanza, sabe que no miento. 32Cuando estuve en Damasco, el gobernador bajo el mando del rey Aretas puso guardias en las puertas de la ciudad para atraparme. 33Tuvieron que descolgarme en un canasto por una ventana en el muro de la ciudad para que escapara de él.

La visión de Pablo y la espina en su carne

12 Mi jactancia no servirá de nada, sin embargo, debo seguir adelante. A mi pesar contaré acerca de visiones y revelaciones que provienen del Señor. 2Hace catorce años fui* llevado hasta el tercer cielo. Si fue en mi cuerpo o fuera de mi cuerpo no lo sé; solo Dios lo sabe. 3Es cierto, solo Dios sabe si estaba yo en mi cuerpo o fuera del cuerpo; pero sí sé 4que fui llevado al paraíso y oí* cosas tan increíbles que no pueden expresarse con palabras, cosas que a ningún humano se le permite contar.

5De esa experiencia vale la pena jactarse, pero no voy a hacerlo. Solamente me jactaré de mis debilidades. 6Si quisiera jactarme, no sería ningún necio al hacerlo porque estaría diciendo la verdad; pero no lo haré, porque no quiero que nadie me atribuya méritos más allá de lo que pueda verse en mi vida u oírse en mi mensaje, 7aun cuando he recibido de Dios revelaciones tan maravillosas. Así que, para impedir que me volviera orgulloso, se me dio una espina en mi carne, un mensajero de Satanás para atormentarme e impedir que me volviera orgulloso.

8En tres ocasiones distintas, le supliqué al Señor que me la quitara. 9Cada vez él me dijo: «Mi gracia es todo lo que necesitas; mi poder actúa mejor en la debilidad». Así que ahora me alegra jactarme de mis debilidades, para que el poder de Cristo pueda actuar a través de mí. 10Es por esto que me deleito en mis debilidades, y en los insultos, en privaciones, persecuciones y dificultades que sufro por Cristo. Pues, cuando soy débil, entonces soy fuerte.

Preocupación de Pablo por los corintios

11Ustedes hicieron que me comportara como un necio. Deberían estar escribiendo elogios acerca de mí, porque no soy de ninguna manera inferior a esos «superapóstoles», aun cuando no soy nada en absoluto. 12Cuando estuve con ustedes les di pruebas de que soy un apóstol. Pues con paciencia hice muchas señales, maravillas y milagros entre ustedes. 13Lo único que no hice, y que sí hago en las demás iglesias, fue convertirme en una carga financiera para ustedes. Por favor, ¡perdónenme por esta falta!

14Ahora voy a visitarlos por tercera vez y no les seré una carga. No busco lo que tienen, los busco a ustedes mismos. Después de todo, los hijos no mantienen a los padres. Al contrario, son los padres quienes mantienen a sus hijos. 15Con gusto me desgastaré por ustedes y también gastaré todo lo que tengo, aunque parece que cuanto más los amo, menos me aman ustedes a mí.

16Algunos de ustedes admiten que no les fui una carga, pero otros todavía piensan que fui muy astuto y que me aproveché de ustedes con engaños. 17¿Pero cómo? ¿Acaso alguno de los hombres que les envié se aprovechó de ustedes? 18Cuando le pedí a Tito que los visitara y envié con él al otro hermano, ¿acaso Tito se aprovechó de ustedes? ¡No!, porque ambos tenemos el mismo espíritu y caminamos sobre las pisadas del otro y hacemos las cosas de la misma manera.

19Tal vez piensen que decimos estas cosas solo para defendernos. No, les decimos esto como siervos de Cristo y con Dios como testigo. Todo lo que hacemos, queridos amigos, es para fortalecerlos. 20Pues temo que, cuando vaya, no me gustará lo que encuentre, y que a ustedes no les gustará mi reacción. Temo que encontraré peleas, celos, enojo, egoísmo, calumnias, chismes, arrogancia y conducta desordenada. 21Así es, tengo miedo de que, cuando vaya de nuevo, Dios me humille ante ustedes. Y quedaré entristecido porque varios de ustedes no han abandonado sus viejos pecados. No se han arrepentido de su impureza, de su inmoralidad sexual ni del intenso deseo por los placeres sensuales.

Consejos finales de Pablo

13 Esta es la tercera vez que los visito (y como dicen las Escrituras: «Los hechos de cada caso deben ser establecidos por el testimonio de dos o tres testigos»*). 2Ya puse sobre aviso a los que andaban en pecado cuando estuve ahí durante mi segunda visita. Ahora les advierto de nuevo a ellos y a todos los demás, tal como lo hice antes, que la próxima vez no tendré compasión de ellos.

3Les daré todas las pruebas que quieran de que Cristo habla por medio de mí. Cristo no es débil cuando trata con ustedes; es poderoso entre ustedes. 4Aunque fue crucificado en debilidad, ahora vive por el poder de Dios. Nosotros también somos débiles, al igual que Cristo lo fue, pero cuando tratemos con ustedes, estaremos vivos con él y tendremos el poder de Dios.

5Examínense para saber si su fe es genuina. Pruébense a sí mismos. Sin duda saben que Jesucristo está entre ustedes;* de no ser así, ustedes han reprobado el examen de la fe genuina. 6Al ponerse a prueba, espero que reconozcan que nosotros no hemos reprobado el examen de la autoridad apostólica.

***Notas textuales** **11:26a** *Gentil[es]*, que no es judío. **11:26b** En griego *de falsos hermanos.* **12:2** En griego *Conozco a un hombre en Cristo que, hace catorce años, fue.* **12:3-4** En griego *pero conozco a tal hombre, 4que fue llevado al paraíso y oyó.* **13:1** Dt 19:15. **13:5** O *en ustedes.*

Referencias cruzadas **11:28-29** Rm 9:4 **12:2-4** Lc 23:43 **12:10** 2 Co 13:4 **12:13** 1 Co 9:12 **12:20** 1 Co 14:33 **13:4** Rm 1:4

7Pedimos a Dios en oración que ustedes no hagan lo
malo al rechazar nuestra corrección. Espero que no sea
necesario demostrar nuestra autoridad cuando lleguemos.
Hagan lo correcto antes de nuestra llegada, aun si eso hace
que parezca que no hemos demostrado nuestra autori-
dad. 8Pues no podemos oponernos a la verdad, más bien
siempre debemos defender la verdad. 9Nos alegramos
de parecer débiles si esto ayuda a mostrar que ustedes
en realidad son fuertes. Nuestra oración es que lleguen
a ser maduros.
10Les escribo todo esto antes de ir a verlos, con la es-
peranza de no tener que tratarlos con severidad cuando
finalmente llegue. Pues mi deseo es usar la autoridad que
el Señor me ha dado para fortalecerlos, no para destruirlos.

Saludos finales de Pablo

11Amados hermanos, termino mi carta con estas últimas
palabras: estén alegres. Crezcan hasta alcanzar la madurez.
Anímense unos a otros. Vivan en paz y armonía. Entonces
el Dios de amor y paz estará con ustedes.
12Salúdense unos a otros con un beso santo. 13Todo el
pueblo de Dios que está aquí les envía sus saludos.
14*Que la gracia del Señor Jesucristo, el amor de Dios
y la comunión del Espíritu Santo sean con todos ustedes.

***Notas textuales 13:14** Algunas traducciones al español tienen el versículo 13 como parte del 12 y, entonces, el versículo 14 se convierte en el 13.

Referencias cruzadas 13:11 Rm 15:33

GÁLATAS

¿Por qué es importante?

En esta carta Pablo quiere dejar en claro que el cristianismo no se trata de cumplir ciertas reglas. Los cristianos confiamos en Dios y por eso hacemos su voluntad y evitamos lo que la Biblia llama pecado, pero no es evitar el pecado, lo que salva al ser humano sino confiar en Jesús. Obedecerlo, es solo la consecuencia de lo que creemos y no el camino para salvarnos. La libertad cristiana no es un "pase libre" para vivir una vida individualista y loca, sino para salir de la cárcel que significa ser egoístas, vivir atrapados por los pecados y creer que todo se trata de cumplir reglas.

¿Por qué fue escrito?

El apóstol Pablo escribió esta carta a los Gálatas para corregir a los cristianos que querían volver a las costumbres y reglas judías y se las querían imponer a los cristianos de otros lugares como si esas costumbres fueran parte de ser cristianos. Pablo quería dejar en claro que la salvación no estaba en la ley y menos en las costumbres judías sino solo en Jesús.

¿Quién lo escribió?

Pablo (Ga. 1:1; 5:2). Algunos sugieren que la carta fue dictada, posiblemente porque Pablo tenía alguna enfermedad que afectó su visión (Gal. 6:11). De las que contamos en el Nuevo Testamento, esta es la carta más antigua, es decir la primera escrita por Pablo.

¿A quién lo escribió?

Se menciona a los destinatarios como "iglesias de Galacia" (Gal.1:2) Aún no hay acuerdo absoluto de quienes eran los destinatarios de la carta. Hay dos hipótesis. 1.- Podrían haber sido los "Gálatas naturales" que vivían al norte de Galacia. Casi fuera de la provincia, mencionados en el segundo viaje de Pablo (Hch.16:6- 8). 2.- Podrían haber sido los habitantes que vivían en las ciudades pertenecientes a la provincia Romana de Galacia, mencionados en su primer viaje (Hch.13-14) Los estudios en su mayoría se inclinan más por la segunda opción.

¿Cuándo y dónde lo escribió?

Se cree que fue escrita en Éfeso o en Macedonia, luego del tercer viaje misionero de Pablo (55-56 d.C).

Paso a paso

1. La piratería del evangelio (1:1-10)
2. Los grandes también caen (1:11-2:21)
3. ¿Cómo se recibe la vida espiritual? (3:1-18)
4. Entonces, ¿para qué la ley? (3:19-29)
5. ¡Adoptados! (4:1-31)
6. ¿Qué significa ser libres? (5:1-6:18)

Gálatas

Saludos de Pablo

1 Les escribo, yo, el apóstol Pablo. No fui nombrado apóstol por ningún grupo de personas ni por ninguna autoridad humana, sino por Jesucristo mismo y por Dios Padre, quien levantó a Jesús de los muertos.

2Todos los hermanos de este lugar se unen a mí para enviar esta carta que escribo a las iglesias de Galacia.

3Que Dios Padre y nuestro Señor Jesucristo* les concedan gracia y paz. 4Tal como Dios nuestro Padre lo planeó, Jesús entregó su vida por nuestros pecados para rescatarnos de este mundo de maldad en el que vivimos. 5¡A Dios sea toda la gloria por siempre y para siempre! Amén.

¡Respuestas Bíblicas! 169 ¿Cuáles son las buenas nuevas?

1:7 Las buenas nuevas son que Jesús vino a morir por nuestros pecados. Si creemos en Jesús, Dios nos perdonará aunque seamos imperfectos. Cualquier otra creencia no es la buena nueva de Dios.

Un solo camino verdadero

6Estoy horrorizado de que ustedes estén apartándose tan pronto de Dios, quien los llamó a sí mismo por medio de la amorosa misericordia de Cristo.* Están siguiendo un evangelio diferente, que aparenta ser la Buena Noticia, 7pero no lo es en absoluto. Están siendo engañados por los que a propósito distorsionan la verdad acerca de Cristo.

8Si alguien —ya sea nosotros o incluso un ángel del cielo— les predica otra Buena Noticia diferente de la que nosotros les hemos predicado, que le caiga la maldición de Dios. 9Repito lo que ya hemos dicho: si alguien predica otra Buena Noticia distinta de la que ustedes han recibido, que esa persona sea maldita.

10Queda claro que no es mi intención ganarme el favor de la gente, sino el de Dios. Si mi objetivo fuera agradar a la gente, no sería un siervo de Cristo.

El mensaje de Pablo procede de Cristo

11Amados hermanos, quiero que entiendan que el mensaje del evangelio que predico no se basa en un simple razonamiento humano. 12No recibí mi mensaje de ninguna fuente humana ni nadie me lo enseñó. En cambio, lo recibí por revelación directa de Jesucristo.*

13Ustedes saben cómo me comportaba cuando pertenecía a la religión judía y cómo perseguí con violencia a la iglesia de Dios. Hice todo lo posible por destruirla. 14Yo superaba ampliamente a mis compatriotas judíos en mi celo por las tradiciones de mis antepasados.

15Pero aun antes de que yo naciera, Dios me eligió y me llamó por su gracia maravillosa. Luego le agradó 16revelarme a su Hijo* para que yo proclamara a los gentiles* la Buena Noticia acerca de Jesús.

Cuando esto sucedió, no me apresuré a consultar con ningún ser humano.* 17Tampoco subí a Jerusalén para pedir consejo de los que eran apóstoles antes que yo. En cambio, me fui a la región de Arabia y después regresé a la ciudad de Damasco.

18Luego, tres años más tarde, fui a Jerusalén para conocer a Pedro* y me quedé quince días con él. 19El único otro apóstol que conocí en esos días fue Santiago, el hermano del Señor. 20Declaro delante de Dios que no es mentira lo que les escribo.

21Después de esa visita, me dirigí al norte, a las provincias de Siria y Cilicia. 22Y aun así, las iglesias en Cristo que están en Judea todavía no me conocían personalmente. 23Todo lo que sabían de mí era lo que la gente decía: «¡El que antes nos perseguía ahora predica la misma fe que trataba de destruir!». 24Y alababan a Dios por causa de mí.

¡Respuestas Bíblicas! 170 ¿Por qué Pablo era diferente al resto de los apóstoles?

1:17 Los otros apóstoles conocieron a Jesús mientras vivía en la tierra pero Pablo se convirtió al cristianismo luego de que Jesús muriera y volviera al cielo.

Los apóstoles aceptan a Pablo

2 Luego, catorce años más tarde, regresé a Jerusalén, esta vez con Bernabé; y Tito también vino. 2Fui a Jerusalén, porque Dios me reveló que debía hacerlo. Durante mi tiempo allí, me reuní en privado con los que eran reconocidos como los dirigentes de la iglesia y les presenté el mensaje que predico a los gentiles.* Quería asegurarme de que estábamos de acuerdo, porque temía que todos mis esfuerzos hubieran sido inútiles y que estaba corriendo la carrera en vano. 3Sin embargo, ellos me respaldaron y ni siquiera exigieron que mi compañero Tito se circuncidara, a pesar de que era griego.*

4Incluso esa cuestión surgió solo a causa de unos supuestos creyentes —en realidad, falsos—* que se habían infiltrado entre nosotros. Se metieron en secreto para

***Notas textuales** **1:3** Algunos manuscritos dicen *Dios nuestro Padre y el Señor Jesucristo*. **1:6** Algunos manuscritos dicen *por medio de amorosa misericordia*. **1:12** O *por la revelación de Jesucristo*. **1:16a** O *revelar a su Hijo en mí*. **1:16b** *Gentil[es]*, que no es judío. **1:16c** En griego *con carne y sangre*. **1:18** En griego *Cefas*. **2:2** *Gentil[es]*, que no es judío. **2:3** O *gentil*. **2:4** En griego *unos falsos hermanos*.

Referencias cruzadas **1:10** Rm 2:29 **1:14** Mt 15:2

espiarnos y privarnos de la libertad que tenemos en Cristo Jesús. Pues querían esclavizarnos y obligarnos a seguir los reglamentos judíos, 5pero no nos doblegamos ante ellos ni por un solo instante. Queríamos preservar la verdad del mensaje del evangelio para ustedes.

6Los líderes de la iglesia no tenían nada que agregar a lo que yo predicaba. (Dicho sea de paso, su fama de grandes líderes a mí no me afectó para nada, porque Dios no tiene favoritos). 7Al contrario, ellos comprendieron que Dios me había dado la responsabilidad de predicar el evangelio a los gentiles tal como le había dado a Pedro la responsabilidad de predicar a los judíos. 8Pues el mismo Dios que actuaba por medio de Pedro, apóstol a los judíos, también actuaba por medio de mí, apóstol a los gentiles.

9De hecho, Santiago, Pedro* y Juan —quienes eran considerados pilares de la iglesia— reconocieron el don que Dios me había dado y nos aceptaron a Bernabé y a mí como sus colegas. Nos animaron a seguir predicando a los gentiles mientras ellos continuaban su tarea con los judíos. 10La única sugerencia que hicieron fue que siguiéramos ayudando a los pobres, algo que yo siempre tengo deseos de hacer.

Pablo enfrenta a Pedro

11Pero cuando Pedro llegó a Antioquía, tuve que enfrentarlo cara a cara, porque él estaba muy equivocado en lo que hacía. 12Cuando llegó por primera vez, Pedro comía con los creyentes gentiles, quienes no estaban circuncidados; pero después, cuando llegaron algunos amigos de Santiago, Pedro no quiso comer más con esos gentiles. Tenía miedo a la crítica de los que insistían en la necesidad de la circuncisión. 13Como resultado, otros creyentes judíos imitaron la hipocresía de Pedro, e incluso Bernabé se dejó llevar por esa hipocresía.

14Cuando vi que ellos no seguían la verdad del mensaje del evangelio, le dije a Pedro delante de todos los demás: «Si tú, que eres judío de nacimiento, dejaste a un lado las leyes judías y vives como un gentil, ¿por qué ahora tratas de obligar a estos gentiles a seguir las tradiciones judías?

15»Tú y yo somos judíos de nacimiento, no somos "pecadores" como los gentiles. 16Sin embargo, sabemos que una persona es declarada justa ante Dios por la fe en Jesucristo y no por la obediencia a la ley. Y nosotros hemos creído en Cristo Jesús para poder ser declarados justos ante Dios por causa de nuestra fe en Cristo y no porque hayamos obedecido la ley. Pues nadie jamás será declarado justo ante Dios mediante la obediencia a la ley»*.

17Pero supongamos que intentamos ser declarados justos ante Dios por medio de la fe en Cristo y luego se nos declara culpables por haber abandonado la ley. ¿Acaso esto quiere decir que Cristo nos ha llevado al pecado? ¡Por supuesto que no! 18Más bien, soy un pecador si vuelvo a construir el viejo sistema de la ley que ya eché abajo. 19Pues, cuando intenté obedecer la ley, la ley misma me condenó. Así que morí a la ley —es decir, dejé de intentar cumplir todas sus exigencias— a fin de vivir para Dios. 20Mi antiguo yo ha sido crucificado con Cristo. Ya no vivo yo, sino que Cristo vive en mí. Así que vivo en este cuerpo terrenal confiando en el Hijo de Dios, quien me amó y se entregó a sí mismo por mí. 21Yo no tomo la gracia de Dios como algo sin sentido. Pues, si cumplir la ley pudiera hacernos justos ante Dios, entonces no habría sido necesario que Cristo muriera.

¡Respuestas Bíblicas! 171 ¿Por qué Pablo les dice tontos a los gálatas?

3:1 Los cristianos de Galacia (Gálatas) creían que se ganaban el amor de Dios solo por portarse bien. Pablo les dijo que la única manera de estar bien con Dios era creyendo en Jesús (mira Gálatas 2:16, 3:11). El Espíritu Santo viene a ayudarnos a hacer lo correcto porque creemos en Cristo (Gálatas 3:14).

La ley y la fe en Cristo

3 ¡Ay gálatas tontos! ¿Quién los ha hechizado? Pues el significado de la muerte de Jesucristo se les explicó con tanta claridad como si lo hubieran visto morir en la cruz. 2Déjenme hacerles una pregunta: ¿recibieron al Espíritu Santo por obedecer la ley de Moisés? ¡Claro que no! Recibieron al Espíritu porque creyeron el mensaje que escucharon acerca de Cristo. 3¿Será posible que sean tan tontos? Después de haber comenzado su nueva vida en el Espíritu, ¿por qué ahora tratan de ser perfectos mediante sus propios esfuerzos? 4¿Acaso han pasado por tantas experiencias* en vano? ¡No puede ser que no les hayan servido para nada!

5Vuelvo a preguntarles: ¿acaso Dios les da al Espíritu Santo y hace milagros entre ustedes porque obedecen la ley? ¡Por supuesto que no! Es porque creen el mensaje que oyeron acerca de Cristo.

6Del mismo modo, «Abraham le creyó a Dios, y Dios lo consideró justo debido a su fe»*. 7Así que los verdaderos hijos de Abraham son los que ponen su fe en Dios.

8Es más, las Escrituras previeron este tiempo en el que Dios haría justos a sus ojos a los gentiles* por causa de su fe. Dios anunció esa Buena Noticia a Abraham hace tiempo, cuando le dijo: «Todas las naciones serán bendecidas por medio de ti»*. 9Así que todos los que ponen su fe en Cristo participan de la misma bendición que recibió Abraham por causa de su fe.

10Sin embargo, los que dependen de la ley para hacerse justos ante Dios están bajo la maldición de Dios, porque las Escrituras dicen: «Maldito es todo el que no cumple ni obedece cada uno de los mandatos que están escritos en el libro de la ley de Dios»*. 11Queda claro, entonces, que nadie puede hacerse justo ante Dios por tratar de cumplir la ley, ya que las Escrituras dicen: «Es por medio de la fe que el justo tiene vida»*. 12El camino de la fe es muy diferente del camino de la ley, que dice: «Es mediante la obediencia a la ley que una persona tiene vida»*.

13Pero Cristo nos ha rescatado de la maldición dictada en la ley. Cuando fue colgado en la cruz, cargó sobre sí la maldición de nuestras fechorías. Pues está escrito: «Maldito todo el que es colgado en un madero»*. 14Mediante Cristo Jesús, Dios bendijo a los gentiles con la misma bendición que le prometió a Abraham, a fin de que los creyentes pudiéramos recibir por medio de la fe al Espíritu Santo prometido.*

***Notas textuales** **2:9** En griego *Cefas*; también en 2:11, 14. **2:16** Algunos traductores sostienen que la cita se extiende hasta el versículo 14; otros, hasta el versículo 16; e incluso otros, hasta el versículo 21. **3:4** O *han sufrido tantas cosas*. **3:6** Gn 15:6. **3:8a** *Gentil[es]*, que no es judío. **3:8b** Gn 12:3; 18:18; 22:18. **3:10** Dt 27:26. **3:11** Ha 2:4. **3:12** Lv 18:5. **3:13** Dt 21:23 (versión griega). **3:14** Algunos manuscritos dicen *recibir la bendición del Espíritu Santo por medio de la fe*.

Referencias cruzadas **2:10** Hch 24:17 **2:13** Hch 4:36 **2:16** Hch 13:39 **3:14** Hch 2:33

La ley y la promesa de Dios

15Amados hermanos, el siguiente es un ejemplo de la vida diaria: así como nadie puede anular ni modificar un acuerdo irrevocable, tampoco en este caso. 16Dios ha dado las promesas a Abraham y a su hijo.* Y noten que la Escritura no dice «a sus hijos*», como si significara muchos descendientes. Más bien, dice «a su hijo», y eso sin duda se refiere a Cristo. 17Lo que trato de decir es lo siguiente: el acuerdo que Dios hizo con Abraham no podía anularse cuatrocientos treinta años más tarde —cuando Dios le dio la ley a Moisés—, porque Dios estaría rompiendo su promesa. 18Pues, si fuera posible recibir la herencia por cumplir la ley, entonces esa herencia ya no sería el resultado de aceptar la promesa de Dios; pero Dios, por su gracia, se la concedió a Abraham mediante una promesa.

19Entonces, ¿para qué se entregó la ley? Fue añadida a la promesa para mostrarle a la gente sus pecados, pero la intención era que la ley durara solo hasta la llegada del hijo prometido. Por medio de ángeles, Dios entregó su ley a Moisés, quien hizo de mediador entre Dios y el pueblo. 20Ahora bien, un mediador es de ayuda si dos o más partes tienen que llegar a un acuerdo, pero Dios —quien es uno solo— no usó ningún mediador cuando le dio la promesa a Abraham.

21¿Hay algún conflicto, entonces, entre la ley de Dios y las promesas de Dios*? ¡De ninguna manera! Si la ley pudiera darnos vida nueva, nosotros podríamos hacernos justos ante Dios por obedecerla; 22pero las Escrituras declaran que todos somos prisioneros del pecado, así que recibimos la promesa de libertad que Dios hizo únicamente por creer en Jesucristo.

Hijos de Dios por medio de la fe

23Antes de que se nos abriera el camino de la fe en Cristo, estábamos vigilados por la ley. Nos mantuvo en custodia protectora, por así decirlo, hasta que fuera revelado el camino de la fe.

24Dicho de otra manera, la ley fue nuestra tutora hasta que vino Cristo; nos protegió hasta que se nos declarara justos ante Dios por medio de la fe. 25Y ahora que ha llegado el camino de la fe, ya no necesitamos que la ley sea nuestra tutora.

26Pues todos ustedes son hijos de Dios por la fe en Cristo Jesús. 27Y todos los que fueron unidos a Cristo en el bautismo se han puesto a Cristo como si se pusieran ropa nueva.* 28Ya no hay judío ni gentil,* esclavo ni libre, hombre ni mujer, porque todos ustedes son uno en Cristo Jesús. 29Y ahora que pertenecen a Cristo, son verdaderos hijos* de Abraham. Son sus herederos, y la promesa de Dios a Abraham les pertenece a ustedes.

4 Piénsenlo de la siguiente manera: si un padre muere y deja una herencia a sus hijos pequeños, esos niños no están en mejor situación que los esclavos hasta que se hagan mayores de edad, aunque son los verdaderos dueños de todas las posesiones de su padre. 2Tienen que obedecer a sus tutores hasta que cumplan la edad establecida por su padre. 3Eso mismo sucedía con nosotros antes de que viniera Cristo. Éramos como niños; éramos esclavos de los principios* espirituales básicos de este mundo.

4Sin embargo, cuando se cumplió el tiempo establecido, Dios envió a su Hijo, nacido de una mujer y sujeto a la ley. 5Dios lo envió para que comprara la libertad de los que éramos esclavos de la ley, a fin de poder adoptarnos como sus propios hijos; 6y debido a que somos* sus hijos, Dios envió al Espíritu de su Hijo a nuestro corazón, el cual nos impulsa a exclamar «Abba, Padre»*. 7Ahora ya no eres un esclavo sino un hijo de Dios, y como eres su hijo, Dios te ha hecho su heredero.

Preocupación de Pablo por los gálatas

8Antes de conocer a Dios, ustedes, los gentiles,* eran esclavos de los llamados dioses, que ni siquiera existen. 9Así que ahora que conocen a Dios (o mejor dicho, ahora que Dios los conoce a ustedes), ¿por qué quieren retroceder y convertirse otra vez en esclavos de los débiles e inútiles principios espirituales de este mundo? 10Pretenden ganarse el favor de Dios al cumplir con ciertos días o meses, estaciones o años. 11Temo por ustedes. Quizá todo el arduo trabajo que hice entre ustedes fue en vano. 12Amados hermanos, les ruego que vivan como yo, libres de esas cosas, pues yo llegué a ser como ustedes, los gentiles, libre de esas leyes.

Ustedes no me trataron mal cuando les prediqué por primera vez. 13Sin duda, recordarán que yo estaba enfermo la primera vez que les llevé la Buena Noticia. 14Aunque mi condición los tentaba a no aceptarme, ustedes no me despreciaron ni me rechazaron. Todo lo contrario, me recibieron y me cuidaron como si yo fuera un ángel de Dios o incluso el mismo Cristo Jesús. 15¿Dónde ha ido a parar el espíritu de alegría y de gratitud que antes tenían? Estoy seguro de que ustedes se hubieran arrancado los propios ojos para dármelos de haber sido posible. 16¿Acaso ahora me volví su enemigo porque les digo la verdad?

17Esos falsos maestros están muy ansiosos de ganarse el favor de ustedes, pero sus intenciones no son nada buenas. Lo que quieren es aislarlos de mí para que ustedes solo les presten atención a ellos. 18Si alguien quiere hacer cosas buenas por ustedes, no hay ningún problema; pero que lo haga en todo tiempo, no solo cuando estoy con ustedes.

19¡Oh mis hijos queridos! Siento como si volviera a sufrir dolores de parto por ustedes, y seguirán hasta que Cristo se forme por completo en sus vidas. 20Desearía estar con ustedes en este momento para poder hablarles en otro tono, pero estando tan lejos, no sé qué más puedo hacer para ayudarlos.

Los dos hijos de Abraham

21Díganme ustedes, los que quieren vivir bajo la ley, ¿saben lo que en realidad dice la ley? 22Las Escrituras dicen que Abraham tuvo dos hijos, uno de la mujer esclava y el otro de su esposa, quien había nacido libre.* 23El nacimiento del hijo de la esclava fue el resultado de un intento humano por lograr que se cumpliera la promesa de Dios; pero el nacimiento del hijo de la libre fue la manera en que Dios cumplió su promesa.

24Esas dos mujeres son una ilustración de los dos pactos de Dios. La primera mujer, Agar, representa el monte

***Notas textuales** **3:16a** En griego *simiente*; también en 3:16c, 19. Ver notas en Gn 12:7 y 13:15. **3:16b** En griego *simientes*. **3:21** Algunos manuscritos dicen *y las promesas?* **3:27** En griego *se han puesto a Cristo*. **3:28** En griego *judío ni griego*. **3:29** En griego *son la simiente*. **4:3** O *poderes*; también en 4:9. **4:6a** En griego *que ustedes son*. **4:6b** *Abba* es un término arameo que significa «padre». **4:8** *Gentil[es]*, que no es judío. **4:22** Ver Gn 16:15; 21:2-3.

Referencias cruzadas **3:19** Hch 7:53 **3:24-25** Rm 10:4 **4:6** Rm 5:5 **4:8-9** Ef 2:12 **4:13** 1 Co 2:3 **4:19** 1 Co 4:15

Sinaí, donde el pueblo recibió la ley que los hizo esclavos. [25]Y ahora Jerusalén es igual que el monte Sinaí, en Arabia,* porque la ciudad y sus hijos viven bajo la esclavitud de la ley; [26]pero la otra mujer, Sara, representa la Jerusalén celestial. Ella es la mujer libre y es nuestra madre. [27]Como dijo Isaías:

«¡Alégrate, oh mujer sin hijos,
tú que nunca diste a luz!
¡Ponte a gritar de alegría,
tú que nunca tuviste dolores de parto!
¡Pues la mujer desolada ahora tiene más hijos
que la que vive con su esposo!»*.

[28]Y ustedes, amados hermanos, son hijos de la promesa igual que Isaac; [29]pero ahora son perseguidos por los que quieren que cumplan la ley, tal como Ismael —el hijo que nació del esfuerzo humano— persiguió a Isaac, el hijo que nació por el poder del Espíritu.

[30]¿Pero qué dicen las Escrituras al respecto? «Echa fuera a la esclava y a su hijo, porque el hijo de la mujer esclava no compartirá la herencia del hijo de la mujer libre»*. [31]Así que, amados hermanos, no somos hijos de la mujer esclava; somos hijos de la mujer libre.

Libertad en Cristo

5 Por lo tanto, Cristo en verdad nos ha liberado. Ahora asegúrense de permanecer libres y no se esclavicen de nuevo a la ley.

[2]¡Presten atención! Yo, Pablo, les digo lo siguiente: si dependen de la circuncisión para hacerse justos ante Dios, entonces Cristo no les servirá de nada. [3]Lo repito: si pretenden lograr el favor de Dios mediante la circuncisión, entonces están obligados a obedecer cada una de las ordenanzas de la ley de Moisés. [4]Pues, si ustedes pretenden hacerse justos ante Dios por cumplir la ley, ¡han quedado separados de Cristo! Han caído de la gracia de Dios.

[5]Sin embargo, los que vivimos por el Espíritu esperamos con anhelo recibir por la fe la justicia que Dios nos ha prometido. [6]Pues, una vez que depositamos nuestra fe en Cristo Jesús, de nada sirve estar o no circuncidado. Lo importante es la fe que se expresa por medio del amor.

[7]Ustedes corrían muy bien la carrera. ¿Quién les impidió seguir la verdad? [8]Seguro que no fue Dios, porque él es quien los llamó a ser libres. [9]¡Esa falsa enseñanza es como un poquito de levadura que impregna toda la masa! [10]Confío en que el Señor los guardará de creer falsas enseñanzas. Dios juzgará a la persona que los está confundiendo, sea quien fuere.

[11]Amados hermanos, si yo todavía predicara que ustedes deben circuncidarse —como algunos dicen que hago—, ¿por qué, entonces, aún se me persigue? Si ya no predicara que la salvación es por medio de la cruz de Cristo, nadie se ofendería. [12]Cómo me gustaría que esos perturbadores que quieren mutilarlos a ustedes mediante la circuncisión se mutilaran ellos mismos.*

[13]Pues ustedes, mis hermanos, han sido llamados a vivir en libertad; pero no usen esa libertad para satisfacer los deseos de la naturaleza pecaminosa. Al contrario, usen la libertad para servirse unos a otros por amor. [14]Pues toda la ley puede resumirse en un solo mandato: «Ama a tu prójimo como a ti mismo»*, [15]pero si están siempre mordiéndose y devorándose unos a otros, ¡tengan cuidado! Corren peligro de destruirse unos a otros.

¡Respuestas Bíblicas! **172** **¿Qué es la libertad cristiana?**

5:13 Se refiere a que ya no somos esclavos del pecado. Ahora tenemos la ayuda del Espíritu Santo para vencer con el bien el mal.

Vivir por el poder del Espíritu

[16]Por eso les digo: dejen que el Espíritu Santo los guíe en la vida. Entonces no se dejarán llevar por los impulsos de la naturaleza pecaminosa. [17]La naturaleza pecaminosa desea hacer el mal, que es precisamente lo contrario de lo que quiere el Espíritu. Y el Espíritu nos da deseos que se oponen a lo que desea la naturaleza pecaminosa. Estas dos fuerzas luchan constantemente entre sí, entonces ustedes no son libres para llevar a cabo sus buenas intenciones, [18]pero cuando el Espíritu los guía, ya no están obligados a cumplir la ley de Moisés.

[19]Cuando ustedes siguen los deseos de la naturaleza pecaminosa, los resultados son más que claros: inmoralidad sexual, impureza, pasiones sensuales, [20]idolatría, hechicería, hostilidad, peleas, celos, arrebatos de furia, ambición egoísta, discordias, divisiones, [21]envidia, borracheras, fiestas desenfrenadas y otros pecados parecidos. Permítanme repetirles lo que les dije antes: cualquiera que lleve esa clase de vida no heredará el reino de Dios.

[22]En cambio, la clase de fruto que el Espíritu Santo produce en nuestra vida es: amor, alegría, paz, paciencia, gentileza, bondad, fidelidad, [23]humildad y control propio. ¡No existen leyes contra esas cosas!

[24]Los que pertenecen a Cristo Jesús han clavado en la cruz las pasiones y los deseos de la naturaleza pecaminosa y los han crucificado allí. [25]Ya que vivimos por el Espíritu, sigamos la guía del Espíritu en cada aspecto de nuestra vida. [26]No nos hagamos vanidosos ni nos provoquemos unos a otros ni tengamos envidia unos de otros.

Siempre cosechamos lo que sembramos

6 Amados hermanos, si otro creyente* está dominado por algún pecado, ustedes, que son espirituales, deberían ayudarlo a volver al camino recto con ternura y humildad. Y tengan mucho cuidado de no caer ustedes en la misma tentación. [2]Ayúdense a llevar los unos las cargas de los otros, y obedezcan de esa manera la ley de Cristo. [3]Si te crees demasiado importante para ayudar a alguien, solo te engañas a ti mismo. No eres tan importante.

[4]Presta mucha atención a tu propio trabajo, porque entonces obtendrás la satisfacción de haber hecho bien tu labor y no tendrás que compararte con nadie. [5]Pues cada uno es responsable de su propia conducta.

[6]Los que reciben enseñanza de la palabra de Dios deberían proveer a las necesidades de sus maestros, compartiendo todas las cosas buenas con ellos.

***Notas textuales** **4:25** En griego *Y Agar —que es el monte Sinaí, en Arabia—, ahora es como Jerusalén*; otros manuscritos dicen *Y el monte Sinaí, en Arabia, ahora es como Jerusalén.* **4:27** Is 54:1. **4:30** Gn 21:10. **5:12** O *se castraran a sí mismos*, o *se amputaran de ustedes*; en griego dice *se amputaran a sí mismos.* **5:14** Lv 19:18. **6:1** En griego *Hermanos, si un hombre.*

Referencias cruzadas **4:27** Is 54:1 **5:1** 1 Co 16:13 **5:14** Mt 22:39 **5:16-18** Rm 7:15-23

7No se dejen engañar: nadie puede burlarse de la jus-
ticia de Dios. Siempre se cosecha lo que se siembra. 8Los
que viven solo para satisfacer los deseos de su propia
naturaleza pecaminosa cosecharán, de esa naturaleza,
destrucción y muerte; pero los que viven para agradar al
Espíritu, del Espíritu, cosecharán vida eterna. 9Así que
no nos cansemos de hacer el bien. A su debido tiempo,
cosecharemos numerosas bendiciones si no nos damos
por vencidos. 10Por lo tanto, siempre que tengamos la
oportunidad, hagamos el bien a todos, en especial a los
de la familia de la fe.

Último consejo de Pablo

11FÍJENSE QUE USO LETRAS GRANDES PARA ESCRIBIRLES
DE MI PROPIO PUÑO Y LETRA ESTAS ÚLTIMAS PALABRAS.

12Los que tratan de obligarlos a circuncidarse lo hacen
para quedar bien con otros. No quieren ser perseguidos
por enseñar que solo la cruz de Cristo salva. 13Ni siquiera
los que luchan a favor de la circuncisión cumplen toda
la ley. Solo quieren que ustedes se circunciden para
poder jactarse de ello y decir a todos que ustedes son sus
discípulos.

14En cuanto a mí, que nunca me jacte de otra cosa
que no sea la cruz de nuestro Señor Jesucristo. Debido
a esa cruz,* mi interés por este mundo fue crucificado
y el interés del mundo por mí también ha muerto. 15No
importa si fuimos o no circuncidados. Lo que importa es
que hayamos sido transformados en una creación nueva.
16Que la paz y la misericordia de Dios sean con todos los
que viven según ese principio; ellos son el nuevo pueblo
de Dios.*

17De ahora en adelante, que nadie me cause problemas
con esas cosas. Pues yo llevo, en mi cuerpo, cicatrices que
muestran que pertenezco a Jesús.

18Amados hermanos, que la gracia de nuestro Señor
Jesucristo sea con el espíritu de cada uno de ustedes.
Amén.

***Notas textuales** **6:14** O *Debido a él.* **6:16** En griego *ese principio y [sean] con el Israel de Dios.*

Referencias cruzadas **6:14** Rm 6:2, 6 **6:18** Rm 16:20

EFESIOS

¿Por qué es importante?

En esta carta a la iglesia de Éfeso, Pablo deja claro de entrada que Dios te eligió para que el mundo al ver tu vida se dé cuenta que vale la pena confiar en Jesús y luego explica que la iglesia es como un cuerpo que tiene distintas partes con diferentes funciones y por eso a veces a la iglesia se la llama el cuerpo de Cristo (Efesios 4:3-6). La carta a los Efesios es uno de los escritos más profundos y a la vez más prácticos sobre la iglesia, la vida cristiana y la familia y cualquiera que lee esta carta con cuidado se queda sorprendido de sus verdades.

¿Por qué fue escrito?

El propósito de la carta a los Efesios era que los cristianos supieran que eran privilegiados por haber sido escogidos por Dios para algo importante y que tenían que estar unidos y comprometidos para que ese propósito se cumpliera en ellos.

¿Quién lo escribió?

Pablo escribió esta carta (Ef.1.1; 3:1)

¿A quién lo escribió?

Algunos textos antiguos dicen que esta fue la carta perdida de Pablo, mencionada en Colosenses 4.16 a la iglesia de "Laodicea". Otros sostienen que la carta tenía un propósito de ser una epístola circular, que fuera leída por todas las iglesias del Asia Menor, de esa manera se podría explicar el por qué en los textos más antiguos no aparece la frase "que están en Éfeso" (Ef.1:1). Posiblemente se leyó en todas las iglesias del Asia Menor.

¿Cuándo y dónde lo escribió?

La opinión tradicional se inclina por fecharla cerca del año 62 d.C. Efesios, Filipenses, Colosenses y Filemón son conocidas como las cartas de la prisión. Fueron escritas durante el encarcelamiento de Pablo en Roma (Hechos 2:16-31).

Paso a paso

1 "Las bendiciones en Cristo" (Ef.1-23)

2 "Elección sin acción es solo pretensión" (Ef.2:1-10)

3 "Todos para uno y uno para todos" (Ef.2:11-3:21)

4 "La Nueva vida se vive en unidad" (Ef.4:1-16)

5 "La Nueva vida se vive en santidad" (Ef. 4:17-5:20)

6 "La Nueva vida se vive dentro de la casa" (Ef.5:21-6:9)

7 "La Nueva vida se vive en una lucha constante" (Ef.6:10-24)

EFESIOS

Efesios

Saludos de Pablo

1 Yo, Pablo, elegido por la voluntad de Dios para ser apóstol de Cristo Jesús, escribo esta carta al pueblo santo de Dios en Éfeso,* fieles seguidores de Cristo Jesús. [2]Que Dios nuestro Padre y el Señor Jesucristo les den gracia y paz.

> **¡Respuestas Bíblicas! 173 ¿Qué significa que Dios nos escogió para ser santos?**
>
> 1:4-6 Dios quiso separar a un pueblo para sí y si conocemos a Cristo es porque Dios nos eligió para que el mundo al ver nuestra vida se de cuenta que Dios es bueno.

Bendiciones espirituales

[3]Toda la alabanza sea para Dios, el Padre de nuestro Señor Jesucristo, quien nos ha bendecido con toda clase de bendiciones espirituales en los lugares celestiales, porque estamos unidos a Cristo. [4]Incluso antes de haber hecho el mundo, Dios nos amó y nos eligió en Cristo para que seamos santos e intachables a sus ojos. [5]Dios decidió de antemano adoptarnos como miembros de su familia al acercarnos a sí mismo por medio de Jesucristo. Eso es precisamente lo que él quería hacer, y le dio gran gusto hacerlo. [6]De manera que alabamos a Dios por la abundante gracia que derramó sobre nosotros, los que pertenecemos a su Hijo amado.* [7]Dios es tan rico en gracia y bondad que compró nuestra libertad con la sangre de su Hijo y perdonó nuestros pecados. [8]Él desbordó su bondad sobre nosotros junto con toda la sabiduría y el entendimiento.

[9]Ahora Dios nos ha dado a conocer su misteriosa voluntad respecto a Cristo, la cual es llevar a cabo su propio buen plan. [10]Y el plan es el siguiente: a su debido tiempo, Dios reunirá todas las cosas y las pondrá bajo la autoridad de Cristo, todas las cosas que están en el cielo y también las que están en la tierra. [11]Es más, dado que estamos unidos a Cristo, hemos recibido una herencia de parte de Dios,* porque él nos eligió de antemano y hace que todas las cosas resulten de acuerdo con su plan.

[12]El propósito de Dios fue que nosotros, los judíos —que fuimos los primeros en confiar en Cristo—, diéramos gloria y alabanza a Dios. [13]Y ahora ustedes, los gentiles,* también han oído la verdad, la Buena Noticia de que Dios los salva. Además, cuando creyeron en Cristo, Dios los identificó como suyos* al darles el Espíritu Santo, el cual había prometido tiempo atrás. [14]El Espíritu es la garantía que tenemos de parte de Dios de que nos dará la herencia que nos prometió y de que nos ha comprado para que seamos su pueblo. Dios hizo todo esto para que nosotros le diéramos gloria y alabanza.

Pablo ora por sabiduría espiritual

[15]Desde que me enteré de su profunda fe en el Señor Jesús y del amor que tienen por el pueblo de Dios en todas partes,* [16]no he dejado de dar gracias a Dios por ustedes. Los recuerdo constantemente en mis oraciones [17]y le pido a Dios, el glorioso Padre de nuestro Señor Jesucristo, que les dé sabiduría espiritual* y percepción, para que crezcan en el conocimiento de Dios. [18]Pido que les inunde de luz el corazón, para que puedan entender la esperanza segura que él ha dado a los que llamó —es decir, su pueblo santo—, quienes son su rica y gloriosa herencia.*

[19]También pido en oración que entiendan la increíble grandeza del poder de Dios para nosotros, los que creemos en él. Es el mismo gran poder [20]que levantó a Cristo de los muertos y lo sentó en el lugar de honor, a la derecha de Dios, en los lugares celestiales. [21]Ahora Cristo está muy por encima de todo, sean gobernantes o autoridades o poderes o dominios o cualquier otra cosa, no solo en este mundo sino también en el mundo que vendrá. [22]Dios ha puesto todo bajo la autoridad de Cristo, a quien hizo cabeza de todas las cosas para beneficio de la iglesia. [23]Y la iglesia es el cuerpo de Cristo; él la completa y la llena, y también es quien da plenitud a todas las cosas en todas partes con su presencia.

Vida nueva con Cristo

2 Antes ustedes estaban muertos a causa de su desobediencia y sus muchos pecados. [2]Vivían en pecado, igual que el resto de la gente, obedeciendo al diablo —el líder de los poderes del mundo invisible*—, quien es el espíritu que actúa en el corazón de los que se niegan a obedecer a Dios. [3]Todos vivíamos así en el pasado, siguiendo los deseos de nuestras pasiones y la inclinación de nuestra naturaleza pecaminosa. Por nuestra propia naturaleza, éramos objeto del enojo de Dios igual que todos los demás.

[4]Pero Dios es tan rico en misericordia y nos amó tanto [5]que, a pesar de que estábamos muertos por causa de nuestros pecados, nos dio vida cuando levantó a Cristo de los muertos. (¡Es solo por la gracia de Dios que ustedes

***Notas textuales 1:1** Los manuscritos más antiguos no incluyen la frase *en Éfeso.* **1:6** En griego *derramó a nosotros en el amado.* **1:11** O *nos hemos convertido en herencia de Dios.* **1:13a** *Gentil[es],* que no es judío. **1:13b** O *puso su sello en ustedes.* **1:15** Algunos manuscritos dicen *de la fidelidad de ustedes para con el Señor Jesús y al pueblo de Dios en todas partes.* **1:17** O *que les dé el Espíritu de sabiduría.* **1:18** O *llamó, y la rica y gloriosa herencia que ha dado a su pueblo santo.* **2:2** En griego *obedeciendo al líder del poder del aire.*

Referencias cruzadas 1:2 Rm 1:7 **1:10** Rm 8:29-30 **1:21-23** Flp 2:9-10 **2:7** Is 29:23

han sido salvados!) 6Pues nos levantó de los muertos junto
con Cristo y nos sentó con él en los lugares celestiales,
porque estamos unidos a Cristo Jesús. 7De modo que, en
los tiempos futuros, Dios puede ponernos como ejemplos
de la increíble riqueza de la gracia y la bondad que nos
tuvo, como se ve en todo lo que ha hecho por nosotros,
que estamos unidos a Cristo Jesús.

8Dios los salvó por su gracia cuando creyeron. Ustedes
no tienen ningún mérito en eso; es un regalo de Dios. 9La
salvación no es un premio por las cosas buenas que haya-
mos hecho, así que ninguno de nosotros puede jactarse
de ser salvo. 10Pues somos la obra maestra de Dios. Él
nos creó de nuevo en Cristo Jesús, a fin de que hagamos
las cosas buenas que preparó para nosotros tiempo atrás.

Unidad y paz por medio de Cristo

11No olviden que ustedes, los gentiles,* antes estaban
excluidos. Eran llamados «paganos incircuncisos» por
los judíos, quienes estaban orgullosos de la circuncisión,
aun cuando esa práctica solo afectaba su cuerpo, no su
corazón. 12En esos tiempos, ustedes vivían apartados de
Cristo. No se les permitía ser ciudadanos de Israel, y no
conocían las promesas del pacto que Dios había hecho con
ellos. Ustedes vivían en este mundo sin Dios y sin espe-
ranza, 13pero ahora han sido unidos a Cristo Jesús. Antes
estaban muy lejos de Dios, pero ahora fueron acercados
por medio de la sangre de Cristo.

14Pues Cristo mismo nos ha traído la paz. Él unió a
judíos y a gentiles en un solo pueblo cuando, por medio
de su cuerpo en la cruz, derribó el muro de hostilidad que
nos separaba. 15Lo logró al poner fin al sistema de leyes de
mandamientos y ordenanzas. Hizo la paz entre judíos y
gentiles al crear de los dos grupos un nuevo pueblo en él.
16Cristo reconcilió a ambos grupos con Dios en un solo
cuerpo por medio de su muerte en la cruz, y la hostilidad
que había entre nosotros quedó destruida.

17Cristo les trajo la Buena Noticia de paz tanto a uste-
des, los gentiles, que estaban lejos de él, como a los judíos,
que estaban cerca. 18Ahora todos podemos tener acceso
al Padre por medio del mismo Espíritu Santo gracias a lo
que Cristo hizo por nosotros.

Un templo para el Señor

19Así que ahora ustedes, los gentiles, ya no son unos des-
conocidos ni extranjeros. Son ciudadanos junto con todo
el pueblo santo de Dios. Son miembros de la familia de
Dios. 20Juntos constituimos su casa, la cual está edificada
sobre el fundamento de los apóstoles y los profetas. Y la
piedra principal es Cristo Jesús mismo. 21Estamos cui-
dadosamente unidos en él y vamos formando un templo
santo para el Señor. 22Por medio de él, ustedes, los genti-
les, también llegan a formar parte de esa morada donde
Dios vive mediante su Espíritu.

El plan secreto de Dios

3 Cuando pienso en todo esto, yo, Pablo, prisionero de
Cristo Jesús por el bien de ustedes, los gentiles...* 2A
propósito, doy por sentado que ustedes saben que Dios
me encargó de manera especial extenderles su gracia a us-
tedes, los gentiles. 3Tal como antes les escribí brevemente,
Dios mismo me reveló su misterioso plan. 4Cuando lean
esto que les escribo, entenderán la percepción que tengo
de este plan acerca de Cristo. 5Dios no se lo reveló a las
generaciones anteriores, pero ahora, por medio de su
Espíritu, lo ha revelado a sus santos apóstoles y profetas.

6Y el plan de Dios consiste en lo siguiente: tanto los
judíos como los gentiles que creen la Buena Noticia gozan
por igual de las riquezas heredadas por los hijos de Dios.
Ambos pueblos forman parte del mismo cuerpo y ambos
disfrutan de la promesa de las bendiciones porque per-
tenecen a Cristo Jesús.* 7Por la gracia y el gran poder de
Dios, se me ha dado el privilegio de servirlo anunciando
esta Buena Noticia.

8Aunque soy el menos digno de todo el pueblo de Dios,
por su gracia él me concedió el privilegio de contarles a
los gentiles acerca de los tesoros inagotables que tienen
a disposición por medio de Cristo. 9Fui elegido para ex-
plicarles a todos* el misterioso plan que Dios, el Creador
de todas las cosas, mantuvo oculto desde el comienzo.

10El propósito de Dios con todo esto fue utilizar a la
iglesia para mostrar la amplia variedad de su sabiduría a
todos los gobernantes y autoridades invisibles que están
en los lugares celestiales. 11Ese era su plan eterno, que
él llevó a cabo por medio de Cristo Jesús nuestro Señor.

12Gracias a Cristo y a nuestra fe en él,* podemos en-
trar en la presencia de Dios con toda libertad y confianza.
13Por eso les ruego que no se desanimen a causa de mis
pruebas en este lugar. Mi sufrimiento es por ustedes, así
que deberían sentirse honrados.

Pablo ora por crecimiento espiritual

14Cuando pienso en todo esto, caigo de rodillas y elevo
una oración al Padre,* 15el Creador de todo lo que existe
en el cielo y en la tierra.* 16Pido en oración que, de sus glo-
riosos e inagotables recursos, los fortalezca con poder en
el ser interior por medio de su Espíritu. 17Entonces Cristo
habitará en el corazón de ustedes a medida que confíen en
él. Echarán raíces profundas en el amor de Dios, y ellas los
mantendrán fuertes. 18Espero que puedan comprender,
como corresponde a todo el pueblo de Dios, cuán ancho,
cuán largo, cuán alto y cuán profundo es su amor. 19Es mi
deseo que experimenten el amor de Cristo, aun cuando
es demasiado grande para comprenderlo todo. Entonces
serán completos con toda la plenitud de la vida y el poder
que proviene de Dios.

20Y ahora, que toda la gloria sea para Dios, quien puede
lograr mucho más de lo que pudiéramos pedir o incluso
imaginar mediante su gran poder, que actúa en nosotros.
21¡Gloria a él en la iglesia y en Cristo Jesús por todas las
generaciones desde hoy y para siempre! Amén.

Unidad en el cuerpo

4 Por lo tanto, yo, prisionero por servir al Señor, les
suplico que lleven una vida digna del llamado que
han recibido de Dios, porque en verdad han sido llamados.
2Sean siempre humildes y amables. Sean pacientes unos
con otros y tolérense las faltas por amor. 3Hagan todo lo
posible por mantenerse unidos en el Espíritu y enlaza-
dos mediante la paz. 4Pues hay un solo cuerpo y un solo

***Notas textuales** **2:11** *Gentil[es],* que no es judío. **3:1** *Gentil[es],* que no es judío. Pablo completa este pensamiento en el versículo 14: *caigo de rodillas y elevo una oración al Padre.* **3:6** O *porque están unidos a Cristo Jesús.* **3:9** Algunos manuscritos no incluyen *a todos.* **3:12** O *Debido a la fidelidad de Cristo.* **3:14** Algunos manuscritos dicen *al Padre de nuestro Señor Jesucristo.* **3:15** O *de quien toda familia en el cielo y en la tierra toma su nombre.*

Referencias cruzadas **2:20-21** Mt 16:18 **3:6** Ga 3:29 **3:12** Ef 2:18 **3:19** Ef 1:23 **4:3-4** Rm 12:3

Espíritu, tal como ustedes fueron llamados a una misma esperanza gloriosa para el futuro.

5 Hay un solo Señor, una sola fe, un solo bautismo,
6 un solo Dios y Padre de todos,
quien está sobre todos, en todos y vive por medio de todos.

7No obstante, él nos ha dado a cada uno de nosotros un don* especial mediante la generosidad de Cristo. 8Por eso las Escrituras dicen:

«Cuando ascendió a las alturas,
se llevó a una multitud de cautivos
y dio dones a su pueblo»*.

9Fíjense que dice «ascendió». Sin duda, eso significa que Cristo también descendió a este mundo inferior.* 10Y el que descendió es el mismo que ascendió por encima de todos los cielos, a fin de llenar la totalidad del universo con su presencia.

11Ahora bien, Cristo dio los siguientes dones a la iglesia: los apóstoles, los profetas, los evangelistas, y los pastores y maestros. 12Ellos tienen la responsabilidad de preparar al pueblo de Dios para que lleve a cabo la obra de Dios y edifique la iglesia, es decir, el cuerpo de Cristo. 13Ese proceso continuará hasta que todos alcancemos tal unidad en nuestra fe y conocimiento del Hijo de Dios que seamos maduros en el Señor, es decir, hasta que lleguemos a la plena y completa medida de Cristo.

14Entonces ya no seremos inmaduros como los niños. No seremos arrastrados de un lado a otro ni empujados por cualquier corriente de nuevas enseñanzas. No nos dejaremos llevar por personas que intenten engañarnos con mentiras tan hábiles que parezcan la verdad. 15En cambio, hablaremos la verdad con amor y así creceremos en todo sentido hasta parecernos más y más a Cristo, quien es la cabeza de su cuerpo, que es la iglesia. 16Él hace que todo el cuerpo encaje perfectamente. Y cada parte, al cumplir con su función específica, ayuda a que las demás se desarrollen, y entonces todo el cuerpo crece y está sano y lleno de amor.

Vivir como hijos de luz

17Con la autoridad del Señor digo lo siguiente: ya no vivan como los que no conocen a Dios,* porque ellos están irremediablemente confundidos. 18Tienen la mente llena de oscuridad; vagan lejos de la vida que Dios ofrece, porque cerraron la mente y endurecieron el corazón hacia él. 19Han perdido la vergüenza. Viven para los placeres sensuales y practican con gusto toda clase de impureza.

20Pero eso no es lo que ustedes aprendieron acerca de Cristo. 21Ya que han oído sobre Jesús y han conocido la verdad que procede de él, 22deshágANse de su vieja naturaleza pecaminosa y de su antigua manera de vivir, que está corrompida por la sensualidad y el engaño. 23En cambio, dejen que el Espíritu les renueve los pensamientos y las actitudes. 24Pónganse la nueva naturaleza, creada para ser a la semejanza de Dios, quien es verdaderamente justo y santo.

25Así que dejen de decir mentiras. Digamos siempre la verdad a todos porque nosotros somos miembros de un mismo cuerpo. 26Además, «no pequen al dejar que el enojo los controle»*. No permitan que el sol se ponga mientras siguen enojados, 27porque el enojo da lugar al diablo.

28Si eres ladrón, deja de robar. En cambio, usa tus manos en un buen trabajo digno y luego comparte generosamente con los que tienen necesidad. 29No empleen un lenguaje grosero ni ofensivo. Que todo lo que digan sea bueno y útil, a fin de que sus palabras resulten de estímulo para quienes las oigan.

30No entristezcan al Espíritu Santo de Dios con la forma en que viven. Recuerden que él los identificó como suyos,* y así les ha garantizado que serán salvos el día de la redención.

31Líbrense de toda amargura, furia, enojo, palabras ásperas, calumnias y toda clase de mala conducta. 32Por el contrario, sean amables unos con otros, sean de buen corazón, y perdónense unos a otros, tal como Dios los ha perdonado a ustedes por medio de Cristo.

Vivir en la luz

5 Por lo tanto, imiten a Dios en todo lo que hagan porque ustedes son sus hijos queridos. 2Vivan una vida llena de amor, siguiendo el ejemplo de Cristo. Él nos amó* y se ofreció a sí mismo como sacrificio por nosotros, como aroma agradable a Dios.

3Que no haya ninguna inmoralidad sexual, impureza ni avaricia entre ustedes. Tales pecados no tienen lugar en el pueblo de Dios. 4Los cuentos obscenos, las conversaciones necias y los chistes groseros no son para ustedes. En cambio, que haya una actitud de agradecimiento a Dios. 5Pueden estar seguros de que ninguna persona inmoral, impura o avara heredará el reino de Cristo y de Dios. Pues el avaro es un idólatra, que adora las cosas de este mundo.

6No se dejen engañar por los que tratan de justificar esos pecados, porque el enojo de Dios caerá sobre todos los que lo desobedecen. 7No participen en las cosas que hace esa gente. 8Pues antes ustedes estaban llenos de oscuridad, pero ahora tienen la luz que proviene del Señor. Por lo tanto, ¡vivan como gente de luz! 9Pues esa luz que está dentro de ustedes produce solo cosas buenas, rectas y verdaderas.

10Averigüen bien lo que agrada al Señor. 11No participen en las obras inútiles de la maldad y la oscuridad; al contrario, sáquenlas a la luz. 12Es vergonzoso siquiera hablar de las cosas que la gente malvada hace en secreto. 13No obstante, sus malas intenciones se descubrirán cuando la luz las ilumine, 14porque la luz hace todo visible. Por eso se dice:

«Despiértate, tú que duermes;
levántate de los muertos,
y Cristo te dará luz».

¡Respuestas Bíblicas! 174 ¿Cómo deben vivir los cristianos?

5:14 Los cristianos debemos y podemos ser más amorosos, amables, sabios y valientes que quienes no conocen a Jesús.

***Notas textuales** **4:7** En griego *una gracia.* **4:8** Sal 68:18. **4:9** Algunos manuscritos dicen *a las partes bajas de la tierra.* **4:17** En griego *los gentiles.* (*Gentil[es]*, que no es judío). **4:26** Sal 4:4. **4:30** O *él les puso su sello.* **5:2** Algunos manuscritos dicen *El los amó.*

Referencias cruzadas **4:11** 1 Co 12:27-28 **4:14** 1 Co 14:20 **4:21-24** Rm 6:4 **4:31** Col 3:8 **5:1-2** Lc 6:36

Vivir por el poder del Espíritu
[15]Así que tengan cuidado de cómo viven. No vivan como
necios sino como sabios. [16]Saquen el mayor provecho
de cada oportunidad en estos días malos. [17]No actúen
sin pensar, más bien procuren entender lo que el Señor
quiere que hagan. [18]No se emborrachen con vino, por-
que eso les arruinará la vida. En cambio, sean llenos del
Espíritu Santo [19]cantando salmos e himnos y canciones
espirituales entre ustedes, y haciendo música al Señor en
el corazón. [20]Y den gracias por todo a Dios el Padre en el
nombre de nuestro Señor Jesucristo.

Relaciones guiadas por el Espíritu: el matrimonio
[21]Es más, sométanse unos a otros por reverencia a Cristo.
[22]Para las esposas, eso significa: sométase cada una a
su marido como al Señor, [23]porque el marido es la cabeza
de su esposa como Cristo es cabeza de la iglesia. Él es el
Salvador de su cuerpo, que es la iglesia. [24]Así como la
iglesia se somete a Cristo, de igual manera la esposa debe
someterse en todo a su marido.
[25]Para los maridos, eso significa: ame cada uno a su es-
posa tal como Cristo amó a la iglesia. Él entregó su vida por
ella [26]a fin de hacerla santa y limpia al lavarla mediante la
purificación de la palabra de Dios.* [27]Lo hizo para presen-
társela a sí mismo como una iglesia gloriosa, sin mancha
ni arruga ni ningún otro defecto. Será, en cambio, santa e
intachable. [28]De la misma manera, el marido debe amar a
su esposa como ama a su propio cuerpo. Pues un hombre
que ama a su esposa en realidad demuestra que se ama a sí
mismo. [29]Nadie odia su propio cuerpo, sino que lo alimenta
y lo cuida tal como Cristo lo hace por la iglesia. [30]Y nosotros
somos miembros de su cuerpo.
[31]Como dicen las Escrituras: «El hombre deja a su
padre y a su madre, y se une a su esposa, y los dos se
convierten en uno solo»*. [32]Eso es un gran misterio, pero
ilustra la manera en que Cristo y la iglesia son uno. [33]Por
eso les repito: cada hombre debe amar a su esposa como
se ama a sí mismo, y la esposa debe respetar a su marido.

Hijos y padres
6 Hijos, obedezcan a sus padres porque ustedes per-
tenecen al Señor,* pues esto es lo correcto. [2]«Honra
a tu padre y a tu madre». Ese es el primer mandamiento
que contiene una promesa: [3]si honras a tu padre y a tu
madre, «te irá bien y tendrás una larga vida en la tierra»*.
[4]Padres, no hagan enojar a sus hijos con la forma en
que los tratan. Más bien, críenlos con la disciplina e ins-
trucción que proviene del Señor.

Esclavos y amos
[5]Esclavos, obedezcan a sus amos terrenales con pro-
fundo respeto y temor. Sírvanlos con sinceridad, tal como
servirían a Cristo. [6]Traten de agradarlos todo el tiempo,
no solo cuando ellos los observan. Como esclavos de
Cristo, hagan la voluntad de Dios con todo el corazón.
[7]Trabajen con entusiasmo, como si lo hicieran para el
Señor y no para la gente. [8]Recuerden que el Señor recom-
pensará a cada uno de nosotros por el bien que hagamos,
seamos esclavos o libres.
[9]Y ustedes, amos, traten a sus esclavos de la misma
manera. No los amenacen; recuerden que ambos tienen
el mismo Amo en el cielo, y él no tiene favoritos.

Toda la armadura de Dios
[10]Una palabra final: sean fuertes en el Señor y en su gran
poder. [11]Pónganse toda la armadura de Dios para poder
mantenerse firmes contra todas las estrategias del dia-
blo. [12]Pues no luchamos* contra enemigos de carne y
hueso, sino contra gobernadores malignos y autoridades
del mundo invisible, contra fuerzas poderosas de este
mundo tenebroso y contra espíritus malignos de los lu-
gares celestiales.
[13]Por lo tanto, pónganse todas las piezas de la armadura
de Dios para poder resistir al enemigo en el tiempo del
mal. Así, después de la batalla, todavía seguirán de pie,
firmes. [14]Defiendan su posición, poniéndose el cinturón
de la verdad y la coraza de la justicia de Dios. [15]Pónganse
como calzado la paz que proviene de la Buena Noticia a fin
de estar completamente preparados.* [16]Además de todo
eso, levanten el escudo de la fe para detener las flechas en-
cendidas del diablo.* [17]Pónganse la salvación como casco
y tomen la espada del Espíritu, la cual es la palabra de Dios.
[18]Oren en el Espíritu en todo momento y en toda
ocasión. Manténganse alerta y sean persistentes en sus
oraciones por todos los creyentes en todas partes.*
[19]Y oren también por mí. Pídanle a Dios que me dé
las palabras adecuadas para poder explicar con valor su
misterioso plan: que la Buena Noticia es para judíos y
gentiles* por igual.* [20]Ahora estoy encadenado, pero
sigo predicando este mensaje como embajador de Dios.
Así que pidan en oración que yo siga hablando de él con
valentía, como debo hacerlo.

Saludos finales
[21]Para tenerlos al tanto, Tíquico les dará un informe com-
pleto de lo que estoy haciendo y de cómo me va. Él es
un amado hermano y un fiel colaborador en la obra del
Señor. [22]Lo envié a ustedes con un propósito específico:
que sepan cómo estamos y reciban ánimo.
[23]La paz sea con ustedes, queridos hermanos, y que
Dios el Padre y el Señor Jesucristo les den amor junto con
fidelidad. [24]Que la gracia de Dios sea eternamente con
todos los que aman a nuestro Señor Jesucristo.

***Notas textuales** **5:26** En griego *al lavarla con agua mediante la palabra.* **5:31** Gn 2:24. **6:1** O *Hijos, obedezcan a sus padres que pertenecen al Señor*; algunos manuscritos dicen simplemente *Hijos, obedezcan a sus padres.* **6:2-3** Ex 20:12; Dt 5:16. **6:12** Algunos manuscritos dicen *luchan.* **6:15** O *A modo de calzado, alístense para predicar la Buena Noticia de la paz con Dios.* **6:16** En griego *del maligno.* **6:18** En griego *todo el pueblo santo de Dios.* **6:19a** *Gentil[es],* que no es judío. **6:19b** En griego *explicar el misterio de la Buena Noticia*; algunos manuscritos dicen simplemente *explicar el misterio.*

Referencias cruzadas **5:14** Jn 5:25 **5:20** Sal 34:1 **5:22-24** 1 Co 11:3 **5:31** Mt 19:5 **6:4** Gn 18:19 **6:18** Lc 18:1 **6:24** Ga 6:16

FILIPENSES

¿Por qué es importante?

Pablo escribió esta carta para expresar su afecto por los creyentes de Filipos ya que ellos ofrecieron apoyo práctico para su ministerio y tiene una gran cantidad de versículos populares como: “El que comenzó la buena obra, la perfeccionará hasta el día de Cristo Jesús” (Filipenses 1: 6), “Vivir es Cristo y morir es ganancia” (1:21) y “Todo lo puedo en Cristo que me fortalece” (4:13) son solo algunos, aunque quizás lo más conocido sea lo que dice acerca de la actitud humilde de Jesús (2: 5-11). Esta carta es una gran guía para hablar de cómo podemos llegar a ser líderes espirituales.

¿Por qué fue escrito?

Su propósito principal fue agradecer a los cristianos de Filipos la ofrenda que ellos le enviaron. Pablo trata también temas como la humildad, el gozo, la unidad y cómo la vida crisitiana debe serguir el ejemplo de Jesús.

¿Quién lo escribió?

El autor es Pablo (Fil.1:1) Aunque se menciona a Timoteo, la carta cuenta con más de un centenar de pronombres en primera persona. Es una de las cartas más personales de Pablo a una iglesia leal, a quien le comparte sus problemas y deseos personales.

¿A quién lo escribió?

A la iglesia que estaba en Filipos (Fil 1:1), que fue fundada por Pablo en su segundo viaje misionero (Hch.16:11-40). Había pasado ya una década desde aquella visita.

¿Cuándo y dónde lo escribió?

Pablo escribe desde una prisión (Fil.1:7,13, 14,17). Pero no hay un acuerdo definitivo sobre la ciudad. Algunos afirman que se escribió desde Roma, cerca del 61-63 d.C. Otra hipótesis menciona que la ciudad donde Pablo está prisionero es Éfeso hacia el 56 o 57 d.C.

Paso a paso

1. Hacer lo correcto, aunque duela (Fil.1:1-30)
2. Hacer lo que amo, aunque muera (Fil. 2:1-18)
3. Ejemplos heroicos de Timoteo y Epafrodito (Fil. 2:19-30)
4. Advertencias (Fil. 3:1-21)
5. La paz de la vida cristiana (Fil. 4:1-8)
6. Venciendo las circunstancias (Fil. 4:10-23)

FILIPENSES

Filipenses

Saludos de Pablo
1 Saludos de Pablo y de Timoteo, esclavos de Cristo
Jesús.
Yo, Pablo, escribo esta carta a todo el pueblo santo de
Dios en Filipos que pertenece a Cristo Jesús, incluidos los
líderes de la iglesia* y los diáconos.
2Que Dios nuestro Padre y el Señor Jesucristo les den
gracia y paz.

¡Respuestas Bíblicas! **175** **¿Cómo mostraba Pablo su amor por los filipenses?**

1:4,7-8 Pablo mostraba su amor por ellos al mantenerlos en sus oraciones. Tú también puedes orar por las personas que amas.

Oración y agradecimiento de Pablo
3Cada vez que pienso en ustedes, le doy gracias a mi
Dios. 4Siempre que oro, pido por todos ustedes con ale-
gría, 5porque han colaborado conmigo en dar a conocer
la Buena Noticia acerca de Cristo desde el momento en
que la escucharon por primera vez hasta ahora. 6Y estoy
seguro de que Dios, quien comenzó la buena obra en
ustedes, la continuará hasta que quede completamente
terminada el día que Cristo Jesús vuelva.
7Está bien que sienta estas cosas por todos ustedes,
porque ocupan un lugar especial en mi corazón. Parti-
cipan conmigo del favor especial de Dios, tanto en mi
prisión como al defender y confirmar la verdad de la Buena
Noticia. 8Dios sabe cuánto los amo y los extraño con la
tierna compasión de Cristo Jesús.
9Le pido a Dios que el amor de ustedes desborde cada
vez más y que sigan creciendo en conocimiento y en-
tendimiento. 10Quiero que entiendan lo que realmente
importa, a fin de que lleven una vida pura e intachable
hasta el día que Cristo vuelva. 11Que estén siempre llenos
del fruto de la salvación —es decir, el carácter justo que
Jesucristo produce en su vida—* porque esto traerá mucha
gloria y alabanza a Dios.

Alegría de Pablo porque se predica a Cristo
12Además, mis amados hermanos, quiero que sepan que
todo lo que me ha sucedido en este lugar ha servido para
difundir la Buena Noticia. 13Pues cada persona de aquí
—incluida toda la guardia del palacio*— sabe que estoy
encadenado por causa de Cristo; 14y dado que estoy preso,
la mayoría de los creyentes* de este lugar han aumentado
su confianza y anuncian con valentía el mensaje de Dios*
sin temor.
15Es cierto que algunos predican acerca de Cristo por
celos y rivalidad, pero otros lo hacen con intenciones puras.
16Estos últimos predican porque me aman, pues saben
que fui designado para defender la Buena Noticia. 17Los
otros no tienen intenciones puras cuando predican de
Cristo. Lo hacen con ambición egoísta, no con sinceridad
sino con el propósito de que las cadenas me resulten más
dolorosas. 18Pero eso no importa; sean falsas o genuinas
sus intenciones, el mensaje acerca de Cristo se predica de
todas maneras, de modo que me gozo. Y seguiré gozán-
dome 19porque sé que la oración de ustedes y la ayuda del
Espíritu de Jesucristo darán como resultado mi libertad.

Pablo vive para Cristo
20Tengo la plena seguridad y la esperanza de que jamás
seré avergonzado, sino que seguiré actuando con valor
por Cristo, como lo he hecho en el pasado. Y confío en
que mi vida dará honor a Cristo, sea que yo viva o muera.
21Pues, para mí, vivir significa vivir para Cristo y morir es
aún mejor. 22Pero si vivo, puedo realizar más labor fruc-
tífera para Cristo. Así que realmente no sé qué es mejor.
23Estoy dividido entre dos deseos: quisiera partir y estar
con Cristo, lo cual sería mucho mejor para mí; 24pero por
el bien de ustedes, es mejor que siga viviendo.
25Al estar consciente de esto, estoy convencido de que
seguiré con vida para continuar ayudándolos a todos us-
tedes a crecer y a experimentar la alegría de su fe. 26Y
cuando vuelva, tendrán más razones todavía para sentirse
orgullosos en Cristo Jesús de lo que él está haciendo por
medio de mí.

Vivan como ciudadanos del cielo
27Sobre todo, deben vivir como ciudadanos del cielo,
comportándose de un modo digno de la Buena Noticia
acerca de Cristo. Entonces, sea que vuelva a verlos o so-
lamente tenga noticias de ustedes, sabré que están firmes
y unidos en un mismo espíritu y propósito, luchando
juntos por la fe, es decir, la Buena Noticia. 28No se dejen
intimidar por sus enemigos de ninguna manera. Eso les
será por señal a ellos de que serán destruidos, mientras
que ustedes serán salvos, aun por Dios mismo. 29Pues a
ustedes se les dio no solo el privilegio de confiar en Cristo
sino también el privilegio de sufrir por él. 30Estamos jun-
tos en esta lucha. Ustedes han visto mi lucha en el pasado
y saben que aún no ha terminado.

***Notas textuales** **1:1** O *los supervisores*, o *los obispos*. **1:11** En griego *llenos del fruto de la rectitud por medio de Jesucristo*. **1:13** En griego *incluido todo el pretorio*. **1:14a** En griego *hermanos en el Señor*. **1:14b** Algunos manuscritos no incluyen *de Dios*.

Referencias cruzadas **1:2** Rm 1:7 **1:7** Hch 16:12-40 **1:10** 1 Co 1:8 **1:23** 2 Co 5:8 **1:28-30** Hch 16:19-40

Tengan la actitud de Cristo

2 ¿Hay algún estímulo en pertenecer a Cristo? ¿Existe
algún consuelo en su amor? ¿Tenemos en conjunto
alguna comunión en el Espíritu? ¿Tienen ustedes un cora-
zón tierno y compasivo? 2Entonces, háganme verdadera-
mente feliz poniéndose de acuerdo de todo corazón entre
ustedes, amándose unos a otros y trabajando juntos con
un mismo pensamiento y un mismo propósito.
3No sean egoístas; no traten de impresionar a nadie.
Sean humildes, es decir, considerando a los demás como
mejores que ustedes. 4No se ocupen solo de sus propios
intereses, sino también procuren interesarse en los demás.
5Tengan la misma actitud que tuvo Cristo Jesús.

6 Aunque era Dios,*
no consideró que el ser igual a Dios
fuera algo a lo cual aferrarse.
7 En cambio, renunció a sus privilegios divinos;*
adoptó la humilde posición de un esclavo*
y nació como un ser humano.
Cuando apareció en forma de hombre,*
8 se humilló a sí mismo en obediencia a Dios
y murió en una cruz como morían los criminales.

9 Por lo tanto, Dios lo elevó al lugar de máximo honor
y le dio el nombre que está por encima de todos
los demás nombres
10 para que, ante el nombre de Jesús, se doble toda
rodilla
en el cielo y en la tierra y debajo de la tierra,
11 y toda lengua declare que Jesucristo es el Señor
para la gloria de Dios Padre.

Brillen intensamente por Cristo

12Queridos amigos, siempre siguieron mis instruccio-
nes cuando estaba con ustedes; y ahora que estoy lejos,
es aún más importante que lo hagan. Esfuércense por
demostrar los resultados de su salvación obedeciendo a
Dios con profunda reverencia y temor. 13Pues Dios trabaja
en ustedes y les da el deseo y el poder para que hagan lo
que a él le agrada.
14Hagan todo sin quejarse y sin discutir, 15para que
nadie pueda criticarlos. Lleven una vida limpia e inocente
como corresponde a hijos de Dios y brillen como luces
radiantes en un mundo lleno de gente perversa y corrupta.
16Aférrense a la palabra de vida; entonces, el día que Cristo
vuelva, me sentiré orgulloso de no haber corrido la carrera
en vano y de que mi trabajo no fue inútil. 17Sin embargo,
me alegraré aun si tengo que perder la vida derramándola
como ofrenda líquida a Dios,* así como el fiel servicio de
ustedes también es una ofrenda a Dios. Y quiero que todos
ustedes participen de esta alegría. 18Claro que sí, deberían
alegrarse, y yo me gozaré con ustedes.

Pablo encomienda a Timoteo

19Si el Señor Jesús quiere, espero enviarles pronto a
Timoteo para que los visite. Así él puede animarme al
traerme noticias de cómo están. 20No cuento con nadie
como Timoteo, quien se preocupa genuinamente por el
bienestar de ustedes. 21Todos los demás solo se ocupan
de sí mismos y no de lo que es importante para Jesucristo,
22pero ustedes saben cómo Timoteo ha dado muestras
de lo que es. Como un hijo con su padre, él ha servido a
mi lado en la predicación de la Buena Noticia. 23Espero
enviarlo a ustedes en cuanto sepa lo que me sucederá
aquí, 24y el Señor me ha dado la confianza que yo mismo
iré pronto a verlos.

Pablo encomienda a Epafrodito

25Mientras tanto, pensé que debería enviarles de vuelta
a Epafrodito. Él es un verdadero hermano, colaborador y
compañero de lucha. Además, fue el mensajero de ustedes
para ayudarme en mi necesidad. 26Lo envío porque, desde
hace tiempo, tiene deseos de verlos y se afligió mucho
cuando ustedes se enteraron de que estaba enfermo. 27Es
cierto que estuvo enfermo e incluso a punto de morir;
pero Dios tuvo misericordia de él, como también la tuvo
de mí, para que yo no tuviera una tristeza tras otra.
28Así que estoy aún más ansioso por enviarlo de re-
greso a ustedes, porque sé que se pondrán contentos al
verlo, y entonces ya no estaré tan preocupado por uste-
des. 29Recíbanlo en el amor del Señor* y mucha alegría,
y denle el honor que una persona como él merece. 30Pues
arriesgó su vida por la obra de Cristo y estuvo al borde de
la muerte mientras hacía por mí lo que ustedes no podían
desde tan lejos.

El valor incalculable de conocer a Cristo

3 Mis amados hermanos, pase lo que pase, alégrense
en el Señor. Nunca me canso de decirles estas cosas
y lo hago para proteger su fe.
2Cuídense de esos «perros», de esa gente que hace lo
malo, esos mutiladores que les dicen que deben circunci-
darse para ser salvos. 3Pues los que adoramos por medio
del Espíritu de Dios* somos los verdaderos circuncisos.
Confiamos en lo que Cristo Jesús hizo por nosotros. No
depositamos ninguna confianza en esfuerzos humanos
4aunque, si alguien pudiera confiar en sus propios esfuer-
zos, ese sería yo. De hecho, si otros tienen razones para
confiar en sus propios esfuerzos, ¡yo las tengo aún más!
5Fui circuncidado cuando tenía ocho días de vida. Soy
un ciudadano de Israel de pura cepa y miembro de la tribu
de Benjamín, ¡un verdadero hebreo como no ha habido
otro! Fui miembro de los fariseos, quienes exigen la obe-
diencia más estricta a la ley judía. 6Era tan fanático que
perseguía con crueldad a la iglesia, y en cuanto a la justicia,
obedecía la ley al pie de la letra.
7Antes creía que esas cosas eran valiosas, pero ahora
considero que no tienen ningún valor debido a lo que
Cristo ha hecho. 8Así es, todo lo demás no vale nada
cuando se le compara con el infinito valor de conocer a
Cristo Jesús, mi Señor. Por amor a él, he desechado todo
lo demás y lo considero basura a fin de ganar a Cristo
9y llegar a ser uno con él. Ya no me apoyo en mi propia
justicia, por medio de obedecer la ley; más bien, llego a ser
justo por medio de la fe en Cristo.* Pues la forma en que
Dios nos hace justos delante de él se basa en la fe. 10Quiero
conocer a Cristo y experimentar el gran poder que lo le-
vantó de los muertos. ¡Quiero sufrir con él y participar

***Notas textuales** **2:6** O *Siendo en la forma de Dios.* **2:7a** En griego *En cambio, se vació a sí mismo.* **2:7b** O *la forma de un esclavo.* **2:7c** Algunas versiones colocan esta frase en el versículo 8. **2:17** En griego *me alegraré aun si tengo que ser derramado como ofrenda líquida.* **2:29** En griego *en el Señor.* **3:3** Algunos manuscritos dicen *adoramos a Dios en espíritu*; uno de los manuscritos más antiguos dice *adoramos en espíritu.* **3:9** O *por medio de la fidelidad de Cristo.*

Referencias cruzadas **2:3-4** Rm 12:10 **2:8** Mt 26:39 **2:12** 2 Co 7:15 **2:17** Rm 15:16 **3:2** Sal 22:16

de su muerte, 11para poder experimentar, de una u otra manera, la resurrección de los muertos!

Avanzar hacia la meta

12No quiero decir que ya haya logrado estas cosas ni que ya haya alcanzado la perfección; pero sigo adelante a fin de hacer mía esa perfección para la cual Cristo Jesús primeramente me hizo suyo. 13No, amados hermanos, no lo he logrado,* pero me concentro únicamente en esto: olvido el pasado y fijo la mirada en lo que tengo por delante, y así 14avanzo hasta llegar al final de la carrera para recibir el premio celestial al cual Dios nos llama por medio de Cristo Jesús.

15Que todos los que son espiritualmente maduros estén de acuerdo en estas cosas. Si ustedes difieren en algún punto, estoy seguro de que Dios se lo hará entender; 16pero debemos aferrarnos al avance que ya hemos logrado.

17Amados hermanos, tomen mi vida como modelo y aprendan de los que siguen nuestro ejemplo. 18Pues ya les dije varias veces y ahora se los repito de nuevo con lágrimas en los ojos: hay muchos cuya conducta demuestra que son verdaderos enemigos de la cruz de Cristo. 19Van camino a la destrucción. Su dios es su propio apetito, se jactan de cosas vergonzosas y solo piensan en esta vida terrenal. 20En cambio, nosotros somos ciudadanos del cielo, donde vive el Señor Jesucristo; y esperamos con mucho anhelo que él regrese como nuestro Salvador. 21Él tomará nuestro débil cuerpo mortal y lo transformará en un cuerpo glorioso, igual al de él. Lo hará valiéndose del mismo poder con el que pondrá todas las cosas bajo su dominio.

4 Por lo tanto, mis amados hermanos, manténganse fieles al Señor. Los amo y anhelo verlos, mis queridos amigos, porque ustedes son mi alegría y la corona que recibo por mi trabajo.

Palabras de aliento

2Ahora les ruego a Evodia y a Síntique, dado que pertenecen al Señor, que arreglen su desacuerdo. 3Y te pido a ti, mi fiel colaborador,* que ayudes a esas dos mujeres, porque trabajaron mucho a mi lado para dar a conocer a otros la Buena Noticia. Trabajaron junto con Clemente y mis demás colaboradores, cuyos nombres están escritos en el libro de la vida.

4Estén siempre llenos de alegría en el Señor. Lo repito, ¡alégrense! 5Que todo el mundo vea que son considerados en todo lo que hacen. Recuerden que el Señor vuelve pronto.*

6No se preocupen por nada; en cambio, oren por todo. Díganle a Dios lo que necesitan y denle gracias por todo lo que él ha hecho. 7Así experimentarán la paz de Dios, que supera todo lo que podemos entender. La paz de Dios cuidará su corazón y su mente mientras vivan en Cristo Jesús.

8Y ahora, amados hermanos, una cosa más para terminar. Concéntrense en todo lo que es verdadero, todo lo honorable, todo lo justo, todo lo puro, todo lo bello y todo lo admirable. Piensen en cosas excelentes y dignas de alabanza. 9No dejen de poner en práctica todo lo que aprendieron y recibieron de mí, todo lo que oyeron de mis labios y vieron que hice. Entonces el Dios de paz estará con ustedes.

Pablo agradece las ofrendas

10¡Cuánto alabo al Señor de que hayan vuelto a preocuparse por mí! Sé que siempre se han preocupado por mí, pero no tenían la oportunidad de ayudarme. 11No es que haya pasado necesidad alguna vez, porque he aprendido a estar contento con lo que tengo. 12Sé vivir con casi nada o con todo lo necesario. He aprendido el secreto de vivir en cualquier situación, sea con el estómago lleno o vacío, con mucho o con poco. 13Pues todo lo puedo hacer por medio de Cristo,* quien me da las fuerzas. 14De todos modos, han hecho bien al compartir conmigo en la dificultad por la que ahora atravieso.

15Como saben, filipenses, ustedes fueron los únicos que me ayudaron económicamente cuando les llevé la Buena Noticia por primera vez y luego seguí mi viaje desde Macedonia. Ninguna otra iglesia hizo lo mismo. 16Incluso cuando estuve en Tesalónica, ustedes me mandaron ayuda más de una vez. 17No digo esto esperando que me envíen una ofrenda. Más bien, quiero que ustedes reciban una recompensa por su bondad.

18Por el momento, tengo todo lo que necesito, ¡y aún más! Estoy bien abastecido con las ofrendas que ustedes me enviaron por medio de Epafrodito. Son un sacrificio de olor fragante aceptable y agradable a Dios. 19Y este mismo Dios quien me cuida suplirá todo lo que necesiten, de las gloriosas riquezas que nos ha dado por medio de Cristo Jesús.

20¡Toda la gloria sea a Dios nuestro Padre por siempre y para siempre! Amén.

Saludos finales de Pablo

21Denle saludos de mi parte a cada persona del pueblo santo de Dios, a todos los que pertenecen a Cristo Jesús. Los hermanos que están conmigo envían saludos. 22Los demás del pueblo de Dios también les envían saludos, en particular los de la casa de César.

23Que la gracia del Señor Jesucristo sea con el espíritu de cada uno de ustedes.*

***Notas textuales** **3:13** Algunos manuscritos dicen *aún no lo he logrado.* **4:3** O *leal Sícigo.* **4:5** En griego *el Señor está cerca*. **4:13** En griego *por medio de aquel.* **4:23** Algunos manuscritos agregan *Amén*.

Referencias cruzadas **3:13-14** Lc 9:62 **4:1** Flp 1:8, 27 **4:2-3** Flp 2:2, 25 **4:12-13** 2 Co 12:9 **4:19** Sal 23:1

COLOSENSES

¿Por qué es importante?

Esta carta de Pablo a los cristianos de la ciudad de Colosas deja en claro que lo que creemos acerca de Jesús es lo más importante de todo. Incluso más importante que obedecer reglas y no porque no sean importantes sino porque nadie las cumple siempre todas así que todos necesitamos a Jesús. La obediencia debe ser por agradecimiento y confianza y no por temor y por eso Pablo te invita en esta carta a poner la mirada en las cosas de arriba. Guardar reglas no debe ser por cuidar las apariencias ni hay que invitarlas para parecer más santos. Lo más importante es lo que a Dios en verdad le importa y que es nuestra confianza en Jesús y cuáles son nuestras motivaciones.

¿Por qué fue escrito?

El apóstol Pablo escribió esta carta a los Colosenses para corregir una enseñanza equivocada que amenazaba la fe de la iglesia en Colosas. Esta enseñanza equivocada (cuando es acerca de algo importante se llama una herejía) ponía en duda que Jesús era hombre o que Jesús fuera Dios. Pablo escribió para advertir contra esta enseñanza falsa y para animar a los creyentes a crecer en su fe.

¿Quién lo escribió?

La iglesia ha aceptado tradicionalmente que Pablo es el autor de la carta. (Co.1:1). Testimonios de Ireneo, Clemente de Alejandría, Tertuliano, Orígenes, Eusebio concuerdan con esta afirmación.

¿A quién lo escribió?

A la comunidad cristiana que estaba en la ciudad de Colosas (Co.1:2) ubicada en el Asia Menor. Cabe mencionar que esta comunidad no conocía a Pablo, ya que él no fue su fundador (Col.2:1).

¿Cuándo y dónde lo escribió?

Pablo escribe la carta en prisión (Col. 4:3,18). Los comentaristas se dividen a la hora de ubicar la ciudad donde Pablo estuvo preso. La mayoría cree más plausible datarla cerca del 61 d. C en Roma.

Paso a paso

1. Una Palabra que lleva fruto (Col.1:1-14)
2. Cristo es exaltado (Col. 1:15-29)
3. Peligros de falsas doctrinas (Col. 2:1-23)
4. Las características de nuestro llamado (Col. 3:1-17)
5. Las características de nuestras relaciones (Col. 3:18-4:18)

Colosenses

Saludos de Pablo

1
Yo, Pablo, elegido por la voluntad de Dios para ser
apóstol de Cristo Jesús, y nuestro hermano Timoteo
2 les escribimos esta carta a los fieles hermanos en Cristo
que conforman el pueblo santo de Dios en la ciudad de
Colosas.

Que Dios nuestro Padre les dé gracia y paz.

Oración y agradecimiento de Pablo

3 Siempre oramos por ustedes y le damos gracias a Dios,
el Padre de nuestro Señor Jesucristo, 4 porque hemos oído
de su fe en Cristo Jesús y del amor que tienen por todo
el pueblo de Dios. 5 Ambas cosas provienen de la firme
esperanza puesta en lo que Dios les ha reservado en el
cielo. Ustedes han tenido esa esperanza desde la primera
vez que escucharon la verdad de la Buena Noticia.

6 Esa misma Buena Noticia que llegó a ustedes ahora
corre por todo el mundo. Da fruto en todas partes mediante el cambio de vida que produce, así como les cambió la vida a ustedes desde el día que oyeron y entendieron por primera vez la verdad de la maravillosa gracia de Dios.

7 Ustedes se enteraron de la Buena Noticia por medio
de Epafras, nuestro amado colaborador; él es un fiel servidor de Cristo y nos ayuda en nombre de ustedes.* 8 Nos
contó del amor por los demás que el Espíritu Santo les ha dado.

9 Así que, desde que supimos de ustedes, no dejamos
de tenerlos presentes en nuestras oraciones. Le pedimos a Dios que les dé pleno conocimiento de su voluntad y que
les conceda sabiduría y comprensión espiritual. 10 Entonces la forma en que vivan siempre honrará y agradará al Señor, y sus vidas producirán toda clase de buenos frutos. Mientras tanto, irán creciendo a medida que aprendan a conocer a Dios más y más.

11 También pedimos que se fortalezcan con todo el
glorioso poder de Dios para que tengan toda la constancia y la paciencia que necesitan. Mi deseo es que estén llenos
de alegría* 12 y den siempre gracias al Padre. Él los hizo
aptos para que participen de la herencia que pertenece a su pueblo, el cual vive en la luz. 13 Pues él nos rescató del
reino de la oscuridad y nos trasladó al reino de su Hijo
amado, 14 quien compró nuestra libertad* y perdonó
nuestros pecados.

¡Respuestas Bíblicas! 176 ¿Es Jesús la persona más poderosa?

1:15 Sí. Jesús es Dios. Colosenses 1:15-20 dice que Jesús creó todas las cosas así que el creador es más poderoso que cualquier otro ser.

Cristo es supremo

15 Cristo es la imagen visible del Dios invisible.
Él ya existía antes de que las cosas fueran creadas
y es supremo sobre toda la creación*
16 porque, por medio de él, Dios creó todo lo que
existe
en los lugares celestiales y en la tierra.
Hizo las cosas que podemos ver
y las que no podemos ver,
tales como tronos, reinos, gobernantes y autoridades
del mundo invisible.
Todo fue creado por medio de él y para él.
17 Él ya existía antes de todas las cosas
y mantiene unida toda la creación.
18 Cristo también es la cabeza de la iglesia,
la cual es su cuerpo.
Él es el principio,
supremo sobre todos los que se levantan de los
muertos.*
Así que él es el primero en todo.
19 Pues a Dios, en toda su plenitud,
le agradó vivir en Cristo,
20 y por medio de él, Dios reconcilió consigo
todas las cosas.
Hizo la paz con todo lo que existe en el cielo y en la
tierra,
por medio de la sangre de Cristo en la cruz.

21 Eso los incluye a ustedes, que antes estaban lejos de
Dios. Eran sus enemigos, separados de él por sus malos
pensamientos y acciones; 22 pero ahora él los reconcilió
consigo mediante la muerte de Cristo en su cuerpo físico. Como resultado, los ha trasladado a su propia presencia, y ahora ustedes son santos, libres de culpa y pueden presentarse delante de él sin ninguna falta.

***Notas textuales** **1:7** O *y ministra en nombre de ustedes*; algunos manuscritos dicen *y ministra en nombre de nosotros.* **1:11** O *toda la paciencia y constancia que necesitan con alegría.* **1:14** Algunos manuscritos agregan *con su sangre.* **1:15** O *Él es el primogénito de toda la creación.* **1:18** O *el primogénito de los muertos.*

Referencias cruzadas **1:1** 1 Co 1:1 **1:8** Rm 15:30 **1:14** Ef 1:7 **1:20** 2 Co 5:18

[23]Pero deben seguir creyendo esa verdad y mantenerse firmes en ella. No se alejen de la seguridad que recibieron cuando oyeron la Buena Noticia. Esa Buena Noticia ha sido predicada por todo el mundo, y yo, Pablo, fui designado servidor de Dios para proclamarla.

Trabajo de Pablo por la iglesia

[24]Me alegro cuando sufro en carne propia por ustedes, porque así participo de los sufrimientos de Cristo, que continúan a favor de su cuerpo, que es la iglesia. [25]Dios me ha dado la responsabilidad de servir a su iglesia mediante la proclamación de todo su mensaje a ustedes. [26]Este mensaje se mantuvo en secreto durante siglos y generaciones, pero ahora se dio a conocer al pueblo de Dios. [27]Pues él quería que su pueblo supiera que las riquezas y la gloria de Cristo también son para ustedes, los gentiles.* Y el secreto es: Cristo vive en ustedes. Eso les da la seguridad de que participarán de su gloria.

[28]Por lo tanto, hablamos a otros de Cristo, advertimos a todos y enseñamos a todos con toda la sabiduría que Dios nos ha dado. Queremos presentarlos a Dios perfectos* en su relación con Cristo. [29]Es por eso que trabajo y lucho con tanto empeño, apoyado en el gran poder de Cristo que actúa dentro de mí.

2 Quiero que sepan cuánta angustia he sufrido por ustedes y por la iglesia en Laodicea y por muchos otros creyentes que nunca me conocieron personalmente. [2]Quiero que ellos cobren ánimo y estén bien unidos con fuertes lazos de amor. Quiero que tengan la plena confianza de que entienden el misterioso plan de Dios, que es Cristo mismo. [3]En él están escondidos todos los tesoros de la sabiduría y el conocimiento.

[4]Les digo esto a ustedes para que nadie los engañe con argumentos ingeniosos. [5]Pues, si bien estoy lejos, mi corazón está con ustedes. Y me alegro de que viven como deben hacerlo y de que su fe en Cristo se mantiene firme.

Libertad y vida nueva en Cristo

[6]Por lo tanto, de la manera que recibieron a Cristo Jesús como Señor, ahora deben seguir sus pasos. [7]Arráiguense profundamente en él y edifiquen toda la vida sobre él. Entonces la fe de ustedes se fortalecerá en la verdad que se les enseñó, y rebosarán de gratitud.

[8]No permitan que nadie los atrape con filosofías huecas y disparates elocuentes, que nacen del pensamiento humano y de los poderes espirituales* de este mundo y no de Cristo. [9]Pues en Cristo habita toda la plenitud de Dios en un cuerpo humano.* [10]De modo que ustedes también están completos mediante la unión con Cristo, quien es la cabeza de todo gobernante y toda autoridad.

[11]Cuando ustedes llegaron a Cristo, fueron «circuncidados», pero no mediante un procedimiento corporal. Cristo llevó a cabo una circuncisión espiritual, es decir, les quitó la naturaleza pecaminosa.* [12]Pues ustedes fueron sepultados con Cristo cuando se bautizaron. Y con él también fueron resucitados para vivir una vida nueva, debido a que confiaron en el gran poder de Dios, quien levantó a Cristo de los muertos.

[13]Ustedes estaban muertos a causa de sus pecados y porque aún no les habían quitado la naturaleza pecaminosa. Entonces Dios les dio vida con Cristo al perdonar todos nuestros pecados. [14]Él anuló el acta con los cargos que había contra nosotros y la eliminó clavándola en la cruz. [15]De esa manera, desarmó* a los gobernantes y a las autoridades espirituales. Los avergonzó públicamente con su victoria sobre ellos en la cruz.

[16]Por lo tanto, no permitan que nadie los condene por lo que comen o beben, o porque no celebran ciertos días santos ni ceremonias por luna nueva ni los días de descanso. [17]Pues esas reglas son solo sombras de la realidad que vendrá. Y Cristo mismo es esa realidad. [18]No dejen que los condene ninguno de aquellos que insisten en una religiosa abnegación o en el culto a los ángeles,* al afirmar que han tenido visiones sobre estas cosas. Su mente pecaminosa los ha llenado de arrogancia [19]y no están unidos a Cristo, la cabeza del cuerpo. Pues él mantiene todo el cuerpo unido con las articulaciones y los ligamentos, el cual va creciendo a medida que Dios lo nutre.

[20]Ustedes han muerto con Cristo, y él los ha rescatado de los poderes espirituales de este mundo. Entonces, ¿por qué siguen cumpliendo las reglas del mundo, tales como: [21]«¡No toques esto! ¡No pruebes eso! ¡No te acerques a aquello!»? [22]Esas reglas son simples enseñanzas humanas acerca de cosas que se deterioran con el uso. [23]Podrán parecer sabias porque exigen una gran devoción, una religiosa abnegación y una severa disciplina corporal; pero a una persona no le ofrecen ninguna ayuda para vencer sus malos deseos.

Vida nueva con Cristo

3 Ya que han sido resucitados a una vida nueva con Cristo, pongan la mira en las verdades del cielo, donde Cristo está sentado en el lugar de honor, a la derecha de Dios. [2]Piensen en las cosas del cielo, no en las de la tierra. [3]Pues ustedes han muerto a esta vida, y su verdadera vida está escondida con Cristo en Dios. [4]Cuando Cristo —quien es la vida de ustedes*— sea revelado a todo el mundo, ustedes participarán de toda su gloria.

[5]Así que hagan morir las cosas pecaminosas y terrenales que acechan dentro de ustedes. No tengan nada que ver con la inmoralidad sexual, la impureza, las bajas pasiones y los malos deseos. No sean avaros, pues la persona avara es idólatra porque adora las cosas de este mundo. [6]A causa de esos pecados, viene la furia de Dios.* [7]Ustedes solían hacer esas cosas cuando su vida aún formaba parte de este mundo; [8]pero ahora es el momento de eliminar el enojo, la furia, el comportamiento malicioso, la calumnia y el lenguaje sucio. [9]No se mientan unos a otros, porque ustedes ya se han quitado la vieja naturaleza pecaminosa y todos sus actos perversos. [10]Vístanse con la nueva naturaleza y se renovarán a medida que aprendan a conocer a su Creador y se parezcan más a él. [11]En esta vida nueva no importa si uno es judío o gentil,* si está o no circuncidado, si es inculto, incivilizado,* esclavo o libre. Cristo es lo único que importa, y él vive en todos nosotros.

[12]Dado que Dios los eligió para que sean su pueblo santo y amado por él, ustedes tienen que vestirse de tierna compasión, bondad, humildad, gentileza y paciencia. [13]Sean comprensivos con las faltas de los demás y

***Notas textuales** **1:27** *Gentil[es]*, que no es judío. **1:28** O *maduros.* **2:8** O *los principios espirituales*; también en 2:20. **2:9** O *en él habita toda la plenitud de la deidad en forma corporal.* **2:11** En griego *les cortó el cuerpo de carne.* **2:15** O *despojó.* **2:18** O *en la adoración con ángeles.* **3:4** Algunos manuscritos dicen *quien es nuestra vida.* **3:6** Algunos manuscritos dicen *pecados, la furia de Dios viene sobre todos los que lo desobedecen.* **3:11a** *Gentil*, que no es judío. En griego *o griego.* **3:11b** En griego *si es bárbaro, escita.*

Referencias cruzadas **1:27** Rm 8:10 **1:29** 1 Co 15:10 **2:5** 1 Co 14:40 **2:7** Ef 3:17 **2:15** Ef 2:15 **2:19** Ef 1:22 **2:20-23** Mt 15:9 **3:3** Rm 6:2

perdonen a todo el que los ofenda. Recuerden que el Señor los perdonó a ustedes, así que ustedes deben perdonar a otros. [14]Sobre todo, vístanse de amor, lo cual nos une a todos en perfecta armonía. [15]Y que la paz que viene de Cristo gobierne en sus corazones. Pues, como miembros de un mismo cuerpo, ustedes son llamados a vivir en paz. Y sean siempre agradecidos.

[16]Que el mensaje de Cristo, con toda su riqueza, llene sus vidas. Enséñense y aconséjense unos a otros con toda la sabiduría que él da. Canten salmos e himnos y canciones espirituales a Dios con un corazón agradecido. [17]Y todo lo que hagan o digan, háganlo como representantes del Señor Jesús y den gracias a Dios Padre por medio de él.

¡Respuestas Bíblicas! **177** **¿Qué hace alguien "santo"?**

3:12 Este versículo explica muy bien lo que hace la santidad.

Instrucciones para las familias cristianas

[18]Esposas, sujétese cada una a su esposo como corresponde a quienes pertenecen al Señor.

[19]Maridos, ame cada uno a su esposa y nunca la trate con aspereza.

[20]Hijos, obedezcan siempre a sus padres, porque eso agrada al Señor. [21]Padres,* no exasperen a sus hijos, para que no se desanimen.

[22]Esclavos, obedezcan en todo a sus amos terrenales. Traten de agradarlos todo el tiempo, no solo cuando ellos los observan. Sírvanlos con sinceridad debido al temor reverente que ustedes tienen al Señor. [23]Trabajen de buena gana en todo lo que hagan, como si fuera para el Señor y no para la gente. [24]Recuerden que el Señor los recompensará con una herencia y que el Amo a quien sirven es Cristo;* [25]pero si hacen lo que está mal, recibirán el pago por el mal que hayan hecho, porque Dios no tiene favoritos.

4 Amos, sean justos e imparciales con sus esclavos. Recuerden que ustedes también tienen un Amo en el cielo.

Aliento para orar

[2]Dedíquense a la oración con una mente alerta y un corazón agradecido. [3]Oren también por nosotros, para que Dios nos dé muchas oportunidades para hablar de su misterioso plan acerca de Cristo. Por eso estoy aquí en cadenas. [4]Oren para que pueda proclamar ese mensaje con la claridad que debo hacerlo.

[5]Vivan sabiamente entre los que no creen en Cristo y aprovechen al máximo cada oportunidad. [6]Que sus conversaciones sean cordiales y agradables,* a fin de que ustedes tengan la respuesta adecuada para cada persona.

Instrucciones finales y saludos de Pablo

[7]Tíquico les contará con detalles cómo me va. Él es un amado hermano y un fiel colaborador que sirve conmigo en la obra del Señor. [8]Precisamente lo envié para que les cuente cómo estamos y los anime. [9]También les envío a Onésimo, un fiel y amado hermano, quien es uno de ustedes. Él y Tíquico les contarán todo lo que sucede aquí.

[10]Aristarco, quien está en la cárcel conmigo, les manda saludos; y también los saluda Marcos, el primo de Bernabé. Tal como ya se les indicó, si Marcos pasa por allí, hagan que se sienta bienvenido. [11]Jesús (al que llamamos Justo) también envía saludos. Ellos son los únicos creyentes judíos entre mis colaboradores; trabajan aquí conmigo para el reino de Dios. ¡Y qué consuelo han sido para mí!

[12]Les manda saludos Epafras, un miembro de la misma comunidad de fe que ustedes y siervo de Cristo Jesús. Siempre ora con fervor por ustedes y le pide a Dios que los fortalezca y perfeccione, y les dé la plena confianza de que están cumpliendo toda la voluntad de Dios. [13]Puedo asegurarles que él ora intensamente por ustedes y también por los creyentes en Laodicea y en Hierápolis.

[14]Les manda saludos Lucas, el médico amado, y también Demas. [15]Les ruego que saluden de mi parte a nuestros hermanos en Laodicea, y también a Ninfas y a la iglesia que se reúne en su casa.

[16]Una vez que hayan leído esta carta, pásenla a la iglesia en Laodicea para que ellos también puedan leerla. Y ustedes deberían leer la carta que les escribí a ellos.

[17]Además, díganle a Arquipo: «Asegúrate de llevar a cabo el ministerio que el Señor te dio».

[18]FIRMO MI PROPIO SALUDO DE PUÑO Y LETRA: PABLO.
Recuerden que estoy en cadenas.
Que la gracia de Dios sea con ustedes.

***Notas textuales** **3:21** En griego esta palabra se refiere solo a los hombres. **3:24** O *y sirvan a Cristo como su Amo.* **4:6** En griego *y condimentadas con sal.*

Referencias cruzadas **3:17** 1 Co 10:31 **4:5-6** Mc 9:50 **4:9** Ef 6:21-22 **4:10-15** Hch 4:36 **4:17** 2 Tm 4:5

1 TESALONICENSES

¿Por qué es importante?

El impacto que provocó en los primeros cristianos la esperanza de la segunda venida de Cristo llegó a tal grado que en Roma lo que se llamaba "Necrópolis" (que significa ciudad de los muertos), se empezó a llamar "Cementerio" que significa "Dormitorio". En esta carta Pablo te anima a creer firmemente en la esperanza del cielo y que Jesús volverá a reinar.

¿Por qué fue escrito?

En esta carta, aparece 21 veces la palabra "hermanos" porque Pablo quiere animarlos mientras les enseña a ser responsables con su tiempo. Pablo quiere que ellos sigan firmes ya que estaban preocupados por los que morían, pues al parecer pensaban que luego de la resurrección de Cristo ya nadie moriría.. Pablo les señala que los que estén vivos cuando el Señor regrese no tendrán ninguna ventaja sobre los que ya "duermen" (1Tes. 4:16-17). Por último, en el capítulo 5, vuelven las palabras de ánimo a mantener firme la esperanza y a vivir de manera madura y correcta (1Tes. 5:12-28).

La crucifixión de Jesús

Lucas 23:26-56

¡Qué día tan extraño es este! Son las tres de la tarde, pero se ha oscurecido el sol; parece de noche. Estamos en Jerusalén y hay muchísima gente: es la fiesta más importante de los judíos, la Pascua. Vemos también a algunas personas muy tristes y llorando. ¡No puede ser! ¡Son los discípulos de Jesús! ¡Es su madre, María! *¿Qué habrá pasado?*

Finalmente nos contaron que Jesús había muerto en una cruz. *¿Cómo pudo ser esto posible?*

Nos explicaron que no todos en el pueblo estaban contentos con Jesús. Los líderes religiosos no entendieron su mensaje ni creyeron que él era el Mesías; por eso, procuraban desde hacía un tiempo atraparlo y matarlo.

Entonces nos preguntamos: Si era el Hijo amado de Dios, *¿por qué no pudo escapar de esto? ¿Por qué no se pudo evitar tal sufrimiento?.*

Al conversar con los discípulos, ellos confesaron que en varias ocasiones Jesús les había advertido que esto pasaría, y que su muerte había sido profetizada muchos años antes. Jesús no fue una víctima de los que querían callar su mensaje; él mismo se entregó porque esa era su misión: "*Dar su vida en rescate por muchos*". (Mateo 20:28).

Dios amó tanto al mundo, que decidió enviar a su Hijo a la tierra para ser hombre, para que uno perfecto como Jesús tomara el lugar de los pecadores y en un solo sacrificio pagara por toda la maldad que las personas podamos cometer.

Por eso, Isaías 53:5 explica: "*Pero él fue traspasado por nuestras rebeliones y aplastado por nuestros pecados. Fue golpeado para que nosotros estuviéramos en paz; fue azotado para que pudiéramos ser sanados.*"

El sacrificio del Hijo de Dios es suficiente para perdonar los pecados pasados y futuros. Solo las personas que creen en su corazón que él tomó su lugar en esa cruz reciben el regalo del perdón y la vida eterna.

Hoy es un gran día para que puedas decir: "Gracias, Jesús, por ir en mi lugar a la cruz! Creo que eres mi Salvador, que perdona mis pecados y viene a vivir en mi corazón para siempre. Amén."

La Resurrección de Jesús

Lucas 24:1-12

Era domingo, el tercer día después de la muerte de Jesús. Todos los discípulos estaban todavía reunidos en el lugar donde habían comido la última cena con él. El ambiente era muy silencioso; todos estaban muy tristes por la pérdida de su Maestro, de su amado Jesús.

De repente, cuando todavía era muy temprano en la mañana, se rompió el silencio. Entraron unas mujeres corriendo y casi no podían hablar al tratar de compartir la noticia. Ellas también eran discípulas del Señor.

Nos contaron que habían ido muy temprano al sepulcro donde estaba Jesús a llevar especias aromáticas para perfumar su cuerpo, como era tradición, pero cuando llegaron, observaron que la piedra de la entrada estaba movida. Entraron entonces al sepulcro y no estaba el cuerpo allí. De repente, dos hombres con vestidos resplandecientes se les aparecieron y les preguntaron: "*¿Por qué buscan entre los muertos a alguien que está vivo?*".

Y añadieron: "*¡Él no está aquí! ¡Ha resucitado! Recuerden lo que les dijo en Galilea, que el Hijo del Hombre debía ser traicionado y entregado en manos de hombres pecadores, y ser crucificado, y que resucitaría al tercer día*".

Ellas salieron de allí corriendo a contarle a los discípulos esta gran noticia. Sin embargo, algunos de ellos dijeron que eso era un disparate, pero Pedro y Juan fueron rápidamente al sepulcro. Ciertamente, solo encontraron las telas en las que había sido envuelto su Maestro.

La primera persona que vio a Jesús resucitado fue María Magdalena, luego se les fue presentando a los discípulos hasta que todos fueron testigos de su resurrección.

Victoria me preguntó: "*Papá, ¿por qué es importante la resurrección de Jesús?*" Yo le respondí: "La resurrección de Jesús es muy importante porque nos enseña cuatro cosas:

- Demuestra que Jesús es Dios y que tiene el poder sobre la vida y la muerte.
- Nos da la seguridad de que él llevó nuestros pecados en la cruz y que nos brinda también una vida nueva con él.
- Nos enseña que, así como él resucitó, nosotros también viviremos con él una vida eterna como lo prometió.
- Por último, nos alegra porque adoramos a un Dios que está vivo."

La gran comisión

Mateo 28:16-20

Luego de que Jesús resucitó, estuvo por cuarenta días entre sus discípulos, animándolos y enseñándoles lo que tenían que hacer después de que él subiera a los cielos.

Al llegar, encontramos a Jesús enseñando a sus discípulos lo siguiente:

Él les dijo: *"Se me ha dado toda autoridad en el cielo y en la tierra. Por lo tanto, vayan y hagan discípulos de todas las naciones, bautizándolos en el nombre del Padre y del Hijo y del Espíritu Santo. Enseñen a los nuevos discípulos a obedecer todos los mandatos que les he dado. Y tengan por seguro esto: que estoy con ustedes siempre, hasta el fin de los tiempos".*

A esa misión se le conoce como "la Gran Comisión". Una comisión es un encargo o una tarea que es asignada poruna persona con autoridad a otras subordinadas a ella. Jesús ganó esa autoridad de salvarnos y suyos al morir en la cruz. Por eso, mencionó haber recibido toda autoridad en el cielo y en la tierra, y dio la instrucción de ir a hacer discípulos.

Somos comisionados por el cielo para anunciar las buenas noticias del amor de Dios. ¡Qué bonito es que seamos portadores de buenas noticias!

Al escuchar esto, recordamos que no se nos puede olvidar nuestra misión: somos la voz de Jesús para aquellos que no lo conocen. Nuestro mensaje es que Dios Padre los ama tanto que envió a Jesús a morir por los pecados y a darnos una nueva vida en él.

Es posible que a veces sientas temor de hacer esto, pero recuerda que Jesús prometió que él nunca nos dejaría solos. Nos prometió que siempre estaría con nosotros para ayudarnos con esa tarea. Por eso nos dejó a su Espíritu Santo, un regalo que se nos da a los que somos hijos de Dios. El Espíritu Santo nos ayuda a ser testigos de Jesús.

Te animamos a que le pidas en oración a Jesús que te ayude a ser su voz dondequiera que estés y que puedas identificar amigos que necesiten saber que Dios los ama y que él está ahí para ayudarlos en su necesidad.

¡El Espíritu Santo vino!

Hechos 2:1-21

Hace unos años, yo (Danilo) viajé a Israel y visité la ciudad de Jerusalén. El guía de turismo nos llevó a un salón grande con techos muy altos sostenidos por columnas hermosas. Allí nos reunimos muchos cristianos de todo el mundo y comenzamos a cantar algunas canciones. Era el "aposento alto", el cuarto en donde Jesús había compartido la última cena con sus discípulos y en donde se quedaron reunidos después de que él subió al cielo.

A pesar de ser tantas personas y de lugares tan distintos, sentí como si todos fuéramos una familia unida por los cantos, rodeados de un ambiente lleno de paz y amor. Me encanta compartir este recuerdo con Victoria.
De pronto nos encontramos viajando en el tiempo al día en que los discípulos y más de cien creyentes estaban muy concentrados orando. Nos sorprendió el sonido increíblemente fuerte del viento que comenzó a soplar allí dentro. A continuación, fue como si destellos de luz aparecieran sobre la cabeza de cada uno de ellos. ¡Sentimos una paz tan grande! ¡Los discípulos alababan a Dios con una fuerza y alegría extraordinarias! Y no sabemos en qué momento, mucha gente comenzó a reunirse alrededor de la casa y nos preguntaban sobre lo que estaba pasando allí.

Nos quedamos sin palabras cuando vimos a Pedro salir y hablar a cientos de personas que estaban allí. Con mucha fuerza y determinación, les explicó a todos que lo que acaban de ver era la venida del Espíritu Santo, algo que Jesús había prometido a todos aquellos que creyeran en él.

Al salir, vimos cómo miles de personas oraban junto a Pedro porque habían creído en Jesús. ¡Impresionante!

Al volver a casa, Gloriana le explicó a Victoria que Jesús les había manifestado a sus discípulos la promesa del Espíritu Santo: *"¿Sabías que el Espíritu Santo es quien viene a vivir en el corazón de los que creemos en Jesús? ¿Tiene sidea de para qué?* Para ayudarlos a hablar de Jesús a otros, ¡tal como Pedro lo hizo! Y también para darnos fe y valentía para vivir por Jesús."

Ora con nosotros y dile al Señor:
"Padre Celestial, quiero que me llenes de tu Espíritu Santo hoy. Tú prometes que me darás esa bendición al creer en Jesús, junto a una vida llena de esa paz, amor y poder que vienen de tu Espíritu. Amén.

¿Quién lo escribió?

Pablo se identifica dos veces en la carta (1 Tes.1:1; 2:18). Sin embargo, escribe la carta a nombre de los tres amigos, Pablo, Silas (Silvano) y Timoteo. La mayoría de los pronombres son en primera persona del plural. Silas y Timoteo acompañaron a Pablo en su segundo viaje, cuando esta iglesia fue fundada (Hechos 17:1-9).

¿A quién lo escribió?

A la nueva comunidad de cristianos que vivían en la ciudad de Tesalónica (1Tes.1:1).

¿Cuándo y dónde lo escribió?

Pablo escribió la carta desde Corinto, en el año 51 d.C. luego del informe que Timoteo trajo (1Tes.3:1:6; Hechos 18:5). Se han encontrado evidencias sobre esta fecha en una inscripción descubierta en Delfos, Grecia, que data del proconsulado de Galión, y ubica entonces a Pablo en Corinto en esa época (Hechos 18:12-17). Esta sería la segunda carta de Pablo del Nuevo Testamento.

Paso a paso

1. Gratitud por los tesalonicenses (1:1-10)
2. La pureza del ministerio de Pablo (2:1-12)
3. El interés de Pablo por los tesalonicenses (2:13-3:13)
4. Aprendiendo a madurar (4:1-12)
5. ¿Dónde está tu esperanza? (4:13-5:11)
6. La vida espiritual se vive juntos (5:12-28)

1 Tesalonicenses

Saludos de Pablo

1 Nosotros, Pablo, Silas* y Timoteo, escribimos esta
carta a la iglesia en Tesalónica, a ustedes que perte-
necen a Dios Padre y al Señor Jesucristo.
Que Dios les dé gracia y paz.

La fe de los creyentes de Tesalónica

2 Siempre damos gracias a Dios por todos ustedes y con-
tinuamente los tenemos presentes en nuestras oraciones.
3 Al orar a nuestro Dios y Padre por ustedes, pensamos en
el fiel trabajo que hacen, las acciones de amor que realizan
y la constante esperanza que tienen a causa de nuestro
Señor Jesucristo.
4 Sabemos, amados hermanos, que Dios los ama y los
ha elegido para que sean su pueblo. 5 Pues, cuando les
llevamos la Buena Noticia, no fue solo con palabras sino
también con poder, porque el Espíritu Santo les dio plena
certeza* de que lo que decíamos era verdad. Y ya saben
de nuestra preocupación por ustedes por la forma en que
nos comportamos entre ustedes. 6 Así que recibieron el
mensaje con la alegría del Espíritu Santo, a pesar del gran
sufrimiento que les trajo. De este modo nos imitaron a
nosotros y también al Señor. 7 Como resultado, han lle-
gado a ser un ejemplo para todos los creyentes de Grecia,
es decir, por toda Macedonia y Acaya.*
8 Y ahora, la palabra del Señor está siendo anunciada,
partiendo de ustedes a gente de todas partes, aun más allá
de Macedonia y Acaya, pues adondequiera que vamos,
encontramos personas que nos hablan de la fe que uste-
des tienen en Dios. No hace falta que se la mencionemos,
9 pues no dejan de hablar de la maravillosa bienvenida que
ustedes nos dieron y de cómo se apartaron de los ídolos
para servir al Dios vivo y verdadero. 10 También comen-
tan cómo ustedes esperan con ansias la venida, desde el
cielo, del Hijo de Dios, Jesús, a quien Dios levantó de los
muertos. Él es quien nos rescató de los horrores del juicio
venidero.

Pablo recuerda su visita

2 Ustedes bien saben, amados hermanos, que la visita
que les hicimos no fue un fracaso. 2 Saben lo mal que
nos trataron en Filipos y cuánto sufrimos allí justo antes
de verlos a ustedes. Aun así, nuestro Dios nos dio el valor
de anunciarles la Buena Noticia con valentía, a pesar de
gran oposición. 3 Como ven, no predicamos con engaño
ni con intenciones impuras o artimañas.
4 Pues hablamos como mensajeros aprobados por Dios,
a quienes se les confió la Buena Noticia. Nuestro propó-
sito es agradar a Dios, no a las personas. Solamente él
examina las intenciones de nuestro corazón. 5 Como bien
saben, ni una sola vez tratamos de ganarlos adulándolos.
¡Y Dios es nuestro testigo de que nunca aparentamos
ser amigos de ustedes con el fin de sacarles dinero! 6 En
cuanto a elogios humanos, nunca los hemos buscado ni
de ustedes ni de nadie.
7 Como apóstoles de Cristo, sin duda teníamos el de-
recho de hacerles ciertas exigencias; sin embargo, fuimos
como niños* entre ustedes. O bien, fuimos como una
madre que alimenta y cuida a sus propios hijos. 8 Los ama-
mos tanto que no solo les presentamos la Buena Noticia
de Dios, sino que también les abrimos nuestra propia vida.

¡Respuestas Bíblicas! 178 ¿Qué tipo de persona era Pablo?

2:7 Pablo era alguien tierno y amoroso con los cristianos a los cuales servía y visitaba. Él los trataba "como una madre alimenta y cuida a sus niños".

9 ¿Acaso no se acuerdan, amados hermanos, cuánto tra-
bajamos entre ustedes? Día y noche nos esforzamos por
ganarnos la vida, a fin de no ser una carga para ninguno
de ustedes mientras les predicábamos la Buena Noticia de
Dios. 10 Ustedes mismos son nuestros testigos —al igual
que Dios— de que fuimos consagrados, sinceros e inta-
chables con todos ustedes, los creyentes. 11 Y saben que
tratamos a cada uno como un padre trata a sus propios
hijos. 12 Les rogamos, los alentamos y les insistimos que
lleven una vida que Dios considere digna. Pues él los llamó
para que tengan parte en su reino y gloria.
13 Por lo tanto, nunca dejamos de darle gracias a Dios
de que cuando recibieron su mensaje de parte nuestra,
ustedes no consideraron nuestras palabras como solo
ideas humanas. Tomaron lo que dijimos como la misma
palabra de Dios, la cual, por supuesto, lo es. Y esta palabra
sigue actuando en ustedes los que creen.
14 Y luego, amados hermanos, sufrieron persecución por
parte de sus propios compatriotas. De esta manera imitaron
a los creyentes de las iglesias de Dios en Judea, quienes
por su fe en Cristo Jesús sufrieron a manos de su propio
pueblo, los judíos. 15 Pues algunos de los judíos mataron a
los profetas, y otros incluso mataron al Señor Jesús. Ahora
también nos han perseguido a nosotros. Ellos no agradan
a Dios y actúan en contra de toda la humanidad 16 al tratar
de impedir que prediquemos la Buena Noticia de salvación

***Notas textuales** **1:1** En griego *Silvano*, la forma griega de este nombre. **1:5** O *también con el poder del Espíritu Santo, para que puedan tener plena certeza.* **1:7** *Macedonia* y *Acaya* eran las regiones norte y sur de Grecia respectivamente. **2:7** Algunos manuscritos dicen *fuimos tiernos*.

Referencias cruzadas **1:3** Rm 1:8 **1:10** Hch 2:24 **2:6** Ga 1:10 **2:7-8** 2 Co 12:15 **2:15-16** Mt 23:32

a los gentiles.* Cuando hacen esto siguen amontonando
sus pecados, pero la ira de Dios por fin los ha alcanzado.

El buen informe de Timoteo sobre la iglesia

17Amados hermanos, después de estar separados de uste-
des por un breve tiempo (aunque nuestro corazón nunca
los dejó), hicimos todo lo posible por regresar, debido a
nuestro intenso anhelo de volver a verlos. 18Teníamos
muchas ganas de visitarlos de nuevo, y yo, Pablo, lo in-
tenté una y otra vez, pero Satanás nos lo impidió. 19Des-
pués de todo, ¿qué es lo que nos da esperanza y alegría?,
¿y cuál será nuestra orgullosa recompensa y corona al estar
delante del Señor Jesús cuando él regrese? ¡Son ustedes!
20Sí, ustedes son nuestro orgullo y nuestra alegría.

3 Por último, cuando ya no pudimos soportarlo más,
decidimos quedarnos solos en Atenas 2y enviamos a
Timoteo para que los visitara. Él es hermano nuestro y co-
laborador de Dios* en la proclamación de la Buena Noticia
de Cristo. Lo enviamos a ustedes para que los fortaleciera,
los alentara en su fe 3y los ayudara a no ser perturbados
por las dificultades que atravesaban; pero ustedes saben
que estamos destinados a pasar por tales dificultades.
4Aun cuando estábamos con ustedes, les advertimos que
las dificultades pronto llegarían, y así sucedió, como bien
saben. 5Por esta razón, cuando ya no pude más, envié a
Timoteo para averiguar si la fe de ustedes seguía firme.
Tenía miedo de que el tentador los hubiera vencido y que
nuestro trabajo hubiera sido en vano.

6Pero ahora Timoteo acaba de regresar y nos trajo
buenas noticias acerca de la fe y el amor de ustedes. Nos
contó que siempre recuerdan nuestra visita con alegría
y que desean vernos tanto como nosotros deseamos
verlos a ustedes. 7Así que, amados hermanos, en medio
de nuestras dificultades y sufrimientos hemos sido muy
animados porque han permanecido firmes en su fe. 8Nos
reaviva saber que están firmes en el Señor.

9¡Cuánto le agradecemos a Dios por ustedes! Gracias
a ustedes tenemos gran alegría cuando entramos en la
presencia de Dios. 10Día y noche oramos con fervor por
ustedes, pidiéndole a Dios que nos permita volver a verlos
y completar lo que falte en su fe.

11Que Dios nuestro Padre y nuestro Señor Jesús nos
lleven muy pronto a verlos a ustedes. 12Y que el Señor
haga crecer y sobreabundar el amor que tienen unos por
otros y por toda la gente, tanto como sobreabunda nuestro
amor por ustedes. 13Que él, como resultado, fortalezca su
corazón para que esté sin culpa y sea santo al estar ustedes
delante de Dios nuestro Padre cuando nuestro Señor Jesús
regrese con todo su pueblo santo. Amén.

Vivir para agradar a Dios

4 Finalmente, amados hermanos, les rogamos en el
nombre del Señor Jesús que vivan de una manera
que le agrada a Dios, tal como les enseñamos. Ustedes
ya viven de esta manera, y los animamos a que lo sigan
haciendo aún más. 2Pues recuerdan lo que les enseñamos
por la autoridad del Señor Jesús.

3La voluntad de Dios es que sean santos, entonces
aléjense de todo pecado sexual. 4Como resultado cada
uno controlará su propio cuerpo* y vivirá en santidad
y honor, 5no en pasiones sensuales como viven los pa-
ganos, que no conocen a Dios ni sus caminos. 6Nunca
hagan daño ni engañen a otro creyente en este asunto,
teniendo relaciones sexuales con su esposa,* porque el
Señor toma venganza de todos esos pecados, como ya les
hemos advertido solemnemente. 7Dios nos ha llamado a
vivir vidas santas, no impuras. 8Por lo tanto, todo el que
se niega a vivir de acuerdo con estas reglas no desobedece
enseñanzas humanas, sino que rechaza a Dios, quien les
da el Espíritu Santo.

9Pero no hace falta que les escribamos sobre la impor-
tancia de amarse mutuamente,* pues Dios mismo les ha
enseñado a amarse unos a otros. 10Es más, ustedes ya
muestran amor por todos los creyentes* en toda Mace-
donia. Aun así, amados hermanos, les rogamos que los
amen todavía más.

11Pónganse como objetivo vivir una vida tranquila,
ocúpense de sus propios asuntos y trabajen con sus
manos, tal como los instruimos anteriormente. 12En-
tonces aquellos que no son creyentes respetarán la manera
en que ustedes viven, y ustedes no tendrán que depender
de otros.

La esperanza de la resurrección

13Y ahora, amados hermanos, queremos que sepan lo que
sucederá con los creyentes que han muerto,* para que no
se entristezcan como los que no tienen esperanza. 14Pues,
ya que creemos que Jesús murió y resucitó, también cree-
mos que cuando Jesús vuelva, Dios traerá junto con él a
los creyentes que hayan muerto.

15Les decimos lo siguiente de parte del Señor: nosotros,
los que todavía estemos vivos cuando el Señor regrese,
no nos encontraremos con él antes de los que ya hayan
muerto. 16Pues el Señor mismo descenderá del cielo con
un grito de mando, con voz de arcángel y con el llamado
de trompeta de Dios. Primero, los creyentes que hayan
muerto* se levantarán de sus tumbas. 17Luego, junto con
ellos, nosotros, los que aún sigamos vivos sobre la tierra,
seremos arrebatados en las nubes para encontrarnos
con el Señor en el aire. Entonces estaremos con el Señor
para siempre. 18Así que anímense unos a otros con estas
palabras.

5 Ahora bien, amados hermanos, con respecto a cómo
y cuándo sucederá todo esto, en realidad no es nece-
sario que les escribamos. 2Pues ustedes saben muy bien
que el día del regreso del Señor llegará inesperadamente,
como un ladrón en la noche. 3Cuando la gente esté di-
ciendo: «Todo está tranquilo y seguro», entonces le caerá
encima la catástrofe tan repentinamente como le vienen
los dolores de parto a una mujer embarazada; y no habrá
escapatoria posible.

4Pero ustedes, amados hermanos, no están a oscuras
acerca de estos temas, y no serán sorprendidos cuando
el día del Señor venga como un ladrón.* 5Pues todos us-
tedes son hijos de la luz y del día; no pertenecemos a la
oscuridad y a la noche. 6Así que manténganse en guardia,

***Notas textuales** **2:16** *Gentil[es]*, que no es judío. **3:2** Otros manuscritos dicen *y siervo de Dios*; incluso otros dicen *y un colaborador*, o *y siervo y colaborador de Dios*, o *y siervo de Dios y colaborador nuestro.* **4:4** O *cada uno sabrá cómo tomar a una esposa para sí mismo*; o *cada uno aprenderá a vivir con su propia esposa*; en griego dice *cada uno sabrá cómo poseer su propia vasija.* **4:6** En griego *Nunca hagan daño ni engañen a un hermano en este asunto.* **4:9** En griego *sobre el amor fraternal.* **4:10** En griego *los hermanos.* **4:13** En griego *los que han dormido*; similar en 4:14, 15. **4:16** En griego *los muertos en Cristo.* **5:4** Algunos manuscritos dicen *el día del Señor les sobrevenga como si ustedes fueran ladrones.*

Referencias cruzadas **3:4** Hch 9:16 **3:13** 1 Co 1:8 **4:1** 2 Co 5:9 **4:8** Rm 5:5 **4:10** 1 Ts 1:7

no dormidos como los demás. Estén alerta y lúcidos. 7Es en la noche cuando la gente duerme y los bebedores se emborrachan; 8pero los que vivimos en la luz estemos lúcidos, protegidos por la armadura de la fe y el amor, y usemos, por casco, la confianza de nuestra salvación.

9Pues Dios escogió salvarnos por medio de nuestro Señor Jesucristo y no derramar su enojo sobre nosotros. 10Cristo murió por nosotros para que —estemos vivos o muertos cuando regrese— podamos vivir con él para siempre. 11Así que aliéntense y edifíquense unos a otros, tal como ya lo hacen.

Consejos finales de Pablo

12Amados hermanos, honren a sus líderes en la obra del Señor. Ellos trabajan arduamente entre ustedes y les dan orientación espiritual. 13Ténganles mucho respeto y de todo corazón demuéstrenles amor por la obra que realizan. Y vivan en paz unos con otros.

14Hermanos, les rogamos que amonesten a los perezosos. Alienten a los tímidos. Cuiden con ternura a los débiles. Sean pacientes con todos.

15Asegúrense de que ninguno pague mal por mal, más bien siempre traten de hacer el bien entre ustedes y a todos los demás.

16Estén siempre alegres. 17Nunca dejen de orar. 18Sean agradecidos en toda circunstancia, pues esta es la voluntad de Dios para ustedes, los que pertenecen a Cristo Jesús.

19No apaguen al Espíritu Santo. 20No se burlen de las profecías, 21sino pongan a prueba todo lo que se dice. Retengan lo que es bueno. 22Aléjense de toda clase de mal.

Saludos finales de Pablo

23Ahora, que el Dios de paz los haga santos en todos los aspectos, y que todo su espíritu, alma y cuerpo se mantenga sin culpa hasta que nuestro Señor Jesucristo vuelva. 24Dios hará que esto suceda, porque aquel que los llama es fiel.

25Amados hermanos, oren por nosotros.

26Saluden a todos los hermanos con un beso santo.

27Les ordeno, en el nombre del Señor, que les lean esta carta a todos los demás hermanos.

28Que la gracia de nuestro Señor Jesucristo sea con ustedes.

Referencias cruzadas **5:11** 1 Ts 4:18 **5:16** Flp 4:4 **5:24** 1 Co 1:9 **5:28** Rm 16:20

2 TESALONICENSES

¿Por qué es importante?

Esta una carta del apóstol Pablo a los miembros de la Iglesia de Tesalónica en la que Pablo les escribe para corregir un malentendido sobre la Segunda Venida de Jesús. Pablo les recuerda que deben mantener la fe y la esperanza, y que lo que se espera determina lo que se vive. Pablo les confirma que Jesús regresará pero que sus vidas deben ser vividas con responsabilidad y haciendo lo que les toca y no hablando todo el día de la Segunda venida y sin trabajar o estudiar.

¿Por qué fue escrito?

Al parecer los cristianos de Tesalónica creían estar viviendo en los tiempos finales así que Pablo los quiere calmar ya que estaban adoptando una vida completamente desordenada, al punto de dejar de trabajar y estudiar pensado que ya volvía Jesús. Pablo quiere confirmar la fe de los hermanos diciendo que está bien que esperen a Jesús pero no que dejen de hacer lo que les toca o que no hablen de otras cosas (2Tes. 5: 1-22).

luego de realizar un sacrilegio sobre el templo (al estilo Antíoco Epífanes) promueve la adoración hacia su persona. Toda esta sección tiene el objetivo de confirmar la fe de los hermanos. Luego amonesta a todos los que usando esta enseñanza escatológica dejaron de cumplir sus deberes básicos (2Tes. 5: 1-22).

¿Quién lo escribió?

Aunque algunos eruditos han cuestionado la autoría de Pablo, por razones de estructura y pensamiento, la iglesia ha aceptado a Pablo como autor (2Tes 1:1; 3:17), que escribe en nombre de Silvano y Timoteo. Ellos acompañaron a Pablo en su segundo viaje, cuando esta iglesia fue fundada (Hechos 17:1-9).

¿A quién lo escribió?

A la iglesia de Tesalónica (2 Tes. 1:1). Ciudad en la costa noroeste del mar Egeo, con el monte Olimpo a la vista, luego llamada Salónica, estaba estratégicamente situada y en 168 a.C. llegó a ser la capital de Macedonia.

¿Cuándo y dónde lo escribió?

A pesar de las dudas por parte de algunos eruditos modernos, la carta está fechada poco después de la primera, quizás unos meses después, aún en un tiempo cuando Timoteo y Silvano (Silas) permanecían con el apóstol. Escrita entonces desde Corinto en el año 51 d.C.

Paso a paso

1. Si sufrimos hoy, mañana no: "El juicio de Dios y los que sufren persecución" (2Tes.1:1-12)
2. El último Round: "Signos antes de la venida de Cristo y su Victoria Final" (2Tes, 2:1-3:5)
3. El que no trabaja que no coma: "Amonestación a los que se excusan en la pronta venida de Jesús para vivir como haraganes" (2Tes.3:6-18)

2 TESALONICENSES

2 Tesalonicenses

Saludos de Pablo

1 Nosotros, Pablo, Silas* y Timoteo, escribimos esta carta a la iglesia en Tesalónica, a ustedes que pertenecen a Dios nuestro Padre y al Señor Jesucristo.

2 Que Dios nuestro Padre* y el Señor Jesucristo les den gracia y paz.

¡Respuestas Bíblicas! 179 ¿Por qué eran perseguidos los cristianos Tesalonicenses?

1:3-7 Cuando los cristianos comenzaron a multiplicarse fueron rápidamente despreciados por los judíos, las otras religiones y pronto también empezaron a ser buscados por los soldados romanos que eran los policías de la época y recibían las quejas de los no cristianos.

Ánimo durante la persecución

3 Amados hermanos, no podemos más que agradecerle a Dios por ustedes, porque su fe está floreciendo, y el amor de unos por otros, creciendo. 4 Con orgullo les contamos a las demás iglesias de Dios acerca de la constancia y la fidelidad de ustedes en todas las persecuciones y privaciones que están sufriendo. 5 Y Dios usará esa persecución para mostrar su justicia y para hacerlos dignos de su reino, por el cual sufren. 6 En su justicia él les dará su merecido a quienes los persiguen.

7 Y Dios les brindará descanso a ustedes que están siendo perseguidos y también a nosotros cuando el Señor Jesús aparezca desde el cielo. Él vendrá con sus ángeles poderosos, 8 en llamas de fuego, y traerá juicio sobre los que no conocen a Dios y sobre los que se niegan a obedecer la Buena Noticia de nuestro Señor Jesús. 9 Serán castigados con destrucción eterna, separados para siempre del Señor y de su glorioso poder. 10 Aquel día cuando él venga, recibirá gloria de su pueblo santo y alabanza de todos los que creen. Esto también los incluye a ustedes, porque creyeron lo que les dijimos acerca de él.

11 Así que seguimos orando por ustedes, pidiéndole a nuestro Dios que los ayude para que vivan una vida digna de su llamado. Que él les dé el poder para llevar a cabo todas las cosas buenas que la fe los mueve a hacer. 12 Entonces el nombre de nuestro Señor Jesús será honrado por la vida que llevan ustedes, y serán honrados junto con él. Todo esto se hace posible por la gracia de nuestro Dios y Señor, Jesucristo.*

Acontecimientos previos a la segunda venida del Señor

2 Ahora, amados hermanos, aclaremos algunos aspectos sobre la venida de nuestro Señor Jesucristo y cómo seremos reunidos para encontrarnos con él. 2 No se dejen perturbar ni se alarmen tan fácilmente por los que dicen que el día del Señor ya ha comenzado. No les crean, ni siquiera si afirman haber tenido una visión espiritual, una revelación o haber recibido una carta supuestamente de nosotros. 3 No se dejen engañar por lo que dicen. Pues aquel día no vendrá hasta que haya una gran rebelión contra Dios y se dé a conocer el hombre de anarquía,* aquel que trae destrucción.* 4 Se exaltará a sí mismo y se opondrá a todo lo que la gente llame «dios» y a cada objeto de culto. Incluso se sentará en el templo de Dios y afirmará que él mismo es Dios.

5 ¿No se acuerdan de que les mencioné todo esto cuando estuve con ustedes? 6 Y ustedes saben qué es lo que lo detiene, porque solo puede darse a conocer cuando le llegue su momento. 7 Pues esa anarquía ya está en marcha en forma secreta, y permanecerá secreta hasta que el que la detiene se quite de en medio. 8 Entonces el hombre de anarquía será dado a conocer, pero el Señor Jesús lo matará con el soplo de su boca y lo destruirá con el esplendor de su venida.

9 Ese hombre vendrá a hacer la obra de Satanás con poder, señales y milagros falsos. 10 Se valdrá de toda clase de mentiras malignas para engañar a los que van rumbo a la destrucción, porque se niegan a amar y a aceptar la verdad que los salvaría. 11 Por lo tanto, Dios hará que ellos sean engañados en gran manera y creerán esas mentiras. 12 Entonces serán condenados por deleitarse en la maldad en lugar de creer en la verdad.

Los creyentes deben permanecer firmes

13 En cuanto a nosotros, no podemos más que agradecerle a Dios por ustedes, queridos hermanos, amados por el Señor. Siempre estamos agradecidos de que Dios los eligió para que estén entre los primeros en experimentar* la salvación, una salvación que vino mediante el Espíritu —quien los hace santos— y por creer en la verdad. 14 Él los llamó a la salvación cuando les anunciamos la Buena Noticia; ahora pueden participar de la gloria de nuestro Señor Jesucristo.

15 Con todo esto en mente, amados hermanos, permanezcan firmes y sigan bien aferrados a las enseñanzas que les transmitimos tanto en persona como por carta.

16 Que nuestro Señor Jesucristo mismo y Dios nuestro Padre, quien nos amó y por su gracia nos dio consuelo eterno y una esperanza maravillosa, 17 los conforten y fortalezcan en todo lo bueno que ustedes hagan y digan.

***Notas textuales** **1:1** En griego *Silvano,* la forma griega de este nombre. **1:2** Algunos manuscritos dicen *Dios el Padre.* **1:12** O *de nuestro Dios y de nuestro Señor Jesucristo.* **2:3a** Algunos manuscritos dicen *el hombre de pecado.* **2:3b** En griego *el hijo de destrucción.* **2:13** Algunos manuscritos dicen *los eligió desde el principio para experimentar.*

Referencias cruzadas **1:2** Rm 1:7 **2:4** Is 14:13-14 **2:16** Jn 3:16

Pablo pide oración

3 Finalmente, amados hermanos, les pedimos que oren por nosotros. Oren para que el mensaje del Señor se difunda rápidamente y sea honrado en todo lugar adonde llegue, así como cuando les llegó a ustedes. 2Oren, también, para que seamos rescatados de gente perversa y mala, porque no todos son creyentes. 3Pero el Señor es fiel; él los fortalecerá y los protegerá del maligno.* 4Además, confiamos en el Señor que ustedes hacen y seguirán haciendo lo que les ordenamos. 5Que el Señor les guíe el corazón a un entendimiento total y a una expresión plena del amor de Dios, y a la perseverancia con paciencia que proviene de Cristo.

Exhortación a vivir correctamente

6Y ahora, amados hermanos, les damos el siguiente mandato en el nombre de nuestro Señor Jesucristo: aléjense de todos los creyentes que llevan vidas ociosas y que no siguen* la tradición que recibieron* de nosotros. 7Pues ustedes saben que deben imitarnos. No estuvimos sin hacer nada cuando los visitamos a ustedes. 8En ningún momento aceptamos comida de nadie sin pagarla. Trabajamos mucho de día y de noche a fin de no ser una carga para ninguno de ustedes. 9Por cierto, teníamos el derecho de pedirles que nos alimentaran, pero quisimos dejarles un ejemplo que seguir. 10Incluso mientras estábamos con ustedes les dimos la siguiente orden: «Los que no están dispuestos a trabajar que tampoco coman».

11Sin embargo, oímos que algunos de ustedes llevan vidas de ocio, se niegan a trabajar y se entrometen en los asuntos de los demás. 12Les ordenamos a tales personas y les rogamos en el nombre del Señor Jesucristo que se tranquilicen y que trabajen para ganarse la vida. 13En cuanto al resto de ustedes, amados hermanos, nunca se cansen de hacer el bien.

14Tomen nota de quienes rehúsan obedecer lo que decimos en esta carta. Aléjense de ellos, para que se avergüencen. 15No los vean como enemigos, sino llámenles la atención como lo harían con un hermano.*

Saludos finales de Pablo

16Ahora, que el mismo Señor de paz les dé su paz en todo momento y en cada situación. El Señor sea con todos ustedes.

17AQUÍ ESTÁ MI SALUDO DE MI PROPIO PUÑO Y LETRA: PABLO. HAGO ESTO EN TODAS MIS CARTAS PARA PROBAR QUE SON MÍAS.

18Que la gracia de nuestro Señor Jesucristo sea con todos ustedes.

***Notas textuales** **3:3** O *del mal.* **3:6a** En griego *de todo hermano que lleva una vida ociosa y que no sigue.* **3:6b** Algunos manuscritos dicen *ustedes recibieron.* **3:15** En griego *como a un hermano.*

Referencias cruzadas **3:5** 1 Cr 29:18 **3:6-10** 1 Co 9:4-14 **3:13** Ga 6:9

1 TIMOTEO

¿Por qué es importante?

Timoteo creció aprendiendo acerca de Jesús a través de las enseñanzas de su madre Eunice y su abuela Loida y en esta carta Pablo le dice a Timoteo cómo deben ser los líderes cristianos y le da consejos personales. Para Pablo era importante que el joven Timo fuera un ejemplo de fe constante y que esté preparado para cualquier batalla.

¿Por qué fue escrito?

El gran tema de esta carta antes de la pregunta: ¿Cómo debe conducirse un líder? ¿Cómo debe ejercer su ministerio? Pablo escribe para animar a Timoteo. Esta es una carta práctica, ya que Timoteo conocía muy bien las enseñanzas doctrinales de su maestro, que refleja las luchas que vivía la iglesia en su desarrollo. Luego de los saludos iniciales Pablo invita a que Timoteo se oponga tajantemente a los falsos maestros (1 Tim.1:3-7). Pablo anima y exhorta a Timoteo a pararse firme, como un soldado presto a entrar en combate en contra de estas herejías (1 Tim. 1: 18-20).

¿Quién lo escribió?

Junto con 2 Timoteo y Tito, es una carta llamada "pastoral" por la estructura y el contenido. Aunque existen algunas discrepancias, tradicionalmente se asigna a Pablo la paternidad literaria de la carta (1 Tim.1:1).

¿A quién lo escribió?

El destinatario es Timoteo (1 Tim.1:2), hijo amado en la fe. Originario de Listra, hijo de padre griego y de madre judía devota. Acompañó a Pablo en su segundo viaje misionero (Hechos 16:1-3), y fue encomendado a liderar la iglesia de Éfeso (1:3). Aunque Pablo deseaba visitarle (3:14; 4:13), esta carta le brindaría instrucciones personales y ministeriales de suma importancia.

¿Cuándo y dónde lo escribió?

Escrita desde Macedonia alrededor del 63 al 65 d.C., al menos ocho años después de haber estado Pablo en Éfeso (Hechos 19:8, 10; 20:31).

Paso a paso

1. La verdad debe estar acompañada de amor (1:1-11)
2. Se milita la buena milicia (1:12-20)
3. El comportamiento debe ser santo (2:1-15)

Reglas para el orden en la vida de la iglesia:

4. Los líderes deben cumplir requisitos (3:1-16)
5. La iglesia se guarda en doctrina y en piedad (4:1-16)
6. Se evita el pecado (5:1-6:2)
7. Gran ganancia es la piedad (6:3-21)

1 TIMOTEO

1 Timoteo

Saludos de Pablo

1 Yo, Pablo, apóstol de Cristo Jesús, nombrado por mandato de Dios nuestro Salvador y de Cristo Jesús, quien nos da esperanza, 2le escribo esta carta a Timoteo, mi verdadero hijo en la fe.

Que Dios Padre y Cristo Jesús nuestro Señor te den gracia, misericordia y paz.

Advertencia contra las falsas enseñanzas

3Cuando partí hacia Macedonia, te rogué que te quedaras ahí en Éfeso y que frenaras a esas personas cuyas enseñanzas son contrarias a la verdad. 4No dejes que pierdan el tiempo en debates interminables sobre mitos y linajes espirituales. Esto solo conduce a especulaciones sin sentido alguno,* que no ayudan a que la gente lleve una vida de fe en Dios.*

5El propósito de mi instrucción es que todos los creyentes sean llenos del amor que brota de un corazón puro, de una conciencia limpia y de una fe sincera; 6pero algunos no lo entendieron. Se desviaron de estas cosas y pasan el tiempo en debates sin sentido. 7Quieren ser reconocidos como maestros de la ley de Moisés, pero no tienen ni idea de lo que están diciendo a pesar de que hablan con mucha seguridad.

8Nosotros sabemos que la ley es buena cuando se usa correctamente. 9Pues la ley no fue diseñada para la gente que hace lo correcto. Es para los transgresores y rebeldes, para los desobedientes a Dios y los pecadores, para quienes no consideran nada sagrado y que profanan lo que es santo, para quienes matan a su padre o a su madre, o cometen otros homicidios. 10La ley es para los que cometen inmoralidades sexuales o los que practican la homosexualidad o los traficantes de esclavos,* los mentirosos, los que no cumplen sus promesas o los que hacen cualquier otra cosa que contradiga la sana enseñanza 11que proviene de la gloriosa Buena Noticia, que me confió nuestro bendito Dios.

Gratitud de Pablo por la misericordia de Dios

12Le doy gracias a Cristo Jesús nuestro Señor, quien me ha dado fuerzas para llevar a cabo su obra. Él me consideró digno de confianza y me designó para servirlo, 13a pesar de que yo antes blasfemaba el nombre de Cristo. En mi insolencia, yo perseguía a su pueblo; pero Dios tuvo misericordia de mí, porque lo hacía por ignorancia y porque era un incrédulo. 14¡Oh, qué tan generoso y lleno de gracia fue el Señor! Me llenó de la fe y del amor que provienen de Cristo Jesús.

15La siguiente declaración es digna de confianza, y todos deberían aceptarla: «Cristo Jesús vino al mundo para salvar a los pecadores», de los cuales yo soy el peor de todos. 16Pero Dios tuvo misericordia de mí, para que Cristo Jesús me usara como principal ejemplo de su gran paciencia aun con los peores pecadores. De esa manera, otros se darán cuenta de que también pueden creer en él y recibir la vida eterna. 17¡Que todo el honor y toda la gloria sean para Dios por siempre y para siempre! Él es el Rey eterno, el invisible que nunca muere; solamente él es Dios. Amén.

¡Respuestas Bíblicas! 180 ¿Pueden las malas personas hacerse buenas?

1:13,15 Sí. Pablo había lastimado a muchos cristianos y luego él mismo creyó en Jesús, y Dios lo cambió. Dios puede salvarnos, sin importar las cosas malas que hayamos hecho. "Cristo Jesús vino al mundo para salvar a los pecadores".

La responsabilidad de Timoteo

18Timoteo, hijo mío, te doy estas instrucciones, basadas en las palabras proféticas que se dijeron tiempo atrás acerca de ti. Espero que te ayuden a pelear bien en las batallas del Señor. 19Aférrate a tu fe en Cristo y mantén limpia tu conciencia. Pues algunas personas desobedecieron a propósito lo que les dictaba su conciencia y, como resultado, su fe naufragó. 20Himeneo y Alejandro son dos ejemplos. Yo los expulsé y se los entregué a Satanás, para que aprendieran a no blasfemar contra Dios.

Instrucciones sobre la adoración

2 En primer lugar, te ruego que ores por todos los seres humanos. Pídele a Dios que los ayude; intercede en su favor, y da gracias por ellos. 2Ora de ese modo por los reyes y por todos los que están en autoridad, para que podamos tener una vida pacífica y tranquila, caracterizada por la devoción a Dios y la dignidad. 3Esto es bueno y le agrada a Dios nuestro Salvador, 4quien quiere que todos se salven y lleguen a conocer la verdad. 5Pues,

Hay un Dios y un Mediador que puede reconciliar a
la humanidad con Dios, y es el hombre Cristo Jesús.
6Él dio su vida para comprarles la libertad a todos.

Este es el mensaje que Dios le dio al mundo justo en el momento preciso. 7Y yo fui elegido como predicador y apóstol para enseñarles a los gentiles* este mensaje acerca

***Notas textuales** **1:4a** En griego *en mitos y genealogías interminables, que generan especulaciones.* **1:4b** En griego *una mayordomía de Dios en la fe.* **1:10** O *los secuestradores.* **2:7** *Gentil[es]*, que no es judío.

Referencias cruzadas **1:5-6** 2 Tm 2:22 **1:13** Hch 8:3 **1:17** Rm 11:36 **1:20** 2 Tm 4:14 **2:7** 1 Co 1:6

de la fe y la verdad. No estoy exagerando, solo digo la verdad.

8Deseo que en cada lugar de adoración los hombres oren con manos santas, levantadas a Dios, y libres de enojo y controversia.

9Y quiero que las mujeres se vistan de una manera modesta.* Deberían llevar ropa decente y apropiada y no llamar la atención con la manera en que se arreglan el cabello ni con accesorios de oro ni con perlas ni ropa costosa. 10Pues las mujeres que pretenden ser dedicadas a Dios deberían hacerse atractivas por las cosas buenas que hacen.

11Las mujeres deben aprender en silencio y sumisión. 12Yo no les permito a las mujeres que les enseñen a los hombres ni que tengan autoridad sobre ellos,* sino que escuchen en silencio. 13Pues Dios primero creó a Adán y luego hizo a Eva. 14Ahora bien, no fue Adán el engañado por Satanás; la mujer fue la engañada y la consecuencia fue el pecado. 15Sin embargo, las mujeres se salvarán al tener hijos,* siempre y cuando sigan viviendo en la fe, el amor, la santidad y la modestia.

¡Respuestas Bíblicas! 181 ¿Qué tipo de personas deberían ser los líderes de la iglesia?

3:2 Los líderes de la iglesia deberían ser buenos ejemplos para seguir. Deberían ser respetables, conocedores de la palabra de Dios, amables y no andar solamente persiguiendo dinero como muchas personas en otras profesiones.

Los líderes de la iglesia

3 La siguiente declaración es digna de confianza: «Si alguno aspira a convertirse en líder de la iglesia,* desea una posición honorable». 2Por esta razón un líder de la iglesia debe ser un hombre que lleve una vida intachable. Debe serle fiel a su esposa.* Debe tener control propio, vivir sabiamente y tener una buena reputación. Con agrado debe recibir visitas y huéspedes en su casa y también debe tener la capacidad de enseñar. 3No debe emborracharse* ni ser violento. Debe ser amable, no debe buscar pleitos ni amar el dinero. 4Debe dirigir bien a su propia familia, y que sus hijos lo respeten y lo obedezcan. 5Pues, si un hombre no puede dirigir a los de su propia casa, ¿cómo podrá cuidar de la iglesia de Dios?

6Un líder de la iglesia no debe ser un nuevo creyente porque podría volverse orgulloso, y el diablo lo haría caer.* 7Además, la gente que no es de la iglesia debe hablar bien de él, para que no sea deshonrado y caiga en la trampa del diablo.

8De la misma manera, los diáconos deben ser dignos de mucho respeto y tener integridad. No deben emborracharse ni ser deshonestos con el dinero. 9Tienen que estar comprometidos con el misterio de la fe que ahora ha sido revelado y vivir con la conciencia limpia. 10Que sean evaluados cuidadosamente antes de ser nombrados como diáconos. Si pasan el examen, entonces que sirvan como diáconos.

11De la misma manera, sus esposas* deben ser dignas de respeto y no calumniar a nadie. Deben tener control propio y ser fieles en todo lo que hagan.

12Un diácono debe serle fiel a su esposa, dirigir bien a sus hijos y a los demás de su casa. 13Los que hagan bien su trabajo como diáconos serán recompensados con el respeto de los demás y aumentarán su confianza en la fe en Cristo Jesús.

Verdades de nuestra fe

14Aunque espero verte pronto, te escribo estas cosas ahora 15para que, si me retraso, sepas cómo deben comportarse las personas en la familia de Dios. Esta es la iglesia del Dios viviente, columna y fundamento de la verdad.

16Sin duda alguna, el gran misterio de nuestra fe* es el siguiente:

Cristo* fue revelado en un cuerpo humano
y vindicado por el Espíritu.*
Fue visto por ángeles
y anunciado a las naciones.
Fue creído en todo el mundo
y llevado al cielo en gloria.

Advertencias contra los falsos maestros

4 Ahora bien, el Espíritu Santo nos dice claramente que en los últimos tiempos algunos se apartarán de la fe verdadera; seguirán espíritus engañosos y enseñanzas que provienen de demonios. 2Estas personas son hipócritas y mentirosas, y tienen muerta* la conciencia.

3Dirán que está mal casarse y que está mal comer determinados alimentos; pero Dios creó esos alimentos para que los coman con gratitud las personas fieles que conocen la verdad. 4Ya que todo lo que Dios creó es bueno, no deberíamos rechazar nada, sino recibirlo con gratitud. 5Pues sabemos que se hace aceptable* por la palabra de Dios y la oración.

Un buen siervo de Cristo Jesús

6Timoteo, si les explicas estas cosas a los hermanos, serás un digno siervo de Cristo Jesús, bien alimentado con el mensaje de fe y la buena enseñanza que has seguido. 7No pierdas el tiempo discutiendo sobre ideas mundanas y cuentos de viejas. En lugar de eso, entrénate para la sumisión a Dios. 8«El entrenamiento físico es bueno, pero entrenarse en la sumisión a Dios es mucho mejor, porque promete beneficios en esta vida y en la vida que viene». 9Esta declaración es digna de confianza, y todos deberían aceptarla. 10Es por eso que trabajamos con esmero y seguimos luchando,* porque nuestra esperanza está puesta en el Dios viviente, quien es el Salvador de toda la humanidad y, en especial, de todos los creyentes.

11Enseña esas cosas e insiste en que todos las aprendan. 12No permitas que nadie te subestime por ser joven. Sé un ejemplo para todos los creyentes en lo que dices, en la forma en que vives, en tu amor, tu fe y tu pureza. 13Hasta que yo llegue, dedícate a leer las Escrituras a la iglesia, y a animar y a enseñarles a los creyentes.

***Notas textuales** **2:9** O *que las mujeres oren con ropa modesta.* **2:12** O *enseñen a los hombres ni usurpen su autoridad.* **2:15** O *se salvarán al aceptar su rol de madres,* o *se salvarán por el nacimiento del Niño.* **3:1** O *de supervisor*, o *de obispo*; similar en 3:2, 6. **3:2** O *Debe tener una sola esposa*, o *Debe estar casado solamente una vez*; en griego dice *Debe ser esposo de una sola esposa*; también en 3:12. **3:3** En griego *No debe beber demasiado vino*; similar en 3:8. **3:6** O *podría caer en el mismo juicio que el diablo.* **3:11** O *las diaconisas*. La palabra griega puede traducirse *mujeres* o *esposas.* **3:16a** O *de la sumisión a Dios.* **3:16b** En griego *Él, quien*; otros manuscritos dicen *Dios.* **3:16c** O *en su espíritu.* **4:2** En griego *cauterizada.* **4:5** O *se hace santo.* **4:10** Algunos manuscritos dicen *seguimos sufriendo.*

Referencias cruzadas **2:10** Pr 31:13 **3:6** 1 Tm 6:4 **3:11** Tt 2:3 **4:3-5** Rm 14:14-18 **4:10** 1 Tm 1:15

14No descuides el don espiritual que recibiste mediante la profecía que se pronunció acerca de ti cuando los ancianos de la iglesia te impusieron las manos. 15Presta suma atención a estos asuntos. Entrégate de lleno a tus tareas, para que todos vean cuánto has progresado. 16Ten mucho cuidado de cómo vives y de lo que enseñas. Mantente firme en lo que es correcto por el bien de tu propia salvación y la de quienes te oyen.

Consejos sobre las viudas, los ancianos y los esclavos

5 Nunca le hables con aspereza a un hombre mayor,* sino llámale la atención con respeto como lo harías con tu propio padre. Dirígete a los jóvenes como si les hablaras a tus propios hermanos. 2Trata a las mujeres mayores como lo harías con tu madre y trata a las jóvenes como a tus propias hermanas, con toda pureza.

3Atiende* a toda viuda que no tenga a nadie quien la cuide. 4Pero, si ella tiene hijos o nietos, la primera responsabilidad de ellos es poner en práctica la sumisión a Dios en su hogar y retribuir a sus padres al cuidarlos. Esto es algo que le agrada a Dios.

5Ahora bien, una verdadera viuda —una mujer que realmente está sola en este mundo— es aquella que ha puesto su esperanza en Dios. Día y noche ora a Dios pidiéndole su ayuda, 6pero la viuda que solamente vive para el placer está espiritualmente muerta en vida. 7Dale estas instrucciones a la iglesia, para que nadie quede expuesto a la crítica.

8Aquellos que se niegan a cuidar de sus familiares, especialmente los de su propia casa, han negado la fe verdadera y son peores que los incrédulos.

9Para que una viuda esté en la lista de ayuda tiene que tener al menos sesenta años y haberle sido fiel a su marido.* 10Debe ser alguien que se haya ganado el respeto de todos por el bien que haya hecho. ¿Crio bien a sus hijos? ¿Fue amable con los extranjeros y sirvió con humildad a otros creyentes*? ¿Ha ayudado a los que están en dificultades? ¿Ha estado siempre dispuesta a hacer el bien?

11Las viudas más jóvenes no deberían estar en la lista, porque sus deseos físicos podrán más que su devoción a Cristo y querrán volver a casarse. 12De esa manera, serían culpables de romper su promesa anterior. 13Y, si están en la lista, se acostumbrarán a ser perezosas y pasarán todo el tiempo yendo de casa en casa chismeando, entrometiéndose en la vida de los demás y hablando de lo que no deben. 14Así que yo aconsejo a estas viudas jóvenes que vuelvan a casarse, que tengan hijos y que cuiden de sus propios hogares. Entonces el enemigo no podrá decir nada en contra de ellas. 15Pues me temo que algunas ya se han descarriado y ahora siguen a Satanás.

16Si una mujer creyente tiene parientes que son viudas, debe cuidar de ellas y no darle a la iglesia la responsabilidad. Entonces, la iglesia podrá atender a las viudas que están realmente solas.

17Los ancianos que cumplen bien su función deberían ser respetados y bien remunerados,* en particular los que trabajan con esmero tanto en la predicación como en la enseñanza. 18Pues la Escritura dice: «No le pongas bozal al buey para impedirle que coma mientras trilla el grano»*. Y dice también: «¡Los que trabajan merecen recibir su salario!»*.

19No escuches ninguna acusación contra un anciano, a menos que haya dos o tres testigos que la confirmen. 20Los que están en pecado deberían ser reprendidos delante de toda la congregación, lo cual servirá de firme advertencia para los demás.

21Te ordeno solemnemente, en presencia de Dios y de Cristo Jesús y de los ángeles altísimos, que obedezcas estas instrucciones sin tomar partido ni mostrar favoritismo por nadie.

22Nunca te apresures cuando tengas que nombrar a un líder de la iglesia.* No participes en los pecados de los demás. Mantente puro.

23No bebas agua solamente. Deberías tomar un poco de vino por el bien de tu estómago, ya que te enfermas muy seguido.

24Recuerda que los pecados de algunos individuos son evidentes, y los llevan a un juicio inevitable; pero los pecados de otros se revelarán después. 25De la misma manera, las buenas acciones de algunos son evidentes. Y las buenas acciones que se hacen en secreto algún día saldrán a la luz.

6 Todos los esclavos deberían tener sumo respeto por sus amos para no avergonzar el nombre de Dios y su enseñanza. 2El hecho de que tengan amos creyentes no es excusa para ser irrespetuosos. Al contrario, esos esclavos deberían servir a sus amos con mucho más esmero, porque ese esfuerzo beneficia a otros muy amados creyentes.*

La falsa enseñanza y la verdadera riqueza

Timoteo, enseña estas cosas y anima a todos a que las obedezcan. 3Puede ser que algunas personas nos contradigan, pero lo que enseñamos es la sana enseñanza de nuestro Señor Jesucristo, la cual conduce a una vida de sumisión a Dios. 4Cualquiera que enseñe algo diferente es arrogante y le falta entendimiento. Tal persona tiene el deseo enfermizo de cuestionar el significado de cada palabra. Esto provoca discusiones que terminan en celos, divisiones, calumnias y malas sospechas. 5Individuos como estos siempre causan problemas. Tienen la mente corrompida y le han dado la espalda a la verdad. Para ellos, mostrar sumisión a Dios es solo un medio para enriquecerse.

6Ahora bien, la verdadera sumisión a Dios es una gran riqueza en sí misma cuando uno está contento con lo que tiene. 7Después de todo, no trajimos nada cuando vinimos a este mundo ni tampoco podremos llevarnos nada cuando lo dejemos. 8Así que, si tenemos suficiente alimento y ropa, estemos contentos.

9Pero los que viven con la ambición de hacerse ricos caen en tentación y quedan atrapados por muchos deseos necios y dañinos que los hunden en la ruina y la destrucción. 10Pues el amor al dinero es la raíz de toda clase de mal; y algunas personas, en su intenso deseo por el dinero, se han desviado de la fe verdadera y se han causado muchas heridas dolorosas.

***Notas textuales** **5:1** O *un anciano.* **5:3** U *Honra.* **5:9** En griego *haber sido esposa de un solo marido.* **5:10** En griego *y lavó los pies del pueblo santo de Dios?* **5:17** En griego *deberían ser dignos de doble honor.* **5:18a** Dt 25:4. **5:18b** Lc 10:7. **5:22** En griego *apresures con la imposición de manos.* **6:2** En griego *hermanos.*

Referencias cruzadas **5:7** 1 Tm 4:11 **5:10** Lc 7:44 **5:14** 1 Co 7:9 **5:21** 1 Tm 6:13 **5:23** 1 Tm 3:8 **6:3-5** 1 Tm 1:10

Instrucciones finales de Pablo

11Pero tú, Timoteo, eres un hombre de Dios; así que huye
de todas esas maldades. Persigue la justicia y la vida su-
jeta a Dios, junto con la fe, el amor, la perseverancia y la
amabilidad. 12Pelea la buena batalla por la fe verdadera.
Aférrate a la vida eterna a la que Dios te llamó y que de-
claraste tan bien delante de muchos testigos. 13Te encargo
delante de Dios, quien da vida a todos, y delante de Cristo
Jesús, quien dio un buen testimonio frente a Poncio Pilato,
14que obedezcas este mandamiento sin vacilar. Entonces
nadie podrá encontrar ninguna falta en ti desde ahora y
hasta que nuestro Señor Jesucristo regrese. 15Pues,

En el momento preciso, Cristo será revelado desde
el cielo por el bendito y único Dios todopoderoso,
el Rey de todos los reyes y el Señor de todos los
señores. 16Él es el único que nunca muere y vive
en medio de una luz tan brillante que ningún ser
humano puede acercarse a él. Ningún ojo humano
jamás lo ha visto y nunca lo hará. ¡Que a él sea todo
el honor y el poder para siempre! Amén.

17Enséñales a los ricos de este mundo que no sean
orgullosos ni que confíen en su dinero, el cual es tan
inestable. Deberían depositar su confianza en Dios,
quien nos da en abundancia todo lo que necesitamos
para que lo disfrutemos. 18Diles que usen su dinero para
hacer el bien. Deberían ser ricos en buenas acciones,
generosos con los que pasan necesidad y estar siempre
dispuestos a compartir con otros. 19De esa manera, al
hacer esto, acumularán su tesoro como un buen funda-
mento para el futuro, a fin de poder experimentar lo que
es la vida verdadera.
20Timoteo, cuida bien lo que Dios te ha confiado. Evita
las discusiones mundanas y necias con los que se oponen
a ti, con su así llamado «conocimiento». 21Algunos se han
desviado de la fe por seguir semejantes tonterías.

Que la gracia de Dios sea con todos ustedes.

Referencias cruzadas 6:15-16 Jn 18:33-37 **6:21** 2 Tm 2:18

2 TIMOTEO

¿Por qué es importante?

La segunda carta a Timoteo muestra al apóstol Pablo al final de su ministerio, ya preparándose para morir por la causa de Jesús. Pablo le abre el corazón al joven Timoteo acerca de temas personales y lo pone a cuenta para que pueda continuar su trabajo una vez que ya le haya llegado la muerte por predicar a Cristo.

¿Por qué fue escrito?

La carta es más personal que la primera. Pablo siente que dentro de muy poco tiempo morirá (2 Tim 4:6-8). Timoteo es instado a asumir su responsabilidad como ministro del evangelio y seguir adelante, viendo las tribulaciones como señales del verdadero legado (1 Tim. 1:6-14) Pablo entrega formalmente su ministerio en manos del joven (2Tim2:1-7) y también le advierte sobre la lucha constante que deberá

tener contra aquellos falsos maestros que aparecen como una señal de los últimos tiempos (2 Tim 2:14-3:1-9). Lo que mantendrá firme al joven pastor es el apego incondicional a las enseñanzas de Pablo, la lectura de las Escrituras y la predicación del Evangelio (2 Tim 3:14-4:1-5).
También ese grupo de falsos maestros usaban estas enseñanzas para lucrar (1 Tim. 6:5) por lo cual Pablo invita a rechazar la avaricia y vivir sin ambiciones mayores para evitar caer en lazo de tentación (1 Tim. 6:6-7).

¿Quién lo escribió?

La carta alude directamente a Pablo como autor (2 Tim 1:1).

¿A quién lo escribió?

Esta carta pastoral tiene como destinatario a Timoteo (2 Tim 1:2).

¿Cuándo y dónde lo escribió?

Posiblemente se escribió alrededor del año 64-67 desde una cárcel en Roma. Es la última de las tres cartas pastorales, redactada por el apóstol poco antes de su muerte.

Paso a paso

1. Retén la sana doctrina (1:1-18)
2. Esfuérzate en la gracia (2:1-26)
3. Vive la piedad (3:1-17)
4. Cumple tu ministerio (4:1-22)

2 Timoteo

Saludos de Pablo

1 Yo, Pablo, elegido por la voluntad de Dios para ser apóstol de Cristo Jesús escribo esta carta. Fui enviado para contarles a otros acerca de la vida que él ha prometido mediante la fe en Cristo Jesús.

2 Le escribo a Timoteo, mi querido hijo.

Que Dios Padre y Cristo Jesús nuestro Señor te den gracia, misericordia y paz.

Animado a ser fiel

3 Timoteo, doy gracias a Dios por ti, al mismo Dios que sirvo con la conciencia limpia tal como lo hicieron mis antepasados. Día y noche te recuerdo constantemente en mis oraciones. 4 Tengo muchos deseos de volver a verte porque no me olvido de tus lágrimas cuando nos separamos. Y me llenaré de alegría cuando estemos juntos otra vez.

5 Me acuerdo de tu fe sincera, pues tú tienes la misma fe de la que primero estuvieron llenas tu abuela Loida y tu madre, Eunice, y sé que esa fe sigue firme en ti. 6 Por esta razón, te recuerdo que avives el fuego del don espiritual que Dios te dio cuando te impuse mis manos. 7 Pues Dios no nos ha dado un espíritu de temor y timidez, sino de poder, amor y autodisciplina.

8 Así que nunca te avergüences de contarles a otros acerca de nuestro Señor, ni te avergüences de mí, aun cuando estoy preso por él. Con las fuerzas que Dios te da prepárate para sufrir conmigo a causa de la Buena Noticia. 9 Pues Dios nos salvó y nos llamó para vivir una vida santa. No lo hizo porque lo mereciéramos, sino porque ese era su plan desde antes del comienzo del tiempo, para mostrarnos su gracia por medio de Cristo Jesús; 10 y ahora todo esto él nos lo ha hecho evidente mediante la venida de Cristo Jesús, nuestro Salvador. Destruyó el poder de la muerte e iluminó el camino a la vida y a la inmortalidad por medio de la Buena Noticia. 11 Y Dios me eligió para que sea predicador, apóstol y maestro de esta Buena Noticia.

12 Por eso estoy sufriendo aquí, en prisión; pero no me avergüenzo de ello, porque yo sé en quién he puesto mi confianza y estoy seguro de que él es capaz de guardar lo que le he confiado* hasta el día de su regreso.

13 Aférrate al modelo de la sana enseñanza que aprendiste de mí, un modelo formado por la fe y el amor que tienes en Cristo Jesús. 14 Mediante el poder del Espíritu Santo, quien vive en nosotros, guarda con sumo cuidado la preciosa verdad que se te confió.

15 Como tú sabes, todos los de la provincia de Asia me abandonaron, incluso Figelo y Hermógenes.

16 Que el Señor muestre una bondad especial con Onesíforo y toda su familia, porque él me visitó muchas veces y me dio ánimo. Jamás se avergonzó de que yo estuviera en cadenas. 17 Cuando vino a Roma, me buscó por todas partes hasta que me encontró. 18 Que el Señor le muestre una bondad especial el día que Cristo vuelva. Y tú bien sabes de cuánta ayuda fue en Éfeso.

¡Respuestas Bíblicas! 182 ¿Por qué los cristianos debemos ser como soldados o atletas?

2:3-6 Los buenos soldados obedecen a quienes están al mando y de la misma manera los cristianos debemos obedecer al Señor en todo aunque no siempre sepamos su estrategia completa. Y también como atletas porque ellos se entrenan con paciencia y esfuerzo para ser mejores.

Un buen soldado de Cristo Jesús

2 Timoteo, mi querido hijo, sé fuerte por medio de la gracia que Dios te da en Cristo Jesús. 2 Me has oído enseñar verdades, que han sido confirmadas por muchos testigos confiables. Ahora enseña estas verdades a otras personas dignas de confianza que estén capacitadas para transmitirlas a otros.

3 Soporta el sufrimiento junto conmigo como un buen soldado de Cristo Jesús. 4 Ningún soldado se enreda en los asuntos de la vida civil, porque de ser así, no podría agradar al oficial que lo reclutó. 5 Asimismo ningún atleta puede obtener el premio a menos que siga las reglas. 6 Y el agricultor que se esfuerza en su trabajo debería ser el primero en gozar del fruto de su labor. 7 Piensa en lo que te digo. El Señor te ayudará a entender todas estas cosas.

8 Siempre recuerda que Jesucristo, descendiente del rey David, fue levantado de los muertos; esta es la Buena Noticia que yo predico. 9 Debido a que predico esta Buena Noticia, sufro y estoy encadenado como un criminal; pero la palabra de Dios no puede ser encadenada. 10 Por eso estoy dispuesto a soportar cualquier cosa si esta traerá salvación y gloria eterna en Cristo Jesús a los que Dios ha elegido.

11 La siguiente declaración es digna de confianza:

Si morimos con él,
también viviremos con él.
12 Si soportamos privaciones,
reinaremos con él.
Si lo negamos,
él nos negará.
13 Si somos infieles,
él permanece fiel,
pues él no puede negar quién es.

***Notas textuales 1:12** O *lo que me ha sido confiado.*

Referencias cruzadas 1:7 Rm 8:15 **1:11** 1 Tm 2:7 **1:15** 2 Tm 4:10-11

14Recuérdales estas cosas a todos y ordénales en presencia de Dios que dejen de pelearse por palabras. Esos altercados son inútiles y pueden destruir a los que los oyen.

Un obrero aprobado

15Esfuérzate para poder presentarte delante de Dios y recibir su aprobación. Sé un buen obrero, alguien que no tiene de qué avergonzarse y que explica correctamente la palabra de verdad. 16Evita las conversaciones inútiles y necias, que solo llevan a una conducta cada vez más mundana. 17Este tipo de conversaciones se extienden como el cáncer,* así como en el caso de Himeneo y Fileto. 18Ellos han abandonado el camino de la verdad al afirmar que la resurrección de los muertos ya ocurrió; de esa manera, desviaron de la fe a algunas personas.

19Sin embargo, la verdad de Dios se mantiene firme como una piedra de cimiento con la siguiente inscripción: «El Señor conoce a los que son suyos»*, y «Todos los que pertenecen al Señor deben apartarse de la maldad»*.

20En una casa de ricos, algunos utensilios son de oro y plata, y otros son de madera y barro. Los utensilios costosos se usan en ocasiones especiales, mientras que los baratos son para el uso diario. 21Si te mantienes puro, serás un utensilio especial para uso honorable. Tu vida será limpia, y estarás listo para que el Maestro te use en toda buena obra.

22Huye de todo lo que estimule las pasiones juveniles. En cambio, sigue la vida recta, la fidelidad, el amor y la paz. Disfruta del compañerismo de los que invocan al Señor con un corazón puro.

23Te repito: no te metas en discusiones necias y sin sentido que solo inician pleitos. 24Un siervo del Señor no debe andar peleando, sino que debe ser bondadoso con todos, capaz de enseñar y paciente con las personas difíciles. 25Instruye con ternura a los que se oponen a la verdad. Tal vez Dios les cambie el corazón, y aprendan la verdad. 26Entonces entrarán en razón y escaparán de la trampa del diablo. Pues él los ha tenido cautivos, para que hagan lo que él quiere.

Peligros de los últimos días

3 Timoteo, es bueno que sepas que, en los últimos días, habrá tiempos muy difíciles. 2Pues la gente solo tendrá amor por sí misma y por su dinero. Serán fanfarrones y orgullosos, se burlarán de Dios, serán desobedientes a sus padres y malagradecidos. No considerarán nada sagrado. 3No amarán ni perdonarán; calumniarán a otros y no tendrán control propio. Serán crueles y odiarán lo que es bueno. 4Traicionarán a sus amigos, serán imprudentes, se llenarán de soberbia y amarán el placer en lugar de amar a Dios. 5Actuarán como religiosos pero rechazarán el único poder capaz de hacerlos obedientes a Dios. ¡Aléjate de esa clase de individuos!

6Pues son de los que se las ingenian para meterse en las casas de otros y ganarse la confianza de* mujeres vulnerables que cargan con la culpa del pecado y están dominadas por todo tipo de deseos. 7(Dichas mujeres siempre van detrás de nuevas enseñanzas pero jamás logran entender la verdad). 8Estos «maestros» se oponen a la verdad, tal como Janes y Jambres se opusieron a Moisés. Tienen la mente depravada, y una fe falsa; 9pero no se saldrán con la suya por mucho tiempo. Algún día, todos se darán cuenta de lo tontos que son, tal como pasó con Janes y Jambres.

Encargo de Pablo a Timoteo

10Pero tú, Timoteo, sabes muy bien lo que yo enseño y cómo vivo y cuál es el propósito de mi vida. También conoces mi fe, mi paciencia, mi amor y mi constancia. 11Sabes cuánta persecución y sufrimiento he soportado, y cómo fui perseguido en Antioquía, Iconio y Listra; pero el Señor me rescató de todo eso. 12Es cierto, y todo el que quiera vivir una vida de sumisión a Dios en Cristo Jesús sufrirá persecución; 13pero los malos y los impostores serán cada vez más fuertes. Engañarán a otros, y ellos mismos serán engañados.

14Pero tú debes permanecer fiel a las cosas que se te han enseñado. Sabes que son verdad, porque sabes que puedes confiar en quienes te las enseñaron. 15Desde la niñez, se te han enseñado las sagradas Escrituras, las cuales te han dado la sabiduría para recibir la salvación que viene por confiar en Cristo Jesús. 16Toda la Escritura es inspirada por Dios y es útil para enseñarnos lo que es verdad y para hacernos ver lo que está mal en nuestra vida. Nos corrige cuando estamos equivocados y nos enseña a hacer lo correcto. 17Dios la usa para preparar y capacitar a su pueblo para que haga toda buena obra.

4 En presencia de Dios y de Cristo Jesús —quien un día juzgará a los vivos y a los muertos cuando venga para establecer su reino— te pido encarecidamente: 2predica la palabra de Dios. Mantente preparado, sea o no el tiempo oportuno. Corrige, reprende y anima a tu gente con paciencia y buena enseñanza.

3Llegará el tiempo en que la gente no escuchará más la sólida y sana enseñanza. Seguirán sus propios deseos y buscarán maestros que les digan lo que sus oídos se mueren por oír. 4Rechazarán la verdad e irán tras los mitos.

5Pero tú debes mantener la mente clara en toda situación. No tengas miedo de sufrir por el Señor. Ocúpate en decirles a otros la Buena Noticia y lleva a cabo todo el ministerio que Dios te dio.

6En cuanto a mí, mi vida ya fue derramada como una ofrenda a Dios. Se acerca el tiempo de mi muerte. 7He peleado la buena batalla, he terminado la carrera y he permanecido fiel. 8Ahora me espera el premio, la corona de justicia que el Señor, el Juez justo, me dará el día de su regreso; y el premio no es solo para mí, sino para todos los que esperan con anhelo su venida.

Palabras finales de Pablo

9Timoteo, por favor, ven lo más pronto posible. 10Demas me abandonó porque ama las cosas de esta vida y se fue a Tesalónica. Crescente se fue a Galacia, y Tito a Dalmacia. 11Solo Lucas está conmigo. Trae a Marcos contigo cuando vengas, porque me será de ayuda en mi ministerio. 12A Tíquico lo envié a Éfeso. 13Cuando vengas, no te olvides de traer el abrigo que dejé con Carpo en Troas. Tráeme también mis libros y especialmente mis pergaminos.

14Alejandro —el que trabaja el cobre— me hizo mucho daño, pero el Señor lo juzgará por lo que ha hecho. 15Cuídate de él, porque se opuso firmemente a todo lo que dijimos.

***Notas textuales** **2:17** En griego *la gangrena.* **2:19a** Nm 16:5. **2:19b** Ver Is 52:11. **3:6** En griego *y tomar cautivas a.*

Referencias cruzadas **2:19** Jn 10:14 **2:24-25** 1 Tm 1:5 **3:2-5** Rm 1:30 **3:8** Ex 7:12 **3:15-17** 2 P 1:20-21 **4:5** Hch 21:8 **4:10** Col 4:14

[16]La primera vez que fui llevado ante el juez, nadie me
acompañó. Todos me abandonaron; que no se lo tomen en
cuenta. [17]Pero el Señor estuvo a mi lado y me dio fuerzas,
a fin de que yo pudiera predicar la Buena Noticia en toda
su plenitud, para que todos los gentiles* la oyeran. Y él
me libró de una muerte segura.* [18]Así es, y el Señor me
librará de todo ataque maligno y me llevará a salvo a su
reino celestial. ¡A Dios sea toda la gloria por siempre y
para siempre! Amén.

Saludos finales de Pablo

[19]Dales mis saludos a Priscila y a Aquila, y a los que viven
en la casa de Onesíforo. [20]Erasto se quedó en Corinto, y
a Trófimo lo dejé enfermo en Mileto.

[21]Haz todo lo posible por llegar aquí antes del invierno.
Eubulo te envía saludos, al igual que Pudente, Lino, Claudia y todos los hermanos.

[22]Que el Señor esté con tu espíritu, y que su gracia sea
con todos ustedes.

***Notas textuales 4:17a** *Gentil[es]*, que no es judío. **4:17b** En griego *de la boca de un león.*

Referencias cruzadas 4:18 Sal 121:7 **4:22** Ga 6:18

TITO

¿Por qué es importante?

A diferencia de Timoteo, Tito era griego y al parecer, por la ausencia de palabras de ánimo podemos sospechar que Tito era más valiente que Timoteo o que iba a tener una aventura un poco más fácil. En esta carta Pablo explica la importancia de recordar que Jesús no solo era Dios sino de que fue un hombre y también la importancia de que los líderes cristianos tengan muy en claro las verdades bíblicas.

¿Por qué fue escrito?

La carta es personal como las otras, pero mucho más doctrinal. Abundan las profundas afirmaciones teológicas (Tit. 1:1-4; 2:11-15; 3:4-7). En síntesis, la carta está compuesta por instrucciones a Tito para la organización de la iglesia en Creta y el deber de sus líderes (Tit. 1:7-9)

¿Quién lo escribió?

El autor de esta carta es Pablo (Ti 1:1). Forma parte, junto con I y II Timoteo de las epístolas pastorales.

¿A quién lo escribió?

Esta carta se nombra según su receptor, Tito, uno de los convertidos de Pablo (Tit. 1:4). Él es delegado de Pablo ante las iglesias de Creta (1:5). Su misión es corregir errores doctrinales dentro de la comunidad cristiana y nombrar un liderazgo maduro.

¿Cuándo y dónde lo escribió?

Esta carta se escribió en un tiempo intermedio entre las cartas a Timoteo, es decir entre el 62 y 64 d.C., posiblemente desde Macedonia, puesto que aún no había llegado a Nicópolis (3:12).

Paso a paso

1. Retén la sana doctrina (1:1-18)
2. Las características de los opositores de la iglesia (1:10-16)
3. La conducta de los miembros de la iglesia (2:1-3:15)

TITO

Tito

Saludos de Pablo

1 Yo, Pablo, esclavo de Dios y apóstol de Jesucristo,
escribo esta carta. Fui enviado para proclamar fe a*
los que Dios ha elegido y para enseñarles a conocer la
verdad que les muestra cómo vivir una vida dedicada a
Dios. 2Esta verdad les da la confianza de que tienen la
vida eterna, la cual Dios —quien no miente— les pro-
metió antes de que comenzara el mundo. 3Y ahora, en
el momento preciso, él dio a conocer este mensaje, que
nosotros anunciamos a todos. Es por mandato de Dios
nuestro Salvador que se me ha confiado esta tarea para él.
4Le escribo a Tito, mi verdadero hijo en la fe que
compartimos.
Que Dios Padre y Cristo Jesús nuestro Salvador te den
gracia y paz.

Tarea de Tito en Creta

5Te dejé en la isla de Creta para que pudieras terminar
nuestro trabajo ahí y nombrar ancianos en cada ciudad,
tal como te lo indiqué. 6El anciano debe llevar una vida
intachable. Tiene que serle fiel a su esposa,* y sus hijos
deben ser creyentes que no tengan una reputación de ser
desenfrenados ni rebeldes. 7Pues un líder de la iglesia*
es un administrador de la casa de Dios, y debe vivir de
manera intachable. No debe ser arrogante, ni iracundo,
ni emborracharse,* ni ser violento, ni deshonesto con
el dinero.
8Al contrario, debe recibir huéspedes en su casa con
agrado y amar lo que es bueno. Debe vivir sabiamente y
ser justo. Tiene que llevar una vida de devoción y disci-
plina. 9Debe tener una fuerte creencia en el mensaje fiel
que se le enseñó; entonces podrá animar a otros con la
sana enseñanza y demostrar a los que se oponen en qué
están equivocados.
10Pues hay muchos rebeldes que participan en conver-
saciones inútiles y engañan a otros. Me refiero especial-
mente a los que insisten en que es necesario circuncidarse
para ser salvo. 11Hay que callarlos, porque, con su falsa
enseñanza, alejan a familias enteras de la verdad, y solo
lo hacen por dinero. 12Incluso uno de sus propios hom-
bres, un profeta de Creta, dijo acerca de ellos: «Todos los
cretenses son mentirosos, animales crueles y glotones
perezosos»*. 13Es la verdad. Así que repréndelos con
severidad para fortalecerlos en la fe. 14Tienen que dejar
de prestar atención a mitos judíos y a los mandatos de
aquellos que se han apartado de la verdad.
15Todo es puro para los de corazón puro. En cambio,
para los corruptos e incrédulos nada es puro, porque tie-
nen la mente y la conciencia corrompidas. 16Tales per-
sonas afirman que conocen a Dios, pero lo niegan con
su manera de vivir. Son detestables y desobedientes, no
sirven para hacer nada bueno.

Fomenta la enseñanza correcta

2 Tito, en cuanto a ti, fomenta la clase de vida que re-
fleje la sana enseñanza. 2Enseña a los hombres mayo-
res a ejercitar el control propio, a ser dignos de respeto y a
vivir sabiamente. Deben tener una fe sólida y estar llenos
de amor y paciencia.
3De manera similar, enseña a las mujeres mayores a
vivir de una manera que honre a Dios. No deben calum-
niar a nadie ni emborracharse.* En cambio, deberían en-
señarles a otros lo que es bueno. 4Esas mujeres mayores
tienen que instruir a las más jóvenes a amar a sus esposos
y a sus hijos, 5a vivir sabiamente y a ser puras, a trabajar
en su hogar,* a hacer el bien y a someterse a sus esposos.
Entonces no deshonrarán la palabra de Dios.
6Del mismo modo, anima a los hombres jóvenes a vivir
sabiamente. 7Y sé tú mismo un ejemplo para ellos al hacer
todo tipo de buenas acciones. Que todo lo que hagas re-
fleje la integridad y la seriedad de tu enseñanza. 8Enseña
la verdad, para que no puedan criticar tu enseñanza. En-
tonces los que se nos oponen quedarán avergonzados y
no tendrán nada malo que decir de nosotros.
9Los esclavos siempre deben obedecer a sus amos y
hacer todo lo posible por agradarlos. No deben ser res-
pondones 10ni robar, sino demostrar que son buenos y
absolutamente dignos de confianza. Entonces harán que
la enseñanza acerca de Dios nuestro Salvador sea atractiva
en todos los sentidos.
11Pues la gracia de Dios ya ha sido revelada, la cual
trae salvación a todas las personas. 12Y se nos instruye a
que nos apartemos de la vida mundana y de los placeres
pecaminosos. En este mundo maligno, debemos vivir con
sabiduría, justicia y devoción a Dios, 13mientras anhela-
mos con esperanza ese día maravilloso en que se revele
la gloria de nuestro gran Dios y Salvador Jesucristo. 14Él
dio su vida para liberarnos de toda clase de pecado, para
limpiarnos y para hacernos su pueblo, totalmente com-
prometidos a hacer buenas acciones.
15Debes enseñar estas cosas y alentar a los creyentes a
que las hagan. Tienes la autoridad para corregirlos cuando
sea necesario, así que no permitas que nadie ignore lo que
dices.

Hagan lo que es bueno

3 Recuérdales a los creyentes que se sometan al
gobierno y a sus funcionarios. Tienen que ser

***Notas textuales** **1:1** O *para fortalecer la fe de.* **1:6** O *Debe tener una sola esposa,* o *Debe estar casado una sola vez*; en griego dice *Debe ser marido de una sola esposa.* **1:7a** O *un supervisor,* o *un obispo.* **1:7b** En griego *ni beber demasiado vino.* **1:12** Esta cita es del poeta cretense Epiménides de Cnosos (siglo VI a. C.). **2:3** En griego *ni estar esclavizadas por mucho vino.* **2:5** Algunos manuscritos dicen *a cuidar su hogar.*

Referencias cruzadas **1:1-3** 2 Tm 1:1, 10 **1:8-9** 1 Tm 3:2-4 **1:16** 1 Tm 1:4 **2:1-2** 1 Tm 1:10 **2:8** 1 Tm 4:12 **2:10** Mt 5:16 **2:14** 2 Tm 3:12

obedientes, siempre dispuestos a hacer lo que es bueno. 2No deben calumniar a nadie y tienen que evitar pleitos. En cambio, deben ser amables y mostrar verdadera humildad en el trato con todos.

3En otro tiempo nosotros también éramos necios y desobedientes. Fuimos engañados y nos convertimos en esclavos de toda clase de pasiones y placeres. Nuestra vida estaba llena de maldad y envidia, y nos odiábamos unos a otros. 4Sin embargo,

> Cuando Dios nuestro Salvador dio a conocer su
> bondad y amor, 5él nos salvó, no por las acciones
> justas que nosotros habíamos hecho, sino por su
> misericordia. Nos lavó, quitando nuestros pecados,
> y nos dio un nuevo nacimiento y vida nueva por
> medio del Espíritu Santo.* 6Él derramó su Espíritu
> sobre nosotros en abundancia por medio de
> Jesucristo nuestro Salvador. 7Por su gracia él nos
> hizo justos a sus ojos y nos dio la seguridad de que
> vamos a heredar la vida eterna.

8Esta declaración es digna de confianza, y quiero que insistas en estas enseñanzas, para que todos los que confían en Dios se dediquen a hacer el bien. Estas enseñanzas son buenas y de beneficio para todos.

9No te metas en discusiones necias sobre listas de linajes* espirituales o en riñas y peleas acerca de la obediencia a las leyes judías. Todo esto es inútil y una pérdida de tiempo. 10Si entre ustedes hay individuos que causan divisiones, dales una primera y una segunda advertencia. Después de eso, no tengas nada más que ver con ellos. 11Pues personas como esas se han apartado de la verdad y sus propios pecados las condenan.

Comentarios y saludos finales de Pablo

12Tengo pensado enviarte a Artemas o a Tíquico. Tan pronto como uno de ellos llegue, haz todo lo posible para encontrarte conmigo en Nicópolis, porque he decidido pasar allí el invierno. 13Haz todo lo que puedas para ayudar al abogado Zenas y a Apolos en su viaje. Asegúrate de que se les dé todo lo que necesiten. 14Los nuestros tienen que aprender a hacer el bien al satisfacer las necesidades urgentes de otros; entonces no serán personas improductivas.

15Todos aquí te envían saludos. Por favor, da mis saludos a los creyentes, a todos los que nos aman.

Que la gracia de Dios sea con todos ustedes.

***Notas textuales** **3:5** En griego *Nos salvó por medio del lavamiento de la regeneración y la renovación del Espíritu Santo.* **3:9** O *genealogías.*

Referencias cruzadas **3:2** Ef 4:31 **3:8** 1 Tm 1:15 **3:13** Hch 18:24

FILEMÓN

¿Por qué es importante?

Esta carta se trata acerca de un esclavo fugitivo que se había encontrado con Jesús y le pide a quien fue su amo, que lo trate con especial misericordia ya que ahora es su hermano en la fe. En el imperio romano los esclavos valían menos que algunos animales así que lo que Pablo escribe demuestra mucho amor y el poder del perdón y el llamado del creyente a dar la gracia que primero recibió sin importar condición social, raza o cualquier otra diferencia humana.

¿Por qué fue escrito?

Pablo estaba preso, cuando Onésimo, un esclavo que huye de su amo, llega a la gran Roma, escucha a Pablo y se convierte al evangelio (Flm 1:10). Posiblemente la huida fue causada por algún robo o alguna pérdida económica importante (Fil 1:11,18). Aunque Pablo aprecia la compañía de Onésimo a su lado, toma la decisión de devolverlo a su verdadero amo (Fil 1:14,16). Lo interesante de la carta, es que

Pablo no apela a Filemón en su calidad de apóstol, más bien escribe como "prisionero" (v.1), "anciano" (v. 9) y "compañero" (v.17).

Sin romper con la estructura social de la esclavitud, Pablo invita a Filemón, en "nombre del amor" (v.9), a que realice una imposibilidad social: recibir a su esclavo fugitivo como su "hermano amado" (v.16).

¿Quién lo escribió?

Se acepta en general la autenticidad de la carta y la autoría de Pablo (Flm 1, 9, 19).

¿A quién lo escribió?

El destinatario es Filemón (Flm 1:1) aunque también se menciona de manera cordial a otros (Apia, Arquipo), quizás su propia familia.

¿Cuándo y dónde lo escribió?

La tradición se inclina a pensar que las prisiones que menciona Pablo en la carta (Fil 1:13) son desde su arresto domiciliario en Roma (61 a 63 d. C).

Paso a paso

1. La ida de Onésimo: el esclavo huye y se convierte en un fugitivo. (v.11,15)
2. El encuentro: El esclavo escucha el mensaje de Pablo y se convierte en cristiano. (v.10)
3. La vuelta: El ex-fugitivo retorna ya no como esclavo sino como un "hermano amado". (v.16,17)
4. ¿Quién paga? Pablo está dispuesto a pagar lo que Onésimo adeuda con Filemón, así como Cristo estuvo dispuesto a pagar el precio de nuestras faltas. (v.18,19)

FILEMÓN

Filemón

Saludos de Pablo

Yo, Pablo, prisionero por predicar la Buena Noticia acerca
de Cristo Jesús, junto con nuestro hermano Timoteo, les
escribo esta carta a Filemón, nuestro amado colaborador,
2a nuestra hermana Apia, a Arquipo, nuestro compañero
en la lucha, y a la iglesia que se reúne en tu casa.
3Que Dios nuestro Padre y el Señor Jesucristo les den
gracia y paz.

Agradecimiento y oración de Pablo

4Filemón, siempre le doy gracias a mi Dios cuando oro por
ti 5porque sigo oyendo de tu fe en el Señor Jesús y de tu
amor por todo el pueblo de Dios. 6Pido a Dios que pongas
en práctica la generosidad que proviene de tu fe a medida
que comprendes y vives todo lo bueno que tenemos en
Cristo. 7Hermano, tu amor me ha dado mucha alegría y
consuelo, porque muchas veces tu bondad reanimó el
corazón del pueblo de Dios.

Súplica de Pablo por Onésimo

8Por esta razón me atrevo a pedirte un favor. Podría exi-
gírtelo en el nombre de Cristo, porque es correcto que lo
hagas; 9pero por amor, prefiero simplemente pedirte el favor.
Toma esto como una petición mía, de Pablo, un hombre viejo
y ahora también preso por la causa de Cristo Jesús.*
10Te suplico que le muestres bondad a mi hijo Oné-
simo. Me convertí en su padre en la fe mientras yo estaba
aquí, en la cárcel. 11Onésimo* no fue de mucha ayuda
para ti en el pasado, pero ahora nos es muy útil a los dos.
12Te lo envío de vuelta, y con él va mi propio corazón.
13Quería retenerlo aquí conmigo mientras estoy en
cadenas por predicar la Buena Noticia, y él me hubiera
ayudado de tu parte; 14pero no quise hacer nada sin tu
consentimiento. Preferí que ayudaras de buena gana y no
por obligación. 15Parece que perdiste a Onésimo por un
corto tiempo para que ahora pudieras tenerlo de regreso
para siempre. 16Él ya no es como un esclavo para ti. Es
más que un esclavo, es un hermano amado, especial-
mente para mí. Ahora será de más valor para ti, como
persona y como hermano en el Señor.
17Así que, si me consideras tu compañero, recíbelo a
él como me recibirías a mí. 18Si te perjudicó de alguna
manera o te debe algo, cóbramelo a mí. 19Yo, Pablo, es-
cribo esto con mi propia mano: «Yo te lo pagaré».
¡Y no mencionaré que tú me debes tu propia alma!
20Sí, mi hermano, te ruego que me hagas este favor*
por amor al Señor. Dame ese ánimo en Cristo.
21Mientras escribo esta carta estoy seguro de que harás
lo que te pido, ¡y aún más! 22Otra cosa: por favor, prepá-
rame un cuarto de huéspedes, porque espero que Dios
responda a las oraciones de ustedes y que me permita
volver a visitarlos pronto.

Saludos finales de Pablo

23Epafras, mi compañero de prisión en Cristo Jesús, les
manda saludos. 24También los saludan Marcos, Aristarco,
Demas y Lucas, mis colaboradores.
25Que la gracia del Señor Jesucristo sea con el espíritu
de cada uno de ustedes.

***Notas textuales 9** O *un preso de Cristo Jesús.* **11** *Onésimo* significa «útil». **20** En griego *onaimen,* un juego de palabras con el nombre Onésimo.

Referencias cruzadas 1:3 Rm 1:7 **1:7** 2 Co 7:4, 13 **1:14** 2 Co 9:7 **1:21-22** 2 Co 2:3

HEBREOS

¿Por qué es importante?

La carta a los Hebreos deja en claro que Jesús merece ocupar el lugar principal en nuestras vidas. No es inteligente vivir como que la vida es un concurso de popularidad. Solo cuando le demos a Jesús el lugar que le corresponde en nuestras vidas, todo lo demás en la vida ocupará el lugar que le corresponde. Hebreos deja en claro que Jesús es en verdad superior a todos los demás y te invita a preguntarte cuán importante es Jesús y sus verdades en tus decisiones.

¿Por qué fue escrito?

Esta no es una carta sino más bien un sermón del siglo 1. El libro de Hebreos se escribió para animar a los cristianos de origen judío a mantener su fe en Jesús y a no volver a sus antiguas costumbres religiosas. Su escrito deja en claro que Jesús es superior a todos y todo. y que es el verdadero, mejor y final sacerdote que necesitamos (un sacerdote es alguien que le pide a Dios por otros).

¿Quién lo escribió?

Es un misterio porque la carta no está firmada. En general se atribuye a Pablo aunque algunos creen que pudo ser Bernabé.

¿A quién lo escribió?

Este es un mensaje inicialmente dirigido a cristianos que necesitan fortalecer su fe y aumentar su confianza en Jesús. Se llama Hebreos por la cantidad de referencias a cuestiones judías y por eso algunos creen que fue escrito a los cristianos de Jerusalen pero la verdad es que no sabemos con seguridad quienes fueron sus primeros lectores.

¿Cuándo y dónde lo escribió?

En el capítulo 10 se menciona que los creyentes ya eran muy perseguidos y el capítulo 11 menciona al templo así que se cree que fue escrita para los años 60 antes de que los romanos lo destruyeran. Por lo que describe pudiera haber sido en Roma pensando en los cristianos en todo el imperio y en particular los de Jerusalén.

Paso a paso

1. Quién es Jesús (1:1-2:18)
2. Jesús, un sumo sacerdote superior a Moisés (3:1-4:14)
3. Jesús, un sumo sacerdote misericordioso (4:15-5:10)
4. Un compromiso total con Jesús (5:11-6:20)
5. Jesús, un sumo sacerdote superior a todo sacerdote y sacrificio (7:1-10:39)
6. El poder de la fe en Jesús (11:1-40)
7. Perseverar en la fe en Jesús y la santidad (12:1-29)
8. Un estilo de vida superior (13:1-25)

Hebreos

Jesucristo es el Hijo de Dios

1 Hace mucho tiempo, Dios habló muchas veces y de
diversas maneras a nuestros antepasados por medio
de los profetas. 2Y ahora, en estos últimos días, nos ha ha-
blado por medio de su Hijo. Dios le prometió todo al Hijo
como herencia y, mediante el Hijo, creó el universo. 3El
Hijo irradia la gloria de Dios y expresa el carácter mismo
de Dios, y sostiene todo con el gran poder de su palabra.
Después de habernos limpiado de nuestros pecados, se
sentó en el lugar de honor, a la derecha del majestuoso
Dios en el cielo. 4Esto demuestra que el Hijo es muy su-
perior a los ángeles, así como el nombre que Dios le dio
es superior al nombre de ellos.

¡Respuestas Bíblicas! 183 ¿Por qué Jesús es más importante que los ángeles?

1:4 Jesús es el Hijo de Dios y el creó a los ángeles y ellos le adoran.

El Hijo es superior a los ángeles

5Pues Dios nunca le dijo a ningún ángel lo que le dijo
a Jesús:

«Tú eres mi Hijo.
Hoy he llegado a ser tu Padre*».

Dios también dijo:

«Yo seré su Padre,
y él será mi Hijo»*.

6Además, cuando trajo a su Hijo supremo* al mundo,
Dios dijo:*

«Que lo adoren todos los ángeles de Dios»*.

7Pero con respecto a los ángeles, Dios dice:

«Él envía a sus ángeles como los vientos
y a sus sirvientes como llamas de fuego»*.

8Pero al Hijo le dice:

«Tu trono, oh Dios, permanece por siempre y para siempre.
Tú gobiernas con un cetro de justicia.
9 Amas la justicia y odias la maldad.
Por eso, oh Dios, tu Dios te ha ungido
derramando el aceite de alegría sobre ti más que sobre cualquier otro»*.

10También le dice al Hijo:

«Señor, en el principio echaste los cimientos de la tierra
y con tus manos formaste los cielos.
11 Ellos dejarán de existir, pero tú permaneces para siempre.
Ellos se desgastarán como ropa vieja.
12 Los doblarás como un manto
y los desecharás como ropa usada.
Pero tú siempre eres el mismo;
tú vivirás para siempre»*.

13Además, Dios nunca le dijo a ninguno de los ángeles:

«Siéntate en el lugar de honor a mi derecha,
hasta que humille a tus enemigos
y los ponga por debajo de tus pies»*.

14Por lo tanto, los ángeles solo son sirvientes, espíritus
enviados para cuidar a quienes heredarán la salvación.

Advertencia para no desviarse del camino

2 Así que debemos prestar mucha atención a las ver-
dades que hemos oído, no sea que nos desviemos de
ellas. 2Pues el mensaje que Dios transmitió mediante los
ángeles se ha mantenido siempre firme, y toda infracción
de la ley y todo acto de desobediencia recibió el castigo que
merecía. 3Entonces, ¿qué nos hace pensar que podemos
escapar si descuidamos esta salvación tan grande, que
primeramente fue anunciada por el mismo Señor Jesús
y luego nos fue transmitida por quienes lo oyeron hablar?
4Además, Dios confirmó el mensaje mediante señales,
maravillas, diversos milagros y dones del Espíritu Santo
según su voluntad.

Jesús, el hombre

5Es más, no son los ángeles quienes gobernarán el mundo
futuro del cual hablamos, 6porque en cierto lugar las Es-
crituras dicen:

***Notas textuales** **1:5a** U *Hoy te doy a conocer como mi Hijo.* Sal 2:7. **1:5b** 2 Sm 7:14. **1:6a** O *primogénito.* **1:6b** O *cuando traiga nuevamente a su Hijo supremo* [o *Hijo primogénito*] *al mundo, Dios dirá.* **1:6c** Dt 32:43. **1:7** Sal 104:4 (versión griega). **1:8-9** Sal 45:6-7. **1:10-12** Sal 102:25-27. **1:13** Sal 110:1.

Referencias cruzadas **1:4** Flp 2:9-10 **1:6** Sal 97:7 **1:8-9** Is 61:1, 3 **1:13** Jos 10:24 **1:14** Sal 34:7

«¿Qué son los simples mortales para que pienses
en ellos,
o un hijo de hombre* para que de él te ocupes?
7 Sin embargo, por un poco de tiempo los hiciste un
poco menor que los ángeles
y los coronaste de gloria y honor.*
8 Les diste autoridad sobre todas las cosas»*.

Ahora bien, cuando dice «todas las cosas», significa que
nada queda afuera; pero todavía no vemos que todas
las cosas sean puestas bajo la autoridad de ellos. 9No
obstante, lo que sí vemos es a Jesús, a quien por un poco
de tiempo se le dio una posición «un poco menor que
los ángeles»; y debido a que sufrió la muerte por noso-
tros, ahora está «coronado de gloria y honor». Efectiva-
mente, por la gracia de Dios, Jesús conoció la muerte
por todos. 10Dios —para quien y por medio de quien
todo fue hecho— eligió llevar a muchos hijos a la gloria.
Convenía a Dios que, mediante el sufrimiento, hiciera a
Jesús un líder perfecto, apto para llevarlos a la salvación.
11Por lo tanto, Jesús y los que él hace santos tienen el
mismo Padre. Por esa razón, Jesús no se avergüenza de
llamarlos sus hermanos, 12pues le dijo a Dios:

«Anunciaré tu nombre a mis hermanos.
Entre tu pueblo reunido te alabaré»*.

13También dijo:

«Pondré mi confianza en él»,
es decir, «yo y los hijos que Dios me ha dado»*.

14Debido a que los hijos de Dios son seres humanos
—hechos de carne y sangre— el Hijo también se hizo de
carne y sangre. Pues solo como ser humano podía morir
y solo mediante la muerte podía quebrantar el poder del
diablo, quien tenía* el poder sobre la muerte. 15Única-
mente de esa manera el Hijo podía libertar a todos los que
vivían esclavizados por temor a la muerte.
16También sabemos que el Hijo no vino para ayudar a
los ángeles, sino que vino para ayudar a los descendientes
de Abraham. 17Por lo tanto, era necesario que en todo
sentido él se hiciera semejante a nosotros, sus hermanos,*
para que fuera nuestro Sumo Sacerdote fiel y misericor-
dioso, delante de Dios. Entonces podría ofrecer un sacri-
ficio que quitaría los pecados del pueblo. 18Debido a que
él mismo ha pasado por sufrimientos y pruebas, puede
ayudarnos cuando pasamos por pruebas.

Jesús es superior a Moisés

3 Así que, amados hermanos, ustedes que pertenecen
a Dios y* tienen parte con los que han sido llamados
al cielo, consideren detenidamente a este Jesús a quien
declaramos mensajero* de Dios y Sumo Sacerdote. 2Pues
él fue fiel a Dios, quien lo nombró, así como Moisés fue fiel
cuando se le encomendó toda* la casa de Dios.
3Pero Jesús merece mucha más gloria que Moisés, así
como el que construye una casa merece más elogio que
la casa misma. 4Pues cada casa tiene un constructor, pero
el que construyó todo es Dios.
5En verdad Moisés fue fiel como siervo en la casa de
Dios. Su trabajo fue una ilustración de las verdades que
Dios daría a conocer tiempo después; 6pero Cristo, como
Hijo, está a cargo de toda la casa de Dios; y nosotros somos
la casa de Dios si nos armamos de valor y permanecemos
confiados en nuestra esperanza en Cristo.*

¡Respuestas Bíblicas! 184 ¿Cómo demuestran las personas que en sus corazones no hay fe?

3:12 Las personas que realmente creen en Dios hacen lo que Dios les dice. Las personas que no creen en Dios no hacen lo que Dios les dice. Ellos se alejan de él.

7Por eso el Espíritu Santo dice:

«Cuando oigan hoy su voz,
8 no endurezcan el corazón
como lo hicieron los israelitas cuando se rebelaron,
aquel día que me pusieron a prueba en el desierto.
9 Allí sus antepasados me tentaron y pusieron a prueba
mi paciencia
a pesar de haber visto mis milagros durante
cuarenta años.
10 Por eso, estuve enojado con ellos y
dije:
"Su corazón siempre se aleja de mí.
Rehúsan hacer lo que les digo".
11 Así que en mi enojo juré:
"Ellos nunca entrarán en mi lugar
de descanso"»*.

12Por lo tanto, amados hermanos, ¡cuidado! Asegúrense
de que ninguno de ustedes tenga un corazón maligno e
incrédulo que los aleje del Dios vivo. 13Adviértanse unos
a otros todos los días mientras dure ese «hoy», para que
ninguno sea engañado por el pecado y se endurezca contra
Dios. 14Pues, si somos fieles hasta el fin, confiando en
Dios con la misma firmeza que teníamos al principio,
cuando creímos en él, entonces tendremos parte en todo
lo que le pertenece a Cristo. 15Recuerden lo que dice:

«Cuando oigan hoy su voz,
no endurezcan el corazón
como lo hicieron los israelitas cuando se
rebelaron»*.

16¿Y quiénes fueron los que se rebelaron contra Dios a
pesar de haber oído su voz? ¿No fue acaso el pueblo que
salió de Egipto guiado por Moisés? 17¿Y quiénes hicieron
enojar a Dios durante cuarenta años? ¿Acaso no fueron
los que pecaron, cuyos cadáveres quedaron tirados en el
desierto? 18¿Y a quiénes hablaba Dios cuando juró que
jamás entrarían en su descanso? ¿Acaso no fue a los que
lo desobedecieron? 19Como vemos, ellos no pudieron
entrar en el descanso de Dios a causa de su incredulidad.

***Notas textuales** **2:6** O *el Hijo del Hombre.* **2:7** Algunos manuscritos agregan *Los pusiste a cargo de todo lo que creaste*. **2:6-8** Sal 8:4-6 (versión griega). **2:12** Sal 22:22. **2:13** Is 8:17-18. **2:14** O *tiene.* **2:17** En griego *semejante a los hermanos.* **3:1a** En griego *Así que, hermanos santos quienes.* **3:1b** En griego *apóstol.* **3:2** Algunos manuscritos no incluyen *toda*. **3:6** Algunos manuscritos agregan *fieles hasta el fin.* **3:7-11** Sal 95:7-11. **3:15** Sal 95:7-8.

Referencias cruzadas **2:8** 1 Co 15:25 **3:6** Hb 2:11, 17 **3:9** Hch 7:36 **3:15** Ef 4:22 **3:19** Jn 3:36

El descanso prometido para el pueblo de Dios

4 Todavía sigue vigente la promesa que hizo Dios de
entrar en su descanso; por lo tanto, debemos temblar
de miedo ante la idea de que alguno de ustedes no llegue
a alcanzarlo. 2Pues esta buena noticia —del descanso que
Dios ha preparado— se nos ha anunciado tanto a ellos
como a nosotros, pero a ellos no les sirvió de nada porque
no tuvieron la fe de los que escucharon a Dios.* 3Pues
solo los que creemos podemos entrar en su descanso. En
cuanto a los demás, Dios dijo:

«En mi enojo juré:
“Ellos nunca entrarán en mi lugar
de descanso”»*,

si bien ese descanso está preparado desde que él hizo el
mundo. 4Sabemos que está preparado debido al pasaje
en las Escrituras que menciona el séptimo día: «Cuando
llegó el séptimo día, Dios descansó de toda su labor»*.
5Pero en el otro pasaje Dios dijo: «Ellos nunca entrarán
en mi lugar de descanso»*.
6Así que el descanso de Dios está disponible para que
la gente entre, pero los primeros en oír esta buena noticia
no entraron, porque desobedecieron a Dios. 7Entonces
Dios fijó otro tiempo para entrar en su descanso, y ese
tiempo es hoy. Lo anunció mucho más tarde por medio
de David en las palabras que ya se han citado:

«Cuando oigan hoy su voz
no endurezcan el corazón»*.

8Ahora bien, si Josué hubiera logrado darles ese descanso,
Dios no habría hablado de otro día de descanso aún por
venir. 9Así que todavía hay un descanso especial* en es-
pera para el pueblo de Dios. 10Pues todos los que han
entrado en el descanso de Dios han descansado de su
trabajo, tal como Dios descansó del suyo después de crear
el mundo. 11Entonces, hagamos todo lo posible por entrar
en ese descanso, pero si desobedecemos a Dios, como lo
hizo el pueblo de Israel, caeremos.
12Pues la palabra de Dios es viva y poderosa. Es más
cortante que cualquier espada de dos filos; penetra entre
el alma y el espíritu, entre la articulación y la médula del
hueso. Deja al descubierto nuestros pensamientos y de-
seos más íntimos. 13No hay nada en toda la creación que
esté oculto a Dios. Todo está desnudo y expuesto ante sus
ojos; y es a él a quien rendimos cuentas.

Cristo es nuestro Sumo Sacerdote

14Por lo tanto, ya que tenemos un gran Sumo Sacerdote
que entró en el cielo, Jesús el Hijo de Dios, aferrémonos
a lo que creemos. 15Nuestro Sumo Sacerdote comprende
nuestras debilidades, porque enfrentó todas y cada una
de las pruebas que enfrentamos nosotros, sin embargo, él
nunca pecó. 16Así que acerquémonos con toda confianza
al trono de la gracia de nuestro Dios. Allí recibiremos su
misericordia y encontraremos la gracia que nos ayudará
cuando más la necesitemos.

5 Todo sumo sacerdote es un hombre escogido para
representar a otras personas en su trato con Dios.
Él presenta a Dios las ofrendas de esas personas y ofrece
sacrificios por los pecados. 2Y puede tratar con paciencia
a los ignorantes y descarriados, porque él también está
sujeto a las mismas debilidades. 3Por esa razón, debe
ofrecer sacrificios tanto por sus propios pecados como
por los del pueblo.
4Y nadie puede llegar a ser sumo sacerdote solo porque
desee tener ese honor. Tiene que ser llamado por Dios para
ese trabajo, como sucedió con Aarón. 5Por eso, Cristo no
se honró a sí mismo haciéndose Sumo Sacerdote, sino que
fue elegido por Dios, quien le dijo:

«Tú eres mi Hijo.
Hoy he llegado a ser tu Padre*».

6Y en otro pasaje Dios le dijo:

«Tú eres sacerdote para siempre, según el orden de
Melquisedec»*.

7Mientras estuvo aquí en la tierra, Jesús ofreció ora-
ciones y súplicas con gran clamor y lágrimas al que podía
rescatarlo de la muerte. Y Dios oyó sus oraciones por la
gran reverencia que Jesús le tenía. 8Aunque era Hijo de
Dios, Jesús aprendió obediencia por las cosas que sufrió.
9De ese modo, Dios lo hizo apto para ser el Sumo Sacerdote
perfecto, y Jesús llegó a ser la fuente de salvación eterna
para todos los que lo obedecen. 10Y Dios lo designó Sumo
Sacerdote según el orden de Melquisedec.

Un llamado al crecimiento espiritual

11Nos gustaría decir mucho más sobre este tema, pero es
difícil de explicar, sobre todo porque ustedes son torpes
espiritualmente y tal parece que no escuchan. 12Hace
tanto que son creyentes que ya deberían estar ense-
ñando a otros. En cambio, necesitan que alguien vuelva
a enseñarles las cosas básicas de la palabra de Dios.* Son
como niños pequeños que necesitan leche y no pueden
comer alimento sólido. 13Pues el que se alimenta de leche
sigue siendo bebé y no sabe cómo hacer lo correcto. 14El
alimento sólido es para los que son maduros, los que a
fuerza de práctica están capacitados para distinguir entre
lo bueno y lo malo.

6 Así que dejemos de repasar una y otra vez las ense-
ñanzas elementales acerca de Cristo. Por el contrario,
sigamos adelante hasta llegar a ser maduros en nuestro
entendimiento. No puede ser que tengamos que comen-
zar de nuevo con los importantes cimientos acerca del
arrepentimiento de las malas acciones* y de tener fe en
Dios. 2Ustedes tampoco necesitan más enseñanza acerca
de los bautismos, la imposición de manos, la resurrección
de los muertos y el juicio eterno. 3Así que, si Dios quiere,
avanzaremos hacia un mayor entendimiento.
4Pues es imposible lograr que vuelvan a arrepentirse
los que una vez fueron iluminados —aquellos que experi-
mentaron las cosas buenas del cielo y fueron partícipes del
Espíritu Santo, 5que saborearon la bondad de la palabra
de Dios y el poder del mundo venidero— 6y que luego
se alejan de Dios. Es imposible lograr que esas personas
vuelvan a arrepentirse; al rechazar al Hijo de Dios, ellos

***Notas textuales** **4:2** Algunos manuscritos dicen *porque no combinaron fe con lo que oyeron.* **4:3** Sal 95:11. **4:4** Gn 2:2. **4:5** Sal 95:11. **4:7** Sal 95:7-8. **4:9** O *descanso sabático.* **5:5** U *Hoy te doy a conocer como mi Hijo.* Sal 2:7. **5:6** Sal 110:4. **5:12** O *de los oráculos de Dios.* **6:1** En griego *las obras muertas.*

Referencias cruzadas **4:2-3** 1 Ts 2:13 **4:5** Hb 3:18 **4:13** Sal 33:13-15 **5:7** Mc 14:36 **5:14** 1 Co 2:6 **6:1-3** Flp 3:12-14 **6:4-6** Hb 10:26-31

mismos lo clavan otra vez en la cruz y lo exponen a la
vergüenza pública.
7Cuando la tierra se empapa de la lluvia que cae y
produce una buena cosecha para el agricultor, recibe la
bendición de Dios. 8En cambio, el campo que produce
espinos y cardos no sirve para nada. El agricultor no tar-
dará en maldecirlo y quemarlo.
9Queridos amigos, aunque hablamos de este modo, no
creemos que esto se aplica a ustedes. Estamos convenci-
dos de que ustedes están destinados para cosas mejores,
las cuales vienen con la salvación. 10Pues Dios no es in-
justo. No olvidará con cuánto esfuerzo han trabajado para
él y cómo han demostrado su amor por él sirviendo a otros
creyentes* como todavía lo hacen. 11Nuestro gran deseo
es que sigan amando a los demás mientras tengan vida,
para asegurarse de que lo que esperan se hará realidad.
12Entonces, no se volverán torpes ni indiferentes espiri-
tualmente. En cambio, seguirán el ejemplo de quienes,
gracias a su fe y perseverancia, heredarán las promesas
de Dios.

Las promesas de Dios traen esperanza

13Por ejemplo, estaba la promesa que Dios le hizo a
Abraham. Como no existía nadie superior a Dios por
quién jurar, Dios juró por su propio nombre, diciendo:

14 «Ciertamente te bendeciré
y multiplicaré tu descendencia hasta que sea
incontable»*.

15Entonces Abraham esperó con paciencia y recibió lo
que Dios le había prometido.
16Ahora bien, cuando las personas hacen un jura-
mento, invocan a alguien superior a ellas para obligarse a
cumplirlo; y no cabe ninguna duda de que ese juramento
conlleva una obligación. 17Dios también se comprome-
tió mediante un juramento, para que los que recibieran
la promesa pudieran estar totalmente seguros de que
él jamás cambiaría de parecer. 18Así que Dios ha hecho
ambas cosas: la promesa y el juramento. Estas dos cosas
no pueden cambiar, porque es imposible que Dios mienta.
Por lo tanto, los que hemos acudido a él en busca de re-
fugio podemos estar bien confiados aferrándonos a la
esperanza que está delante de nosotros. 19Esta esperanza
es un ancla firme y confiable para el alma; nos conduce a
través de la cortina al santuario interior de Dios. 20Jesús ya
entró allí por nosotros. Él ha llegado a ser nuestro eterno
Sumo Sacerdote, según el orden de Melquisedec.

Melquisedec es superior a Abraham

7 Este Melquisedec fue rey de la ciudad de Salem y tam-
bién sacerdote del Dios Altísimo. Cuando Abraham
regresaba triunfante de una gran batalla contra los reyes,
Melquisedec salió a su encuentro y lo bendijo. 2Después
Abraham tomó la décima parte de todo lo que había cap-
turado en la batalla y se la dio a Melquisedec. El nombre
Melquisedec significa «rey de justicia», y rey de Salem
significa «rey de paz». 3No hay registro de su padre ni
de su madre ni de ninguno de sus antepasados; no hay
principio ni fin de su vida. A semejanza del Hijo de Dios,
sigue siendo sacerdote para siempre.
4Consideren, entonces, la grandeza de este Melqui-
sedec. Incluso Abraham, el gran patriarca de Israel, reco-
noció esto al entregarle la décima parte de lo que había
capturado en la batalla. 5Ahora bien, la ley de Moisés exi-
gía que los sacerdotes, que son descendientes de Leví, le
cobraran el diezmo al resto del pueblo de Israel,* quienes
también son descendientes de Abraham. 6Sin embargo,
Melquisedec, que no era descendiente de Leví, recibió
de Abraham la décima parte. Y Melquisedec bendijo a
Abraham, quien ya había recibido las promesas de Dios.
7Sin lugar a dudas, el que tiene el poder para bendecir es
superior a quien recibe la bendición.
8Los sacerdotes que reciben los diezmos son hom-
bres que mueren, así que Melquisedec es superior a
ellos porque se nos dice que sigue viviendo. 9Además
podríamos decir que esos levitas —los que reciben el
diezmo— pagaron un diezmo a Melquisedec cuando lo
pagó su antepasado Abraham. 10A pesar de que Leví aún
no había nacido, la simiente de la cual provino ya existía
en el cuerpo de Abraham cuando Melquisedec recibió
su diezmo.
11Entonces, si el sacerdocio de Leví —sobre el cual se
basó la ley— hubiera podido lograr la perfección que Dios
propuso, ¿por qué fue necesario que Dios estableciera un
sacerdocio diferente, con un sacerdote según el orden de
Melquisedec en lugar del orden de Leví y Aarón*?
12Y si se cambia el sacerdocio, también es necesa-
rio cambiar la ley para permitirlo. 13Pues el sacerdote a
quien nos referimos pertenece a una tribu diferente, cuyos
miembros jamás han servido en el altar como sacerdotes.
14Lo que quiero decir es que nuestro Señor vino de la
tribu de Judá, y Moisés nunca habló de que los sacerdotes
provinieran de esa tribu.

Jesús es como Melquisedec

15Ese cambio resulta aún más evidente, ya que ha sur-
gido un sacerdote diferente, quien es como Melquisedec.
16Jesús llegó a ser sacerdote, no por cumplir con la ley del
requisito físico de pertenecer a la tribu de Leví, sino por
el poder de una vida que no puede ser destruida. 17Y el
salmista lo señaló cuando profetizó:

«Tú eres sacerdote para siempre, según el orden de
Melquisedec»*.

18Así que el antiguo requisito del sacerdocio quedó anu-
lado por ser débil e inútil. 19Pues la ley nunca perfeccionó
nada, pero ahora confiamos en una mejor esperanza por
la cual nos acercamos a Dios.
20Este nuevo sistema se estableció mediante un ju-
ramento solemne. Los descendientes de Aarón llegaron
a ser sacerdotes sin un juramento, 21pero había un jura-
mento con relación a Jesús. Pues Dios le dijo:

«El Señor ha hecho un juramento y no romperá su
promesa:
"Tú eres sacerdote para siempre"»*.

22Debido a ese juramento, Jesús es quien garantiza este
mejor pacto con Dios.
23Hubo muchos sacerdotes bajo el sistema anti-
guo, porque la muerte les impedía continuar con sus

***Notas textuales 6:10** En griego *al pueblo santo de Dios.* **6:14** Gn 22:17. **7:5** En griego *a sus hermanos.* **7:11** En griego *del orden de Aarón?* **7:17** Sal 110:4. **7:21** Sal 110:4.

Referencias cruzadas 6:12 1 Ts 1:3 **6:20** Hb 2:17 **7:16** Is 11:1 **7:19** Rm 3:20 **7:21** Hb 5:6

funciones; [24]pero dado que Jesús vive para siempre, su sacerdocio dura para siempre. [25]Por eso puede salvar —una vez y para siempre—* a los que vienen a Dios por medio de él, quien vive para siempre, a fin de interceder con Dios a favor de ellos.

[26]Él es la clase de sumo sacerdote que necesitamos, porque es santo y no tiene culpa ni mancha de pecado. Él ha sido apartado de los pecadores y se le ha dado el lugar de más alto honor en el cielo.* [27]A diferencia de los demás sumos sacerdotes, no tiene necesidad de ofrecer sacrificios cada día. Ellos los ofrecían primero por sus propios pecados y luego por los del pueblo. Sin embargo, Jesús lo hizo una vez y para siempre cuando se ofreció a sí mismo como sacrificio por los pecados del pueblo. [28]La ley nombra a sumos sacerdotes que están limitados por debilidades humanas; pero después de que la ley fue entregada, Dios nombró a su Hijo mediante un juramento y su Hijo ha sido hecho el perfecto Sumo Sacerdote para siempre.

¡Respuestas Bíblicas! 185 ¿Qué hizo Jesús como nuestro sumo sacerdote?

8:1 Los sacerdotes en tiempos bíblicos mataban animales cuando las personas pecaban. Estos animales eran llamados sacrificios. Cuando una persona volvía a pecar, el sacerdote debía matar a otro animal. Pero Jesús se dio a él mismo por nosotros y su sacrificio pagó una sola vez por nuestros pecados y eso es suficiente.

Cristo es nuestro Sumo Sacerdote

8 El punto principal es el siguiente: tenemos un Sumo Sacerdote quien se sentó en el lugar de honor, a la derecha del trono del Dios majestuoso en el cielo. [2]Allí sirve como ministro en el tabernáculo* del cielo, el verdadero lugar de adoración construido por el Señor y no por manos humanas.

[3]Ya que es deber de todo sumo sacerdote presentar ofrendas y sacrificios, nuestro Sumo Sacerdote también tiene que presentar una ofrenda. [4]Si estuviera aquí en la tierra, ni siquiera sería sacerdote, porque ya hay sacerdotes que presentan las ofrendas que exige la ley. [5]Ellos sirven dentro de un sistema de adoración que es solo una copia, una sombra del verdadero, que está en el cielo. Pues cuando Moisés estaba por construir el tabernáculo, Dios le advirtió lo siguiente: «Asegúrate de hacer todo según el modelo que te mostré aquí en la montaña»*.

[6]Pero ahora a Jesús, nuestro Sumo Sacerdote, se le ha dado un ministerio que es muy superior al sacerdocio antiguo porque él es mediador a nuestro favor de un mejor pacto con Dios basado en promesas mejores.

[7]Si el primer pacto no hubiera tenido defectos, no habría sido necesario reemplazarlo con un segundo pacto. [8]Pero cuando Dios encontró defectos en el pueblo, dijo:

«Se acerca el día, dice el Señor,
en que haré un nuevo pacto
con el pueblo de Israel y de Judá.
[9] Este pacto no será como el que
hice con sus antepasados
cuando los tomé de la mano
y los saqué de la tierra de Egipto.
Ellos no permanecieron fieles a mi pacto,
por eso les di la espalda, dice el Señor.
[10] Pero este es el nuevo pacto que haré
con el pueblo de Israel en ese día,* dice el Señor:
Pondré mis leyes en su mente
y las escribiré en su corazón.
Yo seré su Dios,
y ellos serán mi pueblo.
[11] Y no habrá necesidad de enseñar a sus vecinos
ni habrá necesidad de enseñar a sus parientes,*
diciendo: "Deberías conocer al Señor".
Pues todos ya me conocerán,
desde el más pequeño hasta el más grande.
[12] Perdonaré sus maldades
y nunca más me acordaré de sus pecados»*.

[13]Cuando Dios habla de un «nuevo» pacto, quiere decir que ha hecho obsoleto al primero, el cual ha caducado y pronto desaparecerá.

Reglas antiguas sobre la adoración

9 Ese primer pacto entre Dios e Israel incluía ordenanzas para la adoración y un lugar de culto aquí, en la tierra. [2]Ese tabernáculo* estaba formado por dos salas. En la primera sala había un candelabro, una mesa y los panes consagrados sobre ella. Esta sala se llamaba Lugar Santo. [3]Luego había una cortina detrás de la cual se encontraba la segunda sala,* llamada Lugar Santísimo. [4]En esa sala había un altar de oro para el incienso y un cofre de madera conocido como el arca del pacto, el cual estaba totalmente cubierto de oro. Dentro del arca había un recipiente de oro que contenía el maná, la vara de Aarón a la que le habían salido hojas y las tablas del pacto que eran de piedra. [5]Por encima del arca estaban los querubines de la gloria divina, cuyas alas se extendían sobre la tapa del arca, es decir, el lugar de la expiación; pero ahora no podemos explicar estas cosas en detalle.

[6]Cuando estos elementos estaban en su lugar, los sacerdotes entraban con regularidad en la primera sala,* durante el cumplimiento de sus deberes religiosos. [7]Pero solo el sumo sacerdote entraba en el Lugar Santísimo y lo hacía una sola vez al año; y siempre ofrecía sangre por sus propios pecados y por los pecados que el pueblo cometía por ignorancia. [8]Mediante esas ordenanzas, el Espíritu Santo daba a entender que la entrada al Lugar Santísimo no estaba abierta a todos en tanto siguiera en pie el tabernáculo* y el sistema que representaba.

[9]Esta es una ilustración que apunta al tiempo presente. Pues las ofrendas y los sacrificios que ofrecen los sacerdotes no pueden limpiar la conciencia de las personas que los traen. [10]Pues ese sistema antiguo solo consiste en alimentos, bebidas y diversas ceremonias de purificación, es decir, ordenanzas externas* que permanecieron vigentes solo hasta que se estableció un sistema mejor.

Cristo es el sacrificio perfecto

[11]Entonces Cristo ahora ha llegado a ser el Sumo Sacerdote por sobre todas las cosas buenas que han venido.* Él entró

***Notas textuales** **7:25** O *puede salvar completamente.* **7:26** O *y ha sido exaltado más alto que los cielos.* **8:2** O *la carpa*; también en 8:5. **8:5** Ex 25:40; 26:30. **8:10** En griego *de Israel después de esos días.* **8:11** En griego *su hermano.* **8:8-12** Jr 31:31-34. **9:2** O *Esa carpa*; similar en 9:11, 21. **9:3** En griego *segunda carpa.* **9:6** En griego *primera carpa.* **9:8** O *la primera sala*; en griego dice *la primera carpa.* **9:10** En griego *ordenanzas para el cuerpo.* **9:11** Algunos manuscritos dicen *que están por venir.*

Referencias cruzadas **7:28** Hb 2:10 **8:5** Ex 25:40 **8:10** Hb 10:16 **8:13** 2 Co 5:17 **9:1-5** Ex 25:8

en ese tabernáculo superior y más perfecto que está en el cielo, el cual no fue hecho por manos humanas ni forma parte del mundo creado. 12Con su propia sangre —no con la sangre de cabras ni de becerros— entró en el Lugar Santísimo una sola vez y para siempre, y aseguró nuestra redención eterna.

13Bajo el sistema antiguo, la sangre de cabras y toros y las cenizas de una novilla podían limpiar el cuerpo de las personas que estaban ceremonialmente impuras. 14Imagínense cuánto más la sangre de Cristo nos purificará la conciencia de acciones pecaminosas* para que adoremos al Dios viviente. Pues por el poder del Espíritu eterno, Cristo se ofreció a sí mismo a Dios como sacrificio perfecto por nuestros pecados. 15Por eso él es el mediador de un nuevo pacto entre Dios y la gente, para que todos los que son llamados puedan recibir la herencia eterna que Dios les ha prometido. Pues Cristo murió para librarlos del castigo por los pecados que habían cometido bajo ese primer pacto.

16Ahora bien, cuando alguien deja un testamento,* es necesario comprobar que la persona que lo hizo ha muerto.* 17El testamento solo entra en vigencia después de la muerte de la persona. Mientras viva el que lo hizo, el testamento no puede entrar en vigencia.

18Por eso, aun el primer pacto fue puesto en vigencia con la sangre de un animal. 19Pues después de que Moisés había leído cada uno de los mandamientos de Dios a todo el pueblo, tomó la sangre de los becerros y las cabras* junto con agua, y roció tanto el libro de la ley de Dios como a todo el pueblo con ramas de hisopo y lana de color escarlata. 20Entonces dijo: «Esta sangre confirma el pacto que Dios ha hecho con ustedes»*. 21De la misma manera roció con la sangre el tabernáculo y todo lo que se usaba para adorar a Dios. 22De hecho, según la ley de Moisés, casi todo se purificaba con sangre porque sin derramamiento de sangre no hay perdón.

23Por esa razón, el tabernáculo y todo lo que en él había —que eran copias de las cosas del cielo— debían ser purificados mediante la sangre de animales; pero las cosas verdaderas del cielo debían ser purificadas mediante sacrificios superiores a la sangre de animales.

24Pues Cristo no entró en un lugar santo hecho por manos humanas, que era solo una copia del verdadero, que está en el cielo. Él entró en el cielo mismo para presentarse ahora delante de Dios a favor de nosotros; 25y no entró en el cielo para ofrecerse a sí mismo una y otra vez, como lo hace el sumo sacerdote aquí en la tierra, que entra en el Lugar Santísimo año tras año con la sangre de un animal. 26Si eso hubiera sido necesario, Cristo tendría que haber sufrido la muerte una y otra vez, desde el principio del mundo; pero ahora, en el fin de los tiempos,* Cristo se presentó una sola vez y para siempre para quitar el pecado mediante su propia muerte en sacrificio.

27Y así como cada persona está destinada a morir una sola vez y después vendrá el juicio, 28así también Cristo fue ofrecido una sola vez y para siempre, a fin de quitar los pecados de muchas personas. Cristo vendrá otra vez, no para ocuparse de nuestros pecados, sino para traer salvación a todos los que esperan con anhelo su venida.

El sacrificio de Cristo, una vez y para siempre

10 El sistema antiguo bajo la ley de Moisés era solo una sombra —un tenue anticipo de las cosas buenas por venir— no las cosas buenas en sí mismas. Bajo aquel sistema se repetían los sacrificios una y otra vez, año tras año, pero nunca pudieron limpiar por completo a quienes venían a adorar. 2Si los sacrificios hubieran podido limpiar por completo, entonces habrían dejado de ofrecerlos, porque los adoradores se habrían purificado una sola vez y para siempre, y habrían desaparecido los sentimientos de culpa.

3Pero en realidad, esos sacrificios les recordaban sus pecados año tras año. 4Pues no es posible que la sangre de los toros y las cabras quite los pecados. 5Por eso, cuando Cristo* vino al mundo, le dijo a Dios:

«No quisiste sacrificios de animales ni ofrendas por
el pecado.
Pero me has dado un cuerpo para ofrecer.
6 No te agradaron las ofrendas quemadas
ni otras ofrendas por el pecado.
7 Luego dije: "Aquí estoy, oh Dios; he venido a hacer tu
voluntad
como está escrito acerca de mí en las
Escrituras"»*.

8Primero, Cristo dijo: «No quisiste sacrificios de animales, ni ofrendas por el pecado, ni ofrendas quemadas ni otras ofrendas por el pecado; tampoco te agradaron todas esas ofrendas» (aun cuando la ley de Moisés las exige). 9Luego dijo: «Aquí estoy, he venido a hacer tu voluntad». Él anula el primer pacto para que el segundo entre en vigencia. 10Pues la voluntad de Dios fue que el sacrificio del cuerpo de Jesucristo nos hiciera santos, una vez y para siempre.

11Bajo el antiguo pacto, el sacerdote oficia de pie delante del altar día tras día, ofreciendo los mismos sacrificios una y otra vez, los cuales nunca pueden quitar los pecados; 12pero nuestro Sumo Sacerdote se ofreció a sí mismo a Dios como un solo sacrificio por los pecados, válido para siempre. Luego se sentó en el lugar de honor, a la derecha de Dios. 13Allí espera hasta que sus enemigos sean humillados y puestos por debajo de sus pies. 14Pues mediante esa única ofrenda, él perfeccionó para siempre a los que está haciendo santos.

15Y el Espíritu Santo también da testimonio de que es verdad, pues dice:

16 «Este es el nuevo pacto que haré
con mi pueblo en aquel día,* dice el SEÑOR:
Pondré mis leyes en su corazón
y las escribiré en su mente»*.

17Después dice:

«Nunca más me acordaré
de sus pecados y sus transgresiones»*.

18Y cuando los pecados han sido perdonados, ya no hace falta ofrecer más sacrificios.

***Notas textuales** **9:14** En griego *de obras muertas.* **9:16a** O *pacto*; también en 9:17. **9:16b** O *Ahora bien, cuando alguien hace un pacto, es necesario ratificarlo con la muerte de un sacrificio.* **9:19** Algunos manuscritos no incluyen *y las cabras.* **9:20** Ex 24:8. **9:26** En griego *los siglos.* **10:5** En griego *él*; también en 10:8. **10:5-7** Sal 40:6-8 (versión griega). **10:16a** En griego *después de aquellos días.* **10:16b** Jr 31:33a. **10:17** Jr 31:34b.

Referencias cruzadas **9:15** 1 Tm 2:5 **9:22** Ex 24:8 **10:1-4** Hb 9:7, 11, 23

Un llamado a permanecer firmes

[19]Así que, amados hermanos, podemos entrar con valentía en el Lugar Santísimo del cielo por causa de la sangre de Jesús. [20]Por su muerte,* Jesús abrió un nuevo camino —un camino que da vida— a través de la cortina al Lugar Santísimo. [21]Ya que tenemos un gran Sumo Sacerdote que gobierna la casa de Dios, [22]entremos directamente a la presencia de Dios con corazón sincero y con plena confianza en él. Pues nuestra conciencia culpable ha sido rociada con la sangre de Cristo a fin de purificarnos, y nuestro cuerpo ha sido lavado con agua pura.

[23]Mantengámonos firmes sin titubear en la esperanza que afirmamos, porque se puede confiar en que Dios cumplirá su promesa. [24]Pensemos en maneras de motivarnos unos a otros a realizar actos de amor y buenas acciones. [25]Y no dejemos de congregarnos, como lo hacen algunos, sino animémonos unos a otros, sobre todo ahora que el día de su regreso se acerca.

[26]Queridos amigos, si seguimos pecando a propósito después de haber recibido el conocimiento de la verdad, ya no queda ningún sacrificio que cubra esos pecados. [27]Solo queda la terrible expectativa del juicio de Dios y el fuego violento que consumirá a sus enemigos. [28]Pues todo el que rehusaba obedecer la ley de Moisés era ejecutado sin compasión por el testimonio de dos o tres testigos. [29]Piensen, pues, cuánto mayor será el castigo para quienes han pisoteado al Hijo de Dios y han considerado la sangre del pacto —la cual nos hizo santos— como si fuera algo vulgar e inmundo, y han insultado y despreciado al Espíritu Santo que nos trae la misericordia de Dios. [30]Pues conocemos al que dijo:

«Yo tomaré venganza;
yo les pagaré lo que se merecen»*.

También dijo:

«El Señor juzgará a su propio pueblo»*.

[31]¡Es algo aterrador caer en manos del Dios vivo!

[32]Acuérdense de los primeros tiempos, cuando recién aprendían acerca de Cristo.* Recuerden cómo permanecieron fieles aunque tuvieron que soportar terrible sufrimiento. [33]Algunas veces los ponían en ridículo públicamente y los golpeaban, otras veces ustedes ayudaban a los que pasaban por lo mismo. [34]Sufrieron junto con los que fueron metidos en la cárcel y, cuando a ustedes les quitaron todos sus bienes, lo aceptaron con alegría. Sabían que en el futuro les esperaban cosas mejores, que durarán para siempre.

[35]Por lo tanto, no desechen la firme confianza que tienen en el Señor. ¡Tengan presente la gran recompensa que les traerá! [36]Perseverar con paciencia es lo que necesitan ahora para seguir haciendo la voluntad de Dios. Entonces recibirán todo lo que él ha prometido.

37 «Pues, dentro de muy poco tiempo,
Aquel que viene vendrá sin demorarse.
38 Mis justos vivirán por la fe.*
Pero no me complaceré con nadie que se aleje»*.

[39]Pero nosotros no somos de los que se apartan de Dios hacia su propia destrucción. Somos los fieles, y nuestras almas serán salvas.

Grandes ejemplos de fe

11 La fe demuestra la realidad de lo que esperamos; es la evidencia de las cosas que no podemos ver. [2]Por su fe, la gente de antaño gozó de una buena reputación.

[3]Por la fe entendemos que todo el universo fue formado por orden de Dios, de modo que lo que ahora vemos no vino de cosas visibles.

[4]Fue por la fe que Abel presentó a Dios una ofrenda más aceptable que la que presentó Caín. La ofrenda de Abel demostró que era un hombre justo, y Dios aprobó sus ofrendas. Aunque Abel murió hace mucho tiempo, todavía nos habla por su ejemplo de fe.

[5]Fue por la fe que Enoc ascendió al cielo sin morir; «desapareció, porque Dios se lo llevó»*. Pues antes de ser llevado, lo conocían como una persona que agradaba a Dios. [6]De hecho, sin fe es imposible agradar a Dios. Todo el que desee acercarse a Dios debe creer que él existe y que él recompensa a los que lo buscan con sinceridad.

[7]Fue por la fe que Noé construyó un barco grande para salvar a su familia del diluvio en obediencia a Dios, quien le advirtió de cosas que nunca antes habían sucedido. Por su fe, Noé condenó al resto del mundo y recibió la justicia que viene por la fe.

[8]Fue por la fe que Abraham obedeció cuando Dios lo llamó para que dejara su tierra y fuera a otra que él le daría por herencia. Se fue sin saber adónde iba. [9]Incluso cuando llegó a la tierra que Dios le había prometido, vivió allí por fe, pues era como un extranjero que vive en carpas. Lo mismo hicieron Isaac y Jacob, quienes heredaron la misma promesa. [10]Abraham esperaba con confianza una ciudad de cimientos eternos, una ciudad diseñada y construida por Dios.

[11]Fue por la fe que hasta Sara pudo tener un hijo, a pesar de ser estéril y demasiado anciana. Ella creyó* que Dios cumpliría su promesa. [12]Así que una nación entera provino de este solo hombre, quien estaba casi muerto en cuanto a tener hijos; una nación con tantos habitantes que, como las estrellas de los cielos y la arena de la orilla del mar, es imposible contar.

[13]Todas estas personas murieron aún creyendo lo que Dios les había prometido. Y aunque no recibieron lo prometido, lo vieron desde lejos y lo aceptaron con gusto. Coincidieron en que eran extranjeros y nómadas aquí en este mundo. [14]Es obvio que quienes se expresan así esperan tener su propio país. [15]Si hubieran añorado el país del que salieron, bien podrían haber regresado. [16]Sin embargo, buscaban un lugar mejor, una patria celestial. Por eso, Dios no se avergüenza de ser llamado el Dios de ellos, pues les ha preparado una ciudad.

[17]Fue por la fe que Abraham ofreció a Isaac en sacrificio cuando Dios lo puso a prueba. Abraham, quien había recibido las promesas de Dios, estuvo dispuesto a sacrificar a su único hijo, Isaac, [18]aun cuando Dios le había dicho: «Isaac es el hijo mediante el cual procederán tus descendientes»*. [19]Abraham llegó a la conclusión de que

***Notas textuales** **10:20** En griego *Mediante su carne.* ***Notas textuales** **10:30a** Dt 32:35. **10:30b** Dt 32:36. **10:32** En griego *cuando fueron iluminados por primera vez.* **10:38** O *Mis justos vivirán por su fidelidad*; en griego dice *Mi justo vivirá por la fe.* **10:37-38** Ha 2:3-4. **11:5** Gn 5:24. **11:11** O *Fue por la fe que él [Abraham] pudo tener un hijo, aunque Sara era estéril y él era demasiado anciano. Él creyó.* **11:18** Gn 21:12.

Referencias cruzadas **10:25** Hch 2:42 **10:26-30** Ef 4:30 **Referencias cruzadas** **10:32-34** 1 Co 4:9 **10:36-39** Ha 2:3-4 **11:1** Rm 8:24 **11:5** Gn 5:21-24 **11:9-10** Hb 6:17 **11:12** Gn 22:17 **11:16** Ex 3:6, 15

si Isaac moría, Dios tenía el poder para volverlo a la vida; y en cierto sentido, Abraham recibió de vuelta a su hijo de entre los muertos.

20Fue por la fe que Isaac prometió a sus hijos, Jacob y Esaú, bendiciones para el futuro.

21Fue por la fe que Jacob, cuando ya era anciano y estaba por morir, bendijo a cada uno de los hijos de José y se inclinó para adorar, apoyado en su vara.

22Fue por la fe que José, cuando iba a morir, declaró con confianza que el pueblo de Israel saldría de Egipto. Incluso les mandó que se llevaran sus huesos cuando ellos salieran.

23Fue por la fe que cuando nació Moisés, sus padres lo escondieron durante tres meses. Vieron que Dios les había dado un hijo fuera de lo común y no tuvieron temor de desobedecer la orden del rey.

24Fue por la fe que Moisés, cuando ya fue adulto, rehusó llamarse hijo de la hija del faraón. 25Prefirió ser maltratado con el pueblo de Dios a disfrutar de los placeres momentáneos del pecado. 26Consideró que era mejor sufrir por causa de Cristo que poseer los tesoros de Egipto, pues tenía la mirada puesta en la gran recompensa que recibiría. 27Fue por la fe que Moisés salió de la tierra de Egipto sin temer el enojo del rey. Siguió firme en su camino porque tenía los ojos puestos en el Invisible. 28Fue por la fe que Moisés ordenó que el pueblo de Israel celebrara la Pascua y rociara con sangre los marcos de las puertas para que el ángel de la muerte no matara a ninguno de sus primeros hijos varones.

29Fue por la fe que el pueblo de Israel atravesó el mar Rojo como si estuviera pisando tierra seca, pero cuando los egipcios intentaron seguirlos, murieron todos ahogados.

30Fue por la fe que el pueblo de Israel marchó alrededor de Jericó durante siete días, y las murallas se derrumbaron.

31Fue por la fe que Rahab, la prostituta, no fue destruida junto con los habitantes de su ciudad que se negaron a obedecer a Dios. Pues ella había recibido en paz a los espías.

32¿Cuánto más les tengo que decir? Se necesitaría demasiado tiempo para contarles acerca de la fe de Gedeón, Barac, Sansón, Jefté, David, Samuel y todos los profetas. 33Por la fe esas personas conquistaron reinos, gobernaron con justicia y recibieron lo que Dios les había prometido. Cerraron bocas de leones, 34apagaron llamas de fuego y escaparon de morir a filo de espada. Su debilidad se convirtió en fortaleza. Llegaron a ser poderosos en batalla e hicieron huir a ejércitos enteros. 35Hubo mujeres que recibieron otra vez con vida a sus seres queridos que habían muerto.

Sin embargo, otros fueron torturados, porque rechazaron negar a Dios a cambio de la libertad. Ellos pusieron su esperanza en una vida mejor que viene después de la resurrección. 36Algunos fueron ridiculizados y sus espaldas fueron laceradas con látigos; otros fueron encadenados en prisiones. 37Algunos murieron apedreados, a otros los cortaron por la mitad con una sierra* y a otros los mataron a espada. Algunos anduvieron vestidos con pieles de ovejas y cabras, desposeídos y oprimidos y maltratados. 38Este mundo no era digno de ellos. Vagaron por desiertos y montañas, se escondieron en cuevas y hoyos de la tierra.

39Debido a su fe, todas esas personas gozaron de una buena reputación, aunque ninguno recibió todo lo que Dios le había prometido. 40Pues Dios tenía preparado algo mejor para nosotros, de modo que ellos no llegaran a la perfección sin nosotros.

¡Respuestas Bíblicas! 186 ¿Qué hace la fe?

11:39 La fe puesta en Jesús nos salva y luego nos hace valientes y ayuda a los creyentes a lograr grandes cosas. Hebreos 11 hace una lista de muchos héroes de la fe.

La disciplina de Dios demuestra su amor

12 Por lo tanto, ya que estamos rodeados por una enorme multitud de testigos de la vida de fe, quitémonos todo peso que nos impida correr, especialmente el pecado que tan fácilmente nos hace tropezar. Y corramos con perseverancia la carrera que Dios nos ha puesto por delante. 2Esto lo hacemos al fijar la mirada en Jesús, el campeón que inicia y perfecciona nuestra fe.* Debido al gozo* que le esperaba, Jesús soportó la cruz, sin importarle la vergüenza que esta representaba. Ahora está sentado en el lugar de honor, junto al trono de Dios. 3Piensen en toda la hostilidad que soportó por parte de pecadores,* así no se cansarán ni se darán por vencidos. 4Después de todo, ustedes aún no han dado su vida en la lucha contra el pecado.

5¿Acaso olvidaron las palabras de aliento con que Dios les habló a ustedes como a hijos? Él dijo:

«Hijo mío, no tomes a la ligera la disciplina del Señor
y no te des por vencido cuando te corrige.
6 Pues el Señor disciplina a los que ama
y castiga a todo el que recibe como hijo»*.

7Al soportar esta disciplina divina, recuerden que Dios los trata como a sus propios hijos. ¿Acaso alguien oyó hablar de un hijo que nunca fue disciplinado por su padre? 8Si Dios no los disciplina a ustedes como lo hace con todos sus hijos, quiere decir que ustedes no son verdaderamente sus hijos, sino que son ilegítimos. 9Ya que respetábamos a nuestros padres terrenales que nos disciplinaban, ¿acaso no deberíamos someternos aún más a la disciplina del Padre de nuestro espíritu, y así vivir para siempre*?

10Pues nuestros padres terrenales nos disciplinaron durante algunos años e hicieron lo mejor que pudieron, pero la disciplina de Dios siempre es buena para nosotros, a fin de que participemos de su santidad. 11Ninguna disciplina resulta agradable a la hora de recibirla. Al contrario, ¡es dolorosa! Pero después, produce la apacible cosecha de una vida recta para los que han sido entrenados por ella.

12Por lo tanto, renueven las fuerzas de sus manos cansadas y fortalezcan sus rodillas debilitadas. 13Tracen un camino recto para sus pies, a fin de que los débiles y los cojos no caigan, sino que se fortalezcan.

***Notas textuales** **11:37** Algunos manuscritos agregan *algunos fueron puestos a prueba.* **12:2a** O *Jesús, el autor y perfeccionador de nuestra fe.* **12:2b** O *En lugar del gozo.* **12:3** Algunos manuscritos dicen *Piensen en cómo la gente se hiere a sí misma al oponerse a él.* **12:5-6** Pr 3:11-12 (versión griega). **12:9** O *y así vivir realmente?*

Referencias cruzadas **11:21** Gn 48:1, 8-22 **11:23** Ex 1:16, 22 **11:28** Ex 12:21-23 **11:31** Jos 6:22-25 **11:38** 1 Re 18:4 **12:1** Flp 3:12 **12:3** Hb 10:32-34

Un llamado a escuchar a Dios

14Esfuércense por vivir en paz con todos y procuren lle-
var una vida santa, porque los que no son santos no verán
al Señor. 15Cuídense unos a otros, para que ninguno de
ustedes deje de recibir la gracia de Dios. Tengan cuidado
de que no brote ninguna raíz venenosa de amargura, la
cual los trastorne a ustedes y envenene a muchos. 16Ase-
gúrense de que ninguno sea inmoral ni profano como
Esaú, que cambió sus derechos de primer hijo varón por
un simple plato de comida. 17Ustedes saben que después,
cuando quiso recibir la bendición de su padre, fue recha-
zado. Ya era demasiado tarde para arrepentirse, a pesar
de que suplicó con lágrimas amargas.

18Ustedes no se han acercado a una montaña* que se
pueda tocar, a un lugar que arde en llamas, un lugar de
oscuridad y tinieblas, rodeado por un torbellino, como
les sucedió a los israelitas cuando llegaron al monte Sinaí.
19Ellos oyeron un imponente toque de trompeta y una
voz tan temible que le suplicaron a Dios que dejara de
hablar. 20Retrocedieron tambaleándose bajo el mandato
de Dios: «Si tan solo un animal toca la montaña, deberá
morir apedreado»*. 21Incluso Moisés se asustó tanto de lo
que vio que dijo: «Estoy temblando de miedo»*.

22En cambio, ustedes han llegado al monte Sion, a
la ciudad del Dios viviente, a la Jerusalén celestial, y a
incontables miles de ángeles que se han reunido llenos
de gozo. 23Ustedes han llegado a la congregación de los
primogénitos de Dios, cuyos nombres están escritos en el
cielo. Ustedes han llegado a Dios mismo, quien es el juez
sobre todas las cosas. Ustedes han llegado a los espíritus
de los justos, que están en el cielo y que ya han sido per-
feccionados. 24Ustedes han llegado a Jesús, el mediador
del nuevo pacto entre Dios y la gente, y también a la san-
gre rociada, que habla de perdón en lugar de clamar por
venganza como la sangre de Abel.

25Tengan cuidado de no negarse a escuchar a Aquel
que habla. Pues, si el pueblo de Israel no escapó cuando
se negó a escuchar a Moisés, el mensajero terrenal, ¡cier-
tamente nosotros tampoco escaparemos si rechazamos a
Aquel que nos habla desde el cielo! 26Cuando Dios habló
desde el monte Sinaí, su voz hizo temblar la tierra, pero
ahora él hace otra promesa: «Una vez más, haré temblar
no solo la tierra, sino también los cielos»*. 27Eso significa
que toda la creación será agitada y removida, para que solo
permanezcan las cosas inconmovibles.

28Ya que estamos recibiendo un reino inconmovible,
seamos agradecidos y agrademos a Dios adorándolo con
santo temor y reverencia, 29porque nuestro Dios es un
fuego que todo lo consume.

Palabras finales

13 Sigan amándose unos a otros como hermanos.*
2No se olviden de brindar hospitalidad a los
desconocidos, porque algunos que lo han hecho, ¡han
hospedado ángeles sin darse cuenta! 3Acuérdense de
aquellos que están en prisión, como si ustedes mismos
estuvieran allí. Acuérdense también de los que son maltra-
tados, como si ustedes mismos sintieran en carne propia
el dolor de ellos.

4Honren el matrimonio, y los casados manténganse
fieles el uno al otro. Con toda seguridad, Dios juzgará a
los que cometen inmoralidades sexuales y a los que co-
meten adulterio.

5No amen el dinero; estén contentos con lo que tienen,
pues Dios ha dicho:

«Nunca te fallaré.
Jamás te abandonaré»*.

6Así que podemos decir con toda confianza:

«El SEÑOR es quien me ayuda,
por tanto, no temeré.
¿Qué me puede hacer un simple mortal?»*.

7Acuérdense de los líderes que les enseñaron la palabra
de Dios. Piensen en todo lo bueno que haya resultado de
su vida y sigan el ejemplo de su fe.

8Jesucristo es el mismo ayer, hoy y siempre. 9Así que no
se dejen cautivar por ideas nuevas y extrañas. Su fortaleza
espiritual proviene de la gracia de Dios y no depende de
reglas sobre los alimentos, que de nada sirven a quienes
las siguen.

10Tenemos un altar del cual los sacerdotes del taber-
náculo* no tienen derecho a comer. 11Bajo el sistema an-
tiguo, el sumo sacerdote llevaba la sangre de los animales
al Lugar Santo como sacrificio por el pecado, y los cuerpos
de esos animales se quemaban fuera del campamento.
12De igual manera, Jesús sufrió y murió fuera de las puer-
tas de la ciudad para hacer santo a su pueblo mediante
su propia sangre. 13Entonces salgamos al encuentro de
Jesús, fuera del campamento, y llevemos la deshonra que
él llevó. 14Pues este mundo no es nuestro hogar perma-
nente; esperamos el hogar futuro.

15Por lo tanto, por medio de Jesús, ofrezcamos un
sacrificio continuo de alabanza a Dios, mediante el cual
proclamamos nuestra lealtad a su nombre. 16Y no se ol-
viden de hacer el bien ni de compartir lo que tienen con
quienes pasan necesidad. Estos son los sacrificios que le
agradan a Dios.

17Obedezcan a sus líderes espirituales y hagan lo que
ellos dicen. Su tarea es cuidar el alma de ustedes y tienen
que rendir cuentas a Dios. Denles motivos para que la
hagan con alegría y no con dolor. Esto último ciertamente
no los beneficiará a ustedes.

18Oren por nosotros, pues tenemos la conciencia lim-
pia y deseamos comportarnos con integridad en todo lo
que hacemos. 19Y oren especialmente para que pueda
regresar a verlos pronto.

20 Y ahora, que el Dios de paz
—quien levantó de entre los muertos a nuestro
Señor Jesús,
el gran Pastor de las ovejas,
y que ratificó un pacto eterno con su sangre—
21 los capacite con todo lo que necesiten
para hacer su voluntad.
Que él produzca en ustedes,*
mediante el poder de Jesucristo,
todo lo bueno que a él le agrada.

***Notas textuales** **12:18** En griego *a algo.* **12:20** Ex 19:13. **12:21** Dt 9:19. **12:26** Hag 2:6. **13:1** En griego *Continúen en amor fraternal.* **13:5** Dt 31:6, 8. **13:6** Sal 118:6. **13:10** O *de la carpa.* **13:21** Algunos manuscritos dicen *en nosotros.*

Referencias cruzadas **12:16-17** Gn 25:29-34 **12:19-21** Ex 20:19 **12:29** Dt 4:24 **13:4** 1 Co 6:9 **13:10** 1 Co 9:13 **13:15-16** Flp 4:18 **13:21** Flp 2:13

¡A él sea toda la gloria por siempre y para siempre!
Amén.

22Les ruego, amados hermanos, que hagan caso a lo
que les escribí en esta breve exhortación.
23Quiero que sepan que nuestro hermano Timoteo
ya salió de la cárcel. Si llega pronto, lo llevaré conmigo
cuando vaya a verlos.
24Saluden a todos los líderes y a todos los creyentes que
están allí.* Los creyentes de Italia les envían sus saludos.
25Que la gracia de Dios sea con todos ustedes.

***Notas textuales 13:24** En griego *y a todo el pueblo santo de Dios.*

SANTIAGO

¿Por qué es importante?

Para Santiago, una fe que no produce un cambio en la vida real no es una fe verdadera. Lo que Dios quiere no es solamente que sepamos lo que enseña la Biblia, sino que hagamos lo que propone. Esta carta es muy importante para dejar en claro de que la fe cristiana no es para "parecer buenos" sino para que bendigamos a otras personas demostrando que vale la pena confiar en Dios.

¿Por qué fue escrito?

El mensaje principal es el peligro que tiene la comunidad de volver su fe una cosa meramente de ideas y no de prácticas. Salvar a esta comunidad de la práctica fría de la fe, de la indiferencia a las necesidades de los más pobres, de la discriminación y los pleitos internos era la intención fundamental del autor. Contiene una fuerte carga social, muy parecida a las denuncias hechas por algunos profetas del Antiguo Testamento.

¿Quién lo escribió?

Tradicionalmente la iglesia ha aceptado al Santiago (Jacobo), hermano de Jesús como autor de este escrito. Él fue reconocido como líder de la iglesia en Jerusalén (Hechos 12:17; 15:13; 21:18). Se diferencia de Santiago hermano de Juan y de Santiago hijo de Alfeo.

¿A quién lo escribió?

El autor usa el término "a las doce Tribus de Israel". Algunos piensan que los destinatarios son un grupo de judeocristianos ubicados en algún lugar del Imperio en el primer siglo. Santiago se refiere a sus lectores como "hermanos" quince veces.

¿Cuándo y dónde lo escribió?

La mayoría de los estudiosos concuerdan que se escribió en Jerusalén, antes del 62 d.C. Aunque también algunos apoyan la hipótesis que la carta puede ser de un discípulo de Santiago (ya que la carta está redactada en un muy buen griego).

Paso a paso

1. Sabiduría ante las pruebas y tentaciones (1:1-18)
2. La obediencia a la Palabra de Dios (1:19-27)
3. Imparcialidad (2:1-13)
4. Las buenas obras (2:14-26)
5. La lengua (3:1-12)
6. Dos clases de sabiduría (3:13-18)
7. Advertencias contra los placeres del mundo (4:1-17)
8. La injusticia hacia el prójimo (5:1-6)
9. Esperanza (5:7-12)
10. La oración (5:13-18)

Santiago

Saludos de Santiago

1 Yo, Santiago, esclavo de Dios y del Señor Jesucristo, escribo esta carta a las «doce tribus»: los creyentes judíos que están dispersos por el mundo.

¡Reciban mis saludos!

Fe y constancia

[2]Amados hermanos, cuando tengan que enfrentar cualquier tipo de problemas, considérenlo como un tiempo para alegrarse mucho [3]porque ustedes saben que, siempre que se pone a prueba la fe, la constancia tiene una oportunidad para desarrollarse. [4]Así que dejen que crezca, pues una vez que su constancia se haya desarrollado plenamente, serán perfectos y completos, y no les faltará nada.

[5]Si necesitan sabiduría, pídansela a nuestro generoso Dios, y él se la dará; no los reprenderá por pedirla. [6]Cuando se la pidan, asegúrense de que su fe sea solamente en Dios, y no duden, porque una persona que duda tiene la lealtad dividida y es tan inestable como una ola del mar que el viento arrastra y empuja de un lado a otro. [7]Esas personas no deberían esperar nada del Señor; [8]su lealtad está dividida entre Dios y el mundo, y son inestables en todo lo que hacen.

[9]Los creyentes que son pobres* pueden estar orgullosos, porque Dios los ha honrado; [10]y los que son ricos* deberían estar orgullosos de que Dios los ha humillado. Se marchitarán como una pequeña flor de campo. [11]Cuando el sol calienta mucho y se seca el pasto, la flor pierde su fuerza, cae y desaparece su belleza. De la misma manera, se marchitarán los ricos junto con todos sus logros.

[12]Dios bendice a los que soportan con paciencia las pruebas y las tentaciones, porque después de superarlas, recibirán la corona de vida que Dios ha prometido a quienes lo aman. [13]Cuando sean tentados, acuérdense de no decir: «Dios me está tentando». Dios nunca es tentado a hacer el mal* y jamás tienta a nadie. [14]La tentación viene de nuestros propios deseos, los cuales nos seducen y nos arrastran. [15]De esos deseos nacen los actos pecaminosos, y el pecado, cuando se deja crecer, da a luz la muerte.

[16]Así que no se dejen engañar, mis amados hermanos. [17]Todo lo que es bueno y perfecto es un regalo que desciende a nosotros de parte de Dios nuestro Padre, quien creó todas las luces de los cielos.* Él nunca cambia ni varía como una sombra en movimiento.* [18]Él, por su propia voluntad, nos hizo nacer de nuevo por medio de la palabra de verdad que nos dio y, de toda la creación, nosotros llegamos a ser su valiosa posesión.*

Escuchar y obedecer

[19]Mis amados hermanos, quiero que entiendan lo siguiente: todos ustedes deben ser rápidos para escuchar, lentos para hablar y lentos para enojarse. [20]El enojo humano* no produce la rectitud* que Dios desea. [21]Así que quiten de su vida todo lo malo y lo sucio, y acepten con humildad la palabra que Dios les ha sembrado en el corazón, porque tiene el poder para salvar su alma.

[22]No solo escuchen la palabra de Dios; tienen que ponerla en práctica. De lo contrario, solamente se engañan a sí mismos. [23]Pues, si escuchas la palabra pero no la obedeces, sería como ver tu cara en un espejo; [24]te ves a ti mismo, luego te alejas y te olvidas cómo eres. [25]Pero si miras atentamente en la ley perfecta que te hace libre y la pones en práctica y no olvidas lo que escuchaste, entonces Dios te bendecirá por tu obediencia.

[26]Si afirmas ser religioso pero no controlas tu lengua, te engañas a ti mismo y tu religión no vale nada. [27]La religión pura y verdadera a los ojos de Dios Padre consiste en ocuparse de los huérfanos y de las viudas en sus aflicciones, y no dejar que el mundo te corrompa.

No mostrar preferencia entre las personas

2 Mis amados hermanos, ¿cómo pueden afirmar que tienen fe en nuestro glorioso Señor Jesucristo si favorecen más a algunas personas que a otras?

[2]Por ejemplo, supongamos que alguien llega a su reunión* vestido con ropa elegante y joyas costosas y al mismo tiempo entra una persona pobre y con ropa sucia. [3]Si ustedes le dan un trato preferencial a la persona rica y le dan un buen asiento, pero al pobre le dicen: «Tú puedes quedarte de pie allá o bien sentarte en el piso», ¿acaso [4]esta discriminación no demuestra que sus juicios son guiados por malas intenciones?

[5]Escúchenme, amados hermanos. ¿No eligió Dios a los pobres de este mundo para que sean ricos en fe? ¿No son ellos los que heredarán el reino que Dios prometió a quienes lo aman? [6]¡Pero ustedes desprecian a los pobres! ¿Acaso no son los ricos quienes los oprimen a ustedes y los arrastran a los tribunales? [7]¿Acaso no son ellos los que insultan a Jesucristo, cuyo noble nombre* ustedes llevan?

[8]Por supuesto, hacen bien cuando obedecen la ley suprema tal como aparece en las Escrituras: «Ama a tu prójimo como a ti mismo»*; [9]pero si favorecen más a algunas personas que a otras, cometen pecado. Son culpables de violar la ley.

[10]Pues el que obedece todas las leyes de Dios menos

***Notas textuales** **1:9** En griego *El hermano que es de condición humilde.* **1:10** En griego *El que es rico.* **1:13** O *Dios no debe ser puesto a prueba por gente malvada*. **1:17a** En griego *desciende a nosotros de lo alto, del Padre de las luces.* **1:17b** Algunos manuscritos dicen *Él nunca cambia, como lo hace una sombra en movimiento.* **1:18** En griego *y llegamos a ser una clase de primicia de sus criaturas.* **1:20a** En griego *El enojo del hombre*. **1:20b** O *la justicia.* **2:2** En griego *sinagoga.* **2:7** En griego *insultan el noble nombre que.* **2:8** Lv 19:18.

Referencias cruzadas **1:1** Hch 15:23 **1:5-8** 1 Re 3:9-10 **1:15** Jb 15:35 **1:18** Jn 1:13 **1:21** Ef 1:13 **1:27** Is 1:17 **2:4** Jn 7:24 **2:5-7** Lc 12:21 **2:10-11** Mt 5:19

una es tan culpable como el que las desobedece todas,
11porque el mismo Dios que dijo: «No cometas adulte-
rio», también dijo: «No cometas asesinato»*. Así que, si
ustedes matan a alguien pero no cometen adulterio, de
todos modos han violado la ley.

12Entonces, en todo lo que digan y en todo lo que
hagan, recuerden que serán juzgados por la ley que los
hace libres. 13No habrá compasión para quienes no hayan
tenido compasión de otros, pero si ustedes han sido com-
pasivos, Dios será misericordioso con ustedes cuando los
juzgue.

¡Respuestas Bíblicas! 187 ¿Cómo se demuestra la fe?

2:14 La fe es más que solo decir que crees en algo. La fe real es hacer cosas que demuestren que tu fe es real. Abraham tenía fe de verdad y demostró su fe al obedecer lo que Dios le pedía. Nosotros también podemos demostrar nuestra fe en Dios haciendo lo que él nos dice que hagamos.

La fe sin buenas acciones está muerta

14Amados hermanos, ¿de qué le sirve a uno decir que
tiene fe si no lo demuestra con sus acciones? ¿Puede esa
clase de fe salvar a alguien? 15Supónganse que ven a un
hermano o una hermana que no tiene qué comer ni con
qué vestirse 16y uno de ustedes le dice: «Adiós, que tengas
un buen día; abrígate mucho y aliméntate bien», pero no
le da ni alimento ni ropa. ¿Para qué le sirve?

17Como pueden ver, la fe por sí sola no es suficiente.
A menos que produzca buenas acciones, está muerta y
es inútil.

18Ahora bien, alguien podría argumentar: «Algunas
personas tienen fe; otras, buenas acciones». Pero yo les
digo: «¿Cómo me mostrarás tu fe si no haces buenas ac-
ciones? Yo les mostraré mi fe con mis buenas acciones».

19Tú dices tener fe porque crees que hay un solo Dios.*
¡Bien hecho! Aun los demonios lo creen y tiemblan aterro-
rizados. 20¡Qué tontería! ¿Acaso no te das cuenta de que
la fe sin buenas acciones es inútil?

21¿No recuerdas que nuestro antepasado Abraham
fue declarado justo ante Dios por sus acciones cuando
ofreció a su hijo Isaac sobre el altar? 22¿Ya ves? Su fe y sus
acciones actuaron en conjunto: sus acciones hicieron que
su fe fuera completa. 23Y así se cumplió lo que dicen las
Escrituras: «Abraham le creyó a Dios, y Dios lo consi-
deró justo debido a su fe»*. Incluso lo llamaron «amigo
de Dios»*. 24Como puedes ver, se nos declara justos a
los ojos de Dios por lo que hacemos y no solo por la fe.

25Rahab, la prostituta, es otro ejemplo. Fue declarada
justa ante Dios por sus acciones cuando ella escondió a
los mensajeros y los ayudó a regresar sin riesgo alguno
por otro camino. 26Así como el cuerpo sin aliento* está
muerto, así también la fe sin buenas acciones está muerta.

Control de la lengua

3 Amados hermanos, no muchos deberían llegar a ser
maestros en la iglesia, porque los que enseñamos
seremos juzgados de una manera más estricta. 2Es cierto
que todos cometemos muchos errores. Pues, si pudiéra-
mos dominar la lengua, seríamos perfectos, capaces de
controlarnos en todo sentido.

3Podemos hacer que un caballo vaya adonde queramos
si le ponemos un pequeño freno en la boca. 4También un
pequeño timón hace que un enorme barco gire adonde
desee el capitán, por fuertes que sean los vientos. 5De la
misma manera, la lengua es algo pequeño que pronuncia
grandes discursos.

Así también una sola chispa puede incendiar todo
un bosque. 6De todas las partes del cuerpo, la lengua es
una llama de fuego. Es un mundo entero de maldad que
corrompe todo el cuerpo. Puede incendiar toda la vida,
porque el infierno mismo la enciende.*

7El ser humano puede domar toda clase de animales,
aves, reptiles y peces, 8pero nadie puede domar la lengua.
Es maligna e incansable, llena de veneno mortal. 9A veces
alaba a nuestro Señor y Padre, y otras veces maldice a
quienes Dios creó a su propia imagen. 10Y así, la bendición
y la maldición salen de la misma boca. Sin duda, herma-
nos míos, ¡eso no está bien! 11¿Acaso puede brotar de un
mismo manantial agua dulce y agua amarga? 12¿Acaso
una higuera puede dar aceitunas o una vid, higos? No,
como tampoco puede uno sacar agua dulce de un ma-
nantial salado.*

La verdadera sabiduría proviene de Dios

13Si ustedes son sabios y entienden los caminos de Dios,
demuéstrenlo viviendo una vida honesta y haciendo
buenas acciones con la humildad que proviene de la
sabiduría; 14pero si tienen envidias amargas y ambicio-
nes egoístas en el corazón, no encubran la verdad con
jactancias y mentiras. 15Pues la envidia y el egoísmo no
forman parte de la sabiduría que proviene de Dios. Dichas
cosas son terrenales, puramente humanas y demoníacas.
16Pues, donde hay envidias y ambiciones egoístas, tam-
bién habrá desorden y toda clase de maldad.

17Sin embargo, la sabiduría que proviene del cielo es,
ante todo, pura y también ama la paz; siempre es amable y
dispuesta a ceder ante los demás. Está llena de compasión
y del fruto de buenas acciones. No muestra favoritismo y
siempre es sincera. 18Y los que procuran la paz sembrarán
semillas de paz y recogerán una cosecha de justicia.*

Acercarse más a Dios

4 ¿Qué es lo que causa las disputas y las peleas entre
ustedes? ¿Acaso no surgen de los malos deseos que
combaten en su interior? 2Desean lo que no tienen, en-
tonces traman y hasta matan para conseguirlo. Envidian
lo que otros tienen, pero no pueden obtenerlo, por eso
luchan y les hacen la guerra para quitárselo. Sin embargo,
no tienen lo que desean porque no se lo piden a Dios.
3Aun cuando se lo piden, tampoco lo reciben porque lo
piden con malas intenciones: desean solamente lo que
les dará placer.

4¡Adúlteros!* ¿No se dan cuenta de que la amistad con
el mundo los convierte en enemigos de Dios? Lo repito:
si alguien quiere ser amigo del mundo, se hace enemigo
de Dios. 5¿Acaso piensan que las Escrituras no significan
nada? Ellas dicen que Dios desea fervientemente que el

***Notas textuales** **2:11** Ex 20:13-14; Dt 5:17-18. **2:19** Algunos manuscritos dicen *que Dios es uno*; ver Dt 6:4. **2:23a** Gn 15:6. **2:23b** Ver Is 41:8. **2:26** O *sin espíritu.* **3:6** O *porque se quemará en el infierno* (en griego *Gehena*). **3:12** En griego *de la sal.* **3:18** O *de cosas buenas*. **4:4** En griego *¡Adúlteras!*

Referencias cruzadas **2:17** Mt 7:26 **2:19** Mt 8:29 **2:26** Hb 11:31 **3:2** Mt 12:37 **3:9** Gn 1:26-27 **4:2-3** Rm 7:23

espíritu que puso dentro de nosotros le sea fiel.* 6Y él da
gracia con generosidad. Como dicen las Escrituras:

«Dios se opone a los orgullosos
pero da gracia a los humildes»*.

7Así que humíllense delante de Dios. Resistan al diablo,
y él huirá de ustedes. 8Acérquense a Dios, y Dios se acer-
cará a ustedes. Lávense las manos, pecadores; purifiquen
su corazón, porque su lealtad está dividida entre Dios y el
mundo. 9Derramen lágrimas por lo que han hecho. Que
haya lamento y profundo dolor. Que haya llanto en lugar
de risa y tristeza en lugar de alegría. 10Humíllense delante
del Señor, y él los levantará con honor.

No juzgar a los demás

11Amados hermanos, no hablen mal los unos de los otros.
Si se critican y se juzgan entre ustedes, entonces critican y
juzgan la ley de Dios. En cambio, les corresponde obedecer
la ley, no hacer la función de jueces. 12Solo Dios, quien
ha dado la ley, es el Juez. Solamente él tiene el poder para
salvar o destruir. Entonces, ¿qué derecho tienes tú para
juzgar a tu prójimo?

Advertencia para los que confían en sí mismos

13Presten atención, ustedes que dicen: «Hoy o mañana
iremos a tal o cual ciudad y nos quedaremos un año. Ha-
remos negocios allí y ganaremos dinero». 14¿Cómo saben
qué será de su vida el día de mañana? La vida de ustedes
es como la neblina del amanecer: aparece un rato y luego
se esfuma. 15Lo que deberían decir es: «Si el Señor quiere,
viviremos y haremos esto o aquello». 16De lo contrario,
están haciendo alarde de sus propios planes pretenciosos,
y semejante jactancia es maligna.

17Recuerden que es pecado saber lo que se debe hacer
y luego no hacerlo.

Advertencia para los ricos

5 Presten atención, ustedes los ricos: lloren y giman con
angustia por todas las calamidades que les esperan.
2Su riqueza se está pudriendo, y su ropa fina son trapos
carcomidos por polillas. 3Su oro y plata se han corroído.
Las mismas riquezas con las que contaban les consumirán
la carne como lo hace el fuego. El tesoro corroído que han
amontonado testificará contra ustedes el día del juicio.
4Así que ¡escuchen! Oigan las protestas de los obreros del
campo a quienes estafaron con el salario. Los reclamos de
quienes les cosechan sus campos han llegado a los oídos
del Señor de los Ejércitos Celestiales.
5Sus años sobre la tierra los han pasado con lujos, sa-
tisfaciendo todos y cada uno de sus deseos. Se han dejado
engordar para el día de la matanza. 6Han condenado y
matado a personas inocentes,* que no ponían resistencia.*

Paciencia y perseverancia

7Amados hermanos, tengan paciencia mientras esperan
el regreso del Señor. Piensen en los agricultores, que con
paciencia esperan las lluvias en el otoño y la primavera.
Con ansias esperan a que maduren los preciosos cultivos.
8Ustedes también deben ser pacientes. Anímense, porque
la venida del Señor está cerca.

9Hermanos, no se quejen unos de otros, o serán juz-
gados. ¡Pues miren, el Juez ya está a la puerta!

10Amados hermanos, tomen como ejemplo de pacien-
cia durante el sufrimiento a los profetas que hablaron en
nombre del Señor. 11Honramos en gran manera a quienes
resisten con firmeza en tiempo de dolor. Por ejemplo, han
oído hablar de Job, un hombre de gran perseverancia.
Pueden ver cómo al final el Señor fue bueno con él, porque
el Señor está lleno de ternura y misericordia.

12Pero sobre todo, hermanos míos, nunca juren por el
cielo ni por la tierra ni por ninguna otra cosa. Simplemente
digan «sí» o «no», para que no pequen y sean condenados.

El poder de la oración

13¿Alguno de ustedes está pasando por dificultades? Que
ore. ¿Alguno está feliz? Que cante alabanzas. 14¿Alguno
está enfermo? Que llame a los ancianos de la iglesia,
para que vengan y oren por él y lo unjan con aceite en el
nombre del Señor. 15Una oración ofrecida con fe sanará al
enfermo, y el Señor hará que se recupere; y si ha cometido
pecados, será perdonado.

16Confiésense los pecados unos a otros y oren los unos
por los otros, para que sean sanados. La oración ferviente
de una persona justa tiene mucho poder y da resultados
maravillosos. 17Elías era tan humano como cualquiera de
nosotros; sin embargo, cuando oró con fervor para que no
cayera lluvia, ¡no llovió durante tres años y medio! 18Más
tarde, cuando volvió a orar, el cielo envió lluvia, y la tierra
comenzó a dar cosechas.

Restaurar a los creyentes que se apartan

19Mis amados hermanos, si alguno de ustedes se aparta
de la verdad y otro lo hace volver, 20pueden estar seguros
de que quien haga volver al pecador de su mal camino
salvará a esa persona de la muerte y traerá como resultado
el perdón de muchos pecados.

***Notas textuales** **4:5** O *Ellas dicen que el espíritu que Dios puso dentro de nosotros está lleno de envidia*; o *Ellas dicen que el Espíritu Santo, el cual Dios puso dentro de nosotros, se opone a nuestra envidia.* **4:6** Pr 3:34 (versión griega). **5:6a** O *al Justo*; en griego dice *al justo.* **5:6b** O *¿No se resisten a ustedes?* o *¿No se opone Dios a ustedes?* o *¿No los acusan ahora ellos a ustedes delante de Dios?*

Referencias cruzadas **4:12** Mt 10:28 **4:17** Lc 12:47 **5:1-6** Hb 10:38 **5:9** Mt 24:33 **5:12** Mt 5:34-37 **5:16** Jn 9:31 **5:20** Mt 18:15

1 PEDRO

¿Por qué es importante?

Primera de Pedro se trata de la importancia de que los cristianos sepamos que es normal que haya momentos de dolor y podamos superar los problemas con buena actitud. 1 Pedro podría ser llamado el Job del Nuevo Testamento, porque da estímulo para que los cristianos nos mantengamos en el camino de Jesús, aunque una situación se ponga difícil. La resistencia a la que Pedro llamó a los cristianos es parecida a la de Job, un hombre que sufrió a pesar de su justicia. Pedro sostuvo que ésta era la clase de verdadera perseverancia que Dios espera de su pueblo.

¿Por qué fue escrito?

Animar a los lectores a permanecer en la Gracia de Dios y que vivan de acuerdo con las exigencias de este regalo. El autor comienza hablando de la alegría que significa ser cristiano, una alegría basada en la esperanza. La vida cristiana debe ser una vida digna del Dios Santo (1:13-17), digna del Cordero (1:18-21), digna de la Palabra de Dios (1:22-25).

¿Quién lo escribió?

Siempre se ha considerado a Pedro el autor de esta carta aunque un detalle curioso es que originalmente fue escrita en griego y con un lenguaje algo dificil para un pescador galileo por lo que se piensa que quizas usó un escriba que le ayudó a escribir lo que Pedro le decía.

¿A quién lo escribió?

Por las ciudades mencionadas en el principio (1:1) se puede pensar que eran cristianos en estas provincias romanas, de estilo de vida rural (y también en pequeños núcleos urbanos) que estaban sufriendo mucha hostilidad y desprecio de parte de sus pobladores. Su situación era de sufrimiento y prueba (4:12), pero no por persecución del imperio, sino por las luchas que surgen al vivir fielmente en un ambiente pagano y hostil

¿Cuándo y dónde lo escribió?

Como muchas otras cartas del Nuevo Testamento se cree que fue escrita antes del año 70.

Paso a paso

1. Alabanza por la gracia (1:1-12)
2. Implicaciones diarias de la salvación (1:13-2:3)
3. Nuestra identidad y conducta en Cristo (2:4-25)
4. Responsabilidades matrimoniales (3:1-7)
5. Cristo, nuestro ejemplo de una vida de pureza (3:8-4:19)
6. La conducta del liderazgo (5:1-4)
7. Claves para la victoria espiritual (5:5-14)

1 PEDRO

1 Pedro

Saludos de Pedro

1 Yo, Pedro, apóstol de Jesucristo, escribo esta carta a los elegidos por Dios que viven como extranjeros en las provincias de Ponto, Galacia, Capadocia, Asia y Bitinia.* [2]Dios Padre los conocía y los eligió desde hace mucho tiempo, y su Espíritu los ha hecho santos. Como resultado, ustedes lo obedecieron y fueron limpiados por la sangre de Jesucristo.

Que Dios les conceda cada vez más gracia y paz.

¡Respuestas Bíblicas! 188 ¿Cuál es la esperanza de los cristianos?

1:3 Los cristianos tenemos la esperanza del cielo. Sabemos que algún día estaremos con Jesús en el cielo. Los cristianos somos el tesoro especial de Dios. Esta es la razón por la que Pedro comienza su carta con una alabanza para Dios.

La esperanza de la vida eterna

[3]Que toda la alabanza sea para Dios, el Padre de nuestro Señor Jesucristo. Es por su gran misericordia que hemos nacido de nuevo, porque Dios levantó a Jesucristo de los muertos. Ahora vivimos con gran expectación [4]y tenemos una herencia que no tiene precio, una herencia que está reservada en el cielo para ustedes, pura y sin mancha, que no puede cambiar ni deteriorarse. [5]Por la fe que tienen, Dios los protege con su poder hasta que reciban esta salvación, la cual está lista para ser revelada en el día final, a fin de que todos la vean.

[6]Así que alégrense de verdad.* Les espera una alegría inmensa, aunque tienen que soportar muchas pruebas por un tiempo breve. [7]Estas pruebas demostrarán que su fe es auténtica. Está siendo probada de la misma manera que el fuego prueba y purifica el oro, aunque la fe de ustedes es mucho más preciosa que el mismo oro. Entonces su fe, al permanecer firme en tantas pruebas, les traerá mucha alabanza, gloria y honra en el día que Jesucristo sea revelado a todo el mundo.

[8]Ustedes aman a Jesucristo a pesar de que nunca lo han visto. Aunque ahora no lo ven, confían en él y se gozan con una alegría gloriosa e indescriptible. [9]La recompensa por confiar en él será la salvación de sus almas.

[10]Incluso los profetas quisieron saber más cuando profetizaron acerca de esta salvación inmerecida que estaba preparada para ustedes. [11]Se preguntaban a qué tiempo y en qué circunstancias se refería el Espíritu de Cristo, que estaba en ellos, cuando les dijo de antemano sobre los sufrimientos de Cristo y de la inmensa gloria que después vendría.

[12]Se les dijo que los mensajes que habían recibido no eran para ellos, sino para ustedes. Y ahora esta Buena Noticia les fue anunciada a ustedes por medio de aquellos que la predicaron con el poder del Espíritu Santo, enviado del cielo. Todo es tan maravilloso que aun los ángeles observan con gran expectación cómo suceden estas cosas.

¡Respuestas Bíblicas! 189 ¿Por qué deberíamos ser santos?

1:15 Deberíamos ser santos porque no hay mejor vida que vivir con el propósito de Dios y tomando buenas decisiones.

Llamados a una vida santa

[13]Así que preparen su mente para actuar y ejerciten el control propio. Pongan toda su esperanza en la salvación inmerecida que recibirán cuando Jesucristo sea revelado al mundo. [14]Por lo tanto, vivan como hijos obedientes de Dios. No vuelvan atrás, a su vieja manera de vivir, con el fin de satisfacer sus propios deseos. Antes lo hacían por ignorancia, [15]pero ahora sean santos en todo lo que hagan, tal como Dios, quien los eligió, es santo. [16]Pues las Escrituras dicen: «Sean santos, porque yo soy santo»*.

[17]Recuerden que el Padre celestial, a quien ustedes oran, no tiene favoritos. Él los juzgará o los recompensará según lo que hagan. Así que tienen que vivir con un reverente temor de él durante su estadía aquí como «residentes temporales». [18]Pues ustedes saben que Dios pagó un rescate para salvarlos de la vida vacía que heredaron de sus antepasados. No fue pagado con oro ni plata, los cuales pierden su valor, [19]sino que fue con la preciosa sangre de Cristo, el Cordero de Dios, que no tiene pecado ni mancha. [20]Dios lo eligió como el rescate por ustedes mucho antes de que comenzara el mundo, pero ahora en estos últimos días él ha sido revelado por el bien de ustedes.

[21]Por medio de Cristo, han llegado a confiar en Dios. Y han puesto su fe y su esperanza en Dios, porque él levantó a Cristo de los muertos y le dio una gloria inmensa.

[22]Al obedecer la verdad, ustedes quedaron limpios de sus pecados, por eso ahora tienen que amarse unos a otros como hermanos, con amor sincero.* Ámense profundamente de todo corazón.*

***Notas textuales** **1:1** *Ponto, Galacia, Capadocia, Asia* y *Bitinia* eran provincias romanas en lo que ahora es Turquía. **1:6** O *Por eso están verdaderamente alegres.* **1:16** Lv 11:44-45; 19:2; 20:7. **1:22a** En griego *ahora deben tener amor fraternal.* **1:22b** Algunos manuscritos dicen *profundamente con un corazón puro.*

Referencias cruzadas **1:2** Rm 1:7 **1:8-9** Jn 20:29 **1:12** Lc 24:49 **1:15-16** Rm 12:2

23Pues han nacido de nuevo pero no a una vida que
pronto se acabará. Su nueva vida durará para siempre
porque proviene de la eterna y viviente palabra de Dios.
24Como dicen las Escrituras:

«Los seres humanos son como la hierba,
su belleza es como la flor del campo.
La hierba se seca y la flor se marchita.
25 Pero la palabra del Señor permanece para
siempre»*.

Y esta palabra es el mensaje de la Buena Noticia que se
les ha predicado.

2 Por lo tanto, desháganse de toda mala conducta.
Acaben con todo engaño, hipocresía, celos y toda
clase de comentarios hirientes. 2Como bebés recién na-
cidos, deseen con ganas la leche espiritual pura para que
crezcan a una experiencia plena de la salvación. Pidan a
gritos ese alimento nutritivo 3ahora que han probado la
bondad del Señor.

Piedras vivas para la casa de Dios

4Ahora ustedes se acercan a Cristo, quien es la piedra viva
principal del templo de Dios. La gente lo rechazó, pero
Dios lo eligió para darle gran honra.
5Y ustedes son las piedras vivas con las cuales Dios
edifica su templo espiritual. Además, son sacerdotes
santos.* Por la mediación de Jesucristo, ustedes ofrecen
sacrificios espirituales que agradan a Dios. 6Como dicen
las Escrituras:

«Pongo en Jerusalén* una piedra principal,
elegida para gran honra,
y todo el que confíe en él
jamás será avergonzado»*.

7Así es, ustedes, los que confían en él, reconocen la honra
que Dios le ha dado;* pero para aquellos que lo rechazan,

«La piedra que los constructores rechazaron
ahora se ha convertido en la piedra principal»*.

8Además,

«Él es la piedra que hace tropezar a muchos,
la roca que los hace caer»*.

Tropiezan porque no obedecen la palabra de Dios y por
eso se enfrentan con el destino que les fue preparado.
9Pero ustedes no son así porque son un pueblo elegido.
Son sacerdotes del Rey,* una nación santa, posesión ex-
clusiva de Dios. Por eso pueden mostrar a otros la bondad
de Dios, pues él los ha llamado a salir de la oscuridad y
entrar en su luz maravillosa.

10 «Antes no tenían identidad como pueblo,
ahora son pueblo de Dios.
Antes no recibieron misericordia,
ahora han recibido la misericordia de Dios»*.

11Queridos amigos, ya que son «extranjeros y residen-
tes temporales», les advierto que se alejen de los deseos
mundanos, que luchan contra el alma. 12Procuren llevar
una vida ejemplar entre sus vecinos no creyentes. Así, por
más que ellos los acusen de actuar mal, verán que ustedes
tienen una conducta honorable y le darán honra a Dios
cuando él juzgue al mundo.*

Respeto por las autoridades

13Por amor al Señor, sométanse a toda autoridad humana,
ya sea al rey como jefe de Estado 14o a los funcionarios
que él ha nombrado. Pues a ellos el rey los ha mandado a
que castiguen a aquellos que hacen el mal y a que honren
a los que hacen el bien.
15La voluntad de Dios es que la vida honorable de uste-
des haga callar a la gente ignorante que los acusa sin fun-
damento alguno. 16Pues ustedes son libres, pero a la vez,
son esclavos de Dios, así que no usen su libertad como
una excusa para hacer el mal. 17Respeten a todos y amen
a la familia de creyentes.* Teman a Dios y respeten al rey.

¡Respuestas Bíblicas! 190 ¿Qué debemos hacer si sufrimos por ser cristianos?

2:21-23 Tomar el ejemplo de Jesús. Cuando las personas le gritaban, él no les gritó. Él no les respondió diciéndoles cosas malas. Él confió en Dios y demostró amor hasta el final por aquellos que no entendieron su mensaje.

A los esclavos

18Ustedes, los que son esclavos, deben someterse a sus
amos con todo respeto.* Hagan lo que ellos les ordenan,
no solo si son bondadosos y razonables, sino también si
son crueles. 19Pues Dios se complace cuando ustedes,
siendo conscientes de su voluntad, sufren con paciencia
cuando reciben un trato injusto. 20Es obvio que no hay
mérito en ser paciente si a uno lo golpean por haber ac-
tuado mal, pero si sufren por hacer el bien y lo soportan
con paciencia, Dios se agrada de ustedes.
21Pues Dios los llamó a hacer lo bueno, aunque eso
signifique que tengan que sufrir, tal como Cristo sufrió*
por ustedes. Él es su ejemplo, y deben seguir sus pasos.

22 Él nunca pecó
y jamás engañó a nadie.*
23 No respondía cuando lo insultaban
ni amenazaba con vengarse cuando sufría.
Dejaba su causa en manos de Dios,
quien siempre juzga con justicia.
24 Él mismo cargó nuestros pecados
sobre su cuerpo en la cruz,
para que nosotros podamos estar muertos al pecado
y vivir para lo que es recto.
Por sus heridas,
ustedes son sanados.
25 Antes eran como ovejas
que andaban descarriadas.

***Notas textuales** **1:24-25** Is 40:6-8. **2:5** En griego *son un sacerdocio santo*. **2:6a** En griego *en Sion*. **2:6b** Is 28:16 (versión griega). **2:7a** O *Así es, para ustedes que creen, hay honor*. **2:7b** Sal 118:22. **2:8** Is 8:14. **2:9** En griego *Son un sacerdocio del Rey*. **2:10** Os 1:6, 9; 2:23. **2:12** O *a Dios en el día de la visitación*. **2:17** En griego *amen a la hermandad*. **2:18** O *sus amos porque temen a Dios*; en griego dice *sus amos en todo temor*. **2:21** Algunos manuscritos dicen *murió*. **2:22** Is 53:9.

Referencias cruzadas **1:23** Jn 1:13 **2:5** Flp 4:18 **2:12** Mt 5:16 **2:21** Mt 16:24

Pero ahora han vuelto a su Pastor,
al Guardián de sus almas.

A las esposas

3 De la misma manera, ustedes esposas, tienen que aceptar la autoridad de sus esposos. Entonces, aun cuando alguno de ellos se niegue a obedecer la Buena Noticia, la vida recta de ustedes les hablará sin palabras. Ellos serán ganados 2al observar la vida pura y la conducta respetuosa de ustedes.

3No se interesen tanto por la belleza externa: los peinados extravagantes, las joyas costosas o la ropa elegante. 4En cambio, vístanse con la belleza interior, la que no se desvanece, la belleza de un espíritu tierno y sereno, que es tan precioso a los ojos de Dios. 5Así es como lucían hermosas las santas mujeres de la antigüedad. Ellas ponían su confianza en Dios y aceptaban la autoridad de sus maridos. 6Por ejemplo, Sara obedecía a su esposo, Abraham, y lo llamaba «señor». Ustedes son sus hijas cuando hacen lo correcto sin temor a lo que sus esposos pudieran hacer.

A los esposos

7De la misma manera, ustedes maridos, tienen que honrar a sus esposas. Cada uno viva con su esposa y trátela con entendimiento. Ella podrá ser más débil, pero participa por igual del regalo de la nueva vida que Dios les ha dado. Trátenla como es debido, para que nada estorbe las oraciones de ustedes.

A todos los cristianos

8Por último, todos deben ser de un mismo parecer. Tengan compasión unos de otros. Ámense como hermanos y hermanas.* Sean de buen corazón y mantengan una actitud humilde. 9No paguen mal por mal. No respondan con insultos cuando la gente los insulte. Por el contrario, contesten con una bendición. A esto los ha llamado Dios, y él les concederá su bendición. 10Pues las Escrituras dicen:

«Si quieres disfrutar de la vida
y ver muchos días felices,
refrena tu lengua de hablar el mal
y tus labios de decir mentiras.
11 Apártate del mal y haz el bien.
Busca la paz y esfuérzate por mantenerla.
12 Los ojos del SEÑOR están sobre los que hacen lo bueno,
y sus oídos están abiertos a sus oraciones.
Pero el SEÑOR aparta su rostro
de los que hacen lo malo»*.

Sufrir por hacer el bien

13Ahora bien, ¿quién querrá hacerles daño si ustedes están deseosos de hacer el bien? 14Pero, aun si sufren por hacer lo correcto, Dios va a recompensarlos. Así que no se preocupen ni tengan miedo a las amenazas. 15En cambio, adoren a Cristo como el Señor de su vida. Si alguien les pregunta acerca de la esperanza que tienen como creyentes, estén siempre preparados para dar una explicación; 16pero háganlo con humildad y respeto.* Mantengan siempre limpia la conciencia. Entonces, si la gente habla en contra de ustedes será avergonzada al ver la vida recta que llevan porque pertenecen a Cristo. 17Recuerden que es mejor sufrir por hacer el bien —si eso es lo que Dios quiere— ¡que sufrir por hacer el mal!

18Cristo sufrió* por nuestros pecados una sola vez y para siempre. Él nunca pecó, en cambio, murió por los pecadores para llevarlos a salvo con Dios. Sufrió la muerte física, pero volvió a la vida en el Espíritu.*

19Por lo tanto, fue a predicarles a los espíritus encarcelados, 20esos que desobedecieron a Dios hace mucho tiempo, cuando Dios esperaba con paciencia mientras Noé construía su barco. Solo ocho personas se salvaron de morir ahogadas en ese terrible diluvio.* 21El agua del diluvio simboliza el bautismo que ahora los salva a ustedes —no por quitarles la suciedad del cuerpo, sino porque responden a Dios con* una conciencia limpia— y es eficaz por la resurrección de Jesucristo.

22Ahora Cristo ha ido al cielo. Él está sentado en el lugar de honor, al lado de Dios, y todos los ángeles, las autoridades y los poderes aceptan su autoridad.

Vivir para Dios

4 Por lo tanto, ya que Cristo sufrió dolor en su cuerpo, ustedes prepárense, adoptando la misma actitud que tuvo él, y estén listos para sufrir también. Pues, si han sufrido físicamente por Cristo, han terminado con el pecado.* 2No pasarán el resto de la vida siguiendo sus propios deseos, sino que estarán ansiosos de hacer la voluntad de Dios. 3En el pasado, han tenido más que suficiente de las cosas perversas que les gusta hacer a los que no tienen a Dios: inmoralidad y pasiones sexuales, parrandas, borracheras, fiestas desenfrenadas y abominable adoración a ídolos.

4No es de extrañarse que sus amigos de la vieja vida se sorprendan de que ustedes ya no participan en las cosas destructivas y descontroladas que ellos hacen. Por eso los calumnian, 5pero recuerden que ellos tendrán que enfrentarse con Dios, quien está listo para juzgar a todos, tanto a vivos como a muertos. 6Por esta razón, la Buena Noticia fue predicada a los que ahora están muertos;* aunque fueron destinados a morir como toda la gente,* ahora vivirán para siempre con Dios en el Espíritu.*

7El fin del mundo se acerca. Por consiguiente, sean serios y disciplinados en sus oraciones. 8Lo más importante de todo es que sigan demostrando profundo amor unos a otros, porque el amor cubre gran cantidad de pecados. 9Abran las puertas de su hogar con alegría al que necesite un plato de comida o un lugar donde dormir.

10Dios, de su gran variedad de dones espirituales, les ha dado un don a cada uno de ustedes. Úsenlos bien para servirse los unos a los otros. 11¿Has recibido el don de hablar en público? Entonces, habla como si Dios mismo estuviera hablando por medio de ti. ¿Has recibido el don de ayudar a otros? Ayúdalos con toda la fuerza y la energía que Dios te da. Así, cada cosa que hagan traerá gloria a Dios por medio de Jesucristo. ¡A él sea toda la gloria y todo el poder por siempre y para siempre! Amén.

***Notas textuales** **3:8** En griego *Muestren amor fraternal.* **3:10-12** Sal 34:12-16. **3:16** Algunas traducciones colocan esta frase en el versículo 15. **3:18a** Algunos manuscritos dicen *murió.* **3:18b** O *en espíritu.* **3:20** En griego *se salvaron mediante agua.* **3:21** O *sino como una solicitud a Dios por.* **4:1** O *Pues el* [o *Aquel*] *que sufrió físicamente ha terminado con el pecado*. **4:6a** En griego *predicada aun a los muertos*. **4:6b** O *aunque la gente los había juzgado dignos de la muerte*. **4:6c** O *en espíritu.*

Referencias cruzadas **3:7** Ef 5:25-33 **3:10-12** Sal 34:12-16 **3:22** Rm 8:38 **4:6** Hch 10:42 **4:8** Pr 10:12

La conversión de Saulo

Hechos 9:1-19

El viaje de hoy nos llevó a seguir una caravana muy especial. Había hombres bien vestidos que cabalgaban rápidamente hacia un pueblo, que luego supimos se llamaba Damasco.

Entre ellos, había un hombre joven pero muy serio; parecía estar enojado. Lo escuchamos dar instrucciones a los demás acerca de cómo sacarían de las casas a los que se llamaran ccristianos y que luego meterían en la cárcel. Su nombre era Saulo.

De pronto, una luz más brillante que la del sol nos impidió continuar, y lo siguiente que supimos es que Saulo estaba tirado en el suelo preguntando: "*¿Quién eres, Señor?*". Mientras yo corría a revisar que tanto Gloriana como Victoria estuvieran bien, tuve que pararme al escuchar una voz que le decía: "*Yo soy Jesús, a quien tú persigues*".

Saulo se levantó del suelo, pidiendo ayuda porque no podía ver. El viaje terminó allí y todos fuimos al pueblito más cercano a descansar. Saulo pasó los siguientes tres días sin comer. Había tenido un encuentro con Jesús, alguien en quien él no creía. En los últimos años, le había hecho mucho daño a los que seguían a Jesús. Ahora sabía que se había equivocado. Pero *¿qué haría a partir de ese momento?* Eso fue lo que preguntó Victoria.
Esa tarde, llegó a la casa un hombre llamado Ananías. Entró en su cuarto, le puso las manos encima y le dijo: "*Hermano Saulo, el Señor Jesús, que se te apareció en el camino, me ha enviado para que recobres la vista y seas lleno del Espíritu Santo*". En cuestión de segundos, observamos cómo unas escamas cayeron de sus ojos y recuperó la vista. Antes de regresar a casa, lo vimos ser bautizado lleno de alegría.

Saulo se convirtió en Pablo, uno de los apóstoles más poderosos que hayan existido. Él escribió la mayor parte de los libros del Nuevo Testamento.

Puede ser que conozcas a alguien que parece estar muy lejos de Jesús, y que hasta pienses que es alguien imposible de cambiar. Pero si Jesús lo logró con Saulo, *¿no crees que él también puede tocar a esa persona?*

¿Por qué no oras hoy por alguien que necesite a Jesús? Pídele a Jesús que le abra los ojos del corazón.

Es cuestión de tiempo

Hechos 15:36-41

¿Alguna vez has querido hacer cosas de los grandes, tales como manejar el auto de papá, ir solo a algún lugar o tener novio o novia, pero tus papás te dicen "todavía no es tiempo para eso"? ¡Qué frustración! *¿Por qué esperar si quiero hacerlo ahora?*

La verdad es que el esperar el tiempo correcto tiene su razón de ser. Esperar no quiere decir que no lo haremos, sino que todavía nuestras habilidades y nuestro carácter no están listos para esa responsabilidad.

El carácter es parte de lo que identifica quién eres. Se forma a lo largo de los años, desde niños, por los valores que te dan en tu familia, iglesia y escuela. El carácter es lo que necesitamos cuando tenemos que lidiar con situaciones difíciles de manera eficaz.

El personaje que conoceremos hoy es Juan Marcos. Él era primo de Bernabé y era un joven que colaboraba en la iglesia. Cuando Pablo y Bernabé comenzaron su primer viaje misionero, Bernabé sugirió que él los acompañaría como asistente del viaje. Sin embargo, hubo tantas dificultades que Juan Marcos no aguantó la presión y regresó a su casa (Hechos 13:4-13).

Un tiempo después, Pablo quiso hacer un segundo viaje misionero con Bernabé, quien quería llevar de nuevo a Juan Marcos. Pablo se opuso rotundamente porque los había abandonado en el primero. Fue tal el desacuerdo que Pablo y Bernabé se separaron. Pablo se fue con Silas, y Bernabé, con Juan Marcos.

Bernabé sabía que era cuestión de tiempo para que Juan Marcos madurara su carácter; por eso, lo tomó como su discípulo (un discípulo es una persona que sigue y aprende de otra, su maestro).

Con el paso de los años, Juan Marcos maduró y se convirtió no solo en un gran colaborador de Pablo (2 Timoteo 4:11), sino también del gran apóstol Pedro, que lo consideró como un hijo. Juan Marcos escribió todo lo que oyó acerca de Jesús. Esos escritos son lo que conocemos hoy como el "Evangelio de Marcos".

Era cuestión de tiempo para que Juan Marcos madurara y fuera de gran apoyo, no solo para los primeros cristianos, sino también para todos nosotros, que aprendemos de Jesús a través de lo que él escribió en su evangelio.

Un líder llamado Timo

Hechos 16:1-5

De los personajes mencionados en el Nuevo Testamento, uno de los más importantes es Timoteo, al que llamaremos Timo.

Timo era de una ciudad llamada Listra, ubicada en lo que hoy es Turquía. Su madre era judía y creía en Jesús. Cuando el apóstol Pablo hizo su segundo viaje para evangelizar Turquía, le llamó la atención lo bien que los creyentes hablaban de este jovencito. Pablo descubrió que amaba la Biblia y que creía en Jesús, y eso lo había aprendido de su madre, Eunice, y de su abuela Loida. Pablo decidió llevarlo con él y hacerlo su discípulo. A pesar de ser tan joven y aparentemente tan tímido, no lo pensó dos veces para irse con el apóstol a cumplir una misión emocionante pero muy difícil. Con el paso del tiempo, Timoteo probó ser un excelente compañero de viaje para Pablo y un buen servidor del Señor.

Pablo llegó a tenerle mucha confianza, al punto de enviarlo a visitar iglesias que él mismo había establecido, para animar a los creyentes y para ver cómo estaban. Para el apóstol Pablo era como un hijo, y hay cartas en las que Pablo dice que nadie lo ha servido a él y a las iglesias como Timoteo. Su amor por Dios y por los demás lo llevó muy lejos. Incluso alcanzó a escribir, junto con Pablo, algunas cartas a las iglesias cristianas, que hoy forman parte del Nuevo Testamento. Dios llenó de su Espíritu Santo a Timoteo para compartirnos su Palabra, aun a los creyentes de hoy.

Nadie imaginó, el día en que Timoteo valientemente dejó a su madre, su hogar y su ciudad, que su vida estaría llena de aventuras de fe y de un trabajo que perduraría hasta nuestros días. Era un chico como tú, quizás tímido, pero que llegó a ser fuerte en la fe y de mucha influencia durante su vida.

En algunas historias sobre sus últimos años, se cuenta que se convirtió en el pastor de una de las iglesias que se mencionan en el Nuevo Testamento, la de Éfeso. Según esas historias, Timoteo llegó a viejo sirviendo a Jesús valientemente en una ciudad que se oponía a la fe cristiana, al punto de dar su vida en defensa de su fe.

Tú y yo podemos ser como Timo. Si le damos nuestras vidas a Jesús, él puede usarnos para bendecir a muchos.

¿Te gustaría servir a Jesús como lo hizo Timo?

La gran victoria final. ¡Jesús vuelve!

Apocalipsis 21:1-22:21

Toda gran historia tiene un gran final. La Biblia tiene las mejores historias, y por eso tiene el mejor final. ¡Jesus vuelve para tener su victoria final y definitiva!

Una de las historias que más disfrutamos es la del nacimiento de Jesús en Belén. La estrella que guió a los sabios del oriente hasta encontrar al niño, el canto de los ángeles a los pastores y el asombro de María y de Joséante todo lo que rodeó al nacimiento del Salvador. Pero, *¿sabías que Jesús prometió regresar?*

¡Así es! Dijo que vendría de una manera muy diferente que la primera vez. En esta oportunidad, será como una sorpresa, pero todos podrán contemplarlo porque abrirá el cielo como si fuera una cortina, y su luz y gloria serán vistas por todo el mundo. Los ángeles lo acompañarán y ellos recogerán a todos los que tenemos fe en Jesús para que podamos estar siempre con él. Aquellos creyentes que hubieran muerto volverán a vivir con cuerpos llenos de luz y se unirán a Jesús también.

Él promete que acabará con el mal, castigará al enemigo y junto a él a todos quienes quisieron seguir el mal. Finalmente, habrá paz en la tierra, y llegará el momento en que no habrá más enfermedad, dolor o muerte. *¿Qué te parece? ¿Crees que Jesús puede hacer eso?*

Dios al fin cumplirá lo que quiso hacer con los seres humanos desde el principio. Viviremos para siempre en una ciudad que él mismo ha construido.
Jesús nos invita a esperar con ansias ese regreso y a prepararnos. *¿Cómo?*

Amando a Dios con todo nuestro corazón, obedeciendo sus enseñanzas y siendo parte de su gran misión. Contándole al mundo con palabras y acciones que Dios nos ama y nos invita a ser parte de su familia si creemos que Jesús es el Salvador.

¡Ya conocemos el final de esta historia! ¡Jesús vuelve y vamos a vivir con él para siempre!

2 PEDRO

¿Por qué es importante?

Las iglesias a las que Pedro les escribe estaban enfrentando persecución externa y también discusiones internas. Para combatir algunas ideas equivocadas que se estaban diciendo entre los cristianos, Pedro enfatizó la necesidad del verdadero conocimiento de Dios. Este tema es super importante, ya que la palabra "conocimiento" aparece de distintas maneras hasta quince veces a lo largo de esta carta que solo tiene tres capítulos.

¿Por qué fue escrito?

La carta tiene fuerte influencia de otro escrito del Nuevo Testamento, la carta de Judas. En un tono de urgencia (1:5), el autor intenta desenmascarar a un grupo problemático que participa activamente en la iglesia (2:13). Este grupo ponía en duda la realidad de un juicio divino, producto de la aparente tardanza del Señor (3:4). Estas ideas conducían a una vida de inmoralidad (2:18,19).

Sufrir por ser cristiano

12 Queridos amigos, no se sorprendan de las pruebas de
fuego por las que están atravesando, como si algo extraño
les sucediera. 13 En cambio, alégrense mucho, porque
estas pruebas los hacen ser partícipes con Cristo de su
sufrimiento, para que tengan la inmensa alegría de ver su
gloria cuando sea revelada a todo el mundo.
14 Si los insultan porque llevan el nombre de Cristo,
serán bendecidos, porque el glorioso Espíritu de Dios*
reposa sobre ustedes.* 15 Sin embargo, si sufren, que no
sea por matar, robar, causar problemas o entrometerse
en asuntos ajenos. 16 En cambio, no es nada vergonzoso
sufrir por ser cristianos. ¡Alaben a Dios por el privilegio de
que los llamen por el nombre de Cristo! 17 Pues ha llegado
el tiempo del juicio, y debe comenzar por la casa de Dios;
y si el juicio comienza con nosotros, ¿qué terrible destino
les espera a los que nunca obedecieron la Buena Noticia
de Dios? 18 Además,

«Si los justos a duras penas se salvan,
¿qué será de los pecadores que viven sin Dios?»*.

19 De modo que, si sufren de la manera que agrada a Dios,
sigan haciendo lo correcto y confíenle su vida a Dios,
quien los creó, pues él nunca les fallará.

Consejos para los líderes y los jóvenes

5 Y ahora, una palabra para ustedes los ancianos en
las iglesias. También soy un anciano y testigo de los
sufrimientos de Cristo. Y yo también voy a participar de
su gloria cuando él sea revelado a todo el mundo. Como
anciano igual que ustedes, les ruego: 2 cuiden del rebaño
que Dios les ha encomendado. Háganlo con gusto, no
de mala gana ni por el beneficio personal que puedan
obtener de ello, sino porque están deseosos de servir a
Dios. 3 No abusen de la autoridad que tienen sobre los
que están a su cargo, sino guíenlos con su buen ejemplo.
4 Así, cuando venga el Gran Pastor, recibirán una corona
de gloria y honor eternos.
5 Del mismo modo, ustedes los más jóvenes tienen
que aceptar la autoridad de los ancianos; y todos vístanse
con humildad en su trato los unos con los otros, porque

«Dios se opone a los orgullosos
pero da gracia a los humildes»*.

6 Así que humíllense ante el gran poder de Dios y, a su
debido tiempo, él los levantará con honor. 7 Pongan todas
sus preocupaciones y ansiedades en las manos de Dios,
porque él cuida de ustedes.
8 ¡Estén alerta! Cuídense de su gran enemigo, el diablo,
porque anda al acecho como un león rugiente, buscando
a quién devorar. 9 Manténganse firmes contra él y sean
fuertes en su fe. Recuerden que su familia de creyentes*
en todo el mundo también está pasando por el mismo
sufrimiento.
10 En su bondad, Dios los llamó a ustedes a que partici-
pen de su gloria eterna por medio de Cristo Jesús. Enton-
ces, después de que hayan sufrido un poco de tiempo, él
los restaurará, los sostendrá, los fortalecerá y los afirmará
sobre un fundamento sólido. 11 ¡A él sea todo el poder para
siempre! Amén.

Saludos finales de Pedro

12 Les escribí y envié esta breve carta con la ayuda de
Silas,* a quien les encomiendo como un hermano fiel.
Mi propósito al escribirles es alentarlos y asegurarles que
lo que están atravesando es en verdad parte de la gracia
de Dios para ustedes. Manténganse firmes en esta gracia.
13 Su iglesia hermana aquí en Babilonia* les manda
saludos, al igual que mi hijo Marcos. 14 Salúdense unos a
otros con un beso de amor.

La paz sea con todos ustedes que están en Cristo.

***Notas textuales** **4:14a** O *porque la gloria de Dios, que es su Espíritu.* **4:14b** Algunos manuscritos agregan *Por ellos él es blasfemado, pero por ustedes es glorificado.* **4:18** Pr 11:31 (versión griega). **5:5** Pr 3:34 (versión griega). **5:9** En griego *su hermandad.* **5:12** En griego *Silvano.* **5:13** En griego *La elegida en Babilonia*. Es probable que Babilonia se usara como símbolo de Roma.

Referencias cruzadas **4:16** Hch 5:41 **5:4** 1 Co 9:25 **5:5-7** Hb 13:5 **5:13** Hch 12:12

El autor pone como garantía la enseñanza tanto de los apóstoles como de los profetas (AT) de que el juicio de Dios es una certeza (3:1,2). En un lenguaje que evoca al profeta Isaías, el mundo será objeto de la salvación para dar paso a un nuevo cielo y nueva tierra (3:13).

¿Quién lo escribió?

El autor se autodenomina como Simón Pedro (1:1). Nos recuerda su experiencia en el monte de la transfiguración (1:17,18). Declara que morirá en poco tiempo (1:14), haciendo alusión a palabras de Jesús que aparecen en el evangelio de Juan. Señala además que es su segunda carta haciendo alusión a la anterior (3:1) y además habla del ministerio de Pablo (3:15,16). A pesar de estos datos ha sido muy discutida la paternidad petrina de la carta. La discusión tiene siglos, pero independiente, ha sido incluida en el canon y la iglesia ha aceptado su contenido apostólico.

¿A quién lo escribió?

La carta ha sido dirigida a comunidades que no habían sido fundadas por Pedro (3:2). Si se reconoce que la carta es la continuación de la primera, los que recibieron son iglesias ubicadas en las zonas del Asia menor identificadas en la primera carta.

¿Cuándo y dónde lo escribió?

Esta segunda carta de Pedro fue escrita no mucho después de la primera antes del año 70.

Paso a paso

1. El conocimiento de la salvación (1:1-21)
2. El conocimiento de los falsos maestros y el error (2:1-22)
3. El conocimiento de la venida del Señor (3:1-18)

2 PEDRO

2 Pedro

Saludos de Pedro

1 Yo, Simón* Pedro, esclavo y apóstol de Jesucristo, les escribo esta carta a ustedes, que gozan de la misma preciosa fe que tenemos. Esta fe les fue concedida debido a la justicia e imparcialidad* de Jesucristo, nuestro Dios y Salvador.

2 Que Dios les dé cada vez más gracia y paz a medida que crecen en el conocimiento de Dios y de Jesús nuestro Señor.

Crecer en la fe

3 Mediante su divino poder, Dios nos ha dado todo lo que necesitamos para llevar una vida de rectitud. Todo esto lo recibimos al llegar a conocer a aquel que nos llamó por medio de su maravillosa gloria y excelencia; 4 y debido a su gloria y excelencia, nos ha dado grandes y preciosas promesas. Estas promesas hacen posible que ustedes participen de la naturaleza divina y escapen de la corrupción del mundo, causada por los deseos humanos.

5 En vista de todo esto, esfuércense al máximo por responder a las promesas de Dios complementando su fe con una abundante provisión de excelencia moral; la excelencia moral, con conocimiento; 6 el conocimiento, con control propio; el control propio, con perseverancia; la perseverancia, con sumisión a Dios; 7 la sumisión a Dios, con afecto fraternal, y el afecto fraternal, con amor por todos.

8 Cuanto más crezcan de esta manera, más productivos y útiles serán en el conocimiento de nuestro Señor Jesucristo; 9 pero los que no llegan a desarrollarse de esta forma son cortos de vista o ciegos y olvidan que fueron limpiados de sus pecados pasados.

10 Así que, amados hermanos, esfuércense por comprobar si realmente forman parte de los que Dios ha llamado y elegido. Hagan estas cosas y nunca caerán. 11 Entonces Dios les dará un gran recibimiento en el reino eterno de nuestro Señor y Salvador Jesucristo.

¡Respuestas Bíblicas! 191 ¿Por qué debemos confiar en la Biblia?

1:21 Fue el Espíritu Santo quien inspiró la Biblia y por eso a pesar de tener libros escritos por autores tan distintos que unos fueron reyes, otros profetas y otros pescadores y que vivieron en tiempos y lugares diferentes, tiene un solo tema que es la historia del amor de

Prestar atención a las Escrituras

12 Por lo tanto, siempre les recordaré todas estas cosas, aun cuando ya las saben y están firmes en la verdad que se les enseñó. 13 Y es justo que deba seguir recordándoselas mientras viva.* 14 Pues nuestro Señor Jesucristo me ha mostrado que pronto tendré que partir de esta vida terrenal,* 15 así que me esforzaré por asegurarme de que siempre recuerden estas cosas después de que me haya ido.

16 Pues no estábamos inventando cuentos ingeniosos cuando les hablamos de la poderosa venida de nuestro Señor Jesucristo. Nosotros vimos su majestuoso esplendor con nuestros propios ojos 17 cuando él recibió honor y gloria de parte de Dios Padre. La voz de la majestuosa gloria de Dios le dijo: «Este es mi Hijo muy amado, quien me da gran gozo»*. 18 Nosotros mismos oímos aquella voz del cielo cuando estuvimos con él en el monte santo.

19 Debido a esa experiencia, ahora confiamos aún más en el mensaje que proclamaron los profetas. Ustedes deben prestar mucha atención a lo que ellos escribieron, porque sus palabras son como una lámpara que brilla en un lugar oscuro hasta que el Día amanezca y Cristo, la Estrella de la Mañana, brille* en el corazón de ustedes. 20 Sobre todo, tienen que entender que ninguna profecía de la Escritura jamás surgió de la comprensión personal de los profetas* 21 ni por iniciativa humana. Al contrario, fue el Espíritu Santo quien impulsó a los profetas y ellos hablaron de parte de Dios.

¡Respuestas Bíblicas! 192 ¿Qué es un falso maestro?

2:1 Alguien que enseña cosas que la Biblia no dice. A veces los falsos maestros retuercen lo que dice la Biblia para que parezca que la Biblia dice otra cosa. La principal razón para leer y estudiar la Biblia es para que sepas y entiendas lo que significa.

El peligro de los falsos maestros

2 En Israel también hubo falsos profetas, tal como habrá falsos maestros entre ustedes. Ellos les enseñarán con astucia herejías destructivas y hasta negarán al Señor, quien los compró. Esto provocará su propia destrucción repentina. 2 Habrá muchos que seguirán sus malas enseñanzas y su vergonzosa inmoralidad; y por culpa de estos maestros, se hablará mal del camino de la verdad. 3 Llevados por la avaricia, inventarán mentiras ingeniosas para apoderarse del dinero de ustedes; pero

***Notas textuales** **1:1a** En griego *Simeón.* **1:1b** O *les fue concedida en la justicia.* **1:13** En griego *mientras esté en esta carpa* [o *tabernáculo*]. **1:14** En griego *pronto tendré que abandonar mi carpa* [o *tabernáculo*]. **1:17** Mt 17:5; Mc 9:7; Lc 9:35. **1:19** O *salga.* **1:20** O *ninguna profecía de la Escritura es cuestión de interpretación personal.*

Referencias cruzadas **1:1** Rm 3:21-26 **1:4** 2 Co 7:1 **1:9** 1 Jn 2:11 **1:13-15** 2 Co 5:1, 4 **1:18** Mt 3:17 **1:20-21** Hch 1:16 **2:1-3** 2 Co 2:17

Dios los condenó desde hace mucho, y su destrucción
no tardará en llegar.
4 Pues Dios ni siquiera perdonó a los ángeles que pe-
caron, sino que los arrojó al infierno,* dentro de fosas te-
nebrosas,* donde están encerrados hasta el día del juicio.
5 Dios tampoco perdonó al mundo antiguo, aparte de Noé
y a los otros siete miembros de su familia. Noé advirtió al
mundo del justo juicio de Dios, y por eso Dios lo protegió
cuando destruyó, con un gran diluvio, el mundo de los
que vivían sin Dios. 6 Tiempo después, Dios condenó las
ciudades de Sodoma y Gomorra, y las redujo a montones
de cenizas. Las puso como ejemplo de lo que le sucederá
a la gente que vive sin Dios. 7 Sin embargo, Dios también
rescató a Lot y lo sacó de Sodoma, porque Lot era un
hombre recto que estaba harto de la vergonzosa inmorali-
dad de la gente perversa que lo rodeaba. 8 Así es, Lot era un
hombre recto atormentado en su alma por la perversión
que veía y oía a diario. 9 Como ven, el Señor sabe rescatar
de las pruebas a todos los que viven en obediencia a Dios,
al mismo tiempo que mantiene castigados a los perversos
hasta el día del juicio final. 10 Él trata con particular seve-
ridad a los que se entregan a sus propios deseos sexuales
pervertidos y desprecian la autoridad.
Estas personas son orgullosas y arrogantes, y hasta
se atreven a insultar a los seres sobrenaturales* sin ni si-
quiera temblar. 11 Aun los ángeles, que son mucho más
grandes en poder y fuerza, no se atreven a presentar de
parte del Señor* cargos de blasfemia en contra de esos
seres sobrenaturales.
12 Esos falsos maestros son como animales irracio-
nales que viven por instinto y nacen para ser atrapados
y destruidos. Se burlan de lo que no entienden, e igual
que animales serán destruidos. 13 Su destrucción será la
recompensa que recibirán por el daño que han causado.
A ellos les encanta entregarse a los placeres perversos a
plena luz del día. Son una vergüenza y una mancha entre
ustedes. Se deleitan en el engaño* incluso mientras comen
con ustedes en las reuniones de compañerismo. 14 Come-
ten adulterio con solo mirar y nunca sacian su deseo por
el pecado. Incitan a los inestables a pecar y están bien
entrenados en la avaricia. Viven bajo la maldición de Dios.
15 Se apartaron del buen camino y siguieron los pasos de
Balaam, hijo de Beor,* a quien le encantaba ganar dinero
haciendo el mal; 16 pero Balaam fue detenido de su locura
cuando su burra lo reprendió con voz humana.
17 Estos individuos son tan inútiles como manantiales
secos o como la neblina que es llevada por el viento. Están
condenados a la más negra oscuridad. 18 Se jactan de sí
mismos con alardes tontos y sin sentido. Saben cómo
apelar a los deseos sexuales pervertidos, para incitar a
que vuelvan al pecado los que apenas se escapaban de una
vida de engaño. 19 Prometen libertad, pero ellos mismos
son esclavos del pecado y de la corrupción porque uno es
esclavo de aquello que lo controla. 20 Y cuando la gente
escapa de la maldad del mundo por medio de conocer a
nuestro Señor y Salvador Jesucristo, pero luego se enreda
y vuelve a quedar esclavizada por el pecado, termina peor
que antes. 21 Les hubiera sido mejor nunca haber cono-
cido el camino a la justicia, en lugar de conocerlo y luego
rechazar el mandato que se les dio de vivir una vida santa.
22 Demuestran qué tan cierto es el proverbio que dice: «Un
perro vuelve a su vómito»*. Y otro que dice: «Un cerdo
recién lavado vuelve a revolcarse en el lodo».

El día del Señor se acerca

3 Queridos amigos, esta es la segunda carta que les
escribo y, en ambas, he tratado de refrescarles la me-
moria y estimularlos a que sigan pensando sanamente.
2 Quiero que recuerden lo que los santos profetas dijeron
hace mucho y lo que nuestro Señor y Salvador ordenó
por medio de los apóstoles.
3 Sobre todo, quiero recordarles que, en los últimos
días, vendrán burladores que se reirán de la verdad y
seguirán sus propios deseos. 4 Dirán: «¿Qué pasó con la
promesa de que Jesús iba a volver? Desde tiempos antes
de nuestros antepasados, el mundo sigue igual que al
principio de la creación».
5 Deliberadamente olvidan que hace mucho tiempo
Dios hizo los cielos por la orden de su palabra, y sacó la
tierra de las aguas y la rodeó con agua. 6 Luego usó el agua
para destruir el mundo antiguo con un potente diluvio.
7 Por esa misma palabra, los cielos y la tierra que ahora
existen han sido reservados para el fuego. Están guardados
para el día del juicio, cuando será destruida la gente que
vive sin Dios.
8 Sin embargo, queridos amigos, hay algo que no
deben olvidar: para el Señor, un día es como mil años
y mil años son como un día. 9 En realidad, no es que el
Señor sea lento para cumplir su promesa, como algunos
piensan. Al contrario, es paciente por amor a ustedes.
No quiere que nadie sea destruido; quiere que todos se
arrepientan. 10 Pero el día del Señor llegará tan inespera-
damente como un ladrón. Entonces los cielos desapare-
cerán con un terrible estruendo, y los mismos elementos
se consumirán en el fuego, y la tierra con todo lo que hay
en ella quedará sometida a juicio.*
11 Dado que todo lo que nos rodea será destruido de
esta manera, ¡cómo no llevar una vida santa y vivir en
obediencia a Dios, 12 esperar con ansias el día de Dios y
apresurar que este llegue! En aquel día, él prenderá fuego
a los cielos, y los elementos se derretirán en las llamas.
13 Pero nosotros esperamos con entusiasmo los cielos nue-
vos y la tierra nueva que él prometió, un mundo lleno de
la justicia de Dios.
14 Por lo cual, queridos amigos, mientras esperan que
estas cosas ocurran, hagan todo lo posible para que se
vea que ustedes llevan una vida pacífica que es pura e
intachable a los ojos de Dios.
15 Y recuerden que la paciencia de nuestro Señor da
tiempo para que la gente sea salva. Esto es lo que nuestro
amado hermano Pablo también les escribió con la sabidu-
ría que Dios le dio, 16 al tratar estos temas en todas sus car-
tas. Algunos de sus comentarios son difíciles de entender,
y los que son ignorantes e inestables han tergiversado sus
cartas para que signifiquen algo muy diferente, así como
lo hacen con otras partes de la Escritura. Esto resultará en
su propia destrucción.

***Notas textuales** **2:4a** En griego *tártaro*. **2:4b** Algunos manuscritos dicen *en cadenas de oscuridad*. **2:10** En griego *a los seres gloriosos*; probablemente se refiera a los ángeles caídos. **2:11** Otros manuscritos dicen *presentarle al Señor*; incluso otros tan solo dicen *presentar*. **2:13** Algunos manuscritos dicen *en las comidas de compañerismo*. **2:15** Otros manuscritos dicen *Bosor*. **2:22** Pr 26:11. **3:10** Otros manuscritos dicen *será consumida [por fuego]*; uno de los manuscritos más antiguos dice *quedará destruida*.

Referencias cruzadas **2:10-12** Jds 8-10 **2:10** 1 Co 10:13 **3:2** 2 P 1:13 **3:7** Ez 12:22 **Referencias cruzadas** **3:13** Is 65:17 **3:15** Ef 3:3

Palabras finales de Pedro

[17]Queridos amigos, ustedes ya saben estas cosas. Así que
manténganse en guardia; entonces no serán arrastrados
por los errores de esa gente perversa y no perderán la base
firme que tienen. [18]En cambio, crezcan en la gracia y el
conocimiento de nuestro Señor y Salvador Jesucristo.

¡A él sea toda la gloria ahora y para siempre! Amén.

1 JUAN

¿Por qué es importante?

En esta carta Juan deja en claro que hay algunas luchas y batallas muy importantes sucediendo a nuestro alrededor: la luz versus la oscuridad, la verdad versus las mentiras, la justicia versus el pecado y el amor de Dios versus el desorden de este mundo. Juan quiere que sepas que al elegir a Jesús eliges la vida eterna y que una vida con él también es una vida de amor también en la tierra.

¿Por qué fue escrito?

El propósito de la carta es combatir ciertas ideas falsas, especialmente sobre Jesús, y profundizar la conciencia espiritual y social de los cristianos (1 Jn 3,17).

¿Quién lo escribió?

La tradición de la iglesia ha asumido que el autor de esta carta es el mismo Juan, hijo de Zebedeo, uno de los doce apóstoles y autor de Apocalipsis.

¿A quién lo escribió?

La carta es escrita a cristianos en una situación dura. Hay comunidades cristianas que han sufrido la división y partida de un grupo de personas que pertenecían a la iglesia, pero se marcharon pues siguieron malas enseñanzas (2:19-4.15).

¿Cuándo y dónde lo escribió?

La mayoría de los estudios se inclinan que el escenario es el mismo del cuarto Evangelio, Éfeso, casi al finalizar el primer siglo, entre los años 85 y 95 d.C

Paso a paso

1. Andar en la luz (1:1-2:17)
2. Pruebas de caminar con Jesús (2:18-29)
3. Vivir como hijos de Dios (3:1-24)
4. Inteligencia espiritual (4:1-6)
5. Amor y ética (4:7-21)
6. Certeza (5:1-21)

1 JUAN

1 Juan

Introducción

1 Les anunciamos al que existe desde el principio,* a quien hemos visto y oído. Lo vimos con nuestros propios ojos y lo tocamos con nuestras propias manos. Él es la Palabra de vida. 2Él, quien es la vida misma, nos fue revelado, y nosotros lo vimos; y ahora testificamos y anunciamos a ustedes que él es la vida eterna. Estaba con el Padre, y luego nos fue revelado. 3Les anunciamos lo que nosotros mismos hemos visto y oído, para que ustedes tengan comunión con nosotros; y nuestra comunión es con el Padre y con su Hijo, Jesucristo. 4Escribimos estas cosas para que ustedes puedan participar plenamente de nuestra alegría.*

Vivamos en la luz

5Este es el mensaje que oímos de Jesús* y que ahora les declaramos a ustedes: Dios es luz y en él no hay nada de oscuridad. 6Por lo tanto, mentimos si afirmamos que tenemos comunión con Dios pero seguimos viviendo en oscuridad espiritual; no estamos practicando la verdad. 7Si vivimos en la luz, así como Dios está en la luz, entonces tenemos comunión unos con otros, y la sangre de Jesús, su Hijo, nos limpia de todo pecado.

8Si afirmamos que no tenemos pecado, lo único que hacemos es engañarnos a nosotros mismos y no vivimos en la verdad; 9pero si confesamos nuestros pecados a Dios, él es fiel y justo para perdonarnos nuestros pecados y limpiarnos de toda maldad. 10Si afirmamos que no hemos pecado, llamamos a Dios mentiroso y demostramos que no hay lugar para su palabra en nuestro corazón.

2 Mis queridos hijos, les escribo estas cosas, para que no pequen; pero si alguno peca, tenemos un abogado que defiende nuestro caso ante el Padre. Es Jesucristo, el que es verdaderamente justo. 2Él mismo es el sacrificio que pagó* por nuestros pecados, y no solo los nuestros, sino también los de todo el mundo.

3Podemos estar seguros de que conocemos a Dios si obedecemos sus mandamientos. 4Si alguien afirma: «Yo conozco a Dios», pero no obedece los mandamientos de Dios, es un mentiroso y no vive en la verdad; 5pero los que obedecen la palabra de Dios demuestran verdaderamente cuánto lo aman. Así es como sabemos que vivimos en él. 6Los que dicen que viven en Dios deben vivir como Jesús vivió.

¡Respuestas Bíblicas! 193 ¿Qué significa caminar en la luz?

2:9 Caminar o vivir en luz es ser sinceros con Dios. Él no espera que seamos perfectos pero sí que seamos honestos y si lo somos admitimos nuestros errores y los cambiamos con su ayuda.

Un mandamiento nuevo

7Queridos amigos, no les escribo un mandamiento nuevo, sino más bien uno antiguo que han tenido desde el principio. Ese mandamiento antiguo —ámense unos a otros— es el mismo mensaje que oyeron antes. 8Sin embargo, también es un mandamiento nuevo. Jesús vivió la verdad de este mandamiento, y ustedes también la viven. Pues la oscuridad está desapareciendo, y ya brilla la luz verdadera.

9Si alguien afirma: «Vivo en la luz», pero odia a otro creyente,* esa persona aún vive en la oscuridad. 10El que ama a otro creyente* vive en la luz y no hace que otros tropiecen; 11pero el que odia a otro creyente todavía vive y camina en la oscuridad. No sabe por dónde ir, pues la oscuridad lo ha cegado.

12 Les escribo a ustedes, que son hijos de Dios,
porque sus pecados han sido perdonados por
medio de Jesús.*
13 Les escribo a ustedes, los que son maduros en la fe,*
porque conocen a Cristo, quien existe desde el
principio.
Les escribo a ustedes, los que son jóvenes en la fe,
porque han ganado la batalla contra el maligno.
14 Les he escrito a ustedes, que son hijos de Dios,
porque conocen al Padre.
Les he escrito a ustedes, los que son maduros en la
fe,
porque conocen a Cristo, quien existe desde el
principio.
Les he escrito a ustedes, los que son jóvenes en la fe,
porque son fuertes;
la palabra de Dios vive en sus
corazones,
y han ganado la batalla contra el maligno.

***Notas textuales** **1:1** En griego *Lo que fue desde el principio*. **1:4** O *para que nuestra alegría sea completa*; algunos manuscritos dicen *la alegría de ustedes*. **1:5** En griego *de él*. **2:2** En griego *Él es la propiciación*. **2:9** En griego *odia a su hermano*; también en 2:11. **2:10** En griego *ama a su hermano*. **2:12** En griego *por medio de su nombre*. **2:13** En griego *a ustedes, padres*; también en 2:14.

Referencias cruzadas **1:4** Jn 3:29 **1:5-7** 1 Jn 2:14 **2:6** 1 P 2:21 **2:10-11** Jn 12:35

No amen a este mundo

15No amen a este mundo ni las cosas que les ofrece, por-
que cuando aman al mundo no tienen el amor del Padre
en ustedes. 16Pues el mundo solo ofrece un intenso deseo
por el placer físico, un deseo insaciable por todo lo que
vemos, y el orgullo de nuestros logros y posesiones. Nada
de eso proviene del Padre, sino que viene del mundo;
17y este mundo se acaba junto con todo lo que la gente
tanto desea; pero el que hace lo que a Dios le agrada vivirá
para siempre.

¡Respuestas Bíblicas! 194 ¿Qué es un "anticristo"?

2:18 Un anticristo es una persona que está en contra de Jesucristo. La persona que está en contra de Cristo no cree que Jesús es Dios. Este tipo de persona no conoce a Dios.

Cuidado con los anticristos

18Queridos hijos, llegó la última hora. Ustedes han oído
que el Anticristo viene, y ya han surgido muchos anticris-
tos. Por eso sabemos que la última hora ha llegado. 19Esas
personas salieron de nuestras iglesias, pero en realidad
nunca fueron parte de nosotros; de haber sido así, se ha-
brían quedado con nosotros. Al irse demostraron que no
eran parte de nosotros.

20Pero ustedes no son así, porque el Santo les ha dado
su Espíritu,* y todos ustedes conocen la verdad. 21Así
que les escribo no porque no conozcan la verdad, sino
porque conocen la diferencia entre la verdad y la mentira.
22¿Y quién es un mentiroso? El que dice que Jesús no es
el Cristo.* El que niega al Padre y al Hijo es un anticristo.*
23El que niega al Hijo tampoco tiene al Padre; pero el que
confiesa al Hijo tiene al Padre también.

24Por lo tanto, ustedes deben seguir fieles a lo que se les
ha enseñado desde el principio. Si lo hacen, permanecerán
en comunión con el Hijo y con el Padre; 25y en esta comu-
nión disfrutamos de la vida eterna que él nos prometió.

26Les escribo estas cosas para advertirles acerca de los
que quieren apartarlos del camino. 27Ustedes han recibido
al Espíritu Santo,* y él vive dentro de cada uno de ustedes,
así que no necesitan que nadie les enseñe lo que es la
verdad. Pues el Espíritu* les enseña todo lo que necesitan
saber, y lo que él enseña es verdad, no mentira. Así que,
tal como él les ha enseñado, permanezcan en comunión
con Cristo.

Vivan como hijos de Dios

28Y ahora, queridos hijos, permanezcan en comunión con
Cristo para que, cuando él regrese, estén llenos de valor y
no se alejen de él avergonzados.

29Ya que sabemos que Cristo es justo, también sabe-
mos que todos los que hacen lo que es justo son hijos
de Dios.

¡Respuestas Bíblicas! 195 ¿Cómo saber si una persona es hija de Dios?

3:1 Los hijos de Dios creen en Jesús. Ellos creen que él murió en la cruz para hacerse cargo del castigo por nuestros pecados. Luego se levantó de la tumba para derrocar al pecado y a Satanás. Ellos muestran que creen en Jesús obedeciendo los mandamientos de Dios. Además, aman al prójimo.

3 Miren con cuánto amor nos ama nuestro Padre que
nos llama sus hijos, ¡y eso es lo que somos! Pero la
gente de este mundo no reconoce que somos hijos de
Dios, porque no lo conocen a él. 2Queridos amigos, ya
somos hijos de Dios, pero él todavía no nos ha mostrado
lo que seremos cuando Cristo venga; pero sí sabemos que
seremos como él, porque lo veremos tal como él es. 3Y
todos los que tienen esta gran expectativa se mantendrán
puros, así como él es puro.

4Todo el que peca viola la ley de Dios, porque todo
pecado va en contra de la ley de Dios; 5y ustedes saben
que Jesús vino para quitar nuestros pecados, y en él no
hay pecado. 6Todo el que siga viviendo en él no pecará;
pero todo el que sigue pecando no lo conoce ni entiende
quién es él.

7Queridos hijos, no dejen que nadie los engañe acerca
de lo siguiente: cuando una persona hace lo correcto,
demuestra que es justa, así como Cristo es justo. 8Sin
embargo, cuando alguien sigue pecando, demuestra que
pertenece al diablo, el cual peca desde el principio; pero el
Hijo de Dios vino para destruir las obras del diablo. 9Los
que han nacido en la familia de Dios no se caracterizan
por practicar el pecado, porque la vida de Dios* está en
ellos. Así que no pueden seguir pecando, porque son hijos
de Dios. 10Por lo tanto, podemos identificar quiénes son
hijos de Dios y quiénes son hijos del diablo. Todo el que
no se conduce con rectitud y no ama a los creyentes* no
pertenece a Dios.

Amor y odio entre hermanos

11Este es el mensaje que ustedes han oído desde el prin-
cipio: que nos amemos unos a otros. 12No debemos ser
como Caín, quien pertenecía al maligno y mató a su her-
mano. ¿Y por qué lo mató? Porque Caín hacía lo malo y
su hermano lo recto. 13Así que, amados hermanos, no se
sorprendan si el mundo los odia.

14Si amamos a nuestros hermanos creyentes,* eso
demuestra que hemos pasado de muerte a vida; pero el
que no tiene amor sigue muerto. 15Todo el que odia a un
hermano, en el fondo de su corazón es un asesino, y us-
tedes saben que ningún asesino tiene la vida eterna en él.

16Conocemos lo que es el amor verdadero, porque
Jesús entregó su vida por nosotros. De manera que noso-
tros también tenemos que dar la vida por nuestros herma-
nos. 17Si alguien tiene suficiente dinero para vivir bien y

***Notas textuales** **2:20** En griego *Pero ustedes tienen una unción del Santo.* **2:22a** O *el Mesías.* **2:22b** O *el anticristo.* **2:27a** En griego *recibido la unción de parte de él.* **2:27b** En griego *la unción.* **3:9** En griego *porque la simiente de él.* **3:10** En griego *no ama a su hermano.* **3:14** En griego *a los hermanos*; similar en 3:16.

Referencias cruzadas **2:18-19** 1 Co 11:19 **2:24-25** Jn 14:23 **3:1** Jn 1:12 **3:10** 1 Jn 4:8 **3:15** Mt 5:21

ve a un hermano en necesidad pero no le muestra compasión, ¿cómo puede estar el amor de Dios en esa persona?

18Queridos hijos, que nuestro amor no quede solo en palabras; mostremos la verdad por medio de nuestras acciones. 19Nuestras acciones demostrarán que pertenecemos a la verdad, entonces estaremos confiados cuando estemos delante de Dios. 20Aun si nos sentimos culpables, Dios es superior a nuestros sentimientos y él lo sabe todo.

21Queridos amigos, si no nos sentimos culpables, podemos acercarnos a Dios con plena confianza. 22Y recibiremos de él todo lo que le pidamos porque lo obedecemos y hacemos las cosas que le agradan.

23Y su mandamiento es el siguiente: debemos creer en el nombre de su Hijo, Jesucristo, y amarnos unos a otros, así como él nos lo ordenó. 24Los que obedecen los mandamientos de Dios permanecen en comunión con él, y él permanece en comunión con ellos. Y sabemos que él vive en nosotros, porque el Espíritu que nos dio vive en nosotros.

¡Respuestas Bíblicas! 196 ¿Qué es el amor?

4:16 Dios es amor. Mientras más conozcamos a Dios, más vamos a entender de qué se trata el amor. El amor es Jesús muriendo por nosotros. Y como Dios nos ama, nosotros también deberíamos amar a los demás. El amor de verdad ayuda a los demás cuando lo necesitan.

Cómo descubrir a los falsos profetas

4 Queridos amigos, no les crean a todos los que afirman hablar de parte del Espíritu. Pónganlos a prueba para averiguar si el espíritu que tienen realmente proviene de Dios, porque hay muchos falsos profetas en el mundo. 2Esta es la manera en que sabremos si tienen o no el Espíritu de Dios: si una persona que afirma ser profeta* reconoce que Jesucristo vino en un cuerpo humano, esa persona tiene el Espíritu de Dios; 3pero si alguien afirma ser profeta y no reconoce la verdad acerca de Jesús, aquella persona no es de Dios. Tal persona tiene el espíritu del Anticristo, del cual ustedes oyeron que viene al mundo, y de hecho, ya está aquí.

4Pero ustedes, mis queridos hijos, pertenecen a Dios. Ya lograron la victoria sobre esas personas, porque el Espíritu que vive en ustedes es más poderoso que el espíritu que vive en el mundo. 5Esas personas pertenecen a este mundo, por eso hablan desde el punto de vista del mundo, y el mundo les presta atención. 6En cambio, nosotros pertenecemos a Dios, y los que conocen a Dios nos prestan atención. Como ellos no pertenecen a Dios, no nos prestan atención. Así es como sabemos si alguien tiene el Espíritu de verdad o el espíritu de engaño.

Ámense unos a otros

7Queridos amigos, sigamos amándonos unos a otros, porque el amor viene de Dios. Todo el que ama es un hijo de Dios y conoce a Dios; 8pero el que no ama no conoce a Dios, porque Dios es amor.

9Dios mostró cuánto nos ama al enviar a su único Hijo al mundo, para que tengamos vida eterna por medio de él. 10En esto consiste el amor verdadero: no en que nosotros hayamos amado a Dios, sino en que él nos amó a nosotros y envió a su Hijo como sacrificio para quitar nuestros pecados.

11Queridos amigos, ya que Dios nos amó tanto, sin duda nosotros también debemos amarnos unos a otros. 12Nadie jamás ha visto a Dios; pero si nos amamos unos a otros, Dios vive en nosotros y su amor llega a la máxima expresión en nosotros.

13Y Dios nos ha dado su Espíritu como prueba de que vivimos en él y él en nosotros. 14Además, hemos visto con nuestros propios ojos y ahora damos testimonio de que el Padre envió a su Hijo para que fuera el Salvador del mundo. 15Todos los que declaran que Jesús es el Hijo de Dios, Dios vive en ellos y ellos en Dios. 16Nosotros sabemos cuánto nos ama Dios y hemos puesto nuestra confianza en su amor.

Dios es amor, y todos los que viven en amor viven en Dios y Dios vive en ellos; 17y al vivir en Dios, nuestro amor crece hasta hacerse perfecto. Por lo tanto, no tendremos temor en el día del juicio, sino que podremos estar ante Dios con confianza, porque vivimos como vivió Jesús en este mundo.

18En esa clase de amor no hay temor, porque el amor perfecto expulsa todo temor. Si tenemos miedo es por temor al castigo, y esto muestra que no hemos experimentado plenamente el perfecto amor de Dios. 19Nos amamos unos a otros,* porque él nos amó primero.

20Si alguien dice: «Amo a Dios», pero odia a otro creyente,* esa persona es mentirosa pues, si no amamos a quienes podemos ver, ¿cómo vamos a amar a Dios, a quien no podemos ver? 21Y él nos ha dado el siguiente mandato: los que aman a Dios deben amar también a sus hermanos creyentes.*

La fe en el Hijo de Dios

5 Todo el que cree que Jesús es el Cristo* ha llegado a ser un hijo de Dios. Y todo el que ama al Padre ama también a los hijos nacidos de él. 2Sabemos que amamos a los hijos de Dios si amamos a Dios y obedecemos sus mandamientos. 3Amar a Dios significa obedecer sus mandamientos, y sus mandamientos no son una carga difícil de llevar. 4Pues todo hijo de Dios vence a este mundo de maldad, y logramos esa victoria por medio de nuestra fe. 5¿Y quién puede ganar esta batalla contra el mundo? Únicamente los que creen que Jesús es el Hijo de Dios.

6Y Jesucristo fue revelado como el Hijo de Dios por medio de su bautismo en agua y por derramar su sangre en la cruz,* es decir, no mediante agua solamente, sino mediante agua y sangre. Y el Espíritu, quien es la verdad, lo confirma con su testimonio. 7Por lo tanto, son tres los testigos* 8—el Espíritu, el agua y la sangre— y los tres están de acuerdo. 9Ya que creemos el testimonio humano, sin duda alguna podemos creer el testimonio de más valor que proviene de Dios; y Dios ha dado testimonio acerca de su Hijo. 10Todo el que cree en el Hijo de Dios sabe en su corazón que este testimonio es verdadero. Los que no lo creen en realidad llaman a Dios

***Notas textuales** **4:2** En griego *si un espíritu*; similar en 4:3. **4:19** En griego *Nosotros amamos*. Otros manuscritos dicen *Nosotros amamos a Dios*; incluso otros dicen *Nosotros lo amamos.* **4:20** En griego *odia a su hermano*. **4:21** En griego *el que ama a Dios debe amar también a su hermano.* **5:1** O *el Mesías*. **5:6** En griego *Este es el que vino mediante agua y sangre*. **5:7** Unos cuantos manuscritos muy tardíos agregan *en el cielo: el Padre, la Palabra y el Espíritu Santo, y estos tres son uno. Y tenemos tres testigos en la tierra.*

Referencias cruzadas **3:18** Rm 12:9 **3:24** 1 Jn 2:6 **4:6** Jn 8:47 **4:12** 1 Jn 2:2, 5 **4:15** Rm 10:9 **4:20-21** Mt 5:43 **5:11-12** Jn 3:15-16

mentiroso porque no creen el testimonio que él ha dado acerca de su Hijo.

11Y este es el testimonio que Dios ha dado: él nos dio vida eterna, y esa vida está en su Hijo. 12El que tiene al Hijo tiene la vida; el que no tiene al Hijo de Dios no tiene la vida.

Conclusión

13Les he escrito estas cosas a ustedes, que creen en el nombre del Hijo de Dios, para que sepan que tienen vida eterna. 14Y estamos seguros de que él nos oye cada vez que le pedimos algo que le agrada; 15y como sabemos que él nos oye cuando le hacemos nuestras peticiones, también sabemos que nos dará lo que le pedimos.

16Si alguno de ustedes ve que otro creyente* comete un pecado que no lleva a la muerte, debe orar por él, y Dios le dará vida a esa persona. Pero hay un pecado que lleva a la muerte, y no digo que se ore por quienes lo cometen. 17Todas las malas acciones son pecado, pero no todos los pecados llevan a la muerte.

18Sabemos que los hijos de Dios no se caracterizan por practicar el pecado, porque el Hijo de Dios los mantiene protegidos, y el maligno no puede tocarlos. 19Sabemos que somos hijos de Dios y que el mundo que nos rodea está controlado por el maligno.

20Y sabemos que el Hijo de Dios ha venido y nos ha dado entendimiento, para que podamos conocer al Dios verdadero.* Y ahora vivimos en comunión con el Dios verdadero porque vivimos en comunión con su Hijo, Jesucristo. Él es el único Dios verdadero y él es la vida eterna.

21Queridos hijos, aléjense de todo lo que pueda ocupar el lugar de Dios en el corazón.*

***Notas textuales 5:16** En griego *un hermano*. **5:20** En griego *al que es verdadero*. **5:21** En griego *guárdense de los ídolos*.

Referencias cruzadas 5:13 Jn 20:31 **5:21** 1 Co 10:14

2 JUAN

¿Por qué es importante?

En esta segunda carta Juan insiste en animar a los lectores a amarse unos a otros. Sin embargo, Juan no dejó el amor sin definir, sino que lo describió como caminar "según sus mandamientos" (2 Juan 1:6). Nuestro amor va de la mano con nuestra obediencia y no de lo que sentimos. Esta segunda carta de Juan nos recuerda no solo los peligros de apartarnos de la verdad, sino también la importancia de hacer de la obediencia una prioridad en nuestra vida.

¿Por qué fue escrito?

Así como la primera carta, esta segunda sigue informando sobre el peligro que existe con un grupo misionero que se creían cristianos, pero manifestaban grandes errores doctrinales, como la negación de la humanidad de Cristo (1:7). Juan llama a este grupo "engañadores" y "anticristo". Al parecer no eran pocos. El presbítero es tan radical que invita a la iglesia a que no apoye este grupo, ni siquiera dándoles hospedaje (1:10,11).

¿Quién lo escribió?

El autor, se hace llamar "el anciano". La tradición cristiana, en su mayoría le ha adjudicado la autoría a Juan hijo de Zebedeo, uno de los doce apóstoles y autor de Apocalipsis. Existen evidencias claras entre la primera carta y el evangelio de Juan.

¿A quién lo escribió?

La carta está destinada a una iglesia concreta, a la que el anciano Juan le llama "la señora elegida", y a sus "Hijos", es decir, los miembros de aquella iglesia. Debió ser una comunidad que estaba bajo su liderazgo en la ciudad de Éfeso o en la zona del Asia menor.

¿Cuándo y dónde lo escribió?

La mayoría ubica la carta alrededor del mismo tiempo en que fue escrita la primera carta, a finales del primer siglo, entre el 85 y 95 d.C.

Paso a paso

1. Saludo, a la señora elegida y sus hijos (v.1-3)
2. Elogios (v.4)
3. Exhortación y advertencia (v.5-11)
4. "Seguiremos hablando cara a cara" (v.12-13)

2 Juan

Saludos

Yo, Juan, el anciano,* les escribo esta carta a la señora
elegida y a sus hijos,* a quienes amo en la verdad —y no
solo yo, sino también todos los que conocen la verdad—,
2porque la verdad vive en nosotros y estará con nosotros
para siempre.

3La gracia, la misericordia y la paz que provienen de
Dios Padre y de Jesucristo —el Hijo del Padre— permane-
cerán con nosotros, los que vivimos en la verdad y el amor.

Vivan en la verdad

4¡Qué contento me puse al encontrarme con algunos de
tus hijos y ver que viven de acuerdo con la verdad, tal
como el Padre lo ordenó!

5Les escribo para recordarles, queridos amigos,* que
nos amemos unos a otros. Este mandamiento no es
nuevo, sino que lo hemos tenido desde el principio. 6El
amor consiste en hacer lo que Dios nos ha ordenado, y él
nos ha ordenado que nos amemos unos a otros, tal como
ustedes lo oyeron desde el principio.

7Les digo esto, porque muchos engañadores han
salido por el mundo. Ellos niegan que Jesucristo vino*
en un cuerpo humano. Tales personas son engañado-
res y anticristos. 8Tengan cuidado de no perder lo que
hemos* logrado con tanto trabajo. Sean diligentes para
que reciban una recompensa completa. 9Todo el que se
desvía de esta enseñanza no tiene ninguna relación con
Dios; pero el que permanece en la enseñanza de Cristo
tiene una relación tanto con el Padre como con el Hijo.

10Si a sus reuniones llegara alguien que no enseña la
verdad acerca de Cristo, no lo inviten a su casa ni le den
ninguna clase de apoyo. 11Cualquiera que apoye a ese tipo
de gente se hace cómplice de sus malas acciones.

Conclusión

12Tengo mucho más que decirles, pero no quiero hacerlo
con papel y tinta. Pues espero visitarlos pronto y hablarles
cara a cara. Entonces nuestra alegría será completa.

13Recibe saludos de los hijos de tu hermana,* la elegida
por Dios.

***Notas textuales** **1a** En griego *El anciano.* **1b** O *a la iglesia que Dios ha elegido y a sus miembros.* **5** En griego *Te ruego, señora.* **7** O *vendrá.* **8** Algunos manuscritos dicen *han.* **13** O *saludos de los miembros de tu iglesia hermana.*

Referencias cruzadas **1:1-2** Jn 8:32 **1:5-6** 1 Jn 2:5 **1:10-11** Rm 16:17

3 JUAN

¿Por qué es importante?

Juan le escribe esta carta a su amigo Gayo que necesitaba ayuda con algunos desafíos y le anima a tratar con mucho respeto a los predicadores de la palabra de Dios y recibir con amor a otros hermanos en nuestras casas. Juan deja en claro que el amor de Dios no es algo que se dice sino algo que se demuestra y por eso esta carta es una invitación a no ser siempre tan cómodos de estar solo con los que nos gustan sino de demostrarle el amor de Dios a otras personas y hacerlo de maneras prácticas.

¿Por qué fue escrito?

La carta nos da luz de ciertos problemas que tenían en el primer siglo algunas comunidades cristianas del Asia menor. El autor escribe a Gayo, a quién ama de verdad. El autor valora su buen comportamiento, pues recibe de buen gusto a los predicadores enviados por el presbítero (1:5).

¿Quién lo escribió?

La tradición de la iglesia asigna la carta a Juan hijo de Zebedeo, uno de los doce apóstoles y autor de Apocalipsis. El autor, como en 2 Juan, se identifica como "el anciano".

¿A quién lo escribió?

A un cristiano de una de las iglesias del Asia Menor o Éfeso, llamado Gayo.

¿Cuándo y dónde lo escribió?

Se escribe al finalizar el primer siglo, entre el 85 y 95 d.C., muy probablemente alrededor del mismo tiempo que fueron escritas 1 y 2 Juan, posiblemente desde Éfeso.

Paso a paso

1. Saludos a Gayo, quién anda en la verdad (v.1-3)
2. El buen comportamiento de Gayo (v.5-8)
3. El mal comportamiento de Diótrefes (v.9,10)
4. ¡Sigue lo bueno! El buen comportamiento de Demetrio (v.11,12)

3 JUAN

3 Juan

Saludos
Yo, Juan, el anciano,* le escribo esta carta a Gayo, mi
querido amigo, a quien amo en la verdad.
2Querido amigo, espero que te encuentres bien, y que
estés tan saludable en cuerpo así como eres fuerte en
espíritu. 3Hace poco regresaron algunos de los maestros
itinerantes,* y me alegraron mucho cuando me contaron
de tu fidelidad y de que vives de acuerdo con la verdad.
4No hay nada que me cause más alegría que oír que mis
hijos siguen la verdad.

Cuidar de los obreros del Señor
5Querido amigo, le eres fiel a Dios cada vez que te pones
al servicio de los maestros itinerantes que pasan por
ahí aunque no los conozcas. 6Ellos le han contado a la
iglesia de aquí de tu cariñosa amistad. Te pido que sigas
supliendo las necesidades de esos maestros tal como le
agrada a Dios; 7pues viajan en servicio al Señor* y no
aceptan nada de los que no son creyentes.* 8Por lo tanto,
somos nosotros los que debemos apoyarlos y así ser sus
colaboradores cuando enseñan la verdad.
9Le escribí a la iglesia acerca de esto, pero Diótrefes —a
quien le encanta ser el líder— no quiere tener nada que ver
con nosotros. 10Cuando yo vaya sacaré a relucir las cosas
que hace y sus infames acusaciones contra nosotros. No
solo se niega a recibir a los maestros itinerantes, sino que
les dice a otros que no los ayuden y, cuando los ayudan,
él los expulsa de la iglesia.
11Querido amigo, no te dejes influir por ese mal ejem-
plo. Imita solamente lo bueno. Recuerda que los que
hacen lo bueno demuestran que son hijos de Dios, y los
que hacen lo malo demuestran que no conocen a Dios.*
12Todos, incluso la verdad misma, hablan bien de De-
metrio. Nosotros también podemos afirmar lo mismo de
él, y ustedes saben que decimos la verdad.

Conclusión
13Tengo mucho más que decirte, pero no quiero hacerlo
con pluma y tinta, 14porque espero verte pronto, y enton-
ces hablaremos cara a cara.
15*La paz sea contigo.*
Tus amigos de aquí te mandan saludos. Por favor, dales
mis saludos a cada uno de nuestros amigos de ahí.

***Notas textuales** **1** En griego *El anciano.* **3** En griego *los hermanos*; también en los versículos 5 y 10. **7a** En griego *ellos salieron por causa del Nombre.* **7b** En griego *de los gentiles.* (*Gentil[es]*, que no es judío). **11** En griego *no han visto a Dios.*

Referencias cruzadas **1:7-8** Hch 20:33, 35 **1:10** Jn 9:22 **1:11** Jn 10:3

JUDAS

¿Por qué es importante?

Este no es ese Judas...Este Judas es posiblemente el medio hermano de Jesús (José y María luego tuvieron otros hijos) y escribe para avisar a los cristianos que entre ellos se han escondido algunos maestros falsos que están enseñando cosas incorrectas. Este pequeño libro es importante porque nos recuerda de que a pesar de que es difícil ser cristianos y que a veces hay quienes no enseñan lo que es debido, debemos mantenernos en amor, orando unos por otros y no desanimarnos de hacer lo que es correcto, aunque otros no lo hagan.

¿Por qué fue escrito?

Es una carta enérgica, dirigida a una comunidad que está siendo influenciada por un grupo de personas que traen enseñanzas falsas, además de prácticas inmorales. Estos inmorales se introdujeron en la iglesia a tal punto que comparten la cena del Señor (1:12) con la comunidad. Acerca de las falsas enseñanzas introducidas en la iglesia, no tenemos muchos detalles, Judas ordena apartarse de ellos, pero, aun así, también exhorta a intentar salvarlos de su mal camino (1:22,23).

¿Quién lo escribió?

La tradición ha considerado que la carta fue escrita por Judas, hermano del Señor (Mateo13:55). Se hizo creyente solamente después de la resurrección (Juan 7:5; Hechos 1:14) menciona a Jacobo, su hermano, aparentemente muy conocido por sus lectores, por lo que coincide con el hermano de Jesús, líder de la iglesia primitiva y autor de la epístola con su nombre (Santiago). Aunque existen otros estudios que tienden a considerar otras dos hipótesis. Puede ser que este "Judas" sea uno de los apóstoles mencionado en Lucas 6:16. O puede ser, que por el buen griego en que fue escrita y algunas pruebas internas que dan a pensar que el escrito pertenece a la segunda generación de cristianos, que la carta pertenece más bien a un discípulo de Judas, que redactó las enseñanzas de su maestro.

¿A quién lo escribió?

Es casi imposible asegurar de manera absoluta quienes recibieron la carta. La mayoría se inclina por alguna comunidad judeocristiana, ya que, si el Santiago nombrado al inicio es el hermano del Señor, este dedicó su vida a liderar a la iglesia judía, por lo tanto, la alusión a él tiene más sentido en una comunidad que responda a su liderazgo. Además, la mención de varias historias del AT y a libros folklóricos religiosos judíos, parecieran señalar que la comunidad conoce las referencias. Pero también algunos opinan que la mención al peligro de conductas sexuales liberales, responderían mejor a gente de entorno pagano. Quizás la comunidad es una mezcla judeo-gentil.

¿Cuándo y dónde lo escribió?

La carta alude el tiempo apostólico como pasado (1:17) y además menciona la tradición apostólica ya como un contenido de enseñanzas fijas, a las que le llama "la fe dada una vez" (1:3). Se considera asimismo la insinuación de un gnosticismo embrionario que estaría afectando a la comunidad. Estas pruebas nos llevan a fechar la carta posterior al tiempo apostólico, quizás al final de la segunda generación de cristianos. Es muy difícil datar con exactitud dónde y cuándo, pero las pruebas nos llevarían a pensar que la carta es posterior al año 70, quizás cerca del 90. Y el entorno, influido por las pruebas internas de su trasfondo judeocristiano, nos llevaría a pensar que se escribió en Palestina o Siria.

Paso a paso

1. Saludos (v.1,2)
2. Propósito de la carta (v.3,4)
3. Desenmascarando a los intrusos e inmorales (v.5-16)
4. Palabras pastorales a la iglesia (v.17-23)
5. Despedida y alabanza (doxología) (v.24,25)

Judas

Saludos de Judas

Yo, Judas, esclavo de Jesucristo y hermano de Santiago,
les escribo esta carta a todos los que han sido llamados
por Dios Padre, quien los ama y los protege con el cuidado
de Jesucristo.*
[2]Que Dios les dé cada vez más misericordia, paz y
amor.

El peligro de los falsos maestros

[3]Queridos amigos, con gran anhelo tenía pensado es-
cribirles acerca de la salvación que compartimos. Sin
embargo, ahora me doy cuenta de que debo escribirles
sobre otro tema para rogarles que defiendan la fe que Dios
ha confiado una vez y para siempre a su pueblo santo.
[4]Les digo esto, porque algunas personas que no tienen
a Dios se han infiltrado en sus iglesias diciendo que la
maravillosa gracia de Dios nos permite llevar una vida
inmoral. La condena de tales personas fue escrita hace
mucho tiempo, pues han negado a Jesucristo, nuestro
único Dueño y Señor.
[5]Aunque ustedes ya saben estas cosas, igual quiero re-
cordarles que Jesús* primero rescató de Egipto a la nación
de Israel pero luego destruyó a los que no permanecieron
fieles. [6]Y les recuerdo de los ángeles que no se mantuvie-
ron dentro de los límites de autoridad que Dios les puso,
sino que abandonaron el lugar al que pertenecían. Dios
los ha tenido firmemente encadenados en prisiones de
oscuridad, en espera del gran día del juicio. [7]Asimismo
no se olviden de Sodoma y Gomorra ni de las ciudades
vecinas, las cuales estaban llenas de inmoralidad y de toda
clase de perversión sexual. Esas ciudades fueron destrui-
das con fuego y sirven como advertencia del fuego eterno
del juicio de Dios.
[8]De la misma manera, estos individuos —que preten-
den tener autoridad por lo que reciben en sueños— llevan
una vida inmoral, desafían a la autoridad y se burlan de los
seres sobrenaturales.* [9]Pero ni siquiera Miguel, uno de los
ángeles más poderosos,* se atrevió a acusar al diablo de
blasfemia, sino que simplemente le dijo: «¡Que el Señor
te reprenda!». (Esto ocurrió cuando Miguel disputaba con
el diablo acerca del cuerpo de Moisés). [10]Pero esa gente se
burla de cosas que no entiende. Como animales irracio-
nales, hacen todo lo que les dictan sus instintos y de esta
manera provocan su propia destrucción. [11]¡Qué aflicción
les espera! Pues siguen los pasos de Caín, quien mató
a su hermano. Al igual que Balaam, engañan a la gente
por dinero; y, como Coré, perecen en su propia rebelión.
[12]Cuando estos individuos participan con ustedes en
sus comidas de compañerismo —las cuales conmemo-
ran el amor del Señor—, son como arrecifes peligrosos
que pueden hacerlos naufragar.* Son como pastores
que no tienen vergüenza y que solo se preocupan por sí
mismos. Son como nubes que pasan sobre la tierra sin
dar lluvia. Son como árboles en el otoño, doblemente
muertos, porque no dan fruto y han sido arrancados de
raíz. [13]Son como violentas olas del mar que arrojan la
espuma de sus actos vergonzosos. Son como estrellas
que han perdido su rumbo, condenadas para siempre a
la más negra oscuridad.
[14]Enoc, quien vivió en la séptima generación des-
pués de Adán, profetizó acerca de estas personas. Dijo:
«¡Escuchen! El Señor viene con incontables millares de
sus santos [15]para ejecutar juicio sobre la gente de este
mundo. Declarará culpables a los seres humanos por
todos los actos perversos que cada uno haya hecho y a
los pecadores rebeldes por todos los insultos que hayan
dicho contra él»*.
[16]Estos individuos son rezongones, se quejan de todo y
viven solo para satisfacer sus deseos. Son fanfarrones que
se jactan de sí mismos y adulan a otros para conseguir lo
que quieren.

Un llamado a permanecer fieles

[17]Pero ustedes, mis queridos amigos, deben recordar lo
que predijeron los apóstoles de nuestro Señor Jesucristo.
[18]Ellos les advirtieron que en los últimos tiempos habría
gente burlona cuyo objetivo en la vida es satisfacer sus
malos deseos. [19]Estos individuos son los que causan di-
visiones entre ustedes. Se dejan llevar por sus instintos
naturales porque no tienen al Espíritu de Dios en ellos.
[20]Pero ustedes, queridos amigos, deben edificarse
unos a otros en su más santísima fe, orar en el poder del
Espíritu Santo* [21]y esperar la misericordia de nuestro
Señor Jesucristo, quien les dará vida eterna. De esta ma-
nera, se mantendrán seguros en el amor de Dios.
[22]Deben tener compasión de* los que no están firmes
en la fe. [23]Rescaten a otros arrebatándolos de las llamas
del juicio. Incluso a otros muéstrenles compasión* pero
háganlo con mucho cuidado, aborreciendo los pecados
que contaminan la vida de ellos.*

***Notas textuales** **1** O *y los guarda para Jesucristo.* **5** Otros manuscritos dicen *[el] Señor,* o *Dios,* o *Cristo*; uno de ellos dice *Dios Cristo.* **8** En griego *de los seres gloriosos,* que probablemente son ángeles caídos. **9** En griego *Miguel, el arcángel.* **12** O *son contaminantes entre ustedes*; o *son manchas.* **14-15** La cita proviene de literatura intertestamentaria: 1 Enoc 1:9. **20** En griego *orar en el Espíritu Santo.* **22** Algunos manuscritos dicen *Deben reprender a*. **22-23a** Algunos manuscritos solo tienen dos categorías de personas: 1) las que no están firmes en la fe y, por lo tanto, necesitan ser arrebatadas de las llamas del juicio, y 2) las que necesitan que se les muestre compasión. **23b** En griego *con temor, aborreciendo hasta la ropa manchada por la carne.*

Referencias cruzadas **1:4** Ga 2:4 **1:7** Dt 29:23 **1:10** 2 P 2:10, 12 **1:13** Is 57:20 **1:18-19** 1 Tm 4:1 **1:25** Rm 11:36

Una oración de alabanza

24Y ahora, que toda la gloria sea para Dios, quien es poderoso para evitar que caigan, y para llevarlos sin mancha y con gran alegría a su gloriosa presencia. 25Que toda la gloria sea para él, quien es el único Dios, nuestro Salvador por medio de Jesucristo nuestro Señor. ¡Toda la gloria, la majestad, el poder y la autoridad le pertenecen a él desde antes de todos los tiempos, en el presente y por toda la eternidad! Amén.

APOCALIPSIS

¿Por qué es importante?

Este es el gran libro acerca de los últimos tiempos y la gran victoria final de Jesús. Apocalipsis deja en claro que debemos estar preparados para la venida gloriosa del Hijo de Dios y quien será el gran ganador en la guerra del bien y del mal. Jesús reinará por siempre, el diablo será juzgado y quienes hayamos confiado en Jesús como salvador suficiente y le hayamos tenido como Señor de nuestras vidas reinaremos con él.

¿Por qué fue escrito?

¡Qué satisfactorio es ir a ver una película que tiene un gran final! Ese es el sentimiento que uno siente al terminar de leer el Apocalipsis. Este es el final adecuado para una colección de libros como la Biblia. No solamente porque cierra la historia de una manera triunfal y esperanzadora, sino porque varios de los temas mencionados a lo largo de toda la revelación son presentados en una forma unificada y majestuosa. El libro tiene como centro la soberanía de Dios sobre la historia humana. El mensaje es que Dios es quien dirige y controla los eventos de la historia humana. En realidad, cualquiera que sea la interpretación que nuestra iglesia o grupo teológico le dé a las visiones de Apocalipsis, esta idea del reinado, el dominio y el majestuoso control del Señor sobre todo el universo y los eventos de la historia debe ser proclamada en todo momento.

¿Quién lo escribió?

El autor es bien conocido por sus lectores, su nombre es Juan (1:1). Desde antiguo la iglesia ha considerado que este Juan es el discípulo amado, el hijo de Zebedeo, y autor de las epístolas que llevan su nombre.

¿A quién lo escribió?

A las siete iglesias mencionadas en el libro que pertenecen todas a la región de Asia Menor.

¿Cuándo y dónde lo escribió?

La mayoría acepta que se escribió cerca del año 95, cuando Domiciano era emperador de Roma. El lugar donde Juan recibió las visiones fue en la Isa de Patmos, que para hoy sería una cárcel de máxima seguridad reservada para presos muy peligrosos (1:8).

Paso a paso

1. El Señor de la iglesia, Jesucristo, el Rey. Cap. 1
2. Las iglesias locales, evaluadas por Jesucristo, el Pastor. Caps. 2-3
3. Adoración celestial a Jesucristo, el Cordero vencedor. Caps. 4-5
4. Juicios para llamar al arrepentimiento, por Jesucristo, el Juez. Caps. 6-9
5. Control frente a los enemigos, por parte de Jesucristo, el Señor. Caps. 10-12
6. La derrota del enemigo mortal por parte de Jesucristo, el Todopoderoso. Caps. 13-18.
7. La iglesia comparte el triunfo absoluto de Jesucristo, el Esposo fiel. Caps. 19-22

APOCALIPSIS

Apocalipsis

Prólogo

1 Esta es una revelación de Jesucristo, la cual Dios le dio para mostrar a sus siervos los acontecimientos que deben suceder pronto.* Él envió a un ángel a presentarle esta revelación a su siervo, Juan, [2]quien relató con fidelidad todo lo que vio. Este es su relato de la palabra de Dios y del testimonio de Jesucristo.

[3]Dios bendice al que lee a la iglesia las palabras de esta profecía y bendice a todos los que escuchan el mensaje y obedecen lo que dice, porque el tiempo está cerca.

¡Respuestas Bíblicas! 197 ¿Qué significa Apocalipsis?

1:1 Significa revelación- El libro de Apocalipsis revela los detalles del fin del mundo describiendo las consecuencias de un mundo que le da la espalda a Dios, pero también muestra en nuevo lugar que Dios está haciendo para las personas que lo aman y le sirven.

Saludo de Juan a las siete iglesias

[4]Yo, Juan, les escribo esta carta a las siete iglesias que están en la provincia de Asia.*

Gracia y paz a ustedes de aquel que es, que siempre era y que aún está por venir; y del Espíritu de siete aspectos* que está delante de su trono; [5]y de Jesucristo. Él es el testigo fiel de estas cosas, el primero en resucitar de los muertos y el gobernante de todos los reyes del mundo.

Toda la gloria sea al que nos ama y nos ha libertado de nuestros pecados al derramar su sangre por nosotros. [6]Él ha hecho de nosotros un reino de sacerdotes para Dios, su Padre. ¡A él sea toda la gloria y el poder por siempre y para siempre! Amén.

[7] ¡Miren! Él viene en las nubes del cielo.
Y todos lo verán,
incluso aquellos que lo traspasaron.
Y todas las naciones del mundo
se lamentarán por él.
¡Sí! ¡Amén!

[8]«Yo soy el Alfa y la Omega, el principio y el fin* —dice el Señor Dios—. Yo soy el que es, que siempre era y que aún está por venir, el Todopoderoso».

Visión del Hijo del Hombre

[9]Yo, Juan, soy hermano de ustedes, y su compañero en el sufrimiento, en el reino de Dios y en la paciente perseverancia a la que Jesús nos llama. Me exiliaron a la isla de Patmos por predicar la palabra de Dios y por mi testimonio acerca de Jesús. [10]Era el día del Señor, y yo estaba adorando en el Espíritu.* De repente, oí detrás de mí una fuerte voz, como un toque de trompeta, [11]que decía: «Escribe en un libro* todo lo que veas y envíalo a las siete iglesias que están en las ciudades de Éfeso, Esmirna, Pérgamo, Tiatira, Sardis, Filadelfia y Laodicea».

[12]Cuando me di vuelta para ver quién me hablaba, vi siete candelabros de oro. [13]Y de pie en medio de los candelabros había alguien semejante al Hijo del Hombre.* Vestía una túnica larga con una banda de oro que cruzaba el pecho. [14]La cabeza y el cabello eran blancos como la lana, tan blancos como la nieve, y los ojos eran como llamas de fuego. [15]Los pies eran como bronce pulido refinado en un horno, y su voz tronaba como potentes olas del mar. [16]Tenía siete estrellas en la mano derecha, y una espada aguda de doble filo salía de su boca. Y la cara era semejante al sol cuando brilla en todo su esplendor.

[17]Cuando lo vi, caí a sus pies como muerto; pero él puso la mano derecha sobre mí y me dijo: «¡No tengas miedo! Yo soy el Primero y el Último. [18]Yo soy el que vive. Estuve muerto, ¡pero mira! ¡Ahora estoy vivo por siempre y para siempre! Y tengo en mi poder las llaves de la muerte y de la tumba.*

[19]»Escribe lo que has visto, tanto las cosas que suceden ahora, como las que van a suceder.* [20]Este es el significado del misterio de las siete estrellas que viste en mi mano derecha y de los siete candelabros de oro: las siete estrellas son los ángeles* de las siete iglesias, y los siete candelabros son las siete iglesias.

Mensaje a la iglesia de Éfeso

2 »Escribe esta carta al ángel* de la iglesia de Éfeso. Este es el mensaje de aquel que tiene las siete estrellas en la mano derecha, del que camina en medio de los siete candelabros de oro:

[2]»Yo sé todo lo que haces. He visto tu arduo trabajo y tu paciencia con perseverancia. Sé que no toleras a la gente malvada. Has puesto a prueba las pretensiones de esos que dicen ser apóstoles pero no lo son. Has descubierto que son mentirosos. [3]Has sufrido por mi nombre con paciencia sin darte por vencido.

[4]»Pero tengo una queja en tu contra. ¡No me amas a mí ni se aman entre ustedes como al principio!*

***Notas textuales** **1:1** O *de repente,* o *rápidamente.* **1:4a** *Asia* era una provincia romana en lo que ahora es la parte occidental de Turquía. **1:4b** En griego *de los siete espíritus.* **1:8** En griego *Yo soy el Alfa y la Omega,* se refiere a la primera y a la última letra del alfabeto griego. **1:10** O *en espíritu.* **1:11** O *en un rollo.* **1:13** O *semejante a un hijo de hombre.* Ver Dn 7:13. «Hijo del Hombre» es un título que Jesús empleaba para referirse a sí mismo. **1:18** En griego *el Hades.* **1:19** O *lo que has visto y su significado, las cosas que ya han comenzado a suceder.* **1:20** O *los mensajeros.* **2:1** O *al mensajero*; también en 2:8, 12, 18.

Referencias cruzadas **1:3** Lc 11:28 **1:4-6** Rm 11:36 **1:9** 2 Tm 2:12 **1:16** Hb 4:12 **2:4** Mt 24:12

[5]¡Mira hasta dónde has caído! Vuélvete a mí y haz las obras que hacías al principio. Si no te arrepientes, vendré y quitaré tu candelabro de su lugar entre las iglesias; [6]pero tienes esto a tu favor: odias las obras malvadas de los nicolaítas, al igual que yo.

[7]»Todo el que tenga oídos para oír debe escuchar al Espíritu y entender lo que él dice a las iglesias. A todos los que salgan vencedores, les daré del fruto del árbol de la vida, que está en el paraíso de Dios.

Mensaje a la iglesia de Esmirna

[8]»Escribe esta carta al ángel de la iglesia de Esmirna. Este es el mensaje de aquel que es el Primero y el Último, que estuvo muerto pero ahora vive:

[9]»Yo sé de tu sufrimiento y tu pobreza, ¡pero tú eres rico! Conozco la blasfemia de los que se te oponen. Dicen ser judíos pero no lo son, porque su sinagoga le pertenece a Satanás. [10]No tengas miedo de lo que estás a punto de sufrir. El diablo meterá a algunos de ustedes en la cárcel para ponerlos a prueba, y sufrirán por diez días; pero si permaneces fiel, incluso cuando te enfrentes a la muerte, te daré la corona de la vida.

[11]»Todo el que tenga oídos para oír debe escuchar al Espíritu y entender lo que él dice a las iglesias. Los que salgan vencedores no sufrirán daño de la segunda muerte.

Mensaje a la iglesia de Pérgamo

[12]»Escribe esta carta al ángel de la iglesia de Pérgamo. Este es el mensaje de aquel que tiene la espada aguda de doble filo:

[13]»Yo sé que vives en la ciudad donde Satanás tiene su trono; sin embargo, has permanecido leal a mi nombre. Rehusaste negarme, aun cuando mi fiel testigo, Antipas, murió como mártir en medio de ustedes, allí en la ciudad de Satanás.

[14]»Pero tengo unas cuantas quejas en tu contra. Toleras a algunos de entre ustedes que mantienen la enseñanza de Balaam, quien le enseñó a Balac cómo hacer tropezar al pueblo de Israel. Les enseñó a pecar, incitándolos a comer alimentos ofrecidos a ídolos y a cometer pecado sexual. [15]De modo parecido, entre ustedes hay algunos nicolaítas que siguen esa misma enseñanza. [16]Arrepiéntete de tu pecado, o de lo contrario, vendré a ti de repente y pelearé contra ellos con la espada de mi boca.

[17]»Todo el que tenga oídos para oír debe escuchar al Espíritu y entender lo que él dice a las iglesias. A todos los que salgan vencedores, les daré del maná que ha sido escondido en el cielo. Y le daré a cada uno una piedra blanca, y en la piedra estará grabado un nombre nuevo que nadie comprende aparte de aquel que lo recibe.

Mensaje a la iglesia de Tiatira

[18]»Escribe esta carta al ángel de la iglesia de Tiatira. Este es el mensaje del Hijo de Dios, el que tiene los ojos como llamas de fuego y los pies como bronce pulido:

[19]»Yo sé todo lo que haces; he visto tu amor, tu fe, tu servicio y tu paciencia con perseverancia. Y veo tu constante mejoría en todas estas cosas.

[20]»Pero tengo una queja en tu contra. Permites que esa mujer —esa Jezabel que se llama a sí misma profetisa— lleve a mis siervos por mal camino. Ella les enseña a cometer pecado sexual y a comer alimentos ofrecidos a ídolos. [21]Le di tiempo para que se arrepintiera, pero ella no quiere abandonar su inmoralidad.

[22]»Por lo tanto, la arrojaré en una cama de sufrimiento,* y los que cometen adulterio con ella sufrirán terriblemente, a menos que se arrepientan y abandonen las maldades de ella. [23]Heriré de muerte a sus hijos. Entonces todas las iglesias sabrán que yo soy el que examina los pensamientos y las intenciones de cada persona. Y le daré a cada uno de ustedes lo que se merezca.

[24]»Pero también tengo un mensaje para el resto de ustedes en Tiatira, los que no han seguido esa falsa enseñanza ("verdades más profundas", como ellos las llaman, que en realidad son profundidades de Satanás). No les pediré nada más, [25]solo que retengan con firmeza lo que tienen hasta que yo venga. [26]A todos los que salgan vencedores y me obedezcan hasta el final:

Les daré autoridad sobre todas las naciones.
[27] Gobernarán las naciones con vara de hierro
y las harán pedazos como si fueran ollas de barro.*

[28]Tendrán la misma autoridad que yo recibí de mi Padre, ¡y también les daré la estrella de la mañana!

[29]»Todo el que tenga oídos para oír debe escuchar al Espíritu y entender lo que él dice a las iglesias.

Mensaje a la iglesia de Sardis

3 »Escribe esta carta al ángel* de la iglesia de Sardis. Este es el mensaje de aquel que tiene el Espíritu de Dios de siete aspectos* y las siete estrellas:

»Yo sé todo lo que haces y que tienes la fama de estar vivo, pero estás muerto. [2]¡Despierta! Fortalece lo poco que te queda, porque hasta lo que queda está a punto de morir. Veo que tus acciones no cumplen con los requisitos de mi Dios. [3]Vuelve a lo que escuchaste y creíste al principio, y retenlo con firmeza. Arrepiéntete y regresa a mí. Si no despiertas, vendré a ti de repente, cuando menos lo esperes, como lo hace un ladrón.

[4]»Sin embargo, hay algunos en la iglesia de Sardis que no se han manchado la ropa con maldad. Ellos caminarán conmigo vestidos de blanco, porque son dignos. [5]Todos los que salgan vencedores serán vestidos de blanco. Nunca borraré sus nombres del libro de la vida, sino que anunciaré delante de mi Padre y de sus ángeles que ellos me pertenecen.

***Notas textuales** **2:4** En griego *Has perdido tu primer amor.* **2:22** En griego *una cama.* **2:26-27** Sal 2:8-9 (versión griega). **3:1a** O *al mensajero*; también en 3:7, 14. **3:1b** En griego *tiene los siete espíritus de Dios.*

Referencias cruzadas **2:10** Dn 1:12 **2:12** Ap 1:16 **2:26-27** Sal 2:8-9 **3:3** 2 P 3:10 **3:10** Ap 6:10

6»Todo el que tenga oídos para oír debe escuchar
al Espíritu y entender lo que él dice a las iglesias.

¡Respuestas Bíblicas! 198 ¿Qué es el libro de la vida?

3:5 Es una lista que Dios tiene. La lista nombra a
todas las personas que algún día estarán en el cielo.

Mensaje a la iglesia de Filadelfia

7»Escribe esta carta al ángel de la iglesia de Filadelfia.

Este es el mensaje de aquel que es santo y
verdadero,
el que tiene la llave de David.
Lo que él abre, nadie puede cerrar;
y lo que él cierra, nadie puede abrir:*

8»Yo sé todo lo que haces y te he abierto una puerta
que nadie puede cerrar. Tienes poca fuerza; sin
embargo, has obedecido mi palabra y no negaste mi
nombre. 9Mira, a esos que pertenecen a la sinagoga
de Satanás —esos mentirosos que dicen ser judíos y
no lo son— los obligaré a que vengan y se postren a
tus pies. Ellos reconocerán que es a ti a quien amo.
10»Dado que has obedecido mi mandato de
perseverar, yo te protegeré del gran tiempo de
prueba que vendrá sobre el mundo entero para
probar a los que pertenecen a este mundo. 11Yo
vengo pronto.* Aférrate a lo que tienes, para que
nadie te quite tu corona. 12A todos los que salgan
vencedores, los haré columnas en el templo de mi
Dios, y nunca tendrán que salir de allí. Yo escribiré
sobre ellos el nombre de mi Dios, y ellos serán
ciudadanos de la ciudad de mi Dios, la nueva
Jerusalén que desciende del cielo y de mi Dios. Y
también escribiré en ellos mi nuevo nombre.
13»Todo el que tenga oídos para oír debe escuchar
al Espíritu y entender lo que él dice a las iglesias.

Mensaje a la iglesia de Laodicea

14»Escribe esta carta al ángel de la iglesia de Laodicea.
Este es el mensaje de aquel que es el Amén, el testigo fiel
y verdadero, el principio* de la nueva creación de Dios:

15»Yo sé todo lo que haces, que no eres ni frío ni
caliente. ¡Cómo quisiera que fueras lo uno o lo
otro!; 16pero ya que eres tibio, ni frío ni caliente, ¡te
escupiré de mi boca! 17Tú dices: "Soy rico, tengo
todo lo que quiero, ¡no necesito nada!". Y no te das
cuenta de que eres un infeliz y un miserable; eres
pobre, ciego y estás desnudo. 18Así que te aconsejo
que de mí compres oro —un oro purificado por
fuego— y entonces serás rico. Compra también
ropas blancas de mí, así no tendrás vergüenza por
tu desnudez, y compra ungüento para tus ojos, para
que así puedas ver. 19Yo corrijo y disciplino a todos
los que amo. Por lo tanto, sé diligente y arrepiéntete
de tu indiferencia.
20»¡Mira! Yo estoy a la puerta y llamo. Si oyes mi
voz y abres la puerta, yo entraré y cenaremos juntos
como amigos. 21Todos los que salgan vencedores
se sentarán conmigo en mi trono, tal como yo salí
vencedor y me senté con mi Padre en su trono.
22»Todo el que tenga oídos para oír debe escuchar
al Espíritu y entender lo que él dice a las iglesias».

Adoración en el cielo

4 Entonces, mientras miraba, vi una puerta abierta en
el cielo, y la misma voz que había escuchado antes
me habló como un toque de trompeta. La voz dijo: «Sube
aquí, y te mostraré lo que tiene que suceder después de
esto». 2Y al instante, yo estaba en el Espíritu* y vi un trono
en el cielo y a alguien sentado en él. 3El que estaba sen-
tado en el trono brillaba como piedras preciosas: como el
jaspe y la cornalina. El brillo de una esmeralda rodeaba
el trono como un arco iris. 4Lo rodeaban veinticuatro
tronos en los cuales estaban sentados veinticuatro ancia-
nos. Todos vestían de blanco y tenían una corona de oro
sobre la cabeza. 5Del trono salían relámpagos y estruendo
de truenos. Delante del trono había siete antorchas con
llamas encendidas; esto es el Espíritu de Dios de siete
aspectos.* 6Delante del trono también había un mar de
vidrio brillante, reluciente como el cristal.
En el centro y alrededor del trono había cuatro seres
vivientes, cada uno cubierto de ojos por delante y por
detrás. 7El primero de esos seres vivientes era semejante a
un león, el segundo era como un buey, el tercero tenía cara
humana, y el cuarto era como un águila en vuelo. 8Cada
uno de los seres vivientes tenía seis alas, y las alas estaban
totalmente cubiertas de ojos por dentro y por fuera. Día
tras día y noche tras noche repiten continuamente:

«Santo, santo, santo es el Señor Dios, el
Todopoderoso,
el que siempre fue, que es, y que aún está por
venir».

9Cada vez que los seres vivientes dan gloria, honor y
gracias al que está sentado en el trono (el que vive por
siempre y para siempre), 10los veinticuatro ancianos se
postran y adoran al que está sentado en el trono (el que
vive por siempre y para siempre), y ponen sus coronas
delante del trono, diciendo:

11 «Tú eres digno, oh Señor nuestro Dios,
de recibir gloria y honor y poder.
Pues tú creaste todas las cosas,
y existen porque tú las creaste según tu
voluntad».

El Cordero abre el rollo

5 Luego vi un rollo* en la mano derecha de aquel que
estaba sentado en el trono. El rollo estaba escrito por
dentro y por fuera, y sellado con siete sellos. 2Vi a un ángel
poderoso, que proclamaba con fuerte voz: «¿Quién es
digno de romper los sellos de este rollo y abrirlo?». 3Pero
nadie en el cielo ni en la tierra ni debajo de la tierra podía
abrir el rollo y leerlo.

***Notas textuales** **3:7** Is 22:22. **3:11** O *de repente,* o *rápidamente.* **3:14** O *el gobernante,* o *el origen.* **4:2** O *en espíritu.* **4:5** En griego *estos son los siete espíritus de Dios.* **5:1** O *libro*; también en 5:2, 3, 4, 5, 7, 8, 9.

Referencias cruzadas **3:17** Os 12:8 **4:11** Ap 5:12

[4]Entonces comencé a llorar amargamente porque no se encontraba a nadie digno de abrir el rollo y leerlo; [5]pero uno de los veinticuatro ancianos me dijo: «¡Deja de llorar! Mira, el León de la tribu de Judá, el heredero del trono de David,* ha ganado la victoria. Él es digno de abrir el rollo y sus siete sellos».

[6]Entonces vi a un Cordero que parecía que había sido sacrificado, pero que ahora estaba de pie entre el trono y los cuatro seres vivientes y en medio de los veinticuatro ancianos. Tenía siete cuernos y siete ojos que representan los siete aspectos del Espíritu* de Dios, el cual es enviado a todas las partes de la tierra. [7]Él pasó adelante y tomó el rollo de la mano derecha del que estaba sentado en el trono. [8]Y cuando tomó el rollo, los cuatro seres vivientes y los veinticuatro ancianos se postraron delante del Cordero. Cada uno tenía un arpa y llevaba copas de oro llenas de incienso, que son las oraciones del pueblo de Dios. [9]Y cantaban un nuevo canto con las siguientes palabras:

«Tú eres digno de tomar el rollo
y de romper los sellos y abrirlo.
Pues tú fuiste sacrificado y tu sangre pagó el rescate
para Dios
de gente de todo pueblo, tribu, lengua y nación.
10 Y la has transformado
en un reino de sacerdotes para nuestro Dios.
Y reinarán* sobre la tierra».

[11]Entonces volví a mirar y oí las voces de miles de millones de ángeles alrededor del trono y de los seres vivientes y de los ancianos. [12]Ellos cantaban en un potente coro:

«Digno es el Cordero que fue sacrificado,
de recibir el poder y las riquezas
y la sabiduría y la fuerza
y el honor y la gloria y la bendición».

[13]Y entonces oí a toda criatura en el cielo, en la tierra, debajo de la tierra y en el mar que cantaban:

«Bendición y honor y gloria y poder
le pertenecen a aquel que está sentado en el trono
y al Cordero por siempre y para siempre».

[14]Y los cuatro seres vivientes decían: «¡Amén!». Y los veinticuatro ancianos se postraron y adoraron al Cordero.

El Cordero rompe los primeros seis sellos

6 Mientras miraba, el Cordero rompió el primero de los siete sellos que había en el rollo.* Entonces oí que uno de los cuatro seres vivientes decía con voz de trueno: «¡Ven!». [2]Levanté la vista y vi que había un caballo blanco, y su jinete llevaba un arco, y se le colocó una corona sobre la cabeza. Salió cabalgando para ganar muchas batallas y obtener la victoria.

[3]Cuando el Cordero rompió el segundo sello, oí que el segundo ser viviente decía: «¡Ven!». [4]Entonces apareció otro caballo, de color rojo. Al jinete se le dio una gran espada y la autoridad para quitar la paz de la tierra. Y hubo guerra y masacre por todas partes.

[5]Cuando el Cordero rompió el tercer sello, oí que el tercer ser viviente decía: «¡Ven!». Levanté la vista y vi un caballo negro, y el jinete llevaba una balanza en la mano. [6]Y oí que una voz que salió de entre los cuatro seres vivientes decía: «Un pan de trigo o tres panes de cebada costarán el salario de un día.* Y no desperdicies* el aceite de oliva y el vino».

[7]Cuando el Cordero rompió el cuarto sello, oí que el cuarto ser viviente decía: «¡Ven!». [8]Levanté la vista y vi un caballo de color verde pálido. El jinete se llamaba Muerte y su compañero era la Tumba.* A estos dos se les dio autoridad sobre una cuarta parte de la tierra, para matar con espada, con hambre y con enfermedad* y con animales salvajes.

[9]Cuando el Cordero rompió el quinto sello, vi debajo del altar las almas de todos los que habían muerto como mártires por causa de la palabra de Dios y por haber sido fieles en su testimonio. [10]Ellos clamaban al Señor y decían: «Oh Señor Soberano, santo y verdadero, ¿cuánto tiempo hasta que juzgues a la gente de este mundo y tomes venganza de nuestra sangre por lo que nos han hecho?». [11]Entonces a cada uno de ellos se le dio una túnica blanca, y se les dijo que descansaran un poco más hasta que se completara el número de sus hermanos, los consiervos de Jesús que se unirían a ellos después de morir como mártires.

[12]Mientras yo miraba, el Cordero rompió el sexto sello, y hubo un gran terremoto. El sol se volvió tan oscuro como tela negra, y la luna se volvió tan roja como la sangre. [13]Entonces las estrellas del cielo cayeron sobre la tierra como los higos verdes que caen de un árbol cuando es sacudido por el fuerte viento. [14]El cielo fue enrollado como un pergamino, y todas las montañas y las islas fueron movidas de su lugar.

[15]Entonces todo el mundo —los reyes de la tierra, los gobernantes, los generales, los ricos, los poderosos, todo esclavo y hombre libre— se escondió en las cuevas y entre las rocas de las montañas. [16]Y gritaban a las montañas y a las rocas: «Caigan sobre nosotros y escóndannos del rostro de aquel que se sienta en el trono, y de la ira del Cordero; [17]porque ha llegado el gran día de su ira, ¿y quién podrá sobrevivir?».

El pueblo de Dios será protegido

7 Después vi a cuatro ángeles que estaban de pie en las cuatro esquinas de la tierra. Sujetaban los cuatro vientos para que no soplaran sobre la tierra ni sobre el mar ni sobre ningún árbol. [2]Vi a otro ángel que subía del oriente llevando el sello del Dios viviente. Gritó a los cuatro ángeles que habían recibido poder para dañar la tierra y el mar: [3]«¡Esperen! No hagan daño a la tierra ni al mar ni a los árboles hasta que hayamos puesto el sello de Dios en la frente de sus siervos».

[4]Y oí el número de los que fueron marcados con el sello de Dios. Fueron sellados 144.000 de todas las tribus de Israel:

5 de la tribu de Judá........................12.000
de la tribu de Rubén 12.000
de la tribu de Gad.............................12.000
6 de la tribu de Aser 12.000

***Notas textuales** **5:5** En griego *la raíz de David.* Ver Is 11:10. **5:6** En griego *que son los siete espíritus.* **5:10** Algunos manuscritos dicen *Y están reinando.* **6:1** O *libro.* **6:6a** En griego *Un choinix* [1 litro o 1 cuarto] *de trigo por un denario y 3 choinix de cebada por un denario.* Un denario equivalía a la paga de un obrero por una jornada completa de trabajo. **6:6b** O *dañes.* **6:8a** En griego *era el Hades.* **6:8b** En griego *muerte.*

Referencias cruzadas **5:9** Ap 13:7 **5:12** Ap 4:11 **5:13** 1 Cr 29:11 **6:2** Za 6:11 **6:14** Jr 4:24

de la tribu de Neftalí....................12.000
de la tribu de Manasés....................12.000
7 de la tribu de Simeón....................12.000
de la tribu de Leví....................12.000
de la tribu de Isacar....................12.000
8 de la tribu de Zabulón....................12.000
de la tribu de José....................12.000
de la tribu de Benjamín....................12.000

Alabanza de la gran multitud

9Después de esto vi una enorme multitud de todo pueblo y toda nación, tribu y lengua, que era tan numerosa que nadie podía contarla. Estaban de pie delante del trono y delante del Cordero. Vestían túnicas blancas y tenían en sus manos ramas de palmeras. 10Y gritaban con gran estruendo:

«¡La salvación viene de nuestro Dios que está
sentado en el trono
y del Cordero!».

11Y todos los ángeles estaban de pie alrededor del trono y alrededor de los ancianos y de los cuatro seres vivientes; y se postraron rostro en tierra delante del trono y adoraron a Dios, 12cantando:

«¡Amén! ¡La bendición y la gloria y la sabiduría
y la acción de gracias y el honor
y el poder y la fuerza pertenecen a nuestro Dios
por siempre y para siempre! Amén».

13Entonces uno de los veinticuatro ancianos me preguntó:

—¿Quiénes son estos que están vestidos de blanco? ¿De dónde vienen?

14Y yo le contesté:

—Tú eres quien lo sabe, señor.

Entonces él me dijo:

—Estos son los que murieron en* la gran tribulación.* Han lavado y blanqueado sus ropas en la sangre del Cordero.

15 »Por eso están delante del trono de Dios
y le sirven día y noche en su templo.
Y aquel que está sentado en el trono
les dará refugio.
16 Nunca más tendrán hambre ni sed;
nunca más les quemará el calor del sol.
17 Pues el Cordero que está en el trono*
será su Pastor.
Él los guiará a manantiales del agua que da vida.
Y Dios les secará cada lágrima de sus ojos».

El Cordero rompe el séptimo sello

8 Cuando el Cordero rompió el séptimo sello del rollo,* hubo silencio por todo el cielo durante una media hora. 2Vi a los siete ángeles que están de pie delante de Dios, a los cuales se les dieron siete trompetas.

3Entonces vino otro ángel con un recipiente de oro para quemar incienso y se paró ante el altar. Se le dio una gran cantidad de incienso para mezclarlo con las oraciones del pueblo de Dios como una ofrenda sobre el altar de oro delante del trono. 4El humo del incienso, mezclado con las oraciones del pueblo santo de Dios, subió hasta la presencia de Dios desde el altar donde el ángel lo había derramado. 5Entonces el ángel llenó el recipiente para quemar incienso con fuego del altar y lo lanzó sobre la tierra; y hubo truenos con gran estruendo, relámpagos y un gran terremoto.

Las primeras cuatro trompetas

6Entonces los siete ángeles con las siete trompetas se prepararon para hacerlas sonar.

7El primer ángel tocó su trompeta, y granizo y fuego mezclados con sangre fueron lanzados sobre la tierra. Se incendió la tercera parte de la tierra, y se quemó la tercera parte de los árboles y toda la hierba verde.

8Entonces el segundo ángel tocó su trompeta, y una gran montaña de fuego fue lanzada al mar. La tercera parte de las aguas del mar se convirtió en sangre, 9murió la tercera parte de todos los seres que viven en el mar y fue destruida la tercera parte de todos los barcos.

10Entonces el tercer ángel tocó su trompeta, y una gran estrella cayó del cielo, ardiendo como una antorcha. Cayó sobre una tercera parte de los ríos y sobre los manantiales de agua. 11El nombre de la estrella era Amargura.* Hizo que la tercera parte de las aguas se volviera amarga, y mucha gente murió por beber de esa agua amarga.

12Entonces el cuarto ángel tocó su trompeta, y se dañó la tercera parte del sol y la tercera parte de la luna y la tercera parte de las estrellas, y se oscurecieron. Así que la tercera parte del día quedó sin luz, y también la tercera parte de la noche.

13Entonces miré, y oí la voz de un águila que cruzaba los cielos gritando fuerte: «¡Terror, terror, terror para todos los habitantes de este mundo por lo que vendrá cuando los últimos tres ángeles toquen sus trompetas!».

La quinta trompeta trae el primer terror

9 Entonces el quinto ángel tocó su trompeta, y vi una estrella que había caído del cielo a la tierra, y a la estrella se le dio la llave del pozo del abismo sin fondo.* 2Cuando lo abrió, salió humo como si fuera de un gran horno, y la luz del sol y el aire se oscurecieron debido al humo.

3Entonces del humo salieron langostas y descendieron sobre la tierra, y se les dio poder para picar como escorpiones. 4Se les ordenó que no dañaran la hierba ni las plantas ni los árboles, sino solamente a las personas que no tuvieran el sello de Dios en la frente. 5Se les ordenó que no las mataran, sino que las torturaran durante cinco meses con un dolor similar al dolor que causa la picadura del escorpión. 6Durante esos días, las personas buscarán la muerte, pero no la encontrarán; desearán morir, ¡pero la muerte escapará de ellas!

7Las langostas parecían caballos preparados para la batalla. Llevaban lo que parecían coronas de oro sobre la cabeza, y las caras parecían humanas. 8Su cabello era como el de una mujer, y tenían dientes como los del león. 9Llevaban puestas armaduras de hierro, y sus alas rugían como un ejército de carros de guerra que se apresura a la batalla. 10Tenían colas que picaban como escorpiones, y durante cinco meses tuvieron el poder para atormentar

***Notas textuales** **7:14a** En griego *que salieron de.* **7:14b** O *el gran sufrimiento.* **7:17** En griego *en el centro del trono.* **8:1** O *libro.* **8:11** En griego *Ajenjo.* **9:1** O *del abismo*, o *del averno*; también en 9:11.

Referencias cruzadas **7:12** Ap 5:12-14 **7:15-17** Ap 21:3 **8:6** Ap 8:2 **8:8-9** Jr 51:25 **8:10-11** Is 14:12 **8:13** Ap 9:12 **9:6** Jr 8:3

a la gente. 11Su rey es el ángel del abismo sin fondo; su nombre —el Destructor— en hebreo es *Abadón* y en griego es *Apolión*.

12El primer terror ya pasó, pero mira, ¡vienen dos terrores más!

¡Respuestas Bíblicas! 199 ¿Destruirán las bombas al mundo?

9:17 Algunas personas creen que Apocalipsis 8-9 habla de una gran guerra. Se piensa que las guerras y las bombas destruirán al mundo. Pero Dios es más fuerte que las bombas. Lo que es seguro es que quienes no creen en Jesús sufrirán las consecuencias de su rechazo a Dios.

La sexta trompeta trae el segundo terror

13Entonces el sexto ángel tocó su trompeta, y oí una voz que hablaba desde los cuatro cuernos del altar de oro que está en la presencia de Dios. 14Y la voz le dijo al sexto ángel, que tenía la trompeta: «Suelta a los cuatro ángeles que están atados en el gran río Éufrates». 15Entonces los cuatro ángeles que habían sido preparados para esa hora, ese día, ese mes y ese año, fueron desatados para matar a la tercera parte de toda la gente de la tierra. 16Oí que su ejército estaba formado por doscientos millones de tropas a caballo.

17Así en mi visión, vi los caballos y a los jinetes montados sobre ellos. Los jinetes llevaban puesta una armadura de color rojo fuego, azul oscuro y amarillo. La cabeza de los caballos era como la de un león, y de la boca les salía fuego, humo y azufre ardiente. 18La tercera parte de toda la gente de la tierra murió a causa de estas tres plagas: el fuego, el humo y el azufre ardiente que salían de la boca de los caballos. 19El poder de estos caballos estaba en la boca y en la cola, pues sus colas tenían cabezas como de serpiente, con el poder para herir a la gente.

20Sin embargo, los que no murieron en esas plagas aun así rehusaron arrepentirse de sus fechorías y volverse a Dios. Siguieron rindiendo culto a demonios y a ídolos hechos de oro, plata, bronce, piedra y madera, ¡ídolos que no pueden ni ver ni oír ni caminar! 21Esa gente no se arrepintió de sus asesinatos ni de su brujería ni de su inmoralidad sexual ni de sus robos.

El ángel y el rollo pequeño

10 Entonces vi a otro ángel poderoso que descendía del cielo envuelto en una nube con un arco iris sobre su cabeza. Su cara brillaba como el sol, y sus pies eran como columnas de fuego. 2En la mano tenía un rollo* pequeño que había sido abierto. Se paró con el pie derecho sobre el mar y el pie izquierdo sobre la tierra, 3y dio un fuerte grito, como el rugido de un león. Y cuando gritó, los siete truenos respondieron.

4Cuando hablaron los siete truenos, yo estuve a punto de escribir, pero oí una voz del cielo que decía: «Guarda en secreto* lo que los siete truenos dijeron y no lo escribas».

5Entonces el ángel que vi de pie sobre el mar y sobre la tierra levantó la mano derecha hacia el cielo. 6Hizo un juramento en el nombre de aquel que vive por siempre y para siempre, quien creó los cielos y todo lo que hay en ellos, la tierra y todo lo que hay en ella, y el mar y todo lo que hay en él. El ángel dijo: «Ya no habrá más demora. 7Cuando el séptimo ángel toque su trompeta, el misterioso plan de Dios se cumplirá. Sucederá tal como él lo anunció a sus siervos los profetas».

8Después la voz del cielo me habló de nuevo: «Ve y toma el rollo abierto de la mano del ángel, que está de pie sobre el mar y sobre la tierra».

9Así que me acerqué al ángel y le dije que me diera el pequeño rollo. Él me dijo: «Sí, tómalo y cómelo. Será dulce como la miel en tu boca, ¡pero se volverá amargo en tu estómago!». 10Entonces tomé el pequeño rollo de la mano del ángel, ¡y me lo comí! Fue dulce en mi boca, pero cuando lo tragué, se volvió amargo en mi estómago.

11Entonces me fue dicho: «Tienes que volver a profetizar sobre muchos pueblos, naciones, lenguas y reyes».

Los dos testigos

11 Luego me fue dada una vara para medir y me fue dicho: «Ve y mide el templo de Dios y el altar, y cuenta el número de adoradores; 2pero no midas el atrio exterior porque ha sido entregado a las naciones, las cuales pisotearán la ciudad santa durante cuarenta y dos meses. 3Mientras tanto, yo daré poder a mis dos testigos, y ellos se vestirán de tela áspera y profetizarán durante esos 1260 días».

4Estos dos profetas son los dos olivos y los dos candelabros que están delante del Señor de toda la tierra. 5Si alguien trata de hacerles daño, sale fuego de sus bocas y consume a sus enemigos. Así debe morir cualquiera que intente hacerles daño. 6Ellos tienen el poder de cerrar los cielos para que no llueva durante el tiempo que profeticen. También tienen el poder de convertir los ríos y los mares en sangre, y de azotar la tierra cuantas veces quieran con toda clase de plagas.

7Cuando los testigos hayan terminado de dar su testimonio, la bestia que sube del abismo sin fondo* declarará la guerra contra ellos, los conquistará y los matará. 8Y sus cuerpos quedarán tendidos en la calle principal de Jerusalén,* la ciudad que simbólicamente se llama «Sodoma» y «Egipto», la ciudad en la cual su Señor fue crucificado. 9Y durante tres días y medio, todos los pueblos y todas las tribus, lenguas y naciones se quedarán mirando los cadáveres. A nadie se le permitirá enterrarlos. 10Los que pertenecen a este mundo se alegrarán y se harán regalos unos a otros para celebrar la muerte de los dos profetas que los habían atormentado.

11Pero después de tres días y medio, Dios sopló vida en ellos, ¡y se pusieron de pie! El terror se apoderó de todos los que estaban mirándolos. 12Luego una fuerte voz del cielo llamó a los dos profetas: «¡Suban aquí!». Entonces ellos subieron al cielo en una nube mientras sus enemigos los veían.

13En ese mismo momento, hubo un gran terremoto que destruyó la décima parte de la ciudad. Murieron siete mil personas en el terremoto, y todos los demás quedaron aterrorizados y le dieron la gloria al Dios del cielo.

14El segundo terror ya pasó, pero mira, el tercer terror viene pronto.

***Notas textuales** **10:2** O *libro*; también en 10:8, 9, 10. **10:4** En griego *Sella.* **11:7** O *del abismo*, o *del averno.* **11:8** En griego *de la gran ciudad.*

Referencias cruzadas **9:12** Ap 8:13 **9:19** Ap 11:5 **10:4** Dn 8:26 **10:9-10** Jr 15:16 **11:3-6** Ap 13:5 **11:10** Est 9:19 **11:13** Ap 6:12

La séptima trompeta trae el tercer terror

15 Entonces el séptimo ángel tocó su trompeta, y hubo
fuertes voces que gritaban en el cielo:

«Ahora el mundo ya es el reino de nuestro Señor y
de su Cristo,*
y él reinará por siempre y para siempre».

16 Los veinticuatro ancianos que estaban sentados en sus
tronos delante de Dios se postraron rostro en tierra y lo
adoraron, 17 diciendo:

«Te damos gracias, Señor Dios, el Todopoderoso,
el que es y que siempre fue,
porque ahora has tomado tu gran poder
y has comenzado a reinar.
18 Las naciones se llenaron de ira,
pero ahora el tiempo de tu ira ha llegado.
Es tiempo de juzgar a los muertos
y de recompensar a tus siervos, los profetas,
y también a tu pueblo santo
y a todos los que temen tu nombre,
desde el menos importante hasta el más
importante.
Es tiempo de destruir
a todos los que han causado destrucción en la
tierra».

19 Después se abrió en el cielo el templo de Dios, y el
arca de su pacto se podía ver dentro del templo. Salieron
relámpagos, rugieron truenos y estruendos, y hubo un
terremoto y una fuerte tormenta de granizo.

La mujer y el dragón

12 Entonces fui testigo de un suceso de gran impor-
tancia en el cielo. Vi a una mujer vestida del sol,
con la luna debajo de los pies y una corona de doce estrellas
sobre la cabeza. 2 Estaba embarazada y gritaba a causa de
los dolores de parto y de la agonía de dar a luz.
3 Luego fui testigo de otro suceso importante en el
cielo. Vi a un gran dragón rojo con siete cabezas y diez
cuernos, y una corona en cada cabeza. 4 Con la cola
arrastró la tercera parte de las estrellas en el cielo y las
arrojó a la tierra. Cuando la mujer estaba a punto de dar
a luz, el dragón se paró delante de ella, listo para devorar
al bebé en cuanto naciera.
5 Ella dio a luz a un hijo que gobernaría a todas las na-
ciones con vara de hierro. Al dragón le arrebataron el hijo
y lo llevaron hasta Dios y su trono. 6 Y la mujer huyó al
desierto, donde Dios había preparado un lugar para que
la cuidaran durante 1260 días.
7 Entonces hubo guerra en el cielo. Miguel y sus ánge-
les lucharon contra el dragón y sus ángeles. 8 El dragón
perdió la batalla y él y sus ángeles fueron expulsados del
cielo. 9 Este gran dragón —la serpiente antigua llamada
diablo o Satanás, el que engaña al mundo entero— fue
lanzado a la tierra junto con todos sus ángeles.
10 Luego oí una fuerte voz que resonaba por todo el
cielo:

«Por fin han llegado
la salvación y el poder,
el reino de nuestro Dios,
y la autoridad de su Cristo.*
Pues el acusador de nuestros hermanos
—el que los acusa delante de nuestro Dios día y
noche—
ha sido lanzado a la tierra.
11 Ellos lo han vencido por medio de la sangre del
Cordero
y por el testimonio que dieron.
Y no amaron tanto la vida
como para tenerle miedo a la muerte.
12 Por lo tanto, ¡alégrense, oh cielos!
¡Y alégrense, ustedes, los que viven en los cielos!
Pero el terror vendrá sobre la tierra y el mar,
pues el diablo ha descendido a ustedes con gran
furia,
porque sabe que le queda poco tiempo».

13 Cuando el dragón se dio cuenta de que había sido
lanzado a la tierra, persiguió a la mujer que había dado a
luz al hijo varón; 14 pero a ella se le dieron dos alas como
las de una gran águila para que pudiera volar al lugar que se
había preparado para ella en el desierto. Allí sería cuidada
y protegida lejos del dragón* durante un tiempo, tiempos
y la mitad de un tiempo.
15 Luego el dragón trató de ahogar a la mujer con un
torrente de agua que salía de su boca; 16 pero entonces
la tierra ayudó a la mujer y abrió la boca y tragó el río
que brotaba de la boca del dragón. 17 Así que el dragón se
enfureció contra la mujer y le declaró la guerra al resto de
sus hijos, a todos los que obedecen los mandamientos de
Dios y se mantienen firmes en su testimonio de Jesús.
18 Entonces el dragón se plantó* a la orilla junto al mar.

¡Respuestas Bíblicas! 200 ¿Quién es la "bestia que sube del mar"?

13:1 Muchos maestros de la Biblia creen que la "bestia" será un líder mundial. Este líder tratará de tomar el lugar de Dios. Satanás ayudará a este líder y hará que las personas peleen en contra de Dios.

La bestia que sale del mar

13 Después vi a una bestia que subía del mar. Tenía
siete cabezas y diez cuernos, y una corona en cada
cuerno; y escrito en cada cabeza había nombres que blas-
femaban a Dios. 2 Esta bestia se parecía a un leopardo,
¡pero tenía las patas de un oso y la boca de un león! Y el
dragón le dio a la bestia su propio poder y trono y gran
autoridad.
3 Vi que una de las cabezas de la bestia parecía estar
herida de muerte, ¡pero la herida mortal sanó! Todo el
mundo se maravilló de este milagro y dio lealtad a la
bestia. 4 Adoraron al dragón por haberle dado semejante
poder a la bestia y también adoraron a la bestia. «¿Quién
es tan grande como la bestia? —exclamaban—. ¿Quién
puede luchar contra ella?».
5 A la bestia se le permitió decir grandes blasfemias

***Notas textuales 11:15** O *su Mesías.* **12:10** O *su Mesías.* **12:14** En griego *de la serpiente*; también en 12:15. Ver 12:9. **12:18** En griego *Entonces él se plantó*; algunos manuscritos dicen *Entonces me planté.* Algunas traducciones incluyen todo este versículo en el 13:1.

Referencias cruzadas 11:17-18 Sal 2:1-12 **11:19** Ap 15:5, 8 **12:3-4** Dn 8:10 **12:9** Jn 12:31 **12:10-11** Jn 16:33

contra Dios, y se le dio autoridad para hacer todo lo que
quisiera durante cuarenta y dos meses. 6Y abrió la boca
con terribles blasfemias contra Dios, maldiciendo su
nombre y su habitación, es decir, a los que habitan en
el cielo.* 7Además se le permitió a la bestia hacer guerra
contra el pueblo santo de Dios y conquistarlo; y se le dio
autoridad para gobernar sobre todo pueblo y toda tribu,
lengua y nación. 8Y adoraron a la bestia todos los que per-
tenecen a este mundo, aquellos cuyos nombres no esta-
ban escritos en el libro de la vida que pertenece al Cordero
que fue sacrificado antes de la creación del mundo.*

9 El que tenga oídos para oír,
que escuche y entienda.
10 Todo el que esté destinado a la cárcel,
a la cárcel será llevado.
Todo el que esté destinado a morir a espada
morirá a filo de espada.

Esto significa que el pueblo de Dios tiene que soportar la
persecución con paciencia y permanecer fiel.

La bestia que sale de la tierra

11Luego vi a otra bestia; esta salía de la tierra. Tenía dos
cuernos como los de un cordero, pero hablaba con la voz
de un dragón. 12Ejercía toda la autoridad de la primera
bestia y exigía que toda la tierra y sus habitantes ado-
raran a la primera bestia, la que se había recuperado de
su herida mortal. 13Hacía milagros asombrosos, incluso
que cayera fuego del cielo a la tierra mientras todos ob-
servaban. 14Con los milagros que se le permitió hacer
en nombre de la primera bestia, engañó a todos los que
pertenecen a este mundo. Les ordenó que hicieran una
gran estatua de la primera bestia, la que estaba herida de
muerte y después volvió a la vida. 15Luego se le permitió
dar vida a esa estatua para que pudiera hablar. Entonces
la estatua de la bestia ordenó que todo el que se negara a
adorarla debía morir.

16Además exigió que a todos —pequeños y grandes;
ricos y pobres; libres y esclavos— se les pusiera una marca
en la mano derecha o en la frente. 17Y nadie podía comprar
ni vender nada sin tener esa marca, que era el nombre de la
bestia o bien el número que representa su nombre. 18Aquí
se requiere sabiduría. El que tenga entendimiento, que
resuelva el significado del número de la bestia, porque es
el número de un hombre.* Su número es 666.*

El Cordero y los 144.000

14 Luego vi al Cordero de pie sobre el monte Sion,
y con él había 144.000 que tenían el nombre
del Cordero y el de su Padre escrito en la frente. 2Y oí un
sonido que venía del cielo, era como el rugido de grandes
olas del mar o el retumbar de fuertes truenos. Parecía el
sonido de muchos arpistas tocando juntos.

3Ese gran coro entonaba un nuevo canto maravilloso
delante del trono de Dios y delante de los cuatro seres vi-
vientes y los veinticuatro ancianos. Nadie podía aprender
ese canto aparte de los 144.000 que habían sido rescata-
dos de la tierra. 4Ellos se han mantenido tan puros como
vírgenes,* y son los que siguen al Cordero dondequiera
que va. Han sido comprados de entre los pueblos de la
tierra como ofrenda especial* para Dios y para el Cordero.
5Ellos no han dicho mentiras y son intachables.

Los tres ángeles

6Y vi a otro ángel, que volaba por el cielo y llevaba la eterna
Buena Noticia para proclamarla a los que pertenecen a
este mundo: a todo pueblo y toda nación, tribu y lengua.
7«Teman a Dios —gritaba—. Denle gloria a él, porque
ha llegado el tiempo en que ocupe su lugar como juez.
Adoren al que hizo los cielos, la tierra, el mar y todos los
manantiales de agua».

8Luego otro ángel lo siguió por el cielo mientras gri-
taba: «Babilonia ha caído —cayó esa gran ciudad— porque
hizo que todas las naciones del mundo bebieran el vino
de su apasionada inmoralidad».

9Después un tercer ángel los siguió mientras gritaba:
«Todo el que adore a la bestia y a su estatua o acepte su
marca en la frente o en la mano 10tendrá que beber el
vino de la ira de Dios, que se ha servido sin diluir en
la copa del furor de Dios. Ellos serán atormentados con
fuego y azufre ardiente en presencia de los ángeles san-
tos y del Cordero. 11El humo de su tormento subirá por
siempre jamás, y no tendrán alivio ni de día ni de noche,
porque adoraron a la bestia y a su estatua y aceptaron la
marca de su nombre».

12Esto significa que el pueblo de Dios tiene que so-
portar la persecución con paciencia, obedeciendo sus
mandamientos y manteniendo la fe en Jesús.

13Y oí una voz del cielo que decía: «Escribe lo siguiente:
benditos son los que de ahora en adelante mueran en el
Señor. El Espíritu dice: "Sí, ellos son en verdad benditos,
porque descansarán de su arduo trabajo, ¡pues sus buenas
acciones los siguen!"».

La cosecha de la tierra

14Entonces vi una nube blanca y sentado en la nube estaba
alguien parecido al Hijo del Hombre.* Tenía una corona
de oro en la cabeza y en la mano una hoz afilada.

15Entonces vino otro ángel desde el templo y le gritó
al que estaba sentado en la nube: «Da rienda suelta a la
hoz, porque ha llegado el tiempo para cosechar; ya está
madura la cosecha en la tierra». 16Y el que estaba sentado
en la nube pasó la hoz sobre la tierra, y toda la tierra fue
cosechada.

17Después vino otro ángel desde el templo que está
en el cielo, y él también tenía una hoz afilada. 18Luego
otro ángel, que tenía poder para destruir con fuego, vino
desde el altar y le gritó al ángel que tenía la hoz afilada:
«Pasa ahora tu hoz y junta los racimos de los viñedos
de la tierra, porque las uvas ya están maduras para el
juicio». 19Así que el ángel pasó su hoz sobre la tierra y
echó las uvas en el gran lagar de la ira de Dios. 20Las uvas
fueron pisadas en el lagar fuera de la ciudad, y del lagar
brotó un río de sangre de unos trescientos kilómetros* de
largo que llegaba hasta los frenos de un caballo.

***Notas textuales** **13:6** Algunos manuscritos dicen *y su habitación y a todos los que habitan en el cielo.* **13:8** O *no estaban escritos en el libro de la vida antes de la creación del mundo, el libro que le pertenece al Cordero que fue sacrificado.* **13:18a** O *de la humanidad.* **13:18b** Algunos manuscritos dicen *616.* **14:4a** En griego *Ellos son vírgenes que no se han contaminado con mujeres.* **14:4b** En griego *como primicias.* **14:14** O *parecido a un hijo de hombre.* Ver Dn 7:13. «Hijo del Hombre» es un título que Jesús empleaba para referirse a sí mismo. **14:20** En griego *1600 estadios* [180 millas].

Referencias cruzadas **13:9** Ap 2:7 **14:7** Ap 8:10 **14:13** Ap 2:7 **14:15-16** Jr 51:33 **14:20** Hb 13:12

El canto de Moisés y del Cordero

15 Luego vi en el cielo otro maravilloso suceso de
gran importancia. Siete ángeles sostenían las últimas siete plagas, que completarían la ira de Dios. 2Vi
delante de mí algo que parecía un mar de cristal mezclado
con fuego. Sobre este mar estaban de pie todos los que
habían vencido a la bestia, a su estatua y al número que
representa su nombre. Todos tenían arpas que Dios les
había dado 3y entonaban el canto de Moisés, siervo de
Dios, y el canto del Cordero:

«Grandes y maravillosas son tus obras,
oh Señor Dios, el Todopoderoso.
Justos y verdaderos son tus caminos,
oh Rey de las naciones.*
4 ¿Quién no te temerá, Señor,
y glorificará tu nombre?
Pues solo tú eres santo.
Todas las naciones vendrán y adorarán delante de ti,
porque tus obras de justicia han sido reveladas».

Las siete copas de las siete plagas

5Luego miré y vi que se abría por completo el templo que
está en el cielo, el tabernáculo de Dios. 6Los siete ángeles
que sostenían las siete plagas salieron del templo. Estaban
vestidos de un lino blanco* sin mancha alguna y tenían
una banda de oro que cruzaba el pecho. 7Entonces uno
de los cuatro seres vivientes le entregó a cada uno de los
siete ángeles una copa de oro llena de la ira de Dios, quien
vive por siempre y para siempre. 8El templo se llenó del
humo de la gloria y el poder de Dios. Nadie podía entrar
en el templo hasta que los siete ángeles terminaran de
derramar las siete plagas.

16 Luego oí una voz potente que venía del templo
y decía a los siete ángeles: «Vayan y derramen
sobre la tierra las siete copas que contienen la ira de Dios».
2Así que el primer ángel salió del templo y derramó su
copa sobre la tierra, y a todos los que tenían la marca de la
bestia y que adoraban a su estatua les salieron horribles
llagas malignas.
3Después el segundo ángel derramó su copa sobre el
mar, y el agua se volvió como la sangre de un cadáver, y
murió todo lo que estaba en el mar.
4Entonces el tercer ángel derramó su copa sobre los
ríos y los manantiales, y estos se convirtieron en sangre. 5Y oí que el ángel que tenía autoridad sobre todas
las aguas decía:

«Oh Santo, el que es y que siempre era, tú eres
justo,
porque has enviado estos juicios.
6 Como derramaron la sangre
de tu pueblo santo y de tus profetas,
tú les has dado a beber sangre.
Es su justa recompensa».

7Y oí una voz que venía del altar y* decía:

«Sí, oh Señor Dios, el Todopoderoso,
tus juicios son verdaderos y justos».

8Entonces el cuarto ángel derramó su copa sobre el
sol, esto hacía que quemara a todos con su fuego. 9Todos
sufrieron quemaduras debido a la descarga de calor y
maldijeron el nombre de Dios, quien tenía control sobre
todas estas plagas. No se arrepintieron de sus pecados ni
se volvieron a Dios ni le dieron la gloria.
10Después el quinto ángel derramó su copa sobre el
trono de la bestia, y el reino de la bestia quedó sumergido
en la oscuridad. Sus súbditos rechinaban los dientes* por
la angustia 11y maldecían al Dios del cielo por los dolores
y las llagas, pero no se arrepintieron de sus fechorías ni
volvieron a Dios.
12Luego el sexto ángel derramó su copa sobre el gran
río Éufrates, y este se secó para que los reyes del oriente
pudieran marchar con sus ejércitos sin obstáculos hacia el
occidente. 13Y vi que de la boca del dragón, de la boca de la
bestia y de la boca del falso profeta saltaban tres espíritus
malignos* que parecían ranas. 14Estos son espíritus de
demonios que hacen milagros y salen a reunir a todos los
gobernantes del mundo para pelear contra el Señor en la
batalla del gran día del juicio de Dios, el Todopoderoso.
15 «Miren, ¡yo vendré como un ladrón, cuando nadie
lo espere! Benditos son todos los que me esperan
y tienen su ropa lista para no tener que andar
desnudos y avergonzados».
16Y los espíritus de demonios reunieron a todos los
gobernantes y a sus ejércitos en un lugar que en hebreo
se llama *Armagedón.**
17Luego el séptimo ángel derramó su copa en el aire, y
desde el trono del templo salió un fuerte grito: «¡Todo ha
terminado!». 18Entonces rugieron y retumbaron truenos,
y salieron relámpagos; y se produjo un fuerte terremoto, el
peor desde que el hombre fue puesto sobre la tierra. 19La
gran ciudad de Babilonia se partió en tres secciones, y las
ciudades de muchas naciones cayeron y quedaron reducidas a escombros. Así que Dios se acordó de todos los
pecados de Babilonia, y la hizo beber de la copa que estaba
llena del vino del furor de su ira. 20Entonces desaparecieron todas las islas, y las montañas se vinieron abajo y no
existieron más. 21Hubo una gran tormenta de granizo, y
piedras de granizo, como de treinta y cuatro kilos* cada
una, cayeron del cielo sobre las personas. Maldijeron a
Dios debido a la terrible plaga de granizo.

La gran prostituta

17 Uno de los siete ángeles que derramaron las siete
copas se acercó y me dijo: «Ven conmigo, y te
mostraré la sentencia que recibirá la gran prostituta, que
gobierna* sobre muchas aguas. 2Los reyes del mundo
cometieron adulterio con ella, y los que pertenecen a este
mundo se emborracharon con el vino de su inmoralidad».
3Entonces el ángel me llevó en el Espíritu* al desierto.
Allí vi a una mujer sentada sobre una bestia de color escarlata que tenía siete cabezas y diez cuernos, y estaba llena de
blasfemias escritas contra Dios. 4La mujer estaba vestida
de púrpura y escarlata y llevaba puestas hermosas joyas
de oro, piedras preciosas y perlas. En la mano tenía una

***Notas textuales 15:3** Algunos manuscritos dicen *Rey de los siglos.* **15:6** Otros manuscritos dicen *vestidos de piedra blanca*; incluso otros dicen *vestidos con [prendas] blancas hechas de lino.* **16:7** En griego *oí que el altar.* **16:10** En griego *se mordían la lengua.* **16:13** En griego *impuros.* **16:16** O *Ar-Magedon.* **16:21** En griego *un talento* [75 libras]. **17:1** En griego *está sentada*; también en 17:9, 15. **17:3** O *en espíritu.*

Referencias cruzadas 15:2 Ap 4:6 **16:1** Ap 15:1 **16:4-7** Is 49:26 **16:10-11** Ap 9:12 **16:13-14** 1 Tm 4:1 **17:1-2** Jr 51:13

copa de oro llena de obscenidades y de las inmundicias de su inmoralidad. 5Tenía escrito en la frente un nombre misterioso: Babilonia la grande, madre de todas las prostitutas y obscenidades del mundo. 6Pude ver que ella estaba borracha, borracha de la sangre del pueblo santo de Dios, es decir, los que testificaron de Jesús. Me quedé mirándola totalmente asombrado.

7«¿Por qué te asombras tanto? —preguntó el ángel—. Te explicaré el misterio de esta mujer y de la bestia con siete cabezas y diez cuernos sobre la que ella está sentada. 8La bestia que viste, antes vivía pero ya no. Sin embargo, pronto subirá del abismo sin fondo* e irá a la destrucción eterna. Los que pertenecen a este mundo, cuyos nombres no fueron escritos en el libro de la vida antes de la creación del mundo, se asombrarán al ver la reaparición de esta bestia, que había muerto.

9»Aquí se requiere una mente con entendimiento: las siete cabezas de la bestia representan las siete colinas donde la mujer gobierna. También representan siete reyes: 10cinco reyes ya han caído, el sexto reina actualmente, y el séptimo todavía no ha llegado pero su reino será breve.

11»La bestia escarlata que existía pero que ya no existe es el octavo rey. Este rey es como los otros siete, y él también va rumbo a la destrucción. 12Los diez cuernos de la bestia son diez reyes que todavía no han subido al poder; pero estos serán designados como reyes por un breve momento para reinar junto con la bestia. 13Los diez estarán de acuerdo en entregarle a la bestia el poder y la autoridad que tienen. 14Irán juntos a la guerra contra el Cordero, pero el Cordero los derrotará porque él es el Señor de todos los señores y el Rey de todos los reyes. Y los que él ha llamado y elegido y le son fieles, estarán con él».

15Luego el ángel me dijo: «Las aguas donde la prostituta gobierna representan grandes multitudes de cada nación y lengua. 16Tanto la bestia escarlata como sus diez cuernos odian a la prostituta. La desnudarán, comerán su carne y quemarán con fuego lo que quede de ella. 17Pues Dios les ha puesto un plan en la mente, un plan que llevará a cabo los propósitos de Dios. Ellos estarán de acuerdo en entregarle a la bestia escarlata la autoridad que tienen, y así se cumplirán las palabras de Dios. 18La mujer que viste en la visión representa la gran ciudad que reina sobre los reyes del mundo».

Caída de Babilonia

18 Después de todo esto vi que otro ángel bajaba del cielo con gran autoridad, y la tierra se iluminó con su resplandor. 2Dio un fuerte grito:

«¡Ha caído Babilonia, cayó esa gran ciudad!
Se ha convertido en una casa para los demonios.
Es una guarida para todo espíritu inmundo,*
un nido para todo buitre repugnante
y una cueva para todo animal sucio y espantoso.*
3 Pues todas las naciones han caído*
debido al vino de su apasionada inmoralidad.
Los reyes del mundo
cometieron adulterio con ella.
Debido a su deseo por lujos excesivos,
los comerciantes del mundo se han enriquecido».

4Después oí otra voz que clamaba desde el cielo:

«Pueblo mío, salgan de ella.
No participen en sus pecados
o serán castigados junto con ella.
5 Pues sus pecados se han amontonado hasta el cielo,
y Dios se acuerda de sus maldades.
6 Háganle a ella lo que ella les ha hecho a otros.
Denle doble castigo por* todas sus maldades.
Ella preparó una copa de terror para otros,
así que preparen el doble* para ella.
7 Ella se glorificó a sí misma y vivió rodeada de lujos,
ahora denle la misma proporción de tormento y tristeza.
Ella se jactó en su corazón, diciendo:
"Soy reina en mi trono.
No soy ninguna viuda indefensa
ni tengo motivos para lamentarme".
8 Por lo tanto, estas plagas le llegarán en un solo día:
la muerte, el lamento y el hambre.
Ella será totalmente consumida por el fuego,
porque el Señor Dios, quien la juzga, es poderoso».

9Y los reyes del mundo que cometieron adulterio con ella y disfrutaron de todos sus lujos, se lamentarán por ella cuando vean el humo que sube de sus restos carbonizados. 10Aterrorizados por su gran tormento, los reyes del mundo se mantendrán a distancia y clamarán:

«¡Qué terrible, qué terrible para ti,
oh Babilonia, tú, gran ciudad!
En un solo instante
el juicio de Dios cayó sobre ti».

11Los comerciantes del mundo llorarán y se lamentarán por ella, porque ya no queda nadie que les compre sus mercaderías. 12Ella compró grandes cantidades de oro, plata, joyas y perlas; lino de la más alta calidad, púrpura, seda y tela de color escarlata; objetos hechos con la fragante madera de alerce, artículos de marfil y objetos hechos con madera costosa; y bronce, hierro y mármol. 13También compró canela, especias, especias aromáticas, mirra, incienso, vino, aceite de oliva, harina refinada, trigo, ganado, ovejas, caballos, carretas y cuerpos, es decir, esclavos humanos.

14 «De las delicias que tanto amabas,
ya no queda nada —claman los comerciantes—.
Todos tus lujos y el esplendor
se han ido para siempre
y ya nunca volverán a ser tuyos».

15Los comerciantes que se enriquecieron vendiéndole esas cosas, se mantendrán a distancia, aterrados por el gran tormento de ella. Llorarán y clamarán:

16 «¡Qué terrible, qué terrible para esa gran ciudad!

***Notas textuales 17:8** O *del abismo*, o *del averno.* **18:2a** En griego *impuro*; igual en las dos frases siguientes donde aparecen las palabras *repugnante* y *sucio*. **18:2b** Algunos manuscritos condensan las últimas dos líneas y dicen *un nido para todo tipo de buitres sucios [impuros] y espantosos.* **18:3** Algunos manuscritos dicen *han bebido.* **18:6a** O *Denle un castigo igual a.* **18:6b** O *preparen la misma cantidad.*

Referencias cruzadas 17:6 Ap 18:24 **17:8** Ap 13:3, 10 **17:17** Ap 10:7 **18:3** Ap 17:2 **18:9** Ap 17:12 **18:13** Ez 27:13 **18:16-17** Ap 17:12, 16

¡Ella se vestía de púrpura de la más alta calidad y
lino escarlata,
adornada con oro, piedras preciosas y perlas!
17 ¡En un solo instante,
toda la riqueza de la ciudad se esfumó!».

Y todos los capitanes de los barcos mercantes y los pa-
sajeros, los marineros y las tripulaciones se mantendrán a
distancia. 18Todos clamarán cuando vean subir el humo y
dirán: «¿Dónde habrá una ciudad de tanta grandeza como
esta?». 19Y llorarán y echarán tierra sobre su cabeza para
mostrar su dolor y clamarán:

«¡Qué terrible, qué terrible para esa gran ciudad!
Los dueños de barcos se hicieron ricos
transportando por los mares la gran riqueza de
ella.
En un solo instante, se esfumó todo».
20 ¡Oh cielo, alégrate del destino de ella,
y también ustedes pueblo de Dios, apóstoles y
profetas!
Pues al fin Dios la ha juzgado
por amor a ustedes.

21Luego un ángel poderoso levantó una roca inmensa
del tamaño de una gran piedra de molino, la lanzó al mar
y gritó:

«Así es como la gran ciudad de Babilonia
será derribada con violencia
y nunca más se encontrará.
22 Nunca más se oirá en ti
el sonido de las arpas, los cantantes, las flautas y
las trompetas.
No se encontrarán en ti
ni artesanos ni comercio,
ni se volverá a oír
el sonido del molino.
23 Nunca más brillará en ti
la luz de una lámpara
ni se oirán las felices voces
de los novios y las novias.
Pues tus comerciantes eran los grandes del mundo,
y tú engañaste a las naciones con tus hechicerías.
24 La sangre de los profetas y del pueblo santo de Dios
corrió en tus calles,*
junto con la sangre de gente masacrada por todo
el mundo».

¡Respuestas Bíblicas! 201 ¿Cómo volverá Jesús a la Tierra?

19:11 Jesús volverá cuando sea tiempo de juzgar al mundo. Él vendrá como un fuerte soldado con todos los ejércitos del cielo. Él va a castigar a Satanás.

Cantos de victoria en el cielo

19 Después de esto, oí algo en el cielo que parecía
las voces de una inmensa multitud que gritaba:

«¡Alabado sea el Señor!*
La salvación, la gloria y el poder le pertenecen a
nuestro Dios.
2 Sus juicios son verdaderos y justos.
Él ha castigado a la gran prostituta
que corrompió a la tierra con su inmoralidad.
Él ha vengado la muerte de sus siervos».

3Y otra vez, sus voces resonaron:

«¡Alabado sea el Señor!
¡El humo de esa ciudad subirá por siempre
jamás!».

4Entonces los veinticuatro ancianos y los cuatro seres
vivientes se postraron y adoraron a Dios, que estaba sen-
tado en el trono. Exclamaron: «¡Amén! ¡Alabado sea el
Señor!».
5Y del trono salió una voz que dijo:

«Alaben a nuestro Dios
todos sus siervos
y todos los que le temen,
desde el más insignificante hasta el más
importante».

6Entonces volví a oír algo que parecía el grito de una
inmensa multitud o el rugido de enormes olas del mar o
el estruendo de un potente trueno, que decían:

«¡Alabado sea el Señor!
Pues el Señor nuestro Dios,* el Todopoderoso,
reina.
7 Alegrémonos y llenémonos de gozo
y démosle honor a él,
porque el tiempo ha llegado para la boda del
Cordero,
y su novia se ha preparado.
8 A ella se le ha concedido vestirse del lino blanco y
puro de la más alta calidad».
Pues el lino de la más alta calidad representa las
buenas acciones del pueblo santo de Dios.

9Y el ángel me dijo: «Escribe esto: "Benditos son los
que están invitados a la cena de la boda del Cordero"».
Y añadió: «Estas son palabras verdaderas que provienen
de Dios».
10Entonces me postré a sus pies para adorarlo, pero me
dijo: «No, no me adores a mí. Yo soy un siervo de Dios,
como tú y tus hermanos que dan testimonio de su fe en
Jesús. Adora únicamente a Dios, porque la esencia de la
profecía es dar un claro testimonio de Jesús*».

El jinete sobre el caballo blanco

11Entonces vi el cielo abierto, y había allí un caballo
blanco. Su jinete se llamaba Fiel y Verdadero, porque
juzga con rectitud y hace una guerra justa. 12Sus ojos
eran como llamas de fuego, y llevaba muchas coronas en

***Notas textuales 18:24** En griego *en las calles de ella.* **19:1** En griego *Aleluya*; también en 19:3, 4, 6. *Aleluya* es la transliteración de un término hebreo que significa «Alabado sea el Señor». **19:6** Algunos manuscritos dicen *el Señor Dios.* **19:10** O *es el mensaje confirmado por Jesús.*

Referencias cruzadas 18:21 Jr 51:63 **19:2** Ap 16:7 **19:6** Ap 11:15 **19:10** Ap 22:8-9 la cabeza. Tenía escrito un nombre que nadie entendía excepto él mismo. 13Llevaba puesta una túnica bañada de sangre, y su título era «la Palabra de Dios». 14Los ejércitos del cielo vestidos del lino blanco y puro de la más alta calidad lo seguían en caballos blancos. 15De su boca salía una espada afilada para derribar a las naciones. Él las gobernará con vara de hierro y desatará el furor de la ira de Dios, el Todopoderoso, como el jugo que corre del lagar. 16En la túnica, a la altura del muslo,* estaba escrito el título: «Rey de todos los reyes y Señor de todos los señores».

17Después vi a un ángel parado en el sol que les gritaba a los buitres que volaban en lo alto de los cielos: «¡Vengan! Reúnanse para el gran banquete que Dios ha preparado. 18Vengan y coman la carne de los reyes, los generales y los fuertes guerreros; la de los caballos y sus jinetes y la de toda la humanidad, tanto esclavos como libres, tanto pequeños como grandes».

19Después vi a la bestia y a los reyes del mundo y sus ejércitos, todos reunidos para luchar contra el que está sentado en el caballo y contra su ejército. 20Y la bestia fue capturada, y junto con ella, el falso profeta que hacía grandes milagros en nombre de la bestia; milagros que engañaban a todos los que habían aceptado la marca de la bestia y adorado a su estatua. Tanto la bestia como el falso profeta fueron lanzados vivos al lago de fuego que arde con azufre. 21Todo su ejército fue aniquilado por la espada afilada que salía de la boca del que montaba el caballo blanco. Y todos los buitres devoraron los cuerpos muertos hasta hartarse.

Los mil años

20 Luego vi a un ángel que bajaba del cielo con la llave del abismo sin fondo* y una pesada cadena en la mano. 2Sujetó con fuerza al dragón —la serpiente antigua, quien es el diablo, Satanás— y lo encadenó por mil años. 3El ángel lo lanzó al abismo sin fondo y lo encerró con llave para que Satanás no pudiera engañar más a las naciones hasta que se cumplieran los mil años. Pasado ese tiempo, debe ser soltado por un poco de tiempo.

4Después vi tronos, y los que estaban sentados en ellos habían recibido autoridad para juzgar. Vi las almas de aquellos que habían sido decapitados por dar testimonio acerca de Jesús y proclamar la palabra de Dios. Ellos no habían adorado a la bestia ni a su estatua, ni habían aceptado su marca en la frente o en las manos. Volvieron a la vida, y reinaron con Cristo durante mil años.

5Esta es la primera resurrección. (El resto de los muertos no volvieron a la vida hasta que se cumplieron los mil años). 6Benditos y santos son aquellos que forman parte de la primera resurrección, porque la segunda muerte no tiene ningún poder sobre ellos, sino que serán sacerdotes de Dios y de Cristo, y reinarán con él durante mil años.

La derrota de Satanás

7Cuando se cumplan los mil años, Satanás será liberado de su prisión. 8Saldrá para engañar a las naciones —llamadas Gog y Magog— por todos los extremos de la tierra. Las reunirá a todas para la batalla: un poderoso ejército tan incalculable como la arena de la orilla del mar. 9Y los vi cuando subían por toda la anchura de la tierra y rodeaban al pueblo de Dios y a la ciudad amada; pero cayó fuego del cielo sobre el ejército que atacaba y lo consumió.

10Después el diablo, que los había engañado, fue lanzado al lago de fuego que arde con azufre, donde ya estaban la bestia y el falso profeta. Allí serán atormentados día y noche por siempre jamás.

¡Respuestas Bíblicas! 202 ¿Qué le pasará a Satanás?

20:10 Satanás terminará perdiendo y será arrojado al lago de fuego a dónde será castigado para siempre junto a las personas que no acepten el regalo de Jesús y pongan su fe en él.

El juicio final

11Y vi un gran trono blanco y al que estaba sentado en él. La tierra y el cielo huyeron de su presencia, pero no encontraron ningún lugar donde esconderse. 12Vi a los muertos, tanto grandes como pequeños, de pie delante del trono de Dios. Los libros fueron abiertos, entre ellos el libro de la vida. A los muertos se les juzgó de acuerdo a las cosas que habían hecho, según lo que estaba escrito en los libros. 13El mar entregó sus muertos, y la muerte y la tumba* también entregaron sus muertos; y todos fueron juzgados según lo que habían hecho. 14Entonces la muerte y la tumba fueron lanzadas al lago de fuego. Este lago de fuego es la segunda muerte. 15Y todo el que no tenía su nombre registrado en el libro de la vida fue lanzado al lago de fuego.

La nueva Jerusalén

21 Entonces vi un cielo nuevo y una tierra nueva, porque el primer cielo y la primera tierra habían desaparecido y también el mar. 2Y vi la ciudad santa, la nueva Jerusalén, que descendía del cielo desde la presencia de Dios, como una novia hermosamente vestida para su esposo.

3Oí una fuerte voz que salía del trono y decía: «¡Miren, el hogar de Dios ahora está entre su pueblo! Él vivirá con ellos, y ellos serán su pueblo. Dios mismo estará con ellos.* 4Él les secará toda lágrima de los ojos, y no habrá más muerte ni tristeza ni llanto ni dolor. Todas esas cosas ya no existirán más».

5Y el que estaba sentado en el trono dijo: «¡Miren, hago nuevas todas las cosas!». Entonces me dijo: «Escribe esto, porque lo que te digo es verdadero y digno de confianza». 6También dijo: «¡Todo ha terminado! Yo soy el Alfa y la Omega, el Principio y el Fin. A todo el que tenga sed, yo le daré a beber gratuitamente de los manantiales del agua de la vida. 7Los que salgan vencedores heredarán todas esas bendiciones, y yo seré su Dios, y ellos serán mis hijos.

8»Pero los cobardes, los incrédulos, los corruptos, los asesinos, los que cometen inmoralidades sexuales, los que practican la brujería, los que rinden culto a ídolos y todos los mentirosos, tendrán su destino en el lago de fuego que arde con azufre. Esta es la segunda muerte».

***Notas textuales** **19:16** O *En la túnica y el muslo.* **20:1** O *del abismo*, o *del averno*; similar en 20:3. **20:13** En griego *y el Hades*; también en 20:14. **21:3** Algunos manuscritos dicen *Dios mismo estará con ellos, su Dios.*

Referencias cruzadas **19:17-18** Ez 39:17-20 **20:6** Ap 1:6 **20:10** Ez 38:9, 16 **21:5** Ap 4:9

9Entonces uno de los siete ángeles que tenían las siete copas con las últimas siete plagas se me acercó y me dijo: «¡Ven conmigo! Te mostraré a la novia, la esposa del Cordero».

10Así que me llevó en el Espíritu* a una montaña grande y alta, y me mostró la ciudad santa, Jerusalén, que descendía del cielo, desde la presencia de Dios. 11Resplandecía de la gloria de Dios y brillaba como una piedra preciosa, como un jaspe tan transparente como el cristal. 12La muralla de la ciudad era alta y ancha, y tenía doce puertas vigiladas por doce ángeles. Los nombres de las doce tribus de Israel estaban escritos en las puertas. 13Había tres puertas a cada lado: al oriente, al norte, al sur y al occidente. 14La muralla de la ciudad estaba fundada sobre doce piedras, las cuales llevaban escritos los nombres de los doce apóstoles del Cordero.

15El ángel que hablaba conmigo tenía en la mano una vara de oro para medir la ciudad, sus puertas y su muralla. 16Cuando la midió se dio cuenta de que era cuadrada, que medía lo mismo de ancho que de largo. En realidad, medía 2220 kilómetros* de largo, lo mismo de alto y lo mismo de ancho. 17Después midió el grosor de las murallas, que eran de sesenta y cinco metros* (según la medida humana que el ángel usó).

18La muralla estaba hecha de jaspe, y la ciudad era de oro puro y tan cristalino como el vidrio. 19La muralla de la ciudad estaba fundada sobre doce piedras, cada una adornada con una piedra preciosa:* la primera con jaspe, la segunda con zafiro, la tercera con ágata, la cuarta con esmeralda, 20la quinta con ónice, la sexta con cornalina, la séptima con crisólito, la octava con berilo, la novena con topacio, la décima con crisoprasa, la undécima con jacinto y la duodécima con amatista.

21Las doce puertas estaban hechas de perlas, ¡cada puerta hecha de una sola perla! Y la calle principal era de oro puro y tan cristalino como el vidrio.

22No vi ningún templo en la ciudad, porque el Señor Dios Todopoderoso y el Cordero son el templo. 23La ciudad no tiene necesidad de sol ni de luna, porque la gloria de Dios ilumina la ciudad, y el Cordero es su luz. 24Las naciones caminarán a la luz de la ciudad, y los reyes del mundo entrarán en ella con toda su gloria. 25Las puertas nunca se cerrarán al terminar el día porque allí no existe la noche. 26Todas las naciones llevarán su gloria y honor a la ciudad. 27No se permitirá la entrada a ninguna cosa mala* ni tampoco a nadie que practique la idolatría y el engaño. Solo podrán entrar los que tengan su nombre escrito en el libro de la vida del Cordero.

¡Respuestas Bíblicas! 203 ¿Cómo será el cielo?

21-22 Será tan especial e impactante que es muy difícil imaginarlo. Allí no habrá tristeza y nadie nunca será lastimado. Todo será nuevo. Y nosotros estaremos con Dios por siempre.

22 Luego el ángel me mostró un río con el agua de la vida, era transparente como el cristal y fluía del trono de Dios y del Cordero. 2Fluía por el centro de la calle principal. A cada lado del río crecía el árbol de la vida, el cual produce doce cosechas de fruto,* y una cosecha nueva cada mes. Las hojas se usaban como medicina para sanar a las naciones.

3Ya no habrá más maldición sobre ninguna cosa, porque allí estará el trono de Dios y del Cordero, y sus siervos lo adorarán. 4Verán su rostro y tendrán su nombre escrito en la frente. 5Allí no existirá la noche —no habrá necesidad de la luz de lámparas ni del sol— porque el Señor Dios brillará sobre ellos. Y ellos reinarán por siempre y para siempre.

6Entonces el ángel me dijo: «Todo lo que has oído y visto es verdadero y digno de confianza. El Señor Dios, que inspira a sus profetas,* ha enviado a su ángel para decirles a sus siervos lo que pronto* sucederá».

Jesús viene

7«Miren, ¡yo vengo pronto! Benditos son los que obedecen las palabras de la profecía que están escritas en este libro*».

8Yo, Juan, soy el que vio y oyó todas estas cosas. Cuando las oí y las vi, me postré para adorar a los pies del ángel que me las mostró. 9Pero él dijo: «No, no me adores a mí. Yo soy un siervo de Dios tal como tú y tus hermanos los profetas, al igual que todos los que obedecen lo que está escrito en este libro. ¡Adora únicamente a Dios!».

10Entonces me indicó: «No selles las palabras proféticas de este libro porque el tiempo está cerca. 11Deja que el malo siga haciendo el mal; deja que el vil siga siendo vil; deja que el justo siga llevando una vida justa; deja que el santo permanezca santo».

12«Miren, yo vengo pronto, y traigo la recompensa conmigo para pagarle a cada uno según lo que haya hecho. 13Yo soy el Alfa y la Omega, el Primero y el Último, el Principio y el Fin».

14Benditos son los que lavan sus ropas. A ellos se les permitirá entrar por las puertas de la ciudad y comer del fruto del árbol de la vida. 15Fuera de la ciudad están los perros: los que practican la brujería, los que cometen inmoralidades sexuales, los asesinos, los que rinden culto a ídolos, y todos los que se deleitan en vivir una mentira.

16«Yo, Jesús, he enviado a mi ángel con el fin de darte este mensaje para las iglesias. Yo soy tanto la fuente de David como el heredero de su trono.* Yo soy la estrella brillante de la mañana».

17El Espíritu y la esposa dicen: «Ven». Que todos los que oyen esto, digan: «Ven». Todos los que tengan sed, vengan. Todo aquel que quiera, beba gratuitamente del agua de la vida. 18Yo declaro solemnemente a todos los que oyen las palabras de la profecía escritas en este libro:

***Notas textuales** **21:10** O *en espíritu.* **21:16** En griego *12.000 estadios* [1400 millas]. **21:17** En griego *144 codos* [216 pies]. **21:19** La identificación de algunas de estas piedras preciosas es incierta. **21:27** O *ninguna cosa ceremonialmente impura.* **22:2** O *doce clases de fruto.* **22:6a** O *El Señor, el Dios de los espíritus de los profetas.* **22:6b** O *de repente,* o *rápidamente*; también en 22:7, 12, 20. **22:7** O *rollo*; también en 22:9, 10, 18, 19. **22:16** En griego *Yo soy la raíz y la descendencia de David.*

Referencias cruzadas **21:12-13** Ez 48:30-34 **21:23-24** Is 24:23 **22:1-3** Ez 47:1 **22:11** Ez 3:27

si alguien agrega algo a lo que está escrito aquí, Dios le
agregará a esa persona las plagas que se describen en este
libro. 19 Y si alguien quita cualquiera de las palabras de
este libro de profecía, Dios le quitará su parte del árbol de
la vida y de la ciudad santa que se describen en este libro.

20 Aquel que es el testigo fiel de todas esas cosas dice:
«¡Sí, yo vengo pronto!».

¡Amén! ¡Ven, Señor Jesús!

21 Que la gracia del Señor Jesús sea con el pueblo santo
de Dios.*

***Notas textuales** **22:21** Otros manuscritos dicen *sea con todos*; incluso otros dicen *sea con todo el pueblo santo de Dios.* Algunos manuscritos agregan *Amén.*

Referencias cruzadas **22:21** Rm 16:20

Respuestas bíblicas

Aquí está la lista de preguntas incluidas desde Génesis hasta el Apocalipsis en tu Biblia Kids, pero seguro se te ocurrirán otras y eso está muy bien. Tener preguntas y hasta dudas no solo es normal sino hasta necesario para nuestro aprendizaje así que nunca temas de hacerle preguntas a Dios, a tus padres y a tus líderes e investiga las respuestas por tu cuenta en la Biblia Kids.

Dios te regaló el cerebro y quiere que lo uses y que lo ames con él (Mateo 22:37).

ANTIGUO TESTAMENTO

Génesis

1. ¿Qué quiere decir que Dios hizo a los seres humanos a su imagen?
2. ¿Qué tipo de fruto comieron Adán y Eva?
3. ¿Por qué Dios le pidió a Noé construir el arca?
4. ¿Por qué Abraham es tan importante?
5. ¿Qué es un pacto?
6. ¿Dónde están Sodoma y Gomorra?
7. ¿Por qué era tan importante la bendición de Isaac para Jacob y Esaú?
8. ¿Qué significa Betel?
9. ¿Por qué José es importante?
10. ¿Los sueños son mensajes de Dios?
11. ¿Por qué Dios envió a la familia de Jacob a Egipto?

Éxodo

12. ¿Qué hicieron los egipcios cuando el rio se convirtió en sangre?
13. ¿Qué es la Pascua judía?
14. ¿Por qué Moisés levantó sus brazos cuando el pueblo de Israel estaba en guerra?
15. ¿Cómo castigaba la ley de Dios a los ladrones?
16. ¿Qué es el incienso?
17. ¿Qué día es Sabbat?

Levítico

18. ¿En qué consiste un holocausto?
19. ¿Qué pasaba con la carne ofrendada para la culpa y el pecado?
20. ¿Cuál era el trabajo de los sacerdotes en Israel?
21. ¿Qué significaba que alguien enfermo era "purificado"?
22. ¿Por qué Dios le pidió a Israel que no siga las costumbres de Egipto o Canaán?
23. ¿Qué eran las fiestas para Israel?

Números

24. ¿Cuántas personas del pueblo de Israel salieron de Egipto?
25. ¿Qué había en el centro del campamento?
26. ¿Por qué los Levitas eran especiales?
27. ¿Por qué Dios posó una nube sobre el tabernáculo?
28. ¿Por qué Moisés puso una serpiente de bronce en un palo?
29. ¿Cómo hablaba Dios con su pueblo?

Deuteronomio

30. ¿Qué son los diez mandamientos?
31. ¿Por qué los cananeos eran tan peligrosos para los Israelitas?
32. ¿Por qué Dios creó leyes y reglas para seguir?
33. ¿Había gente pobre en la antigüedad?
34. ¿Qué fiestas debían celebraban todos los hombres de Israel?
35. ¿Quiénes no tendrían que pelear si Israel iba a la guerra?
36. ¿Qué era "el diezmo" y para qué era usado?
37. ¿Cuál es el resultado de ser un pueblo que obedece a Dios?
38. ¿Por qué Moisés eligió a Josué como el nuevo líder de Israel?

Josué

39. ¿Qué le pidió Dios a Josué además de que sea fuerte y valiente?
40. ¿Cómo conquistó Josué Canaán?

Jueces

41. ¿Por qué Dios estaba enojado con el pueblo de Israel?
42. ¿Qué era una concubina?

1 Samuel

43. ¿Cuál fue el pecado de Elí?
44. ¿Qué edad tenía Samuel cuando Dios lo llamó en la noche?
45. ¿Cómo enfrentaron los habitantes de Israel a los Filisteos?
46. ¿Por qué el pueblo de Israel quería un rey?
47. ¿Quién fue el primer rey de Israel?
48. ¿Por qué un rey no podía ser de ayuda para el pueblo de Israel?
49. ¿Por qué Jonatán iba a morir por comer miel?
50. ¿Por qué Dios se lamentó de que Israel tuviera a Saúl como rey?
51. ¿Por qué Saúl estaba celoso de David?
52. ¿Por qué David lamentó cortarle la punta de la túnica a Saúl?
53. ¿Cuántas oportunidades tuvo David de ser rey antes de que Saúl muriera?
54. ¿Por qué estaba mal que Saúl le pidiera ayuda a alguien que hablaba con los muertos?

2 Samuel

55. ¿Por qué David escribió una canción para Saúl y Jonatán?
56. ¿Qué hizo David con los hombres que mataron a Isboset?
57. ¿David cometió alguna vez un pecado?
58. ¿Qué otro nombre recibe un canto de alabanza?
59. ¿Quiénes eran los hombres valientes de David?
60. ¿Cuántos guerreros llegó a tener David?

1 Reyes

61. ¿Qué tan sabio era Salomón?
62. ¿Por qué Salomón se casó con muchas mujeres?
63. ¿Qué maldad cometió el rey Jeroboam?
64. ¿Fue Jeroboam castigado por lo que hizo?
65. ¿Qué diferencias hay entre Israel y Judá?
66. ¿Cuántos reyes buenos tuvo Israel?
67. ¿Por qué los profetas de Baal se cortaban?

2 Reyes

68. ¿Cómo se murió Elías?
69. ¿Qué era el Libro de la Alianza?
70. ¿Qué le pasó a la nación de Judá?

1 Crónicas

71. ¿Por qué hay tantas listas de nombres en este libro?
72. ¿Qué era la Ciudad de David?
73. ¿Qué tan exitosas fueron las batallas de David?

2 Crónicas

74. ¿Por qué Salomón le pidió sabiduría a Dios?
75. ¿Qué cantó el pueblo de Dios en la dedicación del templo?
76. ¿Qué pasó cuando murió Salomón?
77. ¿Qué le sucedió a todo el oro del templo?
78. ¿Por qué Josafat le dijo al pueblo que no comiera?
79. ¿Cuántos años tenía Joás cuando comenzó a reinar?
80. ¿Qué pecado cometió Ozías?
81. ¿Por qué Ezequías fue un buen rey?
82. ¿Un rey malvado podía cambiar?
83. ¿Cuándo fue destruida la ciudad de Jerusalén?

Esdras
84. ¿Por qué fue Esdras a Jerusalén?
85. ¿Qué oración especial hizo Esdras?

Nehemías
86. ¿Por qué Esdras tuvo que explicarle al pueblo qué significaba la ley de Dios?

Ester
87. ¿Qué significa echar suertes?
88. ¿Por qué las cosas suceden como suceden?

Job
89. ¿Qué tan triste se sintió Job?
90. ¿Qué les pasa a las personas que se olvidan de Dios?
91. ¿Los amigos de Job lo ayudaron?
92. ¿Qué le pasó a Job?

Proverbios
93. ¿Qué es lo contrario de la sabiduría?
94. ¿Qué hace una persona verdaderamente sabia?

Isaías
95. ¿Qué significa Emanuel?
96. ¿El Antiguo Testamento habla de Jesús?
97. ¿Quiénes eran los filisteos?
98. ¿Cómo creaba la gente los dioses paganos?
99. ¿Qué describe Isaías 53?

Jeremías
100. ¿Qué o quién es el "descendiente justo"?
101. ¿Por qué los pozos eran importantes?

Lamentaciones
102. ¿Qué son las lamentaciones?

Ezequiel
103. ¿Quiénes son los falsos profetas?
104. ¿Qué significa el valle lleno de huesos?

Daniel
105. ¿Por qué Daniel fue el foso de los leones?
106. ¿De qué eran los sueños y visiones de Daniel?

Amós
107. ¿Qué es una visión?

Abdías
108. ¿Qué quiere decir que la gente de Edom vivía en una fortaleza de piedra?

Jonás
109. ¿Qué fue lo primero que hizo Jonás cuando Dios le dijo que vaya a Nínive?
110. ¿Fue una ballena o un monstruo quien se tragó a Jonás?

Miqueas
111. ¿Cuándo escribió Miqueas estas palabras sobre Belén?

Habacuc
112. ¿Por qué Habacuc era tan infeliz?

Sofonías
113. ¿Por qué el pueblo de Israel no debía actuar como otras naciones?

Zacarías
114. ¿Qué es lo que Dios promete a quienes se acercan a Él?

Malaquías
115. ¿Qué quiere decir Dios con que lo pongamos a prueba?

NUEVO TESTAMENTO

Mateo
116. ¿Por qué Mateo comienza con una larga lista de nombres?
117. ¿Qué significa apartarse del pecado?
118. ¿Qué son las bienaventuranzas?
119. ¿Qué es un discípulo?
120. ¿Sobre qué trata la parábola de la maleza?
121. ¿Sobre qué roca Jesús construirá su iglesia?
122. ¿Por qué Jesús llamó a Pedro "Satanás"?
123. ¿Qué importancia tienen los niños para Jesús?
124. ¿Qué es la autoridad?
125. ¿Quiénes eran los fariseos?
126. ¿Qué era el Sanedrín?

Marcos
127. ¿Pueden los demonios controlar realmente a las personas?
128. ¿Por qué Herodes mató a Juan el Bautista?
129. ¿Por qué Jesús estaba enojado con los fariseos?
130. ¿Por qué Jesús contaba historias?

Lucas
131. ¿Qué es la canción de María?
132. ¿Por qué Jesús fue al templo cuando tenía 12 años?
133. ¿Qué hizo Jesús cuando fue tentado?
134. ¿Cómo mostró Jesús su poder sobre los demonios?
135. ¿Por qué Jesús alimentó a 5000 personas?
136. ¿Qué era un samaritano?
137. ¿Por qué Jesús le dijo al líder religioso que vendiera todo?
138. ¿Cómo trataron los espías de engañar a Jesús?
139. ¿Qué fue la Última Cena?
140. ¿Dijo alguna vez Jesús que él era Dios?

Juan
141. ¿Qué significa "el verbo"?
142. ¿Qué significa "Cordero de Dios"?
143. ¿Qué significa "pan de vida"?
144. ¿Qué significa "el Mesías"?
145. ¿Cuántos años vivió Jesús?
146. ¿Qué le pidió Jesús a Dios por sus seguidores?

Hechos
147. ¿Qué pasó en Pentecostés?
148. ¿Cómo es que Pedro y Juan podían sanar a las personas?
149. ¿Cuál fue el pecado de Ananías y Safira?
150. ¿Hay poder detrás de la magia?
151. ¿Por qué Dios le dio una visión a Pedro?
152. ¿Cómo escapó Pedro de prisión?
153. ¿Qué trabajo especial quería Dios que hicieran Bernabé y Pablo?
154. ¿Por qué ocurrió la primera gran reunión de líderes de la iglesia?
155. ¿Pablo discutió con los filósofos griegos?
156. ¿Quiénes eran los efesios?
157. ¿Por qué quisieron matar a Pablo en Jerusalén?
158. ¿Por qué Pablo no fue azotado?

Romanos

159. ¿Por qué Pablo les explica a los romanos la ley de Dios?
160. ¿Cómo podemos estar bien con Dios?
161. ¿Qué es la gracia?
162. ¿Cómo sabemos que Dios nos ama?
163. Cómo podemos demostrar que amamos a Dios?
164. ¿Por qué Pablo llama a los otros miembros de la iglesia hermanos y hermanas?

1 Corintios

165. ¿Qué son los dones del Espíritu Santo?
166. ¿Qué es amar de verdad?

2 Corintios

167. ¿Qué tarea les dio Dios a los cristianos?
168. ¿Por qué se ofrenda en la iglesia?

Gálatas

169. ¿Cuáles son las buenas nuevas?
170. ¿Por qué Pablo era diferente al resto de los apóstoles?
171. ¿Por qué Pablo les dice tontos a los gálatas?
172. ¿Qué es la libertad cristiana?

Efesios

173. ¿Qué significa que Dios nos escogió para ser santos?
174. ¿Cómo deben vivir los cristianos?

Filipenses

175. ¿Cómo mostraba Pablo su amor por los filipenses?

Colosenses

176. ¿Es Jesús la persona más poderosa?
177. ¿Qué hace alguien "santo"?

1 Tesalonicenses

178. ¿Qué tipo de persona era Pablo?

2 Tesalonicenses

179. ¿Por qué eran perseguidos los cristianos Tesalonicenses?

1 Timoteo

180. ¿Pueden las malas personas hacerse buenas?
181. ¿Qué tipo de personas deberían ser los líderes de la iglesia?

2 Timoteo

182. ¿Por qué los cristianos debemos ser como soldados o atletas?

Hebreos

183. ¿Por qué Jesús es más importante que los ángeles?
184. ¿Cómo demuestran las personas que en sus corazones no hay fe?
185. ¿Qué hizo Jesús como nuestro sumo sacerdote?
186. ¿Qué hace la fe?

Santiago

187. ¿Cómo se demuestra la fe?

1 Pedro

188. ¿Cuál es la esperanza de los cristianos?
189. ¿Por qué deberíamos ser santos?
190. ¿Qué debemos hacer si sufrimos por ser cristianos?

2 Pedro
191. ¿Por qué debemos confiar en la Biblia?
192. ¿Qué es un falso maestro?

1 Juan
193. ¿Qué significa caminar en la luz?
194. ¿Qué significa ser un "anticristo"?
195. ¿Cómo saber si una persona es hija de Dios?
196. ¿Qué es el amor?

Apocalipsis
197. ¿Qué es el libro de la vida?
198. ¿Destruirán las bombas al mundo?
199. ¿Qué significa Apocalipsis?
200. ¿Quién es la "bestia que sube del mar"?
201. ¿Cómo volverá Jesús a la Tierra?
202. ¿Qué le pasará a Satanás?
203. ¿Cómo será el cielo?

1 RECONOCE QUE DIOS TE AMA
(JUAN 3:16 - JEREMÍAS 31:3)
2 RECONOCE QUE ERES UN PECADOR
QUE NECESITA SALVACIÓN
(ROMANOS 3:23 - ISAÍAS 53:6)
3 RECONOCE QUE JESÚS
ES EL HIJO DE DIOS
Y MURIÓ Y RESUCITÓ POR TI
(1 CORINTIOS 15:3,4 - ISAÍAS 53:11,11)
4 RECONOCE A JESÚS COMO
EL SEÑOR TOTAL DE TU VIDA
(JUAN 1:12 - ROMANOS 10:9-13)
5 RECONOCE EL REGALO
DE LA SALVACIÓN
(GÁLATAS 3:26-29 -
EFESIOS 2:8-10)
EL PLAN DE
SALVACIÓN

e625.com
BIBLIA KIDS
TRAGHETTI